COMO PASSAR EM

CONCURSOS DE PROCURADORIAS E ADVOCACIA ESTATAL

2ª Edição

CB131696

EDITORA FOCO

WANDER GARCIA
Um dos maiores especialistas em Concursos Públicos do País

2ª Edição

COMO PASSAR EM CONCURSOS DE PROCURADORIAS E ADVOCACIA ESTATAL

4.500 QUESTÕES COMENTADAS

EDITORA FOCO

Coordenador: Wander Garcia
Organizador: Ivo Shigueru Tomita
Autores: Wander Garcia, Ana Paula Garcia, André de Carvalho Barros, Arthur Trigueiros, Eduardo Dompieri, Fábio Tavares Sobreira, Felipe Maciel, Fernando Castellani, Flávia Moraes Barros, Gustavo Nicolau, Henrique Romanini Subi, Hermes Arrais Alencar, Hermes Cramacon, Ivo Shigueru Tomita, José Renato Camilotti, Luiz Dellore, Murilo Sechieri Costa Neves, Renan Flumian, Renato Montans, Robinson Sakyiama Barreirinhas, Teresa Melo, Tiago Queiroz de Oliveira e Vanessa Trigueiros.
Editor: Márcio Dompieri
Gerente Editorial: Paula Tseng
Equipe Editora Foco: Erica Coutinho, Georgia Dias e Ivo Shigueru Tomita
Capa – Criação: R2 Editorial
Capa – Adaptação: Linotec
Projeto Gráfico e Diagramação: Linotec

Dados Internacionais de Catalogação na Publicação (CIP)
(Câmara Brasileira do Livro, SP, Brasil)

Como passar em concursos de procuradorias e advocacia estatal / Wander Garcia, coordenador. – 2. ed. – Indaiatuba, SP : Editora Foco Jurídico, 2014. -- (Coleção como passar)

1. Advocacia estatal - Concursos 2. Procuradoria - Concursos I. Garcia, Wander. II. Série.

ISBN: 978-85-8242-090-4

13-13984 CDU-347.963(81)(079.1)

Índices para Catálogo Sistemático:

1. Brasil : Concursos de procuradorias e advocacia estatal : Questões comentadas : Direito 347.963(81)(079.1)

Atualizações e erratas: a presente obra é vendida como está, sem garantia de atualização futura. Porém, atualizações voluntárias e erratas são disponibilizadas no site www.editorafoco.com.br, na seção *Atualizações*. Esforçamo-nos ao máximo para entregar ao leitor uma obra com a melhor qualidade possível e sem erros técnicos ou de conteúdo. No entanto, nem sempre isso ocorre, seja por motivo de alteração de software, interpretação ou falhas de diagramação e revisão. Sendo assim, disponibilizamos em nosso site a seção mencionada (*Atualizações*), na qual relataremos, com a devida correção, os erros encontrados na obra. Solicitamos, outrossim, que o leitor faça a gentileza de colaborar com a perfeição da obra, comunicando eventual erro encontrado por meio de mensagem para contato@editorafoco.com.br.

Impresso no Brasil (05.2014)
Data de Fechamento (05.2014)

2014

Al. Júpiter 578 - Galpão 01 – American Park Distrito Industrial
CEP 13347-653 – Indaiatuba – SP
E-mail: contato@editorafoco.com.br
www.editorafoco.com.br

Apresentação

A experiência diz que aquele que quer ser aprovado deve fazer três coisas: a) entender a teoria; b) ler a letra da lei, e c) treinar. A teoria é vista em cursos e livros à disposição no mercado. O problema é que ela, sozinha, não é suficiente. É fundamental "ler a letra da lei" e "treinar". E a presente obra possibilita que você faça esses dois tipos de estudo. Aliás, você sabia que mais de 90% das questões de Concursos de Procuradoria e Advocacia Estatal são resolvidas apenas com o conhecimento da lei, e que as questões das provas se repetem muito?

Cada questão deste livro vem comentada com o dispositivo legal em que você encontrará a resposta. E isso é feito não só em relação à alternativa correta. Todas as alternativas são comentadas[1]. Com isso você terá acesso aos principais dispositivos legais que aparecem nas provas e também às orientações doutrinárias e jurisprudenciais.

Estudando pelo livro você começará a perceber as técnicas dos examinadores e as "pegadinhas" típicas de prova, e ganhará bastante segurança para o momento decisivo, que é o dia do seu exame.

É por isso que podemos afirmar, com uma exclamação, que esta obra vai lhe demonstrar COMO PASSAR EM CONCURSOS DE PROCURADORIAS E ADVOCACIA ESTATAL!

1. Eventualmente, algumas questões respondem *de per se* a pergunta, não ensejando comentários adicionais.

SUMÁRIO

Como Usar o Livro?

Para que você consiga um ótimo aproveitamento deste livro, atente para as seguintes orientações:

1º Tenha em mãos um ***vademecum*** ou ***um computador*** no qual você possa acessar os textos de lei citados. Neste ponto, recomendamos o Vade Mecum de Legislação FOCO, que é o Vade Mecum com o maior conteúdo impresso do mercado e que ainda lhe dá de presente, na edição atual, um Vade Mecum de Jurisprudência em livro apartado – confira em www.editorafoco.com.br.

2º Se você estiver estudando a teoria (fazendo um curso preparatório ou lendo resumos, livros ou apostilas), faça as questões correspondentes deste livro na medida em que for avançando no estudo da parte teórica.

3º Se você já avançou bem no estudo da teoria, leia cada capítulo deste livro até o final, e só passe para o novo capítulo quando acabar o anterior; vai mais uma dica: alterne capítulos de acordo com suas preferências; leia um capítulo de uma disciplina que você gosta e, depois, de uma que você não gosta ou não sabe muito, e assim sucessivamente.

4º Iniciada a resolução das questões, tome o cuidado de ler cada uma delas **sem olhar para o gabarito e para os comentários**; se a curiosidade for muito grande e você não conseguir controlar os olhos, tampe os comentários e os gabaritos com uma régua ou um papel; na primeira tentativa, é fundamental que resolva a questão sozinho; só assim você vai identificar suas deficiências e "pegar o jeito" de resolver as questões; marque com um lápis a resposta que entender correta, e só depois olhe o gabarito e os comentários.

5º **Leia com muita atenção o enunciado das questões**. Ele deve ser lido, no mínimo, duas vezes. Da segunda leitura em diante, começam a aparecer os detalhes, os pontos que não percebemos na primeira leitura.

6º **Grife as palavras-chave, as afirmações e a pergunta formulada**. Ao grifar as palavras importantes e as afirmações você fixará mais os pontos-chave e não se perderá no enunciado como um todo. Tenha atenção especial com as palavras "correto", "incorreto", "certo", "errado", "prescindível" e "imprescindível".

7º Leia os comentários e **leia também cada dispositivo legal** neles mencionados; não tenha preguiça; abra o *vademecum* e leia os textos de leis citados, tanto os que explicam as alternativas corretas, como os que explicam o porquê de ser incorreta dada alternativa; você tem que conhecer bem a letra da lei, já que mais de 90% das respostas estão nela; mesmo que você já tenha entendido determinada questão, reforce sua memória e leia o texto legal indicado nos comentários.

8º Leia também os **textos legais que estão em volta** do dispositivo; por exemplo, se aparecer, em Direito Penal, uma questão cujo comentário remete ao dispositivo que trata da falsidade ideológica, aproveite para ler também os dispositivos que tratam dos outros crimes de falsidade; outro exemplo: se aparecer uma questão, em Direito Constitucional, que trate da composição do Conselho Nacional de Justiça, leia também as outras regras que regulamentam esse conselho.

9º Depois de resolver sozinho a questão e de ler cada comentário, você deve fazer uma **anotação ao lado da questão**, deixando claro o motivo de eventual erro que você tenha cometido; conheça os motivos mais comuns de erros na resolução das questões:

DL – "desconhecimento da lei"; quando a questão puder ser resolvida apenas com o conhecimento do texto de lei;

DD – "desconhecimento da doutrina"; quando a questão só puder ser resolvida com o conhecimento da doutrina;

DJ – "desconhecimento da jurisprudência"; quando a questão só puder ser resolvida com o conhecimento da jurisprudência;

FA – "falta de atenção"; quando você tiver errado a questão por não ter lido com cuidado o enunciado e as alternativas;

NUT – "não uso das técnicas"; quando você tiver se esquecido de usar as técnicas de resolução de questões objetivas, tais como as da **repetição de elementos** ("quanto mais elementos repetidos existirem, maior a chance de a alternativa ser correta"), das **afirmações generalizantes** ("afirmações generalizantes tendem a ser incorretas" – reconhece-se afirmações generalizantes pelas palavras *sempre, nunca, qualquer, absolutamente, apenas, só, somente exclusivamente* etc.), dos **conceitos compridos** ("os conceitos de maior extensão tendem a ser corretos"), entre outras.

Obs.: recomendo o curso *on-line* de "Ténicas de Resolução de Questões Objetivas" do IEDI (www.iedi.com.br), ministrado por nós.

10ª Confie no **bom-senso**. Normalmente, a resposta correta é a que tem mais a ver com o bom-senso e com a ética. Não ache que todas as perguntas contêm uma pegadinha. Se aparecer um instituto que você não conhece, repare bem no seu nome e tente imaginar o seu significado.

11ª Faça um levantamento do **percentual de acertos de cada disciplina** e dos **principais motivos que levaram aos erros cometidos**; de posse da primeira informação, verifique quais disciplinas merecem um reforço no estudo; e de posse da segunda informação, fique atento aos erros que você mais comete, para que eles não se repitam.

12ª Uma semana antes da prova, faça uma **leitura dinâmica** de todas as anotações que você fez e leia de novo os dispositivos legais (e seu entorno) das questões em que você marcar "DL", ou seja, desconhecimento da lei.

13ª Para que você consiga ler o livro inteiro, faça um bom **planejamento**. Por exemplo, se você tiver 30 dias para ler a obra, divida o número de páginas do livro pelo número de dias que você tem, e cumpra, diariamente, o número de páginas necessárias para chegar até o fim. Se tiver sono ou preguiça, levante um pouco, beba água, masque chiclete ou leia em voz alta por algum tempo.

14ª Desejo a você, também, muita **energia**, **disposição**, **foco**, **organização**, **disciplina**, **perseverança**, **amor** e **ética**!

Wander Garcia
Coordenador

1. Direito Constitucional

Fábio Tavares Sobreira, Felipe Maciel, Henrique Subi e Teresa Melo

1. PODER CONSTITUINTE

(Procurador do Estado/GO – 2010) Acerca da configuração do poder constituinte derivado, nosso sistema constitucional

(A) não consagra limitações circunstanciais ao poder de emenda.

(B) reconhece limites ao conteúdo das propostas de emenda constitucional, vedando, por exemplo, quaisquer emendas que alterem os direitos e garantias individuais.

(C) circunscreve a órgãos federais a prerrogativa de deflagração do processo de alteração do texto constitucional.

(D) limita a participação do Executivo à faculdade de instauração do procedimento de emenda à Constituição, uma vez que tal espécie normativa prescinde de sanção, não se expõe a veto e é promulgada pelas Mesas da Câmara dos Deputados e do Senado Federal.

(E) impede que a matéria constante de proposta de emenda rejeitada ou tida por prejudicada seja objeto de nova proposta na mesma legislatura.

A: incorreta. Ao contrário do Poder Constituinte Originário (que é inicial, autônomo, ilimitado e incondicionado), o Poder Constituinte Derivado é secundário, subordinado, limitado, e exercido pelos representantes do povo. Daí resulta a conclusão de que o poder constituinte derivado encontra limites nas regras previstas pelo constituinte originário. Poder constituinte instituído (ou constituído, ou secundário) é sinônimo de Poder Constituinte Derivado. Como defendido em doutrina, o poder constituinte derivado pode ser exercido através da reforma da Constituição Federal - ou da Constituição Estadual (poder constituinte derivado reformador), pela revisão da Constituição Federal (poder constituinte derivado revisor, art. 3º do ADCT) ou por intermédio da elaboração das constituições estaduais e da lei orgânica do Distrito Federal (poder constituinte derivado decorrente). Nesse sentido, para que uma emenda constitucional seja aprovada é preciso observar todas as regras insculpidas no art. 60 da Constituição, que lista limites *materiais* (art. 60, § 4º), *formais* (art. 60, § 2º) e *circunstanciais* (art. 60, § 1º) ao poder de reforma da Constituição – note-se, porém, que **não** se tratam de limites temporais; **B:** incorreta. Os direitos e garantias individuais são cláusulas pétreas (art. 60, § 4º, IV, da CF), mas isso não significa serem imodificáveis, pois o que a Constituição proíbe é a restrição ou a limitação de seu conteúdo (o art. 60, § 4 º, da CF refere-se a "tendente a abolir"). Assim, seria legítima, por exemplo, uma proposta de emenda que viesse a ampliar as garantias referentes a alguma matéria prevista como cláusula pétrea. Em resumo: o que a Constituição veda, para as cláusulas pétreas, é o retrocesso constitucional e não a modificação pura e simples; **C:** incorreta: Os órgãos listados no art. 60, I, II e III, da CF não são apenas federais; **D:** correta: Art. 60, § 3º, da CF. Assim, caso aprovadas em cada Casa do Congresso Nacional, em dois turnos de votação, a proposta de emenda segue diretamente para a promulgação pelas Mesas da Câmara dos Deputados e do Senado Federal (note que **não** é Mesa do Congresso Nacional), não existindo a fase de sanção ou veto presidencial. Isso porque a aprovação de emendas à Constituição corresponde ao exercício do Poder Constituinte Derivado, atribuído aos parlamentares representantes do povo; **E:** incorreta: Não reflete o disposto no art. 60, § 5º, da CF, sendo certo que *legislatura* é o período de quatro anos (art. 44, parágrafo único, da CF), *sessão legislativa* é o ano parlamentar (art. 57 da CF), que pode ser dividido em dois períodos: de 2 de fevereiro a 17 de julho (*primeiro período de sessão legislativa*) e de 1º de agosto a 22 de dezembro (*segundo período de sessão legislativa*).

Gabarito "D"

(PROCURADOR DO ESTADO/MG – FUMARC – 2012) O Poder Constituinte é complexo, de fundamentação política e/ou jurídica, sendo exercido pela autoridade inicial do Estado, por Assembleia Constituinte ou movimento revolucionário. Analise os conceitos reduzidos abaixo e assinale a alternativa correta:

I. O Poder Constituinte Originário é caracterizado por sua autonomia em relação a outros órgãos e poderes, bem como por ser ilimitado juridicamente, rompendo por completo com a ordem jurídica anterior, exceto no que condiz aos tratados internacionais previamente firmados;

II. O Poder Constituinte Derivado Decorrente, doutrinariamente aceito por parte dos juristas, é o conferido aos demais entes federativos, excetuados os territórios, para que organizem suas próprias constituições ou leis orgânicas, respeitando os limites da *Lex Maior*, não se relacionando diretamente com o Poder Constituinte Originário;

III. O Poder Constituinte Derivado Reformador é criado pelo Poder Constituinte Originário e difere desse por ser limitado por regras rígidas, que preservam a intangibilidade de alguns temas.

ALTERNATIVAS

(A) As alternativas I, II e III são incorretas;

(B) As alternativas I e II são incorretas;

(C) As alternativas I e III são incorretas;

(D) As alternativas II e III são incorretas;

(E) As alternativas I, II e III são corretas.

I: Errada. O Poder Constituinte Originário (PCO) é inicial porque inaugura uma nova ordem jurídica; ilimitado porque não se submete aos limites impostos pela ordem jurídica anterior; autônomo porque exercido livremente por seu titular (o povo) e incondicionado por não se submeter a nenhuma forma preestabelecida para sua manifestação (nem mesmo a tratados internacionais). Importante ressaltar que, para a doutrina jusnaturalista, o direito natural impõe limites ao PCO que, por essa razão, não seria totalmente autônomo; **II:** Errada. O Poder Constituinte Derivado Decorrente é atribuído aos Estados e ao DF, para organizar suas Constituições Estaduais e a Lei Orgânica do DF (não existe, para a maioria dos doutrinadores, para os Municípios e Territórios). Além disso, condiciona-se ao Poder Constituinte Originário, relacionando-se diretamente com ele; **III:** Correta. O poder constituinte derivado reformador pode ser exercido através da reforma da Constituição Federal - ou da Constituição Estadual – obedecendo-se os limites formais (art. 60, § 2º), materiais (art. 60, § 4º) e circunstanciais (art. 60, § 1º) previstos na CF. Parte da doutrina refere-se, ainda, a limites implícitos ao poder de reforma da CF. São exemplos desses últimos a titularidade do poder constituinte (povo) e o próprio procedimento de reforma da Constituição que, apesar de não escritos na Constituição, não podem ser alterados pelo legislador constituinte derivado.

Gabarito "B"

(Procurador do Município/São José dos Campos-SP – 2012 – VUNESP) São espécies de limitações circunstanciais ao poder constituinte reformador no direito brasileiro:

(A) a votação das propostas de emendas em dois turnos e a exigência de aprovação por três quintos dos membros de cada Casa do Congresso Nacional.

(B) a intervenção federal e o estado de defesa.

(C) a iniciativa de emenda por um terço, no mínimo, dos membros da Câmara dos Deputados ou do Senado Federal e a votação em dois turnos em cada Casa do Congresso Nacional.

(D) o estado de sítio e a proibição de abolição da forma federativa de Estado.

(E) a vedação de abolição dos direitos e garantias individuais e a da separação dos poderes.

Art. 60, § 1º, da CF. Note-se que se trata de limitações *circunstanciais*, não temporais.

Gabarito "B"

(Advogado da União/AGU – CESPE – 2012) A respeito das disposições constitucionais transitórias, da hermenêutica constitucional e do poder constituinte, julgue os itens subsequentes.

(1) De acordo com o denominado método da tópica, sendo a constituição a representação do sistema cultural e de valores de um povo, sujeito a flutuações, a interpretação constitucional deve ser elástica e flexível.

(2) O poder constituinte de reforma não pode criar cláusulas pétreas, apesar de lhe ser facultado ampliar o catálogo dos direitos fundamentais criado pelo poder constituinte originário.

(3) O sistema constitucional brasileiro não admite a denominada cláusula pétrea implícita, estando as limitações materiais ao poder de reforma exaustivamente enumeradas na CF.

(4) Pelo poder constituinte de reforma, assim como pelo poder constituinte originário, podem ser inseridas normas no ADCT, admitindo-se, em ambas as hipóteses, a incidência do controle de constitucionalidade.

1: Errada. De acordo com Pedro Lenza, por meio do método tópico-problemático "parte-se de um problema concreto para a norma, atribuindo-se à interpretação um caráter prático na busca da solução dos problemas concretizados. A Constituição é, assim, um sistema aberto de regras e princípios" (Pedro Lenza, *Direito constitucional esquematizado*, 2012, p.154); **2:** Correta. O procedimento de reforma da Constituição, estabelecido no art. 60 da CF, é considerado uma limitação *implícita* ao poder de reforma, ou seja, o Poder Constituinte Derivado não pode alterá-lo, embora não haja regra expressa nesse sentido. O Brasil não adotou a chamada teoria da dupla revisão ; **3:** Errada. Há limitações implícitas ao poder de reforma da Constituição, podendo existir limitações materiais implícitas; **4:** Errada. Após a promulgação da CF, só o Poder Constituinte Derivado pode inserir regras no ADCT. Além disso, apesar de ser cabível controle de constitucionalidade de normas oriundas do Poder Constituinte Derivado (provenientes de emendas constitucionais, por exemplo), não cabe controle de constitucionalidade de normas originárias.

Gabarito 1E, 2C, 3E, 4E

(Procurador da Fazenda Nacional – 2006 – ESAF) Assinale a opção correta.

(A) No Direito Brasileiro, considera-se impossível que uma norma inserida na Constituição possa ser tida como inconstitucional.

(B) Os Estados-membros não estão impedidos de adotar o instrumento legislativo das medidas provisórias em tema relacionado com direito tributário.

(C) Medida provisória constitui, hoje, instrumento apto para o estabelecimento de causas de extinção de punibilidade em virtude de pagamento de tributo sonegado.

(D) O princípio da separação dos poderes impede que o Ministério Público investigue fatos que possam consistir em crimes contra a ordem tributária, antes de que investigação, com igual objeto, por parte da Receita Federal, esteja concluída.

(E) O princípio da separação dos poderes não constitui obstáculo a que os Estados-membros adotem a solução parlamentarista no desenho da repartição de poderes da sua constituição estadual.

A: incorreta. O STF reconhece o controle de constitucionalidade de normas constitucionais oriundas do Poder Constituinte Derivado, quais, as emendas constitucionais, visto que estas encontram-se limitadas pelas disposições criadas pelo Poder Constituinte Originário (ADI-MC 1.946/DF, DJ 07/04/1999); **B:** correta. O STF reconhece a possibilidade de adoção de medidas provisórias pelos Estados-membros nos mesmos moldes da regulamentação federal

(ADI 2.391, DJ 16/08/2006); **C:** incorreta. A sonegação de tributos constitui crime contra a ordem tributária, nos termos do art. 1º da Lei nº 8.137/90. Assim, a extinção da punibilidade do fato é matéria de Direito Penal, tema cuja regulamentação por medida provisória é expressamente vedada (art. 62, § 1º, I, "b", da CF); **D:** incorreta. O STF não reconhece como limite à atuação investigativa do MP o fim dos trabalhos análogos internos da Receita Federal (ADI-MC 1.571, DJ 25/09/1998); **E:** incorreta. O sistema presidencialista de governo, no qual o Chefe do Poder Executivo assume tantos as funções de Chefe de Estado quanto de Chefe de Governo, é norma de repetição obrigatória nas Constituições Estaduais por conta do princípio da separação dos poderes, não competindo ao Poder Legislativo assumir, como atividade precípua, a administração pública em sentido material (o que ocorre no parlamentarismo).

Gabarito "B"

(Procurador da Fazenda Nacional – 2006 – ESAF) Considerando o Direito Brasileiro, assinale a opção correta, no que diz respeito às consequências da ação do poder constituinte originário.

(A) Uma lei federal sobre assunto que a nova Constituição entrega à competência privativa dos Municípios fica imediatamente revogada com o advento da nova Carta.

(B) Uma lei que fere o processo legislativo previsto na Constituição sob cuja regência foi editada, mas que, até o advento da nova Constituição, nunca fora objeto de controle de constitucionalidade, não é considerada recebida por esta, mesmo que com ela guarde plena compatibilidade material e esteja de acordo com o novo processo legislativo.

(C) Para que a lei anterior à Constituição seja recebida pelo novo Texto Magno, é mister que seja compatível com este, tanto do ponto de vista da forma legislativa como do conteúdo dos seus preceitos.

(D) Normas não recebidas pela nova Constituição são consideradas, ordinariamente, como sofrendo de inconstitucionalidade superveniente.

(E) A Doutrina majoritária e a jurisprudência do Supremo Tribunal Federal convergem para afirmar que normas da Constituição anterior ao novo diploma constitucional, que com este não sejam materialmente incompatíveis, são recebidas como normas infraconstitucionais.

A: incorreta. O fenômeno da recepção refere-se ao conteúdo material do ato normativo. Eventuais alterações nas previsões de forma, desde que a norma estivesse em consonância com a Constituição anterior, não impedem seu aproveitamento pela nova ordem constitucional; **B:** correta. A lei inconstitucional é inválida desde sua promulgação e dela não podem originar efeitos jurídicos, nem mesmo a possibilidade de convalidação. Assim, nem mesmo a nova ordem constitucional, que acolha integralmente o ato normativo, tanto material quanto formalmente, tem o poder de apagar o vício originário; **C:** incorreta, pelas mesmas razões expostas no comentário à alternativa "A"; **D:** incorreta. A inconstitucionalidade superveniente não se confunde com a não recepção. Naquela, a norma é editada sob vigência e nos termos de certa Constituição que é, posteriormente, alterada, gerando a incompatibilidade. Nesta, a norma é editada sob a vigência da Constituição anterior e se mostra incompatível com a nova ordem constitucional. Nesse caso, ocorre derrogação da norma e não declaração de inconstitucionalidade (STF, RE 396386/SP, DJ 29/06/2004); **E:** incorreta. A alternativa trata do fenômeno da desconstitucionalização, que não se aplica no Brasil.

Gabarito "B"

(Procurador da Fazenda Nacional – 2006 – ESAF) Assinale a opção correta.

(A) Consolidou-se o entendimento de que matéria que, no âmbito federal, está sujeita à legislação ordinária sob reserva de iniciativa do Presidente da República não pode ser regulada em Constituição Estadual.

(B) Consolidou-se o entendimento de que é possível invocar direito adquirido em face de decisão do poder constituinte originário.

(C) Do poder constituinte dos Estados-membros é possível dizer que é inicial, limitado e condicionado.

(D) Consolidou-se o entendimento de que, mediante o mecanismo da dupla revisão, é viável a superação das cláusulas pétreas entre nós.

(E) Embora nem todos os direitos enumerados no título dos Direitos Fundamentais sejam considerados cláusulas pétreas, nenhum outro, fora desse mesmo título, constitui limitação material ao poder constituinte de reforma.

A: correta. Veja, por exemplo, as razões expostas no julgamento da ADI 106/RO, DJ 10/10/2002; **B:** incorreta. O STF adota posição oposta, não reconhecendo direito adquirido em situações consolidadas na vigência de ordem constitucional anterior (RE 146331-EDv/SP, DJ 23/11/2006); **C:** incorreta. Inicial é o Poder Constituinte de 1º grau, também conhecido como originário. O Poder Constituinte dos Estados-membros é derivado, ou de 2º grau, limitado e condicionado, porque atua dentro das balizas impostas pelo Constituinte Originário; **D:** incorreta. Segundo a doutrina da dupla revisão, não devem existir cláusulas pétreas nas Constituições, porque sua existência contraria a lógica jurídica. Assim, seriam elas somente normas com dupla proteção, sendo necessário para sua alteração, primeiro, a revogação do artigo que as estabelece e, posteriormente, a revisão ou emenda de seu conteúdo. Esta teoria não encontra respaldo na doutrina majoritária (apesar de defendida por juristas de renome, como Manoel Gonçalves Ferreira Filho) nem na jurisprudência, que veem o art. 60, § 4º, da CF como uma limitação implícita ao poder de reforma, sob pena de se esvaziar o instituto das cláusulas pétreas e a proteção aos temas elencados pretendida pelo Poder Constituinte Originário; **E:** incorreta. Nos termos do art. 5º, § 2º, da CF, são reconhecidos outros direitos fundamentais além daqueles constantes do respectivo capítulo. Sendo caracterizados como direitos individuais, serão alçados ao *status* de cláusula pétrea.

Gabarito "A"

(ADVOGADO – PETROBRÁS DISTRIB. – 2010 – CESGRANRIO) Suponha a seguinte situação: em 2007, a BR Distribuidora firmou contrato com empresa privada. Posteriormente, foi promulgada emenda constitucional que afetava obrigações assumidas pela BR Distribuidora relativas ao pagamento mensal dos valores acordados no contrato.

Considerando que a emenda constitucional nada dispõe sobre retroatividade, em tal caso, a emenda constitucional

(A) não é dotada de retroatividade, pois tem vigência imediata, mas afeta apenas as obrigações futuras.

(B) é dotada de retroatividade mínima, pois tem vigência imediata, mas afeta apenas as obrigações futuras.

(C) é dotada de retroatividade média, pois tem vigência imediata, mas afeta apenas as obrigações futuras.

(D) é dotada de retroatividade máxima, pois tem vigência imediata e afeta todas as obrigações contratuais (pagas, pendentes e vincendas).

(E) é dotada de retroatividade máxima, mas não afeta os termos do contrato, que está protegido pelo ato jurídico perfeito.

Conforme a Jurisprudência do STF (ADI 493, DJ 04/09/92), as normas constitucionais são dotadas de retroatividade mínima, vale dizer, embora tenham vigência imediata, afetam apenas as obrigações futuras dos negócios jurídicos anteriormente pactuados (proteção ao ato jurídico perfeito e ao direito adquirido – art. 5º, inciso XXXVI, da CF).

Gabarito "B"

(ADVOGADO – CORREIOS – 2011 – CESPE) Julgue os itens que se seguem, referentes a poder constituinte originário e derivado.

(1) Quando, no exercício de sua capacidade de auto-organização, o estado-membro edita sua constituição, ele age com fundamento no denominado poder constituinte derivado decorrente.

(2) O poder constituinte originário, por ser aquele que instaura uma nova ordem jurídica, exige deliberação da representação popular, razão pela qual não se admite a outorga como forma de sua expressão.

1: correto, pois o poder constituinte derivado pode ser dividido em três espécies: a) Poder derivado reformador – que permite a modificação do texto constitucional através das emendas constitucionais; b) Poder derivado revisor – que também permite a modificação do texto constitucional, todavia mediante um procedimento excepcionalmente menos rigoroso que as emendas constitucionais; c) Poder derivado decorrente – o qual permite a edição de Constituições estaduais, nos termos do art. 25 da Constituição Federal; **2:** incorreto, pois, embora se atribua ao povo a titularidade do poder constituinte, é recorrente na história do constitucionalismo o exercício de forma imposta e autoritária. Na história constitucional brasileira, inclusive, foram outorgadas – sem a participação popular direta ou indireta – as Constituições de 1824, 1937, 1967 e 1969. Deste modo, mesmo outorgada, não se pode negar a normatividade da Constituição, tornando a assertiva proposta incorreta.

Gabarito 1C, 2E

(ADVOGADO – EPE – 2007 – CESGRANRIO) Nessa mesma linha, reconhece(m)-se como causa criadora e recriadora da constituição:

(A) a rigidez constitucional.

(B) a organização dos elementos essenciais do Estado.

(C) o puro dever-ser.

(D) o poder que emana do povo.

(E) os direitos fundamentais do homem.

Chama-se de Poder Constituinte a potência que cria a Constituição e, ao mesmo tempo, a competência que a modifica, sendo, portanto – causa criadora e recriadora. De acordo com a teoria clássica do Poder Constituinte, cujas bases são atribuídas ao filósofo francês Emmanuel Joseph Sieyès, pertence ao povo a titularidade daquele, que o exerce, em regra, através de seus representantes. No que diz respeito à Constituição Federal brasileira, declara-se expressamente no art. 1º, parágrafo único, que "Todo o poder emana do povo, que o exerce por meio de representantes eleitos ou diretamente, nos termos desta Constituição".

Gabarito "D"

(ADVOGADO – CORREIOS – 2008 – ESPP) O Poder Constituinte Originário tem por características ser:

(A) ilimitado, transitório, inicial e incondicionado.

(B) condicionado, secundário, limitado e permanente.

(C) autônomo, ilimitado, incondicionado e secundário.

(D) Inicial, incondicionado, ilimitado e permanente.

De fato, o Poder Constituinte Originário se apresenta como: a) inicial, pois antecede e cria a ordem jurídica do Estado, que substitui se existente, a ordem jurídica vigente; b) incondicionado, pois não obedece a formas previamente estabelecidas nem encontra seu fundamento de validade em nenhuma norma anteriormente posta; c) ilimitado, pois, enquanto força criadora, não há limites jurídicos a serem respeitados, embora parte da doutrina defenda que existam limites extrajurídicos, de cunho ideológico ou substanciais, como o princípio da dignidade da pessoa humana; d) permanente, pois é um poder latente, atemporal, contínuo, que está pronto para ser acionado a qualquer momento.

Gabarito "D"

2. TEORIA DA CONSTITUIÇÃO E PRINCÍPIOS FUNDAMENTAIS

(Procurador Distrital – 2014 – CESPE) Considerando a evolução constitucional do Brasil, julgue os itens a seguir.

(1) A Assembleia Nacional Constituinte de 1946 contou com a participação de representantes comunistas.

(2) Coerente com os processos decorrentes da Revolução de 1930, a Constituição de 1934 contemplou a eleição, pelo voto direto e secreto, de todos os integrantes das casas legislativas.

(3) A primeira Constituição brasileira, datada de 1824, foi regularmente aprovada e democraticamente promulgada por assembleia nacional constituinte.

(4) A Constituição de 1937 dissolveu a Câmara dos Deputados, o Senado Federal, as assembleias legislativas e as câmaras municipais.

1: correto. De fato, a Constituição de 1946 contou com a participação de uma bancada comunista durante o seu processo de elaboração. Ocorre que seis meses após a sua promulgação, os representantes comunistas saíram do comando; **2:** errado. De acordo com o art. 23 da Constituição da República dos Estados Unidos do Brasil de 1934, a Câmara dos Deputados compõe-se de representantes do povo, eleitos mediante sistema proporcional e sufrágio universal, igual e direto, e de representantes eleitos pelas organizações profissionais na forma que a lei indicar. O § 3º do mesmo dispositivo determinava que os Deputados das profissões fossem eleitos na forma da lei ordinária por sufrágio indireto das associações profissionais compreendidas para esse efeito, e com os grupos afins respectivos, nas quatro divisões seguintes: lavoura e pecuária; indústria; comércio e transportes; profissões liberais e funcionários públicos; **3:** errado. A primeira Constituição do nosso país foi a Imperial, de 1824, outorgada (imposta) pelo imperador Dom Pedro I. **4:** correto. De fato a Constituição de 1937 dissolveu a Câmara dos Deputados, o Senado Federal, as Assembleias Legislativas e as Câmaras Municipais. Em 1937, Getúlio Vargas, ainda mantido no poder, solicitou a elaboração de uma nova Constituição a Francisco Ramos e, por meio de um golpe de Estado, acabou outorgando a Constituição de 1937. As principais regras dessa Constituição tinham caráter ditatorial, impositivo. Como exemplo temos a concentração das funções legislativas e executivas, a supressão da autonomia dos estados-membros, a destituição dos governadores, com a consequente nomeação de interventores, e a criação de serviços de informações para que o Presidente controlasse o povo, o Poder Judiciário e, principalmente, a imprensa.

Gabarito 1C, 2E, 3E, 4C

(Procurador do Estado/BA – 2014 – CESPE) Em relação ao Ato das Disposições Constitucionais Transitórias (ADCT), julgue os itens seguintes.

(1) No ADCT, não há previsão expressa para que o Brasil envide esforços para a formação de um tribunal internacional dos direitos humanos.

(2) O ADCT concedeu anistia àqueles que foram atingidos por atos de exceção, institucionais ou complementares, em decorrência de motivação exclusivamente política.

(3) Segundo o ADCT, a revisão constitucional será feita a cada cinco anos, em sessão bicameral do Congresso Nacional

1: errado. Ao contrário do mencionado, de acordo com o art. 7º do ADCT, o Brasil propugnará pela formação de um tribunal internacional dos direitos humanos; **2:** correto. O art. 8º do ADCT determina a concessão da anistia aos que, no período de 18 de setembro de 1946 até a data da promulgação da Constituição, foram atingidos, em decorrência de motivação exclusivamente política, por atos de exceção, institucionais ou complementares, além de outros; **3:** errado. Conforme dispõe o art. 3º do ADCT, a revisão constitucional ocorreu uma única vez, após cinco anos, contados da promulgação da Constituição, pelo voto da maioria absoluta dos membros do Congresso Nacional, em sessão unicameral.

Gabarito 1E, 2C, 3E,

(Procurador Federal – 2013 – CESPE) Considerando os fundamentos do Estado federal brasileiro e o princípio da separação dos poderes, julgue os próximos itens.

(1) A CF atribui grande relevância ao princípio da separação dos poderes, que constitui cláusula pétrea. Nesse sentido, o texto constitucional considera que os atos do presidente da República atentatórios à separação dos poderes configuram crime de responsabilidade, e que a União possui a prerrogativa de intervir nos estados e no DF a fim de garantir o livre exercício de qualquer dos poderes.

(2) São fundamentos constitucionais da República Federativa do Brasil, entre outros, os valores sociais do trabalho e da livre iniciativa.

1: correto. De fato, o art. 85, II, da CF determina que os atos do Presidente da República que atentem contra o livre exercício do Poder Legislativo, do Poder Judiciário, do Ministério Público e dos Poderes constitucionais das unidades da Federação configuram crimes de responsabilidade. Além disso, dentre as situações excepcionais que ensejam intervenção federal, previstas no art. 34 da CF, encontra-se a garantia do livre exercício de qualquer dos Poderes nas unidades da Federação (inciso IV); **2:** correto. Os fundamentos da República Federativa do Brasil estão previstos no art. 1º da CF e são os seguintes: I - a soberania; II - a cidadania; III - a dignidade da pessoa humana; IV - **os valores sociais do trabalho e da livre iniciativa** e V - o pluralismo político.

Gabarito 1C, 2C

(Procurador Federal – 2013 – CESPE) Considerando o entendimento prevalecente na doutrina e na jurisprudência do STF sobre o preâmbulo constitucional e as disposições constitucionais transitórias, julgue os itens seguintes.

(1) As disposições constitucionais transitórias são normas de eficácia exaurida e aplicabilidade esgotada. Por serem hierarquicamente inferiores às normas inscritas no texto básico da CF, elas não são consideradas normas cogentes e não possuem eficácia imediata.

(2) A jurisprudência do STF considera que o preâmbulo da CF não tem valor normativo. Desprovido de força cogente, ele não é considerado parâmetro para declarar a constitucionalidade ou a inconstitucionalidade normativa.

1: errado. As disposições constitucionais transitórias, ao contrário do mencionado, possuem o mesmo grau de eficácia que as demais normas constitucionais e são consideradas disposições cogentes. Por outro lado, o ADCT (Ato das Disposições Constitucionais Transitórias) é composto de regras criadas para executarem um determinado papel que, sendo cumprido, passam a não ter mais utilidade. É por esse motivo que tais normas são conhecidas como de eficácia esgotada ou exaurida. Cumprido o encargo para o qual foram criadas, não possuem mais utilidade alguma. Tais regras, embora integrem o texto constitucional e para serem modificadas também seja necessário o processo das emendas constitucionais, ficam ao final da Constituição e possuem numeração própria (artigo 1º ao 97). Isso é assim, pois não seria técnico deixar no corpo das disposições permanentes algo que, mais dia menos dia, não terá mais utilidade alguma; **2:** correto. O preâmbulo, embora traga princípios que norteiam a interpretação da CF, não tem força normativa, não cria direitos e obrigações e não pode ser utilizado como parâmetro para eventual declaração de inconstitucionalidade. Além disso, já definiu a Corte Maior (ADI 2076/AC, Rel. Min. Carlos Velloso) que o preâmbulo não é tido como norma de reprodução obrigatória pelas Constituições dos estados-membros.

Gabarito 1E, 2C

(Procurador do Estado/GO – 2010) Expressa uma das características do neoconstitucionalismo

(A) a limitação da argumentação jurídica ao raciocínio de subsunção norma-fato.

(B) o expurgo de contribuições metajurídicas, como as advindas da ética e da moral, do processo interpretativo.

(C) o prestígio da lei em detrimento da Constituição.

(D) o declínio da importância do Poder Judiciário, quando comparado com as funções assumidas pelos demais poderes.

(E) o reconhecimento da força normativa dos princípios constitucionais.

De acordo com o mestre Luís Roberto Barroso, "o neoconstitucionalismo ou novo direito constitucional, na acepção aqui desenvolvida, identifica um conjunto amplo de transformações ocorridas no Estado e no direito constitucional, em meio às quais podem ser assinalados, (i) como *marco histórico*, a formação do Estado constitucional de direito, cuja consolidação se deu ao longo das décadas finais do século XX; (ii) como *marco filosófico*, o pós-positivismo, com a centralidade dos direitos fundamentais e a reaproximação entre Direito e ética; e (iii) como *marco teórico*, o conjunto de mudanças que incluem a força normativa da Constituição, a expansão da jurisdição constitucional e o desenvolvimento de uma nova dogmática da interpretação constitucional. Desse conjunto de fenômenos resultou um processo extenso e profundo de constitucionalização do Direito".

Gabarito "E"

(Procurador do Estado/GO – 2010) Sobre o alcance do conceito de norma constitucional na ordem jurídica brasileira, é CORRETA a seguinte proposição:

(A) Normas constantes do Ato das Disposições Constitucionais Transitórias não se revestem de idêntica hierarquia das constantes do corpo permanente.

(B) O preâmbulo da Constituição tem natureza jurídica de norma de reprodução obrigatória na Constituição do Estado-membro.

(C) O Supremo Tribunal Federal admite a existência e a normatividade de princípios implícitos, decorrentes do texto constitucional.

(D) O Supremo Tribunal Federal já assentou a inteira pertinência, à luz da ordem constitucional brasileira, da tese que sustenta a hierarquia entre normas constitucionais originárias, entendimento que autoriza o uso de umas como parâmetro de aferição da constitucionalidade de outras.

(E) O bloco de constitucionalidade brasileiro, na visão do Supremo Tribunal Federal, passou a ser integrado, após a Reforma do Judiciário (Emenda Constitucional n.° 45/04), pelos tratados internacionais de direitos humanos.

A: incorreta: Todas as normas constitucionais têm idêntica hierarquia, seja do corpo permanente, seja do ADCT. Alguns autores afirmam que há diferente hierarquia axiológica, mas formalmente não há diferença; **B:** incorreta: STF, ADI 2076, Rel. Min. Carlos Velloso: "Preâmbulo da Constituição: não constitui norma central. Invocação da proteção de Deus: não se trata de norma de reprodução obrigatória na Constituição estadual, não tendo força normativa"; **C:** correta: Sim, como decorrência do pós-positivismo; **D:** incorreta: Não há hierarquia formal entre as normas constitucionais, sejam originárias ou derivadas de emendas, todas têm idêntica força. Pelo princípio da unidade da Constituição, as normas constitucionais devem ser interpretadas em conjunto, para evitar contradições entre umas e outras. Além disso, não há controle de constitucionalidade de normas originárias, apenas de normas constitucionais derivadas de emendas; **E:** incorreta: Ler ADI 595-ES, Informativo STF 258. Nas palavras de Pedro Lenza, "a ideia é identificar o que deve ser entendido como parâmetro da constitucionalidade. Trata-se de nítido processo de aferição da compatibilidade vertical das normas inferiores em relação ao que foi considerado como 'modelo constitucional'. (...) Nesse sentido, duas posições podem ser encontradas. Uma ampliativa (englobando não somente as normas formalmente constitucionais como, também, os princípios não escritos da 'ordem constitucional global' e, inclusive, valores suprapositivos) e outra restritiva (o parâmetro seriam somente as normas e princípios expressos da Constituição escrita e positivada." (**Direito constitucional esquematizado**, 2012, p. 304). A primeira posição identifica-se com o bloco de constitucionalidade, ainda timidamente aceito no direito brasileiro.

Gabarito "C"

(Procurador do Estado/MG – 2007) Analise as afirmações sobre o Direito Constitucional.

I. Pode-se definir o Direito Constitucional como um dos ramos do Direito Público por referir-se à organização da sociedade e, portanto, à Constituição; sendo uma ciência, considera-se a Lei Maior como um conjunto de leis.

II. O Direito Constitucional pode ser definido como o ramo do Direito Público que expõe, interpreta e sistematiza os princípios e normas fundamentais do Estado.

III. Pode-se definir o Direito Constitucional Positivo como aquele cuja missão é o estudo teórico das normas jurídico-constitucionais positivas (mas não necessariamente vigentes) de vários Estados, preocupando-se em destacar as singularidades e os contrastes entre eles ou entre grupos deles.

Está(ão) correta(s)

(A) somente a I.

(B) somente a II.

(C) somente a III.

(D) somente a II e III.

Não se trata de organização da sociedade, mas do Estado. De acordo com José Afonso da Silva, "configura-se como direito público fundamental por referir-se diretamente à organização e funcionamento do Estado, à articulação dos elementos primários do mesmo e ao estabelecimento das bases da estrutura política".

Gabarito "B"

(Procurador do Estado/PA – 2011) Sobre o *constitucionalismo*, assinale a alternativa INCORRETA:

(A) Não obstante seu uso recente, as ideias centrais abrigadas em seu conteúdo remontam à Antiguidade Clássica, mais notadamente ao ambiente da *polis* grega, por volta do século V a.C..

(B) A efetiva utilização do termo no vocabulário político e jurídico do mundo ocidental data de pouco mais de duzentos anos, associando-se aos processos revolucionários francês e soviético do século XVIII.

(C) *Constitucionalismo* e democracia são termos que, apesar de sua proximidade e usual superposição, não se confundem. Para muitos autores, pode até haver tensão entre eles. Por exemplo, direitos fundamentais, frequentemente, apresentam-se como limites ao princípio majoritário no processo político democrático.

(D) Traduz o ideal de limitação do poder e de supremacia da lei. (Estado de Direito, *rule of law, Rechtsstaat*).

(E) O ideal constitucionalista pode estar presente sem a existência de uma Constituição escrita - como no exemplo da tradição político-jurídica do Reino Unido; por outro lado, em inúmeros outros exemplos, apesar da vigência formal e solene de Cartas escritas, o ideal não se concretiza - como nas ditaduras latino-americanas das últimas décadas do século XX, e no caso da Constituição de Weimar, durante o predomínio do Nacional Socialismo na Alemanha de 1933 a 1945.

A: Correta. De acordo com Pedro Lenza, "analisando a antiguidade clássica, Karl Loewenstein identificou, entre os hebreus, timidamente, o surgimento do constitucionalismo, estabelecendo-se no Estado teocrático limitações ao poder político ao assegurar aos profetas a legitimidade para fiscalizar os atos governamentais que extrapolassem os limites bíblicos. (...) mais tarde, no século V. a.C, a experiência das Cidades-Estado gregas como importante exemplo de democracia constitucional" (Direito constitucional esquematizado, 2012, p. 57); **B:** Incorreta. Para Luis Roberto Barroso, "há razoável consenso de que o marco inicial do processo de constitucionalização do Direito foi estabelecido na Alemanha. Ali, sob o regime da Lei Fundamental de 1949 e consagrando desenvolvimentos doutrinários que já vinham de mais longe, o Tribunal Constitucional Federal assentou que os direitos fundamentais, além de sua dimensão subjetiva de proteção de situações individuais, desempenham uma outra função: a de instituir uma ordem objetiva de valores. O sistema jurídico deve proteger determinados direitos e valores, não apenas pelo eventual proveito que possam trazer a uma ou a algumas pessoas, mas pelo interesse geral da sociedade na sua satisfação. Tais normas constitucionais condicionam a interpretação de todos os ramos do Direito, público ou privado, e vinculam os Poderes estatais. O primeiro grande precedente na matéria foi o caso Luth, julgado em 15 de janeiro de 1958"; **C:** Correta. Sobre o tema, confira-se interessante colocação de Luis Roberto Barroso no multicitado artigo *Neoconstitucionalismo e constitucionalização do direito*: "o debate central na teoria constitucional norte-americana contrapôs, de um lado, liberais (ou progressistas), favoráveis ao *judicial review* e a algum grau de ativismo judicial, e, de outro, conservadores, favoráveis à autocontenção judicial e a teorias como originalismo e não interpretativismo. De algum tempo para cá, em razão do amplo predomínio republicano e conservador, com reflexos na jurisprudência da Suprema Corte, alguns juristas liberais vêm questionando o que denominam 'supremacia judicial' e defendendo um ainda impreciso constitucionalismo popular, com a 'retirada da Constituição dos tribunais'. O debate, na sua essência, é universal e gravita em torno das tensões e superposições entre constitucionalismo e democracia. É bem de ver, no entanto, que a ideia de democracia não se resume ao princípio majoritário, ao governo da maioria. Há outros princípios a serem preservados e há direitos da minoria a serem respeitados. Cidadão é diferente de eleitor; governo do povo não é governo do eleitorado. No geral, o processo político majoritário se move por interesses, ao passo que a lógica democrática se inspira em valores. E, muitas vezes, só restará o Judiciário para preservá-los. O *déficit* democrático do Judiciário, decorrente da dificuldade contra majoritária, não é necessariamente maior que o do Legislativo, cuja composição pode estar afetada por disfunções diversas, dentre as quais o uso da máquina administrativa, o abuso do poder econômico, a manipulação dos meios de comunicação"; **D:** Correto. Sim, com a prevalência dos direitos fundamentais; **E:** Correta, mas há polêmica. No caso do Reino Unido, para Luis Roberto Barroso, "mesmo que se concedesse a esses argumentos, não seria possível superar um outro: a inexistência do controle de constitucionalidade e, mais propriamente, de uma jurisdição constitucional no sistema inglês. No modelo britânico vigora a supremacia do Parlamento, e não da Constituição". Por isso, segundo o autor, seria difícil falar em constitucionalismo no Reino Unido.

Gabarito "B"

(Procurador do Estado/PA – 2011) "O marco filosófico do novo direito constitucional é o pós-positivismo. O debate acerca de sua caracterização situa-se na confluência das duas grandes correntes do pensamento que oferecem paradigmas opostos para o Direito: o jusnaturalismo e o positivismo. Opostos, mas, por vezes, singularmente complementares. A quadra atual é assinalada pela superação (...) dos modelos puros por um conjunto difuso e abrangente de ideias, agrupadas sob o rótulo genérico de pós-positivismo." (BARROSO, Luís Roberto. *Curso de Direito Constitucional Contemporâneo: os conceitos fundamentais e a construção do novo modelo*. São Paulo: Saraiva, 2009, p. 247)

Acerca do paradigma pós-positivista no Direito Constitucional, leia as proposições a seguir e assinale a alternativa CORRETA:

I. Caracteriza-se, entre outros aspectos, pelo reconhecimento da normatividade dos princípios e de sua diferença qualitativa em relação às regras.

II. Caracteriza-se, entre outros aspectos, pela tese da rígida separação entre direito, moral e política, expressa na obra *O Império do Direito,* de Ronald Dworkin.

III. Caracteriza-se, entre outros aspectos, pela reabilitação da razão prática e da argumentação jurídica, manifesta, por exemplo, na obra de Robert Alexy

IV. Caracteriza-se, entre outros aspectos, pelo desenvolvimento de uma teoria procedimentalista dos direitos fundamentais, elaborada por autores como Ronald Dworkin e H. L. Hart.

V. Caracteriza-se, entre outros aspectos, pela concepção da interpretação-aplicação do direito como um fenômeno volitivo e não cognoscitivo, pela retomada dos valores na interpretação e pela ilimitada discricionariedade judicial nos casos difíceis, como sustenta o realismo jurídico alemão.

(A) Apenas as alternativas II, IV e V estão corretas.

(B) Apenas as alternativas III, IV e V estão corretas

(C) Apenas as alternativas I e V estão corretas.

(D) Apenas as alternativas II e IV estão corretas.

(E) Apenas as alternativas I e III estão corretas.

De acordo com Luís Roberto Barroso, "O pós-positivismo busca ir além da legalidade estrita, mas não despreza o direito posto; procura empreender uma leitura moral do Direito, mas sem recorrer a categorias metafísicas. A interpretação e aplicação do ordenamento jurídico hão de ser inspiradas por uma teoria de justiça, mas não podem comportar voluntarismos ou personalismos, sobretudo os judiciais. No conjunto de ideias ricas e heterogêneas que procuram abrigo neste paradigma em construção incluem-se a atribuição de normatividade aos princípios e a definição de suas relações com valores e regras; a reabilitação da razão prática e da argumentação jurídica; a formação de uma nova hermenêutica constitucional; e o desenvolvimento de uma teoria dos direitos fundamentais edificada sobre o fundamento da dignidade humana. Nesse ambiente, promove-se uma reaproximação entre o Direito e a filosofia". Para um estudo mais aprofundado do tema, v. Luís Roberto Barroso, Fundamentos teóricos e filosóficos do novo direito constitucional brasileiro. In: *Temas de direito constitucional*, 2005, t. III.

Gabarito "E".

(PROCURADOR DO ESTADO/RS – FUNDATEC – 2010) Analise as seguintes afirmações sobre Constituição e suas normas:

I. Conforme o conceito sociológico cunhado por Ferdinand Lassalle no século XIX, a Constituição — real, não a jurídica — é, em síntese, "o conjunto dos fatores reais de poder que regem uma nação".

II. A definição constante do art. 16 da Declaração dos Direitos do Homem e do Cidadão — "não tem Constituição o estado no qual a garantia dos direitos não esteja assegurada, nem a separação dos poderes determinada" — é um conceito de Constituição em sentido formal.

III. A superioridade hierárquica das normas constitucionais em relação às outras normas que compõem o ordenamento jurídico de um Estado é rotineiramente designada pela doutrina com a expressão "rigidez constitucional".

Quais estão corretas?

(A) Apenas I.

(B) Apenas II.

(C) Apenas III.

(D) Apenas I e II.

(E) Apenas I e III.

I: Correta. Para Ferdinand Lassale a Constituição diz respeito ao "fato social", pois é resultado do somatório das "forças reais de poder". Caso não haja correspondência entre a constituição real e esse "fato social", a constituição será mera "folha de papel"; **II:** Errada. Conceito material de constituição, pois tem foco no conteúdo do texto (garantia dos direitos e separação dos poderes); **III:** Errada. A ideia é de supremacia constitucional. A rigidez diz respeito ao procedimento de reforma da constituição, que estabelece em seu texto um procedimento mais qualificado para aprovação de emendas constitucionais que o de alteração das leis em geral (art. 60 da CF). A rigidez, portanto, tem como consequência a supremacia da Constituição.

Gabarito "A".

(Procurador do Estado/SE – FCC – 2005) Consideradas as classificações das Constituições segundo os critérios de estabilidade e modo de elaboração, tem-se, respectivamente, que a Constituição brasileira de 1988 é

(A) rígida e dogmática.

(B) material e semiflexível.

(C) histórica e formal.

(D) sintética e escrita.

(E) analítica e flexível.

A Constituição de 1988 pode ser assim classificada: a) quanto à origem: promulgada (fruto do trabalho de uma Assembleia Nacional Constituinte); b) quanto à forma: escrita (normas reunidas em um único texto solene e codificado); c) quanto à extensão: analítica (tratam de todos os temas que os representantes do povo entendem importantes e, por isso, em geral são extensas e detalhistas); d) quanto ao modo de elaboração: dogmática (ou sistemática), porque traduzem os dogmas, planos e sistemas preconcebidos; e) quanto à estabilidade ou alterabilidade: rígida, já que prevê, para a alteração das normas constitucionais, um mecanismo mais difícil que aquele estabelecido para as normas não constitucionais (art. 60 da CF).

Gabarito "A".

(Procurador do Estado/SP – VUNESP – 2005) Consoante a doutrina pátria majoritária, a atual Constituição da República Federativa do Brasil pode ser classificada como

(A) material, prolixa, escrita, semirrígida e outorgada.

(B) formal, analítica, escrita, rígida e promulgada.

(C) formal, sintética, costumeira, super-rígida e promulgada.

(D) material, analítica, histórica, imutável e promulgada.

(E) formal, analítica, escrita, flexível e promulgada.

A Constituição de 1988 pode ser assim classificada: a) quanto à origem: promulgada (fruto do trabalho de uma Assembleia Nacional Constituinte); b) quanto à forma: escrita (normas reunidas em um único texto solene e codificado); c) quanto à extensão: analítica (tratam de todos os temas que os representantes do povo entendem importantes e, por isso, em geral são extensas e detalhistas); d) quanto ao modo de elaboração: dogmática (ou sistemática), porque traduzem os dogmas, planos e sistemas preconcebidos; e) quanto à estabilidade ou alterabilidade: rígida, já que prevê, para a alteração das normas constitucionais, um mecanismo mais difícil que aquele estabelecido para as normas não constitucionais (art. 60 da CF). Além disso, observe-se que a CF/88 é formal, pois classifica como constitucional toda a norma presente em seu texto, independentemente de seu conteúdo.

Gabarito "B".

(Procurador do Município/Recife-PE – 2008 – FCC) NÃO figuram entre os princípios pelos quais estabelece a Constituição que a República Federativa do Brasil se rege, em suas relações internacionais,

(A) a independência nacional e a autodeterminação dos povos.

(B) a não intervenção e a defesa da paz.

(C) a igualdade entre os Estados e a solução pacífica dos conflitos.

(D) o repúdio ao terrorismo e ao racismo.

(E) os valores sociais do trabalho e da livre iniciativa.

Art. 4º, I a X, da CF.

Gabarito "E".

(Procurador do Município/Sorocaba-SP – 2012 – VUNESP) *A Constituição de um país é, em essência, a soma dos fatores reais do poder que regem esse país, sendo esta a constituição real e efetiva, não passando a Constituição escrita de uma 'folha de papel'.*

O conceito de constituição apresentado é de autoria de um autor clássico do direito constitucional. Assinale a alternativa que aponta o nome desse autor.

(A) Hans Kelsen.

(B) Carl Schmitt.

(C) Ferdinand Lassalle.

(D) Konrad Hesse.

(E) J. J. Gomes Canotilho.

A ideia de *Constituição* é apresentada pela doutrina em três principais noções: a) em sentido sociológico (Ferdinand Lassale); b) em sentido político (Carl Schimitt) e c) em sentido jurídico (Hans Kelsen). Para Ferdinand Lassale a Constituição diz respeito ao "fato social", pois é resultado do somatório das "forças reais de poder". Caso não haja correspondência entre a constituição real e esse "fato social", a constituição será mera "folha de papel".

Gabarito "C"

(Advogado da União/AGU – CESPE – 2012) No que se refere ao conceito e à classificação das constituições bem como das normas constitucionais, julgue os itens que se seguem.

(1) De acordo com o critério da função exercida pela norma constitucional, considera-se impositiva a regra que veda a imposição de sanção penal ao indivíduo no caso de inexistir lei anterior que defina como crime conduta por ele praticada.

(2) Consoante a concepção moderna de constituição material, ou substancial, o texto constitucional trata da normatização de aspectos essenciais vinculados às conexões das pessoas com os poderes públicos, não abrangendo os fatores relacionados ao contato das pessoas e dos grupos sociais entre si.

1: Errada. De acordo com José Afonso da Silva, as normas constitucionais de eficácia limitada podem ser classificadas em: de princípio institutivo ou de princípio programático. As normas constitucionais de eficácia limitada de princípio institutivo, por sua vez, dividem-se em impositivas ou permissivas. A norma citada na questão é de eficácia plena; 2. Errada: a constituição em sentido material leva em consideração as normas que, por seu conteúdo, são consideradas constitucionais – pode englobar tanto a relação das pessoas com os poderes públicos, como a relação das pessoas entre si.

Gabarito 1E, 2E

(Procurador do Estado/SC – 2010 – FEPESE) De acordo com a Constituição Federal, é objetivo fundamental da República Federativa do Brasil:

(A) a defesa da paz.

(B) conceder asilo político.

(C) construir uma sociedade livre, justa e solidária.

(D) solucionar de forma pacífica os conflitos.

(E) a soberania.

Art. 3º, I a IV, da CF.

Gabarito "C"

(Procurador do Estado/PE – CESPE – 2009) Chega de ação. Queremos promessas. Assim protestava o grafite, ainda em tinta fresca, inscrito no muro de uma cidade, no coração do mundo ocidental. A espirituosa inversão da lógica natural dá conta de uma das marcas dessa geração: a velocidade da transformação, a profusão de ideias, a multiplicação das novidades. Vivemos a perplexidade e a angústia da aceleração da vida. Os tempos não andam propícios para doutrinas, mas para mensagens de consumo rápido. Para jingles, e não para sinfonias. O direito vive uma grave crise existencial. Não consegue entregar os dois produtos que fizeram sua reputação ao longo dos séculos. De fato, a injustiça passeia pelas ruas com passos firmes e a insegurança é a característica da nossa era.

Na aflição dessa hora, imerso nos acontecimentos, não pode o intérprete beneficiar-se do distanciamento crítico em relação ao fenômeno que lhe cabe analisar. Ao contrário, precisa operar em meio à fumaça e à espuma. Talvez esta seja uma boa explicação para o recurso recorrente aos prefixos pós e neo: pós-modernidade, pós-positivismo, neoliberalismo, neoconstitucionalismo. Sabe-se que veio depois e que tem a pretensão de ser novo. Mas ainda não se sabe bem o que é. Tudo é ainda incerto. Pode ser avanço. Pode ser uma volta ao passado. Pode ser apenas um movimento circular, uma dessas guinadas de 360 graus.

L. R. Barroso. **Neoconstitucionalismo e constitucionalização do direito. O triunfo tardio do direito constitucional no Brasil**. *In*: Internet: <jus2.uol.com.br> (com adaptações).

Tendo o texto acima como motivação, assinale a opção correta a respeito do constitucionalismo e do neoconstitucionalismo.

(A) O neoconstitucionalismo tem como marco filosófico o pós-positivismo, com a centralidade dos direitos fundamentais, no entanto, não permite uma aproximação entre direito e ética.

(B) A democracia, como vontade da maioria, é essencial na moderna teoria constitucional, de forma que as decisões judiciais devem ter o respaldo da maioria da população, sem o qual não possuem legitimidade.

(C) No neoconstitucionalismo, a Constituição é vista como um documento essencialmente político, um convite à atuação dos poderes públicos, ressaltando que a concretização de suas propostas fica condicionada à liberdade de conformação do legislador ou à discricionariedade do administrador.

(D) O constitucionalismo pode ser definido como uma teoria (ou ideologia) que ergue o princípio do governo limitado indispensável à garantia dos direitos em dimensão estruturante da organização político-social de uma comunidade. Nesse sentido, o constitucionalismo moderno representa uma técnica de limitação do poder com fins garantísticos.

(E) O neoconstitucionalismo não autoriza a participação ativa do magistrado na condução das políticas públicas, sob pena de violação do princípio da separação dos poderes.

A: A parte final não é verdadeira; **B:** As decisões judiciais não devem sequer ser influenciadas pela opinião pública, devendo obediência à Constituição e ao direito; C e **D:** O neoconstitucionalismo visa desatrelar a noção de Constituição à mera limitação do poder político, devendo também buscar a máxima efetividade das normas constitucionais; **E:** Embora a participação ativa dos juízes seja questionável em doutrina, a banca considera que não há violação da separação de poderes nesse caso.

Gabarito "D"

(Procurador do Estado/SP – FCC – 2009) Considere as seguintes afirmações:

I. Liberdade, Igualdade e Fraternidade, ideais da Revolução Francesa, podem ser relacionados, respectivamente, com os direitos humanos de primeira, segunda e terceira gerações.

II. O direito à paz inclui-se entre os direitos humanos de segunda geração.

III. Os direitos humanos de primeira geração foram construídos, em oposição ao absolutismo, como liberdades negativas; os de segunda geração exigem ações destinadas a dar efetividade à autonomia dos indivíduos, o que autoriza relacioná-los com o conceito de liberdade positiva e com a igualdade.

IV. A indivisibilidade dos direitos humanos significa que, ao apreciar uma violação a direito fundamental, o juiz deverá apreciar todas as violações conexas a ela.

V. A positivação da dignidade humana nas Constituições do pós-guerra foi uma reação às atrocidades cometidas pelo regime nazista e uma das fontes do conceito pode ser encontrada na filosofia moral de Kant.

Estão corretas SOMENTE as afirmações

(A) II, III e V.

(B) I, II, III e V.

(C) I, II e III.

(D) I, II e IV.

(E) I, III e V.

I: Direitos de primeira geração: direitos de liberdade e direitos políticos; direitos de segunda geração: direitos sociais, culturais e econômicos; direitos de terceira geração: direitos coletivos, à proteção ambiental e à defesa do consumidor, por exemplo. Hoje se fala ainda em direitos de quarta geração, associados, por exemplo, às pesquisas genéticas; **II:** O direito à paz é apontado pela doutrina como de terceira geração; **III:** Direitos de primeira geração: associados à noção de obrigação de não fazer; direitos de segunda geração: direitos a prestações positivas do Estado, associados à noção de obrigação de fazer; IV: Indivisibilidade diz respeito à ideia de que os direitos humanos são interdependentes, não podendo ser analisados de forma separada, mas não autoriza o juiz a analisar pedidos não deduzidos judicialmente; V: De acordo com o neoconstitucionalismo, a dignidade da pessoa humana é o princípio central para a interpretação das normas constitucionais.

Gabarito "E"

(Procurador do Estado/PI – 2008 – CESPE) Considerando a evolução constitucional no Brasil, assinale a opção correta.

(A) A Constituição de 1937 trouxe diversos avanços no campo do controle de constitucionalidade das normas, conferindo ao STF amplos poderes para exercer o controle abstrato e concreto de constitucionalidade.

(B) A Constituição de 1988 ampliou o rol de direitos e garantias individuais, prevendo, pela primeira vez, nas constituições brasileiras, o mandado de segurança e a ação popular.

(C) Uma das inovações trazidas pela Constituição brasileira de 1891 foi a divisão do território brasileiro em estados e a ampla liberdade de culto, com o fim do catolicismo como religião oficial do Estado.

(D) A Constituição de 1934 ficou marcada pela sua longa duração e pelo seu cunho autoritário, que permitiu a concentração de poderes nas mãos do chefe do Poder Executivo.

(E) Entre as principais características da Constituição de 1967, pode-se citar o aprimoramento da Federação brasileira, com a descentralização de competências e o fortalecimento do princípio da separação dos poderes.

De acordo com o art. 1º da Constituição de 1891, passou-se a adotar, como forma de Governo, a República Federativa. As antigas províncias deram lugar aos Estados Unidos do Brasil (vedada a secessão). Além disso, o Brasil passou a ser um Estado laico.

Gabarito "C"

(Procurador do Estado/PI – 2008 – CESPE) De acordo com Alexandre de Moraes (Direito Constitucional, São Paulo: Atlas, 2001, p. 511), o ato que consiste no acolhimento que uma nova constituição posta em vigor dá às leis e aos atos normativos editados sob a égide da Carta anterior, desde que compatíveis consigo, é denominado

(A) repristinação.

(B) recepção.

(C) desconstitucionalização.

(D) revogação tácita.

(E) adequação.

A Constituição nova recebe (recepciona) a ordem normativa anterior com ela compatível, conferindo-lhe, quando o caso, nova roupagem. Tal ocorre na medida em que seria praticamente inviável e desnecessário o legislador ordinário manifestar-se novamente logo em seguida à promulgação da Constituição.

Gabarito "B"

(Procurador do Estado/PR – 2007) O artigo 1º da Constituição Federal dispõe que a República Federativa do Brasil, formada pela união indissolúvel dos Estados e Municípios e do Distrito Federal, constitui-se em Estado Democrático de Direito e tem como fundamento:

(A) a erradicação da pobreza e da marginalização e a redução da criminalidade e das desigualdades sociais e regionais;

(B) a soberania, a cidadania, a dignidade da pessoa humana, os valores sociais do trabalho e da livre iniciativa e o pluralismo político;

(C) a promoção do bem estar de todos, sem preconceito de origem, raça, sexo, cor, idade e quaisquer outras formas de discriminação;

(D) a construção de uma sociedade livre, justa e solidária e a garantia do desenvolvimento nacional;

(E) a independência e harmonia dos poderes da União.

Fundamentos, presentes no art. 1º da CF, são as bases sobre as quais assentam a República Federativa do Brasil. São, pois, indispensáveis ao Estado Democrático de Direito.

Gabarito "B"

(Procurador de Contas TCE/ES – CESPE – 2009) Acerca da formação da constituição, da recepção, da reforma e da revisão de normas constitucionais, na sistemática constitucional brasileira, assinale a opção correta.

(A) No tocante ao poder constituinte originário, o Brasil adotou a corrente positivista, de modo que o referido poder se revela ilimitado, apresentando natureza pré-jurídica.

(B) O STF admite a teoria da inconstitucionalidade superveniente de ato normativo produzido antes da nova constituição e perante o novo dispositivo paradigma, nela inserido.

(C) No fenômeno da recepção, são analisadas as compatibilidades formais e materiais da lei em face da nova constituição.

(D) As normas produzidas pelo poder constituinte originário são passíveis de controle concentrado e difuso de constitucionalidade.

(E) A CF pode ser alterada, a qualquer momento, por intermédio do chamado poder constituinte derivado reformador e também pelo derivado revisor.

A: Sim. Ao contrário, para a doutrina jusnaturalista, o direito natural impõe limites ao Poder Constituinte Originário que, por essa razão, não seria totalmente autônomo; **B:** O STF não adota a doutrina da "inconstitucionalidade superveniente", mas entende que as normas pré-constitucionais que não se compatibilizam com o *conteúdo* da nova Constituição são por ela revogadas. Por isso, não cabe ADIN contra norma anterior à Constituição (mas pode caber ADPF – art. 1º, parágrafo único, I, da Lei 9.882/1999); **C:** Pelo princípio da recepção, a legislação anterior à nova Constituição, desde que seja *materialmente* compatível com o novo texto, é validada e passa a se submeter à nova disciplina constitucional. Se a contrariedade com a CF de 1988 for apenas formal, sendo válido seu conteúdo, são recepcionadas; **D:** As normas constitucionais fruto do Poder Constituinte Originário não podem ser objeto de controle de constitucionalidade, mas aquelas inseridas na Constituição por emenda podem ter a constitucionalidade analisada; **E:** Na leitura do art. 3º do Ato das Disposições Constitucionais Transitórias (o que corrobora a vontade do constituinte originário de realizar a revisão constitucional uma única vez), a revisão constitucional foi concebida pelo Poder Constituinte Originário para ser realizada apenas uma vez, após cinco anos da promulgação da CF, pelo voto da maioria absoluta do Congresso Nacional, em sessão unicameral. Em obediência à determinação constitucional, a revisão ocorreu em 1993/1994 e resultou em 6 emendas de revisão, tendo aí a norma constitucional exaurido sua eficácia.

Gabarito "A"

(Procurador do Município/Florianópolis-SC – 2010 – FEPESE) Quando a Constituição exige um procedimento legislativo especial para a alteração de seu texto, mais dificultoso que o processo legislativo ordinário, classifica-se como:

(A) Rígida.

(B) Flexível.

(C) Semirrígida.

(D) Semiflexível.

(E) Semi-imutável.

Quanto à alterabilidade, as constituições podem ser classificadas como rígidas, semirrígidas (ou semiflexíveis) e flexíveis. As rígidas são aquelas que preveem, para a alteração das normas constitucionais, um mecanismo mais difícil que aquele estabelecido para as normas não constitucionais. As semirrígidas preveem normas constitucionais que só podem ser modificadas através de procedimento mais complexo e outras normas constitucionais que podem ser modificadas pelo mesmo processo aplicável às leis infraconstitucionais. As flexíveis, por sua vez, não preveem mecanismo mais dificultoso para a alteração das normas constitucionais, que podem ser modificadas tal como as leis infraconstitucionais. No caso brasileiro, a CF/88 é rígida, porque seu texto traz expresso qual procedimento para a alteração das normas constitucionais, que é muito mais qualificado que o das leis ordinárias. Para que uma emenda constitucional seja aprovada, é preciso observar todas as regras insculpidas no art. 60 da Constituição, que lista limites materiais (art. 60, § 4º), formais (art. 60, § 2º) e circunstanciais (art. 60, § 1º) ao poder de reforma da Constituição.

Gabarito "A"

(Procurador Federal – 2010 – CESPE) No que se refere ao conceito e à classificação de constituição, julgue o próximo item.

(1) Segundo a doutrina, quanto ao critério ontológico, que busca identificar a correspondência entre a realidade política do Estado e o texto constitucional, é possível classificar as constituições em normativas, nominalistas e semânticas.

Classificação atribuída a Karl Loewenstein. Segundo Pedro Lenza "enquanto nas Constituições normativas a pretendida limitação ao poder se implementa na prática, havendo, assim, correspondência com a realidade, nas nominalistas busca-se essa concretização, porém, sem sucesso, não se conseguindo uma verdadeira normatização do processo real do poder. Por sua vez, nas semânticas nem sequer se têm essa pretensão, buscando-se conferir legitimidade meramente formal aos detentores do poder, em seu próprio benefício." Dessa forma, continua o mesmo autor, "da normativa à semântica percebemos uma gradação de democracia e Estado democrático de direito para autoritarismo." (Pedro Lenza, *Direito Constitucional Esquematizado*, 2010, p. 85).

Gabarito 1C

(Procuradoria Federal – 2007 – CESPE) Julgue o seguinte item.

(1) A CF trouxe grandes avanços na área dos direitos e das garantias fundamentais, atestando a modernidade e fazendo do racismo e da tortura crimes inafiançáveis, estabelecendo o *habeas data* e reforçando a proteção dos direitos e das liberdades constitucionais, e restituindo ao Congresso Nacional prerrogativas que lhe haviam sido subtraídas pela administração militar.

Ulysses Guimarães, presidente da Assembleia Nacional Constituinte, denominou nossa Constituição de 1988 como ***Constituição Cidadã.***

Gabarito 1C

(Procuradoria Federal – 2007 – CESPE) Julgue o seguinte item.

(1) O período constitucional do Império foi o período da história brasileira em que o poder mais se apartou da Constituição formal, a qual teve baixo grau de eficácia e pouca presença na consciência dos dirigentes do país. Exemplo disso foi a não utilização da Constituição como instrumento para se solucionar a questão da escravidão no Brasil.

Constituição de 1824.

Gabarito 1C

(Advogado da União/AGU – CESPE – 2009) Com referência aos princípios constitucionais, julgue os seguintes itens.

(1) De acordo com o princípio da legalidade, apenas a lei decorrente da atuação exclusiva do Poder Legislativo pode originar comandos normativos prevendo comportamentos forçados, não havendo a possibilidade, para tanto, da participação normativa do Poder Executivo.

(2) Segundo a doutrina, a aplicação do princípio da reserva legal absoluta é constatada quando a CF remete à lei formal apenas a fixação dos parâmetros de atuação para o órgão administrativo, permitindo que este promova a correspondente complementação por ato infralegal.

(3) O Poder Judiciário, fundado no princípio da isonomia previsto na Carta da República, pode promover a equiparação dos vencimentos de um servidor com os de outros servidores de atribuições diferentes.

1: incorreta: O princípio da legalidade é mais amplo que o da reserva de lei e está insculpido no art. 5º, II, da CF. A legalidade impõe que a criação de direitos e obrigações só pode ser realizada por "lei", aí entendida em sentido amplo. Já a reserva legal ocorre sempre que a CF referir-se à regulamentação de uma matéria "nos termos da lei" ou na "forma da lei", que deve obedecer ao processo legislativo constitucionalmente previsto; **2:** incorreta: A reserva legal ocorre sempre que a CF se referir à regulamentação de uma matéria "nos termos da lei" ou na "forma da lei", que deve obedecer ao processo legislativo constitucionalmente previsto; **3:** incorreta: Vedação expressa pelo art. 37, XIII, da CF

Gabarito 1E, 2E, 3E

(Procurador da Fazenda Nacional – 2007.2 – ESAF) A República Federativa do Brasil, formada pela união indissolúvel dos Estados e Municípios e do Distrito Federal, constitui-se em Estado democrático de direito e tem como fundamentos o que se encontra na única formulação correta, entre as opções abaixo.

(A) A independência nacional; a soberania; a sociedade livre, organizada e solidária; a dignidade da pessoa humana e a liberdade individual.

(B) A cidadania; a dignidade da pessoa humana; os valores sociais do trabalho e econômicos da livre iniciativa; o pluralismo político.

(C) A soberania; a cidadania; a dignidade da pessoa humana; os valores sociais do trabalho e a livre concorrência; o pluralismo político e a defesa da paz.

(D) A soberania; a cidadania; a dignidade da pessoa humana; os valores sociais do trabalho e da livre iniciativa; o pluralismo político.

(E) A cidadania; a dignidade da pessoa humana; os valores econômicos e sociais do trabalho, da livre iniciativa e da livre concorrência; o pluralismo político.

Art. 1º da Constituição Federal.

Gabarito "D"

(Procurador da Fazenda Nacional – 2004 – ESAF) Assinale a opção correta.

(A) A adoção do princípio constitucional da solução pacífica de conflitos não constitui obstáculo incontornável a que o Brasil recorra às armas para a defesa dos seus interesses no cenário internacional.

(B) Sempre que o interesse público entra em linha de colisão com um interesse individual, aquele deve prevalecer.

(C) Chamam-se princípios constitucionais sensíveis aqueles que não podem ser objeto de abolição por meio de emenda à Constituição.

(D) No conflito entre princípios constitucionais, os que se referem a direitos fundamentais devem sempre prevalecer sobre os demais.

(E) Quando dois princípios constitucionais colidem, um deles invariavelmente exclui o outro como inválido.

A: correta. Os princípios constitucionais fundamentais possuem função fundamentadora, traçando as linhas mestras de atuação do Estado brasileiro. Não detém, todavia, caráter absoluto, sendo balizados pelas normas infraconstitucionais que os definem. É o caso da solução pacífica dos conflitos: ela deve ser a primeira opção do País, mas nada impede que, frustrada esta, avance-se para o conflito armado; **B:** incorreta. O conflito entre princípios deve ser analisado caso a caso, não cabendo a adoção de fórmulas prontas. É facilmente imaginável o exemplo da antinomia entre o interesse público à segurança pública, punindo-se o criminoso, e o direito individual à intimidade, que impede a interceptação telefônica fora dos casos previstos em lei. Nesse conflito, prevalece, sem dúvidas, o direito individual; **C:** incorreta. Princípios constitucionais sensíveis são aqueles que, uma vez descumpridos, autorizam a decretação de intervenção federal, nos termos do art. 34, VII, da CF; **D:** incorreta. Como já comentado, não se aceita a aplicação de fórmulas prontas para a solução de conflitos entre princípios; **E:** incorreta. Ao analisar a aplicação dos princípios constitucionais, cabe ao intérprete encontrar a solução que contemple a coexistência deles, pois são normas de mesma hierarquia.

Gabarito "A"

(ADVOGADO – CORREIOS – 2011 – CESPE) No que se refere ao conceito de constituição e a sua classificação, julgue os itens seguintes.

(1) Segundo os doutrinadores, a ideia de uma constituição aberta está ligada à possibilidade de sua permanência dentro de seu tempo, evitando-se o risco de perda ou desmoronamento de sua força normativa.

(2) Quanto a sua extensão e finalidade, a constituição sintética examina e regulamenta todos os assuntos que reputa relevantes à formação, à destinação e ao funcionamento do Estado.

1: correto, pois com o Neoconstitucionalismo, a Constituição passou a ser reconhecida enquanto um sistema aberto de regras e de princípios (Gomes Canotilho). Ademais, a abertura constitucional ampliou o alcance da hermenêutica constitucional e do rol de intérpretes da Constituição (Peter Häberle); **2:** incorreto, pois a Constituição sintética, ao contrário, regulamenta somente os princípios fundamentais e estruturais do Estado. O item, em verdade, traz o conceito de Constituição analítica.

Gabarito 1C, 2E

(ADVOGADO – CORREIOS – 2011 – CESPE) Com referência ao preâmbulo da Constituição Federal de 1988 (CF) e às normas constitucionais programáticas, julgue os seguintes itens.

(1) Constitui exemplo de norma programática o dispositivo segundo o qual o Estado deve garantir a todos pleno exercício dos direitos culturais e acesso às fontes da cultura nacional, além de apoio e incentivo a iniciativas de valorização e difusão das manifestações culturais.

(2) O preâmbulo constitucional estabelece as diretrizes políticas, filosóficas e ideológicas da CF, razão pela qual pode servir de elemento de interpretação e de paradigma comparativo em eventual ação de declaração de inconstitucionalidade.

1: correto, pois de acordo com a classificação de José Afonso da Silva, as normas constitucionais de eficácia limitada declaratórias de princípios programáticos – ou normas programáticas – são aquelas que veiculam um programa a ser implementado pelo Estado, uma meta a ser alcançada visando à realização de fins sociais, de modo a direcionar as atividades administrativas e legislativas; **2:** incorreto, pois prevalece o entendimento de que o preâmbulo constitucional não possui relevância jurídica, mas tão somente importância histórica e política, de modo que não pode servir como parâmetro de controle de constitucionalidade, sendo esta, inclusive, a posição do STF (ADI 2.076-AC, DJ 08/08/2003).

Gabarito 1C, 2E

(ADVOGADO – PETROBRÁS – 2008 – CESGRANRIO) De acordo com a doutrina, os **princípios constitucionais fundamentais** estabelecidos no Título I da Constituição Federal de 1988 podem ser discriminados em princípios relativos (i) à existência, forma e tipo de Estado; (ii) à forma de governo; (iii) à organização dos Poderes; (iv) à organização da sociedade; (v) à vida política; (vi) ao regime democrático; (vii) à prestação positiva do Estado e (viii) à comunidade internacional. Adotando essa classificação, é exemplo típico de princípio fundamental relativo à forma de governo o princípio

(A) federalista.

(B) republicano.

(C) de soberania.

(D) do pluralismo político.

(E) do Estado Democrático de Direito.

De fato, chama-se de "forma de governo" o conjunto de instituições por meio das quais um Estado se organiza a fim de exercer o seu poder sobre a sociedade. Nesse sentido, reconhecem-se duas formas de governo: a Monarquia e a República. Na Monarquia, o poder é concentrado nas mãos do monarca (governo de uma pessoa só) e é transmitido de forma hereditária; já na República – *res* (coisa) *publicae* (povo), consagra-se a ideia de representantes eleitos pelo povo, que participam das decisões políticas em nome do bem comum. A forma de governo adotada por um Estado não deve ser confundida com a forma de Estado (unitária ou federal) nem com seu sistema de governo (Monarquista, Presidencialista, Parlamentarista, dentre outros).

Gabarito "C".

Buscando formular uma concepção estrutural de constituição, a doutrina reconhece que: "A constituição é algo que tem, como forma, um complexo de normas (escritas ou costumeiras); como conteúdo, a conduta humana motivada pelas relações sociais; como fim, a realização dos valores que apontam para o existir da comunidade; (...)"

SILVA, José Afonso da. *In* **Curso de Direito Constitucional Positivo**, 26ª edição, Malheiros, p. 39.

(ADVOGADO – CORREIOS – 2008 – ESPP) Analise os seguintes itens:

I Espécies normativas primárias são aquelas que retiram seu fundamento de validade da própria constituição e por esse motivo são as únicas que podem criar direitos e impor obrigações de natureza geral.

II devido ao princípio da recepção, entrando em vigor nova constituição, todo o ordenamento jurídico anterior será por ela acolhido, mesmo que incompatível com a nova ordem instituída.

III o efeito da repristinação é admitido no direito brasileiro, desde que haja expressa previsão na lei revogadora, por isso é chamado de "falsa repristinação".

IV o fenômeno da desconstitucionalização, que possibilita a recepção de texto constitucional anterior com status de lei ordinária no novo ordenamento jurídico é plenamente admissível pelo direito brasileiro.

Assinale a alternativa correta:

(A) Os itens I e II estão incorretos.

(B) Os itens II, III e IV estão incorretos.

(C) Os itens I e IV estão corretos.

(D) Os itens I e III estão corretos.

I: correta, com a ressalva de que as espécies normativas primárias são aquelas elencadas no art. 59 da Constituição Federal: emendas à Constituição, leis complementares, leis ordinárias, leis delegadas, medidas provisórias, decretos legislativos e resoluções; **II:** incorreta, pois somente será recepcionada por uma nova Constituição a legislação anteriormente se houver compatibilidade material (embora seja dispensada a compatibilidade formal); **III:** correta, nos termos do art. 2º, § 3º, do Decreto-Lei 4.657/42 (Lei de Introdução às normas do Direito Brasileiro); IV: incorreta, pois, embora o instituto da "desconstitucionalização" esteja corretamente conceituado, não há previsão nesse sentido na ordem constitucional brasileira.

Gabarito "D".

(ADVOGADO – ELETROBRÁS – 2006 – NCE/UFRJ) A Constituição deve ser entendida como lei fundamental e suprema de um Estado, que contém normas referentes à estruturação, à formação dos poderes, forma de governo e aquisição do poder de governar, distribuição de competência, direitos, garantias e deveres dos cidadãos. Quanto ao modo de elaboração, as constituições são classificadas em:

(A) dogmáticas e históricas;

(B) materiais e formais;

(C) escritas e não escritas;

(D) promulgadas e outorgadas;

(E) analíticas e sintéticas.

A: correto, com a ressalva de que são dogmáticas as Constituições que surgem como produto de um órgão constituinte, a partir de princípios e ideias fundamentais do direito dominante em um dado momento histórico. Por outro lado, são históricas aquelas que são fruto da lenta e contínua síntese da História e das tradições de um determinado povo; **B:** incorreto, pois tal classificação diz respeito ao conteúdo; **C:** incorreto, pois tal classificação diz respeito à forma; **D:** incorreto, pois tal classificação diz respeito à origem; **E:** incorreto, pois tal classificação diz respeito à extensão.

Gabarito "A".

(ADVOGADO – IRB – 2006 – ESAF) Sobre princípios constitucionais, princípios constitucionais do trabalho, hermenêutica constitucional, classificação das normas constitucionais e tipos de constituição, assinale a única opção correta.

(A) Segundo a doutrina, os princípios político-constitucionais são materializados sob a forma de normas-princípio, as quais, frequentemente, são desdobramentos dos denominados princípios fundamentais.

(B) Por ser um direito fundamental do trabalhador, o princípio da irredutibilidade salarial não admite exceções.

(C) Segundo a doutrina, na interpretação restritiva de uma norma constitucional, o intérprete deve restringir o domínio normativo atingido pela efetividade da norma para adequá-lo ao programa normativo.

(D) Uma norma constitucional classificada quanto à sua aplicabilidade como uma norma constitucional de eficácia contida não possui como característica a aplicabilidade imediata.

(E) Uma constituição é classificada como popular, quanto à origem, quando se origina de um órgão constituinte composto de representantes do povo.

A: incorreto, pois, nos termos da doutrina de Gomes Canotilho, os princípios constitucionais são divididos em duas categorias: os princípios político-constitucionais e os princípios jurídico-constitucionais. Os princípios político-constitucionais compreendem as decisões políticas fundamentais concretizadas em normas conformadoras do sistema e são considerados normas-princípios, isto é, normas das quais derivam logicamente as normas particulares que regem imediatamente a vida social. Já os princípios jurídico-constitucionais são princípios constitucionais gerais informadores da ordem jurídica, os quais decorrem de certas normas constitucionais e, em regra, constituem desdobramentos dos princípios fundamentais; **B:** incorreto, pois a própria CF prevê exceção nos casos de convenção ou acordo coletivo (art. 7º, inciso VI, da CF); **C:** incorreto, pois é aplicado erroneamente o método normativo-estruturante de Friedrich Muller, segundo o qual a norma constitucional não se confunde com o texto normativo, sendo o texto parte da norma. O teor literal de qualquer prescrição de direito positivo é apenas a "ponta do iceberg". Todo o resto - e talvez a parte mais significativa da norma - é constituído pela situação normatizada, cuja compreensão se dá através da investigação das várias funções de realização do Direito Constitucional. Destarte, o intérprete deverá considerar não apenas os elementos resultantes da interpretação do programa normativo, que é expresso pelo texto da norma, mas também aqueles que decorram da investigação do âmbito normativo, elementos que também pertencem à norma, e com igual hierarquia, eis que representam o pedaço da realidade social que o programa normativo escolheu como espaço de regulação. Enquanto que o programa se refere aos elementos da interpretação do texto da norma, o âmbito se refere aos fatos, à parcela da realidade constitutiva da norma. Assim, a interpretação restritiva é inerente ao programa e não ao âmbito da norma; **D:** incorreto, pois sendo a norma de eficácia contida, sua aplicabilidade é imediata, havendo, todavia, a possibilidade de restrição ulterior através da legislação infraconstitucional; **E:** correto, sendo também nesses casos chamada de Constituição promulgada.

Gabarito "E".

(ADVOGADO – BNB – 2006 – ACEP) Marque a alternativa **CORRETA** a respeito do objeto do direito constitucional, da classificação das constituições, da aplicabilidade das normas constitucionais, da interpretação das normas constitucionais e do poder constituinte.

(A) O Direito Constitucional é um ramo do Direito Público que tem por objeto a constituição política do Estado, no sentido amplo de estabelecer sua estrutura, a organização de suas instituições e órgãos, o modo de aquisição e de limitação do poder.

(B) As normas de eficácia contida são aquelas que apresentam aplicabilidade indireta, mediata e ampla, porque somente incidem totalmente sobre os interesses que regulam, após uma normatividade posterior que lhes desenvolva a aplicabilidade.

(C) Segundo o Supremo Tribunal Federal, a técnica da denominada interpretação conforme a Constituição só é utilizável quando a norma impugnada admite somente uma interpretação, que a compatibilize com a Carta Magna. A finalidade dessa regra interpretativa é permitir a manutenção no ordenamento jurídico das leis e atos normativos editados pelo poder competente que guardem valor interpretativo compatível com o texto constitucional.

(D) A Constituição Federal brasileira de 1988 é formal, analítica e flexível. É formal por se consubstanciar de forma escrita, por meio de um documento solene estabelecido pelo Poder Constituinte originário. É analítica por regulamentar todos os assuntos que entende relevantes à formação, destinação e ao funcionamento do Estado. É flexível por permitir alterações promovidas pelo Poder Constituinte derivado, tal como acontece com as normas infraconstitucionais.

(E) O Poder Constituinte derivado não conhece limitações constitucionais implícitas, não sendo passível de controle de constitucionalidade.

A: correto, pois esta é a essência do objeto do Direito Constitucional (Constituição material), embora saibamos que as Constituições – como a brasileira de 1988 – terminam extrapolando esse conteúdo e adentrando noutros assuntos (Constituição formal); **B:** incorreto, pois tal conceito se aplica, na verdade, às normas constitucionais de eficácia limitada; **C:** incorreto, pois a interpretação conforme a Constituição pode ser utilizada – ao contrário – quando há mais de uma interpretação possível a ser dada à norma, de modo que se deve dar preferência àquele sentido que esteja de acordo com a Constituição; **D:** Incorreto, pois a Constituição brasileira de 1988 é formal, analítica e rígida; **E:** incorreto, pois é possível que as Emendas à Constituição sejam objeto de controle de constitucionalidade.

Gabarito "A".

3. HERMENÊUTICA CONSTITUCIONAL E EFICÁCIA DAS NORMAS CONSTITUCIONAIS

(PROCURADOR DO ESTADO/MG – FUMARC – 2012) Sobre a eficácia e aplicabilidade das normas constitucionais, assinale a alternativa correta:

(A) Normas de Eficácia Plena contém argumentos suficientes para sua aplicabilidade imediata e integral, como por exemplo, as que preveem programas oficiais do Estado;

(B) As Normas de Eficácia Limitada possuem eficácia imediata em relação ao efeito vinculante do legislador ordinário.

(C) As Normas de Eficácia Limitada, aplicabilidade diferida ou mediata imprescindem de integração com outra norma constitucional para que tenham eficácia plena;

(D) As normas constitucionais definidoras de direitos e garantias fundamentais possuem eficácia plena ou absoluta e aplicabilidade imediata;

(E) As normas de eficácia contida, em razão do cunho constitucional, apenas podem ter sua aplicabilidade reduzida em face de norma igualmente constitucional.

De acordo com José Afonso da Silva, há: a) normas constitucionais de eficácia plena (ou absoluta) e aplicabilidade imediata, que produzem efeitos plenos tão logo entram em vigor; b) normas constitucionais de eficácia contida (ou redutível ou restringível) e aplicabilidade mediata, que muito embora tenham eficácia direta e aplicabilidade imediata quando da promulgação da CF, podem vir a ser restringidas pelo legislador infraconstitucional no futuro e c) normas constitucionais de eficácia limitada, que, por sua vez, podem ser: c.1) de princípio institutivo (ou organizativo) ou c.2) de princípio programático. Normas constitucionais de eficácia limitada são as que possuem aplicabilidade indireta e eficácia mediata, pois dependem da intermediação do legislador infraconstitucional para que possam produzir seus efeitos jurídicos próprios. Serão de princípio institutivo se contiverem regras de estruturação de instituição, órgãos ou entidades, como a norma do art. 18, § 2º, da CF. As normas constitucionais de eficácia limitada e de princípio programático veiculam programas a serem implementados pelo Estado (arts. 196, 205 e 215, da CF). Além disso, importante observar que toda norma constitucional, ainda que de eficácia limitada, possui eficácia para revogar as normas em contrário ou para servir de vetor de interpretação para o legislador ordinário. Assim, mesmo tendo baixa densidade normativa, as normas de eficácia limitada podem servir como parâmetro para a declaração de inconstitucionalidade das leis que com elas colidem.

Gabarito "B"

(Procurador do Estado/SE – FCC – 2005) Considera-se de eficácia limitada a norma constitucional segundo a qual

(A) é direito dos trabalhadores urbanos e rurais a proteção em face da automação, na forma da lei (art. 7º, XXVII).

(B) a casa é asilo inviolável do indivíduo, nela ninguém podendo penetrar sem consentimento do morador, salvo nos casos previstos na Constituição (art. 5º, XI).

(C) é vedada a utilização pelos partidos políticos de organização paramilitar (art. 17, § 4º).

(D) ninguém será obrigado a fazer ou deixar de fazer alguma coisa senão em virtude de lei (art. 5º, II).

(E) é livre o exercício de qualquer trabalho, ofício ou profissão, atendidas as qualificações profissionais que a lei estabelecer (art. 5º, XIII).

Normas constitucionais de eficácia limitada são as que possuem aplicabilidade indireta e eficácia mediata, pois dependem da intermediação do legislador infraconstitucional para que possam produzir seus efeitos jurídicos próprios. No caso, apenas a letra "a" traz a necessidade de intermediação do legislador, por meio da expressão "na forma da lei".

Gabarito "A"

(Procurador do Município/Natal-RN – 2008 – CESPE) Assinale a opção correta de acordo com a doutrina dominante referente à interpretação e aplicação das normas constitucionais.

(A) Segundo Eros Roberto Grau, a interpretação e a aplicação do direito são momentos distintos, sendo que o primeiro antecede o segundo e consiste na subsunção do fato à norma.

(B) No âmbito da doutrina que estuda a interpretação constitucional, é possível identificar duas correntes de pensamento: os interpretativistas e os não interpretativistas. A diferença entre elas, em linhas gerais, é que os interpretativistas defendem um ativismo judicial na interpretação da Constituição, admitindo a possibilidade de os juízes irem além do texto da lei, invocando valores como justiça, igualdade e liberdade na criação judicial do direito, o que é repelido pelos não interpretativistas.

(C) Nos sistemas que adotam o mecanismo do *judicial review*, o Poder Legislativo é apontado pela doutrina como o principal agente na interpretação da Constituição.

(D) A sociedade aberta dos intérpretes da Constituição, defendida por Peter Häberle, propõe que a interpretação constitucional seja tarefa desenvolvida por todos aqueles que vivem a norma, devendo ser inseridos no processo de interpretação constitucional todos os órgãos estatais, os cidadãos e os grupos sociais.

A: Não há mera subsunção do fato à norma. Para o autor, "o aplicador do Direito, ao decidir pela atribuição ou não atribuição de um conceito a uma certa coisa, estado ou situação, valendo-se, para tanto, de dados extraídos à observação da realidade, decide questão de direito e não questão de fato. Tal decisão envolve ato de apreciação jurídica, ou seja, uma valoração jurídica. A questão, assim, é de direito e não de fato: a verificação do fato está inserida na apreciação jurídica, possuindo apenas função auxiliar em relação a esta última" (Eros Roberto Grau, *Direito, conceitos e normas jurídicas*); **B:** O contrário: os não interpretativistas defendem o ativismo judicial e os interpretativistas defendem que o juiz deve se limitar a captar o sentido expresso na norma constitucional; **C:** O Poder Judiciário é o principal agente; **D:** Sim. De acordo com o autor, "a interpretação constitucional é, em realidade, mais um elemento da sociedade aberta. Todas as potências públicas, participantes materiais do processo social, estão nela envolvidas, sendo ela, a um só tempo, elemento resultante da sociedade aberta e um elemento formador ou constituinte dessa sociedade. (...) Os critérios de interpretação constitucional hão de ser tanto mais abertos quanto mais pluralista for a sociedade."

Gabarito "D"

(Procurador do Município/São José dos Campos-SP – 2012 – VUNESP) Analise os seguintes dispositivos constitucionais.

I. É vedado à União, aos Estados, ao Distrito Federal e aos Municípios: criar distinções entre brasileiros ou preferências entre si.

II. No caso de iminente perigo público, a autoridade competente poderá usar de propriedade particular, assegurada ao proprietário indenização ulterior, se houver dano.

III. Compete privativamente à União legislar sobre: desapropriação.

Conforme a doutrina clássica que trata da eficácia e aplicabilidade das normas constitucionais, os dispositivos da Constituição Federal reproduzidos na questão são considerados, respectivamente, normas de eficácia

(A) plena, contida e limitada.

(B) contida, plena e limitada.

(C) limitada, contida e plena.

(D) plena, contida e plena.

(E) plena, plena e limitada.

De acordo com José Afonso da Silva, há: a) normas constitucionais de eficácia plena (ou absoluta) e aplicabilidade imediata, que produzem efeitos plenos tão logo entram em vigor; b) normas constitucionais de eficácia contida (ou redutível ou restringível) e aplicabilidade mediata, que muito embora tenham eficácia direta e aplicabilidade imediata quando da promulgação da CF, podem vir a ser restringidas pelo legislador infraconstitucional no futuro e c) normas constitucionais de eficácia limitada, que, por sua vez, podem ser: c.1) de princípio institutivo (ou organizativo) ou c.2) de princípio programático.

Gabarito "D"

(Procurador do Estado/PE – CESPE – 2009) No que se refere à interpretação e à aplicação das normas constitucionais, assinale a opção correta.

(A) Conforme entendimento do STF, o dispositivo constitucional que afirma que o dever do Estado com a educação será efetivado mediante a garantia de educação infantil, em creche e pré-escola, às crianças de até cinco anos de idade, é um exemplo de norma de eficácia limitada, na medida em que exige do Estado uma prestação discricionária e objetiva no sentido de construção de creches ou aumento das vagas nas creches públicas já existentes.

(B) O preâmbulo constitucional, segundo entendimento do STF, tem eficácia jurídica plena, consistindo em norma de reprodução obrigatória nas constituições estaduais.

(C) Se uma norma estadual contrariar uma norma prevista nos atos das disposições constitucionais transitórias, não será admitido o controle concentrado de constitucionalidade.

(D) De acordo com o método de interpretação constitucional denominado científico-espiritual, a Constituição é instrumento de integração, não apenas sob o ponto de vista jurídico-formal, mas também, e principalmente, em perspectiva política e sociológica, como instrumento de solução de conflitos, de construção e de preservação da unidade social.

(E) Em razão do princípio da eficácia integradora, se norma fundamental instituir um sistema coerente e previamente ponderado de repartição de competências, não poderão os seus aplicadores chegar a resultado que subverta esse esquema organizatório-funcional.

A: Norma de eficácia plena (art. 208, IV, da CF); **B:** O STF já decidiu que o preâmbulo não é de reprodução obrigatória (ADI 2076, Rel. Min. Carlos Velloso); **C:** O ADCT, ainda que provisório, faz parte da Constituição e serve de parâmetro para a declaração de inconstitucionalidade; **D:** De acordo com Canotilho, o método científico-espiritual é o valorativo, sociológico, segundo o qual a interpretação das normas constitucionais não se fixa à literalidade da norma, mas leva em conta a realidade social e os valores subjacentes ao texto da Constituição; **E:** De acordo com o princípio do efeito integrador (Canotilho), na resolução dos problemas jurídico-constitucionais deve ser dada primazia aos critérios favorecedores da integração política e social, bem como ao reforço da unidade política.

Gabarito "D"

(Procurador do Estado/CE – 2008 – CESPE) Com relação aos princípios interpretativos das normas constitucionais, assinale a opção correta.

(A) Segundo o princípio do efeito integrador, na resolução de problemas jurídico-constitucionais, deverá ser dada maior primazia aos critérios favorecedores da integração política e social, bem como o reforço da unidade política.

(B) De acordo com o princípio da eficiência ou da efetividade, na resolução de problemas constitucionais, deve-se dar primazia aos direitos do Estado.

(C) Segundo o princípio da conformidade funcional, deve o intérprete harmonizar os bens jurídicos em conflito, de modo a evitar o sacrifício de uns em relação aos outros.

(D) O princípio da força normativa da Constituição estabelece que o intérprete deve ater-se ao que consta do texto das normas constitucionais.

(E) Segundo o princípio da unidade da Constituição, uma constituição não deve ser interpretada a partir de valores e princípios contidos em outras constituições.

A: Luiz Alberto David Araújo e Vidal Serrano Nunes Junior, lecionam que: "*O princípio do efeito integrador, é um desdobramento do princípio da unidade, o princípio do efeito integrador sublima a aplicação de critérios que desincumbam a tarefa de efetivação da integração política e social e o reforço da unidade política.*"; **B:** tal princípio significa que a norma constitucional há de ter a mais ampla ***efetividade social;*** **C:** prescreve o ***princípio da conformidade funcional*** que ao intérprete final da Constituição, o STF, é defeso modificar a repartição de funções fixadas pela própria Constituição Federal; **D:** pelo ***princípio da força normativa,*** deve-se, na solução de conflitos, dar primazia à máxima efetividade das normas constitucionais; **E:** a Constituição, pelo ***princípio da unidade***, há de ser interpretada como um todo.

Gabarito "A"

(Procurador do Município/Florianópolis-SC – 2010 – FEPESE) Conforme os ensinamentos de Canotilho, "toda a norma é significativa, mas o significado não constitui um dado prévio; é, sim, o resultado da tarefa interpretativa".

Sobre o princípio de interpretação constitucional da "justeza", é **correto** afirmar:

(A) O texto constitucional deve ser interpretado de modo a evitar antinomias entre suas normas e princípios.

(B) A interpretação constitucional deve considerar primordialmente os critérios que favoreçam a integração política e social e o reforço da unidade política.

(C) O intérprete constitucional deve atribuir à norma constitucional um sentido que lhe reconheça a máxima eficácia.

(D) A interpretação constitucional deve reconhecer a coexistência harmoniosa dos bens juridicamente protegidos, evitando o sacrifício total de uns em relação aos outros.

(E) O órgão encarregado de realizar a interpretação constitucional não pode chegar a um resultado que subverta a estrutura organizatória- funcional definida pelo legislador constituinte.

O princípio da conformidade funcional é também chamado de *princípio da justeza* e determina que o intérprete da Constituição, ao realizar sua tarefa, não pode subverter as regras de repartição de competências estabelecida pela própria Constituição.

Gabarito "E"

(Procurador do Município/Teresina-PI – 2010 – FCC) Para interpretar e aplicar os preceitos constitucionais é essencial adentrar ao âmbito da dogmática para diferenciar princípios e regras, assim, quanto aos métodos de interpretação constitucional está correto afirmar:

(A) O "Princípio da Interpretação Conforme a Constituição" é uma diretriz para aplicação dos princípios constitucionais fundamentais que devem ser interpretados no sentido de chegar a uma integração política e social.

(B) O "Princípio da Unidade da Constituição" permite ao intérprete dar coesão ao texto constitucional ao definir princípios como *standards* juridicamente relevantes, abertos, apartado das regras.

(C) O "Princípio da Máxima Efetividade" autoriza a alteração do conteúdo dos direitos fundamentais da norma com o fim de garantir o sentido que lhe dê a maior eficácia possível.

(D) O "Princípio da Concordância Prática" indica que diante de um conflito entre bens constitucionalmente protegidos, deve-se optar por um deles em nome da coerência lógica e segurança jurídica.

(E) O "Princípio da Força Normativa da Constituição" alude para a priorização de soluções hermenêuticas que possibilitem a atualização normativa e, ao mesmo tempo, edifique sua eficácia e permanência.

A: A *interpretação conforme a Constituição* é, ao mesmo tempo, princípio de interpretação e técnica de controle de constitucionalidade, tendo aplicação diante de normas jurídicas *plurissignificativas*. Vale dizer, a interpretação conforme a Constituição somente será possível quando a norma infraconstitucional apresentar vários significados ou puder ser interpretada de várias formas, umas compatíveis com as normas constitucionais e outras não, devendo-se excluir a interpretação contra o texto constitucional e optar pela interpretação que encontra guarida na CF, ou seja, pela interpretação conforme a Constituição. Entretanto, não legitima o intérprete a atuar como legislador positivo; **B:** Pelo princípio da unidade da Constituição, as normas constitucionais devem ser observadas não como preceitos isolados, mas como parte de um sistema, devendo, por isso, serem interpretadas em conjunto com as demais regras e princípios constitucionais. Além disso, dele decorre também a afirmação de que não há hierarquia formal entre normas constitucionais, podendo-se falar, apenas, em hierarquia axiológica; **C:** Pelo princípio da máxima efetividade deve-se buscar a interpretação que maior efetividade social conferir à norma interpretada; **D:** O princípio da concordância prática também é conhecido como *harmonização*. Ou seja, diante da inexistência de hierarquia entre os princípios constitucionais, deve-se buscar a redução proporcional do alcance de cada um dos bens em conflito, de modo que seus núcleos não sejam atingidos, evitando o sacrifício total de um bem em benefício do outro; **E:** Sim, a força normativa prioriza a interpretação constitucional que possibilita a atualidade normativa do texto, garantindo, ao mesmo tempo, sua eficácia e permanência.

Gabarito "E"

(Procurador Federal – 2010 – CESPE) A respeito das normas constitucionais programáticas, julgue o seguinte item.

(1) De acordo com entendimento do STF, configura exemplo de norma constitucional programática o preceito constitucional segundo o qual a política agrícola deve ser planejada e executada na forma da lei, com a participação efetiva do setor de produção, envolvendo tanto produtores e trabalhadores rurais, como setores de comercialização, de armazenamento e de transportes.

Sim, porque as normas programáticas estabelecem um programa de atuação para o legislador infraconstitucional e indicam os fins a serem alcançados pelos órgãos estatais, sendo típicas de Constituições ditas dirigentes.

Gabarito 1C

(Procurador Federal – 2010 – CESPE) Quanto à hermenêutica constitucional, julgue os itens a seguir.

(1) Pelo princípio da concordância prática ou harmonização, na hipótese de eventual conflito ou concorrência entre bens jurídicos constitucionalizados, deve-se buscar a coexistência entre eles, evitando-se o sacrifício total de um princípio em relação ao outro.

(2) O método hermenêutico-concretizador caracteriza-se pela praticidade na busca da solução dos problemas, já que parte de um problema concreto para a norma.

1: Parte da noção de unidade da Constituição para estabelecer a coexistência dos bens constitucionais em jogo, evitando o sacrifício total de um em benefício do outro; **2:** De acordo com Canotilho, a interpretação das normas constitucionais é um conjunto de métodos, que o mestre português divide em: a) jurídico (ou hermenêutico clássico); b) tópico-problemático; c) hermenêutico-concretizador; d) científico-espiritual; e) normativo-estruturante; f) da comparação constitucional. O científico-espiritual é o método valorativo, sociológico, segundo o qual a interpretação das normas constitucionais não se fixa à literalidade da norma, mas leva em conta a realidade social e os valores subjacentes ao texto da Constituição. O normativo--estruturante defende que a literalidade da norma deve ser analisada "à luz da concretização da norma em sua realidade social". O método hermenêutico-concretizador difere do tópico-problemático justamente porque, no primeiro, parte-se da Constituição para o problema, valendo-se o intérprete de suas pré-compreensões sobre o tema para obter o sentido da norma. Na tópica, ao contrário, parte--se do caso concreto para a norma. O método hermenêutico clássico entende a Constituição como lei e, por isso, a interpreta através dos métodos tradicionais de hermenêutica (gramatical, lógico, sistemático, histórico, teleológico, etc.). Para melhor compreensão do tema v. Pedro Lenza, *Direito constitucional esquematizado*, 2010, p. 132 a 134.

Gabarito 1C, 2E

Texto para as três seguintes questões. Um partido político ajuizou ação direta de inconstitucionalidade devido à omissão da expressão "sob a proteção de Deus" do preâmbulo da Constituição de determinado estado da Federação. Para tanto, o partido alegou que o preâmbulo da CF é um ato normativo de supremo princípio básico com conteúdo programático e de absorção compulsória pelos estados, que o seu preâmbulo integra o texto constitucional e que suas disposições têm verdadeiro valor jurídico.

(Procuradoria Federal – 2007 – CESPE) Julgue o seguinte item.

(1) A invocação a Deus, presente no preâmbulo da CF, reflete um sentimento religioso, o que não enfraquece o fato de o Estado brasileiro ser laico, ou seja, um Estado em que há liberdade de consciência e de crença, onde ninguém é privado de direitos por motivo de crença religiosa ou convicção filosófica.

De fato, a invocação a Deus, contida no preâmbulo da CF, não compromete de forma alguma o fato de o Brasil ser um Estado laico.

Gabarito 1C

(Procuradoria Federal – 2007 – CESPE) Julgue o seguinte item.

(1) O preâmbulo constitucional possui destacada relevância jurídica, situando-se no âmbito do direito e não simplesmente no domínio da política.

O STF já declarou a irrelevância jurídica do preâmbulo. Ele serve, pois, tão somente como norte interpretativo das normas constitucionais, não tendo o condão, dessa forma, de gerar força obrigatória (STF, ADI 2.076-AC, rel. Min. Carlos Velloso).

Gabarito 1E

(Procuradoria Federal – 2007 – CESPE) Julgue o seguinte item.

(1) O preâmbulo da CF é norma central de reprodução obrigatória na Constituição do referido estado-membro.

Também já decidiu o STF que o preâmbulo não constitui norma de reprodução obrigatória na Constituição do Estado-membro (STF, ADI 2.076-AC, rel. Min. Carlos Velloso).

Gabarito 1E

(Procuradoria Federal – 2007 – CESPE) Julgue o seguinte item.

(1) O princípio da unidade da CF, como princípio interpretativo, prevê que esta deve ser interpretada de forma a se evitarem contradições, antinomias ou antagonismos entre suas normas.

Prescreve tal princípio que a Constituição Federal deve ser interpretada como um todo, evitando-se, com isso, contradições, antinomias ou antagonismos entre suas normas.

Gabarito 1C

(Procurador da Fazenda Nacional – 2007 – ESAF) Assinale a opção correta.

(A) As normas programáticas não são autoaplicáveis porque retratam apenas diretrizes políticas que devem ser alcançadas pelo Estado Brasileiro, não possuindo caráter vinculante imediato.

(B) As normas definidoras de direitos e garantias fundamentais são consideradas normas de aplicação mediata, embora direta e potencialmente não integral.

(C) É autoaplicável a norma constitucional que prevê que a atividade jurisdicional será ininterrupta, sendo vedadas férias coletivas nos juízos e tribunais de segundo grau, funcionando, nos dias em que não houver expediente forense normal, juízes em plantão permanente.

(D) A norma constitucional que prevê que a lei só poderá restringir a publicidade dos atos processuais quando a defesa da intimidade ou o interesse social o exigirem é de eficácia limitada.

(E) No caso das normas constitucionais de eficácia contida, a atividade integradora do legislador infraconstitucional é vinculada e não discricionária, ante a necessidade, para fins de auto execução, de delimitar o ambiente da sua atuação restritiva.

A: as ***normas programáticas*** (espécie do gênero ***norma de eficácia limitada***) estabelecem um programa a ser desenvolvido por meio de legislação infraconstitucional. São dotadas de eficácia jurídica, porque vinculam o legislador infraconstitucional, que fica impedido de editar norma em sentido contrário; **B:** em conformidade com o disposto no art. 5º, § 1º, da CF, as normas definidoras dos direitos e garantias fundamentais têm aplicação imediata; **C:** diz-se autoaplicável na medida em que prescinde da atuação do legislador infraconstitucional. Independe, pois, de normatividade posterior para a sua plena operatividade; **D:** o dispositivo (art. 5º, LX, CF) não está condicionado à edição de nenhuma normatividade futura, não se tratando, portanto, de ***norma de eficácia limitada***; **E:** a ***norma contida*** tem plena eficácia, podendo, entretanto, ter seu campo de atuação restringido pelo trabalho do legislador infraconstitucional.

Gabarito "C"

(ADVOGADO – ELETROBRÁS – 2006 – NCE/UFRJ) De acordo com a tradicional classificação das normas constitucionais, quanto a aptidão para produzir efeitos, são normas constitucionais de eficácia:

(A) plena aquelas que, desde a entrada em vigor da Constituição, produzem todos os efeitos essenciais; normas constitucionais de eficácia contida são aquelas que permitem ao legislador infraconstitucional diminuir o seu alcance;

(B) plena aquelas que, desde a entrada em vigor da Constituição, produzem todos os efeitos essenciais, mas precisam ao longo de sua vigência regulação do legislador infraconstitucional; normas constitucionais de eficácia contida são aquelas que definem programas de governo;

(C) plena aquelas que instituem de forma plena princípios institutivos e programas de governo; normas constitucionais de eficácia contida são aquelas que permitem ao legislador infraconstitucional diminuir o seu alcance;

(D) programática aquelas que, desde a entrada em vigor da Constituição, produzem todos os efeitos; normas de eficácia contida são aquelas que não possuem todos os elementos necessários para a produção de seus efeitos;

(E) plena aquelas que, desde a entrada em vigor da Constituição, produzem todos os efeitos esperados pelo constituinte; normas de eficácia contida são aquelas que só podem ter seus efeitos definidos através do controle concentrado de constitucionalidade; normas constitucionais de eficácia limitada são aquelas que garantem a ordem pública no estado democrático de direito.

A questão adota a classificação de José Afonso da Silva, o qual divide as normas constitucionais em: a) Normas de eficácia plena - são aquelas normas da Constituição que, no momento em que esta entra em vigor, estão aptas a produzir todos os seus efeitos, independentemente de norma integradora infraconstitucional; b) Normas de eficácia limitada - são aquelas que, de imediato, no momento em que a Constituição é promulgada, não têm o condão de produzir todos os seus efeitos, precisando de uma lei integrativa infraconstitucional. São portadoras, portanto, de aplicabilidade mediata e reduzida, ou segundo alguns autores, de aplicabilidade diferida; c) Normas de eficácia contida – são aquelas que têm aplicabilidade direta e imediata, mas possivelmente não integral. Embora tenham condições de, quando da promulgação da Constituição, produzir todos os seus efeitos, poderá a norma infraconstitucional reduzir ou suspender a sua abrangência.

Gabarito "A"

Na Constituição, a dinâmica do processo político não se adapta às suas normas, embora ela conserve, em sua estrutura, um caráter educativo, com vistas ao futuro da sociedade. Seria uma Constituição prospectiva, isto é, voltada para um dia ser realizada na prática. Mas, enquanto não realizar todo o seu programa, continuaria a desarmonia entre os pressupostos formais nela insculpidos e sua aplicabilidade. É como se fosse uma roupa guardada no armário que será vestida futuramente, quando o corpo nacional tiver crescido.

Uadi Lammêgo Bulos. Constituição Federal anotada, 8.ª ed., São Paulo. Saraiva, 2008, p. 32.

(ADVOGADO – SERPRO – 2008 – CESPE) Considerando o texto acima, julgue os itens seguintes, acerca da classificação das constituições e da interpretação e aplicação das normas constitucionais.

(1) A espécie de constituição apontada no texto é definida como constituição nominal.

(2) O dispositivo constitucional que afirma que a finalidade da ordem econômica é assegurar a todos uma existência digna, conforme os ditames da justiça social, seria um exemplo de norma programática.

(3) O desafio de realizar a Constituição na prática exige que o intérprete e aplicador priorize os critérios ou pontos de vista que favoreçam a integração política e social e o reforço da unidade política, visto que essas são algumas das finalidades primordiais da Constituição. É o que se denomina de princípio do efeito integrador.

1: correta, pois considera-se a classificação de Karl Lowestein, o qual divide as Constituições de acordo com sua essência. Para o referido autor, as Constituições dividem-se em: a) normativas – nelas o processo de poder está disciplinado de tal forma que os agentes do poder subordinam-se às determinações constitucionais, possuindo, assim, eficácia social e política; b) nominalistas - são aquelas que, apesar de jurídica e formalmente existente, não são respeitadas nem efetivadas. Isto ocorre quando os poderes constituídos ignoram sua supremacia, não cumprindo seus preceitos. São constituições prospectivas, isto é, voltadas para um dia serem realizadas na prática; c) Semânticas - são constituições usadas pelos dirigentes do Estado para sua permanência no poder, havendo um desvirtuamento da finalidade constitucional: em vez de a Constituição limitar a ação dos governantes em benefício dos indivíduos, seu verdadeiro fim, seria utilizado por estes para a manutenção do próprio poder; **2:** correta, pois de acordo com a classificação de José Afonso da Silva, as normas constitucionais de eficácia limitada, declaratórias de princípios programáticos – ou normas programáticas - são aquelas que veiculam um programa a ser implementado pelo Estado, uma meta a ser alcançada visando à realização de fins sociais, de modo a direcionar as atividades administrativa e legislativa; **3:** correta, pois é verdadeiro o conceito apresentado para o princípio do efeito integrador, cuja aplicação se dá no âmbito da hermenêutica constitucional. Em verdade, a atividade do intérprete da Constituição não se limita à análise do texto constitucional, devendo também considerar a parcela da realidade social e política escolhido pela norma constitucional como espaço de regulação.

Gabarito: 1C, 2C, 3C

(ADVOGADO – DATAPREV – 2009 – UFF) Segundo o artigo 125, § 2º. da Constituição Federal, inserido no capítulo que trata do Poder Judiciário: "Cabe aos Estados a instituição de representação de inconstitucionalidade de leis ou atos normativos estaduais ou municipais em face da Constituição Estadual, vedada a atribuição da legitimação para agir a um único órgão". No que se refere à interpretação da norma constitucional, é correto afirmar que a norma citada acima adapta-se ao princípio:

(A) do efeito integrador;

(B) da conformidade funcional ou da justeza;

(C) da concordância prática ou da harmonização;

(D) da simetria constitucional;

(E) da unidade da Constituição.

A: incorreto, pois o princípio do efeito integrador se refere, conforme doutrina de Gomes Canotilho, à primazia que se deve dar aos critérios ou pontos de vista que favoreçam a integração política e social e o reforço à unidade política quando da resolução dos problemas jurídico-constitucionais; **B:** incorreto, pois, conforme lição de Gomes Canotilho, o intérprete da Constituição, ao concretizar a norma constitucional, será responsável por estabelecer a força normativa da Constituição, não sendo possível alterar a repartição de funções estabelecidas pelo poder constituinte originário (separação dos poderes); **C:** incorreto, pois o princípio da concordância prática ou da harmonização, de acordo com Gomes Canotilho, (aplicado principalmente nos casos de colisão), orienta o intérprete no sentido de que se deve evitar um sacrifício total de um direito fundamental em relação ao outro; **D:** correto, pois o princípio da simetria – um dos pilares do regime federalista de Estado – implica a necessidade de uma relação simétrica entre a Constituição Federal e as Constituições Estaduais, especialmente no que diz respeito aos princípios mais importantes da organização do Estado e da divisão dos poderes. Com efeito, diante da existência de mecanismos de controle abstrato de constitucionalidade em face da Constituição Estadual, impõe-se a instituição de mecanismos semelhantes nas ordens constitucionais estaduais; **E:** incorreto, pois a unidade da Constituição está relacionada com o reconhecimento da Constituição enquanto sistema unitário de regras e de princípios, onde não há hierarquia entre seus elementos e nem se reconhece a inconstitucionalidade de normas constitucionais originárias.

Gabarito "D"

(PROCURADOR – BANCO CENTRAL – 2009 – CESPE) Assinale a opção correta acerca de constituição, hermenêutica constitucional e poder constituinte originário e derivado, no ordenamento jurídico brasileiro.

(A) Pelo método de interpretação hermenêutico-concretizador, a análise da norma constitucional não se fixa na sua literalidade, mas decorre da realidade social e dos valores insertos no texto constitucional, de modo que a constituição deve ser interpretada considerando-se seu dinamismo e constante renovação, no compasso das modificações da vida da sociedade.

(B) Pelo princípio da concordância prática ou harmonização, os órgãos encarregados de promover a interpretação da norma constitucional não podem chegar a resultado que altere o esquema organizatório-funcional constitucionalmente estabelecido pelo legislador constituinte originário.

(C) De acordo com entendimento do STF, as normas constitucionais provenientes da manifestação do poder constituinte originário têm, via de regra, retroatividade máxima.

(D) O poder constituinte derivado decorrente deve observar, entre outros, os princípios constitucionais estabelecidos, que integram a estrutura da Federação brasileira, como, por exemplo, a forma de investidura em cargos eletivos, o processo legislativo e os orçamentos.

(E) De acordo com a doutrina, constituição semântica é aquela cuja interpretação depende do exame de seu conteúdo significativo, sob o ponto de vista sociológico, ideológico e metodológico, de forma a viabilizar maior aplicabilidade político-normativo-social de seu texto.

A: incorreto, pois o método hermenêutico-concretizador parte da ideia de que a leitura do texto constitucional se inicia pela prévia compreensão do seu sentido através do intérprete. O intérprete pratica uma atividade prático-normativa, concretizando a norma para uma situação concreta, num movimento de ir e vir (círculo hermenêutico) do texto da norma ao contexto; **B:** incorreto, pois o princípio da concordância prática ou da harmonização (Gomes Canotilho) aplicado principalmente nos casos de colisão, orienta o intérprete no sentido de que se deve evitar um sacrifício total de um direito fundamental em relação ao outro; **C:** incorreto, pois, conforme a Jurisprudência do STF (ADI 493, DJ 04/09/92), as normas constitucionais são dotadas de retroatividade mínima, vale dizer, embora tenham vigência imediata, afetam apenas as obrigações futuras dos negócios jurídicos anteriormente pactuados (proteção ao ato jurídico perfeito e ao direito adquirido – art. 5º, inciso XXXVI, da CF); **D:** incorreto. O exercício do poder constituinte derivado concorrente é limitado pelos princípios estabelecidos e pelos princípios extensíveis. Os estabelecidos estão presentes expressamente nas normas constitucionais, e dizem respeito a regras de repartição de competência, do sistema tributário, da organização dos poderes, entre outros; já os extensíveis compreendem as normas constitucionais que, pelo princípio da simetria, fazem parte do modelo federal e, por isso, devem ser observados pelas Constituições estaduais. Assim, a forma de investidura em cargos eletivos, o processo legislativo e os orçamentos estariam dentro do conceito de princípios extensíveis; **E:** correto, pois se considera a classificação de Karl Lowestein, o qual divide as Constituições de acordo com sua essência. Para o referido autor, as Constituições dividem-se em: a) normativas – nelas o processo de poder está disciplinado de tal forma que os agentes do poder subordinam-se às determinações constitucionais, possuindo, assim, eficácia social e política; b) nominalistas - são aquelas que, apesar de jurídica e formalmente existente, não são respeitadas nem efetivadas. Isto ocorre quando os poderes constituídos ignoram sua supremacia, não cumprindo seus preceitos. São Constituições prospectivas, isto é, voltadas para um dia serem realizadas na prática; c) Semânticas - são Constituições usadas pelos dirigentes do Estado para sua permanência no poder, havendo um desvirtuamento da finalidade constitucional: em vez de a Constituição limitar a ação dos Governantes em benefício dos indivíduos, seu verdadeiro fim, seria utilizado por estes para a manutenção do próprio poder

Gabarito "E"

(ADVOGADO – ANATEL – 2009 – CESPE) À luz do direito constitucional, julgue os itens que se seguem.

(1) Concebido por Ferdinand Lassale, o princípio da força normativa da CF é aquele segundo o qual os aplicadores e intérpretes da Carta, na solução das questões jurídico-constitucionais, devem procurar a máxima eficácia do texto constitucional.

(2) Mutações constitucionais são alterações no texto da CF decorrentes de novos cenários na ordem econômica, social e cultural do país.

(3) O princípio da máxima efetividade visa interpretar a CF no sentido de atribuir à norma constitucional a maior efetividade possível, ou seja, deve-se atribuir a uma norma constitucional o sentido que lhe dê maior eficácia.

(4) O princípio da unidade da Constituição considera essa Carta em sua totalidade, buscando harmonizá-la para uma visão de normas não isoladas, mas como preceitos integrados em um sistema unitário de regras e princípios.

1: incorreto, pois o princípio da força normativa da Constituição não foi concebido por Ferdinand Lassale, mas sim por Konrad Hesse. Àquele coube a teoria sociológica da Constituição, segundo a qual a Constituição corresponde ao somatório dos "fatores reais do poder" existentes na sociedade; **2:** incorreto, pois as mutações constitucionais não ensejam mudanças no texto da Constituição, mas tão somente na interpretação da norma constitucional; **3:** correto, com a ressalva de que tal princípio é aplicado principalmente quando a questão envolve a proteção aos direitos e garantias fundamentais; **4:** correto, devendo ser observado que, do mencionado princípio surgem duas consequências: não há hierarquia entre as normas constitucionais; não é possível a inconstitucionalidade de norma constitucional originária.

Gabarito "1E", "2E", "3C" E "4C"

4. CONTROLE DE CONSTITUCIONALIDADE

(Procurador Distrital – 2014 – CESPE) A respeito do sistema de controle de constitucionalidade de leis no âmbito da União e do DF, julgue os seguintes itens.

(1) A declaração de inconstitucionalidade de lei distrital em face da LODF cabe a qualquer turma do TJDFT.

(2) O PGDF tem competência para propor ação direta de inconstitucionalidade, em face da LODF, contra lei distrital.

(3) O TJDFT pode realizar controle de constitucionalidade de lei federal.

(4) A aferição de inconstitucionalidade de lei distrital em face da CF, em controle concentrado, compete ao STF.

1: errado. De acordo com o art. 97 da CF, se a declaração de inconstitucionalidade tiver de ser dada por um tribunal, somente poderá ser feita pelo voto da maioria absoluta dos seus membros ou dos membros do respectivo órgão especial. Vale lembrar que a Súmula Vinculante nº 10 (STF) prevê a violação da cláusula de reserva de plenário pela decisão de órgão fracionário de tribunal que, embora não declare expressamente a inconstitucionalidade de lei ou ato normativo do poder público, afasta sua incidência, no todo ou em parte. Isso significa que os órgãos fracionários de um determinado tribunal, por exemplo, as Turmas e as Câmaras, não poderão declarar, sozinhas, a inconstitucionalidade de uma norma. Para que o façam, é necessário o voto da maioria absoluta de seus membros ou de seu órgão especial, quando existir; **2:** errado. O Procurador Geral do Distrito Federal integra a carreira da advocacia pública e exerce a representação judicial e a consultoria jurídica do Distrito Federal (art. 132 da CF), do mesmo modo que o Advogado Geral da União o faz em relação à União (art. 131 da CF). No rol de legitimados à propositura das ações constitucionais (Ação Direta de Inconstitucionalidade – ADI, por exemplo), do art. 103 da CF, não há menção ao AGU, portanto, por simetria, também não há possibilidade do Procurador do DF propor ADI em face da lei orgânica do DF, contra lei distrital; **3:** correto. Se a lei federal violar a lei orgânica do DF ela poderá ser impugnada por ADI no TJDFT; **4:** correta. O controle de constitucionalidade concentrado, quando se tem como padrão a CF, deve ser realizado exclusivamente pelo STF, guardião da Constituição

Gabarito 1E, 2E, 3C, 4C

(Procurador Federal – 2013 – CESPE) Com referência à declaração de inconstitucionalidade sem redução de texto e à interpretação conforme a Constituição, julgue os itens consecutivos.

(1) Na ação direta de inconstitucionalidade por omissão, a legitimidade passiva restringe-se ao Poder Legislativo inadimplente, ao qual será estipulado prazo para adotar as providências cabíveis no sentido de suprir a omissão.

(2) A declaração de inconstitucionalidade sem redução de texto, assim como a interpretação conforme a Constituição, apresenta eficácia *erga omnes* e efeito vinculante relativamente aos órgãos do Poder Judiciário e à administração pública federal, estadual e municipal.

1: errado. A legitimidade passiva na ação direta de inconstitucionalidade por omissão deve ser ocupada pela autoridade ou ao órgão responsável pela omissão inconstitucional, que pode ser tanto do poder legislativo como da administração pública. O art. 12-H, *caput* e § 1º, da Lei 9.868/99, determina que declarada a inconstitucionalidade por omissão, seja dada ciência ao Poder competente para a adoção das providências necessárias. Essa hipótese se aplica à omissão advinda do Poder Legislativo. Caso a omissão seja imputável a órgão administrativo, as providências deverão ser adotadas no prazo de 30 (trinta) dias, ou em prazo razoável a ser estipulado excepcionalmente pelo Tribunal, tendo em vista as circunstâncias específicas do caso e o interesse público envolvido; **2:** correto. De acordo com o art. 28, parágrafo único, da Lei 9.868/99, a declaração de constitucionalidade ou de inconstitucionalidade, inclusive a interpretação conforme a Constituição e a declaração parcial de inconstitucionalidade sem redução de texto, têm eficácia contra todos e efeito vinculante em relação aos órgãos do Poder Judiciário e à Administração Pública federal, estadual e municipal.

Gabarito 1E, 2C

(Procurador do Estado/AC – FMP – 2012) ASSINALE A ALTERNATIVA CORRETA. O Procurador-Geral de Justiça do Estado ajuizou ação, buscando a declaração de inconstitucionalidade de lei municipal, alegando ser essa legislação incompatível com a ordem constitucional estadual, por prever a contratação temporária de servidores públicos, para atuarem na Secretaria da Saúde do município (médicos, enfermeiros, motoristas, agentes administrativos), Secretaria da Fazenda (fiscais) e Secretaria da Educação (merendeiras), sem concurso público e não estando enquadrada na previsão da excepcionalidade, havendo, ainda, o ferimento do princípio da impessoalidade. Diante do disposto na Constituição Estadual, cabe ao Procurador-Geral do Estado:

I. fazer a defesa da norma impugnada.

II. apresentar manifestação concordando com a posição do Ministério Público.

III. demonstrar que se trata de serviços essenciais e, portanto, não podem sofrer interrupções, ante o princípio da continuidade da atividade estatal.

IV. demonstrar que não há violação à norma constitucional do concurso público, quando a Administração, cumprindo com o princípio da democracia econômica e social do Estado Democrático de Direito, lança mão do permissivo inscrito na própria Carta Política – contratação emergencial por tempo determinado – para a consecução de seus fins, guardando proporcionalidade entre os meios utilizados e os fins pretendidos.

(A) Apenas a afirmativa I está correta.

(B) Apenas a afirmativa II está correta.

(C) As afirmativas I e III estão corretas.

(D) As afirmativas I, III e IV estão corretas.

I: Por simetria à norma do art. 103, § 3º, da CF; **II:** Violaria o disposto no art. 103, § 3º, da CF, aplicado por simetria aos estados; **III:** Principal fundamento de mérito a ser levantado. O princípio da continuidade é muito utilizado também em casos de ações propostas contra a greve dos servidores públicos; IV: O concurso é a regra, a contratação emergencial é a exceção. A proporcionalidade não pode ser utilizada para afastar a regra.

Gabarito "D"

(Procurador do Estado/AC – FMP – 2012) De acordo com as afirmações abaixo, assinale a alternativa correta.

I. A decisão do STF em sede de Ação Direta de Inconstitucionalidade tem efeito *ex tunc* (retroativo), podendo ser alterado para *ex nunc*, caso em que haverá necessidade de votação por maioria qualificada (dois terços) dos ministros, assim como poderá ter efeitos diferidos no tempo.

II. A Ação Direta de Inconstitucionalidade pode ser interposta por qualquer pessoa, cidadão brasileiro, que se sinta violada em seus direitos constitucionais por lei em tese.

(A) Apenas a afirmativa I está correta.

(B) As afirmativas I e II estão corretas.

(C) Apenas a afirmativa II está correta.

(D) Nenhuma afirmativa está correta.

I: Correta. Art. 27 da Lei 9.868/1999; **II:** Errada. Só pelos legitimados no art. 103 da CF.

Gabarito "A"

(Procurador do Estado/AC – FMP – 2012) Lendo-se as afirmações abaixo tem-se que:

I. a Ação Declaratória de Constitucionalidade só é admitida no STF caso se comprove já na inicial a controvérsia jurídica relevante que ponha em questão a presunção de constitucionalidade de lei ou ato normativo federal ou estadual.

II. a Arguição de Descumprimento de Preceito Fundamental pode ser interposta por qualquer pessoa para controle concentrado de constitucionalidade de atos que geram o descumprimento de preceitos fundamentais.

(A) Apenas a afirmativa I está correta.

(B) Nenhuma das afirmativas está correta.

(C) Apenas a afirmativa II está correta.

(D) Todas as afirmativas estão corretas.

I: Correta. Art. 14, III, da Lei 9.868/1999; **II:** Errada. Só pode ser proposta pelos mesmos legitimados ativos para a ADIn. Art. 2º, I, da Lei 9.882/1999 c/c art. 103 da CF.

Gabarito "A"

(Procurador do Estado/AC – FMP – 2012) A teor do disposto no art. 97 da CRFB/88, pode-se dizer que a *cláusula de reserva de plenário* está fundada na presunção de constitucionalidade das leis e, assim, a decisão de órgão fracionário de tribunal que afasta a incidência de lei ou ato normativo:

(A) viola a referida cláusula, acaso declare expressamente a inconstitucionalidade da lei ou ato normativo.

(B) não viola a cláusula de reserva de plenário.

(C) viola a cláusula de reserva de plenário, mesmo que não declare expressamente a inconstitucionalidade da lei ou ato normativo.

(D) esta cláusula não admite que monocraticamente se rejeite a arguição de invalidade dos atos normativos.

Art. 97 da CF. Muitas vezes, para "disfarçar", os órgãos fracionários não afirmam que estão declarando a inconstitucionalidade da norma, mas a afastam sob outro fundamento. Essa conduta viola o art. 97 da mesma forma. O incidente de deslocamento, necessário por determinação do art. 97 da CF, é realizado na forma dos arts. 480 e 481 do CPC, sendo desnecessário quando houver pronunciamento anterior do próprio Pleno ou órgão especial do próprio Tribunal ou do Plenário do STF (art. 481, parágrafo único, do CPC). Sobre o tema, confira-se ainda o teor da Súmula Vinculante nº 10/STF: "Viola a cláusula de reserva de plenário (CF, artigo 97) a decisão de órgão fracionário de tribunal que, embora não declare expressamente a inconstitucionalidade de lei ou ato normativo do poder público, afasta sua incidência, no todo ou em parte".

Gabarito "C"

(Procurador do Estado/GO – 2010) Sobre os aspectos processuais da ação direta de inconstitucionalidade, é CORRETA a seguinte afirmação:

(A) Afere-se a legitimidade ativa no momento do ajuizamento da ação.

(B) Quando ajuizada pelo Governador do Estado, basta que a petição inicial esteja firmada pelo Procurador-Geral do Estado, a quem cabe a representação estadual em juízo.

(C) Submete-se integralmente ao princípio da colegialidade, não havendo espaço para decisões monocráticas, ressalvada a concessão de medida cautelar no período de recesso.

(D) É requisito da petição inicial a indicação do fundamento jurídico do pedido de declaraçao de inconstitucionalidade, que vincula o tribunal quando do julgamento, em respeito ao princípio da adstrição.

(E) Não se exige juntada de cópias do ato normativo impugnado, uma vez que se considera notória sua vigência.

A: Sim. **De acordo com o entendimento atual do STF**, a ADIn deve ser julgada se, no momento da sua propositura, o partido político tinha representação no Congresso Nacional (um congressista em qualquer das Casas Legislativas). Do contrário, a desfiliação do parlamentar equivaleria à desistência da ação direta, o que é vedado por lei (art. 5º da Lei 9.868/1999): "(...) III. Ação direta de inconstitucionalidade: legitimação de partido político não afetada pela perda superveniente de sua representação parlamentar, quando já iniciado o julgamento. (ADI 2054, Rel. p/ Acórdão Min. Sepúlveda Pertence, Tribunal Pleno, julgado em 02/04/2003); **B:** O STF admite que as autoridades e entidades listadas no art. 103, I a VII, da CF têm legitimidade decorrente da própria Constituição, podendo assinar sozinhos, praticando todos os atos próprios dos advogados (ADI 127-MC, Rel. Min. Celso de Mello. Assim, o governador não precisa da assinatura do procurador-geral do Estado; **C:** Errada. O art. 4º da Lei 9.868/1999 permite que o relator, por exemplo, possa indeferir liminarmente a petição inicial da ADIn; **D:** Conforme disposto no art. 3º da Lei 9.868/1999, a indicação do fundamento jurídico do pedido de declaração de inconstitucionalidade, é requisito da petição inicial. Apesar disso, a causa de pedir na ADIn é considerada "aberta", ou seja, não há vinculação do tribunal ao fundamento apontado, podendo-se declarar a inconstitucionalidade do artigo por outro fundamento; **E:** Não reflete o disposto no art. 3º, parágrafo único, da Lei 9.868/1999.

Gabarito "A"

(Procurador do Estado/GO – 2010) A modulação dos efeitos da declaração de inconstitucionalidade

(A) exige, para sua aplicação, o voto favorável de pelo menos a maioria absoluta dos membros do tribunal.

(B) é técnica de decisão de extração eminentemente jurisprudencial, despida de sede legislativa no sistema brasileiro.

(C) mitiga os rigores dos efeitos prospectivos tradicionalmente atribuídos à declaração de inconstitucionalidade no Brasil.

(D) é técnica de aplicação possível tanto no controle difuso quanto no concentrado.

(E) tem como único requisito de sua aplicação, a presença de razões ligadas à segurança jurídica.

É aplicada na forma do art. 27 da Lei 9.868/1999 que, apesar de referir-se ao controle via ADIn, tem sido aplicado também ao controle difuso, segundo precedentes do STF.

Gabarito "D"

(PROCURADOR DO ESTADO/MG – FUMARC – 2012) Se a secularização conduziu o Brasil de uma Ditadura Militar a uma Democracia de Direito. Nos últimos 23 anos, o país também teve uma mudança radical em sua cultura jurídica, mas será que observamos essa realidade no contexto do controle de constitucionalidade? Pensar em tendências é absolutamente importante nos processos em que a inconstitucionalidade é o foco das indagaçoes. Assinale a alternativa que acompanha a tendência da jurisprudência e da doutrina, no que condiz ao controle de constitucionalidade:

(A) As decisões judiciais sobre o controle de constitucionalidade de lei, desde a Carta Magna de 1988, sempre sustentaram a tendência de retratar o vício de inconstitucionalidade no plano da validade das normas, aplicando efeitos *ex nunc* aos atos promovidos em razão da lei, até a prolação da sentença que decretou sua nulidade;

(B) A tendência hermenêutica se transformou sobre a temática ao longo anos. Os tribunais tendiam a situar o vício no plano da validade das normas e aplicar efeitos *ex nunc*, no início. Atualmente, é crescente a mitigação dessa postura, para a consideração do vício no plano de existência e aplicação de efeitos *ex tunc* na sentença;

(C) As decisões judiciais sobre o controle de constitucionalidade de lei, desde a Carta Magna de 1988, sempre sustentaram a tendência de retratar o vício de inconstitucionalidade no plano da existência das normas, aplicando efeitos *ex tunc* aos atos promovidos em razão da lei, até a prolação da sentença que decretou sua nulidade;

(D) As decisões judiciais sobre o controle de constitucionalidade de lei, desde a Carta Magna de 1988, sempre sustentaram a tendência de retratar o vício de inconstitucionalidade no plano da existência das normas, aplicando efeitos *ex nunc* aos atos promovidos em razão da lei, até a prolação da sentença que decretou sua nulidade;

(E) A tendência hermenêutica se transformou sobre a temática ao longo anos. Os tribunais tendiam a situar o vício no plano da validade das normas e aplicar efeitos *ex tunc*, no início. Atualmente, é crescente a mitigação dessa postura, para a consideração do vício no plano de existência e aplicação de efeitos *ex nunc* na sentença.

Art. 27 da Lei 9.868/1999.

Gabarito "E"

(PROCURADOR DO ESTADO/MG – FUMARC – 2012) Analise as afirmativas abaixo como Verdadeiras (V) ou Falsas (F) e assinale a opção correta:

I. ADI Genérica: A Ação Direta de Inconstitucionalidade Genérica tem por objeto demandar pela inconstitucionalidade, por exemplo, de ato normativo estadual, podendo gerar efeitos cautelares interpartes e definitivos *erga omnes*, sendo os Governadores dos Estados legitimados ativos para tal mister;

II. ADO: A Ação Direta de Inconstitucionalidade por Omissão visa reparar a falta de medida regulamentadora de artigo com eficácia limitada da Constituição Federal, gerando determinações administrativas ou apelos ao legislador para que preencham a lacuna do ordenamento, gerada pela falta de norma regulamentadora;

III. ADPF: A Ação de Descumprimento de Preceito Fundamental pode ser impetrada pelo Procurador Geral da República, com efeitos cautelares, para evitar lesões a direitos fundamentais diante de ato da União que gere relevantes controvérsias constitucionais, podendo gerar apenas efeitos *ex tunc*; por vincularem de maneira geral sua aplicação;

IV. ADC: A Ação Direta de Constitucionalidade (também conhecida como ADECON), é ação de competência originária do Supremo Tribunal Federal que, em cautelar, suspende o julgamento de casos que dependam da decisão sobre a constitucionalidade, por exemplo, de Lei ou Ato Normativo Estadual, gerando efeitos *ex nunc*, interpartes e vinculantes em decisão meritória.

ALTERNATIVAS

(A) V, V, V, V

(B) V, F, V, F

(C) V, V, F, F

(D) F, V, F, F

(E) F, F, V, V

I: Verdadeira, de acordo com o art. 102, I, "a", da CF; art. 11, § 1º, da Lei 9.868/1999; art. 103, V, da CF; **II:** Verdadeira. V. art. 12-B da Lei 9.868/1999; **III:** A ADPF será proposta perante o Supremo Tribunal Federal e terá por objeto evitar ou reparar lesão a preceito fundamental, resultante de ato do Poder Público, ou quando for relevante o fundamento da controvérsia constitucional sobre lei ou ato normativo federal, estadual ou municipal, incluídos os anteriores à Constituição (art. 1º, I, da Lei 9.882/1999). O PGR tem legitimidade para propor ADPF (art. 2º, I, da Lei 9.882/1999); IV: Errada. Não reflete, por exemplo, o disposto nos arts. 21 e 27 da Lei 9.868/1999.

Gabarito "C"

(Procurador do Estado/MG – 2007) Sobre o controle da constitucionalidade, é correto afirmar-se que

(A) a Constituição Federal de 1988 reconhece duas formas de inconstitucionalidade: a inconstitucionalidade por ação e a inconstitucionalidade por omissão.

(B) dentre os sistemas de controle da constitucionalidade, o controle misto é aquele que realiza-se submetido a certas categorias de leis que as constituições outorgam ao Poder Judiciário de declarar a inconstitucionalidade de lei e de outros atos do Poder Público que contrariem preceitos constitucionais.

(C) o STF poderá, de ofício ou por provocação, mediante maioria absoluta dos seus membros, após reiteradas decisões sobre matéria constitucional, aprovar súmula que, a partir de sua publicação na imprensa oficial, terá efeito vinculante em relação aos demais órgãos do Poder Judiciário e à administração pública, em qualquer esfera de governo.

(D) o Conselho Nacional de Justiça tem competência para propor a ação direta de inconstitucionalidade e a ação declaratória de constitucionalidade, conforme redação prevista na Emenda Constitucional n. 45/2004.

A: Art. 102, I, "a" e art. 103, § 3º, ambos da CF; **B:** O Brasil adota o sistema misto de constitucionalidade, vale dizer, convivem em nosso país o controle abstrato (ou concentrado) e o controle difuso (ou concreto). Dessa forma, qualquer juiz ou tribunal, ao analisar um caso concreto, pode verificar a compatibilidade de lei ou ato normativo diante da Constituição Federal (controle difuso). Ao mesmo tempo, apenas ao STF cabe o controle concentrado (ou abstrato ou por via de ação) de lei ou ato normativo federal ou estadual diante da Constituição Federal (e aos TJs locais o controle concentrado em face da Constituição estadual); **C:** Não reflete o disposto no art. 103-A da CF; **D:** Não consta da lista do art. 103 da CF.

Gabarito "A"

(Procurador do Estado/MT – FCC – 2011) Ao julgar ações diretas de inconstitucionalidade tendo por objeto dispositivos de lei definidora de critérios para o rateio dos Fundos de Participação dos Estados e do Distrito Federal, o Supremo Tribunal Federal (STF) declarou a inconstitucionalidade, sem pronúncia de nulidade, dos dispositivos atacados, assegurada sua aplicação até 31 de dezembro de 2012 (ADI 875, ADI 1.987 e ADI 2.727, Rel. Min. Gilmar Mendes, Plenário, publ. DJE de 30-4-2010). No caso em tela,

(A) a decisão é nula, uma vez que o vício de inconstitucionalidade pressupõe a nulidade do ato, devendo a declaração de inconstitucionalidade produzir efeitos retroativos e eficácia contra todos.

(B) a decisão é nula, uma vez que somente se admite a possibilidade de restrição do alcance subjetivo da declaração de inconstitucionalidade em sede de controle concentrado.

(C) a decisão somente produzirá efeitos se vier a ser editada Resolução do Senado Federal suspendendo a eficácia dos dispositivos legais declarados inconstitucionais pelo STF.

(D) as ações foram julgadas parcialmente procedentes, uma vez que não foi pronunciada a nulidade dos dispositivos legais tidos por inconstitucionais.

(E) o STF procedeu à modulação dos efeitos temporais da declaração de inconstitucionalidade, consoante faculdade prevista expressamente em lei.

Art. 27 da Lei 9.868/1999.

Gabarito "E"

(Procurador do Estado/MT – FCC – 2011) Em janeiro de 1999, o Governador do Distrito Federal editou o Decreto nº 20.098, por meio do qual se vedava a realização de manifestações públicas com a utilização de carros de som e assemelhados na Praça dos Três Poderes, na Esplanada dos Ministérios, na Praça do Buriti e adjacências. O Decreto distrital foi objeto de ação direta de inconstitucionalidade, ao final julgada procedente, extraindo-se do voto do Relator, Ministro Ricardo Lewandowski, o seguinte excerto: *"A restrição ao direito de reunião estabelecida pelo Decreto distrital 20.098/99, a toda a evidência, mostra-se inadequada, desnecessária e desproporcional quando confrontada com a vontade da Constituição (Wille Zur Verfassung), que é, no presente caso, permitir que todos os cidadãos possam reunir-se pacificamente, para fins lícitos, expressando as suas opiniões livremente." (ADI 1969 –DF, publ. DJE 31.08.2007).*

Considere as seguintes afirmações a esse respeito:

I. O STF adentrou a análise do mérito da constitucionalidade do Decreto distrital, fazendo prevalecer a norma constitucional segundo a qual todos podem reunir-se pacificamente, sem armas, em locais abertos ao público, independentemente de autorização, desde que não frustrem outra reunião anteriormente convocada para o mesmo local, sendo apenas exigido prévio aviso à autoridade competente.

II. Em seu voto, o Ministro Relator efetua a análise à luz do princípio da proporcionalidade, utilizado em sede de jurisdição constitucional para aferir a procedência de medidas restritivas de direitos fundamentais, assim como em situações de ocorrência de colisão de direitos fundamentais.

III. A referência à vontade da Constituição evidencia que a aplicação da norma constitucional não se restringiu à sua literalidade, tendo se procedido a uma interpretação teleológica, relacionando-se o direito de reunião à liberdade de expressão do pensamento.

Está correto o que se afirma em

(A) I, apenas.

(B) II, apenas.

(C) I e II, apenas.

(D) I e III, apenas.

(E) I, II e III.

I: Correta. Art. 5º, XVI, da CF; **II:** Correta. Sim, como demonstra o trecho destacado no enunciado. No caso de colisão entre direitos igualmente fundamentais, como não existe hierarquia formal entre as normas constitucionais, possíveis conflitos são solucionados pelo princípio da razoabilidade, mantendo-se o núcleo intangível de cada deles; **III:** Correta. No caso, importante destacar também que a ADIn foi admitida porque o decreto foi considerado "autônomo".

Gabarito "E"

(Procurador do Estado/PA – 2011) Analise as proposições a seguir a respeito das decisões em ações diretas de controle de constitucionalidade de normas e de seus efeitos. Assinale a alternativa CORRETA:

I. O efeito vinculante da declaração de constitucionalidade ou de inconstitucionalidade alcança os órgãos do Poder Judiciário, do Poder Legislativo e da Administração Pública federal, estadual e municipal.

II. O Supremo Tribunal Federal poderá declarar inconstitucionalidade com suspensão dos efeitos por algum tempo a ser fixado na sentença (declaração de inconstitucionalidade com efeito futuro).

III. A concessão de medida cautelar em ação direta de inconstitucionalidade torna aplicavel a legislação anterior, salvo expressa manifestação em sentido contrário.

IV. A medida cautelar sera dotada de eficácia *erga omnes*, com efeito *ex nunc*, exceto se o Tribunal entender que deva conceder-lhe eficácia retroativa.

V. O Supremo Tribunal Federal poderá negar eficácia *ex tunc* à norma declarada inconstitucional por decisão da maioria absoluta de seus membros, reunidos em sessão do Pleno com a presença de pelo menos oito ministros.

(A) Apenas as alternativas II, III e IV estão corretas.

(B) Apenas as alternativas I, IV e V estão corretas.

(C) Apenas as alternativas I, II e III estão corretas.

(D) Apenas as alternativas II e III estão corretas.

(E) Apenas as alternativas II, IV e V estão corretas.

I: Errada. Não alcança o Legislativo. Art. 102, § 2º, da CF; **II:** Correta. Art. 27 da Lei 9.868/1999; **III:** Correta. Art. 11, § 2º, da Lei 9.868/1999; IV: Correta. Art. 11, § 1º, da Lei 9.868/1999; V: Errada. Não reflete o disposto no art. 27 da Lei 9.868/1999.

Gabarito "A"

(Procurador do Estado/PA – 2011) Sobre o caso *Marbury v. Madison* (1803), assinale a alternativa CORRETA:

(A) Trata-se de um marco do constitucionalismo ocidental, porque a Suprema Corte dos Estados Unidos proferiu, pela primeira vez, uma decisão que condenou o então Presidente George Washington, com fundamento na Constituição de 1787.

(B) Trata-se de um marco do constitucionalismo ocidental, porque a Suprema Corte criou o modelo jurisdicional de controle de constitucionalidade concentrado e abstrato, assim como um Tribunal Constitucional, inspirado na Teoria Pura do Direito de Hans Kelsen, para decidir sobre a validade de atos emanados pelos Poderes Executivo e Legislativo. 5

(C) Trata-se de um marco do constitucionalismo ocidental, porque a Suprema Corte criou o modelo jurisdicional de controle de constitucionalidade difuso e concreto, assim como um Tribunal Constitucional, inspirado no pensamento de Hans Kelsen, para decidir sobre a validade de atos emanados pelos Poderes Executivo e Legislativo.

(D) Trata-se de um marco do constitucionalismo ocidental, porque a Suprema Corte assentou que a imunidade do Executivo não era um valor absoluto e que, nas circunstâncias, deveria ser ponderada com a necessidade de produção de prova em um processo penal em curso. Determinou, assim, que o Presidente John Adams entregasse ao Judiciário documentos que o incriminavam.

(E) Trata-se de um marco do constitucionalismo ocidental, porque a Suprema Corte, em que pese não ter decidido o mérito, afirmou, em seus *dicta*, o princípio da supremacia da Constituição, assim como a autoridade do Poder Judiciário para zelar por ela, inclusive invalidando os atos emanados dos Poderes Executivo e Legislativo que a contrariem.

De acordo com Luís Roberto Barroso, Marbury v. Madison foi a primeira decisão na qual a Suprema Corte afirmou seu poder de exercer o controle de constitucionalidade, negando aplicação a leis que, de acordo com sua interpretação, fossem inconstitucionais. No desenvolvimento de seu voto, Marshall (ex-Secretário de Estado de John Adams) dedicou a primeira parte à demonstração de que Marbury (um dos nomeados que não recebeu o ato de investidura com a posse do novo governo) tinha direito à investidura no cargo. Na segunda parte, assentou que, se Marbury tinha o direito, necessariamente deveria haver um remédio jurídico para assegura-lo. Ao enfrentar a segunda questão – se a Suprema Corte tinha competência para expedir o writ – Marshall sustentou que o § 13 da Lei Judiciária de 1789, ao criar uma hipótese de competência originária da Suprema Corte fora das que estavam previstas no art. 3º da Constituição, incorria em uma inconstitucionalidade. Diante do conflito entre a lei e a Constituição, chegou a questão central do acórdão: pode a Suprema Corte deixar de aplicar, por inválida, uma lei inconstitucional? Ao expor suas razões, enunciou ainda três grandes fundamentos que justificam o controle judicial de constitucionalidade: a supremacia da Constituição, a nulidade de lei que a contrarie e o Judiciária como intérprete final da Constituição. Na sequência histórica, a Suprema Corte estabeleceu sua competência para exercer também o controle sobre atos, leis e decisões estaduais em face da Constituição e das leis federais.

Gabarito "E"

(Procurador do Estado/PA – 2011) Assinale a alternativa INCORRETA:

(A) Na ADPF 33, ajuizada pelo Governador do Estado do Pará, alegando lesão, entre outros, ao princípio federativo, o Supremo Tribunal Federal julgou procedente o pedido para declarar a ilegitimidade do ato impugnado: o art. 34 do Regulamento de Pessoal do Instituto de Desenvolvimento Econômico-Social do Pará (IDESP), que vinculava o quadro de salários da autarquia ao salário mínimo.

(B) Na ADPF 45, no que tange à legitimidade constitucional do controle e da intervenção do Poder Judiciário em tema de implementação de políticas públicas, quando configurada hipótese de abusividade governamental, o rel. Min. Celso de Mello, considerando o caráter programático dos direitos econômicos, sociais e culturais e a cláusula da reserva do possível, entendeu que a arguição de descumprimento de preceito fundamental não possui viabilidade instrumental para a concretização dos direitos constitucionais de segunda geração.

(C) Na ADPF 54 - "caso da anencefalia" - o rel. Min. Marco Aurélio concedeu, em 02.08.2004, a liminar requerida para, além de determinar o sobrestamento dos processos e decisões não transitadas em julgado, reconhecer o direito constitucional da gestante de submeter-se à operação de antecipação terapêutica do parto de fetos anencéfalos; mas o Tribunal, em sessão de 20.10.2004, negou referendo à liminar concedida.

(D) Na ADPF 130, o Supremo Tribunal Federal, por maioria, julgou pela total procedência da ação para o efeito de declarar a Lei federal nº 5.250/1967 ("Lei de Imprensa") como não recepcionada pela Constituição de 1988, entendendo que na ponderação entre os direitos fundamentais que dão conteúdo à liberdade de imprensa e o bloco dos direitos fundamentais à imagem, honra, intimidade e vida privada, deve ser dada precedência aos primeiros; cabendo a incidência *a posteriori* do segundo bloco para o efeito de assegurar o direito de resposta e assentar responsabilidades penal, civil e administrativa.

(E) Na ADPF 132, o Supremo Tribunal Federal, após conhecê-la, à unanimidade, como ação direta de inconstitucionalidade para julgá-la em conjunto à ADI 4277, reconheceu assistir, a qualquer pessoa, o direito fundamental à orientação sexual, havendo proclamado, por isso mesmo, a plena legitimidade jurídica da união homoafetiva como entidade familiar, estendendo-lhe, em consequência, o mesmo regime jurídico aplicável à união estável entre pessoas de gêneros distintos.

A: ADPF 33, Rel. Min. Gilmar Mendes: "(...) Arguição de descumprimento de preceito fundamental julgada procedente para declarar a ilegitimidade (não recepção) do Regulamento de Pessoal do extinto IDESP em face do princípio federativo e da proibição de vinculação de salários a múltiplos do salário mínimo (art. 60, § 4º, I, c/c art. 7º, inciso IV, in fine, da Constituição Federal)"; **B:** ADPF 45, Rel. Min. Celso de Mello, foi julgada prejudicada por decisão monocrática do Relator: "(...) o objetivo perseguido na presente sede processual foi inteiramente alcançado com a edição da Lei nº 10.777, de 24/11/2003, promulgada com a finalidade específica de conferir efetividade à EC 29/2000, concebida para garantir,em bases adequadas – e sempre em benefício da população deste País – recursos financeiros mínimos a serem necessariamente aplicados nas ações e serviços públicos de saúde"; **C:** ADPF 54, Rel. Min. Marco Aurélio: "O Tribunal, por maioria e nos termos do voto do Relator, julgou procedente a ação para declarar a inconstitucionalidade da interpretação segundo a qual a interrupção da gravidez de feto anencéfalo é conduta tipificada nos artigos 124, 126, 128, incisos I e II, todos do Código Penal"; **D:** ADPF 130, Rel. Min. Carlos Britto: "(...) PROCEDÊNCIA DA AÇÃO. Total procedência da ADPF, para o efeito de declarar como não recepcionado pela Constituição de 1988 todo o conjunto de dispositivos da Lei federal nº 5.250, de 9 de fevereiro de 1967"; **E:** ADPF 132, Rel. Min. Ayres Britto, conhecida como ADIn: "(...) Ante a possibilidade de interpretação em sentido preconceituoso ou discriminatório do art. 1.723 do Código Civil, não resolúvel à luz dele próprio, faz-se necessária a utilização da técnica de 'interpretação conforme à Constituição'. Isso para excluir do dispositivo em causa qualquer significado que impeça o reconhecimento da união contínua, pública e duradoura entre pessoas do mesmo sexo como família. Reconhecimento que é de ser feito segundo as mesmas regras e com as mesmas consequências da união estável heteroafetiva".

Gabarito "B"

(Procurador do Estado/PR – UEL-COPS – 2011) Quanto à legitimação para propor ações diretas de inconstitucionalidade:

I. o Governador do Distrito Federal pode propor ADI em relação a normas distritais.

II. o Governador do Paraná não pode propor ADI, perante o STF, em relação a normas estaduais amazonenses que atinjam interesses paranaenses e violem a Constituição Federal.

III. o Governador do Amazonas pode propor ADI, perante o STF, em relação à normas de Municípios do Amazonas que violam a Constituição Federal.

IV. o cidadão pode requerer que o Procurador- Geral de Justiça do Paraná proponha ADI em relação a norma estadual paranaense que viola a Constituição deste Estado.

V. o Procurador-Geral da República pode propor ADI em relação a normas municipais em geral.

Quais assertivas estão **corretas**:

(A) as assertivas I, III e V;

(B) as assertivas I e IV;

(C) as assertivas I, III e IV;

(D) as assertivas III e IV;

(E) as assertivas I, IV e V.

I e II: A legitimidade ativa para a propositura de ADIn encontra-se prevista no art. 103, I a IX, da CF. O STF, em interpretação restritiva do dispositivo constitucional, entende que determinados legitimados ativos devem observar o requisito da *pertinência temática* para propor ADIn, exigência que não está prevista na Constituição nem na legislação infraconstitucional, mas encontra-se amplamente sedimentada na jurisprudência do STF. Por pertinência temática deve-se entender a existência de uma relação direta entre a questão presente na lei ou no ato normativo a ser impugnado e os objetivos sociais da entidade demandante (ou entre a lei objeto de controle e as funções institucionais do legitimado ativo). Vale dizer, a noção é muito próxima do *interesse de agir* da Teoria Geral do Processo e faz surgir duas classes de legitimados ativos: os *universais* ou *neutros* e os *interessados* ou *especiais*. De acordo com o STF, são legitimados *neutros* ou *universais* para a propositura de ADIn (= têm legitimidade ativa em qualquer hipótese, sem necessidade de demonstração de pertinência temática): o Presidente da República, as Mesas do Senado e da Câmara, o Procurador-Geral da República, o Conselho Federal da OAB e o partido político com representação no Congresso Nacional. São legitimados *interessados* ou *especiais*, ou seja, precisam demonstrar relação de pertinência temática entre o objeto da ADIn e sua esfera jurídica (ou a de seus filiados): o Governador de Estado, a Mesa de Assembleia Legislativa (ou da Câmara Legislativa do DF), bem como as confederações sindicais ou entidades de classe de âmbito nacional. Dessa forma, o item I está correto, porque existe pertinência temática; o item II está incorreto porque, ainda que se trate de leis de outro Estado da Federação, atinge os interesses paranaenses e há sim pertinência temática; III e V: Não cabe ADIn em face de leis municipais (art. 102, I, "a", da CF); IV: Sim, perante o Tribunal de Justiça do Estado.

Gabarito "B"

(Procurador do Estado/PR – UEL-COPS – 2011) A arguição de descumprimento de preceito fundamental:

I. permite o questionamento de ato municipal perante o Tribunal de Justiça do Estado do Paraná.

II. pode ser proposta por Governador de Estado.

III. permite o controle objetivo de lei municipal.

IV. demanda a suspensão da execução do ato pelo Senado.

V. possibilita que se fixem as condições de aplicação do preceito fundamental.

Quais afirmativas são **corretas**:

(A) as afirmativas I, II e III;

(B) as afirmativas I, IV e V;

(C) as afirmativas II, III e IV;

(D) as afirmativas I, III e V;

(E) as afirmativas II, III e V.

I: Errada. É julgada apenas pelo STF (art. 102, § 1º, da CF e art. 1º da Lei 9.882/1999); **II:** Correta. Art. 2º, I, da Lei 9.882/1999 c/c art. 103, V, da CF; **III:** Correta. A ADPF é exemplo de controle concentrado (objetivo – diretamente no STF) e concreto; IV: O art. 52, X, da CF aplica-se tão somente ao controle difuso de constitucionalidade. Considerando as diferenças estruturais entre os sistemas difuso (por via incidental) e concentrado (por via de ação direta), a produção de efeitos é igualmente distinta. No controle por via incidental, a produção de efeitos ocorre entre as partes que participaram do processo principal (*inter partes*), não prejudicando ou beneficiando terceiros (art. 472 do CPC) e, em relação a elas, a decisão tem efeitos *ex tunc*. É possível, porém, a edição de resolução do Senado Federal visando à suspensão dos efeitos contra todos (*erga omnes*), conforme previsão no art. 52, X, da CF. Contudo, a produção de efeitos em relação a terceiros, a partir da edição da Resolução do Senado, terá eficácia *ex nunc*. Além disso, a declaração de inconstitucionalidade, por não constar do dispositivo da sentença (mas de sua fundamentação), não faz coisa julgada (art. 469 do CPC). No controle por via principal, por ADIn, a regra é a produção de efeitos a) *erga omnes* (porque decorre do exercício de *substituição processual*: os órgãos e entidades do art. 103 da CF atuam em nome próprio na defesa de interesses de toda a coletividade – a legitimação é extraordinária), b) vinculantes (por força do art. 102, § 2º, da CF e do art. 28, parágrafo único, da Lei 9.868/1999) e c) *ex tunc* (já que a declaração de inconstitucionalidade tem natureza meramente declaratória), embora seja possível a modulação de efeitos temporais, na forma do art. 27 da Lei 9.868/1999 (cuja aplicação o STF também tem admitido para o controle por via incidental); V: Sim, como nas demais ações constitucionais em que há controle de constitucionalidade.

Gabarito "E"

(PROCURADOR DO ESTADO/RS – FUNDATEC – 2010) A propositura concomitante de duas ações diretas de inconstitucionalidade contra determinada lei estadual, uma no Tribunal de Justiça do Estado e outra no Supremo Tribunal Federal, impugnada em face de norma constitucional federal de reprodução obrigatória pelas Constituições estaduais, conduz, segundo a jurisprudência do Supremo Tribunal Federal, a qual das seguintes soluções?

(A) Extinção do processo perante o Supremo Tribunal Federal, considerando o principio da subsidiariedade.

(B) Extinção do processo perante o Tribunal de Justiça estadual, considerando o principio da hierarquia das fontes do direito.

(C) Suspensão do processo perante o Supremo Tribunal Federal até a deliberação definitiva do Tribunal de Justiça estadual.

(D) Suspensão do processo perante o Tribunal de Justiça estadual até a deliberação definitiva do Supremo Tribunal Federal.

(E) Nenhuma das alternativas anteriores está correta.

As leis estaduais podem ser objeto de duplo controle abstrato de constitucionalidade: no TJ local, tendo como parâmetro a Constituição do Estado (art. 125, § 2º, da CF), bem como no STF, tendo como parâmetro a Constituição Federal (art. 102, I, "a", da CF). Assim, em tese, há possibilidade de concomitância de ADIn estadual e de ADIn federal contra a lei estadual, devendo-se, nesse caso, ser suspenso o trâmite da representação de inconstitucionalidade estadual até julgamento final da ADIn pelo STF, pois ao Supremo Tribunal Federal cabe a guarda precípua da Constituição, sendo seu intérprete maior. Importante observar que, ao apreciarem a constitucionalidade de lei estadual em face da Constituição do Estado, a decisão do TJ local, em regra, não está sujeita a recurso para o STF, que é o guardião da Constituição Federal e não da Constituição do Estado. Entretanto, há casos em que a norma da constituição estadual apontada como violada apenas reproduz uma norma da Constituição Federal, por ser de observância obrigatória pelos estados-membros. Nesses casos a lei estadual, ao violar a Constituição Estadual está, em verdade, afrontando norma da Constituição Federal. Daí a possibilidade de interposição de recurso extraordinário para o STF, pois o parâmetro de controle passa a ser a Constituição Federal. O STF não irá analisar a compatibilidade vertical entre a lei estadual e a Constituição do Estado, mas entre a lei estadual e a Constituição Federal, utilizando, para tanto, um recurso típico do controle difuso. Apesar disso, o controle não perde sua natureza abstrata, razão pela qual a decisão do STF, nesse recurso extraordinário, produzirá os mesmos efeitos da ADIn genérica (*erga omnes*, vinculantes e *ex tunc*).

Gabarito "D"

(Procurador do Estado/SE – FCC – 2005) Prevê o art. 54 do Ato das Disposições Constitucionais Transitórias (ADCT) da Constituição do Estado de Sergipe que "a revisão da Constituição estadual será realizada pelo voto da maioria absoluta dos membros da Assembleia Legislativa, imediatamente após a revisão de que trata o art. 39 do Ato das Disposições Constitucionais Transitórias da Constituição Federal". A revisão, na Constituição federal, está prevista, nos termos deste dispositivo, para ocorrer 5 anos após sua promulgação.

A revisão prevista no art. 54 do ADCT da Constituição estadual é

(A) incompatível com a Constituição federal, pois a revisão constitucional nesta exige maioria qualificada de três quintos, mais ampla do que a maioria simples.

(B) incompatível com a Constituição federal, por se tratar de regra relativa ao exercício do poder constituinte derivado não cabível na Constituição estadual.

(C) incompatível com a Constituição federal, pois esta veda expressamente ao Estado proceder à revisão constitucional, sendo autorizada apenas sua reforma.

(D) expressão do poder constituinte decorrente, que impõe os limites à atuação do poder de reforma da Constituição, por ser inicial, ilimitado e incondicionado.

(E) hipótese de manifestação especial do poder de reforma da Constituição, à qual se impõe condição temporal inexistente para o procedimento usual de reforma.

Na leitura do artigo 3º do ADCT pode-se notar que o quórum de aprovação das emendas de revisão (maioria absoluta) é menos rígido que o prescrito para aprovação das emendas "ordinárias" (maioria de três quintos – art. 60, § 2º, da CF), somando-se a isso o fato de o dispositivo que prevê a revisão constitucional constar do Ato das Disposições Constitucionais Transitórias, o que corrobora a vontade do constituinte originário de realizar a revisão constitucional uma única vez. Dessa forma, tem-se que a revisão constitucional foi concebida pelo Poder Constituinte Originário para ser realizada apenas uma vez, após cinco anos da promulgação da CF, pelo voto da maioria absoluta do Congresso Nacional, em sessão unicameral. Em obediência à determinação constitucional, a revisão ocorreu em 1993/1994 e resultou em 6 emendas de revisão, tendo aí a norma constitucional exaurido sua eficácia. A partir de então, a CF só pode ser alterada por emendas constitucionais na forma do art. 60 da CF. A mesma sistemática é aplicada aos estados.

Gabarito "E"

(Procurador do Estado/SE – FCC – 2005) Proposta de emenda à Constituição tendo por objeto o sistema de controle de constitucionalidade brasileiro prevê, dentre outras alterações, que o controle de omissões passaria a ser feito da seguinte maneira:

"A requerimento do Presidente da República, do Procurador-Geral da República ou dos Governadores de Estado, o Supremo Tribunal Federal declara a inconstitucionalidade por omissão de medidas legislativas necessárias para tornar efetivas as normas constitucionais, dando disso conhecimento ao órgão legislativo competente, para adoção das providências cabíveis."

Comparativamente à ação direta de inconstitucionalidade por omissão prevista na Constituição brasileira vigente, o mecanismo contido na referida proposta possui

(A) maior rol de legitimados para sua propositura e maior campo de abrangência quanto às omissões passíveis de controle.

(B) menor rol de legitimados para sua propositura e menor campo de abrangência quanto às omissões passíveis de controle.

(C) menor rol de legitimados para sua propositura, porém maior campo de abrangência quanto às omissões passíveis de controle.

(D) maior rol de legitimados para sua propositura, porém menor campo de abrangência quanto às omissões passíveis de controle.

(E) igual rol de legitimados para sua propositura e igual campo de abrangência quanto às omissões passíveis de controle.

A inconstitucionalidade por omissão se verifica diante da inércia do Poder Público quando, por força da Constituição, deveria agir. Assim, a omissão inconstitucional pode ser atribuída a qualquer um dos três Poderes. Especificamente no que toca à omissão do Poder Legislativo, a CF estabeleceu dois mecanismos para suprir o "silêncio do legislador": o mandado de injunção (art. 5º, LXXI, CF) e a ação de inconstitucionalidade por omissão (art. 103, § 2º, CF). Assim, ambos têm por objeto normas constitucionais de eficácia limitada, embora, no caso do mandado de injunção, a omissão deva dizer respeito àquelas que veiculem direitos ou prerrogativas inerentes à nacionalidade, à soberania e à cidadania. A ação de inconstitucionalidade por omissão é instrumento de controle de constitucionalidade por via principal, em tese, onde o maior objetivo é a tutela do próprio ordenamento jurídico, sem que existam partes ou interessados. Seus legitimados são os mesmos da ação direta genérica (art. 103 da CF) e a ação dirige-se contra o órgão ou entidade responsável pela edição do ato normativo ausente. A ADIn por omissão é julgada originariamente pelo STF, em controle concentrado de constitucionalidade (art. 102, I, "a", da CF) e produz efeitos contra todos e vinculantes (art. 102, § 2º, da CF).

Gabarito "B"

(Procurador do Estado/SP – VUNESP – 2005) No tocante ao controle de constitucionalidade das leis e atos normativos no direito brasileiro, assinale a resposta correta.

(A) Conforme a Constituição Federal, o rol de legitimados à propositura da ação declaratória de constitucionalidade é mais restrito do que aquele previsto para a ação direta de inconstitucionalidade.

(B) A ação direta de inconstitucionalidade, proposta perante o STF, objetiva afastar do ordenamento jurídico leis ou atos federais, estaduais e municipais, e a decisão definitiva de mérito nesta ação produz eficácia contra todos e é dotada de efeito vinculante com relação aos Poderes Judiciário e Executivo.

(C) A cláusula de reserva de plenário para a declaração de inconstitucionalidade pode ser dispensada se a questão da constitucionalidade do ato normativo questionado já tiver sido anteriormente decidida pelo Supremo Tribunal Federal.

(D) O direito brasileiro adota exclusivamente o sistema político preventivo de controle de constitucionalidade, baseado no modelo francês.

(E) No controle de constitucionalidade difuso, o STF deverá citar previamente o Advogado-Geral da União, que defenderá o ato ou texto impugnado.

A: Atualmente o rol é o mesmo da ADIn: art. 103, I a IX, da CF; **B:** Não cabe ADIn em face de leis municipais (art. 102, I, "a", da CF); **C:** Art. 97 da CF e art. 481, parágrafo único, do CPC; **D:** O Legislativo também controla a constitucionalidade de modo repressivo, ao rejeitar medidas provisórias por inconstitucionalidade e ao exercer a competência prevista no art. 49, V, da CF; **E:** Competência prevista para o controle concentrado – art. 103, § 3º, da CF.

Gabarito "C"

(Procurador do Município/Cubatão-SP – 2012 – VUNESP) Sobre o controle de constitucionalidade brasileiro, é correto afirmar que

(A) não é cabível a ação declaratória de constitucionalidade de lei ou ato normativo estadual perante o Supremo Tribunal Federal.

(B) compete ao Supremo Tribunal Federal processar e julgar, originariamente, a ação direta de inconstitucionalidade de lei ou ato normativo federal, estadual ou municipal.

(C) as decisões liminares, proferidas pelo Supremo Tribunal Federal, nas ações diretas de inconstitucionalidade produzirão eficácia contra todos e efeito vinculante, relativamente aos demais órgãos do Poder Judiciário e do Poder Legislativo.

(D) quando o Supremo Tribunal Federal apreciar a inconstitucionalidade, em tese, de norma legal ou ato normativo, citará, previamente, o Procurador Geral da República, que defenderá o ato ou o texto impugnado.

(E) declarada a inconstitucionalidade por omissão de medida para tornar efetiva norma constitucional, será dada ciência ao Poder competente para a adoção das providências necessárias e, em se tratando de órgão do Poder Judiciário, para fazê-lo em trinta dias.

A: Só cabe ação declaratória de leis federais (art. 102, I, "a", da CF); **B:** Não cabe ADIn em face de leis municipais, apenas federais e estaduais (art. 102, I, "a", da CF); **C:** Não reflete o disposto no art. 11, §§ 1º e 2º da Lei 9.868/1999; **D:** Citará previamente o AGU (art. 103, § 3º, da CF); **E:** Não reflete o disposto no art. 103, § 2º, da CF.

Gabarito "A"

(Procurador do Município/Manaus-AM – 2006 – FCC) Em tema de ação declaratória de constitucionalidade, considere as assertivas:

I. A sua finalidade precípua é transformar a presunção absoluta de constitucionalidade em presunção relativa, em virtude de seus efeitos vinculantes.

II. Tem legitimidade para a sua propositura, dentre outros, o Governador do Distrito Federal; partido político com representação no Congresso Nacional e a Mesa de Assembleia Legislativa ou da Câmara Legislativa do Distrito Federal.

III. Compete ao Supremo Tribunal Federal processar e julgar, originariamente, a ação declaratória de constitucionalidade de lei ou ato normativo federal.

IV. O procedimento da ação prevê a possibilidade de sua desistência; de admissão de terceiros na relação processual; a necessidade da oitiva do Advogado-Geral da União e a vedação do exercício do poder geral de cautela por parte do STF.

V. Declarada a constitucionalidade de lei ou ato normativo federal, não há a possibilidade de nova análise contestatória da matéria, sob a alegação da existência de novos argumentos que ensejariam uma nova interpretação no sentido de sua inconstitucionalidade.

Estão corretas APENAS

(A) I e III.

(B) I, II e IV.

(C) II, III e V.

(D) III, IV e V.

(E) IV e V.

I: Errada. A finalidade é transformar a presunção relativa em presunção absoluta; **II:** Correta, pois encontram-se na lista do art. 103, I a IX, da CF; **III:** Correta. Art. 102, I, "a", da CF; IV: Errada. Não cabe desistência (art. 16 da Lei 9.868/1999); não cabe intervenção de terceiros, salvo *amici curiae* (art. 18 da Lei 9.868/1999); o AGU não precisa ser ouvido, pois o pedido é de declaração de constitucionalidade da norma (o art. 103, § 3º, da CF refere-se às ações de inconstitucionalidade) e há poder geral de cautela pelo STF (art. 21 da Lei 9.868/1999); V: A decisão é vinculante e faz coisa julgada material (art. 28, parágrafo único, da Lei 9.868/1999).

Gabarito "C"

(Procurador do Município/Natal-RN – 2008 – CESPE) Acerca do controle de constitucionalidade, assinale a opção correta.

(A) No Brasil, o controle de constitucionalidade é feito apenas de modo repressivo.

(B) Segundo a jurisprudência do STF, é cabível, em ação direta de constitucionalidade, o controle judicial preventivo de constitucionalidade.

(C) O STF admite o controle de constitucionalidade preventivo em sede de controle incidental.

(D) Segundo a jurisprudência do STF, é viável o controle de constitucionalidade de norma constitucional originária em face de outra norma constitucional originária de hierarquia inferior.

A: Quanto ao momento de seu exercício, o controle de constitucionalidade será *preventivo* (antes da edição da lei ou ato normativo) ou *repressivo* (após a edição da lei ou ato normativo). Em regra é realizado pelo Poder Judiciário (*controle judicial repressivo*), em controle concentrado (por exemplo, em ADIN ou em ADPF) ou em controle difuso (via recurso extraordinário). Entretanto, o Poder Legislativo também pode exercer o controle repressivo (*controle político repressivo*), como no caso de não aprovação, pelo Congresso Nacional, de Medida Provisória por inconstitucionalidade ou pela sustação congressual de ato do Executivo que exorbite dos limites de delegação legislativa (art. 49, V, da CF); **B:** Só é cabível ADIn contra lei ou ato normativo (ou seja, já aperfeiçoados – art. 102, I, "a", da CF); **C:** O STF admite a impetração de MS por deputados e senadores (não pelo Presidente da República), para evitar a tramitação de proposta de emenda constitucional que fira o art. 60, § 4º, da CF, por entender que os congressistas têm direito líquido e certo ao devido processo legislativo; **D:** Não cabe controle de constitucionalidade de normas originárias, apenas de normas constitucionais oriundas de emendas.

Gabarito "C"

(Procurador do Município/Recife-PE – 2008 – FCC) Considere as seguintes afirmações sobre a disciplina legal da arguição de descumprimento de preceito fundamental:

I. Caberá arguição de descumprimento de preceito fundamental quando for relevante o fundamento da controvérsia constitucional sobre lei ou ato normativo municipal, inclusive se anterior à Constituição.

II. O Supremo Tribunal Federal poderá deferir pedido de medida liminar na arguição de descumprimento de preceito fundamental, desde que assim decidam dois terços de seus membros.

III. A petição inicial será indeferida liminarmente, pelo Relator, quando não couber arguição de descumprimento de preceito fundamental, sendo essa decisão irrecorrível.

IV. Caberá reclamação contra o descumprimento da decisão proferida pelo Supremo Tribunal Federal, nos termos de seu Regimento Interno.

Está correto o que se afirma SOMENTE em

(A) I e II.

(B) I e IV.

(C) II e III.

(D) II e IV.

(E) III e IV.

I: Correta. Art. 1º, parágrafo único, I, da Lei 9.882/1999; **II:** Errada. A maioria é absoluta (art. 5º da Lei 9.882/1999); **III:** Errada. Cabe agravo (art. 4º, § 2º, da Lei 9.882/1999); IV: Correta. Art. 13 da Lei 9.882/1999.

Gabarito "B"

(Procurador do Município/São José dos Campos-SP – 2012 – VUNESP) Sobre o controle de constitucionalidade preventivo, é correto afirmar que

(A) tem sua origem no direito norte-americano e, no Brasil, é exercido pelos três poderes da República.

(B) tem sua origem no direito francês e, no Brasil, esse controle é feito pela Arguição de Descumprimento de Preceito Fundamental.

(C) pode ser exercido pelo STF, no sistema difuso, visando o cumprimento das regras do processo legislativo.

(D) tem sua aplicação no direito brasileiro e é exercido por meio da ação declaratória de constitucionalidade.

(E) não é admitido no direito brasileiro.

Tem origem no direito francês. No Judiciário, o controle preventivo é admitido pelo STF na hipótese de impetração de MS por deputados e senadores (não pelo Presidente da República), para evitar a tramitação de proposta de emenda constitucional que fira o art. 60, § 4º, da CF, por entender que os congressistas têm direito líquido e certo ao devido processo legislativo.

Gabarito "C"

(Procurador do Município/São José dos Campos-SP – 2012 – VUNESP) Assinale a alternativa correta a respeito da Arguição de Descumprimento de Preceito Fundamental.

(A) Tem caráter residual, não devendo ser admitida quando houver qualquer outro meio eficaz de sanar a lesividade.

(B) Pode ser utilizada em controvérsia constitucional sobre lei ou ato normativo federal, estadual ou municipal, excluídos os anteriores à Constituição de 1988.

(C) A decisão na ADPF terá eficácia *inter partes* e efeito vinculante relativamente aos demais poderes da República.

(D) A decisão que julgar procedente ou improcedente o pedido em arguição de descumprimento de preceito fundamental é irrecorrível, mas poderá ser objeto de ação rescisória.

(E) Caberá agravo regimental contra o descumprimento da decisão proferida pelo Supremo Tribunal Federal, na forma do seu Regimento Interno.

A: Art. 4º, § 1º, da Lei 9.882/1999; **B:** Incluídos os anteriores à CF (art. 1º, parágrafo único, I, da Lei 9.882/1999); **C:** Não reflete o disposto no art. 10, § 3º, da Lei 9.882/1999; **D:** Não cabe sequer ação rescisória (art. 12 da Lei 9.882/1999); **E:** Cabe reclamação – art. 13 da Lei 9.882/1999.

Gabarito "A"

(Procurador do Município/São Paulo-SP – 2008 – FCC) A inconstitucionalidade de lei ou ato municipal por ofensa à Constituição Federal poderá ser arguida por intermédio de

(A) mandado de segurança impetrado junto ao Supremo Tribunal Federal.

(B) ação direta de inconstitucionalidade, ajuizada junto ao Tribunal de Justiça.

(C) mandado de injunção impetrado junto ao Supremo Tribunal Federal.

(D) arguição de descumprimento de preceito fundamental, ajuizada junto ao Supremo Tribunal Federal.

(E) reclamação, se a lei contrariar súmula do Supremo Tribunal Federal.

Art. 1º, parágrafo único, I, da Lei 9.882/1999.

Gabarito "D"

(Procurador do Município/Sorocaba-SP – 2012 – VUNESP) O controle de constitucionalidade é estudado e subdividido, historicamente, pela doutrina, tendo em vista três grandes sistemas mundiais, considerando as suas diferentes formas de controle: o difuso, o concentrado e o preventivo. Assim sendo, assinale a alternativa que contempla, correta e respectivamente, os três países onde esses sistemas jurídicos surgiram e se desenvolveram.

(A) França, Estados Unidos da América e Alemanha.

(B) Alemanha, Estados Unidos da América e França.

(C) Portugal, Estados Unidos da América e Alemanha.

(D) Estados Unidos da América, Áustria e França.

(E) Estados Unidos da América, França e Áustria.

Historicamente, sim. O Brasil adota o controle misto de constitucionalidade, vale dizer, convivem em nosso país o controle abstrato (ou concentrado) e o controle difuso (ou concreto). Dessa forma, qualquer juiz ou tribunal (inclusive o STF), ao analisar um caso concreto, pode verificar a compatibilidade de lei ou ato normativo diante da Constituição Federal (controle difuso). Ao mesmo tempo, apenas ao STF cabe o controle concentrado (ou abstrato ou por via de ação) de lei ou ato normativo federal ou estadual diante da Constituição Federal (e aos TJs locais o controle concentrado em face da Constituição estadual). Assim, o STF realiza as duas espécies de controle: o difuso, em exercício de competência recursal (art. 102, III, da CF), ao analisar um recurso extraordinário; e o concentrado, em competência originária, ao julgar ADIn, ADC e ADPF (art. 102, I, "a" e § 1º, da CF).

Gabarito "D"

(Advogado da União/AGU – CESPE – 2012) Com relação à ADI e à ADIO, julgue os itens subsecutivos.

(1) Considere a seguinte situação hipotética. Foi ajuizada ADI no STF contra lei estadual por contrariedade a dispositivo expresso na CF. Porém, antes do julgamento da ação, o parâmetro de controle foi alterado, de modo a tornar a norma impugnada consentânea com o dispositivo constitucional. Nessa situação hipotética, admite-se, de acordo com recente jurisprudência do STF, a denominada constitucionalidade superveniente, devendo, portanto, ser afastada a aplicação do princípio da contemporaneidade e julgada improcedente a ação.

(2) O atual posicionamento do STF admite a fungibilidade entre a ADI e a ADIO.

(3) Assim como ocorre na ADC e na ADI, ato normativo já revogado não pode ser objeto de ADPF.

(4) Ao contrário da ADC, a ADPF não exige a demonstração de controvérsia judicial relevante.

1: Errada. O STF alterou o entendimento anterior sobre o tema (V. ADIn 2.158 e ADIn 2.189, Rel. Min. Dias Toffoli). Hoje, como bem explica Pedro Lenza, "o STF não admite fenômeno da constitucionalidade superveniente e, assim, por esse motivo, a referida lei, que nasceu inconstitucional, deve ser nulificada perante a regra da Constituição que vigorava à época de sua edição (princípio da contemporaneidade). Dessa forma, analisando a situação do caso concreto, modificando o seu entendimento, o STF não admitiu o pedido de prejudicialidade, analisando a constitucionalidade da lei à luz da regra constitucional que à época vigorava" (Direito Constitucional Esquematizado, 2012, p. 301); 2. Correta. O STF admite, em tese, a fungibilidade entre as ações constitucionais, porém no caso de ADPF, só é possível a fungibilidade se inexistir outro meio capaz de sanar a lesividade (art. 4º, § 1º, da Lei 9.882/1999); 3. Errada.

O STF entende que não cabe ADIn se a lei ou ato normativo questionado for revogado, independentemente da produção de efeitos residuais; **4:** Errada. V. art. 1º, parágrafo único, I e art. 3º, V, ambos da Lei 9.882/1999.

Gabarito 1E, 2C, 3E, 4E

(Procurador do Estado/RO – 2011 – FCC) É uma das características da ação direta de inconstitucionalidade no controle abstrato das normas na Constituição Federal brasileira:

(A) Não admitir o efeito repristinatório. A declaração de nulidade total de uma norma sempre cria um vácuo legislativo que só pode ser sanado pelo Poder Legislativo competente.

(B) Permitir a intervenção de terceiros e do *amicus curie*.

(C) Resultar em uma decisão judicial final com efeito *ex tunc* sempre, não se admitindo a modulação de efeitos pelo Poder Judiciário.

(D) Não admitir a declaração parcial de nulidade da norma sem a redução do texto original.

(E) A ativação do efeito repristinatório quando houver o silêncio na medida cautelar que suspende determinada lei, de modo que, a legislação anterior, se existente, torne-se novamente aplicável.

A: Art. 11, § 2º, da Lei 9.868/1999; **B:** Não é cabível intervenção de terceiros (art. 7º da Lei 9.868/1999), apenas do amicus curiae; **C:** A modulação de efeitos temporais é admitida pelo art. 27 da Lei 9.868/1999, apesar de ser exceção; **D:** Expressamente admitida pelo art. 28, parágrafo único, da Lei 9.868/1999.

Gabarito "E"

(Procurador do Estado/SC – 2010 – FEPESE) Qual dos legitimados abaixo deve comprovar pertinência temática para ajuizar ação declaratória de inconstitucionalidade?

(A) Mesa do Senado Federal

(B) Mesa da Câmara dos Deputados

(C) Conselho Federal da Ordem dos Advogados do Brasil

(D) Confederação sindical ou entidade de classe de âmbito nacional

(E) Partido político com representação no Congresso Nacional

Por pertinência temática deve-se entender a existência de uma relação direta entre a questão presente na lei ou no ato normativo a ser impugnado e os objetivos sociais da entidade demandante (ou entre a lei objeto de controle e as funções institucionais do legitimado ativo). Vale dizer, a noção é muito próxima do *interesse de agir* da Teoria Geral do Processo e faz surgir duas classes de legitimados ativos: os *universais* ou *neutros* e os *interessados* ou *especiais*. De acordo com o STF, são legitimados *neutros* ou *universais* para a propositura de ADIn (= têm legitimidade ativa em qualquer hipótese, sem necessidade de demonstração de pertinência temática): o Presidente da República, as Mesas do Senado e da Câmara, o Procurador-Geral da República, o Conselho Federal da OAB e o partido político com representação no Congresso Nacional. São legitimados *interessados* ou *especiais*, ou seja, precisam demonstrar relação de pertinência temática entre o objeto da ADIn e sua esfera jurídica (ou a de seus filiados): o Governador de Estado, a Mesa de Assembleia Legislativa (ou da Câmara Legislativa do DF), bem como as confederações sindicais ou entidades de classe de âmbito nacional.

Gabarito "D"

(Procurador do Estado/PE – CESPE – 2009) A respeito do controle de constitucionalidade no ordenamento jurídico brasileiro, assinale a opção correta.

(A) O controle concentrado de constitucionalidade no âmbito dos estados surgiu no ordenamento jurídico brasileiro com a CF.

(B) A intervenção de terceiros é admitida no controle concentrado de constitucionalidade, por meio do instituto do amicus curiae.

(C) Segundo entendimento do STF, excepcionalmente, é possível a modulação dos efeitos das decisões proferidas em sede de controle difuso de constitucionalidade, o que representa uma flexibilização do princípio da nulidade no controle de constitucionalidade.

(D) No controle de constitucionalidade político, a atividade de controle é desempenhada por um órgão integrante da estrutura do Poder Judiciário, no entanto a fundamentação das decisões tem por conteúdo uma solução ao caso concreto, mesmo sem uma fundamentação jurídica.

(E) Na hipótese de uma lei municipal contrariar uma norma prevista na CF, e obrigatoriamente repetida na constituição estadual, o tribunal de justiça estadual não poderá apreciar a alegação de inconstitucionalidade dessa lei, em face da constituição estadual, sob pena de usurpar a competência do STF.

A: O controle de constitucionalidade, de início apenas difuso, surgiu com a República (Constituição de 1981). O controle concentrado só foi instituído com a EC 16/1965, que alterou a CF 1946, já durante o regime militar; **B:** A admissão de *amicus curiae* no controle concentrado não é exemplo de intervenção de terceiros, que é expressamente vedada (art. 7º da Lei 9.868/1999); **C:** O art. 102, § 2º, da CF determina a produção de efeitos contra todos (*erga omnes*) e vinculantes, omitindo-se sobre a produção de efeitos no tempo. Em regra, a declaração de inconstitucionalidade tem efeitos *ex tunc*, mas há possibilidade de modulação de efeitos, observado o disposto no art. 27 da Lei 9.868/1999, que se refere ao controle concentrado. Entretanto, o STF tem admitido a aplicação, por analogia, do art. 27 da Lei 9.868/1999 ao controle difuso; **D:** Quanto à natureza do órgão que o exerce, o controle de constitucionalidade pode ser *político* ou *judicial*. Todo controle de constitucionalidade exercido fora do Poder Judiciário terá caráter político, e poderá ser preventivo ou repressivo. O *controle político preventivo* ocorre, por exemplo, no caso de rejeição de projeto de lei pela Comissão de Constituição e Justiça por motivo de inconstitucionalidade. Já o *controle político repressivo* na hipótese de não aprovação, pelo Congresso Nacional, de Medida Provisória por inconstitucionalidade ou pela sustação congressual de ato do Executivo que exorbite dos limites de delegação legislativa (art. 49, V, da CF); **E:** É certo que o TJ não pode apreciar a constitucionalidade de uma lei tendo por parâmetro de controle a Constituição Federal. Entretanto, se a norma da Constituição Federal é de reprodução obrigatória pela Constituição do Estado, o TJ poderá apreciar sua constitucionalidade, sem que isso represente usurpação da competência do STF.

Gabarito "C"

(Procurador do Estado/SC – 2009) Assinale a alternativa correta, com respeito ao modelo constitucional, federal e estadual brasileiro.

(A) A inconstitucionalidade de lei é de caráter formal quando seu conteúdo contraria preceito ou princípio da Constituição

(B) O sistema de controle difuso de constitucionalidade se verifica quando se reconhece a uma Corte Especial a competência para apreciar as ações de inconstitucionalidade.

(C) O controle de constitucionalidade difuso também é conhecido como controle *in abstracto* da lei que fere a Constituição.

(D) A declaração de inconstitucionalidade na via indireta, revoga a lei atacada até que o Senado declare a sua invalidade.

(E) Do princípio da supremacia da Constituição resulta o princípio da compatibilidade vertical das normas do ordenamento jurídico brasileiro.

A: Conceito de inconstitucionalidade material. O formal existe quando não observado, por exemplo, o quórum de aprovação, quando editada lei ordinária ao invés de lei complementar etc.; **B:** O exemplo é típico do controle concentrado. O controle difuso diz respeito à possibilidade de qualquer juiz ou tribunal declarar a inconstitucionalidade de lei ou ato normativo; **C:** O difuso é também conhecido como incidental ou concreto. O concentrado é sinônimo de controle abstrato ou por ação direta; **D:** No controle difuso a declaração de inconstitucionalidade tem, em regra, efeitos *inter partes*. Para ter eficácia *erga omnes* é necessária a edição de Resolução pelo Senado Federal, no exercício da competência prevista no art. 52, X, da CF. Ademais, o Senado não revoga a lei, apenas lhe retira a eficácia; **E:** O princípio da supremacia da Constituição é o fundamento para a existência do controle de constitucionalidade.

Gabarito "E"

(Procurador do Estado/SC – 2009) Assinale a alternativa correta, com respeito ao modelo constitucional, federal e estadual brasileiro.

(A) O Senado não revoga ou anula lei declarada inconstitucional na via indireta, apenas lhe retira sua eficácia.

(B) A declaração de inconstitucionalidade por omissão obriga o Poder Legislativo a elaborar a norma faltante no prazo máximo de trinta dias

(C) A propositura de ação de inconstitucionalidade interventiva é de competência do Governador do Estado.

(D) Na ação declaratória de constitucionalidade, ao igual que nas demais, é obrigatória a intervenção do Advogado Geral da União.

(E) A competência para processar e julgar a ação declaratória de constitucionalidade é do Supremo Tribunal Federal e do Superior Tribunal de Justiça.

A: Art. 52, X, da CF; **B:** Não há essa determinação no art. 103, § 2º, da CF; **C:** A ação direta interventiva está prevista no art. 36, III, da CF e a legitimidade ativa é do Procurador-Geral da República; **D:** O AGU funciona como curador da constitucionalidade das leis (art. 103, § 3º, da CF), daí por que não precisa participar da ADC, pois a lei não é atacada, buscando-se apenas a transmudação da presunção relativa de constitucionalidade em presunção absoluta. Entretanto, é importante registrar que o STF recentemente entendeu "ser necessário fazer uma interpretação sistemática, no sentido de que o § 3º do art. 103 da CF concede à AGU o direito de manifestação, haja vista que exigir dela defesa em favor do ato impugnado em casos como o presente, em que o interesse da União coincide com o interesse do autor, implicaria retirar-lhe sua função primordial que é a defender os interesses da União (CF, art. 131). Além disso, a despeito de reconhecer que nos outros casos a AGU devesse exercer esse papel de contraditora no processo objetivo, constatou-se um problema de ordem prática, qual seja, a falta de competência da Corte para impor-lhe qualquer sanção quando assim não procedesse, em razão da inexistência de previsão constitucional para tanto" (ADIn 4309/TO, Rel. Min. Cezar Peluso). V. *Informativo STF* 562/2009; **E:** Competência exclusiva do STF (art. 102, I, *a*, da CF).

Gabarito "A"

(Procurador do Estado/SP – FCC – 2009) De acordo com a jurisprudência do Supremo Tribunal Federal, lei estadual ofensiva à norma da Constituição do respectivo Estado, que se limite a reproduzir preceito da Constituição Federal de observância obrigatória no âmbito das unidades federadas, pode ser impugnada, em sede de controle abstrato, mediante

(A) ação direta de inconstitucionalidade, exclusivamente de nível estadual, sendo incabível a interposição de recurso extraordinário da decisão proferida pelo Tribunal de Justiça.

(B) ação direta de inconstitucionalidade de nível federal ou estadual, cabendo, nessa segunda hipótese, a interposição de recurso extraordinário.

(C) recurso extraordinário, com aplicação do procedimento de julgamento de questões de repercussão geral.

(D) ação direta de inconstitucionalidade de nível federal ou estadual, descabendo, nessa segunda hipótese, a interposição de recurso extraordinário.

(E) ação direta de inconstitucionalidade, exclusivamente de nível federal.

A questão refere-se a controle abstrato, daí a resposta restringir-se às ações diretas em nível estadual e federal. Deve-se lembrar que, segundo a jurisprudência do STF, na hipótese de propositura simultânea de ação direta de inconstitucionalidade contra lei estadual perante o STF e o TJ, o processo no âmbito estadual deverá ser suspenso até a deliberação final do STF.

Gabarito "B"

(Procurador do Estado/PB – 2008 – CESPE) Quanto ao controle de constitucionalidade, assinale a opção correta.

(A) Entre os modelos clássicos de controle de constitucionalidade, destaca-se o modelo norte-americano de sistema concentrado de controle de constitucionalidade, segundo o qual a Suprema Corte Americana tem competência para julgar a inconstitucionalidade das leis de forma concentrada e com eficácia erga omnes.

(B) Em que pese o controle de constitucionalidade, no Brasil, ser preponderantemente exercido pelo Poder Judiciário, a doutrina registra exemplos de controle repressivo a cargo do Poder Legislativo — como o exercido pelo Congresso Nacional na rejeição de medida provisória inconstitucional.

(C) No âmbito do controle difuso de controle de constitucionalidade, a chamada cláusula de reserva de plenário é obrigatória para o julgamento de cada processo em que se aprecie questão de constitucionalidade.

(D) No âmbito do controle concentrado de constitucionalidade, faz-se necessária a edição de resolução, por parte do Senado Federal, para que determinada lei seja suspensa em relação às pessoas que não tenham sido parte no processo.

(E) Decidida pelo plenário do STF a inconstitucionalidade de uma lei, o Congresso Nacional é obrigado a emitir decreto legislativo que suspenda a eficácia da norma declarada inconstitucional.

A: O modelo norte-americano é difuso, pois permite-se a qualquer juiz ou tribunal reconhecer a inconstitucionalidade de uma norma. Entretanto, apenas quando a Suprema Corte declara a inconstitucionalidade de uma lei, no caso concreto, a decisão passa a ser vinculante para os demais órgãos do Judiciário, adquirindo eficácia ***erga omnes*** (princípio do ***stare decisis***); **B:** O controle repressivo é aquele realizado após a entrada em vigor da lei/medida provisória, com o objetivo de retirar-lhe a eficácia, como o exercido na hipótese trazida pela questão; **C:** A regra da ***reserva de plenário*** (art. 97, CF) dispõe que a inconstitucionalidade de uma lei somente pode ser declarada pela maioria absoluta dos membros do tribunal ou de seu órgão especial (caso exista). Aplica-se, pois, somente aos órgãos colegiados; **D:** A publicação de Resolução do Senado Federal para conferir eficácia ***erga omnes*** à decisão do STF só existe no controle incidental (art. 52, X, CF). Nos casos de declaração de inconstitucionalidade pela via de ação direta, a própria decisão da Corte implica a perda de eficácia da norma; **E:** A atuação é do Senado Federal, por intermédio de Resolução, mas tão somente nos casos de controle difuso. Além disso, tem caráter discricionário, sujeitando-se ao juízo de conveniência e oportunidade da Casa.

Gabarito "B"

(Procurador do Estado/PB – 2008 – CESPE) Acerca do controle difuso de controle de constitucionalidade das leis, assinale a opção correta.

(A) A competência do STF para julgar, em sede de recurso extraordinário, as causas decididas em única ou última instância, quando a decisão recorrida julgar válida lei local contestada em face de lei federal, não tem por finalidade promover a defesa do pacto federativo, mas a compatibilidade da lei estadual em face da lei federal.

(B) No âmbito da arguição de descumprimento de preceito fundamental, a liminar pode ser concedida para suspender a eficácia do ato normativo impugnado ou da decisão judicial, mesmo na hipótese de coisa julgada.

(C) Considere-se que um recurso extraordinário interposto em 22 de novembro de 2007 tenha o mérito julgado, pelo STF, em 24 de março de 2008, quando seja acolhida a preliminar da repercussão geral. Nessa hipótese, os recursos sobrestados devem ser encaminhados, pelos tribunais, turmas de uniformização ou turmas recursais, ao STF para que ele aplique aquele entendimento.

(D) O STF, de forma excepcional, tem admitido eficácia ex nunc às declarações de inconstitucionalidade no âmbito do controle difuso.

(E) Não é possível a utilização da via da ação civil pública para declarar, mesmo que incidentalmente, a inconstitucionalidade de uma lei, sob pena de usurpação da competência do STF, já que a sentença proferida naquela ação tem eficácia erga omnes.

A: Art. 102, III, *d*, CF. Hipótese em que não há mero conflito de legalidade, mas discussão sobre partilha constitucional de competências. Por isso, a competência de julgamento da matéria, que antes era do STJ, passou para o STF com a EC 45/2004; **B:** Salvo na hipótese de coisa julgada. Art. 5º, § 3º, Lei 9.882/1999; **C:** Art. 543-B, § 3º, CPC; **D:** V., *e.g.*, RE 197917, Rel. Min. Maurício Corrêa, Tribunal Pleno, DJ 07/05/2004. O STF tem admitido a aplicação do art. 27 da Lei 9868/1999 ao controle difuso, por analogia; **E:** Há possibilidade de declaração incidental de inconstitucionalidade em ACP, desde que não seja este o pedido principal da ação, mas sua causa de pedir.

Gabarito "D"

(Procurador do Estado/CE – 2008 – CESPE) Assinale a opção correta acerca da arguição de descumprimento de preceito fundamental.

(A) Qualquer pessoa lesada ou ameaçada por ato do poder público pode propor arguição de descumprimento de preceito fundamental.

(B) Atos de particular que descumpram preceito constitucional fundamental, em detrimento de direito subjetivo, estão sujeitos ao controle por meio de arguição de descumprimento de preceito fundamental.

(C) Não se admite a arguição de descumprimento de preceito fundamental quando a controvérsia for fundada em ato normativo anterior à Constituição Federal.

(D) Considerar-se-á procedente ou improcedente a arguição de descumprimento de preceito fundamental se em um ou em outro sentido se tiverem manifestado pelo menos dois terços dos ministros.

(E) O controle da constitucionalidade, em abstrato, das leis municipais pode ser feito pelo STF por meio de arguição de descumprimento de preceito fundamental.

A: Somente os legitimados para a ação direta de inconstitucionalidade (art. 103 da CF) podem propor ADPF (art. 2º, I, Lei 9.882/1999); **B:** O objeto da ADPF é evitar ou reparar lesão a preceito fundamental, resultante de ato do Poder Público (art. 1º, *caput*, da Lei 9.882/1999, que traz hipótese de ADPF autônoma). Será cabível, também, quando for relevante o fundamento da controvérsia constitucional sobre lei ou ato normativo federal, estadual ou municipal, incluídos os anteriores à Constituição (art. 1º, parágrafo único, I, da Lei 9.882/1999, hipótese de ADPF por equivalência ou por equiparação); **C:** Art. 1º, parágrafo único, I, da Lei 9.882/1999; **D:** Como ocorre com a ADIn, o julgamento da ADPF será proferido pelo ***quorum*** de maioria absoluta (art. 97 da CF). O ***quorum*** de instalação da sessão de julgamento é que é de pelo menos dois terços dos Ministros (art. 8º da Lei 9.882/1999); **E:** Art. 102, § 1º, da CF, c/c art. 1º, parágrafo único, I, da Lei 9.882/1999.

Gabarito "E"

(Procurador do Estado/ES – 2008 – CESPE) Julgue os itens subsequentes de acordo com o entendimento do STF quanto ao controle de constitucionalidade das leis.

(1) Não se admite o controle concentrado de normas de efeito concreto.

(2) É condição de admissibilidade de ação declaratória de constitucionalidade a demonstração da controvérsia jurisprudencial sobre a compatibilidade entre a norma questionada e o dispositivo da Constituição Federal.

1: A ADPF possibilita o controle concentrado no STF de normas de efeito concreto. Na ADI 4048 MC, Rel. Min. Gilmar Mendes, Pleno, DJ 21/08/200, o Supremo entendeu que deve exercer o controle quando houver uma controvérsia constitucional suscitada em abstrato, independentemente do caráter concreto ou abstrato de seu objeto. **2:** De acordo com o art. 14, III, da Lei 9.868/1999, a petição inicial deverá demonstrar a existência de controvérsia judicial relevante sobre a aplicação da disposição objeto da ação declaratória.

Gabarito 1E, 2E

(Procurador do Estado/ES – 2008 – CESPE) Julgue os itens subsequentes de acordo com o entendimento do STF quanto ao controle de constitucionalidade das leis.

(1) Está sedimentada a adoção da transcendência dos fundamentos determinantes para fins de exame de admissibilidade de reclamação.

(2) Norma que cuide de tempo de espera de atendimento em estabelecimento bancário, limitando-o a vinte minutos, pode ser objeto de ADI no STF.

1: A teoria diz respeito à atribuição de eficácia vinculante não só à parte dispositiva da decisão do STF em controle abstrato, mas, também, aos próprios fundamentos determinantes do julgado. Sua extensão ao controle difuso não é pacífica, não sendo certo defender o uso de reclamação para assegurar a aplicação da tese constitucional firmada no controle difuso, em questão prejudicial. **2:** Sim, desde que a lei ou ato normativo seja estadual, pois lei municipal não pode ser objeto de ADIn. Ver Súmulas 419 STF e 19 STJ.

Gabarito 1E, 2C

(Procurador do Estado/PB – 2008 – CESPE) Ainda quanto ao controle concentrado de constitucionalidade das leis, assinale a opção correta.

(A) Durante a tramitação de um projeto de lei no Congresso Nacional, não é possível a utilização do controle jurisdicional de constitucionalidade.

(B) Resolução administrativa do Conselho Nacional de Justiça que discipline determinada matéria, de forma geral e abstrata, pode ser objeto de ação direta de inconstitucionalidade.

(C) Os decretos emitidos pelo presidente da República, em nenhuma hipótese, podem ser objeto de ação direta de inconstitucionalidade.

(D) Na omissão da lei de regência em relação ao prazo prescricional, a ação direta de inconstitucionalidade se submete ao prazo previsto no Decreto Lei n.º 20.910/1932, ou seja, ao prazo prescricional de cinco anos.

(E) Caso uma norma estadual seja impugnada perante o STF, nos autos de uma ação direta de inconstitucionalidade, a defesa do ato cabe ao procurador-geral do estado.

A: O STF admite a impetração de MS por congressistas, para evitar a tramitação de proposta de emenda constitucional que fira o art. 60, § 4º, da CF; **B:** De acordo com o STF, ato normativo para fins de cabimento de ADIn é todo aquele que, de caráter normativo, tem fundamento direto na Constituição (art. 102, I, *a*, CF); **C:** Cabe ADIn para impugnar os chamados decretos autônomos, aqueles que não regulamentam a lei, mas inovam o ordenamento jurídico; **D:** O vício de inconstitucionalidade é imprescritível. Admitir a subsistência de ato contrário à Constituição, por decurso do tempo, viola a supremacia da Constituição; **E:** Art. 103, § 3º, CF. O AGU atua também nos casos de lei estadual ou distrital.

Gabarito "B"

(Procuradoria Distrital – 2007) Suponha que uma lei distrital, sancionada pelo Governador, que limita o horário de funcionamento do comércio varejista em Brasília, seja objeto de dúvidas quanto à sua constitucionalidade. A esse propósito, assinale a opção correta.

(A) Se estiver convencido da constitucionalidade da lei, o Governador do Distrito Federal poderá ajuizar ação declaratória de constitucionalidade perante o STF, desde que comprove, com a inicial, que há decisões judiciais divergentes sobre a constitucionalidade da lei.

(B) O Governador do Estado de Goiás poderá ajuizar ação direta de inconstitucionalidade contra essa lei perante o STF, desde que comprove, com a inicial, que a lei afeta de modo negativo os interesses de Goiás na região do entorno de Brasília.

(C) O Governador do Distrito Federal, mesmo que arrependido politicamente da sanção ao projeto de lei, não poderá ajuizar ação direta de inconstitucionalidade perante o Supremo Tribunal Federal contra tal lei.

(D) Qualquer partido político com representação no Congresso Nacional poderá ajuizar ação direta de inconstitucionalidade contra tal lei perante o Supremo Tribunal Federal, independentemente de demonstração de interesse na solução da causa.

(E) Uma associação de lojistas, mesmo que não abranja todos os comerciantes prejudicados com a lei, mas que comprove ter caráter nacional, poderá ajuizar a ação direta de inconstitucionalidade contra a lei perante o Supremo Tribunal Federal.

A: O Governador do DF pode propor ADC (art. 103, V, da CF), mas não é preciso comprovar a existência de decisões judiciais ***divergentes***. A lei exige demonstração de controvérsia judicial relevante (art. 14, III, da Lei 9.868/1999). As decisões judiciais podem ter sido proferidas no mesmo sentido, mas precisam conter controvérsia constitucional relevante; **B:** O Governador de Goiás é legitimado ***especial*** para a propositura de ADIn, ou seja, precisa comprovar a pertinência temática. Entretanto, o STF já decidiu que a matéria é de peculiar interesse local (Súmula 419/STF); **C:** A ADIn tem como objetivo o controle de higidez do ordenamento, e não o controle político. O "arrependimento político" está ligado ao juízo de conveniência e de oportunidade, que não é sindicável pelo STF em ações abstratas; **D:** Os partidos políticos são legitimados universais e não precisam demonstrar pertinência temática, o que não se confunde com interesse na solução da causa. **E:** O art. 103, IX, da CF legitima apenas a confederação sindical e as entidades de classe de âmbito nacional para a propositura de ADIn. Além disso, de acordo com o STF, precisam demonstrar pertinência temática, pois são legitimados especiais.

Gabarito "C"

(Procuradoria Distrital – 2007) Suponha que uma lei distrital seja objeto de ação direta de inconstitucionalidade perante o Tribunal de Justiça do Distrito Federal. Assinale, a seguir, a opção correta.

(A) O Tribunal de Justiça deve declarar a inconstitucionalidade da lei, se apurar que o diploma fere dispositivo da Lei Orgânica do Distrito Federal ou, mesmo que não contrarie essa Lei Orgânica, se verificar que está em desacordo com a Constituição Federal. Neste último caso, porém, da decisão caberá recurso extraordinário para o Supremo Tribunal Federal.

(B) A decisão do Tribunal de Justiça pela inconstitucionalidade da lei não obsta a que o Supremo Tribunal Federal, em ação direta de inconstitucionalidade ajuizada depois do julgamento do Tribunal de Justiça, entenda que a lei é válida.

(C) Mesmo que a lei já tenha sido, anteriormente, declarada constitucional pelo Supremo Tribunal Federal em controle abstrato, não é impossível que o Tribunal de Justiça do Distrito Federal venha a declarar essa mesma lei inválida em ação de controle abstrato a ele submetida.

(D) A lei declarada pelo Tribunal de Justiça como válida, em sede de controle abstrato, não poderá, mais tarde, ser declarada inconstitucional pelo Supremo Tribunal Federal em sede de controle incidental.

(E) Se depois de ajuizada a ação direta de inconstitucionalidade perante o Tribunal de Justiça, e antes do seu julgamento, for também proposta ação direta de inconstitucionalidade perante o Supremo Tribunal Federal contra a mesma lei, os processos deverão ser reunidos para o julgamento conjunto perante o Supremo Tribunal Federal.

A: O parâmetro do controle de constitucionalidade em âmbito estadual/distrital é sempre a Constituição Estadual (ou, no caso do DF, a Lei Orgânica), jamais a Constituição Federal; **B:** Pedro Lenza entende que não há sentido falar em controle posterior perante o STF, pois a lei distrital (de índole estadual) perdeu a eficácia a partir da declaração de inconstitucionalidade pelo TJ; **C:** A lei distrital (de índole estadual) pode ser compatível com a CF e afrontar a Lei Orgânica do DF, desde que por fundamento diverso; **D:** Poderá ser posteriormente analisada pelo STF em controle incidental ou abstrato, e a decisão do Supremo prevalecerá inclusive sobre a coisa julgada estadual (Pedro Lenza); **E:** A ADIn estadual deverá ser suspensa para aguardar o julgamento do STF e perderá seu objeto caso o Supremo reconheça sua inconstitucionalidade. Se o STF declarar a constitucionalidade, a ADIn estadual poderá prosseguir (v. comentário à letra "c").

Gabarito "C"

(Procuradoria Distrital – 2007) Suponha que o Tribunal Superior do Trabalho haja disposto no seu Regimento Interno sobre precatório. Em seguida, o Tribunal Regional do Trabalho com jurisdição sobre o Distrito Federal insere no seu regimento norma idêntica. Suponha que, mais tarde, é ajuizada ação direta de inconstitucionalidade contra o dispositivo do Regimento Interno do Tribunal Superior do Trabalho que contém a referida norma. O Supremo Tribunal Federal julga procedente essa ação direta, afirmando que a regra regimental destoa da sistemática constitucional sobre precatórios. Depois desse julgamento, o Presidente do TRT com jurisdição no Distrito Federal, contra os interesses do Governo do Distrito Federal, aplica a norma que é idêntica àquela do TST declarada inconstitucional. Nesse caso, qual solução juridicamente possível, mais eficaz e expedita, você sugeriria para proteger os interesses do Distrito Federal contra tal decisão?

(A) Que o Distrito Federal apresente recurso extraordinário contra a decisão.

(B) Que o Distrito Federal ajuíze mandado de segurança perante o TRT contra a decisão.

(C) Que o Distrito Federal ajuíze ação direta de inconstitucionalidade perante o Supremo Tribunal Federal contra a norma do TRT.

(D) Que se apresente reclamação ao Supremo Tribunal Federal.

(E) Que o Distrito Federal impetre mandado de segurança perante o STF.

A: O recurso extraordinário é, em regra, instrumento do controle difuso (art. 102, III, *a*, *b*, *c* e *d*, da CF). B, D e **E:** Antes de reconhecer o cabimento de reclamação no controle concentrado, o STF entendia cabível a impetração de MS. Entretanto, após o julgamento da Rcl 1.880/SP, Rel. Min. Maurício Corrêa, o Supremo passou a admitir reclamação proposta por qualquer pessoa afetada pela desobediência à decisão proferida em controle abstrato, desde que comprovasse interesse de agir; **C:** O DF não tem interesse de agir, pois a declaração de inconstitucionalidade da norma do TST (reproduzida pelo TRT) já foi alcançada na ADIn anterior, que possui eficácia vinculante.

Gabarito "D"

(Procurador do Estado/PR – 2007) Podem ser objeto de ação declaratória de constitucionalidade em face da Constituição Federal: ALTERNATIVAS:

(A) as leis e atos normativos federais, estaduais, distritais e municipais;

(B) apenas as leis e atos normativos federais, estaduais e distritais;

(C) tão somente as leis e atos normativos federais e estaduais;

(D) exclusivamente as leis e atos normativos federais;

(E) exclusivamente os atos normativos municipais.

Art. 102, I, *a*, da CF e art. 13 da Lei 9.868/1999.

Gabarito "D"

(Procurador do Estado/PR – 2007) Declarada a inconstitucionalidade de lei pelo Supremo Tribunal Federal, a eficácia erga omnes da decisão dependerá da suspensão de sua execução pelo Senado Federal:

(A) com a posterior sanção do Presidente da República;

(B) só quando o objeto da decisão tratar de lei estadual inválida;

(C) só quando a declaração de inconstitucionalidade tenha sido proferida incidentalmente no curso de um processo comum;

(D) só quando o Supremo Tribunal Federal assim decidir;

(E) a eficácia *erga omnes* da decisão independe da manifestação do Senado Federal.

No controle concentrado a eficácia ***erga omnes*** é consequência da declaração de inconstitucionalidade pelo STF (art. 28, parágrafo único, Lei 9.868/1999). No controle difuso, depende de publicação de resolução pelo Senado Federal (art. 52, X, CF).

Gabarito "C"

(Procuradoria Distrital – 2007) Assinale a opção correta:

(A) Sendo os direitos fundamentais cláusulas pétreas, é inadmissível toda emenda à Constituição que sobre eles disponha.

(B) É constitucionalmente legítima a taxa judiciária calculada sem limite sobre o valor da causa.

(C) É inconstitucional a lei distrital que vincule reajuste de vencimentos de servidores públicos do Distrito Federal a índices federais de correção monetária.

(D) É inconstitucional a correção monetária no pagamento com atraso dos vencimentos dos servidores públicos distritais, estaduais ou municipais.

(E) Em face do princípio constitucional da irretroatividade das leis, é inconstitucional o diploma legal que confere vantagem a servidor público, estabelecendo que a mesma é devida desde data anterior à edição da própria lei.

A: O art. 60, § 4º, CF somente impede a deliberação de proposta de emenda ***tendente a abolir*** os direitos e garantias fundamentais. Aquelas que objetivam aumentar ou, de alguma forma, ampliar o rol dos direitos e garantias podem ser votadas; **B:** Súmula 667/STF: "Viola a garantia constitucional de acesso à jurisdição a taxa judiciária calculada sem limite sobre o valor da causa"; **C:** Súmula 681/STF: "É inconstitucional a vinculação do reajuste de vencimentos de servidores estaduais ou municipais a índices federais de correção monetária". **D:** Súmula 681/STF: "Não ofende a Constituição a correção monetária no pagamento com atraso dos vencimentos de servidores públicos;" **E:** O princípio da irretroatividade impede a imposição de situação mais gravosa à pessoa, mas não o estabelecimento de benefícios. Ver: STF, ADIn 605-DF, Rel. Min. Marco Aurélio.

Gabarito "C"

(Procurador do Estado/RR – 2006 – FCC) No âmbito da legitimação ativa para propor ação direta de inconstitucionalidade, a jurisprudência do Supremo Tribunal Federal exige a prova da pertinência temática por parte

(A) de partido político com representação no Congresso Nacional.

(B) da Mesa do Senado Federal.

(C) do Procurador-Geral da República.

(D) do Governador do Estado ou do Distrito Federal.

(E) do Conselho Federal da Ordem dos Advogados do Brasil.

A comprovação de pertinência temática é exigida dos legitimados ***especiais*** para a propositura de ADIn, quais sejam: Mesa de Assembleia Legislativa ou da Câmara Legislativa do Distrito Federal, Governador de Estado ou do Distrito Federal, confederação sindical ou entidade de classe de âmbito nacional. Os demais legitimados do art. 103 da CF são ditos ***universais*** e não precisam comprovar pertinência temática.

Gabarito "D"

(Procurador do Município/Florianópolis-SC – 2010 – FEPESE) A respeito da atuação do Senado Federal nos mecanismos de controle de constitucionalidade, apenas uma afirmação **não** é verdadeira:

(A) Não há prazo para a atuação do senado.

(B) Somente ocorre no controle concreto incidental.

(C) O instrumento legislativo para a suspensão da execução do ato normativo é a resolução.

(D) A manifestação do Senado não se sujeita ao controle de constitucionalidade.

(E) O Senado não está obrigado a suspender a execução da lei.

A competência atribuída ao Senado Federal pelo art. 52, X, da CF, limita-se ao controle difuso ou incidental de constitucionalidade. No controle concentrado, a decisão do STF, por si só, já produz efeitos contra todos e vinculantes (art. 102, § 2º, da CF e art. 28, parágrafo único, da Lei 9.868/1999). O instrumento é Resolução que, como todo ato normativo, está sujeito a controle de constitucionalidade. O Senado não está obrigado a editar a Resolução, não tem prazo para tanto e pode fazê-lo apenas parcialmente.

Gabarito "D"

(Procurador do Município/Teresina-PI – 2010 FCC) A arguição de descumprimento de preceito fundamental é um instrumento que tem como característica

(A) possuir caráter subsidiário, sendo admitida a propositura quando for relevante o fundamento da controvérsia constitucional sobre lei ou ato normativo federal, estadual ou municipal, incluídos os anteriores à Constituição.

(B) ter como objeto exclusivo a proteção dos direitos fundamentais previstos na Constituição Federal.

(C) conferir legitimidade ativa a qualquer cidadão, ao lado dos legitimados para propor a ação direta de inconstitucionalidade.

(D) gerar efeito vinculante para os demais órgãos judiciais e da administração, quando a decisão for tomada pela maioria simples dos membros do Supremo Tribunal Federal.

(E) validar decisão somente para o julgamento do caso concreto.

A: Art. 4º, § 1º, da Lei 9.882/1999 e Art. 1º, I da mesma lei.; **B:** Cabível também em face de atos anteriores à CF (art. 1º, parágrafo único, I, da Lei 9.882/1999); **C:** Seus legitimados são os mesmos da ADIn (art. 2º, I, da Lei 9.882/1999); **D:** Maioria de dois terços (art. 8º da Lei 9.882/1999); **E:** Há duas hipóteses de cabimento: evitar ou reparar lesão a preceito fundamental, resultante de ato do Poder Público (art. 1º, *caput*, da Lei 9.882/1999) e quando for relevante o fundamento da controvérsia constitucional sobre lei ou ato normativo federal, estadual ou municipal, incluídos os anteriores à Constituição (art. 1º, parágrafo único, I, da Lei 9.882/1999).

Gabarito "A"

(Procurador Federal – 2010 – CESPE) Julgue os itens subsequentes, relativos ao poder constituinte e ao controle de constitucionalidade no Brasil.

(1) De acordo com entendimento do STF, o controle jurisdicional prévio ou preventivo de constitucionalidade sobre projeto de lei ainda em trâmite somente pode ocorrer de modo incidental, na via de exceção ou defesa.

(2) A doutrina destaca a possibilidade de apuração de questões fáticas no controle abstrato de constitucionalidade, já que, após as manifestações do advogado-geral da União e do procurador-geral da República, pode o relator da ADI ou da ação declaratória de constitucionalidade requisitar informações adicionais ou mesmo designar perito para o esclarecimento de matéria ou circunstância de fato.

1: Sim, por intermédio de mandado de segurança impetrado pelos congressistas que, segundo o STF, têm direito líquido e certo ao devido processo legislativo; **2:** Art. 9º, § 1º, da Lei 9.868/1999.

Gabarito 1C, 2C

(Procurador Federal – 2010 – CESPE) No que concerne ao controle concentrado de constitucionalidade, julgue os seguintes itens.

(1) Para o STF, o indeferimento da medida cautelar na ADI não significa confirmação da constitucionalidade da lei com efeito vinculante.

(2) No processo objetivo de controle de constitucionalidade, o *amicus curiae* tem legitimidade para interpor recurso nas mesmas hipóteses facultadas ao titular da ação.

1: Sim. E de acordo com os §§ 1º e 2º do art. 11 da Lei 9.868/1999, "a medida cautelar, dotada de eficácia contra todos, será concedida com efeito *ex nunc*, salvo se o Tribunal entender que deva conceder-lhe eficácia retroativa"; "A concessão da medida cautelar torna aplicável a legislação anterior acaso existente, salvo expressa manifestação em sentido contrário"; **2:** De acordo com o art. 26 da Lei 9.868/1999, "a decisão que declara a constitucionalidade ou a inconstitucionalidade da lei ou do ato normativo em ação direta ou em ação declaratória é irrecorrível, ressalvada a interposição de embargos declaratórios, não podendo, igualmente, ser objeto de ação rescisória".

Gabarito 1C, 2E

(Procurador da Fazenda Nacional – 2007.2 – ESAF) Considerem-se as seguintes formulações:

A) compete ao Supremo Tribunal Federal, precipuamente, a guarda da Constituição, cabendo-lhe processar e julgar, originariamente, a ação direta de inconstitucionalidade de lei ou ato normativo federal, estadual ou municipal e a ação declaratória de constitucionalidade de lei ou ato normativo federal;

B) cabe aos Estados a instituição de representação de inconstitucionalidade de leis ou atos normativos estaduais ou municipais, em face da Constituição estadual, vedada a atribuição de legitimação para agir a um único órgão;

C) compete ao Supremo Tribunal Federal, precipuamente, a guarda da Constituição, cabendo-lhe processar e julgar, originariamente, a ação direta de inconstitucionalidade de lei ou ato normativo federal e a ação declaratória de lei ou ato normativo federal, estadual e municipal;

D) cabe aos Estados a instituição de representação de inconstitucionalidade de leis ou atos normativos estaduais e municipais e de declaração de constitucionalidade de leis ou atos normativos municipais, em face da Constituição estadual, vedada a atribuição de legitimação para agir a um único órgão;

E) compete ao Supremo Tribunal Federal, precipuamente, a guarda da Constituição, cabendo-lhe processar e julgar, originariamente, a ação direta de inconstitucionalidade e a ação declaratória de constitucionalidade de lei ou ato normativo federal, estadual ou municipal.

As cinco opções de resposta a seguir indicam, para cada uma das formulações acima, com idêntica correspondência de letras, ou que a resposta é "certa" ou que a resposta é "errada". Assinale a única opção correta, das cinco possíveis, independentemente de essa opção correta poder indicar que "a formulação sob a letra tal, acima, está certa ou errada".

(A) A formulação, sob a letra "A", está certa.

(B) A formulação, sob a letra "D", está errada.

(C) A formulação, sob a letra "C", está errada.

(D) A formulação, sob a letra "B", está certa.

(E) A formulação, sob a letra "E", está certa.

A, C, **E:** Art. 102, I, *a*, da CF: não cabe ADIn contra lei municipal, mas apenas contra lei ou ato normativo federal ou estadual. A ADC tem objeto mais restrito: lei ou ato normativo federal; **B:** Art. 125, § 2º, da CF; **D:** O art. 125, § 2º, da CF autoriza apenas a instituição de ADIn estadual. Vale ressaltar que há autores que defendem que os Estados podem estabelecer outras ações de controle de constitucionalidade (Pedro Lenza).

Gabarito "D"

(Procurador da Fazenda Nacional – 2007 – ESAF) Assinale a opção incorreta.

(A) A Constituição de 1988 trouxe inúmeras inovações ao controle de constitucionalidade, entre elas a ampliação do rol de legitimados para a propositura da Ação Direta de Inconstitucionalidade.

(B) A decisão de mérito proferida em sede de controle concentrado é irrecorrível, salvo a hipótese de embargos declaratórios, e não está sujeita à desconstituição pela via da ação rescisória.

(C) A concessão de liminar em sede de Ação Declaratória de Constitucionalidade, como regra, implica na suspensão do ato normativo impugnado até decisão final de mérito pelo Supremo Tribunal Federal.

(D) Segundo jurisprudência do Supremo Tribunal Federal, a norma constitucional originária não é passível de controle de constitucionalidade.

(E) A supremacia jurídica da Constituição é que fornece o ambiente institucional favorável ao desenvolvimento do sistema de controle de constitucionalidade.

A: Até a Constituição de 1988 a legitimidade ativa para a propositura de ADIn era privativa do Procurador-Geral da República; **B:** Art. 26 da Lei 9.868/1999; **C:** O art. 21 da Lei 9.868/1999 determina a suspensão dos ***processos*** que envolvam a aplicação da lei ou do ato normativo objeto da ADC até seu julgamento definitivo; **D:** Certo. Vale ressaltar que as normas decorrentes de emendas constitucionais ou de revisão constitucional podem ser objeto de controle de constitucionalidade; **E:** A supremacia da Constituição e a rigidez constitucional são apontadas pela doutrina como pressupostos do controle de constitucionalidade.

Gabarito "C"

(Procurador da Fazenda Nacional – 2007 – ESAF) Assinale a opção correta.

(A) Em respeito ao pacto federativo, a Constituição prevê a possibilidade de adoção pelos Estados-Membros e pelo Distrito Federal da Ação Declaratória de Constitucionalidade, da Ação Direta de Inconstitucionalidade por Omissão e da Ação por Descumprimento de Preceito Fundamental, desde que respeitados os princípios gerais nela traçados para cada uma dessas ações.

(B) A Mesa do Congresso Nacional não tem legitimidade para a propositura da Ação Direta de Inconstitucionalidade.

(C) Segundo jurisprudência do Supremo Tribunal Federal, não é admissível a figura do amicus curiae em sede de Ação por Descumprimento de Preceito Fundamental.

(D) A perda da representação do partido político junto ao Congresso Nacional implica na perda da capacidade postulatória, com consequente extinção, sem resolução do mérito, da Ação Direta de Inconstitucionalidade anteriormente proposta.

(E) O Supremo Tribunal Federal não reconhece a legitimidade ativa das chamadas associação de associações para fins de ajuizamento da Ação Direta de Inconstitucionalidade.

A: O art. 125, § 2º, da CF só prevê a adoção da ADIn pelos Estados; **B:** O art. 103, II e III, da CF refere-se à Mesa do Senado Federal e à Mesa da Câmara dos Deputados. A CF não lista a Mesa do Congresso Nacional; **C:** O STF tem admitido a participação de ***amicus curiae*** na ADPF, como nas ADPF 46, 54 e 73. V. art. 6º, § 2º, da Lei 9.882/1999; **D:** O STF hoje entende que se o partido político tinha representação no Congresso Nacional na data da propositura da ADIn, a ação pode ser julgada; **E:** O STF modificou o entendimento anterior e hoje admite a propositura de ADIn por "associação de associações". V. ADIn 3.153/DF, Rel. para acórdão Min. Sepúlveda Pertence.

Gabarito "B"

(Advogado da União/AGU – CESPE – 2009) Acerca do controle de constitucionalidade no Brasil, julgue os itens que se seguem.

(1) É possível a declaração de inconstitucionalidade de norma constitucional originária incompatível com os princípios constitucionais não escritos e os postulados da justiça, considerando-se a adoção, pelo sistema constitucional brasileiro, da teoria alemã das normas constitucionais inconstitucionais.

(2) É admissível o controle de constitucionalidade de emenda constitucional antes mesmo de ela ser votada, no caso de a proposta atentar contra cláusula pétrea, sendo o referido controle feito por meio de mandado de segurança, que deve ser impetrado exclusivamente por parlamentar federal.

(3) A declaração de inconstitucionalidade de uma norma pelo STF acarreta a repristinação da norma anterior que por ela havia sido revogada, efeito que pode ser afastado, total ou parcialmente, por decisão da maioria de 2/3 dos membros desse tribunal, em decorrência de razões de segurança jurídica ou de excepcional interesse social.

(4) De acordo com entendimento do STF, a decisão declaratória de inconstitucionalidade de determinada lei ou ato normativo não produzirá efeito vinculante em relação ao Poder Legislativo, sob pena de afronta à relação de equilíbrio entre o tribunal constitucional e o legislador.

1: Não há inconstitucionalidade de norma constitucional fruto do Poder Constituinte Originário, apenas do Poder Constituinte Derivado (emendas constitucionais e emendas de revisão); **2:** Sim, pois o STF entende que os congressistas têm direito líquido e certo ao devido processo legislativo; **3:** Segundo o próprio CESPE, a declaração final de inconstitucionalidade pelo STF, quando proferida em sede de fiscalização normativa abstrata, importa restauração das normas anteriormente revogadas pelo diploma normativo objeto do juízo de inconstitucionalidade, considerado o efeito repristinatório que lhe é inerente; **4:** Art. 102, § 2º, da CF.

Gabarito 1E, 2C, 3C, 4C

(Advogado da União/AGU – CESPE – 2009) Com relação ao controle de constitucionalidade de normas, julgue os itens seguintes.

(1) A decisão de mérito proferida pelo STF no âmbito de ação declaratória de constitucionalidade produz, em regra, efeitos ex nunc e vinculantes para todos os órgãos do Poder Executivo e demais órgãos do Poder Judiciário.

(2) Na arguição de descumprimento de preceito fundamental, a decisão exarada produz efeito vinculante, que, em sua dimensão objetiva, abrange não só a parte dispositiva, mas também os fundamentos determinantes da decisão.

(3) Segundo entendimento do STF, é possível a utilização da técnica da modulação ou limitação temporal dos efeitos de decisão declaratória de inconstitucionalidade no âmbito do controle difuso de constitucionalidade.

1: Não reflete o disposto no art. 102, § 2º, da CF; **2:** Art. 10, § 3º, da Lei 9.882/1999; **3:** Aplicação ao controle difuso, por analogia, da regra do art. 27 da Lei 9.868/1999.

Gabarito 1E, 2C, 3C

(Procurador do Município/Aracaju – 2008 – CESPE) Com referência ao controle de constitucionalidade de leis, julgue o item que segue de acordo com o posicionamento do STF.

(1) O *amicus curiae* não tem legitimidade para recorrer de decisões proferidas em ação declaratória de inconstitucionalidade, salvo daquelas que não o admitam como tal no processo.

A jurisprudência do STF é assente quanto ao não cabimento de recursos interpostos por terceiros estranhos à relação processual nos processos objetivos de controle de constitucionalidade, salvo para impugnar sua não intervenção nos autos. V. ADIn 3615/PB, Rel. Min. Cármen Lúcia.

Gabarito 1C

(Procurador do Município/Aracaju – 2008 – CESPE) Com referência ao controle de constitucionalidade de leis, julgue o item que segue de acordo com o posicionamento do STF.

(1) Normas infraconstitucionais anteriores à Constituição Federal de 1988 não podem ser objeto de ação direta de inconstitucionalidade.

Se houver incompatibilidade entre a norma infraconstitucional anterior e a Constituição atual, compreende-se que a norma não foi recepcionada, não havendo, portanto, controle abstrato dessa lei. Entretanto, a contrariedade pode ser reconhecida incidentalmente, em controle difuso.

Gabarito 1C

(Procurador do Município/Aracaju – 2008 – CESPE) Com referência ao controle de constitucionalidade de leis, julgue o item que segue de acordo com o posicionamento do STF.

(1) O Ato das Disposições Constitucionais Transitórias é hierarquicamente inferior à parte permanente da Constituição por se limitar a cuidar da passagem de um regime constitucional para um outro novo.

Não há hierarquia entre as normas do texto permanente da CF e as do ADCT, que se encontram no mesmo grau de positividade jurídica. V. RE 215.107, Rel. Min. Celso de Mello, Segunda Turma, j. em 21/11/2006, DJ 02/02/2007.

Gabarito 1E

(Procurador do Município/Aracaju – 2008 – CESPE) Com referência ao controle de constitucionalidade de leis, julgue o item que segue de acordo com o posicionamento do STF.

(1) O governador de Sergipe não pode ajuizar, no STF, ação direta de inconstitucionalidade contra lei paulista que cuida de isenção de ICMS, por carecer de pertinência temática.

Pertinência temática está representada pela repressão à guerra fiscal entre as unidades federadas, mediante deferimento de isenções e benefícios fiscais atinentes ao ICMS, com afronta à norma constitucional do art. 155, § 2º, XII, *g*, que submete sua concessão à decisão consensual dos Estados, na forma de lei complementar. V. ADI 2377, Rel. Min. Sepúlveda Pertence, Tribunal Pleno.

Gabarito 1E

(Procurador do Município/Aracaju – 2008 – CESPE) Com referência ao controle de constitucionalidade de leis, julgue o item que segue de acordo com o posicionamento do STF.

(1) O município de Aracaju pode ajuizar, perante o Tribunal de Justiça de Sergipe, ação direta de inconstitucionalidade de lei municipal que fira a Constituição estadual.

De acordo com o art. 108, VI, da Constituição de Sergipe, o Prefeito Municipal tem legitimidade para propor ADIn no âmbito do TJ, mas não o Município.

Gabarito 1E

(Procurador da Fazenda Nacional – 2006 – ESAF) Assinale a opção correta.

(A) É inviável o controle de constitucionalidade de norma já revogada.

(B) É impossível que se entenda devido qualquer efeito de uma lei declarada inconstitucional.

(C) Por meio da técnica da *inconstitucionalidade por arrasto*, o Supremo Tribunal Federal, em sede de controle abstrato, estende os efeitos da inconstitucionalidade declarada de uma lei a outros diplomas legislativos de igual teor, mesmo que não tenham sido objeto explícito de impugnação na demanda.

(D) É possível o controle de constitucionalidade em abstrato, pelo Supremo Tribunal Federal, em sede de recurso extraordinário, de norma municipal.

(E) Os órgãos fracionários de tribunais de segundo grau não podem declarar a inconstitucionalidade de uma norma ordinária, mas podem, sem declarar explicitamente a inconstitucionalidade, afastar a incidência da norma ordinária pertinente à lide, para decidir essa mesma lide sob critérios diversos que estimem extraídos da Constituição.

A: incorreta. A norma já revogada pode ser objeto de controle difuso de constitucionalidade, porque continua a regular as relações jurídicas constituídas sob sua vigência; **B:** incorreta. Por questões de segurança jurídica ou excepcional interesse social, o STF pode determinar que a declaração de inconstitucionalidade produza efeitos somente a partir de determinada data, mantendo-se aqueles já produzidos (art. 27 da Lei nº 9.868/99); **C:** incorreta. A inconstitucionalidade por arrastamento, ou por atração, autoriza a declaração de inconstitucionalidade de outras normas que não estejam incluídas no pedido inicial deste que haja uma relação de dependência entre elas. Em outras palavras, é necessário que uma norma encontre seu fundamento de validade na outra, declarada inconstitucional (STF, ADI 3645). Normas de igual teor não podem sofrer os efeitos da inconstitucionalidade por arrastamento; **D:** correta, porque cabível recurso extraordinário da decisão de Tribunal de Justiça estadual que julgar ação direta de inconstitucionalidade de norma municipal. Diante das características do processo originário, o RE terá caráter objetivo, abstrato e oponibilidade *erga omnes* (STF, AI 375011 AgR/RS, DJ 05/10/2004); **E:** incorreta. A cláusula de reserva de plenário abrange tanto o controle difuso quanto o controle concentrado de constitucionalidade, exceção feita apenas ao órgão especial dos tribunais (art. 93, XI, da CF).

Gabarito "D"

(Procurador da Fazenda Nacional – 2006 – ESAF) Suponha que tenha havido a propositura de uma representação de inconstitucionalidade de lei de um certo Estado-membro perante o respectivo Tribunal de Justiça. Pouco mais adiante, e antes do julgamento da representação, o Procurador-Geral da República deduz uma ação direta de inconstitucionalidade contra essa mesma lei, perante o Supremo Tribunal Federal. Assinale a opção correta.

(A) Fica caracterizado, no problema, o fenômeno da litispendência, cabendo ao Supremo Tribunal Federal processar e julgar ambas as ações.

(B) A representação deverá ser tida como prejudicada antes mesmo da decisão do Supremo Tribunal Federal.

(C) O Supremo Tribunal Federal somente deverá julgar a ação direta de inconstitucionalidade se o Tribunal de Justiça, antes, julgar improcedente a representação.

(D) O Tribunal de Justiça somente poderá julgar a representação depois do Supremo Tribunal Federal apenas se este não conhecer da ação direta de inconstitucionalidade.

(E) Mesmo que o Supremo Tribunal Federal julgue improcedente a ação direta de inconstitucionalidade, não será impossível ao Tribunal de Justiça declarar a inconstitucionalidade da mesma lei.

No campo do controle concentrado de constitucionalidade, não há que se falar em litispendência entre representações de inconstitucionalidade propostas perante o STF e Tribunal de Justiça, porquanto as causas de pedir são diversas (ofensa à CF e à Constituição Estadual, respectivamente). A questão cinge-se, portanto, à prejudicialidade entre as ações. Segundo a jurisprudência do STF, a suspensão prejudicial do processo de controle abstrato proposto perante Tribunal de Justiça em face do mesmo ato normativo questionado em ADI é de rigor quando os dispositivos da Constituição Estadual supostamente ofendidos forem dotados de predominante coeficiente de federalidade, ou seja, forem artigos análogos à CF de reprodução necessária nas Constituições Estaduais. Não sendo este o caso, quando a representação de inconstitucionalidade perante o Tribunal de Justiça fundar-se em artigo específico da Constituição Estadual e a ADI basear-se em artigo diverso da CF, as ações podem prosseguir simultaneamente e apresentar resultados diferentes (STF, ADI 4138/MT, DJ 11/12/2009).

Gabarito "E"

(Procurador da Fazenda Nacional – 2006 – ESAF) De modo geral, a decisão do Supremo Tribunal Federal declarando a inconstitucionalidade de lei em ação direta de inconstitucionalidade começa a produzir todos os seus efeitos

(A) desde o trânsito em julgado da decisão.

(B) desde a publicação do acórdão, com a respectiva ementa, no Diário de Justiça.

(C) desde a data da publicação da ata da sessão de julgamento.

(D) desde o dia mesmo do julgamento da ação.

(E) no primeiro dia útil seguinte ao do julgamento da ação.

Segundo a jurisprudência do STF, os efeitos da declaração de inconstitucionalidade em controle concentrado começam com a publicação da ata da sessão de julgamento, não sendo necessário o trânsito em julgado ou a publicação do acórdão (STF, Rcl-AgR 3632/AM, DJ 01/02/2006).

Gabarito "C"

(Procurador da Fazenda Nacional – 2006 – ESAF) Suponha que o Supremo Tribunal Federal tenha declarado a inconstitucionalidade de uma lei federal, ao julgar um mandado de segurança. Diante disso, assinale a opção correta.

(A) Essa declaração de inconstitucionalidade, mesmo não tendo eficácia *erga omnes*, apresenta efeito vinculante para todos os órgãos do Judiciário.

(B) Se um juiz de primeira instância julgar uma causa afirmando válida a lei, caberá reclamação ao Supremo Tribunal Federal para preservar a autoridade da sua decisão.

(C) Caberá à Câmara dos Deputados suspender os efeitos da lei, para que, então, a decisão do Supremo Tribunal Federal ostente efeitos *erga omnes*.

(D) O órgão fracionário do tribunal de segunda instância, deparando-se com a mesma arguição de inconstitucionalidade do diploma, não deverá suscitar o incidente de inconstitucionalidade, mas deverá simplesmente aplicar a decisão de inconstitucionalidade proferida pelo Supremo Tribunal Federal.

(E) Contra a decisão da Suprema Corte, cabe o ajuizamento da arguição de descumprimento de preceito fundamental, no prazo próprio da impetração de mandado de segurança.

A: incorreta. As decisões de inconstitucionalidade do STF prolatadas em controle difuso não têm efeito vinculante; **B:** incorreta. A reclamação ao STF presta-se a garantir a autoridade das decisões com efeito vinculante sobre os demais órgãos do Poder Judiciário, que não ocorre com a decisão emanada em controle difuso; **C:** incorreta. Tal competência é do Senado Federal (art. 52, X, da CF); **D:** correta, nos exatos termos do art. 481, parágrafo único, do CPC. Trata-se de exceção legal à cláusula de reserva de plenário em consagração ao princípio da economia processual; **E:** incorreta. Não cabe ADPF contra decisão judicial. Sua função é de evitar ou reparar lesão a preceito fundamental por ato do Poder Público, bem como avaliar relevante controvérsia constitucional sobre lei ou ato normativo (art. 1º da Lei nº 9.886/99).

Gabarito "D"

(Procurador da Fazenda Nacional – 2004 – ESAF) Assinale a opção correta.

(A) A lei que houver sido editada antes de 1988, não é objeto passível de controle abstrato no âmbito do Supremo Tribunal Federal.

(B) Se a lei, objeto de ação direta de inconstitucionalidade, for revogada depois de proposta a demanda, mas antes do julgamento, o mérito da ação deverá ser apreciado pelo Supremo Tribunal Federal, se comprovado que a lei interferiu em situações jurídicas concretas durante a sua vigência.

(C) O Governador ou a Assembleia Legislativa do Estado em que se produziu uma lei, cuja compatibilidade com a Constituição Federal é objeto de decisões judiciais conflitantes, pode propor ação declaratória de constitucionalidade perante o Supremo Tribunal Federal.

(D) É obrigatória a oitiva do Advogado-Geral da União em todos os processos de controle abstrato de constitucionalidade no Supremo Tribunal Federal.

(E) Nenhum órgão do Executivo Federal pode dar aplicação a uma lei declarada inconstitucional, pelo Supremo Tribunal Federal, em ação direta de inconstitucionalidade.

A: incorreta, porque, nesse caso, a lei pode ser discutida em sede de Arguição de Descumprimento de Preceito Fundamental (art. 1º, I, da Lei nº 9.882/99); **B:** incorreta. Com a revogação da lei objeto da ADI, é declarada a perda de seu objeto e extinta sem julgamento de mérito; **C:** incorreta, pois o Governador de Estado e a Assembleia Legislativa não têm legitimidade para propor ADC (art. 13 da Lei nº 9.868/99); **D:** incorreta. O Advogado-Geral da União temo como função, nos processos de controle de constitucionalidade, defender a validade do ato normativo. Na ADC, sua manifestação é prescindível, pois a constitucionalidade do ato é alegada, desde logo, pelo autor da ação. A autoridade que deve ser ouvida em todos os casos, sem exceção, é o Procurador-Geral da República (art. 103, § 1º, da CF); **E:** correta. As decisões de mérito do STF em controle abstrato de constitucionalidade tem eficácia contra todos e efeito vinculante, inclusive em relação à Administração Pública (art. 28, parágrafo único, da Lei nº 9.868/99).

Gabarito "E"

(Procurador da Fazenda Nacional – 2004 – ESAF) Assinale a opção <u>errada</u>.

(A) É possível que, em ação direta de inconstitucionalidade, o Supremo Tribunal Federal declare a inconstitucionalidade de uma norma sem que o dispositivo da lei seja excluído do ordenamento jurídico.

(B) O juízo de improcedência do mérito de ação declaratória de constitucionalidade equivale à declaração de inconstitucionalidade com efeito vinculante e eficácia contra todos.

(C) Dada a natureza declaratória da decisão de inconstitucionalidade de lei na ação direta de inconstitucionalidade, não se admite hipótese em que os efeitos dessa nulidade somente se produzam a partir do julgamento do Supremo Tribunal Federal.

(D) Se um juiz de primeira instância julgar uma ação ordinária, dando como inconstitucional uma lei que o Supremo Tribunal Federal julgou constitucional em ação declaratória de constitucionalidade, a parte prejudicada não precisa recorrer à segunda instância para reverter a decisão, podendo se insurgir contra a mesma diretamente no Supremo Tribunal Federal, desde que a decisão do juiz não tenha transitado em julgado.

(E) A decisão de invalidade de uma lei, proferida em ação direta de inconstitucionalidade pelo Supremo Tribunal Federal, não impede que o Congresso Nacional edite outra lei idêntica, mesmo depois do trânsito em julgado da decisão da Suprema Corte.

A: correta. É a hipótese conhecida como "declaração de inconstitucionalidade parcial sem redução de texto", na qual o STF proíbe apenas que seja dada à norma uma ou mais interpretações específicas que ofendem a CF, mantendo-se o texto integralmente em vigor com as demais interpretações possíveis (art. 28, parágrafo único, da Lei nº 9.868/99); **B:** correta. A ADI e a ADC têm natureza dúplice, de forma que a improcedência da ADI importa a procedência de eventual ADC e vice-versa (art. 24 da Lei nº 9.868/99); **C:** incorreta. Havendo fundada razão, baseada na segurança jurídica ou excepcional interesse social, o STF, por voto de dois terços dos Ministros, pode fixar data para o início da produção de efeitos da declaração da inconstitucionalidade, seja o trânsito em julgado da decisão ou qualquer outro momento (art. 27 da Lei nº 9.868/99); **D:** correta. A desobediência a decisão emanada em controle concentrado de constitucionalidade abre caminho para a reclamação junto ao STF (art. 102, I, "l", da CF e art. 13 da Lei nº 8.038/90), a qual, como qualquer impugnação à sentença, deve respeito à coisa julgada; **E:** correta, porque a decisão em controle concentrado de constitucionalidade não vincula o Poder Legislativo (art. 28, parágrafo único, da CF).

Gabarito "C"

(Procurador da Fazenda Nacional – 2004 – ESAF) Assinale qual dos instrumentos abaixo <u>não</u> pode ser meio de controle de constitucionalidade em abstrato no Supremo Tribunal Federal:

(A) Recurso extraordinário

(B) Ação declaratória de constitucionalidade

(C) Arguição de descumprimento de preceito fundamental

(D) Ação rescisória

(E) Ação direta de inconstitucionalidade proposta por Confederação Sindical

Dentre as alternativas listadas, a única que não traz um instrumento de controle de constitucionalidade abstrato é a letra "D". A ação rescisória não se presta a discutir, concentradamente, a constitucionalidade de lei ou ato normativo, mas sim para buscar a desconstituição da coisa julgada material.

Gabarito "D"

(Procurador da Fazenda Nacional – 2004 – ESAF) Assinale a opção correta.

(A) Declarada inconstitucional norma constante de regimento interno do Superior Tribunal de Justiça, pelo Supremo Tribunal Federal, em ação direta de inconstitucionalidade, os efeitos dessa decisão se estendem a normas idênticas de regimentos internos de Tribunais Regionais Federais, mesmo que estas não sejam objeto específico de ação direta de inconstitucionalidade.

(B) A arguição de descumprimento de preceito fundamental somente pode ser empregada para questionar atos federais ou estaduais, sendo imprópria para questionar atos municipais.

(C) A arguição de descumprimento de preceito fundamental somente pode ser ajuizada na hipótese em que, contra o ato lesivo, não caiba mandado de segurança, dada a natureza subsidiária da ação.

(D) Todo indivíduo que tenha um direito previsto em preceito fundamental da Constituição violado por ato de poder público, tem legitimidade para propor a arguição de descumprimento de preceito fundamental perante o Supremo Tribunal Federal, que será admitida se a Corte entender relevante a discussão para a ordem jurídica em geral.

(E) Somente pode ser objeto de ação declaratória de constitucionalidade lei ou ato normativo federal ou estadual, jamais ato normativo municipal.

A: correta, por força da aplicação da teoria da transcendência dos motivos determinantes. Segundo este vetor interpretativo, reconhecido pela jurisprudência do STF, a eficácia contra todos e o efeito vinculante sobre a Administração Pública e o Poder Judiciário das decisões abstratas de controle de constitucionalidade não abrange somente a parte dispositiva da decisão, mas também sua fundamentação. Assim, normas idênticas de outras esferas são também atingidas pela declaração de inconstitucionalidade, ainda que não tenham sido objeto de ação própria; **B:** incorreta. O art. 1º, parágrafo único, I, da Lei nº 9.882/99 autoriza, expressamente, a ADPF para o questionamento de leis e atos normativos municipais; **C:** incorreta. A ADPF e o mandado de segurança tem fundamentos e objetivos totalmente diferentes, de forma que o cabimento de um em nada interfere no outros. ADPF é instrumento de controle abstrato de constitucionalidade, sendo a ela legitimados apenas as autoridades e entidades que podem movimentar a ADI, enquanto o mandado de segurança é remédio constitucional a disposição de qualquer pessoa para amparar direito líquido e certo não protegido por *habeas* corpus ou *habeas data*; **D:** incorreta, pois a ADPF somente pode ser ajuizada pelas mesmas autoridades e entidades legitimadas para a ADI (art. 2º, I, da Lei nº 9.882/99); **E:** incorreta, porque não cabe ADC de lei ou ato normativo estadual (art. 13 da Lei nº 9.868/99).

Gabarito "A"

(Procurador da Fazenda Nacional – 2004 – ESAF) Assinale a opção correta.

(A) Governador de Estado não pode ajuizar ação direta de inconstitucionalidade contra ato normativo federal.

(B) Em matéria tributária de interesse nacional, o Procurador-Geral da Fazenda Nacional tem legitimidade para propor arguição de descumprimento de preceito fundamental, perante o Supremo Tribunal Federal.

(C) A suspensão liminar da eficácia de lei ou de ato normativo, em ação direta de inconstitucionalidade, pelo Supremo Tribunal Federal, acarreta a suspensão dos julgamentos que envolvam a aplicação da disposição que teve sua vigência suspensa.

(D) Norma de lei orçamentária que destina verba para certa finalidade concreta, em desacordo com preceitos constitucionais, pode ser objeto de ação direta de inconstitucionalidade perante o Supremo Tribunal Federal.

(E) Nenhuma associação de classe que tenha entre os seus membros outras associações possui legitimidade para propor ação direta de inconstitucionalidade perante o Supremo Tribunal Federal.

A: incorreta. A legitimidade do Governador de Estado pode propor ação direta de inconstitucionalidade contra lei ou ato normativo federal, desde que comprova a pertinência temática; **B:** incorreta. Independentemente do tema tratado, a ADPF só pode ser manejada pelas pessoas legitimadas a propor a ação direta de inconstitucionalidade, rol no qual não se inclui o Procurador-Geral da Fazenda Nacional (art. 2º, I, da Lei nº 9.882/99 e art. 103 da CF); **C:** correta, admitindo-se a aplicação, por analogia, do art. 21 da Lei nº 9.868/99; **D:** incorreta. As leis orçamentárias são normas de efeitos concretos e, como tais, não podem ser objeto de controle concentrado de constitucionalidade (v. STF, ADI 2484/DF, DJ 19/12/2001); **E:** incorreta. Apesar da polêmica que ainda reina na jurisprudência sobre o tema, as decisões mais recentes do STF vêm reconhecendo a legitimidade ativa para ADI das "associações de associações" (v. STF, ADI 3153 AgR/DF, DJ 12/08/2004).

Gabarito "C"

(Procurador da Fazenda Nacional – 2003 – ESAF) Suponha que o Supremo Tribunal Federal tenha declarado a inconstitucionalidade de uma lei. Suponha, ainda, que um juiz de primeiro grau venha a, num caso concreto, julgar válida essa mesma lei. Nessas circunstâncias, assinale a opção correta.

(A) Se a decisão do juiz de primeiro grau é anterior à decisão do STF, a parte prejudicada poderá ajuizar reclamação perante o STF, mas apenas se a decisão do STF tiver sido adotada em sede de ação declaratória de constitucionalidade.

(B) Se a decisão do STF for anterior à do juiz, caberá reclamação ao STF contra a decisão do magistrado de primeiro grau, quer a decisão do STF tenha sido tomada em sede de controle incidental, quer tenha sido tomada em sede de controle abstrato.

(C) Se a decisão do STF foi em ação direta de inconstitucionalidade e transitou em julgado antes da sentença do juiz, esse mesmo juiz não poderia ter julgado válida a lei, diante do efeito vinculante da decisão da Suprema Corte no caso.

(D) Quer a decisão do juiz tenha sido anterior ou posterior ao julgado do STF, qualquer que tenha sido a ação em que a decisão do STF foi proferida, contra a sentença do juiz somente caberá apelação ao tribunal de segunda instância.

(E) Mesmo que a decisão do juiz de primeiro grau tenha transitado em julgado, caberá reclamação ao STF contra a decisão do juiz de primeira instância que, sendo posterior à decisão do STF, seja afrontosa da deliberação da Suprema Corte.

O instituto da reclamação visa a garantir a obediência às decisões do STF que tenham efeito vinculante aos demais órgãos do Poder Judiciário e à Administração Pública. As decisões do STF que têm essa característica são aquelas tomadas em sede de controle concentrado de constitucionalidade (ADI, ADC, ADPF) e, para que seu desrespeito enseje reclamação, devem ter transitado em julgado. Por outro lado, a insurgência da parte prejudicada pela decisão de primeiro grau tomada em desacordo com a decisão vinculante do STF deve ser manifestada, através da reclamação, antes do trânsito em julgado daquela, em respeito à coisa julgada (Súmula 734 do STF).

Gabarito "C"

(Procurador da Fazenda Nacional – 2003 – ESAF) Uma lei foi aprovada em um Estado-membro da Região Sudeste e está em pleno vigor. Essa lei fixa a alíquota do ICMS de certos produtos quando produzidos no mesmo Estado em percentual menor do que aquele incidente sobre os mesmos produtos quando produzidos em outros Estados. Dados esses fatos, assinale a opção correta.

(A) Essa lei é constitucional, já que a defesa dos interesses da produção e do emprego no Estado-membro a justifica.

(B) Essa lei é constitucional, porque cabe a cada Estado-membro fixar, por leis estaduais, a alíquota dos impostos da sua competência tributária.

(C) Essa lei é inconstitucional e pode ser objeto de ação direta de inconstitucionalidade, proposta perante o Supremo Tribunal Federal por qualquer Partido Político.

(D) Essa lei é inconstitucional e pode ser objeto de ação direta de inconstitucionalidade no Supremo Tribunal Federal, proposta pelo Conselho Federal da OAB, desde que demonstrado que a medida afeta de algum modo o interesse dos advogados que o Conselho representa.

(E) Essa lei é inconstitucional e pode ser objeto de ação direta de inconstitucionalidade no STF, movida pelo Governador de qualquer Estado que mostre prejuízo da lei à unidade federada que dirige.

A lei é inconstitucional, nos termos do disposto no art. 152 da CF, que veda a distinção no tratamento tributário de bens e serviços por conta de sua procedência ou destino. A inconstitucionalidade poderá ser arguida em ADI proposta perante o STF, restando resolver a questão da legitimidade ativa. Não é qualquer partido político que pode movê-la, apenas aquele com representação no Congresso Nacional. O Conselho Federal da OAB não precisa provar pertinência temática para manejar as ações abstratas de controle de constitucionalidade, o que não ocorre para o Governador do Estado, que deve comprovar que a lei ou ato normativo atacado traz prejuízos, de algum talante, ao Estado-membro que representa.

Gabarito "E"

(ADVOGADO – PETROBRÁS DISTRIB. – 2010 – CESGRANRIO) Em 2002, entrou em vigor uma lei federal que regulava a cobrança de determinado tributo, de acordo com a Constituição de 1988. Em 2009, no entanto, foi aprovada uma emenda constitucional que tornou a lei incompatível com a Constituição.

Para que uma empresa não recolhesse mais o tributo, com base na tese da incompatibilidade entre a lei federal e a emenda constitucional de 2009, qual ação o seu advogado deve ajuizar?

(A) Mandado de segurança.

(B) Mandado de segurança coletivo.

(C) Mandado de injunção.

(D) Arguição de descumprimento de preceito fundamental.

(E) Ação direta de inconstitucionalidade.

A: correto. No caso proposto, o advogado deveria lançar mãos do controle de constitucionalidade difuso ou pela via incidental através da ação do mandado de segurança, eis que se trata de ilegalidade – em sentido amplo – praticada por autoridade pública (art. 5º, inciso LXIX da CF); **B:** incorreto, pois o mandado de segurança coletivo somente pode ser impetrado por partido político com representação no Congresso Nacional ou organização sindical, entidade de classe ou associação legalmente constituída e em funcionamento há pelo menos um ano, em defesa dos interesses de seus membros ou associados (art. 5º, inciso LXX, da CF); **C:** incorreto, pois o mandado de injunção é cabível sempre que a falta de norma regulamentadora torne inviável o exercício dos direitos e liberdades constitucionais e das prerrogativas inerentes à nacionalidade, à soberania e à cidadania (art. 5º, inciso LXXI, da CF); D e **E:** incorreto, visto que as duas afirmativas referem-se às ações de controle concentrado de constitucionalidade cujos legitimados estão taxativamente elencados no art. 103 da CF.

Gabarito "A"

(ADVOGADO – PETROBRÁS BIO. – 2010 – CESGRANRIO) Considere uma lei ordinária federal, em vigor desde outubro de 1985, dispondo sobre matéria que a Constituição de 1988 reservou à lei complementar federal. Nesse caso, a lei é

(A) materialmente inconstitucional, mas não pode ser objeto de ADIn.

(B) constitucional, pois não existe inconstitucionalidade material superveniente.

(C) constitucional, pois não existe inconstitucionalidade formal superveniente.

(D) formalmente inconstitucional e pode ser objeto de ADPF.

(E) formalmente inconstitucional e pode ser objeto de ADIn, ajuizada por associação legalmente constituída e em funcionamento há pelo menos um ano.

Para que ocorra o fenômeno da recepção constitucional, faz-se necessário que a lei anteriormente vigente à nova Constituição seja materialmente compatível com esta, não havendo, pois, inconstitucionalidade formal superveniente. Com efeito, no caso proposto, mesmo que a Constituição de 1988 tenha reservado tal matéria à lei complementar, a lei mencionada na questão será recepcionada como se complementar fosse. Por outro lado, as normas anteriores a 1988 somente podem ser objeto de ADPF (art. 1°, parágrafo único, inciso I, da Lei 9.882/99).

Gabarito "C"

(ADVOGADO – BNDES – 2010 – CESGRANRIO) De acordo com a jurisprudência do STF e as normas constitucionais e infraconstitucionais relativas ao controle de constitucionalidade, NÃO é possível a Arguição de Descumprimento de Preceito Fundamental (ADPF)

(A) ser ajuizada pelo BNDES, a partir de um caso concreto em que o Banco seja parte.

(B) ser ajuizada por entidade de classe de âmbito nacional, que demonstre a existência de pertinência temática.

(C) ter por objeto atos normativos anteriores à Constituição.

(D) ter por objeto norma formalmente revogada.

(E) ter por objeto Lei municipal.

Nos termos do art. 2°, da Lei 9.882/99, podem propor a ADPF os mesmos legitimados da ADI (art. 103 da CF). Com efeito, o BNDES não detém legitimidade processual para a propositura da ação, ao contrário das entidades de classe de âmbito nacional e que demonstrem pertinência temática. Por outro lado, a mesma lei, em seu art. 1°, parágrafo único, inciso I, permite a propositura da ADPF quando for relevante o fundamento da controvérsia constitucional sobre lei ou ato normativo federal, estadual ou municipal, incluídos os anteriores à Constituição;

Gabarito "A"

(ADVOGADO – CORREIOS – 2011 – CESPE) Acerca do controle de constitucionalidade no sistema brasileiro, julgue os itens subsequentes.

(1) Decisão proferida pelo STF em sede de arguição de descumprimento de preceito fundamental pode ser objeto de ação rescisória, considerando-se as peculiaridades do instituto.

(2) O controle difuso de constitucionalidade, que é exercido somente perante caso concreto, pode ocorrer por meio das ações constitucionais do *habeas corpus* e do mandado de segurança.

(3) Em regra, decisão proferida pelo Supremo Tribunal Federal (STF) que defere a medida cautelar em ação direta de inconstitucionalidade tem efeitos *ex nunc*.

1:incorreto, pois há vedação legal nesse sentido (art. 12 da Lei 9.882/99); **2:** correto, pois em ambas as ações é possível que a declaração de inconstitucionalidade de determinada lei seja a causa de pedir, isto é, fundamento jurídico do pedido. Nesse caso, a declaração de inconstitucionalidade não é o fim principal da ação e terá seus efeitos restritos às partes do processo; **3:** correto (art. 11, § 1°, da Lei 9.868/99).

Gabarito 1E 2C 3C

(ADVOGADO – CEF – 2010 – CESPE) A CAIXA pretende discutir a inconstitucionalidade da cobrança do imposto sobre serviços que lhe está sendo imposta pelo município de Itaperuna – RJ. Considerando essa situação hipotética, é correto afirmar que o advogado da CAIXA deverá ajuizar a ação

(A) originariamente no STF, por se tratar de causa entre entidade da administração indireta da União e um município, dando ensejo a conflito federativo.

(B) originariamente no STJ, por se tratar de causa entre entidade da administração indireta da União e um município, dando ensejo a conflito federativo.

(C) em uma das varas federais da seção judiciária do DF, por se tratar de causa em que empresa pública federal é interessada na condição de autora e por ser esta a seção judiciária onde tem domicílio a CAIXA.

(D) em uma das varas de fazenda pública da comarca da capital do estado do Rio de Janeiro, por se tratar de causa de interesse de município daquele estado.

(E) na vara federal da subseção judiciária de Itaperuna, por se tratar de causa em que empresa pública federal é interessada na condição de autora e por ser esta a subseção que jurisdiciona territorialmente o município de Itaperuna.

Como a CAIXA não é legitimada para propositura de ações de controle concentrado de constitucionalidade, a discussão pretendida deverá ocorrer incidentalmente em ação concreta, vale dizer, mediante controle difuso de constitucionalidade, que pode ser realizado por qualquer juiz ou tribunal. Em face da posição de autora assumida pela CAIXA, empresa pública federal, a competência para processar e julgar o feito, necessariamente, será da Justiça Federal (art. 109, inciso I, da CF)

Gabarito "E"

(ADVOGADO – CEF – 2012 – CESGRANRIO) Qual o ato do poder público que não pode ser objeto de Arguição de Descumprimento de Preceito Fundamental (ADPF)?

(A) Lei complementar estadual posterior à norma constitucional violada

(B) Lei ordinária anterior à norma constitucional violada

(C) Lei federal de efeitos concretos anterior à norma constitucional violada

(D) Decreto municipal posterior à norma constitucional violada

(E) Decreto federal anterior à norma constitucional violada

Uma das características da ADPF é a subsidiariedade, isto é, o fato de ela não poder ser admitida se houver outro meio capaz de sanar a lesividade (art. 4°, § 1°, da Lei 9.882/99). Analisando as demais alternativas, percebe-se que em todas elas não é cabível nem a Ação Direta de Inconstitucionalidade - ADI nem a Ação Declaratória de Constitucionalidade - ADC, de modo que a única ação de controle concentrado de constitucionalidade possível é a ADPF. Isso porque a ADI pode ter como objeto leis e atos normativos federais e estaduais posteriores à Constituição Federal e a ADC apenas leis e atos normativos federais posteriores à Constituição Federal (art. 102, inciso I, alínea "a", da CF). Vale dizer: não cabe ADPF contra lei complementar estadual posterior à norma constitucional violada, porque nesse caso, é cabível tanto a ADC como a ADI.

Gabarito "A"

(ADVOGADO – PETROBRÁS – 2003 – CESPE) Considerando a existência de uma lei do Rio de Janeiro cuja constitucionalidade seja duvidosa, julgue os itens a seguir.

(1) Tratando-se de lei municipal, esta poderá ser objeto de representação de inconstitucionalidade apenas perante o tribunal de justiça local, tendo como parâmetro de controle a Constituição Estadual.

(2) Tratando-se de lei estadual, esta poderá ser objeto tanto de ação direta de inconstitucionalidade perante o Supremo Tribunal Federal (STF) como de representação de inconstitucionalidade perante o tribunal de justiça local. Em ambos os casos, o parâmetro de controle será a Constituição Federal.

(3) Tanto a lei municipal como a lei estadual, para serem impugnadas em ação específica do controle abstrato de constitucionalidade, hão de ter sido editadas posteriormente à norma constitucional que lhes sirva de parâmetro.

(4) A decisão do tribunal de justiça local que declarar a constitucionalidade de lei estadual em sede de controle abstrato sujeitar-se-á a recurso extraordinário, se incidir em ofensa à Constituição Federal.

(5) A eficácia erga omnes e o efeito vinculante devem ser expressamente reconhecidos na decisão que declarar a inconstitucionalidade de lei no controle abstrato, sob pena de não lograrem o alcance esperado.

1: correto, pois o controle de constitucionalidade tendo como parâmetro a Constituição Estadual é de competência dos Tribunais de Justiça estaduais. Neste sentido, no âmbito do Supremo Tribunal Federal, é realizado o controle de constitucionalidade possuindo como parâmetro apenas a Constituição Federal; **2:** incorreto, pois, em que pese ser correta a afirmação de que uma lei estadual pode ser objeto das duas ações de controle concentrado, a Constituição Federal somente será parâmetro de controle no caso de ação direta de inconstitucionalidade proposta perante o Supremo Tribunal Federal. Em se tratando de representação de inconstitucionalidade perante o Tribunal de Justiça, o parâmetro de controle deverá ser a Constituição Estadual; **3:** correto, pois no sistema de controle de constitucionalidade brasileiro, não se admite, em regra, a inconstitucionalidade superveniente. Desta forma, se uma determinada lei – municipal ou estadual – for anterior à Constituição Federal e com ela for incompatível, não haverá inconstitucionalidade, mas sim não recepção constitucional, que são institutos distintos. Com efeito, somente podem ser objeto de controle de constitucionalidade as leis e atos normativos posteriores à Constituição de 1988; **4:** correto, sendo este o entendimento firmado pelo STF (RE 683.603, DJ 20/08/2012); 5: incorreto, pois a eficácia *erga omnes* e o efeito vinculante são consequências imediatas e implícitas de todas as decisões tomadas em sede de controle abstrato de constitucionalidade.

Gabarito 1C, 2E, 3C, 4C, 5E

(ADVOGADO – PETROBRÁS DISTRIB. – 2008 – CESGRANRIO) De acordo com o sistema de controle de constitucionalidade no Brasil,

(A) é possível o ajuizamento de representação de inconstitucionalidade contestando a validade de lei municipal em face da Lei Orgânica do respectivo município.

(B) lei anterior à Constituição Federal não pode ser objeto de Arguição de Descumprimento de Preceito Fundamental, uma vez que o caso seria de revogação e não de inconstitucionalidade da lei.

(C) a revogação de ato normativo que é objeto de Ação Direta de Inconstitucionalidade (ADIn) não prejudica o andamento da ação, uma vez que se trata de processo objetivo e não subjetivo.

(D) a Ação Declaratória de Constitucionalidade pode ser proposta perante o Supremo Tribunal Federal para declarar a constitucionalidade de lei ou ato normativo federal ou estadual.

(E) a cláusula de reserva de plenário (art. 97, CRFB) deve ser observada pelos tribunais tanto nos casos em que declaram expressamente a inconstitucionalidade de uma lei, como nos casos em que simplesmente afastam a sua incidência, no todo ou em parte, por contrariar a Constituição.

A: incorreto, pois, nesse caso, não haveria controle de constitucionalidade, mas mero controle de legalidade. Ademais, não existe previsão legal para este tipo de representação, de modo que a ofensa de determinada lei municipal em face da Lei Orgânica somente se dá incidentalmente; **B:** incorreto, pois, embora não se trate de controle de constitucionalidade – há, em verdade, verificação da recepção constitucional da norma anterior à Constituição -, a ADPF pode ser manejada nesses casos por expressa disposição legal (art. 1º, parágrafo único, inciso I, da Lei 9.882/99); **C:** incorreto, pois a jurisprudência do STF firmou o entendimento de que, nesses casos, há perda do objeto ação (ADI 470, DJ 11/10/2012); **D:** incorreto, pois somente pode ser objeto da ADC lei ou ato normativo federal (art. 102, inciso I, alínea "a", da CF); **E:** correto, sendo esta a posição firmada pelo STF (Súmula Vinculante nº 10).

Gabarito "E"

(ADVOGADO – EPE – 2007 – CESGRANRIO) O exercício do controle de constitucionalidade **por via de exceção** é próprio do controle:

(A) concentrado.

(B) difuso.

(C) político.

(D) misto.

(E) por iniciativa do juiz.

A: incorreto, pois no controle concentrado o exercício se dá pela via de ação, e não de exceção; **B:** correto, eis que o controle pela via de exceção pode ser realizado por qualquer juiz ou tribunal, isto é, difusamente; **C:** incorreto, pois não se trata de controle político, mas sim jurídico; **D:** incorreto, pois seria misto se pudesse ser próprio tanto do controle concentrado como do controle difuso, o que não ocorre; **E:** incorreto, pois, em que pese a possibilidade de o juiz reconhecer de ofício a inconstitucionalidade de uma lei ou ato normativo, o controle pela via de exceção se dá por iniciativa das partes.

Gabarito "B"

(ADVOGADO – REFAP – 2007 – CESGRANRIO) Sobre a arguição de descumprimento de preceito fundamental, está **INCORRETO** afirmar que:

(A) para sua propositura são legitimados os mesmos legitimados para propor ação direta de inconstitucionalidade.

(B) deverá ser proposta perante o Supremo Tribunal Federal.

(C) caberá reclamação contra descumprimento da decisão proferida.

(D) o prazo para agravo contra a decisão monocrática de indeferimento da petição inicial é de 5 (cinco) dias.

(E) a decisão que julgar procedente ou improcedente o pedido pode ser objeto de ação rescisória.

A: correto (art. 2º, inciso I, da Lei 9.882/99); **B:** correto (art. 102, § 1º, da CF, c/c art. 1º da Lei 9.882/99); **C:** correto (art. 13, da Lei 9.882/99); **D:** correto (art. 4º, § 2º, da Lei 9.882/99); **E:** incorreto (art. 12, da Lei 9.882/99).

Gabarito "E"

(ADVOGADO – CORREIOS – 2008 – ESPP) No que se refere à ação de descumprimento de preceito fundamental podemos afirmar corretamente que:

(A) Não pode ser proposta com finalidade preventiva, mesmo que demonstrada a iminência de violação a preceito fundamental.

(B) São legitimados para sua propositura os mesmos legitimados à ação direita de inconstitucionalidade, além de qualquer cidadão que demonstre interesse processual decorrente de violação a preceito fundamental passível de ser exercido individualmente.

(C) Tem como pressuposto para sua propositura a existência de relevante controvérsia constitucional sobre lei, ou ato normativo federal, estadual ou municipal, mesmo que anteriores à edição da Constituição Federal.

(D) A decisão de mérito em sede de ação de descumprimento de preceito fundamental tem efeitos *erga omnes* e *ex tunc*, não dispondo de efeito vinculante.

A: incorreto, pois ela possui o objetivo de evitar ou reparar lesão a preceito fundamental resultante de ato do Poder Público (art. 102, § 1º, da CF, c/c art. 1º da Lei 9.882/99); **B:** incorreto, pois são legitimados para a ADPF apenas os legitimados para a ADI (art. 2º, inciso I, da Lei 9.882/99); **C:** correto, pois esta é uma das possibilidades de cabimento da ação (art. 1º, parágrafo único, inciso I, da Lei 9.882/99); **D:** incorreto, pois, assim como as demais ações de controle concentrado, haverá efeitos *erga omnes* e, em regra, *ex tunc*, além dos efeitos vinculantes.

Gabarito "C"

(ADVOGADO – INFRAERO – 2004 – NCE/UFRJ) Supondo-se que o Supremo Tribunal Federal tivesse declarado a inconstitucionalidade da Contribuição para o Custeio do Serviço de Iluminação Pública autorizado pela Emenda Constitucional no 39, de 19.12.2002 e instituída, por lei local, pelo Município de Angra dos Reis. Nesse caso, necessariamente, observado o sistema constitucional vigente, a decisão ocorreria através do controle:

(A) direto;

(B) incidental;

(C) misto;

(D) esparso;

(E) difundido.

No âmbito do STF, o controle de constitucionalidade de leis municipal somente se dá em sede de controle incidental ou através da ADPF (art. 1º, parágrafo único, inciso I, da Lei 9.882/99), que também é ação de controle concentrado de constitucionalidade. Assim, entendemos que a questão deveria ser anulada, uma vez que a decisão tanto poderia ser proferida através de controle incidental como de controle difuso.

Gabarito "B"

(ADVOGADO – INFRAERO – 2004 – NCE/UFRJ) A Arguição de Descumprimento de Preceito Fundamental, prevista no artigo 102, § 1º da Constituição Federal, foi regulamentada por lei editada no ano de:

(A) 1996;

(B) 1995;

(C) 1993;

(D) 1988;

(E) 1999.

A regulamentação da ADPF se deu com a Lei 9.882/99.

Gabarito "E"

(ADVOGADO – INFRAERO – 2004 – NCE/UFRJ) O Supremo Tribunal Federal, no julgamento da constitucionalidade da Ação Declaratória de Constitucionalidade, prevista pela Emenda Constitucional nº 03, de 1993, decidiu ser possível controlar a constitucionalidade:

(A) de lei complementar;

(B) de lei delegada;

(C) de emenda constitucional;

(D) de lei ordinária;

(E) de Regulamento.

A questão trata do julgamento da ADC n.º 1, oportunidade em que o Supremo Tribunal Federal, pela primeira vez, reconheceu a possibilidade do controle de constitucionalidade de emendas à Constituição e firmou o entendimento no sentido de que tal espécie normativa poderá ser declarada inconstitucional quando houver ofensa às cláusulas pétreas (art. 60, § 4º, da Constituição Federal).

Gabarito "C"

(ADVOGADO – ELETROBRÁS – 2006 – NCE/UFRJ) A inconstitucionalidade de qualquer ato normativo estatal só pode ser declarada pelo voto da maioria absoluta da totalidade dos membros do tribunal ou, onde houver, dos integrantes do respectivo órgão especial. A situação acima descrita é denominada:

(A) do devido processo legal;

(B) do devido processo constitucional;

(C) do devido processo legislativo;

(D) cláusula de controle da constitucionalidade das leis e atos normativos;

(E) cláusula da reserva de plenário.

"Cláusula da reserva de plenário" é a denominação que usualmente se atribui à regra do art. 97 da Constituição Federal, que determina que "somente pela maioria absoluta dos seus membros ou dos membros do respectivo órgão especial poderão os tribunais declarar a inconstitucionalidade de lei ou ato normativo do Poder Público".

Gabarito "E"

(ADVOGADO – DATAPREV – 2009 – UFF) Leia atentamente as assertivas abaixo acerca do controle de constitucionalidade.

I. A inconstitucionalidade por ação, que deriva do princípio da supremacia constitucional e da compatibilidade vertical das normas, ocorre quando atos legislativos ou administrativos contrariam normas ou princípios constitucionais, seja sob o aspecto formal ou material.

II. O exercício do controle de constitucionalidade se dá por via de exceção, quando a inconstitucionalidade é suscitada por qualquer interessado em qualquer processo ou juízo, por via da ação declaratória de constitucionalidade e por via da ação direta de inconstitucionalidade.

III. A ação direta de inconstitucionalidade e a ação declaratória de constitucionalidade poderão ser interpostas pelo Presidente da República, pela Mesa do Senado Federal; pela Mesa da Câmara dos Deputados; pela Mesa de Assembleia Legislativa ou da Câmara Legislativa do Distrito Federal, pelo Governador do Estado ou do Distrito Federal, pelo Procurador-Geral da República, pelo Advogado-Geral da União, pelo Conselho Federal da Ordem dos Advogados do Brasil, por partido político com representação no Congresso Nacional e por confederação sindical ou entidade de classe de âmbito nacional.

IV. Somente pelo voto da maioria absoluta de seus membros ou dos membros do respectivo órgão especial poderão os tribunais declarar a inconstitucionalidade de lei ou ato normativo do Poder Público.

V. As decisões definitivas de mérito proferidas pelo Supremo Tribunal Federal nas ações declaratórias de constitucionalidade de lei ou ato normativo federal produzirão eficácia contra todos e efeito vinculante em relação aos demais órgãos do Poder Judiciário, do Poder Legislativo e do Poder Executivo, alcançando a todos os atos de igual teor, ainda que posteriores, independentemente da propositura de uma nova ação.

Sobre as assertivas acima, pode-se afirmar que estão corretas apenas:

(A) I, II e III;

(B) II e IV;

(C) I, III e IV;

(D) I e II;

(E) I, II e IV.

I: correto, com a ressalva de que, por outro lado, verifica-se a inconstitucionalidade por omissão quando a ausência de determina norma impede o exercício de direito constitucionalmente garantido. Por outras palavras, a inconstitucionalidade se encontra na inércia – do Legislativo ou do Executivo – de não legislar quando há um comando constitucional nesse sentido; **II:** correto, ressaltando-se que também é possível o controle de constitucionalidade através da Arguição de Descumprimento de Preceito Fundamental – ADPF e das Representações de Inconstitucionalidade em face das Constituições estaduais; **III:** incorreto, eis que o AGU não é legitimado (art. 103 da CF); IV: correto (art. 97, da CF); V: incorreto, pois os efeitos vinculantes não atingem o Poder Legislativo no que diz respeito à sua função de legislar. Vale dizer, nada impede que, posteriormente à decisão do STF em sede de controle concentrado, seja aprovada pelo Congresso Nacional nova lei no mesmo sentido declarado inconstitucional por aquela Corte.

Gabarito "E"

(ADVOGADO – IRB – 2006 – ESAF) Sobre Controle de Constitucionalidade, assinale a única opção correta.

(A) Observadas as peculiaridades relativas às suas proposituras, a ação direta de inconstitucionalidade e a ação declaratória de constitucionalidade têm caráter fungível.

(B) Segundo o novel entendimento do Supremo Tribunal Federal, é possível a aplicação, no direito brasileiro, do conceito de inconstitucionalidade de normas constitucionais originárias, defendido na obra de Otto Bachof, uma vez que a enumeração de cláusulas pétreas, no texto original da Constituição, imporia uma hierarquia entre as normas constitucionais originárias.

(C) Nos termos da legislação que disciplina a matéria, não há, na ação direta de inconstitucionalidade, possibilidade de intervenção de terceiros ou de manifestação de outros órgãos ou entidades distintos daquele que propôs a ação.

(D) Na concessão de medida cautelar em sede de ação direta de inconstitucionalidade, seus efeitos serão, regra geral, *erga omnes* e *ex tunc*.

(E) Não cabe nenhum recurso contra a decisão que declara a constitucionalidade de uma norma em uma ação declaratória de constitucionalidade; tampouco caberá ação rescisória.

A: correto, pois se reconhece o caráter dúplice de ambas as ações, ou seja, a decisão pela procedência da ação na ADI tem o mesmo efeito da decisão pela improcedência na ADC e vice-versa (ADPF 72 QO, DJ 02/12/05). Todavia, deve ser considerado que, a despeito do caráter dúplice, se na ADC não se demonstrar na inicial a relevante controvérsia a respeito da constitucionalidade de determinada lei ou ato normativo, haverá carência de ação por falta de interesse de agir. Por isso que a alternativa ressalva que sejam "atendidas as peculiaridades relativas às suas proposituras"; **B:** incorreto, pois não se admite tanto a inconstitucionalidade de normas constitucionais originárias como a hierarquia entre quaisquer espécies de normas constitucionais; **C:** incorreto, pois há previsão expressa nesse sentido (art. 7º, § 2º, da Lei 9.868/99); **D:** incorreto, pois, em se tratando de medida cautelar, os efeitos serão *erga omnes* e *ex nunc* (art. 11, § 1º, da Lei 9.868/99); **E:** incorreto, pois são cabíveis embargos declaratórios (art. 26, da Lei 9.868/99).

Gabarito "A"

(ADVOGADO – CASA DA MOEDA – 2009 – CESGRANRIO) Considere a afirmação a seguir. O Supremo Tribunal Federal julgou procedente a Ação Direta de Inconstitucionalidade (ADIn) ajuizada pelo Presidente da República contra uma lei do estado do Rio de Janeiro, em vigor desde 1977. A declaração de inconstitucionalidade produziu eficácia *erga omnes*, mesmo não tendo ocorrido manifestação do Senado Federal neste sentido. Essa afirmação está em **DESACORDO** com o sistema de controle de constitucionalidade vigente no Brasil porque

(A) Presidente da República não pode ajuizar ADIn contra lei estadual.

(B) lei estadual não pode ser objeto de ADIn.

(C) lei anterior à Constituição de 1988 não pode ser objeto de ADIn.

(D) eficácia *erga omnes* seria produzida se a decisão tivesse sido encaminhada ao Senado.

(E) eficácia *erga omnes* seria produzida se a decisão tivesse sido encaminhada à Assembleia Legislativa do estado do Rio de Janeiro.

C – **A:** incorreto (art. 103, da CF); **B:** incorreto (art. 102, inciso I, alínea "a" da CF); **C:** correto, pois se entende que nesses casos não há controle de constitucionalidade, mas sim verificação da recepção constitucional, que são institutos diferentes. Todavia, vale ressaltar que nesses casos é possível a discussão através de ADPF (art. 1.º, parágrafo único, inciso I, da Lei 9.882/99); **D:** incorreto, pois se prescinde de encaminhamento da decisão ao Senado Federal em se tratando de controle concentrado de constitucionalidade. Tal exigência restringe-se ao controle difuso de constitucionalidade (art. 52, inciso X, da CF); **E:** incorreto, inexistindo qualquer disposição constitucional ou legal nesse sentido.

Gabarito "C"

(ADVOGADO – BNB – 2006 – ACEP) A respeito do controle de constitucionalidade no Brasil, assinale a alternativa **INCORRETA**.

(A) No controle incidental (difuso) de normas, a proclamação de inconstitucionalidade pelo Supremo Tribunal Federal produz efeitos, em princípio, apenas entre as partes, permanecendo o ato válido com relação a terceiros não integrantes da lide. Essa decisão, no entanto, poderá vir a ter eficácia contra todos (*erga omnes*), caso o Senado Federal, por meio de resolução, decida pela suspensão da execução do ato declarado inconstitucional, definitivamente, pelo Supremo Tribunal Federal.

(B) O Presidente da República, ao vetar um projeto de lei, por entendê-lo inconstitucional, exerce controle prévio de constitucionalidade.

(C) Quando o Supremo Tribunal Federal apreciar a inconstitucionalidade, em tese, de norma legal ou ato normativo, citará, previamente, o Advogado-Geral da União, que defenderá o ato ou texto impugnado.

(D) A Ação Direta de Inconstitucionalidade por Omissão tem como objeto a chamada omissão inconstitucional, que ocorre quando uma norma constitucional deixa de ser efetivamente aplicada pela falta de atuação dos órgãos dos poderes constituídos.

(E) De acordo com a jurisprudência do Supremo Tribunal Federal, para ser cabível a arguição de descumprimento de preceito fundamental, não é necessário o esgotamento das vias judiciais ordinárias. Em outros termos, a arguição de descumprimento de preceito fundamental não segue o princípio da subsidiariedade.

A: correto (art. 52, X, da CF); **B:** correto. Há duas hipóteses de veto: inconstitucionalidade ou contrariedade o interesse público (art. 66, § 1º, da CF). No primeiro caso, há o veto jurídico – espécie de controle preventivo de constitucionalidade e, no segundo, o veto político; **C:** correto (art. 8º, da Lei 9.868/99 c/c art. 103, § 3º, da CF); **D:** correto, com a ressalva de que a omissão pode partir tanto do Poder Legislativo como do Poder Executivo; **E:** incorreto, pois uma das características da ADPF é a subsidiariedade, por expressa disposição legal (art. 4º, § 1º, da Lei 9.882/99).

Gabarito "E"

(PROCURADOR – BANCO CENTRAL – 2009 – CESPE) Acerca do controle de constitucionalidade no sistema constitucional brasileiro, assinale a opção correta.

(A) O ordenamento jurídico nacional admite o controle concentrado ou difuso de constitucionalidade de normas produzidas tanto pelo poder constituinte originário, quanto pelo derivado.

(B) É possível a declaração de inconstitucionalidade de norma editada antes da atual Constituição e que tenha desrespeitado, sob o ponto de vista formal, a Constituição em vigor na época de sua edição, ainda que referida lei seja materialmente compatível com a vigente CF.

(C) Segundo posicionamento atual do STF, não se revela viável o controle de constitucionalidade de normas orçamentárias, por serem estas normas de efeitos concretos.

(D) O STF reconhece a prefeito municipal legitimidade ativa para o ajuizamento de arguição de descumprimento de preceito fundamental, não obstante a ausência de sua legitimação para a ação direta de inconstitucionalidade.

(E) A decisão que concede medida cautelar em ação declaratória de constitucionalidade não se reveste da mesma eficácia contra todos nem de efeito vinculante que a decisão de mérito.

A: incorreto, pois não se admite o controle de constitucionalidade de normas constitucionais originárias; **B:** correto, pois um dos requisitos para que uma norma seja recepcionada é a sua compatibilidade formal e material com a Constituição anterior, vale dizer, não haver declaração de inconstitucionalidade diante da ordem constitucional revogada. Diferentemente ocorreria se a norma editada fosse atacada em face da Constituição atual. Neste caso, não haveria controle de constitucionalidade, mas sim verificação de recepção constitucional; **C:** incorreto, pois o STF modificou sua posição e atualmente permite a discussão da constitucionalidade de leis orçamentárias através de ações de controle concentrado (ADI 4.048 MC, DJ 21/08/2008); **D:** incorreto, pois não há qualquer decisão do STF nesse sentido, prevalecendo a previsão legal (art. 2º, inciso I, da Lei 9.882/99); **E:** incorreto, pois a decisão da medida cautelar também possui tais características.

Gabarito "B"

5. DIREITOS E DEVERES INDIVIDUAIS E COLETIVOS

(Procurador do Estado/AC – FMP – 2012) Com fundamento no princípio da dignidade da pessoa humana, está correto afirmar que:

I. a pesquisa com células-tronco afetam o princípio da dignidade da pessoa humana, pois objetiva o enfrentamento e a cura de patologias e traumatismos que severamente limitam, atormentam, infelicitam, desesperam e não raras vezes degradam a vida de expressivo contingente populacional (ilustrativamente, atrofias espinhais progressivas, distrofias musculares, a esclerose múltipla e a lateral amiotrófica, as neuropatias e as doenças do neurônio motor).

II. Só é lícito o uso de algemas em casos de resistência e de fundado receio de fuga ou de perigo à integridade física própria ou alheia, por parte do preso ou de terceiros.

(A) Apenas a afirmativa I está correta.

(B) Apenas a afirmativa II está correta.

(C) Nenhuma das alternativas está correta.

(D) Ambas as alternativas estão corretas.

I: O enunciado está mal redigido, mas pode-se entender correto. V. STF, ADI 3510, Rel. Min. Ayres Britto: "(...)Inexistência de ofensas ao direito à vida e da dignidade da pessoa humana, pois a pesquisa com células-tronco embrionárias (inviáveis biologicamente ou para os fins a que se destinam) significa a celebração solidária da vida e alento aos que se acham à margem do exercício concreto e inalienável dos direitos à felicidade e do viver com dignidade (Ministro Celso de Mello)"; **II:** Correta. Súmula Vinculante 11/STF: "Só é lícito o uso de algemas em casos de resistência e de fundado receio de fuga ou de perigo à integridade física própria ou alheia, por parte do preso ou de terceiros, justificada a excepcionalidade por escrito, sob pena de responsabilidade disciplinar, civil e penal do agente ou da autoridade e de nulidade da prisão ou do ato processual a que se refere, sem prejuízo da responsabilidade civil do Estado".

Gabarito "D"

(PROCURADOR DO ESTADO/MG – FUMARC – 2012) Segundo o artigo 5º, inciso LXXI da Constituição Federal, "conceder-se-á mandado de injunção sempre que a falta de norma regulamentadora torne inviável o exercício dos direitos e liberdades individuais constitucionais e das prerrogativas inerentes à nacionalidade, à soberania e à cidadania." Ao longo dos anos, as decisões judiciais mandamentais adotam posicionamentos distintos. Correlacione corretamente possibilidade de posicionamento do Judiciário (Coluna A) com o conceito de sua aplicação (Coluna B) e assinale a alternativa correta:

COLUNA A		COLUNA B
I. Concretismo Individual Direto		A. As decisões procedentes implementam o direito pleiteado mediatamente, diante da manutenção da inércia do Poder Público, após o trânsito de prazo concedido para preenchimento da lacuna normativa
II. Concretismo Individual Intermediário	X	B. As decisões procedentes reconhecem a inércia do Poder Público e sugerem a adoção das providências normativas regulatórias e operativas de Direitos e Garantias Fundamentais
III Concretismo Geral		C. As decisões procedentes geram efeitos erga omnes e se opera nos casos concretos, no aguardo de norma integrativa que a supra
IV. Não Concretismo		D. As decisões procedentes implementam o direito pleiteado imediatamente, mantendo o Poder Público no dever de regulamentar a matéria em questão

ALTERNATIVAS

(A) I – D; II – A; III – C; IV – B

(B) I – A; II – D; III – C; IV – B

(C) I – B; II – C; III – A; IV – D

(D) I – D; II – A; III – B; IV – C

(E) I – A; II – B; III – C; IV – D

A resposta está em Pedro Lenza: "posição concretista geral: através de normatividade geral, o STF legisla no caso concreto, produzindo à decisão, efeitos erga omnes até que sobrevenha norma integrativa pelo Poder Judiciário; posição concretista individual direta: a decisão, implementando o direito, valerá somente para o autor do mandado de injunção, diretamente; posição concretista individual intermediária: julgando procedente o mandado de injunção, o Judiciário fixa ao Legislativo prazo para elaborar a norma regulamentadora. Findo o prazo e permanecendo a inércia do Legislativo, o autor passa a ter assegurado o seu direito; posição não concretista: a decisão apenas decreta a mora do poder omisso, reconhecendo-se formalmente a sua inércia" (Direito Constitucional Esquematizado, 2012, p. 1054). Pode-se afirmar, com o autor, que atualmente o STF é concretista geral.

Gabarito "A"

(Procurador do Estado/MG – 2007) Dos remédios constitucionais, considera-se correta a afirmação de

(A) que o mandado de segurança sendo individual tem a finalidade de proteger direito líquido e certo, amparado também por *habeas corpus* ou *habeas data*.

(B) que o mandado de segurança individual tem natureza de ação civil, posto à disposição de titulares de direito líquido e certo, lesado ou ameaçado, por ato ou omissão de autoridade pública, de partido político com representação no Congresso Nacional.

(C) que o mandado de injunção constitui um remédio ou ação constitucional posto à disposição de quem se considere titular de qualquer daqueles direitos, liberdades ou prerrogativas inviáveis por falta de norma regulamentadora exigida ou suposta pela Constituição Federal.

(D) que o *habeas data* é um remédio constitucional destinado a tutelar o direito de liberdade de ir, vir, parar e ficar, vinculado ao conceito do *due process of law*.

A e **B:** Não refletem o disposto no art. 5º, LXIX, da CF; **C:** Art. 5º, LXXI, da CF; **D:** O direito de locomoção é tutelado pelo habeas corpus (art. 5º, LXVIII, da CF).

Gabarito "C"

(Procurador do Estado/MT – FCC – 2011) Os textos da Convenção sobre os Direitos das Pessoas com Deficiência e de seu Protocolo Facultativo, assinados em Nova Iorque, em março de 2007, tramitaram perante as Casas do Congresso Nacional nos anos de 2007 e 2008, com vistas à sua aprovação, por meio de Decreto Legislativo. O então projeto de Decreto Legislativo foi aprovado, inicialmente, na Câmara dos Deputados, pelo voto de 418 e 353 de seus membros, em primeiro e segundo turnos, respectivamente; na sequência, encaminhado ao Senado Federal, foi aprovado pelo voto de 59 e 56 de seus membros, em primeiro e segundo turnos, respectivamente. Promulgado e publicado o Decreto Legislativo nº 186, de 2008, o Governo brasileiro depositou o instrumento de ratificação dos atos junto ao Secretário-Geral das Nações Unidas em agosto de 2008, ocorrendo, ao final, a edição do Decreto nº 6.949, de 2009, pelo Presidente da República, promulgando a referida Convenção e seu Protocolo Facultativo. Diante disso, a Convenção sobre os Direitos das Pessoas com Deficiência e seu Protocolo Facultativo

(A) estão aptos a produzir efeitos no ordenamento jurídico brasileiro, ao qual se integraram como norma equivalente às leis ordinárias.

(B) estão aptos a produzir efeitos no ordenamento jurídico brasileiro, em que serão considerados equivalentes às emendas à Constituição.

(C) estão aptos a produzir efeitos no plano jurídico externo, mas não no ordenamento interno brasileiro.

(D) estariam aptos a produzir efeitos no ordenamento jurídico brasileiro se houvessem sido aprovados como proposta de emenda à Constituição de iniciativa do Presidente da República, promulgada pelas Mesas das Casas do Congresso Nacional.

(E) não estão aptos a produzir efeitos no plano jurídico externo, tampouco no ordenamento interno brasileiro, uma vez que não foram observados os procedimentos necessários à sua ratificação e promulgação.

Art. 5º, § 3º, da CF.

Gabarito "B"

(Procurador do Estado/PA – 2011) Quanto à jurisprudência consolidada do Supremo Tribunal Federal acerca do devido processo legal, do contraditório e da ampla defesa, assinale a alternativa INCORRETA:

(A) O defensor tem direito, no interesse do representado, a ter acesso amplo aos elementos de prova que, já documentados em procedimento investigatório realizado por órgão com competência de polícia judiciária, digam respeito ao exercício do direito de defesa.

(B) São assegurados o contraditório e a ampla defesa nos processos perante o Tribunal de Contas da União, quando da decisão puder resultar anulação ou revogação de ato administrativo que beneficie o interessado, excetuada a apreciação da legalidade do ato de concessão inicial de aposentadoria, reforma e pensão.

(C) A exigência de depósito prévio como requisito de admissibilidade de ação judicial na qual se pretenda discutir a exigibilidade de crédito tributário é inconstitucional.

(D) Viola a Constituição a falta de defesa técnica por advogado no processo administrativo disciplinar.

(E) A exigência de depósito ou arrolamento prévios de dinheiro ou bens para admissibilidade de recurso administrativo é inconstitucional.

A: Súmula Vinculante nº 14/STF: "É direito do defensor, no interesse do representado, ter acesso amplo aos elementos de prova que, já documentados em procedimento investigatório realizado por órgão com competência de polícia judiciária, digam respeito ao exercício do direito de defesa"; **B:** Súmula Vinculante nº 3/STF: "Nos processos perante o tribunal de contas da união asseguram-se o contraditório e a ampla defesa quando da decisão puder resultar anulação ou revogação de ato administrativo que beneficie o interessado, excetuada a apreciação da legalidade do ato de concessão inicial de aposentadoria, reforma e pensão"; **C:** Súmula Vinculante nº 28/STF: "É inconstitucional a exigência de depósito prévio como requisito de admissibilidade de ação judicial na qual se pretenda discutir a exigibilidade de crédito tributário"; **D:** Súmula Vinculante nº 5/STF: "A falta de defesa técnica por advogado no processo administrativo disciplinar não ofende a Constituição"; **E:** Súmula Vinculante nº 21/STF: "É inconstitucional a exigência de depósito ou arrolamento prévios de dinheiro ou bens para admissibilidade de recurso administrativo".

Gabarito "D"

(Procurador do Estado/PA – 2011) No HC 82424-2 – "Caso Ellwanger" -, o Supremo Tribunal Federal julgou pedido de *habeas corpus* em favor de editor de obras que veiculavam ideias supostamente antissemitas. Analise as proposições abaixo e assinale a alternativa **correta**:

I. A ordem de *habeas corpus* foi deferida com fundamento, entre outros, no fato de que os livros publicados não poderiam instigar ou incitar a prática do racismo, dada a baixa repercussão de livros dessa natureza na sociedade brasileira.

II. A ordem de *habeas corpus* foi deferida após a aplicação da regra da proporcionalidade, na qual a liberdade de expressão prevaleceu em virtude da inconsistência científica do conceito biológico de raça.

III. A ordem de *habeas corpus* foi deferida após a aplicação da regra da proporcionalidade, na qual o valor essencial da liberdade de expressão para a participação na vida democrática prevaleceu sobre a tipificação penal do racismo.

IV. A ordem de *habeas corpus* foi indeferida com fundamento, entre outros, de que o direito à liberdade de expressão não pode abrigar, em sua abrangência, manifestações de conteúdo imoral que implicam em ilicitude penal.

V. A ordem de *habeas corpus* foi indeferida com fundamento, entre outros, na prova científica de que há diferenças biológicas que caracterizam judeus, negros e índios; e que, por isso, tais raças devem ser protegidas contra o discurso odioso, sendo o racismo crime imprescritível.

(A) Apenas as proposições I, II e III estão corretas.

(B) Apenas as proposições II e III estão corretas.

(C) Apenas a proposição III está correta.

(D) Apenas a proposição IV está correta.

(E) Apenas as proposições IV e V estão corretas.

I, II e **III:** A ordem foi denegada; IV e V: STF, HC 82424, Rel. Min. Moreira Alves: "(...) Liberdade de expressão. Garantia constitucional que não se tem como absoluta. Limites morais e jurídicos. O direito à livre expressão não pode abrigar, em sua abrangência, manifestações de conteúdo imoral que implicam ilicitude penal. As liberdades públicas não são incondicionais, por isso devem ser exercidas de maneira harmônica, observados os limites definidos na própria Constituição Federal (CF, artigo 5º, § 2º, primeira parte). O preceito fundamental de liberdade de expressão não consagra o "direito à incitação ao racismo", dado que um direito individual não pode constituir-se em salvaguarda de condutas ilícitas, como sucede com os delitos contra a honra. Prevalência dos princípios da dignidade da pessoa humana e da igualdade jurídica. (...)".

Gabarito "D"

(Procurador do Estado/PR – UEL-COPS – 2011) O entendimento de que existem direitos fundamentais "fora de catálogo", ou seja, de que é possível extrair direitos fundamentais de outras normas constitucionais, além daquelas do Titulo II (Dos Direitos e Garantias Fundamentais), tendo em vista a abertura material do catálogo dos direitos fundamentais da Constituição, é afirmado pela jurisprudência do Supremo Tribunal Federal em relação:

(A) à extradição;

(B) à interpretação conforme a Constituição;

(C) à assistência judiciária;

(D) à anterioridade tributária;

(E) ao devido processo legal.

O STF afirmou que há outros direitos fundamentais no corpo da Constituição, como o princípio da anterioridade tributária, ao julgar a ADI 939/DF, Rel. Sydney Sanches.

Gabarito "D"

(Procurador do Estado/PR – UEL-COPS – 2011) Tendo em vista que a dignidade da pessoa humana não está expressa no caput do art. 5º da Constituição da República, pode-se afirmar:

(A) que ela é um direito fundamental como qualquer outro;

(B) que ela é um direito fundamental de carga eficacial menor em relação aos demais;

(C) que ela é um dos fundamentos da República Federativa do Brasil;

(D) que ela autoriza a supressão da vida nos crimes hediondos;

(E) que ela situa-se entre os direitos à vida e à liberdade.

Art. 1º, III, da CF.

Gabarito "C"

(PROCURADOR DO ESTADO/RS – FUNDATEC – 2010) Em qual das seguintes hipóteses não há violação a direitos e garantias fundamentais, segundo a jurisprudência do Supremo Tribunal Federal?

(A) Ingresso de policiais, sem mandado judicial, em quarto de hotel que sirva de residência a cidadão suspeito de participar de organização criminosa.

(B) Apreensão de mercadorias pela administração fazendária, medida prevista em lei como forma de compelir o contribuinte ao pagamento de tributos devidos.

(C) Interceptação, pela administração de determinado estabelecimento prisional, da correspondência remetida pelos sentenciados.

(D) Exigência, em processo administrativo, de que o administrado efetue depósito recursal como condição de admissibilidade de recurso.

(E) Admissão como prova, em processo judicial, de gravação ambiental clandestina de conversa entre agentes policiais e presos, realizada com o intuito de obter confissão de crime.

A: STF, RHC 90.376, Rel. Min. Celso de Mello: "Para os fins da proteção jurídica a que se refere o art. 5º, XI, da CF, o conceito normativo de 'casa' revela-se abrangente e, por estender-se a qualquer aposento de habitação coletiva, desde que ocupado (CP, art. 150, § 4º, II), compreende, observada essa específica limitação espacial, os quartos de hotel. (...) Sem que ocorra qualquer das situações excepcionais taxativamente previstas no texto constitucional (art. 5º, XI), nenhum agente público poderá, contra a vontade de quem de direito (*invito domino*), ingressar, durante o dia, sem mandado judicial, em aposento ocupado de habitação coletiva, sob pena de a prova resultante dessa diligência de busca e apreensão reputar-se inadmissível, porque impregnada de ilicitude originária"; **B:** Súmula 323/STF: "É inadmissível a apreensão de mercadorias como meio coercitivo para pagamento de tributos"; **C:** STF, HC 70.814, Rel. Min. Celso de Mello: "A administração penitenciaria, com fundamento em razoes de segurança pública, de disciplina prisional ou de preservação da ordem jurídica, pode, sempre excepcionalmente, e desde que respeitada a norma inscrita no art. 41, parágrafo único, da Lei n. 7.210/84, proceder a interceptação da correspondência remetida pelos sentenciados, eis que a cláusula tutelar da inviolabilidade do sigilo epistolar não pode constituir instrumento de salvaguarda de praticas ilícitas"; **D:** Súmula Vinculante nº 21/STF: "É inconstitucional a exigência de depósito ou arrolamento prévios de dinheiro ou bens para admissibilidade de recurso administrativo"; **E:** STF, HC 80949, Rel. Min. Sepúlveda Pertence: "Gravação clandestina de "conversa informal" do indiciado com policiais. 3. Ilicitude decorrente - quando não da evidência de estar o suspeito, na ocasião, ilegalmente preso ou da falta de prova idônea do seu assentimento à gravação ambiental - de constituir, dita "conversa informal", modalidade de "interrogatório" sub-reptício, o qual - além de realizar-se sem as formalidades legais do interrogatório no inquérito policial (CPP, art. 6º, V) -, se faz sem que o indiciado seja advertido do seu direito ao silêncio. 4. O privilégio contra a autoincriminação - *nemo tenetur se detegere* -, erigido em garantia fundamental pela Constituição - além da inconstitucionalidade superveniente da parte final do art. 186 do CPP - importou compelir o inquiridor, na polícia ou em juízo, ao dever de advertir o interrogado do seu direito ao silêncio: a falta da advertência - e da sua documentação formal - faz ilícita a prova que, contra si mesmo, forneça o indiciado ou acusado no interrogatório formal e, com mais razão, em "conversa informal" gravada, clandestinamente ou não".

Gabarito "C"

(PROCURADOR DO ESTADO/RS – FUNDATEC – 2010) Sobre as ações constitucionais previstas no art. 5° da Constituição da República, é correto afirmar que:

(A) O *habeas corpus* passou a ter previsão constitucional na Constituição de 1891, que não limitava seu objeto à garantia da liberdade de locomoção.

(B) O habeas data, introduzido pela Constituição de 1988, não pode ser impetrado para assegurar o acesso a informações constantes de bancos de dados mantidos por entidades privadas.

(C) O mandado de segurança individual, criado pela Constituição de 1946, é cabível contra atos de agentes privados no exercício de funções do poder público.

(D) O mandado de segurança coletivo, introduzido pela Constituição de 1988, pode ser impetrado por partido político com representaçao no Congresso Nacional em favor de quaisquer cidadãos.

(E) Nenhuma das alternativas anteriores está correta.

A: Art. 72, § 22, Constituição de 1891**:** "Dar-se-á o *habeas corpus* sempre que o indivíduo sofrer ou se achar em iminente perigo de sofrer violência, ou coação, por ilegalidade, ou abuso de poder"; **B:** Foi introduzido pela CF 88, mas o polo passivo só pode ser ocupado por entidade de caráter público (art. 5º, LXXII, da CF). V. art. 1º da Lei 9.507/1997 e art. 43, § 4º, do CDC; **C:** O MS foi constitucionalizado pela CF de 1934; **D:** Não reflete o disposto no art. 5º, LXX, "a", da CF.

Gabarito "A"

(Procurador do Estado/SP – VUNESP – 2005) No que se refere aos direitos fundamentais da pessoa humana, está correto afirmar-se que

(A) em razão de sua função de fiscal da lei, a posição dominante no STF é a de que o Ministério Público não tem legitimidade para requerer *habeas corpus* em favor de terceiros.

(B) a doutrina majoritária entende que os direitos fundamentais são absolutos, invioláveis e inalienáveis, mas renunciáveis e prescritíveis.

(C) os denominados direitos de primeira geração compreendem os direitos sociais, enquanto os da segunda geração identificam-se com as liberdades negativas.

(D) o STF entende que a Constituição proíbe qualquer tipo de critério discriminatório para acesso aos cargos públicos, inclusive por motivo de idade, independentemente da natureza das funções do cargo a ser preenchido por concurso público.

(E) a Constituição Federal admite em algumas situações a suspensão e a restrição de determinados direitos fundamentais, inclusive o direito à liberdade e o sigilo da correspondência.

A: O entendimento do STF é pela legitimidade ativa. V. HC 75347, Rel. Min. Carlos Velloso; **B:** Direitos fundamentais não são absolutos, sendo possíveis de ponderação; **C:** Apesar da crítica da doutrina em relação à categorização dos direitos fundamentais em gerações ou dimensões, há associação entre tais gerações e o lema da Revolução Francesa. Dessa forma, os direitos de primeira geração equivalem à liberdade (direitos de liberdade e direitos políticos); os de segunda geração à igualdade (direitos sociais, culturais e econômicos) e os de terceira geração à fraternidade (direitos coletivos, à proteção ambiental e à defesa do consumidor). Há, ainda, quem defenda direitos de quarta geração, associados, por exemplo, às pesquisas genéticas; **D:** Súmula 683/STF: "O limite de idade para a inscrição em concurso público só se legitima em face do art. 7º, XXX, da CF, quando possa ser justificado pela natureza das atribuições do cargo a ser preenchido"; **E:** Sim, porque não são absolutos, desde que garantido o núcleo desses direitos e observada a razoabilidade.

Gabarito "E"

(Procurador do Estado/SE – FCC – 2005) O Presidente de uma Associação de Amigos de Bairro, legalmente constituída e em funcionamento desde janeiro de 2003, ao participar de manifestação contrária à decisão do Poder Executivo local de propor a alteração do zoneamento urbano municipal, foi detido por Delegado de Polícia ali presente, sob a alegação de prática de incitação ao crime e desacato. Diante dessa situação, observada a legitimação ativa adequada para a espécie e com vistas ao destazimento do ato da autoridade policial, seria possível a impetração de

(A) habeas data.

(B) ação civil pública.

(C) mandado de injunção.

(D) *habeas corpus*.

(E) mandado de segurança coletivo.

Porque é o remédio próprio para tutelar o direito de locomoção – art. 5º, LXVIII, da CF.

Gabarito "D"

(Procurador do Município/Manaus-AM – 2006 – FCC) Em tema de direitos e garantias fundamentais, é correto afirmar:

(A) O cidadão autor de ação popular, ainda que de comprovada má-fé, está isento de custas judiciais, arcando, nesse caso, apenas com o ônus da sucumbência.

(B) Caberá mandado de segurança, dentre outras hipóteses, contra ilegalidade ou abuso de poder praticado por agente de pessoa jurídica no exercício de atribuições do Poder Público.

(C) Conceder-se-á mandato de injunção para a retificação de dados, quando não se prefira fazê-lo, na ausência de norma regulamentar, por processo sigiloso, judicial ou administrativo.

(D) As organizações sindicais em funcionamento há pelo menos seis meses, poderão impetrar mandado de injunção, *habeas data* e mandato de segurança, em defesa dos interesses de seus membros ou associados.

(E) O mandado de segurança coletivo pode ser impetrado por partido político com representação municipal, estadual ou nacional.

A: Não reflete o disposto no art. 5º, LXXIII, da CF; **B:** Pode ser autoridade coatora qualquer pessoa no exercício de atividade pública delegada e também os executantes de atividades sujeitas à autorização do Poder Público, no desempenho da função pública ou a pretexto de exercê-la; **C:** Retificação de dados é objeto do habeas data –art. 5º, LXXII, "b", da CF; **D:** O funcionamento há pelo menos um ano é exigido para impetração de MS coletivo (art. 5º, LXX, "b", da CF); **E:** Representação no Congresso Nacional (art. 5º, LXX, "a", da CF).

Gabarito "B"

(Procurador do Município/Natal-RN – 2008 – CESPE) Considerando a atual jurisprudência do STF quanto à decisão e aos efeitos do mandado de injunção, notadamente nos casos em que se discuta o direito de greve dos servidores públicos, é correto afirmar que, na decisão de um mandado de injunção, compete ao Poder Judiciário

(A) elaborar a norma regulamentadora faltante.

(B) proferir simples declaração de inconstitucionalidade por omissão, dando conhecimento ao órgão competente para a adoção das providências cabíveis.

(C) garantir o imediato exercício do direito fundamental afetado pela omissão do poder público.

(D) fixar prazo razoável para que o ente omisso supra a lacuna legislativa ou regulamentar, sob pena de responsabilização.

O STF tem reconhecido o direito de greve aos servidores, mesmo sem edição de lei específica, aplicando-lhes, por analogia, a lei de greve da iniciativa privada (Lei 7783/1989), editada com fundamento no art. 9º, §§ 1º e 2º da CF. Importante lembrar, ainda, que os militares não possuem direito à greve (art. 142, IV, da CF).

Gabarito "C"

(Procurador do Município/Recife-PE – 2008 – FCC) A Constituição da República assegura a liberdade de associação profissional ou sindical, observado que

(A) é vedada ao Poder Público a interferência na organização sindical, admitindo-se apenas que a lei exija autorização do Estado para o funcionamento de sindicato.

(B) é facultativa a participação dos sindicatos nas negociações coletivas de trabalho.

(C) a disciplina constitucional da matéria não se aplica à organização de sindicatos rurais e de colônias de pescadores, que se sujeita a disciplina legal específica.

(D) é vedada a dispensa do empregado sindicalizado a partir do registro da candidatura a cargo de direção ou representação sindical.

(E) o aposentado filiado tem direito a votar nas organizações sindicais, embora não possa ser votado.

A: Viola o art. 8º, I, da CF; **B:** É obrigatória, pelo art. 8º, VI, da CF; **C:** Aplica-se por força do art. 8º, parágrafo único, da CF; **D:** Art. 8º, VIII, da CF; **E:** Pode votar e ser votado – art. 8º, VII, da CF.

Gabarito "D"

(Procurador do Município/Recife-PE – 2008 – FCC) A Lei federal nº 9.265/96 estabelece a gratuidade para a prática de atos que arrola como sendo necessários ao exercício da cidadania, dentre os quais os pedidos de informações ao poder público, em todos os seus âmbitos, objetivando a instrução de defesa ou a denúncia de irregularidades administrativas na órbita pública, consoante prevê seu artigo 1º, III. Referido dispositivo legal

(A) é compatível com a disciplina constitucional da matéria.

(B) padece do vício de inconstitucionalidade, pois não cabe à lei dispor sobre os atos necessários ao exercício da cidadania.

(C) é incompatível com a Constituição, que somente assegura a gratuidade do registro civil de nascimento e da certidão de óbito.

(D) é incompatível com a Constituição, que somente assegura a gratuidade das ações de *habeas corpus* e *habeas data*.

(E) é parcialmente inconstitucional, uma vez que a Constituição assegura a gratuidade de acesso aos órgãos do Poder Público apenas àqueles que comprovarem insuficiência de recursos, na forma da lei.

Por força do art. 5º, LXXVII, da CF.

Gabarito "A"

(Procurador do Município/São José dos Campos-SP – 2012 – VUNESP) Considerando a posição majoritária da doutrina e da jurisprudência sobre o tema, é correto afirmar que é cabível o mandado de segurança

(A) contra ato puramente normativo.

(B) contra decisão judicial com trânsito em julgado.

(C) contra os atos de gestão comercial praticados pelos administradores de empresas públicas.

(D) contra ato de administradores de entidades autárquicas.

(E) de ato do qual caiba recurso administrativo com efeito suspensivo, independentemente de caução.

A: Súmula 266/STF: "Não cabe mandado de segurança contra lei em tese"; **B:** Súmula 268/STF: "Não cabe mandado de segurança contra decisão judicial com trânsito em julgado"; **C:** Só cabe contra os atos de império, praticados com as prerrogativas da Administração Pública – os meros atos comerciais não ensejam MS; **D:** Sim, pois as autarquias são pessoas jurídicas de direito público; **E:** Não cabe MS nessa hipótese, por força do art. 5º, I, da Lei 12.016/2009.

Gabarito "D"

(Procurador do Município/Sorocaba-SP – 2012 – VUNESP) A Carta Magna dispõe, expressamente, que são gratuitas as ações de

(A) *habeas-corpus* e *habeas-data*.

(B) *habeas-corpus* e mandado de segurança.

(C) *habeas-data* e mandado de segurança.

(D) *habeas-corpus* e mandado de injunção.

(E) mandado de injunção e mandado de segurança.

Art. 5º, LXXVII, da CF.

Gabarito "A"

(Advogado da União/AGU – CESPE – 2012) À luz da jurisprudência do STF, julgue os itens subsequentes, relativos aos denominados remédios constitucionais, ao direito à saúde na ordem constitucional e à Federação brasileira.

(1) Embora a proteção à saúde esteja inserida no rol de competências de todos os entes da Federação, os estados-membros não têm competência para criar contribuição compulsória destinada ao custeio de serviços médicos, hospitalares, farmacêuticos e odontológicos prestados aos seus servidores.

(2) De acordo com o entendimento do STF, o estado-membro não dispõe de legitimidade para propor, contra a União, mandado de segurança coletivo em defesa de supostos interesses da população residente na unidade federada.

1 Correta. STF, RE 630784, Rel. Min. Dias Toffoli: "O Plenário desta Corte, ao apreciar o RE nº 573.540/MG-RG, cuja repercussão geral já havia sido reconhecida, Relator o Ministro Gilmar Mendes, DJe de 11/6/10, decidiu que falece aos Estados-membros competência para a criação de contribuição compulsória ou de qualquer outra espécie tributária destinada ao custeio de serviços médicos, hospitalares, farmacêuticos ou odontológicos prestados aos seus servidores "; 2. Correta. STF, MS 21059, Rel. Min. Sepúlveda Pertence. Nesse sentido:

"é importante mencionar que o Supremo Tribunal já teve oportunidade de afirmar que o Estado-membro não dispõe de legitimação para propor mandado de segurança coletivo contra a União em defesa de supostos interesses da população residente na unidade federada, seja porque se cuide de legitimação restrita, seja porque esse ente político da federação não se configura propriamente como órgão de representação ou de gestão de interesse da população" (Curso de Direito Constitucional. Gilmar Ferreira Mendes e Paulo Gustavo Gonet Branco. 6ª ed., pág. 483).

Gabarito: 1C, 2C

(Procurador do Estado/RO – 2011 – FCC) Dentre as características da perspectiva objetiva dos direitos fundamentais, compreende-se:

(A) o conjunto de metas traçadas com fins diretivos de ações positivas dos poderes públicos, com o fim de outorgar-lhes eficácia dirigente.

(B) a representação dos interesses individuais sob a ótica negativa perante o Poder Público.

(C) ter sempre a natureza princípio, nunca de regra.

(D) impossibilitar a agregação do ponto de vista axiológico da comunidade em sua interpretação.

(E) não há dimensão objetiva na esfera dos direitos fundamentais, os quais têm como característica defender de forma singular o espaço de liberdade individual.

De acordo com Daniel Sarmento, "a dimensão objetiva dos direitos fundamentais liga-se ao reconhecimento de que tais direitos, além de imporem certas prestações aos poderes estatais, consagram também os valores mais importantes em uma comunidade política, constituindo, como afirmou Konrad Hesse, as bases da ordem jurídica da coletividade". Ainda de acordo com o autor, "como garantia de valores morais coletivos, os direitos fundamentais não são apenas um problema do Estado, mas de toda a sociedade. Neste sentido, é preciso abandonar a perspectiva de que a proteção aos direitos humanos constitui um problema apenas do Estado e não também de toda a sociedade. A dimensão objetiva liga-se a uma perspectiva comunitária de direitos humanos, que nos incita a agir em sua defesa, não só através dos instrumentos processuais pertinentes, mas também no espaço público,, através de mobilizações sociais, de atuação de ONG's e outras entidades do exercício responsável do direito de voto".

Gabarito "A"

(Procurador do Estado/SC – 2010 – FEPESE) Com relação às ações constitucionais, assinale a alternativa **correta**.

(A) Controvérsia sobre matéria de direito impede concessão de mandado de segurança.

(B) É inconstitucional lei que fixa o prazo de decadência para a impetração de mandado de segurança.

(C) Compete ao Supremo Tribunal Federal conhecer originariamente de mandado de segurança contra atos de outros tribunais.

(D) Conceder-se-á habeas data sempre que alguém sofrer ou se achar ameaçado de sofrer violência ou coação em sua liberdade de locomoção, por ilegalidade ou abuso de poder.

(E) Não cabe ação direta de inconstitucionalidade de lei do Distrito Federal derivada da sua competência legislativa municipal.

A: Súmula 625/STF: "Controvérsia sobre matéria de direito não impede concessão de mandado de segurança"; **B:** Súmula 632/STF: "É constitucional lei que fixa o prazo de decadência para a impetração de mandado de segurança"; **C:** Súmula 624/STF: "Não compete ao Supremo Tribunal Federal conhecer originariamente de mandado de segurança contra atos de outros tribunais"; **D:** Hipótese de cabimento de habeas corpus (art. 5º, LXVIII, da CF); **E:** Só cabe ADIn em face de lei federal ou estadual (art. 102, I, "a", da CF).

Gabarito "E"

(Procurador do Estado/SP – VUNESP – 2005) O homem mais pobre desafia em sua casa todas as forças da Coroa, sua cabana pode ser muito frágil, seu teto pode tremer; o vento pode soprar entre as portas mal ajustadas, a tormenta pode nela penetrar, mas o Rei da

Inglaterra não pode nela entrar. (Lorde Chatham, Primeiro Ministro da Inglaterra). O discurso, proferido no Parlamento britânico no século XVIII, revela um princípio consagrado também na Constituição da República Federativa do Brasil. Assinale a resposta que está de acordo com o direito brasileiro sobre essa matéria.

(A) A violação de domicílio legal, sem consentimento do morador, é permitida somente à noite, em caso de flagrante delito ou desastre, para prestar socorro ou por determinação judicial.

(B) Para os fins da proteção prevista na Constituição Federal relativa à inviolabilidade domiciliar, o conceito normativo de "casa" estende-se a qualquer compartimento privado onde alguém exerce profissão ou atividade.

(C) A Constituição admite a quebra da inviolabilidade domiciliar pela Polícia Judiciária ou pela Administração Tributária, dispensada a ordem judicial e sem o consentimento do proprietário, com o objetivo de apreender documentos que possam interessar ao Poder Público.

(D) Segundo posição do STF, considera-se violado o domicílio quando policiais, em diligência, pela madrugada, autorizados pelo morador, ingressam em residência para verificação de denúncia de ocultação de drogas ilícitas.

(E) A inviolabilidade domiciliar objetiva tutelar o direito de propriedade e dirige-se exclusivamente às autoridades públicas.

STF, HC 93050, Rel. Min. Celso de Mello: "Para os fins da proteção jurídica a que se refere o art. 5º, XI, da Constituição da República, o conceito normativo de "casa" revela-se abrangente e, por estender-se a qualquer compartimento privado não aberto ao público, onde alguém exerce profissão ou atividade (CP, art. 150, § 4º, III), compreende, observada essa específica limitação espacial (área interna não acessível ao público), os escritórios profissionais, inclusive os de contabilidade, "embora sem conexão com a casa de moradia propriamente dita" (NELSON HUNGRIA). Doutrina. Precedentes. - Sem que ocorra qualquer das situações excepcionais taxativamente previstas no texto constitucional (art. 5º, XI), nenhum agente público, ainda que vinculado à administração tributária do Estado, poderá, contra a vontade de quem de direito ("invito domino"), ingressar, durante o dia, sem mandado judicial, em espaço privado não aberto ao público, onde alguém exerce sua atividade profissional, sob pena de a prova resultante da diligência de busca e apreensão assim executada reputar-se inadmissível, porque impregnada de ilicitude material".

Gabarito "B"

(Procurador do Município/Cubatão-SP – 2012 – VUNESP) Analise as seguintes afirmativas relativas aos direitos e garantias fundamentais:

I. a lei considerará crimes inafiançáveis e insuscetíveis de graça ou anistia a prática da tortura, o tráfico ilícito de entorpecentes e drogas afins, o terrorismo e os definidos como crimes hediondos, por eles respondendo os mandantes, os executores e os que, podendo evitá-los, se omitirem.

II. a lei só poderá restringir a publicidade dos atos processuais quando a defesa da intimidade ou o interesse da administração pública o exigirem.

III. conceder-se-á mandado de segurança para proteger direito líquido e certo, não amparado por *habeas-corpus* ou mandado de injunção, quando o responsável pela ilegalidade ou abuso de poder for autoridade pública ou agente de pessoa jurídica no exercício de atribuições do Poder Público.

IV. todos têm direito a receber dos órgãos públicos informações de seu interesse particular, ou de interesse coletivo ou geral, que serão prestadas no prazo da lei, sob pena de responsabilidade, ressalvadas aquelas cujo sigilo seja imprescindível à segurança da sociedade e do Estado.

Considerando o que dispõe expressamente o texto da Constituição Federal brasileira, está correto somente o que se afirma em

(A) I e II.

(B) I e IV.

(C) II e III.

(D) II e IV.

(E) III e IV.

I: Art. 5º, XLIII, da CF; **II:** Não reflete o disposto no art. 5º, LX, da CF; **III:** Não reflete o disposto no art. 5º, LXIX, da CF; IV: Art. 5º, XXXIII, da CF.

Gabarito "B"

(Procurador do Município/São José dos Campos-SP – 2012 – VUNESP) Conforme o que estabelece a Carta Magna, as associações

(A) não podem ser compulsoriamente dissolvidas.

(B) dependem de autorização para serem criadas.

(C) somente podem ter suas atividades suspensas após trânsito em julgado de decisão judicial.

(D) possuem plena liberdade para fins lícitos, inclusive a de caráter paramilitar.

(E) possuem garantia contra a interferência estatal em seu funcionamento.

Art. 5º, XVIII, da CF. Note-se também, sobre o tema, que o art. 5º, XVII, da CF deve ser interpretado em conjunto com o inciso XIX do mesmo artigo. Assim, só se exige trânsito em julgado para a dissolução compulsória da associação. A suspensão de atividades só pode ser determinada por decisão judicial, mas não se exige o trânsito em julgado da decisão nesse caso.

Gabarito "E"

(Procurador do Estado/PE – CESPE – 2009) Em relação aos direitos e garantias fundamentais previstos na CF, assinale a opção correta.

(A) Os candidatos a cargo eletivo que tenham sido condenados, mesmo por sentença não transitada em julgado, são, conforme entendimento do STF, inelegíveis, desde que assim esteja previsto em lei complementar.

(B) Os sindicatos têm legitimidade extraordinária para defesa dos interesses individuais homogêneos dos integrantes da categoria, havendo a necessidade, conforme entendimento do STF, da expressa autorização dos substituídos.

(C) A ação civil pública não pode ser usada como instrumento de controle de constitucionalidade, sob pena de usurpação das atribuições do STF.

(D) Na hipótese de figurar o presidente da República no polo passivo de uma ação popular, a competência será do STF.

(E) Se, em uma ação de mandado de segurança, a segurança for concedida, então a autoridade coatora terá direito de recorrer.

A: O STF, ao julgar a ADPF 144, Rel. Min. Celso de Mello, concluiu que o princípio da presunção de inocência impede a inelegibilidade, antes do trânsito em julgado, ainda que lei complementar disponha nesse sentido; **B:** O STF entende que o art. 8º, III, da CF, trata de hipótese de substituição processual, razão pela qual não há necessidade de autorização dos substituídos para o ingresso em juízo; **C:** É possível o exercício do controle de constitucionalidade em ACP desde que incidentalmente, ou seja, que a inconstitucionalidade da norma seja apreciada como *causa de pedir* e não como *pedido principal* da ação; **D:** O STF julga o Presidente da República nas infrações penais comuns (art. 86 da CF). A ação popular tem natureza cível; **E:**É de se notar que, após o julgamento pela segunda instância, caberá Recurso Especial para o STJ caso a ordem seja concedida e esteja configurada uma das hipóteses do art. 105, III, da CF, ou Recurso Ordinário para o mesmo STJ no caso de denegação da ordem (art. 105, II, *b*, da CF).

Gabarito "E"

(Procurador do Estado/SC – 2009) Assinale a alternativa correta, com respeito ao modelo constitucional, federal e estadual brasileiro.

(A) As normas de direitos fundamentais possuem aplicabilidade dependente de regulação legislativa, vale dizer, são normas de eficácia limitada.

(B) O princípio da razoabilidade processual previsto na Constituição Federal refere-se, fundamentalmente, à justiça e equidade a serem observadas em toda e qualquer decisão judicial.

(C) Quando se tratar de tratados e convenções internacionais sobre direitos humanos, ao contrário de outras matérias, sua aprovação no Congresso Nacional equivalerá a emendas constitucionais.

(D) Os direitos fundamentais são os instrumentos institucionais que asseguram as garantias fundamentais previstas na Constituição Federal.

(E) A Ação Popular será impetrada pelo Ministério Público em defesa de pessoas carentes e para resguardar a moralidade administrativa, nos termos da Constituição Federal.

A: Dentre as normas de direitos fundamentais há normas constitucionais de eficácia plena e normas de eficácia limitada, que dependem da intervenção do legislador ordinário para que possam produzir efeitos e normas de eficácia contida; **B:** O princípio da razoabilidade deve ser entendido a partir da adequação entre meios e fins; necessidade/utilidade da medida e proporcionalidade em sentido estrito (relação custo/benefício); **C:** Desde que observada a forma prevista no art. 5º, § 3º, da CF; **D:** Embora a expressão "direitos e garantias" seja muito utilizada, a doutrina afirma que *direitos* correspondem aos benefícios previstos na norma constitucional, ao passo que as *garantias* dizem respeito aos instrumentos através dos quais se assegura o pleno exercício dos direitos. Daí por que, embora distintos, os conceitos são conexos; **E:** A ação popular deve ser proposta pelo cidadão (art. 5º, LXXIII, da CF), muito embora, caso haja desistência, o Ministério Público esteja legitimado a dar-lhe prosseguimento.

Gabarito "C"

(Procurador do Estado/SP – FCC – 2009) A Constituição Federal estabelece que a prática de racismo é crime

(A) inafiançável e punível com reclusão, não dispondo sobre prescrição.

(B) imprescritível, inafiançável e punível com reclusão.

(C) imprescritível e inafiançável, não dispondo sobre pena.

(D) imprescritível, sujeito à pena educativa de prestação de serviços à comunidade.

(E) imprescritível e punível com reclusão, não dispondo sobre fiança.

Art. 5º, XLII, da CF.

Gabarito "B"

(Procurador do Estado/SP – FCC – 2009) Os direitos e garantias expressos na Constituição Federal

(A) não excluem outros decorrentes do Estado Democrático de Direito e do princípio da dignidade humana, mas a ampliação deve ser formalmente reconhecida por autoridade judicial no exercício do controle de constitucionalidade.

(B) não excluem outros decorrentes do Estado Democrático de Direito e do princípio da dignidade humana, mas a ampliação deve ser formalmente reconhecida pelo Supremo Tribunal Federal ao julgar arguição de descumprimento de preceito fundamental.

(C) somente podem ser ampliados por força de Tratado Internacional de Direitos Humanos aprovado em cada Casa do Congresso Nacional, em dois turnos, por três quintos dos votos dos respectivos membros.

(D) constituem um rol taxativo.

(E) não excluem outros decorrentes do regime e dos princípios por ela adotados, entre os quais o Estado Democrático de Direito e o princípio da dignidade humana.

Art. 5º, § 2º, da CF.

Gabarito "E"

(Procurador do Estado/PB – 2008 – CESPE) Acerca da interpretação e aplicação das normas constitucionais e dos direitos e garantias individuais, de acordo com os precedentes do Supremo Tribunal Federal (STF), assinale a opção correta.

(A) O direito à gratuidade da tarifa de transporte público dos indivíduos com idade igual ou superior a 65 anos não é considerado direito fundamental de eficácia plena, de modo que esse direito subjetivo somente passou a ser garantido a partir do estatuto do idoso.

(B) A nova interpretação dada pela administração pública a uma mesma lei não pode retroagir, em qualquer situação, em face da regra constitucional do direito adquirido.

(C) O habeas corpus não é a medida idônea para impugnar decisão judicial que autoriza a quebra de sigilos fiscal e bancário em procedimento criminal, visto que a quebra do sigilo, por si só, não repercute no direito de ir e vir do indivíduo.

(D) O Ministério Público não está legitimado a ingressar com ação civil pública para proteger direitos individuais homogêneos.

(E) Não viola o sigilo do domicílio o ingresso, sem autorização judicial, em estabelecimento de pessoa jurídica, para a apreensão, em operação do Fisco, de documentos que possam demonstrar eventual sonegação de tributos por parte dessa sociedade.

STF, HC 87.654-PR, 2ª T., rel. Min. Ellen Gracie, j. 7.3.2006.

Gabarito "E"

(Procuradoria Distrital – 2007) Assinale a opção correta.

(A) Os direitos fundamentais, na ordem constitucional brasileira, não podem ter por sujeitos passivos pessoas físicas.

(B) Toda gravação de conversa telefônica realizada sem autorização da autoridade judicial competente constitui prova ilícita.

(C) O Ministério Público tem o poder de, em procedimento de ordem administrativa, determinar a dissolução compulsória de associação que esteja sendo usada para a prática de atos nocivos ao interesse público.

(D) A Constituição acolhe o duplo grau de jurisdição de modo geral como um direito fundamental dos indivíduos na Constituição Federal de 1988.

(E) A existência, em um processo administrativo ou penal, de prova ilicitamente obtida contamina necessariamente todo o feito, tornando-o nulo.

Embora não tenha sido contemplado de forma expressa pela Constituição Federal, decorre da própria estrutura conferida ao Poder Judiciário (arts. 102, II, 105, II, e 108, II, da CF).

Gabarito "D"

(Procurador do Estado/PR – 2007) Não é característica dos direitos fundamentais a ALTERNATIVA:

(A) historicidade;

(B) inalienabilidade;

(C) onerosidade;

(D) imprescritibilidade;

(E) indivisibilidade.

A historicidade é apontada por David Araújo e Serrano Nunes Júnior; a inalienabilidade e a imprescritibilidade são características lembradas por José Afonso da Silva.

Gabarito "C"

(Procurador do Estado/PR – 2007) A cláusula do devido processo legal:

(A) foi introduzida, expressamente, no plano constitucional, pela constituição de 1934, com o sentido formal de proteção geral dos direitos fundamentais;

(B) foi introduzida, de modo expresso, pela Constituição de 1946 com o sentido de remédio constitucional;

(C) foi introduzida, no plano constitucional, desde a constituição de 1946, aplicando-se, com sentido substantivo e instrumental, apenas aos processos judiciais criminais;

(D) sempre esteve presente, de modo expresso, em todas as constituições democráticas; brasileiras, significando o direito ao regular curso da administração da justiça pelos juízes e tribunais, que abrange, dentre outros, o direito à citação e ao contraditório;

(E) foi introduzida, de modo expresso, pela Constituição de 1988 e tem servido de fundamento, inclusive, para o controle da adequação e da razoabilidade das leis.

Art. 5º, LIV, da CF.

Gabarito "E"

(Procurador do Estado/RR – 2006 – FCC) Dentre os direitos e deveres individuais e coletivos, a Constituição Federal assegura o direito

(A) à moradia.

(B) ao meio ambiente ecologicamente equilibrado.

(C) de herança.

(D) à educação.

(E) de proteção em face da automação.

Art. 5º, XXX, da CF.

Gabarito "C"

(Procurador do Município/Florianópolis-SC – 2010 – FEPESE) No tocante aos remédios constitucionais, é **correto** afirmar:

(A) As pessoas jurídicas têm legitimidade para propositura de ação popular.

(B) O *habeas corpus* sempre terá natureza repressiva, a fim de salvaguardar o direito de locomoção dos indivíduos.

(C) O *habeas data* cinge-se às informações a respeito da pessoa do próprio impetrante, não se estendendo a entidades ou organizações de que ele faça parte.

(D) É cabível mandado de injunção quando há carência de norma regulamentadora, inviabilizando o exercício de direitos e liberdades constitucionais e prerrogativas concernentes à igualdade, cidadania e propriedade.

(E) Somente tem legitimidade para a impetração de mandado de segurança coletivo a organização sindical em funcionamento há pelo menos um ano.

A: Apenas o cidadão pode propor ação popular (art. 5º, LXXIII, da CF); **B:** O HC pode ser repressivo ou preventivo (nos casos de ameaça ao direito de locomoção); **C:**Art. 5º, LXXII, da CF; **D:** Não reflete o disposto no art. 5º, LXXI, da CF; **E:** E por partidos políticos com representação no Congresso Nacional (art. 5º, LXX, "a" e "b", da CF).

Gabarito "C"

(Procurador do Município/Teresina-PI – 2010 – FCC) Sobre os direitos humanos, analise as afirmações abaixo:

I. O Brasil submete-se à jurisdição do Tribunal Penal Internacional a cuja criação tenha manifestado adesão.

II. Os tratados e convenções internacionais sobre direitos humanos que forem aprovados, em cada Casa do Congresso Nacional, em dois turnos, por três quintos dos votos dos respectivos membros, serão equivalentes às emendas constitucionais.

III. O incidente de deslocamento da competência de crime praticado com grave violação de direitos humanos deve ser suscitado exclusivamente pelo Superior Tribunal de Justiça com o fim de assegurar o cumprimento de obrigações decorrentes de tratados internacionais de direitos humanos.

É correto SOMENTE o que se afirma em

(A) II e III.

(B) I, II e III.

(C) I.

(D) I e II.

(E) I e III.

I: Certo. Art. 5º, § 4º, da CF; **II:** Certo. Art. 5º, § 3º; **III:** Não reflete o disposto no art. 109, § 5º, da CF. O referido artigo dispõe que o Procurador Geral da República poderá suscitar perante o Superior Tribunal de Justiça, o incidente de deslocamento, e caberá a este julgar o referido pedido, e não suscitá-lo.

Gabarito "D"

(Procurador Federal – 2010 – CESPE) Acerca dos remédios constitucionais, julgue o item que se segue.

(1) Tal como ocorre na ADI, não é admitida a impetração de mandado de segurança contra lei ou decreto de efeitos concretos.

O contrário: só cabe ADI contra lei ou ato normativo dotados de abstração e generalidade. Não cabe mandado de segurança contra "lei em tese", mas apenas contra lei de efeitos concretos. Súmula 266/STF: "Não cabe mandado de segurança contra lei em tese."

Gabarito 1E

(Procurador Federal – 2010 – CESPE) Quanto a direitos e garantias individuais e coletivos, julgue o item a seguir.

(1) A CF assegura a todos, independentemente do pagamento de taxas, a obtenção de certidões em repartições públicas, para a defesa de direitos e esclarecimentos de situações de interesse pessoal. Nesse sentido, não sendo atendido o pedido de certidão, por ilegalidade ou abuso de poder, o remédio cabível será o habeas data.

A primeira parte está correta (art. 5º, XXXIV, *b*, da CF), mas o remédio cabível é o mandado de segurança.

Gabarito 1E

(Procurador da Fazenda Nacional – 2007 – ESAF) Assinale a opção correta no contexto dos direitos e das garantias fundamentais.

(A) Pelo princípio da árvore dos frutos envenenados ou proibidos, a tão só existência de prova reconhecidamente ilícita no processo basta para que a condenação seja nula, porquanto a proibição constitucional se harmoniza com a exigência de um processo contraditório, em que se assegure ampla defesa.

(B) Entre as características funcionais dos direitos fundamentais encontra-se a legitimidade que conferem à ordem constitucional e o seu caráter irrenunciável e absoluto, que converge para o sentido da imutabilidade.

(C) Na esfera administrativa do inquérito policial não sobressai a garantia constitucional expressa da ampla defesa e do contraditório, motivo pelo qual, visando à eficiência das investigações, e no contexto do princípio da proporcionalidade, é válida a vedação de consulta dos autos pelo defensor do indiciado, em se tratando de procedimento sigiloso.

(D) A conformação constitucional do mandado de injunção tem recebido novas leituras interpretativas do Supremo Tribunal Federal, motivo pelo qual a decisão nele proferida não se encontra mais limitada à possibilidade de declaração da existência da mora legislativa para a edição da norma regulamentadora específica, sendo atualmente aceitável a possibilidade, dentro dos limites e das possibilidades do caso concreto, de uma regulação provisória pelo próprio Judiciário.

(E) O direito do livre locomoção pode sofrer restrição, conforme previsto na Constituição, por meio da chamada reserva legal qualificada.

Com efeito, o STF tem dado mostras de que a posição ***não concretista***, dominante por bom tempo naquela Corte, tem perdido campo para a ***concretista***. A título de exemplo, o Supremo declarou a omissão legislativa e determinou, no que couber, a incidência da lei de greve do setor privado. Isso se deu ante a ausência de uma lei que disciplinasse a greve no setor público, direito consagrado no art. 37, VII, da CF. Adotou-se, pois, nesse caso, a ***teoria concretista geral***.

Gabarito "D"

(Procurador da Fazenda Nacional – 2006 – ESAF) Assinale a opção correta.

(A) O direito constitucional de reunião não protege pretensão do indivíduo de não se reunir a outros.

(B) As limitações do financeiramente possível não têm aplicação quando se trata de definir o âmbito normativo dos direitos sociais previstos na Constituição.

(C) O direito de propriedade apresenta aspecto de direito a prestação jurídica.

(D) O fenômeno da colisão dos direitos fundamentais não é admitido como possível no ordenamento jurídico brasileiro, já que a Constituição não pode abrigar normas que conduzam a soluções contraditórias na sua aplicação prática.

(E) Verificado que um direito fundamental traz consigo um dever de proteção por parte do Estado, fica também caracterizado que incumbe ao Judiciário especificar como esse direito será protegido.

A: incorreta. Qualquer direito fundamental garantido pela CF abrange o direito de não usá-lo. Assim, o direito de reunião abrange o direito de não se reunir, o direito de crença garante o direito ao ateísmo e assim sucessivamente; **B:** incorreta. Para o STF, a teoria da reserva do possível é aplicável à concretização dos direitos sociais, mas desde que devidamente fundamentada, ou seja, o Poder Público não pode apenas alegar a insuficiência de recursos ou manipular indevidamente sua atividade financeira. Deve provar, objetivamente, a escassez de numerário para a efetivação das políticas públicas quanto aos direitos sociais; **C:** correta. A alternativa cobra conhecimentos sobre a teoria dos quatro *status*, proposta por Jellinek. Para o jusfilósofo, o indivíduo pode assumir diversas posições (*status*) frente ao Estado. Em uma delas, chamada de *status negativo*, o indivíduo tem garantido o direito de liberdade, de agir livremente, sem a interferência do Estado. Tal *status* está relacionado com os denominados "direitos de defesa", que impõem ao Estado uma obrigação de não fazer (por exemplo, o direito à liberdade). Outra posição que o indivíduo pode assumir é a de credor de uma obrigação positiva, uma prestação de fazer, do Estado, por isso chamado de *status positivo*. Aqui, cabe ao Estado prover as condições mínimas para subsistência do indivíduo. Esta posição está relacionada com os "direitos de prestação", que se subdividem em "prestação material", como o serviço público de saúde, e "prestação jurídica", o dever do Estado de legislar sobre o tema. Inserir o direito de propriedade nesta classificação importa em reconhecer que, ontologicamente, enquadra-se na categoria de "direitos de defesa" (liberdades negativas ou direitos fundamentais de 1º geração). Ocorre que, para o manejo completo dos poderes inerentes à propriedade, bem como as possibilidades de intervenção do estado para garantir o bem comum, é inafastável a criação de normas jurídicas, pelo que guarda aspecto de "direito de prestação jurídica"; **D:** incorreta. Ocorre a colisão de direitos fundamentais quando o exercício de um direito fundamental por determinada pessoa esbarra no exercício de outro direito fundamental por outra pessoa. Exemplo clássico é o conflito entre a liberdade de imprensa e o direito á intimidade. O STF reconhece a ocorrência de colisão de direitos fundamentais e determina, para sua solução, a aplicação do princípio da razoabilidade (ou proporcionalidade); **E:** incorreta. A especificação das normas constitucionais cabe à lei complementar ou lei ordinária, conforme estabelecido na CF. Compete ao Poder Judiciário compor os conflitos originados do desrespeito aos direitos constitucionais e, apenas excepcionalmente, determinar a forma de exercício deles, através do mandado de injunção.

Gabarito "C"

(Procurador da Fazenda Nacional – 2006 – ESAF) Assinale a opção correta.

(A) A vedação constitucional à pena de caráter perpétuo se circunscreve à esfera das reprimendas penais.

(B) Nenhum indivíduo pode, invocando a autonomia privada, contrair, por livre deliberação, obrigações que os poderes públicos não lhe poderiam impor.

(C) Somente no que tange aos direitos de índole trabalhistas dispostos no título da Constituição que cuida dos direitos fundamentais, pode-se falar em eficácia dos direitos fundamentais nas relações entre particulares.

(D) Os estrangeiros não residentes estão alijados da titularidade dos direitos fundamentais entre nós.

(E) Pessoa jurídica de direito público pode ser titular de direitos fundamentais invocáveis contra interesses de indivíduos.

A: incorreta. A CF não determina a limitação sugerida, entendendo a doutrina e a jurisprudência majoritárias que as penas não podem ter caráter perpétuo em nenhuma esfera (penal, civil, administrativa ou política); **B:** incorreta. A autonomia da vontade encontra limitações somente nos casos dispostos em lei (por exemplo, o Direito do Trabalho, que determina a presunção absoluta de prejuízo ao trabalhador caso este não goze dos direitos estabelecidos). O fato do Poder Público não ser atribuído de competência para impor certos deveres não afasta o poder de autodeterminação do indivíduo em assumi-los; **C:** incorreta. Diversos direitos fundamentais têm aplicação nas relações particulares. Além das questões trabalhistas, podemos invocar o direito à intimidade e à vida privada, bem como a possibilidade de oferecimento de *habeas corpus* contra ato praticado por particular; **D:** incorreta. A despeito do texto constitucional (art. 5º, *caput*) sugerir essa interpretação, o STF a repudia, afirmando que a qualificação subjetiva da pessoa não pode ser usada como fundamento para negação de direitos fundamentais, porque estes decorrem da natureza humana, independentemente de outras circunstâncias (STF, HC 97147/MT, DJ 04/08/2009); **E:** correta. As pessoas jurídicas, mesmo que de direito público, são sujeitos de direito, incluídos aqueles qualificados como fundamentais, podendo invocá-los em sua proteção, desde que compatíveis com sua condição. Um exemplo é o direito à imagem da pessoa jurídica de direito público, cuja violação importará na responsabilização por danos morais do ofensor.

Gabarito "E"

(Procurador da Fazenda Nacional – 2004 – ESAF) Assinale a opção correta.

(A) Não é cabível o mandado de segurança contra ato disciplinar.

(B) O conceito de casa, na garantia constitucional da inviolabilidade de domicílio, abrange também o compartimento privado onde alguém exerce profissão ou atividade.

(C) Somente quando munida de autorização judicial pode uma autoridade pública ingressar durante o dia ou durante a noite no domicílio de terceiro.

(D) A garantia da liberdade de manifestação de pensamento traz ínsita em si mesma a possibilidade do anonimato.

(E) A ofensa à imagem de um indivíduo pode gerar pretensão de indenização por danos materiais,não, porém, de indenização por danos meramente morais.

Alternativa **A:** na nova sistemática do mandado de segurança, nos termos da Lei nº 12.016/09, não há qualquer restrição à sua concessão contra atos disciplinares; Alternativa **B:** está correta, porque o conceito de casa é extraído, por analogia, do art. 150, § 4º, do Código Penal, cujo inciso III contempla o compartimento não aberto ao público onde alguém exerce profissão ou atividade; Alternativa **C:** a autorização judicial não autoriza a entrada na casa sem o consentimento do morador durante a noite (art. 5º, XI, da CF); Alternativa **D:** incorreta. O art. 5º, IV, da CF veda expressamente o anonimato, não se configurando este, portanto, como parte integrante do direito á livre manifestação do pensamento; Alternativa **E:** o direito à indenização por danos morais decorrentes de ofensa à imagem do indivíduo está previsto no art. 5º, X, da CF.

Gabarito "B"

(Procurador da Fazenda Nacional – 2004 – ESAF) Assinale a opção correta.

(A) O mandado de segurança impetrado contra ato do Superior Tribunal de Justiça deve ser impetrado originariamente no Supremo Tribunal Federal.

(B) Somente questões de direito não controvertidas podem ensejar a impetração de mandado de segurança.

(C) Concedido o mandado de segurança na primeira instância, a ordem deve ser invariavelmente obedecida pela autoridade coatora, mesmo que a liminar, com o mesmo objeto, anteriormente deferida no mesmo processo, tenha sido suspensa pelo Supremo Tribunal Federal.

(D) A entidade de classe tem legitimação para o mandado de segurança, ainda quando a pretensão veiculada interesse apenas a uma parte da respectiva categoria.

(E) A entidade de classe precisa da autorização expressa dos associados para impetrar mandado de segurança coletivo em favor dos associados.

A: incorreta, pois a competência originária, nesse caso, é do próprio STJ (art. 105, I, "b", da CF); **B:** incorreta. O mandado de segurança é cabível para defender direito líquido e certo, independentemente de sua origem ser controvertida ou não. Segundo a jurisprudência majoritária, a liquidez e certeza do direito decorrem dos fatos, ou seja, o que não se aceita em sede de mandado de segurança são fatos controvertidos, que demandem dilação probatória. No âmbito jurídico, ainda que questionável a lei de regência, não há óbice para a impetração; **C:** incorreta. A suspensão da liminar em mandado de segurança vigora até o trânsito em julgado da decisão definitiva da concessão da segurança (Súmula nº 626 do STF); **D:** correta, nos termos do art. 21 da Lei nº 12.016/09; **E:** incorreta. Exige-se, apenas, que a defesa seja pertinente às finalidades da entidade, dispensada autorização especial (art. 21 da Lei nº 12.016/09).

Gabarito "D"

(Procurador da Fazenda Nacional – 2004 – ESAF) Assinale a opção correta.

(A) Uma lei desarrazoada pode ser, por isso, declarada inconstitucional.

(B) Somente agentes públicos investidos em cargos públicos podem responder a mandado de segurança,na qualidade de autoridade coatora.

(C) O Pacto de San José, tratado que entrou em vigor no Brasil depois do advento da Constituição de 1988, revogou o dispositivo constitucional que admitia a prisão civil do depositário infiel.

(D) Somente cabe a ação popular quando comprovado de plano o grave prejuízo financeiro acarretado ao erário pela conduta do administrador-réu.

(E) O patrimônio dos indivíduos está garantido contra o confisco, não se admitindo a perda de bens como sanção criminal.

Alternativa **A:** está correta. Devemos entender por lei desarrazoada aquela que não respeita o princípio da razoabilidade (ou proporcionalidade, para alguns), ou seja, seus efeitos não guardam relação aceitável, proporcional, com os motivos alegados. A questão, portanto, cinge-se à possibilidade de uma lei ser declarada inconstitucional apenas por ofender determinado princípio. Isto é totalmente possível segundo a jurisprudência do STF (v. ADI 3783/RO, DJ 17/03/11); Alternativa **B:** particulares que ocupem determinados cargos em pessoas jurídicas de direito privado podem ser considerados como autoridades coatoras para fins de mandado de segurança (art. 1º, § 1º, da Lei nº 12.016/09); Alternativa **C:** incorreta, porque não houve revogação da CF. O STF atribui ao Pacto de São José da Costa Rica o atributo da supralegalidade: não tem força de emenda constitucional por não ter seguido os requisitos no art. 5º, § 3º, da CF, mas tem o condão de afastar a validade de todas as normas infraconstitucionais que tratem da prisão civil do depositário infiel; Alternativa **D:** não há necessidade de se demonstrar, de plano, o prejuízo ao erário, visto que a ação popular, nos termos da Lei nº 4.717/65, admite dilação probatória. Incorreta, portanto, a assertiva; Alternativa **E:** incorreta. A proibição ao confisco é proteção de natureza tributária, estando a perda de bens expressamente prevista como sanção criminal pelo art. 5º, XLVI, "b", da CF.

Gabarito "A"

(Procurador da Fazenda Nacional – 2004 – ESAF) Assinale a opção correta.

(A) O mandado de segurança não pode ser impetrado para atacar decisão tomada em juízo criminal.

(B) Pacificou-se o entendimento de que o mandado de segurança coletivo tanto se presta à proteção de direitos subjetivos como de outros interesses dos beneficiados pela impetração.

(C) O mandado de segurança contra ato do Procurador-Geral da Fazenda Nacional deve ser impetrado perante a Justiça Federal de primeira instância.

(D) Se, no curso do mandado de segurança, não mais é fisicamente realizável a prestaçao pretendida pela açao, e se o juiz entende que houve ofensa ao direito do impetrante, deve a sentença condenar a impetrada em perdas e danos.

(E) Nos termos da jurisprudência do Supremo Tribunal Federal, não cabe a desistência do mandado de segurança, depois de proferida a sentença de mérito.

A: incorreta. Nao há qualquer vedação ao manejo do mandado de segurança em matéria criminal, sendo célebre o exemplo de seu uso pelo advogado para garantir acesso aos autos de inquérito policial; **B:** incorreta. O mandado de segurança coletivo deve ter por objeto direitos difusos, coletivos ou individuais homogêneos (art. 21, parágrafo único, da Lei nº 12.016/09); **C:** correta. O Procurador-Geral da Fazenda Nacional não tem foro por prerrogativa de função em sede de mandado de segurança. Sendo autoridade federal, deve o mandado de segurança correr na Justiça Federal (art. 109, VIII, da CF); **D:** incorreta. Não cabe condenação a indenização em sede de mandado de segurança, diante da impossibilidade de dilação probatória a verificar o valor eventualmente devido. Nesse caso, deve o interessado buscar o ressarcimento pelas vias ordinárias; **E:** incorreta. A jurisprudência do STF fixou-se no sentido de autorizar a desistência do mandado de segurança a qualquer momento, mesmo após a decisão de mérito. Veja, entre outros, AI 609415 AgR/RS, DJ 03/05/2011.

Gabarito "C"

(Procurador da Fazenda Nacional – 2003 – ESAF) Assinale a opção correta.

(A) O *habeas corpus* é instrumento adequado para se impugnar ordem de juiz de primeiro grau de quebra de sigilo bancário.

(B) O sentenciado penal não pode ser preso para cumprir a sentença, enquanto dela pender recurso extraordinário, em virtude da presunção de inocência, que perdura enquanto não transitada em julgado a decisão condenatória.

(C) Não há reparação por danos morais sem prova de dano à reputação do autor da demanda.

(D) A Constituição Federal não admite perquirição sobre a culpa do particular, já que esta não pode atuar como circunstância liberatória da responsabilidade civil objetiva do Estado.

(E) O mandado de segurança é remédio constitucional adequado para cobrar do Estado verbas por ele devidas ao impetrante e não pagas oportunamente.

A: correta. o STF reconhece a idoneidade do *habeas corpus* para combater a quebra indevida de sigilo bancário do investigado (AI 573623 QO/RJ, DJ 31/10/06, HC 84869, DJ 19/08/2005); **B:** incorreta. O recurso especial e o recurso extraordinário, como regra, não tem efeito suspensivo, podendo, assim, a sentença ser executada enquanto pendentes seus julgamentos (art. 27, § 2º, da Lei nº 8.038/90); **C:** incorreta. Em determinadas situações, o dano moral é presumido, como no caso de devolução indevida de cheque (Súmula nº 388 do STJ); **D:** incorreta. Atualmente, rege a responsabilidade civil da Administração Pública a teoria do risco administrativo, segundo a qual a responsabilidade do Estado é objetiva, porém admite a verificação de eventuais excludentes da responsabilidade (culpa exclusiva da vítima, caso fortuito ou força maior). A alternativa refere-se à teoria do risco integral, que não encontra respaldo em nosso ordenamento; **E:** incorreta. O mandado de segurança não substitui a ação de cobrança (Súmula nº 269 do STF).

Gabarito "A"

(Procurador da Fazenda Nacional – 2003 – ESAF) Assinale a opção correta.

(A) As pessoas que se dedicam à vida pública abrem mão, implicitamente, da pretensão ao direito à privacidade.

(B) Lei não pode exigir autorização dos poderes públicos para o exercício de atividade econômica.

(C) Por ter que adotar o regime próprio das empresas privadas, as sociedades de economia mista não estão sujeitas à necessidade de licitar para adquirir bens e serviços.

(D) É cabível a ação popular para a proteção do meio ambiente.

(E) Os direitos sociais previstos na Constituição, por serem normas programáticas, não produzem efeitos jurídicos, senão depois de regulados pelo legislador ordinário.

A: incorreta. Os direitos fundamentais, dentre os quais se inclui o direito à intimidade, são irrenunciáveis. Ainda que exista um conflito corrente entre as pessoas públicas e a liberdade de imprensa, no qual o sopesamento dos princípios, por vezes, tende a autorizar a publicação de determinadas notícias, é certo que o núcleo da intimidade do indivíduo, por mais famoso que seja, não pode ser ofendido sem que disso resulte responsabilidade civil e eventualmente criminal ao ofensor. Mais correto seria dizer que, segundo parte da doutrina e jurisprudência, as pessoas públicas sofrem certa restrição ao seu direito à intimidade; **B:** incorreta. Determinadas atividades econômicas somente podem ser exercidas com autorização dos poderes públicos, como a pesquisa e a lavra de recursos minerais (art. 176 da CF) e a atividade rural por estrangeiros (art. 190 da CF); **C:** incorreta. As empresas públicas e sociedades de economia mista, por terem personalidade jurídica de direito privado e, também, integrarem a Administração Pública Indireta, sujeitam-se a regime jurídico híbrido, devendo cumprir as obrigações das empresas privadas e da Administração Pública, inclusive o dever de licitar (art. 37, XXI, da CF); **D:** correta, uma vez que a proteção ao meio ambiente está expressamente prevista dentre os objetos da ação popular (art. 5º, LXXIII, da CF); **E:** incorreta. O art. 5º, § 1º, da CF garante eficácia plena e aplicabilidade imediata aos direitos fundamentais, o que inclui os direitos sociais (direitos fundamentais de segunda geração).

Gabarito "D"

(Procurador do Município/Boa Vista-RR – 2010 – CESPE) A respeito do regime constitucional da propriedade, julgue o item que se segue.

(1) O proprietário do solo urbano não edificado, subutilizado ou não utilizado poderá ser coagido a promover seu adequado aproveitamento, por meio da imposição de penalidades, entre as quais o parcelamento ou edificação compulsórios e a desapropriação do imóvel.

Art. 182, § 4º, I a III, da CF.

Gabarito 1C

(ADVOGADO – PETROBRÁS – 2012 – CESGRANRIO) O mandado de segurança coletivo NÃO pode ser impetrado por

(A) partido político

(B) entidade de classe de âmbito regional

(C) sindicato

(D) ministério público

(E) associação

O mandado de segurança coletivo pode ser impetrado por partido político com representação no Congresso Nacional ou por organização sindical, entidade de classe ou associação legalmente constituída e em funcionamento há pelo menos um ano, em defesa dos interesses de seus membros ou associados (art. 5º, inciso LXX, da CF).

Gabarito "D"

(ADVOGADO – PETROBRÁS – 2006 – CESGRANRIO) DIREITO SOB RISCO A invasão dos computadores da Caixa Econômica Federal, para a quebra ilegal de sigilo bancário de um cidadão, o caseiro Francenildo dos Santos Costa, não pode ser esquecida. Pela gravidade do delito em si, cometido contra um dos direitos civis básicos, a privacidade, o caso precisa ser esclarecido em detalhes e todos os culpados, punidos (***Jornal O Globo***, edição de 02 abr.2006, p. 6).

O texto acima reflete a posição da doutrina de que as informações bancárias constituem parte da vida privada das pessoas, estando, portanto, abrangidas pela proteção à privacidade. A esse respeito, observe as assertivas abaixo.

I. O sigilo fiscal se distingue do sigilo bancário por estar fora do âmbito da proteção à privacidade.

II. A quebra de sigilo bancário com amparo em decisão judicial poderá acontecer sem a oitiva do investigado.

III. A defesa da privacidade abrange a inviolabilidade do domicílio, o sigilo da correspondência e o segredo profissional.

Está(ão) correta(s):

(A) I, apenas.
(B) II, apenas.
(C) I e III, apenas.
(D) II e III, apenas.
(E) I, II e III.

D – **I:** incorreto, pois ambos os sigilos fazem parte do âmbito de proteção da privacidade (art. 5º, inciso XII, da CF); **II:** correto, pois a CF permite que isso se dê para fins de investigação criminal ou instrução processual penal, de modo que a oitiva do investigado pode ser prejudicial às investigações; **III:** correto (art. 5º, incisos XI, XII e XIV).

Gabarito "D"

(ADVOGADO – PETROBRÁS – 2006 – CESGRANRIO) Observe as afirmativas abaixo, sobre o direito de petição previsto na Constituição Federal.

I. Aplica-se às pessoas físicas e pessoas jurídicas.

II. Cabe aos nacionais e aos estrangeiros.

III. Pode ser dirigida a qualquer autoridade do Legislativo, Executivo ou Judiciário.

IV. A Constituiçao prevê sanção à falta de resposta e pronunciamento da autoridade.

Estão corretas as afirmativas:

(A) I e III, apenas.
(B) I, II e III, apenas.
(C) I, II e IV, apenas.
(D) II, III e IV, apenas.
(E) I, II, III e IV.

Nos termos do art. 5º, inciso XXXIV, alínea "a", da CF, a todos é assegurado, independentemente do pagamento de taxas, o direito de petição aos Poderes Públicos em defesa de direitos ou contra ilegalidades ou abuso de poder. Desta forma, o direito abrange tanto as pessoas físicas como as jurídicas, bem como nacionais estrangeiros, e pode ser dirigida a qualquer um dos três poderes do Estado. Ademais, verifica-se que não há, no citado dispositivo, previsão de sanção para a situação de falta de resposta e de pronunciamento da autoridade.

Gabarito "B"

(ADVOGADO – PETROBRÁS DISTRIB. – 2008 – CESGRANRIO) Em relação às ações constitucionais (também conhecidas como *writs* constitucionais), é correto afirmar que

(A) é necessário que haja recusa na prestação de informações por parte da entidade (pública ou de caráter público) que as detém, para que seja impetrado habeas data.

(B) não cabe mandado de segurança contra ato praticado em licitação promovida por sociedade de economia mista.

(C) as ações populares ajuizadas contra o Presidente da República serão processadas e julgadas originariamente pelo STF.

(D) o mandado de segurança, concebido como uma ação destinada à tutela do indivíduo contra o Estado, não pode ser impetrado por órgãos públicos.

(E) Qualquer pessoa, desde que tenha a nacionalidade brasileira, pode ajuizar a ação popular.

A – **A:** correto, pois a ausência de recusa implica a falta de interesse de agir (art. 8º, parágrafo único, inciso I, da Lei 9.507/97); **B:** incorreto, pois é cabível (STJ, RESP 1.186.517, DJ 13/09/2010); **C:** incorreto, pois não há foro por prerrogativa de função em se tratando de ação popular (STF, PET 3.152 AgR, DJ 20/08/2004) **D:** incorreto, pois, apesar de os órgãos públicos não terem personalidade jurídica, a ordem jurídica reconhece personalidade judiciária aos órgãos públicos em determinadas situações; por exemplo, a jurisprudência admite que as Mesas dos Poderes Legislativos (órgãos públicos) impetrem mandado de segurança; **E:** incorreto, pois se faz necessário o gozo dos direitos políticos, tendo em vista que a Constituição legitima à propositura da ação qualquer "cidadão" (art. 5º, inciso LXXIII).

Gabarito "A"

(ADVOGADO – EPE – 2007 – CESGRANRIO) Está **INCORRETO** afirmar, sobre o princípio constitucional do controle judiciário, também conhecido por princípio da inafastabilidade do controle jurisdicional, que:

(A) é fundamentado no princípio da separação de poderes.

(B) possibilita o ingresso em juízo para assegurar direitos simplesmente ameaçados.

(C) constitui princípio constitucional expresso.

(D) garante o acesso ao Judiciário contra lesões a direitos coletivos.

(E) não ampara direitos de pessoa jurídica.

O princípio da inafastabilidade do controle jurisdicional está previsto no art. 5º, inciso XXXV, que determina que "a lei não excluirá da apreciação do Poder Judiciário lesão ou ameaça de lesão a direito". Trata-se, portanto, de garantia pautada no princípio da separação dos poderes, pois decorre da vinculação do Legislativo e do Executivo às decisões do Judiciário. Ademais, permite-se que a proteção se dê de forma preventiva, tendo em vista que a Constituição se refere também à "ameaça de lesão". Por fim, como o texto constitucional não restringe a espécie de lesão ou ameaça de lesão a direito, o acesso ao Judiciário engloba tanto os direitos individuais como os direitos coletivos, inclusive aqueles cujos titulares sejam pessoas jurídicas.

Gabarito "E"

(ADVOGADO – EMBRAPA – 2005 – CESPE) A respeito dos direitos e garantias constitucionais, julgue os itens seguintes.

(1) Considere a seguinte situação hipotética. Autoridade policial, munida do competente mandado judicial, adentra na residência de Carlos visando à apreensão de provas da prática de um crime. O cumprimento do mandado teve início às 21h e término às 23h 30min. Nessa situação, foi observado o direito constitucional de inviolabilidade do domicílio, visto que a autoridade policial encontrava-se resguardada por determinação judicial.

(2) O *habeas corpus* é cabível contra ato ilegal de autoridade, sendo remédio constitucional de natureza preventiva no caso de estar o paciente ameaçado de violência ou coação em sua liberdade de locomoção.

(3) Para a extradição do estrangeiro, é necessário que, além da condenação penal ou do mandado de prisão emanados de autoridade competente do país solicitante, o fato seja considerado crime não só no Estado estrangeiro, mas também no Brasil.

(4) Considere que um concurso público para o cargo de advogado de determinada autarquia tenha imposto como exigência para inscrição a apresentação, por parte dos candidatos do sexo feminino, de atestado de gravidez negativo e laudo médico de esterilização. Nessa situação, é correto afirmar que tal limitação se adéqua aos princípios constitucionais da igualdade e da isonomia, desde que a exigência esteja prevista no edital do concurso, de forma a estabelecer regras próprias para o referido certame.

1: incorreto, pois, durante o período noturno, a inviolabilidade do domicílio somente pode ser quebrada em caso de flagrante delito ou desastre, ou para prestar socorro, ou, durante o dia, por determinação judicial, mesmo que haja ordem judicial (art. 5º, inciso XI, da CF); **2:** correto, pois o *habeas corpus* é cabível tanto preventivamente como repressivamente, desde que alguém esteja sofrendo ou sendo ameaçado de violência ou coação em sua liberdade de locomoção, por ilegalidade ou abuso de poder (art. 5º, inciso LXVIII); **3:** correto, pois não se concederá a extradição quando o fato que motivar o pedido não for considerado crime no Brasil ou no Estado requerente (art. 77, inciso II, da Lei 6.815/90); **4:** incorreto, pois tal exigência ofende os princípios da isonomia e da dignidade da pessoa humana (art. 5º, inciso I, da CF).

Gabarito 1E, 2C, 3C, 4E

(ADVOGADO – DATAPREV – 2009 – UFF) Dispõe o artigo 5º, inciso XII da Constituição Federal, no capítulo referente aos Direitos e Deveres Individuais e Coletivos, que: "É inviolável o sigilo da correspondência e das comunicações telegráficas, de dados e das comunicações telefônicas, salvo, no último caso, por ordem judicial, nas hipóteses e na forma que a lei estabelecer para fins de investigação criminal ou instrução processual penal". No que se refere à aplicabilidade e eficácia da citada norma constitucional, é correto afirmar que possui eficácia:

(A) plena e aplicabilidade direta e imediata;

(B) limitada institutiva e aplicabilidade direta e imediata;

(C) contida e aplicabilidade direta e imediata;

(D) limitada programática e aplicabilidade mediata;

(E) limitada institutiva e aplicabilidade mediata.

Conforme classificação de José Afonso da Silva, as normas constitucionais de eficácia contida são aquelas que têm aplicabilidade direta e imediata, mas possivelmente não integral. Embora tenham condições de, quando da promulgação da Constituição, produzir todos os seus efeitos, poderá a norma infraconstitucional reduzir ou suspender a sua abrangência. Destarte, ao criar a reserva legal no sentido de que a lei estabelecerá as hipóteses e a forma que poderá ser quebrado o sigilo das comunicações telefônicas, a norma presente no art. 5º, inciso XII apresenta eficácia contida e aplicabilidade direta e imediata.

Gabarito "C"

(ADVOGADO – IRB – 2006 – ESAF) Sobre direitos e garantias fundamentais, direitos e deveres individuais, difusos e coletivos e garantias constitucionais, assinale a única opção correta.

(A) A liberdade de manifestação do pensamento, nos termos em que foi definida no texto constitucional, só sofre restrições em razão de eventual colisão com o direito à intimidade, vida privada, honra e imagem.

(B) São imprescritíveis e insuscetíveis de graça ou anistia os crimes definidos como hediondos, na forma da lei.

(C) Por ser direito personalíssimo, os indivíduos só têm direito a receber dos órgãos públicos informações de seu interesse particular.

(D) Nos termos do texto constitucional, a todos são assegurados, como direito individual, os meios que garantam a celeridade da tramitação do processo judicial e administrativo.

(E) Com relação aos efeitos do mandado de injunção, o Supremo Tribunal Federal adota, de forma majoritária em suas decisões, a posição concretista individual intermediária.

A: incorreto, pois a única vedação constitucional diz respeito ao anonimato (art. 5º, inciso IV, da CF); **B:** incorreto, pois os crimes hediondos, embora sejam insuscetíveis de graça ou de anistia, não são imprescritíveis (art. 5º, inciso XLIII, da CF); **C:** incorreto, pois todos têm direito a receber dos órgãos públicos informações de seu interesse particular, ou de interesse coletivo ou geral, que serão prestadas no prazo da lei, sob pena de responsabilidade, ressalvadas aquelas cujo sigilo seja imprescindível à segurança da sociedade e do Estado (art. 5º, inciso XXXIII, da CF); **D:** correto (art. 5º, inciso LXXVIII, da CF); **E:** incorreto. Atualmente, existem cinco posicionamentos doutrinários em relação aos efeitos do mandado de injunção: posição não concretista; posição concretista individual; posição concretista individual direta; posição concretista individual intermediária; posição concretista geral. Atualmente, o STF adota a corrente concretista geral, ou seja, diante da omissão constitucional, pode a Corte implementar a normatividade geral, até que a omissão seja suprida (STF, MI 712, DJ 30/10/2008).

Gabarito "D"

(ADVOGADO – BNDES – 2002 – VUNESP) Se a Constituição Federal afirma, peremptoriamente, que "ninguém é obrigado a fazer ou deixar de fazer alguma coisa senão em virtude de lei" (art. 5º, inc. II), tem-se que, no Direito Constitucional brasileiro,

(A) há plena liberdade, para o indivíduo e para o Estado, de fazer tudo o que não for expressamente proibido por lei.

(B) apenas a criação de deveres (obrigações) depende de lei, sendo que a criação de direitos é franqueada ao Poder Executivo, por meio de decretos.

(C) o Chefe do Poder Executivo jamais poderá, validamente, editar qualquer ato normativo geral e abstrato que crie obrigações para os indivíduos.

(D) as obrigações devem ser criadas, necessariamente, por meio de lei ordinária.

(E) os decretos do Presidente da República devem ser mera explicitação de leis editadas pelo Congresso Nacional.

A expressão "lei" deve ser entendida em seu sentido estrito, ou seja, somente os atos normativos primários – aqueles que buscam seu fundamento de validade diretamente na Constituição (art. 59 da CF). Com efeito, os decretos do Presidente da República, os quais decorrem do poder regulamentar, não podem criar novas obrigações legais.

Gabarito "E"

(ADVOGADO – BNDES – 2001 – VUNESP) A suspensão de atividades e a dissolução compulsórias de uma associação privada legalmente constituída

(A) são vedadas pela Constituição Federal.

(B) podem ocorrer por decisão de autoridade policial.

(C) dependem, necessariamente, de decisão judicial, ainda que liminar.

(D) dependem, necessariamente, de decisão judicial, exigindo-se ainda o trânsito em julgado em se tratando da hipótese de dissolução.

(E) dependem, necessariamente, de decisão judicial transitada em julgado.

As associações só poderão ser compulsoriamente dissolvidas ou ter suas atividades suspensas por decisão judicial, exigindo-se, no primeiro caso, o trânsito em julgado (Art. 5º, inciso XIX, da CF);

Gabarito "D"

(ADVOGADO – BNDES – 2001 – VUNESP) Determinada associação, regularmente constituída há 2 anos, pretende defender em juízo direito seu de caráter tributário, fundamentado diretamente na lei, lesado por ato omissivo inconstitucional de autoridade administrativa. Para tanto, o remédio jurídico adequado é

(A) mandado de segurança.

(B) mandado de segurança coletivo.

(C) mandado de injunção.

(D) ação direta de inconstitucionalidade por omissão.

(E) ação popular.

A: correto, pois se trata de direito líquido e certo, não amparado por *habeas corpus* ou *habeas data*, decorrente de ilegalidade do Poder Público (art. 5º, inciso LXVIII, da CF); **B:** incorreto, pois o mandado de segurança coletivo somente pode ser impetrado por partido político com representação no Congresso Nacional ou organização sindical, entidade de classe ou associação legalmente constituída e em funcionamento há pelo menos um ano, em defesa dos interesses de seus membros ou associados (art. 5º, inciso LXX, da CF); **C:** incorreto, pois o mandado de injunção é cabível sempre que a falta de norma regulamentadora torne inviável o exercício dos direitos e liberdades constitucionais e das prerrogativas inerentes à nacionalidade, à soberania e à cidadania (art. 5º, inciso LXXI, da CF); **D:** incorreto, pois a ADI por omissão tem como objeto a chamada omissão inconstitucional, que ocorre quando uma norma constitucional deixa de ser efetivamente aplicada pela falta de atuação dos órgãos dos poderes constituídos; **E:** incorreto, pois a ação popular cabe a qualquer cidadão somente com o objetivo de anular ato lesivo ao patrimônio público ou de entidade de que o Estado participe, à moralidade administrativa, ao meio ambiente e ao patrimônio histórico e cultural (art. 5º, inciso LXXIII, da CF).

Gabarito "A"

(ADVOGADO – BNB – 2006 – ACEP) Marque a alternativa **CORRETA** a respeito da tutela constitucional das liberdades, *habeas corpus*, *habeas data*, mandado de segurança, mandado de injunção e ação popular.

(A) Conceder-se-á mandado de segurança sempre que alguém sofrer ou se achar ameaçado de sofrer violência ou coação em sua liberdade de locomoção, por ilegalidade ou abuso de poder.

(B) São gratuitas as ações de *habeas corpus* e *habeas data*, e, na forma da lei, os atos necessários ao exercício da cidadania.

(C) Conceder-se-á liminar em ação direta de inconstitucionalidade por omissão sempre que a falta de norma regulamentadora torne inviável o exercício dos direitos e liberdades constitucionais e das prerrogativas inerentes à nacionalidade, à soberania e à cidadania.

(D) O mandado de segurança coletivo pode ser impetrado por: I - partido político, mesmo que não tenha representação no Congresso Nacional; II - organização sindical, entidade de classe ou associação legalmente constituída, em defesa dos interesses de seus membros ou associados.

(E) Qualquer pessoa é parte legítima para propor ação civil pública que vise a anular ato lesivo ao patrimônio público ou de entidade de que o Estado participe, à moralidade administrativa, ao meio ambiente e ao patrimônio histórico e cultural, ficando o autor, em qualquer hipótese, isento de custas judiciais e do ônus da sucumbência.

A: incorreto, pois nesses casos a ação cabível é a de *habeas corpus* (art. 5º, inciso LXVIII, da CF); **B:** correto (art. 5º, inciso LXXVII, da CF); **C:** incorreto, pois, nesses casos, caberá mandado de injunção (art. 5º, inciso LXXI, da CF), com a ressalva de que para a propositura da ADI por omissão (ação de controle abstrato) não há limitação de objeto; **D:** incorreto, pois se exige a representação no Congresso Nacional para a legitimidade de partido político (art. 5º, inciso LXX, alínea "a", da CF); **E:** incorreto, pois em tais situações, a ação cabível é a ação popular, a qual tem como parte legítima qualquer "cidadão", e não qualquer pessoa (art. 5º, inciso LXXIII, da CF).

Gabarito "B"

6. DIREITOS SOCIAIS

(Procurador Federal – 2013 – CESPE) Com relação aos direitos constitucionais do trabalho, julgue o próximo item.

(1) A CF estabelece um rol de direitos de natureza trabalhista que tem como destinatários tanto os trabalhadores urbanos quanto os rurais.

1: correto. De fato há um rol de direitos trabalhistas destinados aos trabalhadores **urbanos e rurais**, além de outros que visem à melhoria de sua condição social, previstos no art. 7º da CF.

Gabarito 1C

(Procurador do Estado/MG – 2007) Os direitos sociais expressos no art. 7º da Lei Maior destacam a igualdade estabelecida pelo legislador constituinte entre trabalhadores urbanos e rurais, com vistas à melhoria de sua condição social. Assim, considere as afirmações.

I. O trabalhador tem garantido o seguro-desemprego em caso de desemprego involuntário, ou seja, é garantia dada ao trabalhador que foi demitido sem justa causa e não ao que pediu demissão.

II. O Fundo de Garantia por Tempo de Serviço foi criado com o objetivo de constituir-se um fundo das próprias contas a ele vinculadas de cada trabalhador com ou sem vínculo empregatício, garantida a atualização monetária e juros, ao contrário do que sucede com as cadernetas de poupança.

III. A licença-paternidade é a garantia constitucional do pai para licenciar-se do emprego quando do nascimento do filho, ficando assegurada a licença de três dias.

Está(ão) correta(s)

(A) somente a I.

(B) somente a II.

(C) somente a III.

(D) somente a II e a III.

I: Correta. Art. 7º, II, da CF; **II:** Errada. O FGTS é direito dos trabalhadores com vínculo empregatício, regidos pela CLT. V. Lei 8.036/1990; **III:** Errada. Art. 7º, XIX c/c art. 10, § 1º, ADCT – 5 dias. Para os servidores públicos federais é de 5 dias consecutivos, de acordo com o art. 208 da Lei 8.112/1990.

Gabarito "A"

(Procurador do Estado/MT – FCC – 2011) Como garantia da liberdade de associação profissional ou sindical, a Constituição da República prevê que

(A) a lei não poderá exigir autorização do Estado para a fundação de sindicato, ressalvado o registro no órgão competente, vedadas ao Poder Público a interferência e a intervenção na organização sindical.

(B) os trabalhadores ou empregadores interessados definirão a base territorial para a criação de organização sindical, em qualquer grau, representativa de categoria profissional ou econômica, não podendo a base, contudo, ser inferior à área de um Estado.

(C) ninguém será obrigado a filiar-se ou a manter-se filiado a sindicato, salvo disposição contrária prevista nos atos constitutivos respectivos.

(D) é vedada a dispensa do empregado sindicalizado a partir de sua eleição para cargo de direção ou representação sindical, ainda que suplente, até dois anos após o final do mandato, salvo se cometer falta grave nos termos da lei.

(E) o aposentado filiado tem direito a votar nas organizações sindicais, embora não o tenha a ser votado.

A: Art. 8º, I, da CF; **B:** Não reflete o disposto no art. 8º, II, da CF; **C:** O art. 8º, V, da CF não prevê exceções; **D:** Não reflete o disposto no art. 8º, VIII, da CF; **E:** Tem direito de votar e de ser votado (art. 8º, VII, da CF).

Gabarito "A"

(Procurador do Estado/SC – 2010 – FEPESE) De acordo com a Constituição Federal, são direitos sociais, **exceto**:

(A) educação e a saúde.

(B) o trabalho e a moradia.

(C) a segurança e a previdência social.

(D) a proteção à maternidade e à infância.

(E) a liberdade de consciência e a assistência religiosa.

A, B, C, D, **E:** Art. 6º, *caput*, da CF.

Gabarito "E"

(Procurador do Município/Florianópolis-SC – 2010 – FEPESE) Dos direitos dos trabalhadores urbanos e rurais abaixo arrolados, qual se aplica aos servidores ocupantes de cargos públicos:

(A) Fundo de garantia do tempo de serviço.

(B) Seguro-desemprego, em caso de desemprego involuntário.

(C) Salário-família pago em razão do dependente do trabalhador de baixa renda, nos termos da lei.

(D) Jornada de seis horas para o trabalho realizado em turnos ininterruptos de revezamento, salvo negociação coletiva.

(E) Proteção em face da automação, na forma da lei.

Art. 39, § 3º, da CF, que se refere ao art. 7º, XII, da CF.

Gabarito "C"

(Procurador do Município/Boa Vista-RR – 2010 – CESPE) Com relação aos direitos sociais constitucionalmente assegurados para proteção do trabalhador, julgue os itens seguintes.

(1) A previsão constitucional de regras diferenciadas de aposentadoria para quem exerça atividades sob condições especiais que prejudiquem a sua saúde ou a sua integridade física carece de regulamentação infraconstitucional. Por essa razão, caso a regulamentação não seja produzida, os servidores que exerçam atividades nocivas podem solicitar a aplicação, por analogia, das regras do regime geral de previdência.

(2) Nas empresas com mais de duzentos empregados, é assegurada a eleição de um representante dos empregados com a finalidade exclusiva de promover o entendimento direto entre eles e os empregadores.

(3) Tanto o trabalhador urbano quanto o trabalhador rural têm direito a assistência gratuita para seus filhos e dependentes, em creches e pré-escolas até determinada idade.

1: Art. 201, § 1º, da CF (Regime Geral de Previdência Social – RGPS) e art. 40, § 4º, III, da CF (Regime Próprio de Previdência Social – RPPS); **2:** Art. 11 da CF; **3:** O art. 7º, XXV, da CF: "São direitos dos trabalhadores urbanos e rurais, além de outros que visem à melhoria de sua condição social: (...) assistência gratuita aos filhos e dependentes desde o nascimento até 5 (cinco) anos de idade em creches e pré-escolas".

Gabarito 1C, 2C, 3C

(ADVOGADO – PETROBRÁS – 2008 – CESGRANRIO) O texto original da Constituição Federal de 1988, em seu artigo 7º, assegurava aos trabalhadores assistência gratuita aos seus filhos e dependentes desde o nascimento até 6 (seis) anos de idade em creches e pré-escolas. Com o advento da Emenda Constitucional no 53, de 19 de dezembro de 2006, esse direito social de assistência gratuita previsto na Constituição foi

(A) extinto.

(B) restringido, passando a amparar o trabalhador apenas com relação aos seus filhos, não mais aos seus demais dependentes.

(C) restringido, passando a amparar o trabalhador apenas com relação aos seus filhos e dependentes de até 5 (cinco) anos de idade.

(D) restringido, passando a amparar o trabalhador apenas com relação aos seus filhos e dependentes em creches, não mais em pré-escolas.

(E) ampliado, passando a amparar o trabalhador com relaçao aos seus filhos e dependentes em creches e pré-escolas, em qualquer idade.

Conforme a nova redação do inciso XXV, do art. 6º, da CF, dada pela Emenda Constitucional 53, de 2006, e direito social do trabalhador urbano e rural a assistência gratuita aos filhos e dependentes desde o nascimento até 5 (cinco) anos de idade em creches e pré-escolas. Dessa forma, o direito foi restringindo, eis que houve uma redução da idade protegida.

Gabarito "C"

7. NACIONALIDADE

(Procurador do Município/Manaus-AM – 2006 – FCC) É privativo de brasileiro nato, dentre outros, o cargo de

(A) Oficial das Forças Armadas.

(B) Ministro dos Tribunais Superiores.

(C) Senador.

(D) Deputado Federal.

(E) Ministro de Estado da Fazenda.

Art. 12, § 3º, I a VII, da CF.

Gabarito "A"

(Procurador do Município/Recife-PE – 2008 – FCC) O indivíduo nascido em janeiro de 2008, nos Estados Unidos da América, filho de pais brasileiros que lá estivessem em viagem de turismo, registrado em repartição consular brasileira, é considerado pela Constituição brasileira

(A) estrangeiro.

(B) brasileiro naturalizado, desde que resida no Brasil por quinze anos ininterruptos e não sofra condenação criminal.

(C) brasileiro nato, desde que venha a residir no Brasil e opte, a qualquer tempo, pela nacionalidade brasileira.

(D) brasileiro naturalizado, desde que resida no Brasil por um ano ininterrupto e comprove ter idoneidade moral.

(E) brasileiro nato.

Art. 12, I, "c", primeira parte, da CF.

Gabarito "E"

(Procurador do Estado/SC – 2010 – FEPESE) *De acordo com a Constituição Federal, é privativo* de brasileiro nato o cargo de:

(A) senador federal.

(B) carreira consular.

(C) presidente do Banco Central do Brasil.

(D) ministro do Superior Tribunal de Justiça.

(E) presidente da mesa do Congresso Nacional.

Art. 12, § 3º, I a VII, da CF.

Gabarito "E"

(Procurador do Estado/PE – CESPE – 2009) Abdul, nascido na Síria, conseguiu sua naturalização no Brasil em 1.º de maio de 2004. Por ser jornalista profissional, pretende adquirir uma empresa de radiodifusão na cidade onde reside, no interior do estado de Pernambuco. Considerando a situação hipotética apresentada, é correto afirmar, de acordo com a CF, que, em 2009,

(A) é proibido a Abdul adquirir a empresa de radiodifusão, pois não possui mais de dez anos na condição de naturalizado brasileiro.

(B) é vedado a Abdul adquirir a empresa de radiodifusão, pois não é brasileiro nato.

(C) não é permitido a Abdul adquirir a empresa de radiodifusão, pois somente pessoas jurídicas podem ser proprietárias de tais empresas.

(D) Abdul pode adquirir a empresa de radiodifusão, pois está naturalizado como brasileiro há mais de cinco anos.

(E) Abdul pode adquirir a empresa de radiodifusão, pois não existem restrições na CF para que estrangeiros adquiram esse tipo de empresa.

Art. 222 da CF.

Gabarito "A"

(Procurador do Estado/SP – FCC – 2009) Brasileiro residente no exterior decide se naturalizar, por entender que, desse modo, terá mais oportunidades de trabalho. A obtenção da nacionalidade estrangeira

(A) não acarretará consequência alguma, no plano dos direitos políticos e de nacionalidade, tendo em vista os objetivos colimados.

(B) acarretará a perda automática da nacionalidade brasileira, salvo se houver requerimento prévio no sentido de sua preservação.

(C) acarretará a perda dos direitos políticos, porém não a da nacionalidade brasileira.

(D) acarretará a perda da nacionalidade brasileira, desde que decretada por sentença judicial.

(E) acarretará a perda automática da nacionalidade brasileira e, consequentemente, dos direitos políticos.

Art. 12, § 4º, II, da CF. O exercício dos direitos políticos pressupõe a nacionalidade brasileira (art. 14, § 2º e § 3º, I, da CF).

Gabarito "E"

(Procurador do Município/Florianópolis-SC – 2010 – FEPESE) De acordo com a Constituição Federal de 1988, é privativo de brasileiro nato o cargo de:

(A) Deputado Federal.

(B) Ministro de Estado.

(C) Ministro do Superior Tribunal de Justiça.

(D) Senador da República.

(E) Vice-Presidente da República.

Art. 12, § 3º, I a VII, da CF.

Gabarito "E"

(Procurador do Município/Teresina-PI – 2010 – FCC) Sobre o reconhecimento da nacionalidade brasileira, é correto afirmar:

(A) A aquisição da nacionalidade ocorre pelo critério *ius solis*, de modo que qualquer pessoa nascida no território brasileiro, mesmo que filho de estrangeiros, terá a nacionalidade primária imposta, independentemente de sua vontade.

(B) Não pode haver distinção entre brasileiros natos e naturalizados, inclusive para efeitos das condições de elegibilidade, com base no princípio da igualdade.

(C) O brasileiro naturalizado pode ser extraditado somente em caso de comprovado envolvimento em tráfico de entorpecentes e drogas afins.

(D) O cancelamento da naturalização em virtude de atividade nociva ao interesse nacional por sentença judicial leva à declaração da perda da nacionalidade brasileira.

(E) Brasileiros natos ou pessoas jurídicas constituídas sob as leis brasileiras e que tenham sede no País são os únicos com direito a concessão de propriedade de empresa jornalística, de radiodifusão sonora, de sons e de imagens.

A: Não reflete o disposto no art. 12, I, "a", da CF, que excepciona os filhos de pais estrangeiros, que estejam à serviço de seu país; **B:** A CF diferencia brasileiros natos e naturalizados para efeito dos cargos previstos no art. 12, § 3º, I a VII, da CF; **C:** Não reflete o disposto no art. 5º, LI, da CF; **D:** Art. 12, § 4º, I, da CF; **E:** Não reflete o disposto no art. 222 da CF.

Gabarito "D"

(ADVOGADO – PETROBRÁS – 2008 – CESGRANRIO) Maria é brasileira, funcionária da Petróleo Brasileiro S.A. – Petrobras, e casada com João, também brasileiro. Foi enviada grávida à Itália, juntamente com sua equipe de trabalho, para tratar de assuntos profissionais do interesse da Petrobras. Ao chegar a Roma, Maria teve complicações na gravidez e deu à luz prematuramente a seu filho Mário, que sobreviveu. De acordo com as disposições constitucionais relativas a direitos da nacionalidade, esse filho de João e Maria será

(A) apátrida.

(B) estrangeiro.

(C) brasileiro nato.

(D) brasileiro naturalizado.

(E) italiano, podendo optar pela nacionalidade brasileira após a maioridade.

Como Maria estava a serviço da Petrobrás, sociedade de economia mista brasileira, aplica-se a regra do art. 12, inciso I, alínea "c", da CF, que determina que são brasileiros natos os nascidos no estrangeiro de pai brasileiro ou de mãe brasileira, desde que sejam registrados em repartição brasileira competente ou venham a residir na República Federativa do Brasil e optem, em qualquer tempo, depois de atingida a maioridade, pela nacionalidade brasileira.

Gabarito "C"

8. DIREITOS POLÍTICOS

(Procurador do Estado/BA – 2014 – CESPE) Acerca dos direitos políticos, julgue os itens a seguir.

(1) Não são alistáveis como eleitores nem os estrangeiros nem os militares.

(2) As ações de impugnação de mandato eletivo tramitam necessariamente em segredo de justiça.

(3) Os direitos políticos passivos consagram as normas que impedem a participação no processo político eleitoral.

1: errado. Os estrangeiros, de fato, são inalistáveis, conforme dispõe o art. 14, § 2º, da CF. Em relação aos militares, apenas os conscritos, durante o período do serviço militar obrigatório, é que não podem se alistar como eleitores; **2:** correto. De acordo com o art. 14, § 11, da CF, a ação de impugnação de mandato tramitará em segredo de justiça, respondendo o autor, na forma da lei, se temerária ou de manifesta má-fé; **3:** errado. Os direitos políticos **passivos**, também denominados de capacidade eleitoral passiva, dizem respeito ao direito de ser votado, de participar das eleições concorrendo a um mandato eletivo. Já as normas que impedem a participação no processo político eleitoral são tratadas como direitos políticos **negativos** e incluem as causas de suspensão ou perda dos direitos políticos e as inelegibilidades.

Gabarito 1E, 2C, 3E

(Procurador do Estado/MG – 2007) Sobre os direitos políticos, considera-se como correta, a alternativa que dispõe conforme a Constituição Federal de 1988.

(A) A idade mínima de dezoito anos para Prefeito é condição exigida para alcançar a elegibilidade.

(B) São inalistáveis como eleitores os estrangeiros e os conscritos, estes últimos durante o período do serviço militar obrigatório.

(C) Os candidatos ao legislativo e quem os houver sucedido, ou substituído no curso dos mandatos poderão ser reeleitos para um único período subsequente.

(D) Os Presidentes dos legislativos, para concorrerem a outros cargos, devem renunciar aos respectivos mandatos até seis meses antes do pleito.

A: Não reflete o disposto no art. 14, § 3°, VI, "c", da CF (21 anos); **B:** Art. 14, § 2°, da CF; C e **D:** O art. 14, §§ 5° e 6°, da CF referem-se a cargos do Poder Executivo.

Gabarito "B"

(Procurador do Estado/MT – FCC – 2011) Por força de previsão expressa na Lei Federal n° 8.239, de 1991, será atribuído serviço alternativo ao serviço militar obrigatório aos que, em tempo de paz, após alistados, alegarem imperativo de consciência decorrente de crença religiosa ou de convicção filosófica ou política, para se eximirem de atividades de caráter essencialmente militar. O mesmo diploma legal define, ademais, o que se entende por serviço alternativo, a ser prestado em substituição às atividades de caráter essencialmente militar. As previsões legais em questão são

(A) compatíveis com a Constituição da República, que admite, nessas condições, a possibilidade de exercício de objeção de consciência em relação a atividades de caráter essencialmente militar.

(B) compatíveis com a Constituição da República apenas no que se refere à possibilidade de exercício de objeção de consciência por motivo de convicção filosófica ou política.

(C) incompatíveis com a Constituição da República, que não prevê a possibilidade de atribuição de serviço alternativo na hipótese em tela, estabelecendo a suspensão de direitos políticos como consequência à recusa ao cumprimento de serviço militar.

(D) incompatíveis com a Constituição da República, que admite o exercício de objeção de consciência para recusa a obrigação imposta por lei a todos, mas não a admite em relação ao serviço militar obrigatório, por ser este previsto em sede constitucional.

(E) incompatíveis com a Constituição da República, que não admite a possibilidade de recusa ao cumprimento de obrigação legal a todos imposta.

V. art. 3°, § 2°, da Lei 8.239/1991. A *escusa de consciência* só leva à perda dos direitos políticos (art. 15, IV, da CF) se o escusante negar-se a cumprir a prestação alternativa que a lei fixar.

Gabarito "A"

(Procurador do Estado/PR – UEL-COPS – 2011) Julgue os itens:

I. o sistema proporcional permite que um deputado seja eleito, apesar de ter recebido menos votos do que outro.

II. o sistema majoritário não é utilizado para eleições a cargos legislativos.

III. o sistema proporcional não é utilizado para eleições a cargos legislativos.

IV. a inelegibilidade do cônjuge de Prefeito para as eleições no território de jurisdição do titular, nas condições estabelecidas na Constituição da República, estende-se ao companheiro de relação estável homoafetiva.

V. o Governador pode candidatar-se para um único período subsequente a outro cargo qualquer sem necessidade de renúncia.

Quais são as afirmativas **corretas**:

(A) as afirmativas I e IV;

(B) as afirmativas II e IV;

(C) as afirmativas I e III;

(D) as afirmativas II e V;

(E) as afirmativas III e IV.

I: Correta. Essa é uma das principais críticas ao sistema proporcional; II e III: Erradas. O sistema majoritário é adotado nas eleições para Presidente da República, Senador, Governador de Estado e do Distrito Federal e Prefeitos; o sistema proporcional para as eleições de Deputado Federal, Deputado Estadual e Vereador; IV: Sim, apesar de a CF não referir-se a essa hipótese; V: Não reflete o disposto no art. 14, § 6°, da CF.

Gabarito "A"

(Procurador do Município/Recife-PE – 2008 – FCC) O indivíduo maior de 18 anos que invocar motivo de convicção política ou filosófica, a fim de se eximir da obrigatoriedade do voto, em eleições municipais,

(A) terá seus direitos políticos cassados, por se recusar a cumprir obrigação imposta a todos pela Constituição.

(B) será considerado inelegível, no território da circunscrição eleitoral municipal.

(C) sujeita-se à perda ou suspensão de seus direitos políticos, caso se recuse igualmente a cumprir prestação alternativa fixada em lei.

(D) pratica crime eleitoral e terá, em consequência, seus direitos políticos suspensos, enquanto tramitar o processo criminal.

(E) não se sujeita a qualquer espécie de sanção, pois o voto é em sua essência um direito reconhecido pela Constituição, e não uma obrigação imposta por lei.

Art. 15, IV, da CF.

Gabarito "C"

(Procurador do Município/Sorocaba-SP – 2012 – VUNESP) Felisberto Silva candidatou-se nas eleições para o cargo de Prefeito do Município de Romão e foi eleito para o respectivo cargo público, tendo sido devidamente diplomado. No entanto, apurou-se por meio de provas concretas que Felisberto está envolvido em casos de abuso do poder econômico, corrupção e fraude. Nessa hipótese, a Carta Magna prevê que o mandato de Felisberto

(A) não mais poderá ser impugnado, uma vez que Felisberto já foi devidamente diplomado.

(B) não poderá ser impugnado, tendo em vista que, ao ser eleito e diplomado, Felisberto adquiriu imunidade, e, assim, somente poderá ser processado depois de terminado o seu mandato.

(C) poderá ser impugnado ante a Justiça Eleitoral no prazo de quinze dias contados da diplomação, instruída a ação com provas dos referidos crimes.

(D) poderá ser impugnado perante o Tribunal de Justiça, que é o órgão competente para processar o Prefeito Municipal.

(E) poderá ser impugnado junto à Justiça Eleitoral, no prazo de trinta dias depois de encerradas as eleições, por ação judicial que deverá ser instruída com as provas dos crimes.

Art. 14, § 10, da CF.

Gabarito "C"

(Procurador do Estado/RO – 2011 – FCC) No recente julgamento do Supremo Tribunal Federal, conhecido como caso "ficha limpa", a questão central da discussão baseou-se na interpretação do princípio da anualidade, o qual significa que a lei que alterar o processo eleitoral entrará em vigor

(A) na data de sua publicação, não se aplicando à eleição que se realize até um ano da data de sua vigência.

(B) um ano após a sua publicação e só se aplica à eleição realizada após a sua vigência.

(C) na data de sua publicação, com aplicação imediata.

(D) na data estipulada pelo Congresso Nacional, não será aplicada à eleição que se realize até um ano da data de sua vigência.

(E) na data estipulada pelo Superior Tribunal Eleitoral, não se aplicando à eleição que se realize até um ano da data de sua vigência.

Art. 16 da CF.

Gabarito "A"

(Procurador do Estado/SC – 2010 – FEPESE) Com relação aos direitos políticos, a Constituição Federal dispõe que:

(1) a lei que alterar o processo eleitoral entrará em vigor na data de sua publicação, não se aplicando à eleição que ocorra até um ano da data de sua vigência.

(2) a idade mínima para elegibilidade para os cargos de Governador, Vice-Governador de Estado e do Distrito Federal e Senador é de 30 (trinta) anos.

(3) a alistamento eleitoral e o voto são obrigatórios para os maiores de dezoito anos e facultativos para os analfabetos, os maiores de sessenta anos e os maiores de dezesseis e menores de dezoito anos.

(4) não podem alistar-se como eleitores os estrangeiros e, durante o período do serviço militar, os praças.

(5) para concorrerem a outros cargos, o Presidente da República, os Governadores de Estado e do Distrito Federal e os Prefeitos devem renunciar aos respectivos mandatos até 6 (seis) meses antes do pleito.

Assinale a alternativa que indica todas as afirmativas **corretas**.

(A) São corretas apenas as afirmativas 1 e 5.

(B) São corretas apenas as afirmativas 1, 2 e 5.

(C) São corretas apenas as afirmativas 1, 4 e 5.

(D) São corretas apenas as afirmativas 2, 3 e 4.

(E) São corretas apenas as afirmativas 3, 4 e 5.

1: Certa. Art. 16 da CF; **2:** Para Governador e Vice-Governador de Estado ou do DF é de 30 anos; para senador, 35 anos (art. 14, § 3º, VI, "a" e "b", da CF); 3. Não reflete o disposto no art. 14, § 1º, II, "b", da CF; 4. Não reflete o disposto no art. 14, § 2º, da CF; 5. Art. 14, § 6º, da CF.

Gabarito "A"

(Procurador do Município/Teresina-PI – 2010 – FCC) Assinale a alternativa correta quanto aos direitos políticos.

(A) A lei que altera o processo eleitoral só entrará em vigor um ano após sua promulgação.

(B) Não podem alistar-se como eleitores os estrangeiros, analfabetos e, durante o período militar obrigatório, os conscritos.

(C) A idade mínima para elegibilidade do Presidente e Vice-Presidente da República é de 30 (trinta) anos.

(D) São inelegíveis, no território de jurisdição do titular, o cônjuge e os parentes consanguíneos ou afins, até terceiro grau ou por adoção, do Presidente da República, de Governador de Estado ou Território, do Distrito Federal ou de Prefeito.

(E) A perda ou suspensão de direitos políticos pode ocorrer por incapacidade civil absoluta, por recusa de cumprir obrigação a todos imposta ou prestação alternativa ou por improbidade administrativa.

A: Não reflete o disposto no art. 16 da CF; **B:** Somente os estrangeiros e os conscritos (art. 14, § 2º, da CF); **C:** 35 anos (art. 14, § 3º, VI, "a", da CF); **D:** Não reflete o disposto no art. 14, § 7º, da CF; **E:** V. art. 15, I a V, da CF.

Gabarito "E"

(ADVOGADO – CORREIOS – 2008 – ESPP) No que se refere à inelegibilidade assinale a alternativa correta:

(A) São absolutamente inelegíveis os cônjuges ou parentes consanguíneos de Governadores de Estado e Prefeitos Municipais no território de jurisdição do titular dos referidos cargos eletivos.

(B) Trata-se de hipótese de inelegibilidade relativa aquela que impede os estrangeiros de se alistarem para os cargos eletivos de nível federal.

(C) Uma das hipóteses de inelegibilidade absoluta ocorre no caso dos analfabetos, que dispõem apenas de capacidade eleitoral ativa.

(D) São absolutamente inelegíveis os militares da ativa, pois não podem se filiar a partidos políticos.

A: incorreto, pois tal hipótese de inelegibilidade admite a exceção de tais pessoas já serem titulares de mandatos eleitos e candidatas à reeleição (art. 14, § 7º, da CF). Ademais, a inelegibilidade atinge apenas o segundo grau de parentesco; **B:** incorreto, pois se trata de inelegibilidade absoluta (art. 14, § 4º, da CF); **C:** correto, pois a CF elenca os analfabetos entre as hipóteses de voto facultativo, o que confirma a sua capacidade eleitoral ativa. Por outro lado, há previsão expressa de inelegibilidade (art. 14, § 1º, inciso II, alínea "a" e § 4º da CF); **D:** incorreto, pois o militar é elegível, desde que atendidas as condições do § 8º do art. 14 da CF: se contar menos de dez anos de serviço, deverá afastar-se da atividade; se contar mais de dez anos de serviço, será agregado pela autoridade superior e, se eleito, passará automaticamente, no ato da diplomação, para a inatividade. Nesse sentido, embora proibidos de filiação partidária, os militares são elegíveis.

Gabarito "C"

(ADVOGADO – BNDES – 2001 – VUNESP) Um brasileiro naturalizado, com 21 anos de idade, e um brasileiro nato, com 80 anos de idade, cumpridos os demais requisitos de elegibilidade,

(A) podem eleger-se, respectivamente, Deputado Federal e Presidente da República.

(B) podem eleger-se, respectivamente, Vice-Governador de Estado e Vereador.

(C) podem eleger-se, respectivamente, Senador e Governador de Estado.

(D) podem eleger-se, respectivamente, Governador de Estado e Senador.

(E) não podem candidatar-se a cargos eletivos no Brasil.

Nos termos do art. 14, § 3º, inciso VI, da CF, é condição de elegibilidade a idade mínima de: a) trinta e cinco anos para Presidente e Vice-Presidente da República e Senador; b) trinta anos para Governador e Vice-Governador de Estado e do Distrito Federal; c) vinte e um anos para Deputado Federal, Deputado Estadual ou Distrital, Prefeito, Vice-Prefeito e juiz de paz; d) dezoito anos para Vereador. Importante ainda, mencionar o disposto no art. 12 § 3º da Constituição Federal, que menciona os cargos privativos dos brasileiros natos.

Gabarito "A"

(PROCURADOR – BANCO CENTRAL – 2009 – CESPE) Acerca de nacionalidade e direitos políticos e sociais, no ordenamento jurídico brasileiro, assinale a opção correta.

(A) Na hipótese de criação de município por desmembramento, o irmão do prefeito do município-mãe não pode se candidatar a chefe do Executivo do município recém-criado, devido à inelegibilidade reflexa.

(B) A perda da nacionalidade brasileira pode decorrer de ato do ministro da Justiça ou de decisão judicial e tem como consequência o retorno do indivíduo à situação de estrangeiro.

(C) Uma vez perdida a nacionalidade brasileira, por decisão judicial transitada em julgado, o indivíduo poderá readquiri-la por meio de decisão favorável em ação rescisória ou por intermédio de novo procedimento de naturalização.

(D) É direito social dos trabalhadores urbanos e rurais a jornada de sete horas para o trabalho realizado em turnos ininterruptos de revezamento, salvo negociação coletiva.

(E) O ordenamento jurídico nacional não assegura aos trabalhadores o direito de relacionamento com organizações sindicais internacionais nem o direito de filiação a essas organizações.

A: correto, pois se aplica ao novo município a regra do § 7º do art. 14 da CF no sentido de que são inelegíveis, no território de jurisdição do titular, o cônjuge e os parentes consanguíneos ou afins, até o segundo grau ou por adoção, do Presidente da República, de Governador de Estado ou Território, do Distrito Federal, de Prefeito ou de quem os haja substituído dentro dos seis meses anteriores ao pleito, salvo se já titular de mandato eletivo e candidato à reeleição (Súmula nº 12 do TSE); **B:** incorreto, pois a perda da nacionalidade brasileira somente pode ser perdida em virtude de cancelamento da naturalização, por decisão judicial transitada em julgado, em virtude de atividade nociva ao interesse nacional, ou em razão de aquisição de outra nacionalidade, salvo nos casos de reconhecimento de nacionalidade originária pela lei estrangeira ou de imposição de naturalização, pela norma estrangeira, ao brasileiro residente em estado estrangeiro, como condição para permanência em seu território ou para o exercício de direitos civis (Art. 12, § 4º, da CF). Ademais, a perda da nacionalidade brasileira não implica, necessariamente, a condição de estrangeiro, uma vez que também há a possibilidade de a pessoa punida passar a condição de apátrida; **C:** incorreta (art. 36 da Lei 818/49); **D:** incorreto, pois a jornada nesses casos será de seis horas (art. 7º, inciso XIV, da CF); **E:** incorreto, pois, nos termos da Convenção Americana sobre Direitos Humanos, em matéria de Direitos Econômicos, Sociais e Culturais (Protocolo de San Salvador), os Estados partes deverão garantir o direito dos trabalhadores de organizar sindicatos e de se filiar livremente, para proteger e promover seus interesses. Como projeção desse direito, os Estados Partes permitirão aos sindicatos formar federações e confederações nacionais e se associar às já existentes, bem como formar organizações sindicais internacionais e associar-se de acordo com seus interesses. (art. 8, 1, a).

Gabarito "A"

9. ORGANIZAÇÃO DO ESTADO

9.1. DA UNIÃO, ESTADOS, MUNICÍPIOS E TERRITÓRIOS

(Procurador do Estado/BA – 2014 – CESPE) No que concerne ao estatuto constitucional da União, dos estados, dos municípios, do Distrito Federal (DF) e dos territórios, julgue os itens seguintes.

(1) Compete exclusivamente à União legislar sobre direito financeiro.

(2) Cabe aos municípios explorar os serviços locais de gás canalizado.

(3) Os estados têm competência para criar, organizar e suprimir distritos.

(4) A CF autoriza a divisão de territórios em municípios.

1: errada. A competência para legislar sobre direito financeiro não é exclusiva da União. Conforme dispõe o art. 24, I, da CF, compete à União, aos Estados e ao Distrito Federal legislar **concorrentemente** sobre direito tributário, **financeiro**, penitenciário, econômico e urbanístico; **2:** errada. De acordo com o art. 25, § 2°, da CF, **cabe aos Estados explorar** diretamente, ou mediante concessão, **os serviços locais de gás canalizado**, na forma da lei, vedada a edição de medida provisória para a sua regulamentação; **3:** errada. Conforme dispõe o art. 30, IV, da CF, **compete aos Municípios** criar, organizar e suprimir distritos, observada a legislação estadual; **4:** correta. De acordo com o art. 33, § 1°, da CF, os Territórios poderão ser divididos em Municípios.

Gabarito 1E, 2E, 3E, 4C

(Procurador Federal – 2013 – CESPE) Julgue os itens a seguir, relacionados às competências da União e dos estados-membros.

(1) A fim de integrar a organização, o planejamento e a execução de funções públicas de interesse comum, o Poder Executivo estadual pode, mediante ato administrativo, instituir regiões metropolitanas, aglomerações urbanas e microrregiões, constituídas por agrupamentos de municípios limítrofes.

(2) A União é pessoa jurídica de direito público interno à qual incumbe exercer prerrogativas do Estado federal brasileiro, como, por exemplo, assegurar a defesa nacional e permitir, nos casos previstos em lei complementar, que forças estrangeiras transitem pelo território nacional ou nele permaneçam temporariamente.

1: errado. De acordo com o art. 25, § 3°, da CF, os **Estados poderão, mediante lei complementar**, instituir regiões metropolitanas, aglomerações urbanas e microrregiões, constituídas por agrupamentos de municípios limítrofes, para integrar a organização, o planejamento e a execução de funções públicas de interesse comum; **2:** correto.É o que determina o art. 21, III e IV, da CF.

Gabarito 1E, 2C

(PROCURADOR DO ESTADO/MG – FUMARC – 2012) O artigo 18 da Constituição Federal preceitua a organização da República Federativa do Brasil a partir da relação de entes federativos autônomos, resguardando a soberania para o Estado Brasileiro. Nos últimos meses, alguns Estados Brasileiros passaram por perturbações de ordem pública severas, em razão da greve das polícias. A cidade de Salvador, por exemplo, teve um aumento absurdo em relação à violência social. Analise as assertivas abaixo, como se fatos análogos incidissem em Município do Estado de Minas Gerais e à luz das normas constitucionais federais e estaduais e assinale a resposta correta:

(A) Por ato discricionário e privativo, o Governador do Estado poderá promover INTERVENÇÃO no município, visando o restabelecimento da Ordem Pública, por meio de decreto, sob o qual recairá necessário controle político do Poder Legislativo;

(B) O Presidente da República, mediante aquiescência do Conselho de Defesa Nacional e por solicitação do Governador do Estado ou da Assembleia Legislativa do Estado de Minas Gerais, poderá decretar ESTADO DE SÍTIO, limitando alguns direitos e garantias individuais nas áreas afetadas, submetendo sua ordem à apreciação do Congresso Nacional no prazo de 24 horas, para aprovação;

(C) Tanto o Presidente da República como o Governador do Estado poderão decretar ESTADO DE DEFESA por trinta dias prorrogáveis por igual período, limitando alguns direitos e garantias constitucionais, visando restabelecimento da ordem pública, consultando previamente o Conselho de Defesa Nacional (que emitirá parecer não vinculativo) e submetendo, respectivamente, o decreto de instalação ao Congresso Nacional ou Assembleia Legislativa de Minas Gerais;

(D) O Presidente da República poderá decretar intervenção no Estado ou ESTADO DE DEFESA na região atingida, de acordo com o tipo de comprometimento à ordem pública ou de desordem institucional, colhendo parecer não vinculativo do Conselho Nacional de Justiça, emite um decreto que será apreciado pelo Congresso Nacional;

(E) O Governador do Estado de Minas, por solicitação do Executivo do Município em questão, poderá decretar ESTADO DE DEFESA para estabilizar a ordem pública regional, submetendo seu ato à aprovação da Assembleia Legislativa no prazo de 24 horas.

A: A situação não se enquadra nas hipóteses listadas no art. 35 da CF; **B:** O PR deve solicitar a decretação ao Congresso Nacional (art. 137 da CF); o Conselho de Defesa é órgão meramente consultivo, não precisa aquiescer (art. 91, § 1°, II, da CF); **C:** É ato do Presidente da República (art. 136 da CF); **D:** Art. 34, II e art. 136, caput e § 4°, ambos da CF; **E:** É ato do Presidente da República (art. 136 da CF).

Gabarito "D"

(Procurador do Estado/MG – 2007) Dizer que a República Federativa do Brasil é formada pela união indissolúvel dos Municípios é algo sem sentido, porque, se assim fora, ter-se-ia que admitir que a Constituição está provendo contra uma hipotética secessão municipal, no dizer de José Afonso da Silva (in Curso de Direito Constitucional Positivo, São Paulo: Malheiros Editores, 26ª edição revista e atualizada, 2006). Isto significa dizer que

(A) a sanção correspondente a tal hipótese é a intervenção federal que não existe em relação aos Municípios.

(B) a intervenção em Municípios não é da competência dos Estados.

(C) os Municípios continuam a ser divisões político-administrativas da União.

(D) nenhuma hipótese anterior está correta.

A: Em regra sim, mas existe intervenção federal em Municípios localizados em territórios federais (art. 35 da CF); **B:** Não reflete o disposto no art. 35 da CF; **C:** São unidades federadas autônomas – art. 18 da CF.

Gabarito "A"

(Procurador do Estado/MT – FCC – 2011) Proposta de alteração da Lei Orgânica de um Município com 35.000 habitantes prevê que a Câmara Municipal será composta por 11 Vereadores, cujos subsídios, a serem fixados em cada legislatura para a subsequente, deverão corresponder a, no máximo, trinta por cento dos subsídios dos Deputados estaduais, observado, ainda, que o total da despesa com a remuneração dos Vereadores não poderá ultrapassar o montante de cinco por cento da receita do Município. Referida proposta

(A) é incompatível com a Constituição da República, que subtrai do Município a faculdade de disciplinar a matéria.

(B) é incompatível com a Constituição da República, no que diz respeito à fixação do número de Vereadores da Câmara Municipal.

(C) ofende a disciplina constitucional da matéria, no que diz respeito à fixação do subsídio dos Vereadores adotando como parâmetro o dos Deputados estaduais.

(D) ofende a disciplina constitucional da matéria, no que diz respeito ao limite de despesas municipais com a remuneração de Vereadores.

(E) é compatível com a disciplina constitucional da matéria.

Art. 29, IV, "c"; VI, "b" e VII, da CF.

Gabarito "E"

(Procurador do Estado/MT – FCC – 2011) Relativamente à organização política do Estado de Mato Grosso, dispõem os artigos 17 e 176 da Constituição estadual:

Art. 17. É mantida a integridade territorial do Estado, que somente será alterada mediante aprovação de sua população e por lei complementar federal.

Art. 176. A criação, a incorporação, a fusão e o desmembramento de Municípios preservarão a continuidade e a unidade histórico-cultural do ambiente urbano, far-se-á por lei estadual, obedecidos os requisitos previstos em lei complementar estadual e dependerão de consulta prévia, mediante plebiscito, às populações diretamente interessadas.

A esse respeito, é correto afirmar que

(A) as disposições contidas nos artigos 17 e 176 são compatíveis com a disciplina vigente da matéria na Constituição da República.

(B) as disposições contidas nos artigos 17 e 176 são incompatíveis com a disciplina vigente da matéria na Constituição da República.

(C) o disposto no artigo 17 é incompatível com a disciplina vigente da matéria na Constituição da República, no que se refere à exigência de aprovação por lei complementar federal.

(D) o disposto no artigo 176 é incompatível com a disciplina vigente da matéria na Constituição da República, que estabelece, ainda, exigência de divulgação de estudos de Viabilidade Municipal, previamente à realização da consulta à população.

(E) a matéria relativa à organização política do ente da Federação se insere na sua capacidade de auto-organização, não competindo à Constituição da República disciplinar a matéria.

A criação, a incorporação, a fusão e o desmembramento de municípios devem seguir o regramento estabelecido no art. 18, § 4º, da CF, ou seja, a) realizarem-se durante o período previsto em lei complementar federal, b) após a elaboração de estudo de viabilidade municipal, c) com consulta prévia (mediante plebiscito) às populações diretamente interessadas e, cumpridos esses requisitos, o processo é finalizado pela edição de, d) lei estadual.

Gabarito "D"

(Procurador do Estado/MT – FCC – 2011) Nos termos da Constituição da República e da Constituição do Estado de Mato Grosso, a intervenção do Estado no Município, com vistas a prover a execução de lei, ordem ou decisão judicial,

(A) será precedida de representação do interessado ao Governador, que, aquiescendo, decretará a intervenção e submeterá o decreto, com a respectiva justificação, dentro de vinte e quatro horas, à apreciação da Assembleia Legislativa.

(B) será precedida de provimento de representação pelo Tribunal de Justiça e Decreto do Governador, que comunicará ao Presidente do Tribunal e à Câmara Municipal os efeitos da medida, independentemente de autorização da Assembleia Legislativa.

(C) dependerá do provimento, pelo Superior Tribunal de Justiça, de representação do Procurador-Geral da República.

(D) dependerá do provimento, pelo Tribunal de Justiça, de representação do Governador do Estado.

(E) ficará restrita, em qualquer hipótese, à suspensão da execução do ato impugnado.

Art. 35, IV c, da CF.

Gabarito "B"

(Procurador do Estado/PA – 2011) Com relação à repartição constitucional de competências, assinale a alternativa INCORRETA:

(A) A União tem competência exclusiva para registrar, acompanhar e fiscalizar as concessões de direitos de pesquisa e exploração de recursos hídricos e minerais em território nacional.

(B) No âmbito da legislação concorrente, se não houver lei federal sobre normas gerais, os Estados exercerão a competência legislativa plena, adequando-a às suas particularidades.

(C) Compete à União, aos Estados e ao Distrito Federal legislar concorrentemente sobre custas dos serviços forenses.

(D) A União possui competência privativa para legislar sobre jazidas, minas, outros recursos minerais e metalurgia.

(E) É competência comum da União, dos Estados, do Distrito Federal e dos Municípios cuidar da saúde das pessoas portadoras de deficiência.

A: É competência comum (art. 23, XI, da CF); **B:** Art. 24, § 3º, da CF; **C:** Art. 24, IV, da CF; **D:** Art. 22, XII, da CF; **E:** Art. 23, II, da CF.

Gabarito "A"

(Procurador do Estado/PR – UEL-COPS – 2011) Em algumas hipóteses, a intervenção apresenta um aspecto judicial. Quais das situações abaixo correspondem a tal descrição:

I. quando o chefe do Ministério Público estadual propõe ação direta de inconstitucionalidade interventiva por violação de princípio sensível da Constituição estadual.

II. quando o Procurador-Geral de Justiça oferece representação interventiva pela falta de pagamento da dívida fundada.

III. quando o Superior Tribunal de Justiça dá provimento à representação do Procurador-Geral da República por inexecução de lei federal.

IV. quando o Procurador-Geral da República oferece representação interventiva por violação de princípio sensível da Constituição Federal.

V. quando não forem prestadas as contas devidas perante o Tribunal de Contas.

Estão **corretas**:

(A) as assertivas I, II e IV;

(B) as assertivas II, III e IV;

(C) as assertivas I e IV;

(D) as assertivas I, IV e V;

(E) as assertivas I, III e V.

I: Os princípios sensíveis encontram-se no art. 34, VII, da CF. No âmbito federal, a competência é do Procurador-Geral da República, chefe do Ministério Público da União (art. 36, III, da CF) e, por simetria, do Procurador-Geral de Justiça em âmbito estadual; **II:** O art. 35, I, da CF não demanda atuação do PGJ; **III:** Competência do STF (art. 34, VI c/c art. 36, III, ambos da CF); IV: Art. 34, VII, c/c art. 36, III, da CF; V: O art. 35, II, da CF não possui aspecto judicial.

Gabarito "C"

(Procurador do Estado/PR – UEL-COPS – 2011) Quais dentre os seguintes são requisitos para a reconfiguração (incorporação, subdivisão etc.) de Estados:

I. consulta à população do território que pretende autonomizar-se como novo Estado.

II. consulta à população do território que restar do Estado originário.

III. aprovação de lei complementar federal.

IV. aprovação de lei complementar estadual. Alternativas:

(A) estão corretas somente as assertivas I, II e III;

(B) estão corretas somente as assertivas I, II e IV;

(C) estão corretas somente as assertivas I, III e IV;

(D) estão corretas somente as assertivas II e IV;

(E) estão corretas somente as assertivas I e III.

Art. 18, § 3º, da CF.

Gabarito "A"

(PROCURADOR DO ESTADO/RS – FUNDATEC – 2010) Considerando que, na Federação Brasileira, os Estados organizam-se e regem-se pelas Constituições e leis que adotarem, analise as seguintes hipóteses:

I. Dispositivo de Constituição estadual estabeleceu que a implantação de usinas nucleares no território do respectivo Estado dependerá de autorização prévia da Assembleia Legislativa, a ser confirmada em plebiscito.

II. Emenda introduzida em Constituição estadual possibilitou a extensão dos mandatos dos Deputados integrantes da Assembleia Legislativa daquele Estado por período superior a quatro anos.

III. Lei estadual de iniciativa parlamentar concedeu desconto no pagamento antecipado do IPVA e parcelamento do valor devido pelos contribuintes daquele Estado.

Estão de acordo com as normas da Constituição da República, segundo a jurisprudência do Supremo Tribunal Federal:

(A) Apenas I.

(B) Apenas II.

(C) Apenas III.

(D) Apenas I e II.

(E) Apenas I e III.

I: Viola o art. 225, § 6º, da CF; **II:** Viola o art. 27, § 1º, da CF; **III:** Art. 155, III, da CF.

Gabarito "C"

(Procurador do Estado/SP – VUNESP – 2005) As disposições constitucionais a respeito da repartição de competências entre os entes da Federação brasileira estabelecem o seguinte:

(A) a União tem competência privativa para legislar sobre direito do consumidor, tendo editado o Código de Defesa do Consumidor com base nessa competência.

(B) a Constituição veda aos Estados legislarem sobre questões específicas relativas às matérias de competência legislativa privativa da União.

(C) no âmbito da legislação concorrente, prevalece a hierarquia da lei federal, o que impede os Estados de legislarem quando a matéria já tiver sido objeto de legislação da União.

(D) os Estados detêm competência legislativa residual, exceto em matéria tributária, embora os Estados possam ser autorizados a legislar sobre questões específicas em matéria de competência privativa da União.

(E) ao Distrito Federal foram atribuídas as competências legislativas reservadas aos Estados e Municípios, incluindo a competência para legislar sobre o Ministério Público e a Defensoria Pública do Distrito Federal.

A: Competência concorrente (art. 24, VIII, da CF); **B:** Lei complementar pode autorizar os estados a legislarem sobre as matérias privativas da União (art. 22, parágrafo único, da CF); **C:** Não reflete o disposto no art. 24, §§ 1° a 4°, da CF; **D:** Art. 25, § 1°, da CF (competência residual dos estados). A competência tributária residual é da União (art. 154 da CF). V., tb., art. 22, parágrafo único, da CF; **E:** A primeira parte está correta (art. 32, § 1°, da CF), mas a segunda é competência privativa da União (art. 22, XVII, da CF).

Gabarito "D"

(Procurador do Município/Cubatão-SP – 2012 – VUNESP) Assinale a alternativa correta a respeito dos Municípios.

(A) A lei orgânica municipal deve ser votada pela Câmara Municipal em dois turnos e, para ser aprovada, necessita de dois terços dos votos dos Vereadores, sendo, em seguida, remetida ao Prefeito Municipal para a sanção e promulgação.

(B) A eleição para Prefeito e Vice-Prefeito será realizada em dois turnos nos Municípios com mais de duzentos mil habitantes.

(C) Para a composição da Câmara Municipal, o limite máximo de Vereadores permitido pela Constituição em um Município com mais de oito milhões de habitantes será de 58 Vereadores.

(D) O total da despesa com a remuneração dos Vereadores não poderá ultrapassar o montante de cinco por cento da receita do Município.

(E) É permitida a criação de Tribunais, Conselhos ou órgãos de Contas Municipais, com a finalidade de auxiliar o Poder Legislativo no controle externo municipal.

A: Art. 29, caput, da CF, não exige participação do prefeito; **B:** O art. 29, II, da CF refere-se a municípios com mais de duzentos mil eleitores, não habitantes; **C:** O art. 29, IV, "x", da CF estabelece o número máximo de 55 vereadores; **D:** Art. 29, VII, da CF; **E:** Art. 31, § 4°, da CF.

Gabarito "D"

(Procurador do Município/Manaus-AM – 2006 – FCC) A Constituição Federal estabelece que

(A) o Estado não intervirá em seus Municípios, exceto quando não tiver sido aplicado o mínimo exigido da receita municipal no desenvolvimento do desporto, do trabalho e da moradia.

(B) a União intervirá nos Municípios localizados em Território Federal, quando deixar de ser paga, em qualquer hipótese, por três anos consecutivos a dívida fundada.

(C) no caso de desobediência a ordem do Poder Judiciário, a decretação da intervenção dependerá de requisição do Procurador-Geral da República ou do Procurador-Geral de Justiça Estadual.

(D) o decreto de intervenção será necessariamente submetido a apreciação do Congresso Nacional ou da Assembleia Legislativa do Estado, no prazo de setenta e duas horas.

(E) cessados os motivos da intervenção, as autoridades afastadas de seus cargos a estes voltarão, salvo impedimento legal.

A: As hipóteses de intervenção do Estado em seus Municípios estão listadas no art. 35, I a IV, da CF; **B:** Não reflete o disposto no art. 35, I, da CF. O dispositivo dispõe que a intervenção ocorrerá caso o pagamento não seja feito por dois anos consecutivos.; **C:** A hipótese do art. 35, IV, da CF opera-se na forma do art. 36, I, da CF; **D:** Não precisa ser submetido nas hipóteses do art. 36, § 3°, da CF; **E:** Art. 36, § 4°, da CF.

Gabarito "E"

(Procurador do Município/Manaus-AM – 2006 – FCC) Atendidos os princípios estabelecidos na Constituição Federal e na do respectivo Estado, o Município reger-se á por lei orgânica, votada em

(A) dois turnos, com o interstício mínimo de cinco dias, aprovada pela maioria simples dos membros da Câmara Municipal, e promulgada pelo Chefe do Executivo Municipal.

(B) turno único, aprovada por dois terços dos membros da Câmara Municipal e promulgada pelo Chefe do Executivo Municipal.

(C) turno único, aprovada pela maioria simples dos membros da Câmara Municipal e sancionada pelo Chefe do Executivo Municipal.

(D) dois turnos, com o interstício mínimo de dez dias, e aprovada por dois terços dos membros da Câmara Municipal, que a promulgará.

(E) dois turnos, em sessão única, e aprovada por dois terços dos membros da Câmara Municipal, que a sancionará.

Art. 29, caput, da CF.

Gabarito "D"

(Procurador do Município/Manaus-AM – 2006 – FCC) Quanto à fiscalização e ao controle das contas municipais, a Constituição Federal prevê que

(A) o controle externo da Câmara Municipal será exercido com o auxílio dos Tribunais de Contas dos Estados ou do Município ou dos Conselhos ou Tribunais de Contas dos Municípios, onde houver.

(B) é vedada a criação de Tribunais de Contas Municipais, salvo de Conselhos ou órgãos de Contas Municipais.

(C) o parecer prévio, emitido sobre as contas que o Prefeito deve semestralmente prestar, só deixará de prevalecer pela decisão da maioria simples dos membros da Câmara Municipal.

(D) a fiscalização do Município será exercida pelo Poder Executivo Municipal, mediante controle externo, e pelos sistemas de controle interno do Poder Legislativo Municipal.

(E) a Câmara Municipal não gastará mais de 50% de sua receita com folha de pagamento, não podendo a remuneração dos vereadores ultrapassar o montante de 7% da receita do Município.

A: Art. 31, § 1º, da CF; **B:** Não reflete o disposto no art. 31, § 4º, da CF; **C:** Não reflete o disposto no art. 31, § 2º, da CF; **D:** Não reflete o disposto no art. 31, caput, da CF; **E:** 70% (art. 29-A, § 1º, da CF) e 5% (art. 29, VII, da CF), respectivamente.

Gabarito "A"

(Procurador do Município/Manaus-AM – 2006 – FCC) O total da despesa do Poder Legislativo Municipal, incluídos os subsídios dos Vereadores e excluídos os gastos com inativos, não poderá ultrapassar o seguinte percentual, relativo ao somatório da receita tributária e das transferências, efetivamente realizadas no exercício anterior para Municípios com população acima de 500.000 (quinhentos mil) habitantes:

(A) 9%

(B) 8%

(C) 7%

(D) 6%

(E) 5%

Art. 29-A, III, da CF.

Gabarito "E"

(Procurador do Município/Manaus-AM – 2006 – FCC) De acordo com os preceitos fixados pela Constituição Federal de 1988,

(A) o número de Vereadores será proporcional à população do município e poderá variar de nove a sessenta e cinco.

(B) o subsídio dos Vereadores, dependendo do número de habitantes de cada Município, deverá variar entre 20% e 75% do subsídio dos Deputados Estaduais.

(C) o valor total da despesa com remuneração dos Vereadores não poderá ultrapassar 6% da receita do Município.

(D) o subsídio dos Vereadores será fixado pelo Prefeito Municipal a cada duas legislaturas.

(E) é assegurada ao Vereador a inviolabilidade de suas opiniões e palavras e votos em todo Território Nacional.

A: É proporcional, podendo variar entre 9 e 55 (art. 29, IV, "a" a "x", da CF); **B:** Art. 29, VI, "a" a "f", da CF; **C:** 5% (art. 29, VII, da CF); **D:** Não reflete o disposto no art. 29, VI, da CF; **E:** É limitada ao município (art. 29, VIII, da CF).

Gabarito "B"

(Procurador do Município/Manaus-AM – 2006 – FCC) O Município quando legisla sobre limpeza pública, coleta e destinação do lixo está

(A) expedindo norma derivada de sua competência residual.

(B) suplementando legislação estadual no que couber.

(C) suplementando legislação federal no que couber.

(D) expedindo norma derivada de sua própria autonomia constitucional.

(E) regulamentando norma geral editada pela União Federal.

Art. 30, I, da CF.

Gabarito "D"

(Procurador do Município/Natal-RN – 2008 – CESPE) A respeito da organização do Estado, assinale a opção correta.

(A) A União é pessoa jurídica de direito público interno com autonomia política e titular de soberania.

(B) A criação, a incorporação, a fusão e o desmembramento de município devem ser feitos por lei estadual, observados os requisitos previstos na CF.

(C) De acordo com a CF, o DF é a capital federal do Brasil.

(D) Os potenciais de energia hidráulica são bens comuns da União e dos estados onde se encontrem.

A: A União tem dupla personalidade – interna (PJ de direito público interno) e externa (representa a República Federativa do Brasil). A soberania é atributo da República Federativa do Brasil (art. 1º, I, da CF) e seu titular é o povo; **B:** Art. 18, § 4º, da CF; **C:** Brasília é a capital do Brasil (art. 18, § 1º, da CF); **D:** São bens da União (art. 20, VIII, da CF).

Gabarito "B"

(Procurador do Município/Natal-RN – 2008 – CESPE) De acordo com a jurisprudência do STF, assinale a opção correta acerca de competências.

(A) Está no âmbito da competência estadual lei que limite o valor de quantia cobrada para uso de estacionamento de veículos em área particular.

(B) Lei estadual que obrigue as empresas de construção civil a fornecer café da manhã aos trabalhadores que compareçam ao trabalho com quinze minutos de antecedência não viola a competência privativa da União para legislar sobre direito do trabalho.

(C) É de competência privativa da União legislar sobre a garantia de pagamento de meia entrada aos locais públicos de cultura, esporte e lazer.

(D) Os estados podem, por via legislativa local, criar o instituto da reclamação, sem que isso represente invasão da competência privativa da União para legislar sobre direito processual, visto que a natureza jurídica da reclamação não é de recurso, de ação ou de incidente processual.

A: Competência da União. V. STF, ADIN 1918, Rel. Min. Maurício Corrêa: "Hipótese de inconstitucionalidade formal por invasão de competência privativa da União para legislar sobre direito civil (CF, artigo 22, I)"; **B:** O STF já declarou a inconstitucionalidade da "lei do café da manhã" por violação da competência da União em matéria trabalhista (V. ADIn 3251, Rel. Min. Carlos Britto); **C:** Competência concorrente (art. 24, IX e XV, da CF). V. ADIn 3512, Rel. Min. Eros Grau. Sobre o tema, está em voga a regulamentação da meia-

-entrada pelos Estados para as partidas da Copa do Mundo, na forma da Lei geral da Copa; **D:** STF, ADIn 2212, Rel. Min. Ellen Gracie: "A natureza jurídica da reclamação não é a de um recurso, de uma ação e nem de um incidente processual. Situa-se ela no âmbito do direito constitucional de petição previsto no artigo 5º, inciso XXXIV da Constituição Federal. Em consequência, a sua adoção pelo Estado-membro, pela via legislativa local, não implica em invasão da competência privativa da União para legislar sobre direito processual (art. 22, I da CF)".

Gabarito "D"

(Procurador do Município/Recife-PE – 2008 – FCC) Dentre as hipóteses ensejadoras de intervenção dos Estados-membros nos Municípios encontra-se

I. o descumprimento, ainda que involuntário, de decisão judicial transitada em julgado;

II. a violação aos princípios indicados na Constituição estadual;

III. a invasão estrangeira;

IV. o grave comprometimento da ordem pública;

V. a não prestação de contas devidas na forma da lei.

Está correto o que se afirma SOMENTE em

(A) I, II e III.

(B) I, II e V

(C) I, III e V.

(D) II, III e IV.

(E) II e V.

I, II, III, IV e V: Art. 35, I a IV, da CF.

Gabarito "E"

(Procurador do Município/Recife-PE – 2008 – FCC) A intervenção do Estado-membro em Município depende de prévia decisão do Tribunal de Justiça do Estado, em representação proposta para este fim, na hipótese de

(A) não terem sido prestadas contas devidas na forma da lei.

(B) não pagamento da dívida fundada por dois anos consecutivos, sem motivo de força maior.

(C) não aplicação do mínimo exigido da receita municipal na manutenção e desenvolvimento do ensino.

(D) inexecução de lei, ordem ou decisão judicial.

(E) violação do livre exercício do Poder Legislativo ou do Executivo municipal.

Art. 35, IV, da CF.

Gabarito "D"

(Procurador do Município/Recife-PE – 2008 – FCC) Cabe aos Estados-membros, no exercício de sua autonomia,

(A) explorar os serviços locais de gás canalizado, ainda que por medida provisória.

(B) legislar concorrentemente com a União Federal sobre procedimentos em matéria processual.

(C) editar normas específicas sobre produção e consumo, mediante prévia autorização por lei complementar federal.

(D) exercer somente as competências enumeradas na Constituição Federal.

(E) suprir a inexistência de lei federal em matéria de direito eleitoral.

A: Não reflete o disposto no art. 25, § 2º, da CF; **B:** Art. 24, XI, da CF; **C:** Competência concorrente (art. 24, V, da CF); **D:** Possui a competência legislativa residual (art. 25, § 1º, da CF), lembrando que a competência residual tributária é da União (art. 154 da CF); **E:** Direito eleitoral é matéria de competência privativa da União (art. 22, I, da CF).

Gabarito "B"

(Procurador do Município/São José dos Campos-SP – 2012 – VUNESP) A competência para legislar sobre responsabilidade por dano ao meio ambiente, ao consumidor, a bens e direitos de valor artístico, estético, histórico, turístico e paisagístico é uma competência

(A) legislativa privativa da União.

(B) para a qual a União limitar-se-á a estabelecer normas gerais.

(C) legislativa concorrente entre a União, os Estados e o Distrito Federal e os Municípios.

(D) legislativa privativa dos Estados.

(E) comum entre a União e os Estados e o Distrito Federal.

Art. 24, VIII, da CF.

Gabarito "B"

(Procurador do Município/São José dos Campos-SP – 2012 – VUNESP) O Presidente da Câmara Municipal de um determinado Município gastou 65% da receita da Câmara, no ano passado, com a folha de pagamento dos funcionários, incluído o gasto com o subsídio de seus Vereadores. Diante do que dispõe a Constituição Federal referente a essa conduta do Parlamentar, é correto afirmar que o Presidente da Câmara

(A) deverá responder por crime de responsabilidade e será julgado pelo Tribunal de Justiça do Estado.

(B) responderá por crime comum e será julgado pelo Superior Tribunal de Justiça.

(C) deverá responder por crime de responsabilidade e será julgado pela Câmara de Vereadores.

(D) deverá ter seu mandato cassado por falta de decoro parlamentar por ter gasto mais do que o limite permitido pela Constituição Federal.

(E) não responderá por crime algum, uma vez que não gastou mais do que o limite permitido pela Constituição.

Art. 29-A, § 1º, da CF.

Gabarito "E"

(Procurador do Município/São Paulo-SP – 2008 – FCC) Ao Município é reconhecida competência para suplementar a legislação estadual e federal com o escopo de atender ao interesse local. No exercício desta atribuição, o ente local poderá

(A) editar normas que venham a dispor contrariamente à legislação estadual e federal.

(B) complementar ou suprir normas legislativas federais e estaduais, no que couber.

(C) disciplinar matérias de competência privativa da União em conformidade com o disposto em lei complementar federal.

(D) baixar normas de regência do funcionamento dos registros públicos.

(E) invocar a competência suplementar para aumentar catálogo da legislação federal proibitivo da venda de determinado gênero ou produto no Município.

Art. 30, II, da CF.

Gabarito "B"

(Procurador do Município/São Paulo-SP – 2008 – FCC) O horário de funcionamento de farmácias constitui matéria reservada ao Município, em razão de competência

(A) explícita, enunciada na Constituição Estadual.

(B) concorrente, inerente à competência de cuidar da saúde.

(C) residual, consolidada por força de súmula editada pelo Supremo Tribunal Federal.

(D) implícita, decorrente da competência de prestar assistência pública.

(E) implícita, extraída da competência de legislar sobre assuntos de interesse local, reconhecida por súmula do Supremo Tribunal Federal.

Art. 30, I, da CF. V. Súmula 419/STF.

Gabarito "E"

(Procurador do Município/São Paulo-SP – 2008 – FCC) Dentre as tarefas do Município, insere-se a promoção da educação, apresentando o caráter constitucional de

(A) atribuição explícita, em se tratando do campo do ensino fundamental.

(B) atuação em colaboração com o Estado-membro, na área do ensino médio e da educação infantil.

(C) subsidiariedade para impor a interveniência do poder municipal no segmento da educação infantil, quando o setor privado se afigurar inadequado à demanda.

(D) competência implícita, incorporada na de legislar sobre assunto de interesse local.

(E) obrigação prioritária das autoridades municipais no tocante ao ensino médio.

Art. 30, VI, da CF.

Gabarito "A"

(Procurador do Município/São Paulo-SP – 2008 – FCC) A intervenção no Município, quando decorrente de provimento de representação dirigida ao Tribunal de Justiça, será efetuada

(A) por decreto editado pelo Governador do Estado e apreciado pela Assembleia Legislativa.

(B) mediante suspensão do ato impugnado, por decreto subscrito pelo Governador do Estado, se esta medida bastar ao restabelecimento da normalidade.

(C) após prévia apreciação pelo Congresso Nacional.

(D) mediante nomeação de interventor pelo Governador do Estado.

(E) se houver recusa da Assembleia Legislativa à execução de ordem ou decisão judiciária.

Art. 35, IV e art. 36, § 3º, ambos da CF.

Gabarito "B"

(Procurador do Município/São Paulo-SP – 2008 – FCC) Os atos de improbidade administrativa praticados por autoridade municipal serão objeto de apreciação e de aplicação das sanções constitucionais pelo

(A) Prefeito, mediante reclamação relativa à prestação dos serviços públicos.

(B) Procurador-Geral do Município, na hipótese de representação contra o exercício negligente de cargo, emprego ou função administrativa.

(C) Poder Judiciário, podendo importar na perda da função pública e indisponibilidade dos bens.

(D) Poder Judiciário, podendo importar na extradição do agente.

(E) Procurador-Geral de Justiça, podendo importar na suspensão dos direitos políticos e perda da função pública.

Art. 37, § 4º, da CF.

Gabarito "C"

(Procurador do Município/São Paulo-SP – 2008 – FCC) O Prefeito de Município será processado e julgado

(A) pela prática de crimes comuns perante o Tribunal de Justiça do Estado.

(B) pela Câmara Municipal por ato de seus assessores que ocasionem prejuízo ao erário público.

(C) nas infrações político-administrativas pelo Tribunal de Justiça do Estado.

(D) pela Justiça Eleitoral quando a denúncia for formulada por partido político.

(E) nos crimes de responsabilidade, pelo Superior Tribunal de Justiça.

Art. 29, X, da CF, que diz respeito à competência penal originária, não abrangendo a competência cível. V., tb., Súmula 107/STF : "A competência do Tribunal de Justiça para julgar Prefeitos restringe-se aos crimes de competência da Justiça comum estadual; nos demais casos, a competência originária caberá ao respectivo tribunal de segundo grau", como no caso de crimes eleitorais, cuja competência é do Tribunal Regional Eleitoral.

Gabarito "A"

(Procurador do Município/Sorocaba-SP – 2012 – VUNESP) Conforme dispõe a Constituição Federal, a competência para legislar sobre assistência jurídica e Defensoria pública é uma competência

(A) privativa da União.

(B) comum entre a União, Estados, Distrito Federal e Municípios.

(C) concorrente entre a União e Estados e Distrito Federal.

(D) privativa dos Municípios.

(E) dos Estados, que devem estabelecer as normas gerais sobre a matéria.

Art. 24, XIII, da CF.

Gabarito "C"

(Procurador do Município/Sorocaba-SP – 2012 – VUNESP) Determinado Prefeito Municipal pretende criar um Conselho de Contas Municipais, para auxiliá-lo no controle das contas do Município. Considerando o disposto na Constituição Federal, pode-se dizer que essa pretensão

(A) tem amparo constitucional, uma vez que é dever do Prefeito zelar pelas contas do Município e a criação do Conselho tem esse objetivo.

(B) é inconstitucional, pois a Constituição veda a criação de Tribunais, Conselhos ou órgãos de Contas Municipais.

(C) é permitida pela Constituição, mas a criação do Conselho terá que ser aprovada pela Câmara Municipal.

(D) não poderá ser concretizada pelo Prefeito, já que a Constituição estabelece que somente por lei Estadual poderá ser criado esse Conselho.

(E) é viável juridicamente, já que a criação do Conselho é matéria de lei de iniciativa exclusiva do Chefe do Executivo, mas deve o Prefeito incluir no orçamento os recursos necessários para esse fim.

Art. 31, § 4º, da CF, mas a Constituição ressalva os Tribunais de Contas Municipais já existentes à época de sua promulgação (art. 31, § 1º, parte final, da CF).

Gabarito "B"

(Procurador do Município/Sorocaba-SP – 2012 – VUNESP) Pelas regras constitucionais, a criação de Municípios

(A) far-se-á por lei Federal, dentro do período determinado por Lei Complementar estadual.

(B) far-se-á por meio de Lei Orgânica Municipal, depois de aprovada a criação por lei estadual.

(C) dependerá de referendo para a sua aprovação.

(D) exige estudos de viabilidade municipal, que devem ser divulgados, apresentados e publicados na forma da lei.

(E) é vedada pela Constituição Federal.

A criação, a incorporação, a fusão e o desmembramento de municípios devem seguir o regramento estabelecido no art. 18, § 4º, da CF, ou seja, a) realizarem-se durante o período previsto em lei complementar federal, b) após a elaboração de estudo de viabilidade municipal, c) com consulta prévia (mediante plebiscito) às populações diretamente interessadas e, cumpridos esses requisitos, o processo é finalizado pela edição de, d) lei estadual.

Gabarito "D"

(Procurador do Município/Sorocaba-SP – 2012 – VUNESP) O total da despesa com a remuneração dos vereadores, considerando a receita do Município, não poderá ultrapassar o montante de

(A) 1%.

(B) 2%.

(C) 3%.

(D) 5%.

(E) 7%.

Art. 29, VII, da CF.

Gabarito "D"

(Procurador do Município/Sorocaba-SP – 2012 – VUNESP) O Vereador João Sinésio, do Município de Bretão, no exercício do mandato, ao discursar em convenção do seu partido que ocorreu na cidade vizinha de Bretinha, chamou seu desafeto político de ladrão, na frente de várias testemunhas. Nessa situação, a Constituição Federal prevê que o vereador

(A) não poderá ser processado, já que não cometeu qualquer crime.

(B) poderá ser processado, pois os vereadores, diferentemente dos deputados e senadores, não possuem qualquer tipo de imunidade.

(C) poderá ser processado se a Câmara Municipal de Bretinha autorizar a abertura de processo contra ele.

(D) poderá ser processado se a Câmara Municipal de Bretão autorizar a abertura de processo contra ele.

(E) poderá ser normalmente processado pelo crime cometido, visto que a inviolabilidade dos vereadores não o protege fora do seu Município.

A imunidade material (por opiniões, palavras e votos) só protege o político no exercício do mandato ou em razão dele. A limitação territorial da imunidade parlamentar material existe apenas para os vereadores (art. 29, VIII, da CF).

Gabarito "E"

(Procurador do Estado/RO – 2011 – FCC) Dentre os bens pertencentes ao Estado, incluem-se

(A) as cavidades naturais subterrâneas, os sítios arqueológicos e pré-históricos.

(B) as ilhas fluviais e lacustres em seu território.

(C) as águas superficiais ou subterrâneas, fluentes, emergentes e em depósito, ressalvadas, neste caso, da forma da lei, as decorrentes de obras da União.

(D) os potenciais de energia elétrica.

(E) os recursos naturais da plataforma continental e da zona econômica exclusiva de seu território.

A, D e **E:** São bens da União (art. 20, V, VIII e X, da CF); **B:** Somente as não pertencentes à União (art. 26, III, da CF); **C:** Art. 26, I, da CF.

Gabarito "C"

(Procurador do Estado/PE – CESPE – 2009) Em um distrito pertencente ao município X, foi realizada pesquisa de opinião pública, seguida de abaixo-assinado, no qual sua população optou por desmembrar o distrito do município X, criando um novo município. Sendo assim, a assembleia legislativa do estado aprovou lei estadual em que criou o novo município e delimitou os novos limites deste e do município X. Nessa situação hipotética, a lei estadual que criou o novo município é

(A) constitucional, já que foram realizados uma pesquisa de opinião pública e um abaixo-assinado, em que a população do distrito manifestava seu interesse na criação do novo município.

(B) inconstitucional, pois a criação de novos municípios pode ser regulamentada apenas por lei federal.

(C) constitucional, pois atende a todos os requisitos previstos na CF para desmembramento de municípios.

(D) inconstitucional, pois não foi realizada prévia consulta, mediante plebiscito, das populações de ambas as localidades.

(E) inconstitucional, pois a transformação de distrito em município depende de autorização prévia de lei municipal ao qual pertença o distrito, não cabendo ao estado legislar sobre tal matéria.

Art. 18, § 4º, da CF: "A criação, a incorporação, a fusão e o desmembramento de Municípios, far-se-ão por lei estadual, dentro do período determinado por Lei Complementar Federal, e dependerão de consulta prévia, mediante plebiscito, às populações dos Municípios envolvidos, após divulgação dos Estudos de Viabilidade Municipal, apresentados e publicados na forma da lei".

Gabarito "D"

(Procurador do Estado/SC – 2009) Assinale a alternativa correta, com respeito ao modelo constitucional, federal e estadual brasileiro.

(A) Cabe à União explorar os serviços de gás canalizado, na forma em que dispuser a lei.

(B) O federalismo brasileiro pressupõe conferir às unidades federadas capacidade de autogoverno; autolegislação e autoadministração.

(C) No Brasil, decorre do *status* de unidade federada, a autonomia ou independência da União em face das demais unidades políticas.

(D) É de competência privativa da União legislar sobre assistência pública a pessoas portadoras de deficiência física.

(E) Compete privativamente ao Município legislar sobre crime de responsabilidade do Prefeito e dos membros da Câmara de Vereadores.

A: Competência estadual (art. 25, § 2º, da CF); **B:** De acordo com o art. 18 da CF, a União, os Estados-membros, como também os Municípios, são autônomos. Segundo a doutrina, autonomia é a capacidade de auto-organização (cada um dos entes federativos pode elaborar sua própria Constituição), autogoverno (garantia assegurada ao povo de escolher seus próprios dirigentes e de, através deles, editar leis) e autoadministração (capacidade assegurada aos Estados de possuir administração própria, faculdade de dar execução às leis vigentes); **C:** Não há independência, mas autonomia (que não é apenas da União, mas de todos os entes federados, de acordo com o art. 18 da CF); **D:** Competência concorrente da União, dos Estados e do Distrito Federal (art. 24, XIV, da CF); **E:** São crimes de natureza política, portanto, a competência é da União (art. 22, I, da CF).

Gabarito "B"

(Procurador do Estado/SP – FCC – 2009) Determinado Município edita lei reguladora das licitações e contratos administrativos da respectiva Administração direta e autárquica, observando tal legislação local as normas gerais da Lei Federal nº 8.666/93. O referido diploma legal é

(A) inconstitucional, porquanto a legislação federal sobre licitações e contratos administrativos é exaustiva, não havendo espaço para o exercício da competência suplementar municipal.

(B) inconstitucional, pois em sede de legislação concorrente, apenas os Estados-membros dispõem da competência para suplementar as normas gerais federais.

(C) constitucional, desde que lei complementar estadual tenha autorizado os Municípios do Estado a legislar sobre questões específicas da matéria em pauta.

(D) inconstitucional, uma vez que compete à União, privativamente, legislar sobre contratos em geral.

(E) constitucional, já que a edição de normas gerais pela União, em matéria de competência legislativa concorrente, não pode eliminar a legislação suplementar de Estados e Municípios.

A União é privativamente competente para legislar sobre normas gerais de licitação e contratação (art. 22, XXVII, da CF), razão pela qual os municípios podem suplementar a legislação federal no que lhe for pertinente.

Gabarito "E"

(Procurador do Estado/PI – 2008 – CESPE) A respeito de Federação, assinale a opção correta.

(A) Quanto à sua origem, a Federação brasileira foi formada por agregação.

(B) No Brasil, hoje, existe um federalismo de segundo grau.

(C) São entes federativos a União, os estados, o DF, os municípios e os territórios.

(D) Os estados podem incorporar-se entre si, subdividir-se ou desmembrar-se para se anexarem a outros, ou formarem novos estados ou territórios federais, obedecidos os requisitos legais.

(E) A criação dos territórios e a sua transformação em estado são reguladas por meio de emenda constitucional.

A: O federalismo brasileiro resulta de movimento histórico que transformou a forma unitária em federativa, pela outorga de autonomia às unidades que formavam o território, originando os Estados-membros. Chama-se federalismo por segregação ou federação imperfeita. Os EUA, por sua vez, constituem uma federação por agregação, ou perfeita, pois formada a partir de antigos Estados soberanos, que se reuniram em um único Estado federal; **B:** Federalismo de segundo grau – Manoel Gonçalves Ferreira Filho afirma que o federalismo brasileiro reconhece três ordens (União, Estados e Municípios), ao invés da clássica divisão do Estado federal, que consagra apenas duas. Em decorrência, além do federalismo de primeiro grau, que declina da União para os Estados, a Constituição de 1988 consagra um federalismo de segundo grau, que avança dos Estados para os Municípios. **C:** Art. 18, *caput* e § 2º, CF: "Art. 18 – A organização político-administrativa da República Federativa do Brasil compreende a União, os Estados, o Distrito Federal e os Municípios, todos autônomos, nos termos desta Constituição". Hoje inexistem territórios federais (arts. 14 e 15 ADCT), que podem vir a ser criados (Art. 18, § 2º e 33, CF); **D:** Art. 18, § 3º, CF; **E:** Art. 18, § 2º, CF.

Gabarito "D"

(Procurador do Estado/CE – 2008 – CESPE) De acordo com a repartição de competências prevista na Constituição Federal, assinale a opção correta.

(A) Segundo a jurisprudência do STF, é constitucional lei estadual que disponha sobre o ensino de língua espanhola aos alunos da rede pública do respectivo estado.

(B) Segundo a jurisprudência do STF, é constitucional lei estadual que disponha sobre a utilização de película solar nos vidros dos veículos.

(C) É competência privativa da União estabelecer e implantar política de educação para a segurança do trânsito.

(D) Compete à União, aos estados, ao DF e aos municípios legislar concorrentemente sobre proteção ao patrimônio histórico, cultural, artístico, turístico e paisagístico.

(E) Compete privativamente à União legislar sobre direito tributário e financeiro.

A: Ver ADIn 3669/DF, Rel. Min Cármen Lúcia; **B:** Ver ADIn 1704/MT, Rel. Min. Carlos Velloso; **C:** Art. 23, XII, da CF; **D:** O art. 24, VII, da CF não se refere aos Municípios; **E:** Art. 24, I, da CF.

Gabarito "A"

(Procurador do Estado/PI – 2008 – CESPE) No que concerne à repartição de competência entre as entidades federativas, assinale a opção correta.

(A) Lei complementar federal poderá autorizar os estados a legislar sobre questões específicas das matérias de competência privativa da União.

(B) Aos estados caberá legislar sobre matérias de interesse geral, de acordo com o princípio da predominância do interesse.

(C) Compete à União legislar privativamente sobre a proteção do patrimônio histórico.

(D) Compete à União, aos estados e aos municípios legislar concorrentemente sobre navegação lacustre.

(E) A União poderá delegar aos estados a competência para legislar sobre direito urbanístico.

A: Art. 22, parágrafo único, da CF; **B:** Pelo princípio da predominância do interesse, cabe à União legislar sobre matéria de interesse geral, aos Estados sobre interesse regional, aos Municípios sobre interesse local e ao Distrito Federal sobre interesses locais e regionais, com possibilidade de áreas comuns de atuação administrativa, bem como de delegação; **C:** Art. 24, VII, da CF; **D:** Art. 22, X, da CF; **E:**Art. 24, I e §§ 1º a 4º, da CF.

Gabarito "A"

(Procurador do Estado/PR – 2007) O Estado do Paraná editou lei sobre matéria de competência privativa da União: ALTERNATIVAS:

(A) referida lei é inconstitucional porque os estados-membros não podem invadir a competência da União;

(B) referida lei é constitucional porque seu âmbito espacial de validade não ultrapassa os limites territoriais do Estado;

(C) referida lei é constitucional porque o Presidente da República autorizou os Estados a legislarem sobre a matéria;

(D) referida lei é constitucional porque Congresso Nacional, por meio de uma lei ordinária, autorizou aos Estados a legislarem sobre a matéria;

(E) referida lei é constitucional porque autorizada por lei complementar federal, limita-se ao tratamento de questões específicas da matéria de competência da União.

A: A afirmação genérica é errada, pois os Estados podem legislar em matéria privativa da União quando autorizados por lei complementar (art. 22, parágrafo único, da CF); **B:** Só seria constitucional se tratasse de questoes específicas do Estado e desde que autorizado por lei complementar federal; **C:** A autorização não é do Presidente da República, mas do Poder Legislativo (art. 22, parágrafo único, da CF); **D:** A autorização só é possível por lei complementar (art. 22, parágrafo único, da CF); **E:** Art. 22, parágrafo único, da CF.

Gabarito "E"

(Procurador do Estado/SE – FCC – 2005) A decretação de intervenção da União em um dos Estados da federação dependerá de provimento, pelo Supremo Tribunal Federal, de representação do Procurador-Geral da República, na hipótese de

(A) grave comprometimento da ordem pública.

(B) não pagamento, por 2 anos consecutivos, da dívida fundada.

(C) recusa à execução de lei federal.

(D) obstáculo ao livre exercício de qualquer dos Poderes do Estado.

(E) desobediência a ordem ou decisão judiciária.

Nas hipóteses do art. 34, VII, da CF e no caso de recusa à execução de lei federal, por força do art. 36, III, da CF.

Gabarito "C"

(Procurador do Município/São Paulo-SP – 2008 – FCC) A produção de Lei Orgânica no âmbito municipal espelha o exercício da

(A) capacidade de auto-organização conferida aos Municípios pela Constituição Federal de 1988.

(B) competência de criação de leis próprias, consagrada no constitucionalismo brasileiro, desde a primeira Constituição republicana de 1891.

(C) atribuição expressamente delegada aos Municípios pela Constituição do respectivo Estado-membro.

(D) autonomia municipal, consubstanciada em autogoverno, autoadministração e autojurisdição.

(E) função legislativa da Câmara Municipal com a sanção do Prefeito.

Os entes federativos são autônomos (art. 18 da CF) e, segundo a doutrina, a autonomia consiste na capacidade de auto-organização (cada um dos entes federativos pode elaborar sua própria Constituição ou Lei Orgânica), autogoverno (garantia assegurada ao povo de escolher seus próprios dirigentes e de, através deles, editar leis) e autoadministração (capacidade de possuir administração própria, faculdade de dar execução às leis vigentes).

Gabarito "A"

(Procurador do Município/São Paulo-SP – 2008 – FCC) É da competência da Câmara Municipal de São Paulo

(A) escolher 3 (três) Conselheiros para, ocorrendo vaga ou impedimento, integrarem, na qualidade de membros substitutos, o Tribunal de Contas do Município.

(B) deliberar sobre aprovação ou não do nome indicado para substituição eventual de Conselheiro do Tribunal de Contas do Município.

(C) nomear 3 (três) dos membros do Tribunal de Contas do Município, após arguição em sessão pública.

(D) aprovar a escolha dos titulares dos cargos de Conselheiros do Tribunal de Contas do Município, indicados pelo Prefeito.

(E) deliberar no prazo de 15 (quinze) dias sobre o nome indicado para vaga de Conselheiro junto ao Tribunal de Contas do Município.

Art. 14, XVII, da Lei Orgânica do município de São Paulo. Por simetria do art. 52, III, "b", da CF. Note-se que o Tribunal de Contas do Município de São Paulo já existia quando da promulgação da Constituição (art. 31, § 1º, da CF, parte final).

Gabarito "D"

(Procurador do Município/São Paulo-SP – 2008 – FCC) Audiências públicas serão convocadas pela Câmara Municipal de São Paulo quando

(A) estiver envolvida a política municipal ou estadual de meio ambiente, desde que uma de suas comissões permanentes entenda oportuna a participação popular.

(B) tratar-se de diretrizes orçamentárias e criação, estruturação e atribuição das Secretarias, Subprefeituras, Conselhos de Representantes e dos órgãos da Administração Pública.

(C) a sociedade civil manifestar interesse, em projeto de lei, por meio de requerimento, subscrito por 0,1% (um décimo por cento) de eleitores do Município.

(D) objetivar-se a alteração de denominação de próprios, vias e logradouros públicos.

(E) cuidar-se da atenção devida à criança, ao adolescente e ao idoso.

Art. 41, § 2º, da Lei Orgânica do Município de São Paulo.

Gabarito "C"

(Procurador do Município/Florianópolis-SC – 2010 – FEPESE) São requisitos para a criação, a incorporação, a fusão e o desmembramento de Municípios, **exceto**:

(A) Efetivação por lei estadual.

(B) Determinação do período por Lei Complementar Federal.

(C) Consulta plebiscitária às populações dos Municípios envolvidos.

(D) Divulgação dos Estudos de Viabilidade Municipal.

(E) Elaboração de lei pelo Poder Legislativo dos Municípios envolvidos.

Art. 18, § 4º, da CF.

Gabarito "E"

(Procurador do Município/Teresina-PI – 2010 – FCC) A intervenção do Estado nos seus Municípios poderá ocorrer

(A) para assegurar a observância dos princípios constitucionais de direitos da pessoa humana.

(B) com o fim de manter a integridade nacional.

(C) quando o Tribunal de Justiça der provimento à representação para assegurar a observância de princípios indicados na Constituição Estadual, ou para promover a execução de lei, de ordem ou da decisão judicial.

(D) para pôr termo a grave comprometimento da ordem pública.

(E) para garantir a autonomia Municipal.

Art. 35, I a IV, da CF.

Gabarito "C"

(Procurador do Município/Teresina-PI – 2010 – FCC) A competência para legislar sobre educação e ensino é

(A) concorrente da União, dos Estados e do Distrito Federal.

(B) privativa da União.

(C) privativa dos Estados e do Distrito Federal.

(D) comum da União, dos Estados, do Distrito Federal e dos Municípios.

(E) privativa do Município.

Art. 24, IX, da CF.

Gabarito "A"

(Procurador da Fazenda Nacional – 2007.2 – ESAF) Das opções abaixo, assinale a que contém matéria compreendida na competência privativa da União para legislar ou dispor sobre.

(A) Produção e consumo.

(B) Proteção do meio ambiente e combate à poluição em qualquer de suas formas.

(C) Propaganda comercial.

(D) Proteção à infância e à juventude.

(E) Direito Tributário, Financeiro, Penitenciário e Econômico.

A: Art. 24, V, da CF: competência concorrente; **B:** Art. 23, VI, da CF: competência comum; **C:** Art. 22, XXIX, da CF; **D:** Art. 24, XV, da CF: competência concorrente; **E:** Art. 24, I, da CF: competência concorrente.

Gabarito "C"

(Procurador da Fazenda Nacional – 2007 – ESAF) Assinale a única opção correta no âmbito da repartição de competência federativa.

(A) Compete privativamente à União manter o serviço postal e o correio aéreo nacional.

(B) É vedado à União, aos Estados, ao Distrito Federal e aos Municípios recusar fé aos documentos públicos, salvo nas hipóteses previstas em lei.

(C) No caso da competência concorrente, a cooperação entre os entes federados deverá ser estabelecida em lei complementar federal.

(D) Compete aos Estados Membros, no âmbito de sua autonomia, instituir regiões metropolitanas, aglomerações urbanas e microrregiões.

(E) Compete exclusivamente à União legislar sobre sistema monetário, mas a legislação sobre direito econômico é de natureza privativa.

A: A competência é da União (art. 21, X, da CF), mas não é privativa; **B:** Não reflete o disposto no art. 19, II, da CF. O referido dispositivo não menciona a exceção de hipóteses previstas em lei.; **C:** Não reflete o disposto no art. 24, §§ 1° a 4°, da CF; **D:** Art. 25, § 3°, da CF; **E:** Legislar sobre sistema monetário é competência privativa da União (art. 22, VI, da CF). Já sobre direito econômico é concorrente (art. 24, I, da CF).

Gabarito "D"

(Procurador Federal – 2010 – CESPE) Julgue os itens seguintes, que versam sobre as competências dos entes federativos no Estado brasileiro.

(1) De acordo com entendimento do STF, é inconstitucional lei estadual que disponha sobre aspectos relativos ao contrato de prestação de serviços escolares ou educacionais, por se tratar de matéria inserida na esfera de competência privativa da União.

(2) Para o STF, é inconstitucional norma inserida no âmbito de constituição estadual que outorgue imunidade formal, relativa à prisão, ao chefe do Poder Executivo estadual, por configurar ofensa ao princípio republicano.

(3) A CF atribui à União a competência tributária residual, permitindo-lhe instituir, mediante lei ordinária específica, outros impostos além dos arrolados em sua esfera de competência, desde que esses impostos não tenham fato gerador ou base de cálculo próprios dos arrolados na CF e sejam não cumulativos.

1: Assim, uma lei estadual que estabelecesse o dia de vencimento das mensalidades escolares seria inconstitucional por violar o art. 22, XXIV, da CF; **2:** De acordo com o STF, a imunidade do Presidente da República, prevista no art. 86, § 3°, da CF, não pode ser conferida aos Governadores de Estado pelas Constituições estaduais. Confira-se passagem da ementa da ADI 978, Rel. Min. Ilmar Galvão: "(...) O Estado-membro, ainda que em norma constante de sua própria Constituição, não dispõe de competência para outorgar ao Governador a prerrogativa extraordinária da imunidade à prisão em flagrante, à prisão preventiva e à prisão temporária, pois a disciplina dessas modalidades de prisão cautelar submete-se, com exclusividade, ao poder normativo da União Federal, por efeito de expressa reserva constitucional de competência definida pela Carta da República. - A norma constante da Constituição estadual - que impede a prisão do Governador de Estado antes de sua condenação penal definitiva - não se reveste de validade jurídica e, consequentemente, não pode subsistir em face de sua evidente incompatibilidade com o texto da Constituição Federal. PRERROGATIVAS INERENTES AO PRESIDENTE DA REPÚBLICA ENQUANTO CHEFE DE ESTADO. - Os Estados-membros não podem reproduzir em suas próprias Constituições o conteúdo normativo dos preceitos inscritos no art. 86, PAR.3. e 4., da Carta Federal, pois as prerrogativas contempladas nesses preceitos da Lei Fundamental - por serem unicamente compatíveis com a condição institucional de Chefe de Estado - são apenas extensíveis ao Presidente da República"; **3:** O art. 154, I, da CF traduz competência tributária residual da União, mas a instituição deve ser feita mediante lei complementar.

Gabarito 1C, 2C, 3E

(Procuradoria Federal – 2007 – CESPE) Julgue o seguinte item.

(1) A intervenção federal representa elemento de estabilização da ordem normativa prevista na CF, mas representa também a própria negação, ainda que transitória, da autonomia reconhecida aos estados-membros pela CF.

Representa elemento de estabilização porque visa o reequilíbrio federativo e de negação porque interfere na autonomia dos Estados, com invasão de sua esfera de competências.

Gabarito 1C

(Procuradoria Federal – 2007 – CESPE) Julgue o seguinte item.

(1) No modelo federativo instituído pela CF, se é certo que o rol dos princípios sensíveis foi menos abrangente, demonstrando a expansão dos poderes jurídicos na esfera das coletividades locais, o mesmo não se deu quanto aos princípios extensíveis e aos princípios estabelecidos, pois estes, além de estarem disseminados pelo texto constitucional, configuram um acervo expressivo de hipóteses de limitação da autonomia local.

A Constituição de 1988 reduziu os princípios sensíveis, que se limitam aos previstos no art. 34, VII. São aqueles de observância obrigatória, sob pena de intervenção. Os extensíveis correspondem às normas de organização que a CF estendeu para os Estados, na sua auto-organização (arts. 1°, I ao IV; 3°, I ao IV; 6° ao 11; 93, I a XI; 95, I a III, etc.). Os princípios estabelecidos são aqueles que limitam a autonomia organizatória do Estado, listando preceitos de observância obrigatória (mas que não geram intervenção no caso de descumprimento), como os dispostos nos arts. 19, 37 a 41, 125, 150, 152, etc.

Gabarito 1C

(Procuradoria Federal – 2007 – CESPE) Julgue o seguinte item.

(1) A inobservância, pelos estados, dos denominados princípios constitucionais sensíveis configura um ilícito constitucional de dupla consequência. De um lado, haverá uma consequência de caráter estritamente político-administrativo, qual seja, a ilegitimidade constitucional do ato do poder público local; de outro, haverá uma consequência de natureza jurídica, consistente na possibilidade de decretação de intervenção federal no estado-membro.

Justo o contrário: a ilegitimidade constitucional do ato do poder público é consequência ***jurídica*** e a intervenção federal consequência ***político-administrativa.***

Gabarito 1E

(Procuradoria Federal – 2007 – CESPE) Julgue o seguinte item.

(1) O dever de cumprir as decisões emanadas do Poder Judiciário, sobretudo nos casos em que a condenação judicial tem por destinatário o próprio poder público, muito mais do que simples incumbência de ordem processual, representa uma obrigação institucional a que não se pode subtrair o aparelho de Estado, sob pena de grave comprometimento dos princípios consagrados no texto da CF. A desobediência a ordem ou decisão judicial pode gerar, no sistema jurídico brasileiro, gravíssimas consequências na esfera institucional, com a decretação de intervenção federal nos estados-membros.

Reflete a redação do art. 34, VI, da CF.

Gabarito 1C

(Advogado da União/AGU – CESPE – 2009) No que concerne à Federação brasileira, julgue os itens a seguir.

(1) Suponha que a constituição de determinado estado-membro tenha assegurado a estudantes o direito à meia-passagem nos transportes coletivos urbanos rodoviários municipais. Nessa situação, de acordo com o entendimento do STF, a previsão é constitucional, pois o ente estadual atuou no âmbito de sua competência, dando tratamento equânime aos estudantes em toda a sua esfera de atuação.

(2) No âmbito da competência legislativa concorrente, caso a União não tenha editado a norma geral, o estado-membro poderá exercer a competência legislativa ampla. Contudo, sobrevindo a norma federal faltante, o diploma estadual terá sua eficácia suspensa no que lhe for contrário, operando-se, a partir de então, um verdadeiro bloqueio de competência, já que o estado-membro não mais poderá legislar sobre normas gerais quanto ao tema tratado na legislação federal.

1: É inconstitucional porque o Estado não pode dispor sobre matéria da competência municipal (art. 30, V, da CF); **2:** Art. 24, §§ 3º e 4º, da CF.

Gabarito 1E, 2C

(Procurador da Fazenda Nacional – 2006 – ESAF) Assinale a norma que não fere a Constituição Federal.

(A) Norma estadual que determina a perda da propriedade de veículo cujo IPVA não seja pago por mais de 3 anos consecutivos.

(B) Norma municipal que estipula tempo máximo para que as agências bancárias situadas no território do Município atendam clientes em fila de espera.

(C) Norma de lei estadual que veda a concessão de gratuidade no transporte coletivo urbano.

(D) Norma da Constituição Estadual que estabelece a competência do Governador para conceder, por decreto, anistia tributária.

(E) Lei estadual que, versando sobre trânsito de automóveis no território do Estado, proíbe a instalação de barreiras eletrônicas e impõe a desativação das já existentes.

A: incorreta. A medida fere a CF diante da proibição do confisco na seara tributária (art. 150, IV, da CF); **B:** correta. Cabe aos Municípios legislar sobre assuntos de interesse local (art. 30, I, da CF); **C:** incorreta. A norma fere frontalmente o art. 230, § 2º da CF; **D:** incorreta. A CF estabelece que a concessão de anistia se dará pelo Congresso Nacional (art. 48, VIII), sendo as atribuições de cada Poder consideradas como normas de reprodução necessária nas Constituições Estaduais; **E:** incorreta. Compete privativamente à União legislar sobre trânsito (art. 22, XI, da CF).

Gabarito "B"

(Procurador da Fazenda Nacional – 2004 – ESAF) Assinale a opção correta.

(A) Quanto às competências legislativas concorrentes da União e dos Estados-membros, a lei federal sempre prepondera sobre a estadual.

(B) É correto afirmar que o legislador federal efetua um bloqueio de competências do Estado-membro,quando legisla em matéria de competência legislativa concorrente.

(C) Os Estados-membros são livres para suplementar a legislação federal editada no exercício da competência exclusiva da União.

(D) Os Estados-membros e, nunca a União, dispõem de competências legislativas residuais.

(E) Os Estados-membros, por meio de leis complementares estaduais, podem dispor sobre questões específicas de matérias da competência privativa da União, independentemente de autorização federal para tanto.

A competência legislativa da União pode ser dividida em duas espécies: privativa (ou exclusiva) e concorrente. No âmbito da competência concorrente (art. 24 da CF), cabe à União a edição de normas gerais, reservado aos Estados e Distrito Federal o poder de editar as normas específicas para atender a suas peculiaridades. Assim, se a norma federal extrapolar sua função de delimitar apenas normas gerais, será declarada inconstitucional, não podendo prevalecer. De outra banda, enquanto respeitar seus limites, a norma federal impõe uma restrição à competência estadual, que deverá observá-la ainda que a lei federal seja superveniente. Já no âmbito da competência privativa (ou exclusiva) da União (art. 22 da CF), os Estados não detém competência suplementar, devendo abster-se de tratar da matéria. Há uma exceção somente: a União pode delegar, através de lei complementar federal, a competência aos Estados para tratar de matéria específica objeto de sua competência privativa. Por fim, resta esclarecer que a competência legislativa residual geral, realmente, pertence aos Estados (art. 25, § 1º, da CF). Não obstante, em determinadas matérias, a União também a recebeu, como vemos, por exemplo, na ordem tributária (art. 154, I, da CF).

Gabarito "B"

(Procurador da Fazenda Nacional – 2003 – ESAF) Assinale a opção correta.

(A) Pacificou-se o entendimento de que depende de juízo politicamente discricionário do Presidente da República a decisão de promover a intervenção federal em decorrência de provimento de ação de executoriedade de lei federal.

(B) Uma causa que opõe a União a uma autarquia estadual, em torno de disputa sobre certo título executivo, deverá ser julgada originariamente pelo Supremo Tribunal Federal, ainda que não tenha substrato político e possua conteúdo estritamente patrimonial.

(C) Da decisão de Tribunal de Justiça em representação para fins interventivos em Município cabe recurso extraordinário para o Supremo Tribunal Federal.

(D) O Estado-membro que descumpre decisão judicial do Tribunal Superior do Trabalho está sujeito a intervenção federal requisitada pelo Supremo Tribunal Federal.

(E) É válida a lei municipal que fixa horário de funcionamento dos bancos e instituições financeiras nos limites do território do Município.

Alternativa **A:** incorreta. A doutrina majoritária aponta que, em caso de procedência da representação interventiva pelo STJ visando a garantir a executoriedade de lei federal, não há discricionariedade na atuação do Presidente da República, que deve acatar a ordem judicial e decretar a intervenção. A razão do posicionamento é e a entrega de competência para decidir sobre a intervenção, nesse caso, ao Poder Judiciário, não se admitindo recusa do Poder Executivo em cumprir o quanto determinado; Alternativa **B:** incorreta. Nestes casos, a competência originária é da Justiça Federal de primeiro grau, pelo interesse da União, não havendo previsão de deslocamento da competência para tribunal superior; Alternativa **C:** incorreta, nos termos da Súmula nº 637 do STF, que não reconhece o cabimento do recurso extraordinário nesta hipótese; Alternativa **D:** correta. Estabelece o art. 36, II, da CF que a intervenção fundada em desobediência a decisão judicial será requisitada pelo Supremo Tribunal Federal, pelo Superior Tribunal de Justiça ou pelo Tribunal Superior Eleitoral. A legitimidade para requerer a intervenção decorre da vinculação do tribunal cuja autoridade foi questionada ao se negar cumprimento à sua decisão. Em caso de violação a decisão do TST, apenas o STF pode agir, por ser, dentre os legitimados, o único que se vincula à Justiça do Trabalho; Alternativa **E:** incorreta, nos termos da Súmula nº do STJ, que determina competência da União para fixação de horários bancários.

Gabarito "D"

(ADVOGADO – CORREIOS – 2011 – CESPE) Julgue os itens que se seguem, relativos à repartição constitucional de competências entre os entes da Federação brasileira.

(1) Compete à União, aos estados e ao Distrito Federal legislar sobre responsabilidade por dano ao meio ambiente e ao consumidor.

(2) A CF atribuiu à União a competência privativa para legislar sobre serviço postal, admitindo, contudo, que os estados legislem sobre questões específicas a respeito do tema, desde que haja lei complementar autorizadora.

1: correto (art. 24, inciso VIII, da CF); **2:** correto (art. 22, inciso V, combinado com o parágrafo único do mesmo artigo)

Gabarito 1C, 2C

(ADVOGADO – CEF – 2010 – CESPE) Acerca do instituto da intervenção, assinale a opção correta.

(A) Em âmbito estadual, para garantir o livre exercício de qualquer dos poderes nas unidades da Federação, o presidente da República poderá ser solicitado a decretar a intervenção pelo Poder Legislativo ou pelo chefe do Poder Executivo, se esses poderes se sentirem sob coação indevida, ou pelo presidente do tribunal de justiça, se a coação recair sobre o Poder Judiciário.

(B) O presidente da República é a autoridade competente para decretar a intervenção federal; no entanto, dependerá de representação para tal fim, especialmente nas situações destinadas a pôr termo a grave comprometimento da ordem pública e a reorganizar as finanças da unidade da Federação que deixar de entregar aos municípios receitas tributárias fixadas na CF, dentro dos prazos estabelecidos em lei.

(C) O procedimento destinado a viabilizar, nas hipóteses de descumprimento de ordem ou de sentença judiciais, a efetivação do ato de intervenção federal nos estados-membros reveste-se de caráter político-administrativo, muito embora instaurado perante órgão competente do Poder

Judiciário, circunstância que inviabiliza, ante a ausência de causa, a utilização do recurso extraordinário.

(D) O procurador-geral da República poderá propor perante o STF ação de executoriedade de lei federal ou representação por inconstitucionalidade para fins interventivos. Essas modalidades de intervenção passam por crivo judicial; no entanto, o presidente da República não está obrigado a decretar a intervenção.

(E) No caso de desobediência a ordem ou decisão judiciária, a presença de voluntariedade e intencionalidade no descumprimento da decisão transitada em julgado não é pressuposto indispensável ao acolhimento do pedido de intervenção federal, bastando, para tanto, a simples inobservância da ordem da autoridade judiciária competente mesmo sem esses elementos subjetivos.

A: incorreta, pois na hipótese de intervenção federal em razão da necessidade de garantia do livre exercício de qualquer dos Poderes nas unidades da Federação (art. 34, inciso IV, da CF), a decretação da intervenção dependerá de solicitação do Poder Legislativo ou do Poder Executivo coacto ou impedido, ou de requisição do Supremo Tribunal Federal, se a coação for exercida contra o Poder Judiciário (art. 36, inciso I, da CF); **B:** incorreta, pois nas hipóteses de pôr termo a grave comprometimento da ordem pública (art. 34, inciso III, da CF) e de reorganizar as finanças da unidade da Federação que deixar de entregar aos municípios receitas tributárias fixadas na CF, dentro dos prazos estabelecidos em lei" (art. 34, inciso V, alínea "b", da CF), prescinde-se de representação, de modo que pode o Presidente da República agir de ofício; **C:** correta, pois este é o entendimento do STF, já consolidado na Súmula 637, cujo verbete determina que "não cabe recurso extraordinário contra acórdão de Tribunal de Justiça que defere pedido de intervenção estadual em Município"; **D:** incorreta, pois embora haja a previsão da competência do PGR para a propositura de ambas as ações (art. 36, inciso III, da CF), se houver provimento no âmbito do STF, o Presidente da República estará sim obrigado a decretar a intervenção; **E:** incorreta, pois, nos termos da jurisprudência do STF, o descumprimento voluntário e intencional de decisão judicial transitada em julgado é pressuposto indispensável ao acolhimento do pedido de intervenção federal (IF 5.050-AgR, DJ 24/04/2008)W

Gabarito "C"

(ADVOGADO – SERPRO – 2008 – CESPE) Acerca dos conceitos de Estado, nação e povo, julgue os itens que se seguem.

(1) A federação é uma forma de governo na qual há uma nítida separação de competências entre as esferas estaduais, dotadas de autonomia, e o poder público central, denominado União.

(2) O conceito de Estado possui basicamente quatro elementos: nação, território, governo e soberania. Assim, não é possível que haja mais de uma nação em um determinado Estado, ou mais de um Estado para a mesma nação.

1: incorreto, pois a federação é uma forma de Estado, e não de governo, embora esteja correta a afirmação de que nela há uma nítida separação de competências entre as esferas estaduais, dotadas de autonomia, e o poder público central, denominado União; **2:** incorreto, pois é possível a existência de mais de uma nação dentro do mesmo Estado ou mesmo espalhada por vários Estados. Entende-se por nação o conjunto de pessoas ligadas por fatores culturais, religiosos e étnicos. Assim, por exemplo, judeus e palestinos podem compor o mesmo Estado (Isarel), embora formem diferentes nações.

Gabarito 1E, 2E

(ADVOGADO – DATAPREV – 2009 – UFF) Acerca da Organização do Estado, é correto afirmar que:

(A) compete privativamente à União combater as causas da pobreza e os fatores de marginalização, promovendo a integração social dos setores desfavorecidos;

(B) a superveniência de lei federal sobre normas gerais de competência concorrente da União, dos Estados e do Distrito Federal suspende a eficácia da lei estadual, no que lhe for contrário;

(C) é competência comum da União, dos Estados, do Distrito Federal e dos Municípios organizar, manter e executar a inspeção do trabalho;

(D) compete à União, aos Estados e ao Distrito Federal legislar concorrentemente sobre águas, energia, informática, telecomunicações e radiodifusão;

(E) compete privativamente à União legislar sobre previdência social, proteção e defesa da saúde.

A: incorreto, pois tal atribuição é de competência comum entre a União, Estados, Distrito Federal e Municípios (art. 23, inciso X); **B:** correto, com a ressalva de que a Constituição utiliza a expressão "execução" em vez de "eficácia". Todavia, entende-se que, neste caso, as expressões são tratadas como sinônimas (art. 24, § 4º, da CF); **C:** incorreto, pois se trata de competência exclusiva da União (art. 21, inciso XXIV, da CF); **D:** incorreto, pois se trata de competência legislativa privativa da União (art. 22, inciso IV, da CF); **E:** incorreto, pois se trata de competência legislativa concorrente da União, Estados e Distrito Federal (art. 24, inciso XII).

Gabarito "B"

(ADVOGADO – IRB – 2006 – ESAF) Sobre evolução político-constitucional, sistema de repartição de competência na organização do Estado brasileiro, Estado-membro e Intervenção no Estado e nos Municípios, assinale a única opção correta.

(A) Sob a ordem constitucional de 1824, o Poder Judiciário era composto por juízes nomeados pelo Imperador, que podiam ser suspensos mediante processo e audiência do Conselho do Estado; sob a Constituição de 1891, os juízes tinham garantia de irredutibilidade de vencimentos, mas não eram vitalícios.

(B) A constituição de 1937 rompeu com o bicameralismo, ficando a atividade legislativa a cargo, exclusivamente, da Câmara dos Deputados.

(C) Em razão do sistema de repartição de competências adotado na Constituição de 1988, regra geral, tem-se que as atribuições e competências dos municípios são definidas indicativamente.

(D) A intervenção da União no Estado, para prover a execução de decisão judicial, far-se-á, tão somente, por meio de requisição do Supremo Tribunal Federal.

(E) Como o controle político do ato de intervenção cabe ao Congresso Nacional, todo decreto de intervenção será submetido à apreciação do Congresso Nacional, no prazo constitucionalmente estabelecido.

A: incorreto, pois na Constituição de 1891 os juízes eram vitalícios (art. 57); **B:** incorreto, pois na Constituição de 1937 o Parlamento Nacional era composto pela Câmara dos Deputados e pelo Conselho Federal (art. 38, § 1º); **C:** correto, pois cabe aos Municípios legislar sobre assuntos de interesse local e suplementar a legislação federal e estadual no que couber, sem que haja a especificação das matérias (art. 30, incisos I e II, da CF); **D:** incorreto, pois a requisição também poderá partir do STJ ou do TSE (art. 36, inciso II, da CF); **E:** incorreto, pois em nem todas as hipóteses de intervenção há o controle político do Congresso Nacional (art. 36, § 3º, da CF).

Gabarito "C"

(ADVOGADO – BNDES – 2002 – VUNESP) O Estado brasileiro encontra-se organizado sob a forma federativa. Portanto, é vedado

(A) subdividir ou extinguir qualquer dos estados ou dos municípios existentes.

(B) criar territórios federais, extintos que foram com a Constituição de 1988

(C) o remanejamento, por lei, de competência tributária outorgada aos entes federativos.

(D) aos municípios e aos estados criar leis contrárias à legislação federal.

(E) à União intervir em estados-membros da federação.

A: incorreto, pois é sim possível a subdivisão e a extinção dos estados e municípios existentes, desde que atendidos os requisitos constitucionais (Art. 18, §§ 3º e 4º); **B:** incorreto, pois também é permitida a criação de novos territórios a partir dos Estados atualmente existentes (art. 18, § 3º, da CF); **C:** correto, pois as competências tributárias possuem guarida constitucional (arts. 153 a 156 da CF), de modo que não é possível, por meio de lei infraconstitucional, tal espécie de remanejamento; **D:** incorreto, pois, em se tratando de competência concorrente, caberá à União o estabelecimento de leis gerais e aos estados a competência suplementar (art. 24, §§ 1º e 2º, da CF) e aos Municípios a competência para legislar sobre assuntos de interesse local (art. 30, inciso I, da CF); **E:** incorreto, pois há previsão constitucional expressa que permite à União intervir nos Estados-membros (art. 21, inciso V, da CF).

Gabarito "C"

(ADVOGADO – BNDES – 2001 – VUNESP) No âmbito da competência legislativa concorrente, ante a ausência de lei federal sobre normas gerais, os Estados

(A) não poderão legislar.

(B) poderão legislar apenas sobre normas específicas.

(C) poderão legislar apenas sobre normas gerais.

(D) exercerão competência legislativa plena, para atender a suas peculiaridades.

(E) poderão editar decretos normativos autônomos.

Por expressa disposição constitucional, "inexistindo lei federal sobre normas gerais, os Estados exercerão a competência legislativa plena, para atender a suas peculiaridades" (art. 24, § 3º, da CF).

Gabarito "D"

(ADVOGADO – BNDES – 2001 – VUNESP) Em matéria de competência legislativa privativa da União, os Estados

(A) nunca poderão legislar.

(B) estão autorizados, diretamente pela Constituição, a legislar sobre questões específicas.

(C) poderão ser autorizados, por lei complementar, a legislar sobre questões específicas.

(D) poderão ser autorizados, por lei ordinária, a legislar sobre questões específicas.

(E) poderão ser autorizados, por ato do Presidente da República, a legislar sobre questões específicas.

Por expressa disposição constitucional, lei complementar poderá autorizar os Estados a legislar sobre as matérias de competência privativa do Presidente da República (art. 22, parágrafo único, da CF).

Gabarito "C"

(ADVOGADO – BNB – 2006 – ACEP) Marque a alternativa **INCORRETA** a respeito das competências da União, dos Estados, do Distrito Federal e dos Municípios.

(A) Compete à União emitir moeda, administrar as reservas cambiais do País e fiscalizar as operações de natureza financeira, especialmente as de crédito, câmbio e capitalização, bem como as de seguros e de previdência privada e elaborar e executar planos nacionais e regionais de ordenação do território e de desenvolvimento econômico e social.

(B) Os Estados organizam-se e regem-se pelas constituições e leis que adotarem, observados os princípios constitucionais. Aos Estados são reservadas as competências que não lhes sejam vedadas pela Carta Magna.

(C) Compete aos Municípios organizar e prestar, diretamente ou sob regime de concessão ou permissão, os serviços públicos de interesse local, incluído o de transporte coletivo, que tem caráter essencial.

(D) Ao Distrito Federal são atribuídas as competências legislativas reservadas à União, aos Estados e aos Municípios. Compete, ainda, ao Distrito Federal organizar e manter a polícia civil, a polícia militar e o corpo de bombeiros militar do próprio Distrito Federal.

(E) Compete à União manter relações com estados estrangeiros e participar de organizações internacionais.

A: correto (art. 21, incisos VII, VIII e IX da CF); **B:** correto (art. 25, *caput* e § 1º da CF); **C:** correto (art. 30, inciso V, da CF); **D:** incorreto, pois ao DF são atribuídas apenas as competências legislativas reservadas aos Estados e aos Municípios (art. 32, § 1º, da CF). Por outro lado, compete à União – e não ao DF – organizar e manter a polícia civil, a polícia militar e o corpo de bombeiros militar do DF (art. 21, inciso XIV, da CF); E – correto (art. 21, inciso I, da CF).

Gabarito "D"

(PROCURADOR – BANCO CENTRAL – 2009 – CESPE) Assinale a opção correta, no que se refere à repartição de competência entre os entes da Federação brasileira.

(A) Norma estadual de iniciativa parlamentar que conceda melhoria remuneratória aos policiais militares do estado é constitucional, já que é atribuição do estado-membro legislar sobre matéria de interesse dos policiais militares do estado, e foi observado o modelo estabelecido para a esfera federal.

(B) Os estados-membros não possuem competência para explorar nem regulamentar a prestação de serviços de transporte intermunicipal, por se tratar de matéria de interesse local.

(C) Segundo o STF, é constitucional, e não se confunde com a atividade-fim das instituições bancárias, lei municipal que disponha sobre atendimento ao público e tempo de espera nas filas de atendimento das referidas instituições.

(D) O estado-membro tem competência para estabelecer, desde que na constituição estadual, regras de imunidade formal e material aplicáveis a vereadores.

(E) O STF considera inconstitucional, por invasão da competência da União para dispor sobre trânsito e transporte, lei estadual que autorize o Poder Executivo do estado a apreender e desemplacar veículo de transporte coletivo encontrado em situação irregular.

A: incorreto, pois são de iniciativa privativa do Presidente da República as leis que disponham sobre a criação de cargos, funções ou empregos públicos na administração direta e autárquica ou aumento de sua remuneração (art. 61, § 1º, inciso I, alínea "a", da CF); **B:** incorreto, pois não se trata de assunto de interesse local, mas sim estadual. Ademais, como são reservadas aos Estados-membros as competências que não lhes sejam vedadas pela Constituição, tanto a prestação quanto a regulamentação do transporte intermunicipal são competências estaduais (STF, ADI 2.349, DJ 14/10/2005); **C:** correto (STF, RE 432.789, DJ 07/10/2005); **D:** incorreto (STF, ADI 371, DJ 23/04/2004); **E:** incorreto, pois o STF entende que, nesse caso, a lei estaria inserida dentro do poder de polícia do Estado (STF, ADI 2.751, DJ 24/02/2006).

Gabarito "C"

(ADVOGADO – ANCINE – 2005 – CESPE) A Constituição da República, promulgada em 5/10/1988, dada a importância da matéria, reservou um de seus títulos à Organização do Estado. Com base no que estabelece a Constituição, julgue os seguintes itens.

(1) É competência exclusiva da União proteger os documentos, as obras e outros bens de valor histórico, artístico e cultural.

(2) Compete à União explorar, diretamente ou mediante autorização, concessão ou permissão, os serviços de radiodifusão sonora e de sons e imagens.

(3) Ressalvadas as restrições legais, compete à União explorar, diretamente ou mediante autorização, concessão ou permissão, os serviços de telecomunicações.

1: incorreto, pois se trata de competência comum da União, Estados, Distrito Federal e Municípios (art. 23, inciso III, da CF); **2:** correto (art. 21, inciso XII, alínea "a", da CF); **3:** correto (art. 21, inciso XI, da CF).

Gabarito 1E, 2C

(ADVOGADO – ANP – 2008 – CESGRANRIO) Sobre as matérias cuja competência para legislar é concorrente da União, Estados e Distrito Federal, foram feitas as afirmativas a seguir.

I. No âmbito da legislação concorrente, a competência da União limitar-se-á a estabelecer normas gerais.

II. A competência da União para legislar sobre normas gerais não exclui a competência suplementar dos Estados.

III. Inexistindo lei federal sobre normas gerais, os Estados exercerão a competência legislativa plena.

IV. A superveniência de lei federal sobre normas gerais suspende a eficácia da lei estadual, naquilo que lhe for contraditório.

Estão corretas as afirmativas

(A) I e II, apenas.

(B) I e IV, apenas.

(C) II e IV, apenas.

(D) I, II e IV, apenas.

(E) I, II, III e IV.

I: correto (art. 24, § 1º, da CF); **II:** correto (art. 24, § 2º, da CF); **III:** correto (art. 24, § 3º, da CF); IV: correto (art. 24, § 4º, da CF)

Gabarito "E"

9.2. DA ADMINISTRAÇÃO PÚBLICA

(Procurador Distrital – 2014 – CESPE) Acerca da disciplina constitucional e legal referente à composição dos cargos públicos, julgue os seguintes itens.

(1) Em razão do princípio da simetria, a Constituição estadual deve reproduzir a CF em relação à norma que rege a composição do Tribunal de Contas da União.

(2) Caso já ocupe o cargo de deputado distrital, filho de governador do estado torna-se elegível para o mesmo cargo na eleição subsequente.

(3) O governador do DF é inelegível para quaisquer outros cargos, a não ser que renuncie a seu mandato com uma antecedência mínima de seis meses em relação à data do pleito.

(4) Filho de governador de estado é inelegível para qualquer cargo eletivo em âmbito nacional.

1: correto. De fato as regras previstas na CF sobre a organização dos tribunais de contas dos estados e do DF são de observância obrigatória pelos Estados e DF; **2:** correto. A inelegibilidade reflexa, prevista no § 7º do art. 14 da CF, não atinge o parente que já for titular de mandato eletivo e candidato à reeleição. De acordo com tal dispositivo, são inelegíveis, no território de jurisdição do titular, o cônjuge e os parentes consanguíneos ou afins, até o segundo grau ou por adoção, do Presidente da República, de Governador de Estado ou Território, do Distrito Federal, de Prefeito ou de quem os haja substituído dentro dos seis meses anteriores ao pleito, salvo se já titular de mandato eletivo e candidato à reeleição; **3:** correto. O art. 14, § 6º, da CF, determina que para concorrerem a outros cargos, o Presidente da República, os Governadores de Estado e do Distrito Federal e os Prefeitos devem renunciar aos respectivos mandatos até seis meses antes do pleito; **4:** incorreto. A inelegibilidade neste caso está adstrita ao território de jurisdição do titular. É o que determina o art. 14, § 7º, da CF.

Gabarito 1C, 2C, 3C, 4E

(Procurador do Estado/AC – FMP – 2012) O servidor público, diante de ordem manifestamente desconforme à legalidade, emanada de autoridade competente, pode:

(A) questionar a validade da determinação perante o órgão do Judiciário competente para julgar o conflito.

(B) cumprir a determinação, pois não lhe é dado questionar ordem emanada de autoridade competente.

(C) não dar cumprimento à ordem, inclusive como dever de cidadania peculiar ao Estado de Direito.

(D) não dar cumprimento à ordem, ficando sujeito às consequências jurídicas pela desobediência à ordem superior.

STF, HC 73454, Rel. Min. Maurício Corrêa: "Ninguém é obrigado a cumprir ordem ilegal, ou a ela se submeter, ainda que emanada de autoridade judicial. Mais: é dever de cidadania opor-se à ordem ilegal; caso contrario, nega-se o Estado de Direito".

Gabarito "C"

(Procurador do Estado/AC – FMP – 2012) O concurso público é pressuposto constitucional de acesso aos cargos públicos, presente no art. 37 da Carta Republicana de 1988. Sendo assim, realizado o concurso público para o ingresso em carreira do funcionalismo estadual fica a Administração Pública vinculada à nomeação dos candidatos aprovados até o limite das vagas previstas no edital que regula o certame.

I. Mesmo assim, poderá a Administração Pública escolher o momento no qual se realizará a nomeação.

II. Surge, então, um dever de nomeação para a Administração e um direito à nomeação titularizado por todos os candidatos aprovados.

(A) Apenas a afirmativa I está correta.

(B) Apenas a afirmativa II está correta.

(C) Nenhuma das afirmativas está correta.

(D) Ambas as afirmativas estão corretas.

I e **II:** STF, RE 598099, Rel. Min. Gilmar Mendes: "Dentro do prazo de validade do concurso, a Administração poderá escolher o momento no qual se realizará a nomeação, mas não poderá dispor sobre a própria nomeação, a qual, de acordo com o edital, passa a constituir um direito do concursando aprovado e, dessa forma, um dever imposto ao poder público. Uma vez publicado o edital do concurso com número específico de vagas, o ato da Administração que declara os candidatos aprovados no certame cria um dever de nomeação para a própria Administração e, portanto, um direito à nomeação titularizado pelo candidato **aprovado dentro desse número de vagas**" A segunda afirmativa é falsa, pois nem todos os aprovados ficam classificados no limite das vagas previstas no edital.

Gabarito "A"

(PROCURADOR DO ESTADO/MG – FUMARC – 2012) Nos últimos anos, a complexidade das sociedades modernas determinou uma reavaliação dos princípios de gestão pública. Lembremos que, dentre os princípios da administração pública, a eficiência é um preceito constitucional que deve nortear os focos dos governos. Nesse sentido, a Constituição Mineira se alinhou com a Constituição Federal, ao predispor sobre a possibilidade jurídico-política da adoção de estratégias de gestão. Analise as afirmativas abaixo e assinale a alternativa correta:

I. A Constituição Mineira prevê a possibilidade da articulação regional de planejamento de funções públicas de interesse comum nas áreas de intensa urbanização e assistência aos municípios que sofrem com a escassez de recursos e condições socioeconômicas;

II. As Regiões Metropolitanas serão criadas por Lei Complementar, que determinará quais são as funções de interesse comum dos Municípios que integram a região, bem como contará com plano diretor integrado, um fundo específico e uma Assembleia Metropolitana com competência definida;

III. As Assembleias Metropolitanas definem as macrodiretrizes do planejamento global da região metropolitana e tem poder de veto em relação aos projetos que impactam o Fundo de Desenvolvimento Metropolitano.

ALTERNATIVAS

(A) As alternativas I, II e III estão corretas;

(B) Apenas as alternativas I e II estão corretas;

(C) Apenas as alternativas I e III estão corretas;

(D) Apenas as alternativas II e III estão corretas;

(E) As alternativas II e III estão incorretas.

I: Art. 41, I e III, da CE/MG; **II:** Art. 43, § 2º e art. 46, I a V, da CE/MG; **III:** Não reflete o disposto no art. 46, § 1º, da CE/MG: "§ 1º A Assembleia Metropolitana constitui o órgão colegiado de decisão superior e de representação do Estado e dos municípios na região metropolitana, competindo-lhe: I – definir as macrodiretrizes do planejamento global da região metropolitana; II – vetar, por deliberação de pelo menos dois terços de seus membros, resolução emitida pelo Conselho Deliberativo de Desenvolvimento Metropolitano".

Gabarito "B"

(Procurador do Estado/MG – 2007) Os princípios constitucionais da Administração Pública, em especial os expressamente elencados no art. 37 da Constituição Federal, impõem o substrato fundamental do regime jurídico-administrativo. Deles é que se irradiam outros princípios e regras que gizam o exercício de qualquer atividade administrativa, conforme leciona Ricardo Cunha Chimenti *et alii* (in Curso de Direito Constitucional, São Paulo: Saraiva, 2ª edição, 2005). Logo, consideram-se princípios informadores da Administração nos processos a que se refere:

(A) legalidade, igualdade, anterioridade, anualidade e interesse público.

(B) legalidade, liberdade, impessoalidade, imunidade religiosa, motivação e unidade geográfica.

(C) razoabilidade, segurança jurídica, contraditório, anualidade, irretroatividade, não confisco e ampla defesa.

(D) legalidade, finalidade, motivação, razoabilidade, proporcionalidade, moralidade, ampla defesa, contraditório, segurança jurídica, interesse público e eficiência.

A letra D prevê princípios aplicáveis à Administração Pública. As demais possuem princípios estranhos à Administração (como anterioridade, anualidade, liberdade, imunidade religiosa, unidade geográfica).

Gabarito "D"

(Procurador do Município/Recife-PE – 2008 – FCC) O princípio da motivação é tido pela doutrina como princípio que rege a administração pública, ainda que não esteja mencionado no *caput* do artigo 37 da Constituição Federal. Entretanto, a necessidade de motivação das decisões administrativas está expressamente prevista no texto constitucional no que toca às decisões

(A) em processos disciplinares.

(B) dos tribunais.

(C) do Tribunal de Contas da União.

(D) vinculadas.

(E) discricionárias.

Art. 93, X, da CF.

Gabarito "B"

(Procurador do Município/Sorocaba-SP – 2012 – VUNESP) Assinale a alternativa que aponta uma acumulação de cargos, empregos ou funções públicas, vedada pela Constituição Federal.

(A) Um cargo de professor na Administração Direta com outro técnico ou científico em autarquia.

(B) Dois cargos de enfermeiro, sendo um em hospital Municipal e outro em Posto de Saúde em outro Município.

(C) Dois cargos de professor na Administração Direta.

(D) Cargo de Procurador Municipal com o emprego de consultor jurídico numa sociedade de economia mista.

(E) Cargo de médico na Prefeitura e outro de médico em empresa pública.

Art. 37, XVI, "a" a "c", da CF.

Gabarito "D"

(Procurador do Município/Sorocaba-SP – 2012 – VUNESP) É um direito constitucional do servidor ocupante de cargo público:

(A) relação de emprego protegida contra despedida arbitrária ou sem justa causa, nos termos de lei complementar, que preverá indenização compensatória, dentre outros direitos.

(B) seguro-desemprego, em caso de desemprego involuntário.

(C) fundo de garantia do tempo de serviço.

(D) jornada de seis horas para o trabalho realizado em turnos ininterruptos de revezamento, salvo negociação coletiva.

(E) proteção do mercado de trabalho da mulher, mediante incentivos específicos, nos termos da lei.

A, B, C, **D:** Direito dos trabalhadores urbanos e rurais (art. 7º, I, II, III e XIV, da CF), não dos servidores públicos; **E:** Art. 7º, XX c/c art. 39, § 3º, ambos da CF.

Gabarito "E"

(Procurador do Estado/RO – 2011 – FCC) Quanto à responsabilidade civil do Estado por danos decorrentes de fenômenos da natureza é correto afirmar:

(A) Gera o direito à indenização por danos morais, exclusivamente.

(B) A pessoa prejudicada tem direito à indenização com base na responsabilidade objetiva do Estado e do risco administrativo.

(C) Incide no campo da responsabilidade extracontratual do Estado e gera direito à indenização.

(D) A Administração Pública só poderá ser responsabilizada se ficar comprovada sua omissão ou atuação deficiente.

(E) Não há de se falar em direito à indenização nesta hipótese.

O caso fortuito e a força maior são eventos que excluem a responsabilidade civil objetiva do Estado (art. 37, § 6º, da CF). Entretanto, no caso de omissão, o Estado responde subjetivamente. Ou seja, caso se comprove omissão ou atuação deficiente quando deveria agir, o elemento subjetivo está comprovado e o Estado responde pelo dano.

Gabarito "D"

(Advogado da União/AGU – CESPE – 2009) Com relação aos preceitos constitucionais aplicáveis à administração pública, julgue os próximos itens.

(1) Segundo entendimento do STF, a vedação ao nepotismo não exige edição de lei formal, visto que a proibição é extraída diretamente dos princípios constitucionais que norteiam a atuação administrativa.

(2) É inconstitucional a ascensão funcional como forma de investidura em cargo público, por contrariar o princípio da prévia aprovação em concurso público.

1: Súmula Vinculante 13/STF: "A nomeação de cônjuge, companheiro ou parente em linha reta, colateral ou por afinidade, até o terceiro grau, inclusive, da autoridade nomeante ou de servidor da mesma pessoa jurídica investido em cargo de direção, chefia ou assessoramento, para o exercício de cargo em comissão ou de confiança ou, ainda, de função gratificada na administração pública direta e indireta em qualquer dos Poderes da União, dos Estados, do Distrito Federal e dos Municípios, compreendido o ajuste mediante designações recíprocas, viola a Constituição Federal."; **2:** O art. 37, II, da CF exige concurso público para provimento inicial em todo e qualquer cargo público efetivo, abolindo a ascensão funcional.

Gabarito 1C, 2C

(Procurador do Município/Boa Vista-RR – 2010 – CESPE) Julgue os itens subsecutivos, referentes ao papel dos municípios na Federação brasileira.

(1) Nas consultas plebiscitárias para criação, incorporação, fusão e desmembramento de municípios, deve-se consultar a população dos territórios diretamente afetados pela alteração. Nesse caso, a vontade popular é aferida pelo percentual que se manifestar em relação ao total da população consultada.

(2) O entendimento do STF, fixando o número exato de vereadores por município, não encontra previsão expressa na Constituição Federal de 1988 (CF), que prevê apenas o número máximo e o número mínimo de vereadores, a depender da população.

(3) O estado pode intervir em seus municípios somente quando estes deixarem de pagar, por dois anos consecutivos, a dívida fundada ou não prestarem as contas devidas, na forma da lei, ou ainda quando não aplicarem o mínimo exigido da receita municipal na manutenção e no desenvolvimento do ensino e nas ações e serviços públicos de saúde.

(4) A doutrina diverge no que se refere ao considerar municípios entidades federativas. Para alguns, são apenas divisões político-administrativas dos estados.

1: A criação, a incorporação, a fusão e o desmembramento de municípios devem seguir o regramento estabelecido no art. 18, § 4º, da CF, ou seja, a) realizarem-se durante o período previsto em lei complementar federal, b) após a elaboração de estudo de viabilidade municipal, c) com consulta prévia (mediante plebiscito) às populações diretamente interessadas e, cumpridos esses requisitos, o processo é finalizado pela edição de, d) lei estadual; **2:** Previsão expressa no art. 29, IV, "a" a "x", da CF; **3:** Também na hipótese de o Tribunal de Justiça dar provimento a representação para assegurar a observância de princípios indicados na Constituição Estadual, ou para prover a execução de lei, de ordem ou de decisão judicial (v. art. 35, I a IV, da CF); **4:** Sim, mas a CF lista os Municípios como entes autônomos no art. 18 da CF.

Gabarito 1C, 2E, 3E, 4C

(Procurador do Estado/PB – 2008 – CESPE) No que se refere à organização do Estado, assinale a opção correta.

(A) Os sítios arqueológicos, conforme a CF, são bens dos estados, no entanto a competência material para protegê-los é comum da União, dos estados e dos municípios.

(B) A participação do estado da Paraíba no resultado da exploração do petróleo localizado em sua dimensão territorial ou a compensação financeira por essa exploração são consideradas receitas originárias do estado, não cabendo ao Tribunal de Contas da União (TCU) fiscalizar a aplicação desses recursos.

(C) A decretação de intervenção da União nos estados ou no Distrito Federal (DF), quando houver a violação aos chamados princípios sensíveis, será feita por meio da ação direta de inconstitucionalidade interventiva, cabendo, inclusive, nesse caso, pedido de liminar.

(D) Como é de competência dos estados explorar diretamente, ou mediante concessão, os serviços locais de gás canalizado, nada impede que seja utilizada medida provisória editada pelo governador para regulamentar esse serviço, desde que haja previsão na Constituição Estadual autorizando-o a fazê-lo.

(E) Compete privativamente à União legislar sobre produção e consumo.

A: A competência para protegê-los é comum (art. 23, III, da CF), mas constituem bens da União (art. 20, X, da CF); **B:** Art. 20, § 1º, da CF. As competências do TCU estão listadas no art. 71 da CF; **C:** Os princípios sensíveis estão previstos no art. 34, VII, da CF. Assim, a questão não reflete o disposto no art. 36, III, da CF; **D:** Não reflete o disposto no art. 25, § 2º, da CF; **E:** Art. 24, V, da CF: competência concorrente.

Gabarito "B"

(Procurador do Estado/RR – 2006 – FCC) No tocante à proteção previdenciária dos servidores públicos, a Constituição Federal dispõe que

(A) os proventos de aposentadoria e as pensões, por ocasião de sua concessão, não poderão exceder a remuneração do respectivo servidor, no cargo efetivo em que se deu a aposentadoria ou que serviu de referência para a concessão da pensão.

(B) é absolutamente vedada a percepção de mais de uma aposentadoria à conta do regime próprio de previdência dos servidores titulares de cargos efetivos da União, dos Estados, do Distrito Federal e dos Municípios.

(C) é vedada a incidência de contribuição sobre os proventos de aposentadorias e pensões concedidas pelo regime próprio de previdência e que superem o limite máximo estabelecido para os benefícios para o regime geral de previdência social.

(D) deve ser incentivada a existência de mais de um regime próprio de previdência social para os servidores titulares de cargos efetivos e de mais de uma unidade gestora do respectivo regime em cada ente estatal.

(E) para a aposentadoria voluntária o servidor deve ter cumprido tempo mínimo de cinco anos de efetivo exercício no serviço público e cinco anos no cargo efetivo em que se dará aposentadoria.

A: Art. 40, § 2º, da CF; **B:** O art. 40, § 6º, da CF excepciona os casos de aposentadorias decorrentes de cargos acumuláveis (art. 37, XVI, da CF); **C:** Contraria do disposto no art. 40, § 18, da CF; **D:** Contraria do disposto no art. 40, § 20, da CF; **E:** Não reflete o disposto no art. 40, § 1º, III, da CF.

Gabarito "A"

(Procurador do Município/Teresina-PI – 2010 – FCC) O princípio da responsabilidade jurídica objetiva do Poder Público previsto na Constituição Federal tem como característica

(A) basear-se no risco administrativo, assim a pessoa jurídica de direito público responde pelo dano causado a terceiro quando for caracterizada a ação ou omissão administrativa, não se admitindo a invocação das causas excludentes de responsabilidade.

(B) ser inaplicável na hipótese de dano causado por pessoa jurídica de direito privado prestadora de serviços públicos, hipótese abarcada pela responsabilidade civil comum.

(C) afastar a responsabilidade civil do Estado em qualquer hipótese de absolvição do servidor no juízo criminal.

(D) guiar-se pelo princípio da impessoalidade.

(E) obrigar o Poder Público a indenizar danos exclusivamente de natureza patrimonial, hipótese que comporta ação regressiva contra o agente público, se configurado dolo ou culpa.

A: Baseia-se na teoria do risco administrativo (não no risco integral), devendo-se comprovar o dano, a ação estatal, e o nexo de causalidade entre eles. Entretanto, cabe a invocação as causas excludentes de responsabilidade, como caso fortuito, força maior e culpa exclusiva da vítima; **B:** O art. 37, § 6º, da CF refere-se expressamente às pessoas jurídicas de direito privado prestadoras de serviço público; **C:** Se absolvido por falta de provas, por exemplo, não haverá automático afastamento da responsabilidade civil do Estado; **D:** Art. 37, caput, da CF; **E:** O Estado responde também por danos morais, não apenas patrimoniais.

Gabarito "D"

(Advogado da União/AGU – CESPE – 2009) Com relação aos preceitos constitucionais aplicáveis à administração pública, julgue os próximos itens.

(1) Segundo entendimento do STF, a vedação ao nepotismo não exige edição de lei formal, visto que a proibição é extraída diretamente dos princípios constitucionais que norteiam a atuação administrativa.

(2) É inconstitucional a ascensão funcional como forma de investidura em cargo público, por contrariar o princípio da prévia aprovação em concurso público.

1: Súmula Vinculante 13/STF: "A nomeação de cônjuge, companheiro ou parente em linha reta, colateral ou por afinidade, até o terceiro grau, inclusive, da autoridade nomeante ou de servidor da mesma pessoa jurídica investido em cargo de direção, chefia ou assessoramento, para o exercício de cargo em comissão ou de confiança ou, ainda, de função gratificada na administração pública direta e indireta em qualquer dos Poderes da União, dos Estados, do Distrito Federal e dos Municípios, compreendido o ajuste mediante designações recíprocas, viola a Constituição Federal."; **2:** O art. 37, II, da CF exige concurso público para provimento inicial em todo e qualquer cargo público efetivo, abolindo a ascensão funcional.

Gabarito 1C, 2C

(ADVOGADO – CEF – 2010 – CESPE) No que concerne às disposições constitucionais relativas à administração pública, assinale a opção correta.

(A) A contratação de advogados para o exercício da função de defensor público estadual só é admissível se devidamente justificada a excepcionalidade por ato motivado da autoridade competente e desde que por tempo determinado.

(B) Por se submeterem a regime jurídico tipicamente privado, os empregados das empresas públicas e das sociedades de economia mista não estão submetidos ao teto salarial determinado pela CF aos servidores públicos estatutários.

(C) O STF fixou jurisprudência no sentido de que não há direito adquirido a regime jurídico-funcional pertinente à composição dos vencimentos ou à permanência do regime legal de reajuste de vantagem, ainda que eventual modificação introduzida por ato legislativo superveniente acarrete decréscimo de caráter pecuniário.

(D) A CF autoriza a acumulação de dois cargos de médico, sendo compatível, de acordo com a jurisprudência do STF, interpretação ampliativa para abrigar no conceito o cargo de perito criminal com especialidade em medicina veterinária.

(E) A regra é a admissão de servidor público mediante concurso público. As duas exceções à regra são para os cargos em comissão e a contratação de pessoal por tempo determinado para atender a necessidade temporária de excepcional interesse público. Nessa segunda hipótese, deverão ser atendidas as seguintes condições: previsão em lei dos cargos; tempo determinado; necessidade temporária de interesse público; e interesse público excepcional.

A: incorreta, pois a Defensoria Pública, enquanto função essencial à Justiça, é composta por servidores de carreira, providos, na classe inicial, mediante concurso público de provas e de títulos (art. 134, § 1º, da CF), de modo que nem mesmo por tempo determinado e em situações excepcionais é possível a contratação de advogados – não concursados - para desempenharem a função de defensor público estadual; **B:** incorreta, pois o teto salarial determinado pela CF também é aplicável às empresas públicas e sociedades de economia mista, e suas subsidiárias, que recebam recursos da União, dos Estados, do Distrito Federal e dos Municípios para pagamento de despesas de pessoal ou de custeio em geral (art. 37, inciso XI e § 9º, da CF); **C:** incorreta, pois o STF firmou o entendimento de que, embora não se reconheça o direito adquirido a regime jurídico-funcional, dada a garantia de irredutibilidade, jamais poderá ocorrer a diminuição do quanto já percebido conforme regime anterior (RE 416.434 ED-AgR, DJ de 09/02/2007); **D:** incorreta, pois o STF firmou no sentido de que não é compatível interpretação ampliativa para abrigar no conceito de médico o cargo de perito criminal com especialidade em medicina veterinária, uma vez que a especialidade médica não pode ser confundida com a especialidade veterinária (RE 248.248, DJ de 13/11/2008); **E:** correta, pois este sãos os preceitos constitucionais quanto ao ingresso no serviço público, de modo que a não obediência ao princípio do concurso público somente se dá em situações excepcionalmente previstas na própria Constituição (art. 37, incisos II e IX).

Gabarito "E"

(ADVOGADO – IRB – 2006 – ESAF) Sobre Administração Pública, assinale a única opção correta.

(A) Com a nova redação constitucional para os limites de remuneração do servidor público, os vencimentos dos cargos do Poder Legislativo e do Poder Executivo não poderão ser superiores aos pagos pelo Poder Judiciário.

(B) É garantido ao servidor público, nos termos de lei específica, o direito à livre associação sindical.

(C) Os requisitos de idade e de tempo de contribuição serão reduzidos em cinco anos, em relação aos requisitos estabelecidos para os demais servidores públicos, para os professores que comprovem exclusivamente tempo de efetivo exercício das funções de magistério.

(D) A contribuição para custeio da previdência social não incidirá sobre os proventos de aposentadoria e de pensão, quando o beneficiário, na forma da lei, for portador de doença incapacitante.

(E) É possível, nos termos definidos em lei, a adoção de requisitos e critérios diferenciados para a concessão de aposentadoria para servidores públicos que sejam portadores de deficiência.

A: incorreto, pois a regra existente é no sentido de que os vencimentos dos cargos do Poder Legislativo e do Poder Judiciário não poderão ser superiores aos pagos pelo Poder Executivo (art. 37, inciso XII, da CF); **B:** incorreto, pois tal direito é garantido ao servidor público civil sem qualquer reserva legal (art. 37, inciso VI, da CF); **C:** incorreto, pois é necessário que o magistério se dê na educação infantil e no ensino fundamental e médio (art. 40, § 5º, da CF); **D:** incorreto, pois há sim incidência, todavia apenas sobre as parcelas de proventos de aposentadoria e de pensão que superem o dobro do limite estabelecido para os benefícios do regime geral de previdência social (art. 40, § 21, da CF); **E:** correto (art. 201, § 1º, da CF).

Gabarito "E"

(PROCURADOR – BANCO CENTRAL – 2009 – CESPE) No tocante à administração pública, assinale a opção correta.

(A) Decisão judicial transitada em julgado ou processo administrativo disciplinar em que seja assegurada a ampla defesa são as únicas hipóteses, previstas na CF, de perda do cargo por servidor público estável.

(B) Segundo o STF, emenda inserida na constituição estadual que estabeleça subsídio mensal e vitalício para ex-governador e sua transferência ao cônjuge supérstite não afronta o princípio constitucional da impessoalidade.

(C) A responsabilidade das autarquias pelos prejuízos causados a terceiros não é direta, de modo que, diante da ocorrência de dano, o lesado deve buscar a reparação diretamente ao ente federativo e não à autarquia.

(D) Conforme posicionamento do STF, enquanto não concluído e homologado o concurso público, pode a administração alterar as condições do certame constantes do edital, para adaptá-las à nova legislação aplicável.

(E) O ato de aposentadoria do servidor impede a instauração de processo administrativo disciplinar para apuração de falta por ele eventualmente praticada no exercício do cargo, se a sanção aplicável for a de demissão.

A: incorreto, pois, além das duas, há também a possibilidade de perda do cargo mediante procedimento de avaliação periódica de desempenho, na forma de lei complementar, assegurada ampla defesa (art. 41, § 1º, inciso III, da CF); **B:** incorreto, pois entendeu o STF em sentido contrário, isto é, que tal emenda seria inconstitucional por afronta aos princípios federativo, da igualdade, da impessoalidade, da moralidade e da responsabilidade dos gastos públicos (STF, ADI 3.853, DJ 26/10/2007); **C:** incorreto, pois as autarquias são dotadas de personalidade jurídica própria - descentralização administrativa -, de modo que a responsabilidade nesses casos recairá diretamente sobre elas; **D:** correto (STF, RE 318.106, DJ 18/11/2005); **E:** incorreto, pois a aposentadoria não impede a instauração de processo administrativo para a apuração de falta grave, sendo assim possível a cassação da aposentadoria.

Gabarito "D"

(Procurador da Fazenda Nacional – 2006 – ESAF) Assinale a opção correta.

(A) O Estado não é responsável civilmente pelo dano sofrido por particular que sofre sequestro cometido por presidiário que fugiu da penitenciária, por negligência de agentes penitenciários, e, formando quadrilha, passou a praticar delitos.

(B) O servidor público, que sofreu prejuízo enquanto desempenhava função pública, não pode invocar a responsabilidade civil objetiva do Estado pelos danos sofridos, mesmo que não tenha concorrido para o evento danoso.

(C) É objetiva a responsabilidade civil do Estado por danos causados por omissão de seus agentes.

(D) A responsabilidade civil das pessoas jurídicas de direito privado prestadoras de serviço público é objetiva relativamente tanto aos usuários do serviço quanto às demais pessoas que não ostentem a condição de usuário, mas que sejam prejudicadas pela ação dessas pessoas jurídicas.

(E) Não é juridicamente possível a ação de indenização por dano moral decorrente de ato do Poder Judiciário.

A: correta. A jurisprudência do STF não nega a responsabilidade do Estado pelos atos praticados pelo preso que se evadiu pela imperícia dos agentes públicos responsáveis por sua custódia (RE 136247/RJ, DJ 20/06/2000). Não obstante, reconhece que a teoria da responsabilidade objetiva não dispensa a comprovação do nexo de causalidade entre a ação ou omissão e o resultado danoso. Para o Excelso Pretório, algumas concausas, como a formação de quadrilha ou o longo período entre a fuga e a prática do crime, interrompem o nexo de causalidade, afastando a responsabilidade estatal (STF, RE 172025/RJ, DJ 08/10/1996; STF, RE 130764/PR, DJ 12/05/1992); **B:** incorreta. A responsabilidade objetiva do Estado alcança também os danos provocados aos agentes públicos no exercício de sua função, desde que estes não sejam os responsáveis ou tenham concorrido para o evento danoso; **C:** incorreta. Segundo a doutrina e jurisprudência hodiernas, a responsabilidade objetiva do Estado é restrita a condutas positivas, a ações estatais. A responsabilidade por omissão é subjetiva, dependendo da comprovação de dolo ou culpa; **D:** incorreta. Nos termos do art. 37, § 6º, da CF; **E:** incorreta. A CF garante indenização cabal à vítima de erro judiciário (art. 5º, LXXV, da CF).

Gabarito "A"

(Procurador da Fazenda Nacional – 2004 – ESAF) Assinale a opção correta.

(A) É inconstitucional a cobrança de contribuição previdenciária de servidores públicos já aposentados na data da criação da contribuição.

(B) O tempo de contribuição estadual ou municipal não pode ser contado para efeito de aposentadoria em cargo público federal.

(C) Nos termos da Constituição em vigor, ninguém pode perceber mais de uma aposentadoria à conta do regime de previdência pública.

(D) Os servidores abrangidos pelo regime de previdência pública, quando aposentados por invalidez permanente, qualquer que seja a causa desta, recebem proventos proporcionais ao tempo de contribuição.

(E) Ao servidor ocupante, exclusivamente, de cargo em comissão, declarado em lei de livre nomeação e exoneração, aplica-se o regime geral de previdência social.

A: incorreta. O art. 40, § 18, da CF autoriza a cobrança de contribuição previdenciária dos servidores inativos, que incidirá sobre a parcela da aposentadoria que exceder ao limite imposto para o Regime Geral de Previdência Social; **B:** incorreta, pois o art. 40, § 9º, da CF autoriza expressamente a contagem recíproca do tempo de contribuição estadual ou municipal para fins de aposentadoria; **C:** incorreta. A alternativa narra a regra geral, porém o art. 40, § 6º, da CF aponta como exceção as aposentadorias decorrentes de cargos cumuláveis. Isto é natural, porque se o servidor pôde acumular cargos enquanto na atividade, seria absurdo obrigar-lhe a escolher apenas uma aposentadoria; **D:** incorreta. A aposentadoria por invalidez será integral quando decorrente de acidente em serviço, moléstia profissional ou doença grave, contagiosa ou incurável (art. 40, § 1º, I, da CF); **E:** correta, nos exatos termos do art. 40, § 13, da CF. O regime próprio de previdência é privativo dos servidores ocupantes de cargo efetivo.

Gabarito "E"

(Procurador da Fazenda Nacional – 2003 – ESAF) (Adaptada) Assinale a opção correta.

(A) É legítimo o procedimento criminal contra indivíduo, aberto exclusivamente com base em gravação clandestina de conversa telefônica, se a gravação não foi feita por agente público, mas por terceira pessoa, ainda que sem autorização judicial.

(B) A exigência de depósito de multa como condição de admissibilidade de recurso administrativo fere a garantia constitucional da ampla defesa e do devido processo legal.

(C) Fere a garantia do direito adquirido que uma lei venha a suprimir gratificação recebida pelo servidor, mesmo que essa mesma lei compense a perda da gratificação extinta com a criação de outra, não ensejando diminuição do montante total dos vencimentos recebido pelo servidor.

(D) A Constituição não admite que lei estabeleça limite mínimo de idade para ingresso em cargo público – exceto nos casos em que a própria Constituição estabelece esse limite etário.

(E) De acordo com o Supremo Tribunal Federal, a extensão da garantia constitucional do contraditório (art. 5º, LV) aos procedimentos administrativos tem o significado de subordinar a estes toda a normatividade referente aos feitos judiciais, tornando por isso indispensável a atuação de advogado nos feitos administrativos abertos para dirimir conflitos de interesses.

A: incorreta. A interceptação telefônica deve, sempre, ser autorizada judicialmente e ser realizada por agente público. O STF não reconhece como legítima a persecução criminal iniciada com prova obtida por meio ilícito, como no caso em tela. Tal situação foi objeto do HC 80948/ES, DJ 07/08/2001; **B:** correta. A exigência do depósito prévio para admissibilidade do recurso administrativo foi julgada inconstitucional pelo STF na ADI 1976, DJ 28/03/2007, que veio, posteriormente, a dar origem à Súmula Vinculante nº 21; **C:** incorreta. Segundo jurisprudência assentada do STJ, não há direito adquirido a regime jurídico nem a regime de remuneração (AgRg no RMS 29763/MS, DJ 20/10/2011); **D:** incorreta. Nos termos da Súmula nº 683 do STF, a discriminação etária em concursos públicos pode ser justifica pela natureza do cargo a ser preenchido; **E:** incorreta. A Súmula Vinculante nº 05 do STF estabelece que a falta de defesa técnica por advogado no processo administrativo não ofende a CF.

Gabarito "B"

10. ORGANIZAÇÃO DO PODER EXECUTIVO

(Procurador do Estado/AC – FMP – 2012) A autorização parlamentar a que se refere o texto da Constituição da República (prevista em norma que remonta ao período imperial) – necessária para legitimar, em determinada situação, a ausência do chefe do Poder Executivo (ou de seu vice) do território nacional – configura:

(A) instrumento constitucional de controle do Legislativo sobre atos e comportamentos dos nossos governantes.

(B) uma intromissão descabida do Parlamento na gestão administrativa do Estado.

(C) uma prática ultrapassada diante das novas tecnologias.

(D) nenhuma das alternativas está correta.

Art. 49, III, da CF.

Gabarito "A"

(Procurador do Estado/PA – 2011) Com relação aos cargos do Poder Executivo, é CORRETO afirmar:

(A) Exige-se a desincompatibilização do cargo para que o Governador postule um novo mandato, em reeleição.

(B) Nos crimes de responsabilidade, ainda que conexos com os do Presidente da República, os Ministros de Estado serão julgados pelo Supremo Tribunal Federal.

(C) Em lugar da candidatura à reeleição do titular do cargo de Presidente da República, de Governador ou de Prefeito, admite-se a candidatura do cônjuge ou parente até o segundo grau, o qual, se eleito, não poderá postular a reeleição para o cargo.

(D) No caso de vacância dos cargos de Presidente da República e de Vice-Presidente da República nos dois últimos anos de mandato, o Congresso Nacional deverá convocar nova eleição direta, inaugurando-se novo mandato de quatro anos, com direito à reeleição.

(E) Os Ministros de Estado são nomeados pelo Presidente da República, após aprovação pelo Senado.

A: Não reflete o disposto no art. 14, § 6º, da CF; **B:** A competência é do STF, mas na forma do art. 102, I, "c", da CF. Além disso, o julgamento do Presidente da República por crime de responsabilidade é competência do Senado Federal (art. 52, I, da CF). Cumpre mencionar que os cometidos pelos Ministros de mesma natureza, conexos com os do Presidente da República, serão também julgados pelo Senado Federal; **C:** Art. 14, § 5º, da CF, aplicável aos cônjuges ou parentes (v. tb art. 14, § 7º, da CF); **D:** Não reflete o disposto no art. 81, §§ 1º e 2º, da CF; **E:** O art. 84, I, da CF não exige aprovação pelo Senado, que ocorre nas hipóteses do art. 52, III, da CF.

Gabarito "C"

(PROCURADOR DO ESTADO/RS – FUNDATEC – 2010) Considerando as normas da Constituição do Estado do Rio Grande do Sul sobre os Poderes Legislativo, Executivo e Judiciário, analise as seguintes afirmações:

I. A iniciativa popular no processo legislativo será exercida mediante a apresentação de projeto de lei, proposta de emenda constitucional e emenda a projeto de lei orçamentária, de lei de diretrizes orçamentárias e de lei de plano plurianual.

II. O Governador do Estado, admitida a acusação pelo voto de dois terços dos Deputados, será submetido a julgamento perante o Superior Tribunal de Justiça, nas infrações penais comuns, ou perante a Assembleia Legislativa, nos crimes de responsabilidade.

III. Quando o Tribunal de Justiça apreciar a inconstitucionalidade, em tese, de norma legal ou de ato normativo, citará previamente o Defensor Público-Geral do Estado, que defenderá o ato ou texto impugnado.

Quais estão corretas?

(A) Apenas I.

(B) Apenas II.

(C) Apenas III.

(D) Apenas I e II.

(E) Apenas I e III.

I: Art. 68, I a III, da CE/RS; **II:** Art. 84 da CE/RS; **III:** Citará previamente o Procurador-Geral do Estado (art. 95, § 4º, da CE/RS), em simetria à norma do art. 103, § 3º, da CF.

Gabarito "D"

(Procurador do Município/Manaus-AM – 2006 – FCC) Compete privativamente ao Presidente da República

(A) estabelecer limites globais e condições para o montante da dívida mobiliária dos Estados, do Distrito Federal e dos Municípios.

(B) decretar o estado de defesa e o estado de sítio.

(C) autorizar operações externas de natureza financeira, de interesse da União, dos Estados, do Distrito Federal e dos Municípios.

(D) resolver definitivamente sobre tratados, acordos ou atos internacionais que acarretem encargos ou compromissos gravosos ao patrimônio nacional.

(E) aprovar, previamente, a alienação ou concessão de terras públicas com área superior a dois mil e quinhentos hectares.

Art. 84, IX, da CF.

Gabarito "B"

(Procurador do Município/Manaus-AM – 2006 – FCC) A medida provisória com força de lei, editada pelo Presidente da República em caso de relevância e urgência,

(A) manter-se-á integralmente em vigor até que seja sancionado ou vetado o projeto, quando alterado o seu texto original pela aprovação de projeto de lei de conversão.

(B) deverá ser submetida de imediato ao Senado Federal.

(C) poderá versar, dentre outras, sobre matéria relativa a direito eleitoral.

(D) perderá sua eficácia, desde a edição, se não for convertida em lei no prazo de trinta dias contados da sua remessa à casa legislativa.

(E) não poderá ser reeditada na mesma sessão legislativa, quando rejeitada, salvo a que tenha perdido sua eficácia por decurso de prazo.

Art. 62, § 12, da CF.

Gabarito "A"

(Procurador do Município/São José dos Campos-SP – 2012 – VUNESP) Dentre as competências privativas do Presidente da República, algumas atribuições podem ser delegadas aos Ministros de Estado, ao Procurador-Geral da República ou ao Advogado-Geral da União, que observarão os limites traçados nas respectivas delegações. Assim, assinale a alternativa que contempla atribuição que pode ser delegada por previsão expressa da Constituição Federal.

(A) Celebrar tratados, convenções e atos internacionais, sujeitos a referendo do Congresso Nacional.

(B) Permitir, nos casos previstos em lei complementar, que forças estrangeiras transitem pelo território nacional ou nele permaneçam temporariamente.

(C) Nomear membros do Conselho da República.

(D) Conceder indulto e comutar penas, com audiência, se necessário, dos órgãos instituídos em lei.

(E) Iniciar o processo legislativo, na forma e nos casos previstos na Constituição.

Art. 84, XII e parágrafo único, da CF.

Gabarito "D"

(Procurador do Estado/RO – 2011 – FCC) Compete ao Conselho da República

(A) opinar sobre a decretação do estado de defesa, do estado de sítio e da intervenção federal.

(B) pronunciar-se sobre estado de defesa, estado de sítio e intervenção federal.

(C) controlar a atuação administrativa e financeira do Poder Judiciário.

(D) opinar sobre a atuação administrativa e financeira do Poder Judiciário.

(E) estudar iniciativas para garantir a independência nacional e defesa do Estado democrático.

Art. 90, I e II, da CF.

Gabarito "B"

(Procurador do Estado/SC – 2009) Assinale a alternativa correta, com respeito ao modelo constitucional, federal e estadual brasileiro.

(A) Os crimes de responsabilidade que forem imputados ao Presidente da República serão julgados pela lei de improbidade administrativa.

(B) Mesmo após a instauração de processo por crime de responsabilidade contra ele, o Presidente da República não pode ser suspenso de suas funções, senão após o julgamento definitivo.

(C) O Presidente da República pode, através de Decreto, extinguir cargos e funções públicas, criados por lei, quando vagos.

(D) O Presidente da República, caso recebida denúncia ou queixa crime contra ele no Supremo Tribunal Federal, não poderá ser suspenso de suas funções.

(E) O processo por crime de responsabilidade contra o Presidente da República é levado a efeito pelo Supremo Tribunal Federal sob a presidência do Presidente do Senado

A: O art. 85 da CF estabelece os parâmetros para a configuração dos crimes de responsabilidade do Presidente da República e seu parágrafo único remete sua definição à lei (no caso, Lei 1079/1950); B e **D:** Não reflete o disposto no art. 86, § 1º, I e II, da CF; **C:** Art. 84, VI, *b*, da CF; **E:** Não reflete o disposto no art. 86, *caput*, da CF.

Gabarito "C"

(Procurador do Estado/SP – FCC – 2009) As competências privativas do Presidente da República, elencadas na Constituição Federal,

(A) admitem delegação, por ato presidencial, aos Ministros de Estado, ao Procurador-Geral da República e ao Advogado-Geral da União.

(B) admitem delegação em algumas hipóteses, como nos casos de provimento de cargos públicos e concessão de condecorações e distinções honoríficas.

(C) são indelegáveis, caracterizando a sua delegação crime de responsabilidade.

(D) admitem delegação aos Ministros de Estado, por meio de lei de iniciativa presidencial.

(E) admitem delegação em algumas hipóteses, como nos casos de concessão de indulto e decretação de intervenção federal.

O Presidente da República poderá delegar as atribuições mencionadas nos incisos VI, XII e XXV, primeira parte, do art. 84 da CF, aos Ministros de Estado, ao Procurador-Geral da República ou ao Advogado-Geral da União (art. 84, parágrafo único, da CF).

Gabarito "A"

(Procurador da Fazenda Nacional – 2007 – ESAF) Assinale a opção correta.

(A) O Presidente ficará suspenso de suas funções nas infrações penais comuns e nos crimes de responsabilidade quando autorizados os respectivos processamentos pela Câmara dos Deputados.

(B) Entre as competências do Presidente se encontra a de convocar o Conselho da República e o Conselho de Defesa Nacional, embora eventualmente possa delegar a atribuição de presidi-los.

(C) A Constituição não prevê expressamente a existência do cargo de Ministro do Planejamento, motivo pelo qual a sua criação depende da estruturação proposta pelo Presidente da República.

(D) Como não se trata de matéria constitucionalmente reservada à lei, o Presidente da República pode dispor, mediante decreto, sobre a extinção de funções ou cargos públicos, mesmo que a prática do ato crie ou extinga direitos e obrigações.

(E) Em caso de crime de responsabilidade do Presidente da República, a competência para o julgamento é do Senado Federal, sendo que a condenação depende da deliberação favorável do equivalente a 2/3 dos votos daquela Casa Parlamentar.

A: Não reflete o disposto no art. 86, § 1º, da CF; **B:** Não reflete o disposto no art. 84, XVIII e parágrafo único, da CF; **C:** Não reflete o disposto no art. 91, VII, da CF; **D:** Não reflete o disposto no art. 84, VI, *b*, da CF; **E:** Art. 86 c/c art. 52, I e parágrafo único, ambos da CF.

Gabarito "E"

(ADVOGADO – CORREIOS – 2011 – CESPE) Com referência ao Poder Executivo, à competência do presidente da República para a edição de medidas provisorias e à competência dos órgãos do Poder Judiciário, julgue os itens subsequentes.

(1) De acordo com a CF, o presidente da República pode, em caráter excepcional, delegar aos ministros de Estado sua competência para editar medidas provisórias.

(2) Compete ao Superior Tribunal de Justiça processar e julgar originariamente o mandado de segurança contra atos do Tribunal de Contas da União.

1:incorreto, pois a edição de medidas provisórias não está entre as hipóteses em que se permite a delegação (art. 84, parágrafo único, da CF) Pelo contrário, está prevista como competência privativa do Presidente da República, no já mencionado artigo 84, mas inciso XXVI da CF; **2:** incorreto, pois tal competência é do STF (art. 102, inciso I, alínea "d", da CF).

Gabarito 1E, 2E

(ADVOGADO – IRB – 2006 – ESAF) Sobre Poder Executivo e Defesa do Estado Democrático e das Instituições Democráticas, assinale a única opção correta.

(A) Por força de disposição constitucional, as posses do Presidente e do Vice-Presidente da República deverão ser sempre simultâneas, sob pena dos cargos serem declarados vagos.

(B) Compete ao Presidente da República nomear, após aprovação pelo Senado Federal, os Ministros dos Tribunais Superiores, o presidente e os diretores do Banco Central.

(C) Nas infrações penais comuns e nos crimes de responsabilidade, o Presidente da República ficará suspenso de suas funções após a aprovação, pela Câmara dos Deputados, da instauração do processo por crime de responsabilidade ou do recebimento da denúncia pelo Supremo Tribunal Federal, nos crimes comuns.

(D) Em razão de sua condição de mero órgão de consulta, a audiência prévia do Conselho de Defesa Nacional, pelo Presidente da República, para fins de decretação do estado de defesa é facultativa, decorrendo de decisão discricionária do Presidente da República.

(E) Na vigência do estado de sítio, poderá haver restrição da liberdade de reunião, não sendo admitida a suspensão desse direito, uma vez que ele tem proteção constitucional até mesmo contra alterações pelo poder constituinte derivado.

A: incorreto, pois há previsão constitucional no sentido de que se, decorridos dez dias da data fixada para a posse, o Presidente ou o Vice-Presidente, salvo motivo de força maior, não tiverem assumido o cargo, este será declarado vago (art. 78, parágrafo único, da CF). Logo, as posses podem ocorrer em dias distintos; **B:** correto (art. 84, inciso XIV, da CF); **C:** incorreto, pois o Presidente ficará suspenso de suas funções nas infrações penais comuns, se recebida a denúncia ou queixa-crime pelo Supremo Tribunal Federa e nos crimes de responsabilidade, após a instauração do processo pelo Senado Federal (art. 86, § 1º, da CF); **D:** incorreto, pois a consulta é obrigatória (art. 136 da CF); **E:** incorreto, pois é possível a suspensão da liberdade de reunião no Estado de Sítio (art. 139, inciso IV, da CF).

Gabarito "B"

(PROCURADOR – BANCO CENTRAL – 2009 – CESPE) No que se refere ao disposto na CF acerca do Poder Executivo e do BACEN, assinale a opção correta.

(A) Os crimes de responsabilidade praticados pelos ministros de Estado, sem qualquer conexão com o presidente da República, serão processados e julgados pelo STJ.

(B) As infrações penais praticadas pelo presidente da República durante a vigência do mandato, sem qualquer relação com a função presidencial, serão objeto de imediata *persecutio criminis*.

(C) Compete privativamente ao presidente da República extinguir os cargos públicos federais, na forma da lei.

(D) O poder e o dever do BACEN de fiscalizar as instituições financeiras não se estendem à fiscalização da estipulação contratual das taxas de juros por elas praticadas no desempenho da intermediação de dinheiro na economia.

(E) De acordo com entendimento firmado no STF, os municípios não dispõem de competência para exigir, mediante lei formal, a instalação, em estabelecimentos bancários, de equipamentos de segurança, como portas eletrônicas ou câmaras filmadoras, por importar conflito direto com as prerrogativas fiscalizadoras do BACEN.

A: incorreto, pois a competência nesses casos é do STF (art. 102, inciso I, alínea "c", da CF); **B:** incorreto, pois há previsão constitucional expressa no sentido de que o Presidente da República, na vigência de seu mandato, não pode ser responsabilizado por atos estranhos ao exercício de suas funções (art. 86, § 4º, da CF); **C:** correto (art. 84, inciso XXV, da CF); **D:** incorreto, pois entende o STF que o Banco Central do Brasil está vinculado pelo dever-poder de fiscalizar as instituições financeiras, em especial na estipulação contratual das taxas de juros por elas praticadas no desempenho da intermediação de dinheiro na economia (ADI 2.591, DJ 29/09/2006); **E:** incorreto, pois entendeu o STF que os Municípios, enquanto entes federativos autônomos, podem exigir, mediante lei formal, instalação, em estabelecimentos bancários, de sanitários ou a colocação de bebedouros, sem que o exercício dessa atribuição institucional, fundada em título constitucional específico (CF, art. 30, I), importe em conflito com as prerrogativas fiscalizadoras do Banco Central do Brasil (AI 614.510 AgR, DJ 21/06/2007).

Gabarito "C"

11. ORGANIZAÇÃO DO PODER LEGISLATIVO. PROCESSO LEGISLATIVO

(Procurador do Estado/BA – 2014 – CESPE) Julgue os itens que se seguem, com base nas disposições da Constituição do Estado da Bahia.

(1) O procedimento de emenda constitucional previsto no texto da Constituição baiana obedece ao princípio da simetria.

(2) O governador do estado da Bahia está autorizado a editar medidas provisórias, desde que atendidos os requisitos da relevância e da urgência e observadas as vedações constitucionais de natureza formal e material.

1: correto. As regras que tratam da alteração da Constituição Baiana estão previstas em seu art. 74 e seguem o modelo trazido pela CF, portanto obedecem ao princípio da simetria.; **2:** errado. Não há essa autorização na Constituição Baiana, de modo que o Governador não poderá editar medidas provisórias. O STF entende que o Governador do Estado só poderá editar medida provisória se a Constituição do seu respectivo Estado trouxer essa autorização. Além disso, devem ser cumpridos os requisitos trazidos pela CF que são: relevância e urgência.

Gabarito 1C, 2E

(Procurador/DF - 2013 - CESPE) Com relação ao processo legislativo, julgue os próximos itens.

(1) É vedada a edição de medida provisória em matéria penal, processual penal e processual civil, salvo se em benefício do acusado, como, por exemplo, na criação de hipótese de extinção de punibilidade.

(2) Os projetos de lei de iniciativa reservada, como os que dispõem sobre a organização dos serviços administrativos dos tribunais federais e do MP, não admitem a apresentação de emenda parlamentar.

1: incorreta. É vedada a edição de medidas provisórias sobre matéria relativa a direito penal, processual penal e processual civil, independentemente se for para beneficiar ou não o réu, nos termos do art. 62, § 1º, I, "b", da CF/1988; **2:** incorreta. Em algumas hipóteses, a Constituição reserva a possibilidade de dar início ao processo legislativo a apenas algumas autoridades ou órgãos. Fala-se, então, em iniciativa reservada ou privativa. Como figuram hipóteses de exceção, os casos de iniciativa reservada não devem ser ampliados por via interpretativa. A iniciativa privativa visa subordinar ao seu titular a conveniência e oportunidade da deflagração do debate legislativo em torno do assunto reservado. Vejamos: **I: Iniciativa privativa de órgãos do Judiciário:** A Constituição cuida de iniciativa privativa de tribunais. É da iniciativa reservada do Supremo Tribunal Federal a Lei complementar sobre o Estatuto da Magistratura (CF/1988, art. 93). Os tribunais têm competência privativa, nos termos do art. 96, I d, da CF/1988 para propor a criação de novas varas judiciárias. É, igualmente, da iniciativa privativa do Supremo Tribunal Federal, dos Tribunais Superiores e dos Tribunais de Justiça propor a alteração do número de membros dos Tribunais inferiores, a criação e a extinção de cargos, e a remuneração dos seus serviços auxiliares e dos juízes que lhe forem vinculados, bem como a fixação do subsídio de seus membros e dos juízes, inclusive dos Tribunais inferiores, onde houver, a criação ou extinção dos tribunais inferiores, e a alteração da organização e da divisão judiciária (CF/1988, art. 96, I). **II: Iniciativa privativa do Ministério Público:** O art. 127, § 2º, da CF/1988 defere ao Ministério Público a iniciativa para propor ao Poder Legislativo a criação e a extinção de seus cargos e serviços auxiliares, bem assim a política remuneratória e aos planos de carreira. No art. 128, § 5º. CF/1988 faculta ao chefe do Ministério Público a iniciativa de Lei complementar que estabelece a organização, as atribuições e o estatuto de cada Ministério Público. É de se notar que, pelo art. 61, § 1º, II, "d", da CF/1988, o constituinte reserva ao Presidente da República a iniciativa de lei sobre organização do Ministério Público. O STF reconheceu a impropriedade terminológica, mas conciliou os dispositivos, entendo que, no caso, "essa privatividade" (da iniciativa do Presidente da República) só pode ter um sentido, que é o de eliminar a iniciativa parlamentar. **III: Iniciativa privativa da Câmara dos deputados, do Senado e do Tribunal de Contas:** A Câmara dos Deputados e o Senado Federal têm a iniciativa privativa para leis que fixem a remuneração dos servidores incluídos na sua organização (arts. 51, IV e 52, III, da CF/1988). **IV: Iniciativa privativa do Tribunal de Contas da União:** Também tem a iniciativa para apresentar projeto de lei visando a dispor sobre a sua organização administrativa, criação de cargos e remuneração de servidores, fixação de subsídio dos membros da Corte. **V: Iniciativa privativa do Presidente da República:** O art. 61, § 1º, I e II, da Constituição elenca assuntos da iniciativa privativa do Presidente da República, que abrange leis que fixem ou modifiquem os efetivos das forças armadas; que disponham sobre criação de cargos, funções ou empregos públicos na administração direta e autárquica ou aumento de sua remuneração, que versem sobre organização administrativa e judiciária, matéria tributária e orçamentária, serviços públicos e pessoal da administração dos territórios; que cuidem dos servidores públicos da União e territórios, seu regime jurídico, provimento de cargos, estabilidade e aposentadoria; que estabeleçam a organização do Ministério Público e da Defensoria Pública dos Estados, do Distrito Federal e dos territórios; que fixem a criação e extinção de Ministérios e órgãos da Administração Pública, observado o disposto no art. 84, VI, da CF/1988, que cogitem dos Militares da Forças Armadas, seu regime jurídico, provimento de cargos, promoções, estabilidade, remuneração, reforma e transferência para a reserva. Consoante a isto, depois de apresentado, o projeto é debatido nas comissões e nos plenários das Casas Legislativas. **Podem ser formuladas emendas (proposições alternativas) aos projetos. A emenda cabe ao parlamentar e, em alguns casos, sofre restrições. Não se admite a proposta de emenda que importe aumento de despesa prevista nos projetos de iniciativa exclusiva do Presidente da República e nos projetos sobre organização dos serviços administrativos da Câmara dos Deputados, do Senado Federal, dos Tribunais Federais e do Ministério Público**. Assim, não se impede a emenda em casos de iniciativa reservada, mas a emenda estará vedada se importar incremento de dispêndio. Nos casos de leis que cuidam de matéria orçamentária, é também possível a emenda parlamentar, mas com certas ressalvas. Nas leis de orçamento anual, as emendas devem ser compatíveis com o plano plurianual e com a lei de diretrizes orçamentárias. Devem, ainda, indicar os recursos necessários para atendê-las, por meio de anulação de outras despesas previstas no projeto.

Gabarito 1E, 2E

(Procurador do Estado/AC – FMP – 2012) De acordo com as afirmações abaixo sobre o Processo Legislativo no âmbito federal, assinale a alternativa correta.

I. O veto jurídico do Presidente da República, forma de controle prévio de constitucionalidade de lei, será sempre expresso.

II. O Congresso Nacional também exerce controle prévio de constitucionalidade, a partir das Comissões de Constituição e Justiça presentes nas duas Casas Legislativas, que oferecem pareceres aos projetos de lei em andamento.

(A) Apenas a afirmativa I está correta.

(B) Nenhuma das afirmativas está correta.

(C) Apenas a afirmativa II está correta.

(D) Ambas as afirmativas estão corretas.

I: Art. 66, § 1º, da CF; **II:** O Legislativo exerce controle de constitucionalidade, por exemplo, ao rejeitar projeto de lei pela Comissão de Constituição e Justiça por inconstitucionalidade (controle político preventivo), e ao não aprovar Medida Provisória por inconstitucionalidade (controle político repressivo). Há, ainda, o caso do art. 49, V, da CF.

Gabarito "D"

(Procurador do Estado/AC – FMP – 2012) Sobre as leis ordinárias e as leis complementares, pode-se afirmar:

I. Ambas têm o mesmo patamar normativo no âmbito da hierarquia das normas no entendimento do STF.

II. Uma das diferenças relevantes diz respeito à competência temática, pois as leis ordinárias são enumeradas na Constituição.

III. Considerando a ausência de algum(ns) parlamentares nas sessões deliberativas, a aprovação de uma lei complementar exige mais votos do que a aprovação de uma lei ordinária, porém as duas prescindem de sanção ou veto do Presidente da República.

Assim, está(ão) correta(s) a(s) afirmativa(s):

(A) apenas a I

(B) apenas a I e a II.

(C) apenas a III.

(D) apenas a II e a III.

I: Correta. STF, RE 348605-ED, Rel. Min. Dias Toffoli: "Inexiste hierarquia entre lei complementar e lei ordinária. O que há, na verdade, é a distribuição constitucional de matérias entre as espécies legais"; **II:** Errada. As leis complementares estão enumeradas na CF; **III:** As leis complementares são aprovadas por maioria absoluta (art. 69 da CF) e as ordinárias por maioria simples (art. 47 da CF), mas ambas demandam sanção/veto do Chefe do Poder Executivo (art. 66 da CF).

Gabarito "A"

(Procurador do Estado/AC – FMP – 2012) Analise as afirmações abaixo.

I. A medida provisória terá força de lei apenas depois de aprovada pelo Congresso Nacional.

II. O veto do Presidente da República será sempre expresso, enquanto a sanção poderá ser tácita ou expressa.

III. O Congresso Nacional tem competência para derrubar o veto do Presidente da República, seja ele jurídico ou político.

Tem-se que é incorreto:

(A) o afirmado no item I.

(B) o afirmado nos itens I e II.

(C) o afirmado nos itens I e III.

(D) o afirmado nos itens II e III.

I: Errada. Tem força de lei desde a edição – art. 62 da CF; **II:** Correta. Art. 66, §§ 1º e 3º, da CF; **III:** Correta. Art. 66, § 4º, da CF.

Gabarito "A"

(Procurador do Estado/AC – FMP – 2012) Com relação às medidas provisórias, pode-se afirmar que o Presidente da República poderá, após editá-las, retirá-las da apreciação no Parlamento ou ab-rogá-las pela edição de nova medida provisória, inclusive pela simples suspensão dos efeitos da anterior.

(A) A afirmativa está totalmente correta.

(B) A afirmativa está correta apenas na parte que admite a possibilidade de o Presidente da República retirá-la da apreciação pelo Parlamento.

(C) A afirmativa está correta apenas na parte que admite a possibilidade de o Presidente da República ab-rogá-la pela edição de nova medida provisória.

(D) A afirmativa está totalmente incorreta.

V. STF ADI 1315 MC, Rel. Min. Ilmar Galvão. De acordo com o art. 62, *caput*, da CF, uma vez adotada a Medida Provisória, seu texto deve ser submetido de imediato ao Congresso Nacional, razão pela qual não é permitido ao Presidente da República retirar o ato da apreciação dos parlamentares. Para resolver o impasse institucional, há muito o STF admite a adoção de nova medida provisória para ab-rogar a primeira, embora essa solução seja criticada pela doutrina. Dessa forma, a primeira medida provisória deixaria de trancar a pauta de votação do Congresso, atendendo à vontade do Presidente da República. Ocorre que a segunda medida provisória não teria efeitos meramente revogatórios, devendo ser submetida à análise do Poder Legislativo, uma vez que a Constituição não traz nenhuma exceção à regra da imediata submissão ao Congresso Nacional. Ademais, a eficácia ab-rogatória da segunda MP só se tornará definitiva se e quando seu texto for convertido em lei. Até então o que se terá é a suspensão da vigência da primeira medida provisória, condicional à aprovação da segunda. Assim, se a segunda MP for rejeitada ou caducar, a primeira voltará a viger, pelo restante do prazo constitucional ainda existente, cabendo também ao Congresso a sua análise. Pelo mesmo motivo, uma possível ação direta de inconstitucionalidade proposta contra a primeira MP não se torna prejudicada pela simples adoção da medida ab-rogatória, mas apenas com a conversão da segunda MP em lei. Note-se, por fim, que a hipótese não equivale à repristinação, que só é admitida pelo ordenamento brasileiro se houver manifestação expressa do legislador nesse sentido (art. 2º, § 3º, da LINDB). Aqui, a continuidade da eficácia da primeira medida provisória é resultado do procedimento previsto pela própria Constituição para o trâmite das medidas provisórias e depende da existência de prazo residual.

Gabarito "C"

(Procurador do Estado/AC – FMP – 2012) Dentre as regras básicas do processo legislativo federal, de observância compulsória pelos Estados, por sua implicação com o princípio fundamental da separação e independência dos Poderes e do Pacto Federativo, encontram-se as previstas nas alíneas *a* e *c* do art. 61, § 1º, II, da CF, que determinam a iniciativa reservada do chefe do Poder Executivo (da União) na elaboração de leis que disponham sobre o regime jurídico e o provimento de cargos dos servidores públicos civis e militares.

(A) A afirmativa está correta.

(B) A afirmativa está incorreta.

(C) A afirmativa está correta, porém pode a Constituição estadual disciplinar diversamente.

(D) Nenhuma das alternativas anteriores.

STF, ADIn 549, Rel. Min. Carlos Velloso: "Matéria de iniciativa reservada do Chefe do Poder Executivo: C.F., art. 61, § 1º, II, a e c, de observância obrigatória pelos Estados-membros e pelo Distrito Federal".

Gabarito "A"

(Procurador do Estado/GO – 2010) A propósito do processo legislativo, é CORRETO afirmar que

(A) o Senado é a casa na qual se inicia, de ordinário, a tramitação.

(B) a Constituição da República prevê apenas um rito para a apreciação de projetos de lei.

(C) o veto é sempre expresso e fundamentado.

(D) é matéria estritamente regrada pela Constituição, não admitindo previsão em atos de menor hierarquia.

(E) a fase introdutória corresponde à iniciativa legislativa, consistente na prerrogativa, reconhecida somente a determinados órgãos estatais, de propor direito novo.

A: Em geral tem início na Câmara dos Deputados (art. 64 da CF); **B:** Há o rito ordinário e há, também, o rito de urgência (art. 64, §§ 1º e 2º, da CF); **C:** Art. 66, § 1º, da CF; **D:** O art. 59, parágrafo único, da CF, por exemplo, torna essa afirmativa incorreta; **E:** A fase de iniciativa não é restrita, podendo ser geral, concorrente, privativa, popular, conjunta, a do art. 67, parlamentar ou extraparlamentar.

Gabarito "C"

(PROCURADOR DO ESTADO/MG – FUMARC – 2012) Acerca do Processo Legislativo Estadual, assinale a alternativa INCORRET**A:**

(A) A Emenda à Constituição Mineira deverá ser discutida, votada e aprovada em dois turnos, nos quais deverá obter, em ambos, três quintos dos votos dos membros, para, posteriormente, passar por veto do Governador, para ser promulgada;

(B) A Constituição Estadual pode ser emendada por proposta proveniente de, pelo menos, um terço dos membros da Assembleia Legislativa de Minas Gerais, do Governador do Estado, de, no mínimo, 100 (cem) Câmaras Municipais (por quorum próprio);

(C) As Leis Complementares e Ordinárias podem ser propostas por qualquer membro da Assembleia Legislativa Mineira, pelo Governador, pelo Tribunal de Justiça do Estado, pelo Tribunal de Contas, pelo Procurador Geral de Justiça e por iniciativa popular, nos termos da lei.

(D) São matérias de ordem privativa do Governador de Minas Gerais as propostas de leis que tenderem à mudança do regime de previdência e jurídico único dos servidores da administração direta, da organização dos planos plurianuais e das diretrizes orçamentárias;

(E) Para os projetos de lei de iniciativa popular, é necessária a manifestação idônea de, no mínimo dez mil eleitores do Estado, por meio de entidade associativa legalmente constituída, limitada pelas hipóteses de matéria indelegável ou de iniciativa privativa.

A: Na elaboração de emendas à Constituição não há a fase de sanção ou veto, pois se trata de exercício do Poder Constituinte Derivado; **B:** Art. 64, I a III, da CE/MG; **C:** Art. 65 da CE/MG; **D:** Art. 66, III, "c", da CE/MG; **E:** Art. 67 da CE/MG.

Gabarito "A"

(Procurador do Estado/MT – FCC – 2011) Proposta de emenda à Constituição da República tornando o voto facultativo para todos os maiores de dezesseis anos é subscrita por dois por cento do eleitorado nacional, distribuído por seis Estados da federação, com três décimos por cento dos eleitores de cada um deles, sendo aprovada em dois turnos, em cada Casa do Congresso Nacional, pelo voto de três quintos dos membros respectivos, em cada votação. Essa proposta de emenda constitucional

(A) deverá, na sequência, ser submetida à sanção presidencial e promulgação, a fim de que possa produzir seus regulares efeitos.

(B) é incompatível com a Constituição da República, que não admite proposta de emenda constitucional de iniciativa popular.

(C) não poderia sequer ter sido objeto de deliberação pelas Casas do Congresso, por ofensa aos limites materiais ao poder de reforma da Constituição.

(D) não respeitou os requisitos constitucionais para propositura legislativa de iniciativa popular, vício que, contudo, foi convalidado pela votação regular nas Casas do Congresso.

(E) é compatível com a Constituição da República, devendo, na sequência, ser promulgada pelas Mesas da Câmara dos Deputados e do Senado Federal, com o respectivo número de ordem.

Art. 60, I a III, da CF.

Gabarito "B"

(Procurador/DF - 2013 - CESPE) No que se refere ao controle de constitucionalidade e ao controle exercido pelos TCs, julgue os itens a seguir.

(1) Não se admite ação direta de inconstitucionalidade, perante o STF, cujo objeto seja ato normativo editado pelo DF no exercício de competência que a CF/1988 reserve aos municípios, tal como a disciplina e polícia do parcelamento do solo.

(2) Embora os TCs não detenham competência para declarar a inconstitucionalidade das leis ou dos atos normativos em abstrato, eles podem, no caso concreto, reconhecer a desconformidade formal ou material de normas jurídicas com a CF/1988, deixando de aplicar, ou providenciando a sustação, de atos que considerem inconstitucionais.

(3) O STF possui competência para apreciar a inconstitucionalidade por omissão, legislativa ou administrativa, de órgãos federais em face da CF/1988, mas, no que diz respeito aos órgãos estaduais, a competência para conhecer essas omissões pertence aos tribunais de justiça dos estados.

1: correta. Nos termos da Súmula 642 do STF: "Não cabe ação direta de inconstitucionalidade de lei do distrito federal derivada da sua competência legislativa municipal". Portanto, Lei do DF só pode ser objeto de ADI quando tratar de assunto de competência estadual. Agora, se a mesma lei utilizar de suas duas competências, o STF somente conhecerá do pedido de julgamento da inconstitucionalidade no que tange à competência estadual, alegando incompetência na parte municipal. Isso porque, somente o TJ do DF pode julgar ADI contra lei de conteúdo municipal em face da Lei Orgânica do DF; **2:** correta. A Súmula n. 347 do órgão de Cúpula do Poder Judiciário (STF), determina que "o Tribunal de Contas, no exercício de suas atribuições, pode apreciar a constitucionalidade das leis e dos atos do Poder Público". A referida regra sumular foi aprovada na Sessão Plenária de 13.12.1963; **3:** incorreta, pois a regra se aplica a todos os órgãos, independentemente da esfera.

Gabarito 1C, 2C, 3E

(Procurador/DF - 2013 - CESPE) Considerando a disciplina constitucional relativa aos TCs, julgue os itens subsecutivos.

(1) Os membros do MP junto ao TCU ocupam cargos vitalícios, providos por concurso público específico; são titulares dos mesmos direitos atribuídos aos membros do MP comum e sujeitos às mesmas vedações a que estes se submetem.

(2) As decisões dos TCs não são imunes à revisão judicial, mas, quando imputarem débito ou multa, constituirão título executivo extrajudicial.

1: correta. Interpretação extraída do art. 130, da CF/1988 que dispõe que aos membros do Ministério Público junto aos Tribunais de Contas aplicam-se as disposições da Seção I, Capítulo IV, arts. 127 a 130-A, da CF/1988, pertinentes a DIREITOS, VEDAÇÕES e forma de INVESTIDURA; **2:** correta (art. 71, § 3º, da CF/1988).

Gabarito 1C, 2C

(Procurador do Estado/MT – FCC – 2011) O controle externo, a cargo do Congresso Nacional, será exercido com o auxílio do Tribunal de Contas da União, ao qual a Constituição da República atribui competência originária para

(A) julgar as contas prestadas anualmente pelo Presidente da República, em sessenta dias a contar de seu recebimento.

(B) apreciar, para fins de registro, a legalidade dos atos de admissão de pessoal, a qualquer título, na administração direta e indireta, incluídas as fundações instituídas e mantidas pelo Poder Público, bem como as nomeações para cargo de provimento em comissão.

(C) aplicar aos responsáveis, em caso de ilegalidade de despesa ou irregularidade de contas, as sanções previstas em lei, que estabelecerá, entre outras cominações, multa proporcional ao dano causado ao erário.

(D) sustar a execução de contrato, se verificada ilegalidade, comunicando a decisão à Câmara dos Deputados e ao Senado Federal.

(E) fiscalizar a aplicação de quaisquer recursos repassados à União mediante convênio, acordo, ajuste ou outros instrumentos congêneres.

Art. 71, I a IX, da CF.

Gabarito "C"

(Procurador do Estado/PA – 2011) Sobre o processo legislativo, assinale a alternativa INCORRET**A:**

(A) O Presidente da República tem competência para propor Emenda à Constituição.

(B) O veto do Presidente da República a projeto de lei deverá ser apreciado, em sessão separada, pelo plenário de cada uma das Casas do Congresso Nacional, dentro de trinta dias a contar de seu recebimento, só podendo ser rejeitado pelo voto da maioria dos Deputados e Senadores, em escrutínio secreto.

(C) O Presidente da República não poderá editar medidas provisórias sobre matéria relativa a processo civil, ainda que se configure caso de urgência e relevância.

(D) Poderá ser editada medida provisória que implique majoração de impostos, a qual só produzirá efeitos no exercício seguinte se houver sido convertida em lei até o último dia daquele em que for editada.

(E) As medidas provisórias terão sua votação iniciada na Câmara dos Deputados, mas caberá à comissão mista de Deputados e Senadores examiná-las e sobre elas emitir parecer, antes de serem apreciadas, em sessão separada, pelo plenário de cada uma das Casas do Congresso Nacional.

A: Art. 60, II, da CF; **B:** Não reflete o disposto no art. 66, § 4º, da CF; **C:** Art. 62, § 1º, I, "b", da CF; **D:** Art. 62, § 2º, da CF; **E:** Art. 62, §§ 8º e 9º, da CF.

Gabarito "B"

(Procurador do Estado/PR – UEL-COPS – 2011) Pode-se afirmar, sobre as cláusulas pétreas, que:

(A) são limites materiais ao Poder Constituinte Decorrente exclusivamente;

(B) são limites materiais ao Poder Constituinte Originário exclusivamente;

(C) são limites materiais ao Poder Constituinte Originário e ao Derivado;

(D) são limites materiais ao Poder Constituinte Originário e ao Reformador;

(E) são limites materiais ao Poder Reformador.

As cláusulas pétreas, ou limites materiais ao poder de reforma da Constituição estão listadas no art. 60, § 4, da CF e constituem o núcleo intangível do texto constitucional, ou seja, não pode ser editada emenda constitucional tendente a abolir ou a restringir as matérias consideradas cláusulas pétreas. Isso não significa, porém, que tenham hierarquia superior às demais normas constitucionais.

Gabarito "E"

(PROCURADOR DO ESTADO/RS – FUNDATEC – 2010) No âmbito do Congresso Nacional, as Comissões Parlamentares de Inquérito:

I. Serão criadas mediante requerimento de um terço dos membros de cada uma de suas Casas, em conjunto ou separadamente, que deverá ser aprovado pelo respectivo plenário.

II. Sua composição deve contemplar, tanto quanto possível, a representação proporcional dos partidos ou blocos parlamentares que participam da respectiva Casa.

III. A possibilidade de realizar quebra do sigilo telefônico não se inclui entre os "poderes de investigação próprios das autoridades judiciais" que lhes são atribuídos pela Constituição da República.

Destas afirmações, à luz da Constituição da República e da jurisprudência do Supremo Tribunal Federal, estão corretas:

(A) Apenas I.

(B) Apenas II.

(C) Apenas III.

(D) Apenas I e II.

(E) Apenas I e III.

I: Não reflete o disposto no art. 58, § 3º, da CF (não exige aprovação do plenário); **II:** Art. 58, § 1º, da CF; **III:** O STF entende que as CPIs podem determinar a quebra de sigilo bancário, fiscal e telefônico por terem poderes próprios de autoridades judiciais, desde que o ato seja adequadamente fundamentado e revele a necessidade objetiva da medida extraordinária. V. STF, MS 23868, Rel. Min. Celso de Mello.

Gabarito "B"

(PROCURADOR DO ESTADO/RS – FUNDATEC – 2010) Considere as seguintes afirmações sobre medidas provisórias, à luz da Constituição da República e da jurisprudência do Supremo Tribunal Federal:

I. Os pressupostos constitucionais de edição das medidas provisórias apenas em caráter excepcional se submetem ao crivo do Poder Judiciário, tendo em vista o principio da separação dos poderes.

II. É inviável a adoção de medidas provisórias no âmbito do processo legislativo dos Estados, tendo em vista a inexistência, na Constituição da República, de autorização expressa neste sentido.

III. As medidas provisórias editadas antes da publicação da Emenda Constitucional nº 32/2001 e que não foram votadas pelo Congresso Nacional até 60 dias após aquela data perderam sua eficácia retroativamente.

Quais estão corretas?

(A) Apenas I.

(B) Apenas II.

(C) Apenas III

(D) Apenas I e II

(E) Apenas I e III.

I: Correta. Excepcionalmente, os requisitos de relevância e urgência são *sindicáveis*, ou seja, podem ser objeto de análise pelo Poder Judiciário, com fundamento no respeito ao princípio da separação de poderes. Para o STF, "os pressupostos da urgência e da relevância, embora conceitos jurídicos relativamente indeterminados e fluidos, mesmo expondo-se, inicialmente, à avaliação discricionária do Presidente da República, estão sujeitos, ainda que excepcionalmente, ao controle do Poder Judiciário, porque compõem a própria estrutura constitucional que disciplina as medidas provisórias, qualificando-se como requisitos legitimadores e juridicamente condicionantes do exercício, pelo Chefe do Poder Executivo, da competência normativa primária que lhe foi outorgada, extraordinariamente, pela Constituição da República. (...) - A possibilidade de controle jurisdicional, mesmo sendo excepcional, apoia-se na necessidade de impedir que o Presidente da República, ao editar medidas provisórias, incida em excesso de poder ou em situação de manifesto abuso institucional, pois o sistema de limitação de poderes não permite que práticas governamentais abusivas venham a prevalecer sobre os postulados constitucionais que informam a concepção democrática de Poder e de Estado, especialmente naquelas hipóteses em que se registrar o exercício anômalo e arbitrário das funções estatais." (STF, ADI 2213 MC, Rel. Min. Celso de Mello); **II:** Errada. O STF admite a adoção de medida provisória pelo governador de estado desde que haja previsão na constituição estadual e sejam observados os princípios e limitações impostos pelo modelo estabelecido na CF; **III:** Errada. V. art. 2º da EC 32/2001.

Gabarito "A"

(Procurador do Estado/SE – FCC – 2005) "Poderia acontecer que algum cidadão, nos negócios públicos, violasse os direitos do povo e cometesse crimes que os magistrados estabelecidos não soubessem ou não quisessem castigar. Mas, em geral o poder legislativo não pode julgar; e o pode menos ainda neste caso particular, onde ele representa a parte interessada, que é o povo. Logo. ele só pode ser acusador. Mas diante de quem fará a acusação? Irá rebaixar-se diante dos tribunais da lei, que lhe são inferiores e compostos, aliás, de pessoas que. sendo do povo como ele, seriam levadas pela autoridade de tão grande acusador? Não: é preciso, para conservar a dignidade do povo e a segurança do particular, que a parte legislativa do povo faça a acusação perante a parte legislativa dos nobres, que não tem os mesmos interesses, nem as mesmas paixões que ela." (MONTESQUIEU. O espírito das Leis. Livro XI, cap. VI)

O mecanismo acima descrito cuida de hipótese em que o Poder Legislativo

(A) atipicamente exerce função executiva, consistente na aplicação de lei ao caso concreto sob circunstâncias especiais.

(B) exerce poder soberano em relação ao órgão executivo, sujeita, porém, sua decisão à aprovação do órgão judiciário.

(C) atipicamente exerce função jurisdicional, em situação compatível com o princípio da separação de poderes.

(D) tipicamente exerce função legislativa, através da qual contém o exercício do poder pelos órgãos executivo e judiciário.

(E) extrapola do exercício de suas funções típicas, em prática incompatível com o princípio da separação de poderes.

A especialização funcional dos Poderes diz respeito à atribuição de uma "função típica" para cada um deles, o que não exclui o exercício de "funções atípicas" por todos, vale dizer, muito embora a função típica (preponderante) do Executivo seja administrar, do Legislativo seja legislar e do Judiciário seja julgar, nada impede que todos os Poderes legislem, administrem e julguem. Em suma: a função típica de um Poder é atípica do outro.

Gabarito "C"

(Procurador do Estado/SE – FCC – 2005) Deputado Estadual apresenta à Assembleia Legislativa projeto de lei complementar com vistas a introduzir alterações no regime jurídico dos servidores públicos civis do Estado. Após discussão e votação, o projeto é aprovado por maioria absoluta e encaminhado à sanção governamental. Decorridos quinze dias do recebimento do projeto pelo Governador, este permanecendo silente, o Presidente da Assembleia promulga a lei ordinária, que, na sequência, é publicada e entra em vigor. Considerada a disciplina do processo legislativo na Constituição estadual, a lei em questão é

(A) formalmente inconstitucional, por insuficiência de quorum para aprovação do projeto na Assembleia.

(B) formal e materialmente constitucional, pois eventuais vícios de forma se convalidam com a promulgação.

(C) materialmente inconstitucional, por não ter decorrido o prazo previsto para sanção tácita, antes da promulgação da lei.

(D) formalmente inconstitucional, por se tratar de matéria de iniciativa privativa do Governador do Estado.

(E) materialmente inconstitucional, por não se tratar de matéria reservada à lei complementar.

Por simetria ao modelo federal (art. 61, § 1º, II, "c"), a competência é do Governador de Estado.

Gabarito "D"

(Procurador do Estado/SE – FCC – 2005) Proposta de emenda à Constituição de iniciativa do Presidente da República com vistas a transferir da União para os Estados a competência privativa para legislar sobre propaganda comercial é aprovada na Câmara dos Deputados, sendo, contudo, rejeitada no Senado Federal. Nova proposta de Emenda à Constituição que tivesse por objeto a mesma matéria

(A) deveria ser apresentada diretamente ao Senado Federal e, se este a aprovasse, ser promulgada pelas Mesas da Câmara e do Senado.

(B) não poderia ser objeto de deliberação, por ser tendente a abolir a forma federativa de Estado e a separação de poderes.

(C) poderia ser apresentada ao Congresso Nacional, desde que mediante requerimento da maioria absoluta dos membros de qualquer de suas Casas.

(D) dependeria de iniciativa de mais da metade das Assembleias Legislativas dos Estados da federação, por se tratar de matéria afeita a seus interesses.

(E) somente poderia ser apresentada na sessão legislativa seguinte àquela em que foi rejeitada a proposta inicial.

Art. 60, § 5º, da CF.

Gabarito "E"

(Procurador do Estado/SP – VUNESP – 2005) O regramento constitucional da imunidade parlamentar no direito brasileiro permite afirmar:

(A) os Vereadores gozam de imunidade material no exercício do mandato e na circunscrição do Município; e os Deputados e Senadores possuem inviolabilidade processual, civil e penal, mas não gozam de imunidade material.

(B) os Vereadores gozam de imunidade material e formal no exercício do mandato e na circunscrição do Município; e os Deputados e Senadores são invioláveis por suas opiniões, palavras e voto, mas podem ser presos por cri-me inafiançável.

(C) os Vereadores não podem ser presos por qualquer tipo de crime no exercício do mandato e na circunscrição do Município; e os Deputados e Senadores somente podem ser processados criminalmente, após a diplomação, se houver licença da respectiva Casa Legislativa.

(D) os Vereadores gozam de imunidade formal no exercício do mandato na circunscrição do Município; e os Deputados e Senadores detêm inviolabilidade civil e criminal, e esta imunidade não pode ser afastada durante o estado de sítio, a não ser pelo voto de dois terços dos membros da Casa respectiva.

(E) os Vereadores gozam de imunidade material na circunscrição do Município e no exercício do mandato; e os Deputados e Senadores possuem imunidade material, mas podem ser processados pelo STF, sem licença da Casa respectiva.

Deputados e Senadores possuem imunidade material e formal (art. 53 da CF). A imunidade material (por opiniões, palavras e votos) só protege o parlamentar no exercício do mandato ou em razão dele. No âmbito penal, o parlamentar responde sem necessidade de prévia licença da Casa respectiva, mas há a possibilidade de sustação da ação na forma do art. 53, § 3º, da CF. Os vereadores possuem apenas a imunidade material, em razão do mandato, e na circunscrição no município (art. 29, VIII, da CF).

Gabarito "E"

(Procurador do Estado/SP – VUNESP – 2005) Um Governador edita medida provisória estadual regulamentando a exploração de gás canalizado dentro do Estado, autorizando que empresas privadas prestem esse serviço por meio de concessão. Um partido político de oposição ajuíza ação direta de inconstitucionalidade (ADI) perante o STF, questionando essa medida legislativa, alegando que Governador de Estado nao pode editar medida provisória; serviço de gás canalizado não pode ser objeto de concessão; essa matéria não pode ser objeto de medida provisória. Com base nessas informações, assinale a alternativa correta.

(A) O STF já assentou a constitucionalidade da adoção de medida provisória pelo Estado-membro, mas a CF não permite o uso dessa espécie normativa para regulamentar o serviço de gás canalizado, embora este possa ser objeto de concessão.

(B) A ADI deve ser julgada procedente, pois a medida questionada padece de vício de inconstitucional idade formal, uma vez que os Estados não podem editar medidas provisórias, sendo esta espécie normativa admitida somente na esfera Federal.

(C) O STF admite a edição de medidas provisórias estaduais, inclusive para regulamentar a exploração do serviço de gás canalizado, mas a execução deste não pode ser concedida a empresas privadas.

(D) A ADI deve ser julgada improcedente, uma vez que a Constituição Federal permite a edição de medidas provisórias estaduais, inclusive para regulamentar o serviço de gás canalizado, o qual pode ser objeto de concessão.

(E) A ADI não deve ser conhecida pelo STF, pois este já decidiu que partido político não pode ajuizar ADI, mesmo que tenha representação no Congresso Nacional.

Art. 25, § 2º, da CF.

Gabarito "A"

(Procurador do Município/Cubatão-SP – 2012 – VUNESP) Assinale a alternativa correta acerca do processo legislativo.

(A) A iniciativa popular pode ser exercida pela apresentação ao Senado Federal de projeto de lei subscrito por, no mínimo, um por cento do eleitorado nacional, distribuído pelo menos por cinco Estados, com não menos de três décimos por cento dos eleitores de cada um deles.

(B) Em caso de relevância e urgência, o Presidente da República poderá adotar medidas provisórias, com força de lei, devendo submetê-las em até 30 dias ao Congresso Nacional.

(C) É vedada a edição de medidas provisórias sobre matéria relativa a direito tributário.

(D) A discussão e votação dos projetos de lei de iniciativa do Presidente da República, do Supremo Tribunal Federal e dos Tribunais Superiores terão início no Senado Federal.

(E) O veto será apreciado em sessão conjunta, dentro de trinta dias a contar de seu recebimento, só podendo ser rejeitado pelo voto da maioria absoluta dos Deputados e Senadores, em escrutínio secreto.

A: Não reflete o disposto no art. 61, § 2º, da CF; **B:** A submissão é imediata (art. 62, caput, da CF); **C:** Não é vedada, apenas possui peculiaridades (art. 62, § 2º, da CF); **D:** O início é na Câmara dos Deputados (art. 64 da CF); **E:** Art. 66, § 4º, da CF. É importante ressaltar que a Emenda Constitucional 76, de 28 de novembro de 2013, alterou a redação do § 4º do art. 66 da CF e eliminou o escrutínio secreto das votações de apreciação em sessão conjunta do veto.

Gabarito "E"

Procurador do Município/Recife-PE – 2008 – FCC) Durante o curso das investigações promovidas por Comissão Parlamentar de Inquérito, a quebra do sigilo bancário, fiscal e telefônico

(A) não pode ser determinada pela própria Comissão, em razão de a matéria estar submetida ao princípio da reserva de jurisdição.

(B) não pode ser determinada pela própria Comissão, em razão do princípio do devido processo legal.

(C) pode ser determinada pela própria Comissão, quando a providência mostrar-se necessária, mediante fundamentação adequada.

(D) somente pode ser determinada pela própria Comissão quando o fato apurado tiver origem numa das Casas do Congresso Nacional.

(E) não é passível de controle jurisdicional, caso seja decretada pela própria Comissão nos casos previstos pela Constituição Federal.

O STF entende que as CPIs podem determinar a quebra de sigilo bancário, fiscal e telefônico por terem poderes próprios de autoridades judiciais, desde que o ato seja adequadamente fundamentado e revele a necessidade objetiva da medida extraordinária.

Gabarito "C"

(Procurador do Município/Recife-PE – 2008 – FCC) A imunidade constitucional garantida aos Deputados Federais e Senadores em razão de suas opiniões, palavras e votos

(A) aplica-se aos atos praticados em razão do mandato, ainda que exercidos fora do recinto da própria Casa legislativa.

(B) aplica-se somente em matéria processual.

(C) impede que o parlamentar seja preso em flagrante de crime, ainda que este seja inafiançável.

(D) aplica-se somente em matéria penal.

(E) impede que os parlamentares sejam sancionados pela própria Casa legislativa a que pertencem, mesmo que haja abuso dessa prerrogativa constitucional.

STF, AI 473092, Rel. Min. Celso de Mello: "A garantia constitucional da imunidade parlamentar em sentido material (CF, art. 53, "caput") exclui a responsabilidade civil do membro do Poder Legislativo, por danos eventualmente resultantes de manifestações, orais ou escritas, desde que motivadas pelo desempenho do mandato (prática "in officio") ou externadas em razão deste (prática "propter officium"), qualquer que seja o âmbito espacial ("locus") em que se haja exercido a liberdade de opinião, ainda que fora do recinto da própria Casa legislativa". Não é assim, entretanto, para os vereadores (art. 29, VIII, da CF).

Gabarito "A"

(Procurador do Município/São José dos Campos-SP – 2012 – VUNESP) A Constituição Federal veda a edição de medidas provisórias sobre matéria

(A) reservada à lei complementar.

(B) relativa à organização da Defensoria Pública.

(C) relativa a direito civil.

(D) relativa a direito tributário.

(E) referente aos sistemas bancário e financeiro.

Art. 62, § 1º, III da CF.

Gabarito "A"

(Procurador do Município/São Paulo-SP – 2008 – FCC) No âmbito do processo legislativo municipal de São Paulo,

(A) a apreciação dos projetos de lei e a aprovação ou as alterações do Regimento Interno serão realizadas em turno único de discussão e votação.

(B) aprovado o projeto de lei, na forma regimental, este será enviado ao Prefeito que, negando a sanção, deverá encaminhar à Câmara Municipal os motivos do veto no prazo de 15 dias úteis contados do recebimento.

(C) dependerá do voto favorável de 2/3 (dois terços) dos membros da Câmara Municipal a aprovação de emendas à Lei Orgânica.

(D) a aprovação do Plano Diretor exige o voto favorável de 3/5 (três quintos) dos membros presentes à sessão.

(E) a rejeição de veto demanda voto favorável da maioria dos membros presentes à sessão.

A: Dois turnos (art. 40, § 2º da Lei Orgânica do Município de São Paulo); **B:** Prazo de 48 horas (art. 42, § 1º, da Lei Orgânica do Município de São Paulo); **C:** Art. 40, § 5º, III, da Lei Orgânica do Município de São Paulo; **D:** Três quintos dos membros da Câmara (art. 40, § 4º, II, da Lei Orgânica do Município de São Paulo); **E:** Maioria absoluta (art. 40, § 3º, XIV, da Lei Orgânica do Município de São Paulo).

Gabarito "C"

(Procurador do Município/Sorocaba-SP – 2012 – VUNESP) O projeto de lei de iniciativa popular, entre outros requisitos,

(A) deve ser apresentado perante o Senado.

(B) deve ser subscrito por, no mínimo, um por cento do eleitorado nacional.

(C) deve ser subscrito por eleitores de pelo menos três Estados.

(D) deve ser subscrito por eleitores de pelo menos um décimo por cento dos eleitores de, no mínimo, três Estados.

(E) não pode tratar de matéria reservada à lei ordinária.

Art. 61, § 2º, da CF.

Gabarito "B"

(Advogado da União/AGU – CESPE – 2012) A respeito do processo legislativo e da competência legislativa da União e dos estados, julgue os próximos itens.

(1) Serão constitucionais leis estaduais que disponham sobre direito tributário, financeiro, penitenciário, econômico e urbanístico, matérias que se inserem no âmbito da competência concorrente da União, dos estados e do DF.

(2) A competência para votar os projetos de lei é, em regra, dos plenários da Câmara dos Deputados e do Senado Federal, mas as mesas diretoras das respectivas casas podem, mediante decreto legislativo, outorgar às comissões permanentes, em razão da matéria de sua competência, a prerrogativa de discutir, votar e decidir as proposições legislativas.

1: Correta. Art. 24, I, da CF; 2. Errada. Não reflete o disposto no art. 58, § 2º, I, da CF.

Gabarito 1C, 2E

(Procurador do Estado/RO – 2011 – FCC) Com relação ao processo legislativo, é correto afirmar:

(A) O Presidente da República pode pedir a retirada da medida provisória remetida ao Congresso Nacional a qualquer momento, mesmo após a sua publicação no Diário Oficial.

(B) Tanto a medida provisória, quanto a lei delegada, atos normativos de competência primária do Presidente da República, têm validade temporária e limitada à sessenta dias, prorrogáveis por igual prazo, a contar de sua edição.

(C) Os Estados e os Municípios não podem editar medida provisória, ato excepcional previsto pela Constituição Federal com validade no âmbito da União.

(D) O Estado pode editar medida provisória em caso de relevância e urgência, desde que a Constituição Estadual preveja expressamente a possibilidade.

(E) A conversão de medida provisória em lei faz com que sejam sanadas automaticamente eventuais questões sobre vícios de inconstitucionalidade dos fundamentos de relevância e urgência alegados judicialmente.

A: STF, ADI-MC 221, Rel. Min. Moreira Alves: "Por ser a medida provisória ato normativo com força de lei, não é admissível seja retirada do Congresso Nacional a que foi remetida para o efeito de ser, ou não, convertida em Lei"; **B:** A lei delegada não tem validade temporária e limitada à sessenta dias; C e **D:** O STF admite a adoção de medida provisória pelo governador de estado ou do Distrito Federal desde que haja previsão na constituição estadual (ou na lei orgânica do DF) e sejam observados os princípios e limitações impostos pelo modelo estabelecido no art. 62 da CF; **E:** A inconstitucionalidade pode ser suscitada mesmo após a conversão em lei.

Gabarito "D"

(Procurador do Estado/SC – 2010 – FEPESE) Com relação ao processo legislativo de emenda à Constituição Federal, assinale a alternativa **correta**.

(A) A forma republicana de governo é considerada cláusula pétrea, e, assim, não poderá ser objeto de proposta de emenda constitucional.

(B) A emenda à Constituição será promulgada pelas Mesas da Câmara dos Deputados e do Senado Federal, com o respectivo número de ordem.

(C) A matéria constante de proposta de emenda rejeitada ou havida por prejudicada deverá ser objeto de nova proposta na mesma sessão legislativa.

(D) A proposta de emenda será discutida e votada em sessão conjunta das Casas do Congresso Nacional, em dois turnos, considerando-se aprovada se obtiver três quintos dos votos dos respectivos membros.

(E) A Constituição poderá ser emendada mediante proposta de mais da metade das Assembleias Legislativas das unidades da Federação, manifestando-se, cada uma delas, pela maioria absoluta de seus membros.

A: A forma de governo (república ou monarquia) não é cláusula pétrea. Apenas a forma de estado (federal) o é (art. 60, § 4º, I, da CF); **B:** Sim. A promulgação das emendas à Constituição é feita pelas *Mesas da Câmara dos Deputados e do Senado Federal*, e não pela *Mesa do Congresso Nacional* (art. 60, § 3º, da CF); **C:** O art. 60, § 5º, da CF impede que a proposta seja reapresentada na mesma sessão legislativa; **D:** Não há sessão conjunta para apreciação de emendas à CF (art. 60, § 2º, da CF); **E:** Não reflete o disposto no art. 60, III, da CF.

Gabarito "B"

(Procurador do Estado/SC – 2010 – FEPESE) De acordo com a Constituição Federal, é competência privativa do Senado Federal:

(A) sancionar, promulgar e fazer publicar as leis, bem como expedir decretos e regulamentos para sua fiel execução.

(B) sustar os atos normativos do Poder Executivo que exorbitem do poder regulamentar ou dos limites de delegação legislativa.

(C) proceder à tomada de contas do Presidente da República, quando não apresentadas ao Congresso Nacional dentro de sessenta dias após a abertura da sessão legislativa.

(D) avaliar periodicamente a funcionalidade do Sistema Tributário Nacional, em sua estrutura e seus componentes, e o desempenho das administrações tributárias da União, dos Estados e do Distrito Federal e dos Municípios.

(E) aplicar aos responsáveis, em caso de ilegalidade de despesa ou irregularidade de contas, as sanções previstas em lei, que estabelecerá, entre outras cominações, multa proporcional ao dano causado ao erário.

A, B, C, D, **E:** Art. 52, I a XV, da CF.

Gabarito "D"

(Procurador do Estado/PE – CESPE – 2009) José, candidato a deputado federal pelo estado de Pernambuco, registrou sua candidatura no dia 2 de julho. A eleição ocorreu no dia 3 de outubro, e o resultado que o declarou eleito foi divulgado no dia 6 de outubro. José foi diplomado pelo TRE do Estado de Pernambuco no dia 17 de dezembro e tomou posse no cargo de deputado federal no dia 2 de fevereiro do ano seguinte. No caso hipotético apresentado acima, a imunidade formal de José deve ser contada a partir

(A) do registro de sua candidatura, no dia 2 de julho.

(B) do dia da eleição, no dia 3 de outubro.

(C) do dia da divulgação do resultado das eleições, no qual foi declarado eleito, no dia 6 de outubro.

(D) da diplomação, no dia 17 de dezembro.

(E) da data da posse, no dia 2 de fevereiro do ano seguinte.

O art. 53, § 1º, da CF, estabelece como termo inicial da imunidade formal a data da expedição do diploma.

Gabarito "D"

(Procurador do Estado/SC – 2009) Assinale a alternativa correta, com respeito ao modelo constitucional, federal e estadual brasileiro.

(A) Direitos fundamentais são insuscetíveis de emendas, tanto para extingui-los como para criar novos direitos.

(B) Poder constituinte de revisão é o poder inerente à Constituição flexível, que se destina a modificar essa Constituição.

(C) A Constituição, ao dar ao Congresso Nacional competências para emendá-la, lhe confere o nome de poder constituinte instituído ou constituído.

(D) A limitação material de emenda constitucional decorre de que o órgão reformador há de proceder nos termos expressamente estatuídos na Constituição, desde que exista maioria absoluta para tal emenda.

(E) Toda modificação constitucional feita com desrespeito do procedimento especial estabelecido implicará inconstitucionalidade material.

A: Apenas para abolir ou tendente a abolir. Não há vedação para ampliá-los (art. 60, § 4º, IV, da CF); **B:** Poder constituinte de revisão, emenda ou reforma é o Poder Constituinte Derivado; **C:** O Congresso Nacional atua como Poder Constituinte Derivado ao aprovar Emendas à Constituição, tanto que a promulgação do texto cabe às Mesas da Câmara dos Deputados e do Senado Federal (art. 60, § 3º, da CF), não havendo participação do Presidente da República; **D:** Limites materiais ao poder de reforma da constituição corresponde às matérias que não podem ser abolidas pela emenda, o que se costuma chamar de cláusulas pétreas (art. 60, § 4º, da CF); **E:** Desrespeito ao procedimento e à forma, acarretam inconstitucionalidade formal.

Gabarito "C"

(Procurador do Estado/SC – 2009) Assinale a alternativa correta, com respeito ao modelo constitucional, federal e estadual brasileiro.

(A) Lei ordinária disporá sobre a elaboração, redação, alteração e consolidação das leis.

(B) O processo legislativo no Brasil compreende, dentre outras normas, a elaboração de resoluções.

(C) Decretos legislativos podem ser editados pelo Presidente da República através de delegação de competência via resolução.

(D) Medidas Provisórias podem tratar de matéria atinente a leis complementares tais como orçamento e créditos adicionais.

(E) Decretos regulamentares do Chefe do Executivo possuem o mesmo *status* hierárquico e de matéria dos Decretos legislativos, somente se diferenciando quanto ao agente político que os edita.

A: A CF exige lei complementar para a hipótese (art. 59, parágrafo único, da CF); **B:** Art. 59, VII, da CF; **C:** O Presidente da República não participa da elaboração de decretos legislativos, que não necessitam de sanção (art. 48 da CF); **D:** Há vedação expressa nesse sentido (art. 62, § 1º, III, da CF); **E:** Os decretos legislativos são editados nas hipóteses do art. 49 da CF, o que os diferencia também quanto à matéria, além de os decretos legislativos estarem contidos no processo legislativo (art. 59, VI, da CF).

Gabarito "B"

(Procurador do Estado/SC – 2009) Assinale a alternativa correta, com respeito ao modelo constitucional, federal e estadual brasileiro.

(A) A deliberação das casas legislativas sobre o mérito de medidas provisórias não se sujeita a juízo prévio sobre seus pressupostos constitucionais.

(B) É de competência exclusiva do Presidente da República exercer a direção superior da administração federal dos três poderes da União.

(C) O Presidente da República não poderá ausentar-se do país por mais de vinte dias sem a prévia autorização do Congresso Nacional.

(D) O veto do Presidente da República a projetos de lei somente pode ser feito no seu todo, não sendo cabível o veto parcial.

(E) No caso de projetos de lei de iniciativa do Presidente da República, poderá ele solicitar urgência para sua apreciação.

A: Excepcionalmente, os requisitos de relevância e urgência são sindicáveis, ou seja, podem ser objeto de análise pelo Poder Judiciário, com fundamento no respeito ao princípio da separação de poderes. Para o STF, "os pressupostos da urgência e da relevância, embora conceitos jurídicos relativamente indeterminados e fluidos, mesmo expondo-se, inicialmente, à avaliação discricionária do Presidente da República, estão sujeitos, ainda que excepcionalmente, ao controle do Poder Judiciário, porque compõem a própria estrutura constitucional que disciplina as medidas provisórias, qualificando-se como requisitos legitimadores e juridicamente condicionantes do exercício, pelo Chefe do Poder Executivo, da competência normativa primária que lhe foi outorgada, extraordinariamente, pela Constituição da República. (...) - A possibilidade de controle jurisdicional, mesmo sendo excepcional, apoia-se na necessidade de impedir que o Presidente da República, ao editar medidas provisórias, incida em excesso de poder ou em situação de manifesto abuso institucional, pois o sistema de limitação de poderes não permite que práticas governamentais abusivas venham a prevalecer sobre os postulados constitucionais que informam a concepção democrática de Poder e de Estado, especialmente naquelas hipóteses em que se registrar o exercício anômalo e arbitrário das funções estatais." (STF, ADI 2213 MC, Rel. Min. Celso de Mello); **B:** Apenas da Administração Federal (art. 84, II, da CF), pois é chefe do Poder Executivo Federal; **C:** O art. 83 exige licença do Congresso Nacional, em afastamentos superiores a quinze dias; **D:** A CF admite o veto parcial, desde que incida sobre texto integral de artigo, de parágrafo, de inciso ou de alínea (art. 66, §§ 1º e 2º, da CF), ou seja, não se pode vetar apenas determinadas expressões. Por exemplo: ao Presidente é proibido vetar apenas a palavra "não", fazendo com que determinada regra deixe de ser "não incidirá", para ser "incidirá". O veto parcial, nesse caso, alteraria todo o significado do texto aprovado pelo Poder Legislativo, razão por que é vedado pelo art. 66, § 2º, da CF; **E:** Art. 64, § 1º, da CF.

Gabarito "E"

(Procurador do Estado/SP – FCC – 2009) Proposta de Emenda Constitucional quer estabelecer a pena de morte para reincidentes em crimes hediondos, medida a ser referendada por plebiscito. A proposta deve ser considerada

(A) inconstitucional porque a proibição da pena de morte em tempo de paz é direito fundamental previsto no art. 5º, inciso XLVII, insuscetível de modificação por emenda, como estabelecido pelo art. 60, parágrafo 4º, da Constituição Federal.

(B) inconstitucional porque a matéria relativa às colisões entre direitos fundamentais é prerrogativa do poder constituinte originário, e neste caso tem-se um conflito entre o direito à vida e o direito à segurança.

(C) constitucional porque o art. 1º, parágrafo único, da Constituição Federal, prevê o exercício direto do poder pelo povo, caso em que não há limites ao poder de reformar a Constituição.

(D) constitucional porque a segurança pública é o princípio básico e norteador das garantias constitucionais e a proposta tende a otimizar esse princípio.

(E) constitucional porque a vedação à pena de morte não é direito fundamental, uma vez que admitida em caso de guerra declarada nos termos do art. 84, inciso XIX, da Constituição Federal.

Art. 5º, XLVII, *a* e art. 60, § 4º, IV, da CF.

Gabarito "A"

(Procurador do Estado/SP – FCC – 2009) Diante da grave insegurança jurídica gerada por decisões judiciais discrepantes, o Presidente da República edita medida provisória estabelecendo nova disciplina para a prescrição tributária. Esse ato legislativo é

(A) constitucional, devendo sua votação ser iniciada no Senado Federal.

(B) constitucional, produzindo efeitos no exercício financeiro seguinte, se houver sido convertida em lei até o último dia daquele em que foi editada.

(C) inconstitucional, por dispor sobre matéria que dele não pode ser objeto.

(D) constitucional, perdendo a eficácia, desde a edição, se não for convertida em lei no prazo de sessenta dias, prorrogável uma vez por igual período.

(E) inconstitucional, por ofensa ao princípio da intangibilidade da coisa julgada.

Art. 62, § 1º, III, da CF.

Gabarito "C"

(Procurador do Estado/SP – FCC – 2009) Por proposta de 19 (dezenove) Assembleias Legislativas Estaduais e após regular aprovação do Congresso Nacional, é promulgada pelas Mesas da Câmara e do Senado emenda constitucional extinguindo a ação declaratória de constitucionalidade, embora na mesma sessão legislativa projeto de lei, de idêntico conteúdo, tenha sido rejeitado pelo Senado Federal. A emenda em pauta deve ser considerada

(A) constitucional, sob o ângulo formal, mas inconstitucional sob o prisma material, por enfraquecer o princípio da supremacia da Constituição.

(B) constitucional, sob o ângulo material, mas inconstitucional sob o prisma formal, por não haver sido submetida à sanção ou veto do Presidente da República.

(C) constitucional, tanto sob o ângulo formal, quanto sob o ângulo material.

(D) inconstitucional, pois a matéria constante de propositura rejeitada não pode ser objeto de nova proposta na mesma sessão legislativa.

(E) inconstitucional, por vício de iniciativa.

A legitimidade ativa foi observada (art. 60, III, da CF), o conteúdo pode ser objeto de deliberação (já que não fere o disposto no art. 60, § 4º, da CF) e o fato de projeto de lei ter sido rejeitado, ainda que na mesma sessão legislativa, não impede a promulgação de emenda constitucional, haja vista que o art. 60, § 5º, da CF refere-se apenas a proposta de emenda rejeitada ou prejudicada (não a projeto de lei).

Gabarito "C"

(Procurador do Estado/PI – 2008 – CESPE) A respeito das prerrogativas do presidente da República, dos governadores e dos parlamentares, conforme previsto na CF, assinale a opção correta.

(A) Desde a expedição do diploma, os membros do Congresso Nacional não poderão ser presos salvo em flagrante de crime inafiançável nem processados criminalmente, sem prévia licença de sua Casa.

(B) A inviolabilidade parlamentar prevista na CF refere-se apenas ao campo penal, não abrangendo a inviolabilidade civil.

(C) Para que o presidente da República e os governadores sejam processados criminalmente, não é necessária licença prévia da respectiva casa legislativa.

(D) A imunidade processual impede que os parlamentares sejam investigados sem prévia licença da respectiva casa legislativa.

(E) Como não é um direito pessoal, mas uma garantia funcional e institucional, a inviolabilidade penal do parlamentar é irrenunciável.

A: Não reflete o disposto no art. 53, § 2º, da CF; **B:** Não reflete o disposto no art. 53 da CF; **C:** Não reflete o disposto no art. 51, I, da CF; **D:** Não reflete o disposto no art. 53, § 2º, da CF. A CF deixou de exigir prévia licença para se processar parlamentar federal; **E:** A imunidade não é prerrogativa individual do congressista, mas garantia da independência do Legislativo, a quem se dirige. Assim, constitui garantia institucional, sendo insuscetível de renúncia.

Gabarito "E"

(Procurador do Estado/CE – 2008 – CESPE) Assinale a opção correta a respeito de direito constitucional.

(A) As imunidades de deputados ou senadores não subsistirão durante o estado de sítio.

(B) Na sessão legislativa extraordinária, o Congresso Nacional somente deliberará sobre a matéria para a qual foi convocado. Assim, havendo medidas provisórias em vigor na data de convocação extraordinária do Congresso Nacional, estas não poderão ser votadas.

(C) A deliberação de cada uma das casas do Congresso Nacional sobre o mérito das medidas provisórias dependerá de juízo prévio sobre o atendimento de seus pressupostos constitucionais.

(D) Desde a expedição do diploma, os membros do Congresso Nacional não poderão ser presos, salvo em flagrante de crime inafiançável, nem processados criminalmente sem prévia licença de sua Casa.

(E) As medidas provisórias terão sua votação iniciada em qualquer das casas legislativas.

A: Não reflete o disposto no art. 53, § 8º, da CF; **B:** Não reflete o disposto no art. 57, §§ 7º e 8º, da CF; **C:** Art. 62, § 5º, da CF; **D:** Não reflete o disposto no art. 53, § 2º, da CF.Vale frisar, que tal afirmativa, quanto à garantia da imunidade de não ser processado criminalmente sem prévia licença de sua Casa, reflete disposição Constitucional que foi revogada a partir da EC 35/2001, a partir do que era disposto no art. 53 § 1º, ; **E:** Não reflete o disposto no art. 62, § 8º, da CF.

Gabarito "C"

(Procurador do Estado/ES – 2008 – CESPE) Quanto às comissões parlamentares de inquérito (CPIs), julgue o seguinte item.

(1) Deputados e senadores não são obrigados a testemunhar em CPI acerca de informações recebidas ou prestadas em razão do exercício do mandato.

1: Art. 53, § 6º, da CF.

Gabarito 1C

(Procurador do Estado/ES – 2008 – CESPE) Quanto às comissões parlamentares de inquérito (CPIs), julgue o seguinte item.

(1) A CPI instaurada no Poder Legislativo estadual não pode promover a quebra de sigilo bancário de pessoa submetida a investigação.

As CPIs estaduais têm, por simetria, os mesmos poderes das CPIs instaladas no Congresso Nacional (art. 58, § 3º), podendo quebrar o sigilo bancário desde que o ato seja adequadamente fundamentado, os dados não sejam divulgados e somente sejam utilizados no âmbito daquela investigação.

Gabarito 1E

(Procurador do Estado/ES – 2008 – CESPE) Quanto às comissões parlamentares de inquérito (CPIs), julgue o seguinte item.

(1) O fato objeto de apuração poderá ser determinado ao longo do período de funcionamento da CPI.

De acordo com o art. 58, § 3º, da CF, a CPI só pode ser criada para investigar fato determinado, concreto, delimitado e, portanto, preexistente.

Gabarito 1E

(Procurador do Estado/ES – 2008 – CESPE) Em relação ao processo legislativo estadual, julgue os itens a seguir.

(1) Estará correto o parecer de procurador do estado que, em resposta a consulta do governador, responda ser constitucional projeto de lei proposto pelo tribunal de justiça instituindo a justiça militar estadual, com a criação do tribunal de justiça militar, considerando que a polícia militar daquela unidade federativa tenha mais de vinte mil integrantes.

(2) É constitucional norma estadual determinadora de redução de vencimento de servidor público processado criminalmente.

1: Reflete o disposto no art. 125, § 3º, da CF. **2:** Não reflete o disposto no art. 7º, VI, da CF.

Gabarito 1C, 2E

(Procurador do Estado/PB – 2008 – CESPE) Com relação à organização dos poderes, assinale a opção correta.

(A) As comissões parlamentares de inquérito devem ser criadas por prazo certo para a apuração de fato determinado; nesse ponto, não constituem violação constitucional eventuais prorrogações sucessivas, mesmo que para a legislatura seguinte.

(B) No âmbito nacional, as sessões legislativas ocorrem no período de 2 de fevereiro a 17 de julho e de 1.º de agosto a 22 de dezembro, e cada legislatura, na Câmara dos Deputados, compreende quatro sessões legislativas.

(C) Os deputados federais são eleitos em conformidade com o sistema proporcional, ou seja, são eleitos deputados aqueles que logrem maior votação nas urnas de cada estado.

(D) O deputado federal que praticar crime antes da diplomação poderá ser processado e julgado normalmente pelo STF, enquanto durar o mandato legislativo. No entanto, a pedido de partido político com representação na casa, o andamento do processo poderá ser suspenso, se houver decisão, por voto ostensivo e nominal, da maioria absoluta dos parlamentares.

(E) Denomina-se presidencialismo a forma de governo em que o presidente da República é o chefe do Estado e de governo e parlamentarismo, aquela em que o presidente da República, eleito democraticamente, é o chefe de Estado, e o primeiro-ministro, escolhido pelo presidente da República, é o chefe de governo.

A: No HC 71.193/SP, o STF decidiu que a locução "prazo certo", prevista no art. 58, § 3º da CF, não impede prorrogações sucessivas, desde que dentro da mesma legislatura (art. 5º, § 2º, da Lei 1.579/52); **B:** Reflete o disposto no art. 44, parágrafo único, e no art. 57, ambos da CF; **C:** Apesar de os deputados serem eleitos pelo sistema proporcional (art. 45 da CF), a afirmativa: "...aqueles que logrem maior votação nas urnas de cada estado...", é aplicável ao sistema majoritário; **D:** Não reflete o disposto no art. 53, § 1º, da CF; **E:** Presidencialismo e parlamentarismo são sistemas ou regimes de governo (e não formas de governo).

Gabarito "B"

(Procurador do Estado/PB – 2008 – CESPE) Quanto ao processo legislativo, assinale a opção correta.

(A) É de competência privativa do presidente da República a iniciativa de proposição de projeto de lei que disponha acerca do parcelamento de débitos tributários.

(B) Considere-se que determinada medida provisória que determine aumento de certo imposto tenha sido publicada no dia 15/11/2007 e convertida em lei em 11/2/2008. Nessa hipótese, o referido tributo não pode ser cobrado, com aumento, no exercício de 2008.

(C) Os projetos de lei somente podem ser votados no plenário do Congresso Nacional ou no de uma de suas casas.

(D) Os estados e municípios não têm autorização constitucional para aceitarem proposta de lei de origem popular.

(E) O aumento da remuneração dos servidores do Poder Legislativo deve ser apreciado por meio de resolução, visto que constitui competência privativa do Congresso Nacional.

A: Não reflete o disposto no art. 61, § 1º, da CF; **B:** Art. 62, § 2º, da CF; **C:** Não reflete o disposto no art. 65 da CF; **D:** Não reflete o disposto no art. 27, § 4º e 29, XIII, ambos da CF; **E:** Não reflete o disposto no art. 49 da CF.

Gabarito "B"

(Procuradoria Distrital – 2007) Suponha que um Deputado Distrital seja membro de uma Comissão Parlamentar de Inquérito – CPI, e tenha ido cumprir diligência fora do Distrito Federal. No outro Estado, faz pronunciamento que, embora ligado à sua atuação na CPI, é tido como agressivo à honra de adversário político, investigado pela Comissão. Nessas circunstâncias, é correto dizer do Deputado Distrital em apreço que ele:

(A) poderá ser processado criminal e civilmente (neste último caso, visando à reparação de danos morais), independentemente de licença prévia da Câmara Distrital.

(B) poderá ser processado civilmente, para reparação de danos morais, mas não poderá ser processado criminalmente.

(C) não poderá ser processado civilmente, para reparação de danos morais, mas poderá ser processado criminalmente.

(D) não poderá ser processado civilmente por danos morais nem criminalmente.

(E) poderá ser processado criminal e civilmente, desde que, nos dois casos, seja concedida licença da Câmara Distrital para os processos.

Art. 53 da CF, por simetria.

Gabarito "D"

(Procuradoria Distrital – 2007) A respeito das Comissões Parlamentares de Inquérito – CPIs, é correto afirmar:

(A) os advogados dos chamados a prestar depoimento perante uma CPI podem acompanhar os seus clientes e com eles comunicar-se pessoal e diretamente, antes das respostas às perguntas formuladas, para recomendar que não respondam a questionamento que possa levar a afirmação auto incriminadora.

(B) as comissões parlamentares de inquérito têm o poder de anular atos do Executivo.

(C) não se exige motivação para as decisões de natureza eminentemente política tomadas pelas comissões parlamentares de inquérito, tais como a decretação da quebra do sigilo bancário e telefônico de investigados.

(D) as comissões parlamentares de inquérito podem decretar a indisponibilidade de bens de investigado, uma vez comprovada a origem espúria desses bens.

(E) depoentes e indiciados podem ser chamados a comparecer perante as Comissões Parlamentares de Inquérito de modo informal, como por exemplo, por meio de telefone ou fac-símile (fax).

A: Art. 3º, § 2º, da Lei 1.579/1952; **B:** Não reflete o disposto no art. 58, § 3º, da CF; **C:** Não reflete o disposto no art. 93, IX, da CF, cuja regra de motivação das decisões também se aplica ao Legislativo; **D:** De acordo com o STF, por não ser medida de instrução, mas de provimento cautelar de sentença futura, só pode ser decretada pelo Judiciário (MS 23.480-6, Rel. Min. Sepúlveda Pertence); **E:** Não reflete o disposto no art. 3º da Lei 1.579/1952.

Gabarito "A"

(Procurador do Estado/PR – 2007) Se o Presidente da República vetar projeto de lei cuja votação foi concluída na Câmara dos Deputados, o veto:

(A) será apreciado pela Casa em que a votação do projeto teve início, no prazo de quinze dias contados do seu recebimento;

(B) será apreciado em sessão da Casa onde a votação foi concluída, no prazo de quinze dias contados do seu recebimento;

(C) será apreciado pelo Senado Federal, no prazo de trinta dias contados do seu recebimento;

(D) será apreciado em sessão conjunta das duas Casas do Congresso Nacional, no prazo de trinta dias contados do seu recebimento;

(E) será apreciado diretamente pelo Supremo Tribunal Federal.

Art. 66, § 4º, da CF.

Gabarito "D"

(Procurador do Estado/RR – 2006 – FCC) A proposta de emenda constitucional pode ser apresentada

(A) pelo Ministro da Justiça.

(B) pelo Presidente da República.

(C) por um quarto, no mínimo, dos membros do Senado Federal.

(D) pela Comissão de Constituição e Justiça do Congresso Nacional.

(E) por mais de um terço das Assembleias Legislativas das unidades da Federação.

Art. 60,II da CF.

Gabarito "B"

(Procurador do Estado/RR – 2006 – FCC) Acerca dos parlamentares, dispõe a Constituição Federal que

(A) os Deputados e Senadores não serão obrigados a testemunhar sobre informações recebidas ou prestadas em razão do exercício do mandato, nem sobre as pessoas que lhes confiaram ou deles receberam informações.

(B) os Deputados e Senadores, desde a expedição do diploma, serão submetidos a julgamento perante o Superior Tribunal de Justiça e perante o respectivo Conselho de Ética.

(C) as imunidades de Deputados e Senadores subsistirão durante o estado de defesa e o estado de sítio, não podendo ser suspensas nem mesmo nos casos de atos praticados fora do Congresso Nacional.

(D) desde a expedição do diploma, os membros do Congresso Nacional não poderão ser presos, nem mesmo em flagrante de crime inafiançável e com autorização da Casa respectiva.

(E) a incorporação às Forças Armadas de Deputados e Senadores, embora militares e ainda que em tempo de guerra, não depende de prévia licença da Casa respectiva.

A: Art. 53, § 6º, da CF; **B:** Não reflete o disposto no art. 53, § 1º, da CF; **C:** Não reflete o disposto no art. 53, § 8º, da CF; **D:** Não reflete o disposto no art. 53, § 2º, da CF; **E:** Não reflete o disposto no art. 53, § 7º, da CF.

Gabarito "A"

(Procurador do Estado/RR – 2006 – FCC) As medidas provisórias, de acordo com a Constituição Federal,

(A) terão sua votação iniciada no Senado Federal, se versarem sobre orçamento.

(B) acaso rejeitadas, não podem ser reeditadas na mesma legislatura.

(C) têm força de lei, não precisando ser submetidas ao Congresso Nacional.

(D) não podem tratar de matéria relativa a partidos políticos.

(E) perdem a validade se não forem convertidas em lei em trinta dias.

A: Não reflete o disposto no art. 62, § 8º, da CF; **B:** Não reflete o disposto no art. 62, § 10, da CF; **C:** Não reflete o disposto no art. 62, § 6º, da CF; **D:** Art. 62, § 1º, I, a, da CF; **E:** Não reflete o disposto no art. 62, § 3º, da CF.

Gabarito "D"

(Procurador do Município/Florianópolis-SC – 2010 – FEPESE) De acordo com a Constituição Federal de 1988, **não** constitui matéria reservada à lei complementar:

(A) Regular as limitações constitucionais ao poder de tributar.

(B) Estabelecer as normas gerais a serem adotadas na organização, no preparo e no emprego das Forças Armadas.

(C) Dispor sobre a elaboração, redação, alteração e consolidação das leis.

(D) Dispor sobre direitos de nacionalidade e cidadania.

(E) Dispor sobre a organização e competência dos tribunais, dos juízes de direito e das juntas eleitorais.

A: Art. 146, II, da CF; **B:** Art. 142, § 1º, da CF; **C:** Art. 59, parágrafo único, da CF; **D:** Só serão necessariamente regulamentadas por lei complementar as matérias expressamente indicadas pela CF. Quando a Constituição traz o texto "na forma da lei", refere-se à lei ordinária. Contudo, para determinados temas refere-se expressamente à necessidade de "lei complementar" (CF, art. 14, § 9º; art. 18; §§ 2º, 3º e 4º; art. 21, IV e parágrafo único; art. 25, § 3º, dentre outros). Quando assim o faz, a edição de lei ordinária sobre a matéria será formalmente inconstitucional; **E:** Art. 121 da CF.

Gabarito "D"

(Procurador Federal – 2010 – CESPE) No que se refere ao processo legislativo, julgue os itens subsequentes.

(1) Pelo voto da maioria absoluta dos deputados e senadores, o veto presidencial a projeto de lei poderá ser rejeitado. Em tal hipótese não haverá mais a participação do presidente da República no processo legislativo, já que a subsequente promulgação ficará a cargo do presidente do Senado Federal.

(2) De acordo com a CF, uma vez aprovado projeto de lei de conversão alterando o texto original da medida provisória, a eficácia dos dispositivos que sofreram alteração fica suspensa até que seja sancionado ou vetado o projeto.

(3) Nos projetos orçamentários de iniciativa exclusiva do presidente da República são admitidas, em caráter excepcional, emendas parlamentares que impliquem aumento de despesas.

1: A primeira parte está correta (art. 66, § 4º, da CF), mas uma vez derrubado, o projeto de lei é enviado para promulgação pelo Presidente da República (art. 66, § 5º, da CF); **2:** Aprovado projeto de lei de conversão alterando o texto original da medida provisória, esta manter-se-á integralmente em vigor até que seja sancionado ou vetado o projeto (art. 62, § 12, da CF); **3:** O art. 63, I, da CF, proíbe a apresentação de emendas que impliquem aumento de despesa em projetos de lei de iniciativa privativa do Poder Executivo, salvo no caso do art. 166, §§ 3º e 4º, da CF. Por sua vez, o art. 166, § 3º, da CF, trata dos requisitos indispensáveis para a aprovação de emenda parlamentar nas leis orçamentárias anuais: precisarão ser compatíveis com o plano plurianual e com a lei de diretrizes orçamentárias (art. 166, § 3º, I), e devem indicar os recursos necessários para cobrir a despesa (art. 166, § 3º, II).

Gabarito 1E, 2E, 3C

(Procurador da Fazenda Nacional – 2007 – ESAF) Assinale a opção correta.

(A) É viável reforma constitucional que aperfeiçoe o processo legislativo de emenda constitucional, tornando-o formalmente mais rigoroso.

(B) A Constituição Federal conferiu, de forma explícita, o poder de editar medidas provisórias unicamente ao Presidente da República; assim, e por se tratar de instrumento de exceção ao princípio da Separação de Poderes, a comportar interpretação restritiva, tal espécie normativa não pode ser adotada por Estados e Municípios.

(C) Adotada medida provisória pelo Presidente da República, o Congresso Nacional deverá sobre ela deliberar durante a convocação extraordinária, caso tenha constado como objeto da convocação, ou, caso contrário, o prazo de 60 dias será considerado interrompido desde a sua edição.

(D) Desde que observados os requisitos da relevância e da urgência, medida provisória poderá dispor sobre a composição dos organismos regionais, que equivalem a formas especiais de organização administrativa do território, de iniciativa da União, com a finalidade de promover, no âmbito do complexo geoeconômico e social, o seu desenvolvimento, com redução das desigualdades regionais, mas tal espécie normativa não poderá dispor sobre os planos regionais, integrantes dos planos nacionais de desenvolvimento econômico e social.

(E) É válida a revogação por lei ordinária de dispositivo formalmente inserido em lei complementar, cuja matéria disciplinada não estava constitucionalmente reservada a esta última.

A: A doutrina aponta a alteração do processo de emenda como limitação implícita ao poder constituinte derivado; **B:** O STF admite a adoção de MPs por Estados (art. 25, §§ 1º e 2º, da CF). Por simetria e com restrições doutrinárias, também são admitidas no âmbito municipal; **C:** Não reflete o disposto no art. 57, §§ 7º e 8º, da CF; **D:** MP não pode dispor sobre a matéria, porque reservada à lei complementar (art. 62, § 1º, III, c/c art. 43, § 1º, ambos da CF); **E:** Sim, em virtude do paralelismo das formas.

Gabarito "E"

(Advogado da União/AGU – CESPE – 2009) Acerca da organização e atuação dos Poderes Executivo, Judiciário e Legislativo, no Estado brasileiro, julgue os itens seguintes.

(1) As decisões exaradas pelo TCU, no exercício da missão de auxiliar o Congresso Nacional na função fiscalizadora, não são imunes à revisão judicial e, quando reconhecem débito ou multa, constituem título executivo extrajudicial, cuja execução compete à Advocacia-Geral da União.

(2) Em decorrência da aplicação do princípio da simetria, o chefe do Poder Executivo estadual pode dispor, via decreto, sobre a organização e funcionamento da administração estadual, desde que os preceitos não importem aumento de despesa nem criação ou extinção de órgãos públicos.

(3) Não há veto ou sanção presidencial na emenda à Constituição, em decretos legislativos e em resoluções, nas leis delegadas, na lei resultante da conversão, sem alterações, de medida provisória.

(4) As medidas provisórias não convertidas em lei no prazo constitucional perdem a eficácia a partir do ato declaratório de encerramento do prazo de sua vigência.

1: Sim, pois o Judiciário pode apreciar toda lesão ou ameaça de lesão a direito (art. 5º, XXXV, da CF). A qualidade de título executivo está expressa no art. 71, § 3º, da CF; **2:** Aplicação, por simetria federativa, do art. 84, VI, *a*, da CF; **3:** O art. 48 da CF dispensa a sanção (e, por consequência, não há veto), nos casos do art. 49 (decretos legislativos), 51 e 52 (resoluções), todos da CF. As emendas constitucionais não têm sanção ou veto, porque são exercício do Poder Constituinte Derivado, exercido pelo Poder Legislativo. As medidas provisórias sem alteração não demandam sanção/veto, pois o texto foi encaminhado pelo Presidente da República, único legitimado a adotá-las (art. 62 da CF). O mesmo raciocínio vale para as leis delegadas (art. 68 da CF); **4:** Perdem a eficácia desde a edição (art. 62, § 3º, da CF).

Gabarito 1C, 2C, 3C, 4E

(Defensoria Pública da União – 2010 – CESPE) No que concerne ao processo legislativo, julgue os itens subsequentes.

(1) Considere que o chefe do Poder Executivo tenha apresentado projeto de lei ordinária que dispõe sobre a remuneração de servidores públicos. Nesse caso, não se admite emenda parlamentar ao projeto para aumento do valor da remuneração proposto.

(2) A autonomia funcional e administrativa da Defensoria Pública estadual assegura, conforme a Constituição Federal, ao defensor público-geral do estado a iniciativa de propor projeto de lei que disponha sobre a criação e a remuneração de cargos de defensor público estadual.

1: Art. 63, I, da CF; **2:** O art. 61, § 1º, II, *a*, da CF prescreve ser de iniciativa privativa do Presidente da República, a elaboração de leis que versem sobre criação de cargos ou sobre o aumento de sua remuneração. Por simetria, cabe ao Governador de Estado, Chefe do Poder Executivo Estadual, a edição de leis sobre a mesma matéria em seus limites territoriais.

Gabarito 1C, 2E

(Procurador da Fazenda Nacional – 2006 – ESAF) Suponha que o Congresso Nacional aprove lei, de iniciativa de Deputado Federal, que reduz alíquota do Imposto de Renda de Pessoas Físicas. O Presidente da República sanciona o projeto. Mais tarde, percebe que a lei é ruinosa e ouve seus conselheiros jurídicos que lhe dizem:

1. Houve vício de iniciativa na elaboração da lei.
2. O Presidente da República não pode provocar o Supremo Tribunal Federal a exercer o controle de constitucionalidade sobre a lei, porque sancionou o projeto.
3. O Presidente da República pode, desde que se atenha ao prazo de veto de que dispõe constitucionalmente, voltar atrás na sanção e vetar o projeto.
4. Tendo o Presidente da República sancionado a lei, toda discussão sobre eventual invasão da sua iniciativa privativa fica prejudicada, já que, qualquer que seja o caso, a sanção supre o vício de iniciativa.

Assinale a opção correta.

(A) Todas as afirmações estão corretas.
(B) Apenas uma das afirmações está correta.
(C) Apenas duas das afirmações estão corretas.
(D) Apenas três das afirmações estão corretas.
(E) Nenhuma das afirmações está correta.

1 – incorreta. Não se inclui dentre as matérias de competência privativa de qualquer autoridade para iniciativa de projeto de lei a alteração da legislação tributária; 2. – incorreta. O Presidente da República está dentre as autoridades autorizadas a propor a ação direta de inconstitucionalidade e a ação declaratória de constitucionalidade (art. 103, I, da CF), não sendo a sanção um óbice para tanto, considerando que a inconstitucionalidade de lei ou ato normativo não pode ser convalidada; 3 – incorreta. A sanção e o veto são atos irretratáveis; 4 – incorreta. O STF pacificou o entendimento de que o veto presidencial não supre o vício de iniciativa do projeto de lei (ADI 2113/MG, DJ 04/03/2009). Portanto, nenhuma das afirmações está correta.

Gabarito "E"

(Procurador da Fazenda Nacional – 2004 – ESAF) Assinale a opção correta.

(A) A conversão em lei de medida provisória torna insuscetível de discussão qualquer eventual inconstitucionalidade formal de que a medida provisória pudesse padecer.

(B) Uma medida provisória pode ter vigência superior a 120 dias, sem que o Presidente da República a reedite.

(C) A medida provisória não é instrumento apto para dispor sobre matéria de direito penal, exceto quando favorece o individuo contra a ação persecutória penal do Estado.

(D) Consideram-se sem eficácia todas as medidas provisórias editadas antes do advento da Emenda Constitucional no 32/2001 (que conferiu novo regime a esse instrumento normativo), que não foram reeditadas pelo Presidente da República depois da Emenda e não foram convertidas em lei pelo Congresso Nacional no prazo constitucional.

(E) A Emenda Constitucional no 32/2001 proíbe o uso de medida provisória para criar ou majorar imposto,tornando superada a jurisprudência do Supremo Tribunal Federal que o admitia.

A: está incorreta, porque o STF admite o controle e a eventual declaração de inconstitucionalidade de lei que tenha sido criada por conversão de medida provisória formalmente inconstitucional (v. ADI 3090/DF, DJ 11/10/2006); **B:** correta. A vigência da medida provisória pode, excepcionalmente, alcançar mais de 120 dias em dois casos: se ela foi editada antes da Emenda Constitucional nº 32/01 e estava em vigor na data de publicação desta e se o transcurso de seu prazo adentrar o período de recesso do Congresso Nacional, hipótese em que ficará suspenso até o retorno dos trabalhos (art. 62, § 4º, da CF); **C:** incorreta, porque a proibição de edição de medida provisória sobre matéria de direito penal não comporta exceção (art.

62, § 1º, I, "b", da CF); **D:** incorreta. Ao contrário, a Emenda Constitucional nº 32/01 determinou que todas as medidas provisórias em vigor na data de sua publicação teriam sua vigência mantidas até que fossem analisadas pelo Congresso Nacional; **E:** incorreta. Continua permitida a edição de medida provisória em matéria tributária, inclusive para criar ou majorar imposto (art. 62, § 2º, da CF).

Gabarito "B"

(Procurador da Fazenda Nacional – 2003 – ESAF) Suponha que, no curso de uma CPI no Congresso Nacional, tenham sido decretadas as medidas abaixo, com relação a certos investigados:

I. quebra de sigilo bancário;

II. busca domiciliar de documentos incriminadores;

III. interceptação telefônica;

IV. proibição de o investigado se ausentar do país;

V. proibição de o investigado se comunicar com o seu advogado durante a sua inquirição;

VI. sequestro de bens mediante ato fundamentado em provas de desvio de bens públicos.

Dessas medidas, quantas não poderiam ter sido decretadas pela CPI:

(A) uma

(B) duas

(C) três

(D) quatro

(E) cinco

Dentre as medidas listadas, a única ao alcance da CPI é a quebra do sigilo bancário, diante de sua natureza tipicamente probatória. A busca domiciliar está fundada no poder geral de cautela do juiz, que não se estende à CPI, e a interceptação telefônica é tema a ser analisado exclusivamente pelo Poder Judiciário. Segundo o STF, a expressão constitucional de que as CPI's detêm os mesmos poderes da autoridade judicial é limitada ao campo da indagação probatória, com absoluta exclusão de outras prerrogativas que se incluem na esfera de competência dos Tribunais (MS 23452/RJ, DJ 06/09/1999), o que abrange também os itens IV e VI. O item V não pode ser decretado sequer por autoridade judicial, diante dos princípios do contraditório, da ampla defesa e da imprescindibilidade do advogado na prestação jurisdicional.

Gabarito "E"

(Procurador da Fazenda Nacional – 2003 – ESAF) Assinale a opção correta.

(A) O Tribunal de Contas da União pode impor à autoridade administrativa sujeita à sua fiscalização a suspensão de pagamento de vantagem pecuniária incluída em proventos de aposentadoria de servidor, se a entender ilegítima, mesmo que a vantagem tenha sido assegurada ao aposentado por força de decisão judicial transitada em julgado.

(B) Não sofre de inconstitucionalidade formal a lei federal, de iniciativa de parlamentar, que, versando sobre matéria tributária, concede benefício fiscal a certas categorias de contribuintes de impostos de competência da União.

(C) Não havendo aumento de despesa, o Poder Legislativo pode livremente emendar projeto de lei de iniciativa privativa do Chefe do Poder Executivo.

(D) Diante de demora do Chefe do Executivo em apresentar projeto de lei da sua iniciativa privativa, o Poder Legislativo pode aprovar lei fixando prazo para que o projeto seja encaminhado.

(E) É firme a jurisprudência do Supremo Tribunal Federal no sentido de que a sanção presidencial a projeto de lei supre eventual vício de iniciativa.

A: incorreta, porque as decisões do TCU não têm caráter jurisdicional (dado que não é órgão do Poder Judiciário), não podendo, por isso, sobrepor decisões judiciais albergadas pela coisa julgada (STF, MS 25805/DF, DJ 07/02/2006); **B:** correta. A iniciativa de projetos de lei compete a qualquer parlamentar, exceto quando a outra autoridade for atribuída competência privativa para tanto, o que não ocorre com a matéria tributária; **C:** incorreta, porque a emenda parlamentar a projeto de lei de iniciativa privativa do Chefe do Poder Executivo, segundo o STF, somente se autoriza quando, além de não determinar o aumento de despesa, guardar pertinência ao objeto do projeto de lei (RE 134278/SP, DJ 27/05/2004). Portanto, não é livre a emenda, como sugere a alternativa; **D:** incorreta, por força do princípio da separação dos Poderes. A elaboração de projeto de lei pelo Presidente da República, em sede de iniciativa privativa, é um juízo de conveniência e oportunidade, não podendo o Poder Legislativo interferir; **E:** incorreta. Para a jurisprudência do STF, ao contrário do sugerido, a sanção presidencial não afasta eventual inconstitucionalidade formal por vício de iniciativa (ADI 2113/MG, DJ 04/03/2009).

Gabarito "B"

(ADVOGADO – PETROBRÁS – 2008 – CESGRANRIO) Segundo disposição constitucional expressa, as decisões proferidas pelo Tribunal de Contas da União, no exercício de sua competência de fiscalização contábil, financeira, orçamentária, operacional e patrimonial da União e das entidades da administração direta e indireta, das quais resulte imputação de débito ou multa,

(A) terão eficácia de título executivo.

(B) deverão ser validadas pelo Congresso Nacional.

(C) serão encaminhadas ao Congresso Nacional para as providências relativas à sua cobrança.

(D) serão encaminhadas ao Poder Executivo para as providências relativas a sua cobrança.

(E) darão ensejo à propositura de processo de conhecimento perante o Poder Judiciário, como etapa necessária à cobrança.

Art. 71, § 3º da CF

Gabarito "A"

(ADVOGADO – PETROBRÁS – 2003 – CESPE) No que se refere ao processo legislativo e à recepção de leis pré-constitucionais, julgue os itens subsequentes.

(1) Uma lei complementar anterior à Constituição de 1988 pode ser recepcionada como lei ordinária, se não houver previsão constitucional de que a matéria nela versada seja regida por lei complementar e a lei preexistente não contrarie materialmente a nova Constituição.

(2) Uma lei ordinária anterior à Constituição de 1988 não pode ser recepcionada como lei complementar, na medida em que o quórum para aprovação desta é a maioria absoluta, enquanto para a lei ordinária se exige apenas maioria simples.

(3) É vedada a edição de medidas provisórias a respeito de matéria processual civil e processual penal, estando estas sob reserva de lei em sentido formal estrito.

(4) A extinção de qualquer ministério ou órgão público federal dar-se-á apenas por lei, de iniciativa de qualquer membro da Câmara dos Deputados ou do Senado Federal.

(5) Uma emenda constitucional incompatível com qualquer norma da Constituição é inválida e, portanto, inconstitucional.

1: correto, pois não se exige compatibilidade formal – apenas material – para que uma lei seja recepcionada pela nova Constituição. Assim, a lei recepcionada ganhará a "roupagem" da nova ordem constitucional: se a Constituição reservar tal matéria a lei complementar, a lei será recepcionada como complementar; se não houver reserva nesse sentido, será recepcionada como ordinária. Ademais, vale ressaltar que até mesmo atos normativos que já não mais existem – como os antigos Decretos-Leis – também podem ser recepcionados, adotando-se as mesmas regras; **2:** incorreto, pois, como explicado no item anterior, para que uma lei seja recepcionada, não se exige compatibilidade formal com a nova Constituição. Nesse sentido, é irrelevante investigar como se deu o processo legislativo da lei a ser recepcionada; **3:** correto (art. 62, § 1°, inciso I, alínea "b", da CF); **4:** incorreto, pois o Presidente da República pode fazê-lo, mediante decreto, quando o cargo ou função pública estiver vago (art. 84, inciso VI, alínea "b", da CF); 5: incorreto, pois somente será inconstitucional a emenda constitucional que violar as chamadas cláusulas pétreas (art. 60, § 4°, da CF).

Gabarito 1C, 2E, 3C, 4E, 5E

(ADVOGADO – PETROBRÁS DISTRIB. – 2008 – CESGRANRIO) Considere as afirmativas a seguir, a respeito do regime constitucional das medidas provisórias.

I. A Constituição veda expressamente a edição de medida provisória sobre direito penal e direito tributário, em razão do princípio da legalidade em sentido estrito que se deve observar em relação a estas matérias.

II. A edição de uma medida provisória tem como consequência a revogação das normas jurídicas vigentes com ela incompatíveis.

III. É vedada a edição de medida provisória em matéria reservada a lei complementar.

IV. Se a regulação das relações advindas de medida provisória não convertida em lei não se consumar em até 60 dias a contar da rejeição (expressa) ou da caducidade (rejeição tácita), estas relações hão de se conservar regidas pela medida provisória, ainda que esta não se encontre mais em vigor.

Estão corretas APENAS as afirmativas

(A) I e II

(B) I e III

(C) II e IV

(D) III e IV

(E) I, III e IV

I: incorreto, pois não existe vedação quanto a medidas provisórias em matéria de direito tributário (art. 62, § 1°, inciso I, alínea "b", da CF); **II:** incorreto, pois devido ao caráter provisório da MP, não há revogação, mas apenas suspensão da eficácia da legislação vigente com ela incompatível; **III:** correto (art. 62, § 1°, inciso III, da CF); IV: correto (art. 62, § 11, da CF).

Gabarito "D"

(ADVOGADO – PETROBRÁS DISTRIB. – 2008 – CESGRANRIO) O Tribunal de Contas da União, em sua atribuição constitucional de auxiliar o Poder Legislativo no exercício do controle externo,

(A) aprecia as contas prestadas anualmente pelo Presidente da República, mediante parecer prévio, que só deixará de prevalecer por decisão de dois terços dos membros do Congresso Nacional.

(B) exerce fiscalização sobre as empresas públicas e as sociedades de economia mista integrantes da Administração Indireta Federal, tendo em vista o regime jurídico híbrido – de direito público e de direito privado – a que se sujeitam tais entidades.

(C) exerce poder geral de cautela, cabendo-lhe sustar preventivamente os efeitos decorrentes de contratos administrativos sob sua fiscalização, submetendo tal decisão, a posteriori, à apreciação do Congresso Nacional.

(D) tem competência para imputar débito e aplicar multa, ostentando as decisões em tal sentido eficácia de título executivo, cabendo ao próprio Tribunal de Contas da União, por intermédio de sua Procuradoria, promover a execução.

(E) tem competência para fiscalizar a aplicação de recursos repassados pela União Federal aos Estados e Municípios a título de royalties decorrentes da exploração de petróleo.

A: incorreto, pois não há previsão constitucional de que o parecer prévio do TCU deixará de prevalecer por dois terços dos membros do Congresso Nacional. Com efeito, no julgamento das contas do Presidente da República, o Congresso Nacional decidirá por maioria simples; **B:** correto, pois cabe ao TCU julgar as contas dos administradores responsáveis por dinheiros, bens e valores públicos da administração direta e indireta, incluídas as sociedades instituídas e mantidas pelo Poder Público, como é o caso das sociedades de economia mista (art. 71, inciso II, da CF / STF, MS 25.092, DJ 17/03/2006); **C:** incorreto, pois somente o Congresso Nacional tem o poder de sustar contratos administrativos (art. 71, § 1°). Com efeito, o TCU, embora não tenha poder para anular ou sustar contratos administrativos, tem competência para determinar à autoridade administrativa que promova a anulação do contrato e, se for o caso, da licitação de que se originou, sob pena de comunicação para o Congresso Nacional, que deverá tomar as medidas cabíveis (STF, MS 23.550, DJ 31/10/2001); **D:** incorreto, pois o TCU não detém a legitimidade para promover a execução, a qual deverá ser proposta pelo ente público beneficiário da condenação, através de suas procuradorias (STF, RE 510.034 AgR, DJ 14/08/2008); **E:** incorreto, pois nesses casos a fiscalização cabe aos Tribunais de Contas estaduais (STF, MS 24.312, DJ 19/12/2003).

Gabarito "B"

(ADVOGADO – PETROBRÁS TRANSP. – 2006 – CESGRANRIO) Sobre o Tribunal de Contas da União, a Constituição Federal estabelece que:

(A) a obrigação de lhe prestar contas não se aplica às pessoas físicas.

(B) seus Ministros devem ter idade mínima de 30 (trinta) anos.

(C) partidos políticos são partes ilegítimas para lhe denunciar irregularidades.

(D) é o Órgão responsável pelo sistema de controle interno de cada Poder.

(E) é competente para realizar inspeções de natureza operacional nas unidades administrativas do Poder Judiciário.

A: incorreto, pois a CF estabelece que prestará contas qualquer pessoa física ou jurídica, pública ou privada, que utilize, arrecade, guarde, gerencie ou administre dinheiros, bens e valores públicos ou pelos quais a União responda, ou que, em nome desta, assuma obrigações de natureza pecuniária (art. 70, parágrafo único, da CF); **B:** incorreto, pois os ministros devem ter mais de 35 (trinta e cinco) e menos de 65 (sessenta e cinco) anos (art. 73, § 1º, inciso I, da CF); **C:** incorreto, pois qualquer cidadão, partido político, associação ou sindicato é parte legítima para, na forma da lei, denunciar irregularidades ou ilegalidades perante o Tribunal de Contas da União (art. 74, § 2º, da CF); **D:** incorreto, pois o TCU exerce o controle externo – não o interno; **E:** correto (art. 71, inciso IV, da CF).

Gabarito "E"

(ADVOGADO – CORREIOS – 2008 – ESPP) No que tange ao processo legislativo analise as assertivas a seguir:

I. Processos legislativos especiais são aqueles utilizados para elaboração de todas as espécies legislativas, inclusive para edição de leis ordinárias.

II. Integram o conceito amplo de leis orçamentárias o plano plurianual, a lei de diretrizes orçamentárias e a lei orçamentária estrito senso, que são submetidas a processo legislativo especial.

III. O processo legislativo sumário é aquele que impõe um prazo determinado para apreciação do projeto pelas Casas do Congresso Nacional, podendo ser aplicado na edição de leis complementares.

IV. O sistema constitucional brasileiro admite tanto o veto supressivo como o veto aditivo, estando este último vinculado aos projetos de iniciativa privativa do Presidente da República.

Assinale a alternativa adequada:

(A) Os itens I, II e IV estão incorretos.

(B) Os itens II e III estão corretos.

(C) Os itens II, III e IV estão corretos.

(D) Os itens I, II e III estão incorretos.

I: incorreto, pois os processos legislativos especiais são aqueles que se diferem do processo legislativo das leis ordinárias e complementares (emendas constitucionais, medidas provisórias, decretos legislativos, resoluções e leis delegadas); **II:** correto (art. 165 da CF); **III:** correto, ocorrendo o processo legislativo sumário quando, nos projetos de sua iniciativa, o Presidente da República solicita urgência na apreciação. Nesse caso, se a Câmara dos Deputados e o Senado Federal não se manifestarem sobre a proposição, cada qual, sucessivamente, em até 45 (quarenta e cincos) dias, sobrestar-se-ão todas as demais deliberações legislativas da respectiva Casa, com exceção das que tenham prazo constitucional determinado, até que se ultime a votação (art. 64, §§ 1º e 2º, da CF); IV: incorreto, pois no sistema constitucional brasileiro, o veto só poderá ser supressivo – ao exercer o veto, nenhuma matéria pode ser acrescentada ao projeto submetido ao Presidente da República.

Gabarito "B"

(ADVOGADO – INFRAERO – 2004 – NCE/UFRJ) Comissão Parlamentar de Inquérito, instaurada no âmbito do Congresso Nacional, decide convocar o Presidente do Tribunal do Trabalho da Quinta Região para prestar depoimento em relação a fatos conexos a sua administração, relevantes para a investigação parlamentar. Tal convocação, observados os termos da Constituição Federal é:

(A) inconstitucional, por violar o princípio da separação dos poderes;

(B) possível, vez que o objeto da investigação está relacionado a atos administrativos;

(C) inconstitucional, por violar a autonomia dos tribunais;

(D) possível, também para investigar atos jurisdicionais;

(E) inconstitucional, por violar o pacto federativo.

B – Como a convocação tem por finalidade o depoimento sobre ato administrativo, não haveria ofensa ao princípio da separação dos poderes. Todavia, se o juiz fosse convocado para depor sobre decisão judicial, haveria indevida ingerência de um poder em outro (STF, HC 80.089, DJ 29/09/2000).

Gabarito "B"

(ADVOGADO – ELETROBRÁS – 2006 – NCE/UFRJ) Sobre o controle exercido pelo Tribunal de Contas da União, analise as afirmativas a seguir:

I. As multas aplicadas pelo Tribunal de Contas da União têm a eficácia de título executivo.

II. O Tribunal de Contas pode revogar e anular atos administrativos praticados pela Administração Pública.

III. Compete ao Tribunal de Contas analisar, para fins de registro, o ato de aposentadoria de servidor público federal.

São verdadeiras somente as afirmativas:

(A) I e II;

(B) I e III;

(C) II e III;

(D) I, II e III;

(E) nenhuma.

I: correto (art. 71, § 3º, da CF); **II:** incorreto, pois o TCU tem competência apenas para sustar atos administrativos ilegais, quando o órgão ou entidade responsável pelo ato não adotar as providências no prazo estabelecido pelo órgão de controle externo (art. 71, incisos IX e X, da CF); **III:** correto (art. 71, inciso III, da CF).

Gabarito "B"

(ADVOGADO – EMBRAPA – 2005 – CESPE) Apresentada proposta de Emenda Constitucional pelo presidente da República no sentido de garantir aos estados-membros o direito de secessão, o projeto foi encaminhado ao Congresso Nacional para deliberação, na forma do que determina o art. 60. da Constituição Federal. Com relação à situação hipotética acima apresentada, julgue os itens subsequentes.

(1) Trata-se de matéria que não pode ser sujeita ao poder de reforma constitucional, pois que não será objeto de deliberação a proposta de emenda tendente a abolir a forma federativa de Estado.

(2) A referida matéria não será discutida pelo Congresso Nacional, visto que não cabe ao presidente da República a iniciativa de proposta de emenda constitucional.

(3) Trata-se de proposta viável sob o ponto de vista constitucional, pois tendo o Brasil assumido a forma federativa de Estado, o direito de secessão é garantido aos estados-membros.

(4) Sendo a proposta previamente aprovada pelas comissões técnicas das duas Casas do Congresso Nacional, o processo legislativo será o mesmo da lei ordinária, exigindo-se para a sua aprovação voto favorável da maioria dos parlamentares presentes na sessão.

1: correto (art. 60, § 4º, I da CF); **2:** incorreto, pois o Presidente é legitimado para a iniciativa de emenda constitucional (art. 60, inciso II, da CF); **3:** incorreto, pois a ausência do direito de secessão é uma das características essenciais do sistema federalista; **4:** incorreto, pois o processo legislativo das emendas constitucionais exige a aprovação, por dois terços dos membros, em dois turnos de votação, de ambas as Casas do Congresso Nacional (art. 60, § 2º da CF).

Gabarito 1C, 2E, 3E, 4E

(ADVOGADO – SERPRO – 2008 – CESPE) O deputado federal X propôs projeto de lei ordinária cujo objeto prevê a possibilidade de parcelamento de débitos tributários com a fazenda federal. Esse projeto foi aprovado e, depois de vetado pelo presidente da República por ilegalidade, foi devidamente promulgado. Considerando a situação hipotética acima apresentada, julgue os itens a seguir, acerca da organização do Poder Legislativo.

(1) O projeto de lei em questão é formalmente inconstitucional, por vício de iniciativa cuja competência privativa é do presidente da República.

(2) No momento em que o referido projeto foi encaminhado para sanção, o presidente da República, se entendesse preenchidos os requisitos legais, em vez de vetá-lo, poderia editar uma medida provisória sobre a mesma matéria.

1: incorreto, pois o caso não se amolda em nenhuma das hipóteses de iniciativa privativa do Presidente da República (art. 61, § 1º, da CF); **2:** incorreto, pois é vedada a edição de medida provisória havendo projeto de lei já aprovado e pendente de sanção ou veto pelo Presidente da República (art. 62, § 1º, inciso IV, da CF).

Gabarito 1E, 2E

(ADVOGADO – DATAPREV – 2009 – UFF) No que se refere à fiscalização contábil, orçamentária e financeira, é correto afirmar que:

(A) a fiscalização mediante controle externo tem por objetivo apreciar as contas do Chefe do Poder Executivo, a fim de verificar a legalidade, a legitimidade e a economicidade dos atos contábeis, financeiros, orçamentários, operacionais e patrimoniais;

(B) uma vez detectada irregularidade ou ilegalidade no processo de formação ou em quaisquer das cláusulas de um contrato, o Tribunal de Contas da União sustará de imediato a execução do contrato;

(C) a Comissão Mista permanente de Deputados e Senadores, diante de indícios de despesas não autorizadas, ainda que sob a forma de investimentos não programados ou de subsídio não aprovados, solicitará à autoridade governamental responsável que, no prazo de trinta dias, preste os esclarecimentos necessários;

(D) o Tribunal de Contas da União constitui-se em órgão auxiliar do Poder Executivo, e suas decisões são administrativas, não jurisdicionais;

(E) o Tribunal de Contas da União tem sede no Distrito Federal e é integrado por, no mínimo, onze ministros, escolhidos pelo Presidente da República.

A: correto (art. 70, *caput*, da CF); **B:** incorreto, pois somente o Congresso Nacional tem o poder de sustar contratos administrativos (art. 71, § 1º). Com efeito, o TCU, embora não tenha poder para anular ou sustar contratos administrativos, tem competência para determinar à autoridade administrativa que promova a anulação do contrato e, se for o caso, da licitação de que se originou, sob pena de comunicação para o Congresso Nacional, que deverá tomar as medidas cabíveis (STF, MS 23.550, DJ 31/10/2001); **C:** incorreto, pois o prazo é de 5 (cinco) dias (art. 72, *caput*, da CF); **D:** incorreto, pois o TCU é órgão auxiliar do Congresso Nacional, cujas decisões são administrativas, não jurisdicionais (art. 70 da CF e STF, ADI 4.190 MC, DJ 10/06/2010); **E:** incorreto, pois o TCU é composto por 9 (nove) ministros, escolhidos pelo Presidente da República e pelo Congresso Nacional (art. 73caput e § 2º do mesmo artigo, da CF).

Gabarito "A"

(ADVOGADO – IRB – 2006 – ESAF) Sobre Poder Legislativo, assinale a única opção correta.

(A) Nos termos da Constituição Federal, o número total de Deputados Federais, bem como a representação por Estado e pelo Distrito Federal, deve ser ajustado por lei, proporcionalmente à população, no ano das eleições para o Congresso Nacional.

(B) Cabe ao Congresso Nacional, com a sanção do Presidente da República, a fixação do subsídio dos Ministros do Supremo Tribunal Federal, por lei de iniciativa conjunta dos Presidentes da República, da Câmara dos Deputados, do Senado Federal e do Supremo Tribunal Federal.

(C) Se um Senador, após a posse, continuar como proprietário de empresa que goze de favor decorrente de contrato com pessoa jurídica de direito público, ele estará sujeito à perda de mandato, a ser declarada pela Mesa da Casa respectiva, de ofício ou mediante provocação de qualquer de seus membros, ou de partido político representado no Congresso Nacional, assegurada ampla defesa.

(D) Uma medida provisória aprovada sem alteração do seu texto original não é encaminhada à sanção e promulgação pelo Presidente da República, sendo convertida em lei e promulgada pelo Presidente da Mesa do Congresso Nacional.

(E) Compete ao Tribunal de Contas da União apreciar, para fins de registro, a legalidade dos atos de concessão de aposentadorias, reformas e pensões, bem como a legalidade dos atos de concessão de melhorias posteriores, mesmo que delas não decorra alteração no fundamento legal do ato concessório.

A: incorreto, pois o ajuste deve se dá no ano anterior às eleições (art. 45, § 1º, da CF); **B:** incorreto, pois tal disposição constitucional deixou de existir com a Emenda 41/2003. Atualmente, a iniciativa é exclusiva do STF (art. 96, inciso II, aliena "b", da CF), cabendo ao Congresso Nacional a fixação, com a sanção do Presidente da República (art. 48, inciso XV, da CF); **C:** incorreto, pois nesse caso, a perda do mandato será decidida pelo Senado Federal, por voto secreto e maioria absoluta, mediante provocação da respectiva Mesa ou de partido político com representação no Congresso Nacional, assegurada a ampla defesa (arts. 54 e 55, inciso I, e § 2º, da CF); **D:** correto, pois não teria sentido lógico ir para a sanção do Presidente uma medida provisória baixada por este e sem alteração alguma, mormente se lembrarmos que a sanção é típica dos projetos de lei (art. 65, *caput,* da CF); **E:** incorreto, pois a CF ressalva da necessidade de registrar as melhorias posteriores que não alterem o fundamento legal do ato concessório.

Gabarito "D"

(ADVOGADO – BNDES – 2008 – CESGRANRIO) Compete ao Tribunal de Contas da União:

I. apreciar as contas prestadas anualmente pelo Presidente da República, mediante parecer prévio que deverá ser elaborado em sessenta dias a contar de seu recebimento;

II. fiscalizar as contas nacionais das empresas supranacionais de cujo capital social qualquer ente federativo participe, de forma direta ou indireta, nos termos do tratado constitutivo;

III. fiscalizar a aplicação de quaisquer recursos repassados pela União, mediante convênio, acordo, ajuste ou outros instrumentos congêneres, a Estado, Distrito Federal, Município ou Organização da Sociedade Civil de Interesse Público;

IV. prestar as informações solicitadas pelo Congresso Nacional, por qualquer de suas Casas, ou por qualquer das respectivas Comissões, sobre a fiscalização contábil, financeira, orçamentária, operacional e patrimonial e sobre resultados de auditorias e inspeções realizadas;

V. aplicar aos responsáveis, em caso de ilegalidade de despesa ou irregularidade de contas, as sanções previstas em lei, que estabelecerá, entre outras cominações, multa proporcional ao dano causado ao erário.

Estão corretas **APENAS** as competências

(A) I e IV

(B) II e III

(C) IV e V

(D) I, IV e V

(E) I, III, IV e V

I: correto (art. 71, inciso I, da CF); **II:** incorreto, pois a competência do TCU abrange apenas as empresas supranacionais de cujo capital social a União participe (art. 71, inciso V, da CF); **III:** incorreto, pois a CF não inclui nestes casos as Organizações da Sociedade Civil e Interesse Público (art. 71, inciso, VI, da CF); IV: correto (art. 71, inciso VII, da CF); V: correto (art. 71, inciso VIII, da CF).

Gabarito "D"

(ADVOGADO – BNDES – 2004 – CESGRANRIO) Sobre o Tribunal de Contas da União, é correto afirmar que:

(A) pratica atos de natureza legislativa.

(B) constitui órgão integrante do Poder Judiciário.

(C) exerce função judicante e suas decisões produzem coisa julgada.

(D) é composto por Ministros aprovados em concurso público para o exercício do cargo.

(E) pode tomar decisões de que resulte imputação de multa, com eficácia de título executivo.

A: incorreto, pois seus atos são de natureza administrativa; **B:** incorreto, pois o TCU não integra nenhum dos Poderes, embora a CF o apresente como auxiliar do Congresso Nacional (art. 71, da CF); **C:** incorreto, pois o TCU não exerce função judicante, mas meramente administrativa (STF, ADI 4.190 MC, DJ 10/06/2010); **D:** incorreto, pois os membros do TCU são escolhidos pelo Presidente da República e pelo Congresso Nacional, não havendo, pois, concurso público, todavia há que se observar os requisitos previstos no art. 73, § 1º, da CF; **E:** correto (art. 71, § 3º, da CF).

Gabarito "E"

(ADVOGADO – BNDES – 2002 – VUNESP) Sobre a responsabilidade de autoridades da República do Brasil, é possível afirmar que

(A) os Deputados e Senadores são invioláveis, civil e penalmente, por suas palavras, opiniões e ações, desde que externadas durante o mandato e em função deste.

(B) a denúncia penal contra Deputado ou Senador somente poderá ser aceita pelo Supremo Tribunal Federal após autorização da Casa à qual pertencer o parlamentar.

(C) nos crimes de improbidade administrativa, o Presidente da República responderá apenas se a acusação for previamente admitida por três quintos da Câmara dos Deputados.

(D) os Ministros do Supremo Tribunal Federal e o Advogado-Geral da União são processados e julgados, nos crimes de responsabilidade, perante o Senado Federal.

(E) compete à Câmara dos Deputados processar e julgar os membros do Conselho da República.

A: incorreto, pois a imunidade não abrange as ações, mas apenas palavras, opiniões e votos (art. 53, da CF); **B:** incorreto, pois não há a necessidade de autorização (art. 53 da CF); **C:** incorreto, pois o quórum é de dois terços (art. 86, da CF); **D:** correto (art. 52, inciso II, da CF); **E:** incorreto, pois os membros do Conselho da República não detêm foro por prerrogativa de função.

Gabarito "D"

(ADVOGADO – BNDES – 2001 – VUNESP) É competente para proferir a decisão final no julgamento do Presidente da República por crime de responsabilidade

(A) o Congresso Nacional.

(B) a Câmara dos Deputados.

(C) o Senado Federal.

(D) o Supremo Tribunal Federal.

(E) o Conselho da República.

Art. 52, inciso I, da CF.

Gabarito "C"

(ADVOGADO – BNDES – 2001 – VUNESP) Um Ministro de Estado, que pratique crime de responsabilidade conexo com crime da mesma natureza praticado pelo Presidente da República, terá a decisão final do julgamento por esse crime proferida

(A) pela Câmara dos Deputados.

(B) pelo Congresso Nacional.

(C) pelo Supremo Tribunal Federal.

(D) pelo Senado Federal.

(E) pelo Superior Tribunal de Justiça.

D - Art. 52, inciso II, da CF.

Gabarito "D"

(ADVOGADO – CEF – 2006 – CESPE) Considerando o processo legislativo brasileiro e o controle de constitucionalidade no Brasil, julgue os itens subsequentes.

(1) Por meio da impetração de mandado de segurança, o parlamentar pode tentar coibir atos praticados no processo de aprovação de leis que não se compatibilizam com o processo legislativo constitucional. Entretanto, quando se trata de emenda constitucional, o mandado de segurança passa a ser incabível.

(2) No sistema jurídico brasileiro, os tratados ou convenções internacionais estão hierarquicamente subordinados à autoridade normativa da Constituição da República, sendo possível ao Poder Judiciário realizar controle de constitucionalidade desses atos, após sua incorporação ao ordenamento jurídico.

1: incorreto, pois entende o STF que os parlamentares têm direito a não ver deliberada uma emenda constitucional tendente a abolir cláusula pétrea, cabendo nesses casos a impetração de mandado de segurança contra a Mesa da respectiva Casa legislativa (STF, MS 22.503-3, DJ 08/05/1996); **2:** correto, pois, mesmo que incorporados com o *status* de emenda constitucional (art. 5º, § 3º, da CF), os tratados internacionais compreendem espécies normativas que devem obediência à Constituição e, por isso, podem ser objeto de controle de constitucionalidade.

Gabarito 1E, 2C

(PROCURADOR – BANCO CENTRAL – 2009 – CESPE) A respeito de espécies normativas, assinale a opção correta.

(A) A proposta de emenda constitucional deve ser discutida e votada em cada casa do Congresso Nacional, em dois turnos, e será considerada aprovada se obtiver, em ambos, três quintos dos votos dos respectivos membros e for promulgada após a respectiva sanção presidencial.

(B) Segundo posicionamento do STF, não gera inconstitucionalidade formal a emenda parlamentar a projeto de lei de iniciativa de tribunal de justiça estadual que importe aumento de despesa, já que apenas em proposta de iniciativa do chefe do Poder Executivo a CF veda a apresentação de emenda parlamentar que implique aumento de despesa.

(C) A medida provisória aprovada pelo Congresso Nacional com alterações é transformada em projeto de lei de conversão e deve ser promulgada pelo presidente do Senado, independentemente de sanção ou veto do presidente da República.

(D) O decreto legislativo é espécie normativa destinada a dispor acerca de matérias de competência exclusiva do Congresso Nacional e deve ser, obrigatoriamente, instruído, discutido e votado em ambas as casas legislativas, no sistema bicameral.

(E) As resoluções constituem atos normativos secundários que dispõem acerca da regulação de determinadas matérias do Congresso Nacional não inseridas no âmbito de incidência dos decretos legislativos e da lei.

A: incorreto, pois no procedimento legislativo das emendas constitucionais não há sanção presidencial, cabendo a promulgação às Mesas da Câmara dos Deputados e do Senado Federal (art. 60, § 3º, da CF); **B:** incorreto, pois há sim inconstitucionalidade formal (art. 63, inciso I, da CF), sendo esse o entendimento do STF (ADI 2.305, DJ 04/08/2011); **C:** incorreto, pois havendo alterações, adota-se o procedimento legislativo ordinário, de modo que haverá necessidade de sanção presidencial para que a MP seja promulgada (art. 62, § 12º, da CF); **D:** correto, pois, como o Decreto Legislativo é a espécie normativa destinada a dispor sobre as matérias de competência exclusiva do Congresso Nacional, a votação deverá ocorrer em ambas as Casas legislativas (art. 49 da CF); **E:** incorreto, pois as resoluções são atos normativos primários (art. 59 da CF), por meio das quais são regulamentadas as matérias de competência privativa da Câmara dos Deputados (art. 51 da CF) e do Senado Federal (art. 52), além de algumas de competência do Congresso Nacional.

Gabarito "D"

(PROCURADOR – BANCO CENTRAL – 2009 – CESPE) Assinale a opção correta acerca do Poder Legislativo, na organização federativa brasileira.

(A) Pela aplicação da teoria dos poderes implícitos, o STF reconhece ao TCU a competência para conceder medidas cautelares no exercício das atribuições que lhe foram fixadas na CF.

(B) Na sessão legislativa extraordinária, o Congresso Nacional delibera, além da matéria para a qual foi convocado e das medidas provisórias em vigor na data da convocação, a respeito dos projetos de lei complementar em regime de urgência.

(C) A CF atribui ao presidente da República iniciativa reservada no que concerne a leis sobre matéria tributária.

(D) As matérias de competência privativa do Senado Federal não dependem de sanção presidencial e se materializam por meio de decreto legislativo.

(E) O TCU, ao apreciar a legalidade do ato de concessão inicial de aposentadoria, deve assegurar ao servidor o exercício do contraditório e da ampla defesa, sob pena de nulidade do procedimento.

A: correto (STF, MS 24.510, DJ 19/03/2004); **B:** incorreto, pois além da matéria para a qual foi convocada, a sessão legislativa extraordinária deverá colocar em pauta as medidas provisórias em vigor – e não os projetos de lei complementar em regime de urgência (art. 57, §§ 7º e 8º); **C:** incorreto, pois as leis sobre matéria tributária não são apresentadas pela CF como de iniciativa privativa do Presidente da República (art. 61, § 1º, da CF); **D:** incorreto, pois a espécie normativa a ser utilizada é a Resolução (art. 59, inciso VII, da CF); **E:** incorreto, pois a jurisprudência do STF firmou-se no sentido de dispensar o contraditório e a ampla defesa na apreciação pelo TCU da legalidade de ato de concessão inicial de aposentadoria, salvo se isto se der após mais de cinco anos da concessão (STF, MS 26.053, DJ 22/02/2011).

Gabarito "A"

(ADVOGADO – ANP – 2008 – CESGRANRIO) Nos termos da Constituição Federal vigente, pode-se afirmar que compete exclusivamente ao Congresso Nacional:

I. resolver definitivamente sobre tratados que acarretem encargos ou compromissos gravosos ao patrimônio nacional;

II. apreciar os atos de concessão e renovação de concessão de emissoras de rádio e televisão;

III. processar e julgar os Ministros de Estado nos crimes de responsabilidade;

IV. autorizar referendo e convocar plebiscito.

Estão corretas as afirmativas

(A) I e II, apenas.

(B) I e IV, apenas.

(C) II e IV, apenas.

(D) I, II e IV, apenas.

(E) I, II, III e IV.

I: correto (art. 49, inciso I, da CF); **II:** correto (art. 49, inciso XII, da CF); **III:** incorreto, pois tal competência é do Senado Federal (art. 52, inciso I, da CF); IV: correto (art. 49, inciso XV, da CF)

Gabarito "D"

12. DA ORGANIZAÇÃO DO PODER JUDICIÁRIO

(Procurador do Estado/BA – 2014 – CESPE) No que se refere ao Poder Judiciário, julgue os itens seguintes, considerando que STJ se refere ao Superior Tribunal de Justiça.

(1) Os tribunais regionais federais não podem funcionar de forma descentralizada, ressalvada a justiça itinerante.

(2) O tribunal regional eleitoral deve eleger seu vice-presidente entre os juízes federais.

(3) Compete ao STJ processar e julgar, originariamente, o conflito de competência instaurado entre juiz federal e juiz do trabalho.

(4) A função de ministro-corregedor do Conselho Nacional de Justiça deve ser exercida por ministro do STJ.

1: errado. De acordo com o art. 107, § 3º, da CF, os Tribunais Regionais Federais **poderão funcionar descentralizadamente**, constituindo Câmaras regionais, a fim de assegurar o pleno acesso do jurisdicionado à justiça em todas as fases do processo; **2:** errado. Conforme dispõe o art. 120, § 2º, da CF, o Tribunal Regional Eleitoral elegerá seu Presidente e o Vice-Presidente dentre os **desembargadores**; **3:** correto. De acordo com o art. 105, I, "d", da CF, compete ao STF o processo e julgamento, de forma originária, dos **conflitos de competência** entre quaisquer tribunais, ressalvado o disposto no art. 102, I, "o", bem como entre tribunal e juízes a ele não vinculados e **entre juízes vinculados a tribunais diversos**; **4:** correto. Determina o art. 103-**B**, § 5º, da CF, que o Ministro do Superior Tribunal de Justiça exercerá a função de Ministro-Corregedor e ficará excluído da distribuição de processos no Tribunal.

Gabarito 1E, 2E, 3C, 4C

(Procurador do Estado/GO – 2010) Integra a súmula do Supremo Tribunal Federal o seguinte enunciado:

(A) "É inconstitucional lei que fixa o prazo de decadência para a impetração de mandado de segurança."

(B) "Controvérsia sobre matéria de direito impede a concessão de mandado de segurança."

(C) "Não compete ao Supremo Tribunal Federal conhecer originariamente de mandado de segurança contra atos de outros tribunais."

(D) "Integrante de lista de candidatos a determinada vaga da composição de tribunal é parte ilegítima para impugnar a validade da nomeação de concorrente."

(E) "A entidade de classe não tem legitimação para o mandado de segurança, quando a pretensão veiculada diz respeito a apenas parte da respectiva categoria."

A: V. Súmula 632/STF; **B:** V. Súmula 625/STF; **C:** Redação do enunciado da Súmula 624/STF; **D:** V. Súmula 628/STF; **E:** V. Súmula 630/STF.

Gabarito "C"

(Procurador do Estado/GO – 2010) Sobre as súmulas vinculantes, é CORRETA a seguinte assertiva:

(A) O enunciado da súmula terá por objeto a validade, a interpretação e a eficácia de normas determinadas, acerca das quais haja, entre órgãos judiciários ou entre estes e a administração pública, controvérsia atual que acarrete grave insegurança jurídica e relevante multiplicação de processos sobre idêntica questão.

(B) A edição, a revisão e o cancelamento de enunciado de súmula com efeito vinculante dependerão de decisão tomada por maioria absoluta dos membros do Supremo Tribunal Federal, em sessão plenária.

(C) Os legitimados a propor a edição, a revisão ou o cancelamento de enunciado de súmula vinculante são os mesmos aptos a propor ação direta de inconstitucionalidade.

(D) Não cabe modulação dos efeitos da súmula vinculante.

(E) A proposta de cancelamento de enunciado de súmula vinculante implica a suspensão dos processos em que se discuta a mesma questão.

A: Art. 103-A, § 1º, da CF; **B:** Maioria de dois terços (art. 2º, § 3º, da Lei 11.417/2006); **C:** Somente os listados no art. 3º da Lei 11.417/2006; **D:** Cabe, na forma do art. 4º da Lei 11.417/2006; **E:** Não reflete o disposto no art. 6º da Lei 11.417/2006.

Gabarito "A"

(Procurador do Estado/GO – 2010) Sobre o instituto do precatório, é CORRETO afirmar:

(A) O Presidente do Tribunal competente que, por ato comissivo ou omissivo, retardar ou tentar frustrar a liquidação regular de precatórios pode responder por esse fato perante o Conselho Nacional de Justiça.

(B) A Constituição de República veda, em termos peremptórios, o fracionamento de precatórios.

(C) O valor submetido a requisição de pequeno valor deve ser fixado por lei anual, de iniciativa do Congresso Nacional, válida para todos os entes federados.

(D) A cessão de crédito consubstanciado em precatório condiciona-se à concordância da Fazenda Pública devedora, a ser manifestada em até quinze dias após intimada.

(E) Em qualquer caso, incidem juros de mora sobre precatórios, durante todo o período que medeia sua expedição e pagamento.

A: Art. 100, § 7º, da CF; **B:** O art. 100, § 8º, da CF veda o fracionamento, mas é admitido na forma do § 2º do mesmo artigo; **C:** O art. 100, § 3º, da CF excepciona os débitos de pequeno valor do regime de precatório; **D:** Não reflete o disposto no art. 100, §§ 13 e 14 da CF; **E:** V. art. 100, § 12, da CF.

Gabarito "A"

(Procurador do Estado/MG – 2007) Entre as modificações introduzidas pela EC nº 45, publicada no Diário Oficial da União, de 31.12.2004, relativas à Reforma do Judiciário Brasileiro, encontra(m)-se a(s) que alterou(aram) ou tenha(m) atingido(s), o(s) dispositivo(s) constitucional(is) referente aos aspectos dos Recursos, conforme informa J.E. Carreira Alvim, Doutor em Direito pela UFMG, pág. 323-4 (in Reforma do Judiciário - Primeiras reflexões sobre a EC nº 45/2004, São Paulo: Editora Revista dos Tribunais, 2005). Logo, a Constituição Federal de 1988 face a EC nº 45/04, estabeleceu que

I. compete ao STF julgar, mediante recurso extraordinário, as causas decididas em única ou última instância quando a decisão recorrida julgar válida a lei local contestada em face de lei federal.

II. compete ao STJ julgar, em recurso especial, as causas decididas, em única ou última instância, pelos Tribunais Regionais Federais ou pelos Tribunais dos Estados, do Distrito Federal e Territórios, quando a decisão recorrida julgar válido ato de governo local contestado em face de lei federal.

III. compete ao STJ processar e julgar, originariamente a homologação de sentenças estrangeiras e a concessão de *exequatur* às cartas rogatórias.

Assim, estão corretas

(A) somente a I e a II.

(B) somente a II e a III.

(C) somente a I e a III.

(D) a I, a II e a III.

I: Correta. Art. 102, III, "d", da CF; **II:** Correta. Art. 105, III, "b", da CF; **III:** Correta. Art. 105, I, "i", da CF.

Gabarito "D"

(Procurador do Estado/PR – UEL-COPS – 2011) A respeito das súmulas de efeito vinculante:

I. podem nascer de provocação do Tribunal de Justiça do Estado do Paraná.

II. desafiam reclamação em caso de descumprimento.

III. estendem o alcance subjetivo de decisão que declara a inconstitucionalidade total e absoluta de uma lei federal em ação direta de inconstitucionalidade.

IV. podem ser editadas pelo Supremo Tribunal Federal, em relação a questões constitucionais, e pelo Superior Tribunal de Justiça, em relação a questões legais.

V. exigem fundamentação específica acerca de sua aplicabilidade ou não, quando isso for suscitado nos recursos administrativos.

Quais as afirmativas **corretas**:

(A) as afirmativas I, II e III;

(B) as afirmativas I, II e IV;

(C) as afirmativas II, III e V;

(D) as afirmativas I, II e V;

(E) as afirmativas II, IV e V.

I: Correta. Art. 3º, XI, da Lei 11.417/2006; **II:** Correta. Art. 103-A, § 3º, da CF; **III:** Errada. A declaração de inconstitucionalidade em ADIn, por si só, já produz efeitos contra todos e vinculantes (art.

102, § 2º, da CF); IV: Errada. O STJ não edita súmulas vinculantes, apenas súmulas persuasivas; V: Correta. Arts. 56, § 3º e 64-A, da Lei 9.784/1999.

Gabarito "D"

(Procurador do Estado/SE – FCC – 2005) Dentre os membros do Conselho Nacional de Justiça,

(A) dois quintos serão indicados por órgãos ou entidades não integrantes do Poder Judiciário, observadas as regras estabelecidas para tanto na Constituição.

(B) os Ministros do Superior Tribunal de Justiça e do Tribunal Superior do Trabalho terão mandatos de dois anos, vedada sua recondução.

(C) o Ministro do Supremo Tribunal Federal exercerá a função de Ministro-Corregedor e ficará excluído da distribuição de processos no Tribunal.

(D) um desembargador de Tribunal de Justiça e um juiz estadual serão indicados pelo Superior Tribunal de Justiça.

(E) os originários do Poder Judiciário serão nomeados pelo Presidente do Supremo Tribunal Federal, após arguição pública e aprovação pelo Senado Federal.

A e **B:** Art. 103-B, I a XIII, da CF; **C:** Função exercida por Ministro do STJ (art. 103-B, § 5º, da CF); **D:** V. Art. 103-B, VI, da CF; **E:** V. art. 103-B, § 2º, da CF.

Gabarito "A"

(Procurador do Estado/SP – VUNESP – 2005) Considere as diversas regras relativas ao Poder Judiciário na Constituição Federal e aponte a alternativa correta.

(A) É da competência privativa e originária do STF processar e julgar o Presidente da República nos crimes comuns e de responsabilidade.

(B) Com a introdução da súmula vinculante no direito brasileiro, as atuais súmulas do STF, que tenham por objetivo a validade, a interpretaçao e a eficácia de normas determinadas, acerca das quais haja controvérsia atual entre órgãos judiciários ou entre esses e a administração pública que acarrete grave insegurança jurídica e relevante multiplicação de processos sobre questão idêntica, passam a produzir, automaticamente, efeito vinculante.

(C) O Conselho Nacional de Justiça deve atuar para que os magistrados obedeçam aos princípios constitucionais da Administração Pública, tendo o poder de aplicar sanções disciplinares contra juízes e de controlar a atuação administrativa e financeira do Poder Judiciário, estando impedido, entretanto, de interferir na atividade jurisdicional de juízes e tribunais.

(D) O Tribunal de Justiça poderá criar Câmaras regionais e tribunais de Alçada, com a finalidade de descentralizar o funcionamento da Justiça estadual.

(E) A Constituição permite que os juízes de direito exerçam a jurisdição das varas da Justiça do Trabalho, nas Comarcas não abrangidas por estas, com recurso para o Tribunal de Justiça.

A: O Presidente da República responde perante o Supremo Tribunal Federal pelas infrações penais comuns (art. 102, I, "b", da CF) e perante o Senado Federal pelos crimes de responsabilidade, após autorização da Câmara dos Deputados (art. 86 da CF); **B:** Para ser vinculante precisa seguir o procedimento do art. 103-A da CF, regulamentado pela Lei 11.417/2006; **C:** Art. 103-B, § 4º, II, da CF; **D:** Não reflete o disposto no art. 125, § 6º, da CF; **E:** Não reflete o disposto no art. 112 da CF.

Gabarito "C"

(Procurador do Município/Manaus-AM – 2006 – FCC) Dentre os quinze membros do Conselho Nacional de Justiça,

(A) um juiz estadual será indicado pelo Superior Tribunal de Justiça.

(B) dois cidadãos, de notável saber jurídico e de reputação ilibada, serão indicados pelo Congresso Nacional.

(C) um juiz federal será indicado pelo Supremo Tribunal Federal.

(D) um juiz do trabalho será indicado pelo Tribunal Superior do Trabalho.

(E) dois membros do Ministério Público Estadual, serão escolhidos pelo Colégio de Procuradores-Gerais de Justiça.

Art. 103-B, I a XIII, da CF dispõe sobre a composição do Conselho. A afirmativa D, está prevista no art. 103-B, IX.

Gabarito "D"

(Procurador do Município/Manaus-AM – 2006 – FCC) Compete ao Supremo Tribunal Federal julgar em recurso ordinário.

(A) os mandados de segurança decididos em única instância pelos Tribunais Regionais Federais ou pelos tribunais dos Estados, do Distrito Federal e Territórios, quando denegatória a decisão.

(B) as causas em que forem partes Estado estrangeiro ou organismo internacional, de um lado, e, do outro, Município ou pessoa residente ou domiciliada no país.

(C) o *habeas corpus*, o mandado de segurança, o *habeas data* e o mandado de injunção decididos em única instância pelos Tribunais Superiores, se denegatória a decisão.

(D) as causas decididas, em única instância, pelos Tribunais Regionais Federais quando a decisão recorrida contrariar tratado, ou negar-lhe vigência.

(E) as causas decididas, em última instância, pelos tribunais dos Estados, do Distrito Federal e Territórios, quando a decisão recorrida contrariar lei federal, ou negar-lhe vigência.

Art. 102, II, "a" e "b", da CF.

Gabarito "C"

(Procurador do Município/Recife-PE – 2008 – FCC) De acordo com a Constituição Federal, compete originariamente ao

(A) Tribunal de Justiça julgar o Prefeito pela prática de crimes comuns, ainda que possam se enquadrar na competência da Justiça Federal.

(B) Superior Tribunal de Justiça julgar os mandados de segurança contra ato de Governador de Estado.

(C) Supremo Tribunal Federal julgar as ações contra o Conselho Nacional de Justiça e contra o Conselho Nacional do Ministério Público.

(D) Superior Tribunal de Justiça julgar a representação para fins de intervenção federal no caso de recusa à execução de lei federal.

(E) Plenário ou órgão especial dos Tribunais o julgamento de todos os feitos que importem a declaração de constitucionalidade de lei ou ato normativo do Poder Público.

A: A prerrogativa prevista no art. 29, X, da CF diz respeito à competência penal originária, não abrangendo a competência cível. V., tb., Súmula 107/STF : "A competência do Tribunal de Justiça para julgar Prefeitos restringe-se aos crimes de competência da Justiça comum estadual; nos demais casos, a competência originária caberá ao respectivo tribunal de segundo grau"; **B:** Autoridade não listada no art. 105, I, "b", da CF; **C:** Art. 102, I, "r", da CF; **D:** Competência do STF (art. 36, III, da CF); **E:** O art. 97 da CF fala em declaração de inconstitucionalidade, não de constitucionalidade. V. tb arts. 480 e 481 do CPC.

Gabarito "C"

(Procurador do Município/Recife-PE – 2008 – FCC) Estão excluídas da apreciação do Poder Judiciário

(A) as decisões administrativas, enquanto não forem esgotadas as instâncias administrativas.

(B) a aplicação do regimento interno das Casas do Congresso Nacional, ainda quando contrário à Constituição Federal.

(C) os atos praticados pelos Tribunais de Contas.

(D) os atos de investigação praticados por Comissões Parlamentares de Inquérito.

(E) as ações relativas à disciplina e às competições desportivas enquanto não se esgotarem as instâncias da justiça desportiva.

Art. 217, § 1º, da CF.

Gabarito "E"

(Procurador do Município/Recife-PE – 2008 – FCC) Relativamente ao procedimento para edição, revisão ou cancelamento de enunciado de súmula vinculante pelo Supremo Tribunal Federal, prevê a lei de regência da matéria que

(A) o Município poderá propor, incidentalmente ao curso de processo em que seja parte, tanto a edição, como a revisão ou o cancelamento de enunciado de súmula vinculante.

(B) a proposta de edição, revisão ou cancelamento de enunciado de súmula vinculante sobre determinada matéria autoriza a suspensão dos processos judiciais em que se discuta a mesma questão.

(C) o relator poderá admitir a manifestação de terceiros na questão sobre a qual versar o enunciado, cabendo contra essa decisão recurso para o Plenário do Supremo Tribunal Federal.

(D) o Advogado Geral da União, nas propostas que não houver formulado, manifestar-se-á previamente à edição, revisão ou ao cancelamento de enunciado de súmula vinculante.

(E) a revogação ou modificação da lei em que se fundou a edição de súmula vinculante acarreta seu cancelamento automático, independentemente de revisão ou cancelamento pelo Supremo Tribunal Federal.

A: Art. 3º, § 1º, da Lei 11.417/2006; **B:** Não reflete o disposto no art. 6º da Lei 11.417/2006; **C:** Não reflete o disposto no art. 3º, § 2º, da Lei 11.417/2006; **D:** Atribuição do Procurador-Geral da República (art. 2º, § 2º, da Lei 11.417/2006); **E:** Não reflete o disposto no art. 5º da Lei 11.417/2006.

Gabarito "A"

(Procurador do Município/São José dos Campos-SP – 2012 – VUNESP) Assinale a alternativa correta a respeito do Poder Judiciário.

(A) Os servidores do cartório judicial receberão delegação para a prática de atos de administração, de atos de mero expediente sem caráter decisório e decisões cujo teor tenha sido previamente encaminhado por modelo pelo juiz da Comarca.

(B) Os juízes gozam de vitaliciedade, que, no primeiro grau, só será adquirida após três anos de exercício, dependendo a perda do cargo, nesse período, de deliberação do tribunal a que o juiz estiver vinculado.

(C) Aos juízes é vedado dedicar-se à atividade político-partidária, exceto se expressamente autorizado pela maioria absoluta do órgão especial do Tribunal a que esteja vinculado.

(D) As decisões administrativas dos tribunais serão motivadas e em sessão secreta, sendo as disciplinares tomadas pelo voto da maioria absoluta de seus membros.

(E) Aos juízes é vedado exercer a advocacia no juízo ou tribunal do qual se afastou, antes de decorridos três anos do afastamento do cargo por aposentadoria ou exoneração.

A: Apenas para a prática de atos de administração e atos de mero expediente sem caráter decisório (art. 93, XIV, da CF); **B:** Não reflete o disposto no art. 95, I, da CF; **C:** Há vedação expressa na CF (art. 95, parágrafo único, III, da CF); **D:** Não reflete o disposto no art. 93, X, da CF; **E:** Art. 95, parágrafo único, V, da CF.

Gabarito "E"

(Procurador do Município/São Paulo-SP – 2008 – FCC) A súmula de efeito vinculante

(A) encontra-se condicionada, para a sua eficácia, à decisão de 3/5 (três quintos) dos membros do

Supremo Tribunal Federal, justificada pela existência de reiteradas decisões anteriores da Corte sobre a matéria constitucional tratada.

(B) incidirá sobre a validade, a eficácia e a oportunidade de determinada norma –municipal ou estadual – sobre a qual haja controvérsia atual entre órgãos judiciários ou entre esses e a administração pública.

(C) estende seus efeitos de observância obrigatória à administração pública federal, estadual e municipal, abrangendo autarquias, sociedades de economia mista e fundações.

(D) comporta revisão ou cancelamento pelo Supremo Tribunal Federal, por iniciativa de qualquer cidadão, devidamente qualificado mediante a apresentação de título de eleitor.

(E) poderá ser impugnada mediante reclamação ao Supremo Tribunal Federal.

A: Maioria de dois terços (art. 103-A da CF); **B:** A súmula terá por objetivo a validade, a interpretação e a eficácia de normas (art. 103-A, § 1º, da CF); **C:** Art. 103-A da CF; **D:** Os legitimados encontram-se listados no art. 3º da Lei 11.417/2006; **E:** A reclamação é cabível nos casos de desrespeito das súmulas vinculantes, na forma do art. 7º da Lei 11.417/2006.

Gabarito "C"

(Procurador do Município/Sorocaba-SP – 2012 – VUNESP) Assinale a alternativa correta a respeito do Poder Judiciário segundo a Constituição Federal.

(A) Compete ao Supremo Tribunal Federal processar e julgar, originariamente, a ação declaratória de constitucionalidade de lei ou ato normativo federal ou estadual.

(B) As decisões definitivas de mérito, proferidas pelo Supremo Tribunal Federal, nas ações diretas de inconstitucionalidade e nas ações declaratórias de constitucionalidade produzirão eficácia contra todos e efeito vinculante, relativamente aos demais órgãos do Poder Judiciário, do Poder Legislativo e à administração pública direta e indireta, nas esferas federal, estadual e municipal.

(C) O Advogado-Geral da União deverá ser previamente ouvido nas ações de inconstitucionalidade e em todos os processos de competência do Supremo Tribunal Federal.

(D) Compete ao Conselho Nacional do Ministério Público o controle da atuação administrativa e financeira do Poder Judiciário e do cumprimento dos deveres funcionais dos juízes, cabendo-lhe, ainda, outras atribuições que lhe forem conferidas pela Lei Orgânica do Ministério Público.

(E) Compete ao Superior Tribunal de Justiça processar e julgar, originariamente, a homologação de sentenças estrangeiras e a concessão de **exequatur** às cartas rogatórias.

A: Só cabe ação declaratória de lei ou ato normativo federal (art. 102, I, "a", da CF); **B:** Não há efeito vinculante em relação ao Poder Legislativo (art. 102, § 2º, da CF); **C:** O art. 103, § 1º, da CF refere-se ao Procurador-Geral da República. O AGU funciona como curador da constitucionalidade das normas e, por isso, funciona nas ações de inconstitucionalidade (art. 103, § 3º, da CF); **D:** O art. 103-B, § 4º, da CF estabelece que essas atribuições são do CNJ, não do CNMP; **E:** Art. 105, I, "i", da CF.

Gabarito "E"

(Advogado da União/AGU – CESPE – 2012) No que se refere ao estatuto constitucional da magistratura e às competências do STF, julgue os itens subsequentes.

(1) Embora o rol de matérias de competência originária do STF seja taxativo na CF, esse tribunal reconheceu serem de sua própria competência as causas de natureza civil instauradas contra o presidente da República ou qualquer das autoridades que, em matéria penal, disponham de prerrogativa de foro perante essa Corte ou que, em sede de mandado de segurança, estejam sujeitas à jurisdição imediata desta.

(2) A CF veda aos juízes que se aposentarem ou forem exonerados o exercício da advocacia no juízo ou tribunal do qual se afastaram até o decurso de três anos após o desligamento.

1: Errada. V. STF, Pet 1.738-AgR, Rel. Min. Celso de Mello: "A competência do STF – cujos fundamentos repousam na CR – submete-se a regime de direito estrito. A competência originária do STF, por qualificar-se como um complexo de atribuições jurisdicionais de extração essencialmente constitucional – e ante o regime de direito estrito a que se acha submetida –, não comporta a possibilidade de ser estendida a situações que extravasem os limites fixados, em *numerus clausus*, pelo rol exaustivo inscrito no art. 102, I, da CR. Precedentes. O regime de direito estrito, a que se submete a definição dessa competência institucional, tem levado o STF, por efeito da taxatividade do rol constante da Carta Política, a afastar, do âmbito de suas atribuições jurisdicionais originárias, o processo e o julgamento de causas de natureza civil que não se acham inscritas no texto constitucional (ações populares, ações civis públicas, ações cautelares, ações ordinárias, ações declaratórias e medidas cautelares), mesmo que instauradas contra o presidente da República ou contra qualquer das autoridades, que, em matéria penal (CF, art. 102, I, *b* e *c*), dispõem de prerrogativa de foro perante a Corte Suprema ou que, em sede de mandado de segurança, estão sujeitas à jurisdição imediata do Tribunal (CF, art. 102, I, *d*)"; **2.** Correta. Art. 95, parágrafo único, V, da CF.

Gabarito 1E, 2C

(Procurador do Estado/RO – 2011 – FCC) A Emenda Constitucional nº 45 institucionalizou o Conselho Nacional de Justiça no âmbito federal. Determinado Estado-membro decide criar órgão semelhante na esfera estadual, por iniciativa do Poder Legislativo local. Quanto à legalidade da medida é correto afirmar:

(A) O Estado sempre pôde criar órgão de controle administrativo com membros externos ao Poder Judiciário Estadual com base na autonomia garantida aos membros da federação e no princípio da separação dos Poderes.

(B) O Estado não pode criar órgão administrativo de controle administrativo do Poder Judiciário do qual participem outros Poderes ou entidades, por ser inconstitucional diante do princípio da separação dos Poderes e do caráter orgânico unitário da magistratura.

(C) Após a edição da Emenda Constitucional nº 45, conhecida como Emenda da Reforma do Poder Judiciário, passou a ser possível a criação de órgão semelhante ao Conselho Nacional de Justiça, no âmbito de seu território.

(D) O ato só será válido após a criação do órgão estadual que deve ser feita por ato do próprio Conselho Nacional de Justiça e ratificada pelo Poder Judiciário local.

(E) O Estado poderá criar o órgão por ato exclusivo do Poder Judiciário local.

O CNJ é órgão nacional, não federal. Portanto, exerce suas competências tanto em relação à justiça federal quanto à justiça estadual. Daí contar com autoridades estaduais em sua composição (v. art. 103-B da CF).

Gabarito "B"

(Procurador do Estado/RO – 2011 – FCC) Diante da inadimplência da maioria das unidades federadas, a Constituição Federal de 1988 acrescentou o artigo 33 do Ato das Disposições Transitórias que previu o pagamento do débito em até oito anos para os precatórios de natureza não alimentar, pendentes de pagamento na data de sua promulgação. A crise econômica do País, na Década de 80, levou ao aumento da dívida e à promulgação das Emendas Constitucionais nº 29/98 e nº 62/2009 para tentar equalizar a questão. Neste contexto, pode-se asseverar quanto aos precatórios:

(A) A Constituição Federal autoriza o parcelamento de todos os tipos de precatório, alimentar e não alimentar, por período a ser fixado livremente por cada ente estatal de acordo com sua capacidade financeira (Fazendas Públicas Federal, Estaduais, Distrital e Municipais).

(B) No momento da expedição dos precatórios não é permitida a compensação de valor correspondente aos débitos líquidos e certos, inscritos ou não, em dívida ativa e constitutivos contra o credor original pela Fazenda Pública devedora.

(C) A preferência de pagamento dos débitos de natureza alimentar segue a ordem de idosos, pessoas com mais de 60 (sessenta) anos na época do trânsito em julgado da ação principal e credores acometidos de doenças graves, nos termos fixados na legislação pertinente ao imposto de renda.

(D) Contas especiais são administradas pelo Tribunal de Justiça Estadual para pagamento de precatórios expedidos pelos Tribunais em geral, inclusive Tribunais Federais, Tribunais Regionais do Trabalho e demais Tribunais Estaduais.

(E) Foram canceladas automaticamente todas as cessões de crédito efetuadas antes da entrada em vigor da Emenda Constitucional nº 62/2009, não sendo mais admitida a negociação dos créditos.

A: Não reflete o disposto no art. 78 do ADCT. Sobre o tema, ver ADI 2362; **B:** Não reflete o disposto no art. 100, § 9º, da CF; **C:** Não reflete o disposto no art. 100, § 2º, da CF; **D:** V. art. 8º da Resolução CNJ 115/2010; **E:** Não reflete o disposto no art. 100, § 13, da CF.

Gabarito "D"

(Procurador do Estado/SC – 2010 – FEPESE) Assinale a alternativa **correta**, de acordo com a Constituição Federal de 1988.

Compete ao Supremo Tribunal Federal:

(1) processar e julgar, originariamente, as causas e os conflitos entre a União e os Estados, a União e o Distrito Federal, ou entre uns e outros, inclusive as respectivas entidades da administração indireta.

(2) processar e julgar, originariamente, os conflitos de atribuições entre autoridades administrativas e judiciárias da União, ou entre autoridades judiciárias de um Estado e administrativas de outro ou do Distrito Federal, ou entre as deste e da União.

(3) processar e julgar, originariamente, a homologação de sentenças estrangeiras e a concessão de exequatur às cartas rogatórias.

(4) julgar, mediante recurso extraordinário, as causas decididas em única ou última instância, quando a decisão recorrida contrariar tratado ou lei federal, ou negar-lhes vigência.

(5) julgar, mediante recurso extraordinário, as causas decididas em única ou última instância, quando a decisão recorrida julgar válido ato de governo local contestado em face de lei federal.

Assinale a alternativa que indica todas as afirmativas **corretas**.

(A) É correta apenas a afirmativa 1.

(B) São corretas apenas as afirmativas 1 e 4.

(C) São corretas apenas as afirmativas 4 e 5.

(D) São corretas apenas as afirmativas 1, 2 e 4.

(E) São corretas as afirmativas 1, 2, 3, 4 e 5.

1: Art. 102, I, "f", da CF; **2:** Competência do STJ (art. 105, I, "g", da CF); **3:** Competência do STJ (art. 105, I, "i", da CF); 4 e 5: Hipóteses de cabimento de Recurso Especial (art. 105, III, "a" e "b", da CF).

Gabarito "A"

(Procurador do Estado/SC – 2009) Assinale a alternativa correta, com respeito ao modelo constitucional, federal e estadual brasileiro.

(A) Os tribunais de justiça dos Estados-membros deverão ter seu funcionamento centralizado, somente admitida a desconcentração de suas atividades administrativas.

(B) A instituição de representação por inconstitucionalidade de leis ou atos normativos estaduais em face da Constituição Estadual pode ter, como legitimado para agir, só um órgão.

(C) Lei de iniciativa do Governador do Estado instalará a justiça itinerante, com realização de audiências e demais funções jurisdicionais.

(D) A competência dos tribunais dos Estados membros será definida pela Constituição do Estado, sendo a lei de organização judiciária de iniciativa do Tribunal de Justiça.

(E) Os conflitos fundiários serão julgados por tribunais especiais, com competência exclusiva para questões agrárias, sendo criados por Tribunais Regionais Federais.

A: O art. 125, § 6º, da CF permite a descentralização; **B:** O art. 125, § 2º, da CF veda a atribuição de exclusividade para a propositura de ADIn estadual; **C:** Cabe ao Tribunal de Justiça instalá-la (art. 125, § 7º, da CF); **D:** Art. 125, § 1º, da CF; **E:** Para dirimir conflitos fundiários, o Tribunal de Justiça proporá a criação de varas especializadas, com competência exclusiva para questões agrárias (art. 126 da CF).

Gabarito "D"

(Procurador do Estado/SP – FCC – 2009) No tocante à competência do Supremo Tribunal Federal para editar súmulas vinculantes, procede a afirmação de que

(A) podem ter por objetivo definir a eficácia, plena ou limitada, de normas da própria Constituição.

(B) o seu descumprimento por órgão do Poder Executivo pode ser corrigido mediante recurso administrativo ou reclamação, nesse último caso perante o Conselho Nacional de Justiça.

(C) se trata de modalidade de exercício da jurisdição constitucional.

(D) o entendimento nelas fixado impede o Poder Legislativo de editar leis em sentido contrário.

(E) podem ter por objetivo fixar a interpretação de ato legislativo recente, a partir de uma única decisão da Corte a respeito.

A: Art. 103-A, § 1º, da CF; **B:** Cabe reclamação para o STF (art. 103-A, § 3º, da CF); **C:** Não é exercício de jurisdição, mas pode-se dizer que tem por objetivo a redução de demandas; **D:** Não vincula o Poder Legislativo, apenas o Executivo e o Judiciário (art. 103-A, *caput*, da CF); **E:** Originam-se de reiteradas decisões *judiciais* no mesmo sentido (art. 103-A, *caput*, da CF).

Gabarito "A"

(Procurador do Estado/SP – FCC – 2009) Os pagamentos devidos pela Fazenda Pública, em virtude de sentença judiciária,

(A) que não forem feitos até o final do exercício seguinte ao da apresentação do precatório, importam no sequestro da quantia necessária à satisfação do débito.

(B) devem ser feitos, necessariamente, por meio de precatórios, sendo vedada a criação de regime mais célere para as condenações de pequeno valor.

(C) podem ser feitos mediante a especificação na dotação orçamentária respectiva dos processos a que se referem.

(D) devem ser feitos mediante a expedição de precatórios, mesmo no caso das entidades privadas da Administração indireta.

(E) que não contem com respaldo orçamentário, mesmo tendo sido apresentados até 1º de julho do ano anterior, ensejam intervenção federal ou estadual por descumprimento de ordem judicial.

A: Só haverá sequestro da quantia necessária ao pagamento nos casos de preterimento do direito de precedência ou de não alocação orçamentária do valor necessário à satisfação do seu débito (art. 100, § 6º, da CF). Se a quantia não for paga até o final do exercício seguinte, o valor será corrigido monetariamente (art. 100, § 5º, da CF); **B:** Não reflete o disposto no art. 100, § 3º, da CF; **C:** Conduta vedada pelo art. 100, *caput*, da CF; **D:** O regime de precatórios não se aplica para essas entidades; **E:** Art. 34, VI, da CF.

Gabarito "E"

(Procurador do Estado/SP – FCC – 2009) O Conselho Nacional de Justiça, após tomar conhecimento de demora na tramitação de processo administrativo em face de Juiz estadual, decide avocá-lo, ao mesmo tempo em que apresenta ao Congresso Nacional projeto de lei complementar alterando o Estatuto da Magistratura, de modo a evitar situações desse jaez. A atuação do Conselho, na espécie, revela-se

(A) inconstitucional em relação a ambas as medidas, podendo a avocação ser impugnada judicialmente por meio de mandado de segurança e o projeto de lei mediante reclamação ao Supremo Tribunal Federal.

(B) inconstitucional, em relação a ambas as medidas, as quais, entretanto, não podem ser questionadas judicialmente, por se tratar de órgão de cúpula do Poder Judiciário.

(C) legítima, pois ambas as medidas se circunscreveram a atribuições deferidas ao órgão pela Constituição Federal.

(D) inconstitucional, apenas no tocante à avocação de processo administrativo disciplinar, que pode ser impugnada judicialmente por meio de mandado de segurança.

(E) inconstitucional, no tocante à propositura enviada ao Congresso, a qual, entretanto, somente poderá ser impugnada judicialmente após eventual conversão em lei.

Pode avocar (art. 103-B, § 4º, III, da CF), mas não tem legitimidade para apresentar projeto de lei complementar alterando o Estatuto da Magistratura (art. 93, *caput*, da CF). A segunda medida, então, pode ser questionada perante o Poder Judiciário (art. 5º, XXXV, da CF) após a conversão em lei, pois, em regra, não há controle prévio de constitucionalidade pelo Poder Judiciário.

Gabarito "E"

(Procurador do Estado/CE – 2008 – CESPE) Ainda acerca do direito constitucional, assinale a opção correta.

(A) Compete ao Superior Tribunal de Justiça (STJ) julgar as causas e os conflitos entre a União e os estados, a União e o DF, ou entre uns e outros, incluindo as respectivas entidades da administração indireta.

(B) Compete ao STF a homologação de sentenças estrangeiras e a concessão de *exequatur* às cartas rogatórias.

(C) Compete ao STF julgar as causas em que forem partes Estado estrangeiro ou organismo internacional de um lado e, do outro, município ou pessoa residente ou domiciliada no país.

(D) Compete ao STJ julgar o mandado de injunção, quando a elaboração da norma regulamentadora for atribuição de órgão, entidade ou autoridade federal, da administração direta ou indireta, excetuados os casos de competência do STF e dos órgãos da justiça militar, da justiça eleitoral, da justiça do trabalho e da justiça federal.

(E) Ao Conselho Nacional de Justiça, que funcionará junto ao STJ, cabe a supervisão administrativa e orçamentária da justiça federal de primeiro e segundo graus, como órgão central do sistema e com poderes correicionais, cujas decisões terão caráter vinculante.

A: Não reflete o disposto no art. 102, I, *f*, da CF; **B:** Não reflete o disposto no art. 105, I, *i*, da CF; **C:** Não reflete o disposto no art. 105, II, *c*, da CF; **D:** Art. 105, I, *h*, da CF; **E:** O Conselho Nacional de Justiça não funciona junto ao STJ.

Gabarito "D"

(Procurador do Estado/CE – 2008 – CESPE) No referente ao Conselho Nacional de Justiça (CNJ), assinale a opção correta.

(A) O CNJ é órgão do Poder Judiciário com poder jurisdicional em todo o território nacional.

(B) As decisões do CNJ fazem coisa julgada formal e material.

(C) Ao CNJ cabe rever, em grau de recurso, as decisões jurisdicionais dos membros do Poder Judiciário.

(D) Os atos do CNJ estão sujeitos ao controle jurisdicional do STF.

(E) Nos crimes de responsabilidade, os membros do CNJ são julgados perante o STF.

A, B e **C:** O CNJ não possui poder jurisdicional, apesar de integrar a estrutura do Judiciário (arts. 92, I-A e 103-B, § 4º, ambos da CF); **D:** Art. 102, I, *r*, da CF; **E:** Não reflete o disposto no art. 52, II, da CF.

Gabarito "D"

(Procurador do Estado/CE – 2008 – CESPE) Quanto às atribuições e competências do STF, assinale a opção correta.

(A) Compete ao STF julgar ação popular ajuizada contra o presidente da República.

(B) Na ADI, a causa de pedir pode ser desconsiderada ou suprida por outra, conforme jurisprudência do STF.

(C) Segundo a jurisprudência dominante, compete ao STF julgar habeas corpus impetrado contra decisão de relator que, em habeas corpus requerido a tribunal superior, denegue liminar.

(D) Segundo a jurisprudência dominante, compete ao STF julgar mandado de segurança contra ato de ministro de Estado no exercício de competência delegada pelo presidente da República.

(E) Segundo a jurisprudência dominante, compete ao STF julgar mandado de segurança impetrado contra ato do Tribunal Superior Eleitoral.

A: É competente para processar e julgar a ação o juiz que, de acordo com a organização judiciária de cada Estado, o for para as causas que interessem à União, ao Distrito Federal, ao Estado ou ao Município (art. 5º da Lei 4.717/1965); **B:** O STF entende que não se encontra vinculado à fundamentação jurídica do pedido da ADIn (causa de pedir aberta), por ser sua função precípua a guarda da Constituição; **C:** Não reflete o disposto na Súmula 691/STF; **D:** Não reflete o disposto na Súmula 510/STF art. 105, I, *b*, da CF; **E:** Não reflete o disposto no art. 102, I, *d*, da CF.

Gabarito "B"

(Procurador do Estado/PB – 2008 – CESPE) Acerca da organização e competência do Poder Judiciário e das funções essenciais à justiça, assinale a opção correta.

(A) Ação popular proposta contra o presidente da República é de competência originária do STF.

(B) Mandado de segurança impetrado por empresa pública federal contra ato ilegal e abusivo praticado por secretário de um estado da Federação deve ser julgado pelo tribunal de justiça desse estado.

(C) Com o advento da EC n.º 45/2004, as ações de indenização por danos materiais ou morais do servidor público não celetista impetradas contra o respectivo ente federativo, mesmo diante do regime estatutário, devem ser julgadas pela justiça do trabalho.

(D) Compete à justiça federal julgar as causas entre Estado estrangeiro ou organismo internacional e município ou pessoa domiciliada ou residente no país.

(E) Considere-se que determinado estado da Federação tenha o nome inscrito no cadastro de inadimplentes diante do alegado descumprimento de cláusulas insertas em convênio firmado com a União. Nessa situação, eventual litígio existente entre a União e esse estado será de competência da justiça federal, visto que não há, na hipótese, conflito federativo a atrair a competência do STF.

A: É competente para processar e julgar a ação o juiz que, de acordo com a organização judiciária de cada Estado, o for para as causas que interessem à União, ao Distrito Federal, ao Estado ou ao Município (art. 5º da Lei 4.717/1965); **B:** Não reflete o disposto no art. 109, I, da CF; **C:** Não reflete o disposto no art. 114, VI, da CF; **D:** Art. 109, II, da CF; **E:** Não reflete o disposto no art. 102, I, *f*, da CF.

Gabarito "D"

(Procurador do Estado/RR – 2006 – FCC) A homologação de sentenças estrangeiras e a concessão de exequatur às cartas rogatórias é competência originária do

(A) Superior Tribunal de Justiça.

(B) Supremo Tribunal Federal.

(C) Ministério das Relações Exteriores.

(D) Tribunal Regional Federal.

(E) Senado Federal.

Art. 105, I, *i*, da CF.

Gabarito "A"

(Procurador do Município/Florianópolis-SC – 2010 – FEPESE) Compete ao Superior Tribunal de Justiça:

(A) Julgar, em recurso ordinário, o crime político.

(B) Processar e julgar, originariamente, nos crimes comuns, os Governadores dos Estados.

(C) Processar e julgar, originariamente, nas infrações penais comuns, o Procurador-Geral da República.

(D) Processar e julgar, originariamente, nos crimes de responsabilidade, os Ministros de Estado.

(E) Processar e julgar, originariamente, as causas e os conflitos entre a União e os Estados.

A: Competência do STF (art. 102, II, "b", da CF); **B:** Art. 105, I, "a", da CF; **C:** Competência do STF (art. 102, I, "b", da CF); **D:** Competência do STF (art. 102, I, "c", da CF); **E:** Competência do STF (art. 102, I, "f", da CF).

Gabarito "B"

(Procurador do Município/Teresina-PI – 2010 – FCC) O Supremo Tribunal Federal poderá aprovar súmula com efeito vinculante, sendo correto afirmar:

(A) Acolhida pelo Supremo Tribunal Federal a reclamação fundada em violação ao enunciado da súmula vinculante, será dada ciência à autoridade prolatora, judicial ou administrativa que deverá cumpri-la no caso concreto, sob pena de responsabilização pessoal nas esferas cível, administrativa e penal.

(B) Configurada reiteradas decisões sobre determinada matéria constitucional, o Presidente do Tribunal, após ouvir o Procurador-Geral da República, poderá aprovar súmula com efeito vinculante.

(C) O pedido de cancelamento ou revisão dos enunciados de súmulas vinculantes poderá ser feito por qualquer cidadão, com o título de eleitor válido, através de reclamação ao Supremo Tribunal Federal.

(D) O Município poderá propor, em qualquer hipótese, a edição, revisão ou cancelamento de enunciado da súmula vinculante aprovada desde que demonstre a consequência da grave insegurança jurídica na esfera administrativa.

(E) O relator poderá admitir o *amicus curiae* no procedimento de edição, revisão ou cancelamento de enunciado da súmula vinculante, por decisão irrecorrível.

A: Não reflete o disposto no art. 103-A, § 3°, da CF; **B:** Não reflete o disposto no art. 103-A, caput, da CF; C e **D:** Não reflete o disposto no art. 103-A, §§ 1° e 2°, da CF e no art. 3°, I a XI, da Lei 11.417/2006. V., tb, art. 2°, § 3°, da Lei 11.417/2006; **E:** Art. 3°, § 2°, da Lei 11.417/2006.

Gabarito "E"

(Procurador do Município/Teresina-PI – 2010 – FCC) Os pagamentos devidos pela Fazenda Pública Federal, Estadual ou Municipal em virtude de sentença judicial far-se-ão

(A) por tabela fixa válida para todos os entes da federação no caso de precatórios de pequenos valor.

(B) através de dotações orçamentárias e créditos abertos consignados pelo Poder Executivo, cabendo ao Presidente do Tribunal determinar o pagamento dos precatórios segundo as possibilidades do depósito.

(C) por precatórios de débitos de pequeno valor que devem compor a ordem cronológica das requisições judiciais de pagamento de créditos de natureza alimentícia.

(D) por ordem cronológica de apresentação do precatório e à conta dos créditos respectivos, com a designação do caso ou de pessoas nas dotações orçamentárias e nos créditos adicionais abertos para este fim.

(E) como requisições de débitos de natureza alimentícia no caso das indenizações com fundamento em morte ou invalidez, fundadas na responsabilidade civil.

A, B, C, D, **E:** Art. 100, caput e § 1°, da CF.

Gabarito "E"

(Procurador do Município/Teresina-PI – 2010 – FCC) É correto afirmar, sobre os juizados especiais:

(A) Os juizados especiais devem ser providos exclusivamente por juízes togados, com poderes para conciliar, julgar e executar causas cíveis de menor complexidade e infrações penais de menor potencial ofensivo.

(B) Os recursos devem ser julgados por orgão colegiado criado exclusivamente para este fim perante os Tribunais estaduais ou federais, de acordo com as regras gerais de competência.

(C) Compete à União legislar exclusivamente sobre a criação, funcionamento e processo dos juizados especiais.

(D) Compete à União, no Distrito Federal e Territórios, e aos Estados legislar sobre a criação, funcionamento e procedimentos dos juizados especiais.

(E) O Poder Legislativo pode delegar ao Presidente da República o poder de organizar os juizados especiais.

A: Há também juízes leigos (art. 7°, caput e parágrafo único, da Lei 9.099/1995; **B:** O recurso será julgado por uma turma composta por três Juízes togados, em exercício no primeiro grau de jurisdição, reunidos na sede do Juizado (art. 41, § 1°, da Lei 9.099/1995); C e **D:** A competência é concorrente da União, Estados e DF (art. 24, X, da CF); **E:** Não pode ser objeto de delegação (art. 68, § 1°, I, da CF).

Gabarito "D"

(Procuradoria Federal – 2007 – CESPE) Julgue o próximo item.

(1) Os serviços sociais autônomos — como SENAC, SESI e SEBRAE —, ainda que mantidos por contribuições parafiscais e tendo natureza de pessoa jurídica de direito privado, desvinculadas da administração pública direta ou indireta, fixam a competência da justiça federal para a apreciação das causas em que essas entidades figurem como autoras ou rés.

1: Não reflete o disposto no art. 109 da CF.

Gabarito 1E

(Procuradoria Federal – 2007 – CESPE) Julgue o próximo item.

(1) Em caso de processo de revisão de pensão por morte de beneficiário que recebia aposentadoria por invalidez, compete à justiça estadual, e não à federal, o julgamento da revisão do benefício que não tenha origem em acidente de trabalho.

A ação é proposta contra o INSS e, por isso, atrai o disposto no art. 109, I, da CF.

Gabarito 1E

(Procuradoria Federal – 2007 – CESPE) Julgue o próximo item.

(1) Tendo os embargos de terceiro natureza de ação, a sua propositura, por parte da União, entidade autárquica ou empresa pública federal, determina a competência *ratione personae*, que detém caráter absoluto e inderrogável da justiça federal.

Art. 109, I, da CF

Gabarito 1C

(Procuradoria Federal – 2007 – CESPE) Julgue o próximo item.

(1) Compete à justiça federal processar e julgar prefeito municipal por desvio de verba sujeita a prestação de contas perante órgão federal.

Súmula 208/STJ.

Gabarito 1C

(Procuradoria Federal – 2007 – CESPE) Julgue o próximo item.

(1) A CF disciplina diretamente as normas de remoção ou permuta de juízes dos TRFs.

Não reflete o disposto no art. 107, § 1º, da CF.

Gabarito 1E

(Procuradoria Federal – 2007 – CESPE) Julgue o próximo item.

(1) Cada estado, bem como o DF, constitui uma seção judiciária que tem por sede a respectiva capital e varas localizadas segundo o estabelecido em lei.

Art. 110 da CF.

Gabarito 1C

(Procuradoria Federal – 2007 – CESPE) Julgue o próximo item.

(1) Serão processadas e julgadas na justiça estadual, no foro do domicílio dos segurados ou beneficiários, as causas em que forem parte instituição de previdência social e segurado, sempre que a comarca não for sede de vara do juízo federal. Nessa hipótese, contudo, o recurso cabível será sempre dirigido ao tribunal de justiça do estado ao qual esteja vinculada a comarca.

Não reflete o disposto no art. 109, §§ 3º e 4º, da CF.

Gabarito 1E

(Procuradoria Federal – 2007 – CESPE) Julgue o próximo item.

(1) Os TRFs poderão funcionar de forma descentralizada, constituindo câmaras regionais, a fim de assegurar o pleno acesso do jurisdicionado à justiça em todas as fases do processo.

Art. 107, § 3º, da CF.

Gabarito 1C

(Procuradoria Federal – 2007 – CESPE) Julgue o item subsequente.

(1) Os TRFs instalarão a justiça itinerante, com a realização de audiências e demais funções da atividade jurisdicional, nos limites territoriais da respectiva jurisdição, sendo-lhes ilícito, no entanto, em atenção ao princípio da moralidade, servir-se de equipamentos públicos e comunitários.

Não reflete o disposto no art. 107, § 2º, da CF.

Gabarito 1E

(Procurador da Fazenda Nacional – 2007 – ESAF) Assinale a opção correta.

(A) A garantia da inamovibilidade dos Juízes não é absoluta, uma vez que é possível a remoção por interesse público, devendo a decisão ser tomada pelo voto da maioria absoluta do respectivo tribunal ou do Conselho Nacional de Justiça, assegurada a ampla defesa.

(B) O subsídio mensal dos membros do Judiciário, incluídas as vantagens pessoais ou de qualquer natureza, e ainda as parcelas de caráter indenizatório previstas em lei, não poderão exceder o subsídio mensal, em espécie, dos Ministros do Supremo Tribunal Federal.

(C) As decisões administrativas dos tribunais serão motivadas e em sessão pública, salvo as disciplinares, as quais, ainda, deverão ser tomadas pelo voto da maioria absoluta de seus membros.

(D) Cabe reclamação no Supremo Tribunal Federal em face de qualquer ato judicial que contrarie decisões proferidas em ações diretas de inconstitucionalidade, as quais possuem eficácia contra todos e efeito vinculante, em relação aos demais órgãos do Poder Judiciário e à Administração Pública direta e indireta, nas esferas federal, estadual e municipal.

(E) A reclamação cabível no Supremo Tribunal Federal, a fim de preservar a sua competência ou garantir a autoridade de suas decisões, tem natureza jurídica de medida processual de caráter excepcional, a ser manejada pelos mesmos legitimados para a propositura de ação direta de inconstitucionalidade.

A: Art. 95, II c/c art. 93, VIII, ambos da CF; **B:** Não reflete o disposto no art. 37, II, e § 11, da CF; **C:** Não reflete o disposto no art. 93, X, da CF; **D:** Não cabe reclamação contra qualquer ato judicial. É incabível, *e.g.*, contra decisões transitadas em julgado; **E:** A matéria não é pacificada, mas prevalece a tese de que a reclamação tem natureza jurídica de ação. V. STF, Rcl 5470/PA, Rel. Min. Gilmar Mendes.

Gabarito "A"

(Procurador da Fazenda Nacional – 2007 – ESAF) Assinale a opção correta.

(A) No caso das súmulas vinculantes, a aprovação, revisão ou cancelamento dependem da provocação da maioria qualificada dos Ministros do Supremo Tribunal Federal, considerando para tanto decisão que seja tomada por 2/3 dos votos dos seus membros, figurando como requisito para sua edição a existência de reiteradas decisões do Supremo Tribunal Federal sobre matérias que constitucionalmente lhe são afetas.

(B) Compete à Justiça do Trabalho apreciar e julgar pedidos concernentes a perdas e danos morais e/ou materiais, deduzidos em face do (ex) empregador, decorrentes de acidente do trabalho.

(C) De acordo com a atual jurisprudência do Supremo Tribunal Federal, a ele compete originariamente julgar o habeas corpus contra decisão denegatória de turma recursal dos Juizados Especiais Criminais.

(D) No caso de mandado de segurança de competência originária de Tribunal Regional Federal, o recurso adequado contra o acórdão que o julgar será o recurso extraordinário ou o recurso especial, dependendo de o fundamento da decisão ter sido, respectivamente, constitucional ou infraconstitucional.

(E) Compete ao Supremo Tribunal Federal processar e julgar, originariamente, a homologação das sentenças estrangeiras e a concessão do exequatur às cartas rogatórias, que podem ser conferidas pelo regimento interno ao seu Presidente.

A: Não reflete o disposto no art. 103-A da CF; **B:** Art. 114, VI, da CF; **C:** Não reflete o entendimento do STF no RHC 87449, Rel. Min. Celso de Mello, Segunda Turma, j. 07/03/2006, DJe 02/08/2007; **D:** Embora essa seja a disposição da Súmula 690/STF, o Supremo decidiu em contrário no HC 85240/SP, rel. Min. Carlos Britto e no HC 86834/SP, Rel. Min. Marco Aurélio; **E:** Não reflete o disposto no art. 105, I, *i*, da CF.

Gabarito "B"

(Procurador da Fazenda Nacional – 2004 – ESAF) Assinale a opção correta.

(A) O presidente da República não pode editar medida provisória para revogar outra medida provisória ainda não apreciada pelo Congresso Nacional.

(B) O *habeas corpus*, jamais o mandado de segurança, constitui instrumento apto para se insurgir contra a quebra de sigilo bancário de alguém.

(C) As Comissões Parlamentares de Inquérito, o Ministério Público, as autoridades policiais e autoridades da Receita Federal, além dos juízes, podem determinar a quebra do sigilo fiscal e bancário de pessoa sob investigação.

(D) O Superior Tribunal de Justiça é incompetente para processar e julgar, originariamente, mandado de segurança contra ato de órgão colegiado presidido por Ministro de Estado.

(E) Compete ao Supremo Tribunal Federal o julgamento originário de mandado de segurança contra ato do Conselho Recursal de Juizado Especial.

A: no que toca à edição de medidas provisórias, os impedimentos encontram-se dispostos no art. 62, § 1º, da CF, que não contempla a hipótese descrita; **B:** o STF reconhece a idoneidade do *habeas corpus* para combater a quebra indevida de sigilo bancário do investigado (AI 573623 QO/RJ, DJ 31/10/06, HC 84869, DJ 19/08/2005), sem afastar, porém, o cabimento do mandado de segurança; **C:** dentre as autoridades citadas, apenas os juízes e as CPI's (art. 58, § 3º, da CF) detêm o poder de quebrar o sigilo bancário de alguém no interesse da investigação; **D:** correta. A competência originária do STJ, estabelecida no art. 105, I, da CF, não contempla o disposto na alternativa; **E:** incorreta, diante da inexistência de tal previsão no art. 102, I, da CF, que traz a competência originária do STF.

Gabarito "D"

(Procurador da Fazenda Nacional – 2003 – ESAF) Assinale a opção correta.

(A) Cabe ao Supremo Tribunal Federal julgar *habeas corpus* contra ato de turma recursal de Juizado Especial.

(B) A ação popular pode ser ajuizada para atacar ato jurisdicional.

(C) O Advogado-Geral da União é processado e julgado nos crimes comuns e de responsabilidade pelo Supremo Tribunal Federal.

(D) Deve ser ajuizado perante juiz federal de primeira instância o *habeas corpus* impetrado contra ato de Procurador da República com atuação no primeiro grau de jurisdição.

(E) Incumbe ao Supremo Tribunal Federal julgar o Presidente da República nas ações de improbidade e nas ações civis públicas em que ele figure como réu.

Alternativa **A:** correta, nos termos da Súmula nº 690 do STF. A questão foi cobrada em 2003, portanto insta frisar que, em 2007, esta Súmula foi declarada superada pelo Tribunal Pleno do STF no julgamento do HC 86834, DJ 23/08/2006); Alternativa **B:** incorreta. Visa a ação popular a declaração de nulidade de atos administrativos, não podendo ser invocada contra atos jurisdicionais (art. 5º, LXXIII, da CF e arts. 1º e 2º da Lei nº 4.717/65); Alternativa **C:** incorreta. O

Advogado-Geral da União não tem foro por prerrogativa de função nos crimes comuns e, nos crimes de responsabilidade, é julgado perante o Senado Federal (art. 52, II,d a CF); Alternativa **D:** incorreta. Diante do silêncio da CF sobre o tema, e considerando a equiparação constitucional entre membros da Magistratura e do Ministério Público quanto a direitos e vedações, o STJ firmou entendimento de que o habeas corpus contra ato de procurador da república deve ser julgado pelo TRF da região de atuação do membro do MPF, por analogia ao disposto no art. 108, I, "d", da CF (RHC 15132/SP, DJ 09/03/2004); Alternativa **E:** incorreta. O foro por prerrogativa de função é adotado pela CF para as ações penais comuns e para os crimes de responsabilidade. Não há previsão de foro por prerrogativa de função para ações de natureza civil, como a improbidade administrativa e ações civis públicas.

Gabarito "A"

(Procurador da Fazenda Nacional – 2006 – ESAF) Assinale a opção correta.

(A) As normas constantes do Ato das Disposições Constitucionais Transitórias são insuscetíveis de revogação.

(B) Consolidou-se o entendimento de que o Presidente da República não dispõe de foro por prerrogativa de função para responder a ação por crime de responsabilidade.

(C) Incumbe ao Supremo Tribunal Federal o julgamento de representação do Procurador-Geral da República para intervenção federal no caso de recusa de execução de lei federal por parte de Estado-membro.

(D) Verificado que o legislador tratou desigualmente situações desiguais fica desautorizado todo argumento de ofensa ao princípio da isonomia.

(E) *Princípio da legalidade* e *reserva de parlamento* são expressões sinônimas no constitucionalismo brasileiro.

A: incorreta. As normas do ADCT são normas constitucionais comuns, apenas com a característica da transitoriedade, não havendo qualquer óbice para sua alteração; **B:** incorreta. O foro por prerrogativa de função do Presidente da República nos crimes de responsabilidade está expresso na CF, que atribui a competência para julgamento ao Senado Federal (art. 52., I); **C:** correta, nos termos do art. 36, III, da CF; **D:** incorreta. A aplicação do princípio da isonomia não comporta engessamento genérico nos termos sugeridos. O tratamento diferenciado a pessoas que se encontrem em situação desigual, apesar de atender, em tese, aos ditames da igualdade, é passível de controle com o escopo de se verificar se o tratamento desigual é justificável, bem como se observa a necessária razoabilidade; **E:** incorreta. O princípio da legalidade é amplo, pois abrange a lei em sentido material, ou seja, quaisquer atos normativos dotados de generalidade e abstração, ainda que não emanados do Poder Legislativo. A reserva de parlamento, por outro lado, liga-se à estrita legalidade, situações nas quais somente a lei em sentido formal (ato emanado do Poder Legislativo que obedece ao processo legislativo constitucionalmente estabelecido), tendo significado, mais restrito. Não são, portanto, sinônimos.

Gabarito "C"

(ADVOGADO – PETROBRÁS – 2012 – CESGRANRIO) A Súmula Vinculante nº 21, editada pelo STF, dispõe que

É inconstitucional a exigência de depósito ou arrolamento prévios de dinheiro ou bens para admissibilidade de recurso administrativo.

Se fosse aprovada uma lei ordinária pelo Congresso Nacional, contrariando o disposto na referida súmula, seria cabível ajuizar a seguinte ação junto ao STF:

(A) Reclamação

(B) Arguição de Descumprimento de Preceito Fundamental

(C) Ação Declaratória de Constitucionalidade

(D) Ação Direta de Inconstitucionalidade por Omissão

(E) Ação Direta de Inconstitucionalidade

Apesar de o STF ter firmado o entendimento mediante Súmula Vinculante, seus efeitos não atingem o Poder Legislativo, de modo que nada impede que uma lei seja aprovada contrariando expressamente o verbete sumular. Desta forma, a lei posterior à edição da súmula vinculante somente poderia ser atacada mediante a ação direta de inconstitucionalidade.

Gabarito "E"

(ADVOGADO – CEF – 2012 – CESGRANRIO) O TRF da 2a Região denegou a ordem de segurança pleiteada em processo de sua competência originária. Nesse caso, qual seria o recurso cabível contra tal decisão?

(A) Recurso Extraordinário ao STF, se a decisão contrariar dispositivo constitucional.

(B) Recurso Especial ao STJ, se a decisão contrariar lei federal.

(C) Recurso Ordinário ao STJ, se a decisão contrariar lei federal.

(D) Recurso Ordinário ao STF, independentemente do conteúdo da decisão.

(E) Recurso Ordinário ao STJ, independentemente do conteúdo da decisão.

Como se trata de competência originária, cabe contra a decisão que denegou a segurança, Recurso Ordinário para o STJ, nos termos do art. 105, inciso II, alínea "b", da Constituição Federal. Ressalte-se que, caso a segurança houvesse sido concedida, não caberia o Recurso Ordinário, mas tão somente Recurso Extraordinário ou Especial (respectivamente ao STF e ao STJ), caso presente alguma das hipóteses dos artigos 102, inciso III, e 105, inciso III, da Constituição Federal.

Gabarito "E"

(ADVOGADO – PETROBRÁS – 2008 – CESGRANRIO) O controle da atuação administrativa e financeira do Poder Judiciário e do cumprimento dos deveres funcionais dos juízes é competência constitucionalmente atribuída ao

(A) Tribunal de Contas da União.

(B) Supremo Tribunal Federal.

(C) Superior Tribunal de Justiça.

(D) Conselho Nacional de Justiça.

(E) Conselho da Justiça Federal.

O CNJ integra o Poder Judiciário, submetendo-se ao seu controle todos os órgãos deste, com exceção do STF. Nos termos do art. 103-B, § 4º, da CF, cabe ao CNJ, entre outras, a competência de controlar a atuação administrativa e financeira do Poder Judiciário e do cumprimento dos deveres funcionais dos juízes.

Gabarito "D"

(ADVOGADO – INFRAERO – 2004 – NCE/UFRJ) A Ministra Ellen Gracie foi nomeada integrante do Supremo Tribunal Federal, sendo a primeira mulher a ocupar o honroso cargo. Segundo a nossa Constituição, os cargos do Supremo Tribunal Federal podem ser ocupados:

(A) somente por brasileiros natos;

(B) por brasileiros natos ou naturalizados;

(C) somente por brasileiros naturalizados;

(D) por brasileiros naturalizados, autorizados pelo Congresso Nacional;

(E) por brasileiros natos, autorizados pelo Congresso Nacional.

Assim determina o art. 12, § 3º, inciso IV, da CF.

Gabarito "A"

(ADVOGADO – ELETROBRÁS – 2006 – NCE/UFRJ) A Emenda Constitucional nº 45 estabeleceu como órgão do Poder Judiciário o Conselho Nacional de Justiça. Em relação a esse órgão, é INCORRETO afirmar que:

(A) o CNJ pode regulamentar a Constituição da República quando a matéria disciplinada não estiver sujeita ao princípio da reserva legal;

(B) o CNJ, como órgão do Poder Judiciário, tem função jurisdicional;

(C) o mandato dos membros do Conselho Nacional de Justiça é de dois anos, permitindo-se uma recondução;

(D) o CNJ será presidido por Ministro do Supremo Tribunal Federal;

(E) o Ministro do Superior Tribunal de Justiça exercerá função de Ministro-Corregedor.

A: correto, pois a própria Constituição delega ao CNJ a competência para expedir atos regulamentares, no âmbito de sua competência, a fim de cumprir o dever de zelar pela autonomia do Poder Judiciário e pelo cumprimento do Estatuto da Magistratura (art. 103-B, § 4º, inciso I, da CF); **B:** incorreto, pois o CNJ não possui função jurisdicional (STF, MS 27.148 AgR, DJ 24/05/2011); **C:** correto (art. 103-B, *caput*, da CF); **D:** correto (art. 103-B, § 1º, da CF); **E:** correto (art. 103-B, § 5º, da CF).

Gabarito "B"

(ADVOGADO – IRB – 2006 – ESAF) Sobre o Poder Judiciário, assinale a única opção correta.

(A) Conforme dispõe o texto constitucional, o juiz titular residirá na respectiva comarca, salvo autorização do Tribunal.

(B) Compete ao Supremo Tribunal Federal julgar, em recurso ordinário, os mandados de segurança decididos em única instância pelos Tribunais Superiores.

(C) O Conselho Nacional de Justiça não pode, de ofício, rever os processos disciplinares de juízes e membros de tribunais julgados há menos de um ano.

(D) Em razão de alteração do texto constitucional promulgado em 1988, as causas relativas a violações de direitos humanos passaram a ser de competência da Justiça Federal.

(E) Mesmo decorrentes da relação de trabalho, as ações de indenização por dano moral não se inserem na competência da Justiça do Trabalho, sendo processadas e julgadas na Justiça Comum.

A: correto (art. 93, inciso VII, da CF); **B:** incorreto, pois o STF só é competente nestes casos se for denegatória a decisão (art. 102, inciso II, alínea "a", da CF); **C:** incorreto, pois o CNJ possui tal prerrogativa (art. 103-B, § 4º, inciso V, da CF); **D:** incorreto, pois a inovação foi no sentido de que nas hipóteses de grave violação de direitos humanos, o Procurador-Geral da República, com a finalidade de assegurar o cumprimento de obrigações decorrentes de tratados internacionais de direitos humanos dos quais o Brasil seja parte, poderá suscitar, perante o Superior Tribunal de Justiça, em qualquer fase do inquérito ou processo, incidente de deslocamento de competência para a Justiça Federal (art. 109, § 5º, da CF); **E:** incorreto, pois compete a Justiça do Trabalho processar e julgar todas as ações oriundas das relações de trabalho, incluindo as de indenização decorrentes de acidentes de trabalho (art. 114, inciso I, da CF).

Gabarito "A"

(ADVOGADO – CASA DA MOEDA – 2009 – CESGRANRIO) A súmula vinculante editada pelo Supremo Tribunal Federal vincula apenas os órgãos

(A) da administração pública federal.

(B) do Poder Judiciário Federal.

(C) do Poder Judiciário Federal e da Administração Pública Federal.

(D) do Poder Judiciário e da Administração Pública, nas esferas federal, estadual e municipal.

(E) dos Poderes Judiciário, Legislativo e Executivo, nas esferas federal, estadual e municipal.

Nos termos do art. 103-A da CF.

Gabarito "D"

(ADVOGADO – BNDES – 2001 – VUNESP) Um mandado de segurança decidido em única instância, por um Tribunal Superior, recebendo decisão denegatória, poderá ser levado a julgamento perante o Supremo Tribunal Federal em

(A) agravo regimental.

(B) recurso extraordinário.

(C) ação direta de inconstitucionalidade.

(D) recurso ordinário.

(E) recurso de revista.

Nos termos do art. 102, inciso II, alínea "a", da CF

Gabarito "D"

(ADVOGADO – BNDES – 2001 – VUNESP) Um mandado de segurança contra ato do Procurador-Geral da República será julgado pelo Supremo Tribunal Federal

(A) originariamente.

(B) por via de recurso especial.

(C) por via de recurso extraordinário.

(D) por via de recurso ordinário.

(E) por via de recurso de revista.

Nos termos do art. 102, inciso I, alínea "d"

Gabarito "A"

(ADVOGADO – CEF – 2006 – CESPE) Com relação ao mandado de injunção, julgue os itens que se seguem.

(1) A jurisprudência do Supremo Tribunal Federal (STF) admite legitimidade ativa ad causam aos sindicatos para a instauração, em favor de seus membros ou associados, do mandado de injunção coletivo.

(2) Por meio do mandado de injunção, é possível lograr-se o controle concentrado de constitucionalidade de certa norma.

1: correto (STF, MI 2.152, DJ de 06/12/2011); **2:** incorreto, pois, embora o mandado de injunção seja um instrumento de controle incidental de constitucionalidade, seu objeto será sempre uma omissão legislativa, e nunca a própria norma.

Gabarito 1C, 2E

(ADVOGADO – ANP – 2008 – CESGRANRIO) NÃO se trata de procedimento cujo julgamento compete originariamente ao Supremo Tribunal Federal (STF) a(o)

(A) ação contra o Conselho Nacional de Justiça.

(B) ação direta de inconstitucionalidade de Lei Federal.

(C) ação declaratória de constitucionalidade de Lei Federal.

(D) mandado de segurança contra ato de Ministro de Estado.

(E) pedido de extradição formulado por Estado estrangeiro.

A: incorreto, a competência é do STF (art. 102, inciso I, alínea "r", da CF); **B:** incorreto, a competência é do STF (art. 102, inciso I, alínea "a", da CF); **C:** incorreto, a competência é do STF (art. 102, inciso I, aliena "a", da CF); **D:** correto, visto que a competência não é do STF, mas sim do STJ (art. 105, inciso I, alínea "b"); **E:** incorreto, a competência é do STF (art. 102, inciso I, alínea "g", da CF).

Gabarito "D"

13. DAS FUNÇÕES ESSENCIAIS À JUSTIÇA

(Procurador Distrital – 2014 – CESPE) Julgue os itens subsequentes, a respeito das funções essenciais à justiça no DF, com base na disciplina constitucional e legal.

(1) Aplicam-se aos procuradores da CLDF as garantias e os impedimentos dos procuradores do DF.

(2) A PGDF é competente para representar judicialmente a CLDF no que respeita à cobrança judicial de dívida.

(3) A destituição do defensor público geral do DF depende de deliberação da CLDF.

(4) Compete ao governador distrital nomear o procurador-geral do DF, cuja destituição cabe exclusivamente à CLDF.

1: correto. De acordo com o art. 113 da Lei Orgânica do DF, aplicam-se aos Procuradores das Autarquias e Fundações do Distrito Federal e aos Procuradores da Câmara Legislativa do Distrito Federal os mesmos direitos, deveres, garantias, vencimentos, proibições e impedimentos da atividade correcional e de disposições atinentes à carreira de Procurador do Distrito Federal; **2:** correto. Conforme dispõe o art. 111, VII, da Lei Orgânica do DF, dentre as funções institucionais da Procuradoria-Geral do Distrito Federal, no âmbito do Poder Executivo, encontra-se a de efetuar a cobrança judicial da dívida do Distrito Federal. O § 1º do mesmo dispositivo determina que a cobrança judicial da dívida do Distrito Federal a que se refere o inciso VII deste artigo inclui aquela relativa à Câmara Legislativa do Distrito Federal; **3:** correto. Vale lembrar que a Procuradoria da CLDF é responsável pela a representação judicial da CLDF, salvo no tocante à cobrança judicial de dívidas que, conforme mencionado, é da competência da PGDF; **4:** errado. De acordo com o art. 60, XX, da Lei Orgânica do DF, compete, privativamente, à Câmara Legislativa do Distrito Federal aprovar previamente a indicação ou destituição do Procurador-Geral do Distrito Federal. O art. 100, XIII, da mesma lei determina que compete ao Governador do Distrito Federal, de forma privativa, nomear e destituir o Procurador-Geral do Distrito Federal, na forma da lei. Sendo assim, é possível concluir que o Governador Distrital é quem destituirá o Procurador-Geral do DF, após aprovação dada pela CLDF.

Gabarito 1C, 2C, 3C, 4E

(Procurador do Estado/SP – VUNESP – 2005) Analise as seguintes afirmativas sobre as funções essenciais da Justiça.

I. O Ministério Público é o órgão encarregado de promover, privativamente, a ação penal pública e de ajuizar, exclusivamente, a ação civil pública.

II. Nos moldes do que dispõe a Constituição Federal, a lei complementar organizará a Defensoria Pública da União, do Distrito Federal e dos Territórios e prescreverá normas gerais para a sua organização nos Estados, e somente às Defensorias Estaduais são asseguradas autonomia funcional e administrativa.

III. Os Procuradores dos Estados integram a advocacia pública e exercem a representação judicial e a consultoria jurídica das respectivas unidades federadas, sendo dispensada a prova da qualidade de procurador nos autos judiciais, uma vez que o seu mandato decorre diretamente da lei.

IV. O advogado é indispensável à administração da justiça, sendo absolutamente inviolável em suas funções, não podendo, consequentemente, ser processado por crime de calúnia praticado contra juiz.

Está correto somente o que se afirma em

(A) I e II.

(B) I e III.

(C) I e IV.

(D) II e III.

(E) II e IV.

I: Errada. A ação penal é privativa do Ministério Público (art. 129, I, da CF), mas a ação civil pública não (art. 129, III, da CF); **II:** Correta. Art. 134, §§ 1º e 2º, da CF. Importante salientar que a assertiva era correta à época da aplicação da prova, pois, após a edição da Emenda Constitucional 74, de 6 de agosto de 2013, será aplicado o disposto no § 2º do art. 134 às Defensoria Públicas da União e do Distrito Federal; **III:** Correta. Art. 132 da CF; IV: Errada. É inviolável, mas nos limites da lei (art. 133 da CF).

Gabarito "D"

(Advogado da União/AGU – CESPE – 2012) Acerca da AGU, julgue os itens a seguir.

(1) Incumbe à AGU, diretamente ou mediante órgão vinculado, exercer a representação judicial e extrajudicial da União, assim como as atividades de consultoria e assessoramento jurídico dos Poderes Executivo, Legislativo e Judiciário, no âmbito federal.

(2) A CF estabelece expressamente que a representação da União, na execução da dívida ativa de natureza tributária, cabe à Procuradoria-Geral da Fazenda Nacional, observado o disposto em lei.

1: Errada. A AGU exerce a consultoria e o assessoramento jurídico do Poder Executivo (art. 131 da CF); 2. Correta. Art. 131, § 3º, da CF.

Gabarito 1E, 2C

(Procurador do Estado/PE – CESPE – 2009) No que se refere às funções essenciais da justiça, assinale a opção correta.

(A) O Ministério Público Eleitoral é um componente do MP da União.

(B) Os membros do Ministério Público Militar que atuam na Justiça Militar de 1.ª instância compõem a estrutura do MP estadual.

(C) A imunidade processual conferida aos advogados não abrange o delito de calúnia.

(D) Os defensores públicos estaduais podem exercer a advocacia privada, desde que fora das suas atribuições institucionais, e em horário em que não esteja no exercício do cargo de defensor público.

(E) Aos advogados públicos será assegurada a estabilidade após dois anos de efetivo exercício, certificados por avaliação de desempenho.

A: O MPU é formado pelo Ministério Público Federal, Ministério Público do Trabalho, Ministério Público Militar e Ministério Público do Distrito Federal e Territórios (art. 128, I, *"a"* a *"d"*, da CF); **B:** O Ministério Público Militar, que integra o Ministério Público da União, não se confunde com o Ministério Público Estadual; **C:** Sim. O advogado é inviolável pelos atos e manifestações, desde que nos limites da lei (art. 133 da CF); **D:** Vedação expressa no art. 134, § 1º, da CF. **E:** A estabilidade será assegurada após três anos de efetivo exercício, mediante avaliação de desempenho, conforme disposto no art. 132, § Único da CF.

Gabarito "C"

(Procurador do Estado/SC – 2009) Assinale a alternativa correta, com respeito ao modelo constitucional, federal e estadual brasileiro.

(A) A Advocacia Geral da União tem como correspondente estadual a Procuradoria Geral de Justiça.

(B) É de competência do Ministério Público propor ao Poder Legislativo a criação e extinção dos seus cargos e serviços auxiliares, observados os limites de despesa com pessoal.

(C) Não é possível conferir aos membros do Ministério Público o *status* de agentes políticos, pois a natureza da instituição é ontologicamente atrelada ao Poder Executivo, tendo apenas independência funcional.

(D) Cabe ao Poder Executivo a formulação de proposta orçamentária do Ministério Público, dentro dos limites estabelecidos pela Lei de Diretrizes Orçamentárias.

(E) Os Procuradores Gerais nos Estados poderão ser destituídos por deliberação por maioria simples do Poder Legislativo, na forma de lei complementar respectiva.

A: A AGU integra carreiras de advocacia pública, assim como as Procuradorias dos Estados e dos Municípios. A Procuradoria-Geral de Justiça faz parte do Ministério Público Estadual; **B:** Art. 127, § 2º, da CF; **C:** Na CF de 1967 o Ministério Público integrava o Poder Judiciário e na Carta de 1969 o Poder Executivo. A Constituição de 1988 não incluiu o Ministério Público nos capítulos referentes aos poderes Legislativo, Executivo ou Judiciário, mas previu suas regras em capítulo à parte; daí doutrina e jurisprudência afirmarem que a CF lhe conferiu *status* de verdadeiro "quarto poder". São princípios institucionais do Ministério Público a unidade, a indivisibilidade e a independência funcional; **D:** É elaborada pelo próprio Ministério Público (art. 127, § 3º, da CF); **E:** Os Procuradores-Gerais nos Estados e no Distrito Federal e Territórios poderão ser destituídos por deliberação da maioria absoluta do Poder Legislativo, na forma da lei complementar respectiva (art. 128, § 4º, da CF).

Gabarito "B"

(Procurador do Estado/SP – FCC – 2009) Em atenção às normas constitucionais pertinentes à advocacia pública, os Procuradores dos Estados e do Distrito Federal

(A) exercem, com exclusividade, a representação judicial e extrajudicial das respectivas unidades federadas.

(B) exercem, privativamente, a consultoria jurídica dos Poderes Executivo, Legislativo e Judiciário das respectivas unidades federadas.

(C) podem, representando o Estado, propor ações civis públicas para a proteção do meio ambiente ou de outros interesses difusos.

(D) devem, obrigatoriamente, contestar todas as ações populares propostas em face da unidade federada que representam.

(E) podem, representando o Estado, propor ações diretas de inconstitucionalidade perante o Supremo Tribunal Federal ou o Tribunal de Justiça.

A: O STF já decidiu que não existe exclusividade. V. STF, ADIn 1557, Rel. Min. Ellen Gracie: "A Procuradoria-Geral do Distrito Federal é a responsável pelo desempenho da atividade jurídica consultiva e contenciosa exercida na defesa dos interesses da pessoa jurídica de direito público Distrito Federal. Não obstante, a jurisprudência desta Corte reconhece a ocorrência de situações em que o Poder Legislativo necessite praticar em juízo, em nome próprio, uma série de atos processuais na defesa de sua autonomia e independência frente aos demais Poderes, nada impedindo que assim o faça por meio de um setor pertencente a sua estrutura administrativa, também responsável pela consultoria e assessoramento jurídico de seus demais órgãos"; **B:** Exercem a representação judicial e a consultoria jurídica das respectivas unidades federadas (Poder Executivo); **C:** Art. 5º, III, da LACP (Lei 7347/1985); **D:** As pessoas jurídicas de direito público ou de direito privado, cujo ato seja objeto de impugnação via ação popular, poderá abster-se de contestar o pedido, ou poderá atuar ao lado do autor, desde que isso se afigure útil ao interesse público, a juízo do respectivo representante legal ou dirigente (art. 6º, § 3º, da Lei 4717/1965); **E:** A legitimidade é do Governador de Estado ou do Distrito Federal (art. 103, V, da CF).

Gabarito "C"

(Procuradoria Distrital – 2007) Assinale a opção correta:

(A) O Ministério Público é parte legítima para propor ação civil pública que impugna instituição inconstitucional de tributo.

(B) O Ministério Público não pode ajuizar ação civil pública que tenha por causa relação jurídica regulada pelo Código de Defesa do Consumidor.

(C) O Ministério Público Federal não tem legitimidade para propor ação de improbidade administrativa contra autoridades do Distrito Federal.

(D) O Ministério Público junto ao Tribunal de Contas do Distrito Federal integra o Ministério Público do Distrito Federal e Territórios.

(E) É juridicamente legítimo que uma sentença em ação civil pública movida pelo Ministério Público afirme a inconstitucionalidade de lei.

A: De acordo com jurisprudência do STF e do STJ, não cabe ACP em matéria tributária (art. 1º, parágrafo único, da Lei 7.347/1985); **B:** Não reflete o disposto no art. 6º, VII, *c*, da LC 75/1993; no art. 25, IV, *a*, da Lei 8.625/1993; no art. 1º, II, c/c o art. 5º, I, da Lei 7.347/1995 e no art. 82, I, da Lei 8.078/1990; **C:** O Ministério Público Federal terá legitimidade para propor ação civil pública contra autoridade do Distrito Federal se estiver presente interesse da União, na forma do art. 17 da Lei 8.429/1992. Como exemplo, pode-se citar a ação que vise condenar o agente distrital por ato de improbidade administrativa que cause lesão ao erário federal (art. 10 da Lei 8.429/1992) por malversação de fundos com recursos federais; **D:** O MP junto aos Tribunais de Contas é órgão especial, e sua regulamentação segue o disposto na Lei 8.443/1992 (arts. 80 a 84); **E:** Sim, desde que a questão constitucional seja aventada como fundamento de outra pretensão, na análise da inconstitucionalidade como ***causa de pedir*** e não como ***pedido principal***. De acordo com a jurisprudência do STF, a ACP não pode ser utilizada como sucedâneo de ADIn, pois, ante sua eficácia ***erga omnes***, constituiria verdadeiro controle concentrado de constitucionalidade.

Gabarito "E"

(Procurador do Estado/RR – 2006 – FCC) Os Procuradores dos Estados, segundo a Constituição Federal, integram a advocacia pública e devem ser organizados em carreira, sendo-lhes assegurada

(A) autonomia funcional e administrativa.

(B) a iniciativa de sua proposta orçamentária dentro dos limites da lei de diretrizes orçamentárias.

(C) a indicação do chefe da instituição mediante elaboração de lista tríplice de integrantes da carreira.

(D) inamovibilidade, salvo por motivo de interesse público, mediante decisão do órgão colegiado competente, pelo voto da maioria de seus membros, após ampla defesa.

(E) estabilidade após três anos de efetivo exercício, mediante avaliação de desempenho perante os órgãos próprios, após relatório circunstanciado das corregedorias.

A e **B:** A CF não prevê autonomia funcional e administrativa para as Procuradorias estaduais, como o faz, *e.g.*, para as Defensorias estaduais (art. 134, § 2º, da CF); C, **D:** Não há norma nesse sentido na CF; **E:** Art. 132, parágrafo único, da CF.

Gabarito "E"

(Procurador do Estado/RR – 2006 – FCC) O Ministério Público do Trabalho integra o

(A) Ministério Público Federal.

(B) Ministério do Trabalho.

(C) Ministério Público da União.

(D) Ministério Público do Distrito Federal e Territórios.

(E) Ministério Público dos Estados.

Art. 128, I, *b*, da CF.

Gabarito "C"

(Procurador Federal – 2010 – CESPE) Acerca de direitos, deveres e responsabilidades dos membros da AGU, julgue os itens que se seguem.

(1) Segundo o STJ, a Corregedoria-Geral da AGU pode promover a abertura de processo administrativo disciplinar contra procurador da União para apurar indícios de violação aos seus deveres funcionais quando este exara, reiteradamente, pareceres jurídicos que confrontam pareceres normativos vinculantes da AGU.

(2) O advogado-geral da União, diretamente ou mediante delegação, pode autorizar a realização de acordos ou transações, em juízo, para terminar o litígio nas causas de valor de até R$ 500.000,00 que tratem do patrimônio imobiliário da União.

(3) É vedado aos membros da AGU e de seus órgãos vinculados exercer a advocacia privada e figurar como sócio em sociedade de advogados, mesmo durante o período de gozo de licença para tratar de interesses particulares, ou de licença incentivada sem remuneração, ou durante afastamento para o exercício de mandato eletivo, salvo o exercício da advocacia em causa própria e a advocacia *pro bono*.

1: V. STJ, MS 13861, Rel. Min. Arnaldo Esteves: "1. A correição efetuada pela Corregedoria-Geral da Advocacia da União pode e deve adentrar na formação do mérito jurídico em pareceres emitidos por membros da Advocacia-Geral da União – AGU, para concluir pela existência de indícios de inobservância das leis e de orientações consolidadas no âmbito da Administração Pública. 2. O aprofundamento das questões de fato e de direito discutidas nos processos administrativos em que emitidos os pareceres jurídicos questionados deve se dar no curso do processo disciplinar. O que se requer da correição é a simples evidência de indícios, hábeis a fundamentar uma investigação mais aprofundada. Não se coaduna com essa fase preliminar o exaurimento da matéria debatida. 3. Constitui justa causa, ou motivo determinante, hábil a ensejar a abertura de processo administrativo disciplinar, a existência de indícios de manifestações jurídicas de membro da Advocacia-Geral da União que se apresentem, de forma sistemática, contrárias a pareceres normativos da AGU, aprovados pelo Presidente da República."; **2:** O art. 1º da Lei 9.469/1997 estabelece o limite de R$ 500.000,00, mas não prevê que o litígio deva versar sobre patrimônio imobiliário da União; **3:** Orientação Normativa nº 27/AGU.

Gabarito 1C, 2E, 3C

(Procurador da Fazenda Nacional – 2007.2 – ESAF) Assinale a opção correta.

(A) A Advocacia-Geral da União é a instituição que, diretamente ou através de órgão vinculado, representa a União judicialmente, cabendo-lhe, nos termos da lei que dispuser sobre sua organização e funcionamento, as atividades de consultoria e assessoramento jurídico ao Poder Executivo.

(B) Os Procuradores dos Estados e do Distrito Federal, organizados em carreira, na qual o ingresso dependerá de concurso público de provas e títulos, com a participação da Ordem dos Advogados do Brasil em todas as suas fases, exercerão a representação judicial e extrajudicial, a consultoria e a assessoria jurídicas das respectivas unidades federadas.

(C) A Advocacia-Geral da União tem por chefe o Advogado-Geral da União, de livre nomeação pelo Presidente da República, após arguição pública e aprovação pelo Senado Federal, dentre cidadãos maiores de trinta e cinco anos, de notável saber jurídico e reputação ilibada.

(D) O ingresso nas classes iniciais das carreiras da Advocacia-Geral da União far-se-á mediante concurso público de provas e títulos.

(E) O ingresso nas classes iniciais das carreiras da Advocacia-Geral da União far-se-á mediante concurso público de provas e títulos, com a participação da Ordem dos Advogados do Brasil na última fase.

A: Não reflete o disposto no art. 131 da CF. O referido artigo, prevê que a AGU, disporá sobre consultoria e assessoramento, e não organização e funcionamento.; **B:** Não reflete o disposto no art. 132 da CF; **C:** Não reflete o disposto no art. 131, § 1º, da CF; D, **E:** Art. 131, § 2º, da CF.

Gabarito "D"

(Procurador da Fazenda Nacional – 2007.2 – ESAF) Compete à Procuradoria-Geral da Fazenda Nacional, expressamente nos termos da Constituição, que, no caso da norma que contém a resposta certa a esta questão da prova, também determina a observância do seu comando ao disposto em lei:

(A) a representação da União na execução da dívida ativa de natureza tributária, no exercício de função essencial à Justiça.

(B) a representação judicial e extrajudicial da União na execução da dívida ativa de natureza tributária e não tributária, no exercício ou não de função essencial à Justiça.

(C) a representação da União na execução da dívida ativa e consolidada de natureza tributária, no exercício ou não de função essencial à Justiça.

(D) a representação judicial da União na execução da dívida interna de natureza tributária ou não tributária, no exercício de função essencial à Justiça.

(E) a representação judicial da União na execução da dívida ativa de natureza tributária e não tributária, no exercício de função essencial à Justiça.

Art. 131, § 3º, da CF.

Gabarito "A"

(Advogado da União/AGU – CESPE – 2009) No que se refere à atuação da Advocacia-Geral da União, julgue os próximos itens.

(1) O Advogado-Geral da União, ministro por determinação legal, obteve da Carta da República tratamento diferenciado em relação aos demais ministros de Estado, o que se constata pelo estabelecimento de requisitos mais rigorosos para a nomeação — idade mínima de 35 anos, reputação ilibada e notório conhecimento jurídico —, bem como pela competência para o julgamento dos crimes de responsabilidade, visto que ele será sempre julgado pelo Senado Federal, ao passo que os demais ministros serão julgados perante o STF, com a ressalva dos atos conexos aos do presidente da República.

(2) Quando o STF apreciar a inconstitucionalidade, em tese, de norma legal ou ato normativo, compete ao Advogado-Geral da União exercer a função de curador especial do princípio da presunção de constitucionalidade da norma, razão pela qual não poderá, em hipótese alguma, manifestar-se pela inconstitucionalidade do ato impugnado.

1: O AGU tem *status* de Ministro de Estado (art. 1º, parágrafo único, da Lei 8682/1993). Os requisitos para nomeação estão listados no art. 131, § 1º, da CF. V., tb, art. 52, II, da CF; **2:** O STF recentemente entendeu "ser necessário fazer uma interpretação sistemática, no sentido de que o § 3º do art. 103 da CF concede à AGU o direito de manifestação, haja vista que exigir dela defesa em favor do ato impugnado em casos como o presente, em que o interesse da União coincide com o interesse do autor, implicaria retirar-lhe sua função primordial que é a defender os interesses da União (CF, art. 131). Além disso, a despeito de reconhecer que nos outros casos a AGU devesse exercer esse papel de contraditora no processo objetivo, constatou-se um problema de ordem prática, qual seja, a falta de competência da Corte para impor-lhe qualquer sanção quando assim não procedesse, em razão da inexistência de previsão constitucional para tanto" (ADIn 4309/TO, Rel. Min. Cezar Peluso). V. *Informativo STF* 562/2009.

Gabarito 1C, 2E

(Procurador da Fazenda Nacional – 2006 – ESAF) Assinale a opção correta.

(A) A Procuradoria da Fazenda Nacional tem por autoridade hierárquica máxima o Ministro de Estado da Fazenda.

(B) As Casas Legislativas da União ou dos Estados-membros têm os seus direitos e prerrogativas defendidos em juízo pela Advocacia da União e pelas Procuradorias Estaduais, respectivamente, sendo-lhes vedado criar procuradorias próprias que as represente em juízo.

(C) A Constituição de um Estado-membro não pode conferir autonomia funcional, administrativa e financeira à Procuradoria-Geral do seu Estado.

(D) Os membros da Advocacia da União, depois de adquirida a estabilidade, gozam das mesmas garantias dos membros também estáveis do Ministério Público da União.

(E) Constitui função institucional privativa do Ministério Público a propositura de ação civil pública para a defesa do patrimônio público.

A: incorreta. A Procuradoria-Geral da Fazenda Nacional subordina-se, técnica e juridicamente, ao Advogado-Geral da União; **B:** incorreta. Nos termos dos arts. 131 e 132 da CF, compete à Advocacia-Geral da União e às Procuradorias Estaduais a consultoria e assessoramento jurídico do Poder Executivo. O Poder Legislativo deve criar corpo próprio de advogados para sua consultoria e representação em juízo; **C:** correta. A organização administrativa da Advocacia-Geral da União é norma de reprodução obrigatória nas Constituições Estaduais para as respectivas Procuradorias, diante da função análoga que exercem; **D:** incorreta. Os membros do Ministério Público da União não são estáveis, são vitalícios. Ademais, as prerrogativas de cada cargo são diferentes; **E:** incorreta. A atribuição da ação civil pública ao Ministério Público não foi feita em caráter exclusivo, competindo-a também a outras instituições, como a Defensoria Pública, por exemplo (art. 129, III, da CF).

Gabarito "C"

(ADVOGADO – IRB – 2006 – ESAF) Sobre Funções Essenciais à Justiça, assinale a única opção correta.

(A) Cabe à Advocacia-Geral da União, nos termos da lei complementar que dispuser sobre sua organização e funcionamento, representar, judicial e extrajudicial-mente, e exercer as atividades de consultoria e assessoramento jurídico dos Poderes da União.

(B) Aos integrantes da carreira de defensor público da União é garantida a inamovibilidade e vedado o exercício da advocacia fora das atribuições institucionais.

(C) Salvo as exceções expressamente previstas em lei, é vedado ao membro do Ministério Público exercer atividade político-partidária.

(D) Em razão de sua autonomia financeira e administrativa, durante a execução orçamentária do exercício, o Ministério Público poderá, justificadamente, assumir obrigações que extrapolem os limites estabelecidos na lei de diretrizes orçamentárias, desde que já esteja em tramitação no Congresso Nacional pedido de abertura de crédito suplementar ou especial.

(E) Os membros do Conselho Nacional do Ministério Público são nomeados pelo Presidente da República, depois de aprovada a escolha pela maioria absoluta do Senado Federal, para um mandato de dois anos, sem possibilidade de recondução.

A: incorreto, pois à AGU cabem as atividades de consultoria e assessoramento jurídico apenas do Poder Executivo (art. 131 *caput* da CF); **B:** correto (art. 134, § 1º, da CF); **C:** incorreto, pois a vedação é absoluta (art. 128, § 5º inciso II, alínea "e", da CF); **D:** incorreto, pois, para tanto, é preciso que haja prévia autorização, mediante abertura de créditos suplementares ou especiais, isto é, de leis já aprovadas e em vigor nesse sentido (art. 127, § 6º, da CF); **E:** incorreto, pois é permitida uma recondução (art. 130-A, *caput,* da CF).

Gabarito "B"

14. DEFESA DO ESTADO

(PROCURADOR DO ESTADO/RS – FUNDATEC – 2010) No que tange à disciplina constitucional da segurança pública, analise as seguintes afirmações:

I. A polícia federal é órgão permanente, organizado e mantido pela União e estruturado em carreira, que desempenha exclusivamente funções de polícia judiciária.

II. As policias civis são órgãos estaduais que desempenham exclusivamente funções de polícia judiciária, ressalvada a competência da União e a apuração das infrações penais militares.

III. Os Municípios podem constituir guardas municipais, que desempenharão atividades de proteção de bens, serviços e instalações municipais, bem como o patrulhamento ostensivo das vias municipais.

Quais estão corretas?

(A) Apenas I.

(B) Apenas II.

(C) Apenas III.

(D) Apenas I e II.

(E) Apenas I e III.

I: Errada. A PF exerce com exclusividade a atividade de polícia judiciária da União (art. 144, § 1º, IV, da CF), mas possui outras atribuições constitucionais (V. art. 144, § 1º, I, II e IIII, da CF); **II:** Correta. Art. 144, § 4º, da CF; **III:** Errada. O art. 144, § 8º, da CF não se refere ao policiamento ostensivo.

Gabarito "B"

(Procurador do Estado/SE – FCC – 2005) Em Estado constituído sob a forma de República presidencialista e regime democrático, grupos guerrilheiros nacionais promovem atentado na posse do novo Presidente da República, deixando centenas de mortos e feridos. Com vistas a combater a atuação de referidos grupos, o Presidente da República decreta estado de exceção, com prazo de vigência de 90 dias, prorrogável por mais dois períodos de até 90 dias cada. Por meio do Decreto que instaura o estado de exceção, suspendem-se temporariamente algumas garantias constitucionais, permitindo-se a detenção de pessoas ou a realização de buscas sem mandados judiciais, a requisição de bens e a interceptação de conversas telefônicas.

Imaginando que situação semelhante ocorresse no Brasil, o Presidente da República poderia

(A) decretar estado de defesa, ouvidos os Conselhos da República e de Defesa Nacional, estabelecendo as mesmas restrições às garantias constitucionais de direitos fundamentais.

(B) decretar estado de sítio, por tempo indeterminado, após oitiva do Congresso Nacional, sendo vedado, contudo, estabelecer restrições relativas ao sigilo das comunicações telefônicas.

(C) solicitar autorização ao Congresso Nacional para decretar estado de defesa, por prazo não superior a trinta dias, prorrogável por iguais períodos, até o restabelecimento da normalidade da situação.

(D) solicitar autorização dos Conselhos da República e de Defesa Nacional para decretar estado de sítio, por todo o tempo que perdurasse a situação de anormalidade.

(E) solicitar autorização ao Congresso Nacional para decretar estado de sítio, podendo determinar que fossem tomadas as mesmas medidas restritivas de garantias de direitos fundamentais.

Art. 137, I, primeira parte e art. 139, II e V, ambos da CF. Note-se, entretanto, que o art. 138, § 1º, da CF estabelece período máximo de 30 dias.

Gabarito "E"

(Procurador do Município/Manaus-AM – 2006 – FCC) Quanto ao estado de defesa, é correto afirmar que

(A) será decretado em caso de declaração de estado de guerra ou resposta a agressão armada estrangeira.

(B) o tempo de sua duração não será superior a quarenta e cinco dias, podendo ser prorrogado, pelo período em que persistirem as razões que justificaram a sua decretação.

(C) o Presidente da República, dentro de quarenta e oito horas, submeterá o ato com a respectiva justificação ao Senado Federal, que decidirá por maioria absoluta.

(D) a Mesa da Câmara dos Deputados, ouvidos os líderes partidários, designará Comissão composta de três de seus membros para acompanhar e fiscalizar a medida.

(E) na sua vigência é vedada a incomunicabilidade do preso.

A: Hipótese de decretação de estado de sítio (art. 137, I, da CF); **B:** Duração, em regra, de 30 dias (art. 136, § 2º, da CF); **C:** O PR submete o ato dentro de 24 horas ao Congresso Nacional (art. 136, § 4º, da CF); **D:** Mesa do Congresso Nacional e comissão de 5 membros (art. 140 da CF); **E:** Art. 136, § 3º, IV, da CF.

Gabarito "E"

(Procurador do Estado/PE – CESPE – 2009) Em razão da decretação do estado de calamidade pública no sistema de saúde de um município do estado de Pernambuco, o presidente da República efetuou a requisição de bens e serviços municipais do único hospital municipal existente. Nessa situação hipotética, a requisição de bens e serviços municipais efetuada pela União é

(A) constitucional, pois foi decretado o estado de calamidade pública.

(B) constitucional, pois a União pode requisitar a qualquer tempo bens e serviços municipais.

(C) inconstitucional, pois a requisição de bens e serviços municipais pode ser efetuada apenas pelo estado e, não, pela União.

(D) inconstitucional, pois não cabe ao presidente da República fazer a requisição desses bens e serviços, mas sim ao Congresso Nacional, por lei específica.

(E) inconstitucional, pois é inadmissível a requisição de bens e serviços públicos municipais pela União em situação de normalidade institucional, sem a prévia decretação do estado de defesa ou de sítio.

Se não decretado o estado de defesa, vige normalmente o pacto federativo estabelecido pela CF, razão por que a União não pode legitimamente requisitar bens municipais. Entretanto, caso decretado o estado de defesa, com fundamento em calamidade pública (art. 136, *caput*, da CF), uma das medidas possíveis é a ocupação e uso temporário de bens e serviços públicos (art. 136, § 1º, II, da CF).

Gabarito "E"

(Procurador do Estado/SP – FCC – 2009) Alistado para o serviço militar, jovem recusa-se a cumprir atividades de caráter militar. Alega que, professando orientação marxista-leninista, tem a convicção de que o Estado utiliza violência para oprimir a classe trabalhadora e que as Forças Armadas são um poder a serviço dessa opressão. A alternativa que expressa a correta solução constitucional para esse conflito é:

(A) A Constituição não admite em qualquer hipótese escusa fundamentada em convicção política por ferir o princípio da isonomia.

(B) A Constituição admite escusa de prestação de serviço militar somente por motivos religiosos, mas impõe cumprimento de prestação alternativa fixada em lei.

(C) Escusa fundamentada em convicção política não acarreta sanção se ocorrer em tempo de paz e for cumprida prestação alternativa fixada em lei.

(D) A Constituição admite em tese a escusa, mas neste caso a convicção política alegada contraria a ordem democrática e não pode ser aceita, acarretando necessariamente perda dos direitos políticos.

(E) Escusa fundamentada em convicção política não acarreta sanção se for cumprida prestação alternativa fixada em lei, mesmo em caso de guerra declarada.

A chamada "escusa de consciência" encontra-se prevista no art. 143, § 1º, da CF, cujo texto refere-se apenas ao tempo de paz e estabelece a prestação de serviço alternativo. A negativa em prestar serviço alternativo gera perda de direitos políticos, na forma do art. 15, IV, da CF.

Gabarito "C"

(Procurador do Município/Florianópolis-SC – 2010 – FEPESE) De acordo com a Constituição Federal de 1988, é **correto** afirmar acerca da decretação do Estado de Defesa:

(A) Na vigência do estado de defesa é permitida a incomunicabilidade do preso.

(B) O decreto que instituir o estado de defesa indicará as medidas restritivas ao direito de sigilo de correspondência.

(C) A decretação do estado de defesa pelo Presidente da República deve ser autorizada pelo Congresso Nacional.

(D) O Presidente pode decretar o estado de defesa para responder a agressão armada estrangeira.

(E) Não há obrigatoriedade de especificação do tempo de duração do estado de defesa.

A: Vedada pelo art. 136, § 3º, IV, da CF; **B:** Art. 136, § 1º, I, "b", da CF; **C:** O Presidente da República o decreta e, após, submete o ato ao Congresso Nacional (art. 136, caput e § 4º, da CF); **D:** Hipótese de decretação de estado de sítio (art. 137, II, da CF); **E:** Exigido pelo art. 136, § 1º, da CF.

Gabarito "B"

(Procurador do Município/Teresina-PI – 2010 – FCC) A segurança pública é um dever do Estado, direito e responsabilidade de todos, conforme artigo 144 da Constituição Federal. Neste contexto,

(A) cada Município deve instituir órgão policial de segurança própria nos termos de sua Lei Orgânica.

(B) os Municípios podem constituir guardas municipais destinadas à proteção de seus bens, serviços e instalações, exclusivamente.

(C) os Municípios que tiverem capacidade econômica adequada podem estruturar as guardas municipais com equipes especiais de polícia judiciária para apurar infrações penais, exceto as militares.

(D) as guardas municipais têm o dever de realizar o policiamento ostensivo para preservar a ordem pública, além de proteger os bens, serviços e instalações de propriedade do Município.

(E) nas áreas municipais onde houver necessidade, a guarda municipal pode exercer as funções de polícia marítima ou de fronteira.

Art. 144, § 8º, da CF.

Gabarito "B"

15. TRIBUTAÇÃO E ORÇAMENTO

(Procurador/DF - 2013 - CESPE) Julgue os itens seguintes, relativos ao Sistema Tributário Nacional, às limitações do poder de tributar e aos princípios gerais da atividade econômica.

(1) O princípio da imunidade recíproca, mediante o qual é vedado à União, aos estados, ao DF e aos municípios instituir impostos sobre patrimônio, renda ou serviços uns dos outros, é extensivo às autarquias e às fundações instituídas e mantidas pelo poder público, no que se refere ao patrimônio, à renda e aos serviços, vinculados a suas finalidades essenciais ou às delas decorrentes.

(2) As empresas públicas, as sociedades de economia mista e suas subsidiárias que explorem atividade econômica de produção ou comercialização de bens, mas não as que se destinem à prestação de serviços, sujeitam-se ao regime jurídico próprio das empresas privadas, inclusive quanto aos direitos e obrigações civis, comerciais, trabalhistas e tributários.

(3) A União pode criar empréstimos compulsórios visando investimentos públicos de caráter urgente e de relevante interesse nacional, mas está impedida de cobrar tais tributos no mesmo exercício financeiro em que haja sido publicada a lei que os instituiu.

1: correta (art. 150, VI, "a" e o seu § 2º, da CF/1988); **2:** Incorreta, pois a assertiva excluiu a prestação de serviços públicos, sendo que o correto é, "as empresas públicas, as sociedades de economia mista e suas subsidiárias que explorem atividade econômica de produção ou comercialização de bens **ou prestação de serviços**, sujeitam-se ao regime jurídico próprio das empresas privadas, inclusive quanto aos direitos e obrigações civis, comerciais, trabalhistas e tributários", nos termos do art. 173, § 1º, II, da CF/1988; **3:** correta. Na doutrina tributária brasileira, **empréstimo compulsório** é considerado um tributo, e consiste na tomada compulsória de certa quantidade em dinheiro do contribuinte a título de "empréstimo", para que este o resgate em certo prazo, conforme as determinações estabelecidas por lei. Na prática, o passado está recheado de episódios em que empréstimos compulsórios só foram devolvidos após muito tempo. Como o Brasil vivia crise de hiperinflação, o dinheiro devolvido foi "reduzido a pó". O empréstimo compulsório serve para atender a situações excepcionais, e só pode ser instituído pela União empréstimos compulsórios para atender às despesas extraordinárias decorrentes de calamidade pública, guerra externa ou sua iminência (art. 148, I, da CF/1988). Diferentemente, o empréstimo compulsório para assuntos de interesse relevante precisa atender ao princípio da anterioridade (art. 148, II da CF/1988). Os empréstimos compulsórios, a rigor e de acordo com a Teoria Geral do Direito Tributário, são tributos por não representarem incremento à receita do Estado, vez que sua contabilização no ativo também gera lançamentos em contrapartida no passivo, que representa o endividamento. Contudo, a Constituição de 1967, através da Emenda Constitucional n. 1/1969, determinou a aplicação, em se tratando de empréstimo compulsório, das normas e princípios gerais aplicáveis aos tributos. Determinou-se, portanto, assim, uma equivalência prática entre empréstimos compulsórios e tributos. Há doutrinadores que entendem ser tal disposição da antiga constituição prova cabal da carência de natureza tributária dos empréstimos compulsórios, vez que não seria necessária norma explícita no sentido de definir conceitos (o que não representa o propósito clássico da norma jurídica) se fosse tal espécie classificável como tributo.

Gabarito 1C, 2E, 3C

(PROCURADOR DO ESTADO/MG – FUMARC – 2012) A Constituição Mineira determina a repartição das receitas tributárias, em conformidade com a Carta Magna de 1988. Assinale a alternativa que retrata a real disposição normativa sobre a distribuição de recursos provenientes da atividade tributária, expressa nas normas constitucionais em apreço:

(A) O imposto que recai sobre a propriedade rural fica integralmente no município responsável pelo seu recolhimento, caso opte por executar sua cobrança;

(B) Aos municípios correspondem 30% dos recursos provenientes dos impostos das operações de crédito;

(C) O IPVA é repartido pelo Estado, que repassa ao município de origem 25% do total arrecadado;

(D) O Estado transmite 25% do Imposto sobre Operações Relativas à Circulação de Mercadorias para o Fundo de Participação dos Municípios;

(E) É vedado ao Estado conceder incentivos fiscais distintos para diversas regiões sob sua gestão.

A: Art. 158, II, da CF; **B:** Não figura na lista do art. 158, I a IV, da CF; **C:** 50% (art. 158, III, da CF); **D:** 25% para os Municípios (art. 158, IV, da CF). **E:** Não reflete o disposto no artigo 155, XII, alínea "g".

Gabarito "A"

(Procurador do Estado/MT – FCC – 2011) Em matéria de finanças públicas, a Constituição da República veda

(A) ao banco central conceder, direta ou indiretamente, empréstimos ao Tesouro Nacional e a qualquer órgão ou entidade que não seja instituição financeira.

(B) a inclusão na lei orçamentária anual de dispositivo estranho à previsão da receita e à fixação da despesa, compreendida na proibição a autorização para contratação de operações de crédito.

(C) a instituição de fundos de qualquer natureza.

(D) a transposição, o remanejamento ou a transferência de recursos de uma categoria de programação para outra ou de um órgão para outro.

(E) a abertura de crédito suplementar ou especial sem indicação dos recursos correspondentes, salvo na hipótese de haver prévia autorização legislativa.

A: Art. 164, § 1º, da CF; **B:** Exceção no art. 165, § 8º, da CF; **C:** Permite-se, desde que haja autorização legislativa prévia (art. 167, IX, da CF); **D:** Permite-se, desde que haja autorização legislativa prévia (art. 167, VI, da CF); **E:** Só podem ser abertos se houver indicação de recursos correspondentes **e** prévia autorização legislativa (art. 167, V, da CF).

Gabarito "A"

(Procurador do Município/Cubatão-SP – 2012 – VUNESP) Em relação ao Imposto sobre a Propriedade de Veículos Automotores licenciados em seus territórios (IPVA) e ao Imposto sobre operações relativas à circulação de mercadorias e sobre prestações de serviços de transporte interestadual e intermunicipal e de comunicação (ICMS), de acordo com as regras constitucionais de repartição de receitas tributárias, pertencem aos Municípios, respectivamente, as seguintes percentagens de arrecadação:

(A) 20% e 25%.

(B) 25% e 25%.

(C) 50% e 25%.

(D) 25% e 50%.

(E) 50% e 50%.

Art. 158, III e IV, da CF.

Gabarito "C"

(Procurador do Município/Manaus-AM – 2006 – FCC) Na repartição das receitas tributárias, NÃO compete aos Municípios

(A) cinquenta por cento do produto da arrecadação do imposto da União sobre a propriedade territorial rural, relativamente aos imóveis neles situados, caso não opte pela totalidade, na forma de lei.

(B) o produto da arrecadação do imposto da União sobre a renda e proventos de qualquer natureza, incidente na fonte, sobre rendimentos pagos, a qualquer título, por eles, suas autarquias e pelas fundações que instituírem ou mantiverem.

(C) trinta por cento do produto da arrecadação do imposto do Estado sobre a propriedade de veículos automotores licenciados.

(D) vinte e cinco por cento do produto da arrecadação do imposto do Estado sobre prestações de serviços de transporte interestadual e intermunicipal e de comunicação.

(E) vinte e cinco por cento do produto da arrecadação do imposto do Estado sobre operações relativas à circulação de mercadorias.

Art. 158, I a IV, da CF.

Gabarito "C"

(Procurador do Município/Natal-RN – 2008 – CESPE) Tendo em vista o que dispõe a CF a respeito de tributação e orçamento, assinale a opção correta.

(A) Cabe à lei ordinária estabelecer normas gerais em matéria de legislação tributária.

(B) Competem à União, em território federal, os impostos estaduais e, se o território não for dividido em municípios, cumulativamente, os impostos municipais.

(C) A União, os estados e os municípios têm competência concorrente para instituir contribuições de intervenção no domínio econômico.

(D) Compete aos municípios instituir ITCMD.

A: Cabe à lei complementar (art. 146, III, da CF); **B:** Art. 147 da CF; **C:** Competência exclusiva da União (art. 149); **D:** Competência dos estados e do Distrito Federal (art. 155, I, da CF).

Gabarito "B"

(Procurador do Estado/SC – 2010 – FEPESE) Sobre a repartição das receitas tributárias, a Constituição Federal dispõe que:

(A) pertencem aos Estados e ao Distrito Federal cinquenta por cento do produto da arrecadação do imposto da União sobre a propriedade territorial rural, relativamente aos imóveis neles situados, cabendo a totalidade quando por si fiscalizado e cobrado.

(B) pertencem aos Municípios setenta e cinco por cento do produto da arrecadação do imposto do Estado sobre a propriedade de veículos automotores licenciados em seus territórios.

(C) pertence aos Municípios a integralidade do produto da arrecadação do imposto do Estado sobre operações relativas à circulação de mercadorias e sobre prestações de serviços de transporte interestadual e intermunicipal e de comunicação.

(D) pertencem aos Estados e ao Distrito Federal o produto da arrecadação do imposto da União sobre renda e proventos de qualquer natureza, incidente na fonte, sobre rendimentos pagos, a qualquer título, por eles, suas autarquias e pelas fundações que instituírem e mantiverem.

(E) a União, os Estados, o Distrito Federal e os Municípios divulgarão, semestralmente, os montantes de cada um dos tributos arrecadados, os recursos recebidos, os valores de origem tributária entregues e a entregar e a expressão numérica dos critérios de rateio.

Art. 157, I e II; e art. 158, I a IV, ambos da CF.

Gabarito "D"

(Procurador do Estado/SC – 2010 – FEPESE) Sobre o orçamento público, a Constituição Federal dispõe que:

1. é vedada a abertura de crédito suplementar ou especial sem prévia autorização legislativa e sem indicação dos recursos correspondentes.

2. leis de iniciativa do Poder Legislativo estabelecerão o plano plurianual, as diretrizes orçamentárias e os orçamentos anuais.

3. os projetos de lei relativos ao plano plurianual, às diretrizes orçamentárias, ao orçamento anual e aos créditos adicionais serão apreciados pelo Chefe do Executivo, na forma da lei.

4. as emendas ao projeto de lei de diretrizes orçamentárias não poderão ser aprovadas quando incompatíveis com o plano plurianual.

Assinale a alternativa que indica todas as afirmativas **corretas**.

(A) É correta apenas a afirmativa 4.

(B) São corretas apenas as afirmativas 1 e 4.

(C) São corretas apenas as afirmativas 2 e 3.

(D) São corretas apenas as afirmativas 1, 2 e 3.

(E) São corretas apenas as afirmativas 1, 3 e 4.

1: Certa. Art. 167, V, da CF; **2:** Errado. A iniciativa é do Poder Executivo (art. 165, I a III, da CF); **3:** Errada. Serão apreciadas pelas duas Casas do Congresso Nacional (art. 166 da CF); 4. Certa. Art. 166, § 4º, da CF.

Gabarito "B"

(Procurador do Estado/PE – CESPE – 2009) A respeito das limitações do poder de tributar previstas na CF, assinale a opção correta.

(A) A criação de imunidade tributária é matéria típica de lei ordinária.

(B) A simples atualização monetária não se confunde com majoração de tributo.

(C) A instituição de emolumentos cartorários pelo tribunal de justiça de um estado não afronta o princípio da reserva legal.

(D) Lei complementar estadual que isente os membros do MP do pagamento de custas judiciais ou emolumentos é constitucional.

(E) Lei que, por motivos extrafiscais, imprima tratamento desigual a microempresas e empresas de pequeno porte de capacidade contributiva distinta ofende o princípio da isonomia tributária.

A: Imunidade tributária só pode ser estabelecida pela Constituição; **B:** STF, AI 349382, Rel. Min. Joaquim Barbosa: "Legitimidade da utilização da UFIR, prevista na Lei nº 8.383/91, para atualização monetária do imposto de renda, por não representar majoração de tributo ou modificação da base de cálculo e do fato gerador"; **C:** STF, ADIn 3401, Rel. Min. Gilmar Mendes: "Ação Direta de Inconstitucionalidade contra a Resolução nº 196, de 19.1.2005, editada pelo órgão Especial do Tribunal de Justiça do Estado de São Paulo, que alterou a destinação de emolumentos relativos aos atos praticados pelos serviços notariais e de registros. 2. Redução de parcela destinada ao Poder Executivo. 3. Violação aos arts. 98, § 2º (com a redação da Emenda nº 45, de 2004), 167, VI e IX, todos da Constituição Federal. 4. Dispensa da oitiva do órgão responsável pela edição do ato, tendo em vista a urgência da matéria. 5. Plausibilidade jurídica do pedido. 6. Alegação de equívoco na interpretação que possibilita que o § 2º do art. 98 alcance os emolumentos extrajudiciais. 7. Matéria orçamentária e reserva legal: ofensa ao art. 167, VI e IX, tendo em vista a potencial invasão, pelo ato impugnado, de matéria reservada à lei. 8. Presença de sinal de bom direito e de *periculum in mora*. 9. Conveniência política na suspensão do ato. 10. Liminar deferida para o fim de suspender a vigência do ato"; **D:** STF, ADIn 3260, Rel. Min. Eros Grau: "1. A lei complementar estadual que isenta os membros do Ministério Público do pagamento de custas judiciais, notariais, cartorárias e quaisquer taxas ou emolumentos fere o disposto no artigo 150, inciso II, da Constituição do Brasil. 2. O texto constitucional consagra o princípio da igualdade de tratamento aos contribuintes"; **E:** O art. 146, III, *d*, da CF estabelece distinção favorável às microempresas e empresas de pequeno porte, sem que isso implique violação ao princípio da isonomia.

Gabarito "B"

(Procurador do Estado/CE – 2008 – CESPE) Considerando que um estado da Federação resolva instituir a cobrança de um valor para a realização de fiscalização em estabelecimentos comerciais que possuem instalações sanitárias, assinale a opção correta.

(A) A cobrança do serviço a ser prestado pelo ente público tem natureza de tarifa.

(B) A instituição da referida cobrança poderá ser feita por meio de decreto, uma vez que se trata de preço público.

(C) Trata-se, no caso, de taxa de serviço, uma vez que a fiscalização a ser feita nos estabelecimentos terá caráter efetivo e específico.

(D) Trata-se, no caso, de cobrança de um tributo, da espécie taxa, o qual, por essa razão, só poderá ser instituído por lei.

(E) A cobrança a ser instituída tem natureza de preço público, uma vez que deverá resultar de uma relação contratual.

Trata-se de taxa pelo exercício de poder de polícia (= espécie de tributo), o que exige lei.

Gabarito "D"

(Procurador do Estado/RR – 2006 – FCC) A imunidade recíproca consiste em vedação constitucional de que a União, os Estados e os Municípios

(A) instituam tratamento desigual entre contribuintes que se encontrem em situação equivalente.

(B) utilizem tributo com efeito de confisco.

(C) instituam impostos sobre patrimônio, renda ou serviços dos partidos políticos.

(D) cobrem tributos no mesmo exercício financeiro em que publicada a lei que os aumentou.

(E) instituam impostos sobre patrimônio, renda ou serviços, uns dos outros.

A assertiva E descreve a imunidade recíproca prevista no art. 150, VI, *a*, da CF.

Gabarito "E"

(Procurador do Estado/RR – 2006 – FCC) A lei orçamentária anual, de acordo com a Constituição Federal,

(A) estabelecerá, de forma regionalizada, as metas e prioridades da administração pública federal para as despesas de capital e outras dela decorrentes e para as relativas aos programas de duração continuada.

(B) compreenderá as metas da administração pública federal para o exercício financeiro subsequente, disporá sobre as alterações na legislação tributária e orientará a elaboração do plano plurianual.

(C) não compreenderá o orçamento da seguridade social e das entidades e órgãos a ela vinculados, nem os fundos e fundações instituídos pelo Poder Público, por se tratarem de dotações autônomas.

(D) não conterá dispositivo estranho à previsão da receita e à fixação da despesa, excluindo-se da proibição a autorização para abertura de créditos suplementares e contratação de operações de crédito.

(E) estabelecerá a política de aplicação das agências financeiras oficiais de fomento, os programas de duração continuada, além das despesas de capital e das diretrizes, objetivos e metas da administração pública federal.

A: a assertiva refere-se ao Plano Plurianual, não ao orçamento anual – art. 165, § 1º, da CF; **B:** a assertiva reflete parcialmente as disposições da Lei de Diretrizes Orçamentárias, exceto que a LDO orienta a elaboração da Lei Orçamentária Anual (não o PPA); **C:** A LOA abarca o orçamento da seguridade social e esses fundos – art. 165, § 5º, III, da CF; **D:** art. 165, § 8º, da CF; **E:** a assertiva refere-se ao PPA e à LDO – art. 165, §§ 1º e 2º, da CF.

Gabarito "D"

(Procurador do Município/Florianópolis-SC – 2010 – FEPESE) A Constituição Federal de 1988 define princípios básicos que devem ser seguidos para elaboração e controle do orçamento público. Dentre eles, o texto constitucional preconiza que a lei orçamentária anual não conterá dispositivo estranho à previsão da receita e à fixação da despesa, impedindo as distorções denominadas de "caudas orçamentárias". Trata-se do princípio:

(A) Da unidade.

(B) Da programação.

(C) Da exclusividade.

(D) Da universalidade.

(E) Do equilíbrio orçamentário.

Art. 165, § 8º, da CF.

Gabarito "C"

(Procurador do Município/Teresina-PI – 2010 – FCC) Em relação à matéria orçamentária, é correto afirmar:

(A) Não é possível a apresentação de emendas ao projeto de lei do orçamento anual ou aos projetos que o modifiquem.

(B) A sessão legislativa tem duração de 2 de fevereiro a 17 de julho e de 1 de agosto a 22 de dezembro, não podendo ser interrompida sem a aprovação do projeto lei de diretrizes orçamentárias.

(C) Pelo princípio universal, a iniciativa da lei do plano plurianual é sempre do Congresso Nacional.

(D) Lei ordinária deve dispor sobre o exercício financeiro, a vigência, os prazos, a elaboração e a organização do plano plurianual, da lei de diretrizes orçamentárias e da lei orçamentária anual.

(E) A lei orçamentária anual compreende exclusivamente o orçamento da seguridade social, abrangendo todas as entidades e órgãos a ela vinculados, da administração direta ou indireta.

A: Podem ser aprovadas na forma do art. 166, § 3º, I e II, da CF; **B:** Art. 57, caput e § 2º, da CF. Legislatura é o período de quatro anos (art. 44, parágrafo único, da CF), sessão legislativa é o ano parlamentar (art. 57 da CF), que pode ser dividido em dois períodos: de 2 de fevereiro a 17 de julho (primeiro período de sessão legislativa) e de 1º de agosto a 22 de dezembro (segundo período de sessão legislativa); **C:** É do Poder Executivo (art. 165, I, da CF); **D:** Hipótese de lei complementar (art. 165, § 9º, I, da CF); **E:** Não reflete o disposto no art. 165, § 5º, I a III, da CF.

Gabarito "B"

(Procurador da Fazenda Nacional – 2007.2 – ESAF) Das formulações abaixo, assinale a que não se inclui entre os conteúdos normativos que a Constituição considera, relaciona e tipifica, na Seção II, do

Capítulo I, do seu Título VI, como "Limitações do Poder de Tributar".

(A) É vedado à União, aos Estados, ao Distrito Federal e aos Municípios exigir ou aumentar tributo sem lei que o estabeleça.

(B) É vedado à União, aos Estados, ao Distrito Federal e aos Municípios instituir impostos sobre patrimônio, renda ou serviços, uns dos outros.

(C) É vedado aos Estados, ao Distrito Federal e aos Municípios estabelecer diferença tributária entre bens e serviços, de qualquer natureza, em razão de sua procedência ou destino.

(D) A lei determinará medidas para que os consumidores sejam esclarecidos acerca dos impostos que incidam sobre mercadorias e serviços.

(E) É vedado aos Estados, ao Distrito Federal e aos Municípios instituir isenções de tributos da competência da União, bem como da competência de uns e outros.

A: princípio da legalidade – art. 150, I, da CF; **B:** imunidade recíproca – art. 150, VI, *a*, da CF; **C:** vedação de distinção prevista no art. 152 da CF; **D:** art. 150, § 5º, da CF; **E:** embora a privatividade da competência tributária seja característica de nosso sistema constitucional, o art. 151, III, da CF faz referência expressa apenas à União, ao vedar as isenções heterônomas.

Gabarito "E"

(Procurador da Fazenda Nacional – 2004 – ESAF) Assinale a opção correta.

(A) Como regra geral, os impostos podem ser cobrados no mesmo exercício financeiro em que instituídos, desde que decorridos noventa dias da data em que haja sido publicada a lei que os instituiu.

(B) É vedado à União conceder incentivos fiscais que não sejam idênticos em todo o território nacional.

(C) O princípio da legalidade não tolera que imposto algum seja aumentado senão por ato normativo com força de lei.

(D) A Constituição, hoje, embora em norma programática, proíbe taxas de juros reais acima de12% ao ano.

(E) A concessão de anistia relativamente a imposto federal depende necessariamente de lei específica federal.

A: incorreta. Os impostos devem obediência tanto à anterioridade de exercício (entrando em vigor apenas no exercício seguinte ao da publicação da lei que os houver instituído ou aumentado) como à anterioridade nonagesimal (entram em vigor, no mínimo, 90 dias após a publicação da lei), conforme art. 150, III, "b" e "c", da CF; **B:** incorreta, pois a concessão de benefícios diferenciados pode ser fundamentada na promoção do equilíbrio do desenvolvimento socioeconômico entre as diferentes regiões do país (art. 151, I, da CF); **C:** incorreta, pois os impostos extrafiscais (Importação, Exportação, IPI e IOF) podem ter suas alíquotas alteradas por ato do Poder Executivo (decreto do Presidente da República), nos termos do art. 153, § 1º, da CF, configurando exceção constitucional ao princípio da legalidade; **D:** incorreta. A proibição genérica de taxas de juros acima de 12% ao ano foi revogada pela Emenda Constitucional nº 40/03; **E:** correta, conforme determinado no art. 150, § 6º, da CF.

Gabarito "E"

(ADVOGADO – PETROBRÁS – 2008 – CESGRANRIO) A Constituição Federal estabelece que, nas operações com os lubrificantes e combustíveis derivados de petróleo em que o ICMS incide uma única vez, o imposto caberá

(A) à União Federal.

(B) ao Estado onde ocorrer o consumo.

(C) ao Estado de origem das mercadorias.

(D) aos Estados de origem e de destino das mercadorias, repartido em partes iguais.

(E) aos Estados de origem e de destino das mercadorias, repartido na mesma proporcionalidade que ocorre nas operações com as demais mercadorias.

Art. 155, § 4º, inciso I, da CF.

Gabarito "B"

(ADVOGADO – PETROBRÁS – 2008 – CESGRANRIO) A Constituição Federal exige que o Poder Executivo publique relatório resumido da execução orçamentária até trinta dias após o encerramento de cada

(A) mês.

(B) bimestre.

(C) trimestre.

(D) quadrimestre.

(E) semestre.

Art. 165, § 3º, da CF.

Gabarito "B"

(ADVOGADO – PETROBRÁS – 2006 – CESGRANRIO) O orçamento fiscal previsto na Constituição Federal se caracteriza por conter:

(A) o orçamento monetário.

(B) o plano plurianual e as diretrizes orçamentárias.

(C) a previsão das despesas de capital, bem como as relativas aos programas de duração continuada, estabelecendo os programas e as metas governamentais de longo prazo.

(D) as metas e prioridades da administração pública federal, incluindo as despesas de capital para o exercício subsequente, dispondo, ainda, sobre as alterações na legislação tributária e a política de aplicação das agências financeiras oficiais de fomento.

(E) todas as receitas e despesas da União, nas esferas dos Poderes Legislativo, Executivo e Judiciário, bem como os seus fundos, órgãos e entidades da administração direta e indireta, inclusive fundações instituídas e mantidas pelo Poder Público.

Em face do princípio da universalidade, todas as receitas e despesas devem ser incluídas na Lei do Orçamento (art. 2º da Lei nº 4.320/64 e § 5º do art. 165 da Constituição), devendo constar no valor bruto, sem dedução ou compensação (art. 6º da Lei nº 4.320/64).

Gabarito "E"

(ADVOGADO – PETROBRÁS – 2003 – CESPE) Acerca da competência tributária e das limitações ao poder de tributar, julgue os itens que se seguem.

(1) As contribuições para os diversos conselhos de fiscalização do exercício profissional são tributos de competência da União, sujeitando-se ao princípio da anterioridade.

(2) De acordo com a jurisprudência do STF, uma emenda constitucional pode excepcionar o princípio da anterioridade, para promover a imediata vigência do aumento das alíquotas do imposto sobre serviços de qualquer natureza (ISS).

(3) O município não pode exigir de autarquias ou órgãos públicos federais ou estaduais nele sediados o pagamento de taxas, em virtude da imunidade tributária recíproca existente entre os entes de direito público interno.

(4) À União é vedado instituir isenções de tributos da competência dos estados.

1: correto (artigos 149 e 150, incisos I e III, da CF); **2:** incorreto, pois as limitações ao poder de tributar constituem cláusulas pétreas nos termos da jurisprudência do STF (ADI 939, DJ 18/03/1994) **3:** incorreto, pois a imunidade recíproca atinge apenas impostos (art. 150, inciso VI, alínea "a", da CF); **4:** correto (art. 151, inciso III, da CF).

Gabarito 1C, 2E, 3E

(ADVOGADO – EPE – 2007 – CESGRANRIO) A vedação constitucional à cobrança de tributos no mesmo exercício financeiro em que haja sido publicada a lei que os instituiu ou aumentou se aplica ao imposto sobre:

(A) importação de produtos estrangeiros.

(B) exportação, para o exterior, de produtos nacionais.

(C) propriedade territorial rural.

(D) produtos industrializados.

(E) operações de crédito, câmbio e seguro, ou relativas a títulos e valores mobiliários.

Art. 150, inciso III, alínea "b" e § 1º da CF.

Gabarito "C"

16. ORDEM ECONÔMICA E FINANCEIRA

(Procurador do Município/Manaus-AM – 2006 – FCC) A ordem econômica tem por fim assegurar a todos existência digna, observado, dentre outros, o seguinte princípio:

(A) livre exercício de qualquer atividade econômica, assegurado, somente, a quem obtiver a prévia autorização dos órgãos públicos.

(B) tratamento favorecido para as empresas de pequeno porte constituídas sob as leis brasileiras e que tenham sua sede e administração no País.

(C) gozo, em regra, de privilégios fiscais não extensivos às do setor privado, às empresas públicas e às sociedades de economia mista.

(D) vedação aos órgãos públicos, na atividade garimpeira, de qualquer tratamento prioritário às cooperativas na autorização ou concessão para pesquisa e lavra dos recursos e jazidas minerais.

(E) monopólio da União a refinação do petróleo estrangeiro, salvo o nacional, sendo vedada a contratação de empresas privadas para a sua realização.

Art. 170, I a IX, da CF.

Gabarito "B"

(Procurador do Município/Natal-RN – 2008 – CESPE) Considerando a ordem econômica na CF, assinale a opção correta.

(A) A CF veda, de forma peremptória, a exploração direta de atividade econômica pelo Estado, ainda que necessária aos imperativos da segurança nacional.

(B) A criação de empresas públicas e sociedades de economia mista é forma de intervenção indireta do Estado na economia.

(C) Segundo a CF, o aproveitamento do potencial de energia renovável de capacidade reduzida não depende de autorização ou concessão.

(D) É vedado pelo Estado o controle dos preços de bens e serviços, bem como o aumento do lucro, sob pena de violação ao fundamento constitucional da livre iniciativa.

A: Não reflete o disposto no art. 173 da CF; **B:** São exemplos de participação do Estado na economia; **C:** Art. 176, § 4º, da CF; **D:** STF, ADIn 314-QO, Rel. Min. Moreira Alves: "Em face da atual Constituição, para conciliar o fundamento da livre iniciativa e do princípio da livre concorrência com os da defesa do consumidor e da redução das desigualdades sociais, em conformidade com os ditames da justiça social, pode o Estado, por via legislativa, regular a política de preços de bens e de serviços, abusivo que é o poder econômico que visa ao aumento arbitrário dos lucros."

Gabarito "C"

(Procurador do Município/São José dos Campos-SP – 2012 – VUNESP) O instrumento básico da política de desenvolvimento e de expansão urbana, previsto na Constituição Federal, é o(a)

(A) Lei Orgânica Municipal.

(B) Plano Diretor.

(C) Orçamento Participativo.

(D) Constituição Estadual.

(E) Estatuto da Cidade.

Art. 182, § 1º, da CF.

Gabarito "B"

(Advogado da União/AGU – CESPE – 2012) Julgue os itens a seguir, acerca da ordem econômica e financeira e da edição de medida provisória sobre matéria tributária.

(1) A CF admite a edição de medida provisória que institua ou majore impostos, desde que seja respeitado o princípio da anterioridade tributária.

(2) Não ofende o princípio da livre iniciativa edição de lei que regule a política de preços de bens e serviços em face da configuração de circunstância em que o poder econômico, com vistas ao aumento arbitrário dos lucros, atue de forma abusiva.

1: Correta. Art. 62, § 2º, da CF; 2. Correta. V. STF, ADIn 314-QO, Rel. Min. Moreira Alves: "Em face da atual Constituição, para conciliar o fundamento da livre iniciativa e do princípio da livre concorrência com os da defesa do consumidor e da redução das desigualdades sociais, em conformidade com os ditames da justiça social, pode o Estado, por via legislativa, regular a política de preços de bens e de serviços, abusivo que é o poder econômico que visa ao aumento arbitrário dos lucros."

Gabarito 1C, 2C

(Procurador do Estado/PB – 2008 – CESPE) Acerca da ordem econômica, assinale a opção incorreta.

(A) Inclui-se, entre os princípios da ordem econômica, a defesa do meio ambiente, inclusive mediante tratamento diferenciado conforme o impacto ambiental dos produtos e serviços e de seus processos de fabricação e prestação.

(B) Segundo a CF, os investimentos de capital estrangeiro serão, com base no interesse nacional, disciplinados por lei, a qual incentivará os reinvestimentos e regulará a remessa de lucros.

(C) Ressalvados os casos previstos na CF, a exploração direta de atividade econômica pelo Estado só será permitida quando necessária aos imperativos da segurança nacional ou a relevante interesse coletivo, conforme definidos em lei.

(D) Constitui monopólio da União o transporte do petróleo bruto de origem nacional ou estrangeira, bem assim o transporte, por meio de conduto, de petróleo bruto, seus derivados e gás natural de qualquer origem.

(E) A União, os estados, o DF e os municípios devem dispensar às microempresas e às empresas de pequeno porte, assim definidas em lei, tratamento jurídico diferenciado, com vistas a incentivá-las pela simplificação de suas obrigações administrativas, tributárias, previdenciárias e creditícias, ou pela eliminação ou redução destas por meio de lei.

A: art. 170, VI, da CF; **B:** art. 172 da CF; **C:** art. 173 da CF; **D:** o monopólio refere-se apenas ao transporte marítimo (não ao terrestre, por exemplo), além daquele realizado por meio de conduto – art. 177, IV, da CF; **E:** arts. 170, IX e 179, ambos da CF.

Gabarito "D"

(Procurador do Estado/RR – 2006 – FCC) A função social da propriedade rural é cumprida, conforme a Constituição Federal, pela observância simultânea, segundo critérios e graus de exigências estabelecidos em lei, dos seguintes requisitos:

(A) aproveitamento racional e adequado, existência de eletrificação rural e irrigação, observância das disposições que regulam as relações de trabalho, utilização adequada dos recursos naturais disponíveis e preservação do meio ambiente, e atendimento das normas constantes do plano diretor do município em que esteja situada.

(B) observância das normas de habitação para o trabalhador rural, exploração que favoreça o bem-estar dos proprietários e dos trabalhadores, utilização adequada dos recursos naturais disponíveis e proteção do meio ambiente, a prática de preços compatíveis com os custos de produção e a garantia de comercialização, o incentivo à pesquisa e à tecnologia.

(C) aproveitamento racional e adequado, utilização dos recursos naturais disponíveis e preservação do meio ambiente, observância das disposições que regulam as relações de trabalho, exploração que favoreça o bem-estar dos proprietários e dos trabalhadores.

(D) observância das normas de habitação para o trabalhador rural, existência de eletrificação rural e irrigação, exploração que favoreça o bem-estar dos proprietários e trabalhadores, preservação do meio ambiente e uso racional e adequado da propriedade.

(E) incentivo à assistência técnica e à extensão rural, prática de atividades extensivas e semiextensivas continuamente, utilização adequada dos recursos naturais disponíveis e preservação do meio ambiente, exploração que favoreça o bem-estar dos proprietários e dos trabalhadores.

Somente a assertiva em C reproduz os requisitos do art. 186 da CF.

Gabarito "C"

(Procurador do Município/Florianópolis-SC – 2010 – FEPESE) De acordo com os postulados constitucionais acerca da ordem econômica, é **correto** afirmar:

(A) É vedada a exploração direta de atividade econômica pelo Estado.

(B) A prestação de serviços pelo Poder Público, sob regime de concessão, independe de licitação.

(C) Cabe à lei complementar regulamentar as relações da empresa pública com o Estado e a sociedade.

(D) É assegurado a todos o livre exercício de qualquer atividade econômica, independentemente de autorização de órgãos públicos, exceto nos casos previstos em lei.

(E) O estatuto jurídico da empresa pública que explora atividade econômica de produção ou comercialização de bens disporá sobre política tarifária.

A: Não reflete o disposto no art. 173 da CF; **B:** Não reflete o disposto no art. 175 da CF; **C:** O art. 173, § 3º, da CF refere-se apenas "à lei". Portanto, será lei ordinária; **D:** Art. 170, parágrafo único, da CF; **E:** Não reflete o disposto no art. 175, parágrafo único, III, da CF.

Gabarito "D"

(Procurador do Município/Teresina-PI – 2010 – FCC) A ordem econômica é fundada na valorização do trabalho humano e na livre iniciativa, observados os princípios da

(A) função social da propriedade e da busca do pleno emprego.

(B) defesa do consumidor e do paralelismo.

(C) livre concorrência e da concessão de garantias pelas entidades públicas.

(D) hierarquização e da verticalidade.

(E) indivisibilidade e da independência.

Art. 170, I a IX, da CF.

Gabarito "A"

(Procurador da Fazenda Nacional – 2007.2 – ESAF) Assinale a opção incorreta.

(A) "A propriedade atenderá a sua função social" (art. 5º, XXIII, da C. F.).

(B) "A ordem econômica, fundada na valorização do trabalho humano e na livre iniciativa, tem por fim assegurar a todos existência digna, conforme os ditames da justiça social, observados os seguintes princípios:... III – função social da propriedade" (art. 170, III, da C.F.).

(C) "A propriedade urbana cumpre sua função social quando atende às exigências fundamentais de ordenação da cidade expressas no plano diretor" (art. 182, § 2º, da C.F.).

(D) As opções constantes das letras "a", "b" e "c" desta questão contêm transcrições de normas constitucionais, que dão destaque ao regime constitucional da propriedade, o qual estabelece a dimensão prevalecente do valor "função social da propriedade" sobre um conceito privatista de propriedade como sendo direito real de cunho, puramente, patrimonial e, portanto, somente econômico.

(E) A letra "d" desta questão está errada.

As assertivas em A, B e C reproduzem as disposições constitucionais indicadas, nos termos da assertiva em D. A assertiva em E é, portanto, incorreta.

Gabarito "E"

(ADVOGADO – PETROBRÁS BIO. – 2010 – CESGRANRIO) A Constituição estabelece como princípios da ordem econômica, dentre outros, a livre iniciativa, a livre concorrência e a defesa do meio ambiente. Nesse sentido, considere as seguintes afirmativas:

I. a lei pode condicionar o exercício de determinada atividade econômica à prévia autorização de órgãos públicos;

II. as atividades de pesquisa e a lavra de jazidas de petróleo constituem monopólio da União e, portanto, só podem ser realizadas por empresas estatais;

III. é defeso ao Estado conferir tratamento diferenciado a empresas em razão do impacto ambiental de produtos e serviços;

IV. o planejamento econômico estatal, em respeito à livre concorrência, é meramente indicativo, tanto ao setor privado como ao setor público.

Está correto APENAS o que se afirma em

(A) I.

(B) I e II.

(C) II e III.

(D) III e IV.

(E) I, III e IV.

I: correto (art. 170, parágrafo único, da CF); **II:** incorreto, pois é permitido à União contratar com empresas estatais ou privadas a realização de tais atividades (art. 177, § 1º, da CF); **III:** incorreto, pois é lícito conferir tratamento diferenciado a empresas em razão do impacto ambiental de produtos e serviços, sendo isto, inclusive, princípio constitucional da ordem econômica (art. 170, inciso VI, da CF); IV: incorreto, pois o planejamento econômico é determinante para o setor público e indicativo para o privado (art. 174 da CF).

Gabarito "A"

(ADVOGADO – PETROBRÁS DISTRIB. – 2010 – CESGRANRIO) Considere as seguintes afirmações a respeito da Lei de Diretrizes Orçamentárias (LDO):

I. a LDO é de iniciativa privativa do Presidente da República;

II. o projeto de LDO não admite emenda que trate de matéria não orçamentária;

III. o projeto de LDO pode ser rejeitado pelo Congresso Nacional;

IV. a LDO, por se tratar de Norma de efeitos concretos, não pode ser objeto de ADIn.

Estão corretas APENAS as afirmações

(A) I e II.

(B) II e III.

(C) I, II e IV.

(D) I, III e IV.

(E) II, III e IV.

I: correto (arts. 84, inciso XXIII, e 165, da CF); **II:** correto (art. 166, § 3º, inciso III, da CF); **III:** incorreto, a lei dispõe que a sessão legislativa não será interrompida sem a aprovação do projeto de lei de diretrizes orçamentárias, e não que é vedado que ele seja rejeitado (art. 57, § 2º, da CF); IV: correto, pois a questão considerou a antiga jurisprudência do STF. Todavia, vale ressaltar que o STF modificou sua posição e atualmente permite a discussão da constitucionalidade de leis orçamentárias através de ações de controle concentrado (ADI 4.048 MC, julgada em 14/05/08).

Gabarito "C"

(ADVOGADO – PETROBRÁS – 2012 – CESGRANRIO) Embora o Estado deva respeitar o princípio da isonomia, a partir dos princípios que regem a ordem econômica constitucional, ele pode praticar alguns atos discriminatórios EXCETO:

(A) conferir tratamento diferenciado a empresas em razão do impacto ambiental de seus produtos e serviços e de seus processos de elaboração e prestação.

(B) conceder às empresas públicas e às sociedades de economia mista (que exercem atividade econômica) privilégios fiscais não extensivos às do setor privado.

(C) favorecer a organização da atividade garimpeira em cooperativas.

(D) favorecer empresas de pequeno porte constituídas sob as leis brasileiras e que tenham sua sede e administração no País.

(E) punir empresas que pratiquem atos que resultem em abuso de poder econômico com vistas à eliminação da concorrência.

A: incorreto (art. 170, inciso VI, da CF); **B:** correto (art. 173, § 2º, da CF); **C:** incorreto (art. 174, § 3º, da CF); **D:** incorreto (arts. 146, inciso III, alínea "d", art. 170, inciso IX, e art. 179, todos da CF); **E:** incorreto (art. 173, § 4º, da CF).

Gabarito "B"

(ADVOGADO – CEF – 2010 – CESPE) Com relação à ordem econômica e financeira, assinale a opção correta.

(A) Compete privativamente à União legislar sobre direito comercial, razão pela qual ofende a CF lei estadual que estabeleça obrigatoriedade de informações específicas nos rótulos de embalagens de café comercializado no estado-membro.

(B) O atendimento de requisição de documento ou informação de natureza comercial, feito por autoridade administrativa ou judiciária estrangeira a pessoa física residente ou domiciliada no Brasil, não dependerá de autorização do poder competente.

(C) É admissível a alienação de ações de sociedade de economia mista estadual, com perda do controle acionário por parte do Estado, desde que mediante prévia autorização legislativa e por lei em sentido formal.

(D) A União, os estados, o Distrito Federal (DF) e os municípios dispensarão às microempresas e às empresas de pequeno porte, assim definidas em lei complementar, tratamento jurídico diferenciado, visando incentivá-las pela simplificação de suas obrigações administrativas, tributárias, previdenciárias e creditícias.

(E) Segundo previsão da CF, é inadmissível, na ordenação do transporte aquático, que o transporte de mercadorias na cabotagem e a navegação interior sejam feitos por embarcações estrangeiras.

A: incorreta, pois, embora a competência para legislar sobre direito comercial seja privativa da União (art. 22, inciso I, da CF), entendeu o STF que no caso proposto pela questão prevalece a competência concorrente da União e dos Estados-membros para legislar sobre produção e consumo (art. 24, inciso V, da CF). Assim, não há usurpação de competência da União para legislar sobre direito comercial e comércio interestadual, porque o ato normativo impugnado buscou, tão somente, assegurar a proteção ao consumidor (**ADI 2.832,** *DJ* 20/06/08); **B:** incorreta, pois dependerá sim de autorização do poder competente por expressa disposição constitucional (art. 181 da CF); **C:** correta, pois este foi o entendimento adotado pelo STF, que reconheceu a possibilidade de admitir tais alienações, desde que haja autorização mediante lei formal (ADI 1.348, DJ 07/03/08); **D:** incorreta, pois, embora haja previsão constitucional nesse sentido, não há a exigência de lei complementar (art. 179 da CF); **E:** incorreta, pois há sim a possibilidade de tais modalidades de transporte serem feitas por embarcações estrangeiras, havendo, todavia, a exigência de lei que estabeleça as condições (art. 178, parágrafo único, da CF).

Gabarito "C"

(ADVOGADO – PETROBRÁS – 2006 – CESGRANRIO) O artigo 177 da Constituição Federal estabelece as atividades que constituem monopólio da União. As normas de flexibilização dos monopólios introduzidas pela Emenda Constitucional no 9/95, que possibilitam a contratação de empresas privadas para a realização de algumas daquelas atividades, observadas as condições estabelecidas em lei, **NÃO** se aplicam a:

(A) refinação do petróleo nacional ou estrangeiro.

(B) pesquisa e lavra das jazidas de gás natural.

(C) pesquisa e lavra de minérios e minerais nucleares.

(D) transporte marítimo do petróleo bruto de origem nacional.

(E) importação e exportação dos produtos e derivados básicos resultantes da pesquisa, lavra e refinação de petróleo e gás natural.

As atividades elencadas nas alternativas da questão proposta constituem monopólio da União, nos termos do art. 177, incisos I a V, da CF. Por outro lado, no § 1º do mencionado dispositivo, determina-se que a União poderá contratar com empresas privadas ou estatais a realização de tais atividades, com exceção da pesquisa e lavra de minérios e minerais nucleares.

Gabarito "C"

(ADVOGADO – REFAP – 2007 – CESGRANRIO) De acordo com a Constituição Federal, constituem monopólio da União:

I. a pesquisa e a lavra das jazidas de petróleo e gás natural;

II. a refinação do petróleo nacional;

III. a refinação do petróleo estrangeiro;

IV. o transporte marítimo do petróleo bruto de origem nacional.

Estão corretos os itens:

(A) I e II, apenas.

(B) II e III, apenas.

(C) III e IV, apenas

(D) I, III e IV, apenas.

(E) I, II, III e IV.

Nos termos do art. 177 da Constituição, constituem monopólio da União, *in verbis*: "I - a pesquisa e a lavra das jazidas de petróleo e gás natural e outros hidrocarbonetos fluidos; II - a refinação do petróleo nacional ou estrangeiro; III - a importação e exportação dos produtos e derivados básicos resultantes das atividades previstas nos incisos anteriores; IV - o transporte marítimo do petróleo bruto de origem nacional ou de derivados básicos de petróleo produzidos no País, bem assim o transporte, por meio de conduto, de petróleo bruto, seus derivados e gás natural de qualquer origem; V - a pesquisa, a lavra, o enriquecimento, o reprocessamento, a industrialização e o comércio de minérios e minerais nucleares e seus derivados, com exceção dos radioisótopos cuja produção, comercialização e utilização poderão ser autorizadas sob regime de permissão, conforme as alíneas *b* e *c* do inciso XXIII do caput do art. 21 desta Constituição Federal".

Gabarito "E"

(ADVOGADO – ELETROBRÁS – 2006 – NCE/UFRJ) NÃO indica um dos princípios previstos na Constituição e aplicados à Ordem Econômica:

(A) livre concorrência;

(B) direito de propriedade;

(C) função social da propriedade;

(D) tratamento diferenciado para empresas de pequeno porte e microempresas;

(E) liberdade de intervenção do Estado nas atividades econômicas.

Conforme o art. 170 da CF, são princípios da Ordem Econômica, *in verbis*: "I - soberania nacional; II - propriedade privada; III - função social da propriedade; IV - livre concorrência; V - defesa do consumidor; VI - defesa do meio ambiente, inclusive mediante tratamento diferenciado conforme o impacto ambiental dos produtos e serviços e de seus processos de elaboração e prestação; VII - redução das desigualdades regionais e sociais; VIII - busca do pleno emprego; IX - tratamento favorecido para as empresas de pequeno porte constituídas sob as leis brasileiras e que tenham sua sede e administração no País". Ademais, deve ser ressaltado que a exploração direta de atividade econômica pelo Estado só será permitida quando necessária aos imperativos da segurança nacional ou a relevante interesse coletivo, conforme definido em lei, ressalvados os casos previstos na própria Constituição (art. 173 da CF). Vale dizer, não há liberdade de intervenção do Estado nas atividades econômicas.

Gabarito "E"

(ADVOGADO – BNDES – 2008 – CESGRANRIO) Em relação aos princípios gerais da atividade econômica, pode-se afirmar que

I. a remessa de lucros é regulada com base no interesse nacional e exige o reinvestimento de capital em montante pelo menos igual ao valor remetido;

II. o Estado favorecerá a organização da atividade garimpeira em cooperativas, levando em conta a proteção do meio ambiente e a promoção econômico-social dos garimpeiros;

III. o tratamento favorecido para as empresas de pequeno porte constituídas sob as leis brasileiras, ainda que não tenham sua sede ou administração no país, deve ser sempre observado;

IV. a defesa do meio ambiente deve ser intransigente, não sendo admissível sua atuação modulada em função do impacto ambiental dos produtos e serviços e de seus processos de elaboração e prestação;

V. a lei, sem prejuízo da responsabilidade individual dos dirigentes da pessoa jurídica, estabelecerá a responsabilidade desta, sujeitando-a às punições compatíveis com sua natureza, nos atos praticados contra a ordem econômica e financeira e contra a economia popular.

Estão corretas **APENAS** as afirmações

(A) I e II

(B) II e III

(C) II e V

(D) I, II e V

(E) I, II, IV e V

I: incorreto, pois a Constituição determina tão somente que a lei disciplinará, com base no interesse nacional, os investimentos de capital estrangeiro, incentivará os reinvestimentos e regulará a remessa de lucros (art. 172 da CF); **II:** correto (art. 174, § 3º, da CF); **III:** incorreto, pois o tratamento favorecido se restringe às empresas de pequeno porte, constituídas sob as leis brasileiras e que tenham sua sede e administração no País (art. 170, inciso IX, da CF); IV: incorreto, pois a defesa do meio ambiente deve se basear no tratamento diferenciado conforme o impacto ambiental dos produtos e serviços e de seus processos de elaboração e prestação (art. 170, inciso VI, da CF); V: correto (art. 173, § 5º).

Gabarito "C"

(ADVOGADO – BNDES – 2004 – CESGRANRIO) Um dos princípios gerais da atividade econômica previsto no artigo 170 da Constituição Federal assegura tratamento favorecido para as empresas de pequeno porte, desde que sejam constituídas sob as leis brasileiras e que:

(A) tenham sua sede e administração no País.

(B) contraiam suas obrigações em moeda nacional.

(C) sejam exportadoras de bens ou serviços.

(D) sejam importadoras de bens ou serviços.

(E) sejam instrumento da redução das desigualdades regionais.

Art. 170, inciso IX, da CF.

Gabarito "A"

(ADVOGADO – BNDES – 2002 – VUNESP) Sobre o regime constitucional do princípio da igualdade, tem-se que

(A) as microempresas devem ter tratamento diferençado, visando ao seu incentivo pela simplificação ou eliminação de suas obrigações administrativas, tributárias, previdenciárias e creditícias.

(B) as cooperativas devem ter tratamento diferenciado, sendo imunes aos impostos.

(C) os templos de qualquer culto são imunes aos tributos em geral, salvo as contribuições de melhoria.

(D) na aquisição de bens e serviços, o Poder Público dará tratamento preferencial à empresa brasileira de capital nacional.

(E) a propriedade de empresa jornalística e de radiodifusão sonora e de sons e imagens deve ser privativa de brasileiro nato.

A: correto, nos termos do art. 179 da CF, in verbis: "A União, os Estados, o Distrito Federal e os Municípios dispensarão às microempresas e às empresas de pequeno porte, assim definidas em lei, tratamento jurídico diferenciado, visando a incentivá-las pela simplificação de suas obrigações administrativas, tributárias, previdenciárias e creditícias, ou pela eliminação ou redução destas por meio de lei"; **B:** incorreto, pois, apesar de a Constituição estabelecer que caiba à lei complementar dispor sobre o adequado tratamento tributário das cooperativas, não há previsão de imunidade (art. 146, inciso III, alínea "c", da CF); **C:** incorreto, pois a imunidade sobre os templos de qualquer culto é restrita à cobrança de impostos (art. 150, inciso VI, alínea "b", da CF); **D:** incorreto, pois inexiste qualquer previsão constitucional nesse sentido; **E:** incorreto, pois a propriedade nesses casos é privativa de brasileiro nato ou naturalizado há mais de dez anos ou pessoas jurídicas constituídas sob as leis brasileiras e que tenham sede no País (art. 222, da CF).

Gabarito "A"

(ADVOGADO – BNDES – 2002 – VUNESP) A Constituição Federal dedicou um capítulo específico para tratar da ordem econômica e financeira, tendo assegurado a liberdade de iniciativa. Isso significa que

(A) apenas por meio de lei complementar ou por emenda constitucional poderá ser criado novo monopólio, vedando certa atividade à livre iniciativa.

(B) apenas por meio de emenda constitucional poderá ser criado, livremente, novo monopólio, vedando-se, dessa forma, certa atividade à livre iniciativa.

(C) jamais poderá ser criado novo monopólio, pois somente aqueles trazidos pela Constituição de 1988 podem subsistir validamente.

(D) atualmente, apenas a atividade nuclear e a atividade relacionada ao petróleo podem ser consideradas esses à liberdade de iniciativa.

(E) automaticamente está assegurada a liberdade de concorrência, não podendo o Poder Público participar de atividades de cunho econômico.

A livre concorrência compreende um dos princípios da ordem econômica (art. 170, inciso IV, da CF), de modo que o regime de monopólio deve ser medida excepcional, somente sendo possível o seu estabelecimento nos casos previstos expressamente na Constituição Federal.

Gabarito "C"

(ADVOGADO – BNDES – 2001 – VUNESP) A participação de capital estrangeiro em estabelecimentos de seguro, nos termos da Constituição Federal,

(A) é vedada.

(B) é admitida incondicionalmente.

(C) terá suas condições estabelecidas por lei complementar.

(D) terá suas condições estabelecidas por lei ordinária.

(E) terá suas condições estabelecidas por decreto legislativo.

Como os estabelecimentos de seguro integram o sistema financeiro nacional, aplica-se o disposto no art. 192 da CF: "O sistema financeiro nacional, estruturado de forma a promover o desenvolvimento equilibrado do País e a servir aos interesses da coletividade, em todas as partes que o compõem, abrangendo as cooperativas de crédito, será regulado por leis complementares que disporão, inclusive, sobre a participação do capital estrangeiro nas instituições que o integram".

Gabarito "C"

(ADVOGADO – CEF – 2006 – CESPE) A respeito dos orçamentos públicos, julgue os itens a seguir.

(1) Iniciar o processo legislativo das matérias pertinentes ao orçamento anual é competência exclusiva da Câmara dos Deputados.

(2) Os membros do Poder Legislativo podem apresentar emendas parlamentares que importem em aumento de despesa prevista no projeto de lei orçamentária.

1: incorreto, pois a competência é privativa do Presidente da República (arts. 84, inciso XXIII, e 165, da CF); **2:** incorreto, pois há vedação nesse sentido (art. 166, § 3º e incisos da CF).

Gabarito 1E, 2E

17. ORDEM SOCIAL

(Procurador do Estado/BA – 2014 – CESPE) Considerando o disposto na Constituição Federal de 1988 (CF) a respeito dos índios, dos idosos e da cultura, julgue os itens a seguir.

(1) A CF assegura a gratuidade dos transportes coletivos urbanos aos maiores de sessenta e cinco anos.

(2) Aplica-se ao Sistema Nacional de Cultura o princípio da complementaridade nos papéis dos agentes culturais.

(3) Os índios detêm o usufruto exclusivo das riquezas do solo, do subsolo, dos rios e dos lagos existentes nas terras por eles tradicionalmente ocupadas.

1: correto. De acordo com o art. 230, § 2º, da CF, aos **maiores de sessenta e cinco anos** é garantida a **gratuidade dos transportes coletivos urbanos**; **2:** correto. Dentre os princípios que regem o Sistema Nacional de Cultura, encontra-se o da **complementaridade nos papéis dos agentes culturais**, conforme determina o art. 216-A, § 1º, VI, da CF (com redação dada pela EC 71/2012); **3:** errado. Conforme dispõe o art. 231, § 2º, da CF, as terras tradicionalmente ocupadas pelos índios destinam-se a sua posse permanente, cabendo-lhes o usufruto exclusivo das **riquezas do solo**, **dos rios e dos lagos** nelas existentes. O subsolo não faz parte desse rol.

Gabarito 1C, 2C, 3E.

(Procurador/DF - 2013 - CESPE) Com relação às disposições constitucionais acerca da seguridade social, julgue o próximo item.

(1) As contribuições sociais dos empregadores para a seguridade social têm caráter uniforme, não se admitindo alíquotas ou bases de cálculo diferenciadas em razão do porte das empresas ou das atividades econômicas que desenvolvem.

1: incorreta. Nos termos do art. 195, § 9º, da CF/1988 as contribuições sociais do empregador, da empresa e da entidade a ela equiparada na forma da lei, poderão ter alíquotas ou bases de cálculo **diferenciadas**, em razão da atividade econômica, da utilização intensiva de mão de obra, do porte da empresa ou da condição estrutural do mercado de trabalho.

Gabarito 1E

(Procurador do Estado/AC – FMP – 2012) Tomando emprestado o texto do art. 196 da CF/88 – direito à saúde – pode-se afirmar que o fornecimento de medicamentos constitui-se em direito fundamental do cidadão não estando submetido a nenhum requisito para a sua concessão por meio de decisão judicial.

(A) A afirmativa está correta.

(B) A afirmativa está incorreta, pois a concessão do pedido fica condicionada à demonstração pelo requerente da sua necessidade e a impossibilidade de custeá-los com recursos próprios.

(C) A afirmativa está incorreta, pois para a concessão do pleito deverá o requerente apenas demonstrar a necessidade do medicamento.

(D) A afirmativa está incorreta, devendo o requerente demonstrar a eficácia do tratamento para a moléstia.

STF, RE 607381-AgR, Rel. Min. Luiz Fux: "O recebimento de medicamentos pelo Estado é direito fundamental, podendo o requerente pleiteá-los de qualquer um dos entes federativos, desde que demonstrada sua necessidade e a impossibilidade de custeá-los com recursos próprios. Isso por que, uma vez satisfeitos tais requisitos, o ente federativo deve se pautar no espírito de solidariedade para conferir efetividade ao direito garantido pela Constituição, e não criar entraves jurídicos para postergar a devida prestação jurisdicional."

Gabarito "B"

(Procurador do Estado/GO – 2010) Sobre o regime constitucional do meio ambiente, é CORRETA a seguinte proposição:

(A) O Município não pode legislar em matéria ambiental.

(B) A Constituição da República declara expressamente como patrimônio nacional a Floresta Amazônica brasileira, a Mata Atlântica, a Serra do Mar, o Pantanal Mato-Grossense, o Cerrado e a Zona Costeira.

(C) Os princípios da prevenção, da precaução e do poluidor-pagador encontram expressa previsão na Constituição da República.

(D) Proteger o meio ambiente e combater a poluição em qualquer de suas formas e atribuição confiada pela Constituição apenas à União e aos Estados.

(E) São indisponíveis as terras devolutas necessárias à proteção dos ecossistemas naturais.

A: A competência é concorrente de União, Estados e Distrito Federal (art. 24, VIII, da CF); porém, o Município tem competência para legislar sobre assuntos de interesse local, bem como suplementar a legislação estadual e federal no que couber (art. 30, I e II, da CF), competências essas que poderão recair sobre matéria ambiental; **B:** O cerrado não está incluído como patrimônio nacional (art. 225, § 4º, da CF); **C:** Esses princípios do direito ambiental não encontram-se expressos na CF; **D:** A competência é comum (art. 23, VI, da CF); **E:** Art. 225, § 5º, da CF.

Gabarito "E"

(Procurador do Estado/MT – FCC – 2011) Em capítulo dedicado à comunicação social, a Constituição da República veda

(A) a participação de capital estrangeiro nas empresas jornalísticas e de radiodifusão sonora e de sons e imagens.

(B) que haja o cancelamento da concessão ou permissão para o serviço de radiodifusão sonora e de sons e imagens, antes de vencido o prazo.

(C) alterações de controle societário nas empresas jornalísticas e de radiodifusão sonora e de sons e imagens, sem o prévio consentimento do Congresso Nacional.

(D) que se atribuam a gestão das atividades e o estabelecimento do conteúdo da programação de empresas jornalísticas e de radiodifusão sonora e de sons e imagens a quem não seja brasileiro nato ou naturalizado há mais de dez anos.

(E) a publicação de veículo impresso de comunicação sem a prévia licença de autoridade competente, nos termos da lei.

A: É permitida na forma da lei (art. 222, § 4º, da CF); **B:** Se houver decisão judicial (art. 223, § 4º, da CF); **C:** O Congresso Nacional só precisa ser comunicado (art. 222, § 5º, da CF); **D:** Art. 222, § 1º, da CF; **E:** Independe de licença (art. 220, § 6º, da CF).

Gabarito "D"

(Procurador do Estado/MT – FCC – 2011) Ao disciplinar os papéis de Estado e sociedade na garantia do direito à educação, a Constituição da República estabelece que

(A) a educação é direito de todos, dever exclusivo do Estado e será promovida e incentivada com a colaboração da família do educando.

(B) a coexistência de instituições públicas e privadas é princípio do ensino, cuja gratuidade é assegurada em estabelecimentos oficiais e particulares, observadas neste caso as condições estabelecidas em lei.

(C) o ensino é livre à iniciativa privada, atendidas as condições de cumprimento das normas gerais da educação nacional e autorização e avaliação de qualidade pelo Poder Público.

(D) os recursos públicos serão destinados às escolas públicas, cabendo à lei definir as hipóteses em que poderão ser dirigidos à iniciativa privada.

(E) os recursos públicos poderão ser destinados a bolsas de estudo para o ensino médio e superior, quando houver falta de vagas e cursos regulares da rede pública na localidade da residência do educando.

Arts. 205; 209, I e II; 213, I e II, todos da CF.

Gabarito "C"

(Procurador do Estado/PR – UEL-COPS – 2011) Acontece de um medicamento não estar disponível ou um procedimento não ser coberto pela rede pública de saúde. Tendo em vista a competência para oferecer tais bens e serviços, é correto afirmar:

(A) que o sistema único de saúde (SUS) corresponde à descentralização com direção federal;

(B) que o sistema único de saúde (SUS) corresponde à competência comum para cuidar da saúde;

(C) que o sistema único de saúde (SUS) corresponde à competência concorrente sobre seguridade social;

(D) que o sistema único de saúde (SUS) corresponde à competência federal do Ministério da Saúde;

(E) que o sistema único de saúde (SUS) corresponde à competência local da Secretaria de Saúde.

Art. 198, I a III, da CF.

Gabarito "B"

(Procurador do Município/Natal-RN – 2008 – CESPE) Tendo em vista o tratamento dado pela CF ao meio ambiente, assinale a opção correta.

(A) A CF prevê expressamente que a obrigação de preservar o meio ambiente é do poder público e da coletividade.

(B) O direito ao meio ambiente equilibrado não pode ser considerado direito fundamental, visto que não integra o rol dos direitos previstos no art. 5º da CF.

(C) Condutas e atividades consideradas lesivas ao meio ambiente sujeitam os infratores a sanções penais ou administrativas, que não podem ser cumuladas com a obrigação de ressarcir o dano, sob pena de *bis in idem*.

(D) Usinas que operem com reator nuclear devem ter sua localização definida por decreto do presidente da República, sem o qual não podem ser instaladas.

A: Art. 225 da CF; **B:** Os direitos fundamentais não são apenas os listados no art. 5º ou no Título II da CF; **C:** As condutas e atividades consideradas lesivas ao meio ambiente sujeitarão os infratores, pessoas físicas ou jurídicas, a sanções penais e administrativas, independentemente da obrigação de reparar os danos causados (art. 225, § 3º, da CF); **D:** Em lei federal (art. 225, § 6º, da CF).

Gabarito "A"

(Procurador do Estado/SE – FCC – 2005) Relativamente à concessão e permissão para serviço de radiodifusão sonora e de sons e imagens, é INCORRETO afirmar que

(A) o cancelamento da concessão ou permissão, antes de vencido o prazo, depende de decisão judicial.

(B) o Congresso Nacional apreciará o ato de outorga em 60 dias do recebimento da mensagem enviada pelo Executivo, prorrogáveis por igual período.

(C) o ato de outorga ou renovação somente produzirá efeitos legais após deliberação do Congresso Nacional.

(D) a não renovação dependerá de aprovação de, no mínimo, dois quintos dos membros do Congresso Nacional, em votação nominal.

(E) o prazo será de 10 anos para as emissoras de rádio e de 15 anos para as emissoras de televisão.

A: Art. 223, § 4º, da CF; **B:** Não reflete o disposto no art. 223, § 1º, da CF; **C:** Art. 223, § 3º, da CF; **D:** Art. 223, § 2º, da CF; **E:** Art. 223, § 5º, da CF.

Gabarito "B"

(Procurador do Município/Recife-PE – 2008 – FCC) Ao tratar do direito à educação, a Constituição Federal

(A) estabelece que o ensino fundamental é de competência exclusiva dos Estados e Municípios.

(B) exclui a competência dos Municípios para prestar o ensino médio e o superior.

(C) exclui a competência dos Estados para prestar a educação infantil.

(D) estabelece o dever de atendimento educacional especializado aos portadores de deficiência, preferencialmente na rede regular de ensino.

(E) atribui ao ensino médio e gratuito o *status* de direito público subjetivo.

A: Competência dos municípios (art. 30, VI, da CF); **B:** O art. 211, § 2º, da CF não impede os Municípios de prestarem ensino médio e superior; **C:** O art. 211, § 3º, da CF não impede os Estados de prestarem ensino infantil; **D:** Art. 208, III, da CF; **E:** O acesso ao ensino obrigatório e gratuito é direito público subjetivo (art. 208, § 1º, da CF).

Gabarito "D"

(Procurador do Município/Recife-PE – 2008 – FCC) Considerando a disciplina constitucional dada ao meio ambiente, bem como a jurisprudência a respeito do tema, considere as afirmações abaixo.

I. O meio ambiente é bem de uso comum do povo.

II. São indisponíveis as terras devolutas ou arrecadadas pelos Estados, por ações discriminatórias, necessárias à proteção dos ecossistemas naturais.

III. Incumbe ao Poder Público definir, em todas as unidades da Federação, espaços territoriais a serem especialmente protegidos, sendo vedada sua supressão.

IV. As usinas que operem com reator nuclear deverão ter sua localização definida em lei federal, sem o que não poderão ser instaladas.

V. São vedadas práticas que submetam os animais a crueldade, tais como as "brigas de galo".

Está correto o que se afirma em

(A) I, II, III, IV e V.

(B) I, II, IV e V, somente.

(C) II, III e IV, somente.

(D) II, III e V, somente.

(E) IV e V, somente.

I: Correta. Art. 225 da CF; **II:** Correta. Art. 225, § 5º, da CF; **III:** Errada. Não reflete o disposto no art. 225, § 1º, III, da CF; IV: Correta. Art. 225, § 6º, da CF; V: Correta. Art. 225, § 1º, VII, da CF.

Gabarito "B"

(Procurador do Estado/RO – 2011 – FCC) Quanto à seguridade social é correto afirmar:

(A) É um conjunto integrado de ações que visa agregar os sistemas de saúde, previdência e assistência social através do sistema único de saúde.

(B) O regime geral da previdência social tem caráter contributivo e de filiação obrigatória, observados critérios que preservem o equilíbrio financeiro e atuarial, abrangendo os que participam de regime próprio de previdência.

(C) O sistema de saúde deve definir diretrizes com a participação da comunidade.

(D) O sistema de saúde deve ser organizado de forma centralizada, com direção única, e regionalizada, de modo a permitir que gestores locais admitam agentes comunitários de saúde e agentes de combate às endemias por meio de processo seletivo público.

(E) Assistência social é responsável pela cobertura do risco de acidente do trabalho.

A: De acordo com o art. 194 da CF, "a seguridade social compreende um conjunto integrado de ações de iniciativa dos Poderes Públicos e da sociedade, destinadas a assegurar os direitos relativos à saúde, à previdência e à assistência social"; **B:** Errada. V. art. 201, caput e § 5º, da CF; **C:** Art. 198, III, da CF; **D:** Não reflete o disposto no art. 198, I, da CF. V., tb, o § 4º do mesmo artigo; **E:** Não reflete o disposto no art. 203, I a V, da CF. V., tb., art. 201, § 10, da CF.

Gabarito "C"

(Procurador do Estado/PI – 2008 – CESPE) No que concerne à ordem social, assinale a opção correta de acordo com o disposto na CF.

(A) Compete ao poder público, nos termos da lei, organizar a seguridade social, com base no caráter democrático e descentralizado da administração, mediante gestão bipartite e com a participação dos trabalhadores e dos empregadores.

(B) Para efeito de aposentadoria, é assegurada a contagem, de forma autônoma, do tempo de contribuição na administração pública ou na atividade privada, rural e urbana, não sendo lícita a compensação financeira entre os dois sistemas.

(C) É vedado o aporte de recursos a entidade de previdência privada pela União, pelos estados, pelo DF e pelos municípios, suas autarquias, fundações, empresas públicas, sociedades de economia mista e outras entidades públicas, ainda que na qualidade de patrocinador.

(D) A lei disporá sobre as condições e os requisitos que facilitem a remoção de órgãos, tecidos e substâncias humanas para fins de transplante, pesquisa e tratamento, bem como a coleta, o processamento e a transfusão de sangue e seus derivados, sendo vedado todo tipo de comercialização.

(E) A assistência social será prestada a quem dela necessitar, desde que o interessado seja contribuinte da seguridade social.

A: a gestão da seguridade social é quadripartite (trabalhadores, empregadores, aposentados e Governo) – art. 194, VII, da CF; **B:** é prevista a compensação financeira entre os regimes – art. 201, § 9º, da CF; **C:** os entes políticos e as entidades indicadas na assertiva somente podem aportar recursos em entidades de previdência privada na qualidade de patrocinadores, nos termos e observando o limite previsto no art. 202, § 3º, da CF; **D:** art. 199, § 4º, da CF; **E:** a assistência social independe de contribuição para a seguridade social – art. 203 da CF.

Gabarito "D"

(Procurador do Estado/PI – 2008 – CESPE) Segundo a CF, o dever do Estado com a educação será efetivado mediante a garantia de

(A) educação infantil, em creche e pré-escola, às crianças de até cinco anos de idade.

(B) ensino fundamental e médio, obrigatório e gratuito, inclusive para os que a ele não tiveram acesso na idade própria.

(C) atendimento educacional especializado aos portadores de deficiência, preferencialmente em escolas exclusivas para portadores de necessidades especiais.

(D) ensino religioso, de matrícula obrigatória nas escolas públicas de ensino fundamental.

(E) atuação prioritária dos municípios no ensino fundamental e médio.

A: art. 208, IV, da CF; **B:** o ensino médio não é obrigatório, embora o Estado tenha o dever de garantir sua progressiva universalização – art. 208, II, da CF; **C:** a educação aos portadores de deficiência deverá ocorrer preferencialmente na rede regular de ensino – art. 208, III, da CF; **D:** a matrícula no ensino religioso é facultativa – art. 210, § 1º, da CF; **E:** os municípios atuarão prioritariamente no ensino fundamental e na educação infantil – art. 211, § 2º, da CF.

Gabarito "A"

(Procurador do Estado/RR – 2006 – FCC) Dentre os princípios constitucionais da seguridade social encontra-se o princípio

(A) da proporcionalidade do valor dos benefícios.

(B) da individualidade da cobertura e do atendimento.

(C) do caráter contributivo dos benefícios, serviços e cobertura.

(D) do caráter democrático e descentralizado, mediante gestão tripartite nos órgãos colegiados.

(E) da seletividade e distributividade na prestação dos benefícios e serviços.

A: não há disposição constitucional acerca da proporcionalidade dos benefícios; **B:** há previsão de universalidade (não individualidade) da cobertura e do atendimento – art. 194, parágrafo único, I, da CF; **C:** o caráter contributivo não se refere à toda seguridade social (aplica-se à previdência e inexiste no caso da assistência social) – arts. 201, *caput*, e 203, ambos da CF; **D:** a gestão da seguridade social é quadripartite (trabalhadores, empregadores, aposentados e Governo) – art. 194, VII, da CF; **E:** art. 194, parágrafo único, III, da CF.

Gabarito "E"

(Procurador do Município/Florianópolis-SC – 2010 – FEPESE) De acordo com a Constituição Federal de 1988, a lei poderá instituir, além das contribuições sociais expressamente previstas no artigo 195, outras fontes destinadas a garantir a manutenção ou expansão da seguridade social. Deve a lei, contudo, observar os seguintes requisitos:

(A) Ter natureza complementar e respeitar o princípio da não cumulatividade.

(B) Ter natureza complementar e respeitar o princípio da anterioridade.

(C) Ter natureza ordinária e respeitar o princípio da noventena.

(D) Respeitar os princípios da noventena e progressividade.

(E) Respeitar os princípios da não cumulatividade e anterioridade.

Art. 195, § 4º, da CF, que se refere à observância do art. 154, I, da CF.

Gabarito "A"

(Procurador Federal – 2010 – CESPE) No que se refere aos direitos e deveres das populações indígenas, julgue o item abaixo.

(1) No processo de demarcação de terra indígena situada em região de fronteira, o STF considera dispensável a manifestação do Conselho de Defesa Nacional no processo homologatório.

STF, Pet 3388 (Raposa Serra do Sol): "(...) Somente à União, por atos situados na esfera de atuação do Poder Executivo, compete instaurar, sequenciar e concluir formalmente o processo demarcatório das terras indígenas, tanto quanto efetivá-lo materialmente, nada impedindo que o Presidente da República venha a consultar o Conselho de Defesa Nacional (inciso III do § 1º do art. 91 da CF), especialmente se as terras indígenas a demarcar coincidirem com faixa de fronteira. (...)".

Gabarito 1C

(ADVOGADO – CEF – 2010 – CESPE) A respeito dos princípios constitucionais do trabalho, assinale a opção correta.

(A) Segundo a jurisprudência do STF, a aposentadoria espontânea implica, por si só, extinção do contrato de trabalho.

(B) Não viola os princípios constitucionais da liberdade de associação e da liberdade sindical a norma legal que condiciona o recebimento do benefício do seguro-desemprego à filiação do interessado a uma colônia de pescadores de sua região, uma vez que essa exigência evita fraudes e otimiza o pagamento do referido benefício.

(C) O STF fixou jurisprudência no sentido de que a legislação superveniente que altera a política salarial fixada em norma coletiva de trabalho viola o direito adquirido, o ato jurídico perfeito e a coisa julgada.

(D) Compete privativamente à União legislar sobre direito do trabalho, não sendo obrigatório utilizar-se de lei complementar para disciplinar a matéria, que somente é exigida, conforme previsão da CF, para regrar a dispensa imotivada.

(E) O STF firmou entendimento no sentido de que há ofensa à CF no estabelecimento de um limite máximo de 150 salários mínimos, para além do qual os créditos decorrentes da relação de trabalho deixam de ser preferenciais, nas situações de falência da empresa, uma vez que há, na prática, verdadeira perda de direitos por parte dos trabalhadores.

A: incorreta, pois o STF firmou entendimento, reconhecendo a inconstitucionalidade do art. 453, § 2º, da CLT, que prevê a dispensa automática do empregador em decorrência de sua aposentadoria voluntária (AI 656.971 AgR, DJ 27/04/2011); **B:** incorreto, pois o entendimento firmado pelo STF foi justamente o contrário, isto é, no sentido de que há sim violação dos princípios constitucionais da liberdade de associação e da liberdade sindical (ADI 3.464, DJ 05/03/2009); **C:** incorreto, pois é pacífico o entendimento no STF no sentido de que descabe alegar direito adquirido a regime jurídico, bem como de que não há violação ao princípio da irredutibilidade de vencimentos, quando preservado o montante global da remuneração do servidor pela legislação superveniente (AI 751.703 AgR, julgado em 18/02/2011); **D:** correto, eis que este foi o entendimento firmado pelo STF (**ADI 3.934**, DJ 05/11/2009); **E:** incorreto, pois o entendimento do STF foi justamente o contrário, ou seja, no sentido de que tal limitação não ofende a Constituição (**ADI 3.934**, DJ 05/11/2009).

Gabarito "D"

(ADVOGADO – IRB – 2006 – ESAF) Sobre ordem social, seguridade social, meio ambiente, ordem econômica e financeira, atividade econômica do Estado, princípios das atividades econômicas, propriedades da ordem econômica, sistema financeiro nacional e disposições constitucionais transitórias, assinale a única opção correta.

(A) Dentro da disciplina constitucional de proteção do meio ambiente, as usinas estaduais que operem com reator nuclear, desde que de acordo com o Plano Nacional de Proteção Ambiental, poderão ter sua localização definida em lei estadual.

(B) Em caráter excepcional, presentes as condições definidas no texto constitucional, os benefícios da seguridade social relativos aos idosos poderão ser majorados, sem a correspondente fonte de custeio total.

(C) O produtor que exerça sua atividade em regime de economia familiar, sem empregados permanentes, contribuirá para a seguridade social mediante a aplicação de uma alíquota sobre o resultado da comercialização da produção.

(D) Em razão de alteração do texto original da Constituição Federal de 1988, o aproveitamento do potencial de energia renovável de capacidade reduzida, por particular, dependerá de autorização expressa da União.

(E) Nos termos da Constituição Federal, a contribuição provisória sobre movimentação ou transmissão de valores e de créditos e direitos de natureza financeira incide nos lançamentos das companhias securitizadoras.

A: incorreto, pois a CF determina que as usinas que operem com reator nuclear deverão ter sua localização definida em lei federal (art. 225, § 6º, da CF) e que tal atividade é de competência exclusiva da União (art. 21, inciso XXIII, da CF); **B:** incorreto, pois nenhum benefício ou serviço da seguridade social poderá ser criado, majorado ou estendido sem a correspondente fonte de custeio total, não havendo qualquer exceção (art. 195, § 5º, da CF); **C:** correto (art. 195, § 8º, da CF); **D:** incorreto, pois tal atividade independe de autorização ou concessão (art. 176, § 4º, da CF); **E:** incorreto, pois a contribuição provisória deixou de incidir sobre tal atividade desde a Emenda Constitucional nº 37/02 (art. 85, inciso I, alínea "b", do ADCT).

Gabarito "C"

(ADVOGADO – CORREIOS – 2011 – CESPE) Considerando que determinada pessoa tenha uma única propriedade, classificada como média propriedade rural, que não esteja cumprindo sua função social, julgue o item seguinte com base nos direitos e garantias fundamentais e no regime constitucional da propriedade.

(1) Como o direito de propriedade não é absoluto, a referida propriedade poderá ser objeto de desapropriação para fins de reforma agrária, por ato da União, mediante prévia e justa indenização em títulos da dívida agrária.

1: incorreto, pois são insuscetíveis de desapropriação para fins de reforma agrária a pequena e média propriedade rural, assim definida em lei, desde que seu proprietário não possua outra (art. 185, inciso I, da CF).

Gabarito 1E

18. TEMAS COMBINADOS

(Procurador Distrital – 2014 – CESPE) Julgue os itens que se seguem, à luz das disposições constitucionais sobre a repartição de competências, o processo legislativo e a questão federativa

(1) À CLDF cabe, mediante lei complementar, dispor sobre o plano diretor de ordenamento territorial.

(2) Será considerado formalmente inconstitucional projeto de lei distrital de iniciativa parlamentar que confira aumento de remuneração aos servidores do governo do DF.

(3) A lei que disciplina a organização do Poder Judiciário do DF é de iniciativa privativa do governador distrital.

(4) A CLDF abarca tão somente as competências das assembleias legislativas estaduais.

(5) Compete ao TJDFT julgar o governador do DF nos crimes comuns.

1: correto. De acordo com o art. 75, parágrafo único, VIII, da Lei Orgânica do DF, constituirão leis complementares, entre outras, a lei que disponha sobre o plano diretor de ordenamento territorial do Distrito Federal; **2:** correto. No âmbito federal, o projeto de lei que confira aumento de remuneração aos servidores da administração pública é da competência privativa do Presidente da República (art. 61, § 1º, II, "a", da CF). Sendo assim, no DF tal projeto deve ser iniciado pelo Governador do DF. Essa regra decorre do princípio da simetria ou paralelismo das formas. Por outro lado, se um parlamentar iniciar tal projeto de lei, a norma terá de ser declarada formalmente inconstitucional por vício de iniciativa. Vale lembrar que ainda que o Governador sancione o projeto, o vício persiste, pois a sanção não convalida vício de iniciativa; **3:** errado. De acordo com o art. 21, XIII, da CF, com redação dada pela EC 69/12, a organização e manutenção do Poder Judiciário do DF compete à União; **4:** errado. De acordo com o art. 32, § 1º, da CF, ao Distrito Federal são atribuídas as competências legislativas reservadas aos Estados e Municípios. Além disso, o art. 14 da Lei Orgânica do DF determina que ao Distrito federal sejam atribuídas as competências legislativas reservadas aos Estados e Municípios, cabendo-lhe exercer, em seu território, todas as competências que não lhe sejam vedadas pela Constituição Federal; 5: incorreto. Determina o art. 105, I, "a", da CF que compete ao Superior Tribunal de Justiça o processo e julgamento, de forma originária, nos crimes comuns, dos Governadores dos Estados e do Distrito Federal, e, nestes e nos de responsabilidade, os desembargadores dos Tribunais de Justiça dos Estados e do Distrito Federal, os membros dos Tribunais de Contas dos Estados e do Distrito Federal, os dos Tribunais Regionais Federais, dos Tribunais Regionais Eleitorais e do Trabalho, os membros dos Conselhos ou Tribunais de Contas dos Municípios e os do Ministério Público da União que oficiem perante tribunais.

Gabarito 1C, 2C, 3E, 4E 5E

(Procurador Federal – 2013 – CESPE) Julgue os itens a seguir, que tratam da organização de instituições do Estado brasileiro e de seu funcionamento.

(1) Os membros do Conselho Nacional de Justiça e os membros do Conselho Nacional do Ministério Público serão, todos eles, nomeados pelo presidente da República e exercerão os seus respectivos mandatos por dois anos, admitida somente uma recondução.

(2) Os membros do Ministério Público da União não poderão exercer atividade político-partidária, salvo se prévia e expressamente licenciados para esse fim pelo Conselho Superior do Ministério Público.

(3) Nos termos da CF, compete privativamente ao Senado Federal processar e julgar o procurador-geral da República nos crimes de responsabilidade e nas infrações penais comuns.

(4) Compete privativamente ao presidente da República declarar guerra em caso de agressão estrangeira e celebrar a paz, desde que, em ambos os casos, ocorra prévia autorização do Senado Federal.

(5) De acordo com a CF, os julgamentos dos órgãos do Poder Judiciário serão públicos e todas as decisões administrativas dos tribunais ocorrerão em sessões públicas.

1: errado. De acordo com o art. 103-B, § 1º, da CF, o CNJ é **presidido pelo Presidente do Supremo** Tribunal Federal e, nas suas ausências e impedimentos, pelo Vice-Presidente do Supremo Tribunal Federal. Os demais membros, de fato, são nomeados pelo Presidente da República, depois de aprovada a escolha pela maioria absoluta do Senado Federal, conforme determina o § 2º do mesmo dispositivo. Por outro lado, conforme determina o art. 130-A, *caput*, da CF, todos os membros do CNMP são nomeados pelo Presidente da República, depois de aprovada a escolha pela maioria absoluta do Senado Federal. Tanto no CNJ como no CNMP, o mandato dos membros é de dois anos, admitida uma recondução; **2:** errado. Aos membros do Ministério é vedada a atividade político-partidária e não há possibilidade de licença para esse fim, conforme determina o art. 128, § 5º, II, "e", da CF; **3:** errado. O Senado Federal processa e julga o Procurador-geral da República apenas nos crimes de responsabilidade (art. 52, II, da CF). Nas infrações penais comuns quem o julga é o STF (art. 102, I, "d", da CF); **4:** errado. Quem autoriza o Presidente da República a declarar a guerra e celebrar a paz é o Congresso Nacional, de forma exclusiva, conforme determina o art. 49, II, da CF; 5: correto. De fato o art. 93, IX, da CF determina que todos os **julgamentos dos órgãos do Poder Judiciário sejam públicos**, e fundamentadas todas as decisões, sob pena de nulidade, podendo a lei limitar a presença, em determinados atos, às próprias partes e a seus advogados, ou somente a estes, em casos nos quais a preservação do direito à intimidade do interessado no sigilo não prejudique o interesse público à informação. Além disso, o inciso X do mesmo dispositivo trata das **decisões administrativas** dos tribunais mencionando que devem ser motivadas e em **sessão pública**, sendo as disciplinares tomadas pelo voto da maioria absoluta de seus membros.

Gabarito 1E, 2E, 3E, 4E, 5C

(Procurador Federal – 2013 – CESPE) Ainda sobre a organização e o funcionamento de diversas instituições públicas brasileiras, julgue os itens seguintes.

(1) O Congresso Nacional, mediante delegação, atribuiu ao Senado Federal a competência para suspender a execução do todo ou de parte de lei declarada inconstitucional por decisão definitiva do STF.

(2) O sigilo das comunicações telefônicas só poderá ser afastado por decisão judicial e somente para fins da instrução processual penal.

(3) Compete ao STF processar e julgar originariamente o mandado de injunção quando a elaboração da norma regulamentadora for atribuição do TCU.

(4) A Advocacia-Geral da União tem por chefe o advogado-geral da União, de livre nomeação pelo presidente da República entre os integrantes da carreira que tenham mais de trinta e cinco anos de idade, notável saber jurídico e reputação ilibada.

(5) É vedado à União, aos estados, ao DF e aos municípios instituir impostos sobre o patrimônio, renda ou serviços dos partidos políticos e de suas fundações em qualquer hipótese e independentemente das atividades desenvolvidas por esses entes.

(6) O Ato das Disposições Constitucionais Transitórias assegurou o direito de opção, nos termos de lei complementar, pela carreira da AGU aos procuradores da República que ingressaram nesse cargo antes da promulgação da atual CF.

(7) Compete ao TCU, entre outras atribuições, fiscalizar a aplicação de quaisquer recursos repassados pela União mediante convênio, acordo, ajuste ou outros instrumentos congêneres, a estado, ao DF ou a município, aplicando aos responsáveis, em caso de ilegalidade de despesa ou de irregularidade de contas, as sanções previstas em lei.

1: errado. A competência para suspender a execução, no todo ou em parte, de lei declarada inconstitucional pelo STF, por decisão definitiva, é privativa do Senado Federal. Tal determinação não advém de delegação, decorre da própria CF, conforme dispõe o art. 52, X, do Texto Maior; **2:** errado. De acordo com o art. 5º, XII, da CF, é inviolável o sigilo da correspondência e das comunicações telegráficas, de dados e das **comunicações telefônicas**, salvo, no último caso, **por ordem judicial**, nas hipóteses e na forma que a lei estabelecer **para fins de investigação criminal ou instrução processual penal**; **3:** correto. É o que determina o art. 102, I, "q", da CF; **4:** errado. De acordo com o art. 131, § 1º, da CF, a Advocacia-Geral da União tem por chefe o Advogado-Geral da União, de livre nomeação pelo Presidente da República dentre cidadãos maiores de trinta e cinco anos, de notável saber jurídico e reputação ilibada. O mencionado dispositivo não exige que a escolha seja feita entre os integrantes da carreira; 5: errado. De acordo com o art. 150, VI, "c", da CF, de fato, é vedado à União, aos Estados, ao Distrito Federal e aos Municípios: VI - instituir impostos sobre: c) patrimônio, renda ou serviços dos partidos políticos, inclusive suas fundações, das entidades sindicais dos trabalhadores, das instituições de educação e de assistência social, sem fins lucrativos, atendidos os requisitos da lei. Ocorre que o § 4º do mesmo dispositivo determina que **as vedações** expressas no inciso VI, alíneas "b" e "c", **compreendem somente o patrimônio, a renda e os serviços, relacionados com as finalidades essenciais das entidades** nelas mencionadas; 6: correto. Conforme dispõe o art. 23 do ADCT, é assegurado aos defensores públicos investidos na função até a data de instalação da Assembleia Nacional Constituinte o **direito de opção** pela carreira, com a observância das garantias e vedações previstas no art. 134, parágrafo único, da Constituição; 7: correto. É o que determina o art. 71, VI, da CF.

Gabarito 1E, 2E, 3C, 4E, 5E, 6C, 7C

(Procurador da Fazenda Nacional – 2007.2 – ESAF) Assinale, como única opção que contém a resposta correta, aquela que não corresponde a uma norma ou a um preceito normativo constante da parte permanente da Constituição Federal de 1988.

(A) "A revisão constitucional será realizada após cinco anos, contados da promulgação da Constituição, pelo voto da maioria absoluta dos membros do Congresso Nacional, em sessão unicameral."

(B) "As leis complementares serão aprovadas por maioria absoluta."

(C) "A lei disciplinará, com base no interesse nacional, os investimentos de capital estrangeiro, incentivará os reinvestimentos e regulará a remessa de lucros."

(D) "Em caso de relevância e urgência, o Presidente da República poderá adotar medidas provisórias, com força de lei, devendo submetê-las de imediato ao Congresso Nacional."

(E) "Todos têm direito ao meio ambiente ecologicamente equilibrado, bem de uso comum do povo e essencial à sadia qualidade de vida, impondo-se ao poder público e à coletividade o dever de defendê-lo e preservá-lo para as presentes e futuras gerações."

A: somente esta assertiva refere-se a dispositivo do ADCT, qual seja, o art. 3º; **B:** art. 69 da CF; **C:** art. 172 da CF; **D:** art. 62 da CF; **E:** art. 225 da CF.

Gabarito "A"

(Advogado da União/AGU – CESPE – 2012) Julgue o item seguinte, a respeito do ADCT.

(1) Dada a natureza jurídica das normas prescritas no ADCT, por meio delas podem ser estabelecidas exceções às regras constantes no corpo principal da CF.

1: Correta. De acordo com Pedro Lenza, "O ADCT, como o nome já induz (Ato das Disposições **Constitucionais** Transitórias), tem natureza de norma constitucional e poderá, portanto, trazer exceções às regras colocadas no corpo da Constituição. Assim como no corpo, encontramos regras (por exemplo, tratamento igual entre brasileiro nato e naturalizado, art. 12, § 2º) e exceções a essas regras (por exemplo, art. 12, § 3º, I, que reserva o cargo de Presidente da República somente para brasileiros natos), também o ADCT poderá excepcionar regras gerais do corpo, por apresentar a mesma natureza jurídica delas. Dessa forma, em razão de sua natureza constitucional, a alteração das normas do ADCT ou a inclusão de novas regras dependerão da manifestação do poder constituinte derivado reformador, ou seja, necessariamente por meio de emendas constitucionais" (Direito Constitucional Esquematizado, 2012, p. 171).

Gabarito 1C

(ADVOGADO – PETROBRÁS – 2001 – CESPE) Quanto ao direito constitucional, julgue os itens seguintes.

(1) Se o Ministério Público Federal estiver investigando crime financeiro alegadamente causado por dirigente de empresa prestadora de serviços à PETROBRAS, o procurador da República responsável pela investigação poderá, de acordo com o entendimento jurisprudencial acerca do sigilo bancário, requisitar, diretamente ao banco no qual a empresa mantinha conta corrente, os extratos bancários dela, com a finalidade de elucidar o delito.

(2) Considere a seguinte situação hipotética. O Congresso Nacional instalou comissão parlamentar de inquérito (CPI) com a finalidade de investigar fatos relativos à atuação empresarial da PETROBRAS. Apesar de a empresa colaborar com a comissão, esta, consensualmente, houve por bem realizar busca e apreensão de documentos na sede da companhia. Além disso, por entender que um dirigente da empresa estaria dificultando o trabalho de investigação, a CPI decidiu, por maioria absoluta de seus membros, expedir mandado de prisão preventiva contra aquela pessoa. Nessa situação, tanto a busca e apreensão quanto a decretação da prisão preventiva são atos válidos no âmbito da competência das CPIs, já que foram motivados e derivados do voto da maioria dos membros da comissão.

(3) A arguição de descumprimento de preceito fundamental (ADPF) foi recentemente regulamentada por lei ordinária como mais um instrumento do controle judicial de constitucionalidade, que ampliou as possibilidades deste; a legislação permite que a ADPF seja ajuizada em casos aos quais anteriormente não se aplicaria o controle concentrado de constitucionalidade, mas mantém restrições ao cabimento dela, como a necessidade de ser ajuizada exclusivamente no STF e a legitimidade ativa deferida unicamente àqueles entes e órgãos que já a possuíam para a ação direta de inconstitucionalidade.

(4) Ao organizar a Federação brasileira, a Constituição de 1988 apresenta normas que restringem a autonomia dos entes periféricos da estrutura federativa, como ocorre com os chamados princípios constitucionais sensíveis e os princípios constitucionais estabelecidos; no caso de ofensa a algum do primeiro grupo, pode a União até intervir no estado-membro ou no município.

(5) Se um empregado da PETROBRAS valer-se do emprego para locupletar-se ilegalmente, terá, em princípio, cometido ato de improbidade administrativa e, por isso, se sujeitará à ação judicial prevista para esses casos, a qual, se julgada procedente, poderá impor ao empregado ímprobo sanções de natureza civil, administrativa e política, sem prejuízo da aplicação cumulativa de pena eventualmente fixada em processo-crime; ainda que a ação por improbidade administrativa apresente grave nulidade em seu processamento, não caberá a concessão de *habeas corpus* para trancá-la.

1: incorreto, pois não se prescinde de decisão judicial para quebra de sigilo bancário (STF, RE 389.808, DJ 09/05/2011), ou seja, o membro do Ministério Público não pode requisitar esses dados diretamente ao banco, devendo fazer pedido judicial nesse sentido; **2:** incorreto, pois as Comissões Parlamentares de Inquérito, apesar de possuírem poderes investigatórios, não detém o poder de determinar buscas e apreensões e mandados de prisão (STF, MS 23.452, DJ 12/05/2000); **3:** correto (art. 1º, parágrafo único, inciso I, e art. 2º, § 1º, da Lei 9.882/99); **4:** incorreto, pois, embora a ofensa aos princípios sensíveis permita a intervenção da União(art. 34, inciso VII, da CF), esta somente poderá ocorrer nos Estados-membros e no Distrito Federal (art. 34, *caput*); **5:** correto, nos termos do art. 37, § 4º, da CF. Por outro lado, como as sanções civis por ato de improbidade administrativa não atingem a liberdade de locomoção, não é cabível a ação de *habeas corpus*.

Gabarito 1E, 2E, 3C, 4E, 5C

(ADVOGADO – CEF – 2001 – CESPE) Relativamente ao Poder Judiciário e à ordem econômica e financeira na Constituição da República, julgue os itens que se seguem.

(1) Se o presidente da República praticar ato ilícito e lesivo ao erário, qualquer cidadão poderá ajuizar ação popular com o fito de obter a reparação do dano, caso em que aquela autoridade deverá figurar no polo passivo da relação processual; essa circunstância, todavia, não fará a competência para o julgamento da ação ser do STF.

(2) Se um órgão público colegiado aprovar resolução com caráter normativo geral, disciplinando determinado dispositivo constitucional, mas o fizer contrariando a própria Constituição, essa resolução, embora tenha a forma de simples ato administrativo, poderá ser objeto de ação direta de inconstitucionalidade (ADIn), a ser julgada pelo STF.

(3) Considere a seguinte situação hipotética. Um empregado da Caixa Econômica Federal (CAIXA) ajuizou reclamação trabalhista, pleiteando determinados valores que entendeu merecer. O juiz do trabalho considerou que, naquele caso, havia determinados aspectos que envolviam a natureza de ente da administração pública federal da CAIXA e, por isso, reputou que a justiça federal seria a competente para julgar a ação. Em consequência, remeteu os autos para lá. O juiz federal que recebeu os autos discordou do juiz trabalhista e determinou a devolução dos autos para a vara que inicialmente recebera a ação. Nessa situação, o juiz federal equivocou-se, pois o caminho juridicamente correto seria a suscitação de conflito de competência, negativo no caso, e a remessa dos autos para que o Superior Tribunal de Justiça (STJ) o julgasse, pois esse é o tribunal competente em casos como o descrito.

(4) Os principais recursos de caráter excepcional são o recurso especial (REsp) e o recurso extraordinário (RE), de competências, respectivamente, do STJ e do STF; cabe ao REsp, basicamente, a tutela do direito federal infraconstitucional, ao passo que ao RE a Constituição atribui importante função no controle difuso de constitucionalidade. Por essa razão, o REsp não deve tratar de matéria constitucional e não pode, em consequência, servir como meio para o controle difuso de constitucionalidade.

(5) Considere a seguinte situação hipotética.

Dezenas de trabalhadores rurais sem-terra invadiram, em determinado estado da Federação, fazenda que o órgão público competente já reconhecera como improdutiva, a despeito de apresentar terras agricultáveis em toda a sua extensão. Devido às tensões sociais da área, o governador do estado decidiu desapropriar a fazenda, para nela realizar-se projeto de reforma agrária. Para tanto, baixou decreto e a unidade federada ajuizou ação de desapropriação. Nessa situação, desde que a referida unidade providenciasse o pagamento da indenização de forma prévia e justa, mediante títulos da dívida agrária, com garantia de preservação do valor real, e desde que as benfeitorias úteis e necessárias fossem pagas em dinheiro, o pedido da ação de desapropriação deveria ser julgado procedente.

1: correto, pois se trata de hipótese de cabimento da ação popular (art. 5º, inciso LXXIII, da CF), cujo regramento constitucional não estabelece hipótese de competência por prerrogativa de função, de modo que a ação é de competência da justiça comum federal (STF, PET 3.152 AgR, DJ 20/08/2004); **2:** correto, pois embora não se trate de lei em sentido estrito, tais resoluções podem ser consideradas atos normativos; **3:** correto, pois, ao declinar a competência, surgiu o conflito negativo, cuja solução compete ao STJ (art. 105, inciso I, alínea "d", da CF); **4:** incorreto, pois é possível o controle de constitucionalidade no âmbito do STJ em sede de recurso especial, sendo pacífica a Jurisprudência nesse sentido; 5: correto (art. 184, *caput*, e § 1º, da CF).

Gabarito 1C, 2C, 3C, 4E, 5C

2. Direito Administrativo

Wander Garcia, Henrique Subi e Flávia Moraes Barros

1. REGIME JURÍDICO ADMINISTRATIVO E PRINCÍPIOS DO DIREITO ADMINISTRATIVO

1.1. REGIME JURÍDICO ADMINISTRATIVO

(Procuradoria Distrital – 2007) Em relação ao conceito e evolução histórica do Direito Administrativo e ao conceito e abrangência da Administração Pública, selecione a opção correta.

(A) Na evolução do conceito de Direito Administrativo, surge a Escola do Serviço Público, que se desenvolveu em torno de duas concepções. Na concepção de Léon Duguit, o Serviço Público deveria ser entendido em sentido estrito, abrangendo toda a atividade material, submetida a regime exorbitante do direito comum, desenvolvida pelo Estado para a satisfação de necessidades da coletividade.

(B) Na busca de conceituação do Direito Administrativo encontra-se o critério da Administração Pública, segundo o qual, sinteticamente, o Direito Administrativo deve ser concebido como o conjunto de princípios que regem a Administração Pública.

(C) A Administração Pública, em sentido objetivo, deve ser compreendida como o conjunto das pessoas jurídicas e dos órgãos incumbidos do exercício da função administrativa do Estado.

(D) O conceito estrito de Administração Pública abarca os Poderes estruturais do Estado, sobretudo o Poder Executivo.

(E) Na evolução histórica do Direito Administrativo, encontramos a Escola Exegética, que tinha por objeto a interpretação das leis administrativas, a qual também defendia o postulado da carga normativa dos princípios aplicáveis à atividade da Administração Pública.

Vários critérios foram utilizados para tentar conceituar o Direito Administrativo. O primeiro foi o critério do "Poder" (o direito administrativo regula a autoridade estatal), que se seguiu aos critérios do "Serviço Público" (o direito administrativo regula os ***serviços públicos*** em geral – ***serviços públicos*** em sentido amplo, portanto), do "Poder Executivo" (o direito administrativo regula a atividade do Poder Executivo), das "Relações Jurídicas" (o direito administrativo regula as relações entre a Administração e os administrados), "Teleológico" (o direito administrativo regula a atividade do Estado para cumprir os seus fins) e ao critério da "Administração Pública". Neste critério, o Direito Administrativo é o conjunto de princípios que regem a Administração Pública. Trata-se do critério mais adotado entre os juristas, daí porque está correta a alternativa "B".

Gabarito "B"

(PROCURADOR DO ESTADO/MG – FUMARC – 2012) Quanto às prerrogativas do Estado, decorrentes do regime jurídico-administrativo, na ordem jurídico-positiva vigente, assinale a alternativa correta:

(A) Intimação pessoal dos Procuradores Estaduais em todos os processos em que o Estado for parte, exceto nos Juizados Especiais da Fazenda Pública Estadual.

(B) Reexame necessário de todas as sentenças proferidas em desfavor do Estado, ressalvadas aquelas proferidas no âmbito do Juizado Especial da Fazenda Pública Estadual.

(C) Possibilidade de revisão dos atos administrativos ilegais pela própria Administração, no exercício da autotutela, em qualquer tempo, porque deles não nascem legítimos direitos.

(D) Dispensa do adiantamento de despesas processuais, não podendo ainda a ausência de prévio recolhimento de multa fixada em agravo tido como inadmissível ou infundado (art. 557, § 2º do CPC) obstaculizar a interposição de qualquer outro recurso.

(E) Possibilidade de constituir os particulares em obrigações mediante atos unilaterais, somente passíveis de questionamento judicial quanto ao motivo, objeto e finalidade, por força do princípio da separação dos Poderes.

A: incorreta, pois os procuradores estaduais não têm direito de intimação pessoal, diferentemente dos membros do Ministério Público, que tem tal direito (art. 236, § 2º, do CPC); **B:** incorreta, pois o reexame necessário de fato não existe no Juizado Especial da Fazenda Pública, porém também não se dará nas ações em geral cujo valor não exceda 60 salários mínimos; **C:** incorreta, pois existe prazo decadencial para que a Administração Pública anule atos ilegais que beneficiam terceiros de boa-fé; na esfera federal esse prazo é de 5 anos (art. 54 da Lei 9.784/1999); no âmbito de cada estado-membro e de cada município há de se verificar a lei local sobre o assunto; na ausência de lei local sobre o assunto, aplica-se, por analogia, a lei federal mencionada; **D:** correta (art. 27 do CPC); **E:** incorreta, pois os requisitos *competência* e *forma* do ato administrativo sempre podem ser apreciados pelo Judiciário, por envolverem competência vinculada; porém, os requisitos motivo, objeto e finalidade podem ter uma parte vinculada e outra discricionária, sendo certo que o mérito que couber à Administração (ou seja, a margem de liberdade que ela tiver) não poderá ser revista pelo Judiciário.

Gabarito "D"

(Procurador do Município/Recife-PE – 2008 – FCC) A definição de regime jurídico administrativo remete ao conjunto de

(A) prerrogativas e sujeições conferidas à Administração Pública que lhe permitem escusar-se ao cumprimento do princípio da legalidade em prol da supremacia do interesse público.

(B) prerrogativas conferidas à Administração Pública, das quais são exemplos o poder expropriatório, a autotutela, a observância da finalidade pública e o princípio da moralidade administrativa.

(C) prerrogativas e sujeições conferidas à Administração Pública, que lhe permitem figurar, em alguns casos, em posição de supremacia em relação ao particular para atender o interesse público, e lhe obrigam a submeter-se a restrições em suas atividades.

(D) sujeições às quais está obrigada a Administração Pública, das quais são exemplos a obrigatoriedade de lançar mão do poder expropriatório, de rescindir contratos administrativos e de impor medidas de polícia.

(E) prerrogativas conferidas à Administração Pública para imposição de restrições aos administrados, em relação aos quais goza de supremacia sempre que pretender o sacrifício do interesse privado.

A: incorreta, pois a Administração não pode deixar de cumprir o princípio da legalidade; **B:** incorreta, pois o regime jurídico administrativo não é só o conjunto de *prerrogativas*; é também o conjunto de *sujeições*; ademais, a observância da finalidade pública e do princípio da moralidade são exemplos de sujeição e não de prerrogativas; **C:** correta, pois, de fato, o regime jurídico administrativo é o conjunto de *prerrogativas* (posição de supremacia em relação ao particular para atender o interesse público) e de *sujeições* (submissão a restrições em suas atividades); **D:** incorreta, pois o regime jurídico administrativo não é só o conjunto de *sujeições*; é também o conjunto de *prerrogativas*; ademais, os exemplos citados na alternativa não são de sujeições, mas de prerrogativas; **E:** incorreta, pois o regime jurídico administrativo não é só o conjunto de *prerrogativas*; é também o conjunto de *sujeições*; ademais, o gozo de supremacia não acontece SEMPRE, já que os poderes da Administração não são ilimitados, devendo respeitar, dentre outros, os direitos e garantias individuais.

Gabarito "C"

1.2. PRINCÍPIOS BASILARES DO DIREITO ADMINISTRATIVO (SUPREMACIA E INDISPONIBILIDADE)

(PROCURADOR DO ESTADO/RS – FUNDATEC – 2010) Relativamente ao princípio do interesse público, pode-se afirmar que

(A) é dotado de consistência autônoma já que ocorre um antagonismo entre o interesse público das partes e o interesse do todo.

(B) há uma relação íntima e indissociável entre o interesse público e os interesses individuais, de modo que o primeiro resulta do conjunto dos interesses que os indivíduos pessoalmente têm quando considerados na qualidade de membros da sociedade.

(C) os interesses públicos são insuscetíveis de serem defendidos pelos particulares individualmente mesmo quando lhes acarretem ônus ou gravames suportados isoladamente.

(D) todos os interesses do Estado podem ser qualificados como públicos.

(E) as prerrogativas inerentes à supremacia do interesse público sobre o interesse privado podem ser empregadas legitimamente para satisfazer os interesses secundários do Estado.

Celso Antônio Bandeira de Mello define interesse público como o "interesse resultante do conjunto dos interesses que os indivíduos pessoalmente têm quando considerados em sua qualidade de membros da Sociedade e pelo simples fato de o serem" (*Curso de Direito Administrativo*, São Paulo: Malheiros, p. 59). A efetiva existência de relação entre o interesse privado e o interesse público faz com que a alternativa "B" seja verdadeira, ficando afastadas as alternativas "a", "c" e "d". Quanto à alternativa "e", há de se lembrar que o interesse público pode ser primário (verdadeiro interesse público) ou secundário, interesse que diz respeito apenas à pessoa jurídica estatal (que não é verdadeiro interesse público), como o interesse de arrecadar mais tributos. O interesse público secundário só pode ser empregado legitimamente quando coincidir com o interesse público primário, de modo que a alternativa "e" é falsa.

Gabarito "B"

1.3. PRINCÍPIOS ADMINISTRATIVOS EXPRESSOS NA CONSTITUIÇÃO

(Procurador Distrital – 2014 – CESPE) Relativamente à compreensão principiológica do direito administrativo, julgue os itens subsequentes.

(1) No âmbito dos processos administrativos disciplinares, aplica-se a garantia da ampla defesa e do contraditório, ou seja, direito que o servidor tem à informação, à manifestação, à consideração dos argumentos apresentados e à participação obrigatória de advogado habilitado.

(2) Com fundamento no princípio da moralidade e da impessoalidade, o STF entende que, independentemente de previsão em lei formal, constitui violação à CF a nomeação de sobrinho da autoridade nomeante para o exercício de cargo em comissão, ainda que para cargo político, como o de secretário estadual.

(3) Em atendimento ao princípio da publicidade, a administração pública deve proporcionar ampla divulgação dos seus atos, e a lei regular o acesso dos usuários de serviço público a registros administrativos e a informações sobre atos de governo, observadas, no entanto, as restrições estabelecidas constitucionalmente quanto ao direito à intimidade e à segurança da sociedade e do Estado.

1: incorreta, pois as garantias mencionadas de fato existem, mas não há obrigatoriedade da presença de advogado, já que, de acordo com a Súmula Vinculante nº 5 do STF "a falta de defesa técnica por advogado no processo administrativo disciplinar não ofende a Constituição"; **2:** incorreta, pois o STF entende que a vedação ao nepotismo tem uma exceção, qual seja, no caso de nomeação de servidores para cargo de natureza política (AgRg na MC na Rcl 6.650-9/PR, Pleno, j. 16.10.2008, rel. Min. Ellen Gracie, *DJe* 21.11.2008); **3:** correta (art. 37, *caput* e § 3º, II, da CF/1988).

Gabarito 1E, 2E, 3C

(Procurador/DF – 2013 – CESPE) Julgue o seguinte item.

(1) Por força do princípio da legalidade, a administração pública não está autorizada a reconhecer direitos contra si demandados quando estiverem ausentes seus pressupostos.

1: certa, pois, ausentes os pressupostos legais autorizadores do reconhecimento de um direito, este, por óbvio não existe e não pode ser reconhecido.

Gabarito 1C

(Procurador do Estado/BA – 2014 – CESPE) Acerca do regime jurídico-administrativo e dos princípios jurídicos que amparam a administração pública, julgue os itens seguintes.

(1) O atendimento ao princípio da eficiência administrativa autoriza a atuação de servidor público em desconformidade com a regra legal, desde que haja a comprovação do atingimento da eficácia na prestação do serviço público correspondente.

(2) De acordo com a jurisprudência do Supremo Tribunal Federal (STF), a administração pública está obrigada a nomear candidato aprovado em concurso público dentro do número de vagas previsto no edital do certame, ressalvadas situações excepcionais dotadas das características de superveniência, imprevisibilidade e necessidade.

(3) Suponha que o governador de determinado estado tenha atribuído o nome de Nelson Mandela, ex-presidente da África do Sul, à escola pública estadual construída com recursos financeiros repassados mediante convênio com a União. Nesse caso, há violação do princípio da impessoalidade, dada a existência de proibição constitucional à publicidade de obras com nomes de autoridades públicas.

(4) A prerrogativa de presunção de veracidade dos atos da administração pública autoriza a aplicação de penalidade disciplinar a servidor público com base na regra da verdade sabida.

(5) Suponha que, em razão de antiga inimizade política, o prefeito do município X desaproprie área que pertencia à Cleide, alegando interesse social na construção de uma escola de primeiro grau. Nessa situação hipotética, a conduta do prefeito caracteriza desvio de poder.

1: incorreta, pois não se pode buscar a eficiência a qualquer custo. Esse princípio deve ser obedecido sem desconsiderar os demais, como o da legalidade, da moralidade e da publicidade; **2:** correta; a jurisprudência do STF entende que o candidato aprovado em concurso tem direito de ser nomeado no limite das vagas previstas no respectivo edital, uma vez que a Administração, ao estabelecer o número de vagas, vincula-se à essa escolha e cria expectativa nos candidatos, impondo-se as nomeações respectivas, em respeito aos princípios da boa-fé, razoabilidade, isonomia e segurança jurídica e seu aspecto subjetivo; vide, por exemplo, a didática decisão proferida pelo STF no RE 598.099; porém, o STF até admite que a Administração deixe de nomear os aprovados no limite das vagas do edital se houver ato motivado demonstrando a existência de fato novo que torne inviável a nomeação, atendendo aos seguintes requisitos:"i) superveniência, ou seja, vinculadas a fatos posteriores à publicação do edital; ii) imprevisibilidade, isto é, determinadas por circunstâncias extraordinárias; iii) gravidade, de modo a implicar onerosidade excessiva, dificuldade ou mesmo impossibilidade de cumprimento efetivo das regras editalícias; iv) necessidade, traduzida na ausência de outros meios, menos gravosos, de se lidar com as circunstâncias" (RE 598.099, Pleno, j. 10.08.2011, rel. Min. Gilmar Mendes, *DJe* 03.10.2011); **3:** incorreta, pois haveria violação a esse princípio caso Nelson Mandela fosse um político ou autoridade pública que tivesse atuação no País e estivesse vivo ainda; **4:** incorreta, pois a verdade sabida, que é aquela testemunhada ou conhecida inequivocamente pelo superior hierárquico, não é suficiente para a apenação de um servidor, sendo necessário dar a este direito de defesa, com respeito ao devido processo disciplinar; **5:** correta, pois o prefeito estará se valendo de um ato administrativo (desapropriação) para atender a fim diverso dele (no caso, atender ao interesse social), no caso, para fim de perseguição política, caracterizando o desvio de poder ou desvio de finalidade.

Gabarito 1E, 2C, 3E, 4E, 5C

(PROCURADOR DO ESTADO/MG – FUMARC – 2012) Assinale a alternativa INCORRETA:

(A) O princípio da impessoalidade, aplicado no âmbito da função administrativa do Estado, não tem valor absoluto, razão pela qual se admite, por exemplo, tratamento parcialmente diferenciado a micro e pequenas empresas em processos de licitação.

(B) O princípio da razoabilidade expressa noção jurídica correlata ao devido processo legal substantivo.

(C) O princípio da juridicidade, concebido para parte da doutrina como estágio evolutivo atual do princípio da legalidade, exige do administrador público atuação em conformidade não apenas com a lei, em sentido formal, mas com todo o direito.

(D) O princípio da publicidade poderá ter sua aplicação diferida no tempo nos casos em que a Constituição ou a lei admitir o sigilo.

(E) O princípio da eficiência fundamenta a informalidade ou o formalismo moderado dos atos administrativo de menor repercussão, mas que ficam sujeitos ao controle de resultados.

A: assertiva correta (arts. 42 a 49 da Lei Complementar 123/2006); **B:** assertiva correta; para a jurisprudência do STF, devido processo legal substancial (ou material) é a exigência de proporcionalidade (razoabilidade) das decisões, ao passo que o devido processo legal formal é o conjunto de garantias mínimas para que um processo seja constucionalmente devido; **C:** assertiva correta; mais do que respeitar a *legalidade estrita*, o que se espera hoje é que o administrador atenda ao *Direito* como um todo, ou seja, busque uma decisão de acordo com a *juridicidade* ou *legitimidade*, daí a ideia de que, mais do que o respeito ao princípio da legalidade, o administrador tem que respeitar o princípio da juridicidade; **D:** assertiva correta (art. 5º, XXXIII, da CF); **E:** assertiva incorreta, devendo ser assinalada; apesar de o princípio da eficiência estar de acordo com a eliminação das formalidades exageradas e que não colaboram com a busca da eficiência, não há que se falar em informalidade no Direito Administrativo.

Gabarito "E"

(Procurador do Estado/PB – 2008 – CESPE) O princípio da eficiência, introduzido expressamente na Constituição Federal (CF) na denominada Reforma Administrativa, traduz a ideia de uma administração

(A) descentralizada.

(B) informatizada.

(C) moderna.

(D) legalizada.

(E) gerencial.

De fato, há uma tendência, hoje, em fazer valer a ***administração gerencial*** (preocupada com o controle dos fins, dos resultados, com a eficiência), em contraposição à ***administração burocrática*** (preocupada com o controle dos meios).

Gabarito "E"

(Procurador do Estado/PR – 2007) Em relação aos princípios da Administração Pública, não é correto dizer:

(A) o princípio da autotutela diz respeito ao controle que a Administração Pública exerce sobre os próprios atos, anulando os ilegais e revogando os inconvenientes ou inoportunos;

(B) o princípio da impessoalidade determina que a Administração Pública não pode agir com a finalidade específica de favorecer ou prejudicar pessoas determinadas, devendo tratar a todos sem discriminações;

(C) o princípio da publicidade significa que todos os atos administrativos devem ser publicados, com exceção daqueles relacionados à segurança nacional ou à intimidade das pessoas;

(D) o princípio da moralidade administrativa assevera que a Administração e os administradores públicos devem agir de acordo com princípios éticos de lealdade e boa-fé;

(E) o princípio da eficiência, inserido no *caput* do art. 37 da Constituição Federal de 1988 por meio da Emenda Constitucional n. 19/1998, diz respeito tanto à atuação dos agentes públicos, que devem demonstrar bom desempenho e, consequentemente, bons resultados, quanto à própria estruturação da Administração Pública, a fim de que o serviço público seja prestado da melhor forma possível.

A: está correta (art. 53 da Lei 9.784/1999 e Súmula 473 do STF); **B:** está correta, pois uma das consequências do princípio da impessoalidade é o tratamento igualitário às pessoas; **C:** está incorreta, por isso é a alternativa a ser considerada; há mais exceções ao princípio da publicidade (vide, p. ex., o art. 5º, LX, da CF e os arts. 4º, III, e 21 a 31 da Lei 12.527/2011); **D:** está correta, dispensando maiores comentários; **E:** está correto; de fato o princípio impõe eficiência aos agentes públicos e à administração pública com um todo.

Gabarito "C"

(PROCURADOR DO ESTADO/RS – FUNDATEC – 2010) Em relação aos princípios constitucionais aplicáveis à Administração Pública, é correto dizer que:

(A) O princípio da legalidade está assentado na estrutura do Estado de Direito, consagra a ideia de que a Administração Pública só pode ser exercida em conformidade com a lei e, além disso, tem previsão implícita na Constituição Federal.

(B) O princípio da finalidade impõe que o administrador público, ao exercer as competências postas a seu encargo, aja com rigorosa obediência aos fins propostos e que o princípio tem autonomia frente ao princípio da legalidade.

(C) O princípio da proporcionalidade consagra a ideia de que as competências administrativas só podem ser validamente exercidas na extensão e na intensidade correspondentes ao que seja realmente demandado para atingir a finalidade de interesse público a que estão atreladas.

(D) O princípio da eficiência, previsto implicitamente na Constituição Federal, impõe à Administração Pública o exercício de suas atribuições com rapidez, perfeição e resultados melhores.

(E) O princípio da publicidade permite a dispensa da publicação do ato administrativo no Diário Oficial, quando o particular interessado tenha sido notificado sobre o referido ato que lhe seja pertinente.

A: incorreta, pois a previsão do princípio da legalidade é expressa na Constituição (art. 37, *caput*, da CF); **B:** incorreta, pois a finalidade não tem autonomia em relação à legalidade; pelo contrário, deve-se buscar a finalidade objetivada pela *lei*; **C:** correta, pois a ideia é que haja uma relação de adequação entre *meios* e *fins*; **D:** incorreta, pois a previsão do princípio da eficiência é expressa na Constituição (art. 37, *caput*, da CF); **E:** incorreta, pois a publicidade não é exigência que tem por finalidade única atender às partes de um processo administrativo, mas sim uma exigência que tem por escopo também permitir que os administrados como um todo possam tomar conhecimento dos atos praticados pela Administração.

Gabarito "C"

(Procurador do Estado/SC – 2010 – FEPESE) Assinale a alternativa **incorreta**, no que se refere aos princípios que regem a Administração Pública.

(A) A nomeação de parente para prover cargo público em comissão, de livre nomeação e exoneração, não afronta qualquer princípio administrativo, desde que preenchidos os requisitos legais.

(B) O Tribunal de Contas é um dos órgãos responsáveis pela fiscalização do princípio da economicidade.

(C) A exigência de concurso público de provas ou de provas e títulos para o acesso a cargo e emprego público é decorrência do princípio da impessoalidade.

(D) O contraditório e a ampla defesa são princípios que devem ser observados pela Administração Pública.

(E) A possibilidade de formalização de contrato de gestão e a instituição de organizações sociais e agências executivas consagram o princípio da eficiência.

A: assertiva incorreta, devendo ser assinalada. A nomeação de parente, até o 3º grau inclusive, para cargo em comissão, fere o princípio da moralidade, e está vedada em todos os poderes, conforme o disposto na Súmula Vinculante n. 13 do STF; **B:** assertiva correta (art. 70, *caput*, c/c art. 71, *caput*, da CF); **C:** assertiva correta, pois o princípio do concurso público possibilita que haja mais respeito à isonomia (um dos deveres da impessoalidade), evitando nomeações fundadas na amizade e na mera indicação; **D:** assertiva correta (art. 5º, LV, da CF); **E:** assertiva correta, valendo salientar que a figura do contrato de gestão foi introduzida na Constituição Federal exatamente quando da inserção do princípio da eficiência na Constituição, o que se deu pela EC 19/1998 (art. 37, § 8º, da CF).

Gabarito "A"

(Procurador do Estado/SP – VUNESP – 2005) Assinale a alternativa incorreta.

(A) O regime jurídico-administrativo é marcado pela existência de prerrogativas que dão à Administração posição de supremacia perante o particular e sujeições que limitam a atividade administrativa.

(B) O princípio da especialidade significa que, uma vez criada uma entidade administrativa, seus administradores poderão se afastar dos objetivos definidos na lei, desde que busquem a consecução do interesse público.

(C) A autotutela é uma prerrogativa atribuída à Administração Pública que torna possível a anulação dos atos ilegais e a revogação dos inoportunos.

(D) Não existe hierarquia entre os entes da Administração Indireta e os da Administração Direta.

(E) O ente descentralizado tem o direito de exercer com independência o serviço que lhe foi outorgado, opondo-se até mesmo à pessoa política instituidora.

A: correta, sendo que as *prerrogativas* decorrem do princípio da supremacia do interesse público sobre o interesse privado, ao passo que as *sujeições* decorrem do princípio da indisponibilidade do interesse público; **B:** incorreta, pois o princípio da legalidade impede que qualquer administrador se afaste dos objetivos da lei; **C:** correta, valendo salientar que o princípio da autotutela está previsto na Súmula 473 do STF e no art. 53 da Lei 9.784/1999; **D:** correta, pois, no caso, há *controle* (*tutela* ou *supervisão ministerial*) e não *hierarquia*; entre pessoas jurídicas fala-se em *controle*, ao passo que entre órgãos fala-se em *hierarquia*; **E:** correta, pois a pessoa jurídica tem autonomia dentro da sua competência; a pessoa política instituidora só pode controlar os atos da instituída que desbordarem da finalidade para a qual a pessoa jurídica foi criada e nas estritas hipóteses previstas na lei.

Gabarito "B"

(Procurador do Município/Recife-PE – 2008 – FCC) A atuação da Administração Pública é informada por princípios, em relação aos quais se pode afirmar que

(A) os princípios aplicáveis são exclusivamente aqueles constantes do artigo 37 da Constituição Federal, quais sejam, legalidade, impessoalidade, moralidade administrativa, publicidade e eficiência.

(B) o princípio da legalidade é princípio fundamental, que somente pode ser excepcionado quando da utilização do poder discricionário.

(C) o princípio da legalidade é princípio fundamental, somente podendo ser excepcionado pela aplicação do princípio da supremacia do interesse público.

(D) o princípio da moralidade, embora constitucionalmente assegurado, traduz-se secundário, somente podendo ser aplicado concomitantemente com outro princípio.

(E) o princípio da eficiência destina-se a garantir o alcance dos melhores resultados na prestação do serviço público, mas não pode, para tanto, se sobrepor ao princípio da legalidade.

A: incorreta, pois há outros princípios previstos na lei, como o da motivação, da razoabilidade, da segurança jurídica, dentre outros (art. 2º, *caput*, da Lei 9.784/1999); B e **C:** incorretas, pois em hipótese alguma é possível que a Administração deixe de obedecer ao princípio da legalidade, valendo lembrar que a noção do que é ou não é de interesse público é estabelecida ou indicada justamente na lei; **D:** incorreta, pois esse princípio pode e deve ser aplicado de maneira independente dos demais princípios; **E:** correta, pois a pretexto de garantir a eficiência não se pode deixar de lado o cumprimento da lei, ou seja, a obediência ao princípio da legalidade.

Gabarito "E"

(Procurador da Fazenda Nacional – 2003 – ESAF) A distinção entre a lei formal e a lei material está na presença ou não do seguinte elemento:

(A) generalidade

(B) novidade

(C) imperatividade

(D) abstração

(E) normatividade

Em apertada síntese, lei em sentido formal é todo ato normativo que passou pelo regular processo legislativo (aprovação pelo Poder Legislativo e sanção do Chefe do Poder Executivo), enquanto lei material pode ser entendida como qualquer ato normativo dotado de generalidade e abstração, ainda que não emanado do Poder Legislativo. Analisando as alternativas: a lei material deve ser genérica e a lei formal pode sê-lo, portanto não é possível indicar a generalidade como elemento diferenciador. A imperatividade é ínsita a qualquer ato normativo, presente, portanto, nas duas espécies analisadas. Novamente, a lei material é necessariamente abstrata, ao passo que a lei formal pode ser abstrata ou concreta (como a lei orçamentária, por exemplo), logo não é elemento diferenciador a abstração. Normatividade, tal qual a abstração, é atributo sempre presente nas leis materiais e facultativo nas leis formais (normativo é a regra de conduta geral e abstrata). Resta, então, a novidade, no sentido de que leis em sentido meramente material, por não terem passado pelo processo legislativo constitucional, não podem inovar no ordenamento jurídico. Portanto, a novidade é característica exclusiva das leis formais.

Gabarito "B"

(ADVOGADO – BNDES – 2006 – CESGRANRIO) A doutrina aponta como restrições excepcionais ao princípio da legalidade:

I. as normas contidas nas medidas provisórias;

II. o estado de defesa;

III. o estado de sítio.

Está(ão) correta(s):

(A) II, apenas.

(B) III, apenas.

(C) I e II, apenas.

(D) I e III, apenas.

(E) I, II e III.

As três afirmações estão corretas, pois, nos três casos, o princípio da legalidade estrita ou reserva legal sofre mitigação.

Gabarito "E"

(ADVOGADO – CEF – 2006 – CESPE) Acerca dos princípios constitucionais do direito administrativo brasileiro, julgue os itens subsequentes.

(1) Ato normativo emanado do Conselho Nacional de Justiça prevendo regras que vedam a prática do nepotismo no Poder Judiciário atende a um só tempo o princípio da moralidade, da impessoalidade e da eficiência da administração pública.

(2) A regra segundo a qual o Poder Judiciário não pode imiscuir-se no mérito do ato administrativo tem sido cada vez mais flexibilizada, para assegurar, de modo mais efetivo, a verificação da legalidade dos atos administrativos, ainda que se trate de ato discricionário.

(3) Quando se tratar de informação que visa subsidiar procedimento administrativo instaurado em defesa do patrimônio público, instituição financeira não pode negar, sob pena de ofensa ao princípio da publicidade, informações relativas a nomes de beneficiários de empréstimos concedidos pela instituição que envolvam recursos subsidiados pelo erário federal, sob invocação do sigilo bancário.

1: correta, pois a contratação de parentes pode por em risco a moralidade (uso do poder para benefício próprio), a impessoalidade (uso de poder para contratar pessoas próximas em detrimento de outros interessados em trabalhar na Administração) e a eficiência (uso do poder para contratar pessoas que muitas vezes não prezam pela competência e que são contratadas só porque são parentes da autoridade nomeante ou de outra autoridade da Administração); **2:** correta, pois os atos discricionários não são imunes ao controle jurisdicional; é possível que o Judiciário controle aspectos de legalidade desse ato, bem como aspectos relacionados à razoabilidade a à moralidade: **3:** correta, desde que a quebra de sigilo se dê por decisão judicial ou por decisão proferida em CPI, não sendo possível que a requisição seja feita diretamente pelo órgão público lesado, pela polícia ou por órgão do Ministério Público.

Gabarito 1C, 2C, 3C

(ADVOGADO – ANATEL – 2009 – CESPE) O presidente de um tribunal de justiça estadual tem disponível no orçamento do tribunal a quantia de R$ 2.000.000,00 para pagamento de verbas atrasadas dos juízes de direito e desembargadores. Cada juiz e desembargador faz jus, em média, a R$ 130.000,00. Ocorre que o presidente da Corte determinou, por portaria publicada no Diário Oficial, o pagamento das verbas apenas aos desembargadores, devendo os juízes de direito aguardar nova disponibilização de verba orçamentária para o pagamento do que lhes é devido. O presidente fundamentou sua decisão de pagamento inicial em razão de os desembargadores estarem em nível hierárquico superior ao dos juízes. Irresignados, alguns juízes pretendem ingressar com ação popular contra o ato que determinou o pagamento das verbas aos desembargadores. Considerando a situação hipotética acima apresentada, julgue os itens subsequentes, acerca do controle e dos princípios fundamentais da administração pública.

(1) A decisão do presidente do tribunal de justiça violou o princípio da impessoalidade, na medida em que esse princípio objetiva a igualdade de tratamento que o administrador deve dispensar aos administrados que se encontrarem em idêntica situação jurídica.

(2) Respeitado o princípio da publicidade, uma vez que a decisão do presidente que determinou o pagamento aos desembargadores foi publicada mediante portaria no Diário Oficial, é correto afirmar que, em consequência, os princípios da moralidade e legalidade não foram violados.

(3) Mesmo sendo a hipótese de cabimento de ação popular, a associação de juízes que se sentiu lesada com o ato do presidente do tribunal tem legitimidade para propor esse tipo de ação.

1: correta; primeiro porque não existe subordinação hierárquica entre desembargadores em geral e juízes em geral; segundo porque, mesmo que existisse, esse fato não pode gerar privilégios não previstos em lei em favor dos desembargadores, sob pena de violação ao princípio da igualdade, um dos aspectos do princípio da impessoalidade; **2:** incorreta; há violação ao princípio da moralidade, pois não é ético privilegiar determinados agentes públicos em detrimento de outros; e há violação ao princípio da legalidade, pois não há lei autorizando esse tipo de discriminação; **3:** incorreta, pois a associação de juízes não tem legitimidade para propor ação popular, cuja legitimidade ativa é exclusiva do cidadão; a associação poderá promover mandado de segurança coletivo ou ação civil pública no caso.

Gabarito 1C, 2E, 3E

(ADVOGADO – ANATEL – 2009 – CESPE) Julgue o item abaixo, relativo aos poderes e deveres do administrador público.

(1) Governadores de estado devem obrigatoriamente observar o princípio da moralidade pública na prática de atos discricionários.

1: correta; aliás, todo e qualquer agente público no exercício de competência discricionária há de observar o princípio da moralidade pública, sem prejuízo da observância de outros princípios, como da legalidade e da razoabilidade.

Gabarito 1C

1.4. PRINCÍPIOS ADMINISTRATIVOS EXPRESSOS EM OUTRAS LEIS OU IMPLÍCITOS

(Procurador/DF – 2013 – CESPE) Julgue o seguinte item.

(1) Constitui exteriorização do princípio da autotutela a súmula do STF que enuncia que "A administração pode anular seus próprios atos, quando eivados dos vícios que os tornam ilegais, porque deles não se originam direitos; ou revogá-los, por motivo de conveniência e oportunidade, respeitados os direitos adquiridos, e ressalvada, em todos os casos, a apreciação judicial".

1: certa, valendo salientar que o princípio da autotutela também está previsto no art. 53 da Lei 9.784/1999.

Gabarito 1C

(Procurador do Estado/PE – CESPE – 2009) No que se refere aos princípios e poderes da administração pública, assinale a opção correta.

(A) De acordo com o princípio da impessoalidade, é possível reconhecer a validade de atos praticados por funcionário público irregularmente investido no cargo ou função, sob o fundamento de que tais atos configuram atuação do órgão e não do agente público.

(B) O princípio da hierarquia é aplicável quando o Estado cria pessoas jurídicas públicas administrativas, como forma de descentralizar a prestação de serviços públicos.

(C) O princípio da boa-fé está previsto expressamente na CF e, em seu aspecto subjetivo, corresponde à conduta leal e honesta do administrado.

(D) O poder disciplinar, que confere à administração pública a tarefa de apurar a prática de infrações e de aplicar penalidades aos servidores públicos, não tem aplicação no âmbito do Poder Judiciário e do MP, por não haver hierarquia quanto ao exercício das funções institucionais de seus membros e quanto ao aspecto funcional da relação de trabalho.

(E) Na administração pública, a hierarquia constitui elemento essencial, razão pela qual não é possível a distribuição de competências dentro da organização administrativa mediante a exclusão da relação hierárquica quanto a determinadas atividades.

A: correta, pois o princípio da impessoalidade tem três aspectos, quais sejam, i) dever de respeito à igualdade, ii) imputação dos atos dos agentes públicos diretamente à Administração (Teoria do Órgão) e iii) respeito à finalidade; o segundo aspecto do princípio justifica a afirmativa feita; **B:** incorreta, pois a hierarquia se dá de *órgão para órgão*, dentro de uma mesma pessoa jurídica; no caso, temos poder de uma *pessoa jurídica sobre outra pessoa jurídica*, de modo que há *controle* ou *tutela*, e não *hierarquia*; **C:** incorreta, pois esse princípio não está previsto expressamente na CF; ademais, o princípio da boa-fé deve ser visto em sua concepção objetiva, ou seja, relacionada à ética, e não em sua concepção subjetiva, pois esta diz respeito à boa-fé segundo a concepção particular de cada um; **D:** incorreta, pois todos os poderes têm sua Administração Pública, inclusive o Poder Judiciário; e tanto no Judiciário como no Ministério Público há subordinação administrativa, que se revela em situações como deferimento de férias, promoções, remoções e também no poder disciplinar sobre os membros desses órgãos; **E:** incorreta, pois a delegação de competência poderá, em determinadas situações, excluir a relação hierárquica entre dois órgãos ou agentes públicos, como na delegação da específica competência que gerava a relação de hierarquia entre o delegante e o delegatário.

Gabarito "A"

(Procuradoria Distrital – 2007) No que tange aos princípios expressos e implícitos consagrados no Direito Administrativo brasileiro, está correto asseverar que:

(A) à luz do Princípio da Motivação, a validade do ato administrativo independe do caráter prévio ou da concomitância da motivação pela autoridade que o proferiu com relação ao momento da prática do próprio ato.

(B) o denominado interesse secundário do Estado, na lição de Celso Antônio Bandeira de Mello, não se insere na categoria dos interesses públicos propriamente ditos.

(C) na esfera administrativa, o sigilo, como exceção ao princípio da publicidade, é inadmissível ante a existência de preceito constitucional expresso que veda sua adoção pela Administração Pública.

(D) o Princípio da Finalidade prescreve que a Administração Pública detém a faculdade de alvejar a finalidade normativa, isto porque o princípio em questão é inerente ao princípio da legalidade.

(E) em face da sistemática constitucional do Estado brasileiro, regido que é pelo fundamento do Estado Democrático de Direito, a plenitude da vigência do princípio da legalidade (art. 37, *caput*, da CF) não pode sofrer constrição provisória e excepcional.

A: está incorreta, pois a validade do ato administrativo depende sim da motivação, que deve ser prévia ou contemporânea à prática do ato; **B:** está correta, pois Celso Antônio Bandeira de Mello assevera que "uma vez reconhecido que os interesses públicos correspondem à dimensão pública dos interesses individuais (...), põe-se a nu a circunstância de que não existe coincidência necessária entre interesse público e interesse do Estado e demais pessoas de Direito Público"; **C:** está incorreta, pois há casos em que se admite o sigilo (vide, p. ex., o art. 5º, LX, da CF e os arts. 4º, III, e 21 a 31 da Lei 12.527/2011); **D:** incorreta, pois pelo princípio da finalidade, a Administração não tem a faculdade de buscar a finalidade normativa, mas sim o dever de buscar a finalidade da lei; **E:** incorreta, pois há exceções ao princípio da legalidade (exs: arts. 84, VI, e 137 e ss., ambos da CF).

Gabarito "B"

(Procurador do Estado/RR – 2006 – FCC) Em relação aos princípios constitucionais aplicáveis à Administração Pública é correto afirmar que o princípio da

(A) supremacia do interesse público é hierarquicamente superior aos demais, devendo ser aplicado sempre que houver embate entre direito público e direito privado.

(B) publicidade dispensa publicação no Diário Oficial do Estado, desde que o particular interessado tenha sido notificado sobre o ato administrativo que lhe seja pertinente.

(C) autotutela abrange a faculdade que possui a Administração Pública de rever seus próprios atos.

(D) moralidade administrativa, embora previsto de forma individualizada na Constituição Federal, somente é aplicável à Administração Pública quando o ato praticado revestir-se de ilegalidade.

(E) eficiência autoriza a mitigação do princípio da legalidade sempre que houver necessidade de privilegiar o alcance de melhores resultados na prestação de serviços públicos.

A: está incorreta, pois não se reconhece haver hierarquia entre esse princípio e os demais; **B:** está incorreta, pois o princípio da publicidade é uma garantia não só para os interessados diretamente numa dada decisão do Estado, mas também para o cidadão, que tem direito de saber sobre as decisões estatais; **C:** está correta (art. 53 da Lei 9.784/1999 e Súmula 473 do STF); **D:** está incorreta, pois a análise da moralidade do ato independe do resultado da análise da legalidade desse mesmo ato; **E:** incorreta, pois deve-se buscar a eficiência respeitando, sempre, a lei.

Gabarito "C"

(Procurador do Município/Florianópolis-SC – 2010 – FEPESE) Analise as afirmativas abaixo: Em relação aos princípios administrativos:

1. O princípio da autotutela diz respeito ao controle que a administração direta exerce sobre as entidades da administração indireta.
2. O princípio da finalidade assevera que os atos e os provimentos administrativos são imputados ao órgão ou à entidade administrativa em nome do qual o servidor age.
3. Segundo o princípio da legalidade, a administração pública só pode fazer o que a lei autoriza.

Assinale a alternativa que indica todas as afirmativas **corretas**.

(A) É correta apenas a afirmativa 2.

(B) É correta apenas a afirmativa 3.

(C) São corretas apenas as afirmativas 1 e 2.

(D) São corretas apenas as afirmativas 2 e 3.

(E) São corretas as afirmativas 1, 2 e 3.

1: incorreta, pois o princípio definido na afirmativa é o do controle, tutela ou supervisão ministerial; **2:** incorreta, pois essa imputação decorre do princípio da impessoalidade, que tem três facetas, quais sejam, a descrita na afirmativa, o dever de respeito à igualdade e o dever de respeito à finalidade; **3:** correta, pois, sem a lei, a Administração Pública está de mãos atadas.

Gabarito "B"

(Procurador do Município/Teresina-PI – 2010 – FCC) Princípios da Administração Pública.

I. Dos princípios da legalidade e da indisponibilidade do interesse público decorre, dentre outros, o da especialidade, concernente à ideia de desconcentração administrativa.

II. O princípio da presunção de legitimidade ou de veracidade dos atos administrativos trata de presunção relativa, sendo o efeito de tal presunção o de inverter o ônus da prova.

III. Como decorrência do princípio da autotutela, a Administração Pública direta fiscaliza as atividades exercidas pelos entes da Administração indireta.

IV. A motivação, em regra, não exige formas específicas, podendo ser ou não concomitante com o ato, além de ser feita, muitas vezes, por órgão diverso daquele que proferiu a decisão.

SOMENTE estão corretas as assertivas

(A) II e IV.

(B) I e II.

(C) I e III.

(D) I e IV.

(E) II e III.

I: incorreta. Há dois princípios basilares do Direito Administrativo, quais sejam, o da supremacia do interesse público e o da indisponibilidade do interesse público. Os demais princípios decorrem desses dois. O princípio da legalidade, por exemplo, decorre do princípio da indisponibilidade do interesse público; **II:** correta, pois o ato administrativo tem, de fato, uma presunção relativa de veracidade e legalidade, ficando o ônus da prova da falsidade ou ilegalidade do ato administrativo, a cargo do particular; **III:** incorreta, pois essa fiscalização tem o nome de controle, tutela ou supervisão ministerial; IV: correta, pois não há, como regra, forma específica para a motivação; ela também pode ser feita concomitantemente ou não com o ato; neste último caso, faz-se necessário que seja prévia à prática do ato, e nunca posterior à prática deste; por fim, é possível que a autoridade que pratica o ato promova a motivação mediante a concordância com fundamentos de anteriores manifestações formuladas por órgão ou pessoa diversa (art. 50, § 1°, da Lei 9.784/1999).

Gabarito "A"

Ora, um Estado funcionalmente eficiente demanda um Direito Público que privilegie, por sua vez, a funcionalidade. Um Direito Público orientado por uma teoria funcional da eficiência. (...) A administração privada é sabidamente livre para perseguir as respectivas finalidades a que se proponha e, assim, a falta de resultados não traz repercussões outras que as decorrentes das avenças privadas, como ocorre, por exemplo, nas relações societárias. Distintamente, a administração pública está necessariamente vinculada ao cumprimento da Constituição e, por isso, os resultados devem ser alcançados, de modo que se não o forem, salvo cabal motivação da impossibilidade superveniente, está-se diante de uma violação praticada pelo gestor público, pois aqui existe relevância política a ser considerada.

Diogo de Figueiredo Moreira Neto. **Quatro paradigmas do direito administrativo pós-moderno**.Belo Horizonte: Ed.Fórum,2008, p.110-11(com adaptações).

(Advogado da União/AGU – CESPE – 2009) Considerando o texto acima e com base nos princípios que regem a administração pública, julgue os próximos itens.

(1) Com base no princípio da eficiência e em outros fundamentos constitucionais, o STF entende que viola a Constituição a nomeação de cônjuge, companheiro ou parente em linha reta, colateral ou por afinidade, até o terceiro grau, inclusive, da autoridade nomeante ou de servidor da mesma pessoa jurídica investido em cargo de direção, chefia ou assessoramento, para o exercício de cargo em comissão ou de confiança ou, ainda, de função gratificada na administração pública direta e indireta em qualquer dos poderes da União, dos estados, do Distrito Federal e dos municípios, compreendido o ajuste mediante designações recíprocas.

(2) Segundo o STF, a falta de defesa técnica por advogado, no âmbito de processo administrativo disciplinar, não ofende a CF. Da mesma forma, não há ilegalidade na ampliação da acusação a servidor público, se, durante o processo administrativo, forem apurados fatos novos que constituam infração disciplinar, desde que rigorosamente observados os princípios do contraditório e da ampla defesa. O referido tribunal entende, também, que a autoridade julgadora não está vinculada às conclusões da comissão de processo administrativo disciplinar.

(3) Considere que Platão, governador de estado da Federação, tenha nomeado seu irmão, Aristóteles, que possui formação superior na área de engenharia, para o cargo de secretário de estado de obras. Pressupondo-se que Aristóteles atenda a todos os requisitos legais para a referida nomeação, conclui-se que esta não vai de encontro ao posicionamento adotado em recente julgado do STF.

1: correta (Súmula Vinculante/STF n. 13); **2:** correta (Súmula Vinculante/STF n. 5); **3:** correta, pois o STF entende que a Súmula Vinculante n. 13 não se aplica quando há nomeação de parente para cargo de secretário municipal, secretário estadual e ministro de Estado; aliás, por conta desse entendimento, vem se entendendo que outros cargos de natureza política (ex.: Diretor de Tribunal e Diretor de Casa Legislativa) também possibilitam nomeação sem respeito à súmula vinculante.

Gabarito 1C, 2C, 3C

(Procurador da Fazenda Nacional – 2007.2 – ESAF) Analise os itens a seguir e marque com (V) a assertiva verdadeira e com (F) a falsa, assinalando ao final a opção correspondente.

I. A expressão Administração Pública, em sentido formal, designa a natureza da atividade exercida pelos referidos entes, sendo a própria função administrativa; e, no sentido material, designa os entes que exercem a atividade administrativa, compreendendo pessoas jurídicas, órgãos e agentes públicos incumbidos de exercer uma das funções em que se triparte a atividade estatal: a função administrativa.

II. Considerando os princípios expressos e implícitos componentes do regime jurídico-administrativo no Direito Brasileiro, a Lei n. 9.874/1999 arrola os princípios da legalidade; finalidade; motivação; razoabilidade; proporcionalidade; moralidade; ampla defesa; contraditório; segurança jurídica; interesse público e eficiência.

III. Considerando o princípio da Supremacia do Interesse Público, verifica-se que o ordenamento jurídico brasileiro ao expressamente prever o interesse público dispõe que ao observar o atendimento a fins de interesse geral, a autoridade administrativa está autorizada a renunciar total ou parcialmente os poderes ou competências, não necessitando de autorização legal para fazê-lo.

IV. Considerando o princípio da Motivação, a Constituição Federal prevê a exigência de motivação apenas para as decisões administrativas dos Tribunais e do Ministério Público.

V. O agente de fato, ao exercer funções dentro da Administração, não tem direito à percepção de remuneração visto que ilegítima sua investidura.

(A) V, V, F, V, V

(B) V, F, F, F, F

(C) F, F, V, F, V

(D) F, V, F, V, F

(E) V, V, V, F, F

I: é falsa, pois houve inversão dos conceitos; Administração Pública em sentido formal diz respeito às pessoas, órgãos e agentes públicos; e em sentido material diz respeito à função administrativa; **II:** é verdadeira, conforme art. 2º, *caput*, da Lei 9.784/1999; **III:** é falsa, pois, além da supremacia do interesse público, também é princípio basilar da administração pública o da indisponibilidade do interesse público, de modo que a autoridade não está autorizada a renunciar a poderes ou competências; IV: é verdadeira, pois a CF só prevê expressamente o dever de motivação nesses dois casos (arts. 93, X, c/c 129, § 4º, ambos da CF); de qualquer forma, segundo a doutrina, o princípio da motivação está implícito na CF, pois decorre da própria ideia de República, e está expresso no art. 2º da Lei 9.784/1999; V: falsa, pois o agente de fato, enquanto estiver de boa-fé, tem direito à remuneração que tiver recebido, não cabendo ação de repetição de indébito, sob pena de enriquecimento sem causa por parte da administração.

Gabarito "D"

(ADVOGADO – BNDES – 2010 – CESGRANRIO) O princípio da proporcionalidade, acolhido pelo direito constitucional brasileiro, compreende os seguintes subprincípios:

(A) legalidade, moralidade e necessidade.

(B) legalidade, moralidade e impessoalidade.

(C) legalidade, impessoalidade e proporcionalidade em sentido estrito.

(D) adequação, necessidade e proporcionalidade em sentido estrito.

(E) adequação, necessidade e moralidade.

O princípio da proporcionalidade decorre de três pilares: a) adequação (eficácia do meio escolhido); b) necessidade (uso do meio menos restritivo); c) proporcionalidade em sentido estrito (ponderação entre os benefícios alcançados com o ato e os danos por ele causados). Assim, apenas a alternativa "d" está correta.

Gabarito "D"

(ADVOGADO – PETROBRÁS – 2008 – CESGRANRIO) "A Administração Pública pode declarar a nulidade de seus próprios atos." (Súmula n. 346 do Supremo Tribunal Federal) Que princípio da Administração Pública reflete a súmula acima transcrita?

(A) Supremacia do interesse público

(B) Autoexecutoriedade

(C) Impessoalidade

(D) Razoabilidade

(E) Autotutela

Trata-se do princípio da autotutela, expresso também na Súmula 473 do STF e no art. 53 da Lei 9.784/1999.

Gabarito "E"

(ADVOGADO – PETROBRÁS TRANSP. – 2006 – CESGRANRIO) Segundo os ensinamentos de Hely Lopes Meirelles, aquele princípio pelo qual "o administrador público está, em toda a sua atividade funcional, sujeito aos mandamentos da lei e às exigências do bem comum, e deles não se pode afastar ou desviar, sob pena de praticar ato inválido" (*Direito Administrativo Brasileiro*, 30 Ed., Ed. Malheiros, 2005) denomina-se:

(A) finalidade.

(B) legalidade.

(C) publicidade.

(D) razoabilidade.

(E) proporcionalidade.

A sujeição "aos mandamentos da lei" é dever imposto pelo princípio da legalidade.

Gabarito "B"

(ADVOGADO – EPE – 2007 – CESGRANRIO) *Na Administração Pública não há liberdade nem vontade pessoal. Enquanto na administração particular é lícito fazer tudo que a lei não proíbe, na Administração Pública só é permitido fazer o que a lei autoriza. A lei para o particular significa* ***'pode fazer assim'****; para o administrador público significa 'deve fazer assim'.*

MEIRELLES, Hely Lopes. **Direito Administrativo Brasileiro**. Ed. Malheiros. 26ª Edição. 2001. p. 82.

Que Princípio Fundamental da Administração Pública descreve o texto acima transcrito?

(A) Impessoalidade.

(B) Razoabilidade.

(C) Moralidade.

(D) Legalidade.

(E) Motivação.

Trata-se do princípio da legalidade. O texto transcrito também diferencia o princípio da legalidade para a Administração (previsto no art. 37, *caput*, da CF) do princípio da legalidade para o particular (previsto no art. 5º, II, da CF).

Gabarito "D"

2. PODERES DA ADMINISTRAÇÃO PÚBLICA

Para resolver as questões deste item, vale citar as definições de cada poder administrativo apresentadas por Hely Lopes Meirelles, definições estas muito utilizadas em concursos públicos. Confira:

a) **poder vinculado** – "é aquele que o Direito Positivo – a lei – confere à Administração Pública para a prática de ato de sua competência, determinando os elementos e requisitos necessários à sua formalização";

b) **poder discricionário** – "é o que o Direito concede à Administração, de modo explícito, para a prática de atos administrativos com liberdade na escolha de sua conveniência, oportunidade e conteúdo";

c) **poder hierárquico** – "é o de que dispõe o Executivo para distribuir e escalonar as funções de seus órgãos, ordenar e rever a atuação de seus agentes, estabelecendo a relação de subordinação entre os servidores do seu quadro de pessoal";

d) **poder disciplinar** – "é a faculdade de punir internamente as infrações funcionais dos servidores e demais pessoas sujeitas à disciplina dos órgãos e serviços da Administração";

e) **poder regulamentar** – "é a faculdade de que dispõem os Chefes de Executivo (Presidente da República, Governadores e Prefeitos) de explicar a lei para sua correta execução, ou de expedir decretos autônomos sobre matéria de sua competência ainda não disciplinada por lei";

f) **poder de polícia** – "é a faculdade de que dispõe a Administração Pública para condicionar e restringir o uso e gozo de bens, atividades e direitos individuais, em benefício da coletividade ou do próprio Estado".

(**Direito Administrativo Brasileiro**, 26ª ed., São Paulo: Malheiros, p. 109 a 123)

2.1. PODER VINCULADO E DISCRICIONÁRIO

2.2. PODER HIERÁRQUICO

(Procurador do Estado/PR – UEL-COPS – 2011) Leia atentamente os três enunciados que seguem, para depois responder à pergunta:

I. a delegação de competência é o ato por meio do qual um órgão administrativo e/ou o seu titular podem, desde que não haja impedimento legal expresso, transferir a integralidade de sua competência a outro órgão (ou outra pessoa), inferior ou equivalente na escala hierárquica.

II. a avocação de competência pode ser compreendida como a possibilidade de o superior hierárquico trazer para si, por tempo indeterminado, a competência originalmente atribuída a órgão (ou agente) a si subordinado.

III. não podem ser objeto de delegação, dentre outras hipóteses definidas em lei, a decisão em recursos administrativos e as matérias de competência exclusiva (ou privativa) do órgão ou autoridade.

Pergunta: assinale a alternativa **correta**:

(A) os três enunciados (I, II e III) são corretos;

(B) nenhum dos três enunciados (I, II e III) é correto;

(C) apenas o enunciado II é correto;

(D) apenas o enunciado III é correto;

(E) todas as quatro alternativas acima são incorretas.

I: incorreta, pois não é possível delegar a integralidade da competência, mas apenas parte dela (art. 12, *caput*, da Lei 9.784/1999); de rigor mencionar também que a regulamentação da delegação de competência não faz qualquer condicionamento à posição hierárquica do órgão ou titular dela delegatário (art. 12, *caput*, da Lei 9.784/1999); **II:** incorreta, pois a avocação é sempre temporária e nunca por prazo indeterminado (art. 15 da Lei 9.784/1999); **III:** correta (art. 13, II e III, da Lei 9.784/1999).

Gabarito "D"

(Procurador da Fazenda Nacional – 2007 – ESAF) A organização administrativa é baseada em dois pressupostos fundamentais: a distribuição de competências e a hierarquia. Nesse diapasão, quanto ao poder hierárquico, marque a opção incorreta.

(A) Hierarquia é o escalonamento em plano vertical dos órgãos e agentes da Administração que tem como objetivo a organização da função administrativa.

(B) Do sistema hierárquico na Administração decorrem alguns efeitos específicos, como o poder de comando, o dever de obediência, a fiscalização, o poder de revisão, a delegação e a avocação.

(C) Avocação é a transferência de atribuições de um órgão a outro no aparelho administrativo, abrangendo funções genéricas e comuns da Administração.

(D) Os órgãos consultivos, embora incluídos na hierarquia administrativa para fins disciplinares, fogem à relação hierárquica.

(E) Como resultado do poder hierárquico, a Administração é dotada da prerrogativa de ordenar, coordenar, controlar e corrigir as atividades de seus órgãos e agentes no seu âmbito interno.

A avocação é a transferência ***temporária*** de ***competências*** de um órgão inferior para um ***órgão superior*** hierarquicamente (art. 15 da Lei 9.784/1999).

Gabarito "C"

(Procurador da Fazenda Nacional – 2004 – ESAF) Sobre a delegação de competência administrativa, assinale a opção correta.

(A) É possível a delegação da decisão de recursos administrativos, ainda que não o seja para atos de caráter normativo.

(B) Em vista da necessidade de segurança jurídica aos atos da Administração, não se admite, em regra, que o ato de delegação seja revogável a qualquer tempo pela autoridade delegante.

(C) Não há a necessidade, como regra, de que o ato de delegação e o de sua revogação sejam publicados no meio oficial.

(D) As decisões adotadas por delegação consideram-se editadas pelo delegante.

(E) Se não houver impedimento legal, e for conveniente, em razão de circunstâncias de índole técnica, social, econômica, jurídica ou territorial, é possível a um órgão administrativo delegar parte de sua competência a outro órgão, ainda que este não lhe seja hierarquicamente subordinado.

O tema da delegação de atos administrativos está regulamentado pela Lei n. 9.784/1999, que determina a impossibilidade de delegação tanto de atos de decisão de recursos administrativos quanto de atos normativos (art. 13, I e II), o que torna incorreta a alternativa "A". A letra "B" também está errada, pois o ato de delegação é revogável a qualquer tempo pela autoridade delegante (art. 14, § 2º), considerando que o poder de decisão lhe é atribuído por lei e é irrenunciável. Como todo ato administrativo, devem obediência ao princípio da publicidade, sendo obrigatória a publicação em *Diário Oficial* do ato de delegação e sua revogação (art. 14), afastando-se a alternativa "C". As decisões adotadas por delegação devem mencionar explicitamente esta situação e serão consideradas como obra do agente delegado (art. 14, § 3º), dado que este não age em nome do delegante, mas no exercício da competência que lhe foi transmitida com base no poder hierárquico. Incorreta, portanto, a alternativa "D". A alternativa "E" é a única correta, pois expressa literalmente o disposto no art. 12 da Lei n. 9.784/1999, que define a delegação horizontal de competência, ou seja, entre órgãos que não se encontram vinculados por relação de hierarquia.

Gabarito "E"

2.3. PODER DISCIPLINAR

2.4. PODER REGULAMENTAR

(Procurador/DF – 2013 – CESPE) Acerca do direito administrativo, julgue os itens a seguir.

(1) Segundo jurisprudência do STJ, no direito brasileiro admite-se o regulamento autônomo, de modo que podem os chefes de Poder Executivo expedir decretos autônomos sobre matérias de sua competência ainda não disciplinadas por lei.

1: errada, pois, no Brasil, os Decretos são de execução de lei, e não autônomos de lei; assim, um decreto não pode inovar na ordem jurídica, mas apenas explicar a lei; as únicas hipóteses de decreto autônomo no Brasil são as previstas no art. 84, VI, da CF.

Gabarito 1E

(Procurador do Estado/RR – 2006 – FCC) Foi editada lei federal instituindo programa social para auxílio a famílias carentes para que estas, dentre outros requisitos, mantivessem seus filhos no ensino fundamental. Os termos, condições e o procedimento cabível para a concessão do benefício precisam ser explicitados pelo Executivo Federal. Para tanto, será necessária a

(A) edição de Decreto Legislativo pelo Chefe do Poder Executivo, para viabilizar a aplicação da lei.

(B) edição de Decreto Regulamentar pelo Ministro de Estado da Pasta Competente, complementando as disposições legais.

(C) a promulgação de Resolução pelo Ministério de Estado competente, estabelecendo as condições para concessão do benefício.

(D) edição de Decreto Regulamentar pelo Chefe do Executivo, regulamentando os termos da lei e possibilitando, assim, sua execução.

(E) promulgação de Decreto Regulamentar Autônomo, instituindo e explicitando os requisitos para concessão do benefício.

Assim dispõe o art. 84, IV, da CF: *"Compete* privativamente *ao Presidente da República*: (...) IV - sancionar, promulgar e fazer publicar as leis, bem como *expedir decretos e regulamentos para sua fiel execução"*. Dessa forma, a alternativa "d" é a correta.

Gabarito "D"

(PROCURADOR DO ESTADO/RS – FUNDATEC – 2010) Sobre o poder regulamentar do Chefe do Poder Executivo, é correto dizer que o seu exercício

(A) faz-se necessário quando a dicção legal, por sua generalidade e abstração, comporta a disciplina da discrição administrativa dos órgãos e dos agentes encarregados da execução das atividades, com vistas a obter uma uniformidade de procedimento, oferecer segurança jurídica e aplicação isonômica da regra.

(B) abrange o poder normativo e regulador da atividade econômica exercido pelo Estado.

(C) não permite a extinção de cargo público vago.

(D) permite que seja alocado um departamento de uma Secretaria de Estado para outra, com aumento da despesa pública.

(E) é o adequado para o desempenho do poder hierárquico que permite a revisão das decisões dos órgãos inferiores.

A: correta, pois é justamente no caso mencionado que se faz necessário regulamentar uma lei; **B:** incorreta, pois é o contrário, ou seja, o poder normativo abrange o poder regulamentar, sendo certo que este é mais restrito, dizendo respeito apenas à expedição de normas pelo Chefe do Executivo, para fiel execução da lei, ao passo que o poder normativo engloba o poder de expedir outros tipos de normas sublegais, como as instruções normativas e as resoluções; **C:** incorreta, pois existe um regulamento excepcional, o regulamento autônomo de lei, que tem o poder mencionado (art. 84, VI, "b", da CF); **D:** incorreta, pois o regulamento autônomo de lei previsto no art. 84, VI, "a", da CF até pode dispor sobre a organização e o funcionamento da Administração, mas desde que não haja aumento de despesa; **E:** incorreta, pois o poder regulamentar tem objetivo claro e determinado (regulamentar as leis), o que não se confunde com o poder hierárquico, que consiste no poder de distribuir e escalonar as funções de seus órgãos, bem como ordenar e rever a atuação de seus agentes.

Gabarito "A"

(Procurador do Estado/SE – FCC – 2005) Sobre o poder normativo da Administração, é correto afirmar que

(A) se resume ao poder regulamentar previsto no art. 84, IV, da Constituição Federal.

(B) tem como titular o Presidente da República, que pode delegá-lo a outros níveis inferiores da federação.

(C) é deferido a entidades da Administração Direta e Indireta, nos limites das suas respectivas competências.

(D) pode se manifestar em caráter originário, mesmo que contra a lei.

(E) seu exercício representa legítima delegação de competência legislativa à Administração.

A: incorreta, pois o poder normativo também engloba o poder de expedir outros tipos de normas sublegais, tais como as instruções normativas e as resoluções; **B:** incorreta, pois apenas o poder regulamentar tem como titular exclusivo o Chefe do Executivo, que, por sinal, não pode delegar esse poder; quanto ao poder normativo, há várias autoridades, órgãos ou entidades competentes para expedi-los; **C:** correta; a título de exemplo, uma agência reguladora tem competência para exercer o poder normativo no limite de suas atribuições legais, fazendo-o por meio da edição de resoluções; **D:** incorreta, pois o poder normativo decorre, no mínimo de uma norma constitucional (no caso do regulamento autônomo), mas nunca em caráter originário; ademais, o poder normativo não pode contrariar a lei, visto que, com exceção dos casos de regulamento autônomo, é poder sublegal; **E:** incorreta, pois o poder normativo é sublegal, ou seja, existe justamente para operacionalizar o cumprimento de leis, não se confundido, assim, como o poder de legislar, que, de resto, não pode ser delegado para a Administração Pública, ressalvada a hipótese de lei delegada (art. 68 da CF).

Gabarito "C"

(Advogado da União/AGU – CESPE – 2012) A respeito dos limites do poder regulamentar, julgue o próximo item.

(1) O AGU, utilizando-se do poder regulamentar previsto na CF, pode conceder indulto e comutar penas, desde que por delegação expressa do presidente da República.

1: Correta, pois o art. 84, parágrafo único, da CF faculta ao Presidente da República a delegação da competência para conceder indulto e comutar penas (art. 84, XII, da CF) aos Ministros de Estado, ao Procurador-Geral da República ou ao Advogado-Geral da União, que observarão os limites traçados nas respectivas delegações.

Gabarito 1C

2.5. PODER DE POLÍCIA

(PROCURADOR DO ESTADO/MG – FUMARC – 2012) Partindo da premissa de que as atividades abaixo relacionadas sejam, de fato, competências legalmente estabelecidas, exemplos de expressão do poder de polícia administrativa no âmbito do Estado de Minas Gerais, assinale a alternativa que NÃO se enquadra nesse contexto:

(A) Por parte do Instituto Mineiro de Agropecuária, exercer a inspeção animal e vegetal e o controle de produtos de origem animal e vegetal, na produção e na industrialização, podendo fixar multas em casos como a não aplicação, em rebanhos, das vacinas obrigatórias.

(B) Por parte do Instituto Estadual de Florestas, fiscalizar e supervisionar a execução das atividades de gestão florestal no território do Estado, em articulação com o Instituto Brasileiro do Meio Ambiente e dos Recursos Naturais Renováveis – IBAMA, cabendo-lhe conceder licenciamento ambiental.

(C) Por parte da Polícia Civil, órgão administrativo autônomo, subordinado ao Governador do Estado, investigar e apurar, no território estadual, infrações criminais, exceto as militares.

(D) Por parte da do Instituto de Pesos e Medidas, fiscalizar, em todo o Estado, diversos instrumentos, tais como bombas medidoras de combustíveis líquidos, instrumentos de pesar e de medir, taxímetros, hidrômetros, cuja não observância dos parâmetros técnicos de funcionamento poderá ensejar lacre ou apreensão.

(E) Por parte da Agência Reguladora de Serviços de Abastecimento de Água e de Esgotamento Sanitário do Estado de Minas Gerais – ARSAE-MG, supervisionar, controlar e avaliar os serviços de abastecimento de água e esgotamento sanitário, podendo aplicar sanções legais em caso de descumprimento das diretrizes técnicas e econômicas.

As alternativas "a", "b", "d" e "e" trazem típicos exemplos de poder de polícia administrativa, consistente na faculdade de que dispõe a Administração Pública para condicionar e restringir o uso e gozo de bens, atividades e direitos individuais, em benefício da coletividade ou do próprio Estado. Já a alternativa "c" traz exemplo de polícia judiciária, e não de polícia administrativa.

Gabarito "C"

(Procurador do Estado/PB – 2008 – CESPE) No que diz respeito aos meios de atuação do poder de polícia, julgue os próximos itens.

I. Segundo entendimento majoritário na doutrina e na jurisprudência, admite-se a delegação do poder de polícia a pessoa da iniciativa privada prestadora de serviços de titularidade do estado.

II. A autorização é o ato administrativo vinculado e definitivo pelo qual a administração reconhece que o particular detentor de um direito subjetivo preenche as condições de seu gozo.

III. A licença não pode ser negada quando o requerente satisfaça os requisitos legais para sua obtenção.

IV. O alvará pode ser de licença ou de autorização.

Estão certos apenas os itens

(A) I e II.

(B) I e III.

(C) I e IV.

(D) II e III.

(E) III e IV.

I: é falsa, pois o poder de polícia não pode ser delegado para entidade privada; é possível que o particular receba (por contrato de prestação de serviço ou por credenciamento) apenas a incumbência de colaborar, com atividades ***materiais***, com a administração pública; **II:** é falsa, pois a autorização é ato administrativo ***discricionário*** e ***precário*** que faculta o exercício de uma atividade; **III:** é certa, pois a licença é ato vinculado; IV: é certa, pois o alvará é a forma de que podem ser revestidas a licença e a autorização.

Gabarito "E"

(Procurador do Estado/PE – CESPE – 2009) Acerca do exercício do poder de polícia, assinale a opção correta.

(A) As normas decorrentes do exercício do poder de polícia municipal são aplicadas para restringir direitos dos estados e da União, desde que a atuação esteja dentro dos limites de sua competência.

(B) A jurisprudência do STF, de modo geral, admite a delegação de poder de polícia a uma entidade particular, desde que atendido o interesse público.

(C) Segundo jurisprudência pacífica do STF, é legal a aplicação de sanção de impedimento do exercício profissional no caso de inadimplência da anuidade junto ao respectivo conselho de fiscalização profissional.

(D) O exercício do poder de polícia pela União exclui a atuação dos estados, mas não aos municípios, em razão do interesse local.

(E) O exercício do poder de polícia prescinde de lei específica.

A: correta, pois a União e os Estados não têm imunidade ao cumprimento das normas que estão no contexto da competência municipal; assim, quando a União, por exemplo, construir um imóvel, terá de obedecer às regras do Código de Obras e das leis de zoneamento e de uso e ocupação do solo, todas municipais; **B:** incorreta, pois o poder de polícia só pode ser exercido por autoridade pública; o particular, nesse sentido, só pode contribuir *materialmente* (e não *volitivamente*) para o exercício do poder de polícia (ex.: uma empresa particular pode operar um radar de trânsito, mas a multa de trânsito, elemento de vontade, só pode ser expedida por autoridade administrativa); **C:** incorreta, pois a questão não está pacificada no STF, que ainda não se pronunciou definitivamente sobre o tema; de qualquer maneira, é bom lembrar que o STF vem restringindo a utilização de constrangimentos exagerados para a cobrança de tributos, o que poderá mudar o panorama das decisões existentes sobre o assunto, que, em sua maioria, admitem o impedimento do exercício da profissão por inadimplência na anuidade, principalmente se o impedimento estiver previsto em lei (art. 5º, XIII, da CF); **D:** incorreta, pois, em matéria ambiental, por exemplo, como existe competência comum administrativa da União, dos Estados, do DF e dos Municípios (art. 23 da CF), o poder de polícia de uma entidade não exclui o da outra; naturalmente, quem expedir a primeira autuação, terá sua penalidade mantida; **E:** incorreta, pois, pelo princípio da legalidade, é necessário lei para a Administração condicionar e restringir a liberdade e a propriedade das pessoas.

Gabarito "A"

(Procurador do Estado/RR – 2006 – FCC) Durante fiscalização em determinado estabelecimento comercial foi constatada a realização de atividade de venda de remédios manipulados no local, sem autorização dos órgãos estaduais competentes para tanto. Neste caso, os fiscais estaduais, dotados de poder de polícia administrativa deverão, dentre outras medidas eventualmente cabíveis em face da natureza da infração,

(A) autuar o comerciante, facultada a concessão de prazo para apresentação defesa, bem como recolher amostra do medicamento para análise de sua lesividade.

(B) notificar o comerciante a apresentar defesa, no prazo legal, para posterior análise do cabimento da lavratura do auto de infração, bem como solicitar às autoridades superiores que requeiram autorização judicial para apreensão das mercadorias irregulares.

(C) autuar o comerciante e comunicar as autoridades superiores para requerimento de ordem judicial para apreensão das mercadorias.

(D) apreender as mercadorias e notificar o comerciante para apresentação de defesa, no prazo legal, apenas após o quê poderá ser lavrado, se for o caso, o auto de infração cabível.

(E) apreender as mercadorias irregulares encontradas no local, lavrando auto de apreensão, bem como autuar o comerciante pelas infrações cometidas, concedendo-lhe prazo para apresentação de defesa.

alternativa "E" está correta, em virtude da executoriedade de que se reveste o poder de polícia, bem como da necessidade de conceder ao interessado prazo para defesa.

Gabarito "E"

(Procurador do Estado/SE – FCC – 2005) Definido o poder de polícia administrativa como a atividade pública de condicionamento e limitação de direitos dos particulares, em nome do interesse público, é correto afirmar que

(A) apenas pode esse poder ser exercido por pessoas jurídicas de direito público, por causa da sua incompatibilidade com o regime jurídico das pessoas jurídicas de direito privado, ainda que integrantes da Administração.

(B) se manifesta em todas as atividades administrativas, mesmo nas áreas de fomento e de intervenção no domínio econômico.

(C) seu exercício decorre da supremacia geral deferida à Administração, o que permite a atividade policial à margem das competências legalmente atribuídas.

(D) não compete às entidades da Administração Indireta exercer o poder de polícia, ainda que autorizadas legalmente.

(E) sempre que o poder de polícia for exercido, ali estará também o interesse público, por conta da aplicação do princípio da supremacia do interesse público sobre o particular.

A: correta. É característica essencial do poder de polícia o fato de que provém *privativamente de autoridade pública*, ou seja, não é permitida a sua delegação ao particular; a este somente é possível ser credenciado para contribuir materialmente com o poder de polícia, como no caso de empresa que controla radares fotográficos de trânsito, mas a declaração de vontade será, ao final, da autoridade pública, que, com base nesses elementos materiais, poderá aplicar ou não uma multa de trânsito no caso concreto; **B:** incorreta, pois o poder de polícia é, em essência, negativo, ou seja, impõe um não fazer, o que não se compatibiliza com o fomento, por exemplo, que implica numa prestação positiva por parte do Estado em favor do ente que recebe o fomento; **C:** incorreta, pois a polícia administrativa não se confunde com a polícia judiciária; apenas esta pode exercer a atividade policial de investigar ilícitos penais; **D:** incorreta, pois nada impede que uma entidade da Administração Indireta exerça o poder de polícia, desde que receba essa competência da lei, como é o caso da ANVISA, agência reguladora competente para o exercício do poder de polícia em matéria de vigilância sanitária, ou o caso do IBAMA, autarquia competente para o exercício do poder de polícia em matéria ambiental; **E:** incorreta, pois, na prática, se o poder de polícia for exercido de modo contrário à finalidade prevista em lei, não se estará diante de situação conforme ao interesse público.

Gabarito "A"

(Procurador do Estado/SP – VUNESP – 2005) Assinale a alternativa correta.

(A) O fundamento do poder de polícia é a supremacia especial que o Estado exerce sobre todas as pessoas, bens e atividades.

(B) O conceito de polícia administrativa se confunde com o de polícia judiciária.

(C) A competência, a finalidade e a forma são atributos do poder de polícia.

(D) O poder de polícia expressa-se por meio de medidas repressivas, que têm por objetivo coagir o infrator ao cumprimento da lei.

(E) Haverá violação ao princípio da impessoalidade se a extensão da medida de polícia for maior que a necessária para a consecução dos resultados perseguidos.

A: incorreta, pois o poder de polícia se dá genericamente sobre as pessoas, bens e atividades, de maneira que seu fundamento é a supremacia geral e não a supremacia especial que o Estado exerce; já quando o Estado tem um contrato com algum particular, aí sim fala-se em supremacia especial do Estado sobre essa pessoa; **B:** incorreta, pois não se pode confundir a polícia administrativa (exs.: fiscalizações de vigilância sanitária, de trânsito e de construções), com a polícia judiciária (ex.: investigação feita pela polícia civil); tais polícias têm as seguintes diferenças: i) a primeira age sobre ilícitos administrativos, ao passo que a segunda age sobre ilícitos penais; ii) a primeira age sobre bens e pessoas, ao passo que a segunda age sobre pessoas; iii) a primeira atua por variados órgãos, ao passo que a segunda atua pela polícia civil e a polícia federal; iv) a primeira tem atuação preventiva, repressiva e punitiva, ao passo que a segunda costuma atuar repressivamente, voltada a investigar ilícitos penais; v) a primeira é custeada por taxas, ao passo que a segunda, por impostos; **C:** incorreta, pois a competência, a finalidade e a forma são *requisitos* dos atos administrativos; os *atributos* são outra coisa, tratando-se das prerrogativas dos atos administrativos ou do poder de polícia, como é o caso da autoexecutoriedade; **D:** correta; de qualquer forma, é bom salientar que o poder de polícia também atua preventivamente em algumas situações; **E:** incorreta, pois, nesse caso, haverá violação ao princípio da proporcionalidade e não da impessoalidade.

Gabarito "D"

(Procurador do Município/Cubatão-SP – 2012 – VUNESP) O poder de polícia

(A) não tem o condão de restringir atividades e direitos individuais.

(B) tem como um de seus atributos específicos a discricionariedade.

(C) administrativa incide sobre as pessoas, enquanto que a polícia judiciária incide sobre bens, direitos e atividades do particular.

(D) pode, com base no requisito da arbitrariedade, impor coativamente medidas diretas de proibição ou de punição contra os administrados que estejam infringindo normas legais urbanísticas.

(E) tem a desapropriação de bens como um de seus meios típicos de atuação contra os administrados, em prol do interesse público.

A: incorreta, pois o poder de polícia consiste justamente no poder de restringir pessoas, bens e atividades, condicionando-os aos interesses coletivos; **B:** correta, pois a doutrina aponta que o poder de polícia tem como atributos a discricionariedade, a autoexecutoriedade e a coercibilidade; **C:** incorreta, pois é o contrário, ou seja, a polícia administrativa age sobre bens e pessoas, ao passo que a polícia judiciária age sobre pessoas; **D:** incorreta, pois em Direito Administrativo há, no máximo, *discricionariedade* (margem de liberdade) e nunca *arbitrariedade* (liberdade total); **E:** incorreta, pois poder de polícia e desapropriação não se confundem; o primeiro recai genericamente sobre as pessoas, atingindo pessoas indeterminadas, ao passo que o segundo atinge pessoas determinadas; o primeiro decorre diretamente da lei, ao passo que o segundo depende de processo de desapropriação; o primeiro permite que o Poder Público cobre taxa do fiscalizado, ao passo que o segundo impõe o contrário, ou seja, o pagamento de uma indenização em favor do particular.

Gabarito "B"

(Procurador do Município/Recife-PE – 2008 – FCC) Considerando-se que a licença é ato administrativo vinculado e a autorização é ato administrativo discricionário é correto afirmar:

(A) Somente a autorização traduz manifestação do poder de polícia da Administração Pública, porque exige análise de conveniência e oportunidade para sua prática.

(B) Tanto a licença quanto a autorização são manifestações do poder de polícia, que pode compreender atuação discricionária ou vinculada da Administração Pública.

(C) Tanto a licença quanto a autorização são manifestações do poder de polícia da Administração Pública, desde que ambas gozem dos atributos de exigibilidade e executoriedade.

(D) Nenhum dos atos mencionados se traduz em manifestação do poder de polícia da Administração Pública porque são destituídos dos atributos de exigibilidade e executoriedade.

(E) Somente a licença traduz manifestação do poder de polícia da Administração Pública, porque exige expressa previsão normativa para sua prática.

A: incorreta, pois a competência para a expedição de uma licença está no contexto do poder de polícia; por exemplo, aquele que quiser construir uma casa terá de obter uma licença para construir, licença que será dada no contexto do poder de polícia das construções; **B:** correta, pois, apesar de parte da doutrina entender que o poder de polícia é sempre discricionário, isso nem sempre ocorre; vai depender do texto da lei que cria a limitação administrativa; se a lei é bem clara e objetiva sobre o que está proibido e sobre qual conduta o agente público deve tomar, como ocorre com boa parte das normas do Código de Trânsito, está-se diante de competência vinculada, e não competência discricionária; já se a lei traz conceito vago sobre a hipótese que enseja uma atuação, bem como possibilita que seja aplicada mais de uma sanção para o agente infrator, aí sim teremos uma competência discricionária; **C:** incorreta, pois a exigibilidade (possibilidade de exercer coação indireta, como a aplicação de multa, por exemplo) e a executoriedade (possibilidade de exercer coação material, ou seja, uso da força) depende de expressa previsão legal, o que nem sempre acontece quanto ao exercício do poder de polícia; **D:** incorreta, pois a autorização e a licença são atos unilaterais pelos quais se faculta ao particular o exercício de uma atividade sem as quais este não estaria autorizado a praticar, sendo expressão do poder de polícia preventivo; caso alguém exerça esse tipo de atividade sem licença (ex: alguém constrói uma casa sem licença para construir) ou sem autorização (alguém usa um bem público sem autorização de uso de bem público) a polícia administrativa atuará no sentido de impedir que essas atividades sejam exercidas, no chamado poder de polícia preventivo.

Gabarito "B"

(Procurador do Município/São José dos Campos-SP – 2012 – VUNESP) No que se refere aos poderes administrativos, assinale a alternativa correta.

(A) Para o poder de polícia administrativa, há competências exclusivas e não concorrentes das três esferas estatais, dada a centralização político-administrativa decorrente do sistema constitucional.

(B) O poder de polícia é o mecanismo de frenagem de que dispõe a Administração Pública para conter os abusos do direito coletivo.

(C) A polícia administrativa especial é aquela que cuida genericamente da segurança, da salubridade e da moralidade pública.

(D) A finalidade do poder de polícia é a proteção ao interesse público no seu sentido mais estrito.

(E) Com a ampliação do campo de incidência do poder de polícia, chega-se hoje a utilizar esse poder até para a preservação da segurança nacional, que é, em última análise, a situação da tranquilidade e garantia que o Estado oferece ao indivíduo e à coletividade, para a consecução dos objetivos do cidadão e da nação em geral.

A: incorreta, pois há uma série de competências comuns em matéria de poder de polícia, decorrente de um esforço de descentralização e não de centralização político-administrativa; um exemplo é a polícia administrativa ambiental, competência comum dos quatro entes políticos; **B:** incorreta, pois o poder de polícia é sinônimo de restrições feitas pela Administração, não sendo um bom exemplo de ferramenta para conter os abusos do direito coletivo; são ferramentas voltadas a essa contenção os princípios da legalidade, da impessoalidade, da moralidade, da motivação, da proporcionalidade e da segurança jurídica; **C:** incorreta, pois a polícia administrativa, por natureza, não é especial, mas geral; **D:** incorreta, pois a finalidade do poder de polícia deve ser sempre dividida em duas partes, quais sejam, a finalidade mediata, que é atender ao interesse público, e a finalidade imediata, que visa a resguardar algum interesse público em especial, como os interesses relacionados a vigilância sanitária, ao sossego público, ao meio ambiente etc.; **E:** correta, pois qualquer atividade tendente a condicionar genericamente os direitos, as atividades e os bens das pessoas ao interesse público é poder de polícia, circunstância mantida mesmo quando se visa a preservar a segurança nacional.

Gabarito "E"

(Procurador do Município/São Paulo-SP – 2008 – FCC) É exemplo de ato administrativo praticado pela Administração Pública Municipal no exercício de seu poder de polícia preventivo:

(A) imposição de multa pela não apresentação de livros fiscais tempestivamente.

(B) autorização para circulação excepcional de veículo durante o horário de rodízio.

(C) declaração de utilidade pública ou de interesse social para fins de desapropriação.

(D) interdição de estabelecimento comercial em funcionamento irregular.

(E) apreensão de mercadorias comercializadas em bancas de comércio clandestino.

A: incorreta, pois a multa é atividade repressiva; **B:** correta, pois se trata de típico exemplo de poder de polícia preventivo, em que, para que alguém não venha a ser impedido de praticar a atividade pela polícia administrativa repressiva, pede-se junto à Administração a referida autorização; **C:** incorreta, pois os institutos da polícia administrativa e da desapropriação não se confundem; D e **E:** incorretas, pois esses casos expressam o poder de polícia repressivo.

Gabarito "B"

(Procurador do Município/Sorocaba-SP – 2012 – VUNESP) Apontam-se como atributos do poder de polícia a

(A) vinculação, a exigibilidade e a materialidade.

(B) exigibilidade, a materialidade e as decisões.

(C) discricionariedade, a autoexecutoriedade e a coercibilidade.

(D) direção, o sujeito e o objeto.

(E) coercibilidade, o objeto e a materialidade.

São atributos do poder de polícia a discricionariedade, a autoexecutoriedade e a coercibilidade. Assim, somente a alternativa "c" está correta.

Gabarito "C"

(Procurador do Município/Teresina-PI – 2010 – FCC) NÃO exemplifica uma forma de atuação da polícia administrativa:

(A) decreto sobre o regulamento de determinada profissão.

(B) a interdição de atividade.

(C) a apreensão de mercadorias deterioradas.

(D) lei *strictu sensu,* isto é, emanada do Poder Legislativo, criando limitação administrativa.

(E) a inspeção em estabelecimento, destinada à investigação de crime.

Todos os casos envolvem atuação da *polícia administrativa*, salvo o narrado na alternativa "E", que envolve atuação da *polícia judiciária*.

Gabarito "E"

(Advogado da União/AGU – CESPE – 2012) Julgue o item seguinte.

(1) Por serem atos de polícia administrativa, a licença e a autorização, classificadas, respectivamente, como ato vinculado e ato discricionário, são suscetíveis de cassação pela polícia judiciária.

Incorreta, pois a polícia judiciária tem como finalidade a investigação de ilícitos criminais e não o exercício do poder de polícia.

Gabarito 1E

(Procurador Federal – 2010 – CESPE) No que se refere aos poderes da administração pública, julgue os itens a seguir.

(1) O prazo prescricional para que a administração pública federal, direta e indireta, no exercício do poder de polícia, inicie ação punitiva, cujo objetivo seja apurar infração à legislação em vigor, é de cinco anos, contados da data em que o ato se tornou conhecido pela administração, salvo se se tratar de infração dita permanente ou continuada, pois, nesse caso, o termo inicial ocorre no dia em que cessa a infração.

1: Incorreta, pois a afirmativa contém inverdade no ponto em que diz que o prazo é de 5 anos contados da data em que o ato se tornou conhecido pela administração, já que o prazo é de 5 anos contados da *data da prática do ato* (art. 1º, *caput,* da Lei 9.873/1999).

Gabarito 1E

(Procurador da Fazenda Nacional – 2007.2 – ESAF) Em relação ao Poder de Polícia, analise os itens a seguir e marque com (V) a assertiva verdadeira e com (F) a falsa, assinalando ao final a opção correspondente:

I. o Poder de Polícia que o Estado exerce pode incidir em duas áreas de atuação estatal: na administrativa e na judiciária, podendo ser apontada como principal diferença entre ambas o caráter preventivo da polícia judiciária.

II. a competência, a finalidade e a forma, acrescidas da proporcionalidade da sanção e da legalidade dos meios empregados pela Administração são atributos do Poder de Polícia.

III. a aplicação das sanções prescreve em cinco anos da ação punitiva da Administração Pública Federal, direta e indireta, no exercício do Poder de Polícia, sendo passível a interrupção e a suspensão da prescrição.

IV. quanto aos fins, o Poder de Polícia pode ser exercido para atender a interesse público ou particular.

V. a autoexecutoriedade é a possibilidade que tem a Administração de, com os próprios meios, por em execução as suas decisões, sem precisar recorrer previamente ao Poder Judiciário.

(A) V, V, F, F, F

(B) V, F, F, V, V

(C) F, F, V, F, V

(D) F, V, V, F, V

(E) V, F, V, V, F

I: é falsa por dois motivos; primeiro, porque o poder de polícia incide em duas áreas estatais: na legislativa e na executiva; em sentido amplo, poder de polícia abrange as leis e os atos administrativos que condicionam a liberdade e a propriedade das pessoas; a atividade judiciária nada tem a ver com o poder de polícia; segundo, porque a polícia administrativa (poder de polícia em sentido estrito) pode ser tanto preventiva como repressiva; já a polícia judiciária normalmente é repressiva; **II:** é falsa, pois os institutos jurídicos relacionados na alternativa são ***requisitos de validade*** do ato administrativo, e não atributos (os atributos são presunção de legitimidade, imperatividade, exigibilidade, autoexecutoriedade e tipicidade); **III:** é verdadeira, de acordo com os arts. 1º, 2º e 3º da Lei 9.873/1999; IV: é falsa, pois o poder de polícia tem por objetivo atender os interesses da coletividade; V: é verdadeira, pois, pela autoexecutoriedade a administração pode fazer acontecer suas decisões, mediante coação direta, sem ter que recorrer ao Poder Judiciário.

Gabarito "C"

(ADVOGADO – IRB – 2006 – ESAF) Considerando que o poder de polícia pode incidir em duas áreas de atuação estatal, a administrativa e a judiciária, relacione cada área de atuação com a respectiva característica e aponte a ordem correta.

(1) Polícia Administrativa

(2) Polícia Judiciária

( ) Atua sobre bens, direitos ou atividades.

( ) Pune infratores da lei penal.

( ) É privativa de corporações especializadas.

( ) Atua preventiva ou repressivamente na área do ilícito administrativo.

( ) Sua atuação incide apenas sobre as pessoas.

(A) 1/2/2/1/2

(B) 2/1/2/1/2

(C) 2/2/2/1/1

(D) 1/2/1/1/2

(E) 1/2/2/2/1

Não se pode confundir a polícia administrativa (exs.: fiscalizações de vigilância sanitária, de trânsito e de construções), com a polícia judiciária (ex.: investigação feita pela polícia civil); tais polícias têm as seguintes diferenças: i) a primeira age sobre ilícitos administrativos, ao passo que a segunda age sobre ilícitos penais; ii) a primeira age sobre bens, direitos ou atividades, ao passo que a segunda age sobre pessoas; iii) a primeira atua por variados órgãos, ao passo que a segunda atua por corporações especializadas, no caso, pela polícia civil e pela polícia federal; iv) a primeira tem atuação preventiva, repressiva e punitiva, ao passo que a segunda costuma atuar repressivamente, voltada a investigar ilícitos penais; v) a primeira é custeada por taxas, ao passo que a segunda, por impostos. Dessa forma, a alternativa "a" é a única que traz as correspondências adequadas.

Gabarito "A"

(ADVOGADO – ANS – 2005 – CESPE) A respeito do poder de polícia administrativa, julgue os itens a seguir.

(1) Existe, no ordenamento jurídico brasileiro, além das inúmeras conceituações doutrinárias, um conceito legal de poder de polícia.

(2) O poder de polícia pode expressar-se por meio de atos realizados no exercício de competência discricionária ou por intermédio de atos vinculados.

(3) O poder de polícia, atualmente, tem ampla aplicação, manifestando-se, por exemplo, em prol da preservação da saúde pública, da segurança de edificações e do controle de publicações.

1: correta, sendo que esse conceito está no art. 78 do CTN; **2:** correta, apesar de parte da doutrina entender que o poder de polícia é sempre discricionário, isso nem sempre ocorre; vai depender do texto da lei que cria a limitação administrativa; se a lei é bem clara e objetiva sobre o que está proibido e sobre qual conduta o agente público deve tomar, como ocorre com boa parte das normas do Código de Trânsito, está-se diante de competência vinculada, e não competência discricionária; já se a lei traz conceito vago sobre a hipótese que enseja uma atuação, bem como possibilita que seja aplicada mais de uma sanção para o agente infrator, aí sim teremos uma competência discricionária; **3:** correta, valendo trazer outros exemplos de áreas em que o poder de polícia se manifesta: segurança pública, ordem pública, tranquilidade pública, higiene, defesa do consumidor, defesa do patrimônio estético, artístico, histórico e paisagístico; moralidade pública, economia popular, trânsito, meio ambiente etc.

Gabarito 1C, 2C, 3C

2.6. PODERES ADMINISTRATIVOS COMBINADOS

(Procurador do Estado/BA – 2014 – CESPE) Em relação aos poderes administrativos, julgue os itens subsecutivos.

(1) Constitui exemplo de poder de polícia a interdição de restaurante pela autoridade administrativa de vigilância sanitária.

(2) Ao secretário estadual de finanças é permitido delegar, por razões técnicas e econômicas e com fundamento no seu poder hierárquico, parte de sua competência a presidente de empresa pública, desde que o faça por meio de portaria.

(3) A aplicação das penas de perda da função pública e de ressarcimento integral do dano em virtude da prática de ato de improbidade administrativa situa-se no âmbito do poder disciplinar da administração pública.

1: correta; poder de polícia é a faculdade de que dispõe a Administração Pública para condicionar e restringir o uso e gozo de bens, atividades e direitos individuais, em benefício da coletividade ou do próprio Estado; a interdição de um estabelecimento pela vigilância sanitária cumpre exatamente esse papel de condicionar o exercício de atividades às exigências da coletividade, como a exigência de que os restaurantes cumpram as normas sanitárias, de modo a garantir ambiente limpo e refeições que não causem danos à saúde dos consumidores; **2:** incorreta, pois a competência administrativa só pode ser delegada por autoridades administrativas, o que não é o caso do presidente de uma empresa pública, já que esta é uma pessoa jurídica de direito privado, não tendo capacidade administrativa, ou seja, capacidade para praticar atos típicos de Estado; **3:** incorreta, pois, além da esfera administrativo-disciplinar, que pode atuar com vistas à demissão de um servidor e com vistas a tentar um acordo com este para ressarcimento ao erário, há a esfera da improbidade administrativa, regulada pela Lei 8.429/1992, em que a pessoa jurídica lesada ou o Ministério Público podem ingressar com ação de improbidade administrativa, com vistas à aplicação das sanções mencionadas, bem como das demais sanções previstas no art. 12 da mencionada lei.

Gabarito 1C, 2E, 3E

(Procurador do Estado/CE – 2008 – CESPE) Atividade da administração pública, expressa em atos normativos ou concretos, de condicionar, com fundamento em sua supremacia geral e na forma da lei, a liberdade e a propriedade dos indivíduos, mediante ação ora fiscalizadora, ora preventiva, ora repressiva, impondo coercitivamente aos particulares um dever de abstenção (*non facere*), a fim de conformar-lhes os comportamentos aos interesses sociais consagrados no sistema normativo.

Celso Antônio Bandeira de Mello. **Curso de direito administrativo**. Editora Malheiros. 20.ª ed., p. 787.

A definição objeto do fragmento de texto acima se refere ao poder

(A) regulamentar.
(B) discricionário.
(C) de polícia.
(D) hierárquico.
(E) disciplinar.

Trata-se da definição de poder de polícia em sentido estrito, também chamado de polícia administrativa.

Gabarito "C"

(Procurador do Estado/SC – 2010 – FEPESE) A prática de um ato de nomeação para um cargo de provimento em comissão; expedição de alvará de licença, edição de decreto; delegação e avocação de atribuições correspondem aos poderes:

(A) Discricionário, de polícia, regulamentar e hierárquico.
(B) Discricionário, hierárquico, regulamentar, de polícia.
(C) Vinculado, disciplinar, de polícia, hierárquico.
(D) De polícia, hierárquico, vinculado, discricionário.
(E) Regulamentar, de polícia, hierárquico, vinculado.

A nomeação para cargo em comissão é livre e, portanto, expressa o *poder discricionário*. A expedição de alvará de licença envolve verificação se a conduta do interessado está ou não de acordo com os interesses da coletividade, de modo que expressa *poder de polícia*. A edição de decreto faz-se necessária para trazer ao mundo jurídico o regulamento de execução de lei, de modo que expressa o *poder regulamentar*. E a delegação de competência muito comumente se faz da autoridade superior para a inferior (em que pese poder ser feita para autoridades que não são inferiores ao agente delegante – art. 12 da Lei 9.784/1999), e a avocação é sempre da autoridade inferior para a superior (art. 15 da Lei 9.784/1999), de modo que essas situações expressam o *poder hierárquico*.

Gabarito "A"

(Procurador do Município/Natal-RN – 2008 – CESPE) Com o estado de direito, passou-se a afirmar a existência de uma função de natureza administrativa cujo objeto é a proteção do bem-estar geral, mediante a regulação dos direitos individuais, expressa ou implicitamente reconhecidos no sistema jurídico. Nesse contexto, o poder público, além de impor certas limitações, emite atos preventivos de controle, aplica penalidades por eventuais infrações e, em determinados contextos, exerce coação direta em face de terceiros para preservar interesses sociais.

Raquel M. U. de Carvalho. **Curso de direito administrativo**. Salvador: Juspodivum, 2008, p. 327 (com adaptações).

O texto acima trata do poder

(A) discricionário.
(B) de polícia.
(C) regulatório.
(D) disciplinar.

De fato, o texto trata justamente da atividade da Administração de condicionar os direitos das pessoas, ajustando-os aos interesses coletivos, atividade esse que tem o nome de poder de polícia, o qual pode atuar tanto preventiva, como repressivamente, sendo que a atuação repressiva pode acontecer inclusive mediante o uso da força (coação direta), desde que haja autorização expressa da lei ou impossibilidade de buscar prestação jurisdicional apta a acautelar em tempo hábil o interesse público violado.

Gabarito "B"

(Procurador do Município/Recife-PE – 2008 – FCC) Um município editou decreto determinando aos cartórios de registro de imóveis que exigissem e arquivassem cópia da última declaração de imposto de renda dos adquirentes de imóveis situados em suas circunscrições, a fim de identificar a disponibilidade de receita lícita para fazer frente ao valor da compra, sob pena de inviabilização do negócio jurídico pretendido. A medida imposta pelo Poder Público configura

(A) ato que exorbita o poder normativo, na medida em que impõe obrigação que deveria ser veiculada por meio de lei, observada a competência material.
(B) expressão de seu poder de polícia, que abrange atuação sancionatória à conduta reprovável do administrado.
(C) ato que exorbita o poder disciplinar da Administração Pública, muito embora esta possa impor obrigação aos cartórios de registros de imóveis, porque estes integram a sua estrutura.
(D) expressão de seu poder normativo, que abrange a possibilidade de edição de decreto autônomo a partir da emenda no 32 à Constituição Federal.
(E) expressão do poder disciplinar da Administração Pública porque impôs obrigação aos cartórios de registros de imóveis, que prestam serviço público por delegação e, portanto, integram a sua estrutura.

A: correta, pois ninguém é obrigado a fazer ou deixar de fazer alguma coisa senão em virtude lei, não podendo um mero decreto agir no caso; ademais, o Município também é incompetente para tratar dessa matéria, atinente à fiscalização tributária de tributo de competência da União, no caso, do imposto sobre a renda; **B:** incorreta, pois o caso diz respeito a medida de natureza tributária, não se tratando de poder de polícia, mas de fiscalização tributária, com o agravante de que, como se viu, o Município não tem competência para fiscalizar eventual sonegação fiscal em matéria de tributo federal, no caso, o imposto sobre a renda; C e **E:** incorretas, pois a Administração Municipal não tem ascendência administrativa sobre os cartórios de imóveis, que sequer integram a sua estrutura; **D:** incorreta, pois o município, como se viu, não tem competência para o que fez no caso em tela.

Gabarito "A"

(Procurador do Município/Teresina-PI – 2010 – FCC) Poderes da Administração Pública.

I. Poder disciplinar é a faculdade de punir internamente as infrações funcionais dos servidores e demais pessoas sujeitas à disciplina dos órgãos e serviços da Administração.

II. A hierarquia não é cabível apenas no âmbito da função administrativa, sendo plenamente aplicável aos agentes públicos no exercício das funções jurisdicional e legislativa.

III. O poder regulamentar pode ser definido como o que cabe ao Chefe do Poder Executivo da União, dos Estados e dos Municípios, de editar normas complementares à lei, para sua fiel execução.

IV. O poder discricionário consiste na liberdade de ação administrativa, dentro dos limites permitidos em lei, aplicando-se inclusive para o requisito da finalidade do ato administrativo.

SOMENTE estão corretas as assertivas

(A) II e IV.

(B) I e II.

(C) I e III.

(D) I e IV.

(E) II e III.

I: correta, pois traz a exata definição de poder disciplinar; **II:** incorreta, pois o conceito de hierarquia só se aplica às relações administrativas; não há como conceber, por exemplo, que exista hierarquia entre dois deputados, ou dois juízes, nas funções típicas de cada um; o que existe são competências diversas, sendo que um juiz, em determinada situação, pode até cassar a decisão de outro, o que não o torna um superior hierárquico em relação ao outro, no plano jurisdicional; **III:** correta, pois traz a exata definição de poder regulamentar; IV: incorreta, pois há requisitos do ato administrativo (competência, forma e *finalidade*) que são sempre vinculados.

Gabarito "C"

(ADVOGADO – ANCINE – 2005 – CESPE) A administração é dotada de poderes administrativos que podem ser usados de formas isoladas ou cumulativas. Segundo a doutrina brasileira, esses poderes nascem com a administração e se apresentam diversificados em função das exigências do serviço público, do interesse da coletividade e dos objetivos a que se dirigem. A respeito desse assunto, julgue os itens a seguir.

(1) O Executivo dispõe do poder hierárquico para distribuir e escalonar as funções de seus órgãos, ordenar e rever a atuação de seus agentes, estabelecendo a relação de subordinação entre servidores do seu quadro de pessoal.

(2) Poder discricionário é o que o direito concede à administração, de modo explícito ou implícito, para a prática de atos administrativos com liberdade na escolha de sua conveniência, oportunidade e conteúdo.

(3) Quando a administração pública condiciona ou restringe o uso e gozo de bens, atividades e direitos individuais, em benefício da coletividade ou do próprio Estado, ela usa o seu poder regulamentar.

1: correta, pois traz a exata definição de poder hierárquico; **2:** correta, pois traz a exata definição de poder discricionário, que se diferencia do poder vinculado, pois neste não há qualquer margem de liberdade na escolha do motivo para praticar o ato e do conteúdo do ato; **3:** incorreta, pois nesse caso a Administração usa o poder de polícia.

Gabarito 1C, 2C, 3E

3. ATOS ADMINISTRATIVOS

3.1. CONCEITO, PERFEIÇÃO, VALIDADE E EFICÁCIA

(Procurador/DF – 2013 – CESPE) Julgue o seguinte item.

(1) O ato administrativo pode ser perfeito, inválido e eficaz.

1: certa, pois ato perfeito é o ato que existe; ato inválido é o que está em desacordo com a lei e ato eficaz é o que produz efeitos; um ato que existe (ato perfeito), mesmo sendo inválido (ato inválido), pode estar a produzir efeitos (ato eficaz), efeitos esses que podem ser extirpados da ordem jurídica no momento em que a invalidade é pronunciada pela Administração ou pelo Judiciário.

Gabarito 1C

(Procurador do Estado/PB – 2008 – CESPE) A respeito dos atos administrativos, julgue os itens subsequentes.

I. Ato perfeito é aquele que teve seu ciclo de formação encerrado, por ter esgotado todas as fases necessárias à sua produção.

II. Ato consumado é o que já produziu todos os seus efeitos.

III. Ato pendente é aquele que, embora perfeito, está sujeito a condição ou termo para que comece a produzir efeitos.

IV. Ato imperfeito é o que apresenta aparência de manifestação de vontade da administração pública, mas que não chegou a aperfeiçoar-se como ato administrativo.

Estão certos apenas os itens

(A) I e II.

(B) I e IV.

(C) II e III.

(D) II e IV.

(E) I, II e III.

Os conceitos das afirmativas I a III estão corretos. O conceito expresso na afirmativa IV, por ser incompatível com o da afirmativa I, está incorreto.

Gabarito "E"

(Procurador do Estado/RO – 2011 – FCC) Um cidadão, interessado em realizar uma construção em terreno de sua propriedade, protocolizou o pedido de licença para construir e aguardou, durante seis meses, a apreciação do pedido pela Administração Municipal, sem obter resposta. Diante dessa situação, é correto concluir que

(A) se trata de hipótese de "silêncio eloquente", na qual o titular do direito subjetivo se vê legitimado a exercê-lo, até que haja contraposição expressa pela autoridade administrativa.

(B) ocorreu a prática de ato administrativo tácito, de conteúdo negativo. Portanto, o particular deverá conformar-se com o indeferimento de seu pedido, haja vista que se trata de decisão discricionária da Administração.

(C) houve a prática de ato administrativo indireto, sendo que na hipótese de direitos subjetivos de natureza potestativa, como o direito de construir, a Administração somente poderá impedir seu exercício mediante o sacrifício do direito, com a consequente indenização ao titular.

(D) não se trata de ato administrativo, pois não ocorreu a manifestação de vontade imputável à Administração; todavia, a omissão configura um ilícito administrativo, que pode ser corrigido pela via judicial, em que a decisão judicial obrigará a autoridade administrativa à prática do ato ou suprirá os efeitos da omissão administrativa.

(E) se trata de comportamento omissivo e antijurídico da Administração; nesse caso, por se tratar de ato administrativo de competência discricionária da autoridade do Poder Executivo, o Judiciário não poderá suprir os efeitos da omissão da autoridade pública nem compeli-la a praticar o ato, resolvendo-se a questão pela via indenizatória.

No caso, o fato de a Administração se calar, não significa que ela está consentindo. Em Direito Administrativo não há, como regra, essa máxima de que "quando a Administração cala, consente". Assim, cabe ao particular prejudicado ingressar com ação cujo pedido pode ser a determinação para que a autoridade administrativa pratique o ato ou para que a decisão judicial supra os efeitos da omissão administrativa. Dessa forma, a alternativa "D" é a correta.

Gabarito "D"

(ADVOGADO – CORREIOS – 2008 – ESPP) Analise as assertivas abaixo:

I. Regime Jurídico de Direito Público constitui-se no conjunto de normas jurídicas que disciplinam as relações em que o Estado participa com supremacia perante o interesse particular;

II. Os atos administrativos não dispõem de eficácia de coisa julgada material, pois não impedem a discussão da questão pela via judicial.

III. Caracteriza-se o desvio de finalidade ou desvio de poder a prática de atos pelo administrador público que sejam voltados exclusivamente a interesses particulares, o que os torna revogáveis, mas não nulos.

IV. A atividade administrativa não é desempenhada exclusivamente pelo Poder Executivo, desenvolvendo-a também os Poderes Legislativo e Judiciário, de forma atípica.

Assinale a alternativa correta:

(A) Apenas os itens I e II estão corretos.

(B) Os itens I e III estão incorretos.

(C) Apenas os itens II e IV estão corretos.

(D) Apenas o item III está incorreto.

I: correta, valendo salientar que os dois princípios basilares do Direito Público em geral, e o Direito Administrativo em particular, são o da supremacia do interesse público sobre o interesse privado e o da indisponibilidade do interesse público; **II:** correta, em virtude do princípio da inafastabilidade do controle jurisdicional (art. 5º, XXXV, da CF); **III:** incorreta, pois com o vício de desvio de poder ou desvio de finalidade os atos são nulos, portanto passíveis de anulação; IV: correta. Quando o Legislativo ou o Judiciário celebram ou lidam com pessoal praticam atividade administrativa, que é atípica mas existe nesses poderes, que têm como atividades típicas a legislativa e a jurisdicional, respectivamente.

Gabarito "D"

(ADVOGADO – ANATEL – 2009 – CESPE) Julgue os itens seguintes, referentes aos atos administrativos.

(1) Ato administrativo é aquele praticado no exercício concreto da função administrativa pelos órgãos do Poder Executivo ou pelos órgãos judiciais e legislativos. Assim, um tribunal de justiça estadual, quando concede férias aos seus servidores, desempenha uma função administrativa.

1: correta, pois o Executivo pratica, tipicamente, a atividade administrativa, ao passo que o Legislativo e o Judiciário praticam, tipicamente, as atividades legislativa e jurisdicional, respectivamente, bem como praticam, atipicamente, atividades administrativas.

Gabarito 1C

3.2. REQUISITOS DO ATO ADMINISTRATIVO (ELEMENTOS, PRESSUPOSTOS)

Para resolver as questões sobre os requisitos do ato administrativo, vale a pena trazer alguns elementos doutrinários. Confira:

Requisitos do ato administrativo (são requisitos para que o ato seja válido)

– **Competência:** *é a atribuição legal de cargos, órgãos e entidades.* São vícios de competência os seguintes: a1) usurpação de função: alguém se faz passar por agente público sem o ser, ocasião em que o ato será inexistente; a2) excesso de poder: alguém que é agente público acaba por exceder os limites de sua competência (ex.: fiscal do sossego que multa um bar que visita por falta de higiene); o excesso de poder torna nulo ato, salvo em caso de incompetência relativa, em que o ato é considerado anulável; a3) função de fato: exercida por agente que está irregularmente investido em cargo público, apesar de a situação ter aparência de legalidade; nesse caso, s praticados serão considerados válidos, se houver boa-fé.

- **Objeto:** *é o conteúdo do ato, aquilo que o ato dispõe, decide, enuncia, opina ou modifica na ordem jurídica*. O objeto deve ser lícito, possível e determinável, sob pena de nulidade. Ex.: o objeto de um alvará para construir é a licença.
- **Forma:** *são as formalidades necessárias para a seriedade do ato*. A seriedade do ato impõe a) respeito à forma propriamente dita; b) motivação.
- **Motivo:** *fundamento de fato e de direito que autoriza a expedição do ato*. Ex.: o motivo da interdição de estabelecimento consiste no fato de este não ter licença (motivo de fato) e de a lei proibir o funcionamento sem licença (motivo de direito). Pela Teoria dos Motivos Determinantes, o motivo invocado para a prática do ato condiciona sua validade. Provando-se que o motivo é inexistente, falso ou mal qualificado, o ato será considerado nulo.
- **Finalidade:** *é o bem jurídico objetivado pelo ato*. Ex.: proteger a paz pública, a salubridade, a ordem pública. Cada ato administrativo tem uma finalidade. **Desvio de poder (ou de finalidade):** *ocorre quando um agente exerce uma competência que possuía, mas para alcançar finalidade diversa daquela para a qual foi criada*. Não confunda o excesso de poder (vício de sujeito) com o desvio de poder (vício de finalidade), espécies do gênero abuso de autoridade.

(Procurador Distrital – 2014 – CESPE) Após ter sido submetido a processo administrativo em razão do cometimento de infração disciplinar, determinado servidor público foi removido de ofício por seu superior hierárquico, agente competente para tanto, como forma de punição pela prática do ato. Acerca dessa situação hipotética, julgue o seguinte item.

(1) Embora observada a regra de competência referente ao poder disciplinar, houve desvio de poder, já que não foi atendida a finalidade prevista em lei para a prática do ato de remoção do servidor.

1: correta, pois a finalidade do ato de remoção não é de punir o servidor (a punição é finalidade dos atos de imposição de advertência, suspensão, multa, demissão e cassação de aposentadoria), mas sim atender aos objetivos de interesse particular relevantes (remoção para que haja o encontro de cônjuges) ou interesse público na melhor organização do serviço público; assim, tem-se desvio de finalidade, que também é chamado de desvio de poder; quando um agente público pratica um ato, tem que atender à finalidade desse ato, sob pena de nulidade.

Gabarito 1C

(Procurador Distrital – 2014 – CESPE) Julgue os itens que se seguem.

(1) O DF não pode delegar o poder de polícia administrativa a pessoas jurídicas de direito privado, a exemplo das sociedades de economia mista, mesmo que embasado no princípio da eficiência e limitado à competência para a aplicação de multas.

(2) Se, fundamentado em razões técnicas, um secretário estadual delegar parte de sua competência relacionada à gestão e à execução de determinado programa social para entidade autárquica integrante da administração pública estadual, tal procedimento caracterizará exemplo de exercício do poder hierárquico mediante o instituto da descentralização.

1: correta, pois esse poder provém privativamente de autoridade pública, ou seja, não é permitida sua delegação ao particular; a este somente é possível ser credenciado para contribuir materialmente com o poder de polícia, como no caso de empresa que controla radares fotográficos de trânsito, mas a declaração de vontade será, ao final, da autoridade pública, que, com base nesses elementos materiais, poderá aplicar ou não uma multa de trânsito; ou seja, o poder de polícia não pode ser delegado para entidade privada (STF, ADI 1.717-6/DF, Pleno, j. 07.11.2002, rel. Min. Sydney Sanches, *DJ* 28.03.2003), mas é possível que o particular receba (por contrato de prestação de serviço ou por credenciamento) a incumbência de colaborar, com atividades materiais, com a Administração Pública; **2:** incorreta, pois a delegação de competência de uma pessoa jurídica (no caso, um Estado-membro) para outra (no caso, uma autarquia) caracteriza *descentralização*, e não *desconcentração* (esta consiste na delegação de atribuição de órgão para órgão, ou seja, internamente a uma pessoa jurídica).

Gabarito 1C, 2E

(Procurador do Estado/BA – 2014 – CESPE) Julgue o item subsequente.

(1) Incorre em vício de forma a edição, pelo chefe do Executivo, de portaria por meio da qual se declare de utilidade pública um imóvel, para fins de desapropriação, quando a lei exigir decreto.

1: correta, pois se o ato-forma exigido pela lei é o Decreto e foi utilizada a Portaria, tem-se violação ao requisito do ato administrativo"forma".

Gabarito 1C

(Procurador do Estado/BA – 2014 – CESPE) Julgue o item subsequente.

(1) O ato de exoneração do ocupante de cargo em comissão deve ser fundamentado, sob pena de invalidade por violação do elemento obrigatório a todo ato administrativo: o motivo.

1: incorreta, pois tanto a nomeação, como a exoneração de alguém em cargo em comissão são livres (independentemente de motivação, portanto), nos termos do art. 37, II, da CF/1988; vale lembrar também que a ausência de motivação viola o requisito"forma" e não o requisito"motivo", pois, dentro do elemento"forma", exige-se cumprimento à forma propriamente dita (ex.: escrita) e a existência de uma motivação, sendo que há violação ao requisito"motivo", quando, motivado o ato (portanto, respeitada a"forma") há problema no motivo apresentado (ex.: o motivo de fato apresentado é falso ou o fundamento jurídico apresentado é inadequado).

Gabarito 1E

(Procuradoria Distrital – 2007) À luz da teoria dos Atos Administrativos, marque a assertiva correta.

(A) No peculiar magistério de Celso Antônio Bandeira de Mello sobre os pressupostos de validez do ato administrativo, a CAUSA se identifica com a situação de fato que determina ou autoriza a prática do ato administrativo.

(B) Prevalece no direito administrativo brasileiro a teoria unitária quanto aos graus de invalidade do ato administrativo.

(C) Diogo de Figueiredo Moreira Neto, em sua Teoria do Aperfeiçoamento da Relação Jurídica com Defeito de Legalidade, formula o conceito do fato sanatório, o qual ocorre com a consumação da prescrição, tanto introversa quanto extroversa.

(D) Com relação a vício ligado ao motivo, como elemento do ato administrativo, é possível a convalidação.

(E) Segundo Celso Antônio Bandeira de Mello, diante da errônea suposição da existência de uma situação de fato, que autorizaria ou determinaria a prática do ato, há a possibilidade de revogação do ato administrativo.

A: incorreta, a definição dada na alternativa é de MOTIVO; para Celso Antônio CAUSA é o vínculo de pertinência entre o motivo e o conteúdo do ato, ou seja, causa tem a ver com a análise da razoabilidade e da proporcionalidade do ato administrativo; é bom lembrar que, para Celso Antônio, são elementos de existência do ato administrativo o ***objeto*** e a ***pertinência do ato à função administrativa***; e são pressupostos de validade o ***sujeito***, o ***motivo***, os ***requisitos procedimentais***, a ***finalidade***, a ***causa*** e a ***formalização***; **B:** incorreta, para a teoria unitária o único grau de invalidade do ato administrativo é a ***nulidade***; todavia, a Lei 9.784/1999 admite a existência não só de atos administrativos nulos, como também de anuláveis (art. 55), o que faz cair por terra a teoria unitária; aliás, para alguns juristas, como Celso Antônio Bandeira de Mello, há ainda uma terceira categoria de atos viciados: os atos inexistentes, que não podem ser objetos de conversão (instituto aplicável aos atos nulos) e ensejam direito de resistência por parte dos administrados; **C:** correta; Diogo de Figueiredo Moreira Neto, ao tratar da sanatória, como forma de resolver problemas de legalidade, divide-a em duas espécies: a) os atos sanatórios (ratificação, reforma e conversão); b) e os fatos sanatórios (prescrição); a prescrição introversa ocorre caso a Administração não possa mais rever seus atos (prescrição administrativa), ao passo que a extroversa ocorre na hipótese de o Judiciário não poder mais atacar o ato ilegal (*Curso de Direito Administrativo*, 14ª ed., São Paulo: Forense, pp. 215/219); **D:** incorreta, pois não é possível a convalidação quanto ao motivo, em virtude da teoria dos motivos determinantes, pela qual a existência do motivo condiciona a validade do ato; **E:** incorreta, pois o caso é de anulação (por existir ilegalidade), e não de revogação (porque não se trata de inconveniência).

Gabarito "C"

(Procurador do Estado/MG – 2007) O ato administrativo forma-se pela conjugação de elementos, os quais devem atender a preceitos legais para a produção de efeitos jurídicos válidos. Assim, o(s) elemento(s) que não constitui(em) o ato jurídico, são o(a)(s)

(A) agente competente.

(B) perfeição.

(C) objeto.

(D) motivo e fim.

São elementos do ato administrativo os seguintes: competência, forma, objeto, motivo e finalidade. Assim, apenas a "perfeição", mencionada na alternativa "b", não constitui elemento ou requisito dos atos administrativos.

Gabarito "B"

(Procurador do Estado/PR – 2007) Marque a alternativa incorreta: ALTERNATIVAS:

(A) Segundo a Teoria dos Motivos Determinantes, mesmo quando não exigida por lei a motivação, uma vez motivado o ato administrativo, ele só será válido se os motivos apontados forem verdadeiros e o justificarem;

(B) O excesso de poder ocorre quando o agente público pratica ato para alcançar finalidade diversa do interesse público;

(C) A convalidação, que somente é possível em relação a atos anuláveis, opera efeitos retroativos, não sendo obrigatória em relação a vícios de competência em atos de conteúdo discricionário;

(D) A cassação é a forma de retirada do ato administrativo eficaz por descumprimento, pelo seu beneficiário, das condições que deveriam continuar a ser por ele observadas;

(E) A revogação de ato administrativo inconveniente ou inoportuno produz efeitos *ex nunc* e somente pode ser praticada pela própria Administração Pública.

Todas as afirmativas estão corretas, salvo a de letra "B", pois *excesso de poder* é problema na competência, ao passo que *desvio de poder* é problema na finalidade.

Gabarito "B"

(Procurador do Estado/RR – 2006 – FCC) Dentre os elementos do ato administrativo,

(A) a finalidade e o motivo constituem o fundamento do ato administrativo.

(B) a finalidade do ato possibilita que se exerça o controle da Administração Pública quanto a desvio de poder.

(C) a competência, para ser exclusiva, deve ser assim definida em lei, mas esta previsão não exclui a possibilidade de avocação por agente diverso, integrante do mesmo órgão.

(D) a existência do motivo é obrigatória quando se tratar de ato vinculado e facultativa em relação aos discricionários, embora constitua garantia de legalidade e seja recomendável.

(E) a forma não é essencial ao ato, cabendo ao administrador definir o instrumento que veiculará sua manifestação de vontade.

A: incorreta, pois a finalidade e o motivo são ***pressupostos de validade*** do ato administrativo; **B:** está correta, pois o ***desvio de poder*** é sinônimo de ***desvio de finalidade***; **C:** incorreta, pois a avocação somente será permitida em caráter excepcional e por motivos relevantes, em favor de órgão hierarquicamente ***superior***, e não em favor de qualquer agente integrante do mesmo órgão (art. 15 da Lei

9.784/1999); **D:** incorreta, pois o ***motivo***, que é o fato que autoriza a expedição do ato, deve existir para a prática de qualquer ato; a ***motivação*** também é a regra, mas pode ser dispensada pela lei em alguns casos (p. ex: na nomeação e na exoneração de cargo em comissão); **E:** incorreta, pois a forma é pressuposto de ***validade*** do ato administrativo, portanto, é essencial ao ato; ademais, no direito administrativo, a regra é a solenidade, e não a liberdade das formas.

Gabarito "B"

(Procurador do Estado/RR – 2006 – FCC) Em relação aos atos administrativos discricionários e vinculados sabe-se que

(A) os atos vinculados são passíveis de controle pelo Judiciário, enquanto que os discricionários submetem- se apenas ao poder hierárquico da Administração Pública.

(B) os atos vinculados que contenham vício de competência não exclusiva admitem convalidação, desde que presentes os requisitos para ratificação do ato.

(C) o motivo dos atos administrativos não pode ser analisado pelo Poder Judiciário, ainda que se invoque a teoria dos motivos determinantes.

(D) os atos discricionários não admitem convalidação, seja qual for o vício encontrado, posto que praticados sob juízo subjetivo de autoridade, que não precisa fundamentar a edição.

(E) os atos vinculados ou discricionários que contenham vícios sanáveis, para serem convalidados, dependem de determinação judicial neste sentido.

A: incorreta, pois os atos vinculados e os atos discricionários são passíveis, sim, de controle pelo Judiciário; no caso dos atos discricionários, o controle judicial se atém apenas aos aspectos de legalidade, razoabilidade e moralidade, não ingressando no mérito administrativo; **B:** correta, pois, de fato, a situação narrada admite a ***confirmação*** do ato pela autoridade competente (art. 55 da Lei 9.784/1999); **C:** incorreta, conforme já dito, o judiciário pode apreciar aspectos de legalidade, razoabilidade e moralidade dos atos discricionários; assim, se houver problema no motivo do ato, relacionado aos aspectos mencionados, o judiciário poderá apreciar; **D:** incorreta. O art. 55 da Lei 9.784/1999 não limita a convalidação aos atos vinculados, admitindo-a, portanto, nos atos discricionários; ademais, está incorreto dizer que a autoridade não precisa fundamentar os atos discricionários; **E:** incorreta. O art. 55 da Lei 9.784/1999 não exige apreciação judicial para a convalidação de atos administrativos.

Gabarito "B"

(Procurador do Estado/SC – 2010 – FEPESE) No que se refere ao ato administrativo:

(1) A Administração Pública, em razão do princípio da autotutela, pode revogar todo e qualquer ato administrativo inconveniente ou inoportuno aos interesses públicos.

(2) Ato complexo é o que decorre da conjugação de vontades de mais de um órgão.

(3) O poder extroverso do ato administrativo é decorrente do atributo da imperatividade.

(4) O prazo para a Administração Pública anular os seus próprios atos é de 5 (cinco) anos.

Assinale a alternativa que indica todas as afirmativas **corretas**.

(A) É correta apenas a afirmativa 1.

(B) É correta apenas a afirmativa 2.

(C) São corretas apenas as afirmativas 1 e 3.

(D) São corretas apenas as afirmativas 2, 3 e 4.

(E) São corretas as afirmativas 1, 2, 3 e 4.

1: incorreta, pois não é possível revogar atos que geram direito adquirido, atos vinculados, atos exauridos e atos meramente enunciativos; **2:** correta, pois no ato complexo tem-se um ato só e mais de um órgão expedindo esse ato; **3:** correta, pois a doutrina, ao explicar o atributo da imperatividade (possibilidade de a Administração impor obrigações a terceiros, independentemente de sua concordância), ensina que ele encerra um poder extroverso, ou seja, um poder que sai da esfera interna da Administrativa e atinge o exterior, terceiros; 4: correta (art. 54 da Lei 9.784/1999).

Gabarito "D"

(Procurador do Estado/SC – 2009) Quanto aos Atos Administrativos, é possível afirmar:

(A) Os elementos constitutivos dos atos administrativos podem prescindir dos seus pressupostos para efeitos de controle de validade.

(B) Atos administrativos podem constituir-se em declarações, não somente de vontade, mas de variado teor, desde que editadas pelo Estado ou quem lhe faça as vezes.

(C) O conteúdo do ato administrativo constitui-se em um dos seus pressupostos formais de legalidade.

(D) A motivação do ato administrativo se constitui em seu pressuposto teleológico, pois diz respeito à obtenção da sua finalidade legal.

(E) O objeto do ato administrativo, quando ilícito ou fora do comércio, determina a sua ineficácia.

A: incorreta, pois a doutrina que separa os requisitos do ato administrativo em elementos e pressupostos, ensina que existem elementos de existência (conteúdo, forma e pertinência administrativa) e pressupostos de validade (sujeito capaz, não impedido e competente; objeto lícito, possível e determinável; formalização, incluindo a forma propriamente dita e a motivação; motivo; requisitos procedimentais; causa; e finalidade); **B:** correta, pois a alternativa está em consonância com o conceito de ato administrativo, pelo qual estes são prescrições do Estado, ou de quem lhe faça as vezes, no exercício de prerrogativas públicas, com a finalidade de executar direta e concretamente a lei; **C.** incorreta, pois conteúdo é elemento de existência, e não pressuposto de validade do ato administrativo; **D:** incorreta, pois a motivação é pressuposto de validade contido na formalização, não se tratando de pressuposto teleológico, já que a finalidade é que é esse pressuposto; **E:** incorreta, pois, se o objeto é ilícito, o problema é de validade e não de eficácia do ato administrativo.

Gabarito "B"

(Procurador do Estado/SP – VUNESP – 2005) Finalidade do ato administrativo é

(A) o pressuposto de fato e de direito que serve de fundamento ao ato.

(B) o resultado que a Administração quer alcançar com a prática do ato.

(C) o efeito jurídico imediato que o ato produz.

(D) a comprovação de que os pressupostos de fato que deram origem ao ato realmente existiram.

(E) o modo pelo qual o ato deve ser exteriorizado.

A: incorreta, pois esse é o *motivo* do ato administrativo; **B:** correta, pois a *finalidade* é justamente o bem jurídico objetivado pelo ato, ou seja, o resultado que a Administração quer alcançar com a prática deste; **C:** incorreta, pois esse é o *objeto* do ato administrativo; **D:** incorreta, pois essa comprovação tem a ver com o *motivo* do ato administrativo; **E:** incorreta, pois essa é a *forma* do ato administrativo.

Gabarito "B"

(Procurador do Município/Cubatão-SP – 2012 – VUNESP) Assinale a alternativa correta a respeito dos atos administrativos.

(A) Os administradores de empresas estatais e de fundações podem praticar atos equiparados aos atos administrativos típicos, os quais podem sofrer controle judicial por mandado de segurança ou por ação popular.

(B) A competência para o ato administrativo é intransferível, improrrogável e indelegável.

(C) Em razão dos princípios administrativos implícitos, é permitido juridicamente ao administrador substituir a finalidade do ato indicada na norma legal, desde que a nova finalidade eleita também seja de interesse público.

(D) Em função do seu necessário revestimento material, a forma legal do ato administrativo é a escrita, não se admitindo atos administrativos emanados de forma não escrita, por ordens verbais ou por sinais.

(E) A Administração Pública não pode praticar atos regidos pelo regime de direito privado no desempenho normal de suas atividades.

A: correta; a respeito dessa possibilidade vale citar, por exemplo, a Súmula STJ n. 333, pela qual "cabe mandado de segurança contra ato praticado em licitação promovida por sociedade de economia mista ou empresa pública"; **B:** incorreta, pois a competência pode ser delegada, nos termos do art. 12 da Lei 9.784/1999; **C:** incorreta, pois cada ato administrativo tem a sua finalidade, devendo-se praticar o ato buscando somente a finalidade prevista nele, sob pena de configuração do chamado "desvio de poder" ou "desvio de finalidade"; **D:** incorreta, pois a lei prevê hipóteses em que os atos administrativos se revestem de forma diversa da escrita; um exemplo é o disposto no art. 60, parágrafo único, da Lei 8.666/1993, que admite contrato administrativo verbal nas compras pequenas e de pronto pagamento, assim entendidas aquelas de valor não superior a R$ 4 mil; **E:** incorreta, pois, eventualmente, a Administração pratica atos regidos pelo Direito Privado, como a emissão de um cheque, a celebração de um contrato de locação de imóvel para uma repartição pública, a contratação de seguro, dentre outros.

Gabarito "A"

(Procurador do Município/São Paulo-SP – 2008 – FCC) Antônio, ocupante de cargo em comissão, praticou ilícito administrativo. A Administração houve por bem exonerá-lo, indicando esse motivo. Pode-se dizer que o ato de exoneração

(A) é nulo, vez que não precedido de procedimento administrativo, com observância do contraditório e ampla defesa.

(B) é válido, pouco importando os motivos consignados, vez que se trata de ato discricionário.

(C) não é válido, vez que o motivo indicado não é pertinente ao ato praticado.

(D) é irregular, devendo-se retificar os motivos da exoneração.

(E) é válido porque atingiu a finalidade de sua edição.

A: incorreta, pois o ocupante de cargo em comissão pode ser tanto nomeado como exonerado livremente, sem necessidade, inclusive, de se trazer qualquer tipo de motivação; trata-se da chamada exoneração "ad nutum"; assim, o ato não é nulo pelo motivo invocado; **B:** incorreta, pois, apesar de não ser necessário trazer qualquer tipo de motivação, caso a Administração apresente dada motivação e esta seja impertinente ao tipo de ato praticado ou falsa, o ato será nulo, em função da aplicação da teoria dos motivos determinantes; **C:** correta, pois o motivo invocado, como seu viu, é impertinente ao tipo de ato praticado (*exoneração*), que não se coaduna com motivações (já que a exoneração é ato livre), muito menos com uma motivação que diz respeito a outro ato administrativo, no caso, a *demissão*; **D:** incorreta, pois atos discricionários não podem ter os seus motivos retificados posteriormente, sob pena de permitir que a Administração invente motivos; como se sabe, a motivação deve ser prévia ou contemporânea à prática do ato; **E:** incorreta, pois o ato não é válido, como se viu do comentário à alternativa "c".

Gabarito "C"

(Procurador do Município/Sorocaba-SP – 2012 – VUNESP) O desvio de poder é um vício do ato administrativo relativo

(A) ao motivo.

(B) ao objeto.

(C) à forma.

(D) à finalidade.

(E) ao sujeito.

O *desvio de poder* ou *desvio de finalidade* é um vício no requisito finalidade, de modo que a alternativa "d" é a correta.

Gabarito "D"

(Procurador do Município/Teresina-PI – 2010 – FCC) Dentre as alternativas apresentadas, assinale a que corretamente aborda dois requisitos dos atos administrativos, que são sempre vinculados:

(A) forma e objeto.

(B) competência e finalidade.

(C) motivo e forma.

(D) objeto e competência.

(E) motivo e finalidade.

São sempre vinculados os requisitos da competência, da forma e da finalidade, o mesmo não acontecendo com os requisitos do objeto e do motivo. Assim, somente a alternativa "B" está correta.

Gabarito "B"

(Procuradoria Federal – 2007 – CESPE) Julgue os próximos itens, relativos à teoria dos motivos determinantes.

(1) Não se decreta a invalidade de um ato administrativo quando apenas um, entre os diversos motivos determinantes, não está adequado à realidade fática.

(2) De acordo com a referida teoria, os motivos que determinaram a vontade do agente e que serviram de suporte à sua decisão integram o plano da existência do ato administrativo.

1: está correta, pois se remanesce intacto motivo que é suficiente, por si só, para justificar o ato, este deve ser mantido; **2:** errada, pois o motivo é pressuposto de ***validade***, e não de ***existência*** do ato administrativo.

Gabarito 1C, 2E

(Procurador da Fazenda Nacional – 2003 – ESAF) A remoção de ofício de servidor público como punição por algum ato por ele praticado caracteriza vício quanto ao seguinte elemento do ato administrativo:

(A) motivo

(B) forma

(C) finalidade

(D) objeto

(E) competência

A finalidade, como elemento do ato administrativo, deve sempre ser o interesse público. Qualquer ato praticado com objetivo diverso, de índole pessoal, é anulável por desvio de finalidade. A remoção de ofício de servidor deve ser realizada no interesse da Administração Pública, entendido este interesse como o melhor para a prestação do serviço público, e não como punição. As sanções disciplinares previstas na Lei n. 8.112/1990 são os atos previsto para punir o servidor faltoso, não se podendo usar outro instituto (a remoção de ofício) para este fim.

Gabarito "C"

(ADVOGADO – PETROBRÁS – 2012 – CESGRANRIO) Conforme conhecimento convencional, a competência é um dos elementos dos atos administrativos. De acordo com a legislação pertinente, competência

(A) constitui elemento tipicamente discricionário.

(B) integra a noção de mérito administrativo.

(C) admite delegação, sendo vedada a avocação, ainda que temporária.

(D) admite avocação, sendo vedada a delegação, ainda que em caráter precário.

(E) é irrenunciável e se exerce pelos órgãos administrativos a que tiver sido atribuída como própria, ressalvadas as hipóteses de delegação e avocação.

A: incorreta, pois a *competência* e a forma são sempre elementos vinculados; **B:** incorreta, pois, em sendo a competência elemento vinculado (e não discricionário) não há que se falar em mérito administrativo, pois este significa "margem de liberdade" e esta não existe em atos vinculados; C e **D:** incorretas, pois a lei autoriza tanto a delegação, como a avocação de competência (arts. 12 e 15 da Lei 9.784/1999); **E:** correta (arts. 12 e 15 da Lei 9.784/1999).

Gabarito "E"

(ADVOGADO – DATAPREV – 2009 – UFF) Das afirmativas abaixo, a correta é:

(A) após a promulgação da Constituição da República Federativa do Brasil, o nosso ordenamento jurídico veda, em qualquer hipótese, e expedição de decretos autônomos;

(B) nos termos precisos da Lei n. 9.784/1999, não podem ser objeto de delegação a edição de atos de caráter normativo, a decisão de recursos administrativos e as matérias de competência exclusiva do órgão ou autoridade;

(C) a competência, quando exercida além dos limites estabelecidos na lei, dá lugar a uma das modalidades de abuso de poder, denominada desvio de poder;

(D) constituem o mérito administrativo os aspectos do ato que dizem respeito à legalidade e à legitimidade do ato administrativo;

(E) para o Direito Administrativo a usurpação de função e o exercício de função de fato possuem consequências jurídicas idênticas.

A: incorreta, pois o art. 84, VI, "a" e "b" da CF traz dois casos em que se admite tais decretos; **B:** correta (art. 13 da Lei 9.784/1999); **C:** incorreta, pois a competência, quando exercida além dos limites legais, dá lugar à modalidade de abuso de poder denominada excesso de poder; **D:** incorreta, pois mérito é justamente a margem de liberdade que remanescer ao agente público depois de observadas as balizas legais; **E:** incorreta, pois a usurpação de função consiste em alguém que não é agente público fingir ser uma gente público; trata-se de conduta criminosa, considerando-se os atos praticados dessa forma inexistentes ou nulos, de acordo com a teoria adotada; já a função de fato consiste naquela exercida por alguém irregularmente investido em função pública; nesse caso, havendo boa-fé e aparência de legalidade, os atos praticados pelo agente em função de fato podem ser considerados válidos.

Gabarito "B"

(ADVOGADO – IRB – 2006 – ESAF) Assinale a opção que veicula, concomitantemente, elementos do ato administrativo e do ato jurídico *lato sensu*:

(A) agente/motivo/objeto

(B) motivo/finalidade/forma

(C) motivo/objeto/forma

(D) finalidade/agente/objeto

(E) agente/forma/objeto

A: incorreta, pois o motivo não é um elemento dos atos jurídicos em geral, mas apenas dos atos administrativos; **B:** incorreta, pois o motivo e a finalidade não são elementos dos atos jurídicos em geral, mas apenas dos atos administrativos; **C:** incorreta, pois o motivo não é elemento dos atos jurídicos em geral, mas apenas dos atos administrativos; **D:** incorreta, pois a finalidade não é elemento dos atos jurídicos em geral, mas apenas dos atos administrativos; **E:** correta, pois os elementos citados são elementos tanto dos atos jurídicos em geral, como dos atos administrativos.

Gabarito "E"

(ADVOGADO – IRB – 2006 – ESAF) Tício, servidor público de uma Autarquia Federal, aprovado em concurso público de provas e títulos, ao tomar posse, descobre que seria chefiado pelo Sr. Abel, pessoa com quem sua família havia cortado relações, desde a época de seus avós, sem que Tício soubesse sequer o motivo. Depois de sua primeira semana de trabalho, apesar da indiferença de seu chefe, Tício sentia-se feliz, era seu primeiro trabalho depois de tanto estudar para o concurso ao qual se submetera. Qual não foi sua surpresa ao descobrir, em sua segunda semana de trabalho, que havia sido removido para a cidade de São Paulo, devendo, em trinta dias adaptar-se para se apresentar ao seu novo chefe, naquela localidade. Considerando essa situação hipotética e os preceitos, a doutrina e a jurisprudência do Direito Administrativo Brasileiro, assinale a única opção correta.

(A) A conduta do Sr. Abel não merece reparos, posto que amparada pela lei.

(B) O Sr. Abel agiu com excesso de poder, razão pela qual seu ato padece de vício.

(C) O Sr. Abel agiu corretamente, na medida em que Tício ainda se encontrava em estágio probatório.

(D) O Sr. Abel incidiu em desvio de finalidade, razão pela qual o ato por ele praticado merece ser anulado.

(E) Considerando que o ato do Sr. Abel padece de vício, o mesmo deverá ser revogado.

O ato administrativo "remoção" tem finalidades específicas, quais sejam, organizar melhor a prestação do serviço ou atender a interesse de servidor público em ser removido. Esse ato não pode ser utilizado para finalidade diversa, sob pena de se configurar o chamado desvio de poder ou desvio de finalidade. No caso em tela, a remoção promovida pelo Sr. Abel, feita por motivos de ordem pessoal, não atendeu às finalidades previstas na lei, de maneira a configurar o desvio de finalidade, razão pela qual o ato por ele praticado poderá ser anulado, devendo ser assinalada a alternativa "d".

Gabarito "D"

(ADVOGADO – BNDES – 2008 – CESGRANRIO) De acordo com a doutrina, e conforme o que dispõe a legislação brasileira, pode-se considerar que os atos administrativos possuem elementos formativos. Estes podem ser, respectivamente,

	Essenciais	Acidentais
(A)	motivo, forma, sujeito, razoabilidade e objeto	fato, condição e encargo
(B)	forma, sujeito, finalidade, motivo e objeto	modo, termo e condição
(C)	forma, sujeito, objeto, razoabilidade e motivo	encargo, termo e condição
(D)	objeto, forma, motivação, sujeito e finalidade	encargo, condição e fato
(E)	sujeito, razoabilidade, objeto, forma e motivação	modo, termo e condição

Segundo a doutrina administrativa, os elementos essenciais do ato administrativo são os seguintes: sujeito competente, objeto, forma, motivo e finalidade. Assim, ficam afastadas as alternativas "a", "c" e "e". Já os elementos acidentais, seja dos atos administrativos, seja dos atos jurídicos em geral, são os seguintes: termo, condição e encargo, sendo que o encargo também é chamado de modo. Já a alternativa "d" fica afastada pois o "fato" não é elemento acidental. Assim, a alternativa correta é a "b".

Gabarito "B"

(ADVOGADO – BNDES – 2004 – CESGRANRIO) O chamado **desvio de poder** é vício do ato administrativo que deriva do(a):

(A) defeito do fim.

(B) defeito de motivo.

(C) defeito de forma.

(D) ilegalidade do objeto.

(E) incompetência.

O desvio de poder, também chamado de desvio de finalidade, é vício que diz respeito ao requisito "fim" ou "finalidade" do ato administrativo.

Gabarito "A"

3.3. ATRIBUTOS DO ATO ADMINISTRATIVO

Para resolver as questões sobre os atributos do ato administrativo, vale a pena trazer alguns elementos doutrinários. Confira:

Atributos do ato administrativo (são as qualidades, as prerrogativas dos atos)

- **Presunção de legitimidade** *é a qualidade do ato pela qual este se presume verdadeiro e legal até prova em contrário*; ex.: uma multa aplicada pelo Fisco presume-se verdadeira quanto aos fatos narrados para a sua aplicação e se presume legal quanto ao direito aplicado, a pessoa tida como infratora e o valor aplicado.
- **Imperatividade** *é a qualidade do ato pela qual este pode se impor a terceiros, independentemente de sua concordância*; ex.: uma notificação da fiscalização municipal para que alguém limpe um terreno ainda não objeto de construção, que esteja cheio de mato.
- **Exigibilidade** *é a qualidade do ato pela qual, imposta a obrigação, esta pode ser exigida mediante coação indireta*; ex.: no exemplo anterior, não sendo atendida a notificação, cabe a aplicação de uma multa pela fiscalização, sendo a multa uma forma de coação indireta.
- **Autoexecutoriedade** *é a qualidade pela qual, imposta e exigida a obrigação, esta pode ser implementada mediante coação direta, ou seja, mediante o uso da coação material, da força*; ex.: no exemplo anterior, já tendo sido aplicada a multa, mais uma vez sem êxito, pode a fiscalização municipal ingressar à força no terreno particular, fazer a limpeza e mandar a conta, o que se traduz numa coação direta. A autoexecutoriedade não é a regra. Ela existe quando a lei expressamente autorizar ou quando não houver tempo hábil para requerer a apreciação jurisdicional.

Obs. 1: a expressão autoexecutoriedade também é usada no sentido da qualidade do ato que enseja sua imediata e direta execução pela própria Administração, independentemente de ordem judicial.

Obs. 2: repare que esses atributos não existem normalmente no direito privado; um particular não pode, unilateralmente, valer-se desses atributos; há exceções, em que o particular tem algum desses poderes; mas essas exceções, por serem exceções, confirmam a regra de que os atos administrativos se diferenciam dos atos privados pela ausência nestes, como regra, dos atributos acima mencionados.

(Procurador do Estado/MT – FCC – 2011) Constitui atributo do ato administrativo:

(A) executoriedade, caracterizada pela possibilidade de a Administração colocá-lo em execução sem necessidade de intervenção judicial, independentemente de previsão legal.

(B) vinculação ao princípio da legalidade, impedindo a prática de atos discricionários.

(C) presunção de veracidade, não admitindo prova em contrário no que diz respeito aos seus fundamentos de fato.

(D) presunção de legitimidade, só podendo ser invalidado por decisão judicial.

(E) imperatividade, caracterizada pela sua imposição a terceiros, independentemente de concordância, constituindo, unilateralmente, obrigações a estes imputáveis.

A: incorreta, pois a possibilidade de a Administração fazer essa imposição depende de previsão legal, em virtude do princípio da legalidade; **B:** incorreta, pois os atributos do ato administrativo são os seguintes: presunção de legitimidade, imperatividade, exigibilidade, executoriedade e tipicidade. A "vinculação ao princípio da legalidade" não é um atributo do ato administrativo; **C:** incorreta, pois o atributo da presunção de veracidade e de legalidade (ou simplesmente presunção de legitimidade) admite sim prova em contrário, tratando-se de presunção relativa; **D:** incorreta, pois a própria Administração, pelo princípio da autotutela, pode anular seus atos, não sendo providência exclusiva do Judiciário; **E:** correta, pois a imperatividade, também chamada de poder extroverso, é um dos atributos do ato administrativo.

Gabarito "E"

(Procurador do Estado/PR – 2007) Quanto ao atributo da presunção de legitimidade do ato administrativo é incorreto sustentar que:

(A) a presunção em questão existe para assegurar celeridade no cumprimento das manifestações de vontade da Administração Pública, já que a mesma tem por finalidade atender ao interesse público.

(B) É o atributo pelo qual os atos administrativos se impõem a terceiros, independentemente de sua concordância.

(C) A Administração Pública sujeita-se ao princípio da legalidade estrita, o que faz presumir que todos os seus atos tenham sido praticados de conformidade com a lei, já que cabe ao poder público a sua tutela.

(D) Enquanto não decretada a invalidade do ato pela própria Administração ou pelo Judiciário, ele produzirá efeitos da mesma forma que o ato válido.

(E) Aplica-se a todos os atos da Administração Pública, inclusive os regidos pelo direito privado.

Todas as alternativas são verdadeiras, salvo a de letra "B", pois o atributo narrado na alternativa não é o da ***presunção de legitimidade***, mas o da ***imperatividade*** (poder extroverso).

Gabarito "B"

(Procurador do Município/Sorocaba-SP – 2012 – VUNESP) Considerando a presunção de veracidade dos atos administrativos, indique a alternativa correta.

(A) Em nome da segurança jurídica, o Judiciário deve apreciar ***ex officio*** a validade do ato.

(B) Enquanto não decretada sua invalidade, ele produzirá efeitos como um ato válido.

(C) O ato deixa de produzir efeitos, mesmo sem a decretação de sua invalidade, deixando de ser obrigatório.

(D) Somente a Administração Pública tem o poder/dever de invalidar os atos administrativos.

(E) Somente o Poder Judiciário pode decretar a invalidade do ato administrativo, quando instado para esta finalidade.

A: incorreta, pois o Judiciário atua mediante provocação, face o princípio da inércia jurisdicional; no entanto, há casos em que se admite que o Judiciário atue de ofício, ocasião em que o princípio justificador dessa atuação é o da legalidade e não o da segurança jurídica; **B:** correta, pois a presunção de legitimidade tem justamente o efeito de possibilitar que o ato seja executado, enquanto não decretada a sua invalidade; **C:** incorreta, pois a presunção mencionada tem justamente o sentido inverso, ou seja, o sentido de permitir que o ato produza seus efeitos enquanto não decretada a invalidade; **D:** incorreta, pois o Judiciário também pode promover a *invalidação* dos atos administrativos, o que é feito normalmente mediante provocação; já a *revogação*, essa sim só pode ser feita pela Administração; **E:** incorreta, pois a Administração, pelo princípio da autotutela, também pode decretar a invalidade do ato administrativo (art. 53 da Lei 9.784/1999).

Gabarito "B"

(Procurador da Fazenda Nacional – 2007.2 – ESAF) Entre os atos da Administração, verifica-se a prática do ato administrativo, o qual abrange somente determinada categoria de atos praticados no exercício da função administrativa. Destarte, assinale a opção correta.

(A) A presunção de legitimidade e veracidade, a imperatividade e a autoexecutoriedade são elementos do ato administrativo.

(B) Procedimento administrativo consiste no *iter* legal a ser percorrido pelos agentes públicos para a obtenção dos efeitos regulares de um ato administrativo principal.

(C) Os atos de gestão são os praticados pela Administração com todas as prerrogativas e privilégios de autoridade e impostos unilateral e coercitivamente ao particular, independentemente de autorização judicial.

(D) Ato composto é o que resulta da manifestação de dois ou mais órgãos, sejam eles singulares ou colegiados, cuja vontade se funde para formar um ato único.

(E) Na executoriedade, a Administração emprega meios indiretos de coerção, como a multa ou outras penalidades administrativas impostas em caso de descumprimento do ato, compelindo materialmente o administrado a fazer alguma coisa.

A: incorreta, pois não são ***elementos***, são ***atributos*** do ato administrativo; **B:** correta, pois traz adequada definição de processo administrativo; **C:** incorreta, pois a definição corresponde aos ***atos de império***, e não aos ***atos de gestão***; **D:** incorreta, pois a definição corresponde ao ***ato complexo***; **E:** incorreta, pois na executoriedade, a Administração emprega meios ***diretos*** de coerção, usando a ***força*** e ***compelindo materialmente*** o administrado; não é coação indireta, como na aplicação de multas.

Gabarito "B"

3.4. VINCULAÇÃO E DISCRICIONARIEDADE

(Procurador do Estado/AC – FMP – 2012) Com relação aos atos administrativos, é **CORRETO** afirmar:

(A) O ato que atribui licença à servidora gestante é um ato vinculado.

(B) A extinção de uma Sociedade de Economia mista é um ato vinculado.

(C) A exoneração de Secretário de Estado é um ato vinculado.

(D) A atribuição de licença para tratamento de saúde é um ato discricionário.

A: correta, pois a servidora gestante tem direito subjetivo à licença, não havendo discricionariedade para a Administração, que deverá necessariamente concedê-la, praticando ato vinculado, portanto; **B:** incorreta, pois a análise do Poder Público sobre se vai ou não extinguir uma sociedade de economia mista leva em conta análise discricionária, não havendo lei alguma determinando isso objetivamente, ou seja, de forma vinculada; **C:** incorreta, pois a nomeação e a exoneração de alguém de um cargo em comissão é livre, ou seja, há discricionariedade e não vinculação para esse ato; **D:** incorreta, pois, configurado o problema de saúde passível de licença, a Administração é obrigada a deferi-la, tratando-se, assim, de ato vinculado.

Gabarito "A"

(PROCURADOR DO ESTADO/RS – FUNDATEC – 2010) Quanto aos atos administrativos, pode-se afirmar que

(A) são chamados de "gerais", em oposição aos "individuais", aqueles que têm por destinatários múltiplos sujeitos especificados.

(B) um regulamento que disciplina a promoção de servidores públicos de determinada carreira é um ato concreto.

(C) os atos vinculados são passíveis de controle pelo Judiciário, enquanto que os discricionários se submetem apenas ao poder hierárquico da Administração.

(D) a certidão de que determinado aluno é matriculado em escola pública é um ato constitutivo.

(E) a oportunidade e a conveniência do ato administrativo compõem o binômio chamado de mérito, que é a sede do poder discricionário do administrador público.

A: incorreta, pois se os sujeitos são especificados, não se pode falar em atos gerais, pois estes se referem a sujeitos indeterminados; os atos com múltiplos sujeitos especificados são considerados atos individuais; **B:** incorreta, pois um regulamento é ato abstrato, pois se dirige a todas as situações que se enquadrarem em seu teor, e não a um determinado caso concreto; **C:** incorreta, pois todos os atos administrativos, sejam eles vinculados ou discricionários, são passíveis de controle pelo Judiciário; os atos vinculados podem ser controlados em todos os seus aspectos, ao passo que os atos discricionários só podem ser controlados quanto à sua legalidade, razoabilidade e moralidade; **D:** incorreta, pois a certidão é considerada um ato enunciativo e não um ato constitutivo, vez que ela se limita e enunciar ou atestar dada situação fática ou jurídica; **E:** correta, pois o mérito ou a margem de liberdade do agente público é justamente o campo de liberdade que ele tem para verificar a oportunidade e a conveniência de dado ato administrativo.

Gabarito "E"

(Procurador do Município/Recife-PE – 2008 – FCC) Ato administrativo é dito discricionário quando

(A) consiste em tradução de opção do administrador dentre as soluções normativamente autorizadas.

(B) é praticado no exercício das atividades típicas de administração, independentemente de previsão normativa.

(C) traduz poder de escolha da Administração Pública dentre as alternativas necessariamente expressas em lei.

(D) tem sua prática prevista em decreto do Poder Executivo.

(E) considera os aspectos de conveniência e oportunidade para sua prática, que deve ser autorizada por decreto do poder executivo.

A: correta, pois quando a lei traz uma margem de liberdade para o administrador público praticar um dado ato administrativo tem-se a chamada discricionariedade; **B:** incorreta, pois a lei é quem confere a discricionariedade, não se podendo praticar ato administrativo algum sem que haja um mínimo de previsão normativa; **C:** incorreta, pois se, de um lado, a lei é quem confere a discricionariedade (a margem de liberdade) para a Administração, de outro, essa mesma lei, muitas vezes, estabelece o caso em que um agente público deve agir, mas não diz exatamente qual alternativa ou qual medida deverá ser tomada, ficando o administrador público com incumbência de verificar qual alternativa existente melhor atende ao interesse público; D e **E:** incorretas, pois, como se viu, é a lei quem pode autorizar a discricionariedade para a Administração Pública.

Gabarito "A"

(Procurador do Município/Sorocaba-SP – 2012 – VUNESP) Quanto ao motivo da discricionariedade do ato administrativo, este ocorre quando

(A) a lei estabelece o motivo para a prática do ato.

(B) a lei estabelece a conduta a ser adotada pela Administração.

(C) a lei define o motivo com conceitos jurídicos indeterminados.

(D) a lei utiliza conceitos jurídicos determinados.

(E) o motivo for posterior à prática do ato.

A e **B:** incorretas, pois, se a lei estabelece ou define exatamente o que deve ser feito e quando se dever fazer algo, não há discricionariedade (margem de liberdade), mas vinculação; **C:** correta, pois a existência de conceitos jurídicos indeterminados (ex: a lei estabelece que, "em caso de *interesse público*, é possível se fazer tal coisa") confere margem de liberdade para a Administração, ou seja, confere discricionariedade; **D:** incorreta, pois se a lei é clara e objetiva (traz conceitos determinados), não há discricionariedade, mas vinculação; **E:** incorreta, pois em caso de competência discricionária o agente público é obrigado a apresentar os motivos da prática do ato antes ou no momento da expedição deste, mas nunca depois.

Gabarito "C"

(ADVOGADO – BNDES – 2001 – VUNESP) A norma que permite a remoção *ex officio* do servidor público, a critério da Administração, para atender à conveniência do serviço, consubstancia aplicação da

(A) finalidade.

(B) formalidade.

(C) discricionariedade.

(D) vinculação do ato administrativo.

(E) publicidade.

Quando uma norma dispõe que a Administração Pública pode fazer algo "a seu critério" ou de acordo com a "conveniência do serviço" está criando competência discricionária, pois está conferindo margem de liberdade para a Administração. Assim, tem-se no caso aplicação da discricionariedade, estando correta a alternativa "c".

Gabarito "C"

3.5. EXTINÇÃO DOS ATOS ADMINISTRATIVOS

Segue resumo acerca das formas de extinção dos atos administrativos

- **Cumprimento de seus efeitos:** como exemplo, temos a autorização da Prefeitura para que seja feita uma festa na praça de uma cidade. Este ato administrativo se extingue no momento em que a festa termina, uma vez que seus efeitos foram cumpridos.
- **Desaparecimento do sujeito ou do objeto sobre o qual recai o ato:** morte de um servidor público, por exemplo.
- **Contraposição:** *extinção de um ato administrativo pela prática de outro antagônico em relação ao primeiro.* Ex.: com o ato de exoneração do servidor público, o ato de nomeação fica automaticamente extinto.
- **Renúncia:** extinção do ato por vontade do beneficiário deste.
- **Cassação:** *extinção de um ato que beneficia um particular por este não ter cumprido os deveres para dele continuar gozando.* Não se confunde com a revogação – que é a extinção do ato por não ser mais conveniente ao interesse público. Também difere da anulação – que é a extinção do ato por ser nulo. Como exemplo desse tipo de extinção tem-se a permissão para banca de jornal se instalar numa praça, cassada porque seu dono não paga o preço público devido; ou a autorização de porte de arma de fogo, cassada porque o beneficiário é detido ou abordado em estado de embriaguez ou sob efeito de entorpecentes (art. 10, § 2º, do Estatuto do Desarmamento – Lei 10.826/2003).
- **Caducidade.** *Extinção de um ato porque a lei não mais o permite.* Trata-se de extinção por invalidade ou ilegalidade *superveniente*. Exs.: autorização para condutor de perua praticar sua atividade que se torna caduca por conta de lei posterior não mais permitir tal transporte na cidade; autorizações de porte de arma que caducaram 90 dias após a publicação do Estatuto do Desarmamento, conforme reza seu art. 29.
- **Revogação.** *Extinção de um ato administrativo legal ou de seus efeitos por outro ato administrativo, efetuada somente pela Administração, dada a existência de fato novo que o torne inconveniente ou inoportuno, respeitando-se os efeitos precedentes* (efeito "ex nunc"). Ex.: permissão para a mesma banca de jornal se instalar numa praça, revogada por estar atrapalhando o trânsito de pedestres, dado o aumento populacional, não havendo mais conveniência na sua manutenção.

O **sujeito ativo da revogação** é a *Administração Pública*, por meio da autoridade administrativa competente para o ato, podendo ser seu superior hierárquico. O Poder Judiciário nunca poderá revogar um ato administrativo, já que se limita a apreciar aspectos de legalidade (o que gera a anulação), e não de conveniência, salvo se se tratar de um ato administrativo da Administração Pública dele, como na hipótese em que um provimento do próprio Tribunal é revogado.

Quanto ao tema **objeto da revogação**, tem-se que este recai sobre o ato administrativo ou relação jurídica deste decorrente, salientando-se que o ato administrativo deve ser válido, pois, caso seja inválido, estaremos diante de hipótese que enseja anulação. Importante ressaltar que não é possível revogar um ato administrativo já extinto, dada a falta de utilidade em tal proceder, diferente do que se dá com a anulação de um ato extinto, que, por envolver a retroação de seus efeitos (a invalidação tem efeitos "ex tunc"), é útil e, portanto, possível.

O **fundamento da revogação** *é a mesma regra de competência que habilitou o administrador à prática do ato que está sendo revogado*, devendo-se lembrar que só há que se falar em revogação nas hipóteses de ato discricionário.

Já o **motivo da revogação** é a *inconveniência ou inoportunidade* da manutenção do ato ou da relação jurídica gerada por este. Isto é, o administrador público faz apreciação ulterior e conclui pela necessidade da revogação do ato para atender ao interesse público.

Quanto aos efeitos da revogação, esta suprime o ato ou seus efeitos, mas respeita os efeitos que já transcorreram. Trata-se, portanto, de eficácia "ex nunc".

Há **limites ao poder de revogar**. São atos irrevogáveis os seguintes atos: os que a lei assim declarar; os atos já exauridos, ou seja, que cumpriram seus efeitos; os atos vinculados, já que não se fala em conveniência ou oportunidade neste tipo de ato, em que o agente só tem uma opção; os meros ou puros atos administrativos (exs.: certidão, voto dentro de uma comissão de servidores); os atos de controle; os atos complexos (praticados por mais de um órgão em conjunto); e atos que geram direitos adquiridos. Os atos gerais ou regulamentares são, por sua natureza, revogáveis a qualquer tempo e em quaisquer circunstâncias, respeitando-se os efeitos produzidos.

- **Anulação (invalidação):** *extinção do ato administrativo ou de seus efeitos por outro ato administrativo ou por decisão judicial, por motivo de ilegalidade, com efeito retroativo* ("ex tunc"). Ex.: anulação da permissão para instalação de banca de jornal em bem público por ter sido conferida sem licitação.

O **sujeito ativo da invalidação** pode ser tanto o *administrador público* como o *juiz*. A Administração Pública poderá invalidar de ofício ou a requerimento do interessado. O Poder Judiciário, por sua vez, só poderá invalidar por provocação ou no bojo de uma lide. A possibilidade de o Poder Judiciário anular atos administrativos decorre do fato de estarmos num Estado de Direito (art. 1º, CF), em que a lei deve ser obedecida por todos, e também por conta do princípio da inafastabilidade da jurisdição ("a lei não poderá excluir da apreciação do Poder Judiciário lesão ou ameaça de lesão a direito" – artigo 5º, XXXV) e da previsão constitucional do mandado de segurança, do "habeas data" e da ação popular.

O **objeto da invalidação** é o ato administrativo inválido ou os efeitos de tal ato (relação jurídica).

Seu **fundamento** é o dever de obediência ao princípio da legalidade. Não se pode conviver com a ilegalidade. Portanto, o ato nulo deve ser invalidado.

O **motivo da invalidação** é a *ilegalidade* do ato e da eventual relação jurídica por ele gerada. Hely Lopes Meirelles diz que o *motivo da anulação* é a *ilegalidade ou ilegitimidade* do ato, diferente do *motivo da revogação*, que é a inconveniência ou inoportunidade.

Quanto ao **prazo** para se efetivar a invalidação, o art. 54 da Lei 9.784/1999 dispõe"*O direito da Administração de anular os atos administrativos de que decorram efeitos favoráveis para os destinatários decai em 5 (cinco) anos, contados da data em que foram praticados, salvo comprovada má-fé*". Perceba-se que tal disposição só vale para atos administrativos em geral de que decorram efeitos favoráveis ao agente (ex.: permissão, licença) e que tal decadência só aproveita ao particular se este estiver de boa-fé. A regra do art. 54 contém ainda os seguintes parágrafos: § 1º:"*No caso de efeitos patrimoniais contínuos, o prazo de decadência contar-se-á da percepção do primeiro pagamento*"; § 2º:"*Considera-se exercício do direito de anular qualquer medida de autoridade administrativa que importe impugnação à validade do ato*".

No que concerne aos **efeitos da invalidação**, como o ato nulo já nasce com a sanção de nulidade, a declaração se dá retroativamente, ou seja, com efeito "ex tunc". Invalidam-se as consequências passadas, presentes e futuras do ato. Do ato ilegal não nascem direitos. A anulação importa no desfazimento do vínculo e no retorno das partes ao estado anterior. Tal regra é atenuada em face dos terceiros de boa-fé. Assim, a anulação de uma nomeação de um agente público surte efeitos em relação a este (que é parte da relação jurídica anulada), mas não em relação aos terceiros que sofreram consequências dos atos por este praticados, desde que tais atos respeitem a lei quanto aos demais aspectos.

(Procurador do Estado/BA – 2014 – CESPE) Julgue o item subsequente.

(1) Os atos enunciativos, como as certidões, por adquirirem os seus efeitos por lei, e não pela atuação administrativa, não são passíveis de revogação, ainda que por razões de conveniência e oportunidade.

1: correta; tais atos apenas enunciam (atestam) uma dada situação de fato ou jurídica; assim, tais atos não ficam inconvenientes (o que permitiria a revogação), podendo ficar no máximo desatualizados, como se dá com uma certidão emitida pela Administração, que, passado um tempo, pode não mais refletir a realidade, o que não gerará sua revogação, mas apenas a constatação de que está desatualizada.

Gabarito 1C

(Procurador Federal – 2013 – CESPE) Julgue os itens subsequentes, relativos aos atos administrativos.

(1) Caso a administração pública revogue determinado ato administrativo e, posteriormente, se constate que o ato de revogação não fora praticado em consonância com as exigências legais, tal revogação poderá ser anulada tanto pela própria administração pública quanto pelo Poder Judiciário.

(2) O ato anulatório, por meio do qual se anula um ato administrativo ilegal vinculado ou discricionário, tem natureza meramente declaratória e não constitutiva.

(3) Se determinado particular interpuser recurso administrativo perante a autoridade competente, e esta delegar a subordinado seu a competência para decisão, não haverá qualquer irregularidade no ato de delegação, pois, embora a competência configure requisito vinculado do ato administrativo, a legislação de regência autoriza a delegação na hipótese em apreço.

1: correta; o caso é de ato ilegal, que enseja anulação, mesmo se tratando de um ato revocatório de outro; assim, a Administração poderá anular esse ato, com base nos princípios da legalidade e da autotutela (art. 37, *caput*, da CF/1988; e art. 53 da Lei 9.784/1999); já o Poder Judiciário, também, poderá anular o ato, com base no princípio da inafastabilidade da jurisdição, pelo qual nenhuma lesão ou ameaça de lesão a direito ("ilegalidade") pode ser subtraída de sua apreciação (art. 5º, XXXV, da CF/1988); **2:** incorreta; no Direito Público existe um atributo dos atos administrativos que é a sua presunção de legalidade; assim, um ato administrativo, mesmo que ilegal, presume-se legal e com aptidão para produzir efeitos, enquanto não anulado; assim, o ato de anulação no Direito Público tem carga muito mais forte, podendo-se dizer que desconstitui verdadeiramente o ato e seus efeitos, sendo que tal se dá com efeitos"ex tunc", como regra; **3:** incorreta, pois não é ilegal a delegação da competência para julgar recursos administrativos (art. 13, II, da Lei 9.784/1999).

Gabarito 1C, 2E, 3E

(Procurador do Estado/CE – 2008 – CESPE) Com relação aos atos administrativos, assinale a opção correta.

(A) A revogação do ato administrativo incide sobre ato inválido.

(B) A revogação do ato administrativo tem efeitos *ex tunc*.

(C) Somente a administração pública possui competência para revogar os atos administrativos por ela praticados.

(D) O Poder Legislativo pode invalidar atos administrativos praticados pelos demais poderes.

(E) O ato administrativo discricionário é insuscetível de exame pelo Poder Judiciário.

A: incorreta, pois se um ato for inválido (ilegal), o caso é de anulação; apenas os atos válidos (mas inconvenientes) podem ser revogados; **B:** incorreta, pois a revogação produz efeitos *ex nunc*; **C:** correta, pois, de fato, somente a administração pode revogar os atos administrativos; isso porque somente ela tem condições de analisar a conveniência e a oportunidade de manter certos atos; **D:** incorreta, pois o Legislativo não tem competência para invalidar atos administrativos praticados pelos demais poderes; o máximo que o legislativo pode fazer, nesse setor, é sustar os atos normativos do Poder Executivo que exorbitem do poder regulamentar ou dos limites de delegação legislativa; **E:** incorreta, pois o Judiciário pode apreciar os aspectos de legalidade, moralidade e razoabilidade dos atos discricionários.

Gabarito "C"

(Procurador do Estado/MT – FCC – 2011) A Administração constatou irregularidades em atos de concessão de benefícios salariais a determinados servidores. Nessa situação, de acordo com a Lei n. 9.784, de 29 de janeiro de 1999, que regula o processo administrativo, a Administração

(A) poderá anular o ato, apenas se constatar que o servidor concorreu para a prática da ilegalidade, assegurado o contraditório e a ampla defesa.

(B) não poderá anular o ato, se de tal anulação decorrer a redução dos vencimentos dos servidores.

(C) deverá anular o ato, exceto se transcorrido o prazo decadencial de 5 anos.

(D) poderá convalidar o ato, apenas em relação aos seus aspectos pecuniários, apurando-se a responsabilidade administrativa pelas concessões irregulares.

(E) poderá revogar o ato, caso constatada a ilegalidade da concessão, a critério da autoridade competente.

A: incorreta, pois a Administração pode anular o ato mesmo que se constate que o servidor não concorreu para a prática da ilegalidade; a única coisa é que ela terá, nesse caso, o prazo decadencial de 5 anos para invalidar o ato (art. 54 da Lei 9.784/1999); **B:** incorreta, pois, da ilegalidade, não nascem direitos adquiridos; **C:** correta (art. 54 da Lei 9.784/1999); **D:** incorreta, pois o caso é de anulação do ato, conforme já mencionado; **E:** incorreta, pois, em sendo o ato ilegal, o caso é de anulação e não de revogação.

Gabarito "C"

(Procurador do Estado/PR – UEL-COPS – 2011) Assinale a alternativa correta:

(A) um edital de licitação realizado pelo Poder Legislativo tem a natureza jurídica de ato legislativo;

(B) todos os atos administrativos devem ser fundamentados, exceção feita àqueles praticados no exercício da discricionariedade técnica atribuída como privativa do agente titular;

(C) a Administração Pública deve anular os próprios atos quando constata vício de legalidade – mas, caso o ato tenha gerado efeitos perante terceiros, a anulação deve ser antecedida do devido processo legal;

(D) na medida em que a revogação dos atos administrativos diz respeito a casos de motivação relativa à oportunidade e conveniência do ato a ser extinto ("mérito" do ato administrativo), não necessita de processo administrativo prévio;

(E) no sistema jurídico brasileiro, a falta de defesa técnica por advogado no processo administrativo disciplinar ofende a Constituição e gera a nulidade absoluta de todos os atos nele praticados.

A: incorreta, pois tem natureza de ato administrativo; **B:** incorreta, pois os atos discricionários também devem ser motivados; **C:** correta, pois o princípio da autotutela, de fato, impõe que a Administração anule seus atos ilegais (art. 53 da Lei 9.784/1999); porém, a Administração não pode se furtar de obedecer ao devido processo legal, impondo-se o respeito ao contraditório e à ampla defesa; **D:** incorreta, pois, conforme já mencionado, de rigor instaurar processo que possibilite assegurar o contraditório e a ampla defesa em favor daquele que ficará prejudicado com a revogação do ato; **E:** incorreta, pois a Súmula Vinculante STF 5 é no sentido de que a falta de defesa técnica por advogado no processo disciplinar não ofende a Constituição.

Gabarito "C"

(Procurador do Estado/SE – FCC – 2005) A doutrina administrativista costuma afirmar que a Administração não pode revogar os atos administrativos vinculados. A razão adequada para tal afirmativa seria o fato de

(A) revestirem-se esses atos de autoexecutoriedade.

(B) os atos vinculados serem atos que produzem efeitos imediatos, exaurindo-se de plano.

(C) a revogação desses atos poder ser feita apenas pelo Poder Judiciário.

(D) não estarem presentes nos atos vinculados os aspectos de conveniência e oportunidade.

(E) revestirem-se esses atos de presunção de legalidade.

A: incorreta, pois um ato vinculado não é necessariamente autoexecutório; aliás, tal circunstância, se existisse, também não guarda relação com o motivo pela qual não se pode revogar um ato vinculado, que é o fato de que, nos atos vinculados, só há uma opção para a Administração, não estando presentes os aspectos de conveniência e oportunidade; **B:** incorreta, pois nem todo ato vinculado produz efeito imediato, exaurindo-se de plano; **C:** incorreta, pois a revogação é atribuição exclusiva da Administração; **D:** correta, pois, nos atos vinculados só há uma opção para a Administração, não estando presentes os aspectos de conveniência e oportunidade; **E:** incorreta, pois a presunção de legalidade não é suficiente para que um ato administrativo fique isento de ser revogado; aliás, para um ato ser revogado, o primeiro requisito é que se trate de um ato legal e o segundo, que se trate de um ato discricionário; em seguida verifica-se se o ato ainda produz efeitos e, por fim, verifica-se a conveniência e a oportunidade de se revogar o ato.

Gabarito "D"

(Procurador do Município/Florianópolis-SC – 2010 – FEPESE) Assinale a alternativa **incorreta**, em relação ao ato administrativo.

(A) Competência, finalidade, forma, motivo e objeto são requisitos do ato administrativo.

(B) O ato discricionário, quando motivado, fica vinculado ao motivo que lhe serviu de suporte, com o que, se verificado ser o mesmo falso ou inexistente, deixa de subsistir.

(C) O ato administrativo pode ter forma escrita, oral ou por símbolos.

(D) A revogação do ato administrativo, porque fundada na conveniência e oportunidade, opera efeitos "ex tunc".

(E) Quando concluído, o ato administrativo considera-se perfeito, ainda que lhe falte a eficácia e a validade.

A: assertiva correta, pois traz os requisitos ou elementos do ato administrativo; **B:** assertiva correta, nos termos da Teoria dos Motivos Determinantes; **C:** assertiva correta, sendo certo que, como regra, o ato administrativo deve ser escrito, mas há situações, como nos atos de polícia de trânsito, em que se admite atos verbais ou por símbolos; **D:** assertiva incorreta, devendo ser assinalada; a revogação do ato administrativo opera efeitos *ex nunc*, e não *ex tunc*; **E:** assertiva correta, pois a perfeição consiste na conclusão do ciclo formativo do ato, relacionando-se, assim, com o plano da existência, que é independente dos planos da eficácia e da validade.

Gabarito "D"

(Procurador do Município/Natal-RN – 2008 – CESPE) Considerando a doutrina e a jurisprudência majoritárias acerca da invalidação dos atos administrativos, assinale a opção correta.

(A) Com base em seu poder de autotutela, a administração pública pode invalidar atos administrativos insanáveis, sendo imprescindível a observância do devido processo legal em todos os casos.

(B) Com base em seu poder de autotutela, a administração pública pode invalidar atos administrativos insanáveis. Nesse caso, quando houver repercussão na esfera dos direitos individuais, deverá ser observado o devido processo legal.

(C) O poder de autotutela da administração pública, que lhe permite invalidar atos administrativos, só pode ser exercido quando o desfazimento do ato não repercuta no âmbito dos direitos individuais dos administrados. Nesse caso, a administração pública deve recorrer ao Poder Judiciário, pleiteando o desfazimento do ato em juízo.

(D) O poder de autotutela da administração pública, que lhe permite invalidar atos administrativos, não atinge os beneficiários do ato que estejam de boa-fé.

A: incorreta, pois a observância do devido processo legal só deve se dar se o ato a ser anulado produzir efeitos externos, atingindo a esfera de direitos individuais; **B:** correta, pois, de fato, se o ato a ser anulado produzir efeitos externos, atingindo a esfera de direitos individuais, há de se observar o devido processo legal; **C:** incorreta, pois o poder de autotutela, previsto no art. 53 da Lei 9.784/1999, não é limitado materialmente, para o fim de impedir que a Administração anule determinados atos; o que existe é uma limitação temporal (prazo de 5 anos para anular atos que beneficiam terceiros de boa-fé), mas não o impedimento de a Administração anular os atos nesses casos; **D:** incorreta, pois, mesmo de boa-fé, o beneficiário do ato poderá vê-lo anulado, ficando a afastada a possibilidade de anulação no caso apenas após 5 anos da prática do ato (art. 54 da Lei 9.784/1999).

Gabarito "B"

(Procurador do Município/São Paulo-SP – 2008 – FCC) João, servidor público, que já completara a idade-limite para aposentadoria compulsória, continuou exercendo suas funções normalmente. A empresa "X", desconhecedora de tal circunstância, requereu licença, a qual foi expedida por João, nos termos da legislação vigente. O ato administrativo praticado é

(A) anulável, desde que a anulação seja requerida pelo interessado.

(B) nulo, segundo o princípio da indisponibilidade do interesse público.

(C) anulável, segundo o princípio da proporcionalidade.

(D) válido, conforme esclarece a teoria da aparência.

(E) inexistente, por força da supremacia do interesse público.

No caso em tela, em homenagem aos princípios da boa-fé e da proteção da confiança, e considerando que João foi investido como servidor, com presunção de competência técnica, e levando em conta, ainda, que o ato praticado, a licença, é ato vinculado e que pode ter seus aspectos objetivamente verificados para se ver se está ou não de acordo com a lei, tem-se que o ato praticado é válido, aplicando-se a teoria da aparência.

Gabarito "D"

(Advogado da União/AGU – CESPE – 2012) Julgue o item seguinte.

(1) Embora a revogação seja ato administrativo discricionário da administração, são insuscetíveis de revogação, entre outros, os atos vinculados, os que exaurirem os seus efeitos, os que gerarem direitos adquiridos e os chamados meros atos administrativos, como certidões e atestados.

Incorreta, pois a doutrina aponta que são irrevogáveis os seguintes atos, mencionados na afirmativa: a) atos vinculados, pois não há margem para análise de conveniência e oportunidade; b) atos exauridos e seus efeitos, pois, se já extinto o ato, não há o que se revogar; c) atos que geraram direito adquirido, pois nem a lei pode prejudicar um direito adquirido, quanto mais um outro ato administrativo; d) meros ou puros atos administrativos (ex: certidões), pois esses atos não ficam inconvenientes ou inoportunos com o tempo, mas apenas desatualizados.

Gabarito 1E

(Procurador Federal – 2010 – CESPE) Julgue os seguintes itens, acerca do ato administrativo.

(1) O ato de delegação não retira a atribuição da autoridade delegante, que continua competente cumulativamente com a autoridade delegada para o exercício da função.

(2) A anulação ou revogação de ato administrativo que beneficie o interessado, nos processos que tramitem no TCU, deve respeitar o contraditório e a ampla defesa, o que se aplica, por exemplo, à apreciação da legalidade do ato de concessão inicial de aposentadoria, reforma e pensão.

(3) O ato administrativo pode ser inválido e, ainda assim, eficaz, quando, apesar de não se achar conformado às exigências normativas, produzir os efeitos que lhe seriam inerentes, mas não é possível que o ato administrativo seja, ao mesmo tempo, perfeito, inválido e eficaz.

1: correta, pois a delegação é sempre parcial (art. 12, *caput*, da Lei 9.784/1999) e, não bastasse, delega-se apenas o *exercício* (parcial) da competência, e não a *titularidade* desta; **2:** incorreta, nos termos da Súmula Vinculante do STF n. 3 ("Nos processos perante o Tribunal de Contas da União asseguram-se o contraditório e a ampla defesa quando da decisão puder resultar anulação ou revogação de ato administrativo que beneficie o interessado, ***excetuada*** a apreciação da legalidade do ato de concessão inicial de aposentadoria, reforma e pensão"); **3:** incorreta, pois a perfeição significa mera *existência* do ato, que, todavia, pode ser *inválido*, por não estar em conformidade com a lei, mas *eficaz*, no sentido de ter produzido alguns efeitos pela ausência de sua invalidação no transcurso do tempo.

Gabarito 1C, 2E, 3E

(Procurador Federal – 2010 – CESPE) Julgue o seguinte item.

(1) Gustavo, servidor público federal, foi beneficiado por ascensões funcionais ocorridas entre 1993 e 1995. No entanto, o TCU, por ocasião do registro da aposentadoria desse servidor, verificou que aquelas ascensões funcionais foram praticadas em desconformidade com a lei, razão pela qual determinou, sem que fosse intimado o servidor, que o registro do ato de aposentadoria fosse feito com base no que prescrevia a lei. Nessa situação, a decisão do TCU será legal, já que não houve, na espécie, decadência nem violação ao princípio do contraditório.

1: Incorreta, pois, após 5 anos da prática do ato ilegal ocorre a decadência do direito da Administração de anular o ato praticado (art. 54 da Lei 9.784/1999).

Gabarito 1E

(ADVOGADO – PETROBRÁS DISTRIB. – 2010 – CESGRANRIO) Em âmbito federal, o direito da Administração Pública de anular os atos administrativos de que decorram efeitos favoráveis para os destinatários

(A) não se submete a prazo decadencial, em decorrência do princípio da legalidade.

(B) decai em dez anos, contados da data da ciência do vício de legalidade, salvo comprovada má-fé.

(C) decai em cinco anos, contados da data em que foram praticados, salvo comprovada má-fé.

(D) decai em três anos, contados da data em que foram praticados, salvo comprovada má-fé.

(E) prescreve em cinco anos após o término do exercício de mandato, cargo em comissão ou função de confiança.

O prazo decadencial para a anulação de atos que beneficiam terceiros, de fato, é de 5 anos contados da data em que foram praticados, salvo comprovada má-fé, hipótese em que não há prazo previsto em lei para a anulação (art. 54 da Lei 9.784/1999).

Gabarito "C"

(ADVOGADO – IRB – 2006 – ESAF) Assinale a opção que contemple dois exemplos de atos administrativos que não são passíveis de extinção por revogação.

(A) Autorização para porte de arma/ licença para o exercício de profissão regulamentada.

(B) Autorização para uso de bem público/edital que declare abertas as inscrições para concurso público.

(C) Edital de licitação na modalidade de concorrência/alvará de autorização de funcionamento.

(D) Posse de candidato aprovado em concurso público e previamente nomeado/atestado médico emitido por servidor público médico do trabalho.

(E) Homologação de concurso público/ato que declare dispensa de licitação.

A: incorreta, pois a autorização é ato discricionário e que, portanto, é passível de ser revogado; **B:** incorreta, pois a autorização é ato discricionário e que, portanto, é passível de ser revogado; **C:** incorreta, pois o edital de licitação é ato discricionário e que, portanto, é passível de ser revogado; **D:** correta, pois, uma vez nomeado, o candidato tem direito à posse, que, assim, é ato vinculado para a Administração, sendo que atos vinculados NÃO são passíveis de serem revogados; o atestado médico, por sua vez, é mero ou puro ato administrativo, ato esse que não é passível de revogação; **E:** incorreta, pois o ato que declare a dispensa de licitação é ato discricionário e que, portanto, é passível de ser revogado.

Gabarito "D"

3.6. CLASSIFICAÇÃO DOS ATOS ADMINISTRATIVOS E ATOS EM ESPÉCIE

Antes de verificarmos as questões deste item, vale trazer um resumo das principais espécies de atos administrativos.

Espécies de atos administrativos segundo Hely Lopes Meirelles:

- **Atos normativos** *são aqueles que contêm comando geral da Administração Pública, com o objetivo de executar a lei.* Exs.: regulamentos (da alçada do chefe do Executivo), instruções normativas (da alçada dos Ministros de Estado), regimentos, resoluções etc.
- **Atos ordinatórios** *são aqueles que disciplinam o funcionamento da Administração e a conduta funcional de seus agentes.* Ex.: instruções (são escritas e gerais, destinadas a determinado serviço público), circulares (escritas e de caráter uniforme, direcionadas a determinados servidores), avisos, portarias (expedidas por chefes de órgãos – trazem determinações gerais ou especiais aos subordinados, designam alguns servidores, instauram sindicâncias e processos administrativos etc.), ordens de serviço (determinações especiais ao responsável pelo ato), ofícios (destinados às comunicações escritas entre autoridades) e despacho (contém decisões administrativas).
- **Atos negociais** *são declarações de vontade coincidentes com a pretensão do particular.* Ex.: licença, autorização e protocolo administrativo.
- **Atos enunciativos** *são aqueles que apenas atestam, enunciam situações existentes.* Não há prescrição de conduta por parte da Administração. Ex.: certidões, atestados, apostilas e pareceres.
- **Atos punitivos** *são as sanções aplicadas pela Administração aos servidores públicos e aos particulares.* Ex.: advertência, suspensão e demissão; multa de trânsito.

Confira mais classificações dos atos administrativos:

- **Quanto à liberdade de atuação do agente**

  Ato vinculado *é aquele em que a lei tipifica objetiva e claramente a situação em que o agente deve agir e o único comportamento que poderá tomar.* Tanto a situação em que o agente deve agir, como o comportamento que vai tomar são únicos e estão clara e objetivamente definidos na lei, de forma a inexistir qualquer margem de liberdade ou apreciação subjetiva por parte do agente público. Exs.: licença para construir e concessão de aposentadoria.

  Ato discricionário *é aquele em que a lei confere margem de liberdade para avaliação da situação em que o agente deve agir ou para escolha do melhor comportamento a ser tomado.*

Seja na situação em que o agente deve agir, seja no comportamento que vai tomar, o agente público terá uma margem de liberdade na escolha do que mais atende ao interesse público. Neste ponto fala-se em mérito administrativo, ou seja, na valoração dos motivos e escolha do comportamento a ser tomado pelo agente.

Vale dizer, o agente público fará apreciação subjetiva, agindo segundo o que entender mais conveniente e oportuno ao interesse público. Reconhece-se a discricionariedade, por exemplo, quando a regra que traz a competência do agente traz conceitos fluídos, como *bem comum, moralidade, ordem pública* etc. Ou ainda quando a lei não traz um motivo que enseja a prática do ato, como, por exemplo, a que permite nomeação para cargo em comissão, de livre provimento e exoneração. Também se está diante de ato discricionário quando há mais de uma opção para o agente quanto ao momento de atuar, a forma do ato (ex.: verbal, gestual ou escrita), sua finalidade ou conteúdo (ex.: advertência, multa ou apreensão).

A discricionariedade sofre alguns temperamentos. Em primeiro lugar é bom lembrar que todo ato discricionário é parcialmente regrado ou vinculado. A competência, por exemplo, é sempre vinculada (Hely Lopes Meirelles entende que *competência, forma* e *finalidade* são sempre vinculadas, conforme vimos). Ademais, só há discricionariedade nas situações marginais, nas zonas cinzentas. Assim, se algo for patente, como quando, por exemplo, uma dada conduta fira veementemente a moralidade pública (ex.: pessoas fazendo sexo no meio de uma rua), o agente, em que pese estar diante de um conceito fluído, deverá agir reconhecendo a existência de uma situação de imoralidade. Deve-se deixar claro, portanto, que a situação concreta diminui o espectro da discricionariedade (a margem de liberdade) conferida ao agente.

Assim, o Judiciário até pode apreciar um ato discricionário, mas apenas quanto aos aspectos de legalidade, razoabilidade e moralidade, não sendo possível a revisão dos critérios adotados pelo administrador (mérito administrativo), se tirados de dentro da margem de liberdade a ele conferida pelo sistema normativo.

- **Quanto às prerrogativas da administração**

  Atos de império são os *praticados no gozo de prerrogativas de autoridade.* Ex.: interdição de um estabelecimento.

  Atos de gestão são os *praticados sem uso de prerrogativas públicas, em igualdade com o particular, na administração de bens e serviços.* Ex.: contrato de compra e venda ou de locação de um bem imóvel.

  Atos de expediente *são os destinados a dar andamentos aos processos e papéis que tramitam pelas repartições, preparando-os para decisão de mérito a ser proferida pela autoridade.* Ex.: remessa dos autos à autoridade para julgá-lo.

A distinção entre ato de gestão e de império está em desuso, pois era feita para excluir a responsabilidade do Estado pela prática de atos de império, de soberania. Melhor é distingui-los em atos regidos pelo direito público e pelo direito privado.

- **Quanto aos destinatários**

  Atos individuais *são os dirigidos a destinatários certos, criando-lhes situação jurídica particular.* Ex.: decreto de desapropriação, nomeação, exoneração, licença, autorização, tombamento.

  Atos gerais *são os dirigidos a todas as pessoas que se encontram na mesma situação, tendo finalidade normativa.*

São diferenças entre um e outro as seguintes:

- só ato individual pode ser impugnado individualmente; atos normativos, só por ADIN ou após providência concreta.
- ato normativo prevalece sobre o ato individual
- ato normativo é revogável em qualquer situação; ato individual deve respeitar direito adquirido.
- ato normativo não pode ser impugnado administrativamente, mas só após providência concreta; ato individual pode ser impugnado desde que praticado.

- **Quanto à formação da vontade**

  Atos simples: *decorrem de um órgão, seja ele singular ou colegiado*. Ex.: nomeação feita pelo Prefeito; deliberação de um conselho ou de uma comissão.

  Atos complexos: *decorrem de dois ou mais órgãos, em que as vontades se fundem para formar um único ato*. Ex.: decreto do Presidente, com referendo de Ministros.

  Atos compostos: *decorrem de dois ou mais órgãos, em que vontade de um é instrumental à vontade de outro, que edita o ato principal*. Aqui existem dois atos pelo menos: um principal e um acessório. Exs.: nomeação do Procurador Geral da República, que depende de prévia aprovação pelo Senado; e atos que dependem de aprovação ou homologação. Não se deve confundir *atos compostos* com *atos de um procedimento*, vez que este é composto de vários atos acessórios, com vistas à produção de um ato principal, a decisão.

- **Quanto aos efeitos**

  Ato constitutivo *é aquele em que a Administração cria, modifica ou extingue direito ou situação jurídica do administrado*. Ex.: permissão, penalidade, revogação e autorização.

  Ato declaratório *é aquele em que a Administração reconhece um direito que já existia*. Ex.: admissão, licença, homologação, isenção e anulação.

  Ato enunciativo *é aquele em que a Administração apenas atesta dada situação de fato ou de direito*. Não produz efeitos jurídicos diretos. São juízos de conhecimento ou de opinião. Ex.: certidões, atestados, informações e pareceres.

- **Quanto à situação de terceiros**

  Atos internos *são aqueles que produzem efeitos apenas no interior da Administração*. Ex.: pareceres, informações.

  Atos externos *são aqueles que produzem efeitos sobre terceiros*. Nesse caso, dependerão de publicidade para terem eficácia. Ex.: admissão, licença.

- **Quanto à estrutura.**

  Atos concretos *são aqueles que dispõem para uma única situação, para um caso concreto*. Ex.: exoneração de um agente público.

  Atos abstratos *são aqueles que dispõem para reiteradas e infinitas situações, de forma abstrata*. Ex.: regulamento.

Confira **outros atos administrativos, em espécie**:

- **Quanto ao conteúdo:** a) **autorização**: *ato unilateral, discricionário e precário pelo qual se faculta ao particular, em proveito deste, o uso privativo de bem público ou o desempenho de uma atividade, os quais, sem esse consentimento, seriam legalmente proibidos*. Exs.: autorização de uso de praça para festa beneficente; autorização para porte de arma; b) **licença**: *ato administrativo unilateral e vinculado pelo qual a Administração faculta àquele que preencha requisitos legais o exercício de uma atividade*. Ex.: licença para construir; c) **admissão**: *ato unilateral e vinculado pelo qual se reconhece ao particular que preencha requisitos legais o direito de receber serviço público*. Ex.: aluno de escola; paciente em hospital; programa de assistência social; d) **permissão**: *ato administrativo unilateral, discricionário e precário, pelo qual a Administração faculta ao particular a execução de serviço público ou a utilização privativa de bem público, mediante licitação*. Exs.: permissão para perueiro; permissão para uma banca de jornal. Vale lembrar que, por ser precária, pode ser revogada a qualquer momento, sem direito à indenização; e) **concessão**: *ato bilateral e não precário, pelo qual a Administração faculta ao particular a execução de serviço público ou a utilização privativa de bem público, mediante licitação*. Ex.: concessão para empresa de ônibus efetuar transporte remunerado de passageiros. Quanto aos bens públicos, há também a *concessão de direito real de uso*, oponível até ao poder concedente, e a *cessão de uso*, em que se transfere o uso para entes ou órgãos públicos; f) **aprovação**: *ato de controle discricionário*. Vê-se a conveniência do ato controlado. Ex.: aprovação pelo Senado de indicação para Ministro do STF; g) **homologação**: *ato de controle vinculado*. Ex.: homologação de licitação ou de concurso público; h) **parecer**: *ato pelo qual órgãos consultivos da Administração emitem opinião técnica sobre assunto de sua competência*. Podem ser das seguintes espécies: *facultativo* (parecer solicitado se a autoridade quiser); *obrigatório* (autoridade é obrigada a solicitar o parecer, mas não a acatá-lo) e *vinculante* (a autoridade é obrigada a solicitar o parecer e a acatar o seu conteúdo; ex.: parecer médico). Quando um parecer tem o poder de *decidir* um caso, ou seja, quando o parecer é, na verdade, uma decisão, a autoridade que emite esse parecer responde por eventual ilegalidade do ato (ex.: parecer jurídico sobre edital de licitação e minutas de contratos, convênios e ajustes – art. 38 da Lei 8.666/1993).
- **Quanto à forma:** a) **decreto**: é a forma de que se revestem os atos individuais ou gerais, emanados do Chefe do Poder Executivo. Exs.: nomeação

e exoneração (atos individuais); regulamentos (atos gerais que têm por objeto proporcionar a fiel execução da lei – art. 84, IV, da CF); b) **resolução e portaria**: são as formas de que se revestem os atos, gerais ou individuais, emanados de autoridades que não sejam o Chefe do Executivo; c) **alvará**: forma pela qual a Administração confere licença ou autorização para a prática de ato ou exercício de atividade sujeita ao poderes de polícia do Estado. Exs.: alvará de construção (instrumento da licença); alvará de porte de arma (instrumento da autorização).

(Procurador do Estado/PB – 2008 – CESPE) Os atos administrativos enunciativos são os que declaram, a pedido do interessado, situação jurídica preexistente relativa a particular. É exemplo de ato enunciativo o(a)

(A) autorização.

(B) instrução.

(C) parecer.

(D) decreto.

(E) portaria.

De fato, o parecer, por ser uma opinião técnica sobre um determinado assunto, pode ser considerado um ato enunciativo. Não há num parecer um comando, uma decisão, mas mera enunciação de uma opinião técnica.

Gabarito "C"

(Procurador do Município/São José dos Campos-SP – 2012 – VUNESP) Assinale a alternativa correta.

(A) Atos administrativos regulamentares são todos aqueles que se dirigem a destinatários certos, criando-lhes situação jurídica particular.

(B) Atos de gestão são os atos que a Administração pratica para dar andamento aos processos e papéis que tramitam pelas repartições públicas, preparando-os para a decisão de mérito a ser proferida pela autoridade competente.

(C) Atos administrativos internos são os destinados a produzir efeitos no recesso da administração, e por isso mesmo incidem, normalmente, sobre os órgãos e agentes da Administração que os expediram.

(D) Atos de expediente são os que a Administração pratica sem usar de sua supremacia sobre os destinatários.

(E) Atos de efeitos externos são todos aqueles que a Administração pratica usando de sua supremacia, impondo obrigatório atendimento.

A: incorreta, pois os atos administrativos regulamentares são aqueles que se dirigem a destinatários indeterminados, criando normas gerais; **B:** incorreta, pois a alternativa trouxe a definição de *atos de expediente* e não de *atos de gestão*; estes podem ser definidos como *os praticados sem uso de prerrogativas públicas, em igualdade com o particular, na administração de bens e serviços*; **C:** correta; os atos administrativos externos, como o próprio nome diz, são aqueles que produzem efeitos em relação a terceiros fora da Administração; **D:** incorreta, pois os atos praticados sem supremacia sobre os destinatários são os *atos de gestão* e não os *atos de expediente*; **E:** incorreta, pois a definição dada na alternativa é de *atos de império*, e não de atos de efeitos externos.

Gabarito "C"

(Advogado da União/AGU – CESPE – 2009) Acerca da advocacia pública consultiva, julgue o item a seguir.

(1) No que tange às repercussões da natureza jurídico-administrativa do parecer jurídico, o STF entende que: quando a consulta é facultativa, a autoridade não se vincula ao parecer proferido, de modo que seu poder de decisão não se altera pela manifestação do órgão consultivo; por outro lado, quando a consulta é obrigatória, a autoridade administrativa se vincula a emitir o ato tal como submetido à consultoria, com parecer favorável ou contrário, e, se pretender praticar ato de forma diversa da apresentada à consultoria, deverá submetê-lo a novo parecer; por fim, quando a lei estabelece a obrigação de decidir à luz de parecer vinculante, essa manifestação de teor jurídico deixa de ser meramente opinativa, não podendo a decisão do administrador ir de encontro à conclusão do parecer.

Correta, pois na *consulta facultativa*, a autoridade não é obrigada a fazer a consulta e, fazendo-a, pode acatá-la ou não; na *consulta obrigatória*, a autoridade é obrigada a fazer a consulta, mas não é obrigada a acatá-la, podendo solicitar novo parecer; e na *consulta vinculante*, a autoridade é obrigada a pedir a consulta e a acatá-la também, de modo que o parecer emitido não é mera opinião, mas tem caráter decisório, como é o caso do parecer previsto no art. 38 da Lei 8.666/1993.

Gabarito 1C

(ADVOGADO – BNDES – 2010 – CESGRANRIO) Considere a afirmativa a seguir.

Ao Presidente da República compete dispor, mediante Decreto, sobre organização e funcionamento da administração federal – quando não implicar aumento de despesa nem criação ou extinção de órgãos públicos –, e sobre extinção de funções ou cargos públicos, quando vagos.

A análise dessa afirmativa conduz à conclusão de que é

(A) correta porque os casos mencionados são regulados por Decreto autônomo.

(B) incorreta porque o Decreto é ato normativo destinado apenas a regulamentar as leis.

(C) incorreta porque a competência para dispor sobre ambas as matérias é privativa do Congresso Nacional.

(D) incorreta porque são matérias reservadas à Lei complementar.

(E) incorreta apenas em relação à extinção de funções ou cargos públicos.

A afirmativa A está correta, pois o art. 84, VI, da CF, prevê a possibilidade de edição de decreto autônomo nesses dois casos.

Gabarito "A"

3.7. TEMAS COMBINADOS DE ATO ADMINISTRATIVO

(Procurador do Estado/SP – FCC – 2009) Em relação aos atos administrativos praticados pelo Estado de São Paulo é correto afirmar:

(A) Mesmo na hipótese de competência indelegável, será possível a convalidação do ato administrativo.

(B) Não é viável a anulação dos atos inválidos se eles forem passíveis de convalidação.

(C) É incabível a produção de prova pericial no curso de processo administrativo de invalidação.

(D) O parecer jurídico elaborado em exame de minutas de edital de licitação é obrigatório, mas não é vinculante para a autoridade administrativa.

(E) Com base na autoexecutoriedade do ato administrativo, a Administração poderá iniciar atuação material relacionada com a esfera jurídica dos particulares sem que seja necessária prévia expedição de ato administrativo que lhe dê fundamento.

A: incorreta, pois quando alguém pratica um ato no lugar do agente competente, numa competência que é indelegável, tem-se um ato *nulo*, e não *anulável*, de modo que não é possível a convalidação, pois esta só incide sobre ato anulável; **B:** correta, pois se o ato é passível de convalidação, a administração deve promovê-la (art. 55 da Lei 9.784/1999); há uma exceção, que é o caso de *vício de competência em ato discricionário*; neste, a administração não é obrigada a convalidar o ato, pois quem tem a competência pode praticar ato diverso do anteriormente praticado; **C:** incorreta, pois o respeito ao contraditório e à ampla defesa são princípios constitucionais que devem nortear a atuação administrativa, mormente quando se queira praticar ato que interferirá na esfera jurídica de outrem; **D:** incorreta, pois, segundo o STF, o parecer jurídico de que trata o art. 38 da Lei 8.666/1993, não é um mero parecer (mera opinião técnica sobre dado assunto), tratando-se de verdadeira decisão administrativa (até porque o art. 38, parágrafo único, usa o verbo "aprovar"), de modo que se trata de um parecer vinculante; **E:** incorreta, pois a autoexecutoriedade é o atributo que permite à Administração fazer executar no mundo fenomênico uma decisão tomada, ou seja, um ato administrativo praticado; por exemplo, quando a Administração requisita um bem particular, esse ato (de requisição), é o ato prévio, que, descumprido, enseja que a Administração use a força, ou seja, use o atributo da autoexecutoriedade.

Gabarito "B"

(Procurador da Fazenda Nacional – 2007 – ESAF) Considerando os atos administrativos, analise os itens a seguir:

I. Recentemente, o Supremo Tribunal Federal decidiu que cabe ao Poder Judiciário apreciar o mérito dos atos administrativos, e que a análise de sua discricionariedade é possível para a verificação de sua regularidade em relação à forma, objeto e finalidade;

II. Não se aplica a Teoria dos Motivos Determinantes aos atos discricionários;

III. A Administração pode revogar seus próprios atos, quando eivados de vícios que os tornam ilegais, porque deles não se originam direitos, respeitados os direitos adquiridos;

IV. Uma vez anulado o ato pela própria Administração, cessa imediatamente sua operatividade, não obstante possa o interessado pleitear judicialmente o restabelecimento da situação anterior;

V. O ato administrativo pode ser extinto pela caducidade, a qual ocorre porque o destinatário descumpriu condições que deveriam permanecer atendidas a fim de poder continuar desfrutando da situação jurídica.

A quantidade de itens corretos é igual a:

(A) 1

(B) 2

(C) 3

(D) 4

(E) 5

I: incorreta, pois o mérito administrativo não pode ser apreciado; **II:** incorreta, pois a teoria se aplica em relação a qualquer ato administrativo; **III:** incorreta pois atos ilegais são anulados, e não revogados; IV: está correta, pois descreve acertadamente a consequência da anulação do ato pela própria administração; V: está incorreta, pois o instituto jurídico definido é o da **cassação**.

Gabarito "A"

(ADVOGADO – CORREIOS – 2011 – CESPE) Considerando a disciplina dos atos administrativos, julgue os itens subsequentes.

(1) Elemento do ato administrativo, o sujeito é aquele a quem a lei atribui competência para a prática do ato, razão pela qual não pode o próprio órgão estabelecer, sem lei que o determine, as suas atribuições.

(2) Segundo a doutrina, no que se refere à exequibilidade, ato administrativo consumado é aquele que já exauriu seus efeitos e se tornou definitivo, não sendo passível de impugnação na via administrativa nem na judicial.

(3) Quanto ao conteúdo, a aprovação e a homologação são espécies de atos administrativos unilaterais e discricionários, por meio dos quais se exerce o controle *a posteriori* do ato.

(4) O atributo da autoexecutoriedade está presente em todos os atos administrativos, como também o da presunção de legitimidade e o da imperatividade.

1: correta, pois traz informações adequadas acerca do sujeito; **2:** correta, valendo salientar que, em se tratando o ato consumado aquele que exauriu os efeitos, não mais existe no mundo jurídico, não havendo mesmo que se falar em impugnação nas vias administrativa ou judicial; **3:** incorreta, pois a homologação é ato vinculado e não discricionário; 4: incorreta, pois a autoexecutoriedade, consistente na possibilidade de se usar a força para fazer valer um ato administrativo, só existe quando a lei expressamente autorizar ou quando não houver tempo hábil para se buscar o Judiciário, não sendo atributo, portanto, presente em todos os atos administrativos.

Gabarito 1C, 2C, 3E, 4E

(ADVOGADO – CORREIOS – 2008 – ESPP) Analise os itens a seguir:

I. A poder administrativo disciplinar não se restringe aos agentes públicos, podendo gerar aplicação de sanções a particulares nos casos previstos em lei.

II. O poder de avocar atribuições, decorrente do poder administrativo hierárquico, possibilita que a autoridade superior exerça atividades originariamente atribuídas a órgãos subordinados, sem qualquer tipo de restrição.

III. Os atos administrativos normativos geram efeitos *interna corporis*, não vinculando os administrados, pois não dispõe da mesma abrangência inerente às leis.

IV. A autoexecutoriedade, atributo inerente ao poder de polícia administrativo, possibilita Administração Pública, por seus próprios meios, faça cumprir suas decisões sem necessidade de autorização prévia do Poder judiciário, sendo vedado o uso da força física para tanto.

Assinale a alternativa correta:

(A) Os itens II e IV estão incorretos.

(B) Os itens I, II e III estão corretos.

(C) Os itens III e IV estão incorretos.

(D) Todos os itens estão incorretos.

I: correta, pois o ato disciplinar é definido pela doutrina como a faculdade de punir internamente as infrações funcionais dos servidores e demais pessoas sujeitas à disciplina dos órgãos e serviços da Administração; **II:** incorreta, pois há limitações à avocação, como por exemplo o fato de ela ser excepcional e transitória (art. 15 da Lei 9.784/1999); **III:** correta, pois, em virtude do princípio da legalidade, apenas a lei poderia criar normas originárias a vincular os administrados; IV: incorreta, pois o uso da força física pode ser feito nos casos previstos em lei ou quando não houver tempo de buscar a prestação jurisdicional.

Gabarito "A"

(ADVOGADO – EMBRAPA – 2005 – CESPE) Hely Lopes Meirelles, em sua obra Direito Administrativo Brasileiro, diz que a administração pública realiza sua função executiva por meio de atos jurídicos que recebem a denominação especial de atos administrativos. Nessa mesma obra, o autor define ato administrativo como sendo toda manifestação unilateral de vontade da administração pública que, agindo nessa qualidade, tenha por fim imediato adquirir, resguardar, transferir, modificar, extinguir e declarar direitos, ou impor obrigações aos administrados ou a si própria. Acerca dos atos administrativos, julgue os seguintes itens.

(1) Para a prática do ato administrativo, a competência é a condição primeira de sua validade, pois nenhum ato, discricionário ou vinculado, pode ser realizado validamente sem que o agente disponha de poder legal para praticá-lo.

(2) A autoexecutoriedade do ato administrativo consiste na imediata execução pela própria administração, bastando para isso uma simples ordem judicial.

(3) Ato de gestão é o ato administrativo utilizado pela administração nas desapropriações, nas interdições de atividades, nas ordens estatutárias, usando de sua supremacia sobre o administrado ou servidor, impondo-lhes obrigatório atendimento.

(4) Anulação é a supressão de um ato administrativo legítimo e eficaz, realizada pela administração, e somente por ela, por não mais lhe convir sua existência.

(5) Revogação é a declaração de invalidade de um ato administrativo ilegítimo ou ilegal, feita pela própria administração ou pelo Poder Judiciário.

1: correta, pois a competência, de fato, é o primeiro requisito de validade dos atos administrativos; **2:** incorreta, pois a autoexecutoriedade, no sentido citado, não requer autorização judicial, podendo a Administração atuar independentemente desta; **3:** incorreta, pois os exemplos citados são de ato de império e não de ato de gestão; 4: incorreta, pois a anulação se dá quando há ilegalidade e não quando não há mais conveniência; neste caso (falta de conveniência ou ato não mais convir) tem-se hipótese de revogação e não anulação; 5: incorreta, pois só a Administração pode revogar um ato administrativo.

Gabarito 1C, 2E, 3E, 4E, 5E

(ADVOGADO – DATAPREV – 2009 – UFF) Leia com atenção as afirmativas abaixo.

I. O ato administrativo, como espécie do gênero ato jurídico, corresponde a toda manifestação unilateral de vontade da Administração Pública que, agindo nessa qualidade, objetiva a aquisição, o resguardo, a modificação, a transformação ou a extinção de direitos.

II. Os elementos do ato administrativo são: competência, finalidade, forma, motivo e objeto, sendo certo que, quanto a todos eles, o ato administrativo é vinculado, face ao princípio da legalidade que o norteia.

III. Os regulamentos são atos administrativos ordinatórios que visam organizar a Administração Pública, e não se confundem com as leis, que são normas gerais.

IV. São características do ato administrativo a presunção de legitimidade, a imperatividade e a autoexecutoriedade.

Das afirmativas acima, estão corretas apenas:

(A) I e II;

(B) II e III;

(C) I e IV:

(D) II e IV;

(E) III e IV.

I: correta, pois traz o conceito tradicional de ato administrativo; **II:** incorreta, pois, dos elementos citados, são sempre vinculados apenas os elementos competência, forma e finalidade; os demais poderão ser discricionários; **III:** incorreta, pois os regulamentos são atos normativos, e não atos ordinatórios; IV: correta, pois os institutos citados de fato são características, também chamadas de atributos ou qualidades do ato administrativo.

Gabarito "C"

(ADVOGADO – BNDES – 2006 – CESGRANRIO) Sobre os atos administrativos, assinale a afirmação correta.

(A) As autorizações, em regra, constituem atos bilaterais.

(B) Os atos da Administração são, por definição, atos administrativos.

(C) É vedada a prática de atos abstratos pela Administração Pública.

(D) É exemplo de ato constitutivo a demissão de um funcionário público.

A: incorreta, pois as autorizações são atos unilaterais, diferentemente das concessões, que são atos bilaterais; **B:** incorreta, pois a Administração produz os seguintes tipos de atos: atos administrativos, atos materiais, atos políticos e atos regidos pelo Direito Privado; dessa forma, nem todo ato da Administração é ato administrativo **C:** incorreta, pois a Administração pratica também atos abstratos, como uma resolução expedida por uma agência reguladora; **D:** correta, pois esse ato institui no mundo jurídico elemento novo (ato constitutivo), diferentemente de uma certidão expedida pela administração, que apenas atesta algo já existente (ato enunciativo).

Gabarito "D"

(ADVOGADO – BNB – 2006 – ACEP) Marque a alternativa **INCORRETA**.

(A) Os chamados atos "discricionários", ou atos praticados no exercício de competência discricionária, seriam os atos que a administração pratica com certo grau de liberdade de avaliação ou decisão, segundo critérios de oportunidade e conveniência formuladas por ela mesma, ainda que adstrita à lei reguladora da expedição desses atos.

(B) Os bens públicos podem ser classificados, de acordo com o critério da destinação ou afetação, em bens de uso comum do povo, de uso especial e dominicais.

(C) No que se refere à responsabilidade civil da Administração Pública no direito brasileiro, vigora a teoria subjetiva do risco integral, para atos comissivos dos agentes públicos (art. 37, § 6º da CF/1988), e a teoria objetiva, para atos omissivos dos agentes públicos.

(D) A presunção de legitimidade é atributo do ato administrativo.

(E) O direito administrativo se delineia com esteio na supremacia do interesse público sobre o privado e na indisponibilidade, pela Administração, dos interesses públicos.

A: assertiva correta, pois traz exatamente a ideia central sobre o que é discricionariedade, no caso, a ideia de margem de liberdade ditada pela lei; **B:** assertiva correta (art. 99 do CC); **C:** assertiva incorreta, devendo ser assinalada, pois não se adotou a teoria do risco integral em matéria de responsabilidade civil da Administração, mas sim a teoria do risco administrativo, que admite excludentes de responsabilidade; ademais, quanto aos atos comissivos, a responsabilidade é objetiva (e não subjetiva) e, em relação às condutas omissivas, a responsabilidade é subjetiva (e não objetiva); **D:** assertiva correta, valendo lembrar que os outros atributos do ato administrativo são imperatividade, exigibilidade, executoriedade e tipicidade; **E:** assertiva correta, sendo que os dois princípios citados são chamados pela doutrina de princípios basilares do direito administrativo.

Gabarito "C"

(ADVOGADO – BNB – 2006 – ACEP) Marque a alternativa **CORRETA**.

(A) O ato administrativo ilegal é passível de anulação pelo Poder Judiciário, não sendo possível que a Administração que o exarou possa anulá-lo pelo seus próprios meios.

(B) É exigível a licitação, mesmo quando houver inviabilidade de competição, por força do formalismo legal.

(C) Não cabe, em nenhuma hipótese, à Administração, discricionariamente, decidir sobre a realização ou não da licitação.

(D) Serviço público é todo aquele prestado pela Administração ou por seus delegados, sob normas e controles estatais, para satisfazer necessidades essenciais ou secundárias da coletividade ou simples conveniências do Estado.

(E) O ato administrativo complexo é o que necessita, para sua formação, da dupla manifestação de vontade de um único órgão.

A: incorreta, pois, pelo princípio da autotutela, a Administração não só pode, como deve anular seus atos ilegais, fazendo-o independentemente de apreciação judicial; **B:** incorreta, pois, em caso de inviabilidade de competição, tem-se caso de inexigibilidade de licitação, nos termos do art. 25, I, da Lei 8.666/1993; **C:** incorreta, pois, nos casos de dispensa de licitação previstos no art. 24 da Lei 8.666/1993, a Administração terá a opção entre fazer ou não a licitação, ou seja, terá discricionariedade para decidir sobre a realização do certame; **D:** correta, pois traz adequada definição de serviço público; **E:** incorreta, pois ato complexo é aquele praticado por dois ou mais órgãos.

Gabarito "D"

(ADVOGADO – ANP – 2008 – CESGRANRIO) Em relação aos atos administrativos, são feitas as afirmações abaixo.

I. Os atos de caráter normativo poderão ser delegados, de acordo com a conveniência do dirigente do órgão.

II. Os atos decisórios de órgãos colegiados deverão constar de ata ou termo escrito, sendo permitido efetuar sua reprodução mecânica, desde que não sejam prejudicados direitos dos interessados.

III. No caso de decisão sobre concursos públicos, tais atos poderão ser motivados, com indicação dos fatos e fundamentos jurídicos.

IV. Contra decisões administrativas cabe recurso, que deve ser dirigido inicialmente à autoridade prolatora do ato.

Estão corretas **APENAS** as afirmações:

(A) I e II

(B) I e III

(C) I e IV

(D) II e IV

(E) III e IV

I: incorreta, pois não podem ser objeto de delegação a edição de atos de caráter normativo (art. 13, I, da Lei 9.784/1999); **II:** correta (art. 50, §§ 2º e 3º, da Lei 9.784/1999); **III:** incorreta, pois, nesse caso, os atos não poderão, mas, sim, deverão ser motivados (art. 50, III, da Lei 9.784/1999); IV: correta (art. 56, § 1º, da Lei 9.784/1999).

Gabarito "D"

4. ORGANIZAÇÃO ADMINISTRATIVA

4.1. TEMAS GERAIS (ADMINISTRAÇÃO PÚBLICA, ÓRGÃOS E ENTIDADES, DESCENTRALIZAÇÃO E DESCONCENTRAÇÃO, CONTROLE E HIERARQUIA, TEORIA DO ÓRGÃO)

Segue um resumo sobre a parte introdutória do tema Organização da Administração Pública:

O objetivo deste tópico é efetuar uma série de distinções, de grande valia para o estudo sistematizado do tema. A primeira delas tratará da relação entre pessoa jurídica e órgãos estatais.

Pessoas jurídicas estatais *são entidades integrantes da estrutura do Estado e dotadas de personalidade jurídica*, ou seja, de aptidão genérica para contrair direitos e obrigações.

Órgãos públicos *são centros de competência integrantes das pessoas estatais instituídos para o desempenho das funções públicas por meio de agentes públicos*. São, portanto, parte do corpo (pessoa jurídica). Cada órgão é investido de determinada competência, dividida entre seus cargos. Apesar de não terem personalidade jurídica, têm prerrogativas funcionais, o que admite até que interponham mandado de segurança, quando violadas. Tal capacidade processual, todavia, só têm os órgãos independentes e os autônomos. Todo ato de um órgão é imputado diretamente à pessoa jurídica da qual é integrante, assim como todo ato de agente público é imputado diretamente ao órgão à qual pertence (trata-se da chamada "teoria do órgão", que se contrapõe à teoria da representação ou do mandato). Deve-se ressaltar, todavia, que a representação legal da entidade é atribuição de determinados agentes, como o Chefe do Poder Executivo e os Procuradores. Confiram-se algumas classificações dos órgãos públicos, segundo o magistério de Hely Lopes Meirelles:

Quanto à **posição**, podem ser órgãos *independentes* (originários da Constituição e representativos dos Poderes do Estado: Legislativo, Executivo de Judiciário – aqui estão todas as corporações legislativas, chefias de executivo e tribunais, e juízos singulares); *autônomos* (estão na cúpula da Administração, logo abaixo dos órgãos independentes, tendo autonomia administrativa, financeira e técnica, segundo as diretrizes dos órgãos a eles superiores – cá estão os Ministérios, as Secretarias Estaduais e Municipais, a AGU etc.), *superiores* (detêm poder de direção quanto aos assuntos de sua competência, mas sem autonomia administrativa e financeira – ex.: gabinetes, procuradorias judiciais, departamentos, divisões etc.) e *subalternos* (são os que se acham na base da hierarquia entre órgãos, tendo reduzido poder decisório, com atribuições de mera execução – ex.: portarias, seções de expediente).

Quanto à **estrutura**, podem ser *simples* ou *unitários* (constituídos por um só centro de competência) e *compostos* (reúnem outros órgãos menores com atividades-fim idênticas ou atividades auxiliares – ex.: Ministério da Saúde).

Quanto à **atuação funcional**, podem ser *singulares* ou *unipessoais* (atuam por um único agente – ex.: Presidência da República) e *colegiados* ou *pluripessoais* (atuam por manifestação conjunta da vontade de seus membros – ex.: corporações legislativas, tribunais e comissões).

Outra distinção relevante para o estudo da estrutura da Administração Pública é a que se faz entre desconcentração e descentralização. Confira-se.

Desconcentração *é a distribuição interna de atividades administrativas, de competências*. Ocorre de órgão para órgão da entidade Ex.: competência no âmbito da Prefeitura, que poderia estar totalmente concentrada no órgão Prefeito Municipal, mas que é distribuída internamente aos Secretários de Saúde, Educação etc.

Descentralização *é a distribuição externa de atividades administrativas, que passam a ser exercidas por pessoa ou pessoas distintas do Estado*. Dá-se de pessoa jurídica para pessoa jurídica como técnica de especialização. Ex.: criação de autarquia para titularizar e executar um dado serviço público, antes de titularidade do ente político que a criou.

Na descentralização **por serviço** a lei atribui ou autoriza que outra pessoa detenha a *titularidade* e a execução do serviço. Depende de lei. Fala-se também em *outorga* do serviço.

Na descentralização **por colaboração** o contrato ou ato unilateral atribui a outra pessoa a *execução* do serviço. Aqui o particular pode colaborar, recebendo a execução do serviço, e não a titularidade. Fala-se também em *delegação* do serviço e o caráter é transitório.

É importante também saber a seguinte distinção.

Administração direta *compreende os órgãos integrados no âmbito direto das pessoas políticas (União, Estados, Distrito Federal e Municípios)*.

Administração indireta *compreende as pessoas jurídicas criadas pelo Estado para titularizar e exercer atividades públicas (autarquias e fundações públicas) e para agir na atividade econômica quando necessário (empresas públicas e sociedades de economia mista)*.

Outra classificação relevante para o estudo do tema em questão é a que segue.

As **pessoas jurídicas de direito público** *são os entes políticos e as pessoas jurídicas criadas por estes para exercerem típica atividade administrativa, o que impõe tenham, de um lado, prerrogativas de direito público,* *e, de outro, restrições de direito público, próprias de quem gere coisa pública.*[1] Além dos entes políticos (União, Estados, Distrito Federal e Municípios), são pessoas jurídicas de direito público as *autarquias, fundações públicas, agências reguladoras* e *associações públicas* (consórcios públicos de direito público).

As **pessoas jurídicas de direito privado estatais** *são aquelas criadas pelos entes políticos para exercer atividade econômica, devendo ter os mesmos direitos e restrições das demais pessoas jurídica privadas, em que pese terem algumas restrições adicionais, pelo fato de terem sido criadas pelo Estado.* São pessoas jurídicas de direito privado estatais as *empresas públicas*, as *sociedades de economia mista*, as *fundações privadas criadas pelo Estado* e os *consórcios públicos de direito privado.*

Também é necessário conhecer a seguinte distinção.

Hierarquia *consiste no poder que um órgão superior tem sobre outro inferior, que lhe confere, dentre outras prerrogativas, uma ampla possibilidade de fiscalização dos atos do órgão subordinado.*

Controle (tutela ou supervisão ministerial) *consiste no poder de fiscalização que a pessoa jurídica política tem sobre a pessoa jurídica que criou, que lhe confere tão somente a possibilidade de submeter a segunda ao cumprimento de seus objetivos globais, nos termos do que dispuser a lei.* Ex.: a União <u>não</u> pode anular um ato administrativo de concessão de aposentadoria por parte do INSS (autarquia por ela criada), por não haver hierarquia; mas pode impedir que o INSS passe a comercializar títulos de capitalização, por exemplo, por haver nítido desvio dos objetivos globais para os quais fora criada a autarquia. Aqui não se fala em subordinação, mas em vinculação administrativa.

Por fim, há entidades que, apesar de *não fazerem* parte da Administração Pública Direta e Indireta, colaboram com a Administração Pública e são estudadas no Direito Administrativo. Tais entidades são denominadas *entes de cooperação* ou *entidades paraestatais*. São entidades que não têm fins lucrativos e que colaboram com o Estado em atividades não exclusivas deste. São exemplos de paraestatais as seguintes: a) *entidades do Sistema S* (SESI, SENAI, SENAC etc. – ligadas a categorias profissionais, cobram contribuições parafiscais para o custeio de suas atividades); b) *organizações sociais* (celebram *contrato de gestão* com a Administração); c) *organizações da sociedade civil de interesse público* – OSCIPs (celebram *termo de parceria* com a Administração).

---

1. Vide art. 41 do atual Código Civil. O parágrafo único deste artigo faz referência às *pessoas de direito público com estrutura de direito privado*, que serão regidas, no que couber, pelas normas do CC. A referência é quanto às fundações públicas, aplicando-se as normas do CC apenas quando não contrariarem os preceitos de direito público.

(Procurador do Estado/AC – FMP – 2012) Analisando a Administração Pública, é INCORRETO afirmar que:

(A) a constituição de uma autarquia é exemplo de desconcentração administrativa.

(B) na descentralização é viável a desconcentração administrativa.

(C) uma empresa pública é hipótese de descentralização administrativa.

(D) a desconcentração pode ser geográfica ou territorial.

A: assertiva incorreta, devendo ser assinalada, pois a constituição de uma autarquia é exemplo de *descentralização* (e não de *desconcentração*), pois se trata da distribuição de competência de uma pessoa jurídica para outra pessoa jurídica, ao passo que a desconcentração é a distribuição de competência de um órgão para outro órgão; **B:** assertiva correta, pois dentro de uma pessoa jurídica criada por uma outra (descentralização) é possível que haja a distribuição interna de competências (desconcentração); **C:** assertiva correta, pois uma empresa pública é uma pessoa jurídica e a criação de uma pessoa jurídica implica na descentralização; **D:** assertiva correta, servindo de exemplo a criação de nova unidade da Receita Federal em município que ainda não a tenha; nesse caso, um órgão regional da Receita Federal está repartindo sua competência com outro órgão que está sendo criado.

Gabarito "A"

(Procurador do Estado/PI – 2008 – CESPE) Assinale a opção correta acerca do direito administrativo.

(A) Segundo a doutrina, os órgãos públicos podem ser classificados em coletivos e singulares, sendo a Presidência da República exemplo de órgão público singular.

(B) De acordo com a CF, o servidor público estável só perderá o cargo em decorrência de sentença judicial condenatória transitada em julgado ou mediante processo administrativo em que lhe seja assegurada ampla defesa.

(C) O procedimento disciplinar denominado verdade sabida tem por objetivo conferir celeridade à punição dos servidores faltosos, estando em total harmonia com a CF.

(D) Órgão público pode ser definido como unidade administrativa dotada de personalidade jurídica que congrega atribuições exercidas pelos agentes públicos que o integram com o objetivo de expressar a vontade do Estado.

(E) A responsabilidade administrativa do servidor público será afastada sempre que ele for absolvido na esfera criminal.

A: correta, pois, de fato, quanto à atuação funcional, os órgãos públicos podem ser ***singulares*** ou ***unipessoais***, quando atuam por um único agente, como é o caso da Presidência da República; e podem ser ***colegiados*** ou ***pluripessoais***, quando atuam por manifestação conjunta da vontade de seus membros, como o legislativo, os tribunais e as comissões; **B:** incorreta, pois é também possível a perda do cargo em caso de excesso de despesa com pessoal (art. 169, § 4º, da CF); **C:** incorreta, pois a verdade sabida, que permite a aplicação direta de penalidade disciplinar, quando a falta disciplinar for conhecida pela própria autoridade competente para a aplicação da pena, é incompatível com a CF, que exige, em qualquer processo administrativo, respeito ao princípio do contraditório e da ampla defesa (art. 5º, LV, da CF); **D:** incorreta, pois órgão público não tem personalidade jurídica; **E:** incorreta, pois a absolvição criminal por falta de provas, por exemplo, não interfere na esfera administrativa; o art. 126 da Lei 8.112/1990 trata de casos em que absolvição criminal interfere na esfera administrativa.

Gabarito "A"

(Procurador do Estado/RO – 2011 – FCC) É um traço comum de todas as entidades da Administração Indireta:

(A) serem processadas em juízo privativo do ente político ao qual estão vinculadas.

(B) a proibição de acumulação remunerada de cargos, empregos e funções, ressalvadas as hipóteses constitucionalmente admitidas.

(C) serem criadas diretamente por lei específica, editada pelo ente criador.

(D) a sujeição de seus servidores ao teto constitucional estabelecido no art. 37, XI, da Constituição Federal.

(E) a impenhorabilidade de seus bens.

A: incorreta, pois uma sociedade de economia mista, por exemplo, se for estadual, não é julgada pela Vara da Fazenda Pública, mas pela Vara Cível, e, se for federal, não é julgada pela Justiça Federal, mas pela Justiça Estadual, no caso, numa Vara Cível; **B:** correta, pois tal proibição se estende a toda a Administração Direta e Indireta (art. 37, XVII, da CF); **C:** incorreta, pois as entidades autárquicas são criadas diretamente por lei específica, mas as demais entidades são criadas por outros atos constitutivos, após autorização de lei específica (art. 37, XIX, da CF); **D:** incorreta, pois as empresas estatais não dependem dos entes políticos para pagamento de pessoal ou para o custeio em geral (art. 37, § 9º, da CF); **E:** incorreta, pois as pessoas jurídicas de direito público da Administração Indireta têm bens impenhoráveis, ao passo que as pessoas jurídicas de direito privado da Administração Indireta têm bens penhoráveis, salvos as que prestem serviço público em regime de monopólio, como é o caso dos Correios.

Gabarito "B"

(Procurador do Município/Teresina-PI – 2010 – FCC) Os entes da Administração Indireta NÃO

(A) possuem patrimônio próprio.

(B) decorrem de descentralização por colaboração.

(C) detêm capacidade de autoadministração.

(D) possuem personalidade jurídica própria.

(E) vinculam-se a órgãos da Administração Direta.

A: incorreta, pois são pessoas jurídicas, e, portanto, possuem, sim, patrimônio próprio; **B:** correta, pois tais entes, de fato, NÃO decorrem de descentralização por colaboração, mas sim de descentralização por outorga; **C:** incorreta, pois tais entes detêm, sim, capacidade de autoadministração, até pelo fato de serem pessoas jurídicas e terem personalidade jurídica; **D:** incorreta, pois tais entes são pessoas jurídicas e, portanto, possuem personalidade jurídica própria; **E:** incorreta, pois tais entes vinculam-se, sim, a órgãos da Administração Direta, que exercem o chamado *controle*, *tutela* ou *supervisão ministerial* em relação a eles.

Gabarito "B"

(Procuradoria Federal – 2007 – CESPE) De acordo com os postulados extraídos da teoria do órgão, aplicável à administração pública, julgue os itens seguintes.

(1) No direito brasileiro, os órgãos são conceituados como unidades de atuação integrantes da estrutura da administração direta e da estrutura da administração indireta e possuem personalidade jurídica própria.

(2) As ações dos entes políticos – como União, estados, municípios e DF – concretizam-se por intermédio de pessoas físicas, e, segundo a teoria do órgão, os atos praticados por meio desses agentes públicos devem ser imputados à pessoa jurídica de direito público a que pertencem.

(3) Foi o jurista alemão Otto Gierke quem estabeleceu as linhas mestras da teoria do órgão e indicou como sua principal característica o princípio da imputação volitiva.

1: errada, vez que os órgãos não têm personalidade jurídica; 2 e **3:** certas, pois, pela Teoria do Órgão, os atos dos agentes públicos são imputados diretamente à administração, já que aqueles expressam a ***vontade*** desta.

Gabarito 1E, 2C, 3C

(Procurador da Fazenda Nacional – 2004 – ESAF) Quanto à teoria do órgão e sua aplicação ao Direito Administrativo, aponte a opção correta.

(A) Consoante tal teoria, o órgão é apenas parte do corpo da entidade e, por consequência, todas as suas manifestações de vontade são consideradas como da própria entidade.

(B) Essa teoria não distingue órgão de entidade, reconhecendo personalidade jurídica a ambos, indistintamente, e, por conseguinte, reconhecendo serem sujeitos de direitos e obrigações, de forma direta.

(C) Essa teoria, de ampla aceitação entre os administrativistas pátrios, reconhece personalidade jurídica ao órgão, que passa a ser sujeito de direitos e obrigações.

(D) Por tal teoria, o agente (pessoa física) atua como representante da pessoa jurídica, à semelhança do tutor e do curador de incapazes.

(E) Essa teoria não tem aceitação entre os publicistas contemporâneos, por não explicar, de forma satisfatória, como atribuir aos entes públicos os atos das pessoas humanas que agem em seu nome.

A teoria do órgão estabelece que o órgão público é parte integrante da entidade, da mesma forma que é cada órgão do corpo humano. Com isso, a manifestação do órgão deve ser vista como manifestação da própria pessoa jurídica que o contém, pois aquele não tem autonomia ou personalidade jurídica própria. A teoria do órgão é aceita pela grande maioria dos doutrinadores, pois representa a evolução das explanações sobre o órgão público, suplantando a teoria do mandato (na qual o agente receberia uma espécie de procuração da pessoa jurídica, para exercer, ele mesmo, parcela do poder estatal) e a teoria da representação (na qual o agente atuaria em nome da pessoa jurídica).

Gabarito "A"

(Procurador da Fazenda Nacional – 2003 – ESAF) Assinale, entre os atos abaixo, aquele que não pode ser considerado como de manifestação da atividade finalística da Administração Pública, em seu sentido material.

(A) Concessão para exploração de serviço público de transporte coletivo urbano.

(B) Desapropriação para a construção de uma unidade escolar.

(C) Interdição de um estabelecimento comercial em razão de violação a normas de posturas municipais.

(D) Nomeação de um servidor público, aprovado em virtude de concurso público.

(E) Concessão de benefício fiscal para a implantação de uma nova indústria em determinado Estado-federado.

A questão cobra do candidato dois conceitos de Direito Administrativo: administração pública material, que é a efetiva atividade administrativa (contrapõe-se à administração pública em sentido formal, que estuda os órgãos e agentes públicos em sentido amplo), e atividade finalística (ou atividade-fim) da Administração, que pode ser conceituada como aquela voltada diretamente à consecução dos objetivos da Administração Pública (opõe-se a atividade-meio, todas aquelas necessárias à viabilização da atividade-fim). Visto isso, percebemos que a exploração de serviço público é atividade-fim da administração material, porque voltada a fornecer serviço típico do Estado aos cidadãos. Também o é a desapropriação, como forma de intervenção do Estado na propriedade com vistas ao interesse público. Segue a mesma lógica a interdição de estabelecimento comercial, porém baseada no poder de polícia administrativa, outra atividade-fim da Administração Pública. A concessão de benefício fiscal é uma espécie de fomento da atividade econômica, dever do Estado previsto na CF e, portanto, igualmente classificada como atividade-fim. Resta a nomeação de servidor público que, em consagração aos conceitos mencionados, classifica-se como atividade-meio, considerando que este servidor, apenas futuramente, poderá vir a exercer alguma atividade-fim.

Gabarito "D"

(Procurador da Fazenda Nacional – 2003 – ESAF) Tratando-se de Administração Pública Descentralizada ou Indireta, assinale a afirmativa falsa.

(A) A qualificação como agência executiva pode recair tanto sobre entidade autárquica quanto fundacional, integrante da Administração Pública.

(B) Conforme a norma constitucional, a empresa pública exploradora de atividade econômica terá um tratamento diferenciado quanto às regras de licitação.

(C) Admite-se, na esfera federal, uma empresa pública, sob a forma de sociedade anônima, com um único sócio.

(D) Pode se instituir uma agência reguladora cujo objeto de fiscalização ou regulação não seja uma atividade considerada como de serviço público.

(E) As entidades qualificadas como Organizações Sociais, pela União Federal, passam a integrar, para efeitos de supervisão, a Administração Pública Descentralizada.

A: verdadeira. Qualifica-se como agência executiva a entidade da Administração Indireta que celebra contrato de gestão com o ministério com poder de supervisão sobre ela para a evolução dos serviços prestados. Tanto a autarquia quanto a fundação pública podem celebrar contrato de gestão e, assim, serem vistas como agências executivas; **B:** verdadeira. A CF efetivamente abre caminho para que seja instituído mediante lei um regime jurídico específico para as empresas públicas e sociedades de economia mista que explorem atividade econômica, tratando, inclusive, do sistema de licitação a ser empregado (art. 173, § 1º). Ressalte-se, todavia, que este regime jurídico diferenciado nunca foi implantado, estando, na prática, todas as empresas públicas ainda se sujeitam às disposições da Lei 8.666/1993; **C:** verdadeira. A empresa pública pode assumir qualquer dos tipos societários previstos para as pessoas jurídicas de direito privado, inclusive sociedade anônima com capital exclusivamente público; **D:** verdadeira. As agências reguladoras, autarquias em regime especial voltadas à fiscalização e regulação de parcelas determinadas do mercado, podem ser constituídas para atividades classificadas como serviço público ou não. Um bom exemplo do segundo caso é a ANP, que regulamenta o mercado de derivados de petróleo, que não pode ser considerado como serviço público; **E:** falsa. O terceiro setor, constituído pelas organizações sociais e as organizações da sociedade civil de interesse público, são entes de cooperação do Estado, atuando paralelamente a este, e não se integram ao conceito de Administração Pública Indireta.

Gabarito "E"

(ADVOGADO – CEF – 2012 – CESGRANRIO) A técnica de organização e distribuição interna de competências entre vários órgãos despersonalizados dentro de uma mesma pessoa jurídica e que tem por base a hierarquia denomina-se

(A) descentralização

(B) desconcentração

(C) outorga

(D) delegação

(E) coordenação

A distribuição interna de competência, ou seja, a distribuição de competência de um órgão para um órgão é denominada desconcentração.

Gabarito "B"

(ADVOGADO – CORREIOS – 2011 – CESPE) A respeito da estrutura e organização da administração pública brasileira, julgue os itens abaixo.

(1) Toda função é atribuída e delimitada por norma legal, que configura a competência do órgão, do cargo e do agente, isto é, estrutura a natureza da função e o limite de poder para o desempenho dessa função.

(2) A descentralização é uma forma de transferir a execução de um serviço público para terceiros, que se encontrem dentro ou fora da administração. A desconcentração é uma forma de se transferir a execução de um serviço público de um órgão para outro dentro da administração direta. Nesse sentido, a diferença entre descentralização e desconcentração está na amplitude da transferência.

(3) As empresas públicas possuem personalidade jurídica de direito privado e patrimônio próprio e são criadas por lei específica.

(4) As autarquias são dotadas de personalidade jurídica de direito privado; as fundações públicas são dotadas de personalidade jurídica de direito público. Tanto estas quanto aquelas integram a administração indireta.

(5) As entidades paraestatais não integram a administração direta nem a administração indireta, mas colaboram com o Estado no desempenho de atividades de interesse público, como são os casos do SENAC e do SENAI.

1: correta, sendo certo que a competência e as respectivas funções de órgãos, cargos e agentes só podem ser criada por lei; **2:** correta; são exemplos de descentralização dentro da Administração, a distribuição de competência de um ente político (Administração Direta) para uma autarquia (Administração Indireta) e fora da Administração, a distribuição de atribuições de um ente político (Administração Direta) para uma empresa concessionária de serviço público (pessoa jurídica não integrante da Administração); é exemplo de desconcentração a distribuição de competência da Presidência da República (órgão) para um Ministério (órgão); **3:** incorreta, pois as empresas públicas não são criadas por lei específica, mas tem a sua criação *autorizada* por lei específica, fazendo-se necessário, após a autorização, a inscrição de seus atos constitutivos no registro público competente; 4: incorreta, pois as autarquias são pessoas jurídicas de direito público; 5: correta, valendo salientar que tais entidades também são chamadas de entes de cooperação e não possuem fins lucrativos.

Gabarito 1C, 2C, 3E, 4E, 5C

(ADVOGADO – PETROBRÁS DISTRIB. – 2008 – CESGRANRIO) Analise as assertivas abaixo.

I. As empresas públicas e as sociedades de economia mista federais são pessoas jurídicas de direito privado, integrantes da Administração Pública Indireta da União.

II. Os consórcios públicos somente podem ser constituídos sob a forma de associação pública, dotada de personalidade jurídica de direito público e integrante da administração indireta de todos os entes da Federação consorciados.

III. As agências reguladoras são órgãos públicos criados por lei e sob a forma autárquica, dotados de regime jurídico especial que lhes assegura independência política.

IV. As autarquias são pessoas jurídicas de direito público, criadas por lei e integrantes da Administração Pública Indireta do respectivo ente federativo.

São corretas APENAS as assertivas:

(A) I e III

(B) I e IV

(C) II e III

(D) II e IV

(E) III e IV

I: correta, pois tais entidades, apesar de estatais, têm regime jurídico de direito privado, daí porque são consideradas pessoas jurídicas de direito privado estatais; ademais, pertencem à Administração Indireta, pois são criadas pelos entes políticos (Administração Direta); **II:** incorreta, pois os consórcios públicos podem ser de direito público ou de direito privado (art. 1º, § 1º, da Lei 11.107/2005); **III:** incorreta, pois as agências reguladoras não são órgãos públicos, mas pessoas jurídicas; IV: correta, pois as autarquias, por exercerem atividades típicas de Estado, têm regime jurídico de direito público, daí porque são consideradas pessoas jurídicas de direito público; ademais, pertencem à Administração Indireta, pois são criadas pelos entes políticos, ou seja, pela Administração Direta.

Gabarito "B"

(ADVOGADO – DATAPREV – 2009 – UFF) A teoria geral do órgão, inspirada nos ensinamentos do jurista alemão Otto Gierke, possui o intuito de justificar a natureza jurídica da relação entre o Estado e os agentes por meio dos quais atua. Com base nesta teoria, é correto asseverar que:

(A) em regra, o ato do agente público é ato do órgão e, portanto, imputável à Administração Pública;

(B) o agente público age como mandatário da Administração Pública;

(C) o agente público age como representante do Estado, à semelhança do tutor e curador de incapazes;

(D) o Estado não responde perante terceiros na hipótese de o agente público agir com excesso de poder;

(E) o órgão público possui personalidade jurídica própria.

A: correta; de acordo com a Teoria do Órgão, os atos dos agentes públicos são imputados diretamente à Administração Pública; os agentes públicos nada mais são do que presentantes (e não representantes) da Administração, ou seja, são órgãos que permitem que a Administração se faça presente; assim, qualquer ato cometido pelos agentes públicos nessa qualidade são imputados diretamente à Administração, o que produz consequências, por exemplo, em matéria de responsabilidade civil; **B:** incorreta, pois não há relação de mandato, mas sim de presentação; o mandato é instituto típico de direito privado, não guardando relação com as especificidades do Direito Público; **C:** incorreta, pois não há relação de representação, até porque o Estado não pode ser comparado a um incapaz; **D:** incorreta, pois, como os atos dos agentes públicos são imputados diretamente à Administração, o Estado responde sim nesse caso; **E:** incorreta, pois o órgão público não é uma pessoa jurídica, mas é parte integrante desta, sendo que somente pessoa jurídica possui personalidade jurídica.

Gabarito "A"

(ADVOGADO – BNDES – 2004 – CESGRANRIO) A descentralização administrativa se diferencia da figura da desconcentração pela:

(A) transferência de atribuições de um centro administrativo.

(B) possibilidade de verificar-se tanto entre órgãos num mesmo local como entre órgãos geograficamente distantes.

(C) aplicabilidade no âmbito das Administrações Federal, Estadual, Municipal e do Distrito Federal.

(D) restrição de sua ocorrência entre órgãos integrantes da mesma pessoa jurídica ou da mesma entidade.

(E) ausência de controle hierárquico entre os entes envolvidos.

A desconcentração é a distribuição interna de atividades administrativas, de competências. Ocorre de órgão para órgão da entidade. Ex.: competência no âmbito da Prefeitura, que poderia estar totalmente concentrada no órgão Prefeito Municipal, mas que é distribuída internamente aos Secretários de Saúde, Educação etc. Na desconcentração, há hierarquia entre os órgãos. Já a descentralização é a distribuição externa de atividades administrativas, que passam a ser exercidas por pessoa ou pessoas distintas do Estado. Dá-se de pessoa jurídica para pessoa jurídica como técnica de especialização. Ex.: criação de autarquia para titularizar e executar um dado serviço público, antes de titularidade do ente político que a criou. Na descentralização há controle (tutela ou supervisão ministerial) entre a pessoa jurídica criadora e a pessoa jurídica criada. Assim, as alternativas "a", "b" e "d" ficam afastadas, pois não há que se falar em órgãos em matéria de descentralização. A alternativa "c" fica afastada, pois tanto a desconcentração, como a descentralização podem ocorrer no âmbito de todas as esferas mencionadas. A alternativa "e" é verdadeira, pois o poder hierárquico não existe em matéria de descentralização. Nesta existe o controle, tutela ou supervisão ministerial.

Gabarito "E"

(ADVOGADO – BNDES – 2001 – VUNESP) A fundação que celebre contrato de gestão com o órgão da Administração Direta a que se acha vinculada, para a melhoria da eficiência e redução de custos, é qualificada como:

(A) autarquia especial.

(B) fundação pública.

(C) fundação privada.

(D) agência executiva.

(E) agência reguladora.

Trata-se agência executiva, nos termos dos arts. 51 e 52 da Lei 9.649/1998.

Gabarito "D"

(PROCURADOR – BANCO CENTRAL – 2009 – CESPE) A respeito da organização da administração pública, assinale a opção correta.

(A) Por não possuírem personalidade jurídica, os órgãos não podem figurar no polo ativo da ação do mandado de segurança.

(B) Segundo a teoria da imputação, os atos lícitos praticados pelos seus agentes são imputados à pessoa jurídica à qual eles pertencem, mas os atos ilícitos são imputados aos agentes públicos.

(C) Os órgãos públicos da administração direta, autárquica e fundacional são criados por lei, não podendo ser extintos por meio de decreto do chefe do Poder Executivo.

(D) A delegação de competência, no âmbito federal, somente é possível se assim determinar expressamente a lei.

(E) Quando as atribuições de um órgão público são delegadas a outra pessoa jurídica, com vistas a otimizar a prestação do serviço público, há desconcentração.

A: incorreta, pois os órgãos não têm personalidade jurídica, mas podem ter personalidade judiciária; por exemplo, a Mesa de qualquer Casa Legislativa, apesar de ser um mero órgão, pode ser sujeito ativo de um mandado de segurança; **B:** incorreta, pois os atos ilícitos praticados pelos agentes públicos nessa qualidade também são imputados à pessoa jurídica à qual eles pertencem; **C:** correta, pois o princípio da legalidade não compactua com a criação ou extinção de órgãos por mero decreto; ademais, o art. 84, VI, da CF, que estabelece alguns casos de decreto autônomo de lei, é claro, em sua alínea "a", que o decreto não poderá criar ou extinguir órgão; **D:** incorreta, pois é justamente o contrário, ou seja, a delegação em princípio é permitida, salvo se não houver impedimento legal (art. 12, *caput*, da Lei 9.784/1999); **E:** incorreta, pois, nesse caso, há descentralização, já que o destinatário das atribuições é uma pessoa jurídica.

Gabarito "C"

(PROCURADOR – BANCO CENTRAL – 2009 – CESPE) Acerca da administração pública indireta, assinale a opção correta.

(A) Não colide materialmente com a CF a determinação de que sejam previamente aprovadas, pelo Poder Legislativo, as indicações dos presidentes das entidades da administração pública indireta.

(B) Devido à natureza privada das empresas públicas e sociedades de economia mista exploradoras de atividade econômica, não há espaço para que essas entidades sejam fiscalizadas pelo TCU.

(C) Prevalece o entendimento de que as fundações públicas com personalidade jurídica de direito público são verdadeiras autarquias, as quais devem ser criadas por lei e não por ato infralegal.

(D) As autarquias são caracterizadas pela sua subordinação hierárquica a determinada pasta da administração pública direta. Dessa forma, contra a decisão proferida por elas cabe recurso hierárquico próprio para o chefe da pasta.

(E) O consórcio público, mesmo com personalidade jurídica de direito público, não passa a integrar a administração indireta de todos os entes da Federação consorciados.

A: incorreta, pois o STF só admite esse tipo de previsão para as indicações das entidades autárquicas, como as agências reguladoras; em relação às empresas estatais, todavia, o STF entende que: "A intromissão do Poder Legislativo no processo de provimento das diretorias das empresas estatais colide com o princípio da harmonia e interdependência entre os poderes. A escolha dos dirigentes dessas empresas é matéria inserida no âmbito do regime estrutural de cada uma delas" (ADI 1.642, *DJ* 03.04.2008); **B:** incorreta, pois a própria Constituição Federal determina esse tipo de fiscalização em relação às empresas estatais, já que estas são integrantes da Administração Indireta (art. 71, II, da CF); **C:** correta, valendo salientar que o art. 37, XIX, da CF dispõe que as entidades autárquicas devem ser criadas por meio de lei específica; **D:** incorreta, pois entre o ente político criador e a autarquia criada não existe subordinação, mas sim controle, tutela ou supervisão ministerial; assim, não há que se falar em recurso hierárquico a ser julgado pelo ente político contra decisões tomadas por autarquias; **E:** incorreta, pois o consórcio público com personalidade de direito público passa sim a fazer parte da Administração Indireta de todos os entes consorciados (art. 6º, § 1º, da Lei 11.107/2005).

Gabarito "C"

(ADVOGADO – ANATEL – 2009 – CESPE) Acerca dos órgãos públicos, julgue os itens seguintes.

(1) O Estado, como ente despersonalizado, tanto no âmbito internacional, como internamente, manifesta sua vontade por meio de seus agentes, ou seja, as pessoas jurídicas que pertencem a seus quadros.

(2) Quanto à composição, os órgãos públicos se classificam em singulares e coletivos. Os singulares são aqueles integrados por um só agente, como os chefes do Poder Executivo, e os coletivos, aqueles compostos por vários agentes.

1: incorreta, pois o Estado é pessoa jurídica, portanto, ente personalizado; no âmbito externo, é pessoa jurídica de direito público externo; no âmbito interno, a União é pessoa jurídica de direito público interno; **2:** correta, valendo dar como exemplo de órgãos coletivos, as comissões de licitação e de concursos públicos.

Gabarito 1E; 2C

4.2. AUTARQUIAS

(Procurador Federal – 2013 – CESPE) Julgue o seguinte item.

(1) As fundações públicas podem exercer atividades típicas da administração, inclusive aquelas relacionadas ao exercício do poder de polícia.

1: correta, desde que se trate de uma fundação pública de direito público, que tem regime autárquico e, assim, pode exercer atividades típicas da administração.

Gabarito 1C

(Procurador Federal – 2013 – CESPE) Julgue o seguinte item.

(1) As autarquias, que adquirem personalidade jurídica com a publicação da lei que as institui, são dispensadas do registro de seus atos constitutivos em cartório e possuem as prerrogativas especiais da fazenda pública, como os prazos em dobro para recorrer e a desnecessidade de anexar, nas ações judiciais, procuração do seu representante legal.

1: correta; as autarquias são criadas por lei específica (art. 37, XIX, da CF/1988), não sendo necessário que outros atos constitutivos sejam arquivados em registro público, pois a própria lei que a cria já dá essa publicidade e constituição; no mais, é sempre bom lembrar que as autarquias são pessoas jurídicas de Direito Público e, assim, podem exercer função típica de estado (por exemplo, o IBAMA é uma autarquia e pode exercer o poder de polícia, que é uma função típica de estado), circunstância que faz com que o seu regime jurídico seja de Direito Público, o que inclui a existência de prerrogativas processuais, como a desnecessidade de juntar procuração de seu representante legal nas ações judiciais.

Gabarito 1C

(Procurador do Estado/CE – 2008 – CESPE) Assinale a opção correta acerca das autarquias.

(A) As autarquias são detentoras, em nome próprio, de direitos e obrigações, poderes e deveres, prerrogativas e responsabilidades.

(B) As autarquias são hierarquicamente subordinadas à administração pública que as criou.

(C) As autarquias são criadas e extintas por ato do chefe do Poder Executivo.

(D) Ao criar uma autarquia, a administração pública apenas transfere a ela a execução de determinado serviço público, permanecendo com a titularidade desse serviço.

(E) As autarquias não estão sujeitas ao controle externo do Poder Legislativo.

A: correta, pois, de fato, as autarquias, por serem pessoas jurídicas, têm capacidade de autoadministração; assim, são detentoras, em nome próprio, de direitos e obrigações, poderes e deveres, prerrogativas e responsabilidades; assim, um ato ilegal cometido por uma autarquia (p. ex., pelo INSS), enseja uma ação judicial contra o INSS e não contra a União; **B:** incorreta, pois a relação não é de hierarquia, mas de supervisão ministerial (art. 26 do Dec.-lei 200/1967); **C:** incorreta, pois as autarquias são criadas (e extintas) por lei (art. 37, XIX, da CF); **D:** incorreta, pois nesse caso também ocorre a transferência da titularidade do serviço a ser executado pela autarquia criada (descentralização por serviço); **E:** incorreta, pois o controle externo do legislativo é exercido em relação a todos os entes da administração direta e indireta (art. 70 da CF).

Gabarito "A"

(Procurador do Município/Boa Vista-RR – 2010 – CESPE) Com relação à autarquia, julgue o item seguinte.

(1) São características das autarquias a descentralização, a criação por lei, a especialização dos fins ou atividades, a personalidade jurídica pública, a capacidade de autoadministração e a sujeição a controle ou tutela.

1: Correta, pois traz as características próprias da autarquia.

Gabarito 1C

(Procurador do Município/Natal-RN – 2008 – CESPE) Com relação às autarquias, assinale a opção correta.

(A) A relação entre uma autarquia e o ente que a criou é de subordinação.

(B) A criação de uma autarquia federal é feita por decreto do presidente da República.

(C) O dirigente de autarquia não pode figurar como autoridade coatora em mandado de segurança.

(D) Uma autarquia municipal pode litigar em juízo contra o município que a criou.

A: incorreta, pois essa relação é de controle, tutela ou supervisão ministerial; **B:** incorreta, pois a criação de uma autarquia é feita mediante lei específica (art. 37, XIX, da CF); **C:** incorreta, pois a autarquia pratica atos típicos do Estado, de maneira que normalmente os dirigentes das autarquias praticam atos de autoridade pública, sujeitos, portanto, ao mandado de segurança; **D:** correta, pois a autarquia não é subordinada hierarquicamente em relação ao ente que a tiver criado; no plano federal, por exemplo, imagine uma situação em que o IBAMA (autarquia) tome uma decisão contrária à União (por exemplo: aplicação de uma multa ou indeferimento de uma licença ambiental). Nesse caso, a questão poderá ser objeto de uma ação judicial. Da mesma forma, isso pode acontecer entre uma autarquia municipal e o próprio município que a tiver criado.

Gabarito "D"

(Procurador do Município/Recife-PE – 2008 – FCC) Determinado Estado criou, regularmente, uma autarquia para executar atividades típicas da Administração estadual que melhor seriam exercidas de forma descentralizada. Em relação a esta pessoa jurídica instituída, pode-se afirmar que se trata de pessoa jurídica

(A) de direito público, com personalidade jurídica própria, embora sujeita ao poder de autotutela do ente que a instituiu.

(B) de direito público, não sujeita a controle do ente que a instituiu quando gerar receitas próprias que lhe confiram autossuficiência financeira.

(C) sujeita ao regime jurídico de direito privado quando for autossuficiente e ao regime jurídico de direito público quando depender de verbas públicas, sem prejuízo, em ambos os casos, da submissão à tutela do ente que a instituiu.

(D) sujeita ao regime jurídico de direito público, criada por Decreto, integrante da Administração Indireta e, portanto, sujeita a controle do ente que a instituiu.

(E) de direito público, dotada das prerrogativas e restrições próprias do regime jurídico-administrativo e sujeita ao poder de tutela do ente que a instituiu.

A: incorreta, pois não há hierarquia entre o ente criador e a entidade criada; **B:** incorreta, pois, apesar de não haver hierarquia, há controle (supervisão ministerial ou tutela) entre o ente criador e a entidade criada; **C:** incorreta, pois a autarquia é pessoa de direito público em qualquer caso; **D:** incorreta, pois a autarquia é criada por lei específica; **E:** correta, pois, de fato, a autarquia é pessoa jurídica de direito público, daí porque tem prerrogativas próprias do regime jurídico-administrativo e está sujeito à tutela (controle ou supervisão ministerial).

Gabarito "E"

4.3. AGÊNCIAS REGULADORAS

(Procurador/DF – 2013 – CESPE) Julgue o seguinte item.

(1) As agências reguladoras consistem em mecanismos que ajustam o funcionamento da atividade econômica do país como um todo. Foram criadas, assim, com a finalidade de ajustar, disciplinar e promover o funcionamento dos serviços públicos, objeto de concessão, permissão e autorização, assegurando o funcionamento em condições de excelência tanto para o fornecedor/produtor como principalmente para o consumidor/usuário.

1: certa, pois traz um exato panorama sobre os objetivos das agências reguladoras, conforme posicionamento adotado pelo STJ (REsp 757.971/RS, DJ 19/12/2008).

Gabarito 1C

(Procurador Federal – 2013 – CESPE) Julgue o seguinte item.

(1) Para a qualificação de uma autarquia como agência reguladora é essencial a presença do nome "agência" em sua denominação, a exemplo da Agência Brasileira de Inteligência e da Agência Brasileira de Desenvolvimento Industrial.

1: incorreta; o que caracteriza uma agência reguladora não é o termo"agência", mas sim o fato de se tratar de uma autarquia (pessoa jurídica), com regime especial, em que há muito mais autonomia do que uma autarquia em geral, seja pelo mandato fixo de seus agentes, seja pelo poder de regulamentar (respeitada a lei) com bastante vigor e autonomia a área para a qual foi criada; assim, se uma autarquia for criada com esses tipos de diferenciais, mesmo que não leve o nome de"agência", será mais uma delas; por outro lado, se for criada uma pessoa jurídica ou órgão com o nome de"agência", mas que não tenham os diferenciais desta, não se estará diante de uma agência reguladora, como é o caso da Agência Brasileira de Inteligência (Lei 9.883/1999) e da Agência Brasileira de Desenvolvimento Industrial (Lei 11.080/2004), já que a primeira é um mero órgão da União, com subordinação à Presidência da República, e a segunda é um mero serviço social autônomo, pessoa jurídica de direito privado sem fins lucrativos, de interesse coletivo e de utilidade pública.

Gabarito 1E

(Procurador do Estado/SP – VUNESP – 2005) Por autarquia de regime especial entende-se aquela que

(A) foi criada pela associação de entes da Federação para propiciar a gestão associada de serviços públicos.

(B) foi qualificada como organização social.

(C) desfruta de maior grau de independência administrativa em relação à Administração Direta, nos termos da lei.

(D) criada por lei, tem entre seus fins institucionais atividades que caracterizam intervenção no domínio econômico.

(E) é detentora de capacidade política, podendo criar seu próprio direito.

A: incorreta, pois essa definição é de consórcio público, que pode ser tanto de direito público, como de direito privado (art. 1º, § 1º, da Lei 11.107/2005), sendo que uma autarquia é sempre uma pessoa jurídica de direito público; **B:** incorreta, pois somente entidades não estatais podem ser qualificadas como organizações sociais (art. 1º da Lei 9.637/1998); **C:** correta, pois a expressão "autarquia de regime especial" designa as entidades autárquicas que têm características especiais em relação às autarquias tradicionais; no caso, as agências reguladoras têm essas características especiais, sendo que uma delas é justamente maior grau de independência administrativa em relação à Administração Direta, o que se revela, por exemplo, no fato de os dirigentes das agências terem mandato fixo, não podendo ser exonerados *ad nutum* pelo Chefe do Executivo, o que possibilita que essa independência administrativa exista na prática; **D:** incorreta, pois essas autarquias, como de resto todas as autarquias, têm por fim atividades típicas de Estado e não atividades de intervenção no domínio econômico; **E:** incorreta, pois somente os entes políticos (União, Estados, Distrito Federal e Municípios) têm capacidade política, podendo criar seu próprio direito; as autarquias de regime especial têm independência administrativa dentro dos limites do previsto nas leis que as criam e que tratam das questões de sua competência.

Gabarito "C"

(Procurador do Município/Natal-RN – 2008 – CESPE) Com relação às agências reguladoras, assinale a opção correta.

(A) As agências reguladoras são órgãos da administração pública cuja finalidade é fiscalizar e controlar determinada atividade.

(B) A CF criou, por meio de norma inserida em seu texto, duas das atuais agências reguladoras, quais sejam a ANATEL e a ANEEL.

(C) O quadro de pessoal das agências reguladoras é vinculado ao regime celetista, conforme expressa disposição legal.

(D) Segundo jurisprudência do STF, a subordinação da nomeação dos dirigentes das agências reguladoras à prévia aprovação do Poder Legislativo não implica violação à separação e à independência dos poderes.

A: incorreta, pois as agências reguladoras não são *órgãos*, mas sim *pessoas jurídicas*; **B:** incorreta, pois tais agências foram criadas por lei e não pela Constituição, que não criou agência reguladora alguma; **C:** incorreta, pois o STF decidiu que as agências reguladoras, por serem pessoas de direito público, não poderiam utilizar o regime celetista, como regra, em matéria de regime de pessoal, impondo a utilização do regime estatutário para a contratação de pessoal; **D:** correta; vide, por exemplo, a ADI 1.949.

Gabarito "D"

(Procurador do Município/São Paulo-SP – 2008 – FCC) As agências reguladoras no Brasil por vezes são tratadas explicitamente na legislação federal como "autoridades administrativas independentes". Essa independência não exime a sujeição de seus atos ao controle

(A) do Poder Judiciário, inclusive no que concerne à análise de mérito, excluídos o controle do Poder Legislativo e do Poder Executivo.

(B) do Poder Legislativo, porque exercem função normativa, excluídos o controle do Poder Executivo e do Poder Judiciário.

(C) do Poder Executivo criador das agências, porque dele receberam expressa delegação de parcela de poder, excluídos o controle do Poder Judiciário e do Poder Legislativo.

(D) dos três Poderes do Estado, devendo compatibilizar sua atuação com os mecanismos de controle previstos no ordenamento jurídico.

(E) do Poder Legislativo, exclusivamente no que concerne às atribuições do Tribunal de Contas, excluídos o controle do Poder Executivo e do Poder Judiciário.

A: incorreta, pois tais agências estão sujeitas sim ao controle do Poder Executivo (limitado ao que dispor a lei) e também ao controle do Poder Legislativo no que diz respeito aos arts. 70 e 71 da CF; **B:** incorreta, pois estão sujeitas aos controles do Judiciário (princípio da inafastabilidade da jurisdição) e do Executivo (nos limites legais); **C:** incorreta, pois estão sujeitas aos controles do Judiciário e do Legislativo; **D:** correta, nos termos dos comentários anteriores; **E:** incorreta, nos termos dos comentários anteriores.

Gabarito "D"

(Advogado da União/AGU – CESPE – 2012) Julgue o item seguinte.

(1) A qualificação de agência executiva federal é conferida, mediante ato discricionário do presidente da República, a autarquia ou fundação que apresente plano estratégico de reestruturação e de desenvolvimento institucional em andamento e celebre contrato de gestão com o ministério supervisor respectivo.

Correta, nos termos dos arts. 51 e 52 da Lei 9.649/1998.

Gabarito 1C

(Advogado da União/AGU – CESPE – 2009) Relativamente à administração indireta, julgue o item seguinte.

(1) As agências reguladoras são autarquias sob regime especial, as quais têm, regra geral, a função de regular e fiscalizar os assuntos relativos às suas respectivas áreas de atuação. Não se confundem os conceitos de agência reguladora e de agência executiva, caracterizando-se esta última como a autarquia ou fundação que celebra contrato de gestão com o órgão da administração direta a que se acha hierarquicamente subordinada, para melhoria da eficiência e redução de custos.

Incorreta, pois as autarquias e fundações não se acham *hierarquicamente subordinadas*, mas submetidas apenas ao chamado *controle ou tutela*.

Gabarito 1E

(ADVOGADO – PETROBRÁS BIO. – 2010 – CESGRANRIO) O governador de um estado-membro da Federação pretende criar uma agência reguladora para o exercício do poder regulatório, acompanhamento, controle e fiscalização das concessões e permissões de serviços públicos de transporte nos quais o Estado figure, por disposição legal ou pactual, como Poder Concedente ou Permitente. Indagada a esse respeito, a Assessoria Jurídica do governador do estado responde corretamente que, em âmbito estadual, as agências reguladoras são criadas por

(A) decreto regulamentar do governador do estado, observada a necessária autonomia administrativa e financeira que lhes confere independência frente ao Poder Executivo respectivo.

(B) decreto executivo, após autorização legislativa, devendo revestir-se de personalidade jurídica de direito público e exercer poder normativo para a emissão de normas genéricas e abstratas a serem observadas no âmbito do segmento objeto da regulação.

(C) lei complementar, observada a necessária personalidade jurídica de direito privado que lhes confere independência frente ao Poder Executivo respectivo.

(D) lei específica de iniciativa do governador do estado, devendo revestir-se de personalidade jurídica de direito público e ostentar regime jurídico idêntico àquele aplicável às fundações autárquicas.

(E) lei ordinária específica, observada a personalidade jurídica de direito público e o regime especial que lhes garanta independência administrativa e autonomia econômico-financeira.

A e **B:** incorretas, pois são criadas por lei específica (art. 37, XIX, da CF); **C:** incorreta, pois a criação se dará por lei ordinária específica e não por lei complementar (art. 37, XIX, da CF); ademais, as agências reguladoras têm personalidade de direito público e não de direito privado; **D:** incorreta, pois as agências reguladoras são entidades autárquicas de regime especial, regime especial esse que faz com que tenham regras diferentes das entidades autárquicas tradicionais, como é o caso das fundações citadas; **E:** correta, pois, em sendo as agências reguladoras autarquias, ainda que especiais, sua criação se dará nos moldes da primeira parte do art. 37, XIX, da CF, ou seja, mediante lei ordinária específica, sendo certo que tais entidades, por serem autárquicas, têm regime jurídico de direito público, com destaque para a sua independência administrativa e autonomia econômico-financeira, próprias do regime especial que detém.

Gabarito "E"

(ADVOGADO – PETROBRÁS – 2006 – CESGRANRIO) A Agência Nacional do Petróleo, Gás Natural e Biocombustíveis é entidade:

(A) submetida ao regime autárquico especial.

(B) integrante da Administração Pública direta.

(C) subordinada técnica e financeiramente ao Ministério das Minas e Energia.

(D) responsável pela definição das políticas de investimento da Petróleo Brasileiro S.A.

(E) responsável pela definição das políticas nacionais de aproveitamento racional dos recursos energéticos do País.

Como toda agência reguladora, a ANP é uma entidade autárquica de regime especial (alternativa "a"), integrante da Administração Indireta (excluída a alternativa "b") e sem subordinação com o respectivo Ministério (excluída a alternativa "c"), não havendo previsão legal acerca das competências mencionadas nas alternativas "d" e "e".

Gabarito "A"

4.4. CONSÓRCIOS PÚBLICOS

(Procurador Federal – 2013 – CESPE) Com relação a convênios e consórcios administrativos, julgue os itens subsecutivos.

(1) No convênio celebrado entre o poder público e entidade particular, o valor repassado pelo poder público não passa a integrar o patrimônio da entidade, mas mantém a natureza de dinheiro público, vinculado aos fins previstos no convênio, obrigando a entidade a prestar contas de sua utilização, para o ente repassador e para o tribunal de contas.

(2) Embora o consórcio público possa adquirir personalidade jurídica de direito público ou de direito privado, em ambas as hipóteses a contratação de pessoal deverá ser regida pela Consolidação das Leis do Trabalho, pois a legislação veda a admissão de pessoal pelo regime estatutário.

1: correta; num convênio, diferentemente de um contrato, não há obrigações recíprocas, nem relação de crédito e débito; há deveres comuns e alocação de dinheiro público; assim, enquanto num contrato administrativo uma empresa fornecedora da Administração recebe seu crédito e se apropria desse dinheiro, no convênio uma entidade conveniada recebe dinheiro da Administração e não fica com ele para si, ficando com o dever de aloca-lo na atividade de interesse público, objetivo do convênio, não perdendo o dinheiro a natureza pública, enquanto não entregue a um terceiro contratado pela entidade conveniada; assim, caso a entidade conveniada aplique ilegalmente o dinheiro em questão, estará ferindo leis de Direito Público com toda a proteção decorrente; outra consequência é que a entidade deverá prestar contas dos gastos feitos (tanto para quem tiver repassado o dinheiro, como para o Tribunal de Contas), já que se trata de dinheiro público o valor em questão; **2:** incorreta; os consórcios públicos de Direito Privado devem contratar pessoal pela Consolidação das Leis do Trabalho (art. 6º, § 2º, da Lei 11.107/2005), ao passo que os consórcios públicos de Direito Público (associações públicas), por serem pessoas de Direito Público (art. 6º, I, da Lei 11.107/2005), devem obediência ao regime de Direito Público, de modo que devem contratar seus servidores pelo regime estatutário.

Gabarito 1C, 2E

(Procurador do Estado/GO – 2010) No tocante aos convênios e consórcios administrativos, é CORRETO afirmar que

(A) a celebração de um convênio pelo Executivo depende de autorização legislativa e sua formalização é feita por meio de termo de cooperação.

(B) como espécies de contratos administrativos, os convênios e consórcios submetem-se à licitação sempre na modalidade de concorrência.

(C) para a formalização de um consórcio público, há a necessidade de constituição de uma pessoa jurídica.

(D) não existe legislação específica sobre os consórcios públicos; todavia, alguns dispositivos da Lei n. 8.666/1993 lhe são aplicáveis.

(E) ambos são contratos administrativos e por isso mesmo se submetem à licitação.

A: incorreta, pois a assinatura de meros convênios não necessita de autorização legislativa, diferentemente da constituição de um consórcio, que requer ratificação legislativa de cada ente consorciado (art. 5º, *caput*, da Lei 11.107/2005); **B** e **E:** incorretas, pois os convênios e os consórcios não são *sui generis*, não podendo ser rotulados como contratos administrativos; ademais, a celebração de convênios não requer licitação pública, ressalvada a possibilidade de se estabelecer critérios isonômicos e protetores do interesse público, por meio de edital de chamamento, quando se quiser fazer convênio com alguma entidade privada; quanto ao consórcio, a sua constituição, que se dá entre entes políticos, por óbvio não requer licitação; já quando o consórcio público estiver constituído enquanto pessoa jurídica, a sua contratação pelos entes políticos consorciados não requer licitação, mas as contratações feitas pelo próprio consórcio (ex: compras de materiais e equipamentos), aí sim requerem licitação; **C:** correta, sendo certo que a personalidade jurídica da pessoa jurídica criada passará a existir, no caso de consórcio de direito público, mediante a vigência das leis de ratificação do protocolo de intenções; ao passo que no caso de consórcio de direito privado, mediante o atendimento dos requisitos da legislação civil (art. 6º, I e II, da Lei 11.107/2005); **D:** incorreta, pois a Lei 11.107/2005 é a legislação específica sobre os consórcios públicos.

Gabarito "C"

(Procurador do Estado/MT – FCC – 2011) De acordo com a Lei n. 11.107/2007, o consórcio público

(A) é constituído por contrato de programa, que deverá ser precedido da subscrição de contrato de rateio.

(B) depende, para sua eficácia, de ratificação pela União, quando envolver entes de outras unidades federativas.

(C) envolve sempre entes de mais de uma esfera da Federação, para a gestão associada de serviços públicos de competência da União.

(D) poderá aplicar os recursos provenientes do contrato de rateio nas atividades de gestão associada a ele cometidos, inclusive transferências e operações de crédito.

(E) constituirá associação pública, integrando a Administração indireta dos entes da federação consorciados, ou pessoa jurídica de direito privado.

A: incorreta, pois o consórcio público é constituído por contrato (contrato de *consórcio público*), cuja celebração dependerá de prévia subscrição de *protocolo de intenções* (art. 3º da Lei 11.107/2005); o contrato de programa nem sempre será celebrado pelo consórcio público e está regulamentado no art. 13 da Lei 11.107/2005; e o contrato de rateio diz respeito aos recursos que os entes consorciados entregarão ao consórcio público, sendo formalizado em cada exercício financeiro (art. 8º, *caput* e § 1º, da Lei 11.107/2005); **B:** incorreta, pois a ratificação do protocolo de intenções para a criação de um consórcio público depende de lei apenas dos entes consorciados (art. 5º da Lei 11.107/2005); **C:** incorreta, pois se os serviços públicos são de competência da União, esta é quem deve fazer a gestão do respectivo serviço; **D:** incorreta, pois é vedada a aplicação dos recursos entregues por meio de contrato de rateio para o atendimento de despesas genéricas, *inclusive transferências ou operações de crédito* (art. 8º, § 2º, da Lei 11.107/2005); **E:** correta (arts. 1º, § 1º, e 6º, § 1º, da Lei 11.107/2005).

Gabarito "E"

(Procurador do Estado/PA – 2011) Dentro do contexto de gestão compartilhada dos serviços públicos e com base na Lei n. 11.107/2005, analise as seguintes proposições e assinale a alternativa CORRETA:

I. Os consórcios públicos revestidos de personalidade de direito privado não se submetem às normas de licitação e contratos, e guardam nesse aspecto a principal distinção em face dos consórcios públicos de direito público. Porém, são obrigados a prestar contas aos Tribunais de Contas da destinação dos bens e da aplicação das verbas públicas que lhes foram repassadas pelos Entes consorciados, por meio de contrato de rateio, decorrendo tal obrigação do dever de prestar contas contido no art. 70, parágrafo único, da Constituição da República Federativa do Brasil.

II. O contrato de consórcio público, que depende de lei, é obrigatória e necessariamente firmado por todos os Entes Federados subscritores do protocolo de intenções, sob pena de nulidade. Tal previsão visa obrigar o compromisso dos Entes inicialmente contratantes, com vistas ao atendimento das finalidades colimadas por todos.

III. Tanto o consórcio público como o convênio tradicional primam pela satisfação de interesses convergentes. O que os distingue é, principalmente, o fato de o primeiro constituir pessoa jurídica, ao passo que o segundo – convênio – não gera uma entidade autônoma. Outro ponto de divergência entre ambos é que o consórcio, uma vez constituído em pessoa jurídica de direito público, integra a Administração Indireta de todos os Entes da Federação consorciados, enquanto o convênio tão somente corporifica os deveres de cooperação recíproca entre os convenentes.

IV. A União não pode somente firmar convênio com um consórcio público. Caso pretenda se beneficiar da cooperação, impõe-se o seu ingresso no consórcio, o que é possível à vista de expressa permissão constante do protocolo de intenções.

V. A grande inovação da Lei n. 11.107/2005 é o fato de o consórcio público, quer detenha personalidade jurídica de direito público ou privado, porém sempre investido das competências ínsitas aos Entes Federados, poder arrecadar tarifas ou preços públicos decorrentes de suas atividades e até mesmo desapropriar, no interesse da consecução de suas finalidades.

(A) Apenas as proposições III e IV estão corretas.

(B) Apenas a proposição I é incorreta.

(C) Todas as proposições estão corretas.

(D) Todas as proposições estão incorretas.

(E) Apenas a proposição III é correta.

I: incorreta, pois as pessoas jurídicas estatais devem, necessariamente, realizar licitações para as suas contratações, ressalvados os casos em que a lei admite a contratação direta; **II:** incorreta, pois é possível que o consórcio venha a existir mesmo que nem todos os assinantes do protocolo de intenções ratifiquem-no; nesse sentido é o disposto no art. 5º, § 1º, da Lei 11.107/2005: "o contrato de consórcio público, caso assim preveja cláusula, pode ser celebrado por apenas 1 (uma) parcela dos entes da Federação que subscreveram o protocolo de intenções"; **III:** correta; de fato, consórcio público é pessoa jurídica (vide arts. 1º, § 1º, e 6º da Lei 11.107/2005) e convênio é mero acordo de vontades para estabelecer obrigações comuns entre os partícipes (art. 116 da Lei 8.666/1993); IV: incorreta, pois nada impede que a União firme um convênio com um consórcio público, já que este está, inclusive, autorizado pela lei a celebrar convênios com outras entidades governamentais (art. 2º, § 1º, I, da Lei 11.107/2005); V: incorreta, pois um consórcio de direito público até pode ter algumas competências típicas dos entes federativos, mas um consórcio de direito privado não tem essa aptidão.

Gabarito "E"

(PROCURADOR DO ESTADO/RS – FUNDATEC – 2010) Sobre os consórcios públicos, de acordo com a Lei Federal n. 11.107/2005, pode-se afirmar que:

(A) São sempre pessoas jurídicas de direito público constituídas unicamente por entes da federação para a realização de objetivos de interesses comuns.

(B) São diferenciados dos convênios de cooperação porque esses, ainda que possam ser celebrados pelos entes da federação para execução de interesses comuns, são destituídos de personalidade jurídica e sem os poderes atribuídos aos consórcios.

(C) A União pode participar de mais de um consórcio público desde que o objetivo seja assemelhado.

(D) O contrato de programa que disciplina as obrigações que um ente da federação constitui com outro ente da federação ou para com o consórcio público no âmbito da gestão associada pode atribuir ao contratado o exercício de poderes de planejamento, regulação e fiscalização dos serviços por ele próprio prestados.

(E) Os Estados Membros não podem ser autorizados a legislar sobre questões especificas acerca da matéria, no seu âmbito.

A: incorreta, pois o consórcio público pode ser de direito privado também (art. 1º, § 1º, da Lei 11.107/2005); **B:** correta, pois, de fato, consórcio público é pessoa jurídica (vide arts. 1º, § 1º, e 6º da Lei 11.107/2005) e convênio é mero acordo de vontades para estabelecer obrigações comuns entre os partícipes (art. 116 da Lei 8.666/1993); **C:** incorreta, pois a União pode participar do tipo de consórcio público que for conveniente, não havendo essa limitação de se tratar de consórcios com tipos assemelhados; a única limitação é que "a União somente participará de consórcios públicos em que também façam parte todos os Estados em cujos territórios estejam situados os Municípios consorciados (art. 1º, § 2º, da Lei 11.107/2005); **D:** incorreta, pois "é nula a cláusula de contrato de programa que atribuir ao contratado o exercício dos poderes de planejamento, regulação e fiscalização dos serviços por ele próprio prestados" (art. 13, § 3º, da Lei 11.107/2005); **E:** incorreta, pois o art. 241 da Constituição autoriza que esses entes políticos legislem sobre o tema.

Gabarito "B"

(Procurador do Município/Recife-PE – 2008 – FCC) O consórcio público é um instrumento que

(A) se destina ao desenvolvimento de atribuições e competências do poder concedente pelo particular.

(B) se destina ao desenvolvimento de atribuições de natureza pública que lhe são outorgadas por meio de leis das diversas esferas dos entes que o constituíram.

(C) é constituído sob a forma de convênio entre os diversos entes que o compõem e lhe atribuem parcela de suas atribuições e competências.

(D) consiste em uma associação pública cuja constituição é autorizada por decreto de cada esfera dos entes consorciados.

(E) é constituído sob a forma de contrato de gestão que disciplina a parcela de atribuições de natureza pública desenvolvidas.

A: incorreta, pois o consórcio público se destina à gestão associada de serviços públicos por entidades criadas pelos entes políticos e não por particulares (art. 241 da CF); **B:** correta, pois, de fato, lei de cada ente consorciado autorizará que cada um destes criem uma pessoa jurídica para a gestão associada de serviços públicos (art. 241 da CF); **C:** incorreta, pois é constituído sob a forma de pessoa jurídica (art. 1º, § 1º, da Lei 11.507/2005); **D:** incorreta, pois o consórcio público pode ser uma associação pública ou uma pessoa jurídica de direito privado (art. 1º, § 1º, da Lei 11.507/2005); ademais, a sua constituição é ratificada por lei de cada ente consorciado e não por decreto destes (art. 5º, *caput*, da Lei 11.507/2005); **E:** incorreta, pois é constituída sob a forma de pessoa jurídica (art. 1º, § 1º, da Lei 11.507/2005).

Gabarito "B"

(Procurador de Contas TCE/ES – CESPE – 2009) Acerca dos consórcios públicos, assinale a opção correta.

(A) Suponha que alguns municípios do estado do Espírito Santo e do Rio de Janeiro venham a firmar um consórcio público com o estado do Rio de Janeiro, visando o aperfeiçoamento do serviço público da região. Nessa situação, não haveria impedimento de a União também integrar esse consórcio.

(B) Podem participar como consorciados tanto as pessoas jurídicas de direito público quanto as pessoas jurídicas de direito privado.

(C) O ente consorciado poderá ser excluído, após prévia suspensão, quando não consignar, em sua lei orçamentária ou em créditos adicionais, as dotações suficientes para suportar as despesas assumidas por meio de contrato de rateio.

(D) A União não poderá celebrar convênios com consórcio público em que não figure como consorciada.

(E) Por meio de contrato de programa poderá ser atribuído ao contratado o exercício dos poderes de planejamento, regulação e fiscalização dos serviços por ele mesmo prestados.

A: incorreta, pois, em consórcios de municípios, a União só pode participar se os Estados correspondentes também participarem (art. 1º, § 2º, da Lei 11.107/2005); **B:** incorreta, pois somente entes políticos (União, Estados, DF e Municípios) podem participar como consorciados (art. 1º da Lei 11.107/2005 e art. 241 da CF); **C:** correta (art. 8º, § 5º, da Lei 11.107/2005); **D:** incorreta (art. 14 da Lei 11.107/2005); **E:** incorreta, pois é nula a cláusula do contrato de programa que permite a atribuição desses poderes ao contratado (art. 13, § 3º, da Lei 11.107/2005).

Gabarito "C"

(Procurador do Município/Teresina-PI – 2010 – FCC) Assinale a alternativa incorreta sobre consórcios públicos.

(A) Para o cumprimento de seus objetivos, o consórcio público poderá ser contratado pela Administração direta ou indireta dos entes da Federação consorciados, dispensada a licitação.

(B) Para cumprimento de seus objetivos, o consórcio público poderá receber auxílios, contribuições e subvenções sociais ou econômicas de órgãos do Governo.

(C) O consórcio público constituirá associação pública ou pessoa jurídica de direito privado.

(D) Os consórcios públicos não poderão exercer atividade de arrecadação de tarifas pela prestação de serviços.

(E) A União somente participará de consórcios públicos em que também façam parte todos os Estados em cujos territórios estejam situados os Municípios consorciados.

A: assertiva correta (art. 2º, § 1º, III, da Lei 11.107/2005); **B:** assertiva correta (art. 2º, § 1º, I, da Lei 11.107/2005); **C:** assertiva correta (art. 1º, § 1º, da Lei 11.105/2005); **D:** assertiva incorreta, devendo ser assinalada; os consórcios públicos podem exercer atividades de arrecadação de tarifas e outros preços públicos pela prestação de serviços ou pelo uso ou outorga de uso de bens públicos por eles administrados ou, mediante autorização específica, pelo ente da Federação consorciado (art. 2°, § 2°, da Lei 11.107/2005); **E:** assertiva correta (art. 1°, § 2°, da Lei 11.107/2005).

Gabarito "D"

(Advogado da União/AGU – CESPE – 2012) Julgue o item seguinte.

(1) O consórcio público com personalidade jurídica de direito público integra a administração indireta dos entes da Federação consorciados.

1: correta, pois de acordo com o disposto no art. 6°, § 1°, da Lei 11.507/2005.

Gabarito 1C

(Procurador da Fazenda Nacional – 2006 – ESAF) O sistema legislativo pátrio possibilita aos Consórcios Públicos a promoção de amplo rol de atividades, entre as quais não se inclui

(A) realizar desapropriações.

(B) receber subvenções econômicas ou sociais de órgãos do Governo.

(C) explorar atividade econômica, com intuito de lucro, desde que tal atenda a um interesse específico da Administração Pública.

(D) promover a arrecadação de tarifas.

(E) outorgar concessão de serviços públicos (mediante autorização prevista no contrato de Consórcio Público).

A: correta (art. 2°, § 1°, II, da Lei 11.107/2005); **B:** correta (art. 2°, § 1°, I, da Lei 11.107/2005); **C:** incorreta. Os consórcios públicos são constituídos para a gestão associada de serviços públicos e realização de objetivos de interesse comum, não se autorizando a atividade econômica lucrativa; **D:** correta (art. 2°, § 2°, da Lei 11.107/2005); **E:** correta (art. 4°, XI, "c", da Lei 11.107/2005).

Gabarito "C"

(Procurador da Fazenda Nacional – 2006 – ESAF) Ainda sobre Consórcios Públicos, assinale a opção incorreta.

(A) Os consorciados respondem solidariamente pelas obrigações assumidas pelo consórcio.

(B) Os Consórcios Públicos podem realizar licitação da qual decorram contratos administrativos celebrados por órgãos dos entes da Federação consorciados.

(C) O Consórcio Público com personalidade jurídica de direito público integra a administração indireta de todos os entes da Federação consorciados.

(D) Os Consórcios Públicos podem ter personalidade jurídica de direito público ou de direito privado.

(E) Revestindo personalidade jurídica de direito privado, o Consórcio Público observará as normas de direito público no que concerne à celebração de contratos.

A: incorreta. Não há responsabilidade solidária dos consorciados com obrigações assumidas pelo consórcio, dado que este possui personalidade jurídica própria; **B:** correta (art. 112, § 1°, da Lei 8.666/1993); **C:** correta (art. 6°, § 1°, da Lei 11.107/2005); **D:** correta (art. 6° da Lei 11.107/2005); **E:** correta (art. 6°, § 2°, da Lei 11.107/2005).

Gabarito "A"

4.5. EMPRESAS ESTATAIS

(Procurador Distrital – 2014 – CESPE) Julgue o seguinte item.

(1) As sociedades de economia mista e as empresas públicas exploradoras de atividade econômica não se sujeitam à falência nem são imunes aos impostos sobre o patrimônio, a renda e os serviços vinculados às suas finalidades essenciais ou delas decorrentes.

1: correta; por terem regime de direito privado, tais empresas não têm imunidade de impostos, porém, por estarem sujeitas a certas imposições de interesse público (já que são entidades criadas pelo Estado), a lei determina que não estão sujeitas à falência (art. 2°, I, da Lei 11.101/2005).

Gabarito 1C

(Procurador Federal – 2013 – CESPE) Julgue o seguinte item.

(1) Caso um particular ajuíze ação sob o rito ordinário perante a justiça estadual contra o Banco do Brasil S.A., na qual, embora ausente interesse da União, seja arguida a incompetência do juízo para processar e julgar a demanda, por se tratar de sociedade de economia mista federal, a alegação de incompetência deverá ser rejeitada, mantendo-se a competência da justiça estadual.

1: correta, pois somente causas de interesse da União e de suas autarquias e *empresas públicas* são de competência da Justiça Federal (art. 109, I, da CF/1988); no caso, não se tem uma *empresa pública*, mas uma *sociedade de economia mista*, de modo que a competência é da Justiça Estadual.

Gabarito 1C

(Procurador do Estado/BA – 2014 – CESPE) Considerando a necessidade de melhorar a organização da administração pública estadual, o governador da Bahia resolveu criar autarquia para atuar no serviço público de educação e empresa pública para explorar atividade econômica.

Com base nessa situação hipotética, julgue os itens que se seguem.

(1) Observados os princípios da administração pública, a empresa pública pode ter regime específico de contratos e licitações, sujeitando-se os atos abusivos praticados no âmbito de tais procedimentos licitatórios ao controle por meio de mandado de segurança.

1: correta; a Constituição Federal, em seu art. 173, § 1°, III, admitiu que pudesse haver uma lei paralela tratando da licitação e contratação por parte de empresas públicas exploradoras de atividade econômica (produção, comércio e prestação de serviços), como é o caso da empresa mencionada na questão; essa lei, que deverá ser ordinária e federal, tem uma única condicionante, que é estabelecer as regras do certame observando os princípios da Administração Pública; no entanto, enquanto essa lei não vem, entende-se que tais pessoas jurídicas têm que realizar licitação nos termos da Lei 8.666/1993, ressalvadas hipóteses em que ela não atender ao pressuposto jurídico – de ser conveniente ao interesse público – como no caso em que tais entidades, em sua atuação no mercado, desejem fazer contratos ligados à sua atividade-fim e a realização da licitação puder comprometer as atividades da estatal, impedindo que ela atue no mercado em condições paritárias com as demais empresas.

Gabarito 1C

(Procurador do Estado/MT – FCC – 2011) O regime jurídico aplicável às entidades integrantes da Administração indireta

(A) sujeita todas as entidades, independentemente da natureza pública ou privada, aos princípios aplicáveis à Administração Pública.

(B) é integralmente público, para autarquias, fundações e empresas públicas, e privado para sociedades de economia mista.

(C) é sempre público, independentemente da natureza da entidade.

(D) é sempre privado, independentemente da natureza da entidade.

(E) é o mesmo das empresas privadas, para as empresas públicas e sociedades de economia mista, exceto em relação à legislação trabalhista.

A: correta, nos termos do art. 37, *caput*, da CF; **B:** incorreta, pois as empresas públicas também têm um regime de direito privado; **C:** incorreta, pois as empresas estatais (empresas públicas e sociedades de economia mista), as fundações de direito privado estatais e os consórcios públicos de direito privado têm regime jurídico de direito público; **D:** incorreta, pois as pessoas jurídicas de direito público (autarquias, fundações públicas de direito público, agências reguladoras e consórcios públicos de direito público) têm regime jurídico de direito público; **E:** incorreta, pois as empresas estatais também seguem o regime das empresas privadas em relação à legislação trabalhista.

Gabarito "A"

(Procurador do Estado/PB – 2008 – CESPE) Considere-se que o governo do estado da Paraíba tenha celebrado contrato com uma sociedade de economia mista federal. Nessa situação, caso exista interesse do estado da Paraíba em discutir judicialmente alguma cláusula oriunda desse contrato, deverá ser proposta ação contra a mencionada sociedade perante

(A) uma das varas da justiça federal

(B) uma das varas da justiça comum estadual.

(C) o Tribunal Regional Federal da 5.ª Região.

(D) o Tribunal Regional Federal da 1.ª Região.

(E) o Superior Tribunal de Justiça (STJ).

O art. 109, I, da CF estabelece a competência da Justiça Federal apenas quanto às causas de interesse de ***empresas públicas federais***, e não de ***sociedades de economia mista federais***. A título de exemplo, uma ação contra a CEF (empresa pública federal) é de competência da Justiça Federal. Já uma ação contra o Banco do Brasil (sociedade de economia mista federal) é de competência da Justiça Estadual.

Gabarito "B"

(Procurador do Estado/PB – 2008 – CESPE) Constitui elemento diferenciador entre sociedade de economia mista e empresa pública o(a)

(A) regime jurídico de pessoal.

(B) composição do capital.

(C) patrimônio.

(D) natureza da atividade.

(E) forma de sujeição ao controle estatal.

A: incorreta, pois as duas devem utilizar o regime celetista para seus funcionários; **B:** correta, pois enquanto a empresa pública só tem capital público, a sociedade de economia mista tem, necessariamente, capitais público e privado; **C:** incorreta, pois as duas têm bens privados (e não bens públicos) no seu patrimônio; **D:** incorreta, pois as duas atuam em atividade econômica; **E:** incorreta, pois as duas estão sujeitas a supervisão ministerial, e não a subordinação hierárquica.

Gabarito "B"

(Procurador do Município/Manaus-AM – 2006 – FCC) As empresas públicas

(A) são pessoas jurídicas de direito privado, constituídas com capital exclusivamente público e estruturadas sob qualquer modalidade empresarial.

(B) não se submetem às regras pertinentes às licitações e contratos administrativos, por serem constituídas por capital privado.

(C) respondem exclusivamente de forma subjetiva pelos danos causados a terceiros por atos de seus agentes.

(D) são pessoas jurídicas de direito público, criadas por lei específica para a prestação de serviços públicos ou exploração de atividades econômicas.

(E) seus servidores, por serem regidos pela Consolidação das Leis do Trabalho, podem acumular apenas empregos ou funções.

A: correta (art. 5º, II, Dec.-lei 200/1967); **B:** incorreta, pois tanto as empresas públicas como as sociedades de economia mista se submetem às regras das licitações e contratos administrativos (art. 1º, parágrafo único, da Lei 8.666/1993); **C:** incorreta, pois as empresas públicas prestadoras de serviço público respondem objetivamente (art. 37, § 6º, da CF); **D:** incorreta, pois são pessoas jurídicas de direito privado; **E:** incorreta, pois a proibição de acumular cargos, empregos e funções públicas se aplica também às empresas públicas e sociedades de economia mista (art. 37, XVI e XVII, da CF).

Gabarito "A"

(Procurador do Município/Sorocaba-SP – 2012 – VUNESP) No que diz respeito às empresas públicas, aponte a alternativa correta.

(A) Devem licitar apenas na modalidade pregão.

(B) Por serem regidas pelo direito privado, não estão obrigadas a licitar.

(C) Não estão sujeitas à observação dos princípios da Administração Pública.

(D) Devem observar os princípios da licitação e da Administração Pública.

(E) Obrigam-se a licitar se estiverem sob o regime do direito público.

A: incorreta, pois o dever de licitar é geral (art. 1º, parágrafo único, da Lei 8.666/1993), não guardando relação com modalidade licitatória; **B:** incorreta, pois o dever de licitar está, como se viu, previsto na Lei (art. 1º, parágrafo único, da Lei 8.666/1993); **C:** incorreta, pois o art. 37, *caput*, da CF, que traz os princípios da Administração, dispõe que os entes da Administração Indireta estão sujeitos aos princípios administrativos, sem fazer distinção entre os de direito privado e os de direito público; **D:** correta, nos termos dos dispositivos citados nos comentários às alternativas "a" e "b"; **E:** incorreta (art. 1º, parágrafo único, da Lei 8.666/1993).

Gabarito "D"

(Advogado da União/AGU – CESPE – 2012) Julgue o item seguinte.

(1) As empresas públicas e as sociedades de economia mista não se sujeitam à falência e, ao contrário destas, aquelas podem obter do Estado imunidade tributária e de impostos sobre patrimônio, renda e serviços vinculados às suas finalidades essenciais ou delas decorrentes.

1: incorreta, pois tanto as empresas públicas, como as sociedades de economia mista não gozam da imunidade tributária recíproca, sujeitando-se às regras tributárias próprias das empresas privadas (art. 173, § 1º, I, e § 2º, da CF).

Gabarito 1E

(ADVOGADO – CEF – 2010 – CESPE) A respeito das empresas públicas e das sociedades de economia mista e considerando a atuação fiscalizadora do Tribunal de Contas da União (TCU), assinale a opção correta.

(A) Segundo o TCU, as empresas públicas e as sociedades de economia mista que exploram atividade econômica, ainda que pretendam celebrar contratos diretamente relacionados com o exercício da atividade fim, estão obrigadas a se submeter ao procedimento da licitação.

(B) A vedação da acumulação de empregos, cargos ou funções públicas não se aplica às sociedades de economia mista exploradoras de atividade econômica, em razão do regime concorrencial a que se submetem.

(C) As empresas públicas, no que se refere a direitos e obrigações civis, comerciais, trabalhistas e tributários, possuem personalidade jurídica de direito privado, não lhes sendo estendidas prerrogativas públicas, ainda que se trate de atuação em regime não concorrencial para prestação de serviços públicos.

(D) Segundo o STF, o TCU não é competente para fiscalizar as sociedades de economia mista exploradoras de atividade econômica, por entender que os bens dessas entidades são privados.

(E) A empresa pública pode adotar qualquer forma de organização societária, inclusive a de sociedade anônima, enquanto a sociedade de economia mista deve, obrigatoriamente, adotar a forma de sociedade anônima.

A: incorreta, pois o entendimento é no sentido de que nos casos em que as empresas públicas e as sociedades de economia mista estiverem atuando no mercado e desejando adquirir bens ou serviços ligados à sua atividade fim (o que exclui, por exemplo, aquisição de serviços de limpeza e vigilância de prédio onde funcionar a empresa), é possível que deixem de realizar licitação para a contratação respectiva, se esta puder comprometer as atividades da estatal; **B:** incorreta, pois a regra se estende tanto às empresas públicas, como às sociedades de economia mista, sejam elas prestadoras de serviço público ou exploradoras de atividade econômica (art. 37, XVI e XVII, da CF); **C:** incorreta, pois as empresas públicas prestadoras de serviço público, no exercício da prestação de tais serviços podem ter que adotar certas prerrogativas de direito público, como forma de garantir a adequada prestação de tais serviços, nos estritos limites do regulamento do serviço que devem seguir; **D:** incorreta, pois a Constituição Federal é clara no sentido de que tais entidades estão sujeitas à fiscalização (art. 71, II, da CF); **E:** correta, nos termos do art. 5º, II e III, do Dec.-lei 200/1967.

Gabarito "E"

(ADVOGADO – CORREIOS – 2011 – CESPE) Com referência ao estatuto da Empresa Brasileira de Correios e Telégrafos (ECT), julgue os seguintes itens.

(1) A ECT tem por finalidade manter o serviço postal, executando-o e controlando-o, em regime de monopólio, em todo o território nacional, podendo celebrar contratos e convênios que objetivem assegurar a prestação de serviços.

1:correta, pois está de acordo com os arts. 2º, I, e 18, do Dec.-lei 509/1969).

Gabarito 1C

(ADVOGADO – PETROBRÁS BIO. – 2010 – CESGRANRIO) A respeito do regime jurídico aplicável às sociedades de economia mista federais, considere as assertivas abaixo.

I. A instituição de sociedades de economia mista depende de autorização por lei específica, mas a criação de subsidiárias pode ocorrer por meio de Decreto da Chefia do Poder Executivo, independente de autorização legislativa.

II. O limite máximo de remuneração, previsto no artigo 37, inciso XI, da Constituição da República (subsídio mensal, em espécie, dos ministros do Supremo Tribunal Federal), aplica-se às sociedades de economia mista federais e suas subsidiárias quando receberem recursos da União para pagamento de despesas de pessoal ou de custeio em geral.

III. A Lei de Responsabilidade Fiscal (Lei Complementar n. 101/2000) aplica-se às empresas estatais dependentes, assim consideradas as empresas controladas que recebem do ente controlador recursos financeiros para pagamento de despesas com pessoal ou de custeio em geral ou de capital, excluídos, no último caso, aqueles provenientes de aumento de participação acionária.

É correto APENAS o que se afirma em

(A) I.

(B) II.

(C) III.

(D) I e II.

(E) II e III.

I: incorreta, pois a criação de subsidiárias depende de autorização legal (art. 37, XX, da CF); **II:** correta (art. 37, § 9º, da CF); **III:** correta (art. 1º, § 3º, I, "b", c/c art. 2º, III, da Lei Complementar 101/2000).

Gabarito "E"

(ADVOGADO – PETROBRÁS – 2006 – CESGRANRIO) Acerca da Petróleo Brasileiro S. A. – Petrobras – nos termos compreendidos em seu estatuto social, é **INCORRETO** afirmar que:

(A) se trata de sociedade de economia mista, sob o controle da União Federal.

(B) se trata de empresa pública constituída sob a forma de sociedade anônima.

(C) poderá constituir subsidiárias destinadas ao cumprimento de atividades de seu objeto social.

(D) poderá formar consórcios, na condição ou não de empresa líder, objetivando expandir suas atividades.

(E) poderá, para expandir suas atividades, associar-se tanto a empresas brasileiras quanto a empresas estrangeiras.

A: assertiva correta (art. 1º do Estatuto Social); **B:** assertiva incorreta, devendo ser assinalada; não se trata de empresa pública, mas de sociedade de economia mista (art. 1º do Estatuto Social); **C:** assertiva correta (art. 14 do Estatuto Social); **D:** assertiva correta (art. 15 do Estatuto Social); **E:** assertiva correta (art. 15 do Estatuto Social).

Gabarito "B"

(ADVOGADO – PETROBRÁS – 2006 – CESGRANRIO) É correto afirmar que as empresas públicas:

(A) possuem personalidade jurídica de Direito Público.

(B) integram a Administração Pública Direta.

(C) não se sujeitam à fiscalização do Tribunal de Contas.

(D) dependem de lei autorizativa para sua criação.

(E) devem, obrigatoriamente, ser constituídas sob a forma de sociedade anônima.

A: incorreta, pois possuem personalidade de direito privado (art. 5º, II, do Dec.-lei 200/1967); **B:** incorreta, pois integram a Administração Indireta; **C:** incorreta, pois estão sujeitas à fiscalização do Tribunal de Contas (art. 71, II, da CF); **D:** correta, pois em conformidade com o art. 37, XIX, da CF; **E:** incorreta, pois podem ser revestir de qualquer forma societária admitida em direito (art. 5º, II, do Dec.-lei 200/1967).

Gabarito "D"

(ADVOGADO – PETROBRÁS – 2001 – CESPE) Acerca do regime jurídico aplicável à PETROBRAS, julgue os itens que se seguem.

(1) A PETROBRAS possui competência para desapropriar bens, ressalvados aqueles pertencentes à fazenda pública federal.

(2) Os empregados da PETROBRAS não terão estabilidade, haja vista o regime jurídico por ela adotado ser o da CLT e a estabilidade ser direito reconhecido aos ocupantes de cargos efetivos.

(3) A PETROBRAS poderá, independentemente de lei autorizativa, alienar bens imóveis. Essa alienação, no entanto, dependerá da demonstração do interesse público, de avaliação prévia e da realização, em regra, do devido processo licitatório.

(4) Sendo a PETROBRAS entidade exploradora de atividade empresarial, sujeita-se ao mesmo regime jurídico aplicável às empresas privadas, podendo, inclusive, beneficiar-se de incentivos fiscais.

1: incorreta, pois a competência para desapropriar é apenas dos entes políticos e demais pessoas autorizadas pela lei (ex: ANEEL); **2:** correta (art. 41, *caput*, da CF); vale salientar, todavia, que os celetistas das pessoas jurídicas de direito público (que não é o caso da Petrobras, que é pessoa de Direito Privado) têm direito à estabilidade, segundo o TST (Súmula 390, I); **3:** correta, pois os bens pertencentes às pessoas de direito privado são bens privados, portanto, bens alienáveis; de qualquer forma, como a Petrobras deve obedecer à Lei 8.666/1993, ressalvada a aplicação de seu regulamento de licitações, há de se observar as regras do art. 17 da lei citada (demonstração de interesse público, avaliação, licitação); 4: correta, pois a Petrobrás, como pessoa de direito privado, tem regime de direito privado, podendo-se beneficiar apenas dos benefícios fiscais que as demais pessoas de direito privado tiverem (art. 173, § 2º, da CF).

Gabarito 1E, 2C, 3C, 4C

(ADVOGADO – PETROBRÁS TRANSP. – 2006 – CESGRANRIO) Em relação às sociedades de economia mista, é **INCORRETO** afirmar que:

(A) as sociedades de economia mista, na qualidade de entes integrantes da Administração Pública Indireta, não estão sujeitas às regras da Lei das Sociedades Anônimas (Lei n. 6.404/1976).

(B) as sociedades anônimas de economia mista estão sujeitas ao disposto na Lei das Sociedades Anônimas (Lei n. 6.404/1976), sem prejuízo das disposições especiais de lei federal.

(C) a companhia de economia mista somente poderá explorar os empreendimentos ou exercer as atividades previstos na lei que autorizou a sua constituição.

(D) a constituição de companhia de economia mista depende de prévia autorização legislativa.

(E) o funcionamento do conselho fiscal será permanente nas companhias de economia mista.

A: assertiva incorreta, devendo ser assinalada; as sociedades de economia mista estão sujeitas às regras da Lei das Sociedades Anônimas (arts. 235 a 240 da Lei 6.404/1976); **B:** assertiva correta (arts. 235, *caput*, da Lei 6.404/1976); **C:** assertiva correta (art. 237, *caput*, da Lei 6.404/1976); **D:** assertiva correta (art. 37, XIX, da CF); **E:** assertiva correta (art. 240 da Lei 6.404/1976).

Gabarito "A"

(ADVOGADO – CORREIOS – 2008 – ESPP) Analise as alternativas a seguir:

I. As empresas estatais estão submetidas a regime jurídico estritamente público e devem observar a lei que as institui.

II. As sociedades de economia mista só podem ser constituídas no modelo legal de sociedades anônimas, sendo que aos particulares é vedado o seu controle acionário, que é deferido exclusivamente ao Estado.

III. As empresas públicas devem observar as regras obrigatórias relativas aos concursos públicos para contratação de seus empregados e as normas de licitação para efetivação de todas as espécies de contratos que firmar.

IV. As empresas estatais, no que não conflitar com as regras de direito público, estão submetidas às obrigações civis, comerciais, trabalhistas, previdenciárias e tributárias aplicáveis às empresas privadas.

Assinale a alternativa adequada:

(A) Os itens I e III estão corretos.

(B) Os itens III e IV estão incorretos.

(C) Os itens II e IV estão corretos.

(D) Os itens I, II e III estão incorretos.

I: incorreta, pois têm regime de direito privado (art. 5º, II e III, do Dec.-lei 200/1967); **II:** correta (art. 5º, III, do Dec.-lei 200/1967); **III:** incorreta, pois a licitação e o concurso são impostos às empresas públicas pela Constituição (art. 173, § 1º, III, e art. 37, *caput* e II); porém, empresas estatais exploradoras de atividade econômica não são obrigadas a promover licitação pública em relação a contratos que digam respeito à sua atividade-fim, quando a realização do certame tornar inviável o exercício da atividade econômica IV: correta, pois há sujeição direta e imediata ao regime de direito privado (art. 173, § 1º, II, da CF), sem prejuízo da observância de regras cogentes de direito público, como o dever de contratar pessoal mediante concurso e de promover licitação pública.

Gabarito "C"

(ADVOGADO – DATAPREV – 2009 – UFF) Analise as assertivas abaixo relacionadas às empresas públicas e às sociedades de economia mista, no âmbito federal:

I. Desde que a maioria do capital votante permaneça de propriedade da União, será admitida, no capital da Empresa Pública, a participação de outras pessoas jurídicas de direito público interno, bem como de entidades da Administração Indireta da União, dos Estados, Distrito Federal e Municípios.

II. Pode-se afirmar que o regime jurídico das empresas públicas e sociedades de economia mista é híbrido já que, dependendo do setor de sua atuação, sofre o influxo de normas de direito privado e de direito público.

III. Os bens que são transferidos ao patrimônio destas entidades caracterizam-se como bens públicos e gozam, portanto, de prerrogativas próprias como a imprescritibilidade, a impenhorabilidade, assim como a alienabilidade condicionada.

IV. Seus empregados são considerados agentes públicos para os fins de incidência das diversas sanções na hipótese de improbidade administrativa (Lei n. 8.429/1992).

Sobre as assertivas acima, pode-se afirmar que:

(A) todas são falsas;

(B) todas são verdadeiras;

(C) somente I, II e IV são verdadeiras;

(D) somente I, II e III são verdadeiras;

(E) somente II, III e IV são verdadeiras.

I: correta (art. 5º do Dec.-lei 900/1969); **II:** correta, pois se trata de um regime de direito privado, mas que sofre o influxo de certas normas de direito público (licitação, concurso público, fiscalização pelos Tribunais de Contas), sendo que, caso a empresa estatal preste serviço público, poderá ter mais alguma parcela de regras próprias do direito público; **III:** incorreta, pois os bens pertencentes às empresas estatais são considerados bens privados, ressalvados, por óbvio, os bens afetados ao serviço público; IV: correta (art. 1º, *caput* e parágrafo único, da Lei 8.429/1992).

Gabarito "C"

(ADVOGADO – IRB – 2006 – ESAF) Assinale a opção <u>falsa</u>. As empresas públicas federais, no direito brasileiro, submetem-se ao regime jurídico próprio das empresas privadas no que toca:

(A) aos direitos e obrigações civis.

(B) às obrigações trabalhistas.

(C) ao foro, nas causas de competência da justiça comum.

(D) às obrigações tributárias.

(E) à forma de organização.

Segundo o art. 173, § 1º, II, da CF, as empresas estatais têm "sujeição ao regime jurídico próprio das empresas privadas, inclusive quanto aos direitos e obrigações civis, comerciais, trabalhistas e tributários". Assim, qualquer empresa estatal está sujeita ao que dispõe às alternativas "a", "b" e "d". Quanto à forma de organização, as empresas públicas (as sociedades de economia mista não!) podem se revestir de qualquer forma societária prevista para as empresas privadas, de modo que a alternativa "e" também fica afastada. A diferença, então, está em relação à Justiça competente para as causas das empresas públicas, que é a Justiça Federal (art. 109, I, da CF), diferentemente das demais empresas privadas, cujo foro é a Justiça Estadual.

Gabarito "C"

(ADVOGADO – CASA DA MOEDA – 2009 – CESGRANRIO) Quanto ao seu regime jurídico, as empresas públicas federais que integram a Administração Pública

(A) Direta Federal possuem personalidade jurídica de direito público e se submetem ao regime previsto na Lei n. 8.666/1993 no que tange a licitações e contratos administrativos.

(B) Direta Federal são órgãos destituídos de personalidade jurídica, embora possuam patrimônio e receitas próprios, bem como gestão administrativa e financeira descentralizada.

(C) Direta Federal não possuem personalidade jurídica própria e se sujeitam ao regime jurídico das empresas privadas, inclusive quanto aos direitos e obrigações civis, comerciais, trabalhistas e tributários.

(D) Indireta Federal possuem personalidade jurídica de direito privado e se subordinam ao regime jurídico próprio das empresas privadas, inclusive quanto às regras de admissão de pessoal.

(E) Indireta Federal possuem personalidade jurídica de direito privado e se sujeitam ao regime jurídico próprio das empresas privadas, inclusive quanto aos direitos e obrigações civis, comerciais, trabalhistas e tributários.

A: incorreta, pois pertencem à Administração Indireta e possuem personalidade de direito privado (art. 5, II, do Dec.-lei 200/1967); B e **C:** incorretas, pois pertencem à Administração indireta e são pessoas jurídicas; **D:** incorreta, pois, quanto às regras de ADMISSÃO de pessoal, devem promover concurso público, não estando livres para contratar sem concurso, como são livres as demais empresas privadas; **E:** correta (art. 5º, II, do Dec.-lei 200/1967 c/c art. 173, § 1º, II, da CF).

Gabarito "E"

(ADVOGADO – BNDES – 2001 – VUNESP) São traços distintivos entre sociedade de economia mista e empresa pública, no direito brasileiro,

(A) criação e extinção por lei.

(B) sujeição ao controle estatal e personalidade jurídica de direito privado.

(C) forma de organização e composição do capital.

(D) vinculação aos fins definidos na lei instituidora e desempenho de atividade de natureza econômica.

(E) derrogação parcial do regime de direito privado por normas de direito público e criação por lei.

A: incorreta, pois a criação e a extinção dessas entidades por lei é traço comum entre elas; **B:** incorreta, pois ambas estão sujeitas a controle (tutela ou supervisão ministerial) e têm personalidade de direito privado; **C:** correta, pois, quanto à forma de organização, as sociedades de economia mista só podem ter forma de sociedade anônima, ao passo que as empresas públicas podem ter qualquer forma societária; e quanto à composição de capital, também são diferentes, já que na sociedade de economia mista há necessariamente capital público e privado, ao passo que na empresa pública só há capital público; **D:** incorreta, pois ambas têm essas duas características como algo comum entre elas; **E:** incorreta, pois ambas seguem o regime de direito privado, mas com algumas condicionantes públicas, e ambas reclamam, para a sua criação, lei específica, que tem o papel de autorizar a criação dessas entidades.

Gabarito "C"

(ADVOGADO – BNB – 2006 – ACEP) Leia o texto a seguir extraído, com adaptações, da *home Page* do Banco do Nordeste do Brasil S.A. (BNB).

"O Banco do Nordeste do Brasil S.A. (BNB) é uma instituição financeira múltipla criada pela Lei Federal n. 1.649, de 19.07.1952.

Maior instituição da América do Sul voltada para o desenvolvimento regional, o BNB opera como órgão executor de políticas públicas, cabendo-lhe a operacionalização de programas como o Programa Nacional de Fortalecimento da Agricultura Familiar (Pronaf) e a administração do Fundo Constitucional de Financiamento do Nordeste (FNE), principal fonte de recursos operacionalizada pela Empresa.

O BNB é responsável pelo maior programa de microcrédito da América do Sul e o segundo da América Latina, o CrediAmigo, por meio do qual o Banco já emprestou mais de R$ 1,5 bilhão a microempreendedores."

Com base no texto acima marque a alternativa **INCORRETA**.

(A) Pode-se afirmar que o Banco do Nordeste do Brasil S.A. (BNB) faz parte da chamada administração indireta, sendo dispensado, em regra, de realizar licitações para a aquisição de bens ou contratação de obras e serviços, por seguir um regime jurídico específico, regulado pelo regime próprio das empresas privadas, conforme norma constitucional.

(B) O BNB sofre o influxo de princípios e regras de Direito Público, sendo em essência um instrumento de ação do Estado. Constitui-se, portanto, num auxiliar do Poder Público na busca de interesses transcendentes aos meramente privados.

(C) Diferentemente da Caixa Econômica Federal, o BNB não é uma empresa pública. No BNB, há conjugação de recursos particulares com recursos provenientes da União, com prevalência acionária votante da esfera governamental.

(D) O BNB, tal como as fundações públicas e as autarquias, sujeita-se ao controle estatal, abrangendo o interno, pelo Poder Executivo, e o externo, pelo Poder Legislativo, com auxílio do Tribunal de Contas da União (TCU).

(E) Segundo o ordenamento jurídico vigente, o BNB, sendo uma sociedade de economia mista, deve ser estruturado sob a forma de sociedade anônima.

A: assertiva incorreta, devendo ser assinalada; as empresas estatais têm o dever de fazer licitação (art. 173, § 1º, III, da CF); **B:** assertiva correta; o BNB é uma pessoa jurídica de direito privado, porém, por ser estatal, sofre o influxo de algumas regras de direito público, como o dever de licitar para contratações em geral e de promover concursos públicos para a contratação de pessoal; **C:** assertiva correta; de fato, a Lei 1.649/1952, em seu art. 5º, *caput* e § 1º, admite a subscrição de ações por particulares, de forma que o BNB é uma sociedade de economia mista; **D:** assertiva correta, valendo salientar que o controle pelo Legislativo, com auxílio do TCU, está lastreado no art. 71, II, da CF; **E:** assertiva correta (art. 5º, III, do Dec.-lei 200/1967).

Gabarito "A"

(ADVOGADO – ANP – 2008 – CESGRANRIO) Analise as afirmativas a seguir a respeito das entidades da administração federal indireta.

I. Empresas públicas e sociedades de economia mista só podem ser criadas por lei específica.

II. As fundações públicas terão suas áreas de atuação definidas por meio de lei ordinária.

III. A participação acionária de uma sociedade de economia mista em um grupo empresarial privado depende de autorização legislativa.

IV. Aos empregados das sociedades de economia mista da União não são aplicáveis as mesmas vedações sobre acumulação de cargos, empregos e funções, que atingem os servidores das autarquias.

É(São) verdadeira(s) **APENAS** a(s) afirmativa(s)

(A) I

(B) I e III

(C) I e IV

(D) II e III

(E) II e IV

I: correta (art. 37, XIX, da CF); de fato, sem lei específica não há possibilidade de criar uma empresa pública ou uma sociedade de economia mista; de qualquer forma, é bom observar que, após a autorização de lei específica, será necessário arquivar os atos constitutivos no registro público competente; **II:** incorreta, pois terão suas áreas de atuação definidas em lei complementar (art. 37, XIX, da CF); **III:** correta (art. 237 da Lei 6.404/1976); IV: incorreta, pois os empregados das sociedades de economia mista estão sujeitos sim a tais vedações (art. 37, XVI e XVII, da CF).

Gabarito "B"

(ADVOGADO – ANP – 2008 – CESGRANRIO) Considerando as características do regime jurídico a que se sujeita a Petróleo Brasileiro S.A. – PETROBRAS, trata-se esta de uma

(A) sociedade de economia mista com o controle acionário pertencente à União, cuja participação em consórcios para exploração das atividades da indústria do petróleo deve se dar sempre na condição de empresa líder.

(B) sociedade de economia mista com o controle acionário pertencente à União, autorizada a constituir subsidiárias para o exercício das atividades integrantes da indústria do petróleo previstas em seu objeto social.

(C) sociedade de economia mista com controle acionário pertencente à União, cuja atuação está restrita ao território nacional.

(D) empresa pública com controle acionário pertencente à União, autorizada a exercer as atividades constantes de seu objeto social dentro e fora do território nacional.

(E) empresa pública com controle acionário pertencente à União, cuja atuação está restrita ao território nacional.

A: incorreta, pois nos consórcios de que participar poderá ou não estar na condição de empresa líder (art. 15 do Estatuto Social); **B:** correta (arts. 1º e 14 do Estatuto Social); **C:** incorreta, pois poderá atuar dentro ou fora do território nacional (art. 3º, § 2º, do Estatuto Social); **D:** incorreta, pois é uma sociedade de economia mista (art. 1º do Estatuto Social); **E:** incorreta, pois é uma sociedade de economia mista e pode atuar fora do território nacional (arts. 1º e 3º, § 2º, do Estatuto Social).

Gabarito "B"

(ADVOGADO – ANP – 2008 – CESGRANRIO) Em relação a empresas públicas e sociedades de economia mista, considere as afirmativas a seguir.

I. Integram a administração pública indireta.

II. Podem se destinar à exploração de atividade econômica.

III. Sua instituição depende de previsão legal que autorize sua criação.

IV. A criação de suas subsidiárias independe de autorização legislativa.

V. Estão obrigadas a realizar prévio procedimento licitatório para contratação de obras e serviços ou aquisição de bens.

Estão corretas **APENAS** as afirmativas

(A) I e II

(B) III e IV

(C) II, III e IV

(D) I, II, III e V

(E) I, III, IV e V

I: correta, pois são pessoas jurídicas criadas pela Administração Direta; **II:** correta, podendo também se destinar à prestação de serviço público (art. 173, § 1º, da CF); **III:** correta (art. 37, XIX, da CF); IV: incorreta, pois depende sim de autorização legislativa (art. 37, XX, da CF); V: correta (art. 173, § 1º, III, da CF).

Gabarito "D"

4.6. ENTES DE COOPERAÇÃO

(Procurador do Estado/PE – FCC) As organizações sociais, disciplinadas pela Lei n. 9.637/1998 na esfera federal são aquelas assim declaradas como pessoas jurídicas de direito

(A) público ou privado, prestadoras de serviço público, que se submetem integralmente ao regime de direito público.

(B) privado, com fins lucrativos, que desempenham serviços públicos não exclusivos do Estado e submetem-se a regime jurídico de direito privado.

(C) privado, com ou sem fins lucrativos, que recebem incentivos materiais e financeiros do Poder Público para desenvolvimento de atividade social e que, portanto, submetem-se integralmente à obrigação legal de licitar no decorrer de suas atividades.

(D) privado, sem fins lucrativos, que celebram contrato de gestão com o Poder Público para obtenção de recursos orçamentários e desenvolvem serviços sociais não exclusivos do Estado, podendo estar dispensadas de licitar no decorrer do exercício de suas atividades.

(E) público ou privado, destinatárias de fomento do Poder Público para desenvolvimento de serviços públicos ou atividades sociais, que se submetem a regime jurídico de direito público ou privado, conforme, respectivamente, devam ou não licitar.

Art. 1º da Lei 9.637/1998.

Gabarito "D"

Procurador do Estado/RO – 2011 – FCC) Organizações Sociais, Organizações da Sociedade Civil de Interesse Público e Serviços Sociais Autônomos são espécies do gênero denominado *entidades de colaboração com a Administração Pública*. É característica comum dessas três espécies, conforme legislação federal,

(A) estarem sujeitas ao controle dos Tribunais de Contas, embora tenham personalidade jurídica de direito privado.

(B) serem beneficiárias de prerrogativas processuais semelhantes às das entidades de direito público, quando houver questionamento dos atos praticados no exercício de atividades consideradas de interesse público.

(C) contarem obrigatoriamente com a participação de representantes do Poder Público em seus órgãos internos de deliberação superior.

(D) serem beneficiárias de contribuições parafiscais, estabelecidas para custeio de suas atividades de interesse público.

(E) celebrarem obrigatoriamente contrato de gestão, com a Administração Pública, para desempenho de suas atividades.

A: correta, pois, de acordo com o art. 70, parágrafo único, da Constituição, todas as pessoas que utilizam dinheiro, bens ou valores públicos devem prestar contas; **B:** incorreta, pois tais entidades NÃO fazem parte da Administração Pública; ademais, mesmo entre os entes da Administração Pública, apenas as pessoas jurídicas de direito público têm tais prerrogativas processuais; **C:** incorreta, pois essa obrigação não existe em relação a todas essas entidades; a Lei 9.790/1999 (Lei da OSCIP) não traz essa obrigação; já a Lei 9.637/1998 (Lei das Organizações Sociais), estabelece essa obrigatoriedade (art. 2º, I, "d"); **D:** incorreta, pois somente os serviços sociais autônomos gozam dessa prerrogativa; **E:** incorreta, pois esse contrato (*contrato de gestão*) é assinado pelas Organizações Sociais; quando se tratar de uma OSCIP, assina-se o chamado *termo de parceria*.

Gabarito "A"

(Procuradoria Distrital – 2007) Com pertinência à Estrutura da Administração Pública, assinale a proposição incorreta.

(A) Para Celso Antônio Bandeira de Mello, as denominadas Entidades Públicas Não Estatais (pós-reforma do Estado – EC n. 19 e EC n. 20) sao pessoas privadas que colaboram com o Estado e que, entre os privilégios que recebem do Poder Público, está o conceito tributário da parafiscalidade.

(B) De acordo com a clássica classificação dos órgãos públicos de Hely Lopes Meirelles, os denominados órgãos singulares ou unipessoais são aqueles integrados por um único agente administrativo, por existir neles um único cargo em sua estrutura.

(C) À luz da teoria da Reforma do Estado, o que caracteriza o Terceiro Setor é o desenvolvimento de atividades sem fim lucrativo e voltadas a fins públicos.

(D) O Termo de Parceria é definido na Lei n. 9.790/1999 como o instrumento passível de ser firmado entre o Poder Público e as Organizações da Sociedade Civil de Interesse Público, destinado à formação do vínculo de cooperação entre as partes para o fomento e a execução de atividades de interesse público.

(E) À ideia de descentralização administrativa está estreitamente ligada o Princípio da Especialidade, segundo o qual, quando o Estado cria uma entidade autárquica, seus administradores não podem afastar-se dos objetivos definidos em lei, ainda que sob o argumento de que sua atuação (fora dos objetivos legais) se dê com vistas a atender interesse público, fim maior da atividade administrativa.

A: correta, pois há entidades de cooperação que podem cobrar contribuições parafiscais, como as entidades do Sistema "S" (ex.: SESC, SENAI, SENAC etc.); **B:** incorreta, pois os órgãos públicos ***singulares*** ou ***unipessoais***, apesar de atuarem por um único agente, como é o caso da Presidência da República, podem ter mais cargos em sua estrutura (ex.: os assessores do Presidente da República); **C:** correta, pois tais entidades não têm fins lucrativos e colaboram com o Estado em atividades não exclusivas deste; **D:** correta (art. 9º da Lei 9.790/1999); **E:** correta, pois o princípio da legalidade impõe que o agente só atue nos termos do que a lei autorizar ou determinar.

Gabarito "B"

(Procurador do Estado/SE – FCC – 2005) Determinada pessoa jurídica de direito privado, constituída sob a forma de sociedade, não empresária e sem fins lucrativos, tem como objeto principal a prática de atividades de defesa do meio ambiente. Seu estatuto não prevê a existência de conselho de administração, mas prevê a existência de conselho fiscal, com atribuição de opinar sobre as demonstrações financeiras da entidade. Supondo existentes os demais requisitos legais, essa pessoa jurídica poderá qualificar-se como organização

(A) social e como organização da sociedade civil de interesse público, embora não simultaneamente.

(B) social e como organização da sociedade civil de interesse público, desde que sua personalidade jurídica seja de direito público.

(C) social, mas não como organização da sociedade civil de interesse público.

(D) da sociedade civil de interesse público, mas não como organização social.

(E) social e como organização da sociedade civil de interesse público, simultaneamente.

Para se qualificar como organização social é necessário que haja um conselho de administração (art. 2º, I, "c", da Lei 9.637/1998). Como a instituição descrita no enunciado não tem o conselho mencionado, não poderá se qualificar como organização social. Porém, como tem conselho fiscal, poderá se qualificar como organização da sociedade civil de interesse público (art. 4º, III, da Lei 9.790/1999), de modo que a alternativa "d" é a correta.

Gabarito "D"

(Procurador do Município/Salvador-BA – 2007 – FCC) Os contratos de gestão celebrados entre a Administração e as denominadas Organizações Sociais

(A) não caracterizam convênio administrativo, não se sujeitando, pois, à fiscalização e controle por parte do Tribunal de Contas;

(B) são passíveis de fiscalização e controle pelo Tribunal de Contas no que diz respeito aos recursos públicos geridos pela entidade privada, ainda que esta não possua finalidade lucrativa;

(C) podem ser celebrados com dispensa de licitação, em função de autorização legal específica, não estando sujeitos, nessa hipótese, ao controle e fiscalização pelo Tribunal de Contas;

(D) sujeitam-se ao controle e fiscalização por parte do Tribunal de Contas, exceto quando tenham por objeto a gestão de serviço público não exclusivo;

(E) são equiparados a convênio administrativo, quando celebrados com entidades sem finalidade lucrativa, sujeitando-se, apenas em tal hipótese, ao controle e fiscalização por parte do Tribunal de Contas.

Qualquer pessoa que utilize, gerencie ou administre dinheiro público está sujeita à prestação de contas e à consequente fiscalização e controle pelo Tribunal de Contas.

Gabarito "B"

(Procurador do Município/São José dos Campos-SP – 2012 – VUNESP) Nos termos da Lei Federal n. 9.637, de 15.05.1998, o Contrato de Gestão é o instrumento firmado entre o Poder Público e a entidade qualificada como organização social, com vistas à formação de parceria para fomento e execução de atividades relativas às seguintes áreas:

(A) ensino, pesquisa científica, desenvolvimento tecnológico, proteção e preservação do meio ambiente, cultura e saúde.

(B) ensino, pesquisa técnica, habitação, proteção e preservação do meio ambiente, cultura e saúde.

(C) ensino, desenvolvimento científico, proteção e preservação do meio ambiente, transporte, cultura e saúde.

(D) ensino, proteção e preservação do meio ambiente, habitação, cultura e saúde.

(E) ensino, segurança, proteção e preservação do meio ambiente, cultura e saúde.

Segundo o art. 1º da Lei 9.637/1998, "o Poder Executivo poderá qualificar como organizações sociais pessoas jurídicas de direito privado, sem fins lucrativos, cujas atividades sejam dirigidas ao *ensino, à pesquisa científica, ao desenvolvimento tecnológico, à proteção e preservação do meio ambiente, à cultura e à saúde*, atendidos aos requisitos previstos nesta Lei". Assim, apenas a alternativa "a" está correta.

Gabarito "A"

(Procurador do Município/São José dos Campos-SP – 2012 – VUNESP) Com relação ao Termo de Parceria a que alude a Lei Federal n. 9.790, de 23.03.1999, assinale a alternativa que contempla cláusula essencial para esse tipo de ajuste.

(A) Regime de execução.

(B) Reconhecimento dos direitos da Administração, em casos de rescisão administrativa.

(C) Condições de pagamento, data-base, periodicidade de reajustamento e critério de atualização monetária.

(D) Crédito pelo qual correrá a despesa.

(E) Estipulação das metas e dos resultados a serem atingidos e os respectivos prazos de execução ou cronograma.

As cláusulas essenciais do Termo de Parceria estão previstas nos incisos do § 2º do art. 10 da Lei 9.790/1999. A "estipulação das metas e dos resultados a serem atingidos e os respectivos prazos de execução ou cronograma" (alternativa "e") estão previstos no inciso II do parágrafo mencionado, ao passo que as cláusulas mencionadas nas demais alternativas das questões não estão previstas no dispositivo mencionado.

Gabarito "E"

(Advogado da União/AGU – CESPE – 2012) Julgue o item seguinte.

(1) Para que sociedades comerciais e cooperativas obtenham a qualificação de organizações da sociedade civil de interesse público, é preciso que elas não possuam fins lucrativos e que tenham em seus objetivos sociais a finalidade de promoção da assistência social.

Incorreta, pois sociedades comerciais e cooperativas não podem se qualificar como sociedade civil de interesse público (art. 2º, I e X, da Lei 9.790/1999).

Gabarito 1E

(Procurador da Fazenda Nacional – 2006 – ESAF) As pessoas jurídicas que integram o chamado Terceiro Setor têm regime jurídico

(A) de direito público.

(B) de direito privado.

(C) predominantemente de direito público, parcialmente derrogado por normas de direito privado.

(D) predominantemente de direito privado, parcialmente derrogado por normas de direito público.

(E) de direito público ou de direito privado, conforme a pessoa jurídica.

A doutrina majoritária esclarece que as entidades que integram o Terceiro Setor (organizações sociais e organizações da sociedade civil de interesse público) têm regime jurídico predominantemente privado (porque são pessoas jurídicas de direito privado e não integram a Administração Pública Indireta), porém derrogado parcialmente por normas de direito público, como se vê, por exemplo, no art. 4º, I, da Lei 9.790/1999, que impõe às OSCIPs a observância dos princípios constitucionais da administração pública e o art. 4º, VII, "d", que, obedecendo ao art. 70 da CF, submete a controle do Tribunal de Contas qualquer pessoa jurídica, pública ou privada, que receba subvenções das pessoas jurídicas de direito público.

Gabarito "D"

(Procurador da Fazenda Nacional – 2006 – ESAF) Sobre as pessoas jurídicas qualificadas como Organizações da Sociedade Civil de Interesse Público, assinale a opção incorreta.

(A) Não podem ser fundações públicas.

(B) Prestam contas, na sistemática adotada para o controle externo pela Constituição Federal, de todos os bens e recursos que tenha recebido de terceiros.

(C) Devem possuir conselho fiscal ou órgão equivalente.

(D) O vínculo de cooperação com o Poder Público é estabelecido por meio de termo de parceria.

(E) Necessariamente não têm fins lucrativos.

A: correta (art. 2º, XI, da Lei 9.790/1999); **B:** incorreta. Devem prestar contas somente dos bens e valores de origem pública (art. 4º, VII, "d", da Lei 9.790/1999); **C:** correta (art. 4º, III, da Lei 9.790/1999); **D:** correta (art. 9º da Lei 9.790/1999); **E:** correta (art. 1º da Lei 9.790/1999).

Gabarito "B"

4.7. TEMAS COMBINADOS

(Procurador do Estado/RR – 2006 – FCC) No que diz respeito à organização da Administração Pública, é correto afirmar que

(A) as organizações sociais que venham a celebrar contrato de gestão com o poder público passam a integrar a estrutura da Administração Indireta, com ampliação da sua autonomia gerencial e financeira.

(B) as denominadas agências reguladoras, entidades dotadas de elevado grau de autonomia administrativa, bem como poderes de fiscalização, normatização e sancionatórios, podem revestir-se da forma de autarquia ou empresa pública, sujeitando-se, em ambos os casos, a regime de direito público.

(C) as sociedades de economia mista e as empresas públicas têm por objetivo permitir a exploração de atividade econômica pelo poder público, nas hipóteses expressamente permitidas pelo artigo 173 da Constituição Federal, sendo que somente entidades dotadas de personalidade jurídica de direito público podem atuar como prestadoras de serviço público.

(D) as referências à União, Estados e Municípios, adotadas pela Lei de Responsabilidade Fiscal, englobam as respectivas administrações direta, fundos, autarquias, fundações e empresas estatais dependentes, estas ainda que submetidas ao regime jurídico de direito privado.

(E) as fundações públicas integram a Administração Direta, como patrimônio afetado a determinada finalidade pública, sendo destituídas de personalidade jurídica diversa do ente instituidor.

A: falsa, pois tais entidades continuam a não integrar a Administração Indireta; são entidades ***para***estatais, ou seja, que seguem em ***para***lelo ao Estado, não se confundindo com ele; **B:** falsa, pois as agências reguladoras são ***autarquias*** especiais; **C:** falsa, pois as pessoas de direito ***privado*** podem ser ***prestadoras de serviço público***, de modo que empresas não estatais e também empresas estatais podem atuar como concessionárias de serviço público; **D:** certo (art. 1º, § 3º, I, *a* e *b*, da Lei Complementar 101/2000); **E:** falsa, pois as fundações públicas integram a Administração Indireta.

Gabarito "D"

5. SERVIDORES PÚBLICOS

5.1. CONCEITO E CLASSIFICAÇÃO

(ADVOGADO – ANATEL – 2009 – CESPE) Acerca da classificação dos agentes públicos, julgue os próximos itens.

(1) Os jurados das sessões de tribunal do júri e os mesários convocados para os serviços eleitorais nas eleições são classificados pela doutrina majoritária do direito administrativo como agentes particulares colaboradores que, embora sejam particulares, executam certas funções especiais que podem ser qualificadas como públicas.

(2) Aos agentes políticos compete a execução e realização das diretrizes estabelecidas ao Estado pela Constituição Federal (CF), como é o caso dos titulares de ofícios de notas e de registro não oficializados, ou seja, os titulares de cartórios extrajudiciais e os concessionários e permissionários de serviços públicos.

1: correta, pois, de fato, os jurados são considerados agentes particulares em colaboração com o poder público, valendo aproveitar o ensejo para lembrar que, dentro dessa categoria, eles são subclassificados como agentes honoríficos; **2:** incorreta, pois os agentes citados não são agentes políticos, mas agentes delegados.

Gabarito 1C, 2E

5.2. VÍNCULOS (CARGO, EMPREGO E FUNÇÃO)

(Procurador do Estado/GO – 2010) A propósito dos cargos públicos, está CORRETA a seguinte afirmação:

(A) Nosso sistema constitucional só admite a criação, a transformação e a extinção de cargos públicos na administração direta e autárquica mediante a edição de lei, a qual pode ser, também, de iniciativa parlamentar.

(B) O chefe do Poder Executivo não pode dispor, por meio de decreto, sobre a organização e o funcionamento da administração pública.

(C) A criação, a transformação e a extinção de cargos públicos na administração direta e autárquica só podem ocorrer mediante a edição de lei de iniciativa privativa do Chefe do Poder Executivo.

(D) O instrumento legislativo por meio do qual se criam, transformam e extinguem cargos públicos não é tratado na Constituição Federal, porque se trata de matéria afeta à autonomia de cada ente federativo.

(E) A Constituição Federal admite a extinção de funções ou cargos públicos por meio de decreto, desde que estejam vagos.

A: incorreta, pois a extinção de cargos, quando vagos, pode ser por decreto (art. 84, VI, "b", da CF); **B:** incorreta (art. 84, VI, "a", da CF); **C:** incorreta, pois o próprio Legislativo pode dispor sobre a criação de cargos no seu âmbito (arts. 51, IV, e 52, XIII, da CF); ademais, quanto ao Judiciário, ele é quem tem a iniciativa da proposta para aumentar, criar e extinguir cargos da sua esfera (art. 96, II, "b", da CF); **D:** incorreta, pois os cargos são criados por lei, segundo a Constituição (art. 48, X, da CF); **E:** correta (art. 84, VI, "b", da CF).

Gabarito "E"

(Procurador do Estado/GO – 2010) De acordo com a Constituição Federal de 1988 e no que concerne aos militares, está CORRETA a seguinte proposição:

(A) O militar em atividade que tomar posse no cargo de Procurador do Estado será transferido para a reserva, nos termos da lei.

(B) Compete à União legislar sobre a transferência do militar do Estado para a reserva remunerada.

(C) Lei complementar estadual deverá tratar dos direitos, deveres e remuneração dos militares do Estado.

(D) É possível ao aposentado em cargo efetivo de caráter técnico, depois da data de 16 de dezembro de 1988, ocasião em que entrou em vigor a Emenda Constitucional n. 20/1998, ingressar na carreira militar do Estado e acumular seus vencimentos com os proventos decorrentes da inatividade.

(E) Os membros das Polícias Militares e dos Corpos de Bombeiros Militares, instituições organizadas com base na hierarquia e na disciplina, são militares dos Estados, do Distrito Federal e dos Municípios.

A: correta (art. 142, § 3°, II, da CF); **B:** incorreta, pois, no casos dos militares dos Estados, a matéria será regulada por lei estadual (art. 42, § 1°, c/c art. 142, § 3°, X, ambos da CF); **C:** incorreta, pois não se exige lei complementar estadual, mas lei específica estadual (ou seja, lei ordinária específica estadual), nos termos do art. 42, § 1°, c/c art. 142, § 3°, X, ambos da CF; **D:** incorreta, pois a EC 20/1998, por óbvio, não entrou em vigor em 1988; ademais, após a entrada em vigor da EC 20/1998, não foi mais possível acumular aposentadoria de um cargo com proventos de outro (art. 37, § 10, da CF); **E:** incorreta, pois os Municípios não têm militares (art. 42, *caput*, da CF).

Gabarito "A"

(Procurador do Estado/SP – VUNESP – 2005) O regime estatutário aplicável aos servidores públicos

(A) é definido por contrato, sem possibilidade de alteração unilateral e respeitados, em qualquer condição, os direitos adquiridos.

(B) é definido por contrato, podendo ser modificado unilateralmente, respeitados os direitos adquiridos.

(C) é definido em lei, podendo ser modificado unilateralmente, respeitados os direitos já adquiridos pelo servidor.

(D) é definido em lei, não podendo ser modificado unilateralmente.

(E) tem natureza mista, com aspectos definidos em lei e aspectos contratuais, podendo ser modificado unilateralmente, desde que respeitados os direitos adquiridos.

A e **B:** incorretas, pois o regime estatutário não é definido em contrato, mas sim em lei; ademais, admite-se alteração unilateral (por parte do Poder Público), não havendo que se falar em direito adquirido a um regime funcional, conforme jurisprudência pacífica do STF; naturalmente, existem alguns direitos dos servidores que são intangíveis (ex: irredutibilidade de vencimentos), mas o regime funcional em si pode ser modificado pela lei de acordo com as novas exigências do interesse público; **C:** correta, nos termos do comentário às alternativas anteriores; **D:** incorreta, pois, como se viu, o regime pode ser modificado unilateralmente; **E:** incorreta, pois o regime é previsto na lei (e não em contrato); vale lembrar, ainda, que não há que se falar em direito adquirido a um regime funcional em geral, sem prejuízo da existência de um ou outro direito adquirido (ex: irredutibilidade de vencimentos).

Gabarito "C"

(Procurador do Município/Florianópolis-SC – 2010 – FEPESE) Assinale a alternativa **correta**, em relação à administração pública.

(A) Os cargos, empregos e funções públicas são acessíveis apenas aos brasileiros que preencham os requisitos estabelecidos em lei.

(B) As parcelas de caráter indenizatório previstas em lei serão computadas para efeito dos limites remuneratórios dos Poderes Legislativo, Executivo e Judiciário.

(C) O servidor público da administração direta, autárquica e fundacional, investido no mandato de Vereador, será afastado do seu cargo, podendo optar pela remuneração.

(D) É vedada qualquer tipo de acumulação remunerada de cargos públicos, exceto a de dois cargos de professor.

(E) As funções de confiança, exercidas exclusivamente por servidores ocupantes de cargo efetivo, e os cargos em comissão, a serem preenchidos por servidores de carreira nos casos, condições e percentuais mínimos previstos em lei, destinam-se apenas às atribuições de direção, chefia e assessoramento.

A: incorreta, pois também são acessíveis aos estrangeiros, na forma da lei (art. 37, I, da CF); **B:** incorreta, pois as parcelas de caráter indenizatório não são computadas para efeito de verificação do respeito ao teto remuneratório pelos ocupantes de cargos, funções ou empregos públicos (art. 37, § 11, da CF); **C:** incorreta, pois o servidor, se houver compatibilidade, poderá acumular o cargo que detinha com o mandato de vereador; apenas na hipótese de incompatibilidade de horários é que o servidor poderá optar pela remuneração (art. 38, III, da CF); **D:** incorreta, pois há outras exceções em que é cabível a acumulação remunerada de cargos, empregos ou funções (art. 37, XVI, da CF); **E:** correta (art. 37, V, da CF).

Gabarito "E"

(Procurador do Município/Sorocaba-SP – 2012 – VUNESP) Os servidores públicos temporários

(A) exercem cargo público, sem estarem vinculados à Administração.

(B) exercem função pública, sem estarem vinculados a cargo público.

(C) são contratados por tempo determinado, em regime estatutário.

(D) são contratados por tempo indeterminado, sob regime trabalhista.

(E) são eleitos para exercer mandato público por tempo determinado.

A: incorreta, pois não são titulares de cargo, mas de função pública; **B:** correta, pois exercem mera função pública; **C:** incorreta, pois não seguem o regime estatutário geral dos demais servidores públicos; na verdade, há uma espécie de "miniestatuto" regulamentando esse tipo de contratação em cada ente político, mas não se trata do regime estatutário próprio dos servidores detentores de cargos públicos; **D:** incorreta, pois a contratação é por prazo determinado; **E:** incorreta, pois essas pessoas não são eleitas para mandato, mas sim contratadas para função pública temporária.

Gabarito "B"

(Procurador da Fazenda Nacional – 2003 – ESAF) O contrato de trabalho por prazo indeterminado celebrado pela Administração Pública Federal <u>não</u> pode ser rescindido, unilateralmente, em virtude de:

(A) necessidade de redução de pessoal, por excesso de despesa.

(B) prática de falta grave, nos termos da CLT.

(C) acumulação ilegal de cargos, empregos ou funções.

(D) insuficiência de desempenho, observadas as cautelas legais.

(E) extinção do órgão público de lotação do empregado público.

As hipóteses de rescisão do contrato de trabalho por prazo indeterminado pela Administração Pública (emprego público) estão disciplinadas no art. 3º da Lei 9.962/2000, dentre as quais não se inclui a extinção do órgão público de lotação do empregado público. Nesse caso, cabe à Administração aproveitar o empregado em outro órgão.

Gabarito "E"

(ADVOGADO – CEF – 2012 – CESGRANRIO) A súmula vinculante n. 13, ao reconhecer que a prática do nepotismo viola a Constituição da República, impede a contratação de parentes de autoridades e de funcionários para cargos de confiança e de comissão

(A) somente no âmbito do Poder Executivo

(B) somente no âmbito do Poder Judiciário

(C) somente no âmbito dos Poderes Executivo e Judiciário

(D) somente no âmbito dos Poderes Executivo e Legislativo

(E) no âmbito dos Poderes Executivo, Legislativo e Judiciário

Incorreta, pois a súmula é clara ao dispor que se aplica à Administração Direta e Indireta de "qualquer dos Poderes da União, dos Estados, do Distrito Federal e dos Municípios".

Gabarito "E"

(ADVOGADO – CORREIOS – 2011 – CESPE) Julgue o item abaixo, acerca da relação jurídica dos servidores e dos empregados públicos.

(1) Os ocupantes de cargo público ou de emprego público têm vínculo estatutário e institucional regido por estatuto funcional próprio, que, no caso da União, é a Lei n. 8.112/1990.

1: incorreta, pois o estatuto funcional próprio só se aplica aos ocupantes de cargos públicos (art. 1º c/c art. 2º, ambos da Lei 8.112/1990), sendo que, quanto aos ocupantes de emprego público, aplica-se a CLT.

Gabarito 1E

5.3. PROVIMENTO

(Procurador/DF – 2013 – CESPE) Acerca do direito administrativo, julgue os itens a seguir.

(1) A promoção constitui investidura derivada, enquanto a nomeação traduz investidura originária do servidor público.

1: certa, pois a promoção de um servidor só pode ocorrer quando este já tenha tido uma designação anterior para algum cargo, ou seja, a promoção nunca é o primeiro provimento (o provimento originário), mas sim um provimento derivado; já a nomeação é o primeiro provimento, ou seja, o provimento originário.

Gabarito 1C

(Procurador do Estado/SC – 2009) Ocorrendo a extinção de cargo ou declarada a sua desnecessidade, o servidor público já efetivado no seu cargo:

(A) Será aposentado compulsoriamente.

(B) Será imediatamente exonerado *ex offício* pela autoridade competente.

(C) Será, obrigatoriamente, nomeado para ocupar cargo comissionado de atribuições similares.

(D) Ficará em disponibilidade, com o recebimento integral da remuneração do cargo.

(E) Ficará em disponibilidade, com remuneração proporcional ao tempo de serviço.

Como o servidor, no caso, já é estável, ele terá direito de ficar na disponibilidade, que, hoje, dá direito apenas à remuneração proporcional ao tempo de serviço (art. 41, § 3º, da CF).

Gabarito "E"

(Procurador do Estado/SP – FCC – 2009) Servidor ocupante de cargo efetivo da Secretaria da Saúde do Estado de São Paulo foi aposentado por invalidez em 11 de dezembro de 1998, aos 35 anos de idade, após 15 anos de serviço. Em 22 de julho de 2009, laudo produzido pelo serviço médico competente atesta que cessaram os motivos que autorizaram a aposentadoria por invalidez. Neste caso,

(A) o servidor poderá optar pela reassunção do cargo anteriormente ocupado ou pela manutenção da aposentadoria com proventos proporcionais ao tempo de serviço anteriormente prestado.

(B) o servidor está impedido de reassumir o cargo anteriormente ocupado porque a Constituição Federal em vigor veda qualquer forma de provimento derivado.

(C) o servidor está impedido de reassumir o cargo anteriormente ocupado porque sua inativação ocorreu antes da Emenda Constitucional n. 20, de 1998.

(D) a Administração determinará, de ofício, o reingresso do aposentado ao cargo anteriormente ocupado por meio de reversão.

(E) a Administração determinará, de ofício, o reingresso do aposentado ao cargo anteriormente ocupado por meio de readmissão.

O retorno ao serviço público do já aposentado tem o nome de *reversão.*

Gabarito "D"

(Procurador do Município/Recife-PE – 2008 – FCC) A declaração de extinção de cargo ocupado por servidor estável gera em favor daquele, direito a

(A) reintegração ao cargo imediatamente superior ao seu, mantida a remuneração anterior.

(B) afastamento remunerado, fazendo jus às vantagens do cargo e computando-se o tempo de afastamento para todos os efeitos legais.

(C) disponibilidade, representando garantia de inatividade remunerada, ainda que proporcional ao tempo de serviço.

(D) disponibilidade, computando-se o tempo de serviço para todos os efeitos legais, mas vedada a remuneração pelo período que perdurar o afastamento.

(E) aposentadoria com proventos integrais no cargo imediatamente superior ao seu, ainda que contasse com tempo de serviço para recebê-los proporcionais.

Segundo o art. 41, § 3º, da CF, declarada a extinção do cargo, o servidor estável ficará na disponibilidade (inatividade remunerada), com remuneração proporcional ao tempo de serviço.

Gabarito "C"

(Procurador do Município/São Paulo-SP – 2008 – FCC) Sentença judicial invalidou a demissão de servidor estável, resultando na sua reintegração no cargo, para ocupar a vaga anterior. Aludida vaga, atualmente, encontrava-se preenchida por outro servidor estável, originário de outro cargo, que deverá deixá-la, podendo-se aplicar a este a

(A) recondução ao cargo de origem.

(B) reversão ao cargo de origem.

(C) transposição a cargo vago, observada a compatibilidade de atribuições.

(D) reversão a cargo vago, observada a compatibilidade de atribuições.

(E) realocação no cargo de origem.

Nesse caso, tem-se a recondução, nos termos do art. 29, II, da Lei 8.112/1990.

Gabarito "A"

(Procurador da Fazenda Nacional – 2004 – ESAF) Assinale a opção que não constitui forma de provimento de cargo público, nos termos da Lei n. 8.112, de 1990.

(A) promoção

(B) readaptação

(C) transferência

(D) aproveitamento

(E) recondução

Promoção é o provimento de cargo superior da carreira por servidor efetivo que esta já integra. Readaptação é a investidura do servidor em cargo de atribuições e responsabilidade compatíveis com a limitação que tenha sofrido em sua capacidade física ou mental. Aproveitamento é o retorno à atividade do servidor em disponibilidade. Recondução é o retorno do servidor ao cargo anteriormente ocupado em caso de inabilitação em estágio probatório relativo a outro cargo ou pela reintegração do antigo ocupante do cargo que ora exerce. Todas são formas de provimento previstas no art. 8º da Lei n. 8.112/1991, com exceção da transferência, que é a movimentação do servidor para quadro de pessoal diverso, que foi revogada em 1997.

Gabarito "C"

(Procurador da Fazenda Nacional – 2004 – ESAF) Reversão é forma de provimento de cargo público, pelo retorno à atividade de servidor aposentado. Sobre o assunto, assinale a opção incorreta.

(A) Na hipótese de reversão, o tempo em que o servidor estiver em exercício não será considerado, para concessão de aposentadoria.

(B) O retorno à atividade, no interesse da Administração, somente será possível se a aposentadoria tiver sido voluntária.

(C) A reversão no interesse da Administração só é aplicável a servidor que era estável, quando em atividade.

(D) O servidor que retornar à atividade por interesse da administração perceberá, em substituição aos proventos da aposentadoria, a remuneração do cargo que voltar a exercer, inclusive com as vantagens de natureza pessoal que percebia anteriormente à aposentadoria.

(E) Não é possível a reversão no interesse da Administração se a aposentadoria tiver ocorrido há mais de 5 (cinco) anos da data da solicitação.

A: incorreta. Se o servidor está em exercício, naturalmente esse tempo de trabalho será considerado como tempo de serviço para fins de aposentadoria (art. 25, § 2º, da Lei 8.112/1991; **B:** correta. O requisito é determinado pelo art. 25, II, "b", da Lei 8.112/1991; **C:** correta, conforme art. 25, II, "c", da Lei 8.112/1991; **D:** correta, nos exatos termos do art. 25, § 4º, da Lei 8.112/1991; **E:** correta. A limitação temporal é prevista no art. 25, II, "d", da Lei 8.112/1991.

Gabarito "A"

(ADVOGADO – CEF – 2012 – CESGRANRIO) Qual a forma de provimento de cargo público federal em que o servidor estável retorna ao cargo anteriormente ocupado em decorrência de reintegração do anterior ocupante?

(A) Readaptação

(B) Ascensão

(C) Recondução

(D) Reversão

(E) Aproveitamento

Trata-se da recondução, nos termos do art. 29, II, da Lei 8.112/1990.

Gabarito "C"

(ADVOGADO – IRB – 2006 – ESAF) Relativamente às formas de provimento do servidor público, assinale a opção em que o servidor passa a exercer suas atribuições como excedente.

(A) Reintegração

(B) Readaptação

(C) Recondução

(D) Redistribuição

(E) Reversão, no interesse da Administração

Conforme previsto no art. 24, § 2º, da Lei 8.112/1990, trata-se da readaptação.

Gabarito "B"

(ADVOGADO – ANP – 2008 – CESGRANRIO) Qual dos conceitos abaixo está em **DESACORDO** com a legislação do servidor público federal?

(A) Readaptação é a investidura do servidor em cargo de atribuições e responsabilidades compatíveis com a limitação que tenha sofrido em sua capacidade física ou mental verificada em inspeção médica.

(B) Reversão é o retorno à atividade de servidor aposentado no interesse da administração, desde que a aposentadoria tenha ocorrido nos dois anos anteriores à solicitação.

(C) Reversão é o retorno à atividade de servidor aposentado por invalidez, quando junta médica oficial declarar insubsistentes os motivos da aposentadoria.

(D) Reintegração é a reinvestidura do servidor estável no cargo anteriormente ocupado, ou no cargo resultante de sua transformação, quando invalidada a sua demissão por decisão administrativa ou judicial, com ressarcimento de todas as vantagens.

(E) Recondução é o retorno do servidor estável ao cargo anteriormente ocupado e decorrerá de inabilitação em estágio probatório relativo a outro cargo.

A: está de acordo (art. 24, *caput*, da Lei 8.112/1990); **B:** está em desacordo, devendo ser assinalada; isso porque o prazo limite não é de 2 anos da aposentadoria, mas de 5 anos da aposentadoria (art. 25, II, "d", da Lei 8.112/1990); **C:** está de acordo (art. 25, I, da Lei 8.112/1990); **D:** está de acordo (art. 28, *caput*, da Lei 8.112/1990); **E:** está de acordo (art. 29, I, da Lei 8.112/1990).

Gabarito "B"

5.4. VACÂNCIA

(Procuradoria do Estado/AP – 2006 - CESPE) Uma autoridade administrativa do estado do Amapá exonerou Rodrigo do cargo comissionado que ele ocupava, mediante ato que não indicava os motivos da exoneração. Considerando essa situação hipotética e o direito administrativo, julgue os itens subsequentes.

(1) Atos que determinam exoneração de servidores ocupantes de cargos públicos em comissão são atos discricionários e irrevogáveis.

(2) A exoneração de servidores ocupantes de cargos públicos, sejam eles comissionados ou de provimento efetivo, caracteriza uma rescisão unilateral do contrato administrativo celebrado mediante a assinatura do termo de posse.

(3) O referido ato de exoneração é nulo, por ausência de motivação, mas pode ser convalidado, na medida em que o seu vício é sanável mediante a indicação, pela referida autoridade, de motivação expressa para o ato.

1: correta, pois o ato de exoneração é ***discricionário***, já que os cargos em comissão são de livre provimento e ***livre*** exoneração, e ***irrevogável***, vez que a exoneração exaure a relação jurídica entre a Administração Pública e o agente; em caso de interesse no retorno do agente, o caso é de ***nova nomeação*** para o cargo em comissão e não de ***revogação da exoneração***; **2:** incorreta, pois a relação entre a Administração Pública e o detentor de cargo é do tipo ***estatutária***, e não do tipo ***contratual***; **3:** incorreta, pois os cargos em comissão são de ***livre*** exoneração (art. 37, II, parte final, da CF).

Gabarito 1C, 2E, 3E

(Procurador do Estado/MG – 2007) Para os fins do disposto no *caput* do art. 169 da Lei Maior em nosso país, a despesa total com pessoal, em cada período de apuração e em cada ente da Federação, não poderá exceder os percentuais da receita corrente líquida, a seguir discriminados:

(A) União, Estados e Municípios, 65%.

(B) União e Estados, 50 %; Municípios 60%.

(C) União, Estados e Municípios, 60%.

(D) União, 50%; Estados e Municípios, 60%.

A alternativa "D" deve ser assinalada, em conformidade com o art. 19, I a III, da Lei de Responsabilidade Fiscal (Lei Complementar 101/2000).

Gabarito "D"

(Procurador do Estado/SC – 2010 – FEPESE) Verificado o excesso de despesas com pessoal ativo e inativo da União, dos Estados, do Distrito Federal e dos Municípios, o servidor estável poderá perder o seu cargo. Em relação ao enunciado, assinale a alternativa **correta**.

(A) É vedada a criação de cargo, emprego ou função com atribuições iguais ou assemelhadas ao cargo considerado extinto, pelo prazo mínimo de dois anos.

(B) O servidor estável que perder o cargo em razão do excesso de despesa com pessoal, fará jus a indenização correspondente a um mês de remuneração por ano de serviço.

(C) A Administração Pública deve reduzir pelo menos cinquenta por cento das despesas com cargos em comissão e funções de confiança, antes de exonerar servidores estáveis.

(D) Antes de exonerar servidores estáveis, a Administração Pública deve reduzir os vencimentos de servidores não estáveis.

(E) O enunciado é falso porque após estágio probatório, o servidor efetivo somente poderá perder o seu cargo por meio de sentença judicial com trânsito em julgado.

A: incorreta, pois essa vedação terá duração de 4 anos (art. 169, § 6º, da CF); **B:** correta (art. 169, § 5º, da CF); C e **D:** incorretas, pois deve-se reduzir pelo menos 20% dessas despesas (e não 50%); além disso, a Administração deve, antes de exonerar servidores estáveis, *exonerar* servidores não estáveis (art. 169, § 3º, I e II, da CF); **E:** incorreta, pois o servidor estável poderá perder seu cargo por outros motivos também, como por infração disciplinar apurada em processo administrativo com ampla defesa, não aprovação em avaliação especial de desempenho e em virtude de excesso de despesas com pessoal, nos moldes do art. 169 da CF.

Gabarito "B"

(Procurador do Município/Manaus-AM – 2006 – FCC) Observe as seguintes proposições:

I. O servidor público estável perderá o cargo, dentre outras hipóteses, em virtude de sentença judicial transitada em julgado.

II. Invalidada por sentença judicial a demissão do servidor estável, será ele reconduzido ao cargo anteriormente ocupado.

III. Extinto o cargo, o servidor estável ficará em disponibilidade, com remuneração proporcional ao tempo de serviço, até seu adequado aproveitamento em outro cargo.

IV. Perderá o cargo o servidor público estável que for demitido em virtude do instituto da verdade sabida.

Estão corretas APENAS

(A) I e II.

(B) I e III.

(C) I e IV.

(D) II e III.

(E) II e IV.

I: correta (art. 41, § 1º, I, da CF); **II:** incorreta, pois o servidor será *reintegrado* e não *reconduzido* (art.41, § 2º, da CF); **III:** correta (art. 41, § 3º, da CF); IV: incorreta, pois o instituto da verdade sabida – no qual o servidor pode ser punido sem processo administrativo com ampla defesa e contraditório, quando a autoridade tomar ciência direta dos fatos que levam à punição –é inconstitucional, por ferir os princípios citados presentes na Constituição (art. 5º, LV, da CF).

Gabarito "B"

5.5. REMOÇÃO, REDISTRIBUIÇÃO E SUBSTITUIÇÃO

(Procurador da Fazenda Nacional – 2006 – ESAF) Nos termos da Lei n. 8.112/1990, entende-se como o deslocamento de cargo de provimento efetivo, ocupado ou vago no âmbito do quadro geral de pessoal, para outro órgão ou entidade do mesmo Poder

(A) a redistribuição.

(B) a remoção.

(C) a cessão.

(D) a disponibilidade.

(E) a substituição.

Correta a alternativa "A", nos exatos termos do art. 37 da Lei 8.112/1990.

Gabarito "A"

5.6. ACESSIBILIDADE E CONCURSO PÚBLICO

(Procurador do Estado/PR – 2007) Visando regulamentar o art. 37, VIII, da Constituição Federal, a Assembleia Legislativa aprovou projeto de lei de autoria de um deputado, que fixa percentual de reserva, de 15% (quinze por cento) para os portadores de deficiência física, nos cargos possíveis de serem exercidos pelos mesmos, para todos os concursos públicos que forem abertos a partir da entrada em vigência da lei. O projeto de lei em questão é: ALTERNATIVAS:

(A) Inconstitucional, eis que fere o princípio constitucional da legalidade, ao não observar o princípio administrativo da razoabilidade.

(B) Inconstitucional, eis que fere o princípio constitucional da legalidade, ao não observar o princípio administrativo da proporcionalidade.

(C) Não há vício de inconstitucionalidade material, mas sim de competência, eis que compete privativamente a União legislar sobre provimento de cargos públicos.

(D) Não há vício de inconstitucionalidade material, mas há vício de inconstitucionalidade formal, eis que são de iniciativa do Governador do Estado as leis que disponham sobre provimento de cargos públicos no Estado.

(E) Não há nenhum vício de inconstitucionalidade material, mas há vício de inconstitucionalidade formal, eis que são de iniciativa do Governador do Estado as leis que disponham sobre provimento de cargos públicos no Poder Executivo.

No plano material, a proposta é constitucional (art. 37, VIII, da CF); no plano da competência federativa, a proposta também é constitucional, pois se trata de questão a ser dirimida em cada estatuto de funcionário público; porém, no plano da adequação da iniciativa da lei, a proposta é inconstitucional, pois leis que disponham sobre provimento de cargos no Executivo são de iniciativa privativa do Chefe do Executivo.

Gabarito "E"

(ADVOGADO – ELETROBRÁS – 2006 – NCE/UFRJ) Sobre o concurso público, analise as afirmativas a seguir:

I. O prazo de validade somente poderá ser prorrogado se houver previsão no edital.

II. Não se exige concurso público para seleção de empregados de sociedades de economia mista criadas para desempenhar atividade econômica.

III. A Administração Pública pode contratar pessoas, de forma temporária, sem concurso público.

É/São verdadeira(s) somente a(s) afirmativa(s):

(A) I;

(B) II;

(C) III;

(D) I e II;

(E) I e III.

I: incorreta, pois a própria Constituição prevê essa possibilidade (art. 37, III, da CF); **II:** incorreta, pois a obrigatoriedade de concurso não existe só para a contratação de agentes para cargos públicos, aplicando-se também às contratações de empregados públicos (art. 37, II, da CF); **III:** correta (art. 37, IX, da CF).

Gabarito "C"

(ADVOGADO – ANATEL – 2009 – CESPE) Lucas foi aprovado em concurso público de provas e títulos para o cargo de analista administrativo da ANATEL. Considerando que o prazo de validade do concurso expirará em julho de 2009, com possibilidade de prorrogação por mais um ano, ou seja, julho de 2010, Lucas resolveu encaminhar um *e-mail* para a ouvidoria da agência, indagando se o presidente prorrogaria ou não o certame. A ouvidoria da ANATEL respondeu a Lucas que a contratação de pessoal nas agências, por meio de concurso público, é um ato de gestão e não de império e que a prorrogação do concurso constitui um ato discricionário. Com base na situação hipotética acima apresentada, julgue os itens subsequentes, acerca da classificação dos atos administrativos.

(1) As informações prestadas pela ouvidora estão corretas, pois a contratação de pessoal por meio de concurso público para composição de quadro funcional é caracterizada como ato de gestão, não intervindo a vontade dos administrados para sua prática.

(2) Na situação considerada, a informação da ouvidoria, quanto à prorrogação do concurso público constituir ato discricionário, está correta, embora não tenha atendido objetivamente à indagação de Lucas.

1: incorreta, pois se trata de ato de império, já que a Administração goza de prerrogativas públicas; **2:** correta, pois, de fato, os Tribunais Superiores reconhecem que é discricionária a possibilidade estabelecida no art. 37, III, da CF.

Gabarito 1E, 2C

5.7. EFETIVIDADE, ESTABILIDADE E VITALICIEDADE

(Procurador do Estado/SP – VUNESP – 2005) Considerando que são estáveis, após 3 anos de efetivo exercício, os servidores nomeados para cargo de provimento efetivo em virtude de concurso público (art. 41 da Constituição Federal), indique a alternativa correta.

(A) Até completar os 3 anos de efetivo exercício, o servidor é considerado em estágio probatório e pode ser exonerado *ad nutum*.

(B) O direito à estabilidade aplica-se a todos os servidores da Administração direta e indireta, federal, estadual e municipal.

(C) Não há estabilidade para os servidores regidos pela CLT nas empresas públicas e sociedades de economia mista que exploram atividade econômica.

(D) Aos ocupantes de cargo público em estágio probatório é assegurado pela Constituição Federal o direito ao aviso-prévio proporcional ao tempo de serviço.

(E) O servidor estável só poderá ser dispensado por força de sentença com trânsito em julgado.

A: incorreta, pois, apesar de ainda em estágio probatório, o servidor que não completou 3 anos de efetivo exercício só pode ser exonerado após as formalidades legais de apuração de sua capacidade (Súmula 21 do STF), não sendo possível exonerá-lo a qualquer tempo e sem justificativa alguma (exoneração ad nutum); **B:** incorreta, pois se aplica apenas aos servidores titulares de cargos públicos (art. 41, *caput*, da CF), bem como aos celetistas das pessoas de direito público (Súmula 390 do TST); **C:** correta, pois um celetista só tem direito à estabilidade se trabalhar numa pessoa jurídica de direito público (Súmula 390 do TST); **D:** incorreta, pois a Constituição não prevê esse direito aos ocupantes de cargo público; **E:** incorreta, pois o servidor estável também poderá ser dispensado por outras formas, como por força de processo administrativo disciplinar com ampla defesa e por não aprovação em avaliação de desempenho (art. 41, § 1º).

Gabarito "C"

(Procurador do Município/Sorocaba-SP – 2012 – VUNESP) Decorrem da estabilidade em cargo público os direitos a

(A) cargo, emprego e função.

(B) subsídios, estágio probatório e aproveitamento.

(C) gozo de férias, aposentadoria e disponibilidade.

(D) reintegração, disponibilidade e aproveitamento.

(E) aposentadoria, subsídios e gozo de férias.

A única alternativa que traz institutos que reclamam a existência de estabilidade do servidor é a alternativa "d", conforme se depreende do artigo 28 da Lei 8.112/1990 e do art. 41, § 2º, da CF (reintegração) e do art. 41, § 3º, da CF (disponibilidade e aproveitamento).

Gabarito "D"

(Procurador da Fazenda Nacional – 2006 – ESAF) Em 1981, João passou a ocupar, sem prévia aprovação em concurso público, um cargo efetivo de auxiliar administrativo, em administração direta municipal. Em 1985, seu irmão, Tomás, passou a ocupar cargo efetivo de fiscal, em autarquia vinculada ao Ministério da Fazenda, também sem prévia aprovação em concurso público. Levando em conta que a lei não declara tais cargos como de livre exoneração, que ambos permanecem em exercício desde a data de suas posses, bem assim as disposições de nossa Constituição Federal sobre a matéria, é correto afirmar que, na atualidade

(A) João e Tomás são servidores estáveis.

(B) João é servidor estável; Tomás, não.

(C) Tomás é servidor estável; João, não.

(D) por terem ingressado no serviço público sem prévia aprovação em concurso, nenhum dos dois detêm estabilidade nos cargos que ocupam.

(E) não há informações suficientes, no comando desta questão, para saber se João e Tomás são servidores estáveis.

Dispõe o art. 19 do ADCT que "os servidores públicos da Administração Direta, das autarquias e fundações públicas, admitidos sem concurso que estivessem em exercício há pelo menos cinco anos na data de promulgação da CF (05 de outubro de 1988), passariam automaticamente a serem considerados estáveis. Com isso, João adquiriu sua estabilidade, porque ingressou no serviço público em 1981, mas Tomás não, porque contava somente três anos de exercício.

Gabarito "B"

(Procurador da Fazenda Nacional – 2004 – ESAF) Em vista dos preceitos constitucionais que tratam da estabilidade do servidor público, assinale a opção correta.

(A) Na atualidade, existem apenas duas formas de perda do cargo pelo servidor público estável: em virtude de sentença judicial transitada em julgado, ou mediante processo administrativo disciplinar em que lhe seja assegurada ampla defesa.

(B) Com a reforma administrativa promovida por meio da Emenda Constitucional n. 19/1998, restou afastada a necessidade de instituição de comissão para que se dê a avaliação de desempenho do servidor, durante seu estágio probatório.

(C) Se restar declarada a desnecessidade do cargo, o servidor, mesmo que ainda não seja estável, poderá ficar em disponibilidade.

(D) Invalidada por sentença judicial a demissão do servidor estável, será ele reintegrado, e o eventual ocupante da vaga, se estável, reconduzido ao cargo de origem. Em tal hipótese, ambos os servidores (o reintegrado e o reconduzido) terão direito à indenização, em vista da falha cometida pela Administração Pública.

(E) Na sistemática da Constituição Federal, está claro que há distinção entre estabilidade e efetividade.

A: incorreta. Há, ainda, uma terceira hipótese: pelo conceito negativo obtido em avaliação periódica de desempenho, assegurada ampla defesa (art. 41, § 1º, III, da CF); **B:** incorreta. A comissão para avaliação do desempenho do servidor está expressamente prevista no art. 41, § 4º da CF, incluído pela Emenda Constitucional 19/1998; **C:** incorreta. A disponibilidade por extinção do cargo declarado desnecessário é prerrogativa apenas dos servidores estáveis (art. 41, § 3º da CF); **D:** incorreta. O reconduzido não tem direito à indenização, por expressa disposição constitucional (art. 41, § 2º, da CF); **E:** correta. Estabilidade é prerrogativa do servidor, ao passo que efetividade é característica do cargo público.

Gabarito "E"

5.8. ACUMULAÇÃO REMUNERADA E AFASTAMENTO

(Procurador do Estado/SC – 2010 – FEPESE) Acerca da Administração Pública, assinale a alternativa **correta**, de acordo com a Constituição Federal.

(A) É garantido ao servidor público civil o direito à livre associação sindical, vedado o direito de greve.

(B) O prazo de validade do concurso público será de dois anos, prorrogável uma vez, por igual período.

(C) A lei estabelecerá os prazos de prescrição para ilícitos praticados por qualquer agente, servidor ou não, que causem prejuízos ao erário, bem como para as respectivas ações de ressarcimento.

(D) A vinculação ou equiparação de quaisquer espécies remuneratórias para o efeito de remuneração de pessoal do serviço público é permitida a fim de assegurar o princípio da paridade remuneratória.

(E) A proibição de acumulação remunerada de cargos públicos estende-se a empregos e funções e abrange autarquias, fundações, empresas públicas, sociedades de economia mista, suas subsidiárias, e sociedades controladas, direta ou indiretamente, pelo poder público.

A: incorreta, pois o direito de greve também é assegurado ao servidor público (art. 37, VII, da CF); **B:** incorreta, pois esse prazo não é "de dois anos", mas de "até dois anos" (art. 37, III, da CF); **C:** incorreta, pois a lei fixará os prazos de prescrição para os esse ilícitos, *ressalvadas* as respectivas ações de ressarcimento (art. 37, § 5º, da CF); ou seja, as ações de ressarcimento do erário por ato ilícito são imprescritíveis; **D:** incorreta, pois a vinculação ou equiparação remuneratória é *vedada* (art. 37, XIII, da CF); **E:** correta (art. 37, XVII, da CF).

Gabarito "E"

(Procurador Federal – 2010 – CESPE) No que concerne aos agentes públicos, julgue os itens subsequentes.

(1) É constitucional o decreto editado por chefe do Poder Executivo de unidade da Federação que determine a exoneração imediata de servidor público em estágio probatório, caso fique comprovada a participação deste na paralisação do serviço, a título de greve.

(2) Caso uma enfermeira do Ministério da Saúde ocupe também o cargo de professora de enfermagem da Universidade Federal de Goiás e, em cada um dos cargos, cumpra o regime de quarenta horas semanais, tal acumulação, segundo o entendimento da AGU, deverá ser declarada ilícita.

1: incorreta, pois tal medida, segundo o STF, fere o princípio da isonomia; **2:** correta, pois, segundo o entendimento da AGU, o máximo de horas semanais admitidas é sessenta.

Gabarito 1E, 2C

5.9. REMUNERAÇÃO E SUBSÍDIO

(Procurador do Estado/GO – 2010) A propósito do regime remuneratório do servidor público, está CORRETA a seguinte proposição:

(A) Nos termos da Constituição Federal, os agentes políticos e algumas categorias de servidores públicos deverão ser remunerados pelo regime de subsídios, o qual mesmo sendo fixado em parcela única, admite a percepção de outra verba, desde que esta tenha caráter indenizatório.

(B) Segundo a Constituição Federal, somente algumas categorias de servidores públicos deverão ser remuneradas exclusivamente pelo regime de subsídios e aqueles que optarem por esse regime não poderão sequer perceber a diferença porventura existente entre a sua atual remuneração e o novo valor do subsidio.

(C) Nos termos da Constituição Federal, algumas categorias de servidores públicos devem ser remuneradas exclusivamente pelo regime de subsídio e entre elas encontra-se a dos ocupantes do cargo de Defensor Público, os quais não podem perceber qualquer outra parcela que não seja o subsídio.

(D) O servidor que deixar de optar pelo regime de subsidio instituído para a carreira que integra continuará a perceber as mesmas vantagens a que fazia jus, mas não lhe será conferido o privilégio da paridade com esse novo regime remuneratório.

(E) A partir da Emenda Constitucional n. 19/1998, os servidores públicos só podem ser remunerados pelo regime de subsidio, o qual se caracteriza por ser fixado em parcela única, e a lei ordinária de alteração dessa forma de remuneração pode autorizar os servidores em atividade por ela alcançados a deixar de optar por esse novo regime.

O subsídio é modalidade de remuneração fixada em parcela única e devida aos agentes políticos (art. 39, § 4º, CF: fala-se em membro de Poder, detentor de mandato eletivo, Ministros de Estado e Secretários Estaduais e Municipais), membros do Ministério Público, aos Policiais (art. 144, § 9º), Procuradores de Estado, Defensores Públicos, Procuradores da Fazenda Nacional e integrantes da Advocacia Geral da União (art. 135), bem como aos Ministros dos Tribunais de Contas. O § 8º do artigo 39 da CF abre possibilidade de a remuneração dos servidores organizados em carreira ser também por subsídio, nos termos de lei. Vale ressaltar que no subsídio não se fala em vantagens pessoais, já que se trata de parcela única, vedado o acréscimo de qualquer gratificação, adicional, abono, prêmio, verba de representação ou outra espécie remuneratória, obedecido ao teto remuneratório constitucional. Todavia verbas indenizatórias podem ser percebidas além do valor do subsídio. Dessa forma, a alternativa "a" está correta.

Gabarito "A"

(Procurador do Estado/RO – 2011 – FCC) O teto remuneratório constitucionalmente previsto para o Procurador do Estado corresponde

(A) aos subsídios dos Deputados Estaduais e Distritais.

(B) ao subsídio do Governador.

(C) a 90,25% do subsídio mensal, em espécie, do Chefe do Poder Executivo Estadual.

(D) a 90,25% do subsídio mensal, em espécie, dos Ministros do STF.

(E) a 90,25% do subsídio mensal, em espécie, dos Deputados Estaduais e Distritais.

De fato, o art. 37, XI, da CF estabelece como teto do Procurador do Estado o valor de 90,25% do subsídio mensal, em espécie, dos Ministros do STF.

Gabarito "D"

(Procurador do Estado/RR – 2006 – FCC) O chefe do Poder Executivo determinou a majoração dos vencimentos dos professores integrantes de seu quadro de funcionários públicos, bem como a criação de 100 (cem) novos cargos públicos para a mesma categoria, os quais, somados aos 20 (vinte) cargos já existentes e vagos, permitiram a abertura de concurso para ingresso de 120 (cento e vinte) novos professores no serviço público. O ato normativo editado pelo Chefe do Executivo é

(A) constitucional, pois, nos termos da Constituição Federal, cabe a ele dispor sobre a organização e funcionamento da administração.

(B) inconstitucional no que concerne à majoração dos vencimentos, para o que é necessária edição de lei, sendo-lhe permitido, no entanto, dispor sobre a abertura de concurso público e a criação de cargos para o respectivo preenchimento.

(C) inconstitucional, pois, nos termos da Constituição Federal, é necessária a edição de lei para majoração dos vencimentos dos funcionários públicos, bem como para criação de cargos públicos, independentemente de estarem vinculados à imediata abertura de concurso.

(D) inconstitucional somente no que se refere à criação de novos cargos para provimento por meio de concurso público, para o que é necessária autorização do Tribunal de Contas, em face das disposições da Lei de Responsabilidade Fiscal.

(E) inconstitucional somente no que concerne à abertura de concurso público no mesmo ato em que foi determinada a majoração de vencimentos da categoria, pois as decisões devem ser veiculadas por meio de atos normativos autônomos, para que os candidatos tenham informação precisa sobre o valor dos vencimentos iniciais do cargo.

As providências tomadas dependem de lei, de iniciativa do Chefe do Executivo, para ser implementadas (art. 61, § 1º, II, *a*, da CF).

Gabarito "C"

(Procurador do Estado/SC – 2010 – FEPESE) Assinale a alternativa **correta**.

(A) O servidor público organizado em carreira deve ser remunerado, exclusivamente, por meio de subsídio.

(B) O servidor, ao atingir 70 (setenta) anos de idade, será aposentado compulsoriamente, com proventos integrais.

(C) O servidor público nomeado em comissão será considerado estável após três anos de efetivo exercício.

(D) É inconstitucional a vinculação do reajuste de vencimentos de servidores estaduais ou municipais a índices federais de correção monetária.

(E) Extinto o cargo ou declarada a sua desnecessidade, o servidor estável ficará em disponibilidade, com remuneração integral, até seu adequado aproveitamento em outro cargo.

A: incorreta, pois a Constituição faculta que isso ocorra, não obrigando que *todos* os servidores organizados em carreira sejam remunerados por subsídio (art. 39, § 8º, da CF); todavia, há alguns casos previstos na própria Constituição, em que determinados servidores deverão ser remunerados por meio de subsídio (ex: art. 39, § 4º, da CF); **B:** incorreta, pois, nesse caso, a aposentadoria se dará com proventos proporcionais (art. 40, § 1º, II, da CF); **C:** incorreta, pois o servidor ocupante de cargo em *comissão* não tem direito à estabilidade, já que esta se destina ao servidor ocupante de cargo *efetivo* (art. 41, *caput*, da CF); **D:** correta (Súmula 681 do STF); **E:** incorreta, pois, nesse caso, a remuneração devida será proporcional ao tempo de serviço do servidor (art. 41, § 3º, da CF).

Gabarito "D"

(ADVOGADO – PETROBRÁS DISTRIB. – 2010 – CESGRANRIO) O presidente de uma sociedade de economia mista federal formulou consulta à sua assessoria jurídica indagando sobre a aplicação do limite máximo de remuneração previsto no artigo 37, inciso XI, da Constituição da República (subsídio mensal, em espécie, dos Ministros do Supremo Tribunal Federal) no âmbito daquela entidade. A assessoria jurídica deverá responder que

(A) as sociedades de economia mista são dotadas de personalidade jurídica de direito privado e, por essa razão, não se submetem às restrições remuneratórias próprias das entidades integrantes da Administração pública direta.

(B) as sociedades de economia mista, embora dotadas de personalidade jurídica de direito privado, submetem-se ao regime de direito público no que tange aos direitos e às obrigações trabalhistas, estando, por essa razão, submetidas ao limite máximo de remuneração.

(C) as sociedades de economia mista federais são dotadas de ampla autonomia administrativa e, por tal razão, gozam de absoluta independência para a instituição da política remuneratória de seus empregados, sem qualquer submissão ao regime juspublicista.

(D) o limite máximo de remuneração previsto no artigo 37, inciso XI, da Constituição da República aplica-se às sociedades de economia mista federais e suas subsidiárias quando receberem recursos da União para pagamento de despesas de pessoal ou de custeio em geral.

(E) o limite máximo de remuneração previsto no artigo 37, inciso XI, da Constituição da República aplica-se somente às sociedades de economia mista federais instituídas após a entrada em vigor da Emenda Constitucional n. 19/1998, oportunidade em que foi estabelecida a restrição remuneratória.

A: incorreta, pois há submissão sim, na forma do art. 37, XI, da CF, ficando excluída a aplicação do teto remuneratório apenas quanto às empresas estatais que não recebem recursos dos entes políticos para pagamento de despesas de pessoal e de custeio em geral (art. 37, § 9º, da CF); **B:** incorreta, pois as sociedades de economia mista submetem seus agentes às regras trabalhistas (CLT) e não às regras de direito público (art. 173, § 1º, II, da CF); **C:** incorreta; sociedades de economia mista que recebem recursos dos entes políticos para pagamento de despesas de pessoal e de custeio em geral estão sujeitas ao teto remuneratório do serviço público (art. 37, § 9º, da CF); **D:** correta (art. 37, § 9º, da CF); **E:** incorreta, pois tais limites aplicam-se tantos as sociedades de economia já existentes, quanto às que passaram a existir após a EC 19/1998, ressalvada a situação das empresas estatais que não recebem recursos dos entes políticos para pagamento de despesas de pessoal e de custeio em geral, que não precisam respeitar o teto remuneratório (art. 37, § 9º, da CF).

Gabarito "D"

(ADVOGADO – INFRAERO – 2004 – NCE/UFRJ) O denominado "teto" de remuneração e de subsídios previsto pela Constituição Federal, no inciso XI, do artigo 37, na redação dada pela Emenda Constitucional n. 41, de 19.12.2003, determina que os Desembargadores devem perceber, no máximo, o correspondente a:

(A) sessenta inteiros e vinte e cinco centésimos por cento do subsídio percebido por Ministro do Supremo Tribunal Federal;

(B) setenta inteiros e vinte e cinco centésimos por cento do subsídio percebido por Ministro do Supremo Tribunal Federal;

(C) oitenta inteiros e vinte e cinco centésimos por cento do subsídio percebido por Ministro do Supremo Tribunal Federal;

(D) noventa inteiros e vinte e cinco centésimos por cento do subsídio percebido por Ministro do Supremo Tribunal Federal;

(E) noventa e cinco inteiros e vinte e cinco centésimos por cento do subsídio percebido por Ministro do Supremo Tribunal Federal.

Trata-se de 90,25% do subsídio do Ministro do STF, de forma que a alternativa "d" é a correta (art. 37, XI, da CF).

Gabarito "D"

(ADVOGADO – ANCINE – 2005 – CESPE) A Lei n. 8.112/1990 instituiu o regime jurídico dos servidores públicos civis da União, das autarquias e das fundações públicas federais. Acerca desse regime, julgue os itens que se seguem.

(1) A vacância de cargo público pode decorrer de readaptação e de posse em outro cargo inacumulável.

(2) O servidor que desenvolver suas atividades em horário compreendido entre 22 horas de um dia e 5 horas do dia seguinte receberá o adicional noturno, tendo o valor-hora acrescido de 50%, computando-se cada hora como de cinquenta e dois minutos.

1: correta (art. 33, VI e VIII, da Lei 8.112/1990); **2:** incorreta, pois o adicional é de 25% e cada hora será computada como de cinquenta e dois minutos e trinta segundos (art. 75 da Lei 8.112/1990).

Gabarito 1C, 2E

5.10. PREVIDÊNCIA DO SERVIDOR: APOSENTADORIA, PENSÃO E OUTROS BENEFÍCIOS

(Procurador Federal – 2013 – CESPE) Acerca das regras sobre aposentadoria aplicáveis aos servidores públicos e dos princípios constitucionais da administração pública, julgue o item abaixo.

(1) Aos servidores detentores de emprego público, aos temporários e aos que ocupem exclusivamente cargo em comissão aplica-se o regime geral de previdência social, e não, o chamado regime previdenciário especial.

1: correta (art. 40, § 13, da CF/1988).

Gabarito 1C

(Procurador do Estado/RO – 2011 – FCC) Com as modificações efetuadas a partir das Emendas Constitucionais n. 20/1998 e n. 41/2003, a garantia do regime previdenciário próprio restringe-se aos servidores titulares de cargos

(A) efetivos e aos titulares de cargo em comissão da União, dos Estados, do Distrito Federal e dos Municípios.

(B) efetivos e aos ocupantes de cargo temporário da União, dos Estados, do Distrito Federal e dos Municípios.

(C) efetivos e aos empregados públicos da União, dos Estados, do Distrito Federal e dos Municípios.

(D) efetivos, aos titulares de cargo em comissão, aos ocupantes de cargo temporário e aos empregados públicos da União, dos Estados, do Distrito Federal e dos Municípios.

(E) efetivos da União, dos Estados, do Distrito Federal e dos Municípios, incluídas suas autarquias e fundações.

Essas modificações se deram no bojo do art. 40 da CF, cujo *caput* deixa claro que tais regras são aplicáveis aos servidores titulares de cargos efetivos da União, dos Estados, do Distrito Federal e dos Municípios, incluídas suas autarquias e fundações.

Gabarito "E"

(Procurador do Estado/RO – 2011 – FCC) De acordo com as regras constitucionais aplicáveis às pensões por morte de servidor o valor corresponderá

(A) à totalidade da remuneração no cargo efetivo em que ocorrer o falecimento ou à totalidade dos proventos do servidor falecido, até o limite máximo estabelecido para os benefícios do Regime Geral de Previdência Social. Se a remuneração ou os proventos até então percebidos superarem esse limite, este será acrescido de 70% da parcela que o exceder.

(B) a 70% da remuneração no cargo efetivo em que ocorrer o falecimento ou a 70% do valor dos proventos do servidor falecido.

(C) a 80% da remuneração no cargo efetivo em que ocorrer o falecimento ou a 80% do valor dos proventos do servidor falecido.

(D) ao limite máximo estabelecido para os benefícios do Regime Geral de Previdência Social independente da quantia paga a título de remuneração ou de proventos.

(E) à totalidade da remuneração no cargo efetivo em que ocorrer o falecimento ou à totalidade dos proventos do servidor falecido independente da quantia paga ao servidor ou ao aposentado.

A alternativa "A" é a única que está de acordo com o art. 40, § 7º, I e II, da CF.

Gabarito "A"

(Procurador do Estado/RO – 2011 – FCC) O texto permanente da Constituição Federal hoje em vigor admite a concessão de aposentadoria voluntária,

(A) com proventos proporcionais ao tempo de contribuição, para o homem que completar 60 anos de idade e para a mulher que atingir 55 anos, ocupantes de cargo efetivo, independentemente do tempo de contribuição, desde que tenham cumprido tempo mínimo de dez anos de efetivo exercício no serviço público e cinco anos no cargo efetivo em que se dará a aposentadoria.

(B) com proventos integrais, para o homem que completar 65 anos de idade e para a mulher que atingir 60 anos, ocupantes de cargo efetivo, independentemente do tempo de contribuição, desde que tenham cumprido tempo mínimo de dez anos de efetivo exercício no serviço público e cinco anos no cargo efetivo em que se dará a aposentadoria.

(C) com proventos proporcionais ao tempo de contribuição, para o homem que completar 65 anos de idade e para a mulher que atingir 60 anos, ocupantes de cargo efetivo, independentemente do tempo de contribuição, desde que tenham cumprido tempo mínimo de dez anos de efetivo exercício no serviço público e cinco anos no cargo efetivo em que se dará a aposentadoria.

(D) com proventos integrais, para o homem que completar 60 anos de idade e para a mulher que atingir 55 anos, ocupantes de cargo efetivo, independentemente do tempo de contribuição, desde que tenham cumprido tempo mínimo de dez anos de efetivo exercício no serviço público e cinco anos no cargo efetivo em que se dará a aposentadoria.

(E) independentemente do tempo de contribuição, a concessão de aposentadoria voluntária para o homem que completar 60 anos de idade e para a mulher que atingir 55 anos, ocupantes de cargo efetivo.

A: incorreta, pois, para a aposentadoria proporcional, o homem deve ter 65 anos e a mulher, 60 anos (art. 40, § 1°, III, "b", da CF); **B:** incorreta, pois, para a aposentadoria integral, o homem pode ter apenas 60 anos e a mulher, 55 anos; além disso, é necessário, sim, cumprir requisito de tempo de contribuição, sendo que o homem precisa ter contribuído por 35 anos, e a mulher, por 30 anos (art. 40, § 1°, III, "a", da CF); **C:** correta (art. 40, § 1°, III, "b", da CF); **D:** incorreta, pois na aposentadoria integral o homem precisa ter contribuído por 35 anos e a mulher por 30 anos (art. 40, § 1°, III, "a", da CF); **E:** incorreta, pois, nesse caso é necessário que o homem tenha 65 anos e a mulher, 55 anos; ademais, é necessário também que o homem tenha cumprido tempo mínimo de dez anos de efetivo exercício no serviço público e cinco anos no cargo efetivo em que se dará a aposentadoria.

Gabarito "C"

(Procurador do Estado/RO – 2011 – FCC) O texto permanente da Constituição Federal hoje em vigor

(A) garante o pagamento de abono de permanência para os servidores que, havendo satisfeito os requisitos para se aposentarem, optem por permanecer em atividade.

(B) admite a readaptação do servidor cuja demissão tenha sido invalidada por sentença judicial.

(C) garante a estabilidade dos servidores públicos nomeados para cargo de provimento efetivo após dois anos de efetivo exercício.

(D) admite, para efeitos de aposentadoria do servidor, a contagem fictícia de tempo de serviço.

(E) impede que o servidor em disponibilidade exerça outra função remunerada.

A: correta (art. 40, § 19, da CF); **B:** incorreta, pois, nesse caso, tem-se a reintegração (art. 41, § 2°, da CF), e não a readaptação; **C:** incorreta, pois a estabilidade do nomeado para cargo efetivo depende de *três* anos de efeito exercício (art. 41, *caput*, da CF); **D:** incorreta, pois a CF não admite a contagem fictícia de tempo de serviço, além de vedar expressamente a contagem fictícia de tempo de contribuição (art. 40, § 10, da CF); **E:** incorreta, pois não há essa proibição na Constituição (art. 41, § 3°, da CF); naturalmente, não poderá o servidor em disponibilidade cumular essa situação com outro cargo público inacumulável, mas nada impede que exerça alguma função remunerada na iniciativa privada.

Gabarito "A"

(Procurador do Estado/SC – 2010 – FEPESE) No tocante ao regime previdenciário dos servidores públicos, a Constituição Federal estabelece que:

(A) a lei poderá estabelecer qualquer forma de contagem de tempo de contribuição fictício.

(B) ao servidor ocupante, exclusivamente, de cargo em comissão declarado em lei de livre nomeação e exoneração bem como de outro cargo temporário ou de emprego público, aplica-se o regime geral de previdência social.

(C) o tempo de contribuição federal, estadual ou municipal não poderá ser contado para efeito de aposentadoria e o tempo de serviço correspondente para efeito de disponibilidade.

(D) o servidor poderá se aposentar voluntariamente, desde que cumprido tempo mínimo de quinze anos de efetivo exercício no serviço público e dez anos no cargo efetivo em que se dará a aposentadoria.

(E) os requisitos de idade e de tempo de contribuição serão reduzidos em cinco anos, para o professor que comprove tempo de efetivo exercício das funções de magistério na educação infantil, fundamental, médio e superior.

A: incorreta, pois a lei não poderá estabelecer qualquer forma de contagem de tempo de contribuição fictício (art. 40, § 10, da CF); **B:** correta (art. 40, § 13, da CF); **C:** incorreta, pois tais tempos poderão, sim, ser contados para esse fim (art. 40, § 9°, da CF); **D:** incorreta, pois, além dos demais requisitos para a aposentadoria voluntária, os requisitos mencionados na alternativa são, na verdade, de tempo mínimo de *dez* anos de efetivo exercício no serviço público, e de *cinco* anos no cargo efetivo em que se dará a aposentadoria (art. 40, § 1°, III, da CF); **E:** incorreta, pois tal benefício não se aplica ao professor de ensino superior (art. 40, § 5°, da CF).

Gabarito "B"

(Procuradoria Distrital – 2007) No tocante aos Agentes e Servidores Públicos está incorreta a assertiva de que:

(A) os particulares que atuam em colaboração (por delegação, requisição etc.) com o Poder Público não se inserem no conceito de Servidores Públicos.

(B) o art. 38 da Constituição Federal estabelece que o tempo de serviço do servidor público da administração direta autárquica e fundacional, em qualquer caso que exija o seu afastamento para o exercício de mandato eletivo, será contado para todos os efeitos legais, exceto para promoção por merecimento.

(C) o art. 40 da CF expressamente veda à lei o estabelecimento de qualquer forma de contagem de tempo de contribuição fictício.

(D) para efeito de benefício previdenciário, no caso de afastamento de servidor público para o exercício de mandato eletivo, os valores serão determinados como se em exercício estivesse.

(E) os requisitos de idade e de tempo de contribuição serão reduzidos em cinco anos, em relação ao § 1°, III, "a" do art. 40 da CF, para o professor que comprove exclusivamente tempo de efetivo exercício das funções de magistério na educação infantil e no ensino superior, médio e fundamental.

A: correta, pois os agentes citados são considerados agentes públicos do tipo ***agentes delegados***, e não ***servidores públicos***; **B:** correta (art. 38, IV, da CF); **C:** correta (art. 40, § 10, da CF); **D:** correta (art. 38, V, da CF); **E:** incorreta, pois não há esse benefício para professores do ensino superior (art. 40, § 5°, da CF).

Gabarito "E"

(Procurador do Município/Florianópolis-SC – 2010 – FEPESE) Assinale a alternativa **correta**, em relação aos servidores públicos.

(A) O servidor público estável somente perderá o cargo em virtude de sentença judicial transitada em julgado.

(B) Os servidores titulares de cargos efetivos da União, dos Estados, do Distrito Federal e dos Municípios, incluídas suas autarquias e fundações, poderão se aposentar voluntariamente, desde que cumprido tempo mínimo de quinze anos de efetivo exercício no serviço público e de dez anos no cargo em que se dará a aposentadoria.

(C) Extinto o cargo ou declarada a sua desnecessidade, o servidor estável ficará em disponibilidade, com remuneração proporcional ao tempo de serviço, até seu adequado aproveitamento em outro cargo.

(D) Ao servidor ocupante, exclusivamente, de cargo em comissão declarado em lei de livre nomeação e exoneração bem como de outro cargo temporário ou de emprego público, aplica-se o regime próprio de previdência social do ente ao qual está vinculado.

(E) Não incide qualquer tipo de contribuição sobre os proventos de aposentadorias e pensões concedidas.

A: incorreta, pois também poderá perder o cargo por infração disciplinar apurada em processo administrativo com ampla defesa, por não aprovação em avaliação especial de desempenho (mediante lei complementar e processo com ampla defesa) e para atender a limite de despesa com pessoas, atendidos os requisitos do art. 169 da CF; **B:** incorreta, pois o requisito mencionado é de 10 anos de efetivo exercício no serviço público e 5 anos no cargo efetivo em que se dará a aposentadoria (art. 40, § 1º, III, da CF); **C:** correta (art. 41, § 3º, da CF); **D:** incorreta, pois ao servidor ocupante desses cargos ou emprego aplica-se o regime geral de previdência social (art. 40, § 13, da CF); **E:** incorreta, pois há contribuição nos termos do art. 40, § 18, da CF.

Gabarito "C"

5.11. LICENÇAS

(ADVOGADO – ANCINE – 2005 – CESPE) Pedro é servidor público federal regido pela Lei n. 8.112/1990. Ana, esposa de Pedro, é médica da iniciativa privada. Ana ganhou uma bolsa de 2 anos para fazer especialização em cirurgia plástica na Inglaterra. Pedro quer acompanhá-la e, para isso, solicitou licença do serviço público. Com base nessa situação hipotética e no que dispõe a Lei n. 8.112/1990, julgue os itens subsequentes.

(1) Pedro poderá tirar licença por motivo de afastamento do cônjuge pelo prazo máximo de um ano.

(2) A licença prevista na lei para o afastamento de Pedro é sem remuneração.

1: incorreta, pois a licença será por prazo indeterminado (art. 84, § 1º, da Lei 8.112/1990); **2:** correta (art. 84, § 1º, da Lei 8.112/1990).

Gabarito 1E, 2C

5.12. RESPONSABILIDADE CIVIL DO SERVIDOR PÚBLICO

(Procurador Distrital – 2014 – CESPE) Julgue o seguinte item.

(1) Aplica-se a prescrição quinquenal no caso de ação regressiva ajuizada por autarquia estadual contra servidor público cuja conduta comissiva tenha resultado no dever do Estado de indenizar as perdas e danos materiais e morais sofridos por terceiro.

1: incorreta, pois a prescrição de pretensões contra a Fazenda Pública se dá em 5 anos (Decreto 20.910/1932), mas a prescrição de pretensões da Fazenda Pública contra particulares se dá em 3 anos (art. 206, § 3º, V, do CC/2002).

Gabarito 1E

(ADVOGADO – ANP – 2008 – CESGRANRIO) Um servidor, lotado e em exercício em um laboratório de uma universidade federal, por descuido, deixou uma sala, que deveria ser restrita, exposta ao público. O funcionário da empresa prestadora de serviços de limpeza efetuou, equivocadamente, o recolhimento de material radioativo naquela sala, tendo recebido carga radioativa considerável. Percebido o problema, ele restou como o único prejudicado, sem ter concorrido para o dano. No caso, a responsabilidade civil pelos danos, por parte da universidade, é

(A) inexistente, pois cabe somente ao servidor que cometeu a falta.

(B) inexistente, mas com possibilidade de regresso ao servidor que cometeu a falta.

(C) existente e independente da culpa do servidor que cometeu a falta.

(D) existente, porém alternativa em relação ao servidor que cometeu a falta.

(E) existente, porém dependente de culpa, mas com possibilidade de regresso ao servidor que cometeu a falta.

A e **B:** incorretas, pois é caso de responsabilidade objetiva; aliás, por envolver material nuclear, sequer há possibilidade de a Administração alegar qualquer excludente de responsabilidade; **C:** correta, tratando-se, como se viu, de responsabilidade objetiva da Administração; **D:** incorreta, pois o STF já pacificou o entendimento de que não se pode acionar o servidor diretamente, ainda que se acione ao mesmo tempo o Poder Público; apenas este pode ser acionado pelo particular, podendo o Poder Público, se o agente público tiver agido com culpa ou dolo, ingressar com ação de regresso contra o agente; **E:** incorreta, pois, por se tratar de responsabilidade objetiva do Poder Público, não há necessidade de comprovar culpa do agente público.

Gabarito "C"

5.13. DIREITOS, DEVERES E PROIBIÇÕES DO SERVIDOR PÚBLICO

(Procurador Federal – 2013 – CESPE) Julgue o seguinte item.

(1) Se o servidor, em razão do cargo que ocupe, suspeitar que a autoridade que lhe é hierarquicamente superior esteja envolvida em ato irregular, será seu dever levar ao conhecimento de outra autoridade competente, para apuração, a irregularidade.

1: correta (art. 116, VI, da Lei 8.112/1990).

Gabarito 1C

(ADVOGADO – CORREIOS – 2011 – CESPE) A respeito do conceito e dos direitos e deveres dos agentes administrativos, julgue os itens seguintes.

(1) Os direitos e deveres do servidor público são consagrados na Constituição Federal e na legislação federal, vedada a instituição de outros direitos e deveres no âmbito das leis ordinárias dos estados e dos municípios.

(2) Em sentido subjetivo, a administração pública compreende o conjunto de órgãos e de pessoas jurídicas ao qual a lei confere o exercício da função administrativa do Estado.

1: incorreta, pois a Constituição traz um rol mínimo de direitos, nada impedindo que as leis locais estabeleçam novos direitos, proibido, naturalmente, a criação de direitos que desrespeitem regras proibitivas estabelecidas na Constituição, como a regra que trata do teto remuneratório; **2:** correta, pois traz a adequada definição de administração em sentido subjetivo; já em sentido objetivo, é conjunto de funções necessárias aos serviços públicos em geral.

Gabarito 1E, 2C

5.14. INFRAÇÕES E PROCESSOS DISCIPLINARES. COMUNICABILIDADE DE INSTÂNCIAS

(Procurador do Estado/GO – 2010) A propósito da participação de advogado em processos administrativos disciplinares, o Supremo Tribunal Federal (STF)

(A) não se pronunciou sobre o mérito, por considerar a questão de natureza infraconstitucional.

(B) editou súmula não vinculante pacificando o entendimento de que a falta de defesa técnica por advogado no processo administrativo disciplinar não ofende a constituição.

(C) editou súmula não vinculante afirmando não ser obrigatória a presença de advogado em todas as fases do processo administrativo disciplinar.

(D) editou súmula vinculante pacificando o entendimento de que a falta de defesa técnica por advogado no processo administrativo disciplinar não ofende a constituição.

(E) editou súmula considerando inválido o processo administrativo disciplinar no qual o servidor não foi representado por advogado e o STJ publicou súmula afirmando que a ausência de advogado nesses processos não gera nulidade.

Segundo a Súmula Vinculante 5 do STF, "A falta de defesa técnica por advogado no processo administrativo disciplinar não ofende a Constituição". Dessa forma, a alternativa correta é a "d".

Gabarito "D"

(Procurador do Estado/PB – 2008 – CESPE) A respeito do recurso em processo administrativo disciplinar, julgue os itens que se seguem.

I. O recurso administrativo possui, como regra, efeitos suspensivo e devolutivo.

II. O prazo para a interposição do recurso administrativo é de 10 dias.

III. Não se exige a garantia de instância (caução) para a interposição de recurso administrativo, salvo disposição legal expressa em contrário.

IV. Não é possível que a instância superior, ao analisar o recurso administrativo, imponha decisão mais severa do que a imposta por instância inferior.

Estão certos apenas os itens

(A) I e III.

(B) I e IV.

(C) II e III.

(D) I, II e IV.

(E) II, III e IV.

I: incorreta (art. 109 da Lei 8.112/1990); **II:** correta (art. 161, § 1º, da Lei 8.112/1990); **III:** correta (os arts. 107 e ss da Lei 8.112/1990 não exigem caução para a interposição de recurso administrativo); IV: incorreta, por conta da diretriz trazida no (art. 114 da Lei 8.112/1990, bem como disposto no art. 64, parágrafo único, da Lei 9.784/99, aplicável subsidiariamente (art. 69 da Lei 9.784/99).

Gabarito "C"

(Procurador do Estado/SE – FCC – 2005) Uma autoridade administrativa presenciou a prática de ato de subordinado seu, a configurar ilícito administrativo. Considerando-se que tal autoridade tem competência para aplicar ao subordinado a respectiva penalidade disciplinar,

(A) poderá aplicá-la de imediato, invocando o princípio da verdade sabida.

(B) ainda assim deverá iniciar processo administrativo, tendente à aplicação da penalidade, em razão do princípio da inércia.

(C) poderá aplicá-la de imediato, invocando o princípio da autotutela.

(D) ainda assim deverá iniciar processo administrativo, tendente à aplicação da penalidade, em razão do princípio da ampla defesa.

(E) deverá aplicá-la de imediato, sob pena de estar, por sua vez, praticando ato ilícito ao omitir-se na defesa do interesse público.

A: incorreta; a verdade sabida é aquela testemunhada ou conhecida inequivocamente pelo superior hierárquico; alguns estatutos admitem que a partir dela se imponha sanção, desde que se garanta ampla defesa ou contraditório; porém, trata-se de instituto inconstitucional, pois há de se garantir contraditório e ampla defesa (art. 5º, LV, da CF).; **B:** incorreta, pois o dever de iniciar processo administrativo decorre dos princípios do devido processo legal e do contraditório e da ampla defesa e não do princípio da inércia; C e **E:** incorretas, pois é necessário assegurar os princípios citados, de modo que a sanção poderá ser aplicada, mas não de imediato; **D:** correta (art. 5º, LV, da CF).

Gabarito "D"

(Procurador do Município/Boa Vista-RR – 2010 – CESPE) De acordo com a Lei n. 8.112/1990, que trata do regime jurídico dos servidores públicos civis da União, julgue os itens a seguir.

(1) O chefe imediato do servidor tem a faculdade de autorizar ou não a compensação de horário. Não havendo tal compensação, o servidor perderá a parcela da remuneração correspondente ao atraso, sem que, nessa hipótese, se caracterize violação ao princípio da irredutibilidade de vencimentos.

(2) A comissão de sindicância não é pré-requisito para a instauração do processo administrativo disciplinar.

1: correta (art. 44, II, da Lei 8.112/1990); **2:** incorreta, pois o processo disciplinar será conduzido pela comissão (art. 149, *caput* e § 2º, da Lei 8.112/1990).

Gabarito 1C, 2E

(Advogado da União/AGU – CESPE – 2012) Com base na jurisprudência dos tribunais superiores e na legislação de regência, julgue os próximos itens, relativos a agentes públicos.

(1) Conforme o disposto na Lei nº 8.112/1990, a instauração de PAD interrompe a prescrição até a decisão final, a ser proferida pela autoridade competente; conforme entendimento do STF, não sendo o PAD concluído em cento e quarenta dias, o prazo prescricional volta a ser contado em sua integralidade.

(2) Qualquer pessoa pode representar ao corregedor-geral da AGU contra abuso, erro grosseiro, omissão ou qualquer outra irregularidade funcional dos membros da AGU.

1: correta, nos termos do art. 142, § 3º, da Lei 8.112/1990 (interrupção da prescrição); já quanto ao entendimento do STF, de fato foi consagrado, conforme se verifica no MS 23.299; **2:** correta (art. 34 da Lei Complementar 73/1993).

Gabarito 1C, 2C

(Procurador da Fazenda Nacional – 2006 – ESAF) Entre as opções abaixo, assinale aquela que, consoante estabelece a Lei n. 8.112/1990, não constitui, por si só, razão para demissão de servidor público federal.

(A) Incontinência pública e conduta escandalosa, na repartição.

(B) Revelação de segredo do qual se apropriou em razão do cargo.

(C) Inassiduidade habitual.

(D) Acumulação ilegal de cargos, empregos ou funções públicas.

(E) Manter sob sua chefia imediata, em cargo ou função de confiança, cônjuge, companheiro ou parente até o segundo grau civil.

Todas são faltas funcionais puníveis com demissão (art. 132 da Lei 8.112/1990), exceto a alternativa "E", que enseja apenas a penalidade de advertência (art. 129 da Lei 8.112/1990).

Gabarito "E"

(ADVOGADO – PETROBRÁS – 2012 – CESGRANRIO) A Lei n. 8.112, de 11.12.1990, dedica um capítulo ao regime de responsabilidade dos servidores públicos federais sujeitos à sua disciplina e estabelece, dentre outras penalidades disciplinares, a suspensão, que não poderá exceder

(A) 20 dias

(B) 45 dias

(C) 60 dias

(D) 90 dias

(E) 120 dias

Conforme o art. 130 da Lei 8.112/1990, a suspensão não poderá exceder 90 dias.

Gabarito "D"

(ADVOGADO – CASA DA MOEDA – 2009 – CESGRANRIO) No que concerne ao regime disciplinar dos servidores públicos federais, analise as assertivas abaixo.

I. O servidor público responde civil, penal e administrativamente pelo exercício irregular de suas atribuições, desde que a sua conduta resulte em prejuízo ao erário ou a terceiros.

II. As sanções civis, penais e administrativas podem cumular-se, sendo independentes entre si; mas a responsabilidade administrativa do servidor será afastada em caso de absolvição criminal que negue a existência do fato ou sua autoria.

III. A ação disciplinar prescreve em cinco anos, seja qual for a natureza da infração administrativa cometida pelo servidor, começando a correr da data em que o fato se tornou conhecido.

É(São) correta(s) **APENAS** a(s) afirmativa(s)

(A) I.

(B) II.

(C) III.

(D) I e III.

(E) II e III.

I: incorreta, pois apenas a responsabilidade civil depende da ocorrência de prejuízo ao erário ou a terceiros (art. 122, *caput*, da Lei 8.112/1990); as responsabilidades penal e administrativa (art. 121 da Lei 8.112/1990) não reclamam esse requisito; **II:** correta (arts. 125 e 126 da Lei 8.112/1990); **III:** incorreta, pois o prazo de prescrição varia em função dos seguintes critérios (art. 142 da Lei 8.112/1990): i) 5 anos em relação às infrações punidas com demissão; cassação de aposentadoria ou disponibilidade e destituição de cargo em comissão; ii) 2 anos, quanto à suspensão; iii) 180 dias, quanto à advertência.

Gabarito "B"

(PROCURADOR – BANCO CENTRAL – 2009 – CESPE) Acerca da sindicância e do processo administrativo disciplinar (PAD), assinale a opção correta.

(A) O servidor público federal que for demitido por ter atuado ilegalmente como procurador em sua repartição pública poderá retornar imediatamente ao serviço público, se for aprovado em novo concurso público.

(B) Como medida cautelar e a fim de que o servidor acusado não venha a influir na apuração da irregularidade, a autoridade instauradora do PAD poderá determinar o seu afastamento do exercício do cargo, pelo prazo de até sessenta dias, com prejuízo da remuneração.

(C) Caso um indivíduo tenha contribuído durante trinta e cinco anos no serviço público para o regime próprio de previdência social dos servidores públicos federais, porém, depois de se aposentar, teve a aposentadoria cassada, após o devido PAD, tal penalidade será inconstitucional, já que a relação previdenciária do servidor nada tem a ver com a falta disciplinar ocorrida na ativa.

(D) Se um servidor acumular dois cargos públicos indevidamente, deverá ser instaurado PAD, no rito ordinário, o qual culminará, na hipótese de se provar o fato, na demissão do servidor, esteja ele acumulando os dois cargos de boa ou má-fé.

(E) Na aplicação das penalidades, serão consideradas a natureza e a gravidade da infração cometida, os danos que dela provierem para o serviço público, as circunstâncias agravantes ou atenuantes e os antecedentes funcionais, sendo que as penalidades de advertência e de suspensão terão seus registros cancelados, após o decurso de três e cinco anos de efetivo exercício, respectivamente, se o servidor não houver, nesse período, praticado nova infração disciplinar.

A: incorreta, pois, nesse caso, o servidor não mais poderá retornar ao serviço público federal (arts. 137, parágrafo único, 132, XIII, e 117, XI, todos da Lei 8.112/1990); **B:** incorreta, pois o afastamento é sem prejuízo da remuneração (art. 147, *caput*, da Lei 8.112/1990); **C:** incorreta, pois tal penalidade está prevista em lei (art. 127, IV, da Lei 8.112/1990) e o STF entende ser constitucional a medida (RMS 24.557 e MS 21.948); **D:** incorreta, pois, detectada a acumulação ilegal, a autoridade competente notificará o servidor, por intermédio de sua chefia, para apresentar opção no prazo de 10 dias, sendo que, apenas na hipótese de omissão do servidor em fazer a opção, instaurar-se-á processo disciplinar pelo rito sumário para apuração do fato, além de regularização imediata (art. 133, *caput*, da Lei 8.112/1990); **E:** correta (arts. 128, *caput*, 131, *caput*, da Lei 8.112/1990).

Gabarito "E"

(ADVOGADO – ANS – 2005 – CESPE) Em relação às sanções penais e civis aplicáveis aos servidores públicos, julgue os itens subsequentes.

(1) Como consequência do caráter unitário do ilícito perante todo o ordenamento jurídico, não existe diferença ontológica entre ilícitos civis e criminais que possam ser praticados por um servidor público, porém, as repercussões de um mesmo ato ilícito ocorrem de forma diferenciada em cada uma das esferas.

(2) Há relação de dependência entre as instâncias cíveis e penais, razão pela qual as sanções civis e criminais decorrentes de ato ilícito de servidor público só podem ser aplicadas concomitantemente.

(3) A locução do texto constituticional "sem prejuízo da ação penal cabível", que indica as consequências dos atos de improbidade administrativa realizados por agente público, não afasta a conotação penal das sanções previstas na chamada Lei de Improbidade Administrativa.

(4) Penalidade prevista em contrato administrativo, como punição para inadimplemento de obrigação contratual do particular, não configura sanção civil.

1: correta, pois, mesmo havendo a identidade ontológica entre os ilícitos civis e criminais, há consequências diversas e independentes em cada uma das esferas, sendo o ressarcimento ao erário a consequência própria dos primeiros e as penas criminais (ex: detenção, reclusão, restritiva de direitos etc.), próprias do segundo; **2:** incorreta, pois as sanções civis e penais (e administrativas também) são independentes entre si (art. 125 da Lei 8.112/1990); **3:** incorreta, pois é absolutamente pacífico nos tribunais superiores que as sanções previstas na Lei 8.429/1992 são não penais; 4: correta, pois se trata de sanção administrativa.

Gabarito 1C, 2E, 3E, 4C

5.15. TEMAS COMBINADOS DE SERVIDOR PÚBLICO

(Procurador de Contas TCE/ES – CESPE – 2009) No que concerne ao regime constitucional dos servidores públicos, assinale a opção correta.

(A) Servidor público federal nomeado para ocupar cargo em comissão deverá contribuir para o regime próprio de previdência social, em relação ao cargo em comissão.

(B) Conforme entendimento do STJ, é vedada a acumulação do cargo de professor com o de agente de polícia civil, o qual não se caracteriza como cargo técnico.

(C) O prazo de validade do concurso público será de até dois anos, prorrogável uma vez, por igual período, não sendo admitida realização de novo concurso, se ainda não tiverem sido chamados os candidatos aprovados no concurso anterior.

(D) A CF não distingue os conceitos de função de confiança e de cargo em comissão, de forma que todo cargo em comissão é, de fato, uma função de confiança.

(E) Conforme recente entendimento do STJ, o prazo do estágio probatório não foi alterado, com o advento da Emenda Constitucional n. 19/1998, que fixou o prazo para aquisição da estabilidade em três anos.

A: incorreta, pois o servidor em cargo em comissão deverá contribuir para o Regime Geral da Previdência (INSS), nos termos do art. 40, § 13, da CF; **B:** correta, pois o cargo de agente de polícia civil não é considerado cargo técnico pelo STJ (art. 37, XVI, *b, da CF*); **C:** incorreta, pois é possível fazer novo concurso mesmo que não tiverem sido chamados os candidatos aprovados no concurso anterior, mas os candidatos aprovados no concurso anterior têm prioridade enquanto estiver em validade o concurso; **D:** incorreta, pois as funções em confiança só podem ser preenchidas por servidores ocupantes de cargo efetivo, ao passo que os cargos em comissão podem ser providos por pessoas que não fazem parte do quadro da Administração (art. 37, V, da CF); **E:** incorreta, pois, para o STF e o STJ, o estágio probatório passou a ser de 3 anos, com a mudança do tempo de efetivo exercício para a aquisição da estabilidade, que, desde a EC 19/1998, é de 3 anos (STF, STA 269 AgR, DJ 26.02.2010 e STJ MS 12.523/DF, 18.08.2009).

Gabarito "B"

(Procurador Federal – 2010 – CESPE) Em cada um dos próximos itens, é apresentada uma situação hipotética a respeito do regime jurídico dos servidores públicos e da responsabilidade dos servidores na emissão de pareceres, seguida de uma assertiva a ser julgada.

(1) Um procurador federal emitiu parecer em consulta formulada por servidor público para subsidiar a decisão da autoridade competente. Nessa situação, se a decisão da autoridade, que seguiu as diretrizes apontadas pelo parecer, não for considerada como a correta pelo TCU e, em consequência disso houver dano ao patrimônio público, então haverá responsabilidade civil pessoal do parecerista.

(2) Carlos, servidor público federal desde abril de 2000, jamais gozou o benefício da licença para capacitação. Nessa situação, considerando-se que ele faz jus ao gozo desse benefício por três meses, a cada quinquênio, Carlos poderá gozar dois períodos dessa licença a partir de abril de 2010.

1: incorreta, pois o caso não narra hipótese de parecer vinculante, em que a responsabilidade do parecerista existiria (ex.: art. 38 da Lei 8.666/1993); no caso em tela, o parecerista só responderia em caso de fraude ou erro grosseiro; **2:** incorreta, pois os períodos de licença para a capacitação não são acumuláveis (art. 87, parágrafo único, da Lei 8.112/1990).

Gabarito 1E, 2E

6. IMPROBIDADE ADMINISTRATIVA

6.1. CONCEITO, MODALIDADES, TIPIFICAÇÃO E SUJEITOS ATIVO E PASSIVO

(Procurador Federal – 2013 – CESPE) Julgue o seguinte item.

(1) Se um agente público conceder benefício administrativo ou fiscal sem a observância das formalidades legais ou regulamentares aplicáveis à espécie, ficará caracterizado ato de improbidade administrativa, mesmo que o agente não tenha atuado de forma dolosa, ou seja, sem a intenção deliberada de praticar ato lesivo à administração pública.

1: correta (art. 10, VII, da Lei 8.429/1992).

Gabarito 1C

(Procurador Distrital – 2014 – CESPE) Julgue o item seguinte.

(1) Presidente de autarquia estadual que deixar de prestar as contas anuais devidas responderá, desde que comprovada a sua má-fé e a existência de dano ao erário, pelo cometimento de ato de improbidade atentatório aos princípios da administração pública.

1: incorreta, pois a modalidade de improbidade concernente à violação de princípios requer dolo, mas não requer dano ao erário para se configurar, conforme se verifica no art. 11, *caput*, da Lei 8.429/1992; no caso, configurou-se ato de improbidade nos termos do art. 11, VI, da mencionada lei.

Gabarito 1E

(Procurador do Estado/CE – 2008 – CESPE) Francisco, presidente de determinada autarquia estadual, contratou os serviços de vigilância da empresa Zeta, com dispensa de licitação, argumentando que não havia tempo hábil para realizar procedimento licitatório e que a autarquia não poderia ficar sem aquele serviço. Posteriormente, descobriu-se que a empresa Zeta pertencia a Carlos, amigo de Francisco, e que a emergência alegada fora criada intencionalmente pelo próprio agente público, que deixou de iniciar processo licitatório mesmo ciente de que o contrato anterior estava prestes a vencer. Os valores pagos à empresa Zeta eram 50% maiores que os preços praticados no mercado. Descobriu-se, também, que Carlos depositara valores em dinheiro nas contas de Francisco. Diante desses fatos, o governador demitiu Francisco da presidência da autarquia e o Ministério Público (MP) do estado denunciou-o, juntamente com Carlos, por crimes de dispensa ilegal de licitação e corrupção. Com base nessa situação hipotética, assinale a opção correta.

(A) Francisco não poderá ser processado por improbidade administrativa com base na Lei n. 8.429/1992 porque, em razão da demissão, não será considerado mais agente público.

(B) Carlos não pode ser sujeito passivo da ação de improbidade administrativa de que trata a Lei n. 8.429/1992.

(C) A ação de improbidade administrativa só poderá ser ajuizada se ficar constatado prejuízo financeiro aos cofres públicos.

(D) A ação de improbidade administrativa poderá ser proposta pelo MP ou pela pessoa jurídica interessada. Caso a ação seja ajuizada pelo MP, a pessoa jurídica interessada poderá atuar ao lado do autor da ação ou abster-se de contestar o pedido, desde que isso se afigure útil ao interesse público.

(E) Caso os envolvidos procurem o MP ou os representantes da pessoa jurídica lesada e proponham a recomposição dos prejuízos causados, as partes poderão realizar transação com o objetivo de extinguir a ação de improbidade administrativa.

A: incorreta (arts. 2º e 3º da Lei 8.429/1992); **B:** incorreta (art. 3º da Lei 8.429/1992); **C:** incorreta, pois há casos que não exigem prejuízo ao erário (v. art. 11, p. ex.); **D:** correta (art. 17, *caput* e § 3º, da Lei 8.429/1992); **E:** incorreta (art. 17, § 1º, da Lei 8.429/1992).

Gabarito "D"

(Procurador do Estado/MT – FCC – 2011) A Lei n. 8.429/1992, que dispõe sobre improbidade administrativa,

(A) sujeita aqueles que praticarem atos de improbidade a sanções civis, administrativas e penais, inclusive com penas restritivas de liberdade, conforme a extensão do dano causado e o proveito patrimonial obtido pelo agente.

(B) aplica-se aos atos de improbidade praticados por agente público, assim considerados apenas aqueles com vínculo permanente, mandato, cargo, emprego ou função nas entidades integrantes da Administração direta ou indireta de todos os Poderes.

(C) aplica-se apenas aos atos dolosos que ensejem lesão ao patrimônio público ou violação aos princípios aplicáveis à Administração Pública, praticados por agentes públicos ou por particulares com vínculo com a Administração.

(D) alcança também os atos de improbidade praticados contra o patrimônio de entidade para cuja criação ou custeio o erário haja concorrido ou concorra com menos de cinquenta por cento do patrimônio ou da receita anual.

(E) sujeita aqueles que praticarem atos de improbidade apenas a sanções administrativas, como perda do cargo, função pública, inelegibilidade e proibição de contratar com a Administração.

A: incorreta, pois essa lei regula a repressão não penal à prática de atos administrativos, sendo que as sanções previstas no art. 12 da Lei 8.429/1992 são demonstração disso; **B:** incorreta, pois o conceito de agente público previsto no art. 2º da Lei 8.429/1992 é muito mais amplo, abrangendo, também, agentes temporários e agentes que laboram em entidades que não fazem parte da Administração direta ou indireta, como entidades que recebam subvenção estatal (art. 1º, parágrafo único, da Lei 8.429/1992); **C:** incorreta, pois também se aplica em relação a atos dolosos que importem em enriquecimento ilícito do agente (art. 9º da Lei 8.429/192), bem como em relação a meros atos culposos quando se trata de prejuízo ao erário (art. 10 da Lei 8.429/1992); **D:** correta (art. 1º, parágrafo único, da Lei 8.429/1992); **E:** incorreta, pois há também sanções de natureza civil (multa civil) e eleitoral (suspensão dos direitos políticos), nos termos do art. 12, I a III, da Lei 8.429/1992.

Gabarito "D"

(Procurador do Estado/SE – FCC – 2005) É elemento característico do regime da ação de improbidade administrativa estabelecido pela Lei n. 8.429/1992

(A) a possibilidade de resultar na aplicação de pena de perda de direitos políticos.

(B) a transmissão das cominações da Lei ao sucessor *causa mortis* do réu, independentemente do valor da herança.

(C) a competência privativa do Ministério Público para seu ajuizamento.

(D) a possibilidade de resultar na aplicação de pena privativa de liberdade, desde que o mesmo fato já não tenha gerado condenação em processo penal.

(E) a extensão de sua tutela a atos praticados por qualquer agente público, servidor ou não.

A: incorreta, pois a pena é de *suspensão* dos direitos políticos e não de *perda* destes (art. 12, I a III, da Lei 8.429/1992); **B:** incorreta, pois a sujeição mencionada tem como limite o valor da herança (art. 8º da Lei 8.429/1992); **C:** incorreta, pois a pessoa jurídica interessada (ex: o Município que foi vítima do ato de improbidade) também tem essa legitimidade (art. 17 da Lei 8.429/1992); vale salientar que não há outros legitimados para essa ação, diferentemente das ações civis públicas em sentido estrito, que têm também outros legitimados, como as associações civis com pertinência temática e constituídas há pelo menos um ano; **D:** incorreta, pois essa lei regula a repressão não penal à prática de atos administrativos, sendo que as sanções previstas no art. 12 da Lei 8.429/1992 são demonstração disso; **E:** correta, valendo salientar que o conceito de agente público abrange pessoas que sequer trabalham na Administração direta ou indireta, mas que estão vinculados a entidades que recebam, do Estado, subvenção, benefício ou incentivo, fiscal ou creditício ou que para a sua criação ou custeio o erário haja concorrido (art. 1º, *caput* e parágrafo único, da Lei 8.429/1992).

Gabarito "E"

(Procurador do Município/Cubatão-SP – 2012 – VUNESP) Rolando da Silva, funcionário público, e Tibério Vacâncio, motorista de taxi, foram flagrados praticando conduta em conluio, com o objetivo de perceber vantagem econômica para intermediar a liberação de verba pública da Prefeitura do Município onde Rolando exerce suas funções. Considerando que restaram devidamente comprovadas a participação e a culpa de ambos na referida prática delituosa, pode-se afirmar, com base na Lei n. 8.429/1992, que

(A) Rolando, por ser funcionário público, é o único que ficará sujeito às penalidades da Lei de Improbidade Administrativa.

(B) Tibério, por não exercer função no serviço público, ficará sujeito às penas da Lei n. 8.429/1992 somente se ele causou prejuízo ao erário.

(C) Rolando e Tibério ficarão sujeitos às penas da Lei de Improbidade administrativa, enquanto que o primeiro, por ser funcionário público, deve ainda sofrer sanções penais, civis e administrativas previstas na legislação específica, e o segundo, por ser particular, não ficará sujeito a essas penas.

(D) em razão da conduta praticada, ambos ficarão sujeitos, entre outras penas, à perda dos bens ou valores acrescidos ilicitamente ao patrimônio e à suspensão dos direitos políticos de oito a dez anos.

(E) nenhum dos dois estará sujeito às sanções da Lei n. 8.429/1992, já que a conduta praticada por eles não está prevista como ato de Improbidade Administrativa, ficando sujeito, porém, às sanções penais, civis e administrativas previstas na legislação específica.

A: incorreta, pois a Lei de Improbidade Administrativa também se aplica a quem, mesmo não sendo agente público, seja beneficiário do ato ou induza ou concorra para a prática do ato de improbidade (art. 3º da Lei 8.429/1992); **B:** incorreta, pois a aplicação da Lei 8.429/1992 independe da efetiva ocorrência de dano ao erário (art. 21, I); **C:** incorreta, pois o fato de Tibério ser particular não o livra de responsabilização nas esferas penal e civil; **D:** correta, pois, em se tratando da prática de ato de improbidade na modalidade enriquecimento ilícito, aplica-se as sanções previstas no art. 12, I, da Lei 8.429/1992, que, de fato, sujeita os responsáveis às sanções mencionadas na alternativa, sem prejuízo de outras; **E:** incorreta, pois a conduta praticada configura ato de improbidade na modalidade enriquecimento ilícito do agente, tipificando mais precisamente a situação descrita no inciso IX do art. 9º da Lei 8.429/1992.

Gabarito "D"

(Procurador do Município/São Paulo-SP – 2008 – FCC) Os atos de improbidade administrativa

(A) poderão corresponder a crimes na legislação penal, hipótese em que a tramitação do processo administrativo disciplinar será sobrestada até o desfecho da ação penal.

(B) estão configurados na hipótese de atentado contra os princípios da Administração Pública, ainda que não ocorra prejuízo ao erário.

(C) são praticados exclusivamente por agentes públicos, assim considerados os servidores públicos, agentes políticos e os particulares em colaboração com o Poder Público.

(D) estarão configurados na hipótese de prejuízo ao erário ou atentado contra os princípios da Administração Pública, independentemente de dolo ou culpa do agente.

(E) poderão acarretar pena de perda dos direitos políticos, aplicada em sede de processo administrativo, no qual será garantido direito a ampla defesa.

A: incorreta, pois não há previsão legal de que a tramitação do processo disciplinar será sobrestada até o desfecho da ação penal; **B:** correta (arts. 11 e 21, I, da Lei 8.429/1992); **C:** incorreta, pois o conceito de agente público abrange também pessoas que sequer trabalham na Administração direta ou indireta, mas que estão vinculados a entidades que recebam, do Estado, subvenção, benefício ou incentivo, fiscal ou creditício ou que para a sua criação ou custeio o erário haja concorrido (art. 1º, *caput* e parágrafo único, da Lei 8.429/1992); **D:** incorreta, pois não há responsabilidade objetiva (ou seja, independentemente de culpa) em matéria de improbidade administrativa, sendo necessário dolo na modalidade de prejuízo ao erário e culpa ou dolo nas modalidades enriquecimento ilícito e violação a princípios da Administração; **E:** incorreta, pois a sanção corresponde não é de *perda*, mas de *suspensão* dos direitos políticos; ademais, a sanção só pode ser aplicada mediante *processo judicial* (e não *administrativo*), sendo necessário, inclusive, aguardar o trânsito em julgado da sentença condenatória (art. 20, *caput*, da Lei 8.429/1992)

Gabarito "B"

(Procurador do Município/Sorocaba-SP – 2012 – VUNESP) Quanto ao sujeito ativo que pode vir a ser responsabilizado por improbidade administrativa, indique a alternativa correta.

(A) Responde o terceiro que, mesmo não sendo agente público, induza ou concorra para a prática do ato, ou dele se beneficie de forma direta ou indireta.

(B) A lei de improbidade administrativa considera como sujeito ativo apenas o agente público, mesmo que não tenha se beneficiado diretamente.

(C) Não se enquadra como responsável o agente público que presta serviços à Administração sem vínculo empregatício.

(D) Os membros da Magistratura e do Ministério Público não se enquadram como sujeitos ativos, por fazerem parte de órgãos com independência funcional.

(E) Os juízes não se sujeitam à aplicação da Lei de Improbidade Administrativa por possuírem cargo de vitaliciedade.

A: correta (art. 3º da Lei 8.429/1992); **B:** incorreta, pois o terceiro, mesmo não sendo agente público, que induz ou concorra para a prática do ato, ou dele se beneficie, também pode ser sujeito ativo do ato de improbidade administrativa (art. 3º da Lei 8.429/1992); **C:** incorreta, pois se reputa agente público, para os efeitos da Lei de Improbidade, todo aquele que exerce, ainda que transitoriamente ou sem remuneração, por eleição, nomeação, designação, contratação ou *qualquer outra forma de* investidura ou *vínculo*, mandato, cargo, emprego ou função nas entidades mencionadas no art. 1º da Lei; assim, mesmo que o vínculo não seja empregatício, quem exerce função em qualquer das entidades mencionadas no art. 1º da Lei 8.429/1992 é considerado agente público para fins de aplicação da Lei de Improbidade; D e **E:** incorretas, pois não há essa discriminação no art. 2º da Lei 8.429/1992; todavia, é bom lembrar que agentes políticos que respondam por crimes de responsabilidade não estão sujeitos à Lei de Improbidade, para que não haja um *bis in idem*, salvo o Prefeito, que, segundo o STF, continua respondendo junto à Lei 8.429/1992.

Gabarito "A"

(Advogado da União/AGU – CESPE – 2012) Julgue o seguinte item.

(1) É necessária a comprovação de enriquecimento ilícito ou da efetiva ocorrência de dano ao patrimônio público para a tipificação de ato de improbidade administrativa que atente contra os princípios da administração pública.

1: incorreta, pois a modalidade mencionada, prevista no art. 11 da Lei 8.429/1992, é absolutamente independente das modalidades relacionadas ao enriquecimento ilícito (art. 9º) e ao dano ao erário (art. 10).

Gabarito 1E

(Procurador da Fazenda Nacional – 2007.2 – ESAF) A Lei n. 8.429/1992 regula os atos de improbidade administrativa contra os agentes públicos. Cláudia aceita suborno para assinar contrato superfaturado. À luz do previsto nos arts. 9º, 10 e 11 da referida Lei e na legislação penal comum e especial, assinale a opção incorreta quanto ao enquadramento da referida conduta.

(A) Não há tipificação de improbidade administrativa na hipótese.

(B) Enquadra-se no artigo 10, que trata dos atos de improbidade administrativa que causam prejuízo ao erário.

(C) Enquadra-se no artigo 11, que aborda os atos de improbidade administrativa que atentam contra os princípios da administração pública.

(D) Enquadra-se no artigo 9, que prevê os atos de improbidade administrativa que importam em enriquecimento ilícito.

(E) Há improbidade administrativa e crime.

Há improbidade administrativa, caracterizadas as três modalidades, e crime de corrupção passiva.

Gabarito "A"

(Procurador da Fazenda Nacional – 2006 – ESAF) Sobre improbidade administrativa, na forma como disciplinada em legislação federal, é correto dizer que

(A) é possível se falar em improbidade administrativa para atos que não importem enriquecimento ilícito e não tenham causado prejuízo ao erário.

(B) a obrigação de ressarcimento do dano se restringe aos atos de lesão ao patrimônio público dolosos, sejam omissivos ou comissivos.

(C) a regra de que o sucessor responde por dívidas do sucedido não se aplica em hipóteses de improbidade administrativa, dada a natureza personalíssima da responsabilidade pelos atos envolvidos.

(D) em vista da gravidade dos atos de improbidade administrativa, o legislador federal optou por tornar as ações respectivas imprescritíveis, o que deu azo a duras críticas pela doutrina e jurisprudência pátrias.

(E) tecnicamente, somente o servidor público pode praticar atos de improbidade administrativa.

A: correta. Caracteriza ato de improbidade administrativa o atentado a princípios da administração pública (honestidade, imparcialidade, legalidade e lealdade às instituições), ainda que não causem enriquecimento ilícito do agente ou prejuízo ao erário (art. 11 da Lei 8.429/1992); **B:** incorreta. Atos culposos também ensejam a reparação integral do dano (art. 5º da Lei 8.429/1992); **C:** incorreta, transmitindo-se a responsabilidade aos sucessores no limite das forças da herança (art. 8º da Lei 8.429/1992); **D:** incorreta. A ação de improbidade administrativa prescreve em cinco anos após o término do mandato ou do exercício do cargo em comissão ou função de confiança ou no prazo prescricional previsto em lei para a penalidade de demissão a bem do serviço público caso o agente ocupe cargo efetivo ou emprego público (que, por coincidência, é também de cinco anos), conforme art. 23 da Lei 8.429/1992); **E:** incorreta. Para fins de improbidade administrativa, o conceito de agente público é bastante amplo, abrangendo qualquer pessoa que exerça, ainda que transitoriamente ou sem remuneração, por eleição, nomeação, designação, contratação ou qualquer outra forma de investidura ou vínculo, mandato, cargo, emprego ou função em qualquer órgão ou entidade da administração direta ou indireta, bem como em entidades privadas que recebam subvenção, benefício ou incentivo públicos (art. 2º da Lei 8.429/1992).

Gabarito "A"

6.2. SANÇÕES E PROVIDÊNCIAS CAUTELARES

(Procurador do Estado/RR – 2006 – FCC) A prática de ato de improbidade administrativa pode gerar

(A) o dever de ressarcimento ao Poder Público pelos prejuízos causados, desde que não tenha sido cometido ilícito penal, pois este, pela gravidade, absorve o ilícito civil.

(B) a suspensão dos direitos políticos e indisponibilidade dos bens, garantindo ao titular do mandato eletivo em curso que o conclua, somente após o quê poderá ser iniciado o processo para apuração das infrações.

(C) a responsabilidade civil do titular de mandato eletivo pelos atos praticados por seus subordinados, na esteira da responsabilidade do empregador por ato de seus empregados.

(D) sanção independente nas instâncias administrativa, civil e criminal, sem prejuízo da sanção específica pela prática do ato.

(E) o dever de ressarcir o erário pelos danos cometidos, desde que não se trate de servidor público, este que somente poderá ser processado por ilícito penal e administrativo.

A: incorreta, pois a responsabilização penal é independente da responsabilização por ato de improbidade administrativa (art. 12, *caput*, da Lei 8.429/1992 e art. 37, § 4º, da CF); **B:** incorreta, pois não existe essa disposição; **C:** incorreta, pois não existe previsão legal de responsabilidade objetiva no caso, como ocorre na responsabilidade por fato de terceiro, prevista no Código Civil, do empregador em relação aos atos de seus empregados; **D:** correta (art. 12, *caput*, da Lei 8.429/1992); **E:** incorreta (art. 5º da Lei 8.429/1992).

Gabarito "D"

(Procuradoria Federal – 2007 – CESPE) Quanto à improbidade administrativa, julgue os seguintes itens.

(1) É permitida transação, acordo ou conciliação nas ações de improbidade administrativa, quando o dano causado ao erário for ressarcido.

(2) Quando o ato de improbidade causar lesão ao patrimônio público ou ensejar enriquecimento ilícito, caberá à autoridade administrativa responsável pelo inquérito representar ao Ministério Público, para a indisponibilidade dos bens do indiciado. Ademais, a rejeição da representação realizada por particular à administração pública, por não se cumprirem as formalidades legais, não impede a representação ao Ministério Público.

(3) Havendo fundados indícios de responsabilidade de servidor público por ato de improbidade administrativa, à comissão processante também será possível representar à procuradoria do órgão para que requeira ao juízo competente a decretação do sequestro dos bens do agente ou terceiro que tenha enriquecido ilicitamente ou causado dano ao patrimônio público.

1: errada (art. 17, § 1º, da Lei 8.429/1992); **2:** certa (art. 7º da Lei 8.429/1992); **3:** certa (art. 16 da Lei 8.429/1992).

Gabarito 1E, 2C, 3C

(Procurador do Município/Manaus-AM – 2006 – FCC) O cometimento de atos de improbidade administrativa que importem em enriquecimento ilícito, independentemente das sanções penais, civis e administrativas, previstas na legislação específica, sujeita o seu autor também a outras cominações legais, segundo a lei de improbidade administrativa, abrangendo nesse caso, somente as de natureza

(A) político-administrativa, administrativa, civil e fiscal.

(B) política, administrativa, civil e fiscal.

(C) política, político-administrativa, administrativa e civil.

(D) político-administrativa, administrativa, civil e comercial.

(E) política, político-administrativa, civil e comercial.

A e **B:** incorretas, pois não há sanções fiscais na Lei 8.429/1992; **C:** correta, pois a Lei 8.429/1992, de fato, prevê sanções de natureza política (suspensão dos direitos políticos), político-administrativa (perda da função pública), administrativa (proibição de contratar com o Poder Público) e civil (multa civil e ressarcimento do dano), tudo nos termos do art. 12, I, da Lei 8.429/1992; D e **E:** incorretas, pois não há sanções de natureza comercial na Lei 8.429/1992.

Gabarito "C"

(Advogado da União/AGU – CESPE – 2012) Julgue o seguinte item.

(1) Autorizada a cumulação do pedido condenatório e do de ressarcimento em ação por improbidade administrativa, a rejeição do pedido condenatório por prescrição não obsta o prosseguimento da demanda relativa ao pedido de ressarcimento, que é imprescritível.

1: correta, pois, de fato, o STF, com fundamento no art. 37, § 5º, da CF, vem entendendo que é imprescritível a pretensão de ressarcimento ao erário pela prática de ato ilícito (inclusive o ilícito "improbidade administrativa), conforme se verifica no MS 26.210.

Gabarito 1C

6.3. TEMAS COMBINADOS E OUTRAS QUESTÕES DE IMPROBIDADE ADMINISTRATIVA

(Procurador/DF – 2013 – CESPE) Julgue os próximos itens, referentes à improbidade administrativa.

(1) O prazo para a proposição da ação de improbidade administrativa visando o ressarcimento dos danos causados pelo agente público é de cinco anos, a contar do término do exercício de mandato, de cargo em concurso ou de função de confiança por esse agente.

(2) O ato de improbidade, que, em si, não constitui crime, caracteriza-se como um ilícito de natureza civil e política.

1: errada, pois a pretensão de ressarcimento ao erário é imprescritível, nos termos do art. 37, § 5º, da CF; **2:** certa; de fato, o ato de improbidade que não constituir crime é considerado um ilícito de natureza civil (no sentido de não penal, já que há sanções civis em sentido estrito, como ressarcimento ao erário e multa civil, e administrativas, como proibição de contratar com o Poder Público e a perda do cargo) e política (suspensão dos direitos políticos).

Gabarito 1E, 2C

(Procurador do Município/Boa Vista-RR – 2010 – CESPE) Considerando a Lei de Improbidade – Lei n. 8.429/1992 – e os procedimentos administrativos, julgue os itens seguintes.

(1) O procedimento administrativo cabe à administração pública, mas a Lei de Improbidade permite ao Ministério Público designar um representante do órgão para acompanhar esse procedimento.

(2) As disposições da Lei n. 8.429/1992 não são aplicáveis àqueles que, não sendo agentes públicos, se beneficiarem, de forma direta ou indireta, com o ato de improbidade cometido por prefeito municipal.

1: correta (art. 15, parágrafo único, da Lei 8.429/1992); **2:** incorreto (art. 3º da Lei 8.429/1992).

Gabarito 1C, 2E

(Procurador do Município/Boa Vista-RR – 2010 – CESPE) Julgue os itens subsequentes.

(1) A Lei n. 8.429/1992 traz expressa disposição no sentido de admitir o afastamento do cargo do agente público, quando a medida se mostrar necessária à instrução do processo.

(2) A prolação da sentença em que sejam aplicadas as sanções de suspensão dos direitos políticos e perda da função pública por ato de improbidade administrativa deve surtir efeito imediatamente.

(3) A representação por ato de improbidade contra agente público ou terceiro beneficiário, quando o autor da denúncia o sabe inocente, constitui crime expressamente previsto na Lei n. 8.429/1992.

(4) As ações destinadas a levar a efeito as sanções previstas na Lei n. 8.429/1992 prescrevem dez anos após a ocorrência dos atos tidos como lesivos ao erário.

1: correta (art. 20, parágrafo único, da Lei 8.429/1992); **2:** incorreta, pois a sentença só surtirá efeitos, quanto a essas duas sanções, após seu trânsito em julgado (art. 20, *caput*, da Lei 8.429/1992); **3:** correta (art. 19 da Lei 8.429/1992); 4: incorreta (art. 23 da Lei 8.429/1992).

Gabarito 1C, 2E, 3C, 4E

(Procurador do Município/Natal-RN – 2008 – CESPE) O dirigente de uma empresa pública municipal realizou contratação de produtos de informática sem o cumprimento prévio de licitação. Para a dispensa de licitação, alegou-se que os bens precisavam ser adquiridos com urgência. Os serviços foram corretamente prestados e não restou demonstrado superfaturamento de preços. Após a execução do contrato, descobriu-se que o fornecedor dos produtos de informática havia presenteado o referido dirigente com uma TV de LCD e um *notebook*. Diante desses fatos, o MP estadual ajuizou ação de improbidade administrativa contra o dirigente.

Acerca dessa situação hipotética, assinale a opção correta.

(A) A situação descrita configura ato de improbidade administrativa, que importa em enriquecimento ilícito.

(B) Considerando não ter havido prejuízo para o ente público, o MP pode transacionar com o agente público e desistir da ação caso os bens indevidamente recebidos sejam devolvidos.

(C) O MP é o único titular legitimado a propor ação de improbidade nesse caso, visto que não houve prejuízo para a administração pública.

(D) Uma eventual ação proposta pelo MP deve, necessariamente, ser precedida de inquérito civil público no qual seja oportunizada ao dirigente a apresentação de defesa preliminar.

A: correta, sendo certo que o fato se enquadra no disposto no art. 9º, I, da Lei 8.429/1992; **B:** incorreta, pois não cabe transação quando se está diante de qualquer tipo de ato de improbidade administrativa (art. 17, § 1º, da Lei 8.429/1992); **C:** incorreta, pois a pessoa jurídica interessada (ex: Estado-membro que for vítima do ato de improbidade) também tem legitimidade no caso (art. 17, *caput*, da Lei 8.429/1992); **D:** incorreta, pois é pacífico o entendimento de que não é necessário prévio inquérito civil para o ingresso com ação de improbidade, assim como não é necessário prévio inquérito penal para ajuizar uma ação penal; nos dois casos, basta que o órgão do Ministério Público tenha elementos para o ajuizamento da ação.

Gabarito "A"

(Procurador do Município/Natal-RN – 2008 – CESPE) Em relação às disposições da Lei n. 8.429/1992 – Lei de Improbidade Administrativa – e à jurisprudência do STF, assinale a opção correta.

(A) Os ministros de Estado, por estarem regidos por normas especiais de responsabilidade, não se submetem ao modelo de competência previsto no regime comum da Lei de Improbidade Administrativa.

(B) A perda da função pública, a suspensão dos direitos políticos e o afastamento do agente público do exercício do cargo, emprego ou função são medidas que só poderão ser efetivadas após o trânsito em julgado da sentença condenatória.

(C) O agente público que se recusar a prestar declaração de bens, ou que a falsificar, para ser arquivada no competente serviço de pessoal, deve ser punido com pena de advertência.

(D) Por envolver infrações de natureza material, a aplicação das sanções previstas na referida lei depende da efetiva ocorrência de dano ao patrimônio público.

A: correta, pois, no tocante aos sujeitos ativos do ato de improbidade, o STF fixou entendimento de que os agentes políticos que respondam por crime de responsabilidade (exs.: presidente, ministros de Estado, desembargadores, entre outros) não estão sujeitos à incidência da Lei 8.429/1992 (RE 579799, *DJ* 19.12.2008), dada a similitude das sanções nas duas esferas; todavia, o STF não incluiu os prefeitos nesse rol, apesar destes responderem por crime de responsabilidade (Rcl 6034, *DJ* 29.08.2008); **B:** incorreta, pois essa regra só vale para a perda da função pública e para a suspensão dos direitos políticos (art. 20, *caput*, da Lei 8.429/1992); quanto ao afastamento do agente público, é possível, sem prejuízo da remuneração, o que se faz mediante decisão tomada pela autoridade judicial ou administrativa, quando a medida se fizer necessária à instrução processual; **C:** incorreta, pois a sanção é muito mais grave; o art. 13, § 3º, da Lei 8.429/1992 prevê que o servidor que assim agir está sujeito à pena de demissão a bem do serviço público; **D:** incorreta (art. 21, I, da Lei 8.429/1992).

Gabarito "A"

(Procurador do Município/São José dos Campos-SP – 2012 – VUNESP) Recebida pela Procuradoria do Município a representação da Comissão Processante dando conhecimento da existência de procedimento administrativo em que há fundados indícios de responsabilidade de agente público por ato de improbidade, o Procurador

(A) representará ao órgão do Ministério Público, que é o legitimado ativo, para ingressar com a ação cautelar de arresto ou de sequestro, segundo o caso concreto, de bens do agente ou de terceiro que tenha enriquecido ilicitamente ou causado dano ao patrimônio público.

(B) ingressará com ação cautelar de sequestro de bens do agente ou de terceiro que tenha enriquecido ilicitamente ou causado dano ao patrimônio público.

(C) ingressará com a ação de improbidade administrativa no prazo de trinta dias, pleiteando a designação de audiência para tentativa de transação, acordo ou conciliação, visando a diminuir a litigiosidade e a solucionar com rapidez a questão.

(D) dará conhecimento à autoridade competente, visando a afastar o agente do exercício do cargo, emprego ou função, com prejuízo de sua remuneração, quando a medida se fizer necessária à instrução processual.

(E) ajuizará, em litisconsórcio ativo necessário, com o órgão do Ministério Público, ação de improbidade, que tramitará pelo rito especial.

Segundo o art. 16 da Lei 8.429/1992, a Comissão, nesse caso, representará ao Ministério ou à Procuradoria do órgão "para que requeira em juízo competente a decretação do sequestro dos bens do agente ou terceiro que tenha enriquecido ilicitamente ou causado dano ao patrimônio público". Dessa forma, a alternativa correta é a "b".

Gabarito "B"

(Procurador do Município/Teresina-PI – 2010 – FCC) Lei n. 8.429/1992 (Lei de Improbidade Administrativa).

I. Celebrar contrato ou outro instrumento que tenha por objeto a prestação de serviços públicos por meio da gestão associada sem observar as formalidades previstas na lei é classificado como ato de improbidade que importa enriquecimento ilícito.

II. Diante da prática de ato de improbidade administrativa que atente contra os princípios da Administração Pública, estará o responsável sujeito, dentre outras possíveis sanções, à suspensão dos direitos políticos de três a cinco anos.

III. Proposta ação civil por improbidade administrativa, o requerido será notificado para apresentar manifestação por escrito no prazo de quinze dias e, posteriormente, recebida a petição inicial, será citado para apresentar contestação, podendo interpor agravo de instrumento contra a decisão que recebeu a petição inicial.

IV. Independentemente das sanções penais, civis e administrativas previstas na legislação específica, as cominações impostas ao responsável pelo ato de improbidade serão sempre aplicadas cumulativamente.

SOMENTE estão corretas as assertivas

(A) II e IV.

(B) I e II.

(C) I e III.

(D) I e IV.

(E) II e III.

I: incorreta, pois o caso é de improbidade na modalidade prejuízo ao erário (art. 10, XIV, da Lei 8.429/1992); **II:** correta (art. 12, III, da Lei 8.429/1992); **III:** correta (art. 17, §§ 7º, 9º e 10, da Lei 8.429/1992); IV: incorreta, pois poderão ser aplicadas isolada ou cumulativamente (art. 12, *caput*, da Lei 8.429/1992).

Gabarito "E"

(ADVOGADO – CEF – 2010 – CESPE) Em relação à Lei n. 8.429/1992, que dispõe sobre improbidade administrativa, assinale a opção correta.

(A) A perda ou extinção do mandato eletivo implica cessação automática da existência de foro especial por prerrogativa de função, ainda que o fato que deu causa à demanda haja ocorrido durante o exercício daquele, exceto na hipótese de improbidade administrativa, conforme jurisprudência do STF.

(B) Os juízos de primeira instância são incompetentes para processar e julgar ação civil de improbidade administrativa ajuizada por crime de responsabilidade contra agente político que possui prerrogativa de foro perante o STF.

(C) Tratando-se da prática de atos de improbidade administrativa que importem enriquecimento ilícito, a proibição de o infrator contratar com o poder público ou receber benefícios ou incentivos fiscais ou creditícios, direta ou indiretamente, ainda que por intermédio de pessoa jurídica da qual seja sócio majoritário, limita-se ao prazo de cinco anos.

(D) Nas sanções aplicáveis aos agentes públicos nos casos de enriquecimento ilícito no exercício de mandato, cargo, emprego ou função na administração pública direta, indireta ou fundacional, é vedado ao juiz nomear depositário dos bens eventualmente sequestrados do infrator, que devem ficar recolhidos em depósito judicial.

(E) A aplicação das sanções previstas na lei em questão independe da efetiva ocorrência de dano ao patrimônio público, inclusive quanto à pena de ressarcimento, e da aprovação ou rejeição das contas pelo órgão de controle interno ou pelo tribunal ou conselho de contas.

A: incorreta, pois não há foro por prerrogativa de função nas ações por improbidade administrativa já que o STF declarou inconstitucional a alteração feita no art. 84, § 2º, do Código de Processo Penal, que estendia o foro privilegiado da esfera penal às ações de improbidade, que são consideradas ações cíveis (ADI 2.797, DJ 19.12.2006); assim, as ações de improbidade movidas contra os Prefeitos devem ser promovidas em primeira instância; **B:** correta, pois o STF assentou o entendimento de que, ressalvado o Prefeito, aquele que responde por crime de responsabilidade não ficará sujeito à ação de improbidade de que trata a Lei 8.429/1992; **C:** incorreta, pois o prazo limite, nesse caso, são 10 anos (art. 12, I, da Lei 8.429/1992); **D:** incorreta, pois o pedido de sequestro, no caso, é regulado pelos 822 e 825 do CPC (art. 16, § 1º, da Lei 8.429/1992), não havendo, em tais dispositivos, regra nesse sentido; **E:** incorreta, pois no que tange à pena de ressarcimento, por óbvio, há necessidade de ter havido dano ao patrimônio público (art. 21, I, da Lei 8.429/1992).

Gabarito "B"

(ADVOGADO – ANCINE – 2005 – CESPE) A improbidade administrativa é definida como a ação ou omissão, dolosa ou voluntária, praticada por agente público, que, consistindo em ato de desonestidade, cause lesão ao erário, implique enriquecimento ilícito ou atente contra os princípios da administração pública. Com referência à improbidade administrativa e às suas sanções aplicáveis aos agentes públicos, contidas na Lei n. 8.429/1992, julgue os itens subsequentes.

(1) Na hipótese de um filho receber herança de seu pai, e posteriormente ficar comprovado, por sentença transitada em julgado, que os bens dessa herança são frutos de lesão ao patrimônio público, o herdeiro ficará sujeito às cominações da lei mencionada até o limite do valor da herança.

(2) O agente público que se recusar a prestar declaração dos seus bens dentro do prazo determinado ou que prestar falsa será punido com a pena de suspensão de até 60 dias.

(3) Quando o agente público é servidor efetivo de autarquia federal, regido pela Lei n. 8.112/1990, as ações destinadas a levar a efeito as sanções previstas na lei de improbidade administrativa prescrevem em 10 anos.

1: correta (art. 8º da Lei 8.429/1992); **2:** incorreta, pois a punição é de demissão a bem do serviço público (art. 13, § 3º, da Lei 8.429/1992); **3:** incorreta, pois o prazo é de 5 anos (art. 23, II, da Lei 8.429/1992 c/c art. 142, I, da Lei 8.112/1990).

Gabarito 1C, 2E, 3E

7. BENS PÚBLICOS

7.1. CONCEITO E CLASSIFICAÇÃO

(Procurador do Estado/PB – 2008 – CESPE) As terras tradicionalmente ocupadas pelos índios em caráter permanente, utilizadas para suas atividades produtivas e imprescindíveis à preservação dos recursos ambientais necessários a seu bem-estar e às necessidades de sua reprodução física e cultural são consideradas bens

(A) públicos de uso especial, pertencentes à União.

(B) públicos de uso especial, pertencentes ao estado em que se localizem.

(C) públicos de uso especial, pertencentes ao município em que se localizem.

(D) públicos dominicais, pertencentes à União.

(E) particulares, pertencentes à comunidade indígena respectiva.

A questão descreve o disposto nos arts. 20, XI, e 231, § 1º, da CF.

Gabarito "A"

(Procurador do Município/Sorocaba-SP – 2012 – VUNESP) Quanto aos bens públicos, aponte a alternativa correta.

(A) Para serem alienados, os bens de uso comum e de uso especial por meio de institutos de direito privado têm de ser previamente desafetados.

(B) A inalienabilidade dos bens públicos é absoluta, não estando sujeitos ao comércio de direito privado e de direito público.

(C) Os bens de uso comum e de uso especial são aqueles que constituem o patrimônio da União, dos Estados ou dos Municípios.

(D) Os bens dominicais são os edifícios ou terrenos destinados a serviço ou estabelecimento da Administração Pública.

(E) Para o caso de alienação de bens imóveis públicos, a modalidade de licitação adotada é a tomada de preços.

A: correta; de fato, os bens citados são inalienáveis enquanto não forem desafetados (art. 100 do CC); uma vez desafetados, poderão ser alienados por instrumentos de direito público (no caso, licitação) ou até por instrumentos de direito privado (por exemplo, por permuta), nas hipóteses expressamente previstas em lei; **B:** incorreta, pois a inalienabilidade dos bens públicos, no caso, dos bens de uso comum do povo e de uso especial, existe apenas enquanto estes conservarem essa qualificação (art. 100 do CC), sendo certo que, uma vez havendo a sua desafetação, tais bens passam a ser do tipo dominicais, os quais, segundo o art. 101 do CC, são alienáveis, observadas as exigências da lei; **C:** incorreta, pois bens que constituem apenas patrimônio público são qualificados como bens dominicais (art. 99, III, do CC); **D:** incorreta, pois tais bens são de uso especial (art. 99, II, do CC); **E:** incorreta, pois, como regra, a modalidade de licitação para a alienação de bens imóveis públicos é a concorrência (art. 17, I, da Lei 8.666/1993), ressalvadas as exceções em que se admite também a utilização da modalidade leilão (art. 19, III, da Lei 8.666/1993); tais exceções são para os casos em que a aquisição do bem tenha se dado por procedimento judicial ou dação em pagamento.

Gabarito "A"

(ADVOGADO – PETROBRÁS – 2008 – CESGRANRIO) Observando-se a classificação prevista no art. 99 do Código Civil, são bens públicos de uso especial:

(A) as estradas, as praças e os rios.

(B) as estradas, os rios e os teatros públicos.

(C) as praças, os veículos oficiais e os teatros públicos.

(D) as praças, os veículos oficiais e os imóveis onde estão localizadas as repartições públicas.

(E) os cemitérios públicos, os teatros públicos e os imóveis onde estão localizadas as repartições públicas.

A: incorreta, pois esses são bens de uso comum do povo (art. 99, I, do CC); **B:** incorreta, pois as estradas e os rios são bens de uso comum do povo (art. 99, I, do CC); **C:** incorreta, pois as praças são bens de uso comum do povo (art. 99, I, do CC); **D:** incorreta, pois as praças são bens de uso comum do povo (art. 99, I, do CC); **E:** correta (art. 99, II, do CC).

Gabarito "E"

(ADVOGADO – INFRAERO – 2004 – NCE/UFRJ) A utilização de áreas e espaços situadas em aeroportos, administrados pela INFRAERO, consoante entendimento jurisprudencial é sujeita a regras pertinentes a bens:

(A) públicos;

(B) privados;

(C) mistos;

(D) gravados;

(E) do povo.

Tendo em vista que à época da elaboração da questão era pacífico que a INFRAERO tinha o monopólio dos serviços prestados, havia entendimento de que as áreas e espaços situados em aeroportos estavam sujeitas às regras pertinentes aos bens públicos. Com o início da privatização de aeroportos, essa questão deverá ser objeto de nova apreciação da jurisprudência.

Gabarito "A"

(ADVOGADO – ELETROBRÁS – 2006 – NCE/UFRJ) Sobre os bens públicos, é correto afirmar que:

(A) de acordo com a definição constante no atual Código Civil, os bens pertencentes às empresas públicas são considerados bens públicos;

(B) classificando-se os bens públicos quanto a sua destinação, as repartições públicas são consideradas bens de uso comum do povo;

(C) os bens dominicais podem ser adquiridos por usucapião;

(D) somente em situações especiais e de acordo com as exigências contidas em lei, os bens públicos podem ser alienados;

(E) a Administração Pública necessariamente deverá adotar procedimento licitatório para aquisição de bens imóveis.

A: incorreta, pois são bens públicos os pertencentes às pessoas jurídicas de direito público interno (art. 98 do CC), os demais bens são particulares; assim, como as empresas públicas não são pessoas jurídicas de direito público (mas sim de direito privado), os bens dessas empresas são considerados privados, e não públicos; **B:** incorreta, pois são considerados bens de uso especial (art. 99, II, do CC); **C:** incorreta, pois, apesar desses bens serem alienáveis (art. 101 do CC), bem público algum, inclusive os dominicais, é passível de usucapião (art. 102 do CC); **D:** correta (arts. 100 e 101 do CC e 17 da Lei 8.666/1993); **E:** incorreta, pois há casos de licitação dispensada (art. 17, I e II, da Lei 8.666/1993).

Gabarito "D"

(ADVOGADO – EMBRAPA – 2005 – CESPE) Segundo o Código Civil brasileiro, são públicos os bens do domínio nacional pertencentes às pessoas jurídicas de direito público interno. Todos os outros bens são particulares, seja qual for a pessoa a quem pertencerem. Com relação aos bens públicos, julgue os seguintes itens.

(1) Os mares e os rios são bens públicos classificados como de uso comum do povo.

(2) Os bens públicos estão sujeitos a usucapião.

1: correta (art. 99, I, do CC); **2:** incorreta, pois bem público algum é sujeito a usucapião (art. 102 do CC).

Gabarito 1C, 2E

7.2. REGIME JURÍDICO (CARACTERÍSTICAS)

(Procurador Distrital – 2014 – CESPE) Relativamente aos bens públicos, julgue o item abaixo.

(1) É impossível a prescrição aquisitiva de bens públicos dominicais, inclusive nos casos de imóvel rural e de usucapião constitucional *pro labore*.

1: correta, pois não cabe usucapião em qualquer tipo de bem público (arts. 182, § 3º, e 191, parágrafo único, ambos da CF/1988).

Gabarito 1C

(Procurador do Estado/MT – FCC – 2011) Os bens imóveis pertencentes à Administração Pública

(A) são inalienáveis, quando de uso comum do povo e de uso especial, enquanto mantida a afetação ao serviço público.

(B) podem ser alienados mediante autorização legal prévia, exceto os bens dominicais.

(C) são impenhoráveis, exceto os de titularidade de autarquias e fundações.

(D) não podem ser objeto de subsequente afetação a serviço público, quando anteriormente de uso privativo da Administração.

(E) podem ser objeto de utilização por particular, total ou parcial, desde que em caráter precário e a título oneroso.

A: correta (art. 100 do CC); **B:** incorreta, pois a regra é a inalienabilidade e a alienabilidade a exceção (art. 100 do CC) e, quanto aos bens dominicais, esses sim são alienáveis, mas segundo as exigências previstas em lei (art. 101 do CC); **C:** incorreta, pois todos os bens públicos, inclusive os pertencentes às autarquias e fundações públicas de direito público, são impenhoráveis; **D:** incorreta, pois os bens públicos podem ser afetados, desafetados ou afetados em novo objetivo de interesse público; **E:** incorreta, pois tais bens poderão ser objetos de utilização pelo particular em caráter contratual também (não precário), como é o caso da concessão de uso de bem público; ademais, há hipóteses de outorga de uso para o particular a título gratuito (ex: autorização de uso de bem público, que permite o fechamento de uma rua por um dia, para a realização de uma festa de São João).

Gabarito "A"

(Procurador do Estado/PR – 2007) Não se pode afirmar que os bens públicos:

(A) são impenhoráveis, fazendo a Constituição Federal expressa previsão de processo especial de execução contra a Fazenda Pública;

(B) são inalienáveis, enquanto conservarem a qualificação de bens dominicais;

(C) não estão sujeitos a oneração, não sendo possível gravá-los com penhor, hipoteca ou anticrese;

(D) são imprescritíveis, não podendo ser adquiridos através da usucapião;

(E) somente podem ser alienados quando desafetados.

A: correta (art. 100 da CF); **B:** incorreta (arts. 100 e 101 do Código Civil); **C:** correta, pois como os bens públicos são inalienáveis, não estão sujeitos a oneração, que seria inútil, diante da inalienabilidade; há exceções previstas na Constituição (art. 167, IV); **D:** correta (art. 102 do Código Civil); **E:** correta, pois bens afetados não podem ser alienados.

Gabarito "B"

(Procurador do Estado/RO – 2011 – FCC) Um sitiante instalou-se com sua família em uma área rural que considerava abandonada e ali residiu durante 10 (dez) anos, cultivando a referida terra. Decidiu entrar com ação de usucapião e, durante o processo, foi constatado que se tratava de terras indígenas. Diante disso, é correto afirmar que

(A) as terras indígenas são de propriedade privada dos índios, e portanto o sitiante fará jus ao reconhecimento da usucapião.

(B) as terras indígenas são bens públicos da União, e portanto, não podem ser usucapidas e, por força de mandamento da Constituição, são inalienáveis e indisponíveis.

(C) as terras indígenas são bens públicos dominicais, podendo ser alienadas; logo, estão sujeitas também a usucapião.

(D) as terras indígenas são consideradas *res nullius*, portanto, qualquer um pode delas se apossar, sem necessidade de promover ação de usucapião.

(E) embora sejam bens públicos, e portanto não sujeitos a usucapião, as referidas terras podem ser objeto de concessão de uso especial para fins de moradia, nos termos da Medida Provisória n. 2.220/2001.

A: incorreta, pois as terras indígenas pertencem à União (art. 20, XI, da CF), sendo que os índios têm apenas a posse permanente dessas terras, cabendo-lhes o usufruto exclusivo das riquezas do solo, dos rios e dos lagos nelas existentes (art. 231, § 2º, da CF); **B:** correta, conforme mencionado na alternativa anterior e conforme o § 4º do art. 231 da CF, que assevera que tais terras são inalienáveis e indisponíveis, e os direitos sobre elas, imprescritíveis; **C:** incorreta, pois o art. 231, § 4º, da CF dispõe que essas terras são inalienáveis e imprescritíveis; **D:** incorreta, pois tais terras sujeitam-se à posse permanente dos índios, não cabendo usucapião sobre elas; **E:** incorreta, pois tais terras se destinam à posse permanente dos índios (art. 231, § 2º, da CF), o que faz com que o instituto da concessão de uso especial para fins de moradia seja incompatível com a natureza das terras indígenas.

Gabarito "B"

(Procurador do Estado/SP – FCC – 2009) Sobre bens públicos é correto afirmar:

(A) O regime jurídico do bem da empresa privada que presta serviço público mediante contrato de concessão, mesmo se não afetado à prestação do serviço, é de direito público.

(B) A afetação de bem público exige prévia existência de um ato estatal formal.

(C) Apenas bens imóveis podem ser apontados como bens de uso comum do povo.

(D) No Estado de São Paulo, o patrimônio físico, cultural e científico dos museus, institutos e centros de pesquisa da Administração direta, indireta e fundacional não podem ser alienados sem prévia audiência da comunidade científica.

(E) Como assentado na jurisprudência dos tribunais superiores, bem público dominical pode ser objeto de contrato de locação regido pela lei civil, estando sujeito, portanto, à ação renovatória de aluguel.

A: incorreta, pois somente quanto aos bens afetados ao serviço público tem-se regime de direito público; **B:** incorreta, pois a afetação pode se dar até por ato da natureza, como, por exemplo, aquele ato que dá ensejo à formação de um rio (bem de uso comum do povo); **C:** incorreta, pois os bens móveis e até os bens imateriais podem ser bens públicos também; **D:** correta (art. 272 da Constituição do Estado de São Paulo); **E:** incorreta, pois, de acordo o art. 1°, parágrafo único, *a*, "1", da Lei de Locações (Lei 8.245/1991), essa lei não se aplica às locações de imóveis que forem de propriedade dos entes políticos, de maneira que o instituto da ação renovatória não se aplica aos bens públicos dominicais porventura locados.

Gabarito "D"

(Procurador da Fazenda Nacional – 2004 – ESAF) Sobre os bens públicos, assinale a opção incorreta.

(A) Os bens dominicais constituem objeto de direito pessoal ou real das pessoas de direito público.

(B) Os bens públicos de uso comum e os bens dominicais estão fora do comércio.

(C) A imprescritibilidade dos bens públicos diz respeito à impossibilidade de que sejam usucapidos.

(D) A legislação pátria vigente admite a possibilidade de que o uso comum de bens públicos seja, em alguns casos, oneroso.

(E) Aplicam-se aos bens das autarquias os atributos da impenhorabilidade e da imprescritibilidade.

A: correta, conforme disposto no art. 99, III, do CC; **B:** incorreta. Os bens dominicais podem ser alienados, observadas as exigências da lei (art. 101 do CC); **C:** correta, nos termos do art. 102 do CC; **D:** correta, pela autorização dada pelo art. 103 do CC; **E:** correta. O patrimônio das autarquias é de natureza pública, aplicando-se as disposições gerais dos bens públicos previstos no CC.

Gabarito "B"

7.3. ALIENAÇÃO DOS BENS PÚBLICOS

(Procurador do Estado/RR – 2006 – FCC) A respeito da alienação de bens imóveis de propriedade da Administração Pública, é correto afirmar que

(A) depende de prévia autorização legislativa, avaliação e adoção de procedimento licitatório na modalidade concorrência, independentemente da forma de aquisição pela Administração.

(B) depende de prévia autorização legislativa, avaliação e procedimento licitatório, dispensados tais requisitos nas hipóteses de dação em pagamento, venda ou doação a outro órgão ou entidade de qualquer esfera de governo.

(C) poderão ser alienados com dispensa de licitação, quando derivados de procedimentos judiciais ou de dação em pagamento.

(D) não são passíveis de alienação, exceto quando adquiridos mediante adjudicação ou dação em pagamento.

(E) a alienação de bens adquiridos mediante dação em pagamento poderá ser feita mediante leilão, precedido de avaliação e comprovada a necessidade ou utilidade da alienação.

A: incorreta (art. 19, III, da Lei 8.666/1993); **B:** incorreta, pois, no caso, há dispensa apenas de licitação (art. 17, I, da Lei 8.666/1993); **C:** incorreta (art. 19, III, da Lei 8.666/1993); **D:** incorreta, pois são passíveis de alienação, obedecidos os requisitos do art. 17 da Lei 8.666/1993; **E:** correta (art. 19 da Lei 8.666/1993).

Gabarito "E"

(Procurador do Município/São Paulo-SP – 2008 – FCC) O Município pretende vender bem imóvel sem destinação a fundação pública municipal. De acordo com a legislação vigente, é necessário, sob o aspecto formal, haver

(A) autorização legislativa, prescindindo-se, no entanto, de avaliação prévia e licitação.

(B) autorização legislativa, avaliação prévia e formalização de procedimento para dispensa de licitação.

(C) avaliação prévia e formalização de procedimento para dispensa de licitação, prescindindo-se de autorização legislativa.

(D) avaliação prévia e licitação, prescindindo-se de autorização legislativa.

(E) avaliação prévia e formalização de procedimento para dispensa de autorização legislativa e de licitação.

A alternativa "B" descreve os requisitos formais necessários para a alienação descrita na questão (art. 17, *caput* e I, da Lei 8.666/1993).

Gabarito "B"

(ADVOGADO – PETROBRÁS – 2012 – CESGRANRIO) A alienação de bens imóveis pertencentes a empresas públicas e sociedades de economia mista federais depende da observância dos seguintes requisitos, EXCETO

(A) avaliação prévia

(B) existência de interesse público devidamente justificado

(C) autorização legislativa

(D) licitação na modalidade concorrência, ressalvadas as hipóteses de licitação dispensada

(E) habilitação mediante a comprovação do recolhimento da quantia correspondente a 5% da avaliação

Os bens das empresas estatais não são bens públicos. Assim, são alienáveis, não sendo necessária a autorização legislativa. Porém, essas entidades estão sujeitas à Lei 8.666/1993, de modo que os demais requisitos devem ser cumpridos (existência de justificativa, avaliação prévia, licitação na modalidade concorrência e garantia), nos termos do arts. 17, *caput* e I, e 18, ambos da Lei 8.666/1993.

Gabarito "C"

7.4. USO DOS BENS PÚBLICOS

(Procurador Federal – 2013 – CESPE) Julgue o seguinte item.

(1) Permissão de uso de bem público é o contrato administrativo pelo qual o poder público confere a pessoa determinada o uso privativo do bem, de forma remunerada ou a título gratuito.

1: incorreta, pois a permissão não tem natureza contratual, tratando-se de um ato unilateral e precário expedido pelo Poder Público.

Gabarito 1E

(Procurador Federal – 2013 – CESPE) Acerca do novo regime para a exploração de portos e instalações portuárias previsto na Lei nº 12.815/2013, julgue o item abaixo.

(1) A exploração indireta de porto organizado e das instalações portuárias nele localizadas ocorrerá mediante concessão e arrendamento de bem público, mas a exploração indireta das instalações portuárias localizadas fora da área do porto organizado ocorrerá mediante autorização, nos termos dispostos na lei.

1: correta, nos termos dos §§ 1º e 2º do art. 1º da Lei 12.815/2013.

Gabarito 1C

(Procurador do Estado/AC – FMP – 2012) Conhecido empresário do ramo imobiliário, ao estabelecer um grande empreendimento imobiliário ao lado do Parque Ambiental Chico Mendes, invadiu área de 5 hectares do referido parque. Sob a perspectiva dos bens públicos e do Direito Administrativo, sem excluir outras consequências jurídicas, é **CORRETO** afirmar que:

(A) a construção é inferior à vigésima parte do Parque Ambiental Chico Mendes e estando o empresário de boa-fé, este adquire a posse e a propriedade do bem mediante indenização a ser fixada pelo Judiciário, independente de autorização legislativa.

(B) o direito à moradia e a função social da propriedade pública autorizam medida voltada à alienação da área ao construtor, mediante prévia autorização legislativa e indenização equivalente ao valor da área.

(C) embora não seja possível a alienação de uma área pública, após o esbulho, mediante prévia autorização legislativa, somente é admissível a instituição de uma parceria público-privada entre a construtora e o Poder Público.

(D) os bens afetados ao domínio público são inalienáveis e não estão sujeitos a usucapião, de tal sorte, sequer está configurado um bem passível de posse, verificando-se esbulho e impondo-se a adoção das medidas cabíveis para a reintegração e reconstituição da parcela invadida do Parque Ambiental Chico Mendes.

A: incorreta, pois não é possível usucapião em bem público (art. 102 do CC); **B:** incorreta, pois tal medida implicaria em violação ao princípio do interesse público e também ao princípio do dever de licitar; **C:** incorreta, pois, como princípio, áreas públicas podem ser alienadas após desafetadas; ademais, no caso em tela, não há que se falar em instituição de PPP, sob pena de violação aos princípios mencionados na alternativa anterior; **D:** correta, pois, enquanto afetadas ao domínio, os bens públicos, de fato, são inalienáveis (art. 100 do CC); no mais também está correta a informação no sentido de que não cabe usucapião em relação a bens públicos (art. 102 do CC); em sendo assim, ocorre esbulho e a Administração deverá tomar medidas para a reintegração da coisa.

Gabarito "D"

(Procurador do Estado/PE – CESPE – 2009) Ato unilateral, precário e discricionário quanto à decisão de outorga, pelo qual se faculta a alguém o uso de um bem público. Sempre que possível, será outorgada mediante licitação ou, no mínimo, com obediência a procedimento em que se assegure tratamento isonômico aos administrados.

Celso Antônio Bandeira de Mello. **Curso de direito administrativo**. 19.ª ed., São Paulo: Malheiros, 2005, p. 859 (com adaptações).

O texto acima traduz o conceito de

(A) autorização de uso de bem público.

(B) permissão de uso de bem público.

(C) concessão de uso de bem público.

(D) cessão de uso de bem público.

(E) concessão de direito real de uso de bem público.

A: incorreta, pois a outorga de autorização de uso não requer licitação; **B:** correta, trazendo definição compatível com a prevista no art. 2º, IV, da Lei 8.987/1995; **C:** incorreta, pois a concessão não é unilateral, mas bilateral, já que tem natureza de contrato; **D:** incorreta, pois a cessão de uso de bem público não requer licitação; **E:** incorreta, pois tal concessão é de natureza contratual, não se tratando de ato unilateral, portanto.

Gabarito "B"

(Procurador do Estado/RR – 2006 – FCC) O Estado pretende reaver determinado bem público cujo uso foi permitido a particular, por prazo indeterminado, para desenvolvimento de atividade de interesse público, em função da destinação ter sido deturpada, a fim de atender propósitos exclusivamente particulares. O ocupante do imóvel deverá

(A) restituir o imóvel imediatamente após ser comunicado, em função da precariedade do ato que lhe permitiu o uso do bem e da alteração unilateral e indevida da destinação do bem.

(B) requerer a restituição do que investiu no imóvel para adequá-lo a seu uso, ainda que indevido, podendo requerer, em ação judicial competente, a penhora do bem para garantia de seu crédito.

(C) defender sua posse por meio direto, em face do direito subjetivo advindo da assinatura do termo de permissão de uso, ainda que este fosse precário.

(D) resistir ao pleito da Administração Pública e ingressar com ação de usucapião do bem após decorridos 5 (cinco) anos da comunicação para desocupação.

(E) reter o bem em face das benfeitorias feitas, ainda que não tenham sido comunicadas ao proprietário, exigindo, como indenização, a permuta do imóvel pelo uso de outra área de propriedade do Poder Público permitente.

A permissão de uso de bem público, por ser ato unilateral e precário, pode ser desfeita a qualquer tempo, mediante mera comunicação ao permissionário.

Gabarito "A"

(Procurador do Município/Boa Vista-RR – 2010 – CESPE) Com relação aos bens municipais, julgue os itens seguintes.

(1) A autorização de uso é ato unilateral, discricionário e precário, pelo qual o município consente a prática de determinada atividade individual incidente sobre bem público. Não há forma nem requisitos especiais para sua efetivação, pois ela visa apenas atividades transitórias e irrelevantes para o poder público, bastando que se consubstancie em ato escrito, revogável sumariamente a qualquer tempo e sem ônus à administração.

1: Correta, pois traz exatamente o conceito e as características da autorização de uso de público, que, diferentemente da permissão e da concessão, não reclama licitação, nem forma determinada.

Gabarito 1C

(Procurador do Município/Recife-PE – 2008 – FCC) O uso privativo de bem público pelo particular é

(A) permitido, desde que o uso seja compatível com o fim a que ele se destina e que tenham sido colhidas as autorizações normativas e administrativas necessárias.

(B) vedado, pois caracteriza ofensa ao princípio da inalienabilidade dos bens públicos, o que compreende a impossibilidade de sua oneração.

(C) vedado, pois caracteriza ato de desvio de finalidade, tendo em vista que o patrimônio público deve ser exclusivamente destinado ao atendimento do interesse público.

(D) permitido, desde que restrito às hipóteses de uso normal, que a finalidade seja de interesse público e que tenham sido colhidas as autorizações legais necessárias.

(E) permitido, desde que sua utilização seja precedida de licitação, sob pena de desvio de finalidade.

A: correta; de fato, o particular, desde que devidamente autorizado, pode usar privativamente bem público; um exemplo é outorga de uma permissão de uso de bem público ao particular; B e **C:** incorretas, pois, como se viu, o particular pode usar privativamente um bem público se devidamente autorizado; **D:** incorreta, pois há caso em que se permite o uso de bem público sem que haja um interesse público predominante, mas sim um interesse privado predominante, que é o caso da autorização de uso de bem público; **E:** incorreta, pois há casos em que não há licitação para a outorga do uso, o que se dá na autorização de uso de bem público.

Gabarito "A"

(Procurador do Município/São Paulo-SP – 2008 – FCC) Determinada associação de bairro requereu ao Município de São Paulo o uso privativo de uma praça pública para realização de evento beneficente, consubstanciado em apresentação de grupo de teatro, em prol da comunidade carente da região. Por razões de interesse público, a autorização de uso anteriormente concedida pela Municipalidade foi revogada. A atuação do Poder Público

(A) é regular, assistindo direito ao autorizado de ressarcimento pelos prejuízos sofridos com a organização do evento.

(B) é irregular, assistindo ao autorizado direito de ressarcimento pelos prejuízos sofridos com a organização do evento e de indenização pelo potencial valor arrecadatório do evento.

(C) é irregular, assistindo ao autorizado o direito de exigir a indicação de outro bem público como alternativa para o evento.

(D) é regular, não assistindo direito ao autorizado de ressarcimento por supostos prejuízos sofridos na organização do evento, em face da precariedade do ato.

(E) é irregular, assistindo ao autorizado o direito de impetrar mandado de segurança para anulação do ato administrativo coator e para reconhecimento de seu direito subjetivo a utilização do bem.

A, B, C e **E:** incorretas, pois não há direito de indenização em favor do autorizado, pois a autorização é ato discricionário e precário, que, pode, assim, ser revogada a qualquer tempo, independentemente de indenização ou de direito de indicação de outra área alternativa para o evento ou de qualquer alegação de nulidade do ato; **D:** correta, pois, como se viu, a Administração tem o direito de revogar a autorização, sem que tenha de indenizar o particular por conta disso.

Gabarito "D"

(Procurador do Município/Teresina-PI – 2010 – FCC) O ato administrativo unilateral, discricionário e precário pelo qual a Administração consente que o particular utilize bem público de modo privativo, atendendo exclusiva ou primordialmente o interesse do particular, denomina-se

(A) cessão de uso.

(B) permissão de uso.

(C) autorização de uso.

(D) concessão de uso.

(E) concessão especial de uso.

Trata-se de autorização de uso de bem público. O instituto que mais se aproxima do conceito é a permissão de uso de bem público, que não é o caso, pois esta não é feita para atender exclusiva ou primordialmente interesse do particular. Ademais, a permissão requer licitação, ao passo que a autorização, não.

Gabarito "C"

(Procurador da Fazenda Nacional – 2004 – ESAF) O ato administrativo unilateral, discricionário e precário, pelo qual a Administração consente que o particular utilize bem público de modo privado, primordialmente no interesse do utente, é o (a)

(A) concessão de uso.

(B) autorização de uso.

(C) permissão de uso.

(D) aforamento.

(E) concessão de domínio pleno.

Trata-se do conceito doutrinário clássico de autorização de uso, a qual dispensa quaisquer requisitos formais (como licitação prévia) e pode, se deferida por prazo determinado, ensejar indenização em caso de revogação antes de findo aquele prazo.

Gabarito "B"

7.5. BENS PÚBLICOS EM ESPÉCIE

(Procurador Federal – 2013 – CESPE) Acerca dos terrenos de marinha e das águas públicas, julgue os itens que se seguem.

(1) À União pertence o domínio das águas públicas e das ilhas fluviais, lacustres e oceânicas.

(2) Os terrenos de marinha, assim como os seus terrenos acrescidos, pertencem à União por expressa disposição constitucional.

1: incorreta; nem todas as águas públicas são da União; as águas de um rio municipal são do respectivo Município, por exemplo; já os potenciais para geração de energia hidráulica, não tratados na questão, esses sim são bens da União (art. 20, VIII, da CF/1988); ademais, nem todas as ilhas fluviais e lacustres são da União, mas somente as que estiverem nas zonas limítrofes com outros países (art. 20, IV, da CF/1988), sendo que as demais pertencem aos Estados (art. 26, III, da CF/1988); quanto às ilhas oceânicas, de fato são da União, mas há ressalva, que são as ilhas que contenham a sede de um Município ou que estiverem no domínio de Estados (arts. 20, IV, e 26, II, da CF/1988); **2:** correta (art. 20, VII, da CF/1988).

Gabarito 1E, 2C

(Procurador do Estado/CE – 2008 – CESPE) Considerando a legislação pertinente à propriedade, ao uso e exploração de bens públicos, solo, subsolo e recursos hídricos, assinale a opção correta.

(A) As jazidas, em lavra ou não, e demais recursos minerais e os potenciais de energia hidráulica constituem propriedade comum ao solo, para efeitos de exploração ou aproveitamento.

(B) Aos estados pertencem as águas superficiais ou subterrâneas, fluentes, emergentes e em depósito, ressalvadas, nesse caso, na forma da lei, as decorrentes de obras da União.

(C) As terras devolutas constituem bens públicos de uso comum.

(D) Todos os bens públicos são inalienáveis e estão fora do comércio jurídico de direito privado.

(E) A afetação e a desafetação de um bem público devem ser feitas de modo expresso, não se admitindo a forma tácita.

A: incorreta (art. 176 da CF); **B:** correta (art. 26, I, da CF); **C:** incorreta, pois são bens dominicais; **D:** incorreta, pois os bens dominicais são alienáveis (art. 101 do CC); **E:** incorreta; se a Administração construir uma praça num bem dominical, ainda que não haja manifestação expressa (por decreto ou por lei) instituindo a afetação, esta terá se operado, de modo tácito, passando o local a ser um bem de uso comum do povo.

Gabarito "B"

(Procurador de Contas TCE/ES – CESPE – 2009) Com relação ao domínio público, assinale a opção correta.

(A) De acordo com a classificação prevista no Código Civil, os bens públicos podem ser de uso comum do povo, de uso especial e dominiais, sendo esses bens indisponíveis e inalienáveis.

(B) A doutrina entende que a desafetação de um bem público pode ocorrer por meio de ato administrativo, de lei ou mesmo de fato jurídico, como um incêndio que torne um veículo inservível.

(C) Todas as terras devolutas pertencem à União.

(D) O patrimônio cultural brasileiro constitui-se apenas de bens de natureza material.

(E) As terras tradicionalmente ocupadas pelos índios, assim entendidas aquelas habitadas em caráter permanente, as utilizadas para suas atividades produtivas, as imprescindíveis à preservação dos recursos ambientais necessários ao seu bem-estar e as necessárias à sua reprodução física e cultural, segundo seus usos, costumes e tradições, são de sua propriedade, cabendo à União apenas demarcá-las.

A: incorreta, pois os bens dominicais são alienáveis (art. 101 do Código Civil); **B:** correta, pois a desafetação pode ocorrer pelos eventos citados, valendo lembrar, todavia, que se afetação de um bem público se der por lei, este não pode ser desafetado por mero ato administrativo; **C:** incorreta, pois há terras devolutas dos Estados (art. 26, IV, da CF); **D:** incorreta, pois há bens materiais e imateriais (art. 216 da CF); **E:** incorreta, pois tais terras pertencem à União (art. 20, XI, da CF), cabendo aos índios apenas a posse permanente e o usufruto exclusivo das riquezas do solo, dos rios e dos lagos nelas existentes. (art. 231, § 2º, da CF).

Gabarito "B"

(Procurador do Município/Florianópolis-SC – 2010 – FEPESE) Assinale a alternativa **correta**, em relação aos bens públicos.

(A) A terra devoluta pertence à categoria de bens públicos de uso especial.

(B) O bem público poderá ser onerado pelos direitos reais de garantia.

(C) As terras devolutas não compreendidas entre as da União pertencem ao Município.

(D) A administração pública não é livre para adquirir ou alienar bens imóveis, necessitando, pois, de autorização legislativa para tal fim.

(E) Pertencem aos Estados as terras devolutas indispensáveis à defesa das fronteiras, das fortificações e construções militares, das vias federais de comunicação e à preservação ambiental, definidas em lei.

A: incorreta, pois tais terras são da categoria dos *bens dominicais*; **B:** incorreta, pois os bens públicos, por serem inalienáveis, também não são passíveis de oneração; **C:** incorreta, pois são dos Estados as terras devolutas não compreendidas entre as da União (art. 26, IV, da CF); **D:** correta, em termos, pois, para a alienação de bens imóveis, é necessário autorização legislativa (art. 17, I, da Lei 8.666/1993); porém, para a aquisição, a necessidade de autorização legislativa depende de previsão na legislação local; **E:** incorreta, pois tais terras pertencem à União (art. 20, II, da CF).

Gabarito "D"

(Advogado da União/AGU – CESPE – 2009) Relativamente aos bens públicos, julgue os itens seguintes.

(1) As terras devolutas são espécies de terras públicas que, por serem bens de uso comum do povo, não estão incorporadas ao domínio privado. São indisponíveis as terras devolutas ou arrecadadas pelos estados-membros, por ações discriminatórias, necessárias à proteção dos ecossistemas naturais. Constituem bens da União as terras devolutas indispensáveis à defesa das fronteiras, das fortificações e construções militares, das vias federais de comunicação e à preservação ambiental, definidas em lei.

(2) Os rios públicos são bens da União quando situados em terrenos de seu domínio, ou ainda quando banharem mais de um estado da Federação, ou servirem de limites com outros países, ou se estenderem a território estrangeiro ou dele provierem. Os demais rios públicos bem como os respectivos potenciais de energia hidráulica pertencem aos estados-membros da Federação.

1: incorreta, pois as terras devolutas são bens dominicais; no mais, a afirmativa está correta, nos termos dos arts. 20, II, e 225, § 5º, da CF; **2:** incorreta; a parte que diz respeito à União está correta (art. 20, III, da CF); porém, a parte que diz que os potenciais de energia elétrica são dos Estados está incorreta, pois tais potenciais pertencem à União (art. 20, VIII, da CF).

Gabarito 1E, 2E

8. INTERVENÇÃO DO ESTADO NA PROPRIEDADE

8.1. DESAPROPRIAÇÃO

(Procurador do Estado/BA – 2014 – CESPE) Julgue o item subsequente.

(1) Caso um governador resolva desapropriar determinado imóvel particular com o objetivo de construir uma creche para a educação infantil e, posteriormente, com fundamento no interesse público e em situação de urgência, mude a destinação do imóvel para a construção de um hospital público, o ato deve ser anulado, por configurar tredestinação ilícita.

1: incorreta, pois essa nova destinação dada ao bem (tredestinação) é de interesse público também, de modo que se tem uma tredestinação *lícita*, que não autoriza que o antigo proprietário do imóvel busque a anulação do ato e o seu bem de volta.

Gabarito 1E

(Procurador Federal – 2013 – CESPE) Julgue o seguinte item.

(1) Caracteriza desapropriação por utilidade pública, entre outras, aquela que o Estado promove para a preservação e conservação dos monumentos históricos e artísticos, assim como para a criação de estádios, aeródromos ou campos de pouso para aeronaves.

1: correta (art. 5º,"k" e"n", do Decreto-lei 3.365/1941).

Gabarito 1C

(Procurador do Estado/AC – FMP – 2012) Na construção de uma rodovia, o Departamento de Estradas de Rodagem, Infraestrutura Hidroviária e Aeroportuária do Acre – (DERACRE), bem como o próprio Estado, deixaram de efetuar o devido procedimento desapropriatório, dando continuidade à estrada sem o devido decreto e indenização prévias. Em tal hipótese, qual é a solução **CORRETA** na atuação do(a) Procurador(a) do Estado perante uma ação de reintegração de posse?

(A) Reconhecer o pedido de reintegração, na medida em que a independência funcional e o caráter de ministério público da função impõem que seja privilegiada a verdade real.

(B) Reconhecendo eventual irregularidade procedimental, ou desapropriação indireta, alegar que, uma vez afetado ao domínio público, a ação perde o caráter possessório e/ou petitório, restando apenas a questão indenizatória.

(C) Alegar a *compensatio lucrum cum damnum*, defendendo a atuação do DERACRE por valorizar sobremaneira a propriedade do particular, podendo inclusive alegar em contestação o direito à indenização, uma vez que as ações possessórias têm caráter dúplice.

(D) Levar a matéria ao conhecimento do(a) Procurador(a)-Geral do Estado, para apurar responsabilidades, pedindo dispensa de contestação e determinando a abertura do devido processo administrativo.

Quando a Administração ingressa em área privada sem cumprir as formalidades legais, mas acaba utilizando essa área em atividade pública, ocorre a chamada desapropriação indireta, que faz com que o bem passe a ser público, de maneira que não há que se reconhecer o pedido de reintegração, mas sim alegar ter havido a desapropriação indireta, impondo-se a extinção da ação de reintegração.

Gabarito "B"

(Procurador do Estado/CE – 2008 – CESPE) Considerando a desapropriação no ordenamento jurídico brasileiro, assinale a opção correta.

(A) O procedimento da desapropriação compreende as fases declaratória e executória. Na primeira, a declaração expropriatória pode ser feita somente pelo Poder Executivo, ao passo que a fase executória desenvolve-se apenas no âmbito do Poder Judiciário.

(B) Depende de autorização do presidente da República a desapropriação pelos estados, pelo Distrito Federal (DF) e pelos municípios de ações ou cotas de empresas cujo funcionamento dependa de autorização do governo federal e se subordine à sua fiscalização.

(C) A declaração de utilidade pública não confere ao poder público o direito de penetrar no bem, ainda que para fazer verificações ou medições.

(D) A desapropriação de imóveis rurais é sempre de competência da União.

(E) A lei não pode atribuir poder expropriatório a entidades da administração indireta, visto que os únicos sujeitos ativos da desapropriação são a União, o DF, os estados e os municípios.

A: incorreta, pois a fase executória pode se dar extrajudicial (por acordo) ou judicialmente (por ação de desapropriação), nos termos do art. 10 do Dec.-lei 3.365/1941; **B:** correta (art. 2º, § 3º, do Dec.-lei 3.365/1941); **C:** incorreta (art. 7º do Dec.-lei 3.365/1941); **D:** incorreta, pois só é de competência da União a desapropriação sanção de área rural (art. 2º, § 1º, da Lei 8.629/1993 e art. 184, *caput*, da CF); **E:** incorreta, pois para a fase declaratória é possível que, por ***lei***, seja dada legitimidade a um ente da Administração Indireta, desde que se trate de pessoa jurídica de direito público (por ex., a Aneel tem tal legitimidade - art. 10 da Lei 9.074/1995); já para a fase executória (para tentativa de acordo ou ingresso com a ação de desapropriação), é possível conferir legitimidade a concessionário de serviço público, o que pode ser feito por ***lei*** ou por ***contrato***.

Gabarito "B"

(Procurador do Estado/MT – FCC – 2011) A Administração desapropriou um terreno particular para construção de uma escola, porém, por insuficiência de recursos orçamentários, desistiu da construção. Nessa situação, poderá

(A) dar ao terreno destinação diversa daquela que originou a desapropriação, mediante o instituto da retrocessão.

(B) alienar o terreno a outro particular, independentemente de oferecimento prévio ao expropriado, desde que já tenha pago a integralidade da indenização.

(C) exigir do expropriado a restituição do valor da indenização, mediante a devolução a este do terreno desapropriado, expurgando-se os juros compensatórios.

(D) alienar o terreno por meio de procedimento licitatório, oferecendo-o, previamente, ao expropriado, sob pena de caracterizar tredestinação.

(E) alienar o terreno, exclusivamente ao expropriado, por valor estabelecido em avaliação atualizada.

A: incorreta, pois dar ao terreno destinação diversa configura o instituto da tredestinação e não da retrocessão; a retrocessão é o efeito (a consequência) de se fazer uma tredestinação do tipo ilícita, ou seja, de dar uma destinação ao bem público que *não* seja de interesse público; **B:** incorreta, pois o particular tem direito de preferência na aquisição da coisa (art. 519 do CC); **C:** incorreta, pois o Poder Público só pode impor sua vontade de desistir da desapropriação, com a consequente devolução do valor pago, pelo expropriado, enquanto o valor total da desapropriação não tiver sido pago; **D:** correta, pois o direito de preferência deve ser concedido ao particular (art. 519 do CC); caso este não tenha interesse na coisa, a Administração poderá alienar o bem a terceiros, mas mediante processo de licitação; não se deve confundir a situação narrada na questão (bem desapropriado que não vem a ser utilizado), com a situação em que ocorre a tredestinação ilícita (a Administração resolve usar o bem expropriado, mas finalidade nova não é de interesse público), em que o particular tem o direito de reaver a coisa expropriada; trata-se do instituto da retrocessão, que, segundo os tribunais superiores, confere direito real ao expropriado; **E:** incorreta, pois caso o expropriado não tenha interesse, um terceiro poderá ser o adquirente da coisa, no caso, o vencedor do processo licitatório.

Gabarito "D"

(Procurador do Estado/RO – 2011 – FCC) Considera-se *apossamento administrativo*

(A) o ato administrativo pelo qual se dá posse a um servidor público, em decorrência de um provimento de caráter originário.

(B) o provimento jurisdicional pelo qual o juiz, no processo de desapropriação, concede à Administração a posse do bem expropriado.

(C) o fato da administração, consistente na irregular apropriação de um bem de terceiro pelo Poder Público.

(D) a medida de polícia, consistente na intervenção em obra cuja utilização está comprometendo a segurança ou a saúde da coletividade.

(E) o ato administrativo unilateral pelo qual a Administração regulariza a posse de uma terra devoluta ocupada de forma tradicional e pacífica por um particular, que a explora de forma produtiva e consentânea a sua função social.

A: incorreta, pois temos no caso a posse, que, concluída, faz nascer o fenômeno da investidura; **B:** incorreta, pois esse instituto tem o nome de imissão provisória na posse; **C:** correta, tratando-se da chamada desapropriação indireta; **D:** incorreta, pois esse instituto é a interdição administrativa; **E:** incorreta, pois esse instituto é a legitimação de posse.

Gabarito "C"

(Procuradoria Distrital – 2007) Quanto ao tema da intervenção do Estado na propriedade privada, assinale a alternativa incorreta.

(A) O art. 2º, § 3º, do Decreto-lei n. 3.365/1941, estabelece que os Municípios, Distrito Federal, Territórios e Estados não podem, sem prévia autorização, por Decreto do Presidente da República, expropriar ações, cotas e direitos representativos do capital de instituições e empresas cujo funcionamento depende de autorização e se submeta à fiscalização do Governo Federal.

(B) Os bens públicos podem ser desapropriados.

(C) As desapropriações podem ser feitas em favor das Pessoas de Direito Público ou de Pessoas de Direito Privado, desde que delegadas ou concessionárias de serviço público, como também, excepcionalmente, a outras Pessoas de Direito Privado que desempenhem atividade considerada de interesse público.

(D) A figura da tredestinação, no âmbito da desapropriação, pressupõe em todas as hipóteses um caráter de ilicitude que envolve conceitualmente um desvio de finalidade.

(E) O direito de preferência que se estabelece sobre o bem tombado, em caso de alienação onerosa, não inibe o proprietário de gravar livremente a coisa tombada de penhor, anticrese ou hipoteca, nos termos do Decreto-lei n. 25/1937.

A: correta, nos termos do dispositivo citado; **B:** correta, nos termos do art. 2º, § 2º, do Dec.-lei 3.365/1941; **C:** correta, desde que o destino dado à coisa seja de utilidade pública, necessidade pública ou interesse social, obedecidas as leis de regência; **D:** incorreta, pois é possível que uma tredestinação se dê para um fim de acordo com o interesse público; por ex., caso um decreto expropriatório objetive a construção de uma escola na área a ser desapropriada e a Administração acabe fazendo um hospital no local, apesar de haver uma tredestinação (uma "terceira destinação"), esta não será ilícita, pois é de interesse público a construção de um hospital; **E:** correta, nos termos do art. 22, § 3º, do Dec.-lei 25/1937.

Gabarito "D"

(Procurador do Estado/PB – 2008 – CESPE) Não constitui requisito para a caracterização da função social da propriedade para fins rurais o(a)

(A) aproveitamento racional e adequado do espaço.

(B) utilização adequada dos recursos naturais disponíveis e a preservação do meio ambiente.

(C) preservação da flora e da fauna nativas.

(D) observância das disposições que regulam as relações de trabalho.

(E) exploração que favoreça o bem-estar dos proprietários e dos trabalhadores.

Dentre as alternativas, a única que não contempla requisito caracterizador é a "C" (art. 186 da CF).

Gabarito "C"

(PROCURADOR DO ESTADO/RS – FUNDATEC – 2010) Quanto à desapropriação, é válido dizer que:

(A) A desapropriação por interesse social é de competência privativa da União e pode ter como objeto propriedade imóvel média que não esteja cumprindo sua função social, mediante prévia e justa indenização em títulos da dívida agrária, com cláusula de preservação do valor real, resgatáveis em parcelas anuais e sucessivas.

(B) O fundamento político da desapropriação é a supremacia do interesse coletivo sobre o individual, quando incompatíveis.

(C) O prazo de caducidade da declaração para a desapropriação realizada com fundamento em utilidade pública é de dois anos.

(D) As concessionárias de serviço público não podem promover a desapropriação, mesmo quando autorizadas por contrato.

(E) As benfeitorias úteis realizadas após a declaração de utilidade pública de um bem serão indenizadas ainda quando não autorizadas pelo expropriante.

A: incorreta, pois a questão dá a entender que a União é o único ente federativo que pode desapropriar por interesse social; todavia, os demais entes políticos também podem fazer esse tipo de desapropriação; no caso de descumprimento da função social da propriedade em área rural a União tem competência privativa; no caso do descumprimento da função social em área urbana, o Município é o competente; e nos demais casos de desapropriação por interesse social todos os entes políticos podem desapropriar; **B:** correta, pois, caso o particular não aceite alienar a coisa ao Poder Público, este imporá a desapropriação, valendo-se da supremacia do interesse público sobre o interesse particular; **C:** incorreta, pois o prazo em questão é de 5 anos (art. 10 do Dec.-lei 3.365/1941); **D:** incorreta, pois podem promover a fase executória da desapropriação, quando autorizadas por contrato ou pela lei (art. 3º do Dec.-lei 3.365/1941); **E:** incorreta, pois as benfeitorias realizadas após a declaração de utilidade pública (diferentemente das benfeitorias necessárias) só serão indenizadas se autorizadas pelo expropriante (art. 26, § 1º, do Dec.-lei 3.365/1941).

Gabarito "B"

(Procurador do Estado/SC – 2010 – FEPESE) Sobre a intervenção do Estado na propriedade privada:

(1) Declarada a utilidade pública, ficam as autoridades administrativas autorizadas a penetrar nos prédios compreendidos na declaração, podendo recorrer, em caso de oposição, ao auxílio de força policial.

(2) São isentas de impostos federais, estaduais e municipais as operações de transferência de imóveis desapropriados para fins de reforma agrária.

(3) O espaço aéreo e o subsolo podem ser objeto de desapropriação.

(4) A desapropriação poderá abranger a área contígua necessária ao desenvolvimento da obra a que se destina, e as zonas que se valorizarem extraordinariamente, em consequência da realização do serviço.

Assinale a alternativa que indica todas as afirmativas **corretas**.

(A) É correta apenas a afirmativa 2.

(B) São corretas apenas as afirmativas 1 e 3.

(C) São corretas apenas as afirmativas 2 e 4.

(D) São corretas apenas as afirmativas 1, 2 e 4.

(E) São corretas as afirmativas 1, 2, 3 e 4.

1: correta (art. 7º do Dec.-lei 3.365/1941); **2:** correta (art. 26 da Lei 8.629/1993); **3:** correta (art. 2º, § 1º, do Dec.-lei 3.365/1941); 4: correta (art. 4º do Dec.-lei 3.365/1941).

Gabarito "E"

(Procurador do Estado/SE – FCC – 2005) Em 30 de junho de 1999, o Governo do Estado editou decreto declarando determinado imóvel de utilidade pública, para fins de desapropriação. Até 30 de outubro de 2004, não havia proposto ação de desapropriação. A propositura dessa ação

(A) depende de novo decreto de utilidade pública, que apenas poderá ser editado a partir de 30 de junho de 2006.

(B) não é mais possível.

(C) pode ser feita a qualquer momento.

(D) depende de novo decreto de utilidade pública, que pode ser editado a qualquer momento.

(E) depende de novo decreto de utilidade pública, que apenas poderá ser editado a partir de 30 de junho de 2005.

O prazo de caducidade do decreto expropriatório de utilidade pública é de 5 anos (art. 10 do Dec.-lei 3.365/1941). Neste caso, somente decorrido um ano o mesmo bem poderá ser objeto de nova declaração (art. 10 citado).

Gabarito "E"

(Procurador do Estado/SE – FCC – 2005) É matéria que se submete à competência legislativa privativa da União Federal:

(A) o regime jurídico dos servidores públicos.

(B) a polícia urbanística.

(C) a desapropriação.

(D) a licitação.

(E) as concessões de serviços públicos.

A: incorreta, pois cada ente político terá o seu estatuto de servidores públicos; **B:** incorreta, pois há interesse local no caso, a ensejar competência dos Município também para tanto; **C:** correta (art. 22, II, da CF); **D:** incorreta, pois a União só tem competência privativa para as normas gerais em matéria de licitação, nada impedindo que os demais entes políticos legislem sobre normas específicas de licitação; **E:** incorreta, pois cada ente político poderá ter normas a esse respeito, de modo a regulamentar a gestao de seus próprios bens.

Gabarito "C"

(Procurador do Estado/SP – FCC – 2009) O ato pelo qual a Administração dá ao bem expropriado destinação de interesse público diversa daquela inicialmente prevista denomina-se

(A) desvio de finalidade.

(B) tredestinação.

(C) retrocessão.

(D) desapropriação.

(E) reversão.

A destinação do bem expropriado em finalidade diversa da prevista inicialmente tem o nome de *tredestinação*, que pode ser lícita, caso se mantenha o uso em atividade de interesse público, e ilícita, se a coisa não foi utilizada em atividade de interesse público. Na verdade, a situação não deixa de ser um *desvio de finalidade*. Porém, como há um nome específico para o caso (tredestinação), este deve ser utilizado no lugar do nome *desvio de finalidade*. Já o instituto da *retrocessão* consiste na *consequência* da tredestinação ilícita, ou seja, havendo tredestinação ilícita, o antigo proprietário da coisa passa a ter o direito de retrocessão, consistente em retomar a coisa que lhe pertencia, devolvendo o valor da indenização paga pelo Poder Público.

Gabarito "B"

(Procurador do Município/Boa Vista-RR – 2010 – CESPE) Julgue o item seguinte, que trata de desapropriação.

(1) Cabe a retrocessão quando o expropriante dá ao imóvel uma destinação pública diferente daquela mencionada no ato expropriatório.

1: Incorreta, pois, se a destinação dada ao bem é pública, não há que se falar em direito de retrocessão, pois tem-se, no caso, tredestinação lícita.

Gabarito 1E

(Procurador do Município/Cubatão-SP – 2012 – VUNESP) Conforme as normas jurídicas aplicáveis ao instituto da desapropriação, a "obrigação que se impõe ao expropriante de oferecer o bem ao expropriado, mediante a devolução do valor da indenização, quando não lhe der o destino declarado no ato expropriatório" denomina-se

(A) encampação.

(B) retrocessão.

(C) devolução.

(D) caducidade.

(E) rescisão.

De fato, a retrocessão importa no direito do antigo proprietário de reaver o bem expropriado que não foi utilizado em finalidade pública. O requisito aqui é o desvio de finalidade, a chamada tredestinação, utilizando-se o bem expropriado em finalidade não pública. Não configura o instituto a utilização do bem em finalidade distinta da prevista no decreto expropriatório, quando a nova finalidade for de interesse público.

Gabarito "B"

(Procurador do Município/Florianópolis-SC – 2010 – FEPESE) Assinale a alternativa **incorreta**, em relação ao procedimento de desapropriação.

(A) A desapropriação é forma originária de aquisição da propriedade privada.

(B) O bem público não poderá ser objeto de desapropriação.

(C) Ocorre desvio de finalidade genérico, que enseja a retrocessão, quando se verifica a mudança da finalidade pública para o fim particular do bem expropriado.

(D) É permitida a ocupação temporária, que será indenizada, afinal, por ação própria, de terrenos não edificados, vizinhos às obras e necessários à sua realização.

(E) Os concessionários de serviços públicos e os estabelecimentos de caráter público ou que exerçam funções delegadas de poder público poderão promover desapropriações mediante autorização expressa, constante de lei ou contrato.

A: correta, como decorrência do art. 35 do Dec.-lei 3.365/1941; **B:** incorreta, pois, salvo os bens da União, os demais bens públicos podem ser objeto de desapropriação (art. 2º, § 2º, do Dec.-lei 3.365/1941); **C:** correta, pois, nesse caso, temos a chamada tredestinação ilícita, que enseja o direito de retrocessão em favor do antigo proprietário da coisa; **D:** correta (art. 36 do Dec.-lei 3.365/1941); **E:** correta (art. 3º do Dec.-lei 3.365/1941).

Gabarito "B"

(Procurador do Município/Manaus-AM – 2006 – FCC) No que concerne à desapropriação, a imissão provisória na posse de um imóvel particular por parte do município de Manaus

(A) somente poderá ser feita no próprio ato expropriatório, e desde que tenha por objeto prédio urbano residencial.

(B) deverá ser requerida exclusivamente na esfera administrativa, desde que se deposite previamente o valor da indenização.

(C) deverá ocorrer no prazo de 120 dias, prorrogável por igual período, contado da data do depósito em juízo da indenização prévia, justa e em dinheiro.

(D) somente ocorrerá após a citação do réu e mediante o depósito integral do preço fixado pericialmente.

(E) depende, dentre outros requisitos, da declaração de urgência por parte do expropriante, que não poderá ser renovada.

A: incorreta, pois a imissão provisória na posse depende de alegação de urgência do Poder Público e de depósito da quantia arbitrada pelo juiz (art. 15, *caput*, do Dec.-lei 3.365/1941), não se efetivando com a simples menção ao assunto no decreto expropriatório; **B:** incorreta, pois compete ao juiz autorizar a imissão provisória na posse; **C:** incorreta, pois o prazo de 120 dias é para o Poder Público requerer a imissão provisória na posse após ter alegado urgência (art. 15, § 2º, do Dec.-lei 3.365/1941); **D:** incorreta, pois pode ocorrer mesmo antes da citação do réu, desde que haja alegação de urgência e depósito da quantia arbitrada pelo juiz (art. 15, *caput* e § 1º, do Dec.-lei 3.365/41); **E:** correta (art. 15, *caput* e § 2º, do Dec.-lei 3.365/41).

Gabarito "E"

(Procurador do Município/Recife-PE – 2008 – FCC) O Poder Público desapropriou grande número de imóveis em 2001, para implantação de trecho de um anel viário urbano. Passados 07 (sete) anos da edição de decreto de utilidade pública, como a obra não fora executada, foi aprovada lei autorizando o Poder Público, então expropriante, a vender os imóveis. Publicado o edital para alienação onerosa dos bens, a cada expropriado caberá, individualmente, medidas judiciais para pleitear o reconhecimento de seu direito de

(A) extensão, a fim de que o produto da alienação onerosa lhe seja destinado, vez que não foi dada a destinação pública adequada aos imóveis, configurando tredestinação.

(B) indenização, cumulado com pedido de revogação do decreto de utilidade pública, a fim de que o Poder Público seja condenado a restituir o valor dos imóveis.

(C) retrocessão, que constitui direito de reaver o bem expropriado, tendo em vista que o Poder Público não deu ao mesmo o destino que justificou a desapropriação.

(D) obter transferência compulsória da propriedade do bem expropriado, pelo preço homologado na licitação, depois de encerrada a fase de adjudicação do objeto em favor do vencedor.

(E) preferência para a aquisição do bem licitado, devendo, para tanto, obter prévio provimento jurisdicional que anule o decreto expropriatório.

Segundo o artigo 519 do CC, o Poder Público, não utilizando o bem objeto da desapropriação, deve dar direito de preferência ao antigo proprietário, para que este possa retomar a coisa expropriada. Resolvendo vender a coisa a terceiros, sem que se garanta esse direito ao antigo proprietário, este tem direito de reaver a coisa (direito de retrocessão), de maneira que a alternativa "c" é a correta.

Gabarito "C"

(Procurador do Município/São José dos Campos-SP – 2012 – VUNESP) Assinale a alternativa correta.

(A) A desapropriação por utilidade pública ocorre quando as circunstâncias impõem distribuição ou condicionamento da propriedade para o seu melhor aproveitamento, utilização ou produtividade em benefício da coletividade ou de categorias sociais merecedoras de amparo específico do Poder Público.

(B) Os bens das autarquias, das fundações públicas e das empresas estatais não são passíveis de desapropriação.

(C) A desapropriação independe de declaração expropriatória regular.

(D) A desapropriação por necessidade pública surge quando a Administração defronta situações de emergência, que, para serem resolvidas satisfatoriamente, exigem a transferência urgente de bens de terceiros para o seu domínio público.

(E) A expropriação, seja por utilidade ou necessidade pública ou, ainda, por interesse social, opera-se mediante prévia e justa indenização em dinheiro, não comportando exceções.

A: incorreta, pois a desapropriação descrita na alternativa é da modalidade *interesse social* e não *utilidade pública*; em geral, quando um bem é desapropriado para entregar a terceiros tem-se desapropriação por interesse social; **B:** incorreta, pois não há essa limitação no art. 2º, § 2º, do Dec.-lei 3.365/1941; **C:** incorreta, pois a primeira fase da desapropriação (a fase declaratória) impõe justamente a declaração expropriatória, que se dá, em regra, por decreto expropriatório expedido pelo Chefe do Executivo (art. 6º do Dec.-lei 3.365/1941); **D:** correta, pois, segundo a doutrina, a diferença entre utilidade pública e necessidade pública é justamente o fato de que a segunda se dá nas mesmas hipóteses da primeira (art. 5º do Dec.-lei 3.365/1941), mas em situações em que se tenha urgência; **E:** incorreta, pois a desapropriação por interesse social pelo não cumprimento da função social da propriedade em área rural ou urbana é paga mediante títulos (arts. 182, § 4º, III, 184, § 4º, ambos da CF)

Gabarito "D"

(Procurador do Município/São Paulo-SP – 2008 – FCC) O Município de São Paulo desapropriou, por meio de regular processo judicial, um terreno de grandes extensões para fins de implantação de programa habitacional para famílias de baixa renda. Após a expedição da competente carta de adjudicação e do lançamento do registro do imóvel em nome do Município, identificou-se que a região onde se situava o imóvel não mais apresentava demanda habitacional. Neste sentido, após a edição de lei autorizativa, a Municipalidade iniciou procedimento de concorrência para alienação onerosa do imóvel, comprometendo-se a destinar o produto da venda para aquisição de área em região mais apropriada, mantida a finalidade inicial, sem oferecer o bem, em preferência, ao expropriado. O procedimento adotado pela Municipalidade

(A) não ensejou desvio de finalidade e, como tal, não violou direito subjetivo do administrado, que deve concorrer pela aquisição do imóvel na licitação em igualdade de condições com outros interessados.

(B) dá ensejo a que o expropriado demande em juízo o reconhecimento de seu direito de retrocessão.

(C) demonstra ter havido a destinação em relação ao bem público, restando ao expropriado o direito de pleitear, judicialmente, as perdas e danos, que são presumidos.

(D) não ensejou desvio de finalidade, sendo facultado ao expropriado o direito de pleitear no procedimento licitatório o reconhecimento de seu direito de preferência, não lhe assistindo, no entanto, fundamento para deduzir o reconhecimento de seu direito de retrocessão.

(E) dá ensejo a que o expropriado pleiteie, judicialmente, a revogaçao do decreto expropriatório de seu imóvel, em face do inequívoco desvio de finalidade.

Segundo o artigo 519 do CC, o Poder Publico, não utilizando o bem objeto da desapropriação, deve dar direito de preferência ao antigo proprietário, para que este possa retomar a coisa expropriada. Resolvendo vender a coisa a terceiros, sem que se garanta esse direito ao antigo proprietário, este tem direito de reaver a coisa (direito de retrocessão), de maneira que a alternativa "b" é a correta.

Gabarito "B"

(Advogado da União/AGU – CESPE – 2012) Julgue os itens seguintes, que versam sobre desapropriação.

(1) Sujeitam-se à desapropriação o espaço aéreo, o subsolo, a posse, bem como direitos e ações, entre outros bens, desde que sejam privados e se tornem objeto de declaração de utilidade pública ou de interesse social.

(2) Tratando-se de desapropriação por zona, o domínio do expropriante sobre as áreas que sofrem valorização extraordinária é provisório, ficando, por isso, os novos adquirentes sujeitos ao pagamento da contribuição de melhoria, conforme dispõe a CF.

(3) O ato de a União desapropriar, mediante prévia e justa indenização, para fins de reforma agrária, imóvel rural que não esteja cumprindo a sua função social configura desapropriação por utilidade pública.

1: incorreta, pois bens públicos dos municípios e dos estados também pode ser desapropriados (art. 2°, § 2°, do Dec.-lei 3.365/1941); **2:** incorreta, pois, na desapropriação por zona, o ente expropriante passa a ser proprietário da coisa, não sendo devido valor algum pelos antigos proprietários, que, afinal de contas, já perderam o bem expropriado e nada ganharão com a eventual valorização extraordinária deste; **3:** incorreta, pois se trata de desapropriação-sanção por interesse social (art. 184, *caput*, da CF).

Gabarito 1E, 2E, 3E

(Procurador Federal – 2010 – CESPE) Julgue o seguinte item.

(1) A União desapropriou um imóvel para fins de reforma agrária, mas, depois da desapropriação, resolveu utilizar esse imóvel para instalar uma universidade pública rural. Nessa situação, houve tredestinação lícita, de forma que o antigo proprietário não poderá pedir a devolução do imóvel.

1: Correta, valendo salientar que a tredestinação lícita é admitida pela jurisprudência do STJ como conduta que não gera direito à retrocessão em favor do anterior proprietário da cosia.

Gabarito 1C

(Procurador Federal – 2010 – CESPE) Com base no tratamento conferido ao instituto da desapropriação pela CF, pela legislação vigente e pelos tribunais superiores, julgue os itens a seguir.

(1) O procedimento de desapropriação por utilidade pública de imóvel residencial urbano não admite a figura da imissão provisória na posse.

(2) Segundo entendimento do STF, é inconstitucional a previsão legal que limita a quantia a ser arbitrada a título de honorários advocatícios na ação de desapropriação a um valor entre 0,5% e 5% da diferença entre o preço oferecido e a indenização obtida.

1: incorreta, pois a imissão provisória na posse existe e é regulamentada em lei própria (Lei 1.075/1970); **2:** incorreta, pois tal previsão legal (art. 27, § 1°, do Dec.-lei 3.365/1941) foi mantida pelo STF, ficando excluída, pela ADIN 2.332-2, apenas a limitação dos honorários advocatícios em até R$ 151 mil.

Gabarito 1E, 2E

(Procuradoria Federal – 2007 – CESPE) A Câmara Legislativa do Distrito Federal (CLDF) editou norma determinando que qualquer desapropriação a ser realizada no território do DF deveria passar antes pelo crivo do Poder Legislativo local. A União, na vigência dessa lei, ignorou a norma, de modo que o INCRA deu início aos procedimentos para a realização de uma desapropriação para fins de reforma agrária, sem prévia consulta à CLDF. Durante a vistoria, o INCRA observou discrepância entre a metragem real do imóvel e aquela prevista em sua escritura. No decreto desapropriatório que se sucedeu, foi mencionada a metragem constante da escritura e – não, a metragem real do imóvel. No momento do pagamento da indenização, as benfeitorias úteis e necessárias foram pagas diretamente, sem utilização de precatórios. Com relação à situação hipotética acima, julgue os itens a seguir.

(1) Na vistoria e no decreto desapropriatório, deve-se considerar a área constante da escritura do imóvel, sob pena de restar prejudicada a validade desse decreto.

(2) Foi correta a forma de pagamento realizada, pois as benfeitorias úteis e necessárias podem ser pagas sem a utilização da regra do pagamento por meio de precatório.

(3) É inconstitucional, por invadir a competência legislativa da União e violar o princípio da separação dos poderes, norma distrital que submeta as desapropriações, no âmbito do DF, à aprovação prévia da CLDF.

1: está errada, pois, caracterizado o imóvel, não há que se falar em invalidade do decreto; **2:** está errada, pois o que a Constituição excepciona é o pagamento por meio de títulos (no caso, a Constituição dispõe que o pagamento será em dinheiro – art. 184, § 1º, da CF), não o dever de pagar por meio de precatório (art. 100 da CF); **3:** correta, nos termos do art. 22, II, da CF.

Gabarito 1E, 2E, 3C

(Procurador da Fazenda Nacional – 2006 – ESAF) Determinado Município pretende desapropriar direitos representativos do capital de instituição cujo funcionamento depende de autorização do Governo Federal, e que se submete à fiscalização deste. Tal pretensão

(A) não poderá se concretizar, pois direitos representativos de capital de uma determinada instituição não podem ser objeto de desapropriação.

(B) não encontra amparo no Direito Brasileiro, pois os Municípios só têm competência para desapropriar áreas urbanas.

(C) não poderá se concretizar, pois somente a União poderia realizar a referida desapropriação.

(D) somente poderá se concretizar se houver prévia autorização do Presidente da República, por meio de Decreto.

(E) poderá se concretizar, desde que a instituição tenha funcionamento exclusivamente no próprio Município, e independentemente de prévia autorização de membros de outro ente da Federação, sob pena de violação do pacto federativo.

Correta a alternativa "D", nos exatos termos do art. 2º, § 3º, do Decreto-lei 3.365/1941.

Gabarito "D"

(Procurador da Fazenda Nacional – 2006 – ESAF) A desapropriação que ocorre em uma área maior que a necessária à realização de uma obra, com vistas a que seja reservada para posterior desenvolvimento da própria obra, é hipótese de

(A) desapropriação indireta, por já ter o Supremo Tribunal Federal pacificado o entendimento de ser inconstitucional a perda de propriedade por alguém para que o bem fique, simplesmente, reservado para utilização futura.

(B) desapropriação indireta, vez que a desapropriação em área maior do que a inicialmente necessária somente seria juridicamente viável para assentamentos rurais, em atividades concernentes à Reforma Agrária.

(C) direito de extensão, reconhecido ao poder público quando razões de utilidade pública ou interesse social justifiquem a medida.

(D) desapropriação por zona, expressamente prevista em legislação que disciplina a desapropriação por utilidade pública.

(E) desapropriação por interesse social, tendo em vista que a destinação do bem se dará no interesse da coletividade.

Trata a questão do conceito de desapropriação por zona, prevista no art. 4º do Decreto-lei 3.365/1941, ressaltando que o ato expropriatório deve prever qual área se destina ao prosseguimento da obra. Correta, portanto, a alternativa "D". Desapropriação indireta é aquela que ocorre sem observância do procedimento estabelecido em lei, enquanto desapropriação por interesse social ocorre nas hipóteses previstas na Lei 4.132/1962, na desapropriação de imóvel urbano não edificado, subutilizado ou utilizado (art. 182 da CF) ou para fins de reforma agrária (art. 184 da CF). O direito de extensão, por fim, está previsto no art. 12 do Decreto 4.956/1903, e refere-se ao direito do proprietário de exigir do Poder Público a expropriação da parte do imóvel que restou inútil ou de difícil utilização após a desapropriação.

Gabarito "D"

(ADVOGADO – CEF – 2012 – CESGRANRIO) O prazo de caducidade do decreto expropriatório nas desapropriações por utilidade pública, contado da data de sua expedição, é de

(A) 120 dias

(B) 180 dias

(C) 2 anos

(D) 5 anos

(E) 10 anos

O prazo de caducidade ou decadência no caso é de 5 anos (art. 10 do Dec.-lei 3.365/1941).

Gabarito "D"

(ADVOGADO – CORREIOS – 2011 – CESPE) A respeito das hipóteses de intervenção do Estado na propriedade e do controle administrativo, julgue os itens subsequentes.

(1) Os recursos administrativos, meios colocados à disposição do administrado para o reexame do ato pela administração pública, só serão dotados de efeito suspensivo quando a lei expressamente o estabelecer.

(2) Ao contrário da desapropriação, a servidão administrativa decorrente de lei, de acordo ou de decisão judicial não gera, para a administração pública, o dever de indenizar o proprietário.

1: incorreta, pois terão efeito suspensivo quando a lei expressamente estabelecer ou nos casos em que a Administração, fundada na situação de perigo, atribuir efeito suspensivo ao recurso (art. 61, parágrafo único, da Lei 9.784/1999); **2:** incorreta, pois a Administração deve indenizar sim, seja em acordo extrajudicial, seja por meio de ação de desapropriação para instituir servidão (art. 40 do Dec.-lei 3.365/1941).

Gabarito 1E, 2E

(ADVOGADO – PETROBRÁS DISTRIB. – 2010 – CESGRANRIO) O Governador de determinado Estado-membro da Federação brasileira declarou de utilidade pública, para fins de desapropriação, imóvel pertencente a município situado em seu território. Analisando a juridicidade do decreto expropriatório em tela, conclui-se que a desapropriação pretendida pelo Governador

(A) é juridicamente impossível, pois os bens públicos são imprescritíveis.

(B) é juridicamente possível, desde que tenha sido precedida de autorização legislativa.

(C) é juridicamente possível, desde que tenha sido precedida de autorização por decreto da Chefia do Poder Executivo Federal.

(D) não tem base legal, pois a desapropriação é forma derivada de aquisição da propriedade.

(E) não tem base legal, pois os bens públicos não são expropriáveis.

A União pode desapropriar bens dos Estados e estes podem desapropriar bens dos municípios, mas isso só pode acontecer se houver prévia autorização legal feita pelo Legislativo do ente que tem a intenção de desapropriar (art. 2º, § 2º, do), de maneira que a alternativa "b" é a correta.

Gabarito "B"

(ADVOGADO – PETROBRÁS – 2008 – CESGRANRIO) Acerca do procedimento de desapropriação por utilidade pública, regulado no art. 5º, inc. XXIV, da Constituição Federal e no Decreto-Lei n. 3.365/1941, é correto afirmar que

(A) a desapropriação de qualquer bem dependerá de declaração de utilidade pública por parte da autoridade competente, cuja expedição requer prévia autorização legislativa.

(B) a desapropriação apenas pode ser efetuada através de processo judicial.

(C) é vedado ao juiz imitir provisoriamente o expropriante na posse do bem antes do trânsito em julgado da ação de desapropriação.

(D) podem ser desapropriados bens imóveis destinados à exploração dos serviços públicos prestados por concessionários privados.

(E) corresponde a procedimento de competência exclusiva da União Federal.

A: incorreta, pois a declaração de utilidade pública se dá por meio de Decreto (art. 6º do Dec.-lei 3.365/1941), não sendo necessária prévia lei autorizativa, mas apenas fundamentação em algum dos casos em que o Dec.-lei 3.365/1941 prevê como apto à justificar uma desapropriação (art. 5º do Dec.-lei 3.365/1941); **B:** incorreta, pois a desapropriação pode se efetivar, também, por acordo extrajudicial (art. 10 do Dec.-lei 3.365/1941); **C:** incorreta, pois se o Poder Público alegar urgência e requerer a imissão provisória na posse no prazo de 120 dias, o juiz deve arbitrar o valor provisório de indenização, imitindo o Poder Público na posse da coisa (art. 15, *caput* e § 2º, do Dec.-lei 3.365/1941); **D:** correta, mas não há limitação nesse sentido no art. 2º do Dec.-lei 3.365/1941; **E:** incorreta, pois os demais entes políticos também poderão desapropriar (art. 2º, *caput*, do Dec.-lei 3.365/1941).

Gabarito "D"

(ADVOGADO – PETROBRÁS DISTRIB. – 2008 – CESGRANRIO) Com relação à intervenção do Estado na propriedade, é correto afirmar que

(A) a desapropriação de bens públicos efetiva-se sempre mediante justa indenização em títulos da dívida pública de emissão previamente aprovada pelo Senado Federal.

(B) o prazo de caducidade do decreto expropriatório nas desapropriações por utilidade pública é de cinco anos, contados da data de sua expedição.

(C) o prazo de caducidade do decreto expropriatório nas desapropriações por interesse social é de cinco anos, contados da data de sua expedição.

(D) os bens públicos, por serem imprescritíveis, não podem ser desapropriados.

(E) os Estados não podem desapropriar bens do domínio da União Federal, mas podem desapropriar, independente de prévia autorização legislativa, bens do domínio dos Municípios.

A: incorreta, pois, como regra, a desapropriação é paga mediante prévia e justa indenização em dinheiro (art. 5º, XXIV, da CF); **B:** correta (art. 10 do Dec.-lei 3.365/1941); **C:** incorreta, pois o prazo, nesse caso, é de 2 anos (art. 3º da Lei 4.132/1962); **D:** incorreta, pois os bens dos Municípios podem ser desapropriados pelos Estados e os bens destes, pela União (art. 2º, § 2º, do Dec.-lei 3.365/1941); **E:** incorreta, pois o Estados podem desapropriar bens dos Municípios, mas desde que haja autorização legal da Assembleia Legislativa do respectivo Estado.

Gabarito "B"

(ADVOGADO – ELETROBRAS – 2006 – NCE/UFRJ) Na desapropriação, se for constatado que a Administração Pública deu ao bem desapropriado destino diferente do que foi mencionado no ato expropriatório, não compatível com o interesse público, haverá:

(A) adestinação;

(B) retrocessão;

(C) reversão;

(D) encampação;

(E) tredestinação.

Trata-se de caso de tredestinação. Caso essa nova destinação seja de interesse público, não há problema e o caso é de tredestinação lícita.

Já se a nova destinação não é de interesse público, tem-se tredestinação ilícita e o antigo proprietário da coisa tem direito de retrocessão, ou seja, direito de reaver a coisa expropriada.

Gabarito "E"

(ADVOGADO – BNDES – 2001 – VUNESP) No processo judicial de desapropriação, só podem ser discutidas questões relativas

(A) à finalidade do ato expropriatório.

(B) à ilegalidade do ato declaratório de utilidade pública.

(C) aos casos de interesse social.

(D) ao preço ou a vício processual.

(E) à competência da autoridade que editou o ato expropriatório.

Segundo o art. 20 do Dec.-lei 3.365/1941 "A contestação só poderá versar sobre vício do processo judicial ou impugnação do preço; qualquer outra questão deverá ser decidida por ação direta". Assim, somente a alternativa "d" está correta.

Gabarito "D"

(ADVOGADO – ANCINE – 2005 – CESPE) A Constituição Federal prevê a intervenção do Estado na propriedade particular e remete à lei o procedimento para desapropriação por necessidade ou utilidade pública, ou por interesse social, mediante justa e prévia indenização em dinheiro. Com relação a esse assunto, julgue os seguintes itens.

(1) Quando a administração defronta situações de emergência que, para serem resolvidas satisfatoriamente, exigem a transferência urgente de bens de terceiros para seu domínio e uso imediato, ela poderá desapropriar esses bens por interesse social.

(2) A desapropriação por necessidade pública ocorre quando as circunstâncias impõem a distribuição ou o condicionamento da propriedade para o seu melhor aproveitamento, utilização ou produtividade em benefício da coletividade ou de categorias sociais merecedoras de amparo específico do poder público.

1: incorreta, pois o caso pode ser de desapropriação por utilidade ou necessidade pública e basta que o Poder Público alegue urgência e deposite a quantia fixada pelo juiz, para que possa se imitir provisoriamente no bem que deseja adquirir (art. 15, *caput* e § 2º, do Dec.-lei 3.365/1941); **2:** incorreta, pois o caso citado é de desapropriação por interesse social, e não por utilidade ou necessidade pública.

Gabarito 1E, 2E

8.2. REQUISIÇÃO DE BENS E SERVIÇOS

(Procurador do Estado/AC – FMP – 2012) Sobre as restrições ao direito de propriedade, no plano do direito administrativo, assinale a alternativa CORRETA.

(A) Nas hipóteses de tombamento, em razão do interesse público na preservação dos bens de interesse histórico, artístico, cultural, antropológico e arquitetônico, dentre outros, será sempre efetivada a prévia indenização pela restrição da propriedade.

(B) Em razão da situação de perigo iminente, como casos de enchentes, a Administração pode efetivar, permanentemente, a requisição de bens móveis, imóveis e até de serviços particulares.

(C) A servidão administrativa constitui um ônus real imposto ao particular para assegurar a realização de obras e serviços públicos, sendo devida a indenização pelos prejuízos efetivamente suportados pelo proprietário do bem.

(D) No caso da requisição, não há uma imposição de indenização, pois visa ao afastamento de perigo iminente, somente sendo possível a aferição de responsabilidade por ato lícito, caso danos sejam verificados após a requisição.

A: incorreta, pois só haverá direito de indenização em favor do proprietário do bem tombado caso haja dano especial ao particular, que lhe diminua o valor de sua propriedade; **B:** incorreta, pois a requisição é provisória, durando apenas enquanto persistir a situação de perigo; **C:** correta, valendo salientar que a servidão se constitui por acordo extrajudicial quanto ao preço ou por meio de ingresso com ação de desapropriação (art. 40 do Dec.-lei 3.365/1941); **D:** incorreta, pois caberá indenização ulterior (posterior), se houver dano (art. 5º, XXV, da CF).

Gabarito "C"

(Procurador do Estado/SC – 2010 – FEPESE) No caso de iminente perigo público, a autoridade competente poderá usar de propriedade particular, assegurada ao proprietário indenização ulterior, se houver dano. Qual a denominação desse instituto?

(A) tombamento

(B) ocupação temporária

(C) servidão administrativa

(D) requisição administrativa

(E) desapropriação por interesse público

Trata-se da *requisição administrativa de bens*, prevista no art. 5º, XXV, da CF.

Gabarito "D"

8.3. OCUPAÇÃO TEMPORÁRIA

(ADVOGADO – BNDES – 2001 – VUNESP) A utilização transitória, remunerada ou gratuita, de bens particulares pelo Poder Público, para a execução de obras, serviços ou atividades públicas ou de interesse público, realiza-se mediante

(A) ocupação temporária.

(B) desapropriação.

(C) requisição.

(D) servidão administrativa.

(E) limitação administrativa.

A: correta, nos termos do art. 36 do Dec.-lei 3.365/1941; **B:** incorreta, pois a desapropriação importa na aquisição da propriedade e não na utilização transitória da coisa; **C:** incorreta, pois a requisição não tem por razão a execução de obras, serviços ou atividades públicas, mas sim o resguardo do interesse público diante de uma situação de iminente perigo público (art. 5º, XXV, da CF); **D:** incorreta, pois, apesar de servidão ter como razão de ser os mesmos usos mencionados no enunciado, ela não é transitória, mas instituída para durar por um longo período de tempo; nesse sentido, uma coisa é a Administração usar o terreno do vizinho apenas durante o período de uma obra, ocasião em que se tem um uso transitório, configurando-se a ocupação temporária; outra coisa é a Administração usar o terreno de alguém para instalar uma torre de transmissão de energia elétrica, hipótese em que se tem um uso duradouro, configurando-se a servidão; **E:** incorreta, pois a limitação administrativa é uma imposição geral e gratuita, que delimita o direito das pessoas; no caso do enunciado tem-se algo específico, recaindo sobre um bem só, além de algo que admite remuneração, não dizendo respeito, portanto, ao instituto da limitação administrativa.

Gabarito "A"

8.4. SERVIDÃO ADMINISTRATIVA

(Procurador do Estado/SE – FCC – 2005) As servidões administrativas têm como característica, que as diferencia das demais formas de intervenção no direito de propriedade,

(A) a sua instituição em favor de outro imóvel, denominado prédio dominante.

(B) a obrigação do proprietário de suportar determinados ônus, decorrentes da utilização do imóvel pela Administração.

(C) a retirada do caráter absoluto da propriedade, mediante a imposição de restrições ao proprietário.

(D) a imposição de deveres de caráter positivo, obrigando o proprietário a exercer seu direito na maneira definida pela lei.

(E) a possibilidade de serem instituídas tanto pela lei, diretamente, quanto por ato administrativo.

A: incorreta, pois, diferentemente da servidão predial (servidão civil), que é instituída em favor de um prédio (prédio dominante, de um lado, e serviente, de outro), a servidão administrativa é instituída em favor da prestação de um serviço público; **B:** correta, pois, como se viu, a servidão administrativa é feita em favor de um serviço público, e não em favor de outro prédio vizinho; **C:** incorreta, pois na servidão administrativa apenas se institui um ônus real em relação a um imóvel, não havendo perda da propriedade, que é própria da desapropriação; **D:** incorreta, pois há um dever de suportar (um *pati*) em desfavor do proprietário do bem objeto de servidão; **E:** incorreta, pois a servidão é instituída da mesma forma que se dá na aquisição de bem por desapropriação, ou seja, mediante decreto expropriatório, com posterior acordo extrajudicial ou ingresso com ação de desapropriação (art. 40 do Dec.-lei 3.365/1941).

Gabarito "B"

(Procurador do Município/Teresina-PI – 2010 – FCC) As modalidades de intervenção do Estado sobre a propriedade privada consistentes na instalação de rede elétrica pelo Poder Público em propriedade particular e na proibição de construir além de determinado número de pavimentos, são, respectivamente,

(A) requisição e tombamento.

(B) servidão administrativa e limitação administrativa.

(C) limitação administrativa e ocupação temporária.

(D) servidão administrativa e requisição.

(E) requisição e ocupação temporária.

De fato, temos servidão administrativa no primeiro caso (ônus real instituído em favor do interesse público) e limitação administrativa no segundo (imposição geral e gratuita, que delimita o direito dos particulares).

Gabarito "B"

(Advogado da União/AGU – CESPE – 2009) Julgue o item a seguir.

(1) Servidão administrativa é um direito real de gozo que independe de autorização legal, recaindo sobre imóvel de propriedade alheia. Sejam públicas ou privadas, as servidões se caracterizam pela perpetuidade, podendo, entretanto, ser extintas no caso de perda da coisa gravada ou de desafetação da coisa dominante. Em regra, não cabe indenização quando a servidão, incidente sobre imóvel determinado, decorrer de decisão judicial.

1: Incorreta, pois a servidão, por incidir normalmente em imóvel determinado, faz com que o proprietário da coisa sofra em favor da coletividade, o que gera o direito de indenização, em virtude do princípio da igualdade (ex.: servidão para que alguém suporte uma torre de telefonia em sua propriedade); diferente é a situação da limitação administrativa, em que há uma imposição geral, atingindo pessoas indeterminadas, situação que não gera direito de indenização, pois a limitação administrativa apenas delimita os direitos das pessoas, sem tirar parte desses direitos. Assim, em caso de servidão, havendo dano, cabe indenização, seja em caso de servidão instituída por ato judicial, seja em caso de servidão instituída administrativamente.

Gabarito 1E

(Procurador da Fazenda Nacional – 2006 – ESAF) Sobre as servidões administrativas, assinale a opção <u>incorreta</u>.

(A) Como regra, dão direito à indenização.

(B) Estão fora do comércio.

(C) Observam o princípio da indivisibilidade.

(D) Podem incidir sobre bem público.

(E) Podem implicar não apenas uma obrigação de deixar de fazer, mas também uma obrigação de fazer.

A servidão administrativa é a limitação ao direito de propriedade imposta pela Administração para possibilitar a realização de obras e serviços públicos, como, por exemplo, a passagem de linhas de energia elétrica. Tal qual as servidões de direito privado, as administrativas também se sujeitam ao princípio da indivisibilidade (art. 1.386 do CC). As semelhanças, porém, terminam aí. A doutrina elenca algumas características específicas da servidão administrativa: estão fora do comércio, de sorte que não se extinguem pela prescrição, como ocorre com as servidões privadas; podem incidir sobre bem público, dado que o requisito para a constituição da servidão é a propriedade alheia do imóvel, bastando que este pertença a pessoa jurídica de direito público diversa daquela que pretende instituir a servidão; abrangem não só obrigações de não fazer (mais comuns), como também podem criar obrigações de fazer, como roçar o mato ou cortar árvores; e, por fim, não dão direito à indenização, como regra, porque não retiram do particular a posse ou propriedade do imóvel. A indenização será devida somente se comprovada ocorrência de danos ou prejuízos ao imóvel.

Gabarito "A"

8.5. TOMBAMENTO

(Procurador do Estado/PI – 2008 – CESPE) Uma das formas de proteção do patrimônio histórico, artístico e cultural, o tombamento

(A) não pode atingir bens públicos.

(B) só pode atingir bens imóveis.

(C) pode atingir bens materiais e imateriais.

(D) pode atingir obras de origem estrangeira que sejam trazidas para exposições comemorativas, educativas ou comerciais.

(E) pode atingir obras de origem estrangeira que pertençam às representações diplomáticas ou consulares acreditadas no país.

A: incorreta (art. 5º do Dec.-lei 25/1937); **B:** incorreta (art. 1º do Dec.-lei 25/1937); **C:** correta (art. 216, *caput* e § 1º, da CF); D e **E:** incorretas (art. 3º, 5 e 1, do Dec.-lei 25/1937).

Gabarito "C"

(Procurador do Estado/SP – VUNESP – 2005) Tombamento é

(A) a restrição parcial ao direito de propriedade privada que não retira do particular o exercício dos direitos inerentes ao domínio.

(B) a intervenção do Estado na propriedade privada que causa restrição integral e permanente ao direito de propriedade, para preservação de bens integrantes do patrimônio histórico e artístico nacional.

(C) o ato administrativo discricionário que habilita a Administração Pública a adentrar imóvel particular ameaçado de ruína.

(D) o procedimento administrativo de caráter vinculado, autoexecutório, por meio do qual a Administração Pública utiliza-se de propriedade particular no caso de perigo público iminente.

(E) o direito real de gozo, instituído por lei, sobre imóvel de propriedade alheia, por entidade pública ou por seus delegados, em favor de um serviço público ou de um bem afetado a fim de utilidade pública.

A: correta; a leitura dos arts. 12 a 21 do Dec.lei 25/1937 demonstra que não é efeito do tombamento retirar o domínio do particular, que continua proprietário da coisa, podendo, inclusive, aliená-la a terceiros, observados os requisitos legais (art. 12); o tombamento importa, assim, em mera restrição parcial ao direito de propriedade privada, que passa a se sujeitar aos efeitos trazidos nos dispositivos legais mencionados; **B:** incorreta, pois, como se viu, na há restrição integral e permanente ao direito de propriedade, não se devendo confundir o tombamento com a desapropriação, já que somente a última tem o efeito mencionado na alternativa em questão; **C:** incorreta, pois o tombamento não é feito para que a Administração possa adentrar imóvel particular ameaçado de ruína; o tombamento é feito para que os bens tombados recebam uma especial proteção, dada a sua relevância histórica ou cultural; **D:** incorreta, pois a utilização, pela Administração, de bens particulares em caso de perigo público iminente é denominada *requisição* e não *tombamento*; **E:** incorreta, pois a definição dada na alternativa em questão é de servidão administrativa e não de tombamento.

Gabarito "A"

(Procurador do Município/São Paulo-SP – 2008 – FCC) O Município de São Paulo, por meio de regular procedimento, tombou um imóvel particular, situado em área urbana, a fim de preservar seu valor histórico-cultural. O proprietário do terreno ajuizou ação em face da Municipalidade, alegando que pretendia dar outra destinação econômica ao imóvel, incompatível com o tombamento e para a qual já possuía alvará. Neste contexto, de acordo com o ordenamento jurídico em vigor e com o posicionamento dos tribunais pátrios a respeito do tema, o proprietário tem fundamentos para pleitear e, eventualmente, para obter

(A) indenização pelos prejuízos financeiros anormais, comprovados e decorrentes da restrição administrativa imposta ao imóvel.

(B) indenização pelos prejuízos alegados ou, alternativamente, permuta de seu imóvel com outro terreno de propriedade do Município ou a ser por este desapropriado, onde possa ser implantado o empreendimento.

(C) desapropriação indireta do imóvel, em virtude das limitações administrativas impostas à conservação do bem.

(D) indenização por desapossamento administrativo, comprovada a restrição parcial sobre o imóvel, cumulada com juros compensatórios.

(E) isenção de tributos municipais, uma vez que o tombamento não justifica a imposição de indenização.

A: correta, pois, comprovando prejuízos financeiros anormais decorrentes da restrição imposta ao imóvel, cabe direito de indenização, nos termos do que vem decidindo os tribunais superiores; **B:** incorreta, pois não há o direito alternativo mencionado; **C:** incorreta, pois só ocorre desapropriação indireta quando o direito de propriedade fica totalmente esvaziado, o que não acontece no caso; **D:** incorreta, pois o desapossamento administrativo equivale à desapropriação indireta, que, como se viu, não aconteceu no caso em tela; **E:** incorreta, pois não há previsão na lei federal de tombamento, de isenção de tributos no caso, e nem poderia haver, já que a União não pode isentar tributos municipais; ademais, como se viu, cabe sim indenização quando há danos anormais decorrentes de tombamento.

Gabarito "A"

8.6. LIMITAÇÃO ADMINISTRATIVA

(Procurador do Estado/PB – 2008 – CESPE) É lícito ao poder público intervir na propriedade privada para preservar o interesse público. No município de João Pessoa, por exemplo, as edificações na faixa litorânea não podem ultrapassar a altura equivalente a quatro andares. Esse tipo de intervenção caracteriza

(A) servidão administrativa.

(B) ocupação temporária.

(C) tombamento.

(D) limitação administrativa.

(E) desapropriação.

Esse tipo de intervenção geral estabelecida pela lei caracteriza a limitação administrativa.

Gabarito "D"

Determinado município deferiu a um empreendedor alvará para a construção de um hotel de vinte andares. Entretanto, antes do início da obra, sobrevieram normas de caráter geral, limitando a apenas quinze andares as construções no local. Foi solicitado, então, parecer jurídico sobre a legalidade de se revogar o primeiro alvará, para o devido cumprimento das novas regras urbanísticas.

(Advogado da União/AGU – CESPE – 2012) Com base nessa situação hipotética e na jurisprudência do STF acerca do tema, julgue os itens que se seguem.

(1) A norma que limitou a quinze o número de andares dos prédios a serem construídos na localidade constitui limitação administrativa que, dotada de caráter geral, se distingue das demais formas de intervenção estatal na propriedade, não caracterizando, via de regra, situação passível de indenização.

(2) As normas de ordem pública que impõem altura máxima aos prédios podem gerar obrigações e direitos subjetivos entre os vizinhos, interessados na sua fiel observância por parte de todos os proprietários sujeitos às suas exigências.

(3) O parecer deve orientar o governo municipal a não revogar o alvará concedido ao empreendedor, visto que o seu deferimento gerou direito adquirido ao particular.

1: correta, pois limitação administrativa é a imposição geral e gratuita, que delimita o direito de grupos indeterminados de pessoas, ajustando-os ao interesse público; no caso, trata-se de uma imposição geral, pois afeta pessoas indeterminadas, não cabendo indenização, por se tratar de intervenção gratuita na propriedade, conforme se viu no conceito; **2:** correta, o que vem sendo reconhecido pela jurisprudência face às normas decorrentes dos direitos de vizinhança, tais como as decorrentes dos artigos 1.277, 1.278, 1.299 e 1.312 do CC; **3:** incorreta, pois o alvará é ato vinculado e esse tipo de ato não pode ser revogado; não bastasse, também não cabe anulação do ato, pois, quando concedido, a lei foi adequadamente cumprida.

Gabarito 1C, 2C, 3E

8.7. TEMAS COMBINADOS DE INTERVENÇÃO NA PROPRIEDADE

(Procurador de Contas TCE/ES – CESPE – 2009) Acerca da intervenção do Estado na propriedade, assinale a opção correta.

(A) Conforme entendimento do STJ, na limitação administrativa, a prescrição da pretensão indenizatória se dá em cinco anos, ao passo que a desapropriação indireta tem o prazo prescricional de vinte anos.

(B) Se a propriedade é atingida por um ato específico, imposto pela administração, embora calcada na lei para suportar uma obrigação, a hipótese é de limitação administrativa, e não de servidão.

(C) A requisição somente poderá ser de bens, jamais de serviços.

(D) Não se admite que a lei possa declarar um imóvel como de interesse público, para fins de desapropriação, já que se trata de ato privativo do chefe do Poder Executivo.

(E) Conforme entendimento do STF, a imissão provisória na posse do imóvel que está sendo objeto de desapropriação é inconstitucional, na medida em que ela somente poderá correr após a efetiva indenização e em dinheiro.

A: correta, pois o prazo de 5 anos (limitação administrativa) está previsto no art. 10, parágrafo único, do Dec.-lei 3.365/1941, ao passo que o prazo de 20 anos (desapropriação indireta) decorre do fato de que se trata de indenização pela perda da propriedade, aplicando-se, por analogia, o prazo para a usucapião extraordinária, que é de 20 anos; esse entendimento do STJ deverá se modificar para os novos casos que passarem a ser julgados por aquela Corte, pois o atual Código Civil estabelece prazos menores para a usucapião extraordinária (10 e 15 anos, a depender do caso, conforme art. 1.238 do CC); **B:** incorreta, pois atos específicos, atingindo bens determinados, importam em servidão administrativa, ao passo que atos genéricos, atingindo bens indeterminados, importam em limitação administrativa; **C:** incorreta, pois a requisição administrativa incide sobre bens ou serviços; **D:** incorreta, pois se um ato de menor relevância pode (ex.: Decreto), uma lei, que é ato que pode inclusive inovar na ordem jurídica, também pode declarar um bem como de interesse público para fins de desapropriação. **E:** incorreta, pois é pacífico que a imissão provisória na posse, mediante alegação de urgência e depósito prévio, é constitucional (v. Súmula 652 do STF).

Gabarito "A"

(Procurador do Município/São José dos Campos-SP – 2012 – VUNESP) A exigência, imposta por lei municipal que determina o recuo de certo número de metros na construção a ser levantada em terreno urbano, constitui

(A) servidão predial.

(B) desapropriação parcial do terreno.

(C) limitação administrativa.

(D) servidão administrativa.

(E) ocupação temporária.

A exigência de recuo é uma imposição geral, que afeta todos que quiserem construir em terreno urbano, de modo que se trata de uma limitação administrativa. Os demais institutos previstos nas outras alternativas são imposições especiais, ou seja, que atingem pessoas determinadas, que não é, como se viu, o caso da imposição prevista em lei que determina o recuo em construções.

Gabarito "C"

9. RESPONSABILIDADE DO ESTADO

9.1. EVOLUÇÃO HISTÓRICA E TEORIAS

(Procurador do Estado/BA – 2014 – CESPE) Suponha que viatura da polícia civil colida com veículo particular que tenha ultrapassado cruzamento no sinal vermelho e o fato ocasione sérios danos à saúde do condutor do veículo particular. Considerando essa situação hipotética e a responsabilidade civil da administração pública, julgue o seguinte item.

(1) Sendo a culpa exclusiva da vítima, não se configura a responsabilidade civil do Estado, que é objetiva e embasada na teoria do risco administrativo.

1: correta; no Brasil, adota-se a responsabilidade objetiva do Estado com base na Teoria do Risco Administrativo, que admite excludentes de responsabilidade estatal, como a culpa exclusiva da vítima, diferentemente do que ocorreria se fosse adotada a Teoria do Risco Integral, em que não se admite tais excludentes.

Gabarito 1C

(ADVOGADO – IRB – 2006 – ESAF) Caio, servidor público federal efetivo e regularmente investido na função pública, motorista da Presidência da República, ao dirigir carro oficial em serviço, dorme ao volante e atropela uma pessoa que atravessava, prudentemente, em uma faixa de pedestres em Brasília, ferindo-a. Considerando essa situação hipotética e os preceitos, a doutrina e a jurisprudência da responsabilidade civil do Estado, assinale a única opção correta.

(A) Na hipótese, há aplicação da teoria do risco integral.

(B) A teoria aplicada ao caso para a responsabilização do Estado é a subjetiva.

(C) No âmbito de ação indenizatória pertinente e após o seu trânsito em julgado, Caio nunca poderá ser responsabilizado, regressivamente, caso receba menos de dois salários mínimos.

(D) Caso Caio estivesse transportando material radioativo, indevidamente acondicionado, que se propagasse no ar em face do acidente, o Estado só poderia ser responsabilizado pelo dano oriundo do atropelamento.

(E) Na teoria do risco administrativo, há hipóteses em que, mesmo com a responsabilização objetiva, o Estado não será passível de responsabilização.

A: incorreta, pois nosso Direito adotou a responsabilidade objetiva pela teoria do risco administrativo; **B:** incorreta, pois a responsabilidade da União, pessoa jurídica de direito público, é objetiva (art. 37, § 6º, da CF); **C:** incorreta, pois, se tiver agido com culpa ou dolo, caberá ação regressiva da União em face de Caio, pouco importando o valor de sua remuneração (art. 37, § 6º, da CF); **D:** incorreta, pois o Estado responde objetivamente pelos atos de seus agentes públicos, pouco importando, para essa responsabilidade estatal, que o agente público tenha agido de modo indevido (art. 37, § 6º, da CF); **E:** correta, pois a teoria do risco administrativo admite as chamadas excludentes de responsabilidade, como caso fortuito, força maior, culpa exclusiva da vítima e culpa exclusiva de terceiro.

Gabarito "E"

(ADVOGADO – CEF – 2006 – CESPE) Julgue os itens seguintes, relativos à responsabilidade civil da administração pública.

(1) A fixação, por parte do Estado, de preços a serem praticados por uma empresa em valores abaixo da realidade do setor econômico a que essa empresa pertence constitui óbice ao livre exercício da atividade econômica, em desconsideração ao princípio da liberdade de iniciativa. Assim, ocorrendo prejuízos aos particulares em razão da intervenção estatal na economia, pode vir a se configurar a responsabilidade objetiva do Estado.

1: correta, sendo certo que há todos os pressupostos da responsabilidade objetiva do Estado, quais sejam, conduta estatal comissiva, dano certo, anormal e especial, e nexo de causalidade entre a conduta e o dano.

Gabarito 1C

9.2. MODALIDADES DE RESPONSABILIDADE (OBJETIVA E SUBJETIVA). REQUISITOS DA RESPONSABILIDADE OBJETIVA

(Procurador Distrital – 2014 – CESPE) Julgue o item seguinte.

(1) No âmbito da responsabilidade civil do Estado, são imprescritíveis as ações indenizatórias por danos morais e materiais decorrentes de atos de tortura ocorridos durante o regime militar de exceção.

1: correta; de fato é imprescritível a pretensão de ressarcimento de danos por perseguição política, prisão e tortura durante a ditadura militar. Quanto a esse último caso, de que trata a questão, vide, por exemplo, o AgRg no Ag 1.428.635/BA, julgado pelo STJ em 02.08.2012, rel. Min. Mauro Campbell Marques, *DJe* 09.08.2012.

Gabarito 1C

(Procurador do Estado/BA – 2014 – CESPE) Suponha que viatura da polícia civil colida com veículo particular que tenha ultrapassado cruzamento no sinal vermelho e o fato ocasione sérios danos à saúde do condutor do veículo particular. Considerando essa situação hipotética e a responsabilidade civil da administração pública, julgue o seguinte item.

(1) No caso, a ação de indenização por danos materiais contra o Estado prescreverá em vinte anos.

1: incorreta, pois a pretensão indenizatória frente ao Estado prescreve em 5 anos, nos termos do Decreto 20.910/1932.

Gabarito 1E

(Procurador do Estado/AC – FMP – 2012) No tocante à responsabilidade do Estado, considere a seguinte situação. Num jogo decisivo do campeonato, digladiaram-se, com grande rivalidade, os times do Rio Branco e do Juventus. Os dirigentes advertiram as autoridades militares de que a Arena da Floresta poderia ser palco de consideráveis tumultos. Na ocasião, com o estádio lotado pelas torcidas estrelada e tetracolor, foi montado um sistema especial de segurança no estádio e arredores. Na Rua Baguary, a um quilômetro da entrada, dois grupos de torcedores que haviam trocado ameaças numa rede social confrontaram-se violentamente. Na ocasião, o PM Y, que não estava em serviço, sacou uma faca e feriu X que julgava ter furtado o seu rádio. Marque alternativa **CORRETA.**

(A) Há curso causal hipotético (nexo causal), pois, mesmo fora do serviço, o policial sempre age em nome do Estado.

(B) Não há curso causal hipotético (nexo causal), pois o policial agia por razões pessoais e não como agente.

(C) Era hipótese de legítima defesa do patrimônio, que exclui a ilicitude, não sendo imputável a responsabilidade nem ao Estado, nem ao PM Y.

(D) Houve omissão e funcionamento anormal do serviço, pois em casos de movimentos multitudinários a responsabilidade é do Estado.

A responsabilidade do Estado é objetiva quando agentes deste, nessa qualidade, causarem danos a terceiros. No caso, o PM Y, por não estar em serviço e por não ter usado arma da corporação, não agiu na qualidade de agente público, de modo que não há responsabilidade do Estado. Assim, a alternativa "b" é a correta.

Gabarito "B"

(Procurador do Estado/CE – 2008 – CESPE) Assinale a opção correta no que concerne à responsabilidade civil do Estado.

(A) Nos Estados absolutistas, negava-se a obrigação da administração pública de indenizar os prejuízos causados por seus agentes aos administrados, com fundamento no entendimento de que o Estado não podia causar males ou danos a quem quer que fosse (*the king can do no wrong*). Segundo a classificação da doutrina, a teoria adotada nesse período era a teoria do risco integral.

(B) Perante o transportado, a responsabilidade da transportadora que exerça função pública sob concessão é contratual e subjetiva.

(C) A Constituição Federal de 1988 adotou o princípio da responsabilidade civil subjetiva para as autarquias.

(D) De acordo com a teoria da responsabilidade objetiva, o Estado responde pelos danos causados por seus agentes a terceiros, independentemente da prova de culpa ou da demonstração do nexo causal.

(E) Uma sociedade de economia mista prestadora de serviço público responderá por danos causados a terceiros independentemente da prova de culpa.

A: incorreta, pois trata-se da fase da irresponsabilidade do Estado, fase que é totalmente oposta à teoria do risco integral, pela qual o Estado responde objetivamente e sem excludentes de responsabilidade; **B:** incorreta (art. 37, § 6º, da CF); **C:** incorreta, pois autarquia é pessoa de direito público (art. 37, § 6º, da CF); **D:** incorreta, pois é necessário nexo causal; **E:** correta (art. 37, § 6º, da CF).

Gabarito "E"

(PROCURADOR DO ESTADO/MG – FUMARC – 2012) De acordo com a teoria da responsabilidade extracontratual do Estado, assinale a alternativa INCORRETA:

(A) Há precedentes na jurisprudência do STJ entendendo que a partir da vigência da Lei 10.406, de 2002 – Novo Código Civil, o prazo prescricional das ações de reparação de danos contra o Estado é também de 3 (três) anos, restando afastada, neste caso, a prescrição quinquenal prevista no Decreto 20.910, de 1932.

(B) Por força do princípio da hierarquia das normas jurídicas, diante da redação constitucional e do Novo Código Civil pode-se afirmar que o Direito Administrativo Brasileiro adota a teoria da responsabilidade objetiva do Estado, aplicável também às pessoas jurídicas de direito privado prestadoras de serviço público, apesar da omissão do Novo Código Civil quanto a estas.

(C) Em face da redação constitucional sobre a matéria, a responsabilidade civil é tratada de forma dúplice, sendo objetiva quanto à pessoa estatal e subjetiva quanto ao agente causador do dano.

(D) Em razão do princípio da incomunicabilidade de instâncias cabe à autoridade administrativa decidir, de forma fundamentada, sobre o exercício do direito de regresso contra o agente público causador do dano.

(E) A ação de regresso contra o agente causador do dano, quando cabível, é imprescritível, segundo a ordem jurídica vigente.

A: assertiva correta; de qualquer forma, a maior parte das decisões é no sentido de que o prazo para se ingressar com ação de reparação civil em face do Estado é de 5 anos; a Primeira Turma do STJ é pacífica hoje no sentido de que o prazo continua de 5 anos (AgRg no AgRg no REsp 1233034/PR, *DJ* 31.05.2011). O argumento da primeira turma é no sentido de que o prazo de 5 anos é um prazo histórico, previsto em norma especial e igual a uma série de outros prazos de prescrição previstos para o exercício de pretensão indenizatória de outras naturezas em face do Estado (EResp 1.081.885/RR, rel. Hamilton Carvalhido, *DJ* 01.02.2011); a segunda seção até tem algumas decisões no sentido do entendimento da Primeira Turma (ex.: REsp 1130932/SP, *DJ* 14.04.2011), mas a maior parte das decisões da segunda seção é no sentido contrário, ou seja, de que a prescrição contra a Fazenda Pública se dá apenas no prazo de 3 anos, por conta da regra de exceção prevista no art. 10 do Decreto 20.910/1932 (REsp. 1.217.933/RS, *DJ* 25.04.2011; REsp. 1.137.354, j. 08.09.2009); **B:** assertiva correta (art. 37, § 6º, da CF c/c art. 43 do CC); **C:** assertiva correta (art. 37, § 6º, da CF); **D:** assertiva incorreta, devendo ser assinalada; a Administração, caso verifique que seu agente atuou com culpa ou dolo, tem o dever de exercer o direito de regresso em face do agente público causador do dano; **E:** assertiva correta, pois, o STF entende que são imprescritíveis as pretensões de ressarcimento ao erário toda vez que este é causado por ato ilícito do ofensor, seja este um ato de improbidade ou não, seja um ato praticado por agente público ou não (MS 26.210, *DJ* 10.10.2008).

Gabarito "D"

(Procurador do Estado/PB – 2008 – CESPE) Um policial militar do estado da Paraíba, durante o período de folga, em sua residência, teve um desentendimento com sua companheira e lhe desferiu um tiro com uma arma pertencente à corporação. Considerando o ato hipotético praticado pelo referido policial, é correto afirmar que

(A) está configurada a responsabilidade civil do Estado, pois a arma pertencia à corporação.

(B) está configurada a responsabilidade civil do Estado, pois o disparo foi efetuado por um policial militar, e o fato de ele estar de folga não afasta a responsabilidade do Estado.

(C) não há responsabilidade civil do Estado, visto que o dano foi causado por policial fora de suas funções públicas.

(D) não há responsabilidade civil do Estado, pois o dano não foi causado nas dependências de uma repartição pública.

(E) não há responsabilidade civil do Estado, uma vez que a conduta praticada pelo policial não configurou dano.

Confira o seguinte precedente: "Responsabilidade civil do Estado. Lesão corporal. Disparo de arma de fogo pertencente à corporação. Policial militar em período de folga. Caso em que o policial autor do disparo não se encontrava na qualidade de agente *público. Nessa contextura, não há falar de responsabilidade civil do Estado." (STF, RE 363423, Rel. Carlos Britto,* DJ 13.03.2008). É importante ressaltar que há precedente em sentido contrário. Confira: "Ocorrência de relação causal entre a omissão, consubstanciada no dever de vigilância do patrimônio público ao se permitir a saída de policial em dia de folga, portando o revólver da corporação, e o ato ilícito praticado por este servidor. Responsabilidade extracontratual do Estado caracterizada. Inexistência de argumento capaz de infirmar o entendimento adotado pela decisão agravada." (STF, RE 213525, AgR, Rel. Ellen Gracie, *DJ* 05.02.2009).

Gabarito "C"

(Procurador do Estado/SC – 2010 – FEPESE) No que se refere à responsabilidade civil do Estado, assinale a alternativa **incorreta**.

(A) A responsabilidade civil por danos nucleares independe da existência de culpa.

(B) A jurisprudência tem reconhecido que o prazo prescricional de três anos relativo à pretensão de reparação civil disposto no Código Civil prevalece sobre o quinquênio previsto no Decreto n. 20.910, de 1932.

(C) A responsabilidade civil do Estado adotada pela Constituição Federal de 1988 está fundada na teoria do risco administrativo e não na teoria do risco integral. Daí por que sua classificação de objetiva absoluta.

(D) O Supremo Tribunal Federal tem entendido que a configuração do nexo de causalidade entre o ato administrativo e o dano causado a terceiro não usuário do serviço público é condição suficiente para estabelecer a responsabilidade objetiva da pessoa jurídica de direito privado, nos termos do art. 37, § 6º, da Constituição Federal.

(E) O Supremo Tribunal Federal tem entendido que, tratando-se de ato omissivo do poder público, a responsabilidade civil por tal ato é subjetiva, pelo que exige dolo ou culpa, esta numa de suas três vertentes, a negligência, a imperícia ou a imprudência, não sendo, entretanto, necessário individualizá-la, dado que pode ser atribuída ao serviço público, de forma genérica, a falta do serviço.

A: correta, pois é caso de responsabilidade objetiva; não bastasse, é um caso de responsabilidade objetiva com risco integral, não se admitindo qualquer excludente de responsabilidade; **B:** assertiva correta ao tempo da elaboração da questão; em se tratando de concursos de procuradorias, como a questão ainda não estava pacificada no STJ ao tempo da prova, essa questão era recorrente e a resposta era a da alternativa; hoje não existe mais esse entendimento e a resposta seria incorreta; para se entender o histórico da questão, é bom lembrar que há 10 anos atrás não havia controvérsia alguma sobre qual era o prazo prescricional para o exercício da pretensão indenizatória em face do Estado; doutrina e jurisprudência eram uníssonas no sentido de que esse prazo era de 5 anos, nos termos do art. 1º do Decreto 20.910/1932, que regula a prescrição contra a fazenda pública; porém, com a entrada em vigor do atual Código Civil, que estabelece que o prazo prescricional para ações indenizatórias é de 3 anos (art. 206, § 3º, V), uma corrente passou a considerar que esse prazo também deveria ser aplicado às ações indenizatórias em face da Fazenda Pública. Isso porque o art. 10 do Decreto 20.910/1932 dispõe que o prazo de 5 anos nele previsto "não altera as prescrições de menor prazo, constantes das leis e regulamentos, as quais ficam subordinadas às mesmas regras". Dessa forma, como o prazo previsto no Código Civil é, atualmente, um prazo "menor" do que o de 5 anos previsto no Decreto mencionado, dever-se-ia aplicar o prazo previsto no Código Civil, fazendo com que a prescrição de ações de reparação civil, em geral, tivesse prazo de 3 anos contra a Fazenda Pública; a questão hoje já está pacificada em outro sentido, tendo prevalecido no STJ a tese de que o prazo prescricional no caso é quinquenal, na forma do Decreto 20.910/32, o que se deu em decisão proferida em julgamento submetido ao rito dos recursos repetitivos (REsp 1.251.993), valendo citar ainda as decisões proferidas no AgRg no REsp 1.375.450, *DJ* 12.09.2013, e no AgRg no REsp 1.355.467, *DJ* 28.06.2013; **C:** incorreta, devendo ser assinalada, pois a classificação é de objetiva relativa, justamente porque admite excludentes de responsabilidade; **D:** correta, pois o STF enfim se pacificou no sentido de que tanto o usuário de serviço público, como o não usuário de serviço público se beneficiam da responsabilidade objetiva das concessionárias de serviço público; **E:** correta, pois a responsabilidade do Estado por omissão é subjetiva, verificando-se a culpa anônima do serviço, ou seja, se este funcionou mal, funcionou tarde ou não funcionou; vale ressaltar que o STF tem decisão no sentido de que a responsabilidade estatal por *atos omissivos* ***específicos*** é objetiva; um exemplo de caso de omissão específica do Estado é a agressão física a aluno por colega, em escola estadual, hipótese em que a responsabilidade estatal será objetiva, com base na Teoria do Risco Administrativo (STF, ARE 697.326 AgR/RS, DJ 26/04/13); não se pode confundir uma *conduta omissiva genérica* (ex: o Estado não conseguir evitar todos os furtos de carros), com uma *conduta omissiva específica* (ex: o Estado ter o dever de vigilância sobre alguém e não evitar o dano); no primeiro caso, o Estado responde *subjetivamente*, só cabendo indenização se ficar provado que o serviço foi defeituoso (ex: um policial presencia um furto e nada faz); no segundo caso, o Estado responde *objetivamente*, não sendo necessário perquirir sobre se o serviço estatal foi ou não defeituoso

Gabarito "C"

(Procurador do Município/Florianópolis-SC – 2010 – FEPESE) Assinale a alternativa **incorreta**, em relação à responsabilidade civil do Estado:

(A) A responsabilidade civil do Estado, por atos omissivos ou comissivos, é sempre objetiva.

(B) Pela teoria do risco integral, o Estado é obrigado a indenizar todo e qualquer dano suportado por terceiro.

(C) A culpa exclusiva da vítima é causa de exclusão da responsabilidade civil objetiva do Estado.

(D) As pessoas jurídicas de direito público e as de direito privado prestadoras de serviços públicos responderão pelos danos que seus agentes, nessa qualidade, causarem a terceiros, assegurado o direito de regresso contra o responsável nos casos de dolo ou culpa.

(E) A ação de regresso pode ser ajuizada contra o agente causador do dano, e, na sua falta, contra seus herdeiros ou sucessores, até o limite do valor da herança.

A: incorreta, devendo ser assinalada; isso porque a responsabilidade do Estado por condutas omissivas é subjetiva, e não objetiva; vale ressaltar que o STF tem decisão no sentido de que a responsabilidade estatal por *atos omissivos* ***específicos*** é objetiva; um exemplo de caso de omissão específica do Estado é a agressão física a aluno por colega, em escola estadual, hipótese em que a responsabilidade estatal será objetiva, com base na Teoria do Risco Administrativo (STF, ARE 697.326 AgR/RS, DJ 26/04/13); não se pode confundir uma *conduta omissiva genérica* (ex: o Estado não conseguir evitar todos os furtos de carros), com uma *conduta omissiva específica* (ex: o Estado ter o dever de vigilância sobre alguém e não evitar o dano); no primeiro caso, o Estado responde *subjetivamente*, só cabendo indenização se ficar provado que o serviço foi defeituoso (ex: um policial presencia um furto e nada faz); no segundo caso, o Estado responde *objetivamente*, não sendo necessário perquirir sobre se o serviço estatal foi ou não defeituoso; **B:** correta; porém, essa não foi a teoria adotada, já que adotamos a teoria do risco administrativo, que admite excludentes de responsabilidade do Estado; **C:** correta, assim como é causa excludente de responsabilidade do Estado a força maior e a culpa exclusiva de terceiro; **D:** correta (art. 37, § 6º, da CF); **E:** correta, pois os sucessores respondem no limite do valor da herança, sendo necessário, todavia, comprovar que o agente causador do dano agiu com culpa ou dolo (art. 37, § 6º da CF e art. 122, § 3º da Lei 8.112/1990).

Gabarito "A"

(Procurador do Município/Recife-PE – 2008 – FCC) Ao invadir a contramão de direção de uma via de grande circulação de veículos, um automóvel, conduzido por um particular, colidiu com uma viatura da polícia militar. O condutor do veículo particular ficou gravemente ferido e foi levado, de ambulância pública, ao hospital público mais próximo. No momento da transferência do acidentado para a maca do estabelecimento hospitalar, esta se partiu, ocasionando a queda do paciente, o que supostamente teria lhe causado traumatismo craniano. Pelos danos sofridos pelo particular, o Poder Público

(A) responde objetivamente, tendo em vista que houve dois acidentes envolvendo agentes públicos, a colisão de veículos e o negligente transporte da vítima ao estabelecimento hospitalar.

(B) responde objetivamente, desde que se comprove o nexo de causalidade entre as referidas lesões e a queda da maca quando da iminência da internação no hospital público.

(C) não responde, tendo em vista que o particular foi o causador do acidente automobilístico que motivou o transporte para o estabelecimento hospitalar em cujas dependências ocorreu o traumatismo craniano.

(D) responde subjetivamente, em face da comprovada culpa da vítima pelo acidente automobilístico do qual decorreu a necessidade do deslocamento para o estabelecimento hospitalar público.

(E) não responde civilmente, em razão da culpa exclusiva da vítima pelo acidente automobilístico, devendo esta, ainda, arcar com os danos verificados na viatura policial.

A: incorreta, pois, de acordo com a teoria da causalidade imediata ou dos danos diretos e imediatos, só há nexo de causalidade se entre o fato e o dano existir uma relação de causa e efeito direta e imediata (art. 403 do CC); no caso, só há relação direta e imediata com o traumatismo craniano o fato consistente no acidente com a maca; **B:** correta, pois, de fato, somente o acidente com a maca tem relação direta e imediata com o traumatismo craniano; **C:** incorreta, pois o traumatismo não guarda relação direta e imediata com o acidente de trânsito; **D:** incorreta, pois a responsabilidade do Estado por atos comissivos é objetiva; **E:** incorreta, pois o traumatismo não guarda relação direta e imediata com o acidente de trânsito.

Gabarito "B"

(Procurador do Município/São Paulo-SP – 2008 – FCC) Em convênio regularmente firmado entre Estado e Município que abrangeu a municipalização do ensino, ficou estabelecido que os imóveis que eram ocupados pelas escolas estaduais tivessem o uso permitido à Prefeitura. Determinado aluno de uma das escolas municipais em funcionamento nas condições do convênio acidentou-se nas escadas, transcorrendo longo período até que lhe fosse prestado o devido socorro. Considerando que este aluno alega ter sofrido sequelas decorrentes da omissão de socorro e pretende ser indenizado por isto, deverá ajuizar ação de indenização em face

(A) do Estado, que responderá sob a modalidade subjetiva, uma vez que não estava na posse direta do imóvel.

(B) da Municipalidade, responsável pelo uso do prédio e pela prestação do serviço público.

(C) do Estado, que detém o domínio do imóvel, aduzindo responsabilidade do dono da coisa.

(D) do Estado, que responderá sob a modalidade objetiva em razão da omissão de agente público, remanescendo-lhe direito de regresso em face da Municipalidade.

(E) da Municipalidade, responsável em razão de ter assumido a posse do imóvel, que terá direito de regresso em face do Estado, dono da coisa.

Considerando que a escola é administrada pela Municipalidade, esta é quem responde civilmente pelos danos sofridos pelo aluno, de maneira que a alternativa "b" é a correta.

Gabarito "B"

(Procurador do Município/São José dos Campos-SP – 2012 – VUNESP) No tocante à Responsabilidade Civil do Estado, é correto afirmar sobre a Ação Regressiva que

(A) pode ser instaurada em face do servidor culpado, mesmo após a cessação do exercício no cargo ou na função.

(B) a responsabilidade do servidor culpado não se transmite aos seus herdeiros e sucessores.

(C) não pode ser ajuizada após a aposentadoria do servidor culpado.

(D) exonerado o servidor culpado, a Administração fica desonerada da propositura da ação civil.

(E) ocorre a extinção do processo sem julgamento de mérito se o servidor culpado for demitido pela Administração.

A: correta, pois o direito de ação regressiva, previsto no art. 37, § 6º, da CF, não está limitado ao momento em que o servidor culpado ainda é agente público; **B:** incorreta, pois a responsabilidade do servidor culpado fica transmitida aos seus herdeiros e sucessores até o limite do valor da herança recebida (art. 122, § 3º, da Lei 8.112/1990); C a **E:** incorretas, pois o direito de ação regressiva, previsto no art. 37, § 6º, da CF, não está limitado ao momento em que o servidor culpado ainda é agente público.

Gabarito "A"

(Procurador do Município/Sorocaba-SP – 2012 – VUNESP) No que diz respeito à responsabilidade civil do Estado por omissão, pode-se afirmar que

(A) a doutrina é pacífica no sentido de que a responsabilidade, no caso, é subjetiva.

(B) a doutrina é pacífica por entender que a responsabilidade é sempre objetiva.

(C) há correntes da doutrina entendendo que a responsabilidade é subjetiva.

(D) a responsabilidade será objetiva caso o agente público venha a agir com dolo.

(E) a responsabilidade será objetiva se não puder se apurar o nexo de causalidade.

Prevalece o entendimento, tanto na doutrina, como na jurisprudência de que a responsabilidade do Estado por atos comissivos é objetiva, ao passo que a responsabilidade por atos omissivos é subjetiva. Na doutrina há maior dissenso em relação a esse tema. Enquanto Celso Antonio Bandeira de Mello capitaneia a ideia de que a responsabilidade por conduta omissiva é subjetiva, Hely Lopes Meirelles sempre defendeu que a responsabilidade é objetiva no caso. Assim, somente a alternativa "c" está correta, ao passo que as alternativas "a" e "b" estão incorretas. Quanto à alternativa "d", não faz sentido algum, pois, em sendo a responsabilidade objetiva, não se discute a questão do dolo. E quanto à alternativa "e", também está incorreta, pois em caso de omissão não se pode falar em "nexo de causalidade", já que o nada (a omissão) não é capaz de *causar* materialmente coisa alguma. Assim, se levarmos em conta a afirmativa feita, a responsabilidade por atos omissivos seria sempre objetiva, conclusão a que não se pode chegar, conforme entendimentos doutrinários e jurisprudenciais citados. vale ressaltar que o STF tem decisão no sentido de que a responsabilidade estatal por *atos omissivos* ***específicos*** é objetiva; um exemplo de caso de omissão específica do Estado é a agressão física a aluno por colega, em escola estadual, hipótese em que a responsabilidade estatal será objetiva, com base na Teoria do Risco Administrativo (STF, ARE 697.326 AgR/RS, DJ 26/04/13); não se pode confundir uma *conduta omissiva genérica* (ex: o Estado não conseguir evitar todos os furtos de carros), com uma *conduta omissiva específica* (ex: o Estado ter o dever de vigilância sobre alguém e não evitar o dano); no primeiro caso, o Estado responde *subjetivamente*, só cabendo indenização se ficar provado que o serviço foi defeituoso (ex: um policial presencia um furto e nada faz); no segundo caso, o Estado responde *objetivamente*, não sendo necessário perquirir sobre se o serviço estatal foi ou não defeituoso

Gabarito "C"

(Procurador Federal – 2010 – CESPE) Julgue o seguinte item.

(1) Pedro foi preso preventivamente, por meio de decisão judicial devidamente fundamentada, mas depois absolvido por se entender que ele não tivera nem poderia ter nenhuma participação no evento. No entanto, por causa da prisão cautelar, Pedro sofreu prejuízo econômico e moral. Nessa situação, conforme entendimento recente do STF, poderão ser indenizáveis os danos moral e material sofridos.

1: Correta, tratando-se da seguinte decisão do STF: " Responsabilidade civil objetiva do estado (CF, art. 37, § 6º) - Configuração - "Bar Bodega" - Decretação de prisão cautelar, que se reconheceu indevida, contra pessoa que foi submetida a investigação penal pelo poder público - Adoção dessa medida de privação da liberdade contra quem não teve qualquer participação ou envolvimento com o fato criminoso - Inadmissibilidade desse comportamento imputável ao aparelho de estado - Perda do emprego como direta consequência da indevida prisão preventiva - Reconhecimento, pelo Tribunal de Justiça local, de que se acham presentes todos os elementos identificadores do dever estatal de reparar o dano - Não comprovação, pelo estado de São Paulo, da alegada inexistência do nexo causal - Caráter soberano da decisão local, que, proferida em sede recursal ordinária, reconheceu, com apoio no exame dos fatos e provas, a inexistência de causa excludente da responsabilidade civil do poder público." (RE 385943 AgR, Relator(a): Min. Celso de Mello, 2.ª Turma, julgado em 15.12.2009, *DJe*-030 DIVULG 18.02.2010, public. 19.02.2010, *RT* v. 99, n. 895, 2010, p. 163-168 *LEXSTF* v. 32, n. 375, 2010, p. 152-161)

Gabarito 1C

(Procurador Federal – 2010 – CESPE) Julgue o item seguinte.

(1) A despesa realizada pela administração sem cobertura contratual não pode ser objeto de reconhecimento da obrigação de indenizar do Estado. O servidor responsável pela não prorrogação tempestiva do contrato ou pela não abertura de procedimento licitatório é quem deve pagar o fornecedor.

1: Incorreta; a despesa é devida pelo Estado, pois este não pode se enriquecer sem causa, além de responder objetivamente pelos prejuízos que causar; o Estado deve, em seguida, ingressar com ação de regresso contra o servidor responsável que tiver agido com culpa ou dolo; de qualquer forma, é bom lembrar que se o contratado estiver de má-fé, nada será devido, nos termos do art. 59 da Lei 8.666/1993.

Gabarito 1E

(ADVOGADO – CEF – 2010 – CESPE) Com relação às teorias acerca da responsabilidade civil do Estado, assinale a opção correta.

(A) No caso de danos causados por rebelião em presídio, que resulte na morte de detento, o STJ possui entendimento pacificado de que a responsabilidade do Estado somente ocorrerá na hipótese de restar demonstrada a culpa (ou dolo) do agente público responsável pela guarda.

(B) A teoria do risco integral somente é prevista pelo ordenamento constitucional brasileiro na hipótese de dano nuclear, caso em que o poder público será obrigado a ressarcir os danos causados, ainda que o culpado seja o próprio particular.

(C) Segundo a jurisprudência atual do STF, o art. 37, § 6.º, da Constituição Federal de 1988 (CF) deve ser interpretado no sentido de definir que a responsabilidade civil das pessoas jurídicas de direito privado prestadoras de serviço público é objetiva somente em relação aos usuários do serviço, não se estendendo tal entendimento para os não usuários.

(D) Segundo a jurisprudência majoritária do STJ, nas ações de indenização fundadas na responsabilidade civil objetiva do Estado, é obrigatória a denunciação à lide do agente supostamente responsável pelo ato lesivo, até mesmo para que o poder público possa exercer o direito de regresso.

(E) Na hipótese de falha do serviço público prestado pelo Estado, é desnecessária a comprovação do nexo de causalidade entre a ação omissiva atribuída ao poder público e o dano causado a terceiro.

A: incorreta, pois a responsabilidade, no caso, é objetiva, já que decorrente da guarda de pessoas perigosas (art. 927, parágrafo único, do CC); **B:** correta, pois a regra é a teoria do risco administrativo, que admite excludente de responsabilidade, mas, em caso de dano nuclear, é adotada a teoria do risco integral, que não admite excludentes de responsabilidade; **C:** incorreta, pois o STF passou a entender que a responsabilidade objetiva pode ser invocada em favor do terceiro não usuário do serviço público (STF, RE 591874); **D:** incorreta, pois o STJ entende que denunciação da lide não é obrigatória, podendo o Estado, depois, ingressar com ação de regresso em face do servidor; **E:** incorreta, pois tem que haver nexo entre a conduta omissiva caracterizadora de serviço defeituoso e o dano causado.

Gabarito "B"

(ADVOGADO – IRB – 2006 – ESAF) A respeito da responsabilidade civil da Administração Pública pode-se afirmar que respondem objetivamente pelos danos que seus agentes causarem a terceiros, exceto:

(A) as estatais que explorem atividade econômica.

(B) as agências reguladoras de serviços públicos.

(C) as agências reguladoras de atividades econômicas.

(D) as concessionárias e permissionárias de serviço público.

(E) as fundações públicas, desde que possuam natureza jurídica de direito privado.

A: assertiva incorreta (devendo ser assinalada), pois somente as estatais prestadoras de serviço público é que respondem objetivamente (art. 37, § 6º, da CF); B e **C:** assertivas corretas, pois as agências reguladoras são pessoas jurídicas de direito público (art. 37, § 6º, da CF); **D:** assertiva correta, pois as pessoas jurídicas prestadoras de serviço público respondem objetivamente (art. 37, § 6º, da CF).

Gabarito "A"

9.3. RESPONSABILIDADE DO AGENTE PÚBLICO, AÇÃO DE REGRESSO E DENUNCIAÇÃO DA LIDE.

(Procurador do Estado/MT – FCC – 2011) Determinado cidadão foi atropelado por viatura policial, conduzida por agente público, que se encontrava em atendimento de ocorrência. Nessa situação, poderá responsabilizar

(A) a Administração, desde que comprovado dolo ou culpa grave do agente.

(B) a Administração pelos danos sofridos, podendo esta exercer o direito de regresso em face do agente, caso comprovado dolo ou culpa deste.

(C) a Administração ou diretamente o agente público, bastando a comprovação do nexo de causalidade entre o dano e a conduta do agente.

(D) a Administração, desde que comprovada falha na prestação do serviço, consistente na omissão do dever de zelar pela atuação do agente público.

(E) o agente, caso comprovado dolo ou culpa, podendo este, se condenado, exercer o direito de regresso em face da Administração.

A: incorreta, pois a responsabilidade da Administração é objetiva (art. 37, § 6º, CF); **B:** correta, cabendo ação apenas em face da Administração (conforme posição do STF), que poderá exercer o direito de regresso em face do agente, em caso de culpa ou dolo deste (art. 37, § 6º, da CF); **C:** incorreta, pois o STF entende que não é possível acionar diretamente o agente público (RE 327.904); **D:** incorreta, pois essa comprovação só é necessária quando o dano tem origem em conduta omissiva estatal, caso em que a responsabilidade é subjetiva; porém, no caso trazido no enunciado, há conduta comissiva do Estado, de maneira que a responsabilidade é objetiva, não se verificando se há ou não conduta culposa ou dolosa; **E:** incorreta, pois, como se viu, não é possível acionar diretamente o agente público.

Gabarito "B"

9.4. RESPONSABILIDADE DAS CONCESSIONÁRIAS DE SERVIÇO PÚBLICO

(Procurador Distrital – 2014 – CESPE) Julgue o item seguinte.

(1) Segundo a atual posição do STF, é subjetiva a responsabilidade de empresa pública prestadora de serviço público em relação aos danos causados a terceiros não usuários do serviço.

1: incorreta, pois o STF mudou o entendimento já há alguns anos, para dizer que a responsabilidade estatal também é objetiva para beneficiar terceiros não usuários do serviço (STF, RE 591.874-2/MS, Pleno, j. 26.08.2008, rel. Min. Ricardo Lewandowski, *DJe* 18.12.2009).

Gabarito 1E

(Procurador do Estado/PR – UEL-COPS – 2011) Em uma curva próxima ao Km 76 de uma rodovia estadual, o motorista de um ônibus da Viação X, empresa permissionária do serviço de transporte coletivo rodoviário intermunicipal de passageiros, perdeu o controle do veículo, causando um acidente de grandes proporções, que atingiu também dois outros veículos privados que trafegavam na mesma via. Além dos danos materiais nos veículos envolvidos, o motorista e todos os vinte passageiros do ônibus saíram feridos.

Nesse caso:

I. a responsabilidade da Viação X é subjetiva em relação aos danos causados aos passageiros e objetiva em relação danos provocados aos dois outros veículos.

II. não há possibilidade de responsabilização do Estado pelos danos suportados pelos passageiros.

III. a falha na fiscalização do contrato de permissão pelo Estado atenua a responsabilidade da Viação X.

São **falsas**:

(A) somente I e II;

(B) somente I e III;

(C) somente II e III;

(D) todas;

(E) nenhuma.

I: falsa, pois a responsabilidade da concessionária é objetiva em relação aos dois casos; **II:** falsa, pois o Estado poderá responder caso a concessionária não tenha recursos financeiros para fazê-lo, de modo que se tem a chamada responsabilidade subsidiária do Estado; **III:** falsa, pois essa falha não tem repercussão alguma na responsabilidade da Viação X, que continua sendo objetiva e integral.

Gabarito "D"

(Procurador do Estado/RO – 2011 – FCC) Desgovernado, o ônibus de uma concessionária de transporte intermunicipal de passageiros, acabou por atropelar um pedestre, sendo que ambos – ônibus e pedestre – trafegavam por estrada federal. Nessa situação, constata-se a responsabilidade

(A) subjetiva direta da concessionária, sendo que a ação de reparação de danos deve ser proposta no prazo de cinco anos a partir do evento danoso.

(B) objetiva direta do Estado-concedente, sendo que a ação de reparação de danos deve ser proposta no prazo de cinco anos a partir do evento danoso.

(C) objetiva direta da concessionária, sendo que a ação de reparação de danos deve ser proposta no prazo de três anos a partir do evento danoso.

(D) objetiva subsidiária da União, titular da estrada federal em que ocorreu o acidente, sendo que a ação de reparação de danos deve ser proposta no prazo de três anos a partir do evento danoso.

(E) objetiva direta da concessionária, sendo que a ação de reparação de danos deve ser proposta no prazo de cinco anos a partir do evento danoso.

Trata-se de responsabilidade objetiva, pois a empresa de ônibus é uma pessoa jurídica de direito privado prestadora de serviço público (art. 37, § 6º, da CF). A ação deve ser promovida no prazo de 5 anos, por ser a vítima consumidor equiparado (arts. 17 e 27 do CDC). Além disso, há outra lei específica que reafirma esse prazo de cinco anos, que é a Lei 9.494/1997, que estabelece que "Prescreverá em cinco anos o direito de obter indenização dos danos causados por agentes de pessoas jurídicas de direito público e de pessoas jurídicas de direito privado prestadoras de serviços públicos" (art. 1º-C).

Gabarito "E"

Instruções: Para responder às próximas três questões, considere a seguinte situação:

Determinada empresa privada, concessionária de serviço público, por falha técnica em sua prestação. faz faltar o serviço a certos usuários. Estes, considerando-se prejudicados em seu direito de receberem o serviço, procuram partido político, que ajuíza mandado de segurança coletivo, com o objetivo de obter indenização, por parte da empresa concessionária, aos usuários lesados, garantindo-se, por ordem judicial, que não haja futuras interrupções no serviço em questão.

(Procurador do Estado/SE – FCC – 2005) O meio processual escolhido mostra-se

(A) adequado, desde que a prova do direito alegado esteja pré-constituída e seja apresentada juntamente com a petição inicial.

(B) inadequado, em face da natureza do pedido formulado.

(C) adequado, desde que os usuários expressamente autorizem o partido político a agir em seu nome.

(D) inadequado, posto não caber mandado de segurança contra ato praticado por particular.

(E) inadequado, posto não haver previsão de partido político como parte ativa de mandado de segurança coletivo, não se aplicando subsidiariamente as regras próprias da ação civil pública.

Trata-se de meio processual inadequado, pois o mandado de segurança não pode ser utilizado como ação de cobrança (Súmula 269 do STF).

Gabarito "B"

(Procurador do Estado/SE – FCC – 2005) Se, por causar danos, a empresa concessionária vier a ser condenada judicialmente a indenizá-los, eventuais bens públicos que estejam em seu poder para a prestação dos serviços públicos

(A) não poderão ser penhorados em processo de execução, posto vigorar quanto a eles o princípio da imprescritibilidade.

(B) poderão ser penhorados em processo de execução, posto tratar-se de execução fundada em responsabilidade civil do Estado.

(C) não poderão ser penhorados em processo de execução, posto não perderem *status* de bens públicos, além de estarem afetos ao serviço público.

(D) poderão ser penhorados em processo de execução, posto ter havido sua desafetação.

(E) poderão ser penhorados em processo de execução, posto tratar-se de execução contra empresa privada.

Os bens de pessoas jurídicas de direito privado são bens privados. Porém, os bens que estiverem afetados a um serviço público são bens públicos, bens esses que são impenhoráveis, devendo ser assinalada a alternativa "C".

Gabarito "C"

(Procurador do Estado/SE – FCC – 2005) Independentemente da situação processual descrita, a hipótese narrada caracteriza situação em que a responsabilidade da empresa concessionária, por eventuais danos que tenha causado, é

(A) objetiva, pelo fato de a atividade da qual teriam resultado os danos ser serviço público.

(B) subjetiva, por tratar-se de empresa privada.

(C) objetiva, mas exige demonstração da culpa ou do dolo dos funcionários que alegadamente tenham causado os danos.

(D) subjetiva, por envolver falha técnica no serviço.

(E) subjetiva, por tratar-se de responsabilidade por omissão.

Segundo o art. 37, § 6º, da CF, a responsabilidade das empresas concessionárias de serviço público é objetiva, não sendo necessário averiguar, portanto, culpa ou dolo dos agentes públicos.

Gabarito "A"

(Procurador Federal – 2010 – CESPE) Julgue os seguintes itens, que versam sobre responsabilidade civil do Estado.

(1) As ações de reparação de dano ajuizadas contra o Estado em decorrência de perseguição, tortura e prisão, por motivos políticos, durante o Regime Militar não se sujeitam a qualquer prazo prescricional.

(2) A responsabilidade civil objetiva da concessionária de serviço público alcança também não usuários do serviço por ela prestado.

1: correta, nos termos da jurisprudência do STJ: "Processual civil – Administrativo – Indenização – Reparação de danos morais – Regime militar – Perseguição e prisão por motivos políticos – Imprescritibilidade – Dignidade da pessoa humana – Inaplicabilidade do art. 1.º do Decreto n. 20.910/1932 – Responsabilidade civil do Estado – Danos morais – Indenização." (REsp 1085358/PR, rel. Min. Luiz Fux, 1.ª Turma, julgado em 23.04.2009, *DJe* 09.10.2009); **2:** correta, tendo o STF mudado seu entendimento a respeito do assunto; assim, hoje, o STF entende que são beneficiários da responsabilidade objetiva das concessionárias de serviço público não só os usuários do serviço (ex.: passageiro de um ônibus que se acidenta), como também os não usuários do serviço (ex.: alguém que não é passageiro do ônibus, mas que estava caminhando ou andando de bicicleta quando do acidente no primeiro, vindo a sofrer danos por conta do evento); vide, a respeito, o RE 591.874/MS, j. 26.08.2009).

Gabarito 1C, 2C

(ADVOGADO – CEF – 2012 – CESGRANRIO) As empresas públicas prestadoras de serviços públicos e seus agentes respondem, solidária e objetivamente, por danos causados a terceiros.

PORQUE

As empresas públicas prestadoras de serviços públicos são pessoas jurídicas de direito privado submetidas a regime jurídico híbrido, sendo o regime de responsabilidade civil a elas aplicável fundamentado na teoria do risco administrativo.

Analisando-se as afirmações acima, conclui-se que

(A) as duas afirmações são verdadeiras, e a segunda justifica a primeira.

(B) as duas afirmações são verdadeiras, e a segunda não justifica a primeira.

(C) a primeira afirmação é verdadeira, e a segunda é falsa.

(D) a primeira afirmação é falsa, e a segunda é verdadeira.

(E) as duas afirmações são falsas.

Os agentes das concessionárias não respondem diretamente pelos danos (portanto, não se pode falar em responsabilidade solidária). Além disso, a responsabilidade dos agentes depende de demonstração de culpa ou dolo destes (art. 37, § 6º, da CF), de modo que a primeira afirmação é falsa. Quanto à segunda, é verdadeira, pois as empresas públicas são pessoas de direito privado especial, aplicando-se a responsabilidade objetiva com base no risco administrativo a essas empresas, quando prestadoras de serviço público (art. 37, § 6º, da CF).

Gabarito "D"

(ADVOGADO – BNDES – 2010 – CESGRANRIO) Um agente público, pertencente aos quadros de uma empresa pública federal prestadora de serviço público, no exercício de suas atribuições, veio a causar dano a terceiro usuário do serviço em decorrência de conduta culposa comissiva. Nesse caso, responderá(ão) pelo dano causado ao terceiro a

(A) empresa pública federal, sendo a responsabilidade civil de natureza subjetiva por tratar-se de entidade dotada de personalidade jurídica de direito privado.

(B) empresa pública federal, sendo a responsabilidade civil de natureza subjetiva por ter sido o dano causado a terceiro usuário do serviço público.

(C) empresa pública federal, sendo a responsabilidade civil de natureza objetiva por tratar-se de pessoa jurídica de direito privado prestadora de serviço público, assegurado o direito de regresso contra o responsável.

(D) União Federal e a empresa pública federal, solidariamente, sendo a responsabilidade civil de natureza objetiva por ter sido o dano causado a terceiro usuário do serviço público.

(E) União Federal, sendo a responsabilidade civil de natureza objetiva, fundada na teoria do risco administrativo, inexistindo direito de regresso contra o agente público, uma vez que não houve conduta dolosa.

A e **B:** incorretas, pois a responsabilidade da empresa é objetiva, nos termos do art. 37, § 6º, da CF; **C:** correta, nos termos do art. 37, § 6º, da CF; D e **E:** incorretas, pois a empresa é quem responde; a União só responde subsidiariamente, ou seja, caso a concessionária não tenha recursos para responder perante a vítima.

Gabarito "C"

(ADVOGADO – SERPRO – 2008 – CESPE) Julgue os itens a seguir, acerca da responsabilidade civil do Estado.

(1) Uma concessionária do serviço público federal causou danos morais a determinado usuário do serviço. Nesse caso, a responsabilidade da concessionária será objetiva, e o prazo prescricional da ação, de 5 anos.

(2) Pela teoria do risco integral, a ambulância de um hospital público que venha a atropelar um ciclista não será civilmente responsável pelo fato se houver culpa exclusiva do ciclista.

1: correta (art. 1º-C da Lei 9.494/1997); **2:** incorreta, pois tal conclusão se dá pela teoria do risco administrativo (que admite excludentes de responsabilidade) e não pela teoria do risco integral (que não admite excludentes).

Gabarito 1C, 2E

9.5. RESPONSABILIDADE POR ATOS LEGISLATIVOS E JUDICIAIS

(Procurador do Estado/ES – 2008 – CESPE) José era presidente de empresa pública estadual. Depois de prisão preventiva de estrepitosa repercussão na mídia nacional, viu-se denunciado por peculato culposo por haver inserido, em conluio com empregado do departamento de pessoal, servidores fantasmas na folha de pagamento da empresa. A sentença de primeiro grau o condenou a sete meses de detenção, o que foi confirmado pelo tribunal de justiça, ali havendo o trânsito em julgado. Paralelamente, tramitava tomada de contas especial relativa ao episódio e que, após meticulosa apuração, eximiu José de toda a responsabilidade. A isso seguiu-se pedido de revisão criminal em que o tribunal de justiça o absolveu por negativa de autoria e não houve recurso das partes. José propôs, então, ação de indenização pelo rito ordinário contra o estado, decorrente não apenas do erro na condenação criminal, mas também da prisão preventiva e da ação difamatória de membro do Ministério Público. Diante da situação hipotética acima apresentada, julgue os itens que se seguem.

(1) A decisão da tomada de contas que eximiu José de responsabilização administrativa, se ocorrida antes da sentença, implicaria exoneração de condenação criminal.

(2) Não gera preclusão a inexistência do reconhecimento do direito à indenização no acórdão de revisão criminal.

(3) A responsabilidade civil pelo erro judiciário constitui garantia fundamental e será apurada com base na teoria objetiva.

(4) A mera prisão cautelar indevida, nos termos da atual jurisprudência do STF, já é suficiente para gerar o direito à indenização.

1: errada, pois a instância administrativa não se comunica na instância criminal; **2:** correta, pois a responsabilidade civil decorrente de erro judiciário reconhecido em revisão pode ser pedida na esfera cível; **3:** correta, nos termos dos arts. 5º, LXXV, 37, § 6º, da CF; 4: errada, pois o erro judiciário é aquele reconhecido em revisão criminal.

Gabarito 1E, 2C, 3C, 4E

(ADVOGADO – ELETROBRÁS – 2006 – NCE/UFRJ) Sobre a responsabilidade civil do Estado, analise as afirmativas a seguir:

I. O Estado, em princípio, não responde por danos resultantes da sua atividade legislativa.

II. A teoria do risco administrativo, prevista no art. 37, § 6º, da Constituição, não se aplica às relações contratuais mantidas pela Administração Pública.

III. A Administração Pública somente responderá por dano atribuído aos seus agentes administrativos.

São verdadeiras somente as afirmativas:

(A) I e II;

(B) I e III;

(C) II e III;

(D) I, II e III;

(E) nenhuma.

I: correta, pois, de fato, o Estado não responde, como regra, pela edição de leis que prejudicam alguém; tal regra só cede nas seguintes situações: (i) se uma lei declarada inconstitucional causa danos ao particular; (ii) em caso de lei de efeito concreto causar dano a uma pessoa em particular (ex: criação de Parque Florestal em área privada); **II:** correta, pois tal regra se refere à responsabilidade civil extracontratual do Estado; **III:** incorreta, pois outros agentes da administração (ex: agentes políticos e particulares em colaboração com o Estado) também poderão ensejar responsabilidade estatal.

Gabarito "A"

10. LICITAÇÃO

10.1. CONCEITO, OBJETIVOS E PRINCÍPIOS

(Procurador do Estado/AC – FMP – 2012) Com relação aos princípios básicos da licitação, previstos na Lei n. 8.666, de 21 de junho de 1993, com posteriores alterações, é **INCORRETO** afirmar que a lei contempla o seguinte princípio:

(A) vinculação ao instrumento convocatório.

(B) promoção do desenvolvimento sustentável.

(C) julgamento objetivo.

(D) sigilo da licitação, dos seus atos e decisões.

O art. 3º da Lei 8.666/1993 estabelece os seguintes objetivos e princípios da licitação: a) isonomia; b) seleção da proposta mais vantajosa para a Administração; c) promoção do desenvolvimento nacional sustentável; d) legalidade; e) impessoalidade; f) moralidade; g) igualdade; h) publicidade; i) probidade administrativa; j) vinculação ao instrumento convocatório; k) julgamento objetivo. Assim, as alternativas "a", "b" e "c" estão corretas, não devendo ser assinaladas. Já a alternativa "d" está incorreta, devendo ser assinalada. Isso porque o princípio previsto na lei é o contrário, ou seja, é o que impõe a publicidade, e não o sigilo da licitação. Este só existe num determinado ponto, que é quanto ao conteúdo das propostas até a abertura dos respectivos envelopes.

Gabarito "D"

(PROCURADOR DO ESTADO/MG – FUMARC – 2012) Acerca do regime jurídico das licitações e contratos administrativos, analise as seguintes afirmativas e assinale a alternativa correta:

I. No Direito Brasileiro são finalidades da licitação a obtenção da proposta mais vantajosa para a administração; a concretização do princípio da isonomia; e a promoção do desenvolvimento nacional sustentável.

II. A ordem jurídica vigente admite que, em igualdade de condições, como critério de desempate, seja assegurada preferência, sucessivamente, aos bens e serviços: produzidos ou prestados por empresas brasileiras de capital nacional; produzidos no País; produzidos ou prestados por empresas que invistam em pesquisa e no desenvolvimento de tecnologia no País.

III. Entre os documentos hoje exigidos dos licitantes, para comprovação de regularidade fiscal e trabalhista, conforme o caso, poderá ser requerida, pela Administração, prova de inexistência de débitos inadimplidos perante a Justiça do Trabalho, mediante certidão negativa emitida na forma da legislação celetista.

IV. Não comparecendo licitantes à licitação anterior regularmente convocada poderá a Administração automaticamente realizar contratação direta, desde que mantidas todas as condições preestabelecidas no instrumento de convocação.

ALTERNATIVAS

(A) Apenas I e II são corretas;

(B) Apenas I e III são corretas;

(C) Apenas II e III são corretas;

(D) Apenas II e IV são corretas;

(E) Apenas III e IV são corretas.

I: correta (art. 3º, *caput*, da Lei 8.666/1993); **II:** incorreta, pois a nova ordem assegura preferência, sucessivamente, aos bens e serviços produzidos no País, produzidos ou prestados por empresas brasileiras e produzidos ou prestados por empresas que invistam em pesquisa e no desenvolvimento de tecnologia no País (art. 3º, § 2º, da Lei 8.666/1993); **III:** correta (art. 29, V, da Lei 8.666/1993); IV: incorreta, pois, nesse caso, a Administração deverá verificar se não é possível fazer novo certame licitatório; caso a Administração, justificadamente, não possa repetir o certamente sem prejuízo, aí sim é que poderá ser feita a contratação direta (art. 24, V, da Lei 8.666/1993).

Gabarito "B"

(Procurador do Estado/PI – 2008 – CESPE) Com relação a licitações e contratos, assinale a opção correta.

(A) O princípio do sigilo na apresentação das propostas foi implicitamente revogado com o advento da CF de 1988 e legislação posterior, que determina que o procedimento licitatório será regido pelo princípio da publicidade.

(B) Segundo o princípio da adjudicação compulsória, a administração pública está obrigada a atribuir o objeto da licitação ao vencedor, não sendo mais permitida, nessa fase, a revogação.

(C) Conforme o princípio do julgamento objetivo, o julgamento das propostas deve ser feito de acordo com os critérios fixados no instrumento convocatório.

(D) De acordo com o princípio da moralidade, o vencedor da licitação tem direito subjetivo à adjudicação do objeto licitado.

(E) O princípio da vinculação ao instrumento convocatório destina-se exclusivamente a garantir o direito dos licitantes perante a administração pública.

A: incorreta (art. 3º, § 3º, da Lei 8.666/1993); **B:** incorreta, pois a revogação pode ser feita até o final do procedimento licitatório (art. 49 da Lei 8.666/1993); **C:** correta (art. 44 da Lei 8.666/1993); **D:** incorreta, pois tal direito decorre do princípio da legalidade (art. 43, VI, da Lei 8.666/1993): **E:** incorreta. Cuidado com palavras peremptórias como "exclusivamente"; o princípio da vinculação ao instrumento convocatório também protege a Administração Pública e a coletividade, pois garante o cumprimento do que foi expressado no edital.

Gabarito "C"

10.2. CONTRATAÇÃO DIRETA (LICITAÇÃO DISPENSADA, DISPENSA DE LICITAÇÃO E INEXIGIBILIDADE DE LICITAÇÃO)

(Procurador do Estado/BA – 2014 – CESPE) Considerando as regras aplicáveis às licitações e aos contratos administrativos, julgue o item que se segue.

(1) Desde que o preço contratado seja compatível com o praticado no mercado, é possível a dispensa de licitação para a aquisição, por secretaria estadual de planejamento, de bens produzidos por autarquia estadual que tenha sido criada para esse fim específico em data anterior à vigência da Lei nº 8.666/1993.

1: correta (art. 24, VIII, da Lei 8.666/1993).

Gabarito 1C

(Procurador do Estado/MT – FCC – 2011) Determinada sociedade de economia mista pretende contratar serviços técnicos especializados para estruturação de operação de abertura de seu capital social e emissão de debêntures no mercado internacional, para tanto,

(A) está dispensada de prévio procedimento licitatório, por se tratar de operação regulada pela legislação do mercado de capitais, devendo comprovar a compatibilidade do preço com os praticados no mercado.

(B) pode declarar a inexigibilidade de licitação, por ato fundamentado de seus administradores, quando a licitação possa comprometer o sigilo da operação.

(C) deve instaurar prévio procedimento licitatório, sendo este inexigível se comprovada a inviabilidade de competição, em função da singularidade do objeto, bem como a notória especialização do contratado.

(D) pode dispensar a licitação, por ato fundamentado de seus administradores, caso a contratada seja empresa estrangeira, de notória especialização e desde que haja compatibilidade do preço com os praticados no mercado.

(E) pode dispensar a licitação, por ato fundamentado de seus administradores, se a contratada for fundação ou empresa pública especializada e desde que haja compatibilidade do preço com o mercado.

As alternativas "a", "d" e "e" estão descartadas, pois o caso trazido no enunciado não se enquadra em qualquer dos casos de dispensa previstos no art. 24 da Lei 8.666/1993. A alternativa "b" está incorreta, pois a necessidade de sigilo da operação não justifica a contratação direta. A alternativa "c" está correta, pois há de se tentar viabilizar a licitação no caso. Porém, caso se verifique que a competição é inviável em função da singularidade do objeto, incidirá o disposto no art. 25, II, da Lei 8.666/1993, configurando-se caso de inexigibilidade de licitação.

Gabarito "C"

(Procurador do Estado/PB – 2008 – CESPE) Um prefeito, tendo realizado contratação direta de um publicitário para a realização dos serviços de publicidade institucional da prefeitura, justificou o seu ato sob o argumento de que, por se tratar de serviço técnico de notória especialização, não seria exigível a licitação. Na situação apresentada, a atitude do prefeito, à luz da Lei de Licitações, deve ser considerada

(A) correta, visto que, de fato, por constituir serviço técnico de notória especialização, a mencionada contratação dispensaria procedimento licitatório.

(B) errada, pois não se trata de hipótese de inexigibilidade de licitação, mas de dispensa de licitação.

(C) errada, pois serviços de publicidade não podem ser classificados como de notória especialização, sendo necessário o procedimento de licitação para a contratação desse tipo de serviço.

(D) correta, pois, geralmente, as contratações de serviços de publicidade são de baixo valor, o que assegura a contratação direta, sem licitação.

(E) errada, pois prefeituras são impedidas de contratar serviços de publicidade.

É vedada a inexigibilidade para serviços de publicidade, conforme previsão do art. 25, II (parte final), da Lei 8.666/1993.

Gabarito "C"

(Procurador do Estado/PR – 2007) Em relação à licitação, é correto afirmar: ALTERNATIVAS:

(A) possui como objetivo exclusivo proporcionar à Administração Pública o negócio mais vantajoso;

(B) somente a União pode legislar sobre a matéria;

(C) o princípio da vinculação ao edital aplica-se apenas aos licitantes;

(D) o leilão é utilizado exclusivamente para a venda de bens móveis inservíveis, legalmente apreendidos ou penhorados, a quem oferecer o maior lance, desde que igual ou superior à avaliação;

(E) as hipóteses de inexigibilidade de licitação, previstas em lei, são meramente exemplificativas, sendo, no entanto, exaustivas as que contemplam sua dispensa.

A: incorreta. Cuidado com palavras peremptórias como "exclusivo"; o outro objetivo é atender ao princípio da isonomia (art. 3º, *caput*, da Lei 8.666/1993); **B:** incorreta, pois a União tem competência para editar normas gerais, podendo os demais entes federativos editar normas para operacionalizar o cumprimento da Lei 8.666/1993 e para atender suas especificidades (art. 22, XXVII, da CF); **C:** incorreta, pois o princípio também se aplica à Administração Pública; **D:** incorreta. Cuidado com palavras como "exclusivamente"; leia o art. 22, § 5º, da Lei 8.666/1993; **E:** está correta; basta ler o *caput* dos arts. 24 e 25 e perceber a diferença; no caso da inexigibilidade, repare na expressão "em especial".

Gabarito "E"

(Procurador do Estado/RO – 2011 – FCC) NÃO é hipótese legal de dispensa de licitação:

(A) A alienação gratuita ou onerosa, aforamento, concessão de direito real de uso, locação ou permissão de uso de bens imóveis residenciais construídos, destinados ou efetivamente utilizados no âmbito de programas habitacionais ou de regularização fundiária de interesse social desenvolvidos por órgãos ou entidades da administração pública.

(B) A contratação de remanescente de obra, serviço ou fornecimento, em consequência de rescisão contratual, desde que atendida a ordem de classificação da licitação anterior e aceitas as mesmas condições oferecidas pelo licitante vencedor, inclusive quanto ao preço, devidamente corrigido.

(C) A contratação da coleta, processamento e comercialização de resíduos sólidos urbanos recicláveis ou reutilizáveis, em áreas com sistema de coleta seletiva de lixo, efetuados por associações ou cooperativas formadas exclusivamente por pessoas físicas de baixa renda reconhecidas pelo poder público como catadores de materiais recicláveis, com o uso de equipamentos compatíveis com as normas técnicas, ambientais e de saúde pública.

(D) A contratação de associação de portadores de deficiência física, sem fins lucrativos e de comprovada idoneidade, por órgãos ou entidades da Administração Pública, para a prestação de serviços ou fornecimento de mão de obra, desde que o preço contratado seja compatível com o praticado no mercado.

(E) O credenciamento de número indeterminado de profissionais de saúde para atendimento de saúde complementar aos servidores públicos, garantindo-se a publicidade do procedimento, a objetividade dos requisitos, a regulamentação da prestação dos serviços e a fixação criteriosa da tabela de remuneração dos serviços prestados.

A: é hipótese de licitação dispensada (art. 17, I, "f", da Lei 8.666/1993); **B:** é hipótese de dispensa (art. 24, XI, da Lei 8.666/1993); **C:** é hipótese de dispensa (art. 24, XXVII, da Lei 8.666/1993); **D:** é hipótese de dispensa (art. 24, XX, da Lei 8.666/1993); **E:** *não* é hipótese, devendo ser assinalada; isso porque não existe essa previsão no rol taxativo da dispensa de licitação.

Gabarito "E"

(PROCURADOR DO ESTADO/RS – FUNDATEC – 2010) Relativamente ao processo licitatório disciplinado pela Lei Federal n. 8.666/1993, é correto afirmar que:

(A) Quando há inviabilidade da competição, a licitação é dispensável e deve sempre ser justificada.

(B) Quando da intervenção da União no domínio econômico para regular preços ou normalizar o abastecimento, a licitação é dispensável.

(C) O leilão é a modalidade licitatória utilizável para a venda de bens móveis e imóveis inservíveis à Administração ou legalmente apreendidos ou adquiridos por força de execução judicial ou de dação em pagamento. Seu vencedor será aquele que oferecer o maior lance, igual ou superior ao valor da avaliação.

(D) Podem participar as empresas nacionais e as empresas estrangeiras em funcionamento no país, desde que devidamente autorizadas por decreto do Governo Federal, dispensada a exigência quando a empresa estrangeira estiver consorciada com empresa brasileira.

(E) Pode ser revogado por razões de interesse público decorrente de fato anterior à abertura, pertinente e suficiente, devidamente comprovado, mediante parecer escrito e fundamentado.

A: incorreta, pois, nesse caso, a licitação é inexigível (art. 25, *caput*, da Lei 8.666/1993), e não dispensável; **B:** correta (art. 24, VI, da Lei 8.666/1993); **C:** incorreta, pois o texto da lei fala em "móveis inservíveis" e não em "móveis ou *imóveis* inservíveis" (art. 22, § 5º, da Lei 8.666/1993); **D:** incorreta, pois não há previsão legal isentando a empresa estrangeira de estar devidamente autorizada por decreto federal quando estiver consorciada com empresa brasileira (art. 28, V, da Lei 8.666/1993); **E:** incorreta, pois a revogação depende de fato novo, ou seja, de fato superveniente à abertura do certame (art. 49 da Lei 8.666/1993).

Gabarito "B"

(Procurador do Estado/SE – FCC – 2005) Considere as seguintes hipóteses de contratações por parte da Administração Pública:

I. contratação de empresa com notória especialização, para prestação de serviços técnicos de divulgação, no valor de R$ 50.000,00, apontando a Administração a singularidade do serviço;

II. contratação de obra, no valor de R$ 25.000,00, por sociedade de economia mista;

III. contratação, pela União, com o objetivo de intervir na economia para regular preços ou normalizar o abastecimento.

Essas são, respectivamente, em relação à licitação, hipóteses típicas de

(A) dispensa, convite e dispensa.

(B) convite, convite e dispensa.

(C) convite, dispensa e dispensa.

(D) inexigibilidade, convite e inexigibilidade.

(E) inexigibilidade, dispensa e inexigibilidade.

I: convite; não cabe inexigibilidade para a contratação de empresa de divulgação (art. 25, II, da Lei 8.666/1993); assim, e considerando que o valor da contratação é menor do que R$ 80.000,00 (limite do convite para *serviços* em geral) cabe licitação na modalidade convite (art. 23, II, "a", da Lei 8.666/1993); **II:** dispensa; o limite de dispensa para a sociedade de economia mista é de 20% do limite para o convite (art. 24, § 1º, da Lei 8.666/1993); como o limite para o convite em relação a *obras* é de R$ 150.000,00 (art. 23, I, "a", da Lei 8.666/1993), até R$ 30.000,00 (20% do limite para o convite) cabe dispensa de licitação; **III:** dispensa (art. 24, VI, da Lei 8.666/1993).

Gabarito "C"

(Procurador do Estado/SP – FCC – 2009) Pretendendo a Administração contratar a prestação de serviços médicos para atendimento de seus servidores, resolveu credenciar todos os estabelecimentos interessados em fazê-lo pelo valor previamente fixado pela Administração e que atendam a um padrão mínimo de qualidade fixado em edital. Ao assim proceder, a Administração praticou ato

(A) legal com fundamento na faculdade que lhe concede a Lei n. 8.666/1993 de contratar com dispensa de licitação, tendo em vista as características próprias da pessoa do contratado.

(B) legal, tendo em vista a presunção de legalidade de seus atos e a possibilidade de contratação com dispensa de licitação em razão do objeto.

(C) legal, com fundamento na Lei n. 8.666/1993, por ser possível a contratação com inexigibilidade de licitação sempre que houver inviabilidade de competição.

(D) ilegal porque estava obrigada a realizar procedimento licitatório, nos termos da Lei n. 8.666/1993.

(E) ilegal porque ainda que o contrato possa ser firmado com inexigibilidade de licitação, a predeterminação de valores realizada, por si só, é lesiva ao erário.

No caso em tela, como há um valor prefixado, não há que se falar em competição, não havendo, portanto, que se falar em licitação, por inexigibilidade fundamentada no *caput* do art. 25 da Lei 8.666/1993 ("inviabilidade de competição").

Gabarito "C"

(Procurador de Contas TCE/ES – CESPE – 2009) As hipóteses de licitação dispensável não incluem

(A) a aquisição de bens e contratação de serviços para atender aos contingentes militares das forças singulares brasileiras empregadas em operações de paz no exterior, necessariamente justificadas quanto ao preço e à escolha do fornecedor ou executante e ratificadas pelo comandante da força.

(B) o fornecimento de bens e serviços, produzidos ou prestados no país, que envolvam, cumulativamente, alta complexidade tecnológica e defesa nacional, mediante parecer de comissão especialmente designada pela autoridade máxima do órgão.

(C) a contratação da coleta, processamento e comercialização de resíduos sólidos urbanos recicláveis ou reutilizáveis, em áreas com sistema de coleta seletiva de lixo, efetuados por associações ou cooperativas formadas exclusivamente por pessoas físicas de baixa renda reconhecidas pelo poder público como catadores de materiais recicláveis, com o uso de equipamentos compatíveis com as normas técnicas, ambientais e de saúde pública.

(D) a contratação de fornecimento ou suprimento de energia elétrica com concessionário, permissionário ou autorizado, segundo as normas da legislação específica.

(E) a aquisição de materiais, equipamentos ou gêneros que possam ser fornecidos somente por produtor, empresa ou representante comercial exclusivo.

A: correta (art. 24, XXIX, da Lei 8.666/1993); **B:** correta (art. 24, XXVIII, da Lei 8.666/1993); **C:** correta (art. 24, XXVII, da Lei 8.666/1993); **D:** correta (art. 24, XXI, da Lei 8.666/1993); **E:** incorreta, pois esse caso não é de *dispensa*, mas de *inexigibilidade* (art. 25, I, da Lei 8.666/1993).

Gabarito "E"

(Procurador do Município/Florianópolis-SC – 2010 – FEPESE) Analise as afirmativas abaixo:

É dispensável a licitação para:

1. o fornecimento de bens e serviços, produzidos ou prestados no País, que envolvam, cumulativamente, alta complexidade tecnológica e defesa nacional, mediante parecer de comissão especialmente designada pela autoridade máxima do órgão.
2. a celebração de contratos de prestação de serviços com as organizações sociais, qualificadas no âmbito das respectivas esferas de governo, para atividades contempladas no contrato de gestão.
3. a aquisição ou restauração de obras de arte e objetos históricos, de autenticidade certificada, desde que compatíveis ou inerentes às finalidades do órgão ou entidade.

Assinale a alternativa que indica todas as afirmativas **corretas**.

(A) É correta apenas a afirmativa 2.

(B) É correta apenas a afirmativa 3.

(C) São corretas apenas as afirmativas 1 e 2.

(D) São corretas apenas as afirmativas 2 e 3.

(E) São corretas as afirmativas 1, 2 e 3.

1: correta (art. 24, XXVIII, da Lei 8.666/1993); **2:** correta (art. 24, XXIV, da Lei 8.666/1993); **3:** correta (art. 24, XV, da Lei 8.666/1993).

Gabarito "E"

(Procurador do Município/Natal-RN – 2008 – CESPE) As hipóteses de inexigibilidade de licitação incluem

(A) a contratação de profissional de qualquer setor artístico, desde que consagrado pela crítica especializada ou pela opinião pública.

(B) a compra de material de uso pelas forças armadas — com exceção de materiais de uso pessoal e administrativo —, quando houver necessidade de manter a padronização requerida pela estrutura de apoio logístico dos meios navais, aéreos e terrestres, mediante parecer de comissão instituída por decreto.

(C) o fornecimento de bens e serviços, produzidos ou prestados no país, que envolvam, cumulativamente, alta complexidade tecnológica e defesa nacional, mediante parecer de comissão especialmente designada pela autoridade máxima do órgão.

(D) a contratação de fornecimento ou suprimento de energia elétrica e gás natural com concessionário, permissionário ou autorizado, segundo as normas da legislação específica.

A: correta (art. 25, III, da Lei 8.666/1993); **B:** incorreta, pois esse caso é de *dispensa de licitação* (art. 24, XIX, da Lei 8.666/1993) e não de *inexigibilidade*; **C:** incorreta, pois esse caso é de *dispensa de licitação* (art. 24, XXVIII, da Lei 8.666/1993) e não de *inexigibilidade*; **D:** incorreta, pois esse caso é de *dispensa de licitação* (art. 24, XXII, da Lei 8.666/1993) e não de *inexigibilidade*.

Gabarito "A"

(Procurador do Município/Recife-PE – 2008 – FCC) Apurado, após longos trabalhos de pesquisa, que determinado insumo de aplicação essencial em atividades hospitalares é produzido por apenas uma empresa, a Administração Pública

(A) pode dispensar a licitação, sendo-lhe, no entanto, facultado realizar o procedimento.

(B) deve dispensar a licitação, a fim de evitar dispêndio de tempo e recursos públicos quando já demonstrado qual seria o resultado do certame.

(C) pode declarar a inexigibilidade da licitação, sendo-lhe facultado, no entanto, realizar o procedimento, adotando a modalidade de pregão, dada sua rápida conclusão.

(D) deve declarar a inexigibilidade da licitação, evitando dispêndio de tempo e recursos públicos quando já demonstrado qual seria o resultado do certame.

(E) pode adquirir diretamente o produto da empresa que o produz, dada sua essencialidade, independentemente de formalização de processo administrativo para declarar a dispensa ou inexigibilidade da licitação.

A e **B:** incorretas, pois é caso de inexigibilidade (art. 25, I, da Lei 8.666/1993) e não de dispensa de licitação; **C:** incorreta, pois o caso de inexigibilidade (art. 25, I, da Lei 8.666/1993), e, quando se está diante de um caso de inexigibilidade, não há possibilidade de se fazer licitação, ou seja, não há discricionariedade para a Administração, diferentemente dos casos de dispensa de licitação, que, uma vez presentes, facultam à Administração escolher entre fazer ou não o certame; **D:** correta (art. 25, I, da Lei 8.666/1993); **E:** incorreta, pois a aquisição direta não é possível pela essencialidade do produto, mas sim pela existência de fornecedor exclusivo (art. 25, I, da Lei 8.666/1993); ademais, os casos de contratação direta (contratação por dispensa ou inexigibilidade) reclamam sim a formalização de processo administrativo, na forma do art. 26 da Lei 8.666/1993.

Gabarito "D"

(Procurador do Município/São Paulo-SP – 2008 – FCC) Como regra, a celebração de contratos administrativos pressupõe licitação, porém a lei também prevê casos de contratação direta. Nesse sentido, conforme a Lei n. 8.666/1993 é

(A) hipótese de dispensa de licitação a contratação de serviços técnicos, de natureza singular, com profissionais ou empresas de notória especialização.

(B) inexigível a realização de licitação no caso de guerra ou grave perturbação da ordem.

(C) inexigível a realização de licitação para aquisição de obras de arte, de autenticidade certificada, desde que compatíveis com as finalidades do órgão ou entidade.

(D) dispensável a realização de licitação para impressão dos diários oficiais, por órgãos ou entidades que integrem a Administração Pública, criados para esse fim específico.

(E) dispensável a realização de licitação para contratação de profissionais de qualquer setor artístico, desde que consagrado pela crítica especializada ou pela opinião pública.

A: incorreta, pois esse caso é de inexigibilidade (art. 25, II, da Lei 8.666/1993); **B:** incorreta, pois esse caso é de dispensa (art. 24, III, da Lei 8.666/1993); **C:** incorreta, pois esse caso é de dispensa (art. 24, XV, da Lei 8.666/1993); **D:** correta (art. 24, XVI, da Lei 8.666/1993); **E:** incorreta, pois esse caso é de inexigibilidade (art. 25, III, da Lei 8.666/1993).

Gabarito "D"

(Procurador do Município/Sorocaba-SP – 2012 – VUNESP) Indique a alternativa que contém caso de inexigibilidade de licitação.

(A) Em caso de guerra ou de perturbação da ordem, desde que reconhecido pelo Congresso Nacional.

(B) Quando o município tiver que intervir no domínio econômico, com autorização expressa da União.

(C) Na contratação de serviços com organizações sociais, desde que instituídas sem fins lucrativos.

(D) Para o fornecimento de insumos para pesquisa científica, desde que vinculados a universidades públicas.

(E) Para contratação de profissional de qualquer setor artístico, desde que consagrado pela crítica especializada ou pela opinião pública.

A: incorreta, pois esse caso é de dispensa de licitação (art. 24, III da Lei 8.666/1993) e não de inexigibilidade; ademais, o dispositivo mencionado não exige o reconhecimento do Congresso Nacional; **B:** incorreta, pois esse caso é de dispensa de licitação (art. 24, VI da Lei 8.666/1993) e não de inexigibilidade; ademais, o dispositivo mencionado exige que se trate de intervenção no domínio econômico feita pela União e não por Município; **C:** incorreta, pois esse caso é de dispensa de licitação (art. 24, XXIV da Lei 8.666/1993) e não de inexigibilidade; **D:** incorreta, pois esse caso é de dispensa de licitação (art. 24, XXI da Lei 8.666/1993) e não de inexigibilidade; ademais, o dispositivo mencionado não exige que se trate de fornecimento vinculado a universidades públicas; **E:** correta, pois esse é um dos casos expressos de inexigibilidade de licitação (art. 25, III, da Lei 8.666/1993).

Gabarito "E"

(Procurador Federal – 2010 – CESPE) Julgue o item seguinte.

(1) Considere que o administrador de determinada autarquia tenha promovido a abertura de licitação, na modalidade convite, para a ampliação da sede regional desse ente e que não tenha havido interessados no primeiro certame e, por isso, a licitação tenha sido considerada deserta. Considere, ainda, que o administrador, então, tenha encaminhado o processo administrativo à Procuradoria Federal para análise acerca da possibilidade de se dispensar a licitação para a contratação da empresa de engenharia. Nessa situação, conforme entendimento firmado pela AGU, não pode ser dispensada a licitação.

1: Correta, pois, apesar do disposto no art. 24, V, da Lei 8.666/1993, como a licitação deserta foi um *convite*, em que a publicidade é limitada, deve-se tentar novamente um certame, em modalidade com maior chance de aparecerem interessados.

Gabarito 1C

(Procurador da Fazenda Nacional – 2004 – ESAF) Entre as opções a seguir, marque aquela apta a justificar o reconhecimento de inexigibilidade de licitação.

(A) Casos de aquisição de bens junto a representante comercial exclusivo, caracterizando inviabilidade de competição.

(B) Casos de contratação em ocasiões de grave perturbação da ordem.

(C) Casos em que caracterizada a urgência de atendimento de situação que possa ocasionar prejuízo ou comprometer a segurança de pessoas.

(D) Casos de contratação de remanescente de serviço, em consequência de rescisão contratual, atendida a ordem de classificação da licitação anterior e aceitas as mesmas condições oferecidas pelo licitante vencedor.

(E) Casos de contratação de prestação de serviços com organizações sociais, qualificadas no âmbito das respectivas esferas de governo, para atividades contempladas no contrato de gestão.

A inexigibilidade da licitação ocorre se a competição não for viável, seja por conta da especificidade técnica do objeto contratado ou da inexistência de mais de um fornecedor ou prestador de serviço apto a realizar o trabalho. Suas hipóteses estão exemplificativamente listadas no art. 25 da Lei n. 8.666/1993, o qual inclui a aquisição de bens junto a representante comercial exclusivo. As demais alternativas, todas, expressam hipóteses de licitação dispensável, nos termos do art. 24 da Lei n. 8.666/1993.

Gabarito "A"

(Procurador da Fazenda Nacional – 2003 – ESAF) Assinale no rol abaixo aquele serviço que não pode ser considerado como serviço técnico profissional especializado, nos termos da legislação vigente:

(A) criação de peças publicitárias

(B) restauração de obras de arte

(C) patrocínio de causas judiciais

(D) treinamento de pessoal

(E) gerenciamento de obras

A contratação de serviço técnico especializado é uma das causas de inexigibilidade de licitação, nos termos do art. 25 da Lei 8.666/1993. Há, porém, vedação expressa de que se considere serviços de publicidade como "técnicos especializados", tornando obrigatória a licitação nesse caso (art. 25, II).

Gabarito "A"

(Procurador da Fazenda Nacional – 2006 – ESAF) Uma das Secretarias do Ministério da Fazenda pretende comprar um bem de determinada marca. Nesse sentido, solicita manifestação do órgão de consultoria jurídica, após demonstrar ser tecnicamente justificável a opção pela marca. À luz da Lei n. 8.666/1993, é correto afirmar que

(A) o pleito da Secretaria não encontra amparo legal, pois a lei veda a opção por marca.

(B) será possível a aquisição, limitada ao valor de contratação para a qual seria cabível licitação na modalidade Convite.

(C) será possível a compra, mas somente após prévia licitação.

(D) será possível a compra, mas somente por meio do reconhecimento de inexigibilidade de licitação, em vista da necessidade de que o bem seja de determinada marca.

(E) será possível a compra, não se podendo apontar, a partir das informações do comando desta questão, se deverá ou não haver prévia licitação.

O art. 7º, § 5º, da Lei 8.666/1993 autoriza a aquisição de mercadorias de determinada marca exclusiva quando for tecnicamente justificável. Presente este requisito, por meio de parecer do órgão de consultoria jurídica, a compra é possível e fica afastada a proibição genérica do art. 25, I, do mesmo diploma legal. Assim, caso a marca do produto a ser adquirido tenha distribuidor exclusivo, nos termos do art. 25, I, poderá ser declarada a inexigibilidade. Caso contrário, a licitação é obrigatória dentre os interessados que comercializem a marca em questão. Portanto, com as informações fornecidas, não é possível asseverar, com certeza, a obrigatoriedade de licitação.

Gabarito "E"

(ADVOGADO – PETROBRÁS DISTRIB. – 2010 – CESGRANRIO) A respeito das hipóteses de dispensa e inexigibilidade de licitação previstas na Lei Federal n. 8.666/1993, analise as assertivas abaixo.

I. Nos casos de dispensa e de inexigibilidade de licitação, se comprovado superfaturamento, respondem solidariamente pelo dano causado à Fazenda Pública o fornecedor ou o prestador de serviços e o agente público responsável, sem prejuízo de outras sanções legais cabíveis.

II. O procedimento licitatório é dispensável, a critério da autoridade administrativa, para a aquisição de bens e serviços comuns, assim considerados aqueles cujos padrões de desempenho e qualidade possam ser objetivamente definidos pela Administração, por meio de especificações usuais no mercado.

III. As hipóteses de inexigibilidade de licitação encontram-se taxativamente previstas na Lei de Licitações e Contratos Administrativos.

É correto APENAS o que se afirma em

(A) I.

(B) II.

(C) III.

(D) I e II.

(E) I e III.

I: correta (art. 25, § 2º, da Lei 8.666/1993); **II:** incorreta, pois, nesse caso, há de se fazer licitação, sendo cabível a modalidade pregão (art. 1º da Lei 10.520/2002); **III:** incorreta, pois os três casos de inexigibilidade previstos nos incisos I a III do art. 25 da Lei 8.666/1993 são exemplificativos, de maneira que qualquer outra situação que caracterize *inviabilidade de competição* (art. 25, *caput*, da Lei 8.666/1993) também enseja inexigibilidade de licitação.

Gabarito "A"

(ADVOGADO – IRB – 2006 – ESAF) Assinale a única opção verdadeira. Estão dispensadas da realização de procedimento licitatório:

(A) as agências reguladoras, por serem autarquias de regime especial.

(B) as fundações públicas, por possuírem natureza jurídica de direito privado.

(C) as sociedades de economia mista exploradoras de atividade econômica, na venda de bens por ela produzidos em virtude de suas finalidades.

(D) as empresas públicas, devido a sua natureza jurídica de direito privado.

(E) as agências executivas que firmarem com a União contrato de gestão, nos termos do § 8º do artigo 37 da Constituição da República Federativa do Brasil.

A alternativa "c" está correta, de acordo com o disposto no art. 17, II, "e", da Lei 8.666/1993.

Gabarito "C"

(ADVOGADO – CASA DA MOEDA – 2009 – CESGRANRIO) Segundo as normas para licitações e contratos da Administração Pública (Lei n. 8.666/1993), o procedimento licitatório será dispensável

(A) quando não acudirem interessados à licitação anterior, e esta, justificadamente, não puder ser repetida, sem prejuízo para a Administração, mantidas todas as condições preestabelecidas.

(B) quando caracterizada urgência de atendimento de situação emergencial ou de calamidade pública, limitada a contratação, ao prazo máximo de 60 (sessenta) dias, justificada pela autoridade administrativa competente.

(C) para a aquisição de bens e serviços comuns, assim considerados aqueles cujos padrões de desempenho e qualidade possam ser objetivamente definidos pela Administração Pública, por meio de especificações usuais no mercado.

(D) para a contratação de profissional de qualquer setor artístico, diretamente ou através de empresário exclusivo, desde que consagrado pela crítica especializada ou pela opinião pública.

(E) sempre que houver inviabilidade de competição devidamente justificada pela autoridade administrativa.

A: correta (art. 24, V, da Lei 8.666/1993); **B:** incorreta, pois nesse caso a contratação é limitada a 180 dias (art. 24, IV, da Lei 8.666/1993); **C:** incorreta, pois esse caso enseja licitação na modalidade pregão (art. 1º da Lei 10.520/2002); **D:** incorreta, pois esse caso é de inexigibilidade (art. 25, III, da Lei 8.666/1993) e não de dispensa; **E:** incorreta, pois essa é a regra geral da inexigibilidade (art. 25, *caput*, da Lei 8.666/1993) e não da dispensa.

Gabarito "A"

(ADVOGADO – BNDES – 2008 – CESGRANRIO) Analise as situações abaixo.

I. Na contratação de instituição estrangeira incumbida da pesquisa, do ensino ou do desenvolvimento institucional, desde que a contratada detenha inquestionável reputação ético-profissional e não tenha fins lucrativos.

II. Quando não acudirem interessados à licitação anterior e esta, justificadamente, não puder ser repetida sem prejuízo para a Administração, mantidas, neste caso, todas as condições preestabelecidas.

III. Para as compras de material de uso pelas Forças Armadas, com exceção de materiais de uso pessoal e administrativo, quando houver necessidade de manter a padronização requerida pela estrutura de apoio logístico dos meios navais, aéreos e terrestres, mediante parecer de comissão instituída por decreto.

IV. Para contratação de profissional de qualquer setor artístico, diretamente ou através de empresário exclusivo, desde que consagrado pela crítica especializada ou pela opinião pública.

Quais as situações que **NÃO** encontram amparo legal para configurarem hipóteses de dispensa de licitação?

(A) I e II

(B) I e III

(C) I e IV

(D) II e III

(E) III e IV

I: incorreta, pois há de ser instituição brasileira (art. 24, XIII, da Lei 8.666/1993); **II:** correta (art. 24, V, da Lei 8.666/1993); **III:** correta (art. 24, XIX, da Lei 8.666/1993); IV: incorreta, pois esse caso não é de dispensa, mas de inexigibilidade de licitação (art. 25, III, da Lei 8.666/1993).

Gabarito "C"

10.3. MODALIDADES DE LICITAÇÃO E REGISTRO DE PREÇOS

(Procurador Distrital – 2014 – CESPE) Dada a necessidade de aumento da rede pública de ensino do estado Y, o secretário de educação, com o intuito de construir uma nova escola pública, resolveu consultar a procuradoria do estado para que esta esclarecesse algumas dúvidas relacionadas ao modelo licitatório e às normas contratuais aplicáveis à espécie. Com referência a essa situação hipotética, julgue o seguinte item.

(1) No caso de a obra ser qualificada como de natureza comum, admitir-se-á a utilização do pregão eletrônico com o critério de julgamento do menor preço global.

1: incorreta, pois o pregão só é cabível quando se tratar de bens ou serviços comuns (art. 1º da Lei 10.520/2002), o que não é o caso da construção de uma escola, que não é um tipo de serviço que tenha especificações usuais no mercado, já que se trata de uma obra única (tem tamanho, necessidades e terreno específicos), não havendo um tipo de construção padrão ou uma tipo de escola pré-fabricada que permita que se enquadre como um serviço comum.

Gabarito 1E

(Procurador do Estado/AC – FMP – 2012) Nos termos da Lei n. 10.520, de 17 de julho de 2002, avalie se as assertivas abaixo estão de acordo com o *caput* do art. 4º, com o seguinte teor: "A fase externa do pregão será iniciada com a convocação dos interessados e observará as seguintes regras:"

I. No curso da sessão do pregão, o autor da oferta de valor mais baixo e os das ofertas com preços até cinco por cento superiores àquela poderão fazer novos lances verbais e sucessivos, até a proclamação do vencedor.

II. Para julgamento e classificação das propostas, será adotado o critério de menor preço, observados os prazos máximos para fornecimento, as especificações técnicas e parâmetros mínimos de desempenho e qualidade definidos no edital.

III. Os licitantes poderão deixar de apresentar os documentos de habilitação que já constem do

Sistema de Cadastramento Unificado de Fornecedores – Sicaf e sistemas semelhantes mantidos por Estados, Distrito Federal ou Municípios, assegurado aos demais licitantes o direito de acesso aos dados nele constantes.

Assinale a alternativa **CORRETA**.

(A) Apenas I e II são verdadeiras.

(B) Apenas I e III são verdadeiras.

(C) Apenas II e III são verdadeiras.

(D) I, II e III são verdadeiras.

I: incorreta, pois poderão fazer novos lances os autores de oferta até *10% superiores* à do autor da melhor oferta (art. 4º, VIII, da Lei 10.520/2002); **II:** correta (art. 4º, X, da Lei 10.520/2002); **III:** correta (art. 4º, XIV, da Lei 10.520/2002).

Gabarito "C"

(Procurador do Estado/CE – 2008 – CESPE) Acerca dos processos licitatórios, assinale a opção correta.

(A) Considera-se deserta a licitação quando nenhum dos interessados é selecionado em decorrência de inabilitação ou desclassificação.

(B) A modalidade de licitação denominada pregão, nos termos da legislação vigente, somente pode ser adotada no âmbito da União.

(C) É inexigível a licitação para a compra ou locação de imóvel destinado ao atendimento das finalidades precípuas da administração, desde que o preço seja compatível com o valor de mercado.

(D) Na modalidade de licitação denominada pregão, caso o licitante vencedor seja inabilitado, o pregoeiro deverá declarar a licitação fracassada e realizar novo julgamento.

(E) Havendo interesse público superveniente, a administração poderá deixar de firmar o contrato, ainda que o resultado da licitação já tenha sido homologado.

A: incorreta, pois a licitação ***deserta*** se dá quando não aparecem licitantes; o caso narrado é de licitação ***fracassada***; **B:** incorreta, pois não há essa limitação na Lei 10.520/2002; **C:** incorreta, pois é caso de dispensa (art. 24, X, da Lei 8.666/1993), preenchidos os demais requisitos do dispositivo citado; **D:** incorreta (art. 4º, XVI, da Lei 10.520/2002); **E:** correta, pois, de fato, a Administração pode deixar de firmar o contrato por revogação do certame, seja por não convocação do adjudicatório para sua assinatura; de qualquer forma, é importante lembrar que a doutrina vem sendo no sentido de que, se já há vencedor, este tem direito de ser indenizado pelas despesas que teve com a participação do certame.

Gabarito "E"

(Procurador do Estado/MG – 2007) A licitação em que for adotada a modalidade de pregão, pode afirmar-se corretamente que

I. as funções de pregoeiro não poderão ser desempenhadas por militares, exceto quando se tratar de membro da equipe de apoio.

II. a licitação na modalidade de pregão não se aplica às contratações de obras e serviços de engenharia, bem como às locações imobiliárias e alienações em geral, que serão regidas pela legislação geral da Administração.

III. os órgãos, entes, e entidades privadas sem fins lucrativos, convenentes ou consorciadas com a União, poderão utilizar sistemas de pregão eletrônico próprios ou de terceiros.

Está(ão) correta(s)

(A) somente a I.

(B) somente a I e a II.

(C) somente a I e a III.

(D) somente a II e a III.

I: incorreta, pois no âmbito do Ministério da Defesa, as funções de pregoeiro e de membro de equipe de apoio poderão ser desempenhadas por militares (art. 3º, § 2º, da Lei 10.520/2002); **II:** correta, pois esses casos não se enquadram no conceito de "aquisição de bens e serviços comuns", hipótese de cabimento do pregão (art. 1º da Lei 10.520/2002); **III:** correta (art. 1º, § 3º, do Decreto Federal 5.504/2005).

Gabarito "D"

(Procurador do Estado/MT – FCC – 2011) São modalidades licitatórias adequadas para as situações descritas:

(A) pregão para aquisição e alienação de bens e serviços comuns e concorrência para alienação de imóveis de qualquer valor.

(B) leilão para alienação de bens móveis e imóveis de pequeno valor e pregão para aquisição de bens e serviços comuns.

(C) concorrência para alienação de imóveis acima de R$ 1.500.000,00 (um milhão e meio de reais) e leilão para alienação de imóveis avaliados abaixo desse valor e móveis de qualquer valor.

(D) concurso para contratação de quaisquer serviços técnicos especializados e leilão para alienação de bens móveis inservíveis ou de produtos legalmente apreendidos ou penhorados.

(E) convite para obras e serviços de engenharia, com valor da contratação estimado em até R$ 150.000,00 (cento e cinquenta mil reais) e concorrência para concessão de serviços públicos de qualquer valor.

A: incorreta, pois o pregão é para a *aquisição* de bens e serviços e não para a *alienação* destes (art. 1º da Lei 10.520/2002); **B:** incorreta, pois não há limitação de valor para utilização do leilão (art. 22, § 5º, da Lei 8.666/1993); **C:** incorreta, pois, para a alienação de imóveis de qualquer valor, a regra é o uso da concorrência (arts. 17, I, e 23, § 3º, da Lei 8.666/1993), ressalvada a possibilidade prevista no art. 19 da Lei 8.666/1993, de se utilizar leilão para alienação de imóveis cuja aquisição haja derivado de procedimentos judiciais ou de dação em pagamento; **D:** incorreta, pois o concurso se destina à escolha, e não à contratação de trabalhos; ademais, a destinação é para a escolha de trabalhos técnicos, científicos ou artísticos, ou seja, não inclui apenas os serviços técnicos especializados de que trata o art. 13, § 1º, da Lei 8.666/1993; **E:** correta (art. 23, I, "a", da Lei 8.666/1993 e art. 2º, II, da Lei 8.987/1995).

Gabarito "E"

(Procurador do Estado/PB – 2008 – CESPE) A modalidade de licitação apropriada para a venda de bens imóveis da administração cuja aquisição haja derivado de procedimentos judiciais ou de dação em pagamento é denominada

(A) convite.

(B) concorrência ou leilão.

(C) leilão ou pregão.

(D) tomada de preços.

(E) concurso.

A alternativa "B" compreende o disposto na questão, de acordo com o art. 19, III, da Lei 8.666/1993.

Gabarito "B"

(Procurador do Estado/PB – 2008 – CESPE) O edital é o meio pelo qual a administração torna pública a realização de uma licitação. A modalidade de licitação que não utiliza o edital como meio de tornar pública a licitação é o (a)

(A) concorrência.

(B) leilão.

(C) tomada de preços.

(D) convite.

(E) concurso.

A alternativa correta é a "D", conforme arts. 22, § 3º, e 38, I, da Lei 8.666/1993.

Gabarito "D"

(Procurador do Estado/PE – CESPE – 2009) Com relação à modalidade de compra denominada pregão no âmbito da administração pública estadual, assinale a opção correta.

(A) O servidor militar não pode exercer as funções de pregoeiro.

(B) O pregão eletrônico pode ser aplicado às licitações para locações imobiliárias e alienações em geral.

(C) A secretaria de planejamento e gestão do Estado é o órgão gestor do sistema pregão na forma eletrônica.

(D) O prazo de validade das propostas deve ser, regra geral, de cento e oitenta dias.

(E) Somente são exigidos documentos de habilitação do licitante classificado em primeiro lugar.

A: incorreta, pois não há essa proibição no art. 3º, IV, da Lei 10.520/2002; **B:** incorreta, pois a modalidade pregão se destina à *aquisição* de bens e serviços comuns, e não às *locações* e *alienações* em geral (art. 1º da Lei 10.520/2002); **C:** incorreta, nos termos do disposto na lei local do Estado de Pernambuco; é bom ressaltar que quando o candidato estiver fazendo concursos estaduais ou municipais deverá ler, também, as leis locais de licitação e contratos; **D:** incorreta, pois o prazo de validade das propostas no pregão é de 60 dias, assim como ocorre na Lei 8.666/1993; a diferença é que, no pregão, o edital pode fixar um prazo diferente do estabelecido no art. 6º da Lei 10.520/2002; **E:** correta (art. 4º, XII, da Lei 10.520/2002).

Gabarito "E"

(Procurador do Estado/PI – 2008 – CESPE) Ainda no que se refere a licitações e contratos, assinale a opção correta.

(A) Tomada de preços é a modalidade de licitação entre interessados do ramo pertinente ao seu objeto, cadastrados ou não, escolhidos e convidados, em número mínimo de três, pela unidade administrativa, a qual afixará, em local apropriado, cópia do instrumento convocatório e o estenderá aos demais cadastrados na correspondente especialidade que manifestarem seu interesse com antecedência de até 24 horas da apresentação das propostas.

(B) Concurso é a modalidade de licitação entre quaisquer interessados para escolha de trabalho técnico, científico ou artístico, mediante a instituição de prêmios ou remuneração aos vencedores, conforme critérios constantes de edital publicado na imprensa oficial com antecedência mínima de 45 dias.

(C) De acordo com a Lei n. 8.666/1993, é lícita a criação de outras modalidades de licitação, bem como a combinação das modalidades já existentes.

(D) É inexigível a licitação referente a compras ou contratações de serviços para o abastecimento de navios, embarcações, unidades aéreas ou tropas e seus meios de deslocamento quando em estada eventual de curta duração em portos, aeroportos ou localidades diferentes de suas sedes, por motivo de movimentação operacional ou de adestramento.

(E) É inexigível a licitação na contratação de fornecimento ou suprimento de energia elétrica e gás natural com concessionário, permissionário ou autorizado, segundo as normas da legislação específica.

A: incorreta, pois a alternativa misturou o convite (art. 22, § 3º, da Lei 8.666/1993) com a tomada de preços (art. 22, § 2º, da Lei 8.666/1993); **B.** correta (art. 22, § 4º, da Lei 8.666/1993); **C:** incorreta (art. 22, § 8º, da Lei 8.666/1993); **D:** incorreta, pois esse caso é de dispensa (art. 24, XVIII, da Lei 8.666/1993); **E:** incorreta, pois esse caso é de dispensa (art. 24, XXII, da Lei 8.666/1993).

Gabarito "B"

(Procurador do Estado/SC – 2010 – FEPESE) Assinale a alternativa que se refere à modalidade de licitação entre interessados devidamente cadastrados ou que atenderem a todas as condições exigidas para cadastramento até o terceiro dia anterior à data do recebimento das propostas.

(A) pregão

(B) tomada de preços

(C) concorrência

(D) consulta

(E) convite

Trata-se da modalidade de licitação tomada de preços (art. 22, § 2º, da Lei 8.666/1993).

Gabarito "B"

(Procurador do Estado/SC – 2010 – FEPESE) Sobre licitações e contratos, assinale a alternativa **incorreta**.

(A) Após a fase de habilitação, não cabe desistência de proposta, salvo por motivo justo decorrente de fato superveniente e aceito pela Comissão.

(B) Para fins de pregão, consideram-se bens e serviços comuns, aqueles cujos padrões de desempenho e qualidade possam ser objetivamente definidos pelo edital, por meio de especificações usuais no mercado.

(C) Os contratos decorrentes de dispensa ou de inexigibilidade de licitação devem atender aos termos do ato que os autorizou e da respectiva proposta.

(D) No pregão, o autor da oferta de valor mais baixo e os das ofertas com preços até 20% (vinte por cento) superiores àquela poderão fazer novos lances verbais e sucessivos, até a proclamação do vencedor.

(E) A declaração de nulidade do contrato administrativo opera retroativamente impedindo os efeitos jurídicos que ele, ordinariamente, deveria produzir, além de desconstituir os já produzidos.

A: correta (art. 43, § 6º, da Lei 8.666/1993); **B:** correta (art. 1º, parágrafo único, da Lei 10.520/2002); **C:** correta (art. 54, § 2º, da Lei 8.666/1993); **D:** incorreta, pois são as ofertas com preços até 10% superiores (art. 4º, VIII, da Lei 10.520/2002); **E:** correta (art. 59 da Lei 8.666/1993).

Gabarito "D"

(Procuradoria Distrital – 2007) A Lei n. 10.520, de 17 de julho de 2002, disciplina uma nova modalidade de licitação denominada pregão; acerca desse tema assinale a opção incorreta.

(A) No pregão é permitida a exigência de garantia de proposta não superior a 1% (um por cento) do valor estimado do objeto da contratação, por força da aplicação subsidiária do disposto no inciso III do artigo 31 da Lei n. 8.666/1993.

(B) O licitante interessado em recorrer do resultado do julgamento do pregão deverá manifestar sua intenção na sessão, caso contrário decairá do seu direito e o objeto licitado será adjudicado ao vencedor.

(C) O pregão é a modalidade de licitação em que a disputa pelo fornecimento de bens e serviços comuns é feita em sessão pública por meio de propostas de preços escritas e lances verbais. Neste sentido não se admite a utilização desta modalidade às contratações de obras e serviços de engenharia.

(D) O acatamento do recurso no pregão importará apenas a invalidação dos atos insuscetíveis de aproveitamento.

(E) Conforme entendimento fixado pelo Tribunal de Contas da União, a limitação dos lances verbais para ofertas de preços dos licitantes imposta por pregoeiro implica restrição ao caráter competitivo do certame.

A: incorreta, nos termos do art. 5º, I, da Lei 10.520/2002; **B:** correta (art. 4º, XVIII, da Lei 10.520/2002); **C:** correta, pois, de fato, o art. 1º da Lei 10.520/2002 assevera que o pregão serve apenas para a aquisição de bens e serviços comuns; dessa forma, não há como usar o pregão para obras e para a maior parte dos serviços de engenharia; todavia os serviços de engenharia que se encaixarem na definição do parágrafo único do art. 1º da Lei 10.520/2002 poderão ser licitados por pregão, como é o caso do serviço de topografia; de qualquer forma, a alternativa está "mais correta" do que a de letra "A"; **D:** correta (art. 4º, XIX, da Lei 10.520/2002); **E:** correta, pois, de fato, as limitações de lances podem ofender ao princípio da competitividade, se o pregoeiro não tiver margem de liberdade para alterá-la nos momentos finais da competição.

Gabarito "A"

(Advogado da União/AGU – CESPE – 2012) Julgue o item seguinte.

(1) Se um órgão da administração pública federal, ao divulgar pregão eletrônico para o sistema de registro de preços, no valor total estimado de R$ 50.000,00, publicar aviso de edital no seu próprio sítio na Internet e no Diário Oficial da União, estará caracterizado o uso de todos os meios de divulgação exigidos pela legislação para convocar os eventuais interessados em participar do pregão.

1: incorreta, pois no caso de pregão eletrônico para o sistema de *registro de preços* é necessário também publicação do aviso de edital em jornal de grande circulação regional e nacional (art. 17, § 6º, do Decreto 5.450/2005).

Gabarito 1E

(Procurador da Fazenda Nacional – 2006 – ESAF) Relativamente à utilização do Sistema de Registro de Preços em âmbito federal, assinale a opção correta.

(A) A Ata de Registro de Preços somente poderá ser utilizada por órgão ou entidade da Administração que tenha participado do registro de preços.

(B) A licitação para registro de preços deve ser feita na modalidade Pregão, tendo em vista o tipo de certame a ser adotado, qual seja, o do menor preço.

(C) Não há prazo máximo de validade da Ata de Registro de Preços, podendo esta ser adotada enquanto puder ser comprovada sua vantajosidade para a Administração.

(D) Não há impedimento a que a Administração realize licitações específicas para a aquisição de bens que já tenham preços registrados por tal Sistema.

(E) Em vista da natureza do objeto contratual, que demandaria a realização de certame do tipo técnica e preço, não se admite o registro de preços para a contratação de bens e serviços de informática.

A: incorreta. A ata pode ser utilizada por qualquer órgão ou entidade mediante consulta ao órgão gerenciador (art. 8º do Decreto 3.931/2001); **B:** incorreta. A licitação pode ser feita mediante concorrência ou pregão (art. 3º do Decreto 3.931/2001); **C:** incorreta. A ata terá validade máxima de um ano, já computadas eventuais prorrogações (art. 4º do Decreto 3.931/2001); **D:** correta (art. 7º do

Decreto 3.931/2001); **E:** incorreta. A aquisição de bens e serviços de informática está autorizada mediante justificativa (art. 2º, parágrafo único, do Decreto 3.931/2001), bem como excepcionalmente a adoção de concorrência do tipo técnica e preço (art. 3º, § 1º, do Decreto 3.931/2001).

Gabarito "D"

(Procurador da Fazenda Nacional – 2007 – ESAF) Analise os itens a seguir:

I. Consideram-se licitações simultâneas aquelas com objetos similares e que o edital subsequente tenha uma data anterior a cento e vinte dias após o término do contrato resultante da licitação antecedente;

II. Será adotado, preferencialmente, o SRP (Sistema de Registro de Preços) quando, pelas características do bem ou serviço, não houver necessidade de contratações frequentes;

III. A licitação para registro de preços será realizada na modalidade Tomada de Preços, do tipo menor preço, e será precedida de ampla pesquisa de mercado;

IV. As compras e contratações de bens e serviços comuns, no âmbito da União, dos Estados, do Distrito Federal e dos Municípios, quando efetuadas pelo sistema de registro de preços, não poderão adotar a modalidade de pregão;

V. No âmbito da Administração Pública, em atendimento à previsão constitucional de observância ao procedimento licitatório, não se admite contrato verbal em hipótese alguma.

A quantidade de itens incorretos é igual a:

(A) 1

(B) 2

(C) 3

(D) 4

(E) 5

I: incorreta (art. 39, parágrafo único, da Lei 8.666/1993); **II:** incorreta (art. 15, II, da Lei 8.666/1993); III e IV: incorretas, pois deve-se adotar concorrência ou pregão (art. 15, § 3º, I, da Lei 8.666/1993 e art. 11 da Lei 10.520/2002); V: incorreta. Cuidado com as expressões muito peremptórias; há uma exceção no art. 60, parágrafo único, da Lei 8.666/1993.

Gabarito "E"

(Procurador da Fazenda Nacional – 2004 – ESAF) Sobre as modalidades de licitação, assinale a opção correta.

(A) O Pregão, por ser modalidade que não está inserida entre as previstas na Lei n. 8.666, de 1993 (que estabelece normas gerais sobre licitações e contratos administrativos no âmbito da União, dos Estados, do Distrito Federal e Municípios), somente pode ser utilizado, na sistemática atual, pela União.

(B) Nos casos em que couber a Concorrência, a Administração sempre poderá utilizar a Tomada de Preços; a recíproca, contudo, não é verdadeira.

(C) A Lei n.8.666, de 1993, ao disciplinar a modalidade Concurso, estabelece normas gerais a serem observadas nos concursos públicos para a seleção de candidatos à ocupação de cargos e empregos públicos.

(D) O Convite é modalidade de licitação da qual somente podem participar licitantes previamente cadastrados pela Administração.

(E) A Lei n.8.666, de 1993, veda a criação de outras modalidades de licitação ou a combinação das modalidades nela referidas.

A: incorreta, pois a Lei 10.520/2002 instituiu o pregão como modalidade de licitação para todas as entidades federadas; **B:** incorreta. A regra está invertida: sempre é possível utilizar modalidade mais formal de licitação do que aquela autorizada em lei, não o inverso. Assim, se cabe convite, pode ser feita tomada de preços ou concorrência. Se cabe tomada de preços, pode ser feito concorrência. O caminho inverso, porém, nunca pode ser considerado (art. 23, § 4º, da Lei 8.666/1993); **C:** incorreta. O concurso regulamentado pela Lei 8.666/1993 é modalidade de licitação para escolha de trabalho técnico, científico ou artístico (art. 22, § 4º). O concurso público para admissão de pessoal é regulado pela Constituição Federal e, no âmbito da União, pela Lei 8.112/1991; **D:** incorreta. É possível a participação de pessoas que não estejam previamente cadastradas (art. 22, § 3º, da Lei 8.666/1993); **E:** correta, nos exatos termos do art. 22, § 8º, da Lei n. 8.666/1993.

Gabarito "E"

(Procurador da Fazenda Nacional – 2004 – ESAF) Especificamente quanto à modalidade de licitação denominada Pregão, assinale a opção incorreta.

(A) Tal modalidade somente é cabível para aquisição de bens ou contratação de serviços considerados comuns.

(B) É possível, em tal modalidade, a realização de licitação por meio eletrônico, conforme regulamentação específica.

(C) Em tal modalidade de licitação, é possível a apresentação não apenas de propostas escritas, mas também de lances verbais.

(D) Em tal modalidade de licitação, primeiro se promove o exame dos requisitos de habilitação dos licitantes, para somente após passar à fase de avaliação das propostas de preços.

(E) Aplicam-se apenas subsidiariamente, para a modalidade Pregão, as normas da Lei n. 8.666, de 1993.

A disciplina legal do pregão é dada pela Lei 10.520/2002. Ela estabelece o pregão como a modalidade de licitação para aquisição de bens ou contratação de serviços comuns, assim entendidos aqueles cujos padrões de desempenho e qualidade possam ser objetivamente definidos pelo edital, por meio de especificações usuais do mercado (art. 1º, parágrafo único). Existe, ainda, o pregão eletrônico, nos termos do Decreto 5.450/2005. A grande diferença do pregão em relação às demais modalidades de licitação é a possibilidade de lances verbais após a apresentação das propostas (art. 4º, VIII, da Lei 10.520/2002) e a inversão das etapas, ocorrendo primeiro a análise das propostas para, só depois, verificar os requisitos da habilitação dos participantes (art. 4º, XII, da Lei n. 10.520/2002). Por fim, cumpre ressaltar que aplicam-se subsidiariamente as normas da Lei 8.666/1993 (art. 9º da Lei 10.520/2002).

Gabarito "D"

(ADVOGADO – PETROBRÁS – 2012 – CESGRANRIO) De acordo com a Lei n. 8.666, de 21.06.1993, qual a modalidade licitatória a ser observada nas concessões de direito real de uso?

(A) Concorrência

(B) Tomada de preços

(C) Convite

(D) Leilão

(E) Concurso

Trata-se da concorrência, nos termos do art. 23, § 3º, da Lei 8.666/1993.

Gabarito "A"

(ADVOGADO – PETROBRÁS BIO. – 2010 – CESGRANRIO) A modalidade de licitação prevista na Lei n. 8.666/1993, que se instaura entre quaisquer interessados para escolha de trabalho técnico, científico ou artístico, mediante a instituição de prêmios ou remuneração aos vencedores, conforme critérios constantes de edital publicado na imprensa oficial, com antecedência mínima de 45 (quarenta e cinco) dias, é

(A) convite.

(B) concurso.

(C) leilão.

(D) concorrência.

(E) consulta.

Trata-se do concurso, nos termos do art. 22, § 4º, da Lei 8.666/1993.

Gabarito "B"

(ADVOGADO – PETROBRÁS – 2008 – CESGRANRIO) Segundo o disposto no Regulamento do Procedimento Licitatório Simplificado da Petrobras (Dec. 2.745, de 24 de agosto de 1998), a modalidade de licitação entre pessoas físicas ou jurídicas previamente cadastradas e classificadas na Petrobras, no ramo pertinente ao objeto da licitação, constitui a(o)

(A) concorrência.

(B) tomada de preços.

(C) pregão.

(D) leilão.

(E) concurso.

Trata-se da tomada de preços, nos termos do item 3.1.2. do Regulamento do Procedimento Licitatório Simplificado da Petrobrás, aprovado pelo Decreto 2.745/1998, na forma do previsto no art. 67 da Lei 9.478/1997.

Gabarito "B"

(ADVOGADO – EPE – 2007 – CESGRANRIO) Considerando o disposto na Lei n. 10.520/2002 e no Decreto n. 3.555/2000, que disciplinam o procedimento licitatório denominado pregão, assinale a opção que apresenta uma afirmação **FALSA** acerca das regras a ele aplicáveis.

(A) Apenas pode ser utilizado para a aquisição de bens e serviços comuns.

(B) Aplicam-se subsidiariamente, para a modalidade pregão, as normas da Lei n. 8.666/1993.

(C) O prazo para a apresentação das propostas, a contar da data de publicação do aviso de licitação, não pode ser inferior a 8 (oito) dias úteis.

(D) Classificam-se para a fase de lances verbais o autor da oferta de valor mais baixo e os das ofertas com preços até 10% (dez por cento) superiores àquela.

(E) Em caso de apresentação de recurso, o prazo de apresentação de contrarrazões pelas demais licitantes é de 5 dias úteis a contar do recebimento da intimação.

A: assertiva correta (art. 1º da Lei 10.520/2002); **B:** assertiva correta (art. 9º da Lei 10.520/2002); **C:** assertiva correta (art. 4º, V, da Lei 10.520/2002); **D:** assertiva correta (art. 4º, VIII, da Lei 10.520/2002); **E:** assertiva falsa, devendo ser assinalada; o prazo é de 3 dias corridos (art. 4º, XVIII, da Lei 10.520/2002).

Gabarito "E"

(ADVOGADO – ELETROBRÁS – 2006 – NCE/UFRJ) Sobre a modalidade licitatória denominada pregão, é correto afirmar que:

(A) é modalidade licitatória usada na contratação de obras e serviços considerados comuns;

(B) somente serão examinadas as propostas dos licitantes considerados habilitados;

(C) caracteriza-se pela possibilidade de apresentação de propostas escritas e lances;

(D) haverá abertura do prazo para recurso após cada fase que integra o procedimento;

(E) é indispensável a presença física do licitante no pregão presencial.

A: incorreta, pois não se admite pregão para a contratação de obras, mas apenas para contração de bens e serviços comuns (art. 1º da Lei 10.520/2002); **B:** incorreta, pois, no pregão, há inversão de fases, ou seja, examina-se, primeiro, as propostas comerciais dos licitantes, e, em seguida, a documentação de habilitação do licitante que tiver a melhor proposta após os novos lances e a negociação (art. 4º, VII a XII, da Lei 10.520/2002); **C:** correta (art. 4º, VII e VIII, da Lei 10.520/2002); **D:** incorreta, pois o recurso só é admitido ao final e em momento único, logo em seguida a declaração do vencedor (art. 4º, XVIII, da Lei 10.520/2002); **E:** incorreta, pois se admite a presença de representante do licitante (art. 4º, VI e VII, da Lei 10.520/2002).

Gabarito "C"

(ADVOGADO – BNDES – 2001 – VUNESP) As concessões de direito real de uso devem ser licitadas por meio de

(A) leilão.

(B) tomada de preços.

(C) convite.

(D) pregão.

(E) concorrência.

De acordo com o art. 23, § 3º, da Lei 8.666/1993, a concorrência é a modalidade de licitação aplicável para a outorga de concessões de direito real de uso.

Gabarito "E"

10.4. FASES DA LICITAÇÃO

(Procurador do Estado/RO – 2011 – FCC) A Lei de Licitações e Contratos – Lei Federal n. 8.666/1993 – exige que seja feita audiência pública com antecedência mínima de 15 (quinze) dias úteis da data prevista para a publicação do edital quando

(A) se tratar de obra ou prestação de serviço decorrente de contrato de programa celebrado com ente da Federação ou com entidade de sua administração indireta, para a prestação de serviços públicos de forma associada, em virtude de contrato de consórcio público ou em convênio de cooperação.

(B) o valor estimado para uma licitação ou para um conjunto de licitações simultâneas ou sucessivas for superior a 100 (cem) vezes o valor referente à dispensa de licitação, em contratação de obras ou serviços de engenharia.

(C) a obra ou a prestação de serviços forem realizados no envoltório de 100 (cem) quilômetros do perímetro de unidade de conservação de proteção integral.

(D) o valor estimado para uma licitação ou para um conjunto de licitações simultâneas ou sucessivas for superior a 100 (cem) vezes o valor estipulado como limite para a adoção da modalidade concorrência, em contratação de obras e serviços de engenharia.

(E) se tratar da alienação ou concessão de direito real de uso de terras públicas rurais da União na Amazônia Legal superiores ao limite de 15 (quinze) módulos fiscais ou 1.500 ha (mil e quinhentos hectares).

A alternativa "D" corresponde a exigência descrita na questão, conforme disposto no art. 39 da Lei 8.666/1993.

Gabarito "D"

(Procurador do Município/Cubatão-SP – 2012 – VUNESP) Sobre a licitação no direito brasileiro, é correto afirmar que

(A) é vedado, em qualquer hipótese, no procedimento licitatório, estabelecer tratamento diferenciado entre empresas brasileiras e estrangeiras.

(B) para os fins da Lei n. 8.666/1993, o conjunto dos elementos necessários e suficientes à execução completa da obra, de acordo com as normas pertinentes da Associação Brasileira de Normas Técnicas – ABNT, denomina-se orçamento técnico.

(C) é vedado incluir no objeto da licitação a obtenção de recursos financeiros para sua execução, qualquer que seja a sua origem, exceto nos casos de empreendimentos executados e explorados sob o regime de concessão, nos termos da legislação específica.

(D) poderá ser computado como valor da obra ou serviço, para fins de julgamento das propostas de preços, a atualização monetária das obrigações de pagamento, desde a data final de cada período de aferição até a do respectivo pagamento.

(E) as obras e serviços não poderão ser executados nas formas de execução indireta, sob pena de responsabilidade civil e administrativa do administrador, sem prejuízo de eventual responsabilização penal.

A: incorreta, pois há casos em que empresas brasileiras têm preferência na licitação; por exemplo, em caso de empate na proposta de duas empresas que produzam no País, a empresa brasileira tem preferência em relação à empresa estrangeira (art. 3º, § 2º, III, da Lei 8.666/1993); **B:** incorreta, pois esse documento é o *projeto executivo* e não o *orçamento técnico* (art. 6º, X, da Lei 8.666/1993); **C:** correta (art. 7º, § 3º, da Lei 8.666/1993); **D:** incorreta, pois *não* será computado tal valor (art. 7º, § 7º, da Lei 8.666/1993); **E:** incorreta, pois as obras e serviços poderão ser executadas nas formas de execução indireta (art. 10, II, da Lei 8.666/1993).

Gabarito "C"

(Procurador do Município/Manaus-AM – 2006 – FCC) No que tange a homologação e adjudicação no procedimento licitatório, é correto afirmar que

(A) a homologação é ato da Comissão de Licitação pelo qual é promovido o controle de todo o procedimento.

(B) o vencedor, ao ser-lhe adjudicado o objeto da licitação, sempre terá direito ao contrato.

(C) a homologação não é fase que integra o procedimento da licitação, sendo que somente após é que se opera a adjudicação.

(D) após a homologação do procedimento da licitação este não mais poderá ser revogado, salvo no caso de ilegalidade.

(E) a adjudicação não impede, em qualquer hipótese, à Administração licitante de contratar o objeto licitado com terceiro.

A: incorreta, pois a homologação é feita pela autoridade competente (art. 43, VI, da Lei 8.666/1993), necessariamente alguém de hierarquia superior à dos integrantes da comissão de licitação; **B:** incorreta, pois o licitante vencedor tem mera expectativa de direito, bem como direito de não ser preterido por outrem; **C:** correta; em sentido amplo, pode-se considerar a homologação e a adjudicação fases da licitação; porém, em sentido estrito, a licitação vai até a classificação as propostas; no mais, o art. 43, VI, da Lei 8.666/1993 fala primeiro em homologação e depois em adjudicação, daí porque está correta a alternativa "c"; no mais, é bom lembrar que, no pregão, primeiro vem a adjudicação e depois a homologação (art. 4º, XXI e XXII, da Lei 10.520/2002); **D:** incorreta, pois a afirmativa misturou conceitos; a revogação se dá por interesse público, e não por ilegalidade; esta enseja anulação, que, por sinal, pode se dar mesmo após o encerramento da licitação; **E:** incorreta, pois a adjudicação (atribuição do objeto da licitação ao vencedor) impede a contratação de terceiros, não sendo possível preterir o adjudicatário; naturalmente, caso este não queira assinar o contrato (será punido por isso), a Administração pode convocar o segundo classificado, para, nas condições do vencedor do certame, dizer se tem interesse em celebrar o contrato (art. 64, § 2º, da Lei 8.666/1993).

Gabarito "C"

(ADVOGADO – ANS – 2005 – CESPE) A respeito dos registros cadastrais previstos na Lei n. 8.666/1993, julgue os itens subsequentes.

(1) Uma autarquia federal que realize frequentemente licitações deve manter registros cadastrais, para efeito de habilitação, os quais são válidos por cinco anos.

(2) O registro cadastral deve ter divulgação ampla, por meio de jornal diário, e o responsável por sua manutenção está obrigado a realizar, semestralmente, chamamento ao público para atualização dos registros existentes.

(3) As unidades administrativas não podem se utilizar de registros cadastrais de outros órgãos ou entidades da administração pública.

(4) O registro cadastral pode ser alterado, suspenso ou cancelado, a qualquer tempo, caso o inscrito deixe de satisfazer as exigências legais.

1: incorreta, pois são válidos por 1 (um) ano (art. 34, *caput*, da Lei 8.666/1993); **2:** incorreta, pois o chamamento deve se dar, no mínimo, anualmente, e não semestralmente (art. 34, § 1º, da Lei 8.666/1993); **3:** incorreta, pois é facultado às unidades administrativas utilizarem-se de registros cadastrais de outros órgãos ou entidades da Administração Pública (art. 34, § 2º, da Lei 8.666/1993); 4: correta (art. 37 da Lei 8.666/1993).

Gabarito 1E, 2E, 3E, 4C

10.5. TIPOS DE LICITAÇÃO (MENOR PREÇO, MELHOR TÉCNICA E TÉCNICA/PREÇO E MAIOR LANCE)

(Procurador do Estado/SC – 2010 – FEPESE) Para contratação de bens e serviços de informática, a Administração Pública adotará, obrigatoriamente, o tipo de licitação:

(A) convite.

(B) pregão.

(C) maior lance.

(D) menor preço.

(E) técnica e preço.

O tipo de licitação para contratação de bens e serviços de informática é a de técnica e preço (art. 45, § 4º, da Lei 8.666/1993).

Gabarito "E"

(Procuradoria do Estado/SC – 2005) O tipo de licitação de maior lance ou oferta, previsto na Lei Federal n. 8.666/1993, ocorre na:

(A) Concessão de direito real de uso.

(B) Construção de obras públicas.

(C) Contratação de bens ou serviços de informática.

(D) Contratação de serviços de publicidade.

A alternativa "A" corresponde ao tipo de contratação de maior lance ou oferta (art. 45, § 1º, IV, da Lei 8.666/1993).

Gabarito "A"

10.6. PROCEDIMENTO LICITATÓRIO SIMPLIFICADO DA PETROBRAS

(ADVOGADO – PETROBRÁS – 2012 – CESGRANRIO) Nos termos do Decreto n. 2.745, de 24.08.1998, que aprova o Regulamento do Procedimento Licitatório Simplificado da Petrobras, a contratação integrada é

(A) vedada

(B) admitida para a aquisição de bens e serviços comuns

(C) admitida apenas quando economicamente recomendável

(D) compulsória para os contratos de compras

(E) compulsória para os contratos de obras de engenharia

Segundo o Item 1.9 do Regulamento, a contratação integrada será admitida se economicamente recomendável.

Gabarito "C"

(ADVOGADO – PETROBRÁS – 2012 – CESGRANRIO) O Regulamento do Procedimento Licitatório Simplificado da Petrobras, aprovado pelo Decreto n. 2.745, de 24.08.1998, estabelece, a respeito do julgamento das licitações, que

(A) a desistência de proposta é absolutamente vedada após a fase de habilitação.

(B) o julgamento das propostas será feito em duas etapas, nas licitações do tipo melhor preço e melhor técnica.

(C) as propostas serão classificadas por ordem crescente dos valores ofertados.

(D) as vantagens não previstas no instrumento convocatório e as ofertas de redução sobre a proposta mais barata não serão levadas em conta.

(E) apenas os licitantes inabilitados têm direito à interposição de recurso no procedimento licitatório.

A: incorreta, pois cabe desistência por motivo justo decorrente de fato superveniente e aceito pela Comissão (Item 6.8 do Regulamento); **B:** incorreta, pois o julgamento das propostas será feito em duas etapas nas licitações de *melhor técnica e preço* e de melhor técnica (Item 6.20 do Regulamento); **C:** incorreta, pois serão classificadas por ordem decrescente dos valores ofertados, a partir da mais vantajosa (Item 6.16 do Regulamento); **D:** correta (Item 6.12 do Regulamento); **E:** incorreta, pois qualquer interessado prejudicado por ato de habilitação, classificação ou julgamento pode recorrer (Item 9.1 do Regulamento).

Gabarito "D"

(ADVOGADO – PETROBRÁS – 2012 – CESGRANRIO) A empresa X & YZ participou de procedimento licitatório instaurado pela Petrobras e regido pelo Decreto n. 2.745, de 24.08.1998. Foi inabilitada em sessão pública ocorrida em 12 de janeiro de 2012 (quinta-feira), oportunidade em que teve ciência da inabilitação.

Qual o termo final do prazo para interposição do Recurso Hierárquico contra a decisão de inabilitação?

(A) 16 de janeiro de 2012

(B) 17 de janeiro de 2012

(C) 18 de janeiro de 2012

(D) 19 de janeiro de 2012

(E) 22 de janeiro de 2012

O prazo para a interposição de recurso hierárquico é de 5 dias corridos da data de comunicação do ato impugnado (Item 9.2), excluindo-se o dia do início e incluindo-se o do vencimento (Item 9.2.4). Assim, o termo final para a interposição do recurso, no caso, é 17 de janeiro de 2012.

Gabarito "B"

(ADVOGADO – PETROBRÁS – 2006 – CESGRANRIO) De acordo com o estipulado no Regulamento do Procedimento Licitatório Simplificado da Petróleo Brasileiro S. A., aprovado pelo Decreto n. 2.745, de 24.08.1998, assinale a opção que **NÃO** corresponde a uma hipótese de inexigibilidade de licitação.

(A) Compra ou locação de imóvel destinado ao serviço da Petrobras, cujas características de instalação ou localização condicionem a sua escolha.

(B) Aquisição de peças e sobressalentes junto ao fabricante do equipamento a que se destinam, de forma a manter a garantia técnica vigente do mesmo.

(C) No caso de transferência de tecnologia, desde que caracterizada a necessidade e a essencialidade da tecnologia em aquisição.

(D) Obtenção de licenciamento de uso de software com o detentor de sua titularidade autoral, que não possua distribuidores ou representantes comerciais.

(E) Contratação de serviços técnicos, de natureza singular, com profissionais ou empresas de notória especialização.

Todas as alternativas trazem casos previstos como de inexigibilidade pelo Item 2.3 do Regulamento, salvo a trazida na alternativa "b", que é caso de dispensa de licitação (Item 2.1, "h").

Gabarito "B"

(ADVOGADO – PETROBRÁS DISTRIB. – 2008 – CESGRANRIO) A respeito do procedimento licitatório simplificado previsto no artigo 67 da Lei Federal n. 9.478/1997 (segundo o qual "os contratos celebrados pela PETROBRAS, para aquisição de bens e serviços, serão precedidos de procedimento licitatório simplificado, a ser definido em decreto do Presidente da República"), assinale a afirmativa correta.

(A) O Tribunal de Contas da União tem reiteradamente decidido ser inconstitucional o procedimento licitatório simplificado previsto no artigo 67 da Lei Federal n. 9.478/1997, baseando-se em precedentes firmados pelo Supremo Tribunal Federal.

(B) O Tribunal de Contas da União tem reiteradamente decidido ser inconstitucional o procedimento licitatório simplificado previsto no artigo 67 da Lei Federal n. 9.478/1997, muito embora o Supremo Tribunal Federal já tenha se manifestado pela constitucionalidade de tal previsão legal em ação declaratória de constitucionalidade.

(C) De acordo com entendimento firmado pelo Supremo Tribunal Federal, até que venha a ser editada a lei dispondo sobre licitações e contratos das estatais e sociedades de economia mista, tais entidades devem observar os preceitos da Lei Nacional n. 8.666/1993, razão por que foi declarada a inconstitucionalidade do artigo 67 da Lei n. 9.478/1997.

(D) De acordo com decisões reiteradas do Tribunal de Contas da União, até que venha a ser editada a lei dispondo sobre licitações e contratos das estatais e sociedades de economia mista, tais entidades devem observar os preceitos da Lei n. 8.666/1993, não sendo aplicável, pois, o procedimento simplificado previsto no artigo 67 da Lei Federal n. 9.478/1997.

(E) De acordo com decisões reiteradas do Tribunal de Contas da União, mantidas pelo Supremo Tribunal Federal, o procedimento simplificado previsto no artigo 67 da Lei Federal n. 9.478/1997 poderá ser observado pela PETROBRAS enquanto não for editada a lei dispondo sobre licitações e contratos das estatais e sociedades de economia mista.

O TCU tem proferido reiteradas decisões no sentido de que, até que venha a ser editada a lei dispondo sobre licitações e contratos das empresas estatais, tais entidades devem obedecer os preceitos da Lei 8.666/1993, não sendo aplicável o procedimento simplificado previsto no art. 67 da Lei 9.478/1997, de maneira que a alternativa "d" é a correta. Porém, o STF vem permitindo, por enquanto, a utilização desse procedimento, conforme se verifica das decisões tomadas nos seguintes casos: AC 1.193, RE 441.280, MS 25.888 e MS 27.837.

Gabarito "D"

(ADVOGADO – REFAP – 2007 – CESGRANRIO) Acerca dos recursos processuais previstos no Regulamento do Procedimento Licitatório Simplificado da Petróleo Brasileiro S.A. – PETROBRAS (Decreto n. 2.745, de 24.08.1998), é correto afirmar que:

(A) após recebido pela Comissão de Licitação, não pode a parte interessada desistir do recurso interposto.

(B) é vedada a conversão, em recurso hierárquico, de pedido de reconsideração indeferido pela Comissão de Licitação, ainda que formalmente requerido pelo recorrente.

(C) o prazo de interposição do recurso hierárquico inicia-se quando da intimação da parte interessada sobre o resultado do julgamento do pedido de reconsideração.

(D) os recursos interpostos contra atos praticados em procedimentos licitatórios terão sempre efeito suspensivo.

(E) a autoridade competente para apreciar o recurso poderá suspender o curso do processo administrativo, quando entender assim recomendável em face da relevância dos aspectos questionados pelo recorrente.

A: incorreta, pois pode ocorrer a desistência(Item 9.3.2.); **B:** incorreta, pois cabe essa conversão (Item 9.1.4); **C:** incorreta, pois o prazo de interposição do recurso hierárquico também se inicia da data da comunicação do ato impugnado (Item 9.2); **D:** incorreta, pois a regra é terem só efeito devolutivo (Item 9.3); **E:** correta (Item 9.3.1).

Gabarito "E"

10.7. REGIME DIFERENCIADO DE CONTRATAÇÕES PÚBLICAS – RDC

(Procurador Distrital – 2014 – CESPE) Dada a necessidade de aumento da rede pública de ensino do estado Y, o secretário de educação, com o intuito de construir uma nova escola pública, resolveu consultar a procuradoria do estado para que esta esclarecesse algumas dúvidas relacionadas ao modelo licitatório e às normas contratuais aplicáveis à espécie. Com referência a essa situação hipotética, julgue o seguinte item.

(1) Na hipótese descrita, é possível utilizar o regime diferenciado de contratações como modalidade licitatória, sendo aplicável o regime de contratação integrada, desde que técnica e economicamente justificada.

1: correta, pois o art. 1º, § 3º, da Lei 12.462/2011 (Regime Diferenciado de Contratações Públicas – RDC) permite a utilização desse regime às licitações e contratos necessários à realização de obras e serviços de engenharia no âmbito dos sistemas públicos de ensino, sendo possível a utilização do regime de contratação integrada desde que técnica e economicamente justificado e cujo objeto envolva, pelo menos, uma das seguintes condições – i) inovação tecnológica ou técnica; ii) possibilidade de execução com diferentes metodologias; ou iii) possibilidade de execução com tecnologias de domínio restrito no mercado (art. 9º da referida lei).

Gabarito 1C

(Procurador do Estado/BA – 2014 – CESPE) Considerando as regras aplicáveis às licitações e aos contratos administrativos, julgue o item que se segue.

(1) Secretário estadual de saúde pretende construir hospital para atuar no âmbito do SUS. No caso, pode realizar licitação no regime diferenciado de contratação e utilizar a empreitada por preço global.

1: correta (arts. 1º, V, e 8º, II e § 1º, da Lei 12.462/2011).

Gabarito 1C

(Procurador Federal – 2013 – CESPE) No que se refere aos institutos das licitações e dos contratos administrativos, julgue os itens subsecutivos.

(1) Entre as peculiaridades do regime diferenciado de contratações públicas, figuram a possibilidade de a administração pública contratar mais de uma empresa para executar o mesmo serviço (multiadjudicação) e a vedação ao sigilo de orçamentos.

(2) Os contratos administrativos, embora bilaterais, não se caracterizam pela horizontalidade, já que as partes envolvidas não figuram em posição de igualdade.

(3) Após a efetivação do registro de preços, o poder público, caso pretenda contratar o seu objeto, deverá fazê-lo obrigatoriamente com o ofertante registrado.

1: incorreta; de fato, a Lei 12.462/2011 admite que a Administração, mediante justificativa expressa, contrate mais de uma pessoa para executar o mesmo serviço, desde que não haja prejuízo de escala e se atenda a um dos demais requisitos previstos no seu art. 11; porém, a lei admite (ou seja, não traz"vedação") que a Administração mantenha em sigilo até o encerramento da licitação orçamentos previamente estimados que tiver feito para a contratação (art. 6º, *caput*, da Lei 12.464/2011); assim, os licitantes não saberão quanto a Administração estima que gastará, fazendo que aqueles busquem propor a melhor proposta possível; **2:** correta; nos contratos administrativos há uma supremacia da Administração, o que se pode verificar pela existência de cláusulas exorbitantes em seu favor (art. 58 da Lei 8.666/1993); por exemplo, pode a Administração alterar unilateralmente o contrato, desde que tal alteração se atenha aos limites previstos em lei, e o contratado terá de aceitar e cumprir o alterado; **3:** incorreta, pois o Poder Público poderá contratar de outra empresa que tenha ofertado preço menor em outro processo licitatório; o art. 15, § 4º, da Lei 8.666/1993 confere ao beneficiário do registro de preços apenas o direito de preferência em igualdade de condições, preferência que não ocorre se terceiro tiver ganho outro certame no ente, mas com valor menor do que o daquele que tiver ganho o registro de preços.

Gabarito 1E, 2C, 3E

(Procurador do Estado/PR – UEL-COPS – 2011) Quanto ao Regime Diferenciado de Contratações Públicas – RDC, é correto dizer que:

(A) o RDC aplica-se a toda e qualquer contratação pública, desde que abrangida no período de tempo pertinente à Copa das Confederações, Copa do Mundo da FIFA, Jogos Paraolímpicos e Olimpíadas (critério cronológico);

(B) no que respeita ao seu relacionamento com a Lei Geral de Licitações e Contratações Públicas (8.666/1993), o RDC acolhe os tipos e modalidades de licitação segundo o critério de definição conforme o valor da futura contratação;

(C) o procedimento licitatório do RDC define como regra a avaliação dos preços antes da habilitação dos licitantes, sendo o modelo da concorrência (habilitação antes da avaliação dos preços) apenas adotado na condição de inversão de fases, desde que fundamentadamente justificada a exceção;

(D) o RDC envolve a aplicação integrada da Lei 8.666/1993, na condição de norma geral de licitações e contratações públicas, sempre subsidiária a todos os dispositivos do RDC;

(E) todas as alternativas estão incorretas.

A: incorreta, pois o RDC se aplica exclusivamente às licitações e contratos necessários à realização dos eventos mencionados (art. 1º da Lei 12.462/2011), bem como ações do PAC, obras e serviços do SUS e obras e serviços de engenharia no âmbito dos sistemas público de ensino (art. 1º, inciso IV e V, e § 3º, do dispositivo citado, incluídos pela Lei 12.722/2012); as demais contratações que não se refiram a esses eventos devem obedecer à Lei 8.666/1993; **B:** incorreta, pois a Lei 12.462/2011 dispõe que os tipos licitatórios são os previstos na Lei 8.666/1993 (menor preço, melhor técnica e técnica e preço), acrescentando-se os tipos maior desconto, melhor conteúdo artístico e maior retorno econômico (art. 18 da Lei 12.462/2011); **C:** correta, pois o art. 12, *caput* e incisos IV e V, estabelece essa ordem (primeiro julgamento das propostas e depois habilitação), sendo que o parágrafo único do mesmo dispositivo permite a inversão de fases, para o fim de a habilitação acontecer primeiro; **D:** incorreta, pois a opção pelo RCD resultará no afastamento das normas da Lei 8.666/1993 (art. 1º, § 2º, da Lei 12.462/2011), ressalvadas as hipóteses em que a própria Lei 12.462/2011 estabelecer que se aplica a Lei 8.666/1993); **E:** incorreta, pois, como se viu, a alternativa "c" está correta.

Gabarito "C"

10.8. TEMAS COMBINADOS E OUTROS TEMAS

(Procurador do Estado/SC – 2009) Quanto ao regime de licitações, é possível afirmar que:

(A) A adjudicação direta ocorre somente nos casos de dispensa de licitação, nos termos do artigo 24 da Lei Geral de Licitações.

(B) Os casos de licitação dispensada decorrem de juízo discricionário da autoridade pública nos termos do artigo 17 da Lei Geral de Licitações.

(C) É pressuposto lógico da licitação a existência de uma pluralidade de objetos e de uma pluralidade de ofertantes de bem, obra ou serviço.

(D) A alienação de bem imóvel dominical dispensa autorização legislativa.

(E) O edital de licitações é ato administrativo que não admite possibilidade de revogação por juízo discricionário.

A: incorreta, pois há adjudicação direta também nos casos de inexigibilidade de licitação (art. 25 da Lei 8.666/1993); **B:** incorreta, pois, a o fundamento legal é o art. 24 da Lei 8.666/1993; **C:** correta, pois o *pressuposto lógico* impõe existência de pluralidade de objetos e de ofertantes; vale lembrar dos outros dois pressupostos para a licitação, quais sejam, o *pressuposto jurídico* (que impõe que a licitação seja meio que atende ao interesse público) e o *pressuposto fático* (pelo qual a licitação só deve ser realizada se existir interessados) **D:** incorreta, pois o bem dominical, apesar de alienável, é bem público, devendo cumprir o disposto no art. 17, I, da Lei 8.666/1993; **E:** incorreta, pois a revogação é possível, desde que ocorra fato novo que torne o edital inconveniente (art. 49 da Lei 8.666/1993).

Gabarito "C"

(Procurador do Município/Florianópolis-SC – 2010 – FEPESE) Em relação aos recursos administrativos previsto na Lei n. 8.666/1993, assinale a alternativa **incorreta**.

(A) Os recursos têm efeito devolutivo e suspensivo.

(B) Interposto, o recurso será comunicado aos demais licitantes, que poderão impugná-lo no prazo legal.

(C) Cabe representação, da decisão relacionada com o objeto da licitação ou do contrato, de que não caiba recurso hierárquico.

(D) Nenhum prazo de recurso, representação ou pedido de reconsideração se inicia ou corre sem que os autos do processo estejam com vista franqueada ao interessado.

(E) Em se tratando de licitações efetuadas na modalidade de carta-convite, os prazos recursais são reduzidos para dois dias úteis.

A: incorreta, pois, como regra, os recursos têm efeito apenas devolutivo; terão efeito suspensivo apenas se forem contra decisões relativas à habilitação e ao julgamento das propostas, e também quando a autoridade atribuir esse efeito, motivadamente e presentes razões de interesse público (art. 109, § 2º, da Lei 8.666/1993); **B:** correta (art. 109, § 3º, da Lei 8.666/1993); **C:** correta (art. 109, II, da Lei 8.666/1993); **D:** correta (art. 109, § 5º, da Lei 8.666/1993); **E:** correta (art. 109, § 6º, da Lei 8.666/1993).

Gabarito "A"

(Procurador do Município/Teresina-PI – 2010 – FCC) No que diz respeito às licitações, é correto afirmar:

(A) Nos casos em que couber convite, a Administração poderá utilizar a tomada de preços e, em qualquer caso, a concorrência.

(B) A Lei n. 8.666/1993, que dispõe sobre normas para licitações, admite a possibilidade de criação de outras modalidades de licitação ou a combinação das referidas na mencionada lei.

(C) É inexigível licitação na contratação de instituição brasileira incumbida regimental ou estatutariamente da pesquisa, do ensino ou do desenvolvimento institucional, desde que detenha inquestionável reputação ético-profissional e não tenha fins lucrativos.

(D) Serão efetuadas no local onde for realizada a obra, objeto do certame, salvo motivo de interesse público, devidamente justificado.

(E) O prazo mínimo até o recebimento das propostas ou da realização do evento será 30 dias para concorrência, quando o contrato a ser celebrado contemplar regime de empreitada integral.

A: correta (art. 23, § 4º, da Lei 8.666/1993); **B:** incorreta, pois é justamente o contrário (art. 22, § 8º, da Lei 8.666/1993); **C:** incorreta, pois esse caso não é de inexigibilidade, mas de dispensa de licitação (art. 24, XIII, da Lei 8.666/1993); **D:** incorreta, pois as licitações serão efetuadas no local onde se situar a repartição interessada (art. 20 da Lei 8.666/1993); **E:** incorreta, pois, nesse caso, assim como quando se tenha licitação cujo tipo envolva técnica ou técnica e preço, o prazo é de, no mínimo, 45 dias (art. 21, § 2º, I, "b", da Lei 8.666/1993).

Gabarito "A"

(Procurador do Município/Boa Vista-RR – 2010 – CESPE) Acerca de licitação, julgue o próximo item.

(1) O convite é uma modalidade de licitação em que a convocação se faz por carta-convite. Ele dispensa a publicação em edital, mas a lei exige que a unidade administrativa afixe, em lugar adequado, uma cópia do instrumento convocatório.

1: correta (art. 22, § 3º, da Lei 8.666/1993).

Gabarito 1C

(Advogado da União/AGU – CESPE – 2012) Julgue o item seguinte.

(1) Caso uma empresa participante de concorrência pública apresente recurso em decorrência da publicação de ato que a declare inabilitada para o certame, tal recurso terá, necessariamente, efeito suspensivo.

1: correta (art. 109, § 2º, da Lei 8.666/1993).

Gabarito 1C

(Advogado da União/AGU – CESPE – 2009) Julgue os itens a seguir.

(1) A Lei n. 8.666, de 21 de junho de 1993, prevê modalidades diversas de licitação, conforme o valor da contratação a ser feita pela administração pública. Apenas no caso de consórcios formados por mais de três entes da Federação, a referida lei toma por base valores diferentes de contratação para definir a modalidade de licitação cabível.

(2) As hipóteses de dispensa de licitação previstas na Lei n. 8.666, de 21 de junho de 1993, são taxativas, não comportando ampliação, segundo entendimento de Maria Sylvia Zanella Di Pietro. Já em relação à inexigibilidade, a referida lei não prevê um *numerus clausus*. No caso de doação com encargo, estabelece o mencionado diploma legal que deverá a administração pública realizar licitação, dispensada no caso de interesse público devidamente justificado.

1: incorreta, pois nos consórcios formados por *até* três entes da Federação a lei também toma por base valor diferente para definir a modalidade cabível (art. 23, § 8º, da Lei 8.666/1993); **2:** correta, pois, de fato, as hipóteses de dispensa de licitação são taxativas e as de inexigibilidade, exemplificativas; ademais, a regra da licitação no caso da doação por encargo está correta e prevista no art. 17, § 4º, da Lei 8.666/1993.

Gabarito 1E, 2C

(ADVOGADO – CORREIOS – 2011 – CESPE) Relativamente ao instituto da licitação, julgue os itens que se seguem.

(1) A administração pública agirá corretamente se, mesmo após a homologação de certame licitatório e a consequente adjudicação do seu objeto à empresa vencedora, anular o procedimento ante a constatação de vício no edital de abertura da licitação.

(2) É facultada à empresa pública a contratação com suas subsidiárias ou controladas, desde que o preço seja compatível com o praticado no mercado, para aquisição de bens e prestação de serviços, mediante inexigibilidade de licitação.

1: correta, pois a anulação da licitação, diferentemente da revogação, pode ser feita após o término da licitação, já que se trata de medida que tem efeito retroativo; **2:** incorreta, pois esse caso é de dispensa de licitação (art. 24, XXIII, da Lei 8.666/1993) e não de inexigibilidade.

Gabarito 1C, 2E

(ADVOGADO – PETROBRÁS BIO. – 2010 – CESGRANRIO) O Tribunal de Contas da União (TCU) teve ciência da instauração de procedimento licitatório por empresa pública federal e, uma semana antes da data de recebimento das propostas, solicitou à entidade cópia do edital já publicado, motivando a solicitação com base em representação oferecida por cidadão, contendo indícios de violação à competitividade. Nesse caso, a medida adotada pelo TCU

(A) afigura-se inconstitucional, pois as entidades dotadas de personalidade jurídica de direito privado federais não se submetem ao controle externo realizado pelo TCU.

(B) encontra respaldo na Lei n. 8.666/1993, que prevê a possibilidade de o TCU solicitar para exame, até o dia útil imediatamente anterior à data de recebimento das propostas, cópia do edital de licitação já publicado.

(C) é juridicamente correta, desde que se trate de licitação na modalidade concorrência, estando a empresa pública enquadrada entre as estatais dependentes, que recebem recursos da União Federal para as despesas de custeio em geral.

(D) é inconstitucional, pois não lhe é lícito exercer o controle prévio da execução da despesa pública.

(E) é inconstitucional, pois apenas os licitantes detêm legitimidade para oferecer representação ao TCU contra irregularidades verificadas em procedimento licitatório.

Segundo o art. 113, § 2º, da Lei 8.666/1993, "os Tribunais de Contas e os órgãos integrantes do sistema de controle interno poderão solicitar para exame, até o dia útil imediatamente anterior à data de recebimento das propostas, cópia de edital de licitação já publicado, obrigando-se os órgãos ou entidades da Administração interessada à adoção de medidas corretivas pertinentes que, em função desse exame, lhes forem determinadas". Vale salientar que as empresas estatais se submetem ao disposto na Lei 8.666/1993 (art. 1º, parágrafo único). Assim, a alternativa "b" está correta.

Gabarito "B"

11. CONTRATOS ADMINISTRATIVOS

11.1. CONCEITO, CARACTERÍSTICAS PRINCIPAIS, FORMALIZAÇÃO E CLÁUSULAS CONTRATUAIS NECESSÁRIAS

(Procurador/DF – 2013 – CESPE) Julgue o seguinte item.

(1) No contrato administrativo, é vedada a existência de cláusula compromissória que institua o juízo arbitral para dirimir conflitos relativos a direitos patrimoniais disponíveis pertencentes a sociedade de economia mista.

1: errada, pois, dado o regime de direito privado dessas entidades, o STJ admite a arbitragem na situação mencionada (MS 11.308/DF, DJ 19/05/2008).

Gabarito 1E

(Procurador do Estado/CE – 2008 – CESPE) Assinale a opção correta com relação a contratos administrativos.

(A) Quando a administração celebra contratos administrativos, as cláusulas exorbitantes existem implicitamente, ainda que não expressamente previstas. Quando a administração celebra contratos de direito privado, as cláusulas exorbitantes têm de ser expressamente previstas, com base em lei que derrogue o direito comum.

(B) Uma das peculiaridades do contrato administrativo é a possibilidade de a administração rescindi-lo unilateralmente. Porém, essa faculdade somente poderá ser exercida se houver inadimplemento por parte da contratada.

(C) Caracteriza-se o fato do príncipe quando a administração, como parte contratual, torna impossível a execução do contrato ou provoca seu desequilíbrio econômico.

(D) Álea administrativa é todo acontecimento externo ao contrato, estranho à vontade das partes, imprevisível e inevitável, que causa um desequilíbrio muito grande, tornando a execução do contrato excessivamente onerosa para o contratado.

(E) Entre as modalidades de contrato administrativo estão a concessão de serviço público, o contrato de obra pública, a permissão de uso de bem público e a autorização administrativa.

A: correta, pois, de fato, nos contratos administrativos as cláusulas exorbitantes decorrem da própria lei (art. 58 da Lei 8.666/1993); já nos contratos regidos pelo Direito Privado (financiamentos, seguros, locação em que a Administração é locatória, dentre outros), as cláusulas exorbitantes aplicam-se no que couber (art. 62, § 3º, da Lei 8.666/1993), fazendo necessário, para não haver surpresas, previsão contratual expressa; **B:** incorreta (art. 78 e seus incisos, da Lei 8.666/1993); **C:** incorreta, pois o fato do príncipe é um fato ***geral*** que onera o contrato, ao contrário do fato da administração, que é um fato que se dirige ***especificamente*** ao contrato, onerando-o; **D:** incorreta, pois a álea (o risco) pode prejudicar tanto a contratante (a Administração), como o contratado (art. 65, II, *d*, da Lei 8.666/1993); **E:** incorreta, pois a permissão e a autorização administrativas não são contratos, são atos unilaterais e precários.

Gabarito "A"

(Procurador do Estado/MT – FCC – 2011) De acordo com a Lei n. 8.666/1993, podem ser exigidas dos licitantes garantias de

(A) proposta, apenas para licitação na modalidade concorrência, limitada a 5% do valor estimado para a contratação e de execução contratual, limitada a 10% do valor do contrato.

(B) proposta, limitada a 1% do valor estimado da contratação, e de execução contratual, limitada a 5% do valor do contrato, podendo esta última alcançar até 10% do valor do contrato para obras, serviços e fornecimentos de grande vulto, alta complexidade e riscos financeiros consideráveis, demonstrados em parecer aprovado pela autoridade competente.

(C) proposta e de execução contratual, esta última apenas para contratos de obras na modalidade empreitada integral, ambas limitadas a 5% do valor do contrato, podendo ser prestadas mediante caução em dinheiro, seguro-garantia ou fiança bancária.

(D) proposta e de execução contratual, ambas apenas para contratos de obras, serviços e fornecimentos de grande vulto e alta complexidade, limitadas a 5% do valor do objeto.

(E) execução contratual, limitada a 5% do objeto, podendo alcançar até 10% do valor do contrato para obras, serviços e fornecimentos de grande vulto e alta complexidade, vedada a garantia de proposta, exceto na licitação para alienação de imóveis.

A garantia da proposta é limitada a 1% do valor estimado da contratação (art. 31, III, da Lei 8.666/1993). A garantia de execução contratual é limitada a 5% do valor do contrato (art. 56, § 2º, da Lei 8.666/1993), podendo alcançar até 10% do valor para obras, serviços e fornecimentos de grade vulto, alta complexidade e riscos financeiros consideráveis, demonstrados em parecer aprovado pela autoridade competente (art. 56, § 3º, da Lei 8.666/1993). Dessa forma, a alternativa "b" é a correta.

Gabarito "B"

(Procurador do Estado/SC – 2009) É possível afirmar quanto aos contratos travados pelo Poder Público:

(A) A extinção unilateral do contrato administrativo pode ocorrer por decisão discricionária do Poder Público, sem a necessidade de motivação da medida.

(B) Admite-se, excepcionalmente, o contrato administrativo com prazo indeterminado, nos termos da Lei Geral de Licitações, desde que autorizado por Portaria Ministerial.

(C) O princípio do equilíbrio financeiro é instituto de direito destinado a impedir que o Poder Público faça valer as cláusulas exorbitantes, quando da execução do contrato administrativo.

(D) A característica de sinalagmáticos dos contratos administrativos significa que, ao serem travados, haverá reciprocidade de obrigações entre o Poder Público e o particular.

(E) Pelo princípio da prevalência do interesse público sobre o particular, o atraso de pagamento contratual não obriga ao Poder Público a sujeitar o valor do crédito mediante correção monetária.

A: incorreta, pois a extinção unilateral deverá ser motivada numa das hipóteses estabelecidas na Lei 8.666/1993 (art. 79, I, c/c art. 78, I a XII e XVII); **B:** incorreta, pois, segundo o art. 57, § 3º, da Lei 8.666/1993, não é possível contrato administrativo com prazo indeterminado; como regra, os contratos devem ter duração no máximo igual aos respectivos créditos orçamentários (art. 57, *caput*, da Lei 8.666/1993); no entanto, quanto à prestação de serviços contínuos (ex.: serviços de limpeza e vigilância), é possível sua prorrogação até o limite de 60 meses (art. 57, II, da Lei 8.666/1993); e, em caráter excepcional, devidamente justificado e mediante autorização de autoridade superior, o prazo de 60 meses poderá ser prorrogado por mais 12 meses; um exemplo da última situação se dá quando uma licitação para contratar serviços que já estão sendo prestados há quase 60 meses por um contratado acaba sendo suspensa por liminar judicial, situação excepcional que possibilita uma última prorrogação por mais 12 meses do já longo contrato entre as partes; **C:** incorreta, pois esse instituto não está impedindo a incidência de cláusulas exorbitantes durante a execução do contrato, já que tais cláusulas incidem sobre o *regulamento do objeto contratado*, e não sobre *questões financeiras*; o princípio do equilíbrio financeiro está impedindo apenas que a Administração queira modificar o equilíbrio das *questões financeiras*, ficando a Administração com total possibilidade de se valer de suas prerrogativas para modificar questões que digam respeito ao *regulamento do objeto contratado*, no limite do que permite a lei, é claro (art. 65, I, da Lei 8.666/1993); **D:** correta, pois o contrato administrativo é *bilateral* ou *sinalagmático*, ou seja, estabelece obrigações para ambas as partes (Poder Público e particular); **E:** incorreta, pois a correção monetária nada mais faz do que recompor as perdas inflacionárias, não implicando aumento real no valor contratado, devendo a Administração promover o pagamento da correção monetária, nos termos do art. 55, III, da Lei 8.666/1993 e da jurisprudência pacífica do STJ.

Gabarito "D"

(Procurador do Município/Recife-PE – 2008 – FCC) As condições e termos do contrato administrativo que será lavrado após a conclusão de procedimento licitatório

(A) são unilateralmente elaboradas pelo Poder Público, após a adjudicação do objeto ao vencedor do certame.

(B) são elaboradas pelo vencedor do certame, que deve tê-las apresentado juntamente com a proposta, para avaliação conjunta pela comissão de licitação.

(C) são propostos previamente pelo Poder Público e constam do documento que integra o edital da licitação, mas admitem alteração proposta pelo vencedor do certame antes de sua assinatura, para manter o equilíbrio econômico-financeiro do contrato.

(D) são discutidas após a homologação da licitação, mas podem ser compatibilizadas com a atual situação econômico-financeira para que seja mantido o equilíbrio do contrato.

(E) devem ser redigidas previamente à abertura da licitação, devendo constar da minuta do documento que integra o edital do certame.

Tais elementos são fixados pela Administração previamente ao certame (e não após a adjudicação), devendo constar do edital, salvo a proposta comercial, que só se conhecerá quando se tiver o licitante vencedor. Assim, a alternativa correta é a "e".

Gabarito "E"

(Procurador do Município/Sorocaba-SP – 2012 – VUNESP) Leia as assertivas a seguir:

I. Os contratos celebrados pela Administração Pública compreendem, quanto ao regime jurídico, duas modalidades: os contratos de direito privado e os contratos de direito administrativo.

II. A finalidade de um contrato administrativo, quando sujeita ao direito privado, não necessita ser pública.

III. Quando se cuida do tema contratual, verifica-se que, no que se refere às sujeições impostas à Administração, não diferem os contratos de direito privado e os administrativos; todos eles obedecem a exigências de forma, de procedimento, de competência, de finalidade.

IV. Quando a Administração celebra contratos administrativos, as cláusulas exorbitantes ou de privilégio devem ser explicitadas, sob pena de não valerem.

Está correto apenas o que se afirma em

(A) I e II.

(B) I e III.

(C) II e IV.

(D) I, II e III.

(E) II, III e IV.

I: correta. Quando a Administração celebra contratos em situação de supremacia com o particular, tem-se contrato administrativo (ex: contratação de uma empreiteira para fazer uma obra pública). Já quando a Administração celebra contratos em situação de pé de igualdade com o particular, tem-se contrato regido pelo Direito Privado (ex: contratos de financiamento, seguro e locação em que o Poder Público seja locatário); **II:** incorreta, pois a Administração deve sempre agir em função do interesse público; **III:** correta. De fato, no que tange às *sujeições* da Administração, não há diferença entre os contratos administrativos e os regidos pelo direito privado. A diferença está no que tange às *prerrogativas* na Administração, já que esta tem posição de supremacia em relação ao particular nos contratos administrativos, mas não está nessa mesma posição nos contratos regidos pelo direito privado; IV: incorreta, pois tais cláusulas decorrem da lei (art. 58 da Lei 8.666/1993), de maneira que, mesmo não estando nos contratos, elas poderão ser invocadas pela Administração.

Gabarito "B"

(Procurador da Fazenda Nacional – 2004 – ESAF) O regime jurídico dos contratos administrativos confere à Administração, em relação a eles, diversas prerrogativas, entre as quais não se inclui

(A) fiscalizar-lhes a execução.

(B) aplicar sanções motivadas pela inexecução total ou parcial do ajuste.

(C) rescindi-los, unilateralmente, nos casos especificados em lei.

(D) alterar, unilateralmente, as cláusulas econômico-financeiras e monetárias dos contratos administrativos.

(E) modificá-los, unilateralmente, para melhor adequação às finalidades de interesse público, respeitados os direitos do contratado.

Todas as alternativas constam no art. 58 da Lei 8.666/1993, exceto a letra "D". Com efeito, a alteração das cláusulas econômico-financeiras e monetárias do contrato administrativo não podem ser alteradas unilateralmente pela Administração, sob pena de se impor excessiva onerosidade para a outra parte. Tais cláusulas devem ser alteradas por mútuo acordo (art. 58, § 1º).

Gabarito "D"

(ADVOGADO – BNDES – 2010 – CESGRANRIO) A assessoria jurídica de uma autarquia federal foi questionada a respeito do regime jurídico aplicável aos contratos administrativos celebrados por aquela entidade. A equipe apontou, como característica de tais contratos, a presença de cláusulas que conferem à Administração Pública a prerrogativa de

(A) celebrá-los com prazo de vigência indeterminado.

(B) rescindi-los unilateralmente nos casos de inexecução total ou parcial do ajuste, independente de garantia de prévia defesa ao contratado.

(C) fiscalizar-lhes a execução e aplicar sanções motivadas pela inexecução total ou parcial do ajuste.

(D) prorrogá-los por iguais e sucessivos períodos, com vistas à obtenção de preços e condições mais vantajosas para a Administração, limitando-se a 36 (trinta e seis) meses.

(E) modificá-los unilateralmente para melhor adequação às finalidades de interesse público, ficando o contratado obrigado a aceitar, nas mesmas condições contratuais, os acréscimos ou supressões a serem feitos nas obras, serviços ou compras, até o limite de 30% (trinta por cento) do valor inicial atualizado do contrato.

A: incorreta, pois a duração dos contratos ficará adstrita à vigência dos respectivos créditos orçamentários (art. 57, *caput*, da Lei 8.666/1993), sendo que, mesmo nas exceções previstas em lei, o maior prazo existente na Lei 8.666/1993 é de 120 meses (art. 57, V, da Lei 8.666/1993); **B:** incorreta, pois os casos de rescisão contratual serão formalmente motivados nos autos do processo, assegurado o contraditório e a ampla defesa (art. 78, parágrafo único, da Lei 8.666/1993); **C:** correta (art. 58, III e IV, da Lei 8.666/1993); **D:** incorreta, pois, nesses casos, a limitação é de 60 meses (art. 57, II, da Lei 8.666/1993) e não de 36 meses; **E:** incorreta, pois o limite em questão é de 25% e não de 30% (art. 65, § 1º, da Lei 8.666/1993).

Gabarito "C"

(ADVOGADO – PETROBRAS – 2008 – CESGRANRIO) Tratando-se de contrato administrativo celebrado em consequência da conclusão de procedimento licitatório realizado nos termos da Lei n. 8.666/1993, no que tange às garantias a serem prestadas pelo contratado, pode-se afirmar que:

I. a garantia contratual poderá ser exigida do licitante vencedor ainda que não prevista no edital de licitação;

II. compete ao contratado escolher, dentre as opções previstas em lei, qual modalidade de garantia será prestada;

III. a exigência de garantia poderá ser cumprida através da fiança pessoal dos sócios do contratado (pessoas físicas);

IV. nos casos de garantia prestada em dinheiro, e não utilizada durante a vigência do contrato, esta deverá ser restituída ao contratado ao final do contrato, acrescida de juros e correção monetária.

Está(ão) correta(s) a(s) afirmativa(s)

(A) II, apenas.

(B) II e IV, apenas.

(C) I, II e IV, apenas.

(D) I, III e IV, apenas.

(E) I, II, III e IV.

I: incorreta, pois a exigência de garantia deve estar prevista no edital (art. 56, *caput*, da Lei 8.666/1993); **II:** correta (art. 56, § 1º, da Lei 8.666/1993); **III:** incorreta, pois não existe essa previsão no art. 56, § 1º, da Lei 8.666/1993; IV: incorreta, pois há previsão apenas de devolução com atualização monetária (art. 56, § 4º, da Lei 8.666/1993).

Gabarito "A"

(ADVOGADO – REFAP – 2007 – CESGRANRIO) Tratando-se de contratos administrativos regidos pela Lei n 8.666/1993, devem obrigatoriamente constar dos referidos instrumentos cláusulas que estabeleçam:

I. a legislação aplicável à execução do contrato e, especialmente, aos casos omissos;

II. o reconhecimento dos direitos da Administração, em caso de rescisão administrativa decorrente de inexecução contratual;

III. a obrigação do contratado de manter, durante toda a execução do contrato, todas as condições de habilitação e qualificação exigidas na licitação;

IV. a indicação do licitante classificado em segundo lugar, de maneira a permitir sua contratação direta em caso de inadimplemento contratual do licitante vencedor.

Estão corretos os itens:

(A) I e II, apenas.

(B) II e III, apenas.

(C) I, II e III, apenas.

(D) II, III e IV, apenas.

(E) I, II, III e IV.

I: correta (art. 55, XII, da Lei 8.666/1993); **II:** correta (art. 55, IX, da Lei 8.666/1993); **III:** correta (art. 55, XIII, da Lei 8.666/1993); IV: incorreta, pois não há tal previsão no art. 55 da Lei 8.666/1993.

Gabarito "C"

(ADVOGADO – IRB – 2006 – ESAF) Assinale a opção que contemple cláusula exorbitante possível nos contratos públicos e privados.

(A) Rescisão unilateral do contrato.

(B) Exigência de garantia.

(C) Alteração unilateral do contrato.

(D) Anulação.

(E) Retomada do objeto.

A, C, D e **E:** incorretas, pois essas cláusulas são típicas de contratos públicos (art. 58 da Lei 8.666/1993); **B:** correta, pois a garantia é exigência comum tanto em contratos públicos, como em contratos privados (ex: fiança, seguro etc).

Gabarito "B"

(ADVOGADO – BNDES – 2001 – VUNESP) A exigência de seguro-garantia nos contratos de obras, serviço e compras, prevista na Lei de Licitações, e a rescisão unilateral do contrato administrativo, são considerados

(A) fatos da Administração.

(B) fatos do Príncipe.

(C) cláusulas exorbitantes.

(D) áleas econômicas.

(E) áleas empresariais.

Tais cláusulas decorrem da posição de supremacia que a Administração tem nos contratos administrativos, posição essa que lhe confere cláusulas exorbitantes em relação às cláusulas típicas de direito privado. Assim, os exemplos são expressão das chamadas cláusulas exorbitantes.

Gabarito "C"

11.2. ALTERAÇÃO DOS CONTRATOS

(Procurador Distrital – 2014 – CESPE) Dada a necessidade de aumento da rede pública de ensino do estado Y, o secretário de educação, com o intuito de construir uma nova escola pública, resolveu consultar a procuradoria do estado para que esta esclarecesse algumas dúvidas relacionadas ao modelo licitatório e às normas contratuais aplicáveis à espécie. Com referência a essa situação hipotética, julgue o seguinte item.

(1) Desde que haja previsão editalícia e contratual, e depois de demonstrada analiticamente a variação dos custos, a eventual contratada no processo licitatório poderá solicitar a repactuação dos preços ajustados.

1: incorreta, pois havendo variação de custos que se encaixe numa das hipóteses previstas na lei (art. 65, II, "d" e § 5º, da Lei 8.666/1993), o particular terá direito ao reequilíbrio econômico-financeiro, independentemente de previsão no edital ou no contrato.

Gabarito 1E

(Procurador do Estado/AC – FMP – 2012) A Lei n. 8.666, de 21 de junho de 1993, contempla o tratamento dos contratos administrativos, examinando a matéria assinale a alternativa **INCORRETA**.

(A) É possível a alteração bilateral para contemplar acréscimos ou supressões que não excedam trinta por cento do valor inicial atualizado do contrato.

(B) A Administração pode modificar, unilateralmente, o contrato para melhor adequação às finalidades de interesse público, respeitados os interesses do contratado.

(C) A Administração pode rescindir unilateralmente o contrato na hipótese de dissolução da sociedade ou falecimento do contratado.

(D) O caso fortuito ou força maior, com a devida comprovação, se impeditivos da execução, podem dar motivo à rescisão contratual.

A: assertiva incorreta, devendo ser assinalada; pois o limite é de 25% e não de 30% (art. 65, § 1º, da Lei 8.666/1993); **B:** assertiva correta (art. 58, I, da Lei 8.666/1993); **C:** assertiva correta (art. 78, X, da Lei 8.666/1993); **D:** assertiva correta (art. 78, XVII, da Lei 8.666/1993).

Gabarito "A"

(Procurador do Estado/PB – 2008 – CESPE) A respeito dos contratos administrativos, assinale a opção incorreta.

(A) É possível a existência de contrato administrativo com prazo de vigência indeterminado.

(B) Fato do príncipe é situação ensejadora da revisão contratual para a garantia da manutenção do equilíbrio econômico-financeiro do contrato.

(C) Força maior e caso fortuito são eventos imprevisíveis e inevitáveis, que geram para o contratado excessiva onerosidade ou mesmo impossibilidade da normal execução do contrato.

(D) Ocorre fato da administração quando uma ação ou omissão do poder público especificamente relacionada ao contrato impede ou retarda a sua execução.

(E) Interferências imprevistas consistem em elementos materiais que surgem durante a execução do contrato, dificultando extremamente a sua execução e tornando-a insuportavelmente onerosa.

A: incorreta (art. 57, § 3º, da Lei 8.666/1993); **B:** correta (art. 65, II, *d*, da Lei 8.666/1993); **C:** correta (art. 65, II, *d*, da Lei 8.666/1993); **D:** correta, pois o fato da administração é uma ação ou omissão da Administração que se dirige ***especificamente*** ao contrato, onerando-o; já o fato do príncipe é um fato ***geral*** do Poder Público, que acaba onerando um contrato; **E:** correta, pois, de fato, essa é a definição doutrinária de sujeições ou interferências imprevistas.

Gabarito "A"

(Procurador da Fazenda Nacional – 2003 – ESAF) Conforme a legislação federal vigente sobre o tema, a superveniência de qualquer tributo ou encargo geral, ocorrida após a data de apresentação da proposta, enseja a possibilidade de revisão dos preços do contrato administrativo em execução.

Esta alteração do contrato administrativo ampara-se no seguinte instituto:

(A) teoria da imprevisão

(B) fato do príncipe

(C) força maior

(D) fato da administração

(E) caso fortuito

Teoria da imprevisão é gênero, comportando qualquer situação imprevisível e inevitável cuja ocorrência implica no desequilíbrio econômico-financeiro do contrato e enseja a revisão de suas cláusulas. Trata, a questão, do fato do príncipe, conceituado como qualquer medida geral da Administração Pública não vinculada diretamente ao contrato administrativo em questão, mas que nele acaba por repercutir criando um entrave econômico-financeiro. A instituição de tributos ou encargos gerais é exemplo clássico de fato do príncipe. Fato da administração, por sua vez, é o ato ou omissão administrativa que incide direta e especificamente sobre o contrato administrativo analisado, como a recusa ao fornecimento de materiais quando restou acertado que o Poder Público os entregaria. Caso fortuito é o acontecimento humano imprevisível e inevitável que impede a regular execução do contrato (ex.: greve), ao passo que força maior pressupõe fenômeno natural com consequências danosas (ex.: enchente). Frise-se que a doutrina diverge na conceituação desses dois últimos institutos, havendo autores que os colocam com os conceitos invertidos.

Gabarito "B"

(ADVOGADO – PETROBRÁS – 2006 – CESGRANRIO) Assinale a afirmação **INCORRETA** acerca dos contratos administrativos celebrados por ente da Administração Pública, após a realização do correspondente procedimento licitatório para aquisição de equipamentos necessários à execução de suas atividades.

(A) É vedada a contratação por prazo indeterminado.

(B) É assegurada à Administração a prerrogativa de modificar unilateralmente o contrato, para melhor adequação às finalidades de interesse público, respeitados os direitos do contratado.

(C) A prorrogação contratual deve ser justificada por escrito e previamente autorizada pela autoridade competente para celebrar o contrato.

(D) A empresa contratada fica obrigada a aceitar, nas mesmas condições contratuais, os acréscimos ou supressões que se fizerem nas obras, serviços ou compras, até 25% (vinte e cinco por cento) do valor inicial atualizado do contrato.

(E) O atraso no pagamento das faturas por qualquer período assegura à empresa contratada o direito de suspender os serviços contratados pela Administração Pública ("princípio da exceção de contrato não cumprido").

A: assertiva correta (art. 57, § 3º, da Lei 8.666/1993); **B:** assertiva correta (art. 58, I, da Lei 8.666/1993); **C:** assertiva correta (art. 57, § 2º, da Lei 8.666/1993); **D:** assertiva correta (art. 65, § 1º, da Lei 8.666/1993); **E:** assertiva incorreta, devendo ser assinada; o contratado tem que suportar até 90 dias de atraso, sem poder alegar a exceção de contrato não cumprido (art. 78, XV, da Lei 8.666/1993).

Gabarito "E"

(ADVOGADO – BNDES – 2001 – VUNESP) A cláusula *rebus sic stantibus* nos contratos administrativos consubstancia a aplicação da teoria

(A) da imprevisão

(B) da retenção de lucros cessantes.

(C) do enriquecimento ilícito.

(D) dos motivos determinantes.

(E) do fato do príncipe.

Pela cláusula *rebus sic stantibus*, se houver modificação substancial no equilíbrio contratual originário, em razão de fatos extraordinários e imprevistos, a parte prejudicada tem direito à revisão contratual. Assim, a exigência de imprevisão para a aplicação da cláusula mencionada revela que a alternativa correta é a de letra "a".

Gabarito "A"

11.3. EXECUÇÃO DO CONTRATO

(Procurador do Estado/SP – FCC – 2009) Particular contratado para a execução de obra pública paralisou unilateralmente a execução do serviço sob a alegação de que o ajuste estava com a sua equação econômico-financeira desequilibrada e que a Administração se recusou a restabelecer o necessário reequilíbrio ao não responder a pleito formulado. Alega também que a Administração atrasou em 60 (sessenta) dias os pagamentos das faturas mensais devidas. Em consequência, a Administração deve

(A) adotar as providências para assunção imediata do objeto do contrato, instaurando o processo sancionatório respectivo e providenciando a execução da garantia contratual e retenção dos créditos do contrato até o limite dos prejuízos causados à Administração.

(B) providenciar o recebimento provisório da obra, realizar o pagamento dos valores em atraso e rescindir amigavelmente o ajuste.

(C) proceder ao recebimento definitivo da obra, com a devolução das garantias contratuais, na medida em que o particular exerceu regularmente faculdade prevista em lei, que lhe assegura direito ao reequilíbrio econômico-financeiro do contrato administrativo e à rescisão unilateral do ajuste em caso de inadimplemento da Administração.

(D) adotar as providências para assunção do objeto do contrato no estado em que se encontrar, liberando as garantias contratuais e apurando administrativamente o valor devido ao particular.

(E) proceder ao recebimento provisório e definitivo da obra, sem a devolução das garantias, até que o Poder Judiciário se manifeste sobre a regularidade da atuação do particular.

De acordo com o art. 78, XV, da Lei 8.666/1993, o contratado tem que suportar atrasos no pagamento pelo Poder Público de até 90 dias. Assim, caso o contratado paralise unilateralmente a execução do serviço sem que haja atraso superior a 90 dias, estará caracterizada hipótese que enseja a rescisão unilateral do contrato pela Administração (art. 79, I, c/c art. 78, V, ambos da Lei 8.666/1993). Nesse caso, segundo o art. 80 da Lei 8.666/1993, a Administração pode promover a assunção imediata do objeto do contrato (inciso I), a execução da garantia (inciso III) e a retenção dos créditos do contrato até o limite dos prejuízos causados à Administração (inciso IV). Faz-se necessário, naturalmente, instaurar processo administrativo, assegurando ao contratado contraditório e ampla defesa (art. 78, parágrafo único, da Lei 8.666/1993). As sanções administrativas cabíveis também devem estar lastreadas em devido processo legal (arts. 86, § 2º, e 87, §§ 2º e 3º, da Lei 8.666/1993). Dessa forma, somente a alternativa "A" está correta.

Gabarito "A"

11.4. EXTINÇÃO DO CONTRATO

(Procurador do Estado/SE – FCC – 2005) NÃO constitui motivo para a rescisão unilateral de um contrato administrativo pela Administração Pública

(A) o atraso injustificado no início da execução do contrato pela empresa contratada.

(B) a supressão, por ato da Administração, de parte do objeto contratual, acarretando mudança no valor do contrato, desrespeitados os limites legais.

(C) a subcontratação parcial do objeto contratual, não prevista no edital de licitação.

(D) a incorporação da empresa contratada por outra, não prevista no contrato.

(E) a decretação de falência da empresa contratada.

Todos os casos citados ensejam rescisão unilateral do contrato por parte da Administração, na forma do art. 78 da Lei 8.666/1993. A hipótese trazida na alternativa "b" (art. 78, XIII, da Lei 8.666/1993), todavia, é caso que enseja extinção a pedido do contratado (art. 79, § 2º, da Lei 8.666/1993) e não a pedido da Administração.

Gabarito "B"

(Procurador do Estado/AC – FMP – 2012) Conforme a Lei 8.666, de 21 de junho de 1993, no tocante à nulidade do contrato administrativo, assinale a alternativa **CORRETA**.

(A) A declaração de nulidade do contrato administrativo admite indenização por serviços executados e prejuízos não imputáveis ao contratado.

(B) A declaração de nulidade do contrato administrativo opera efeitos *ex nunc*, prevalecendo os atos já praticados.

(C) A declaração de nulidade exonera a Administração de indenizar o contratado, ainda que já tenha executado parcialmente o contrato.

(D) A declaração de nulidade do contrato administrativo opera efeitos *ex tunc*, facultando a responsabilização.

A: correta (art. 59, parágrafo único, da Lei 8.666/1993); **B:** incorreta, pois os efeitos são retroativos (*ex tunc*), nos termos do art. 59, *caput*, da Lei 8.666/1993; **C:** incorreta, pois o dever de indenização existe pelo que o contratado houver executado até a data da anulação e por outros prejuízos comprovados, salvo demonstração de má-fé deste (art. 59, parágrafo único, da Lei 8.666/1993); **D:** incorreta, pois a frase "facultando a responsabilização" é falsa, pois o art. 59, parágrafo único, da Lei 8.666/1993 DETERMINA a promoção da responsabilidade de quem deu causa à nulidade.

Gabarito "A"

11.5. FIGURAS ASSEMELHADAS (CONTRATO DE GESTÃO, TERMO DE PARCERIA, CONVÊNIO, CONTRATO DE PROGRAMA ETC.)

(Procurador do Estado/CE – 2008 – CESPE) A respeito do direito administrativo, assinale a opção correta.

(A) Os serviços públicos privativos do poder público não são passíveis de concessão.

(B) Consórcio administrativo é o acordo de vontade entre duas ou mais pessoas jurídicas públicas da mesma natureza e mesmo nível de governo, constituído sob a forma de pessoa jurídica.

(C) O convênio entre entidades públicas e particulares é forma de delegação de serviços públicos.

(D) As organizações sociais são pessoas jurídicas de direito público, instituídas por iniciativa de particulares para desempenhar serviços sociais não exclusivos do Estado, com incentivo e fiscalização do poder público, mediante vínculo jurídico instituído por meio de parceria público-privada.

(E) Segundo jurisprudência do Supremo Tribunal Federal (STF), é inconstitucional a exigência de autorização legislativa para a celebração de convênio ou consórcio.

A: incorreta, pois os serviços públicos são, por definição, privativos do Estado; alguns são exclusivos do Estado (são os chamados serviços próprios do Estado, como o de segurança pública) e não são passíveis de concessão; os outros, por sua vez, podem ser objeto de concessão para o particular; **B:** incorreta, pois consórcio administrativo (que não se confunde com consórcio público, previsto na Lei 11.107/2005, este sim pessoa jurídica) é um acordo de vontade entre duas pessoas jurídicas da mesma natureza, mas que não se constitui em pessoa jurídica; **C:** incorreta, pois convênio é um acordo de vontades para consecução de objetivos comuns, o que não traduz uma delegação de serviços públicos; **D:** incorreta, pois as organizações sociais são pessoas de direito ***privado*** (Lei 9.637/1998) e não se confundem com o instituto da parceria público-privada; **E:** está correta: "A jurisprudência do Supremo Tribunal Federal é firme no sentido de que a regra que subordina a celebração de acordos ou convênios firmados por órgãos do Poder Executivo à autorização prévia ou ratificação da Assembleia Legislativa, fere o princípio da independência e harmonia dos poderes (art. 2º da CF)." (ADI 342/PR, *DJ* 11.04.2003).

Gabarito "E"

(Procurador do Estado/PR – UEL-COPS – 2011) De acordo com a legislação paranaense, o convênio constitui uma forma de ajuste entre o Poder Público e entidades públicas ou privadas, buscando a consecução de objetivos de interesse comum, por colaboração recíproca, distinguindo-se dos contratos pelos seguintes traços característicos, exceto:

(A) desigualdade jurídica dos partícipes;

(B) não persecução da lucratividade;

(C) possibilidade de denúncia unilateral por qualquer dos partícipes, na forma prevista no ajuste;

(D) diversificação da cooperação oferecida por cada partícipe;

(E) responsabilidade dos partícipes limitada, exclusivamente, às obrigações contraídas durante o ajuste.

Não se deve confundir convênio com contrato administrativo. Neste há obrigações recíprocas (um quer uma coisa ou serviço e o outro quer uma remuneração em dinheiro), ao passo que naquele há interesses comuns (os convenentes querem desenvolver um projeto comum, dividindo tarefas), estabelecendo-se uma parceria para unir esforços no cumprimento desse interesse comum. No primeiro, não há fim lucrativo, ao passo que no segundo há. No convênio, como não há reciprocidade de obrigações, cabe denúncia unilateral por qualquer dos partícipes, na forma prevista no ajuste. A única alternativa que está em desacordo com o espírito do convênio é a "a" (desigualdade jurídica dos partícipes), pois, no convênio há interesses comuns de interesse público, não havendo pertinência em se falar em desigualdade entre os partícipes.

Gabarito "A"

(Procurador do Estado/PR – 2007) Através de Convênio firmado entre o Estado do Paraná e o Município "X" pactuou-se que o primeiro repassaria ao segundo a importância de R$ 50.000,00 (cinquenta mil reais), em duas parcelas de R$ 25.000,00 (vinte e cinco mil reais) visando a construção de um Módulo Policial no território do Município. À municipalidade competiu realizar o procedimento licitatório e firmar o contrato de construção de obra pública com o vencedor do certame seletivo. Extinto o prazo de execução do contrato (que era de 90 dias) constatou-se que a obra não havia sido concluída e encontra-se abandonada, muito embora a empresa vencedora tenha recebido a importância de R$50.000,00 (cinquenta mil reais). Pergunta-se: O Convênio poderá ser denunciado pelo Estado do Paraná? ALTERNATIVAS:

(A) Sim, exigindo o mesmo a restituição dos valores corrigidos da empresa vencedora do procedimento licitatório.

(B) Não, uma vez que o Estado do Paraná deveria liberar os valores apenas depois de receber os relatórios de conclusão da obra.

(C) Sim, exigindo o mesmo a restituição dos valores corrigidos do Município "X".

(D) Deverá o Estado do Paraná denunciar o convênio e mover a competente ação contra o Município "X", e encaminhar cópias autenticadas de todos os documentos ao Ministério Público Estadual, para os devidos fins.

(E) Deverá o Estado do Paraná denunciar o convênio e mover a competente ação contra a empresa contratada, e encaminhar cópias autenticadas de todos os documentos ao Ministério Público Estadual, para os devidos fins.

Um convênio pode ser denunciado a qualquer tempo. No caso em tela, então, em que houve descumprimento de obrigações pelo outro partícipe (o Município), o Estado do Paraná tem ainda mais razão em realizar a denúncia. Dadas as irregularidades apontadas, o Estado do Paraná deverá ingressar com ação em face do Município e da empresa, beneficiária do ato, para devolução das quantias recebidas (leia art. 116 e seu § 6º da Lei 8.666/1993), e deverá também encaminhar cópia dos documentos ao Ministério Público, para apuração de irregularidades nos âmbito cível (improbidade administrativa) e criminal. Nesse sentido, a melhor resposta seria a que contemplasse que a ação deve ser movida em face do Município e da empresa, sendo que a primeira responderia com fundamento nos deveres criados no convênio e a segunda, por enriquecimento sem causa em relação ao Estado do Paraná. Porém, como não há alternativa com essa resposta, a melhor alternativa é a que assevera que a ação deve ser ajuizada apenas em face do Município (alternativa "D"). Isso porque este (Município) responde com fundamento nos próprios termos do convênio (houve descumprimento de deveres claros e objetivos do convênio, que é uma relação jurídica já existente entre o Estado e o Município), o que torna a ação muito mais tranquila de ser vencida pelo Estado do Paraná. Já quanto à empresa, esta não tem relação jurídica com o Estado do Paraná, o qual teria, assim, que entrar com ação alegando enriquecimento sem causa em seu desfavor, o que torna o pleito um pouco mais complicado, apesar do alto grau de chance de ser julgado procedente. Assim, a melhor resposta é a alternativa "D".

Gabarito "D"

(Procurador do Município/São Paulo-SP – 2008 – FCC) É correto afirmar a respeito dos convênios:

(A) podem ser empregados para delegação de serviços públicos a empresas privadas.

(B) são formados mediante associação pública entre as entidades signatárias, precedida da subscrição de protocolo das intenções firmadas.

(C) deverão prever a remuneração destinada ao partícipe, quando tenham por objeto o fornecimento de equipamentos ou mão de obra, podendo-se invocar o reequilíbrio econômico-financeiro da avença.

(D) têm como principal finalidade a eficiência na gestão, ficando a cargo de apenas um dos partícipes a fixação de metas a serem cumpridas.

(E) o valor repassado ao conveniado fica vinculado à utilização prevista no ajuste, não perdendo a natureza de dinheiro público.

A: incorreta, pois tal delegação deve ser dar por meio de permissão ou de concessão de serviço público; **B:** incorreta, pois não há que se confundir os consórcios públicos (pessoas jurídicas), com os convênios (mero ajuste escrito com vistas à consecução de objetivos comuns); **C:** incorreta, pois não há que se falar em remuneração, já que não há obrigações recíprocas (um quer uma coisa ou serviço e o outro quer uma remuneração em dinheiro), mas sim consecução de esforços para atingir interesses comuns (os convenentes querem desenvolver um projeto comum, dividindo tarefas), estabelecendo-se uma parceria para unir esforços no cumprimento desse interesse comum; **D:** incorreta, pois as metas são ajustadas em conjunto (art. 116, § 1º, II, da Lei 8.666/1993); **E:** correta, pois, num convênio, o partícipe que receber dinheiro da Administração não recebe um pagamento, uma remuneração, mas dinheiro público a ser empregado no fim de interesse comum, de maneira que tais valores não perdem a natureza de dinheiro público quando entregues ao partícipe.

Gabarito "E"

(Procurador da Fazenda Nacional – 2007.2 – ESAF) Assinale a opção incorreta.

(A) A obrigatoriedade de celebração de convênio não se aplica aos casos em que lei específica discipline a transferência de recursos para execução de programas em parceria do Governo Federal com governos estaduais e municipais, que regulamente critérios de habilitação.

(B) A liberação de recursos financeiros por força de convênio, nos casos em que o convenente não integre os orçamentos fiscal e da seguridade social, constituirá despesa do concedente; e o recebimento, receita do convenente.

(C) No caso da apresentação da prestação de contas ou recolhimento integral do débito imputado, antes do encaminhamento da Tomada de Contas Especial ao Tribunal de Contas da União, deverá ser dada a baixa do registro de inadimplência.

(D) Na hipótese de a prestação de contas não ser aprovada e exauridas todas as providências cabíveis, o ordenador de despesas registrará o fato no Cadastro de Convênios no SIAFI (Sistema Integrado de Administração Financeira do Governo Federal).

(E) Quando o convênio compreender a aquisição de equipamentos e materiais permanentes, não será obrigatória a estipulação do destino a ser dado aos bens remanescentes na data da extinção do acordo ou ajuste.

A: correta (art. 1º, § 4º, da Portaria STN 01/1997); **B:** correta (art. 19 da Portaria STN 01/1997); **C:** correta (art. 38, § 2º, I, da Portaria STN 01/1997); **D:** correta (art. 31, § 4º, da Portaria STN 01/1997); **E:** incorreta (art. 26 da Portaria STN 01/1997).

Gabarito "E"

(Procurador da Fazenda Nacional – 2007 – ESAF) Em observância à Instrução Normativa STN (Secretaria do Tesouro Nacional) 01/1997, a qual disciplina a celebração de convênios de natureza financeira que tenham por objeto a execução de projetos ou realização de eventos e dá outras providências, assinale a opção incorreta.

(A) A execução descentralizada de Programa de Trabalho a cargo de órgãos e entidades da Administração Pública Federal, Direta e Indireta, que envolva a transferência de recursos financeiros oriundos de dotações consignadas nos Orçamentos Fiscal e da Seguridade Social, objetivando a realização de programas de trabalho, projeto, atividade, ou de eventos com duração certa, será efetivada mediante a celebração de convênios ou destinação por Portaria Ministerial.

(B) Para fins da Instrução Normativa STN (Secretaria do Tesouro Nacional) n. 01/1997, considera-se convenente o instrumento qualquer que discipline a transferência de recursos públicos e tenha como partícipe órgão da administração pública federal direta, autárquica ou fundacional, empresa pública ou sociedade de economia mista que estejam gerindo recursos dos orçamentos da União, visando à execução de programas de trabalho, projeto/atividade ou evento de interesse recíproco, em regime de mútua cooperação.

(C) É vedado celebrar convênio, efetuar transferência, ou conceder benefícios sob qualquer modalidade, destinado a órgão ou entidade da Administração Pública Federal, estadual, municipal, do Distrito Federal, ou para qualquer órgão ou entidade, de direito público ou privado, que esteja em mora.

(D) É vedada a inclusão, tolerância ou admissão, nos convênios, sob pena de nulidade do ato e responsabilidade do agente, de cláusulas ou condições que prevejam ou permitam a realização de despesas com publicidade, salvo as de caráter educativo.

(E) Assinarão, obrigatoriamente, o termo de convênio os partícipes, duas testemunhas devidamente qualificadas e o interveniente, se houver.

A: correta (art. 1º, § 1º, I, da Portaria STN 01/1997); **B:** incorreta (art. 1º, § 1º, III, da Portaria STN 01/1997); **C:** correta (art. 5º, I, da Portaria STN 01/1997); **D:** correta (art. 8º, IX, da Portaria STN 01/1997); **E:** correta (art. 10 da Portaria STN 01/1997).

Gabarito "B"

12. SERVIÇOS PÚBLICOS

12.1. CONCEITO, CARACTERÍSTICAS PRINCIPAIS, CLASSIFICAÇÃO E PRINCÍPIOS

(Procurador do Estado/CE – 2008 – CESPE) Os serviços públicos justificadores da cobrança de taxas são considerados específicos quando

(A) a sua utilização pode ser individualizada.

(B) são divisíveis e de utilização compulsória.

(C) há necessidade de os moradores de um bairro, por exemplo, se unirem para usufruir desses serviços.

(D) podem ser usufruídos a qualquer título.

(E) o contribuinte, ao pagar a taxa relativa a seu imóvel, sabe por qual serviço está recolhendo o tributo.

De fato, serviços específicos são aqueles em que se consegue identificar e delimitar o serviço que está sendo objeto de cobrança por meio de taxa. Os serviços de energia elétrica e de iluminação pública, por exemplo, são específicos. Para a cobrança de taxa, além de ***específico***, o serviço deve ser ***divisível*** (art. 145, II, da CF). No caso, apenas o de energia elétrica pode ser individualizado para cada destinatário. Dessa forma, o serviço de energia elétrica é objeto de ***taxa*** e o de iluminação, de ***contribuição***.

Gabarito "E"

(Procurador do Estado/RR – 2006 – FCC) A Constituição Federal estabelece que a saúde é direito de todos e dever do Estado e considera de relevância pública as ações e serviços de saúde, cabendo ao Poder Público dispor, na forma da lei, sobre sua regulamentação, fiscalização e controle, devendo sua execução ser feita diretamente ou através de terceiros. Diante das mencionadas previsões constitucionais, é correto afirmar que os serviços de saúde, consoante entendimento predominante,

(A) constituem sempre serviço público, de titularidade do Estado, que pode desempenhá-lo diretamente ou com o apoio dos particulares, mediante concessão ou permissão.

(B) não constituem serviço público, ainda quando prestados pelo Estado, sendo passíveis de exploração econômica por particulares, sob a fiscalização do poder público.

(C) são considerados serviço público, quando prestados diretamente pelo Estado, e atividade econômica quando explorados por particulares.

(D) não se caracterizam como serviço público nem atividade econômica, mas sim como atividade de interesse público, objeto de regulamentação legal específica.

(E) constituem serviço público exclusivo, de natureza essencial, devendo ser prestados diretamente pelo Estado, somente cabendo ao particular atuar em caráter subsidiário.

A alternativa "C" está correta, devendo-se observar que, apesar de o serviço de saúde ser atividade econômica quando explorado por particulares, está sujeito a regras estatais, expressas pelo exercício do poder de polícia.

Gabarito "C"

(Procurador do Estado/SP – FCC – 2009) A contratação de terceiros para execução de atividades de apoio à prestação de serviços públicos caracteriza

(A) execução indireta do serviço.

(B) execução direta do serviço.

(C) descentralização administrativa por serviços.

(D) descentralização administrativa por colaboração.

(E) desconcentração administrativa.

A e **B:** a *execução direta* do serviço se dá ao executar o próprio serviço público, ao passo que a *execução indireta do serviço* ocorre quando se presta atividades que apoiam a *execução direta do serviço;* assim, quando os Correios, por meio de carteiros, entrega cartas na casa de alguém, está *executando diretamente* um serviço público, ao passo que quando uma empresa franqueada dos Correios recebe cartas em seu estabelecimento para que sejam entregues pela franqueadora (a empresa pública Correios), está *executando indiretamente* um serviço público, caracterizando atividade de apoio à prestação de serviços públicos; portanto, a contratação de terceiros para a execução de atividades de apoio à prestação de serviços públicos caracteriza *execução indireta do serviço*; **C:** incorreta, pois *descentralização por serviço* importa em passar as funções de *regulação* e *fiscalização* da prestação de um serviço público (ex.: quando a União cria uma agência reguladora, passando a esta a possibilidade de regular e fiscalizar determinado serviço público); **D:** incorreta, pois a *descentralização por colaboração* importa em passar a *execução direta* de um serviço público (ex.: uma agência reguladora confere uma concessão de serviço público para uma empresa privada); repare que na descentralização por colaboração a empresa concessionária do serviço público faz *execução direta* do serviço, e não atividade de apoio para a execução direta do serviço (*execução indireta*); **E:** incorreta, pois a desconcentração administrativa consiste na distribuição *interna* de competência, ou seja, na distribuição de competência dentro da mesma pessoa jurídica, não envolvendo *terceiros* (ex.: delegação de competência do Presidente da República para um Ministro de Estado).

Gabarito "A"

(Procurador do Município/São José dos Campos-SP – 2012 – VUNESP) Em relação à classificação dos serviços públicos, é correto afirmar que Serviços

(A) de Utilidade Pública são os que a Administração, reconhecendo sua necessidade para os membros da coletividade, presta-os diretamente.

(B) próprios do Estado são aqueles que se relacionam diretamente com as atribuições do Poder Público e, para a execução dos quais, a Administração usa de sua supremacia com os administrados.

(C) industriais são os que produzem renda para quem os presta, porém essa remuneração é denominada contribuição de melhoria.

(D) gerais, como o de iluminação pública, são os que a Administração presta quando tem usuários determinados.

(E) públicos individuais são os que têm usuários determinados, porém uma vez implantados não geram direitos à sua obtenção por todos os administrados.

A: incorreta. Serviços de utilidade pública (ou *serviços impróprios do Estado*) são aqueles que podem ser executados não só diretamente pela Administração, como também por concessionário; **B:** correta, pois os *serviços próprios do Estado* são aqueles que só a Administração pode prestar, exatamente por se relacionarem com as próprias atribuições do Poder Público; naturalmente, em tais serviços a Administração tem o poder de usar a sua supremacia; **C:** incorreta, pois, apesar de ser correto dizer que tais serviços são os que produzem renda para quem os presta, a remuneração desses serviços não se dá por meio de tributos, mas sim por meio de preço ou tarifa; **D:** incorreta, pois os serviços gerais, por definição, têm usuários gerais ou indeterminados; **E:** incorreta, pois todos os serviços públicos devem respeitar o dever de generalidade, de modo que todos os administrados têm direito à sua obtenção.

Gabarito "B"

(ADVOGADO – CORREIOS – 2008 – ESPP) Analise as assertivas a seguir:

I. O serviço postal pode ser exercido diretamente pela União, em parceria com os Estados Membros da Federação ou por meio de delegação a pessoas jurídicas de direito público ou privado.

II. Serviço público descentralizado é todo aquele em que o Poder Público transfere sua titularidade ou execução, a autarquias, fundações, empresas estatais, empresas privadas ou particulares individualmente.

III. Serviço público desconcentrado é aquele que a administração executa centralizadamente, mas o distribui entre vários órgãos da mesma entidade, buscando facilitar sua execução.

IV. A permanência, a generalidade, a eficiência, a modicidade e a cortesia, são requisitos básicos a serem observados na prestação do serviço público.

Aponte a alternativa correta:

(A) Apenas o item I está incorreto.

(B) Os itens I e IV estão incorretos.

(C) Apenas o item IV está incorreto.

(D) Todos os itens estão corretos.

I: incorreta, pois o serviço postal deve ser mantido apenas pela União (art. 21, X, da CF), que detém o monopólio desse serviço, de maneira que não há que se falar em parceria com os Estados ou delegação a outras pessoas jurídicas, sendo certo que apenas os Correios, empresa pública da União, pode exercê-los; **II:** correta, sendo certo que haverá descentralização por outorga ao se transferir a titularidade do serviço e descentralização por colaboração quando só se transfere a execução do serviço; **III:** correta, valendo salientar que a desconcentração é a distribuição interna de competências, ou seja, a distribuição de competências de órgão para órgão, dentro de uma pessoa jurídica; IV: correta (art. 6º, § 1º, da Lei 8.987/1995), salientando-se que a permanência está ligada à regularidade e à continuidade.

Gabarito "A"

(ADVOGADO – ANP – 2008 – CESGRANRIO) Sobre a intervenção do Estado na vida econômica, pela prestação de serviços públicos, ou pela regulação das atividades privadas, são feitas as afirmações a seguir.

I. Um conceito doutrinário de serviço público pode ser: "toda atividade de oferecimento de utilidade ou comodidade material fruível diretamente pelos administrados, prestada pelo Estado ou por quem lhe faça as vezes, sob um regime de direito público; ou, privado, conforme o caso específico".

II. Segundo a Constituição de 1988, incumbe ao poder público, na forma da lei, diretamente ou sob regime de concessão ou permissão, sempre através de licitação, a prestação de serviços públicos.

III. As atividades econômicas privadas são, em geral, livres e devem atender parte dos princípios constitucionais da ordem econômica.

IV. As atividades econômicas privadas, segundo o texto constitucional, podem necessitar de autorização estatal prévia, em casos específicos e previstos em lei.

É (São) verdadeira(s) **APENAS** a(s) afirmativa(s)

(A) I
(B) I e III
(C) I e IV
(D) II e III
(E) II e IV

I: incorreta, pois o regime é sempre de direito público; **II:** correta (art. 175, *caput*, da CF); **III:** incorreta, pois as atividades econômicas privadas devem atender à totalidade dos princípios constitucionais da ordem econômica; IV: correta (art. 170, parágrafo único, da CF).

Gabarito "E"

12.2. AUTORIZAÇÃO E PERMISSÃO DE SERVIÇO PÚBLICO

(Procurador do Município/Sorocaba-SP – 2012 – VUNESP) Constitui característica da permissão de serviço público, entre outras:

(A) o serviço pode ser cedido pelo permissionário.
(B) independe de licitação, se assim atender o interesse público.
(C) deve ser concedida com fixação de prazo.
(D) tem a titularidade de seu objeto transferida ao particular.
(E) pode ser revogada a qualquer momento, em razão de interesse público.

A: incorreta, pois a permissão se dá *intuitu personae*; **B:** incorreta, pois depende sim de licitação (art. 2º, IV, da Lei 8.987/1995); **C:** incorreta, pois a lei não exige a fixação de prazo, até porque a permissão é precária (art. 2º, IV, da Lei 8.987/1995), ou seja, pode ser revogada a qualquer tempo, sendo desnecessária, assim, a fixação de prazo; **D:** incorreta, pois, seja na permissão, seja na concessão o particular não recebe a titularidade do serviço público, que continua sendo do Poder Público, mas apenas a possibilidade de executar o serviço público; **E:** correta, pois a permissão, como se viu, é precária, ou seja, pode ser revogada a qualquer tempo, de modo a atender ao interesse público (art. 2º, IV, da Lei 8.987/1995).

Gabarito "E"

(Procurador da Fazenda Nacional – 2003 – ESAF) A permissão de serviço público, nos termos da legislação federal, deverá ser formalizada mediante:

(A) termo de permissão
(B) contrato administrativo
(C) contrato de permissão
(D) contrato de adesão
(E) termo de compromisso

Os contratos de permissão de serviço público são regidos pela Lei 8.981/1995, que dispõe, em seu art. 18, XVI, que as permissões serão autorizadas por meio de contrato de adesão, cujas cláusulas devem constar do edital de licitação.

Gabarito "D"

(ADVOGADO – PETROBRÁS – 2012 – CESGRANRIO) De acordo com a norma do artigo 175 da Constituição da República, incumbe ao poder público, diretamente ou sob regime de concessão ou permissão, sempre através de licitação, a prestação de serviços públicos.

A esse respeito, qual a natureza jurídica da permissão de serviço público?

(A) Contrato de programa
(B) Contrato de adesão
(C) Ato administrativo qualificado
(D) Ato administrativo complexo
(E) Ato administrativo composto

A permissão de serviço público é "a delegação, a título precário, mediante licitação, da prestação de serviços públicos, feita pelo poder concedente à pessoa física ou jurídica que demonstre capacidade para seu desempenho, por sua conta e risco" (art. 2º, IV, da Lei 8.987/1995). Repare que a natureza material é de ato unilateral e precário. Porém, a mesma Lei 8.987/1995 estabelece que a permissão será formalizada por meio de contrato de adesão. Assim, em sentido formal, a permissão tem natureza de contrato de adesão (art. 40 da Lei 8.987/1995).

Gabarito "B"

(ADVOGADO – BNDES – 2006 – CESGRANRIO) Ao tratar da concessão, permissão e autorização de serviços públicos, Maria Sylvia Zanella di Pietro ressalta que "é preciso considerar dois sentidos do vocábulo precariedade: (a) de um lado, significa que o ato é revogável a qualquer tempo, por iniciativa da Administração; (b) de outro lado, significa outorga sem prazo estabelecido e, portanto, revogável a qualquer momento pela Administração, sem direito à indenização" (in *Parcerias na Administração Pública: concessão, permissão franquia, terceirização e outras formas*. São Paulo: Atlas, 1996). Tendo por referência esses dois sentidos do termo "precariedade", está correto afirmar que:

(A) na concessão não há precariedade em nenhum dos seus sentidos.

(B) na permissão não há precariedade em nenhum dos seus sentidos.

(C) na concessão, a precariedade encontra-se presente no seu primeiro sentido, apenas.

(D) na permissão, em regra, a precariedade encontra-se presente no seu primeiro sentido, apenas.

(E) na permissão qualificada ou condicionada, a precariedade encontra-se presente no seu segundo sentido.

A: incorreta, pois a concessão pode ser revogada, portanto é precária no primeiro sentido; porém, com a revogação acarretará indenização, a concessão não é precária no segundo sentido; B e **D:** incorreta, pois a permissão pode ser revogada e não caberá indenização alguma, de modo que é precária nos dois sentidos; **C:** correta, conforme comentário à alternativa "a"; **E:** incorreta, pois a permissão qualificada ou condicionada (permissão com prazo determinado, por exemplo) se equipara a uma concessão, cabendo indenização pela sua revogação antecipada, de modo que a precariedade só se tem quanto ao primeiro sentido.

Gabarito "C"

12.3. CONCESSÃO DE SERVIÇO PÚBLICO

(Procurador do Estado/MG – 2007) Conforme prevê a Lei Maior em nosso país, incumbe ao Poder Público, na forma da lei, diretamente ou sob regime de concessão ou permissão, sempre através de licitação, a prestação de serviços públicos (Art. 175, CF/1988).

Assinale a alternativa correta.

(A) As concessionárias de serviços públicos, de direito público e privado, nos Estados e no Distrito Federal, são obrigadas a oferecer ao consumidor e ao usuário, dentro do mês de vencimento, o mínimo de 6 (seis) datas opcionais para escolherem os dias de vencimento de seus débitos.

(B) As usinas termelétricas destinadas à produção independente poderão ser objeto de concessão, mediante dispensa de licitação.

(C) A outorga de concessão ou permissão não terá caráter de exclusividade.

(D) A obtenção de certidão sobre atos, contratos, decisões ou pareceres relativos à licitação ou às próprias concessões, não será obrigatória seu fornecimento, face ao princípio do poder da discricionariedade.

A: correta (art. 7º-A da Lei 8.987/1995); **B:** incorreta, pois poderão ser objeto de concessão mediante licitação ou autorização (art. 6º da Lei 9.074/1995), não havendo previsão de dispensa de licitação; **C:** incorreta, pois existe exceção em que há exclusividade, que é o caso em que há inviabilidade técnica ou econômica devidamente justificada (art. 16 da Lei 8.987/1995); **D:** incorreta, pois é assegurada a qualquer pessoa a obtenção desses documentos (art. 22 da Lei 8.987/1995).

Gabarito "A"

(Procurador do Estado/PI – 2008 – CESPE) Contrato administrativo pelo qual a administração pública delega a outrem a execução de um serviço público, para que o execute em seu próprio nome, por sua conta e risco, mediante tarifa paga pelo usuário ou outra forma de remuneração decorrente da exploração do serviço. Maria Sylvia Di Pietro. *Parcerias na administração pública*. São Paulo: Atlas, 1999. p. 72 (com adaptações).

A definição apresentada no texto acima refere-se ao instituto denominado

(A) autorização de serviço público.

(B) permissão de serviço público.

(C) contrato de empreitada de obra pública.

(D) concessão de obra pública.

(E) concessão de serviço público.

A definição apresentada no texto, conforme o disposto no art. 2º, II, da Lei 8.987/1995, é a concessão de serviço público.

Gabarito "E"

(Procurador do Estado/PR – UEL-COPS – 2011) Assinale a alternativa correta:

(A) as concessões de serviço público brasileiras não podem ter caráter de exclusividade;

(B) nas concessões de serviço público brasileiras a única fonte de recursos do concessionário é a receita tarifária, sendo vedada a possibilidade de fontes alternativas de receita;

(C) desde que consignado no contrato de concessão, é válida a previsão de mecanismos privados para a resolução de disputas relacionadas ao contrato, inclusive a arbitragem;

(D) a concessão comum de serviço público tem como modos de extinção: (i) o termo contratual, (ii) a encampação, (iii) a caducidade, (iv) a rescisão por iniciativa do concedente, v) a anulação bilateral e (vi) a falência ou extinção da empresa concessionária e falecimento ou incapacidade do titular, no caso de empresa individual;

(E) todas as alternativas são incorretas.

A: incorreta, pois existe exceção em que há exclusividade, que é o caso em que há inviabilidade técnica ou econômica devidamente justificada (art. 16 da Lei 8.987/1995); **B:** incorreta, pois o art. 11 da Lei 8.987/1995 permite, para o atendimento às peculiaridades de cada serviço público, a previsão em edital de outras fontes provenientes de receitas alternativas, complementares, acessórias ou de projetos associados, com ou sem exclusividade, com vistas a favorecer a modicidade das tarifas; **C:** correta (art. 23-A da Lei 8.987/1995); **D:** incorreta, pois não há que se falar em anulação bilateral, já que esta é ato exclusivo do Poder Concedente; ademais, a hipótese de rescisão mencionada na lei (art. 39 da Lei 8.987/1995) é a cargo da concessionária (e não do Poder Concedente, já que este tem outros fundamentos e meios para a extinção da concessão, conforme demais itens do art. 35 da Lei 8.987/1995), valendo lembrar que a concessionária não tem poder para a promover a rescisão unilateral da concessão, dependendo do ingresso de ação judicial especial para esse fim, sendo que os serviços não poderão ser interrompidos ou paralisados até o trânsito em julgado da decisão; **E:** incorreta, pois a alternativa "c" está correta.

Gabarito "C"

(PROCURADOR DO ESTADO/RS – FUNDATEC – 2010) No tocante ao regime de concessão da prestação de serviços públicos previsto no art. 175 da Constituição Federal, é correta a seguinte alternativa:

(A) O concessionário executa o serviço em seu próprio nome e corre os riscos normais e anormais do empreendimento, podendo ser alterado o objeto da concessão para assegurar a modicidade tarifária.

(B) O poder concedente transfere ao concessionário privado a execução do serviço e deixa de ser o titular do mesmo.

(C) A responsabilidade civil da empresa concessionária é subjetiva quanto aos danos causados por seus agentes a terceiros, incluídos os usuários.

(D) A concessão pactuada com indeterminação de prazo é ilegal.

(E) A exclusividade na concessão de serviço público é totalmente vedada em face do direito assegurado ao usuário de obter e utilizar o serviço público com liberdade de escolha entre vários prestadores.

A: incorreta, pois o objeto da licitação deverá estar devidamente caracterizado no edital licitação (art. 5º da Lei 8.987/1995) e, qualquer alteração do objeto na execução do contrato de concessão importará em fraude à licitação; **B:** incorreta, pois o poder concedente só transfere a mera execução do serviço público, mantendo a titularidade deste, ou seja, mantendo o poder de regulamentar e fiscalizar o serviço; **C:** incorreta, pois a responsabilidade dela é objetiva, nos termos do art. 37, § 6º, da CF, tanto em relação a usuários, como em relação aos não usuários, conforme posição pacífica do STF; **D:** correta, pois a lei exige prazo determinado (arts. 2º, II, 5º, 18, 23, I, da Lei 8.987/1995); **E:** incorreta, pois existe exceção em que há exclusividade, que é o caso em que há inviabilidade técnica ou econômica devidamente justificada (art. 16 da Lei 8.987/1995).

Gabarito "D"

(Procurador do Município/Florianópolis-SC – 2010 – FEPESE) Na execução do serviço público, quando a concessionária não atender a intimação do poder concedente no sentido de regularizar a prestação do serviço, haverá a extinção da concessão sob a modalidade:

(A) reversão.

(B) intervenção.

(C) encampação.

(D) caducidade.

(E) denúncia.

A alternativa corresponde à caducidade (art. 38 da Lei 8.987/1995).

Gabarito "D"

(Advogado da União/AGU – CESPE – 2012) A respeito de concessões e permissões de serviço público, julgue os itens subsequentes.

(1) À concessionária cabe a execução do serviço concedido, incumbindo-lhe a responsabilidade por todos os prejuízos causados ao poder concedente, aos usuários ou a terceiros, não admitindo a lei que a fiscalização exercida pelo órgão competente exclua ou atenue tal responsabilidade.

(2) A contratação de parceria público-privada deve ser precedida de licitação na modalidade convite, estando a abertura do processo licitatório condicionada a autorização, fundamentada em estudo técnico, da autoridade competente.

(3) Reversão consiste na transferência, em virtude de extinção contratual, dos bens do concessionário para o patrimônio do concedente.

1: correta (art. 25, *caput*, da Lei 8.987/1995); **2:** incorreta, pois a licitação é na modalidade concorrência (art. 10, *caput*, da Lei 11.079/2004); **3:** correta (art. 35, § 1º, da Lei 8.987/1995).

Gabarito 1C, 2E, 3C

(Procurador da Fazenda Nacional – 2004 – ESAF) Em face da inexecução parcial de um determinado contrato de concessão de serviço público, a Administração concedente, observadas as formalidades legais, declarou extinta a concessão, mediante decreto. É correto dizer que a extinção da concessão, em tal caso, se deu por declaração de

(A) encampação, com direito a indenização prévia ao concessionário.

(B) encampação, com direito a indenização posterior ao concessionário.

(C) caducidade, com direito a indenização prévia ao concessionário.

(D) caducidade, com direito a indenização posterior ao concessionário.

(E) rescisão, sem que o concessionário tenha direito a qualquer indenização.

A situação descrita trata do instituto da caducidade das concessões, na qual a indenização eventualmente devida ao concessionário será calculada posteriormente, no decurso do processo (art. 38, § 4º, da Lei 8.987/1995). Encampação ocorre por interesse público e deve ser precedida de indenização. A rescisão, por sua vez, é pedida pelo concessionário em caso de inadimplemento do poder concedente.

Gabarito "D"

(ADVOGADO – CEF – 2012 – CESGRANRIO) Com o objetivo de assegurar a adequação na prestação do serviço, bem como o fiel cumprimento das normas contratuais, regulamentares e legais pertinentes, o poder concedente pode intervir na concessão por prazo determinado. Para sua formalização, a intervenção pressupõe

(A) lei autorizativa

(B) lei complementar

(C) autorização judicial

(D) decreto do poder concedente

(E) resolução da agência reguladora competente

O art. 32, parágrafo único, da Lei 8.987/1995 exige decreto do poder concedente para a formalização da intervenção na concessão.

Gabarito "D"

(ADVOGADO – BNDES – 2010 – CESGRANRIO) A modalidade de extinção da concessão de serviço público que decorre da inexecução total ou parcial do contrato e que deve ser precedida da verificação da inadimplência da concessionária em processo administrativo, assegurado o direito de ampla defesa, denomina-se

(A) caducidade.

(B) encampação.

(C) adjudicação.

(D) reversão.

(E) intervenção.

Trata-se da caducidade, nos termos do art. 38 da Lei 8.987/1995.

Gabarito "A"

(ADVOGADO – PETROBRÁS – 2006 – CESGRANRIO) Nos termos da Lei n. 9.478, de 06.08.1997, as atividades de exploração, desenvolvimento e produção de petróleo e de gás natural serão exercidas mediante celebração de contratos de concessão. Acerca do referido contrato de concessão, pode-se afirmar que:

(A) na hipótese de extinção da concessão, a ANP será responsável pela imediata remoção dos equipamentos e bens instalados que não sejam objeto de reversão, devendo ser os custos de retirada ressarcidos pelo concessionário.

(B) desde que preservado seu objeto e mantidas as condições contratuais, pode o concessionário transferir o contrato de concessão a terceiros, independente de autorização da ANP.

(C) a produção de petróleo pelo concessionário implica a obrigatoriedade de pagamento dos tributos incidentes e das participações legais ou contratuais correspondentes.

(D) em caso de extinção da concessão, o concessionário fica desobrigado de praticar os atos de recuperação ambiental determinados pelos órgãos competentes.

(E) os direitos do concessionário decorrentes do contrato de concessão estendem-se, adicionalmente, ao petróleo e ao gás natural e a todos os demais recursos naturais eventualmente descobertos.

A: incorreta, pois o concessionário é quem tem essa obrigação (art. 28, § 2º, da Lei 9.478/1997); **B:** incorreta, pois a transferência só pode se dar mediante prévia e expressa autorização da ANP (art. 29, parágrafo único, da Lei 9.478/1997); **C:** correta (art. 26, *caput*, da Lei 9.478/1997); **D:** incorreta, pois o concessionário é quem tem essa obrigação (art. 28, § 2º, da Lei 9.478/1997); **E:** incorreta, pois não se estende, ficando o concessionário obrigado a informar a sua descoberta, prontamente e em caráter exclusivo, à ANP.

Gabarito "C"

(ADVOGADO – PETROBRÁS – 2006 – CESGRANRIO) A hipótese de extinção da concessão através da retomada, pelo poder concedente, dos serviços públicos delegados à iniciativa privada, antes do vencimento do contrato e por motivo de interesse público, através da promulgação de lei autorizativa específica e mediante o prévio pagamento de indenização, consiste, nos termos da legislação vigente, em:

(A) encampação.

(B) caducidade.

(C) revogação.

(D) anulação.

(E) rescisão.

Trata-se da encampação ou resgate (art. 37 da Lei 8.987/1995).

Gabarito "A"

(ADVOGADO – REFAP – 2007 – CESGRANRIO) Acerca dos regimes de concessão e permissão para a exploração de serviços públicos, regulados pela Lei n. 8.987, de 13 de fevereiro de 2005, pode-se afirmar que:

I. a outorga de permissão para a exploração de serviços públicos independe da realização de prévio procedimento licitatório para a escolha do permissionário;

II. é facultado ao Poder Concedente, desde que previamente estipulado no edital, determinar que o consórcio vencedor da licitação se constitua em empresa antes da celebração do respectivo contrato;

III. com vistas a favorecer a modicidade tarifária, pode o Poder Concedente estipular, no edital de licitação, a possibilidade de a concessionária auferir outras fontes de remuneração provenientes de receitas alternativas, complementares, acessórias ou de projetos associados;

IV. a concessão de serviços públicos pressupõe a prestação de serviço adequado, consistente no pleno atendimento ao usuário por meio da satisfação das condições de regularidade, continuidade, eficiência, segurança, atualidade, generalidade, cortesia na sua prestação e modicidade tarifária.

Estão corretas as afirmativas:

(A) II e III, apenas.

(B) I, II, IV, apenas.

(C) I e III e IV, apenas.

(D) II, III e IV, apenas.

(E) I, II, III e IV.

I: incorreta, pois a permissão requer licitação (art. 2º, IV, da Lei 8.987/1995); **II:** correta (art. 20 da Lei 8.987/1995); **III:** correta (art. 11 da Lei 8.987/1995); IV: correta (art. 6º, *caput* e § 1º, da Lei 8.987/1995).

Gabarito "D"

(ADVOGADO – SERPRO – 2008 – CESPE) A respeito dos bens públicos e do serviço público, julgue os itens a seguir.

(1) Uma empresa pública prestadora de serviços públicos pode ter os seus bens penhorados, mesmo que afetada a sua atividade-fim, já que ela se submete ao regime jurídico das empresas privadas.

(2) No contrato de concessão, é permitida a subconcessão, desde que prevista no contrato, autorizada pelo poder concedente e precedida de concorrência.

(3) A permissão é definida legalmente como a delegação, a título precário, mediante licitação, da prestação de serviços públicos, feita pelo poder concedente a pessoa física ou jurídica que demonstre capacidade para seu desempenho, por sua conta e risco.

1: incorreta, pois os bens afetados a serviço público recebem a proteção dos bens públicos; **2:** correta (art. 26, *caput* e § 1º, da Lei 8.987/1995); **3:** correta (art. 2º, IV, da Lei 8.987/1995).

Gabarito 1E,2C,3C

(ADVOGADO – BNDES – 2008 – CESGRANRIO) São modalidades de concessões públicas, em sentido amplo, além das concessões de obras públicas e de uso de bem público, as de

(A) gestão de bem público e as parcerias público-privadas.

(B) gestão de bem público, autopatrocinadas e administrativas.

(C) serviço público e as parcerias público-privadas.

(D) serviço público, autopatrocinadas e administrativas.

(E) serviço público, autopatrocinadas e de gestão administrativa.

A: incorreta, pois a gestão de bem público não é uma forma de concessão regulamentada; **B:** incorreta, pois a gestão de bem público e a autopatrocinada não são formas de concessão regulamentadas; **C:** correta, valendo salientar que a primeira é regulamentada na Lei 8.987/1995 e a segunda, na Lei 11.079/2004; **D:** incorreta, pois a autopatrocinada não é forma de concessão regulamentada; **E:** incorreta, pois a gestão administrativa e a autopatrocinada não são formas de concessão regulamentadas.

Gabarito "C"

(PROCURADOR – BANCO CENTRAL – 2009 – CESPE) No que se refere a concessões, permissões e autorizações, assinale a opção correta.

(A) Se uma empresa apresentar-se como licitante para firmar contrato de concessão e, na fixação da tarifa apresentada como proposta, estiverem incluídos subsídios específicos que a empresa possua, não disponíveis para os demais licitantes, nesse caso, a proposta deverá ser analisada.

(B) Diante do princípio da indisponibilidade do interesse público, o contrato de concessão não poderá prever o emprego de mecanismos privados para a resolução de disputas decorrentes ou relacionadas ao contrato, como a arbitragem.

(C) Incumbe à concessionária a execução do serviço concedido e cabe-lhe responder por todos os prejuízos causados ao poder concedente, aos usuários ou a terceiros, sem que a fiscalização exercida pelo órgão competente exclua ou atenue essa responsabilidade.

(D) Nas concessões de parcerias público-privadas, não se admite a emissão de empenho em nome dos financiadores do projeto em relação às obrigações pecuniárias da administração pública.

(E) A constituição da sociedade de propósito específico dar-se-á após a celebração do contrato de concessão, no âmbito das parcerias público-privadas.

A: incorreta, pois esse tipo de proposta enseja desclassificação do licitante, na forma do art. 17, *caput*, da Lei 8.987/1995); **B:** incorreta, pois poderá prever sim (art. 23-A da Lei 8.987/1995); **C:** correta (art. 25 da Lei 8.987/1995); **D:** incorreta, pois se admite sim (art. 5º, § 2º, II, da Lei 11.079/2004); **E:** incorreta, pois essa sociedade deve estar constituída antes da celebração do contrato (art. 9º, *caput*, da Lei 8.987/1995).

Gabarito "C"

(ADVOGADO – ANP – 2008 – CESGRANRIO) Sobre contratos de concessão de serviços públicos pode-se afirmar que:

I. a legislação federal permite a cobrança de tarifas diferenciadas;

II. a encampação ocorre somente por meio de lei específica, sem que haja indenização ao concessionário;

III. os bens públicos que constituem parte da concessão são denominados reversíveis;

IV. os concessionários só podem ser remunerados por meio das tarifas decorrentes da prestação dos serviços.

É (São) verdadeira(s) **APENAS** a(s) afirmativa(s)

(A) II

(B) I e III

(C) I e IV

(D) II e III

(E) II e IV

I: correta (art. 13 da Lei 8.987/1995); **II:** incorreta, pois há de se indenizar, inclusive previamente, o concessionário (art. 37 da Lei 8.987/1995); **III:** correta (art. 35, § 1º, da Lei 8.987/1995); IV: incorreta, pois podem ser remunerados por fontes alternativas também (art. 11 da Lei 8.987/1995).

Gabarito "B"

(ADVOGADO – BNDES – 2001 – VUNESP) A alienação, pela União, de direitos que lhe assegurem o controle de sociedade e a transferência, para a iniciativa privada, da execução de serviços públicos explorados pela União, diretamente, ou através de entidades por ela controladas, bem como daqueles de sua responsabilidade, configura

(A) terceirização.

(B) concurso.

(C) desestatização.

(D) contrato de gestão.

(E) gerenciamento.

A: incorreta, pois, na terceirização, o Poder Público não transfere o controle de uma sociedade, nem a execução de um serviço público, mas apenas contrata um particular para prestar atividades materiais não regidas pelo direito público (ex: limpeza de uma repartição pública); **B:** incorreta, pois, em matéria de servidores públicos, o concurso é o procedimento obrigatório para a contratação de agente públicos e, em matéria de licitação, é uma modalidade licitatória; **C:** correta, pois, ao passar para particulares o controle de sociedades estatais ou a possibilidade de executar serviços públicos, o Poder Público está diminuindo a presença do Estado, promovendo, então, a chamada desestatização; **D:** incorreta, pois, no que diz respeito ao princípio da eficiência, o contrato de gestão é um instrumento que veio com a EC 19/1998, pelo qual se dá mais autonomia a uma pessoa jurídica ou a um órgão, em troca da melhoria na eficiência destes; já em matéria de Terceiro Setor, o contrato de gestão é um negócio jurídico celebrado com organizações sociais, como objetivo de regulamentar o fomento e a execução de atividades dirigidas ao ensino, à pesquisa científica, ao desenvolvimento tecnológico, à proteção e preservação do meio ambiente, à cultura e à saúde (Lei 9.637/1998); **E:** incorreta, pois o gerenciamento, em matéria de licitação, é uma forma de mediação entre o Poder Público e o executor de obras ou serviços, de modo a garantir a utilização dos meios mais eficientes e econômicos para a sua realização.

Gabarito "C"

(ADVOGADO – ANP – 2008 – CESGRANRIO) Quando admitida a participação de consórcios nas licitações para outorga dos contratos de concessão para a exploração, desenvolvimento e produção de petróleo e de gás natural, o edital de licitação deverá

(A) determinar a proibição de participação de uma empresa integrante de consórcio na licitação de um mesmo bloco, seja através de outro consórcio ou diretamente.

(B) determinar a proibição de participação de empresa estrangeira em consórcios.

(C) exigir, como requisito de qualificação jurídica, a apresentação de documento que comprove a prévia constituição do consórcio, subscrito por todas as consorciadas.

(D) exigir, nas hipóteses em que não há responsabilidade solidária das consorciadas, a indicação das obrigações específicas de cada integrante do consórcio.

(E) exigir, como requisito à participação na licitação, o prévio registro do instrumento de constituição do consórcio no órgão de registro do comércio.

A: correta (art. 38, IV, da Lei 9.478/1997); **B:** incorreta, pois cabe participação de empresa estrangeira em consórcios, cumpridos os requisitos do art. 39 da Lei 9.478/1997; **C:** incorreta, pois basta assumir o compromisso de constituir o consórcio (art. 38, I, da Lei 9.478/1997); **D:** incorreta, pois há sempre responsabilidade solidária entre as consorciadas (art. 38, II, da Lei 9.478/1997); **E:** incorreta, pois o compromisso de constituição pode ser público ou particular, não sendo necessário o registro mencionado (art. 38, I, da Lei 9.478/1997).

Gabarito "A"

12.4. PARCERIAS PÚBLICO-PRIVADAS (PPP)

(Procurador do Estado/AC – FMP – 2012) Nos termos da Lei n. 11.079, de 30 de dezembro de 2004, que institui normas gerais para licitação e contratação de relação à parceria público-privada no âmbito da Administração, marque a alternativa **INCORRETA**.

(A) A parceria público-privada é um contrato administrativo de concessão, podendo assumir as modalidades patrocinada ou administrativa.

(B) Mediante previsão legal, a remuneração da parceria público-privada poderá ser variável vinculada ao seu desempenho, conforme metas e padrões de qualidade e disponibilidade definidos no contrato.

(C) Fica vedada no âmbito da parceria público-privada a instituição de mecanismos privados de resolução de disputas, sendo vedada a cláusula compromissória.

(D) Não poderá ser aberto processo licitatório para contratação de parceria público-privada se o seu objeto não estiver previsto no plano plurianual em vigor no âmbito onde o contrato será celebrado.

A: assertiva correta (art. 2º, *caput*, da 11.079/2004); **B:** assertiva correta (art. 6º, § 1º, da 11.079/2004); **C:** assertiva incorreta, devendo ser assinalada; esses mecanismos são admitidos (art. 11, III, da 11.079/2004); **D:** assertiva correta (art. 10, V, da 11.079/2004).

Gabarito "C"

(Procuradoria Distrital – 2007) A respeito da Parceria Público-Privada (Lei n. 11.079/2004) e das concessões de serviços públicos, aponte a afirmação incorreta.

(A) A Lei n. 8.987/1995, art. 2º (IV), estatui de modo expresso que a modalidade de licitação na hipótese de permissão de serviço público será obrigatoriamente a concorrência.

(B) A Parceria Público-Privada possui a modalidade patrocinada, que é a própria concessão de serviço ou de obra de que trata a Lei n. 8.987/2004 e, ainda, envolve, adicionalmente ao valor cobrado dos usuários, a contraprestação do contratante público ao contratante privado.

(C) Enquanto a concessão pode ser contratada com pessoas jurídicas ou consórcios de empresa, a permissão, por sua vez, somente pode ser firmada com pessoa física ou jurídica.

(D) Nas concessões, a tarifa do serviço público concedido não será subordinada à legislação específica anterior e somente nos casos expressamente previstos em lei, sua cobrança poderá ser condicionada à existência de serviço público alternativo e gratuito para o usuário.

(E) Entre as hipóteses legais de extinção da concessão encontra-se a figura da caducidade.

A: incorreta. O art. 2º, IV, da Lei 8.987/1995 não exige licitação na modalidade concorrência, diferente do art. 2º, II, da Lei 8.987/1995; **B:** correta (art. 2º, § 1º, da Lei 11.079/2004); **C:** correta (art. 2º, IV, da Lei 8.987/1995); **D:** correta (art. 9º, § 1º, da Lei 8.987/1995); **E:** correta (art. 35, III, da Lei 8.987/1995).

Gabarito "A"

(PROCURADOR DO ESTADO/MG – FUMARC – 2012) Analise as seguintes afirmativas e assinale a alternativa correta:

I. Ocorre delegação legal sempre que determinado serviço público é descentralizado a pessoas jurídicas distintas do Estado, mas integrantes da própria Administração; e delegação negocial quando a descentralização for para pessoas da iniciativa privada, mediante atos ou contratos administrativos.

II. Em razão do regime jurídico diferenciado dos contratos de parcerias público-privadas, neles poderão ser adotados mecanismos privados de solução de conflitos, entre os quais a arbitragem.

III. Por ficção jurídica, o consórcio público com personalidade jurídica de direito público considera-se integrante da Administração Indireta de todos os entes federativos consorciados.

ALTERNATIVAS

(A) apenas a afirmativa I é correta

(B) as afirmativas II e III são corretas

(C) apenas a afirmativa II é correta

(D) todas as afirmativas são corretas

(E) todas as afirmativas são incorretas

I: correta, valendo salientar que a doutrina também denomina a primeiro caso de desconcentração por outorga e o segundo, de descentralização por colaboração; **II:** correta (art. 11, III, da 11.079/2004); **III:** correta (art. 6º, § 1º, da 11.107/2005).

Gabarito "D"

(Procurador do Estado/MT – FCC – 2011) A parceria público-privada é a modalidade de contrato administrativo, que

(A) tem por objeto, exclusivamente, a execução de obra pública ou a prestação de serviço público.

(B) aplica-se apenas a contratos de valor igual ou superior a R$ 20.000.000,00 (vinte milhões de reais) com período de prestação do serviço igual ou superior a 5 (cinco) anos.

(C) prescinde de prévio procedimento licitatório, quando a Administração Pública figurar como usuária direta.

(D) aplica-se apenas a contratos que não envolvam serviços públicos, mas sim atividades econômicas de interesse público.

(E) aplica-se apenas a serviços públicos não passíveis de cobrança de tarifa e que necessitam de contraprestação pública.

A: incorreta, pois tem por objeto a *concessão* de serviços públicos ou de obras públicas (concessão patrocinada) ou a prestação de serviços qualificados (concessão administrativa, que é prestação de serviços qualificados, pois não pode envolver simplesmente um fornecimento de mão de obra, o fornecimento e instalação de equipamentos ou a execução de obra pública), tudo nos termos do art. 2º, §§ 1º, 2º e 4º, III, da 11.079/2004); **B:** correta (art. 2º, § 4º, I, da 11.079/2004); **C:** incorreta, pois é necessário licitação na modalidade concorrência (art. 10 da 11.079/2004); **D:** incorreta, pois se aplicam justamente a contratos de concessão de serviços públicos ou obras públicas ou prestação de serviços qualificados de que a Administração seja usuária direta ou indireta (art. 2º, §§ 1º e 2º, da 11.079/2004); **E:** incorreta, pois se aplicam também a situações em que há tarifas, mas em que estas sejam insuficientes (art. 2º, § 1º, da 11.079/2004).

Gabarito "B"

(Procurador do Estado/PE – CESPE – 2009) Com relação ao instituto do serviço público, assinale a opção correta.

(A) O usuário do serviço público tem direito à respectiva prestação sem qualquer distinção de caráter pessoal, razão pela qual na concessão de serviços públicos é vedado o estabelecimento de tarifas diferenciadas em função das características técnicas ou de custos específicos provenientes do atendimento aos distintos segmentos do usuário.

(B) De acordo com a classificação da doutrina, os serviços públicos impróprios são aqueles que o Estado executa indiretamente, por meio de concessionários ou permissionários.

(C) É vedada a celebração de contrato de parceria público-privada que tenha por objeto único o fornecimento e instalação de equipamentos ou execução de obra pública.

(D) As obrigações pecuniárias contraídas pela administração pública em contrato de parceria público-privada não podem ser garantidas mediante garantia prestada por organismos internacionais ou instituições financeiras que não sejam controladas pelo poder público.

(E) De acordo com a legislação de regência, a contratação de parceria público-privada será precedida de licitação em qualquer modalidade, desde que prevista no programa estadual de parcerias público-privadas.

A: incorreta, pois, apesar do dever de tratar a todos de forma igualitária, o estabelecimento de tarifas diferenciadas em função das características técnicas ou de custos específicos provenientes do atendimento aos distintos segmentos do usuário é pertinente e previsto no art. 13 da Lei 8.987/1995; **B:** incorreta, pois os serviços impróprios são aqueles que o Estado presta direta ou indiretamente, ou seja, por si ou por concessionários de serviço público, de maneira que é incorreto dizer que tais serviços são prestados indiretamente, pois também podem ser prestados diretamente pelo Estado; **C:** correta (art. 2º, § 4º, III, da Lei 11.079/2004); **D:** incorreta, pois tais obrigações podem, sim, ser garantidas mediante as garantias mencionadas (art. 8º, IV, da Lei 11.079/2004); **E:** incorreta, pois a modalidade de licitação deve ser a concorrência (art. 10 da Lei 11.079/2004).

Gabarito "C"

(Procurador do Estado/RO – 2011 – FCC) O Governo do Estado de Rondônia pretende construir um sistema de transmissão de dados por rádio, de maneira a garantir o acesso à *Internet* de todas as escolas públicas estaduais. Para tanto, pretende celebrar contrato com particular, que se disponha a realizar as obras civis necessárias, o fornecimento dos equipamentos e se responsabilize pela manutenção física e lógica da rede, com suporte aos usuários, durante o prazo de dez anos, a partir de seu funcionamento. O investimento inicial deve ser suportado por esse particular, cuja remuneração ocorrerá apenas a partir da disponibilização dos serviços de transmissão de dados. Estima-se que o valor do contrato será de R$ 50 milhões. Diante dessas características, é correto afirmar que o Estado pretende, neste caso, celebrar contrato de

(A) concessão de serviços públicos comum, precedido da execução de obra pública.

(B) parceria público-privada, na modalidade de concessão patrocinada.

(C) parceria público-privada, na modalidade de concessão administrativa.

(D) gestão, com organização social.

(E) fornecimento de equipamentos, com cláusula de assistência técnica estendida.

Considerando o valor envolvido (acima de R$ 20 milhões), a duração do contrato (superior a 5 anos), o fato de que se trata de um serviço qualificado (prestação de serviço de instalação + serviço de manutenção) e o fato de que o particular fará o investimento inicial, ficando a Administração responsável pelo pagamento apenas pós a disponibilização dos serviços, tem-se caracterizado o instituto da parceria público-privada, na modalidade concessão administrativa. Vide, a respeito, os arts. 2º, §§ 2º e 4º, e 7º, da Lei 11.079/2004.

Gabarito "C"

(Procurador do Estado/RR – 2006 – FCC) O Estado de Roraima pretende ampliar a prestação de serviços públicos de transporte ferroviário metropolitano, mediante a construção de novas linhas. Não dispondo de recursos suficientes para realizar os investimentos necessários, a alternativa mais adequada juridicamente consiste na celebração de contrato de

(A) concessão de serviço público, podendo destinar recursos para cobertura de déficits decorrentes da prestação do serviço pela concessionária, caso a receita tarifária não remunere integralmente os investimentos realizados.

(B) parceria público-privado, na modalidade concessão patrocinada, prevendo contraprestação pecuniária na hipótese de a tarifa cobrada do usuário mostrar-se insuficiente para a remuneração do parceiro privado pela exploração do serviço.

(C) parceria público-privada, na modalidade concessão administrativa, prevendo a remuneração do parceiro privado diretamente pelo usuário.

(D) empreitada integral, condicionando-se o pagamento do contratado à disponibilização da infraestrutura para exploração direta pela Administração, mediante a cobrança de tarifa do usuário.

(E) parceria público-privada, em qualquer modalidade, remunerando-se o parceiro privado, integralmente, pela tarifa cobrada do usuário e outras receitas acessórias decorrentes da exploração de serviços associados.

A alternativa corresponde ao previsto no art. 2º, § 1º, da Lei 11.079/2004.

Gabarito "B"

(Procurador de Contas TCE/ES – CESPE – 2009) No que se refere a serviços públicos, concessões, permissões e autorizações, assinale opção correta.

(A) Suponha que determinada empresa, pretendendo participar de uma licitação para firmar contrato de concessão de serviço público, tenha, na fase da apresentação das propostas, arrolado alguns subsídios específicos que possui, razão pela qual foi a que apresentou menor tarifa. Nessa situação, por esse motivo, não haverá qualquer impedimento à assinatura do contrato de concessão, já que o valor da tarifa foi o menor.

(B) O contrato de concessão firmado entre uma concessionária de serviço público e o poder concedente deverá prever o foro de eleição, não sendo admitida a arbitragem.

(C) Considere que determinada empresa tenha sido contratada para reformar um prédio público, e que durante a execução desse contrato de engenharia, um dos andaimes tenha caído e afundado o teto do veículo de uma pessoa que tinha estacionado, irregularmente, no local da obra. Nessa situação, a responsabilidade pela reparação dos danos causados será objetiva da entidade contratante.

(D) Nas concessões da parceria público-privada, a sociedade de propósito específico terá necessariamente de assumir a forma de companhia aberta, com valores mobiliários admitidos a negociação no mercado.

(E) As cláusulas dos contratos de parceria público-privada deverão prever a repartição de riscos entre as partes, inclusive os referentes a caso fortuito, força maior, fato do príncipe e álea econômica extraordinária.

A: incorreta, pois, de acordo como art. 17 da Lei 11.079/2004, "considerar-se-á desclassificada a proposta que, para sua viabilização, necessite de vantagens ou subsídios que não estejam previamente autorizados em lei e à disposição de todos os concorrentes"; **B:** incorreta, pois admite-se a arbitragem (art. 23-A da Lei 8.987/1995); **C:** incorreta, pois a empresa, no caso, não é concessionária de serviço público, mas mera contratada da administração para um contrato de empreitada, de modo que não se aplica a responsabilidade objetiva prevista no art. 37, § 6º, da CF; de qualquer forma, é bom mencionar que a responsabilidade, no caso, será regida pelo direito privado, que também traz hipóteses de responsabilidade objetiva, como a prevista no art. 927, parágrafo único, do Código Civil; o fato de a pessoa ter estacionado em local proibido não exonera, por si só, a responsabilidade da empreiteira; **D:** incorreta, pois tal sociedade *poderá* (e não "deverá") assumir a forma de companhia aberta; **E:** correta (art. 5º, III, da Lei 11.079/2004).

Gabarito "E"

(Procurador do Município/Teresina-PI – 2010 – FCC) Parcerias público-privadas.

I. Na contratação de parceria público-privada, deve haver repartição objetiva de riscos entre as partes.

II. Concessão patrocinada é contrato de prestação de serviços de que a Administração seja usuária direta ou indireta, ainda que envolva execução de obra ou fornecimento e instalação de bens.

III. É vedada a celebração de contrato de parceira público-privada cujo valor do contrato seja inferior a vinte milhões de reais.

IV. É possível a celebração de contrato de parceria público-privada que tenha como objeto único o fornecimento e instalação de equipamentos.

SOMENTE estão corretas as assertivas

(A) II e IV.

(B) I e II.

(C) I e III.

(D) I e IV.

(E) II e III.

I: correta (art. 4º, VI, da Lei 11.079/2004); **II:** incorreta, pois essa é a concessão administrativa (art. 2º, § 2º, da Lei 11.079/2004); **III:** correta (art. 2º, § 4º, I, da Lei 11.079/2004); IV: incorreta, pois não é possível a celebração do contrato descrita no item (art. 2º, § 4º, III, da Lei 11.079/2004).

Gabarito "C"

(Procurador da Fazenda Nacional – 2007.2 – ESAF) Assinale a opção correta.

(A) Os contratos não poderão prever adicionalmente a possibilidade de emissão de empenho em nome dos financiadores do projeto em relação às obrigações pecuniárias da Administração Pública.

(B) Antes da celebração do contrato, deverá ser constituída sociedade de propósito específico, incumbida de implantar e gerir o objeto da parceria.

(C) O Fundo Garantidor de Parcerias Público-Privadas – FGP terá natureza pública e patrimônio próprio separado do patrimônio dos cotistas, e será sujeito a direitos e obrigações próprios.

(D) O Tribunal de Contas da União editará, na forma da legislação pertinente, normas gerais relativas à consolidação das contas públicas aplicáveis aos contratos de parceria público-privada.

(E) Compete à Procuradoria da Fazenda Nacional e às Agências Reguladoras, nas suas respectivas áreas de competência, submeter o edital de licitação ao órgão gestor, proceder à licitação, acompanhar e fiscalizar os contratos de parceria público-privada.

A: incorreta (art. 5º, § 2º, II, da Lei 11.079/2004); **B:** correta (art. 9º da Lei 11.079/2004); **C:** incorreta (art. 16, § 1º, da Lei 11.079/2004); **D:** incorreta (art. 25 da Lei 11.079/2004); **E:** incorreta (art. 15 da Lei 11.079/2004).

Gabarito "B"

(Procurador da Fazenda Nacional – 2006 – ESAF) A legislação federal estabelece como formas de Parceria Público-Privada apenas

(A) a concessão comum.

(B) a concessão patrocinada.

(C) a concessão patrocinada e a concessão administrativa.

(D) as concessões comum, patrocinada e administrativa.

(E) as formas de concessão admitidas em direito, e demais contratos administrativos.

Correta a alternativa "C", nos termos do art. 2º da Lei 11.079/2004.

Gabarito "C"

(Procurador da Fazenda Nacional – 2006 – ESAF) Relativamente às Parcerias Público-Privadas, conforme disciplinadas na legislação federal, assinale a opção correta.

(A) Não se admite a possibilidade de adoção da arbitragem para dirimir conflitos relacionados com o contrato, pois tal ofenderia os princípios da indisponibilidade do interesse público e de sua primazia em face do interesse do particular.

(B) Se comprovadamente for favorável ao interesse público, admite-se parceria público-privada que tenha como objeto único a execução de obra pública.

(C) Por meio de parceria público-privada, pode-se delegar a função estatal de regulação.

(D) Não é possível reconhecer legitimidade aos financiadores do projeto para receber indenizações por extinção antecipada do contrato, tendo em vista que não integraram a relação contratual de parceria.

(E) Ainda que a licitação para a contratação da parceria não possa ser feita sob a modalidade Pregão, admite-se que o edital respectivo preveja a inversão das fases de habilitação e julgamento.

A: incorreta. A arbitragem é autorizada, desde que prevista na minuta do contrato (art. 11, III, da Lei 11.079/2004); **B:** incorreta, por expressa proibição legal, não estando prevista qualquer exceção (art. 2º, § 4º, III, da Lei 11.079/2004); **C:** incorreta, por expressa vedação legal (art. 4º, III, da Lei 11.079/2004); **D:** incorreta. A legitimidade dos financiadores é autorizada, desde que prevista em contrato (art. 5º, § 2º, III, da Lei 11.079/2004); **E:** correta. Trata-se de regulamentação específica da concorrência para parceria público-privada (art. 13 da Lei 11.079/2004)

Gabarito "E"

(ADVOGADO – BNDES – 2010 – CESGRANRIO) A respeito do regime jurídico aplicável às parcerias público- privadas, analise as afirmações abaixo.

I. Parceria público-privada é o contrato de concessão, na modalidade patrocinada ou administrativa.

II. Uma diretriz a ser observada na contratação de parceria público-privada é a repartição objetiva de riscos entre as partes.

III. A contratação de parceria público-privada deve ser precedida de licitação na modalidade concorrência ou tomada de preços, invertendo-se a ordem das fases de habilitação e julgamento.

Está correto APENAS o que se afirma em

(A) I.

(B) II.

(C) III.

(D) I e II.

(E) I e III.

I: correta (art. 2º, *caput*, da 11.079/2004); **II:** correta (art. 4º, VI, da 11.079/2004); **III:** incorreta, pois há de ser licitação na modalidade concorrência (art. 10, *caput*, da 11.079/2004).

Gabarito "D"

13. CONTROLE DA ADMINISTRAÇÃO PÚBLICA

13.1. CONTROLE INTERNO – PROCESSO ADMINISTRATIVO

(Procurador Federal – 2013 – CESPE) Julgue o item a seguir, acerca do recurso hierárquico impróprio.

(1) O recurso hierárquico impróprio, na medida em que é dirigido à autoridade de órgão não integrado na mesma hierarquia daquela que proferiu o ato, independe de previsão legal.

1: incorreta, pois não é possível que uma autoridade externa ao órgão daquela que toma uma decisão conheça de recurso contra esta decisão sem que haja previsão legal expressa nesse sentido, sob pena de violação ao princípio da legalidade.

Gabarito 1E

(Procuradoria Distrital – 2007) Nos termos dos dispositivos da Lei n. 9.784/1999, que regula o processo administrativo, é incorreta a afirmação de que:

(A) não pode ser objeto de delegação a decisão de recursos administrativos.

(B) quando a lei não fixar prazos diferentes, é de 10 (dez) dias o prazo para interpor o recurso administrativo, contado da ciência da decisão ou divulgação oficial da decisão recorrida.

(C) a redação do art. 55 impõe expressamente o dever de a Administração convalidar, *sponte* própria, os atos que apresentem defeitos sanáveis, nos quais se evidencia não acarretarem lesão ao interesse público nem prejuízo a terceiros.

(D) salvo disposição em contrário, os recursos administrativos não terão efeito suspensivo.

(E) o prazo para os órgãos consultivos emitirem seu parecer, quando devam ser obrigatoriamente ouvidos, é de 15 (quinze) dias.

A: correta (art. 13, II, da Lei 9.784/1999); **B:** correta (art. 59 da Lei 9.784/1999); **C:** incorreta ("poderão" - art. 55 da Lei 9.784/1999); **D:** correta (art. 61 da Lei 9.784/1999); **E:** correta (art. 42 da Lei 9.784/1999).

Gabarito "C"

(Procurador do Estado/PA – 2011) Diante do que dispõe a Lei Federal n. 9.784/1999, que regula o processo administrativo no âmbito da Administração Federal, analise as seguintes proposições e assinale a alternativa CORRETA:

I. O processo administrativo é regido, dentre outros, pelo princípio do formalismo moderado, que nega a formalidade como um fim em si mesma, reservando-lhe o papel de instrumento para o alcance da verdade e para a conformação da atividade administrativa à legalidade.

II. A competência administrativa, atribuída pelo ordenamento jurídico às autoridades e agentes públicos para a consecução de finalidade e utilidade igualmente públicas, é passível de renúncia pelo titular, mediante ato formal motivado, desde que objetive resguardar o interesse público.

III. A Administração dispõe do prazo prescricional de cinco anos para anular os próprios atos, desde que deles não decorram efeitos favoráveis para os destinatários. Do contrário, deverá comprovar a má-fé do beneficiário e submeter-se aos prazos da lei civil.

IV. O desatendimento da intimação pelo processado implica o reconhecimento dos fatos alegados pela Administração, carreando ao processo administrativo os mesmos efeitos da revelia no processo civil.

V. É dever da Administração motivar os seus atos, especialmente quando interfiram negativa ou restritivamente nos direitos dos particulares, imponham ou agravem deveres, encargos ou sanções.

(A) Apenas as proposições II e III estão incorretas.

(B) apenas as proposições I e V estão corretas.

(C) Apenas as proposições I e IV estão corretas.

(D) Apenas as proposições I, II e V estão corretas.

(E) Apenas a proposição IV está incorreta.

I: correta (art. 2º, parágrafo único, VIII e IX, da Lei 9.784/1999); **II:** incorreta, pois a competência é irrenunciável (art. 11 da Lei 9.784/1999); **III:** incorreta, pois o prazo de 5 anos é justamente para os casos em que há efeitos favoráveis aos destinatários (art. 54 da Lei 9.784/1999); quando não há efeitos favoráveis aos destinatários (ou seja, não prejudica terceiros), não há prazo para anular, assim como não há prazo para anular quando se comprovar que o destinatário está de má-fé; IV: incorreta, pois não há esse efeito (art. 27 da Lei 9.784/1999); V: correta (art. 50, I e II, da Lei 9.784/1999).

Gabarito "B"

(Procurador do Estado/PE – CESPE – 2009) No tocante à competência legislativa em matéria administrativa e à competência administrativa, assinale a opção correta.

(A) A competência administrativa pode ser objeto de delegação, ainda quando esta competência tenha sido conferida por lei a determinado órgão ou agente, com exclusividade.

(B) Na hipótese de omissão do legislador quanto à fixação de competência para a prática de determinados atos, a atuação administrativa não é viável, já que nenhuma autoridade pode exercer competência que não lhe tenha sido atribuída expressamente por lei.

(C) De acordo com a legislação de regência, a avocação de competência é admitida apenas em caráter temporário e por motivos relevantes devidamente justificados.

(D) A distribuição de competência na esfera administrativa é fixada exclusivamente mediante a adoção de critérios relacionados à matéria e ao território.

(E) Em regra, a competência administrativa é renunciável.

A: incorreta, pois a competência conferida com exclusividade é indelegável (art. 13, III, da Lei 9.784/1999); **B:** incorreta, pois determinado órgão que não tenha determinada competência poderá passar a tê-la mediante delegação, observado o disposto nos arts. 11 e ss. da Lei 9.784/1999; **C:** correta (art. 15 da Lei 9.784/1999); **D:** incorreta, pois a distribuição de competência pode levar em conta outras questões, como o *valor*, por exemplo; **E:** incorreta, pois a competência é irrenunciável (art. 11 da Lei 9.784/1999).

Gabarito "C"

(Procurador do Município/Recife-PE – 2008 – FCC) Em relação a princípios aplicáveis ao processo administrativo é correto afirmar:

(A) Os princípios do contraditório e da ampla defesa ensejam a observância destas garantias no processo administrativo, ainda que não se exija o mesmo rigor do processo judicial.

(B) O princípio da publicidade remete à necessidade de divulgação dos atos administrativos praticados, vedadas as hipóteses de sigilo.

(C) O princípio da obediência às formas e aos procedimentos enseja o estrito cumprimento das normas que regem o processo judicial sempre que se tratar de decisão administrativa constitutiva ou extintiva de direitos.

(D) O princípio da oficialidade remete à necessidade da decisão definitiva no processo administrativo ser proferida por autoridade oficialmente designada para esta finalidade.

(E) O princípio da pluralidade de instâncias traduz-se na necessidade de instituição de instância recursal representada por comissão processante colegiada quando for apresentado recurso administrativo pelo interessado.

A: correta (art. 2º, *caput*, da Lei 9.784/1999, e art. 5º, LV, da CF); **B:** incorreta, pois a própria Constituição prevê exceções ao princípio da publicidade, como no art. 5º, LX ("a lei só poderá restringir a publicidade dos atos processuais quando a defesa da intimidade ou o interesse social o exigirem") e XXXIII ("todos têm direito a receber dos órgãos públicos informações de seu interesse particular, ou de interesse coletivo ou geral, que serão prestadas no prazo da lei, sob pena de responsabilidade, ressalvadas aquelas cujo sigilo seja imprescindível à segurança da sociedade e do Estado"); **C:** incorreta, pois as normas do processo judicial não se aplicam aos processos administrativos, sendo certo que cada ente federativo criará normas de processo administrativo, aplicando-se a norma federal sobre o tema (Lei 9.784/1999), quando não houver norma local; **D:** incorreta, pois significa que a Administração deve movimentar o processo de ofício (art. 29 da Lei 9.784/1999); **E:** incorreta, pois não há norma impondo que a instância superior recursal administrativa seja necessariamente colegiada.

Gabarito "A"

(Procurador do Estado/PR – UEL-COPS – 2011) De acordo com a Lei federal de Processo Administrativo:

I. o prazo para a anulação ex oficio de um ato ilegal do qual decorram efeitos patrimoniais sucessivos a terceiro de boa fé conta-se da realização do último pagamento.

II. a competência administrativa é prevista em lei, sendo que a avocação definitiva da competência é admitida quando realizada por órgão hierarquicamente superior e por motivos relevantes devidamente justificados.

III. a delegação é revogável a qualquer tempo e o ato administrativo realizado por órgão delegado considera-se realizado pelo delegante, exceto se realizado com excesso de poder.

São verdadeiras:

(A) I e II;

(B) I e III;

(C) II e III;

(D) nenhuma;

(E) todas.

I: incorreta, pois é contado a percepção do primeiro pagamento (art. 54, § 1º, da Lei 9.784/1999); **II:** incorreta, pois a avocação é sempre temporária e não definitiva (art. 15 da Lei 9.784/1999); **III:** incorreta, pois o ato administrativo realizado por delegação considera-se editado pelo delegado e não pelo delegante (art. 13, § 3º, da Lei 9.784/1999).

Gabarito "D"

(Procurador de Contas TCE/ES – CESPE – 2009) No que se refere à Lei do Processo Administrativo (Lei n. 9.784/1999), assinale a opção correta.

(A) Se determinado ato for praticado com base em parecer jurídico, deverá constar desse ato a transcrição daquela motivação, não sendo suficiente a mera referência ao anterior parecer.

(B) Pessoa absolutamente incapaz, de 10 anos de idade, tem legitimidade para instaurar processo relativo a pedido de concessão de pensão, decorrente da morte do titular, nessa situação, independentemente de estar devidamente representada.

(C) Na hipótese de decisão administrativa contrariar enunciado da súmula vinculante, caberá à autoridade prolatora da decisão impugnada, se não a reconsiderar, explicitar, antes de encaminhar o recurso à autoridade superior, as razões da aplicabilidade ou inaplicabilidade da súmula, conforme o caso.

(D) Suponha que um servidor público tenha recebido uma delegação de poderes e, com base nela, tenha editado determinado ato. Nessa situação, como houve delegação, eventual impugnação judicial ao ato deve ser feita contra a autoridade delegante.

(E) A decisão proferida em recurso administrativo não poderá prejudicar a situação da pessoa do recorrente.

A: incorreta, pois a motivação *aliunde*, ou seja, aquela em que a decisão faz referência a manifestação anterior, é admitida pela lei, valendo salientar que a manifestação anterior passará a ser parte integrante do ato administrativo que a utiliza como motivação (art. 50, § 1º, da Lei 9.784/1999); **B:** incorreta, pois são capazes, para o processo administrativo, os maiores de 18 anos (art. 10 da Lei 9.784/1999), devendo os demais estarem representados (absolutamente incapazes) ou assistidos (relativamente incapazes), nos termos da lei civil; **C:** correta (art. 56, § 3º, da Lei 9.784/1999); **D:** incorreta, pois a impugnação deve ser feita contra o delegado (art. 14, § 3º, da Lei 9.784/1999); **E:** incorreta, pois, no *recurso administrativo* (mas não na *revisão administrativa* - art. 65, parágrafo único, da Lei 9.784/1999), é cabível a reforma em prejuízo do recorrente, desde que este possa se manifestar previamente à decisão do recurso (art. 64, parágrafo único, da Lei 9.784/1999).

Gabarito "C"

(Procurador do Município/São José dos Campos--SP – 2012 – VUNESP) O controle administrativo é aquele em que o Executivo e os órgãos de administração dos demais Poderes exercem sobre suas próprias atividades, visando mantê-las dentro da lei, segundo as necessidades do serviço e as exigências técnicas e econômicas de sua realização. Sob esses aspectos, é correto afirmar que

(A) a Administração só deve anular seus próprios atos quando houver provocação de terceiros.

(B) a revogação, quando provocada por ato do Poder Legislativo, gera para o particular direito à indenização.

(C) o controle administrativo pode e deve operar para que a atividade pública em geral se realize com legitimidade e eficiência, atingindo sua finalidade plena, que é a satisfação das necessidades coletivas e atendimento dos direitos individuais dos administrados.

(D) a Administração só anula o ato ilegal e revoga ou altera o ato legal, quando inconveniente ou inoportuno, se houver apreciação judicial e após o trânsito em julgado da sentença.

(E) os meios de controle administrativos, de um modo geral, não se bipartem em fiscalização hierárquica e recursos administrativos.

A: incorreta, pois a Administração pode agir de ofício, diferentemente do Judiciário, que age mediante provocação; **B:** incorreta, pois a revogação por ordem do Poder Legislativo não costuma gerar indenização, tendo em vista que a lei tem justamente o papel de dizer o limite dos direitos das pessoas, limites esses que se modificam de acordo com o interesse público expressado na lei; quando uma lei nova não mais admite uma situação que antes admitia (ex: lei nova que não mais admite permissão de uso de bem público em praças de um Município), essa lei acaba por "revogar" as permissões antes existentes, configurando-se o instituto da *caducidade*; como a lei é genérica e abstrata, não há que se falar em direito de indenização no caso; **C:** correta, pois o controle administrativo verifica a legitimidade (incluindo a legalidade) e a eficiência também, tudo com vistas a satisfazer o interesse público e as demandas legítimas dos administrados; **D:** incorreta, pois a Administração, pelo princípio da autotutela, pode anular e revogar seus atos independentemente de prévia apreciação jurisdicional; **E:** incorreta, pois, internamente, o controle administrativo se dá pela fiscalização hierárquica (que atua de ofício) e pelos recursos administrativos.

Gabarito "C"

(Procurador do Município/São Paulo-SP – 2008 – FCC) É correto afirmar em relação ao controle externo e interno da Administração Pública:

(A) admite-se o controle jurisdicional dos atos administrativos discricionários, salvo em relação aos motivos do ato.

(B) no contexto da participação do usuário no controle da Administração, caberá à lei disciplinar o acesso a registros administrativos, excetuados os atos de governo.

(C) os administrados podem provocar o procedimento de controle dos atos da Administração, hipótese esta restrita à proteção de seus respectivos interesses individuais.

(D) a anulação de ato administrativo ilegal somente poderá ser realizada por decisão judicial, em atendimento do princípio da segurança jurídica.

(E) os órgãos do Poder Executivo, assim como os órgãos dos demais Poderes quando realizem função administrativa, sujeitam-se ao controle interno e externo.

A: incorreta, pois cabe controlar também o motivo, mesmo quando discricionário, limitando-se o controle, todavia, aos aspectos de legalidade, moralidade e razoabilidade; **B:** incorreta, pois também há de se regulamentar o acesso a informações sobre atos de governo (art. 37, § 3º, II, da CF); **C:** incorreta, pois os administrados também podem fazer reclamações dos serviços públicos em geral e também representar contra o exercício negligente ou abusivo do cargo (art. 37, § 3º, I e III, da CF); **D:** incorreta, pois, pelo princípio da autotutela, a Administração pode anular os seus atos ilegais, independentemente de apreciação jurisdicional; **E:** correta (art. 70 da CF).

Gabarito "E"

(Procurador do Município/Teresina-PI – 2010 – FCC) Processo administrativo.

I. São legitimados como interessados aqueles que, sem terem iniciado o processo, têm direitos ou interesses que possam ser afetados pela decisão ser adotada.

II. Inexistindo competência legal específica, o processo administrativo deverá ser iniciado perante a autoridade de maior grau hierárquico para decidir.

III. O recurso administrativo tramitará no máximo por duas instâncias administrativas, salvo disposição legal diversa.

IV. Um dos critérios a serem observados no processo administrativo é a proibição de cobrança de despesas processuais, ressalvadas as previstas em lei.

SOMENTE estão corretas as assertivas

(A) II e IV.

(B) I e II.

(C) I e III.

(D) I e IV.

(E) II e III.

I: correta (art. 9º, II, da Lei 9.784/1999); **II:** incorreta, pois será iniciado perante a autoridade de MENOR grau hierárquico para decidir (art. 17 da Lei 9.784/1999); **III:** incorreta, pois tramitará por no máximo três instâncias (art. 57 da Lei 9.784/1999); IV: correta (art. 2º, parágrafo único, XI, da Lei 9.784/1999).

Gabarito "D"

(Procurador do Município/Aracaju – 2008 – CESPE) Em relação aos atos e aos processos administrativos regulados pela Lei n. 9.784/1999, julgue os próximos itens.

(1) Concluída a instrução de processo administrativo, a administração tem até 30 dias para decidir, salvo prorrogação por igual período expressamente motivada.

(2) O desatendimento de intimação para apresentação de defesa em processo administrativo não importa no reconhecimento da verdade dos fatos.

(3) A decisão de recursos administrativos não pode ser objeto de delegação.

1: certa (art. 49 da Lei 9.784/1999); **2:** certa (art. 27 da Lei 9.784/1999); **3:** certa (art. 13, II, da Lei 9.784/1999).

Gabarito 1C, 2C, 3C

(Procurador Federal – 2010 – CESPE) Tendo em vista a disciplina legal que rege o processo administrativo brasileiro e o entendimento do STF acerca do tema, julgue os itens que se seguem.

(1) No processo administrativo, eventual recurso deve ser dirigido à própria autoridade que proferiu a decisão, podendo essa mesma autoridade exercer o juízo de retratação e reconsiderar a sua decisão.

(2) Os atos do processo administrativo dependem de forma determinada apenas quando a lei expressamente a exigir.

(3) Se um parecer obrigatório e vinculante deixar de ser emitido no prazo fixado, o processo pode ter prosseguimento e ser decidido com sua dispensa, sem prejuízo da responsabilidade de quem se omitiu no atendimento.

1: correta (art. 56, § 1º, da Lei 9.784/1999); **2:** correta, pois o art. 22, caput, da Lei 9.784/1999 é claro no sentido de que, como regra, os atos do processo administrativo não têm forma determinada, forma essa que só existirá quando a lei expressamente exigir, sendo que a assertiva trazida na prova traz exatamente essa ideia, ou seja, de que no processo administrativo apenas há forma determinada quando a lei expressamente exigir; **3:** incorreta, pois, nesse caso, o processo *não* terá seguimento até a respectiva apresentação (art. 42, § 1º, da Lei 9.784/1999).

Gabarito 1C, 2C, 3E

(Procurador da Fazenda Nacional – 2004 – ESAF) Sobre as petições apresentadas à Administração, marque a opção correta.

(A) É recurso hierárquico próprio aquele interposto perante outro órgão, estranho àquele que exarou o ato impugnado.

(B) O recurso hierárquico impróprio só pode ser recebido, como tal, se houver previsão específica em lei, que o autorize.

(C) É entendimento pacífico, no Supremo Tribunal Federal, que representações anônimas encaminhadas à Administração, que digam respeito a irregularidades cometidas em prejuízo do Poder Público, não podem dar azo a investigações, em face da vedação ao anonimato, prevista na Constituição Federal.

(D) Reclamação e representação administrativas são expressões que podem ser utilizadas indistintamente, por apresentarem o mesmo significado.

(E) Também se considera pedido de reconsideração aquele dirigido diretamente à autoridade superior, desde que integrante de um mesmo órgão.

A: incorreta. Recurso hierárquico próprio, segundo Maria Sylvia Zanella di Pietro "é dirigido à autoridade imediatamente superior, dentro do mesmo órgão em que o ato foi praticado" (*Direito Administrativo*, p. 605); **B:** correta. Por não decorrer diretamente do poder hierárquico da Administração Pública, o recurso hierárquico impróprio (aquele dirigido a autoridade estranha ao órgão onde o ato foi praticado) só pode ser recebido se houver expressa previsão legal autorizando sua interposição; **C:** incorreta. A matéria ainda é discutida no STF, havendo decisões em ambos os sentidos. No caso específico de representações a respeito de irregularidades cometidas na Administração Pública, ao contrário do disposto na alternativa, o Pretório Excelso vem julgando pela aceitação das representações anônimas, em face da supremacia do interesse público (STF, MS 24.369, *DJ* 10.10.2002); **D:** incorreta. Representação é a notícia de irregularidades endereçada à Administração Pública, solicitando as providências cabíveis, enquanto reclamação é termo amplo que engloba todas as espécies de recursos administrativos (art. 1º do Decreto 20.910/1932; **E:** incorreta, pois pedido de reconsideração é somente aquele endereçado à mesma autoridade que proferiu a decisão (art. 56, § 1º, da Lei n. 9.784/1999).

Gabarito "B"

(ADVOGADO – PETROBRÁS TRANSP. – 2006 – CESGRANRIO) Com base nas disposições da Lei n. 9.784, de 29 de janeiro de 1999, que regula o processo administrativo no âmbito da Administração Pública Federal, afirma-se que:

I. o processo administrativo só pode se iniciado mediante pedido da parte interessada;

II. são inadmissíveis, no processo administrativo, as provas obtidas por meios ilícitos;

III. o órgão competente para decidir o recurso administrativo poderá modificar a decisão recorrida, inclusive para agravar a situação do recorrente;

IV. os prazos, nos processos administrativos, começam a correr a partir da data da cientificação oficial, excluindo-se da contagem o dia do começo e incluindo-se o do vencimento.

Estão corretas as afirmações:

(A) I e II, apenas.

(B) II e IV, apenas.

(C) III e IV, apenas.

(D) II, III e IV, apenas.

(E) I, II, III e IV.

I: incorreta, pois o processo administrativo também pode ser iniciado de ofício pela Administração (art. 5º da Lei 9.784/1999); **II:** correta (art. 30 da Lei 9.784/1999); **III:** correta (art. 64, parágrafo único, da Lei 9.784/1999); porém, é bom lembrar que, caso a Administração, ao conhecer de recurso, verificar que será o caso de agravar a situação do recorrente, deverá cientificar o interessado para que formule suas alegações antes da decisão; IV: correta (art. 66, *caput*, da Lei 9.784/1999).

Gabarito "D"

(ADVOGADO – EPE – 2007 – CESGRANRIO) Tratando-se de processo administrativo regido pela Lei n. 9.784, de 29 de janeiro de 1999, é correto afirmar que:

(A) a competência para decisão de recursos administrativos é indelegável.

(B) a decisão proferida em recurso administrativo não pode agravar a situação do recorrente.

(C) o processo administrativo apenas pode ser iniciado por ato da parte interessada.

(D) o órgão administrativo pode, em razão de circunstâncias técnicas, delegar a outros órgãos administrativos sua competência para a edição de atos de caráter normativo.

(E) apenas os maiores de 21 anos são capazes, para fins de processo administrativo, ressalvada previsão especial em ato normativo próprio.

A: correta (art. 13, II, da Lei 9.784/1999); **B:** incorreta, pois é possível o agravamento, nos termos e condições previstos no art. 64, parágrafo único, da Lei 9.784/1999; **C:** incorreta, pois pode ser iniciado de ofício também (art. 5º da Lei 9.784/1999); **D:** incorreta, pois não é possível delegar a competência para editar atos de caráter normativo (art. 13, I, da Lei 9.784/1999); **E:** incorreta, pois os maiores de 18 anos já são capazes para fins de processo administrativo (art. 10 da Lei 9.784/1999).

Gabarito "A"

(ADVOGADO – BNDES – 2006 – CESGRANRIO) É exemplo de processo administrativo ablativo o que tem por objeto:

(A) cassação de licença.

(B) pedido de licença para edificar.

(C) pedido de permissão de uso de bem público.

(D) licitação para aquisição de bens, obras ou serviços.

(E) concurso público para cargo na administração direta.

Ablação quer dizer corte, retirada. A cassação é justamente a retirada de um ato que beneficia o particular, de modo que a alternativa "a" é correta. Nos demais casos não há qualquer retirada de direitos dos administrativos.

Gabarito "A"

(ADVOGADO – BNDES – 2001 – VUNESP) O apelo que a parte dirige à autoridade ou instância superior do mesmo órgão administrativo, pleiteando revisão do ato recorrido, denomina-se

(A) representação.

(B) recurso hierárquico próprio.

(C) pedido de reconsideração.

(D) recurso hierárquico impróprio.

(E) reclamação.

Trata-se do chamado recurso hierárquico próprio, já que dirigido à autoridade superior do mesmo órgão da inferior (ex.: para secretário da educação contra ato de um diretor da mesma secretaria). Por outro lado, o recurso hierárquico é considerado impróprio quando dirigido para autoridade superior fora do órgão da inferior (ex.: para o Prefeito contra ato do secretário da saúde).

Gabarito "B"

(PROCURADOR – BANCO CENTRAL – 2009 – CESPE) Assinale a opção correta a respeito da Lei n. 9.784/1999.

(A) O processo administrativo iniciar-se-á somente a pedido de interessado.

(B) O processo administrativo regido pela Lei n.° 9.784/1999 não protege os direitos ou interesses difusos.

(C) Os atos praticados sob o manto da delegação imputam-se ao delegante e ao delegado, de forma concorrente.

(D) Está impedido de atuar no processo administrativo o tio daquele que atuou como testemunha.

(E) O parecer do órgão consultivo deverá ser emitido impreterivelmente no prazo máximo de quinze dias.

A: incorreta, pois pode ser iniciado de ofício (art. 5º da Lei 9.784/1999); **B:** incorreta, pois protege sim (arts. 9º, IV, e 58, VI, da Lei 9.784/1999); **C:** incorreta, pois imputam-se ao delegado (art. 14, § 3º, da Lei 9.784/1999); **D:** correta (art. 18, II, da Lei 9.784/1999), valendo lembrar que tio é parente de 3º grau; **E:** incorreta, pois o prazo é de quinze dias, mas há exceção, já que a lei prevê que o prazo pode ser diferente em caso de norma especial ou de comprovada necessidade de maior prazo (art. 42, *caput*, da Lei 9.784/1999).

Gabarito "D"

(ADVOGADO – ANCINE – 2005 – CESPE) Na administração pública federal, o processo administrativo é regulado pela Lei n. 9.784/1999. Acerca desse tema, julgue os itens que se seguem.

(1) No processo administrativo, se excluídas a delegação e a avocação, a competência é irrenunciável.

(2) É dever da administração pública revogar seus próprios atos, quando eivados de vícios de legalidade.

1: correta (art. 11 da Lei 9.784/1999); **2:** incorreta, pois atos ilegais devem ser anulados e não revogados.

Gabarito 1C, 2E

(ADVOGADO – ANP – 2008 – CESGRANRIO) Pode-se considerar como parte de um quadro principiológico, em relação aos processos administrativos, no âmbito da União, os princípios constitucionais expressos e os princípios específicos, previstos legalmente. São eles:

(A) segurança jurídica, motivo, interesse público, contraditório, impessoalidade, ampla defesa, moralidade, finalidade, eficiência, legalidade, razoabilidade, publicidade, motivação, proporcionalidade.

(B) interesse público, finalidade, proporcionalidade, legalidade, eficiência, moralidade, ampla defesa, motivação, contraditório, publicidade, transparência, segurança jurídica, razoabilidade, impessoalidade.

(C) legalidade, organização, impessoalidade, razoabilidade, eficiência, publicidade, proporcionalidade, contraditório, moralidade, segurança jurídica, motivo, finalidade, ampla defesa, motivação.

(D) publicidade, finalidade, ampla defesa, motivação, razoabilidade, moralidade, proporcionalidade, impessoalidade, contraditório, legalidade, segurança jurídica, interesse público, eficiência.

(E) publicidade, contraditório, proporcionalidade, finalidade, legalidade, duplo grau de jurisdição, impessoalidade, motivação, interesse público, ampla defesa, moralidade, segurança jurídica, eficiência.

A: incorreta, pois o "motivo" é requisito do ato administrativo, e não princípio previsto no art. 2º, *caput*, da Lei 9.784/1999 ou no art. 37, *caput*, da CF; **B:** incorreta, pois a transparência é bem vinda, mas não está elencada no art. 2º, *caput*, da Lei 9.784/1999 ou no art. 37, *caput*, da CF; **C:** incorreta, pois o "motivo" é requisito do ato administrativo e a organização não é princípio previsto no art. 2º da Lei 9.784/1999 ou no art. 37, *caput*, da CF; **D:** correta (art. 2º, *caput*, da Lei 9.784/1999 e CF); **E:** incorreta, pois o duplo grau de jurisdição não é princípio previsto no art. 2º da Lei 9.784/1999 o no art. 37, *caput*, da CF.

Gabarito "D"

13.2. CONTROLE EXTERNO

13.2.1. CONTROLE DO LEGISLATIVO E DO TRIBUNAL DE CONTAS

(Procurador Federal – 2013 – CESPE) Com relação ao controle interno da administração pública e ao TCU, julgue os itens consecutivos.

(1) O TCU tem o dever de prestar ao Congresso Nacional, a qualquer de suas Casas ou de suas comissões, informações sobre a fiscalização contábil, financeira, orçamentária, operacional e patrimonial que executar, bem como sobre os resultados das auditorias e inspeções que realizar.

(2) Uma autoridade pública federal responsável pelo sistema de controle interno que, após tomar conhecimento de uma irregularidade ou ilegalidade praticada no âmbito do órgão em que atue, dela não der ciência ao TCU estará sujeita a ser solidariamente responsabilizada pelo ato irregular ou ilegal.

1: correta (art. 38, II, da Lei 8.443/1992); **2:** correta (art. 51, *caput*, da Lei 8.443/1992).

Gabarito 1C, 2C

(Procurador/DF – 2013 – CESPE) Acerca do controle da administração pública, julgue o item a seguir.

(1) Em relação ao controle externo exercido pelo Congresso Nacional, a fiscalização financeira diz respeito ao acompanhamento da execução do orçamento e da verificação dos registros adequados nas rubricas orçamentárias.

1: errada, pois a fiscalização financeira em sentido amplo também se aterá à legalidade, à legitimidade, à economicidade e aos demais elementos mencionados no art. 70, *caput*, da CF.

Gabarito 1E

(Procurador/DF – 2013 – CESPE) Acerca do controle da administração pública, julgue o item a seguir.

(1) O controle administrativo é um controle de legalidade e de mérito, exercido exclusivamente pelo Poder Executivo sobre suas próprias condutas.

1: errada, pois o Judiciário também exerce o controle de legalidade (em sentido amplo) sobre as condutas do Executivo; não bastasse, o Legislativo também fará o controle de condutas do Executivo, inclusive mediante a sustação de atos da Administração (arts. 70 a 72 da CF).

Gabarito 1E

(Procurador/DF – 2013 – CESPE) Acerca do controle da administração pública, julgue o item a seguir.

(1) O STF poderá, apenas após ação judicial, acolher reclamação administrativa, anular o ato administrativo e determinar que outro seja praticado.

1: errada, pois a cognição na reclamação não requer uma ação judicial tradicional, com amplo conhecimento da matéria, sendo necessário apenas que se faça o pedido de reclamação ao Presidente do Tribunal, autuando-se e distribuindo-se ao relator da causa principal, com requisição de informações em 10 dias, vistas ao Ministério Público e decisão (arts. 13 a 17 da Lei 8.038/1990); vale lembrar que, para evitar dano irreparável, cabe também liminar suspendendo o processo ou o ato impugnado (art. 14, II, da Lei 8.038/1990).

Gabarito 1E

(Procurador/DF – 2013 – CESPE) Julgue os itens que se seguem.

(1) O direito da administração de anular os atos administrativos de que decorram efeitos favoráveis para os destinatários decai em cinco anos, contados da data em que foram praticados. Não obstante, segundo orientação jurisprudencial que vem sendo firmada no âmbito do STF, não se opera esse prazo decadencial no período compreendido entre o ato administrativo concessivo de aposentadoria ou pensão e o posterior julgamento de sua legalidade e registro pelo TCU – que consubstancia o exercício da competência constitucional de controle externo.

1: certa; de fato, segundo o STF, a "(...) Suprema Corte possui jurisprudência pacífica no sentido de que o Tribunal de Contas da União, no exercício da competência de controle externo da legalidade do ato de concessão inicial de aposentadorias, reformas e pensões (art. 71, inciso III, CF/88), não se submete ao prazo decadencial da Lei nº 9.784/1999, iniciando-se o prazo quinquenal somente após a publicação do registro na imprensa oficial. 2. Ainda que pudesse subsistir a argumentação da impetrante de que o exame de legalidade realizado pela Corte de Contas recaiu sobre situação consolidada desde 1996, relativa à aposentadoria de seu falecido marido, não foram apresentados fatos e provas concretos de que o cálculo da aposentadoria concedida ao marido da recorrente tivesse sido considerado legal pelo TCU. 3. Submetida que está a administração pública ao princípio da legalidade, havendo previsão normativa, não há óbice a que o Tribunal de Contas da União – na qualidade de órgão auxiliar do controle externo exercido pelo Congresso Nacional e no exercício da competência que lhe foi conferida pelo art. 71, III, da Constituição Federal – aprecie a correspondência do ato de concessão inicial de pensão com o regime legal vigente na data em que veio a óbito o instituidor do benefício." (AgRg em MS 30.830/DF, DJ 13/12/2012).

Gabarito 1C

(Procuradoria Distrital – 2007) De acordo com a jurisprudência já consolidada do Tribunal de Contas da União, são requisitos necessários para a caracterização da dispensa de licitação com base em situação emergencial ou de calamidade pública, exceto:

(A) que exista urgência concreta e efetiva do atendimento a situação decorrente do estado emergencial ou calamitoso, visando afastar risco de danos a bens ou à saúde ou à vida de pessoas.

(B) que o risco, além de concreto e efetivamente provável, se mostre iminente e especialmente gravoso.

(C) que a contratação direta seja o único meio de se afastar o perigo de forma efetiva e eficiente, devendo o objeto da contratação estar limitado em termos qualitativos e quantitativos ao suficiente para afastar o perigo iminente.

(D) que o administrador comprove, nos autos do processo de dispensa, que a licitação tenha-se iniciado com a devida antecedência em razão do tempo normal que envolve este procedimento e que o atraso na conclusão do procedimento não tenha sido resultante de falta de planejamento, desídia administrativa ou má gestão dos recursos disponíveis.

(E) que o administrador comprove, nos autos do processo de dispensa, que, caso a licitação não se tenha iniciado com a devida antecedência em razão do tempo normal que envolve este procedimento, que determine a apuração do responsável pela falta de planejamento, desídia administrativa ou má gestão dos recursos disponíveis, a fim de não permitir que a sociedade seja duas vezes prejudicada, primeiro pela não realização da licitação e segundo pela falta de um serviço ou bem essencial.

De fato, a emergência oriunda de desídia administrativa, apesar de ensejar a contratação com dispensa de licitação (desde que a situação seja mesmo emergencial), impõe a concomitante determinação de apuração do responsável pela desídia.

Gabarito "E"

(Procuradoria Distrital – 2007) Em relação à Lei n. 8.666/1993 que disciplina as licitações e as contratações na Administração Pública é correto afirmar:

(A) para restar caracterizada a hipótese de inexigibilidade de licitação prevista no inciso II do artigo 25 da Lei n. 8.666/1993, faz-se necessária a presença simultânea de dois elementos, quais sejam, o serviço profissional especializado e a notória especialização do profissional ou da empresa.

(B) nos editais de licitação a Administração poderá fixar critérios de aceitabilidade dos preços unitários e global, os quais deverão servir de parâmetro quando do julgamento da proposta de preços, sendo vedada a fixação de preços mínimos e recomendada a fixação de preços máximos, conforme orientação do Tribunal de Contas da União.

(C) a revogação do procedimento licitatório pode ser efetivada a qualquer momento desde que fundamentada exclusivamente em razões de interesse público, assegurado ao particular o direito à indenização por perdas e danos.

(D) consoante entendimento fixado pelo Tribunal de Contas do Distrito Federal, no caso da contratação de serviços contínuos, a escolha da modalidade de licitação (concorrência, tomada de preços ou convite) deverá ser compatível com o valor do primeiro contrato e não com o valor total, considerado o prazo máximo de vigência contratual definido no edital, vez que a prorrogação do prazo contratual nesse caso é faculdade da Administração e poderá ou não ser utilizada.

(E) de acordo com o disposto no artigo 49 da Lei n. 8.666/1993 a nulidade do procedimento licitatório, quando eivado de ilegalidade, assegura ao particular o direito ao contraditório e à ampla defesa, mas por tratar-se de ato nulo não há previsão do dever de indenizar.

A questão descreve o previsto no art. 40, X, da Lei 8.666/1993.

Gabarito "B"

(Procuradoria Distrital – 2007) Ainda acerca da disciplina dos contratos e convênios administrativos, estabelecida na Lei n. 8.666/1993, é correto afirmar:

(A) nos contratos administrativos tanto o reajuste de preços como o reequilíbrio econômico-financeiro podem ser concedidos a qualquer tempo a partir da contratação, considerando serem medidas que visam manter inalteradas as condições da contratação.

(B) a utilização do instrumento de convênio, quando cabível o contrato, pode ser considerado um mero erro de forma, porquanto ambos estão sujeitos à aplicação da Lei n. 8.666/1993 e à fiscalização pelos órgãos de controle da Administração Pública.

(C) as alterações contratuais decorrentes de acréscimos ou supressões no objeto do contrato podem ser classificadas como quantitativas e qualitativas, sendo que ambas estão sujeitas ao limite de 25% do valor atualizado do contrato. Entretanto, em situações especialíssimas, o Tribunal de Contas da União admite a extrapolação do limite de 25% apenas quando se tratar de alterações qualitativas.

(D) o equilíbrio econômico-financeiro do contrato administrativo se perfaz na relação entre os encargos impostos ao particular e a remuneração correspondente, dessa forma o momento da definição desse equilíbrio é o da assinatura do contrato, pois é a partir daí que se estabelecem as obrigações e os direitos.

(E) o convênio é modalidade de contrato administrativo que se caracteriza por ser um contrato "cooperativo", pois aqui não há a contraposição de interesses, mas sim um acordo entre os partícipes visando à consecução de um objetivo comum. Dessa forma, admite-se a cobrança de taxa pela realização do serviço, desde que a entidade convenente não tenha fins lucrativos; caso contrário fica inviabilizada a celebração do convênio e o instrumento passa a ter características de contrato.

A questão compreende o disposto no art. 65, I, *a*, da Lei 8.666/1993.

Gabarito "C"

(Procurador da Fazenda Nacional – 2004 – ESAF) No que tange às atividades de controle interno e externo da Administração Pública, assinale a opção correta.

(A) A atividade do controle da União e da Administração indireta envolve a fiscalização contábil, financeira, operacional e patrimonial, mas não diz respeito à matéria orçamentária, eis que a forma de execução do orçamento é matéria típica do campo discricionário do administrador público.

(B) Por não envolver gastos públicos, não há controle interno ou externo sobre a renúncia de receitas.

(C) Nos termos de nossa Constituição Federal, o controle externo da União e da Administração indireta correspondente está a cargo do Congresso Nacional, que o exerce com o auxílio do Tribunal de Contas da União.

(D) O Tribunal de Contas da União julga não apenas as contas dos administradores e demais responsáveis por dinheiros, valores e bens públicos, na órbita federal, mas também as contas prestadas anualmente pelo Presidente da República.

(E) Na órbita federal, o Tribunal de Contas da União aprecia, para fins de registro, a legalidade dos atos de admissão de pessoal, aí incluídas as nomeações para cargo de provimento em comissão.

A: incorreta, por força do disposto no art. 70 da CF, que inclui a fiscalização orçamentária; **B:** incorreta. A renúncia de receitas está incluída no art. 70 da CF como objeto de fiscalização pelo Congresso Nacional; **C:** correta. A competência do TCU, em auxílio ao Congresso Nacional no mister de exercer o controle externo da União, está prevista no art. 71 da CF; **D:** incorreta. Quanto às contas do Presidente da República, cabe ao TCU apenas emitir parecer opinativo, ficando o julgamento a cargo do Congresso Nacional (art. 71, I, da CF); **E:** incorreta. As nomeações para cargo de provimento em comissão estão expressamente excluídas da apreciação para fins de registro pelo TCU (art. 71, III, da CF).

Gabarito "C"

13.2.2. CONTROLE PELO JUDICIÁRIO

(Procurador/DF – 2013 – CESPE) Julgue o seguinte item.

(1) Segundo o entendimento firmado no âmbito do STJ, quando se tratar de ato de demissão de servidor público, é permitido questionar o Poder Judiciário acerca da legalidade da pena a ele imposta, até porque, em tais circunstâncias, o controle jurisdicional é amplo, no sentido de verificar se há motivação para o ato de demissão.

1: certa, podendo o Judiciário verificar se o devido processo legal foi respeitado, inclusive quanto ao contraditório e à ampla defesa, bem como se a pena em si está de acordo com a lei, a moralidade e a razoabilidade.

Gabarito 1C

(Procurador/DF – 2013 – CESPE) Com referência ao controle jurisdicional, julgue o item abaixo.

(1) *O habeas corpus* é remédio cabível para o controle jurisdicional de ato da administração; contudo, salvo os pressupostos de legalidade, o referido remédio não será cabível em relação a punições disciplinares militares.

1: certa (art. 142, § 2º, da CF).

Gabarito 1C

(Procurador do Município/Florianópolis-SC – 2010 – FEPESE) Assinale a alternativa **correta**.

(A) O prazo para a administração pública ajuizar ação rescisória é de quatro anos.

(B) Quando em juízo, a fazenda pública não precisa antecipar nenhum tipo de despesa judicial.

(C) É inconstitucional a exigência de depósito ou arrolamento prévios de dinheiro ou bens para admissibilidade de recurso administrativo.

(D) No reexame necessário, ocorre a devolução integral da matéria, podendo o Tribunal agravar a condenação imposta à fazenda publica.

(E) Não cabe ação monitória contra a fazenda pública, porquanto incompatível com o regime de precatórios.

A alternativa "C" descreve o disposto na Súmula Vinculante n. 21 do STF.

Gabarito "C"

(Procurador do Município/Teresina-PI – 2010 – FCC) No que diz respeito ao Controle Judicial da Administração, é correto afirmar:

(A) Consoante prescreve a Lei da Ação Civil Pública, sociedade de economia mista não detém legitimidade para a propositura de ação civil pública.

(B) Não é sujeito passivo de *habeas data* entidade particular que detém dados sobre determinada pessoa, destinados a uso público, como, por exemplo, a que mantém cadastro de devedores.

(C) Na ação popular, é facultado ao Ministério Público assumir a defesa do ato impugnado.

(D) Equiparam-se às autoridades coatoras, para os efeitos da Lei do Mandado de Segurança, os órgãos de partidos políticos.

(E) Os direitos protegidos pelo mandado de segurança coletivo são somente os coletivos, assim entendidos os transindividuais, de natureza indivisível, de que seja titular grupo ou categoria de pessoas ligadas entre si ou com a parte contrária por uma relação jurídica básica.

A alternativa "D" indica o previsto no art. 1º, § 1º, da Lei do Mandado de Segurança (12.016/2009).

Gabarito "D"

(ADVOGADO – ANATEL – 2009 – CESPE) Julgue os itens seguintes, acerca do controle da administração pública.

(1) O mandado de segurança individual tem como requisito para sua impetração a fundamentação em alegações que dependam exclusivamente de dilação probatória, segundo jurisprudência pacífica dos tribunais.

(2) O mandado de segurança, o *habeas corpus* e o *habeas data* são ações mandamentais que não exigem capacidade postulatória, pois qualquer cidadão tem legitimidade para seu ajuizamento segundo jurisprudência dominante do Supremo Tribunal Federal.

1: incorreta, pois é justamente o contrário; exige-se direito líquido e certo, ou seja, que haja prova constituída dos fatos que dão base ao direito alegado, não sendo possível dilação probatória no procedimento dessa ação; **2:** incorreta, pois essa afirmação só vale para o *habeas corpus*.

Gabarito 1E, 2E

(ADVOGADO – PETROBRÁS – 2008 – CESGRANRIO) Caso um determinado indivíduo se considere prejudicado pela falta de norma regulamentadora que torne inviável o exercício de direitos e liberdades constitucionais, de qual medida judicial de controle de ato administrativo (remédio constitucional) deverá este fazer uso para assegurar o exercício de seu direito?

(A) *Habeas data*

(B) *Habeas corpus*

(C) Ação civil pública

(D) Mandado de injunção

(E) Mandado de segurança coletivo

Trata-se do mandado de injunção (art. 5º, LXXI, da CF).

Gabarito "D"

(ADVOGADO – INFRAERO – 2004 – NCE/UFRJ) O *Habeas Data* foi instituído pela Constituição Federal editada em 1988 e regulamentado por lei específica editada no ano de:

(A) 1988;

(B) 1989;

(C) 1996;

(D) 1997;

(E) 1999.

Trata-se da Lei 9.507/1997.

Gabarito "D"

(ADVOGADO – BNDES – 2001 – VUNESP) Os atos legislativos, ou seja, as leis propriamente ditas (normas em sentido formal e material), ficam sujeitos a controle por meio de

(A) mandado de segurança coletivo.

(B) ação popular.

(C) ação direta de inconstitucionalidade.

(D) habeas data.

(E) mandado de injunção.

As leis estão sujeitas a controle concentrado por meio de ação direta de inconstitucionalidade, de modo que a alternativa "c" é a correta.

Gabarito "C"

(ADVOGADO – BNDES – 2001 – VUNESP) O mandado de segurança NÃO é cabível

(A) para atacar a lei de efeito concreto.

(B) para assegurar a liberdade de locomoção.

(C) contra ato disciplinar praticado por autoridade incompetente.

(D) para impugnar qualquer decisão judicial.

(E) contra omissão de autoridade.

A: incorreta, pois não cabe mandado de segurança para atacar lei em tese (abstrata, geral), mas para atacar lei de efeitos concretos cabe mandado de segurança sim; **B:** correta, pois a própria Constituição dispõe que não cabe mandado de segurança quando couber habeas data ou habeas corpus (art. 5º, LXIX, da CF); no caso, cabe habeas corpus, afastando, então, o cabimento de mandado de segurança; **C:** incorreta, pois cabe mandado de segurança nesse caso; aliás, hoje, em matéria disciplinar, só não cabe mandado de segurança quando não haja prova pré-constituída dos fatos que constituem o direito invocado; **D:** incorreta, pois só não cabe mandado de segurança contra decisão judicial, quando desta couber algum recurso com efeito suspensivo ou quando a decisão tiver transitado em julgado (art. 5º, II e III, da Lei 12.016/2009); **E:** incorreta, pois uma omissão estatal tem o condão de configurar ilegalidade ou abuso de poder, de modo que não há restrição ao cabimento de mandado de segurança por omissões estatais.

Gabarito "B"

3. Direito Tributário

Robinson Sakiyama Barreirinhas e Henrique Subi

1. COMPETÊNCIA TRIBUTÁRIA

(Procurador Distrital – 2014 – CESPE) Julgue o seguinte item.

(1) É inconstitucional a isenção de tributo estadual fundada em tratado internacional ratificado pelo presidente da República.

Afastando ou ao menos reduzindo muito o debate doutrinário e jurisprudencial a respeito do assunto, o STF decidiu que "a cláusula de vedação inscrita no art. 151, III, da CF/1988 – que proíbe a concessão de isenções tributárias heterônomas – é inoponível ao Estado Federal brasileiro (vale dizer, à República Federativa do Brasil), incidindo, unicamente, no plano das relações institucionais domésticas que se estabelecem entre as pessoas políticas de direito público interno. (...) Nada impede, portanto, que o Estado Federal brasileiro celebre tratados internacionais que veiculem cláusulas de exoneração tributária em matéria de tributos locais (como o ISS, p. ex.)" (RE 543.943 AgR/PR).

Gabarito "1E"

(Procurador do Estado/PR – UEL-COPS – 2011) Quanto ao exercício da competência tributária, é incorreto afirmar:

(A) exceto no que diz respeito aos empréstimos compulsórios e aos impostos compreendidos na competência residual da União, os quais devem ser instituídos por lei complementar, todos os demais impostos, previstos no Sistema Constitucional Tributário, são instituídos por lei ordinária;

(B) ao Distrito Federal cabem os impostos municipais;

(C) os Estados não têm competência para tributar, por via de ICMS, as operações de exportação de mercadorias e serviços de transporte interestadual, intermunicipal e bem assim os serviços de comunicação;

(D) dada a competência extraordinária da União para instituição de impostos, não se pode afirmar que as competências dos Estados e Municípios são privativas para instituição de impostos;

(E) n. d. a.

A: assertiva imprecisa. Em primeiro lugar, empréstimo compulsório não é imposto, sendo incorreto referir-se, portanto, aos "demais impostos". Em segundo lugar, há debate em relação ao imposto sobre grandes fortunas, por conta da redação do art. 153, VII, da CF, que consigna "nos termos de lei complementar". Alguns autores indicam que caberia à lei complementar apenas definir o que seja "grandes fortunas", podendo a efetiva instituição do imposto ser feita por simples lei ordinária federal. Outros defendem que a própria instituição do imposto sobre grandes fortunas deve ser realizada por lei complementar federal. Não há, evidentemente, jurisprudência, já que o tributo jamais foi criado; **B:** correta, pois o Distrito Federal cumula as competências estaduais e municipais (ele não é dividido em Municípios) – art. 147, *in fine*, da CF; **C:** assertiva correta, pois há imunidade de ICMS em relação às exportações – art. 153, § 2º, X, *a*, da CF; **D:** assertiva correta, pois, de fato, a União pode invadir excepcionalmente as competências estaduais e municipais, em caso de guerra externa ou sua iminência, para instituir o imposto extraordinário previsto no art. 154, II, da CF, cujo fato gerador e base de cálculo podem coincidir com aqueles dos impostos dos outros entes políticos.

Gabarito "A"

(Procurador do Município/Cubatão-SP – 2012 – VUNESP) Uma das características da competência tributária é a

(A) indelegabilidade.

(B) prescritibilidade.

(C) delegabilidade.

(D) renunciabilidade.

(E) caducidade.

A competência tributária é privativa, inalterável (art. 110 do CTN), indelegável (art. 7º do CTN), incaducável, irrenunciável e facultativa. Por essa razão, a alternativa A é a única correta.

Gabarito "A"

(Procurador do Estado/GO – 2010) Sobre a competência tributária, é CORRETO afirmar:

(A) Em nenhuma hipótese, poderá a União instituir tributos idênticos aos de competência dos Estados.

(B) Excepcionalmente, em caso de guerra externa, desde que se utilizando de lei complementar, poderá a União instituir para si imposto sobre a circulação de mercadorias.

(C) A lei complementar é o instrumento legislativo apto a dispor sobre conflito de competência tributária.

(D) O titular da competência tributária tem o prazo de cinco anos para exercê-la.

(E) O Imposto sobre Circulação de Mercadorias (ICMS), de cuja repartição do produto da arrecadação participam os Municípios, poderá, na ausência de lei estadual, ser instituído pelo Município de Goiânia, desde que autorizado, mediante lei, pelo Estado de Goiás.

A: incorreta, pois no caso da competência extraordinária em caso de guerra externa ou sua iminência, o imposto instituído pela União poderá ter o mesmo fato gerador e base de cálculo de outro já existente, inclusive da competência estadual ou municipal – art. 154, II, da CF; **B:** incorreta, pois a competência extraordinária pode ser exercida por simples lei ordinária, não se exigindo lei complementar – art. 154, II, da CF (diferentemente do empréstimo compulsório, que exige lei complementar); **C:** essa é a assertiva correta, nos termos do art. 146, I, da CF; **D:** incorreta, pois a competência tributária é incaducável, ou seja, não se extingue ou modifica por decurso de tempo; **E:** incorreta, pois a competência tributária (competência para legislar acerca do tributo) é indelegável (o que pode ser delegada por lei é a sujeição ativa) – art. 7º do CTN.

Gabarito "C"

(Procurador do Estado/MT – FCC – 2011) Sobre competência tributária e capacidade tributária ativa, é correto afirmar:

(A) A competência tributária é delegável por lei.

(B) A capacidade tributária ativa indica o sujeito ativo da obrigação tributária principal.

(C) O Código Tributário Nacional fixa as competências tributárias.

(D) A capacidade tributária ativa é exclusiva do ente político definido na Constituição Federal.

(E) Somente o ente político competente para instituir o tributo pode ser titular da capacidade tributária ativa.

A: incorreta, pois a competência tributária (competência para legislar acerca do tributo) é indelegável (o que pode ser delegada por lei é a sujeição ativa) – art. 7º do CTN; **B:** essa é a assertiva correta, pois indica corretamente o conceito de capacidade ativa tributária, relativa ao sujeito ativo da obrigação tributária; **C:** incorreta, pois a competência tributária é fixada exclusivamente pela Constituição Federal; **D** e **E:** incorretas, pois, diferentemente da competência, a sujeição ativa pode ser delegada por lei – art. 7º do CTN.

Gabarito "B"

(Procurador do Estado/PA – 2011) Analise as proposições abaixo e assinale a alternativa CORRET**A:**

I. A exigência de lei complementar prevista no art. 146, III, *b*, da Carta da República impede que os Estados disciplinem os depósitos judiciais e extrajudiciais de tributos, ainda que sem interferir na sua natureza

II. A regra do art. 149, *caput*, da Constituição Federal atribui à União a competência exclusiva para a instituição de contribuições sociais, de intervenção no domínio econômico e de interesse das categorias profissionais e econômicas, não comportando exceções.

III. A competência, privativa ou concorrente, para legislar sobre determinada matéria não implica automaticamente a competência para a instituição de tributos. Os entes federativos somente podem instituir os impostos e as contribuições que lhes foram expressamente outorgados pela Constituição.

IV. Os Estados-membros podem instituir apenas contribuição que tenha por finalidade o custeio do regime de previdência de seus servidores.

V. Os Municípios e o Distrito Federal poderão instituir contribuição, na forma das respectivas leis, para o custeio do serviço de iluminação pública.

(A) Apenas as proposições I e III estão corretas.

(B) Apenas a proposição III está correta.

(C) Apenas as proposições I, IV e V estão corretas.

(D) Todas as proposições estão corretas.

(E) Apenas as proposições III, IV e V estão corretas.

I: incorreta, pois a matéria refere-se à regulamentação do processo no âmbito da Justiça Estadual, e não acerca da tributação, inexistindo reserva de lei complementar federal – art. 146 da CF; **II:** incorreta, pois, apesar da literalidade do *caput* desse dispositivo constitucional, os Estados, o Distrito Federal e os Municípios têm competência para instituir a contribuição social de seus respectivos servidores, para custeio do regime previdenciário próprio – art. 149, § 1º, da CF; **III:** assertiva correta, pois a competência tributária é expressa e exaustivamente delimitada pela Constituição Federal. Excepcionalmente, não há exaustividade em relação à União, que detém a competência residual para instituir outros impostos e contribuições sociais não previstos expressamente na Constituição – art. 154, I, e art. 195, § 4º, da CF; **IV:** assertiva correta, nos termos do art. 149, § 1º, da CF; V: assertiva correta, pois essa competência é prevista no art. 149-A da CF.

Gabarito "E"

(Procurador do Município/Florianópolis-SC – 2010 – FEPESE) Sobre a competência dos entes federativos em matéria tributária, é **correto** afirmar:

(A) Cabe à legislação municipal estabelecer o sujeito passivo do Imposto sobre a Propriedade Territorial Urbana (IPTU).

(B) Competem à União, em Território Federal, os impostos estaduais e municipais, mesmo que o Território seja dividido em Municípios.

(C) Compete exclusivamente à União instituir contribuição, cobrada de seus servidores, para o custeio, em benefício destes, do regime previdenciário.

(D) Cabe à lei complementar estabelecer normas gerais em matéria de legislação tributária sobre a competência dos entes federativos.

(E) Compete aos Municípios instituir impostos sobre propriedade predial e territorial urbana, que poderão ser progressivos em razão das dimensões do imóvel.

A: Adequada. A rigor, o contribuinte do IPTU, assim como o contribuinte de todos os impostos previstos na Constituição Federal, deve ser definido por lei complementar federal – art. 146, III, *a*, da CF e art. 34 do CTN. Entretanto, isso não é suficiente para a efetiva exigência do imposto, sendo necessário que a lei de cada Município (e do DF) institua a exação, indicando expressamente o sujeito passivo (repetindo, na prática, aquele definido na lei complementar federal). Nesse sentido, a assertiva é correta; **B:** Incorreta, pois somente se o Território Federal, que venha a ser criado (atualmente não existe), não for dividido em Município é que a União deterá também a competência relativa aos tributos municipais. Se houver Municípios, cada um deles exercerá sua competência própria, e a União ficará apenas com a competência federal e estadual – art. 147 da CF; **C:** Incorreta, pois todos os entes políticos (também os Estados, o Distrito Federal e os Municípios) não apenas podem como devem instituir e cobrar a contribuição dos seus respectivos servidores para custeio do regime previdenciário próprio (a alíquota não poderá ser inferior à da contribuição cobrada pela União em relação a seus próprios servidores efetivos) – art. 149, § 1º, da CF; **D:** Incorreta, pois a competência dos entes federativos é definida pela Constituição Federal, não cabendo, em princípio, fixação de normas gerais por lei complementar federal – art. 146 da CF; **E:** Incorreta, pois o IPTU pode ser progressivo apenas em relação ao valor do imóvel (art. 156, § 1º, I, da CF) ou no tempo (art. 182, § 4º, II, da CF), mas não em razão das dimensões do imóvel. Além disso, é bom lembrar, o IPTU admite alíquotas diferenciadas, de acordo com a localização e o uso do imóvel – art. 156, § 1º, II, da CF.

Gabarito "A"

(Procurador do Município/Teresina-PI – 2010 – FCC) NÃO é competência municipal a instituição de

(A) contribuição de interesse de categorias profissionais ou econômicas.

(B) imposto sobre a transmissão de bens imóveis por ato *inter vivos* a título oneroso.

(C) imposto sobre a propriedade territorial urbana.

(D) contribuição social dos servidores municipais para custeio de regime previdenciário próprio.

(E) contribuição de melhoria.

A: Essa é a alternativa a ser indicada, pois a competência para contribuições de interesse de categorias é privativa da União – art. 149 *caput*, da CF; **B:** O Município detém a competência relativa ao ITBI, nos termos do art. 156, II, da CF; **C:** O Município pode instituir o IPTU, conforme o art. 156, I, da CF; **D:** O Município, como todos os entes políticos, tem competência para instituir a contribuição dos seus servidores, para custeio do regime previdenciário próprio (a alíquota não poderá ser inferior ao da contribuição cobrada pela União em relação a seus próprios servidores efetivos) – art. 149, § 1º, da CF; **E:** Todos os entes políticos detêm competência para cobrança da contribuição de melhoria em relação às obras públicas que realizem (chamada competência comum, como aquela relativa às taxas) – art. 145, III, da CF.

Gabarito "A"

Veja a seguinte tabela com as competências dos entes políticos em relação aos impostos, para estudo e memorização:

Competência em relação aos impostos		
União	**Estados e DF**	**Municípios e DF**
- imposto de importação - imposto de exportação - imposto de renda - IPI - IOF - ITR - Imposto sobre grandes fortunas - Impostos extraordinários - Impostos da competência residual	- ITCMD - ICMS - IPVA	- IPTU - ITBI - ISS

(Procurador Federal – 2010 – CESPE) No que concerne ao Sistema Tributário Nacional, julgue o item seguinte.

(1) Se, na região Norte do país, for criado território federal, mediante lei complementar, competirá à União a instituição do ICMS nesse território.

1: Assertiva correta, pois os impostos estaduais em eventual Território Federal são sempre da competência da União – art. 147 da CF. Os impostos municipais também competirão à União, caso o Território não seja dividido em Municípios.

Gabarito 1C

(Procurador do Município/Boa Vista-RR – 2010 – CESPE) Com relação ao estado, ao poder de tributar e ao Sistema Tributário Nacional, julgue os itens a seguir.

(1) 107 O estado pode conceder remissão de créditos constituídos referentes ao imposto sobre a propriedade de veículos automotores sem que o benefício fiscal seja objeto de deliberação entre todos os estados e o Distrito Federal (DF) no âmbito do Conselho Nacional de Política Fazendária.

(2) 110 Em matéria de legislação tributária, a casa legislativa do município pode estabelecer norma dispondo sobre crédito, diferentemente do disposto em lei complementar.

1: Correta, pois a autorização do Confaz refere-se apenas ao ICMS, não ao IPVA – art. 155, § 2º, XII, *g*, da CF; **2:** Errada, pois as normas municipais devem observar as normas gerais relativas ao crédito tributário, veiculadas por lei complementar federal nos termos do art. 146, III, *b*, da CF.

Gabarito 1C, 2E

(Advogado da União/AGU – CESPE – 2009) Julgue os seguintes itens, que dizem respeito ao sistema tributário nacional.

(1) Para que sejam garantidas a aplicação do princípio do não confisco e a do princípio da capacidade contributiva, o STF entende que a constituição de um estado-membro da Federação pode estabelecer limites para o aumento dos impostos e contribuições municipais.

(2) Suponha que determinado tributo criado pela União, com base em sua competência tributária residual, tenha o produto de sua arrecadação destinado à formação de reservas cambiais. Nesse caso, o referido tributo somente poderá ser uma contribuição.

1: incorreta, pois os Municípios têm autonomia em relação aos demais entes federados e sua competência tributária é privativa, concedida diretamente pela Constituição Federal, não podendo ser restringida ou eliminada pelos Estados; **2:** incorreta, pois a competência residual da União, prevista no art. 151, I, da CF, refere-se apenas a impostos. É interessante lembrar que a União pode criar outras contribuições sociais, com base no art. 195, § 4º, da CF. É importante lembrar que o art. 195, § 4º, da CF, que trata das outras contribuições sociais que podem ser instituídas pela União, faz remissão proposital ao art. 154, I, que trata de impostos. Foi uma opção técnica do constituinte, para não repetir no texto constitucional a mesma regra: a nova contribuição social, assim como os impostos da competência residual, devem ser instituídas por lei complementar, não podem ter natureza cumulativa e não podem repetir a base de cálculo ou o fato gerador de outra contribuição pré-existente.

Gabarito 1E, 2E

(Procurador do Estado/SP – FCC – 2009) Competência tributária.

I. É vedado à União instituir tributo que não seja uniforme em todo o território nacional, ou que implique distinção ou preferência em relação a Estado, ao Distrito Federal ou a Município, em detrimento de outro, admitida a concessão de incentivos fiscais a contribuintes hipossuficientes.

II. A competência legislativa dos Estados, em matéria tributária, é residual, podendo instituir outros impostos, além dos já previstos na Constituição Federal, desde que sejam não cumulativos e não tenham fato gerador ou base de cálculo próprios dos nela discriminados.

III. Inexistindo lei federal sobre normas gerais, os Estados exercerão sua competência legislativa plena, para atender a suas peculiaridades.

IV. Existindo norma geral da União, é facultado aos Estados legislar supletivamente em matéria tributária.

V. A competência legislativa dos Estados para instituir o IPVA depende da prévia edição de lei complementar, conforme já decidiu o Supremo Tribunal Federal.

Está correto o que se afirma em

(A) I, II, III, IV e V.

(B) I, III e V, apenas.

(C) I, II e IV, apenas.

(D) II e V, apenas.

(E) III e IV, apenas.

I: Incorreta, pois a CF não traz exceção relativa a contribuintes hipossuficientes para a uniformidade geográfica – art. 151, I, da CF; **II:** Incorreta, pois a competência residual tributária é da União, exclusivamente – art. 154, I, da CF; **III:** Assertiva correta, nos termos do art. 24, § 3º, da CF; **IV:** Correta, conforme o art. 24, §§ 1º e 2º, da CF; V: Incorreta, pois, embora determinados aspectos de todos os impostos (fato gerador, contribuintes e base de cálculo) devam ser fixados por lei complementar federal (art. 146, III, *a*, da CF), a omissão do Congresso Nacional não afasta ou restringe a competência dos Estados, que exercem a competência legislativa plena (art. 24, § 3º, da CF) – ver RE 262.643 AgR/MG.

Gabarito "E"

(Procurador do Estado/CE – 2008 – CESPE) Com a finalidade de aprimorar a legislação estadual específica do ICMS, principalmente no que se refere à forma pela qual são concedidos e revogados os benefícios fiscais, as isenções e outras outorgas para esse tributo, o Poder Legislativo de uma localidade aprovou a alteração de vários dispositivos constantes da lei complementar federal que regulamenta a matéria. Considerando a situação hipotética apresentada acima, assinale a opção correta.

(A) A legislação estadual aprovada é constitucional, porque o assunto é de competência exclusiva do estado.

(B) A legislação aprovada é inconstitucional, uma vez que a Casa legislativa não poderia aprovar lei específica para tratar de assunto referente a benefício fiscal concedido a nenhum tributo.

(C) A lei aprovada é inconstitucional, uma vez que somente lei complementar federal, por imposição constitucional, pode regulamentar os benefícios fiscais a serem concedidos ao ICMS.

(D) O benefício fiscal concedido ao ICMS é constitucional, pois a matéria é de competência concorrente entre o estado e os municípios.

(E) É constitucional a alteração legislativa aprovada, desde que haja previsão dessa competência na lei complementar estadual.

O Legislativo de um ente político não pode alterar a legislação de outro ente. Assim, não há hipótese de o Legislativo local (Estadual, Distrital ou Municipal) alterar lei federal. Ademais, os benefícios fiscais de ICMS devem ser autorizados por Convênio Interestadual, conforme o art. 155, § 2º, XII, *g*, da CF.

Gabarito "C"

(Procurador do Estado/PI – 2008 – CESPE) A CF, ao disciplinar as competências tributárias das unidades da Federação, criou a competência residual. A respeito da competência tributária residual, assinale a opção correta.

(A) A competência tributária residual é aquela que possibilita aos estados instituírem tributos já criados na esfera federal.

(B) Esse tipo de competência rege a criação de tributos pela União na iminência de guerra externa.

(C) A competência tributária residual tem origem no fato de ser possível a todas as unidades da Federação criar taxas.

(D) A criação de novos tributos não previstos na CF depende de aprovação de lei complementar Federal.

(E) A competência tributária residual é exclusiva da União, que pode criar tributos cumulativos.

Somente a União detém a competência residual, que deve ser exercida por meio de lei complementar federal, nos termos do art. 154, I, da CF.

Gabarito "D"

(Procurador do Município/Natal-RN – 2008 – CESPE) Em relação à competência tributária, assinale a opção correta.

(A) A entrega pela União ao Fundo de Participação dos Municípios de percentual do produto de arrecadação do IPI, prevista na CF, representa outorga parcial de competência tributária.

(B) Caso determinado município da Federação brasileira tenha celebrado convênios com instituições financeiras, para facilitar a arrecadação dos tributos municipais, permitindo ao contribuinte efetuar o recolhimento dos tributos diretamente nas instituições conveniadas de sua preferência, nessa situação, o cometimento do encargo de arrecadação de tributos às referidas instituições constitui delegação de competência.

(C) Se a União, por intermédio de lei federal, delegar aos municípios as funções de arrecadação e fiscalização do imposto sobre a renda e proventos de qualquer natureza, incidentes na fonte, sobre rendimentos pagos aos seus respectivos servidores e empregados públicos municipais, nesse caso, estarão compreendidas na aludida atribuição aos municípios as garantias e privilégios processuais que competem à União.

(D) Caso determinado município brasileiro, apesar de constitucionalmente autorizado, não institua contribuição para o custeio do serviço de iluminação pública, será legítimo que o estado a que pertença o aludido município assuma a competência tributária e institua o referido tributo. _

A: incorreta, pois se trata de simples realização da repartição de receitas tributárias prevista constitucionalmente – art. 159, I, da CF. A competência tributária é indelegável, referindo-se à competência para legislar acerca do tributo, que é sempre da União; **B:** incorreta, pois o simples cometimento descrito não tem relação com a competência para legislar sobre o tributo (= competência tributária), que é indelegável – art. 7º, § 3º, do CTN; **C:** essa é a assertiva correta, nos termos do arts. 7º, § 1º, e 84 do CTN; **D:** incorreta, pois o exercício da competência tributária é privativo, indelegável e facultativo (embora a omissão possa implicar irresponsabilidade fiscal, nos termos do art. 11 da Lei de Responsabilidade Fiscal).

Gabarito "C"

(Procuradoria Distrital – 2007) Assinale a opção correta. As leis complementares prestam-se basicamente a três (3) tipos de atuação em matéria tributária. Em consequência, elas dispõem sobre:

(A) conflitos de competência, em matéria tributária, entre a União, os Estados, o Distrito Federal e os Municípios, limitações constitucionais ao poder de tributar da União, dos Estados, do Distrito Federal e dos Municípios; normas gerais de legislação tributária.

(B) conflitos de competência, em matéria tributária, só entre os Estados e os Municípios; limitações constitucionais ao poder de tributar da União e dos Estados; normas gerais de direito tributário.

(C) conflitos de competência, em matéria tributária, só entre a União e os Estados e o Distrito Federal; limitações constitucionais ao poder de tributar dos Estados; normas gerais de direito tributário.

(D) conflitos de competência, em matéria tributária, entre a União, os Estados, o Distrito Federal e os Municípios; limitações constitucionais ao poder de tributar dos Estados, do Distrito Federal e dos Municípios; normas gerais de legislação tributária.

(E) conflitos de competência, em matéria tributária, entre a União, os Estados, o Distrito Federal e os Municípios; limitações constitucionais ao poder de tributar da União e dos Estados, desdobrando as exigências do princípio da legalidade, regulando as imunidades tributárias etc.; normas gerais de direito tributário material e formal.

A alternativa "A" traz os três casos clássicos de lei complementar federal de natureza nacional em matéria tributária, conforme o art. 146, I, II e III, da CF. Note que houve inovações com a EC 42/2003, com a inclusão do art. 146-A.

Gabarito "A"

(Procuradoria Distrital – 2007) Assinale a opção correta. O Distrito Federal, entidade integrante da República Federativa do Brasil, pode instituir:

(A) imposto sobre propriedade territorial rural; imposto sobre transmissão *causa mortis* de quaisquer bens ou direitos, contribuição de melhoria e contribuições sociais de quaisquer espécies.

(B) impostos extraordinários, taxas e empréstimos compulsórios.

(C) imposto sobre doação de quaisquer bens ou direitos; taxas pela utilização, efetiva ou potencial, de serviços públicos específicos e divisíveis; contribuições de interesse de categorias econômicas.

(D) contribuição para o custeio de sistemas de previdência e assistência social de seus servidores; imposto sobre serviços de qualquer natureza; taxas, em razão do exercício do poder de polícia.

(E) imposto sobre propriedade predial e territorial urbana; contribuição de melhoria; contribuições sociais e contribuição de intervenção no domínio econômico.

O Distrito Federal tem competência para instituir os tributos estaduais e os municipais – art. 147, *in fine*, da CF.

Gabarito "D"

(Procurador do Estado/MG – 2007) Compete exclusivamente à União instituir impostos sobre

(A) importação de produtos estrangeiros, e exportação, para o exterior, de produtos nacionais ou nacionalizados.

(B) grandes fortunas, nos termos de Lei Ordinária Federal específica para este fim, segundo os critérios da generalidade, da universalidade e da progressividade.

(C) propriedade territorial rural, não incidindo sobre pequenas e médias glebas rurais, assim definidas em lei, quando as explore o proprietário que não possua outro imóvel.

(D) exploração de jazidas minerais, ainda que tenham fato gerador ou base de cálculo próprios dos demais impostos discriminados em lei.

A: essa é a alternativa correta, conforme o art. 153, I e II, da CF; **B:** incorreta, pois os critérios da generalidade, universalidade e progressividade são previstos constitucionalmente para o imposto de renda, não para o imposto sobre grandes fortunas – art. 153, § 2º, da CF;

C: incorreta, pois a imunidade do ITR refere-se apenas às pequenas glebas, não às médias – art. 153, § 4º, II, da CF; **D:** incorreta, pois não há previsão constitucional expressa de imposto federal incidente sobre a exploração de jazidas minerais – arts. 153 e 154 da CF.

Gabarito "A"

(Procurador do Estado/MG – 2007) Compete aos Municípios instituir impostos sobre

(A) propriedade territorial rural, desde que de área igual ou inferior ao módulo rural descrito à legislação federal.

(B) serviços de qualquer natureza, compreendidos aqueles de transportes municipais e intermunicipais.

(C) a transmissão de bens ou direitos decorrente de fusão, incorporação, cisão ou extinção de pessoa jurídica, excetuadas as situações que ocorrem quando a atividade preponderante do adquirente for a compra e venda desses bens ou direitos, locação de bens imóveis ou arrendamento mercantil.

(D) propriedade predial e territorial urbana que poderá ser progressivo em razão do valor do imóvel e ter alíquotas diferentes de acordo com a localização e o uso do imóvel.

A: incorreta, pois o ITR é da competência federal – art. 153, VI, da CF; **B:** incorreta, pois a prestação de serviços de transportes interestaduais e municipais são tributados pelos Estados e pelo Distrito Federal, por meio do ICMS – art. 155, II, da CF; **C:** incorreta, pois há imunidade de ITBI nessas hipóteses – art. 156, § 2º, I, da CF; **D:** correta, pois o IPTU é da competência municipal e há previsão constitucional da citada progressividade e diferenciação de alíquotas – art. 156, § 1º, da CF.

Gabarito "D"

(Procurador do Estado/MG – 2007) Segundo a atual legislação tributária do Estado de Minas Gerais, não é da competência deste o imposto sobre

(A) imposto sobre a Propriedade de Veículos Automotores.

(B) operações Relativas à Circulação de Mercadorias e sobre Prestações de Serviços de Transporte Interestadual e Intermunicipal e de Comunicação.

(C) adicional do Imposto sobre a Renda e Proventos de Qualquer Natureza.

(D) transmissão *Causa Mortis* e Doação de Quaisquer Bens ou Direitos.

A, B, **D:** o IPVA, o ICMS e os ITCMD são os três impostos da competência dos Estados e do Distrito Federal - art. 155 da CF; **C:** essa é a alternativa que indica exação fora da competência estadual, já que a possibilidade desse adicional foi excluída pela EC 3/1993, que alterou o art. 155 da CF.

Gabarito "C"

(Procurador do Estado/RR – 2006 – FCC) É INCORRETO afirmar:

(A) Os Estados, o Distrito Federal e os Municípios instituirão contribuição, cobrada de seus servidores, para o custeio, em benefício destes, do regime previdenciário, cuja alíquota não será inferior à da contribuição dos servidores titulares de cargos efetivos da União.

(B) Cabe à lei complementar estabelecer normas gerais em matéria de legislação tributária, especialmente sobre o adequado tratamento tributário ao ato cooperativo praticado pelas sociedades cooperativas.

(C) As taxas serão cobradas em razão do exercício do poder de polícia ou pela utilização efetiva ou potencial, de serviços públicos específicos e divisíveis, prestados ao contribuinte ou postos a sua disposição.

(D) A União, mediante lei complementar, poderá instituir empréstimos compulsórios para atender a despesas extraordinárias, decorrentes de calamidade pública, de guerra externa ou sua iminência.

(E) Compete à União, aos Estados, ao Distrito Federal e aos Municípios instituir contribuições sociais, de intervenção no domínio econômico e de interesse das categorias profissionais ou econômicas, como instrumento de atuação nas respectivas áreas.

A: art. 149, § 1º, da CF; **B:** art. 146, III, c, da CF; **C:** art. 145, II, da CF; **D:** art. 148, I, da CF; **E:** compete exclusivamente à União instituir essas contribuições – art. 149 da CF.

Gabarito "E"

(Procurador do Município/Manaus-AM – 2006 – FCC) Na área de competência tributária municipal, configura hipótese de não incidência a

(A) prestação de serviços dos diretores e sócios-gerentes de sociedades privadas.

(B) dação em pagamento.

(C) arrematação de bens imóveis.

(D) prestação de serviços públicos sob o regime de concessão.

(E) posse de bens imóveis.

A: essa é a assertiva a ser indicada, pois o ISS não incide sobre a prestação de serviços em relação de emprego, dos trabalhadores avulsos, dos diretores e membros de conselho consultivo ou de conselho fiscal de sociedades e fundações, bem como dos sócios-gerentes e dos gerentes-delegados – art. 2º, II, da LC 116/2003; **B:** imprecisa, pois a dação em pagamento de bens móveis implica transmissão onerosa tributada pelo ITBI municipal – art. 156, II, da CF; **C:** incorreta, pois a arrematação de bens imóveis em leilão implica transmissão onerosa, tributada pelo ITBI municipal – art. 156, II, da CF; **D:** incorreta, pois havendo cobrança de tarifa (= preço), há incidência do ISS, inexistindo imunidade – art. 150, § 3º, da CF e art. 1º, § 3º, da LC 116/2003; **E:** incorreta, pois a posse de imóveis com *animus domini* e *ad usucapionem* pode ser tributada pelo IPTU municipal – art. 32 do CTN.

Gabarito "A"

(Procurador do Município/Manaus-AM – 2006 – FCC) Configura hipótese de imunidade tributária no âmbito municipal, a incidência de

(A) ITBI sobre os compromissos de compra e venda de imóveis.

(B) IPTU sobre os imóveis pertencentes às editoras e livrarias.

(C) ISS sobre os serviços prestados com relação empregatícia.

(D) ITBI sobre a transmissão de bens ou direitos incorporados ao patrimônio de pessoa jurídica.

(E) taxas relativas a serviços prestados aos entes públicos federais ou estaduais.

É importante ter claro que a imunidade é sempre norma constitucional que afasta a competência tributária, delimitando-a negativamente, independentemente da denominação dada pelo texto constitucional (imunidade, não incidência, isenção). **A:** incorreta, pois não há norma constitucional afastando a competência tributária nessa hipótese. Embora seja discutível a incidência do ITBI já no momento da assinatura do compromisso de compra e venda (antes do registro do título translativo no registro imobiliário – art. 1.245 do CC) não há falar em imunidade (no máximo haveria não incidência). Ademais, sobre a transmissão de direitos reais (no caso de cessão dos direitos do compromissário comprador, por exemplo), incide o ITBI – art. 156, II, da CF c/c art. 1.225, VII, do CC; **B:** incorreta, pois a imunidade dos livros e periódicos é objetiva, ou seja, restringe-se à produção e comercialização do bem e do papel utilizado – art. 150, VI, *d*, da CF; **C:** incorreta, pois não se trata de imunidade, mas simples não incidência reconhecida legalmente – art. 2º, II, da LC 116/2003; **D:** essa é a assertiva correta, pois a Constituição Federal afasta expressamente a competência tributária municipal nessa hipótese, tratando-se, portanto, de imunidade, apesar da literalidade do art. 156, § 2º, I, da CF (que se refere à não incidência); **E:** incorreta, pois a imunidade recíproca refere-se exclusivamente a impostos – art. 150, VI, *a*, da CF.

Gabarito "D"

(Procurador da Fazenda Nacional – 2004 – ESAF) Considerados os temas competência tributária e capacidade tributária ativa, marque com **V** a assertiva verdadeira e com **F** a falsa, assinalando ao final a opção correspondente.

( ) A competência tributária é delegável.

( ) A capacidade tributária ativa é indelegável.

( ) A União é quem detém a competência tributária no que toca às contribuições sociais para o financiamento da Seguridade Social.

( ) Lei complementar pode delegar a qualquer pessoa jurídica de direito público a competência tributária.

(A) V, F, V, V

(B) F, V, F, V

(C) F, F, V, F

(D) V, V, V, F

(E) F, V, F, F

1 e **4:** assertivas incorretas, pois a competência para legislar sobre o tributo (= competência tributária) é indelegável – art. 7º, § 3º, do CTN; **2:** incorreta, pois, diferentemente do que ocorre com a competência tributária, a ocupação do polo ativo da obrigação tributária (= capacidade ativa tributária, sujeição ativa) pode ser delegada por lei – art. 7º do CTN; **3:** correta, nos termos do art. 149 da CF.

Gabarito "C"

(ADVOGADO – CEF – 2012 – CESGRANRIO) Em relação à competência tributária exercida pelas entidades federativas, sabe-se, com base no atual sistema jurídico tributário, que a(o)

(A) União pode instituir novos impostos, desde que sejam não cumulativos e não tenham fato gerador ou base de cálculo próprios dos discriminados na CRFB/1988, por lei ordinária ou medida provisória.

(B) União, os Estados, o Distrito Federal e os Municípios detêm competência tributária comum para instituírem contribuições de intervenção no domínio econômico.

(C) União pode, em decorrência da competência tributária comum exercida pelos entes federativos, instituir e cobrar o IPTU.

(D) Distrito Federal pode, por meio de sua competência residual, instituir e cobrar novo imposto cumulativo e com fato gerador ou base de cálculo próprio dos discriminados na CRFB/1988.

(E) Distrito Federal pode instituir e cobrar impostos estaduais e municipais.

A: incorreta. O exercício da competência residual pela União depende da edição de lei complementar (art. 154, I, da CF); **B:** incorreta. A competência para instituição de contribuições de intervenção no domínio econômico é de competência exclusiva da União (art. 149 da CF); **C:** incorreta. A competência tributária comum alcança apenas as taxas e contribuições de melhoria. Excepcionalmente, a União acolhe a competência para instituição de impostos estaduais e municipais nos Territórios Federais (art. 147 da CF); **D:** incorreta. A competência residual é exclusiva da União e o novo imposto criado não pode ser cumulativo nem ter base de cálculo ou fato gerador já previsto para outros impostos (art. 154, I, da CF); **E:** correta, nos termos dos arts. 147 e 155 da CF.

Gabarito "E"

(ADVOGADO – PETROBRÁS DISTRIB. – 2010 – CESGRANRIO) A contribuição social pode ser cobrada pela

(A) União, somente.

(B) União, pelos estados, pelo Distrito Federal e pelos municípios, desde que não seja cobrada a contribuição previdenciária de seus servidores para aplicação em benefício destes.

(C) União, livremente, e pelos estados, pelo Distrito Federal e pelos municípios desde que seja a contribuição previdenciária cobrada de seus servidores para aplicação em benefício destes.

(D) União, pelos estados e pelo Distrito Federal.

(E) União e, de forma suplementar, pelos estados.

Como regra, apenas a União pode instituir contribuições sociais (art. 149 da CF). Excepcionalmente, tal competência caberá aos Estados, Distrito Federal e Municípios, desde que seja restrita à cobrança de contribuição de seus servidores para custeio do regime próprio de previdência (art. 149, § 1º, da CF).

Gabarito "C"

(ADVOGADO – PETROBRÁS DISTRIB. – 2010 – CESGRANRIO) NÃO cabe ao Estado instituir imposto sobre

(A) circulação de mercadorias.

(B) transmissão *causa mortis* e doação, de quaisquer bens e direitos.

(C) prestação de serviços de comunicação.

(D) prestação de serviços de transporte municipal.

(E) prestação de serviços de transporte interestadual.

Dentre os fatos listados, o único que não autoriza a instituição de imposto estadual sobre ele é o transporte municipal, que é objeto do ISS cobrado pelos municípios.

Gabarito "D"

(ADVOGADO – CEF – 2010 – CESPE) Com relação à competência tributária, nos termos do Código Tributário Nacional, assinale a opção correta.

(A) Os estados podem estabelecer diferenças tributárias entre bens de qualquer natureza, em razão de sua natureza ou do seu destino.

(B) É vedado aos municípios, e não aos estados, ao DF e à União, o estabelecimento de diferenças tributárias entre bens de qualquer natureza, em razão de sua natureza ou de seu destino.

(C) A União pode instituir tributo que não seja uniforme em todo o território nacional.

(D) É vedado ao DF cobrar imposto sobre o patrimônio, a renda ou os serviços uns dos outros, mas desde que se trate de serviços próprios de pessoas jurídicas de direito público e inerentes aos seus objetivos.

(E) Qualquer ente federativo pode instituir tributo que importe em distinção ou preferência em favor de determinado estado ou município.

A: incorreta, nos termos dos art. 152 da CF e art. 11 do CTN; **B:** incorreta, pois a proibição alcança também os Estados e o DF, conforme artigos mencionados anteriormente; **C:** incorreta, conforme proibição expressa no art. 151, I, da CF, e art. 10 do CTN; **D:** correta, conforme previsto nos arts. 9º, IV, "a", e 12 do CTN; **E:** incorreta, nos termos dos art. 152 da CF e art. 11 do CTN.

Gabarito "D"

(ADVOGADO – CORREIOS – 2008 – ESPP) Assinale a alternativa correta:

(A) Competência tributária é o poder atribuído pela Constituição Federal exclusivamente às pessoas políticas para que instituam os seus próprios tributos.

(B) As constituições estaduais e as leis orgânicas municipais podem outorgar competência tributária aos seus entes estatais e paraestatais.

(C) A competência tributária pode ser alterada constitucionalmente, limitadas as alterações apenas na observância do processo legislativo adequado para aprovação de emendas à Constituição.

(D) O texto constitucional, além de definir competências tributárias, institui tributos passíveis de delegação pelo ente político receptor da competência.

A: correta. A competência tributária é a aptidão jurídica, conferida pela CF, para a instituição de tributos; **B:** incorreta. A competência tributária é indelegável (art. 7º do CTN) e estabelecida exclusivamente pela CF; **C:** incorreta. A alteração de competências tributárias é possível através de emenda constitucional, porém sua validade jurídica estará condicionada ao respeito ao pacto federativo, ou seja, não pode a nova ordem constitucional pretender esvaziar a competência, por exemplo, de Estados e Municípios, deixando todos os tributos para a União; **D:** incorreta. Mais uma vez, a competência tributária é indelegável (art. 7º do CTN).

Gabarito "A"

(ADVOGADO – CORREIOS – 2008 – ESPP) No que se refere à capacidade tributária ativa podemos afirmar que:

(A) O exercício da capacidade tributária ativa é um poder-dever do ente político, mas não o obriga a arrecadar o tributo instituído por lei.

(B) Dispõem de capacidade tributária ativa originária as pessoas políticas, que podem delegá-la, por meio de espécie normativa da mesma natureza da que criou o tributo, a outra pessoa política ou não política.

(C) O exercício da capacidade tributária ativa pelo ente político delegatário da competência tributária constitucional originária é chamado de parafiscalidade.

(D) Não é admitida a subdelegação de capacidade tributária ativa e tampouco a avocação pelo ente delegador da capacidade tributária de que abriu mão pela via legislativa.

A: incorreta. Desde a edição da Lei de Responsabilidade Fiscal (Lei Complementar nº 101/2000), os entes políticos são obrigados a exercer plenamente sua capacidade tributária (art. 11 da LRF); **B:** correta. Diferentemente da competência tributária, a capacidade tributária ativa pode ser delegada a outro ente através de lei (art. 7º do CTN); **C:** incorreta. Parafiscalidade, diz Geraldo Ataliba, é a característica de determinados tributos de não serem destinados aos cofres do Estado, como as contribuições sociais (destinadas ao INSS) e a contribuição sindical (que pertence aos sindicatos das categorias de trabalhadores); **D:** incorreta. A avocação da capacidade tributária pelo ente delegante é totalmente possível, uma vez que sua aptidão para instituir e arrecadar tributos decorre da competência tributária constitucionalmente estabelecida, a qual não pode ser renunciada.

Gabarito "B"

(ADVOGADO – IRB – 2006 – ESAF) A Constituição Federal outorga competência tributária, ou seja, aptidão para criar tributos, aos diversos entes da Federação. Sobre essa afirmativa, podemos dizer que

(A) a contribuição de melhoria, decorrente de obras públicas, poderá ser cobrada pelo ente executor da obra da qual os contribuintes tenham-se beneficiado, ou, no caso de omissão deste, pela União.

(B) as taxas poderão ser instituídas em razão do exercício do poder de polícia ou pela utilização, efetiva ou potencial, de serviços públicos específicos e divisíveis, prestados ou postos à disposição do contribuinte.

(C) a aplicação dos recursos provenientes de empréstimos compulsórios será preferencialmente vinculada à despesa que fundamentou sua instituição.

(D) os impostos terão, sempre que possível, caráter pessoal e base de cálculo diversa das taxas e todos os tributos deverão respeitar a capacidade econômica dos contribuintes.

A: incorreta. O não exercício da competência tributária pelo ente a que ela pertence não a transfere para outro (art. 8º do CTN). Logo, se o ente político responsável pela obra não cobrar a contribuição de melhoria, não cabe à União fazê-lo; **B:** correta, nos termos do art. 77 do CTN; **C:** incorreta. O erro está no termo "preferencialmente". A CF estabelece, em seu art. 148, parágrafo único, a obrigatoriedade de que os recursos arrecadados pelo empréstimo compulsório sejam utilizados para as despesas que o fundamentaram; **D:** incorreta. A diversidade entre bases de cálculo é imperiosa, devendo sempre ser respeitada, sob pena de ilegalidade do tributo diante da bitributação (art. 145, § 2º, da CF). Quanto ao respeito à capacidade contributiva, reina certa divergência na doutrina. A maior parte dos autores entende que ela atinge todos os tributos. Outros, porém, ligados à literalidade do art. 145, § 1º, da CF, entendem que só há de se falar em respeito à capacidade contributiva na cobrança de impostos.

Gabarito "B"

(ADVOGADO – BNDES – 2004 – CESGRANRIO) A competência para instituir a contribuição para custeio do serviço de iluminação pública cobrada nas faturas de consumo de energia elétrica é:

(A) da Agência Nacional de Energia Elétrica (ANEEL).

(B) da Concessionária do Serviço de Fornecimento de Energia Elétrica.

(C) da União.

(D) estadual.

(E) municipal.

Nos termos do art. 149-A da CF, a competência é dos Municípios.

Gabarito "E"

(ADVOGADO – BNDES – 2002 – VUNESP) Em relação à competência tributária residual, pode-se afirmar que

(A) em qualquer hipótese, só poderá ser utilizada pela União Federal, desde que mediante Lei Complementar.

(B) em algumas hipóteses, poderá ser utilizada pela União Federal, pelos Estados, pelo Distrito Federal e pelos Municípios.

(C) em algumas hipóteses, poderá ser utilizada pelos Estados e pelo Distrito Federal, desde que haja Lei Complementar autorizativa.

(D) em algumas hipóteses, poderá ser utilizada tanto pela União como pelos Estados.

(E) poderá ser utilizada pelos Estados para a instituição de outros tributos não previstos em sua competência privativa.

Nos termos do art. 154, I, da CF, a competência residual para criação de novos impostos é exclusiva da União e será exercida por meio de lei complementar. Além disso, o novo tributo deverá ser não cumulativo e prever base de cálculo nova, ainda não tributada.

Gabarito "A"

2. PRINCÍPIOS

(Procurador do Município/Sorocaba-SP – 2012 – VUNESP) O princípio da anterioridade impõe aos titulares do poder de tributar a vedação da cobrança de tributos no mesmo exercício financeiro em que haja sido publicada a lei que os instituiu ou aumentou. Nesse mesmo sentido, a denominada "noventena" exige que a cobrança dos referidos tributos não possa ser promovida antes de decorridos noventa dias da data em que a referida lei haja sido publicada, observado o princípio da anterioridade. Embora sujeitas ao princípio da anterioridade, as leis que disponham sobre a exigência de determinados tributos não se submetem à noventena. Dentre elas, podem ser citadas as leis que

(A) instituam contribuições de melhoria.

(B) instituam o imposto sobre serviço de qualquer natureza (ISS).

(C) majorem o imposto sobre renda e proventos de qualquer natureza (IR).

(D) majorem o imposto sobre a transmissão *causa mortis* ou doação de bens e direitos a eles relativos (ITCMD).

(E) majorem o imposto sobre a transmissão *inter vivos* de bens imóveis (ITBI).

Consulte e estude a tabela apresentada a seguir, com as exceções aos princípios da anterioridade anual e nonagesimal, conforme o art. 150, § 1º, da CF, pois as bancas examinadoras exigem reiteradamente esse conhecimento. Perceba que, dentre os tributos indicados, somente o IR é exceção à anterioridade nonagesimal.

Exceções à anterioridade anual (art. 150, III, b, da CF)	Exceções à anterioridade nonagesimal (art. 150, III, c, da CF)
- empréstimo compulsório para atender a despesas extraordinárias decorrentes de calamidade pública ou de guerra externa ou sua iminência (art. 148, II, *in fine*, da CF, em sentido contrário); - imposto de importação (art. 150, § 1º, da CF); - imposto de exportação (art. 150, § 1º, da CF); - IPI (art. 150, § 1º, da CF); - IOF (art. 150, § 1º, da CF); - impostos extraordinários na iminência ou no caso de guerra externa (art. 150, § 1º, da CF); - restabelecimento das alíquotas do ICMS sobre combustíveis e lubrificantes (art. 155, § 4º, IV, c, da CF); - restabelecimento da alíquota da CIDE sobre combustíveis (art. 177, § 4º, I, *b*, da CF); - contribuições sociais (art. 195, § 6º, da CF).	- empréstimo compulsório para atender a despesas extraordinárias decorrentes de calamidade pública ou de guerra externa ou sua iminência (art. 148, II, *in fine*, da CF, em sentido contrário – entendimento doutrinário); - imposto de importação (art. 150, § 1º, da CF); - imposto de exportação (art. 150, § 1º, da CF); - IR (art. 150, § 1º, da CF); - IOF (art. 150, § 1º, da CF); - impostos extraordinários na iminência ou no caso de guerra externa (art. 150, § 1º, da CF); - fixação da base de cálculo do IPVA (art. 150, § 1º, da CF); - fixação da base de cálculo do IPTU (art. 150, § 1º, da CF).

Gabarito "C"

(Procurador do Município/São José dos Campos-SP – 2012 – VUNESP) Em razão de permissivo constitucional, é facultado ao Poder Executivo, atendidas as condições e os limites estabelecidos em lei, alterar as alíquotas de determinados impostos. Dentre eles, pode ser citado o imposto sobre

(A) a propriedade territorial rural.

(B) operações de crédito, câmbio e seguro, ou relativas a títulos ou valores mobiliários.

(C) renda e proventos de qualquer natureza.

(D) propriedade de veículos automotores.

(E) propriedade predial e territorial urbana.

Os tributos que podem ter suas alíquotas alteradas por norma infralegal são: II, IE, IPI, IOF e da CIDE sobre combustíveis – art. 153, § 1º, e art. 177, § 4º, I, *b*, da CF. Por essa razão, a alternativa "B" é a correta.

Gabarito "B"

(Procurador do Estado/AC – FMP – 2012) Assinale a alternativa **incorreta.**

(A) O IPI (Imposto sobre Produtos Industrializados) não está sujeito ao princípio da anterioridade tributária anual, mas se submete ao princípio da anterioridade tributária nonagesimal.

(B) O IOF (Imposto sobre operações de Crédito, Câmbio, Seguro, Títulos e Valores Mobiliários) pode, nos limites da lei, ter suas alíquotas alteradas por ato do Poder Executivo.

(C) O IR (Imposto sobre a Renda e Proventos de qualquer natureza) está sujeito ao princípio da anterioridade tributária anual, mas não se submete ao princípio da anterioridade tributária nonagesimal.

(D) O II (Imposto sobre a Importação) é de competência da União Federal, mas poderá, nas hipóteses previstas na Constituição Federal, ser cobrado e fiscalizado pelos Estados-membros que se situam nas fronteiras do território nacional.

A: assertiva correta, pois o IPI é exceção ao princípio da anterioridade anual, mas se sujeita à nonagesimal – art. 150, § 1º, da CF; **B:** correta, pois o IOF, assim como o IPI, o II e IE, pode ter as alíquotas alteradas por ato normativo do Executivo (decreto do presidente ou mesmo instrumento normativo expedido por Ministro de Estado), atendidas as condições e os limites estabelecidos em lei – art. 153, § 1º, da CF; **C:** correta, nos termos do art. 150, § 1º, da CF; **D:** essa é a assertiva incorreta, pois não há previsão constitucional de delegação da sujeição ativa atinente ao II.

Gabarito "D"

(Procurador do Estado/MT – FCC – 2011) A Constituição Federal fixa regras que limitam o exercício da competência tributária. Dentre elas podem ser citadas as regras da anterioridade anual e da anterioridade nonagesimal. Estas regras não são absolutas, comportando exceções. NÃO se submete às regras da anterioridade anual e nonagesimal, ao mesmo tempo, a majoração de alíquota do imposto sobre

(A) produtos industrializados (IPI).

(B) a renda e proventos de qualquer natureza (IR).

(C) operações de crédito, câmbio e seguro, ou relativas a títulos ou valores mobiliários (IOF).

(D) a propriedade territorial rural (ITR).

(E) circulação de mercadorias e sobre prestação de serviços de transporte interestadual e intermunicipal e de comunicação (ICMS).

Veja a tabela que apresentamos anteriormente com as exceções à anterioridade nonagesimal e anual (isso é muito pedido nos concursos) e perceba que a alternativa que indica imposto excluído de ambas é a "C".

Gabarito "C"

(Procurador do Estado/PA – 2011) Considerando as limitações constitucionais ao poder de tributar, assinale a alternativa CORRETA:

(A) A multa, por ser acessória ao tributo, não está limitada pela vedação ao confisco, podendo ser fixada em qualquer valor, ainda que utilizando o valor do tributo como parâmetro.

(B) A multa moratória de 20% (vinte por cento) do valor do imposto devido se mostra abusiva.

(C) A multa necessariamente deverá ter base de cálculo própria, proibida sua vinculação ao valor do tributo.

(D) A multa moratória tem caráter sancionatório e, para cumprir sua função de desencorajar a elisão fiscal, não pode ser pífia, mas não pode ter um valor que lhe confira característica confiscatória.

(E) A multa moratória deverá ser fixada com base no custo financeiro do inadimplemento, neste incluídas as despesas administrativas do Estado para a cobrança judicial.

A: incorreta, por duas razões. Em primeiro lugar a multa não é acessória ao tributo (pode existir independentemente, por exemplo em caso de descumprimento de obrigação acessória – ex.: multa aplicada a entidade imune por não prestar informações solicitadas pelo fisco na forma da lei). Em segundo lugar, o STF entende que a penalidade pecuniária também se sujeita ao princípio da vedação de confisco, embora entenda válidas multas bastante elevadas; **B:** impossível aferir a abusividade sem conhecer a situação que deu ensejo a multa. Em princípio, o percentual em si não é abusivo, existindo multas muito mais altas, principalmente em casos de má-fé do contribuinte; **C:** incorreta, sendo muito comum multa aplicada sobre o montante do tributo devido, inexistindo qualquer vedação a isso; **D:** essa é assertiva correta. Além de qualificá-la como sancionatória, é defensável a qualificação da multa moratória também como indenizatória pelo atraso no pagamento do tributo; **E:** incorreta, pois, apesar de haver esse caráter de indenização pela mora, a multa é sanção, com função de desestimular o descumprimento da norma tributária, conforme descrito na alternativa anterior.

Gabarito "D"

(Procurador do Estado/PA – 2011) Assinale a alternativa INCORRETA:

(A) A redução ou a extinção de desconto para pagamento de tributo sob determinadas condições previstas em lei, como o pagamento antecipado em parcela única, não pode ser equiparada à majoração do tributo.

(B) Pode um decreto antecipar o dia de recolhimento do tributo, sem ofensa aos princípios da legalidade e da anterioridade, tendo em vista não se encontrar sob o princípio da legalidade estrita e da anterioridade a fixação do vencimento da obrigação tributária.

(C) A redução ou supressão de desconto previsto em lei implica, automática e aritmeticamente, aumento do valor do tributo devido, estando, portanto, submetida ao princípio da anterioridade tributária.

(D) Revogada a isenção, o tributo torna-se imediatamente exigível. Em caso assim, não há que se observar o princípio da anterioridade, dado que o tributo já é existente

(E) O prazo nonagesimal previsto no art. 150, III, *c*, da CF somente deve ser utilizado nos casos de criação ou majoração de tributos, não na hipótese de simples prorrogação de alíquota já aplicada anteriormente.

A: assertiva correta, conforme jurisprudência pacífica do STF – ver ADI 4.016 MC/PR; **B:** assertiva correta, conforme a jurisprudência do STF – ver Súmula 669/STF e RE 154.248/SP; **C:** essa é a alternativa a ser assinalada, conforme comentário à alternativa "A"; **D:** correta, pois é esse o entendimento do STF, no sentido de que a isenção é simples exclusão do crédito, ou seja, favor legal que afasta o dever de pagamento, existindo, entretanto, fato gerador, incidência e obrigação tributária – ver Súmula 615/STF; **E:** assertiva correta, conforme jurisprudência do STF – ver RE 443.283 AgR/RS.

Veja esta tabela, relativa às matérias que devem ser veiculadas por lei, para memorização:

Dependem de lei – art. 97 do CTN	Não dependem de lei
- a instituição de tributos, ou a sua extinção; - a majoração de tributos, ou sua redução (exceção: alteração das alíquotas do II, IE, IPI, IOF e da CIDE sobre combustíveis). Equipara-se à majoração do tributo a modificação da sua base de cálculo, que importe em torná-lo mais oneroso. Não constitui majoração de tributo a atualização do valor monetário da respectiva base de cálculo; - a definição do fato gerador da obrigação tributária principal, ressalvado o disposto no inciso I do § 3º do artigo 52, e do seu sujeito passivo; - a fixação de alíquota do tributo e da sua base de cálculo, ressalvado o disposto nos artigos 21, 26, 39, 57 e 65; - a cominação de penalidades para as ações ou omissões contrárias a seus dispositivos, ou para outras infrações nela definidas; - as hipóteses de exclusão, suspensão e extinção de créditos tributários, ou de dispensa ou redução de penalidades.	- fixação da data para pagamento do tributo; - regulamentação das obrigações acessórias (forma de declaração, escrituração, recolhimento etc.). Há controvérsia quanto à própria fixação de obrigações acessórias, pois o art. 113, § 2º, do CTN faz referência à legislação tributária (expressão que inclui não apenas as leis, mas também decretos, portarias etc.); - alteração das alíquotas do II, IE, IPI, IOF e da CIDE sobre combustíveis.

Gabarito "C"

(Procurador do Estado/PR – UEL-COPS – 2011) Quanto aos princípios da anterioridade e da legalidade, é correto afirmar:

(A) a anterioridade nonagesimal, prevista no art. 150, III, c, não se aplica aos empréstimos compulsórios instituídos para atender investimentos públicos de caráter urgente e de relevante interesse nacional, ao imposto de importação, ao imposto de exportação, ao imposto sobre a renda e proventos de qualquer natureza, ao imposto sobre operações de crédito, câmbio e seguro, ou relativas a títulos ou valores mobiliários e aos impostos extraordinários para atender guerra externa ou sua iminência;

(B) por serem impostos extrafiscais, as desonerações dos impostos aduaneiros (Imposto de Importação e Imposto de Exportação) não estão sujeitas ao princípio da legalidade;

(C) em observância ao princípio da legalidade, no que diz respeito ao ICMS, a concessão e revogação de isenções, incentivos e benefícios ficais deverá será regulada por lei ordinária;

(D) a fixação da base de cálculo do IPTU não está sujeita à observância da anterioridade nonagesimal prevista no art. 150,III, c da Constituição Federal;

(E) n. d. a.

A: incorreta, pois o empréstimo compulsório instituído em caso de investimentos públicos não é exceção ao princípio da anterioridade anual ou nonagesimal – art. 150, § 1º, da CF; **B:** incorreta, pois nenhum tributo submete-se ao princípio da legalidade. Existe apenas uma mitigação em relação à alteração das alíquotas de alguns deles, inclusive o II e IE, que podem ser modificadas por norma infralegal, mas sempre dentro das condições e limites estabelecidos pela lei – art. 153, § 1º, da CF; **C:** incorreta, pois, peculiarmente, os benefícios fiscais do ICMS devem ser aprovados por convênio interestadual – art. 155, § 2º, XII, *g*, da CF; **D:** assertiva correta, nos termos do art. 150, § 1º, *in fine*, da CF.

Gabarito "D"

(PROCURADOR DO ESTADO/RS – FUNDATEC – 2010) Segundo a jurisprudência do Supremo Tribunal Federal, a anterioridade tributária

(A) deve ser observada nas hipóteses de aumento ou instituição de tributo, compreendendo-se como aumento as situações de prorrogação de adicional de alíquota instituído por prazo determinado.

(B) caracteriza-se como uma garantia individual do contribuinte.

(C) deve ser observada no caso de instituição de tributos, mas admite exceções nos casos de aumento.

(D) deve ser observada nos casos de instituição ou aumento de tributos, compreendendo-se, neste último caso, a atualização monetária mediante índice que reflita corretamente a perda do poder aquisitivo da moeda.

(E) caracteriza-se como um principio, portanto, além das exceções previstas na Constituição, admite uma aplicação em diferentes graus, segundo um exame de proporcionalidade.

A: incorreta, pois a simples prorrogação de alíquota não implica majoração de tributo, conforme jurisprudência pacífica do STF – ver RE 443.283 AgR/RS; **B:** assertiva correta, sendo, portanto, cláusula pétrea, conforme entendimento do STF – ver ADI 939/DF; **C:** incorreta, pois a majoração de tributo não é exceção ao princípio da anterioridade; **D:** incorreta, pois a simples manutenção do valor do tributo, pela correção monetária de sua base de cálculo dentro dos índices inflacionários, não implica majoração, podendo ser veiculada por ato infralegal e não se submetendo à anterioridade; **E:** incorreta, pois apesar de ser considerado princípio pela doutrina e jurisprudência, trata-se de regra bastante objetiva, que não admite flexibilização.

Gabarito "B"

(Procurador do Estado/GO – 2010) Sobre os princípios jurídicos que orientam a tributação, é CORRETO afirmar:

(A) Os imóveis urbanos objeto de promessa de venda pelo Estado a particular estão imunes ao imposto sobre propriedade territorial e predial urbano.

(B) Os imóveis de propriedade das entidades religiosas, quando alugados para atividade comercial, desde que o produto da locação seja revertido para as atividades finalísticas da locadora, são imunes à tributação.

(C) Em razão do princípio da imunidade recíproca, não é devido o ICMS incidente sobre as operações relativas à energia elétrica adquirida pelos Municípios.

(D) A imunidade recíproca favorece exclusivamente as pessoas jurídicas de direito público.

(E) As empresas jornalísticas que editam jornais são imunes ao pagamento do imposto de renda.

A: incorreta, pois se o particular já ingressou na posse do imóvel qualifica-se como possuidor com *animus domini* (*animus* de proprietário), ou seja, como contribuinte do IPTU – art. 32 do CTN e Súmula 583/STF. A imunidade recíproca não aproveita a particulares – art. 150, § 3º, *in fine*, da CF; **B:** essa é a assertiva correta, conforme jurisprudência do STF – Súmula 724/STF; **C:** incorreta, pois contribuinte "de direito" do ICMS é o vendedor da energia (concessionária), que não é beneficiado pela imunidade outorgada ao Município – ver AI 518.325 AgR/RS e Súmula 591/STF; **D:** incorreta, pois o STF reconheceu haver exceção à literalidade do art. 150, § 2º, da CF ao afirmar a imunidade dos Correios e da Infraero (empresas públicas, ou seja, pessoas jurídicas de direito privado), cujos serviços são de prestação obrigatória e exclusiva pelo Estado; **E:** incorreta, pois a imunidade dos livros e periódicos é objetiva, ou seja, restringe-se à produção e comercialização do bem e do papel utilizado – art. 150, VI, *d*, da CF.

Gabarito "B"

(Procurador do Município/Recife-PE – 2008 – FCC) Lei municipal publicada em 20 de dezembro de 2007 majorou as alíquotas do ITBI de 2% para 4% e a base de cálculo do IPTU em 20%. As novas faixas de valores serão aplicadas

(A) em noventa dias a contar da publicação da lei para o ITBI e no primeiro dia do exercício seguinte ao da publicação da lei para o IPTU.

(B) no primeiro dia do exercício seguinte ao da publicação da lei, para os dois casos.

(C) no primeiro dia do exercício seguinte ao da publicação da lei para o ITBI e no primeiro dia do exercício seguinte ao exercício do vencimento de noventa dias da publicação da lei para o IPTU.

(D) noventa dias a contar da publicação da lei, para os dois casos.

(E) em noventa dias a contar do primeiro dia do exercício seguinte ao da publicação da lei, para os dois casos.

Os princípios da anterioridade anual e nonagesimal são aplicados conjuntamente, ou seja, aplica-se o prazo mais dilatado, em favor do sujeito passivo. Entretanto, deve-se observar as exceções, conforme o quadro que indicamos anteriormente, nos termos do art. 150, § 1º, da CF. O ITBI submete-se a ambos os princípios (anterioridade anual e nonagesimal), sendo devida a majoração, portanto, somente no final de março de 2007 (90 dias da publicação, que é posterior a 1º de janeiro da ano seguinte). Já a majoração da base de cálculo do IPTU é exceção à anterioridade nonagesimal, de modo que exigível já em 1º de janeiro de 2007. Por essas razões, a alternativa "A" é a correta.

Gabarito "A"

(Procurador do Município/São Paulo-SP – 2008 – FCC) Em relação aos impostos, haverá exceção aos princípios da anterioridade anual e nonagesimal a majoração de

(A) alíquotas do IPI.

(B) alíquotas do IR.

(C) alíquotas do IOF.

(D) base de cálculo do IPTU.

(E) base de cálculo do IPVA.

Veja a tabela anteriormente apresentada (note como essas exceções são muito exigidas em concursos!). Somente o IOF é exceção tanto à anterioridade anual como à nonagesimal.

Gabarito "C"

(Procurador do Município/São Paulo-SP – 2008 – FCC) Um Prefeito Municipal, através de Decreto, corrige a base de cálculo do IPTU em 45% (quarenta e cinco por cento), em 31 de dezembro de 2007, para que seja aplicada a nova base de cálculo a partir de 01 de janeiro de 2008. Esta medida é

(A) constitucional, porque correção monetária de base de cálculo é exceção ao princípio da legalidade, por não se caracterizar como majoração, apesar de dever obediência ao princípio da anterioridade anual.

(B) constitucional, porque além de poder ser feita por decreto a correção da base de cálculo, por ser exceção ao princípio da legalidade, é também exceção ao princípio da anterioridade anual.

(C) inconstitucional, porque a correção monetária depende da indicação de índice de correção monetária, enquanto no fato apresentado houve verdadeira majoração da base de cálculo, violando, portanto, o princípio da legalidade.

(D) inconstitucional, porque a correção monetária de base de cálculo depende de lei, visto que acarreta a majoração do tributo, e também porque não foi observado o princípio da anterioridade nonagesimal.

(E) inconstitucional, porque correção monetária de base de cálculo do IPTU deve obediência ao princípio da anterioridade nonagesimal, apesar de ser exceção ao princípio da legalidade.

É possível majorar a base de cálculo dos impostos por norma infralegal, mas apenas dentro dos índices inflacionários, para manutenção do valor do tributo. Nesse caso não há majoração real, sendo dispensável a lei – art. 97, § 2º, do CTN. Ocorre que há muito tempo a inflação anual brasileira não se aproxima dos 45% indicados na questão, o que autoriza dizer que o Prefeito aumento efetivamente o tributo por decreto, o que é inconstitucional por ofensa ao princípio da legalidade – Súmula 160/STJ. Por essa razão, a alternativa "C" é a correta.

Gabarito "C"

(Procurador do Estado/PB – 2008 – CESPE) Acerca das limitações ao poder de tributar, assinale a opção correta.

(A) Nos termos e limites fixados em lei complementar federal, o Poder Executivo estadual, mediante decreto, pode reduzir, com o objetivo de regular a demanda, as alíquotas de ICMS de determinados produtos, dada a natureza extrafiscal desse tributo.

(B) A imunidade referente a impostos sobre livros, jornais e periódicos de papel não alcança publicações veiculadas em meios digitais, tais como DVD, CD e fitas de vídeo.

(C) À União, aos estados, ao DF e aos municípios é vedado estabelecer diferença tributária entre bens e serviços, de qualquer natureza, em razão de sua procedência ou destino.

(D) A comprovação eficaz da demonstração de insuficiência econômico-financeira dispensa o sujeito passivo de suas obrigações tributárias, haja vista o princípio da capacidade contributiva.

(E) Nos casos de investimento público de caráter urgente e de relevante interesse nacional, a União pode instituir empréstimo compulsório no mesmo exercício financeiro em que a lei seja publicada.

A: somente o Executivo **federal** (não os estaduais, distrital ou municipais) tem a prerrogativa de alterar as alíquotas de determinados impostos, nos termos do art. 153, § 1º, da CF; **B:** o STF, de fato, tem entendimento restritivo com relação à imunidade do art. 150, VI, *d*, da CF, atribuindo-a a papéis e materiais relacionados (filme, papel fotográfico etc.), mas afastando o benefício com relação a tintas, maquinários, serviços gráficos etc. – no entanto, não há jurisprudência pacífica quanto a meios alternativos de publicação de livros e periódicos – de qualquer forma, essa alternativa é a melhor, pois: (a) DVD de filme ou CD de música não gozam de imunidade e (b) as demais alternativas são inquestionavelmente erradas; **C:** a não diferenciação conforme a origem e o destino de bens e serviços é princípio aplicável a Estados, ao Distrito Federal e aos Municípios (não há previsão expressa, na CF, em relação à União), nos termos do art. 152 da CF; **D:** não há essa previsão – art. 108, § 2º, do CTN; **E:** o princípio da anterioridade aplica-se ao caso de empréstimo compulsório para investimento público – art. 148, II, *b*, *in fine*, da CF.

Gabarito "B"

(Procuradoria Federal – 2007 – CESPE) Julgue o item seguinte.

(1) Caso determinada lei estadual modifique o prazo de recolhimento do imposto sobre a propriedade de veículos automotores (IPVA), para que todos os contribuintes efetuem o pagamento do imposto em diferentes dias do mês de janeiro de cada ano, nesse caso, a referida lei estadual deverá obedecer ao princípio da anterioridade tributária.

1: A alteração do prazo de pagamento não se sujeita ao princípio da anterioridade – Súmula 669/STF.

Gabarito 1E

(Defensoria Pública da União – 2007 – CESPE) Julgue o item a seguir.

(1) Considere que lei publicada em 1º de dezembro de 2007 eleve o IPI sobre determinado produto. Nessa situação hipotética, é permitido à União cobrar o novo valor do imposto a partir de 1.º de janeiro de 2008.

1: Embora não se submeta à anterioridade prevista pelo art. 150, III, b, da CF, a majoração do IPI deve observar a anterioridade nonagesimal (art. 150, III, *c*, e § 1º, da CF).

Gabarito 1E

(Procurador do Estado/PR – 2007) O art. 150, inciso II, da CF, ao vedar "instituir tratamento desigual entre contribuintes que se encontrem em situação equivalente, proibida qualquer distinção em razão de ocupação profissional ou função por eles exercida, independentemente da denominação jurídica dos rendimentos, títulos ou direitos".

(A) Admite a distinção entre categorias profissionais para tributar diferentemente as melhores remuneradas;

(B) Admite a distinção entre funções, permitindo a tributação favorecida de categorias de função social, como o magistério e o funcionalismo público;

(C) veda qualquer distinção entre categorias semelhantes, ao ponto de vedar definitivamente a distinção entre quaisquer pessoas para fins de tributação, mesmo jurídicas, tornando inconstitucional emenda tendente a modificar esse regime de isonomia;

(D) obriga que toda exigência de tributo seja sempre proporcional, vedada portanto a utilização de tributos progressivos;

(E) veda a adoção de alíquotas diferenciadas conforme os rendimentos sejam, por exemplo, oriundos de atividade rural autônoma ou de trabalho assalariado, mas não veda a mesma distinção conforme sejam rendimentos oriundos de aplicação financeira ou de trabalho assalariado.

A, B, C e E: art. 150, II, *in fine*, da CF e art. 43, § 1º, do CTN – o objetivo da norma constitucional é exatamente impor a isonomia para fins da tributação. Por se tratar de direito individual dos cidadãos, não pode ser reduzido ou suprimido por emenda constitucional (art. 60, § 4º, IV, da CF); **D:** há previsão constitucional expressa de progressividade em relação ao IR, ao ITR e ao IPTU – art. 153, § 2º, I e § 4º, I, e art. 156, § 1º, I, da CF.

Gabarito "C"

(Procurador do Estado/MG – 2007) É vedado à União, aos Estados, ao Distrito Federal e aos Municípios:

(A) cobrar tributos em relação a fatos geradores ocorridos após o início da vigência da Lei que os houver instituído ou aumentado;

(B) instituir impostos sobre livros, jornais, periódicos e o papel destinado à sua impressão;

(C) utilizar tributo sem efeito de confisco;

(D) instituir impostos sobre o patrimônio, renda ou serviços dos partidos políticos, das entidades sindicais dos trabalhadores constituídas há mais de um ano, das instituições de educação e de assistência social, excluídas as de natureza privada, na forma da lei.

A: incorreta, pois a vedação refere-se a fatos anteriores à vigência da lei (princípio da irretroatividade) – art. 150, III, *a*, da CF; **B:** correta, pois essa imunidade é prevista expressamente no art. 150, VI, *d*, da CF; **C:** incorreta, pois a vedação é de utilização *com* efeito de confisco – art. 150, IV, da CF; **D:** incorreta, pois a referida imunidade não é restrita às entidades existentes há mais de um ano, nem exclui aquelas de natureza privada – art. 150, VI, c, da CF.

Gabarito "B"

(Procurador do Município/Manaus-AM – 2006 – FCC) As multas por infração, em nosso sistema tributário,

(A) podem ser instituídas sem observância do princípio da anualidade.

(B) podem ser instituídas através de decreto do chefe do Poder Executivo.

(C) dispensam a instauração de procedimento administrativo para ser validamente constituída.

(D) dispensam a observância do princípio do contraditório.

(E) somente podem ser aplicadas mediante comprovação de culpa do respectivo agente.

A: não subsiste no direto tributário brasileiro o princípio da anualidade, relativo à previsão orçamentária da exação; **B:** incorreta, pois a instituição de multa, por ser obrigação pecuniária compulsória, deve ser realizada por meio de lei; **C:** discutível. Em princípio, a multa, por ser objeto de obrigação tributária principal, tem seu crédito constituído privativamente pelo fisco por meio de lançamento, conforme o art. 142 do CTN que se refere a procedimento administrativo. Daí porque a alternativa é considerada incorreta (e realmente é a melhor alternativa para ser indicada pelo candidato). Ocorre que a jurisprudência reconhece que o contribuinte pode constituir diretamente o crédito tributário, no caso dos tributos lançados por homologação, por exemplo (ver Súmula 436/STJ). Nesse caso, o próprio contribuinte pode calcular e recolher a multa, sendo discutível referir-se a procedimento administrativo; **D:** incorreta, pois se houver processo administrativo (em caso de impugnação da autuação fiscal), deve se observar os princípios do contraditório e da ampla defesa – art. 5º, LV, da CF. É importante salientar, entretanto, o entendimento majoritário no sentido de que esses princípios não se aplicam plenamente no procedimento fiscal prévio, anterior ao lançamento (enquanto o fiscal está auditando o contribuinte, antes de decidir pela aplicação da multa), mas somente, repetimos, no processo administrativo fiscal (aquele iniciado pela impugnação administrativa do lançamento); **E:** incorreta, pois, salvo disposição de lei em contrário, a responsabilidade por infrações da legislação tributária independe da intenção do agente – art. 136 do CTN.

Gabarito "A"

(Procurador do Estado/RR – 2006 – FCC) É vedado à União, aos Estados, ao Distrito Federal e aos Municípios:

(A) estabelecer diferença tributária entre bens de qualquer natureza, em razão da sua procedência ou do seu destino.

(B) cobrar tributo, assim entendidas as taxas e contribuição de melhoria, sobre o patrimônio, a renda ou os serviços uns dos outros.

(C) cobrar imposto sobre o patrimônio, a renda ou os serviços das empresas públicas e sociedade de economia mista.

(D) cobrar imposto sobre templos de qualquer culto.

(E) cobrar imposto sobre o patrimônio, a renda ou serviços dos partidos políticos, independentemente de aplicação dos seus recursos no País e na manutenção dos seus objetivos institucionais.

A: a não diferenciação conforme a origem e o destino de bens e serviços é princípio aplicável a Estados, ao Distrito Federal e aos Municípios (não há previsão expressa, na CF, em relação à União), nos termos do art. 152 da CF; **B:** o princípio da imunidade recíproca refere-se apenas a impostos (não a taxas e a contribuições de melhoria) – art. 150, VI, a, da CF; **C:** a imunidade recíproca, como regra, abarca apenas as entidades de **direito público** da administração indireta (autarquias e fundações instituídas e mantidas pelo poder público), e não as de direito privado (empresas públicas e sociedades de economia mista) – art. 150, § 2º, da CF; **D:** art. 150, VI, b, da CF; **E:** a imunidade prevista no art. 150, § 4º, da CF depende do atendimento aos requisitos do art. 14, II, do CTN.

Gabarito "D"

(Procurador do Estado/SE – FCC – 2005) Direito tributário é o conjunto de normas que

(A) regula o comportamento das pessoas de levar dinheiro aos cofres públicos.

(B) compõem a Lei Orçamentária, a Lei Plurianual e a Lei de Diretrizes Orçamentárias.

(C) regula o destino dos valores arrecadados a título de tributo dentro da máquina do Estado.

(D) regula o comportamento dos agentes públicos na condução orçamentária da Administração Pública Direta e Indireta.

(E) regula o comportamento dos agentes públicos na condução orçamentária apenas da Administração Pública Direta.

A: assertiva correta, pois o direito tributário regula prioritariamente a obrigação tributária, ou seja, a relação jurídica entre o Estado e os particulares que tem por objeto a entrega compulsória de dinheiro por esses últimos, não sancionatória por atos ilícitos; **B:** incorreta, pois a LOA, o PPA e a LDO são estudadas basicamente no âmbito do direito financeiro; **C**, **D** e **E:** essas situações são reguladas basicamente pelo direito financeiro e pelo direito administrativo.

Gabarito "A"

(Procurador da Fazenda Nacional – 2004 – ESAF) Considerado o entendimento atualmente dominante no Supremo Tribunal Federal, assinale a resposta que completa corretamente a assertiva.

"A alíquota de contribuição social destinada ao financiamento da Seguridade Social, majorada por medida provisória que tenha sido editada na primeira metade do exercício financeiro, objeto de reedição e conversão em Lei, poderá ser exigida..."

(A) depois de decorridos noventa dias da data da publicação da Lei resultante da conversão.

(B) depois de decorridos noventa dias da data da publicação da medida provisória originária.

(C) depois de decorridos noventa dias da data da reedição da medida provisória.

(D) no próximo exercício financeiro.

(E) depois de decorridos noventa dias do início do próximo exercício financeiro.

As contribuições sociais são exceção ao princípio da anterioridade anual, sujeitando-se apenas à nonagesimal – art. 195, § 6º, da CF. Ademais, não se submetem à norma restritiva do art. 62, § 2º, da CF (que exige a conversão de lei da MP até o final do ano). Assim, a citada majoração é exigível a partir de 90 dias contados da publicação da MP, de modo que a alternativa "B" é a correta.

Gabarito "B"

(ADVOGADO – PETROBRÁS – 2012 – CESGRANRIO) De acordo com o sistema tributário nacional, a imposição e a cobrança do tributo, ressalvadas as hipóteses previstas no ordenamento jurídico tributário, observam o princípio da anterioridade tributária porque o(a)

(A) STF já decidiu que a redução ou a extinção de um desconto para pagamento de um tributo sob certas condições previstas em lei, com o pagamento antecipado em parcela única, equiparam-se à majoração de tributo.

(B) STF já decidiu pela inaplicabilidade do princípio da anterioridade tributária quanto à norma que se limita a alterar o prazo para pagamento do tributo, mesmo antecipando-o.

(C) impacto causado nos contratos comerciais internacionais com o aumento da alíquota do IOF, mediante decreto pelo Poder Executivo Federal, deverá observar o princípio da anterioridade tributária.

(D) atração por novos polos industriais e comerciais, o aumento e a diminuição da alíquota do ISSQN dispensam a aplicação do princípio da anterioridade tributária.

(E) Medida Provisória que venha a instituir empréstimo compulsório para atender a despesas extraordinárias decorrentes de guerra externa deverá observar o princípio da anterioridade tributária.

A: incorreta. O STF adota posição oposta, consolidada no julgamento da ADI 4016, DJ 01/08/2008; **B:** correta, conforme posição pacificada no STF quando do julgamento do RE 195.218, DJ 28/05/2002; **C:** incorreta. O IOF não se submete ao princípio da anterioridade, nem anual, nem nonagesimal (art. 150, § 1º, da CF); **D:** incorreta. O aumento da alíquota do ISS enquadra-se na regra geral de aplicação do princípio da anterioridade tributária (anual + nonagesimal); **E:** incorreta. É vedada a instituição de empréstimo compulsório por meio de medida provisória, visto que é matéria reservada à lei complementar (art. 62, § 1º, III, da CF).

Gabarito "B"

(ADVOGADO – PETROBRÁS BIO. – 2010 – CESGRANRIO) Compete exclusivamente à lei complementar, no direito tributário,

(A) regular as limitações constitucionais ao poder de tributar.

(B) instituir contribuições sociais de competência exclusiva da União.

(C) instituir imposto de importação de produtos estrangeiros.

(D) instituir imposto sobre operações de crédito, câmbio ou seguro, ou relativas a títulos ou valores mobiliários.

(E) instituir imposto sobre a renda e proventos de qualquer natureza.

À lei complementar cabe regular as normas gerais de Direito Tributário, dentre elas as limitações constitucionais ao poder de tributar (art. 146, II, da CF). A instituição de tributos deve ser feita, em regra, por lei ordinária, com exceção apenas dos empréstimos compulsórios, do Imposto sobre Grandes Fortunas e de impostos residuais, os quais exigem lei complementar.

Gabarito "A"

(ADVOGADO – BNDES – 2010 – CESGRANRIO) São impostos de competência do Distrito Federal

(A) IPI, IOF e IGF

(B) PIS, COFINS e CIDE

(C) ICMS, IPVA e CIDE

(D) ICMS, ISS e CIDE

(E) ICMS, IPVA e IPTU

Cabe ao Distrito Federal os impostos estaduais e municipais (arts. 147 e 155 da CF). Portanto, o DF pode instituir os impostos previstos na alternativa "E".

Gabarito "E"

(ADVOGADO – PETROBRÁS DISTRIB. – 2010 – CESGRANRIO) A vedação constitucional à cobrança de tributos, antes de decorridos noventa dias da data em que tenha sido publicada a lei que os instituiu ou aumentou, NÃO se aplica à(ao)

(A) fixação da base de cálculo do Imposto sobre Serviços.

(B) fixação da base de cálculo do Imposto sobre Veículos Automotores.

(C) Imposto sobre Grandes Fortunas.

(D) Imposto Territorial Rural.

(E) Imposto sobre Produtos Industrializados.

A exceção à noventena alcança o Imposto de Importação, o Imposto de Exportação, o IOF, o imposto de renda, o imposto extraordinário de guerra, o empréstimo compulsório em caso de calamidade pública e a fixação da base de cálculo do IPVA e do IPTU (art. 150, § 1º, da CF).

Gabarito "B"

(ADVOGADO – CASA DA MOEDA – 2009 – CESGRANRIO) O princípio da anterioridade nonagesimal **NÃO** se aplica:

(A) ao Imposto sobre Renda e Proventos de qualquer natureza; ao Imposto sobre Propriedade Predial e Territorial Urbana; ao Imposto sobre Propriedade de Veículos Automotores e ao Imposto de Transmissão *causa mortis* e por doação de quaisquer bens e direitos.

(B) ao Imposto de Importação de Produtos Estrangeiros; ao Imposto Territorial Rural e ao Imposto sobre Operações de Crédito, Câmbio e Seguro e relativos a títulos ou valores mobiliários.

(C) ao Imposto sobre Propriedade Predial e Territorial Urbana; ao Imposto sobre Operações de Crédito, Câmbio e Seguro e relativos a títulos ou valores mobiliários; ao Imposto Territorial Rural e ao Imposto sobre Grandes Fortunas.

(D) aos empréstimos compulsórios para atender despesas extraordinárias decorrentes de calamidade pública, de guerra externa ou sua iminência; ao Imposto sobre a Importação de Produtos Estrangeiros; ao Imposto sobre a Exportação; ao Imposto sobre Renda e Proventos de qualquer natureza; ao Imposto sobre Operações de Crédito, Câmbio e Seguro e relativos a títulos ou valores mobiliários.

(E) ao Imposto Territorial Rural; ao Imposto sobre a Importação de Produtos Estrangeiros; ao Imposto sobre a Exportação e ao Imposto sobre Propriedade Predial e Territorial Urbana.

Nos termos do art. 150, § 1º, da CF, a anterioridade nonagesimal não se aplica ao empréstimo compulsório em caso de calamidade pública ou guerra externa, imposto de importação, imposto de exportação, imposto de renda, IOF, impostos extraordinários de guerra e a fixação da base de cálculo do IPVA e do IPTU.

Gabarito "D"

(ADVOGADO – CASA DA MOEDA – 2009 – CESGRANRIO) Em Direito Tributário, é matéria adstrita a decretos

(A) instituir e majorar quaisquer tributos.

(B) revogar taxas e contribuições de intervenção no domínio econômico.

(C) definir fato gerador, alíquota e base de cálculo de quaisquer tributos.

(D) regulamentar leis em função das quais sejam expedidos.

(E) estabelecer isenções de impostos.

Vige no Direito Tributário o princípio da legalidade estrita, de forma que há pouco espaço para a edição de decretos nessa seara. Como regra, sua função fica restrita à regulamentação das leis para conferir-lhes aplicabilidade. A única exceção é aquela prevista no art. 153, § 1º, da CF, que autoriza o Poder Executivo (cujo instrumento de execução é o decreto) a alterar, dentro dos limites anteriormente prescritos em lei, as alíquotas do imposto de importação, do imposto de exportação, do IPI e do IOF.

Gabarito "D"

(ADVOGADO – CASA DA MOEDA – 2009 – CESGRANRIO) Analise as proposições abaixo a respeito de imunidade tributária.

I. É possível a cobrança do IPTU em relação aos imóveis alugados a terceiros, de propriedade das entidades religiosas que gozam de imunidade tributária, ainda que a renda obtida com os aluguéis seja destinada às finalidades essenciais de tais entidades.

II. Os papéis necessários à publicação dos jornais e periódicos estão abrangidos pela chamada imunidade tributária recíproca.

III. A imunidade tributária com base no art. 150, VI, c, da Constituição Federal, que alcança as instituições de assistência social sem fins lucrativos, pode ser estendida às entidades fechadas de previdência social, se não houver contribuição dos beneficiários.

IV. As autarquias e fundações instituídas e mantidas pelo Poder Público gozam de imunidade tributária, no que se refere a patrimônio, renda e serviços vinculados às suas finalidades essenciais ou às delas decorrentes.

Estão corretas **APENAS** as proposições

(A) I e II.

(B) I e III.

(C) II e III.

(D) II e IV.

(E) III e IV.

I: incorreta. A assertiva contraria o entendimento exposto na Súmula nº 724 do STF, segundo a qual imóveis alugados continuam imunes ao IPTU se a renda obtida for aplicada nas atividades essenciais das entidades imunes; **II:** incorreta. A imunidade recíproca é aquela existente entre as pessoas jurídicas de direito público (art. 150, VI, "a", da CF). A imunidade sobre os livros, periódicos e o papel destinado à impressão desses é chamada de imunidade cultural; **III:** correta, nos termos da Súmula nº 730 do STF; **IV:** correta, nos termos do art. 150, § 2º, da CF.

Gabarito "E"

(ADVOGADO – BNDES – 2008 – CESGRANRIO) A doutrina reconhece como princípios tributários implícitos "aqueles que não estão expressamente previstos na Constituição, mas resultam do sistema federativo por ela adotado ou de princípios gerais de direito tributário".

(ROSA Jr., Luiz Emygdio F., Manual de Direito Financeiro e Direito Tributário. Rio de Janeiro. Renovar).

Sob essa ótica, constitui princípio tributário implícito o(a)

(A) não confisco.

(B) imunidade tributária.

(C) destinação pública do tributo.
(D) capacidade contributiva.
(E) irretroatividade da lei fiscal.

A: incorreta. O princípio de vedação ao confisco está explícito no art. 150, IV, da CF; **B:** incorreta. As imunidades tributárias estão esparsas pelo Texto Constitucional, mas podem ser encontradas em sua maioria no art. 150, VI, da CF; **C:** correta. O princípio da destinação pública do tributo decorre do próprio sistema tributário diante de sua classificação como receita pública, mas não se encontra declarado em qualquer diploma normativo; **D:** incorreta. O princípio do respeito à capacidade contributiva está expresso no art. 145, § 1º, da CF; **E:** incorreta. O princípio da irretroatividade tributária está previsto no art. 150, III, "a", da CF.

Gabarito "C"

(ADVOGADO – BNDES – 2006 – CESGRANRIO) Sobre as imunidades tributárias, está correto afirmar que:

(A) podem ser gratuitas ou onerosas.
(B) são sempre objetivas, por excluir das imposições determinadas mercadorias ou bens.
(C) abrangem apenas a obrigação principal, não se estendendo às obrigações acessórias.
(D) a imunidade das instituições de assistência social compreende apenas o patrimônio, a renda e os serviços, relacionados com as suas finalidades essenciais.
(E) a imunidade recíproca protege as pessoas de direito público contra os impostos incidentes sobre o patrimônio, a renda, os serviços, a produção e a circulação de riquezas.

A: incorreta. As imunidades tributárias são direitos subjetivos garantidos constitucionalmente, não havendo qualquer onerosidade para o contribuinte beneficiado; **B:** incorreta. Há imunidades objetivas, que protegem bens e mercadorias (imunidade sobre os livros, periódicos e o papel destinado a sua impressão, sobre a exportação), e subjetivas, que protegem pessoas jurídicas (imunidade recíproca, sobre templos de qualquer culto, entidades beneficentes de educação e assistência social, partidos políticos e entidades sindicais); **C:** o gabarito oficial considerou a alternativa incorreta, porém é importante anotar que determinadas instituições imunes são obrigadas a cumprir obrigações acessórias justamente para fazer jus ao benefício. É o caso das entidades previstas no art. 150, VI, "c", da CF, que devem manter sua escrituração em ordem para gozarem da imunidade, nos termos do art. 14, III, do CTN; **D:** correta, nos termos do art. 150, § 4º, da CF; **E:** incorreta. Nos termos do art. 150, § 2º, da CF, a imunidade alcança apenas o patrimônio, a renda e os serviços das entidades de direito público.

Gabarito "D"

(ADVOGADO – ELETROBRÁS – 2006 – NCE/UFRJ) Com a Constituição de 1988, estabeleceu-se que dois tributos devem ser criados ou aumentados necessariamente por intermédio de lei complementar. São eles:

(A) empréstimos compulsórios e impostos da competência residual da União;
(B) taxas e contribuições de melhoria;
(C) contribuições de melhoria e impostos;
(D) empréstimos compulsórios e taxas;
(E) impostos e empréstimos compulsórios.

Demandam lei complementar para sua instituição ou majoração os empréstimos compulsórios (art. 148 da CF) e os impostos criados no exercício da competência residual da União (art. 154, I, da CF). Anote-se que, além deles, também o Imposto sobre Grandes Fortunas somente poderá ser instituído por meio de lei complementar (art. 153, VII, da CF).

Gabarito "A"

(ADVOGADO – IRB – 2006 – ESAF) O Sistema Tributário Nacional é disciplinado na Constituição Federal de 1988 a partir do art. 145. Sobre seus princípios gerais, é **incorreto** afirmar-se que,

(A) a fim de conferir efetividade aos princípios da pessoalidade e da capacidade econômica do contribuinte, faculta-se à administração tributária identificar, respeitados os direitos individuais e nos termos da lei, o patrimônio, os rendimentos e as atividades econômicas a que se dedique o contribuinte.
(B) embora originalmente não tenha sido elaborado com o atendimento aos requisitos de tal espécie normativa, o Código Tributário Nacional, sendo lei ordinária, foi recepcionado pela Constituição com o *status* de lei complementar. Portanto, suas alterações somente podem ser efetuadas por intermédio de lei complementar.
(C) aos Municípios e ao Distrito Federal é facultada a instituição de contribuição para o custeio do serviço de iluminação pública, na forma da respectiva lei; todavia, se optarem por cobrá-la, tais entes deverão fazê-lo por via da respectiva fatura de consumo de energia elétrica.
(D) a instituição de contribuições de intervenção no domínio econômico é da competência exclusiva da União, não podendo, portanto, ser delegada a outros entes federativos, como Estados, Municípios e Distrito Federal.
(E) somente a União possui a competência para a instituição de duas diferentes modalidades de empréstimos compulsórios, sendo necessário, para ambas, a edição de lei complementar.

A: correta, nos termos do art. 145, § 1º, da CF; **B:** correta. Trata-se de antiga lição da doutrina e da jurisprudência sobre o tema. O CTN é lei ordinária em sua origem. Porém, como a CF de 1988 o recepcionou materialmente e, ao mesmo tempo, determinou que as matérias nele constantes fossem tratadas em lei complementar, ele passou a ter esse *status*; **C:** incorreta, devendo ser assinalada. A cobrança da contribuição para custeio da iluminação pública pode, facultativamente, ser feita através da fatura do serviço de energia elétrica do contribuinte. Não é uma obrigação do Município ou DF fazê-la por esse instrumento (art. 149-A, parágrafo único, da CF); **D:** correta, nos termos do art. 149 da CF e art. 7º do CTN; **E:** correta, nos termos do art. 148 da CF.

Gabarito "C"

(ADVOGADO – IRB – 2006 – ESAF) A Emenda Constitucional n. 42/2003 promoveu algumas alterações no Sistema Tributário Nacional, objetivando dar tratamento diferenciado às pequenas e médias empresas. Considerando esse dado, avalie o acerto das afirmações abaixo; em seguida, marque a opção correta.

I. lei complementar poderá instituir regime único de arrecadação dos impostos e contribuições da União, dos Estados, do Distrito Federal e dos Municípios.

II. uma vez instituído o regime único a que se refere o item I acima, poderá o contribuinte optar ou não por ele.

III. ainda sobre o regime mencionado no item I, se vier a ser adotado, nele não poderão ser estabelecidas condições de enquadramento diferenciadas por Estado.

IV. os entes federados poderão, no regime único, adotar cadastro único de contribuintes.

(A) Todos os itens estão corretos.

(B) Há apenas um item correto.

(C) Há apenas dois itens corretos.

(D) Há apenas três itens corretos.

(E) Todos os itens estão errados.

I: correta, nos termos do art. 146, parágrafo único, da CF; **II:** correta, nos termos do art. 146, parágrafo único, I, da CF; **III:** incorreta. É possível a previsão de condições diferentes para cada Estado (art. 146, parágrafo único, II, da CF); **IV:** correta, nos termos do art. 146, parágrafo único, IV, da CF.

Gabarito "D"

(ADVOGADO – IRB – 2006 – ESAF) Um dos efeitos da definição do fato gerador dos tributos, em geral, é o de estabelecer os conceitos de *incidência, não incidência, imunidade* e *isenção*. Sobre estas, é incorreto afirmar-se que

(A) há *incidência* de tributo quando determinado fato, por enquadrar-se no modelo abstratamente previsto pela lei, faz nascer a obrigação de recolher tributo.

(B) a *isenção* concedida por prazo certo e em função de determinadas condições não pode ser revogada nem reduzida.

(C) a *não incidência* caracteriza-se pela não previsão do fato na hipótese de incidência.

(D) a *imunidade* é uma hipótese de não incidência constitucionalmente qualificada.

(E) consoante entendimento do Supremo Tribunal Federal, consubstanciado em Súmula, a revogação de *incidência* não tem eficácia imediata, já que equivaleria à criação ou majoração de tributo.

Ocorre **incidência** do tributo quando vislumbra-se a tipicidade do fato concreto, ou seja, quando há perfeita coincidência entre ele e a hipótese de incidência abstratamente prevista em lei. Por consequência, chama-se **não incidência** a ausência da obrigação de pagar determinado tributo porque falta ao fato concreto algum requisito para tanto. A não incidência pode ocorrer por razões **lógicas**, fáticas (exemplo: não incide IPVA sobre bicicletas porque elas não são veículos automotores) ou **jurídicas**, isto é, quando o ordenamento jurídico expressamente exclui determinada situação do campo de incidência. A essas hipóteses damos o nome de imunidade, que, nas conhecidas palavras de José Souto Maior Borges, "é hipótese de não incidência constitucionalmente qualificada". Por fim, isenção é forma de **exclusão** do crédito tributário. Enquanto na imunidade o crédito tributário sequer existe, porque a Constituição proíbe a incidência, na isenção o crédito existe, mas é afastado por imposição **legal** (não constitucional). A única alternativa incorreta, portanto, é a letra "E", já que não faz sentido afirmar que revogar a **incidência** implica a criação ou majoração de imposto (o efeito seria o contrário, a desnecessidade de pagá-lo). O entendimento jurisprudencial dominante afirma que a revogação de isenção se equipara à criação ou majoração de tributo.

Gabarito "E"

(ADVOGADO – BNB – 2006 – ACEP) Acerca das limitações ao poder de tributar, assinale a alternativa **CORRETA**.

(A) A igualdade na tributação realiza-se pela graduação do tributo no montante da capacidade tributária.

(B) A legalidade tributária esgota-se na exigência de que a lei defina o fato gerador, os sujeitos passivo e ativo da obrigação, assim como a alíquota, o tempo e o modo do pagamento; o restante é suscetível de ser tratado por decreto.

(C) A imunidade dos templos é imunidade objetiva, restringindo-se ao IPTU incidente sobre o imóvel no qual se realiza o culto.

(D) As entidades de assistência social sem fins lucrativos, de direito privado e mesmo que não criadas pelo Estado, têm direito à imunidade tributária.

(E) A imunidade recíproca é subjetiva, alcançando a administração pública direta e indireta em toda e qualquer atuação.

A: incorreta. O princípio da igualdade determina o respeito à capacidade econômica de cada contribuinte, através da criação, sempre que possível, de impostos pessoais e a progressão das alíquotas. Capacidade tributária refere-se à aptidão jurídica para cobrar ou pagar o tributo; **B:** incorreta. Todo e qualquer tema envolvendo tributos deve ser veiculado através de lei, por força do princípio da legalidade estrita aplicável ao Direito Tributário. As únicas exceções são os impostos extrafiscais, os quais a CF autoriza que as alíquotas sejam fixadas por decreto do Poder Executivo, respeitados os limites anteriormente estabelecidos na lei; **C:** incorreta. A imunidade dos templos de qualquer culto é subjetiva, ou seja, é garantida à entidade religiosa, pessoa jurídica de direito privado, e abrange todos os impostos sobre patrimônio, renda e serviços; **D:** correta, nos termos do art. 195, § 7º, da CF; **E:** incorreta. A imunidade tributária recíproca não se aplica às empresas públicas e sociedades de economia mista que explorem atividade econômica (art. 173, § 2º, da CF) e referem-se somente aos impostos sobre patrimônio, renda e serviços vinculados a suas atividades essenciais (art. 150, § 2º, da CF).

Gabarito "D"

(ADVOGADO – EMBRAPA – 2005 – CESPE) A Constituição Federal, art. 153, VII, prevê a criação de imposto sobre grandes fortunas. A respeito desse tema, julgue os seguintes itens.

(1) Tendo em vista as desigualdades regionais e em face do princípio da capacidade contributiva, o imposto sobre grandes fortunas, ao ser instituído, fica restrito às fortunas localizadas nos estados mais ricos da federação.

(2) Para que o imposto sobre grandes fortunas seja exigido e cobrado no exercício financeiro de 2005, a lei que o instituir deve ser editada antes do término desse mesmo exercício, pois o Código Tributário Nacional proíbe a cobrança de tributos retroativamente.

1: incorreta. Não se encontra qualquer limitação nesse sentido na CF. Ao contrário, é vedado à União instituir impostos que não sejam uniformes em todo território nacional (art. 151, I, da CF); **2:** incorreta. De fato, não há cobrança retroativa de tributos, porém a regra estabelecida na assertiva não reflete a aplicação do princípio da anterioridade anual, previsto no art. 150, III, "b". Para que o tributo seja exigível em 2005, seria necessário que fosse instituído por lei complementar (no caso do Imposto sobre Grandes Fortunas) até o final do exercício de 2004. Mais ainda, somente poderia ser cobrado após decorridos 90 dias da lei complementar que o instituiu (art. 150, III, "c", da CF).

Gabarito 1E, 2E

(ADVOGADO – BNDES – 2002 – VUNESP) Lei Complementar da União instituiu Empréstimo Compulsório com o objetivo de absorver, temporariamente, o poder aquisitivo da população, devido ao processo inflacionário. Esse empréstimo compulsório

(A) é constitucional, pois a matéria é urgente e de relevante interesse nacional.

(B) é constitucional, por haver sido instituído por Lei Complementar Federal.

(C) é inconstitucional, por não corresponder às hipóteses constitucionais do empréstimo compulsório.

(D) é constitucional, todavia, em qualquer hipótese, deverá obedecer ao princípio da anterioridade tributária.

(E) é constitucional, contudo, em virtude de sua relevância, não obedece ao princípio da anterioridade tributária.

O empréstimo compulsório baseado em conjuntura econômica que exija absorção temporária de poder aquisitivo ainda está previsto no art. 15, III, do CTN, que encontrava amparo nos Textos Constitucionais até a véspera da promulgação da atual CF. Com efeito, a nova Lei Maior deixou de prever essa hipótese de empréstimo compulsório no art. 148, de sorte que o dispositivo do CTN não foi recepcionado e a cobrança do empréstimo compulsório com essa justificativa tornou-se inconstitucional.

Gabarito "C"

(ADVOGADO – PETROBRÁS – 2001 – CESPE) A respeito do direito tributário, julgue os itens subsequentes.

(1) Por força do princípio constitucional da estrita legalidade em matéria tributária, tanto a isenção quanto a imunidade tributárias têm de ser necessariamente estabelecidas em lei *stricto sensu*; por outro lado, se determinada situação for alvo de norma instituidora de imunidade tributária, não poderá haver isenção para a mesma situação.

(2) A solidariedade, no direito tributário, não se pode presumir, mas tem de derivar da lei; por outro lado, ela não admite benefício de ordem entre os coobrigados.

(3) No direito tributário, por força do princípio da igualdade tributária, não se admite a fixação, na lei, de tratamento diferenciado entre contribuintes ou responsáveis com base em critérios referentes às condições pessoais dos destinatários da norma.

(4) Como decorrência da regra constitucional que estabelece a não cumulatividade do imposto sobre operações relativas à circulação de mercadorias e sobre prestações de serviços de transporte interestadual e intermunicipal e de comunicação (ICMS), os custos em que a empresa incorre — como o preço de serviço ou bem, seja ele destinado, por exemplo, a revenda ou a emprego como matéria prima, produto intermediário ou embalagem — que se tenham sujeitado a esse tributo darão causa a crédito do imposto; essa sistemática é conhecida como regime de crédito financeiro.

(5) No direito civil, usa-se o termo **pagamento**, em sentido amplo, para designar o adimplemento de todo tipo de obrigação, e, em sentido restrito, para significar o adimplemento de obrigação pecuniária; o Código Tributário Nacional (CTN), ao empregá-lo no capítulo que cuida da extinção do crédito tributário, usa-o em sentido amplo.

1: incorreta. A imunidade é hipótese de não incidência constitucionalmente qualificada, ou seja, suas hipóteses estão previstas exclusivamente na CF, ao passo que a isenção é hipótese de exclusão do crédito tributário, ela sim prevista necessariamente em lei; **2:** correta, nos termos dos art. 124, II e parágrafo único, do CTN; **3:** incorreta. Longe de constituir uma exceção ao princípio da isonomia, a CF estampa o princípio do respeito à capacidade contributiva (art. 145, § 1º), que é a própria consagração da igualdade. Segundo ele, os impostos, sempre que possível, terão caráter pessoal, sendo graduados de acordo com a situação econômica do contribuinte; **4:** correta. A assertiva define com precisão a sistemática de débitos e créditos dos impostos não cumulativos, como o ICMS, que permite que o valor pago a título de imposto pelo adquirente seja descontado do valor a pagar no momento em que ele praticar o fato gerador; **5:** incorreta. O termo "pagamento" no CTN está aplicado em sentido estrito, porque indica o adimplemento em dinheiro da obrigação tributária principal. Tanto é que ao seu lado são previstas outras hipóteses de extinção do crédito tributário que se classificam como pagamento em sentido amplo: dação em pagamento de bens imóveis, compensação etc.

Gabarito 1E, 2C, 3E, 4C, 5E

(ADVOGADO – BNDES – 2001 – VUNESP) Assinale a alternativa correta sobre imunidade.

(A) É vedado à União, aos Estados, ao Distrito Federal e aos Municípios instituir impostos sobre patrimônio, renda ou serviços dos partidos políticos, das entidades sindicais dos trabalhadores e dos empregadores, das instituições de educação e de assistência social.

(B) É vedado aos Estados e aos Municípios instituir tributos sobre templos de qualquer religião.

(C) A imunidade recíproca é extensiva às autarquias e às fundações instituídas e mantidas pelo Poder

Público, no que se refere ao patrimônio, à renda e aos serviços, vinculados as suas finalidades essenciais ou às delas decorrentes.

(D) A imunidade existente entre as pessoas políticas (União, Estados, Distrito Federal e Municípios) é extensiva às pessoas que prestem serviços públicos remunerados por preços ou tarifas.

(E) É vedado à União, aos Estados, ao Distrito Federal e aos Municípios instituir tributos sobre livros, jornais, periódicos e o papel destinado à sua impressão, bem como sobre as empresas jornalísticas.

A: incorreta. A imunidade está prevista apenas para as entidades sindicais de trabalhadores, não as de empregadores (art. 150, VI, "c", da CF); **B:** incorreta. A vedação alcança também a União e ocorre sobre templos de qualquer culto (art. 150, VI, "b", da CF); **C:** correta, nos termos do art. 150, § 2º, da CF; **D:** incorreta. Não há qualquer previsão constitucional nesse sentido (que seria necessário por se tratar de imunidade) e o art. 13 do CTN proíbe essa interpretação; **E:** incorreta. A imunidade dos livros, jornais, periódicos e do papel destinado a sua impressão é objetiva, ou seja, alcança apenas os mencionados insumos e mercadorias. As pessoas jurídicas envolvidas na cadeia produtiva serão tributadas normalmente em relação aos demais impostos incidentes sobre sua atividade (como o imposto de renda, por exemplo).

Gabarito "C"

3. IMUNIDADES

(Procurador Distrital – 2014 – CESPE) Considerando que uma autarquia federal que não vise à exploração da atividade econômica e não cobre tarifa ou preço por serviços prestados tenha adquirido um prédio para instalação de sua administração no DF, julgue os itens que se seguem, relativos a essa situação hipotética, à competência tributária e às regras de limitação dessa competência.

(1) Caso o prédio em questão seja vendido para uma pessoa física, essa operação ficará sujeita ao pagamento de ITBI, uma vez que a limitação do poder de tributar não mais se aplicará.

(2) O DF pode instituir contribuições parafiscais, inclusive destinadas à intervenção no domínio econômico, desde que o faça por lei complementar.

(3) O DF pode conceder remissão de ICMS a empresários, de forma autônoma e independente de autorização de qualquer órgão federal, dado que a CF lhe garantiu competência plena.

(4) Na hipótese considerada, o DF não poderá cobrar IPTU do prédio da autarquia federal em razão do princípio da uniformidade.

1: correta, pois a imunidade tributária não beneficia o particular adquirente do imóvel, contribuinte do ITBI – art. 150, § 3º, *in fine*, da CF/1988 e Súmula 75 do STF; **2:** incorreta, pois a competência tributária relativa a contribuições é exclusiva da União, com exceção da contribuição devida pelos servidores públicos para suportar o regime previdenciário próprio – art. 149 da CF/1988; **3:** incorreta, pois os benefícios fiscais dependem de deliberação dos Estados e do DF (por meio de convênio do CONFAZ), nos termos do art. 155, § 2º, XII, *g*, da CF/1988; **4:** incorreta, pois, embora não seja possível a cobrança do IPTU, a razão para isso é a imunidade recíproca, não o princípio da uniformidade – art. 150, VI, *a*, e § 2º, da CF/1988.

Gabarito 1C, 2E, 3E, 4E

(Procurador do Estado/BA – 2014 – CESPE) Com relação à imunidade, julgue o seguinte item.

(1) A imunidade tributária recíproca não é extensiva às empresas públicas.

Correta, nos termos do art. 150, § 2º, da CF/1988, sendo a imunidade recíproca aplicável, além de aos entes políticos, somente a autarquias e fundações públicas, em regra. Importante salientar, entretanto, que o STF tem reconhecido imunidade tributária em favor de determinadas empresas públicas prestadoras de serviço público, como a ECT e a Infraero – ver ARE 643.686 RG/BA.

Gabarito 1C

(Procurador do Estado/BA – 2014 – CESPE) Com relação à imunidade, julgue o seguinte item.

(1) As taxas são alcançadas pelas imunidades constitucionais previstas para as entidades de educação.

Incorreta, pois a imunidade prevista pelo art. 150, VI, *c*, da CF/1988 refere-se exclusivamente a impostos.

Gabarito 1E

(Procurador do Estado/AC – FMP – 2012) Assinale a alternativa correta.

(A) Não fica imune ao IPTU (Imposto sobre a Propriedade Predial e Territorial Urbana) o imóvel pertencente a partido político alugado a terceiros, mesmo que o valor dos aluguéis seja aplicado nas atividades essenciais da aludida entidade.

(B) O princípio constitucional da legalidade tributária impõe a adoção da espécie legislativa própria e prevista na Constituição Federal para a instituição de tributo, mas não exige que a norma criadora do tributo contenha todos os aspectos fundamentais da hipótese de incidência tributária (aspectos pessoal, material, temporal, espacial e quantitativo).

(C) A imunidade recíproca alcança todas as espécies tributárias.

(D) O princípio constitucional da anterioridade tributária anual, previsto no art. 150, inciso III, alínea "b", da Constituição Federal, é direito fundamental do contribuinte, razão pela qual não pode ser suprimido por Emenda Constitucional.

A: incorreta, pois o STF pacificou o entendimento de que a imunidade persiste se os valores dos aluguéis recebidos forem aplicados nas atividades essenciais da entidade imune – Súmula 724/STF; **B:** incorreta, pois todos os elementos essenciais da hipótese de incidência, descritos na assertiva, devem ser previstos em lei, sob pena de ofensa ao princípio da legalidade; **C:** incorreta, pois as imunidades listadas no art. 150, VI, da CF, por exemplo, restringem-se aos impostos; **D:** essa é a assertiva correta, conforme entendimento do STF – ver ADI 939/DF.

Gabarito "D"

(PROCURADOR DO ESTADO/MG – FUMARC – 2012) Assinale a alternativa correta quanto à Imunidade tributária:

(A) Alcança apenas aos impostos;

(B) Aplica-se ao imposto sobre operações relativas à circulação de mercadorias e sobre prestações de serviços de transporte interestadual e intermunicipal e de comunicação (ICMS) apenas na exportação de mercadorias industrializadas;

(C) Aplica-se se ao imposto sobre operações relativas à circulação de mercadorias e sobre prestações de serviços de transporte interestadual e intermunicipal e de comunicação (ICMS) sobre o ouro apenas se for considerado instrumento cambial;

(D) Aplica-se ao imposto sobre produtos industrializados (IPI) na importação e exportação de produtos industrializados oriundos ou destinados ao exterior;

(E) Aplica-se aos impostos incidentes sobre os templos de qualquer culto; limitada ao patrimônio, renda e os serviços relacionados com suas finalidades essenciais.

A: incorreta, pois, apesar das imunidades indicadas no art. 150, VI, da CF restringirem-se aos impostos, o texto constitucional traz outras relativas às contribuições e às taxas – ver art. 5º, XXXIV, LXXIV, LXXVI e LXXVII, e art. 195, § 7º, da CF; **B:** incorreta, pois, atualmente, a imunidade relativa às exportações é ampla, afastando o ICMS em relação a qualquer espécie de mercadoria (industrializada, semielaborado ou não industrializada) – art. 155, § 2º, X, *a*, da CF; **C:** incorreta, pois há imunidade relativa ao ICMS no caso do ouro instrumento cambial, mas também no caso daquele utilizado como ativo financeiro – art. 155, § 2º, X, *c*, c/c art. 153, § 5º, da CF; **D:** incorreta, pois a imunidade do IPI abrange as exportações, mas não as importações que são normalmente tributadas – art. 153, § 3º, III, da CF; **E:** essa é assertiva correta, nos termos do art. 150, VI, *b*, e § 4º, da CF.

Gabarito "E"

(Procurador do Estado/PA – 2011) Assinale a alternativa CORRETA:

(A) A criação de imunidade tributária é matéria típica do texto constitucional enquanto a de isenção é versada na lei ordinária; não há, pois, invasão da área reservada à emenda constitucional quando a lei ordinária cria isenção.

(B) Mesmo que a lei defina corretamente os elementos da obrigação tributária, não poderá deixar para o regulamento a complementação dos conceitos abertos, tais como, por exemplo, "atividade preponderante" e "grau de risco leve, médio e grave", pois implicaria ofensa tanto ao princípio da legalidade genérica, quanto ao da legalidade tributária, CF, art. 150, I.

(C) Constatada a ofensa ao tratamento isonômico em lei que concedeu tratamento tributário diferenciado a determinadas categorias, pode-se obter, em controle concentrado de constitucionalidade, a extensão do benefício fiscal às categorias excluídas pelo legislador.

(D) Há ofensa ao princípio da isonomia tributária se a lei, por motivos extrafiscais, confere tratamento desigual a microempresas e empresas de pequeno porte de capacidade contributiva distinta, afastando do regime do Simples aquelas cujos sócios têm condição de disputar o mercado de trabalho sem assistência do Estado.

(E) Ao instituir incentivos fiscais a empresas que contratam empregados com mais de quarenta anos, a lei viola os princípios da igualdade e da isonomia.

A: essa é a assertiva correta, pois, de fato, competência tributária é norma fixada pela Constituição, enquanto a isenção é concedida por lei, exatamente pelo ente que detém a competência tributária (somente quem pode legislar acerca do tributo, ou seja, quem detém competência tributária, pode instituir isenção); **B:** incorreta, pois somente os elementos essenciais da incidência e da obrigação tributária devem ser veiculados necessariamente por lei. A regulamentação pode ser feita por norma infralegal, inclusive em relação aos elementos citados na assertiva – ver AgRg Ag 1.074.925/SC-STJ; **C:** incorreta, pois o benefício fiscal é sempre interpretado restritivamente, ou literalmente, na terminologia do art. 111, II, do CTN, sendo vedado ao Judiciário agir como legislador positivo – ver RE 449.233 AgR/RS-STF; **D:** incorreta, pois as restrições ao ingresso na sistemática do Simples Nacional não são consideradas anti-isonômicas – ver RMS 27.376/SE-STJ; **E:** incorreta, conforme jurisprudência do STF – ver ADI 1.276/SP.

Gabarito "A"

(Procurador do Estado/PA – 2011) Considerando a imunidade tributária recíproca, analise as proposições abaixo e assinale a alternativa CORRETA:

I. É irrelevante para definição da aplicabilidade da imunidade tributária recíproca a circunstância de a atividade desempenhada estar ou não sujeita a monopólio estatal.

II. A imunidade tributária recíproca pressupõe o exame da caracterização econômica da atividade como lucrativa ou não, do risco à concorrência e à livre-iniciativa e de riscos ao pacto federativo pela pressão política ou econômica.

III. A imunidade tributária diz respeito aos impostos, não alcançando as contribuições.

IV. As empresas públicas prestadoras de serviço público distinguem-se das que exercem atividade econômica.

V. A imunidade tributária recíproca não se presta a proteger aumento patrimonial dissociado de interesse público primário, assim, se a sociedade de economia mista visa a distribuição de lucros, tem capacidade contributiva para participar do apoio econômico aos entes federados e não está acobertada pelo tratamento fiscal privilegiado.

(A) Apenas as proposições I e III estão corretas.

(B) Apenas a proposição III está correta.

(C) Apenas as proposições I, III e IV estão corretas.

(D) Todas as proposições estão corretas.

(E) Apenas as proposições I e IV estão corretas.

I: adequada. No caso das entidades de direito público, a existência de monopólio é irrelevante – art. 150, VI, *a*, e § 2º, da CF. Ocorre que o STF, ao reconhecer a imunidade em relação aos Correios e a Infraero (empresas públicas, de direito privado) referiu-se aos serviços "de prestação obrigatória e exclusiva pelo Estado", dando a ideia de que a existência de monopólio ("prestação exclusiva") seria relevante – ver RE 354.897/RS. Entretanto, mais recentemente os precedentes do STF têm reconhecido a imunidade dos Correios e da Infraero "independentemente da natureza da atividade desempenhada" – ver ACO 819 AgR/SE. Ademais, há concessionárias de serviço público que exercem monopólio, e nem por isso há imunidade; **II:** adequada, já que a imunidade recíproca é afastada no caso de patrimônio, renda e serviços relacionados com exploração de atividades econômicas regidas pelas normas aplicáveis a empreendimentos privados, ou em que haja contraprestação ou pagamento de preços ou tarifas pelo usuário – art. 150, § 3º, da CF; **III:** correta, por conta do cabeçalho da questão, pois, de fato, a imunidade *recíproca* restringe-se aos impostos. É importante lembrar, entretanto, que a Constituição Federal prevê imunidade específica em relação às contribuições sociais, no caso do art. 195, § 7º, da CF (apesar de usar o termo "isenção"); **IV:** adequada, pois no caso das empresas públicas que exercem atividade econômica em sentido estrito, definido no art. 150, § 3º, da CF, não são abrangidas pela imunidade. É importante reiterar, entretanto, que o STF tem reconhecido a imunidade para empresas públicas "independentemente da natureza da atividade desempenhada" – ver ACO 819 AgR/SE; V: assertiva adequada, conforme comentários anteriores e jurisprudência do STF. Observação: a jurisprudência do STF está em constante evolução, de modo que as assertivas desta questão podem ser consideradas muito subjetivas em relação aos precedentes jurisprudenciais, dando margem para discussão. Sugerimos fortemente que o estudante acompanhe de perto os julgados do STF a respeito, inclusive por conta das alterações na política aeroportuária, que atingem os serviços prestados pela Infraero.

Gabarito "D"

(Procurador do Estado/PA – 2011) Assinale a alternativa INCORRET**A:**

(A) A imunidade prevista no art. 150, VI, *b*, CF, que veda instituir impostos sobre templos de qualquer natureza, deve abranger não somente os prédios destinados ao culto, mas, também, o patrimônio, a renda e os serviços relacionados com as finalidades essenciais das entidades nelas mencionadas.

(B) A proibição de instituir imposto sobre patrimônio, renda ou serviços dos partidos políticos, inclusive suas fundações, das entidades sindicais dos trabalhadores, das instituições de educação e de assistência social, sem fins lucrativos, atendidos os requisitos da lei (CF, art. 150, VI, *c*), abrange o ICMS incidente sobre a importação de mercadorias utilizadas na prestação de seus serviços específicos.

(C) A proibição de instituir imposto sobre patrimônio, renda ou serviços das entidades sindicais dos trabalhadores protege colônia de férias de propriedade do sindicato, por ser o patrimônio ligado às finalidades essenciais do sindicato.

(D) A imunidade tributária prevista no art. 150, VI, *c*, da Constituição, compreende as aquisições de produtos no mercado interno, desde que os bens adquiridos integrem o patrimônio dessas entidades beneficentes, impedindo a incidência de ICMS.

(E) A imunidade tributária sobre livros, jornais, periódicos e o papel destinado à sua impressão tem por finalidade evitar embaraços ao exercício da liberdade de expressão intelectual, artística, científica e de comunicação, bem como facilitar o acesso da população à cultura, à informação e à educação. O Constituinte, ao instituir esta benesse, não fez ressalvas quanto ao valor artístico ou didático, à relevância das informações divulgadas ou à qualidade cultural de uma publicação, incidindo a imunidade, então, mesmo em álbum de figurinhas.

A: assertiva correta, conforme o art. 150, § 4º, da CF; **B:** assertiva correta, pois, nesse caso, a entidade imune é a contribuinte "de direito" do ICMS, ou seja, quem ocuparia o polo passivo da obrigação tributária decorrente da importação; **C:** discutível. Há realmente precedentes jurisprudenciais nesse sentido, mas é importante salientar que o STF não analisa se a colônia de férias está efetivamente ligada às finalidades essenciais do sindicato (pressuposto para reconhecimento da imunidade), por exigir reexame fático-probatório – ver RE 245.093 AgR/SP (ou seja, não se pode afirmar que esse é o entendimento do STF); **D:** incorreta, conforme precedentes mais recentes do STF – ver AI 769.965 AgR/SP – "A imunidade do art. 150, VI, c, da Constituição somente se aplica ao imposto incidente diretamente sobre serviço, patrimônio ou renda do próprio ente beneficiado, ou seja, na qualidade de contribuinte de direito. No caso, como a entidade de assistência social é contribuinte de fato do ICMS relativo aos bens e serviços por ela adquiridos no mercado interno, não faz jus a imunidade em questão". Parece-nos ultrapassadas manifestações como na AI 535.922 AgR/RS. O que o STF continua reconhecendo é a imunidade do ICMS em caso de importação por entidade imune, pois, nesse caso, o importador (entidade imune) é o contribuinte de fato (caso da alternativa "B") – ver AI 785.459 AgR/RS. **E:** assertiva correta, pois a imunidade visa a proteger a liberdade na divulgação de informações e conhecimento, o que seria incompatível com a análise estatal do valor cultural ou artístico de cada publicação.

Obs.: à luz da jurisprudência atual, parece-nos que a "D" é a melhor alternativa, diferentemente do que indica o gabarito oficial. De qualquer forma, essa questão reforça a importância de o candidato acompanhar atentamente a evolução jurisprudencial. Recomendamos a obra "Jurisprudência Classificada", pela Editora Foco.

Gabarito "C"

(Procurador do Estado/RO – 2011 – FCC) O Sindicato Patronal das Indústrias do Setor de Plásticos e Derivados, alegando como argumento o fato de constituir-se como sindicato, requereu imunidade constitucional tributária abrangendo a totalidade de seu patrimônio, renda e serviços. Com relação ao pleito e fundamentação apresentada,

(A) aplica-se a imunidade tributária exclusivamente ao patrimônio do sindicato patronal.

(B) aplica-se a imunidade exclusivamente para os serviços, em função do princípio da imunidade recíproca.

(C) aplica-se a imunidade integral, abrangendo inclusive taxas e contribuições, em razão da finalidade da entidade.

(D) não se aplica a imunidade por se tratar de sindicato patronal.

(E) não se aplica a imunidade, que é restrita, exclusivamente, aos templos de qualquer culto, às entidades de assistência social sem fins lucrativos e aos livros, jornais e periódicos.

A imunidade prevista no art. 150, VI, *c*, da CF refere-se apenas aos sindicatos dos trabalhadores, não aos patronais, de modo que a alternativa "D" é a correta.

Gabarito "D"

(Procurador do Município/Florianópolis-SC – 2010 – FEPESE) No tocante às limitações do poder de tributar contidas na Constituição Federal de 1988, é **correto** afirmar:

(A) É inconstitucional a cobrança de contribuição de melhoria, decorrente de obras públicas, das entidades religiosas de qualquer culto.

(B) Para usufruir imunidade tributária, as entidades sindicais dos trabalhadores não podem distribuir qualquer parcela de seu patrimônio ou de suas rendas, a qualquer título.

(C) É vedado à União exigir contribuições destinadas à seguridade social no mesmo exercício financeiro em que haja sido publicada a lei que os instituiu ou aumentou.

(D) Quando alugado a terceiros, o imóvel pertencente aos partidos políticos não goza de imunidade ao Imposto sobre a Propriedade Territorial Urbana – IPTU, mesmo que o valor dos aluguéis seja integralmente aplicado em suas atividades essenciais.

(E) Os impostos extraordinários de competência da União, instituídos na iminência ou no caso de guerra externa, não poderão ser cobrados antes de decorridos noventa dias da data em que haja sido publicada a lei que os instituiu ou aumentou.

A: Incorreta, pois a imunidade dos templos refere-se apenas a impostos, não a outras espécies tributárias (como a contribuição de melhoria) – art. 150, VI, *b*, da CF; **B:** Essa é a melhor alternativa, embora haja discussao a respeito da parte final do art. 150, VI, *c*, da CF (se é aplicável apenas às instituições de educação e de assistência social) – art. 14, I, do CTN; **C:** Incorreta, pois a contribuição social é exceção à anterioridade anual, sujeitando-se apenas à nonagesimal – art. 195, § 6º, da CF; **D:** Incorreta, pois a imunidade, no caso, foi reconhecida pelo STF, nos termos da Súmula 724/STF; **E:** Incorreta, pois o imposto extraordinário é exceção à anterioridade anual e à nonagesimal – art. 150, § 1º, da CF.

Gabarito "B"

(Procurador do Município/Teresina-PI – 2010 – FCC) Em virtude de imunidade, o Município NÃO pode instituir

(A) impostos sobre patrimônio, renda e serviços de empresas públicas exploradoras de atividade econômica.

(B) impostos sobre patrimônio não relacionado com atividades essenciais dos templos de qualquer culto.

(C) imposto sobre a transmissão de bens ou direitos incorporados ao patrimônio de pessoa jurídica em realização de capital.

(D) taxa sobre serviço de coleta de lixo domiciliar prestado para a União relativamente a seus imóveis.

(E) contribuição de melhoria por obra pública municipal que gere valorização imobiliária a imóveis de domínio do Estado.

A: Incorreta, pois a imunidade recíproca não abrange empresas públicas exploradoras de atividade econômica – art. 150, § 2º, da CF. A rigor, o texto constitucional refere-se apenas a autarquias e fundações públicas (não a empresas públicas e sociedades de economia mista), mas o STF reconhece a imunidade em favor dos Correios e da Infraero (empresas públicas), cujos serviços são de prestação obrigatória e exclusiva pelo Estado; **B:** Incorreta, pois somente o patrimônio relacionado às atividades essenciais da entidade imune é exonerado do imposto – art. 150, § 4º, da CF; **C:** Essa é a alternativa a ser indicada, pois há imunidade nos termos do art. 156, § 2º, I, da CF; **D** e **E:** Incorretas, pois a imunidade recíproca refere-se apenas a impostos, não impedindo a cobrança de taxas ou de contribuição de melhoria – art. 150, VI, *a*, da CF.

Gabarito "C"

(Procurador do Município/São Paulo-SP – 2008 – FCC) Em relação às imunidades e isenções tributárias, é correto afirmar:

(A) o Município não paga IPVA e taxa de licenciamento de veículo em relação aos veículos automotores de sua propriedade em razão da imunidade recíproca.

(B) os serviços comunitários prestados por igreja evangélica são isentos de ISS por disposição expressa na Constituição Federal.

(C) é constitucionalmente devida a taxa de expediente para expedição de certidão em repartição pública municipal, para defesa de direitos e esclarecimento de situações de interesse pessoal do requerente.

(D) a União e o Estado não podem ser sujeitos passivos, na qualidade de contribuintes, de contribuição de melhoria devida em razão de obra pública municipal que gera valorização de seus imóveis, por existir imunidade recíproca.

(E) o promitente comprador de imóvel de propriedade de autarquia municipal não se exonera da obrigação de pagar imposto relativamente ao bem imóvel objeto da aquisição.

A: incorreta em relação à taxa, já que a imunidade recíproca restringe-se aos impostos – art. 150, VI, *a*, da CF; **B:** imprecisa, pois não há previsão expressa especificamente em relação a serviços comunitários, igreja evangélica ou ao ISS. O que existe é a previsão genérica de imunidade de impostos em relação aos templos de qualquer culto – art. 150, VI, *b*, da CF; **C:** incorreta, pois há imunidade em relação a essas taxas, nos termos do art. 5º, XXXIV, *b*, da CF; **D:** incorreta, pois a imunidade recíproca restringe-se aos impostos, não abrangendo as demais espécies tributárias, como as contribuições de melhoria – art. 150, VI, *a*, da CF. É importante salientar, entretanto, que o art. 3º, § 3º, do DL 195/1967 refere-se à cobrança somente em relação aos "proprietários de imóveis do domínio privado", sendo discutível sua recepção pela Constituição atual. De qualquer forma, não se trataria de imunidade, que é sempre regra constitucional; **E:** essa é a assertiva correta, pois, se o particular já ingressou na posse do imóvel qualifica-se como possuidor com *animus domini* (*animus* de proprietário), ou seja, como contribuinte do IPTU – art. 32 do CTN e Súmula 583/STF. A imunidade recíproca não aproveita a particulares – art. 150, § 3º, *in fine*, da CF.

Gabarito "E"

(Procuradoria Federal – 2007 – CESPE) Julgue o item seguinte.

(1) Considere-se que Joaquina tenha 80 anos de idade e seja aposentada pelo RGPS. Nessa situação, não há incidência de contribuição previdenciária sobre a aposentadoria percebida por Joaquina, em razão de imunidade tributária específica.

1: Art. 195, II, *in fine*, da CF.

Gabarito 1C

(Procurador do Estado/SE – FCC – 2005) A chamada "imunidade recíproca" que veda à União, aos Estados, ao Distrito Federal e aos Municípios instituir impostos sobre patrimônio, renda ou serviços, uns dos outros, também é extensiva às

(A) pessoas que compõem a Administração Pública Indireta no que se refere exclusivamente ao patrimônio, à renda e aos serviços relacionados com a exploração de atividades econômicas regidas pelas normas aplicáveis a empreendimentos privados.

(B) concessionárias de serviço público no que se refere ao patrimônio, à renda e aos serviços relacionados com a exploração de sua atividade econômica.

(C) autarquias e às fundações instituídas e mantidas pelo Poder Público, no que se refere ao patrimônio, à renda e aos serviços, vinculados a suas finalidades essenciais ou às delas decorrentes.

(D) sociedades de economia mista e às empresas públicas em qualquer hipótese de serviço praticado.

(E) fundações mantidas pela iniciativa privada, sem fins lucrativos, abrangendo não só o seu patrimônio, renda ou serviços, mas também todos os fatos que não estejam vinculados a sua atividade-fim.

A: incorreta, pois, em princípio, a imunidade recíproca abrange apenas as entidades de direito público da administração indireta (autarquias e fundações instituídas e mantidas com dinheiro público), conforme o art. 150, § 2º, da CF, muito embora o STF reconheça o benefício em favor dos Correios e da Infraero (que são empresas públicas, de direito privado, portanto). As entidades que exploram atividades econômicas, conforme o art. 150, § 3º, da CF, não são beneficiadas; **B:** incorreta, pois as concessionárias de serviço público, que cobram tarifas dos usuários, não são abrangidas pela imunidade recíproca, conforme o art. 150, § 3º, da CF; **C:** assertiva correta, conforme comentário à alternativa "A"; **D** e **E:** incorretas, conforme comentário à alternativa "A".

Gabarito "C"

(Procurador do Município/Manaus-AM – 2006 – FCC) Em nosso sistema tributário, é vedado ao Município instituir

(A) ISS sobre serviços de transporte municipal.

(B) IPTU com alíquotas progressivas em função do valor do imóvel.

(C) contribuição para o custeio dos serviços de iluminação pública.

(D) alíquotas diferenciais para o IPTU, segundo a localização e uso do imóvel.

(E) ISS sobre serviços prestados aos entes públicos.

A: incorreta, pois os serviços de transporte realizado nos limites do município estão incluídos na competência dos municípios. Somente os serviços de transporte interestadual ou intermunicipal é que se sujeitam ao ICMS – art. 155, II, da CF; **B:** incorreta, pois a progressividade do IPTU em relação à base de cálculo é prevista expressamente pelo atual texto constitucional – art. 156, § 1º, I, da CF; **C:** incorreta, pois essa contribuição é da competência municipal e do Distrito Federal – art. 149-A da CF; **D:** incorreta, pois essa diferenciação de alíquotas do IPTU é admitida expressamente pelo art. 156, § 1º, II, da CF; **E:** essa é a assertiva correta, pois há imunidade recíproca nesse caso – art. 150, VI, *a*, da CF.

Gabarito "E"

(Procurador do Estado/SP – VUNESP – 2005) Assinale a alternativa falsa.

(A) A imunidade recíproca do art. 150, VI, "a", da CF/88, é decorrência do principio da isonomia dos entes constitucionais, sustentado pela estrutura federativa do Estado e pela autonomia dos Municípios.

(B) A imunidade tributária é aplicável apenas a impostos porque estes são concebidos para atendimento de despesas gerais do Estado, ao passo que os demais tributos pressupõem prestações diretas, imediatas e pessoais.

(C) O art. 184, § 5.° da CF/88, que dispõe sobre isenção de tributo relativo a operações de transferência de imóveis desapropriados para fins de reforma agrária, veicula típica hipótese de imunidade tributária.

(D) A imunidade prevista no art. 150, VI, "d", da CF/88, é objetiva, pouco importando as qualificações da entidade que opera com tais bens.

(E) Somente as pessoas políticas detentoras de competência tributária podem conceder ou revogar isenções.

A: assertiva correta, pois a cobrança de imposto, que é desvinculado de qualquer contraprestação, implicaria inaceitável invasão da autonomia financeira do outro ente político; **B:** incorreta, por duas razões. Em primeiro lugar, apesar de as imunidades indicadas no art. 150, VI, da CF restringirem-se aos impostos, o texto constitucional traz outras relativas às contribuições e às taxas – ver art. 5º, XXXIV, LXXIV, LXXVI e LXXVII, e art. 195, § 7º, da CF. Em segundo lugar, há outras espécies tributárias (excluídas das imunidades do art. 150, VI, da CF) que não pressupõem prestações diretas, imediatas ou pessoais. A contribuição de melhoria, por exemplo, pressupõe uma atividade estatal apenas indireta ou mediatamente referida ao contribuinte. As contribuições de intervenção no domínio econômico, como outro exemplo, independem de qualquer atividade estatal voltada diretamente ou indiretamente ao contribuinte. **C:** correta, pois, independentemente da terminologia adotada pelo constituinte (imunidade, isenção, não incidência), sempre que o texto constitucional afasta a competência tributária há imunidade; **D:** assertiva correta, conforme jurisprudência pacífica do STF. De fato, a imunidade dos livros e periódicos é objetiva, ou seja, restringe-se à produção e comercialização do bem e do papel utilizado – art. 150, VI, *d*, da CF; **E:** assertiva correta, pois a isenção pressupõe a competência tributária, ou seja, a competência para legislar acerca do tributo.

Gabarito "B"

4. DEFINIÇÃO DE TRIBUTO E ESPÉCIES TRIBUTÁRIAS

(Procurador Distrital – 2014 – CESPE) Devido à necessidade de atender às despesas extraordinárias decorrentes de calamidade pública, o DF promulgou lei instituindo empréstimo compulsório incidente sobre a transmissão de bens incorporados ao patrimônio de pessoa jurídica em realização de capital.

Com base nessa situação hipotética, julgue os itens subsequentes.

(1) Os contribuintes atingidos com a exação poderão fazer uso da ação declaratória de inexistência de obrigação tributária para a suspensão do crédito tributário, admitindo-se a possibilidade de antecipação de tutela judicial ou do depósito integral e em dinheiro.

(2) Se, em lugar do empréstimo compulsório, o DF instituísse, em idêntica situação, a incidência de ITBI, tal tributação seria adequada do ponto de vista constitucional.

(3) O MP poderá propor ação civil pública para a defesa de interesses individuais homogêneos dos contribuintes atingidos com a exação, argumentando a inconstitucionalidade *incidenter tantum* do ato normativo.

De início, é bom lembrar que somente a União pode instituir empréstimo compulsório (é competência exclusiva), sendo claramente inconstitucional a exação pelo DF – art. 148 da CF/1988. **1:** correta, sendo viável essa medida para suspensão da exigibilidade e, ao final, decretação da nulidade; **2:** incorreta, pois há imunidade nessa hipótese de transmissão de bens imóveis para realização de capital, em regra – art. 156, § 2º, I, da CF/1988; **3:** incorreta, sendo vedada a ACP para discutir estritamente tributação – art. 1º, parágrafo único, da Lei 7.347/1985.

Gabarito 1C, 2E, 3E

(Procurador Federal – 2013 – CESPE) À luz das normas constitucionais relativas à matéria tributária, julgue o seguinte item.

(1) Os *royalties* que são pagos pelas concessionárias em razão da exploração de petróleo enquadram-se no âmbito constitucional do Sistema Tributário Nacional.

Incorreta, pois não se trata de tributo (inexiste imposição pecuniária por lei do ente político) – art. 145 da CF/1988 –, mas simples receita decorrente da exploração de petróleo em seu território – art. 20, § 1º, da CF/1988.

Gabarito 1E

(Procurador Federal – 2013 – CESPE) Relativamente à distinção entre taxa e preço público, julgue o item seguinte.

(1) Enquanto determinado aeroporto for administrado pela INFRAERO, a taxa de embarque que o consumidor pagar classificar-se-á como uma taxa, no sentido de espécie tributária; se for transferida a administração do citado aeroporto para concessionário privado, o referido pagamento passará a ter natureza jurídica de preço público.

Discutível. Em princípio, pelo entendimento clássico, a natureza jurídica da exação não se alteraria, pois continuaria sendo devida compulsoriamente por serviço público prestado – ver Súmula 545 do STF. Entretanto, mais recentemente, o STF e o STJ têm reconhecido que a prestação de serviço público por concessionária privada é remunerada por tarifa (= espécie de preço público, sem natureza tributária) – ver RE-ED 447.536/SC-STF e EREsp 690.609/RS-STJ. Possivelmente a matéria será reapreciada pelo STF (assim como a questão da imunidade da INFRAERO) por conta das concessões relativas à administração de aeroportos.

Gabarito 1E

(Procurador do Município/Sorocaba-SP – 2012 – VUNESP) De acordo com previsão expressa do Código Tributário Nacional, a especificidade e a divisibilidade são requisitos exigíveis para legitimar a cobrança de

(A) impostos em razão de sua vinculação *uti universi*.

(B) taxas referentes à utilização efetiva ou potencial de serviço público pelo contribuinte.

(C) taxas decorrentes do exercício regular do poder de polícia.

(D) tarifas em razão de sua natureza de receita patrimonial.

(E) tarifas em razão do caráter contraprestacional que possuem.

Nos termos do art. 145, II, da CF e do art. 77 do CTN, as taxas é que têm como fato gerador a prestação de serviço público específico e divisível (= prestado *uti singuli*), além do exercício do poder de polícia. Por essa razão, a alternativa "B" é a única correta.

Gabarito "B"

(Procurador do Município/Cubatão-SP – 2012 – VUNESP) Existindo simultaneamente débitos vencidos, todos relativos ao mesmo exercício, por obrigação própria do mesmo sujeito passivo para com a mesma pessoa jurídica de direito público, referentes a imposto predial e territorial urbano (IPTU), contribuição de melhoria, em razão de pavimentação asfáltica, e taxas de manutenção de vias e logradouros e de limpeza pública, a autoridade administrativa competente para receber o pagamento determinará a respectiva imputação, pela ordem estabelecida em lei, caso em que deverá ser pago primeiramente

(A) o IPTU.

(B) a contribuição de melhoria.

(C) as taxas.

(D) a taxa de manutenção de vias e logradouros.

(E) a taxa de limpeza pública.

O art. 163 do CTN determina que, existindo simultaneamente dois ou mais débitos vencidos do mesmo sujeito passivo para com a mesma pessoa jurídica de direito público, relativos ao mesmo ou a diferentes tributos ou provenientes de penalidade pecuniária ou juros de mora, a autoridade administrativa competente para receber o pagamento determinará a respectiva imputação, obedecidas as seguintes regras, na ordem em que enumeradas: (i) em primeiro lugar, aos débitos por obrigação própria, e em segundo lugar aos decorrentes de responsabilidade tributária; (ii) primeiramente, às contribuições de melhoria, depois às taxas e por fim aos impostos; (iii) na ordem crescente dos prazos de prescrição; e (iv) na ordem decrescente dos montantes. Por essa razão, dentre os tributos listados, o primeiro a ser pago será a contribuição de melhoria (cuja quitação prefere à das taxas e dos impostos, nessa ordem). Assim, a alternativa "B" é a correta.

Gabarito "B"

(Procurador do Estado/AC – FMP – 2012) Dadas as assertivas abaixo, assinale a alternativa **correta**.

I. A destinação da receita do tributo não é relevante para caracterizar qualquer espécie tributária prevista no Sistema Tributário Nacional.

II. A taxa e o preço público podem ser instituídos, fiscalizados e cobrados por empresas privadas que tenham recebido concessão de serviço público.

III. Segundo o entendimento do Supremo Tribunal Federal existem três espécies tributárias em nosso Sistema Tributário Nacional: impostos, taxas e contribuição de melhoria.

IV. É vedada ao Distrito Federal a instituição do Imposto sobre a Propriedade Predial e Territorial Urbana.

(A) Estão corretas apenas as assertivas I e II.

(B) Estão corretas apenas as assertivas II e III.

(C) Estão corretas apenas as assertivas III e IV.

(D) Todas as assertivas estão incorretas.

I: incorreta, pois, apesar da literalidade do art. 4º, II, do CTN, o empréstimo compulsório, por exemplo, tem a receita vinculada constitucionalmente à hipótese que deu ensejo à sua instituição, nos termos do art. 148, parágrafo único, da CF. Ademais, as chamadas contribuições especiais têm, para muitos autores, sua natureza definida pela finalidade do tributo, o que se relaciona com a destinação a ser dada ao produto da arrecadação – por exemplo, as contribuições sociais têm por finalidade custear a seguridade social; **II:** incorreta, pois a taxa é espécie de tributo e, como tal, somente pode ser instituída por lei. Lembre-se que empresas privadas não produzem leis, de modo que não possuem competência tributária, que é exatamente a competência para legislar acerca dos tributos. Apenas os entes políticos (União, Estados, Distrito Federal e Municípios) podem instituir taxas, já que somente eles podem produzir leis tributárias (= somente eles detêm competência tributária); **III:** incorreta, pois é pacífico o entendimento do STF no sentido de que empréstimos compulsórios e as chamadas contribuições especiais (contribuições sociais, intervenção no domínio econômico, interesse de categorias, custeio de iluminação pública) também têm natureza tributária. É importante salientar, entretanto, que a teoria tripartida (apenas três espécies de tributos: impostos, taxas e contribuições de melhoria) orientou o constituinte e o legislador ao redigirem o art. 145 da CF e o art. 5º do CTN; **IV:** incorreta, pois o DF cumula as competências tributárias estaduais e municipais, de modo que pode instituir o IPTU.

Gabarito "D"

(Procurador do Estado/AC – FMP – 2012) Assinale a alternativa **correta**.

(A) É vedado aos Municípios instituírem contribuição previdenciária a ser cobrada de seus servidores efetivos para custeio de regime próprio de previdência.

(B) No Estado do Acre, de acordo com a Lei Complementar Estadual nº 154/2005, que institui o regime próprio de previdência dos servidores públicos estaduais, a alíquota da contribuição previdenciária para os segurados ativos é de onze por cento.

(C) Às contribuições previdenciárias instituídas pelos Estados-membros não se aplicam os princípios constitucionais tributários.

(D) De acordo com a Constituição Federal, a alíquota da contribuição previdenciária estabelecida nos regimes próprios de previdência deverá ser inferior à alíquota da contribuição previdenciária dos servidores titulares de cargos efetivos da União.

A: incorreta, pois os Municípios não só podem como devem instituir essa contribuição, nos termos do art. 149, § 1º, da CF; **B:** essa é a correta. Cada Estado e Município fixa a alíquota de sua contribuição para custeio do regime próprio dos servidores, mas é importante salientar que deve ser de pelo menos 11% atualmente, que é o percentual cobrado em relação aos servidores públicos federais efetivos, conforme piso fixado pelo art. 149, § 1º, *in fine*, da CF; **C:** incorreta, pois essas contribuições têm natureza tributária; **D:** incorreta, pois o piso é a alíquota aplicada aos servidores federais efetivos – art. 149, § 1º, *in fine*, da CF.

Gabarito "B"

(Procurador do Estado/PA – 2011) Assinale a alternativa INCORRETA**:**

(A) A regularidade do exercício do poder de polícia é prescindível para a cobrança da taxa de localização e fiscalização.

(B) Preços de serviços públicos e taxas não se confundem, porque estas, diferentemente daqueles, são compulsórias e têm sua cobrança condicionada à prévia autorização orçamentária, em relação à lei que as instituiu.

(C) O serviço de iluminação pública não pode ser remunerado mediante taxa.

(D) O texto constitucional diferencia as taxas decorrentes do exercício do poder de polícia daquelas de utilização de serviços específicos e divisíveis, facultando apenas a estas a prestação potencial do serviço público.

(E) A taxa cobrada exclusivamente em razão dos serviços públicos de coleta, remoção e tratamento ou destinação de lixo ou resíduos provenientes de imóveis, não viola o art. 145, II, da CF.

A: assertiva incorreta, pois somente o exercício regular do poder de polícia dá ensejo à instituição e cobrança da respectiva taxa (ou seja, a regularidade é imprescindível) – art. 77 do CTN; **B:** discutível, pois, apesar refletir exatamente o disposto na Súmula 545/STF, a prévia autorização orçamentária é irrelevante atualmente para essa distinção, conforme entendimento jurisprudencial e doutrinário; **C:** assertiva correta, pois se trata de serviço prestado *uti universi* – Súmula 670/STF. Lembre-se que os Municípios e o Distrito Federal podem instituir contribuição para custeio desse serviço, nos termos do art. 149-A da CF; **D:** assertiva correta, pois somente os serviços de utilização compulsória admitem a cobrança de taxa pela simples disponibilização do serviço – art. 145, II, da CF e art. 79, I, *b*, do CTN; **E:** correta, conforme a Súmula Vinculante 19/STF.

Gabarito "A"

(Procurador do Estado/PA – 2011) Assinale a alternativa INCORRETA:

(A) É constitucional a adoção, no cálculo do valor de taxa, de um ou mais elementos da base de cálculo própria de determinado imposto, desde que não haja integral identidade entre uma base e outra.

(B) A segurança pública é dever do Estado e direito de todos, exercida para a preservação da ordem pública e da incolumidade das pessoas e do patrimônio, através, entre outras, da polícia militar e deve ser, preferencialmente, sustentada pelos impostos, somente podendo ser objeto de taxa se for solicitada por particular para a sua segurança ou para a de terceiros, a título preventivo, para atendimento a evento aberto ao público.

(C) A taxa, por ser contraprestação a uma atividade do Poder Público, não pode superar a relação de razoável equivalência que deve existir entre o custo real da atuação estatal referida ao contribuinte e o valor que o Estado pode exigir de cada contribuinte, considerados, para esse efeito, os elementos pertinentes às alíquotas e à base de cálculo fixadas em lei.

(D) Taxa de fiscalização de atividades poluidoras e utilizadoras de recursos ambientais, exercida pela Secretaria de Meio Ambiente, prevista em lei específica, remunera o exercício do poder de polícia do Estado e não fica estrita aos contribuintes cujos estabelecimentos venham a ser efetivamente visitados pela fiscalização, bastando a manutenção, pelo sujeito ativo, de órgão de controle em funcionamento.

(E) As taxas cobradas em razão exclusivamente dos serviços públicos de coleta, remoção e tratamento ou destinação de lixo ou resíduos provenientes de imóveis são constitucionais, ao passo que é inconstitucional a cobrança de valores tidos como taxa em razão de serviços de conservação e limpeza de logradouros e bens públicos.

A: assertiva correta, pois reflete exatamente o entendimento jurisprudencial consolidado pela Súmula Vinculante 29/STF; **B:** essa é a assertiva incorreta, pois o STF afasta a possibilidade de cobrança de taxa relativa a serviços de segurança pública, mesmo no caso de solicitação de particular para proteção em eventos abertos ao público – ver RE 269.374 AgR/MG; **C:** correta, pois na taxa, como em todo o tributo, a base de cálculo deve quantificar o fato gerador, ou seja, o valor cobrado deve ter relação com o custo do serviço ou da fiscalização; **D:** assertiva correta, conforme atual jurisprudência – ver RE 361.009 AgR/RJ; **E:** assertiva correta, conforme jurisprudência pacífica – Súmula Vinculante 19/STF.

Gabarito "B"

(Procurador do Estado/PA – 2011) Considerando as taxas judiciárias e os emolumentos, assinale a alternativa INCORRETA:

(A) A taxa judiciária pode ter por base de cálculo o valor da causa ou da condenação, o que não basta para subtrair-lhe a natureza de taxa e convertê-la em imposto.

(B) A norma constitucional veda a vinculação da receita dos impostos, não existindo, na Constituição, preceito análogo pertinente às taxas, o que permite que lei estadual destine um percentual dos emolumentos cobrados pelas serventias extrajudiciais e não oficializadas ao Fundo Estadual de Reaparelhamento e Modernização do Poder Judiciário.

(C) As custas, a taxa judiciária e os emolumentos são taxas e podem, excepcionalmente, ter destinado do produto da arrecadação, ou de parte deste, a instituições privadas, entidades de classe e Caixa de Assistência dos Advogados.

(D) Sendo taxa em razão do poder de polícia, decorrente da atribuição que assiste aos órgãos diretivos do Judiciário, notadamente no plano da vigilância, orientação e correição da atividade em causa, é constitucional a destinação do produto da arrecadação da taxa de fiscalização da atividade notarial e de registro a órgão público, ainda que não integrante do Poder Judiciário.

(E) As custas judiciais e os emolumentos concernentes aos serviços notariais e registrais possuem natureza tributária, qualificando-se como taxas remuneratórias de serviços públicos, sujeitando-se, em consequência, quer no que concerne à sua instituição e majoração, quer no que se refere à sua exigibilidade, ao regime jurídico-constitucional pertinente a essa especial modalidade de tributo vinculado, notadamente aos princípios fundamentais que proclamam, dentre outras, as garantias essenciais (a) da reserva de competência impositiva, (b)da legalidade, (c) da isonomia e (d) da anterioridade.

A: assertiva correta, conforme a jurisprudência do STF – ver AI 564.642 AgR/SP; **B:** assertiva correta – art. 167, IV, da CF, ver RE 570.513 AgR/GO; **C:** incorreta, pois a possibilidade de vinculação da receita de taxas judiciárias a entidades privadas foi afastada pelo STF – ver ADI 2.982/CE; **D:** correta, pois não há imposição de vinculação da receita de taxa a determinada despesa (não se proíbe, mas tampouco se impõe tal vinculação) – ver AI 3.643/RJ; **E:** assertiva correta, pois é pacífico o entendimento jurisprudencial no sentido de que os emolumentos dos cartórios extrajudiciais têm natureza tributária de taxa – ver ADI 2.129 MC/MS.

Gabarito "C"

(Procurador do Estado/PR – UEL-COPS – 2011) Dentre as alternativas abaixo, aponte aquela que estiver correta:

(A) somente os impostos são classificados como tributos vinculados;

(B) as taxas são tributos que podem ser instituídos tanto em razão do exercício do poder de polícia quanto somente pela efetiva utilização de serviços públicos específicos e divisíveis;

(C) as contribuições de melhoria são classificadas como tributos não vinculados porque não decorrem da utilização de serviços públicos, específicos e divisíveis, e sim de obras públicas;

(D) compete à União, Estados, Distrito Federal e Municípios, instituir contribuições sociais, de intervenção no domínio econômico e de interesse das categorias profissionais ou econômicas, como instrumento de sua atuação nas respectivas áreas;

(E) n. d. a.

A: incorreta, pois os impostos são classificados como tributos não vinculados, já que seu fato gerador não se refere a atividade específica do Estado voltada ao contribuinte – art. 16 do CTN; **B:** incorreta, já que os serviços públicos de utilização compulsória dão ensejo à cobrança de taxa pela simples disponibilização do serviço – art. 145, II, da CF e art. 79, I, *b*, do CTN; **C:** incorreta, pois há uma vinculação, ainda que mediata ou indireta, da atividade estatal específica (realização da obra pública) e o contribuinte da contribuição de melhoria (quem percebe a valorização imobiliária decorrente dessa obra); **D:** incorreta, pois essas contribuições são da competência exclusiva da União, nos termos do art. 149 da CF, ressalvada a competência prevista no § 1º desse dispositivo (contribuição para custeio do regime próprio dos servidores); **E:** o candidato deve indicar essa alternativa, pois nenhuma das anteriores é correta.

Gabarito "E"

(Procurador do Estado/PR – UEL-COPS – 2011) Em relação à disciplina constitucional das contribuições, enquanto subespécies tributárias, é correto afirmar:

(A) a veiculação de notícia que anuncie a realização de obra pública e que com isso gere a valorização dos imóveis próximos a ela autoriza a cobrança de contribuição de melhoria, nos termos do art. 145, III da Constituição Federal;

(B) a instituição das contribuições de intervenção no domínio econômico é de competência exclusiva da União e dos Estados;

(C) estados, Municípios e Distrito Federal podem cobrar contribuição de iluminação pública, para custear o respectivo serviço, sendo facultada a cobrança na fatura de consumo de energia elétrica;

(D) as receitas decorrentes de exportações e bem assim as importações de produtos e serviços são imunes à incidência de contribuições sociais e de intervenção no domínio econômico;

(E) n. d. a.

A: incorreta, pois somente a valorização decorrente de obra pública (não de especulação imobiliária) é fato gerador da contribuição de melhoria – art. 145, III, da CF e art. 81 do CTN; **B:** incorreta, pois a CIDE é da competência exclusiva da União – art. 149 da CF; **C:** incorreta, pois a contribuição para custeio dos serviços de iluminação pública é da competência exclusiva dos Municípios e do Distrito Federal, não dos Estados; **D:** incorreta, pois somente as receitas decorrentes de exportação, não de importações, são imunes em relação às contribuições sociais e CIDE – art. 149, § 2º, I e II, da CF; **E:** o candidato deve indicar essa alternativa, pois nenhuma das anteriores é correta.

Gabarito "E"

(Procurador do Estado/GO – 2010) Acerca dos tributos, é CORRETA a seguinte proposição:

(A) A anuidade devida à Ordem dos Advogados do Brasil (OAB) é uma espécie de contribuição social.

(B) A taxa somente pode ser cobrada se houver a efetiva utilização do serviço público.

(C) A contribuição sindical e a contribuição confederativa são espécies de contribuição social.

(D) Por meio da base de cálculo, é possível identificar o tipo de tributo.

(E) O empréstimo compulsório é tributo que pode ser instituído pela União mediante lei ordinária.

A: incorreta, pois o STJ pacificou o entendimento de que, peculiarmente, os valores cobrados pela OAB dos advogados inscritos não tem natureza tributária – ver REsp 1.073.369/PR; **B:** incorreta, pois, no caso de serviços públicos de utilização compulsória, é possível a cobrança pela disponibilização efetiva (= taxa pela utilização potencial) – art. 145, II, da CF e art. 79, I, *b*, do CTN; **C:** incorreta, pois o entendimento dominante é de que a contribuição confederativa não tem natureza tributária, pois não é compulsória – Súmula 666/STF; **D:** essa é a assertiva correta. Embora o art. 4º do CTN indique que a natureza jurídica específica do tributo é determinada por seu fato gerador, é pacífico o entendimento de que essa natureza é reconhecida pela análise de ambos: fato gerador e base de cálculo, pois essa última deve confirmar e quantificar o primeiro; **E:** incorreta, pois o empréstimo compulsório somente pode ser instituído por lei complementar federal – art. 148 da CF.

Gabarito "D"

(Procurador do Município/Florianópolis-SC – 2010 – FEPESE) De acordo com a definição legal, tributo é toda prestação pecuniária compulsória, em moeda ou cujo valor nela se possa exprimir, que não constitua sanção de ato ilícito, instituída em lei e cobrada mediante atividade administrativa plenamente vinculada, sendo irrelevante para qualificar sua natureza jurídica a denominação e demais características formais adotadas pela lei e a destinação legal do produto da sua arrecadação.

Na atual ordem constitucional, é **correto** afirmar acerca da natureza jurídica do tributo e de suas espécies:

(A) O serviço de iluminação pública pode ser remunerado mediante taxa.

(B) Os empréstimos compulsórios não constituem modalidade tributária.

(C) A contribuição de melhoria é instituída para fazer face ao custo de obras públicas de que decorra algum benefício ao contribuinte, tal como a segurança pública.

(D) É constitucional a cobrança de taxa exclusivamente em razão dos serviços públicos de coleta, remoção e tratamento ou destinação de lixo ou resíduos provenientes de imóveis.

(E) Os valores arrecadados pelos Municípios a título de Imposto sobre a Propriedade Territorial Urbana (IPTU) devem ser necessariamente destinados ao custeamento de atividades estatais específicas, relativas ao contribuinte.

A: Incorreta, pois o serviço de iluminação pública não é específico e divisível (não é prestado *uti singuli*, mas sim *uti universi*) – Súmula 670/STF. Entretanto, cabe instituição e cobrança da contribuição prevista no art. 149-A da CF, de competência de Municípios e Distrito Federal; **B:** Incorreta, pois o empréstimo compulsório tem natureza tributária – art. 148 da CF; **C:** incorreta, pois o único benefício decorrente da obra pública que dá ensejo à cobrança da contribuição de melhoria é a valorização imobiliária em favor do contribuinte – art. 145, III, da CF e art. 81 do CTN; **D:** Essa é a alternativa correta, pois, nos termos da Súmula Vinculante 19/STF, "A taxa cobrada exclusivamente em razão dos serviços públicos de coleta, remoção e tratamento ou destinação de lixo ou resíduos provenientes de imóveis, não viola o artigo 145, II, da constituição federal."; **E:** Incorreta, pois a receita de impostos não pode ser vinculada a despesa específica, nos termos e com as exceções previstas no art. 167, IV, da CF.

Gabarito "D"

(Procurador do Município/Teresina-PI – 2010 – FCC) A partir do conceito legal de tributo, é possível afirmar que a multa NÃO é espécie de tributo porque o tributo

(A) pode ser objeto de compensação, anistia e remissão, ao contrário da multa, que só pode ser objeto de anistia.

(B) tem que ser instituído mediante lei, ao passo que a multa não se reveste desta obrigatoriedade.

(C) é cobrado mediante atividade administrativa vinculada, enquanto a multa pode ser aplicada de forma discricionária pelo poder público.

(D) não é sanção por ato ilícito e a multa é sanção pecuniária por prática de ato ilícito.

(E) é prestação pecuniária compulsória, ao passo que a aplicação da multa não é compulsória, dependendo de condenação administrativa.

O tributo não decorre de fato ilícito, o que o distingue da penalidade pecuniária – art. 3º do CTN. Por essa razão, a alternativa correta é a "D".

Gabarito "D"

(Procurador do Município/Boa Vista-RR – 2010 – CESPE) Com relação ao estado, ao poder de tributar e ao Sistema Tributário Nacional, julgue o item a seguir.

(1) Serviço público prestado pelo estado, sendo de utilização compulsória, mesmo que não usufruído efetivamente e desde que específico e divisível, será fato gerador de preço público.

1: errada, pois a assertiva refere-se ao fato gerador da taxa por serviço público – art. 145, II, da CF.

Gabarito 1E

(Procurador do Estado/SP – FCC – 2009) Lei publicada no Diário Oficial do Estado em 21.07.2009 institui, a partir de 01.01.2010, taxa de licenciamento de veículos, fixando como alíquota o percentual de 5% e tomando como base de cálculo o valor venal dos automóveis. Tal norma

(A) é inconstitucional, pois institui tributo com efeito confiscatório.

(B) é inconstitucional, pois institui taxa, adotando base de cálculo própria de imposto.

(C) é inconstitucional, visto que já incide o IPVA sobre veículos, sendo vedada a criação de taxa anual para licenciamento do mesmo bem, pois isto configuraria bitributação.

(D) fere o princípio da capacidade contributiva.

(E) fere o princípio da estrita legalidade.

A taxa não pode ter base de cálculo própria de imposto – art. 145, § 2º, da CF. A questão descreve taxa que teria exatamente a mesma base de cálculo do IPVA, de modo que seria inconstitucional – ver Súmula Vinculante 29/STF.

Gabarito "B"

(Procurador do Estado/PI – 2008 – CESPE) Considerando que determinado estado da Federação tenha instituído cobrança de valor para que determinado setor da atividade econômica fosse fiscalizado em virtude de comercializar alimentos, assinale a opção correta.

(A) Nesse caso, a taxa é cobrada em função do poder de polícia, pois existe a utilização de serviço público por parte do contribuinte.

(B) A taxa cobrada tem fundamento legal na utilização de serviço público e na sua especificidade.

(C) Nesse caso, trata-se de preço público cobrado em função da escolha da atividade econômica explorada pelo contribuinte.

(D) A cobrança enquadra-se tão somente no conceito de taxa, pelo exercício do poder de polícia do Estado.

(E) A referida cobrança deve ser classificada como tarifa, uma vez que a utilização do serviço ficará disponível.

A referência à fiscalização permite concluir que se trata de taxa cujo fato gerador é o exercício de poder de polícia, e não a prestação de serviço público específico e divisível.

Gabarito "D"

(Procurador do Município/Aracaju – 2008 – CESPE) Em razão da necessidade de promover a melhoria do asfaltamento das ruas do município Alfa, o prefeito encaminhou à câmara de vereadores projeto de lei complementar que instituía a taxa de manutenção de vias públicas. Os legisladores aprovaram o texto tal qual foi encaminhado à Casa e que foi sancionado pelo chefe do Poder Executivo. O artigo 2.º da Lei Complementar tinha a seguinte1 redação: Art. 2.º O contribuinte da taxa de conservação e manutenção de vias públicas é o proprietário de veículos automotores matriculados no órgão de trânsito com jurisdição no município Alfa, usuário de vias de rodagem que compõem o complexo viário da cidade Alfa. A empresa de radiotáxi Alfa-Mais Ltda. não concordou com o pagamento da referida taxa e ajuizou ação declaratória de inexistência de relação jurídico-tributária, suscitando a inconstitucionalidade do artigo 2.º acima transcrito. Diante dos fatos hipotéticos acima narrados, julgue os itens a seguir.

(1) A taxa em apreço é inconstitucional porque somente poderia ser criada pelo estado do município Alfa.

(2) Na hipótese considerada, a taxa não observou a exigência de divisibilidade do serviço público.

(3) O fato gerador da taxa é o mesmo de um imposto estadual, o que implica inconstitucionalidade da taxa em questão.

1: o Estado não poderia instituir taxa por serviço prestado pelo Município – art. 80 do CTN; **2:** O serviço de conservação e manutenção de vias é indivisível, o que impede a instituição da taxa; **3:** art. 145, § 2º, c/c art. 155, III, ambos da CF – taxas não podem ter base de cálculo própria de imposto (idêntica à do IPVA, no caso).

Gabarito 1E, 2C, 3C

(Procurador do Município/Natal-RN – 2008 – CESPE) Considerando que, em virtude da construção de uma ponte, o município Alfa estabeleça contribuição de melhoria para fazer face ao custo da referida obra pública, assinale a opção correta.

(A) Se, após a análise do fator individual de valorização, constatar-se que o somatório do acréscimo de valor que da obra resultar para cada imóvel beneficiado não alcança o montante integral do custo da obra, então o rateio do valor dos custos que exceder o limite individual será feito de forma proporcional entre todos os beneficiados.

(B) A lei municipal que instituir a contribuição de melhoria deverá ser obrigatoriamente anterior à realização da obra.

(C) Se a obra referida tiver custo inferior a R$ 100.000,00, então o prazo para impugnação do orçamento dos custos da obra será de 15 dias.

(D) A contribuição relativa a cada imóvel será determinada pelo rateio da parcela do custo da obra, entre os imóveis situados na zona beneficiada em função dos respectivos fatores individuais de valorização.

A: incorreta, pois o limite individual, relativo à valorização em relação a cada contribuinte, não pode ser ultrapassado – art. 81 do CTN; **B:** correta. A lei deve ser anterior ao fato gerador, ou seja, anterior à valorização imobiliária decorrente da obra pública. Parece-nos difícil atender ao princípio da irretroatividade com uma lei posterior à realização da obra, embora não impossível, em tese. A obra pode ter sido concluída no ano passado, mas a valorização imobiliária só ocorreu no presente ano, mas, de fato, parece difícil, senão impossível, aferir objetivamente isso. A alternativa "D" talvez seja a melhor, por refletir exatamente o texto legal; **C:** incorreta, pois o prazo de impugnação não será inferior a 30 dias – art. 82, II, do CTN; **D:** assertiva correta, conforme o art. 82, § 1º, do CTN. Observação: entendemos que a alternativa "B" também é correta, embora seja possível, em tese, alguma discussão, conforme comentários feitos.

Gabarito "D"

(Procurador do Município/São Paulo-SP – 2008 – FCC) Determinado Município institui taxa de piscina cujo aspecto material da hipótese de incidência é ter piscina em imóvel localizado dentro do Município. A base de cálculo desta taxa é a dimensão em metros quadrados da piscina e a alíquota é de R$ 1,00 por metro quadrado de piscina. O contribuinte é o proprietário do imóvel que possui piscina. Esta taxa

(A) será devida, por se tratar de uma taxa de polícia, decorrente da fiscalização que o Poder Público tem que realizar na construção de piscinas.

(B) será devida, por se tratar de uma taxa de serviço, decorrente da prestação efetiva do serviço de água tratada fornecida para manter a piscina.

(C) não será devida, por não ser admitida taxa com alíquota em espécie.

(D) não será devida, porque não decorre de exercício regular de poder de polícia ou de prestação de serviço público, sendo fato gerador de imposto.

(E) não será devida, porque a competência para instituição desta taxa é da União e não do Município.

Para a cobrança da taxa, seria preciso que a questão indicasse algum serviço público ou alguma fiscalização relacionada às piscinas, pois são esses os fatos geradores dessa espécie tributária. Não é possível a cobrança de taxa pela simples propriedade ou posse de piscina, até porque isso seria imposto (fato gerador desvinculado de qualquer atividade estatal específica voltada ao contribuinte – art. 16 do CTN). A exação é, nos termos descritos na questão, indevida. A e **B:** incorretas, conforme comentário inicial; **C:** incorreta, pois é possível, em tese, alíquota específica para taxas, ou seja, montante em reais a ser multiplicada por determinada unidade de medida; **D:** essa é a melhor alternativa, conforme comentário inicial; **E:** incorreta, pois as taxas poderão ser instituídas por todos os entes federativos.

Gabarito "D"

(Procurador do Estado/MG – 2007) Considerando o sistema tributário nacional, conforme descrito na Constituição Federal de 1988, podem ser considerados os seguintes princípios gerais quanto à instituição de

(A) impostos, pela União, Estados, Distrito Federal e Municípios, que, sempre que possível, terão caráter pessoal e serão graduados segundo a capacidade econômica do contribuinte.

(B) taxas que, nos casos previstos pela Constituição Federal, poderão ter base de cálculo própria de impostos.

(C) contribuições de melhoria, de alíquota variável de acordo com a localização do imóvel.

(D) contribuição Social sobre o Lucro Líquido das empresas, a fim de formar um fundo para o financiamento de projetos de constituição e apoio às micro e pequenas empresas.

A: essa é a correta, pois reflete o disposto no art. 145, § 1º, da CF; **B:** incorreta, pois as taxas não podem ter base de cálculo própria de impostos – art. 145, § 2º, da CF, ver também a Súmula Vinculante 29/STF; **C:** incorreta, pois não há previsão de princípio específico relativo à possibilidade de variabilidade de alíquotas da contribuição de melhoria conforme a localização do imóvel – art. 145, III, da CF e art. 81 do CTN: **D:** incorreta, pois não há esse princípio específico previsto constitucionalmente – art. 146, III, *d*, da CF.

Gabarito "A"

(Procuradoria Distrital – 2007) O Sistema Tributário Nacional é regido por regras e princípios gerais que estão postos nos artigos 145 a 162 da Constituição Federal. Com base no conteúdo das disposições acima referidas, assinale, entre as opções abaixo apresentadas, a que está correta.

(A) É inconstitucional a taxa de fiscalização dos mercados de títulos e valores mobiliários instituída pela Lei n. 7.940, de 1989, haja vista não ser conferido, pelo ordenamento jurídico positivado, poder de polícia à Comissão de Valores Mobiliários.

(B) O serviço de iluminação pública, pela sua natureza jurídica, deve ser sempre remunerado mediante taxa.

(C) Os serviços gerais prestados por órgãos de Segurança Pública não podem ser sustentados por taxas. Essa atividade pública, por sua natureza, deve ser retribuída, genericamente, por impostos.

(D) É inconstitucional lei estadual que cria taxa destinando a arrecadação de seu produto aos serviços de fiscalização da atividade notarial e de registro a órgão público.

(E) É constitucional a taxa municipal de conservação de estradas de rodagem que tem como base de cálculo a adotada para o imposto territorial rural.

A: Súmula 665/STF; **B:** o serviço de iluminação pública é indivisível, o que impede a remuneração por taxa. O art. 149-A da CF permite a tributação por meio de contribuição específica; **C:** a afirmação é correta (art. 16 do CTN); **D:** é possível a vinculação do produto da arrecadação de taxa a uma despesa pública específica. Há vedação em relação aos impostos (art. 167, IV, da CF); **E:** a taxa não pode ter base de cálculo própria de impostos – art. 145, § 2º, da CF. Ver Súmula Vinculante 29/STF.

Gabarito "C"

(Procuradoria Federal – 2007 – CESPE) Julgue o seguinte item.

(1) O produto da arrecadação da contribuição de intervenção no domínio econômico relativa às atividades de importação e comercialização de petróleo e seus derivados será destinado, entre outros fins, ao financiamento de programa de infraestrutura de transportes.

1: art. 177, § 4º, II, c, da CF.

Gabarito 1C

(Procurador da Fazenda Nacional – 2007.2 – ESAF) O Código Tributário Nacional, embora tenha sido criado __________, foi recebido pelas Constituições como __________. Normas especiais sobre obrigação, lançamento e crédito tributários cabem à __________ de cada ente tributante. __________, decorrente de obras públicas, poderá ser instituída(o), conforme o caso, pela União, os Estados, o Distrito Federal e os Municípios. Examine as afirmações e as lacunas supra. Após, selecione, entre as expressões abaixo, as que preenchem corretamente as lacunas, na devida sequência.

(A) como lei ordinária / código / lei complementar / A contribuição de melhoria

(B) como código / lei complementar / lei complementar / A taxa de obra

(C) como lei ordinária / lei complementar / legislação ordinária / A contribuição de melhoria

(D) como ato complementar / código / legislação ordinária / O tributo vinculado

(E) como lei complementar / lei ordinária / legislação ordinária / A taxa de serviço

As expressões contidas na resposta esclarecem os conceitos.

Gabarito "C"

(Procurador da Fazenda Nacional – 2007.2 – ESAF) Responda às questões abaixo, com Sim ou Não. Em seguida, indique a opção que contenha a sequência correta. 1. Segundo a Constituição da República, é vedado à lei que instituir contribuição de intervenção no domínio econômico relativa às atividades de importação ou comercialização de petróleo destinar o produto de sua arrecadação a órgão, fundo, despesa ou qualquer outra finalidade determinada? 2. A lei brasileira prevê a cobrança de contribuição de intervenção no domínio econômico, devida por pessoa jurídica adquirente de conhecimentos tecnológicos? 3. Entre os métodos de cálculo dos chamados "preços de transferência" está o Método dos Preços Independentes Comparados, definido como a média aritmética dos preços de bens, serviços ou direitos, idênticos ou similares, apurados no mercado brasileiro ou de outros países, em operações de compra e venda, em condições de pagamento semelhantes?

(A) Sim, Sim, Sim

(B) Não, Não, Não

(C) Sim, Não, Sim

(D) Sim, Sim, Não

(E) Não, Sim, Sim

1: não há essa vedação – ver art. 177 da CF; **2:** Art. 2º da Lei 10.168/2000; **3:** art. 241, I, do RIR (regulamento do imposto de renda - Decreto 3.000/1999).

Gabarito "E"

(Procurador da Fazenda Nacional – 2007 – ESAF) Contribuiçao previdenciária classifica-se como

(A) contribuição de intervenção no domínio econômico.

(B) taxa vinculada à prestação de benefícios previdenciários de natureza continuada.

(C) contribuição corporativa.

(D) contribuição social.

(E) contribuição de seguridade vinculada ao tesouro da União, em razão da universalidade de cobertura e de atendimento.

Art. 149 e 195 da CF.

Gabarito "D"

(Procurador do Município/Manaus-AM – 2006 – FCC) Em nosso sistema financeiro, o pedágio cobrado pela utilização de rodovias qualifica-se como

(A) taxa de serviço.

(B) taxa de polícia.

(C) preço público.

(D) imposto sobre serviço prestado.

(E) contribuição social.

Há grande debate a respeito disso, mas o entendimento dominante é de que o pedágio tem natureza de preço público, ou seja, não é tributo, até porque não há taxa pela utilização de bem público. O entendimento é ainda mais forte no caso de concessão, em que a concessionária é remunerada por tarifa (ou seja, não tem natureza de tributo). Por essa razão, a alternativa "C" é a correta.

Gabarito "C"

(Procurador do Estado/SE – FCC – 2005) A natureza jurídica específica do tributo é determinada pelo fato gerador da respectiva obrigação, sendo

(A) relevante para qualificá-la apenas a correta destinação do valor arrecadado.

(B) irrelevantes para qualificá-la a denominação e demais características formais adotadas pela lei e a destinação legal do produto da sua arrecadação.

(C) relevantes para qualificá-la apenas a denominação e demais características formais adotadas pela lei.

(D) relevante para qualificá-la apenas a destinação legal do produto da sua arrecadação.

(E) relevantes para qualificá-la a denominação e demais características formais adotadas pela lei e a destinação legal do produto da sua arrecadação.

Nos termos do art. 4º do CTN, a natureza jurídica específica do tributo é determinada pelo fato gerador da respectiva obrigação, sendo irrelevantes para qualificá-la (i) a denominação e demais características formais adotadas pela lei e (ii) a destinação legal do produto da sua arrecadação. Por essa razão, a alternativa "B" é a única correta.

Gabarito "B"

(Procurador do Estado/SE – FCC – 2005) Um dos elementos que diferenciam as taxas das contribuições de melhoria é o fato de que as taxas

(A) são cobradas pela prestação de serviços públicos, ainda que apenas postos à disposição do usuário, ao passo que o pagamento das contribuições de melhoria é facultativo.

(B) remuneram serviços públicos, ao passo que as contribuições de melhoria têm como contrapartida apenas a valorização imobiliária.

(C) remuneram serviços públicos específicos e indivisíveis, ao passo que as contribuições de melhoria remuneram serviços públicos específicos e divisíveis.

(D) não dizem respeito a nenhuma atividade estatal específica, ao passo que as contribuições de melhoria apresentam o atributo da referibilidade.

(E) remuneram serviços públicos, ao passo que as contribuições de melhoria têm como contrapartida a realização de obras públicas e a consequente valorização imobiliária.

O fato gerador da taxa pode ser a prestação de serviço público específico ou divisível ou o exercício do poder de polícia – art. 145, II, da CF e art. 77 do CTN. Já a contribuição de melhoria tem como fato gerador a valorização imobiliária decorrente de obra pública – art. 145, III, da CF e art. 81 do CTN. Ambas são espécies de tributo, ou seja, são prestações compulsórias, nos termos do art. 3º do CTN. Por essas razões, a alternativa "E" é a única correta.

Gabarito "E"

(Procurador do Estado/SE – FCC – 2005) Sobre o conceito de tributo construído a partir da definição do Código Tributário Nacional, é correto afirmar que o tributo

(A) deve ser cobrado mediante atividade administrativa plenamente discricionária.

(B) é toda prestação pecuniária facultativa.

(C) pode constituir sanção de ato ilícito.

(D) está submetido à reserva legal.

(E) pode ser pago por intermédio de prestação de serviço de qualquer natureza.

O art. 3º do CTN define tributo como toda prestação pecuniária compulsória, em moeda ou cujo valor nela se possa exprimir, que não constitua sanção de ato ilícito, instituída em lei e cobrada mediante atividade administrativa plenamente vinculada. Por essa razão, a alternativa "D" é a única correta.

Gabarito "D"

(ADVOGADO – CORREIOS – 2008 – ESPP) Analise os itens a seguir:

I.- Imposto direto é aquele em que a pessoa que praticou o fato tipificado na lei suporta o respectivo ônus fiscal e imposto indireto é aquele em que o ônus financeiro do tributo é transferido ao consumidor final, por meio do fenômeno da repercussão econômica.

II.- Taxas são tributos desvinculados à contraprestação estatal e podem decorrer do exercício do poder de polícia ou da prestação de serviço público específico e divisível.

III.- Os empréstimos compulsórios, instituídos pela União, Estados ou Municípios, tem por fundamento atender despesas extraordinárias decorrentes de calamidade pública e guerra externa, ou ser destinado a investimento público de caráter urgente e de relevante interesse nacional.

IV.- A contribuição de melhoria tem como fato gerador a valorização imobiliária, longitudinal, radial ou extremada, decorrente de obra pública de qualquer espécie.

Assinale alternativa correta:

(A) Os itens I e IV estão corretos.

(B) Os itens II, III e IV estão incorretos.

(C) Apenas o item I está correto.

(D) Todos os itens estão incorretos.

I: correta. A assertiva conceitua perfeitamente a classificação dos impostos diretos e indiretos; **II:** incorreta. As taxas são tributos vinculados à atuação estatal, pois somente podem ser cobradas pela prestação de serviço público específico e divisível ou pelo exercício do poder de polícia (art. 77 do CTN); **III:** incorreta. Nos termos do art. 148 da CF, a competência para instituição de empréstimos compulsórios é exclusiva da União; **IV:** correta, nos termos do art. 81 do CTN. As diversas espécies de valorização, todas hábeis a gerar a incidência do tributo, são definidas por Kiyoshi Harada: longitudinal é a valorização que ocorre ao longo da obra (como a pavimentação de uma rua); radial, aquela que ocorre ao redor da obra (a construção de um hospital, por exemplo); e extremada, a que atinge os pontos extremos, mais distantes, da obra (exemplo: a criação de um lago pelo represamento de um rio em outro Município).

Gabarito "A"

(ADVOGADO – BNDES – 2008 – CESGRANRIO) Adotando a divisão quadripartida quanto à classificação dos tributos, encontram-se as seguintes espécies tributárias:

I.- imposto;

II.- taxa;

III. - contribuição (incluindo as especiais e as de melhoria);

IV.- empréstimo compulsório.

Com base no princípio da equivalência, caracteriza(m)-se como tributo(s) comutativo(s), APENAS a(s) espécie(s) tributária(s)

(A) I

(B) IV

(C) I e II

(D) II e III

(E) III e IV

Tributo comutativo, ou retributivo, é aquele que se baseia em uma contraprestação do Estado, a qual fundamenta sua cobrança. Isso posto, e considerando a classificação indicada, são tributos comutativos as taxas (cobradas diante da prestação de serviços públicos específicos e divisíveis ou pelo exercício do poder de polícia) e as contribuições (visto que todas elas têm sua receita vinculada a determinada atuação do Estado – as contribuições sociais mantêm o sistema de seguridade social; as de melhoria fazem frente ao custo da obra etc.).

Gabarito "D"

(ADVOGADO – BNDES – 2006 – CESGRANRIO) A espécie tributária cujos fatos geradores não se vinculam a qualquer prestação específica por parte do Estado, destinando-se, em regra, a remunerar as necessidades globais do serviço público indivisível é o(a):

(A) imposto.

(B) empréstimo compulsório.

(C) taxa.

(D) contribuição social.

(E) contribuição de intervenção no domínio econômico.

O enunciado traz o conceito de imposto, conforme previsto no art. 16 do CTN.

Gabarito "A"

(ADVOGADO – BNDES – 2004 – CESGRANRIO) A taxa é espécie tributária que se distingue do imposto pela:

(A) ausência de compulsoriedade da prestação.

(B) sujeição à regra da anterioridade nonagesimal.

(C) referibilidade a uma atuação estatal específica.

(D) competência exclusiva da União para sua instituição.

(E) natureza de contraprestação contratual decorrente da utilização de serviços públicos.

A principal diferença entre as taxas e os impostos está na sua hipótese de incidência: enquanto os impostos são cobrados independentemente de uma atuação estatal específica para o contribuinte, as taxas somente podem ser exigidas em caso de prestação de serviço público específico e divisível, prestado efetivamente ao contribuinte ou colocado à sua disposição, e o exercício regular do poder de polícia administrativa. Correta, portanto, a alternativa "C". Quanto às demais, ambos são prestações compulsórias, sujeitos (em regra) à anterioridade nonagesimal; respeitadas as competências distribuídas pela CF, ambos podem ser criados por quaisquer entes políticos, não só a União; e nenhum deles tem natureza de contraprestação contratual. Tal conceito se refere aos preços públicos, não aos tributos.

Gabarito "C"

(ADVOGADO – BNDES – 2001 – VUNESP) Assinale a alternativa correta.

(A) A taxa é tributo vinculado cuja hipótese de incidência consiste no exercício do poder de polícia ou na utilização, efetiva ou potencial, de serviços públicos específicos e divisíveis, prestados aos contribuintes ou postos a sua disposição.

(B) A União, os Estados, o Distrito Federal e os Municípios poderão instituir empréstimos compulsórios para atender a despesas extraordinárias de caráter urgente e relevante interesse nacional.

(C) A União, no exercício de sua competência residual, poderá cobrar taxas de serviços públicos necessários prestados aos contribuintes ou postos a sua disposiçao.

(D) A União, os Estados, o Distrito Federal e os Municípios poderão instituir contribuições sociais de intervenção no domínio econômico, desde que não tenham fato gerador ou base de cálculo próprios dos impostos já discriminados no texto constitucional.

(E) A União, os Estados, o Distrito Federal e os Municípios poderão instituir taxas e contribuições de melhoria em virtude de obra pública justificadora da valorização imobiliária dos imóveis por ela atingidos.

A: correta, nos termos do art. 77 do CTN; **B:** incorreta. A competência para instituição de empréstimos compulsórios é exclusiva da União (art. 148 da CF); **C:** incorreta. A competência residual da União refere-se à criação de novos impostos (art. 154, II, da CF); **D:** incorreta. A competência para instituição de CIDE é exclusiva da União (art. 149 da CF); **E:** incorreta. A valorização de imóvel decorrente de obra pública é fato gerador apenas da contribuição de melhoria (art. 145, III, da CF).

Gabarito "A"

(ADVOGADO – PETROBRÁS BIO. – 2010 – CESGRANRIO) Determinada empresa, localizada no estado X, adquiriu mercadorias de uma empresa situada no estado Y. Quanto ao ICMS incidente na respectiva operação, deverá ser

(A) recolhido o imposto integralmente para o estado Y, caso a empresa adquirente seja contribuinte do ICMS e consumidora final das mercadorias.

(B) recolhido o imposto integralmente para o estado X, caso a empresa adquirente seja contribuinte do ICMS e consumidora final das mercadorias.

(C) aplicada a alíquota interna do estado Y, caso a empresa adquirente não seja contribuinte do ICMS e seja consumidora final das mercadorias.

(D) aplicada a alíquota interestadual, cabendo ao estado Y o valor do imposto correspondente à diferença entre essa alíquota e a interna, caso a empresa adquirente seja contribuinte e consumidora final das mercadorias.

(E) aplicada a alíquota interna do estado Y, caso seja a empresa adquirente contribuinte do ICMS e consumidora final das mercadorias.

Nos termos do art. 155, § 2º, VII, da CF, será aplicada, no caso em tela, a alíquota interna do Estado remetente da mercadoria (Y) caso a empresa adquirente não seja contribuinte do ICMS e seja a consumidora final das mercadorias.

Gabarito "C"

(PROCURADOR – BANCO CENTRAL – 2009 – CESPE) Uma empresa detém a propriedade sobre terras agricultúráveis em diversos estados do Brasil, no ambiente rural, e, em diversos municípios de seu estado de origem, é proprietária de terras urbanas. Nessa situação, em razão das propriedades que detém, a empresa torna-se contribuinte de

(A) dois impostos federais e um estadual.

(B) dois impostos estaduais e um municipal.

(C) um imposto municipal e um federal.

(D) um imposto municipal, um estadual e um federal.

(E) um imposto municipal e um estadual.

Por ser proprietária de imóveis rurais, a empresa é contribuinte do Imposto sobre a Propriedade Territorial Rural (ITR), de competência da União (art. 153, VI, da CF) e por ser proprietária de imóveis urbanos a pessoa jurídica é também contribuinte do Imposto sobre a Propriedade Predial e Territorial Urbana (IPTU), de competência do Município da localização dos imóveis (art. 156, I, da CF).

Gabarito "C"

(ADVOGADO – PETROBRÁS – 2008 – CESGRANRIO) Adotando a classificação dos impostos estabelecida no Código Tributário Nacional, enquadra-se na categoria de "Impostos sobre o Patrimônio e a Renda" o imposto sobre

(A) produtos industrializados.

(B) propriedade territorial rural.

(C) serviços de qualquer natureza.

(D) importação de produtos estrangeiros.

(E) operações relativas à circulação de mercadorias e sobre prestações de serviços de transporte interestadual e intermunicipal e de comunicação.

O CTN classifica os impostos conforme sua base econômica, de pouquíssimo reconhecimento pela doutrina e jurisprudência. Segundo essa classificação, são impostos sobre o patrimônio e a renda: ITR, IPTU, ITBI, ITCMD, IPVA, IR e IGF.

Gabarito "B"

(ADVOGADO – PETROBRÁS DISTRIB. – 2008 – CESGRANRIO) De acordo com a atual Constituição Federal, o diferencial entre a alíquota interna e interestadual do ICMS é devido ao Estado

(A) do destinatário, quando este não for contribuinte do imposto.

(B) do destinatário, quando este for contribuinte do imposto e for adotada alíquota interna, desde que as operações e prestações destinem bens e serviços a quem não for contribuinte do imposto.

(C) do remetente, quando o destinatário for contribuinte do imposto.

(D) da localização do destinatário, quando este for contribuinte do imposto e for adotada a alíquota interestadual, desde que as operações e prestações destinem bens e serviços a consumidor final.

(E) da localização do remetente, quando este for contribuinte do imposto e for adotada a alíquota interna, desde que as operações destinem bens e serviços a consumidor final.

Nos termos do art. 155, § 2º, VII e VIII, da CF, cabe ao Estado da localização do destinatário da mercadoria a diferença entre as alíquotas interna e interestadual do ICMS quando o destinatário for contribuinte do mesmo imposto e a mercadoria for destinada a consumidor final.

Gabarito "D"

(ADVOGADO – PETROBRÁS DISTRIB. – 2008 – CESGRANRIO) O Município editou lei ordinária reduzindo de 3% para 1% a alíquota do Imposto sobre Serviços de qualquer Natureza – ISS, incidente sobre serviços prestados por hotéis, *apart services* condominiais, *flat*, apart-hotéis, hotéis residência, hotelaria marítima, pensões, motéis e congêneres. Essa redução poderia ser feita?

(A) Sim, a redução é regular porque observa todos os requisitos previstos no Código Tributário Nacional.

(B) Sim, a redução é regular porque cabe ao Município dispor sobre tributos de sua competência.

(C) Não, a redução contraria norma prevista na Constituição Federal em vigor.

(D) Não, a redução é inconstitucional, em razão de ausência de convênio celebrado pelas municipalidades brasileiras.

(E) Não, a redução contraria norma federal, sendo portanto ilegal.

A alteração é inconstitucional, pois a concessão de incentivos fiscais relacionados a determinadas atividades econômicas através da redução de alíquotas do ISS deve ser veiculada através de lei complementar (art. 156, § 3º, III, da CF).

Gabarito "C"

(ADVOGADO – REFAP – 2007 – CESGRANRIO) A Lei no 10.168/2000 instituiu contribuição de intervenção no domínio econômico (CIDE), para atendimento ao Programa de Estímulo à Interação Universidade-Empresa para o Apoio à Inovação, devida pela pessoa jurídica detentora de licença de uso ou adquirente de conhecimentos tecnológicos, bem como aquela signatária de contratos que impliquem transferência de tecnologia, firmados com residentes ou domiciliados no exterior. A partir de 1º de janeiro de 2002, essa contribuição passou a ser devida também pelas pessoas jurídicas:

I. signatárias de contratos que tenham por objeto serviços técnicos e de assistência administrativa e semelhantes a serem prestados por residentes ou domiciliados no exterior;

II. que pagarem, creditarem, entregarem, empregarem ou remeterem *royalties*, a qualquer título, a beneficiários residentes ou domiciliados no exterior;

III. produtoras, formuladoras ou importadoras de gasolinas e suas correntes, *diesel* e suas correntes, querosene de aviação e outros querosenes, óleos combustíveis, gás liquefeito de petróleo, inclusive o derivado de gás natural e de nafta, e álcool etílico combustível.

Está(ão) correto(s) o(s) item(ns):

(A) I, apenas.

(B) III, apenas.

(C) I e II, apenas.

(D) II e III, apenas.

(E) I, II e III.

I: correta, nos termos do art. 2º, § 2º, da Lei nº 10.168/00; **II:** correta, nos termos do art. 2º, § 2º, da Lei nº 10.168/00; **III:** incorreta. A assertiva traz sujeitos passivos da CIDE-Combustíveis, instituída pela Lei nº 10.336/01.

Gabarito "C"

(ADVOGADO – BNDES – 2006 – CESGRANRIO) Segundo a classificação prevista no Código Tributário Nacional, assinale o imposto classificado entre os que incidem sobre a produção e a circulação de riquezas.

(A) ITR

(B) IPVA

(C) IR

(D) IOF

(E) ITBI

O CTN classifica os impostos conforme sua base econômica, de pouquíssimo reconhecimento pela doutrina e jurisprudência. Segundo essa classificação, são impostos sobre a produção e circulação de riquezas: IPI, ICMS, IOF e ISS.

Gabarito "D"

(ADVOGADO – PETROBRÁS – 2006 – CESGRANRIO) Adotando-se a divisão prevista no Código Tributário Nacional, o único imposto classificado como incidente sobre o patrimônio e a renda é o:

(A) ICMS.

(B) IPI.

(C) IOF.

(D) ISS.

(E) ITBI.

O CTN classifica os impostos conforme sua base econômica, de pouquíssimo reconhecimento pela doutrina e jurisprudência. Segundo essa classificação, são impostos sobre o patrimônio e a renda: ITR, IPTU, ITBI, ITCMD, IPVA, IR e IGF.

Gabarito "E"

(ADVOGADO – PETROBRÁS – 2006 – CESGRANRIO) Com relação ao Imposto sobre a Renda das Pessoas Jurídicas, indique a afirmação correta.

(A) Não incide sobre receitas oriundas do exterior.

(B) Admite-se que sua base de cálculo seja presumida.

(C) É tributo atualmente sujeito ao lançamento por declaração.

(D) É vedado, em qualquer hipótese, o arbitramento de sua base de cálculo.

(E) É vedada a sua cobrança antes de decorridos noventa dias da data em que haja sido publicada lei que o aumentou.

A: incorreta, nos termos do art. 43, § 2º, do CTN; **B:** correta, nos termos do art. 15 da Lei nº 9.249/95; **C:** incorreta. A declaração de imposto sobre a renda não se confunde com o lançamento por declaração. Atualmente, a sistemática de cobrança do IRPJ envolve o lançamento por homologação, considerando que o próprio contribuinte calcula e recolhe o imposto devido mensalmente, pagamento que fica sujeito à verificação do Fisco; **D:** incorreta. O arbitramento da base de cálculo do IRPJ está previsto no art. 47 da Lei nº 8.981/95; **E:** incorreta. O imposto de renda é uma das exceções à aplicação da anterioridade nonagesimal (art. 150, § 1º, da CF).

Gabarito "B"

(ADVOGADO – PETROBRÁS – 2006 – CESGRANRIO) Observe as afirmações abaixo, relativas à Contribuição de Intervenção no Domínio Econômico instituída pela Lei nº 10.336/2001 (CIDE-Petróleo).

I. O importador de gasolinas é contribuinte da CIDE-Petróleo.

II. A comercialização no mercado interno de diesel, realizada por produtor, é fato gerador da CIDE-Petróleo.

III. Na hipótese de importação, o pagamento da CIDE-Petróleo deve ser efetuado na data do registro da Declaração de Importação.

Está(ão) correta(s) a(s) afirmação(ões):

(A) I, apenas.

(B) II, apenas.

(C) I e III, apenas.

(D) II e III, apenas.

(E) I, II e III.

I: correta, nos termos do art. 2º da Lei nº 10.336/01; **II:** correta, nos termos do art. 3º, II, da Lei nº 10.336/01; **III:** correta, nos termos do art. 6º da Lei nº 10.336/01.

Gabarito "E"

(ADVOGADO – PETROBRÁS – 2006 – CESGRANRIO) O fato gerador do imposto sobre a renda é classificado como:

(A) simples.

(B) formal.

(C) instantâneo.

(D) atípico.

(E) complexivo.

A doutrina classifica os fatos geradores, quanto ao momento de sua consumação, em simples (ou instantâneos), complexivos (ou periódicos) e continuados. Fato gerador simples é aquele que ocorre e se completa em apenas um ato, em um determinado momento. É o caso, por exemplo, do ICMS, que se constitui com a saída da mercadoria do estabelecimento após a transmissão da propriedade. Fato gerador complexivo ou periódico é aquele que é formado de diversos atos ou fatos, que vão se somando ao longo de determinado período de tempo e apurados em sua totalidade ao final desse período. Tem como exemplo principal o IR, que é composto de todas as receitas obtidas pelo contribuinte ao longo de um ano. Por fim, fato gerador continuado é aquele que perdura no tempo de forma indeterminada, sendo necessário que a lei estabeleça "cortes" no tempo para fixar a ocorrência do fato gerador. Aplica-se aos impostos relacionados à propriedade, que é uma condição jurídica perene. Assim, por exemplo, para viabilizar a cobrança, considera-se ocorrido o fato gerador do IPTU em 1º de janeiro de cada ano ("corte" no tempo).

Gabarito "E"

(ADVOGADO – EMBRAPA – 2005 – CESPE) Pedro instalou-se em um imóvel rural, mantendo sobre esse bem a posse mansa e pacífica, sem, contudo, ter o domínio da propriedade. Em face dessa situação hipotética, julgue os seguintes itens.

(1) Sobre o imóvel em questão há incidência de Imposto sobre a Propriedade Territorial Rural (ITR), de competência da União.

(2) Pedro, pelo simples fato de ser o possuidor do bem, é considerado o contribuinte do ITR desse imóvel, mesmo não sendo o seu proprietário.

1: correta. Sobre imóveis rurais incide o ITR, de competência da União (art. 153, VI, da CF e art. 1º da Lei nº 9.393/96); **2:** correta. O art. 4º da Lei nº 9.393/96 define como sujeito passivo do ITR, ao lado do proprietário e do titular do domínio útil, o possuir a qualquer título de imóvel rural.

Gabarito 1C, 2C

5. LEGISLAÇÃO TRIBUTÁRIA – FONTES

(Procurador do Município/Sorocaba-SP – 2012 – VUNESP) O estabelecimento de critérios especiais de tributação, com o objetivo de prevenir desequilíbrios da concorrência, sem prejuízo da competência da União de estabelecer, por lei, normas de igual objetivo, é matéria a ser regulada por

(A) lei complementar.

(B) lei ordinária.

(C) resolução do Senado Federal.

(D) norma complementar.

(E) convênio.

A questão descreve o art. 146-A da CF, referindo-se à lei complementar federal. Por essa razão, a alternativa "A" é a correta.

Gabarito "A"

(Procurador do Estado/PR – UEL-COPS – 2011) Dentre as alternativas abaixo, aponte aquela que estiver correta:

(A) a expressão "legislação tributária" compreende as leis, os tratados e as convenções internacionais, exclusive decretos e normas complementares, que versem, no todo ou em parte, sobre tributos e relações jurídicas a eles pertinentes;

(B) as decisões dos órgãos singulares ou coletivos de jurisdição administrativa, a que a lei atribua eficácia normativa, são consideradas normas complementares das leis, dos tratados e convenções internacionais e dos decretos;

(C) a legislação tributária interna revoga ou modifica os tratados e as convenções internacionais, e será observada pelos que lhe sobrevenha;

(D) as práticas reiteradamente observadas pelas autoridades administrativas, por sua vez, não são consideradas normas complementares da legislação tributária;

(E) o conteúdo e o alcance dos decretos não se restringem aos das leis em função das quais sejam expedidos, podendo ser também determinados pelas regras de interpretação da legislação tributária.

A: incorreta, pois decretos e normas complementares compõem também a "legislação tributária" (note que a alternativa utiliza o termo "exclusive", não "inclusive") – art. 100 do CTN; **B:** correta, conforme o art. 100, II, do CTN; **C:** incorreta, pois o art. 98 do CTN indica o oposto, que os tratados e as convenções internacionais revogam ou modificam a legislação tributária interna, e serão observados pela que lhes sobrevenha; **D:** incorreta, pois essas práticas são consideradas normas complementares – art. 100, III, do CTN; **E:** incorreta, pois o conteúdo e o alcance dos decretos restringem-se aos das leis em função das quais sejam expedidos, determinados com observância das regras de interpretação estabelecidas no CTN – art. 99 do CTN.

Gabarito "B"

(PROCURADOR DO ESTADO/RS – FUNDATEC – 2010) Além de dispor sobre conflitos de competência, regular as limitações constitucionais ao poder de tributar e estabelecer normas gerais em matéria tributária, a Constituição Federal atribui à Lei Complementar outras funções. Assinale a alternativa que melhor descreve essas funções:

(A) Instituir tributos específicos, definir tratamento diferenciado e favorecido às microempresas e empresas de pequeno porte e estabelecer critérios especiais de tributação para prevenir desequilíbrios concorrenciais.

(B) Instituir impostos específicos, definir tratamento diferenciado às microempresas e empresas de pequeno porte e estabelecer critérios especiais de tributação para prevenir desequilíbrios concorrenciais.

(C) Definir tratamento diferenciado às microempresas e empresas de pequeno porte e estabelecer critérios especiais de tributação para prevenir desequilíbrios concorrenciais.

(D) Instituir impostos extraordinários, definir tratamento diferenciado e favorecido às microempresas e empresas de pequeno porte e estabelecer critérios especiais de tributação para prevenir desequilíbrios concorrenciais.

(E) Definir tratamento diferenciado e favorecido às microempresas e empresas de pequeno porte e estabelecer critérios especiais de tributação para prevenir desequilíbrios concorrenciais.

A: assertiva correta, lembrando que alguns tributos federais (contribuição de melhoria, impostos da competência residual, outras contribuições não previstas expressamente na CF) devem, excepcionalmente, ser instituídos por lei complementar (a generalidade dos tributos exige simples lei ordinária). Ademais, o tratamento favorecido e os critérios especiais citados são regulados por lei complementar federal, nos termos dos arts. 146, III, *d*, e 146-A da CF; **B:** essa não é a melhor alternativa, pois não são apenas impostos específicos que exigem lei complementar (também os empréstimos compulsórios e outras contribuições sociais – arts. 148 e 195, 4º, da CF). Ademais, o tratamento para as micro e pequenas empresas será diferenciado *e favorecido* – art. 146, III, *d*, da CF; **C:** também não é a melhor alternativa, pois o art. 146, III, *d*, da CF refere-se a tratamento diferenciado *e favorecido;* **D:** incorreta, pois os impostos extraordinários podem ser instituídos por simples lei ordinária – art. 154, II, da CF; **E:** a alternativa "A" é mais completa, daí porque a melhor e aquela a ser indicada.

Gabarito "A"

(Procurador do Município/Teresina-PI – 2010 – FCC) Através de Resolução, o Senado Federal

(A) determinará medidas para que os consumidores sejam esclarecidos acerca dos impostos que incidam sobre serviços.

(B) disporá sobre conflito de competência, em matéria tributária, entre a União, os Estados, o Distrito Federal e os Municípios.

(C) fixará as alíquotas máximas e mínimas do imposto sobre serviços de qualquer natureza.

(D) regulará a forma e as condições como isenções, incentivos e benefícios fiscais serão concedidos ou revogados pelo Município em relação ao imposto sobre serviços de qualquer natureza.

(E) fixará alíquotas mínimas do imposto sobre a propriedade de veículo automotor.

A: Incorreta, pois o art. 150, § 5º, da CF indica que lei (não resolução do Senado) determinará medidas para que os consumidores sejam esclarecidos acerca dos impostos que incidam sobre mercadorias e serviços; **B:** Incorreta, pois cabe à lei complementar dispor sobre conflitos de competência – art. 146, I, da CF; **C:** Incorreta, pois é a lei complementar que deve fixar as alíquotas máximas e mínimas do ISS – art. 156, § 3º, I, da CF; **D:** Incorreta, pois é também lei complementar que regulará a matéria – art. 156, § 3º, III, da CF; **E:** Essa é a alternativa correta, conforme o art. 155, § 6º, I, da CF.

Gabarito "E"

(Procurador do Estado/CE – 2008 – CESPE) Acerca das normas referentes ao Sistema Tributário Nacional, assinale a opção correta.

(A) Cabe à lei complementar estabelecer normas gerais em matéria de legislação tributária.

(B) A lei complementar estabelece normas gerais acerca do crédito tributário, fazendo que os estados, caso queiram alterá-las, aprovem lei específica nesse sentido.

(C) O lançamento tributário, a prescrição e a decadência podem ser regulamentados pelos estados, sem necessidade de se observarem as regras gerais dispostas na lei complementar federal.

(D) A lei complementar estabelece normas gerais a respeito do adequado tratamento tributário a ser dado à comercialização de produtos pelas sociedades de economia mista.

(E) Lei complementar deve dispor acerca da definição de tributos, suas espécies e fatos geradores, mas não, acerca da definição de bases de cálculo.

A: art. 146, III, da CF; B e **C:** a lei complementar federal que observe o disposto no art. 146 da CF não pode ser alterada ou infringida por norma local; **D:** não há essa previsão; **E:** as bases de cálculo dos impostos previstos na Constituição Federal devem ser fixadas por lei complementar – art. 146, III, *a*, da CF.

Gabarito "A"

(Procurador do Estado/PB – 2008 – CESPE) De acordo com a CF, constitui exigência de lei complementar, no âmbito do direito tributário, a

(A) instituição de contribuição social sobre a remuneração paga aos autônomos.

(B) concessão de isenção pela União no caso de imposto sobre circulação de mercadorias e serviços.

(C) instituição de contribuição de melhoria quando a obra pública que implique valorização imobiliária referir-se a localidade que beneficie dois estados da Federação.

(D) instituição de empréstimo compulsório por estado da Federação com o objetivo de atender despesas extraordinárias decorrentes de calamidade pública.

(E) instituição, pela União, de imposto sobre grandes fortunas.

A: art. 195, I, *a*, da CF – somente outras contribuições, além das previstas no art. 195 da CF, exigem lei complementar, conforme seu § 4º; **B:** a União não pode conceder isenção de tributos estaduais – art. 151, III, da CF; **C:** não há exigência de lei complementar nessa hipótese; **D:** somente a União pode instituir empréstimo compulsório – art. 148 da CF; **E:** art. 153, VII, da CF.

Gabarito "E"

(Procurador do Município/Recife-PE – 2008 – FCC) A Constituição Federal dispõe que compete à lei complementar disciplinar normas gerais em matéria tributária, especialmente sobre definição de fato gerador, base de cálculo e contribuintes dos impostos discriminados na Constituição. Considerando esta regra, a definição de fato gerador, base de cálculo e contribuintes do IPTU está disciplinado

(A) em lei complementar municipal.

(B) em decreto-lei federal recepcionado como lei complementar.

(C) no Código Tributário Nacional.

(D) no Código Tributário Municipal.

(E) em lei complementar federal específica do IPTU.

A instituição dos tributos em geral, especificamente dos elementos que compõem a hipótese de incidência e a obrigação tributária, é feita por simples lei ordinária do ente competente – art. 97 do CTN. Entretanto, o fato gerador, a base de cálculo e os contribuintes dos impostos previstos na Constituição são definidos por lei complementar federal – art. 146, III, *a*, da CF. O CTN cumpre essa função de lei complementar federal (foi recepcionado como tal pela atual Constituição) e define esses elementos do IPTU em seus arts. 32 a 34. Por essas razões, a alternativa "C" é a correta.

Gabarito "C"

(Procurador do Estado/MG – 2007) Apenas lei complementar poderá

(A) instituir empréstimos compulsórios de intervenção no domínio econômico e de interesse das categorias profissionais ou econômicas, como instrumento de sua atuação nas respectivas áreas.

(B) regular até quanto poderão as contribuições sociais e de intervenção no domínio econômico incidir sobre as receitas decorrentes de exportação.

(C) definir tratamento diferenciado e favorecido para as microempresas e para as empresas de pequeno porte, que não tenham capital estrangeiro e estejam em atividade há mais de 5 (cinco) anos.

(D) regular as limitações constitucionais ao poder de tributar.

A: incorreta, pois não há reserva de lei complementar para isso – art. 149 da CF; **B:** incorreta, pois há imunidade, no caso – art. 149, § 2º, I, da CF; **C:** incorreta, pois não há restrição constitucional em relação ao capital estrangeiro e ao tempo de atividade, para a definição do tratamento diferenciado às micro e pequenas empresas – art. 146, III, *d*, da CF; **D:** correta, pois essa matéria é reservada à lei complementar federal – art. 146, II, da CF.

Gabarito "D"

(Procurador do Estado/MG – 2007) Ainda quanto ao Sistema Tributário Nacional, prevê a Constituição Federal que

(A) mediante Medida Provisória, é possível a instituição de taxas para atender a despesas extraordinárias, decorrentes de calamidade pública, de guerra externa ou sua iminência.

(B) lei complementar poderá estabelecer critérios especiais de tributação, com o objetivo de prevenir desequilíbrios da concorrência.

(C) o empréstimo compulsório poderá, em caso de necessidade, ser desvinculado à despesa que fundamentou sua instituição.

(D) a União estabelecerá, mediante Lei Complementar, os critérios gerais para a cobrança de contribuições dos seus servidores, e ainda dos servidores estaduais e municipais, para o custeio, em benefício destes, do regime previdenciário.

A: incorreta, pois a hipótese descrita dá ensejo à instituição de empréstimo compulsório por meio de lei complementar (não substituível por medida provisória), jamais taxa – art. 148, I, da CF. Ademais, o caso de guerra externa ou sua iminência, especificamente, dá ensejo também à instituição do imposto extraordinário por lei ordinária federal – art. 154, II, da CF; **B:** essa é a correta, pois a matéria deve ser veiculada por lei complementar federal – art. 146-A da CF; **C:** incorreta, pois essa vinculação é fixada constitucionalmente – art. 148, parágrafo único, da CF; **D:** discutível. A competência para instituir e regular as contribuições para custeio dos regimes previdenciários próprios dos servidores é privativa de cada ente político, que a exercerá por simples lei ordinária, daí porque a banca entendeu incorreta essa alternativa – art. 149, § 1º, da CF. Entretanto, compete à lei complementar federal estabelecer normas gerais em matéria tributária (art. 146, III, da CF), de modo que seria discutível a possibilidade de a União estabelecer critérios realmente gerais para a cobrança da contribuição, conforme indicado na assertiva. De qualquer forma, a alternativa "B" é a melhor, pois reflete exatamente o texto constitucional.

Gabarito "B"

(Procurador do Município/Manaus-AM – 2006 – FCC) Através de decreto municipal, um prefeito concede isenção do IPTU para moradias urbanas com área inferior a 70 metros quadrados, pertencentes a aposentados que não disponham de outra propriedade no município. Neste caso, a isenção concedida

(A) é legítima e não merece nenhum reparo crítico.

(B) pode ser invalidada por ofensa ao princípio da estrita legalidade.

(C) pode ser invalidada por se tratar de isenção condicionada.

(D) pode ser invalidada, nos termos da Lei de Responsabilidade Fiscal, por se tratar de renúncia de receita desacompanhada de medidas compensatórias.

(E) é inconstitucional por ofensa ao princípio da isonomia.

A isenção somente pode ser concedida por lei – art. 176 do CTN. O decreto do prefeito viola o princípio da legalidade, sendo inválido. Por essa razão, a alternativa "B" é a melhor. Em relação à alternativa "D", abstraindo-se o vício da falta de lei, ainda que não haja medida compensatória, a renúncia de receita pode ser válida se houver demonstração de que foi considerada na estimativa de receita da lei orçamentária e de que não afetará as metas de resultados fiscais previstas no anexo próprio da lei de diretrizes orçamentárias – art. 14, I, da LRF.

Gabarito "B"

6. VIGÊNCIA, APLICAÇÃO, INTERPRETAÇÃO E INTEGRAÇÃO

(Procurador do Município/Cubatão-SP – 2012 – VUNESP) Assinale a alternativa correta, acerca da interpretação e integração da legislação tributária.

(A) A lei tributária que define infrações, ou lhe comina penalidades, interpreta-se, em qualquer caso, de maneira mais favorável ao acusado.

(B) Na ausência de disposição expressa, a autoridade competente para aplicar a legislação tributária utilizará, sucessivamente, a analogia; os princípios gerais de direito público; os princípios gerais de direito tributário; a equidade.

(C) Interpreta-se extensivamente a legislação tributária que disponha sobre dispensa do cumprimento das obrigações acessórias.

(D) Os princípios gerais de direito privado utilizam-se para pesquisa da definição, do conteúdo e do alcance de seus institutos, conceitos e formas, mas não para definição dos respectivos efeitos tributários.

(E) A lei tributária pode alterar o alcance de institutos de direito privado quando utilizados de modo implícito pela Constituição Federal.

A: incorreta, pois a interpretação mais benéfica ao acusado, em relação às sanções tributárias, não ocorre em qualquer caso, mas apenas nas hipóteses de dúvida quanto aos temas elencados no art. 112 do CTN; **B:** incorreta, pois os princípios gerais de direto tributário devem ser aplicados antes dos princípios gerais de direito público – art. 108 do CTN (atenção, pois as bancas exigem reiteradamente esse conhecimento); **C:** incorreta, pois a interpretação deve ser literal (ou estrita) nesse caso – art. 111, III, do CTN; **D:** correta, pois reflete exatamente o disposto no art. 109 do CTN; **E:** incorreta, pois se esses institutos foram utilizado pela Constituição para fixação da competência tributária, não podem ser modificados pela legislação tributária – art. 110 do CTN.

Veja a seguinte tabela, com as ferramentas de integração, na ordem em que devem ser aplicadas, para estudo e memorização:

Ferramentas de integração – casos de ausência de disposição expressa
1º – analogia (não pode implicar exigência de tributo ao arrepio da lei)
2º – princípios gerais de direito tributário
3º – princípios gerais de direito público
4º – equidade (não pode implicar dispensa de pagamento do tributo devido)

Gabarito "D"

(Procurador da Fazenda Nacional – 2004 – ESAF) Segundo o Código Tributário Nacional, está sujeita à interpretação literal a norma tributária que verse sobre

(A) remissão.

(B) compensação.

(C) prescrição.

(D) decadência.

(E) parcelamento.

O art. 111 do CTN prevê expressamente a interpretação literal para os casos de (i) suspensão ou exclusão do crédito tributário, (ii) outorga de isenção e (iii) dispensa do cumprimento de obrigações tributárias acessórias. Note que remissão, compensação, prescrição e decadência são modalidades de extinção do crédito tributário, o que não é expressamente previsto no art. 111 do CTN. Já o parcelamento é modalidade de suspensão do crédito tributário, de modo que a norma correspondente deve ser interpretada literalmente – art. 111, I, do CTN. Por essa razão, a alternativa "E" é a única correta.

Gabarito "E"

(Procurador do Estado/MT – FCC – 2011) Diante da ausência de disposição expressa, a autoridade competente poderá aplicar a legislação tributária e utilizar métodos de integração previstos no Código Tributário Nacional. Sobre os métodos de integração é correto afirmar:

(A) A autoridade competente poderá aplicar, alternativamente, conforme a necessidade, a analogia, os costumes, a equidade e os princípios gerais de direito.

(B) O emprego da analogia só terá cabimento se for impossível a aplicação dos princípios gerais de direito.

(C) Não se admite o emprego da equidade, que é reservado exclusivamente a membro do Poder Judiciário no exercício da jurisdição.

(D) Os princípios gerais de direito privado são utilizados sucessivamente após ter restado insuficiente o emprego da analogia e dos princípios gerais de direito público.

(E) Se com o emprego da analogia resultar exigência de tributo não previsto em lei, deve a autoridade aplicar, sucessivamente, os princípios gerais de direito tributário.

O CTN indica as ferramentas de integração da legislação tributária na ordem em que devem ser aplicadas: (i) analogia, (ii) princípios gerais de direito tributário, (iii) princípios gerais de direito público e, por fim, (iv) equidade – art. 108 do CTN. Ademais, o emprego da analogia não poderá resultar na exigência de tributo não previsto em lei e o emprego da equidade não poderá resultar na dispensa do pagamento de tributo devido – art. 108, §§ 1º e 2º, do CTN. Por essa razão, a alternativa "E" é a correta.

Gabarito "E"

(Procurador do Estado/MT – FCC – 2011) A legislação tributária que disponha sobre dispensa do cumprimento de obrigações tributárias acessórias interpreta- se

(A) literalmente.

(B) sistematicamente.

(C) teleologicamente.

(D) retroativamente.

(E) historicamente.

O art. 111 do CTN dispõe que se interpreta literalmente a legislação tributária que disponha sobre (i) suspensão ou exclusão do crédito tributário, (ii) outorga de isenção e (iii) dispensa do cumprimento de obrigações tributárias acessórias. Por essa razão, a alternativa "A" é a correta.

Gabarito "A"

(Procurador do Estado/MT – FCC – 2011) Viger é ter força para disciplinar, para reger, cumprindo a norma seus objetivos finais. A vigência é propriedade das regras jurídicas que estão prontas para propagar efeitos, tão logo aconteçam, no mundo fático, os eventos que elas descrevem. (CARVALHO, Paulo de Barros. Curso de direito tributário. 23. ed. São Paulo: Saraiva, 2011, p. 116-117) Sobre vigência das normas complementares, de acordo com o Código Tributário Nacional, é correto afirmar que

(A) os atos normativos expedidos pelas autoridades administrativas entram em vigor 45 dias a contar de sua publicação.

(B) as decisões dos órgãos singulares ou coletivos de jurisdição administrativa, a que a lei atribuir eficácia normativa, entram em vigor 30 dias após a data de sua publicação, salvo disposição em contrário.

(C) os convênios que entre si celebram a União, os Estados, o Distrito Federal e os Municípios entram em vigor 30 dias após a data de sua publicação, salvo disposição em contrário.

(D) as práticas reiteradamente observadas pelas autoridades administrativas entram em vigor na data de sua publicação, salvo disposição de lei em sentido contrário.

(E) os atos normativos expedidos pelas autoridades administrativas e as decisões dos órgãos singulares ou coletivos de jurisdição administrativa a que a lei atribuir eficácia normativa, entram em vigor na data de sua publicação, salvo disposição de lei em sentido contrário.

A: incorreta, pois esses atos, salvo disposição em contrário, entram em vigor na data de sua publicação, conforme a regra especial do art. 103, I, do CTN, sendo, portanto, inaplicável a norma geral do art. 1º da LINDB; **B:** correta, conforme o art. 103, II, do CTN; **C:** incorreta, pois o CTN não traz norma subsidiária nesse caso, devendo cada convênio indicar a data de início de vigência – art. 103, III, do CTN; **D:** incorreta, até porque práticas reiteradas não são publicadas, simplesmente são realizadas ao longo do tempo; **E:** incorreta, pois as decisões com efeitos normativos entram em vigor 30 dias após sua publicação, salvo disposição em contrário – art. 103, II, do CTN. Os atos normativos expedidos pelas autoridades administrativas entram em vigor na data de sua publicação, se não houver disposição em contrário – art. 103, I, do CTN.

Gabarito "B"

(Procurador do Estado/GO – 2010) A propósito da vigência da legislação tributária, é CORRETO afirmar:

(A) A norma tributária sancionatória deve ser interpretada de maneira mais benéfica ao sujeito passivo.

(B) A lei tributária deixa de viger enquanto não cumprir o princípio da anterioridade.

(C) Os atos normativos editados pelas autoridades administrativas devem respeitar o principio da anterioridade.

(D) A norma que estabelece regras de processo administrativo tributário não se aplica às hipóteses em que o fato gerador já tenha sido aperfeiçoado.

(E) A medida provisória ainda não vertida em lei revoga a lei que lhe é contrária.

A: essa é a melhor alternativa, pois, de fato, a lei tributária que define infrações, ou lhe comina penalidades, interpreta-se da maneira mais favorável ao acusado, em caso de dúvida quanto (i) à capitulação legal do fato; (ii) à natureza ou às circunstâncias materiais do fato, ou à natureza ou extensão dos seus efeitos; (iii) à autoria, imputabilidade, ou punibilidade; e (iv) à natureza da penalidade aplicável, ou à sua graduação. Perceba, entretanto, que essa interpretação mais favorável ocorre apenas no caso de dúvida em relação a essas questões, e não sempre. De qualquer forma, essa é a melhor alternativa, por exclusão das demais; **B:** incorreta, pois a vigência ou o vigor da norma inicia-se na data indicada no instrumento normativo, normalmente na data de sua publicação. A eficácia das normas que majorem ou instituam tributos é que, em regra, fica diferida para após o período da anterioridade (embora haja debate doutrinário e jurisprudencial a respeito – mas não se pode dizer que a lei "deixa de viger" nesse período, certamente); **C:** imprecisa, pois somente as normas que instituem ou majoram tributos devem ser submeter à anterioridade, em regra. Importante salientar, entretanto, que apesar de o art. 150, III, *b* e *c*, da CF referir-se a "lei", o STF já decidiu que anterioridade nonagesimal aplica-se mesmo no caso de majoração da alíquota do IPI por norma infralegal; **D:** incorreta, pois a norma procedimental ou processual se aplica aos processos em curso, não havendo falar em retroatividade apenas porque o fato gerador é anterior; **E:** discutível, sendo certo que, se não houver a conversão, a medida provisória perderá a eficácia desde sua edição, nos termos e com a ressalva do art. 62, § 3º, da CF, ou seja, não haverá revogação da lei anterior.

Gabarito "A"

(Procurador do Município/Florianópolis-SC – 2010 – FEPESE) Assinale a alternativa **correta**.

(A) Interpreta-se literalmente a legislação tributária que disponha sobre dispensa do cumprimento de obrigações tributárias acessórias.

(B) Norma legal que altera o prazo de recolhimento da obrigação tributária se sujeita ao princípio da anterioridade.

(C) Constitui majoração de tributo a atualização do valor monetário da sua respectiva base de cálculo, sujeitando-se ao princípio da estrita legalidade.

(D) São normas complementares de direito tributário a analogia, os princípios gerais de direito tributário, os princípios gerais de direito público e a equidade.

(E) Salvo disposição em contrário, entram em vigor na data da sua publicação as decisões dos órgãos singulares ou coletivos de jurisdição administrativa, a que a lei atribua eficácia normativa.

A: Correta, conforme o art. 111, III, do CTN; **B:** Incorreta, pois a fixação da data do vencimento do tributo pode ser feita por norma infralegal e não se sujeita à anterioridade – ver RE 195.218/MG; **C:** Incorreta, pois a simples atualização monetária da base de cálculo do tributo não implica majoração, nem se sujeita à legalidade, podendo ser veiculada por norma infralegal, desde que repeitado o limite do índice oficial de inflação adotado – art. 97, § 2º, do CTN e Súmula 160/STJ; **D:** Incorreta, pois essas são ferramentas para integração da legislação tributária, em caso de lacuna – art. 108 do CTN. As normas complementares são indicadas pelo art. 100 do CTN; **E:** Incorreta, pois, salvo disposição em contrário, essas decisões entram em vigor, quanto a seus efeitos normativos, 30 dias após a publicação – art. 103, II, do CTN.

Gabarito "A"

(Procurador Federal – 2010 – CESPE) Acerca da legislação tributária, julgue o item a seguir.

(1) Um fiscal da Receita Federal do Brasil, ao aplicar a legislação tributária, na ausência de disposição legal expressa, pode empregar a analogia, desde que isso não resulte na dispensa do pagamento de tributo devido.

1: assertiva incorreta à luz do art. 108, I e § 1º, do CTN, que dispõe que a aplicação da analogia não pode resultar na exigência de tributo não previsto em lei. A dispensa de pagamento não pode decorrer do emprego da equidade – art. 108, § 2º, do CTN.

Gabarito 1E

(Advogado da União/AGU – CESPE – 2009) Com base no Direito Tributário, julgue o item que se segue.

(1) Caso a União celebre com os estados-membros convênio para a adoção de método eletrônico para o lançamento de certos tributos, o referido convênio entrará em vigor na data nele prevista.

1: assertiva correta, nos termos do art. 103, III, do CTN.

Gabarito 1C

(Advogado da União/AGU – CESPE – 2009) Com base no Direito Tributário, julgue o item que se segue.

(1) É lícita a interpretação restritiva de lei que conceda isenção de impostos e contribuições federais a uma categoria de empresas localizadas em determinada região brasileira.

1: incorreta, pois a interpretação não deve ser restritiva, mas apenas estrita. O Código Tributário usa a expressão "interpretação literal" – art. 111 do CTN.

Gabarito 1E

(Procurador do Estado/PE – CESPE – 2009) Com relação aos fatos, atos e negócios jurídicos, assinale a opção correta

(A) A legislação tributária estabelece hierarquia entre as leis instituidoras de tributos federais, estaduais e municipais.

(B) Se, em procedimento administrativo fiscal, houver discussão sobre o alcance de uma norma impositiva, e, em face disso, tiver sido editada lei explicitando o sentido da referida norma, essa lei terá efeito retroativo.

(C) A lei que estabeleça redução de alíquota de tributo terá efeito retroativo, desde que o procedimento administrativo não tenha sido definitivamente julgado, por ser mais benéfica ao contribuinte.

(D) Uma nova lei que estabeleça redução de multa punitiva retroagirá em benefício do contribuinte, o que não ocorre quando se tratar de multa moratória.

(E) Na integração da norma tributária, poderá ser utilizada a analogia, a interpretação analógica e a interpretação extensiva.

A: incorreta, pois não há essa hierarquia. Cada ente tributante regula privativamente os tributos de sua competência, muito embora haja normas nacionais gerais aplicáveis a todos (normalmente veiculadas por lei complementar federal – art. 146 do CTN); **B:** assertiva correta, pois se trata de norma expressamente interpretativa, cuja retroatividade é admitida – art. 106, I, do CTN; **C:** incorreta, pois a lei aplicável em relação ao tributo é sempre aquela vigente à época do fato gerador – art. 144, *caput*, do CTN. Somente a norma relativa à penalidade, desde que mais benéfica ao infrator (*lex mitior*), pode ser aplicada retroativamente – art. 106, II, do CTN; **D:** incorreta, pois a retroatividade da *lex mitior* refere-se a qualquer penalidade (multa punitiva ou moratória) – art. 106, II, do CTN; **E:** incorreta à luz do art. 108 do CTN que, no caso de lacuna legal, permite apenas a aplicação da analogia, dos princípios gerais de direito tributário, dos princípios gerais de direito público e da equidade, nessa ordem.

Gabarito "B"

(Procurador do Estado/PB – 2008 – CESPE) A interpretação de qualquer regra jurídica deve seguir o caminho traçado pelos princípios que fornecem coesão ao sistema jurídico. Nesse sentido, conclui-se que a integração da norma tributária não deve ser feita por meio

(A) dos princípios gerais de direito tributário.

(B) dos costumes.

(C) da equidade.

(D) da analogia.

(E) dos princípios gerais de direito público.

Art. 108 do CTN – somente a prática reiterada da administração (e não a dos contribuintes) é considerada norma complementar (art. 100, III, do CTN), o que afasta completamente a alternativa que indica os costumes (B).

Gabarito "B"

(Procurador do Estado/PB – 2008 – CESPE) Assinale a opção correta quanto à aplicação da legislação tributária.

(A) A lei tributária que extinguir ou reduzir isenção entra em vigor no prazo de noventa dias, ressalvada a hipótese de dispor de maneira mais favorável ao contribuinte.

(B) No regime hermenêutico tributário, interpretação e integração evidenciam, para o intérprete, a mesma dimensão jurídica quanto aos aspectos teleológicos e axiológicos.

(C) A lei tributária pode alterar a definição, o conteúdo e o alcance de institutos, conceitos e formas de direito privado, utilizados, expressa ou implicitamente, pela CF, pelas constituições dos estados, ou pelas leis orgânicas do DF ou dos municípios.

(D) A concessão de isenções e a dispensa das obrigações acessórias devem ser interpretadas literalmente.

(E) A aplicação retroativa da legislação tributária ocorre apenas nos casos em que a lei posterior seja expressamente interpretativa, excluída a aplicação de penalidade a infração dos dispositivos interpretados.

A: art. 104, III, do CTN (norma aplicável aos impostos sobre patrimônio e renda); **B:** integração pressupõe lacuna – art. 108 do CTN; **C:** não pode haver essa alteração que implique modificação da competência tributária – art. 110 do CTN; **D:** Correta, conforme o art. 111 do CTN; **E:** há outros casos de aplicação retroativa – art. 106 do CTN.

Gabarito "D"

(Procurador do Estado/PR – 2007) São regras de interpretação fixadas pelo Código Tributário Nacional: ALTERNATIVAS:

(A) na ausência de disposição expressa, utiliza-se em primeiro lugar a analogia, e do emprego da analogia poderá resultar exigência de tributo não expressamente previsto em lei;

(B) interpreta-se extensivamente as normas de legislação tributária que disponha sobre outorga de isenção;

(C) após o uso de analogia, princípios gerais de direito tributário e princípios gerais de direito, na interpretação feita na ausência de norma expressa, utiliza-se a equidade, podendo de sua aplicação resultar a dispensa de pagamento de tributo devido;

(D) aplica-se sempre a lei vigente na época de ocorrência do fato gerador da obrigação tributária, ainda que posteriormente modificada ou revogada;

(E) a lei aplica-se a ato ou fato pretérito em qualquer caso, excluída a aplicação de penalidade à infração dos dispositivos alterados.

A: Incorreta, pois o emprego da analogia não pode implicar exigência de tributo não previsto em lei – art. 108, § 1º, do CTN; **B:** Incorreta, conforme o art. 111, II, do CTN – essas normas são interpretadas estritamente (literalmente, no termo do CTN); **C:** Incorreta, pois a equidade não pode afastar a cobrança do tributo – art. 108, § 2º, do CTN; **D:** Correta, conforme o art. 144 do CTN – existe possibilidade de retroatividade apenas em relação à penalidade, nunca ao tributo; **E:** art. 106 do CTN – a retroatividade é excepcional.

Gabarito "D"

(Procuradoria Federal – 2007 – CESPE) Julgue o item seguinte.

(1) Salvo disposição em contrário, uma decisão do delegado da Receita Federal, a que a lei atribua eficácia normativa, entrará em vigor trinta dias após a data de sua publicação.

1: art. 103, II, do CTN.

Gabarito 1C

(Procurador do Estado/MG – 2007) Quanto à vigência da legislação tributária, de acordo com o Código Tributário Nacional, não é verdadeiro afirmar que

(A) no tempo e no espaço, esta rege-se em todos os seus aspectos pelas disposições legais aplicáveis às normas jurídicas em geral.

(B) os atos normativos expedidos pelas autoridades administrativas, salvo disposição em contrário, entram em vigor na data da sua publicação.

(C) as decisões dos órgãos singulares ou coletivos de jurisdição administrativa, a que a lei atribua eficácia normativa, quanto a seus efeitos normativos, salvo disposição em contrário, entram em vigor 30 (trinta) dias após a data da sua publicação.

(D) os Convênios que entre si celebrem a União, os Estados, o Distrito Federal e os Municípios, salvo disposição em contrário, entram em vigor na data neles prevista.

A: essa é a alternativa incorreta, pois o CTN traz normas especiais em relação à vigência da legislação tributária no tempo e no espaço, aplicando-se subsidiariamente as disposições legais relativas à normas jurídicas em geral – art. 101 do CTN; **B:** correta, conforme o art. 103, I, do CTN; **C:** correta, nos termos do art. 103, II, do CTN; **D:** também correta, pois reflete o disposto no art. 103, III, do CTN.

Gabarito "A"

(Procurador da Fazenda Nacional – 2006 – ESAF) Considerando os temas "vigência e aplicação da legislação tributária" e "interpretação e integração da legislação tributária" e as disposições do CTN, marque com (**V**) a assertiva verdadeira e com (**F**) a falsa, assinalando ao final a opção correspondente.

( ) O emprego da analogia pode resultar na exigência de tributo.

( ) A lei tributária aplica-se ao ato ou fato pretérito, quando for interpretativa, ressalvadas as hipóteses em que redundar na aplicação de penalidade.

( ) Quando extinguir tributo, a lei tributária pode ser aplicada a fato anterior à sua vigência.

( ) A lei que disponha sobre moratória e remissão do crédito tributário deve ser interpretada, segundo o Código Tributário Nacional, em benefício do contribuinte.

(A) F, F, V, F

(B) V, V, F, F

(C) F, V, V, F

(D) V, F, F, V

(E) F, V, V, V

1: incorreta, pois o emprego da analogia não poderá resultar na exigência de tributo não previsto em lei – art. 108, § 1º, do CTN; **2:** correta, nos termo do art. 106, I, do CTN; **3:** correta, pois se trata de remissão, modalidade de extinção do crédito que, naturalmente, aplica-se ao passado (se é perdão do crédito, obviamente o fato gerador é anterior) – art. 156, IV, do CTN; **4:** incorreta, pois os benefícios fiscais deve ser interpretados estritamente, pois são exceção à regra da tributação – veja o art. 111 do CTN, embora o dispositivo não se refira expressamente às modalidades de extinção do crédito tributário.

Gabarito "C"

(Procurador da Fazenda Nacional – 2006 – ESAF) A Lei Complementar n. 118, de 9 de fevereiro de 2005, dispõe:

"Art. 3º - Para efeito de interpretação do inciso I do art. 168 da Lei n. 5.172, de 25 de outubro de 1966 – Código Tributário Nacional, a extinção do crédito tributário ocorre, no caso de tributo sujeito a lançamento por homologação, no momento do pagamento antecipado de que trata o § 1º do art. 150 da referida Lei.

Art. 4º - Esta Lei entra em vigor 120 (cento e vinte) dias após a sua publicação, observado, quanto ao art. 3º o disposto no art. 106, inciso I, da Lei n. 5.172, de 25 de outubro de 1966 – Código Tributário Nacional."

Julgue os itens abaixo segundo o entendimento atualmente dominante no Superior Tribunal de Justiça – STJ e marque, a seguir, a opção que apresenta a resposta correta.

I. O art. 3º é preceito normativo e não meramente interpretativo.

II. Os dispositivos são inconstitucionais, pois, ao veicular preceito interpretativo, fazem-no contra expressa jurisprudência da Corte, violando assim o princípio da separação dos poderes, já que impõem ao juiz uma interpretação da lei, função que é privativa deste e vedada ao legislador.

III. Os processos em curso ao tempo da entrada em vigor da lei devem ser julgados considerando o disposto no art. 3º.

(A) Apenas o item II está errado.

(B) Apenas o item I está correto.

(C) Apenas os itens I e II estão corretos.

(D) Apenas o item II está correto.

(E) Apenas o item III está correto.

O STF e o STJ decidiram que, apesar da literalidade do dispositivo, não se trata de norma meramente interpretativa, pois alterou a lei tributária tal como interpretada pelo judiciário. A jurisprudência do STJ era pacífica no sentido de que o prazo prescricional para a restituição de tributos sujeitos ao lançamento por homologação era de 5 anos contados da homologação que, se tácita, ocorria após 5 anos a partir do fato gerador (tese dos "cinco mais cinco"). A LC 118/2005 veio afirmar que o prazo para repetição deve ser contado do pagamento indevido (5 anos, apenas). Entretanto, o entendimento do STF e do STJ é de que não pode haver retroatividade e a regra atual vale apenas para as ações ajuizadas após o início de vigência da LC 118/2005 (o critério para aplicação da LC 118/2005 é, portanto, a data do ajuizamento da ação) – ver o EDcl AgRg AREsp 6.406/RS-STJ. Para as ações ajuizadas antes do início de vigência da LC 118/2005, continua aplicável a tese do "cinco mais cinco". **I:** correta, conforme comentário inicial; **II:** incorreta, pois a inconstitucionalidade refere-se apenas à retroatividade, que foi afastada. No mais, a norma é válida e plenamente aplicada pelo judiciário; **III:** incorreta, pois a nova sistemática aplica-se apenas às ações ajuizadas após o início de vigência da LC 118/2005.

Gabarito "B"

(Procurador do Estado/SE – FCC – 2005) No que concerne à interpretação e à integração da legislação tributária, tal como tratadas pelo Código Tributário Nacional, é correto afirmar:

(A) a lei tributária não pode alterar a definição, o conteúdo e o alcance de institutos, conceitos e formas de direito privado, utilizados, expressa ou implicitamente, pela Constituição Federal para definir ou limitar competências tributárias.

(B) segundo o CTN não há nenhuma hipótese em que a norma tributária deva ser interpretada de forma literal.

(C) os princípios gerais de direito tributário deverão ser o primeiro instrumento a ser utilizado, pela autoridade competente, para aplicar a legislação tributária na ausência de disposição expressa.

(D) deve-se interpretar literalmente a legislação tributária que disponha sobre outorga de imunidades e isenções.

(E) os princípios gerais de direito privado devem ser utilizados para a definição dos efeitos tributários dos institutos, conceitos e formas do direito privado.

A: correta, pois a competência tributária fixada constitucionalmente não pode ser modificada pela lei, o que levou à redação do art. 110 do CTN; **B:** incorreta, pois o CTN prevê expressamente a interpretação literal das normas relativas a benefícios fiscais – art. 111 do CTN; **C:** incorreta, pois a primeira ferramenta integrativa a ser utilizada é a analogia – art. 108, I, do CTN; **D:** incorreta, pois o art. 111 do CTN não se refere à imunidade. Ainda que seja de alguma forma defensável a interpretação estrita das imunidades (embora o STF não a faça, em regra, exceto em relação à imunidade dos livros e periódicos), perceba que a questão se refere expressamente as normas do CTN, daí porque a alternativa é certamente incorreta; **E:** incorreta, pois os efeitos tributários serão sempre interpretados à luz dos princípios que regem o direito tributário e o direito público. Nos termos do art. 109 do CTN, os princípios gerais de direito privado utilizam-se para pesquisa da definição, do conteúdo e do alcance de seus institutos, conceitos e formas, mas não para definição dos respectivos efeitos tributários.

Gabarito "A"

(ADVOGADO – CORREIOS – 2011 – CESPE) Acerca das normas gerais de direito tributário e da obrigação tributária, julgue os itens que se seguem.

(1) O proprietário de imóvel é o sujeito ativo da obrigação tributária principal de efetuar o pagamento do imposto sobre a propriedade predial e territorial urbana (IPTU), de competência municipal, desse imóvel.

(2) O CTN disciplina que a lei tributária será aplicável ao ato ou fato pretérito definitivamente julgado quando deixar de defini-lo como infração.

(3) Se determinado estado publicar lei que disponha sobre moratória, essa lei tributária estadual deverá ser interpretada literalmente.

1: incorreta. O proprietário do imóvel é o sujeito passivo da obrigação. Sujeito ativo é o Município (arts. 32 a 34 do CTN); **2:** incorreta. A retroatividade não alcança atos definitivamente julgados (art. 106, II, "a", do CTN); **3:** correta. Moratória é causa de suspensão da exigibilidade do crédito tributário, sendo aplicável, portanto, o art. 111, I, do CTN.

Gabarito 1E, 2E, 3C

(ADVOGADO – CEF – 2010 – CESPE) Um dos aspectos mais importantes para se compreender o sistema tributário nacional consiste na interpretação e integração da lei tributária, objetivando o efetivo alcance de tais normas. Na ausência de disposição expressa, a autoridade competente, por ocasião da aplicação da legislação tributária, deverá utilizar, sucessivamente, na ordem indicada,

(A) os princípios gerais de direito tributário; a analogia; os princípios gerais de direito público; e a equidade.

(B) a analogia; os princípios gerais de direito público; a equidade; e os princípios gerais de direito tributário.

(C) os princípios gerais de direito público; a equidade; os princípios gerais de direito tributário; e a analogia.

(D) a analogia; os princípios gerais de direito tributário; a equidade; e os princípios gerais de direito público.

(E) a analogia; os princípios gerais de direito tributário; os princípios gerais de direito público; e a equidade.

Integração da legislação tributária supõe a utilização de instrumentos previstos na própria legislação para a superação de eventuais omissões normativas para determinados casos. Os instrumentos de integração previstos no Direito Tributário são a analogia, os princípios gerais de Direito Tributário, os princípios gerais de Direito Público e a equidade, que devem ser usados nessa estrita ordem de preferência (art. 108 do CTN).

Gabarito "E"

(ADVOGADO – BNDES – 2008 – CESGRANRIO) De acordo com os critérios de interpretação e integração da legislação tributária, previstos no Código Tributário Nacional, a lei tributária que define infrações interpreta-se de maneira mais favorável ao

(A) fisco, em caso de dúvida quanto à autoria.

(B) fisco, em caso de dúvida quanto à capitulação legal do fato.

(C) fisco, em caso de dúvida quanto à graduação da penalidade aplicável.

(D) acusado, em caso de dúvida quanto às circunstâncias materiais do fato.

(E) acusado, em caso de dúvida quanto ao emprego da equidade na dispensa do pagamento de tributo.

Nos termos do art. 112, II, do CTN, a lei tributária interpreta-se da maneira mais favorável ao acusado em caso de dúvidas quanto às circunstâncias materiais do fato, ou à natureza e extensão de seus efeitos.

Gabarito "D"

(ADVOGADO – BNB – 2006 – ACEP) Quanto à interpretação no direito tributário, assinale a alternativa que contempla um item **NÃO** sujeito, exclusivamente, à interpretação literal.

(A) Imunidade.

(B) Isenção.

(C) Suspensão do crédito tributário.

(D) Exclusão do crédito tributário.

(E) Dispensa do cumprimento de obrigação tributária acessória.

O art. 111 do CTN impõe a interpretação literal para as normas que tratem de suspensão da exigibilidade do crédito tributário (moratória, depósito do montante integral, reclamações e recursos administrativos, concessão de liminares em ações judiciais e parcelamento), exclusão do crédito tributário (isenção e anistia) e a dispensa do cumprimento de obrigações tributárias acessórias. Normas relativas a imunidades, portanto, não se sujeitam exclusivamente à interpretação literal.

Gabarito "A"

(ADVOGADO – ANCINE – 2005 – CESPE) Acerca das normas gerais do direito tributário, julgue os seguintes itens.

(1) Segundo o Código Tributário Nacional, legislação tributária é o conjunto de leis, tratados e convenções internacionais, decretos e normas complementares que versem, no todo ou em parte, sobre tributos ou relações jurídicas a eles relacionadas.

(2) As práticas reiteradamente observadas pelas autoridades administrativas e as decisões dos órgãos singulares ou coletivos de jurisdição administrativa, com eficácia normativa, constituem normas complementares das leis tributárias.

(3) A alíquota e a base de cálculo de tributo somente pode ser fixada por lei, não se admitindo em hipótese alguma a sua alteração por ato do Poder Executivo.

(4) A legislação tributária aplica-se aos fatos geradores futuros, a partir do primeiro dia do exercício seguinte ao da publicação da norma.

(5) A autoridade competente para aplicar a lei tributária, na ausência de disposição expressa, utilizará sucessivamente e obrigatoriamente, nessa ordem, a analogia, os princípios gerais do direito tributário, os princípios gerais do direito público e a equidade.

1: correta, nos termos do art. 96 do CTN; **2:** correta, nos termos do art. 100, II e III, do CTN; **3:** incorreta. Os tributos extrafiscais (Imposto de Importação, Imposto de Exportação, IPI, IOF e CIDE-Combustíveis) admitem alteração da alíquota por ato do Poder Executivo, desde que respeitados os limites anteriormente dispostos em lei (art. 153, § 1º, e 177, § 4º, I, "b", da CF); **4:** incorreta. A legislação tributária, ao entrar em vigor, atinge tanto os fatos geradores futuros quanto os pendentes (art. 105 do CTN); **5:** correta, nos termos do art. 108 do CTN.

Gabarito 1C, 2C, 3E, 4E, 5C

(ADVOGADO – BNDES – 2001 – VUNESP) Assinale a alternativa correta.

(A) As leis que disponham sobre suspensão e exclusão do crédito tributário devem ser interpretadas teleologicamente.

(B) Na ausência de disposição expressa, a autoridade competente para aplicar a legislação tributária não poderá utilizar a analogia para exigir tributo não previsto em lei.

(C) A legislação tributária não poderá retroagir a fatos pretéritos.

(D) Na ausência de disposição expressa, a autoridade competente para aplicar a legislação tributária poderá utilizar, sucessivamente: os costumes, os princípios gerais de direito e a analogia.

(E) A lei tributária poderá alterar o conteúdo e o alcance de institutos de direito privado, desde que seja para limitar as competências tributárias.

A: incorreta. O CTN, nesses casos, impõe a interpretação literal (art. 111, I, do CTN); **B:** correta, nos termos do art. 108, § 1º, do CTN; **C:** incorreta. A retroatividade é permitida, excepcionalmente, em caso de lei expressamente interpretativa e, tratando-se de ato não definitivamente julgado, quando deixe de defini-lo como infração, quando deixe de tratá-lo como contrário a qualquer exigência de ação ou omissão (desde que não tenha sido fraudulento nem tenha implicado em falta de pagamento de tributo) ou quando lhe comine penalidade menos severa do que a prevista na lei aplicável ao tempo da prática do ato; **D:** incorreta. O art. 108 do CTN elenca os instrumentos de integração da legislação tributária, que deverão ser utilizados estritamente na ordem indicada: analogia, princípios gerais de Direito Tributário; princípios gerais de Direito Público; e equidade; **E:** incorreta. A lei tributária não pode alterar conceitos utilizados pela CF, pelas Constituições dos Estados ou Leis Orgânicas do DF e Municípios para a definição de competências tributárias (art. 110 do CTN).

Gabarito "B"

7. FATO GERADOR E OBRIGAÇÃO TRIBUTÁRIA

(Procurador do Estado/BA – 2014 – CESPE) De acordo com determinada norma tributária, a venda de mercadoria gera a necessidade de registro contábil e do pagamento do tributo devido. A respeito desse tema, julgue os itens seguintes.

(1) O tributo não pago converte-se imediatamente em obrigação principal.

(2) O registro da referida venda é uma obrigação tributária, mas não o fato gerador do tributo.

(3) O pagamento do tributo extingue toda obrigação tributária existente, incluindo-se a necessidade de registro contábil.

(4) Suponha que aquele que esteja diretamente vinculado ao fato gerador não realize o registro, mas pague o tributo. Nessa situação, caso seja aplicada pena pecuniária pelo descumprimento da obrigação referente ao registro contábil, por meio de lançamento tributário definitivo, fica constituído o crédito tributário.

(5) O sujeito passivo diretamente ligado com o fato gerador é denominado responsável tributário.

1: incorreta, pois o tributo já é objeto da obrigação principal – art. 113, § 1º, do CTN. O não pagamento gera penalidade pecuniária, que também é objeto de obrigação principal; **2:** correta, pois o registro da venda é uma obrigação acessória, não sendo, evidentemente, fato gerador de tributo (não é a ocorrência do registro da venda que faz surgir a obrigação de recolher tributo); **3:** incorreta, pois a extinção da obrigação principal (pagar o tributo) não prejudica a obrigação acessória, que subsiste (continua existindo a obrigação de escriturar a venda); **4:** correta, pois o descumprimento da obrigação acessória (falta do registro) faz surgir uma penalidade pecuniária (multa), que é objeto de obrigação principal com o respectivo crédito tributário (embora seja comum utilizar, na prática, o termo autuação, nesse caso, em vez de lançamento); **5:** incorreta, pois o sujeito passivo diretamente ligado ao fato gerador é o contribuinte – art. 121, parágrafo único, I, do CTN.

Gabarito 1E, 2C, 3E, 4C, 5E

(Procurador do Estado/AC – FMP – 2012) Dadas as assertivas abaixo, assinale a alternativa **correta,** de acordo com o Código Tributário Nacional:

I. A obrigação tributária principal surge com a ocorrência do fato gerador, tendo por objeto prestações positivas ou negativas no interesse da fiscalização dos tributos.

II. A definição legal do fato gerador deve ser interpretada considerando-se a validade jurídica dos atos praticados pelos contribuintes.

III. Fato gerador da obrigação principal é a situação definida em lei como necessária e suficiente a sua ocorrência.

IV. A autoridade administrativa poderá desconsiderar negócios jurídicos praticados com a finalidade de dissimular a ocorrência do fato gerador, observados os procedimentos a serem definidos em lei ordinária.

(A) Estão corretas apenas as assertivas I e II.

(B) Estão corretas apenas as assertivas I e III.

(C) Estão corretas apenas as assertivas III e IV.

(D) Estão corretas apenas as assertivas II e IV.

I: incorreta, pois a assertiva descreve a obrigação acessória, conforme o art. 113, § 2º, do CTN; **II:** incorreta, pois a validade jurídica dos atos praticados é irrelevante – art. 118, I, do CTN; **III:** correta, pois essa é a definição do fato gerador, conforme o art. 114 do CTN; **IV:** assertiva correta, pois a chamada norma antielisiva é prevista, nesses termos, pelo art. 116, parágrafo único, do CTN.

Gabarito "C"

(Procurador do Estado/PR – UEL-COPS – 2011) Dentre as alternativas abaixo, aponte aquela que estiver correta:

(A) a obrigação tributária é principal ou acessória, em ambos os casos surgindo com a ocorrência do fato gerador e tendo por objeto o pagamento de tributo ou penalidade pecuniária, extinguindo-se juntamente com o crédito dela decorrente;

(B) a obrigação tributária acessória, pelo simples fato de sua inobservância, converte-se em obrigação principal relativamente à penalidade pecuniária;

(C) além do contribuinte, o responsável também é qualificado como sujeito passivo tributário, eis que tem relação pessoal e direta com a situação que de regra constitui o respectivo fato gerador;

(D) na relação jurídica tributária, o sujeito ativo é titular do dever de recolher o tributo, ao passo que, o sujeito passivo corresponde ao titular do direito de receber o montante devido;

(E) n. d. a.

A: incorreta, pois a obrigação acessória não tem por objeto o pagamento de tributo ou penalidade, mas sim prestações não pecuniárias descritas no art. 113, § 2º, do CTN; **B:** essa é a alternativa correta, pois reflete exatamente o disposto no art. 113, § 3º, do CTN; **C:** incorreta, pois quem tem relação pessoal e direta com o fato gerador é qualificado como contribuinte, não como responsável tributário – art. 121, parágrafo único, I, do CTN; **D:** incorreta, pois é o oposto.

Sujeito ativo é quem tem o direito de exigir o tributo, enquanto sujeito passivo é o devedor da relação obrigacional.

Gabarito "B"

(Procurador do Município/Florianópolis-SC – 2010 – FEPESE) A respeito da obrigação tributária, assinale a alternativa **incorreta**.

(A) Embora a multa tributária não se constitua tributo, a obrigação de pagá-la tem natureza tributária.

(B) A definição legal do fato gerador é interpretada levando-se em consideração a validade jurídica dos atos praticados pelos contribuintes.

(C) É constitucional a adoção, no cálculo do valor de taxa, de um ou mais elementos da base de cálculo própria de determinado imposto, desde que não haja integral identidade entre uma base e outra.

(D) A obrigação acessória, pelo simples fato da sua inobservância, converte-se em obrigação principal relativamente à penalidade pecuniária.

(E) A hipótese de incidência da obrigação tributária principal é a situação definida em lei como necessária e suficiente à sua ocorrência.

A: Assertiva correta, pois, apesar de multa não ser tributo (pois decorre de fato ilícito – art. 3º do CTN), ela é objeto da obrigação tributária principal (que tem por objeto tributo e penalidade pecuniária) – art. 113, § 1º, do CTN; **B:** Essa é a assertiva incorreta, pois a validade jurídica dos atos praticados é irrelevante para interpretação da definição legal do fato gerador – art. 118, I, do CTN; **C:** Assertiva correta, pois é exatamente o que dispõe a Súmula Vinculante 29/STF; **D:** Correta, pois reflete o disposto no art. 113, § 3º, do CTN; **E:** Correta, pois é a definição do fato gerador da obrigação tributária principal (fato gerador em abstrato = hipótese de incidência tributária) dada pelo art. 114 do CTN.

Gabarito "B"

(Procurador do Município/Teresina-PI – 2010 – FCC) Contra um menor absolutamente incapaz foi lavrado um auto de infração e imposição de multa constituindo crédito tributário relativo a negócio que o menor praticou sem estar devidamente representado. Esta exigência tributária, em tese, está

(A) correta, pois a autoridade administrativa pode desconsiderar atos ou negócios jurídicos praticados com a finalidade de dissimular a ocorrência do fato gerador do tributo ou a natureza dos elementos constitutivos da obrigação tributária.

(B) errada, já que se trata de negócio juridicamente nulo.

(C) correta, pois a validade jurídica dos atos efetivamente praticados e os efeitos dos fatos efetivamente ocorridos são irrelevantes para a definição do fato gerador, não havendo impedimento, portanto, para que o negócio celebrado seja fato gerador de tributo.

(D) correta, desde que o negócio jurídico venha a ser ratificado pelo representante legal do menor, no âmbito civil, hipótese em que será válido juridicamente.

(E) errada, pois a lei tributária não pode alterar a definição e formas de direito privado, utilizados, expressa ou implicitamente para definir ou limitar competências tributárias.

A: Incorreta, pois não consta que tenha havido finalidade de dissimular a ocorrência do fato gerador, a atrair a chamada norma antielisiva – art. 116, p. único, do CTN; **B:** Incorreta, pois eventual vício (nulidade do ato) ou ausência de capacidade na esfera civil é irrelevante para a configuração do fato gerador e para a capacidade tributária – arts. 118, I, e 126, I, do CTN (perceba que o fato gerador é, em princípio, apenas um fato, não um ato de vontade ou negócio jurídico, de modo que a capacidade civil do agente para a prática de atos ou negócios é irrelevante para a incidência); **C:** Assertiva correta, conforme comentário à alternativa anterior – art. 118, I, do CTN; **D:** Incorreta, pois a validade do negócio jurídico é irrelevante para a configuração do fato gerador – art. 118, I, do CTN; Incorreta, pois não se discute competência tributária nem a aplicação do art. 110 do CTN.

Gabarito "C"

(Procurador do Estado/PB – 2008 – CESPE) No que se refere à ocorrência do fato gerador e ao surgimento da obrigação tributária, assinale a opção incorreta.

(A) Quando um negócio jurídico é fato gerador de um tributo e é celebrado sob condição resolutiva, a ocorrência deve ser considerada desde a celebração do negócio.

(B) O fato gerador da obrigação principal é a situação definida em lei como necessária e suficiente para a sua ocorrência.

(C) Quando o negócio jurídico expressa uma situação fática, a ocorrência somente deve ser caracterizada quando presentes todos os elementos essenciais para que a situação produza os efeitos que lhes são peculiares.

(D) Quando um negócio jurídico é fato gerador de um tributo e é celebrado sob condição suspensiva, a ocorrência somente deve ser considerada quando se realiza a condição.

(E) O fato gerador da obrigação acessória é a situação definida em lei que obriga o sujeito passivo às prestações de fazer ou não fazer que constituam objeto da obrigação.

A: art. 117, II, do CTN; **B:** art. 114 do CTN; **C:** art. 116, I, do CTN; **D:** art. 117, I, do CTN; **E:** o art. 115 do CTN, ao descrever o fato gerador da obrigação acessória, faz referência à legislação tributária (que inclui decretos e normas complementares) e não à lei.

Gabarito "E"

(Cartório/SP – 2008) O nascimento da obrigação tributária dá-se com a ocorrência do (a)

(A) base de cálculo do tributo.

(B) fato gerador previsto em lei.

(C) caracterização do sujeito passivo ou fixação do sujeito passivo.

(D) quantificação do montante a ser pago.

Art. 114 do CTN.

Gabarito "B"

(Procurador do Município/Recife-PE – 2008 – FCC) Os deveres de pagar multa por infração à legislação tributária e de fazer declaração de ajuste anual do imposto de renda classificam-se como obrigação

(A) principal e acessória, respectivamente.

(B) acessória e principal, respectivamente.

(C) acessórias, ambas.

(D) principais, ambas, mas só a segunda é instrumental.

(E) instrumentais, ambas.

O dever de pagar multa é objeto da obrigação principal – art. 113, § 1º, do CTN. O dever não pecuniário, relativo a declarações a serem feitas ao fisco, por exemplo, é sempre objeto da obrigação acessória – art. 113, § 2º, do CTN. Por essas razões, a alternativa "A" é a correta.

Gabarito "A"

(Procurador da Fazenda Nacional – 2007.2 – ESAF) Responda às perguntas abaixo, com um Sim ou um Não e em seguida selecione, entre as opções abaixo, a que contenha as respostas certas, na devida sequência. A definição do fato gerador da obrigação tributária pode ser estabelecida apenas por lei? A obrigação tributária principal pode ter por objeto exclusivamente penalidade pecuniária? Uma situação que, na forma da legislação aplicável, impõe a prática ou a abstenção de ato que não configure pagamento de tributo é denominada, no CTN, obrigação acessória?

(A) Sim, Não, Não

(B) Sim, Não, Sim

(C) Sim, Sim, Sim

(D) Não, Sim, Sim

(E) Não, Sim, Não

1ª: art. 114 do CTN; 2ª: art. 113, § 1º, do CTN; 3ª: art. 113, § 2º, do CTN.

Gabarito "C"

(Procurador da Fazenda Nacional – 2006 – ESAF) Considerando o tema "obrigação tributária" e as disposições do CTN, marque com (**V**) a assertiva verdadeira e com (**F**) a falsa, assinalando ao final a opção correspondente.

( ) O interditado pode ser sujeito passivo da obrigação tributária.

( ) A definição legal do fato gerador não pode ser verificada se for abstraída a validade jurídica dos atos praticados.

( ) A utilização de pauta fiscal pela administração tributária é uma forma de arbitramento da base de cálculo.

( ) A obrigação acessória nasce em razão da ocorrência de um fato gerador e independe de providência da autoridade fiscal para ser exigida.

(A) V, V, V, V

(B) F, V, F, F

(C) F, V, F, V

(D) V, F, V, V

(E) V, F, V, F

1: verdadeira, pois a capacidade civil é irrelevante para a capacidade tributária – art. 126, I, do CTN; **2:** falsa, pois a validade jurídica dos atos praticados é irrelevante para a definição do fato gerador tributário – art. 118, I, do CTN; **3:** assertiva verdadeira, conforme as normas específicas que costumam reger a matéria e o entendimento jurisprudencial; **4:** verdadeira, pois o sujeito passivo deve cumprir imediatamente as obrigações acessórias (emitir nota fiscal, escriturar livros fiscais) por força da legislação, em muitos casos independentemente de qualquer providência da autoridade fiscal – art. 115 do CTN.

Gabarito "D"

(Procurador do Estado/SE – FCC – 2005) A obrigação tributária principal, segundo dispõe o Código Tributário Nacional,

(A) pode ser afetada por circunstâncias que modificam o crédito tributário, sua extensão ou seus efeitos, ou as garantias ou os privilégios a ele atribuídos, ou que excluem sua exigibilidade.

(B) é um vínculo jurídico que nasce com o lançamento homologado pelo Estado.

(C) é um vinculo jurídico que nasce com a ocorrência do fato gerador e somente tem por objeto o pagamento, pelo contribuinte, de uma prestação, o tributo, ao Estado.

(D) compreende, além do tributo, a penalidade pecuniária.

(E) é um vínculo jurídico que nasce com o lançamento válido.

A: incorreta, pois as circunstâncias que modificam o crédito tributário, sua extensão ou seus efeitos, ou as garantias ou os privilégios a ele atribuídos, ou que excluem sua exigibilidade não afetam a obrigação tributária que lhe deu origem – art. 140 do CTN; **B** e **E:** incorretas, pois a obrigação tributária nasce imediatamente com o fato gerador correspondente, que é a situação necessária e suficiente para isso (não se exige mais nada) – arts. 113, § 1º, e 114 do CTN; **C:** incorreta, pois a obrigação principal pode ter como objeto não apenas o tributo, mas também a penalidade pecuniária – art. 113, § 1º, do CTN; **D:** correta, conforme o art. 113, § 1º, do CTN.

Gabarito "D"

(Procurador do Estado/SE – FCC – 2005) A obrigação tributária é principal e acessória, sendo que

(A) a obrigação principal surge com a ocorrência do fato gerador e este somente definido em norma infralegal.

(B) o crédito tributário não decorre da obrigação principal porque não possui a mesma natureza desta.

(C) pelo simples fato da sua inobservância, a obrigação acessória converte-se em obrigação principal relativamente a penalidade pecuniária.

(D) a obrigação principal sempre deverá ser cumprida (obrigatória), enquanto a obrigação acessória não precisa necessariamente ser cumprida pelo seu caráter puramente facultativo (acessório).

(E) a obrigação principal tem por objeto o pagamento de tributo ou penalidade pecuniária o que não significa que o crédito dela (obrigação) decorrente também será extinto.

A rigor, a obrigação tributária é principal *ou* acessória, nunca das duas ao mesmo tempo – art. 113, *caput*, do CTN. **A:** incorreta, pois o fato gerador da obrigação principal deve ser previsto em lei – art. 114 do CTN. Há debate apenas quanto à necessidade de lei para o fato gerador da obrigação acessória, já que o art. 115 do CTN refere-se apenas à legislação tributária (não à "lei"); **B:** incorreta, pois o crédito tributário decorre da obrigação principal e tem a mesma natureza desta – art. 139 do CTN; **C:** correta, pois reflete exatamente o disposto no art. 113, § 3º, do CTN; **D:** incorreta, pois qualquer obrigação exigível deve ser cumprida, pois implica dever do sujeito passivo à prestação, exigível pelo sujeito ativo nos termos da lei. O descumprimento da obrigação acessória pode implicar incidência de penalidade pecuniária, ou seja, o surgimento de uma obrigação principal – art. 113, § 3º, do CTN; **E:** incorreta, pois a extinção da obrigação implica extinção do crédito que eventualmente já tenha sido constituído.

Gabarito "C"

(ADVOGADO – CEF – 2010 – CESPE) Os tributos são a forma de o Estado moderno viabilizar os seus fins, que se objetivam por intermédio da obrigação tributária, que, precipuamente, irá determinar o atingimento das políticas públicas e, por isso, regem-se por normas específicas. Nesse sentido, assinale a opção correta com relação à obrigação tributária.

(A) A obrigação tributária principal surge com a ocorrência de fato gerador, tem por objeto o pagamento de tributo ou penalidade pecuniária e extingue-se juntamente com o crédito dela decorrente.

(B) Somente a lei pode estabelecer a majoração de tributos ou a sua redução.

(C) A obrigação acessória, ainda que pelo fato de sua inobservância, não se converte em obrigação principal, mesmo que em relação à penalidade pecuniária.

(D) O sujeito ativo da obrigação é a pessoa jurídica de direito público ou privado titular da competência para exigir o seu cumprimento; o sujeito passivo da obrigação é a pessoa obrigada ao pagamento do tributo ou pena pecuniária.

(E) Do emprego da analogia pode resultar a exigência de tributo; do emprego da equidade poderá resultar a dispensa do pagamento de tributo devido.

A: correta, nos termos do art. 113, § 1º, do CTN; **B:** incorreta. Com efeito, no Direito Tributário vige, em regra, o princípio da legalidade estrita, determinando que alterações relativas aos tributos sejam feitas unicamente por lei em sentido estrito. Ocorre que alguns tributos podem ser alterados por outras espécies de atos normativos (caso do Imposto de Importação, Imposto de Exportação, IPI e IOF – art. 153, § 1º, da CF) e a medida provisória também pode ser usada em matéria tributária (art. 62, § 2º, da CF); **C:** incorreta. A penalidade pecuniária é considerada obrigação tributária principal, mesmo quando decorrente do descumprimento de obrigação acessória (art. 113, § 3º, do CTN); **D:** incorreta. Sujeito ativo da obrigação tributária é sempre pessoa jurídica de direito público (art. 119 do CTN); **E:** incorreta. A utilização dos instrumentos de integração da legislação não podem acarretar os resultados previstos na alternativa (art. 108, §§ 1º e 2º, do CTN).

Gabarito "A"

(PROCURADOR – BANCO CENTRAL – 2009 – CESPE) Uma empresa contratou, em 1.º/8/2009, outra empresa para prestar determinado serviço. Se o contrato continha cláusula que o submetia a condição resolutiva, então o fato gerador da obrigação tributária do Imposto sobre Serviços (ISS) ocorre no momento

(A) atual.

(B) em que forem prestados os serviços.

(C) em que for emitida a nota fiscal.

(D) em que for implementada a condição resolutiva.

(E) em que for efetuado o pagamento.

Pendente condição resolutiva, considera-se ocorrido o fato gerador imediatamente, desde a data do ato, salvo disposição em contrário (art. 117, II, do CTN). A ocorrência do fato gerador é postergada para a data do implemento somente em caso de condição suspensiva.

Gabarito "B"

(ADVOGADO – PETROBRÁS – 2008 – CESGRANRIO) De acordo com o Código Tributário Nacional e o atual entendimento consolidado no âmbito do Superior Tribunal de Justiça, os diretores e gerentes de pessoas jurídicas de direito privado são pessoalmente responsáveis pelos créditos correspondentes a qualquer obrigação tributária,

(A) quando a sociedade houver sido extinta.

(B) quando houverem se retirado da sociedade.

(C) relativa a fato gerador ocorrido na época em que exerciam a gerência da sociedade.

(D) cuja Certidão de Dívida Ativa indique os seus nomes como corresponsáveis tributários.

(E) resultante de ato praticado com excesso de poderes ou infração de lei, contrato social ou estatuto da sociedade.

Nos termos do art. 135 do CTN, a responsabilidade dos diretores e gerentes das pessoas jurídicas de direito privado pelas obrigações tributárias será pessoal quanto aos atos praticados com excesso de poderes, infração da lei, do contrato ou do estatuto social.

Gabarito "E"

(ADVOGADO – PETROBRÁS DISTRIB. – 2008 – CESGRANRIO) Na hipótese de crédito tributário resultante de ato praticado com excesso de poderes por diretor de pessoa jurídica de direito privado,

(A) o diretor responde subsidiariamente.

(B) o diretor responde solidariamente com a empresa.

(C) o diretor responde pessoalmente.

(D) a responsabilidade da empresa é subsidiária.

(E) a responsabilidade é única e exclusivamente da empresa.

Nos termos do art. 135 do CTN, a responsabilidade dos diretores e gerentes das pessoas jurídicas de direito privado pelas obrigações tributárias será pessoal quanto aos atos praticados com excesso de poderes, infração da lei, do contrato ou do estatuto social.

Gabarito "C"

(ADVOGADO – EMBRAPA – 2005 – CESPE) Acerca de obrigação tributária, julgue os itens que se seguem.

(1) A obrigação tributária acessória não cumprida converte-se em obrigação principal no que se refere à penalidade pecuniária.

(2) Para que a pessoa física tenha capacidade tributária não pode estar sujeita a medidas que importem na privação de administrar diretamente os seus próprios bens ou negócios.

1: correta, nos termos do art. 113, § 3º, do CTN; **2:** incorreta. A capacidade tributária passiva independe da pessoa estar no pleno gozo de sua capacidade civil (art. 126. I, do CTN).

Gabarito 1C, 2E

(ADVOGADO – BNDES – 2001 – VUNESP) Quando o fato gerador da obrigação tributária é um negócio jurídico sob condição resolutiva, considera-se nascida a obrigação

(A) desde o momento em que o Fisco tiver conhecimento do negócio jurídico e efetuar o lançamento tributário.

(B) desde o momento em que o contribuinte ou responsável comunicam ao Fisco sobre a celebração do negócio jurídico.

(C) desde o momento do implemento da condição necessária.

(D) desde o momento da celebração do negócio jurídico, salvo disposição expressa avençada entre as partes negociantes.

(E) desde o momento da celebração do negócio, salvo disposição de lei em contrário.

Pendente condição resolutiva, considera-se ocorrido o fato gerador imediatamente, desde a data do ato, salvo disposição em contrário (art. 117, II, do CTN). A ocorrência do fato gerador é postergada para a data do implemento somente em caso de condição suspensiva.

Gabarito "E"

(ADVOGADO – ANCINE – 2005 – CESPE) A empresa Calça Faroeste Ltda., estabelecida no Distrito Federal, atua no ramo do comércio de confecções. Mensalmente ela tem que declarar ao fisco o valor total dos produtos vendidos e recolher o imposto devido em face dessas vendas. Considerando essa situação hipotética e as normas estabelecidas no Código Tributário Nacional (CTN), julgue os itens que se seguem.

(1) Declarar ao fisco o valor total dos produtos vendidos constitui obrigação tributária acessória da Calça Faroeste Ltda., sendo que a sua inobservância faz surgir a obrigação principal quanto ao pagamento da penalidade pecuniária.

(2) A ocorrência do fato gerador que faz surgir a obrigação da Calça Faroeste Ltda. de pagar o imposto devido se dá, tratando-se de situação jurídica, no momento em que se verifiquem as circunstâncias necessárias para a sua constituição, independentemente de estar ou não definitivamente constituída.

1: correta. Considera-se obrigação tributária acessória aquela que tem por objeto as prestações, positivas (fazer) ou negativas (não fazer), previstas no interesse da arrecadação ou fiscalização de tributos (art. 113, § 2º, do CTN). Porém, caso descumprida, fará surgir a obrigação de arcar com a penalidade pecuniária, que, por sua natureza econômica, é considerada obrigação principal (art. 113, § 3º, do CTN); **2:** incorreta. O imposto devido pela atividade da empresa Calça Faroeste Ltda. é o ICMS, cuja hipótese de incidência é uma situação de fato, não jurídica. Sendo assim, considera-se ocorrido o fato gerador desde o momento em que se verifiquem as circunstâncias materiais necessárias a que produza os efeitos que normalmente lhe são próprios (no caso, a transmissão da propriedade das mercadorias – art. 116, I, do CTN).

Gabarito 1C, 2E

(ADVOGADO – PETROBRÁS DISTRIB. – 2010 – CESGRANRIO) Com base na legislação da época, a alíquota do IPI para determinado produto, em 2006, era de 20%. Através de sucessivas alterações, tal alíquota passou para 15% em 2007, 5% em 2008 e 25% em 2009 e 2010. Em janeiro de 2010, a Receita Federal verificou que certa indústria, fabricante desse produto, não recolhera o IPI correspondente aos períodos de 2006, 2007, 2008 e 2009. Para fins de lançamento, o Fisco deve utilizar-se da alíquota de

(A) 5% para todos os períodos, com base no princípio da retroatividade da lei mais benigna aplicável ao contribuinte.

(B) 15% para todos os períodos.

(C) 15% para 2006 e 2007 e da alíquota de 5% para 2008 a 2010.

(D) 20% para todos os períodos.

(E) 20% para 2006, 15% para 2007, 5% para 2008 e 25% para 2009.

A alíquota devida é aquela vigente no momento da ocorrência do fato gerador, por força da aplicação do princípio *tempus regit actum,* consagrado no art. 144 do CTN.

Gabarito "E"

8. LANÇAMENTO E CRÉDITO TRIBUTÁRIO

(Procurador do Município/São José dos Campos-SP – 2012 – VUNESP) No lançamento por homologação, a lei fixa o prazo de 5 anos para que a Fazenda Pública se pronuncie acerca da atividade exercida pelo obrigado no sentido de antecipar o pagamento do tributo sem prévio exame da autoridade administrativa. Expirado tal prazo sem que a Fazenda Pública se tenha pronunciado, considera-se homologado o lançamento e definitivamente extinto o crédito, observadas as ressalvas legais. O termo inicial para contagem do prazo em questão é o da ocorrência do(a)

(A) pagamento.

(B) constituição do crédito.

(C) fato gerador.

(D) publicação da lei que estabelecer a hipótese de incidência.

(E) primeiro dia do exercício seguinte ao que ocorrer o pagamento.

O termo inicial para contagem do prazo quinquenal da homologação tácita é a data do fato gerador, nos termos do art. 150, § 4º, do CTN, razão pela qual a alternativa "C" é a correta.

Gabarito "C"

(Procurador do Município/Sorocaba-SP – 2012 – VUNESP) Assinale a assertiva correta no que respeita ao lançamento tributário.

(A) No lançamento por declaração, a retificação da declaração, por iniciativa do próprio declarante, quando vise a reduzir ou excluir tributo, só é admissível mediante comprovação do erro em que se funde, e após a revisão daquela.

(B) O lançamento regularmente notificado ao sujeito passivo só pode ser alterado em virtude de impugnação do sujeito passivo; de recurso de ofício ou de iniciativa de ofício da autoridade administrativa, nos casos previstos em lei.

(C) O lançamento reporta-se à data do fato gerador da obrigação e rege-se pela lei então vigente, mesmo que posteriormente modificada ou revogada, regra que se aplica também aos impostos lançados por períodos certos de tempo, ainda que a respectiva lei fixe expressamente a data em que o fato gerador se considera ocorrido.

(D) O lançamento por homologação é efetuado com base na declaração do sujeito passivo ou de terceiro, quando um ou outro, na forma da legislação tributária, presta à autoridade administrativa informações sobre a matéria de fato, indispensáveis à sua efetivação.

(E) O lançamento por homologação não admite homologação tácita por decurso de prazo.

A: incorreta, pois o art. 147, § 1º, do CTN refere-se à retificação da declaração antes de notificado o lançamento, sem referência à necessidade de ser posterior à "revisão daquela"; **B:** assertiva correta, pois reflete o disposto no art. 145 do CTN; **C:** incorreta, pois o art. 144, § 2º, do CTN prevê expressamente que não se aplica aos impostos lançados por períodos certos de tempo, desde que a respectiva lei fixe expressamente a data em que o fato gerador se considera ocorrido; incorreta, pois a assertiva descreve o lançamento por declaração – art. 147 do CTN; **E:** incorreta, pois há previsão expressa de homologação tácita pelo decurso de 5 anos contados do fato gerador, na forma do art. 150, § 4º, do CTN.

Gabarito "B"

(PROCURADOR DO ESTADO/MG – FUMARC – 2012) Assinale a alternativa que, nos termos do Código Tributário Nacional (Lei Federal nº 5.172/1966), NÃO corresponde à matéria reservada ao lançamento tributário:

(A) Identificar o sujeito passivo do crédito tributário;

(B) Estabelecer os critérios para a revisão de ofício pela autoridade administrativa do crédito tributário decorrente;

(C) Calcular o montante do tributo devido;

(D) Verificar a ocorrência do fato gerador da obrigação tributária correspondente;

(E) Aplicar, se for o caso, a penalidade cabível.

Nos termos do art. 142 do CTN, o lançamento é o procedimento administrativo tendente a verificar a ocorrência do fato gerador da obrigação correspondente, determinar a matéria tributável, calcular o montante do tributo devido, identificar o sujeito passivo e, sendo caso, propor a aplicação da penalidade cabível [atualmente, a penalidade é imediatamente aplicada, e não simplesmente proposta pela autoridade fiscal para seu superior]. Por essa razão, a alternativa "B" deve ser indicada, pois não há essa previsão no dispositivo legal.

Gabarito "B"

(Procurador do Estado/MT – FCC – 2011) Segundo jurisprudência pacífica do STJ, quando compete ao contribuinte o pagamento antecipado do tributo e este não o faz, mas cumpre com obrigação tributária acessória de entrega de declaração reconhecendo o débito fiscal,

(A) haverá lançamento de ofício, através da lavratura de Auto de Infração e Imposição de Multa, para constituir o crédito tributário respectivo.

(B) haverá lavratura de Auto de Infração e Imposição de Multa para constituir crédito tributário referente ao tributo e à multa por descumprimento da obrigação tributária principal.

(C) o prazo decadencial de cinco anos passará a ser contado a partir da entrega da declaração para a constituição do crédito tributário decorrente da obrigação tributária principal para o Fisco constituir o crédito tributário.

(D) o prazo prescricional de cinco anos passará a ser contado a partir da entrega da declaração para a constituição do crédito tributário decorrente da obrigação tributária principal para o Fisco constituir o crédito tributário.

(E) haverá constituição do crédito tributário, dispensada qualquer outra providência por parte do Fisco.

Nos termos da Súmula 436/STJ, a entrega de declaração pelo contribuinte reconhecendo débito fiscal constitui o crédito tributário, dispensada qualquer outra providência por parte do fisco. Por essa razão, a alternativa "E" é a correta.

Gabarito "E"

(Procurador do Estado/MT – FCC – 2011) Dispõe o art. 144, do CTN que "o lançamento reporta-se à data da ocorrência do fato gerador da obrigação e rege-se pela lei então vigente, ainda que posteriormente modificada ou revogada". Esta regra legal encontra fundamento de validade no princípio constitucional da

(A) irretroatividade da lei tributária.

(B) anterioridade anual.

(C) anterioridade nonagesimal.

(D) legalidade.

(E) vedação ao confisco.

A aplicação da lei vigente ao tempo do fato gerador relaciona-se com a impossibilidade de retroatividade da norma, ou seja, com o princípio da irretroatividade – art. 150, III, *a*, da CF. Por essa razão, a alternativa "A" é a correta.

Gabarito "A"

(Procurador do Estado/PR – UEL-COPS – 2011) Dentre as alternativas abaixo, aponte aquela que estiver correta:

(A) o lançamento reporta-se à data da ocorrência do fato gerador da obrigação tributária e, também, rege-se pela lei então vigente, ainda que posteriormente modificada ou revogada;

(B) dependendo da natureza do fato gerador, a atividade administrativa de lançamento pode ser classificada em vinculada ou discricionária, não resultando, nesta segunda hipótese, em possível pena de responsabilidade funcional;

(C) o lançamento por arbitramento, que ocorre quanto aos tributos cuja legislação atribua ao sujeito passivo o dever de antecipar o pagamento sem prévio exame da autoridade administrativa, opera-se pelo ato em que a referida autoridade, tomando conhecimento da atividade assim exercida pelo obrigado, se manifesta expressamente pela sua concordância ou não pelo crédito tributário lançado;

(D) o lançamento é efetuado e revisto de ofício pela autoridade administrativa em qualquer hipótese;

(E) o lançamento por homologação é efetuado com base nas informações do sujeito passivo ou de terceiro, quando um ou outro, na forma da legislação tributária, apresenta à autoridade administrativa, dados e elementos sobre matéria de fato, indispensáveis à sua efetivação.

A: essa é a assertiva correta, nos termos do art. 144, *caput*, do CTN, lembrando que há exceções no seu § 1º; **B:** incorreta, pois o lançamento é atividade administrativa vinculada, inexistindo margem para juízo de conveniência e oportunidade, sob pena de responsabilidade funcional – art. 142, parágrafo único, do CTN; **C:** incorreta, pois a assertiva descreve o lançamento por homologação, até porque o arbitramento não é considerado modalidade específica de lançamento pelo CTN – art. 150 do CTN; **D:** incorreta, pois o lançamento é efetuado e revisto pela autoridade fiscal nas hipóteses listadas nos arts. 145 e 149 do CTN; **E:** incorreta, pois a assertiva descreve o lançamento por declaração – art. 148 do CTN.

Gabarito "A"

(Procurador do Estado/RO – 2011 – FCC) Empresa NEW CO ingressou com Mandado de Segurança preventivo, versando sobre ICMS, com o objetivo de assegurar a não incidência do referido tributo em suas operações. Na petição inicial requereu a concessão de medida liminar com o objetivo de suspender a exigibilidade do crédito tributário, a qual foi deferida. Com isso, a empresa não vem promovendo nenhum recolhimento ou depósito judicial. Diante desse cenário, a fiscalização fazendária estadual

(A) estará impedida de lavrar auto de infração para constituir o crédito tributário em razão da medida liminar deferida.

(B) não estará impedida de lavrar auto de infração, que terá apenas o condão de promover o lançamento do tributo questionado judicialmente.

(C) estará impedida de lavrar auto de infração, uma vez que o processo não transitou em julgado.

(D) não estará impedida de lavrar o auto, podendo, inclusive, promover a execução total do crédito tributário, até a sua efetiva satisfação.

(E) poderá apenas notificar a empresa, requerendo que declare os valores discutidos em juízo.

A e **C:** Incorretas, pois a liminar suspenderá a exigibilidade do crédito a partir da sua constituição, ou seja, após o lançamento, que deve ser realizado pelo fisco sob pena de decadência – ver REsp 1.129.450/SP. Perceba-se que o prazo decadencial para constituição do crédito não se interrompe, nem se suspende por conta da liminar – art. 173 do CTN; **B:** Assertiva correta, conforme comentário anterior; **D:** Incorreta, pois, embora o lançamento possa ser realizado, o crédito constituído será inexigível, por conta da liminar, sendo inviável a execução; **E:** Incorreta, pois a liminar não impede o lançamento. É interessante notar, entretanto, que se houver declaração dos valores pelo contribuinte, o lançamento é desnecessário – Súmula 436/STJ. O mesmo ocorre em caso de depósito judicial do valor discutido, que também torna desnecessário o lançamento correspondente, conforme entendimento jurisprudencial – ver EREsp 686.479/RJ-STJ.

Gabarito "B"

(Procurador do Estado/RO – 2011 – FCC) Em 15/08/2008 a empresa "ASSEM TOS" realizou a venda de 300 cadeiras executivas, sendo que não declarou tal operação à Fazenda Estadual e tampouco promoveu o recolhimento do ICMS sobre a referida operação. Em 23/10/2009 teve início fiscalização tributária estadual na empresa, sendo que em 25/03/2010 foi lavrado o auto de infração, promovendo o lançamento sobre a mencionada operação. Em análise à legislação tributária, constata-se que a alíquota de ICMS incidente sobre tais operações sofreu variações, sendo de 12% para o ano de 2008, 17% para o ano de 2009 e 7% para o ano de 2010. Com base em tais informações, a imposição tributária deve se dar com a aplicação da alíquota de

(A) 12%, adotando-se por base a data do fato gerador.

(B) 17%, considerando a data do início de fiscalização, após a qual não se admite a denúncia espontânea.

(C) 7%, uma vez que o efetivo lançamento tributário ocorreu em 2010, com o auto de infração.

(D) 17%, uma vez que a sonegação praticada pelo contribuinte impõe a adoção da alíquota mais elevada.

(E) 7% em função do princípio da retroatividade benéfica em matéria tributária.

A alíquota do tributo será sempre aquela vigente à época do fato gerador, ou seja, 12% - art. 144, *caput*, do CTN. Por essa razão, a alternativa "A" é a correta. Perceba que somente a lei relativa à penalidade pecuniária (= multa) é que retroage, desde que seja mais benéfica ao infrator (= retroatividade da *lex mitior*) – art. 106, II, do CTN.

Gabarito "A"

(Procurador do Estado/GO – 2010) De acordo com as regras do Código Tributário Nacional acerca do lançamento tributário, é CORRETO afirmar:

(A) Ao lançamento aplica-se a legislação que, posteriormente à ocorrência do fato gerador da obrigação, tenha outorgado ao crédito da Fazenda Pública maiores garantias e privilégios, inclusive, neste caso, para o efeito de atribuir responsabilidade tributária a terceiros.

(B) Comprovado que o sujeito passivo, ou terceiro legalmente obrigado, agiu com dolo, fraude ou simulação, poderá ser iniciada a revisão de ofício do lançamento, embora extinto o direito da Fazenda Pública.

(C) A mudança de critério jurídico adotado pelo Fisco não autoriza a revisão de lançamento.

(D) Proceder-se-á ao arbitramento da base de cálculo do tributo sempre que sejam omissos ou não mereçam fé as declarações ou os esclarecimentos prestados pelo sujeito passivo ou terceiro legalmente obrigado, caso em que o Fisco utilizar-se-á de pauta fiscal de valores, sem instauração de processo administrativo.

(E) Será sempre de cinco anos, a contar da ocorrência do fato gerador, o prazo para a homologação do pagamento antecipado a que se refere o art. 150 do CTN.

A: incorreta, pois no caso de atribuição de responsabilidade tributária há efetiva criação de nova obrigação em relação a fato pretérito, o que é inviável, conforme explicitamente previsto no art. 144, § 1º, *in fine*, do CTN; **B:** incorreta, pois a revisão do lançamento somente pode ser iniciada antes do término do prazo decadencial - art. 149, parágrafo único, do CTN; **C:** assertiva correta, pois essa vedação é expressamente prevista no art. 146 do CTN - ver também a Súmula 227/TFR; **D:** incorreta, pois qualquer arbitramento, ainda que por meio de pauta fiscal, exige a instauração de processo administrativo, com garantida de ampla defesa e contraditório - art. 148 do CTN, à luz do art. 5º, LV, da CF; **E:** imprecisa, pois o art. 150, § 4º, do CTN refere-se ao prazo de cinco anos para a homologação, "se a lei não fixar prazo". Ocorre que a possibilidade de a matéria ser regulada por lei ordinária é discutível, por conta da reserva de lei complementar federal para tratar de lançamento tributário - art. 146, III, *b*, da CF.

Gabarito "C"

(Advogado da União/AGU – CESPE – 2009) Com base no Direito Tributário, julgue o item que se segue.

(1) Se, na importação de produtos eletrônicos originados da Coreia, determinada pessoa jurídica brasileira pagou US$ 10.000,00, o preço pago pelos produtos deverá ser convertido em moeda nacional ao câmbio do dia do lançamento, para fins de apuração do valor do imposto de importação devido.

1: assertiva incorreta, pois o câmbio a ser considerado é aquele da data do fato gerador – art. 143 do CTN.

Gabarito 1E

Fiscais da fazenda estadual compareceram à sede de uma distribuidora de gêneros alimentícios, onde lavraram termo de início de fiscalização, arrecadaram documentos que estavam espalhados no departamento de contabilidade e notificaram o sócio-gerente para apresentar os livros e os documentos fiscais da empresa. Ao examinar a documentação encontrada na empresa, os auditores constataram a existência de livros com a descrição de vendas à vista, vendas a prazo, vendas por cheque e vendas por cartão de crédito, seguida da discriminação de datas e de números semelhantes a valores monetários.

A empresa mostrou os livros de registro de entrada e saída de mercadoria e de apuração do ICMS. No entanto, ao verificar que os valores lançados nos livros fiscais diferenciavam-se dos encontrados nos livros arrecadados, os fiscais notificaram a sociedade comercial para apresentar seus livros diário e razão analítico, pedido que não foi atendido. Em razão disso, os fiscais lavraram termo de verificação e responsabilidade tributária apontando atos ilícitos de responsabilidade dos sócios, dando-lhes de tudo ciência, e auto de infração pela diferença do ICMS, acrescida de multa por sonegação fiscal e correção monetária, notificando a sociedade comercial e indicando-a como devedora do tributo para apresentar defesa, ou pagar o valor apurado. O fisco verificou os documentos dos últimos cinco anos da empresa, demorando cinco meses para lavrar o auto de infração e dois meses para notificar a empresa, que apresentou defesa administrativa, cujo procedimento encerrou-se passados seis anos da defesa apresentada. O executivo fiscal foi ajuizado quatro anos após o julgamento definitivo na esfera administrativa. Findo o procedimento fiscal, os sócios alienaram o fundo de comércio e alugaram o imóvel a terceiro, que constituiu nova empresa no mesmo ramo de comércio anteriormente desenvolvido no local.

(Procurador do Estado/PE – CESPE – 2009) A respeito da situação hipotética descrita no texto, assinale a opção correta.

(A) A lavratura do auto de infração dá início ao lançamento fiscal, impedindo o transcurso do prazo de decadência.

(B) Por tratar-se de tributo apurado como sonegação fiscal, o valor não será objeto de revisão.

(C) O lançamento fiscal foi realizado por arbitramento.

(D) A notificação da sociedade comercial do auto de infração constitui condição de eficácia do lançamento fiscal, pressuposto de validade e exigibilidade do crédito tributário.

(E) O lançamento feito pela empresa (por homologação) e não recolhido no prazo estipulado deve integrar o cálculo do tributo devido no auto de infração, sem o qual não é possível sua cobrança por meio de executivo fiscal.

A: incorreta, pois a lavratura do auto de infração, com a regular notificação do contribuinte, constitui o crédito tributário (é o lançamento). A partir dele, não há falar em prazo decadencial para lançar, mas apenas prescricional para cobrar; **B:** incorreta, pois qualquer lançamento pode ser objeto de revisão pelo fisco, observado o disposto no art. 145 do CTN; **C:** incorreta, pois o lançamento foi realizado de ofício pela autoridade fiscal, embora tenha arbitrado o valor devido. Lembre-se de que há apenas três modalidades de lançamento tributário (declaração, ofício e homologação); **D:** assertiva correta, pois somente com a notificação do sujeito passivo é que se conclui o lançamento; **E:** incorreta, pois o lançamento de ofício independe dos atos da empresa.

Gabarito "D"

(Procurador do Estado/PE – CESPE – 2009) Considerando a situação hipotética descrita no texto, assinale a opção correta.

(A) O tempo que decorreu entre a notificação do auto de infração e a decisão final da impugnação corre contra o contribuinte, que responderá pelo débito originário acrescido de juros e correção monetária caso seja mantida a exigência.

(B) Com o tempo transcorrido entre a lavratura do auto de infração e a constituição definitiva do crédito tributário, ocorreu a perempção do direito de constituir definitivamente o débito tributário.

(C) A lavratura do termo de início da fiscalização interrompeu o curso do prazo prescricional.

(D) Uma vez proposta a execução fiscal, e tendo sido determinada a citação do executado, o prazo decadencial foi interrompido.

(E) O crédito tributário já existe a partir da lavratura do auto de infração, não cabendo discussão sobre perda de direito da fazenda pública.

A: a assertiva é correta, pois o crédito tributário é corrigido e acrescido de juros até a data do efetivo recolhimento – art. 161 do CTN; **B:** com a notificação do lançamento o crédito já está constituído. Há entendimento no sentido de que a constituição definitiva se dá apenas após o prazo para recurso administrativo ou com a decisão definitiva no processo correspondente. Outros entendem que o crédito já estava constituído definitivamente e apenas teve sua exigibilidade suspensa durante o processo administrativo. Qualquer que seja a linha doutrinária adotada, o resultado prático é o mesmo (não corre prazo prescricional durante o processo administrativo), e não há falar em perempção; **C:** incorreta, até porque no momento da lavratura do termo de início de fiscalização o crédito ainda não estava constituído e, portanto, não corria prazo prescricional para cobrança, mas sim decadencial para o lançamento; **D:** incorreta, pois se a execução existe, é porque já houve constituição do crédito tributário e, portanto, não há falar em prazo decadencial para lançar. O que existe, após a constituição do crédito, é prazo prescricional para a cobrança; **E:** incorreta, pois, mesmo após o lançamento (que se conclui com a notificação da autuação) é possível a extinção do direito da fazenda por decurso de prazo, ou seja, pode ocorrer prescrição do direito de cobrar o crédito.

Gabarito "A"

(Procurador do Estado/CE – 2008 – CESPE) Um contribuinte, tendo de prestar declarações à autoridade administrativa tributária, o fez desobedecendo ao prazo e à forma previstos na legislação vigente. Considerando essa situação hipotética, assinale a opção correta acerca da modalidade de lançamento desse ato do referido contribuinte.

(A) O contribuinte estará sujeito ao lançamento por homologação.

(B) Deverá ser realizado o autolançamento.

(C) Essa é a única situação em que o lançamento é efetuado e revisto de ofício pela autoridade administrativa.

(D) A administração deve utilizar o lançamento misto ou por declaração.

(E) A hipótese levantada é a de lançamento direto ou de ofício.

A ausência de declaração exigida ou vício em sua apresentação dão ensejo ao lançamento de ofício previsto no art. 149, II e III, do CTN.

Gabarito "E"

(Procurador do Estado/PI – 2008 – CESPE) Assinale a opção correta acerca de crédito tributário.

(A) As circunstâncias que modificam o crédito tributário, sua extensão ou seus efeitos afetam a obrigação tributária que lhe deu origem.

(B) As circunstâncias que modificam o crédito tributário, sua extensão ou seus efeitos ou as garantias ou os privilégios a eles atribuídos, ou que excluem a sua exigibilidade, podem afetar o seu lançamento, mas não, a obrigação que lhe deu origem.

(C) As circunstâncias que modificam o crédito tributário, sua extensão ou seus efeitos ou as garantias ou os privilégios a eles atribuídos, ou que excluem a sua exigibilidade, não afetam o lançamento que lhe deu origem, apenas a obrigação.

(D) As circunstâncias que modificam o crédito tributário, sua extensão ou seus efeitos podem modificar a obrigação tributária apenas no que diz respeito aos seus elementos principais.

(E) A autoridade administrativa não pode, mesmo amparada na lei, extinguir o crédito tributário devidamente constituído.

A, C e **D:** nos termos do CTN, a obrigação surge com o fato gerador (art. 114 do CTN) e não é afetada pelo lançamento ou por fatos que modifiquem o crédito – art. 140 do CTN; **B:** as modificações do crédito podem afetar o lançamento; **E:** o crédito pode ser extinto por qualquer das modalidades previstas no art. 156 do CTN, o que inclui a decisão administrativa (inciso IX) proferida em recurso do contribuinte ou em revisão de ofício (art. 145 do CTN).

Gabarito "B"

(Procurador do Estado/PI – 2008 – CESPE) Assinale a opção correta em relação a lançamento.

(A) O lançamento regularmente notificado ao sujeito passivo não pode ser modificado.

(B) O lançamento por homologação deve ser feito no prazo de cinco anos, a contar do primeiro ano seguinte ao fato.

(C) O lançamento é regido pela lei vigente à data da ocorrência do fato gerador, desde que ela não seja revogada posteriormente.

(D) O lançamento é o ato que dá origem à obrigação tributária.

(E) O lançamento pode ser alterado por impugnação do sujeito passivo.

A: o lançamento notificado pode ser alterado nos casos do art. 145 do CTN; a homologação tácita ocorre após cinco anos a contar **do fato gerador** – art. 150, § 4º, do CTN; **C:** o lançamento é sempre regido pela lei vigente à época do fato gerador – art. 144 do CTN; **D:** a obrigação surge com o fato gerador (art. 114 do CTN) e o lançamento constitui o crédito (art. 142 do CTN); **E:** é possível – art. 145, I, do CTN.

Gabarito "E"

(Procurador do Município/Recife-PE – 2008 – FCC) Se o sujeito passivo tem que prestar declaração com informações sobre matéria de fato, indispensáveis à sua efetivação, para só então o Fisco proceder ao lançamento, notificando o sujeito passivo, está-se diante da modalidade de lançamento

(A) por homologação.

(B) por autolançamento.

(C) por declaração.

(D) direto.

(E) de ofício.

A assertiva refere-se ao lançamento por declaração, como descrito no art. 148 do CTN, razão pela qual a alternativa "C" é a correta.

Gabarito "C"

(Procurador da Fazenda Nacional – 2007.2 – ESAF) Verifique a veracidade dos assertos abaixo e, em seguida, marque com V as proposições verdadeiras, e com F as falsas. Em seguida, marque a opção que contenha, na mesma sequência, a resposta correta.

( ) Salvo disposição de lei em contrário, quando o valor tributário esteja expresso em moeda estrangeira, no lançamento do imposto de exportação far-se-á sua conversão em moeda nacional ao câmbio do dia da expedição da fatura pelo exportador.

( ) O lançamento leva em consideração a legislação vigente na data em que lavrado pela autoridade competente, e rege-se pela lei então vigente, ainda que posteriormente modificada ou revogada.

( ) A modificação introduzida, de ofício ou em consequência de decisão administrativa ou judicial, nos critérios jurídicos adotados pela autoridade administrativa no exercício do lançamento somente pode ser efetivada, em relação a um mesmo sujeito passivo, quanto a fato gerador ocorrido posteriormente à sua introdução.

(A) F, F, V

(B) V, F, V

(C) V, V, F

(D) V, V, V

(E) F, F, F

1ª: art. 143 do CTN – observa-se a data do fato gerador; 2ª: art. 144 do CTN – o lançamento submete-se à legislação vigente à época do fato gerador; 3ª: a assertiva é verdadeira – veda-se a aplicação a fatos pretéritos (art. 146 do CTN).

Gabarito "A"

(Procurador do Estado/PR – 2007) Quanto à Constituição do crédito tributário não é correto afirmar que: ALTERNATIVAS:

(A) O crédito tributário somente pode ser constituído pelo Lançamento.

(B) O Lançamento tributário constitui um dever da Administração enquanto que o pagamento do tributo constitui um dever do contribuinte.

(C) No Lançamento por Homologação o contribuinte é incumbido da apuração do fato imponível, da quantificação do valor tributo devido, de seu pagamento e da informação ao Estado de seu procedimento para concordância deste.

(D) No Lançamento de Ofício o prazo decadencial é contado a partir do primeiro dia do exercício seguinte ao da ocorrência do fato.

(E) A notificação ao contribuinte, do Lançamento, somente é exigida no Lançamento de Ofício.

A: o crédito é constituído pelo lançamento – art. 142 do CTN; **B:** a assertiva é correta; **C:** art. 150 do CTN; **D:** art. 173, I, do CTN – a rigor, o termo inicial é, em regra, o primeiro dia do exercício seguinte àquele em que o lançamento poderia ter sido efetuado (normalmente é o do fato gerador, mas nem sempre); **E:** esta é a melhor alternativa, pois o lançamento por declaração (assim como o de ofício) não prescinde de notificação.

Gabarito "E"

(Procurador do Estado/PR – 2007) Quanto ao Lançamento é correto afirmar que: ALTERNATIVAS:

(A) Não poderá ocorrer alteração ou revisão do Lançamento, nem quando se comprove falsidade, erro ou omissão quanto a qualquer elemento definido na legislação tributária como sendo de declaração obrigatória.

(B) Quando o Auto de Infração é expedido unicamente para impor o pagamento de uma multa pelo descumprimento de dever instrumental, não contém o ato do Lançamento, porque este pressupõe cobrança do tributo, além da multa moratória.

(C) Auto de Infração e Lançamento são atos únicos e não há entre eles nenhuma diferença.

(D) Somente no Auto de Infração é exigida a notificação do contribuinte, no Lançamento de Ofício a notificação é dispensável.

(E) Não se aplicam, no Lançamento, os princípios da ampla defesa e do contraditório, ou do devido processo legal.

A: a alteração ou a revisão é possível – art. 149, IV, do CTN; **B:** é comum as legislações locais adotarem o termo "lançamento" (auto de lançamento) para o tributo e "autuação" (auto de infração) para a penalidade, o que torna a assertiva, nesse contexto, correta. É importante salientar, entretanto, que o CTN não faz essa distinção, referindo-se apenas ao lançamento tributário, que constitui o crédito, que, por sua vez, tem por objeto o tributo e a penalidade pecuniária; **C:** auto de infração é o documento que materializa a autuação fiscal (lançamento de ofício feito por conta de omissão, erro ou dolo do contribuinte). Lançamento é o procedimento, que é documentado no instrumento respectivo (auto). Ou seja, o documento (auto) não se confunde com o procedimento (autuação ou lançamento); **D:** a notificação é requisito essencial de qualquer lançamento efetuado pelo fisco; **E:** o STJ tem adotado o entendimento de que o lançamento somente se conclui (torna-se definitivo) ao final do procedimento administrativo eventualmente instaurado. Por essa lógica, cabe falar em ampla defesa e contraditório durante esse procedimento, nos termos do art. 5º, LV, da CF.

Gabarito "B"

(Procurador do Estado/SP – VUNESP – 2005) Sobre o lançamento, pode-se afirmar que

(A) a dispensa de créditos, ou de suas garantias e privilégios, referida no art. 141 do CTN, é relacionada apenas àqueles formalizados por lançamento de oficio, em obediência ao princípio da indisponibilidade do interesse público.

(B) a competência para alterar o ato administrativo de lançamento, conforme estipulada no art. 149 do CTN, implica não só a possibilidade de sua modificação como de sua anulação.

(C) o lançamento regularmente constituído desfruta das prerrogativas de presunção de legitimidade, exigibilidade, imperatividade e executoriedade.

(D) liminar concedida em mandado de segurança impetrado contra ato jurídico administrativo de lançamento tributário impede o prosseguimento da execução fiscal, mas não o seu ajuizamento.

(E) como decorrência do princípio da inafastabilidade do controle judicial, decisões finais proferidas por órgãos administrativos, contrárias à Fazenda Pública, são passíveis de revisão pelo Judiciário, excetuando-se a hipótese em que se discutiu a constitucionalidade da lei na qual se fundamentou o lançamento.

A: incorreta, pois a autoridade fiscal não pode dispensar créditos, garantias ou privilégios, por conta da indisponibilidade do interesse público, exceto nos casos de modificação, extinção, suspensão ou exclusão do crédito tributário previstos no próprio CTN – art. 141 do CTN; **B:** correta, pois a administração pode anular (ou declarar a nulidade) de seus próprios atos em caso de ilegalidade, nos termos da Súmula 346/STF, o que se aplica ao lançamento tributário; **C:** incorreta,pois a execução judicial do crédito depende da inscrição em dívida ativa e emissão da respectiva certidão (que é o título executivo extrajudicial) – art. 204 do CTN e art. 585, VII, do CPC; **D:** incorreta, pois a suspensão da exigibilidade do crédito tributário decorrente da liminar afasta a possibilidade de ajuizamento da execução fiscal; **E:** incorreta, pois o entendimento majoritário é no sentido de que o poder público não tem interesse jurídico em recorre ao Judiciário caso tenha julgado o processo administrativo em favor do sujeito passivo (lembre-se que o processo administrativo é julgado por órgão dentro da estrutura do próprio Executivo). A exceção para alguns, ou seja, a possibilidade de ação judicial em caso de decisão desfavorável ao fisco, seria exatamente no caso de o órgão administrativo ter afastado norma por suposta inconstitucionalidade.

Gabarito "B"

(Procurador da Fazenda Nacional – 2004 – ESAF) Consideradas as disposições do Código Tributário Nacional, é correto afirmar que é lícito à autoridade administrativa rever de ofício o lançamento já procedido

(A) somente no caso de lançamento anterior por homologação.

(B) no caso de qualquer lançamento anterior, exceto o de ofício.

(C) no caso de qualquer lançamento anterior, inclusive o de ofício.

(D) somente no caso de lançamento anterior com base na declaração do sujeito passivo.

(E) somente no caso de lançamento anterior relativo à empresa concordatária.

A possibilidade de revisão de lançamento pela autoridade fiscal, nas hipóteses dos arts. 145 e 149 do CTN, aplicam-se a todos, independentemente da modalidade (ofício, declaração ou homologação). Ou seja, ainda que o lançamento tenha sido realizado por declaração ou por homologação, a autoridade fiscal pode revê-lo de ofício, desde que dentro do prazo decadencial. Por essa razão, a alternativa "C" é a correta.

Gabarito "C"

(ADVOGADO – PETROBRÁS – 2012 – CESGRANRIO) Na hipótese de lançamento tributário, quando se opera pelo ato em que a autoridade administrativa fiscal competente, tomando conhecimento da atividade assim exercida pelo obrigado, expressa ou tacitamente homologa o recolhimento de tributos, cuja legislação atribua ao sujeito passivo o dever de antecipar o pagamento, não há necessidade de prévia anuência do Fisco. Nesse caso, a modalidade de lançamento tributário configura- se como

(A) direto

(B) por declaração

(C) por arbitramento

(D) por homologação

(E) por autolançamento

Trata-se do conceito de lançamento por homologação, previsto no art. 150 do CTN. A questão merece críticas ao incluir como alternativa o termo "autolançamento", porque, apesar de não concordarmos com seu uso (e, portanto, considerar correta realmente a alternativa "D"), ele é utilizado como sinônimo de lançamento por homologação por boa parte da doutrina.

Gabarito "D"

(ADVOGADO – ELETROBRÁS – 2006 – NCE/UFRJ) Sobre o lançamento tributário, analise as afirmativas a seguir:

De acordo com o Código Tributário Nacional, a atividade administrativa de lançamento é vinculada e obrigatória.

Como regra, o lançamento reporta-se à data de ocorrência do fato gerador e rege-se pela lei então vigente, ainda que posteriormente revogada ou modificada.

A Administração Pública, de forma discricionária, poderá promover alterações no lançamento.

São verdadeiras somente as afirmativas:

(A) I e II;

(B) I e III;

(C) II e III;

(D) I, II e III;

(E) nenhuma.

I: correta, nos termos do art. 142, parágrafo único, do CTN; **II:** correta, nos termos do art. 144 do CTN; **III:** incorreta. Alterações no lançamento são permitidas apenas nas hipóteses previstas nos arts. 145 e 146 do CTN, não se qualificando como competência discricionária da Administração.

Gabarito "A"

9. SUJEIÇÃO PASSIVA, CAPACIDADE E DOMICÍLIO

(Procurador Distrital – 2014 – CESPE) Paulo e Jorge, residentes em Goiânia – GO e sem endereço fixo no DF, iniciaram um negócio de vendas de veículos em uma sala no DF para moradores tanto do DF quanto de outros estados, sendo as operações comerciais todas feitas a pedido de clientes que deixavam seus veículos para venda. Após denúncia, o fisco do DF constatou que as operações de venda dos veículos estavam sendo feitas sem o pagamento do respectivo tributo e que não havia inscrição no cadastro fiscal de qualquer sociedade empresária para a realização de tais operações.

Considerando a situação hipotética acima apresentada, julgue os seguintes itens.

(1) O domicílio tributário de Paulo e Jorge será em Goiânia – GO, uma vez que eles não possuem residência no DF.

(2) A espécie de tributo gerado em função da operação, inclusive da venda de veículos para pessoas de fora do DF, é o ICMS, dada a existência efetiva de circulação de mercadorias.

(3) Entre Paulo e Jorge haverá solidariedade que não comporta o benefício de ordem, podendo qualquer deles ser cobrado pelo valor integral do tributo, em função de se tratar de interesse comum na situação que constitua o fato gerador.

(4) Paulo e Jorge são responsáveis tributários em razão da infração, visto que eles não podem ser considerados contribuintes ou sujeitos passivos diretos.

1: incorreta, pois, nesse caso, considera-se domicílio o lugar da situação dos bens ou da ocorrência dos atos ou fatos que deram origem à obrigação, ou seja, no DF – art. 127, § 1º, do CTN; **2:** correta – art. 155, II, da CF/1988. Há também incidência de tributos decorrentes da renda auferida, do faturamento e do lucro (IR, CSLL, COFINS); **3:** correta (art. 124, I, e parágrafo único do CTN); **4:** incorreta, pois ambos têm relação pessoal e direta com o fato gerador (venda dos veículos), de modo que são contribuintes – art. 121, parágrafo único, I, do CTN.

Gabarito 1E, 2C, 3C, 4E

(Procurador do Estado/BA – 2014 – CESPE) Suponha que determinado empresário tenha adquirido o imóvel de um estabelecimento comercial completamente vazio e tenha dado continuidade à exploração, sob outra razão social, do mesmo ramo do comércio, e que os alienantes tenham prosseguido na exploração da atividade a partir do quinto mês após a alienação. Considerando essa situação hipotética e aspectos gerais da sucessão empresarial, julgue os itens que se seguem.

(1) Os créditos ainda não constituídos até a data do ato da sucessão empresarial, ainda que se refiram a obrigações tributárias surgidas até aquela data, não podem ser imputados aos adquirentes.

(2) O alienante deixa de ser responsável pelos tributos devidos até a data do ato de sucessão empresarial, passando a responsabilidade a ser integral do adquirente.

(3) O adquirente responde solidariamente pelos tributos devidos até a data do ato de sucessão empresarial.

(4) O alienante continua responsável pelos tributos devidos até a data do ato de sucessão empresarial, podendo a dívida integral ser cobrada do adquirente, observando-se o benefício de ordem.

(5) A sucessão empresarial é uma forma de responsabilidade tributária por transferência, haja vista que a obrigação tributária nasce com o contribuinte, mas é transferida ao responsável.

(6) No caso do tributo de ICMS, a substituição tributária para trás corresponde a uma espécie de responsabilidade de terceiros por transferência.

Ao continuar a exploração da mesma atividade, o adquirente do estabelecimento torna-se responsável pelos tributos deixados pelo antigo contribuinte (quem explorava o estabelecimento antes). A responsabilidade do adquirente, no caso, é subsidiária, pois o alienante prosseguiu na exploração no período de 6 meses contados da alienação – art. 133, caput e II, do CTN. **1:** incorreta, conforme comentário inicial; **2:** incorreta, conforme comentário inicial; **3:** incorreta, pois a responsabilidade é subsidiária, conforme comentário inicial; **4:** correta, pois a responsabilidade do adquirente é subsidiária, ou seja, há benefício de ordem, devendo ser cobrado primeiro o alienante; **5:** correta. Há essa distinção entre responsabilidade por substituição e responsabilidade por transferência. Na responsabilidade por substituição, a obrigação já surge em relação ao responsável, pois a lei exclui a figura do contribuinte (caso da substituição "para frente", da substituição "para trás" e da retenção na fonte). Na responsabilidade por transferência, a obrigação tributária surge em relação ao contribuinte, mas, por conta de evento posterior ao fato gerador, outra pessoa passa a ocupar o polo passivo (basicamente, os casos previstos no CTN são de transferência); 6: incorreta, pois, como o nome diz, trata-se de responsabilidade por substituição.

Gabarito 1E, 2E, 3E, 4C, 5C, 6E

(Procurador Federal – 2013 – CESPE) Julgue o seguinte item.

(1) Caso uma criança com seis anos de idade receba por doação de seu avô a propriedade de um imóvel, a responsabilidade do pai ao omitir-se de pagar o IPTU referente a esse imóvel será solidária com a criança.

Incorreta, pois a responsabilidade do pai por simples omissão é subsidiária. Embora o termo utilizado pelo art. 134 do CTN seja "solidariamente", o pai responde apenas "nos casos de impossibilidade de exigência do cumprimento da obrigação principal pelo contribuinte" (= subsidiariamente).

Gabarito 1C

(Procurador Federal – 2013 – CESPE) Julgue o seguinte item.

(1) O fato de determinado diretor de uma empresa, mediante infração ao respectivo contrato social, praticar atos que configurem fato gerador de certo imposto torna esse diretor devedor solidário relativamente ao tributo originalmente imputado à empresa.

Incorreta, pois no caso desse ilícito (infração do contrato social) a responsabilidade do diretor é pessoal, nos termos do art. 135, III, do CTN.

Gabarito 1E

(Procurador Federal – 2013 – CESPE) Julgue o seguinte item.

(1) Considere a seguinte situação hipotética. A empresa QT entrou em processo de falência e, por determinação judicial, uma de suas lojas foi vendida. Entretanto, a empresa QT mantinha débito com o fisco estadual relativamente a fatos ocorridos na loja vendida. Nessa situação, a responsabilidade tributária do comprador da loja será subsidiária à da massa falida.

Incorreta, pois a alienação judicial em processo de falência não implica, em regra, responsabilidade tributária do adquirente – art. 133, § 1°, do CTN.

Gabarito 1E

(Procurador Federal – 2013 – CESPE) Julgue o seguinte item.

(1) Se a indústria hipotética SL tiver quatro unidades produtivas localizadas em quatro diferentes unidades da Federação e sua sede localizar-se no DF, será considerada como seu domicílio tributário, pelos fatos geradores de impostos que nela ocorram, cada uma das referidas unidades fabris, a não ser que a empresa SL tenha eleito como tal o DF.

Correta (art. 127 do CTN). É preciso lembrar que os entes tributantes poderão recusar a eleição do domicílio no DF, caso entendam que impossibilite ou dificulte a arrecadação ou a fiscalização dos respectivos tributos, o que é provável em relação aos Estados e Município em que estão localizadas unidades produtivas (fora do DF, local da sede e do domicílio eleito) – art. 127, § 2°, do CTN.

Gabarito 1C

(Advogado da União/AGU – CESPE – 2012) Em relação à responsabilidade tributária, julgue os itens de 1 a 5.

(1) A responsabilidade tributária de terceiros é solidária.

(2) O Senado Federal pode fixar a alíquota máxima do ICMS.

(3) As taxas de prestação de serviços, tais como as cobradas em razão do poder de polícia, devidas pelo alienante até a data da aquisição do imóvel, são de responsabilidade do adquirente do imóvel.

(4) O sócio de sociedade comercial de responsabilidade limitada, ainda que passados mais de três anos de sua liquidação, responderá, na proporção da sua participação no capital social, pelas obrigações tributárias não honradas pela sociedade.

(5) O adquirente de um fundo de comércio é subsidiariamente responsável, juntamente com o alienante que continue a exercer a atividade comercial em outro estado, pelos tributos devidos até a data da venda desse fundo.

1: incorreta. No caso do art. 134 do CTN a responsabilidade é subsidiária, pois existe apenas no caso de impossibilidade de exigência do pagamento do tributo pelo contribuinte. Já no caso do art. 135 do CTN há algum debate sobre a característica da responsabilidade. O dispositivo afirma serem "pessoalmente responsáveis" e a Súmula 430/STF refere-se à "responsabilidade solidária do sócio-gerente" – por outro lado, no julgamento do REsp 1.101.728/SP (repetitivo), o STJ referiu-se à "responsabilidade subsidiária do sócio, prevista no art. 135 do CTN"; **2:** assertiva correta, pois o Senado pode fixar as alíquotas internas máximas do ICMS para resolver conflito específico que envolva interesse de Estados, mediante resolução de iniciativa da maioria absoluta e aprovada por dois terços de seus membros – art. 155, § 2°, V, *b*, da CF; **3:** incorreta, pois taxa em razão do exercício do poder de polícia não se confunde com taxa pela prestação de serviço público – art. 145, II, da CF e art. 77 do CTN. Ademais, o art. 130 do CTN refere-se apenas às taxas pela prestação de serviços referentes aos imóveis, ao tratar da responsabilidade do adquirente; **4:** imprecisa. Em princípio, o sócio de sociedade limitada não responde pelos débitos da sociedade liquidada, exceto se incorrer em uma das hipóteses de responsabilidade previstas na legislação, em especial os arts. 132, parágrafo único, 134, VII, e 135 do CTN. Encerrada a liquidação, o credor não satisfeito só terá direito a exigir dos sócios, individualmente, o pagamento do seu crédito, até o limite da soma por eles recebida em partilha, e a propor contra o liquidante ação de perdas e danos – art. 1.110 do Código Civil; **5:** assertiva correta, conforme o art. 133, II, do CTN.

Gabarito 1E, 2C, 3E, 4C, 5C

(Procurador do Estado/AC – FMP – 2012) Assinale a alternativa **incorreta,** de acordo com o Código Tributário Nacional.

(A) A responsabilidade por infrações da legislação tributária, salvo disposição de lei em contrário, independe da intenção do agente ou do responsável.

(B) O benefício da denúncia espontânea não se aplica aos tributos sujeitos a lançamento por homologação, regularmente declarados, mas pagos a destempo.

(C) O prazo decadencial para lavratura do auto de lançamento sempre terá início no primeiro dia do exercício seguinte àquele em que o lançamento poderia ter sido efetuado.

(D) O sujeito passivo da obrigação principal diz-se contribuinte quando tenha relação pessoal e direta com a situação que constitua o respectivo fato gerador.

A: correta, nos exatos termos do art. 136 do CTN; **B:** correta, conforme a jurisprudência consolidada na Súmula 360/STJ; **C:** essa é a incorreta, pois o art. 173 do CTN traz outras hipóteses de termo inicial para contagem do prazo decadencial; **D:** correta, pois essa é a definição de contribuinte, conforme o art. 121, parágrafo único, I, do CTN.

Gabarito "C"

(PROCURADOR DO ESTADO/MG – FUMARC – 2012) Quanto à responsabilidade tributária no Código Tributário Nacional (Lei Federal nº 5.172/1966) assinale a resposta correta:

(A) Respondem solidariamente o adquirente ou remitente pelos tributos relativos aos bens adquiridos ou remidos

(B) Nos casos de impossibilidade de exigência do cumprimento da obrigação acessória pelos tutelados e curatelados respondem os tutores e curadores, solidariamente, com estes, nos atos em que intervirem ou pelas omissões de que forem responsáveis;

(C) A responsabilidade é excluída pela denúncia espontânea da infração, sempre acompanhada do pagamento do tributo devido e dos juros de mora, ou do depósito da importância arbitrada pela autoridade administrativa, quando o montante do tributo dependa de apuração;

(D) A lei poder atribuir de modo expresso a responsabilidade pelo crédito tributário a terceira pessoa, vinculada ou não ao fato gerador da respectiva obrigação, excluindo a responsabilidade do contribuinte ou atribuindo-a a este em caráter supletivo do cumprimento total ou parcial da referida obrigação;

(E) Salvo disposição de lei em contrário, a responsabilidade por infrações da legislação tributária independe da intenção do agente ou do responsável e da efetividade, natureza e extensão dos efeitos do ato.

A: imprecisa, pois o art. 131 do CTN não se refere expressamente à solidariedade – art. 131, II, do CTN; **B:** incorreta, pois o art. 134 do CTN refere-se à obrigação principal, não à solidária; **C:** incorreta, pois a denúncia deve ser acompanhada do pagamento ou do depósito, *se for o caso*, conforme a dicção do art. 138 do CTN; **D:** incorreta, pois o responsável deve ter algum vínculo com o fato gerador, ainda que indireto – art. 128 do CTN; **E:** essa é a assertiva correta, nos termos do art. 136 do CTN.

Gabarito "E"

(Procurador do Estado/MT – FCC – 2011) Estando em curso execução fiscal, se a empresa de responsabilidade limitada, ora executada, deixar de funcionar em seu domicílio fiscal sem comunicar tal fato aos órgãos competentes, segundo jurisprudência pacífica do STJ, tal fato presume dissolução irregular da empresa, autorizando o redirecionamento de execução fiscal em curso para

(A) todos os sócios, em virtude da responsabilidade solidária dos sócios pelos créditos correspondentes a obrigações tributárias resultantes de atos praticados com infração de lei, em caso de liquidação de sociedade de pessoas.

(B) os sócios majoritários, em virtude da responsabilidade solidária dos sócios pelos créditos correspondentes a obrigações tributárias resultantes de atos praticados com excesso de poderes, em caso de liquidação de sociedade de pessoas.

(C) os diretores, gerentes ou representantes da empresa, em virtude de responsabilidade pessoal pelos créditos correspondentes a obrigações tributárias resultantes de atos praticados com infração de lei.

(D) os diretores, gerentes ou representantes da empresa, desde que sócios, em virtude da responsabilidade subsidiária por todos os créditos tributários em caso de liquidação irregular presumida de sociedade de pessoas.

(E) os sócios diretores, gerentes ou representantes da empresa, em virtude de responsabilidade subsidiária por sucessão, desde que haja continuidade da exploração da atividade, sob a mesma ou outra razão social, ou sob firma ou nome individual.

A dissolução irregular implica violação da lei com consequente responsabilidade dos gestores (administradores, gerentes etc.), sejam eles sócios ou não, nos termos do art. 135 do CTN, conforme jurisprudência consolidada pela Súmula 435/STJ (embora a súmula faça referência expressa apenas aos sócios-gerentes, aplica-se a todos os gestores da sociedade dissolvida irregularmente). Por essas razões, a alternativa "C" é a correta.

Gabarito "C"

(Procurador do Estado/PA – 2011) Considerando o instituto da substituição tributária, assinale a alternativa CORRET**A:**

(A) a Constituição garante ao contribuinte o direito de se creditar da diferença do ICMS, recolhido sob o regime de substituição tributária "para frente", quando o valor estimado para a operação final for maior que o efetivamente praticado.

(B) A restituição assegurada pelo § 7º do art. 150 da CF/1988 restringe-se apenas à hipótese de não ocorrer o fato gerador presumido, não havendo que se falar em tributo pago a maior ou a menor por parte do contribuinte substituído.

(C) O fato gerador presumido é provisório, dando ensejo a restituição ou complementação do imposto pago.

(D) Mesmo tendo a lei complementar definido o fato gerador presumido como sendo a saída da mercadoria do estabelecimento do contribuinte substituto, deixou margem para cogitar-se de momento diverso, na conformidade, aliás, do previsto no art. 114 do CTN, que tem o fato gerador da obrigação principal como a situação definida em lei como necessária e suficiente à sua ocorrência.

(E) A circunstância de ser presumido o fato gerador constitui óbice à exigência antecipada do tributo, já que indefinida a sua base de cálculo.

A: incorreta, pois a Constituição prevê a restituição apenas se o fato gerador futuro não ocorrer – art. 150, § 7º, da CF; **B:** esse foi a interpretação dada pelo STF, no julgamento da ADIn 1.851/AL. Importante ressalvar, entretanto, que o STJ adota esse entendimento apenas em relação aos Estados (e DF) signatários do Convênio ICMS 13/1997 (objeto da ADIn), e não, portanto, para SP, PE, PR e SC (que não assinaram esse convênio analisado pelo STF – nesses casos, o STJ continua admitindo a restituição no caso de a operação ocorrer a valor menor que o previsto); **C:** incorreta, pois o STF entendeu exatamente o contrário, que o fato gerador presumido (que deve ocorrer futuramente – art. 150, § 7º, da CF) é definitivo, daí porque não há falar em restituição no caso de valor menor que o previsto. Nos termos do acórdão na ADIn 1.851/AL: "O fato gerador presumido, por isso mesmo, não é provisório, mas definitivo, não dando ensejo a restituição ou complementação do imposto pago, senão, no primeiro caso, na hipótese de sua não realização final."; **D:** imprecisa, pois, a par do disposto no art. 12, I, da LC 87/1986, o art. 7º da mesma lei determina que, para efeito de exigência do imposto por substituição tributária, inclui-se, também, como fato gerador do imposto, a entrada de mercadoria ou bem no estabelecimento do adquirente ou em outro por ele indicado; **E:** incorreta, pois o STF tem entendimento pacífico pela validade da substituição tributária "para frente", antes mesmo da inclusão do § 7º ao art. 150 da CF pela EC 3/1993.

Gabarito "B"

(Procurador do Estado/PR – UEL-COPS – 2011) Dentre as alternativas abaixo, aponte aquela que estiver correta:

(A) a lei, e excepcionalmente as normas complementares, podem atribuir de modo expresso a responsabilidade pelo crédito tributário a terceira pessoa, vinculada ao fato gerador da respectiva obrigação tributária, excluindo a responsabilidade tributária do contribuinte ou atribuindo-a a este em caráter supletivo do cumprimento total ou parcial da referida obrigação;

(B) o sucessor a qualquer título e o cônjuge meeiro são pessoalmente responsáveis pelos tributos devidos pelo *de cujus* até a data da partilha ou adjudicação, independentemente do montante do quinhão, do legado ou da meação;

(C) a pessoa jurídica de direito privado que resultar de fusão, transformação ou incorporação de outra ou em outra não é considerada responsável pelos tributos devidos pelas pessoas jurídicas fusionadas, transformadas ou incorporadas;

(D) o inventariante é pessoalmente responsável pelos tributos devidos pelo espólio nas hipóteses de atos praticados com excesso de poderes ou infração de lei;

(E) em qualquer hipótese a responsabilidade tributária por infrações independe da intenção do agente ou do responsável, assim como da efetividade, natureza e extensão dos efeitos do ato.

A: incorreta, pois a responsabilidade tributária é matéria reservada à lei, jamais a norma complementares – art. 97, III, do CTN; **B:** incorreta, pois a responsabilidade, no caso, limita-se ao montante do quinhão, legado ou meação – art. 131, II, *in fine*, do CTN; **C:** incorreta, pois há responsabilidade, nessa hipótese – art. 132 do CTN; **D:** essa é a correta, nos termos do art. 135, I, c/c o art. 134, IV, do CTN; **E:** incorreta, pois, embora essa seja a regra, a lei pode dispor em contrário – art. 136 do CTN.

Gabarito "D"

(PROCURADOR DO ESTADO/RS – FUNDATEC – 2010) A responsabilidade tributária da montadora de automóveis relativamente aos fatos geradores produzidos pela revendedora; da incorporadora relativamente aos tributos da empresa incorporada e do síndico relativamente aos tributos devidos pela massa falida podem ser classificadas, respectivamente, como

(A) responsabilidade por substituição; responsabilidade por transferência; responsabilidade por substituição.

(B) responsabilidade por substituição; responsabilidade por substituição; responsabilidade por transferência.

(C) responsabilidade por substituição; responsabilidade por transferência; responsabilidade por transferência.

(D) responsabilidade por transferência; responsabilidade por substituição; responsabilidade por transferência.

(E) responsabilidade por transferência; responsabilidade por transferência; responsabilidade por substituição.

Classicamente distingue-se a responsabilidade em duas espécies: (i) por substituição e (ii) por transferência. A responsabilidade por substituição ocorre quando a lei indica que o responsável ocupará polo passivo da obrigação tributária (será o sujeito passivo) imediatamente, no momento da ocorrência do fato gerador (surge a obrigação tributária tendo o responsável no polo passivo). Já na responsabilidade por transferência, surge a obrigação tributária com o fato gerador, tendo no polo passivo o contribuinte, mas, por conta de algum evento posterior, o responsável tributário passa a ocupar esse polo passivo (por exemplo, o contribuinte morre e o espólio passa a ocupar o polo passivo da obrigação tributária – responsabilidade por transferência).

O caso das montadoras, em relação ao ICMS, é o exemplo mais citado de responsabilidade tributária "para frente". A responsabilidade da incorporadora é por transferência, pois não surge com o fato gerador, mas posteriormente, por conta da incorporação da contribuinte. A responsabilidade do síndico é também por transferência, pois não surge no momento do fato gerador, mas posteriormente, por conta de atos ou omissões do agente, conforme os arts. 134 e 135 do CTN. Por essas razões, a alternativa "C" é a correta.

Gabarito "C"

(Procurador do Estado/RO – 2011 – FCC) Empresa CÉU AZUL realizou a devida apuração do ICMS incidente nas suas operações, efetuou toda a escrituração fiscal, bem como promoveu a regular entrega de suas declarações ao Fisco Estadual. Entretanto, embora venha adotando tal conduta regular, com habitualidade, por falta de recursos financeiros não vem provendo o recolhimento do ICMS. Com o fechamento de um grande contrato com um cliente e o ingresso de receitas, pretende promover a quitação dos valores em atraso, requerendo o benefício denominado "denúncia espontânea". O referido benefício

(A) é cabível uma vez que resta presente a boa-fé do contribuinte.

(B) é cabível, uma vez que será promovido o pagamento parcial do tributo.

(C) não é cabível, uma vez que este benefício se aplica apenas aos tributos federais.

(D) não é cabível uma vez que o contribuinte já havia promovido o lançamento/declaração do tributo devido.

(E) é cabível, uma vez que a legislação adota a redução sempre que o contribuinte pretende regularizar sua situação.

Não há como o contribuinte beneficiar-se da denúncia espontânea, pois já declarou os valores devidos ao fisco. Ou seja, a administração tributária já sabe da inadimplência e pode, inclusive, cobrar diretamente, sem necessidade de fiscalização, lançamento ou processo administrativo – Súmula 436/STJ (a declaração constituiu o crédito, não há total espontaneidade). Esse é o teor da Súmula 360/STJ: "O benefício da denúncia espontânea não se aplica aos tributos sujeitos a lançamento por homologação regularmente declarados, mas pagos a destempo." Por essa razão, a alternativa "D" é a correta.

Gabarito "D"

(Procurador do Estado/SC – 2010 – FEPESE) Conforme disposto no Código Tributário Nacional, é **correto** afirmar:

(A) A eleição do domicílio tributário, pelo contribuinte ou responsável, não poderá ser recusada pela autoridade administrativa.

(B) O espólio é pessoalmente responsável pelos tributos devidos pelo *de cujus* até a data da abertura da sucessão.

(C) Salvo disposição de lei em contrário, considera-se ocorrido o fato gerador e existentes os seus efeitos, tratando-se de situação de fato, desde o momento em que esteja definitivamente constituída, nos termos de direito aplicável.

(D) A capacidade tributária passiva depende de estar a pessoa jurídica regularmente constituída, não bastando que configure uma unidade econômica ou profissional.

(E) São pessoalmente responsáveis o síndico e o comissário, em relação aos tributos devidos pela massa falida ou pelo concordatário.

A: Incorreta, pois a administração pode recusar a eleição do domicílio, se ela dificultar ou impossibilitar a fiscalização ou a arrecadação do tributo – art. 127, § 2º, do CTN; **B:** Correta, pois a responsabilidade é prevista no art. 131, III, do CTN; **C:** Incorreta, pois a regra indicada refere-se ao fato gerador que se configura como situação jurídica (não situação de fato) – art. 116, II, do CTN; **D:** Incorreta, pois a capacidade tributária independe da regularidade da pessoa jurídica – art. 126, III, do CTN; **E:** Incorreta, pois a responsabilidade do administrador (não há mais síndico ou comissário, nem concordata, na legislação atual de falências e recuperações) ocorre apenas excepcionalmente e subsidiariamente, na hipótese descrita no art. 134, V, do CTN. Há, em tese, possibilidade de responsabilidade pessoal, mas apenas se houver excesso de poderes ou infração da lei – art. 135, I, do CTN.

Gabarito "B"

(Procurador do Município/Florianópolis-SC – 2010 – FEPESE) Acerca da responsabilidade tributária, é **correto** afirmar:

(A) O simples inadimplemento da obrigação tributária pela sociedade gera a responsabilidade solidária do sócio-gerente.

(B) A responsabilidade por infrações da legislação tributária é subjetiva, ou seja, depende da intenção do agente ou do responsável.

(C) O benefício da denúncia espontânea não se aplica aos tributos sujeitos a lançamento por homologação regularmente declarados, mas pagos a destempo.

(D) De acordo com o Código Tributário Nacional, é possível opor convenções particulares à Fazenda Pública, relativas à responsabilidade pelo pagamento de tributos.

(E) Os tutores e curadores serão sempre pessoalmente responsáveis pelos tributos devidos por seus tutelados ou curatelados.

A: Incorreta, pois o simples inadimplemento não implica a responsabilidade do art. 135 do CTN – Súmula 430/STJ; **B:** Incorreta, pois a responsabilidade por infrações tributárias, salvo disposição legal em contrário, independe da intenção do agente ou do responsável e da efetividade, natureza e extensão dos efeitos do ato – art. 136 do CTN; **C:** Correta, conforme a Súmula 360/STJ; **D:** Incorreta, pois isso não é possível – art. 123 do CTN; **E:** Incorreta, pois a responsabilidade dos tutores ocorre apenas quando há ato ou omissão dessas pessoas e, ademais, se não é possível cobrar o contribuinte, conforme o art. 134, II, do CTN. Essa responsabilidade é subsidiária, não pessoal. Há, em tese, possibilidade de responsabilidade pessoal, mas apenas se houver excesso de poderes ou infração da lei – art. 135, I, do CTN.

Gabarito "C"

(Procurador do Estado/GO – 2010) Sobre a sujeição passiva da obrigação tributária, é CORRETA a seguinte afirmação:

(A) O adquirente de um fundo de comércio não é responsável pelo pagamento dos tributos devidos pelo alienante anteriormente ao negócio jurídico.

(B) O arrematante de imóvel em hasta pública é responsável, por sucessão, pelo ITU incidente sobre a coisa.

(C) O comprador do imóvel é responsável pelo pagamento do Imposto Territorial Urbano (ITU) incidente sobre a coisa adquirida, ainda que a ocorrência da hipótese de incidência tenha se dado anteriormente à sua aquisição.

(D) O não pagamento do tributo pela pessoa jurídica que dispunha de liquidez ao tempo do vencimento do crédito tributário impõe a responsabilidade pessoal do seu administrador por infração à lei.

(E) A responsabilidade pessoal do dirigente de pessoa jurídica que age com excesso de mandato não exclui a meação da esposa.

A: incorreta, pois há responsabilidade do adquirente, na forma do art. 133 do CTN; **B:** incorreta, pois não há responsabilidade do adquirente no caso de aquisição de bens em hasta pública – art. 130, parágrafo único, do CTN (o STJ aplica o mesmo entendimento para o caso de aquisição de bens móveis em hasta pública – ver REsp 1.128.903/RS); **C:** correta, pois a responsabilidade é prevista no art. 130 do CTN; **D:** incorreta, pois o simples inadimplemento não implica responsabilidade do administrador – Súmula 430/STJ; **E:** incorreta, pois a responsabilidade pessoal, como diz o nome, não atinge o patrimônio de terceiros – ver AgRg Ag 183.444/SP.

Gabarito "C"

(Procurador do Município/Teresina-PI – 2010 – FCC) Segundo o Código Tributário Nacional, a denúncia espontânea

(A) alcança apenas a penalidade e não o crédito tributário.

(B) é causa de extinção do crédito tributário.

(C) é uma forma de anistia do crédito tributário.

(D) exclui a incidência dos juros de mora.

(E) está afastada se realizada após início de procedimento de fiscalização.

A: Imprecisa, pois a denúncia espontânea afasta apenas a penalidade, e não *todo* o crédito tributário (o crédito abarca não apenas a penalidade, mas também o tributo, com os respectivos juros e correção) – art. 138 do CTN; **B:** Incorreta, pois o crédito é extinto, no caso, pelo pagamento do tributo, corrigido e acrescido de juros, excluída a penalidade pecuniária; **C:** Incorreta, pois anistia é modalidade de exclusão do crédito relativo à multa, concedida por lei, sendo irrelevante o ato de vontade do sujeito passivo – art. 175, II, do CTN; **D:** Incorreta, pois a denúncia espontânea afasta apenas a penalidade pecuniária – art. 138 do CTN; **E:** Correta, pois, nesse caso, não há espontaneidade – art. 138, p. único, do CTN.

Gabarito "E"

(Procurador Federal – 2010 – CESPE) Julgue o item seguinte, relativo ao direito tributário brasileiro.

(1) O sócio administrador de sociedade limitada em débito com a fazenda pública federal, referente ao pagamento do IRPJ, é pessoal e solidariamente responsável pelos referidos débitos, quando contraídos durante a sua administração.

1: A assertiva é incorreta, pois o inadimplemento da obrigação tributária não implica, por si só, responsabilidade do administrador – Súmula 430/STJ.

Gabarito 1E

Fiscais da fazenda estadual compareceram à sede de uma distribuidora de gêneros alimentícios, onde lavraram termo de início de fiscalização, arrecadaram documentos que estavam espalhados no departamento de contabilidade e notificaram o sócio-gerente para apresentar os livros e os documentos fiscais da empresa. Ao examinar a documentação encontrada na empresa, os auditores constataram a existência de livros com a descrição de vendas à vista, vendas a prazo, vendas por cheque e vendas por cartão de crédito, seguida da discriminação de datas e de números semelhantes a valores monetários. A empresa mostrou os livros de registro de entrada e saída de mercadoria e de apuração do ICMS. No entanto, ao verificar que os valores lançados nos livros fiscais diferenciavam-se dos encontrados nos livros arrecadados, os fiscais notificaram a sociedade comercial para apresentar seus livros diário e razão analítico, pedido que não foi atendido. Em razão disso, os fiscais lavraram termo de verificação e responsabilidade tributária apontando atos ilícitos de responsabilidade dos sócios, dando-lhes de tudo ciência, e auto de infração pela diferença do ICMS, acrescida de multa por sonegação fiscal e correção monetária, notificando a sociedade comercial e indicando-a como devedora do tributo para apresentar defesa, ou pagar o valor apurado. O fisco verificou os documentos dos últimos cinco anos da empresa, demorando cinco meses para lavrar o auto de infração e dois meses para notificar a empresa, que apresentou defesa administrativa, cujo procedimento encerrou-se passados seis anos da defesa apresentada. O executivo fiscal foi ajuizado quatro anos após o julgamento definitivo na esfera administrativa. Findo o procedimento fiscal, os sócios alienaram o fundo de comércio e alugaram o imóvel a terceiro, que constituiu nova empresa no mesmo ramo de comércio anteriormente desenvolvido no local.

(PROCURADOR DO ESTADO/RS – FUNDATEC – 2010) Relativamente às imunidades e às isenções, é correto afirmar que:

(A) As imunidades se caracterizam como limitações positivas ao poder de tributar e por isso admitem interpretação ampla, enquanto que as isenções se caracterizam como dispensa legal do tributo e por isso são interpretadas restritivamente.

(B) As imunidades se caracterizam como hipóteses de não incidência constitucionalmente qualificadas e por isso são interpretadas literalmente, enquanto que as isenções se caracterizam como dispensa legal do tributo e por isso são interpretadas restritivamente.

(C) As imunidades se caracterizam como hipóteses de não incidência e por isso não admitem interpretação ampla, enquanto que as isenções se caracterizam como dispensa legal do tributo e por isso são interpretadas restritivamente.

(D) As imunidades se caracterizam como hipóteses de não incidência constitucionalmente qualificadas e são interpretadas literalmente, enquanto que as isenções se caracterizam como hipóteses de não incidência qualificada e por isso não admitem interpretação restritiva.

(E) As imunidades operam no plano da definição de competências e por isso são interpretadas segundo os valores constitucionalmente relevantes, enquanto que as isenções operam no plano do exercício da competência e por isso são interpretadas restritivamente.

Imunidades são normas constitucionais que delimitam negativamente a competência tributária. Já isenções pressupõem a competência tributária, pois são normas legais, produzidas pelo ente político que pode legislar acerca do tributo, excluindo o crédito tributário. Por essas razões, a alternativa "E" é a melhor, à luz, inclusive, do art. 111, II, da CF.

Gabarito "E"

(PROCURADOR DO ESTADO/RS – FUNDATEC – 2010) Sobre o principio da capacidade contributiva, é correto afirmar que

(A) se manifesta, exclusivamente, através da progressividade.

(B) justifica a instituição de tributos fixos.

(C) é aplicável aos impostos sobre o consumo e, neste caso, a capacidade contributiva a ser considerada é apenas a do contribuinte de direito.

(D) é o principal critério de aplicação da igualdade tributária no âmbito dos impostos com finalidade extrafiscal.

(E) é o principal critério de aplicação da igualdade tributária no âmbito dos impostos com finalidade fiscal.

A capacidade contribuinte é princípio norteador do direito tributário, ínsito à ideia de justiça, pela qual os que possuem mais contribuinte com mais para o funcionamento do Estado. Toda a tributação, desde a definição das competências tributárias pela Constituição até a efetiva instituição dos tributos pelos entes políticos, além da própria exigência fiscal, deve ser orientada por esse princípio. A isonomia implica tratar igualmente aqueles que se entrem na mesma situação, e o critério definidor disso é exatamente a capacidade contributiva (duas pessoas com a mesma capacidade contributiva devem ser tratadas igualmente pela tributação). **A:** incorreta, embora a progressividade seja importante instrumento para o atendimento à capacidade contributiva – art. 145, § 1º, da CF; **B:** incorreta, pois, pelo contrário, há forte entendimento no sentido de que a tributação fixa tende a ofender o princípio da capacidade contributiva – ver REsp 1.187.464/RS; **C:** incorreta, pois há forte entendimento no sentido de que, no caso dos chamados tributos indiretos, que oneram o consumidor, a capacidade contributiva relevante é a do destinatário final do bem ou do serviço; **D:** incorreta, pois, no caso dos tributos extrafiscais, a orientação é de intervenção estatal no mercado e na sociedade, e não, especificamente, a capacidade contributiva; **E:** essa é a alternativa correta, conforme comentários iniciais.

Gabarito "E"

(Procurador do Estado/PE – CESPE – 2009) Considerando a situação hipotética descrita no texto, assinale a opção correta.

(A) Por tratar-se de sociedade por cota de responsabilidade limitada, a responsabilidade dos sócios pela dívida tributária é solidária, mas limitada ao valor que restou para integralização do capital.

(B) A pessoa jurídica que continuar as atividades no local responderá pelas dívidas tributárias contraídas anteriormente.

(C) A responsabilidade tributária é da empresa e somente subsidiariamente poderá ser responsabilizado o sócio.

(D) Os sócios da empresa são pessoalmente responsáveis pelos débitos tributários, por terem interesse comum na situação que constitui o fato gerador.

(E) A responsabilidade subsidiária do sócio somente será admitida no caso em exame porque os funcionários públicos lavraram termo de verificação e responsabilidade tributária dos atos ilícitos e deram ciência aos sócios.

A: incorreta, pois a responsabilidade de cada sócio é limitada ao valor de suas cotas e solidária apenas em relação ao capital eventualmente ainda não integralizado – art. 1.052 do CC; **B:** incorreta, pois o locatário do imóvel, apesar de explorar o mesmo ramo de atividade, não é a mesma pessoa que adquiriu o fundo de comércio, o que afasta a responsabilidade do art. 133 do CTN; **C:** há entendimento no sentido de que a responsabilidade dos sócios administradores, no caso do art. 135 do CTN, é solidária e até exclusiva, já que o dispositivo legal usa a expressão "pessoalmente responsáveis". A jurisprudência dominante do STJ, entretanto, é pela responsabilidade subsidiária – ver Resp 1.141.128/SP, muito embora a Súmula 430/STJ tenha feito menção à responsabilidade solidária do sócio-gerente. Ademais, consta que a administração fiscal responsabilizou a empresa, "notificando a sociedade comercial e indicando-a como devedora do tributo", e não os sócios. Por essas razões, entendemos que a C é a melhor alternativa, embora o gabarito oficial indicasse a D; **D:** embora essa tese seja razoável, não tem sido acolhida pelo Judiciário para reconhecer a responsabilidade solidária dos sócios com base no art. 124, I, do CTN; **E:** a responsabilidade dos sócios decorre do disposto no art. 135 do CTN.

Gabarito "C"

(Procurador do Estado/SC – 2009) Analise as seguintes situações, quanto à alienação de estabelecimento empresarial e aos tributos a ele relativos, e tendo em vista as disposições do Código Tributário Nacional e normas correlatas. Assinale a alternativa **correta**:

(A) O empresário individual, que adquiriu um estabelecimento empresarial, assume a condição de responsável, integralmente, pelos tributos relativos ao estabelecimento devidos até o ato da alienação, se o alienante também era empresário individual e iniciou outra atividade empresarial, nos quatro meses subsequentes ao ato da alienação.

(B) No processo de falência de uma sociedade limitada, foi determinada a alienação judicial do único estabelecimento, e o sócio controlador está orientando seu neto, jovem administrador, a ser o adquirente. Nesse caso, o adquirente não será responsável pelos tributos relativos ao estabelecimento e devidos pela falida.

(C) No processo de recuperação judicial de uma sociedade limitada, foi determinada a alienação judicial do estabelecimento empresarial correspondente a uma filial, conforme previsão no Plano de Recuperação. Se o adquirente for o neto de um sócio minoritário não integrante da administração, ele não será responsável pelos tributos devidos relativos à filial adquirida.

(D) A pessoa jurídica que adquirir o estabelecimento empresarial de outra pessoa jurídica será responsável pelos tributos relativos ao estabelecimento, devidos até a data do trespasse, desde que já tenham sido lançados, embora ainda não definitivamente constituídos. A responsabilidade poderá ser integral ou subsidiária, nas condições e regras previstas no Código Tributário Nacional.

(E) Uma sociedade anônima de economia mista adquiriu um estabelecimento empresarial, há um ano, e continuou a desenvolver a atividade que ali ocorria, de fabricação de postes e outros artefatos, atuando no mercado agora sob seu nome empresarial. Tendo o alienante iniciado a exploração de uma indústria de móveis, nos cinco meses após o ato de alienação, a adquirente tornou-se responsável, subsidiariamente, pelos tributos relativos ao estabelecimento, devidos até o ato de alienação, mesmo os não lançados antes do ato.

A: incorreta. A qualificação como empresário individual é irrelevante para a responsabilidade do art. 133 do CTN. Ademais, se o alienante retornou à atividade empresarial dentro de seis meses contados da alienação, a responsabilidade de adquirente é apenas subsidiária, não integral – art. 133, II, do CTN; **B:** incorreta, pois a exclusão da responsabilidade no caso de alienação no processo de falência não aproveita ao adquirente que seja parente, em linha reta ou colateral até o 4º grau, do falido ou de qualquer de seus sócios – art. 133, § 2º, II, do CTN; **C:** assertiva incorreta, pois o adquirente que seja parente em linha reta ou colateral até o 4º grau de qualquer dos sócios, mesmo que minoritário e não integrante da administração, responde pelo débito – art. 133, § 2º, II, do CTN; **D:** incorreta, pois a responsabilidade tributária do sucessor abrange também os créditos em curso de constituição ou que venham a ser constituídos posteriormente, nos termos do art. 129 do CTN; **E:** essa é a assertiva correta, nos termos do art. 133, II, do CTN.

Gabarito "E"

(Procurador do Município/Natal-RN – 2008 – CESPE) Quanto à disciplina da obrigação tributária, assinale a opção correta.

(A) Caso duas pessoas jurídicas tenham adquirido um imóvel rural, à razão de 50% do total do imóvel cada uma, nesse caso, a solidariedade pelo pagamento do ITR será presumida e a isenção de crédito só não exonerará as duas pessoas jurídicas, se outorgada em caráter pessoal a uma delas.

(B) Se um indivíduo tiver sido considerado absolutamente incapaz por sentença judicial proferida em ação de interdição, os efeitos da sobredita sentença terão repercussão em sua capacidade tributária passiva.

(C) Se a empresa X adquirir, em hasta pública realizada em processo judicial de falência, o estabelecimento empresarial de filial da empresa Y, nesse caso, se a empresa Y cessar a exploração de sua atividade, a empresa X responderá integralmente pelos tributos relativos ao estabelecimento empresarial, devidos até a data da alienação.

(D) Se um contribuinte, em sua declaração anual de imposto de renda e proventos de qualquer natureza, inserir informações falsas e omitir rendimentos, com a intenção de exonerar-se do pagamento de impostos devidos à fazenda nacional e, constatada a irregularidade pela autoridade fazendária, for iniciado procedimento administrativo para apuração do ocorrido, mas, antes de ser intimado, o contribuinte efetuar o pagamento do tributo devido e dos juros de mora, nesse caso, a denúncia espontânea do contribuinte excluirá sua responsabilidade pela infração cometida. _

A: essa é a melhor alternativa. A rigor, não se trata de presunção, mas solidariedade expressamente prevista no art. 124, I, do CTN (embora, de fato, dispense previsão legal específica, sendo considerada solidariedade "natural"); **B:** incorreta, pois a capacidade tributária passiva independe da capacidade civil das pessoas naturais – art. 126, I, do CTN; **C:** incorreta, pois, em regra, a aquisição de estabelecimento em hasta pública, no bojo do processo de falência, não implica responsabilidade tributária do adquirente, na forma e com as ressalvas do art. 133, §§ 1º e 2º, do CTN; **D:** incorreta, pois não há denúncia espontânea após o início de qualquer procedimento administrativo ou medida de fiscalização, relacionados com a infração, nos termos do art. 138, parágrafo único, do CTN (embora a ausência de intimação do contribuinte ou qualquer ciência a respeito do procedimento pode gerar dúvidas nesse caso descrito).

Gabarito "A"

(Procurador do Município/Recife-PE – 2008 – FCC) Após a partilha amigável em arrolamento de bens judicial pela morte de seu pai, que se deu em 2007, Tício e Mévio recebem agora notificação para pagamento de Imposto de Renda ano-base 2003, por ele devido quando ainda estava vivo. Esta exigência fiscal está

(A) errada, porque já houve prescrição.

(B) errada, porque o arrolamento já foi concluído, após a apuração de haveres e homologação da partilha de bens.

(C) correta, porque os sucessores são contribuintes dos tributos devidos pelo *de cujus,* independentemente da data da ocorrência do fato gerador, desde que não tenha se operado a decadência.

(D) correta, porque com a morte interrompe-se o prazo prescricional para a cobrança dos créditos tributários em atraso, transferindo-se aos sucessores a responsabilidade tributária, desde que não tenha se operado a decadência.

(E) correta, porque os sucessores são responsáveis pelos tributos devidos, cujos fatos geradores ocorreram até a data da partilha, até o limite dos quinhões recebidos, desde que não tenha se operado a decadência ou prescrição.

Os sucessores são responsáveis até o montante do quinhão recebido, nos termos do art. 131, I, do CTN, de modo que a alternativa "E" é a correta. Não há interrupção ou suspensão de prazos decadencial ou prescricional por conta da morte.

Gabarito "E"

(Procurador do Município/São Paulo-SP – 2008 – FCC) É correto afirmar:

(A) na falência, os tributos relativos a fatos geradores ocorridos após a decretação da falência somente serão pagos após o pagamento de outros créditos extraconcursais elencados na Lei de falência, dentre eles as remunerações devidas ao administrador judicial e seus auxiliares.

(B) a aquisição judicial em processo de falência de estabelecimento industrial afasta a responsabilidade tributária do adquirente se este for sócio de sociedade controlada pelo devedor falido.

(C) a dissolução irregular de sociedade não acarreta a responsabilidade pessoal do sócio-gerente pelos débitos da empresa, na qualidade de substituto, em razão da prática de ato com infração de lei, mas sim responsabilidade solidária de todos os sócios, na liquidação da sociedade de pessoas.

(D) o sucessor a qualquer título é responsável pelos tributos cujos fatos geradores ocorreram até a data da partilha ou adjudicação, mas a responsabilidade será afastada em relação a fatos geradores ocorridos até a data da abertura da sucessão, que será de responsabilidade única do espólio.

(E) não haverá responsabilidade do adquirente de imóvel por tributos decorrentes da propriedade, posse ou domínio útil do imóvel, bem assim de taxas ou contribuições de melhoria referentes a tais bens se o alienante assume a obrigação pelos débitos em atraso em escritura pública de compra e venda.

A: assertiva correta, nos termos do art. 186, parágrafo único, I, do CTN; **B:** incorreta, pois o afastamento da responsabilidade na aquisição de estabelecimento empresarial no bojo do processo de falência não aproveita a sócios de sociedade controlada pelo devedor falido – art. 133, § 2º, I, do CTN; **C:** incorreta, pois há responsabilidade tributária do administrador da sociedade, em caso de dissolução irregular, nos termos da Súmula 435/STJ; **D:** incorreta, pois o sucessor responde também pelas obrigações relativas a fatos geradores ocorridos até a data da abertura da sucessão que não tenham sido recolhidos pelo espólio – art. 131, II, do CTN; **E:** incorreta, pois a responsabilidade do adquirente somente é excluída se constar do título translativo a prova de quitação – art. 130, parágrafo único, do CTN.

Gabarito "A"

(Procurador do Estado/PB – 2008 – CESPE) Com referência aos aspectos legais da responsabilidade tributária, assinale a opção correta.

(A) No caso de infrações tributárias que também configurem ilícitos penais, a responsabilidade pela multa eventualmente aplicada é pessoal e pertence à pessoa que tenha praticado o ato ilícito, respondendo, solidariamente, a pessoa jurídica pelo valor a ser pago.

(B) Considere-se que João tenha adquirido em hasta pública uma casa cujo proprietário anterior deixara de pagar, em vários exercícios, o IPTU. Nessa situação, os créditos tributários decorrentes de impostos cujo fato gerador seja a propriedade de bens imóveis sub-rogam-se na pessoa do adquirente.

(C) Antes da conclusão de procedimento de transformação de uma empresa limitada em sociedade anônima, deve-se quitar a dívida tributária, haja vista a impossibilidade legal de esta vir a ser cobrada da nova empresa.

(D) Considere-se que um contribuinte, ao preencher sua declaração de imposto de renda, tenha omitido rendimentos auferidos no exercício e que, ao receber pedido de esclarecimentos formulado pela administração tributária, tenha preferido corrigir a declaração inicial e pagar o valor do imposto apurado com os acréscimos legais. Nessa situação, o fisco não pode aplicar qualquer sanção ao contribuinte, haja vista a caracterização da denúncia espontânea.

(E) A extinta CPMF é exemplo de responsabilidade tributária por substituição, visto que, embora o fato gerador do tributo fosse a movimentação bancária e o contribuinte, era o correntista que movimentava os próprios recursos financeiros, a lei determinava às instituições financeiras o dever de recolher o tributo.

A: a responsabilidade é exclusiva do infrator nos termos e com a ressalva do art. 137, I, do CTN; **B:** o adquirente de imóvel em hasta pública não responde pelo débito, que deve ser suportado pelo preço pago em juízo – art. 130, parágrafo único, do CTN; **C:** a pessoa resultante da transformação societária responde pelos débitos, conforme o art. 132 do CTN; **D:** não há espontaneidade, pois houve ato da fiscalização – art. 138, parágrafo único, do CTN; **E:** o exemplo é de responsabilidade por substituição.

Gabarito "E"

(Procurador do Estado/PI – 2008 – CESPE) Um estado, ao firmar contrato com uma empresa privada, desobrigando-a de recolher tributo devido pela sua atividade, passou a ser responsável pelo seu pagamento.

A partir dessa situação, assinale a opção correta.

(A) O contrato firmado é válido, uma vez que estipulado pelo ente da Federação competente para cobrar tributos.

(B) O sujeito passivo continuará sendo a empresa, já que, para alteração de sua definição, é preciso edição de decreto.

(C) Caso não haja disposição de lei em contrário, nenhuma convenção ou contrato tem validade para alterar o sujeito passivo de obrigação tributária perante a fazenda pública.

(D) A responsabilidade atribuída ao estado, no pagamento do tributo devido pela empresa, fere o princípio da anterioridade.

(E) Somente se houvesse lei nesse sentido é que seria possível a responsabilização do estado no pagamento desse tributo.

A sujeição passiva é regulada exclusivamente por lei e não pode ser alterada por contrato, mesmo que firmado pelo Poder Público – art. 123 do CTN.

Gabarito "C"

(Procuradoria Federal – 2007 – CESPE) A BM Confecções Ltda. adquiriu o estabelecimento empresarial da Divina Vestuário Feminino Ltda., continuando a exploração da atividade deste estabelecimento, sob outra razão social. Quanto à situação hipotética acima e às normas atinentes à obrigação tributária, julgue os itens a seguir.

(1) A responsabilidade tributária da BM Confecções Ltda. abrange as multas moratórias e punitivas devidas pela Divina Vestuário Feminino Ltda., por expressa disposição legal.

(2) A BM Confecções Ltda. responderá integralmente pelos tributos devidos pela Divina Vestuário Feminino Ltda. até a data do ato de aquisição do estabelecimento empresarial, se a alienante cessar a exploração da atividade.

1: o art. 133, *caput*, do CTN não faz referência expressa às multas, mas apenas ao tributo, o que pode indicar que a assertiva é incorreta (não haveria expressa disposição legal). No entanto, o STJ tem entendido que a referência feita ao crédito tributário (que inclui tributo e penalidade) no art. 129 do CTN significa que os casos de responsabilidade previstos no CTN abrangem não apenas os tributos, mas também as multas; **2:** art. 133, I, do CTN – para ocorrência da responsabilidade integral (exclusiva), é necessário que a alienante deixe de explorar qualquer atividade profissional, industrial ou comercial (não apenas aquela que realizava anteriormente).

Gabarito 1E, 2C

(Procurador da Fazenda Nacional – 2007.2 – ESAF) A ______ decorre de disposição de lei, atribuindo ao contribuinte-substituto a responsabilidade pela retenção do imposto em relação ao fato gerador futuro a que está vinculado. Em caso do não cumprimento da obrigação pelo contribuinte-substituto, recai sobre o contribuinte substituído a chamada ________ de recolher o imposto devido na operação. Presume-se fraudulenta a alienação ou oneração de bens ou rendas, por sujeito passivo em débito para com a Fazenda Pública, desde o momento em que __________. Assinale a opção que contém as palavras que preencham de forma correta as lacunas acima.

(A) tributação indireta / repercussão tributária / o crédito tributário seja objeto de execução fiscal ajuizada

(B) substituição tributária / responsabilidade para trás / o devedor seja citado

(C) translação da responsabilidade tributária /responsabilidade derivada / o juiz despache a petição inicial de execução fiscal

(D) substituição tributária / responsabilidade supletiva / regularmente inscrito como dívida ativa

(E) alteração da responsabilidade / responsabilidade cardeal / notificado o contribuinte da constituição do crédito tributário

1ª: art. 150, § 7º, da CF – refere-se à substituição tributária "para frente"; 2ª: se não houver retenção pelo substituto, o substituído pode ser chamado a responder pelo débito; 3ª: art. 185 do CTN.

Gabarito "D"

(Procurador da Fazenda Nacional – 2007.2 – ESAF) Leia o enunciado e indique a opção correta, entre as cinco que se seguem. Segundo o art. 133 do Código Tributário Nacional (CTN), a pessoa natural ou jurídica de direito privado que adquirir de outra, por qualquer título, fundo de comércio ou estabelecimento comercial, industrial ou profissional, e continuar a respectiva exploração, sob a mesma ou outra razão social ou sob firma ou nome individual, responde integralmente pelos tributos, relativos ao fundo ou estabelecimento adquirido, devidos até a data do ato, se o alienante cessar a exploração do comércio, indústria ou atividade. No entanto, segundo o mesmo Código,

(A) a responsabilidade tributária será apenas subsidiária com o alienante, se este prosseguir na exploração, e se tratar de alienação judicial em processo de falência.

(B) não haverá responsabilidade do adquirente em caso de alienação consensual, extraprocesso, de cuja deliberação haja participado o representante da Fazenda Nacional.

(C) não haverá responsabilidade integral do adquirente em caso de alienação judicial em processo de falência, mas subsiste a subsidiária.

(D) não haverá responsabilidade do adquirente, integral ou subsidiária, quando se tratar de alienação judicial em processo de falência.

(E) a responsabilidade tributária do falido será excluída, no caso de alienação determinada pelo juízo universal de falência.

A responsabilidade do adquirente é integral, exceto se o alienante prosseguir (ou reiniciar) a exploração de qualquer atividade profissional, industrial ou comercial nos seis meses seguintes à alienação – art. 133, I e II, do CTN. Ademais, não há responsabilidade em casos de falência e recuperação judicial, nos termos do § 1º e com as exclusões do § 2º, ambos do mesmo dispositivo (art. 133 do CTN).

Gabarito "D"

(Procurador da Fazenda Nacional – 2007 – ESAF) A pessoa natural ou jurídica de direito privado que adquirir de outra, por qualquer título, fundo de comércio ou estabelecimento comercial, industrial ou profissional, e continuar a respectiva exploração, sob a mesma ou outra razão social ou sob firma ou nome individual, responde pelos tributos, relativos ao fundo ou estabelecimento adquirido, devidos até a data do ato, subsidiariamente com o alienante, se este prosseguir na exploração ou iniciar, dentro de seis meses, a contar da data da alienação, nova atividade no mesmo ou em outro ramo de comércio, indústria ou profissão. No entanto, há casos em que isso não ocorrerá. Entre os casos em que não haverá responsabilidade por sucessão, está a de qualquer alienação judicial

(A) a sócio da falida.

(B) a sociedade controlada pelo devedor em recuperação judicial.

(C) em processo de falência, a um concorrente do devedor que não tenha relação com ele nem com sócio seu.

(D) em processo de liquidação extrajudicial quando a relação com o devedor é de mero cunhadio.

(E) em processo de falência quando a relação com o falido for até o quinto grau.

A e **B:** art. 133, § 2º, I, do CTN; **C:** é caso de exclusão da responsabilidade, nos termos do art. 133, § 1º, I, do CTN; **D:** liquidação extrajudicial (não judicial) não exclui a responsabilidade do adquirente; **E:** há responsabilidade até o quarto grau (ou seja, exclui-se a partir do quinto grau, e não até ele) - art. 133, § 2º, II, do CTN.

Gabarito "C"

(Procurador do Estado/MG – 2007) Quanto à responsabilidade tributária, não é correto afirmar que

(A) os créditos tributários relativos a impostos cujo fato gerador seja a propriedade, o domínio útil ou a posse de bens imóveis, sub-rogam-se na pessoa dos respectivos adquirentes, salvo quando conste do título a prova de sua quitação.

(B) o espólio é pessoalmente responsável pelos tributos devidos pelo *de cujus* até a data da abertura da sucessão.

(C) a pessoa jurídica de direito privado que resultar de fusão, transformação ou incorporação de outra ou em outra não é responsável pelos tributos devidos pelas pessoas jurídicas de direito privado fusionadas, transformadas ou incorporadas.

(D) a lei pode atribuir de modo expresso a responsabilidade pelo crédito tributário à terceira pessoa vinculada ao fato gerador da respectiva obrigação.

A: correta, conforme o art. 130 do CTN; **B:** correta, nos termos do art. 131, III, do CTN (embora seja curioso referir-se à responsabilidade pessoal do espólio, já que ele não tem personalidade jurídica, apenas judiciária para figurar no processo); **C:** incorreta, pois há responsabilidade, conforme o art. 132 do CTN; **D:** correta, conforme o art. 128 do CTN.

Gabarito "C"

(Procurador do Estado/RR – 2006 – FCC) Sobre a solidariedade, em matéria tributária, é correto afirmar que

(A) o pagamento efetivado por um dos obrigados não aproveita aos demais.

(B) a dívida que alcança duas ou mais pessoas é solidária, salvo disposição de lei em contrário.

(C) o inventariante não responde solidariamente pelos tributos devidos pelo espólio, no caso de impossibilidade da exigência do cumprimento da obrigação principal pelo contribuinte.

(D) comporta benefício de ordem entre as pessoas que tenham interesse comum na situação que constitua o fato gerador da obrigação principal.

(E) a interrupção da prescrição, a favor ou contra um dos obrigados, não favorece e nem prejudica aos demais, salvo disposição de lei em contrário.

A: aproveita sim (se houve pagamento integral, não há mais obrigação! Pode subsistir, eventualmente, direito pessoal de um dos obrigados – o que pagou – contra os demais, mas isso não tem relação com a tributação) – art. 125, I, do CTN; **B:** art. 124, I, do CTN (a afirmação não é clara, mas é a melhor alternativa, por exclusão das demais); **C:** responde, com relação aos atos em que intervier e às omissões de sua responsabilidade – art. 134, IV, do CTN; **D:** essas pessoas são solidariamente responsáveis e não há benefício de ordem – art. 124, I, e parágrafo único, do CTN; **E:** é o oposto – art. 125, III, do CTN.

Gabarito "B"

(Procurador do Estado/SE – FCC – 2005) Na cisão de uma sociedade, com versão de todo o seu patrimônio para outras duas pessoas jurídicas preexistentes, a responsabilidade pelos débitos tributários da sociedade cindida, relativos a fatos geradores anteriores à data da operação, é imputável

(A) a cada uma das pessoas jurídicas incorporadoras, na proporção do patrimônio recebido, sem solidariedade entre si.

(B) a cada uma das pessoas jurídicas incorporadoras, apenas na proporção do patrimônio recebido.

(C) apenas à pessoa jurídica para a qual for atribuído semelhante encargo no protocolo de cisão.

(D) a cada uma das pessoas jurídicas que absorveu o patrimônio da sociedade cindida, em caráter solidário.

(E) apenas aos sócios da sociedade cindida, em caráter solidário.

Essa situação é bastante discutível. Há precedente do STJ no sentido de que a "empresa resultante de cisão que incorpora parte do patrimônio da outra responde solidariamente pelos débitos da empresa cindida" (REsp 970.585/RS). Nesse julgamento paradigmático, o Min. José Delgado, do STJ, cita a lição de Hugo de Brito Machado, no sentido de que "A sociedade cindida que subsistir, naturalmente por ter havido versão apenas parcial de seu patrimônio, e as que absorverem parcelas de seu patrimônio responderão solidariamente pelas obrigações da primeira anteriores à cisão". Esse julgado foi adotado como fundamento para outro mais recente: REsp 852.972/PR. Assim, ainda que não se possa afirmar que haja jurisprudência consolidada, é certo que há respeitável entendimento no sentido de que a responsabilidade das sociedades resultantes da cisão é solidária com a cindida (caso esta última subsista). Por esse entendimento, a alternativa mais adequada seria a "D". Por outro lado, é forte o argumento no sentido da alternativa "A", correspondente ao gabarito oficial, por força do art. 229, § 1º, da Lei 6.404/1976: "(...) a sociedade que absorver parcela do patrimônio da companhia cindida sucede a esta nos direitos e obrigações relacionados no ato da cisão; no caso de cisão com extinção, as sociedades que absorverem parcelas do patrimônio da companhia cindida sucederão a esta, na proporção dos patrimônios líquidos transferidos, nos direitos e obrigações não relacionados."

Gabarito "A"

(Procurador da Fazenda Nacional – 2004 – ESAF) Tendo em conta as disposições do Código Tributário Nacional, em relação aos temas capacidade tributária passiva e solidariedade, é correto afirmar que

(A) a capacidade tributária passiva das pessoas naturais depende da capacidade civil.

(B) a capacidade tributária passiva depende da pessoa jurídica estar regularmente constituída.

(C) podem valer-se do benefício de ordem os devedores solidários, que são assim considerados por deterem interesse comum na situação que constitua o fato gerador da obrigação principal.

(D) a isenção subjetiva concedida a um não exonera os demais coobrigados.

(E) a isenção objetiva não exonera todos os coobrigados.

A: incorreta, pois a capacidade tributária independe da capacidade civil – art. 126, I, do CTN; **B:** incorreta, pois não há essa necessidade – art. 126, III, CTN; **C:** incorreta, pois a solidariedade tributária afasta o benefício de ordem – art. 124, parágrafo único, do CTN; **D:** assertiva correta, conforme o art. 125, II, *in fine*, do CTN; **E:** incorreta, pois a isenção ou remissão de crédito exonera todos os obrigados, salvo se outorgada pessoalmente a um deles, subsistindo, nesse caso, a solidariedade quanto aos demais pelo saldo – art. 125, II, do CTN.

Gabarito "D"

(Procurador da Fazenda Nacional – 2004 – ESAF) Tendo em conta as disposições do Código Tributário Nacional, é correto afirmar que a responsabilidade do sucessor pelos créditos tributários incidentes sobre os bens adquiridos é excluída

(A) mediante cláusula contratual firmada entre o alienante e o adquirente.

(B) quando o alienante cessar a exploração da atividade.

(C) quando o alienante continuar na exploração da atividade.

(D) apenas quanto à metade, se o alienante continuar na exploração da atividade.

(E) quando a alienação ocorrer por hasta pública vinculada a processo de falência.

A: incorreta, pois o acordo entre particulares não altera a sujeição passiva – art. 123 do CTN; **B:** incorreta, pois, no caso do art. 133, I, do CTN, por exemplo, a responsabilidade do sucessor é integral quando o alienante cessa a exploração de atividade empresarial; **C:** incorreta, pois, no caso do art. 133, II, do CTN, por exemplo, a responsabilidade do sucessor é subsidiária quando o alienante prossegue na exploração de atividade empresarial; **D:** incorreta, pois não há previsão legal nesse sentido; **E:** assertiva correta, conforme o art. 130, parágrafo único, do CTN (o STJ aplica o mesmo entendimento para o caso de aquisição de bens móveis em hasta pública – ver REsp 1.128.903/RS).

Gabarito "E"

(ADVOGADO – CEF – 2010 – CESPE) A responsabilidade tributária é decisiva para se aferir a quem caberá o ônus patrimonial pelo tributo. Nesse sentido, assinale a opção correta acerca da responsabilidade.

(A) O adquirente ou o remitente é pessoalmente responsável pelos tributos relativos aos bens adquiridos ou remidos, ainda que não sejam imóveis.

(B) A responsabilidade subsidiária de terceiros deve-se efetivar, ainda que em concurso com a possibilidade de exigência do cumprimento da obrigação principal pelo contribuinte.

(C) A responsabilidade por sucessão não pode ocorrer com empresas ou sociedades, já que eventuais modificações na estrutura ou na essência da empresa, resultantes de fusão, transformação ou incorporação, caracterizam uma nova empresa, diversa da anterior.

(D) O sucessor, a qualquer título, e o cônjuge meeiro são pessoalmente responsáveis pelos tributos devidos em sua totalidade pelo *de cujus* até a data da partilha ou da adjudicação.

(E) A transferência de responsabilidade tributária pode ocorrer por sucessão à pessoa natural, mas não à pessoa jurídica de direito privado, que adquirir de outra, por qualquer título, fundo de comércio e continuar a respectiva exploração.

A: correta, nos termos do art. 131, I, do CTN, que não faz qualquer distinção entre bens móveis ou imóveis; **B:** incorreta. Há hipóteses nas quais o responsável tributário substitui o contribuinte, nada sendo exigido deste (art. 128 do CTN); **C:** incorreta. Um dos efeitos das operações societárias (fusão, incorporação, cisão ou transformação) é a sucessão da nova empresa nas obrigações tributárias da anterior (art. 132 do CTN); **D:** incorreta.A responsabilidade, nesse caso, é limitada ao montante do quinhão, do legado ou da meação (art. 131, II, do CTN); **E:** incorreta. A sucessão das pessoas jurídicas é possível e está prevista no art. 133 do CTN.

Gabarito "A"

(PROCURADOR – BANCO CENTRAL – 2009 – CESPE) João adquiriu de Júlio um imóvel por meio de simples escritura pública de compra e venda, na qual não havia referência a qualquer quitação de IPTU e de contribuição de melhoria. Contudo, não havia crédito constituído na época da lavratura daquele instrumento. Nessa situação, considerando que havia créditos dos dois tributos em fase de constituição quando da compra, é correto afirmar que a responsabilidade pelo pagamento

(A) do IPTU será de João e da contribuição de melhoria, de Júlio.

(B) do IPTU será de João e a contribuição de melhoria será 50% para cada um.

(C) do IPTU será de Júlio e da contribuição de melhoria, de João.

(D) dos dois tributos será de Júlio.

(E) dos dois tributos será de João.

O adquirente é responsável pelos tributos relativos aos bens adquiridos (art. 131, I, do CTN), quaisquer que sejam eles (impostos, taxas ou contribuições de melhoria). Além disso, a Fazenda Pública reserva-se no direito de lançar, dentro do prazo de decadência, quaisquer débitos que sejam apurados posteriormente. Nesse caso, porém, pode o comprador eximir-se da responsabilidade pelo pagamento, desde que faça constar no título de aquisição a certidão negativa de débitos (art. 129 do CTN). Não o fazendo, deverá arcar com as dívidas.

Gabarito "E"

(ADVOGADO – CORREIOS – 2008 – ESPP) Aponte a alternativa correta:

(A) Sendo lavrado auto de infração tributária, o contribuinte inadimplente arcará com o pagamento do valor principal, juros de mora e multa punitiva, sendo excluída a multa de mora.

(B) Havendo denúncia espontânea, serão devidos pelo contribuinte inadimplente o valor do tributo, os juros de mora e a multa moratória correspondente.

(C) No caso de denúncia espontânea, com pedido de parcelamento, serão devidos o valor do tributo, os juros de mora, mas o contribuinte se exime do pagamento da multa moratória.

(D) O pagamento voluntário de tributo pelo contribuinte inadimplente, antes do início do procedimento de fiscalização, recebe o nome de denúncia espontânea ou autodenúncia.

A: incorreta. Havendo atraso no pagamento do tributo verificado por meio de ação fiscal, o contribuinte será notificado para pagar o principio acrescido de correção monetária, juros de mora, multa de mora e multa punitiva (art. 161 do CTN); **B:** incorreta. A denúncia espontânea exclui o valor da multa, sendo devidos apenas o principal, corrigido de acordo com os índices oficias de atualização monetária, e juros de mora (art. 138 do CTN); **C:** incorreta. Não se coaduna a denúncia espontânea com o pedido de parcelamento, visto que aquela, que operar o efeito liberatório da multa, deve ser acompanhada do pagamento integral da dívida (art. 138 do CTN); **D:** correta. A assertiva traduz fielmente o conceito de denúncia espontânea.

Gabarito "D"

(ADVOGADO – CORREIOS – 2008 – ESPP) Analise as assertivas a seguir:

I. Ocorre fraude na utilização de expediente ardiloso para pagar menos ou, em alguns casos, para pagar mais tributo que o realmente devido.

II. A sonegação fiscal e a fraude são expedientes ilícitos que caracterizam a evasão fiscal.

III. Elisão fiscal é o meio lícito utilizado para pagar menos tributo valendo-se das lacunas existentes na legislação fiscal.

IV. A renda auferida por meio do desempenho de atividades ilícitas é tributável, desde que ocorrido o fato gerador previsto em lei.

Assinale a alternativa correta:

(A) Apenas os itens II e III estão corretos.

(B) Apenas os itens I e III estão incorretos.

(C) Os itens II, III e IV estão incorretos.

(D) Todos os itens estão corretos.

I: correta. Considera-se fraude qualquer ato tendente a alterar a instrumentalização de um ato, de forma que ele não condiga com a realidade, quaisquer que sejam seus efeitos; **II:** correta. Evasão fiscal é a manobra ilícita para evitar o pagamento de tributos devidos, que ocorre, nos termos da legislação tributária, por dolo, fraude, simulação ou sonegação fiscal; **III:** correta. Elisão fiscal é sinônimo de "planejamento tributário", a avaliação lícita dos caminhos possíveis de se praticar determinado ato com vistas a fazê-lo da forma menos onerosa possível; **IV:** correta. Trata-se da aplicação do princípio *pecunia non olet*, segundo o qual não importa a natureza da atividade praticada, se lícita ou ilícita, para ser configurada a ocorrência do fato gerador e o consequente nascimento da obrigação tributária.

Gabarito "D"

(ADVOGADO – ELETROBRÁS – 2006 – NCE/UFRJ) Sobre o domicílio tributário, analise as afirmativas a seguir:

A regra geral é no sentido de eleição do domicílio tributário pelo sujeito passivo.

Se não houver opção pelo sujeito passivo, considera-se domicílio tributário da pessoa natural a sua residência habitual, ou, sendo esta desconhecida, o centro habitual de suas atividades.

Se não houver opção pelo sujeito passivo, considera-se domicílio da pessoa jurídica de direito privado o de cada estabelecimento de acordo com a avaliação discricionária da Administração.

São verdadeiras somente as afirmativas:

(A) I e II;

(B) I e III;

(C) II e III;

(D) I, II e III;

(E) nenhuma.

I: correta, nos termos do art. 127 do CTN; **II:** correta, nos termos do art. 127, I, do CTN; **III:** incorreta. Não se trata de competência discricionária da Administração. A atribuição de cada estabelecimento como domicílio tributário da pessoa jurídica que não o elegeu decorre da prática de cada ato, conforme art. 127, II, do CTN.

Gabarito "A"

(ADVOGADO – IRB – 2006 – ESAF) Da obrigação tributária principal decorre o crédito tributário, com a mesma natureza. Sobre a obrigação tributária, nos termos do art. 113 e seguintes do Código Tributário Nacional (Lei n. 5.172, de 25 de outubro de 1966), é correto afirmar-se que

(A) em processo de falência, o produto da alienação judicial de empresa, filial ou unidade produtiva isolada permanecerá em conta de depósito à disposição do juízo falimentar pelo prazo de um ano, contado da data de alienação, somente podendo ser utilizado para o pagamento de créditos extraconcursais ou de créditos que preferem ao tributário.

(B) a autoridade administrativa poderá desconsiderar atos ou negócios jurídicos praticados com a finalidade de dissimular a ocorrência do fato gerador do tributo ou dos elementos constitutivos da obrigação tributária, observados os procedimentos do Código Tributário Nacional.

(C) a lei pode atribuir de modo expresso a responsabilidade pelo crédito tributário a terceira pessoa, vinculada ou não ao fato gerador da respectiva obrigação, desde que se exclua totalmente a responsabilidade do contribuinte.

(D) uma vez verificado o nascimento da obrigação tributária, com a realização do fato gerador, o sujeito passivo torna-se imediatamente compelível ao pagamento do tributo pertinente, sendo desnecessária a prática de quaisquer atos formais por parte do sujeito ativo, em quaisquer hipóteses.

(E) a responsabilidade por infrações da legislação tributária somente é excluída pela denúncia espontânea da infração quando acompanhada do pagamento do tributo devido e dos juros de mora.

A: correta, nos termos do art. 133, § 3º, do CTN; **B:** incorreta. A cláusula geral antielisiva, prevista no art. 116, parágrafo único, do CTN, que pretende conferir poderes à Administração Tributária para coibir atos de elisão fiscal, depende de regulamentação por lei ordinária; **C:** incorreta. A figura do responsável tributário, além de expressa disposição legal, depende de sua vinculação indireta ao fato gerador (art. 128 do CTN); **D:** incorreta. No Direito Tributário, em regra, a obrigação do contribuinte pagar o tributo nasce antes do direito do sujeito ativo de recebê-lo. Enquanto a obrigação tributária nasce com a ocorrência do fato gerador, o crédito tributário será constituído apenas posteriormente por meio do lançamento (art. 142 do CTN), que poderá depender da atos administrativos para sua concretização, nas hipóteses de lançamento de ofício e por declaração; **E:** incorreta. A denúncia espontânea também é reconhecida através do depósito da importância arbitrada pela autoridade, quando o montante exato dependa ainda de apuração (art. 138, *in fine*, do CTN).

Gabarito "A"

(ADVOGADO – IRB – 2006 – ESAF) Em relação aos sujeitos ativo e passivo da obrigação tributária avalie o acerto das afirmações abaixo. Em seguida, marque a opção correta.

I. o sujeito passivo da obrigação tributária principal, em regra, é aquela pessoa que realiza o seu fato gerador.

II. a capacidade tributária passiva independe da capacidade civil das pessoas naturais; porém, assim como esta, aquela também pode sujeitar-se a medidas que importem privação ou limitação do exercício de atividades civis, comerciais ou profissionais.

III. sendo o sujeito passivo pessoa jurídica, sua capacidade tributária independe de estar ela regularmente constituída, nos termos do direito civil, bastando que configure uma unidade econômica ou profissional.

IV. chama-se sujeito ativo da obrigação tributária a pessoa jurídica de direito público dotada da competência para exigir seu cumprimento.

(A) Todos os itens estão corretos.

(B) Há apenas três itens corretos.

(C) Há apenas dois itens corretos.

(D) Há apenas um item correto.

(E) Todos os itens estão errados.

I. correta. Salvo nos casos em que a lei atribuir responsabilidade tributária por substituição, sujeito passivo do tributo será aquele que praticou o fato gerador previsto em lei; **II:** incorreta. Não há qualquer ressalva na caracterização da sujeição passiva das pessoas naturais (art. 126, I, do CTN); **III:** correta, nos termos do art. 126, II, do CTN; **IV:** correta, nos termos do art. 119 do CTN.

Gabarito "B"

(ADVOGADO – IRB – 2006 – ESAF) Sobre a responsabilidade tributária, tratada nos arts. 128 e seguintes do Código Tributário Nacional, é <u>incorreto</u> afirmar-se que

(A) o cônjuge meeiro é solidariamente responsável pelos tributos devidos pelo *de cujus* até a data da partilha ou adjudicação.

(B) o adquirente de um bem é pessoalmente responsável pelos tributos relativos a este.

(C) a pessoa jurídica de direito privado que resultar da fusão de outras é responsável pelos tributos devidos até a data do ato por aquelas que tenham sido fusionadas.

(D) os administradores de bens de terceiros são solidariamente responsáveis pelos tributos devidos por estes.

(E) os diretores de uma sociedade empresária são pessoalmente responsáveis pelos créditos correspondentes a obrigações tributárias resultantes de atos praticados com excesso de poderes ou infração de lei, contrato seu ou estatutos.

A: incorreta, devendo ser assinalada. A responsabilidade do cônjuge meeiro é limitada ao montante de sua meação (art. 131, II, do CTN); **B:** correta, nos termos do art. 131, I, do CTN; **C:** correta, nos termos do art. 132 do CTN; **D:** correta, nos termos do art. 134, III, do CTN; **E:** correta, nos termos do art. 135 do CTN.

Gabarito "A"

(ADVOGADO – BNDES – 2006 – CESGRANRIO) Analise os seguintes casos de responsabilidade tributária:

I. do inventariante, pelos tributos devidos pelo espólio;

II. dos pais, pelos tributos devidos por seus filhos menores;

III. da pessoa jurídica que resultar de fusão, pelos tributos devidos pela(s) pessoa(s) jurídica(s) fusionada(s);

IV. do adquirente de estabelecimento comercial de outra empresa, pelos tributos relativos ao estabelecimento adquirido, no caso de a alienante prosseguir na exploração da sua atividade.

De acordo com o Código Tributário Nacional, configuram casos de responsabilidade por sucessão:

(A) I e II, apenas.

(B) I e III, apenas.

(C) III e IV, apenas.

(D) II, III e IV, apenas.

(E) I, II, III e IV.

Chama-se responsabilidade por sucessão aquela decorrente de falecimento (se pessoa física) ou extinção (se pessoa jurídica) do contribuinte, bem como pela transferência de propriedade de bens ou pela realização de operações societárias (fusão, incorporação, cisão e transformação). Há de se ter cuidado, no caso da assertiva I, com a figura do inventariante. Ele não é responsável por sucessão porque não "herda" a responsabilidade pelo falecimento do contribuinte. Na verdade, ele será responsável pelo pagamento dos tributos devidos pelo **espólio,** ou seja, pelos tributos cujo fato gerador ocorreram **depois** da morte. Da mesma forma, não se inclui na responsabilidade por sucessão a dos pais pelos tributos devidos pelos filhos menores. Essas duas hipóteses são classificadas pelo CTN como responsabilidade de terceiros (art. 134).

Gabarito "C"

(ADVOGADO – ANCINE – 2005 – CESPE) A empresa Alfa é credora da empresa Beta. Para quitar sua dívida com Alfa, a empresa Beta, por meio de escritura pública de confissão de dívida e outras avenças, se comprometeu a pagar todos os tributos devidos pela empresa credora, até o montante de sua dívida. Em face dessa situação hipotética e das disposições do CTN, julgue os próximos itens.

(1) Para o fisco, por força da escritura pública a empresa Beta tornou-se responsável pelo pagamento dos tributos da empresa Alfa, até o montante estipulado na avença, ressalvado à fazenda pública, no caso de insolvência da empresa Beta, o direito de redirecionar a cobrança para a empresa Alfa.

(2) O CTN considera a empresa Alfa contribuinte, por ser o sujeito passivo que tem relação pessoal e direta com a situação que constituiu o respectivo fato gerador, e considera a empresa Beta responsável, por ser o sujeito passivo que, sem ser o contribuinte, passou a ter obrigação tributária em decorrência de disposição contratual.

1: incorreta. Para o Fisco, a empresa Alfa continua sendo contribuinte dos tributos cujo fato gerador ela pratique, tendo em vista que não são oponíveis à Fazenda Pública as convenções particulares tendentes a modificar a definição do sujeito passivo (art. 123 do CTN); **2:** incorreta. Pelas mesmas razões expostas no comentário anterior, a empresa Beta não é considerada responsável.

Gabarito 1E, 2E

(ADVOGADO – ANCINE – 2005 – CESPE) Quanto à solidariedade tributária expressa no CTN, julgue o item abaixo.

(1) A interrupção da prescrição em relação a uma das pessoas solidariamente obrigadas prejudica as demais, desde que não haja disposição em contrário.

1: correta, nos termos do art. 125, III, do CTN.

Gabarito 1C

10. SUSPENSÃO, EXTINÇÃO E EXCLUSÃO DO CRÉDITO

10.1. SUSPENSÃO

(Procurador do Estado/BA – 2014 – CESPE)

Determinado contribuinte solicitou parcelamento de dívida logo após a lavratura do auto de infração pelo Fisco contra ele, no qual lhe fora imputada fraude em razão de práticas fiscais que acarretaram a supressão de tributos.

Com base nessa situação hipotética, julgue os itens subsequentes.

(1) O pedido de parcelamento gera o benefício da espontaneidade para o contribuinte, que se verá livre das multas aplicadas pelo descumprimento das normas tributárias, especialmente aquela correspondente à fraude praticada.

(2) Na situação apresentada, o parcelamento gera a suspensão da obrigação tributária.

(3) Nesse caso, o parcelamento tem o mesmo efeito sobre o crédito tributário que o pedido de compensação.

(4) O parcelamento requerido pelo contribuinte deve ser negado, uma vez que a prática de fraude na relação com o Fisco impede a concessão de parcelamento, de acordo com o Código Tributário Nacional.

1: incorreta, pois não há espontaneidade após autuação fiscal – art. 138, parágrafo único, do CTN; **2:** incorreta, pois a simples solicitação de parcelamento não implica suspensão (é preciso que seja deferido o parcelamento). Ademais, a fraude afasta, em princípio, a possibilidade de moratória (parcelamento é espécie de moratória) – art. 154, parágrafo único e art. 155-A, § 2º, do CTN; **3:** incorreta, pois compensação é modalidade de extinção do crédito, enquanto o parcelamento apenas suspende sua exigibilidade; **4:** adequada, pois é isso que dispõe o art. 154, parágrafo único c/c o art. 155-A, § 2º, do CTN. Na prática, porém, é comum que as leis de parcelamento não excluam a possibilidade de adesão por quem tenha cometido fraude.

Gabarito 1E, 2E, 3E, 4C

(Procurador Federal – 2013 – CESPE) Julgue o seguinte item.

(1) Um município, ao estabelecer, por lei, um parcelamento tributário, poderá, facultativamente, excluir a incidência de juros e de multa no cálculo do débito do contribuinte.

Correta, pois o legislador local tem competência não apenas para permitir o parcelamento, como também para remitir parcialmente o crédito (= remissão, perdão de parcela do crédito) – art. 155-A, § 1º, do CTN.

Gabarito 1C

(Procurador do Estado/MT – FCC – 2011) São causas de extinção do crédito tributário que dependem de lei específica do ente político competente para serem aplicadas:

(A) moratória e parcelamento.

(B) transação e compensação.

(C) isenção e remissão.

(D) conversão do depósito em renda e decadência.

(E) dação em pagamento de bem móvel e prescrição.

Veja a tabela a seguir apresentada, com as modalidades de suspensão, extinção e exclusão do crédito tributário. Note que a alternativa "B" é a única que apresenta apenas modalidades de extinção do crédito.

Suspensão	Extinção	Exclusão
– a moratória	– pagamento	– a isenção
– o depósito do seu montante integral	– a compensação	– a anistia
– as reclamações e os recursos, nos termos das leis reguladoras do processo tributário administrativo	– a transação	

Suspensão	Extinção	Exclusão
– a concessão de medida liminar em mandado de segurança	– remissão	
– a concessão de medida liminar ou de tutela antecipada, em outras espécies de ação judicial	– a prescrição e a decadência	
– o parcelamento	– a conversão de depósito em renda	
	– o pagamento antecipado e a homologação do lançamento nos termos do disposto no artigo 150 e seus §§ 1º e 4º	
	– a consignação em pagamento, nos termos do disposto no § 2º do artigo 164	
	– a decisão administrativa irreformável, assim entendida a definitiva na órbita administrativa, que não mais possa ser objeto de ação anulatória	
	– a decisão judicial passada em julgado	
	– a dação em pagamento em bens imóveis, na forma e condições estabelecidas em lei	

Gabarito "B"

(Procurador do Município/Teresina-PI – 2010 – FCC) A moratória

(A) pode ser concedida pela União, quanto a tributos de competência dos Estados, do Distrito Federal ou dos Municípios dentro de plano de incentivo socioeconômico de determinada região, não havendo necessidade de concessão simultânea de isenção federal.

(B) é causa de exclusão do crédito tributário.

(C) é admitida apenas em caráter geral, em virtude do princípio da igualdade tributária.

(D) deve ser concedida por lei do ente político competente para a instituição de tributo, significando dilação do prazo para pagamento do crédito.

(E) não comporta imposição de penalidade em caso de revogação por dolo ou simulação do beneficiado, por apenas excluir o crédito tributário, que depois volta a ser exigível.

A: Incorreta, pois essa moratória heterônoma e excepcional somente pode ser concedida pela União quando simultaneamente concedida quanto aos tributos de competência federal e às obrigações de direito privado – art. 152, I, *b*, do CTN; **B:** Incorreta, pois a moratória é modalidade de suspensão da exigibilidade do crédito – art. 151, I, do CTN. As duas únicas modalidades de exclusão são a anistia e a isenção – art. 175 do CTN; **C:** Incorreta, pois se admite a moratória em caráter individual, sem que isso ofenda o princípio da igualdade, já que os critérios para a concessão são fixados em lei e são os mesmos para todos – art. 152, II, do CTN; **D:** Assertiva correta, pois descreve adequadamente a moratória, lembrando que há o caso excepcional de moratória concedida pela União, em relação a tributos de competência estadual e municipal, conforme o art. 152, I, *b*, do CTN; **E:** Incorreta, pois se houve dolo ou simulação do beneficiado, a revogação da moratória concedida em caráter individual implica imposição da penalidade cabível – art. 155, I, do CTN.

Gabarito "D"

(Procurador do Estado/CE – 2008 – CESPE) Assinale a opção correta acerca do instituto tributário denominado parcelamento.

(A) O parcelamento é causa de extinção do crédito tributário.

(B) O parcelamento é causa de suspensão da obrigação tributária.

(C) Ao parcelamento aplicam-se, subsidiariamente, as normas relativas à anistia.

(D) O parcelamento do crédito tributário será concedido na forma e na condição estabelecidas em lei específica.

(E) O parcelamento suspende o crédito tributário, mas não pode ser concedido por lei específica do estado da Federação.

A, B e **D:** o parcelamento suspende a exigibilidade do crédito. A forma e as condições serão estabelecidas por lei específica (art. 155-A do CTN); **C:** aplicam-se subsidiariamente as normas relativas à moratória – art. 155-A, § 2º, do CTN; **E:** o parcelamento, como benefício fiscal, **deve** ser concedido por lei específica – ver, a propósito, o art. 150, § 6º, da CF

Gabarito "D"

(Procurador do Estado/PR – 2008 – CESPE) A suspensão do crédito tributário não ocorre em casos de

(A) consignação em pagamento.

(B) reclamações e recursos interpostos nos processos tributários administrativos.

(C) depósito do montante integral.

(D) concessão de medida liminar em mandado de segurança.

(E) parcelamento.

Art. 151 do CTN – a consignação em pagamento é causa extintiva do crédito, nos termos do art. 156, VIII, do CTN. As demais assertivas referem-se a modalidades de suspensão do crédito tributário.

Gabarito "A"

(Procurador do Estado/PI – 2008 – CESPE) Considerando que o órgão fazendário competente tenha deferido pedido de contribuinte devedor de determinado tributo já vencido para realizar o pagamento de dívida, principal e juros, mensalmente, assinale a opção correta.

(A) Nesse caso, houve moratória, uma vez que o pagamento será feito em prestações.

(B) O instituto tributário aplicado ao caso é o da anistia, já que não será cobrada penalidade.

(C) O procedimento administrativo deferido pelo órgão fazendário causa a extinção do crédito tributário.

(D) O instituto tributário aplicado, nesse caso, denomina-se parcelamento e é causa de suspensão do crédito tributário.

(E) O crédito tributário poderá ser cobrado judicialmente, por meio de execução fiscal, uma vez que o contribuinte declarou ser devedor do referido tributo.

A: o pagamento em prestações não é essencial para a configuração da moratória – entende-se que é concedida antes do vencimento; **B:** a anistia é perdão (extinção) e não se confunde com parcelamento (suspensão); **C:** o parcelamento não extingue o crédito, apenas suspende sua exigibilidade; **D:** Art. 151, VI, do CTN; **E:** durante o parcelamento a exigibilidade do crédito fica suspensa, o que impede a execução.

Gabarito "D"

(Procurador da Fazenda Nacional – 2007.2 – ESAF) Segundo a Lei n. 10.684, de 2003, os débitos junto à Secretaria da Receita Federal do Brasil ou à Procuradoria-Geral da Fazenda Nacional, com vencimento até 28 de fevereiro de 2003, poderão ser parcelados em até _____ prestações mensais e sucessivas. Para fazer jus ao parcelamento, _______________ _____ _______________________________ _________ ______________________. Indique a opção que contém as palavras que preencham de forma correta as lacunas acima.

(A) 60 / os débitos ainda não constituídos deverão ser confessados, de forma irretratável e irrevogável

(B) 120 / os débitos ainda não constituídos devem ser objeto de prévia constituição, a requerimento do sujeito passivo

(C) 180 / os débitos ainda não constituídos deverão ser confessados, de forma irretratável e irrevogável

(D) 180 / os débitos que não tiverem sido lançados deverão ser objeto de procedimento sumário para sua constituição

(E) 120 / os débitos não constituídos devem ser objeto de prévia constituição, e não poderão integrar o montante parcelado Nas questões 26 e 27, assinale a opção que completa, corretamente, os respectivos enunciados.

Art. 1º, *caput*, e § 2º da Lei 10.684/2003 (PAES). A legislação específica prevê prazo de até 180 meses para o pagamento parcelado. Os débitos ainda não constituídos deverão ser confessados.

Gabarito "C"

(Procurador do Município/Manaus-AM – 2006 – FCC) A concessão de medida liminar, em mandado de segurança impetrado pelo contribuinte, suspende a exigibilidade do crédito tributário

(A) e impede a instauração de procedimento constitutivo do crédito tributário até decisão de primeira instância.

(B) e impede a instauração de procedimento constitutivo do crédito tributário até o trânsito em julgado da decisão judicial.

(C) e somente admite a lavratura de auto de infração para prevenir a decadência.

(D) sem obstar o andamento regular do procedimento de ofício até o desfecho da segurança.

(E) e impede a cominação de multa por infração.

A e **B:** incorretas, pois a suspensão da exigibilidade do crédito, quando ocorrida antes do lançamento, não impede sua constituição, até porque poderia haver decadência (que não se suspende ou se interrompe dessa forma) – ver REsp 1.259.346/SE. A suspensão impede, entretanto, a inscrição e ajuizamento da execução fiscal – REsp 1.129.450/SP; **C:** incorreta, pois é possível o lançamento tributário, ainda que não classificado com autuação fiscal (ou seja, ainda que não seja o lançamento realizado pela autoridade ao final do procedimento fiscalizatório); **D:** essa é a alternativa correta, conforme comentários anteriores; **E:** incorreta, pois a cassação da liminar torna insubsistente seus efeitos desde a concessão, permitindo a cobrança de multa e juros – ver AgRg REsp 1.278.672/MG e Súmula 405/STF.

Gabarito "D"

(ADVOGADO – CEF – 2012 – CESGRANRIO) É hipótese de suspensão do crédito tributário a(o)

(A) remissão

(B) transação

(C) compensação

(D) pagamento

(E) parcelamento

Dentre as listadas, a única hipótese de suspensão do crédito tributário é o parcelamento. Para recordação, leia o quadro abaixo:

SUSPENSÃO DO CRÉDITO TRIBUTÁRIO	EXTINÇÃO DO CRÉDITO TRIBUTÁRIO	EXCLUSÃO DO CRÉDITO TRIBUTÁRIO
Moratória Depósito do montante integral Concessão de liminares em ações judiciais Parcelamento	Pagamento Compensação Transação Remissão Prescrição Decadência Conversão do depósito em renda Homologação do pagamento antecipado Consignação em pagamento Decisão administrativa irreformável Decisão judicial transitada em julgado Dação em pagamento	Isenção Anistia

Gabarito "E"

(ADVOGADO – PETROBRÁS DISTRIB. – 2010 – CESGRANRIO) Suponha-se que determinada empresa, estando em débito com a fazenda pública municipal em razão do não recolhimento do imposto sobre serviços relativo ao último ano, promova o parcelamento do valor devido, de acordo e na forma das condições estabelecidas em lei própria. Nesse caso, o parcelamento

(A) suspende a exigibilidade do crédito tributário.

(B) concede remissão ao crédito tributário.

(C) extingue o crédito tributário.

(D) exclui o crédito tributário.

(E) promove a compensação com créditos vencidos do sujeito passivo contra a Fazenda Pública Municipal.

Parcelamento é hipótese de suspensão da exigibilidade do crédito tributário (art. 151, VI, do CTN).

Gabarito "A"

(ADVOGADO – ELETROBRÁS – 2006 – NCE/UFRJ) Assinale a alternativa que NÃO indica uma das hipóteses de suspensão da exigibilidade do crédito tributário:

(A) o parcelamento;

(B) a moratória;

(C) o depósito de seu montante integral;

(D) as reclamações e os recursos nos termos das leis reguladoras do processo administrativo tributário;

(E) o ajuizamento de mandado de segurança com pedido de liminar.

A única alternativa incorreta, nos termos do art. 151 do CTN, é a letra "E". Com efeito, não é o **ajuizamento** do mandado de segurança que confere a suspensão da exigibilidade do crédito tributário e, sim, a **concessão** da limitar pelo juiz no bojo da ação judicial (art. 151, IV, do CTN).

Gabarito "E"

(ADVOGADO – BNDES – 2006 – CESGRANRIO) Sobre as hipóteses de suspensão da exigibilidade do crédito tributário, está correto afirmar que:

(A) dispensam o cumprimento das obrigações acessórias dependentes da obrigação principal cujo crédito esteja suspenso.

(B) implicam que fiquem suspensos os prazos da prescrição e da decadência.

(C) a moratória somente pode ser concedida em caráter geral.

(D) a medida liminar interrompe a incidência da multa de mora desde a sua concessão até 30 (trinta) dias após a decisão que considerar devido o tributo.

(E) o depósito judicial integral, incluindo os acréscimos moratórios e a correção monetária devidos até a data de sua efetivação, suspende a fluência da multa de mora mas não resguarda o contribuinte contra a fluência dos juros e da correção monetária futuros.

A: incorreta. As obrigações acessórias continuam íntegras e devem ser respeitadas, mesmo com a suspensão da exigibilidade do crédito principal; **B:** incorreta. Se o crédito já estiver definitivamente constituído, haverá suspensão da prescrição. A decadência, por seu turno, é fatal e inexorável, não se suspende ou se interrompe; **C:** incorreta. O art. 152, II, do CTN autoriza a concessão de moratória em caráter individual; **D:** correta, nos termos do art. 63, § 2º, da Lei nº 9.430/96; **E:** incorreta. A conta vinculada ao juízo onde se realiza o depósito integral do tributo devido para sua discussão é remunerada pelo próprio banco (como uma conta poupança) para garantir a atualização da moeda e os juros legais.

Gabarito "D"

(ADVOGADO – BNDES – 2002 – VUNESP) Embora devidamente constituído, o crédito tributário tem sua exigibilidade suspensa em razão de

(A) consignação em pagamento, anistia e remissão.

(B) remissão, anistia e liminar em mandado de segurança.

(C) liminar em ação cautelar, compensação e consignação em pagamento.

(D) consignação em pagamento e liminar em mandado de segurança.

(E) liminar em mandado de segurança e moratória.

A única alternativa que contempla hipóteses de suspensão da exigibilidade do crédito é a letra "E". Consignação em pagamento à extinção do crédito; anistia à exclusão do crédito; remissão à extinção do crédito; compensação à extinção do crédito; liminar em ação cautelar à suspensão da exigibilidade do crédito.

Gabarito "E"

10.2. EXTINÇÃO

(Procurador Distrital – 2014 – CESPE) Determinado contribuinte praticou fraude nas suas declarações feitas ao fisco e, com isso, conseguiu suprimir tributo de ICMS do erário público no mês de novembro de 2008. O fisco conseguiu constatar tal supressão apenas em dezembro de 2013, tendo lavrado o respectivo auto de infração.

Com relação a essa situação hipotética, julgue os itens seguintes, que tratam de lançamento, decadência e prescrição.

(1) No caso descrito, houve decadência no direito do fisco de lançar o tributo, pois a verificação ocorreu após cinco anos da data do fato gerador.

(2) A prescrição ocorreu em virtude de o contribuinte já ter realizado o lançamento e o Estado não ter efetivado sua cobrança judicial.

1: incorreta, pois, no caso de fraude, não há homologação tácita do lançamento após 5 anos contados do fato gerador – art. 150, § 4º, *in fine*, do CTN (é preciso lembrar que o ICMS é lançado por homologação, em regra). No caso de fraude, aplica-se a contagem do art. 173, I, do CTN, para o lançamento de ofício pelo fisco, ou seja, a decadência ocorre apenas 5 anos contados do primeiro dia do exercício seguinte àquele em que o lançamento poderia ter sido realizado (o prazo terminou apenas em 01.01.2014, no caso); **2:** incorreta, pois a prescrição refere-se ao direito de cobrar o tributo após o lançamento, e não de constituir o crédito pelo lançamento. Assim, a prescrição quinquenal iniciou-se em dezembro de 2013 (ou na data do vencimento, após o lançamento e notificação) e termina apenas em dezembro de 2018 (ou cinco anos após o vencimento, pressupondo o prévio lançamento e notificação) – ver AgRg no REsp 1.398.316/PE em relação à contagem do prazo prescricional, considerando a *actio nata* (o prazo somente se inicia a partir do momento em que o Fisco poderia cobrar, mas omitiu-se, ou seja, somente após o vencimento, em regra).

Gabarito 1E, 2E

(Procurador do Estado/RO – 2011 – FCC) A ação para a cobrança do crédito tributário prescreve no prazo de cinco anos, sendo que ocorre a interrupção do referido prazo, segundo o Código Tributário Nacional, desde

(A) a notificação do lançamento tributário ao contribuinte.

(B) a penhora dos bens pelo devedor.

(C) a inscrição do tributo na dívida ativa pelo ente tributante.

(D) o julgamento em 1a instância do recurso administrativo.

(E) o despacho do juiz que ordenar a citação em execução fiscal.

A: Incorreta, pois a notificação do lançamento indica a constituição definitiva do crédito e, portanto, o início do prazo prescricional, se não houver impugnação administrativa – art. 174 do CTN. A rigor, pelo princípio da *actio nata*, entende-se que o prazo prescricional contra a fazenda começa a correr a partir do vencimento do tributo (antes disso, o fisco não poderia cobrar o débito, não fluindo, portanto, o prazo prescricional); **B:** Incorreta, pois a penhora não é evento interruptivo da prescrição – art. 174 do CTN; **C:** Incorreta, pois a inscrição em dívida ativa não interrompe o prazo. Entende-se que o disposto no art. 2º, § 3º, da Lei 6.830/1980 não se aplica à dívida ativa de natureza tributária (aplica-se apenas à dívida não tributária), pois prescrição tributária é matéria a ser veiculada exclusivamente por lei complementar federal – art. 146, III, *b*, da CF; **D:** Incorreta, pois, até a decisão definitiva no âmbito administrativo, há suspensão da exigibilidade do crédito e, pelo princípio da *actio nata*, suspensão também do prazo prescricional para a fazenda cobrar o valor; **E:** Essa é a alternativa correta, conforme o art. 174, p. único, I, do CTN.

Gabarito "E"

(Procurador do Estado/PA – 2011) Suponha que uma lei estadual estabeleça prazo de 6 (seis) meses para o Fisco apreciar recurso administrativo fiscal e que, ultrapassado este prazo, não havendo apreciação do recurso, o crédito tributário seria extinto. Assinale a alternativa CORRETA:

(A) a lei é constitucional, pois o contribuinte tem direito à razoável duração do processo administrativo fiscal.

(B) a lei é constitucional, mas o prazo poderá ser interrompido pelo Fisco, se houver necessidade de diligência fiscal.

(C) A extinção do crédito tributário ou do direito de constituir o crédito tributário por decurso de prazo, combinado a qualquer outro critério, corresponde à decadência e, portanto, a lei estadual é constitucional por obedecer ao Código Tributário Nacional, que prevê esta hipótese de inércia no julgamento do recurso administrativo como forma decadencial.

(D) Os estados-membros, quanto aos seus tributos, podem estabelecer regras próprias de decadência, desvinculadas daquelas previstas no Código Tributário Nacional.

(E) O lançamento tributário não pode durar indefinidamente, sob risco de violação da segurança jurídica, mas a Constituição de 1988 reserva à lei complementar federal o tratamento normativo sobre decadência em matéria tributária.

Essa lei é inválida, pois a extinção do crédito tributário por decurso de prazo é prescrição, matéria reservada à lei complementar federal, nos termos do art. 146, III, *b*, da CF. Nos termos do art. 151, III, do CTN, a exigibilidade do crédito fica suspensa durante o processo administrativo, o que implica suspensão do prazo prescricional, pelo princípio da *actio nata* (não corre o prazo se não há inércia do titular do direito) – art. 174 do CTN. Por essas razões, a alternativa "E" é a melhor. Note que a banca considerou que o crédito tributário estaria constituído apenas ao final do processo administrativo (constituição definitiva), daí a referência ao prazo para o lançamento à luz da segurança jurídica.

Gabarito "E"

(Procurador do Estado/PR – UEL-COPS – 2011) Dentre as alternativas abaixo, aponte aquela que estiver correta:

(A) unicamente o pagamento extingue o crédito tributário, até porque o tributo é denominado pela legislação tributária vigente como uma prestação pecuniária;

(B) a compensação tributária, quando objeto de contestação judicial, e desde que autorizada em lei, independe do trânsito em julgado da respectiva demanda;

(C) sujeitos ativo e passivo da relação jurídica tributária podem, a qualquer tempo e condição, celebrar transação que, mediante concessões mútuas, importe em terminação do litígio e consequente extinção do crédito tributário;

(D) a remição, total ou parcial, poderá extinguir o crédito tributário, desde que observada a condição da existência de despacho fundamentado por parte da autoridade administrativa;

(E) a dação em pagamento em bens imóveis, excluídos os móveis, na forma e condições estabelecidas em lei, extinguem o crédito tributário.

A: incorreta, pois há outras modalidades de extinção do crédito tributário previstas no art. 156 do CTN; **B:** incorreta, pois é vedada a compensação mediante o aproveitamento de tributo, objeto de contestação judicial pelo sujeito passivo, antes do trânsito em julgado da respectiva decisão judicial – art. 170-A do CTN; **C:** incorreta, pois a transação depende de lei autorizativa específica – art. 171 do CTN; **D:** incorreta, pois a remissão concedida nessas condições extingue o crédito tributário – art. 172 do CTN; **E:** assertiva correta, pois o CTN prevê apenas a dação de bens imóveis em pagamento, como modalidade de extinção do crédito, e não a dação de bens móveis – art. 155, XI, do CTN.

Gabarito "E"

(Procurador do Estado/GO – 2010) Sobre o crédito tributário, é CORRETA a seguinte afirmação:

(A) A prescrição extingue o crédito tributário e a pretensão à ação.

(B) É possível a transação sobre o crédito tributário, desde que autorizada por decreto do chefe do Poder Executivo.

(C) A decadência impede o Fisco de promover a cobrança do crédito tributário.

(D) Os tributos suscetíveis de lançamento por homologação estão sujeitos a decadência no prazo de cinco anos de mora do sujeito passivo.

(E) Extingue-se mediante a compensação entre o crédito tributário e o crédito decorrente de prestação de serviço à Administração Pública, conforme previsto no Código Civil.

A: assertiva correta, pois a prescrição é modalidade de extinção do crédito tributário, nos termos do art. 156, V, do CTN, ou seja, não extingue apenas a pretensão à ação, mas o próprio direito de fundo; **B:** incorreta, pois a transação, como modalidade de extinção do crédito tributário, depende de lei, nos termos do art. 171 do CTN; **C:** incorreta, pois a decadência refere-se à impossibilidade de constituir o crédito (lançar). A prescrição é que atinge o direito à execução judicial – arts. 173 e 174 do CTN; **D:** incorreta, pois a decadência do direito de o fisco rever o lançamento por homologação ocorre após cinco anos contados do fato gerador – art. 150, § 4º, do CTN. Entretanto, caso não haja pagamento, ou ele seja realizado com dolo, fraude ou simulação, o prazo decadencial em desfavor do fisco é contado na forma do art. 173, I, do CTN; **E:** incorreta, pois a compensação tributária depende de autorização legal específica – art. 170 do CTN.

Gabarito "A"

(Procurador do Estado/GO – 2010) O Supremo Tribunal Federal recentemente editou a Súmula Vinculante n. 8, segundo a qual são inconstitucionais os artigos 45 e 46 da Lei n. 8.212/91, que fixam em dez anos os prazos decadencial e prescricional das contribuições para a seguridade social. Nos julgamentos que precederam e embasaram sua edição, restou assentado por aquela Corte que

(A) a Constituição Federal de 1988 reservou expressamente à lei complementar a enumeração dos meios de extinção e suspensão do crédito tributário, entre os quais, inclusive, a prescrição e decadência tributários.

(B) à norma geral em matéria de legislação tributária, sujeita à lei complementar, compete dispor sobre o método de contagem dos prazos de prescrição e decadência, sendo permitida à lei ordinária própria da entidade tributante a fixação dos prazos decadenciais e prescricionais.

(C) embora as contribuições sejam espécies tributárias, as contribuições para a seguridade social encontram tratamento específico no artigo 195 da Constituição e, por conseguinte, são excluídas do regime da obrigatoriedade de uso da lei complementar para dispor sobre prescrição e decadência.

(D) a vedação ao tratamento desigual entre contribuintes em situação equivalente não configura óbice à regulação de aspectos específicos dos temas de prescrição e decadência do crédito tributário, por parte dos diversos entes da Federação.

(E) são legítimos os recolhimentos efetuados nos prazos previstos nos artigos 45 e 46 da Lei n. 8.212/91 e não impugnados até 11 de junho de 2008, data em que o Supremo Tribunal Federal declarou a inconstitucionalidade incidental desses dispositivos, com modulação de efeitos.

A: incorreta, o STF simplesmente reconheceu que prescrição e decadência tributárias, especificamente, são matérias reservadas à lei complementar federal – art. 146, III, *b*, da CF. Ao julgar a ADI 2.405 MC/RS, por exemplo, o STF admitiu lei estadual que instituía nova modalidade de extinção do crédito tributário (dação de bens imóveis, quando isso ainda não era previsto pelo CTN). Posteriormente, ao julgar a ADI 1.917/DF, o STF afastou lei distrital que instituía a dação de bens móveis em pagamento, mas o fundamento consensual é de que haveria ofensa ao princípio da licitação (não quanto à impossibilidade de lei local instituir nova modalidade de extinção); **B:** incorreta, conforme comentário à alternativa anterior – há reserva de lei complementar federal, no caso; **C:** incorreta, pois o art. 146 da CF aplica-se às normas relativas às contribuições sociais; **D:** incorreta, pois a matéria é reservada à lei complementar federal – art. 146, III, *b*, da CF; **E:** assertiva correta, pois o STF "deliberou aplicar efeitos *ex nunc* à decisão, esclarecendo que a modulação aplica-se tão somente em relação a eventuais repetições de indébitos ajuizadas após a decisão assentada na sessão do dia 11.06.2008, não abrangendo, portanto, os questionamentos e os processos já em curso" (RE 560.626/RS).

Gabarito "E"

(Procurador do Estado/GO – 2010) A compensação como forma de extinção do crédito tributário

(A) pode se realizar entre créditos oriundos de precatórios vencidos de qualquer natureza, inclusive os de pequeno valor e os de natureza alimentícia, com débitos de ICMS da entidade devedora, na forma do art. 78 do Ato das Disposições Constitucionais Transitórias.

(B) depende de lei autorizativa na esfera do Estado, a qual poderá prever a compensação com precatório oriundo de autarquia estadual.

(C) depende de lei autorizativa na esfera do Estado, a qual poderá prever a compensação entre créditos de naturezas distintas.

(D) pode se realizar em relação a tributo objeto de contestação judicial, não sendo necessário aguardar-se o trânsito em julgado da respectiva decisão judicial, desde que permitido seu deferimento por medida liminar ou antecipatória.

(E) não pode ser alegada como matéria de defesa nos embargos à execução fiscal, tampouco em sede de medida cautelar fiscal, como óbice à pretensão deduzida.

A: incorreta, pois não há possibilidade de compensação de crédito tributário com o crédito representado pelo precatório, exceto se houver lei autorizativa específica do ente político competente – art. 170 do CTN, ver AgRg AREsp 57.701/RS; **B:** discutível, pois, em princípio, a compensação deve se referir a créditos e débitos envolvendo as mesmas pessoas – art. 170 do CTN; **C:** essa é a melhora alternativa, nos termos do art. 170 do CTN; **D:** incorreta, pois é vedada a compensação mediante o aproveitamento de tributo, objeto de contestação judicial pelo sujeito passivo, antes do trânsito em julgado da respectiva decisão judicial – art. 170-A do CTN e Súmula 212/STJ; **E:** incorreta, pois o disposto no art. 16, § 3º, da Lei 6.830/1983 não impede que o executado suscite a compensação anteriormente realizada, que tenha extinguido o crédito tributário (o que se veda é a pretensão de compensar o crédito tributário no curso dos embargos à execução fiscal – ver REsp 1.305.881/PR. A possibilidade dessa alegação ser feita na cautelar fiscal é prevista expressamente no art. 15 da Lei 8.397/1992, impedindo, nesse caso, o ajuizamento da execução fiscal.

Gabarito "C"

(Procurador do Estado/GO – 2010) Foi lavrado auto de infração em desfavor de determinado contribuinte, pela omissão do pagamento de ICMS devido nos meses de março e abril de 2000. A inscrição em dívida ativa ocorreu em abril de 2001. Aproveitando-se dos benefícios de uma lei estadual de remissão, o contribuinte confessou o débito e aderiu ao parcelamento em 10 de abril de 2002, para pagamento em 60 meses. Ante a impontualidade no pagamento das parcelas, o acordo foi denunciado (rescindido) em 25 de outubro de 2003, de modo que a execução fiscal para pagamento do débito remanescente foi proposta em 30 de março de 2004. Nos autos, embora o despacho inicial do juiz ordenando a citação tenha sido exarado em 2 de abril de 2004, as diversas tentativas de citação do devedor por oficial de justiça quedaram-se frustradas. Sobreveio informação sobre a dissolução irregular da empresa executada, de modo que sua citação editalícia aperfeiçoou-se em maio de 2007. Nesse caso, a sentença judicial que apreciar a tese da prescrição, suscitada pelo contribuinte, deverá fundamentar e concluir no sentido de que

(A) o lapso prescricional interrompido pela confissão e parcelamento recomeçou a correr, por inteiro, na data da rescisão do acordo celebrado, não tendo operado a prescrição no caso.

(B) houve a interrupção do lapso prescricional por força do despacho do juiz que ordenou a citação, motivo pelo qual não há que se falar em prescrição do crédito tributário no caso.

(C) embora a confissão para adesão ao parcelamento tenha interrompido a fluência do lapso prescricional em 10 de abril de 2002, este recomeçou a correr por inteiro, operando-se a prescrição em abril de 2007.

(D) o lapso prescricional interrompido pela confissão e parcelamento recomeçou a correr, pela metade, na data da rescisão do acordo celebrado, operando-se a prescrição em abril de 2006.

(E) houve prescrição do crédito tributário, ante o decurso de mais de cinco anos entre a data de sua constituição definitiva e a citação válida do devedor.

O termo inicial do prazo prescricional de cinco anos é a data da notificação do lançamento (a rigor, a data de vencimento, pelo princípio da *actio nata* – não corre o prazo se não há inércia do titular do direito), ou seja, em março e abril de 2000 – art. 174, *caput*, do CTN. A data da inscrição em dívida ativa é irrelevante para a contagem. A confissão da dívida em 10.04.2002 interrompe a prescrição, ou seja, o prazo será reiniciado – art. 174, IV, do CTN. Ocorre que durante o parcelamento há suspensão da exigibilidade do crédito tributário (art. 151, VI, do CTN), o que implica suspensão do prazo prescricional, pelo princípio da *actio nata*. Assim, o prazo que fora interrompido pela confissão de dívida, não se reinicia durante o parcelamento. Somente em 25.10.2003, com o cancelamento do parcelamento, é que o prazo quinquenal de prescrição recomeça, sendo que terminaria apenas em 25.10.2008. Antes disso, houve o despacho determinando a citação na execução, que mais uma vez interrompe o prazo prescricional – art. 174, I, do CTN. Assim percebe-se que não houve prescrição, sendo correta a alternativa "A". Observação: nesses casos em que há diversas datas e contagem de prazo, é interessante que o candidato faça uma linha do tempo no rascunho, para não se perder.

Gabarito "A"

(Procurador do Estado/SC – 2010 – FEPESE) De acordo com a Lei Estadual n° 15.300, de 13 de setembro de 2010, que dispõe sobre a compensação de dívida da Fazenda Pública decorrente de precatório pendente de pagamento com crédito tributário e outros créditos, constitui condicionante legal à compensação, **exceto**:

(A) que crédito tributário a ser compensado não esteja parcelado.

(B) que o precatório não seja expedido contra autarquia ou fundação do Estado.

(C) que crédito tributário a ser compensado seja liquidado integralmente pelo precatório apresentado.

(D) que o crédito tributário a ser compensado tenha sido inscrito em Dívida Ativa até 31 de dezembro de 2009.

(E) que o precatório não seja objeto de qualquer impugnação ou recurso judicial ou, em sendo, haja a expressa renúncia.

A compensação tributária, prevista no art. 170 do CTN, depende de lei autorizativa do ente político competente para o tributo (União, Estado, Distrito Federal ou Município).

A, **C**, **D** e **E:** Indicam condição prevista no art. 2°, II, da Lei de SC 15.300/2010; **B:** Essa é a alternativa a ser indicada, pois a lei de Santa Catarina (diferentemente do que ocorre em outros Estados) admite a compensação de crédito tributário com precatório emitido contra autarquia do ente tributante – art. 2°, I, *C*, da Lei de SC 15.300/2010.

Gabarito "B"

(Procurador do Município/Teresina-PI – 2010 – FCC) O pagamento do crédito tributário

I. não resta ilidido pela imposição de penalidade por descumprimento da legislação tributária;

II. relativamente à última parcela, importa em presunção de pagamento quando parcial, das prestações anteriores em que se decomponha;

III. por meio de cheque somente extingue o mesmo se for ao portador, emitido pelo próprio devedor e da praça da sede do ente tributante;

IV. pode ser consignado extrajudicialmente em estabelecimento bancário oficial, cabendo ao devedor notificar o ente tributante do depósito que deverá ser recusado expressamente no prazo de quinze dias, sob pena de aceitação e extinção definitiva do crédito;

V. quando indevido, gera ao sujeito passivo o direito à restituição, ainda quando o pagamento tenha se dado independentemente de prévio protesto, desde que requerido administrativa ou judicialmente no prazo legal.

É correto o que se afirma SOMENTE em

(A) II, III e IV.

(B) I e V.

(C) II e IV.

(D) III e V.

(E) I, III e V.

I: Correta, conforme o art. 157 do CTN; **II:** Incorreta, pois o pagamento de parcela não faz presumir o pagamento de outras – art. 158, I, do CTN; **III:** Incorreta, pois não há essa limitação no art. 162, § 2º, do CTN; **IV:** Incorreta, pois a consignação em pagamento, como modalidade de extinção do crédito tributário, dá-se judicialmente (não extrajudicialmente) – arts. 156, VIII, e 164 do CTN; V: Correta, conforme os arts. 165, 168 e 169 do CTN.

Gabarito "B"

(Procurador do Município/Teresina-PI – 2010 – FCC) Sobre as causas de extinção do crédito tributário é correto afirmar que a

(A) dação em pagamento para extinção do crédito tributário pode ser feita na forma e condições estabelecidas em lei.

(B) compensação de créditos tributários é admitida apenas com créditos de mesma natureza, devendo lei do ente competente disciplinar as condições específicas para o caso, pois a autorização já vem pelo Código Tributário Nacional.

(C) transação enquanto causa de extinção do crédito tributário acontece no âmbito administrativo perante a autoridade administrativa competente, estando autorizada diretamente pelo Código Tributário Nacional.

(D) anistia e a remissão extinguem o crédito tributário quando previstas em lei específica do ente tributante e devem ser realizadas mediante despacho fundamentado de autoridade administrativa competente, desde que o sujeito passivo preencha os requisitos da lei do ente político competente.

(E) tutela antecipada em sede de ação anulatória de débito fiscal extingue o crédito tributário sob condição suspensiva de ulterior confirmação em sede de decisão judicial irrecorrível.

A: Correta, lembrando que o CTN refere-se à dação em pagamento de bens imóveis – art. 156, XI, do CTN. O STF já admitiu dação de bens móveis, prevista em lei estadual, como modalidade de extinção do crédito (ADI 2.405 MC-RS) e, em outra oportunidade, entendeu que lei distrital nesse sentido ofendia o princípio da licitação (ADI 1.917-DF); **B:** Incorreta, pois o crédito do particular contra a Fazenda não precisa ser, necessariamente, tributário (ou seja, os créditos não precisam ser da mesma natureza) – art. 170 do CTN. Ademais, o CTN apenas prevê a modalidade de extinção do crédito, sendo que a efetiva autorização para a compensação deve ser veiculada pela lei do ente competente (se não houver lei federal, estadual, distrital ou municipal, não há direito à compensação); **C:** Incorreta, pois a transação, a exemplo da compensação, depende de lei do ente político competente para o respectivo tributo – art. 171 do CTN; **D:** Incorreta, pois a anistia é modalidade de exclusão do crédito tributário, não de extinção – art. 175, II, do CTN; **E:** Incorreta, pois a antecipação de tutela é modalidade de suspensão do crédito tributário, não de extinção – art. 151, V, do CTN.

Gabarito "A"

(Procurador Federal – 2010 – CESPE) Julgue os próximos itens, relativos a obrigação e crédito tributários.

(1) Considere que determinada revendedora de automóveis, em débito quanto ao pagamento de diversos tributos, decida quitá-los e que haja a imputação do pagamento, pela autoridade administrativa. Nessa situação, a referida imputação deve-se dar, primeiramente, quanto aos débitos oriundos de obrigação própria e, em segundo lugar, aos decorrentes de responsabilidade tributária.

(2) Pela remissão, o legislador extingue a punibilidade do sujeito passivo infrator da legislação tributária, impedindo a constituição do respectivo crédito tributário.

1: assertiva correta, pois indica a ordem de imputação prevista no art. 163, I, do CTN; **2:** incorreta, pois a remissão é perdão do crédito tributário, que incluir o tributo e a penalidade pecuniária. A assertiva refere-se à anistia, que exclui o crédito tributário impedindo sua constituição – art. 175, II, do CTN.

Gabarito 1C, 2E

(Advogado da União/AGU – CESPE – 2009) Com base no Direito Tributário, julgue o item que se segue.

(1) Considere que Gustavo possua débitos vencidos relativos ao imposto sobre a renda correspondente aos períodos de 2003 e de 2005, que, juntos, totalizem R$ 9.000,00. Considere, ainda, que, intencionando regularizar sua situação perante o fisco, Gustavo efetue o pagamento de parte desse valor. Nessa situação hipotética, a autoridade tributária, ao receber o pagamento, deverá determinar a respectiva imputação, na ordem crescente dos prazos de prescrição.

1: assertiva correta, pois reflete a ordem de imputaçao prevista no art. 163, III, do CTN.

Gabarito 1C

(Procurador do Estado/SC – 2009) O lançamento tributário, exigindo imposto devido e não pago, foi realizado em 30.01.2003, sendo que o contribuinte apresentou impugnação administrativa em 28.02.2003. Decisão administrativa irrecorrível, mantendo o ato fiscal, deu-se em 28.02.2004, e considere- se a ciência do contribuinte regularmente ocorrida na mesma data. O crédito tributário foi inscrito em dívida ativa em 30.09.2004 e ajuizada ação de execução fiscal em 20.02.2009. O juiz, mediante despacho, ordenou a citação do executado em 03.03.2009, o qual foi efetivamente citado em 06.03.2009.

De acordo com esses dados assinale a alternativa **correta**:

(A) A impugnação administrativa interrompeu a prescrição.

(B) A inscrição em dívida ativa interrompeu a prescrição.

(C) A ação de execução foi ajuizada indevidamente, pois já estava prescrita.

(D) Ocorreu a interrupção da prescrição a partir de 03.03.2009.

(E) Ocorreu a interrupção da prescrição a partir de 06.03.2009.

A: incorreta, pois o processo administrativo, por suspender a exigibilidade do crédito tributário (art. 151, III, do CTN) suspende também (não interrompe) o prazo prescricional, pelo princípio da *actio nata*; **B:** incorreta, pois a inscrição em dívida ativa não é causa de interrupção do prazo prescricional. O STJ entende que a suspensão prevista no art. 2º, § 3º, da Lei 6.830/1980 não se aplica à dívida ativa tributária, pois a matéria (prescrição tributária) é reservada à lei complementar; **C:** o contribuinte foi intimado da decisão administrativa em 28.2.2004. Até então o prazo prescricional estava suspenso (vide comentário à alternativa A), ou, para alguns autores, somente nesse momento é que se deu a constituição definitiva do crédito. Ocorre que, pelo princípio da *actio nata,* o prazo prescricional contra a fazenda não corre nos períodos em que ela não pode exigir o crédito. Assim, somente após o prazo para pagamento do tributo, após 28.2.2004, é que o prazo prescricional flui. Inexistindo disposição legal em contrário, o pagamento deve ser feito em 30 dias da notificação da decisão administrativa (aplicação do art. 160 do CTN, salvo disposição legal em contrário). Assim, o prazo prescricional começou a fluir contra a fazenda em 30.3.2004, terminado em 30.3.2009 (cinco anos depois, nos termos do art. 174 do CTN). A execução se iniciou em 20.2.2009 e o prazo prescricional foi interrompido com o despacho que ordenou a citação, em 3.3.2009. Não ocorreu a prescrição, portanto. É interessante notar que, para a atual jurisprudência do STJ, mesmo que não se contasse a suspensão do prazo por 30 dias (período para pagamento após a decisão do processo administrativo), não haveria prescrição, pois a citação válida retroage para a data de propositura da ação de execução, conforme o art. 219, § 1º, do CPC – ver REsp 1.120.295/SP (repetitivo).

Gabarito "D"

(Procurador do Estado/SC – 2009) Em relação ao prazo para a Fazenda Pública constituir o crédito tributário, conforme o Código Tributário Nacional, analise os seguintes fatos relativos a um contribuinte do imposto sobre operações relativas à circulação de mercadorias e sobre prestações de serviços de transporte interestadual e intermunicipal e de comunicação (ICMS).

Situação 1: Em março de 2005 realizou vendas, mas, utilizando-se do expediente de constar valor inferior ao da venda real nas vias das notas fiscais destinadas ao fisco e ao registro fiscal e contábil, não pagou imposto relativo a essas diferenças.

Situação 2: Realizou ainda, em 15 de maio de 2005, vendas que foram devidamente registradas em todos os livros obrigatórios, à disposição do fisco, porém, efetuou apenas pagamento parcial. Foi realizada fiscalização em março de 2007, mas, por falta funcional da autoridade fiscal, não foram constatadas vendas não registradas nem insuficiência de pagamento de imposto. Não foi efetuado lançamento direto.

Observe que: para a resposta dessa questão **não** poderá ser aplicada interpretação que aceitaria conjugar um prazo de cinco anos e mais cinco para decadência.

Assinale a alternativa **correta**:

(A) A contagem do prazo de decadência é reiniciada em março de 2007.

(B) A data de início de contagem do prazo de decadência é, nas duas situações, o primeiro dia do ano de 2006.

(C) A data de início de contagem do prazo de decadência é, nas duas situações, a do fato gerador.

(D) Na data da fiscalização ocorreu a homologação, com a extinção do direito de proceder a outro lançamento em relação a possíveis débitos anteriores.

(E) A data de início da contagem do prazo de decadência é o primeiro dia do ano de 2006, na primeira situação, e 15 de maio de 2005, na segunda.

A: incorreta, pois a única hipótese de interrupção do prazo decadencial é aquela prevista no art. 173, II, do CTN (decisão que anula lançamento anterior por vício formal); **B**, **C** e **E:** no primeiro caso, houve fraude e não ocorreu qualquer recolhimento, de modo que não há falar em lançamento por homologação e, portanto, contagem de prazo na forma do art. 150, § 4º, do CTN. O prazo decadencial para o lançamento, no primeiro caso, é aquele geral, previsto no art. 173 do CTN (cinco anos contados do primeiro dia do exercício seguinte àquele em que o lançamento poderia ser feito), ou seja, a partir de 1.1.2006. No segundo caso não houve fraude, dolo ou simulação, em princípio. Ademais, houve recolhimento de tributo, ainda que a menor. Por essa razão, corre o prazo para a homologação pelo fisco, que é de cinco anos contados do fato gerador (15.5.2005) – art. 150, § 4º, do CTN. Após esse prazo, ocorre a decadência e não há como constituir o crédito correspondente. Assim, as assertivas **B** e **C** são incorretas e a **E**, correta; **D:** a fiscalização anterior não impede que o fisco realize o lançamento dentro do prazo decadencial. Ademais, a falta funcional do fiscal permite a revisão de eventual lançamento anteriormente realizado – art. 149, IX, do CTN.

Gabarito "E"

(Procurador do Estado/CE – 2008 – CESPE) Assinale a opção correta acerca do instituto tributário do pagamento de certo crédito tributário.

(A) Quando o pagamento é realizado parcialmente, importa em presunção de pagamento das prestações em que se decomponha.

(B) Quando o pagamento é total, importa em presunção de pagamento de todos os outros créditos.

(C) Quando o pagamento é total, não importa em presunção de pagamento de outros créditos, mas apenas de créditos referentes a outros tributos.

(D) Quando o pagamento é parcial, importa na presunção de pagamento de créditos referentes a outros tributos.

(E) Quando o pagamento é total, não importa na presunção de pagamento de outros créditos referentes ao mesmo tributo ou a outros.

A, B, C e **D:** não há essas presunções – art. 158, I e II, do CTN; **E:** essa é a assertiva correta, que reflete o dispositivo do CTN.

Gabarito "E"

(Procurador do Estado/PI – 2008 – CESPE) O governador de determinado estado encaminhou à casa legislativa projeto de lei que perdoava o débito tributário principal, bem como suas penalidades, de determinados contribuintes. O projeto foi aprovado, e, posteriormente, transformado em lei. Assinale a opção correta acerca dessa situação.

(A) Uma vez que foi perdoada a dívida, incluindo-se as penalidades, é correto afirmar que se trata de isenção.

(B) Nesse caso, houve moratória, já que foi perdoado débito tributário principal.

(C) A lei pode autorizar o referido perdão, desde que atendido o único fundamento possível, que é a situação econômica do sujeito passivo.

(D) Trata-se, nesse caso, de anistia, uma vez que todo o débito está sendo perdoado.

(E) Somente o instituto da remissão pode se enquadrar nesse exemplo.

O perdão do crédito tributário (tributo e penalidades) é denominado remissão (art. 156, IV, do CTN). Deve ser concedida por lei, pelos fundamentos listados no art. 172 do CTN.

Gabarito "E"

(Procuradoria Distrital – 2007) A prescrição, em direito tributário, é, em regra geral, conceituada pela doutrina como produzindo entre outros efeitos o de, quando apurada, em face do decurso do tempo, determinar a perda do direito da Fazenda Pública de ajuizar ação de cobrança (ou, mais propriamente, de Execução Fiscal) relativamente a crédito tributário não pago. Assinale, considerando a conceituação acima e as inovações introduzidas pelo Código Civil e pelo Código de Processo Civil a respeito da prescrição, a opção correta, entre as enumeradas a seguir, que a ela deve ser aplicada.

(A) Não pode ser decretada, de ofício, pelo juiz, necessitando ser alegada por uma das partes; admite tanto causas suspensivas, como interruptivas; pode operar tanto antes do ajuizamento da ação, como durante o seu curso.

(B) Não pode ser decretada, de ofício, pelo juiz, necessitando ser alegada por uma das partes; não admite tanto causas suspensivas, como interruptivas; só opera durante o curso da ação, pelo que não será reconhecida quando consumada antes do seu ajuizamento.

(C) Pode ser decretada, de ofício, pelo juiz, não necessitando ser alegada por uma das partes; admite tanto causas suspensivas, como interruptivas; pode operar antes do ajuizamento da ação, como durante o seu curso.

(D) Necessita ser sempre alegada pela parte a quem a beneficia, não podendo o juiz decretá-la de ofício; não admite causas suspensivas; admite, porém, causas interruptivas; só pode operar durante o curso da ação.

(E) Só o contribuinte pode alegar a prescrição em seu favor; não pode ser decretada, de ofício, pelo juiz; admite causas suspensivas, porém, não admite causas interruptivas; pode operar antes do ajuizamento da ação, como durante o seu curso.

A, **B**, **D** e **E:** atualmente, a prescrição pode ser decretada de ofício pelo juiz (art. 219, § 5º, do CPC); **C:** a assertiva é correta.

Gabarito "C"

(Procurador do Estado/SE – FCC – 2005) Quanto ao direito do contribuinte à restituição de tributos pagos indevidamente, é correto afirmar que

(A) o sujeito passivo tem direito, independentemente de prévio protesto, à restituição total ou parcial do tributo pago indevidamente ou a maior, não sendo tal direito, contudo, extensível à restituição de juros de mora e penalidades pecuniárias.

(B) o CTN estabelece hipóteses de interrupção do prazo de prescrição para que o contribuinte possa recuperar tributo pago indevidamente.

(C) o prazo de decadência do direito de pleitear a restituição extingue-se com o decurso do prazo de 10 (dez) anos contados da data da extinção do crédito tributário ou da data em que se tornar definitiva a decisão administrativa ou passar em julgado a decisão judicial que tenha reformado, anulado, revogado ou rescindido a decisão condenatória.

(D) a restituição de tributos que comportem, por sua natureza, transferência do respectivo encargo financeiro, somente será feita a quem comprove haver efetuado, em nome próprio, seu recolhimento, independentemente de quem tenha assumido o respectivo encargo.

(E) prescreve em 2 (dois) anos a ação anulatória da decisão administrativa que denegar a restituição.

A: incorreta, pois a repetição de indébito tributário abrange os juros de mora e as penalidades pecuniárias, salvo as referentes a infrações de caráter formal não prejudicadas pela causa da restituição – art. 167 do CTN; **B:** imprecisa, pois, a rigor, há um único caso expresso de interrupção do prazo para restituição – art. 169, parágrafo único, do CTN; **C:** incorreta, pois o prazo para pleitear a restituição de indébito tributário é prescricional e quinquenal, em regra, reduzido para dois anos em caso de prévio pedido administrativo indeferido – arts. 168 e 169 do CTN; **D:** incorreta, pois o pressuposto para a restituição dos tributos indiretos é a comprovação de que o interessado assumiu o referido encargo ou, no caso de tê-lo transferido a terceiro, estar por este expressamente autorizado a receber o indébito – art. 166 do CTN. O STJ entende que, em regra, somente o contribuinte de direito (quem ocupa o polo passivo da relação obrigacional) tem legitimidade ativa processual para repetir o indébito – REsp 903.394/AL (repetitivo), sendo que, excepcionalmente, o STJ admitiu a legitimidade ativa processual do consumidor de energia elétrica no julgamento do REsp 1.299.303/SC (repetitivo).

Gabarito "E"

(Procurador do Estado/SE – FCC – 2005) Quanto à extinção do crédito tributário, considere as seguintes assertivas:

I. Entre as modalidades de extinção do crédito tributário não está a consignação do pagamento.

II. A lei pode estabelecer a forma e as condições para que a dação em pagamento em bens imóveis seja válida como modalidade de extinção do crédito tributário.

III. É autorizada a compensação mediante o aproveitamento de tributo, objeto de contestação judicial pelo sujeito passivo, quando lhe for concedida liminar em mandado de segurança para tal finalidade.

IV. Excluem o crédito tributário a isenção e a anistia, não sendo dispensado, todavia, o cumprimento das obrigações acessórias dependentes da obrigação principal cujo crédito seja excluído, ou dela consequente. Estão corretas

(A) I e II.

(B) I e III.

(C) II e III.

(D) II e IV.

(E) III e IV.

I: incorreta, pois a consignação em pagamento é modalidade de extinção do crédito indicada no art. 156, VIII, do CTN; **II:** correta, nos termos do art. 156, XI, do CTN; **III:** incorreta, pois é vedada a compensação mediante o aproveitamento de tributo, objeto de contestação judicial pelo sujeito passivo, antes do trânsito em julgado da respectiva decisão judicial – art. 170-A do CTN e Súmula 212/STJ; **IV:** correta, pois são essas as duas modalidades de exclusão do crédito previstas no art. 175 do CTN, que, a exemplo das modalidades de suspensão (art. 151, parágrafo único, do CTN), não dispensam o cumprimento das obrigações acessórias.

Gabarito "D"

(Procurador do Município/Recife-PE – 2008 – FCC) Determinado Município pretende, por lei especifica, perdoar créditos tributários compostos pelo valor do tributo e multas relativos a impostos e taxas municipais. A medida a ser adotada para efetivar o perdão do crédito é a

(A) anistia.

(B) remissão.

(C) isenção.

(D) moratória.

(E) compensação.

Perdão do crédito tributário é remissão – art. 156, IV, do CTN. Não confundir com a anistia, que se restringe à penalidade pecuniária – art. 180 do CTN. Por essa razão, a alternativa "B" é a correta.

Gabarito "B"

(Procurador do Município/São José dos Campos-SP – 2012 – VUNESP) Assinale a alternativa em que estão presentes apenas causas de extinção do crédito tributário.

(A) Prescrição, remissão e compensação.

(B) Transação, moratória e concessão de liminar em mandado de segurança.

(C) Decisão judicial passada em julgado, decisão administrativa irreformável e moratória.

(D) Isenção, imunidade e dação em pagamento em bens imóveis, na forma e condições estabelecidas em lei.

(E) Transação, decadência e anistia.

Veja a tabela que apresentamos anteriormente, com as modalidades de suspensão, extinção e exclusão do crédito tributário (respectivamente arts. 151, 156 e 175 do CTN). A alternativa correta é a "A".

Gabarito "A"

(Procurador do Município/São Paulo-SP – 2008 – FCC) A transação e a remissão são causas de extinção do crédito tributário. Considerando estas duas causas, é correto afirmar que a

(A) transação em matéria tributária pode ser utilizada como forma de prevenir litígio, bastando que seja celebrada com autoridade administrativa competente.

(B) remissão depende de lei do ente competente, podendo ser concedida em caráter geral, bastando a lei concessiva para que se beneficie do perdão.

(C) remissão quando concedida em caráter geral gera direito adquirido, não sendo possível sua revogação, tal qual acontece com a moratória.

(D) transação celebrada em sede de ação anulatória de débito fiscal depende apenas da homologação judicial do acordo.

(E) superveniência da remissão, estando o crédito tributário já em fase de cobrança judicial, acarreta a extinção da execução fiscal.

A: incorreta, pois a transação como modalidade de extinção do crédito tributário é sempre terminativa de litígio, nunca preventiva – art. 171 do CTN; **B:** incorreta, pois, a rigor, o CTN não faz referência à remissão em caráter geral, referindo-se apenas à sua concessão pela autoridade administrativa, nos termos da lei, nas hipóteses previstas no art. 172 do CTN; **C:** incorreta, pois os benefícios concedidos em caráter geral não geram direito adquirido, podendo ser revogados. Mesmo aqueles concedidos em caráter individual podem ser revogados, nos termos do art. 155 do CTN (relativo à moratória, mas aplicável também à remissão, isenção e anistia concedidas em caráter individual); **D:** incorreta, pois a transação como modalidade de extinção de crédito tributário somente pode ser realizada nos termos de lei específica – art. 171 do CTN; **E:** assertiva correta, pois a remissão extingue o crédito tributário, tornado insubsistente a inscrição em dívida ativa, o título executivo judicial e, por consequência, a execução fiscal eventualmente ajuizada.

Gabarito "E"

(Procurador do Município/Sorocaba-SP – 2012 – VUNESP) Acerca do pagamento como causa extintiva do crédito tributário, assinale a alternativa correta.

(A) A imposição de penalidade ilide o pagamento integral do crédito tributário.

(B) O pagamento de um crédito importa em presunção de pagamento, quando parcial, das prestações em que se decomponha.

(C) Quando a legislação tributária não fixar o prazo do pagamento, o vencimento do crédito ocorre

30 dias depois da data em que se considera o sujeito passivo notificado do lançamento.

(D) A restituição total ou parcial de tributo pago indevidamente vence juros capitalizáveis a partir do trânsito em julgado da decisão definitiva que a determinar.

(E) O direito de pleitear a restituição do tributo pago indevidamente extingue-se com o decurso do prazo de 2 anos contados do pagamento indevido.

A: incorreta, pois a imposição de penalidade não afasta o dever de pagar integralmente o crédito – art. 157 do CTN; **B:** incorreta, pois não há essa presunção – art. 158 do CTN; **C:** assertiva correta, nos termos do art. 160 do CTN; **D:** incorreta, pois os juros não são capitalizáveis na restituição de indébito tributário – art. 167, parágrafo único, do CTN; **E:** incorreta, pois o prazo para repetir o indébito é, em regra, de cinco anos, nos termos do art. 168 do CTN, reduzido para dois anos apenas na hipótese de prévio pedido administrativo indeferido, conforme o art. 169 do CTN.

Gabarito "C"

(Procurador da Fazenda Nacional – 2004 – ESAF) Julgue os itens abaixo segundo o entendimento atualmente dominante no Superior Tribunal de Justiça e marque, a seguir, a opção que apresenta a resposta correta.

I. No caso de tributo lançado por auto de infração, diz-se definitivamente constituído o crédito tributário depois de fluído o prazo para interposição do recurso administrativo, sem que ele tenha ocorrido, ou decidido o recurso administrativo interposto pelo contribuinte, começando a fluir, daí, o prazo de prescrição da pretensão do Fisco.

II. Na pendência do julgamento de impugnação ou recurso administrativo apresentado tempestivamente, não correm nem prescrição nem decadência.

III. A compensação de créditos tributários nao pode ser deferida por medida liminar.

IV. A compensação de créditos tributários pode ser deferida por antecipação de tutela.

(A) Apenas III e IV estão corretos.

(B) Apenas IV está errado.

(C) Apenas I e II estão corretos.

(D) Apenas III está correto.

(E) Apenas I e III estão corretos.

I: adequada, conforme entendimento bastante acatado no STJ – ver REsp 1.131.051/SP e Súmula Vinculante 24/STF. Entretanto, veja o AgRg no Ag 1.338.717/RS, em que o STJ afirma que a "constituição definitiva do crédito tributário (lançamento) ocorre com a notificação do contribuinte (auto de infração), exceto nos casos em que o crédito tributário origina-se de informações prestadas pelo próprio contribuinte"; **II:** correta, pois o prazo prescricional não corre no período em que a exigibilidade do crédito está suspensa, pelo princípio da *actio nata* (não há fluência do prazo prescricional se não existe inércia do titular do direito). Não há falar em contagem do prazo decadencial, pois o crédito já foi constituído; **III:** correta, conforme o art. 170-A do CTN e a Súmula 212/STJ; **IV:** incorreta, pois isso é vedado nos termos do art. 170-A do CTN e da Súmula 212/STJ.

Gabarito "B"

(Procurador da Fazenda Nacional – 2003 – ESAF) Expressamente estabelece o Código Tributário Nacional, no tocante a modalidades de extinção do crédito tributário:

(A) gera direito adquirido para o sujeito passivo o despacho fundamentado, exarado por autoridade administrativa competente, mediante o qual se conceda remissão de crédito tributário com fundamento em disposição expressa de lei.

(B) o pagamento integral do crédito tributário é ilidido pela imposição de penalidade, na hipótese de haver correlação entre o crédito e a penalidade.

(C) é vedado conceder, mediante lei, desconto pela antecipação do pagamento de crédito tributário, exceto na hipótese de ocorrência de expressivos índices inflacionários ou desvalorização acentuada da moeda nacional.

(D) é vedado à lei autorizar a compensação de créditos tributários inscritos em dívida ativa da Fazenda Pública com créditos líquidos e certos, vincendos, do sujeito passivo contra a Fazenda Pública.

(E) é vedada a compensação de créditos tributários com créditos do sujeito passivo contra a Fazenda Pública, mediante o aproveitamento de tributo, objeto de contestação judicial pelo sujeito passivo, antes do trânsito em julgado da respectiva decisão judicial.

A: incorreta, pois o despacho concessivo não gera direito adquirido, podendo ser revogado de ofício na hipótese do art. 155 do CTN (relativo à moratória, mas aplicável também à remissão, isenção e anistia concedidas em caráter individual); **B:** incorreta, pois a imposição de penalidade não afasta o dever de pagar integralmente o crédito – art. 157 do CTN; **C:** incorreta, pois a legislação tributária pode conceder desconto pela antecipação do pagamento, nas condições que estabeleça – art. 160, parágrafo único, do CTN; **D:** incorreta, pois a lei pode prever a extinção do crédito tributário por meio de compensação, conforme o art. 170 do CTN; **E:** correta, pois reflete exatamente o disposto no art. 170-A do CTN – ver também a Súmula 212/STJ.

Gabarito "E"

(Procurador da Fazenda Nacional – 2003 – ESAF) Dispõe o Código Tributário Nacional que o prazo de prescrição da ação anulatória da decisão administrativa que denegar a restituição de tributos:

(A) é de cinco anos e interrompe-se pelo protesto judicial ou por qualquer ato inequívoco, ainda que extrajudicial, que importe em reconhecimento de erro da decisão, pela autoridade administrativa que a proferiu.

(B) interrompe-se pelo início da ação judicial, recomeçando o seu curso, por metade, a partir da data da intimação validamente feita ao representante judicial da Fazenda Pública interessada.

(C) interrompe-se pelo início da ação judicial, recomeçando o seu curso, por inteiro, a partir da data da intimação validamente feita ao representante judicial da Fazenda Pública interessada.

(D) é de dois anos e não se interrompe pelo início da ação judicial, exceto na hipótese de reconhecimento pela autoridade administrativa de que houve erro material em sua decisão denegatória de restituição de tributos.

(E) é de dois anos e não se interrompe pelo início da ação judicial, exceto se, em virtude de requerimento do sujeito passivo por ocasião da petição inicial, o juiz expressamente reconhecer o direito postulado quanto à interrupção da prescrição.

Prescreve em dois anos a ação anulatória da decisão administrativa que denegar a restituição, nos termos do art. 169 do CTN. Esse prazo é interrompido pelo início da ação judicial, recomeçando o seu curso, por metade, a partir da data da intimação validamente feita ao representante judicial da Fazenda Pública interessada – art. 169, parágrafo único, do CTN. Assim, a alternativa correta é a "B".

Gabarito "B"

(ADVOGADO – PETROBRÁS DISTRIB. – 2008 – CESGRANRIO) Esgotado o prazo legal para lançamento de um tributo, sem que a Fazenda Pública o tenha efetuado, caracteriza-se situação de:

(A) remissão.

(B) exclusão.

(C) suspensão.

(D) prescrição.

(E) decadência.

Opera-se a decadência com o transcurso do prazo legal sem que a Fazenda efetue o lançamento do tributo devido, extinguindo o crédito tributário.

Gabarito "E"

(ADVOGADO – PETROBRÁS TRANSP. – 2006 – CESGRANRIO) A ação para a cobrança do crédito tributário prescreve em cinco anos, contados da data da sua constituição definitiva. Segundo as regras previstas no Código Tributário Nacional, a prescrição se interrompe pelo(a):

(A) envio de cobrança amigável ao devedor, expedida pela Procuradoria da Fazenda.

(B) despacho do juiz que ordenar a citação em execução fiscal.

(C) citação pessoal feita ao devedor.

(D) ciência do devedor quanto à inscrição do crédito tributário em dívida ativa.

(E) juntada, aos autos da execução fiscal, do cumprimento do mandado de citação do devedor.

As hipóteses de interrupção da prescrição estão previstas no art. 174, parágrafo único, do CTN, como: o despacho do juiz que ordenar a citação do devedor em execução fiscal; o protesto judicial; qualquer ato judicial que constitua o devedor em mora; e qualquer ato inequívoco, ainda que extrajudicial, que importe em reconhecimento do débito pelo devedor.

Gabarito "B"

10.3. EXCLUSÃO

(Procurador do Município/Sorocaba-SP – 2012 – VUNESP) Assinale a alternativa correta no que respeita ao instituto da isenção.

(A) Juridicamente, corresponde ao conceito de imunidade.

(B) Salvo disposição de lei em contrário, é extensiva aos tributos instituídos posteriormente à sua concessão.

(C) Sua concessão não é admitida em caráter pessoal.

(D) Constitui-se em uma das causas de exclusão do crédito tributário.

(E) Uma vez concedida, dispensa o cumprimento das obrigações acessórias, dependentes da obrigação principal cujo crédito seja dela consequente.

A: imunidade é norma constitucional que limita a competência tributária (delimita-a negativamente), não se confundindo com a isenção, que é norma legal, produzida pelo ente político competente (pressupõe a competência tributária); **B:** incorreta, pois é o oposto. Salvo disposição legal em contrário, a isenção não é extensiva aos tributos instituídos posteriormente à sua concessão – art. 177, II, do CTN; **C:** incorreta, pois a isenção pode ser concedida em caráter geral ou efetivada caso a caso por autoridade administrativa – art. 179 do CTN; **D:** correta, pois a isenção e a anistia são as duas modalidades de exclusão do crédito tributário previstas no CTN, em seu art. 175; **E:** incorreta, pois a exclusão do crédito tributário não dispensa o cumprimento das obrigações acessórias dependentes da obrigação principal cujo crédito seja excluído, ou dela consequente.

Gabarito "D"

(Procurador do Estado/RO – 2011 – FCC) Nos termos do Código Tributário Nacional, a isenção concedida por prazo certo e em função de determinadas condições

(A) não pode ser revogada a qualquer tempo.

(B) somente pode ser revogada após o prazo decadencial de 5 anos.

(C) pode ser revogada a qualquer momento, na medida em que a isenção é mera faculdade do sujeito ativo, não se confundindo com a imunidade.

(D) pode ser revogada, desde que observado o prazo de 90 dias, em respeito ao princípio da anterioridade nonagesimal.

(E) não pode ser revogada porque não existe a possibilidade de concessão de isenção por prazo determinado.

A: Assertiva correta, conforme o art. 178 do CTN – ver a Súmula 544/STF. É importante salientar que há entendimento no sentido de que a isenção pode ser revogada, mas aqueles que já preenchiam os requisitos para o benefício têm direito adquirido (ou seja, o benefício pode ser revogado, mas continua a ter eficácia em favor desses sujeitos passivos, até o término do prazo inicialmente assinalado); B, C e **D:** Incorretas, pois a isenção condicionada não pode ser revogada antes do prazo fixado, conforme comentário à alternativa "A"; **E:** Incorreta, pois é possível a concessão de isenção por prazo determinado – art. 178 do CTN.

Gabarito "A"

(Procurador do Município/Teresina-PI – 2010 – FCC) O Município possui autonomia para o exercício da sua competência tributária, inclusive para concessão de isenção relativamente a seus tributos. Sobre este fato deve ser considerado que

(A) a concessão de isenção deve vir prevista na lei orçamentária anual para poder ser efetivada, devendo, portanto, obediência à anualidade tributária.

(B) a isenção enquanto causa de exclusão do crédito tributário depende unicamente da decisão política municipal, bastando a lei municipal concessiva.

(C) o Código Tributário Nacional foi derrogado pela Lei de Responsabilidade Fiscal relativamente à disciplina da isenção, considerada atualmente renúncia de receita e não mais causa de exclusão do crédito tributário.

(D) a isenção é renúncia de receita e, como tal, além dos requisitos para sua concessão, previstos no Código Tributário Nacional, deve também prever as exigências previstas na Lei de Responsabilidade Fiscal quando for em caráter não geral.

(E) a previsão da Lei de Responsabilidade Fiscal de exigência de medidas específicas para concessão de isenção é inconstitucional por ferir a autonomia municipal e também dos demais entes federados.

A: Incorreta, pois o princípio da anualidade não vige no direito tributário brasileiro atual; **B:** Imprecisa, pois, apesar da isenção depender da lei concessiva municipal, devem ser observadas as normas gerais veiculadas pelos arts. 176 a 179 do CTN, além do art. 150, § 6º, da CF; **C:** Incorreta, pois a LRF regula a renúncia de receita na condição de reflexo financeiro-orçamentário dos benefícios fiscais. São normatizações complementares (LRF e CTN), não excludentes; **D:** Assertiva correta, conforme o art. 14, § 1º, da LC 101/2000 (Lei de Responsabilidade Fiscal – LRF); **F:** Incorreta, pois a LRF é lei complementar produzida nos termos do art. 163, I, da Constituição Federal.

Gabarito "D"

(Procurador do Município/Florianópolis-SC – 2010 – FEPESE) De acordo com o Código Tributário Nacional, são hipóteses de extinção(1), suspensão da exigibilidade(2) e exclusão do crédito tributário(3), respectivamente:

(A) (1) isenção; (2) parcelamento; (3) anistia.

(B) (1) decadência; (2) reclamação; (3) isenção.

(C) (1) pagamento; (2) decadência; (3) anistia.

(D) (1) parcelamento; (2) anistia; (3) moratória.

(E) (1) parcelamento; (2) moratória; (3) isenção.

A: Incorreta, pois isenção é modalidade de exclusão; **B:** Assertiva correta, pois decadência, reclamação e isenção são, respectivamente, modalidades de extinção, suspensão e exclusão do crédito tributário; **C:** Incorreta, pois decadência é modalidade de extinção do crédito; **D** e **E:** Incorretas, pois parcelamento e moratória são modalidades de suspensão, e anistia é modalidade de exclusão do crédito.

Gabarito "B"

(Procurador do Estado/SC – 2009) Analise as afirmativas abaixo e, tendo em vista o disposto no Código Tributário Nacional, verifique quais institutos de direito tributário, de acordo com sua efetiva natureza jurídica, correspondem às seguintes situações ou hipóteses.

I. Uma lei nova determinou que não será objeto de lançamento nem, portanto, exigido, o imposto sobre as operações relativas às vendas de certos produtos, que serão realizadas pelas empresas que se instalarem no Estado, após vigência dessa lei.

II. Uma lei nova determinou que não será exigido pagamento do imposto, nem da multa aplicada, incidente sobre operações já realizadas, que tenha sido objeto de lançamento não contestado no prazo legal, anteriormente à vigência da lei.

III. Uma lei nova determinou que não será efetuado lançamento tributário relacionado aos atos contrários a certa lei anterior, praticados antes da lei nova, quanto às multas a que estavam sujeitos, mas ainda sem a formalização do crédito tributário correspondente.

Assinale a alternativa com a sequência que indica **corretamente** os institutos relativos às situações descritas nas assertivas I, II e III.

(A) isenção, remissão, anistia.

(B) isenção, anistia, remissão.

(C) remissão, isenção, anistia.

(D) remissão, anistia, remissão.

(E) remissão, remissão, anistia.

I: o benefício fiscal dado por lei, que afasta a tributação em relação a eventos futuros é a isenção – art. 175, I, do CTN; **II:** o perdão em relação ao crédito tributário (tributo e penalidade pecuniária) relativo ao período anterior à lei é a remissão – art. 156, IV, do CTN; **III:** o perdão de penalidades relativas a ilícitos cometidos no período anterior à lei é a anistia – art. 175, II, do CTN. Muitos autores entendem que antes do lançamento cabe anistia (que é modalidade de exclusão do crédito) e, após o lançamento, cabe remissão (que é modalidade de extinção do crédito).

Gabarito "A"

(Procurador do Estado/PB – 2008 – CESPE) Constituem modalidades de exclusão do crédito tributário a

(A) isenção e a anistia.

(B) transação e a conversão do depósito em renda.

(C) remissão e o pagamento.

(D) moratória e a compensação.

(E) decadência e a prescrição.

O art. 175 do CTN prevê apenas a isenção e a anistia como modalidades de exclusão do crédito tributário.

Gabarito "A"

(Procurador do Município/Aracaju – 2008 – CESPE) Julgue o item que segue.

(1) A exclusão do crédito tributário decorrente de uma obrigação principal acarreta a dispensa do cumprimento das obrigações acessórias dela dependentes.

1: A obrigação acessória não é afetada pela exclusão do crédito – art. 175, parágrafo único, do CTN.

Gabarito 1E

(Procurador do Estado/PI – 2008 – CESPE) O governador de um estado, a fim de conceder isenção de ICMS para atacadistas de sua unidade da Federação, enviou projeto de lei para a casa legislativa, que acolheu o pleito e editou lei contendo vários dispositivos, incluindo matéria distinta da referente à isenção. Com referência a essa situação, assinale a opção correta.

(A) Não compete ao governador enviar ao Poder Legislativo projeto de lei contendo matéria referente a renúncia de receita.

(B) O governador desse estado não poderia ter enviado para a casa legislativa projeto contendo matéria sobre isenção de ICMS sem que antes houvesse deliberação sobre o assunto por parte dos outros estados e do DF, que deveriam anuir com a concessão.

(C) Na referida concessão da isenção do ICMS, observaram-se as normas pertinentes à concessão de benefícios legais.

(D) Para qualquer isenção de tributo, mesmo não sendo para o ICMS, é necessária deliberação no Conselho Fazendário (CONFAZ).

(E) O fato de a lei editada pela casa legislativa incluir assuntos nãorelacionados à isenção de ICMS não configura descumprimento de qualquer princípio tributário, já que todo o processo legislativo foi respeitado.

A isenção de ICMS depende de convênio interestadual – art. 155, § 2º, XII, *g*, da CF.

Gabarito "B"

(Procurador do Município/Aracaju – 2008 – CESPE) Julgue os itens que se seguem, de acordo com as normas do direito tributário.

(1) Ocorre a isenção tributária quando, mesmo havendo fato gerador e obrigação tributária, exclui-se a constituição do crédito tributário.

(2) A União pode instituir isenções de tributos da competência municipal, desde que haja anuência do respectivo município.

(3) A concessão de isenção de um tributo municipal, em caráter individual, independe de solicitação administrativa do sujeito passivo.

1: Essa é a concepção adotada pelo CTN: isenção como modalidade de exclusão do crédito tributário; **2:** É vedada a isenção heterônoma – art. 151, III, da CF. Ademais, a competência tributária é indelegável – art. 7º do CTN; **3:** a isenção concedida em caráter individual depende de requerimento – Art. 179 do CTN.

Gabarito 1C, 2E, 3E

(Cartório/DF – 2008 – CESPE) Considerando que a União, antes de a CF entrar em vigor, tenha celebrado tratado internacional que concede isenção de tributos para a importação de mercadoria para o Brasil, se há isenção para o produto nacional similar e considerando o disposto no art. 151, inciso III, da CF, segundo o qual é vedado à União instituir isenções de tributos da competência dos estados, do DF ou dos municípios, julgue os itens a seguir.

(1) A hipótese descrita no art. 151, inciso III, da CF veda a instituição da isenção denominada heterônoma.

(2) A norma estabelecida no tratado internacional foi revogada pela CF de 1988 no que se refere ao ICMS.

(3) A celebração de tratado internacional com cláusula que prevê exoneração tributária não é equivalente à instituição de isenção de tributo estadual pela União e, portanto, essa isenção de imposto estadual não viola a CF.

(4) O referido tratado só se tornou válido e eficaz para os estados a partir de sua ratificação por convênio do Conselho Nacional de Política Fazendária (CONFAZ).

(5) O tratado internacional em questão adquire relevância somente se a mercadoria importada circular entre dois ou mais estados da Federação, pois a mera importação não constitui fato gerador do ICMS.

1: O dispositivo constitucional (art. 151, III, da CF) veda a isenção heterônoma; **2:** Não houve revogação, pois esses tratados (GATT, Mercosul etc.) não concedem isenção, apenas garantem tratamento isonômico ao similar importado (a isenção é concedida pelos Estados e pelo Distrito Federal, por meio de convênio); esse é o entendimento do STJ; **3:** Esses tratados não violam a Constituição porque não concedem isenção, apenas garantem tratamento isonômico ao similar importado. Esse é entendimento do STJ; **4:** Os tratados internacionais são referendados pelo Congresso Nacional. Como dito, não se trata de norma isentiva (que depende de convênio interestadual), mas sim garantidora de tratamento isonômico para o similar importado; **5:** A entrada de mercadoria estrangeira no país é fato gerador do ICMS, nos termos do art. 155, § 2º, IX, *a*, da CF.

Gabarito 1C, 2E, 3C, 4E, 5E

(Cartório/SC – 2008) Em relação a imunidades e isenções tributárias, assinale a alternativa correta:

(A) Não incide IPTU sobre imóvel de propriedade de partido político.

(B) A imunidade pode ser concedida por decreto do prefeito, desde que autorizado pela Câmara de Vereadores.

(C) Compete privativamente ao Chefe do Poder Executivo a iniciativa de leis que concedem isenção tributária.

(D) Os Estados detêm total autonomia para conceder isenção de ICMS.

(E) O princípio da igualdade tributária (CR, art. 150, II) impede a concessão de isenção de IPTU a grupos determinados de pessoas.

A: o patrimônio dos partidos políticos é abrangido pela imunidade do art. 150, VI, c, da CF; **B:** a imunidade é norma constitucional que delimita a competência tributária; **C:** não há essa restrição na Constituição Federal; **D:** as isenções de ICMS dependem de convênios interestaduais – art. 155, § 2º, XII, *g*, da CF; **E:** a concessão de isenção a grupos determinados de pessoas não é, por si só, inconstitucional, sendo necessária a análise caso a caso (são comuns e razoáveis, por exemplo, isenções para o imóvel de moradia do idoso).

Gabarito "A"

(Procurador do Município/Recife-PE – 2008 – FCC) Como forma de estimular a instalação de indústrias em seu Município, o prefeito municipal encaminha projeto de lei com inúmeras medidas tributárias incentivadoras de novas indústrias. Dentre estas medidas, concede isenção, pelo período de dez anos para as empresas que empreguem, no mínimo, dois mil funcionários. Preenchidos os requisitos legais, determinada empresa obtém a isenção, mas em razão de grave crise econômica, teve que reduzir para mil o número de funcionários. A isenção concedida a esta empresa

(A) será mantida, porque se trata de isenção em caráter individual, irrevogável, portanto.

(B) poderá ser mantida, por critério discricionário do chefe do executivo municipal, que decidirá por decreto.

(C) será revogada por ato de autoridade administrativa competente, por ter deixado a empresa de atender aos requisitos para manutenção do benefício.

(D) será revogada porque é inconstitucional isenção como instrumento de guerra fiscal.

(E) poderá ser revogada desde que a lei concessiva da isenção seja revogada, pois deve ser respeitado o princípio da isonomia.

A concessão da isenção em caráter individual (assim como a moratória, a remissão e a anistia em caráter individual) não gera direito adquirido e será revogado de ofício, sempre que se apure que o beneficiado não satisfazia ou deixou de satisfazer as condições ou não cumprira ou deixou de cumprir os requisitos para a concessão do favor, cobrando-se o crédito acrescido de juros de mora: (i) com imposição da penalidade cabível, nos casos de dolo ou simulação do beneficiado, ou de terceiro em benefício daquele ou (ii) sem imposição de penalidade, nos demais casos – art. 155 c/c art. 179, § 2º, do CTN. Por essa razão, a alternativa "C" é a correta.

Gabarito "C"

(Procurador do Município/Recife-PE – 2008 – FCC) Município do interior pernambucano institui isenção de IPTU para pais adotivos. Esta medida é

(A) inconstitucional, por violar o princípio da igualdade, além de não ter o critério adotado qualquer relação com os aspectos da hipótese de incidência.

(B) constitucional, já que estimula a adoção, tendo caráter nitidamente extrafiscal e social.

(C) ilegal, por violar dispositivo constante do Código Civil que veda discriminação entre filhos adotivos e biológicos.

(D) constitucional, mas ilegal, por não ser da autonomia do Município políticas públicas de planejamento familiar, aí incluído o estímulo à adoção.

(E) constitucional, porque a Constituição Federal não veda qualquer discriminação decorrente da filiação e legal de acordo com o Código Civil.

Qualquer benefício fiscal deve atender ao princípio constitucional da isonomia (art. 150, II, da CF), tratando desigualmente os desiguais na medida dessa desigualdade. No âmbito tributário, a medida da desigualdade corresponde à capacidade contributiva de cada contribuinte, ou seja, de sua capacidade econômica para colaborar com o sustento financeiro do Estado (art. 145, § 1º, da CF). No caso citado, o fato de os pais se adotivo não implica menor capacidade contributiva em relação aos demais pais, por exemplo, o que impossibilita o benefício concedido, por violação do princípio constitucional da isonomia. Por essa razão, a alternativa "A" é a correta.

Gabarito "A"

(Procurador do Município/Recife-PE – 2008 – FCC) Dentre as várias diferenças existentes entre imunidade e isenção, é correto afirmar que a imunidade

(A) vem fixada em lei complementar e a isenção em lei ordinária.

(B) pode ser concedida por prazo indeterminado e a isenção pode ser concedida por prazo certo ou indeterminado.

(C) pressupõe a existência de capacidade tributária e a isenção pressupõe ausência de capacidade tributária.

(D) equivale à incompetência tributária e só pode vir prevista na Constituição e a isenção pressupõe competência tributária e vem fixada em lei.

(E) só alcança os impostos e a isenção pode ser concedida para qualquer tributo.

A imunidade é sempre norma constitucional que afasta a competência tributária, delimitando-a negativamente, independentemente da denominação dada pelo texto constitucional (imunidade, não incidência, isenção). Já a isenção é norma legal, produzida pelo ente político que detém a competência tributária, que resolve excluir o crédito tributário em determinadas situações ou em relação a determinados contribuintes (ou seja, a isenção pressupõe a competência tributária). Por essas razões, a alternativa "D" é a correta.

Gabarito "D"

(Procurador do Município/São Paulo-SP – 2008 – FCC) Sobre a isenção é correto afirmar:

(A) quando considerada renúncia de receita, depende, dentre outros requisitos, de estimativa do impacto orçamentário-financeiro no exercício em que deva iniciar sua vigência e nos dois seguintes e atender ao disposto na lei de diretrizes orçamentárias.

(B) é causa de suspensão da exigibilidade do crédito tributário pelo período concedido, além de depender para a concessão de despacho da autoridade administrativa competente, não podendo ser concedida diretamente pela lei.

(C) pode ser concedida por medida provisória, de forma individual ou de forma específica e pode ser revogada por ato discricionário do poder executivo, em qualquer hipótese, por se tratar de forma de renúncia de receita que deve estar previamente prevista na lei orçamentária anual.

(D) quando a concessão depender de medida de compensação por meio de aumento de receita tributária a isenção só entrará em vigor quando houver sido concluída a arrecadação com aumento da receita e este aumento for incluído na lei de diretrizes orçamentárias e na lei orçamentária anual, para passar a ser exigido no exercício em que a lei orçamentária anual vigorará.

(E) é equiparada à diminuição de alíquota ou de base de cálculo e pode ser concedida em caráter específico, a par de certas condições do contribuinte, que deverá comprová-las perante autoridade administrativa, quando então a concessão somente poderá se dar por prazo certo.

A: correta, conforme o art. 14 da Lei de Responsabilidade Fiscal – LRF (LC 101/2000); **B:** incorreta, pois a isenção concedida em caráter geral independe de despacho concessivo, decorrendo diretamente da disposição legal – art. 176 do CTN; **C:** incorreta, pois no caso de isenção concedida por prazo certo e por tempo determinado, a isenção não pode ser revogada a qualquer tempo, segundo dispõe o art. 178 do CTN, ou seja, deve-se respeitar o direito adquirido dos contribuinte que preencheram as condições para fruição do benefício no período indicado pela lei concessiva; **D:** incorreta, pois, embora nesse caso a entrada em vigor da isenção realmente dependa da implementação da medida de compensação, não há exigência de que o aumento da receita esteja incluído na LDO e na LOA, nem necessidade de se aguardar que tal LOA entre em vigor – art. 14, § 2º, da LRF; **E:** incorreta, pois a isenção individualmente concedida não precisa ser, necessariamente, por prazo certo – art. 179 do CTN.

Gabarito "A"

(Procurador do Estado/MG – 2007) Quanto à isenção é correto afirmar que

(A) dispensa o contribuinte do cumprimento tanto das obrigações principais, como das acessórias.

(B) desde que tenha fundamento em convênio autorizativo, pode produzir efeitos retroativos ao momento de sua implementação mediante decreto.

(C) para os efeitos da legislação tributária, considera-se isenção parcial o benefício fiscal concedido a título de redução de base de cálculo.

(D) não é previsto para os Estados, eis que ato privativo da União que a regulará mediante Lei Complementar.

A: incorreta, pois a exclusão do crédito tributário, seja por isenção ou por anistia, não dispensa o cumprimento das obrigações acessórias dependentes da obrigação principal cujo crédito seja excluído, ou dela consequente – art. 175, parágrafo único, do CTN; **B:** incorreta, pois a isenção, como qualquer benefício fiscal, deve ser instituído por lei específica (art. 150, § 6º, da CF) – art. 176 do CTN; **C:** assertiva correta, conforme jurisprudência pacífica do STF – ver RE 522.716 AgR/RS; **D:** incorreta, pois a isenção é concedida por lei do ente competente. Excepcionalmente, as isenções de ICMS devem ser aprovadas por convênio interestadual (Confaz) – art. 155, § 2º, XII, *g*, da CF.

Gabarito "C"

(Procuradoria Federal – 2007 – CESPE) Julgue os itens seguintes.

(1) Medida provisória pode estabelecer isenção do ISS incidente sobre a exportação de serviços para o exterior.

(2) Considere-se que um estado da Federação tenha concedido isenção de imposto sobre operações relativas à circulação de mercadorias e sobre prestações de serviços de transporte interestadual e intermunicipal e de comunicação (ICMS) a determinada empresa pública, a qual vigorará durante os 5 primeiros anos de sua constituição, com o objetivo de fomentar seu desenvolvimento. Nessa situação, em consonância com o direito constitucional econômico, a concessão do referido privilégio fiscal, não extensivo ao setor privado, somente é legítima devido ao relevante interesse público.

1: O art. 156, § 3º, II, da CF exige lei complementar federal, que não pode ser substituída por medida provisória (art. 62, § 1º, III, da CF); **2:** Isenção de ICMS deve ser concedida por convênio interestadual – art. 155, § 2º, XII, *g*, da CF.

Gabarito 1E, 2E

(Procuradoria Distrital – 2007) Em se tratando de isenção do ICMS, assinale, entre as opções abaixo apresentadas, a que está correta.

(A) A concessão e revogação de isenções do ICMS pelos Estados-membros independe de Lei Complementar à Constituição Federal.

(B) É constitucional ato governamental do Executivo Estadual que concede isenção do ICMS em operações internas, haja vista ser desnecessário para tal a existência de convênio e regulação por Lei Complementar.

(C) As regras constitucionais que impõem um tratamento federativo uniforme em matéria de ICMS no trato de isenção, atentam contra o princípio da autonomia dos Estados-membros e do Distrito Federal.

(D) Os Estados-membros, para concederem isenção fiscal de ICMS, necessitam, apenas, de autorização do Poder Legislativo, por via de Resolução da respectiva Mesa Diretora.

(E) A concessão de isenções do ICMS só é admitida quando existir, a respeito, deliberação dos Estados-membros e do DF, mediante convênio.

A, B, D e E: a concessão de isenção de ICMS é regulada por lei complementar, que dispõe sobre a deliberação entre os Estados e o Distrito Federal e a autorização por meio de convênio – art. 155, § 2º, XII, *g*, da CF; **C:** as normas constitucionais que tratam da matéria são originárias (constam do texto constitucional original), não cabendo falar em inconstitucionalidade (elas delimitam originariamente a autonomia dos entes federados) – ademais, o ICMS é tributo estadual, mas de natureza nacional, o que sugere a regulação harmônica entre os Estados e o Distrito Federal.

Gabarito "E"

(Procuradoria Distrital – 2007) O art. 151, III, da CF estipula que é vedado à União instituir isenções de tributos da competência dos Estados, do Distrito Federal e dos Municípios. Com base na interpretação e aplicação do mencionado dispositivo, assinale, entre as opções abaixo enumeradas, a que está correta.

(A) A legislação federal, quando não inclui o IPI na base de cálculo do ICMS não está isentando o contribuinte do pagamento desse tributo.

(B) Isenção concedida mediante convênio celebrado por Estados-membros, por receber apoio da legislação federal, incide em violação à regra constitucional que veda à União instituir isenções de tributos da competência dos Estados e do Distrito Federal.

(C) A isenção heterônoma é, em regra, admitida pelo art. 151, III, da Constituição Federal.

(D) O constituinte derivado pode outorgar competência à União para instituir isenção de imposto estadual, sem ferir a regra do art. 151, III, da CF.

(E) Os Estados-membros, mediante convênio, podem autorizar a União a conceder isenção de ICMS para a circulação de mercadorias em determinadas regiões do País, por período certo.

A: trata-se de norma constitucional que não se refere a isenção – art. 155, § 2º, XI, da CF; **B:** isenções de ICMS demandam convênio interestadual por expressa determinação constitucional – art. 155, § 2º, XII, *g*, da CF; **C:** o dispositivo legal (art. 151, III, da CF) é exatamente o que veda isenções heterônomas (isenções não podem ser concedidas por outra pessoa, que não o próprio ente tributante); **D:** a vedação é garantia da autonomia federativa e pode, portanto, ser considerada cláusula pétrea, nos termos do art. 60, § 4º, I, da CF (mesmo que se discorde, a alternativa A é a melhor, pois inquestionavelmente correta); **E:** a competência tributária é indelegável – art. 7º do CTN.

Gabarito "A"

(ADVOGADO – CEF – 2010 – CESPE) Com relação ao crédito tributário, é correto afirmar que

(A) o depósito do seu montante integral o suspende e o parcelamento o exclui.

(B) o pagamento o extingue e a remissão o exclui.

(C) a anistia o suspende e a moratória o exclui.

(D) a isenção o exclui e a decadência o extingue.

(E) a compensação o suspende e a transação o extingue.

A única correspondência correta encontra-se na alternativa "D", nos termos do quadro elaborado no comentário anterior.

Gabarito "D"

(ADVOGADO – BNDES – 2001 – VUNESP) É correto afirmar que

(A) a remissão do crédito tributário é sinônimo de anistia.

(B) a isenção significa o perdão da penalidade tributária.

(C) a União, através de lei complementar, poderá conceder isenção de impostos estaduais e municipais.

(D) a concessão de medida liminar em mandado de segurança suspende a exigibilidade do crédito tributário.

(E) a exclusão da obrigação principal dispensa o cumprimento da obrigação acessória correlata.

A: incorreta. Remissão é causa de extinção do crédito tributário, a qual atinge tanto o tributo quanto a multa já lançada. Anistia é causa de exclusão do crédito tributário que alcança somente as multas que ainda não foram objeto de lançamento; **B:** incorreta. Remissão é sinônimo de perdão. Isenção é hipótese de exclusão do crédito tributário que impede, por expressa disposição legal, a incidência do tributo sobre determinada situação potencialmente imponível. **C:** incorreta, por afrontar diretamente o disposto no art. 151, III, da CF; **D:** correta, nos termos do art. 151, IV, do CTN; **E:** incorreta, por afrontar diretamente o disposto no art. 175, parágrafo único, do CTN.

Gabarito "D"

11. IMPOSTOS E CONTRIBUIÇÕES EM ESPÉCIE

11.1. IPI

(Procurador Federal – 2010 – CESPE) No que concerne ao Sistema Tributário Nacional, julgue o item seguinte.

(1) É devida a correção monetária de créditos escriturais de imposto sobre produtos industrializados na hipótese em que o seu não aproveitamento pelo contribuinte em tempo oportuno tenha ocorrido em razão da demora motivada por ato administrativo ou normativo do fisco considerado ilegítimo.

1: A assertiva é correta, pois é esse o entendimento do Judiciário. Não é possível, na ausência de previsão legal, a correção monetária dos créditos de IPI e de ICMS, por serem meramente escriturais. Entretanto, a correção é admitida nessa hipótese de óbice ilegítimo por parte do fisco ao seu aproveitamento pelo contribuinte.

Gabarito 1C

(Procurador da Fazenda Nacional – 2007 – ESAF) O Código Tributário Nacional dispõe que o fato gerador do imposto de importação é a entrada do produto estrangeiro no território nacional, não esclarecendo exatamente quando se considera ocorrida essa entrada. Quanto à tributação de produtos alienígenas, observe as asserções seguintes e avalie se elas são verdadeiras ou falsas.

1. A legislação do IPI esclarece que o fato gerador desse imposto (sobre produtos industrializados) é o desembaraço aduaneiro, quando de procedência estrangeira, considerando-se ocorrido esse desembaraço relativamente à mercadoria que constar como tendo sido importada e cujo extravio seja verificado pela autoridade fiscal.

2. É na data do registro da declaração de importação de mercadoria submetida a despacho para consumo que se considera ocorrido o fato gerador do imposto de importação.

3. Como o CTN dispõe que, quando o valor tributário esteja expresso em moeda estrangeira, no lançamento far-se-á sua conversão em moeda nacional ao câmbio do dia da ocorrência do fato gerador da obrigação, para efeito de cálculo do imposto os valores expressos em moeda estran-

geira deverão ser convertidos em moeda nacional à taxa de câmbio vigente na data da entrada do bem em águas territoriais nacionais.

(A) As três afirmações são verdadeiras.

(B) Só é verdadeira a primeira asserção.

(C) Só é falsa a terceira afirmação.

(D) Só são verdadeiras as duas últimas.

(E) São todas falsas.

1: art. 238, § 1º, do RA (regulamento aduaneiro – Decreto 6.759/2009); **2:** art. 73 do RA; **3:** a entrada do bem em águas territoriais nacionais não é momento de ocorrência de fato gerador na importação.

Gabarito "C"

11.2. IR

(Procuradoria Federal – 2007 – CESPE) Julgue o item seguinte.

(1) Considere que certa sociedade cooperativa, formada por professores de língua estrangeira, tenha auferido vultosa quantia monetária proveniente de suas aplicações financeiras. Nesse caso, a sociedade cooperativa deve recolher o imposto de renda sobre o resultado das referidas aplicações.

1: Art. 43 do CTN – há acréscimo patrimonial e, portanto, incidência do imposto de renda – Súmula 262/STJ.

Gabarito 1C

(Procurador da Fazenda Nacional – 2007 – ESAF) Para os fins de limitar a dedutibilidade dos custos, despesas e encargos, que reduzia a base de cálculo do imposto de renda, a Lei n. 9.430, de 1996, estabeleceu regras para determinação dos "preços de transferência". Relativamente ao assunto, examine as afirmações abaixo, julgue se elas são verdadeiras ou falsas e assinale a opção correta. 1. A regra concernente ao Método dos Preços Independentes Comparados (PIC) determina que se levem em consideração os descontos incondicionais concedidos em operações de compra e venda, em condições de pagamento semelhantes. 2. Para o Método do Preço de Revenda menos Lucro (PRL) a lei determina seja diminuída a metade do preço de revenda após deduzidos certos valores (que a lei indica), na hipótese de bens importados aplicados à produção. 3. O Método do Custo de Produção mais Lucro – CPL é o custo médio de produção de bens, serviços ou direitos, idênticos ou similares, durante o último mês a que se referirem os custos.

(A) As três afirmações são verdadeiras.

(B) Só é verdadeira a primeira asserção.

(C) Só é falsa a terceira afirmação.

(D) Só são verdadeiras as duas últimas.

(E) São todas falsas.

Art. 241, I, II e III, do RIR (regulamento do imposto sobre a renda – Decreto 3.000/1999).

Gabarito "E"

11.3. ITR

(Procurador da Fazenda Nacional – 2004 – ESAF) A norma constitucional que determina que o Imposto Territorial Rural (ITR) não incide sobre pequenas glebas rurais, assim definidas em lei, quando as explore o proprietário que não possua outro imóvel, veicula uma

(A) isenção subjetiva, por levar em conta a condição da entidade familiar.

(B) regra de não incidência da norma tributária.

(C) isenção real, por recair sobre coisa.

(D) imunidade.

(E) elisão lícita imprópria.

Qualquer norma constitucional que afaste a tributação é norma que delimita negativamente a competência tributária, ou seja, é imunidade, ainda que o constituinte tenha adotado outra terminologia (isenção, não incidência). Assim, a norma descrita pelo examinador é de imunidade – art. 153, § 4º, II, da CF, de modo que a alternativa "D" é a correta.

Gabarito "D"

11.4. ICMS

(Procurador Distrital – 2014 – CESPE) Julgue o seguinte item.

(1) Conforme jurisprudência do STJ, admite-se, no processo administrativo, a fixação da base de cálculo do ICMS no valor da mercadoria submetido ao regime de pauta fiscal.

Incorreta, conforme a Súmula 431 do STJ.

Gabarito 1E

(Procurador do Estado/BA – 2014 – CESPE) A respeito da concessão, pelos entes da Federação, de benefício fiscal em relação ao ICMS, julgue os itens subsecutivos.

(1) Não há obrigatoriedade de a concessão de benefícios fiscais ser feita por lei complementar estadual.

(2) Consideram-se benefícios fiscais as imunidades previstas na CF.

(3) De acordo com a CF, cabe a lei complementar regular a forma como, mediante deliberação dos estados e do DF, isenções, incentivos e benefícios fiscais serão concedidos e revogados.

(4) Sendo o ICMS um tributo estadual, a concessão de benefícios fiscais a ele relacionada deve ser feita por meio de atos administrativos normativos, como decretos.

(5) Por ser um tributo de importância nacional, o ICMS só pode ser concedido pelos entes da Federação mediante autorização do Senado Federal, ao qual cabe, inclusive, prescrever suas alíquotas em determinados casos.

1: correta, pois a concessão de benefícios fiscais se dá, em regra, por lei ordinária do ente tributante. No caso do ICMS, é importante lembrar que os benefícios fiscais dependem de deliberação dos Estados e do DF (Confaz) – art. 155, § 2º, XII, *g*, da CF/1988; **2:** incorreta, pois imunidade é regra constitucional que afasta a competência tributária, enquanto benefícios fiscais são concedidos pelo entre tributante competente (pressupõem, portanto, a existência de competência tributária); **3:** correta (art. 155, § 2º, XII, *g*, da CF/1988); **4:** incorreta, conforme comentário à primeira assertiva; **5:** incorreta, pois depende da deliberação do Confaz – art. 155, § 2º, XII, *g*, da CF/1988, não do Senado.

Gabarito 1C, 2E, 3C, 4E, 5E

(Procurador do Estado/AC – FMP – 2012) Dadas as assertivas abaixo, assinale a alternativa **correta**.

I. De acordo com a jurisprudência do Superior Tribunal de Justiça, incide o Imposto sobre operações relativas à Circulação de Mercadorias e sobre prestações de Serviços de transporte interestadual e intermunicipal e de comunicação (ICMS) na transferência de mercadorias entre estabelecimentos do mesmo titular.

II. A adoção do regime de substituição tributária em operações interestaduais submetidas ao ICMS depende apenas de previsão em lei estadual.

III. É admitida a transferência de saldo credor do ICMS por estabelecimentos que destinarem mercadorias ao exterior, na proporção que essas saídas representem do total das saídas realizadas pelo estabelecimento.

IV. O ICMS não incide sobre operações de arrendamento mercantil, não compreendida a venda do bem ao arrendatário.

(A) Estão corretas apenas as assertivas I e II.

(B) Estão corretas apenas as assertivas III e IV.

(C) Todas as assertivas estão corretas.

(D) Todas as assertivas estão incorretas.

I: incorreta, pois não há circulação econômica efetiva nesse caso, de modo que, apesar da literalidade do art. 11, § 3º, II, da LC 87/1996, o STJ entende pela inexistência de fato gerador – Súmula 166/STJ: "Não constitui fato gerador do ICMS o simples deslocamento de mercadoria de um para outro estabelecimento do mesmo contribuinte"; **II:** incorreta, pois a instituição de substituição tributária nas operações interestaduais depende de acordo específico celebrado pelos Estados interessados – art. 9º da LC 87/1996, conforme o art. 155, § 2º, XII, *b*, da CF; **III:** assertiva correta, conforme o art. 25, § 1º, da LC 87/1996, à luz do art. 155, § 2º, X, *in fine*, da CF; **IV:** assertiva correta, conforme o art. 3º, VIII, da LC 87/1996. A incidência sobre importação de bens por contrato de arrendamento mercantil vem sendo discutida no STF.

Gabarito "B"

(Procurador do Estado/AC – FMP – 2012) A empresa MRLC Ltda. atua no ramo de venda de material de escritório (papéis, canetas, lápis, etc.). Suas vendas ocorrem exclusivamente no balcão da loja, sendo submetidas à tributação pelo ICMS. A fim de reduzir a carga tributária mensal, a empresa, a partir de maio de 2010, passou a lançar na conta corrente fiscal créditos do ICMS pela entrada de serviços de comunicação e de energia elétrica. Considerando a Lei Complementar 87/96, assinale a alternativa **correta**.

(A) É ilícita a apropriação de créditos.

(B) É lícita apenas a apropriação dos créditos pela entrada de energia elétrica.

(C) É lícita apenas a apropriação dos créditos pela entrada dos serviços de comunicação.

(D) É lícita a apropriação de ambos os créditos.

A possibilidade de creditamento do ICMS relativo a material de consumo, comunicação e energia elétrica vem sendo adiada sucessivamente pelo legislador nacional – veja o art. 33, I, II, *d*, e IV, *c*, da LC 87/1996. Atualmente, somente se admite o creditamento relativo à energia elétrica e comunicação nos casos específicos indicados no art. 33, II, *a* a *c*, e IV, *a* e *b*, da LC 87/1996. Ou seja, a empresa que atual no ramo de material de escritório não pode se creditar do ICMS nesses casos, de modo que a alternativa "A" é a correta.

Gabarito "A"

(Procurador do Estado/AC – FMP – 2012) Dada a situação hipotética abaixo descrita, assinale a alternativa **correta,** de acordo com o Código Tributário Nacional.

A Secretaria da Fazenda de um dos Estados da Federação editou instrução normativa orientando a todos os contribuintes do ICMS a recolherem referido imposto pela alíquota de doze por cento nas saídas internas de produtos alimentícios industrializados. Passados oito meses, o mesmo órgão público constatou equívoco na orientação exarada por meio da referida instrução, visto que a lei estadual previa para tais operações a alíquota de treze por cento. Houve, assim, a revogação da instrução normativa. Nessas circunstâncias, os contribuintes que observaram a instrução normativa revogada

(A) deverão recolher a diferença do ICMS, acrescida de juros de mora, mas sem atualização monetária.

(B) deverão recolher a diferença do ICMS, acrescida de juros de mora e das penalidades cabíveis pelo atraso.

(C) deverão recolher a diferença do ICMS, sem a imposição de penalidades, sem a cobrança de juros de mora e sem qualquer atualização do valor monetário da base de cálculo do tributo.

(D) deverão recolher a diferença do ICMS, acrescida das penalidades cabíveis pelo atraso, mas sem juros de mora.

A instrução normativa (norma infralegal) não pode alterar a tributação, por conta do princípio da legalidade. Nesse caso, vale a regra prevista em lei, de modo que os contribuintes devem recolher a diferença. Entretanto, até em atenção ao princípio da boa-fé, o recolhimento das diferenças será feito sem imposição de penalidades, de juros de mora ou de atualização da base de cálculo do tributo, conforme o art. 100, parágrafo único, do CTN. Por essa razão, a alternativa "C" é a correta.

Gabarito "C"

(PROCURADOR DO ESTADO/MG – FUMARC – 2012) Assinale a alternativa correta. Segundo a Lei Complementar Federal nº 87 de 1996, poderá ser contribuinte do imposto sobre operações relativas à circulação de mercadorias e sobre prestações de serviços de transporte interestadual e intermunicipal e de comunicação (ICMS) a pessoa física ou jurídica que, mesmo sem habitualidade ou intuito comercial:

(A) Seja destinatária de serviço prestado integralmente no exterior;

(B) Adquira lubrificantes e combustíveis líquidos e gasosos derivados de petróleo e energia elétrica oriundos de outro Estado, quando não destinados à comercialização ou industrialização;

(C) Adquira, com ou sem licitação mercadorias ou bens apreendidos ou abandonados;

(D) Importe ou exporte mercadorias ou bens do exterior, qualquer que seja sua finalidade;

(E) Importe mercadorias ou bens do exterior necessariamente voltados à futura comercialização.

A: imprecisa. Em princípio, o ICMS incide apenas no caso de serviço prestado no Brasil ou apenas iniciado no exterior, daí porque o gabarito oficial determinou que a alternativa não é correta – art. 155, II, *in fine*, da CF e art. 1º, *in fine*, da LC 87/1996. Entretanto, se o serviço é prestado no exterior, ainda que integralmente, para destinatário no Brasil incide também o ICMS – art. 155, § 2º, IX, *a*, da CF e art. 2º, § 1º, II, da LC 87/1996. Por outro lado, se o serviço é prestado integralmente no exterior para destinatário no exterior, não incide o imposto estadual – art. 155, § 2º, X, *a*, da CF; **B:** correta, pois a imunidade refere-se apenas ao ICMS interestadual, inaplicável ao caso de consumidor final. Dito de outra forma, a imunidade prevista no art. 155, § 2º, X, *b*, da CF refere-se apenas à circulação interestadual de petróleo e derivados e de energia elétrica quando destinados à industrialização ou ao comércio, conforme os arts. 2º, § 1º, III, e 3º, III, da LC 87/1996; **C:** incorreta, pois a incidência expressamente prevista na LC 87/1996 refere-se apenas à aquisição em licitação pública (hasta pública) desses bens ou mercadorias importados do exterior e apreendidos ou abandonados – art. 12, XI, da LC 87/1996; **D:** incorreta, pois a exportação é imune em relação ao ICMS – art. 155, § 2º, X, *a*, da CF; **E:** incorreta, pois o importador de bem ou mercadoria é contribuinte do ICMS, qualquer que seja a destinação a ser dada a eles – art. 155, § 2º, IX, *a*, da CF.

Gabarito "B"

(PROCURADOR DO ESTADO/MG – FUMARC – 2012) Assinale a opção correta:

(A) O poder executivo do Estado Membro poderá, por decreto, aumentar, reduzir e restabelecer as alíquotas do imposto sobre circulação de mercadorias e prestação de serviço de comunicação e transportes intermunicipal e interestadual, incidentes sobre a circulação de combustíveis e lubrificantes, não se lhes aplicando o disposto no art. 150, III, "B", do texto constitucional federal;

(B) Somente por lei poderá o Estado Membro aumentar, reduzir e restabelecer as alíquotas do imposto sobre circulação de mercadorias e prestação de serviço de comunicação e transportes, incidentes sobre a circulação de combustíveis e lubrificantes, não se lhes aplicando o disposto no artigo 150, III, "B e "C", do texto constitucional federal;

(C) O Poder Executivo do Estado Membro poderá, por decreto, aumentar, reduzir e restabelecer as alíquotas do imposto sobre circulação de mercadorias e prestação de serviço de comunicação e transportes, incidentes sobre a circulação de combustíveis e lubrificantes, não se lhes aplicando o disposto no art. 150, III, "B" e "C", do texto constitucional federal;

(D) Somente por lei poderá o Estado Membro reduzir e restabelecer as alíquotas do imposto sobre circulação de mercadorias e prestação de serviço de comunicação e transportes interestadual e intermunicipal, incidentes sobre a circulação de combustíveis e lubrificantes, não se lhes aplicando o disposto no art. 150, III, "B", do texto constitucional federal;

(E) Somente por lei poderá o Estado Membro aumentar, reduzir e restabelecer as alíquotas do imposto sobre circulação de mercadorias e prestação de serviço de comunicação e transportes, incidentes sobre a circulação de combustíveis e lubrificantes, não se lhes aplicando o disposto no art. 150, III, "B", do texto constitucional federal.

A e **C:** incorretas, pois as alíquotas do ICMS devem ser fixadas sempre por lei, observados os limites determinados pelo Senado e sujeitando-se, no caso dos benefícios fiscais, a prévio convênio interestadual – art. 155, § 2º, V, e XII, *g*, da CF; **B:** incorreta, pois o ICMS sujeita-se ao princípio da anterioridade anual e nonagesimal. A única exceção refere-se apenas à anterioridade anual (art. 150, III, *b*, da CF): o restabelecimento de alíquotas do ICMS definidas por deliberação dos Estados e do Distrito Federal, relativas a combustíveis e lubrificantes indicados pela lei complementar, nos termos do art. 155, § 4º, IV, *c*, da CF; **D:** essa é a melhor alternativa. A rigor, essas alíquotas, relativas a combustíveis e lubrificantes definidos pela lei complementar (não é qualquer combustível ou lubrificante – art. 150, § 2º, XII, *h*, da CF) serão definidas por deliberação dos Estados e do DF (não diretamente pela lei estadual), segundo o art. 150, § 4º, IV, da CF e, nesse caso, poderão ser reduzidas e restabelecidas sem aplicação da anterioridade anual; **E:** incorreta, pois a exceção do art. 150, § 4º, IV, da CF, atinente à anterioridade anual, refere-se apenas à redução e restabelecimento da alíquota, não à majoração além do que fora fixado inicialmente.

Gabarito "D"

(PROCURADOR DO ESTADO/MG – FUMARC – 2012) Quanto ao princípio da não cumulatividade, assinale a alternativa INCORRET**A:**

(A) Tem previsão expressa na Constituição Federal para o imposto sobre operações relativas à circulação de mercadorias e sobre prestações de serviços de transporte interestadual e intermunicipal e de comunicação (ICMS) e o imposto sobre produtos industrializados (IPI);

(B) A tributação não cumulativa reduz a carga tributária final incidente sobre bens de consumo;

(C) O princípio da não cumulatividade, quando implementado pela técnica do crédito físico, gera crédito para todos os custos, em sentido amplo, que vierem onerados por aquele imposto;

(D) A isenção ou não incidência, salvo determinação em contrário da legislação, acarretará a anulação do crédito do imposto sobre operações relativas à circulação de mercadorias e sobre prestações de serviços de transporte interestadual e intermunicipal e de comunicação (ICMS) relativo às operações anteriores;

(E) É vedado o crédito do imposto sobre operações relativas à circulação de mercadorias e sobre prestações de serviços de transporte interestadual e intermunicipal e de comunicação (ICMS) para integração ou consumo em processo de industrialização ou produção rural, quando a saída do produto resultante não for tributada ou estiver isenta do imposto, exceto se trata-se de saída para o exterior.

A: correta, conforme os art. 153, § 3º, II, e 155, § 2º, I, da CF; **B:** incorreta, pois, a rigor, a não cumulatividade evita a majoração da tributação ao afastar o cálculo "em cascata", mas não reduz, por si, a carga tributária (apenas a distribui ao longo da cadeia de produção e consumo); **C:** incorreta. O crédito físico (não simplesmente escritural) implica creditamento em relação aos bens e serviços adquiridos, específica e individualmente considerados, desde que onerados pelo imposto correspondente. Esse crédito somente será aproveitado pelo adquirente quando esse bem ou serviço, especificamente, sair de seu estabelecimento (ainda que incorporado como insumo ou matéria-prima no produto vendido). Ou seja, não há creditamento em relação a todos os custos, em sentido amplo. Em tempo: os créditos de IPI e o ICMS são escriturais ou contábeis, não se aplicando a sistemática do crédito físico, estritamente; **D:** correta, conforme o art. 155, § 2º, II, *b*, da CF; **E:** correta, conforme o art. 155, § 2º, II, e X, *a*, *in fine*, da CF.

Gabarito "C"

(Procurador do Estado/MT – FCC – 2011 - adaptada) De acordo a Lei do ICMS do Estado de Mato Grosso (Lei nº 7.098/98) e a legislação federal acerca do ICMS, analise os itens a seguir:

I. Incide sobre a entrada, no território do Estado, de petróleo, inclusive lubrificantes e combustíveis líquidos e gasosos dele derivados, e de energia elétrica, quando não destinados à comercialização ou à industrialização e decorrente de operações interestaduais.

II. Não incide sobre serviço prestado no exterior ou cuja prestação se tenha iniciado no exterior.

III. Incide sobre operações e prestações que destinem ao exterior mercadorias.

IV. Não incide sobre a prestação de serviço de transporte intramunicipal, por qualquer via, de pessoas, bens, mercadorias ou valores.

Está correto APENAS o que se afirma no(s) item(ns)

(A) I e II.

(B) I.

(C) III e V.

(D) I e IV.

(E) II, e IV.

I: assertiva correta, pois a imunidade prevista no art. 155, § 2º, X, *b*, da CF refere-se apenas à circulação interestadual de petróleo e derivados e de energia elétrica quando destinados à industrialização ou ao comércio, conforme os arts. 2º, § 1º, III, e 3º, III, da LC 87/1996; **II:** incorreta, pois o ICMS incide no caso de serviço iniciado no exterior – conforme o art. 155, II, da CF e art. 1º da LC 87/1996; **III:** incorreta, pois há imunidade, nesse caso – art. 155, § 2º, X, *a*, da CF; **IV:** correta, pois incide apenas o ISS nesse caso – art. 155, II, da CF.

Gabarito "D"

(Procurador do Estado/MT – FCC – 2011) A forma como os Estados e o Distrito Federal podem deliberar sobre concessão de isenções, incentivos e benefícios fiscais do ICMS deve ser regulada em

(A) Lei complementar.

(B) Lei ordinária de cada Estado e do Distrito Federal.

(C) Decreto legislativo do Congresso Nacional.

(D) Resolução do Senado Federal.

(E) Convênio celebrado entre os Estados e o Distrito Federal.

A matéria é reservada à lei complementar federal, nos termos do art. 155, § 2º, XII, *g*, da CF. Por essa razão, a alternativa "A" é a correta.

Gabarito "A"

(Procurador do Estado/RO – 2011 – FCC) Sr. Jorge, empresário do setor de calçados, promove a importação de um veículo esportivo de luxo, proveniente da Itália, que será de sua utilização pessoal e exclusiva, sendo que todo processo fiscal de importação foi realizado em seu nome. Diante dessa operação, o ICMS

(A) será devido, ainda que o adquirente não seja contribuinte habitual do ICMS.

(B) não será devido, uma vez que o adquirente (pessoa física) não é contribuinte do ICMS, não realizando a aquisição do veículo com habitualidade.

(C) não será devido, uma vez que o veículo está sendo adquirido para uso pessoal e exclusivo, não sendo destinado à revenda ou locação.

(D) será devido em razão do princípio da capacidade contributiva por se tratar de artigo de luxo.

(E) será devido, uma vez que o adquirente é proprietário de empresa comercial, sendo esta contribuinte do ICMS.

A: Assertiva correta, nos termos do art. 155, § 2º, IX, *a*, da CF; B e **C:** Incorretas, pois o ICMS sobre a importação é devido ainda quando promovida por pessoa natural, não contribuinte habitual do imposto, qualquer que seja sua finalidade (uso próprio ou revenda) – art. 155, § 2º, IX, *a*, da CF; **D:** Incorreta, pois o fato de ser artigo de luxo não é a razão para a incidência do ICMS, no caso; **E:** Incorreta, pois ainda que o importador não fosse empresário, o imposto seria devido, conforme comentários anteriores.

Gabarito "A"

(Procurador do Estado/SC – 2010 – FEPESE) Considerando a legislação que trata do imposto sobre operações relativas à circulação de mercadorias e sobre prestações de serviços de transporte interestadual e intermunicipal e de comunicação (ICMS), é **correto** afirmar:

(A) O imposto não incide sobre o serviço prestado no exterior ou cuja prestação se tenha iniciado no exterior.

(B) O imposto incide sobre operações com ouro, quando definido em lei como ativo financeiro ou instrumento cambial.

(C) Na hipótese de prestação de serviço de transporte interestadual e intermunicipal e de comunicação, a base de cálculo do imposto é o preço do serviço.

(D) Considera-se ocorrido o fato gerador do imposto no momento da saída de mercadoria de estabelecimento de contribuinte, salvo quando destinado para outro estabelecimento do mesmo titular.

(E) Não é contribuinte do imposto a pessoa física ou jurídica que, sem habitualidade ou intuito comercial, importe bens ou mercadorias do exterior, qualquer que seja a sua finalidade.

A: Incorreta, pois o ICMS incide sobre o serviço prestado no exterior, nos termos do art. 155, § 2º, IX, *a*, da CF; **B:** Incorreta, pois incide apenas o IOF, nesse caso – art. 155, § 2º, X, *c*, da CF; **C:** Assertiva correta, conforme o art. 13, III, da LC 87/1996; **D:** Discutível. O art. 12, I, da LC 87/1996 prevê a ocorrência do fato gerador do ICMS no momento da saída de mercadoria de estabelecimento de contribuinte, ainda que para outro estabelecimento do mesmo titular, o que tornaria a assertiva incorreta. Ocorre que o judiciário tem afastado a incidência no caso de simples deslocamento da mercadoria entre estabelecimento do mesmo contribuinte – Súmula 166/STJ; **E:** Incorreta, pois a importação de bem ou de mercadoria do exterior por qualquer pessoa, ainda que não seja contribuinte habitual do imposto, qualquer que seja a sua finalidade, implica incidência do ICMS – art. 155, § 2º, IX, *a*, da CF.

Gabarito "C"

(Procurador Federal – 2010 – CESPE) Julgue o próximo item, relativo a obrigação e crédito tributários.

(1) Se determinada revendedora de eletrodomésticos possui estabelecimentos localizados em diversas unidades da Federação, o ICMS deverá ser recolhido pela alíquota interna, no estado de onde saiu a mercadoria para o consumidor final, após a sua fatura, ainda que tenha sido negociada a venda em outro local, por meio da empresa filial.

1: A assertiva é correta. Para a incidência e cobrança do ICMS interessa o estabelecimento de onde saiu a mercadoria. Caso o destinatário seja consumidor final **não contribuinte do ICMS** (o que costuma ocorrer nas vendas de eletrodoméstico por revendedoras), aplica-se a alíquota interna do Estado de origem, para quem o tributo será recolhido – art. 155, § 2º, VII, *b*, da CF. Importante salientar que, caso o adquirente seja contribuinte do ICMS, ainda que consumidor final do eletrodoméstico, a alíquota aplicável é a interestadual – art. 155, § 2º, VII, *a*, da CF.

Gabarito 1C

(PROCURADOR DO ESTADO/RS – FUNDATEC – 2010) Nas operações com mercadorias em que o pagamento é parcelado, o ICMS incidirá

(A) sobre o valor da mercadoria e os acréscimos decorrentes das operações de venda a prazo.

(B) sobre o valor da mercadoria e os acréscimos decorrentes das operações de venda financiada.

(C) sobre o valor da mercadoria e seus acréscimos, sejam eles decorrentes das operações de venda a prazo ou venda financiada.

(D) sobre o valor da mercadoria e seus acréscimos, ainda que decorrentes de parcelamento com cartão de crédito.

(E) apenas sobre o valor da mercadoria, mesmo quando existirem acréscimos decorrentes da venda.

O entendimento jurisprudencial é de que incide o ICMS sobre o total da operação quando o parcelamento for assumido pelo próprio vendedor da mercadoria (= venda a prazo). Se há financiamento por instituição financeira (= venda financiada), mesmo que por meio de juros no cartão de crédito, o ICMS incide apenas sobre o valor da mercadoria, sendo que os encargos financeiros ficam fora do cálculo do imposto estadual – ver AgRg nos EDcl no AG 1.196.539/SP (repetitivo) e Súmula 237/STJ. Por essa razão, a alternativa "A" é a correta.

Gabarito "A"

(Procurador do Estado/MG – 2007) Com relação ao Imposto sobre Operações Relativas à Circulação de Mercadorias e sobre Prestações de Serviços de Transporte Interestadual e Intermunicipal e de Comunicação (ICMS) pode-se fazer várias afirmações. No entanto, é inverídico que tal imposto

(A) tem como fato gerador as operações relativas à circulação de mercadorias e às prestações de serviços de transporte interestadual e intermunicipal e de comunicação, ainda que as operações e as prestações se iniciem no exterior.

(B) incide sobre a operação relativa à circulação de mercadoria, inclusive o fornecimento de alimentação e bebida em bar, restaurante ou estabelecimento similar.

(C) poderá ser seletivo, em função da essencialidade das mercadorias e dos serviços, conforme dispuser a lei.

(D) tem seu fato gerador no desembaraço aduaneiro, quando se tratar de mercadoria ou bem importado do exterior, exceto quando objeto de arrendamento mercantil (Leasing).

A: essa é correta, conforme o art. 155, II, da CF; **B:** essa assertiva também é verdadeira, nos termos do art. 155, II e IX, b, da CF e do art. 2º, I, da LC 87/1996; **C:** correta, conforme o art. 155, § 2º, III, da CF; **D:** essa é a melhor alternativa, até por exclusão das demais. Há precedentes do STF afastando o ICMS na importação de aeronaves e peças por contrato de leasing, por inexistir circulação de mercadoria subsequente – RE 461.968/SP. Entretanto, esse entendimento pode ser revisto, pois está em rediscussão na Suprema Corte – RE 540.829/SP. Ademais, há precedentes no sentido de que incide o ICMS na importação pelo contrato de leasing, quando o bem é destinado ao ativo fixo da importadora – RE 206.069/SP, sendo que o Ministro Eros Grau, ao relatar o RE 461.968/SP, defendeu que não havia divergência com o RE 206.069/SP, por serem situações distintas.

Gabarito "D"

(Advogado da União/AGU – CESPE – 2009) Julgue os seguintes itens, que dizem respeito ao sistema tributário nacional.

(1) Segundo jurisprudência do STF, é inconstitucional cobrar, das empresas aéreas nacionais, ICMS sobre a prestação de serviços de transporte aéreo internacional de cargas.

(2) Segundo jurisprudência do STJ, é ilegítima a cobrança do ICMS sobre o serviço de habilitação de telefone celular.

1: Assertiva correta. O STF julgou inconstitucional a incidência do ICMS sobre (i) transporte aéreo internacional de carga e (ii) transporte aéreo intermunicipal, interestadual e internacional de passageiros, ao julgar a ADIn 1.600/UF. Ou seja, permite-se apenas a incidência de ICMS sobre o transporte aéreo intermunicipal e interestadual de cargas; **2:** assertiva correta, conforme a Súmula 350/STJ.

Gabarito 1C, 2C

(Procurador do Estado/PE – CESPE – 2009) Quanto ao ICMS, assinale a opção correta.

(A) O ICMS pode incidir sobre a importação de produto do exterior, sendo legítima a sua cobrança antes de o produto circular no território nacional.

(B) O ICMS incide nas operações de exportação de mercadorias, cabendo o tributo ao estado de origem da mercadoria, sendo indiferente o estado de saída da mesma.

(C) A concessão de isenção do ICMS pelo estado está condicionada apenas à edição de lei complementar.

(D) A incidência ou não do ICMS sobre o serviço de transporte interno é de competência dos estados e independente de celebração de convênio.

(E) O estado pode efetuar o diferimento da incidência do ICMS da primeira para a próxima alienação, situação em que terá direito o adquirente original ao crédito do imposto de acordo com o princípio da não cumulatividade.

A: assertiva correta, pois o fato gerador do ICMS, no caso, é a entrada da mercadoria no território nacional, e não sua circulação subsequente – art. 155, § 2º, IX, *a*, da CF; **B:** incorreta, pois as exportações são imunes em relação ao ICMS – art. 155, § 2º, X, *a*, da CF; **C:** assertiva incorreta, pois a concessão de isenções, incentivos e benefícios fiscais depende de autorização do Confaz, não de lei complementar federal – art. 155, § 2º, XII, *g*, da CF; **D:** assertiva incorreta. Como dito nos comentários à alternativa anterior, para que o Estado afaste ou reduza a tributação relativa ao ICMS, ainda que atinente a serviços ou operações internas, é preciso autorização do Confaz, que se dá por meio de convênio interestadual; **E:** incorreta, pois a não incidência do ICMS (por conta do diferimento) impede o aproveitamento de crédito para compensaçao na operação subsequente – art. 155, § 2º, II, *a*, da CF.

Gabarito "A"

(Procurador do Estado/PE – CESPE – 2009) Acerca do ICMS, assinale a opção correta.

(A) O DF tem competência para instituir o ICMS sobre operações relativas à circulação de mercadorias, salvo se as referidas operações se iniciarem no exterior.

(B) O referido imposto incide sobre operações de que decorra transferência de propriedade de estabelecimento industrial.

(C) A lei veda a cobrança do ICMS por ocasião do desembaraço aduaneiro de mercadoria importada do exterior por pessoa física.

(D) Não incide ICMS na importação de automóveis por pessoa jurídica que não seja contribuinte do imposto.

(E) O ICMS não incide no caso de simples deslocamento de mercadorias, como móveis e eletrodomésticos, de um estabelecimento para outro, do mesmo contribuinte.

A: incorreta, pois o ICMS incide sobre importação de mercadorias – art. 155, § 2º, IX, *a*, da CF; **B:** incorreta, pois estabelecimento industrial, globalmente considerado, não é considerado mercadoria – art. 3º, VI, da LC 87/1996. Somente a operação de circulação de bens móveis destinados ao comércio sofre a incidência do ICMS; **C:** assertiva incorreta, pois mesmo a importação promovida por pessoa física, ainda que não seja contribuinte habitual do imposto, sujeita-se ao ICMS – art. 155, § 2º, IX, *a*, da CF; **D:** incorreta, pois a importação de mercadoria sempre se sujeita ao ICMS, independentemente de quem a promova (pessoa física, jurídica, contribuinte ou não do imposto); **E:** essa é a assertiva correta, conforme a Súmula 166/STJ.

Gabarito "E"

(Procurador do Estado/PE – CESPE – 2009) Ainda no que se refere ao ICMS, assinale a opção correta.

(A) O contribuinte tem direito à restituição de 50% do valor do ICMS recolhido por força de substituição tributária, correspondente ao fato gerador presumido que não se realizar.

(B) A base de cálculo do ICMS, na hipótese de fornecimento de alimentação e bebidas em restaurante, é a soma do valor das mercadorias fornecidas.

(C) Não integra a base de cálculo do ICMS o valor correspondente a descontos concedidos ao contribuinte sob condição.

(D) É garantido ao sujeito passivo efetuar o estorno do ICMS que se tiver creditado na hipótese de a mercadoria que tiver entrado no estabelecimento extraviar-se.

(E) Ocorrendo prestação de serviços, com fornecimento de mercadorias, sem que haja preço previamente determinado, a base de cálculo do ICMS será o valor corrente do serviço no DF.

A: assertiva incorreta, pois o contribuinte tem direito à restituição do total recolhido ao fisco, no que se refere à substituição tributária, quando o fato gerador presumido não ocorrer – art. 150, § 7º, da CF; **B:** incorreta, pois a base de cálculo, no caso, é o valor total cobrado, incluindo o preço das mercadorias e do serviço prestado. Perceba que essa é a regra nos casos de serviços não incluídos na competência municipal e que são prestados com fornecimento de mercadoria – art. 155, § 2º, IX, *b*, da CF, Súmula 163/STJ; **C:** assertiva incorreta, pois somente os descontos incondicionais são excluídos da base de cálculo do ICMS – art. 13, § 1º, II, *a*, da LC 87/1996 e Súmula 457/STJ; **D:** assertiva correta, pois o contribuinte **deve** efetuar o estorno do crédito correspondente, nessa hipótese – art. 21, IV, da LC 87/1996. Perceba, entretanto, que não é preciso falar em *garantia* ao sujeito passivo, pois o estorno implica aumento do imposto a ser futuramente recolhido; **E:** incorreta, pois a base de cálculo é sempre o valor total da operação, a ser apurado pelo contribuinte ou, eventualmente, pela fiscalização – art. 155, § 2º, IX, *b*, da CF.

Gabarito "D"

(Procurador do Estado/PE – CESPE – 2009) Assinale a opção correta acerca da concessão de isenções do ICMS.

(A) Em convênios celebrados para a concessão de isenção do ICMS, é lícita a existência de cláusulas que se apliquem apenas a certa unidade da Federação.

(B) As concessões de isenções do ICMS efetivam-se nos termos de convênios celebrados entre os estados e o DF, mas a revogação das referidas isenções independe de convênio.

(C) Aos estados que se abstiverem de publicar decreto ratificando ou não os convênios celebrados, no prazo legal, não se aplicam os termos do ajuste.

(D) Os convênios sobre isenção do ICMS obrigam apenas as unidades da Federação que, regularmente convocadas, tenham participado da respectiva reunião.

(E) Cabe aos municípios conceder redução da base de cálculo do ICMS no que se refere à sua parcela na receita do referido imposto.

A: assertiva correta, conforme o art. 3° da LC 24/1975; **B:** incorreta, pois tanto a concessão como a revogação de isenções, incentivos e benefícios relativos ao ICMS depende de aprovação do Confaz, que se dá por meio de convênio interestadual – art. 155, § 2°, XII, *g*, da CF; **C:** incorreta, pois a omissão implica ratificação tácita do convênio – art. 4°, *caput, in fine*, da LC 24/1975; **D:** incorreta, pois os convênios interestaduais de ICMS vinculam todos os Estados e o Distrito Federal, inclusive aqueles que, apesar de regularmente convocados, não tenham participado da reunião – art. 7° da LC 24/1975; **E:** incorreta, pois a competência tributária relativa ao ICMS é privativa dos Estados e do Distrito Federal.

Gabarito "A"

(Procurador do Estado/PE – CESPE – 2009) A respeito do ICMS e das obrigações tributárias a ele relativas, assinale a opção correta.

(A) Ao emitir nota fiscal, o responsável pelo recolhimento do ICMS pratica obrigação tributária principal.

(B) Reputa-se acessória a obrigação tributária imposta ao contribuinte, no sentido de tolerar atividades de fiscalização do recolhimento do ICMS.

(C) A obrigação tributária consistente no dever de manter escrita contábil referente ao ICMS decorre sempre da lei *stricto sensu*.

(D) Os contribuintes isentos do recolhimento do ICMS são dispensados de manter documentos fiscais relativos ao mencionado imposto.

(E) A abstenção de prestação de informações requeridas pelo fisco converte-se em obrigação tributária acessória, com relação à eventual penalidade pecuniária.

A: incorreta, pois a emissão da nota fiscal refere-se à obrigação tributária acessória. Obrigação principal tem por objeto pagamento de dinheiro ao fisco (tributo ou penalidade pecuniária) – art. 113 do CTN; **B:** essa é a assertiva correta, pois a obrigação acessória abarca todos os deveres não pecuniários relacionados à tributação, inclusive prestações negativas – art. 113, § 2°, do CTN; **C:** incorreta, pois o CTN, ao tratar das obrigações acessórias, faz referência à *legislação tributária*, que inclui normas infralegais – arts. 113, § 2°, e 115 do CTN. Por essa razão, apesar de discussões doutrinárias, há forte entendimento no sentido de que a instituição das obrigações acessórias não depende de lei em sentido estrito; **D:** incorreta, pois a inexistência de obrigação principal (dever de pagar tributos e penalidades) não implica, necessariamente, afastamento das obrigações acessórias; **E:** incorreta. Na verdade, o descumprimento da obrigação acessória faz surgir, nos termos da lei, penalidades pecuniárias (multas). Essas penalidades, por serem pecuniárias, são objeto de obrigação tributária principal – art. 113, § 3°, do CTN.

Gabarito "B"

(Procurador do Estado/SC – 2009) Quanto à base de cálculo do imposto sobre operações relativas à circulação de mercadorias e sobre prestações de serviços de transporte interestadual e intermunicipal e de comunicação (ICMS), analise as afirmativas abaixo:

I. A sociedade empresária "A" realizou uma venda de produtos por ela industrializados, diretamente a um condomínio em edifício de apartamentos, que está reformando o prédio. Nesse caso, integra a base de cálculo do ICMS o valor do imposto sobre produtos industrializados (IPI) que também incide na mesma operação.

II. A sociedade empresária " A" realizou uma venda de produtos que industrializou, para a sociedade empresária "B", que os utiliza como elementos e componentes de produtos de sua fabricação. Nessa hipótese, o valor do imposto sobre produtos industrializados (IPI), incidente nessa operação, integra a base de cálculo do ICMS devido pela sociedade empresária vendedora.

III. A sociedade empresaria "A", atacadista, realizou vendas com a promoção seguinte: o consumidor que adquirir mercadorias em valor superior a um mil reais terá desconto de 20%, sobre o valor total se, nos 30 dias seguintes, voltar à loja e realizar nova compra, com valor superior a dois mil reais. Nesse caso, se for realizado o pagamento com o desconto, a base de cálculo para incidência do ICMS adotada deve ser reduzida do valor correspondente ao desconto efetivamente concedido.

Assinale a alternativa que indica **todas** as afirmativas corretas.

(A) Está correta apenas a afirmativa I.

(B) Está correta apenas a afirmativa III.

(C) Estão corretas as afirmativas I e II.

(D) Estão corretas as afirmativas I e III.

(E) Estão corretas as afirmativas II e III.

I: assertiva correta. O IPI somente é excluído da base de cálculo do ICMS no caso de operações entre contribuintes do imposto e desde que a mercadoria seja destinada à posterior industrialização ou comercialização – art. 155, § 2°, XI, da CF; **II:** incorreta, conforme comentário à alternativa anterior; **III:** incorreta, pois o desconto concedido sob condição compõe a base de cálculo do ICMS – art. 13, § 1°, II, a, da LC 87/1996.

Gabarito "A"

(Procurador do Estado/SC – 2009) Tendo em vista a Constituição Federal, o Código Tributário Nacional, a Lei Complementar nº 87 de 13.09.1996, a Lei nº 10.297 de 26.12.1996, de Santa Catarina, que dispõe sobre o imposto sobre operações relativas à circulação de mercadorias e sobre prestações de serviços de transporte interestadual e intermunicipal e de comunicação (ICMS), assinale a alternativa **correta**:

(A) Nos termos da lei catarinense que disciplina o ICMS, os prazos de recolhimento do imposto somente poderão ser alterados mediante lei específica publicada no ano anterior àquele em que serão aplicados os novos prazos.

(B) Mediante deliberação dos Estados e Distrito Federal, no âmbito do Conselho Nacional de Política Fazendária (CONFAZ), nos termos da Constituição Federal, poderão ser reduzidas, restabelecidas e aumentadas as alíquotas do imposto (ICMS) incidente, uma única vez, sobre os combustíveis e lubrificantes definidos na forma prevista na Constituição.

(C) A adoção do regime de substituição tributária em operações interestaduais dependerá de acordo específico celebrado entre os Estados e o Distrito Federal com interesse na sua implementação, conforme determina a Lei Complementar nº 87/96.

(D) É vedado ao Poder Executivo Estadual atualizar o valor monetário da base de cálculo do imposto sobre propriedade de veículos automotores (IPVA), mediante decreto, nos termos do que dispõe a respeito o Código Tributário Nacional.

(E) É vedada a utilização de medida provisória para o aumento, pela União, de alíquota de contribuição social incidente sobre o lucro líquido de sociedades empresárias (CSLL).

A: assertiva incorreta. Ainda que não se conheça a lei catarinense, é pacífico que a fixação ou a alteração da data do vencimento do tributo não depende de lei – ver RE 195.218/MG; **B:** a assertiva é questionável. Nessa hipótese excepcional de incidência única do ICMS sobre combustíveis e lubrificantes (art. 155, § 2º, XII, *h*, da CF), cabe ao Confaz fixar suas alíquotas, o que, em tese, permite a majoração – art. 155, § 4º, IV, da CF. Entretanto, o art. 155, § 4º, IV, *c*, da CF faz referência expressa apenas à redução e restabelecimento das alíquotas, e não à majoração, como consta da assertiva. De qualquer forma, a melhor alternativa é a C, pois claramente correta; **C:** assertiva correta, conforme o art. 9º da LC 87/1996; **D:** incorreta, pois a simples atualização monetária da base de cálculo do IPVA não implica majoração do tributo e, portanto, pode ser veiculada por norma infralegal – art. 97, § 2º, do CTN; **E:** assertiva incorreta, pois a União pode utilizar medida provisória para veicular normas tributárias, em substituição à lei ordinária federal, observando as regras do art. 62, § 2º, da CF.

Gabarito "C"

(Procurador do Estado/SP – FCC – 2009) Em relação ao ICMS é correto afirmar:

(A) Compete ao Conselho Nacional de Política Fazendária (CONFAZ) estabelecer as alíquotas do ICMS aplicáveis às operações e às prestações internas e interestaduais.

(B) É vedado aos Estados estabelecer o regime de substituição tributária para o ICMS, visto que o imposto é inexigível antes da ocorrência do fato gerador.

(C) Salvo deliberação em contrário dos Estados e do Distrito Federal, por meio de convênio, as alíquotas internas, nas operações relativas ao ICMS, não poderão ser inferiores às previstas para as operações interestaduais.

(D) É vedado à lei complementar estabelecer que o valor do ICMS integre a sua base de cálculo, inclusive na importação de bens, mercadorias e serviços do exterior.

(E) Nas operações interestaduais, o ICMS é devido integralmente ao Estado onde se localizar o destinatário da mercadoria.

A: incorreta, pois a fixação de alíquotas interestaduais cabe ao Senado Federal, que poderá também determinar alíquotas mínimas e máximas para operações internas (as internas apenas para resolver conflito específico que envolva interesse de Estados) – art. 155, § 2º, IV e V, da CF; **B:** incorreta, pois a substituição tributária é possível em relação ao ICMS – art. 150, § 7º, da CF e art. 6º da LC 87/1996; **C:** assertiva correta, conforme disposto no art. 155, § 2º, VI, da CF; **D:** é o oposto, pois a lei complementar **deve** prever o chamado "cálculo por dentro" do ICMS – art. 155, § 2º, XII, *i*, da CF e art. 13, § 1º, I, da LC 87/1996; **E:** incorreta. Quando o destinatário não é contribuinte do ICMS, o imposto é todo recolhido no Estado de origem, pela alíquota interna. Se o destinatário é contribuinte do ICMS, o tributo é calculado pela alíquota interestadual (menor que a interna), de modo que a diferença para a alíquota interna (maior que a interestadual) fica com o Estado de destino – art. 155, § 2º, VII e VIII, da CF.

Gabarito "C"

(Procurador do Estado/SP – FCC – 2009) ICMS.

I. A isenção ou a não incidência do ICMS acarreta a anulação do crédito relativo às operações anteriores, salvo na hipótese de determinação em contrário da legislação, mas é assegurada a manutenção do crédito no caso de operações que destinem mercadorias para o exterior ou de serviços prestados a destinatários no exterior, embora não incida o imposto nestas hipóteses.

II. É vedado aos Estados exigir o ICMS sobre fornecimento de refeições por restaurantes, exceto se o consumo for realizado fora do estabelecimento, visto que não há circulação de mercadorias quando o consumo é realizado *in loco*.

III. O ICMS é devido na importação de bem por pessoa física ou jurídica, ainda que ela não seja contribuinte habitual do imposto.

IV. Nas operações interestaduais com combustível derivado de petróleo, o ICMS é devido integralmente ao Estado produtor.

V. O princípio da não cumulatividade propicia que o montante a pagar pelo contribuinte resulte da diferença a maior, em determinado período, entre o imposto devido pelas saídas de mercadorias do estabelecimento e o que foi pago pelas que nele entraram, evitando a incidência em 'cascata'.

Está correto o que se afirma em

(A) I, II, III, IV e V.

(B) I, III e V, apenas.

(C) I, II e IV, apenas.

(D) II e V, apenas.

(E) III e IV, apenas.

I: assertiva correta, conforme o art. 155, § 2º, II, *b*, e X, *a*, da CF; **II:** incorreta, pois incide o ICMS sobre o total da operação, incluindo o valor da mercadoria e do serviço – art. 155, § 2º, IX, *b*, da CF e art. 2º, I, da LC 87/1996 – Súmula 163/STJ e Súmula 574/STF (é preciso lei estadual prevendo a incidência); **III:** correta, conforme o art. 155, § 2º, IX, *a*, da CF; **IV:** assertiva incorreta, pois é o oposto. O ICMS relativo às operações com petróleo e derivados é devido integralmente ao Estado de destino – art. 155, § 4º, I, da CF; V: a assertiva descreve corretamente a sistemática da não cumulatividade.

Gabarito "B"

(Procurador do Estado/CE – 2008 – CESPE) O governador de um estado da Federação decidiu, para atrair mais investimentos para o seu estado, promover uma política de incentivos fiscais, por meio da concessão de créditos presumidos no recolhimento do ICMS. Com base na situação hipotética apresentada acima, assinale a opção correta acerca das normas que regem as renúncias de receitas.

(A) O estado poderá instituir a referida política de incentivos após aprovação de lei com essa finalidade, sem necessidade de deliberação entre os demais estados e o DF.

(B) Esse estado poderá implantar a política fiscal por meio de decreto, pelo qual a concessão para cada contribuinte será feita administrativamente mediante contrato.

(C) Qualquer subsídio ou incentivo fiscal depende única e exclusivamente da vontade do governo de cada estado e, portanto, a referida política de incentivos fiscais poderá ser implantada por meio de portaria.

(D) Qualquer renúncia de receita deverá constar das leis orçamentárias e a política proposta somente poderá ser implantada após deliberação entre os estados e o DF.

(E) O ICMS é o único tributo que, para sua renúncia, independe de deliberação entre os estados e o DF.

Os benefícios fiscais relativos ao ICMS devem ser autorizados por convênio interestadual, conforme o art. 155, § 2º, XII, *g*, da CF. Apesar de ser importante prever o impacto da renúncia de receita na lei orçamentária anual, o benefício não fica prejudicado caso isso não ocorra, desde que observadas as exigências legais para sua concessão (v.g. art. 14 da LRF – lei de responsabilidade fiscal – LC 101/2000). De qualquer forma, a alternativa indicada no gabarito (D) é a melhor, por exclusão das demais.

Gabarito "D"

(Procurador do Estado/PB – 2008 – CESPE) Em relação às normas constitucionais aplicáveis ao imposto sobre circulação de mercadorias e serviços (ICMS), assinale a opção correta.

(A) O ICMS é obrigatoriamente não cumulativo e seletivo.

(B) No ICMS, de forma geral, não há aproveitamento de eventual crédito presumido, contudo a lei pode dispor de maneira diferente.

(C) O Senado Federal tem competência exclusiva para estabelecer, por meio de resolução aprovada por um terço dos senadores, as alíquotas aplicáveis às operações e prestações interestaduais e de exportação.

(D) É facultado ao Senado Federal estabelecer as alíquotas mínimas e máximas nas operações internas do ICMS, mediante resolução de iniciativa de um terço e aprovada pela maioria absoluta de seus membros. As alíquotas máximas, contudo, somente serão definidas para resolver conflito específico que envolva interesse de estados membros.

(E) Nas operações e prestações que destinem bens e serviços a consumidor final localizado em outro estado da Federação, adota-se a alíquota interestadual, se o destinatário não for contribuinte do imposto e a alíquota interna, se o destinatário for contribuinte dele.

A: o ICMS é não cumulativo e **poderá** ser seletivo – art. 155, § 2º, III, da CF; **B:** art. 155, § 2º, II, da CF; **C:** art. 155, § 2º, IV, da CF – a resolução deve ser aprovada por maioria absoluta – obs.: não há mais ICMS sobre exportações (art. 155, § 2º, X, *a*, da CF); **D:** art. 155, § 2º, V, da CF – a alíquota máxima deve proposta pela maioria absoluta e aprovada por maioria de dois terços; **E:** art. 155, § 2º, VII, da CF.

Gabarito "B"

(Procurador do Estado/PI – 2008 – CESPE) Assinale a opção correta a respeito do imposto sobre circulação de mercadorias e serviços (ICMS).

(A) O estado do Piauí possui autonomia para instituir e cobrar o ICMS como lhe aprouver, inclusive impondo diferenciações no regime de sua cobrança em relação ao disposto na CF, uma vez que se trata de competência concorrente.

(B) Os princípios e as normas gerais do ICMS estão previstos tanto em lei complementar federal quanto em lei estadual.

(C) Cabe a lei complementar federal dispor sobre a substituição tributária do ICMS.

(D) Cabe, exclusivamente, a lei estadual regular a forma como benefícios fiscais serão concedidos e revogados quando se tratar de ICMS.

(E) O ICMS não é o único tributo para o qual é necessário prévio acordo entre os estados e o DF, no caso de concessão de incentivo fiscal.

A: a legislação local deve observar as diretrizes constitucionais e as normas nacionais (art. 146 da CF); **B:** as normas gerais (nacionais) em matéria tributária são veiculadas por lei complementar federal – art. 146, III, da CF; **C:** art. 155, § 2º, XII, *b*, da CF; **D:** os benefícios fiscais de ICMS dependem de convênio interestadual – art. 155, § 2º, XII, *g*, da CF; **E:** art. 155, § 2º, XII, *g*, da CF – somente o ICMS submete-se necessariamente à sistemática.

Gabarito "C"

(Procurador do Estado/PI – 2008 – CESPE) Assinale a opção correta acerca de norma tributária que estabeleceu que, em determinadas circunstâncias, terceira pessoa vinculada ao fato gerador da respectiva obrigação será o sujeito passivo da obrigação tributária de ICMS, mesmo ainda não tendo ocorrido o fato gerador.

(A) A esse fenômeno tributário dá-se o nome de responsabilidade de terceiros.

(B) A referida norma tributária estabeleceu a imediata restituição da quantia paga pelo terceiro responsável, no caso de o contribuinte de direito não conseguir vender o produto pelo preço presumido.

(C) O fenômeno descrito acima é o da substituição tributária, matéria sobre a qual somente lei complementar pode dispor.

(D) A responsabilidade nesse caso é pessoal e não poderá ser imputada ao substituído.

(E) O fenômeno descrito acima não tem amparo em nenhuma norma tributária ou constitucional.

A assertiva refere-se à substituição tributária "para frente", prevista no art. 150, § 7º, da CF. No caso do ICMS, cabe à lei complementar federal dispor a respeito – art. 155, § 2º, XII, *b*, da CF.

Gabarito "C"

(Procurador do Estado/PI – 2008 – CESPE) Uma empresa contribuinte de ICMS, em função do porte do estabelecimento, apura o referido tributo em parcelas mensais, calculado por estimativa, por determinado período.

A respeito dessa situação, é correto afirmar que

(A) não existe a possibilidade de estado da Federação estabelecer esse regime diferenciado de apuração de ICMS, pois, se o fizesse, estaria desrespeitando o princípio da não cumulatividade.

(B) existe a possibilidade de estado da Federação implementar esse regime de apuração diferenciado, desde que a empresa não utilize os créditos das operações de compra realizadas.

(C) não há essa possibilidade na apuração de ICMS, apesar de haver, para outros tributos.

(D) existe essa possibilidade na apuração de ICMS, desde que haja ajuste dos valores ao final do período estipulado.

(E) existe essa possibilidade na apuraçao de ICMS, desde que a diferença apurada durante o período estipulado não seja compensada nos períodos posteriores.

É possível a sistemática de recolhimento por estimativa e a melhor alternativa é a D, por exclusão das demais – no entanto, os Tribunais Superiores admitem a estimativa (preço presumido) no regime de substituição tributária, sem a necessidade de ajuste posterior (exceto se a venda futura não ocorrer) – ver. RMS 19.533/MT-STJ.

Gabarito "D"

(Procurador do Estado/PR – 2007) Assinale a alternativa incorreta: ALTERNATIVAS:

(A) A anistia consiste no perdão da multa.

(B) A Remissão consiste no perdão do crédito tributário.

(C) A Isenção, quanto ao ICMS, pode ser livremente concedida pelo legislador ordinário estadual.

(D) A Isenção, quanto ao ICMS, deve ser precedida de Convênio entre os Estados.

(E) A Imunidade constitui uma limitação ao poder de tributar.

A: art. 180 do CTN; **B:** art. 156, IV, do CTN; C e **D:** os benefícios fiscais de ICMS devem ser concedidos mediante convênio interestadual – art. 155, § 2º, XII, *g*, da CF (perceba que as assertivas são contraditórias e excludentes, o que significa que uma delas é a alternativa incorreta); **E:** a assertiva é correta.

Gabarito "C"

(Procuradoria Distrital – 2007) Em face da jurisprudência assentada pelo Supremo Tribunal Federal sobre o ICMS, assinale a opção correta.

(A) É ilegítima a exigência de fazer incidir ICMS na comercialização de exemplares de obras cinematográficas, gravadas em fitas de videocassete.

(B) A imunidade prevista no art. 150, VI, "d", da Constituição Federal não abrange os filmes e papéis fotográficos necessários à publicação de jornais e periódicos, pelo que o ICMS é devido quando da entrada da referida mercadoria no estabelecimento do comprador.

(C) Na entrada de mercadoria importada do exterior, é legítima a cobrança do ICMS por ocasião do desembaraço aduaneiro.

(D) Na entrada de mercadoria importada dos países que integram o Mercosul, a cobrança do ICMS só pode ser feita por ocasião da entrada da mercadoria no estabelecimento do importador.

(E) É assente a jurisprudência do Supremo Tribunal que, em se tratando de regular lançamento de crédito tributário em decorrência de recolhimento do ICMS, haverá incidência de correção monetária no momento da compensação com o tributo devido na saída da mercadoria do estabelecimento.

A: Súmula 662/STF; **B:** Súmula 657/STF; **C:** Súmula 661/STF; **D:** não há jurisprudência nesse sentido; **E:** o crédito de ICMS é escritural e, em regra, não pode ser corrigido monetariamente (exceto se houve óbice do fisco ao seu aproveitamento tempestivo).

Gabarito "C"

(Procuradoria Distrital – 2007) A Constituição Federal, em seu art. 155, II, afirma que é da competência dos Estados e do Distrito Federal instituir imposto sobre operações relativas à circulação de mercadorias e sobre prestação de serviços de transporte interestadual e intermunicipal e de comunicação, ainda que as operações e as prestações se iniciem no exterior. Tendo-se como base a interpretação do referido dispositivo constitucional e a jurisprudência do STF a seu respeito, assinale, entre as opções apresentadas a seguir, a que está correta.

(A) Constitui fato gerador do ICMS a saída física do estabelecimento do comerciante de máquinas, utensílios, e implementos a título de comodato.

(B) Incide o ICMS nas operações de comercialização de fitas de videocassete geradas em série por empresas dedicadas a esse tipo de negócio jurídico.

(C) O contribuinte de ICMS tem o direito de creditar-se do valor do ICMS, quando pago em razão de operações de consumo de energia elétrica, ou de utilização de serviços de comunicação, ou, ainda, de aquisição de bens destinados ao uso e/ou à integração no ativo fixo do seu próprio estabelecimento.

(D) Há ofensa ao princípio da não cumulatividade do ICMS quando a legislação estadual proíbe a compensação de créditos de ICMS advindos da aquisição de bens destinados ao consumo e ao ativo fixo do contribuinte.

(E) Há ofensa ao princípio da não cumulatividade a exigência feita em legislação estadual de estorno proporcional de crédito do ICMS relativo à entrada de mercadorias que, posteriormente, têm a saída tributada com base de cálculo ou alíquota inferior.

A: não há circulação da mercadoria; **B:** em regra, o comércio "de prateleira" (em oposição às encomendas personalizadas) submete-se ao ICMS; C e **D:** as restrições aos creditamentos, previstas no art. 33 da LC 87/1996, não são consideradas violações à não cumulatividade; **E:** art. 155, § 2º, II, da CF – os Tribunais Superiores reconhecem a aplicação do dispositivo no caso de base de cálculo ou alíquota reduzida (o que equivale a isenção parcial), com estorno proporcional do crédito.

Gabarito "B"

(Procurador do Estado/PR – 2007) Com relação ao ICMS é correto afirmar que: ALTERNATIVAS:

(A) O critério temporal do ICMS quanto às operações de circulação de mercadorias corresponde à saída da mercadoria do estabelecimento comercial, industrial ou produtor.

(B) O critério quantitativo do ICMS quanto à Base de Cálculo nas operações de circulação de mercadorias corresponde ao valor de venda somado ao valor do IPI em qualquer caso.

(C) O princípio da não cumulatividade implica na compensação do valor do tributo devido em cada operação relativa à circulação de mercadorias ou prestação de serviços, com o montante cobrado nas anteriores pelo mesmo Estado ou Distrito Federal.

(D) A isenção ou não incidência não implicará crédito para compensação com o montante devido nas operações ou prestações seguintes, ou poderá acarretar anulação do crédito relativo às operações anteriores, salvo se a legislação estadual instituidora do ICMS dispuser de forma diferente.

(E) Aplica-se a alíquota interna nas operações e prestações que destinem bens e serviços a consumidores finais de outros Estados, quando o destinatário for também contribuinte do ICMS.

A: a regra geral é a saída do estabelecimento de contribuinte, mas há exceções, conforme os incisos do art. 12 da LC 87/1996; **B:** o IPI não é incluído na base do ICMS, na hipótese prevista no art. 155, § 2º, XI, da CF; **C:** art. 155, § 2º, I, da CF; **D:** art. 155, § 2º, II, da CF; **E:** quando o destinatário for contribuinte do ICMS, o tributo é calculado pela alíquota interestadual – art. 155, § 2º, VII, a, da CF.

Gabarito "D"

(Procurador do Estado/PR – 2007) Uma das hipóteses de incidência do ICMS refere-se às "operações de circulação de mercadorias", sendo incorreto afirmar que: ALTERNATIVAS:

(A) Operações são atos jurídicos regulados pelo Direito e aptos a produzirem determinada eficácia jurídica; são atos juridicamente relevantes.

(B) Circulação implica em mudança de titularidade, em disponibilidade jurídica da mercadoria, seja pelo domínio, seja pela posse.

(C) Mercadorias são as coisas objeto do comércio, destinadas à circulação econômica.

(D) Mercadorias são todas as coisas que umas pessoas transferem às outras, não importando a natureza do promotor da operação ou a destinação comercial que a ela dá o seu titular.

(E) Não são todas as Operações que constituem hipótese de incidência do ICMS, mas somente as Operações Jurídicas.

As alternativas **C** e **D** são incompatíveis, o que indica ao candidato que uma delas é incorreta: a afirmação em C é correta (ver o art. 191 do antigo Código Comercial, hoje revogado), assim como as assertivas em **A**, **B** e **E**.

Gabarito "D"

(Procurador do Estado/MG – 2007) Abaixo há três hipóteses legais de não incidência do ICMS. Assim, das quatro assertivas abaixo, uma não está dentre o rol legal que prevê a não incidência deste imposto. Trata-se do(a)

(A) operação que destine ao exterior mercadoria, inclusive produto primário e produto industrializado semielaborado, bem como sobre prestação de serviço para o exterior, desde que efetivada a exportação no prazo previsto em regulamento.

(B) operação com livros, jornais, periódicos e papel destinado à sua impressão, ressalvado o serviço de transporte com ela relacionado.

(C) serviço de transporte ou de comunicação prestado pela União, Estados, Distrito Federal e Municípios, bem como por suas autarquias e fundações instituídas e mantidas pelo poder público, no que se refere aos serviços vinculados às suas finalidades essenciais ou delas decorrentes.

(D) operação que destine a outra unidade da Federação petróleo, lubrificante e combustível líquido ou gasoso dele derivados e energia elétrica quando destinados à comercialização ou à industrialização do próprio produto.

Lembre-se que todas as hipóteses de afastamento da competência tributária pela Constituição são casos de imunidade, qualquer que seja a nomenclatura adotada pelo constituinte (imunidade, não incidência ou isenção). Ademais, perceba que há uma imprecisão na formulação da questão, pois a imunidade é sempre norma constitucional, não cabendo falar em "rol legal". **A:** incorreta, pois a imunidade prevista no art. 155, § 2º, X, *a*, da CF não é condicionada à exportação no prazo fixado em regulamento; **B:** correta, pois a imunidade de livros e periódicos prevista no art. 150, VI, *d*, da CF não abrange os serviços de transporte relacionados – ver RE 530.121 AgR/PR; **C:** correta, pois há imunidade prevista no art. 150, VI, *a*, da CF; **D:** correta, pois há imunidade sobre essas operações interestaduais, nos termos do art. 155, § 2º, X, *b*, da CF e do art. 3º, III, da LC 87/1996.

Gabarito "B"

(Procurador do Estado/RR – 2006 – FCC) A respeito do ICMS, é INCORRETO afirmar que

(A) não incidirá sobre operação que destinem a outros Estados petróleo, inclusive lubrificantes, combustíveis líquidos e gasosos dele derivados.

(B) tem como fato gerador as operações relativas à circulação de mercadorias e às prestações de serviços de transporte interestadual e intermunicipal e de comunicação, ainda que as operações e as prestações se iniciem no exterior.

(C) poderá ser seletivo em função da essencialidade das mercadorias e dos serviços.

(D) a isenção ou não incidência, salvo determinação em contrário na legislação, implicará crédito para compensação com montante devido nas operações seguintes.

(E) não incidirá sobre operações que destinem mercadorias para o exterior, assegurada a manutenção e o aproveitamento do montante do imposto cobrado nas operações anteriores.

A: art. 155, § 2º, X, *b*, da CF c/c XII, *h*, e § 4º, do mesmo dispositivo – observe que não se trata de imunidade em favor do adquirente, pois o ICMS será recolhido totalmente ao Estado (ou DF) de destino, ainda que nas operações subsequentes; **B:** art. 155, II, da CF; **C:** art. 155, § 2º, III, da CF (o ICMS pode ser seletivo – o IPI deve ser seletivo); **D:** art. 155, § 2º, II, da CF – é o oposto, pois o crédito deverá ser estornado; **E:** art. 155, § 2º, X, *a*, da CF.

Gabarito "D"

11.5. IPVA

(Procurador do Estado/RO – 2011 – FCC) Em 2010 foi editada lei estadual em relação ao IPVA para 2011, observando todos os princípios constitucionais, sendo constatado, entretanto, a ausência normativa com relação ao prazo de vencimento. Diante de tal cenário, a Secretaria da Fazenda resolve encaminhar o carnê para pagamento do IPVA, com vencimento para 45 dias após a data da efetiva notificação do lançamento. O procedimento adotado pela Secretaria está

(A) incorreto, uma vez que deveria observar o princípio da anterioridade nonagesimal entre o lançamento e o vencimento do tributo.

(B) correto, considerando que o Código Tributário Nacional estabelece o prazo de vencimento de 30 dias da notificação do lançamento, na ausência de disposição legal.

(C) incorreto, na medida em que o prazo legal de vencimento deve estar previsto em lei complementar.

(D) correto, por se tratar de poder discricionário do sujeito ativo de relação jurídico-tributário.

(E) correto, tendo como fundamento o prazo de vigência das leis, prevista na Lei de Introdução ao Código Civil, atual Lei de Introdução às normas do Direito Brasileiro.

Caso não haja definição da data do vencimento na legislação tributária, aplica-se a regra subsidiária do art. 160, *caput*, do CTN, ou seja, 30 dias após a notificação do lançamento. **A** e **C:** Incorretas, pois a fixação da data do vencimento do tributo pode ser feita por norma infralegal e não se sujeita à anterioridade – ver RE 195.218/MG; **B:** Essa é a melhor alternativa, conforme comentário inicial. A rigor, caso não haja norma infralegal fixando a data do vencimento (isso não é esclarecido na questão), ela será mesmo de 30 dias, e a notificação do lançamento deveria indicar isso (não 45 dias); **D:** Incorreto, pois não há discricionariedade, mas apenas desnecessidade de lei expressa em relação ao vencimento; **E:** Incorreta, pois há norma específica subsidiária no âmbito tributário, em relação ao vencimento do tributo. Ademais, o art. 1º da LINDB trata da vigência das leis, e não de vencimento de obrigações.

Gabarito "B"

(Procurador do Estado/MT – FCC – 2011) Sobre o IPVA - Imposto sobre a Propriedade de Veículos Automotores é correto afirmar que

(A) tem seu fato gerador, base de cálculo e contribuintes definidos no Código Tributário Nacional.

(B) a majoração de alíquota não se submete à regra da anterioridade nonagesimal.

(C) terá alíquotas mínimas fixadas por resolução do Senado Federal.

(D) considera-se veículo automotor, para fins de incidência do IPVA, apenas os de circulação terrestre.

(E) segundo entendimento do Supremo Tribunal Federal, pode ter alíquotas progressivas em razão do valor venal do veículo automotor.

A: incorreta, pois não há norma nacional regulamentando o IPVA, apesar da previsão no art. 146, III, *a*, da CF. Os Estados e o Distrito Federal exercem, no caso, a competência legislativa plena prevista no art. 24, § 3º, da CF – ver RE 414.259 AgR/MG; **B:** incorreta, pois há exceção à anterioridade nonagesimal apenas em relação à majoração da base de cálculo do IPVA, não de sua alíquota – art. 150, § 1º, da CF; **C:** correta, conforme o art. 155, § 6º, I, da CF; **D:** assertiva correta, conforme a jurisprudência pacífica do STF – ver RE 255.111/SP. Perceba, entretanto, que as legislações estaduais continuam prevendo, em regra, a incidência do IPVA em relação a embarcações e aeronaves, razão pela qual há gabaritos de concursos estaduais nesse sentido; **E:** incorreta, pois o judiciário não admite progressividade de alíquotas segundo a base de cálculo no caso dos tributos incidentes sobre a propriedade (domínio ou transmissão), exceto em relação ao ITR e ao IPTU, que contam como previsão constitucional expressa. Observação: a alternativa "D" também é correta, nos termos da jurisprudência do STF. Estaria incorreta se o examinador perguntasse "nos termos da legislação estadual", por exemplo.

Gabarito "C"

(Procurador do Estado/MT – FCC – 2011) As alíquotas do IPVA do Estado de Mato Grosso, de acordo com a Lei Estadual nº 7.301/2000, podem ser classificadas como

(A) seletivas, em função do tipo e utilização do veículo.

(B) progressivas, em razão do tipo e da utilização do veículo.

(C) fixas, independente do tipo de veículo.

(D) progressivas, em razão do valor venal do veículo.

(E) proporcionais, em função do modelo do veículo.

As alíquotas do IPVA podem ser diferenciadas segundo o tipo e a utilização – art. 155, § 6º, II, da CF. Isso pode ser classificado como seletividade, mas não como progressividade (o que é inadmitido para o IPVA), simples proporcionalidade (que ocorre sempre que há uma alíquota *ad valorem* – em percentual – multiplicada por uma base de cálculo em reais), nem, muito menos, alíquota fixa (que é um montante em reais multiplicado por determinada unidade de medida – valor fixo por cada veículo, por exemplo). Por essa razão, a alternativa "A" é a única correta.

Gabarito "A"

(Procurador do Estado/SC – 2010 – FEPESE) De acordo com a legislação relativa ao imposto sobre a propriedade de veículos automotores (IPVA), é **correto** afirmar:

(A) A alíquota do imposto é 2% (dois por cento) para veículos terrestres de três rodas.

(B) O imposto será devido anualmente e recolhido nos prazos fixados em regulamento, sendo proibido ao contribuinte liquidar seu débito de modo antecipado.

(C) O recolhimento do imposto fora do prazo regulamentar será efetuado com o acréscimo de multa, calculada sobre o valor corrigido do imposto, na proporção de 50% (cinquenta por cento), no caso de exigência de ofício.

(D) Considera-se ocorrido o fato gerador na data da aquisição, em relação a veículos importados.

(E) O adquirente de veículo automotor não é responsável pelo pagamento do imposto e demais acréscimos legais quanto aos débitos do proprietário anterior.

A: A alíquota do IPVA é determinada pela lei de cada Estado e do Distrito Federal, cabendo ao Senado apenas a fixação da alíquota mínima – art. 155, § 6º, I, da CF. No caso de Santa Catarina, a alíquota para veículos terrestres de duas ou três rodas é de 1% – art. 5º, III, da Lei de SC 7.543/1988; **B:** Incorreta, pois a legislação local permite o recolhimento a partir do fato gerador – art. 4º da Lei de SC 7.543/1988; **C:** Correta, conforme o art. 10, II, da Lei de SC 7.543/1988; **D:** Incorreta. Caberia à lei complementar federal definir o fato gerador do IPVA (além de seu contribuinte e sua base de cálculo), conforme o art. 146, III, *a*, da CF. Como até hoje não foi produzida essa norma nacional, os Estados e o Distrito Federal exercem a competência legislativa plena, nos termos do art. 24, § 3º, da CF – ver RE 191.703 AgR/SP. É interessante ressaltar que as normas estaduais, em regra, exigem o tributo apenas a partir da (i) primeira aquisição de veículo novo por consumidor final ou, em caso de importação por consumidor final, no (ii) momento do desembaraço aduaneiro. A partir do exercício seguinte à primeira aquisição ou à importação, é comum a legislação dos Estados fixar a incidência no (iii) dia 1º de janeiro de cada ano (como tradicionalmente ocorre com os tributos sobre propriedade – fato gerador continuado). Santa Catarina define a incidência de forma um pouco diferente, pois, no caso de importação, o fato gerador ocorre no momento do desembaraço aduaneiro mesmo quando não promovido por consumidor final – art. 2º, § 1º, II, da Lei de SC 7.543/1988; **E:** Incorreta, pois há responsabilidade do adquirente, nos termos do art. 131, I, do CTN.

Gabarito "C"

(Procurador Federal – 2010 – CESPE) Julgue o item seguinte, relativo ao direito tributário brasileiro.

(1) É legítima a aplicação da taxa SELIC como índice de correção monetária e de juros de mora, na atualização de débitos tributários em atraso relacionados ao IPVA, mesmo que inexista lei estadual nesse sentido.

1: errada, pois a aplicação da SELIC em relação a tributos estaduais depende de lei local nesse sentido.

Gabarito 1E

(Procurador do Estado/PE – CESPE – 2009) O governador de determinado estado da Federação enviou projeto de lei ao legislativo local estabelecendo acréscimo de 10% no valor do IPTU, a título de multa tributária, sempre que o adquirente deixar de registrar o contrato de compra e venda de um imóvel. O governador também enviou projeto relativo ao IPVA, prevendo desconto ao condutor de veículo automotor e embarcação que, no exercício anterior, não tiver cometido infração de trânsito ou na via marítima; além do aumento no valor do referido imposto, proporcional ao número de infrações cometidas, e multa tributária por cada ano em que não houver registro da transferência de propriedade do veiculo, autorizando o secretário de fazenda a atualizar anualmente o valor venal dos automóveis. A respeito dessa situação hipotética, assinale a opção correta.

(A) O projeto referente ao IPVA trata de extrafiscalidade tributária.

(B) Ao estado é vedado legislar acerca de multa incidente sobre o IPTU, por ser esta de competência do município em razão de ter natureza tributária.

(C) Por falta de legislação complementar federal relativa ao IPVA, o estado pode estabelecer normas gerais acerca de tal tributo, como fato gerador, base de cálculo e contribuinte, e, consequentemente, sua incidência ou não sobre embarcações.

(D) As questões referentes ao IPVA, por se tratar de legislação sobre trânsito, são de competência da União, não podendo ser exercidas pelo governador.

(E) O valor venal do automóvel é a base de cálculo do IPVA, entretanto, sua atualização não está sujeita ao princípio da legalidade estrita estabelecida para as normas tributárias.

A: a assertiva é questionável. Há, sem dúvida, intenção de influenciar a conduta dos cidadãos por meio da tributação (respeito à legislação de trânsito, por exemplo), o que indica extrafiscalidade. Entretanto, há intuito arrecadatório, o que indica a fiscalidade. De qualquer forma, a E é a melhor alternativa, pois claramente correta; **B:** de fato, o Estado não pode legislar acerca do IPTU, que é tributo municipal (a competência tributária é privativa). A assertiva é incorreta, entretanto, porque a competência municipal decorre de disposição constitucional expressa (art. 156, I, da CF), e não da natureza tributária; **C:** embora o Estado possa exercer a competência legislativa plena, por conta da omissão do Congresso Nacional (art. 24, § 3º, da CF), não pode ampliar a competência tributária fixada pela Constituição. O STF entende que não incide IPVA sobre embarcações ou aeronaves, pois isso não seria autorizado pelo art. 155, III, da CF – ver RE 134.509/AM; **D:** incorreta, pois a competência tributária é sempre privativa. Assim, somente o Estado pode legislar acerca do IPVA incidente sobre a propriedade de veículos em seu território; **E:** essa é a assertiva correta, pois a simples atualização monetária da base de cálculo, dentro dos limites dos índices inflacionários, não implica majoração do tributo e, portanto, pode ser veiculada por norma infralegal – art. 97, § 2º, do CTN.

Gabarito "E"

(Procurador do Estado/SC – 2009) Analise as alternativas abaixo, relacionadas ao imposto sobre propriedade de veículos automotores (IPVA), tendo em vista o disposto na Constituição Federal, no Código Tributário Nacional, na Lei nº 7.543, de 30.12.1988, de Santa Catarina, que institui esse imposto, e em normas correlatas. Assinale a alternativa **correta**:

(A) Se uma pessoa natural, na condição de arrematante, adquiriu, em leilão judicial, em consequência de ação de execução fiscal, um veículo automotor, deve agora, além do valor da arrematação, pagar os valores relativos ao IPVA e as multas que o proprietário não havia pago.

(B) De acordo com a Constituição Federal, a lei que fixar a base de cálculo do IPVA pode prever que será aplicada e produzirá todos os efeitos a partir do primeiro dia de 2010, se for devidamente publicada até o último dia de dezembro do ano de 2009.

(C) O proprietário de uma bicicleta não é sujeito passivo do IPVA porque a propriedade de tal veículo, não dotado de força-motriz própria, é alcançada pela imunidade.

(D) O imposto sobre a propriedade de veículos automotores poderá ter alíquotas diferenciadas em função do tipo, da utilização e da importação, quando fabricados no exterior do país, nos termos da expressa autorização constitucional.

(E) De acordo com a lei estadual catarinense sobre o IPVA, e conforme a Constituição Federal, serão destinados 50% do produto da arrecadação desse tributo aos municípios, proporcionalmente ao número de veículos que, em média, efetivamente circulam nos seus territórios.

A: incorreta, pois, apesar de o art. 130, parágrafo único, do CTN referir-se à arrematação de bens **imóveis** em hasta pública, a jurisprudência entende que mesmo no caso de **móveis** inexiste responsabilidade do adquirente pelos débitos tributários anteriores, por se tratar de aquisição originária – ver REsp 954.176/SC; **B:** assertiva correta, pois a fixação da base de cálculo do IPVA, que implique sua majoração, submete-se apenas à anterioridade anual, do art. 150, III, *b*, da CF, e não à nonagesimal (alínea *c* desse dispositivo constitucional) – art. 150, § 1º, da CF; **C:** De fato, não incide IPVA sobre a propriedade de bicicletas, pois não é veículo automotor. Entretanto, a assertiva é incorreta ao referir-se à imunidade. O caso é de simples não incidência, pois a situação não se enquadra na hipótese de incidência do IPVA. Não se trata de imunidade, já que não há afastamento da competência estadual por norma constitucional específica; **D:** incorreta, pois a Constituição faz referência expressa apenas à diferenciação de alíquotas em função do tipo e da utilização do veículo – art. 155, § 6º, II, da CF; **E:** incorreta, pois a destinação de 50% da receita do IPVA aos Municípios se dá em razão do local de licenciamento de cada veículo – art. 158, III, da CF.

Gabarito "B"

(Procurador do Estado/SP – FCC – 2009) IPVA.

I. Segundo o Supremo Tribunal Federal, é constitucional a lei estadual que institui o imposto sobre a propriedade de aeronaves e embarcações náuticas.

II. Lei estadual pode fixar alíquotas diversas do IPVA para dois automóveis com as mesmas características e faixa de valor, caso um deles seja nacional e o outro importado.

III. Lei estadual pode fixar alíquotas diversas do IPVA para dois automóveis com as mesmas características e faixa de valor, caso um deles seja movido a gasolina e o outro a álcool.

IV. Lei estadual pode fixar alíquotas diversas do IPVA para dois automóveis com a mesma potência e faixa de valor, caso um deles seja destinado ao transporte coletivo de passageiros e o outro seja caracterizado como automóvel de passeio.

V. Lei federal pode instituir isenção do IPVA aos portadores de deficiência física que necessitem de veículos adaptados.

Está correto o que se afirma em

(A) I, II, III, IV e V.

(B) I, III e V, apenas.

(C) I, II e IV, apenas.

(D) II e V, apenas.

(E) III e IV, apenas.

I: incorreta, pois o STF entende que o IPVA não incide sobre a propriedade de aeronaves e embarcações – ver RE 134.509/AM; **II:** assertiva incorreta, pois o STF não admite distinção em função da procedência do veículo (nacional ou importado) – ver RE 367.785 AgR/RJ; III e **IV:** corretas, já que o art. 155, § 6º, II, da CF admite diferenciação de alíquotas em função do tipo do veículo e sua utilização; V: incorreta, já que a União não pode conceder isenção em relação a tributos estaduais ou municipais (não se aceitam isenções heterônomas) – art. 151, III, da CF.

Gabarito "E"

(Procurador do Estado/PB – 2008 – CESPE) Em relação ao imposto sobre a propriedade de veículos automotores (IPVA), julgue os itens subsequentes.

I. As alíquotas mínimas desse imposto são fixadas pelo Senado Federal.

II. A modalidade de lançamento praticada em relação ao IPVA é o lançamento de ofício.

III. A incidência do IPVA só alcança os veículos terrestres, de acordo com a jurisprudência do STF.

IV. Quanto à autorização para alíquotas diferenciadas conforme o tipo de veículo, é possível diferenciação entre carros nacionais e importados.

V. Não se aplica o princípio da anterioridade nonagesimal em relação ao aumento da base de cálculo desse imposto.

A quantidade de itens certos é igual a

(A) 1.

(B) 2.

(C) 3.

(D) 4.

(E) 5.

I: correto, art. 155, § 6º, I, da CF; **II:** não há norma nacional – o lançamento é regulado pela legislação local, mas, normalmente é de ofício; **III:** o STF afasta a incidência sobre embarcações e aeronaves; **IV:** o Judiciário não tem aceitado essa diferenciação; V: correto, art. 150, § 1º, *in fine*, da CF.

Gabarito "D"

(Procurador do Estado/SE – FCC – 2005) Quando veículo automotor importado do estrangeiro é adquirido por pessoa física residente no País,

(A) não há incidência do IPVA porque a importação foi realizada por pessoa física.

(B) o IPVA incidirá no momento em que houver o desembaraço aduaneiro do veículo automotor.

(C) o IPVA incidirá no momento da celebração do contrato de compra e venda.

(D) o IPVA incidirá no momento em que o veículo automotor for liberado pelas autoridades estrangeiras para a exportação.

(E) o IPVA incidirá no momento em que o veículo automotor estiver aportado em porto nacional.

Não foi produzida, até hoje, norma nacional relativa ao fato gerador do IPVA (art. 146, III, *a*, da CF), de modo que os Estado e o DF exercem a competência legislativa plena (art. 24, § 3º, da CF). É preciso, portanto, conhecer a legislação de cada Estado e do DF para calcular o valor devido de IPVA (alíquotas, isenções, benefícios, incentivos), eventuais restituições por perda ou destruição do automóvel etc. No entanto, é interessante notar que, em regra, as normas estaduais exigem o tributo apena a partir da primeira aquisição por consumidor final ou, em caso de importação por consumidor final, no momento do desembaraço aduaneiro. Caso essa primeira aquisição ocorra após janeiro, as legislações estaduais costumam determinar o cálculo proporcional aos meses restantes até o final do ano. A partir do exercício seguinte à primeira aquisição, é comum a legislação dos Estados fixar a incidência no dia 1º de janeiro de cada ano (como tradicionalmente ocorre com os tributos sobre propriedade – fato gerador continuado). Por essas razões, a alternativa "B" é a correta.

Gabarito "B"

11.6. ITCMD

(Procurador do Estado/RO – 2011 – FCC) Sr. Gabriel Khalil possuía o seguinte patrimônio: um apartamento onde residia em Rondônia (RO); uma aplicação na caderneta de poupança em agência bancária situada na Cidade de São Paulo (SP); um imóvel comercial no Rio de Janeiro (RJ); e uma fazenda no Mato Grosso (MT). Em viagem de turismo em Minas Gerais (MG) veio a falecer naquele estado. Aberta a sucessão, seu inventário tramita na Justiça de Rondônia, local de seu domicílio. De acordo com as normas da Constituição Federal, será cabível o

(A) ITCMD, devido exclusivamente para o estado no qual o *de cujus* faleceu.

(B) ITBI, devido ao estado em que se processar o inventário.

(C) ITCMD, pertencente ao estado RO sobre o imóvel residencial e aplicação financeira em SP; ao estado do RJ sobre o imóvel comercial; e ao estado do MT em relação à fazenda.

(D) ITCMD, devido aos estados RO, SP, RJ e MT, partilhado *pro rata* conforme o valor total do patrimônio do *de cujus*.

(E) ITBI sobre os bens imóveis, havendo a incidência do ITCMD sobre os valores de aplicações financeiras.

Sobre a transmissão *causa mortis* (heranças e legados) incide apenas o ITCMD estadual. Em relação ao bem imóvel, é devido sempre ao Estado (ou ao Distrito Federal) onde o bem está localizado – art. 155, § 1º, I, da CF. Em relação a todas outras espécies de bens (móveis, títulos e créditos), caso da caderneta de poupança, o ITCMD é devido ao Estado (ou ao Distrito Federal) onde se processar o inventário ou arrolamento – art. 155, § 1º, II, da CF. Por essas razões, a alternativa "C" é a correta. Perceba que o ITBI municipal incide apenas nas transmissões onerosas de bens imóveis *inter vivos* (ou seja, na compra e venda de imóvel, dação em pagamento etc.) – art. 156, II, da CF.

Gabarito "C"

(Procurador do Estado/MT – FCC – 2011) Na sucessão *causa mortis*, em arrolamento de bens extrajudicial por escritura pública lavrada em Tabelionato de Notas de Belo Horizonte, foro do domicílio do autor da herança, a transmissão objeto deste arrolamento, referente a bens imóveis situados no município de Cuiabá/MT, sujeita-se ao Imposto de Transmissão *Causa Mortis* e Doação - ITCMD, cuja competência será

(A) do Estado de Minas Gerais.

(B) do Estado de Mato Grosso.

(C) do Município de Belo Horizonte.

(D) do Município de Cuiabá.

(E) concorrente dos Estados de Minas Gerais e Mato Grosso.

O ITCMD relativo a bem imóvel é devido ao Estado ou Distrito Federal em que está localizado, independentemente do local do arrolamento ou inventário – art. 155, § 1º, I, da CF. No caso, o ITCMD será devido ao Estado de Mato Grosso, razão pela qual a alternativa "B" é a correta.

Gabarito "B"

(Procurador do Estado/PE – CESPE – 2009) A respeito dos bens e da posse, assinale a opção correta.

(A) No estado de Pernambuco, a diferença do montante partilhado em virtude de separação judicial é isento do pagamento do ITCMD, desde que o casamento tenha ocorrido sob o regime de comunhão de bens.

(B) As sociedades anônimas sediadas em Pernambuco devem recolher o ITCMD incidente sobre transferência de ações, quando o montante da alienação for passível de tributação, sob pena de não ser averbada.

(C) O ITCMD é imposto de natureza pessoal, em razão do que a legislação pernambucana estabeleceu validamente a progressividade do tributo, observando o princípio da capacidade contributiva.

(D) Apenas após o encerramento do processo de inventário é que o estado de Pernambuco está legitimado para cobrança do ITCMD.

(E) O ITCMD estabelecido pela legislação pernambucana sobre a morte presumida é legítimo.

A: assertiva incorreta. No caso de separação de pessoas casadas no regime de comunhão universal, metade dos bens já pertencia a cada um dos cônjuges, de modo que, em princípio, a transmissão não se sujeita à tributação. Entretanto, se um dos cônjuges fica com mais da metade dos bens, ou seja, quando há *diferença* do montante partilhado, é porque houve doação, que se submete ao ITCMD, ou alienação onerosa, que, no caso de imóveis, sujeita-se ao ITBI municipal; **B:** incorreta, pois, em princípio, o Estado não poderia legislar, ainda que indiretamente, acerca da averbação de ações. Compete privativamente à União legislar acerca de direito comercial – art. 22, I, da CF; **C:** o STF considera que os tributos incidentes sobre transmissão de bens têm natureza real, de modo que não admite a progressividade em razão da base da cálculo – ver a Súmula 656/STF, relativa ao ITBI municipal; **D:** incorreta, pois o ITCMD é exigível a partir da homologação do cálculo, ou seja, antes do encerramento do inventário – Súmula 114/STF; **E:** correta, pois é cabível a cobrança do ITCMD no caso de morte presumida – Súmula 331/STF.

Gabarito "E"

(Procurador do Estado/SP – FCC – 2009) ITCMD.

I. Lei estadual pode estabelecer diferenciação de alíquotas do imposto, adotando como critério o grau de parentesco.

II. Na hipótese de a ação de inventário tramitar em uma Comarca do Estado de São Paulo, é devido a este Estado o imposto incidente sobre a transmissão *causa mortis* de valor depositado em conta corrente do autor da herança, ainda que a agência bancária seja situada em outro Estado da Federação.

III. É devido ao Estado de São Paulo o imposto incidente sobre a transmissão *causa mortis* de imóvel situado no Município de Campinas, ainda que a ação de inventário tramite em outro Estado da Federação.

IV. Considerando a ocorrência de um óbito em 2007, quando estava em vigor a Lei "A", revogada pela Lei "B", que entrou em vigor em 2008, é correto afirmar que a transmissão de bens por sucessão *causa mortis* será regida pela Lei "A", ainda que a ação de inventário tenha sido ajuizada em 2009 e que a Lei "B" estabeleça uma alíquota inferior à fixada pela Lei "A".

V. É devido ao Estado de São Paulo o imposto incidente sobre a transmissão *causa mortis* de direitos autorais, se o autor da herança era domiciliado na cidade de São Paulo, ainda que a escritura pública do inventário e da partilha extrajudiciais seja lavrada perante um tabelião de notas de outro Estado da Federação.

Está correto o que se afirma em

(A) I, II, III, IV e V.

(B) I, III e V, apenas.

(C) I, II e IV, apenas.

(D) II e V, apenas.

(E) III e IV, apenas.

I: a questão é controversa, pois a Constituição Federal não prevê expressamente essa possibilidade, que poderia ser entendida como violadora do princípio da capacidade contributiva (não há relação direta entre o grau de parentesco com o autor da herança ou da doação e a capacidade contributiva). Entretanto, é interessante ressaltar que a legislação de alguns Estados admite essa diferenciação de alíquotas, sem que tenha sido afastada pelo STF até o momento e, o que é importante para o candidato, é esse o entendimento da FCC; II e **III:** assertivas corretas, pois o ITCMD é sempre devido (i) no caso de imóveis, ao Estado em que o bem está localizado e (ii) no caso de bens móveis, títulos e créditos, ao Estado onde se processar o inventário ou o arrolamento, ou tiver domicílio o doador, ou ao Distrito Federal – art. 155, § 1º, I e II, da CF; **IV:** correta, pois a legislação aplicável é aquela vigente à época do fato gerador (óbito) – art. 144 do CTN e Súmula 112/STF. Admite-se retroatividade apenas da legislação posterior mais benéfica em relação à penalidade pecuniária (*lex mitior*), nunca quanto à alíquota do imposto – art. 106, II, *c*, do CTN; V: correta. A sistemática de partilha por escritura pública (art. 982 do CPC) não é prevista expressamente pelos dispositivos constitucionais que tratam do ITCMD. Entretanto, considerando que a competência jurisdicional para o inventário ou arrolamento seria o do domicílio do falecido, em regra (art. 96 do CPC), é natural que esse seja o critério para definição da sujeição ativa tributária, no caso de bens móveis (inclusive direitos autorais).

Gabarito "A"

(Procurador do Estado/PB – 2008 – CESPE) Acerca do imposto sobre transmissão *causa mortis* e doação, julgue os seguintes itens.

I. Esse imposto incide sobre as transmissões onerosas.

II. De acordo com o ordenamento jurídico, esse imposto é progressivo.

III. Se o doador tiver domicílio ou residência no exterior, a competência para a cobrança desse imposto é regulada por lei complementar.

IV. Esse imposto possui natureza fiscal, incidindo, inclusive, nas aquisições originárias, como é o caso do usucapião.

V. Na transmissão causa mortis, o fato gerador é único em razão da universalidade dos bens da herança.

A quantidade de itens certos é igual a

(A) 1.

(B) 2.

(C) 3.

(D) 4.

(E) 5.

I: é o oposto, pois somente transmissões não onerosas são tributadas pelo Estado; **II:** o Judiciário não aceita a progressividade, nesse caso (por analogia, ver Súmula 656/STF); **III:** art. 155, § 1º, III, *a*, da CF; **IV:** não incide sobre usucapião, pois não há transmissão tributável; V: a afirmação é correta, pois com o falecimento, a universalidade de bens é transmitida e incide o tributo.

Gabarito "B"

(Procurador do Estado/PI – 2008 – CESPE) Assinale a opção correta a respeito da cobrança do imposto sobre transmissão *causa mortis* e doação de quaisquer bens ou direitos.

(A) São imunes ao referido imposto as transmissões e doações feitas para os partidos políticos, incluindo as suas fundações.

(B) Para o cálculo do valor do imposto devido pelo fideicomissário, deve ser considerado o valor do bem ou do direito na data em que for aberta a sucessão.

(C) A base de cálculo do tributo cobrado na transmissão *causa mortis* será o valor venal dos bens e direitos na data da abertura da sucessão.

(D) Quando o beneficiário preenche a condição prevista em lei, o tributo incide sobre as doações de bens ou direitos de valor igual ou inferior a sessenta unidades fiscais do estado.

(E) Tratando-se de bens imóveis e de direitos a eles relativos, considera-se local da transmissão ou doação o local onde ocorrer o óbito ou o indicado no documento que formaliza a doação.

A: considerando que o donatário seja o contribuinte, há imunidade, nos termos do art. 150, VI, *c*, da CF; B e **C:** Súmula 113/STF; **D:** eventuais isenções são concedidas pela legislação local – o valor adotado para a isenção é piso acima do qual incide o tributo (não é teto abaixo do qual incide o tributo, como consta da alternativa, o que iria contra o princípio da capacidade contributiva); **E:** no caso de imóveis, considera-se o local em que localizado ou o Distrito Federal – art. 155, § 1º, I, da CF.

Gabarito "A"

(Procurador do Estado/PI – 2008 – CESPE) Considerando que um indivíduo milionário tenha resolvido doar ações de empresas para uma fundação sem fins lucrativos, assinale a opção correta.

(A) Essa doação não será tributada, uma vez que a fundação é entidade isenta do pagamento do tributo de transmissão.

(B) A referida doação será objeto de tributação do imposto de propriedade, uma vez que o domínio útil é o fato gerador do imposto de transmissão na doação.

(C) Os direitos reais sobre móveis transmitidos, mesmo que onerosos, serão objeto de tributação na doação.

(D) Na doação de bens móveis, direitos, títulos e créditos, a qualquer título, considera-se ocorrido o fato gerador do imposto de doação na data da tradição ou transcrição, ou na data do contrato.

(E) Considera-se doação qualquer ato ou fato, oneroso ou não, que importe transmissão de quaisquer bens ou direitos.

A: a isenção é fixada pela legislação local. Para haver imunidade, é preciso preencher os requisitos do art. 14 do CTN, à luz do art. 150, VI, *c*, da CF (apenas para instituições de educação e de assistência social sem fins lucrativos); **B**, **C** e **E:** o fato gerador é a transmissão não onerosa; **D:** a afirmação é correta (a transmissão é regulada pelo direito privado).

Gabarito "D"

(Procurador do Estado/PR – 2007) Quanto ao Imposto sobre Transmissão *causa mortis* e doações (ITCMD) é correto afirmar que: ALTERNATIVAS:

(A) A materialidade da hipótese de incidência relativa à transmissão *causa mortis* abrange quaisquer bens e direitos recebidos em herança.

(B) A materialidade da hipótese de incidência relativa à transmissão *causa mortis* abrange somente os bens imóveis

(C) Não está sujeito ao princípio da anterioridade, ante norma constitucional de exceção.

(D) A materialidade da hipótese de incidência doações somente tem cabimento quando há doação expressa e por instrumento público.

(E) O excesso de meação não é hipótese de incidência do ITCMD quanto ao fato doação.

A e **B:** art. 155, I, da CF; **C:** não há exceção para esse tributo; **D:** não há essa restrição; **E:** se o cônjuge supérstite recebe mais do que sua meação, houve, em regra, transmissão não onerosa e incidência do tributo.

Gabarito "A"

(Procurador do Estado/SP – VUNESP – 2005) Relativamente ao ITCMD, no Estado de São Paulo,

I. nos casos de renúncia em favor de outro herdeiro ou do cônjuge viúvo, configuram-se duas hipóteses de incidência do imposto: a primeira na aceitação da herança e a segunda na doação.

II. os rendimentos de aplicação financeira obtidos após o falecimento do autor da herança não se submetem à incidência do imposto.

III. a base de cálculo é o valor do quinhão hereditário, apurado ao final do processo de inventário ou arrolamento.

IV. são isentas as doações de bens imóveis para o Poder Público.

São corretas:

a) I, II, IIII e IV.

b) II e III, apenas.

c) I e IV, apenas.

d) I e II, apenas.

e) IV, apenas.

I: assertiva correta, pois a incidência do imposto *causa mortis* ocorre no momento da abertura da sucessão (falecimento), aceita a herança pelo contribuinte. No segundo momento, após a aceitação da herança, houve doação, com incidência do imposto sobre este outro fato gerador; **II:** correta, pois, nesse caso, os rendimentos são da titularidade dos herdeiros (no bojo do espólio), inexistindo transmissão *causa mortis*; **III:** correta, bois a base de cálculo é o valor venal dos bens transmitidos – art. 38 do CTN e art. 12 do Regulamento do ITCMD de São Paulo (Decreto 46.655/2002); **IV:** correta, lembrando que as isenções são fixadas pela lei local – ver art. 6º, II, *c*, do Regulamento do ITCMD de São Paulo (Decreto 46.655/2002).

Gabarito "A"

11.7. ISS

(Procurador do Município/São José dos Campos-SP – 2012 – VUNESP) De acordo com a lei que disciplina a matéria, a alíquota máxima do Imposto Sobre Serviços de Qualquer Natureza é de

(A) 0,5%.

(B) 1,5%.

(C) 3%.

(D) 5%.

(E) 10%.

Atualmente, a alíquota máxima do ISS é 5%, conforme o art. 8º, II, da LC 116/2003, fixada nos termos do art. 156, § 3º, I, da CF. Como a lei complementar não fixou a alíquota mínima, continua vigendo a de 2%, nos termos e com a exceção da construção civil previstos no art. 88, I, do ADCT. Por essa razão, a alternativa "D" é a correta

Gabarito "D"

(Procurador do Município/Florianópolis-SC – 2010 – FEPESE) De acordo com os critérios doutrinários de classificação dos tributos, o Imposto sobre Serviços de Qualquer Natureza (ISSQN), sujeito ao enquadramento por estimativa anual, é:

(A) Fixo e direto.

(B) Indireto e fixo.

(C) Indireto e progressivo.

(D) Direto e proporcional.

(E) Progressivo e indireto.

O ISS devido pelo sujeito passivo é calculado, em regra, pela multiplicação de uma alíquota pelo preço do serviço – arts. 7º e 8º da LC 116/2003, significando que é tributo variável e proporcional (não há progressividade de alíquotas em razão da base de cálculo). Nessa hipótese, é considerado tributo indireto, pois o ônus econômico do tributo é repassado ao consumidor do serviço. Ocorre que o ISS admite também a cobrança por valores fixos, nos termos do art. 9º, §§ 1º e 3º, do DL 406/1968, em relação a profissionais liberais (médicos, advogados, arquitetos etc.) e a sociedades uniprofissionais (formadas exclusivamente por uma classe de profissionais liberais). Nessa hipótese, é considerando tributo fixo (não há alíquota em percentual) e direto (não há, em tese, repasse do ônus econômico ao consumidor do serviço).

A assertiva se refere ao tributo fixo e direito, cobrado anualmente de profissionais liberais e sociedades uniprofissionais, razão pela qual a alternativa "A" é a correta.

Gabarito "A"

(Procurador do Município/Teresina-PI – 2010 – FCC) Ao instituir o imposto sobre serviços de qualquer natureza o Município elenca na lei o rol de serviços tributáveis por este imposto. Tratando-se de serviço semelhante, mas não previsto expressamente nesta lei, o Município

(A) poderá sofrer a incidência deste imposto se o serviço não for objeto de tributação por imposto de competência do Estado, pois neste caso caberá a aplicação da analogia.

(B) não poderá sofrer a incidência deste imposto porque é vedada a analogia que resulte na exigência de tributo não previsto em lei.

(C) poderá sofrer a incidência deste imposto em virtude da interpretação analógica, aplicável em casos de equidade.

(D) deverá sofrer incidência deste imposto por equidade, já que não se admite interpretação que resulte na dispensa do pagamento de tributo devido.

(E) está obrigado a tributar para evitar caracterização de renúncia de receita, desde que não altere o conteúdo e o alcance dos conteúdos legais.

A jurisprudência admite que a lista de serviços anexa à LC 116/2003 é taxativa (os Municípios e o Distrito Federal não podem tributar serviços que não constem dela). Entretanto, reconhece a possibilidade de interpretação extensiva de cada um de seus itens, especialmente quando há a expressão "e congêneres" ao final – ver REsp 1.111.234/PR repetitivo e Súmula 424/STJ. Por essa razão, o "serviço semelhante", desde que abrangido pela interpretação extensiva de algum dos itens da lista anexa, poderia ser tributado, em tese, pelo Município. Entretanto, nenhuma alternativa indica essa interpretação. Pelo contrário, as alternativas A, C e D são claramente erradas, pois não se pode exigir tributo por analogia ou por simples equidade, sem lei expressamente autorizativa – art. 108, § 1º, do CTN e princípio da legalidade. A alternativa "E" é discutível, pois, embora o ente político realmente deva exigir todos os tributos de sua competência, como medida de responsabilidade fiscal (art. 11 da Lei da Responsabilidade Fiscal – LC 101/2000), isso não implica direito de exigir tributo sem expressa previsão legal. A alternativa "B" é a melhor, por exclusão das demais, considerando que "serviço semelhante" é expressão bastante subjetiva e pode, efetivamente, indicar atividade fora da competência tributária municipal. Ademais, como já dito, realmente não cabe exigência de tributo por analogia – art. 108, § 1º, do CTN.

Gabarito "B"

(Procurador do Município/São Paulo-SP – 2008 – FCC) Para que o ISS – imposto sobre serviços de qualquer natureza, de competência municipal e do Distrito Federal, seja exigido é necessário, dentre outros requisitos, que

(A) seja serviço público específico e divisível.

(B) haja subordinação entre o prestador e o tomador do serviço.

(C) seja presumida a sua prestação.

(D) seja caracterizado como obrigação de fazer, com conteúdo econômico.

(E) tenha se iniciado no Brasil, ainda que concluído no exterior.

A: incorreta, pois esse é requisito para a cobrança de taxa de serviço, não do imposto municipal – art. 145, II, da CF e art. 77 do CTN; **B:** incorreta, até porque a subordinação pode, a rigor, qualificar a relação de emprego, excluída da incidência do ISS – art. 2º, II, da LC 116/2003; **C:** incorreta, pois não há ISS sobre prestação presumida de serviço; **D:** essa é a melhor alternativa, por exclusão das demais, conforme boa parte da doutrina e entendimento do STF fixado ao afastar a incidência do ISS sobre locação de bens móveis – RE 116.121/SP. Entretanto, posteriormente, o STF reconheceu que o fato gerador do ISS não se reduz à noção civilista de obrigação de fazer, ao julgar válida a incidência sobre arrendamento mercantil (*leasing* financeiro e *lease-back*) – ver RE 547.245/SC; **E:** incorreta, pois o ISS incide sobre o serviço proveniente do exterior ou cuja prestação tenha se iniciado no exterior (mas não sobre aquele concluído no exterior) – art. 1º, § 1º, da LC 116/2003. Note que a exportação de serviço não se sujeita ao ISS, conforme o art. 156, § 3º, II, da CF e art. 2º, I, da LC 116/2003.

Gabarito "D"

(Procurador do Município/São Paulo-SP – 2008 – FCC) Sobre o imposto sobre serviços de qualquer natureza – ISS, de competência municipal, NÃO é correto afirmar:

(A) a concessão de isenção deve ser previamente regulada em lei complementar.

(B) tem sua alíquota máxima fixada em 5% pela Lei Complementar no 116/03.

(C) não incide sobre serviços destinados ao exterior.

(D) não compreende serviço de transporte para fora dos limites do Município.

(E) tem sua alíquota mínima fixada em 2% por Resolução do Senado Federal.

A: adequada, pois a forma e as condições como as isenções devem ser concedidas e revogadas deve ser regulada por lei complementar federal, nos termos do art. 155, § 3º, III, da CF; **B:** correta, nos termos do art. 8º, II, da LC 116/2003; **C:** correta, conforme o art. 156, § 3º, II, da CF e art. 2º, I, da LC 116/2003; **D:** correta, pois sobre a prestação de transporte intermunicipal de passageiros incide exclusivamente o ICMS estadual – art. 155, II, da CF; **E:** incorreta, pois, como a lei complementar não fixou a alíquota mínima, conforme o art. 156, § 3º, I, da CF, continua vigendo a de 2%, nos termos e com a exceção da construção civil prevista no art. 88, I, do ADCT (não em resolução do Senado).

Gabarito "E"

(Procurador do Município/Manaus-AM – 2006 – FCC) Considera-se incluído na base de cálculo do ISS o valor do material fornecido pelo prestador de serviços na seguinte hipótese:

(A) execução de obras de construção civil.

(B) recondicionamento de motores.

(C) confecção de chaveiros, carimbos, placas etc.

(D) conserto e restauração de veículos automotores.

(E) organização de festas e recepções.

Em princípio, a base de cálculo do ISS abrange todo o preço cobrado, no caso de serviços previstos na LC 116/2003 prestados com fornecimento concomitante de mercadoria, exceto se a própria lei fizer ressalva nesse sentido. **A:** incorreta, pois, nesse caso, o art. 7º, § 2º, I, da LC 116/2003 prevê a exclusão do valor dos materiais, embora haja discussão a respeito da abrangência do dispositivo; **B, D** e **E:** incorretas, pois os itens 14.03, 14.01 e 17.11 da lista anexa à LC 116/2003, respectivamente, preveem expressamente a incidência exclusiva do ICMS sobre o valor das mercadorias); **C:** essa é a correta, pois o item 24.01 da lista anexa à LC 116/2003 não faz qualquer ressalva em relação às mercadorias fornecidas, incidindo ISS sobre o preço total do serviço e dos bens, portanto.

Gabarito "C"

(Procurador do Município/Manaus-AM – 2006 – FCC) O contribuinte que presta serviço e, ao mesmo tempo, fornece mercadoria, com ressalva da incidência do ICMS na Lista de Serviços, deve recolher aos cofres públicos

(A) o ISS e o ICMS, sobre valores do serviço e mercadoria, respectivamente.

(B) o ISS ou ICMS, podendo optar pela escolha menos gravosa.

(C) somente o ISS.

(D) somente o ICMS.

(E) o ICMS sobre base de cálculo compreensiva dos valores da mercadoria e do serviço.

No caso de serviços listados na LC 116/2003 prestados com fornecimento de mercadorias, incide exclusivamente o ISS sobre o preço total do serviço (incluindo o valor das mercadorias), exceto se a própria lei complementar fizer ressalva em relação às mercadorias (neste último caso, incide o ISS sobre o preço do serviço e ICMS sobre o valor da mercadoria – art. 1º, § 2º, da LC 116/2003 e art. 2º, V, da LC 87/1996). Caso o serviço não esteja listado na LC 116/2003, incidirá exclusivamente o ICMS sobre o valor total da operação (serviços e mercadoria), nos termos do art. 155, § 2º, IX, *b*, da CF e do art. 2º, IV, da LC 87/1996. Por essa razão, a alternativa "A" é a correta.

Gabarito "A"

Veja a seguinte tabela, com as hipóteses de tributação dos serviços prestados com fornecimento de mercadoria:

Fornecimento de mercadoria com prestação de serviço Art. 1.º, § 2.º, da LC 116/2003 e art. 2.º, IV e V, da LC 87/1996		
Situação	**Incidência**	**Exemplos**
Serviço constante da lista da LC 116/2003, sem ressalva em relação à mercadoria	ISS sobre o preço total	Súmula 156/STJ. A prestação do serviço de composição gráfica, personalizada e sob encomenda, ainda que envolva fornecimento de mercadorias, está sujeita, apenas, ao ISS. Súmula 274/STJ. O ISS incide sobre o valor dos serviços de assistência médica, incluindo-se neles as refeições, os medicamentos e as diárias hospitalares.
Serviço constante da lista da LC 116/2003, com ressalva em relação à mercadoria	ISS sobre o preço do serviço e ICMS sobre o valor da mercadoria	Item 14.03 – Recondicionamento de motores (exceto peças e partes empregadas, que ficam sujeitas ao ICMS).
Serviço não constante da lista da LC 116/2003	ICMS sobre o valor total da operação	Súmula 163/STJ. O fornecimento de mercadorias com a simultânea prestação de serviços em bares, restaurantes e estabelecimentos similares constitui fato gerador do ICMS a incidir sobre o valor total da operação.

Recentemente, entretanto, o STF decidiu, ainda que em cautelar (ADI 4.389/DF MC), que "o ISS não incide sobre operações de industrialização por encomenda de embalagens, destinadas à integração ou utilização direta em processo subsequente de industrialização ou de circulação de mercadoria. Presentes os requisitos constitucionais e legais, incidirá o ICMS."

11.8. IPTU

(Procurador Distrital – 2014 – CESPE) Decreto distrital X estipulou alíquota de IPTU em 0,3% para imóveis edificados com fins exclusivamente residenciais.

Posteriormente, em razão da valorização do mercado imobiliário, foi editado o decreto distrital Y, que majorou o valor venal dos imóveis e alterou a alíquota de IPTU para 0,5%.

Com base nessa situação hipotética, julgue os itens seguintes.

(1) A hipótese em questão se refere a imposto cobrado com base em aspectos subjetivos do contribuinte, isto é, com base em elementos que dimensionam sua capacidade econômica para contribuir.

(2) Se a alteração da base de cálculo do IPTU em apreço decorresse de simples atualização monetária do valor venal do imóvel, não haveria infringência ao princípio da reserva legal.

1: correta. Discordamos do gabarito oficial. O IPTU, como todo tributo, deve levar em consideração a capacidade econômica do contribuinte – art. 145, § 1º, da CF/1988. Este gabarito da CESPE adota entendimento no sentido de que somente os chamados impostos pessoais (IR, por exemplo) seriam sensíveis à capacidade econômica, ou talvez por entender que a capacidade contributiva depende da análise da totalidade da carga tributária suportada pelo contribuinte (posicionamento do STF em casos específicos – ver ADI 2.010-MC/DF), e isso não seria possível em relação ao IPTU. Ocorre que, recentemente, o STF decidiu que "todos os impostos estão sujeitos ao princípio da capacidade contributiva, mesmo os que não tenham caráter pessoal" (voto do Min. Eros Grau no RE 562.045/RS – repercussão geral, em que o STF ratificou a progressividade do ITCMD); **2:** correta, pois a alteração da base de cálculo acima da inflação (= aumento real) ou a modificação da alíquota somente podem ser realizadas por lei, jamais por decreto – ver Súmula 160 do STJ.

Gabarito 1E, 2C

(Procurador do Município/São Paulo-SP – 2008 – FCC) Determinado Município que não possui plano diretor, institui mediante lei, o IPTU progressivo no tempo como forma de promover a função social da propriedade urbana. Segundo a lei instituidora do tributo, o proprietário de imóvel urbano localizado na zona central do Município e que tenha imóvel sem qualquer construção terá o prazo de um ano para regularizar a situação, sob pena de serem aplicadas alíquotas progressivas anuais de 1,5%, 3%, 6%, 9% e 12%. Haverá inconstitucionalidade deste imposto por

I. faltar plano diretor municipal, exigido pela Constituição Federal para implementação destas medidas, dentre outras previstas para a Política Urbana.

II. ser o direito de propriedade absoluto, não comportando exigências do Poder Público para que seja feita a edificação compulsória.

III. desatender aos limites impostos pela Constituição Federal, para a variação de alíquotas, que não pode mais do que dobrar de um ano para outro.

IV. ser o IPTU progressivo no tempo sanção, incompatível com a noção constitucional de tributo, que não pode ser sanção por ato ilícito.

Está correto o que se afirma SOMENTE em

(A) I.

(B) IV.

(C) I e IV.

(D) III e IV.

(E) I, II e IV.

I: correta, pois, no caso dos Municípios com mais de 20 mil habitantes, o plano diretor é obrigatório, sendo que os instrumentos listados no art. 182, § 4º, da CF (dentre eles o IPTU progressivo no tempo) referem-se às áreas nela incluídas (incluídas no plano diretor) – ver também o art. 7º da Lei 10.257/2001; **II:** incorreta, pois o direito à propriedade não é absoluto, devendo atender a sua função social – art. 5º, XXIII, da CF. O art. 182, § 4º, da CF refere-se a exigência de aproveitamento adequada da propriedade imobiliária urbana, no interesse da sociedade; **III:** incorreta, até porque basta verificar que as alíquotas indicadas na questão não ultrapassam duas vezes a do ano anterior. Ademais, essa limitação é fixada no art. 7º da Lei 10.257/2001, e não na Constituição; **IV:** incorreta, pois essa característica extrafiscal do IPTU foi prevista expressamente pelo constituinte originário – art. 182, § 4º, II, da CF.

Gabarito "A"

(Procurador da Fazenda Nacional – 2006 – ESAF) Acerca do Imposto Sobre a Propriedade Predial e Territorial Urbana – IPTU é correto afirmar que:

(A) o posseiro não pode ser considerado contribuinte.

(B) suas alíquotas podem ser progressivas apenas em função do grau de utilização do imóvel.

(C) a base de cálculo é o valor real do imóvel.

(D) o STF entendeu inconstitucional lei municipal que tenha estabelecido, antes da Emenda Constitucional 29/2000, alíquotas progressivas, salvo se destinadas a assegurar o cumprimento da função social da propriedade urbana.

(E) lei municipal não pode, para efeito da cobrança do tributo, considerar urbanas áreas com urbanização ainda incompleta.

A: incorreta, pois o possuidor com *animus domini* a qualquer título é contribuinte do IPTU – art. 34 do CTN; **B:** incorreta, pois a Constituição prevê a progressividade de alíquotas em razão do valor do imóvel (art. 156, § 1º, I, da CF), além da progressividade no tempo com função extrafiscal prevista no art. 182, § 4º, II, da CF. Não há previsão de progressividade segundo o grau de utilização do imóvel – note que o grau de produtividade é relevante para a progressividade do ITR federal – art. 153, § 4º, I, da CF; **C:** imprecisa, pois o art. 33 do CTN dispõe que a base de cálculo do IPTU é o valor venal do imóvel, ou seja, o valor de mercado, em condições normais para uma venda à vista; **D:** correta, conforme a Súmula 668/STF; **E:** incorreta, pois, nos termos do art. 32, § 2º, do CTN, a lei municipal pode considerar urbanas as áreas urbanizáveis, ou de expansão urbana, constantes de loteamentos aprovados pelos órgãos competentes, destinados à habitação, à indústria ou ao comércio, mesmo que localizados fora das zonas definidas nos termos do § 1º desse dispositivo.

Gabarito "D"

(Procurador do Município/Manaus-AM – 2006 – FCC) Um munícipe tomou posse clandestina de um terreno no exercício de 2000. Em 2006 foi acionado pela Municipalidade para pagamento do IPTU relativo a todos os exercícios anteriores. Neste caso,

(A) o tributo não é devido por inexistir título aquisitivo do imóvel.

(B) o tributo é devido, abarcando todos os exercícios.

(C) o tributo será devido a partir do exercício em que for reconhecido o usucapião do imóvel.

(D) excluído, em razão do lapso prescricional, o exercício de 2000, todos os demais poderão ser cobrados.

(E) excluído, em razão do lapso decadencial, o exercício de 2000, todos os demais poderão ser cobrados.

A: incorreta, pois o possuidor com *animus domini* a qualquer título é contribuinte do IPTU – art. 34 do CTN; **B:** incorreta, pois, em relação ao fato gerador ocorrido em 2000, presumindo que o lançamento ocorreu naquele mesmo ano, ocorreu a prescrição em 2005, conforme o art. 174 do CTN. Não é possível afirmar se houve ou não prescrição relativamente ao tributo lançado em 2001, sem sabermos a data da constituição definitiva e exatamente quando em 2006 foi proposta a execução fiscal (caso tenha sido ajuizada). Se não houve lançamento, houve decadência em relação ao fato gerador ocorrido em 2000, nos termos do art. 173, I, do CTN, presumindo que a atuação da Prefeitura não ocorreu no feriado de 01.01.2006 (ou seja, que o lançamento não ocorreu nesse dia). Enfim, pode-se afirmar que pelo menos em relação ao exercício de 2000 a pretensão do fisco é infundada, seja por prescrição ou por decadência; **C:** incorreta, conforme comentário à alternativa "A"; **D:** essa é a melhor alternativa, embora seja possível que tenha havido prescrição em relação ao exercício de 2001, caso o lançamento tenha ocorrido naquele ano e o Município não tenha ajuizado a execução fiscal até o mesmo mês do ano de 2006; **E:** essa alternativa foi considerada incorreta pela banca, pois presumiu que houve lançamento tributário no ano de 2000, o que, embora muito provável (é o que costuma ocorrer em todos os municípios), não é informado na questão (há casos de erro cadastral, por exemplo, em que o lançamento simplesmente não é realizado no exercício próprio).

Gabarito "D"

11.9. ITBI

(Procurador do Município/Recife-PE – 2008 – FCC) Notário lavra escritura pública de venda e compra e oficial do registro de imóveis registra a escritura de venda e compra sem que tenha sido apresentada guia de recolhimento de Imposto sobre Transmissão de Bens Imóveis por ato "inter vivos" – ITBI. Tal situação poderá acarretar

(A) nulidade da escritura de venda e compra.

(B) nulidade do registro.

(C) irregularidade no registro.

(D) responsabilidade tributária solidária do tabelião, do oficial de registro e do sujeito passivo do ITBI.

(E) responsabilidade civil e penal do tabelião e do oficial de registro pela omissão na fiscalização do imposto devido na venda e compra.

A consequência dessa omissão do tabelião, na seara tributária, é sua responsabilidade pelo tributo, nos termos do art. 134, VI, do CTN. O dispositivo legal refere-se a responsabilidade subsidiária, aplicável apenas no caso de impossibilidade de exigência do pagamento pelo contribuinte, muito embora sua literalidade indique solidariedade. Por essas razões, a alternativa "D" é a melhor (embora adote a literalidade do art. 134, *caput*, do CTN ao referir-se à solidariedade do tabelião).

Gabarito "D"

11.10. TEMAS COMBINADOS DE IMPOSTOS E CONTRIBUIÇÕES

(PROCURADOR DO ESTADO/MG – FUMARC – 2012) Assinale a alternativa em que a progressividade tributária, retratada na Constituição Federal, se revela corretamente:

(A) O imposto predial e territorial urbano (IPTU) poderá, se progressivo, ter caráter fiscal ou extra fiscal;

(B) A progressividade do imposto territorial rural (ITR) tem caráter fiscal;

(C) O Senado Federal poderá fixar alíquotas progressivas para o imposto de veículos automotores (IPVA);

(D) Há previsão expressa para progressividade do imposto *causa mortis* e doação, de quaisquer bens ou direitos (ITCD);

(E) A progressividade do imposto de renda (IR) tem caráter extrafiscal.

A: correta, pois além da progressividade em razão da base de cálculo (natureza eminentemente fiscal, ou seja, arrecadatória), prevista no art. 156, § 1º, I, da CF, o IPTU pode ser progressivo no tempo, com finalidade extrafiscal de orientação da ocupação do solo urbano – art. 182, § 4º, II, da CF; **B:** incorreta, pois a função é eminentemente extrafiscal (não arrecadatória), para desestimular a propriedade improdutiva – art. 153, § 4º, I, da CF; **C:** incorreta, pois não há previsão de progressividade em relação ao IPVA. A rigor, o judiciário não admite progressividade de alíquotas segundo a base de cálculo no caso dos tributos incidentes sobre a propriedade (domínio ou transmissão), exceto em relação ao ITR e ao IPTU, que contam como previsão constitucional expressa; **D:** incorreta, pois não há previsão de progressividade para o ITCMD – ver a Súmula 656/STF relativa ao ITBI municipal, cujo entendimento é aplicável ao ITCMD; **E:** imprecisa, pois a progressividade do IR tem natureza eminentemente fiscal, ou seja, arrecadatória, não extrafiscal (de intervenção no mercado ou na sociedade).

Gabarito "A"

(Procurador do Estado/PR – UEL-COPS – 2011) Assinale a alternativa correta:

(A) o imposto de transmissão *causa mortis* e doação de quaisquer bens ou direitos, no que diz respeito aos bens imóveis e respectivos direitos, compete ao Estado ou ao Distrito Federal do domicílio onde se processar o inventário ou arrolamento, ou tiver domicílio o doador;

(B) o ITCMD e o ICMS têm suas alíquotas máximas e mínimas fixadas pelo Senado Federal;

(C) é facultado ao Senado Federal fixar alíquotas máximas para o IPVA;

(D) pertencem aos municípios vinte por cento (20%) do produto da arrecadação do imposto do Estado sobre operações relativas à circulação de mercadorias e sobre prestações de serviços de transporte interestadual e intermunicipal e de comunicação e também do imposto sobre propriedade de veículos automotores licenciados em seu território;

(E) a União entregará aos Estados e ao Distrito Federal dez por cento (10%) do produto da arrecadação do IPI, proporcionalmente ao valor das respectivas exportações de produtos industrializados.

A: incorreta, pois no caso de bens imóveis e respectivos direitos, o ITCMD é devido ao Estado ou ao Distrito Federal onde localizados – art. 155, § 1º, I, da CF; **B:** incorreta, pois apenas a alíquota máxima do ITCM é fixada pelo Senado Federal – art. 155, § 1º, IV, da CF, quanto ao ICMS, ver art. 155, § 2º, V, da CF; **C:** incorreta, pois o Senado pode fixar as alíquotas mínimas do IPVA, nas as máximas – art. 155, § 6º, I, da CF; **D:** incorreta, pois pertencem aos municípios 25% da receita do ICMS e 50% da receita do IPVA, conforme o art. 158, III e IV, da CF; **E:** correta, conforme o art. 159, II, da CF.

Gabarito "E"

(Procurador do Estado/PA – 2011) Em se tratando de progressividade, assinale a alternativa INCORRET**A:**

(A) É constitucional a lei que estabelece alíquotas progressivas para o imposto de transmissão *inter vivos* de bens imóveis - ITBI com base no valor venal do imóvel.

(B) É inconstitucional a lei municipal que tenha estabelecido, antes da EC 29/2000, alíquotas progressivas para o IPTU, salvo se destinada a assegurar o cumprimento da função social da propriedade urbana.

(C) É constitucional a lei municipal que tenha previsto alíquotas diversas para imóveis residenciais e comerciais, uma vez editada após a EC 29/2000.

(D) A progressividade no IPTU pode cumprir funções distintas, tanto para assegurar o cumprimento da função social da propriedade, quanto para observar o princípio da isonomia.

(E) Não há tributo progressivo quando as alíquotas são diferenciadas segundo critérios que não levam em consideração a capacidade contributiva.

A: essa é a incorreta, nos termos da Súmula 656/STF; **B:** correta, conforme a Súmula 668/STF; **C:** correta, conforme o art. 156, § 1º, II, da CF. A rigor, essa possibilidade de diferenciação de alíquotas do IPTU em razão do uso do imóvel não foi afastadas pelo STF mesmo antes da EC 29/200, diferentemente da progressividade em relação à base de cálculo; **D:** correta, pois a Constituição prevê a progressividade de alíquotas em razão do valor do imóvel (que atende ao princípio da isonomia e da capacidade contributiva – art. 156, § 1º, I, da CF), além da progressividade no tempo com função extrafiscal prevista no art. 182, § 4º, II, da CF; **E:** assertiva adequada, pois a progressividade é efetivamente uma ferramenta para cumprimento do princípio da isonomia e da capacidade contributiva – art. 145, § 1º, da CF.

Gabarito "A"

(Procurador do Estado/SC – 2010 – FEPESE) De acordo com a Constituição Federal de 1988, é **correto** afirmar:

(A) O imposto sobre transmissão *causa mortis* e doação, de quaisquer bens ou direitos, terá suas alíquotas mínimas e máximas fixadas pelo Senado Federal.

(B) O imposto sobre transmissão *causa mortis* e doação, de quaisquer bens ou direitos, relativamente a bens imóveis e respectivos direitos, compete ao Estado da situação do bem, ou ao Distrito Federal.

(C) No caso do imposto sobre operações relativas à circulação de mercadorias e sobre prestações de serviços de transporte interestadual e intermunicipal e de comunicação, a isenção, salvo determinação em contrário da legislação, não acarretará a anulação do crédito relativo às operações anteriores.

(D) Cabe à lei complementar disciplinar os regimes de compensação e de parcelamento do imposto sobre operações relativas à circulação de mercadorias e sobre prestações de serviços de transporte interestadual e intermunicipal e de comunicação.

(E) O imposto sobre propriedade de veículos automotores terá alíquotas máximas fixadas pelo Senado Federal.

A: Incorreta, pois cabe ao Senado fixar as alíquotas máximas do ITCMD, apenas, e não as mínimas – art. 155, § 1º, IV, da CF; **B.** Assertiva correta, conforme o art. 155, § 1º, I, da CF; **C:** Incorreta, pois deve haver estorno do crédito, na hipótese – art. 155, § 2º, II, *b*, da CF; **D:** Incorreta, pois o parcelamento do ICMS é regulado pela lei de cada Estado e do Distrito Federal, inexistindo reserva de lei complementar em relação a essa matéria. Quanto ao regime de compensação do ICMS, a assertiva é verdadeira – art. 155, § 2º, XII, *c*, da CF; **E:** Incorreta, pois a competência do Senado refere-se apenas à alíquota mínima do IPVA, não máxima – art. 155, § 6º, I, da CF.

Gabarito "B"

(Procurador do Estado/SP – FCC – 2009) Os impostos que possuem as características de seletividade, em função da essencialidade, e de não cumulatividade são:

(A) IPI e ISS.

(B) IPI, ICMS e ISS.

(C) IPI e ICMS.

(D) IOF e IPI.

(E) ICMS e ISS.

O IPI e o ICMS são os impostos não cumulativos previstos na Constituição Federal – arts. 153, § 4º, II, e 155, § 2º, I, da CF. A União pode criar outros impostos (competência residual), que serão, necessariamente, não cumulativos – art. 154, I, da CF. O IPI deve ser seletivo e o ICMS pode ser seletivo em função da essencialidade dos bens ou serviços – arts. 153, § 4º, I, e 155, § 2º, III, da CF.

Gabarito "C"

(Procurador do Estado/ES – 2008 – CESPE) Acerca dos tributos estaduais, julgue os itens que se seguem.

(1) É lícita, no território do estado do Espírito Santo, a incidência do ICMS nas operações de entrada de petróleo que não seja destinado à comercialização ou à industrialização, decorrente de operação interestadual.

(2) Constitui hipótese de isenção do ICMS a saída de embalagens quando não forem computadas no valor das mercadorias que acondicionam, desde que devam retornar ao estabelecimento remetente.

(3) Considere que Joaquina tenha adquirido, por herança, um imóvel localizado no estado do Espírito Santo que será destinado exclusivamente para a sua moradia, pois não possui outro imóvel. Nesse caso, a operação de transferência do imóvel para Joaquina está isenta do imposto sobre transmissão causa mortis e doações de quaisquer bens ou direitos (ITCD).

(4) Os proprietários dos veículos automotores terrestres com mais de dez anos de fabricação, licenciados no território do estado do Espírito Santo, estão isentos do pagamento do IPVA.

1: Art. 155, § 4º, I, da CF e art. 2º, § 1º, III, da LC 87/1996; **2:** Cláusula Primeira do Convênio ICMS 88/1991; **3:** A legislação local prevê essa isenção; **4:** Não há essa isenção na legislação local.

Gabarito 1C, 2C, 3C, 4E

(Procurador do Estado/PB – 2008 – CESPE) Com referência ao Sistema Tributário Nacional, assinale a opção correta.

(A) O imposto sobre transmissão *inter vivos*, a qualquer título, por ato oneroso, de bens imóveis, por natureza ou acessão física, e de direitos reais sobre imóveis, exceto os de garantia, bem como cessão de direitos a sua aquisição, compete ao estado da Federação em que o bem esteja situado.

(B) As alíquotas mínimas e máximas do imposto sobre serviços de qualquer natureza são fixadas por lei ordinária.

(C) O imposto sobre propriedade territorial rural é fiscalizado e cobrado pelos municípios, apesar de permanecer com a União a competência para instituí-lo.

(D) As operações relativas a derivados de petróleo, combustíveis e minerais do País submetem-se apenas à incidência dos impostos sobre circulação de mercadorias e serviços, importação de produtos estrangeiros e exportação.

(E) O imposto sobre produtos industrializados relativo às exportações submete-se, tanto quanto os demais tributos, aos princípios da seletividade e não cumulatividade.

A: o ITBI é da competência dos Municípios – art. 156, § 2º, II, da CF; **B:** por lei complementar, embora a mínima continue a ser prevista pelo art. 88 do ADCT – art. 156, § 3º, I, da CF; **C:** o ITR **pode** ser fiscalizado e cobrado pelos Municípios que optarem, nos termos do art. 153, § 4º, III, da CF; **D:** art. 155, § 3º, da CF; **E:** não incide IPI sobre exportação – art. 153, § 3º, III, da CF.

Gabarito "D"

(Procurador do Estado/PB – 2008 – CESPE) O imposto cujo produto da arrecadação não pertence apenas ao ente que o tenha instituído é o imposto sobre

(A) transmissão *causa mortis* e doações.

(B) importação.

(C) propriedade de veículos automotores.

(D) transmissão *inter vivos*, a qualquer título, por ato oneroso, de bens imóveis, por natureza ou acessão física, e de direitos reais sobre imóveis, exceto os de garantia, bem como cessão de direitos a sua aquisição.

(E) grandes fortunas.

Art. 158, III, da CF – desses impostos, somente o IPVA (estadual) tem a receita distribuída (50% para o Município).

Gabarito "C"

(Procuradoria Federal – 2007 – CESPE) Julgue o item seguinte.

(1) Não incide a contribuição provisória sobre a movimentação ou transmissão de valores e de créditos e direitos de natureza financeira (CPMF) sobre saques efetuados em caderneta de poupança, mas a lei admite a incidência do imposto sobre operações de crédito, câmbio e seguro, ou relativas a títulos ou valores mobiliários (IOF), na hipótese dos referidos saques.

1: Art. 2º, I, da Lei 9.311/1996 – obs.: a CPMF não subsiste.

Gabarito 1E

(Procuradoria Distrital – 2007) No referente aos impostos sobre transmissão *causa mortis*, doação e propriedade de veículos automotores, é correto afirmar:

(A) o imposto sobre transmissão *causa mortis* relativo a bens imóveis e respectivos direitos, compete ao Estado onde se processar o inventário ou arrolamento.

(B) o imposto sobre propriedade de veículos automotores terá alíquotas mínimas fixadas pelo Senado Federal.

(C) o imposto sobre doação relativamente a bens móveis, títulos e créditos, compete ao Estado onde o referido negócio jurídico tiver sido consumado.

(D) o imposto sobre propriedade de veículos automotores não poderá ter alíquotas diferenciadas em função do tipo e utilização do bem.

(E) não há incidência de qualquer imposto quando há doação apenas de direitos.

A: compete ao Estado (ou DF) onde o bem imóvel se localiza – art. 155, § 1º, I, da CF; **B:** art. 155, § 6º, I, da CF; **C:** compete ao Estado (ou DF) do domicílio do doador – art. 155, § 1º, II, da CF; **D:** poderá sim – art. 155, § 6º, II, da CF; **E:** incide o ITCMD – art. 155, I, da CF.

Gabarito "B"

(Procuradoria Federal – 2007 – CESPE) Julgue os itens seguintes.

(1) Visando dar efetividade ao princípio da capacidade contributiva, é lícito que lei municipal fixe adicional progressivo do IPTU em função do número de imóveis do contribuinte.

(2) Caso um cidadão firme contrato de promessa de compra e venda de imóvel residencial transcrito em nome de autarquia municipal, nesse caso, tal cidadão será considerado contribuinte do imposto sobre a propriedade predial e territorial urbana (IPTU) incidente sobre o referido imóvel.

(3) Mediante lei específica, os municípios podem estabelecer alíquotas progressivas para o imposto sobre a transmissão inter vivos, a qualquer título, por ato oneroso, de bens imóveis (ITBI) com base no valor venal do imóvel.

(4) Considerando-se que a pessoa jurídica SL Alimentos Ltda. seja cliente de certa instituição bancária, é lícito que esta instituição cobre da SL Alimentos Ltda. o imposto sobre serviços (ISS) incidente sobre os depósitos, as comissões e as taxas de desconto.

(5) Caso determinada empresa tenha prestado serviços de composição gráfica em embalagens de alimentos não perecíveis, nessa situação, o município competente somente poderá cobrar dessa empresa o ISS se a operação não envolver o fornecimento de mercadorias.

1: isso não é admitido pela jurisprudência do STF – Súmula 589/STF; **2:** Art. 150, § 3º, *in fine*, da CF – a imunidade não aproveita ao particular; **3:** isso é vedado pela jurisprudência – Súmula 656/STF; **4:** Não incide ISS nessas hipóteses (exceto com relação a determinados serviços remunerados por comissão); **5:** incide ISS – Súmula 156/STJ.

Gabarito 1E, 2C, 3E, 4E, 5E

(Procurador do Estado/SE – FCC – 2005) No curso de processo de inventário, em que há litígio entre herdeiros, dois deles transacionam e um resolve transferir a outro a quota-parte ideal dos imóveis que lhe foram aquinhoados, em troca de valores mobiliários pertencentes ao espólio. Este evento

(A) não é passível de tributação.

(B) será tributado, pelos impostos estadual e municipal, na ordem de preferência estabelecida em lei complementar.

(C) constitui fato gerador do imposto de transmissão de competência estadual.

(D) constitui fato gerador do imposto de transmissão de competência municipal.

(E) constitui fato gerador do imposto de transmissão de competência estadual e municipal cumulativamente.

Ao adquirirem a propriedade por *causa mortis*, houve incidência do ITCMD estadual – art. 155, I, da CF. A permuta posteriormente realizada implica transmissão onerosa da propriedade imobiliária, que se sujeita ao ITBI municipal – art. 156, II, da CF. Por essa razão, a alternativa "D" é a correta.

Gabarito "D"

(Procurador da Fazenda Nacional – 2003 – ESAF) Nos termos do Código Tributário Nacional, constitui base de cálculo do imposto, de competência da União, sobre operações de crédito, câmbio e seguro, e sobre operações relativas a títulos e valores mobiliários, entre outras hipóteses:

(A) Quanto às operações de seguro, o montante do valor contratado que a seguradora deverá pagar ao segurado na hipótese de ocorrência de sinistro.

(B) Quanto às operações relativas a títulos e valores mobiliários, na emissão, o valor nominal do título menos o deságio, se houver.

(C) Quanto às operações relativas a títulos e valores mobiliários, na transmissão, o preço ou o valor nominal, ou o valor da cotação em Bolsa, conforme determinar decreto do Poder Executivo.

(D) Quanto às operações de câmbio, o respectivo montante em moeda nacional, recebido, entregue ou posto à disposição.

(E) Quanto às operações de crédito, o montante da obrigação, exclusive os juros.

Nos termos do art. 64 do CTN, a base de cálculo do IOF é, (i) quanto às operações de crédito, o montante da obrigação, compreendendo o principal e os juros; (ii) quanto às operações de câmbio, o respectivo montante em moeda nacional, recebido, entregue ou posto à disposição; (iii) quanto às operações de seguro, o montante do prêmio; (iv) quanto às operações relativas a títulos e valores mobiliários: (a) na emissão, o valor nominal mais o ágio, se houver; (b) na transmissão, o preço ou o valor nominal, ou o valor da cotação em Bolsa, como determinar a lei; e (c) no pagamento ou resgate, o preço. Por essa razões, a alternativa "D" é a única correta.

Gabarito "D"

(Procurador da Fazenda Nacional – 2004 – ESAF) Com atenção aos princípios do sistema tributário nacional, marque com **V** a assertiva verdadeira e com **F** a falsa, assinalando ao final a opção correspondente.

( ) O imposto sobre operações relativas à circulação de mercadorias e prestações de serviços de transporte interestadual e intermunicipal e de comunicação – ICMS sujeita-se ao princípio da não cumulatividade, podendo a lei que o instituir observar o princípio da seletividade.

( ) O imposto sobre produtos industrializados (IPI) sujeita-se ao princípio da não cumulatividade, em função da essencialidade do produto.

( ) O imposto sobre renda e proventos de qualquer natureza sujeita-se aos princípios da generalidade, uniformidade e progressividade.

( ) O princípio da legalidade tributária remonta à Declaração dos Direitos do Homem e do Cidadão.

(A) V, F, F, F

(B) V, V, V, V

(C) F, F, V, V

(D) V, F, V, F

(E) V, V, V, F

1: correta, conforme o art. 155, § 2º, I e III, da CF; **2:** incorreta, pois a essencialidade do produto é relevante para a seletividade, não para a não cumulatividade – art. 153, § 3º, I, da CF; **3:** incorreta, já que o IR submete-se aos princípios da generalidade (incide sobre todos), universalidade (incide sobre todas as rendas), e progressividade (alíquotas maiores conforme maiores forem as bases de cálculo) – art. 153, § 2º, I, da CF (note que o princípio da uniformidade não se refere especificamente ao IR); **4:** incorreta, pois é comum referir-se ao princípio da legalidade em período histórico muito anterior à Declaração Universal dos Direitos do Homem e do Cidadão. Muitos autores referem-se à Magna Carta inglesa de 1215, assinada pelo rei João Sem Terra, que previa a instituição dos tributos pelo Parlamento.

Gabarito "A"

12. GARANTIAS E PRIVILÉGIOS DO CRÉDITO

(Procurador Distrital – 2014 – CESPE) A falência da empresa Brinquedos Feliz Ltda. (BFL) foi decretada em julho de 2013. Antes disso, já havia duas execuções fiscais propostas pelo DF contra ela, cobrando, além do principal, juros e multa em decorrência do inadimplemento em suas obrigações tributárias. A primeira delas, com bens penhorados antes da falência. A outra, não. O juiz autorizou o prosseguimento das atividades da BFL, levando em conta estar se aproximando a época do Natal e o fato de a empresa ter ainda grande estoque de brinquedos, grande quantidade, já paga, que fora objeto de importação. Para guardar os brinquedos importados, o administrador, em razão de incêndio em depósito próprio da BFL, teve de alugar, com autorização judicial, um galpão, por R$ 1.000,00 mensais de aluguel. A venda dos brinquedos gerou novos créditos tributários.

Considerando essa situação hipotética, julgue os seguintes itens.

(1) O valor das multas moratórias decorrentes do não pagamento dos créditos tributários anteriores à falência não poderá ser incluído no quadro geral de credores.

(2) A execução fiscal com bens penhorados deve prosseguir, com a alienação dos bens penhorados e a posterior entrega à massa falida do respectivo produto, para rateio entre os credores.

(3) Com relação à execução como não conta com bens penhorados, o DF deve proceder à penhora no rosto dos autos da falência.

(4) Os créditos tributários originados do prosseguimento da atividade da BFL terão preferência em relação aos créditos decorrentes do aluguel do galpão utilizado para o depósito de brinquedos.

1: incorreta, pois as multas são exigíveis na falência, embora prefiram apenas aos créditos subordinados – art. 186, parágrafo único, III, do CTN e art. 83, VII, *in fine*, da Lei de Recuperações e Falências – LF (Lei 11.101/2005); **2:** correta, pois a execução fiscal não é prejudicada pela ação de falência, embora os valores arrecadados devam ser levados ao concurso de credores da massa – art. 187, do CTN e art. 83 da LF; **3:** correta, pois o Fisco concorre eventualmente com outros credores da massa – art. 186, parágrafo único, III, do CTN e art. 83 da LF; **4:** correta. Embora ambos seja extraconcursais, os créditos relativos à administração do ativo (caso do aluguel do galpão para guardar os brinquedos) preferem aos dos tributos relativos a fatos geradores posteriores à quebra - art. 84, V, da LF.

Gabarito 1E, 2C, 3C, 4E

(Procurador do Município/Sorocaba-SP – 2012 – VUNESP) Assinale a alternativa que está de acordo com as disposições do Código Tributário Nacional no que se refere às preferências do crédito tributário.

(A) Os créditos tributários decorrentes de fatos geradores ocorridos no curso do processo de falência são extraconcursais.

(B) Na falência, o crédito tributário prefere aos créditos com garantia real, no limite dos bens gravados.

(C) Na falência, a multa tributária prefere a todos os demais créditos.

(D) A cobrança judicial do crédito tributário é sujeita à habilitação apenas em falência ou recuperação judicial.

(E) O crédito tributário prefere a qualquer outro, seja qual for sua natureza ou tempo de sua constituição, ressalvados, apenas, os créditos decorrentes da legislação do trabalho.

A: correta, conforme o art. 188 do CTN e o art. 84, V, da Lei de Recuperações e Falências – LF (Lei 11.101/2005); **B:** incorreta, pois, na falência, os créditos com garantia real preferem aos tributários, no limite do valor dos bens gravados – art. 186, parágrafo único, I, do CTN; **C:** incorreta, pois, na falência, a multa tributária está bem abaixo na ordem de preferência, após os créditos quirografários – art. 83, VII, da LF; **D:** incorreta, pois a cobrança judicial do crédito tributário não é sujeita a concurso de credores ou habilitação em falência, recuperação judicial, concordata, inventário ou arrolamento – art. 187 do CTN; **E:** incorreta, pois, além dos créditos decorrentes da legislação do trabalho, os créditos decorrentes de acidente de trabalho também preferem aos tributários – art. 186 do CTN.

Gabarito "A"

Veja a seguinte tabela com a ordem de classificação dos créditos na falência (art. 83 da LF):

Ordem de classificação dos créditos na falência (art. 83 da LF)
1º – os créditos derivados da legislação do trabalho, limitados a 150 (cento e cinquenta) salários-mínimos por credor, os decorrentes de acidentes de trabalho. Também os créditos equiparados a trabalhistas, como os relativos ao FGTS (art. 2º, § 3º, da Lei 8.844/1994) e os devidos ao representante comercial (art. 44 da Lei 4.886/1965)
2º – créditos com garantia real até o limite do valor do bem gravado (será considerado como valor do bem objeto de garantia real a importância efetivamente arrecadada com sua venda, ou, no caso de alienação em bloco, o valor de avaliação do bem individualmente considerado)
3º – créditos tributários, independentemente da sua natureza e tempo de constituição, excetuadas as multas tributárias

Ordem de classificação dos créditos na falência (art. 83 da LF)
4º – com privilégio especial (= os previstos no art. 964 da Lei 10.406/2002; os assim definidos em outras leis civis e comerciais, salvo disposição contrária da LF; e aqueles a cujos titulares a lei confira o direito de retenção sobre a coisa dada em garantia)
5º – créditos com privilégio geral (= os previstos no art. 965 da Lei n 10.406/2002; os previstos no parágrafo único do art. 67 da LF; e os assim definidos em outras leis civis e comerciais, salvo disposição contrária da LF)
6º – créditos quirografários (= aqueles não previstos nos demais incisos do art. 83 da LF; os saldos dos créditos não cobertos pelo produto da alienação dos bens vinculados ao seu pagamento; e os saldos dos créditos derivados da legislação do trabalho que excederem o limite estabelecido no inciso I do *caput* do art. 83 da LF). Ademais, os créditos trabalhistas cedidos a terceiros serão considerados quirografários
7º – as multas contratuais e as penas pecuniárias por infração das leis penais ou administrativas, inclusive as multas tributárias
8º – créditos subordinados (= os assim previstos em lei ou em contrato; e os créditos dos sócios e dos administradores sem vínculo empregatício)
Lembre-se que os **créditos extraconcursais** (= basicamente os surgidos no curso do processo falimentar, que não entram no concurso de credores) são pagos com precedência sobre todos esses anteriormente mencionados, na ordem prevista no art. 84 da LF: **(i)** remunerações devidas ao administrador judicial e seus auxiliares, e créditos derivados da legislação do trabalho ou decorrentes de acidentes de trabalho relativos a serviços prestados após a decretação da falência; **(ii)** quantias fornecidas à massa pelos credores; **(iii)** despesas com arrecadação, administração, realização do ativo e distribuição do seu produto, bem como custas do processo de falência; **(iv)** custas judiciais relativas às ações e execuções em que a massa falida tenha sido vencida; e **(v)** obrigações resultantes de atos jurídicos válidos praticados durante a recuperação judicial, nos termos do art. 67 da LF, ou após a decretação da falência, e tributos relativos a fatos geradores ocorridos após a decretação da falência, respeitada a ordem estabelecida no art. 83 da LF.

(Procurador do Município/Cubatão-SP – 2012 – VUNESP) Considerando-se determinado processo de falência no qual existam créditos tributários a serem exigidos, é correto afirmar que

(A) sua cobrança sujeita-se à habilitação no processo.

(B) prefere aos créditos extraconcursais, nos termos da lei falimentar.

(C) prefere às importâncias passíveis de restituição, nos termos da lei falimentar.

(D) considera-se extraconcursal, quando decorrente de fato gerador ocorrido no curso do processo de falência.

(E) não se admite o concurso de preferência caso os créditos pertençam a diferentes pessoas jurídicas de direito público.

A: incorreta, pois a cobrança judicial do crédito tributário não é sujeita a concurso de credores ou habilitação em falência, recuperação judicial, concordata, inventário ou arrolamento – art. 187 do CTN; **B:** incorreta, pois os créditos extraconcursais não entram no concurso de credores, ou seja, preferem aos créditos anteriores à quebra – art. 186, parágrafo único, I, do CTN; **C:** incorreta, pois as importâncias passíveis de restituição não pertencem à massa falida, de modo que sua devolução não entra no concurso de credores – art. 88 da Lei de Recuperações e Falências – LF (Lei 11.101/2005); **D:** assertiva correta, conforme o art. 188 do CTN e o art. 84, V, da LF; **E:** incorreta, pois há concurso de preferência exclusivamente entre pessoas de direito público, nos termos do art. 187, parágrafo único, do CTN.

Gabarito "D"

(Procurador do Estado/MT – FCC – 2011) Em processo de falência, a ordem de preferência do crédito tributário constituído antes da decretação da falência de determinado contribuinte que deve também créditos trabalhistas anteriores à quebra, equivalentes a vinte mil reais; créditos trabalhistas anteriores à quebra, cedidos a terceiros, equivalentes a quinze mil reais; crédito garantido com hipoteca até o limite do valor do bem gravado; remuneração devida ao administrador judicial equivalente a cinco mil reais, corresponderá ao

(A) primeiro pagamento.

(B) segundo pagamento.

(C) terceiro pagamento.

(D) quarto pagamento.

(E) quinto pagamento.

A remuneração devida ao administrador judicial é considerada crédito extraconcursal, ou seja, não entra no concurso de credores, relativos aos débitos anteriores à quebra – art. 84, I, da Lei de Recuperações e Falências – LF (Lei 11.101/2005). Em segundo lugar, serão pagos os créditos trabalhistas até o valor de 150 salários-mínimos – art. 83, I, da LF. Em terceiro lugar, serão pagos os créditos com garantia real até o limite do valor do bem gravada – art. 83, II, da LF. Em quarto lugar, serão pagos os créditos tributários, excetuadas as multas – art. 83, III, da LF. Em quinto lugar, serão pagos os créditos trabalhistas cedidos a terceiros, que passam a ser considerados simples créditos quirografários – art. 83, VI, e § 4º, da LF. Finalmente, se houver multa tributária, ela será paga após todos esses pagamentos anteriores – art. 83, VII, da LF. Por essas razões, a alternativa "D" é a correta. Consulte também o art. 186, parágrafo único, do CTN.

Gabarito "D"

(Procurador do Estado/GO – 2010) A propósito das garantias e privilégios do crédito tributário, é CORRETA a seguinte proposição:

(A) Os bens do sujeito passivo, gravados com cláusula de inalienabilidade ou impenhorabilidade anteriormente à constituição do crédito tributário, não são suscetíveis de penhora em processo de execução fiscal para recebimento de tributo.

(B) Não é admissível a garantia hipotecária no parcelamento de crédito tributário.

(C) A concessão de garantia real do tipo hipoteca ao parcelamento de crédito tributário transforma-o em crédito hipotecário.

(D) No concurso de créditos, o tributário tem preferência em relação ao hipotecário.

(E) O crédito tributário objeto de processo de execução fiscal, garantido por penhora, permite a expedição de certidão positiva com efeito de negativa, uma vez que está com a exigibilidade suspensa.

A: incorreta, pois respondem pelo pagamento do crédito tributário inclusive os bens gravados por ônus real ou cláusula de inalienabilidade ou impenhorabilidade, seja qual for a data da constituição do ônus ou da cláusula, excetuados unicamente os bens e rendas que a lei declare absolutamente impenhoráveis – art. 184 do CTN; **B:** incorreta, pois a lei pode instituir outras garantias além daquelas previstas no CTN – art. 183 do CTN; **C:** incorreta, pois a natureza das garantias atribuídas ao crédito tributário não altera sua natureza nem a da obrigação tributária a que corresponda – art. 183, parágrafo único, do CTN; **D:** assertiva correta, pois o crédito tributário prefere a qualquer outro, seja qual for sua natureza ou o tempo de sua constituição, ressalvados os créditos decorrentes da legislação do trabalho ou do acidente de trabalho – art. 186 do CTN. É importante ressalvar que, especificamente no caso de falência, os créditos com garantia real têm preferência em relação aos tributários, no limite do valor do bem gravado – art. 186, parágrafo único, I, do CTN; **E:** incorreta, pois a penhora não implica suspensão da exigibilidade do crédito (embora permita a emissão da certidão positiva com efeito de negativa), até porque isso iria contra a lógica da execução, que não poderia prosseguir – art. 151 do CTN. Atualmente, nem mesmo a interposição de embargos à execução tem efeito suspensivo automático em relação à execução, que poderá ser deferido pelo juiz, se entender presentes os pressupostos do art. 739-A do CPC – ver AgRg no AREsp 121.809/PR.

Gabarito "D"

(Procurador do Estado/SC – 2009) A Fábrica de Doces Martinica Ltda. não pagou uma dívida tributária, face a dificuldades financeiras. O sócio administrador, em seguida, conseguiu realizar a venda do único imóvel da sociedade, visando obter recursos para investir em aumento de produção e de faturamento, embora ficando a sociedade, momentaneamente, sem renda ou bens suficientes para pagar a dívida. Nessas condições, de acordo com o Código Tributário Nacional, essa alienação será considerada:

(A) Fraudulenta, desde que o crédito tributário esteja em fase de execução.

(B) Operação regular, se o débito estiver apenas inscrito em dívida ativa.

(C) Fraudulenta, desde que o crédito tributário esteja devidamente constituído, após decisão administrativa não contestada.

(D) Fraudulenta, desde que o crédito tributário esteja regularmente inscrito como dívida ativa.

(E) Fraudulenta, desde que tenha sido proposta a ação de execução fiscal, se provada a efetiva intenção do devedor.

A presunção de fraude contra a fazenda, por alienação ou oneração de bens, ocorre em relação às operações realizadas após a inscrição do crédito em dívida ativa, mesmo antes do início da execução – art. 185 do CTN.

Gabarito "D"

(Procurador do Município/Natal-RN – 2008 – CESPE) Ainda em relação à disciplina do crédito tributário, cada uma das opções abaixo apresenta uma situação hipotética, seguida de uma assertiva a ser julgada. Assinale a opção que apresenta assertiva correta.

(A) Marcelo recebeu por herança testamentária um imóvel comercial, gravado com cláusula de inalienabilidade, impenhorabilidade e incomunicabilidade. Nessa situação, se a fazenda promover execução fiscal contra Marcelo, responderá pelo pagamento do crédito tributário a totalidade de seus bens e rendas, excetuados apenas o referido imóvel recebido por herança e outros declarados por lei ou por ato voluntário como impenhoráveis.

(B) Ricardo possui débito para com a fazenda pública, por crédito regularmente inscrito como dívida ativa, em montante atualizado de R$ 15.000,00. Apesar disso, Ricardo alienou imóvel de sua propriedade avaliado em R$ 30.000,00. Nessa situação, presume-se fraudulenta a alienação, independentemente da capacidade econômica de Ricardo.

(C) A pessoa jurídica Delta, em processo de falência, possui débito para com a fazenda pública, oriundo de crédito tributário regularmente inscrito como dívida ativa. Nessa situação, para o exercício da preferência, a fazenda pública deverá requerer a habilitação do crédito tributário no processo falimentar.

(D) Fabiano possui débitos tributários para com as fazendas nacional, estadual e do DF. Nessa situação, o crédito tributário da fazenda nacional preferirá sobre os demais e os créditos tributários estaduais e distritais não terão preferências entre si, devendo ser satisfeitos conjuntamente e de forma proporcional.

A: incorreta, pois a cláusula de inalienabilidade, impenhorabilidade e incomunicabilidade é inoponível ao fisco, sendo que todos os bens do devedor respondem pelo crédito tributário, excetuados unicamente os bens e rendas que a lei declare absolutamente impenhoráveis – art. 184 do CTN; **B:** incorreta, pois a presunção de fraude ocorre apenas se o devedor (Ricardo, no caso) não reservar bens ou rendas suficientes para o total pagamento da dívida inscrita – art. 185, parágrafo único, do CTN; **C:** incorreta, pois o crédito tributário não está sujeito à habilitação em falência – art. 187 do CTN; **D:** correta, pois há concurso de preferência entre os as pessoas jurídicas de direito público, sendo que a União vem antes dos Estados e Distrito Federal, estes concorrendo conjuntamente e pró rata – art. 187, parágrafo único, do CTN.

Gabarito "D"

(Procurador do Município/Recife-PE – 2008 – FCC) O termo inicial para a fraude à execução fiscal é

(A) a citação válida do executado.

(B) o despacho do juiz que ordena a citação.

(C) a distribuição da execução fiscal.

(D) o início de procedimento administrativo de fiscalização.

(E) a inscrição na dívida ativa.

A presunção de fraude à execução inicia-se a partir da inscrição do crédito em dívida ativa, nas condições e com a exceção previstas no art. 185 do CTN. Por essa razão, a alternativa "E" é a correta.

Gabarito "E"

(Procurador do Município/Recife-PE – 2008 – FCC) Determinado contribuinte, proprietário de único imóvel residencial localizado no município do Recife, destinado à residência da família, está em mora com o IPTU e taxas incidentes sobre o imóvel desde 2003. Devidamente inscrito o débito em dívida ativa e extraída a certidão, foi proposta execução fiscal. Como forma de garantia da execução fiscal, foi penhorado o próprio imóvel, que está hipotecado para instituição financeira desde 1998, como garantia de pagamento de mútuo imobiliário. Considerando estes fatos, é correto afirmar que

(A) o imóvel é bem de família e não pode ser penhorado em sede de execução fiscal por dívidas de IPTU e taxas sobre ele incidentes.

(B) o crédito com garantia real prefere ao crédito tributário e a instituição financeira poderá opor embargos de terceiro para desconstituir a penhora.

(C) o crédito está prescrito desde 2007, devendo ser extinta a execução fiscal.

(D) o crédito tributário não tem preferência sobre o crédito hipotecário, uma vez que a hipoteca é anterior ao crédito tributário cobrado.

(E) configura a hipótese de exceção à impenhorabilidade do bem de família, além de ter o crédito tributário preferência sobre os créditos com garantia real.

A: incorreta, pois a impenhorabilidade da residência da família não é oponível à cobrança de impostos, predial ou territorial, taxas e contribuições devidas em função do imóvel familiar – art. 3º, IV, da Lei 8.009/1990 c/c art. 184 do CTN; **B:** incorreta, pois o crédito tributário prefere a qualquer outro, seja qual for sua natureza ou o tempo de sua constituição, ressalvados os créditos decorrentes da legislação do trabalho ou do acidente de trabalho – art. 186 do CTN. A preferência do crédito com garantia real aplica-se exclusivamente à falência – art. 186, parágrafo único, do CTN; **C:** incorreta, pois o prazo prescricional é de cinco anos contados da constituição definitiva. Nos casos dos tributos lançados em 2003 o prazo prescricional termina apenas em 2008, caso não tenha havido suspensão ou interrupção no período – art. 174 do CTN; **D:** incorreta, conforme comentário à alternativa "B"; **E:** essa é a correta, conforme comentário à alternativa "A".

Gabarito "E"

(Procuradoria Federal – 2007 – CESPE) Julgue o item seguinte.

(1) No processo falimentar, o crédito tributário não tem preferência sobre os créditos com garantia real, no limite do valor do bem gravado.

1: Art. 186, parágrafo único, I, *in fine*, do CTN.

Gabarito 1C

(Procurador da Fazenda Nacional – 2007 – ESAF)

- Créditos decorrentes de acidente de trabalho, e não apenas créditos trabalhistas, preferem ao crédito tributário.
- O crédito tributário não prefere aos créditos extraconcursais ou às importâncias passíveis de restituição, nos termos da lei falimentar.
- Na falência, dentro do limite do valor do bem gravado, o crédito tributário fica abaixo dos créditos com hipoteca.

(A) As três afirmações são verdadeiras.

(B) Só é verdadeira a primeira asserção.

(C) Só é falsa a terceira afirmação.

(D) Só é falsa a primeira.

(E) São todas falsas.

1ª: os créditos trabalhistas e acidentários preferem aos tributários – art. 186 do CTN; 2ª e 3ª: na falência, o crédito tributário não prefere àqueles indicados no art. 186, parágrafo único, I, do CTN.

Gabarito "A"

(Procurador da Fazenda Nacional – 2007 – ESAF) Indique a opção que preenche corretamente as lacunas das asserções abaixo. 1) Decorre do CTN que a multa tributária ________, na falência, a mesma preferência dos demais __________. 2) __________ a dívida inscrita estar em fase de execução, para que se presuma fraudulenta a alienação de bem efetuada por __________, em débito para com a Fazenda Pública.

(A) tem / créditos tributários / Não precisa / sujeito passivo insolvente

(B) tem / créditos / Precisa / sujeito passivo insolvente

(C) não tem / débitos / Precisa / sujeito passivo

(D) não tem / créditos tributários / Não precisa / sujeito passivo insolvente

(E) tem / créditos tributários vencidos / Precisa / sujeito passivo

1: a multa tributária, na falência, fica ainda mais abaixo na lista de preferências, com relação ao tributo (a multa prefere apenas aos créditos subordinados) – art. 186, parágrafo único, III, do CTN; **2:** A partir da inscrição em dívida ativa, há presunção de fraude na alienação ou na oneração (ou início dessas operações) de bens e rendas, exceto se o sujeito passivo reservar patrimônio suficiente para responder pelo débito – art. 185 do CTN.

Gabarito "D"

(Procurador do Município/Manaus-AM – 2006 – FCC) Um contribuinte, no exercício de 2005, recebe regularmente o aviso de lançamento do IPTU, escoando-se, no dia 10 de março, o prazo de impugnação do crédito tributário. Neste caso, se deixar de pagar o tributo, consumar-se-á a

(A) prescrição, no dia 31 de dezembro de 2010.

(B) prescrição, no dia 10 de março de 2010.

(C) prescrição, no dia 31 dezembro de 2009.

(D) decadência, no dia 31 de dezembro de 2010.

(E) decadência, no dia 10 de março de 2010.

O final do prazo para impugnação do crédito implica início da inadimplência, e, pelo princípio da *actio nata*, início da contagem do prazo prescricional quinquenal, que termina em 10.03.2010. Por outra aproximação, há entendimento no sentido de que o fim do prazo para impugnação sem que o sujeito passivo entre com recurso administrativo implica constituição definitiva do crédito e, portanto, termo inicial para o prazo prescricional quinquenal. Por qualquer fundamento, não há dúvida que, nos termos do art. 174 do CTN, ocorre a prescrição em 10.03.2010, de modo que a alternativa "B" é a correta.

Gabarito "B"

(Procurador do Município/Manaus-AM – 2006 – FCC) Em nosso sistema processual tributário, a presunção de fraude à execução

(A) é relativa, pois admite prova em contrário produzida pelo executado.

(B) não alcança os atos de oneração de bens pelo executado.

(C) torna anulável os atos de disposição de bens praticados pelo executado.

(D) pode ser invocada pela Fazenda Pública quando o executado aliena ou onera bens a partir do lançamento de ofício de crédito tributário.

(E) pode ser invocada pela Fazenda Pública quando o executado aliena ou onera bens a partir da inscrição do débito fiscal como dívida ativa.

A: incorreta, pois havendo regular inscrição em dívida ativa, a alienação ou oneração de bens ou rendas nos termos do art. 185 do CTN implica presunção de fraude que não pode ser ilidida por prova a cargo do executado; **B:** incorreta, pois a presunção prevista no art. 185 do CTN refere-se não apenas à alienação de bens e rendas, mas também a oneração pelo sujeito passivo; **C:** incorreta, pois, em princípio, trata-se de ineficácia perante a fazenda pública; **D:** incorreta, pois a presunção de fraude pressupõe a inscrição em dívida ativa; **E:** correta, conforme o art. 185 do CTN.

Gabarito "E"

(Procurador da Fazenda Nacional – 2003 – ESAF) Dispõe expressamente o Código Tributário Nacional, a respeito de garantias e privilégio do crédito tributário:

(A) Na hipótese de não terem sido reservados pelo devedor bens ou rendas suficientes ao total pagamento da dívida, presume-se fraudulenta a alienação ou oneração de bens ou rendas, ou seu começo, por sujeito passivo em débito para com a Fazenda Pública por crédito tributário regularmente constituído por órgão e autoridade competentes, que se encontre em fase de cobrança administrativa para, se não for liquidado no prazo legal, ser inscrito em dívida ativa e executado judicialmente.

(B) Sem prejuízo dos privilégios especiais sobre determinados bens, que sejam previstos em lei, responde pelo pagamento do crédito tributário a totalidade dos bens e das rendas, de qualquer origem ou natureza, do sujeito passivo, seu espólio ou sua massa falida, inclusive os gravados por ônus real ou cláusula de inalienabilidade ou impenhorabilidade, seja qual for a data da constituição do ônus ou da cláusula, excetuados unicamente os bens e rendas que a lei declare absolutamente inalienáveis ou impenhoráveis.

(C) O crédito tributário prefere a qualquer outro, seja qual for a natureza ou o tempo da constituição deste, ressalvados os créditos decorrentes da legislação do trabalho e os protegidos por garantia real.

(D) Nenhuma sentença de julgamento de partilha ou adjudicação será proferida sem prova da quitação de todos os tributos relativos aos bens do espólio, ou às suas rendas.

(E) Não será concedida concordata nem declarada a extinção das obrigações do falido, sem que o requerente prove a quitação dos tributos relativos à sua atividade mercantil, exceto se, entre outras hipóteses, fizer prova de que impetrou mandado de segurança ou ingressou na Justiça com outra espécie de ação cabível para questionar a exigência tributária com a qual não concorda.

A: incorreta, pois a presunção de fraude à execução inicia-se a partir da inscrição do crédito em dívida ativa, nas condições e com a exceção previstas no art. 185 do CTN; **B:** incorreta, pois a exceção refere-se unicamente aos bens e rendas que a lei declare absolutamente impenhoráveis, e não bens que a lei eventualmente declare absolutamente inalienáveis – art. 184 do CTN; **C:** incorreta, pois somente os créditos decorrentes da legislação do trabalho ou do acidente de trabalho preferem ao tributário, conforme o art. 186, *caput*, do CTN; **D:** correta, pois a exigência é prevista no art. 192 do CTN; **E:** incorreta. Note que, a partir da LC 118/2005, o art. 191 do CTN passou a dispor que a extinção das obrigações do falido requer prova de quitação de todos os tributos. Ademais, foi acrescentado o art. 191-A, dispondo que a concessão de recuperação judicial (que substituiu a concordata) depende da apresentação da prova de quitação de todos os tributos, observado o disposto nos arts. 151, 205 e 206 do CTN. Assim, não basta a prova de que há ação judicial questionando a exigência tributária, sendo necessária a suspensão da exigibilidade do crédito tributário, por uma das modalidades previstas no CTN, ou garantia da execução por penhora suficiente, para expedição de certidão positiva com efeito de negativa – art. 206 do CTN.

Gabarito "D"

13. ADMINISTRAÇÃO TRIBUTÁRIA, FISCALIZAÇÃO

(Procurador Distrital – 2014 – CESPE) Considerando que o agente da autoridade da administração tributária lavre auto de infração e apreensão, com retenção de bens, contra determinada empresa, julgue os seguintes itens.

(1) Conforme entendimento do STF, na hipótese narrada, a lavratura de auto de infração e apreensão, com retenção de bens, configura meio coercitivo admissível para a cobrança de tributo.

(2) Ainda que a administração tributária não efetive o ato de lançamento da penalidade e cobrança do tributo, a empresa não poderá questionar a legalidade da apreensão de seus bens.

1: incorreta, pois, nos termos da Súmula 323 do STF, é inadmissível a apreensão de mercadorias como meio coercitivo para pagamento de tributos; **2:** incorreta, pois se tratando de ato coator ilegal, pode ele ser impugnado por mandado de segurança, por exemplo.

Gabarito 1E, 2E

(Procurador do Estado/SC – 2010 – FEPESE) Assinale a alternativa **correta**.

(A) O servidor público que se utilizar indevidamente do acesso restrito às informações protegidas por sigilo fiscal será punido com pena de suspensão de até cento e oitenta dias.

(B) É vedada a divulgação de informações, por parte da Fazenda Pública ou de seus servidores, relativas a parcelamento ou moratória.

(C) As punições de demissão, destituição de cargo em comissão e cassação de disponibilidade ou de aposentadoria, previstas aos casos de violação de sigilo fiscal, incompatibilizam o ex-servidor público para novo cargo, emprego ou função pública em órgão ou entidade da administração pública federal, pelo prazo de três anos.

(D) É permitida a divulgação, por parte da Fazenda Pública, de informação obtida em razão do ofício sobre a situação econômica ou financeira do sujeito passivo, mediante requisição de autoridade judiciária no interesse da justiça.

(E) O contribuinte poderá, por instrumento público ou particular, conferir poderes a terceiros para, em seu nome, praticar atos perante órgão da administração pública que impliquem fornecimento de dado protegido pelo sigilo fiscal, vedado o substabelecimento.

A e **E:** A análise dessas alternativas depende de conhecimento da legislação local, mas é possível resolver a questão com base no CTN e na legislação federal; **B:** Incorreta, pois o sigilo fiscal não abrange as informações relativas a parcelamento ou moratória – art. 198, § 3º, III, do CTN; **C:** Incorreta, pois o art. 4º da MP 507/2010 previa que a demissão, a destituição de cargo em comissão e a cassação de disponibilidade ou de aposentadoria, por violação do sigilo fiscal (ou por permitir ou facilitar a violação do sigilo fiscal), incompatibilizam o ex-servidor para novo cargo, emprego ou função pública em órgão ou entidade da administração pública federal, pelo prazo de cinco anos. É importante salientar, entretanto, que essa MP não foi convertida em lei e perdeu a eficácia em 15.3.2011. Ver também o art. 137 da Lei 8.112/1990; **D:** Essa é claramente a alternativa correta, pois a requisição de autoridade judiciária no interesse da justiça permite que a autoridade fiscal preste informações protegidas pelo sigilo – art. 198, § 1º, I, do CTN.

Gabarito "D"

(Procurador Federal – 2010 – CESPE) Julgue o próximo item, relativo a obrigação e crédito tributários.

(1) Se determinada indústria traz matéria-prima do exterior, com isenção de impostos, para ser reexportada após sofrer beneficiamento, é ilícita a exigência de nova certidão negativa de débito no momento do desembaraço aduaneiro da respectiva importação, uma vez já comprovada a quitação de tributos federais quando da concessão do benefício inerente às operações pelo regime do drawback.

1: Assertiva correta, pois reflete o entendimento fixado pelo STJ em recurso repetitivo – ver Resp 1.041.237/SP (repetitivo).

Gabarito 1C

(Procurador do Município/Boa Vista-RR – 2010 – CESPE) Com relação ao estado, ao poder de tributar e ao Sistema Tributário Nacional, julgue o item a seguir.

(1) Qualquer omissão de requisito legal previsto para constar no termo de inscrição de dívida ativa causa a sua nulidade absoluta, caso a omissão não seja sanada até a decisão de primeira instância.

1: correta, conforme o art. 203 do CTN.

Gabarito 1C

(Procurador do Estado/SC – 2009) Analise as seguintes alternativas relacionadas ao sigilo fiscal e, tendo em vista o disposto no Código Tributário Nacional e em normas correlatas, assinale a **correta**:

(A) Autoridade administrativa, no interesse da administração pública, pode solicitar à Fazenda Pública informações sobre a situação econômica ou financeira de sujeito passivo, obtidas em razão de fiscalização, desde que essas informações sejam necessárias para dar início a processo administrativo, no órgão requerente, para investigar a prática de infração administrativa por aquele sujeito passivo.

(B) Os Estados e o Distrito Federal poderão permutar informações com quaisquer Estados estrangeiros, sendo suficiente a prévia solicitação específica fundamentada em interesse relacionado à arrecadação e à fiscalização de tributos.

(C) A mútua assistência para fiscalização dos respectivos tributos e para permuta de informações entre a Fazenda Pública da União e as dos Estados, do Distrito Federal e dos Municípios independe de forma estabelecida previamente em lei ou convênio.

(D) Visando a garantia da preservação do sigilo, no caso de intercâmbio de informações sigilosas, no âmbito da Administração Pública, a entrega da informação à autoridade solicitante deve ser feita pessoalmente, mediante recibo, e desde que exista processo regularmente instaurado.

(E) A divulgação de informações relativas às inscrições na Dívida Ativa da Fazenda Pública é vedada de forma expressa e incondicional pelo Código Tributário Nacional.

A: incorreta, pois é preciso que o processo administrativo já esteja instaurado, para que a autoridade possa solicitar informações sigilosas – art. 198, § 1º, II, do CTN; **B:** incorreta, pois a permuta de informações sigilosas com Estados estrangeiros depende de tratado, acordo ou convênio – art. 199, parágrafo único, do CTN; **C:** incorreta, pois a permuta depende de lei ou convênio, nos termos do art. 199, *caput*, da CF; **D:** assertiva correta, pois reflete o disposto no art. 198, § 2º, do CTN; **E:** incorreta, pois a divulgação é autorizada, para fins de inscrição em dívida ativa – art. 198, § 3º, II, do CTN.

Gabarito "D"

(Procurador do Estado/SC – 2009) Um contribuinte do imposto sobre operações relativas à circulação de mercadorias e sobre prestações de serviços de transporte interestadual e intermunicipal e de comunicação (ICMS) realizou vendas, em julho de 2005, devidamente registradas, mas efetuou o pagamento do valor de imposto fora do prazo regulamentar, em dezembro de 2005. Ocorre que, em setembro de 2006, auditoria contábil interna constatou que o valor das vendas registradas foi superior ao das vendas efetivas, e que ocorreu, por isso, um pagamento de imposto em valor maior do que o devido. Nessas condições, quanto ao direito à restituição do valor pago a maior, assinale a alternativa **correta**:

(A) O prazo para pleitear a restituição, na esfera administrativa ou judicial, é de cinco anos, contados da data de extinção do crédito tributário, ou seja, dezembro de 2005.

(B) O prazo para pleitear a restituição, na esfera administrativa ou judicial, é de cinco anos, contados da data de ocorrência do fato gerador.

(C) No caso de ser apresentado primeiramente pedido administrativo, prevê o Código Tributário Nacional que o prazo para propor ação judicial de restituição se suspende até a decisão administrativa.

(D) Na situação descrita ocorreu a transferência do ônus financeiro e, por isso, esse contribuinte somente terá direito à restituição do tributo se comprovar que o consumidor, como contribuinte de fato, expressamente o autoriza a recebê-lo.

(E) O prazo para pleitear a restituição, na esfera administrativa ou judicial, é de cinco anos, contados da data de extinção do crédito tributário que, para efeito de restituição, ocorre com a homologação tácita ou expressa do lançamento.

A: assertiva correta, pois o prazo é contado a partir do pagamento indevido – art. 168, I, do CTN c/c art. 3º da LC 118/2005; **B:** incorreta, pois o prazo é contado do pagamento indevido; **C:** incorreta, pois, no caso de prévio pedido na esfera administrativa e posterior denegação, o prazo para o pleito judicial é de dois anos a partir da recusa – art. 169 do CTN; **D:** incorreta, pois, nesse caso, houve erro contábil, apenas nos registros da empresa, de modo que o ônus econômico do tributo a maior não foi repassado ao adquirente da mercadoria. Inaplicável o art. 166 do CTN; **E:** incorreta, pois o prazo é contado do pagamento indevido.

Gabarito "A"

(Procurador do Município/Natal-RN – 2008 – CESPE) Com base no CTN, assinale a opção correta acerca da administração tributária.

(A) Se, em execução fiscal promovida contra um contribuinte, o termo de inscrição da dívida ativa não contiver em suas especificações informações a respeito da origem e da natureza do crédito tributário, e o contribuinte somente postular essa nulidade na interposição do recurso de apelação nos embargos à execução, nesse caso, deverá ser declarada a nulidade da inscrição e do processo de cobrança.

(B) Considere que a pessoa jurídica Zeugma pretenda participar de licitação promovida por ente público estadual. Para comprovação de sua habilitação jurídica, exigida pelo edital do certame, Zeugma deverá apresentar à comissão de licitações, além de outros documentos, certidão negativa de débitos tributários. Entretanto, Zeugma possui ação executiva fiscal promovida contra si, na qual foi efetivada a penhora e, consequentemente, a garantia do juízo. Nessa situação, Zeugma não estará habilitada para participar da licitação.

(C) Para atender às exigências da legislação tributária, os escritórios de contabilidade têm de manter os livros obrigatórios de escrituração comercial e fiscal por dois anos, para somente após este período incinerá-los.

(D) Se, executado por débito fiscal, um contribuinte ajuizar embargos à execução em que sustente, entre outros argumentos, a tese de iliquidez do crédito tributário inscrito na dívida ativa, em virtude da fluência de juros de mora, nessa situação, com base no CTN, o referido argumento deverá ser acolhido pelo magistrado, determinando a extinção da execução.

A: essa é a melhora alternativa, pois a nulidade da inscrição pode ser corrigida pela emenda ou substituição da certidão da dívida ativa apenas até a sentença – art. 203 do CTN; **B:** incorreta, pois, havendo garantia da execução por penhora suficiente, é possível a expedição de certidão positiva com efeito de negativa, nos termos do art. 206 do CTN, desde que, evidentemente, não haja outros débitos; **C:** incorreta, pois os livros devem ser mantidos até o final do prazo prescricional que, se não houver suspensão ou interrupção, é de cinco anos contados da constituição definitiva dos créditos – arts. 174 e 195, parágrafo único, do CTN; **D:** incorreta, pois a fluência dos juros de mora não afasta a liquidez do crédito inscrito em dívida ativa – art. 201, parágrafo único, do CTN.

Gabarito "A"

(Procurador do Estado/PR – 2007) Em diligência de fiscalização do ICMS – Imposto sobre a Circulação de Mercadorias e Serviços, realizada no estabelecimento comercial da sociedade "A", comercializadora de gêneros alimentícios, o Agente Fiscal responsável foi impedido de ter acesso aos arquivos magnéticos da contabilidade, sob o argumento de que tal pretensão fiscalizatória esbarra na garantia constitucional da intimidade privada e que além disso, os fatos tributários sob fiscalização relacionam-se com a empresa "B" que é mera fornecedora da empresa fiscalizadora. Diante disso foram lacradas pelo Agente as salas em que se encontravam os computadores da contabilidade.

Foi também requisitada força policial com o objetivo de promover a apreensão dos computadores e a interdição das atividades do estabelecimento.

Assinale a alternativa "FALSA": ALTERNATIVAS:

(A) o direito à fiscalização tributária decorre diretamente das regras consagradas nos artigos 194 e seguintes do Código Tributário Nacional que têm amparo expresso na Constituição Federal como modo de assegurar a operatividade do sistema tributário.

(B) Para efeitos da legislação tributária, não tem aplicação quaisquer disposições legais excludentes ou limitativas do direito de examinar mercadorias, livros, arquivos, documentos, papéis e efeitos comerciais ou fiscais dos comerciantes, industriais ou produtores, ou da obrigação destes de exibi-los, afigurando-se inaplicável a invocação de direito à intimidade privada.

(C) O âmbito subjetivo de aplicabilidade dos dispositivos referentes à fiscalização tributária atingem não só o contribuinte ou responsável tributário, mas também terceiros que de alguma forma estejam ligados ao fundamento material da imposição.

(D) As prerrogativas da Fazenda Pública concernentes à fiscalização tributária decorrem do princípio do dever de investigação que vincula a administração tributária, afigurando-se lícito ao agente fiscal adotar providências como a lacração de salas ou arquivos e, se necessário, a interdição das atividades do estabelecimento comercial.

(E) É lícito à administração tributária a requisição independentemente de ordem judicial de auxílio de força policial quando necessário à efetivação de medida prevista na legislação tributária, mesmo que não se configure fato definido em lei como crime ou contravenção.

A: art. 37, XXII, da CF e arts. 194 a 200 do CTN; **B:** art. 195 do CTN; **C:** art. 197 do CTN; **D:** a interdição das atividades é, em princípio, vedada, em face do direito ao livre exercício profissional e empresarial – Súmula 70/STF; **E:** art. 200 do CTN.

Gabarito "D"

(Procurador da Fazenda Nacional – 2007.2 – ESAF) A lei não previu expressamente como operações financeiras (como operação financeira), para fins de informação periódica à Administração Tributária da União,

(A) os depósitos à vista e a prazo

(B) os contratos de locação de cofres para guarda de pecúnia e outros valores

(C) a emissão de ordens de crédito

(D) os resgates em contas de depósitos à vista ou a prazo, inclusive de poupança

(E) os pagamentos em moeda corrente ou em cheques

Art. 5º, § 1º, da LC 105/2001.

Gabarito "B"

(Procurador da Fazenda Nacional – 2007.2 – ESAF) Responda às questões abaixo, com Sim ou Não. Em seguida, indique a opção que contenha a sequência correta. 1.º) O parcelamento especial, em até 180 meses, depende de arrolamento de bens ou apresentação de garantias? 2.º) A inclusão do nome no CADIN (Cadastro Informativo dos Créditos Não Quitados) depende de prévia comunicação (direta ou indireta) ao devedor? 3.º) A formalização da exigência tributária, feita por servidor de jurisdição diversa da do domicílio tributário do sujeito passivo é nula por incompetência do agente?

(A) Sim, Sim, Sim

(B) Não, Não, Não

(C) Sim, Não, Sim

(D) Sim, Sim, Não

(E) Não, Sim, Não

1º: não há, em regra, essa exigência – arts. 4º, V, e 5º, § 3º, ambos da Lei 10.684/2003 (PAES); 2º: art. 2º, § 2º, da Lei 10.522/2002; 3º: não há nulidade, desde que o servidor seja auditor fiscal do ente tributante.

Gabarito "E"

(Procurador da Fazenda Nacional – 2007.2 – ESAF) Verifique a veracidade dos assertos abaixo e, em seguida, marque com V as proposições verdadeiras, e com F as falsas. Em seguida, indique a opção que contenha, na mesma sequência, a resposta correta. 1.º) A participação de servidores públicos na cobrança da Dívida da União, a que se referem os artigos 21 da Lei n. 4.439, de 27 de outubro de 1964, e 1º, inciso II, da Lei n. 5.421, de 25 de abril de 1968 ("quota-parte"), é hoje devida aos Procuradores da Fazenda Nacional, quando a Fazenda é vencedora em juízo. 2.º) A parte da remuneração pela cobrança da dívida ativa e defesa judicial e extrajudicial da Fazenda Nacional, o Decreto-lei n. 1.025, de 1969, fixou em valor correspondente até a um mês do vencimento estabelecido em lei para o Procurador da Fazenda Nacional, observado o limite de retribuição, mandando que o pagamento se fizesse juntamente com o vencimento. 3.º) No CADIN, um cadastro de maus pagadores, como regra geral, conterá relação das pessoas naturais ou jurídicas que sejam responsáveis por obrigações pecuniárias vencidas e não pagas, para com órgãos e entidades da Administração Pública Federal, direta e indireta, sejam de natureza tributária ou não.

(A) F, V, V

(B) V, F, V

(C) V, V, F

(D) V, V, V

(E) F, F, F

1º: trata-se de renda da União – art. 1º do Decreto-Lei 1.025/1969; 2º: art. 2º do Decreto-Lei 1.025/1969; 3º: art. 2º, I, da Lei 10.522/2002.

Gabarito "A"

(Procurador da Fazenda Nacional – 2007.2 – ESAF) Com a Lei n. 9.964, de 2000, criou-se o Programa de Recuperação Fiscal - REFIS, destinado a promover a regularização de créditos da União, decorrentes de débitos _______, relativos a _________, com vencimento até 29 de fevereiro de 2000, ______. Assinale a opção que contenha as expressões que preencham corretamente, na ordem indicada, as lacunas acima.

(A) 1 de sujeitos passivos de qualquer natureza / tributos e contribuições administrados pela "Receita Federal do Brasil" / desde que inscritos em dívida ativa, ainda que não ajuizados;

(B) 1 de pessoas naturais / tributos e contribuições administrados pela "Receita Federal do Brasil" / desde que constituídos àquela data;

(C) 1 de pessoas jurídicas / quaisquer receitas públicas, inclusive de natureza patrimonial / desde que inscritos em dívida ativa, ainda que não ajuizados;

(D) 1 de pessoas físicas e jurídicas / tributos e contribuições administrados pela "Receita Federal do Brasil e pelo Instituto Nacional do Seguro Social – INSS" / constituídos ou não, desde que não tenham sua exigibilidade suspensa em decorrência de decisão judicial;

(E) 1 de pessoas jurídicas / tributos e contribuições administrados pela "Receita Federal do Brasil e pelo Instituto Nacional do Seguro Social – INSS" / constituídos ou não.

A alternativa E completa a assertiva, de modo que reflete o disposto no art. 1º da Lei 9.964/2000.

Gabarito "E"

(Procurador da Fazenda Nacional – 2007 – ESAF)

- A inclusão de pessoa física no CADIN poderá ser efetuada pela Caixa Econômica Federal, se aquela for responsável por dívida de empréstimo vencida e não paga?
- A inexistência de registro de pessoa física no CADIN implica reconhecimento de regularidade de situação?
- O produto da arrecadação de multas incidentes sobre os tributos e contribuições administrados pela Secretaria da Receita Federal e próprios da União, as transferências tributárias constitucionais para Estados, Distrito Federal e Municípios constituirá receita do FUNDAF, destinado à melhoria da Administração Tributária?

(A) Sim, sim, sim;

(B) Não, não, não;

(C) Sim, não, sim;

(D) Não, não, sim;

(E) Sim, não, não.

1ª: é possível, desde que o empréstimo envolva recursos orçamentários (financiamento a Município, por exemplo) – art. 2º, § 8º, da Lei 10.522/2002; 2ª: não implica reconhecimento de regularidade – art. 4º da Lei 10.522/2002; 3ª: a assertiva é falsa – arts. 7º e 8º do DL 1.437/1975.

Gabarito "E"

(Procurador da Fazenda Nacional – 2007 – ESAF)

- A concessão de medida cautelar fiscal contra a pessoa jurídica autoriza sua exclusão do REFIS.
- Qualquer valor cuja cobrança seja atribuída por lei à União poderá inscrever-se como Dívida Ativa da Fazenda Pública Federal, para fins de execução fiscal.
- A atualização monetária e os juros também integram a dívida ativa.

(A) As três afirmações são verdadeiras.

(B) Só é verdadeira a primeira asserção.

(C) Só é falsa a terceira afirmação.

(D) Só são verdadeiras as duas últimas.

(E) São todas falsas.

1ª: a concessão de cautelar fiscal suspende o crédito, de modo que o registro no CADIN pode ser suspenso – art. 7º da Lei 10.522/2002; 2ª: art. 2º, § 1º, da Lei 6.830/1980; 3ª: art. 2º, § 2º, da Lei 6.830/1980.

Gabarito "A"

(Procurador do Estado/RR – 2006 – FCC) Considere as seguintes afirmações sobre a Administração Tributária:

I. O intercâmbio de informação sigilosa, no âmbito da Administração Pública, será realizado mediante processo regular instaurado, e a entrega será feita pessoalmente à autoridade solicitante, mediante recibo.

II. É vedada a divulgação de informações relativas a representações fiscais para fins penais.

III. É vedada a divulgação por parte da Fazenda Pública de informação obtida em razão do ofício sobre a situação financeira ou econômica do sujeito passivo.

IV. É vedada a divulgação de informação relativa a inscrições na dívida ativa.

V. É permitida a divulgação de informações relativas a parcelamento ou moratória.

SOMENTE estão corretas as afirmações

(A) I, II e V.

(B) I, II e IV.

(C) I, III e V.

(D) II, III, e IV.

(E) III, IV e V.

I: a assertiva é correta – art. 198, § 2º, do CTN; II e **IV:** não há essas vedações – art. 198, § 3º, I e II, do CTN; **III:** art. 198 do CTN (no entanto, o próprio dispositivo traz exceções); V: a assertiva é correta – art. 198, § 3º, III, do CTN.

Gabarito "C"

(ADVOGADO – PETROBRÁS – 2008 – CESGRANRIO) De acordo com a norma que disciplina o processo administrativo de determinação e exigência dos créditos tributários da União, atualmente admite-se a intimação:

I. pessoal, pelo autor do procedimento ou por agente do órgão preparador, na repartição ou fora dela, provada com a assinatura do sujeito passivo, seu mandatário ou preposto, ou, no caso de recusa, com declaração escrita de quem o intimar;

II. por via postal, telegráfica ou por qualquer outro meio ou via, com prova de recebimento no domicílio tributário eleito pelo sujeito passivo;

III. por meio eletrônico, com prova de recebimento, mediante envio ao domicílio tributário do sujeito passivo ou registro em meio magnético ou equivalente utilizado pelo sujeito passivo.

Está(ão) correto(s) o(s) item(ns)

(A) I, apenas.

(B) II, apenas.

(C) I e II, apenas.

(D) I e III, apenas.

(E) I, II e III.

I: correta, nos termos do art. 23, I, do Decreto nº 70.235/72; **II:** correta, nos termos do art. 23, II, do Decreto nº 70.235/72; **III:** correta, nos termos do art. 23, III, do Decreto nº 70.235/72.

Gabarito "E"

14. DÍVIDA ATIVA, INSCRIÇÃO, CERTIDÕES

(Procurador do Município/Florianópolis-SC – 2010 – FEPESE) Diz-se que a Administração Tributária é o conjunto de órgãos públicos com a incumbência de aplicar a legislação tributária, tendo como atividades principais a fiscalização, a arrecadação e a cobrança.

Sobre a matéria, é **correto** afirmar:

(A) A Certidão de Dívida Ativa (CDA) constitui título executivo extrajudicial e tem presunção absoluta de liquidez e certeza.

(B) Estão sujeitos à fiscalização tributária todos os livros comerciais do sujeito passivo, cujo exame não se limita apenas aos pontos objeto da investigação.

(C) É lícita a recusa de expedição da certidão negativa ou positiva, com efeito de negativa, ao sujeito passivo com débitos fiscais incluídos em parcelamento.

(D) A Fazenda Pública pode substituir a Certidão de Dívida Ativa (CDA) até a prolação da sentença de embargos, quando se tratar de correção de erro material ou formal, admitindo-se, inclusive, a modificação do sujeito passivo da execução.

(E) Declarado e não pago o débito tributário pelo contribuinte, é legítima a recusa de expedição de certidão negativa ou positiva com efeito de negativa.

A: Incorreta, pois a presunção é relativa, podendo ser ilidida por prova inequívoca a cargo do sujeito passivo ou do terceiro a que aproveite – art. 204, p. único, do CTN; **B:** Incorreta, pois os exames dos livros empresarias pelo fisco limita-se aos pontos objeto da investigação – Súmula 439/STF e art. 195 do CTN; **C:** Incorreta, pois o parcelamento é modalidade de suspensão do crédito tributário (art. 151, VI, do CTN) e, portanto, implica direito à emissão da certidão positiva com efeito de negativa – art. 206 do CTN; **D:** Incorreta, pois não é possível a modificação do sujeito passivo – Súmula 392/STJ. Nesse caso, é preciso cancelar a inscrição e a CDA, extinguindo-se a execução, com realização de novo lançamento, caso não tenha se esgotado o prazo decadencial; **E:** Assertiva correta, pois a declaração do débito pelo contribuinte, relativo a tributo lançado por homologação, equivale à constituição do crédito respectivo, permitindo a imediata cobrança – Súmula 436/STJ e art. 205 do CTN.

Gabarito "E"

(Procurador do Estado/GO – 2010) Acerca da Dívida Ativa da Fazenda Pública e seu respectivo ordenamento jurídico, é CORRETA a seguinte afirmação:

(A) Qualquer valor cuja cobrança seja atribuída por lei ao Estado é considerado Dívida Ativa da Fazenda Estadual.

(B) A receita da Dívida Ativa Não Tributária não compreende os juros e a atualização monetária dos respectivos créditos.

(C) Os empréstimos compulsórios, nos termos da Lei n. 4.320/64, integram a Dívida Ativa Não Tributária.

(D) A inscrição em Divida Ativa é ato administrativo de controle da legalidade, pelo qual a autoridade administrativa dela encarregada procede à revisão do lançamento, sanando eventual vício.

(E) A Dívida Ativa regularmente inscrita goza da presunção de certeza e liquidez, bem como de autoexecutoriedade.

A: correta, conforme o art. 2º, § 1º, da Lei das Execuções Fiscais – LEF (Lei 6.830/1960); **B:** incorreta, pois a dívida ativa tributária e não tributária abrange atualização monetária, juros e multa de mora e demais encargos previstos em lei ou contrato – art. 2º, § 2º, da LEF; **C:** em termos. De fato, o art. 39, § 2º, da Lei 4.320/1964 classifica a dívida ativa relativa aos empréstimos compulsórios como não tributária, mas é pacífico o entendimento jurisprudencial e doutrinário acerca da natureza tributária dessas exações no sistema constitucional atual; **D:** incorreta, pois, embora a inscrição seja ato de controle de legalidade realizado pela procuradoria, em caso de vício no lançamento somente a autoridade fiscal competente poderá revisá-lo; **E:** incorreta. A inscrição em dívida ativa permite a extração da certidão correspondente, que é título executivo extrajudicial e, como tal, deve ser executado judicialmente (não há autoexecutoriedade, pela própria administração pública).

Gabarito "A"

(Procurador do Estado/CE – 2008 – CESPE) A fazenda pública de um estado da Federação, ao realizar a inscrição do crédito tributário na dívida ativa, não fez constar do termo de inscrição o domicílio conhecido do devedor. Considerando essa situação hipotética, assinale a opção correta acerca da omissão de requisito legal no termo de inscrição mencionado.

(A) A hipótese de omissão de requisito legal no termo de inscrição de crédito tributário na dívida ativa é causa de nulidade absoluta.

(B) Qualquer omissão de requisito legal no termo de inscrição de crédito tributário na dívida ativa pode ser sanada, desde que essa falha seja sanada até a decisão de primeira instância.

(C) A omissão de requisitos legais no termo de inscrição de crédito tributário na dívida ativa é passível de ser sanada, a qualquer tempo.

(D) Considerando-se a omissão identificada como causa de nulidade, esta não poderá ser sanada.

(E) O termo de inscrição, por ser ato administrativo, não está sujeito a nulidade absoluta e, portanto, poderá ser alterado a qualquer tempo.

A omissão não prejudica a execução fiscal, desde que sanada até a decisão de primeira instância, mediante substituição da certidão – art. 203 do CTN.

Gabarito "B"

(Procurador do Estado/ES – 2008 – CESPE) Quanto à administração tributária e à dívida ativa tributária, julgue os itens seguintes.

(1) O servidor público da secretaria de fazenda estadual que obtiver, em razão de seu ofício, informações acerca da situação econômica de certo contribuinte tem o dever de sigilo quanto aos dados do contribuinte, exceto nos casos de solicitações de outras autoridades administrativas no interesse da administração pública.

(2) É lícita à fazenda pública federal e estadual a permuta de informações com Estados estrangeiros no interesse da arrecadação e da fiscalização dos tributos.

(3) Constitui dívida ativa tributária apenas o crédito proveniente de obrigação legal relativa a tributos, respectivos adicionais e multas.

1: A exceção exige processo regularmente instaurado, com entrega pessoal dos dados à autoridade solicitante, mediante recibo, que formalize a transferência e assegure a preservação do sigilo – art. 198, § 2º, do CTN. Ademais, há outras exceções, previstas nos demais parágrafos do art. 198 do CTN; **2:** A permuta se dá por meio da União (não diretamente pelos Estados), nos termos de tratados ou convênios internacionais – art. 199, parágrafo único, do CTN; **3:** Art. 201 do CTN e art. 2º, § 2º, da Lei 6.830/1980 – dívida ativa tributária, como diz o nome, refere-se aos créditos tributários, ou seja, tributos, penalidades pecuniárias e acréscimos correspondentes (correção monetária, juros e outros encargos).

Gabarito 1E, 2E, 3C

(Procurador do Estado/PI – 2008 – CESPE) A respeito da dívida ativa, assinale a opção correta.

(A) Constitui dívida ativa tributária a proveniente de crédito de natureza tributária regularmente inscrita, cujo prazo para pagamento esteja esgotado.

(B) A fazenda pública está impedida de cobrar juros de mora de débito inscrito em dívida pública.

(C) Crédito tributário regularmente constituído pelo lançamento implica inscrição na dívida ativa.

(D) Auto de infração lavrado pelo fisco contra contribuinte justifica a sua inscrição na dívida pública.

(E) Inscrição na dívida ativa é mero procedimento administrativo e, por isso, não tem consequências jurídicas sobre a liquidez e certeza do crédito.

A: art. 201 do CTN; **B:** é possível a cobrança – art. 201, parágrafo único, do CTN; C e **D:** o crédito constituído pelo lançamento será inscrito em dívida ativa pela autoridade competente, depois de esgotados os prazos de pagamento e de recursos administrativos; **E:** A dívida regularmente inscrita goza da presunção de certeza e liquidez e tem o efeito de prova pré-constituída – art. 204 do CTN.

Gabarito "A"

(Procurador do Município/Aracaju – 2008 – CESPE) Acerca da dívida ativa, julgue os próximos itens.

(1) A presunção absoluta de fraude, no caso de alienação de bens ou rendas, ou o seu começo, por seu sujeito passivo, nasce desde a constituição definitiva do crédito tributário por meio da lavratura de auto de infração.

(2) A presunção de certeza e liquidez de que goza a dívida ativa regularmente inscrita é sempre relativa.

(3) Constitui dívida ativa tributária a proveniente do crédito tributário definitivamente constituído, mediante a lavratura de auto de infração tributária.

(4) A cobrança de juros de mora feita administrativamente pela fazenda pública não impede, de maneira nenhuma, a inscrição do título como dívida ativa e sua execução.

1: A presunção de fraude tem início com a inscrição em dívida ativa e não é absoluta – art. 185, *caput* e parágrafo único, do CTN; **2:** Art. 204, parágrafo único, do CTN: a presunção é relativa (pode ser ilidia por prova inequívoca); **3:** O crédito definitivamente constituído (seja por lançamento comum ou por auto de infração) deve ser inscrito em dívida ativa pela autoridade competente, desde que esgotados os prazos de pagamento e de recursos administrativos – art. 201 do CTN; **4:** Art. 201, parágrafo único, do CTN.

Gabarito 1E, 2C, 3E, 4C

(Procuradoria Distrital – 2007) Assinale a opção incorreta.

(A) A decisão administrativa desfavorável ao contribuinte, quer proferida por autoridade singular, quer emanada de órgão colegiado, não adquire, para ele, caráter definitivo.

(B) O auto de infração caracteriza autêntico lançamento tributário, uma vez que atende aos requisitos básicos previstos na legislação tributária, contendo o fato gerador da obrigação correspondente, a determinação da matéria tributável, o cálculo do montante do tributo devido, a identificação do sujeito passivo e a cominação da penalidade cabível.

(C) A lei poderá exigir que a prova da quitação de determinado tributo, quando exigível, seja feita por certidão negativa, expedida à vista de requerimento do interessado, que contenha todas as informações necessárias à identificação de sua pessoa, domicílio fiscal e ramo de negócio ou atividade e indique o período a que se refere o pedido.

(D) A certidão de que conste a existência de créditos não vencidos, em curso de cobrança executiva em que tenha sido efetivada a penhora, ou cuja exigibilidade esteja suspensa, tem os mesmos efeitos da certidão negativa.

(E) A certidão positiva com efeitos de negativa poderá, a critério da Administração Pública, ter sua validade restringida ou limitada nas hipóteses de licitação, concordata, transferência de propriedade e de direitos relativos a bens imóveis e móveis; e junto a órgãos e entidades da administração pública.

A: o contribuinte pode acessar o Judiciário; **B:** auto de infração é a denominação comumente utilizada no caso de lançamento de ofício decorrente da fiscalização; **C:** art. 205 do CTN; **D:** é a certidão positiva com efeitos de negativa – art. 206 do CTN; **E:** a certidão positiva com efeitos de negativa tem, como diz o nome, o mesmo efeito da certidão negativa, não podendo, portanto, ser recusada ou ter sua validade restringida pela Administração – art. 206 do CTN.

Gabarito "E"

(Procuradoria Distrital – 2007) Assinale a opção correta.

(A) A execução fiscal é o único local adequado para discussão judicial da Dívida Ativa, salvo as hipóteses de mandado de segurança, da ação de repetição do indébito e da ação anulatória do ato declarativo da dívida.

(B) Não é mais cabível, por impossibilidade jurídica do pedido, o ajuizamento da ação declaratória de inexistência do débito fiscal, tendo como objeto débito tributário ainda não inscrito em Dívida Ativa.

(C) A ação declaratória de inexistência de obrigação tributária é manejável apenas depois da inscrição, ficando a ação anulatória reservada para os casos de obrigação ainda não inscrita em Dívida Ativa.

(D) Das sentenças proferidas em primeira instância, nas execuções fiscais de valor igual ou inferior a 50 ORTN, só se admitem os recursos de embargos infringentes e de declaração. Das decisões emanadas desses recursos cabem os recursos especial e extraordinário.

(E) Não são cabíveis os embargos à arrematação ou à adjudicação nas execuções fiscais, mas tão somente à execução, de terceiro e à penhora.

A: art. 38 da Lei 6.830/1980; B e **C:** há forte entendimento no sentido de que a declaratória cabe antes do lançamento e a anulatória, após a constituição do crédito; **D:** somente cabem os aclaratórios e os chamados "embarguinhos" dirigidos ao próprio juiz – art. 34 da Lei 6.830/1980 – embora o dispositivo não se refira aos recursos especial e extraordinário, não cabe o primeiro (REsp), pois não há decisão final proferida por Tribunal (art. 105, III, da CF); **E:** não há restrição com relação aos embargos à execução e de terceiros.

Gabarito "A"

(Procuradoria Distrital – 2007) Assinale a opção correta.

(A) A Certidão de Dívida Ativa não pode ser emendada ou substituída nos autos da execução fiscal.

(B) A Certidão de Dívida Ativa pode ser substituída nos autos da execução fiscal em qualquer momento processual.

(C) A execução fiscal é extinta em qualquer momento processual, sem qualquer ônus para as partes, por motivo de cancelamento, a qualquer título, da inscrição da Dívida Ativa.

(D) A Administração Direta e Indireta das Pessoas Jurídicas de Direito Público interno dispõe, para cobrança de seus créditos tributários e não tributários, de título executivo extrajudicial chamado "Certidão de Dívida Ativa".

(E) A Dívida Ativa regularmente inscrita goza da presunção de certeza e liquidez, podendo, entretanto, haver emenda ou substituição da respectiva Certidão, desde que feita até a decisão de primeira instância.

A, B e **E:** a CDA pode ser substituída a até a decisão de primeira instância – art. 203 do CTN; **C:** a extinção sem ônus ocorre apenas até a decisão de primeira instância, nos termos do art. 26 da Lei 6.830/1980 – no entanto, há precedentes do STJ reconhecendo o direito a honorários, mesmo no caso de execuções não embargadas (especialmente quando há exceção de pré-executividade); **D:** a inscrição em dívida ativa e a CDA correspondente referem-se apenas à administração direta e às suas autarquias – art. 1º da Lei 6.830/1980.

Gabarito "E"

(Procuradoria Federal – 2007 – CESPE) Julgue o item seguinte.

(1) Constituem dívida ativa da fazenda pública os créditos de natureza tributária, como os provenientes de impostos, e os créditos de natureza não tributária, como os decorrentes das multas por infração a dispositivo da CLT.

1: A dívida ativa é tributária e não tributária, nos termos do art. 2º da Lei 6.830/1980.

Gabarito "C"

(Procurador da Fazenda Nacional – 2007.2 – ESAF) Verifique a veracidade dos assertos abaixo e, em seguida, marque com V as proposições verdadeiras, e com F as falsas. Em seguida, indique a opção que contenha, na mesma sequência, a resposta correta.

( ) A dívida ativa tributária pode ser regularmente inscrita no curso do prazo fixado, para pagamento, pela lei ou por decisão final proferida em processo regular.

( ) A certidão da dívida ativa necessita vir acompanhada dos elementos necessários à comprovação da exigibilidade do crédito tributário.

( ) A maneira de calcular os juros de mora acrescidos ao crédito tributário deve constar da certidão da dívida ativa.

(A) F, F, V

(B) V, F, V

(C) V, V, F

(D) V, V, V

(E) F, F, F

1ª: a inscrição se dá após o prazo para pagamento – art. 201 do CTN; 2ª: a CDA goza de presunção de liquidez e certeza e deve conter apenas os dados relacionados no art. 202 do CTN; 3ª: a assertiva é correta – art. 202, II, do CTN

Gabarito "A"

(Procurador do Município/Manaus-AM – 2006 FCC) Além da presunção de liquidez e certeza, a inscrição do débito fiscal como dívida ativa é o ato administrativo que

(A) sinaliza o início da constituição do crédito tributário.

(B) assinala a constituição definitiva do crédito tributário.

(C) atua como marco inicial, para contagem do prazo prescricional.

(D) suspende por 6 (seis) meses ou até a distribuição da execução fiscal a contagem do prazo prescricional.

(E) interrompe a contagem do prazo prescricional.

A e **B:** incorretas, pois a constituição do crédito é anterior, correspondendo ao lançamento tributário. Somente após o lançamento e a inadimplência é que há inscrição em dívida ativa – arts. 142 e 201 do CTN; **C:** incorreta, pois o marco inicial para contagem do prazo prescricional é a constituição definitiva do crédito (= lançamento) –

art. 174 do CTN; **D:** incorreta, pois é pacífico o entendimento jurisprudencial no sentido de que a suspensão da prescrição por até 180 dias (que nem sequer corresponde exatamente a 6 meses) prevista no art. 2º, § 3º, da LEF não se aplica à inscrição da dívida ativa tributária, já que a matéria (prescrição tributária) é reservada à lei complementar federal (art. 146, III, *b*, da CF) – ver REsp 1.326.094/PE-STJ; **E:** incorreta, pois o prazo prescricional não é interrompido pela inscrição em dívida ativa – art. 174 do CTN. Observação: discordamos do gabarito oficial, por entendermos que não há alternativa correta.

Gabarito "D"

(Procurador do Estado/RR – 2006 – FCC) O termo de inscrição da dívida ativa deverá conter, sob pena de nulidade, as seguintes informações, EXCETO:

(A) o nome do devedor e, sendo o caso, o dos corresponsáveis.

(B) a memória discriminada de cálculo da dívida.

(C) a natureza do crédito e a disposição da lei em que seja fundado.

(D) o número do processo administrativo de que se originou o crédito.

(E) a data em que foi inscrita.

Art. 202 do CTN – dentre os requisitos legais não está a memória discriminada do cálculo.

Gabarito "B"

(Procurador do Estado/RR – 2006 – FCC) NÃO será expedida a certidão positiva de débitos com efeitos de negativa quando

(A) os débitos forem objeto de execução fiscal na qual foi apresentada apenas exceção de pré-executividade.

(B) o auto de infração que constituiu o crédito tributário foi impugnado pelo contribuinte, nos termos das leis reguladoras do processo administrativo tributário.

(C) os débitos estiverem incluídos no parcelamento.

(D) o contribuinte efetuou o depósito do montante integral dos débitos.

(E) os débitos forem objeto de ação anulatória na qual foi concedida a tutela antecipada.

A: a garantia da execução fiscal (penhora, fiança ou depósito integral), não é exigida para a apresentação de exceção de pré-executividade; **B**, **C**, **D** e **E:** as causas de suspensão do crédito permitem a emissão de certidão positiva com efeitos de negativa – art. 206 do CTN.

Gabarito "A"

(Procurador da Fazenda Nacional – 2004 – ESAF) No que se relaciona à Dívida Ativa da União e à Ação de Execução Fiscal, marque com **V** a assertiva verdadeira e com **F** a falsa, assinalando ao final a opção correspondente.

( ) No caso de débito inscrito em Dívida Ativa da União mas ainda não objeto de execução judicial, é ilegal a concessão de Certidão Positiva com efeitos de Negativa mesmo que prestada diretamente perante a autoridade administrativa caução real.

( ) A penhora consistente em garantia idônea e suficiente habilita o devedor a apresentar Embargos à execução fiscal e implica a suspensão da exigibilidade do crédito tributário.

( ) O disposto no art. 185 do Código Tributário Nacional, que dispõe sobre Fraude à Execução, aplica-se à Dívida Ativa de natureza não tributária.

( ) Predomina nos tribunais o entendimento de que a execução fiscal pode ser "redirecionada" contra o responsável independentemente do nome deste constar na Certidão de Dívida Ativa.

(A) F, F, F,V

(B) V, F, V, V

(C) V, F, F,V

(D) V, V,F, V

(E) F, F, V, V

1: correta, pois a apresentação de caução real perante a autoridade administrativa não é modalidade de suspensão da exigibilidade do crédito tributário, de modo que não permite a emissão de certidão positiva com efeito de negativa – arts. 151 e 206 do CTN; **2:** incorreta, pois a penhora não implica suspensão da exigibilidade do crédito (embora permita a emissão da certidão positiva com efeito de negativa), até porque isso iria contra a lógica da execução, que não poderia prosseguir – art. 151 do CTN. Atualmente, nem mesmo a interposição de embargos à execução tem efeito suspensivo automático em relação à execução, que poderá ser deferido pelo juiz, se entender presentes os pressupostos do art. 739-A do CPC – ver AgRg no AREsp 121.809/PR; **3:** incorreta, pois o art. 185 do CTN refere-se a garantia do crédito tributário; **4:** assertiva correta. A diferença é que, caso o nome do responsável conste da CDA, o ônus para afastar a presunção de certeza a respeito da responsabilidade é do próprio; já se o nome não constar da CDA, o ônus é da fazenda, que deverá comprovar a situação que dá ensejo à responsabilidade, no bojo da execução fiscal, para que o redirecionamento seja deferido – ver AgRg EAREsp 41.860/GO.

Gabarito "C"

15. REPARTIÇÃO DE RECEITAS

(Procurador do Município/São José dos Campos-SP – 2012 – VUNESP) Do produto da arrecadação do imposto sobre produtos industrializados, a União entregará dez por cento aos Estados e ao Distrito Federal, proporcionalmente ao valor das respectivas exportações de produtos industrializados. Dos recursos que, nesses termos, receberem, os Estados entregarão aos respectivos Municípios

(A) 21,5%.

(B) 22%.

(C) 23,5%.

(D) 25%.

(E) 50%.

Os Estados entregarão 25% da receita do IPI que receberem da União nos termos do art. 159, II, da CF (distribuição de 10% da receita do IPI, proporcionalmente ao valor das respectivas exportações de produtos industrializados) – art. 159, § 3º, da CF. Por essa razão, a alternativa "D" é a correta.

Gabarito "D"

(Procurador do Município/Sorocaba-SP – 2012 – VUNESP) Do produto da arrecadação dos impostos sobre renda e proventos de qualquer natureza e sobre produtos industrializados, a União entregará 48% a quem de direito nos percentuais estabelecidos pela Constituição Federal. Na divisão, 1% será entregue ao Fundo de Participação dos Municípios, a cada ano, no primeiro decêndio do mês de

(A) janeiro.

(B) fevereiro.

(C) junho.

(D) julho.

(E) dezembro.

Esse ponto percentual será entregue no primeiro decêndio do mês de dezembro de cada ano ao Fundo de Participação dos Municípios, nos termos do art. 159, I, *d*, da CF. Por essa razão, a alternativa "E" é a correta.

Gabarito "E"

(Procurador do Município/Florianópolis-SC – 2010 – FEPESE) De acordo com as disposições constitucionais sobre a repartição das receitas tributárias, pertencem aos Municípios:

(A) O produto da arrecadação do imposto da União sobre operações financeira realizadas em seus territórios.

(B) Vinte por cento do produto da arrecadação do imposto que a União instituir no exercício da competência residual.

(C) Cinquenta por cento do produto da arrecadação do imposto do Estado sobre operações relativas à circulação de mercadorias e sobre prestações de serviços de transporte interestadual e intermunicipal e de comunicação.

(D) Vinte e cinco por cento do produto da arrecadação do imposto da União sobre a propriedade territorial rural, relativamente aos imóveis neles situados.

(E) Cinquenta por cento do produto da arrecadação do imposto do Estado sobre a propriedade de veículos automotores licenciados em seus territórios.

A: Incorreta, pois a Constituição Federal não prevê a repartição obrigatória da receita do IOF, exceto em relação ao imposto incidente sobre o ouro (ativo financeiro ou instrumento cambial). Nesse caso (do ouro), a receita do IOF federal é repartida integralmente entre Estados e Distrito Federal (30%) e Municípios (70%), conforme a origem do metal – art. 153, § 5º, da CF; **B:** Incorreta, pois a parcela do imposto da competência residual (20%) é destinada aos Estados e ao Distrito Federal, não aos Municípios – art. 157, II, da CF; **C:** Incorreta, pois os Municípios ficam com 25% da arrecadação do ICMS – art. 158, IV, da CF; **D:** Incorreta, pois os Municípios ficam com 50% da arrecadação do ITR (ou 100%, caso optem por fiscalizar e cobrar o imposto, na forma da lei) – art. 158, II, da CF; **E:** Essa é a alternativa correta, conforme o art. 158, III, da CF.

Gabarito "E"

(Procurador do Município/Boa Vista-RR – 2010 – CESPE) Com relação ao estado, ao poder de tributar e ao Sistema Tributário Nacional, julgue o item a seguir.

(1) Sujeita-se à condição prevista em programa de benefício fiscal estabelecido pelo estado o repasse da quota constitucionalmente devida aos municípios em função das operações relativas à circulação de mercadorias e em função da prestação de serviços de transporte interestadual e intermunicipal e de comunicação.

1: errada, pois o repasse da parcela do ICMS aos Municípios não pode ser condicionado ou de outra forma restringido, exceto nas hipóteses expressamente previstas no art. 160, parágrafo único, da CF.

Gabarito 1E

(Procurador do Município/São Paulo-SP – 2008 – FCC) Dentro do campo da repartição constitucional de receitas tributárias, é correto afirmar:

(A) 50% do produto arrecadado pela União a título de imposto sobre a renda retido na fonte sobre rendimentos pagos a qualquer título pelo Município a este pertence.

(B) 100% do produto arrecadado pela União a título de ITR pertence ao Município onde está localizada a propriedade rural.

(C) 75% do que o Estado arrecada a título de IPVA pertence ao Município de origem do licenciamento do veículo.

(D) até um quarto dos 25% de ICMS que o Estado arrecada pertence aos Municípios de acordo com o que dispuser lei estadual.

(E) até 50% do que o Estado recebe a título de IPI repassado pela União será devido aos Municípios.

A: incorreta, pois os Municípios, assim como os Estados e o Distrito Federal, ficam com a totalidade da receita do IR, incidente na fonte, sobre rendimentos pagos, a qualquer título, por eles, suas autarquias e pelas fundações que instituírem e mantiverem – art. 158, I, da CF; **B:** incorreta, pois o Município recebe, em princípio 50% da receita do ITR. Receberá 100% apenas na hipótese de optar por sua fiscalização e cobrança, conforme o art. 158, II, c/c art. 153, § 4º, III, da CF; **C:** incorreta, pois o Município fica com 50% da receita do IPVA – art. 158, III, da CF; **D:** correta, nos termos do art. 158, parágrafo único, II, da CF; **E:** incorreta, pois os Estados entregarão 25% da receita do IPI que receberem da União nos termos do art. 159, II, da CF (distribuição de 10% da receita do IPI, proporcionalmente ao valor das respectivas exportações de produtos industrializados) – art. 159, § 3º, da CF.

Gabarito "D"

(Procurador do Município/Recife-PE – 2008 – FCC) Dentro da repartição constitucional de receitas tributárias, NÃO pertencem aos Municípios

(A) 25% dos recursos que os Estados recebem do produto da arrecadação da CIDE combustível, na forma da lei.

(B) 25% do produto da arrecadação do IPVA de veículos automotores licenciados em seus territórios.

(C) 25% do produto da arrecadação do ICMS sobre operações relativas à circulação de mercadorias e sobre prestações de serviços de transporte interestadual e intermunicipal e de comunicação.

(D) 100% do produto da arrecadação do IR, incidente na fonte, sobre rendimentos pagos, a qualquer título, por eles, suas autarquias ou fundações.

(E) 100% do produto da arrecadação do ITR para os Municípios que optarem, nos termos da lei, por fazerem a arrecadação e a fiscalização deste tributo.

A: correta, nos termos do art. 159, § 3º, da CF; **B:** essa é a incorreta, pois os Municípios recebem 50% da receita do IPVA – art. 158, III, da CF; **C:** correta, nos termos do art. 158, IV, da CF; **D:** correta, conforme o art. 158, I, da CF; **E:** correta, em conformidade com o art. 158, II, da CF.

Gabarito "B"

(Procurador do Estado/MG – 2007) Quanto à repartição das receitas tributárias, pode-se afirmar que pertencem aos municípios

(A) dez por cento do produto da arrecadação dos impostos extraordinários instituídos pela União.

(B) cinquenta por cento do produto da arrecadação do imposto da União sobre renda e proventos de qualquer natureza, incidente na fonte, sobre rendimentos pagos, a qualquer título, por eles, suas autarquias e pelas fundações que instituírem e mantiverem.

(C) cinquenta por cento do produto da arrecadação do imposto do Estado sobre a propriedade de veículos automotores licenciados em seus territórios.

(D) vinte por cento do produto da arrecadação do imposto do Estado sobre operações relativas à circulação de mercadorias e sobre prestações de serviços de transporte interestadual e intermunicipal e de comunicação.

A: incorreta, pois não há repartição da receita de eventual imposto extraordinário que venha a ser instituído pela União (há apenas distribuição para Estados e Distrito Federal de 20% da receita de eventual imposto da competência residual – art. 157, II, da CF); **B:** incorreta, pois os Municípios, assim como os Estados e o Distrito Federal, ficam com a totalidade da receita do IR, incidente na fonte, sobre rendimentos pagos, a qualquer título, por eles, suas autarquias e pelas fundações que instituírem e mantiverem – art. 158, I, da CF; **C:** essa é a correta, nos termos do art. 158, III, da CF; **D:** incorreta, pois os Municípios ficam com 25% da receita do ICMS, conforme o art. 158, IV, da CF.

Gabarito "C"

(Procurador do Município/Manaus-AM – 2006 – FCC) Os Municípios NÃO participam, direta ou indiretamente, da arrecadação

(A) da contribuição de intervenção no domínio econômico – CIDE.

(B) do imposto sobre operações financeiras – IOF.

(C) do ICMS.

(D) do IPVA.

(E) do IR arrecadado na fonte.

A: incorreta, pois os Municípios recebem 25% da receita transferida pela União aos respectivos Estados – art. 159, § 3º, da CF; **B:** incorreta, pois os Municípios recebem 70% da arrecadação do IOF sobre ouro ativo financeiro ou instrumento cambial, nos termos do art. 153, § 5º, II, da CF; **C:** incorreta, pois os Municípios ficam com 25% da receita do ICMS, conforme o art. 158, IV, da CF; **D:** incorreta, pois os Municípios recebem 50% da receita do IPVA – art. 158, III, da CF; **E:** incorreta, pois os Municípios, assim como os Estados e o Distrito Federal, ficam com a totalidade da receita do IR, incidente na fonte, sobre rendimentos pagos, a qualquer título, por eles, suas autarquias e pelas fundações que instituírem e mantiverem – art. 158, I, da CF. Observação: discordamos do gabarito oficial, pois os Municípios recebem parcela da arrecadação de todos os tributos listados, inclusive do IOF, na hipótese de incidência sobre o ouro enquanto ativo financeiro ou instrumento cambial.

Gabarito "B"

(Procurador do Estado/SE – FCC – 2005) Considere as seguintes afirmações:

I. Cabe à lei complementar dispor sobre o acompanhamento, pelos Estados e pelo Distrito Federal, do cálculo das quotas e da liberação de sua participação no produto da arrecadação do imposto da União sobre renda e proventos de qualquer natureza, incidente na fonte, sobre rendimentos pagos, a qualquer título, por eles, suas autarquias e pelas fundações que instituírem e mantiverem.

II. É vedada a retenção ou qualquer restrição à entrega e ao emprego dos recursos atribuídos aos Estados, ao Distrito Federal e aos Municípios, neles compreendidos adicionais e acréscimos relativos a impostos.

III. A União e os Estados podem condicionar a entrega de recursos ao pagamento de seus créditos, inclusive de suas autarquias.

IV. Pertencem aos Estados e ao Distrito Federal vinte por cento do produto da arrecadação do imposto da União sobre renda e proventos de qualquer natureza, incidente na fonte, sobre rendimentos pagos, a qualquer titulo, por eles, suas autarquias e pelas fundações que instituírem e mantiverem.

Quanto à repartição das receitas tributárias estabelecida pela Constituição Federal de 1988, estão corretas

(A) II, III e IV, apenas.

(B) I, III e IV, apenas.

(C) I, II e IV, apenas.

(D) I, II e III, apenas.

(E) I, II, III e IV.

I: correta, conforme o art. 161, III, da CF; **II:** correta, nos termos do art. 160 da CF; **III:** correta, pois reflete o disposto no art. 160, parágrafo único, I, da CF; **IV:** incorreta, pois os Estados e o Distrito Federal ficam com a totalidade da receita do IR, incidente na fonte, sobre rendimentos pagos, a qualquer título, por eles, suas autarquias e pelas fundações que instituírem e mantiverem – art. 157, I, da CF.

Gabarito "D"

16. AÇÕES TRIBUTÁRIAS

(Procurador Distrital – 2014 – CESPE)

O DF propôs ação de execução, fundada em crédito fiscal, contra a empresa Pedro e Paulo Artigos Esportivos Ltda. (PPAE). Pedro detinha 80% das quotas sociais e Paulo, sócio-gerente, 20%. Não encontrados bens suficientes da sociedade para a garantia do débito, o DF pediu a penhora de bens de Paulo, fundado no fato de que, na qualidade de sócio-gerente, ele não recolhera o valor do tributo que estava sendo cobrado da PPAE. Deferida a penhora, não foram encontrados bens de Paulo, sendo, então, pedida a penhora de bens de Pedro, com fundamento no fato de ele ser o sócio majoritário. O DF pediu, ainda, a penhora de lucros apurados e que seriam cabíveis à PPAE em razão de ela ser sócia da PPM Material Elétrico Ltda. Contra tal pedido, a PPAE apresentou impugnação, sustentando que, embora tivesse sido apurado lucro no balanço anual, a sociedade, antes mesmo de citada na execução, decidira reinvestir os lucros na própria atividade, razão pela qual não seria cabível a penhora requerida. Este último fato foi devidamente provado.

Com base na situação hipotética acima descrita, julgue os itens subsecutivos.

(1) O juiz deve rejeitar o fundamento exposto pelo DF em sua argumentação e, em consequência, indeferir a penhora dos bens de Pedro.

(2) O juiz deve indeferir, com base no argumento exposto pela PPAE, a penhora dos lucros que lhe seriam cabíveis em razão de ela ser sócia da PPM Material Elétrico Ltda.

(3) A decisão do juiz de deferir, com fundamento no argumento exposto, a penhora dos bens de Paulo foi correta, configurando a desconsideração da personalidade jurídica da sociedade.

1: correta, pois o fato de ser sócio majoritário não implica responsabilidade tributária; **2:** discutível. De fato, não há mais lucro a ser distribuído que poderia, em tese, ser penhorado, mas sim patrimônio ou mesmo capital social majorado da PPM Material Elétrico Ltda. É possível discutir, entretanto, a presunção de fraude contra a fazenda, se considerarmos que houve oneração ou alienação do bem penhorável (reinvestimento do lucro na própria atividade) após a inscrição em dívida ativa, o que seria inoponível contra o fisco (poderia haver a penhora) – art. 185 do CTN; **3:** incorreta, pois o simples inadimplemento da obrigação tributária pela sociedade não implica responsabilidade do sócio-gerente – Súmula 430 do STJ.

Gabarito 1C, 2C, 3E

(Procurador Federal – 2013 – CESPE) Julgue o seguinte item.

(1) Há hipóteses em que é permitido à administração tributária ajuizar medida cautelar fiscal sem a prévia constituição de crédito tributário.

Correta, nos termos do art. 1º, parágrafo único, da Lei 8.397/1992, cabendo a cautelar fiscal antes da constituição do crédito excepcionalmente nas hipóteses em que o devedor (i) notificado pela Fazenda Pública para que proceda ao recolhimento do crédito fiscal põe ou tenta por seus bens em nome de terceiros ou (ii) aliena bens ou direitos sem proceder à devida comunicação ao órgão da Fazenda Pública competente, quando exigível em virtude de lei.

Gabarito 1C

(Procurador do Município/Cubatão-SP – 2012 – VUNESP) Dentre outras situações, a execução fiscal poderá ser promovida contra o responsável, nos termos da lei, por dívidas, tributárias ou não, de pessoas físicas ou jurídicas de direito privado. Conforme determina a lei que rege o processo executivo fiscal, à Dívida Ativa da Fazenda Pública, de qualquer natureza, aplicam-se as normas relativas à responsabilidade prevista na legislação tributária, civil e

(A) comercial.

(B) penal.

(C) financeira.

(D) orçamentária.

(E) administrativa.

Nos termos do art. 4º, § 2º, da LEF, à dívida ativa de qualquer natureza aplicam-se as normas relativas à responsabilidade prevista na legislação tributária, civil e comercial. Por essa razão, a alternativa "A" é a correta.

Gabarito "A"

(Procurador do Município/Cubatão-SP – 2012 – VUNESP) Em sede de medida cautelar fiscal, o requerido será citado para contestar o pedido, indicando as provas que pretenda produzir, no prazo de

(A) 5 dias.

(B) 10 dias.

(C) 15 dias.

(D) 30 dias.

(E) 60 dias.

O prazo para contestação é de 15 dias, nos termos do art. 8º da Lei 8.397/1992. Por essa razão, a alternativa "C" é a correta.

Gabarito "C"

(Procurador do Estado/AC – FMP – 2012) Considerando a situação hipotética que segue, assinale a alternativa **correta**.

Empresa atacadista do ramo de cosméticos costuma conceder a seus clientes descontos incondicionais nas vendas que realiza a clientes varejistas. Em tais operações mercantis, sempre inclui base de cálculo do ICMS o valor dos aludidos descontos. Segundo o advogado da empresa, tais descontos incondicionais não integram a base de cálculo do ICMS. Diante disso, a empresa pretende propor ação judicial que lhe assegure para o futuro a não inclusão na base de cálculo do ICMS do valor dos descontos incondicionais. Nessa situação, assinale a assertiva **correta**.

(A) É cabível ação declaratória, visto que, segundo o entendimento do STJ, os descontos incondicionais nas operações mercantis não se incluem na base de cálculo do ICMS.

(B) É cabível ação anulatória de débito fiscal, visto que, segundo o entendimento do STJ, os descontos incondicionais nas operações mercantis não se incluem na base de cálculo do ICMS.

(C) É cabível ação de consignação em pagamento, visto que, segundo o entendimento do STJ, os descontos incondicionais nas operações mercantis não se incluem na base de cálculo do ICMS.

(D) Descabe qualquer ação judicial, visto que, segundo o STJ, é legítima a inclusão dos descontos incondicionais nas operações mercantis na base de cálculo do ICMS.

Antes do lançamento tributário, cabem ação declaratória de inexistência de obrigação tributária e mandado de segurança preventivo. No mérito, o valor dos descontos incondicionais não é incluído na base de cálculo do ICMS, nos termos do art. 13, § 1º, II, *a*, da LC 87/1996 (somente os descontos concedidos sob condição compõem a base de cálculo) e da jurisprudência pacífica – Súmula 457/STJ. Por essas razões, a alternativa "A" é a correta.

Gabarito "A"

(Procurador do Estado/AC – FMP – 2012) Dadas as assertivas abaixo, assinale a alternativa **correta.**

I. De acordo com o entendimento do STJ, o contribuinte pode optar por receber, por meio de precatório ou por compensação, o indébito tributário certificado por sentença declaratória transitada em julgado.

II. Conforme entendimento do STJ é incabível o mandado de segurança para convalidar a compensação tributária realizada pelo contribuinte.

III. O ajuizamento da ação anulatória de auto de lançamento não prescinde do depósito prévio do montante integral do crédito tributário.

IV. O mandado de segurança constitui ação adequada para a declaração do direito à compensação tributária.

(A) Estão corretas apenas as assertivas I e II.

(B) Estão corretas apenas as assertivas II e III.

(C) Estão corretas apenas as assertivas II, III e IV.

(D) Estão corretas apenas as assertivas I, II e IV.

I: correta, conforme dispõe a Súmula 461/STJ; **II:** correta, nos termos da Súmula 460/STJ; **III:** incorreta, pois, apesar do disposto no art. 38 da Lei 6.830/1980, nos termos da Súmula Vinculante 28/STF "É inconstitucional a exigência de depósito prévio como requisito de admissibilidade de ação judicial na qual se pretenda discutir a exigibilidade de crédito tributário"; **IV:** correta, nos termos da Súmula 213/STJ.

Gabarito "D"

(Procurador do Estado/AC – FMP – 2012) Dada a situação hipotética a seguir, considerando o Código Tributário Nacional, assinale a alternativa **correta**. A empresa GLOF Indústria de Cabos Elétricos Ltda., em agosto de 2005, foi notificada de auto de lançamento contra si lavrado em virtude de sonegação fiscal do ICMS que perpetrou em novembro de 2000. Em julho de 2008, ajuizou ação anulatória de auto de lançamento, mas não obteve tutela antecipada para suspender a exigibilidade do crédito tributário. Em novembro de 2009, aproveitando-se de lei estadual que autorizava parcelamento, firmou pedido de parcelamento do crédito tributário. No mesmo pedido, havia cláusula pela qual a empresa se confessava devedora do mencionado crédito tributário, reconhecendo sua liquidez e certeza. Entretanto pagou apenas a primeira parcela, em novembro de 2009, deixando sem pagamento as demais. Diante disso, em agosto de 2011, a Fazenda Pública ajuizou ação de execução fiscal para a cobrança do crédito tributário. Diante dessa situação hipotética, assinale a afirmativa **correta.**

(A) A ação de execução fiscal não poderia ter sido ajuizada, uma vez que ocorrida a decadência do direito de constituir o crédito tributário.

(B) A ação de execução fiscal foi legitimamente ajuizada, uma vez que não decorrido o prazo de prescrição.

(C) A ação de execução fiscal não poderia ter sido ajuizada, uma vez que consumada a prescrição da ação.

(D) A ação de execução não poderia ter sido ajuizada em virtude do ajuizamento de ação anulatória do lançamento.

O fato gerador do tributo ocorreu em novembro de 2000, de modo que, em princípio, o lançamento pelo fisco, em face da inadimplência, poderia ter ocorrido já naquele ano. Assim, nos termos do art. 173, I, do CTN, o prazo decadencial para a constituição do crédito iniciou-se em 01.01.2001 e terminaria apenas em 01.01.2006. Não houve decadência, portanto, já que o lançamento foi realizado antes, em agosto de 2005. A partir da constituição definitiva do crédito, iniciou-se a contagem do prazo prescricional quinquenal, nos termos do art. 174 do CTN, que terminaria apenas em agosto de 2010, exceto se houvesse interrupção ou suspensão. A ação anulatória é irrelevante para a contagem, pois, inexistindo antecipação de tutela, depósito integral ou outra modalidade de suspensão da exigibilidade, não se suspendeu, tampouco, o prazo prescricional. A confissão da dívida feita em novembro de 2009 interrompeu o prazo prescricional, nos termos do art. 174, IV, do CTN, ou seja, ele se reinicia. Entretanto, durante o parcelamento a exigibilidade do crédito fica suspensa (no caso, por aproximadamente um mês, até ser excluída do parcelamento, nos termos da legislação estadual). Por essas razões, é certo que a contagem do prazo prescricional reiniciou-se a partir da exclusão da contribuinte do programa de parcelamento, ocorrida após novembro de 2009 (a data exata da exclusão do parcelamento não é informada, mas isso é desnecessário para a solução do problema). Por tudo isso, não há dúvida que em agosto de 2011 não havia prescrição, sedo perfeitamente válida a execução fiscal, de modo que a alternativa "B" é a correta.

Gabarito "B"

(PROCURADOR DO ESTADO/MG – FUMARC – 2012) Assinale a alternativa correta relativa à previsão da Lei Federal nº 6.830/80:

(A) A competência para processar e julgar a execução da Dívida Ativa da Fazenda Pública exclui apenas o juízo da falência, da concordata, da liquidação e da insolvência;

(B) Quanto ao responsável, a execução fiscal só poderá ser promovida, nos termos da lei, por dívidas tributárias, de pessoas físicas ou pessoas jurídicas;

(C) Nos processos de falência, concordata, liquidação, inventário, arrolamento ou concurso de credores, nenhuma alienação será judicialmente autorizada sem a prova de quitação da Dívida Ativa ou a concordância da Fazenda Pública;

(D) A Dívida Ativa da Fazenda Pública, compreendendo a tributária e não tributária, abrange, exclusivamente, atualização monetária, juros e multa de mora;

(E) A discussão judicial da Dívida Ativa da Fazenda Pública só é admissível em execução, na forma da lei 6.830/80, salvo apenas as hipóteses de mandado de segurança e ação repetitória.

A: incorreta, pois a competência para processar e julgar a execução da Dívida Ativa da Fazenda Pública exclui a de qualquer outro juízo, inclusive (e não apenas) o da falência, da concordata, da liquidação, da insolvência ou do inventário – art. 5º da Lei de Execuções Fiscais – LEF (Lei 6.830/1980); **B:** incorreta, pois a execução fiscal poderá ser promovida contra o responsável, nos termos da lei, por dívidas, tributárias ou não, de pessoas físicas ou pessoas jurídicas de direito privado – art. 4º, V, da LEF; **C:** correta, conforme dispõe o art. 31 da LEF. É importante salientar, entretanto, que o crédito tributário não goza de preferência em relação a todas espécies de crédito no processo de falência – ver art. 186, parágrafo único, do CTN; **D:** incorreta, pois a dívida ativa, compreendendo a tributária e a não tributária, abrange atualização monetária, juros e multa de mora e demais encargos previstos em lei ou contrato – art. 2º, § 2º, da LEF; **E:** incorreta, pois o art. 38 da LEF refere-se também à ação anulatória.

Gabarito "C"

(Procurador do Município/Sorocaba-SP – 2012 – VUNESP) Sobre a medida cautelar fiscal, é correto afirmar que

(A) para sua concessão, é dispensável a prova literal da constituição do crédito fiscal.

(B) sua decretação produzirá, de imediato, a indisponibilidade de todos os bens do requerido, independentemente do limite da satisfação da obrigação.

(C) preenchidos os pressupostos e requisitos legais exigíveis, o juiz a concederá liminarmente, dispensada a Fazenda Pública de justificação prévia e prestação de caução.

(D) do despacho que a conceder liminarmente caberá apelação.

(E) da sentença que decretar a medida cautelar fiscal caberá apelação, com efeito suspensivo, salvo se o requerido oferecer garantia na forma estabelecida na lei que rege a matéria.

A: incorreta, pois, em regra, é indispensável a prova literal da constituição do crédito, para concessão da medida cautelar fiscal – art. 3º, I, da Lei 8.397/1992. Note, entretanto, que há duas hipóteses em que se admite a medida, independentemente da prévia constituição do crédito – art. 1º, parágrafo único, da Lei 8.397/1992; **B:** incorreta, pois a indisponibilidade é limitada à satisfação da obrigação – art. 4º da Lei 8.397/1992; **C:** essa é a alternativa correta, conforme o art. 7º da Lei 8.397/1992; **D:** incorreta, pois, contra esse despacho cabe agravo de instrumento – art. 7º, parágrafo único, da Lei 8.397/1992; **E:** incorreta, pois a apelação não terá efeito suspensivo, salvo oferecimento de garantia – art. 17 da Lei 8.397/1992.

Gabarito "C"

(Procurador do Município/São José dos Campos-SP – 2012 – VUNESP) Assinale a alternativa que apresenta afirmação em consonância com a lei que rege a execução fiscal.

(A) A Dívida Ativa da Fazenda, compreendendo apenas a tributária, abrange atualização monetária, juros e multa de mora e demais encargos previstos em lei ou contrato.

(B) A petição inicial indicará apenas o juiz a quem é dirigida; o pedido e o requerimento de citação.

(C) O executado será citado para, no prazo de 15 dias, pagar a dívida com os juros e multa de mora e encargos indicados na Certidão de Dívida Ativa, ou garantir a execução, observadas as normas estabelecidas em lei.

(D) A garantia da execução, independentemente de ser promovida por meio de depósito em dinheiro, produz os mesmos efeitos da penhora e faz cessar a responsabilidade pela atualização monetária.

(E) O juízo, a requerimento da parte, comunicará à repartição competente da Fazenda Pública, para fins de averbação no Registro da Dívida Ativa, a decisão final, transitada em julgado, que der por improcedente a execução, total ou parcialmente.

A: incorreta, pois a dívida ativa abrange não apenas a tributária, mas também a não tributária – art. 2º da LEF; **B:** correta, nos termos do art. 6º da LEF. A rigor, a petição inicial pode corresponder à própria CDA, nos termos do art. 6º, § 2º, da LEF; **C:** incorreta, pois o prazo para pagamento ou garantia do juízo é de apenas 5 dias, nos termos do art. 8º da LEF; **D:** incorreta, pois somente o depósito em dinheiro faz cessar a responsabilidade pela atualização monetária e juros de mora – art. 9º, § 4º, da LEF; **E:** incorreta, pois essa comunicação é feita de ofício, ou seja, independe de requerimento da parte – art. 33 da LEF.

Gabarito "B"

(Procurador do Município/São José dos Campos-SP – 2012 – VUNESP) No que respeita ao mandado de segurança e seu respectivo procedimento, é correto afirmar que:

(A) será concedido quando se tratar de ato do qual caiba recurso administrativo com efeito suspensivo, independentemente de caução.

(B) ao despachar a inicial, o juiz ordenará, dentre outras providências, que se notifique o coator do conteúdo da petição inicial, enviando-lhe a segunda via apresentada com as cópias dos documentos, a fim de que, no prazo de 5 dias, preste as informações.

(C) da decisão do juiz de primeiro grau que conceder ou denegar a liminar, caberá recurso de apelação.

(D) nos casos de competência originária dos tribunais, caberá ao relator a instrução do processo, sendo assegurada a defesa oral na sessão de julgamento.

(E) os processos de mandado de segurança e os respectivos recursos terão prioridade sobre todos os atos judiciais, caso em que o prazo para conclusão dos autos não poderá exceder a 48 horas.

A: incorreta, pois é inviável a concessão de segurança, nesse caso, conforme o art. 5º, I, da Lei do Mandado de Segurança – LMS (Lei 12.016/2009). Importante salientar, entretanto, que o judiciário veda a simultaneidade do mandado de segurança e do processo administrativo, apenas. Se o sujeito passivo desiste do recurso ou deixa de apresentá-lo no prazo legal, há interesse processual para o *writ* – ver REsp 781.914/PA; **B:** incorreta, pois é de 10 dias o prazo para autoridade impetrada prestar as informações – art. 7º, I, da LMS; **C:** incorreta, pois contra essa decisão interlocutória cabe o agravo de instrumento, não a apelação – art. 7º, § 1, da LMS; **D:** correta, conforme o art. 16 da LMS; **E:** incorreta, pois o mandado de segurança não tem prioridade sobre o *habeas corpus*. Ademais, o prazo para conclusão dos autos é de até 5 dias – art. 20, *caput* e § 2º da LMS.

Gabarito "D"

(Procurador do Estado/MT – FCC – 2011) O prazo para propositura da ação para repetição do indébito será de

(A) dois anos, a contar do trânsito em julgado da decisão judicial que anulou o crédito tributário já pago.

(B) dois anos, a contar da constituição definitiva do crédito tributário pela declaração do sujeito passivo, nos tributos sujeitos a lançamento por declaração.

(C) cinco anos, a contar do primeiro do exercício seguinte ao do pagamento indevido, nos tributos sujeitos a lançamento de ofício.

(D) cinco anos, a contar da ação anulatória da decisão administrativa que denegar a restituição.

(E) cinco anos, a contar do pagamento antecipado, nos tributos sujeitos a autolançamento.

O prazo prescricional para a repetição de indébito é de 5 anos contados do pagamento indevido, em regra, exceto se houve prévio pedido administrativo indeferido, caso em que o prazo é reduzido para 2 anos contados da decisão administrativa – arts. 168 e 169 do CTN. Atualmente é pacífico o entendimento de que o prazo, no caso dos tributos lançados por homologação, é contado a partir do pagamento antecipado, e não da homologação – art. 3º da LC 118/2005. Por essa razão, a alternativa "E" é a correta.

Gabarito "E"

(PROCURADOR DO ESTADO/RS – FUNDATEC – 2010) Em sede de execução fiscal, frustradas as tentativas de citação da pessoa jurídica, constata-se que a sociedade foi dissolvida irregularmente. Segundo o contrato social, a sociedade foi constituída por dois sócios (sócios A e B), ambos com poderes para a administração da sociedade. Na prática, o sócio A era quem administrava a sociedade; o sócio B jamais exerceu tais funções, pois era empregado de outra empresa e por isso, inclusive, residia noutro Estado da Federação. No presente caso, o Procurador da Fazenda deverá requerer o redirecionamento da ação

(A) a ambos os sócios; presume-se que ambos são responsáveis pelos débitos. Porém, o sócio B será excluído da ação se comprovar sua condição em exceção de pré-executividade.

(B) a ambos os sócios; presume-se que ambos são responsáveis pelos débitos. Porém, os sócios A e B serão excluídos da ação se comprovarem sua condição em exceção de pré-executividade.

(C) a ambos os sócios; presume-se que ambos são responsáveis pelos débitos. Porém, o sócio B será excluído da ação se comprovar sua condição em ação de embargos de devedor.

(D) a ambos os sócios; no presente caso a presunção é *juris et jure*.

(E) ao sócio A; não cabe a presunção de que ambos são responsáveis pelos débitos.

A dissolução irregular implica responsabilidade tributária dos gestores por infração à lei, conforme o art. 135 do CTN – Súmula 435/STJ. Presumem-se válidos e efetivos os poderes de administração previstos no contrato social, e isso levará a fazenda a pedir o redirecionamento contra ambos os sócios, competindo ao interessado a prova em contrário (exceto se isso já foi aferido no processo administrativo tributário). Por essa razão, a alternativa "C" é a correta.

Gabarito "C"

(Procurador do Estado/GO – 2010) Em matéria de ação de execução fiscal, o Superior Tribunal de Justiça tem o seguinte entendimento atual e dominante:

(A) São conexas a ação anulatória de crédito tributário e a ação de execução fiscal, independentemente de prévia oposição de embargos à execução, de modo que esta resta paralisada quando ajuizada aquela, ainda que desacompanhada de penhora ou depósito integral do débito.

(B) Não se admite a oposição de pré-executividade para discutir a responsabilidade tributária de sócio indicado na Certidão de Dívida Ativa, a quem incumbe o ônus da prova contra a presunção de legitimidade do título.

(C) O precatório judicial da própria Fazenda Pública exequente é bem penhorável na execução fiscal, equivalente a dinheiro, pelo que injustificável a recusa da Fazenda Pública em aceitar sua nomeação no prazo previsto na Lei n. 6.830/80.

(D) A suspensão da exigibilidade do crédito tributário pelo depósito do montante integral do débito não tem o condão de impedir o ajuizamento da ação de execução fiscal.

(E) É possível a substituição da Certidão de Dívida Ativa para retificação de erro formal e material, inclusive para alteração do sujeito passivo da obrigação tributária, equivocadamente indicado no título executivo.

A: incorreta, pois, embora haja conexão entre a anulatória e a execução, esta última não fica paralisada sem que haja garantia integral do débito executado – ver AgRg no Ag 1.360.735/SP. Interessante salientar que há entendimento majoritário pela existência de litispendência entre a anulatória e os embargos à execução fiscal, quando há mesmas partes, causa de pedir e pedido – ver AgRg Ag 1.392.114/RS (pela litispendência) – em sentido contrário, pela inexistência de litispendência, ver AgRg Ag 1.400.158/PR; **B:** correta, pois não cabe dilação probatória em exceção de pré-executividade, conforme a Súmula 393/STJ. No caso de inclusão do nome do sócio na CDA, incumbe a ele o ônus de provar que não há causa para a responsabilidade tributária – ver AgRg EAREsp 41.860/GO; **C:** incorreta, pois precatório não equivale a dinheiro. Embora seja passível de penhora, poderá ser recusado pela fazenda pública – Súmula 406/STJ; **D:** incorreta, pois a inexigibilidade do crédito impede a execução fiscal; **E:** incorreta, pois a incorreta identificação do sujeito passivo não é considerada simples erro passível de correção pela substituição ou emenda da CDA no curso da execução – Súmula 392/STJ.

Gabarito "B"

(Procurador do Estado/GO – 2010) Em relação às ações judiciais que tenham por objeto discussão de matéria tributária, é CORRETA a seguinte proposição:

(A) A medida liminar concedida em mandado de segurança tem o efeito de impedir o lançamento, porém, caso concedida quando já constituído o crédito tributário, não obsta sua inscrição em dívida ativa.

(B) Denegada a ordem de segurança e cassada a liminar anteriormente concedida, ao contribuinte cabe arcar com a responsabilidade pelo pagamento do tributo, acrescido de multa, juros moratórios e correção monetária.

(C) O direito de ajuizar ação, pleiteando a anulação da decisão administrativa que denegar a restituição do indébito tributário, extingue-se com o decurso do prazo de cinco anos, contados da data da extinção do crédito tributário.

(D) A ação de consignação em pagamento, quando proposta pelo sujeito passivo para discutir o montante da dívida tributária reputado excessivo, mediante depósito do valor que o consignante se propõe a pagar, suspende a exigibilidade do crédito tributário.

(E) A caução real antecipando os efeitos da penhora em futura ação de execução fiscal, além de propiciar a obtenção de certidão positiva com efeitos de negativa, constitui causa de suspensão da exigibilidade do crédito tributário.

A: incorreta, pois a suspensão da exigibilidade do crédito, quando ocorrida antes do lançamento, não impede sua constituição, até porque poderia haver decadência (que não se suspende ou se interrompe dessa forma) – ver REsp 1.259.346/SE. A suspensão impede, entretanto, a inscrição e ajuizamento da execução fiscal – REsp 1.129.450/SP; **B:** correta, pois a cassação da liminar torna insubsistente seus efeitos desde a concessão – ver AgRg REsp 1.278.672/MG e Súmula 405/STF; **C:** incorreta, pois o prazo é de apenas dois anos contados da decisão administrativa denegatória – art. 169 do CTN; **D:** incorreta, pois somente há suspensão da exigibilidade se o valor do depósito corresponder ao crédito exigido pelo fisco – art. 151, II, do CTN; **E:** incorreta, pois a caução real não é modalidade de suspensão do crédito (art. 151 do CTN), de modo que não permite, por si, a emissão da certidão positiva com efeitos de negativa – art. 206 do CTN.

Gabarito "B"

(Procurador do Estado/SC – 2010 – FEPESE) Conforme a Lei nº 6.830/80, que dispõe sobre a cobrança judicial da Dívida Ativa da Fazenda Pública, assinale a alternativa **correta**.

(A) A produção de provas pela Fazenda Pública deve ser requerida na petição inicial.

(B) A nomeação de bens à penhora faz cessar a responsabilidade pela atualização monetária e juros de mora.

(C) O executado oferecerá embargos, no prazo de 15 (quinze) dias, contados do depósito, da juntada da prova da fiança bancária ou da intimação da penhora.

(D) A competência para processar e julgar a execução da Dívida Ativa da Fazenda Pública exclui a de qualquer outro Juízo, salvo o da falência e do inventário.

(E) A propositura, pelo contribuinte, de ação anulatória do ato declarativo da dívida, importa em renúncia ao poder de recorrer na esfera administrativa e desistência do recurso acaso interposto.

A: Incorreta, pois a dilação probatória independe de requerimento pela fazenda na petição inicial da execução fiscal – art. 6º, § 3º, da Lei 6.830/1980; **B:** Incorreta, pois somente o depósito em dinheiro faz cessar a responsabilidade pela atualização monetária e pelos juros de mora – art. 9º, § 4º, da Lei 6.830/1980; **C:** Incorreta, pois o prazo para embargos à execução é de 30 dias, contados na forma do art. 16 da Lei 6.830/1980; **D:** Incorreta, pois o juízo da execução fiscal exclui qualquer outro, inclusive o da falência e do inventário – art. 5º da Lei 6.830/1980; **E:** Correta, conforme o art. 38, p. único, da Lei 6.830/1980.

Gabarito "E"

(Procurador do Estado/SC – 2010 – FEPESE) Assinale a alternativa **correta**.

(A) É admitida a substituição da medida cautelar fiscal decretada, a qualquer tempo, pela prestação de garantia correspondente ao valor da prestação da Fazenda Pública.

(B) O procedimento cautelar fiscal poderá ser instaurado antes da constituição do crédito quando o devedor contrai ou tenta contrair dívidas que comprometam a liquidez do seu patrimônio.

(C) A medida cautelar fiscal será requerida ao Juiz competente para a execução judicial da Dívida Ativa da Fazenda Pública, mesmo se a execução judicial estiver em Tribunal.

(D) O Juiz concederá liminarmente a medida cautelar fiscal, mediante prestação de caução pela Fazenda Pública.

(E) Quando a medida cautelar fiscal for concedida em procedimento preparatório, deverá a Fazenda Pública propor a execução judicial da Dívida Ativa no prazo de trinta dias, contados da data em que a exigência se tornar irrecorrível na esfera administrativa.

A: Assertiva correta, nos termos do art. 10 da Lei 8.397/1992; **B:** Incorreta, pois as duas únicas hipóteses que permitem cautelar fiscal antes do lançamento são (i) quando o devedor, notificado pela fazenda para que proceda ao recolhimento do crédito fiscal, põe ou tenta pôr seus bens em nome de terceiros e (ii) quando o devedor aliena bens ou direitos sem proceder à devida comunicação ao órgão da Fazenda Pública competente, quando exigível em virtude de lei – art. 2º, V, *b*, e VII, c/c art. 1º, p. único, da Lei 8.397/1992; **C:** Incorreta, pois, se a execução estiver em Tribunal, a cautelar será requerida ao relator do recurso – art. 5º, p. único, da Lei 8.397/1992; **D:** Incorreta, pois a concessão de liminar pelo juiz independe de justificação prévia ou prestação de caução pela fazenda – art. 7º da Lei 8.397/1992; **E:** Incorreta, pois o prazo é de 60 dias – art. 11 da Lei 8.397/1992.

Gabarito "A"

(Procurador do Município/Florianópolis-SC – 2010 – FEPESE) A medida cautelar fiscal é um procedimento de titularidade da Fazenda Pública, com objetivo de decretar a indisponibilidade de bens e direitos do sujeito passivo da obrigação tributária, inclusive no curso da execução judicial, nos termos da Lei nº 8.397, de 6 de janeiro de 1992.

Da sentença que decretar a medida cautelar fiscal, sem a prestação de garantia pelo sujeito passivo, caberá:

(A) Agravo, com efeito suspensivo.

(B) Apelação, com efeito suspensivo.

(C) Apelação, sem efeito suspensivo.

(D) Recurso voluntário, com efeito suspensivo.

(E) Recurso voluntário, sem efeito suspensivo.

Nos termos do art. 17 da Lei 8.397/1992, da sentença que decretar a medida cautelar fiscal caberá apelação, sem efeito suspensivo, salvo se o requerido oferecer garantia na forma do art. 10 da mesma Lei. Por essa razão, a alternativa "C" é a correta.

Gabarito "C"

(Procurador do Município/Florianópolis-SC – 2010 – FEPESE) Acerca da cobrança judicial da Dívida Ativa da Fazenda Pública, regida pela Lei nº 6.830, de 22 de setembro de 1980, somente uma afirmação **não** pode ser feita. Identifique-a.

(A) A Fazenda Pública pode recusar a substituição do bem penhorado por precatório.

(B) A citação por edital na execução fiscal é cabível quando frustradas as demais modalidades.

(C) Em execução fiscal, a prescrição não pode ser decretada de ofício, mesmo se ocorrida antes da propositura da ação.

(D) Presume-se dissolvida irregularmente a empresa que deixar de funcionar no seu domicílio fiscal, sem comunicação aos órgãos competentes, legitimando o redirecionamento da execução fiscal para o sócio-gerente.

(E) Em execução fiscal, não localizados bens penhoráveis, suspende-se o processo por um ano, findo o qual se inicia o prazo da prescrição quinquenal intercorrente.

A: Assertiva correta, conforme a Súmula 406/STJ (pode haver a recusa, mesmo no caso de precatório emitido contra a própria fazenda exequente); **B:** Correta, nos termos do art. 8º, III, da Lei 6.830/1980 – Súmula 414/STJ; **C:** Incorreta, pois, nos termos da Súmula 409/STJ, "Em execução fiscal, a prescrição ocorrida antes da propositura da ação pode ser decretada de ofício (art. 219, § 5º, do CPC)"; **D:** Correta, conforme a Súmula 435/STJ; **E:** Correta, pois reflete o disposto na Súmula 314/STJ.

Gabarito "C"

(Procurador do Município/Florianópolis-SC – 2010 – FEPESE) Em matéria de processo tributário, assinale a alternativa **incorreta**.

(A) É cabível a impetração de mandado de segurança para convalidar a compensação tributária realizada pelo contribuinte.

(B) É inconstitucional a exigência de depósito prévio como requisito de admissibilidade de ação judicial na qual se pretenda discutir a exigibilidade de crédito tributário.

(C) O contribuinte pode optar por receber, por meio de precatório ou por compensação, o indébito tributário certificado por sentença declaratória transitada em julgado.

(D) A exceção de pré-executividade é admissível na execução fiscal relativamente às matérias conhecíveis de ofício que não demandem dilação probatória.

(E) O mandado de segurança constitui ação adequada para a declaração do direito à compensação tributária.

A: Incorreta, pois, nos termos da Súmula 460/STJ, "É incabível o mandado de segurança para convalidar a compensação tributária realizada pelo contribuinte"; **B:** Correta, nos termos da Súmula Vinculante 28/STF; **C:** Correta, nos termos da Súmula 461/STJ; **D:** Assertiva correta, pois reflete o disposto na Súmula 393/STJ; **E:** Correta, em conformidade com a Súmula 213/STJ.

Gabarito "A"

(Procurador do Município/Teresina-PI – 2010 – FCC) Sobre o processo judicial tributário é correto afirmar que

(A) a ação declaratória tem por objetivo a exclusão do crédito tributário já constituído, sendo de iniciativa do sujeito passivo.

(B) a ação anulatória de débito fiscal admite concessão de liminar para suspender a exigibilidade da obrigação tributária até decisão final, quando a mesma será anulada se julgado procedente o pedido anulatório.

(C) o executado na execução fiscal deve ser citado para, no prazo de três dias, pagar ou oferecer bens à penhora.

(D) a execução fiscal deve ser proposta no prazo prescricional cujo lapso de cinco anos deve ocorrer entre a constituição definitiva do crédito tributário e o despacho do juiz que ordena a citação.

(E) a ação para repetição do indébito deve ser proposta no prazo de cinco anos, contados a partir da extinção do crédito tributário que só ocorre, nos tributos com autolançamento, com a homologação expressa ou tácita.

A: Incorreta, pois a ação declaratória busca a declaração de inexistência da obrigação tributária, antes do lançamento (pedido declaratório de inexistência – art. 4º, I, do CPC); **B:** Incorreta, pois a anulatória, que é ação ordinária, admite antecipação dos efeitos da tutela, não liminar (a liminar pode ser pedida em medida cautelar). Ademais, se a demanda for julgada procedente, eventual tutela anteriormente concedida será confirmada, não anulada; **C:** Incorreta, pois o prazo para o executado pagar a dívida ou garantir o juízo é de 5 dias – art. 8º da Lei 6.830/1980; **D:** Essa é a melhor alternativa, pois reflete o disposto no art. 174, p. único, I, do CTN, segundo o qual o despacho do juiz que ordena a citação na execução fiscal interrompe o prazo prescricional para a cobrança. É interessante registrar o entendimento atual do STJ de que, havendo citação válida, ela retroage à data da propositura da ação (art. 219, § 1º, do CPC), inclusive em matéria tributária e execução fiscal, desde que não haja atraso na citação imputável ao próprio exequente (ou seja, o início da execução deve ocorrer no prazo prescricional, e não, necessariamente, o despacho que ordena a citação) – ver REsp 1.120.295/SP, repetitivo; **E:** Incorreta, pois o prazo prescricional para a repetição do indébito se inicia na data do pagamento indevido (não subsiste a chamada tese do "cinco mais cinco") – art. 3º da LC 118/2005.

Gabarito "D"

(Procurador Federal – 2010 – CESPE) Julgue o próximo item, relativo a obrigação e crédito tributários.

(1) No curso da execução fiscal, é lícita a decretação de ofício da prescrição intercorrente, sendo dispensada a prévia intimação da fazenda pública.

1. Assertiva errada, pois a decretação da prescrição intercorrente depende da prévia oitiva da fazenda, nos termos do art. 40, § 4º, da Lei 6.830/1980, exceto no caso de pequenos valores (art. 40, § 5º).

Gabarito 1E

(Advogado da União/AGU – CESPE – 2009) Julgue os seguintes itens, que dizem respeito ao sistema tributário nacional.

(1) No curso de execução fiscal promovida contra sociedade empresária e seus sócios-gerentes, cabe a estes o ônus da prova para dirimir ou excluir a responsabilidade, via embargos do devedor, porquanto a certidão de dívida ativa goza de presunção *juris tantum* de liquidez e certeza.

1: A assertiva é correta, pois reflete a jurisprudência pacífica do STJ – ver REsp 1.104.900/ES (repetitivo).

Gabarito 1C

(Procurador do Estado/SC – 2009) Tendo em vista o disposto na Lei nº 6.830, de 22.09.1980, que trata da execução fiscal, não ocorrendo o pagamento nem a garantia da execução legalmente prevista, a penhora poderá recair:

(A) em qualquer bem do executado, exceto, unicamente, os bens e rendas que a lei declara absolutamente impenhoráveis.

(B) em qualquer bem do executado, exceto, unicamente, os bens e rendas que a lei ou o ato voluntário do particular, formalizado anteriormente ao ajuizamento da execução, declarem impenhoráveis.

(C) em qualquer bem do executado, exceto os bens gravados por ônus real ou cláusula de impenhorabilidade em data anterior ao ajuizamento da execução.

(D) em qualquer bem do executado, ficando afastada qualquer previsão legal específica de impenhorabilidade, em norma de direito material ou processual.

(E) em qualquer bem do executado, excluídos os bens inalienáveis e os declarados, por ato voluntário, não sujeitos à execução, nos termos do Código de Processo Civil.

Nos termos do art. 10 da Lei 6.830/1980, não ocorrendo o pagamento, nem a garantia da execução, a penhora poderá recair sobre qualquer bem do executado, exceto os que a lei declare absolutamente impenhoráveis.

Gabarito "A"

(Procurador do Estado/ES – 2008 – CESPE) Julgue o item seguinte.

(1) Caso a fazenda pública do estado de Goiás ajuize ação de execução fiscal contra certo contribuinte e não sejam localizados bens penhoráveis, o processo deve ser suspenso por um ano, findo o qual se iniciará o prazo da prescrição quinquenal intercorrente.

1: Art. 40 da Lei 6.830/1980 e Súmula 314/STJ.

Gabarito 1C

(Procuradoria Distrital – 2007) Assinale a opção correta.

(A) A citação pessoal nas execuções fiscais só será realizada se a citação postal for frustrada.

(B) A citação postal se aperfeiçoa com a juntada do Aviso de Recebimento do Correio (AR) aos autos da execução fiscal.

(C) A citação por edital nas execuções fiscais tem prazo de 30 dias e a divulgação se faz com a publicação no órgão oficial e na imprensa local, apenas uma vez.

(D) O despacho do juiz que defere a inicial da execução fiscal importa em ordem para citação, penhora, arresto, registro da penhora ou do arresto, e avaliação dos bens penhorados ou arrestados.

(E) O despacho do juiz que ordenar a citação suspende a prescrição.

A: a primeira tentativa de citação é feita, em regra, por via postal, mas o fisco pode requerer a citação pessoal a qualquer momento – art. 8º, I, *in fine*, da Lei 6.830/1980; **B:** art. 8º, II, da Lei 6.830/1980 – considera-se feita no momento da entrega no domicílio do citado ou, se não houver indicação de data no registro, dez dias após a entrega na agência postal; **C:** art. 8º, IV, da Lei 6.830/1980 – não há necessidade de publicação a imprensa local; **D:** art. 7º da Lei 6.830/1980; **E:** o despacho interrompe (não suspende) a prescrição – art. 174, parágrafo único, I, do CTN.

Gabarito "D"

(Procuradoria Distrital – 2007) Assinale a opção correta.

(A) Caso o falecimento do executado ocorra no curso da execução fiscal, a competência para processar e julgar a execução da dívida ativa desloca-se para o juízo universal da sucessão.

(B) Caso a falência seja decretada no curso da execução fiscal, a competência para processar e julgar a execução da dívida ativa não se desloca para o juízo universal falimentar.

(C) Em caso de reunião de diversas execuções intentadas pela Fazenda Pública contra o mesmo devedor, a prevenção é feita pelo despacho inicial e não pela citação válida.

(D) As pessoas jurídicas de direito público não são sujeitas ao concurso de preferências.

(E) A citação concederá ao executado o prazo de 24 horas para pagamento ou constituição de segurança em juízo.

A e **B:** o crédito tributário não se submete ao juízo da falência, do inventário ou do arrolamento – art. 187 do CTN; **C:** a prevenção refere-se à primeira distribuição – art. 28, parágrafo único, da Lei 6.830/1980; **D:** há o concurso de preferências previsto no art. 187, parágrafo único, do CTN; **E:** o prazo é de cinco dias – art. 8º da Lei 6.830/1980.

Gabarito "B"

(Procuradoria Distrital – 2007) A medida cautelar fiscal

(A) pode ser instaurada antes ou após a constituição do crédito, mesmo já estando em curso a execução judicial da Dívida Ativa.

(B) pode ser requerida desde que o crédito tributário ou não tributário esteja regularmente constituído em procedimento administrativo.

(C) pode ser requerida independentemente da prévia constituição do crédito tributário somente na hipótese em que o devedor aliene bens ou direitos sem proceder à devida comunicação ao órgão da Fazenda Pública competente, quando exigível em virtude de lei.

(D) poderá ser requerida somente contra sujeito passivo de crédito tributário.

(E) será recebida, em regra, no duplo efeito, a apelação interposta em face da sentença que decreta a medida cautelar.

A e **B:** há, excepcionalmente, possibilidade de o fisco requerer cautelar fiscal antes da constituição do crédito – art. 1º, parágrafo único, da Lei 8.397/1992; **C:** outra hipótese de cautelar antes do lançamento é quando o devedor põe ou tenta pôr seus bens em nome de terceiros – art. 2º, V, *b*, da Lei 8.397/1992; **D:** é possível cautelar relativa a crédito não tributário – art. 2º, *caput*, da Lei 8.397/1992; **E:** a apelação não tem efeito suspensivo, exceto se garantido o débito – art. 17 da Lei 8.397/1992.

Gabarito "A"

(Procuradoria Distrital – 2007) Assinale a opção incorreta.

(A) Não é cabível medida liminar contra atos do Poder Público, no procedimento cautelar ou em quaisquer outras ações de natureza cautelar ou preventiva, que esgote, no todo ou em parte, o objeto da ação.

(B) Não é cabível, no juízo de primeiro grau, medida cautelar inominada ou a sua liminar, quando impugnado ato de autoridade sujeita, na via de mandado de segurança, à competência originária de tribunal.

(C) Não é cabível a concessão de medida liminar em mandado de segurança impetrado em matéria financeira, tributária ou fiscal.

(D) Não é cabível medida liminar contra atos do Poder Público, no procedimento cautelar ou em quaisquer outras ações de natureza cautelar ou preventiva, toda vez que providência semelhante não puder ser concedida em ações de mandado de segurança, em virtude de vedação legal.

(E) Não é cabível tutela antecipada contra a Fazenda Pública que tenha por pressuposto, segundo entendimento majoritário do Supremo Tribunal Federal, a constitucionalidade ou a inconstitucionalidade da Lei n. 9.494/92, que dispõe sobre a matéria.

A: art. 1º, § 3º, da Lei 8.437/1992; **B:** art. 1º, § 1º, da Lei 8.437/1992; **C:** essa vedação não é aceita pelo Judiciário, exceto no caso de compensação (Súmula 212/STJ); **D:** art. 1º, *caput*, da Lei 8.437/1992; **E:** a assertiva é correta.

Gabarito "C"

(Procuradoria Distrital – 2007) Assinale a opção correta.

(A) Para evitar grave lesão à ordem, à saúde, à segurança e à economia públicas, o Presidente do Tribunal, ao qual couber o conhecimento do respectivo recurso, poderá suspender, de ofício, a execução da liminar proferida, com fulcro no poder geral de cautela.

(B) Para evitar grave lesão à ordem, à saúde, à segurança e à economia públicas, o Presidente do Tribunal, ao qual couber o conhecimento do respectivo recurso, poderá suspender, se houver requerimento da pessoa jurídica de direito público, a execução da liminar proferida.

(C) Do indeferimento do pedido de suspensão de liminar, cabe recurso ordinário ao Presidente do Tribunal competente para conhecer de eventual recurso especial ou extraordinário.

(D) Para cassar os efeitos da decisão que defere medida cautelar, proferida monocraticamente pelo Relator do Mandado de Segurança, cabe a interposição de Agravo Regimental ao Plenário do Tribunal.

(E) O Presidente do Tribunal competente para julgar o pedido de suspensão de segurança poderá proferir decisão revogando ou modificando a liminar, mas é vedado o exame de mérito do Mandado de Segurança.

A e **B:** não há suspensão de ofício, mas mediante requerimento da pessoa jurídica de direito público interessada ou do Ministério Público – art. 4º da Lei 8.437/1992 e art. 15 da Lei 12.016/2009; **C:** da decisão do Presidente cabe agravo ao colegiado indicado no regimento interno do Tribunal – art. 4º, § 3º, da Lei 8.437/1992 e art. 15 da Lei 12.016/2009; **D:** o juiz de primeira instância pode deferir liminar em mandado de segurança, que se sujeita ao agravo de instrumento no Tribunal *ad quem* (art. 7º, § 1º, da Lei 12.016/2009). O art. 527, parágrafo único, do CPC prevê que a liminar em agravo de instrumento somente poderá ser reformada no momento do julgamento do próprio agravo de instrumento pelo colegiado, exceto se o relator a reconsiderar. O recurso contra a decisão monocrática não prejudica ou condiciona o pedido de suspensão ao Presidente do Tribunal – art. 4º, § 6º, da Lei 8.437/1992 e art. 15, § 3º, da Lei 12.016/2009. Da decisão monocrática do relator em mandado de segurança originário (impetrado diretamente no Tribunal), cabe agravo regimental (agravo interno) para o órgão colegiado indicado em seu regimento interno (não necessariamente ao Plenário); **E:** o Presidente do Tribunal pode apenas suspender a execução da liminar proferida na ação movida contra o Poder Público ou seus os agentes, não revogá-la ou modificá-la – art. 4º da Lei 8.437/1992 e art. 15 da Lei 12.016/2009.

Gabarito "B"

(Procurador do Estado/PR – 2007) Ajuíza a empresa "A" ação declaratória de inexistência de relação jurídico-tributária, cumulada com ação anulatória de ato administrativo tributário, no bojo da qual obteve medida antecipatória suspendendo a exigibilidade dos tributos referentes a períodos não fiscalizados.

Assinale a alternativa "FALSA": ALTERNATIVAS:

(A) São causas de suspensão da exigibilidade do crédito tributário: moratória, depósito de seu montante integral, as reclamações e os recursos, nos termos das leis reguladoras do processo tributário administrativo; a concessão de medida liminar em mandado de segurança; a concessão de medida liminar ou de tutela antecipada, em outras espécies de ação judicial e o parcelamento.

(B) São *numerus clausus*, as causas de suspensão da exigibilidade do crédito tributário.

(C) Tanto os períodos lançados como os períodos de apuração ainda não lançados podem ser objeto de "ação declaratória de inexistência de relação jurídico-tributária cumulada com anulatória de ato administrativo tributário" que comporta medida antecipatória suspensiva da exigibilidade do tributo.

(D) Se o processo administrativo com efeito suspensivo ainda está em curso, falece ao contribuinte o interesse de agir na propositura do mandado de segurança, mas diante da propositura da ação declaratória cumulada com anulatória o processo administrativo pode ser extinto "ex officio" pela administração.

(E) A administração tributária não pode formalizar o ato de lançamento durante o curso de ação declaratória de inexistência de relação jurídico-tributária em que tenha sido concedida antecipação de tutela suspensiva da exigibilidade do tributo.

A e **B:** art. 151 do CTN; **C:** há entendimento no sentido de que a declaratória cabe antes do lançamento e a anulatória após a constituição do crédito – o contribuinte propôs demanda com cumulação dos dois pedidos; **D:** incorreta, pois o acesso ao Judiciário não é, em princípio, vedado pelo curso do processo administrativo, inclusive quanto ao mandado de segurança – Súmula 429/STF, ver também o art. 38, p. único, da Lei 6.830/1980. O judiciário vinha aceitando o *writ* contra lançamento tributário, mesmo havendo recurso administrativo com efeito suspensivo, apesar do disposto no art. 5º, I, da Lei 1.533/1951, correspondente ao atual art. 5º, I, da Lei 12.016/2009; **E:** assertiva incorreta, pois a jurisprudência atual do STJ é no sentido de que a atividade de lançamento não fica inibida por antecipação de tutela ou por outras modalidades de suspensão de exigibilidade. Na verdade, se o fisco não lançar o tributo pode ocorrer a decadência, cujo prazo não se suspende ou se interrompe nesses casos (ver AgRg no REsp 946.083/SP). Obs.: entendemos que as assertivas "D" e "E" são falsas.

Gabarito "E"

(Procurador do Estado/PR – 2007) Já transitados em julgado em desfavor da empresa "A", os processos que essa promoveu e já durante o curso da execução fiscal, sobrevêm decisão do Supremo Tribunal Federal proferida em Ação Direta de Inconstitucionalidade (ADIn), na qual julga-se inconstitucional a cobrança do tributo sob execução.

Assinale a alternativa "FALSA".

(A) O julgamento do STF, em sede ADIn, sobre matéria tributária implica na apreciação de inconstitucionalidade de "lei em tese", o que é permitido pelo nosso ordenamento.

(B) Nas ações diretas (ação direta de inconstitucionalidade ou ação declaratória de constitucionalidade) suas decisões possuem a característica de serem oponíveis "erga omnes".

(C) Por ter sido promovida a ação pela Confederação Nacional da Indústria somente as empresas industriais associadas podem socorrer-se dos efeitos da decisão.

(D) Os pedidos de liminares em ações diretas somente poderão ser deferidos pelo voto da maioria absoluta dos membros do STF, salvo nos períodos de recesso.

(E) Mesmo que a ação declaratória cumulada com anulatória promovida pela empresa "A" já tenha transitado em julgado, poderá essa promover no prazo legal ação rescisória com fundamento no art. 485, V do CPC.

A e **B:** as assertivas descrevem corretamente as ações diretas no STF; **C:** a decisão tem efeito para todos (*erga omnes*); **D:** art. 10 da Lei 9.868/1999; **E:** é possível a rescisória, na hipótese.

Gabarito "C"

(Procurador do Estado/PR – 2007) Julgado pelo Superior Tribunal de Justiça e pelo Supremo Tribunal Federal definitivamente procedente o pedido anulatório do auto de infração por vícios concernentes à fiscalização que ensejou a autuação, mas julgado improcedente o pedido de inconstitucionalidade da lei instituidora do tributo e reconhecido judicialmente o montante do débito tributário, a Fazenda Pública lança novamente o débito da empresa "A", inscreve em dívida ativa, extrai certidão e promove a execução fiscal.

Assinale a alternativa "FALSA": ALTERNATIVAS:

(A) mesmo durante o curso da execução fiscal a Procuradoria da Fazenda pode promover medida cautelar fiscal com o propósito de tornar indisponíveis bens da executada por verificar que o débito em execução é superior a 30% do patrimônio conhecido da empresa "A".

(B) No bojo da medida cautelar poderá a Procuradoria pedir também a indisponibilidade de bens dos diretores da empresa "A".

(C) Mesmo após proposta a execução e citado o devedor, em sendo detectados vícios no título executivo judicial este poderá ser emendado ou mesmo substituído.

(D) Não sendo encontrado o devedor ou bens a serem penhorados o processo poderá ser suspenso pelo juiz, não correndo, por qualquer tempo, o prazo de prescrição.

(E) Em seus embargos à execução fiscal, poderá a empresa "A" invocar a compensação de seus débitos com créditos líquidos e certos de qualquer natureza que detenha contra o estado, atendido o requisito do art. 741, VI c/c o art. 745 do CPC.

A: art. 1º e 2º, VI, ambos da Lei 8.397/1992; **B:** art. 4º, § 1º, da Lei 8.397/1992; **C:** art. 203 do CTN; **D:** art. 40 da Lei 6.830/1980 – há, porém, hipótese de prescrição intercorrente (Súmula 314/STJ); **E:** inviável pleitear compensação nos embargos – art. 16, § 3º, da Lei 6.830/1980, embora seja possível arguir prévia extinção do crédito (se houve, por exemplo, anterior compensação, na forma da lei).

Gabarito "E"

(Procurador do Estado/PR – 2007) Com a finalidade de promover judicialmente a defesa de seus interesses a empresa "A" diante do decreto de quebra de seu sigilo bancário durante o curso de processo administrativo, impetra mandado de segurança repressivo contra o ato administrativo que requisitou as informações bancárias e, por considerar ilegal a utilização de força policial na fiscalização e a lacração de seus arquivos com a interdição de suas atividades, impetra outro mandado de segurança repressivo para suspender, por estes motivos formais relativos à fiscalização, os efeitos do autos de infração.

Assinale a alternativa "FALSA".

(A) a lacração de salas e armários é providência lícita à administração tributária, afigurando-se incabível a impetração de mandado de segurança por inexistência de direito líquido e certo amparável pelo "writ".

(B) Mesmo sendo constatada a prática de fraudes fiscais é ilícita a interdição de atividade pela administração tributária, afigurando-se cabível a impetração de mandado de segurança.

(C) A quebra administrativa do sigilo bancário é matéria ainda controvertida e por ser considerada constitucional ou inconstitucional em virtude da inteligência a ser atribuída ao disposto no art. 5º, X e XII da CF, afigurando-se cabível a impetração de mandado de segurança para que seja dada solução pelo Poder Judiciário.

(D) A existência de vício formal no procedimento de fiscalização tributária não contamina o ato de lançamento, que dele independe.

(E) Na hipótese de concessão de liminar em mandado de segurança a Procuradoria da Fazenda pode agravar de instrumento e pedir ao Tribunal a imediata suspensão dos efeitos da medida concedida.

A e **B:** em princípio, a fiscalização tributária não pode interditar estabelecimentos, impedindo a atividade empresarial, como meio coercitivo para a cobrança de tributos – Súmula 70/STF – razão pela qual a assertiva em "B" é correta. Nesse contexto, a lacração de salas e armários (assertiva em "A") seria admitida apenas durante o prazo razoável, necessário para a realização da fiscalização, considerando que não impede, por si, o exercício das atividades do contribuinte (não há maiores informações na questão, quanto à relevância dessas salas e arquivos para a continuidade da atividade empresarial – de qualquer forma, o *writ* não admite dilação probatória); **C:** a quebra de sigilo é regulada pelo art. 6º da LC 105/2001; **D:** o vício formal prejudica o lançamento, sem prejuízo de renovação do ato, desde que observado o prazo decadencial; **E:** o agravo não prejudica, nem condiciona o pedido de suspensão ao Presidente do Tribunal – art. 4º, § 6º, da Lei 8.437/1992.

Gabarito "D"

(Procurador da Fazenda Nacional – 2007 – ESAF)

- Nos casos de tributos lançados por homologação, tem o STJ entendido que, ocorrendo a homologação tácita, o prazo para propositura de ação de repetição de indébito é de dez anos.
- Para dar à ação declaratória ou anulatória o tratamento que daria à ação de embargos, no tocante ao efeito suspensivo da execução, é necessário que o juízo esteja garantido pela penhora ou pelo depósito.
- O procedimento cautelar fiscal poderá ser instaurado após a constituição do crédito, inclusive a constituição mediante entrega do auto de infração ao contribuinte.

(A) Só é falsa a segunda asserção.

(B) As três afirmações são verdadeiras.

(C) Só é falsa a terceira afirmação.

(D) Só são falsas as duas últimas.

(E) São todas falsas.

1ª: esse era o entendimento do STJ, mas que não se aplica a ações propostas após o início de vigência da LC 118/2005; 2ª: a assertiva refere-se a modalidades de garantia do juízo previstas para os embargos à execução e que podem ser exigidas no bojo de ação ordinária; 3ª: art. 1º da Lei 8.397/1992.

Gabarito "B"

(Procurador da Fazenda Nacional – 2007.2 – ESAF) Examine a veracidade dos assertos abaixo e, em seguida, marque com V as proposições verdadeiras, e com F as falsas. Em seguida, indique a opção que contenha, na mesma sequência, a resposta correta. 1.º) O registro de contrato ou outros documentos em Cartórios de Registro de Títulos e Documentos é um dos eventos que a lei prevê como indicadores da obrigatoriedade de comprovar a quitação de créditos tributários. 2.º) A ação de repetição de indébito tem lugar quando o contribuinte alega o pagamento de imposto devido, cuja prova não ingressou nos sistemas da Receita Federal do Brasil, nem o contribuinte dispõe dos comprovantes de sua alegação. 3.º) Uma execução fiscal, que tenha por objeto imposto territorial rural vencido e não pago, pode ser proposta no foro da situação do imóvel rural, embora o réu tenha dois domicílios conhecidos da Fazenda.

(A) V, V, V

(B) F, V, V

(C) V, V, F

(D) V, F, V

(E) F, F, F

1º: sob pena de responsabilidade do tabelião ou notário – art. 134, VI, do CTN; 2º: se não há registro de pagamento indevido ou comprovante em favor do interessado, não há possibilidade de repetição; 3º: art. 127, § 1º, do CTN – a execução pode ser proposta no local do imóvel.

Gabarito "D"

(Procurador do Estado/SE – FCC – 2005) O prazo para a oposição dos embargos à execução será de

(A) 30 dias contados da intimação da penhora.

(B) 10 dias contados do recebimento do mandado de citação para pagamento ou para apresentação de penhora.

(C) 30 dias contados da apresentação do bem à penhora.

(D) 10 dias contados da juntada da prova de fiança bancária.

(E) 10 dias contados da juntada do mandado de citação, nos autos do processo de execução, para pagamento ou para apresentação de penhor

O prazo para interposição dos embargos à execução é de 30 dias contados (i) do depósito, (ii) da juntada da prova da fiança bancária ou (iii) da intimação da penhora – art. 16 da LEF. Por essa razão, a alternativa "A" é a única correta.

Gabarito "A"

(Procurador do Estado/SP – VUNESP – 2005) Em relação às ações judiciais tendo por objeto discussão de matéria tributária, não é possível afirmar que

(A) o ajuizamento de ação anulatória pode ensejar reconhecimento de litispendência com a ação de embargos do devedor porque, em ambos os casos, o autor pretende a desconstituição do título executivo por vício.

(B) além da liminar concedida em mandado de segurança, a liminar de antecipação de tutela e a liminar concedida em ação cautelar consistem causas suspensivas da exigibilidade do tributo.

(C) a medida cautelar fiscal é procedimento de caráter incidental ou preparatório à execução fiscal e pode ser intentada apenas pela Fazenda Pública.

(D) a propositura de mandado de segurança, ação de repetição de indébito ou ação anulatória acarreta renuncia ao direito de recorrer na esfera administrativa e desistência do recurso eventualmente interposto.

(E) o mandado de segurança repressivo está para a ação declaratória de inexistência da relação jurídico-tributária, assim como o mandado de segurança preventivo está para a ação anulatória do débito.

A: correta, pois há entendimento majoritário pela existência de litispendência entre a anulatória e os embargos à execução fiscal, quando há mesmas partes, causa de pedir e pedido – ver AgRg Ag 1.392.114/RS (pela litispendência) – em sentido contrário, pela inexistência de litispendência, ver AgRg Ag 1.400.158/PR. Interessante anotar que não há litispendência entre ação de conhecimento e a executória. Existe, neste último caso, simples conexão – ver AgRg no Ag 1.360.735/SP; **B:** correta, conforme o art. 151, IV e V, do CTN; **C:** correta, nos termos da Lei 8.397/1992; **D:** correta, conforme o art. 38, parágrafo único, da LEF; **E:** incorreta, pois antes do lançamento cabe a ação declaratória e o mandado de segurança preventivo, cabendo a anulatória e o mandado de segurança repressivo após a constituição do crédito.

Gabarito "E"

(Procurador do Município/Manaus-AM – 2006 – FCC) O procedimento cautelar fiscal poderá ser instaurado contra o sujeito passivo

(A) sempre que o órgão fazendário declarar inepta sua inscrição no cadastro de contribuintes.

(B) que for acionado por outros débitos de natureza tributária.

(C) que for acionado por outros débitos de qualquer natureza.

(D) que tiver mais de um débito fiscal inscrito como dívida ativa.

(E) sempre que for decretada a falência do seu estabelecimento.

Dentre as alternativas, somente a "A" indica hipótese que dá ensejo à cautelar fiscal, conforme o art. 2º da Lei 8.397/1992. A rigor, entretanto, o dispositivo refere-se à inscrição declarada inapta (não inepta).

Gabarito "A"

(Procurador do Município/Recife-PE – 2008 – FCC) Pretendendo saldar seu débito com o Fisco municipal, determinado contribuinte verifica que só tem a opção de pagar integralmente os créditos tributários em atraso, ainda que parceladamente, não podendo optar em saldar um ou alguns dos créditos tributários em atraso. Diante desta subordinação do pagamento de um crédito tributário ao pagamento de outros créditos, o contribuinte, para pagar apenas um dos créditos devidos, poderá lançar mão de

(A) mandado de segurança.

(B) consignação em pagamento.

(C) impugnação administrativa.

(D) repetição do indébito.

(E) parcelamento.

O fisco não pode condicionar o pagamento de um tributo ao de outro, ainda que ambos sejam exigíveis. Nesse caso, cabe ao contribuinte o via da ação de consignação em pagamento, nos termos do art. 164, II, do CTN. Por essa razão, a alternativa "B" é a correta.

Gabarito "B"

(Procurador do Município/São Paulo-SP – 2008 – FCC) Sobre a execução fiscal, NÃO é possível afirmar:

(A) o único título executivo que instrui a execução fiscal é a certidão de dívida ativa, não se admitindo a instrução com cheque devolvido por insuficiência de fundos utilizado pelo contribuinte para pagamento de tributo.

(B) caso não seja localizado o devedor, o juiz suspenderá imediatamente a execução fiscal, determinando o arquivo dos autos pelo prazo de cinco anos ou até que o devedor seja localizado.

(C) o executado será citado para, no prazo de 5 dias, pagar ou garantir a execução; o prazo para oposição de embargos à execução é de trinta dias, a contar da garantia do juízo por penhora, fiança bancária ou depósito.

(D) haverá prescrição intercorrente, reconhecida de ofício pelo juiz, depois de ouvida a Fazenda Pública, depois de decorrido o prazo prescricional de cinco anos a contar do arquivamento dos autos da execução fiscal.

(E) qualquer intimação ao representante judicial da Fazenda Pública será feita pessoalmente, bem assim terá a Fazenda Pública isenção de custas processuais, apesar de responder pelos honorários sucumbenciais.

A: correta, conforme o art. 6º, §§ 1º e 2º, da LEF; **B:** incorreta, pois, nesse caso, o processo será inicialmente suspenso por 1 ano, abrindo-se vista para a fazenda. Essa intimação da fazenda é dispensada quando ela mesma pede a suspensão. Se o devedor não for localizado, ou bens que respondam pela dívida, o juiz determinará o arquivamento dos autos. Após cinco anos do arquivamento, o juiz, depois de ouvida a fazenda, poderá reconhecer e decretar de ofício a prescrição intercorrente. Não será decretada a nulidade por ausência dessa segunda intimação da fazenda, se não houver prova de prejuízo (*pas de nulité sans grief*) – art. 40 da LEF e Súmula 314/STJ, ver AgRg AREsp 10.703/RS-STJ; **C:** correta, conforme os arts. 8º e 16 da LEF; **D:** correta, conforme comentário à alternativa "B"; **E:** correta, conforme arts. 25 e 39 da LEF.

Gabarito "B"

(Procurador do Município/São Paulo-SP – 2008 – FCC) Um contribuinte pagou ISS indevidamente em 10.02.2006, cujo lançamento se deu por homologação. Segundo orientação atual do Superior Tribunal de Justiça, o prazo para propositura e o *dies a quo* da ação para repetição do indébito será de

(A) 10 anos, a contar do pagamento antecipado.

(B) 5 anos, a contar do pagamento antecipado.

(C) até 10 anos, a contar da ocorrência do fato gerador.

(D) 5 anos, a contar da homologação do pagamento.

(E) 5 anos, a contar da homologação expressa; ou 10 anos, a contar da ocorrência do fato gerador.

Atualmente é pacífico o entendimento de que o prazo prescricional quinquenal para repetição do indébito, no caso dos tributos lançados por homologação, é contado a partir do pagamento antecipado, e não da homologação – art. 3º da LC 118/2005. Por essa razão, a alternativa "B" é a correta.

Gabarito "B"

(Procurador da Fazenda Nacional – 2006 – ESAF) Considerando o tema "Ação de Execução Fiscal", julgue os itens abaixo segundo o entendimento atualmente dominante no Superior Tribunal de Justiça – STJ e marque, a seguir, a opção que apresenta a resposta correta.

I. Nunca repousou controvérsia acerca da isenção da União em relação às despesas decorrentes da expedição da Carta de Citação com Aviso de Recebimento – AR.

II. É cabível a apresentação, pelo executado, de Exceção de Pré-Executividade para arguir a ocorrência de prescrição, desde que possível a análise de plano desta, independente de dilação probatória.

III. Não é possível a citação por edital.

IV. A alteração procedida no art. 40 da LEF, permitindo o reconhecimento, de ofício, da prescrição, é aplicável aos processos em curso ao tempo da publicação da mudança legislativa.

(A) Todos os itens estão corretos.

(B) Apenas o item III está errado.

(C) Apenas o item II está correto.

(D) Apenas os itens II e IV estão corretos.

(E) Todos os itens estão errados.

I: incorreta, pois já houve dissídio jurisprudencial, atualmente pacificado no sentido de que a fazenda não está sujeita à antecipação das despesas com correio para a citação via postal – ver RMS 24.488/SC; **II:** correta, pois cabe a exceção de pré-executividade relativamente às matérias conhecíveis de ofício que não demandem dilação probatória – Súmula 393/STJ; **III:** incorreta, pois admite-se a citação por edital quando esgotados todos os meios para localização do devedor – ver AgRg Ag 1.019.636/SP e art. 8º, III, *in fine*, da LEF; **IV:** correta, conforme entendimento jurisprudencial, por se tratar de norma processual – ver REsp 790.530/RS.

Gabarito "D"

(Procurador da Fazenda Nacional – 2006 – ESAF) Segundo entendimento predominante da doutrina e jurisprudência, a ação de execução fiscal movida por um Estado contra uma autarquia estadual:

(A) será julgada extinta sem julgamento de mérito, por ausência de interesse de agir.

(B) seguirá o rito previsto na Lei n. 6.830/80.

(C) seguirá o rito previsto no art. 730 do CPC.

(D) poderá acarretar a penhora de bens da autarquia.

(E) impedirá, em todas as hipóteses, a obtenção de certidão de regularidade fiscal em favor da autarquia.

A execução contra a autarquia estadual segue o rito do art. 730 do CPC, de modo que a alternativa "C" é a correta – ver REsp 181.881/RS.

Gabarito "C"

(Procurador da Fazenda Nacional – 2006 – ESAF) Julgue os itens abaixo segundo o que dispõe a Lei n. 8.397, de 6 de janeiro de 1992, e marque, a seguir, a opção que apresenta a resposta correta.

I. A medida cautelar fiscal não pode ser requerida contra o sujeito passivo de crédito de natureza não tributária.

II. Pode o juiz solicitar a realização de audiência de justificação prévia.

III. A medida cautelar fiscal conserva sua eficácia durante a pendência da ação de execução fiscal correspondente ao débito.

IV. A medida cautelar pode ser proposta antes da ação de execução fiscal correspondente.

(A) Apenas o item I está errado.

(B) Apenas o item II está correto.

(C) Apenas o item I está correto.

(D) Apenas o item IV está errado.

(E) Apenas os itens II e IV estão corretos.

I: incorreta, pois cabe cautelar fiscal em relação a débitos tributários e não tributários – art. 2º da Lei 8.397/1992; **II:** correta, embora a fazenda esteja dispensada de justificação prévia e de prestação de caução para a concessão da liminar – art. 7º da Lei 8.397/1992; **III:** correta, nos termos do art. 12 da Lei 8.397/1992; **IV:** correta, conforme o art. 1º da Lei 8.397/1992.

Gabarito "A"

(Procurador da Fazenda Nacional – 2003 – ESAF) Em relação à restituição de tributos pagos indevidamente, o Código Tributário Nacional estabelece, de forma expressa, a seguinte regra, entre outras:

(A) a restituição de tributos vence juros capitalizáveis, a partir do trânsito em julgado da decisão definitiva que a determinar, calculados com base na mesma taxa utilizada pela Fazenda Pública para cobrar seus créditos tributários não liquidados no vencimento.

(B) a restituição de tributos pagos indevidamente não dá lugar à restituição dos valores pagos a título de penalidades pecuniárias impostas por autoridade administrativa competente, ressalvados os valores relativos a infrações de caráter formal não prejudicadas pela causa da restituição.

(C) o direito de pleitear restituição de tributos extingue-se com o decurso do prazo de dez anos, segundo jurisprudência do Superior Tribunal de Justiça, contado da data em que se tornar definitiva a decisão administrativa ou passar em julgado a decisão judicial que houver reformado, anulado, revogado ou rescindido a decisão condenatória.

(D) o direito de pleitear restituição de tributos extingue-se com o decurso do prazo de dois anos, contado da data em que se tornar definitiva a decisão administrativa ou passar em julgado a decisão judicial que tiver reformado, anulado, revogado ou rescindido a decisão condenatória.

(E) a restituição de tributos que comportem, por sua natureza, transferência do respectivo encargo financeiro somente será feita a quem prove haver assumido o referido encargo, ou, no caso de tê-lo transferido a terceiro, estar por este expressamente autorizado a recebê-la.

A: incorreta, pois o CTN não fixa o percentual dos juros para a repetição e, ademais, determina que ele não serão capitalizáveis – art. 167, parágrafo único, do CTN; **B:** incorreta, pois a restituição total ou parcial do tributo dá lugar à restituição, na mesma proporção, dos juros de mora e das penalidades pecuniárias, salvo as referentes a infrações de caráter formal não prejudicadas pela causa da restituição – art. 167, *caput*, do CTN; **C:** incorreta, pois o prazo para pleitear a restituição de indébito tributário é prescricional e quinquenal, em regra, reduzido para dois anos em caso de prévio pedido administrativo indeferido – arts. 168 e 169 do CTN. Atualmente é pacífico o entendimento de que o prazo, no caso dos tributos lançados por homologação, é contado a partir do pagamento antecipado, e não da homologação – art. 3º da LC 118/2005; **D:** incorreta, pois o prazo, no caso, é de 5 anos, conforme o art. 168, II, do CTN; **E:** correta, nos termos do art. 166 do CTN.

Gabarito "E"

(Procurador da Fazenda Nacional – 2003 – ESAF) Em relação ao mandado de segurança, é correto afirmar que:

(A) admite-se reiterar pedido de mandado de segurança, cuja decisão denegatória lhe haja apreciado o mérito.

(B) liminar concedida em mandado de segurança, que suste a cobrança de crédito tributário, depende da efetivação de depósito do montante integral do crédito para produzir o efeito de suspender-lhe a exigibilidade.

(C) o mandado de segurança admite dilação probatória.

(D) o direito de requerer mandado de segurança extingue-se com o decurso do prazo de quatro meses, contado da data de ciência, pelo interessado, do ato impugnado.

(E) o julgamento de mandado de segurança impetrado contra ato do Ministro de Estado da Fazenda, que trate de matéria constitucional-tributária, compete, originariamente, ao Superior Tribunal de Justiça.

A: incorreta, pois há coisa julgada, nesse caso – art. 6º, § 6º, da LMS; **B:** incorreta, pois a liminar em mandado de segurança independe de depósito para suspender a exigibilidade do crédito tributário – art. 151, IV, do CTN e art. 7º, III, da LMS; **C:** incorreta, pois a prova deve ser pré-constituída, ou seja, deve ser exclusivamente documental e instruir a inicial – art. 1º da LMS; **D:** incorreta, pois o prazo para impetração do mandado de segurança é de 120 dias contados da ciência pelo interessado do ato coator – art. 23 da LMS; **E:** essa é a correta, nos termos do art. 105, I, *b*, da CF.

Gabarito "E"

(Procurador da Fazenda Nacional – 2003 – ESAF) Sempre que _(i)_________________, a autoridade fiscal competente procederá ao arrolamento de bens e direitos dele. Nesse caso, a partir da data da notificação do ato de arrolamento, mediante entrega de cópia do respectivo termo, o proprietário dos bens e direitos arrolados, ao transferi-los, aliená-los ou onerá-los, _(ii)_________________ a transferência, alienação ou oneração "autoriza o requerimento de medida cautelar fiscal" contra ele.

(A) (i) o valor dos créditos tributários de responsabilidade do sujeito passivo for superior a trinta por cento do seu patrimônio conhecido

(ii) deve comunicar o fato à unidade do órgão fazendário que jurisdiciona seu domicílio tributário, pois, se não,

(B) (i) o valor dos créditos tributários de responsabilidade do sujeito passivo for superior a certo valor, estabelecido na lei, e também superior a trinta por cento do seu patrimônio conhecido

(ii) deve comunicar o fato à unidade do órgão fazendário que jurisdiciona seu domicílio tributário, pois, do contrário,

(C) (i) a Procuradoria da Fazenda Nacional tiver razões para temer que o sujeito passivo pretenda ilidir o pagamento dos créditos tributários de sua responsabilidade

(ii) se não proceder ao pagamento do tributo, logo após atos de disposição de seus bens imóveis, transferirá ao adquirente a obrigação respectiva e

(D) (i) o sujeito passivo ausentar-se sem deixar representante para administrar o negócio, habilitado com recursos suficientes para pagar a dívida fiscal

(ii) deverá antes depositar o valor do crédito tributário junto ao Cartório de Registro de Imóveis, cujo Oficial será responsável solidário por seu recolhimento e

(E) (i) o sujeito passivo abandonar o estabelecimento, ocultar-se ou tentar ocultar-se, deixando furtivamente o seu domicílio

(ii) deverá proceder com lealdade, comunicando o fato ao órgão da Procuradoria da Fazenda Nacional de seu domicílio, sem o que

(A) Sim, Sim, Sim

(B) Não, Não, Não

(C) Não, Sim, Não

(D) Sim, Não, Sim

(E) Sim, Não, Não

Nos termos do art. 64 da Lei 9.532/1997, a autoridade fiscal competente procederá ao arrolamento de bens e direitos do sujeito passivo sempre que o valor dos créditos tributários de sua responsabilidade for superior a trinta por cento do seu patrimônio conhecido. A partir da data da notificação do ato de arrolamento, mediante entrega de cópia do respectivo termo, o proprietário dos bens e direitos arrolados, ao transferi-los, aliená-los ou onerá-los, deve comunicar o fato à unidade do órgão fazendário que jurisdiciona o domicílio tributário do sujeito passive (§ 3º). A alienação, oneração ou transferência, a qualquer título, dos bens e direitos arrolados, sem o cumprimento da formalidade prevista no parágrafo anterior, autoriza o requerimento de medida cautelar fiscal contra o sujeito passivo (§ 4º). Por essa razão, a alternativa "B" é a única correta.

Gabarito "B"

(Procurador da Fazenda Nacional – 2004 – ESAF) (Adaptada) Segundo o entendimento atualmente dominante no Superior Tribunal de Justiça, nas hipóteses de tributos sujeitos ao lançamento por homologação, o direito do contribuinte pleitear a repetição extingue-se em

(A) 5 (cinco) anos, contados a partir da extinção do crédito tributário pelo pagamento antecipado.

(B) 5 (cinco) anos, contados a partir da data do trânsito em julgado de decisão do Supremo Tribunal Federal que declarou a inconstitucionalidade da lei pela primeira vez.

(C) 5 (cinco) anos, contados a partir da data da Resolução do Senado Federal que suspender a execução de lei tributária declarada inconstitucional pelo Supremo Tribunal Federal.

(D) 5 (cinco) anos, contados a partir da data do julgamento da ação em que houver declaração de inconstitucionalidade da lei tributária pelo Supremo Tribunal Federal, em controle difuso ou concentrado.

(E) 5 (cinco) anos, contados a partir da data do ajuizamento da ação em que houver declaração de inconstitucionalidade da lei tributária pelo Supremo Tribunal Federal, em controle difuso ou concentrado.

O prazo prescricional para a repetição de indébito é de 5 anos contados do pagamento indevido, em regra, exceto se houve prévio pedido administrativo indeferido, caso em que o prazo é reduzido para 2 anos contados da decisão administrativa – arts. 168 e 169 do CTN. Atualmente é pacífico o entendimento de que o prazo, no caso dos tributos lançados por homologação, é contado a partir do pagamento antecipado, e não da homologação – art. 3º da LC 118/2005. A decisão do STF relativa à inconstitucionalidade do tributo, em controle difuso ou concentrado, não interrompe o prazo, embora haja precedentes em sentido contrário ao entendimento dominante. Por essa razão, a alternativa "A" é a correta.

Gabarito "A"

(Procurador da Fazenda Nacional – 2004 – ESAF) Julgue os itens abaixo segundo o que dispõe a Lei nº8.397, de 6 de janeiro de 1992, e marque, a seguir, a opção que apresenta a resposta correta.

I. A medida cautelar fiscal pode ser concedida em procedimento preparatório, antes de inscrito o débito em Dívida Ativa.

II. A decretação da medida cautelar fiscal implica a indisponibilidade de todos os bens do ativo da pessoa jurídica.

III. A medida cautelar fiscal pode ser requerida somente contra o sujeito passivo de créditos de natureza tributária.

IV. A medida cautelar fiscal pode ser requerida contra o devedor que possui débitos, inscritos ou não em Dívida Ativa, que somados ultrapassem trinta por cento do seu patrimônio conhecido.

(A) Apenas I e IV estão corretos.

(B) Apenas I e II estão corretos.

(C) Apenas II e IV estão corretos.

(D) Apenas II e III estão corretos.

(E) Apenas IV está errado.

I: assertiva correta, nos termos do art. 1º da Lei 8.397/1992; **II:** incorreta, pois a indisponibilidade atinge os bens apenas até o limite da satisfação da obrigação – art. 4º da Lei 8.397/1992; **III:** incorreta, pois a medida pode ser requerida também contra o sujeito passivo de crédito de natureza não tributária – art. 2º da Lei 8.397/1992; **IV:** correta, nos termos do art. 2º, VI, da Lei 8.397/1992.

Gabarito "A"

(PROCURADOR – BANCO CENTRAL – 2009 – CESPE) Uma empresa de geração e distribuição de energia elétrica recolheu ICMS a maior relativamente aos meses de maio de 2002 e maio de 2003, e o cobrou de seus assinantes. Se o pagamento foi realizado, respectivamente, em junho de 2002 e junho de 2003, então

(A) nem a empresa nem os contribuintes têm, em 2009, direito a restituição alguma.

(B) os contribuintes têm direito, em 2009, à restituição de ambas as parcelas.

(C) os contribuintes têm direito, em 2009, à restituição apenas do valor recolhido a maior em 2003.

(D) a empresa tem, em 2009, direito à restituição de ambas as parcelas.

(E) a empresa tem, em 2009, direito à restituição apenas do valor recolhido a maior em 2003.

Nos termos do art. 166 do CTN, tributos indiretos, que por sua natureza comportam transferência do ônus financeiro ao adquirente da mercadoria (como o ICMS), somente serão restituídos em caso de pagamento indevido a quem prove haver assumido o respectivo encargo ou a quem este expressamente autorize. O direito de pleitear a restituição, porém, decai no prazo de 05 anos contados da data da extinção do crédito tributário (art. 168, I, do CTN), sendo considerada como tal, nos tributos lançados por homologação (como o ICMS), a data do pagamento antecipado (art. 3º da Lei Complementar nº 118/05). Portanto, no caso proposto, nem a empresa, nem os contribuintes, em 2009, terão direito a qualquer restituição.

Gabarito "B"

(ADVOGADO – PETROBRÁS – 2012 – CESGRANRIO) A Fazenda Nacional propôs execução fiscal em janeiro de 2012, em face do Sr. X, por dívida do IRPF do ano-base 1999, no valor de R$ 1.000.000,00, cujo crédito fora inscrito na dívida ativa em dezembro de 2004. À vista disso, em fevereiro de 2012, o Sr. X foi surpreendido pelo mandado de citação para que, no prazo de 5 dias, efetue, na forma prevista na Lei de Execução Fiscal, o pagamento da referida dívida ou garanta a execução. Sabe-se que, em março de 2001, o contribuinte fora devidamente notificado pela Secretaria da Receita Federal para pagamento ou oferecimento de defesa quanto ao aludido crédito tributário, e, apesar de ter optado pelo oferecimento de defesa e recurso administrativo, em tempo hábil, houve, em outubro de 2004, o trânsito em julgado administrativo com decisão final irreformável no sentido de manter o auto de infração e, consequentemente, manter a cobrança do aludido crédito tributário. Nesse caso, com base nos argumentos jurídicos e econômicos pertinentes à situação posta em debate, a defesa mais apropriada aos interesses do executado em face da execução proposta consiste em

(A) ação anulatória

(B) impugnação fiscal

(C) exceção de pré-executividade

(D) recurso voluntário

(E) embargos do devedor

No caso em exame, ocorreu a prescrição da pretensão de cobrança judicial do crédito tributário em abril de 2010 (a constituição definitiva do crédito ocorreu em outubro de 2004 – marco inicial do prazo prescricional; em dezembro houve a inscrição em dívida ativa, que determina a suspensão da prescrição por 180 dias, nos termos do art. 2º, § 3º, da Lei nº 6.830/80; o lapso voltou a correr, portanto, em junho de 2010; como já havia passado dois meses, operou-se a prescrição em abril de 2010). Como a prescrição, atualmente, é matéria que pode ser reconhecida de ofício pelo juiz, a doutrina e a jurisprudência aceitam o oferecimento de exceção de pré-executividade para requerer sua decretação independentemente de garantia do juízo.

Gabarito "C"

(ADVOGADO – CORREIOS – 2011 – CESPE) Julgue os itens seguintes, relativos ao processo administrativo e ao processo judicial tributários.

(1) Na execução fiscal, o executado pode oferecer embargos, no prazo de trinta dias, contados do depósito, da juntada da prova da fiança bancária ou da intimação da penhora.

(2) A exigência de depósito prévio de 30% do valor do débito, como condição de admissibilidade de recurso administrativo tributário, caracteriza condição de procedibilidade prevista em lei e admitida pela jurisprudência majoritária.

1: correta, nos termos do art. 16 da Lei nº 6.830/80; **2:** incorreta. O STF pacificou o entendimento de que a exigência é inconstitucional (RE 388.359, 389.383 e 390.513).

Gabarito 1C, 2E

(ADVOGADO – DATAPREV – 2009 – UFF) No que se refere à Execução da Dívida Ativa da Fazenda Pública, é correto afirmar que:

(A) quaisquer valores cuja cobrança seja atribuída por lei à União, aos Estados, Municípios e Distrito Federal, bem como às autarquias, fundações públicas e empresas públicas, poderão ser objeto de execução fiscal;

(B) a Fazenda Pública exequente poderá emendar ou substituir a Certidão de Dívida Ativa até a decisão de primeira instância, assegurando-se ao executado a devolução do prazo para embargos;

(C) a Dívida Ativa regularmente inscrita goza de presunção absoluta de certeza e liquidez;

(D) a competência para processar e julgar a execução da Dívida Ativa da Fazenda Pública exclui a de qualquer outro juízo, salvo o da falência, da concordata, da liquidação, da insolvência ou do inventário;

(E) a inscrição na Dívida Ativa da Fazenda Pública, que se constitui no ato de controle administrativo da legalidade, suspenderá a prescrição, para todos os efeitos de direito, por 5 (cinco) anos ou até a distribuição da execução fiscal, se esta ocorrer antes de findo aquele prazo.

A: incorreta. A execução fiscal presta-se apenas à satisfação coercitiva dos créditos inscritos na Dívida Ativa (art. 2º da Lei nº 6.830/80); **B:** correta, nos termos do art. 2º, § 8º, da Lei nº 6.830/80; **C:** incorreta. A presunção de certeza e liquidez de que goza a dívida ativa é relativa (art. 3º, parágrafo único, da Lei nº 6.830/80); **D:** incorreta. A competência é definida em razão da matéria e, portanto, é absoluta (art. 5º da Lei nº 6.830/80); **E:** incorreta. A inscrição na dívida ativa suspende a prescrição pelo prazo de 180 dias (art. 2º, § 3º, da Lei nº 6.830/80).

Gabarito "B"

(ADVOGADO – PETROBRÁS DISTRIB. – 2008 – CESGRANRIO) Afirmações:

I. É incabível impetrar mandado de segurança contra lançamento tributário.

II. A propositura de ação anulatória pelo contribuinte impede a Fazenda Pública de mover ação de execução fiscal relativa ao suposto crédito tributário combatido na respectiva demanda anulatória.

III. A partir da vigência da Lei Complementar nº 118/05, o prazo prescricional da ação de repetição de indébito de tributos sujeitos a lançamento por homologação é de 5 (cinco) anos a contar da data do pagamento.

IV. Para fins de garantia da execução fiscal, o executado, na forma da Lei no 6.830/80, não poderá indicar à penhora bens oferecidos por terceiros e aceitos pela Fazenda Pública.

V. Uma das hipóteses de interrupção da prescrição para a cobrança do crédito tributário prevista no Código Tributário Nacional é a citação pessoal feita ao devedor.

É(São) correta(s) APENAS a(s) afirmativa(s)

(A) II

(B) III

(C) I e II

(D) I e V

(E) IV e I

I: incorreta. Lançamento tributário é ato administrativo apto a ser impugnado em sede de mandado de segurança; **II:** incorreta. A simples propositura de ação não suspende a exigibilidade do crédito tributário, que somente ocorrerá em caso de concessão de liminar (art. 151, V, do CTN); **III:** correta, nos termos do art. 3º da Lei Complementar nº 118/05; **IV:** incorreta, por contrariar frontalmente o disposto no art. 9º, IV, da Lei nº 6.830/80; V: incorreta. A prescrição se interrompe desde o despacho do juiz que ordenar a citação do devedor em execução fiscal (art. 174, parágrafo único, I, do CTN).

Gabarito "B"

(ADVOGADO – REFAP – 2007 – CESGRANRIO) No processo de execução fiscal, em caso de penhora de bem, o prazo para o executado oferecer embargos é de 30 (trinta) dias contados da data da(o):

(A) sua intimação da penhora.

(B) juntada aos autos do mandado que efetivou a penhora.

(C) publicação do despacho do Juiz que abrir o prazo para embargos.

(D) manifestação de concordância do exequente com o bem penhorado.

(E) oferecimento do bem à penhora.

O prazo para embargos é contado a partir da intimação da penhora, nos termos do art. 16, III, da Lei nº 6.830/80.

Gabarito "A"

(ADVOGADO – ELETROBRÁS – 2006 – NCE/UFRJ) De acordo com o procedimento da cobrança judicial da dívida ativa da Fazenda Pública –Execução Fiscal, é correto afirmar que:

(A) a Fazenda Pública está sujeita ao pagamento de custas e emolumentos, podendo executar diretamente a parte sucumbente pelos valores que adiantou para o andamento do procedimento;

(B) a citação será feita pelo correio, com aviso de recepção, se a Fazenda Pública não requerer outra forma;

(C) é vedada a citação por edital;

(D) a prescrição somente é interrompida com a efetiva citação do executado;

(E) o executado ausente do País será citado por carta.

A: incorreta. A Fazenda Pública está desobrigada do pagamento de custas e emolumentos (art. 39 da Lei nº 6.830/80); **B:** correta, nos termos do art. 8º, I, da Lei nº 6.830/80; **C:** incorreta. A citação por edital está prevista no art. 8º, IV, da Lei nº 6.830/80 em caso de restar frustrada a diligência por carta e pelo Oficial de Justiça; **D:** incorreta. A prescrição é interrompida pelo despacho do juiz que ordenar a citação (art. 8º, § 2º, da Lei nº 6.830/80); **E:** incorreta. O executado ausente do país será citado por edital (art. 8º, IV, da Lei nº 6.830/80).

Gabarito "B"

(ADVOGADO – IRB – 2006 – ESAF) A concessão de liminar em mandado de segurança, ou de tutela antecipada, em outras espécies de ação judicial, em que se discuta a existência de débito tributário,

(A) constitui hipótese de extinção do crédito tributário, salvo se a decisão for reformada em instância judicial superior.

(B) impede a administração tributária de ter acesso aos livros fiscais do contribuinte.

(C) impede que o contribuinte participe de processo licitatório promovido pela Administração Pública.

(D) somente pode ser deferida pela autoridade judiciária se precedida do depósito do montante integral do crédito discutido.

(E) assemelha-se à isenção e à anistia, no que diz respeito às obrigações acessórias.

A concessão de liminar em mandado de segurança ou outras espécies de ações judiciais é causa de suspensão da exigibilidade do crédito tributário (art. 151, IV e V, do CTN). Sua aplicação não traz qualquer desvalia para o contribuinte, não exige caução, nem o libera das obrigações acessórias, tal qual, nesse último caso, ocorre com a isenção e a anistia (art. 175, parágrafo único, do CTN).

Gabarito "E"

(ADVOGADO – CEF – 2006 – CESPE) A respeito da execução fiscal, segundo a jurisprudência do Superior Tribunal de Justiça, julgue os itens a seguir.

(1) A ação de execução fiscal proposta para a cobrança de valores devidos ao Fundo de Garantia por

Tempo de Serviço (FGTS), por se tratar de ação oriunda da relação de trabalho, deve ser processada e julgada perante a justiça do trabalho.

(2) Nas execuções promovidas pela fazenda pública em que não foi possível, por qualquer motivo, a penhora de bens do executado, pode o juiz, de ofício, determinar a quebra do sigilo bancário do devedor, no interesse exclusivo da credora, como forma de satisfazer o interesse público.

1: incorreta. A Súmula nº 349 do STJ consolida o entendimento jurisprudencial de que a competência, nesse caso, é da Justiça Federal; **2:** incorreta. O STJ filia-se ao entendimento de que a quebra de sigilo bancário em execução fiscal somente é possível após terem sido esgotados todos os demais meios para obtenção de informações sobre o patrimônio do devedor (AgRg no REsp nº 1.135.568/PE, DJ 18/05/2010).

Gabarito 1E, 2E

(ADVOGADO – INFRAERO – 2004 – NCE/UFRJ) Petrônio impetrou Mandado de Segurança pleiteando a compensação tributária pertinente ao imposto de renda incidente sobre os seus rendimentos como pessoa física. Consoante iterativa jurisprudência do Superior Tribunal de Justiça, podemos afirmar:

(A) a liminar autorizando a compensação é admissível no caso referido;

(B) o Mandado de Segurança é a via adequada para a discussão de compensação tributária;

(C) somente as vias ordinárias são admitidas para a discussão de temas tributários;

(D) o pleito deveria ser apresentado em procedimento ordinário com tutela antecipada, o único cabível no caso relatado;

(E) não é possível a compensação tributária pleiteada.

A Súmula nº 213 do STJ consolidou o entendimento de que o mandado de segurança é ação adequada para declaração do direito à compensação tributária.

Gabarito "B"

17. PROCESSO ADMINISTRATIVO FISCAL

(PROCURADOR DO ESTADO/MG – FUMARC – 2012) Assinale, dentre as alternativas abaixo, no âmbito do processo administrativo de Minas Gerais, nos termos do Decreto Estadual nº 44.747/2008/RPTA, a hipótese que possibilita recurso:

(A) A declaração de deserção do recurso de Revisão;

(B) Questões de saneamento não contidas na reclamação;

(C) A decisão proferida pela Câmara Especial;

(D) Cancelamento ou majoração de multa isolada conforme estabelecido em lei;

(E) Sobre incidente processual.

O processo administrativo, inclusive no âmbito tributário, é regulado pela legislação de cada ente político. O candidato deve observar, portanto, aquela atinente ao cargo que pleiteia, atentando às exigências do edital. Pela análise do art. 163, II, do Decreto 44.747/2008, verifica-se que a alternativa "D" é a correta.

Gabarito "D"

(Procurador do Estado/SC – 2010 – FEPESE) Conforme o Decreto nº 70.235, de 06 de março de 1972, que dispõe sobre o processo administrativo fiscal, assinale a alternativa **correta**.

(A) A impugnação da exigência instaura a fase litigiosa do procedimento administrativo fiscal.

(B) O sujeito passivo poderá formular consulta sobre dispositivos da legislação tributária aplicáveis a fato determinado, sendo vedada a formulação de consulta pelos órgãos da administração pública.

(C) A notificação de lançamento será expedida pelo órgão que administra o tributo e conterá obrigatoriamente a descrição do fato.

(D) Da decisão de primeira instância cabe pedido de reconsideração.

(E) As seções do Conselho Administrativo de Recursos Fiscais serão especializadas por matéria e constituídas por câmaras, não se admitindo a divisão destas em turmas.

A: Correta, conforme o art. 14 do Decreto 70.235/1972; **B:** Incorreta, pois os órgãos da administração pública e as entidades representativas de categorias econômicas ou profissionais também poderão formular consulta – art. 46, p. único, do Decreto 70.235/1972; **C:** Incorreta, pois o art. 11 do Decreto 70.235/1972 não prevê a descrição do fato como elemento obrigatório da notificação de lançamento; **D:** Incorreta, pois não cabe pedido de reconsideração da decisão de primeira instância – art. 36 do Decreto 70.235/1972; **E:** Incorreta, pois é permitida a divisão das câmaras em turmas – art. 25, § 4º, do Decreto 70.235/1972.

Gabarito "A"

(Procurador do Estado/SC – 2010 – FEPESE) De acordo com a Lei Complementar nº 465, de 3 de dezembro de 2009, que cria o Tribunal Administrativo Tributário do Estado de Santa Catarina, é **correto** afirmar:

(A) As autoridades julgadoras do Tribunal Administrativo Tributário são competentes para declarar a inconstitucionalidade ou ilegalidade de lei, decreto ou ato normativo de Secretário de Estado.

(B) A segunda instância do Tribunal Administrativo Tributário é constituída por cinco Câmaras de Julgamento, compostas por seis Conselheiros cada uma e respectivos Presidentes.

(C) É indispensável a presença do Procurador do Estado em qualquer sessão de julgamento junto ao Tribunal Administrativo Tributário, sob pena de nulidade da mesma, fato que implica em sua ciência e intimação, quanto a tudo que ali for decidido.

(D) A fase contenciosa do processo administrativo inicia-se com a apresentação de reclamação, pelo sujeito passivo, contra notificação fiscal, no prazo de 15 (quinze) dias contados da ciência do ato fiscal impugnado.

(E) O acesso, por meio eletrônico, à íntegra do processo administrativo, não afasta a exigência de notificação pessoal do interessado.

A: Incorreta, pois, a exemplo do que é previsto pela legislação de outras localidades, as autoridades administrativas julgadoras não podem, em regra, declarar a inconstitucionalidade ou ilegalidade de lei ou de normas infralegais – art. 4º da LC de SC 465/2009; **B:** Incorreta. A estrutura dos órgãos administrativos de julgamento é fixada pela legislação local. No caso, o art. 10 da LC de SC 465/2009 prevê 3 Câmaras de Julgamento; **C:** Correta, conforme o art. 18 da LC de SC 465/2009; **D:** Incorreta, pois o prazo para a reclamação é de 30 dias, contados da ciência do ato impugnado – art. 20, § 1º, da LC de SC 465/2009; **E:** Incorreta, pois, nos termos do art. 40 da LC de SC 465/2009, o acesso, por meio eletrônico, à íntegra do processo será considerada vista pessoal do interessado para todos os efeitos legais.

Gabarito "C"

(Procurador do Estado/PR – 2007) Notificada do auto de infração por via postal com aviso de recebimento, a empresa "A" formulou tempestiva impugnação administrativa (reclamação) objetivando a anulação do ato administrativo.

Assinale a alternativa "FALSA": ALTERNATIVAS:

(A) a impugnação administrativa é a resistência formal do contribuinte à pretensão fiscal do Estado sobre seus bens e é direito que se assegura ao cidadão como meio de ver vivificado o primado da legalidade através do devido processo legal.

(B) A impugnação formulada pelo contribuinte caracteriza o conflito de interesses deduzido administrativamente, isto é, instala o litígio administrativo entre o órgão exator e o contribuinte e – já havendo formalmente "litigantes" – faz nascer o "processo administrativo" que recebe a incidência da norma constitucional garantidora da ampla defesa (art. 5º, LV, CF).

(C) Além da formulação da impugnação administrativa à pretensão fiscal assiste ao contribuinte o direito de se manifestar, na oportunidade prevista em lei, sobre as informações, pareceres, decisões, perícias e documentos formulados ou apresentados pelo órgão exator ou pela procuradoria, já que o "direito a ser ouvido" revela-se como uma das mais importantes manifestações do direito à ampla defesa.

(D) Iniciado o processo administrativo tributário, tem o contribuinte o direito de ver julgada sua impugnação e seus eventuais recursos e não pode ajuizar medidas judiciais versando a mesma matéria e a mesma lide até o esgotamento da instância administrativa.

(E) A prova ilícita, ainda que pertinente aos fatos "sub examen" deverá ser legalmente descartada como objeto de apreciação no processo administrativo.

A: o processo administrativo é direito do contribuinte; **B:** esse é o entendimento majoritário, no que se refere ao litígio – há consenso quanto à observância das garantias constitucionais, como a ampla defesa; **C:** o procedimento legal deve ser observado, garantindo-se o contraditório administrativo; **D:** o acesso ao Judiciário é garantia inafastável do contribuinte, ainda que prejudique o procedimento administrativo (art. 38, p. único, da Lei 6.830/1980); **E:** a prova ilícita é nula.

Gabarito "D"

18. MICROEMPRESAS – ME E EMPRESAS DE PEQUENO PORTE – EPP

(PROCURADOR DO ESTADO/RS – FUNDATEC – 2010) Não poderão recolher os impostos e contribuições na forma do Simples Nacional, instituído pela Lei Complementar nº 123/2006, a microempresa ou a empresa de pequeno porte que desenvolve atividades vedadas. Dentre as alternativas a seguir, assinale aquela que contém exclusivamente atividades cujo exercício impede o ingresso no sistema simplificado:

(A) Radiologia — Instalação hidráulica — Consultoria contábil.

(B) Radiologia — Consultoria contábil.

(C) Radiologia — Instalação hidráulica.

(D) Instalação hidráulica — Consultoria contábil.

(E) Consultoria contábil.

As vedações ao ingresso na sistemática do Simples Nacional estão relacionadas nos arts. 17 e 18-A da LC 123/2006. Em princípio, ficam excluídas as empresas que tenham por finalidade a prestação de serviços decorrentes do exercício de atividade intelectual, de natureza técnica, científica, desportiva, artística ou cultural, que constitua profissão regulamentada ou não, bem como a que preste serviços de instrutor, de corretor, de despachante ou de qualquer tipo de intermediação de negócios – art. 17, XI, da LC 123/2006. O art. 18, § 5º-B, da mesma lei autoriza expressamente o ingresso de escritórios de serviços contábeis na sistemática, observado o disposto nos §§ 22-B e 22-C do mesmo dispositivo. O serviço de consultoria, entretanto, é expressamente excluído pelo 17, XIII, da LC 123/2006, razão pela qual a alternativa "E" é a melhor, por exclusão das demais.

Gabarito "E"

19. CRIMES TRIBUTÁRIOS

(Procurador do Estado/BA – 2014 – CESPE) Suponha que um contribuinte, de forma consciente e voluntária, tenha deixado de realizar determinada obrigação acessória, o que lhe tenha possibilitado a supressão de tributo sem que o fisco tomasse conhecimento da prática ilícita. Em face dessa situação hipotética, julgue os itens seguintes.

(1) Segundo a Lei 8.137/1990, para que os ilícitos tributários sejam puníveis na esfera penal, exige-se a comprovação de dolo ou culpa do agente.

(2) Por ter praticado elisão fiscal, que constitui ilícito administrativo-tributário, o referido contribuinte só poderá ser punido na esfera administrativa.

(3) O contribuinte praticou ilícito, estando, portanto, sujeito à punição pelos ilícitos administrativo e penal praticados.

1: incorreta, pois não há previsão da modalidade culposa – arts. 1º e 2º da Lei 8.137/1990; **2:** incorreta, pois pode haver o crime tipificado pelo art. 1º, I, ou pelo art. 2º, I, da Lei 8.137/1990; **3:** correta, sujeitando-se tanto à penalidade pecuniária prevista na legislação tributária, como à pena criminal correspondente.

Gabarito 1E, 2E, 3C

(Procurador do Município/Florianópolis-SC – 2010 – FEPESE) O servidor público punido com pena de demissão por violação de informações protegidas por sigilo fiscal permanece incompatibilizado para novo cargo, emprego ou função pública em órgão ou entidade da administração pública federal, pelo prazo de:

(A) Um ano.

(B) Dois anos.

(C) Três anos.

(D) Cinco anos.

(E) Dez anos.

O art. 4º da MP 507/2010 previa que a demissão, a destituição de cargo em comissão e a cassação de disponibilidade ou de aposentadoria, por violação do sigilo fiscal (ou por permitir ou facilitar a violação do sigilo fiscal), incompatibilizavam o ex-servidor para novo cargo, emprego ou função pública em órgão ou entidade da administração pública federal, pelo prazo de cinco anos. Por essa razão, a alternativa "D" era a correta. É importante salientar, entretanto, que essa MP não foi convertida em lei e perdeu a eficácia em 15.3.2011.

Gabarito "D"

(Procurador do Estado/SP – VUNESP – 2005) O STF determinou que a representação por crime de sonegação fiscal será encaminhada ao Ministério Público apenas após a constituição definitiva do crédito. Tal determinação

(A) enseja o imediato cancelamento dos valores devidos a título de impostos e multas, cobrados em autos de infração objeto de questionamento na instância administrativa.

(B) afronta a independência do MP, a quem compete formular a denúncia, independentemente do recebimento de representação.

(C) define como momento da constituição definitiva do crédito o recebimento, pelo contribuinte, da notificação para apresentação de impugnação ou defesa administrativa.

(D) define como momento da constituição definitiva do crédito a decisão final proferida pelo tribunal administrativo competente.

(E) enseja o imediato cancelamento dos valores devidos apenas a título de multas, cobrados em autos de infração objeto de questionamento na instância administrativa.

Nos termos da Súmula Vinculante 28/STF, Não se tipifica crime material contra a ordem tributária, previsto no art. 1º, incisos I a IV, da lei nº 8.137/90, antes do lançamento definitivo do tributo. **A** e **E:** incorretas, pois os autos de infração são válidos, até que eventualmente sejam afastados ou modificados por ato da própria autoridade administrativa, ou por ordem judicial; **B:** incorreta, pois a Súmula Vinculante 28/STF refere-se à tipificação do crime material a depender do lançamento definitivo; **C:** incorreta, pois, nos termos do entendimento que orientou a jurisprudência do STF, a constituição definitiva do crédito tributário ocorre com o término do processo administrativo relativo à impugnação do lançamento (desde que a decisão seja pela manutenção do lançamento, evidentemente) ou pelo esgotamento do prazo sem interposição do recurso. Somente a partir de então estará tipificado o crime material contra a ordem tributária; **D:** correta, conforme comentário à alternativa anterior.

Gabarito "D"

20. REGIMES ADUANEIROS ESPECIAIS

(ADVOGADO – PETROBRÁS – 2008 – CESGRANRIO) O regime aduaneiro especial de exportação e de importação de bens destinados às atividades de pesquisa e de lavra das jazidas de petróleo e de gás natural (REPETRO) permite a aplicação do tratamento aduaneiro de exportação, com saída ficta do território aduaneiro e posterior aplicação do regime de admissão temporária, no caso de bem de fabricação nacional vendido a pessoa sediada no exterior. Para a adoção desse tratamento aduaneiro, a norma regulamentar do REPETRO exige que os bens devam ser produzidos no País e adquiridos por pessoa sediada no exterior, sendo requisito obrigatório também o(a)

(A) pagamento em moeda estrangeira de livre conversibilidade, mediante cláusula de entrega, sob controle aduaneiro, no território aduaneiro.

(B) renúncia do fabricante nacional a eventuais benefícios fiscais concedidos para incentivo às exportações.

(C) inaplicabilidade do mesmo regime aduaneiro a equipamentos sobressalentes, ferramentas e outras partes e peças destinados a garantir a operacionalidade dos referidos bens.

(D) importação direta, com o pagamento integral dos impostos, de matérias-primas, produtos semielaborados ou acabados e de partes ou peças, utilizados na fabricação dos bens nacionais.

(E) aquisição dos bens realizada diretamente do respectivo fabricante, de comerciante atacadista com domicílio no Brasil ou de empresas comerciais exportadoras nacionais ou estrangeiras.

A: correta, nos termos do art. 3º, I, do Decreto nº 3.161/99; **B:** incorreta. O REPETRO não exclui a aplicação de outros benefícios fiscais concedidos ao fabricante nacional (art. 3º, § 2º, do Decreto nº 3.161/99); **C:** incorreta. O REPETRO é aplicável na hipótese proposta (art. 1º, § 2º, do Decreto nº 3.161/99); **D:** incorreta. O REPETRO pode ser utilizado em caso de importação sob regime de *drawback*, isto é, com suspensão do pagamento dos impostos, os quais serão devidos apenas se o importador não exportar, em prazo predeterminado, certa quantidade de produtos industrializados a partir dos insumos importados (art. 2º, III, do Decreto nº 3.161/99); **E:** incorreta. Não se enquadra no requisito a aquisição por comerciante atacadista com domicílio no Brasil (art. 3º, § 1º, do Decreto nº 3.161/99).

Gabarito "A"

(ADVOGADO – PETROBRÁS TRANSP. – 2006 – CESGRANRIO) As normas vigentes no País sobre preços de transferência estabelecem que:

(A) será considerada vinculada à pessoa jurídica domiciliada no Brasil a pessoa física residente no exterior que for parente até o terceiro grau de qualquer de seus diretores.

(B) as condições de dedutibilidade de royalties subordinam-se às regras estabelecidas na legislação de preços de transferência.

(C) as receitas auferidas nas operações efetuadas com pessoa vinculada ficam sujeitas a arbitramento quando o preço médio de venda de bens for superior ao preço médio praticado na venda dos mesmos bens no mercado brasileiro, em condições de pagamento semelhantes.

(D) o Método do Preço de Revenda menos Lucro (PRL) é a média aritmética dos preços de bens, serviços ou direitos, idênticos ou similares, apurados no mercado brasileiro ou de outros países, em operações de compra e venda, em condições de pagamento semelhantes.

(E) o Método do Preço de Venda nas Exportações (PVEx) é a média aritmética dos custos de aquisição ou de produção dos bens, serviços ou direitos, exportados, acrescidos dos impostos e contribuições cobrados no Brasil e de margem de lucro de quinze por cento sobre a soma dos custos mais impostos e contribuições.

A: correta, nos termos do art. 23, VIII, da Lei nº 9.430/96; **B:** incorreta. A legislação sobre preços de transferência não se aplica às condições de dedutibilidade dos *royalties* por expressa disposição do art. 18, § 9º, da Lei nº 9.430/96; **C:** incorreta. O arbitramento ocorrerá quando o preço médio da venda de bens for inferior a 90% do preço médio praticado em condições de pagamento semelhantes (art. 19 da Lei nº 9.430/96); **D:** incorreta. O PRL consiste na média aritmética dos preços de revenda dos bens deduzidos os descontos incondicionais concedidos, os tributos incidentes sobre as vendas, as comissões e corretagens pagas e a margem de lucro, nos termos do art. 18, II, da Lei nº 9.430/96; **E:** incorreta. O PVEx refere-se à a média aritmética dos preços de venda nas exportações efetuadas pela própria empresa, para outros clientes, ou por outra exportadora nacional de bens, serviços ou direitos, idênticos ou similares, durante o mesmo período de apuração da base de cálculo do imposto de renda e em condições de pagamento semelhantes (art. 19, § 3º, I, da Lei nº 9.430/96).

Gabarito "A"

21. TEMAS COMBINADOS E OUTRAS MATÉRIAS

(Advogado da União/AGU – CESPE – 2012) Julgue os itens seguintes, a respeito do Sistema Tributário Nacional.

(1) Lei genérica municipal, estadual ou federal pode determinar a concessão de subsídio ou isenção fiscal.

(2) A concessão de benefícios fiscais relativos ao imposto sobre a propriedade de veículo automotor depende de deliberação do Conselho Nacional de Política Fazendária.

(3) Os municípios podem conceder incentivos fiscais referentes ao ICMS.

(4) Os estados e o DF podem estabelecer alíquotas internas de ICMS inferiores às previstas para as operações interestaduais.

1: incorreta, pois os benefícios fiscais, em especial isenções e subsídios fiscais, dependem de lei específica, nos termos do art. 150, § 2º, da CF; **2:** incorreta, pois a isenção relativa ao IPVA é concedida por lei estadual ou distrital, sem necessidade de prévia aprovação de qualquer órgão nacional. Apenas em relação ao ICMS é que se exige prévia aprovação do benefício por convênio interestadual – art. 155, § 2º, XII, *g*, da CF; **3:** incorreta, pois o ICMS é da competência estadual, sendo que os benefícios são concedidos por cada Estado e pelo Distrito Federal, precedidos de aprovação por convênio interestadual, nos termos do art. 155, § 2º, XII, *g*, da CF; **4:** incorreta, pois, salvo deliberação em contrário dos Estados e do Distrito Federal por meio de convênio, as alíquotas internas, nas operações relativas à circulação de mercadorias e nas prestações de serviços, não poderão ser inferiores às previstas para as operações interestaduais – art. 155, § 2º, VI, da CF.

Gabarito 1E, 2E, 3E, 4E

(Procurador do Estado/AC – FMP – 2012) Dadas as assertivas, assinale a alternativa **correta.**

I. A competência tributária pode ser delegada pelos entes públicos.

II. A capacidade ativa tributária identifica-se com o poder de arrecadar e fiscalizar tributos.

III. De acordo com o entendimento do STJ, o inadimplemento da obrigação tributária pela sociedade não gera, por si só, a responsabilidade solidária do sócio-gerente.

IV. Não pode haver, segundo o entendimento do STJ, o redirecionamento da execução fiscal para o sócio gerente quando a empresa deixar de funcionar no seu domicílio fiscal sem a devida comunicação aos órgãos administrativos competentes.

(A) Estão corretas apenas as assertivas I e II.

(B) Estão corretas apenas as assertivas I e IV.

(C) Estão corretas apenas as assertivas II e III.

(D) Estão corretas apenas as assertivas II e IV.

I: incorreta, pois a competência tributária (= competência para legislar acerca dos tributos) é indelegável – art. 7º do CTN; **II:** correta, pois a capacidade ativa tributária refere-se exatamente à ocupação do polo ativo da obrigação tributária; **III:** correta, nos termos da Súmula 430/STJ; **IV:** incorreta, pois, nesse caso, há presunção de dissolução irregular, que implica responsabilidade dos administradores, nos termos do art. 135 do CTN – Súmula 435/STJ.

Gabarito "C"

(Procurador do Estado/SC – 2010 – FEPESE) De acordo com as disposições constitucionais acerca do Sistema Tributário Nacional, assinale a alternativa **correta**.

(A) É vedado à União, aos Estados, ao Distrito Federal e aos Municípios instituírem isenções heterônomas, sem qualquer exceção.

(B) É vedado à União cobrar imposto sobre renda e proventos de qualquer natureza antes de decorridos 90 (noventa) dias da data em que haja sido publicada a lei que o instituiu ou aumentou.

(C) É vedado à União cobrar empréstimo compulsório, em caso de investimento público de caráter urgente e de relevante interesse nacional, no mesmo exercício financeiro em que haja sido publicada a lei que o instituiu ou aumentou.

(D) É vedado à União, aos Estados, ao Distrito Federal e aos Municípios instituírem impostos sobre patrimônio, renda ou serviços dos partidos políticos, inclusive suas fundações, das entidades sindicais patronais, das instituições de educação e de assistência social, sem fins lucrativos, atendidos os requisitos da lei.

(E) A imunidade recíproca é extensiva às autarquias, às sociedades de economia mista e às fundações instituídas e mantidas pelo Poder Público, no que se refere ao patrimônio, à renda e aos serviços, vinculados a suas finalidades essenciais ou às delas decorrentes.

A: Imprecisa, pois o Congresso Nacional pode, excepcionalmente, excluir as exportações de serviços da incidência do ISS – art. 156, § 3º, III, da CF; **B:** Incorreta, pois o IR não se submete à anterioridade nonagesimal – art. 150, § 1º, da CF; **C:** Assertiva correta, pois somente o empréstimo compulsório em caso de despesa extraordinária é exceção ao princípio da anterioridade anual e nonagesimal – art. 148, II, e 150, § 1º, da CF; **D:** Incorreta, pois a imunidade do art. 150, VI, *c*, da CF abrange apenas os sindicatos dos trabalhadores, não os patronais; **E:** Incorreta, pois as sociedades de economia mista não são abrangidas pela imunidade recíproca – art. 150, § 2º, da CF. Perceba que o dispositivo constitucional somente se refere às entidades de direito público da administração indireta (autarquias e fundações públicas), mas o STF já estendeu a imunidade recíproca aos Correios e à Infraero (empresas públicas), cujos serviços são de prestação obrigatória e exclusiva pelo Estado.

Gabarito "C"

(Procurador do Estado/SC – 2010 – FEPESE) Conforme disposto na Constituição Federal de 1988, é **correto** afirmar:

(A) As contribuições sociais incidirão também sobre a importação de produtos estrangeiros ou serviços, mas não incidirão sobre as receitas decorrentes de exportação.

(B) A União poderá instituir, mediante lei complementar, na iminência ou no caso de guerra externa, impostos extraordinários, compreendidos ou não em sua competência tributária, os quais serão suprimidos, gradativamente, cessadas as causas de sua criação.

(C) Pertencem aos Estados e ao Distrito Federal cinquenta por cento do produto da arrecadação do imposto que a União instituir no exercício da competência residual.

(D) Os Municípios e o Distrito Federal poderão instituir taxas, na forma das respectivas leis, para o custeio do serviço de iluminação pública.

(E) Cabe à lei complementar a definição de tributos e de suas espécies, bem como, em relação aos impostos, a dos respectivos fatos geradores, bases de cálculo, alíquotas e contribuintes.

A: Assertiva correta, conforme o art. 149, § 2º, I e II, da CF; **B:** Imprecisa. Nada impede que seja utilizada lei complementar, mas basta simples lei ordinária federal para a instituição do imposto extraordinário – art. 154, II, da CF; **C:** Incorreta, pois a distribuição é de apenas 20% da receita do imposto da competência residual – art. 157, II, da CF; **D:** Incorreta, pois cabe a instituição de contribuição para custeio do serviço de iluminação pública, não taxa – art. 149-A da CF; **E:** Incorreta, pois não há exigência de lei complementar federal para a fixação das alíquotas dos impostos – art. 146, III, *a*, da CF.

Gabarito "A"

(Procurador do Estado/SC – 2010 – FEPESE) De acordo com o Código Tributário Nacional, assinale a alternativa **correta**.

(A) É dispensada a exigência de lei para o estabelecimento de modificação da base de cálculo do tributo, ainda que importe em torná-lo mais oneroso.

(B) Salvo disposição em contrário, as decisões dos órgãos singulares ou coletivos de jurisdição administrativa, a que a lei atribua eficácia normativa, entram em vigor, quanto a seus efeitos, na data da sua publicação.

(C) A lei tributária aplica-se a ato ou fato pretérito quando seja expressamente interpretativa, sem prejuízo de aplicação da penalidade à infração dos dispositivos interpretados.

(D) Interpreta-se literalmente a legislação tributária que disponha sobre extinção, suspensão ou exclusão do crédito tributário.

(E) A lei tributária que define infrações, ou lhe comina penalidades, interpreta-se da maneira mais favorável ao acusado, em caso de dúvida quanto à autoria, imputabilidade, ou punibilidade.

A: Incorreta, pois a modificação da base de cálculo dos tributos é matéria a ser veiculada por lei – art. 150, I, da CF e art. 97, § 1º, do CTN; **B:** Incorreta, pois o prazo de início de vigência, quanto aos efeitos normativos, previsto no art. 103, II, do CTN, é de 30 dias a partir da publicação da decisão; **C:** Incorreta, pois, nesse caso, não há aplicação de penalidade por infração dos dispositivos interpretados – art. 106, I, *in fine*, do CTN; **D:** Imprecisa, pois o art. 111 CTN não prevê expressamente interpretação literal para normas relativas à extinção do crédito tributário; **E:** Correta, conforme o art. 112, III, do CTN.

Gabarito "E"

(Procurador do Estado/SC – 2010 – FEPESE) Com fundamento no Código Tributário Nacional, assinale a alternativa **incorreta**.

(A) A ação para a cobrança do crédito tributário prescreve em cinco anos, contados da data da ocorrência do fato gerador.

(B) O lançamento constitui atividade administrativa vinculada e obrigatória, sob pena de responsabilidade funcional.

(C) A isenção, salvo se concedida por prazo certo e em função de determinadas condições, pode ser revogada ou modificada por lei, a qualquer tempo.

(D) É possível a alteração do lançamento regularmente notificado ao sujeito passivo, por iniciativa da autoridade administrativa, quando necessária a apreciação de fato não conhecido ou não provado por ocasião do lançamento anterior.

(E) Presume-se fraudulenta a alienação ou oneração de bens ou rendas, ou seu começo, por sujeito passivo em débito para com a Fazenda Pública, por crédito tributário regularmente inscrito como dívida ativa, salvo na hipótese de terem sido reservados, pelo devedor, bens ou rendas suficientes ao total pagamento da dívida inscrita.

A: Essa é a incorreta, pois o prazo prescricional quinquenal para a cobrança é contado da constituição definitiva do crédito, nos termos do art. 174 do CTN (ou seja, a partir da notificação do lançamento ou, para alguns autores e jurisprudência, a partir da decisão definitiva da impugnação administrativa). A rigor, pelo princípio da *actio nata*, entende-se que o prazo prescricional contra a fazenda começa a correr a partir do vencimento do tributo (antes disso, o fisco não poderia cobrar o débito, não fluindo, portanto, o prazo prescricional); **B:** Correta, nos termos do art. 142 do CTN; **C:** Correta, pois reflete o disposto no art. 178 do CTN; **D:** Assertiva correta, já que a hipótese permite a revisão do lançamento, nos termos do art. 149, VIII, do CTN; **E:** Correta, conforme o art. 185 do CTN.

Gabarito "A"

(Procurador do Município/Florianópolis-SC – 2010 – FEPESE) Assinale a alternativa **incorreta**.

(A) O contribuinte do Imposto sobre a Propriedade Territorial Urbana (IPTU) é notificado do lançamento pelo envio do carnê ao seu endereço.

(B) É ilegítima a exigência de depósito prévio para admissibilidade de recurso administrativo.

(C) O lançamento regularmente notificado ao sujeito passivo não pode ser alterado pela autoridade administrativa.

(D) A entrega de declaração pelo contribuinte reconhecendo débito fiscal constitui o crédito tributário, dispensada qualquer outra providência por parte do fisco.

(E) O lançamento reporta-se à data da ocorrência do fato gerador da obrigação e rege-se pela lei então vigente.

A: Correta, conforme a Súmula 397/STJ; **B:** Assertiva correta, como reconhecido pela Súmula Vinculante 21/STF e pela Súmula 373/STJ; **C:** Essa é a alternativa incorreta, pois é possível a alteração do lançamento já notificado, nas hipóteses do art. 145 do CTN; **D:** Correta, conforme a Súmula 436/STJ; **E:** Assertiva correta, conforme o art. 144, *caput*, do CTN.

Gabarito "C"

(Procurador do Estado/PE – CESPE – 2009) O montante da arrecadação tributária de um município estava abaixo do estabelecido para os gastos públicos pela LRF, o que levou o subsecretário da receita a tomar as decisões seguintes, visando o combate à sonegação e ao inadimplemento dos compromissos tributários.

Por portaria, majorou a multa aplicada a empresas pelo atraso no pagamento e antecipou o dia para recolhimento dos tributos, além de estabelecer correção monetária da base de cálculo sempre que o recolhimento do tributo ocorrer após vencido o prazo.

Por instrução normativa, estabeleceu multas por descumprimento de obrigações acessórias.

Suspendeu a fruição da isenção tributária nas atividades que enumera, pelo prazo de 90 dias. Com relação a essa situação hipotética, assinale a opção correta.

(A) Por afetar diretamente o planejamento físico e financeiro das empresas, a portaria não poderia alterar o dia do vencimento da obrigação tributária principal.

(B) A matéria veiculada pelo subsecretário é legislação tributária, não importando os meios utilizados para estabelecer as obrigações impostas.

(C) Tratando-se de suspensão de isenção tributária e não de seu indeferimento, tal ato é passível de veiculação por ato administrativo.

(D) As penalidades por descumprimento de obrigações acessórias podem ser estabelecidas por atos infralegais.

(E) A correção monetária da base de cálculo não implica majoração ou imposição tributária, sendo desnecessária a edição de lei para sua instituição.

A: incorreta, pois a data de vencimento dos tributos pode ser fixada por norma infralegal; **B:** assertiva incorreta, pois embora as portarias e instruções incluam-se no conceito de legislação tributária, não podem ser utilizadas para veicular qualquer espécie de norma – art. 100, I, do CTN; **C:** incorreta, pois a criação, alteração ou extinção de benefícios fiscais somente pode ser veiculada por lei – ver o art. 150, § 6º, da CF; **D:** incorreta, pois somente por meio de lei pode-se criar penalidades – art. 97, V, do CTN; **E:** assertiva correta, nos termos do art. 97, § 2º, do CTN.

Gabarito "E"

(Procurador do Estado/SC – 2009) De acordo com o disposto na Constituição Federal, no Código Tributário Nacional, na Lei Complementar nº 116, de 31.07.2003, e em normas correlatas, analise as alternativas abaixo e assinale a **correta**:

(A) Compete aos municípios a instituição de impostos sobre serviços de qualquer natureza, definidos em lei complementar, incluindo-se os serviços de transporte e os serviços de comunicação, quando prestados nos limites territoriais do município, ficando afastada a competência dos Estados e do Distrito Federal.

(B) Sempre que ocorrer a aplicação de mercadorias na prestação dos serviços relacionados na Lista de Serviços anexa à Lei Complementar nº 116/03, incide o imposto sobre operações relativas à circulação de mercadorias e sobre prestações de serviços de transporte interestadual e intermunicipal e de comunicação (ICMS) sobre o valor das mercadorias e, também, incide o imposto sobre serviços de qualquer natureza (ISS), sobre o valor do serviço, salvo as exceções previstas na Lista, quando incidirá apenas o ISS, e a base de cálculo corresponderá ao valor da prestação do serviço e das mercadorias.

(C) Dentre os impostos, somente o imposto sobre operações relativas à circulação de mercadorias e sobre prestações de serviços de transporte interestadual e intermunicipal e de comunicação -(ICMS), o imposto sobre a importação de produtos estrangeiros (II), e o imposto sobre a exportação (IE) podem incidir sobre operações relativas a derivados de petróleo, combustíveis e minerais do País, mas não é inconstitucional a incidência de outros tributos, como no caso de contribuição de intervenção no domínio econômico, em relação a essas atividades.

(D) Compete exclusivamente à União instituir contribuições sociais e, portanto, os Estados não têm competência para instituir contribuições, com natureza jurídica de tributo, para o custeio de regime de previdência em benefício dos seus funcionários.

(E) Compete à União, aos Estados e ao Distrito Federal legislar concorrentemente sobre direito tributário, em relação ao qual, existindo lei federal sobre normas gerais, os Estados exercerão competência legislativa plena apenas quanto às suas peculiaridades.

A: incorreta, pois o ISS não incide sobre serviços de comunicação (sujeitos ao ICMS estadual) e, ademais, o Distrito Federal detém a competência também em relação aos tributos municipais; **B:** assertiva incorreta (além de confusa), pois, em regra, incide apenas o ISS no caso de serviços listados na LC 116/2003, ainda que prestados com fornecimento de mercadoria, exceto quando houver disposição em contrário – art. 1º, § 2º, da LC 116/2003; **C:** assertiva correta, conforme o art. 155, § 3º, da CF; **D:** incorreta, pois os Estados, o Distrito Federal e os Municípios devem instituir contribuição, cobrada de seus servidores, para o custeio, em benefício destes, do regime previdenciário próprio – art. 149, § 1º, da CF; **E:** incorreta, pois a competência supletiva dos Estados e do Distrito Federal ocorre apenas no caso de omissão da União em relação às normas gerais – art. 24, § 3º, da CF.

Gabarito "C"

(Procurador do Estado/SC – 2009) Analise as alternativas abaixo relativas à quitação de tributos e à sujeição passiva, tendo em vista o que dispõe o Código Tributário Nacional e normas correlatas, e assinale a **correta**:

(A) O despacho do juiz deferindo o início do processo de recuperação judicial depende da apresentação de quitação de todos os tributos.

(B) Pelos tributos devidos até a morte, mas que somente foram constatados após a partilha e, por isso, não foram quitados, o "de cujus" é considerado o contribuinte e tanto os sucessores como o cônjuge meeiro são pessoalmente responsáveis, se não decorrido o prazo de decadência.

(C) Na concessão de recuperação judicial, caso não seja apresentada a prova de quitação de todos os tributos, estes devem ser pagos nos termos do Plano de Recuperação Judicial.

(D) De acordo com o Código Tributário Nacional, para ser proferida a sentença de julgamento da partilha, é suficiente que o imposto sobre transmissão "causa mortis" e doação, de quaisquer bens ou direitos (ITCMD) esteja quitado, visto terem os herdeiros responsabilidade tributária em relação aos demais tributos devidos pelo "de cujus" e ainda não quitados.

(E) Os tributos relativos a fatos geradores ocorridos no curso do processo de falência, sem contestação administrativa ou judicial, devem ser pagos após a quitação dos créditos extraconcursais, ou o juiz mandará reservar bens para a extinção dos créditos tributários.

A: incorreta, pois é a **concessão** da recuperação judicial que depende da prova de quitação de todos os tributos – art. 191 do CTN; **B:** correta, nos termos do art. 131, II, do CTN; **C:** incorreta, pois, conforme comentário à alternativa A, é preciso provar a quitação dos tributos para a concessão da recuperação judicial; **D:** incorreta, pois o juiz deve exigir prova de quitação de todos os tributos relativos aos bens do espólio, ou às suas rendas – art. 192 do CTN; **E:** incorreta, pois os créditos tributários relativos a fatos geradores ocorridos no curso do processo de falência **são extraconcursais**, ou seja, não entram no concurso de credores – art. 188 do CTN.

Gabarito "B"

(Procurador do Estado/SP – FCC – 2009) É correto afirmar:

(A) Na hipótese de encerramento irregular de sociedade limitada, é possível redirecionar a execução fiscal em face dos sócios que exerciam a gerência à época em que esse fato ocorreu.

(B) É facultado ao executado defender-se por meio de 'exceção de pré-executividade', a fim de questionar a legalidade do imposto apurado por auto de infração, que deu origem à execução fiscal.

(C) Em obediência aos princípios da ampla defesa e do contraditório, é obrigatório, antes de inscrever um débito no cadastro da dívida ativa, instaurar um procedimento administrativo, ainda que se trate de débito declarado pelo próprio contribuinte e não tenha sido recolhido no prazo legal.

(D) O ajuizamento de ação anulatória de débito fiscal impede a sua inscrição no cadastro da dívida ativa, pois tem a aptidão de suspender a exigibilidade do crédito tributário.

(E) Por se tratar de medida excepcional, a penhora *on line* de dinheiro em depósito ou aplicação financeira, em execução fiscal, somente pode ser deferida pelo juiz depois de esgotadas todas as possibilidades de localização de outros bens do devedor.

A: correta, pois o encerramento irregular é ilícito que gera responsabilidade do administrador, nos termos do art. 135, III, do CTN – Súmula 435/STJ; **B:** incorreta, pois a exceção de pré-executividade somente é admissível relativamente às matérias conhecíveis de ofício que não demandem dilação probatória – Súmula 393/STJ; **C:** incorreta, pois o tributo declarado pelo contribuinte, mas não pago pode ser imediatamente inscrito e executado – Súmula 436/STJ; **D:** o simples ajuizamento de ação não impede a inscrição e cobrança do crédito, sendo necessária, para isso, antecipação de tutela, liminar, depósito integral em dinheiro ou outra modalidade de suspensão da exigibilidade; **E:** incorreta, pois, atualmente, a penhora *on-line*, que equivale à constrição de dinheiro, é prioritária na execução fiscal – arts. 655, I, e 655-A do CPC e art. 185-A do CTN.

Gabarito "A"

(Procurador do Estado/SP – FCC – 2009) Temas variados.

I. Em virtude da sua competência legislativa e diante das normas gerais do CTN sobre o assunto, cabe aos Estados disciplinar o parcelamento relativo aos seus tributos.

II. Com base no art. 185-A do CTN, o juiz pode determinar a indisponibilidade de bens do devedor, se preenchidos determinados requisitos legais.

III. Quando mais benéficos, os efeitos da lei tributária retroagem, atingindo fatos geradores ocorridos antes da sua vigência, se pendente o recolhimento do tributo.

IV. Lei estadual que disciplina o IPVA pode atribuir ao sujeito passivo o dever de antecipar o pagamento do tributo, sem prévio exame da autoridade administrativa, configurando, nesta hipótese, o lançamento por homologação.

V. A atualização do valor monetário da base de cálculo constitui majoração do tributo, devendo ser estabelecida por meio de lei.

Está correto o que se afirma em

(A) I, II, III, IV e V.

(B) I, III e V, apenas.

(C) I, II e IV, apenas.

(D) II e V, apenas.

(E) III e IV, apenas.

I: assertiva correta, pois cabe a cada ente político legislar acerca do parcelamento de seus tributos – art. 155-A do CTN; **II:** correta, nos termos do art. 185-A do CTN; **III:** incorreta, pois a retroatividade da norma mais benéfica (*lex mitior*) refere-se apenas às penalidades pecuniárias – art. 106, II, do CTN; **IV:** correta, pois nada impede que o IPVA seja lançado por homologação, embora o mais comum seja o lançamento de ofício; V: incorreta, pois a simples correção monetária, dentro dos índices de inflação, não corresponde à majoração do tributo e pode, portanto, ser veiculada por norma infralegal – art. 97, § 2º, do CTN.

Gabarito "C"

(Procurador do Estado/SP – FCC – 2009) Temas variados.

I. O lançamento reporta-se à data da ocorrência do fato gerador da obrigação e rege-se pela lei vigente à época, salvo se lei superveniente for mais benéfica ao contribuinte do tributo.

II. A apresentação de recurso administrativo, o depósito do valor integral e a celebração de acordo de parcelamento são hipóteses de suspensão da exigibilidade do crédito tributário.

III. A remissão e a anistia são hipóteses de exclusão do crédito tributário.

IV. O prazo de recolhimento de um imposto só pode ser fixado por meio de lei.

V. A norma contida no art. 138 do CTN, que trata da denúncia espontânea da infração, não autoriza o contribuinte do ICMS, que declarou o imposto e não o recolheu tempestivamente, efetuar, após a data do vencimento, o pagamento do tributo, acrescido de juros de mora, mas sem a multa moratória.

Está correto o que se afirma em

(A) I, II, III, IV e V.

(B) I, III e V, apenas.

(C) I, II e IV, apenas.

(D) II e V, apenas.

(E) III e IV, apenas.

I: incorreta, pois a retroatividade da lei mais benéfica (*lex mitior*) restringe-se às penalidades pecuniárias – arts. 144 e 106, II, do CTN; **II:** assertiva correta, nos termos do art. 151 do CTN; **III:** incorreta, pois as únicas modalidades de exclusão do crédito tributário, previstas no CTN, são a isenção e a anistia – art. 175 do CTN; **IV:** incorreta, pois o vencimento do tributo não é matéria reservada à lei, podendo ser veiculada por norma infralegal – ver RE 195.218/MG; V: correta, pois a jurisprudência entende que a declaração do valor devido, relativa a tributo lançado por homologação, não acompanhada do pagamento, afasta o benefício da denúncia espontânea – ver Súmula 360/STJ.

Gabarito "D"

(Procurador do Estado/ES – 2008 – CESPE) Acerca do direito tributário brasileiro, julgue os itens que seguem.

(1) No direito tributário brasileiro, há um desnivelamento hierárquico entre os tratados internacionais e a legislação tributária interna, pois, quando em vigor, os tratados internacionais revogam ou modificam a legislação tributária interna e devem ser observados pela que lhes sobrevenha.

(2) Considere que um decreto presidencial tenha majorado a alíquota do imposto sobre a importação de determinado bem de 10% para 200%. Nesse caso, por se tratar de tributo com função extrafiscal de controle da balança comercial, a referida majoração não fere o princípio do não confisco.

(3) A doutrina designa fato gerador continuado aquele cuja realização ocorre ao longo de um espaço de tempo, como no caso do imposto sobre a renda e proventos de qualquer natureza.

(4) Considere a seguinte situação hipotética. Em razão do pagamento a menor do imposto sobre operações relativas à circulação de mercadorias (ICMS), a autoridade fazendária competente lavrou auto de infração contra a Êxito Papelaria Ltda., em maio de 1995. Regularmente notificada, a contribuinte apresentou defesa, que foi julgada em 15/10/1999, sendo que o edital de notificação da contribuinte foi publicado em 20/1/2000. O débito foi devidamente inscrito em dívida ativa em 10/1/2001 e o aforamento da ação de execução fiscal ocorreu em 12/5/2004. Ao tomar conhecimento da ação de execução fiscal, a Êxito Papelaria Ltda. opôs exceção de pré-executividade, alegando a prescrição, em 10/1/2005. Nessa situação, o juízo competente deve acolher as alegações da

Êxito Papelaria Ltda., uma vez que ocorreu a prescrição do crédito tributário.

(5) Considere que, em virtude de erro na determinação da alíquota do imposto sobre serviços (ISS), certo contribuinte tenha efetuado o pagamento a maior do tributo e, em razão disso, ajuizou ação de repetição de indébito contra a fazenda pública municipal, tendo sido julgado procedente o pedido do contribuinte. Nesse caso, os juros moratórios serão devidos a partir do trânsito em julgado da decisão que conceder a repetição do indébito.

(6) Considere que certo contribuinte decida promover ação de repetição de indébito em razão do recolhimento indevido do ICMS, cujo fato gerador ocorreu em janeiro de 2007. Nesse caso, conforme a jurisprudência do STJ, o prazo para o contribuinte propor ação de repetição de indébito tributário será de dez anos a contar da ocorrência do fato gerador.

(7) O STF já decidiu que é ilegítima a incidência da contribuição para o financiamento da seguridade social (COFINS) sobre o faturamento das empresas distribuidoras de derivados de petróleo, pois as mesmas gozam de imunidade tributária.

(8) Caso certa entidade municipal leve a efeito a construção de uma ponte, no valor de R$ 7.200.000,00, que beneficie a população de duas cidades, uma vez que a distância percorrida pelas pessoas diminuirá de 30 km para 7 km, para efeitos de cobrança da contribuição de melhoria, a valorização dos imóveis beneficiados será presumida, cabendo aos contribuintes interessados fazer prova da inexistência da valorização imobiliária.

1: O STF decidiu (em matéria não tributária) que o tratado ingressa no sistema jurídico nacional com força de lei ordinária federal; não pode regular matéria de competência exclusiva de Estados, do Distrito Federal e dos Municípios; os tratados comerciais (GATT, Mercosul etc.) não concedem benefícios fiscais relativos a tributos estaduais e municipais, apenas garantem tratamento isonômico ao similar importado; nesse sentido, pelo menos, não há superioridade hierárquica, o que afasta a aplicação do disposto no art. 98 do CTN; **2:** A majoração é válida, desde que feita nos limites e nas condições previstas em lei – art. 153, § 1°, da CF; **3:** Fato gerador continuado seria o do IPTU ou o do IPVA, como exemplos; **4:** A execução fiscal iniciou-se dentro do prazo prescricional (12.5.2004), contado a partir do término do processo administrativo em 20.1.2000 (durante o qual a exigibilidade e o prazo para cobrança estavam suspensos); **5:** Súmula 188/STJ; 6: A chamada "tese dos cinco mais cinco" ficou ultrapassada após a LC 118/2005. O prazo para repetição é de cinco anos contados do pagamento indevido; 7: As distribuidoras de petróleo não gozam de imunidade; 8: muitos entendem que, nos termos do art. 82, I, do CTN, a valorização imobiliária deve ser aferida e publicada previamente.

Gabarito 1E, 2C, 3E, 4E, 5C, 6E, 7E, 8E

(Procurador do Município/Natal-RN – 2008 – CESPE) No que concerne às normas gerais de direito tributário, cada uma das opções abaixo apresenta uma situação hipotética, seguida de uma assertiva a ser julgada. Assinale a opção que apresenta assertiva correta.

(A) Determinado município brasileiro estabeleceu, por portaria expedida pela secretaria municipal de fazenda, que a atualização monetária do IPTU seria feita com base no índice oficial de correção, acrescido de 0,5% ao mês. Nessa situação, é lícita a alteração feita por portaria, tendo em vista que não se trata de majoração de tributo.

(B) Certo município, interpretando dispositivo de norma federal, passou a não exigir o recolhimento de ISS sobre determinada atividade. Entretanto, após alguns anos, a autoridade fazendária municipal, revendo a interpretação originária, considerou incidente a exação sobre a referida atividade. Nessa situação, a conduta do contribuinte embasada pela interpretação anterior exclui a imposição de penalidade, cobrança de juros de mora e atualização monetária da base de cálculo do ISS.

(C) O Brasil celebrou convenção internacional alterando a alíquota dos impostos de importação e exportação de determinados produtos negociados entre os países signatários. Nessa situação, a alteração da legislação tributária interna dependerá da edição de lei ratificando os termos da convenção.

(D) Certa norma municipal estabelecia a incidência de multa moratória de 60% no caso de atraso no pagamento após o vencimento da obrigação não incluída em notificação fiscal de lançamento. João, sendo cobrado por débito tributário, discutia administrativamente a incidência da referida multa, sob a alegação de violação ao princípio do não confisco. Nessa situação, se, no curso do procedimento administrativo fiscal, for editada nova norma reduzindo o valor da multa moratória, sua eficácia não beneficiará João.

A: incorreta, pois o aumento acima do índice de inflação implica majoração real do tributo, e não simples manutenção do valor monetário da exação, o que somente poderia ser feito por lei – art. §§ 1° d 2°, do CTN e Súmula 160/STJ; **B:** essa é a assertiva correta. A interpretação do Município, consolidada em prática reiterada (= norma complementar, conforme o art. 100, III, do CTN) não pode alterar a tributação, por conta do princípio da legalidade. Nesse caso, vale a regra prevista em lei, de modo que os contribuintes devem recolher a diferença. Entretanto, até em atenção ao princípio da boa-fé, o recolhimento das diferenças será feito sem imposição de penalidades, de juros de mora ou de atualização da base de cálculo do tributo, conforme o art. 100, parágrafo único, do CTN; **C:** incorreta, pois o pelo Congresso Nacional e a promulgação pelo Presidente insere o tratado no sistema jurídico interno, sendo aplicável a norma tributária – art. 98 do CTN; **D:** incorreta, pois a redução da penalidade tributária beneficia o infrator, desde que não haja julgamento definitivo, exatamente o caso descrito – art. 106, II, *c*, do CTN. A rigor, o judiciário entende que a *lex mitior* aproveita o infrator até a decisão definitiva na execução fiscal (ou seja, até mesmo após a decisão administrativa definitiva há retroatividade da norma mais benéfica em favor do infrator) – ver AgRg Ag 1.026.499/SP.

Veja a seguinte tabela, que indica a produção do tratado e sua introdução no sistema jurídico interno brasileiro (em princípio, não há "acordos executivos", sem referendo pelo Congresso Nacional, em matéria tributária):

1º O Presidente da República celebra o tratado, muitas vezes por meio de plenipotenciário - art. 84, VIII, da CF;
2º O Congresso Nacional referenda o tratado, aprovando-o por decreto legislativo - art. 49, I, da CF;
3º O Presidente ratifica o tratado, manifestando o consentimento aos demais países;
4º O Presidente promulga o tratado, por decreto, cuja publicação insere-o no sistema jurídico interno.

Gabarito "B"

(Procurador do Município/Natal-RN – 2008 – CESPE) Em cada uma das opções abaixo é apresentada uma situação hipotética acerca do crédito tributário, seguida de uma assertiva a ser julgada. Assinale a opção em que a assertiva está correta.

(A) Em determinado estado da Federação, o lançamento do ICMS era regido pela Lei X. Ocorre que, posteriormente, a referida norma foi revogada pela Lei Z, que atribuiu responsabilidade tributária por substituição. Nessa situação, a norma posterior será aplicável aos lançamentos referentes a fatos geradores ocorridos em data anterior à sua vigência, no que concerne à atribuição de responsabilidades a terceiros.

(B) Mariana, após entregar sua declaração anual de imposto de renda de pessoa física, percebeu um erro na inclusão dos valores dos rendimentos recebidos, que reduziria o valor do tributo devido. Nessa situação, Mariana somente poderá efetivar a retificação caso demonstre a existência do erro em que se funda.

(C) A concessão de moratória em caráter geral somente poderá abranger os créditos definitivamente constituídos à data da lei que estabelecer o favor.

(D) O município Y concedeu moratória em caráter individual a determinados contribuintes que satisfizessem certas condições estabelecidas em lei. A pessoa jurídica Gama, para quem foi inicialmente concedida a moratória em caráter individual, teve seu favor fiscal anulado em virtude de não ter cumprido as condições impostas legalmente. Nessa situação, inexistindo dolo ou simulação por parte do beneficiado, o prazo prescricional terá sido suspenso durante o período em que durou a moratória.

A: incorreta, pois, embora a norma que atribui responsabilidade a terceiro jamais retroage – art. 144, § 1º, *in fine*, do CTN; **B:** incorreta. Essa declaração do imposto de renda não se confunde com aquela atinente ao lançamento por declaração que exige comprovação do erro para a retificação – art. 147, § 1º, do CTN. A declaração do imposto de renda é simples obrigação acessória relativa a tributo lançado por homologação. Mariana pode corrigir a declaração em conformidade com a legislação federal aplicável, por meio eletrônico, sem qualquer justificativa e, inclusive, requerer a restituição do tributo que eventualmente tenha pago a maior, sujeitando-se, evidentemente, à fiscalização tributária; **C:** incorreta, pois pode haver disposição legal em contrário – art. 154 do CTN; **D:** assertiva incorreta, pois, se não houve dolo ou simulação do beneficiado, ou de terceiro em benefício daquele, o prazo entre a concessão da moratória e sua revogação (anulação) é computado para fins de prescrição – art. 155, II e parágrafo único, do CTN. Comentário: entendemos que não há alternativa correta, havendo erro na formulação da alternativa "B".

Gabarito "B"

(Procurador da Fazenda Nacional – 2007 – ESAF)

- O Decreto n. 40.643/96, do Estado de São Paulo, que aprovou os termos do Convênio n. 132/95, concedeu certa isenção para os estabelecimentos industriais. A circunstância de a Lei Federal n. 4.502/64, que, para os fins nela previstos, equiparou o estabelecimento industrial ao importador, permite, segundo o CTN, a interpretação de que também o importador se beneficia da isenção?
- À luz do art. 38, § 2º, da Lei n. 6.374/89, do Estado de São Paulo, discutiu-se a atualização monetária do crédito do ICMS. Em face de norma estadual expressa, é admitido o uso das formas de integração do direito tributário, quais sejam, a analogia, os princípios gerais de direito tributário e de direito público e a equidade, se já previstas em lei federal (CTN, art. 108, I a IV)?
- O Plenário do STF, ao julgar o RE 213.396 (DJ de 01/12/2000), assentou a constitucionalidade do sistema de substituição tributária "para frente", mesmo antes da promulgação da EC n. 3/93. Nesse sistema, a obrigação tributária mostra-se anterior à realização concreta do fato tributável. O Convênio ICMS 10/89, que previu esse sistema, foi publicado no dia 30 de março. Poderia o Convênio alcançar os substitutos tributários por ele instituídos, já no mês de março de 1989?

(A) Sim, sim, sim

(B) Não, não, não

(C) Sim, não, sim

(D) Não, sim, não

(E) Sim, não, não

1ª: não, pois a norma isentiva deve ser interpretada estritamente (literalmente, na dicção do art. 111, II, do CTN); 2ª: não, pois a integração pressupõe lacuna, ou seja, inexistência de norma expressa acerca do assunto – art. 108 do CTN; 3ª: não há como, pois a substituição "para frente" implica inclusão do ônus relativo ao ICMS futuro no preço da mercadoria vendida pelo substituto – no caso, as saídas já realizadas até 30 de março não se submeteram à sistemática e é impossível alterá-las sem violar o ato jurídico perfeito.

Gabarito "B"

(Procurador da Fazenda Nacional – 2007 – ESAF)

- É solidária a responsabilidade dos sócios, ainda que integrantes de sociedade por quotas de responsabilidade limitada, em virtude do disposto em lei específica, qual seja, a Lei n. 8.620/93, segundo a qual "o titular da firma individual e os sócios das empresas por cotas de responsabilidade limitada respondem solidariamente, com seus bens pessoais, pelos débitos junto à Seguridade Social". Essa norma foi julgada inválida pelo STJ só porque proveniente de lei ordinária?

- Em se tratando de contribuição para o salário-educação, competia não ao INSS, agente arrecadador, mas à União, que a instituiu e é, portanto, sujeito ativo da obrigação tributária nos termos do art. 119 do CTN, integrar o polo passivo da ação de repetição de indébito?
- O resultado da venda de mercadorias constitui base de incidência de contribuição para a seguridade social?

(A) Sim, sim, sim

(B) Não, não, não

(C) Sim, não, sim

(D) Sim, não, não

(E) Sim, sim, não

1ª: sim, pois o STJ entende que a solidariedade prevista no art. 13 da Lei 8.620/1993 (atualmente revogado) deve ser interpretada em conjunto com o art. 135, III, do CTN, que tem força de lei complementar; 2ª: não, pois a instituição do tributo é feita por quem detém competência tributária (União), o que não se confunde com sujeição ativa ou legitimidade passiva para a repetição (INSS); 3ª: sim, pois o faturamento, que inclui as receitas de vendas de mercadorias, é fato gerador da contribuição social a cargo da empresa – art. 195, I, *b*, da CF.

Gabarito "C"

(Procurador da Fazenda Nacional – 2007 – ESAF)

- A autoridade administrativa poderá desconsiderar atos ou negócios jurídicos praticados com a finalidade de dissimular a ocorrência do fato gerador do tributo, observados os procedimentos a serem estabelecidos em lei ordinária.
- O CTN omitiu-se em prever a possibilidade de, na forma e condições estabelecidas em lei, a dação em pagamento em bens móveis extinguir o crédito tributário.
- Segundo o CTN, prescrição da pretensão do fisco se interrompe pelo despacho do juiz que ordenar a citação em execução fiscal e não pela citação pessoal feita ao devedor em execução ou qualquer outro processo judicial.

(A) As três afirmações são verdadeiras.

(B) Só é falsa a segunda asserção.

(C) Só é falsa a terceira afirmação.

(D) Só são falsas as duas últimas.

(E) São todas falsas.

1ª: verdadeira, nos termos art. 116, parágrafo único, do CTN; 2ª: verdadeira, já que há previsão apenas para a dação de imóveis em pagamento – art. 156, XI, do CTN; 3ª: verdadeira, considerando que, atualmente, o despacho que ordena a citação em execução fiscal interrompe a prescrição – art. 174, parágrafo único, I, do CTN.

Gabarito "A"

(Procurador da Fazenda Nacional – 2007 – ESAF) 1) O STJ, em matéria de direito internacional tributário, tem entendido que os tratados-leis, diferentemente dos tratados-contratos, não podem ser alterados pela legislação interna. 2) Cabe à lei complementar dispor sobre a vedação a que se estabeleçam limitações ao tráfego de pessoas ou bens, por meio de tributos interestaduais. 3) A União não pode criar situação de isenção ao ICMS, por via indireta, ou seja, por meio de tratado ou convenção internacional que garanta ao produto estrangeiro a mesma tributação do similar nacional.

(A) As três afirmações são verdadeiras.

(B) Só é verdadeira a primeira asserção.

(C) Só é falsa a terceira afirmação.

(D) Só são verdadeiras as duas últimas.

(E) São todas falsas.

1ª: correta, pois há jurisprudência nesse sentido (v.g. REsp 426.945/PR). Ver também RE 460.320/PR; 2ª: correta, pois as limitações constitucionais ao poder de tributar (art. 150, V, da CF) são reguladas por lei complementar (art. 146, II, da CF); 3ª:, incorreta, pois os Tribunais Superiores aceitam que tratado internacional firmado pela União (GATT, Mercosul etc.) garanta tratamento isonômico para o similar importado – ver REsp 309.769/RJ. Veja também o RE 229.096/RS, em que houve manifestação do STF pela possibilidade de concessão de isenção heterônoma (dada pela União, em relação a tributo de outro ente) por meio de tratado internacional.

Gabarito "C"

(Procurador da Fazenda Nacional – 2007 – ESAF)

- O Decreto n. 70.235, de 6 de março de 1972, que dispõe sobre o Processo Administrativo Fiscal, considera nulos os atos com espaço em branco, ou com entrelinhas ou rasuras não ressalvadas?
- No Decreto n. 70.235, a palavra "representação" é utilizada no sentido de comunicação escrita ao chefe imediato, quando o servidor é incompetente para praticar determinado ato?
- A concessão de parcelamento de débitos junto à Secretaria da Receita Federal, à Procuradoria-Geral da Fazenda Nacional e ao Instituto Nacional do Seguro Social dependerá de apresentação de garantia ou de arrolamento de bens?

(A) Sim, sim, sim

(B) Não, não, não

(C) Não, sim, sim

(D) Não, sim, não

(E) Sim, não, não

1ª: não há previsão de nulidade – art. 2º do Decreto 70.235/1972; 2ª: é esse o sentido da palavra no art. 12 do Decreto 70.235/1972; 3ª: não há, em regra, essa exigência – arts. 4º, V, e 5º, § 3º, ambos da Lei 10.684/2003 (PAES).

Gabarito "D"

(Procurador da Fazenda Nacional – 2006 – ESAF) Leia a assertiva a seguir e assinale, adiante, a opção que a completa corretamente.

Em programas de parcelamento amplos como o Refis, o Paes etc., tem sido comum o legislador condicionar a fruição de benefícios como diminuição de multa e juros à desistência de ação judicial eventualmente em curso contra a cobrança do tributo passível de parcelamento. Essa exigência

(A) tem sido majoritariamente afastada pelos tribunais, que a entendem inconstitucional, por violar o princípio da inafastabilidade do Poder Judiciário.

(B) ainda é objeto de grave controvérsia nos tribunais superiores sobre o assunto.

(C) predomina como legítima nos tribunais, vez que é opção do devedor desistir da ação e aderir ao programa, a cuja adesão é facultativa.

(D) não tem sido objeto de irresignação pelos devedores.

(E) tem sido sistematicamente julgada inconstitucional pelo STF.

É pacífico o entendimento judicial no sentido de que o ingresso nos programas de parcelamento é opção do contribuinte e implica reconhecimento do débito, pressupondo desistência das ações – ver REsp 1.070.246/RS-STJ. Por essa razão, a alternativa "C" é a correta.

Gabarito "C"

(Procurador da Fazenda Nacional – 2006 – ESAF) Julgue os itens abaixo segundo o entendimento atualmente dominante no Superior Tribunal de Justiça – STJ e marque, a seguir, a opção que apresenta a resposta correta.

I. Para a repetição dos tributos chamados "indiretos", é inafastável a prova acerca de não ter havido o repasse do encargo financeiro a terceiro, como condição para propor a ação.

II. No caso de denúncia espontânea acompanhada de pedido de parcelamento, é indevida a incidência da multa por atraso.

III. É inconstitucional a lei que prevê o recurso hierárquico especial ao Secretário de Estado da Fazenda contra decisão do Conselho de Contribuintes.

IV. Em concurso de credores fazendários, o direito à preferência independe de penhora sobre o bem de cujo o fruto da arrematação se dá a disputa.

(A) Apenas o item I está correto.

(B) Apenas os itens I e II estão corretos.

(C) Apenas o item III está errado.

(D) Apenas os itens I e III estão errados

(E) Todos os itens estão errados.

I: incorreta, pois há também a possibilidade de o terceiro que assumiu o ônus econômico autorizar expressamente o "contribuinte de direito" a pedir a restituição – art. 166 do CTN; **II:** incorreta, pois o pedido de parcelamento não dá ensejo ao benefício da denúncia espontânea, sendo essencial o pagamento integral do débito – art. 138 do CTN e Súmula 208/TFR; **III:** incorreta, pois o STF não afasta essa possibilidade – ver RE 462.136 AgR/PR (embora, nesse caso, não conheça da matéria por entender que eventual inconstitucionalidade seria meramente reflexa); **IV:** incorreta, pois somente há concurso de preferência entre entes públicos, previsto no art. 187, parágrafo único, do CTN, em caso de penhora sobre determinado bem "instituída em favor de um e ambicionada por outro órgão" (REsp 555.286/MG).

Gabarito "E"

(Procurador da Fazenda Nacional – 2006 – ESAF) Considerando os temas "administração tributária" e "repartição de receitas tributárias", julgue os itens abaixo e marque, a seguir, a opção que apresenta a resposta correta.

I. A pessoa jurídica imune está obrigada a submeter-se ao exame de sua contabilidade pela autoridade fiscal.

II. Os profissionais submetidos às regras do sigilo profissional não estão obrigados a auxiliar o Fisco com informações de seus clientes.

III. Pertencem aos municípios o equivalente a 25% da arrecadação da União havida com o Imposto Sobre a Renda e Proventos de Qualquer Natureza – IR de contribuintes domiciliados em seu território.

IV. Os estados têm direito à parcela da arrecadação da União havida com o Imposto Sobre Produtos Industrializados – IPI.

(A) Todos os itens estão corretos.

(B) Todos os itens estão errados.

(C) Apenas o item I está errado.

(D) Apenas o item III está errado.

(E) Apenas o item II está correto.

I: assertiva correta, pois a obrigação acessória independe da existência de obrigação principal, sendo que todos se submetem a ela, inclusive as pessoas imunes ou isentas – art. 194, parágrafo único, do CTN; **II:** correta, conforme o art. 197, parágrafo único, do CTN; **III:** incorreta, pois não há distribuição de parcela da receita de IR a municípios pelo critério do domicílio do contribuinte – arts. 158 e 159 da CF; **IV:** correta, pois há a distribuição de 21,5% da receita do IPI por meio do Fundo de Participação dos Estados e do Distrito Federal, além de 10% distribuídos proporcionalmente ao valor das respectivas exportações de produtos industrializados – art. 159, I, *a*, e II, da CF.

Gabarito "D"

(Procurador da Fazenda Nacional – 2006 – ESAF) Tendo em conta o que dispõe a CRFB/1988, marque com (**V**) a assertiva verdadeira e com (**F**) a falsa, assinalando ao final a opção correspondente.

( ) Território Federal pode instituir taxa.

( ) O Distrito Federal pode instituir os impostos estaduais, municipais, taxas e contribuição de melhoria.

( ) Uma norma geral poderá, a pretexto de definir tratamento diferenciado e favorecido para as micro e pequenas empresas, instituir regime único de arrecadação de impostos e contribuições dos entes federados.

( ) A planta de valores dos imóveis, para efeitos de cobrança do Imposto Sobre Veículos Automotores – IPVA no exercício seguinte, deve ser publicada antes de 90 dias de findo o exercício financeiro em curso.

(A) V, V, F, V
(B) F, V, V, F
(C) F, V, F, V
(D) V, F, V, V
(E) V, F, V, F

1: incorreta, pois eventual Território Federal que venha a ser criado não terá competência tributária (ela será exercida pela União e, caso haja, pelos municípios) – art. 147 da CF; **2:** correta, pois o DF cumula as competências estaduais e municipais – arts. 145 e 147 da CF; **3:** correta, como previsto pelo art. 146, III, *d*, e parágrafo único, da CF; **4:** incorreta, pois a majoração da base de cálculo do IPVA (a exemplo do IPTU) não se sujeita ao princípio da anterioridade nonagesimal, apenas à anual – art. 150, parágrafo único, da CF.

Gabarito "B"

(Procurador da Fazenda Nacional – 2006 – ESAF) Considerando o que dispõe a Lei n. 10.522, de 19 de julho de 2002, marque com (**V**) a assertiva verdadeira e com (**F**) a falsa, assinalando ao final a opção correspondente.

( ) O Cadin contém a relação dos devedores da Fazenda Nacional responsáveis por dívidas de natureza tributária e não tributária.

( ) O registro no Cadin é suspenso quando o devedor ajuíza ação com o intuito de discutir a natureza do débito.

( ) As ações de execução fiscal da União que veiculem valores inferiores a R$ 10.000,00 (dez mil reais) podem ser extintas, a requerimento do Procurador da Fazenda Nacional.

( ) Em determinados casos, quando citado para responder a ação, o Procurador da Fazenda Nacional pode reconhecer a procedência do autor.

(A) V, V, V, F
(B) V, F, F, F
(C) V, F, F, V
(D) F, V, V, V
(E) F, V, F, F

1: correta, nos termos do art. 2º, I, da Lei 10.522/2002; **2:** incorreta, pois haverá suspensão do registro somente com o oferecimento de garantia idônea e suficiente ao juízo, na forma da lei – art. 7º, I, da Lei 10.522/2002; **3:** incorreta, pois não se trata de extinção, mas arquivamento, com baixa na distribuição – art. 20 da Lei 10.522/2002; **4:** correta, nos termos do art. 19, § 1º, da Lei 10.522/2002.

Gabarito "C"

(Procurador da Fazenda Nacional – 2006 – ESAF) Julgue os itens abaixo segundo o entendimento atualmente dominante no Supremo Tribunal Federal – STF e marque (**V**) para proposição verdadeira e (**F**) para a falsa, e a seguir, assinale a opção que apresenta a resposta correta.

( ) O Pleno do Tribunal já analisou a constitucionalidade do inciso II do art. 198, acrescentado pela Lei Complementar n. 104/2001, que admite, em certas condições, o fornecimento de informações fiscais submetidas a sigilo, independente de autorização judicial, para uma autoridade administrativa (inciso II do art. 198 do CTN).

( ) Ao tempo da edição da Lei Complementar n. 104/2001, que alterou o art. 198 do CTN, o Tribunal entendia imprescindível a autorização judicial para a obtenção das informações fiscais submetidas a sigilo.

( ) A imunidade tributária conferida a instituições de assistência social sem fins lucrativos pelo art. 150, VI, "c", da CRFB/1988, alcança as entidades fechadas de previdência social privada, independente de haver ou não contribuições dos beneficiários.

( ) A imunidade prevista no art. 150, VI, "d", da CRFB/1988, abrange os filmes e papéis fotográficos necessários à publicação de jornais e periódicos.

(A) V, V, V, F
(B) F, V, V, V
(C) V, V, F, V
(D) V, F, V, F
(E) F, V, F, V

1: assertiva incorreta; **2:** correta, pois era esse o entendimento do STF; **3:** incorreta, pois as entidades fechadas de previdência privada somente são imunes caso não haja contribuição dos beneficiários – Súmula 730/STF; correta, conforme a Súmula 657/STF.

Gabarito "E"

(Procurador da Fazenda Nacional – 2006 – ESAF) Considerando o tema "Lei Complementar n. 105, de 10/01/01" e as disposições da citada lei, marque, a seguir, a opção que apresenta a assertiva correta.

(A) A quebra de sigilo poderá ser decretada, quando necessária para apuração de crime contra a Administração Pública, pelo juiz, apenas na fase judicial.

(B) Além das requisições judiciais, o Banco Central do Brasil e a Comissão de Valores Mobiliários podem fornecer à Advocacia-Geral da União as informações e os documentos necessários à defesa da União nas ações em que seja parte.

(C) A constitucionalidade da LC n. 105/01 foi declarada pelo STF em ADIn específica.

(D) A inconstitucionalidade da LC n. 105/01 foi declarada pelo STF em ADIn específica.

(E) Os agentes fiscais tributários da União podem examinar documentos, livros e registros de instituições financeiras, inclusive os referentes a contas de depósitos e aplicações financeiras, como providência prévia à instauração de procedimento fiscal.

A: incorreta, pois a quebra de sigilo poderá ser decretada, quando necessária para apuração de ocorrência de qualquer ilícito, em qualquer fase do inquérito ou do processo judicial – art. 1º, § 4º, da

LC 105/2001; **B:** essa é a correta, pois reflete o disposto no art. 3º, § 3º, da LC 105/2001; C e **D:** incorretas, pois não houve declaração de constitucionalidade ou inconstitucionalidade em ADIn específica; **E:** incorreta, pois a possibilidade de exame de documentos e registros bancários pela fiscalização, conforme previsto no art. 6º da LC 105/2001, depende de processo administrativo instaurado ou procedimento fiscal em curso. Importante salientar que atualmente o STF entende necessária autorização judicial para que o fisco acesso dados protegidos pelo sigilo bancário – RE 389.808/PR.

Gabarito "B"

(Procurador do Estado/SE – FCC – 2005) Considere as seguintes proposições sobre crédito tributário:

I. A constituição do crédito tributário, por intermédio do lançamento por declaração, não é ato privativo de autoridade administrativa.

II. A tutela antecipada e a medida liminar concedidas em ação cautelar não são hipóteses de suspensão da exigibilidade do crédito tributário.

III. O pagamento de tributo, sujeito a lançamento por declaração, por si só já extingue o crédito tributário.

Está correto o que se afirma em

(A) II, apenas

(B) III, apenas.

(C) I, II e III.

(D) I e II, apenas.

(E) I, apenas

I: incorreta, pois o lançamento é, em regra, privativo da autoridade administrativa, nos termos do art. 142 do CTN. A jurisprudência admite o lançamento pelo contribuinte ou desnecessidade do lançamento pelo fisco apenas no caso de tributos lançados por homologação, quando (i) os tributos são declarados, mas não pagos e (ii) no caso de depósito judicial – ver Súmula 436/STJ e EREsp 686.479/RJ-STJ; **II:** incorreta, pois ambas são modalidades de suspensão do crédito, previstas no art. 151, V, do CTN; **III:** correta, pois o pagamento é a principal modalidade de extinção do crédito tributário – art. 156, I, do CTN.

Gabarito "B"

(Procurador do Estado/SE – FCC – 2005) A respeito dos tributos previstos na Constituição Federal, é correto afirmar:

(A) As taxas podem ter a mesma base de cálculo de imposto.

(B) A contribuição de melhoria pode ser exigida antes do início da obra pública.

(C) Após a Emenda Constitucional nº 29, o Imposto sobre Propriedade Territorial Urbano pode ser exigido através de alíquotas progressivas desde que o Município possua plano diretor.

(D) Na ausência do exercício do poder de tributar pelos Estados e pelos Municípios, a União poderá dispor, por intermédio de lei ordinária federal, sobre os tributos de competência dessas pessoas políticas.

(E) Apesar de os impostos serem tributos não vinculados, os Estados poderão instituir adicional de até dois pontos percentuais na alíquota do ICMS, sobre os produtos e serviços supérfluos e nas condições definidas na lei complementar de que trata o art. 155, § 2º, XII, da Constituição Federal, vinculado a um Fundo de Combate à Pobreza.

A: incorreta, pois isso é vedado pelo art. 145, § 2º, da CF, pelo art. 77, parágrafo, CTN – ver também Súmula Vinculante 29/STF; **B:** incorreta, pois o fato gerador da contribuição de melhoria é a valorização imobiliária decorrente da obra pública – art. 145, III, da CF e art. 81 do CTN; **C:** incorreta, pois não há exigência de plano diretor para cobrança do IPTU progressivo em relação à base de cálculo, conforme o art. 155, § 1º, I, da CF, incluído pela EC 29/2000. O plano diretor, obrigatório no caso de municípios com mais de vinte mil habitantes, é pressuposto para a progressividade no tempo, conforme o art. 182, § 4º, II, da CF; **D:** incorreta, pois a competência tributária e privativa, não podendo ser exercida por outro ente político, mesmo em caso de inércia do titular; **E:** assertiva correta, pois se trata de exceção à vedação de vinculação da receita de imposto a despesa específica – art. 82, § 1º, do ADCT – ver também o art. 167, IV, da CF. Note que essa vedação de vinculação da receita não tem relação com a classificação dos impostos como tributos não vinculados, atinente à inexistência de atividade estatal específica voltada ao contribuinte (há apenas coincidência na nomenclatura adotada por alguns autores) – art. 16 do CTN.

Gabarito "E"

(Procurador do Estado/SP – VUNESP – 2005) São admitidas como corretas as seguintes afirmações:

I. Compensação é forma de extinção do crédito tributário, sendo vedada mediante o aproveitamento do tributo, objeto de contestação judicial pelo sujeito passivo, antes do trânsito em julgado da respectiva decisão judicial.

II. Anistia corresponde ao perdão da falta cometida pelo infrator de deveres tributários ou da penalidade a ele imposta por ter infringido mandamento legal.

III. O princípio da anualidade não mais existe no direito positivo brasileiro, de tal sorte que uma lei que institua ou majore tributo pode ser aplicada no ano seguinte, a despeito de não haver específica autorização orçamentária, bastando que atenda ao princípio da anterioridade.

IV. O princípio da territorialidade determina que a lei tributária ensejará os efeitos jurídicos próprios nos limites geográficos da pessoa política que a editou.

São corretas:

(A) I, II, IIII e IV.

(B) II e III, apenas.

(C) I e IV, apenas.

(D) I e II, apenas.

(E) IV, apenas.

I: correta, conforme o art. 170-A do CTN e Súmula 212/STJ; **II:** correta, conforme o art. 180 do CTN; **III:** correta, pois o princípio da anualidade não subsiste, realmente, no sistema constitucional tributário brasileiro; **IV:** assertiva correta, pois descreve precisamente o princípio da territorialidade.

Gabarito "A"

(Procurador da Fazenda Nacional – 2003 – ESAF) A Lei Complementar nº 105, de 10 de janeiro de 2001, que "Dispõe sobre o sigilo das operações de instituições financeiras e dá outras providências", estabelece expressamente:

(A) É vedado às instituições financeiras, exceto se houver prévia autorização do Poder Judiciário, fornecer à Secretaria da Receita Federal as informações necessárias à identificação dos contribuintes e os valores globais das respectivas operações, no que se refere à Contribuição Provisória sobre Movimentação ou Transmissão de Valores e de Créditos e Direitos de Natureza Financeira (CPMF), por constituírem informes e operações protegidos por sigilo bancário.

(B) Independem de prévia autorização do Poder Judiciário a prestação de informações e o fornecimento de documentos sigilosos pelas instituições financeiras, quando solicitados por comissão de inquérito administrativo destinada a apurar responsabilidade de servidor público por infração praticada no exercício de suas atribuições, ou que tenha relação com as atribuições do cargo em que se encontre investido.

(C) As autoridades e os agentes fiscais tributários da União, dos Estados, do Distrito Federal e dos Municípios somente poderão examinar documentos, livros e registros de instituições financeiras, inclusive os referentes a contas de depósitos e aplicações financeiras, quando houver processo administrativo instaurado ou procedimento fiscal em curso e tais exames sejam considerados indispensáveis pela autoridade administrativa competente.

(D) As autoridades e os agentes fiscais tributários da União, dos Estados, do Distrito Federal e dos Municípios não têm permissão legal para, sem prévia autorização do Poder Judiciário, examinar documentos, livros e registros de instituições financeiras, que se refiram a contas de depósitos e aplicações financeiras, ainda que haja processo administrativo instaurado e tais exames sejam considerados indispensáveis pela autoridade administrativa competente.

(E) O Banco Central do Brasil não tem permissão legal para fornecer informação protegida por sigilo bancário ao Conselho de Controle de Atividades Financeiras (COAF), órgão do Ministério da Fazenda, exceto na hipótese de prévia autorização do Poder Judiciário.

A: incorreta, pois não há essa vedação expressa; **B:** incorreta, pois há necessidade de prévia autorização pelo poder judiciário, nesse caso – art. 3º, § 1º, da LC 105/2001; **C:** assertiva correta, nos termos do art. 6º da LC 105/2001; **D:** incorreta, à luz do art. 6º da LC 105/2001. É importante salientar, entretanto, o entendimento do STF pela necessidade de autorização judicial para que o fisco acesso dados protegidos pelo sigilo bancário – RE 389.808/PR; **E:** incorreta, nos termos do art. 2º, § 6º, da LC 150/2001.

Gabarito "C"

(Procurador da Fazenda Nacional – 2004 – ESAF) Em atenção ao tema substituição tributária, marque com **V** a assertiva verdadeira e com **F** a falsa, assinalando ao final a opção correta correspondente.

( ) Segundo o entendimento atualmente dominante no Supremo Tribunal Federal, o fato gerador presumido é provisório e, por isso, dá ensejo à restituição ou complementação do imposto pago na hipótese de sua não realização ou realização em dimensão diversa da presumida.

( ) Segundo o entendimento atualmente dominante no Supremo Tribunal Federal, o fato gerador presumido não é provisório mas sim definitivo, não dando ensejo à restituição ou complementação do imposto pago, senão, no primeiro caso, na hipótese de sua não realização final.

( ) A substituição tributária progressiva, ou para frente, é técnica de tributação introduzida no ordenamento jurídico brasileiro pela Emenda Constitucional nº 03, de 17 de março de 2003, e regulamentada pela Lei Complementar nº 87, de 13 de setembro de 1996.

( ) Instituto que atende ao princípio da praticabilidade da tributação, a substituição tributária pode ser: regressiva, ou para trás, tendo por efeito o diferimento do tributo; e progressiva, ou para frente, pressupondo a antecipação do fato gerador, calculando-se o tributo devido de acordo com uma base de cálculo estimada.

(A) V, F, F, F

(B) F, V, F, V

(C) F, V, V, F

(D) V, F, V, V

(E) V, F, V, F

1: incorreta, pois o STF entendeu exatamente o contrário, que o fato gerador presumido (que deve ocorrer futuramente – art. 150, § 7º, da CF) é definitivo, daí porque não há falar em restituição no caso de valor menor que o previsto. Nos termos do acórdão na ADIn 1.851/AL: "O fato gerador presumido, por isso mesmo, não é provisório, mas definitivo, não dando ensejo a restituição ou complementação do imposto pago, senão, no primeiro caso, na hipótese de sua não realização final."; **2:** correta, conforme comentário à assertiva anterior; **3:** incorreta, pois o STF já admitia a substituição tributária para frente, prevista pela legislação tributária, antes da inclusão do § 7º ao art. 150 da CF pela EC 3/1993; **4:** assertiva correta, pois descreve adequadamente a substituição tributária "para frente" e "para trás" que, como reconheceu o STF no julgamento da ADIn 1.851/AL, implica "redução, a um só tempo, da máquina-fiscal e da evasão fiscal a dimensões mínimas, propiciando, portanto, maior comodidade, economia, eficiência e celeridade às atividades de tributação e arrecadação".

Gabarito "B"

(ADVOGADO – CEF – 2012 – CESGRANRIO) Em relação aos serviços bancários disponibilizados pela Caixa Econômica Federal (CEF) aos seus clientes, tais como: serviços relacionados a cobranças, custódia em geral, inclusive de títulos e valores mobiliários, compensação de cheques e títulos quaisquer, dentre outros, sabe-se, com base no atual sistema jurídico tributário, que a CEF

(A) é alcançada pela incidência do imposto sobre serviços de qualquer natureza de competência dos Municípios, mas, por se tratar de instituição financeira regida pelas normas de direito público, se exonera da incidência do imposto sobre serviços relativos às suas atividades bancárias.

(B) é alcançada pela incidência do imposto sobre serviços de qualquer natureza de competência dos Municípios, com base na lei aplicável à espécie, visto que a ela não se aplica à imunidade tributária recíproca.

(C) goza de isenção fiscal relativa ao imposto sobre serviços de qualquer natureza, em qualquer hipótese, por se tratar de empresa pública.

(D) goza de imunidade tributária recíproca, visto se equiparar às autarquias e fundações públicas no que se refere aos impostos sobre patrimônio, renda ou serviços, desde que vinculados às suas finalidades essenciais ou às delas decorrentes.

(E) goza de imunidade tributária recíproca em relação ao imposto sobre serviços de qualquer natureza de competência dos Municípios.

Os serviços bancários estão incluídos dentre as prestações que constituem o fato gerador do Imposto sobre Serviços de Qualquer Natureza (ISS), nos termos da Lei Complementar nº 116/03 (item 15 da lista de serviços). A Caixa Econômica Federal é uma empresa pública no exercício de atividade econômica em sentido estrito em concorrência com outras pessoas jurídicas de direito privado. Por isso, ela não se beneficia da imunidade tributária recíproca diante da proibição expressa constante no art. 173, § 2º, da CF.

Gabarito "B"

(ADVOGADO – CORREIOS – 2011 – CESPE) Julgue os itens a seguir, acerca do Sistema Tributário Nacional, da competência tributária e dos tributos.

(1) No caso de a União instituir empréstimo compulsório em razão de investimento público de caráter urgente e de relevante interesse nacional, deverá ser observado o princípio da anterioridade tributária, e a aplicação dos recursos provenientes do referido tributo deverá estar vinculada à despesa que fundamentou sua instituição.

(2) Reputa-se inconstitucional a adoção, no cálculo do valor de determinada taxa, de um ou mais elementos da base de cálculo própria de determinado imposto, mesmo que não haja integral identidade entre uma base de cálculo e outra.

(3) Tributo, definido como prestação pecuniária compulsória em moeda, pode constituir sanção de ato ilícito, cobrada mediante atividade judicial ou administrativa.

(4) Se determinado estado da Federação não tiver instituído o imposto sobre a propriedade de veículos automotores (IPVA), essa ausência de exercício da competência tributária não a deferirá a pessoa jurídica de direito público diversa daquela a que a Constituição Federal de 1988 tenha atribuído tal competência.

1: correta, nos termos dos art. 148, II e parágrafo único, da CF; **2:** incorreta. A assertiva contraria frontalmente o disposto na Súmula Vinculante nº 29 do STF; **3:** incorreta. Tributo não é sanção por ato ilícito e é cobrado apenas por atividade administrativa plenamente vinculada (art. 3º do CTN); **4:** correta. A competência tributária para impostos e exclusiva e indelegável (art. 8º do CTN).

Gabarito 1C, 2E, 3E, 4C

(ADVOGADO – CORREIOS – 2011 – CESPE) No que se refere a capacidade, domicílio, responsabilidade e crédito tributários, julgue os itens subsequentes.

(1) A administração tributária não está autorizada a recusar o domicílio tributário eleito pelo contribuinte sob a alegação de dificuldade na fiscalização do tributo devido.

(2) O espólio responde pelos tributos devidos pelo *de cujus* até a data da abertura da sucessão.

(3) Se determinada pessoa jurídica obtiver o parcelamento de impostos municipais (IPTU e ISS) devidos desde 2008, tal parcelamento tributário suspenderá a exigibilidade do crédito tributário.

(4) Mesmo que não tenha sido regularmente constituída, determinada pessoa jurídica que atue no ramo de prestação de serviços de limpeza estará obrigada a recolher o imposto sobre serviços, uma vez que a capacidade tributária passiva independe de estar a pessoa jurídica regulamente constituída, bastando que configure uma unidade econômica ou profissional.

1: incorreta. Essa é justamente uma das possibilidade de recusa do domicílio tributário eleito pelo contribuinte prevista no art. 127, § 2º, do CTN; **2:** correta, nos termos do art. 131, III, do CTN; **3:** correta. Parcelamento é uma das hipóteses de suspensão da exigibilidade do crédito tributário (art. 151, VI, do CTN); **4:** correta, nos termos do art. 126, III, do CTN).

Gabarito 1E, 2C, 3C, 4C

(ADVOGADO – PETROBRÁS BIO. – 2010 – CESGRANRIO) A celebração de convênios do ICMS, pelas unidades da Federação visando à exoneração do respectivo pagamento do imposto, NÃO se aplica a

(A) isenção de imposto.

(B) concessão de crédito presumido.

(C) redução de alíquotas internas inferiores às previstas para operações interestaduais.

(D) redução de base de cálculo.

(E) imunidade tributária.

A celebração de convênios pode ter como objeto todas as circunstâncias relacionadas, com exceção da concessão de imunidade tributária, uma vez que essa somente pode ser criada pela Constituição Federal.

Gabarito "E"

(ADVOGADO – BNDES – 2010 – CESGRANRIO) A Constituição Brasileira de 1988, artigo 5º, incisos X e XII, garante a inviolabilidade da intimidade e da vida privada do cidadão, bem como o sigilo dos seus dados. Nessa linha, para que os direitos do contribuinte sejam alterados e para que possa haver a quebra do sigilo bancário pelas autoridades fiscais, sem processo judicial, é necessária uma

(A) Lei Ordinária, posterior à Constituição Federal.

(B) Lei Complementar, que venha a regulamentar a quebra do sigilo fiscal.

(C) Emenda Constitucional, alterando o dispositivo citado.

(D) Portaria do Ministro da Fazenda.

(E) nova Assembleia Constituinte.

Os direitos e garantias fundamentais da pessoa foram alçados ao grau de cláusula pétrea, não sendo objeto de deliberação proposta de emenda constitucional que pretenda aboli-los ou reduzi-los (art. 60, § 4º, IV, da CF). Com isso, a única forma de criar uma hipótese de quebra de sigilo bancário sem participação do Poder Judiciário é a reunião de um novo Poder Constituinte Originário, ilimitado em suas atribuições. O melhor exemplo é a Assembleia Nacional Constituinte, cujo trabalho resulta na elaboração de uma nova Constituição para o país.

Gabarito "E"

(ADVOGADO – SERPRO – 2008 – CESPE) Considerando o que dispõem o Sistema Tributário Nacional e a Lei de Responsabilidade Fiscal, julgue os próximos itens.

(1) Empresa estatal dependente é aquela cuja maioria do capital social com direito a voto pertence, direta ou indiretamente, a ente da Federação do qual recebe recursos financeiros para pagamento de despesas com pessoal ou de custeio em geral ou de capital, excluídos, no último caso, aqueles provenientes de aumento de participação acionária.

(2) A definição de tributo depende da destinação legal do produto de sua arrecadação.

(3) O Fundo de Garantia por Tempo de Serviço (FGTS) não tem natureza jurídica tributária.

1: correta, nos termos do art. 2º, III, da Lei Complementar nº 101/00; **2:** incorreta, porque contraria frontalmente o disposto no art. 4º, II, do CTN; **3:** correta, nos termos da Súmula nº 353 do STJ.

Gabarito 1C, 2E, 3C

(ADVOGADO – BNDES – 2006 – CESGRANRIO) *"Bitributação faz Alemanha romper acordo Brasil desrespeita tratado firmado há 30 anos e que tinha o intuito de evitar a dupla tributação*

A denúncia - modo formal de extinção do tratado - foi feita pelo governo federal alemão em 7 de abril de 2005. O chamado Acordo de Bitributação, firmado em 1975 com o Brasil, no que se refere aos impostos sobre a renda e sobre o capital, deixa de existir em 1o de janeiro de 2006. Segundo a embaixada da Alemanha no Brasil, o motivo da denúncia foi o esforço alemão, em vão, de submeter o Acordo a uma profunda revisão, pois, a seu ver, muitos aspectos necessitam de atualização. 'As negociações realizadas com delegações de ambos os governos em final de fevereiro, em Berlim, não lograram êxito, tendo motivado a denúncia por parte do governo federal alemão.'(...)"

(Gazeta Mercantil, edição de 1/11/2005)

Um dos pivôs das divergências de interpretação das cláusulas do "Acordo para Evitar a Dupla Tributação em Matéria de Impostos sobre a Renda e o Capital", firmado entre o Brasil e a República Federal da Alemanha, foi a tributação, no Brasil, das remessas para o pagamento de serviços técnicos que não envolvam transferência de tecnologia, prestados por empresas alemãs que não tivessem estabelecimento permanente no Brasil.

As Autoridades Fiscais brasileiras manifestaram posicionamento oficial no sentido de que tais pagamentos estariam classificados na cláusula "Rendimentos não Expressamente Mencionados" (artigo 22 do Acordo), podendo ser tributados no Brasil, afastando o entendimento de que as referidas remessas receberiam o tratamento, previsto no artigo 7o do Acordo, de:

(A) Rendimentos de Bens Imobiliários.

(B) Lucros das Empresas.

(C) Ganhos de Capital.

(D) Dividendos.

(E) *Royalties.*

Conforme amplamente noticiado à época, pretendia o Governo Alemão que as remessas para o pagamento de serviços prestados por empresas alemãs sem estabelecimento no Brasil fossem enquadradas como lucros dessas entidades, porque assim, nos termos do tratado então vigente, seriam objeto de tributação apenas na Alemanha, país da residência ou sede do prestador de serviços.

Gabarito "B"

(ADVOGADO – CEF – 2006 – CESPE) Cada um dos itens a seguir apresenta uma situação hipotética, seguida de uma assertiva a ser julgada com base no Direito Tributário.

(1) Determinada lei estadual, de 20/4/1999, estabelecia a incidência de multa moratória pelo pagamento em atraso do ICMS em montante equivalente a 30% do valor do débito corrigido monetariamente. Lei estadual posterior, publicada em 12/9/2004, reduziu o valor da multa moratória para 20% do valor do débito corrigido. Nessa situação, caso João tenha sido multado após 12/4/2004, com base na legislação anterior e em ato definitivamente julgado, a lei posterior deve ser aplicada.

(2) A pessoa jurídica Alfa encerrou suas atividades e alienou seu estabelecimento empresarial para a pessoa jurídica Beta, a qual continuou a exploração da respectiva atividade empresarial, sob outra razão social. Nesse caso, a Beta responderá integralmente pelos tributos relativos ao estabelecimento empresarial devidos até a data da alienação.

(3) Determinada lei estadual estabeleceu condições e requisitos para a concessão de isenção do ICMS. A pessoa jurídica Gama apresentou requerimento perante autoridade administrativa competente fazendo prova do preenchimento das condições e do cumprimento dos requisitos para a sua concessão. A referida autoridade, ao analisar o requerimento, deferiu o pedido, concedendo a isenção em 15/4/2004. Entretanto, a referida lei foi revogada em 20/3/2006, tornando ineficaz o ato administrativo que deferiu a isenção à Gama. Nessa situação, o referido tributo somente poderá ser cobrado à Gama no exercício financeiro seguinte ao que foi revogada a referida lei.

(4) Um município instituiu taxa de conservação de estradas de rodagem, sendo fato gerador a propriedade, o domínio útil ou a posse de imóvel localizado fora de sua zona urbana, dentro dos limites do referido município. Nesse caso, com base na ordenação normativa vigente, é possível concluir que esta exação é inconstitucional.

(5) Um condomínio celebrou contrato com vigência de 1 ano a partir de 12/7/2005 com a pessoa jurídica Delta para a prestação de serviços de conservação e limpeza das partes comuns do edifício. A pessoa jurídica Delta não recolheu a contribuição previdenciária relativa aos seus empregados no exercício de dezembro de 2005. Posteriormente à ocorrência do fato gerador do referido tributo, foi editada norma atribuindo responsabilidade tributária solidária, pelo pagamento dos débitos tributários da Delta, do referido condomínio. Nessa situação, com base na ordenação normativa vigente, a autoridade administrativa competente deve aplicar a nova norma para proceder ao lançamento tributário.

(6) A Fazenda Nacional ajuizou ação executiva fiscal em desfavor da pessoa jurídica Ômega. Devidamente citada, a Ômega não pagou nem apresentou bens a penhora no prazo legal. A Fazenda Nacional, após diversas diligências, não localizou bens penhoráveis pertencentes à Ômega. Nessa situação, o juiz competente para a ação de execução fiscal deverá determinar a indisponibilidade dos bens e direitos da Ômega, comunicando sua decisão a diversos órgãos, entre os quais se incluem os cartórios de registro público de imóveis.

(7) Determinada lei estadual estabeleceu como um dos requisitos para a concessão de isenção tributária a prova de quitação do tributo ao qual se aplicará a isenção, a ser apresentada por meio de certidão negativa. A pessoa jurídica X não apresentou certidão negativa, mas certidão emitida pela própria Secretaria de Fazenda, em que constava a existência de ação executiva em que fora efetivada penhora de bens pertencentes à executada, para garantia do juízo. Nessa situação, com base na legislação de regência, é possível afirmar que X cumpriu o requisito em comento.

1: incorreta. A lei mais benéfica em matéria de infrações somente se aplica retroativamente em caso de atos não definitivamente julgados (art. 106, II, "c", do CTN); **2:** correta, nos termos do art. 132, parágrafo único, do CTN; **3:** correta, nos termos do art. 104, III, do CTN; **4:** correta, porque a taxa em questão possui base de cálculo idêntica à do Imposto Territorial Rural, ofendendo o art. 145, § 2º, da CF; **5:** incorreta. No caso em exame, não se admite a aplicação retroativa da lei tributária, autorizada apenas para os casos excepcionais previstos no art. 106 do CTN; 6: correta, nos termos do art. 185-A do CTN; 7: correta. Trata-se da "certidão positiva com efeitos de negativa" prevista no art. 206 do CTN.

Gabarito 1E, 2C, 3C, 4C, 5E, 6C, 7C

(ADVOGADO – PETROBRÁS – 2003 – CESPE) A respeito do poder de tributar das entidades federativas, julgue os itens a seguir.

(1) O princípio da anterioridade, por se revestir da natureza de cláusula pétrea da Constituição da República de 1988, não poderá ser afastado da incidência dos impostos decorrentes do exercício da competência residual pela União, ainda que tal determinação conste expressamente em texto de emenda constitucional.

(2) Em caso de acidente ecológico decorrente do derramamento de produto tóxico de veículo transportador, os estados podem buscar recursos para minimizar os efeitos da calamidade pública, instituindo empréstimo compulsório, por meio de lei complementar.

(3) As contribuições sociais são instituídas e cobradas pela União Federal, inclusive as de intervenção no domínio econômico e as de interesse de categoria profissional, excluídas somente as incidentes sobre os vencimentos dos servidores públicos estaduais e municipais, para custeio, em benefício destes, de sistema de previdência e assistência social.

(4) Cabe a lei complementar federal dispor sobre o fato gerador e a base de cálculo dos impostos previstos na Constituição da República, inclusive do imposto sobre serviços (ISS) e do imposto sobre a propriedade de veículos automotores (IPVA).

(5) Por caracterizar serviço público essencial e indivisível, o sistema de iluminação pública deve ser financiado com recursos provenientes da cobrança de imposto, não cabendo aos municípios a instituição de contribuição específica para tal fim.

1: correta. O STF já decidiu, quando do julgamento da ADI 939, que as limitações constitucionais ao poder de tributar constituem cláusula pétrea, inatacáveis por emenda constitucional; **2:** incorreta. A competência para instituição de empréstimos compulsórios é exclusiva da União (art. 148 da CF); **3:** correta, nos termos do art. 149, § 1º, da CF; **4:** correta, nos termos do art. 146, III, "a", da CF; **5:** incorreta. A receita dos impostos, salvo exceções constitucionalmente previstas, não podem ser vinculadas a nenhuma despesa específica (art. 167, IV, da CF). Para o custeio da iluminação pública, destarte, foi instituída contribuição específica de competência dos Municípios pelo art. 149-A da CF.

Gabarito 1C, 2E, 3C, 4C, 5E

(ADVOGADO – PETROBRÁS – 2003 – CESPE) Julgue os seguintes itens, relativos a aspectos diversos do Sistema Tributário Nacional.

(1) De acordo com o texto constitucional em vigor, a medida provisória pode instituir e aumentar impostos, desde que nas hipóteses em que seja desnecessária a edição de lei complementar para tais fins.

(2) À luz da necessidade de se manter a unidade jurídico-fiscal no território nacional, a União Federal não pode instituir impostos que não sejam uniformes nas diversas regiões geoeconômicas do país, e ainda está autorizada a conceder isenção de tributos da competência dos estados, do Distrito Federal ou dos municípios.

(3) A fim de garantir a autonomia do exercício pleno de sua atividade econômica, os bens, os serviços e as rendas da PETROBRAS são imunes à tributação por meio de impostos, desde que vinculados às funções essenciais da entidade.

(4) A contribuição de intervenção no domínio econômico hoje vigente incide sobre as receitas decorrentes da exportação, para o exterior, de gasolina, diesel e querosene de aviação.

(5) No sistema de substituição tributária, que abarca as operações de compra e venda de combustíveis e seus derivados, o crédito tributário relativo ao imposto sobre operações relativas à circulação de mercadorias e sobre a prestações de serviços de transporte interestadual e intermunicipal e de comunicações (ICMS) pode ser exigido na saída do bem da refinaria de petróleo, antes, pois, da ocorrência da aquisição da mercadoria pelo consumidor final.

1: correta, nos termos do art. 62, § 1º, III, da CF; **2:** incorreta. À União é vedado instituir isenções sobre tributos estaduais e municipais (art. 151, III, da CF); **3:** incorreta. As empresas públicas e sociedades de economia mista, exceto se prestadoras de serviço público, não podem gozar de privilégios fiscais não extensivos ao setor privado (art. 173, § 2º, da CF); **4:** incorreta. A exportação dos produtos relacionados não se encontra no campo de incidência da CIDE-Combustíveis, somente a importação e a comercialização (art. 3º, § 2º, da Lei nº 10.336/01); **5:** correta. A substituição tributária é o fenômeno que desloca o dever de recolhimento do tributo para outro momento da cadeia produtiva, seja anterior (substituição tributária "para frente") ou posterior (substituição tributária "para trás" ou diferimento). No caso do ICMS sobre combustíveis, ocorre, nos termos do Convênio nº 03/1999, substituição tributária "para frente", ou seja, o tributo devido sobre todas as operações econômicas da cadeia produtiva pode ser exigido com a saída do bem da refinaria.

Gabarito 1C, 2E, 3E, 4E, 5C

(ADVOGADO – PETROBRÁS – 2003 – CESPE) Julgue os itens que se seguem.

(1) O somatório de bens e rendas de qualquer natureza, inclusive os haveres gravados por ônus real ou cláusula de inalienabilidade ou impenhorabilidade, pertencentes ao sujeito passivo, seu espólio ou sua massa falida, respondem pelo pagamento do crédito tributário.

(2) Segundo regra expressa, o crédito tributário tem preferência sobre qualquer outro, seja qual for a natureza ou o tempo da constituição deste.

(3) Devido ao seu campo probatório limitado, que impede a realização de perícia técnica contábil, o mandado de segurança não é ação adequada para a declaração do direito à compensação de tributos.

(4) A compensação de créditos tributários não pode ser deferida por medida liminar, devendo-se aguardar o trânsito em julgado da ação em que o particular busca o reconhecimento de seu direito.

(5) O prévio protesto é condição indispensável ao exercício do direito à restituição total ou parcial do tributo pago indevidamente pelo sujeito passivo tributário, pois confere certeza e liquidez ao crédito deste.

1: incorreta. Não se sujeitam à responsabilidade os bens e rendas que a lei declare expressamente impenhoráveis (art. 184 do CTN); **2:** incorreta. O crédito tributário não prefere aos créditos trabalhistas e decorrentes de acidente de trabalho e, na falência, cede lugar também aos créditos gravados com garantia real (art. 186 do CTN); **3:** incorreta. O STJ consolidou a possibilidade de compensação tributária através de mandado de segurança na Súmula nº 213; **4:** correta, nos termos da Súmula nº 212 do STJ; **5:** incorreta. O direito do contribuinte à restituição independe de prévio protesto (art. 165 do CTN).

Gabarito 1E, 2E, 3E, 4C, 5E

(ADVOGADO – PETROBRÁS – 2001 – CESPE) Com referência ao direito tributário, julgue os itens a seguir.

(1) Na interpretação e integração da legislação tributária, a autoridade fiscal pode valer-se da analogia e da equidade, mas com limitações, de modo que o emprego da primeira não pode resultar na exigência de tributo que a lei não haja previsto e que a aplicação da segunda não pode ter como consequência a exoneração do contribuinte, se o tributo for devido.

(2) Nos embargos à execução fiscal, o juiz deve, necessariamente, deferir o requerimento de prova pericial formulado pelo embargante, sob pena de gerar cerceamento de defesa e, por consequência, nulidade do processo.

(3) Na execução fiscal, é possível a garantia da instância por meio do oferecimento de bem de propriedade de terceiro; se o bem for imóvel e o terceiro for casado, a garantia ficará condicionada tanto à aceitação do exequente quanto ao consentimento do cônjuge, sendo que este consentimento não pode ser implícito.

(4) O regime aduaneiro especial de exportação e de importação de bens destinados às atividades de pesquisa e de lavra das jazidas de petróleo e de gás natural (REPETRO) pode aplicar-se não somente a máquinas como também a equipamentos sobressalentes, ferramentas, aparelhos e partes e peças destinadas a garantir a operacionalidade dessas máquinas; além disso, no caso de exportação, os bens beneficiados pelo REPETRO podem ser objeto de saída real ou ficta do território nacional.

(5) A ação anulatória de débito fiscal e a ação declaratória seguem ambas o rito ordinário previsto no

Código de Processo Civil e têm em comum o pedido, isto é, uma e outra destinam-se à anulação do procedimento administrativo fiscal, no todo ou em parte.

1: correta, nos termos do art. 108, §§ 1º e 2º, do CTN; **2:** incorreta. O art. 420 do CPC, de aplicação subsidiária à Lei de Execução Fiscal (art. 1º da Lei nº 6.830/80), determina que o juiz indefira a prova pericial quando dela não depender a prova do fato, quando for desnecessária tendo em vista as demais provas produzidas ou for impraticável; **3:** correta, nos termos do art. 9º, § 1º, da Lei nº 6.830/80; **4:** correta, nos termos do art. 1º, § 2º, do Decreto nº 3.161/99; **5:** incorreta. A ação anulatória pressupõe a existência de um lançamento tributário anterior que se pretende, justamente, anular. Já a ação declaratória de inexistência de débito pode ser ajuizada mesmo antes da constituição do crédito tributário, visto que tem por escopo declarar inexistente, e não inválida, qualquer relação jurídico-tributária do contribuinte com a Fazenda.

Gabarito 1C; 2E; 3C; 4C; 5E.

SÓ NO SÉCULO 37

Por mais de quinze anos, a Academia de Tênis de Brasília, misto de centro de lazer e hotel de luxo, funcionou formalmente como entidade beneficente, sem fins lucrativos. A empresa nunca recolheu um tostão de imposto. A isenção terminou em 1998, quando a Receita Federal descobriu o que todo mundo já sabia: o único beneficiado com a filantropia era seu dono. A Receita cassou a isenção e multou a academia em 6 milhões de reais. A empresa acabou fazendo um acordo com a Receita no ano passado. Agora, a novidade: a academia está pagando 300 reais por mês. Assim, nos termos do acordo, sua dívida estará quitada dentro de 1.666 anos, precisamente em abril de 3666, em pleno século 37.

Para conseguir a negociação, a empresa valeu-se da lei que criou o Programa de Recuperação Fiscal (REFIS), ideia do governo para tentar arrecadar algum dinheiro de quem talvez jamais viesse a pagar nenhum tostão. As empresas que reconhecem suas dívidas com o fisco ganham o direito de refinanciá-las em prestações de, no máximo, 1,5% do faturamento. Precisam ainda começar a pagar regularmente os demais impostos.

O dono da Academia de Tênis, antes de ir ao balcão do REFIS, fez uma reengenharia. Em outubro de 1998, transferiu o grosso das atividades lucrativas da academia para outra empresa, que abocanhou 97% do faturamento. A academia ficou apenas com a receita das mensalidades dos sócios, cerca de 25.000 reais por mês. Sobre esse faturamento, fez-se o cálculo das prestações do REFIS.

Policarpo Júnior. Veja, 21/2/2001, p. 48-9 (com adaptações).

(ADVOGADO – CEF – 2001 – CESPE) No atinente ao sistema tributário brasileiro e considerando a notícia do texto ao lado, julgue os itens abaixo.

(1) Tecnicamente, do ponto de vista do direito tributário, o texto contém imprecisão, pois a pessoa jurídica citada não era beneficiária de "isenção", mas de imunidade.

(2) Considere a seguinte situação hipotética. A Secretaria da Receita Federal (SRF) lavrou termo de inscrição em dívida ativa relativa às dívidas tributárias de determinada pessoa jurídica. O termo continha todos os requisitos legais, mas deixou de indicar o modo de calcular os juros de mora aplicáveis. Com base nesse termo, expediu-se certidão de dívida ativa (CDA) com a mesma omissão. A fazenda nacional ajuizou execução fiscal, instruindo-a com a certidão. A devedora embargou a execução, atacando apenas o total da dívida. Antes da sentença na execução e nos embargos, o juiz determinou à exequente substituir a certidão por outra completa, o que foi cumprido. Em seguida, o juiz reabriu o prazo para que a executada se defendesse. A executada apresentou novos embargos, limitando-se a atacar o aspecto do cálculo dos juros, suprido pela nova certidão. O juiz julgou improcedentes os segundos embargos. Nessa situação, todos agiram erradamente: a fazenda nacional, porque não poderia ajuizar execução fiscal com base em CDA defeituosa; o juiz, porque, uma vez constatada a omissão da CDA, de imediato deveria ter extinguido o processo executivo; a executada, porque, nos novos embargos, não se deveria ter limitado ao aspecto suprido pela certidão complementar.

(3) Se a atividade empresarial desenvolvida pela pessoa jurídica citada no texto fosse transferida a outra empresa, com outros sócios, e a empresa anterior encerrasse suas atividades, a nova empresa seria integralmente responsável pela dívida tributária da antecessora, aí incluídos o principal dos tributos, as multas, os juros e os demais acréscimos legalmente admitidos.

(4) Considere a seguinte situação hipotética. O fisco autuou determinada pessoa jurídica, mas não ajuizou a ação cabível para a cobrança de seu crédito. Quatro anos após a autuação, a pessoa jurídica protocolizou na SRF pedido de parcelamento da dívida, o qual foi deferido. Porém, três meses depois do início do parcelamento, a empresa suspendeu os pagamentos. Dois anos depois do último pagamento feito pela empresa, a fazenda ajuizou execução fiscal contra o contribuinte. Nessa situação, a fazenda agiu acertadamente, apesar da demora, pois o crédito tributário ainda não fora atingido pela prescrição.

(5) Considere a seguinte situação hipotética. A pessoa jurídica mencionada no texto possuía dez sócios, dos quais apenas dois exerciam efetivo poder de gerência e, por isso, praticavam atos da sociedade. Os demais apenas tinham participação no capital, mas não interferiam na vida da empresa. Após a autuação, a empresa encerrou suas atividades e dissolveu-se. Nessa situação, todos os dez sócios seriam solidariamente responsáveis pelas dívidas da sociedade, caso esta não possuísse patrimônio bastante para fazer-lhes face.

1: correta. A empresa se apresentava como uma instituição beneficente sem fins lucrativos, que está amparada pela imunidade prevista no art. 150, VI, "c", da CF; **2:** incorreta. O juiz agiu de forma acertada, conforme previsto no art. 2º, § 8º, da Lei nº 6.830/80; **3:** incorreta. O STF possui entendimento de que os acréscimos punitivos (como as multas) não se transmitem ao sucessor da empresa (RE 82.754, DJ 24/03/1981); **4:** correta. O pedido de parcelamento configura a hipótese de interrupção da prescrição previsto no art. 174, parágrafo único, IV, do CTN, conferindo ao Fisco um novo prazo integral de cinco anos; **5:** incorreta. Nos termos do art. 135, III, do CTN, apenas os sócios com poderes de administração são pessoalmente responsáveis pelas obrigações tributárias oriundas de atos praticados com infração à lei.

Gabarito 1C, 2E, 3E, 4C, 5E

(ADVOGADO – CEF – 2001 – CESPE) Acerca do direito tributário, julgue os itens seguintes.

(1) Se o inventariante de um espólio intervier em determinado negócio jurídico e não recolher os tributos incidentes, isso, por si só, não o tornará necessariamente responsável pela obrigação tributária.

(2) Se um contribuinte infringir de algum modo a legislação tributária e por isso sofrer autuação por parte do fisco, a multa daí decorrente deverá ser considerada, tecnicamente, como obrigação principal.

(3) Um dos princípios fundamentais do direito tributário é o da legalidade, que dá ao contribuinte a garantia de só ser cobrado por valores que os representantes do povo, regularmente eleitos, hajam aprovado; por essa razão, a jurisprudência não tem lugar como fonte do direito tributário.

(4) Considere a seguinte situação hipotética. Um prestador de serviços, com a intenção de pagar menos imposto do que o legalmente devido, forneceu a um cliente nota fiscal de serviços com valor inferior àquele que de fato recebera pelo trabalho. Antes do encerramento do exercício, porém, aquele contribuinte arrependeu-se do ato imoral e corrigiu sua contabilidade, vindo a pagar corretamente os tributos que devia, com os acréscimos derivados do atraso. Nessa situação, não houve crime contra a ordem tributária.

(5) Considere a seguinte situação hipotética. A SRF iniciou procedimento administrativo fiscal (PAF) com a finalidade de apurar o cometimento de infração tributária por parte de um contribuinte, do que o intimou. No dia seguinte ao recebimento da intimação, antes mesmo de o PAF encerrar-se, o contribuinte procurou a repartição fiscal e confessou-se devedor de tributos em determinado valor. Nessa situação, para a legislação tributária, o contribuinte não pode ser considerado como tendo agido de maneira espontânea, apesar de o procedimento administrativo não estar concluído.

1: correta. A responsabilidade do inventariante, nesse caso, é subsidiária, de forma que somente será alcançado se não for possível cobrar a dívida do espólio (art. 134, I, do CTN); **2:** correta, nos termos do art. 113, § 3º, do CTN; **3:** incorreta. A jurisprudência é fonte mediata do Direito Tributário, servindo seus precedentes como importante vetor interpretativo da legislação. Ademais, as decisões administrativas às quais se atribua força normativa integram o conceito de legislação tributária (art. 100, II, do CTN); **4:** correta. É extinta a punibilidade dos crimes contra a ordem tributária quando o contribuinte faltoso recolhe, a qualquer momento e com os acréscimos legais, o tributo devido (art. 9º, § 2º, da Lei nº 10.684/03); **5:** correta. Considera-se espontânea a denúncia apenas se realizada antes do início de qualquer procedimento administrativo relacionado com a infração (art. 138, parágrafo único, do CTN).

Gabarito 1C, 2C, 3E, 4C, 5C

4. Direito Processual Civil

Luiz Dellore, Murilo Sechieri Costa Neves, Renato Montans e Tiago Queiroz de Oliveira

1. PROCESSO DE CONHECIMENTO

1.1. JURISDIÇÃO E COMPETÊNCIA

(Procurador Distrital – 2014 – CESPE) Juan, de nacionalidade argentina, faleceu em Brasília – DF, deixando dois herdeiros, um residente e domiciliado em Porto Alegre – RS e outro, na Argentina. À época do óbito, Juan, que era residente e domiciliado no município do Rio de Janeiro – RJ, possuía bens no Brasil, todos localizados no município de São Paulo – SP, sobre os quais não havia consenso entre os herdeiros quanto ao modo de divisão.

A partir dessa situação hipotética, julgue os itens a seguir.

(1) No procedimento judicial de inventário e partilha, somente poderão ser resolvidas questões de direito e questões de fato em que o convencimento do magistrado possa se formar com base em provas documentais.

(2) A justiça brasileira possui competência exclusiva para processar inventário e partilha dos bens localizados no Brasil, devendo o processo tramitar no foro a que pertence o município do Rio de Janeiro.

1. Correta. Para questões mais complexas – denominas pela legislação de "questões de alta indagação" – é necessário que haja o debate por meio de ação autônoma, de modo a não tumultuar o andamento do inventário ou arrolamento (CPC, art. 984, que remete para os "meios ordinários" as questões de alta indagação ou que dependam de outras provas que não a documental). **2.** Correta. Tratando-se de partilha de bens situados no Brasil, há competência exclusiva da jurisdição brasileira (CPC, art. 88, II). Por sua vez, o foro competente para o inventário é o do último domicílio do falecido (CPC, art. 96) – ou seja, Rio de Janeiro.

Gabarito 1C, 2C

(Procurador Distrital – 2014 – CESPE) Julgue o seguinte item.

(1) Um estado da Federação que seja demandado judicialmente para fornecer medicamentos a um cidadão poderá chamar a União ao processo, hipótese em que ocorrerá deslocamento de competência para a justiça federal.

1. Errada. A jurisprudência do STJ entende que, nesses casos de fornecimento de medicamentos, a legitimidade é dos três entes (União, Estados e Municípios), não sendo possível se falar – se o autor não inclui a União no polo passivo – em deslocamento para a Justiça Federal. Nesse sentido: (...) 2. Ainda que fosse possível superar tal óbice, a decisão agravada está em consonância com o entendimento do Superior Tribunal de Justiça, no sentido de que o funcionamento do Sistema Único de Saúde é de responsabilidade solidária da União, dos Estados e dos Municípios, de modo que qualquer um desses entes tem legitimidade *ad causam* para figurar no polo passivo de demanda que objetiva a garantia do acesso à medicação ou à composto alimentar essencial à saúde do cidadão carente. (...) (AgRg no AREsp 431.696/CE, Rel. Ministro OG FERNANDES, SEGUNDA TURMA, julgado em 11/02/2014, DJe 25/02/2014)

Gabarito 1E

(Procurador da Fazenda Nacional – 2003 – ESAF) Assinale a opção correta.

(A) A incompetência absoluta é passível de prorrogação.

(B) A incompetência territorial é, em princípio, relativa.

(C) A prevenção é determinada somente pela citação.

(D) A incompetência absoluta deve ser arguida mediante exceção.

(E) A conexão deve ser arguida mediante exceção de incompetência.

A: incorreta. Só a competência relativa prorroga-se (CPC, art. 114); **B:** correta. CPC, art. 111 (a alternativa faz ressalva considerando a regra da parte final do art. 95 do CPC – que traz, para parte da doutrina, hipótese de competência absoluta); **C:** incorreta. Se em relação a juízos da mesma competência territorial, o critério é o primeiro despacho positivo (CPC, art. 106). Se em juízos de competência distinta, o critério é a citação (CPC, art. 219); **D:** incorreta. Deve ser alegada em preliminar de contestação (CPC, art. 301, II); **E:** incorreta. Deve ser alegada em preliminar de contestação (CPC, art. 301, VII).

Gabarito "B"

(Procurador do Estado/CE – 2008 – CESPE) A respeito da competência, assinale a opção correta.

(A) Quando se tratar de junção de causas conexas, em uma mesma comarca, por causa da prevenção, considera-se prevento, não o juiz de onde tenha sido feita a citação, mas o que despachou em primeiro lugar, desde que ambos tenham a mesma competência territorial.

(B) Apresentada reconvenção ou denunciação da lide, prorroga-se a competência do juiz da causa principal para que ele tome conhecimento daquelas ações, ainda que inicialmente o juiz da causa fosse absolutamente incompetente para conhecê-las, uma vez que o juiz da causa principal é também competente para a ação acessória e incidental.

(C) Compete ao juízo federal do foro do domicílio do autor ou do local do fato processar e julgar ação que tenha por objeto benefício previdenciário devido em razão de doença adquirida no desempenho de atividade profissional ou de indenização por danos materiais e morais fundada em acidente de trabalho.

(D) As ações fundadas em direito pessoal ou em direito real sobre bens imóveis serão propostas no foro do domicílio do réu ou, não sendo esse conhecido, no domicílio do autor. Por se tratar de competência relativa, admite-se a prorrogação por convenção das partes, mesmo que o litígio recaia sobre direito de propriedade e posse.

(E) O juízo que processou a causa no primeiro grau de jurisdição é competente para o cumprimento da sentença que condena o réu ao pagamento de quantia. Essa competência é fixada pelo critério funcional e, por isso, não pode ser modificada por acordo entre as partes ou por conveniência do credor.

A: correta. A prevenção em relação a juízos da mesma comarca (mesma competência territorial) é para quem despachou primeiro – segundo a jurisprudência, primeiro despacho positivo, não sendo suficiente a determinação de emenda da inicial (CPC, art. 106); **B:** incorreta. A acessoriedade só se refere à competência relativa, não absoluta (CPC, arts. 109 e 113); **C:** incorreta. Com a EC 45/2004, ficou definido que dano moral decorrente de questão trabalhista (ou acidente do trabalho) é da competência da Justiça do Trabalho (CF, art. 114, VI); **D:** incorreta. Prorrogação é o fenômeno pelo qual o juiz incompetente de forma relativa passa a ser competente em virtude da não apresentação de exceção de incompetência relativa (CPC, art. 114). No caso, é possível que as partes estipulem foro de eleição (CPC, art. 111); **E:** incorreta. Há possibilidade de alteração, nesse caso (CPC, art. 475-P, parágrafo único).

Gabarito "A".

(Procuradoria Distrital – 2007) Sobre o tema "competência interna", assinale a afirmativa incorreta.

(A) Competência material é absoluta; competência territorial é relativa.

(B) Pelo princípio da *perpetuatio jurisditionis*, uma vez proposta a ação e definida a competência, são irrelevantes as modificações do estado de fato ou de direito ocorridas posteriormente, salvo quando suprimirem o órgão judiciário ou alterarem a competência em razão da matéria ou da hierarquia.

(C) A incompetência absoluta deve ser arguida por meio de exceção.

(D) A ação fundada em direito pessoal deve ser proposta, em regra, no foro do domicílio do réu.

(D) A nulidade da cláusula de eleição de foro, em contrato de adesão, pode ser declarada de ofício pelo juiz, que declinará de competência para o foro do domicílio do réu.

A: correta (CPC, art. 111); **B:** correta (CPC, art. 87); **C:** incorreta, devendo esta ser assinalada. A incompetência absoluta é arguida em preliminar de contestação (CPC, art. 301, II); **D:** correta (CPC, art. 94); **E:** correta (CPC, art. 112, parágrafo único).

Gabarito "C".

(Procurador do Estado/PB – 2008 – CESPE) Acerca da competência no processo civil, assinale a opção correta.

(A) O Ministério Público somente será ouvido no conflito de competência quando atuar, na causa correspondente, como parte ou fiscal da lei.

(B) Caso o juiz da causa principal tenha competência em razão da matéria ou funcional para conhecer a ação acessória, ele é competente para julgar, também, a ação declaratória incidente e a reconvenção.

(C) É competente o foro do domicílio ou residência do alimentante para a ação em que se pedem alimentos. Esse juízo será competente para julgar ação de revisão dos alimentos, em decorrência de conexão entre os feitos.

(D) Cabe ao STF processar e julgar, originariamente, ação direta de inconstitucionalidade de lei ou ato normativo federal, estadual ou municipal.

(E) As pessoas jurídicas de direito público têm foro privilegiado, por isso, nas ações propostas por essas pessoas, a competência é determinada pelo foro do local onde funcionem as respectivas administração e vara privativa.

A: incorreta. Sempre deverá ser ouvido (CPC, art. 116, parágrafo único); **B:** correta. CPC, art. 108; **C:** incorreta. O foro competente é de quem pede alimentos (CPC, art. 100, II) – além disso, a revisional é proposta após o término da ação de alimentos, por isso não há conexão; **D:** incorreta. Não para lei municipal (CF, art. 102, I, *a*); **E:** incorreta. CPC, art. 99 e CF, art. 109.

Gabarito "B"

(Procurador do Estado/RO – 2011 – FCC) Sobre a competência, de acordo com o que estabelece o Código de Processo Civil, analise as seguintes assertivas:

I. A competência em razão da hierarquia é inderrogável por convenção das partes; mas estas podem modificar a competência em razão do valor, da matéria e do território, elegendo foro onde serão propostas as ações oriundas de direitos e obrigações.

II. Havendo jurisprudência dominante do tribunal sobre a questão suscitada, o relator poderá decidir de plano o conflito de competência, cabendo agravo, e no prazo de cinco dias, contado da intimação da decisão às partes, para o órgão recursal competente.

III. Não arguindo a parte a incompetência absoluta na contestação ou na primeira oportunidade que lhe couber falar nos autos, responde integralmente pelas custas processuais.

IV. Correndo em separado ações conexas perante juízos que tem a mesma competência territorial, considera-se prevento aquele perante o qual a primeira demanda foi distribuída.

Está correto SOMENTE o que se afirma em

(A) I e II.

(B) I e IV.

(C) II e III.

(D) I, II e III.

(E) II, III e IV.

I: incorreta. A competência em razão da matéria não pode ser modificada pela convenção das partes (CPC, art. 111); **II:** correta. CPC, art. 120, parágrafo único; **III:** correta. CPC, art. 113, § 1º; IV: incorreta. A prevenção, no caso, é definida pelo primeiro despacho positivo da petição inicial (CPC, art. 106).

Gabarito "C".

(Procurador do Estado/RR – 2006 – FCC) A respeito da competência no processo civil, considere as seguintes afirmações:

I. A incompetência em razão da matéria é absoluta e deve ser arguida como preliminar na contestação.

II. A competência fixada exclusivamente em razão do valor, pode ser derrogada pelas partes.

III. A eleição de foro em determinado contrato nunca obriga os herdeiros e sucessores dos contratantes.

IV. A incompetência em razão do território é relativa e deve ser arguida mediante exceção.

V. A incompetência em razão da hierarquia nao pode ser reconhecida de ofício pelo juiz.

SOMENTE estão corretas as afirmações

(A) I, II e III.

(B) I, II e IV.

(C) I, IV e V.

(D) II, III e IV.

(E) II, III e V.

I: correta (CPC, arts. 111 e 301, II); **II:** correta (CPC, art. 111); **III:** incorreta. A eleição de foro vincula tais pessoas (CPC, art. 111, § 2º); IV: correta (CPC, art. 112); V: incorreta. Sendo absoluta, deve ser conhecida de ofício (CPC, arts. 111 e 113).

Gabarito "B"

(Procurador do Município/Teresina-PI – 2010 – FCC) Quanto à competência:

(A) como regra, quando territorial, pode ser declinada de ofício pelo juiz, sem necessidade de provocação da parte.

(B) de modo geral, são relevantes as modificações do estado de fato ou de direito ocorridas posteriormente à propositura da demanda.

(C) é determinada no momento da propositura da demanda.

(D) a autoridade judiciária brasileira a tem concorrente para conhecer de ações relativas a imóveis situados no país.

(E) em razão do valor e da função, em primeiro grau, é regida pelas normas de organização judiciária.

A: incorreta. A incompetência territorial é relativa e depende de arguição do réu (CPC, art. 112 e Súmula 33/STJ: A incompetência relativa não pode ser declarada de ofício); **B:** incorreta. Em regra, são irrelevantes, por força do princípio da *perpetuatio jurisdictionis* (CPC, art. 87); **C:** correta. CPC, art. 87; **D:** incorreta, pois a hipótese é de competência exclusiva da autoridade judiciária brasileira (CPC, art. 89, I); **E:** incorreta. As normas locais regem a competência em razão do valor e da matéria.

Gabarito "C".

(Procurador da Fazenda Nacional – 2007.2 – ESAF) Quanto ao instituto da prevenção, é incorreto afirmar que:

(A) a citação ordenada por juiz incompetente é válida, mas parcialmente ineficaz, quanto ao efeito da prevenção.

(B) é efeito da citação a determinação da prevenção de causas conexas ajuizadas perante juízos localizados em comarcas diversas, enquanto que a determinação da prevenção, nas ações conexas ajuizadas perante juízos com a mesma competência territorial, é efeito da citação válida e também da propositura da ação.

(C) em se tratando de ações conexas distribuídas perante juízos com a mesma competência territorial, a prevenção será determinada pela anterioridade do despacho inicial, entendido como despacho que determina a citação. Se, nessa hipótese, as ações tiverem sido despachadas, simultaneamente, a prevenção será determinada pela anterioridade da distribuição.

(D) independentemente da hipótese analisada, pode-se afirmar que nem a citação válida, nem o despacho inicial anterior prevenirão a competência do juízo absolutamente incompetente.

(E) em se tratando de ações conexas distribuídas perante juízos localizados em comarcas diversas, determina-se a prevenção pela citação inicial válida. Se, nessa hipótese, as citações forem feitas ao mesmo tempo, a prevenção será determinada pela anterioridade do despacho inicial.

A: correta. A citação é válida, mas, se houver a alteração da competência, não valerá a regra da prevenção (CPC, art. 219); **B:** incorreta, devendo esta ser assinalada. Diante da mesma competência territorial (mesma comarca), o critério é o primeiro despacho positivo (CPC, art. 106); em comarcas distintas, o critério é a citação (CPC, art. 219); **C:** correta, conforme exposto no item anterior e, quanto ao final, posição jurisprudencial; **D:** correta, na linha do exposto na alternativa "A"; **E:** correta CPC, art. 219 e entendimento jurisprudencial.

Gabarito "B"

(Advogado da União/AGU – CESPE – 2009) Acerca da competência, julgue o item subsequente.

(1) No caso de uma pretensão dirigida à anulação de obrigação firmada no exterior, mas cujo cumprimento esteja previsto para ocorrer no Brasil, há, conforme o CPC, competência concorrente da autoridade judiciária brasileira e da autoridade judiciária estrangeira, sendo somente a homologação de sentença estrangeira obstáculo ao processamento da causa pela autoridade local.

1: correta (CPC, arts. 88, II e 90).

Gabarito 1C

(Procurador de Contas TCE/ES – CESPE – 2009) No curso do cumprimento de sentença homologatória de acordo entre as partes, o juiz determinou a expedição de carta precatória para penhora de veículo em outra comarca. Considerando essa situação hipotética, assinale a opção correta.

(A) A situação descrita configura hipótese em que foi excepcionado o princípio da indelegabilidade da jurisdição.

(B) Na situação em questão, já que a ordem emitida pelo juiz deverá ser cumprida em comarca diversa, existe exceção à territorialidade da jurisdição.

(C) Em acordos realizados pelas partes, mesmo que homologados judicialmente, é possível a qualquer uma delas fugir à chamada inevitabilidade da jurisdição.

(D) Na situação descrita, não há delegação da jurisdição, mas, sim, exceção ao princípio do juiz natural ante o estabelecimento de poder de comissão.

(E) Uma vez que o juiz não pode atuar fora do território de sua jurisdição, não se configura qualquer hipótese de delegação na situação apresentada.

A questão trata de vários aspectos da jurisdição.

A: incorreta. O uso de cartas precatórias não significa quebra da indelegabilidade, mas cooperação entre juízos com competências territoriais distintas; **B:** incorreta. Ainda que a jurisdição seja uma, cada magistrado tem uma parcela do poder jurisdicional (competência). Mas, principalmente, a territorialidade se refere ao país como um todo (CPC, art. 1º); **C:** incorreta, o acordo homologado torna-se obrigatório e pode ser executado – logo, não há como ser afastado; **D:** incorreta. Não se trata de exceção ao princípio, pois o próprio CPC prevê a hipótese de precatória (CPC, art. 202 e ss.) – lembrando que o juiz natural é o juiz previsto em lei; **E:** correta. Na linha dos comentários anteriores (especialmente "A"), trata-se da conclusão correta quanto ao uso das cartas.

Gabarito "E".

(Procurador do Estado/AC – FMP – 2012) Marque a correta, considerando as assertivas abaixo.

I. Não é possível modificar o pedido após a citação do réu.

II. A competência em razão do valor é, em regra, relativa.

III. A conexão de causas modifica a competência absoluta.

(A) Apenas I e II estão corretas.

(B) Apenas a II está correta.

(C) Apenas II e III estão corretas.

(D) Todas estão erradas.

I: incorreta. Até o saneamento, se houver concordância do réu, é possível (CPC, art. 264); **II:** correta. CPC, art. 111, de onde se percebe que as partes podem alterar a competência territorial (ou seja, é relativa); **III:** incorreta. Conexão e continência (CPC, arts. 103 e 104) somente alteram a competência em razão do valor ou território (CPC, art. 102) – portanto, relativa.

Gabarito "B"

(Procurador do Estado/MG – 2007) Competência é a medida da jurisdição da atuação do magistrado. Dentre as alternativas abaixo, assinale a incorreta.

(A) A competência em razão do valor e do território é inderrogável por convenção das partes.

(B) A competência disposta no artigo 88 do Código de Processo Civil, trata de competência concorrente, a qual dispõe que é competente a autoridade brasileira quando o réu, qualquer que seja sua nacionalidade, estiver domiciliado no Brasil; no Brasil tiver de ser cumprida a obrigação; a ação se originar de fato ocorrido ou de ato praticado no Brasil.

(C) A competência prevista no artigo 89 do Código de Processo Civil: conhecer das ações relativas à imóveis situados no Brasil, proceder a inventário e partilha de bens, situados no Brasil, ainda que o autor da herança seja estrangeiro e tenha residido fora do território nacional, trata-se de competência exclusiva.

(D) A regra adotada no direito processual civil quanto à competência em ação fundada em direito pessoal e em ação fundada em direito real sobre bens móveis, é o foro do domicílio do réu. Porém, quando o réu não tiver domicílio nem residência no Brasil, a ação será proposta no domicílio do autor. E, se este, por sua vez também residir fora do país, será proposta em qualquer foro.

A: incorreta, devendo estar ser a assinalada. A competência em razão do valor e do território é DERROGÁVEL - ou seja, passível de alteração e, assim, relativa (CPC, art. 111). **B:** correta (CPC, art. 88 e incisos). **C:** correta (CPC, art. 89 e incisos – casos de preocupação com a soberania nacional, típicos do momento histórico em que o Código foi formado - décadas de 60/70). **D:** correta (CPC, arts. 94, *caput*, e § 3º).

Gabarito "A".

(Procurador do Estado/MG – 2007) Álvaro, residente e domiciliado na cidade de São Camilo do Noroeste, é beneficiário do Instituto Nacional da Seguridade Social, sendo que recebe proventos em face de sua aposentadoria por tempo de serviço que considera defasados de atualização monetária. A cidade de São Camilo do Noroeste está inserida na comarca de São Pedro do Noroeste, onde não há Vara Federal. Diante da questão acima é correto afirmar que a ação:

(A) poderá ser ajuizada perante o Juiz Estadual da Comarca de São Pedro do Noroeste, mas havendo recurso, será interposto no Tribunal de Justiça do Estado local.

(B) não poderá ser ajuizada na Comarca de São Pedro do Noroeste, mas eventual recurso será interposto no Tribunal de Justiça local.

(C) poderá ser ajuizada perante o Juiz Estadual da Comarca de São Pedro do Noroeste, mas havendo recurso, será interposto no Tribunal Regional Federal competente.

(D) poderá ser ajuizada perante Vara Federal, mas havendo recurso, será analisado pelo Tribunal de Justiça do Estado local.

A: incorreta. O recurso seria julgado pelo TRF (CF, art. 109, § 4º). **B:** incorreta. Pode ser ajuizada na Comarca da Justiça Estadual, diante da falta de Justiça Federal no local (CF, art. 109, § 3º). **C:** correta. (CF, art. 109, §§ 3º e 4º); **D:** incorreta, nos termos do acima exposto.

Gabarito "C".

(Procurador do Estado/MT – FCC – 2011) A respeito da competência, é correto afirmar que:

(A) o foro do domicílio do credor é competente para a ação de anulação de títulos extraviados ou destruídos.

(B) a competência é determinada no momento em que ocorre a citação válida do réu.

(C) a ação fundada em direito real sobre bens móveis serão propostas, em regra, no foro da situação da coisa.

(D) a ação em que o incapaz for réu se processará no foro do domicílio do autor.

(E) compete à autoridade judiciária brasileira, com exclusão de qualquer outra, conhecer das ações relativas a imóveis situados no Brasil.

A: incorreta. No caso, o foro competente é o do domicílio do devedor (CPC, art. 100, III). **B:** incorreta. A fixação da competência se dá na propositura da ação (CPC, art. 87 – *perpetuatio jurisdictionis*). **C:** incorreta. A ação fundada em direito real sobre bens IMÓVEIS é que será proposta no foro da coisa (CPC, art. 95). No caso, será o foro do domicílio do réu (CPC, art. 94). **D:** incorreta. Competente será o foro do domicílio do representante do incapaz (CPC, art. 98). **E:** correta. CPC, art. 89, I.

Gabarito "E".

(Procurador do Estado/PA – 2011) Assinale a alternativa CORRETA:

I. Compete às autoridades judiciárias brasileira e estrangeira, concorrentemente, proceder a inventário e partilha de bens, situados no Brasil, mesmo que o autor da herança seja estrangeiro e tenha residido fora do território nacional.

II. A competência em razão da matéria e do território pode ser modificada de ofício ou a requerimento das partes.

III. Serão propostas no foro do domicílio do réu, via de regra, as ações fundadas em direito pessoal e em direito real sobre móveis.

IV. Nos casos de conflito de competência negativo, poderá o relator, de ofício, ou a requerimento das partes, determinar o sobrestamento do feito.

V. O Ministério Público deverá intervir nos conflitos de competência, desde que seja parte no processo.

(A) Apenas a proposição I está correta.

(B) Apenas a proposição III está correta.

(C) Apenas a proposição V está correta.

(D) Apenas as proposições II e IV estão corretas.

(E) Apenas as proposições I e VI estão corretas.

I: incorreta. No caso, somente o juiz brasileiro poderá apreciar a questão (CPC, art. 89). **II:** incorreta. A competência em razão da matéria não pode ser alterada por vontade das partes – é inderrogável (CPC, art. 111). **III:** correta (CPC, art. 94). IV: incorreta. A previsão legal é que o relator assim proceda somente nos casos de conflitos positivos (CPC, art. 120). V: incorreta. Sempre haverá manifestação do MP (CPC, arts. 116, parágrafo único, e 121).

Gabarito "B"

(Procurador do Estado/PR – UEL-COPS – 2011) Sobre a competência jurisdicional, analise as seguintes assertivas:

I. tendo sido propostas duas ações conexas, vale dizer, ação civil pública ajuizada pelo Ministério Público Federal na Justiça Federal e ação cautelar ajuizada pelo Estado do Paraná perante a Justiça Estadual, ambas objetivando a tutela de área de proteção ambiental sujeita à fiscalização administrativa concorrente da União Federal e do Estado, a reunião das demandas deverá se dar mediante o critério da prevenção.

II. compete à Justiça comum, estadual ou Federal, conforme o caso, processar e julgar as ações relativas a ente público e servidor público, estatutário ou celetista.

III. a competência jurisdicional das Varas de Fazenda Pública, para processar e julgar as causas legalmente previstas, por ser absoluta, deverá ser observada obrigatoriamente ainda que não exista vara especializada na comarca territorialmente competente.

IV. a competência jurisdicional para o processamento e julgamento das ações de desapropriação direta ou indireta é absoluta, fixando-se no foro da situação da coisa.

Alternativas:

(A) estão corretas apenas as afirmações II e III;

(B) estão corretas apenas as afirmações I e IV;

(C) está correta apenas a afirmação I;

(D) está correta apenas a afirmação II;

(E) está correta apenas a afirmação IV.

I: incorreta. A existência de interesse ou ente federal atrai o julgamento para a Justiça Federal, com base no critério da pessoa (CF, art. 109); **II:** incorreta. Se o servidor for celetista, a competência é da Justiça do Trabalho (CF, art. 114); **III:** incorreta. A especialização de varas prevalece na comarca onde isso existir. Se não houver vara da Fazenda na Comarca, a causa será julgada pela vara cível; IV: correta (CPC, art. 95).

Gabarito "E".

(Procurador do Estado/RS – FUNDATEC – 2010) Proferida sentença de procedência em ação indenizatória por acidente do trabalho na Justiça Estadual em março de 2004, apelou o réu, em abril do mesmo ano, ao Tribunal de Justiça. Enquanto pendia de julgamento o recurso, sobreveio a decisão do Supremo Tribunal Federal no Conflito de Competência n.º 7.204, determinando ser de competência da Justiça Trabalhista o julgamento de ações referentes a acidentes do trabalho. Ao fazê-lo, o Plenário do Supremo decidiu, por maioria, que o marco temporal da competência da Justiça trabalhista é o advento da Emenda Constitucional n.º 45, de 2004, cuja publicação se deu em 01 de julho de 2004. O desembargador relator da apelação, ciente do referido julgamento pelo Supremo Tribunal Federal, deve:

(A) determinar a anulação dos atos praticados pelo juiz estadual, em face de sua incompetência absoluta, determinando a remessa do feito à Justiça do Trabalho.

(B) permanecer com o recurso e dar a ele regular processamento no Tribunal de Justiça.

(C) declinar da competência para o julgamento do recurso em favor do Tribunal Regional do Trabalho, mantendo, no entanto, os atos praticados até a entrada em vigor da Emenda Constitucional n.° 45, de 2004.

(D) determinar a anulação tão somente da sentença proferida pelo juiz estadual, em face de sua incompetência absoluta, determinando a remessa do feito à Justiça do Trabalho para que o juiz do trabalho profira sentença, aproveitando a instrução do feito havida na Justiça Estadual.

(E) nenhuma das alternativas anteriores está correta.

A questão foi objeto de grandes polêmicas na jurisprudência. O entendimento que prevaleceu no STJ foi o seguinte (CC 51712, informativo STJ 255): (i) se a sentença já tivesse sido prolatada na Justiça Comum antes da vigência da EC 45, a competência continuaria dessa Justiça; (ii) se a sentença ainda não tivesse sido proferida quando da vigência da EC 45, a competência seria da Justiça do Trabalho. No caso, diante da prolação da sentença antes da EC 45, a causa continua na Justiça Estadual.

Gabarito "B"

(Procurador do Estado/SE – FCC – 2005) A competência determinada pela localização do imóvel, nas ações fundadas em direito real, será:

(A) sempre relativa, mas não admite eleição de foro no contrato.

(B) concorrente entre o foro do local do imóvel e o do domicílio do autor.

(C) absoluta, se o litígio recair sobre direito de propriedade, vizinhança, servidão, posse, divisão e demarcação de terras e nunciação de obra nova.

(D) relativa, sempre concorrente entre o foro do local do imóvel e o do domicílio do réu.

(E) absoluta, porém sempre poderão ser ajuizadas no foro de eleição contratado.

C: Em regra a competência territorial é relativa – pois passível de alteração pelas partes (CPC, art. 111). Contudo, em algumas situações envolvendo direito real imobiliário, o art. 95 do CPC, parte final, impede a eleição de foro, determinando a competência no foro do local da coisa – motivo pela qual parte da doutrina qualifica a hipótese como de competência absoluta.

Gabarito "C".

(Procurador do Município/Cubatão-SP – 2012 – VUNESP) Para os procedimentos comuns, é competente o foro:

(A) do domicílio do inventariante, se o autor da herança não o possuía.

(B) do domicílio de seu representante, quando for réu o incapaz.

(C) do domicílio do credor, para a anulação de títulos extraviados.

(D) onde está a sede, para a ação em que for autora a pessoa jurídica.

(E) do domicílio do réu mais idoso, havendo pluralidade de devedores.

A: incorreta. CPC, art. 96, parágrafo único, I e II (situação dos bens ou local do óbito, conforme as hipóteses previstas no CPC); **B:** correta. CPC, art. 98; **C:** incorreta. CPC, art. 100, III (domicílio credor); **D:** incorreta. CPC, art. 100, IV, a (ré a pessoa jurídica; ou filial, conforme aliena b); **E:** incorreta. CPC, art. 94, § 4º (qualquer dos domicílios dos réus).

Gabarito "B"

(Procurador do Município/Manaus-AM – 2006 – FCC) Competência. Assinale, na folha de respostas, a alternativa que contém a afirmação correta em relação ao assunto indicado.

(A) A competência em razão do território é inderrogável por convenção das partes.

(B) A ação intentada perante tribunal estrangeiro induz litispendência e obsta que a autoridade judiciária brasileira conheça da mesma causa.

(C) A competência em razão da hierarquia poderá modificar-se pela conexão ou continência.

(D) O juiz da causa principal é também competente para a reconvenção, a ação declaratória incidente e as ações de garantia.

(E) É incompetente a autoridade judiciária brasileira quando o réu, apesar de domiciliado no Brasil, não tiver nacionalidade brasileira.

A: incorreta. A competência em razão do território pode ser alterada pela vontade das partes (CPC, art. 111); **B:** incorreta. A demanda proposta no exterior não induz litispendência (CPC, art. 90); **C:** incorreta. Apenas a competência em razão do valor e território (relativa) é que permite reunião por conexão e continência (CPC, art. 102); **D:** correta. Trata-se da acessoriedade (CPC, art. 109); **E:** incorreta. Há, no caso, competência do juiz brasileiro (CPC, art. 88, I).

Gabarito "D".

(Procurador do Município/Sorocaba-SP – 2012 – VUNESP) Em caso de conflito de competência entre juízes do mesmo Tribunal, tem(têm) legitimação para suscitá-lo:

(A) o juiz suscitado, somente quando este se der também por incompetente, devendo fazê-lo por ofício ao Presidente do STJ, a quem compete julgar o conflito de competência.

(B) o juiz suscitado, quando este se der também por incompetente, devendo fazê-lo por ofício ao Presidente do Tribunal, o Ministério Público e as partes, estas mediante petição dirigida ao Presidente do Tribunal.

(C) o juiz suscitado, quando este se der também por incompetente, devendo fazê-lo por ofício ao Presidente do Tribunal, e as partes por petição dirigida ao Presidente do Tribunal.

(D) somente poderá ser suscitado pelo Juiz e pelo Ministério Público, pois as partes devem opor exceção de incompetência, e caso esta não seja oposta, não poderão suscitar conflito de competência, por se operar a preclusão.

(E) tendo em vista que questões relativas à competência atingem o juízo, o conflito de competência somente poderá ser suscitado pelos juízes do mesmo grau e do mesmo Tribunal.

B: correta. Pode o próprio juiz suscitar o conflito (CPC, art. 116). Sendo juízes vinculados ao mesmo Tribunal, compete a tal Tribunal julgar o conflito – se o forem tribunais distintos, aí a competência será do STJ (CF, art. 105, I, d).

Gabarito "B"

(Procurador do Estado/GO – 2010) Para o legislador definir a competência dos diversos órgãos jurisdicionais, foram levados em consideração determinados critérios, como, por exemplo, a qualidade das partes envolvidas, a natureza da relação jurídica controvertida, o lugar onde se deu o fato de que resulta a pretensão, o valor da causa. Sobre o tema, está CORRETA a seguinte alternativa:

(A) Compete ao Superior Tribunal de Justiça processar e julgar, originariamente, mandado de segurança contra atos de outros Tribunais ou dos respectivos órgãos.

(B) É competente a justiça comum para julgar as causas em que é parte sociedade de economia mista.

(C) Na ação de usucapião especial, a presença da União ou de qualquer de seus entes afasta a competência do foro da situação do imóvel.

(D) Tratando-se de mesma competência territorial (mesma comarca), considera-se prevento o juízo onde primeiro ocorrer a citação, regra essa que também se aplica aos casos de conexão e continência.

(E) A nulidade da cláusula de eleição de foro, em contrato de adesão, não pode ser declarada de oficio pelo juiz, devendo ser arguida pelo réu, por meio de exceção, no prazo legal, sob pena de preclusão.

A: incorreta. Súmula 41/STJ: O Superior Tribunal de Justiça não tem competência para processar e julgar, originariamente, mandado de segurança contra ato de outros tribunais ou dos Respectivos órgãos; **B:** correta. Mas o mais adequado seria a questão falar em Justiça Comum Estadual – pois o Judiciário se divide em Justiça Especializada (Eleitoral, Trabalhista, Penal Militar) e Comum (Federal e Estadual). O art. 109 da CF traz a competência da justiça comum federal, e não menciona sociedade de economia mista. Nesse sentido, Súmula 42/STJ: Compete à Justiça Comum Estadual processar e julgar as causas cíveis em que é parte sociedade de economia mista e os crimes praticados em seu detrimento; **C:** incorreta. A competência será da Justiça Federal do foro do imóvel. Súmula 11/STJ: A presença da União ou de qualquer de seus entes, na ação de usucapião especial, não afasta a competência do foro da situação do imóvel; **D:** incorreta. Como a competência territorial é a mesma, aplica-se o art. 106 do CPC, que prevê a prevenção do juízo que primeiro "despachou" (segundo a jurisprudência do STJ, deve ser a primeira decisão positiva – e não a que apenas manda emendar a inicial). Aplica-se a regra do art. 219 do CPC se forem juízos com competência territorial distinta; **E:** incorreta (CPC, art. 112, parágrafo único).

Gabarito "B"

(Procurador do Estado/SC – 2010 – FEPESE) Com fundamento na Lei nº 5.869/1973, que institui o Código de Processo Civil, assinale a alternativa **correta**:

(A) Despacho é o ato pelo qual o juiz, no curso do processo, resolve questão incidente.

(B) Os conflitos de competência, positivos ou negativos, somente serão suscitados pelas partes ou pelo juiz.

(C) A incompetência absoluta deve ser declarada de ofício e pode ser alegada, por meio de exceção, em qualquer tempo e grau de jurisdição.

(D) Quando o autor e o réu não tiverem domicílio nem residência no Brasil, a ação será proposta em qualquer foro.

(E) No julgamento da lide caberá ao juiz aplicar as normas legais; não as havendo, recorrerá à analogia, aos costumes, aos princípios gerais de direito e à equidade.

A: incorreta. Esse é o conceito de decisão interlocutória (CPC, art. 162, § 2º); **B:** incorreta, porque o MP também tem legitimidade (CPC, art. 116); **C:** incorreta. A incompetência é alegada em preliminar de contestação (CPC, art. 301, II); **D:** correta (CPC, art. 94, § 3º); **E:** incorreta, porque o julgamento por equidade nao está previsto na regra do art. 126 do CPC.

Gabarito "D"

(Procurador do Estado/SC – 2009) Assinale a alternativa incorreta:

(A) A complexidade do procedimento comum ordinário coaduna-se com a profundidade da cognição processual exauriente.

(B) As regras de competência territorial se referem, via de regra, a normas de competência relativa.

(C) Há situações excepcionais em que o juiz inicia os feitos processuais de ofício.

(D) A incompetência absoluta é analisada de ofício pelo magistrado, bem como alegada como preliminar da contestação.

(E) A legislação processual expressamente prevê o termo inicial para a execução das multas cominatórias fixadas liminarmente em execução de obrigação de fazer e não fazer (CPC, art. 461, § 4º).

A: correta. Para a doutrina, o ordinário é o rito padrão; **B:** correta (CPC, art. 111); **C:** correta (CPC, art. 989); **D:** correta (CPC, art. 113 e 301, II); **E:** incorreta. O termo inicial das multas cominatórias é fixado pelo juiz, não pela lei, à luz de cada caso concreto.

Gabarito "E".

(Procurador do Município/Natal-RN – 2008 – CESPE) Empresa condenada a ressarcir os cofres públicos por dano na execução de contrato assinado com município interpôs recurso extraordinário contra a decisão do tribunal de justiça que confirmou a decisão de primeiro grau. Pendente o juízo de admissibilidade e diante da prova cabal da dilapidação do patrimônio que garantiria a dívida, a procuradoria municipal resolveu requerer medida cautelar, objetivando a vedação da prática de determinados atos de disposição patrimonial pela empresa.

Considerando a situação hipotética relatada, assinale a opção correta quanto à competência para apreciar o pedido cautelar.

(A) Enquanto estiver pendente o juízo de admissibilidade do recurso extraordinário, caberá ao presidente do tribunal de origem a competência para decidir a medida cautelar.

(B) Interposto o recurso extraordinário, a competência para decidir qualquer medida referente ao processo será do ministro relator desse recurso no STF.

(C) A competência para apreciar a medida cautelar em processo sob exame do STF caberá sempre ao presidente do tribunal de origem, uma vez que aquela corte tem competência exclusiva para julgar a matéria constitucional.

(D) As medidas cautelares incidentes serão requeridas ao juiz da causa, independentemente da interposição de recurso, cabendo apenas a comunicação do ajuizamento da cautelar ao tribunal competente.

A: Súmulas n. 634 e 635 do STF: Não compete ao Supremo Tribunal Federal conceder medida cautelar para dar efeito suspensivo a recurso extraordinário que ainda não foi objeto de juízo de admissibilidade na origem e Cabe ao Presidente do Tribunal de origem decidir o pedido de medida cautelar em recurso extraordinário ainda pendente do seu juízo de admissibilidade.

Gabarito "A".

(Advogado – PETROBRÁS TRANSP. – 2006 – CESGRANRIO) Há conflito de competência entre dois juízes quando:

I. um deles avocar processo pendente em outro juízo, pretendendo a reunião de processos, e este negar a remessa;

II. um deles houver determinado a remessa do processo para reunião e o outro o recusar;

III. ambos pretenderem conduzir os dois processos cuja reunião se pretende;

IV. cada um deles pretender que a reunião dos respectivos processos se faça no outro juízo.

Estão corretas as afirmações:

(A) I e III, apenas.

(B) III e IV, apenas.

(C) I, II e IV, apenas.

(D) II, III e IV, apenas.

(E) I, II, III e IV.

I, II, III e IV: corretos (art. 115 do CPC).

Gabarito "E".

(Advogado – IRB – 2006 – ESAF) A propósito de competência, assinale a opção incorreta:

(A) Modificações incidentes sobre a competência territorial ou por valor não têm a virtude jurídica de infringir a regra da perpetuatio jurisdictionis.

(B) A superveniente modificação legislativa da competência *ratione materiae* afasta o princípio da inalterabilidade da competência absoluta.

(C) Juiz substituto é incompetente para julgar as ações concernentes à capacidade da pessoa.

(D) Na ação de usucapião especial, a presença da União ou de qualquer de seus entes afasta a competência *ratione loci*.

(E) Se as ações conexas tramitam em comarcas diferentes, aplica-se a regra do art. 219 e não o art. 106 do CPC.

A e **B:** corretos. A perpetuatio jurisdictionis – estabilização da competência – ocorre com o aforamento da demanda, na forma do art. 87 do CPC, e não com a citação do réu. Em função desse princípio, a competência é determinada no momento em que a ação é ajuizada, de forma que as modificações do estado de fato ou de direito ocorridas após o aforamento da demanda não têm o condão de modificar a competência, salvo quando suprimirem o órgão judiciário ou alterarem a competência em razão da matéria ou da hierarquia (art. 87 do CPC); **C:** correto. O Código estabelece que apenas o juiz de direito deve julgar as ações concernentes ao estado e à capacidade da pessoa (art. 92, II, do CPC); **D:** incorreto (art. 95 do CPC). Nas demandas que versem sobre direitos reais imobiliários, bem assim sobre direito de propriedade, vizinhança, servidão, posse, divisão e demarcação de terras e nunciação de obra nova, o foro competente será o da situação da coisa (*forum rei sitae*). Nessa direção, confira-se a Súmula 11 do STJ: "A presença da União ou de qualquer de seus entes, na ação de usucapião especial, não afasta a competência do foro da situação do imóvel"; **E:** correto, já que a regra do art. 106 do CPC só se aplica entre juízos de mesma competência territorial. Estando em comarcas diferentes, incide o disposto no art. 219, *caput*, do CPC, de modo que a prevenção é determinada a partir da citação válida.

Gabarito "D".

(ADVOGADO – PETROBRÁS – 2003 – CESPE) No que se refere à competência no direito processual civil, julgue os itens seguintes.

(1) A não observância das regras da Lei de Organização Judiciária estadual não implica nulidade do processo. Apenas as competências fixadas pelo Código de Processo Civil e pela Constituição da República dão ensejo à impossibilidade de prorrogação de competência porque tratam da incompetência absoluta.

(2) Se determinado o desmembramento do processo, fato que pode ocorrer em caso de litisconsórcio facultativo, as novas relações processuais devem ter curso no mesmo juízo, cuja competência perpetua-se com a propositura da ação.

(3) O estado não tem foro privilegiado, mas juízo privativo nas causas que correm na comarca da capital. Nas causas pertencentes à competência territorial de qualquer outra comarca, não pode a Lei de Organização Judiciária atrair causas para o foro da capital.

(4) Jurisdição especial é aquela cuja competência é determinada em função da natureza da relação de direito material objeto dos respectivos processos. Assim, matérias militar, eleitoral e trabalhista competem, respectivamente, à justiça militar, à justiça eleitoral e à justiça do trabalho. Também é especial a justiça federal, pois julga as causas em que a União, suas autarquias e empresas públicas federais forem parte.

(5) Pelo princípio da *perpetuatio jurisdicionis*, se for criada, na comarca onde só haja varas cíveis, um juízo de família, os processos de divórcio e dissolução de união estável não poderão submeter-se à nova lei, continuando a tramitar no juízo cível, pois não se modifica a competência já perpetuada.

(6) Se o autor formular pedido de concessão de aposentadoria por invalidez que não seja decorrente de acidente do trabalho, a ação terá natureza previdenciária e, ainda que tenha sido julgada por juiz de direito em comarca que não seja sede de justiça federal, o tribunal competente para julgar o recurso será o tribunal regional federal, e não o tribunal de justiça.

1: errado. Na Carta Magna, encontra-se delineada a competência de juízos e Tribunais quanto à justiça competente – se especial ou comum – para o processamento e julgamento de uma determinada demanda. Por sua vez, no CPC estão dispostas as regras para que se encontre o foro (comarca) em que tal demanda deve ser ajuizada, bem assim as diretrizes para fixação da competência funcional dos juízos de primeiro grau, a exemplo dos arts. 102 a 109 do CPC. Derradeiramente, a partir das respectivas leis estaduais de organização judiciária é que se deve apurar qual o juízo competente para o julgamento da causa, segundo os critérios existentes, a exemplo da competência em razão da matéria e do valor da causa (art. 96, II, "d", da CF). A competência de juízo é sempre absoluta, não podendo ser derrogada por vontade das partes. Nesse sentido, a boa doutrina de Marcus Vinícius Rios Gonçalves: "A competência de juízo é sempre absoluta e não está sujeita a prorrogação ou derrogação, mesmo quando apurada pelo critério territorial ou do valor da causa. O CPC admite a eleição de foro, mas não de juízo". (GONÇALVES, Marcus Vinícius Rios. Novo Curso de Direito Processual Civil. Vol 1. 8. edição. São Paulo: Saraiva, 2011, p. 87); **2:** correto. A *perpetuatuo jurisdictionis* – estabilização da competência – ocorre com o aforamento da demanda, na forma do art. 87 do CPC, e não com a citação do réu. Não se deve confundir perpetuatio jurisdicionis com litispendência, consoante esclarecem Nelson Nery Jr. e Rosa Maria de Andrade Nery: "Propositura da ação. É o ato pelo qual a ação tem ingresso em juízo. Com a propositura da ação, dá-se a estabilidade da competência (*perpetuactio jurisdictionis*, CPC 87), constituindo-se como parâmetro inclusive para dirimir controvérsias sobre a prevenção do juízo para efeito de competência e de reunião de ações por conexão ou continência. V. CPC 87, 102 especialmente 106. [...] Não se confunde propositura da ação com ação pendente. A litispendência só se instaura com a citação válida (CPC 219). Esta diferença tem sentido prático para, por exemplo, caracterizar a existência ou não de fraude de execução (CPC 593 II), quando a alienação ou oneração do bem ocorre depois da propositura da ação, mas antes da citação. A fraude só se caracteriza com a litispendência, isto é, depois da citação válida do réu (no processo de conhecimento) ou do devedor (na execução). V. Coment. CPC 593". (NERY JR. Nelson; NERY, Rosa Maria de Andrade. Código de processo civil comentado e legislação extravagante. 10. edição. São Paulo: Revista dos Tribunais, 2007, p. 499). Havendo desmembramento do processo por determinação judicial, as novas demandas pertinentes à mesma lide devem ser distribuídas por dependência ao juízo prevento, com supedâneo no art. 253, I, do CPC; **3:** correto. O Estado não goza de foro privilegiado, de modo que sua figuração num dos polos da lide não altera as regras gerais estabelecidas pelo CPC quanto à apuração da competência de foro. Assim sendo, nas demandas que versem sobre direitos reais imobiliários, o foro competente será o da situação da coisa (forum rei sitae). De igual sorte, nas ações fundadas em direito pessoal ou em direitos reais sobre bens móveis em que o Estado é autor, segue-se a regra geral do foro do domicílio do réu, a teor do que dispõe o art. 94, *caput*, do CPC. Todavia, se o Estado for réu, deverá ser demandado em seu próprio domicílio, qual seja o foro de sua capital (art. 75, II, do CC), nos juízos privativos da fazenda pública, onde houver. De qualquer sorte, é no CPC que se encontram predispostas as regras para que se encontre o foro (comarca) competente, ao passo que compete às leis estaduais de organização judiciária a fixação do juízo competente para o julgamento da causa, segundo os critérios existentes, a exemplo da competência em razão da matéria e do valor da causa (art. 96, II, "d", da CF); **4:** errado: De fato, pode-se falar em jurisdição comum (civil e penal) e especial (trabalhista, militar e eleitoral). Destarte, não sendo o caso de atuação de alguma das justiças especiais, é a justiça comum federal ou estadual que deve processar e julgar a demanda, porquanto a jurisdição comum possui âmbito de atuação nas esferas federal e estadual; **5:** errado. Em função do princípio da perpetuatio jurisdictionis, a competência é determinada no momento em que a ação é ajuizada, de forma que as modificações do estado de fato ou de direito ocorridas após o aforamento da demanda não têm o condão de modificar a competência, salvo quando suprimirem o órgão judiciário ou alterarem a competência em razão da matéria ou da hierarquia. Na hipótese, houve alteração da competência em razão da matéria, já que o enunciado da questão menciona a criação de uma Vara de Família na Comarca (art. 87 do CPC); **6:** correto (art. 109, § 4º, da CF). A propósito, confira-se o seguinte precedente do STJ: CONFLITO NEGATIVO DE COMPETÊNCIA. PROCESSUAL CIVIL. PREVIDENCIÁRIO. AUXÍLIO-DOENÇA PREVIDENCIÁRIO. TRIBUNAL REGIONAL FEDERAL E TRIBUNAL DE JUSTIÇA. JULGAMENTO DA APELAÇÃO. MATÉRIA DE NATUREZA NÃO ACIDENTÁRIA. Faculta-se ao segurado ou beneficiário da Previdência Social propor a ação previdenciária no Juízo Estadual de seu domicílio, sempre que a comarca não for sede de Juízo Federal. (Art. 109, § 3º, da Constituição) Tratando-se de ação em que se busca o restabelecimento de auxílio-doença previdenciário *compete ao Tribunal Regional Federal o processamento e julgamento do recurso de apelação, eis que a moléstia é de origem degenerativa e não guarda relação de causalidade com o trabalho.* Conflito conhecido e provido para declarar a competência do Tribunal Regional Federal da 4ª Região. (CC 58.071/RS, Rel. MIN. CARLOS FERNANDO MATHIAS (JUIZ CONVOCADO DO TRF 1ª REGIÃO), TERCEIRA SEÇÃO, julgado em 12/09/2007, DJ 01/10/2007, p. 209) [grifos nossos].

Gabarito 1E, 2C, 3C, 4E, 5E e 6C.

(Procurador – BANCO CENTRAL – 2009 – CESPE) O art. 253, inciso II, do CPC determina que haja distribuição por dependência quando for reiterado o pedido após a extinção do processo sem julgamento do mérito. Com base nessa regra, assinale a opção correta.

(A) Trata-se de regra de fixação da competência em razão da matéria, pois, se já examinado o caso por um juízo, este se manterá competente para examinar o mesmo quando repetido.

(B) Cuida-se de regra de competência territorial, pois visa manter o exame do caso no juízo mais próximo dos fatos.

(C) A norma em apreço não guarda qualquer relação com as normas de fixação da competência porque visa apenas o controle da boa-fé processual diante da possibilidade de múltipla distribuição.

(D) Trata-se de regra de fixação de competência territorial que estabelece um privilégio de foro para o autor, o qual poderá, se assim o desejar, propor a ação em juízo diverso.

(E) Tem-se exemplo de competência funcional em processos diferentes, que, na hipótese, visa, entre outras finalidades, proteger o princípio do juiz natural.

E: correto. O critério que justifica a distribuição por dependência é realmente o *funcional*. Segundo tal proposição, a descoberta do juízo competente não demanda maiores esforços mentais, bastando que se observe quem foi o órgão jurisdicional que primeiro atuou no feito, já que ele será automaticamente prevento para os demais processos interligados por algum nexo funcional com o inicial (reconvenção, ação declaratória incidental, cautelar, embargos à execução, aquele ligados por conexão ou continência etc.), ainda quando o originário haja sido extinto sem resolução do mérito (art. 253, II, do CPC). Com efeito, a referida regra visa a evitar o direcionamento de processos, conduta esta que seria permitida acaso a parte autora, ao se deparar com um julgador avesso à tese invocada, pudesse desistir da ação e intentá-la novamente, no afã de lograr um magistrado simpático aos seus desígnios. Ao obstaculizar a burla, a norma garante a observância do princípio constitucional do juiz natural. Ratificando tal posicionamento, confira-se o magistério de Dinamarco: "A prevenção do juiz em relação ao processo pendente (distribuição) expande-se, em virtude das regras de competência funcional, a outros processos a serem instaurados depois e relativos ao mesmo contexto litigioso. Tal expansão é reflexo da coordenação funcional entre dois ou mais processos, que constitui razão suficiente para exigir que o mesmo juiz se encarregue do processo e julgamento das demandas interligadas (processo de conhecimento e processo executivo; processo principal e processo cautelar etc.). As regras de competência funcional determinam que, automaticamente e sem perquirições de qualquer natureza, o juiz prevento em um desses processos se repute tal também para os outros processos, que ao primeiro estejam ligados por um desses vínculos funcionais" (DINAMARCO, Cândido Rangel. *Instituições de Direito Processual Civil. Vol. I.* São Paulo: Malheiros, 2005, p. 629).

Gabarito "E".

1.2. PRINCÍPIOS PROCESSUAIS

(Procurador do Estado/PB – 2008 – CESPE) No que se refere aos princípios que regem o processo civil e aos relativos à jurisdição civil, assinale a opção correta.

(A) O princípio da publicidade não impede que existam processos em segredo de justiça, no interesse das próprias partes. Esse sigilo é restrito a estranhos, enquanto não prejudicar o interesse público à informação, assim, por autorização do juiz, os atos processuais podem ser investigados e conhecidos por outros, além das partes e seus advogados.

(B) Pelo princípio da inafastabilidade do controle jurisdicional, nenhum juiz será afastado de suas funções sem que lhe sejam garantidos, em processo adequado, os direitos inerentes ao contraditório e à ampla defesa.

(C) Pelo princípio do contraditório, o autor pode deduzir a ação em juízo, alegar e provar os fatos constitutivos de seu direito, e ao réu é assegurado o direito de contestar todos os fatos alegados pelo autor, como também o de fazer a prova contrária, salvo em caso de revelia.

(D) Por representar garantia constitucional que visa à proteção do interesse público representado pelo patrimônio das pessoas de direito público, o duplo grau de jurisdição é exigido em todo e qualquer processo em que tais pessoas sejam partes ou intervenientes.

(E) É vedado às pessoas maiores e capazes, mesmo no caso de direito patrimonial disponível, entregar a responsabilidade de solucionar eventual conflito de interesses à pessoa não integrante da estrutura do Poder Judiciário, bem como solucionar a lide por outros caminhos que não a prestação jurisdicional.

A: correta (CF, art. 93, IX, parte final); **B:** incorreta. Inafastabilidade é o acesso à justiça (CF, art. 5º, XXXV); **C:** incorreta. Contraditório é a informação + possibilidade de manifestação, aplicável a ambas as partes; **D:** incorreta. O reexame necessário é que determina, em diversos casos, a necessidade de revisão da decisão desfavorável à Fazenda Pública (CPC, art. 475); **E:** incorreta. A arbitragem é uma dessas possibilidades (L. 9307/96, art. 1º).

Gabarito "A".

(Procurador do Município/Teresina-PI – 2010 – FCC) O princípio da congruência significa que:

(A) os atos processuais que não tragam prejuízo devem ser aproveitados pelo juiz.

(B) o juiz deve julgar livremente, mas oferecendo as razões de seu convencimento.

(C) o juiz deve ser congruente, ou seja, coerente na apreciação das provas.

(D) toda matéria de fato ou de direito deve ser arguida por ocasião da contestação.

(E) o juiz deve julgar adstrito ao que foi pedido pelo autor em sua inicial.

A única alternativa que corresponde ao princípio em questão é a "E".

A: incorreta. Essa é a regra *pas de nullité sans grief* (não há nulidade sem prejuízo – CPC, art. 249, § 1º); **B:** incorreta. Trata-se do princípio do livre convencimento motivado (CPC, art. 131); **C:** incorreta. Não se trata de princípio; **D:** incorreta. Esse é o princípio da eventualidade (CPC, art. 300); **E:** correta. CPC, arts. 128 e 460.

Gabarito "E".

(Procurador do Estado/MG – 2007) *Só se pode designar como ciência aquele ramo de estudos regrado por princípios, que lhe dão a necessária coerência e uniformidade. Sem eles, corre-se o risco da perda de unidade de conhecimento.* (GONÇALVES, Marcos Vinicius Rios. Novo Curso de Direito Processual Civil, 2004)

Sobre os princípios fundamentais no processo civil brasileiro, assinale a alternativa correta.

(A) O princípio da imparcialidade trata da imparcialidade do juiz ao julgar a lide, ou seja, o magistrado é desinteressado no processo. Esse princípio tanto é do direito processual como de jurisdição. Já o princípio do dispositivo refere que deve o juiz limitar-se a apreciar os fatos alegados pelas partes no processo.

(B) O princípio do contraditório e ampla defesa são princípios infraconstitucionais. O princípio do contraditório trata que as partes litigantes devem ter ciência de todos os atos praticados no processo e com oportunidade de contraditá-los. Já o princípio da ampla defesa trata de amplas condições para que a parte demandada exerça de forma satisfatória a sua defesa.

(C) Os princípios da investidura, aderência ao território, indelegabilidade, inafastabilidade, inevitabilidade, juiz natural e inércia são princípios de jurisdição. O princípio da indelegabilidade refere que a competência para julgar os processos está ligada ao juiz e não ao órgão, assim, quando necessário poderá, o magistrado, delegar o julgamento de ações.

(D) O princípio da persuasão racional do juiz, ou também chamado de livre convencimento, autoriza o juiz a apreciar as provas produzidas no processo livremente. Persuasão racional pode ser tido como sinônimo de íntima convicção.

A: Correta. A imparcialidade decorre do devido processo legal e do juiz natural, princípios constitucionalmente previstos (CF, art. 5º, XXXVII e LIII). Por sua vez, o princípio dispositivo ou da inércia determina que a parte interessada é que provoca o Poder Judiciário (CPC, art. 2º e 262); **B:** Incorreta. São princípios constitucionais (CF, art. 5º, LV); **C:** Incorreta. A indelegabilidade, conforme entendimento doutrinário, significa que o órgão Jurisdicional não poderá delegar a outrem os atos que lhe são previstos – mesmo do próprio Judiciário; **D:** Incorreta. Há a livre convicção, porém motivada (CPC, art. 131). Assim, não se trata de total livre convencimento.

Gabarito "A".

(Procurador – Banco Central – 2009 – CESPE) Ajuizada ação contra uma autarquia, o juiz condutor do processo determinou a citação da ré, ressalvando-lhe prazo em quádruplo para apresentação da defesa. Nessa situação, assinale a opção correta.

(A) A situação configura exemplo de incidência do chamado princípio da adequação sob a ótica subjetiva, na medida em que a regra especial existe em função da peculiar posição da parte a quem se confere prazo dilatado.

(B) Diante do privilégio processual conferido pelo juiz ao réu, opera o princípio da adaptabilidade, pois o prazo foi dilatado em razão da análise da condição especial da parte ré no processo.

(C) Incide o princípio da cooperação, segundo o qual o juiz deve proporcionar às partes as condições adequadas para o exercício pleno do direito de defesa para viabilizar a célere e efetiva entrega da prestação jurisdicional.

(D) A incidência do princípio da adequação na situação considerada não guarda relação com o princípio da inafastabilidade do controle jurisdicional, na medida em que importa simples ajuste procedimental.

(E) A incidência do princípio da cooperação na situação ocorreu, de fato, pela necessidade do esclarecimento da parte ré acerca da forma como poderia exercer o direito de defesa e para prevenir eventual intempestividade.

A: correto. O princípio da adequação do processo tem por fim a compatibilização de tal instrumento com o direito material invocado, tudo com o escopo de imprimir mais efetividade ao direito processual. Os prazos especiais (art. 188 do CPC) consubstanciam aplicação do princípio da adequação em sua vertente subjetiva, já que o procedimento sofre metamorfose em atenção a uma situação especial do litigante, *in casu*, graças à enormidade de processos em que o Estado é parte. Fredie Didier Jr. esclarece: "Inicialmente, a própria construção do procedimento deve ser feita tendo-se em vista a natureza e as idiossincrasias do objeto do processo a que servirá; o legislador deve atentar para estas circunstâncias, pois um procedimento inadequado ao direito material pode importar verdadeira negação da tutela jurisdicional. O princípio da adequação não se refere apenas ao procedimento. A tutela jurisdicional há de ser adequada; o procedimento é apenas uma forma de se encarar este fenômeno [...] A adequação subjetiva do processo se opera em razão dos litigantes. São exemplos: a) intervenção obrigatória do Ministério Público nas ações de incapazes (art. 82, I, CPC); b) diferenciação de regras de competência (alimentando, art. 100, II, CPC; entes públicos federais, art. 109, I, CF/88); c) incapacidade processual para litigar em certos procedimentos (art. 8º, LF 9.099/95); d) prazos especiais (art. 188, CPC) etc." (DIDIER JUNIOR, Fredie. *Sobre dois importantes, e esquecidos, princípios do processo: adequação e adaptabilidade do procedimento*, p. 5;9. Em: <http://www.abdpc.org.br/abdpc/artigos/FredieDidier_3_-formatado.pdf> Acesso em: 05 de setembro de 2012); **B:** incorreto, pois o privilégio processual é assegurado à fazenda pública pelo ordenamento jurídico – pela própria norma abstratamente – e não pelo magistrado. De acordo com o princípio da adaptabilidade, o juiz pode moldar o procedimento às especificidades do caso concreto, desde que tal conduta seja permitida pelo ordenamento e a respeito dela seja dada prévia ciência às partes, a fim de evitar surpresas. São exemplos de aplicação de tal princípio: inversão do ônus da prova, julgamento antecipado da lide, conversão do rito sumário em ordinário etc.; **C** e **E:** incorretos. O princípio da cooperação enuncia que os sujeitos processuais devem colaborar entre si, pautando suas ações segundo os ditames da boa-fé objetiva. Como já dito acima, o prazo quadruplicado para defesa é concedido pela lei (*ex vi* do art. 188 do CPC) e não pelo juiz, daí por que não há cogitar-se de incidência do princípio da cooperação; **D:** incorreto, porquanto o princípio da adequação (considerando-se o procedimento) corresponde a uma das várias facetas do princípio da inafastabilidade do controle jurisdicional e do próprio devido processo legal, a considerar que o Estado não se cinge a franquear aos litigantes tão somente o direito de invocar a tutela jurisdicional, devendo, outrossim, possibilitar às partes os meios mais propícios à realização do bem da vida perquirido judicialmente. Nesse sentido: "O princípio da inafastabilidade garante, ainda, uma tutela adequada à realidade de direito material, ou seja, garante o procedimento, a espécie de cognição, a natureza do provimento e os meios executórios adequados às peculiaridades da situação de direito material. É de onde se extrai, também, a garantia do devido processo legal. E daí se retira o princípio da adequação do procedimento, que nada mais é do que um subproduto do princípio da adequação da tutela jurisdicional" (DIDIER JUNIOR, Fredie. *Sobre dois importantes, e esquecidos, princípios do processo: adequação e adaptabilidade do procedimento*, p. 6. Em: < http://www.abdpc.org.br/abdpc/artigos/FredieDidier_3_-formatado.pdf> Acesso em: 05 de setembro de 2012.)

Gabarito "A".

(Advogado – BNB – 2006 – ACEP) Indique a alternativa que apresenta proposições constitucionais básicas do processo civil.

(A) O princípio da isonomia, do devido processo legal e da boa-fé.

(B) O princípio da isonomia, do devido processo legal, do juiz natural.

(C) O princípio da isonomia e do contraditório.

(D) O princípio do juiz natural, do devido processo legal, da isonomia, do contraditório, da ampla defesa, da motivação das decisões judiciais, da publicidade do processo e dos atos processuais.

(E) O princípio do devido processo legal e do contraditório.

D: correto (arts. 5º, *caput*, I, LIII, LIV, LV, LX, e 93, IX, todos da CF).

Gabarito "D".

(Advogado – PETROBRÁS – 2003 – CESPE) Em relação à formação do processo e aos princípios que regem o processo civil, julgue os itens a seguir.

(1) Distribuída uma ação de cobrança para uma das varas cíveis da comarca de Porto Alegre, esta será considerada proposta, para todo e qualquer efeito, apenas a partir do momento em que o réu for validamente citado.

(2) Somente após o decurso do prazo de resposta é que se verificam os efeitos da prevenção, litispendência, litigiosidade da coisa, constituição em mora do devedor e interrupção da prescrição.

(3) Uma vez quebrada a inércia do Poder Judiciário, pela propositura da ação, a atividade estatal não mais dependerá do constante impulso da parte para se desenvolver e chegar a seu termo, pois os atos de movimentação do processo, de instrução probatória e de julgamento acontecerão por impulso oficial.

(4) Na interpretação da lei, diante das peculiaridades do caso concreto, a equidade de que se vale o juiz não se confunde com julgamento por equidade.

1: errado. A demanda é intentada no momento em que o juiz despacha a petição inicial, ou, havendo mais de uma vara, com a simples distribuição da exordial (art. 263 do CPC);. **2:** errado, já que a citação válida induz a prevenção, a litispendência, a litigiosidade da coisa e constitui em mora do devedor; porém, após a validade do ato citatório, a interrupção da prescrição retroage à data da distribuição da demanda (art. 219, *caput* e §1º, do CPC); **3:** correto (art. 262 do CPC); **4:** correto. A *equidade* de que se vale o julgador durante o processo hermenêutico tem significado diverso do *julgamento por equidade* (critério da conveniência e oportunidade da decisão), eis que o órgão jurisdicional deve decidir a lide de acordo com as regras jurídicas vigentes (critério da legalidade estrita). O julgamento por equidade só é permitido ao magistrado quando autorizado pela lei (art. 127 do CPC), a exemplo do que ocorre nos procedimentos especiais de jurisdição voluntária, conforme disposto no art. 1.109 do CPC, ora reproduzido: O juiz decidirá o pedido no prazo de 10 (dez) dias; não é, porém, obrigado a observar critério de legalidade estrita, podendo adotar em cada caso a solução que reputar mais conveniente ou oportuna.

Gabarito 1E, 2E, 3C, 4C.

1.3. PARTES, PROCURADORES, SUCUMBÊNCIA, MINISTÉRIO PÚBLICO E JUIZ

(Procurador do Estado/RR – 2006 – FCC) A procuração geral para o foro habilita o advogado a:

(A) recorrer, inclusive se o recurso estiver sujeito a preparo.

(B) transigir e dar quitação nos autos.

(C) receber citação inicial em nome da parte que o constituiu.

(D) administrar os negócios do mandante.

(E) firmar compromisso de inventariante em nome do mandante.

A: Correta. CPC, art. 38. B, C, D, **E:** Incorretas. Ou porque demandam poderes especiais (CPC, art. 38, parte final), ou porque se referem a atividades extrajudiciais.

Gabarito "A".

(Procurador do Estado/SC – 2009) Assinale a alternativa correta:

(A) As sociedades sem personalidade jurídica são representadas em juízo pelas pessoas que os seus contratos ou estatutos sociais determinarem.

(B) Segundo o CPC, a petição inicial não pode ser indeferida pela falta da indicação do endereço onde os procuradores do autor receberão intimações.

(C) A pessoa casada necessita do consentimento de seu consorte para propor ações que versem a respeito de direitos reais imobiliários.

(D) As multas decorrentes da prática de atos atentatórios à dignidade da justiça são cobradas em favor do Estado.

(E) Os atentatórios considerados atentatórios à dignidade da justiça são praticados no processo de conhecimento.

A: incorreta. O representante é pessoa a quem couber a administração de seus bens (CPC, art. 12, VII); **B:** incorreta (CPC, art. 39, I e art. 295, VI); **C:** correta. CPC, art. 10 (pelo CC, art. 1647, II, será desnecessária a autorização se o regime de bens for o da separação absoluta); **D:** incorreta. Essas multas ora revertem ao Estado (CPC, art. 14, parágrafo único), ora à parte contrária (CPC, art. 601); **E:** incorreta. Cabe, também, no processo de execução (CPC, art. 600).

Gabarito "C".

(Procurador do Município/Florianópolis-SC – 2010 – FEPESE) Considere as seguintes circunstâncias processuais hipotéticas: (1) o juiz tem interesse no julgamento da causa em favor de uma das partes; (2) o juiz prestou depoimento como testemunha; (3) o juiz é amigo íntimo de uma das partes.

As hipóteses configuram em relação ao magistrado, respectivamente:

(A) (1) suspeição; (2) suspeição; (3) impedimento.

(B) (1) suspeição; (2) impedimento; (3) suspeição.

(C) (1) impedimento; (2) impedimento; (3) suspeição.

(D) (1) impedimento; (2) suspeição; (3) impedimento.

(E) (1) impedimento; (2) impedimento; (3) impedimento.

1) Suspeição (CPC, art. 135, V); 2) Impedimento (CPC, art. 134, II); 3) Suspeição (CPC, art. 135, I).

Gabarito "B"

(Procurador do Município/Florianópolis-SC – 2010 – FEPESE) Ao lado dos sujeitos principais do processo (juiz, autor e réu), existem os sujeitos secundários, cuja categoria é formada por todas as pessoas que não têm a condição de sujeitos principais.

Dentre os secundários, encontram-se os oficiais de justiça, a quem **não** cabe apenas uma das atribuições a seguir:

(A) Efetuar avaliações.

(B) Executar as ordens do juiz a que estiver subordinado.

(C) Entregar, em cartório, o mandado, logo depois de cumprido.

(D) Estar presente às audiências e coadjuvar o juiz na manutenção da ordem.

(E) Fornecer, independentemente de despacho, certidão de qualquer ato ou termo do processo.

A: correta (CPC, art. 143, V); **B:** correta (CPC, art. 143, II); **C:** correta (CPC, art. 143, III); **D:** correta (CPC, art. 143, IV); **E:** incorreta, devendo esta ser assinalada. Isso compete ao escrivão (CPC, art. 141, V).

Gabarito "E".

(Procuradoria Distrital – 2007) Sobre a atuação do Ministério Público no processo civil, assinale a afirmativa correta.

(A) Compete ao Ministério Público atuar como substituto processual do réu preso ou do réu revel citado por edital.

(B) Atuando como fiscal da lei ou como parte, o Ministério Público dispõe de prazo em quádruplo para recorrer e em dobro para responder.

(C) Não há necessidade de intervenção ministerial em causa concernente ao estado da pessoa, desde que as partes sejam maiores e capazes.

(D) Se o processo tiver corrido sem o conhecimento do Ministério Público, o juiz o anulará a partir da citação do réu.

(E) O interesse público que legitima o Ministério Público a intervir na causa pode ser evidenciado tanto pela natureza da lide, como pela qualidade da parte.

A: incorreta, pois a tais pessoas será nomeado curador especial (CPC, art. 9º); além disso, substituto processual é quem pleiteia direito alheio em nome próprio (CPC, art. 6º); **B:** incorreta. O artigo faz menção ao MP como parte (CPC, art. 188); **C:** incorreta. Há necessidade, ainda que maiores (CPC, art. 82, II); **D:** incorreta. A anulação é a partir do momento em que o MP deveria ter sido intimado (CPC, art. 246, parágrafo único); **E:** correta. CPC, art. 82, incisos.

Gabarito "E".

(Procuradoria Distrital – 2007) Sobre a responsabilidade por dano processual, assinale a afirmativa correta.

(A) A multa e a indenização decorrentes da litigância de má-fé dependem de requerimento da parte prejudicada.

(B) Responde por perdas e danos aquele que pleitear de má-fé, seja ele autor, réu ou interveniente.

(C) O valor da multa pode ser liquidado por arbitramento.

(D) Considera-se litigante de má-fé aquele que opõe resistência justificada ao andamento do processo.

(E) As sanções impostas em consequência de má-fé serão contadas como custas e reverterão em benefício do Estado.

A: incorreta. Cabe a fixação de ofício (CPC, art. 18); **B:** correta. CPC, art. 16; **C:** incorreta. O valor será desde logo fixado pelo juiz (CPC, art. 18, § 2º); **D:** incorreta. Resistência injustificada (CPC, art. 17, IV); **E:** incorreta. Serão revertidas à parte contrária (CPC, art. 18).

Gabarito "B"

(Procurador do Município/Natal-RN – 2008 – CESPE) Em ação sob o rito ordinário movida pelo espólio de Vítor contra determinado município, citado o réu, o procurador municipal observou que o autor estava representado por inventariante dativo.

Nessa situação hipotética, assinale a opção correta quanto à representação processual.

(A) O inventariante representa o espólio, de modo que nada poderá ser observado acerca da representação processual do autor.

(B) Deverá o réu apontar a existência de defeito de representação, sob pena de ocorrer a preclusão.

(C) Deverá o réu verificar se a ação trata de matéria considerada de alta indagação pelo juiz condutor do inventário, caso em que o inventariante dativo pode representar o espólio em juízo.

(D) Na hipótese apresentada, ocorre vício de representação processual, situação que deve ser alegada pelo réu em preliminar.

A: incorreta. Essa é a regra (CPC, art. 12, V), mas com inventariante dativo, há uma especificidade (vide "D""); **B:** incorreta. No caso, não há preclusão quanto à representação, que o juiz pode conhecer de ofício (CPC, art. 13); **C:** incorreta: Questão envolvendo "matéria de alta indagação" envolve a partilha e não pode ser debatida no bojo do próprio inventário (CPC, art. 984) – o que não é a hipótese apresentada do problema; **D:** correta: Sendo inventariante dativo, todos os herdeiros e sucessores devem figurar no polo da relação processual (CPC, art. 12, § 1º).

Gabarito "D".

(Advogado – BNDES – 2004 – CESGRANRIO) Consideram-se atos da parte os praticados pelo autor ou réu, por terceiros intervenientes ou pelo Ministério Público. A doutrina os classifica em (i) atos de **obtenção** e (ii) atos **dispositivos**. As duas categorias, subdividas, compreendem os atos de:

I. petição;
II. afirmação;
III. submissão;
IV. desistência;
V. prova;
VI. transação.

São atos de obtenção:

(A) I e V, apenas.
(B) I, II e IV, apenas.
(C) I, II e V, apenas.
(D) II, III e IV, apenas.
(E) III, V e VI, apenas.

Segundo Couture, os atos das partes são classificados em atos de obtenção e atos dispositivos. Os de obtenção subdividem-se em: atos *postulatórios* ou de *petição* (através dos quais a parte requer uma providência jurisdicional), atos de *afirmação* ou *reais* (aqui a parte é responsável pela prática de atos materiais, a exemplo da exibição de documento, da prestação de caução e do pagamento de custas) e atos de *prova* ou de *instrução* (os quais têm em mira a comprovação dos fatos articulados). Os atos dispositivos, por sua vez, visam à criação, modificação ou extinção de uma situação processual. Classificam-se em atos de *submissão*, de *desistência* e de *transação*. Postas tais premissas, são atos de obtenção os de petição, os de afirmação e os de prova.

Gabarito "C".

(Advogado – INFRAERO – 2004 – NCE/UFRJ) Na atual redação do artigo 14 do Código de Processo Civil é possível que o Juiz imponha sanções àqueles que tenham alguma interferência na relação processual, além das partes. Tal sanção está limitada a:

(A) vinte por cento do valor da causa;
(B) dez por cento do valor da causa;
(C) quinze por cento do valor da condenação;
(D) dez por cento do valor da condenação;
(E) trinta por cento do valor da causa.

A: correto (art. 14, parágrafo único, do CPC).

Gabarito "A".

1.4. LITISCONSÓRCIO E INTERVENÇÃO DE TERCEIROS

(Procurador do Estado/BA – 2014 – CESPE) Julgue o seguinte item.

(1) De acordo com o STJ, não se admite intervenção de terceiros em procedimento de rito sumário, pois, do contrário, não se garantiria a celeridade processual, objetivo desse tipo de rito.

1. Errada. A própria legislação processual admite algumas intervenções de terceiro no procedimento comum, rito sumário (CPC, art. 280).

Gabarito 1E

(Procurador Distrital – 2014 – CESPE) Julgue o seguinte item.

(1) De acordo com a interpretação dada à legislação vigente, é facultada ao DF a possibilidade de intervir em demandas em que tiver interesse econômico, independentemente da demonstração de interesse jurídico.

1. Correta. Em regra, à luz do CPC, somente é possível o ingresso de terceiro diante da existência de interesse jurídico (CPC, art. 50). Contudo, tratando-se de pessoa jurídica de direito público, há regra específica, que permite o ingresso mesmo quando houver apenas interesse econômico. Nesse sentido, o art. 5º, parágrafo único, da Lei 9.469/97: "Parágrafo único. As pessoas jurídicas de direito público poderão, nas causas cuja decisão possa ter reflexos, ainda que indiretos, de natureza econômica, intervir, independentemente da demonstração de interesse jurídico, para esclarecer questões de fato e de direito, podendo juntar documentos e memoriais reputados úteis ao exame da matéria e, se for o caso, recorrer, hipótese em que, para fins de deslocamento de competência, serão consideradas partes".

Gabarito 1C

(Procurador Distrital – 2014 – CESPE) Julgue o seguinte item.

(1) Na hipótese de os litisconsortes passarem a ter procuradores distintos no curso do processo, quando já iniciado o prazo recursal, somente se aplicará o benefício do prazo em dobro à parte do prazo ainda não transcorrida até aquele momento.

1. Correta. A questão, bem específica, poderia ter diversas possíveis respostas – já que a situação não é prevista em lei (tanto pela existência como inexistência do prazo). Mas a questão foi objeto de um recurso específico no STJ, constando do Informativo 518: DIREITO PROCESSUAL CIVIL. BENEFÍCIO DO PRAZO EM DOBRO NO CASO EM QUE OS LITISCONSORTES CONSTITUAM ADVOGADOS DIFERENTES NO CURSO DE PRAZO RECURSAL. Se os litisconsortes passam a ter procuradores distintos no curso do processo, quando já iniciado o prazo recursal, somente se aplica o benefício do prazo em dobro à parte do prazo recursal ainda não transcorrida até aquele momento. O art. 191 do CPC determina que "quando os litisconsortes tiverem diferentes procuradores, ser-lhe-ão contados em dobro os prazos para contestar, para recorrer e, de modo geral, para falar nos autos". Esse benefício não está condicionado à prévia declaração dos litisconsortes de que terão mais de um advogado e independe de requerimento ao juízo. Ocorre que, caso os litisconsortes passem a teradvogados distintos no curso do prazo para recurso, a duplicação do prazo se dará apenas em relação ao tempo faltante. O ingresso nos autos de novo advogado não tem o condão de reabrir o prazo recursal já expirado, pois, do contrário, no caso de pluralidade de partes no mesmo polo processual, bastaria aos litisconsortes constituir novo advogado no último dia do prazo recursal para obter a aplicação do benefício em relação à integralidade do prazo. Precedentes citados: REsp 336.915-RS, Quarta Turma, DJ 6/5/2002, e REsp 493.396-DF, Sexta Turma, DJ 8/3/2004.REsp 1.309.510-AL, Rel. Min. Nancy Andrighi, julgado em 12/3/2013.

Gabarito 1C

(Procurador da Fazenda Nacional – 2003 – ESAF) Denunciação de lide é forma de intervenção de terceiros destinada a:

(A) estabelecer a responsabilidade dos demais codevedores não solidários.

(B) possibilitar o ingresso voluntário no processo do titular de interesse jurídico.

(C) possibilitar o exercício do direito de regresso, fundado na obrigação de garantia.

(D) permitir o exercício do direito de regresso, fundado na solidariedade.

(E) fixar a responsabilidade de todos os fiadores.

A: incorreta. Não se trata de qualquer das hipóteses do art. 70 do CPC; **B:** incorreta. Essa é a situação da assistência (CPC, art. 50); **C:** correta (CPC, art. 70, III); **D:** incorreta. Não se trata de qualquer das hipóteses do art. 70 do CPC; **E:** incorreta. Para acionar os demais fiadores, cabível o chamamento (CPC, art. 77, II).

Gabarito "C".

(Procurador da Fazenda Nacional – 2004 – ESAF) Em relação ao instituto do litisconsórcio é correto afirmar:

(A) a decisão proferida em processo em que falte a presença de litisconsorte necessário é *inutiliter data*, ou seja, é ineficaz em relação até mesmo àqueles que participaram do processo.

(B) a limitação ao litisconsórcio multitudinário, por dizer respeito ao interesse público na direção do processo pelo juiz, aplica-se a qualquer litisconsórcio que, pelo número de integrantes, possa comprometer a rápida solução do litígio ou a defesa do réu.

(C) por força do princípio da comunhão de interesses entre os litisconsortes, expressamente acolhido pelo Código de Processo Civil como regra geral, no litisconsórcio simples as "condutas alternativas" se comunicam.

(D) o direito brasileiro admite, nas relações jurídicas incindíveis, a existência de litisconsórcio ativo necessário.

(E) a "intervenção litisconsorcial voluntária" ou "assistência litisconsorcial" provoca ampliação objetiva e subjetiva do processo.

A: correta. É a previsão do art. 47 do CPC, ao destacar que a eficácia da decisão depende da citação de todos os litisconsortes; **B:** incorreta. O litisconsórcio multitudinário ou plúrimo deverá ser desmembrado quando se tratar de litisconsórcio facultativo (CPC, art. 46, parágrafo único). Na linha do exposto no item anterior, não cabe se for litisconsórcio necessário; **C:** incorreta. Em regra, os atos e omissões de um litisconsorte não prejudicam nem beneficiam os outros (CPC, art. 48); **D:** incorreta. Se a relação jurídica material é incindível, a decisão deve ser a mesma (litisconsórcio unitário); **E:** incorreta. Na assistência litisconsorcial (CPC, art. 54), o litisconsorte poderia ser parte desde o início. Isso significa ampliação subjetiva (partes), não objetiva (causa de pedir e pedido).

Gabarito "A".

(Procurador do Estado/PB – 2008 – CESPE) A respeito do litisconsórcio, da intervenção de terceiros e da assistência, assinale a opção correta.

(A) Na ação de cobrança de dívida líquida e certa em que haja dois credores solidários, bem como na ação de nulidade de casamento, as partes só poderão agir em conjunto, com a formação do litisconsórcio ativo unitário e necessário.

(B) A denunciação à lide, forma de intervenção de terceiro, consiste no ajuizamento, pelo denunciante, de lide paralela, processada simultaneamente com a principal, envolvendo direito de garantia, de regresso ou de indenização que o denunciante pretende exercer contra o denunciado.

(C) Na assistência litisconsorcial, caso a intervenção ocorra antes da sentença, o assistente tem direito de deduzir o que lhe interessa e promover a renovação de provas de que não tenha participado.

(D) Em ação em que as partes disputam a posse de bem imóvel, o terceiro amparado em propriedade do imóvel poderá oferecer oposição contra autor e réu, e requerer a imissão de posse.

(E) Chamamento ao processo consiste no incidente pelo qual o demandado, sob a alegação de não ter legitimidade para responder à ação, chama ao processo o verdadeiro legitimado passivo, objetivando transferir-lhe a posição de réu.

A: incorreta. No caso de credores solidários, poderá ingressar em juízo somente um deles. Acaso fossem devedores solidários e um só acionado, caberia chamamento (CPC, art. 77, III); **B:** correta. Trata-se de uma ação de regresso (CPC, art. 70); **C:** incorreta. O assistente recebe o processo no estado em que ele se encontra (CPC, art. 50, parágrafo único); **D:** incorreta. Enquanto se debate posse, não se debate propriedade (CPC, art. 923); **E:** incorreta. A figura narrada mais se assemelha a uma nomeação (CPC, art. 62).

Gabarito "B".

(Procurador do Estado/PE – CESPE – 2009) Assinale a opção correta quanto à intervenção de terceiros.

(A) Diante da execução de dívida solidária, é viável que o executado se sirva do chamamento ao processo para trazer aos autos da execução o devedor solidário.

(B) O chamamento ao processo é modalidade de intervenção de terceiro que existe para proteger o credor de dívida solidária, ao permitir que este busque, em um mesmo processo, seu crédito de mais de um devedor.

(C) Por meio do chamamento ao processo, forma-se entre o chamador e o chamado um litisconsórcio passivo e unitário, já que se trata de dívida solidária.

(D) Na hipótese de ser possível o chamamento ao processo, há, entre o chamado e a parte adversa, uma relação jurídica direta.

(E) É viável o chamamento ao processo do fiador quando o devedor principal for réu em processo movido apenas contra ele pelo credor.

A: incorreta, porque a jurisprudência em regra não admite chamamento na execução; **B:** incorreta. Para isso, bastaria um litisconsórcio passivo; **C:** incorreta. Se o objeto da prestação for divisível, não se tratará de litisconsórcio unitário; **D:** correta. Por exclusão e considerando que, diante da solidariedade, há relação jurídica entre denunciado e parte contrária; **E:** incorreta, porque essa não é uma das hipóteses descritas no art. 77 do CPC.

Gabarito "D".

(Procurador do Estado/PR – 2007) Indique qual, entre as seguintes espécies de intervenção de terceiros, não veicula a propositura de uma nova ação:

(A) a oposição;

(B) a denunciação da lide;

(C) assistência simples;

(D) a oposição, quando formulada antes da audiência de instrução e julgamento;

(E) a denunciação da lide, quando formulada pelo réu.

C: Correta. Não há, nesse caso, nova relação jurídica entre as partes - diferentemente do que ocorre nas demais hipóteses (CPC, art. 50).

Gabarito "C".

(Procurador do Estado/RO – 2011 – FCC) No que se refere à assistência, de acordo com o Código de Processo Civil, é INCORRETO afirmar:

(A) Sendo revel o assistido, o assistente será considerado seu gestor de negócios.

(B) A assistência simples obsta a que a parte principal transija sobre direitos controvertidos.

(C) Transitada em julgado a sentença, na causa em que interveio o assistente, este não poderá, em regra, discutir a justiça da decisão em processo posterior.

(D) Considera-se litisconsorte da parte principal o assistente, toda vez que a sentença houver de influir na relação jurídica entre ele e o adversário do assistido.

(E) A impugnação das partes quanto ao pedido do terceiro para sua admissão como assistente deverá ocorrer no prazo de cinco dias.

A: correta (CPC, art. 52, parágrafo único); **B:** incorreta, devendo esta ser assinalada. A lei prevê o contrário (CPC, art. 53); **C:** correta (CPC, art. 55); **D:** correta (art. 54 do CPC); **E:** correta (CPC, art. 51).

Gabarito "B"

(Procuradoria Distrital – 2007) Mário ajuizou ação reivindicatória em desfavor de Pedro, dizendo ser o proprietário do imóvel indevidamente ocupado pelo demandado. Esse, regularmente citado, disse que detinha a coisa reivindicada por Mário em nome alheio, já que era mero caseiro de Manoel, esse, sim, o verdadeiro proprietário do lote. Pediu a sua exclusão do feito e requereu o chamamento ao processo de Manoel, que, segundo Pedro, é a pessoa que deve legitimamente figurar como parte na causa. À vista desses fatos, assinale a afirmativa correta.

(A) Pedro deveria ter requerido a denunciação da lide em relação a Manoel.

(B) Pedro deveria ter nomeado à autoria Manoel.

(C) Ordenado o chamamento ao processo, interrompe-se o prazo para defesa.

(D) O chamamento ao processo não interrompe o prazo para a defesa e corre em autos apartados.

(E) Se o autor discordar do chamamento ao processo, o feito continua a correr contra o réu originário.

B: A hipótese do caseiro é típica da nomeação (CPC, art. 62).

Gabarito "B"

(Procurador do Estado/AC – FMP – 2012) Assinale a alternativa correta.

(A) O assistente litisconsorcial pode renunciar ao direito de recorrer.

(B) A denunciação da lide é sempre obrigatória para que seja exercida a pretensão regressiva contra o denunciado, sob pena de perda dessa faculdade.

(C) A contestação apresentada por um dos réus impede a decretação da revelia em relação a todos os demais, ainda que distintos seus interesses.

(D) Havendo litisconsórcio unitário, a confissão de um dos réus somente em relação a ele será eficaz.

A: correta. Como o assistente litisconsorcial é, basicamente, um litisconsorte, ele detém os mesmos direitos. Assim, ele pode abrir mão do seu próprio direito de recorrer (CPC, art. 502); **B:** incorreta. Apesar da redação do art. 70 do CPC, a denunciação, se não for utilizada, permite o uso da ação autônoma de regresso – salvo em relação à evicção, por força do previsto no Código Civil (CC, art. 456: **Para poder exercitar o direito que da evicção lhe resulta, o adquirente notificará do litígio o alienante imediato, ou qualquer dos anteriores, quando e como lhe determinarem as leis do processo**); **C:** incorreta. Apesar do que consta do art. 320, I do CPC, a jurisprudência e doutrina afirmam que, se os interesses forem distintos, a revelia é decretada ao réu que não contesta (aplicação analógica do previsto no CPC, art. 509); **D:** incorreta. Apesar do que prevê o art. 350 do CPC, tratando-se de litisconsórcio unitário, a decisão judicial deverá ser a mesma para todos os litisconsortes. Questão complexa que trata de situações em que, apesar da previsão legal em um sentido, a resposta é outra considerando as especificidades do caso.

Gabarito "A".

(Procurador do Estado/MG – FUMARC – 2012) Assinale a alternativa correta:

(A) na ação em que o credor promove contra um dos devedores solidários, deverá sempre ser formado o litisconsórcio passivo necessário com os demais coobrigados pela dívida.

(B) quanto aos efeitos, o litisconsórcio simples é aquele em que a sentença deverá ser a mesma para todos os litisconsortes.

(C) o caseiro do sítio que é demandado em nome próprio deve nomear à autoria o proprietário ou possuidor do imóvel litigioso sobre o qual exerce detenção.

(D) o litisconsórcio unitário é aquele em que a sentença pode ter resultados diferentes para os litisconsortes.

(E) a denunciação da lide é facultativa ao alienante, na ação em que o terceiro reivindica a coisa, cuja propriedade foi transferida à parte, a fim de que possa exercer o direito que da evicção lhe resulta.

A: incorreta. Se há solidariedade, um dos devedores pode responder pelo todo da dívida. Tanto é assim que, se assim quiser, poderá o réu chamar à autoria os demais devedores solidários (CPC, art. 77, III); **B:** incorreta. No litisconsórcio unitário é que a sentença é a mesma para todos os litisconsortes (CPC, art. 47 – em que o legislador trata, de forma não técnica, do litisconsórcio necessário, que é aquele que precisa existir); **C:** correta. É a típica hipótese de nomeação à autora (CPC, art. 62); **D:** incorreta. Vide comentário "b"; **E:** incorreta. O art. 70 do CPC afirma que a denunciação é obrigatória. Contudo, com base na lei civil (CC, art. 456), apenas a denunciação no caso de evicção é obrigatória, sob pena de se perder o direito de regresso.

Gabarito "C".

(Procurador do Estado/MT – FCC – 2011) Considere as seguintes situações:

I. João ajuizou ação ordinária de indenização contra o Plano de Saúde Alpha, por erro de médico credenciado. O médico credenciado José, está obrigado, por contrato, a indenizar, em ação regressiva, o prejuízo que culposamente tiver causado ao referido Plano de Saúde.

II. Paulo, locador de imóvel, ajuizou ação ordinária de cobrança de aluguéis em atraso contra Pedro, fiador do locatário Cícero.

III. Maria, credora de Mara e Ana, devedoras solidárias, ajuizou ação ordinária de cobrança apenas contra Mara, exigindo o pagamento total da dívida comum.

No que concerne à intervenção de terceiros, nas referidas situações, a intervenção de José, Cícero e Ana se dará, respectivamente, através de:

(A) denunciação da lide, nomeação à autoria e chamamento ao processo.

(B) chamamento ao processo, denunciação da lide e chamamento ao processo.

(C) nomeação à autoria, denunciação da lide e chamamento ao processo.

(D) chamamento ao processo, chamamento ao processo e denunciação à lide.

(E) denunciação da lide, chamamento ao processo e chamamento do processo.

I: No caso, tem-se uma ação de regresso, então a intervenção cabível é a denunciação (CPC, art. 70, III); **II:** A intervenção do fiador em relaçao ao devedor principal – em que não há necessidade de prova da obrigação – é o chamamento (CPC, art. 77, I); **III:** Também é o chamamento a intervenção entre devedores solidários – exatamente porque não há necessidade de prova da obrigação (CPC, art. 77, III).

Gabarito "E".

(Procurador do Estado/SE – FCC – 2005) São formas espontâneas de intervenção de terceiros:

(A) a nomeação à autoria e a oposição.

(B) a oposição e o chamamento ao processo.

(C) a assistência e o chamamento ao processo.

(D) a denunciação da lide e a assistência.

(E) a oposição e a assistência.

As intervenções de terceiro podem ser provocadas (pelas partes que já litigam) ou espontâneas (apresentadas por terceiro que está de fora e quer ingressar) – o que se verifica somente na assistência e na oposição.

Gabarito "E".

(Procurador do Município/Cubatão-SP – 2011 – VUNESP) Tendo transitado em julgado sentença de procedência de ação em que deveria ter ocorrido a citação de todos os litisconsórcios necessários, é correto afirmar que:

(A) com o trânsito em julgado, impõe-se a coisa julgada ao litisconsorte preterido.

(B) deve ser anulada a sentença, mesmo diante da coisa julgada.

(C) o litisconsorte preterido não suportará a imutabilidade da decisão.

(D) caberá ao litisconsorte preterido propor ação rescisória, se no prazo.

(E) não se opera a coisa julgada para nenhuma das partes.

A: incorreta. A coisa julgada só atinge as partes do processo (CPC, art. 472); **B:** incorreta. A anulação da sentença pode acontecer antes do trânsito; após o trânsito, a hipótese é de rescisão (CPC, art. 485) ou de alegação de inexistência do processo (*querela nulitatis*); **C:** correta, por ser o oposto da alternativa "A". Quando há esse tipo de situação, uma das duas deve ser assinalada; **D:** incorreta. Como ele não é atingido pela decisão, ele não tem interesse de agir; **E:** incorreta. Exatamente na linha das respostas anteriores, de que a coisa julgada atinge às partes.

Gabarito "C".

(Procurador do Município/Manaus-AM – 2006 – FCC) José move ação de indenização, pelo rito ordinário contra Paulo. Regularmente citado o réu (Paulo), no décimo dia do prazo para contestação, nomeia à autoria João. O pedido foi deferido pelo juiz, que suspende o processo e manda ouvir o autor (José) no prazo de cinco dias. Nesse caso, se José:

(A) recusar a nomeação, a lide prosseguirá em face de Paulo, que poderá oferecer sua defesa no prazo de cinco dias remanescente.

(B) aceitar a nomeação, caberá a Paulo promover a citação do nomeado (João).

(C) recusar a nomeação, a lide prosseguirá em face de Paulo, sendo lhe assinalado novo prazo para contestação.

(D) recusar a nomeação o Juiz poderá rejeitar esta objeção e determinar a citação do nomeado.

(E) aceitar a nomeação o réu será imediatamente excluído do polo passivo da lide antes da citação do nomeado.

A: incorreta. Se a nomeação for recusada, há a interrupção do prazo para contestar – ou seja, volta a correr do início (CPC, art. 67); **B:** incorreta. Compete ao autor (José) promover a citação do nomeado (CPC, art. 65); **C:** correta. CPC, art. 67; **D:** incorreta. Se o autor recusa a nomeação, não pode o juiz aceitá-la (CPC, art. 65); **E:** incorreta. Se o autor aceita a nomeação, o nomeado deve ser ouvido antes da exclusão do réu-nomeante (CPC, art. 66).

Gabarito "C".

(Procurador do Município/Manaus-AM – 2006 – FCC) De acordo com o Código de Processo Civil:

(A) os atos e as omissões de um litisconsorte, em regra, prejudicarão ou beneficiarão os outros.

(B) no litisconsórcio facultativo, o juiz poderá limitar o número de litigantes, quando este comprometer a rápida solução do litígio ou dificultar a defesa.

(C) cada litisconsorte tem o direito de promover o andamento do processo, sendo facultativa a intimação de todos dos respectivos atos.

(D) no litisconsórcio necessário, a eficácia da sentença não dependerá da citação de todos os litisconsortes no processo.

(E) no litisconsórcio necessário, o juiz ordenará ao autor que promova a citação de todos os litisconsortes, dentro do prazo que assinar, sob pena de suspensão do processo.

A: incorreta. Em regra, há o oposto (CPC, art. 48). **B:** correta. Trata-se do litisconsórcio multitudinário ou plúrimo (CPC, art. 46, parágrafo único). **C:** incorreta. Todos os litisconsortes devem ser intimados dos atos do processo (CPC, art. 49). **D:** incorreta. No litisconsórcio necessário, há necessidade de citação de todos (CPC, art. 47). **E:** incorreta. A pena é de extinção (CPC, art. 47, parágrafo único).

Gabarito "B"

(Procurador do Município/Natal-RN – 2008 – CESPE) Paulo adquiriu de André um automóvel, para pagar em 10 prestações. Como Paulo pagou 9 prestações e deixou de pagar a última, alegando ter encontrado defeito oculto no automóvel, André ajuizou ação em face de Paulo para reaver o bem alienado. No curso da demanda, Paulo vendeu o automóvel a Rui.

Com relação à situação hipotética apresentada e à luz do que estabelece o CPC, assinale a opção correta.

(A) Paulo deverá promover a nomeação à autoria de Rui, uma vez que este adquiriu a coisa litigiosa.

(B) O remédio processual adequado à defesa dos direitos de Rui é a promoção da sua denunciação à lide, porquanto poderá perder o automóvel caso a decisão seja favorável a André.

(C) O resultado da ação movida por André contra Paulo não afetará Rui, pois a sentença decorrente dessa ação só produz efeitos entre as partes, André e Paulo.

(D) Rui, caso não seja admitido como parte da ação em questão, poderá intervir no processo como assistente litisconsorcial de Paulo, para proteger os próprios interesses.

A: incorreta. Não se trata de cabimento da nomeação (CPC, art. 62).;**B:** incorreta. Tampouco se trata de ação de regresso (denunciação – CPC, art. 70). **C:** incorreta. Quando ocorre alienação de objeto litigioso, a decisão atinge o adquirente (CPC, art. 42, § 3º). **D:** correta. CPC, art. 42, § 2º.

Gabarito "D".

(Procurador do Estado/SC – 2009) Assinale a alternativa correta:

(A) O objeto da ação identifica-se pelo pedido.

(B) A nomeação à autoria é admissível no procedimento sumário.

(C) O nascituro não pode ser parte em uma ação.

(D) A oposição, caso seja oferecida antes da audiência de instrução e julgamento, será processada nos próprios autos principais.

(E) A denunciação da lide provoca a substituição do réu, alterando o polo passivo da demanda.

A: correta, objeto e pedido podem ser vistos como sinônimos; **B:** incorreta, porque no sumário só se admitem assistência e intervenção de terceiros fundada em contrato de seguro (CPC, art. 280); **C:** incorreta pela banca, apesar das polêmicas. Pelo CC, art. 1º somente com o nascimento com vida surge a personalidade jurídica – apesar disso, há quem defenda tanto personalidade como capacidade para figurar como parte; a questão poderia ter sido anulada; **D:** incorreta, porque nesse caso a oposição será autuada em apenso, porém apartado (CPC, art. 59); **E:** incorreta, porque a substituição é típica da nomeação (CPC, art. 62).

Gabarito "A".

(Advogado – CEF – 2012 – CESGRANRIO) Quando o sistema processual permite a adequação do número de litisconsortes no processo, por decisão fundamentada do Juiz, essa norma aplica-se ao litisconsórcio:

(A) unitário

(B) uniforme

(C) compulsório

(D) facultativo

(E) ulterior

D: correto. A hipótese de limitação do litisconsórcio em razão do número de litigantes (*litisconsórcio multitudinário*, na visão de Dinamarco) ocorre tão somente nos casos de *litisconsórcio facultativo*, consoante a redação do art. 46, parágrafo único, do CPC.

Gabarito "D".

(Advogado – EPE – 2007 – CESGRANRIO) Quanto ao litisconsórcio, pode-se afirmar que:

(A) o litisconsórcio facultativo pode ser limitado pelo juiz ao número máximo de cinco litigantes.

(B) o litisconsórcio facultativo pode ocorrer, tão somente, quando os direitos derivarem do mesmo fundamento de fato.

(C) a intimação de um dos litisconsortes necessários aproveita a todos os demais.

(D) a eficácia da sentença, em caso de litisconsórcio necessário, dependerá da citação de todos os litisconsortes no processo.

(E) os litisconsortes são considerados, em suas relações com a parte adversa, como litigantes distintos, mas os atos de um beneficiam os outros.

A: incorreto, pois a norma não determina um número preestabelecido de litigantes. Cabe ao juiz limitar o número de litisconsortes, segundo as peculiaridades do caso concreto; **B:** incorreto. As demais hipóteses em que ocorre o litisconsórcio facultativo encontram-se enumeradas nos incisos do art. 46 do CPC; **C:** incorreto, já que o juiz deverá assinalar prazo para que o autor promova a citação dos litisconsortes necessários, sob pena de extinção do feito (arts. 47, parágrafo único, e 49 do CPC); **D:** correto (art. 47, *caput*, *in fine*, do CPC); **E:** incorreto (art. 48, *in fine*, do CPC).

Gabarito "D".

(Advogado – ELETROBRÁS – 2006 – NCE/UFRJ) João é o dono de um imóvel e está fazendo obras nele. Seu caseiro, Marcos, está sendo processado, como se dono fosse, pelo possuidor do imóvel vizinho, que alega estar sendo turbado na sua posse. Foi deferida, sem oitiva da parte contrária, liminar possessória, para determinar a cessação dos atos de turbação. Nesse caso, João deve:

(A) ingressar nos autos, por meio de habilitação;

(B) ingressar nos autos, por meio da assistência;

(C) ingressar nos autos, por meio da nomeação à autoria;

(D) ajuizar embargos de terceiro contra o ato do juiz que deferiu a liminar possessória;

(E) impetrar mandado de segurança contra o ato do juiz que deferiu a liminar possessória.

A: incorreto, já que a habilitação tem lugar quando, por falecimento de qualquer das partes, os interessados houverem de suceder-lhe no processo (art. 1.055 do CPC); **B:** correto. Conquanto o comando da questão encerre o clássico exemplo de nomeação à autoria, justamente para induzir o candidato ao erro, a assertiva correta é aquela que contempla a assistência (no caso, a litisconsorcial). Explico. A nomeação à autoria é *mecanismo provocado de intervenção de terceiros*, que se destina à correção do polo passivo da demanda. É cabível quando a ação é aforada em face do *detentor* da coisa móvel ou imóvel, o qual, justo por não ser o titular do direito material afirmado pelo autor, aponta o verdadeiro titular do bem (proprietário ou possuidor); cabe, ainda, quando o réu de ação indenizatória promovida pelo proprietário ou por quem detenha direitos sobre a coisa assevera obedecer a ordens ou seguir instruções de terceiro. O objetivo em ambos os casos é fazer com que haja a substituição de quem figura no polo passivo da lide – já que parte ilegítima – pelo verdadeiro legitimado, a fim de que o mesmo assuma o processo. Todavia, a questão não perpassa pela análise do que Marcos deve fazer, *mas sim de como João deve proceder*. Se a questão perguntasse sobre como o caseiro deveria agir, a resposta correta certamente seria nomear João à autoria. Contudo, uma vez que se trata mecanismo de intervenção provocada de terceiros, João não poderá dela se valer. Sendo assim, João deverá se socorrer de uma das modalidades de intervenção espontânea de terceiros (ao lado da oposição), qual seja a *assistência litisconsorcial*. Descarta-se, desde logo, a assistência simples, eis que o assistente simples não é titular do direito material discutido. Ele não possui relação jurídica com o adversário do assistido, de modo que, em havendo sentença contrária aos interesses da parte assistida, somente pela via reflexa é que o assistente teria sua esfera jurídica afetada. A valer, a hipótese é mesmo de *assistência litisconsorcial*, e não de assistência simples. "O decisivo é a intensidade do interesse do assistente no resultado da demanda. Na litisconsorcial, o terceiro poderia ser parte desde o início, pois direito seu está sendo discutido no processo" (DESTEFENNI, Marcos. *Curso de Processo Civil. Vol. 1, Tomo I*. 2. Edição. São Paulo: Saraiva, 2009, p. 204). Nesta última espécie, o assistente poderia ter figurado como litisconsorte do assistido desde o início da demanda. Todavia, não tendo sido integrado à ação desde os seus primórdios, ingressa no feito na condição de assistente litisconsorcial. De qualquer sorte, se Marcos não nomear João à autoria, este não poderá ingressar no feito em tal condição, até porque se cuida, insista-se, de hipótese de intervenção de terceiros provocada. Resta, porém, a possibilidade de o proprietário ingressar como *assistente litisconsorcial*, não se subordinando à vontade da parte assistida. Logo, atua com independência – já que a lide diretamente o afeta – e pode arguir o que convier à defesa de seu direito; **C:** incorreto, conforme já reportado acima; **D:** incorreto, já que não é necessário que João ajuíze uma nova demanda para reverter o resultado da decisão antecipatória. Basta que ingresse no feito como assistente litisconsorcial. Nessa direção, seria carecedor de ação acaso aforasse os embargos de terceiro ou o mandado de segurança, por ausência de interesse-necessidade. Ademais, no caso dos embargos de terceiro, seria de rigor o reconhecimento da carência de ação com fulcro na inexistência de interesse-adequação, a considerar que é titular do direito material discutido, sendo, portanto, parte, e não terceiro; **E:** incorreto, pois, além das considerações já tecidas no item anterior quanto à ausência de interesse-necessidade, João poderia interpor recurso de agravo de instrumento, na condição de terceiro prejudicado, constatação esta que infirma a adequação do mandado de segurança à espécie, com fulcro na Súmula 267 do STF, *in verbis*: "NÃO CABE MANDADO DE SEGURANÇA CONTRA ATO JUDICIAL PASSÍVEL DE RECURSO OU CORREIÇÃO". Com efeito, terceiro prejudicado é aquele que poderia ter figurado durante o processo como assistente simples ou litisconsorcial, mas não o fez. Para tanto, necessita, tal qual aquele, demonstrar *interesse jurídico* na causa. Ao pleitear seu ingresso na lide já na fase recursal, recebe o nome de terceiro prejudicado.

Gabarito "B"

(Advogado – IRB – 2006 – ESAF) Assinale a opção verdadeira.

(A) A denunciação à lide deve ser formalizada com os mesmos requisitos da petição inicial (art. 282 do CPC).

(B) Tem-se por prejudicada, e, consequentemente, extinta sem apreciação do mérito, a denunciação à lide quando o litisdenunciante for vencedor na demanda principal.

(C) Não há obrigatoriedade de denunciação à lide vinculada à responsabilidade civil.

(D) Nas hipóteses do art. 70 do CPC, a não denunciação à lide acarreta a perda da pretensão regressiva.

(E) Indeferida a denunciação à lide, fica o denunciante impossibilitado de em ação autônoma postular os direitos que da evicção lhe resultam.

A: incorreto. Embora conste do gabarito que a alternativa encontra-se incorreta, pedimos vênia para divergir de tal entendimento. Avulta observar que a denunciação da lide – modalidade de intervenção provocada de terceiros – *tem natureza de ação condenatória* que surge, seja por provocação do autor ou do réu, no bojo de outra ação condenatória. Presta-se à obtenção de sentença que reconheça o direito de regresso do denunciante em face do terceiro alienante, proprietário, possuidor indireto ou responsável civil, tudo, insista-se, dentro da mesma relação processual travada originariamente entre autor e réu. Por deter a natureza de ação, o litisdenunciante deve sim adequar sua petição aos requisitos do art. 282 do CPC. Ratificando tal posicionamento, eis a doutrina de eminente jurista: "Formalmente, a denunciação da lide deve ser oferecida em petição própria, com os requisitos do art. 282 do Código de Processo Civil (1ª Câm. Cív. Do TJRS, AI 31.405, j. 19-12-1798. Rel. Des. Athos G. Carneiro, RJTJRS, 47:368). Não haverá maior inconveniente, todavia, em que seja redigida na mesma peça da petição inicial (na denunciação pelo autor) ou da contestação (na denunciação pelo réu), dês que obedecidos os requisitos mencionados, e formalmente *destacada* a denunciação. (CARNEIRO, Athos Gusmão. *Intervenção de Terceiros*. 19. edição. São Paulo: Saraiva, 2010, p. 138); **B:** incorreto. Embora o gabarito assinale tal assertiva como incorreta, ousamos discordar do posicionamento adotado pela banca examinadora, já que a lide secundária travada entre denunciante e denunciado só terá seu mérito resolvido quando sobrevier resultado desfavorável, na lide principal, ao litisdenunciante. Por exemplo, se o autor se sagrar vencedor na demanda originária, de modo a obter a condenação do réu ao pagamento de determinada quantia, o juiz deve, na mesma sentença, decidir a ação condenatória remanescente instaurada entre o réu, na condição de litisdenunciante, e o terceiro, enquanto litisdenunciado, tudo com lastro no direito de regresso alegado por quem se socorre de tal forma de intervenção de terceiros (art. 76 do CPC). Ao abono desse entendimento, eis a doutrina de Cândido Rangel Dinamarco: "O pedido de condenação do litisdenunciado tem sempre o caráter de *eventualidade,* porque ele só poderá ter o direito alegado na hipótese (ou seja, *no evento*) de sair-se vencido no litígio relativo ao adversário comum. Se o denunciante vier a ser vencedor nesse litígio, a demanda de condenação do terceiro será inevitavelmente julgada improcedente, ainda que ele em tese pudesse ser obrigado a ressarcir pelos danos que aquele viesse a suportar (mas não suportou). Desse modo, a demanda inicial do processo é *prejudicial* em relação à segunda; esta só *poderá* ser procedente se, presentes os demais requisitos, houver a necessidade de uma recomposição do patrimônio do denunciante, pela qual o terceiro seja responsável (DINAMARCO, Cândido Rangel. *Instituições de Direito Processual Civil. Vol. II.* 5ª edição. São Paulo: Malheiros, 2005, p. 401) [grifos do autor]; **C:** correto. A denunciação da lide ao responsável civil (art. 70, III, do CPC) é *facultativa* e não obrigatória (como se dá nos casos de denunciação da lide ao alienante, na forma do art. 70, I, do CPC). Logo, aquele que se sagrar sucumbente na lide originária, poderá, em demanda autônoma, exercer seu direito de regresso perante o responsável (art. 70, III, do CPC); **D** e **E:** incorretos. A denunciação da lide, ao contrário do que estabelece o *caput* do art. 70 do CPC, é facultativa. Mesmo no caso do art. 70, I, do CPC, cumpre registrar que o evicto, ao se abster de denunciar a lide ao alienante, fica impossibilitado tão somente de pleitear a indenização (danos emergentes e lucros cessantes) decorrentes da evicção. Porém, isso não o privará de, posteriormente, reaver o *preço* pago ao vendedor, sob pena de enriquecimento ilícito deste. Nesse sentido, observe-se o seguinte precedente da Corte Superior: "Evicção. Denunciação da lide. Precedentes da Corte. 1. Já assentou a Corte, em diversos precedentes, que o *direito que o evicto tem de recobrar o preço, que pagou pela coisa evicta, independe, para ser exercitado, de ter ele denunciado a lide ao alienante, na ação em que terceiro reivindicara a coisa*. 2. Recurso especial não conhecido. (REsp 255639/SP, Rel. Ministro CARLOS ALBERTO MENEZES DIREITO, TERCEIRA TURMA, julgado em 24/04/2001, DJ 11/06/2001, p. 204)" [grifos nossos].

Gabarito "C".

(Advogado – BNDES – 2006 – CESGRANRIO) João ajuíza ação ordinária contra Manoel pleiteando que lhe seja entregue um quadro antigo e raro, que seria de sua propriedade, estando irregularmente sob a posse de Manoel. Após contestada a ação e antes de ser proferida sentença, Manoel vende o quadro objeto do litígio a Caio. Caio, por sua vez, constitui advogado, que requer a substituição processual de Manuel para seu cliente, Caio. João não concorda com esse requerimento, formula impugnação direta e pleiteia o desentranhamento e devolução ao signatário da petição do advogado de Caio. O que deverá ocorrer, tendo em vista as disposições do Código de Processo Civil e a não concordância da parte contrária com a substituição requerida?

(A) Não será permitido ao adquirente intervir no processo de qualquer forma.

(B) Será permitido ao adquirente intervir no processo assistindo o alienante.

(C) Caberá ao adquirente intervir no processo através de oposição.

(D) A sentença proferida entre as partes originárias não ostentará os seus efeitos ao novo adquirente.

(E) O Magistrado decidirá sobre a conveniência da substituição processual, sendo irrelevante a opinião de João.

Antes de mais nada, é preciso alertar o candidato para a diferença havida entre substituição de partes e substituição processual. Tais noções não se confundem. A primeira trata da substituição de uma parte por outra no processo, ou seja, a parte originária se retira da lide, dando vez para que outrem assuma a sua condição, seja em decorrência da vontade dos litigantes ou de um outro evento, a exemplo da morte de um deles. Deve-se destacar que tal fenômeno é excepcional no processo civil e só se afigura possível nas hipóteses previstas em lei, a exemplo da substituição voluntária das partes prevista no art. 42, § 1º, do CPC. Via de regra, as partes não podem substituir-se, visto que, com a citação válida (art. 219 do CPC), ocorre a estabilização subjetiva da lide, isto é, o processo marchará até o seu final, passando por suas diversas fases, sem que haja alteração nos polos da demanda. Já na substituição processual, não há ingresso nem saída de qualquer das partes; o que existe é o fenômeno da legitimação extraordinária, em que a parte – o substituto processual – defende, em nome próprio, direito alheio: o do substituído processual (art. 6º do CPC). A hipótese de alienação da coisa litigiosa é uma das excepcionalidades em que se permite a substituição voluntária das partes, desde que haja um triplo consentimento (do adquirente, do alienante e da parte contrária). Faltando um deles, o adquirente do bem *sub judice* poderá, enquanto substituído processual, intervir como assistente litisconsorcial do alienante – o substituto processual – até porque a sentença proferida nos autos estenderá os efeitos da coisa julgada ao adquirente, ainda que não haja intervindo no feito (art. 42, § 3º, do CPC). Logo, a única alternativa correta é a constante da letra B (art. 42, § 2º, do CPC).

Gabarito "B"

(Advogado – BNDES – 2001 – VUNESP) A move ação reivindicatória contra B. No curso da ação, B cede seus direitos possessórios para C, que comunica a A a cessão de direitos e requer o seu ingresso no processo, para figurar no polo passivo substituindo B. A não consente com a substituição. Nesta hipótese, C poderá intervir no processo como:

(A) opoente.

(B) oposto.

(C) assistente simples.

(D) assistente litisconsorcial.

(E) denunciado.

Cuida-se de hipótese idêntica àquela versada na questão anterior. A hipótese de alienação da coisa litigiosa é uma das excepcionalidades em que se permite a substituição voluntária das partes, desde que haja um triplo consentimento (do adquirente, do alienante e da parte contrária). Faltando um deles, o adquirente do bem *sub judice* poderá, enquanto substituído processual, intervir como assistente litisconsorcial do alienante – o substituto processual – até porque a sentença proferida nos autos estenderá os efeitos da coisa julgada ao adquirente, ainda que não haja intervindo no feito (art. 42, § 3º, do CPC).

Gabarito "D".

1.5. ATOS PROCESSUAIS

(Procurador do Estado/BA – 2014 – CESPE) Julgue o seguinte item.

(1) A contagem do prazo processual para a fazenda pública inicia-se da data da juntada aos autos do mandado de intimação devidamente cumprido.

1. Correta. Em relação a prazo processual, a Fazenda tem a prerrogativa de ser intimada na pessoa do seu procurador, com a remessa física dos autos à Procuradoria. Contudo, imaginando a concessão de uma medida liminar que independa da entrega dos autos (por exemplo, um mandado de segurança determinando a participação de alguém em algum concurso público), será lícita a entrega desse mandado por oficial de justiça e, então, o prazo correrá a partir da intimação. Nesse sentido, a previsão dos arts. 240 e 241, II. Pergunta que, sem maiores informações, poderia ser respondida como certa ou errada.

Gabarito 1C

(Procurador do Estado/BA – 2014 – CESPE) Julgue o seguinte item.

(1) A ausência de citação do município supostamente lesado para integrar ação de improbidade administrativa ajuizada pelo Ministério Público (MP) não gera nulidade, visto que a integração do referido ente federado na relação processual é opcional.

1. Correta. Tratando-se de ação popular ou ação de improbidade, há uma regra curiosa envolvendo o ente público: possibilidade de não contestar ou figurar no processo ao lado do autor (Lei 4.717/65, art. 6º, § 3º: "A pessoa jurídica de direito público ou de direito privado, cujo ato seja objeto de impugnação, poderá abster-se de contestar o pedido, ou poderá atuar ao lado do autor, desde que isso se afigure útil ao interesse público, a juízo do respectivo representante legal ou dirigente." Essa regra é aplicável à ação de improbidade considerando o previsto no art. 17, § 3º da Lei 8.429/92. Sendo assim, o ente público não é litisconsorte passivo necessário (terminologia que seria mais adequada do que a utilizada no enunciado: "ausência de citação" – expressão que poderia levar à conclusão de nulidade do processo).

Gabarito 1C

(Procurador/DF – 2013 – CESPE) Tendo em vista que os atos processuais podem estabelecer arranjos necessários ao prosseguimento da ação entre as partes envolvidas no processo, gerando consórcios e(ou) a intervenção de terceiros, entre outros, assim como podem levar à produção de repercussões de comunicação ou até de nulidade dos atos, julgue os itens que se seguem.

(1) Em uma situação de evicção, o adquirente, para exercer o direito de ser ressarcido que da evicção lhe resulta, deverá denunciar o alienante à lide.

(2) A nulidade relativa deve ser arguida na primeira manifestação da parte nos autos, sob pena de preclusão, exceto se essa parte demonstrar a existência de justo impedimento.

(3) Uma obrigação solidária implica necessariamente em formação de litisconsórcio unitário.

(4) Constitui exemplo de litisconsórcio necessário unitário uma ação de anulação de casamento proposta pelo MP. Nesse caso, o marido e a mulher formam um litisconsórcio necessário, e, se a sentença julgar procedente o pedido, o casamento será nulo para ambos.

(5) Não há óbice legal à intervenção de terceiros nas ações de controle de constitucionalidade.

1: correta (art. 70, inc. I, do CPC); **2:** correta (art. 245 do CPC); **3:** errada, porque é possível que um dos devedores solidários tenha, em face do credor, alguma defesa pessoal, o que demonstra a possibilidade de a decisão vir a ter conteúdo diferente em relação a ele, do que teria em relação aos demais devedores solidários; **4:** correta. O litisconsórcio passivo é necessário nesse tipo de ação, e a sentença deve ser uniforme para ambos os réus, ao menos no que tange à invalidade do casamento; **5:** errada (art. 7º da Lei 9.868/1999 – "não se admitirá intervenção de terceiros no processo de ação direta de inconstitucionalidade"; art. 18, do mesmo diploma legal: "não se admitirá intervenção de terceiros no processo de ação declaratória de constitucionalidade").

Gabarito 1C, 2C, 3E, 4C, 5E

(Procurador do Estado/PE – CESPE – 2009) A respeito dos atos processuais transmitidos por fax e do processo eletrônico, assinale a opção correta.

(A) Interposta petição de apelação por fax, no curso do prazo, inicia-se, nessa data, a contagem do quinquídio para entrega do original em juízo.

(B) Deve ser considerada tempestiva apelação transmitida por meio eletrônico, se a transmissão ocorrer até o último minuto do último dia do prazo, ainda que se tenha encerrado o expediente forense.

(C) No âmbito do processo civil, ao contrário das intimações, a citação da fazenda pública não pode ser efetuada por meio eletrônico, sob pena de nulidade.

(D) Considera-se praticado o ato processual eletrônico no dia seguinte ao do seu envio ao sistema do Poder Judiciário.

(E) Se a petição com pedido de tutela antecipada for transmitida por fax, o juiz somente deverá apreciar o pedido após a entrega do original, haja vista a efetividade de tal provimento.

A: incorreta. O prazo de 5 dias para a juntada do original é contado a partir do final do prazo para interposição do recurso, e não da data da interposição (L. 9.800/99, art. 2º); **B:** correta (L. 11.419/06, art. 10, § 1º; **C:** incorreta. A lei do processo eletrônico permite todas as citações e intimações por meio eletrônico, mesmo da Fazenda (L. 11.419/06, art. 9º); **D:** incorreta. No momento do envio (L. 11.419/06, art. 3º); **E:** incorreta. Além de violar o acesso à justiça, a lei assim não prevê (L. 9.800/99, art. 3º).

Gabarito "B"

(Procurador do Estado/RO – 2011 – FCC) Como preconizado pelo Código de Processo Civil, se o autor requerer na peça inicial a citação pelo correio ela poderá ser normalmente realizada:

(A) nas ações de estado.

(B) quando for ré a Fazenda Pública do Estado de Rondônia.

(C) quando for ré empresa pública.

(D) nos processos de execução.

(E) quando for ré pessoa incapaz.

A: incorreta (CPC, art. 222, a); **B:** incorreta (CPC, art. 222, c); **C:** correta. Não há vedação no art. 222, cabendo lembrar que empresa pública é pessoa jurídica de direito privado; **D:** incorreta (CPC, art. 222, d); **E:** incorreta (CPC, art. 222, b).

Gabarito "C".

(Procurador do Estado/SC – 2010 – FEPESE) Conforme disposto no Código de Processo Civil, assinale a alternativa **incorreta**:

(A) Em todos os atos e termos do processo é obrigatório o uso do vernáculo.

(B) Os atos processuais realizar-se-ão em dias úteis, das 06 (seis) às 20 (vinte) horas.

(C) Salvo disposição em contrário, computar-se-ão os prazos, excluindo o dia do começo e incluindo o do vencimento.

(D) O juiz proferirá os despachos de expediente, no prazo de 02 (dois) dias, e as decisões, no prazo de 10 (dez) dias.

(E) Quando a lei não marcar outro prazo, as intimações somente obrigarão a comparecimento depois de decorridas 48 (quarenta e oito) horas.

A: correta (CPC, art. 156); **B:** correta (CPC, art. 172); **C:** correta (CPC, art. 184); **D:** correta (CPC, art. 189); **E:** incorreta, devendo esta ser assinalada. O CPC fala em 24 horas para o comparecimento (CPC, art. 192).

Gabarito "E".

(Procurador do Município/Florianópolis-SC – 2010 – FEPESE) De acordo com o Código de Processo Civil, a citação é o ato pelo qual se chama a juízo o réu ou o interessado a fim de se defender.

Sobre a citação, assinale a alternativa **correta**.

(A) O comparecimento espontâneo do réu ao processo não supre a ausência de citação.

(B) Em ações reais imobiliárias, devem ser demandados os réus e seus respectivos cônjuges, em litisconsórcio necessário.

(C) É proibida a citação dos noivos nos 10 primeiros dias de bodas, salvo para evitar o perecimento do direito.

(D) Nos processos de execução, a citação será feita pelo correio.

(E) A fim de justificar a citação por hora certa, o oficial de justiça deve procurar o réu em seu domicílio ou residência pelo menos em duas oportunidades.

A: incorreta. O comparecimento supre a ausência de citação (CPC, art. 214, § 1º); **B:** correta (CPC, art. 10); **C:** incorreta. É proibida nos 3 primeiros dias (CPC, art. 217, III); **D:** incorreta. Apenas por oficial de justiça (CPC, art. 222, "d"); **E:** incorreta. São necessárias três tentativas (CPC, art. 227).

Gabarito "B"

(Procurador de Contas TCE/ES – CESPE – 2009) A respeito da invalidação dos atos processuais, assinale a opção correta.

(A) A ação de nulidade do ato processual denominada pela doutrina *querela nullitatis* se diferencia da ação rescisória pelo prazo de ajuizamento, embora ambas as ações se dirijam ao tribunal.

(B) A coisa julgada material não atinge a invalidade do ato processual das partes, de modo que resta aberta a via da ação rescisória para aquele que tenha ficado prejudicado por qualquer invalidade não examinada.

(C) Antes de encerrado o procedimento de primeiro grau, é sempre possível, por simples petição, pedir a anulação de ato processual inválido do juiz.

(D) Nada impede que a parte aponte uma invalidade de ato processual do juiz via simples petição, o que não obstará eventual preclusão do seu direito de voltar a fazê-lo por meio próprio.

(E) Os atos processuais dos auxiliares da justiça são invalidáveis, de ofício ou a pedido, nos próprios autos, sem que se faça necessário, ou seja possível, requerer tal providência via ação autônoma.

A: incorreta. Ainda que o prazo de fato seja diferente - 2 anos de prazo decadencial para a AR (CPC, art. 495) e a *querela* é imprescritível -, a competência para a AR é do tribunal, ao passo que da *querela*, primeiro grau; **B:** incorreta. Pela eficácia preclusiva da coisa julgada, presumem-se analisados e afastados todos os possíveis argumentos de uma causa (CPC, art. 474); **C:** incorreta. A nulidade deve ser alegada na primeira oportunidade em que couber à parte falar nos autos, sob pena de preclusão, exceto quando se tratar matéria de ordem pública (CPC, art. 245); **D:** correta, desde que se trate de matéria de ordem pública. Exemplo: a incompetência absoluta deve ser alegada em preliminar de contestação (CPC, art. 301, II), mas pode ser apresentada por simples petição (CPC, art. 113); **E:** incorreta, sendo possível apontar a nulidade nos próprios autos (cf., por exemplo, art. 247 do CPC).

Gabarito "D".

(Procurador do Estado/MG – 2007) O processo é um conjunto de atos que se sucedem e tem o objetivo de obter a tutela jurisdicional. Quanto aos atos processuais no processo civil, considere as afirmativas abaixo.

I. Os atos das partes consistem em declarações unilaterais ou bilaterais de vontade, produzem imediatamente a constituição, a modificação ou a extinção de direitos.

II. Não havendo preceito legal nem assinação pelo juiz, será de 10 (dez) dias o prazo para a prática de ato processual a cargo da parte.

III. Havendo urgência, transmitir-se-á a carta de ordem por telegrama, radiograma ou telefone.

IV. Anulado o ato, reputam-se de nenhum efeito todos os subsequentes, que dele dependam; todavia, a nulidade de uma parte do ato não prejudicará as outras, que dela sejam independentes.

Assinale a alternativa correta.

(A) Apenas estão corretas a I e a II.

(B) Apenas estão corretas a I e a III.

(C) Estão corretas a I, a II, a III e a IV.

(D) Apenas estão corretas a I, a III e a IV.

I: correta. CPC, art. 158; **II:** incorreta. Nesse caso, o prazo será de 5 dias (CPC, art. 185); **III:** correta. CPC, art. 205. E a legislação, após alteração da L. 11.416/2009, prevê até mesmo por meio eletrônico (CPC, art. 202, § 3º); IV: correta. CPC, art. 248.

Gabarito "D".

(Procurador do Estado/MT – FCC – 2011) A respeito do tempo e lugar dos atos processuais, é certo que:

(A) a produção antecipada de provas pode ser praticada nos feriados.

(B) os atos processuais realizar-se-ão em dias úteis, das nove às dezoito horas.

(C) os prazos estabelecidos pelo juiz suspendem-se nos feriados.

(D) podem as partes, de comum acordo, reduzir ou prorrogar os prazos dilatórios, mesmo depois do respectivo vencimento.

(E) a parte não poderá renunciar ao prazo estabelecido exclusivamente em seu favor.

A: correta (CPC, art. 173, I); **B:** incorreta. O horário usual é das 6h às 20h (CPC, art. 172); **C:** incorreta. Os prazos processuais prorrogam-se nos feriados – ou seja, continuam a correr mas, se o término cair em dia não útil, prorroga-se seu vencimento para o dia seguinte (CPC, art. 178); **D:** incorreta. Somente pode haver o acordo em relação a tais prazos antes do vencimento (CPC, art. 181); **E:** incorreta. CPC, art. 186.

Gabarito "A".

(Procurador do Estado/MT – FCC – 2011) A respeito da comunicação dos atos processuais, considere:

I. A inexistência de citação não pode ser alegada após o trânsito em julgado da sentença.

II. Comparecendo o réu apenas para arguir a nulidade da citação e sendo esta decretada, considerar-se-á feita a citação na data em que ele ou seu advogado for intimado da decisão.

III. O mandado de citação não tem validade se não estiver assinado pelo Juiz.

Está correto o que se afirma APENAS em

(A) I e II.

(B) I e III.

(C) II e III.

(D) II.

(E) III.

I: incorreta. Esse é um dos mais graves vícios processuais: se a citação não foi realizada, isso pode ser alegado a qualquer momento, mesmo após o trânsito em julgado, mediante a *querela nulitatis* (ação declaratória de inexistência); **II:** correta. CPC, art. 214, § 2º; **III:** incorreta. O mandado de citação é cumprido pelo oficial de justiça e deverá ser assinado pelo escrivão, por ordem do juiz (CPC, art. 225, VII).

Gabarito "D".

(Advogado – PETROBRÁS TRANSP. – 2006 – CESGRANRIO) Observe as definições e denominações de atos processuais, previstas no Código de Processo Civil, listadas nas colunas abaixo.

I	ato pelo qual o juiz põe termo ao processo, decidindo ou não pelo mérito da causa.	W	despacho
II	ato pelo qual o juiz, no curso do processo, resolve questão incidente.	X	decisão interlocutória
III	todos os demais atos do juiz praticados no processo, de ofício ou a requerimento da parte, a cujo respeito a lei não estabelece outra forma.	Y	ato meramente ordinatório
		Z	Sentença

Está correta a seguinte associação dos itens das colunas acima:

(A) I - W, II - X, III - Y

(B) I - X, II - W, III - Y

(C) I - X, II - Z, III - W

(D) I - Z, II - W, III - Y

(E) I - Z, II - X, III – W

I: sentença. Atenção! O candidato deverá observar o novo teor do art. 162, § 1º, do CPC, uma vez que a assertiva foi elaborada com base em redação já revogada pela Lei 11.232/05; **II:** decisão interlocutória (art. 162, § 2º, do CPC); **III:** despacho (art. 162, § 3º, do CPC).

Gabarito "E".

(Advogado – BNB – 2006 – ACEP) Assinale a alternativa **CORRETA** quanto à comunicação dos atos processuais.

(A) Carta de ordem é aquela dirigida à autoridade estrangeira.

(B) Carta rogatória é aquela expedida a juiz subordinado ao tribunal de que ela emana.

(C) São requisitos essenciais da carta de ordem, da carta rogatória e da carta precatória a menção do ato processual que lhe constitui objeto e o encerramento com a assinatura do escrivão.

(D) Em todas as cartas declarará o juiz o prazo dentro do qual deverão ser cumpridas, atendendo à facilidade das comunicações e à natureza da diligência.

(E) O juiz deprecado recusará cumprimento à carta precatória, remetendo-a ao arquivo, quando não estiver revestida dos requisitos legais.

A: incorreto. Esse é o conceito de carta rogatória (art. 201, segunda parte, do CPC); **B:** incorreto, porquanto essa é a definição de carta de ordem (art. 201, primeira parte, do CPC); **C:** incorreto, eis que o encerramento da carta se perfaz com a assinatura do juiz (art. 202, IV, do CPC); **D:** correto (art. 203 do CPC); **E:** incorreto, visto que o juízo deprecado, ao recusar cumprimento à missiva, deverá devolvê-la ao juízo deprecante com apoio em decisão fundamentada (art. 209 do CPC).

Gabarito "D".

(Advogado – BNB – 2006 – ACEP) Quanto aos prazos, indique a alternativa **CORRETA**.

(A) Prazo próprio é aquele estabelecido para o juiz e seus auxiliares.

(B) Prazo impróprio é aquele imposto às partes.

(C) O vencimento dos prazos impróprios importam em preclusão.

(D) Prazo dilatório é aquele que não comporta ampliação ou redução pela vontade das partes.

(E) É defeso às partes, ainda que todas estejam de acordo, reduzir ou prorrogar os prazos peremptórios.

A: incorreto. Os prazos para o juiz, escrivão e serventuários são *impróprios*, não acarretando preclusão temporal nem qualquer sanção processual ante o seu descumprimento. Pode haver, todavia, a responsabilização administrativa do desidioso; **B:** incorreto. Os prazos conferidos às partes são denominados *próprios*; **C:** incorreto. De um modo geral, se assinalados às partes, os prazos serão próprios e, portanto, preclusivos; por sua vez, se fixados para o juiz ou auxiliares da justiça, serão impróprios, não ensejando, pois, preclusão; **D:** incorreto. Esse é o conceito de prazo *preclusivo* ou *peremptório*. Os prazos *dilatórios* podem ser reduzidos ou prorrogados por convenção das partes, conforme estabelece o art. 181, *caput*, do CPC; **E:** correto (art. 182, *caput*, primeira parte, do CPC).

Gabarito "E".

(Procurador do Estado/SE – FCC – 2005) Prescrevendo a lei determinada forma, sem cominação de nulidade, o ato processual será**:**

(A) anulável, porque quando a lei nada dispõe acerca das consequências do ato praticado contra suas determinações a nulidade será sempre relativa.

(B) válido mesmo se realizado de outro modo, quando alcançar sua finalidade.

(C) válido somente se ratificado pelas partes em manifestação expressa.

(D) sempre ineficaz em razão do princípio da formalidade dos atos processuais.

(E) anulável, desde que a anulação seja requerida pelo Ministério Público.

B: CPC, art. 244 (princípio da instrumentalidade das formas).

Gabarito "B"

(Procurador do Município/Recife-PE – 2008 – FCC) Considere as seguintes assertivas sobre os atos processuais:

I. Todos os atos e termos do processo podem ser produzidos, transmitidos, armazenados e assinados por meio eletrônico, e a assinatura dos juízes, em todos os graus de jurisdição, pode ser feita eletronicamente, tudo na forma da Lei..

II. As partes podem de comum acordo, prorrogar os prazos dilatórios, formulando o requerimento antes ou depois do vencimento do prazo, desde que seja fundado em motivo legítimo.

III. Em regra, os atos das partes, consistentes em declarações unilaterais ou bilaterais de vontade, não produzem imediatamente a constituição, a modificação ou a extinção de direitos processuais.

IV. O direito de consultar os autos e de pedir certidões dos atos de processos que tramitam em segredo de justiça é restrito às partes e a seus procuradores, sendo admissível o requerimento ao juiz do terceiro, que demonstrar interesse jurídico, de certidão do dispositivo da sentença.

Está correto o que se afirma SOMENTE em

(A) I e IV.

(B) III e IV.

(C) I, II e III.

(D) I, II e IV.

(E) II, III e IV.

I: correta. CPC, art. 154, § 2º; **II:** incorreta. O requerimento deve ser formulado antes do vencimento do prazo (CPC, art. 181); **III:** incorreta. Produzem efeitos imediatos (CPC, art. 158); IV: correta. CPC, art. 155, parágrafo único

Gabarito "A".

(Procurador do Estado /MG – FUMARC – 2012) Assinale a alternativa INCORRETA em relação aos efeitos da citação válida:

(A) tornar prevento o juízo

(B) induzir litispendência

(C) fazer litigiosa a coisa

(D) suspender a prescrição

(E) constituir em mora o devedor

A: correta (CPC, art. 219, *caput*); **B:** correta (CPC, art. 219, *caput*); **C:** correta (CPC, art. 219, *caput*); **D:** incorreta. Interrompe a prescrição (CPC, art. 219, *caput*); **E:** correta (CPC, art. 219, *caput*).

Gabarito "D".

(Procurador do Estado/SE – FCC – 2005) Os prazos processuais, para a (i) Fazenda Pública e para os (ii) litisconsortes, respectivamente, serão:

(A) (i) em quádruplo para contestar e (ii) em dobro para falar nos autos quando os litisconsortes tiverem advogados distintos.

(B) (i) em dobro para recorrer e (ii) em quádruplo para contestar quando os litisconsortes tiverem advogados distintos.

(C) (i) em dobro para recorrer e (ii) em triplo para contestar quando forem três litisconsortes.

(D) (i) em dobro para oferecer contrarrazões de recurso e (ii) em dobro para falar nos autos quando os litisconsortes tiverem advogados distintos.

(E) (i) em quádruplo para recorrer e (ii) em dobro para falar nos autos quando os litisconsortes tiverem advogados distintos.

A: (i) CPC, art. 188 e (ii) CPC, art. 191.

Gabarito "A".

(Procurador do Município/Manaus-AM – 2006 – FCC) Considere as seguintes assertivas a respeito da citação:

I. A citação válida torna prevento o juízo, induz litispendência e faz litigiosa a coisa; e, ainda quando ordenada por juiz incompetente, constitui em mora o devedor e interrompe a prescrição.

II. Comparecendo o réu espontaneamente ao processo apenas para arguir a nulidade e, sendo esta decretada, considerar-se-á feita a citação na data em que ele ou seu advogado for intimado da decisão.

III. Não se fará a citação, salvo para evitar o perecimento do direito, aos noivos, nos 7 dias seguintes as bodas.

IV. Não se fará a citação, salvo para evitar o perecimento do direito, ao cônjuge ou a qualquer parente do morto, consanguíneo ou afim, em linha reta, ou na linha colateral até terceiro grau, no dia do falecimento e nos 3 dias subsequentes.

Está correto o que se afirma APENAS em:

(A) I e II.

(B) II e III.

(C) I, II, e IV.

(D) I, III e IV.

(E) I e IV.

I: correta (CPC, art. 219); **II:** correta (CPC, art. 214, § 2º); **III:** incorreta. São os 3 primeiros dias (CPC, art. 217, III); IV: incorreta. São os 7 dias (CPC, art. 217, II).

Gabarito "A".

(Procurador do Município/Natal-RN – 2008 – CESPE) Em ação sob rito ordinário, o município apresentou defesa no prazo legal e requereu que fosse determinada ao autor a exibição de documentos que estariam em sua posse. Acolhido o requerimento, o juiz conferiu ao autor prazo de 5 dias para que exibisse tais documentos. Ao fim do prazo conferido, o procurador do autor peticionou para requerer a fixação de outro prazo para cumprimento da ordem, sob o argumento de que seu cliente estivera hospitalizado na semana anterior, e juntou ao pedido o atestado da internação.

Considerando a situação hipotética apresentada e a disciplina legal dos prazos prevista no CPC, assinale a opção correta.

(A) Decorrido o prazo estabelecido pelo juiz, extinguiu-se a possibilidade de a parte praticar o ato determinado, independentemente da apresentação de qualquer justificativa.

(B) A devolução do prazo dependerá da anuência do município, que deverá ser intimado para manifestar-se fundamentadamente a respeito do pedido do autor.

(C) Verificado pelo juiz que a internação hospitalar configura justa causa para o descumprimento da ordem, novo prazo será assinalado para a exibição dos referidos documentos.

(D) Por tratar-se de prazo estabelecido para a prática de ato favorável ao próprio interesse, o autor poderá requerer a dilação sem apresentar justificativa alguma.

C: Correta, nos termos do CPC, art. 183, *caput* e §§.

Gabarito "C".

(Procurador do Estado/SC – 2009) Assinale a alternativa correta:

(A) A competência relativa pode ser prorrogada apenas pela continência e pela conexão.

(B) A extinção do processo sem resolução do mérito faz coisa julgada formal.

(C) No ato da citação, as pessoas que tenham entre 16 e 21 anos e idade serão representadas por seus pais, tutores ou curadores.

(D) Na citação por hora certa, o prazo de resposta se inicia a partir do momento em que o réu é cientificado.

(E) De acordo com o CPC, na citação por edital o juiz pode fixar o prazo do referido edital entre 50 e 60 dias.

A: incorreta, porque há outras causas de prorrogação (por exemplo, o não oferecimento pelo réu de exceção de incompetência); **B:** correta, pois a coisa julgada material provém da extinção com resolução do mérito (CPC, art. 467); **C:** incorreta, porque a maioridade civil se dá aos 18 anos, e a partir dela a citação será dirigida ao próprio réu; **D:** incorreta, o prazo para resposta na citação por hora certa (também realizada por oficial de justiça – CPC, art. 227) é iniciado com a juntada aos autos do mandado devidamente cumprido (CPC, art. 241, II); **E:** incorreta, porque o prazo de dilação a ser fixado pelo juiz varia entre 20 e 60 dias (CPC, art. 232, IV).

Gabarito "B"

(Procurador do Estado/SC – 2009) Assinale a alternativa correta:

(A) A citação do militar em serviço será sempre efetuada na unidade em que estiver servindo.

(B) Nem mesmo o juiz pode alterar os prazos peremptórios.

(C) Para efeito forense, os sábados e os domingos são considerados feriados.

(D) O foro do domicílio do alimentando é competente para o julgamento da ação de investigação de paternidade, quando cumulada com alimentos.

(E) As nulidades podem ser reconhecidas em juízo a fim de anular atos praticados em desacordo com a norma processual, ainda que delas não decorra qualquer prejuízo para as partes e para o processo.

A: incorreta, isso só ocorre se não for reconhecida sua residência ou nela não for encontrado (parágrafo único do art. 216 do CPC); **B:** incorreta, porque nas comarcas em que for difícil o transporte, o juiz pode prorrogar quaisquer prazos (art. 182 do CPC); **C:** incorreta, porque os sábados não são considerados feriados (art. 175 do CPC); **D:** correta, porque o foro especial da ação de alimentos também será competente para a demanda cumulada (CPC, art. 100, II e Súmula 1/STJ: O foro do domicílio ou da residência do alimentando é o competente para a ação de investigação de paternidade, quando cumulada com a de alimentos); **E:** incorreta. Só se proclama a nulidade quando houver prejuízo (CPC, art. 249, § 1º).

Gabarito "D".

(Procurador do Município/Manaus-AM – 2006 – FCC) Considere as seguintes afirmações sobre prazos processuais:

I. O prazo para interposição de agravo retido contra decisão interlocutória proferida em audiência de instrução e julgamento é de 10 dias.

II. Computar-se-á em quádruplo o prazo para contestar e, em dobro, para recorrer, se a parte for a Fazenda Pública ou o Ministério Público e quando os litisconsortes tiverem diferentes procuradores.

III. O prazo de interposição dos recursos extraordinário e especial é de 15 dias, contados da intimação do acórdão contra o qual se pretende recorrer.

IV. Não havendo preceito legal e nem assinação pelo juiz, será de 5 (cinco) dias o prazo para a prática de ato processual a cargo da parte.

Estão integralmente corretas APENAS as assertivas indicadas em

(A) I, II e III.

(B) I, II e IV.

(C) II, III e IV.

(D) II e III.

(E) III e IV.

Tratando-se de decisão em audiência, o recurso deve ser interposto oral e imediatamente (CPC, art. 523, § 3º); **II:** incorreta. O prazo para litisconsortes com advogados diferentes é em dobro (CPC, art. 191); **III:** correta (CPC, art. 508); IV: correta (CPC, art. 185).

Gabarito "E".

1.6. PRESSUPOSTOS PROCESSUAIS. ELEMENTOS DA AÇÃO E CONDIÇÕES DA AÇÃO.

(Procurador da Fazenda Nacional – 2003 – ESAF) A ilegitimidade passiva de parte implica:

(A) nulidade do processo.

(B) extinção do processo com julgamento de mérito.

(C) extinção do processo por falta de pressuposto processual.

(D) extinção do processo por carência da ação.

(E) julgamento antecipado.

A falta de uma das condições da ação acarreta a extinção do processo sem resolução de mérito (CPC, art. 267, VI). E o próprio Código denomina a falta de uma das condições da ação de carência de ação (CPC, art. 301, X).

Gabarito "D".

(Procurador do Município/Florianópolis-SC – 2010 – FEPESE) A respeito da ação de natureza meramente declaratória, assinale a alternativa **correta**.

(A) Não é cabível para reconhecimento de tempo de serviço com fins previdenciários.

(B) É inadmissível para obter certeza quanto à interpretação de cláusula contratual.

(C) O interesse do autor não pode se limitar à declaração de existência de relação jurídica.

(D) É admissível ainda que tenha ocorrido a violação do direito.

(E) A autenticidade ou falsidade de documento não pode constituir o objeto de interesse do autor.

A: incorreta. Súmula 242/STJ: Cabe ação declaratória para reconhecimento de tempo de serviço para fins previdenciários; **B:** incorreta. Súmula 181/STJ: É admissível ação declaratória, visando a obter certeza quanto à exata interpretação de cláusula contratual; **C:** incorreta. CPC, art. 4º, I; **D:** correta. CPC, art. 4º, parágrafo único; **E:** incorreta. CPC, art. 4º, II.

Gabarito "D".

(Procurador do Estado/AC – FMP – 2012) Sobre a ação, assinale a alternativa correta.

(A) Em nenhuma hipótese, é possível postular em nome próprio direito alheio.

(B) A reconvenção não implica cumulação objetiva de ações.

(C) O interesse de agir está vinculado à necessidade da prestação jurisdicional.

(D) O sistema do Código de Processo Civil brasileiro vinculou-se, segundo a posição francamente majoritária da doutrina, à teoria da individuação em matéria de causa de pedir.

A: incorreta. Hipóteses de substituição processual, permitida quanto a lei autorizar (CPC, art. 6º); **B:** incorreta. A reconvenção é o contra-ataque do réu, nos próprios autos. Ou seja, haverá um pedido do réu contra o autor – isso significa a existência de duas ações (cumulação, com as mesmas partes); **C:** correta. Segundo a doutrina, a condição da ação interesse de agir pode ser entendida como o binômio necessidade e adequação da medida judicial; **D:** incorreta, conforme comentário já realizado em questão anterior.

Gabarito "C".

(Procurador do Estado/SE – FCC – 2005) São considerados pressupostos de existência do processo:

(A) petição inicial, jurisdição, capacidade postulatória e citação.

(B) petição inicial apta, citação válida e imparcialidade do juiz.

(C) petição inicial, citação, capacidade e interesse processual.

(D) petição inicial apta, competência do juízo e citação.

(E) jurisdição, citação e legitimidade processual.

Pelo sistema processual brasileiro, o juiz exerce cognição em relação a três ordens de questões: pressupostos processuais (que, pelo CPC, podem ser de existência ou validade do processo – CPC, art. 267, IV), condições da ação e mérito.

A: correta. A doutrina aponta que cada um desses requisitos é necessário à existência do processo; **B:** incorreta. Petição inicial apta, para a doutrina, é pressuposto de validade (pois mesmo se a petição for inapta, o processo existe); **C:** incorreta. Interesse processual é condição da ação (CPC, art. 267, VI); **D:** incorreta. Além do exposto em "B", competência do juízo também é pressuposto de validade; **E:** incorreta. Legitimidade é condição da ação (CPC, art. 267, VI).

Gabarito "A".

(Procurador do Estado/SP – VUNESP – 2005) Em tema de pressupostos processuais de existência e validade do processo, é correto afirmar que:

(A) a convenção de arbitragem e a litispendência constituem pressupostos processuais negativos, impeditivos do regular exercício da ação.

(B) se configura a litispendência entre a ação anulatória de débito fiscal e a execução fiscal, em razão da identidade jurídica.

(C) a alegação de incompetência, de qualquer natureza, tem caráter peremptório.

(D) a estabilização da demanda é efeito substancial da litispendência entre as partes.

(E) não se caracteriza a coisa julgada em face de duas ações idênticas, se uma tiver sido proposta contra a pessoa jurídica de direito público e a outra contra o agente público, por falta de identidade entre as partes.

A: correta. Se presentes essas situações, o processo será extinto sem resolução do mérito (CPC, art. 267, V e VII); **B:** incorreta. Não há identidade de pedidos, podendo existir, contudo, conexão (CPC, art. 301, §§ e 103); **C:** incorreta. A alegação de incompetência absoluta não preclui, enquanto a de incompetência relativa preclui (CPC, arts. 112 e 113); **D:** incorreta. A estabilização da demanda (impossibilidade de alteração das partes, causa de pedir e pedido) ocorre parcialmente com a citação (cabe alteração se a parte contrária aceitar) e totalmente com o saneamento (CPC, art. 264 e 294). A citação induz litispendência (CPC, art. 219); **E:** incorreta. A questão é objeto de divergência, mas, na ótica da Fazenda, o melhor é que a ação contra o agente e o ente público sejam consideradas idênticas, para evitar novas demandas. E, existindo na questão a alternativa "A" (claramente correta), dúvida não há quanto à marcação dela como correta.

Gabarito "A".

(Procurador do Município/Manaus-AM – 2006 – FCC) Capacidade processual. Assinale, na folha de respostas, a alternativa que contém a afirmação correta em relação ao assunto indicado.

(A) Quando o inventariante for dativo, todos os herdeiros e sucessores do falecido serão autores ou réus nas ações em que o espólio for parte.

(B) A participação do cônjuge do autor ou do réu será sempre indispensável em qualquer ação possessória.

(C) As sociedades sem personalidade jurídica, quando demandadas, poderão opor a irregularidade de sua constituição.

(D) Não há presunção de autorização pela pessoa jurídica estrangeira, para o gerente de filial receber citação inicial em processo cautelar.

(E) A herança jacente ou vacante será representada em juízo, ativa e passivamente, pelo seu inventariante.

A: correta (CPC, art. 12, 1º); **B:** incorreta. Só em casos de composse ou ato por ambos praticado (CPC, art. 10, § 2º); **C:** incorreta. Não poderão (CPC, art. 12, § 2º); **D:** incorreta. Há presunção (CPC, art. 12, § 3º); **E:** incorreta. Será o curador (CPC, art. 12, IV).

Gabarito "A".

(Advogado – IRB – 2006 – ESAF) Contemplado no sorteio do Consórcio Boa Sorte, Caio adquiriu da concessionária Volvo no Distrito Federal um automóvel. Ao retirá-lo, ocorreu-lhe a ideia de instalar no veículo dispositivo de segurança para evitar furto. Dirigiu-se, então, à Furto Zero, empresa especializada na instalação do equipamento. Feito isso, guardou seu Volvo na garagem de sua casa. Horas mais tarde, dito automóvel foi tomado completamente pelo fogo. Chamado, o Corpo de Bombeiros Militar do Distrito Federal apagou o incêndio e, depois, elaborou laudo. Neste constou a causa do evento como "indeterminada". Caio procurou a Volvo para cobrar a responsabilidade pelo "incêndio espontâneo", a qual remeteu a causa à instalação do dispositivo de segurança. Esta empresa, todavia, eximiu-se da responsabilidade alegando que o equipamento era incapaz de produzir incêndio. Esgotados os meios suasórios, a Caio não restou outra opção senão ajuizar ação de indenização contra o(s) responsável(eis). Têm (ou tem) legitimidade passiva *ad causam*:

(A) a Volvo e a Furto Zero.

(B) a concessionária Volvo, a montadora Volvo e a Furto Zero.

(C) a concessionária Volvo, a montadora Volvo, a Furto Zero e a fabricante do equipamento de segurança.

(D) apenas a Furto Zero.

(E) nenhuma das opções, pois nao foi comprovada a causa do incêndio no automóvel de Caio

C: correto. A montadora do veículo, a fabricante do alarme (art. 12, *caput*, do CDC), a concessionária (art. 13, *caput*, do CDC) e a sociedade empresária responsável pela instalação do equipamento antifurto (art. 14, *caput*, do CDC) são *objetivamente responsaveis, em tese,* por eventual dano causado ao consumidor, em virtude de *defeito* ocasionado pelo fornecimento de um produto ou pela prestação de um serviço. Com efeito, considerando que o laudo pericial elaborado pelo Corpo de Bombeiro apontou como *indeterminada* a causa do sinistro e que *as condições da ação* são analisadas abstratamente no momento em que a demanda é intentada (teoria da asserção), todos os partícipes da cadeia interna de fornecimento acima delineados ostentam legitimidade passiva em ação indenizatória agitada pelo consumidor lesado, já que todos são *possíveis* causadores do evento danoso. Ao abono de nosso entendimento, eis a doutrina de Marcos Destefenni: "É preciso destacar que as condições da ação devem ser analisadas em tese, ou seja, com base nas afirmações feitas pelo autor na petição inicial. Embora as condições da ação se aproximem do mérito, mais que os pressupostos processuais, não se confundem com ele. Nessa análise, o magistrado deve considerar as condições existentes ao tempo da propositura da ação" (DESTEFENNI, Marcos. *Curso de Processo Civil. Vol. 1, Tomo I*. 2. Edição. São Paulo: Saraiva, 2009, p. 117). Aplica-se à hipótese, portanto, a teoria da asserção, segundo a qual as condições da ação são verificadas pelo juiz de acordo com o que restou afirmado pelo autor na exordial. Em consonância com tal proposição, observe-se o seguinte aresto: PROCESSO CIVIL - DIREITO ADMINISTRATIVO - RECURSO ORDINÁRIO EM MANDADO DE SEGURANÇA - ATO ADMINISTRATIVO - PERMUTA DA TITULARIDADE DE CARTÓRIOS EXTRAJUDICIAIS ENTRE PAI E FILHO - PEDIDO DE NULIFICAÇÃO - IMPETRANTE - PARTE LEGÍTIMA - CONTRADITÓRIO E AMPLA DEFESA SUPOSTAMENTE INOBSERVADOS NA ESFERA ADMINISTRATIVA - QUESTÃO DE MÉRITO - IMPOSSIBILIDADE DE EXTINÇÃO DO PROCESSO SEM JULGAMENTO DO MÉRITO - DECADÊNCIA NÃO CONFIGURADA - RETORNO DOS AUTOS AO TRIBUNAL DE ORIGEM PARA PROSSEGUIR NO JULGAMENTO. *1. A legitimidade deve ser sindicada com base na Teoria da Asserção (prospettazione), portanto com observância do que foi alinhavado pelo impetrante, sob pena de invasão do mérito da demanda. Não há falar, in casu, em ilegitimidade.* [...] (RMS 18.461/PR, Rel. Ministro HUMBERTO MARTINS, SEGUNDA TURMA, julgado em 06/08/2009, DJe 23/04/2010) [grifos nossos].

Gabarito "C".

(Advogado – BNB – 2006 – ACEP) Quanto aos pressupostos processuais, marque a alternativa **CORRETA**.

(A) Dividem-se em subjetivos e objetivos, diretos e indiretos.

(B) Pressupostos processuais objetivos dizem respeito aos sujeitos principais da relação processual.

(C) Pressupostos processuais são requisitos à existência e validade da relação processual.

(D) Extingue-se o processo com julgamento do mérito quando se verificar a ausência dos pressupostos processuais.

(E) Pressupostos processuais subjetivos dizem respeito à inexistência de fatos impeditivos à formação da relação processual.

A: incorreto. Segundo a doutrina de Humberto Theodoro Júnior, os pressupostos processuais classificam-se em de existência e de validade, sendo que estes se subdividem, ainda, em subjetivos/objetivos. Com efeito, são considerados *pressupostos processuais subjetivos*: competência do juízo e ausência de causas de impedimento ou de suspeição do juiz, capacidade civil das partes e sua representação por advogado. Por sua vez, são *pressupostos processuais objetivos:* observância da forma processual adequada à pretensão, existência nos autos do instrumento de mandato conferido ao advogado e a inexistência de litispendência, coisa julgada, compromisso, de inépcia da petição inicial, ou de qualquer das nulidades previstas na legislação processual (THEODORO JÚNIOR, Humberto. *Curso de Direito Processual Civil. Vol. 1.* 47. edição. Rio de Janeiro: Forense, 2007, p. 70); **B:** incorreto, eis que os pressupostos processuais subjetivos é que concernem aos principais sujeitos da relação processual; **C:** correto. A relação processual é distinta da relação de direito material. Uma e outra não se confundem, motivo porquanto seus requisitos de validade também são diferentes. Os pressupostos erigidos pela teoria geral e pela lei substantiva civil não são os mesmos aplicáveis à relação desenvolvida no decorrer do processo. Impende destacar que o processo tem por finalidade a obtenção do resultado determinado pelas regras de direito material. Para tanto, será imprescindível o preenchimento dos pressupostos processuais e das condições da ação, nessa ordem. Para exarar resposta de mérito, o juiz deve reconhecer a presença das condições da ação. Porém, antes mesmo disso, a relação processual demanda o reconhecimento de requisitos mínimos, sem os quais o processo não terá marchado de modo válido. Em que pese o posicionamento perfilhado por corrente minoritária (Cândido Rangel Dinamarco), registramos que a doutrina majoritária (Marcos Destefenni, Nelson Nery Jr. e Rosa Maria de Andrade Nery, Marcus Vinícius Rios Gonçalves, Arruda Alvim etc.) concebe os pressupostos processuais como requisitos indispensáveis tanto à *existência* quanto à *validade* da relação processual, daí a usual classificação em pressupostos de existência e de validade da mencionada relação. Nesse sentido, veja-se a doutrina de Arruda Alvim: "Em primeiro lugar, examinaremos os requisitos para a existência da relação jurídica processual, ou os pressupostos processuais de sua existência. Todavia, quem fala em existência não avança necessariamente sobre a validade. Ao contrário, é a validade (ou a invalidade) que supõe a existência, necessariamente. Podemos, portanto, concluir que a relação jurídica processual pode existir válida ou invalidamente, pois a *validade* se coloca *depois* de constatada a *existência*". (ALVIM, Arruda. *Manual de Direito Processual Civil. Vol 1.* 10. Edição. São Paulo: Revista dos Tribunais, 2006, p. 478) [grifos do autor]; **D:** incorreto, pois se trata de hipótese que reclama extinção do processo sem resolução de mérito (art. 267, IV, do CPC); **E:** incorreto, porquanto se trata de pressuposto processual de validade *objetivo* (inexistência de perempção, litispendência ou de coisa julgada).

Gabarito "C".

1.7. FORMAÇÃO, SUSPENSÃO E EXTINÇÃO DO PROCESSO

(Procurador do Município/Florianópolis-SC – 2010 – FEPESE) O fenômeno processual, identificado como a morte da ação em decorrência de ter havido três extinções de processos iguais por abandono, denomina-se:

(A) Inépcia.

(B) Preclusão.

(C) Perempção.

(D) Coisa julgada.

(E) Carência de ação.

C: correta. CPC, art. 268, parágrafo único

Gabarito "C".

(Procurador do Estado/PB – 2008 – CESPE) Com relação à formação, suspensão e extinção do processo, assinale a opção correta.

(A) Estabilizada a relação processual, não pode o autor modificar unilateralmente os elementos objetivos da demanda; entretanto, com a aquiescência do réu, é possível modificar o pedido e a causa de pedir, mesmo depois da fase de saneamento do processo.

(B) Caso seja reconhecida a perempção, o autor fica privado de propor ação contra o réu com o mesmo pedido e a mesma causa de pedir da ação perempta; entretanto, o direito material pode ser suscitado em defesa, pois a perempção atinge o direito de ação e, não, o direito material, que poderia ser alegado por meio da ação.

(C) As partes podem convencionar a suspensão do processo pelo prazo máximo de seis meses, mas esta ficará condicionada à aquiescência do juiz, que poderá deferir ou não o acordo, visto que o impulso do procedimento é oficial, isto é, o andamento do processo não fica na dependência da vontade ou colaboração das partes.

(D) O fato de o autor deixar, por mais de 30 dias, de atender despacho judicial que determine manifestação sobre as preliminares arguidas pelo réu em contestação, caracteriza a contumácia processual, o que autoriza a extinção do processo sem resolução do mérito.

(E) O autor poderá, com a anuência do réu, desistir da ação, renunciando, com isso, ao direito material sobre o que se funda a sua pretensão; no entanto, poderá o autor, futuramente, propor nova ação contra o mesmo réu, com o mesmo pedido e causa de pedir, posto que, no caso, inexiste a eficácia da coisa julgada.

A: incorreta. Após o saneamento, não é possível, mesmo que haja concordância do réu (CPC, art. 264, parágrafo único); **B:** correta. CPC, art. 268, parágrafo único e entendimento doutrinário; **C:** incorreta. A suspensão independe da concordância do magistrado, pois a lei assim não determina (CPC, art. 265, II); **D:** incorreta. A extinção por abandono somente pode ocorrer se houver intimação pessoal da parte (CPC, art. 267, III e § 1º); **E:** incorreta. A desistência da ação, que depende da concordância do réu, acarreta extinção sem resolução de mérito – e, portanto, possibilita novo ajuizamento; a renúncia ao direito é hipótese de sentença de mérito e, assim, fica impedida a repropositura, por força da coisa julgada (CPC, arts. 267, VIII e 269, V).

Gabarito "B"

(Procurador do Estado/PE – CESPE – 2009) Com relação à suspensão do processo, julgue os itens seguintes.

I. A morte do representante legal da pessoa jurídica não acarreta a suspensão do processo.

II. A morte do único advogado constituído acarreta a suspensão imediata do processo.

III. Falecido o único advogado do réu, a inércia em nomear outro patrono no prazo estabelecido acarreta a extinção do processo.

IV. Por convenção das partes, o processo pode ser suspenso por qualquer prazo, desde que não exceda um ano.

V. A suspensão do processo com base na prejudicialidade ocorre quando se tratar de prejudicial externa.

Estão certos apenas os itens

(A) I, II e V.

(B) I, III e IV.

(C) I, III e V.

(D) II, III e IV.

(E) II, IV e V.

I: correta, por ausência de previsão legal (vide CPC, art. 265); **II:** correta. CPC, art. 265, I; **III:** Incorreta. A hipótese seria de revelia (CPC, art. 13, II); IV: Incorreta. O prazo máximo é de 6 meses (CPC, art. 265, § 3º); V: correta. CPC, art. 265, IV, a.

Gabarito "A".

(Procurador do Estado/RR – 2006 – FCC) O processo será extinto com apreciação do mérito quando:

(A) ocorrer a renúncia do autor ao direito em que se funda a ação ou a perempção.

(B) houver reconhecimento pelo réu da procedência do pedido ou a ilegitimidade de parte.

(C) ocorrer o acolhimento da alegação de coisa julgada ou o acolhimento de decadência.

(D) acolher a alegação de prescrição ou ocorrer a rejeição do pedido do autor.

(E) ocorrer a desistência da ação pelo autor ou a transação das partes.

A: incorreta. Perempção é sem mérito (CPC, art. 267, V); **B:** incorreta. Ilegitimidade é sem mérito (CPC, art. 267, VI); **C:** incorreta. Coisa julgada é sem mérito (CPC, art. 267, V); **D:** correta. CPC, art. 269, I e IV; **E:** incorreta. Desistência é sem mérito (CPC, art. 267, VIII).

Gabarito "D".

(Procuradoria Federal – 2007 – CESPE) Com relação à prescrição, julgue os itens subsequentes.

(1) O despacho do juiz que ordenar a citação, mesmo quando este for incompetente para tanto, interrompe a prescrição, se o interessado promovê-la no prazo e na forma da lei processual.

(2) No Código Civil de 2002, está previsto o princípio da unicidade da interrupção e da suspensão da prescrição.

1: certo. CPC, art. 219, *caput* e § 2º; **2:** errado. Vide Seções II e III, do Capítulo I, do Título IV, do CC.

Gabarito 1C, 2E

(Procurador do Município/Aracaju – 2008 – CESPE) Quanto a formação, suspensão e extinção do processo, julgue os itens a seguir.

(1) No caso de suspensão do processo, nenhum prejuízo sofrem os atos processuais já praticados, e os prazos iniciados antes da suspensão têm a fluência restabelecida apenas pelo restante necessário a completar o prazo legal.

(2) O juiz pode, de ofício, sustar o curso de ação de indenização por danos materiais e morais por ato ilícito e determinar o apensamento de ação ao processo criminal para julgamento simultâneo, em razão da conexão por prejudicialidade, caso a defesa do réu seja fundamentada na alegação de legítima defesa. Nessa hipótese, ocorrerá a suspensão da ação cível.

1: certo, pois, de fato, em caso de suspensão, diferentemente da interrupção, os prazos voltam a correr pelo tempo que faltava no momento em que se iniciou a suspensão. **2:** errado, porque não há falar em apensamento da ação de indenização e da ação criminal, eis que se trata de competência material, ou seja, absoluta. No mais, existe, no caso, uma questão prejudicial e poderia o juiz, de acordo com o disposto no artigo 110 do CPC, determinar o sobrestamento do andamento do processo até pronunciamento da justiça criminal.

Gabarito 1C, 2E

(Advogado da União/AGU – CESPE – 2009) Acerca da formação, suspensão e extinção do processo, julgue os itens a seguir.

(1) Considere que, conferido prazo para apresentação de réplica ante a alegação, pelo réu, de fato modificativo do direito apontado na inicial, o autor tenha se quedado inerte e deixado de se manifestar nos autos por mais de 30 dias. Nessa situação hipotética, fica caracterizado caso de contumácia, que autoriza a extinção do processo sem resolução do mérito.

(2) A estabilização da relação processual por meio da citação é essencial à própria existência do processo, considerando-se proposta a ação a partir do momento em que ocorre citação válida, o que também implica a litispendência, torna prevento o juízo e faz litigiosa a coisa.

(3) O CPC permite que as partes, mediante convenção, suspendam o processo por prazo que não exceda seis meses, o que revela a existência de um direito à suspensão do processo, a qual independe da declinação de motivo.

1: errada, pois (i) a réplica não é providência indispensável ao andamento do processo, devendo o juiz, por força do princípio do impulso oficial (CPC, art. 262), dar andamento ao processo e (ii) somente após a intimação pessoal é possível a extinção por abandono (CPC, art. 267, § 1º); **2:** errada. A citação implica litispendência, torna prevento o juízo e faz litigiosa a coisa (CPC, art. 219); **3:** correta. CPC, art. 265, II.

Gabarito 1E, 2E, 3C

(Procurador do Estado/PB – 2008 – CESPE) Assinale a opção correta acerca do processo de conhecimento.

(A) A exceção de impedimento ou de suspeição pode ser exercida em qualquer tempo ou grau de jurisdição, respeitado o prazo preclusivo de quinze dias, contado do fato que ocasionou o impedimento ou a suspeição.

(B) Por meio da transação, as partes decidem extinguir o litígio deduzido em juízo, dispensando-se, assim, o pronunciamento do juiz sobre o mérito da lide, negócio que só produz efeitos depois de homologado por sentença, que extinguirá o processo sem resolução do mérito.

(C) A relação processual não terá existência válida quando ausente a capacidade processual das partes, ou quando esta não for devidamente integrada; constatado o defeito da capacidade, o juiz deverá ensejar sua regularização, marcando prazo razoável, com a suspensão do processo.

(D) Admite-se a reconvenção apenas no caso de haver conexão entre ela e a ação principal, e a desistência da ação impede o prosseguimento da reconvenção, ou seja, a ação acessória tem o mesmo destino da ação principal.

(E) Citado o réu, a lide se estabiliza e ao autor não é mais permitido alterar os elementos da causa, sem o consentimento do réu, salvo quando ocorrer a revelia, pois, nesse caso, dispensa-se a intimação do réu para a prática de qualquer ato processual subsequente à decretação da revelia.

A: incorreta. Apesar de ser esse o prazo previsto no art. 305 do CPC, considerando que cabe rescisória para o caso de juiz impedido, é de se reconhecer inexistir a preclusão em relação ao impedimento (CPC, art. 485, II); **B:** incorreta. A hipótese é de resolução de mérito (CPC, art. 269, III); **C:** correta. CPC, art. 13; **D:** incorreta. A reconvenção prossegue se houver extinção da principal (CPC, art. 317); **E:** incorreta. Para alteração, há necessidade de nova citação (CPC, art. 321).

Gabarito "C".

(Procurador do Município/Manaus-AM – 2006 – FCC) Considere as seguintes assertivas:

I. Morte ou perda da capacidade processual de qualquer das partes, de seu representante legal ou de seu procurador.

II. Oposição de exceção de suspeição ou impedimento do juiz.

III. Ação considerada intransmissível por disposição legal.

IV. Reconhecimento pelo juiz da decadência ou da prescrição.

Nessas hipóteses, respectivamente, o processo será:

(A) suspenso, extinto sem julgamento de mérito, extinto com julgamento do mérito e extinto sem julgamento de mérito.

(B) suspenso, suspenso, extinto sem julgamento de mérito e extinto com julgamento do mérito.

(C) extinto sem julgamento de mérito, suspenso, extinto sem julgamento de mérito e extinto com julgamento do mérito.

(D) extinto sem julgamento de mérito, suspenso, extinto com julgamento de mérito e extinto com julgamento do mérito.

(E) suspenso, suspenso, extinto com julgamento de mérito e extinto com julgamento do mérito.

I: Essas hipóteses acarretam a suspensão (CPC, art. 265, I); **II:** As situações acarretaram a suspensão (CPC, art. 265, III); **III:** A situação é de extinção sem resolução de mérito (CPC, art. 267, IX); IV: A hipótese é de sentença com resolução de mérito (CPC, art. 269, IV) – apesar de o problema falar em extinção, pelo CPC, não há extinção da decisão de mérito.

Gabarito "B"

(Procurador do Município/São Paulo-SP – 2008 – FCC) Decorrido o prazo de prescrição para ilícito praticado por servidor público municipal, que causou prejuízo ao erário, a Fazenda Municipal promoveu a respectiva ação de ressarcimento, invocando o direito da Administração à indenização do prejuízo causado ao erário. O servidor, ao contestar, alegou que o prazo de prescrição estabelecido em lei para o ilícito havia decorrido sem o exercício da pretensão condenatória penal contra ele, devendo a ação ser extinta com resolução de mérito, pronunciando-se a prescrição da ação de ressarcimento. Neste caso:

(A) a ação de ressarcimento não está prescrita.

(B) a ação de ressarcimento está prescrita, porque o prazo de prescrição para o ilícito praticado já decorreu, mas a prescrição não pode ser declarada de ofício.

(C) a ação de ressarcimento está prescrita, porque o prazo de prescrição para ilícito praticado já decorreu e a prescrição da ação pode ser declarada de ofício.

(D) a ação de ressarcimento somente fica sujeita à decadência que não foi alegada nem pode ser decretada de ofício.

(E) o prazo da ação de ressarcimento de ato ilícito que cause prejuízo ao erário é de decadência e corre juntamente com o de prescrição do ato ilícito, podendo ser declarada de ofício.

"**A:** correta. A prescrição do ilícito envolve a punição do servidor – no tocante ao prejuízo ao erário, a tese prevalecente na jurisprudência é a de imprescritibilidade do dano ao erário.

Gabarito "A".

(Advogado – PETROBRÁS DISTRIB. – 2010 – CESGRANRIO) Nero propõe ação de cobrança por meio do procedimento sumário em face de Empédocles tendo requerido provas documental, testemunhal e pericial. Anexou rol de testemunhas e quesitos de perícia. Foi realizada audiência de conciliação, sem acordo. Após, foi determinada prova pericial, nomeado experto, fixados os honorários que não foram depositados. O magistrado proferiu despacho, intimando a parte autora, por publicação no Diário Oficial, para depositar os honorários, em cinco dias, pena de perda da prova requerida. Silente o autor, foi proferida sentença de improcedência, por ausência de provas dos fatos articulados na exordial. No prazo para oferecimento de embargos de declaração, ingressou nos autos Claudius, filho de Nero, por meio do seu representante judicial, comunicando o falecimento do seu pai, em data anterior ao despacho publicado, aduzindo ser único herdeiro e postulando a declaração de nulidade de todos os atos praticados a partir da data do falecimento e requerendo a suspensão do processo. Analisando esse caso, tem-se que:

(A) a habilitação dos sucessores deve ocorrer após a suspensão do processo.

(B) prazos são interrompidos através dos embargos de declaração.

(C) o falecimento comunicado após a sentença incide a preclusão.

(D) os atos processuais, após o falecimento, são perfeitos.

(E) os embargos declaratórios não são de molde a permitir a declaração de nulidade dos atos processuais.

A: correto. Primeiramente, deve o juiz ordenar a suspensão do processo (art. 265, I, do CPC), até porque já fora publicada sentença (art. 265, § 1º, "b", do CPC). Após, o único herdeiro deve se habilitar como sucessor da parte autora no processo, nos termos do art. 1.060, I, do CPC. Nessa direção, desponta a doutrina de Nelson Nery Jr. e de Rosa Maria de Andrade Nery: "Suspensão por morte da parte. Com a morte da parte, o processo se suspende (CPC 265 I), para que seja feita a sucessão processual. A lei fala incorretamente em substituição (CPC 43). Em se tratando de ação intransmissível, o juiz deverá extinguir o processo sem julgamento do mérito (CPC 267 IX); caso contrário, deverá ser providenciada a habilitação do espólio ou sucessores (CPC 1055)" (NERY JR. Nelson; NERY, Rosa Maria de Andrade. *Código de processo civil comentado e legislação extravagante*. 10. edição. São Paulo: Revista dos Tribunais, 2007, p. 1.230) [grifos nos original]; **B** e **E:** incorretos. Sem adentrar no mérito das assertivas, o enunciado da questão não menciona que Claudius opôs embargos de declaração; cinge-se a afirmar que o mesmo ingressou nos autos, pleiteando uma série de medidas, *no prazo dos declaratórios*, isto é, enquanto este fluía. Sendo assim, a resposta correta não guarda qualquer nexo com o estudo de tal recurso. **C** e **D:** incorretos. O STJ já sedimentou o entendimento de que a suspensão do processo em decorrência da morte de qualquer das partes se dá no instante do falecimento, de modo tal que são reputados nulos os atos judiciais ulteriormente praticados, inclusive eventual sentença prolatada. Ademais, a decisão que determina a suspensão do processo goza de eficácia *ex tunc*. Nesse sentido: PROCESSO CIVIL. SUSPENSÃO DO PROCESSO. MORTE DE UMA DAS PARTES. *A morte de uma das partes suspende o processo no exato momento em que se deu, ainda que o fato não seja comunicado ao juiz da causa, invalidando os atos judiciais acaso praticados depois disso.* Recurso especial conhecido e provido. (REsp 298366/PA, Rel. Ministro ARI PARGENDLER, TERCEIRA TURMA, julgado em 04/10/2001, DJ 12/11/2001, p. 152) [grifos nossos]. No mesmo sentido: PROCESSO CIVIL. MORTE DE UMA DAS PARTES. SUSPENSÃO DO PROCESSO. EFEITO *EX TUNC*. Conforme a doutrina e jurisprudência acerca da matéria, *a morte de uma das partes suspende, desde a sua ocorrência, o curso do processo, pois, por ser meramente declaratório, o despacho de suspensão do processo retroage ao momento do óbito, tendo, assim, efeito ex tunc*. Recurso provido. (REsp 436294/RJ, Rel. Ministro FELIX FISCHER, QUINTA TURMA, julgado em 15/04/2003, DJ 02/06/2003, p. 324) [grifos nossos].

Gabarito "A".

(Advogado – DATAPREV – 2009 – UFF) É correto afirmar que:

(A) a suspensão do processo por convenção das partes nunca poderá exceder 3 (três) meses;

(B) após o saneamento do processo, poderá o autor modificar o pedido ou a causa de pedir, desde que com o consentimento do réu;

(C) extingue-se o processo com resolução de mérito quando o autor renunciar ao direito sobre que se funda a ação;

(D) extingue-se o processo sem resolução de mérito quando o juiz pronunciar a decadência ou a prescrição;

(E) o autor poderá desistir da ação a qualquer tempo, sem o consentimento do réu.

A: incorreto, pois a suspensão do processo por convenção das partes nunca poderá exceder o prazo de seis meses (art. 265, § 3º, do CPC); **B:** incorreto. Com a citação válida, ocorre a *estabilização subjetiva da lide* (*perpetuatio legitimationis*), isto é, a impossibilidade de alteração das partes processuais, *salvo as substituições legais*. Remanesce, contudo, a faculdade de alteração do pedido e da causa de pedir por parte do autor, *desde que haja consentimento do réu*. Porém, *após o saneamento do processo, ocorre a estabilização objetiva da* *lide*, sendo vedado, às partes, em qualquer hipótese, modificar o pedido ou a causa de pedir (art. 264, parágrafo único, do CPC); **C:** correto (art. 269, V, do CPC); **D:** incorreto, visto que a assertiva comporta hipótese de extinção do processo com resolução de mérito (art. 269, IV, do CPC); **E:** incorreto. Decorrido o prazo para resposta, o autor só poderá desistir da ação com a aquiescência do réu (art. 267, § 4º, do CPC).

Gabarito "C".

(Advogado – PETROBRÁS – 2008 – CESGRANRIO) No que se refere ao julgamento, conforme o estado do processo, o processo será extinto sem julgamento de mérito quando**:**

(A) houver transação entre as partes.

(B) ocorrerem os efeitos da revelia.

(C) ocorrer decadência.

(D) se verificar renúncia do autor sobre os direitos que fundam a ação.

(E) a ação for considerada intransmissível por disposição legal.

A, C e **D:** incorretos, pois tais assertivas traduzem hipóteses de extinção do processo com resolução de mérito (art. 269, III, IV e V, respectivamente, do CPC); **B:** incorreto, visto que nesse caso haverá sentença de mérito, acolhendo ou rejeitando o pedido do autor (art. 269, I, do CPC); **E:** correto (art. 267, IX, do CPC).

Gabarito "E".

(Advogado – BNDES – 2008 – CESGRANRIO) Assinale a afirmação **INCORRETA** quanto à formação, suspensão e extinção do processo.

(A) Considera-se proposta a ação, tanto que a petição inicial seja despachada pelo juiz, ou simplesmente distribuída, onde houver mais de uma vara.

(B) No caso de morte do procurador de qualquer das partes, ainda que iniciada a audiência de instrução e julgamento, o juiz marcará, a fim de que a parte constitua novo mandatário, o prazo de 20 (vinte) dias.

(C) Quando a sentença de mérito tiver por pressuposto o julgamento de questão de estado, requerido como declaração incidente, a suspensão do processo nunca poderá exceder o prazo de 1 (um) ano.

(D) Quando a suspensão do processo decorrer de convenção das partes, ela não poderá exceder o prazo de 6 (seis) meses, salvo motivo relevante, devidamente comprovado.

(E) Extingue-se o processo, sem resolução de mérito, quando ficar parado durante mais de 1 (um) ano por negligência das partes.

A: correto (art. 263 do CPC); **B:** correto (art. 265, § 2º, do CPC); **C:** correto (art. 265, § 5º, do CPC); **D:** incorreto, devendo está ser assinalada, pois a regra inserta no § 3º do art. 265 é enfática ao afirmar que a suspensão do processo por convenção das partes *nunca* poderá exceder o prazo de seis meses; **E:** correto (art. 267, II, do CPC).

Gabarito "D".

(Advogado – CORREIOS – 2008 – ESPP) Analise as assertivas a seguir:

I. As objeções processuais veiculam matéria de ordem pública e podem ser arguidas em qualquer grau de jurisdição.

II. Quando houver indeferimento da petição inicial o autor poderá interpor recurso de apelação, dispondo este de efeito devolutivo e possibilidade de exercício do juízo de retração pelo magistrado *a quo*.

III. A carência superveniente de ação gera os mesmos efeitos do reconhecimento de procedência do pedido, pois em ambos os casos o processo será extinto sem resolução do mérito.

IV. Ocorre perempção quando o autor, por contumácia, deixar de praticar os atos necessários ao prosseguimento do feito por mais de trinta dias.

Assinale a alternativa adequada:

(A) Os itens I e IV estão corretos.

(B) Os itens III e IV estão incorretos.

(C) Os itens I, II e III estão corretos.

(D) Os itens I e II estão incorretos.

I: correto. Na seara processual, há relevante distinção entre *objeção* e *exceção*; a primeira, consubstanciando matéria de ordem pública, pode ser deduzida a qualquer tempo e em qualquer grau de jurisdição, sendo cognoscível de ofício pelo juízo. Além disso, é articulada no bojo dos próprios autos. A exceção, por sua vez, deve ser oposta através de petição que será autuada em apenso aos autos principais. Ademais, veicula fundamento que somente pode ser analisado pelo órgão jurisdicional se assim o requerer a parte, na primeira oportunidade que lhe couber falar nos autos, pena de preclusão, já que não encerra matéria de ordem pública, mas sim de *direito dispositivo*. Nesse sentido: "São objeções processuais, isto é, matérias que podem e devem ser verificadas de ofício pelo juiz, em qualquer tempo e grau de jurisdição e que não se sujeitam à preclusão. Ou seja, mesmo que as partes não aleguem, o julgador pode verificar a presença de ofício. Contrapõem-se as objeções às *exceções processuais*, que são matérias que devem ser arguidas pelas partes, sob pena de preclusão e, portanto, que não podem ser pronunciadas de ofício pelo juiz" (DESTEFENNI, Marcos. *Curso de Processo Civil. Vol. 1, Tomo I*. 2. Edição. São Paulo: Saraiva, 2009, p. 117); **II:** correto (art. 296, *caput*, do CPC); **III:** incorreto, já que os efeitos são diversos. Explico. Sendo o autor carecedor de ação, a extinção do processo se dá sem resolução de mérito, na forma do art. 267, VI, do CPC; doutra banda, o reconhecimento da procedência do pedido do autor acarreta situação em que o processo é extinto com resolução do mérito, a teor do que denota o art. 269, II, do CPC; IV: incorreto. A perempção tem como pressuposto a tripla extinção do processo sem resolução de mérito, com fulcro na contumácia do autor, *ex vi* dos arts. 267, III, e 268, parágrafo único, do CPC. Acrescente-se que a perempção não acarreta a perda do direito material; sua consequência é de ordem processual, de modo que o titular do direito de ação não poderá mais exercitá-la, por conta de sua própria indolência. Porém, a parte cujo direito de ação foi atingido pela perempção poderá invocar o direito material em sua peça de defesa. Nessa direção, observe-se a doutrina de Nelson Nery Jr. e de Rosa Maria de Andrade Nery: "Como não há perda do direito material, uma vez acionado, aquele que teve seu direito de ação perempto pode apresentar contestação, *defendendo-se* da pretensão deduzida pelo autor. Em suma, a perempção faz com que o titular do direito de ação não mais possa exercê-lo ativamente em juízo, deduzindo pretensão. Contudo, permite que se defenda de ação em face dele movida. Exemplo: o autor de ação de usucapião, se der causa, por três vezes, à extinção pelo CPC 267 III, não mais poderá mover referida ação. Mas, se for acionado pelo proprietário, em ação reivindicatória, pode alegar usucapião como defesa (STF 237)" (NERY JR. Nelson; NERY, Rosa Maria de Andrade. *Código de processo civil comentado e legislação extravagante*. 10. edição. São Paulo: Revista dos Tribunais, 2007, p. 514).

Gabarito "B"

(Advogado – REFAP – 2007 – CESGRANRIO) Segundo o Código de Processo Civil, o acolhimento da alegação de perempção enseja a(o):

(A) suspensão do processo.

(B) extinção do processo sem resolução de mérito.

(C) extinção do processo com resolução de mérito.

(D) possibilidade de o autor intentar de novo a ação.

(E) reconhecimento da procedência do pedido autoral.

B: correto (art. 267, V, do CPC).

Gabarito "B"

(Advogado – IRB – 2006 – ESAF) A respeito de nulidade é correto afirmar:

(A) no sistema processual brasileiro, a nulidade *pleno jure* da citação não impede a formação da coisa julgada material e está sujeita ao decurso bienal da ação rescisória.

(B) a falta da intervenção obrigatória do Ministério Público em primeiro grau de jurisdição gera a nulidade do processo e não é suprida pela intervenção da Procuradoria de Justiça perante o colegiado de segundo grau.

(C) a impropriedade da ação não impede a sua conversão em outra.

(D) os atos inexistentes jamais convalescem e não podem ser supridos.

(E) saneado o processo, ficam preclusas as objeções e as exceções substanciais.

A: incorreto. O processo que contenha nulidade absoluta, enquanto não transitada em julgado a decisão final de mérito, pode ser declarado nulo pelo órgão jurisdicional competente. Porém, com o trânsito, a decisão passa a surtir plenos efeitos – já que imbuída da autoridade da coisa julgada material – e o ato, de nulo, se torna *rescindível*, pela via da ação rescisória. Caso tal demanda não seja intentada dentro do prazo decadencial de 2 (dois) anos cominado pelo art. 495 do CPC, a sentença prolatada em processo nulo, mesmo que apresente um dos vícios reproduzidos no bojo do art. 485 do CPC, continuará produzindo todos os seus efeitos, sendo que, a partir de então, a nulidade absoluta se afigurará sanada, ante o decurso do biênio legal. Observe-se, nesse particular, a doutrina de Arruda Alvim: "Aliás, no processo civil, à diferença do que ocorre no Direito Civil, tanto as nulidades quanto as anulabilidades se sanam. Estas, se não arguidas, sanam-se no mesmo processo em que se produziram; aquelas, em princípio, no prazo de dois anos a contar do trânsito em julgado da sentença (de mérito) que põe fim à causa em que tiveram lugar. (ALVIM, Arruda. *Manual de Direito Processual Civil. Vol. 1*. 7. Edição. São Paulo: Saraiva, 2000, p. 477-478). Todavia, *a inexistência de citação ou a invalidade de tal ato conduz à inexistência do processo, visto que inexiste processo em relação ao réu*. Confira-se a doutrina de Marcus Vinícius Rios Gonçalves: "Aqui não há diferença entre falta ou vício de citação. Irrelevante se ela não se aperfeiçoou ou não se realizou de forma adequada. O que importa é que o réu não tomou conhecimento do processo e não teve a oportunidade de participar. [...] Como o vício de citação gera inexistência e não nulidade, será impróprio o ajuizamento de ação rescisória, pois nada haverá a rescindir. O correto será a ação declaratória de inexistência por falta de citação, denominada *querela nulitatis insanabilis*, que não tem prazo para ser aforada" (GONÇALVES, Marcus Vinícius Rios. *Novo Curso de Direito Processual Civil. Vol 1*. 8. edição. São Paulo: Saraiva, 2011, p. 118); **B:** incorreto. Nessa direção, note-se o seguinte precedente do STJ: "ADMINISTRATIVO E PROCESSUAL CIVIL. DESAPROPRIAÇÃO POR INTERESSE SOCIAL. INTERVENÇÃO DO MINISTÉRIO PÚBLICO (ART. 18, § 2º, DA LC Nº 76/93). SUPRESSÃO. APURAÇÃO DO PREÇO DO IMÓVEL EXPROPRIADO (ART. 12, § 2º, DA MEDIDA PROVISÓRIA Nº 1.577/97, QUE ALTEROU A REDAÇÃO DA LEI Nº 8.629/93). AUSÊNCIA DE PREQUESTIONAMENTO. [...] 3. *O Superior Tribunal de Justiça, em homenagem ao princípio da economia e celeridade processual, vem decidindo que a não intervenção do MP no primeiro grau, por força de lei, tem-se por suprida com a sua integração à lide no segundo grau, desde que não ocasione às partes prejuízo, o que, no caso dos autos, inexistiu*. 4. [...] 5. Recurso desprovido. (REsp 289.231/SC, Rel. Ministro JOSÉ DELGADO, PRIMEIRA TURMA, julgado em 13/02/2001, DJ 26/03/2001, p. 390) [grifos nossos]; **C:** incorreto. Em caso de impropriedade da via eleita – frise-se que o equívoco apontado reside na eleição da espécie de tutela pretendida e não na categoria de procedimento adotado –, o órgão jurisdicional deve extinguir o processo com fulcro no art. 267, VI, do CPC, ante a inexistência de uma das condições da ação, qual seja o interesse processual, na vertente condizente com o *interesse-adequação*, a considerar que o juízo não pode determinar a conversão de uma ação em outra, ao seu alvedrio, sem atentar contra o *princípio da correlação, da adstrição ou da congruência*, devidamente positivado nos arts. 128 e 460 do CPC. Corroborando tal posicionamento: "Com a escolha de *procedimento* não se confunde a escolha de *processo*. Escolher a espécie de processo mais conveniente implica sempre escolher a espécie de tutela jurisdicional que o demandante prefere – e por isso a escolha do processo é legítima projeção da liberdade de demandar e de pedir segundo a conveniência de cada um (*supra, n. 89*). Assim, ainda quando seja admissível uma *tutela diferenciada*, que a lei institui em prol da urgência do demandante, tem este a faculdade de optar pelas *vias ordinárias* (o processo comum regido pelo Código de Processo Civil) e com isso renunciar aos benefícios do processo especial. O autor pode vir pelas vias ordinárias, ainda quando presentes os requisitos para o mandado de segurança ou para o processo perante o juizado especial etc., renunciando à tutela diferenciada, porque essa opção é, em substância, opção *pela espécie de tutela* que lhe pareça mais conveniente. Escolhido um *processo inadequado*, o autor carece de ação por falta de legítimo interesse processual e o processo será extinto (arts. 267, inc. VI, e 301, inc. X); o juiz é proibido de fazer *motu próprio* a conversão ao processo adequado porque isso implicaria oferecer ao autor a possibilidade de uma tutela jurisdicional diferente da pedida (arts. 128 e 460 – *supra, n. 456 e infra, n. 949*). (DINAMARCO, Cândido Rangel. *Instituições de Direito Processual Civil. Vol. II*. 5ª edição. São Paulo: Malheiros, 2005, p. 466) [grifos do autor]; **D:** correto. O ato processual qualificado como inexistente no plano jurídico é insanável, de modo que sua eficácia pode ser extirpada, a qualquer tempo, mediante ação declaratória de inexistência (*querela nulitatis insanabilis*), porquanto tanto a nulidade quanto a inexistência dependem de pronunciamento judicial; **E:** incorreto, pois a objeção processual, por consubstanciar matéria de ordem pública, pode ser deduzida a qualquer tempo e em qualquer grau de jurisdição, não se sujeitando, pois, à preclusão. Nesse sentido: "São objeções processuais, isto é, matérias que põem e devem ser verificadas de ofício pelo juiz, em qualquer tempo e grau de jurisdição e que não se sujeitam à preclusão. Ou seja, mesmo que as partes não aleguem, o julgador pode verificar a presença de ofício. Contrapõem-se as objeções às *exceções* *processuais*, que são matérias que devem ser arguidas pelas partes, sob pena de preclusão e, portanto, que não podem ser pronunciadas de ofício pelo juiz" (DESTEFENNI, Marcos. *Curso de Processo Civil. Vol. 1, Tomo I.* 2. Edição. São Paulo: Saraiva, 2009, p. 117).

Gabarito "D".

(Advogado – CEF – 2006 – CESPE) Acerca de citação, formação e extinção do processo, julgue os itens a seguir.

(1) Embora nula, a citação pode ser suprida pelo comparecimento espontâneo do réu aos autos, para se defender ou alegar a respectiva nulidade; esse suprimento substitui a citação, mas não a convalida.

(2) Para se formar validamente uma relação processual, é necessário não estar pendente outra causa igual. Verificada a litispendência, portanto, o novo processo, constituído de maneira inválida, será extinto sem apreciação do mérito, de ofício ou a requerimento da parte.

(3) A sentença terminativa que encerra o processo sem julgamento do mérito não faz coisa julgada material nem impede que o autor renove a propositura da ação, exceto quando a extinção tiver sido decretada por reconhecimento de litispendência, coisa julgada ou perempção.

1: correto (art. 214, § 1º, do CPC); **2:** correto. A litispendência, enquanto pressuposto processual negativo de desenvolvimento válido da relação nele travada, consubstancia matéria de ordem pública, sendo cognoscível, pois, de ofício pelo órgão judicante (arts. 267, V e § 3º, 301, V e § 4º, ambos do CPC); **3:** correto (art. 268, *caput*, primeira parte, do CPC).

Gabarito 1C, 2C, 3C.

1.8. PROCEDIMENTO COMUM SUMÁRIO

(Procurador do Estado/SP – FCC – 2009) No que tange a ação de reparação de danos por acidente de veículo de rito sumário, é INCORRETO afirmar:

(A) É vedada a liquidação de sentença, se necessária para apuração do valor devido.

(B) Deverá o juiz da causa, *ex officio*, converter o rito em ordinário, quando houver necessidade de produção de prova técnica ou científica de alta complexidade.

(C) A apelação interposta deve ser julgada dentro de 40 (quarenta) dias, sem a figura do revisor, nem tampouco a possibilidade de sustentação oral.

(D) Na audiência de conciliação, caso não seja obtido acordo entre as partes, o réu poderá contestar o mérito por escrito e apresentar pedido contraposto oralmente.

(E) No despacho inicial, não sendo hipótese de indeferimento ou aditamento da petição inicial, o juiz designará audiência de conciliação a ser realizada no prazo de 60 (sessenta) dias, citando-se a Fazenda Pública, com a antecedência mínima de 20 (vinte) dias.

A: correta, pois não cabe a prolação de sentença ilíquida nesse caso (CPC, art. 475-A, § 3º); **B:** correta. CPC, art. 277, § 5º; **C:** incorreta, devendo esta ser assinalada. Não há restrição à sustentação oral de causas do sumário (CPC, art. 554); **D:** correta. CPC, art. 278; **E:** correta. CPC, art. 277.

Gabarito "C".

(Procurador do Estado/MT – FCC – 2011) O procedimento comum sumário

(A) não poderá ser convertido em ordinário quando houver necessidade de prova técnica de maior complexidade.

(B) será observado nas causas, qualquer que seja o valor, de arrendamento rural e de parceria agrícola.

(C) não admite pedido contraposto, devendo réu valer-se da reconvenção quando quiser formular pedido a seu favor fundado nos mesmos fatos referidos na inicial.

(D) é incabível nas causas, qualquer que seja o valor, em que for ré a Fazenda Pública.

(E) exige o comparecimento pessoal das partes à audiência, as quais não poderão fazer-se representar por preposto com poderes para transigir.

A: incorreta. CPC, art. 277, § 5º; **B:** correta. CPC, art. 275, II, "a"; **C:** incorreta. É o oposto: no sumário não há reconvenção, mas cabe pedido em favor do réu, na própria contestação (CPC, art. 278, § 1º); **D:** incorreta. Cabe sumário contra a Fazenda (CPC, art. 277). Mas, cabe lembrar, onde existirem Juizados Especiais Federais ou da Fazenda Pública Estadual, a competência destes é absoluta; **E:** incorreta. Cabe a presença de preposto (CPC, art. 277, § 3º).

Gabarito "B".

(Procurador do Município/Recife-PE – 2008 – FCC) No que concerne ao procedimento sumário, na forma preconizada pelo Código de Processo Civil, é correto afirmar:

(A) Na petição inicial, o autor apresentará o rol de testemunhas e, se requerer perícia, deverá aguardar o pronunciamento favorável do Juiz em audiência para, posteriormente, formular quesitos e indicar assistente técnico.

(B) Em regra, observar-se-á o procedimento sumário, nas causas cujo valor não exceda a 40 vezes o valor do salário mínimo.

(C) Na audiência de conciliação designada o réu oferecerá contestação, de forma escrita ou oral, e poderá, inclusive, apresentar reconvenção fundada nos mesmos fatos referidos na inicial.

(D) No procedimento sumário não é admissível a intervenção de terceiros, salvo a assistência, o recurso de terceiro prejudicado e a intervenção fundada em contrato de seguro, sendo admitida a ação declaratória incidental.

(E) Se a ré for a Fazenda Pública ela deverá ser citada para a audiência conciliatória designada pelo Juiz com antecedência mínima de vinte dias.

A: incorreta. Na inicial o rol de testemunhas, quesitos e assistente devem ser apresentados (CPC, art. 276); **B:** incorreta. Com base no valor, cabe para causas de até 60 salários mínimos (CPC, art. 275, I). O JEC é que tem teto de 40 salários (L. 9.099/95, art. 3º); **C:** incorreta. Não cabe reconvenção no sumário, mas pedido em favor do réu, na própria contestação (CPC, art. 278, § 1º); **D:** incorreta. Não cabe declaratória incidental (CPC, art. 280); **E:** correta. CPC, art. 277.

Gabarito "E".

(Procurador do Estado/PR – UEL-COPS – 2011) Quanto ao procedimento sumário, assinale a alternativa correta:

(A) sendo ré a Fazenda Pública, em razão do prazo em quádruplo para contestar, a sua citação deverá ocorrer com antecedência mínima de 40 (quarenta) dias da data da audiência de conciliação;

(B) tem caráter dúplice, sendo lícito ao réu formular, na contestação, pedido em seu favor, desde que baseado nos mesmos fatos narrados na inicial;

(C) não se admite assistência;

(D) é vedado ao juiz proferir sentença ilíquida;

(E) não se operam os efeitos da revelia do réu se este comparece pessoalmente na audiência de conciliação, ainda que não apresente contestação.

A: incorreta. O procedimento sumário se inicia com a audiência prevista no art. 277 do CPC. Esse artigo prevê a citação com no mínimo de 10 diz para particulares e o dobro para a Fazenda; **B:** correta (CPC, art. 278, § 1º); **C:** incorreta (CPC, art. 280); **D:** incorreta. Existe vedação à sentença ilíquida em alguns casos, como de danos decorrentes de acidente de veículos – mas não em todas as situações do sumário (CPC, art. 475-A, § 3º); **E:** incorreta. Se não houver apresentação de contestação em audiência, há revelia (CPC, arts. 277, § 2º e 319).

Gabarito "B".

(Advogado – INFRAERO – 2004 – NCE/UFRJ) Recentemente visitou a cidade do Rio de Janeiro a embarcação de um dos acionistas majoritários de conhecida empresa de informática. Supondo que um pescador curioso tivesse colidido o seu barco pesqueiro com a citada embarcação, causando prejuízos superiores a sessenta salários mínimos, em caso de ação indenizatória proposta, poderíamos afirmar que:

(A) o rito adotado seria o ordinário, pelo valor da causa.

(B) deveria ser utilizado o procedimento sumário, pela matéria envolvida.

(C) deveria ser utilizado o procedimento sumário, pelo valor da causa.

(D) caberia a aplicação de procedimento especial de jurisdição contenciosa.

(E) o rito adotado deveria ser o sumaríssimo, pela matéria envolvida.

A: correto. A resposta correta se dá por exclusão, já que não se mostra possível a adoção do procedimento comum sumário nem do sumaríssimo, conforme verificado nos comentários a seguir; **B:** incorreto, visto que o art. 275, II, "d", do CPC, contempla apenas a hipótese de ressarcimento por danos causados *em acidente de veículo de via terrestre*, não havendo qualquer previsão de indenização por prejuízos auferidos em razão de acidente envolvendo embarcações; **C:** incorreto (art. 275, I, do CPC); **D:** incorreto, por não haver nenhum procedimento especial de jurisdição contenciosa que seja adequado e útil à pretensão do pescador curioso; **E:** incorreto, porquanto o valor da causa ultrapassa o teto dos juizados especiais cíveis, qual seja 40 (quarenta) salários mínimos (art. 3º, I, da Lei 9.099/95).

Gabarito "A".

1.9. PETIÇÃO INICIAL

(Procurador do Estado/BA – 2014 – CESPE) Julgue o seguinte item.

(1) Tratando-se de acumulação imprópria de pedidos, o acolhimento de um pedido implica a impossibilidade de acolhimento do outro.

1. Correta. Quando se formula mais de um pedido, fala-se em cumulação de pedidos (não acumulação). A cumulação pode ser própria ou imprópria. Na cumulação própria, tem-se que os vários pedidos cumulados podem ser deferidos ao mesmo tempo (ex: dano material e moral). Já na cumulação imprópria, o acolhimento de um dos pedidos afasta o acolhimento dos outros. Os principais exemplos de cumulação imprópria são o pedido alternativo (CPC, art. 288) e subsidiário (CPC, art. 289).

Gabarito 1C

(Procurador do Estado/PE – CESPE – 2009) Quanto ao indeferimento da inicial e à cumulação de pedidos, julgue os itens a seguir.

I. Em caso de cumulação de pedidos, pode haver o indeferimento parcial da inicial.

II. O indeferimento da inicial deve ter como fundamento a inépcia.

III. Na cumulação simples de pedido, as pretensões não têm entre si relação de precedência lógica.

IV. Não haverá *error in procedendo* se o juiz examinar o pedido sucessivo sem ter examinado o principal.

Estao certos apenas os itens

(A) I e II.

(B) I e III.

(C) II e IV

(D) I, III e IV.

(E) II, III e IV.

I: correta. Pois apenas um dos pedidos pode ser impossível, por exemplo (CPC, art. 267, VI e 295, parágrafo único, III); **II:** incorreta. Toda inépcia acarreta o indeferimento da inicial, mas o indeferimento da inicial pode se dar por várias outras razões, além da inépcia (CPC, art. 295, *caput* e parágrafo único); **III:** correta. Na cumulação simples, os pedidos são independentes; na cumulação sucessiva é que existe a necessidade de procedência de um para se avançar ao outro; IV: incorreta. O pedido sucessivo (na verdade, mais técnico seria se falar em subsidiário – CPC, art. 289) só pode ser analisado quando rejeitado o principal.

Gabarito "B"

(Advogado da União/AGU – CESPE – 2009) No que concerne à teoria da ação, à inicial e ao pedido, julgue os seguintes itens.

(1) Conforme raciocínio possível a partir da teoria eclética da ação, adotada pelo CPC, no caso de ação de conhecimento ajuizada com o fim de obter a condenação de alguém ao pagamento de quantia já expressa em título executivo extrajudicial válido e vencido, existe carência de ação por ausência do interesse de agir, e não improcedência do pedido por falta de direito à tutela requerida.

(2) Afirmar que o CPC adotou a teoria da substanciação do pedido em detrimento da teoria da individuação significa dizer que, para a correta identificação do pedido, é necessário que constem da inicial os fundamentos de fato e de direito, também identificados como causa de pedir próxima e remota.

1: correta. Pela teoria da ação condicionada abstrata (eclética), a falta de uma das condições da ação leva à carência. O interesse de agir é o binômio necessidade/adequação. No caso, quem detém título executivo não precisa propor demanda de conhecimento – que busca, exatamente, formar um título executivo (CPC, art. 267, VI); **2:** correta. Pela teoria da substanciação, a causa de pedir é composta por fatos e fundamentos jurídicos do pedido (CPC, art. 282, III). Pela teoria da individuação, bastaria a indicação da relação jurídica, sem necessidade de se especificar os fatos.

Gabarito 1C, 2C

(Procuradoria Distrital – 2007) A petição inicial não será imediatamente indeferida quando:

(A) lhe faltar pedido ou causa de pedir.

(B) a parte for manifestamente ilegítima.

(C) o autor carecer de interesse processual.

(D) o tipo de procedimento, escolhido pelo autor, não corresponder à natureza da causa, ou ao valor da ação.

(E) o pedido for juridicamente impossível.

A: incorreta (CPC, art. 295, parágrafo único, I); **B:** incorreta (CPC, art. 295, II); **C:** incorreta (CPC, art. 295, III); **D:** correta. Só não será indeferida se for possível adequar o procedimento (CPC, art. 295); **E:** incorreta (CPC, art. 295, parágrafo único, III).

Gabarito "D".

(Procurador do Estado/RO – 2011 – FCC) Sobre o pedido, no procedimento comum ordinário, conforme estabelece o Código de Processo Civil, é correto afirmar:

(A) Se o devedor, pela natureza da obrigação, puder cumprir a prestação de mais de um modo, quando, pela lei ou contrato, a escolha couber ao devedor, o juiz lhe assegurará o direito de cumprir a prestação de um ou de outro modo, ainda que o autor não tenha formulado pedido alternativo.

(B) Quando a obrigação consistir em prestações periódicas, considerar-se-ão elas incluídas no pedido apenas se houver declaração expressa do autor.

(C) Quando, para cada pedido, corresponder tipo diverso de procedimento, não será admitida, em qualquer hipótese, a cumulação.

(D) Enquanto não decorrido o prazo para contestação, após regular citação, o autor poderá, sem o consentimento do réu, aditar o pedido, correndo à sua conta as custas acrescidas em razão dessa iniciativa.

(E) Só é permitida a cumulação, num único processo, contra o mesmo réu, de vários pedidos se houver conexão entre eles.

A: correta (CPC, art. 288); **B:** incorreta. Estarão incluídas as vincendas, por força de lei (CPC, art. 290); **C:** incorreta. No caso, caberá a cumulação se utilizado o rito ordinário (CPC, art. 292, § 2º); **D:** incorreta. Cabe a livre alteração até a citação (CPC, art. 264); **E:** incorreta, porque não se exige conexão entre os pedidos para que haja cumulação (CPC, art. 292).

Gabarito "A".

(Procurador do Estado/RR – 2006 – FCC) A respeito da petição inicial no processo de conhecimento, é INCORRETO afirmar:

(A) Independentemente de manifestação do réu, poderá o juiz indeferir a petição inicial se verificar desde logo a decadência legal.

(B) O não atendimento à determinação judicial para promover a emenda da petição inicial, poderá acarretar o seu indeferimento.

(C) É facultado ao autor não indicar qualquer valor para a causa, quando não tiver condições de estabelecê-la inicialmente.

(D) Havendo pedidos incompatíveis entre si, a petição inicial será inepta.

(E) Poderá o autor alterar o pedido antes de citado o réu, desde que pagas eventuais custas acrescidas por conta da alteração.

A: correta. CPC, art. 295, IV; **B:** correta. CPC, art. 284, parágrafo único; **C:** incorreta, devendo esta ser assinalada. Sempre deverá ser indicado valor à causa, ainda mera estimativa (CPC, art. 258); **D:** correta. CPC, art. 295, parágrafo único, IV; **E:** correta. CPC, art. 294.

Gabarito "C".

(Procurador do Estado/GO – 2010) No que diz respeito aos pedidos, é CORRETA a seguinte afirmação:

(A) É lícito à parte formular pedido genérico, ainda que seja possível determinar, de modo definitivo, as consequências do ato ou do fato ilícito.

(B) Na obrigação indivisível com pluralidade de credores, aquele que não participou do processo receberá sua parte sem deduções.

(C) Os pedidos são interpretados restritivamente, compreendendo-se no principal os juros legais.

(D) Antes da citação, o autor não poderá aditar o pedido.

(E) O pedido será alternativo quando a parte pretender que o juiz conheça do posterior, em não podendo acolher o anterior.

A: incorreta. Uma das hipóteses de pedido genérico é se NÃO for possível determinar as consequências do ato ilícito (CPC, art. 286, II); **B:** incorreta. A previsão legal fala em dedução das despesas (CPC, art. 291);**C:** correta (CPC, art. 293); **D:** incorreta. Até a citação, cabe a alteração do pedido, mesmo sem concordância do réu (CPC, art. 264); **E:** incorreta. Essa é a definição de pedido subsidiário (CPC, art. 289). O pedido alternativo é aquele em que não há preferência entre o "A" ou "B" (CPC, art. 288).

Gabarito "C".

(Procurador do Estado/SE – FCC – 2005) Sobre a petição inicial no processo de conhecimento, é INCORRETO afirmar:

(A) contra a decisão que indeferi-la, caberá apelação, facultada a retratação pelo juiz em 48 horas, devendo os autos ser remetidos ao tribunal imediatamente em caso de manutenção da decisão.

(B) será indeferida se, instado, o advogado não declarar, em 48 horas, o endereço em que receberá as intimações.

(C) será indeferida de plano, se o juiz verificar a ocorrência da decadência.

(D) será considerada inepta quando lhe faltar causa de pedir, devendo o juiz determinar sua emenda no prazo de 10 (dez) dias.

(E) quando indeferida, poderá o autor apelar, devendo o réu ser cientificado para acompanhamento do julgamento pelo tribunal.

A: correta (CPC, art. 296); **B:** correta (CPC, art. 39, parágrafo único); **C:** correta (CPC, art. 295, IV); **D:** correta (CPC, art. 295, parágrafo único, I); E) Incorreta, devendo esta ser assinalada. No caso de apelação em que a inicial for indeferida, não há necessidade de citação do réu (o parágrafo único do art. 296 prevê que os autos serão "imediatamente encaminhados ao tribunal"). Cabe apontar, no caso, uma distinção em relação ao que acontece na outra possibilidade de retratação do juiz: na improcedência liminar do pedido (CPC, art. 285-A), se o autor apelar e o juiz não reconsiderar, o réu deverá ser citado antes da ida do recurso ao tribunal (CPC, art. 285-A, § 2º).

Gabarito "E".

(Procurador do Município/São José dos Campos-SP – 2012 – VUNESP) Considera-se inepta a inicial quando:

(A) o tipo de procedimento escolhido não corresponder à natureza da causa.

(B) a parte for manifestamente ilegítima.

(C) o autor carecer de interesse processual.

(D) o juiz verificar desde logo a prescrição.

(E) contiver pedidos incompatíveis entre si.

A: incorreta. Essa é hipótese de indeferimento da inicial (CPC, art. 295, V); **B:** incorreta. Essa é hipótese de indeferimento da inicial (CPC, art. 295, II); **C:** incorreta. Essa é hipótese de indeferimento da inicial (CPC, art. 295, III); **D:** incorreta. Essa é hipótese de indeferimento da inicial (CPC, art. 295, IV); **E:** correta. CPC, art. 295, parágrafo único, IV. Há várias hipóteses de indeferimento da inicial, sendo que uma delas é a inépcia (CPC, art. 295, I), cujas hipóteses estão previstas no parágrafo único do art. 295. Ou seja, toda inépcia leva ao indeferimento da inicial, mas nem todo indeferimento decorre da inépcia.

Gabarito "E".

(Procurador do Estado/SP – VUNESP – 2005) A respeito do pedido, é correto afirmar que:

(A) a multa cominatória somente será fixada a pedido do autor, não podendo ser concedida *ex oficio*.

(B) o disposto no art. 287 do CPC aplica-se às obrigações fungíveis e infungíveis.

(C) o disposto no art. 286 do CPC aplica-se ao processo monitório, permitindo a formulação de pedido genérico, nas hipóteses dos incisos I a III do dispositivo.

(D) o pedido condicional, que tem eficácia subordinada a fatos pretéritos ou futuros, encontra fundamento no art. 286, incisos I e II do CPC.

(E) o CPC não admite o pedido com cúmulo eventual.

A: incorreta. A multa cominatória está prevista no art. 287, complementada pelas regras do art. 461 (o próprio CPC faz a remissão). O art. 461 é expresso ao prever a concessão de ofício (§ 4º); **B:** correta. O dispositivo não restringe, não sendo permitido ao intérprete fazê-lo; **C:** incorreta. O pedido genérico pode ser formulado em hipóteses específicas, quando não se tem certeza do valor devido (*quantum debeatur*). A monitória depende de documento escrito, que traga uma obrigação clara. Assim, conforme a lógica do examinador, são situações incompatíveis; **D:** incorreta. A sentença condicional (que seria o resultado de um pedido condicional) é vedada em nosso sistema (CPC, art. 460, parágrafo único); **E:** incorreta. O Código permite o pedido principal e, caso esse não seja acolhido, subsidiário ou eventual (CPC, art. 289).

Gabarito "B".

(Advogado – PETROBRÁS – 2012 – CESGRANRIO) O Sr. X propõe ação, com pedido condenatório no pagamento da quantia de R$ 100.000,00, em face do Sr. Y, tendo o processo fluído normalmente com a regular citação do réu. Apesar disso, o Sr. Y não apresentou a devida contestação. Após dois meses da ausência de defesa, o autor requereu a ampliação do pedido para incluir a condenação em danos morais decorrentes do não pagamento da dívida pelo réu. Nesse caso, diante das normas processuais,

(A) a revelia permite a ampliação dos limites objetivos do pedido sem nova citação.

(B) a ampliação dos limites do pedido no caso de revelia é restrita às partes.

(C) a ampliação dos limites objetivos ou subjetivos da causa em caso de revelia não é possível.

(D) a ampliação sem nova citação é admitida, sendo o pleito condenatório.

(E) os limites objetivos do pedido em caso de revelia impõem nova citação.

Ocorrida a revelia, a modificação da causa de pedir ou do pedido pelo autor reclama a necessidade de nova citação do réu, ao fito de que o requerente não se beneficie da desvantagem processual do requerido (art. 321 do CPC).

Gabarito "E".

(Advogado – CORREIOS – 2008 – ESPP) Assinale a alternativa correta:

(A) A sentença *extra petita* pode ser validada em grau de recurso.

(B) O pedido aduzido na petição inicial pode ser alterado pelo autor a qualquer momento, mesmo sem anuência do réu.

(C) Estão implícitos no pedido principal os juros, a correção monetária, a verba honorária e as custas processuais.

(D) Para que seja deferida a cumulação de pedidos, basta que o órgão jurisdicional seja competente para apreciar todos eles.

A: Tal questão se resolve pelo próprio princípio da *correlação*, *congruência*, ou da *adstrição*, de modo que o juízo, na sentença, deve se cingir ao pedido e à causa de pedir, sob pena de julgamento *citra*, *ultra* ou *extra petita*. O juiz não pode inovar ou ampliar os limites objetivos da lide, devendo decidi-la nos limites em que foi proposta, sob pena de afronta aos princípios da ampla defesa, do contraditório e ao princípio dispositivo. Prevalecem os seguintes posicionamentos quanto aos vícios intrínsecos da sentença: a) a decisão *infra* ou *citra petita* pode ser corrigida com a oposição de embargos de declaração, de forma que o próprio órgão prolator da decisão poderá remediar a omissão; b) interposto e admitido o recurso de apelação, a sentença *extra petita* deve ser anulada pelo tribunal, a fim de que os autos sejam remetidos ao órgão *a quo* para prolação de nova sentença, não havendo cogitar-se de substituição da referida decisão. A sentença *extra petita é nula* em razão de ofender os mencionados princípios constitucionais e processuais; c) interposto e admitido o recurso de apelação, a sentença *ultra petita* pode ser corrigida pelo tribunal, mediante simples redução da parte que sobejou ao pedido formulado, sem necessidade de regresso dos autos à origem; d) quanto à sentença *infra* ou *citra petita*, se, a despeito de opostos os declaratórios, o órgão prolator da decisão não suprir a omissão, a parte prejudicada poderá apelar ao tribunal, a fim de que este supra o respectivo vício, sem necessidade de retorno dos autos à origem, com base no art. 515, § 3º, do CPC. Nesse diapasão: "A omissão da sentença, se não suprida pelos embargos, poderá ensejar sua nulidade. À parte que não embargou caberá apelar para anulá-la. Mas, se todos os elementos já estiverem nos autos, poderá o tribunal apreciar aquilo que foi omitido pela instância inferior (CPC, art. 515, § 3º), sem precisar anular o julgado" (GONÇALVES, Marcus Vinícius Rios. *Novo Curso de Direito Processual Civil. Vol 2*. 7. edição. São Paulo: Saraiva, 2011, p. 143); **B:** incorreto (art.264, *caput*, do CPC); **C:** correto. (Súmula 256 do STF e art. 293 do CPC); **D:** incorreto (art. 292 do CPC).

Gabarito "C".

(Advogado – EMBRAPA – 2005 – CESPE) Quanto ao pedido, que, conforme artigo pertinente do Código de Processo Civil, deve ser certo e determinado, julgue os itens que se seguem.

(1) Quando o autor intenta uma ação de petição de herança e pede simplesmente que o juiz condene o réu a restituir-lhe os bens que compõem o acervo hereditário, sem que, na inicial, haja a descrição de cada um desses bens, justificando-se com a impossibilidade de individualizar os bens que compõem a universalidade da demanda, o autor faz um pedido genérico admitido na legislação pátria.

(2) Haverá pedido alternativo cumulado quando houver uma obrigação alternativa, ou seja, quando o devedor puder cumprir a prestação por mais de um modo, podendo, nesse caso, o direito de escolha ser do credor ou do devedor.

1: correto (art. 286, I, do CPC); **2:** errado. A escolha compete ao devedor, e não ao credor, visto que é ele quem deverá cumprir a obrigação de modo alternativo (art. 288 do CPC).

Gabarito 1C 2E.

Advogado – PETROBRÁS – 2003 – CESPE) Quanto ao pedido e à causa de pedir, julgue os itens que se seguem.

(1) Se a pretensão envolver bem móvel ou imóvel, como locação, compra e venda, a demanda será de direito real, sendo competente o foro da situação da coisa, e não o do domicílio do réu.

(2) A regra de que o pedido se interpreta restritivamente não admite exceções, sendo proibida a condenação do vencido a custas e honorários de advogado se estes não forem objeto de pedido explícito do autor, na inicial, ou do réu, na contestação.

(3) Se o réu, demandado em ação de cobrança pelo autor, for credor deste em quantia superior àquela que lhe é cobrada, poderá, além de pleitear a improcedência da ação alegando compensação, propor reconvenção para a cobrança do saldo.

1: errado. O foro da situação da coisa aplica-se apenas às ações lastreadas em *direito real sobre imóveis* (art. 95, *caput*, do CPC). Nas ações fundadas em *direito pessoal* (das quais são exemplos aquelas cuja causa de pedir invoque o inadimplemento contratual) ou em *direitos reais sobre bens móveis*, segue-se a regra geral do foro do domicílio do réu, a teor do que dispõe o art. 94, *caput*, do CPC; **2:** errado (Súmula 256 do STF e art. 293 do CPC); **3:** correto. O réu pode reconvir ao autor no mesmo processo, toda vez que a reconvenção seja conexa com a ação principal ou com o fundamento da defesa (art. 315, *caput*, do CPC).

Gabarito 1E, 2E, 3C.

1.10. RESPOSTA DO RÉU

(Procurador da Fazenda Nacional – 2006 – ESAF) Na fase "da resposta do réu", conforme denominado pelo Código de Processo Civil, é correto afirmar:

(A) que nas ações sujeitas ao procedimento ordinário o prazo para a apresentação, pela União (Fazenda Nacional), de contestação, impugnação ao valor da causa ou reconvenção, tem início com a publicação, no órgão oficial, do despacho que ordena a citação.

(B) que, ressalvada a prática de atos reputados urgentes, o Procurador da Fazenda Nacional não será admitido a atuar em juízo sem a apresentação do seu instrumento de mandato.

(C) que em ação declaratória cumulada com repetição de indébito e/ou compensação, envolvendo, conforme os documentos de arrecadação apresentados pelo contribuinte-autor com a sua petição inicial, potencial condenação da União (Fazenda Nacional) em montante principal de aproximadamente R$ 500.000,00 (quinhentos mil reais), onde foi atribuído como valor da causa, "para fins fiscais", R$ 10.000,00 (dez mil reais), não deve o Procurador da Fazenda Nacional impugnar este valor quando a ele já corresponder, conforme a respectiva tabela, obrigação de recolhimento de custas processuais iniciais no maior valor admissível.

(D) que, identificada pelo Procurador da Fazenda Nacional responsável pelo feito a existência de débitos do mesmo contribuinte-autor inscritos em Dívida Ativa da União, dele ele apresentar reconvenção para, na mesma ação, cobrar estes valores.

(E) que, conquanto não esteja a União (Fazenda Nacional) obrigada ao ônus da impugnação específica dos fatos e nem sujeita aos efeitos da revelia, o juiz da causa não está obrigado a conhecer, de ofício, quanto à existência de fato impeditivo, modificativo ou extintivo do direito do contribuinte-autor, salvo prescrição ou decadência, nem quanto à existência de atos administrativos normativos ou práticas reiteradas (consuetudinárias) da administração tributária federal que possam ter influência sobre a causa.

A: incorreta. O prazo de defesa se inicia com a juntada aos autos do mandado de citação (CPC, art. 241, I e 297); **B:** incorreta. O poder de representação do procurador decorre de lei, não de procuração (interpretação a partir da CF, art. 131); **C:** incorreta. Deverá ser apresentado valor da causa, pois o valor da causa não se refere apenas a questões fiscais (custas), mas diversas outras, como, por exemplo, fixação de outros (CPC, art. 538, parágrafo único); **D:** incorreta. Se há inscrição na dívida ativa, isso deve ser executado – ao passo que a reconvenção é processo de conhecimento. Assim, falta interesse de agir na reconvenção, se já é possível a execução fiscal; **E:** correta. As matérias em questão devem ser alegadas em contestação (CPC, art. 333, II).

Gabarito “E”.

(Procuradoria Distrital – 2007) Sobre o tema "resposta do réu", assinale a afirmativa incorreta.

(A) Se não contestar a reconvenção, o autor reconvindo fica revel.

(B) Apesar de o art. 297, do CPC, estabelecer que o réu pode, no prazo de quinze dias, oferecer contestação, reconvenção e exceção, essa última também pode ser oferecida pelo autor.

(C) Havendo ação e reconvenção, e caso o autor desista da ação, o juiz deverá prosseguir rumo ao julgamento da reconvenção.

(D) Caso o tribunal acolha a exceção de suspeição do juiz, mandará remeter os autos ao seu substituto legal, condenando o juiz nas custas.

(E) Oferecida exceção de suspeição ou de impedimento do perito, suspende-se o curso do processo.

A: correta. CPC, art. 316; **B:** correta. A suspeição e impedimento podem ser alegados pelo autor (CPC, art. 304); **C:** correta. CPC, art. 317; **D:** correta. CPC, arts. 313 e 314; **E:** incorreta, devendo esta ser assinalada. A previsão legal de suspensão é só do juiz (CPC, art. 265, III).

Gabarito “E”.

(Procurador do Estado/RR – 2006 – FCC) NÃO é matéria discutível em preliminar da contestação a:

(A) inépcia da petição inicial.

(B) litispendência e a coisa julgada.

(C) incompetência em razão do território.

(D) ilegitimidade do autor.

(E) convenção de arbitragem.

A: incorreta (CPC, art. 301, III); **B:** incorreta (CPC, art. 301, V e VI); **C:** correta. A incompetência territorial é alegada mediante exceção (CPC, art. 304); **D:** incorreta (CPC, art. 301, X); **E:** incorreta (CPC, art. 301, IX).

Gabarito “C”.

(Procurador do Estado/RR – 2006 – FCC) Nas ações dúplices

(A) é necessária a reconvenção para que o réu se torne autor em sua pretensão.

(B) o réu formulará pretensão contra o autor independentemente de reconvenção.

(C) não se admite ação declaratória incidental.

(D) sempre haverá cumulação de pedidos do autor contra o réu.

(E) não se admitem exceção e reconvenção, devendo toda a matéria de defesa ser deduzida na contestação.

Ação dúplice é, exatamente, aquela em que cabe a formulação de pedido na própria contestação, não havendo interesse de agir para a reconvenção (exemplo: CPC, art. 922).

Gabarito “B”

(Procurador da Fazenda Nacional – 2007.2 – ESAF) Quanto ao oferecimento da contestação, é incorreto afirmar que.

(A) há preclusão das razões de defesa não alegadas na contestação, salvo quando: relativas ao direito superveniente; as questões sujeitas a conhecimento *ex officio* pelo órgão judicial ou admitidas em qualquer tempo por expressa disposição de lei.

(B) há presunção de verdade quanto aos fatos narrados pelo autor e não impugnados especificamente pelo réu exceto: se não for admissível, a seu respeito, a confissão; se com a inicial não se houver juntado instrumento público que a lei considerar da substância do ato ou se os fatos forem incompatíveis com a defesa, considerada em seu conjunto.

(C) há possibilidade de o autor apresentar ação declaratória incidental se na contestação oferecida pelo réu for nela arguida questão prejudicial à questão principal posta.

(D) há responsabilidade do réu pelas custas a partir do saneamento do processo, e perda do direito a haver do autor porventura vencido honorários advocatícios, se a contestação for omissa quanto ao fato impeditivo, modificativo ou extintivo do direito postulado e tal omissão retardar o julgamento da lide.

(E) há responsabilidade integral do réu pelas custas de retardamento se não alegar na primeira oportunidade em que lhe caiba falar nos autos as matérias relacionadas às condições da ação e pressupostos processuais, salvo se apresentar o justo motivo.

A: correta. CPC, art. 302 e dispositivos que tratam de matérias de ordem pública (ex: CPC, art. 267, § 3º); **B:** correta. Trata-se do ônus da impugnação específica (CPC, art. 302); **C:** correta (CPC, arts. 5º e 325); **D:** correta (CPC, art. 22); E) incorreta (art. 267, § 3º, do CPC); haverá apenas responsabilidade pelas custas de retardamento.

Gabarito "E".

(Procurador da Fazenda Nacional – 2007 – ESAF) "A" ajuíza ação de ressarcimento de danos causados em acidente de veículo em face de "B", que compareceu à audiência e apresentou como defesa contestação e impugnação ao valor da causa. Arguiu, na contestação, a conversão do procedimento sumário em ordinário, em razão de o valor indicado à causa ser superior a setenta salários-mínimos. Postulou, na impugnação ao valor da causa, que o valor fosse corrigido por nele constar o valor aproximado de quarenta salários-mínimos. Assinale a opção correta aplicável ao caso.

(A) Defiro o pedido formulado na impugnação ao valor da causa apresentada pelo réu para que o valor atribuído à causa seja ajustado ao valor do pedido, embora o deferimento não gere a conversão do procedimento sumário em ordinário.

(B) Indefiro o pedido formulado na impugnação ao valor da causa pelo fato de a ação ter sido ajuizada com base na natureza da causa, sendo, assim, irrelevante o valor atribuído à causa.

(C) Defiro o pedido formulado na impugnação ao valor da causa, convertendo-se, por consequência, o procedimento sumário em ordinário.

(D) Indefiro o pedido formulado na impugnação ao valor da causa, mantendo-se a causa sob o procedimento sumário considerando que a matéria discutida refere-se à ação de ressarcimento.

(E) A impugnação ao valor da causa, no procedimento sumário, suspende a audiência até que o magistrado decida acerca da conversão do procedimento sumário em ordinário.

O valor da causa deve corresponder ao que pretende o autor (CPC, art. 259, I). Contudo, sendo ação de ressarcimento de danos causados em acidente de veículo, qualquer que seja o valor da causa, o procedimento será o sumário (CPC, art. 275, II, *d*).

Gabarito "A".

(Procurador da Fazenda Nacional – 2007 – ESAF) Quanto à reconvenção, é incorreto afirmar que:

(A) a reconvenção é inadmissível no procedimento sumário em razão da incompatibilidade procedimental e também pela possibilidade, no procedimento sumário, de se formular o pedido contraposto.

(B) a reconvenção é admissível em ação rescisória desde que se cumpra o prazo decadencial de dois anos e busque rescindir a mesma decisão judicial de mérito, objeto da ação rescisória.

(C) a citação na pessoa do procurador do autor reconvindo dispensa procuração com poderes especiais para receber citação, não produzindo os efeitos da revelia.

(D) o réu, em nome próprio, poderá reconvir ao autor que esteja atuando na qualidade de substituto processual, não estendendo tal raciocínio para os casos de representação por não ser parte.

(E) a reconvenção é admitida na ação monitória, após a conversão do procedimento em ordinário.

A: correta. No sumário há pedido contraposto na própria contestação; assim, falta interesse de agir para a reconvenção (CPC, art. 278, § 1º); **B:** correta. Não há vedação legal nesse sentido – apesar de não ser algo frequente; **C:** correta (CPC, art. 316); **D:** incorreta. Previsão do CPC, art. 315, parágrafo único; **E:** correta. Súmula 292/STJ.

Gabarito "D".

(Procurador do Estado/MG – 2007) Das exceções e incidentes que seguem, qual delas pode ser alegada na própria peça da contestação?

(A) Impugnação à concessão de assistência judiciária gratuita.

(B) Incompetência absoluta.

(C) Incompetência relativa.

(D) Impedimento e suspeição.

A: incorreta (art. 7º da L. 1060/50); **B:** correta. Incompetência absoluta é alegada em preliminar de contestação (CPC, art. 301, II); **C:** incorreta (CPC, art. 112); **D:** incorreta (CPC, art. 304).

Gabarito "B".

(Procurador do Estado/RS – FUNDATEC – 2010) Assinale a alternativa correta:

(A) A ação declaratória incidental prescinde de controvérsia sobre a relação jurídica cuja existência ou inexistência se busca declarar.

(B) O incidente de falsidade documental de que tratam os artigos 390-395 do Código de Processo Civil tem a mesma natureza de ação declaratória incidental e, se processado em autos apartados, caberá apelação da decisão nele proferida.

(C) O ajuizamento de ação declaratória incidental independe da efetiva existência de um processo em curso.

(D) A ação declaratória incidental pode ser ajuizada em até 2 anos do trânsito em julgado da sentença no processo principal.

(E) Nenhuma das alternativas anteriores está correta.

A: incorreta. Há necessidade de controvérsia, para surgir o interesse quanto à ADI (CPC, art. 325); **B:** correta. Se em apartado, o recurso cabível será a apelação (CPC, art. 395); **C:** incorreta, na linha do exposto em "A", depende da existência de processo já em curso; **D:** incorreta. O prazo é de 10 dias (CPC, art. 325); **E:** incorreta, considerando "B".

Gabarito "B".

(Procurador do Município/Manaus-AM – 2006 – FCC) Com relação à reconvenção, de acordo com o Código de Processo Civil, é correto afirmar:

(A) Não pode o réu, em seu próprio nome, reconvir ao autor, quando este demandar em nome de outrem.

(B) Oferecida a reconvenção, o autor reconvindo será intimado, na pessoa do seu procurador, para contestá-la no prazo de 5 cinco dias.

(C) A desistência da ação, ou a existência de qualquer causa que a extinga, obsta o prosseguimento da reconvenção.

(D) Julgar-se-ão em sentenças distintas a ação e a reconvenção, em razão da exigência legal da objetividade na fundamentação da sentença.

(E) A reconvenção será oferecida em peça autônoma, dentro dos 15 dias após o oferecimento da contestação.

A: correta (CPC, art. 315, parágrafo único); **B:** incorreta. O prazo é de 15 dias (CPC, art. 316); **C:** incorreta. Como a reconvenção, uma vez proposta, passa a ser autônoma, ela prossegue no caso de extinção do processo original (CPC, art. 317); **D:** incorreta. Uma única sentença (CPC, art. 318); **E:** incorreta. Será apresentada em peça apartada da contestação (CPC, art. 297).

Gabarito "A".

(Procurador do Município/Cubatão-SP – 2012 – VUNESP) A reconvenção é uma ação incidente, que o réu pode mover contra o autor no mesmo processo, sendo cabível, em tese, nas ações:

(A) possessórias.

(B) cautelares.

(C) renovatórias de aluguel.

(D) de procedimento sumário.

(E) rescisórias.

A: incorreta. As possessórias são ações dúplices, onde pode o réu formular pedido na própria contestação (CPC, art. 922); **B:** incorreta. Considerando que na cautelar se busca proteger a urgência, se o requerido também estiver diante de uma situação de urgência, deverá ingressar com outra medida (cf., por exemplo, art. 871 do CPC); **C:** incorreta. L. 8.245/91, art. 74. Não sendo renovada a locação, o juiz determinará a expedição de mandado de despejo, que conterá o prazo de 30 (trinta) dias para a desocupação voluntária, se houver pedido na contestação. (no momento em que a lei fala em pedido na contestação, vedada está a reconvenção); **D:** incorreta. No caso, cabe pedido em favor do réu, na própria contestação (CPC, art. 278, § 1º); **E:** correta. Por exclusão das demais hipóteses, sendo que a regra geral é o cabimento da reconvenção.

Gabarito "E".

(Advogado – PETROBRÁS – 2012 – CESGRANRIO) A empresa XY & Y Ltda. propõe ação através do procedimento ordinário objetivando o cumprimento de obrigação de fazer consistente na construção de edificação avaliada em R$ 300.000,00. Apresenta pedido cumulativo de indenização por danos morais no valor fixo de R$ 150.000,00. O réu, regularmente citado, apresenta contestação e, no seu bojo, elabora um item impugnando o valor dado à causa pelo autor, que fora de R$ 10.000,00. Nesse caso, segundo as normas processuais, o(a) valor da causa:

(A) não poderia ser conhecido diante da via utilizada, pois há incidente específico a ser manejado.

(B) não possui meio processual de combate, ficando o valor ao arbítrio da parte.

(C) a ser fixado não é relevante por ausência de consequências processuais.

(D) seria inestimável e, portanto, correto o fixado na peça inicial.

(E) fixado na peça exordial, diante da alegação defensiva, deve ser modificado pelo Juiz.

A: correto. A impugnação ao valor da causa deve ser apresentada dentro do prazo de resposta, através de petição autônoma, e não no bojo da contestação. Constitui incidente processual que deve ser apensado aos autos principais. Ademais, deve ser decidida pelo juiz, no prazo de 10 (dez) dias. *Entretanto,* há precedentes, inclusive do STJ, que entendem que a formulação de impugnação na própria contestação constitui mera irregularidade, sendo, ainda, admissível nas execuções fiscais, por força do art. 6º, § 4º, da Lei 6.830/80. A esse respeito, confira-se a ementa a seguir: PROCESSUAL CIVIL E TRIBUTÁRIO. RECURSO ESPECIAL. EXECUÇÃO FISCAL. REQUISITOS DA CDA. ARTS. 202 E 203 DO CTN. PREQUESTIONAMENTO. AUSÊNCIA. SÚMULAS 282 E 356 DO STF. SÚMULA 7/STJ. IMPUGNAÇÃO AO VALOR DA CAUSA. ART. 261 DO CPC. ALEGAÇÃO EM PRELIMINAR DE CONTESTAÇÃO. POSSIBILIDADE. DISSÍDIO PRETORIANO. NÃO COMPROVADO. [...] 3. Quando o valor a ser atribuído à causa for taxativamente previsto em lei, é possível ao julgador, ex officio, alterar aquele consignado na exordial. Pela mesma razão, pode ser acolhida a impugnação do réu, ainda que não autuada em apenso, mas aduzida em preliminar de impugnação aos embargos à execução fiscal. (REsp 782.695/SE, Rel. Ministro CASTRO MEIRA, SEGUNDA TURMA, julgado em 06/12/2005, DJ 19/12/2005, p. 381). No mesmo sentido: AgRg nos EDcl no Ag 1337909/SC, Rel. Ministro HUMBERTO MARTINS, SEGUNDA TURMA, julgado em 26/10/2010, DJe 09/11/2010); **B:** incorreto (art. 261, *caput,* do CPC); **C:** incorreto, já que o valor da causa possui inúmeras consequências processuais, conforme enumerado por Nelson Nery Jr. e Rosa Maria de Andrade Nery, a saber: 1) critério para fixação da competência de juízo; 2) identificação do tipo de procedimento processual a ser obedecido; 3) parâmetro para apuração de custas processuais e preparo recursal; 4) base de cálculo dos honorários de sucumbência e da condenação por litigância de má-fé; 5) critério para estabelecimento da multa por embargos declaratórios protelatórios e do depósito a ser efetuado na ação rescisória (art. 488, II, do CPC); **D:** incorreto. O valor da causa deve ser atribuído consoante a expressão econômica do pedido. No caso trazido à baila, o valor da demanda é equivalente à soma dos pleitos condenatórios por danos morais e materiais, *in casu,* R$ 450.000,00; **E:** incorreto, já que o réu não se valeu do meio processual adequado para impugnar o valor atribuído ao feito pela parte autora (art. 261, *caput,* do CPC).

Gabarito "A".

(Advogado – PETROBRÁS DISTRIB. – 2010 – CESGRANRIO) Um motorista profissional é surpreendido por veículo de propriedade da Empresa X, em via pública, que colide com o seu automóvel, gerando inúmeros prejuízos. O veículo é utilizado para serviços que o motorista presta como profissional autônomo e permaneceu em reparos pelo período de trinta dias. Após tentativa amigável, ele não obtém sucesso na reparação dos danos causados e propõe ação com pedido condenatório, fixando o valor de causa em R$ 30.000,00, correspondente aos danos causados. Regulamente citada, a empresa apresenta contestação, impugnando os documentos mostrados pelo autor, que anexou aos autos somente um orçamento, não permitindo a comparação com outras empresas especialistas em reparos automotivos. Não anexa documentos e nem requer outras provas. Foi designada audiência de instrução e julgamento, não tendo as partes apresentado outros documentos, nem testemunhas e ainda não tendo requerido prova pericial. Após as alegações finais, o magistrado profere sentença, em audiência, julgando procedente totalmente o pedido formulado, condenando a ré nas custas e em honorários de dez por cento do valor dado à causa. Não houve recurso, ocorrendo o trânsito em julgado. Analisando o caso, verifica-se que:

(A) a empresa deveria ter apresentado reconvenção.

(B) a prova pericial deveria ter sido determinada quando da impugnação ao documento apresentado.

(C) a contestação sem documentos caracteriza a revelia.

(D) o valor da causa não está adequado ao benefício econômico postulado.

(E) as partes, não tendo apresentado outras provas, permitem que ocorra a sentença de mérito.

A: incorreto. Primeiramente, cumpre anotar que se cuida de demanda submetida ao procedimento comum sumário por força do art. 275, II, d, do CPC. No procedimento comum, rito sumário, o réu poderá formular pedido contraposto no bojo da contestação, daí por que lhe é vedado o ajuizamento de reconvenção (art. 278, § 1°, do CPC). Caso o réu de demanda submetida ao rito sumário fizesse uso de reconvenção, seria carecedor de ação nesse tocante, por lhe faltar interesse de agir, modalidade interesse-necessidade. Afinal de contas, qual a necessidade de o réu aforar reconvenção se o requerido pode apresentar pedido contraposto na própria contestação?; **B:** incorreto. O juiz, de acordo com seus poderes instrutórios, tem papel ativo – e não de mero espectador – quanto à realização, *de ofício*, das provas que reputar necessárias à instrução do feito. Essa atividade probatória do juiz se dá com plenitude nos procedimentos de jurisdição voluntária e nas causas que versem sobre direitos indisponíveis. Cuida-se de aplicação no processo civil dos ditames da *verdade material* e *do princípio inquisitivo*, visto que o juiz, atento ao escopo de pacificação social do processo, bem assim à necessidade de outorga de um provimento jurisdicional justo e atrelado à realidade dos fatos, tem o poder-dever de ordenar a produção das provas imprescindíveis ao esclarecimento da controvérsia fixada (art. 130 do CPC). Todavia, em se tratando de *direitos disponíveis*, máxime quando o autor carreia prova bastante para a comprovação de sua pretensão e o réu se queda inerte quanto à impugnação dos fatos articulados por ele na inicial, o juiz não se encontra compelido a determinar, de ofício, a prova pericial, em decorrência até do princípio dispositivo; **C:** incorreto. Revelia é a *ausência de contestação*. Se o réu não instruir sua defesa com os documentos indispensáveis à comprovação de fato impeditivo, modificativo ou extintivo do direito do autor (art. 333, II, do CPC), sujeitar-se-á ao risco de o juiz acolher o pedido formulado na exordial, não havendo cogitar-se, em absoluto, de revelia; **D:** incorreto. O valor da causa deve ser atribuído consoante a expressão econômica do pedido. No caso trazido à baila, o valor da demanda é equivalente à condenação deduzida, *in casu*, R$ 30.000,00; **E:** correto (art. 330, I, do CPC).

Gabarito "E".

(Advogado – CASA DA MOEDA – 2009 – CESGRANRIO) A Casa da Moeda do Brasil promove ação, pelo procedimento ordinário, em face da Empresa Zé do Pipo S/A, com domicílio na cidade de Niterói, aduzindo a quebra de contrato para fornecimento de materiais a serem utilizados na produção de selos, sendo o valor da causa de R$ 14.000,00 (catorze mil reais). A ação foi distribuída à 1ª Vara Cível da Comarca de Niterói. O réu, regularmente citado, apresenta defesa aduzindo, na peça contestatória, que o valor da causa deveria ser de R$ 100.000,00 (cem mil reais). Em preliminar, apresenta alegação de incompetência relativa, aduzindo foro de eleição fixado na comarca da capital do Estado do Espírito Santo. O Juiz profere decisão, declarando, desde logo, que o contrato em tela não está sob a égide do Código de Defesa do Consumidor. Em tal contexto, constata-se que o(a):

(A) foro de eleição deve ser admitido no caso em tela.

(B) valor dado à causa está adequado ao procedimento ordinário.

(C) valor dado à causa não seria passível de impugnação.

(D) preliminar deveria ser acolhida.

(E) exceção de incompetência não foi aduzida.

A e **D:** incorretos, porquanto o réu não opôs a exceção declinatória de foro. A *incompetência relativa* (ou *territorial*) deve ser atacada através de exceção, ou seja, por meio de petição distinta, que será processada em apenso aos autos principais (arts. 112, *caput*, 299 e 304 do CPC). Vale ressaltar, por outro lado, que a *incompetência absoluta* será arguida por meio de preliminar em contestação, e não através de exceção. (Art. 301, II, do CPC). Não se pode olvidar, igualmente, que é defeso ao juiz reconhecer *ex officio* a incompetência relativa (Súmula 33 do STJ). Ademais, o próprio enunciado da questão afasta a aplicação do art. 112, parágrafo único, do CPC, seja por não afirmar que se trata de contrato de adesão, seja em virtude de a relação jurídica existente entre as partes não se sujeitar ao CDC, conforme decidido pelo juízo; **B:** incorreto, já que é inferior a sessenta salários-mínimos, revelando-se adequado, pois, o procedimento comum sumário (art. 275, I, do CPC); **C:** incorreto. Para tanto, existe a impugnação ao valor da causa (art. 261, *caput*, do CPC); **E:** correto. Se o réu, em seu prazo de resposta, não opuser a exceção declinatória de foro, a competência do juízo se prorroga – o juízo que antes era relativamente incompetente, torna-se competente ante a inércia do réu – pois a hipótese trata de *incompetência relativa* (ou *territorial*), a qual deve ser atacada por meio de exceção, ou seja, através de petição distinta, que será processada em apenso aos autos principais (arts. 112, *caput*, 299 e 304 do CPC). A prorrogação da competência ocorre logo após o esgotamento do prazo para a exceção declinatória (art. 114 do CPC).

Gabarito "E".

(Advogado – PETROBRÁS – 2006 – CESGRANRIO) Ao analisar a contrafé que acompanhou um mandado de citação, o Departamento Jurídico da Petrobras entendeu necessária a apresentação de duas espécies de respostas, contestação e reconvenção, além de ter verificado a necessidade de impugnar o valor atribuído à causa pelo autor em sua petição inicial. Nesse caso, de acordo com as disposições do Código de Processo Civil:

I. a contestação, a reconvenção e a impugnação ao valor da causa deverão ser oferecidas em petições autônomas, mas protocoladas simultaneamente;

II. em sendo oferecida e admitida a reconvenção, o autorreconvindo será citado pessoalmente para contestá-la no prazo de 15 dias;

III. a reconvenção é processada nos mesmos autos do processo instaurado pela demanda principal, enquanto que a impugnação ao valor da causa é autuada em apartado.

Está(ão) correta(s) a(s) afirmativa(s):

(A) I, apenas.

(B) II, apenas.

(C) I e III, apenas.

(D) II e III, apenas.

(E) I, II e III.

I: correto. A contestação e a reconvenção serão apresentadas através de petições autônomas. Vale registrar que a doutrina majoritária e a jurisprudência do STJ entendem que a contestação deve ser apresentada junto com a reconvenção, até por conta do advérbio *simultaneamente* empregado pela redação do art. 299 do CPC. Logo, o oferecimento de defesa em momento anterior ao da reconvenção, ainda que dentro do prazo de resposta do réu, induz a preclusão consumativa do direito de reconvir. Corroborando o que ora se afirma: PROCESSUAL CIVIL. ADMINISTRATIVO. AÇÃO DE COBRANÇA. CONVÊNIO FIRMADO ENTRE MUNICÍPIO E ESTADO. RECONVENÇÃO. CONTESTAÇÃO. SIMULTANEIDADE. PRECLUSÃO CONSUMATIVA. ART. 299 DO CPC. 1. A contestação e a reconvenção devem ser apresentadas simultaneamente, ainda que haja prazo para a resposta do réu, sob pena de preclusão consumativa. Precedentes do STJ: REsp 31353/SP, QUARTA TURMA, DJ 16/08/2004; AgRg no Ag 817.329/MG, QUARTA TURMA, DJ 17/09/2007; e REsp 600839/SP, DJe 05/11/2008. 2. Agravo Regimental desprovido (AgRg no REsp 935.051/BA, Rel. Ministro LUIZ FUX, PRIMEIRA TURMA, julgado em 14/09/2010, DJe 30/09/2010). A impugnação ao valor da causa, por sua vez, deve ser oposta por meio de petição autônoma, processando-se em apenso aos autos principais (art. 261, *caput*, do CPC); **II:** incorreto. O autor reconvindo será intimado, na pessoa de seu advogado, para contestar o pedido no prazo de quinze dias (art. 316 do CPC); **III:** correto (arts. 315, *caput*, e 261, *caput*, do CPC).

Gabarito "C".

(Advogado – IRB – 2006 – ESAF) Arguem-se por meio de exceção, exceto:

(A) a defesa de mérito.

(B) a conexão.

(C) a suspeição.

(D) o impedimento.

(E) a incompetência.

B: correto. A defesa de mérito pode ser alegada, à guisa de exemplo, por meio de exceção de executividade, enquanto mecanismo de reação ínsito ao processo de execução e à fase de cumprimento de sentença. Por meio de tal defesa *stricto sensu*, o executado, sem a necessidade de garantir o juízo, pode apresentar defesa de mérito, a exemplo do pagamento ou de outro meio extintivo da obrigação, desde que a prova de tal fato seja documental e esteja pré-constituída. Nesse sentido: "*Defesas sem necessidade de segurança do juízo. Exceção de executividade.* O primeiro meio de defesa de que dispõe o devedor na execução é a *exceção de executividade*. Admite-se a quando desnecessária qualquer dilação probatória para a demonstração de que o credor não pode executar o devedor. Daí ser exceção de executividade e não de pré-executividade. Denomina-se *exceção* porque instrumento de defesa de direito material, que contém matérias que o juiz somente pode examinar a requerimento da parte. São arguíveis por meio de exceção de executividade o pagamento e qualquer outra forma de extinção da obrigação (adimplemento, compensação, confusão, novação, consignação, remissão, sub-rogação, dação etc.) (Gomes, *obrigações*, n. 67, p. 87), desde que demonstráveis *prima facie*. Havendo necessidade de dilação probatória, para que o devedor possa demonstrar a existência da causa liberatória da obrigação é inadmissível a exceção de executividade. Nesse caso o devedor, caso queira defender-se, terá de segurar o juízo e ajuizar o incidente de impugnação ao cumprimento de sentença [ou ajuizar ação de embargos do devedor]". (NERY JR. Nelson; NERY, Rosa Maria de Andrade. *Código de processo civil comentado e legislação extravagante*. 10. edição. São Paulo: Revista dos Tribunais, 2007, p. 736;1.073) [grifos do autor]. De igual modo, a incompetência relativa, o impedimento e a suspeição devem ser articulados igualmente através de exceção (art. 304 do CPC). A conexão, por sua vez, é arguida em preliminar de contestação (art. 301, VII, do CPC).

Gabarito "B"

(Advogado – BNB – 2006 – ACEP) Assinale a alternativa **INCORRETA**.

(A) Defesa processual, formal ou preliminar de mérito são sinônimos.

(B) A defesa de mérito é aquela que gera a extinção do processo com julgamento do mérito.

(C) A alegação de inexistência ou nulidade de citação é uma defesa dilatória.

(D) A alegação de incompetência absoluta é uma defesa peremptória.

(E) A alegação de existência de convenção de arbitragem é uma defesa peremptória.

D: incorreto. A exceção de incompetência tem natureza de *defesa processual imprópria ou dilatória*, eis que não tem o condão de extinguir o processo, mas sim de retardar o seu desfecho, ao passo que a existência de convenção de arbitragem, *v.g.*, se qualifica como *defesa processual própria ou peremptória*, porquanto conduz à extinção sumária do mesmo.

Gabarito "D"

(Advogado – EMBRAPA – 2005 – CESPE) Em uma contestação, o réu alegou, em preliminar, a inépcia da inicial e a exceção em decorrência do impedimento do juiz, por ser este irmão do advogado do autor. Quanto ao mérito, o réu alegou a nulidade da citação. Acerca da situação hipotética acima descrita, julgue os itens seguintes.

(1) Nessa situação, o réu deveria ter alegado o impedimento em peça própria, na qual a exceção seria processada em apenso nos autos.

(2) A nulidade da citação foi alegada em momento inoportuno, pois deveria ter sido alegada preliminarmente ao mérito.

1: correto. A imparcialidade do juiz é pressuposto de validade do processo. Nos casos de impedimento, o legislador presume de modo absoluto e objetivo (*jure et de jure*) a parcialidade do magistrado, não admitindo prova em contrário. As hipóteses de impedimento estão enumeradas no art. 134 do CPC. Paralelamente, a suspeição do juiz é caso de parcialidade relativa, cabendo, portanto, a produção de provas que afastem a referida presunção (*juris tantum*). São pressupostos de nuance subjetiva, cuja comprovação é mais dificultosa. As hipóteses de suspeição estão arroladas no art. 135 do CPC. De qualquer forma, as causas legais de impedimento e de suspeição devem ser apuradas em face do *juiz* e não do *juízo*, através de exceção que será autuada em apenso aos autos principais (arts. 299, segunda parte, e 304 do CPC); **2:** correto (art. 301, I, do CPC).

Gabarito 1C, 2C.

1.11. REVELIA

(Procurador do Estado/BA – 2014 – CESPE) Julgue o seguinte item.

(1) Conforme o entendimento do STJ, a ausência de contestação, pela fazenda pública, poderá implicar presunção de veracidade dos fatos narrados pelo autor, já que a não aplicação dos efeitos da revelia não pode servir como escusa para que os entes públicos deixem de impugnar os argumentos da parte contrária e não produzam as provas necessárias na fase de instrução do feito.

1. Errada. Inexiste o efeito de presunção de veracidade contra a Fazenda, mesmo que ocorra a revelia, pois se está diante de direito indisponível (CPC, art. 320, II). A respeito, o seguinte julgado: "PROCESSUAL CIVIL E ADMINISTRATIVO. AGRAVO REGIMENTAL NO RECURSO ESPECIAL. FAZENDA PÚBLICA EM JUÍZO. EFEITO MATERIAL DA REVELIA. CONFISSÃO. NÃO APLICABILIDADE. 1. Não se aplica à Fazenda Pública o efeito material da revelia, nem é admissível, quanto aos fatos que lhe dizem respeito, a confissão, pois os bens e direitos são considerados indisponíveis. 2. Agravo regimental a que se nega seguimento" (AgRg no REsp 1170170/RJ, Rel. Ministro OG FERNANDES, SEXTA TURMA, julgado em 01/10/2013, DJe 09/10/2013)

Gabarito 1E

(Procurador da Fazenda Nacional – 2003 – ESAF) A presunção de veracidade dos fatos afirmados na inicial:

(A) constitui efeito da revelia e é absoluta.

(B) não ocorre, em caso de litisconsórcio simples ou comum, se um dos réus apresentar contestação.

(C) é efeito da revelia e não depende da natureza do direito litigioso.

(D) pode não ser aceita pelo juiz, embora prevista como efeito da revelia.

(E) é consequência da confissão.

A: incorreta. É efeito da revelia (CPC, art. 319), mas há exceções (CPC, art. 320); **B:** incorreta. Apesar dessa ser a previsão do art. 320, I, do CPC, a doutrina aponta que isso ocorrerá em relação aos fatos comuns – se os argumentos só aproveitarem a um dos réus, haverá a presunção de veracidade quanto ao outro. (conforme as demais alternativas, esta poderia até mesmo ser a correta); **C:** incorreta. Se for direito indisponível, não se aplica (CPC, art. 320, II); **D:** correta. Se presente alguma das situações do art. 320 do CPC, ainda que haja revelia, o juiz não reconhecerá a veracidade dos fatos; **E:** incorreta. Com a confissão, um determinado fato será considerado verdadeiro, não todos – e a confissão atinge tanto o autor quanto o réu (CPC, art. 348).

Gabarito "D".

(Procuradoria Distrital – 2007) Paulo de Tarso ajuizou ação em desfavor do Distrito Federal, postulando obter declaração de inexistência de determinado débito tributário anotado contra si. O feito seguiu o rito ordinário. Devidamente citado, o Distrito Federal deixou fluir em branco o prazo para contestação. A vista desses fatos, assinale a afirmativa correta.

(A) Ocorreu a revelia do Distrito Federal.

(B) O juiz deve reabrir o prazo para resposta, em face da indisponibilidade do direito versado no processo.

(C) No caso de sentença desfavorável ao Distrito Federal, esse não poderá interpor recurso de apelação, diante da ocorrência de preclusão lógica.

(D) O feito deveria ter seguido o rito sumário, daí porque, apesar de o Distrito Federal não ter contestado, incumbe ao juiz anular o processo desde o início.

(E) Mesmo não tendo contestado, o Distrito Federal pode, ainda assim, intervir no feito, sendo-lhe vedado, contudo, postular a produção de provas.

A: correta. Revelia é a ausência de contestação (CPC, art. 319), que também ocorre em face da Fazenda. **B:** incorreta. Há revelia, mas não um de seus efeitos, que é a presunção de veracidade dos fatos (CPC, art. 320, II); **C:** incorreta. A revelia não impede que se ingresse posteriormente no processo, realizando outros atos (CPC, art. 322, parágrafo único); **D:** incorreta. Não há nada no enunciado que justifique ser o caso de rito sumário (CPC, art. 275); **E:** incorreta. Mesmo argumento de "C".

Gabarito "A".

(Procurador do Município/Boa Vista-RR – 2010 – CESPE) Na contestação, um instrumento de defesa por meio do qual pode suscitar questões de ordem processual e(ou) de mérito, o réu deve apresentar toda a matéria de defesa, bem como especificar as provas que pretende produzir, sob pena de preclusão. A respeito desse assunto, julgue os itens a seguir.

(1) Configurada a revelia, o réu poderá intervir no processo em qualquer fase, caso em que o receberá no estado em que se encontre, podendo, inclusive, produzir provas se ingressar no decurso da instrução. Além disso, ainda que o réu se habilite no processo após a publicação da sentença, será admissível a interposição de recurso de apelação, desde que não tenha transcorrido o prazo recursal.

(2) Se o réu deixar de contestar a ação, configurar-se-ão revelia e presunção de veracidade dos fatos articulados pelo autor na petição inicial. Nesse caso, o efeito processual será sempre o julgamento antecipado da lide.

(3) Independentemente da natureza da lide e das partes envolvidas, se o réu deixar de contestar a ação, o juiz deverá julgar a lide antecipadamente, proferindo sentença de total procedência, em decorrência da presunção de veracidade dos fatos constitutivos do direito do autor.

1: correta. CPC, art. 322, parágrafo único; **2:** errada, porque é possível que a revelia (ausência de contestação), não acarrete o efeito da presunção de veracidade, o que pode determinar a produção de provas. Bom exemplo é o de investigação de paternidade, que trata de direitos indisponíveis (CPC, art. 320, II): Nessa hipótese, mesmo diante da revelia, haverá prova pericial (DNA); **3:** errada, nos termos acima expostos.

Gabarito 1C, 2E, 3E

(Procurador do Município/Manaus-AM – 2006 – FCC) Ocorrendo a revelia, o autor:

(A) poderá alterar apenas a causa de pedir, independentemente de promover nova citação do réu.

(B) poderá alterar apenas o pedido, independentemente de promover nova citação do réu.

(C) não poderá alterar o pedido, ou a causa de pedir, nem demandar declaração incidente, salvo promovendo nova citação do réu.

(D) poderá alterar tanto o pedido como a causa de pedir, independentemente de promover nova citação do réu.

(E) poderá alterar o pedido, a causa de pedir, e demandar declaração incidente, independentemente de promover nova citação do réu.

A: incorreta. Não cabe alteração sem nova citação (CPC, art. 321); **B:** incorreta (CPC, art. 321); **C:** correta (CPC, art. 321); **D:** incorreta (CPC, art. 321); **E:** incorreta (CPC, art. 321).

Gabarito "C".

(Procurador do Município/São José dos Campos-SP – 2012 – VUNESP) Assinale a alternativa correta sobre a revelia e as ações em que a Fazenda Pública for ré.

(A) Se a Fazenda Pública não contestar a ação, reputar-se-ão verdadeiros os fatos afirmados pelo autor, operando-se a revelia.

(B) Havendo a revelia da Fazenda Pública, o autor poderá alterar o pedido ou a causa de pedir.

(C) Operada a revelia, a Fazenda Pública não poderá mais ser intimada dos atos do processo.

(D) Não se aplicam os efeitos da revelia contra a Fazenda Pública, uma vez que indisponíveis os interesses discutidos em juízo.

(E) Não se aplicam os efeitos da revelia contra a Fazenda Pública, uma vez que a citação é feita em nome do Procurador-Geral.

A: incorreta. Não se aplica o efeito de presunção de veracidade por se tratar de direito indisponível (CPC, art. 320, II); **B:** incorreta. Sendo o réu a Fazenda ou particular, a alteração do pedido ou causa de pedir dependerá de nova citação (CPC, art. 321); **C:** incorreta: Havendo procurador constituído, deverá haver a intimação (CPC, art. 322); **D:** correta. Vide alternativa "A"; **E:** incorreta. Além do exposto na alternativa anterior, o Município é representado pelo Prefeito ou procurador (CPC, art. 12, II).

Gabarito "D".

(Advogado – EMBRAPA – 2005 – CESPE) A revelia, que se configura quando o réu regularmente citado não contesta a ação, é considerada como a omissão do demandado em defender-se. Quanto à revelia e seus efeitos, julgue os itens que se seguem.

(1) Apesar de a revelia gerar a presunção de veracidade dos fatos alegados pelo autor, não pode o juiz deixar de realizar a audiência de instrução e julgamento, pois tal fato é considerado julgamento antecipado da lide e acarreta nulidade.

(2) Ainda que ocorra a revelia, o autor não poderá mudar o pedido ou a causa de pedir, salvo se promover nova citação do réu, assegurando-lhe direito de resposta no prazo de 15 dias.

(3) Em ação de investigação de paternidade, caso ocorra a revelia, serão considerados como verdadeiros os fatos afirmados pelo autor, os quais serão considerados incontroversos, não tendo de ser demonstrados, razão por que ocorrerá o julgamento antecipado da lide.

1: errado. A regra é a de que a revelia (ausência de contestação) tem como consequência a pena de confissão ficta, isto é, a presunção de veracidade dos fatos articulados pelo autor, bem como a desnecessidade de intimação do revel para os subsequentes atos do processo. Todavia, o CPC, no art. 320, estabelece algumas exceções à regra (além da hipótese de direitos indisponíveis). São elas: havendo pluralidade de réus, algum deles contestar a ação (art. 320, I, do CPC), ou, ainda, de a petição inicial não estar acompanhada do instrumento público, que a lei considere indispensável à prova do ato (art. 320, III, do CPC). De qualquer sorte, *nem sempre a revelia conduzirá à procedência automática do pedido do autor*, a teor que do que dispõe o art. 324 do CPC. Todavia, produzidos os efeitos da revelia, o juízo está autorizado a julgar antecipadamente a lide, com fulcro no art. 330, II, do CPC; **2:** correto (art. 321 do CPC); **3:** Errado (art. 320, II, do CPC), já que a filiação se consubstancia como questão de estado, versando, portanto, sobre direito indisponível. Nessa hipótese, o juízo deverá determinar a produção da prova pericial, já que, "em se tratando de direito de família, acertadamente, doutrina e jurisprudência têm entendido que a ciência jurídica deve acompanhar o desenvolvimento social, sob pena de ver-se estagnada em modelos formais que não respondem aos anseios da sociedade". (REsp 427.117/MS, Rel. Ministro CASTRO FILHO, TERCEIRA TURMA, julgado em 04/11/2003, DJ 16/02/2004, p. 241).

Gabarito 1E, 2C, 3E.

1.12. PROVAS

(Procuradoria Distrital – 2007) Cabe ao juiz, como destinatário da prova, determinar a produção das provas necessárias à instrução do processo, bem como indeferir as diligências inúteis ou meramente protelatórias. Sobre os chamados "poderes instrutórios" do juiz, assinale a afirmativa incorreta.

(A) Não dependem de prova os fatos afirmados por uma parte e confessados pela parte contrária.

(B) O depoimento pessoal das partes pode ser determinado de ofício pelo juiz.

(C) O juiz pode, de ofício, determinar a acareação de duas ou mais testemunhas ou de alguma delas com a parte.

(D) A prova pericial, que consiste em exame, vistoria ou avaliação, não pode ser determinada de ofício pelo juiz e necessita de requerimento expresso da parte interessada, até porque o seu deferimento impõe, como regra, o pagamento de honorários periciais, que devem ser suportados pela parte interessada na produção da prova.

(E) O juiz pode decidir contrariamente ao laudo pericial, devendo expor os fundamentos da divergência.

A: correta (CPC, art. 334, II); **B:** correta (CPC, art. 342); **C:** correta (CPC, art. 418, II); **D:** incorreta. Também cabe seu deferimento de ofício, hipótese em que o pagamento será do autor (CPC, arts. 130 e 33); **E:** correta (CPC, art. 436).

Gabarito "D".

(Procurador do Estado/PE – CESPE – 2009) Durante depoimento prestado no curso de ação movida por José para obter condenação de João a reparar determinados danos, uma testemunha acabou declarando que havia sido firmado um contrato posterior entre as partes. Mais tarde, José ajuizou outra ação contra João, exigindo o cumprimento de cláusula daquele contrato cuja existência foi informada no depoimento. A respeito da situação hipotética acima, assinale a opção correta.

(A) Independentemente do valor do contrato, deve ser bastante à prova de sua existência o depoimento prestado no outro processo, já que as partes são as mesmas.

(B) Ainda que seja possível a José utilizar a prova emprestada, extraindo dos autos originais cópia do termo, essa prova não perde o caráter de prova oral.

(C) Caso o contrato ultrapasse o valor de dez salários mínimos à época de sua celebração, apenas a prova documental é suficiente à prova de sua existência, sem que se admita prova testemunhal.

(D) A extração do termo de depoimento do processo anterior e sua juntada ao novo feito, além de ser admissível como prova emprestada, constitui prova documental bastante ao intento do autor.

(E) Todo contrato cujo valor ultrapasse o limite de dez salários mínimos à época de sua celebração somente deve ser provado pela apresentação de seu instrumento, servindo a prova oral apenas de complemento.

A: incorreta, pois não será admitida prova exclusivamente testemunhal nos contratos de valor superior a 10 salários mínimos (CPC, art. 401); **B:** correta. A prova emprestada não perde sua característica do processo originário; **C:** incorreta. Cabe, também, a prova testemunhal (CPC, art. 402); **D:** incorreta, conforme exposto em "B"; **E:** incorreta, conforme exposto em "C" – lembrando que não há tarifação entre as provas, conforme princípio do livre convencimento (CPC, art. 131).

Gabarito "B"

(Procurador do Estado/PR – 2007) Em processo de procedimento ordinário, houve deferimento de produção de prova pericial, requerida pelo autor. Após o perito indicar o valor dos seus honorários, que foi aceito pelo juiz, o autor foi intimado para depositá-lo, não o fazendo no prazo marcado (cinco dias), nem nos trinta dias subsequentes ao término do prazo. Nesse caso:

(A) o juiz deverá extinguir o processo sem julgamento do mérito.

(B) o juiz deverá determinar a intimação pessoal da parte e, caso esta não deposite o valor dos honorários periciais, extinguirá o processo sem julgamento do mérito.

(C) o juiz deverá considerar precluso o direito à produção, determinando o regular prosseguimento do processo.

(D) o juiz deverá aguardar a provocação da parte e, caso esta não requeira a extinção do processo no prazo de um ano, deverá extingui-lo de ofício.

(E) o juiz deverá determinar ao perito que realize a prova, para receber seus honorários ao final, em execução, se for o caso.

Preclui a prova pericial se a parte não realizar o depósito prévio dos honorários, conforme precedentes do STJ (contudo, com base no livre convencimento, em tese poderia o juiz determinar nova intimação para pagamento – mas não a extinção do processo, como nas alternativas "A" e "B", pois o mérito deverá ser julgado).

Gabarito "C".

(Procurador do Estado/RR – 2006 – FCC) A respeito da prova no processo civil, é INCORRETO afirmar:

(A) Independem de prova os fatos incontroversos e aqueles em favor dos quais milita a presunção legal de veracidade.

(B) O fato não será tido por provado se fundado em direito municipal e a parte não atender à determinação judicial para comprovar-lhe o teor e a vigência.

(C) A intimação será pessoal da parte para prestar depoimento em audiência, sendo-lhe aplicada a pena de confissão caso se recuse a depor sem motivo justo.

(D) O documento público faz prova de todos os fatos que o tabelião declarar terem ocorrido em sua presença.

(E) O incidente de falsidade não suspende o andamento do processo principal.

A: correta (CPC, art. 334, III e IV); **B:** correta (CPC, art. 337); **C:** correta (CPC, art. 343, § 2º); **D:** correta (CPC, art. 364); **E:** incorreta (CPC, art. 394).

Gabarito "E".

(Procurador do Município/Florianópolis-SC – 2010 – FEPESE) No que tange à disciplina da fase instrutória ou probatória do procedimento do processo cognitivo civil, assinale a alternativa **correta**.

(A) A gravação clandestina de conversa telefônica é meio idôneo e moralmente legítimo de prova.

(B) O depoimento pessoal, embora constitua ato personalíssimo, pode ser prestado por terceira pessoa a quem se concede o poder de praticar o ato processual.

(C) É inadmissível como meio de prova a confissão de fatos que dão fundamento existencial a direito indisponível.

(D) O advogado atuante em causa própria, mesmo antes de prestar depoimento pessoal, poderá assistir ao interrogatório da parte contrária.

(E) É lícito às partes, em qualquer tempo, juntar aos autos documentos novos, quando destinados a fazer prova de fatos ocorridos antes ou depois dos articulados.

A: incorreta, porque se trata de prova ilícita (CF, art. 5º, LVI); **B:** incorreta, porque se o ato é considerado personalíssimo (autor ou réu – CPC, art. 343), não pode ser prestado por terceiro; **C:** correta (CPC, art. 351); **D:** incorreta, pois quem não depôs, não pode assistir ao depoimento da outra parte (CPC, art. 344, parágrafo único); contudo, a questão é polêmica na doutrina (e, assim, não deveria ser pedida em uma prova teste); **E:** incorreta (CPC, arts. 396 e 397).

Gabarito "C".

(Procurador do Município/Teresina-PI – 2010 – FCC) Quanto às provas:

(A) podem ser produzidas as previstas em lei e todas as demais que não firam o ordenamento jurídico pátrio.

(B) só se podem produzir aquelas expressamente previstas em lei.

(C) podem ser produzidas aquelas previstas em lei, mais as baseadas nos usos e costumes, exclusivamente.

(D) se ilícitas, geram efeitos se disponíveis aos direitos das partes.

(E) podem ser produzidas as previstas em lei, mais aquelas admitidas judicialmente em cada caso concreto, somente.

A: correta (CPC, art. 332); **B**, **C** e **E:** incorretas, considerando o exposto em "A"; **D:** incorreta, porque descabe a prova ilícita (CF, art. 5º, LVI).

Gabarito "A".

(Procurador do Município/Teresina-PI – 2010 – FCC) É INCORRETO afirmar:

(A) A existência e vigência das leis federais não precisam ser provadas pela parte, cabendo ao juiz conhecê-las.

(B) Os fatos notórios não dependem de prova.

(C) Fatos incontroversos não precisam ser provados.

(D) Podem ser aplicadas máximas de experiência à falta de normas jurídicas particulares.

(E) A ocorrência de presunção da existência de um fato não interfere na produção de sua prova.

A: correta. Conclusão *a contrario sensu* do art. 337 do CPC; **B:** correta (CPC, art. 334, I); **C:** correta (CPC, art. 334, II); **D:** correta. CPC, art. 335 (exemplo: em acidente de veículo, quem bate atrás é o responsável, pois, pelas regras de experiência, estava próximo / desatento / em alta velocidade); **E:** incorreta (CPC, art. 334, IV).

Gabarito "E".

(Procurador do Município/Teresina-PI – 2010 – FCC) A prova pericial:

(A) depende de pedido da parte, em princípio, mas pode ser determinada também pelo juiz, de ofício, se assim entender necessário.

(B) pode ser dispensada pelo juiz se ele próprio tiver os conhecimentos técnicos que seriam necessários.

(C) é realizada por perito que é considerado auxiliar do Judiciário, como também o são os assistentes técnicos das partes.

(D) destina-se ao juiz e não está sujeita ao contraditório.

(E) vincula o juiz, pois o perito é de sua confiança.

A: correta. O princípio do livre convencimento motivado permite ao juiz deferir a prova (CPC, art. 131); **B:** incorreta, pois outro juiz ou desembargador pode não ter referido conhecimento técnico; **C:** incorreta. Os assistentes técnicos das partes não são auxiliares do judiciário (o perito é auxiliar do juízo, cf. capítulo V, seção II do Livro I do CPC - art. 145); **D:** incorreta. Toda e qualquer prova está sujeita ao contraditório (CF, art. 5º, LV); **E:** incorreta. Tanto pelo livre convencimento quanto pelo art. 436 do CPC.

Gabarito "A".

(Advogado da União/AGU – CESPE – 2009) Com relação à disciplina das provas no CPC, julgue os itens a seguir.

(1) A regra geral da distribuição do ônus da prova é a de que cabe ao autor provar o fato constitutivo de seu direito, enquanto ao réu cabe provar a existência de fato impeditivo, modificativo ou extintivo do direito do autor. Contudo, em determinada hipótese, se o próprio réu contribuiu de forma definitiva para a comprovação do fato constitutivo do direito do autor, nada impede que o juiz julgue procedente o pedido deste último, visto que as regras de distribuição dos ônus da prova não determinam quem deve produzir a prova, mas apenas quem deve arcar com as consequências de sua não produção.

(2) No CPC, admite-se a prova emprestada, visto que não há proibição de meios que sejam legais e moralmente legítimos. Exige-se, por outro lado, que seja respeitado o contraditório, de modo que a prova emprestada deve ter sido produzida entre as partes envolvidas no novo processo, até porque vincula o juiz, nesse caso, à conclusão alcançada em processo anterior que tenha sido encerrado por sentença transitada em julgado.

1: correta. Quanto ao ônus, vide art. 333 e incisos, do CPC. Contudo, uma vez levada aos autos a prova, tem-se o princípio da comunhão, segundo o qual a prova será levada em conta pelo juiz, independentemente de quem a produziu; **2:** errada. A prova emprestada não vincula o juiz. Tem-se no Brasil o princípio do livre convencimento motivado, em que não há hierarquia entre as provas (CPC, art. 131).

Gabarito 1C, 2E

(Procurador do Estado/AC – FMP – 2012) Sobre a prova, marque a alternativa correta, considerando as assertivas abaixo.

I. No sistema brasileiro o juiz possui amplos poderes instrutórios.

II. O assistente técnico, como o perito, é auxiliar da justiça.

III. Aquele que atuou como advogado da parte na causa é suspeito para depor como testemunha.

(A) Apenas I e II estão corretas.

(B) Apenas II e III estão corretas.

(C) Apenas a II está correta.

(D) Apenas a I está correta.

I: correta. A legislação permite ao juiz deferir provas mesmo que as partes não pleiteiem (CPC, art. 130), pois no Brasil há o princípio do livre convencimento motivado (CPC, art. 131); **II:** incorreta. O assistente técnico auxilia a parte, é alguém escolhido pela parte, diferentemente do que ocorre com o perito (CPC, art. 421, § 1º, I); **III:** incorreta. O advogado que atuou em nome da parte é impedido, por se tratar de uma situação objetiva (CPC, art. 405, § 2º, III).

Gabarito "D".

(Procurador do Estado/GO – 2010) Quanto ao perito e à prova pericial, é CORRETO afirmar que:

(A) os peritos serão escolhidos necessariamente entre profissionais de nível universitário, devidamente inscritos no órgão de classe competente.

(B) os peritos não necessitam comprovar sua especialidade na matéria sobre a qual deverão opinar.

(C) as partes deverão contactar o perito para agendar o início da produção da prova pericial.

(D) as partes deverão indicar, no prazo de cinco dias contados da intimação do despacho de nomeação do perito, assistente técnico e apresentar quesitos.

(E) os assistentes técnicos oferecerão seus pareceres no prazo comum de dez dias, após a juntada do laudo pericial nos autos judiciais.

A: incorreta. Preferencialmente devem ter tais requisitos – mas, quando não houver na localidade profissionais com tal qualificação, a escolha é livre pelo juiz (CPC, art. 145, §§ 1º e 3º); **B:** incorreta. CPC, art. 145, § 1º; **C:** incorreta. O juiz ou perito é que indicarão a data do início dos trabalhos periciais (CPC, art. 431-A); **D:** correta (CPC, art. 421, § 1º); **E:** incorreta. O prazo é 10 dias, mas contado da intimação de que o laudo foi apresentado (CPC, art. 433, parágrafo único).

Gabarito "D".

(Procurador do Município/Manaus-AM – 2006 – FCC) As provas serão produzidas na audiência de instrução e julgamento nesta ordem:

(A) inquirição das testemunhas arroladas pelo autor e pelo réu; depoimento pessoal do autor e do réu; esclarecimentos dos peritos e assistentes técnicos.

(B) depoimento pessoal do autor e do réu; inquirição das testemunhas arroladas pelo autor e pelo réu; esclarecimentos dos peritos e assistentes técnicos.

(C) depoimento pessoal do réu e do autor; inquirição das testemunhas arroladas pelo réu e pelo autor; esclarecimentos dos peritos e assistentes técnicos.

(D) esclarecimentos dos peritos e assistentes técnicos; inquirição das testemunhas arroladas pelo autor e pelo réu; depoimento pessoal do autor e do réu.

(E) esclarecimentos dos peritos e assistentes técnicos; depoimento pessoal do autor e do réu; inquirição das testemunhas arroladas pelo autor e pelo réu.

E: CPC, art. 452.

Gabarito "E".

(Procurador do Município/Natal-RN – 2008 – CESPE) A disciplina legal das provas no CPC estabelece disposições gerais acerca da matéria. Considerando essa disciplina, assinale a opção correta.

(A) A confissão do administrador público quanto à culpa da administração pela falta do serviço torna desnecessária a produção de outras provas nesse sentido.

(B) Ao autor cabe provar a ausência de fato extintivo de seu direito, cabendo ao réu a prova dos fatos impeditivos e modificativos.

(C) Prevalece a convenção que desonera o autor de provar o fato constitutivo de seu direito, mesmo que isso imponha ao réu ônus excessivamente difícil.

(D) Se o fato alegado pela parte for de conhecimento geral da sociedade no tempo e no local em que a ação é proposta, não é necessária a prova de sua existência.

A: incorreta. Não há, no sistema processual brasileiro, hierarquia entre as provas, mas sim o livre convencimento (CPC, art. 131); **B:** correta (CPC, art. 333); **C:** incorreta (CPC, art. 333, parágrafo único, II); **D:** incorreta. O fato notório independe de prova (trata-se do fato de conhecimento dos litigantes).

Gabarito "D".

(Procurador do Município/São José dos Campos-SP – 2012 – VUNESP) O ônus da prova cabe ao:

(A) autor, quanto ao fato constitutivo de seu direito.

(B) autor, quanto à existência de fato impeditivo de seu direito.

(C) réu, quanto aos fatos notórios.

(D) autor, quando o fato é afirmado por uma parte e confessado pela outra.

(E) réu em cujo favor milita presunção legal.

A: correta (CPC, art. 333, I); **B:** incorreta. Isso compete ao réu (CPC, art. 333, II); **C:** incorreta. O fato notório independe de prova (CPC, art. 334, I); **D:** incorreta. Se há confissão, não há necessidade de prova (CPC, art. 334, II); **E:** incorreta. Também nessa hipótese desnecessária a prova (CPC, art. 334, IV).

Gabarito "A".

(Procurador do Município/Manaus-AM – 2006 – FCC) Prova testemunhal. Assinale, na folha de respostas, a alternativa que contém a afirmação correta em relação ao assunto indicado.

(A) Se o Juiz da causa for arrolado como testemunha, deverá obrigatoriamente declarar-se impedido, caso em que será defeso à parte que o incluiu no rol, desistir de seu depoimento.

(B) Se a testemunha não conhece o idioma nacional, pode o Juiz deixar de nomear intérprete para revelação do conteúdo do depoimento se conhecer o idioma estrangeiro falado pela mesma.

(C) Apresentada a contradita, se a testemunha negar os fatos que lhe são imputados a parte poderá provar a contradita com documentos ou com testemunhas, até três, cujo rol deverá ser apresentado no ato, que serão inquiridas em separado.

(D) Designada audiência de instrução em procedimento sumário o rol de testemunhas deverá ser apresentado pelas partes até 5 dias antes da audiência.

(E) Se a parte não se comprometer a levar à audiência a testemunha independentemente de intimação, ou se a testemunha for funcionário público ou militar, a intimação das testemunhas que tenham endereço certo será feita sempre por mandado.

A: incorreta. O que consta da resposta é uma das possibilidades; a outra, é que se o juiz nada souber, mandará excluir seu nome do rol (CPC, art. 409, I e II); **B:** incorreta. Ainda que o juiz conheça, deverá ser nomeado intérprete (CPC, art. 151, II) – a prova não é só para ele, mas para qualquer outro magistrado, que pode não conhecer a língua; **C:** correta (CPC, art. 414, § 1º); **D:** incorreta. No sumário, o rol deve ser apresentado na própria inicial ou contestação (CPC, arts. 276 e 278); **E:** incorreta. Tendo a testemunha endereço certo, cabe a intimação por correio (CPC, art. 412, § 3º).

Gabarito "C".

(Procurador do Estado/RS – FUNDATEC – 2010) Assinale a alternativa correta:

(A) A contradita de testemunha deve ser oferecida após a apresentação do rol de testemunhas pela parte contrária e até 24 horas antes da audiência, sob pena de preclusão.

(B) A contradita de testemunha não se mostra cabível caso possua a testemunha fé pública.

(C) A contradita de testemunha pode ser oferecida mesmo após a sua qualificação e prestação de compromisso, desde que o seu impedimento seja verificável e verificado apenas no curso do depoimento.

(D) O acolhimento da contradita de testemunha implica necessariamente a sua dispensa e a impossibilidade de prestar depoimento.

(E) Nenhuma das alternativas anteriores está correta.

A: incorreta. A contradita deve ser apresentada na própria audiência, antes da oitiva da testemunha (CPC, art. 414); **B:** incorreta. Pode haver a contradita de qualquer testemunha (CPC, art. 414, § 1º); **C:** correta, na linha do exposto em "A" – se a parte contrária apenas descobre, na qualificação, eventual vínculo entre a testemunha e a parte; **D:** incorreta. Há possibilidade de oitiva como informante (CPC, art. 405, § 4º); **E:** incorreta, considerando a "C".

Gabarito "C".

(Procurador – Banco Central – 2009 – CESPE) Proposta ação em determinado município, a parte ré invocou como fundamento de sua pretensão de provar fato modificativo do direito do autor norma vigente em outro município do mesmo estado. Nessa situação, assinale a opção correta.

(A) Seguindo a orientação resumida no brocardo *iura novit curia* (o juiz conhece o direito), não será necessária a qualquer das partes prova sobre matéria de direito.

(B) Constitui exceção à desnecessidade da prova de matéria de direito a alegação de direito estadual, municipal ou estrangeiro, hipótese em que sempre será necessária a prova da sua vigência.

(C) Caso o juiz não determine que a parte comprove a vigência da norma municipal invocada, não será necessária a produção desta.

(D) Tratando-se de norma vigente em município pertencente à mesma unidade da Federação em que o caso será julgado, não será necessária a prova da vigência.

(E) É ônus da parte contrária comprovar a existência ou derrogação da lei municipal invocada, se o juiz determinar ser necessária a prova da vigência.

A: correto (art. 337 do CPC); **B:** incorreto. A máxima *jura novit curia* se aplica igualmente às normas de direito estadual e municipal. Nesse sentido, tem-se o seguinte precedente, o qual serviu de base para a elaboração do informativo de nº 434 do STJ: AGRAVO REGIMENTAL NO RECURSO ESPECIAL. DIREITO PROCESSUAL CIVIL. APLICAÇÃO DE LEI ESTADUAL DE OFÍCIO. PRINCÍPIO *IURA NOVIT CURIA*. COMPROVAÇÃO DO TEOR. DESNECESSIDADE, SALVO DETERMINAÇÃO PELO MAGISTRADO. INCIDÊNCIA DO ARTIGO 337 DO CÓDIGO DE PROCESSO CIVIL. AGRAVO IMPROVIDO. 1. Não se arguindo a própria aplicação de legislação estadual no âmbito deste Tribunal Superior, mas, sim, a violação do artigo 337 do Código de Processo Civil, que determina que "A parte, que alegar direito municipal, estadual, estrangeiro ou consuetudinário, provar-lhe-á o teor e a vigência, se assim o determinar o juiz", não há falar na incidência do enunciado nº 280 da Súmula do Pretório Excelso. 2. "O princípio *jura novit curia* aplica-se inclusive às normas do direito estadual e municipal. A parte não está obrigada a provar o conteúdo ou a vigência de tal legislação salvo quando o juiz o determinar (CPC, art. 337)" (AgRgAgRgAg nº 698.172/SP, Relator Ministro Teori Albino Zavascki, in DJ 19/12/2005). 3. Agravo regimental improvido. (AgRg no REsp 1174310/DF, Rel. Ministro HAMILTON CARVALHIDO, PRIMEIRA TURMA, julgado em 11/05/2010, DJe 25/05/2010); **C:** correto, consoante descrito no comentário da assertiva anterior; **D:** incorreto. O juízo pode determinar que a parte que invocou o direito municipal faça prova de seu teor e vigência (art. 337 do CPC); **E:** incorreto. O ônus da prova de direito municipal, estadual, estrangeiro ou consuetudinário recai sobre a parte que o alega (art. 337 do CPC).

Gabarito "C".

(Advogado – PETROBRÁS – 2008 – CESGRANRIO) Com relação ao depoimento pessoal analise as seguintes afirmativas:

I. a sua finalidade é esclarecer fatos controvertidos da causa e provocar a confissão da parte;

II. em se ausentando a parte que deveria depor, aplica-se "pena de confesso" com presunção relativa;

III. pode ser prestado por procurador de pessoa física, desde que com poderes expressos para prestá-los;

IV. quando requerido por uma das partes, só poderá ser prestado em audiência de instrução e julgamento.

São verdadeiras **APENAS** as afirmativas

(A) I e III.

(B) I e IV.

(C) II e IV.

(D) I, II e III.

(E) II, III e IV.

I: correto. O depoimento pessoal é meio de prova através do qual o juiz, a requerimento de uma das partes, colhe o depoimento da outra a respeito de fato relevante para o desfecho da lide. Presta-se, igualmente, para que um dos litigantes logre comprovar determinado fato através da confissão de seu adversário; **II:** correto. Uma vez intimada para comparecer à audiência de instrução e julgamento, bem assim advertida sobre a pena de confissão, a parte tem o ônus de se fazer presente e de responder adequadamente às indagações que lhe forem dirigidas, sob pena de se reputarem verdadeiros os fatos deduzidos contra si (arts. 343, §1º e 345 do CPC). De qualquer forma, cuida-se de *presunção relativa*, daí por que a confissão deverá ser cotejada com os outros elementos de convicção carreados aos autos, tudo em homenagem ao princípio do livre convencimento motivado do juiz; **III:** incorreto. Embora o gabarito tenha assinalado como incorreta tal assertiva, cuida-se de matéria controvertida na doutrina, havendo autores que propendem pela admissibilidade do depoimento pessoal prestado por procurador de pessoa física, desde que o mesmo tenha poderes especiais para transigir, a considerar que tal meio de prova se destina primordialmente a obter a confissão da parte depoente. Corroborando o que ora se afirma, tem-se o ensinamento de Marcus Vinícius Rios Gonçalves: "Prevalece, entre nós, o entendimento de que o depoimento pessoal, ainda que de pessoa física, pode ser prestado por procurador, desde que tenha poderes especiais para transigir. Não basta a mera qualidade de preposto, sendo necessários os poderes especiais, já que a finalidade precípua do depoimento é tentar obter uma confissão. A questão, porém, é controversa, havendo respeitáveis opiniões no sentido de que, por ser ato personalíssimo, o depoimento da pessoa da pessoa física não pode ser delegado" (GONÇALVES, Marcus Vinícius Rios. *Novo Curso de Direito Processual Civil. Vol 1.* 8. edição. São Paulo: Saraiva, 2011, p. 462-463); IV: correto (art. 343, *caput*, do CPC).

Gabarito "B"

(Advogado – EPE – 2007 – CESGRANRIO) Fazem a mesma prova que os originais:

I. as reproduções dos documentos públicos, independente de autenticação por oficial público;

II. as cópias reprográficas de peças do próprio processo judicial declaradas autênticas pelo próprio advogado, sob sua responsabilidade pessoal, se não lhes for impugnada a autenticidade;

III. os extratos digitais de bancos de dados, públicos e privados, desde que atestado pelo seu emitente, sob as penas da lei, que as informações conferem com o que consta na origem;

IV. as reproduções digitalizadas de fotografias tiradas por fotógrafo devidamente credenciado junto ao Tribunal de origem.

Estão corretos os itens:

(A) I e II, somente.

(B) I e III, somente.

(C) II e III, somente.

(D) I, II e III, somente.

(E) II, III e IV, somente.

I: incorreto (art. 365, III, do CPC); **II:** correto (art. 365, IV, do CPC); **III:** correto (art. 365, V, do CPC); IV: incorreto (arts. 365, VI, e 385, §1º, do CPC).

Gabarito "C".

(Advogado – IRB – 2006 – ESAF) Assinale a opção <u>falsa</u> relativamente à prova no Direito Processual Civil.

(A) O dever de fundamentar as decisões constitui restrição ao princípio do livre convencimento do juiz.

(B) O CPC adota em matéria de prova o sistema dispositivo rígido.

(C) O dever de julgar com os elementos existentes nos autos constitui restrição ao princípio do livre convencimento do juiz.

(D) Havendo conflito entre as provas pericial e oral, prevalecerá a primeira.

(E) A recusa da parte em submeter-se ao exame judicial acarreta-lhe presunção desfavorável.

A e **C:** corretos. O princípio da publicidade se contrapõe ao princípio do livre convencimento indistinto, o qual, como cediço, pode render ensejo a julgamentos impregnados de arbitrariedade. A publicidade se erige como mecanismo de ciência e, por conseguinte, de controle das decisões judiciais, as quais devem explicitar, sob pena de nulidade, os fundamentos adotados (art. 93, IX, da CF); **B:** incorreto. O juiz, de acordo com seus poderes instrutórios, tem papel ativo – e não de mero espectador – quanto à realização, *de ofício*, das provas que reputar necessárias à instrução do feito, daí por que o CPC não adotou o princípio dispositivo rígido. Essa atividade probatória do juiz se dá com plenitude nos procedimentos de jurisdição voluntária e nas causas que versem sobre direitos indisponíveis. Cuida-se de aplicação no processo civil dos ditames da *verdade material* e *do princípio inquisitivo*, visto que o juiz, atento ao escopo de pacificação social do processo, bem assim à necessidade de outorga de um provimento jurisdicional justo e atrelado à realidade dos fatos, tem o poder-dever de ordenar a produção das provas imprescindíveis ao esclarecimento da controvérsia fixada, sobretudo quando a matéria não lhe parecer suficiente esclarecida (arts. 130 e 437 do CPC); **D:** a presente assertiva se afigura correta, sob a condição de que a prova do fato dependa de conhecimento técnico ou científico (art. 145 e 400, II, do CPC). Do contrário, o juízo não está adstrito ao laudo pericial (art. 436 do CPC), gozando de liberdade para avaliar as provas coligidas aos autos e assim forrar o seu convencimento, desde que fundamente sua decisão (art. 131 do CPC e art. 93, IX, da CF); **E:** correto. Em razão da regra contida no art. 340, II, do CPC, a parte tem o dever de se submeter ao exame judicial (também denominado *inspeção judicial, inspeção ocular* ou *reconhecimento judicial)*. Deixando de fazê-lo sem justo motivo, milita em desfavor da parte faltosa presunção de veracidade do fato que se pretenda comprovar por meio da inspeção judicial. De par com tal ensinamento: "A parte tem o *dever* de submeter-se à inspeção (art. 340, II, do CPC) [...]. Ainda quando a parte se recuse sem justo motivo à inspeção, não se pode constrangê-la à força a submeter-se a ela. Esse comportamento, no entanto, pode configurar-se resistência injustificada ao andamento do processo (art. 17, IV, CPC), além de poder se considerar um indício que fundamente a presunção judicial do fato que queria provar". (DIDIER JR. Fredie. **Curso de Direito Processual Civil**. Vol. II. 6. Edição. Salvador: Juspodivm, 2011, p. 262-263).

Gabarito "B".

(Advogado – BNDES – 2006 – CESGRANRIO) João ajuizou uma ação contra Manoel alegando que seu carro fora abalroado pelo carro do réu. Em contestação, Manoel afirma que a versão apresentada pelo autor não é verdadeira, e que o veículo de sua propriedade é que fora atingido pelo veículo do autor, verdadeiro causador do acidente. Sobre a hipótese narrada, indique a afirmação correta.

(A) Tendo em vista que o réu arguiu um fato negativo, ou seja, não ter batido no carro do autor, a lei desloca para o réu o ônus da prova.

(B) Tendo o réu arguido em sua defesa fato modificativo do direito do autor, desloca-se o ônus da prova para ele, réu.

(C) Apesar de o réu não ter arguido em sua defesa fato extintivo do direito do autor, caberá a ele, réu, a iniciativa de demonstrar a inverdade da versão autoral.

(D) Como o réu alegou em contestação fato modificativo do direito do autor, o fato constitutivo do direito de João tornou-se incontroverso.

(E) Como o réu contestou a ação negando veracidade à versão do autor, caberá ao autor o ônus probatório sobre a veracidade de sua versão.

E: correto. Se o autor alega que a culpa pelo sinistro deve ser imputada ao réu, compete ao próprio demandante a comprovação de tal fato, nos termos do art. 333, I, do CPC, enquanto fato constitutivo do seu direito. Cumpre ressaltar que o requerido impugnou a versão apresentada pelo requerente, de modo que o fato se tornou contro vertido, ao contrário do que restou afirmado na alternativa "D". Cuida-se de aplicação dos ditames da *teoria da carga estática do onus probandi*. No que tange às regras de distribuição do ônus da prova, explicitando a diferença havida entre as teorias da *carga dinâmica* e da *carga estática*, note-se trecho do judicioso voto proferido pelo E. Min. Herman Benjamin: "[...] Daí por que entendo que há que diferenciar entre a sistemática probatória que diz respeito à comprovação da fraude no equipamento e a comprovação da autoria. A primeira cabalmente se submete à regra insculpida no art. 333 e ss. do CPC, no qual o fato alegado cabe a quem alega, segundo a clássica *teoria estática da distribuição da prova*, há muito adotada pelo sistema processual vigente. Por outro lado, no que é pertinente à autoria da fraude, negada pelo consumidor, o sistema aceito excepcionalmente é o da *teoria da distribuição dinâmica do ônus da prova*, na qual o dever será atribuído a quem puder suportá-lo, retirando o peso da carga da prova de quem se encontra em evidente debilidade de suportar o ônus. Portanto, a distribuição será *a posteriori*, segundo a razoabilidade, de tal maneira que se evite a diabolização da prova - aquela entendida como impossível ou excessivamente difícil de ser produzida - como a prova de fato negativo. (REsp 1135661/RS, Rel. Ministro HERMAN BENJAMIN, SEGUNDA TURMA, julgado em 16/11/2010, DJe 04/02/2011) [grifos nossos].

Gabarito "E".

(Advogado – BNB – 2006 – ACEP) Assinale a alternativa **CORRETA**.

(A) A testemunha não é obrigada a depor de fatos que lhe acarretem grave dano, bem como a seu cônjuge e aos seus parentes consanguíneos ou afins em linha reta, ou na colateral em terceiro grau.

(B) É ilícito a parte provar com testemunhas, nos contratos em geral, os vícios do consentimento.

(C) Sendo estritamente necessário, o juiz ouvirá testemunhas impedidas ou suspeitas, e delas será obrigatoriamente tomado o compromisso.

(D) O juiz deferirá a inquirição de testemunhas sobre fatos já provados por documento ou confissão da parte.

(E) São inquiridos em sua residência, ou onde exercem sua função, os deputados estaduais.

A: incorreto, já que o grau de parentesco na linha colateral se estende até o segundo grau (art. 406, I, do CPC); **B:** incorreto (art. 404, II, do CPC); **C:** incorreto (art. 405, § 4º, do CPC); **D:** incorreto. O juiz indeferirá a prova testemunhal quando esta tenha por objeto a comprovação de fatos já provados por documento ou confissão da parte (art. 400, I, do CPC); **E:** correto (art. 411, VIII, do CPC).

Gabarito "E".

1.13. SENTENÇA. COISA JULGADA E AÇÃO RESCISÓRIA

(Procurador do Estado/BA – 2014 – CESPE) Julgue o seguinte item.

(1) Em razão do princípio *jura novit curia*, não há ofensa ao princípio da congruência caso o juiz decida a causa atribuindo aos fatos invocados na inicial consequências jurídicas não deduzidas na demanda.

1. Errada. A questão trata de importantes temas envolvendo a causa de pedir (CPC, art. 282, III). A causa de pedir é composta por fatos e fundamentos jurídicos. Os fundamentos jurídicos são a consequência jurídica pretendida, decorrentes dos fatos, e que desemboca no pedido. Não se deve confundir consequência jurídica com fundamento legal (artigo de lei). Também não se confunde consequência jurídica com qualificação jurídica (que é, por exemplo, o autor afirmar que a hipótese é de responsabilidade objetiva e o juiz entender que é responsabilidade subjetiva – sem, porém, alterar os fatos). Assim, a alteração da consequência jurídica importa em indevida alteração da causa de pedir, pelo juiz, de modo que a afirmação é errada.

Gabarito 1E

(Procurador do Estado/BA – 2014 – CESPE) Julgue o seguinte item.

(1) O valor da causa em ação rescisória deve corresponder ao da ação originária, corrigido monetariamente, e, na hipótese de discrepância entre o valor da causa originária e o benefício econômico buscado na rescisória, este deve prevalecer.

1. Correta. O valor da causa na AR não pode estar dissociado do valor da causa do processo originário. Assim, em regra, teremos apenas a atualização do valor monetário. Contudo, em algumas situações, o valor da causa na demanda originária mostrava-se muito baixo considerando a posterior condenação. Para isso, a jurisprudência começou a criar a exceção apontada no final do enunciado. É a posição constante do informativo 305/STJ: "AÇÃO RESCISÓRIA. VALOR. CAUSA. BENEFÍCIO ECONÔMICO PRETENDIDO. Em regra, o valor da causa, na ação rescisória, deve corresponder ao da ação originária, acrescido da devida correção monetária. Contudo há exceções, como na espécie, em que há manifesta incompatibilidade entre o valor atribuído à ação originária e o benefício econômico pretendido na rescisória, devendo prevalecer esse último". Pet 4.543-GO, Rel. Min. Humberto Gomes de Barros, julgada em 22/11/2006.

Gabarito 1C

(Procurador Federal – 2013 – CESPE) Julgue o seguinte item.

(1) A *actio nullitatis*, que é precipuamente declaratória, está sujeita a prazos de prescrição ou decadência, e a procedência do seu pedido reconhecendo a inexistência da sentença permite a simples repropositura da ação anterior naqueles casos em que a inexistência seja total.

1. Errada. A ação declaratória de nulidade (*querela nullitatis* ou *actio nullitatis*) não é sujeita a prazo prescricional, podendo ser reconhecida a inexistência da sentença a qualquer tempo. Nesse sentido: "(...) 4. A nulidade absoluta insanável é vício que, por sua gravidade, pode ser reconhecido mesmo após o trânsito em julgado, mediante simples ação declaratória de inexistência de relação jurídica (*querela nullitatis insanabilis*), não sujeita a prazo prescricional ou decadencial e fora das hipóteses taxativas do art. 485 do CPC (ação rescisória) (...)" (REsp 1199884/BA, Rel. Ministra ELIANA CALMON, SEGUNDA TURMA, julgado em 24/08/2010, DJe 08/09/2010).

Gabarito 1E

(Procurador Federal – 2013 – CESPE) Julgue o seguinte item.

(1) Não há litispendência quando duas ações idênticas tramitam em jurisdição diversa: a brasileira e a estrangeira. Nesse caso, correndo dois processos simultaneamente, valerá a sentença sobre cujo comando dispositivo primeiro recair a coisa julgada, e a sentença estrangeira não terá eficácia no Brasil senão depois de homologada pelo STJ.

1. Correta. Inexiste litispendência em causas nas quais há competência internacional concorrente (CPC, art. 90). E a decisão estrangeira somente terá eficácia após sua homologação pelo STJ (CPC, art. 483 c/c CF, art. 105, I, i). Mas, para que não haja divergência entre a sentença brasileira e estrangeira porventura existentes a respeito da mesma lide, o critério a se verificar é a formação da coisa julgada.

Gabarito 1C

(Procurador Federal – 2013 – CESPE) Julgue os próximos itens, relativos à ação rescisória.

(1) Nas respostas do réu, é admissível a reconvenção, que exige capítulo do julgado rescindendo favorável ao autor; entretanto, se não for observado o prazo bienal decadencial na apresentação da reconvenção, a inicial da reconvenção deverá ser indeferida liminarmente. Da decisão de indeferimento liminar da reconvenção caberá a interposição de agravo interno.

(2) A ação rescisória é incabível para impugnar decisões homologatórias de adjudicação e arrematação ou decisões oriundas da arbitragem, também não se prestando para atacar julgado proferido em ação direta de inconstitucionalidade ou em arguição de descumprimento de preceito fundamental pelo STF.

(3) Na ação rescisória, o réu, mesmo que seja a fazenda pública, terá de ser citado no prazo entre quinze e trinta dias para apresentar defesa, sob pena dos efeitos da revelia.

1. Correta. Todas as afirmações do enunciado são corretas: (i) cabe reconvenção na AR, (ii) desde que haja algo, na decisão rescindenda, passível de em tese ser rescindido pelo réu na AR (ou seja, sucumbência recíproca na decisão originária), (iii) também essa reconvenção sujeita ao prazo bienal do art. 495 do CPC e (iv) da decisão que indefere a reconvenção cabe agravo interno ou regimental. **2.** Correta. No caso das mencionadas decisões homologatórias, a medida é a ação anulatória (CPC, art. 486) e não a AR. Descabe, no controle concentrado, a utilização de AR (Lei 9.868/99, art. 26 e Lei 9.882/99, art. 12). **3.** Errada. Não há efeito da revelia contra a fazenda pública, por se tratar de direito indisponível (CPC, art. 320, II).

Gabarito 1C, 2C, 3E

(Procurador da Fazenda Nacional – 2003 – ESAF) A coisa julgada material

(A) está limitada ao dispositivo da sentença de mérito.

(B) abrange a fundamentação da sentença de mérito.

(C) é *erga omnes*.

(D) implica extinção do processo por carência da ação.

(E) impede o reexame do pedido, ainda que diversa a fundamentação fática.

A: correta. CPC, art. 469, a *contrario sensu*; **B:** incorreta (CPC, art. 469, I); **C:** incorreta. No CPC, é somente entre as partes (art. 472); **D:** incorreta. De fato acarreta a extinção, mas não se trata de uma das condições da ação (CPC, art. 269, V); **E:** incorreta. Se for outra causa de pedir, não há tríplice identidade (CPC, art. 301, §§ 1º e 2º - partes, causa de pedir e pedido), razão pela qual não existe coisa julgada.

Gabarito "A".

(Procurador do Estado/SC – 2009) Assinale a alternativa incorreta:

(A) O julgamento antecipado da lide se dá mediante decisão interlocutória.

(B) O juiz decide a lide nos limites em que foi proposta, conforme a delimitação constante do pedido.

(C) A sentença *ultra petita*, ao invés de ser integralmente anulada pelo tribunal, deve, por este, ser reduzida aos limites do pedido.

(D) Na audiência de instrução e julgamento também há lugar para a conciliação, antes de se iniciar a respectiva instrução.

(E) A inspeção judicial pode ser determinada de ofício pelo magistrado.

A: incorreta. Ao afastar a necessidade de prova, o juiz já profere sentença (CPC, art. 330); **B:** correta. CPC, art. 128 (princípio da congruência); **C:** correta, pois cabe a exclusão daquilo que foi julgado além do pedido (ou seja, em inobservância à congruência); **D:** correta. CPC, art. 448; **E:** correta. CPC, art. 440.

Gabarito "A".

(Procurador do Estado/PI – 2008 – CESPE) Acerca da sentença e da coisa julgada, assinale a opção correta.

(A) Os motivos de fato e de direito contidos na sentença, e a verdade desses fatos — estabelecida como motivo ou fundamentação na qual o juiz decide o pedido, proferindo um comando que deve ser obedecido pelos litigantes — tornam-se indiscutíveis e fazem coisa julgada material.

(B) A sentença proferida por juiz absolutamente incompetente, uma vez transitada em julgado e transcorrido o prazo para a rescisória, é válida e eficaz para todos os efeitos.

(C) O julgamento será *extra petita* quando o juiz deixar de examinar pretensões expressamente formuladas ou quando examinar causa de pedir diversa daquela deduzida na inicial. Tal vício pode ser corrigido pelo tribunal ad quem, desde que faça a devida adequação da sentença ao pedido do autor

(D) A sentença que cria, modifica ou extingue um estado ou relação jurídica produz efeitos retroativos à época em que se formou a relação jurídica reconhecida naquela decisão ou em que se modificou ou extinguiu a situação jurídica declarada.

(E) Proferida a sentença de mérito, o juiz fica impedido de praticar qualquer ato decisório no processo. No entanto, essa proibição não atinge as sentenças terminativas, em virtude da inexistência da autoridade da coisa julgada material.

A: incorreta. Só o dispositivo é coberto pela coisa julgada (CPC, art. 469, I e II); **B:** correta. CPC, art. 485, II, a *contrario sensu*; **C:** incorreta. Sentença *extra petita* é aquela que decide fora do que foi pedido (art. 460 do CPC). Se o juiz deixou de apreciar um pedido, a decisão é *infra petita*; **D:** incorreta. A sentença constitutiva tem eficácia *ex nunc*, ou seja, a nova situação não retroage; **E:** incorreta, pois não há impedimento ao juiz de emitir atos decisórios após a prolação da sentença de mérito (isso ocorre, por exemplo, com o recebimento e efeitos da apelação).

Gabarito "B"

(Procurador do Estado/PR – 2007) Gumercindo propôs ação contra Abílio, pleiteando a indenização dos danos materiais que sofreu em decorrência de acidente de trânsito. O pedido foi julgado improcedente, uma vez que não ficou demonstrada a culpa do réu. Após o trânsito em julgado de sentença, Gumercindo propôs ação contra Abílio, visando a indenização do dano moral decorrente do mesmo acidente. Sobre esta segunda ação, assinalar a alternativa correta.

(A) o processo deverá ser extinto sem julgamento do mérito, por força da coisa julgada material;

(B) o pedido deverá ser julgado improcedente, como consequência da sentença transitada em julgado no processo anterior;

(C) se o autor fizer prova da culpa do réu, o pedido deverá ser julgado procedente, pois isso não é obstado pela coisa julgada material que se formou em relação à sentença anterior;

(D) o pedido nela formulado deveria ter constado da petição inicial do processo anterior; como não constou, não pode ser formulado em outro processo;

(E) o pedido deve ser julgado improcedente, porque o dano moral só pode ser indenizado juntamente com o material.

Considerando que a coisa julgada só atinge o dispositivo e que não foi decidido quanto ao dano moral na ação anterior, cabe o novo debate (CPC, art. 469, I).

Gabarito "C".

(Procurador do Estado/PR – 2007) Fulano e Beltrano estavam no interior de um automóvel, que trafegava regularmente, quando foi colidido por um caminhão que, sem as devidas cautelas, cruzou um via preferencial. Fulano, que dirigia o automóvel, propôs ação indenizatória, que foi julgada procedente, tendo a sentença transitado em julgado. Nesse caso:

(A) se for proposta ação por Beltrano, visando a indenização que ele sofreu, por decorrência do mesmo acidente, a culpa do réu não poderá ser mais discutida, por força da coisa julgada material que se operou em relação à sentença proferida na ação proposta por Fulano.

(B) Beltrano poderá aproveitar a sentença proferida no processo da ação proposta por Fulano e, simplesmente, após promover a liquidação dos danos que sofreu, requer a respectiva execução.

(C) Na ação proposta por Beltrano, se o réu provar que não foi o culpado pelo acidente, a sentença poderá julgar o pedido improcedente, pois a tanto não impede a coisa julgada material formada no processo da ação proposta por Fulano.

(D) Se Beltrano propuser ação, contra o mesmo réu, visando a indenização dos danos que sofreu, como consequência do mesmo acidente, o processo deverá ser extinto sem julgamento do mérito, pela existência de coisa julgada material no processo de ação proposta por Fulano.

(E) Beltrano deveria ter proposto a sua ação de indenização juntamente com a de Beltrano; como não o fez, não poderá pleitear a indenização em ação futura.

A coisa julgada só atinge o dispositivo e só as partes entre as quais é dada (CPC, arts. 469 e 472 do CPC). Sendo assim, a nova ação não está vinculada a atingir o mesmo resultado que a anterior.

Gabarito "C".

(Procurador do Estado/PR – 2007) Faz coisa julgada material:

(A) o reconhecimento, pelo juiz, de que o autor era filho do *de cujus*, na ação em que se pleiteia participação na herança.

(B) o reconhecimento, pelo juiz, de que o autor estava em excesso de velocidade, na ação em que se pede indenização por acidente de trânsito.

(C) o reconhecimento, pelo juiz, de que não há litispendência, desde que tenha sido proposta ação declaratória incidental para tal fim.

(D) a narrativa dos eventos do processo, constante no relatório da sentença.

(E) a declaração de validade da relação contratual, no processo em que se cobra apenas uma das parcelas do preço estabelecido no contrato – desde que tenha sido proposta ação declaratória incidental relativamente a tal validade.

Somente faz coisa o dispositivo, que reflete o pedido. Questão prejudicial, verdade dos fatos e motivação não são cobertas pela coisa julgada. Se a parte propuser ação declaratória incidental, a questão prejudicial se transforma em principal e, assim, constará do dispositivo e será coberta pela coisa julgada (CPC, arts. 469 e 470 do CPC).

Gabarito "E".

(Procurador do Estado/RO – 2011 – FCC) NÃO haverá resolução de mérito, nos termos preconizados pelo Código de Processo Civil, quando:

(A) a ação for considerada intransmissível por disposição legal.

(B) as partes transigirem.

(C) o juiz pronunciar a decadência.

(D) o autor renunciar ao direito sobre que se funda a ação.

(E) o réu reconhecer a procedência do pedido.

A: correta (CPC, art. 267, IX); **B:** incorreta (CPC, art. 269, III); **C:** incorreta (CPC, art. 269, IV); D incorreta (CPC, art. 269, V); **E:** incorreta (CPC, art. 269, II).

Gabarito "A".

(Procurador do Município/Aracaju – 2008 – CESPE) Julgue os itens que se subseguem, acerca da sentença e da coisa julgada.

(1) A sentença terminativa que encerra o processo sem julgamento do mérito, por reconhecimento de litispendência, faz coisa julgada formal, por isso não impede o autor de renovar a propositura de idêntica ação.

(2) A coisa julgada pode ser conhecida de ofício em qualquer grau de jurisdição, e a sua violação enseja a propositura de ação rescisória.

1: errado. Apesar de inexistir coisa julgada material (por não ser sentença de mérito), a lei veda, nesse caso, a repropositura (CPC, art. 268); **2:** certo. (CPC, art. 267, V e § 3º e art. 485, IV).

Gabarito 1E, 2C

(Procurador do Município/Florianópolis-SC – 2010 – FEPESE) Assinale a alternativa **correta**.

(A) Publicada a sentença, o juiz não poderá alterá-la.

(B) Os fundamentos constituem requisito essencial da sentença, em que o juiz resolve as questões que as partes lhe submetem.

(C) Está sujeita ao duplo grau de jurisdição, não produzindo efeito senão depois de confirmada pelo tribunal, a sentença que julgar improcedentes os embargos à execução de dívida ativa da Fazenda Pública.

(D) A audiência será pública, inclusive nos processos que dizem respeito a casamento, filiação, alimentos e guarda de menores.

(E) Enquanto depuserem as partes e as testemunhas, os advogados não podem intervir ou apartear, salvo com licença do juiz.

A: Incorreta. CPC, art. 463 (contudo, o gabarito oficial apontou esta alternativa como correta); **B:** incorreta. isso se refere ao dispositivo (CPC, art. 458, III); **C:** incorreta, por ausência de previsão legal (não consta do art. 475 do CPC); **D:** incorreta, porque nesses casos a audiência ocorrerá às portas fechadas, por força da proteção da intimidade / segredo de justiça (CPC, art. 155); **E:** correta. CPC, art. 446, parágrafo único (contudo, o gabarito oficial, reitere-se, apontou a "A" como correta).

Gabarito Oficial "A"

(Procurador do Município/Teresina-PI – 2010 – FCC) A sentença:

(A) quando resolver o processo sem julgamento do mérito não necessita de fundamentação.

(B) é o momento processual em que o juiz age por sua livre convicção, mas adstrito a oferecer as razões de sua persuasão.

(C) deverá conter sempre relatório, fundamentação e parte dispositiva, nunca podendo o juiz decidir de forma concisa.

(D) é nula quando proferida *ultra petita*, isto é, além do pedido inicial.

(E) não pode condenar o vencido em juros moratórios se não forem pedidos pela parte vencedora.

A: incorreta. A fundamentação deve sempre existir, mas nesse caso poderá ser breve (CPC, art. 459 e CF, art. 93, IX); **B:** correta. Princípio do livre convencimento motivado (CPC, art. 131); **C:** incorreta. Correta quanto à estrutura (CPC, art. 458), mas incorreta quanto à concisão (vide comentário "A"); **D:** incorreta, porque a nulidade só atinge o que for além do pedido, não toda a sentença (CPC, art. 128); **E:** incorreta, porque os juros podem ser concedidos mesmo se não houver pedido (CPC, art. 293).

Gabarito "B"

(Procurador do Município/Teresina-PI – 2010 – FCC) A coisa julgada:

(A) só se forma quando o juiz julgar o mérito da causa.

(B) é formada pela fundamentação e pela parte dispositiva, em conjunto.

(C) uma vez formada, impede a revisão de questões que se protraiam no tempo, haja vista sua imutabilidade.

(D) é formal ou material; o princípio constitucional de sua proteção refere-se à segunda espécie.

(E) pode ser relativizada sempre que houver interesse da União ou do Estado membro da federação.

A: incorreta. Apesar de somente existir coisa julgada quanto a decisão de mérito, há necessidade de trânsito em julgado, o que o enunciado não aponta (CPC, art. 467) – além disso, há outra alternativa mais apropriada; **B:** incorreta. Apenas dispositivo (CPC, art. 469); **C:** incorreta. Existindo alteração na causa de pedir (o que usualmente ocorre em relações jurídicas continuativas, como a alimentar), é possível uma nova medida, para revistar o que antes foi estatuído (CPC, art. 471, I); **D:** correta, pois a coisa julgada formal atinge as sentenças terminativas (CPC, art. 267), quando se admite a repropositura (CPC, art. 268). Assim, a efetiva coisa julgada, com proteção constitucional, é a material (CPC, art. 467 e CF, art. 5º, XXXVI); **E:** incorreta. A relativização – não prevista na legislação – é admitida em situações excepcionais, especialmente em investigação de paternidade sem DNA e sentença indevida, em elevados valores, contra a Fazenda. Assim, não se trata apenas de interesse do Estado ou União.

Gabarito "D".

(Procurador do Estado/AC – FMP – 2012) Quanto à sentença, assinale a alternativa INCORRETA.

(A) O juiz poderá retratar a decisão que indeferiu a petição inicial desde que haja apelação do autor.

(B) A sentença é o ato que extingue o processo com ou sem julgamento de mérito.

(C) Pode o juiz, na sentença que ordena um fazer, impor multa coercitiva, ainda que não tenha sido requerida pelo autor.

(D) É definitiva a sentença que resolve o mérito.

A: correta. Em regra não pode o juiz retratar a sentença. Só é possível nos casos de indeferimento liminar (CPC, art. 296) e improcedência liminar (CPC, art. 285-A) da inicial; **B:** incorreta, devendo esta ser assinalada. Após a reforma de 2005, pelo CPC, só a sentença sem mérito é que extingue o processo – isso para permitir, desde logo e sem citação, o cumprimento de sentença (CPC, arts. 162, § 1º, 267 e 269); **C:** correta (CPC, art. 461, § 4º); **D:** correta. A sentença definitiva é que a aprecia o mérito (CPC, art. 269). A sentença terminativa é que a extingue o processo sem resolução de mérito (CPC, art. 167).

Gabarito "B"

(Procurador do Estado/GO – 2010) O Estado de Goiás ajuíza uma ação com pedido de reintegração de posse em desfavor de alguém que esbulhou área de domínio público. Quando os autos processuais estão conclusos para sentença, o réu cede seus direitos possessórios a um terceiro. Quanto ao andamento processual a partir dessa premissa hipotética, está CORRETA a seguinte proposição:

(A) A sentença terá efeitos sobre o cessionário, ainda que este não tenha participado da relação processual.

(B) Se tomar conhecimento da alienação dos direitos possessórios, o Estado de Goiás terá de propor novamente a demanda em face do cessionário, dando-lhe oportunidade de contestar.

(C) Tendo conhecimento de que a área foi cedida a um terceiro, o Estado de Goiás deverá promover-lhe a intimação, a fim de que assuma a posição do requerido.

(D) A sentença eventualmente desfavorável ao réu não poderá atingir o terceiro-adquirente, já que ele não participou da relação processual.

(E) O terceiro-adquirente, por ser o novo possuidor, poderá adentrar na relação processual em substituição ao réu originário, independentemente de consentimento do Estado de Goiás.

A: correta (CPC, art. 42, § 3º); **B:** incorreta. Caso contrário, essa seria uma forma de sempre impedir a eficácia de uma decisão judicial; **C:** incorreta. A cessão não altera a legitimidade (CPC, art. 42); **D:** incorreta, pela mesma fundamentação da alternativa "A"; **E:** incorreta. Somente se houver autorização do Estado, será possível o ingresso do cessionário no processo (CPC, art. 42, § 1º).

Gabarito "A".

(Procurador do Estado/RS – FUNDATEC – 2010) Assinale a alternativa correta:

(A) Tendo em vista os limites subjetivos da coisa julgada, terceiros que não participaram do processo não se sujeitam aos efeitos da sentença nele proferida, ainda que meramente reflexos.

(B) A eficácia preclusiva da coisa julgada determina que somente as questões efetivamente discutidas e debatidas no processo tornam-se imutáveis, ainda que não façam parte do dispositivo da sentença.

(C) Nas ações em que se discutem relações de trato continuado, a coisa julgada submete-se à regra *rebus sic stantibus*, ou seja, sobrevindo modificação no estado de fato em que proferida a sentença, pode-se discutir novamente as questões objeto da sentença transitada em julgado

(D) Por força da coisa julgada, os fatos reconhecidos como existentes em dada sentença não podem ser tidos por inexistentes em outro processo envolvendo as mesmas partes.

(E) As alternativas C e D estão corretas.

A: incorreta. Coisa julgada, que somente atinge as partes (CPC, art. 472), não se confunde com efeitos da sentença; **B:** incorreta. A eficácia preclusiva significa que, em relação a uma mesma causa de pedir, com a coisa julgada "reputar-se-ão deduzidas e repelidas todas as alegações e defesas, que a parte poderia opor assim ao acolhimento como à rejeição do pedido" (CPC, art. 474); **C:** correta. CPC, art. 471, I; **D:** incorreta. A coisa julgada não abrange a verdade dos fatos (CPC, art. 469, II); E) Incorreta, considerando o exposto em "D".

Gabarito "C".

(Procurador do Estado/RS – FUNDATEC – 2010) João e outros ingressaram com ação popular, alegando nulidades em concurso público realizado pela Assembleia Legislativa do Estado do Rio Grande do Sul. No polo passivo, incluíram tão somente o Deputado Estadual Presidente da Assembleia Legislativa. Foi proferida sentença de procedência, determinando a anulação do certame. Em sede de apelação, mostra-se correto arguir que:

(A) a sentença deve ser anulada por não ter havido a citação, como litisconsorte necessária, da pessoa jurídica de direito público ao qual o Presidente da Assembleia está vinculado, qual seja, o Estado do Rio Grande do Sul.

(B) a sentença deve ser anulada por não ter havido a citação, como litisconsorte necessária, da pessoa jurídica de direito público ao qual o Presidente da Assembleia está vinculado, qual seja, a Assembleia Legislativa.

(C) a sentença deve ser anulada por ilegitimidade passiva do Presidente da Assembleia Legislativa, sendo parte legítima tão somente o Estado do Rio Grande do Sul.

(D) a sentença deve ser anulada por ilegitimidade passiva do Presidente da Assembleia Legislativa, sendo parte legítima tão somente a Assembleia Legislativa.

(E) nenhuma das alternativas anteriores está correta.

Na ação popular, além do responsável pelo ato, deve figurar o ente público (art. 6º da L. 4.717/65). No caso, a legitimidade é do Estado que, em último grau, será o responsável pela contratação e pagamento. A Assembleia, diante de um caso concreto, pode ingressar em juízo por meio de sua mesa, mas não é ela a responsável pelo ato em si (vide, por exemplo, o disposto no art. 3º, IX da L. 11.417/06).

Gabarito "A".

(Procurador do Estado/SE – FCC – 2005) A sentença não poderá condenar o vencido, quando não houver pedido expresso da parte, em relação

(A) às despesas processuais.

(B) aos juros convencionais.

(C) aos juros moratórios.

(D) aos honorários advocatícios.

(E) à atualização monetária.

A: incorreta. Cabe condenação em honorários e custas mesmo sem pedido (CPC, art. 20); **B:** correta, pois não há previsão legal da concessão destes juros sem pedido; **C:** incorreta (CPC, art. 293); **D:** incorreta. Vide questão "A"; **E:** incorreta. A jurisprudência considerada que deve haver a inclusão correção considerando o previsto no art. 293 do CPC.

Gabarito "B".

(Procuradoria Distrital – 2007) Sobre o tema "ação rescisória", assinale a afirmativa correta.

(A) A sentença pode ser rescindida quando tiver sido proferida por juiz impedido ou absolutamente incompetente.

(B) O terceiro, mesmo que demonstre ser juridicamente interessado, não tem legitimidade para propor a ação.

(C) O prazo para resposta deve ser fixado, pelo relator, entre o mínimo de quinze e o máximo de trinta dias.

(D) Não cabe concessão de medida de natureza cautelar que impeça o cumprimento da sentença ou do acórdão rescindendo.

(E) O direito de propor ação rescisória extingue-se em dois anos, contados da publicação da decisão.

A: incorreta. Apesar de reproduzir exatamente o art. 485, II, do CPC, a alternativa foi marcada como incorreta – o que pode se justificar apenas pela ausência da menção à sentença "de mérito"; **B:** incorreta (CPC, art. 487, II); **C:** correta(CPC, art. 491); **D:** incorreta (CPC, art. 489); **E:** incorreta. O prazo é a partir do trânsito em julgado (CPC, art. 495).

Gabarito "C".

(Procurador do Estado/ES – 2008 – CESPE) Em relação à ação rescisória, julgue os itens seguintes.

(1) Impedimento, suspeição e incompetência do juiz são hipóteses de cabimento de ação rescisória. Em todos esses casos, autoriza-se a revisão da decisão proferida que se tornou imprestável em razão da atuação do juiz no processo em caso de violação a disposição expressa em lei.

(2) Uma sentença de mérito somente pode ser rescindida em razão de violação de norma de natureza material, não se admitindo rescisão em razão de violação de norma processual.

(3) Para que uma ação rescisória seja processada e julgada, exige-se a ocorrência de coisa julgada material sobre a sentença rescindenda e que o autor tenha utilizado todos os recursos admissíveis contra a sentença, antes de seu trânsito em julgado.

1: errado. O art. 485, II, do CPC só menciona impedimento e incompetência absoluta; **2:** errado. O art. 485, V, do CPC trata de violação a dispositivo de lei – não excluindo, portanto, normas de ordem processual; **3:** errado. Basta o trânsito, não sendo necessário o esgotamento dos meios recursais antes do trânsito (CPC, art. 485, *caput*) – isso é necessário para usar o recurso especial ou extraordinário.

Gabarito 1E, 2E, 3E

(Procurador do Estado/PE – CESPE – 2009) Acerca da ação rescisória, assinale a opção correta.

(A) A sentença transitada em julgado, resultante de colusão entre as partes, com o escopo de fraudar a lei não pode ser objeto de rescisória, haja vista a ausência do dolo específico.

(B) A ação rescisória por violação de súmula do STJ exige que esta tenha sido mencionada na decisão que se pretende rescindir.

(C) É admissível a ação rescisória quando um documento não utilizado, por ser desconhecido ou por não ter sido utilizado anteriormente, for relevante para alterar a concepção dos fatos envolvidos no litígio, ainda que não possua o condão de gerar resultado favorável ao autor da ação rescisória.

(D) A ação rescisória visa obter a anulação da coisa julgada material ou formal constituída sobre decisão judicial (sentença ou acórdão) transitada em julgado, permitindo, assim, a revisão do julgamento.

(E) A ação rescisória, tendo por finalidade elidir a coisa julgada, não é meio idôneo para desfazer decisões proferidas em processos de jurisdição graciosa, não suscetíveis de trânsito em julgado.

A: incorreta (CPC, art. 485, III); **B:** incorreta. Não é caso de AR violação de súmula (não consta do CPC, art. 485); **C:** incorreta. A prova nova que autoriza a rescisória é aquela que seria capaz, por si só, de assegurar um provimento favorável (CPC, art. 485, VII); **D:** incorreta. A AR busca desconstituir a coisa julgada material – não a formal (CPC, art. 485); **E:** correta (CPC, art. 1.111).

Gabarito "E".

(Procurador do Estado/GO – 2010) No direito brasileiro, o mecanismo rescisório tem a natureza de ação, instaurando um novo processo, no qual se busca a revisão de julgamento anterior, com sua substituição por outro ou, em alguns casos, apenas sua invalidação. Em relação à ação rescisória, está CORRETA a seguinte proposição:

(A) É cabível ação rescisória quando a sentença de mérito, transitada em julgado, houver fundado em erro de fato, resultante de atos ou de documentos da causa, desde que tenha havido controvérsia entre as partes e específico pronunciamento judicial sobre a Questão.

(B) Quando a ação rescisória fundar-se em prova falsa, há necessidade de ter sido arguida a falsidade no processo original ou de obter-se, previamente, sentença declarando a falsidade da prova.

(C) É aplicável a exigência de pré-questionamento, tal como posta para os recursos especial e extraordinário, quando a ação rescisória tiver por único fundamento a violação literal de disposição de lei.

(D) Admite-se a ação rescisória contra sentença de mérito transitada em julgado, ainda que contra ela não tenham sido interpostos todos os recursos possíveis.

(E) O depósito da importância correspondente a 5% sobre o valor da causa, que, a título de multa, reverte em favor da parte contrária, caso a ação seja declarada inadmissível ou improcedente, aplica-se à Fazenda Pública quando ela, como autora, ajuíza ação rescisória.

A: incorreta. No caso de rescisória fundada em erro de fato, não deve ter havido controvérsia ou manifestação sobre o fato (CPC, art. 485, IX, § 2º); **B:** incorreta. O CPC possibilita essa declaração na própria rescisória (CPC, art. 485, VI, parte final); **C:** incorreta. O prequestionamento é requisito apenas para os recursos para tribunais superiores (Súmulas 282/STF e 211/STJ); **D:** correta. O requisito para a ação rescisória é a existência de decisão transitada em julgado – tanto que o *caput*, do art. 485 do CPC fala em sentença; **E:** incorreta. A Fazenda não recolhe a multa de 5% (CPC, art. 488. parágrafo único).

Gabarito "D".

(Procurador do Estado/MT – FCC – 2011) A ação rescisória:

(A) é admissível contra sentença transitada em julgado ainda que contra ela não se tenha esgotado todos os recursos.

(B) não pode ter por objeto decisão interlocutória de mérito transitada em julgado.

(C) fundada em violação literal de dispositivo de lei exige prequestionamento da violação no processo originário.

(D) pode ser fundada em documento novo formado após o trânsito em julgado da decisão que se pretende rescindir.

(E) não pode ser proposta para rescindir sentença homologatória de transação celebrada pelas partes, em processo de jurisdição contenciosa, transitada em julgado.

A: correta. A ação rescisória depende de trânsito julgado e é cabível independentemente de interposição de apelação ou qualquer outro recurso - tanto que cabe rescisória de sentença (CPC, art. 485); **B:** incorreta. Questão polêmica, mas a jurisprudência vem admitindo ação rescisória de decisão interlocutória irrecorrida que aprecie questão de mérito (como, por exemplo, a que afasta prescrição). De qualquer forma, a questão "A" é, sem dúvidas, correta; **C:** incorreta. O que exige prequestionamento é o recurso especial (Súmula 282/STJ); **D:** incorreta. O documento novo que permite a rescisória é o que já existia, mas a parte não tinha ciência de sua existência (CPC, art. 485, VII); **E:** incorreta. CPC, art. 485, VIII.

Gabarito "A".

(Procurador do Estado/RS – FUNDATEC – 2010) Sentença de improcedência foi disponibilizada no diário eletrônico em 8 de outubro de 2009 (quinta-feira). No mesmo dia, o procurador do autor compareceu ao Cartório e obteve vista dos autos no balcão, o que restou certificado pelo escrivão. Interposta apelação pelo autor no dia 26 de outubro, não foi ela recebida pelo juiz, por intempestiva. Considerou o juiz ter transcorrido *in albis* o prazo recursal em 23 de outubro. Tendo agravado o autor da decisão judicial que dera pela intempestividade da apelação, ao agravo de instrumento foi negado provimento em 17 de março de 2010. O autor interpôs recurso especial da decisão, que veio a ser inadmitido na origem em 27 de maio de 2010. Interposto agravo da decisão, veio ele a ser desprovido, à unanimidade, em 7 de junho de 2011 (terça-feira). Pretendendo o autor ajuizar ação rescisória da sentença de primeiro grau, quando se iniciou a contagem do prazo de dois anos para fazê-lo?

(A) Do trânsito em julgado do acórdão do Superior Tribunal de Justiça que deu pelo desprovimento do agravo de instrumento contra a negativa de admissibilidade do recurso especial.

(B) Da data em que foi proferida a sentença de primeiro grau.

(C) Do trânsito em julgado da sentença de primeiro grau conforme considerado pelo juiz, ou seja, em 26 de outubro de 2009, tendo em vista a intempestividade do recurso de apelação.

(D) Da data em que decidiu o juiz de primeiro grau pela intempestividade do recurso de apelação.

(E) Nenhuma das alternativas anteriores está correta.

A questão busca avaliar o momento do trânsito em julgado, para fins de ajuizamento de ação rescisória. O tema é polêmico, mas a alternativa que constou do gabarito leva em conta a aplicação da súmula 401/STJ: "O prazo decadencial da ação rescisória só se inicia quando não for cabível qualquer recurso do último pronunciamento judicial".

Gabarito "A".

(Advogado da União/AGU – CESPE – 2012) O MP foi comunicado do proferimento de sentença em processo no qual as partes estariam em conluio para obter efeito vedado por lei. Após a análise dos autos e estando o MP ciente do trânsito em julgado da decisão, o *parquet* propôs ação rescisória, com o propósito de obter a rescisão da sentença e o novo julgamento da causa. Com base nessa situação hipotética, julgue os próximos itens.

(1) Em razão do vício apontado como fundamento da rescisória, não será possível ao tribunal julgar totalmente procedente o pedido, dada a inviabilidade do juízo rescisório.

(2) Não existe vício atinente à legitimidade do MP para propor a rescisória, até porque se trata de suposta colusão das partes.

1: correta. Não há possibilidade de novo julgamento, mas apenas da exclusão da decisão do mundo jurídico. **2:** correta. CPC, art. 487, III, b.

Gabarito 1C, 2C

(Advogado da União/AGU – CESPE – 2009) Acerca dos recursos e da ação rescisória previstos no CPC, julgue os itens que se seguem.

(1) No caso de julgamento realizado por órgão colegiado em sede de apelação, o crime de prevaricação cometido por um dos membros componentes desse órgão viciará o acórdão mesmo que o voto do citado membro tenha sido vencido, independentemente da interposição de embargos infringentes.

(2) Diz-se na doutrina que existe presunção da existência de repercussão geral nos recursos extraordinários, o que se comprova pela necessidade de quórum diferenciado para o não conhecimento do recurso com base na ausência de tal requisito e na dispensa da demonstração da sua presença na peça de interposição do recurso, cabendo ao recorrido demonstrar a ausência.

(3) Em regra, não existe contraditório nos embargos de declaração, uma vez que é recurso destinado a suprir omissão, obscuridade ou contradição da decisão recorrida. Parte majoritária da doutrina e da jurisprudência, entretanto, entende pela necessidade de intimação da outra parte para apresentação de contrarrazões, caso os embargos tenham sido interpostos visando a efeitos modificativos, também chamados infringentes.

1: errada. Nesse caso, o vício de um dos julgadores não foi capaz de influenciar no julgamento do recurso (CPC, art. 249, § 1º); **2:** errada, porque a repercussão geral só será presumida nos casos do § 3º do art. 543-A do CPC; **3:** correta, conforme entendimento jurisprudencial majoritário no STJ.

Gabarito 1E, 2E, 3C

(Procurador de Contas TCE/ES – CESPE – 2009) Marcos foi condenado, por sentença transitada em julgado, a restituir a outra pessoa veículo que, agora, se encontra na posse de terceiro. Por entender preenchido um dos requisitos necessários, Marcos ajuizou ação rescisória do julgado. Nessa situação hipotética,

(A) existe interesse de agir, pois a necessidade do provimento está *in re ipsa*.

(B) não há interesse de agir, uma vez que, diante do trânsito em julgado, não está presente a necessidade.

(C) está presente o interesse de agir, pois, apesar de não haver necessidade, há utilidade e adequação.

(D) não há interesse de agir, pois, em razão de o bem estar na posse de terceiro, não há utilidade da jurisdição.

(E) está presente o interesse de agir, pois, mesmo não havendo utilidade, estão presentes a necessidade e a adequação.

A: correta. "in re ipsa" significa que decorre "da própria coisa". No caso, se Marcos não está mais com o veículo, pode-se afirmar que há necessidade do provimento jurisdicional; **B:** incorreta, nos termos do acima exposto; **C:** incorreta, nos termos do exposto em "A"; **D** e **E:** incorretas, nos termos já expostos. A banca entendeu que o interesse de agir seria necessidade + adequação + utilidade do provimento jurisdicional. Cabe esclarecer que a maior parte da doutrina destaca que o interesse é a necessidade + adequação.

Gabarito "A".

(Procurador do Estado/PI – 2008 – CESPE) Em relação à ação rescisória, assinale a opção correta.

(A) Para que seja cabível ação rescisória com fundamento em erro de fato, é necessário, entre outros pressupostos, que o erro seja apurável independentemente da produção de novas provas e que, sobre o fato, não tenha havido controvérsia entre as partes nem pronunciamento judicial.

(B) Embora presentes os pressupostos necessários para o seu deferimento, não é admissível a antecipação de tutela em ação rescisória, sob pena de se afrontar a coisa julgada e de se desvirtuar a referida ação, tornando-a uma espécie de recurso.

(C) O ajuizamento da ação rescisória suspende a execução ou o cumprimento da sentença rescindenda. No entanto, essa sentença poderá ser objeto de execução provisória, desde que o exequente preste caução em caso de eventual desconstituição do título, para assegurar a reparação de danos ao executado, autor da rescisória.

(D) Em se tratando de ação rescisória, a demanda deve ser proposta contra todos os que participaram da ação originária, a ausência da citação de um dos litisconsortes acarreta a nulidade da ação e a revelia de qualquer um dos litisconsortes opera seus efeitos, dispensando o autor do ônus de provar o fato constitutivo da rescindibilidade.

(E) A ação rescisória constitui meio de impugnação da coisa julgada e tem por objetivo a apreciação da justiça e da correção da decisão rescindenda, bem como da interpretação dos fatos ou da valoração da prova que o juiz empregou para formar o seu juízo de convencimento.

A: correta (CPC, art. 485, IX, §§ 1º e 2º); **B:** incorreta (CPC, art. 489); **C:** incorreta. Somente se deferida liminar há suspensão da execução / cumprimento de sentença (CPC, art. 489); **D:** incorreta. Se houver contestação de um dos réus, não há presunção de veracidade (CPC, art. 320, I); **E:** incorreta. Não se trata da justiça da decisão, mas sim da presença de um dos requisitos objetivos constantes do art. 485 do CPC.

Gabarito "A".

(Procurador da Fazenda Nacional – 2004 – ESAF) Contra sentença que julgou parcialmente procedente o pedido, ambas as partes interpõem recurso de apelação. Passados três anos, o Tribunal não conhece do recurso interposto pela parte autora, por intempestivo, negando provimento ao recurso do réu para "confirmar" a sentença. O réu ainda interpõe recurso especial, não admitido, e agravo contra essa decisão, o qual deixou de ser conhecido pelo Superior Tribunal de Justiça por decisão monocrática do relator. Ajuíza a parte autora "ação rescisória" tão logo publicada a decisão e baixados os autos à vara de origem, ante a ausência de outros recursos. Postos assim os fatos, assinale a opção correta.

(A) Não deve a rescisória ter seu mérito apreciado, por haver se operado a decadência. Admite a jurisprudência prevalecente no Superior Tribunal de Justiça o chamado "trânsito em julgado em partes". Como o recurso da autora não foi conhecido por intempestivo, a decisão já havia transitado em julgado há mais de dois anos.

(B) Deve a rescisória ter o seu mérito apreciado. Prevalece no Superior Tribunal de Justiça o entendimento de que a decisão só transita em julgado após a apreciação do último recurso admissível interposto nos autos. Como a última decisão foi proferida pelo Superior Tribunal de Justiça, deve a rescisória ser ali ajuizada.

(C) Deve a rescisória ter o seu mérito apreciado. Prevalece no Superior Tribunal de Justiça o entendimento de que a decisão só transita em julgado após a apreciação do último recurso admissível interposto nos autos. Embora a última decisão tenha sido proferida pelo Superior Tribunal de Justiça, deve a rescisória ser ajuizada no Tribunal de origem, pois o agravo não teve o mérito apreciado.

(D) Deve a rescisória ter o seu mérito apreciado. Embora prevaleça no Superior Tribunal de Justiça o chamado "trânsito em julgado em partes", o fato de ter o recuso sido interposto intempestivamente não afeta a contagem do biênio decadencial, salvo comprovada má-fé, pois a apelação era o recurso adequado para atacar a decisão. Como a última decisão foi proferida pelo Superior Tribunal de Justiça, deve a rescisória ser ali ajuizada.

(E) Não deve a rescisória ter o seu mérito apreciado. Embora prevaleça no Superior Tribunal de Justiça o entendimento de que a decisão só transita em julgado após a apreciação do último recurso admissível interposto nos autos, na hipótese narrada a autora não esgotou as instâncias recursais, não podendo valer-se da rescisória como sucedâneo recursal.

A: incorreta. Súmula 401/STJ: O prazo decadencial da ação rescisória só se inicia quando não for cabível qualquer recurso do último pronunciamento judicial; **B:** incorreta. A primeira parte está correta, mas a competência para a AR é da última decisão quanto ao mérito da causa – e, no caso, não houve decisão de mérito no âmbito do STJ; **C:** correta. Considerando o exposto nos dois itens anteriores; **D:** incorreta. Além do já exposto acima, a intempestividade não envolveu o agravo (último recurso), mas sim a apelação; **E:** incorreta. Não há necessidade de esgotar as instâncias recursais (ainda caberia agravo regimental da decisão monocrática) para se valer da AR – isso acontece em relação ao RE e REsp.

Gabarito "C".

(Procurador do Município/Natal-RN – 2008 – CESPE) Carla ajuizou contra Jorge ação ordinária para pleitear a condenação deste ao pagamento de R$ 5.000,00, valor da cláusula penal devida pela inexecução de contrato firmado para compra e venda de safra futura, além das correspondentes perdas e danos que entendeu ter suportado. Jorge apresentou sua contestação, e, encerrada a instrução processual, foram os autos conclusos para sentença. Carla, antes de proferida a sentença, apresentou petição para requerer a exclusão do pedido atinente às perdas e danos, por entender que não conseguiu provar a ocorrência de prejuízo.

À luz do CPC, assinale a opção correta acerca dessa ação judicial hipotética.

(A) Não é possível a pretendida alteração do pedido de Carla, na fase processual dessa ação, uma vez que já ocorreu o saneamento do processo.

(B) A petição para requerer a exclusão do pedido referente a perdas e danos poderá ser deferida pelo juiz se houver expressa concordância de Jorge, uma vez que já houve a citação deste.

(C) Considerando que a alteração do pedido é favorável ao réu, o juiz deverá deferir o requerimento.

(D) Na fase processual descrita somente poderia ocorrer alteração na causa de pedir.

A: correta (CPC, art. 264); B a E) Incorretas, exatamente por força do dispositivo acima indicado.

Gabarito "A".

(Procurador da Fazenda Nacional – 2007.2 – ESAF) "A" ajuíza ação ordinária em face de "B" postulando a condenação do réu a cumprir uma cláusula contratual. Ao ser citado, "B" contesta o pedido e, ao mesmo tempo, questiona a validade do próprio contrato no qual a cláusula está inserida. Assinale a opção incorreta.

(A) As partes devem ser ativa e passivamente legitimadas à causa em que se discute a existência e inexistência da relação jurídica, tanto que deveriam sê-lo se a demanda de declaração fosse proposta em caráter autônomo e não incidental.

(B) Se o réu não apresentar ação declaratória incidental, devolve-se ao autor a faculdade de fazê-lo, tendo ele para tanto o prazo de dez dias a partir de quando seu defensor tiver sido intimado do teor da contestação apresentada pelo réu.

(C) Como causa proposta incidentemente a um processo já iniciado, a ação declaratória é da competência absoluta funcional do juiz desta, o qual está prevento.

(D) A ação declaratória incidental é privativa do processo de conhecimento, porque como se traduz em pedido de tutela jurisdicional mediante sentença, não teria como se acomodar no executivo, no monitório, na cautelar e no de jurisdição voluntária.

(E) Não se admite ação declaratória incidental no procedimento sumário, nos juizados especiais cíveis e nas ações possessórias, sendo que nesta última hipótese sob o argumento de que o pedido de declaração incidente colide com a expressão autorização de formular pedido contraposto.

A: correta (art. 3º do CPC); **B:** correta (art. 325 do CPC); **C:** correta (art. 109 do CPC); **D:** correta, pois somente é cabível ação declaratória incidental em processo de conhecimento porquanto há necessidade de prolação de uma sentença, incabível em outras modalidades de processo; **E:** incorreta, devendo estar ser assinalada. Na possessória não há a vedação, e não necessariamente há identidade com o pedido contraposto (arts. 280 e 922 do CPC e art. 31 da Lei 9.099/95).

Gabarito "E".

(Procurador do Estado/SC – 2010 – FEPESE) Conforme disposto no Código de Processo Civil, a sentença de mérito, transitada em julgado, pode ser rescindida, **exceto** quando:

(A) ofender a coisa julgada.

(B) violar literal disposição de lei.

(C) proferida por juiz suspeito ou absolutamente incompetente.

(D) fundada em erro de fato, resultante de atos ou de documentos da causa.

(E) se verificar que foi dada por prevaricação, concussão ou corrupção do juiz.

A: incorreta (CPC, art. 485, IV); **B:** incorreta (CPC, art. 485, V); **C:** correta. Não há previsão de rescisão por juiz suspeito, somente impedido (CPC, art. 485, II); **D:** incorreta (CPC, art. 485, IX); **E:** incorreta. CPC, art. 485, I.

Gabarito "C".

(Procurador do Município/Teresina-PI – 2010 – FCC) Assinale a alternativa INCORRETA.

(A) A hipoteca judiciária produzida pela sentença condenatória somente será inscrita após o seu trânsito em julgado.

(B) A sentença pode produzir os efeitos de uma vontade não exteriorizada, substituindo-a.

(C) O juiz pode agir de ofício na imposição de multa diária ao réu, para compeli-lo ao cumprimento de ordem judicial.

(D) Como regra, é possível executar provisoriamente a sentença, se recebido o recurso de apelação somente no efeito devolutivo.

(E) Mesmo de ofício o juiz pode alterar a sentença, em certas circunstâncias legalmente previstas.

A: incorreta, devendo estar ser assinalada. CPC, art. 466; **B:** correta (CPC, arts. 466-A, 466-B e 466-C); **C:** correta (CPC, art. 461, § 5º); **D:** correta (CPC, art. 521); **E:** correta (CPC, art. 463).

Gabarito "A".

(Procurador do Estado/PB – 2008 – CESPE) A respeito da sentença e da coisa julgada no processo civil, assinale a opção correta.

(A) A resolução de questão prejudicial, por ser motivo da fundamentação da sentença, não faz coisa julgada material, salvo quando o réu requer essa questão mediante reconvenção ou quando decidida incidentalmente no processo.

(B) Nas ações genéricas, o juiz poderá proferir, liminarmente, sentença com resolução de mérito julgando procedente ou improcedente a pretensão do autor sem a oitiva da parte ré, quando a causa proposta for idêntica a uma anteriormente julgada por aquele juízo, reproduzindo-se o teor da anteriormente prolatada.

(C) A sentença que dispõe sobre relação jurídica continuativa não faz coisa julgada material, podendo ser revista, a qualquer tempo, na mesma ação e no mesmo processo, integrando-se a sentença proferida à decisão anterior, em nova situação jurídica.

(D) Não estão sujeitas ao reexame necessário as sentenças proferidas contra a União, o estado, o DF, o município e as respectivas autarquias e fundações de direito público, quando a condenação, ou o direito controvertido, for de valor certo não excedente a sessenta salários mínimos, bem como no caso de procedência dos embargos do devedor na execução de dívida ativa do mesmo valor.

(E) A proibição de inovar veda ao juiz a prática de qualquer ato no processo depois da publicação da sentença; entretanto, quando verificada a ocorrência de nulidade da sentença proferida, poderá o juiz anulá-la e determinar o prosseguimento regular do processo.

A: incorreta. Há necessidade de decisão expressa, mediante propositura de declaratória incidental (CPC, arts. 469 e 470). Parte da doutrina também admite a reconvenção para essa finalidade; **B:** incorreta. Cabe decisão sem citação do réu somente no caso do art. 285-A do CPC; **C:** incorreta. Cabe a revisão, mediante nova ação, se surgir situação nova (CPC, art. 471, I); **D:** correta (CPC, art. 475, § 2º); **E:** incorreta. O juiz só pode alterar a sentença nos casos do art. 463 do CPC (e em alguns casos excepcionais de apelação – CPC, art. 295 e 285-A, § 1º).

Gabarito "D".

(Procurador da Fazenda Nacional – 2006 – ESAF) Julgada procedente em primeira instância (sentença), no todo ou em parte, a ação ordinária do contribuinte contra a União (Fazenda Nacional):

(A) a interposição de apelação pela União (Fazenda Nacional) torna desnecessário o "reexame necessário" ("reexame obrigatório", "remessa *ex officio*") da sentença pelo Tribunal.

(B) é indiferente a interposição de apelação, ou o conteúdo desta, pela União (Fazenda Nacional) ou a remessa do processo ao Tribunal por força do "reexame necessário" para fins de "prequestionamento", requisito próprio ao cabimento dos recursos de natureza extraordinária (recurso extraordinário e recurso especial), porque naquelas duas situações serão igualmente devolvidas ao Tribunal o conhecimento da matéria impugnada em primeira instância, inclusive as questões suscitadas e discutidas no processo ainda que a sentença não as tenha julgado por inteiro ("efeito devolutivo").

(C) o prazo para que o Procurador da Fazenda Nacional interponha apelação, na parte em que vencida a União (Fazenda Nacional), ou para contra-arrazoar (responder) a apelação do contribuinte-autor, conta-se em dobro face ao prazo ordinário do Código de Processo Civil, iniciando a contagem da respectiva intimação, por ordem do juízo competente, mediante publicação no órgão oficial.

(D) a recepção, pelo juiz da causa, da apelação interposta pelo contribuinte-autor, na parte em que julgada improcedente sua ação, no duplo efeito (suspensivo e devolutivo) não importa em manter ativa nesta mesma parte, até o julgamento pelo Tribunal, a tutela antecipada originalmente deferida em primeira instância.

(E) é possível a sua execução provisória mesmo que a apelação da União (Fazenda Nacional) tenha sido recebida no duplo efeito (suspensivo e devolutivo), e isto desde que seja prestado pelo exequente caução idônea e suficiente admitida pelo juiz da causa.

A: incorreta. Ainda que haja recurso voluntário da União (apelação), o reexame necessário também se aplicará. Ou seja, o TRF não está vinculado apenas às razões da apelação, podendo analisar tudo quanto foi decidido em 1º grau, no âmbito do reexame necessário; **B:** incorreta. Como visto na resposta anterior, parte da alternativa está correta. Contudo, não cabe falar em "reexame necessário para fins de prequestionamento" – essa finalidade pode ser atingida com os embargos declaratórios (a respeito, conferir Súmula 98/STJ); **C:** incorreta. O prazo em dobro é para recorrer, não para apresentar contrarrazões (CPC, art. 188). Ademais, a intimação é pessoal, não pela imprensa; **D:** correta. O entendimento majoritário é que a sentença substitui a decisão interlocutória que concedeu a antecipação de tutela (que, portanto, deixou de existir). Assim, o duplo efeito da apelação (proferida em juízo de cognição exauriente) não tem o condão de restabelecer a antecipação de tutela (proferida em juízo de cognição sumária), mas impede, por exemplo, eventual execução de honorários; **E:** incorreta. A execução provisória é cabível quanto o recurso de apelação é recebido somente no efeito devolutivo (CPC, art. 521).

Gabarito "D".

(Procurador da Fazenda Nacional – 2004 – ESAF) Sobre o instituto da coisa julgada não é correto afirmar:

(A) para a doutrina majoritária, inspirada nas lições de Liebman, coisa julgada é a qualidade que adquire a sentença após seu trânsito em julgado.

(B) a questão prejudicial decidida *incidenter tantum* jamais fará coisa julgada.

(C) segundo o Código de Processo Civil, a sentença faz coisa julgada às partes entre as quais é dada, não beneficiando, nem prejudicando terceiros, regra essa que não vale para o substituído na "substituição processual".

(D) chama-se "coisa julgada *secundum eventum litis*" o fenômeno segundo o qual uma decisão produzirá ou não autoridade de coisa julgada, conforme o resultado do processo.

(E) as "sentenças determinativas", quais sejam as que dispõem sobre uma relação jurídica continuativa, não atingem a autoridade de coisa julgada, podendo ser revistas, *rebus sic stantibus*.

A: correta. Para Liebman, a coisa julgada é a qualidade de imutabilidade e indiscutibilidade que adere à sentença de mérito, com o trânsito em julgado (vide exposição de motivos do CPC); **B:** correta. A questão prejudicial não pode produz coisa julgada (CPC, art. 469, III). Porém, se ela for decidida como questão principal (*principal iter*, mediante ação declaratória incidental), aí é coberta pela coisa julgada (CPC, art. 470); **C:** correta. CPC, arts. 472 e 6º; **D:** correta. Isso acontece, por exemplo, na ação civil pública, quando é possível a repropositura no caso de improcedência por falta de provas (L. 7.347/85, art. 16); E) Incorreta, devendo esta ser assinalada. Há a formação de coisa julgada – mas, conforme a alteração da situação fática, admite-se nova apreciação (CPC, art. 471, I). Contudo, parte da doutrina afirma que, nesses casos, de fato não há coisa julgada. Assim, foi gabaritada uma questão polêmica – mas que, considerando as demais alternativas corretas, deveria ser a assinalada.

Gabarito "E".

(Procurador do Estado/AC – FMP – 2012) Sobre as nulidades no processo civil, assinale a alternativa correta, considerando as assertivas:

I. Somente será possível a decretação de ofício de nulidade cominada.

II. É possível a sanação de nulidades em grau de recurso.

III. Será nulo o processo se o Ministério Público, intimado, não comparecer aos autos.

(A) Apenas a III está correta.

(B) Apenas a I está correta.

(C) Apenas a II está correta.

(D) Apenas I e III estão corretas.

Diante de uma nulidade, pode o juiz declará-la, em atenção ao princípio do devido processo legal. Além disso, o art. 245, parágrafo único do CPC não restringe a declaração de ofício às nulidades previstas (cominadas) em lei; **II:** correta. CPC, art. 515, § 4º; **III:** incorreta. Há nulidade se o MP não for intimado (CPC, art. 246).

Gabarito "C".

(Procurador do Estado/AC – FMP – 2012) Em relação ao reexame necessário, é correto afirmar que:

(A) é condição de eficácia da sentença proferida contra o Estado.

(B) não cabe em caso de procedência dos embargos de devedor ajuizados em execução fiscal.

(C) não haverá, caso o estado tenha apelado intempestivamente.

(D) caberá o reexame, quando a sentença estiver de acordo com a orientação do plenário do Superior Tribunal de Justiça.

A: correta. CPC, art. 475; **B:** incorreta. CPC, art. 475, II; **C:** incorreta. O reexame necessário não é recurso – e independe do recurso voluntário do Estado; **D:** incorreta. CPC, art. 475, § 3º.

Gabarito "A".

(Procurador do Estado/GO – 2010) A coisa julgada material é uma qualidade de que se reveste a sentença de cognição exauriente de mérito transitado em julgado, consistindo na imutabilidade do conteúdo do comando sentencial. A propósito desse assunto, é CORRETO afirmar:

(A) A sentença de mérito proferida no processo comum de conhecimento em que houve revelia não faz coisa julgada material.

(B) Na ação popular, a sentença de improcedência por falta ou insuficiência de provas faz coisa julgada material.

(C) Apesar de a sentença final no processo possessório fazer coisa julgada material, pode ser ajuizada outra ação, entre as mesmas partes, visando discutir a propriedade do bem objeto da primeira disputa.

(D) A verdade dos fatos, estabelecida como fundamento da sentença, faz coisa julgada material.

(E) O processo inválido, isto é, que contenha vícios porque não preenchidos os pressupostos de validade, impede que a sentença de mérito nele proferida seja acobertada pela coisa julgada material.

A: incorreta. Não há qualquer distinção legal em relação à coisa julgada no tocante à revelia; **B:** incorreta. Nessa situação, não há coisa julgada, sendo possível nova propositura diante de novas provas (L. 4717/65, art. 18); **C:** correta. No caso, as causas de pedir são distintas (entre a ação possessória [posse] e petitória [propriedade]), razão pela qual não há coisa julgada (CPC, art. 301, §§ 1º e 2º); **D:** incorreta. CPC, art. 469, II; **E:** incorreta. Pois, se não há recurso, ocorre o trânsito em julgado e forma-se a coisa julgada – tanto que é possível o ajuizamento de ação rescisória (CPC, art. 485, V).

Gabarito "C".

(Procurador do Estado/PR – UEL-COPS – 2011) Quanto à sentença liminar de improcedência do pedido, prevista no artigo 285-A do CPC, assinale a alternativa correta:

I. segundo a teoria da "causa madura", é possível haver sentença liminar de improcedência mesmo que a questão envolva matéria de fato, desde que toda a prova necessária já acompanhe a petição inicial.

II. configura mera irregularidade, que não compromete a validade do ato decisório, se o magistrado deixa de reproduzir sentença anteriormente proferida e se limita a mencionar a existência de sentença anterior de total improcedência do pedido.

III. interposta apelação contra a sentença, o réu será citado e, após a resposta, o juiz poderá exercer juízo de retratação.

IV. segundo entendimento do Superior Tribunal de Justiça, em razão dos princípios da celeridade e economia processuais, aplica-se tal preceito também às hipóteses de procedência do pedido.

Alternativas:

(A) estão corretas apenas as afirmações I e II;

(B) estão corretas apenas as afirmações II e III;

(C) está correta apenas a afirmação I;

(D) está correta apenas a afirmação IV;

(E) todas estão incorretas.

A teoria da causa madura permite ao tribunal julgar o mérito, se a sentença foi de extinção sem resolução de mérito, mas o processo está pronto para ser decidido (CPC, art. 515, § 3º). Ou seja, não é a hipótese constante do enunciado; **II:** incorreta. A improcedência liminar (CPC, art. 285-A) permite que o juiz julgue o segundo processo, que é semelhante ao anterior, desde que reproduza a sentença anterior; **III:** incorreta. Em regra, não existe possibilidade de retratação de sentença (CPC, art. 521). No caso de improcedência liminar, somente se o juiz não reconsiderar que o réu será citado (CPC, art. 285-A, § 1º); IV. Incorreta. Por força do contraditório e ampla defesa, só cabe a improcedência liminar.

Gabarito "E".

(Procurador do Município/Sorocaba-SP – 2012 – VUNESP) A Procuradoria do Município propõe ação ordinária perante o juízo competente. O juiz, ao despachar a inicial, tem convencimento firmado de que o pedido formulado na ação deve ser rejeitado. Em razão disto, sem determinar a citação do réu, extinguiu o processo com resolução de mérito, julgando improcedente a ação. Nessa condição,

(A) o juiz somente poderá agir dessa forma caso a questão a ser decidida seja unicamente de mérito e ele haja decidido da mesma forma em processos idênticos. Para tanto, deverá reproduzir na sentença o teor das decisões anteriores, sendo-lhe facultado o juízo de retratação no prazo de 5 (cinco) dias em caso de apelação.

(B) o juiz somente poderá agir dessa forma caso a questão a ser decidida seja unicamente de mérito e ele haja decidido da mesma forma em processos idênticos. Não está obrigado a reproduzir na sentença o teor das decisões anteriores, bastando que sua decisão seja motivada, sendo-lhe, contudo, facultado o juízo de retratação no prazo de 5 (cinco) dias em caso de apelação.

(C) o juiz somente poderá decidir dessa forma caso a questão seja unicamente de mérito e ele haja decidido da mesma forma em processos idênticos. Para tanto, deverá reproduzir na sentença o teor das decisões anteriores, sendo-lhe facultado o juízo de retratação no prazo de 5 (cinco) dias em caso de agravo de instrumento.

(D) o juiz somente poderá decidir dessa forma caso a questão seja unicamente de mérito e que haja decidido da mesma forma em processos idênticos. Para tanto, deverá reproduzir na sentença o teor das decisões anteriores, sendo-lhe facultado o juízo de retratação no prazo de 48 (quarenta e oito) horas, em caso de apelação.

(E) em nenhuma hipótese o juiz poderia agir dessa forma, pois a sentença fere o princípio constitucional do contraditório e da ampla defesa do réu.

A: correta. CPC, art. 285-A; **B:** incorreta. Deve reproduzir a mesma sentença de antes. CPC, art. 285-A; **C:** incorreta. Se é sentença, cabível apelação (CPC, art. 513); **D:** incorreta. Oposta à "A"; **E:** incorreta. O art. 285-A não foi declarado inconstitucional pelo STF – apesar de parte da doutrina assim entender.

Gabarito "A".

(Advogado – BNDES – 2010 – CESGRANRIO) João, qualificado nos autos, promoveu ação de procedimento ordinário com pedido por danos morais. Regularmente citado, o réu apresentou resposta, em tempo hábil. Após a devida instrução do processo, houve prolatação de sentença, julgando extinto esse processo, sem exame de mérito, por entender o magistrado que houve o preenchimento de uma das condições para o exercício do direito de ação. Foram apresentados embargos declaratórios, improvidos. Em seguida, houve apelação, que foi provida, determinando o retorno dos autos ao Juízo a quo para prolatação de sentença de mérito. Nesse contexto, é INCORRETO afirmar que:

(A) os Embargos de Declaração podem ter efeitos Infringentes.

(B) a sentença que não examina parte do pedido é *citra petita*.

(C) um dos elementos da sentença é a fundamentação, cuja ausência nulifica o ato.

(D) tendo sido a sentença atacada por recurso de apelação, poderia o órgão *ad quem* julgar o mérito, ultrapassando eventual nulidade, aplicando-se a teoria da causa madura.

(E) não pode ocorrer sentença de extinção do processo, após a produção de todas as provas, sem exame de mérito.

E: incorreto (art. 267, VI, do CPC). A alternativa afasta a *teoria da asserção* para agasalhar a *teoria do exame em concreto das condições da ação*. Todavia, a doutrina diverge bastante quanto à teoria que seria mais acertada. Cumpre esclarecer que toda ação demanda o preenchimento de algumas condições, as quais, acaso ausentes, implicam, dependendo do momento processual, a extinção do processo sem resolução de mérito por carência de ação ou – caso seja adotada a teoria da asserção, com resolução de mérito – desde que não verificadas pelo julgador quando do juízo de admissibilidade da prefacial. A respeito do assunto, confira-se o magistério de ilustre processualista paulista: "Grande discussão doutrinária grassa a respeito da forma pela qual o juiz deve verificar o preenchimento ou não das condições. Goza de grande prestígio entre nós a teoria da asserção, pela qual elas deveriam ser verificadas em abstrato, pelo que contém a petição, presumindo-se, momentaneamente, a que aquilo que dela consta é verdadeiro. O que fica provado depois, ao longo do processo e durante a instrução, é matéria de mérito. Assim, se alguém ajuíza ação de cobrança de uma dívida, aduzindo, na inicial, que ela está fundada em uma prestação de serviços, estarão preenchidas as condições da ação, ainda que mais tarde se apure que, na verdade, a dívida era oriunda de jogo de azar. Como a verdadeira origem do débito só foi apurada mais tarde, ao longo da instrução, e não figura na petição inicial, o julgamento será de mérito, devendo o juiz dar pela improcedência do pedido, e não pela carência de ação, por impossibilidade jurídica do pedido. Não nos parece que tenha sido acolhida entre nós a teoria da asserção. Ao contrário, as condições da ação devem ser examinadas não apenas pelo que consta da petição inicial, mas por tudo aquilo que foi trazido aos autos pelas partes. Assim, no exemplo anterior, se constatado que a dívida é de jogo, ainda que isso não figure na inicial, a sentença deverá ser de carência de ação, por impossibilidade jurídica do pedido, e não de improcedência. Essa nos parece a posição mais acertada [...]" (GONÇALVES, Marcus Vinícius Rios. *Novo Curso de Direito Processual Civil. Vol 1.* 8. edição. São Paulo: Saraiva, 2011, p. 100-101). De qualquer sorte, registre-se que há inúmeros precedentes da Corte Superior que propendem pela adoção da teoria da asserção, dos quais é exemplo o julgado a seguir ementado: PROCESSUAL CIVIL. EMBARGOS INFRINGENTES. ACÓRDÃO QUE, POR MAIORIA, ACOLHE PRELIMINAR DE ILEGITIMIDADE PASSIVA. CABIMENTO. [...] 3. *De acordo com a teoria da asserção se, na análise das condições da ação, o Juiz realizar cognição profunda sobre as alegações contidas na petição, após esgotados os meios probatórios, terá, na verdade, proferido juízo sobre o mérito da controvérsia. 4. A natureza da sentença, se processual ou de mérito, é definida por seu conteúdo e não pela mera qualificação ou nomen juris atribuído ao julgado, seja na fundamentação ou na parte dispositiva. Entendida como de mérito a decisão proferida, indiscutível o cabimento dos embargos infringentes.* 5. Recurso especial a que se dá provimento. (REsp 1157383/RS, Rel. Ministra NANCY ANDRIGHI, TERCEIRA TURMA, julgado em 14/08/2012, DJe 17/08/2012) [grifos nossos]. Sendo assim, a questão é polêmica, justo porque a alternativa tida como *incorreta* pelo gabarito pode, em verdade, ser considerada *correta*, se o candidato houver raciocinado segundo os ditames da teoria da asserção.

Gabarito "E".

(PROCURADOR – BANCO CENTRAL – 2009 – CESPE) O juiz julgou procedente pedido encaminhado por meio de ação civil pública contra empresa de exploração de petróleo e condenou a ré a desfazer as obras de instalação de oleoduto em área de proteção ambiental. Essa sentença foi objeto de recurso de apelação, no qual foi repelida a pretensão de reforma, sendo mantida integralmente a condenação pelo tribunal, após o que houve trânsito em julgado da decisão. Diante da situação hipotética, assinale a opção correta quanto ao cabimento de ação rescisória.

(A) Será rescindível a sentença se for comprovado que o juiz prolator era proprietário de terras nas proximidades da área em que seria construído o oleoduto, sendo suspeito por ser seu interesse que esse não fosse construído.

(B) Ainda que a ação tenha sido julgada por juiz diferente, se aquele que foi responsável por qualquer dos atos de instrução do feito estiver impedido por ser casado com uma das procuradoras nomeadas pela empresa para promover sua defesa no processo, será cabível a rescisória.

(C) Caso um dos desembargadores que participou do julgamento do recurso tenha oficiado no feito como representante do MP, seu impedimento será suficiente para justificar a rescisória, ainda que tenha proferido voto vencido.

(D) Se o juiz que tiver julgado a causa não for aquele que concluiu a audiência e se estiverem ausentes quaisquer das exceções legais à regra da identidade física, será o caso de rescisória fundada na incompetência absoluta do juiz prolator da sentença, ainda que por força de equiparação dos institutos envolvidos.

(E) Apurando-se que a ação foi proposta e julgada no domicílio do autor, quando deveria tê-lo sido no domicílio do réu, será o caso de rescisória fundada na incompetência relativa do juízo, pois terá sido violada norma expressa da lei processual.

A e **B:** incorretos. A suspeição do juiz não se afigura como hipótese de cabimento de ação rescisória; apenas o *impedimento* do magistrado dá ensejo à rescisão do julgado (art. 485, II, primeira parte, do CPC). De qualquer sorte, o juiz que proferiu sentença poderá determinar a repetição das provas colhidas por seu antecessor, se assim entender necessário (art. 132, parágrafo único, do CPC), hão havendo falar-se em nulidade automática dos atos de instrução praticados. Nesse sentido: PROCESSO CIVIL. CONTRATO DE COMPRA E VENDA DE COMBUSTÍVEIS. SUSPEIÇÃO DO JUIZ. ALEGAÇÃO. NULIDADE AUTOMÁTICA DOS ATOS DE INSTRUÇÃO. INEXISTÊNCIA. REVISÃO DE CONTRATOS. IMPOSSIBILIDADE. LITIGÂNCIA DE MÁ-FÉ. REVISÃO. IMPOSSIBILIDADE. VENDA DE COMBUSTÍVEL EM VOLUME MENOR QUE O CONTRATADO. PRONTA VERIFICAÇÃO. POSSIBILIDADE. DECADÊNCIA RECONHECIDA. [...] 2. *O fato de o juízo que presidiu a instrução do processo ter se declarado suspeito antes de proferir sentença não gera, de modo automático, a nulidade de todos os atos de instrução. Se o juiz que posteriormente assumiu a condução do processo não verifica a necessidade de repetição das provas, é possível corroborar os atos praticados por seu antecessor. O CPC traça uma diferença fundamental entre as hipóteses de impedimento e suspeição do juiz. As hipóteses de impedimento geram nulidade de pleno direito do ato praticado, possibilitando até mesmo o ajuizamento de ação rescisória para impugnação do ato judicial. As hipóteses de suspeição, contudo, não dão lugar a ação rescisória, de modo que, para serem reconhecidas, devem ser arguidas na forma do art. 304 do CPC, sob pena de preclusão.* [...] (REsp1330289/PR, Rel. Ministra NANCY ANDRIGHI, TERCEIRA TURMA, julgado em 14/08/2012, DJe 30/08/2012) [grifos nossos]; **C:** incorreto, já que o voto proferido pelo desembargador impedido não influenciou no julgamento da causa. Sendo assim, não se mostra útil o ajuizamento de ação rescisória. Ao menos, esse é o entendimento perfilhado por Alexandre Freitas Câmara: "No caso de ser impedido o juiz de primeiro grau, não se poderá rescindir a sentença por ele proferida se a mesma tiver sido substituída por acórdão prolatado em grau de recurso quando neste inexiste qualquer vício. *Do mesmo modo, tratando-se de julgamento colegiado, é preciso, para que se considere rescindível o provimento, que o magistrado impedido tenha proferido voto vencedor, não havendo interesse em rescindir o provimento se o juiz impedido proferiu voto vencido*" (FREITAS CÂMARA, Alexandre. *Ação rescisória*. Rio de Janeiro: Lumen Juris, 2007, p. 65); **D:** correto. O subprincípio da *identidade física do juiz* – oriundo do princípio da oralidade – determina a vinculação do magistrado que concluiu a audiência de instrução e julgamento ao julgamento do feito, quando colhida a prova oral. Por óbvio, cuida-se de princípio relativo, a considerar as exceções contidas no art. 132, *caput*, do CPC, das quais são exemplos a promoção, aposentadoria, licença ou afastamento do juiz atrelado ao processo. Todavia, uma vez que encerra hipótese de competência funcional – e, portanto, absoluta –, os impropérios cometidos em face do art. 132, *caput*, do CPC, acarretam a nulidade absoluta do julgado. Pelo exposto, reputa-se cabível a rescisória com fulcro no art. 485, V, do CPC. Confirmando tal entendimento: PROCESSO CIVIL. IDENTIDADE FÍSICA DO JUIZ. SE HOUVE PRODUÇÃO DE PROVA EM AUDIÊNCIA, O JUIZ QUE A PRESIDIU FICA VINCULADO, DEVENDO SENTENCIAR O FEITO, SALVO NAS HIPÓTESES PREVISTAS NO ART. 132 DO CPC. CUIDA-SE DE COMPETÊNCIA FUNCIONAL, DE CARÁTER ABSOLUTO. RECURSO CONHECIDO E PROVIDO. (REsp 56119/PE, Rel. Ministro WALDEMAR ZVEITER, TERCEIRA TURMA, julgado em 09/05/1995, DJ 04/09/1995, p. 27829); **E:** incorreto. Não cabe ação rescisória fundada em incompetência relativa; apenas em incompetência absoluta (art. 485, II, do CPC). Ademais, não oposta a exceção declinatória de foro pelo réu no prazo legal, opera-se a prorrogação da competência do juízo antes relativamente incompetente, não havendo cogitar-se, pois, de afronta a literal dispositivo de lei (art. 485, V, do CPC).

Gabarito "D".

(Advogado – PETROBRÁS – 2008 – CESGRANRIO) Quando da elaboração da petição inicial de uma ação rescisória, o advogado deve atender aos requisitos da petição inicial, previstos no art. 282 do Código de Processo Civil. Deverá atentar ainda aos requisitos específicos sobre ação rescisória, qual seja o de obrigatoriamente cumular ao pedido de rescisão o pedido de novo julgamento da causa, imediatamente após a rescisão do julgado,

(A) sempre que a ação tiver por fundamento violação de disposição literal da lei.

(B) quando o fundamento da ação for ofensa à coisa julgada.

(C) quando o fundamento da ação for corrupção do juiz original.

(D) quando o fundamento da ação for à alegação de ser o juiz absolutamente incompetente.

(E) quando o fundamento da ação for a ocorrência de juiz peitado.

A: Com efeito, *juízo rescindendo* corresponde ao pedido de desconstituição da decisão anterior, ao passo que o *juízo rescisório* condiz com o pedido de novo julgamento da causa, em substituição à decisão desconstituída. A arguição de violação de literal dispositivo de lei (art. 485, V, do CPC) é fundamento que permite o *iudicium rescissorium* na hipótese de o ataque ter sido cometido contra norma *substancial*, a exemplo de sentença *ultra* ou *extra* petita. Porém, se a afronta for a norma processual (ausência de intimação das partes para a audiência de instrução e julgamento), o Tribunal deverá rescindir o ato impugnado e remeter novamente os autos ao órgão jurisdicional originário, a fim de que prossiga a partir de tal ponto, designando nova audiência. Ao menos, assim se posiciona a doutrina de Alexandre Freitas Câmara (FREITAS CÂMARA, Alexandre. *Ação rescisória*. Rio de Janeiro: Lumen Juris, 2007, p. 209); **B:** incorreto. O Tribunal, ao acolher a alegação de ofensa à coisa julgada (art. 485, IV, do CPC), deverá, via de regra, determinar tão somente a extinção sem julgamento do mérito do processo onde se verificou o malferimento à *auctoritas rei iudicatae*. Do contrário, se o Tribunal decidisse novamente a lide, estabelecer-se-ia nova afronta à coisa julgada; **C, D** e **E:** incorretos. Em tais hipóteses, o Tribunal, salvo se ele mesmo for originariamente competente para a causa, determinará a remessa dos autos ao juízo competente – no caso de reconhecer que o órgão que proferiu a decisão rescindenda era absolutamente incompetente – ou ao juízo prevento, se o juiz de primeira instância era impedido ou cometeu o crime de corrupção. Observe-se que se o julgador impedido ou corrupto for membro do próprio colegiado, a Corte estará então autorizada a proceder ao novo julgamento da causa.

Gabarito "A".

(Advogado – EPE – 2007 – CESGRANRIO) As sentenças proferidas contra as fundações de direito público não estão sujeitas ao duplo grau de jurisdição quando a condenação não exceder a:

(A) 20 (vinte) salários mínimos.

(B) 40 (quarenta) salários mínimos.

(C) 60 (sessenta) salários mínimos.

(D) 80 (oitenta) salários mínimos.

(E) 100 (cem) salários mínimos.

A: correto. Essa foi a alternativa dada como acertada pelo gabarito. Nada obstante, a resposta correta encontra-se disponível na alternativa "C", nos termos do art. 475, § 2º, do CPC.

Gabarito "A".

(Advogado – PETROBRÁS TRANSP. – 2006 – CESGRANRIO) NÃO estará sujeita ao duplo grau obrigatório de jurisdição a sentença proferida contra (o):

(A) Município.

(B) Distrito Federal, quando a condenação for de valor certo equivalente a 80 (oitenta) salários mínimos.

(C) autarquia estadual.

(D) fundação de direito público.

(E) União, quando estiver fundada em Jurisprudência do plenário do Supremo Tribunal Federal.

E: correto (art. 475, § 3º, do CPC).

Gabarito "E".

(Advogado – IRB – 2006 – ESAF) A propósito de sentença, assinale a opção falsa.

(A) É absolutamente nula a sentença ilíquida quando foi formulado pedido certo pelo autor.

(B) O *jus superveniens* (CPC, art. 462) não se dirige apenas ao juiz de primeiro grau de jurisdição.

(C) O provimento judicial de mérito deve ser certo, ainda que ilíquido, assim compreendida também a relação jurídica de direito material pendente de condição.

(D) Não deve o tribunal declarar a nulidade de sentença não embargada omissa a respeito de um dos pedidos cumulados.

(E) No caso de julgamento *ultra petita* a nulidade pode deixar de ser declarada quando a sentença puder ser decotada na instância revisora.

A: incorreto. Consoante se depreende do enunciado contido no verbete sumular de nº 318 do STJ, cuida-se de *nulidade relativa*, eis que compete ao autor, desde que lhe advenha prejuízo, arguir o vício atinente à iliquidez do título judicial, a despeito da formulação de pedido certo e determinado. Confira-se a redação de interessante julgado do STJ, o qual minudencia a questão: "PROCESSO CIVIL. SENTENÇA ILÍQUIDA. PEDIDO CERTO. '"ART. 459, PARÁGRAFO ÚNICO, CPC'". NULIDADE RELATIVA CUJA SUSCITAÇÃO SOMENTE AO AUTOR INCUMBE. INTERPRETAÇÃO TELEOLÓGICA. ÔNUS DA SUCUMBÊNCIA.RECURSO DESACOLHIDO. I - Tendo o autor formulado pedido certo na ação de cobrança e vindo ele a obter sentença que o remete à liquidação, para a aferição do "quantum" da condenação, somente a ele assiste interesse recursal para suscitar a nulidade da sentença, de caráter relativo, uma vez que nenhum prejuízo advém para o réu. II - Construção afinada com os fins teleológicos do processo, e com a instrumentalidade deste tem entendido que não se deve decretar a nulidade da sentença na hipótese contemplada no parágrafo único do art. 459, CPC, uma vez que a mesma retardaria a prestação jurisdicional, contrariando o princípio da celeridade, principal objetivo da norma. [...] (REsp 145246/SP, Rel. Ministro SÁLVIO DE FIGUEIREDO TEIXEIRA, QUARTA TURMA, julgado em 18/08/1998, DJ 03/11/1998, p. 149); **B:** correto. Do art. 462 do CPC dimana regra que impõe ao magistrado decidir conforme a matéria de fato existente *à época do julgamento da lide*, e não do ajuizamento da demanda. Logo, cuida-se de exceção à estabilização objetiva do processo, a qual se opera com a citação válida. De qualquer forma, o direito superveniente deve ser tomado em apreço pelo julgador no momento de decidir a causa, seja nas instâncias ordinárias (juiz e tribunal de apelação), seja na extraordinária, desde que a questão tenha sido devidamente prequestionada. Demonstrando o que ora se afirma, notem-se os arestos a seguir: ADMINISTRATIVO. PROCESSUAL CIVIL. AGRAVO REGIMENTAL NO AGRAVO DE INSTRUMENTO. EX-COMBATENTE. APLICAÇÃO DO ART. 462 DO CPC. JULGAMENTO *EXTRA PETITA*. NÃO OCORRÊNCIA. AGRAVO NÃO PROVIDO. [...] 2. "Nas instâncias ordinárias cabe ao magistrado, no momento de proferir a sentença, tomar em consideração, de ofício ou a requerimento da parte, a superveniência de lei nova (*jus superveniens*), nos termos do art. 462 do CPC. Nestes casos, não há que se cogitar de julgamento extra petita" (REsp 1.070.788/BA, Rel. Min. MAURO CAMPBELL MARQUES, Segunda Turma, DJe 28/9/10). [...] 4. Agravo regimental não provido. (AgRg no Ag 1330124/SP, Rel. Ministro ARNALDO ESTEVES LIMA, PRIMEIRA TURMA, julgado em 17/05/2012, DJe 23/05/2012). No mesmo sentido: TRIBUTÁRIO. PROCESSUAL. DIREITO SUPERVENIENTE. ART. 462, DO CPC. LEI ESTADUAL. SEDE RECURSAL. POSSIBILIDADE. ICMS. CREDITAMENTO. REDUÇÃO DA BASE DE CÁLCULO. "CESTA BÁSICA". 1. A *ratio* do art. 462, do CPC, tutela o princípio de que a sentença deve refletir o estado de fato no momento do julgamento da ação e não da sua propositura. Daí deve-se admitir que novos fatos sejam levados em conta pelo Julgador quando do proferimento da sentença. Precedentes: REsp 1090165/SP, Rel. Ministro ARNALDO ESTEVES LIMA, DJe 02/08/2010; EDcl no REsp 487784/DF, Rel. Ministro PAULO GALLOTTI, DJe 30/06/2008; REsp 887378/SP, Rel. Ministra NANCY ANDRIGHI, DJ 17/09/2007). 2. A jurisprudência desta Corte Superior tem admitido a apreciação do fato ou direito que possa influir no julgamento da lide, ainda que em instância extraordinária, desde que não importe a alteração do pedido ou da causa de pedir, porquanto a análise do *jus superveniens* pode ocorrer até a prolação da decisão final, inclusive na instância extraordinária, desde que atendido o inarredável requisito do prequestionamento. Precedentes: Precedentes do STJ: AgRg no REsp 989.026/ES, Rel. Ministra Eliana Calmon, Segunda Turma, julgado em 16.12.2008, DJe 17.02.2009; REsp 907.236/CE, Rel. Ministro Luiz Fux, Primeira Turma, julgado em 06.11.2008, DJe 01.12.2008; REsp 710.081/SP, Rel. Ministro Luiz Fux, Primeira Turma, julgado em 14.03.2006, DJ 27.03.2006; REsp 614.771/DF, Rel. Ministra Denise Arruda, Primeira Turma, julgado em 13.12.2005, DJ 01.02.2006; REsp 688.151/MG, Rel. Ministra Nancy Andrighi,

Terceira Turma, julgado em 07.04.2005, DJ 08.08.2005. [...] (REsp 1109048/PR, Rel. Ministro LUIZ FUX, PRIMEIRA TURMA, julgado em 16/11/2010, DJe 14/12/2010); **C:** correto (arts. 459, parágrafo único, e 460, parágrafo único, do CPC); **D** e **E:** corretos. Por influxo dos princípios da *correlação*, da *congruência*, ou da *adstrição*, o juízo, na sentença, deve se cingir ao pedido e à causa de pedir, sob pena de julgamento *citra*, *ultra* ou *extra petita*. O juiz não pode inovar ou ampliar os limites objetivos da lide, devendo decidir a lide nos limites em que foi proposta, sob pena de afronta aos princípios da ampla defesa, do contraditório e ao princípio dispositivo. Prevalecem os seguintes posicionamentos quanto aos vícios intrínsecos da sentença: a) a decisão *infra* ou *citra petita* pode ser corrigida com a oposição de embargos de declaração, de forma que o próprio órgão prolator da decisão poderá remediar a omissão; b) interposto e admitido o recurso de apelação, a sentença *extra petita* deve ser anulada pelo tribunal, a fim de que os autos sejam remetidos ao órgão *a quo* para prolação de nova sentença, não havendo cogitar-se de substituição da referida decisão. A sentença *extra petita*, em razão de ofensa aos princípios constitucionais e processuais referidos, mesmo que sem oposição do réu, é nula; c) interposto e admitido o recurso de apelação, a sentença *ultra petita* pode ser corrigida pelo tribunal, mediante simples redução da parte que sobejou ao pedido formulado, sem necessidade de regresso dos autos à origem; d) quanto à sentença *infra* ou *citra petita*, se, a despeito de opostos os declaratórios, o órgão prolator da decisão não suprir a omissão, a parte prejudicada poderá apelar ao tribunal, a fim de que este supra o respectivo vício, sem necessidade de retorno dos autos à origem, com base no art. 515, §3º, do CPC. Nesse diapasão: "A omissão da sentença, se não suprida pelos embargos, poderá ensejar sua nulidade. À parte que não embargou caberá apelar para anulá-la. Mas, se todos os elementos já estiverem nos autos, poderá o tribunal apreciar aquilo que foi omitido pela instância inferior (CPC, art. 515, §3º), sem precisar anular o julgado" (GONÇALVES, Marcus Vinícius Rios. *Novo Curso de Direito Processual Civil. Vol 2*. 7. edição. São Paulo: Saraiva, 2011, p. 143).

Gabarito "A".

(Advogado – ELETROBRÁS – 2006 – NCE/UFRJ) A ação rescisória:

(A) não suspende a execução da sentença rescindenda;

(B) suspende a execução da sentença rescindenda;

(C) suspende a execução da sentença rescindenda com o depósito em caução de 5% (cinco por cento) do valor atribuído à causa;

(D) suspende a execução da sentença rescindenda após a citação válida de todos os réus;

(E) suspende a execução da sentença rescindenda se assim determinado pelo relator.

E: correto (art. 489 do CPC).

Gabarito "E".

(Advogado – EMBRAPA – 2005 – CESPE) Considere que, em determinada ação, a decisão de mérito proferida pelo juiz ofendia coisa julgada em outro processo. A decisão em epígrafe também transitou em julgado em março de 2005. Ocorre que o juízo rejeitou a preliminar em que foi suscitada a coisa julgada. Em face dessas considerações, julgue os itens a seguir.

(1) No caso considerado, já não é cabível recurso ordinário ou extraordinário contra a decisão que ofendeu a coisa julgada, nem caberá a rescisória, uma vez que esta já foi suscitada e rejeitada no processo.

(2) Não há que falar em decadência em relação à rescisória, uma vez que o prazo é de dois anos.

(3) Proposta a ação rescisória, deve o juiz suspender a execução da sentença rescindenda, evitando, assim, decisão contraditória.

1: errado. A premissa se revela equivocada, de vez que a sentença proferida desafia apelação, a qual tem natureza jurídica de recurso ordinário (art. 513 do CPC). Além disso, cumpre esclarecer que a ação rescisória é, por essência, demanda autônoma de impugnação (assim como o mandado de segurança contra ato judicial e os embargos de terceiro), com requisitos bem definidos, quais sejam: 1) sentença ou acórdão de mérito (embora se admita ação rescisória contra as interlocutórias de mérito); 2) transitado em julgado; 3) revestido de coisa julgada material; e 4) preenchimento de uma das hipóteses de cabimento previstas taxativamente no art. 485 do CPC. O escopo de tal demanda é desconstituir a sentença de mérito já transitada em julgado. *Sendo assim, para efeitos de admissibilidade da rescisória, por força da dicção do art. 485 do CPC, não se exige que a decisão transitada em julgado tenha sido impugnada mediante recurso* (Súmula 514 do STF). Portanto, a ação rescisória, atendidos os requisitos adrede apontados, tem cabimento com arrimo no art. 485, IV, do CPC; **2:** correto (art. 495 do CPC); **3:** errado (art. 489 do CPC).

Gabarito 1E, 2C, 3E.

(Advogado – INFRAERO – 2004 – NCE/UFRJ) Na atual redação do art. 475, do Código de Processo Civil, descabe o duplo grau necessário de jurisdição:

(A) quando for julgado procedente o pedido em ação cognitiva proposta em face da União Federal;

(B) no caso de procedência de embargos opostos à execução fiscal;

(C) quando sucumbente autarquia federal;

(D) no caso de decisão fundada em súmula do Supremo Tribunal Federal;

(E) quando a condenação for superior a sessenta salários mínimos.

A, **B** e **E:** incorretos (art. 475, § 2º, do CPC); **C:** incorreto (art. 475, I, do CPC); **D:** correto (art. 475, § 3º, do CPC).

Gabarito "D".

(Advogado – BNDES – 2001 – VUNESP) Quanto à ação rescisória, pode-se afirmar que:

(A) o prazo para a sua propositura é decadencial de 2 (dois) anos, contados da prolação da sentença.

(B) o levantamento do depósito de 5% (cinco por cento) sobre o valor da causa, a título de multa, não deve ser deferido à parte ré, ainda que vencedora em ação rescisória julgada improcedente por unanimidade, pois dependerá da verificação de prejuízo concreto.

(C) documento novo, para a sua propositura, é qualquer documento constituído após a sentença rescindenda.

(D) se o acórdão fixar a indenização por dano moral em valores exorbitantes, desprezando a solução aceita na sentença, que determinara a apuração do valor do dano moral em liquidação de sentença por arbitramento, não há que se falar em violar literal disposição de lei, conforme preconizado pelo Código de Processo Civil;

(E) proposta a ação no prazo fixado para o seu exercício, a demora na citação, por motivos inerentes ao mecanismo da Justiça, não justifica o acolhimento da arguição de decadência.

A: incorreto. O prazo bienal se conta do trânsito em julgado da decisão definitiva (art. 495 do CPC); **B:** incorreto (arts. 488, II, e 494 do CPC); **C:** incorreto. Se o documento não foi carreado aos autos da ação originária por desídia da parte ou de seu patrono, a rescisória não tem cabimento. Nesse sentido, eis julgado proveniente do STJ: Processual civil. Ação rescisória. CPC, art. 485, VII. Documento novo. Qualificação. I - O documento novo que se presta para embasar ação rescisória, nos termos do artigo 485, VII, do CPC, é aquele que tem aptidão, por si só, de garantir um pronunciamento judicial favorável. II - Não pode ser considerado documento novo, aquele produzido após o trânsito em julgado do acórdão rescindendo. III - *Desqualifica-se como documento novo o que não foi produzido na ação principal por desídia da parte.* IV - Agravo regimental desprovido. (AgRg no Ag 569546/RS, Rel. Ministro ANTÔNIO DE PÁDUA RIBEIRO, TERCEIRA TURMA, julgado em 24/08/2004, DJ 11/10/2004, p. 318) [grifos nossos]; **D:** incorreto. Nos termos da jurisprudência do STJ, há afronta ao Código Civil. A propósito, confira-se o seguinte aresto: RESPONSABILIDADE CIVIL. Dano moral. Indenização. Limite do razoável. Fere o disposto no art. 1.553 do CCivil o acórdão que fixa valor exorbitante para a reparação do dano moral, conforme pedido na inicial, desprezando a solução aceita na sentença, que determinara a apuração do valor do dano moral em liquidação de sentença por arbitramento. Recurso conhecido em parte e provido. (REsp 249.448/MA, Rel. Ministro RUY ROSADO DE AGUIAR, QUARTA TURMA, julgado em 18/04/2000, DJ 19/06/2000, p. 153); **E:** correto (Súmula 106 do STJ). Corroborando tal proposição, observe-se o seguinte julgado: AÇÃO RESCISÓRIA. PRAZO DECADENCIAL. ART. 495 DO CPC. CITAÇÃO. DEMORA. SÚMULA 106/STJ. NÃO OCORRÊNCIA. APOSENTADORIA POR IDADE. RURÍCOLA. PROVA TESTEMUNHAL. ALEGAÇÃO. FALSIDADE. ART. 485, INCISO VI, DO CPC. ACÓRDÃO RESCINDENDO. MANUTENÇÃO. FUNDAMENTO DIVERSO INDEPENDENTE. PEDIDO IMPROCEDENTE. I - O direito de propor ação rescisória se extingue em dois anos, cujo termo inicial é o trânsito em julgado da última decisão (art 495 do CPC). II - "Proposta a ação no prazo fixado para o seu exercício, a demora na citação, por motivos inerentes ao mecanismo da Justiça, não justifica o acolhimento da arguição de prescrição ou decadência" (Súmula nº 106/STJ). [...] Pedido rescisório improcedente. (AR 3.553/SP, Rel. Ministro FELIX FISCHER, TERCEIRA SEÇÃO, julgado em 10/03/2010, DJe 06/04/2010).

Gabarito "E".

1.14. OUTROS ASSUNTOS E TEMAS COMBINADOS DO PROCESSO DE CONHECIMENTO

(Procurador/DF – 2013 – CESPE) Com referência aos parâmetros definidos no CPC para os procedimentos a serem realizados em razão de direito material de sujeito de direito, julgue os próximos itens.

(1) As ações dúplices admitem reconvenção.

(2) Se, em uma ação reivindicatória, o réu se defender e arguir a prescrição aquisitiva, a sentença que apreciar os fundamentos do pedido sem se manifestar sobre a usucapião será *ultra petita*.

(3) Considere que um brasileiro tenha se casado com uma mulher argentina em solo francês e que ambos residam atualmente em Belo Horizonte. Caso queira divorciar-se, o brasileiro pode propor a ação de divórcio na jurisdição brasileira.

(4) A arguição de incompetência absoluta deve ser realizada por meio de exceção e provoca a suspensão do processo.

(5) Em uma audiência, se ausente a parte que deveria prestar depoimento pessoal, desde que intimada de modo regular, por requerimento da parte contrária, a ela será aplicada, pelo juiz, a pena de confissão.

1: errada, de acordo com o gabarito oficial. Deve-se, no entanto, fazer um esclarecimento. De fato, como regra geral, nas ações dúplices (são aquelas em que o réu pode formular certos pedidos – pedidos contrapostos, em face do autor, na própria contestação) não que o réu faça uso da reconvenção para buscar tutela jurisdicional que poderia ser pleiteada através de pedido contraposto. Ora, se naquele caso, o pedido contraposto tem cabimento, fica afastado o interesse de agir para a reconvenção. Daí, ser ela incabível. Ocorre que, nas ações dúplices, os temas que podem ser objeto de pedido contraposto são sempre claramente delimitados pela lei. Caso o réu tenha uma pretensão em face do autor que tenha por objeto tutela diferente daquela que caracteriza a duplicidade daquele tipo de ação, a reconvenção pode ser utilizada, se presentes os seus requisitos. Nesse sentido, já decidiu o E. STJ: "Ação possessória. Reconvenção (...) 1. A natureza dúplice da ação possessória, no rastro do art. 922 do Código de Processo Civil, não tem o condão de afastar, em tese, a possibilidade de reconvenção" (REsp 119.775/SP, Rel. Min. Carlos Alberto Menezes Direito, 3.ª T., julgado em 12/05/1998, *DJ* 22/06/1998, p. 73). Como se pode concluir, ao examinador escapou essa possibilidade de cabimento de reconvenção em ação de natureza dúplice; **2:** errada, porque "ultra petita" é a sentença capaz de gerar efeitos mais abrangentes, mais amplos, dos que foram pretendidos pelo autor. A sentença que se omite sobre questão levantada seja para o acolhimento, seja para a rejeição do pedido, é "citra" ou "infra petita"; **3:** correta, porque "é competente a autoridade judiciária brasileira quando. I – o réu, qualquer que seja a sua nacionalidade, estiver domiciliado no Brasil; (...)" (art. 88, inc. I, do CPC); **4:** errada, porque a arguição da incompetência absoluta deve ser feita por meio de preliminar de contestação e não acarreta a suspensão do processo (art. 301, II, do CPC); **5:** correta (art. 343, § 2º, do CPC)

Gabarito 1E, 2E, 3C, 4E 5C

(Procurador do Estado/SP – FCC – 2009) No procedimento comum ordinário, considere as seguintes afirmações:

I. Considera-se inconstitucional a coisa julgada prolatada contra a Fazenda Pública, quando fundada em lei declarada inconstitucional pelo Supremo Tribunal Federal, seja no controle difuso ou abstrato de constitucionalidade, desde que formada após a entrada em vigor da MP nº 2.180-35, ou seja, 24/08/2001.

II. Considera-se como termo inicial do prazo para a contestação, a data da juntada aos autos do aviso de recebimento da correspondência a que alude o art. 229 do CPC, comunicando ao réu que a sua citação nos autos foi feita por hora certa.

III. A parte que se recusa a se submeter ou que impede a produção de prova pericial não pode pleitear posteriormente, no curso do processo ou em fase de recurso, a conversão do julgamento em diligência para a realização daquela mesma prova a que se negou anteriormente.

IV. Os documentos digitalizados juntados em processo eletrônico estarão disponíveis para acesso por meio da rede externa a qualquer interessado, respeitado o disposto em lei para as situações de sigilo e de segredo de justiça.

V. Quando o incidente de falsidade documental é apresentado pelo autor, fundamentado em falsidade da sua assinatura aposta em escritura pública de compra e venda de imóvel juntada aos autos pelo réu, o ônus da prova caberá a este último.

Estão corretas SOMENTE as afirmações:

(A) II, III e IV.

(B) III, IV e V.

(C) I, II e III.

(D) I, III e V.

(E) I, IV e V.

I: correta. CPC, art. 475-L, § 1º (cabe esclarecer que a MP mencionada na questão inseriu o art. 741, parágrafo único ao CPC, que foi substituído pelo art. 475-L, § 1º quando da edição da L. 11.232/05, que inseriu o cumprimento de sentença); **II:** incorreta, a citação por hora é feita por oficial de justiça (CPC, art. 227); assim, não há que se falar em juntada de carta do correio nessa modalidade de citação; **III:** correta, considerando não ser possível alegar a própria torpeza (*venire contra factum*); IV: incorreta. Os critérios de acessão estão no art. 11, § 6º, da Lei 11.419/06; V: correta, para a banca, que aplicou a regra geral do art. 389, II (ônus da prova, quanto à assinatura, é de quem produziu o documento). Contudo, considerando que o documento é público e, assim, goza de fé pública, a situação se modificaria. Contudo, o gabarito não foi alterado nem a questão anulada. Frise-se que se o enunciado se referisse a documento particular, não haveria qualquer reparo.

Gabarito "D".

(Procurador do Estado/AC – FMP – 2012) Assinale a resposta correta considerando as assertivas:

I. A dispensa de intimação do demandado para os atos ulteriores do processo é efeito material da revelia.

II. O impedimento do juiz, conforme jurisprudência dominante, pode ser alegado na contestação ou em momento posterior, mediante exceção, não se submetendo à preclusão.

III. A sentença que acolhe alegação de prescrição extingue o processo sem resolução do mérito.

(A) Apenas a III está correta.

(B) Apenas a I e a III estão corretas.

(C) Apenas a I e a II estão corretas.

(D) Apenas a II está correta.

A dispensa de intimação do réu revel (CPC, art. 322) é uma consequência do direito processual; **II:** correta. O impedimento pode ser alegado em qualquer grau de jurisdição (CPC, art. 305) e, caso formada a coisa julgada, permite até mesmo permite o uso da ação rescisória (CPC, art. 485, II); **III:** incorreta. Prescrição, nos termos do CPC, acarreta a prolação de uma decisão de mérito (art. 269, IV).

Gabarito "D".

(Procurador do Estado/AC – FMP – 2012) Marque a alternativa correta, considerando as assertivas abaixo.

I. A nulidade de um ato implica a nulidade de todos os atos subsequentes.

II. O prazo assinalado para o perito é impróprio.

III. No que respeita à causa de pedir, é majoritário o entendimento no sentido de que o sistema processual brasileiro se vinculou à teoria da substanciação.

(A) Todas estão corretas.

(B) Apenas I e III estão corretas.

(C) Apenas II e III estão corretas.

(D) Apenas a I está correta.

Se o ato subsequente for dependente do anterior, há nulidade; contudo, se o ato subsequente não for dependente do anterior, aí se conserva (CPC, art. 248); **II:** correta. Prazo impróprio é aquele que não acarreta a preclusão (perda do direito processual). Se o juiz fixa um prazo para o perito, pode o perito pedir sua dilação ou, mesmo que não entregue o laudo, pode o juiz lhe conceder prazo adicional. Mas pode o juiz substituir o perito que não entregar o laudo no prazo, injustificadamente (CPC, art. 424, II); **III:** correta. A teoria da substanciação significa que os fatos narrados na inicial devem ser considerados (CPC, art. 282, III). Pela teoria oposta, da individuação, bastaria indicar a relação jurídica. Exemplo: se o autor pede despejo por falta de pagamento, o pedido só será apreciado com base nos fatos narrados – ou seja, falta de pagamento (substanciação). Se aplicável a teoria da individuação, a relação jurídica locação seria analisada como um todo – e poderia o despejo ser decretado com base no descumprimento de cláusula contratual.

Gabarito "C".

2. RECURSOS

2.1. DISPOSIÇÕES GERAIS

(Procurador Federal – 2013 – CESPE) Julgue os itens seguintes, a respeito de uniformização de jurisprudência.

(1) O pedido de uniformização de jurisprudência pode ser suscitado em recurso, ação originária – por exemplo, ação rescisória – e também em reexame necessário.

(2) Diferentemente dos embargos de divergência, o incidente de uniformização de jurisprudência é admissível nos tribunais de segundo grau e tem finalidade preventiva sobre questão de direito a respeito da qual paire divergência.

1. Correta. O incidente de uniformização de jurisprudência (CPC, art. 476/479) não é, com algumas exceções, muito utilizado nos tribunais brasileiros. Consiste, como o nome diz, em uma tentativa de, no âmbito do próprio tribunal, pacificar a divergência existente entre os órgãos fracionários. Pode ser suscitado pelo magistrado – de ofício ou provocado pelas partes ou MP – em qualquer meio processual em que se perceba a divergência, de modo que a afirmativa está correta. **2.** Correta. Os embargos de divergência (CPC, art. 546) só cabem no âmbito do STF ou STJ, no julgamento do recurso extraordinário ou especial, respectivamente. Já o incidente de uniformização pode ser utilizado em qualquer tribunal (CPC, art. 476, parte inicial).

Gabarito 1C, 2C

(Procurador Federal – 2013 – CESPE) Julgue o seguinte item.

(1) É incabível a remessa necessária da sentença proferida com base em enunciado ou precedente do Plenário do STF nas causas cujo valor não ultrapasse sessenta salários mínimos e também na sentença de procedência, ainda que parcial, dos embargos, na execução fiscal que não superar o referido valor.

1. Errada. A remessa necessária (duplo grau independentemente de recurso) é a regra (CPC, art. 475), sendo que as exceções estão nos parágrafos desse artigo. Umas das exceções é a situação na qual a decisão estiver lastreada em precedente do STF – qualquer que seja o valor da causa (CPC, art. 475, § 3º).

Gabarito 1E

(Procurador Federal – 2013 – CESPE) Julgue o seguinte item.

(1) O STF veda o uso da reclamação quando tiver ocorrido o trânsito em julgado do ato judicial que se alega tenha desrespeitado decisão do próprio STF, ao passo que, para o STJ, o uso da reclamação constitucional, que difere da correição parcial, pode ocorrer mesmo após o trânsito em julgado da decisão reclamada.

1. Correta. A questão ainda não está efetivamente consolidada na jurisprudência dessas Cortes. Existem diversos precedentes a respeito do tema, inclusive considerando a finalidade da reclamação (por exemplo, tratando-se de súmula vinculante no STF ou resolução 12/09, que impugna decisão de JEC, no STJ).

Gabarito 1C

(Procurador da Fazenda Nacional – 2003 – ESAF) Os requisitos de admissibilidade de recurso de apelação estão sujeitos ao controle

(A) apenas pelo juiz.

(B) apenas pelo tribunal.

(C) pelo juiz e pela turma julgadora.

(D) pelo relator e pela turma julgadora.

(E) pelo juiz, pelo relator e pela turma julgadora.

O juízo de admissibilidade (verificação da presença dos requisitos de admissibilidade) é apurado tanto no juízo *a quo* quanto *ad quem*. E, no âmbito dos Tribunais, é apreciado tanto pelo relator quanto pelo órgão colegiado (CPC, arts. 518 e 557).

Gabarito "E".

(Procurador da Fazenda Nacional – 2004 – ESAF) Por força de recente alteração legislativa, conhecida como a "reforma da reforma", nosso Código de Processo Civil adotou expressamente a "Teoria da Causa Madura" em sede recursal. Por essa teoria, entende-se que:

(A) nos casos de extinção do processo sem julgamento do mérito, o tribunal pode julgar desde logo a lide, se a causa versar questão exclusivamente de direito e estiver em condições de imediato julgamento.

(B) o relator do recurso negar-lhe-á seguimento se manifestamente inadmissível, improcedente, prejudicado ou em confronto com súmula ou com jurisprudência dominante do respectivo tribunal, do Supremo Tribunal Federal, ou de Tribunal Superior.

(C) se a decisão recorrida estiver em manifesto confronto com súmula ou com jurisprudência dominante do Supremo Tribunal Federal, ou de Tribunal Superior, o relator poderá dar provimento ao recurso.

(D) o juiz conhecerá diretamente do pedido, proferindo sentença, quando a questão de mérito for unicamente de direito, ou, sendo de direito e de fato, não houver necessidade de produzir prova em audiência.

(E) pode o relator de agravo de instrumento contra decisão que negar seguimento a recurso especial ou extraordinário, se o instrumento contiver os elementos necessários ao julgamento do mérito, determinar sua conversão, observando-se, daí em diante, o procedimento relativo ao recurso especial.

A: correta. O enunciado se refere ao CPC, art. 515, § 3º - que prevê exatamente o que consta desta alternativa; **B:** incorreta, não se tratando da teoria da causa madura. O reproduzido consta do art. 557 do CPC, que trata do julgamento monocrático pelo relator; **C:** incorreta, pelo mesmo motivo exposto em "B"; **D:** incorreta. A hipótese é de julgamento antecipado da lide (CPC, art. 330), presente no Código desde sua vigência; **E:** incorreta. A previsão constava da lei que tratava do agravo de instrumento contra decisão denegatória. Atualmente, com a reforma de 2010, não há mais necessidade de cópias e, por isso, o recurso deixou de ser "de instrumento" – agora é denominado "nos próprios autos" (CPC, art. 544).

Gabarito "A".

(Procurador da Fazenda Nacional – 2004 – ESAF) Após a publicação do acórdão que, por maioria de votos, negou provimento à apelação, opôs a parte vencida recurso de embargos de declaração, alegando omissão no julgado. Quando da oposição já havia sido promovida a alteração da redação do artigo 530 do CPC, por força da qual se passou a não mais se admitir os embargos infringentes nesse caso, já que não houve reforma da sentença. A alteração encontrava-se, todavia, em período de *vacatio legis*. Intimada a parte do acórdão que desproveu os embargos, opôs, no prazo legal, recurso de embargos infringentes, quando já em vigor a aludida alteração. O recurso teve seguimento negado, fazendo com que a parte interpusesse agravo interno, o qual restou, da mesma forma, desprovido. À luz de tais informações, assinale a opção correta.

(A) Nosso direito processual intertemporal agasalhou a "teoria das fases procedimentais", pela qual a lei nova não se aplica às fases já iniciadas, sob pena de inconstitucional retroação. Inaugurada a fase recursal, aplica-se a lei antiga, que admitia os embargos infringentes, os quais deveriam ter sido conhecidos.

(B) A oposição dos embargos de declaração teve por efeito interromper o prazo para a interposição de qualquer outro recurso. Tal interrupção, havida enquanto ainda em vigor o regramento antigo, tornou aplicável a antiga sistemática, pois *tempus regit actum*.

(C) Nosso direito processual civil intertemporal acatou a "teoria da unidade processual", por força da qual a relação processual deve ser encarada em bloco, aplicando-se a legislação contemporânea à sua deflagração. É de se aplicar, assim, a sistemática antiga, em vigor quando do ajuizamento da demanda, razão pela qual não está correta a decisão do Tribunal.

(D) Decidiu com acerto o Tribunal. Nosso direito processual civil intertemporal acatou a "teoria do isolamento dos atos processuais". Assim, quando da intimação do acórdão que decidiu os embargos de declaração já não eram mesmo oponíveis os embargos infringentes.

(E) Agiu mal a parte, já que os embargos de declaração só seriam oponíveis após a conclusão do julgamento. Deveria ter oposto embargos infringentes, já que a legislação a ser observada, por força da *vacatio legis*, ainda era a antiga, que admitia a oposição, para só então pedir o esclarecimento na via dos embargos de declaração.

Essa foi a teoria adotada no nosso sistema (CPC, art. 1211 aliada ao respeito do ato jurídico processual perfeito) e confirmada pela jurisprudência do STJ.

Gabarito "D".

(Procurador do Estado/PE – CESPE – 2009) Com relação aos princípios fundamentais dos recursos, assinale a opção correta.

(A) O princípio do duplo grau de jurisdição, por ser de aplicação ilimitada, não sofre exceções.

(B) Em respeito ao princípio da proibição da *reformatio in pejus*, a prescrição do direito do autor, se não manifestada pelo réu em seu recurso, não pode ser conhecida de ofício pelo tribunal julgador.

(C) Se o autor recorrer da sentença de extinção do processo sem resolução do mérito, objetivando sua cassação e, posteriormente, julgamento da lide em seu favor, nada obsta a que o tribunal julgue improcedente o pedido formulado na inicial, sem que isso venha a ferir o princípio da proibição da *reformatio in pejus*.

(D) É possível a interposição dos recursos de agravo e de apelação no caso de a sentença que resolve em uma mesma relação processual conter uma parte agravável — na qual se decidiu questão incidente — e outra apelável — na qual se decidiu a lide.

(E) Pelo princípio da taxatividade, consideram-se recursos aqueles designados por lei federal ou criados pelos tribunais brasileiros.

A: incorreta. O duplo grau de jurisdição, princípio constitucional implícito, sofre uma série de limitações – como nos julgamentos de ADIs, de competência originária do STF; **B:** incorreta. Havendo recurso do réu, é possível a piora da situação do autor – e a prescrição pode ser conhecida de ofício (CPC, art. 219, § 5º); **C:** correta. Tanto porque se aplica o § 3º do art. 515 do CPC como porque o pedido do recorrente, ao menos em parte (quanto a se afastar a extinção), foi acolhido; **D:** incorreta Pelo princípio da unirrecorribilidade. Nesses casos, só cabível a apelação, por se tratar de sentença; **E:** incorreta. Pela taxatividade, só é recurso o que a lei determinar (CPC, art. 496). Além disso, legislação processual é de competência privativa da União (CF, art. 22, I).

Gabarito "C".

(Procurador de Contas TCE/ES – CESPE – 2009) Em ação promovida por três pessoas contra outras duas, em que o MP atuou em razão do evidente interesse público envolvido, foi proferida sentença de procedência parcial. Considerando essa situação hipotética, assinale a opção correta quanto à interposição dos recursos cabíveis.

(A) Mesmo que haja litisconsórcio necessário e unitário entre as partes que compõem o polo passivo, o fato de uma parte ser representada pela defensoria pública e outra por advogado não dobra o prazo recursal para ambas as partes.

(B) Protocolizado o recurso dentro do prazo correto, a devolução dos autos em momento posterior não é razão suficiente para que se deixe de admitir como tempestivo o recurso.

(C) Será em dobro o prazo recursal para os autores da ação, ainda que tenham o mesmo procurador, pois a contagem desse modo depende da existência de mais de uma parte sucumbente no mesmo polo.

(D) Falecendo uma das partes depois de prolatada a sentença, mas ainda durante o prazo recursal, a manutenção do mesmo procurador pelos sucessores fará que não se devolva a estes o prazo para interposição do recurso cabível.

(E) Em razão da possibilidade de qualquer das partes interpor embargos de declaração, mesmo que apenas um dos autores tenha sucumbido, o prazo será contado em dobro, se todos tiverem procuradores diversos.

A: incorreta. CPC, art. 191; **B:** correta. CPC, art. 195; **C:** incorreta. O prazo em dobro só existe se houver litisconsórcio com procuradores distintos (CPC, art. 191); **D:** incorreta. CPC, art. 507; **E:** incorreta. Se somente houver interesse de um dos litisconsortes, não há o prazo em dobro do art. 191 do CPC. (Súmula 641/STF: Não se conta em dobro o prazo para recorrer, quando um só dos litisconsortes haja sucumbido).

Gabarito "B".

(Procurador do Município/Florianópolis-SC – 2010 – FEPESE) De acordo como o artigo 519 do Código de Processo Civil, provando o apelante justo impedimento, o juiz relevará a pena de deserção, fixando-lhe prazo para efetuar o preparo.

Diante dessa decisão interlocutória, que releva a pena de deserção, é **correto** afirmar:

(A) A decisão é irrecorrível.

(B) Cabe o recurso de apelação.

(C) Cabe o agravo de instrumento.

(D) É cabível o recurso ordinário.

(E) É cabível o agravo retido.

A: correta. CPC, art. 519, parágrafo único – como o próprio dispositivo afirma que o tribunal poderá rever a decisão, falta interesse recursal.

Gabarito "A".

(Procurador do Estado/PR – 2007) No processo civil, o ato do juiz que decide incidente processual relativo a competência é:

(A) Irrecorrível;

(B) Apelável;

(C) Agravável;

(D) Passível, exclusivamente, de impugnação por mandado de segurança;

(E) Impugnável mediante embargos de divergência.

C: correta. A decisão da exceção de incompetência ou conflito de competência não põe fim ao processo. Assim, é decisão interlocutória, que pode ser atacada mediante agravo (CPC, art. 522).

Gabarito "C".

(Procurador do Estado/AC – FMP – 2012) Sobre os recursos cíveis, marque a alternativa correta, considerando as assertivas:

I. Deve ser negado provimento a recurso inadmissível.

II. O não provimento do recurso principal implica a inadmissão do recurso adesivo.

III. Os embargos de declaração interrompem o prazo para outros recursos, ainda que intempestivos.

(A) Apenas I e III estão corretas.

(B) Todas estão corretas.

(C) Apenas a III está correta.

(D) Todas estão erradas.

Juízo de admissibilidade negativo leva ao não conhecimento, inadmissão ou negativa de seguimento (ausência dos requisitos de admissibilidade recursal). A análise de mérito é que leva ao provimento ou não provimento; **II:** incorreta. Na linha do exposto no item anterior, a inadmissão do recurso principal é que leva ao não conhecimento do recurso adesivo (CPC, art. 500, III); **III:** incorreta. Os embargos de declaração, no CPC, interrompem o prazo para os demais recursos (art. 538). Contudo, conforme entendimento jurisprudencial, isso não ocorre se os embargos forem intempestivos (se o recurso não for conhecido, não ocorrem as consequências dele esperadas).

Gabarito "D".

(Procurador do Estado/AC – FMP – 2012) Quantos aos processos envolvendo a Fazenda Pública, assinale a alternativa correta.

(A) Não se antecipa tutela contra a Fazenda pública.

(B) A Fazenda Pública tem prazo dobrado para, em geral, manifestar-se nos autos.

(C) A execução de sentença mandamental contra Estado será realizada em processo autônomo.

(D) É de 30 dias o prazo para embargos à execução contra a Fazenda Pública.

A: incorreta. Existem restrições, mas não impossibilidade de concessão de tutela de urgência em desfavor da Fazenda (L. 8.437/92, arts. 1° e 2°); **B:** incorreta. O prazo é em quádruplo para contestar e em dobro para recorrer (CPC, art. 188); **C:** incorreta. A sentença mandamental (como a executiva lato sensu) é aquele que independe de execução autônoma para se realizar – seja em relação ao Estado ou ao particular; **D:** correta. O prazo para a Fazenda embargar a execução é de 30 dias, nos termos do art. 1°-B da L. 9.494/97) – assim, NÃO se aplica a regra do art. 730 do CPC.

Gabarito "D".

(Procurador do Estado/GO – 2010) Sobre a remessa obrigatória (ou reexame necessário), é CORRETO afirmar:

(A) O art. 557, do CPC, que autoriza o relator a negar seguimento ao recurso, não se aplica à remessa obrigatória.

(B) A remessa obrigatória transfere ao tribunal o reexame de todas as parcelas da condenação suportadas pela Fazenda Pública, inclusive dos honorários de advogado.

(C) A sentença proferida contra autarquias e fundações de direito público não está sujeita à remessa obrigatória.

(D) Não está sujeita à remessa obrigatória a sentença que estiver fundada em jurisprudência oriunda de Turma Julgadora do STF ou STJ, ainda que prolatada contra a Fazenda Pública.

(E) A sentença que julgar procedentes, em parte, os embargos à execução de dívida ativa da Fazenda Pública não está sujeita à remessa obrigatória, mesmo que o valor do direito controvertido exceda a 60 salários mínimos.

A: incorreta. Súmula 235/STJ: O art. 557 do CPC, que autoriza o relator a decidir o recurso, alcança o reexame necessário; **B:** correta. A remessa é ampla, abrangendo todos os aspectos da condenação (CPC, art. 475); **C:** incorreta. Empresas públicas não estão incluídas, mas autarquias e fundações, sim (CPC, art. 475, I); **D:** incorreta. Está dispensado o reexame no caso de jurisprudência do pleno do STF e sumulada (CPC, art. 475, § 3°); **E:** incorreta. Se até 60 salários, não há reexame (CPC, art. 475, § 2°); Cabe lembrar que, no sistema brasileiro, o reexame necessário não é recurso (só é recurso o que está no art. 496 do CPC).

Gabarito "B".

(Procurador do Estado/MT – FCC – 2011) Uma ação ordinária foi julgada improcedente e o autor, inconformado, interpôs recurso de apelação, deixando, porém, de recolher o preparo, tendo o juiz, por esse motivo, julgado deserto o recurso. O autor provou justo impedimento e providenciou o recolhimento, tendo o juiz relevado a pena de deserção. Essa decisão

(A) pode ser impugnada pelo réu através de agravo retido.

(B) pode ser impugnada pelo réu através de agravo de instrumento.

(C) é irrecorrível, cabendo ao tribunal apreciar-lhe a legitimidade quando do julgamento da apelação.

(D) só pode ser impugnada pelo Ministério Público, através de agravo, se estiver atuando no feito como parte.

(E) só pode ser impugnada pelo Ministério Público, através de agravo, se estiver atuando no feito como fiscal da lei.

Trata-se de uma das poucas decisões judiciais que o CPC reputa como irrecorrível – sendo cabível somente eventual análise por parte do tribunal (CPC, art. 519, parágrafo único).

Gabarito "C".

(Procurador do Município/São José dos Campos-SP – 2012 – VUNESP) Réu, ao apresentar sua contestação, alegou matéria preliminar quanto à condição da ação, rejeitada pelo despacho saneador. Deixou de apresentar recurso sobre este fato, contudo, em sede de apelação, novamente arguiu esta matéria preliminar. Diante desse fato, assinale a alternativa correta.

(A) Houve preclusão de seu direito, uma vez que deixou de apresentar recurso de agravo de instrumento ao despacho saneador.

(B) Houve preclusão de seu direito, uma vez que deixou de apresentar agravo retido ao despacho saneador.

(C) Não está precluso seu direito, pois trata-se de matéria de ordem pública, podendo ser suscitada em sede de apelação.

(D) Não está precluso seu direito, por tratar- se de matéria considerada de mérito por equiparação.

(E) Não está precluso seu direito, em razão da aplicação da teoria da asserção para verificar as condições da ação.

C: correta, nos termos do art. 267, § 3º do CPC.

Gabarito "C".

(Procurador do Estado/SC – 2009) Assinale a alternativa correta:

(A) Conforme o CPC, os embargos de declaração são cabíveis em caso de erro de fato.

(B) Os recursos interpostos pelos Estados são dispensados de preparo.

(C) A renúncia ao direito de recorrer depende da aceitação da outra parte.

(D) O recorrente não pode desistir dos recursos que interpôs se não obtiver a anuência do recorrido.

(E) Para ser realizado, o reexame necessário depende de requerimento expresso e fundamentado da fazenda pública.

A: incorreta. CPC, art. 535 (omissão, obscuridade ou contradição); **B:** correta. CPC, art. 511, § 1º; **C:** incorreta. CPC, art. 502; **D:** incorreta. CPC, art. 501; **E:** incorreta, o reexame necessário é, exatamente, a revisão realizada sem manifestação da Fazenda (CPC, art. 475).

Gabarito "B".

(Advogado – BNDES – 2010 – CESGRANRIO) A Empresa X interpôs embargos declaratórios contra decisão monocrática do Ministro Relator do processo, em trâmite no TST, com base no art. 557 do CPC, postulando efeito modificativo perante o Colegiado. Esse ato, nos termos da Súmula 421 do TST, enseja a conversão dos embargos declaratórios em agravo. Nessa perspectiva, os princípios processuais trabalhistas que informam tal possibilidade de conversão dos recursos supramencionados são os do(a):

(A) dispositivo e do duplo grau de jurisdição.

(B) fungibilidade e da perempção.

(C) fungibilidade e da celeridade.

(D) celeridade e da perempção.

(E) celeridade e do duplo grau de jurisdição.

C: correto (Súmula 421, item II, do TST). Por fungibilidade recursal entende-se o princípio que permite ao órgão jurisdicional *ad quem* admitir o recurso interposto erroneamente, ou seja, receber um determinado recurso como se outro fosse (*v.g.*, recebimento da apelação em lugar do agravo). Para que o princípio da fungibilidade recursal seja aplicado, é necessário o preenchimento de dois requisitos: a) existência de dúvida objetiva quanto ao recurso cabível; b) observância do prazo correspondente ao recurso correto. Não há qualquer dispositivo na lei processual civil que adote expressamente o princípio da *fungibilidade recursal*. Embora o CPC de 1939, em seu art. 810, o fizesse, o legislador processual de 1973 não contemplou de modo inequívoco tal postulado. Cuida-se de princípio implícito, conquanto bastante desenvolvido pela doutrina e pela jurisprudência. A propósito, note-se o teor do sobredito verbete sumular: EMBARGOS DECLARATÓRIOS CONTRA DECISÃO MONOCRÁTICA DO RELATOR CALCADA NO ART. 557 DO CPC. CABIMENTO (conversão da Orientação Jurisprudencial nº 74 da SBDI-2) - Res. 137/2005, DJ 22, 23 e 24.08.2005 I - Tendo a decisão monocrática de provimento ou denegação de recurso, prevista no art. 557 do CPC, conteúdo decisório definitivo e conclusivo da lide, comporta ser esclarecida pela via dos embargos de declaração, em decisão aclaratória, também monocrática, quando se pretende tão somente suprir omissão e não, modificação do julgado. II - Postulando o embargante efeito modificativo, os embargos declaratórios deverão ser submetidos ao pronunciamento do Colegiado, convertidos em agravo, *em face dos princípios da fungibilidade e celeridade processual.* (ex-OJ nº 74 da SBDI-2 - inserida em 08.11.2000) [grifos nossos].

Gabarito "C".

(Advogado – ELETROBRÁS – 2006 – NCE/UFRJ) Quanto ao prazo para recorrer, é correto afirmar que:

(A) não se interrompe, salvo se ocorrer uma catástrofe natural;

(B) não é contado em dobro em favor dos litisconsortes com diferentes procuradores, se só um deles tiver sucumbido;

(C) é contado em quádruplo para a Fazenda Pública e para o Ministério Público;

(D) trata-se de prazo impróprio e fixado em lei;

(E) se suspende por vontade das partes, desde que requerido dentro de seu interregno.

A: incorreto. Se ocorrer o falecimento da parte ou de seu advogado, ou ocorrer motivo de força maior, o prazo será restituído à parte prejudicada, ou seja, será *interrompido*, começando a correr novamente após sua intimação (art. 507 do CPC); **B:** correto. Se apenas um dos litisconsortes for sucumbente, o prazo é simples, não se aplicando a regra prevista no art. 191 do CPC. Nesse sentir, observe-se o aresto a seguir: PROCESSUAL CIVIL. EMBARGOS DE DECLARAÇÃO NO AGRAVO REGIMENTAL NO RECURSO ESPECIAL. AUSÊNCIA DE INTERESSE DOS LITISCONSORTES REPRESENTADOS POR PROCURADORES DIVERSOS. ART. 191 DO CPC. PRAZO EM DOBRO. NÃO APLICAÇÃO. INEXISTÊNCIA DOS VÍCIOS PREVISTOS NO ART. 535 DO CPC. INCONFORMISMO DO EMBARGANTE. EFEITOS INFRINGENTES. INVIABILIDADE. EMBARGOS REJEITADOS. 1. Os embargos de declaração, a teor do art. 535 do Código de Processo Civil, prestam-se a sanar obscuridade, contradição ou omissão eventualmente presentes no julgado. 2. Segundo entendimento do Superior Tribunal de Justiça, *"há prazo em dobro para litisconsortes com diferentes procuradores (artigo 191 do CPC) quando todos possuam interesse em recorrer da decisão impugnada", o que não ocorreu na espécie* (AgRg no Ag 963.283/MG, Min. RICARDO VILLAS BÔAS CUEVA, Terceira Turma, DJe de 23/04/2012). 3. Embargos de declaração rejeitados. (EDcl no AgRg no REsp 935.542/RS, Rel. Ministro ARNALDO ESTEVES LIMA, PRIMEIRA TURMA, julgado em 28/08/2012, DJe 05/09/2012) [grifos nossos]; **C:** incorreto. O prazo tanto para o *Parquet* quanto para a Fazenda Pública recorrerem é *dobrado*, e não quadruplicado (art. 188 do CPC); **D:** incorreto. O prazo recursal, eis que destinado às partes, é próprio e preclusivo; por sua vez, serão impróprios se fixados para o juiz ou auxiliares da justiça, não ensejando, pois, a preclusão; **E:** incorreto, visto que o prazo é preclusivo ou peremptório (art. 182, *caput*, do CPC).

Gabarito "B"

(Advogado – BNDES – 2001 – VUNESP) Quanto aos recursos, pode-se afirmar que:

(A) são sempre recebidos no seu duplo efeito.

(B) havendo sucumbência recíproca, aquele que deixou de recorrer poderá fazê-lo adesivamente, independentemente do recurso que tenha sido interposto pela outra parte.

(C) a renúncia ao direito de recorrer depende da aceitação da outra parte.

(D) o prazo para sua interposição ou resposta será sempre de 15 (quinze) dias.

(E) o recorrente pode, a qualquer tempo, sem a anuência dos litisconsortes ou do recorrido, desistir do recurso.

A: incorreto. O recurso de agravo, o recurso especial e o extraordinário, via de regra, são recebidos tão somente no efeito devolutivo (arts. 527, III, 542, § 2º, e 558, todos do CPC); **B:** incorreto. O recurso adesivo só é admitido na apelação, nos embargos infringentes, no recurso especial e no recurso extraordinário (art. 500, II, do CPC). Por força do art. 540 do CPC, admite-se-o também no recurso ordinário, eis que se lhe aplicam as mesmas regras da apelação; **C:** incorreto. A renúncia *independe* de aceitação da outra parte (art. 502 do CPC); **D:** incorreto. A compreensão do prazo dos recursos no processo civil não demanda maiores complicações. O candidato deve se preocupar em memorizar tão somente o prazo de 03 (três) recursos para dominar todos os demais. São eles: 1) *embargos de declaração*, que têm prazo de *05 (cinco) dias* para serem opostos (art. 536 do CPC); 2) *agravo*, na forma *retida* ou por *instrumento*, com prazo de *10 (dez) dias* para sua interposição (art. 522, *caput*, do CPC); e, por último, 3) *agravo interno* (também denominado *agravo regimental* ou *agravinho*), que possui prazo de *05 (cinco) dias* para ser interposto (arts. 545 e 557, § 1º, do CPC). Todos os outros recursos existentes em processo civil, sem exceção, têm prazo de 15 (quinze) dias para serem interpostos e respondidos pelas partes. São eles: apelação, embargos infringentes, recurso ordinário, recurso especial, recurso extraordinário e embargos de divergência (art. 508 do CPC). Logo, nem sempre o prazo recursal será de quinze dias; **E:** correto (art. 501 do CPC).

Gabarito "E".

2.2. APELAÇÃO

(Procurador do Estado/BA – 2014 – CESPE) Julgue o seguinte item.

(1) Não havendo prejuízo à ampla defesa, o juiz, aplicando o princípio da complementariedade, poderá aceitar as razões apresentadas após a interposição do recurso.

1. Errada. No sistema processual civil dos recursos, não há previsão legal de complemento das razões de apelação. Assim, uma vez interposto o recurso, há a preclusão consumativa. Cabe lembrar que, tratando-se da Fazenda, há também o reexame necessário, que devolve toda a matéria debatida e torna desnecessário hipotético complemento de razões recursais.

Gabarito 1E

(Procurador da Fazenda Nacional – 2003 – ESAF) A profundidade do efeito devolutivo da apelação

(A) impede que o tribunal examine matéria de mérito não deduzida no recurso.

(B) possibilita que o tribunal, afastada a carência, examine o mérito.

(C) torna possível que os fundamentos da ação e da defesa sejam analisados pelo tribunal, ainda que não versados na sentença.

(D) significa a necessidade de haver recurso para possibilitar ao tribunal examinar fundamentos não versados na sentença.

(E) é limitada pela vontade do apelante.

C: correta. CPC, art. 515, § 1º.

Gabarito "C".

(Procurador do Estado/PB – 2008 – CESPE) Ainda acerca dos recursos, assinale a opção correta.

(A) O relator pode converter em retido o agravo de instrumento, salvo quando se tratar de medida de urgência ou houver perigo de lesão e de difícil ou incerta reparação; contra essa decisão cabe agravo regimental interposto no órgão colegiado competente ou pedido de reconsideração.

(B) Na hipótese de o juiz verificar que os embargos de declaração possam acarretar a modificação do julgado em sua substância, ele deverá indeferir liminarmente o recurso, pois tais embargos não admitem efeitos infringentes, em virtude da violação do princípio do contraditório e da caracterização do cerceamento de defesa.

(C) A parte que já tenha interposto recurso pela via principal pode recorrer adesivamente ao recurso da outra parte, desde que a impugnação recaia sobre a parte da decisão que não tenha sido objeto do recurso autônomo.

(D) O recurso de apelação contra sentença denegatória de mandado de segurança possui apenas efeito devolutivo, ficando revogada a liminar, ainda que o juiz não declare expressamente essa revogação na sentença.

(E) No julgamento do recurso de apelação, não pode o órgão ad quem manter a sentença de extinção do processo sem resolução do mérito, modificando, entretanto, a fundamentação adotada pelo juiz a quo.

A: incorreta. A decisão é irrecorrível (CPC, art. 527, parágrafo único); **B:** incorreta. Em casos excepcionais, admitem-se efeitos infringentes aos embargos de declaração. Quando isso for ocorrer, a jurisprudência do STJ afirma que deverá ser aberto prazo para manifestação do embargo, de modo a garantir o contraditório (apesar de ausência de previsão legal nesse sentido); **C:** incorreta, pela preclusão (CPC, art. 500); **D:** correta (L. 12.016/09, art. 14, § 3º); **E:** incorreta, pois não há vedação nesse sentido no CPC.

Gabarito "D".

(Procurador do Estado/MT – FCC – 2011) Uma ação ordinária de cobrança foi julgada improcedente, por insuficiência de provas do crédito reclamado. Houve recurso de apelação por parte do autor e os autos foram remetidos à superior instância. Nesse caso, o relator, através de despacho monocrático, NÃO poderá:

(A) dar provimento ao recurso se, através do exame da prova, se convencer de que o crédito do autor está suficientemente provado.

(B) negar seguimento ao recurso, se o considerar inadmissível.

(C) negar seguimento ao recurso, se a decisão recorrida estiver confronto com jurisprudência dominante do respectivo tribunal.

(D) negar seguimento ao recurso, se o considerar prejudicado.

(E) dar provimento ao recurso, se a decisão recorrida estiver em confronto com súmula de Tribunal Superior.

A) Esta hipótese "A" é a única não permitida ao desembargador mediante decisão monocrática – as demais situações (em que não há análise de provas) estão previstas no CPC, art. 557.

Gabarito "A".

2.3. AGRAVO

(Procurador da Fazenda Nacional – 2004 – ESAF) Quanto ao juízo de admissibilidade do recurso de agravo sob a modalidade "de instrumento", e de acordo com a jurisprudência do Superior Tribunal de Justiça, é correto afirmar:

(A) é pressuposto recursal ligado à regularidade formal a juntada das "peças obrigatórias" elencadas no Código de Processo Civil, sendo ônus do agravante a juntada das "peças facultativas", que são aquelas úteis à compreensão da matéria, sob pena de obter o agravante julgamento de mérito desfavorável a seus interesses.

(B) é pressuposto recursal ligado à regularidade formal, além da juntada das "peças obrigatórias" elencadas no Código de Processo Civil, a juntada das "peças necessárias" à exata compreensão da controvérsia, embora não obrigatórias, sob pena de ter seu recurso liminarmente negado.

(C) é pressuposto recursal ligado à regularidade formal a juntada das "peças obrigatórias" elencadas no Código de Processo Civil, devendo o Tribunal abrir oportunidade para que sejam juntadas outras "necessárias" antes de negar seguimento ao recurso, pois a lei não impõe a juntada dessas últimas, não podendo a parte agravante ser prejudicada se não atuou com desídia.

(D) é pressuposto recursal ligado à regularidade formal a juntada das "peças obrigatórias" elencadas no Código de Processo Civil, só podendo o recurso não ser conhecido por outro motivo se a parte agravada alegar e provar que a ausência das "facultativas" violou seu direito à ampla defesa.

(E) em se tratando as preliminares do julgamento do recurso matéria de ordem pública e, portanto, cognoscíveis de ofício, deve o relator converter o julgamento em diligência sempre que faltar uma peça essencial à compreensão da controvérsia, seja obrigatória, seja facultativa.

A: incorreta. A ausência de peças leva ao não conhecimento do agravo – juízo de admissibilidade, não juízo de mérito; **B:** correta, à época da aplicação da prova. Contudo, necessário esclarecer que, no julgamento de recurso repetitivo e alterando entendimento anterior, o STJ definiu que o recurso somente não pode ser conhecido pela falta de peças obrigatórias, e não pela falta de peças necessárias à compreensão da controvérsia – deve o relator, se o caso, determinar sua juntada (REsp 1.102.467, DJe 29/08/2012, informativo STJ 496); **C:** incorreta, à época da aplicação da prova. Hoje, nos termos do exposto acima, esta seria a alternativa a ser assinalada; **D:** incorreta, conforme argumentos já expostos; **E:** incorreta. Sendo peça obrigatória prevista em lei (CPC, art. 525, I), o recurso não será conhecido, não sendo possível emenda.

Gabarito "B".

(Procurador do Estado/PR – 2007) Cabe agravo retido:

(A) contra qualquer decisão interlocutória de primeiro grau;

(B) contra a decisão do relator que nega conhecimento, liminarmente, à apelação;

(C) contra a decisão de saneamento do processo que rejeita a alegação de prescrição;

(D) contra decisão que, no início do processo, indefere pedido de tutela antecipada, formulado na petição inicial;

(E) contra a decisão que, no processo executivo, rejeita a impugnação feita pelo exequente à nomeação de bem à penhora pelo executado.

A: incorreta. Há três hipóteses em que cabível o instrumento (CPC, art. 522); **B:** incorreta. Cabível, no caso, agravo interno ou regimental (CPC, art. 557, § 1º); **C:** correta, por se tratar de uma situação em que não há urgência (CPC, art. 522); **D:** incorreta. Diante da situação de urgência, cabível agravo de instrumento (CPC, art. 522); **E:** incorreta. No caso da execução ou cumprimento, como não há propriamente sentença, cabível o recurso de agravo de instrumento (CPC, art. 475-M, § 3º).

Gabarito "C".

(Procurador do Estado/SC – 2009) Assinale a alternativa incorreta:

(A) O agravo retido independe de preparo.

(B) O agravo de instrumento é protocolado diretamente no tribunal

(C) Em sede de agravo de instrumento, é possível pleitear-se a antecipação da tutela recursal.

(D) Contra as decisões proferidas em audiência de instrução de julgamento, o recurso cabível é o agravo retido.

(E) O recurso de apelação interposto contra a sentença que indefere a petição inicial não comporta juízo de retratação.

A: correta (CPC, art. 522, parágrafo único); **B:** correta (CPC, art. 524); **C:** correta (CPC, art. 527, III); **D:** correta (CPC, art. 523, § 3º); **E:** incorreta (CPC, art. 296).

Gabarito "E".

(Procurador da Fazenda Nacional – 2007.2 – ESAF) Quanto ao agravo retido, é incorreto afirmar que:

(A) o agravo retido deve ser interposto no prazo de dez dias e, uma vez interposto, deverá a parte contrária ser ouvida sobre ele. O juiz, estabelecendo o contraditório, poderá redecidir, hipótese na qual o agravado poderá interpor um novo agravo desta nova decisão.

(B) da decisão que determina a retenção do agravo de instrumento em retido, caberá a interposição de recurso especial, por ser tal decisão considerada de última instância por não comportar o manejo do agravo interno.

(C) as decisões interlocutórias proferidas nas audiências de instrução e julgamento serão agraváveis na forma retida e sua interposição deverá ser feita oral e imediatamente na própria audiência, constando do respectivo termo as razões sucintas de sua reforma, mas toda vez que a decisão interlocutória tiver o condão de "causar à parte lesão grave e de difícil reparação", mesmo quando proferida em audiência de instrução e julgamento, a hipótese é de agravo de instrumento.

(D) da decisão que determina a retenção do agravo de instrumento em retido não caberá recurso mas, de acordo com a jurisprudência dominante do Tribunal Regional Federal da 1ª Região, comportará a impetração do mandado de segurança.

(E) será retido o agravo interposto de qualquer decisão interlocutória que não seja: a inadmissão de apelação; relativa aos efeitos em que a apelação foi recebida; casos de urgência ou, como quer a lei, "decisão suscetível de causar à parte lesão grave e de difícil reparação".

A: correta. CPC, arts. 522 e 523, § 2º; **B:** incorreta, devendo esta ser assinalada. A decisão é monocrática e, em tese, cabível agravo regimental – mas a lei vedou. Assim, é irrecorrível, só cabe pedido de reconsideração, sem natureza recursal (CPC, art. 527, parágrafo único); **C:** correta. CPC, arts. 522 e 523, § 3º); **D:** correta. Além do exposto em "B", diante da irrecorribilidade, a jurisprudência majoritária no país entende cabível o MS nessa situação; **E:** correta. CPC, art. 522.

Gabarito "B".

(Procurador da Fazenda Nacional – 2007 – ESAF) Quanto ao recurso de agravo interposto em face da decisão de primeiro grau, é correto afirmar que:

(A) pode-se utilizar a forma de interposição de recurso pelo correio com aviso de recebimento nas hipóteses de agravos de instrumento interposto em face de decisão de primeiro grau e de decisão que não admite recursos especial e extraordinário.

(B) após a análise dos requisitos de admissibilidade do recurso de apelação, o tribunal analisará o agravo retido, sendo que o seu provimento gerará a nulidade da sentença proferida pelo magistrado de primeiro grau.

(C) o magistrado poderá de ofício, por ser matéria relativa à admissibilidade do recurso, não conhecer do recurso de agravo de instrumento quando o agravante não tiver cumprido o requisito da lei, que determina a comunicação e a comprovação ao juízo de primeiro grau acerca da interposição do agravo de instrumento, assim como dos documentos que instruíram o referido recurso.

(D) da decisão que o magistrado converter o agravo de instrumento em retido, por não se aplicar ao caso a possibilidade de lesão grave ou de difícil reparação, caberá a interposição do agravo interno no prazo de cinco dias.

(E) das decisões proferidas em audiência de instrução, nos procedimentos ordinário e no sumário, caberá a interposição do agravo de forma retida, que deve ser interposto de forma oral e imediata sob pena de preclusão, salvo quando se tratar de decisão suscetível de causar à parte lesão grave e de difícil reparação.

A: incorreta. O art. 525, § 2º, do CPC, apenas prevê em relação ao agravo de 1º grau (além disso, atualmente cabível o agravo nos próprios autos contra decisão denegatória – CPC, art. 544); **B:** incorreta. Primeiro é feita a análise do retido (CPC, art. 523); **C:** incorreta. Depende de provocação da parte contrária (CPC, art. 526); **D:** incorreta. Essa decisão é irrecorrível (CPC, art. 527, parágrafo único); **E:** correta. CPC, arts. 522 e 523, § 3º.

Gabarito "E".

(Procurador do Município/Teresina-PI – 2010 – FCC) O recurso de agravo é cabível

(A) quando for preciso forçar a parte contrária à abstenção de um ato.

(B) de sentenças.

(C) de atos processuais de mero expediente.

(D) de quaisquer decisões interlocutórias, havendo ou não prejuízo às partes.

(E) de decisões interlocutórias, desde que haja gravame à parte recorrente.

A: incorreta. para isso, há necessidade de uma ordem judicial – cautelar ou antecipação de tutela (que, negada, poderá dar ensejo a um agravo); **B:** incorreta (CPC, art. 513); **C:** incorreta (CPC, art. 504); **D:** incorreta, pois só há interesse recursal se houver prejuízo; **E:** correta. CPC, art. 522 e alternativa "D".

Gabarito "E".

(Procurador do Estado/GO – 2010) Com relação ao agravo de instrumento, está INCORRETA a seguinte afirmação:

(A) A petição de agravo de instrumento deverá conter o nome e o endereço completo dos advogados constantes do processo.

(B) Se o juiz comunicar que reformou inteiramente a decisão agravada, o relator considerará prejudicado o agravo.

(C) O relator negará seguimento a agravo de instrumento manifestamente inadmissível, improcedente, prejudicado ou em confronto com súmula ou com jurisprudência dominante do respectivo tribunal, do Supremo Tribunal Federal ou de Tribunal Superior.

(D) Computar-se-á em dobro o prazo para requerer a juntada, aos autos do processo originário, de cópia da petição de agravo de instrumento e do comprovante de sua interposição, assim como a relação dos documentos que instruíram o recurso, quando a Fazenda Pública for a agravante.

(E) O agravo de instrumento é cabível de decisões interlocutórias.

A: correta. CPC, art. 524, III; **B:** correta. CPC, art. 529; **C:** correta. CPC, art. 557; **D:** incorreta, devendo esta ser assinalada. O entendimento prevalecente é que, como o prazo do art. 526 é específico, não é alterado para a Fazenda. O art. 188 do CPC se refere especificamente a contestação e recursos – e a juntada de cópia não é a interposição do recurso; **E:** correta. CPC, art. 522.

Gabarito "D".

(Procurador do Estado/MT – FCC – 2011) Numa ação ordinária, o autor interpôs agravo de instrumento contra decisão interlocutória proferida pelo juiz da causa. O relator, no entanto, converteu o agravo de instrumento em agravo retido. Dessa decisão:

(A) cabe reclamação para a turma julgadora.

(B) cabe recurso especial.

(C) não cabe recurso.

(D) cabe recurso extraordinário.

(E) cabe agravo para a turma julgadora.

A decisão que converte o agravo de instrumento em retido não é passível de recurso – sendo cabível pedido de reconsideração, que não tem natureza recursal (CPC, art. 527, parágrafo único).

Gabarito "C".

(Procurador do Município/São José dos Campos-SP – 2012 – VUNESP) O prazo para a Fazenda Pública apresentar resposta ao agravo de instrumento impetrado da decisão de liquidação de sentença é de:

(A) cinco dias.

(B) dez dias.

(C) quinze dias.

(D) vinte dias.

(E) trinta dias.

O prazo de resposta é o mesmo prazo para a interposição do recurso – e não é contado em dobro para a Fazenda, pois o CPC, art. 188 não faz menção a prazo de resposta. Assim, o prazo é de 10 dias (CPC, art. 523, § 2º).

Gabarito "B"

(Procurador do Município/Sorocaba-SP – 2012 – VUNESP) Interposto Recurso Extraordinário, o Presidente da Seção de Direito Público do Tribunal de Justiça do Estado de São Paulo negou seguimento ao recurso. A Procuradoria Municipal foi devidamente intimada da decisão no dia 31, uma sexta-feira.

Nesse caso,

(A) poderá ser interposto Agravo de Instrumento, acompanhado das peças obrigatórias, cujo prazo final será no dia 12 do mês subsequente.

(B) poderá ser interposto Agravo, cujo prazo final se dará no dia 24 do mês subsequente à intimação.

(C) poderá ser interposto Agravo, cujo prazo final se dará no dia 22 do mês subsequente à intimação.

(D) poderá ser interposto Agravo, cujo prazo final se dará no dia 12 do mês subsequente à intimação.

(E) poderá ser interposto Agravo de Instrumento, acompanhado das peças obrigatórias, cujo prazo final será no dia 22 do mês subsequente.

A: incorreta. Após a alteração do art. 544 do CPC (2010), não cabe mais agravo de instrumento da decisão denegatória, mas sim agravo nos próprios autos; **B:** correta. O prazo do agravo é de 10 dias (CPC, art. 544). Para a Fazenda, prazo em dobro (CPC, art. 191). Considerando a intimação em 31 (6ª feira), o início do prazo é o próximo dia útil seguinte (CPC, art. 184, § 2º), ou seja, dia 3 (2ª feira). 20 dias depois será 22, um sábado. Assim, o prazo vencerá em 24.

Gabarito "B"

(Advogado – CASA DA MOEDA – 2009 – CESGRANRIO) A Casa da Moeda do Brasil é ré em ação que transita pelo procedimento sumário, com pedido indenizatório por danos morais e materiais decorrentes de acidente de veículos, ocorrido no município de Sapucaia/RJ, proposta por M. S.. Regularmente citada, apresenta a ré contestação oral, em audiência, requerendo prova testemunhal, indicando seu rol de testemunhas e prova pericial para conferir os prejuízos alegados pelo autor. O magistrado que preside o processo indefere as provas requeridas, aduzindo que a prova material carreada aos autos é suficiente para formar o seu convencimento e profere sentença, em audiência, julgando procedente *in* *totum* o pedido formulado. Analisando o caso apresentado, conclui-se que:

(A) o agravo interno seria cabível.

(B) o agravo regimental seria cabível.

(C) o recurso de agravo deveria ser retido.

(D) o recurso seria agravo de instrumento.

(E) não caberia agravo.

C: correto. A decisão interlocutória – a exemplo daquela que indefere as provas postuladas por uma das partes – exarada em audiência de instrução e julgamento é impugnável mediante recurso de agravo, na forma retida, o qual deverá ser interposto oral e imediatamente, pena de preclusão (art. 523, § 3º, do CPC).

Gabarito "C".

(Advogado – PETROBRÁS DISTRIB. – 2008 – CESGRANRIO) A BR S/A é ré em procedimento sumário, com pedido indenizatório, por danos morais e materiais, decorrente de acidente de veículos, proposta por Túlio Romário da Silva. Regularmente citada, apresenta a ré contestação oral em audiência, requerendo prova testemunhal, indicando seu rol de testemunhas, e prova pericial, para conferir os prejuízos alegados pelo autor. O magistrado que preside o processo indefere as provas requeridas, aduzindo que a prova material carreada aos autos é suficiente para formar o seu convencimento e profere sentença em audiência julgando procedente *in totum* o pedido formulado. Não houve interposição de agravo por parte da BR S/A. Nesse contexto,

(A) deveria ser retido o recurso de agravo.

(B) seria agravo de instrumento o recurso adequado.

(C) caberia agravo interno.

(D) seria cabível agravo regimental.

(E) não caberia agravo.

A: correto. A decisão interlocutória – a exemplo daquela que indefere as provas postuladas por uma das partes – exarada em audiência de instrução e julgamento é impugnável mediante recurso de agravo, na forma retida, o qual deverá ser interposto oral e imediatamente, pena de preclusão (art. 523, §3º, do CPC).

Gabarito "C".

(Advogado – PETROBRÁS – 2008 – CESGRANRIO) Analise as afirmativas a seguir, sobre Agravo de Instrumento.

I. O agravo de instrumento é recurso cabível contra decisão judicial que exclui um dos litisconsortes do feito.

II. Só é cabível agravo de instrumento da decisão que recebe apelação intempestiva.

III. A decisão que deixa de receber apelação em função de súmula impeditiva de recurso é atacada por agravo de instrumento.

IV. Interpõe-se agravo de instrumento das decisões interlocutórias, proferidas em audiência de instrução e julgamento, devendo o mesmo ser interposto oral e imediatamente, bem como constar do respectivo termo, nele expostas as razões do agravante.

V. A decisão que converte agravo de instrumento em agravo retido é atacada por agravo interno dirigido ao Pleno do Tribunal.

São corretas **APENAS** as afirmativas

(A) I e III.

(B) IV e V.

(C) I, II e IV.

(D) II, IV e V.

(E) III, IV e V.

I: correto. Há hipóteses em que o juiz pode decidir parcela do mérito da causa, sem que, contudo, tal decisão necessariamente ponha fim ao processo, ou seja, há decisões que possuem *conteúdo* de sentença, mas, por não finalizarem o processo ou a fase de conhecimento em primeiro grau, são decisões interlocutórias. Tal situação ocorre, por exemplo, quando o juízo verifica a ocorrência da prescrição da pretensão de cobrança de parcela da obrigação exigida pelo credor. Embora ostente o conteúdo do art. 269, IV, do CPC, cuida-se de decisão interlocutória, visto que o processo marchará quanto à fração da obrigação cuja pretensão não foi atingida pela prescrição. Outro exemplo interessante é aquele em que o órgão jurisdicional, liminarmente, decide por excluir um dos litisconsortes da lide por ilegitimidade de parte. Tal pronunciamento contém a hipótese vertida no art. 267, VI, do CPC, mas, por não extinguir o processo ou a fase de conhecimento em primeiro grau, não pode ser tido como sentença. A esse respeito, note-se o magistério de Nelson Nery Jr. e de Rosa Maria de Andrade Nery: "[...] o pronunciamento do juiz somente poderá ser classificado como sentença se contiver uma das matérias expressas no CPC 267 ou 269, mas não extinguindo o processo, o pronunciamento do juiz será *decisão interlocutória* recorrível por agravo. Embora com conteúdo de sentença, são decisões interlocutórias: a) exclusão de um litisconsorte do processo por ilegitimidade de parte (CPC 267 VI) – julga-se a *ação* quanto ao litisconsorte excluído, mas o processo continua quanto ao outro litisconsorte; b) indeferimento liminar de reconvenção (CPC 315) ou de ação declaratória incidental (CPC 5º e 325) – julga-se a *ação* (CPC 267 ou 269) secundária, mas o processo (conjunto formado pelas várias ações cumuladas: *in casu*, ação principal e reconvencional ou ADI) continua quanto à ação principal [...] Todos são exemplos de pronunciamentos com conteúdo do CPC 267 ou 269, que pela tão só literalidade do CPC 162 § 1º poderiam ser classificados como sentença, mas que, por não encerrarem *também* o processo no primeiro grau de jurisdição, têm de ser classificados como *decisão interlocutória*, e, consequentemente, são impugnáveis por meio do recurso de agravo (CPC 162 § 2º E 522) (NERY JR. Nelson; NERY, Rosa Maria de Andrade. *Código de processo civil comentado e legislação extravagante*. 10. edição. São Paulo: Revista dos Tribunais, 2007, p. 429) [grifos nos original]; **II:** incorreto. São cabíveis os embargos de declaração em face da decisão que reconhece a intempestividade da apelação, tudo com fulcro nos princípios da celeridade e da economia processual. Ao agasalho de tal entendimento, confira-se antigo aresto proferido pelo STJ: "PROCESSO CIVIL. PRAZO. EMBARGOS DECLARATÓRIOS. TÉRMINO EM DIA SEM EXPEDIENTE. PRORROGAÇÃO. NATUREZA INFRINGENTE DOS DECLARATÓRIOS. RECURSO CONHECIDO E PROVIDO. [...] III - O EQUÍVOCO NA DECLARAÇÃO DE INTEMPESTIVIDADE DO RECURSO PODE SER CORRIGIDO NA VIA EXCEPCIONALMENTE INFRINGENTE DOS EMBARGOS DECLARATÓRIOS, SEGUNDO CONSTRUÇÃO DA DOUTRINA E DA JURISPRUDÊNCIA, EM OBSÉQUIO AOS PRINCÍPIOS DA ECONOMIA E DA CELERIDADE. (REsp 6.739/BA, Rel. Ministro SÁLVIO DE FIGUEIREDO TEIXEIRA, QUARTA TURMA, julgado em 13/08/1991, DJ 09/09/1991, p. 12207); **III:** correto (art. 522, *caput*, do CPC); IV: incorreto. A decisão interlocutória exarada em audiência de instrução e julgamento é impugnável mediante recurso de agravo, *na forma retida*, o qual deverá ser interposto oral e imediatamente, pena de preclusão (art. 523, § 3º, do CPC); V: incorreto (art. 527, II e parágrafo único, do CPC).

Gabarito "A".

2.4. EMBARGOS DE DECLARAÇÃO

(Procurador Federal – 2013 – CESPE) Julgue o seguinte item.

(1) A aplicação da litigância de má-fé pode ser cumulada com a multa prevista em dispositivo do CPC que prevê multa para a interposição de embargos de declaração manifestamente protelatórios, mas a aplicação dessa multa condiciona o depósito judicial do valor arbitrado para interposição de qualquer outro recurso, sob pena de não conhecimento do último recurso interposto.

1. Errada. A litigância de má-fé pode ser cumulada com outras multas. Contudo, a multa, que é requisito de admissibilidade recursal para o conhecimento do posterior recurso, é aquela no caso de reiteração dos embargos protelatórios (CPC, art. 538, parágrafo único). Assim, errado o enunciado, pois (i) a multa não se aplica aos primeiros declaratórios protelatórios e (ii) o recurso não conhecido será o próximo a ser interposto, não o último antes interposto.

Gabarito 1E

(Procurador do Estado/SC – 2009) Assinale a alternativa incorreta, a respeito dos embargos de declaração:

(A) Não dependem de preparo.

(B) Excepcionalmente, podem adquirir efeito modificativo.

(C) Sua interposição suspende o prazo para a interposição dos demais recursos.

(D) Podem ser interpostos em face de decisões interlocutórias.

(E) São interpostos em caso de omissão, contradição ou obscuridade da decisão recorrida.

A: correta. CPC, art. 536; **B:** correta, em casos excepcionais, conforme doutrina e jurisprudência; **C:** incorreta, devendo esta ser assinalada. No CPC há a interrupção (CPC, art. 538); no JEC, há a suspensão (L. 9.099/95, art. 50) do prazo para os demais recursos; **D:** correta (art. 535, II, CPC); **E:** correta (art. 535 do CPC).

Gabarito "C".

(Advogado – BNDES – 2004 – CESGRANRIO) De acordo com a legislação processual civil em vigor, é correto afirmar que os embargos declaratórios opostos em face de acórdão de tribunal:

(A) admitem sustentação oral.

(B) podem, em certos casos, ser indeferidos monocraticamente pelo relator.

(C) devem ser apresentados em petição dirigida ao presidente do órgão colegiado julgador do acórdão embargado.

(D) não serão conhecidos quando deixar de ser recolhido o preparo.

(E) serão julgados independentemente da publicação de pauta no órgão oficial.

A: incorreto, eis que não haverá sustentação oral nos embargos de declaração nem no agravo de instrumento (art. 554 do CPC); **B:** incorreto (art. 537, segunda parte, do CPC); **C:** incorreto. Os declaratórios devem ser opostos por meio de petição dirigida ao relator (art. 536 do CPC); **D:** incorreto, pois os embargos de declaração independem de preparo (art. 536 do CPC); **E:** correto (art. 537, segunda parte, do CPC).

Gabarito "E".

2.5. EMBARGOS INFRINGENTES

(Procurador do Estado/SE – FCC – 2005) Cabem embargos infringentes contra acórdão que, por:

(A) maioria de votos, negou provimento a apelação.

(B) maioria de votos, julgou improcedente ação rescisória.

(C) unanimidade, deu provimento a apelação reformando a sentença.

(D) maioria de votos, deu provimento a agravo de instrumento.

(E) maioria de votos, deu provimento a agravo retido reiterado em apelação, reconhecendo-se a prescrição.

A: incorreta. Cabe quando há provimento da apelação (CPC, art. 530); **B:** incorreta. Cabe quando há procedência da AR (CPC, art. 530); **C:** incorreta. Cabe quando há voto vencido (CPC, art. 530); **D:** incorreta. Não cabe no julgamento de agravo de instrumento (CPC, art. 530); **E:** correta. CPC, art. 530 e Súmula 255/STJ "Cabem embargos infringentes contra acórdão, proferido por maioria, em agravo retido, quando se tratar de matéria de mérito". Considerando a redação do art. 530, ao mencionar apelação, questão que busca induzir o candidato a erro.

Gabarito "E".

(Procurador do Município/Recife-PE – 2008 – FCC) Os embargos infringentes serão admissíveis para impugnar acórdão

(A) unânime, em grau de apelação, sempre que houver reforma da sentença de mérito.

(B) que julgar procedente ou improcedente ação rescisória.

(C) não unânime, em grau de apelação, havendo ou não reforma da sentença de mérito.

(D) não unânime, em grau de apelação, sempre que houver reforma da sentença de mérito.

(E) unânime, em grau de apelação, havendo ou não reforma da sentença de mérito.

A: incorreta. Há necessidade de reforma por maioria (CPC, art. 530); **B:** incorreta. Somente se procedente AR, por maioria (CPC, art. 530); **C:** incorreta. Somente se houver reforma (CPC, art. 530); **D:** correta (CPC, art. 530); **E:** incorreta. Somente se houver reforma, por maioria (CPC, art. 530).

Gabarito "D".

(Advogado – BNDES – 2006 – CESGRANRIO) Analise as seguintes hipóteses:

I. contra a parte não unânime de acórdão proferido no julgamento de apelação cuja unanimidade fora parcial;

II. contra acórdão não unânime que julga improcedente o pedido em ação rescisória;

III. contra acórdão não unânime, proferido no julgamento de apelação que contém apenas matéria de preliminar processual;

IV. contra acórdão não unânime que julga o mérito da lide ao dar provimento à apelação interposta contra sentença terminativa.

Considerando presentes os demais pressupostos dos embargos infringentes, a(s) hipótese(s) em que é possível a utilização do referido recurso é(são):

(A) III, apenas.

(B) I e II, apenas.

(C) I e III, apenas.

(D) I e IV, apenas.

(E) II e IV, apenas.

I: correto (art. 530, *caput*, do CPC); **II:** incorreto. Cabem embargos infringentes contra o acórdão que julga *procedente* o pedido contido na ação rescisória (art. 530, *caput*, do CPC); **III:** incorreto. Os embargos infringentes dirigem-se, na primeira hipótese, contra acórdão não unânime que houver reformado, em grau de apelação, *sentença de mérito* ou *definitiva* (art. 530, primeira parte, do CPC); IV: correto. Se o tribunal aplicar, ainda que por maioria, a teoria da causa madura (art. 515, § 3º, do CPC), decidindo desde logo o mérito da lide, afiguram-se cabíveis os embargos infringentes. Ao abono de tal entendimento, confira-se a doutrina de Marcus Vinícius Rios Gonçalves: "Uma interpretação literal do art. 530 afastaria a possibilidade de embargos infringentes, que exigem reforma de sentença de mérito. Mas parece-nos que a melhor interpretação há de ser a teleológica. Uma vez que o acórdão julgou o mérito, reformando a sentença de primeiro grau por maioria, os embargos hão de ser admitidos, pois o apelante não pode ser prejudicado pelo fato de o juiz de primeira instância ter, equivocadamente, deixado de apreciar o mérito" (GONÇALVES, Marcus Vinícius Rios. *Novo Curso de Direito Processual Civil. Vol 2*. 7. edição. São Paulo: Saraiva, 2011, p. 132).

Gabarito "D".

2.6. RECURSOS EXTRAORDINÁRIO E ESPECIAL

(Procurador da Fazenda Nacional – 2006 – ESAF) Sobre o recurso especial:

(A) havendo decisão unânime de Turma de Tribunal Regional Federal contra a qual é interposto, pela União (Fazenda Nacional), embargos de declaração liminarmente inadmitidos, ao fundamento de impertinência, mediante decisão monocrática terminativa do relator, fica caracterizada a existência de decisão de única ou última instância que autoriza a interposição do recurso especial.

(B) quando interposto contra decisão de única ou última instância de Tribunal Regional Federal ao argumento de contrariedade ou negativa de vigência a lei federal, devolve o Superior Tribunal de Justiça o conhecimento da matéria impugnada e das demais questões de natureza infraconstitucional suscitadas e discutidas no processo.

(C) inadmitido o recurso por decisão da presidência do Tribunal recorrido, aos fundamentos de que o tema especificamente suscitado no recurso especial não foi devidamente prequestionado e que a decisão recorrida está perfeitamente ajustada à jurisprudência do Superior Tribunal de Justiça (STJ), é cabível a interposição de agravo para o STJ, sendo adequada a fundamentação deste recurso no argumento da incompetência da instância *a quo* para apreciar aspectos estranhos aos requisitos intrínsecos ao recurso.

(D) sendo omissa a decisão do Tribunal Regional Federal sobre ponto relevante, de natureza constitucional ou infraconstitucional, expressamente suscitado nas razões de apelação cível, é desde logo cabível a interposição de recurso especial desde que arguindo contrariedade não à legislação concernente ao mérito da causa mas sim aos deveres processuais daquela Corte decorrentes das disposições do Código de Processo Civil.

(E) quando interposto contra decisão de única ou última instância de Tribunal Regional Federal ao argumento de que o aresto deu a lei federal interpretação divergente da que lhe haja atribuído outro tribunal, não se exige que a divergência esteja caracterizada face a decisão de outro Tribunal Regional Federal mas sim que, mediante cotejo analítico dos fundamentos de fato e de direito de cada uma das decisões (recorrida e paradigma), fique caracterizada a perfeita identidade das premissas relevantes e a diversidade das conclusões alcançadas por cada uma das Cortes julgadoras.

A: incorreta. Se a decisão quanto aos embargos de declaração é monocrática, deverá ser interposto agravo regimental para provocar a prolaçao de acórdão – e aí cabível o especial; **B:** incorreta. Só é objeto do recurso especial a matéria constante do recurso, devidamente prequestionada (Súmulas 282 e 356 do STF) e que não discuta cláusula contratual ou matéria fática (Súmulas 5 e 7 do STJ); **C:** incorreta. O recurso cabível de fato é o agravo (com a reforma de 2010, agravo nos próprios autos, nos termos do art. 544 do CPC). A admissibilidade será não só em relação a aspectos formais internos do recurso, mas também quanto ao conteúdo (como, por exemplo, se vê da Súmula n. 83/STJ); **D:** incorreta. Se houve omissão, deve a parte, antes de ingressar com o especial, opor declaratórios – inclusive para fins de prequestionamento (Súmulas 98 e 211 do STJ). **E:** correta. É a hipótese de recurso fundado na divergência externa, entre o acórdão recorrido e o paradigma (CF, art. 105, III, c).

Gabarito "E".

(Procurador da Fazenda Nacional – 2006 – ESAF) Sobre o recurso extraordinário:

(A) atende ao requisito do prequestionamento a articulação da questão, sobre a qual se pretende recorrer extraordinariamente, por oportunidade dos embargos de declaração contra a decisão unânime de Turma do Tribunal Regional Federal, independentemente da sua presença específica na matéria impugnada por ocasião da apelação, ou das respectivas contrarrazões (resposta), ou nas questões anteriormente suscitadas e discutidas no processo.

(B) a inobservância, pelo juiz federal processante de primeira instância ou pelo Tribunal Regional Federal, de regra processual civil expressa, daí resultando (alegado ou presumido) prejuízo para a defesa, caracteriza, ademais de infração à respectiva legislação federal, passível de impugnação mediante recurso especial, situação de afronta aos princípios constitucionais da ampla defesa e do devido processo legal, sendo consequentemente pertinente a concomitante interposição de recurso extraordinário.

(C) suscitado, pela Turma do Tribunal Regional Federal, incidente de arguição de inconstitucionalidade de lei ou ato normativo federal, e sendo ele julgado procedente, pelo pleno ou órgão especial do respectivo Tribunal, com a respectiva declaração de inconstitucionalidade, contra esta decisão não é cabível a interposição de recurso extraordinário: apenas o será, oportunamente, contra o acórdão que, após, venha a ser proferido pela Turma no caso concreto em julgamento.

(D) a decisão de Turma do Tribunal Regional Federal que, interpretando legislação tributária, conclui, em manifesta contrariedade ao entendimento da União (Fazenda Nacional), pela inclusão do contribuinte-autor em situação de isenção fiscal, caracteriza, para fins de recurso extraordinário, decisão afrontosa ao princípio constitucional da estrita legalidade em matéria tributária (art. 150, inciso I, da Constituição).

(E) interposto agravo de instrumento, para o Supremo Tribunal Federal (STF), contra a inadmissão, por decisão da presidência do Tribunal recorrido, de recurso extraordinário, a identificação, pelo próprio STF, da ausência, no instrumento recursal, de cópia de peça obrigatória, enseja, alternativamente e a juízo do próprio Tribunal, a intimação do agravante para complementar o instrumento ou a baixa dos autos à instância de origem para que ali se promova aquela mesma complementação.

A: incorreta. Somente se houve discussão da matéria em apelação é que se pode falar em omissão capaz de levar ao provimento de embargos de declaração para fins de prequestionamento; **B:** incorreta. A jurisprudência entende que essa é situação de ofensa reflexa à CF, hipótese na qual não cabe o RE; **C:** correta. O incidente de inconstitucionalidade (CPC, art. 480), em atenção à cláusula de reserva de plenário (CF, art. 97), busca definir a questão da constitucionalidade no âmbito do Tribunal – mas a efetiva decisão, do caso concreto, será tomada pela turma após fixada a premissa quanto à inconstitucionalidade; **D:** incorreta. Na linha do exposto na alternativa "B", essa situação seria de ofensa reflexa; **E:** incorreta. No sistema anterior à Lei 12.322/2010, a falta de documento no instrumento levava ao não conhecimento do agravo. Cabe lembrar que, atualmente, o agravo nos próprios autos independe da juntada de quaisquer documentos, já que os autos do recurso sobem ao STF (CPC, art. 544).

Gabarito "C".

(Procurador do Estado/PR – 2007) Assinale a alternativa correta:

(A) pode ser invocado, para se demonstrar dissídio jurisprudencial autorizador do recurso especial, outro acórdão do mesmo tribunal que proferiu a decisão recorrida.

(B) o recurso extraordinário nunca poderá ser interposto contra decisão de juiz de primeiro grau.

(C) Cabe recurso extraordinário contra a decisão de tribunal que, em última ou única instância, der a uma norma constitucional interpretação divergente da que lhe haja atribuído outro tribunal.

(D) Cabendo contra uma mesma decisão recurso especial e recurso extraordinário, deverá ser interposto apenas o primeiro. Só depois de julgado o recurso especial terá início o prazo para o ajuizamento do recurso extraordinário.

(E) Não sendo unânime o acórdão que julga a apelação, devem ser interpostos embargos infringentes antes dos recursos especial e extraordinário.

A: incorreta. A divergência que justifica o REsp deve ser de tribunais distintos (CF, art. 105, III, *c*); **B:** incorreta, pois será possível quando se tratar de única instância (art. 102, III, da CF) – como no caso de execução fiscal atacada por embargos infringentes (L. 6830/80, art. 34); **C:** incorreta. Não é hipótese de RE divergência entre tribunais (CF, art. 102, III); **D:** incorreta (CPC, art. 543); **E:** correta (CPC, art. 498).

Gabarito "E".

(Procurador do Estado/RO – 2011 – FCC) NÃO admitido o recurso especial ou o extraordinário, caberá agravo:

(A) nos próprios autos, no prazo de cinco dias, e se os dois recursos não forem admitidos, o agravante terá a faculdade de interpor apenas um agravo para ambos.

(B) de instrumento, no prazo de dez dias, instruído com as peças obrigatórias indicadas por lei.

(C) nos próprios autos, no prazo de dez dias, e se os dois recursos não forem admitidos, o agravante terá a faculdade de interpor apenas um agravo para ambos.

(D) de instrumento, no prazo de cinco dias para o Superior Tribunal de Justiça e no prazo de dez dias para o Supremo Tribunal Federal, conforme o caso, instruído com as peças obrigatórias indicadas por lei.

(E) nos próprios autos, no prazo de dez dias, e o agravante deverá interpor um agravo para cada recurso não admitido.

A: incorreta, porque o prazo para o recurso é de 10 dias (CPC, art. 544); **B:** incorreta, porque não mais cabível agravo de instrumento (CPC, art. 544, com a redação da L. 12.322/10); **C:** incorreta, porque nesse caso será necessária a interposição de dois agravos (CPC, art. 544, § 1º); **D:** incorreta, conforme exposto em "B"; **E:** correta. CPC, art. 544, *caput* e § 1º.

Gabarito "E".

(Procurador da Fazenda Nacional – 2007.2 – ESAF) Quanto ao instituto da repercussão geral, é incorreto afirmar que:

(A) a decisão que não se conhece o recurso extraordinário é irrecorrível, quando a questão constitucional nela versada não oferecer repercussão geral.

(B) quando houver multiplicidade de recursos com fundamento em idêntica controvérsia, caberá ao Tribunal de origem selecionar um ou mais recursos representativos da controvérsia e, negada a existência de repercussão geral pelo Supremo Tribunal Federal, os recursos sobrestados considerar-se-ão automaticamente não admitidos.

(C) haverá repercussão geral quando o recurso impugnar decisão contrária à súmula ou jurisprudência dominante do Tribunal.

(D) caberão inicialmente ao Tribunal de origem, ao exercer o primeiro juízo de admissibilidade, e, em seguida, ao Supremo Tribunal Federal analisar a existência de repercussão geral, arguida pelo recorrente em preliminar de recurso extraordinário.

(E) o Relator poderá admitir, na análise da repercussão geral, a manifestação de terceiros, subscrita por procurador habilitado, nos termos do Regimento Interno do Supremo Tribunal Federal.

A: correta (CPC, art. 543-A); **B:** correta (CPC, art. 543-B, §§ 1º e 2º); **C:** correta (CPC, art. 543-A, § 3º); **D:** incorreta, pois análise da existência de repercussão geral cabe somente ao STF (CPC, art. 543-A); **E:** correta (CPC, art. 543-A, § 6º).

Gabarito "D".

(Procurador do Estado/GO – 2010) Acerca do entendimento jurisprudencial envolvendo os recursos especiais, está INCORRETA a seguinte proposição:

(A) A divergência entre julgados do mesmo tribunal não enseja recurso especial.

(B) Não cabe recurso especial contra acórdão proferido no julgamento de agravo de instrumento.

(C) Na instância especial, é inexistente o recurso interposto por advogado sem procuração nos autos.

(D) Não se admite recurso especial quanto a questão que, a despeito da oposição de embargos declaratórios, não foi apreciada pelo tribunal *a quo*.

(E) Não se admite recurso especial quando cabíveis embargos infringentes contra o acórdão proferido no tribunal de origem.

A: correta, pois cabe REsp quando houver divergência entre julgados de tribunais distintos (CF, art. 105, III, "c"). Súmula 13/STJ: A divergência entre julgados do mesmo Tribunal não enseja recurso especial; **B:** incorreta, devendo esta ser assinalada. Cabe REsp de acórdão – no caso, sendo interlocutória, a distinção é que o recurso especial poderá ser retido (CPC, art. 542, § 3º); **C:** correta. Súmula 115/STJ: Na instância especial é inexistente recurso interposto por advogado sem procuração nos autos. Cabe lembrar que, nas instâncias ordinárias (1º e 2º graus / inicial e apelação), é possível apresentar a procuração, nos termos do CPC, art. 13; **D:** correta. Súmula 211/STJ: Inadmissível recurso especial quanto à questão que, a despeito da oposição de embargos declaratórios, não foi apreciada pelo tribunal "a quo"; **E:** correta. Só cabe REsp se esgotados os recursos no tribunal de origem. Súmula 207/STJ: É inadmissível recurso especial quando cabíveis embargos infringentes contra o acórdão proferido no tribunal de origem.

Gabarito "B"

(Procurador do Estado/GO – 2010) Sobre recurso extraordinário, é CORRETO afirmar:

(A) Não pode o tribunal de origem deixar de encaminhar ao STF o agravo de instrumento interposto da decisão que não admite recurso extraordinário.

(B) Cabe recurso extraordinário contra acórdão de Tribunal de Justiça que defere pedido de intervenção estadual em município.

(C) Compete ao Supremo Tribunal Federal conceder medida cautelar para dar efeito suspensivo a recurso extraordinário interposto, ainda quando pendente do seu juízo de admissibilidade pelo tribunal de origem.

(D) O Supremo Tribunal Federal, conhecendo do recurso extraordinário, cassará o acórdão recorrido e determinará o retorno dos autos ao tribunal de origem, para que este julgue a causa.

(E) Cabe recurso extraordinário contra acórdão de Tribunal de Justiça que defere medida liminar.

A: correta. Súmula 727/STF: Não pode o magistrado deixar de encaminhar ao Supremo Tribunal Federal o agravo de instrumento interposto da decisão que não admite recurso extraordinário, ainda que referente a causa instaurada no âmbito dos juizados especiais.; **B:** incorreta. Súmula 637/STF: Não cabe recurso extraordinário contra acórdão de Tribunal de Justiça que defere pedido de intervenção estadual em Município; **C:** incorreta. Súmula 634/STF: Não compete ao Supremo Tribunal Federal conceder medida cautelar para dar efeito suspensivo a recurso extraordinário que ainda não foi objeto de juízo de admissibilidade na origem; **D:** incorreta. A decisão de origem será cassada e determinado novo julgamento quando houver violação de súmula vinculante, mediante do uso da reclamação (CF, art. 103-A, § 3º). **E:** incorreta. Súmula 735/STF: Não cabe recurso extraordinário contra acórdão que defere medida liminar.

Gabarito "A".

(Procurador do Estado/MG – FUMARC – 2012) A respeito do recurso especial e extraordinário, assinale a opção correta:

(A) Segundo a jurisprudência predominante no STJ, é possível a interposição de recurso especial para simples revisão de prova, por tratar-se de matéria de fato, incluindo-se aí as questões atinentes a valoração e admissibilidade da prova.

(B) De acordo com o CPC, não é cabível recurso extraordinário e recurso especial retidos contra acórdão que julga agravo de instrumento interposto contra decisão interlocutória proferida em processo de execução.

(C) da decisão do Supremo Tribunal Federal que não conhece o recurso extraordinário, decorrente da questão constitucional nele versada não oferecer repercussão geral, caberá agravo nos termos preconizados pela lei.

(D) da decisão monocrática do Relator de agravo interposto contra decisão denegatória de Recurso Extraordinário, que não admitir ou negar provimento, caberá agravo no prazo de dez dias, ao órgão competente para o julgamento do recurso.

(E) Segundo entendimento sumular caberá sempre ao Relator do Recurso Extraordinário decidir o pedido de medida cautelar, independentemente se já ocorreu o juízo de admissibilidade ou não.

A: incorreta. Súmula 7/STJ; **B:** correta. As hipóteses de especial e extraordinário retidos estão no CPC, art. 542, § 3º, sendo que não há menção a execução – a ideia do REsp e RE retido é debater a questão somente quando analisada em grau definitivo (assim, fica retido o REsp interposto do acórdão que julgou a interlocutória, até que venha o REsp da sentença); **C:** incorreta. A decisão que não reconhece a repercussão geral é irrecorrível (CPC, art. 543-A, *caput*.); **D:** incorreta. De fato cabe agravo (interno ou regimental), mas no prazo de 5 dias (CPC, art. 545); **E:** incorreta. Somente se houve admissibilidade é que se abre a competência do Tribunal Superior (Súmulas 634 e 635 do STF).

Gabarito "B"

(Procurador do Estado/RS – FUNDATEC – 2010) Assinale a alternativa correta:

(A) É admissível recurso especial do ente público contra acórdão proferido em sede de reexame necessário, mesmo que ausente recurso voluntário do ente público contra a sentença de primeiro grau, uma vez que as hipóteses de cabimento do recurso especial são constitucionais e não podem ser limitadas pela legislação infraconstitucional.

(B) É inadmissível recurso especial do ente público contra acórdão proferido em sede de reexame necessário, quando ausente recurso voluntário do ente público contra a sentença de primeiro grau, dada a ocorrência da preclusão lógica. Todavia, neste caso, se recorrer a parte contrária do acórdão em reexame, é facultado ao ente público recorrer adesivamente.

(C) Admite-se que o tribunal, ao julgar o reexame necessário, agrave a condenação imposta à Fazenda Pública.

(D) É inadmissível recurso especial do ente público contra acórdão proferido em sede de reexame necessário, quando ausente recurso voluntário do ente público contra a sentença de primeiro grau, dada a ocorrência da preclusão lógica.

(E) Nenhuma das alternativas anteriores está correta.

A) Correta, conforme atual entendimento do STJ (no momento da prova, prevalecia o entendimento em sentido contrário) Cf. REsp 905771/CE, DJe 19/08/2010; **B:** incorreta, nos termos do acima exposto; **C:** incorreta. A jurisprudência sumulada do STJ impede isso - súmula 45/STJ: "No reexame necessário, é defeso, ao Tribunal, agravar a condenação imposta à Fazenda Pública"; **D:** incorreta, *atualmente* – mas era o entendimento prevalecente à época da prova; **E:** incorreta, considerando "A". A questão envolve um tema em que houve evolução da jurisprudência. Assim, entre a data da prova e o momento atual, as respostas seriam distintas. O gabarito oficial trouxe "D", á época correto. Mas hoje seria "A".

Gabarito "D".

(Procurador do Município/São José dos Campos-SP – 2012 – VUNESP) Assinale a alternativa correta no que diz respeito à impetração de recurso extraordinário, com a fundamentação de ter havido ofensa reflexa ao princípio constitucional da ampla defesa em razão de julgamento antecipado da lide, sem que tenha sido permitida a produção de prova pericial.

(A) Admite-se o recurso extraordinário, por ofensa à norma expressa da Constituição Federal.

(B) Admite-se o recurso extraordinário, desde que a ofensa ao princípio esteja prequestionado.

(C) Admite-se o recurso extraordinário, desde que demonstrada a repercussão geral na violação do princípio.

(D) Não se admite o recurso extraordinário, por se tratar de ofensa indireta ou reflexa à Constituição Federal.

(E) Não se admite o recurso extraordinário, porque o julgamento antecipado jamais ofende o princípio da ampla defesa.

A: incorreta. Sendo ofensa reflexa, não se admite o RE; **B:** incorreta. Além do argumento exposto em "A", o prequestionamento se refere a um artigo específico (Súmula 282/STF); **C:** incorreta. Argumento exposto em "A"; **D:** correta, conforme já exposto; **E:** incorreta. Se houver necessidade de produção de prova, é indevido o julgamento antecipado da lide. Cabe destacar que o termo técnico correto para recurso é interposição – impetração é típico para ação constitucional como o MS ou HC.

Gabarito "D".

(Advogado – PETROBRÁS DISTRIB. – 2010 – CESGRANRIO) Caio, brasileiro, comerciante, promove ação de despejo em face de Empédocles, pela falta de pagamento dos alugueres, correspondentes a três meses de locação. O réu, regularmente citado, não apresenta contestação, sendo declarada sua revelia e julgado procedente o pedido. No prazo de recurso, o réu ingressa nos autos e apresenta apelação, julgada por acórdão unânime do tribunal, negando provimento ao recurso. Inconformado, apresenta recurso extraordinário, aduzindo violação ao devido processo legal, bem como aos princípios do contraditório e da ampla defesa, nenhum deles objeto de análise, pelo acórdão, que se limitou a aferir a ausência de pagamento dos alugueres devidos, a inexistência de purga da mora e, ainda, a ausência de vícios no ato citatório, temas constantes de lei federal. Nessas condições, tem-se que:

(A) o recorrente apresentou fundamento comprobatório da repercussão geral do seu caso.

(B) o revel pode recorrer, ao seu cientificado do processo, no prazo de recurso.

(C) o recurso especial é incabível, diante dos fundamentos do acórdão.

(D) o recurso extraordinário deve ser admitido pela instância de origem, por preencher os pressupostos legais.

(E) o recurso extraordinário, caso ultrapasse a instância de origem, deve ser conhecido, por ausência de prequestionamento.

A: incorreto. Verifica-se a repercussão geral quando as questões econômicas, políticas, sociais ou jurídicas afetas ao debate superarem os interesses subjetivos envolvidos (art. 543-A, § 1°, do CPC), o que não ocorre na hipótese trazida à baila pelo enunciado da questão; **B:** correto. O revel poderá intervir no processo em qualquer fase, recebendo-o no estado em que se encontrar, podendo, inclusive, interpor recurso, desde que preenchidos os requisitos de admissibilidade (art. 322, parágrafo único, do CPC). Nessa direção: APELAÇÃO. INTEMPESTIVIDADE. TERMO INICIAL CONTADO DA PUBLICAÇÃO DA SENTENÇA. RÉ REVEL. Art. 322 DO CPC. CONTESTAÇÃO PROTOCOLADA EM VARA DE COMARCA DIVERSA DAQUELA EM QUE TRAMITA O PROCESSO. ERRO GROSSEIRO. [...] 3.- Na hipótese de revelia, o termo inicial para a contagem do prazo para o recurso de apelação dar-se-á da data da publicação da sentença, sem necessidade de intimação, evidentemente, de advogado que ainda não se encontrava nos autos, pois a contestação por ele oferecida havia sido endereçada a Vara de Comarca distante, em que permaneceu sem diligência da parte no sentido do recobro e alerta ao juízo para ela, só tendo sido remetida à Comarca correta muito tempo depois. 4.- Recurso especial improvido. (REsp 847.893/SP, Rel. Ministro SIDNEI BENETI, TERCEIRA TURMA, julgado em 02/03/2010, DJe 16/04/2010); **C:** incorreto, já que o acórdão proferido ventilou matéria infraconstitucional (art. 105, III, "a", da CF); **D:** incorreto, pois o acórdão exarado não enfrentou matéria constitucional (art. 102, III, "a", da CF); **E:** incorreto. O apelo extremo não deve ser conhecido, de vez que não resta satisfeito o requisito de admissibilidade atinente ao prequestionamento, a considerar que o acórdão prolatado não debateu matéria constitucional.

Gabarito "B"

(Procurador – BANCO CENTRAL – 2009 – CESPE) Quanto à repercussão geral exigida como pressuposto do cabimento do recurso extraordinário, assinale a opção correta.

(A) Diante da necessidade de *quorum* qualificado para que o tribunal deixe de conhecer o recurso por ausência de repercussão geral, não se exige que o recorrente a aponte na peça recursal, pois haverá presunção relativa de existência.

(B) A repercussão geral foi definida pela norma infraconstitucional, que se valeu de conceitos jurídicos indeterminados para tanto, de modo que não se admite situação que importe presunção absoluta da sua existência.

(C) Sendo o exame da repercussão geral realizado mediante a interpretação de conceitos jurídicos indeterminados, evidencia-se a possibilidade da avaliação de critérios como a conveniência de discutir a matéria, sendo, por isso, dispensáveis a motivação e a publicidade da decisão.

(D) Caso a decisão recorrida esteja conforme jurisprudência dominante do STF, presume-se a falta de repercussão geral, o que afasta a necessidade do quórum qualificado para que se deixe de conhecer o recurso.

(E) Apesar de ser do pleno do STF a competência de deixar de conhecer o recurso por ausência de repercussão geral, pode o presidente ou o vice-presidente do tribunal local deixar de admiti-lo se o recorrente não tiver incluído em sua peça considerações que busquem demonstrar a presença da repercussão.

A: incorreto (art. 543-A, § 2°, do CPC); **B:** incorreto (art. 543-A, §3°, do CPC); **C:** incorreto (arts. 93, IX, da CF e 543-A, § 7°, do CPC); **D:** incorreto (art. 102, § 3°, da CF); **E:** correto. Essa é a tônica do informativo de n ° 473 do STF: "Questão de ordem. Recurso extraordinário, em matéria criminal e a exigência constitucional da repercussão geral. [...] II. Recurso extraordinário: repercussão geral: juízo de admissibilidade: competência. *1. Inclui-se no âmbito do juízo de admissibilidade - seja na origem, seja no Supremo Tribunal - verificar se o recorrente, em preliminar do recurso extraordinário, desenvolveu fundamentação especificamente voltada para a demonstração, no caso concreto, da existência de repercussão geral (C.Pr.Civil, art. 543-A, § 2°; RISTF, art. 327). 2. Cuida-se de requisito formal, ônus do recorrente, que, se dele não se desincumbir, impede a análise da efetiva existência da repercussão geral, esta sim sujeita "à apreciação exclusiva do Supremo Tribunal Federal" (Art. 543-A, § 2°).* [...] (AI-QO 664567, Relator(a): Min. GILMAR MENDES, julgado em 18/06/2007, publicado em 06/09/2007, Tribunal Pleno).

Gabarito "E"

(Advogado – PETROBRÁS DISTRIB. – 2008 – CESGRANRIO) A BR S/A apresenta ação de procedimento ordinário em face de Edmundo dos Santos, postulando indenização por danos causados, sendo o pedido julgado improcedente em primeiro grau de Jurisdição, com acórdão de primeiro grau confirmando a sentença proferida, por decisão unânime da Câmara Cível. Houve interposição de recurso extraordinário, inadmitido, bem como de recurso especial, também inadmitido. De ambas as decisões houve interposição de agravo de instrumento. Aduziu, para preencher requisito exigido para o extraordinário, a existência de reflexo para outras causas da questão pertinente ao dano material e moral quanto a empresas. A Suprema Corte, em decisão unânime, não considerou preenchido o referido pressuposto. Diante do contexto, pode-se afirmar que:

(A) se trata do denominado efeito reflexo da causa.

(B) o recorrente deve demonstrar a repercussão geral.

(C) o recorrente deve indicar súmula vinculante.

(D) o requisito referido é o prequestionamento.

(E) o novo requisito não pode ser aplicado, por ausente regulamentação.

Verifica-se a repercussão geral quando as questões econômicas, políticas, sociais ou jurídicas afetas ao debate superarem os interesses subjetivos envolvidos (art. 543-A, § 1°, do CPC). Sendo assim, aquele que interpõe recurso extraordinário terá de comprovar, em preliminar do recurso, a existência da *repercussão geral,* cuja apreciação compete exclusivamente ao STF (art. 543-A, § 2°, do CPC).

Gabarito "B"

(Advogado – PETROBRÁS – 2006 – CESGRANRIO) Contra o acórdão resultante do julgamento de uma apelação por uma Câmara Cível do Tribunal de Justiça do Estado do Rio de Janeiro, o advogado da parte sucumbente pretende interpor recurso extraordinário. Será incabível esse recurso quando a decisão recorrida:

(A) declarar a inconstitucionalidade de lei federal.

(B) contrariar dispositivo da Constituição Federal.

(C) julgar válida lei local contestada em face de lei federal.

(D) julgar válido ato de governo local contestado em face de lei federal.

(E) julgar válido ato de governo local contestado em face da Constituição Federal.

A: incorreto (art. 102, III, "b", da CF); **B:** incorreto (art. 102, III, "a", da CF); **C:** incorreto (art. 102, III, "d", da CF); **D:** correto (art. 105, III, "b", da CF); **E:** incorreto (art. 102, III, "c", da CF).

Gabarito "D".

(Advogado – PETROBRÁS – 2006 – CESGRANRIO) Com relação aos recursos especial e extraordinário, é **ERRADO** afirmar:

(A) O pré-requisito do prequestionamento nunca pode ser dispensado.

(B) O pré-requisito de admissibilidade do recurso extraordinário de "repercussão geral da questão constitucional" não encontra pré-requisito análogo para o recurso especial.

(C) A interposição de recurso especial e extraordinário, em regra, produz apenas efeito devolutivo.

(D) Quando há a interposição e admissão de recurso especial e extraordinário, simultaneamente, os autos do processo serão primeiro remetidos ao STJ e, após, ao STF.

(E) É cabível recurso extraordinário contra decisões proferidas pelas turmas recursais dos juizados especiais cíveis, mas é incabível o recurso especial.

A: incorreto (art. 543-A, §3º, do CPC); **B:** correto. Os arts. 102, § 3º, da CF, e 543-A, § 2º, do CPC, preveem a necessidade de demonstração da repercussão geral apenas na hipótese de interposição de recurso extraordinário; **C:** correto (art. 542, § 2º, do CPC); **D:** correto (art. 543, *caput* e § 1º, do CPC); **E:** correto (Súmulas 203 do STJ e 640 do STF).

Gabarito "A".

(Advogado – BNDES – 2004 – CESGRANRIO) O recurso especial tem a função de:

(A) manter a autoridade e unidade da lei federal.

(B) tutelar a autoridade e integridade da lei magna federal.

(C) uniformizar a jurisprudência das diferentes câmaras ou turmas de um mesmo tribunal.

(D) reexaminar acórdão não unânime proferido por outro tribunal.

(E) reformar decisões interlocutórias.

A: correto. A função precípua do recurso especial é exercer o controle de legalidade das decisões proferidas pelas cortes locais e pelos regionais federais, sem prejuízo de uniformizar a aplicação e interpretação do direito federal infraconstitucional; **B:** incorreto. Essa é a função do recurso extraordinário; **C:** incorreto. Para tanto, há o incidente de uniformização de jurisprudência e os embargos de divergência (arts. 476 e 546 do CPC); **D** e **E:** incorretos, já que nenhuma delas traduz o escopo do apelo especial.

Gabarito "A".

(Advogado – PETROBRÁS – 2001 – CESPE) Decisão de última instância, com fundamentos suficientes de naturezas legal e constitucional,

(1) enseja a interposição simultânea dos recursos especial e extraordinário, cabendo à parte optar por um ou por outro.

(2) enseja a interposição de recurso extraordinário, tão somente, uma vez que a jurisdição do STF, sendo constitucional, absorve em tais hipóteses a do STJ.

(3) deve ser atacada mediante recurso especial perante o STJ, cabendo, da decisão aí proferida, recurso extraordinário para o STF.

(4) deve ser atacada mediante recurso especial e recurso extraordinário, sob pena de não conhecimento do recurso que vier a ser interposto.

(5) contra a qual tenham sido interpostos recurso especial e recurso extraordinário, se tiver confirmado no julgamento do especial o fundamento infraconstitucional, e transitar em julgado a decisão do STJ, não será o extraordinário conhecido pelo STF.

1: incorreto. Conquanto a interposição seja simultânea – situação que consubstancia exceção ao princípio da unirrecorribilidade – a parte deverá interpor recurso extraordinário ou especial, conforme a natureza da *quaestio juris* ventilada na decisão que será impugnada, daí por que se revela inaplicável o princípio da fungibilidade recursal. Para que tal postulado seja aplicado, é necessário o preenchimento de dois requisitos: a) existência de dúvida objetiva quanto ao recurso cabível; b) observância do prazo correspondente ao recurso correto. A aplicação da fungibilidade no âmbito dos recursos extraordinários *lato sensu* configura erro grosseiro, já que o recurso extraordinário se funda em matéria constitucional – motivo pelo qual é apreciado pelo STF – ao passo que o recurso especial, tendo por base questão infraconstitucional, é julgado pelo STJ. Tais considerações quanto à natureza da discussão essencialmente travada em cada um desses recursos impede o recebimento de um pelo outro, ante a ausência de dúvida objetiva; **2:** incorreto. O STF não tem competência para processar e julgar o recurso especial. Tal múnus é atribuído pela Carta Magna, com exclusividade, ao Superior Tribunal de Justiça (art. 105, III, da CF); **3:** incorreto. A interposição de recurso especial e extraordinário deve ser concomitante, cada qual acompanhado de suas respectivas razões, mediante petições distintas, sob pena de preclusão consumativa para a interposição do outro; **4:** correto (Súmula 126 do STJ: "É inadmissível recurso especial, quando o acórdão recorrido assenta em fundamentos constitucional e infraconstitucional, qualquer deles suficiente, por si só, para mantê-lo, e a parte vencida não manifesta recurso extraordinário"). **5:** correto (Súmula 283 do STF). Nesse sentido: "Agravo regimental em recurso extraordinário. Aresto recorrido que limitou os juros a 12% ao ano escudado em razões de base constitucional e infraconstitucional. Recursos especial e extraordinário interpostos simultaneamente. Prejudicado se torna o extraordinário quando o fundamento legal resta definitivo ante a sua confirmação pelo Superior Tribunal de Justiça, em decisão transitada em julgado, no julgamento do especial. Incidência da

Súmula 283. Precedentes das Turmas desta Corte. Agravo regimental desprovido. (RE 284482 AgR, Relator(a): Min. ELLEN GRACIE, Primeira Turma, julgado em 20/11/2001, DJ 19-12-2001)".

Gabarito 1E, 2E, 3E, 4C, 5C.

2.7. EMBARGOS DE DIVERGÊNCIA

(Procuradoria Federal – 2007 – CESPE) A prova da autenticidade do acórdão parâmetro de dissídio nos embargos de divergência, por consequência de recentes reformas do CPC, pode dar-se pela citação de repositório de jurisprudência, oficial ou credenciado, inclusive em mídia eletrônica, em que tiver sido publicada a decisão divergente, ou, ainda, pela reprodução de julgado disponível na Internet, com a indicação da respectiva fonte.

A alteração da lei foi em relação ao recurso especial (CPC, art. 541, parágrafo único). Não houve alteração nos embargos de divergência (CPC, 546).

Gabarito "ERRADA"

(Procuradoria Federal – 2007 – CESPE) Conforme a jurisprudência atual, tanto do STF quanto do STJ, os embargos de divergência são oponíveis, respeitados os demais pressupostos de admissibilidade, em face de acórdão proferido em julgamento de agravo interposto contra decisão monocrática em recurso extraordinário e especial, respectivamente.

Súmula 316/STJ: Cabem embargos de divergência contra acórdão que, em agravo regimental, decide recurso especial.

Gabarito "CORRETO"

(Procurador da Fazenda Nacional – 2007 – ESAF) Quanto ao recurso de embargos de divergência, é incorreto afirmar que:

(A) não cabem embargos de divergência no âmbito do agravo de instrumento que não admite recurso especial.

(B) cabem embargos de divergência contra acórdão que, em agravo "regimental", decide recurso especial.

(C) cabem embargos de divergência da decisão que deu provimento ao agravo "regimental", afastando-se a possibilidade de julgamento monocrático pelo Ministro Relator por não se enquadrar a hipótese em jurisprudência dominante do Tribunal.

(D) cabem embargos de divergência contra acórdão que, em agravo "regimental", decide recurso extraordinário.

(E) não cabem embargos de divergência, quando a jurisprudência do tribunal se firmou no mesmo sentido do acórdão embargado.

A: correta. Súmula 315/STJ: Não cabem embargos de divergência no âmbito do agravo de instrumento que não admite recurso especial (lembrando que, atualmente, o recurso em questão é o agravo nos próprios autos – houve alteração no art. 544 do CPC, mas não na súmula); **B:** correta. Súmula 316/STJ: Cabem embargos de divergência contra acórdão que, em agravo regimental, decide recurso especial; **C:** incorreta, considerando o exposto nos itens acima; **D:** correta. A Súmula 599/STF foi cancelada: São incabíveis embargos de divergência de decisão de turma, em agravo regimental (DJe n. 55/2008); **E:** correta. Súmula 168/STJ: Não cabem embargos de divergência, quando a jurisprudência do tribunal se firmou no mesmo sentido do acórdão embargado.

Gabarito "C".

(Procurador do Estado/MG – FUMARC – 2012) Considerando da jurisprudência firmada a respeito dos embargos de divergência, nessa modalidade recursal, assinale a alternativa correta:

(A) Cabem embargos de divergência, quando a jurisprudência do tribunal se firmou no mesmo sentido do acórdão embargado.

(B) Não cabem embargos de divergência no âmbito do agravo de instrumento que não admite recurso especial

(C) Cabem embargos de divergência para discutir o valor de indenização por danos morais.

(D) Não cabem embargos de divergência contra acórdão que, em agravo regimental, decide recurso especial.

(E) Cabem os embargos de divergência da decisão monocrática proferida pelo relator do recurso especial que nega ou dá provimento a este recurso no caso da decisão recorrida estiver em manifesto confronto com súmula ou com jurisprudência dominante do STF, ou de Tribunal Superior, divergindo do julgamento de outra turma do STJ.

A: incorreta. Súmula 168/STJ: Não cabem embargos de divergência, quando a jurisprudência do tribunal se firmou no mesmo sentido do acórdão embargado. **B:** correta. Súmula 315/STJ: Não cabem embargos de divergência no âmbito do agravo de instrumento que não admite recurso especial. Cabe lembrar que, atualmente, o agravo de instrumento de decisão denegatória não é mais de instrumento – mas agravo nos próprios autos (CPC, art. 544); **C:** incorreta. Súmula 420/STJ: Incabível, em embargos de divergência, discutir o valor de indenização por danos morais; **D:** incorreta. Súmula 316/STJ: Cabem embargos de divergência contra acórdão que, em agravo regimental, decide recurso especial; **E:** incorreta. Somente são cabíveis embargos de divergência de acórdão, não de decisão monocrática (CPC, art. 546).

Gabarito "B"

2.8. ORDEM DOS PROCESSOS NO TRIBUNAL

(Advogado – CEF – 2012 – CESGRANRIO) Em litígio ocorrido entre a empresa K e a empresa Y, houve decisão favorável à primeira, emitida pelo Tribunal de Justiça vinculado ao estado Z. Caso a empresa perdedora pretenda recorrer ao Superior Tribunal de Justiça valendo-se de precedentes anteriores produzidos a favor de pretensão semelhante à sua, deve, à luz da legislação aplicável, apresentar recurso que seguirá o seguinte procedimento:

(A) o presidente do tribunal de origem admitirá um ou mais recursos representativos da controvérsia, os quais serão encaminhados ao Superior Tribunal de Justiça, ficando suspensos os demais recursos especiais até o pronunciamento definitivo do Superior Tribunal de Justiça.

(B) o relator no Superior Tribunal de Justiça, ao identificar que, sobre a controvérsia, já existe jurisprudência dominante ou que a matéria já está afeta ao colegiado, levará a questão ao pleno da Corte Especial.

(C) o relator solicitará informações, a serem prestadas no prazo de quinze dias, aos tribunais federais ou estaduais a respeito da controvérsia.

(D) o relator ouvirá o Ministério Público se o processo for de competência da Corte Especial, devendo ser julgado com preferência sobre os demais feitos, ressalvados os que envolvam réu preso e os pedidos de habeas corpus.

(E) o acórdão do Superior Tribunal de Justiça, sendo publicado, os recursos especiais sobrestados na origem terão seguimento denegado na hipótese de o acórdão recorrido divergir da orientação do Superior Tribunal de Justiça.

A: correto (art. 543-C, § 1º, do CPC); **B:** incorreto (art. 543-C, § 2º, do CPC); **C:** incorreto. O relator *poderá*, se assim reputar conveniente, solicitar as sobreditas informações (art. 543-C, § 3º, do CPC); **D:** incorreto. O Ministério Público terá, obrigatoriamente, vista dos autos pelo prazo de quinze dias (art. 543-C, §§ 5º e 6º, do CPC); **E:** incorreto (art. 543-C, § 7º, II, do CPC).

Gabarito "A".

(Advogado – PETROBRÁS – 2008 – CESGRANRIO) Durante o julgamento de uma apelação perante uma Câmara Cível, o advogado da Petrobras argui, de forma inédita, em sua sustentação oral, a inconstitucionalidade de uma lei estadual em face da Constituição Federal. A partir desse ponto, analise as afirmativas abaixo, visando a verificar qual(ais) apresenta(m) hipótese(s) admissível(eis).

I. A arguição de inconstitucionalidade não será apreciada, vez que intempestiva.

II. A Câmara, ouvido o Ministério Público, pode rejeitar a alegação de inconstitucionalidade da norma e reconhecer sua constitucionalidade, prosseguindo o julgamento.

III. A Câmara, ouvido o Ministério Público, pode rejeitar ou acolher a alegação, declarando a inconstitucionalidade da norma.

IV. A Câmara, ouvido o Ministério Público, pode aceitar a alegação, suspender o julgamento e submeter a questão ao Pleno do Tribunal, que poderá declarar a inconstitucionalidade da norma conforme a alegação da parte ou frente a outro dispositivo constitucional.

É(São) admissível(eis) **APENAS** a(s) alternativa(s)

(A) I

(B) III

(C) IV

(D) II e III

(E) II e IV

I: incorreto (art. 480 do CPC); II e IV: corretos (art. 481, *caput*, do CPC); **III:** incorreto, eis que o órgão fracionário do tribunal não poderá reconhecer a inconstitucionalidade da lei ou ato normativo, sob pena de vulnerar a cláusula de reserva de plenário (art. 97 da CF e Súmula Vinculante de nº 10 do STF). A competência para a declaração de inconstitucionalidade é do pleno da corte (ou de seu órgão especial), salvo já se houver pronunciamento deste ou do plenário do Supremo Tribunal Federal sobre a questão (art. 481 do CPC).

Gabarito "E".

2.9. RECURSOS EM ESPÉCIE COMBINADOS

(Procurador do Estado/MT – FCC – 2011) Nos tribunais, os autos serão conclusos ao revisor e, na sessão de julgamento, será admitida sustentação oral, quando se tratar de:

(A) apelação, embargos infringentes ou ação rescisória.

(B) apelação, embargos declaratórios ou agravo de instrumento.

(C) embargos infringentes, embargos declaratórios ou ação rescisória.

(D) agravo de instrumento, apelação ou embargos infringentes.

(E) embargos declaratórios, embargos infringentes ou agravo de instrumento.

Não existe sustentação oral ou a figura do revisor (há o "segundo juiz", que não estuda previamente os autos) nos embargos de declaração e no agravo de instrumento (CPC, arts. 551 e 554). A ação rescisória, por ser ação pelo procedimento especial, tem revisor e possibilidade de sustentação oral.

Gabarito "A".

(Procurador do Estado/PB – 2008 – CESPE) A respeito do recurso no processo civil, assinale a opção correta.

(A) O prazo recursal para o revel que não tenha advogado constituído começa a correr a partir de sua intimação, isto é, da publicação da sentença no órgão oficial, sendo assegurado àquele, intimado por edital, o prazo em dobro para recorrer.

(B) Segundo o princípio da unitariedade, não é possível a interposição de mais de um recurso contra a mesma decisão; por isso, não será admitida a interposição simultânea de agravo e de pedido de suspensão da segurança contra decisões liminares em mandado de segurança.

(C) Com a interposição dos embargos de declaração, todos os demais prazos recursais são suspensos, e essa suspensão valerá para o embargante, para a parte contrária e para terceiros prejudicados.

(D) Cabe agravo contra decisão que defira pedido de relevação de pena de deserção e fixe novo prazo para o recorrente efetuar o preparo, acolhendo-se a justificativa de justo impedimento.

(E) A retenção de recurso especial interposto contra acórdão proferido no agravo de instrumento, deduzido em face de decisão interlocutória de primeiro grau, impõe ao recorrente reiterá-lo no prazo para a interposição do recurso contra a decisão final, ou para as contrarrazões.

A: incorreta. O revel sem advogado constituído nos autos não precisa ser intimado (CPC, art. 322); **B:** incorreta, pois esse princípio (ou da unirrecorribilidade) se refere a recurso – e a suspensão de segurança não tem natureza recursal (princípio da taxatividade – CPC, art. 496); **C:** incorreta. Os embargos de declaração, no CPC, *interrompem* o prazo (CPC, art. 538). Vale destacar que no JEC há a suspensão do prazo para os demais recursos*(L. 9.099/95, art. 50)*; **D:** incorreta. Essa decisão que afastar a deserção é irrecorrível (CPC, art. 519, parágrafo único); **E:** correta. CPC, art. 542, § 3º.

Gabarito "E".

(Procurador da Fazenda Nacional – 2003 – ESAF) O litisconsórcio será necessário e unitário sempre que

(A) a lei determinar a pluralidade de partes.

(B) for obrigatória a participação de todos os integrantes da relação material incindível.

(C) for determinado pela lei, ainda que cindível a relação de direito material.

(D) o resultado do processo tiver de ser igual para todas as partes.

(E) o resultado do processo puder ser igual para todas as partes.

O litisconsórcio necessário é aquele que precisa existir (participação de todos); o unitário é aquele em que, existindo, a decisão tem de ser a mesma (relação material incindível).

Gabarito "B".

(Procurador do Estado/PI – 2008 – CESPE) Quanto aos meios de impugnação das decisões judiciais, assinale a opção correta.

(A) Os embargos de declaração não se caracterizam como um recurso de fundamentação vinculada, podendo-se neles exigir a manifestação do julgador sobre todos os argumentos trazidos pela parte, bem como as razões de seu convencimento, salvo quando se destinarem ao prequestionamento.

(B) É cabível o recurso especial na forma retida contra acórdão que julga improcedente agravo interposto contra a decisão que concedeu a antecipação de tutela em ação civil pública. No entanto, é admissível o ajuizamento de ação cautelar diretamente no STJ, com o objetivo de destrancar o recurso, requerendo a sua remessa imediata ao destinatário.

(C) Se o recorrente pede apenas a anulação da decisão que é caso de reforma, o órgão jurisdicional *ad quem* poderá reformá-la, ainda que a matéria discutida no recurso seja de fato e de direito, pois, no âmbito recursal, os pedidos não são interpretados restritivamente, permitindo-se assim uma interpretação extensiva ou ampliativa ao que foi pedido pelo recorrente.

(D) No julgamento de um recurso interposto por ambas as partes de um processo, o tribunal não poderá piorar a condição de qualquer um dos recorrentes, trazendo para eles, por exemplo, uma situação mais prejudicial do que aquela existente antes da interposição do recurso.

(E) No caso de ser interposto agravo de instrumento, o recorrente deverá comunicar o fato ao juízo prolator da decisão impugnada e requerer a juntada de cópia da petição do agravo aos autos do processo de origem, sob pena de o relator, de ofício, não conhecer do recurso.

A: incorreta, pois a jurisprudência já firmou entendimento de que o juiz não está obrigado a responder todas as questões das partes; **B:** correta. A retenção está prevista no CPC, art. 542, § 3º. Mas a jurisprudência do STJ afasta a retenção em casos de urgência – como na hipótese narrada; **C:** incorreta, pois o princípio da congruência (CPC, art. 128 e 460) também se aplica aos recursos – especialmente em respeito ao âmbito da devolutividade (CPC, art. 515); **D:** incorreta. Se há recurso de ambas as partes, não se fala em *reformatio in pejus*; **E:** incorreta. Somente se a parte contrária apontar o fato poderá o relator não conhecer do agravo (CPC, art. 526, parágrafo único).

Gabarito "B".

(Procurador do Estado/PR – 2007) Considerando que a Lei nº 10352/2001 entrou em vigor no dia 28 de março de 2002, assinalar a alternativa correta:

(A) todos os embargos infringentes ainda não julgados, mesmo que interpostos em data anterior à vigência da referida lei, contra acórdão que, por maioria, julgou apelação que impugnava sentença terminativa, não deverão ser conhecidos, por incabíveis;

(B) se a ação rescisória foi julgada improcedente, por maioria, em sessão do dia 26 de março de 2001 e o respectivo acórdão publicado no Diário Oficial da Justiça do dia 05 de abril do mesmo ano, os embargos infringentes serão cabíveis;

(C) o agravo de instrumento interposto no dia 22 de março de 2002, contra decisão proferida em audiência de instrução e julgamento realizada no procedimento ordinário, não deverá ser conhecido, porque, nos termos da lei vigente no dia do seu julgamento (Lei nº 10352/2001), o caso era de agravo obrigatoriamente retido;

(D) das sentenças proferidas contra a União, o Estado o Distrito Federal, o Município e as respectivas autarquias e fundações de direito público, que foram publicadas no Diário Oficial da Justiça após o dia 28 de março de 2002, embora tenham sido juntadas aos autos em data anterior, cujo valor da condenação for inferior a 60 (sessenta) salários mínimos, não será cabível o reexame necessário;

(E) a referida lei deve ser aplicada a todos os recursos interpostos após a sua vigência, ainda que impugnem decisões proferidas e publicadas no Diário Oficial da Justiça quando ela ainda não estava em vigor;

Considerando que a lei aplicável aos recursos no processo civil é aquela vigente na data da publicação da decisão, em 05 de abril de 2001 ainda não estava em vigor a Lei 10.352/2001, que alterou a redação do art. 530 do CPC e, portanto, ainda eram cabíveis embargos infringentes contra sentença que julgou improcedente ação rescisória.

Gabarito "B"

(Procurador do Estado/RO – 2011 – FCC) Considere uma ação de indenização que tramita perante a Justiça Estadual de Rondônia. Da decisão monocrática do Relator que dá provimento ao recurso de apelação interposto contra sentença que está em manifesto confronto com jurisprudência dominante do Supremo Tribunal Federal caberá

(A) reclamação ao Presidente do Tribunal de Justiça.

(B) agravo, no prazo de cinco dias, ao órgão competente para julgamento do recurso.

(C) agravo, no prazo de dez dias, ao órgão competente para julgamento do recurso.

(D) agravo, no prazo de dez dias, ao Presidente do Tribunal de Justiça.

(E) agravo, no prazo de cinco dias, ao Presidente do Tribunal de Justiça.

De decisão monocrática cabe agravo (interno ou regimental), no prazo de 5 dias (CPC, art. 557, § 1º). O agravo será julgado por acórdão e, se mantida a decisão, será cabível recurso extraordinário.

Gabarito "B"

(Procurador do Estado/RR – 2006 – FCC) A respeito dos recursos cíveis, considere as seguintes afirmações:

I. O recurso adesivo independe de preparo quando preparado estiver o recurso principal e o seu prazo para interposição será o mesmo das contrarrazões do recurso principal.

II. O recorrente poderá desistir do recurso sem anuência do recorrido.

III. O recurso cabível contra decisão que indefere a petição inicial é a apelação e permite ao juiz prolator a reforma da decisão.

IV. Poderá o Tribunal, em sede de apelação, ao afastar a sentença que extinguiu o processo sem julgamento do mérito, neste adentrar para julgar desde já a lide, se a causa versar questão de direito e estiver em condições de julgamento.

V. Cabem embargos infringentes contra acórdão não unânime que reformar sentença que extinguiu o processo com fundamento na perempção.

SOMENTE estão corretas as afirmações

(A) I, II e IV.

(B) I, III e IV.

(C) I, III e V.

(D) II, III e IV.

(E) II, IV e V.

I: incorreta. Depende de preparo, como o principal (CPC, art. 500, parágrafo único); **II:** correta (CPC, art. 502; III): correta (CPC, art. 296; IV): correta. CPC, art. 515, § 3º (teoria da causa madura); V: incorreta. Pois não cabem infringentes quando se tratar de sentença terminativa (CPC, arts. 530 e 267, V).

Gabarito "D".

(Procurador do Estado/SC – 2010 – FEPESE) De acordo com o Regimento Interno do Supremo Tribunal Federal, é **correto** afirmar:

(A) Não cabem embargos infringentes de decisão não unânime do Plenário ou da Turma que julgar a ação rescisória.

(B) Não serão admitidas medidas cautelares nos recursos interpostos perante o Supremo Tribunal Federal.

(C) Ao recurso extraordinário será atribuído efeito devolutivo e suspensivo.

(D) Caberá agravo regimental de despacho de Presidente de Tribunal que não admitir recurso da competência do Supremo Tribunal Federal.

(E) Quando meramente protelatórios, assim declarados expressamente, os embargos declaratórios não suspendem o prazo para interposição de outro recurso.

A: incorreta. Cabem, se a decisão for de procedência (CPC, art. 530); **B:** incorreta. Vide Súmulas 634 e 635 do STF; **C:** incorreta. Somente devolutivo (CPC, art. 542, § 2º); **D:** correta. CPC, art. 557, § 1º e RISTF, art. 317; **E:** incorreta. A consequência para embargos protelatórios é a multa, e não o não conhecimento dos embargos – e, consequentemente, perda de prazo para os demais recursos (CPC, art. 538, parágrafo único e RISTF, art. 339, § 2º).

Gabarito "D".

(Procurador do Estado/SP – FCC – 2009) No que diz respeito ao tema recursos, é INCORRETO afirmar:

(A) É cabível a apresentação de embargos de declaração para dirimir dúvida constante em acórdão prolatado por Turma de Colégio Recursal de Juizado Especial Cível Estadual.

(B) É defeso negar seguimento a recurso especial interposto pela Fazenda Pública, face a falta de comprovação de depósito prévio do valor referente à multa aplicada pela apresentação de agravo inominado, ofertado contra a decisão de relator que monocraticamente nega seguimento a apelação, reputado manifestamente infundado.

(C) Cabe a interposição de embargos infringentes contra acórdão que reforma sentença de mérito, por maioria de votos, apenas para modificar o percentual de condenação em honorários advocatícios.

(D) Na apelação contra as sentenças de indeferimento liminar da petição inicial e improcedência liminar, pode o órgão prolator exercer o juízo de retratação e deve ocorrer a citação do réu para responder o recurso.

(E) Cabe a impetração de mandado de segurança contra a decisão do relator no Tribunal de Justiça, que converte o agravo de instrumento em retido.

A: correta. Lei 9.099/95, art. 48; **B:** correta. Apesar do que prevê o art. 538, parágrafo único, a jurisprudência do STJ entende conforme a alternativa (vide Edcl no Resp 808.525); **C:** correta, uma vez que houve reforma, ainda que parcial, da sentença de mérito por maioria de votos (CPC, art. 530 e jurisprudência do STJ); **D:** incorreta, devendo esta ser assinalada. Apesar de correta a afirmação quanto à retratação (CPC, art. 296 e 285-A, § 1º), a citação do réu, caso o juiz não se retrate, só será exigida no caso de improcedência liminar (art. 285-A, CPC); **E:** correta, porque a decisão nesse caso é irrecorrível (art. 527, parágrafo único, CPC) – e a forma de se impugnar a decisão é o MS.

Gabarito "D".

(Procuradoria Federal – 2007 – CESPE) Julgue os seguintes itens.

(1) Das decisões interlocutórias proferidas na audiência de instrução e julgamento caberá agravo na forma retida, que deve ser interposto oral e imediatamente e deve constar do respectivo termo, neste expostas sucintamente as razões do agravante.

(2) Compete ao STJ julgar, em recurso ordinário, os mandados de segurança decididos em única instância pelos TRFs, quando essa decisão for denegatória.

(3) Compete ao STJ julgar, em recurso especial, as causas decididas em única ou última instância, pelos TRFs, quando a decisão recorrida julgar válida lei local contestada em face de lei federal.

(4) O juiz não receberá o recurso de apelação quando a sentença estiver em conformidade com súmula do STF, do STJ ou do TST.

(5) Enquanto no STF é cabível a reclamação para a preservação de sua competência e garantia de suas decisões, no STJ é cabível apenas para a preservação de sua competência.

1: certo (art. 523, § 3º, do CPC); **2:** certo (art. 539, II, *a*, do CPC); **3:** errado (art. 105, III, da CF); **4:** errado. A previsão legal não inclui Súmula/TST (CPC, art. 518, § 1º); **5:** errado (CF, arts. 102, I, *l* e 105, I, *f* e arts. 13 e 18 da Lei nº 8.038/90).

Gabarito 1C, 2C, 3E, 4E, 5E

(Procurador do Estado/PR – 2007) Assinale a alternativa correta:

(A) se no momento oportuno do processo não se opôs a exceção de impedimento do juiz, tal matéria não poderá ser invocada como fundamento de ação rescisória contra a sentença de mérito proferida naquele processo.

(B) Se houve exceção de impedimento e esta foi rejeitada, não pode a parte tornar a invocar o impedimento em ação rescisória.

(C) A suspeição do juiz não serve de fundamento para ação rescisória.

(D) Tanto a incompetência absoluta quanto a relativa servem de fundamento para ação rescisória.

(E) A incompetência relativa serve de fundamento para ação rescisória apenas quando houver sido oportunamente arguida mediante exceção e esta exceção houver sido rejeitada.

A: incorreta. CPC, art. 485, II; **B:** incorreta, pelo mesmo fundamento anterior.;**C:** correta, pois o art. 485 só menciona impedimento.;**D:** incorreta, só a absoluta (CPC, art. 485, II); **E:** incorreta, nos termos do item anterior.

Gabarito "C".

(Procurador do Estado/AC – FMP – 2012) Marque a correta, considerando as assertivas abaixo.

I. Segundo a jurisprudência pátria, o réu não tem legitimidade para recorrer quando a demanda for extinta sem resolução do mérito.

II. Serão considerados protelatórios os embargos de declaração manejados com exclusiva função de prequestionamento.

III. Apenas a sentença transitada em julgado é eficaz.

(A) Todas estão corretas.

(B) Todas estão erradas.

(C) Apenas a I está correta.

(D) Apenas II e III estão corretas.

Se a decisão for favorável ao réu (inexistir sucumbência), inexiste interesse recursal. De qualquer forma, conforme o caso, mesmo com uma sentença de extinção poderá haver interesse do réu – como, por exemplo, em relação aos honorários advocatícios (mas não haverá interesse em relação à fundamentação); **II:** incorreta. Súmula 98/STJ: Embargos de declaração manifestados com notório propósito de prequestionamento não têm caráter protelatório; **III:** incorreta. Não se confunde efeitos da sentença com coisa julgada (afirmação de LIEBMAN). Tanto uma decisão interlocutória de antecipação de tutela (CPC, art. 273) quanto uma sentença atacada por recurso recebido só no efeito devolutivo (CPC, art. 520, incisos), surtem efeitos e, portanto, podem ser eficazes.

Gabarito "B".

(Procurador do Estado/MG – FUMARC – 2012) Assinale a alternativa que se alinha perfeitamente ao contexto apresentado:

"Do acórdão que, por maioria de votos, denega mandado de segurança impetrado originariamente junto ao Tribunal de Justiça do Estado contra ato do Governador de Estado, para proteger direito líquido e certo constante da Constituição da República, poderá (ão) ser(em) interposto(s), além dos embargos de declaração ________."

(A) somente embargos infringentes.

(B) recurso especial e extraordinário;

(C) somente recurso ordinário.

(D) somente recurso extraordinário

(E) somente apelação.

A, B e **D:** incorretas. Infringentes, extraordinário e especial são recursos cabíveis de acórdão, mas a especificidade atrai o cabimento do ROC, como também é denominado (recurso ordinário constitucional, por ter previsão na Constituição); **C:** correta. A hipótese narrada no enunciado – ação constitucional originária de Tribunal, negada por acórdão – é típica do cabimento de recurso ordinário (CPC, art. 539, II e CF, art. 105, II). E) incorreta. Tratando-se de decisão de tribunal, incabível a apelação, que somente ataca sentença proferida por juiz de 1º grau.

Gabarito "C".

(Procurador do Estado/MG – 2007) O princípio do duplo grau de jurisdição proporciona que, em certos casos, a matéria julgada seja revista nos Tribunais Superiores. Acerca dos recursos no direito processual civil, assinale a alternativa que corresponde corretamente.

(A) O recurso adesivo é subordinado ao recurso principal e será interposto perante a autoridade competente para admitir o recurso principal. Somente será admissível nos recursos de apelação, agravo de instrumento, embargos infringentes e recurso extraordinário.

(B) Das decisões interlocutórias caberá agravo de instrumento no prazo de 10 (dez) dias, salvo quando se tratar de decisão suscetível de causar à parte lesão grave e de difícil reparação.

(C) Os embargos infringentes cabem quando o acórdão não unânime houver reformado, em grau de apelação, a sentença de mérito, ou houver julgado procedente ação rescisória. Se o desacordo for parcial, os embargos serão restritos à matéria objeto da divergência.

(D) Quando o dispositivo do acórdão contiver julgamento por maioria de votos e julgamento unânime, e forem interpostos embargos infringentes, o prazo para o recurso extraordinário ou especial, relativo ao julgamento unânime ficará sobrestado até a data da decisão dos embargos.

A: incorreta. Não cabe adesivo em agravo de instrumento, mas somente nos recursos que atacam a decisão final / mais ampla: apelação, infringentes, especial e extraordinário (CPC, art. 500); **B:** incorreta. A regra é o agravo retido; em casos de urgência, é possível o de instrumento (CPC, art. 522); **C:** correta. CPC, art. 530; **D:** incorreta. O prazo do RE e REsp ficará sobrestado até a <u>intimação</u> da decisão dos embargos (CPC, art. 498).

Gabarito "C".

(Procurador do Estado/PA – 2011) Assinale a alternativa INCORRETA:

(A) O Recurso de Apelação devolverá ao Tribunal o conhecimento da matéria impugnada, cabendo a apreciação e julgamento, pelo Tribunal, de todas as questões suscitadas e discutidas no processo, ainda que a sentença não as tenha julgado por inteiro e, quando o pedido ou a defesa tiver mais de um fundamento e o juiz acolher apenas um deles, a apelação devolverá ao Tribunal o conhecimento dos demais fundamentos.

(B) Extinto o processo sem julgamento do mérito (art. 267 CPC), o Tribunal pode julgar desde logo a lide, ainda que haja necessidade de produção de prova. Neste caso, após anular a sentença proferida em julgamento antecipado da lide, bem como todos os atos processuais decorrentes do ato viciado, prosseguirá o julgamento da apelação perante o Juízo de segundo grau, podendo o relator determinar a realização de diligências para sanar as irregularidades existentes no processo.

(C) Na modalidade de agravo retido o agravante requererá expressamente e preliminarmente, nas razões ou na resposta da apelação, que o Tribunal dele conheça, sob pena de não ser apreciado.

(D) Da decisão que não admite os embargos infringentes caberá agravo, em 05 (cinco) dias, para o Órgão competente para o julgamento do recurso.

(E) Quando manifestamente protelatórios os Embargos de Declaração, o Juiz ou Tribunal, declarando que o são, condenará o Embargante a pagar ao Embargado multa não excedente de 1% (um por cento) sobre o valor da causa. Na reiteração de Embargos protelatórios, a multa é elevada a até 10% (dez por cento), ficando condicionada a interposição de qualquer outro recurso ao depósito do valor respectivo.

A: correta. CPC, art. 515, §§ 1º e 2º; **B:** incorreta, devendo estar ser assinalada. Só é possível esse julgamento pelo tribunal desde que não haja necessidade de produção de prova. CPC, art. 515, § 3º (teoria da causa madura); **C:** correta. CPC, art. 523; **D:** correta. CPC, art. 532; **E:** correta. CPC, art. 538, parágrafo único

Gabarito "B"

(Procurador do Estado/PR – UEL-COPS – 2011) Quanto aos recursos, assinale a alternativa correta:

(A) havendo intervenção do Ministério Público em razão de haver interesse público decorrente da qualidade da parte, o Ministério Público não possui interesse recursal para impugnar decisão favorável à parte que levou a sua intervenção;

(B) o prequestionamento, segundo o Superior Tribunal de Justiça, consiste que a questão federal tenha sido previamente trazida pelas partes;

(C) quando a defesa tiver dois fundamentos e o juiz acolher um deles e rejeitar o outro, em caso de apelação do autor, o réu deve interpor apelação adesiva quanto ao outro fundamento, sob pena de preclusão;

(D) segundo entendimento assente no Superior Tribunal de Justiça, para fim de cabimento de apelação, não se deve levar em consideração apenas o conteúdo do ato decisório do juiz, mas também a consequência do ato;

(E) após as reformas de 2005, as hipóteses de uso do agravo na modalidade de instrumento restringem-se às decisões interlocutórias do juiz de primeiro grau que levam à inadmissão de apelação, às que decidem os efeitos em que a apelação é recebida e às que decidem tutelas de urgência.

A: incorreta. Súmula 99/STJ: "O Ministério Público tem legitimidade para recorrer no processo em que oficiou como fiscal da lei, ainda que não haja recurso da parte." **B:** incorreta. O prequestionamento é o debate/análise prévia pelo acórdão recorrido; **C:** incorreta. A sucumbência recursal é em relação ao pedido, não em relação aos fundamentos; **D:** correta. Na linha do comentário à alternativa anterior, a sucumbência da parte (interesse recursal) é apurada a partir da existência ou não de prejuízo à parte (CPC, art. 499); **E:** incorreta. O agravo de instrumento está restrito a 3 hipóteses, de fato. Mas não às que *decidem* tutela de urgência, mas sim quando se tratar de "decisão suscetível de causar à parte lesão grave e de difícil reparação" (CPC, art. 522).

Gabarito "D".

(Procurador do Estado/SP – VUNESP – 2005) Assinale a alternativa correta.

(A) Não cabe a apresentação de embargos infringentes contra acórdão proferido em recurso de agravo, ainda que versando sobre matéria de mérito.

(B) O reexame necessário é condição de eficácia da sentença, com natureza recursal.

(C) O princípio da singularidade dos recursos tem por fundamento a preclusão consumativa.

(D) Cabível a reclamação contra decisão transitada em julgado, conforme reiterado entendimento do Supremo Tribunal Federal.

(E) O art. 523, § 2.° do CPC trata de hipótese de prazo impróprio.

A: incorreta. Cabem embargos, nos termos da Súmula 255/STJ: Cabem embargos infringentes contra acórdão, proferido por maioria, em agravo retido, quando se tratar de matéria de mérito; **B:** incorreta. Reexame necessário não é recurso, pois não se trata de ato voluntário da parte e não está no rol do art. 496 do CPC; **C:** correta. O princípio da unirrecorribilidade ou singularidade significa que, para cada decisão, somente é cabível um recurso; **D:** incorreta. Súmula 734/STF: Não cabe reclamação quando já houver transitado em julgado o ato judicial que se alega tenha desrespeitado decisão do Supremo Tribunal Federal; **E:** incorreta. O prazo impróprio é aquele (do juiz) que, não cumprido, não traz consequências para o processo (não há preclusão). No caso, o dispositivo prevê a oitiva do agravado – uma vez não apresentada, haverá a preclusão.

Gabarito "C".

(Procurador do Município/Cubatão-SP – 2012 – VUNESP) O recurso cabível contra decisão sobre impugnação ao valor da causa é:

(A) apelação.

(B) agravo de instrumento.

(C) embargos de declaração.

(D) reclamação.

(E) recurso ordinário.

A impugnação ao valor da causa é um incidente, autuado em apartado (CPC, art. 261). Assim, a decisão é interlocutória, por isso cabível o recurso de agravo.

Gabarito "B"

(Procurador do Município/Manaus-AM – 2006 – FCC) Recursos. Assinale, na folha de respostas, a alternativa que contém a afirmação correta em relação ao assunto indicado.

(A) Interposto recurso de apelação contra sentença que extinguiu o processo sem julgamento do mérito, o tribunal pode julgar desde logo a lide, se a causa versar questão exclusivamente de direito e estiver em condições de imediato julgamento.

(B) Cabem embargos infringentes quando o acórdão não unânime houver reformado, em grau de apelação, a sentença de mérito ou quando julgada improcedente ação rescisória.

(C) Se os embargos de declaração interpostos forem manifestamente protelatórios o Juiz ou Tribunal condenará o embargante ao pagamento de multa ao Estado não excedente de 1% sobre o valor da causa.

(D) Ao recurso adesivo se aplicam as mesmas regras do recurso independente no tocante aos pressupostos de admissibilidade, preparo e julgamento no tribunal, devendo o mesmo ser conhecido ainda que haja desistência do recurso principal ou se este for julgado deserto ou inadmissível.

(E) Recebido o agravo de instrumento o relator converterá o recurso em agravo retido, salvo nos casos de inadmissão da apelação e nos relativos aos efeitos em que a apelação é recebida.

A: correta. CPC, art. 515, § 3º; **B:** incorreta. Cabe na procedência da AR (CPC, art. 530); **C:** incorreta. A multa reverte à parte contrária (CPC, art. 538, parágrafo único); **D:** incorreta. Se o principal não for admitido, o mesmo ocorre com o adesivo (CPC, art. 500, III); **E:** incorreta. O recurso será convertido se não for hipótese de urgência (se não puder causar à parte lesão grave, conforme redação do CPC, art. 527, II).

Gabarito "A".

(Procurador do Município/Natal-RN – 2008 – CESPE) Em ação ordinária, foi proferida sentença que condenou Pedro a pagar a Maria R$ 5.000,00 a título de danos materiais e R$ 2.000,00 a título de danos morais. Pedro, inconformado, interpôs apelação. O tribunal, por maioria de votos, deu parcial provimento à apelação, mantendo apenas a condenação ao ressarcimento dos danos materiais.

Nessa situação hipotética, caso Maria queira recorrer da decisão do tribunal, seu advogado deverá:

(A) interpor agravo interno.

(B) interpor embargos infringentes.

(C) interpor nova apelação.

(D) pedir ao colegiado que reconsidere a decisão, antes de interpor qualquer recurso.

A: incorreta. Não cabe agravo interno (ou regimental) de acórdão, mas só de decisão monocrática (CPC, art. 557, § 1º); **B:** correta. Como houve reforma de decisão de mérito, cabem os infringentes para buscar a prevalência do voto vencido (CPC, art. 530); **C:** incorreta. Não cabe apelação de acórdão, mas só de sentença (CPC, art. 513); **D:** incorreta. A apresentação de reconsideração (que não é recurso) não altera o prazo recursal.

Gabarito "B"

(Procurador do Município/Recife-PE – 2008 – FCC) Moisés ajuizou uma demanda, pelo rito ordinário, contra José e Joaquim. José e Joaquim outorgaram procurações a advogados diferentes. No curso da lide o Magistrado prolata um despacho saneador, indeferindo a produção de provas requeridas pelos réus. O prazo para José e Joaquim ingressarem com o recurso cabível, a partir da data da intimação, é de:

(A) 30 dias.

(B) 20 dias.

(C) 15 dias.

(D) 10 dias.

(E) 05 dias.

O recurso cabível é o de agravo (10 dias – CPC, art. 522). Porém, como são litisconsortes com advogados distintos, o prazo é em dobro (CPC, art. 191).

Gabarito "B"

(Procurador do Município/Sorocaba-SP – 2012 – VUNESP) Interposto recurso contra sentença que concedeu ***habeas data***, o Presidente do Tribunal competente determinou a suspensão da ordem.

Assinale a alternativa correta em relação à situação apontada.

(A) Não é admissível qualquer recurso dessa decisão, uma vez que o recurso deverá ser julgado na primeira sessão após a conclusão ao relator.

(B) Cabe Agravo, o qual será interposto no próprio Tribunal que o remeterá ao STJ para julgamento.

(C) Cabe Agravo de Instrumento, o qual deverá ser interposto no Tribunal de Origem, mas o julgamento deverá ocorrer no STJ.

(D) Cabe Agravo de Instrumento, o qual deverá ser interposto diretamente no STJ, a quem compete o julgamento do recurso.

(E) O recurso deverá ser levado a julgamento na primeira sessão após a conclusão do relator, uma vez que seu julgamento tem prioridade em relação aos demais recursos, salvo em relação ao Mandado de Segurança e ao *Habeas Corpus*. Em relação à decisão do Presidente do TJ, cabe agravo ao próprio Tribunal.

E: correta (L. 9.514/97, arts. 16 e 19).

Gabarito "E".

(Procurador de Contas TCE/ES – CESPE – 2009) Acerca do juízo de mérito dos recursos, assinale a opção correta.

(A) Diz-se haver *error in procedendo* quando ocorre infração a norma de procedimento em prejuízo das partes, de modo que o recurso de agravo é o mais adequado a sua correção, sendo, inclusive, inviável pretender corrigir *error in iudicando* por meio dessa modalidade recursal.

(B) O fato de o recurso abordar decisão acerca da legitimidade *ad causam* de uma das partes do processo determina que não haverá questão de mérito do recurso, já que esse tema é pertinente à admissibilidade da causa.

(C) Ao realizar julgamento rescindente, o órgão julgador do recurso acolhe alegação de *error in procedendo* e determina que o órgão *a quo* profira novo julgamento, o que não ocorre quando se verifica julgamento *extra* ou *ultra petita*.

(D) No que tange ao juízo de mérito recursal, diz-se ser regra do benefício comum a possibilidade de o órgão julgador examinar a decisão recorrida naquilo que contraria a expectativa das duas partes; no direito nacional, essa regra vige desde o CPC de 1939.

(E) A vedação à reformatio in pejus atinge os recursos, de modo que institutos apenas similares, como é o caso do reexame necessário, a ela não se vinculam, tanto que é possível ao órgão responsável pelo reexame decidir agravando a posição da fazenda pública.

A: incorreta, porque o tipo de erro é irrelevante para a identificação do recurso cabível – o cabimento é apurado pela natureza da decisão impugnada; **B:** incorreta, porque se a legitimidade for o objeto do recurso, isso será o mérito recursal (a admissibilidade é o cabimento, tempestividade etc. do recurso em análise); **C:** correta. No caso de sentença *ultra petita*, cabe ao tribunal cancelar o excesso verificado na sentença, e no caso de sentença *extra petita*, o tribunal pode reformar a sentença para adequar o julgamento aos elementos da causa, sem necessidade de ser determinada a prolação de nova sentença pelo julgado; **D:** incorreta. O tribunal só está autorizado a apreciar as matérias que tenham sido alegadas pelo recorrente (CPC, art. 515), e, em regra, descabe piorar a situação do recorrente (vedação da *reformatio in pejus*), caso somente haja seu recurso; **E:** incorreta. Súmula 45/STJ: No reexame necessário, é defeso, ao Tribunal, agravar a condenação da Fazenda Pública.

Gabarito "C".

(Procurador do Estado/ES – 2008 – CESPE) Quanto a recursos e a outros meios de impugnação das decisões judiciais, julgue os itens que se seguem.

(1) Todos os meios de impugnação de decisões judiciais são voluntários, internos à relação processual em que se forma o ato judicial atacado e objetivam a anulação, a reforma ou o aprimoramento do ato recorrido.

(2) No recurso especial, não é possível o novo exame da prova da causa, ou seja, a formação de nova convicção sobre os fatos, pois tal recurso tem âmbito restrito, permitindo apenas o reexame da solução que pode ter violado a lei federal.

(3) Contra decisão que indefere uma petição inicial é cabível recurso de apelação, cujo processamento se dá independentemente de citação do réu e com possibilidade de retratação do decidido pelo juiz sentenciante.

(4) Se for suscitado incidente de arguição de inconstitucionalidade de lei ou ato normativo federal, e sendo ele julgado procedente, pelo pleno ou pelo órgão especial do respectivo tribunal, com a respectiva declaração de inconstitucionalidade, contra essa decisão é cabível interposição de recurso extraordinário no STF.

1: errado. Há o reexame necessário, que independe de vontade da parte (CPC, art. 475); **2:** certo. Súmula 7/STJ: A pretensão de simples reexame de prova não enseja recurso especial; **3:** certo (CPC, art. 296); **4:** errado. O recurso é cabível contra a decisão do caso concreto, não do incidente (CPC, arts. 480 e ss.).

Gabarito 1E, 2C, 3C, 4E

(Procurador do Estado/CE – 2008 – CESPE) Quanto aos recursos no processo civil, assinale a opção correta.

(A) É possível a convalidação das nulidades sanáveis, por decisão do colegiado, no âmbito recursal, admitindo-se a determinação da correção de tais nulidades, além da apelação, no julgamento de outros recursos, inclusive nos recursos especial e extraordinário.

(B) Para a admissibilidade dos recursos extraordinários, exige-se, além dos demais requisitos legais, a demonstração da repercussão geral das questões constitucionais discutidas. A existência da repercussão geral deve ser demonstrada, em preliminar do recurso extraordinário, para apreciação exclusiva do STF.

(C) Cabe juízo de retratação, bem como o denominado agravinho ou agravo regimental, contra decisão monocrática do relator que determine a conversão do agravo de instrumento em retido ou a concessão de efeito suspensivo ao recurso.

(D) São cabíveis embargos de declaração com caráter infringente quando o recurso for utilizado com a finalidade de prequestionamento ou para rever decisão anterior, reexaminando ponto sobre o qual já houve pronunciamento, com inversão, em consequência, do resultado final.

(E) No exame de recurso especial, não poderá ser apreciada questão de inconstitucionalidade de lei federal ou local a ser aplicada na solução do caso concreto, devendo-se, caso ocorra dúvida quanto à constitucionalidade de lei, suspender o julgamento, remetendo-se os autos ao STF.

A: incorreta (CPC, art. 515, § 4º, do CPC); **B:** correta (CPC, art. 543-A, *caput*, e § 2º); **C:** incorreta. Trata-se de uma hipótese em que não cabe o agravo regimental ou interno (CPC, art. 527, parágrafo único); **D:** incorreta. Os embargos para fins de prequestionamento se prestam a suprir uma omissão de modo a permitir recurso para tribunal superior, não alterar a decisão (CPC, art. 535); **E:** incorreta. No sistema brasileiro, qualquer juiz pode exercer o controle difuso da constitucionalidade – porém, sendo em tribunal, deverá ser suscitado o incidente de inconstitucionalidade (CPC, art. 480 e CF, art. 97).

Gabarito "B"

(Procurador da Fazenda Nacional – 2006 – ESAF) Na fase de apelação perante Tribunal Regional Federal, em ação do contribuinte contra a União (Fazenda Nacional):

(A) pode o contribuinte desistir, a qualquer tempo, de sua ação de mandado de segurança, independentemente do consentimento da União (Fazenda Nacional) mesmo que seja ela a única recorrente.

(B) em controvérsia de natureza exclusivamente infraconstitucional, sendo parcialmente provido o recurso do contribuinte, com decisão não unânime relativamente à parte improvida, deve ele, desde logo, interpor recurso especial quanto à parte unânime, sem prejuízo da interposição de embargos de divergência relativamente à parte não unânime.

(C) arguida, pelo contribuinte-recorrente, a inconstitucionalidade de lei, incumbe à respectiva turma julgadora, preliminarmente, decidir se acolhe ou não a plausibilidade da arguição, e, em caso afirmativo, submeter a arguição à apreciação do pleno ou da corte especial, conforme o caso, do respectivo Tribunal, salvo se já houver anterior pronunciamento daquele mesmo órgão superior da corte ou do Supremo Tribunal Federal: é a regra da "reserva de plenário" ou do "full bench".

(D) é facultado ao Procurador da Fazenda Nacional responsável pelo acompanhamento do feito, a qualquer tempo antes do julgamento definitivo do recurso pelo Tribunal, desistir, a seu juízo, da apelação anteriormente interposta, desde que o faça fundamentadamente e mediante justificativa escrita.

(E) até o julgamento do recurso pela correspondente turma, a competência para conhecer e decidir sobre medidas de natureza cautelar recai sobre o presidente do Tribunal; após o julgamento pela turma, e não estando pendente o julgamento de embargos infringentes ou de embargos de declaração, a competência fica transferida ao presidente do Tribunal ao qual competir o conhecimento do recurso (extraordinário ou especial) acaso cabível.

A: incorreta. Após a contestação, a desistência da ação depende da anuência da parte contrária (CPC, art. 267, § 4º); **B:** incorreta. O recurso especial quanto à parte unânime somente deverá ser interposto após o julgamento dos embargos infringentes (CPC, art. 498); **C:** correta: Trata-se da regra constitucional da reserva de plenário (CF, art. 97) que, do ponto de vista infraconstitucional, determina a instauração do incidente de inconstitucionalidade – salvo se já houver precedente do próprio tribunal ou STF quanto ao tema (CPC, arts. 480 e 481); **D:** incorreta. Isso depende de autorização interna, conforme regras próprias da PFN (indisponibilidade do interesse público); **E:** incorreta. Somente após o juízo de admissibilidade quanto ao recurso de estrito direito (especial ou extraordinário) é que a competência será dos Tribunais Superiores (Súmulas 634 e 635 do STF).

Gabarito "C"

(Procurador do Estado/PA – 2011) Assinale a assertiva INCORRETA:

(A) No curso do processo, tornando-se litigiosa a relação jurídica de cuja existência ou inexistência depender o julgamento da lide, qualquer das partes poderá requerer que o juiz a declare por sentença.

(B) É definitiva a execução da sentença transitada em julgado e provisória quando se tratar de sentença impugnada mediante recurso recebido no efeito suspensivo.

(C) O Recurso Extraordinário, ou o Recurso Especial, quando interpostos contra decisão interlocutória em processo de conhecimento, cautelar, ou Embargos à execução ficará retido nos autos e somente será processado se o reiterar a parte, no prazo para interposição do recurso contra a decisão final, ou para as contrarrazões.

(D) A sentença de mérito, transitada em julgado, pode ser rescindida quando fundada em erro de fato, ou seja, quando a sentença admitir um fato inexistente, ou quando considerar inexistente um fato efetivamente ocorrido.

(E) No recurso extraordinário, haverá repercussão geral sempre que seja impugnada decisão contrária a súmula ou jurisprudência dominante do Tribunal. Para efeito de repercussão geral, será considerada a existência, ou não, de questões relevantes do ponto de vista econômico, político, social ou jurídico, que ultrapasse os interesses subjetivos da causa.

A: correta. É a hipótese da ação declaratória incidental (CPC, arts. 5º e 325); **B:** incorreta, devendo esta ser assinalada. A reprodução do art. 587 não está correta; **C:** correta (CPC, art. 542, § 3º); **D:** correta (CPC, art. 485, IX e § 1º); **E:** correta (CPC, art. 543-A, § 1º).

Gabarito "B".

(Procurador do Município/São José dos Campos-SP – 2012 – VUNESP) No que diz respeito ao cumprimento de sentença, da decisão que resolver a impugnação pela extinção da execução,

(A) caberá o recurso de Agravo de instrumento.

(B) caberá o recurso de Agravo retido.

(C) caberá o recurso de Apelação.

(D) caberá o recurso de Embargos de declaração.

(E) não caberá recurso.

C: correta. CPC, art. 475-M, § 3º.

Gabarito "C".

(Advogado – CEF – 2012 – CESGRANRIO) Da decisão emanada do presidente de tribunal que suspender os efeitos de medida liminar proferida em mandado de segurança, caberá o seguinte recurso:

(A) apelação

(B) agravo

(C) embargos

(D) reconsideração

(E) inominado

B: correto (art. 4º, § 3º, da Lei 8.437/92).

Gabarito "B".

(Advogado – PETROBRÁS DISTRIB. – 2010 – CESGRANRIO) Átrio, regularmente representado por seu genitor, impetra mandado de segurança contra ato do Governador do Estado de São Paulo, tendo em vista que aduziu ter sido preterido em concurso público nas vagas destinadas a portadores de necessidades especiais, consoante previsão normativa. O processo foi distribuído, originariamente, a Desembargador do TJ/SP que, após proceder aos trâmites legais, levou seu voto ao órgão colegiado para julgamento. O acórdão proferido pelo órgão competente do TJ/SP denega a segurança, por maioria de votos. Inconformado, Átrio apresenta recurso especial, dirigido ao Superior Tribunal de Justiça, que não é admitido pelo órgão de origem, sendo interposto agravo de instrumento, também não conhecido. Diante disso, o(a):

(A) recurso ordinário, no caso, somente caberia, se procedente o pedido.

(B) recurso cabível é o ordinário de apelação.

(C) caso seria de recurso extraordinário.

(D) decisão deve ser atacada por recurso ordinário.

(E) decisão, não sendo unânime, caberiam embargos infringentes.

A: incorreto. Cabe recurso ordinário nos mandados de segurança decididos em única instância pelos Tribunais Regionais Federais ou pelos Tribunais dos Estados e do Distrito Federal e Territórios, quando denegatória a decisão, ressaltando-se que compete ao STJ seu julgamento (art. 105, II, "b", da CF e art. 539, II, "a", do CPC); B incorreto, visto que a apelação deve ser interposta contra sentença em sentido estrito, e não contra acórdão (art. 513 do CPC); **C:** incorreto, porquanto os recursos de índole extraordinária, para serem admitidos, demandam o prévio esgotamento das vias ordinárias (Súmula 281 do STF e Súmula 207 do STJ); **D:** correto (art. 105, II, "b", da CF e art. 539, II, "a", do CPC); **E:** incorreto (Súmula 169 do STJ, Súmula 597 do STF e art. 25 da Lei 12.016/09).

Gabarito "D".

(Advogado – PETROBRÁS DISTRIB. – 2010 – CESGRANRIO) A BR S.A. propõe cerca de cem ações cognitivas, de conteúdo similar, distribuídas a juízos com competência cível do Poder Judiciário do Estado do Rio de Janeiro. Cerca de trinta dessas ações são apresentadas à Segunda Vara Cível da Comarca da Capital que instrui, na íntegra, cinco dessas ações, proferindo sentença de mérito com a improcedência do pedido. A autora apresentou recurso tempestivo em todas as ações. Com base nas seguidas decisões proferidas, o magistrado indeferiu a petição inicial das ações restantes, julgando improcedentes os pedidos nelas contidos. No sistema adotado no Brasil, o ato do juiz que indeferiu a inicial é:

(A) despido de arrimo legal.

(B) agravável.

(C) apelável.

(D) passível de retratação.

(E) recorrível.

C: correto. O ato do juiz que indefere a petição inicial tem natureza jurídica de sentença, daí por que se afigura cabível o recurso de apelação (arts. 296, *caput*, e 513 do CPC).

Gabarito "C".

(Advogado – DATAPREV – 2009 – UFF) Acerca dos recursos, é correto afirmar que:

(A) o recurso especial e o extraordinário possuem efeito suspensivo;

(B) a insuficiência do valor do preparo do recurso implicará deserção, se o recorrente, intimado, não vier a supri-lo no prazo de 10 (dez) dias;

(C) a renúncia ao direito de recorrer depende da aceitação da outra parte;

(D) o juiz não receberá o recurso de apelação quando a sentença estiver em conformidade com súmula do Superior Tribunal de Justiça ou do Supremo Tribunal Federal;

(E) a apelação de sentença que confirmar a antecipação dos efeitos da tutela será recebida no efeito suspensivo e devolutivo.

A: incorreto. Os recursos excepcionais, gênero ao qual pertencem os recursos extraordinário e especial, não são ordinariamente dotados de efeito suspensivo (arts. 497 e 542, § 2º, do CPC); **B:** incorreto. O prazo é de cinco dias (art. 511, § 2º, do CPC); **C:** incorreto, visto que a renúncia à pretensão recursal prescinde de aceitação da parte adversa (art. 502 do CPC); **D:** correto (art. 518, § 1º, do CPC); **E:** incorreto. Na hipótese, o apelo deverá ser recebido apenas no efeito devolutivo (art. 520, VII, do CPC).

Gabarito "D".

(Advogado – BNDES – 2008 – CESGRANRIO) De acordo com o Código de Processo Civil, **NÃO** comporta a interposição de recurso adesivo a(o):

(A) Apelação.
(B) Embargo infringente.
(C) Recurso ordinário.
(D) Recurso extraordinário.
(E) Recurso especial.

O recurso adesivo só é admitido na apelação, nos embargos infringentes, no recurso especial e no recurso extraordinário (art. 500, II, do CPC). Por força do art. 540 do CPC, admite-se-o também no recurso ordinário, eis que se lhe aplicam as mesmas regras da apelação.

Gabarito "C".

(Advogado – PETROBRÁS DISTRIB. – 2008 – CESGRANRIO) A Estrela Distribuidora propôs ação de procedimento ordinário em face da empresa ZZ-ZOOO S/A, apresentando contrato de prestação de serviços no valor de R$ 50.000,00 (cinquenta mil reais) não cumprido. O Juiz aduz a ausência de comprovante, reconhecendo obrigação de pagar ou dar e indefere a petição inicial, com exame de mérito. No sistema adotado no Brasil, o ato do juiz é atacável por recurso:

(A) extraordinário.
(B) de agravo.
(C) de apelação.
(D) de embargos infringentes.
(E) de embargos de divergência.

C: correto, porquanto o ato do juiz que indefere a petição inicial tem natureza jurídica de sentença, daí por que se afigura cabível o recurso de apelação (arts. 296, *caput*, e 513 do CPC).

Gabarito "C".

(Advogado – PETROBRÁS – 2006 – CESGRANRIO) Um Estado estrangeiro ingressou com uma ação de reparação de danos contra a Petrobras. A ação foi julgada procedente pelo órgão do Poder Judiciário de competência originária. Contra essa sentença é cabível:

(A) apelação ao Tribunal Regional Federal.
(B) recurso ordinário para o Supremo Tribunal Federal.
(C) recurso ordinário para o Superior Tribunal de Justiça.
(D) recurso especial para o Superior Tribunal de Justiça.
(E) recurso extraordinário para o Supremo Tribunal Federal.

C: correto (arts. 105, II, "c", e 109, II, ambos da CF, e art. 539, II, "b", do CPC). Cuida-se de uma das hipóteses de cabimento de *recurso ordinário* para o STJ, registrando-se que a competência para o julgamento de litígios entre Estado estrangeiro ou organismo internacional e Município ou pessoa domiciliada ou residente no país é dos *juízos federais*, na forma do art. 109, II, da CF.

Gabarito "C".

(Advogado – ELETROBRÁS – 2006 – NCE/UFRJ) O juiz, entendendo que haveria falta de interesse de agir, julgou liminarmente inadmissível o pedido de liquidação da sentença formulado nos autos de uma ação de cobrança, cujo pedido foi julgado procedente, com sentença transitada em julgado. Da decisão que inadmitiu a liquidação de sentença cabe:

(A) agravo retido, por ser esta a forma preferencial de impugnação de uma decisão interlocutória;
(B) agravo de instrumento, por se tratar de decisão interlocutória mista;
(C) apelação, porque é uma decisão final que encerra o procedimento sem resolução de mérito;
(D) apelação, porque o julgamento pode abranger questões tratadas na sentença que julgou o pedido de cobrança;
(E) embargos de declaração, porque é contraditório julgar inadmissível a liquidação de uma sentença transitada em julgado.

C: correto. Da decisão que resolve a fase de liquidação de sentença, delimitando o *quantum debeatur*, cabe o recurso de agravo de instrumento (art. 475-H do CPC). Todavia, na hipótese trazida pelo enunciado da questão, cuida-se de decisão que *extingue o processo*. Logo, por ostentar natureza de *sentença* (art. 162, § 1º, do CPC), desafia o recurso de *apelação* (art. 513 do CPC). Corroborando tal assertiva: PROCESSO CIVIL. RECURSO ESPECIAL. PROVIMENTO JUDICIAL QUE, EM INCIDENTE DE LIQUIDAÇÃO DE SENTENÇA, EXTINGUE O PROCESSO. RECURSO CABÍVEL. RECURSO ESPECIAL IMPROVIDO. 1. Ao dispor que "Da decisão de liquidação caberá agravo de instrumento", o art. 475-H do CPC está disciplinando o que comumente ocorre, ou seja, que a decisão se limite a resolver o incidente de liquidação, fixando o *quantum debeatur* a ser objeto da execução forçada subsequente. Todavia, se o ato judicial proferido no âmbito do incidente de liquidação extingue o próprio processo, determinando inclusive o arquivamento dos autos, sua natureza já não será de simples decisão interlocutória que "decide a liquidação", mas de verdadeira sentença (CPC, art. 162, § 1º), contra a qual o recurso cabível será o de apelação (CPC, art. 513). 2. Recurso Especial improvido (REsp 1090429/RJ, Rel. Ministro TEORI ALBINO ZAVASCKI, PRIMEIRA TURMA, julgado em 20/05/2010, DJe 26/05/2010).

Gabarito "C".

(Advogado – CEF – 2006 – CESPE) Julgue os itens que se seguem, a respeito dos recursos no processo civil.

(1) Após a interposição dos embargos de declaração, ocorre a interrupção do prazo para a interposição de outros recursos por qualquer das partes e mantém-se em suspenso a eficácia da decisão recorrida, salvo se o recurso for intempestivo.
(2) Tratando-se de recurso especial, o prequestionamento é requisito essencial e pressuposto especí-

fico, o que significa que a matéria suscitada pela parte sucumbente, em suas razões do recurso, foi apreciada pelo tribunal onde o recurso foi julgado.

(3) O provimento do recurso de apelação em que a parte alega a falta de fundamentação da sentença deve ter como consequência a reforma da decisão impugnada, para se julgar procedente ou improcedente a ação.

1: correto (art. 538, *caput*, do CPC). Apenas os embargos de declaração intempestivos é que não interrompem o prazo recursal. Vale registrar, igualmente, que os declaratórios são dotados de efeito *suspensivo*, já que sobrestam a eficácia da decisão combatida; possuem também efeito *devolutivo*, porquanto devolvem a matéria objeto de impugnação à apreciação do próprio órgão jurisdicional que prolatou o *decisum*. De qualquer sorte, sua cognição é limitada à análise da existência de contradição, de omissão ou de obscuridade; **2:** correto. Um dos requisitos de admissibilidade dos recursos de índole excepcional é o *prequestionamento*, o qual exige que a questão impugnada tenha sido *discutida e decidida nas instâncias ordinárias*. Logo, se o tribunal de origem não se pronunciar sobre a questão suscitada pelo recorrente, será necessário que este oponha o recurso de embargos de declaração, a fim de que o órgão julgador supra a omissão verificada, tudo com o escopo de que a matéria seja prequestionada, ou seja, de que haja efetiva decisão pelos tribunais locais acerca das questões que lhes tenham sido submetidas pelas partes (arts. 102, III, e 105, III, da CF e Súmulas 282 e 356 do STF). Como bem salienta Nelson Nery Jr. e Rosa Maria de Andrade Nery: "A competência do STF para julgar o RE não é originária, mas sim recursal, o que significa que o STF somente *rejulga* questões já julgadas na instância inferior. Assim, apenas quando tiver sido *decidida* a causa é que, em tese, cabe RE ao STF, se o recorrente alegar que o tribunal *a quo* proferiu julgamento com infringência ao texto constitucional federal. Questão não decidida na instância inferior não enseja revisão por meio do **RE:** o que não foi decidido não pode ser redecidido (revisto)" (NERY JR. Nelson; NERY, Rosa Maria de Andrade. *Código de processo civil comentado e legislação extravagante*. 10. edição. São Paulo: Revista dos Tribunais, 2007, p. 924) [grifos nos original]; **3:** errado. A ausência de fundamentação desponta como vício intrínseco da sentença, justamente por faltar um de seus elementos essenciais (art. 458, II, do CPC). Logo, a decisão judicial desprovida de fundamentação é nula, na forma do art. 93, IX, da CF, daí por que o tribunal deve *invalidar* a sentença e ordenar o regresso dos autos à origem, a fim de que o órgão *a quo* profira novo julgamento, sob pena de supressão de instância. Em outras linhas, a hipótese reclama a invalidação do decisório e não a sua reforma.

Gabarito 1C, 2C, 3E.

(Advogado – INFRAERO – 2004 – NCE/UFRJ) Romário propõe ação de cobrança em face de Charles que tramita perante o juízo da 2ª Vara Cível da Comarca de Itaguaí. Como defesa, o réu apresentou exceção de incompetência que foi julgada por sentença. Inconformado com a decisão, Romário ofereceu agravo de instrumento, que veio a ser improvido por maioria de votos, havendo ofensa à lei federal no acórdão proferido pelo Tribunal *ad quem*. Qual seria o recurso adequado para defender os interesses de Romário:

(A) Embargos Infringentes;

(B) Recurso Ordinário;

(C) Recurso Extraordinário;

(D) Embargos de Divergência;

(E) Recurso Especial.

Primeiramente, se o réu não interpôs apelação nem ajuizou ação rescisória, não há que se falar em embargos infringentes (art. 530 do CPC). Por outro lado, rechaça-se a interposição de recurso ordinário, pois não se trata de denegação de mandado de segurança pelo tribunal (art. 539, I e II, "a", do CPC). De igual modo, o comando da questão não se reporta a julgamento entre Estado estrangeiro ou organismo internacional e Município ou pessoa domiciliada ou residente no país (art. 539, II, "b", do CPC), referindo-se tão somente a acórdão que negou provimento, por maioria de votos, ao agravo de instrumento tirado pelo requerido (art. 538, parágrafo único, do CPC). Não é admissível, ainda, o recurso extraordinário, porquanto a decisão colegiada violou norma infraconstitucional (art. 102, III, "a", da CF). Finalmente, é admissível recurso especial, com base no art. 105, III, "a", da CF, ante a alegação de ofensa à lei federal, até porque já exauridas todas as possibilidades de interposição recursal na instância ordinária (TJ).

Gabarito "E".

(Advogado – PETROBRÁS – 2003 – CESPE) A respeito de recursos, julgue os itens subsequentes.

(1) Ao julgar apelação, poderá o tribunal reexaminar, de ofício, questão relativa a condições da ação, litispendência, coisa julgada ou pressupostos processuais já decidida pelo juiz no curso do processo, ainda que a parte prejudicada pela decisão não tenha interposto recurso contra ela.

(2) Se o juiz, ao retratar-se da decisão agravada, vier a extinguir o feito por falta de condição da ação, deverá o agravado interpor apelação daquela decisão, e não simplesmente requerer a subida dos autos ao tribunal para julgar o agravo.

1: correto, por influxo do *efeito translativo* inerente ao recurso de apelação (arts. 267, § 3º, e 301, § 4º, do CPC). Vale registrar que as questões de ordem pública (objeções processuais), a exemplo daquelas respeitantes às condições da ação e aos pressupostos processuais, podem ser conhecidas de ofício pelo órgão jurisdicional, motivo porquanto se revela prescindível pedido expresso da parte nesse sentido; **2:** correto. Denomina-se sentença o ato do juiz que, reconhecendo a ausência de uma das condições da ação, extingue o processo sem resolução de mérito (arts. 162, § 1º, e 267, VI, ambos do CPC). Logo, em razão do *princípio da unirrecorribilidade*, cabe apelação em face da sentença proferida, e não agravo (art. 513 do CPC).

Gabarito 1C, 2C.

(Advogado – PETROBRÁS – 2001 – CESPE) Mandado de segurança decidido em única instância por tribunal estadual enseja a interposição:

(1) de recurso ordinário para o Superior Tribunal de Justiça (STJ), em qualquer hipótese, ainda que a decisão não tenha sido unânime, tendo em vista súmula do STJ que entende incabíveis embargos infringentes contra acórdão proferido em apelação que julga mandado de segurança.

(2) de recurso ordinário para o STJ, caso seja denegatória a decisão, ainda que o recurso seja fundado na violação a dispositivo de lei local.

(3) de recurso ordinário para o STJ, caso seja denegatória a decisão, mesmo que o recurso seja fundado em violação a dispositivo da Constituição da República.

(4) de recurso ordinário para o Supremo Tribunal Federal (STF), caso seja deferida a segurança, desde que o recurso seja fundado em violação a dispositivo da Constituição da República.

(5) simultânea dos recursos especial e extraordinário, caso seja denegatória a decisão.

1: incorreto. A interposição de recurso ordinário perante o STJ não é incondicionada. Cabe recurso ordinário para o STJ nos mandados de segurança decididos em única instância pelos Tribunais Regionais Federais ou pelos Tribunais dos Estados e do Distrito Federal e Territórios, *quando denegatória a decisão* (art. 105, II, "b", da CF e art. 539, II, "a", do CPC); **2:** correto (art. 105, II, "b", da CF e art. 539, II, "a", do CPC). Nesse sentido: ADMINISTRATIVO. PROCESSUAL CIVIL. SERVIDORA PÚBLICA ESTADUAL. MAGISTÉRIO. REGIME DE TRABALHO DE 20 (VINTE) HORAS. ALEGAÇÃO DE QUE MINISTRA 23 (VINTE E TRÊS) HORAS, MAS NÃO RECEBE O DEVIDO PAGAMENTO PELO TEMPO EXCEDENTE. AUSÊNCIA DE COMPROVAÇÃO. EXIGÊNCIA DE PROVA PRÉ-CONSTITUÍDA NA AÇÃO MANDAMENTAL. AUSÊNCIA DE DIREITO LÍQUIDO E CERTO. PLEITO RELATIVO À MODIFICAÇÃO DO REGIME DE TRABALHO PARA 30 (TRINTA) HORAS. *REQUISITOS EXPRESSAMENTE EXIGIDOS PELA LEI COMPLEMENTAR ESTADUAL N.º 1.139/92. NÃO CUMPRIDOS. INDEFERIMENTO ADMINISTRATIVO. CORRETA A APLICAÇÃO DA LEI LOCAL E O EXAME DAS CIRCUNSTÂNCIAS FÁTICAS ENVOLVIDAS*. APLICAÇÃO DO PRINCÍPIO DA ISONOMIA. SÚMULA N.º 339 DO SUPREMO TRIBUNAL FEDERAL. 1. O *writ of mandamus* não foi instruído com provas hábeis a corroborar a tese de que não foi recebido o devido pagamento pelas 03 (três) horas trabalhadas além da carga horária relativa ao seu regime original de trabalho, que é de 20 (vinte) horas semanais. 2. O indeferimento administrativo do pedido está balizado na melhor interpretação da legislação e na correta análise das circunstâncias fáticas atinentes à espécie 3. À mingua de disposição legal que ampare o pleito, a concessão da segurança, com base no princípio da isonomia, encontra óbice na Súmula 339 do Supremo Tribunal Federal. 4. Recurso ordinário em mandado de segurança conhecido e desprovido. (RMS 24.987/SC, Rel. Ministra LAURITA VAZ, QUINTA TURMA, julgado em 18/08/2011, DJe 01/09/2011) [grifos nossos]; **3:** correto (art. 105, II, "b", da CF e art. 539, II, "a", do CPC); **4:** incorreto, eis que cabe recurso ordinário para o STF nos mandados de segurança, nos *habeas data* e nos mandados de injunção decididos em única instância pelos *Tribunais superiores, quando denegatória a decisão*. No caso trazido à baila, o acórdão foi prolatado por tribunal estadual, razão pela qual não se afigura cabível o recurso ordinário para o STF (arts. 102, II, "a", da CF, e 539, I, do CPC); **5:** incorreto. O acesso à via excepcional demanda o esgotamento das vias recursais ordinárias, daí por que se revela incabível a interposição de recurso especial ou de extraordinário. Na hipótese, se denegatória a decisão, caberia recurso ordinário para o STJ.

Gabarito 1E, 2C, 3C, 4E, 5E.

3. PROCESSO DE EXECUÇÃO E CUMPRIMENTO DE SENTENÇA

3.1. PROCESSO DE EXECUÇÃO

(Procurador do Estado/BA – 2014 – CESPE) Julgue o seguinte item.

(1) De acordo com o Código de Processo Civil, ao exequente é permitido requer ao juiz a remessa dos autos ao juízo do atual domicílio do executado, embora, em regra, a competência para a execução da sentença seja do juízo originário da causa.

1. Correta. Em relação à competência, a regra geral é a *perpetuatio jurisdictionis* (CPC, art. 87): uma vez proposta a demanda, as alterações posteriores são irrelevantes. Uma das exceções ocorre exatamente no cumprimento de sentença, sendo lícito ao exequente requerer que essa fase tramite no domicílio atual do executado ou no local onde estão os bens penhoráveis (CPC, art. 475-P, parágrafo único).

Gabarito 1C

(Procurador Distrital – 2014 – CESPE) Julgue o seguinte item.

(1) As decisões de tribunal de contas de que resultem imputação de débito ou multa terão eficácia de título executivo extrajudicial, independentemente de sua inscrição em dívida ativa.

1. Correta. Nos termos de previsão constitucional, as decisões dos Tribunais de Contas que importem em pagamento de quantia são títulos executivos (CF, art. 71, § 3º). As decisões do Tribunal de que resulte imputação de débito ou multa terão eficácia de título executivo). E, como os Tribunais de Conta não são parte integrante do Judiciário, certo é que estamos diante de títulos executivos extrajudiciais.

Gabarito 1C

(Procurador Distrital – 2014 – CESPE) Julgue o seguinte item.

(1) Caso, em fase de execução de título judicial proposta contra particular (cumprimento de sentença), o executado ofereça depósito do valor executado dentro do prazo de quinze dias para o adimplemento da obrigação, ocorrerá, segundo o entendimento do STJ, a denominada penhora automática e, portanto, da data do depósito se iniciará o prazo para oferecimento de impugnação pelo executado.

1. Correta. A interpretação do art. 475-J, § 1º do CPC nos faz concluir que, após a penhora, seria necessária a lavratura de mandado de penhora e intimação do executado para, a partir daí, ter início o prazo de impugnação. Contudo, o STJ fez letra morta desse dispositivo, firmando a tese de que, conforme exposto no enunciado, no caso de penhora *on-line*, desnecessária a intimação da penhora, correndo a partir da constrição o prazo de intimação. Nesse sentido, informativo 500/STJ e um julgado posterior reafirmando essa posição: "IMPUGNAÇÃO. CUMPRIMENTO DE SENTENÇA. TERMO INICIAL. DEPÓSITO JUDICIAL. O termo inicial para o oferecimento de impugnação ao cumprimento de sentença começa com o depósito judicial em dinheiro do valor executado, consubstanciando tal ato em penhora automática, sendo desnecessária a lavratura do respectivo termo e a intimação do devedor. Ademais, com o depósito, entende-se que o executado teve ciência dos atos processuais e da oportunidade para produzir a sua defesa. Precedente citado: REsp 972.812-RJ, DJe 12/12/2008" (**REsp 965.475-SP, Rel. Min. Luis Felipe Salomão, julgado em 21/6/2012). "** PROCESSUAL CIVIL. CUMPRIMENTO DE SENTENÇA. PENHORA ON-LINE. AUSÊNCIA DE TERMO. (...) 1. A lavratura do auto de penhora ou de sua redução a termo, com posterior intimação da parte executada para, querendo, apresentar impugnação, assegura-lhe o conhecimento da exata identificação do bem sobre o qual recaiu a constrição. 2. Havendo penhora *on-line*, não há expedição de mandado de penhora e de avaliação, uma vez que a constrição recai sobre numerário encontrado em conta-corrente do devedor, sendo desnecessária diligência além das adotadas pelo próprio magistrado por meio eletrônico" (...) (REsp 1195976/RN, Rel. Ministro JOÃO OTÁVIO DE NORONHA, TERCEIRA TURMA, julgado em 20/02/2014, DJe 05/03/2014).

Gabarito 1C

(Procurador da Fazenda Nacional – 2004 – ESAF) Quanto ao processo de execução movido em face da Fazenda Pública, e de acordo com a legislação em vigor, é correto afirmar:

(A) ainda que não tenham sido opostos embargos pela Fazenda Pública, os honorários serão fixados consoante apreciação equitativa do juiz, atendidos o grau de zelo do profissional, o lugar da prestação do serviço, a natureza e a importância da causa, o trabalho realizado pelo advogado e o tempo exigido para o seu serviço.

(B) os honorários advocatícios serão fixados entre o mínimo de 10% (dez por cento) e máximo de 20% (vinte por cento) sobre o valor exequendo, independentemente da oposição de embargos do executado, exceto em se tratando de obrigações de dar coisa certa, por não se submeterem ao regime constitucional do precatório.

(C) não serão devidos honorários advocatícios nas execuções movidas em face da Fazenda Pública quando não embargadas, não tendo aplicação o Código de Processo Civil, neste ponto.

(D) a Fazenda Pública não será condenada na verba honorária desde que se trate de execução por quantia certa não embargada, sendo possível a sua condenação, todavia, quando a execução disser respeito a obrigações de dar e fazer.

(E) a Fazenda Pública jamais será condenada em honorários advocatícios em execuções em face de si movidas, porquanto, pelo princípio da indisponibilidade do interesse público pela Administração, encontra-se sempre obrigada a embargar, não havendo, pois, falar-se em princípio da causalidade.

C: Correta (Art. 1º-D da Lei n. 9.494/1997).

Gabarito "C".

(Procurador do Estado/SC – 2010 – FEPESE) De acordo com o Código de Processo Civil, **não** é título executivo extrajudicial:

(A) a debênture.

(B) o crédito decorrente de laudêmio.

(C) os contratos garantidos por anticrese.

(D) a certidão de dívida ativa da Fazenda Pública.

(E) os contratos de acidentes pessoais de que resulte morte ou incapacidade.

A: incorreta (CPC, art. 585, I); **B:** incorreta (CPC, art. 585, IV); **C:** incorreta (CPC, art. 585, III); **D:** incorreta (CPC, art. 585, VII); E) Correta, pois não se trata de título executivo extrajudicial (o CPC, art. 585, III fala em seguro de vida, mas não acidentes pessoais – e o rol de títulos executivos é taxativo).

Gabarito "E".

(Procurador do Estado/PE – CESPE – 2009) Com relação à execução, assinale a opção correta.

(A) Na execução de título extrajudicial, o prazo para oposição de embargos inicia-se com a juntada aos autos do mandado de citação, de cada um dos executados, incluindo de seus cônjuges.

(B) Constituem títulos executivos extrajudiciais o crédito documentalmente comprovado, decorrente de aluguel de imóvel, bem como de encargos acessórios, tais como taxas e despesas de condomínio, e os créditos decorrentes de foro e laudêmio.

(C) Quando há requerimento de liquidação de sentença, que não pode ser feito na pendência de recurso, a parte deve ser intimada na pessoa de seu advogado.

(D) É penhorável um saldo de R$ 10.000 depositado em caderneta de poupança.

(E) Os títulos executivos extrajudiciais oriundos de país estrangeiro dependem de homologação pelo STJ para serem aqui executados, devendo satisfazer os requisitos de formação pela lei do lugar de sua celebração e indicar o Brasil como lugar de cumprimento da obrigação.

A: incorreta, porque em se tratando de cônjuges executados, o prazo para os embargos será comum, contado da juntada aos autos do último mandado de citação (art. 738, § 1º, CPC); **B:** correta. CPC, art. 585 do CPC; **C:** incorreta, porque a liquidação pode ser iniciada na pendência de recurso (CPC, art. 475-A, § 2º); **D:** incorreta, porque é impenhorável o dinheiro depositado em caderneta de poupança até 40 salários—mínimos (CPC, art. 649, X); **E:** incorreta. CPC, art. 585, § 2º.

Gabarito "B".

(Procurador do Estado/SP – FCC – 2009) No processo de execução de título executivo extrajudicial

(A) aplicada multa por ato atentatório à dignidade da justiça, o juiz relevará a pena, se o devedor se comprometer a não mais realizar quaisquer práticas dessa natureza e der garantia real, que responda ao credor pela dívida principal, juros, despesas e honorários advocatícios.

(B) a alegação de impenhorabilidade do bem de família pode ser feita a qualquer tempo, antes da arrematação, devendo observar a via da exceção de pré-executividade, não sofrendo os efeitos da preclusão.

(C) é definitiva a execução, porém provisória enquanto pendente apelação da sentença de improcedência dos embargos do executado, quando recebidos com efeito suspensivo.

(D) não é possível a desconsideração da personalidade jurídica, em sentido inverso.

(E) a apresentação de embargos observará o prazo de 20 (vinte) dias, quando manejados pela Fazenda Pública.

A: incorreta, porque a lei prevê a garantia fidejussória, e não real, como suficiente para que seja relevada a pena (art. 601, parágrafo único, do CPC); **B:** incorreta, admitindo a jurisprudência a inexistência de preclusão quanto ao tema, considerando a proteção da família; **C:** correta. CPC, art. 587; **D:** incorreta, porque tem sido admitida a desconsideração inversa, em especial em causas de família, a fim de que os bens da empresa respondam por obrigação do sócio; **E:** incorreta. É de 30 dias o prazo para a Fazenda Pública apresentar embargos (art. 1º-B da Lei 9.494/97).

Gabarito "C".

(Procuradoria Federal – 2007 – CESPE) Julgue os seguintes itens.

(1) A jurisprudência é peremptória em negar o caráter de bem de família a bens imóveis de pessoas solteiras.

(2) Consoante dispõe o CPC, é impenhorável a pequena propriedade rural, assim definida em lei, desde que trabalhada pela família.

1: errado. Súmula 364 /STJ: O conceito de impenhorabilidade de bem de família abrange também o imóvel pertencente a pessoas solteiras, separadas e viúvas; **2:** certo. CPC, art. 649, VIII.

Gabarito 1E, 2C

(Procurador da Fazenda Nacional – 2007 – ESAF) Quanto à averbação da certidão de distribuição de execução, é incorreto afirmar que:

(A) presume-se em fraude à execução a alienação e oneração de bens efetuadas após a averbação, não se exigindo que o processo executivo em curso tenha aptidão para levar o executado à insolvência.

(B) o exequente que promover a averbação indevida responderá por litigância de má-fé, indenizando a parte contrária no valor máximo de 20% (vinte por cento) do valor atribuído à causa.

(C) para fins de averbação, torna-se necessária certidão comprobatória do ajuizamento da execução, indicando nela o nome das partes e o valor da causa, sendo estendida também a averbação ao registro de veículos ou registro de outros bens sujeitos à penhora ou arresto.

(D) quanto à averbação da certidão de distribuição de execução, tem-se que se trata de prerrogativa do exequente, embora competirá ao magistrado indeferir o seu pleito no caso de ausência de periculum in mora.

(E) o exequente deverá comunicar ao juízo as averbações efetivas no prazo de dez dias de sua concretização.

A: correta (CPC, art. 615-A, § 3º); **B:** correta (CPC, art. 615-A, § 4º); **C:** correta (CPC, art. 615-A, *caput*); **D:** incorreta, devendo esta ser assinalada. Isso porque não pode o magistrado indeferir a expedição, por ausência de previsão legal (CPC, art. 615-A); **E:** correta (CPC, art. 615-A, § 1º).

Gabarito "D".

(Procurador do Estado/PB – 2008 – CESPE) No que diz respeito à tutela específica das obrigações de fazer, não fazer e entregar coisa, assinale a opção correta.

(A) Na ação que tenha por objeto obrigação de fazer, caso seja deferida tutela específica que não seja cumprida no prazo fixado, o juiz, para a obtenção de resultado pecuniário equivalente ao do adimplemento, converterá a obrigação em perdas e danos e fixará multa pelos dias de atraso, ou seja, pela mora.

(B) Na ação que tenha por objeto a entrega da coisa, deferida a tutela específica e não cumprida a obrigação no prazo fixado, em razão da alienação da coisa, o credor poderá optar entre pleitear a conversão da prestação em perdas e danos ou pleitear que se expeça ordem para que o terceiro entregue a coisa, sob pena de busca e apreensão ou imissão na posse, conforme se trate de coisa móvel ou imóvel.

(C) A conversão da obrigação de fazer será convertida em perdas e danos, independentemente da vontade do credor, quando a prestação se tornar impossível por causa superveniente e for decorrente de fato alheio à vontade e à conduta do devedor.

(D) A multa coercitiva, que pode ser utilizada contra a Fazenda Pública em caso de descumprimento de ordem judicial ou com o objetivo de servir de instrumento à efetivação de decisão judicial, tem caráter indenizatório e punitivo, por isso o seu valor não pode cumular-se ao das perdas e danos.

(E) Nas obrigações de dar ou restituir coisa incerta, a perda ou deterioração da coisa, antes da sua individualização, com culpa do devedor, acarreta a conversão da obrigação em perdas e danos, ou, ainda, no caso de ter-se ela deteriorado, o credor poderá exigir o abatimento do preço.

A: incorreta. A multa é para o cumprimento da obrigação de fazer (CPC, art. 461, § 5º); **B:** correta. CPC, art. 626; **C:** incorreta (CPC, art. 461, § 1º); **D:** incorreta. A jurisprudência admite a fixação contra a Fazenda. Mas a lei aponta que a multa e as perdas e danos são cumuláveis (CPC, art. 461, § 2º); **E:** incorreta (CPC, arts. 631 e 627).

Gabarito "B"

(Procurador do Estado/RR – 2006 – FCC) Considera-se inexigível o título judicial:

(A) fundado em aplicação ou interpretação de lei tidas por incompatíveis com a Constituição Federal.

(B) sempre que a sentença não houver transitado em julgado.

(C) se a sentença houver sido proferida por Juiz absoluta ou relativamente incompetente.

(D) sempre que houver matéria para impugná-lo, inclusive quanto ao excesso do valor pretendido.

(E) se decorrer de acordo homologado pelo Juiz, tendo uma das partes se arrependido da transação.

A: correta (CPC, Art. 475-L, § 1º).

Gabarito "A".

(Procurador do Estado/SP – FCC – 2009) Quanto ao cumprimento de título executivo judicial, que imponha obrigação de pagar ao devedor,

(A) o credor, prestando caução suficiente e idônea, pode dar prosseguimento na execução, ainda que isso cause grave dano ao executado e à impugnação tenha sido concedido efeito suspensivo.

(B) com o trânsito em julgado da sentença ou acórdão, não havendo cumprimento voluntário, é necessária a intimação do devedor para a aplicação da multa prevista no artigo 475-J do Código de Processo Civil.

(C) o deferimento da penhora *on line* de quantias depositadas em instituição financeira está condicionado à comprovação do exaurimento da busca pelo credor por outros bens do devedor, livres e desembaraçados, sobre os quais possa recair a constrição.

(D) é sempre descabida a citação do executado.

(E) é cabível a fixação de honorários advocatícios em desfavor do executado, ainda que haja cumprimento voluntário da obrigação.

A: correta (CPC, art. 475-M, § 1º); **B:** incorreta, no momento da prova. Hoje, seria correta. Isso porque a jurisprudência do STJ fixou-se quanto à necessidade de intimação do advogado, para ter início o prazo do cumprimento de sentença (REsp 940274/MS, DJe 31/05/2010). **C:** incorreta, porque a lei não faz essa exigência (CPC, art. 655-A); **D:** incorreta, porque nos casos dos incisos pares do art. 475-N (títulos executivos judiciais formados fora do juízo do cumprimento), haverá necessidade de citação (CPC, art. 475-N, parágrafo único); **E:** incorreta. Diante da inexistência de resistência, não cabem honorários, conforme jurisprudência do STJ.

Gabarito "A".

(Procurador do Município/Teresina-PI – 2010 – FCC) As chamadas *astreintes:*

(A) devem ser fixadas contratualmente.

(B) são determinadas pelo juiz sempre em caráter liminar, como decisão interlocutória.

(C) são cabíveis em sentenças de qualquer natureza, inclusive as de condenação em pecúnia.

(D) têm natureza de compensação à parte contrária.

(E) possuem natureza inibitória, de desestímulo, mas não podem ser consideradas como pena a quem deva cumprir a ordem judicial.

A: incorreta. São fixadas pelo juiz, de ofício ou a requerimento, nas demandas que envolvam obrigações de fazer ou não fazer (CPC, art. 461, § 5º); **B:** incorreto. Não há óbice para fixação na sentença; **C:** incorreta. Como exposto em "A", cabem nas obrigações de fazer e não fazer, não na obrigação de pagar; **D:** incorreta, porque têm natureza coercitiva, de modo a desestimular o descumprimento de ordem judicial; **E:** correta, nos termos do exposto no item anterior.

Gabarito "E".

(Procurador do Estado/AC – FMP – 2012) Segundo o CPC, constitui título executivo:

(A) a sentença estrangeira homologada pelo Supremo Tribunal Federal.

(B) a sentença homologatória de conciliação, mesmo que se refira à questão diversa o objeto da lide.

(C) a sentença arbitral, desde que homologada judicialmente.

(D) o instrumento particular de transação assinado somente pelo credor e devedor.

A: incorreta. Após a EC 45/04, passou a ser da competência do STJ homologar sentença estrangeira (CF, art. 105, I e CPC, art. 475-N, VI); **B:** correta. CPC, art. 475-N, III; **C:** incorreta: A sentença arbitral é título executivo independentemente de homologação do Judiciário (CPC, art. 475-N, II); **D:** incorreta: O instrumento particular de acordo é título executivo extrajudicial desde que firmado pelas partes e referendado pelo MP, defensoria ou seus advogados (CPC, art. 585, II).

Gabarito "B".

(Procurador do Estado/AC – FMP – 2012) Tendo em vista as formas de alienação forçada de bens, considere as assertivas abaixo.

I. A alienação em hasta pública é a forma preferencial de expropriação no sistema do Código de Processo Civil.

II. A preferência do cônjuge para a adjudicação pode ser exercida mesmo após a arrematação, desde que pague o valor pelo qual o bem foi arrematado.

III. O cônjuge do executado não pode lançar em hasta pública.

Assinale a afirmativa correta.

(A) Todas estão erradas.

(B) Todas estão corretas.

(C) Apenas I e III estão corretas.

(D) Apenas a II está correta.

A forma preferencial, por ser a primeira na ordem prevista no CPC, é a adjudicação pelo credor, pelo preço da avaliação (art. 685-A); **II:** incorreta. A preferência é para a adjudicação (CPC, art. 685-A, § 3º) e não para a alienação em hasta pública, momento em que ocorre a arrematação; **III:** incorreta, pois o cônjuge não consta do rol de pessoas proibidas de realizar lance na hasta pública (CPC, art. 690-A). E mesmo o exequente pode lançar, caso não adjudique (CPC, art. 690-A, parágrafo único).

Gabarito "A".

(Procurador do Estado/GO – 2010) São títulos executivos judiciais. EXCETO

(A) a sentença arbitral.

(B) a sentença homologatória de conciliação ou de transação, ainda que inclua matéria não posta em juízo.

(C) o crédito de serventuário da justiça, de perito, de intérprete ou de tradutor, quando as custas, os emolumentos ou os honorários forem aprovados por decisão judicial.

(D) a sentença estrangeira, homologada pelo STJ.

(E) a sentença penal condenatória transitada em julgado.

A: incorreta. Sentença arbitral é, por opção legislativa, título executivo JUDICIAL (CPC, art. 475-N, IV) – trata-se de uma pergunta comum em que a resposta errada (de ser extrajudicial) é frequente; **B:** incorreta. CPC, art. 475-N, III; **C:** correta: pois se trata de título executivo extrajudicial (CPC, art. 585, VI); **D:** incorreta. CPC, art. 475-N, VI; **E:** incorreta. CPC, art. 475-N, II.

Gabarito "C".

(Procurador do Estado/MG – FUMARC – 2012) Assinale a alternativa que completa corretamente a frase:

"Existe no CPC para o devedor na execução de quantia certa de devedor solvente a seguinte previsão legal depois de citado, EXCETO ________."

(A) no prazo para os embargos, reconhecer o crédito do exequente e comprovando o depósito de 30% do valor em execução, inclusive custas e honorários de advogado, requerendo que seja admitido a pagar o restante em até 6 parcelas mensais, acrescidas de correção monetária e juros de 1% ao mês.

(B) pagar no prazo de 3 dias;

(C) nomear bens a serem penhorados no prazo de 3 dias;

(D) oferecer embargos do devedor no prazo de 15 dias, contados da data da juntada aos autos do mandado de citação;

(E) embargar a execução feita por carta precatória, a citação do executado será imediatamente comunicada pelo juiz deprecado ao juiz deprecante, inclusive por meios eletrônicos, contando-se o prazo para embargos a partir da juntada aos autos de tal comunicação.

A: correta. CPC, art. 745-A; **B:** correta. CPC, art. 652; **C:** incorreta, devendo esta ser assinalada. Não existe mais a possibilidade de o executado nomear bens – isso é da prerrogativa do exequente (CPC, art. 652, § 2º); **D:** correta. CPC, art. 738; **E:** correta. CPC, art. 738, § 2º.

Gabarito "C".

(Procurador do Estado/MG – FUMARC – 2012) Assinale a alternativa que NÃO completa hipótese de excussão de bens:

(A) O fiador, quando executado, nomear bens livres e desembaraçados do devedor;

(B) O sócio demandado pelo pagamento da dívida da sociedade exigir que sejam penhorados primeiro os bens da sociedade.

(C) O devedor, quando executado, pagar ou consignar a importância atualizada da dívida, mais juros, custa e honorários advocatícios.

(D) O credor, que estiver, por direito de retenção, na posse de coisa pertencente ao devedor, promover a execução da coisa que se acha em seu poder:

(E) O devedor subsidiário poderá, na execução, exigir que sejam penhorados os bens do devedor principal.

A excussão é a constrição de bens dados em garantia. **A:** correta. (CPC, art. 595); **B:** correta (CPC, art. 596); **C:** incorreta: Pois, no caso, são bens do próprio executado e não, propriamente, bens dados em garantia; **D:** correta (CPC, art. 594); **E:** correta. Aplicação da regra prevista no CPC, art. 595 – lembrando que, pelo CC, o fiador é devedor subsidiário (CC, art. 827), salvo se renunciar ao benefício de ordem (CC, art. 828, I).

Gabarito "C".

(Procurador do Estado/MT – FCC – 2011) Considere os seguintes documentos:

I. Duplicata sem aceite.

II. Crédito decorrente de laudêmio.

III. Crédito, documentalmente comprovado, decorrente de encargos acessórios de aluguel de imóvel.

IV. Nota promissória vinculada a contrato de abertura de crédito.

V. Contrato de seguro de vida.

São títulos executivos extrajudiciais os indicados APENAS em:

(A) I, II, III e IV.

(B) I, II e V.

(C) I, IV e V.

(D) II, III e V.

(E) III e IV.

A duplicata é título executivo extrajudicial (CPC, art. 585, I), mas desde que haja o aceite, nos termos da L. 5.474/68, art. 15, I; **II:** correta (CPC, art. 585, IV); **III:** correta (CPC, art. 585, V); IV: incorreta. Apesar de a nota promissória ser título executivo extrajudicial (CPC, art. 585, I), a Súmula 258/STJ assim prevê: A nota promissória vinculada a contrato de abertura de crédito não goza de autonomia em razão da iliquidez do título que a originou; V: correta (CPC, art. 585, III).

Gabarito "D".

(Procurador do Estado/PA – 2011) Assinale a alternativa CORRETA:

(A) O devedor de obrigação de entrega de coisa certa, constante de título executivo extrajudicial, será citado para, dentro de 10 (dez) dias, satisfazer a obrigação ou, seguro o juízo (artigo 737, II do CPC), apresentar embargos.

(B) A execução por quantia incerta tem por objeto expropriar bens do devedor, a fim de satisfazer o direito do credor.

(C) Na execução por quantia certa contra a Fazenda Pública, citar-se-á a devedora para opor embargos em 05 (cinco) dias.

(D) Quando a execução recair sobre coisas determinadas pelo gênero e quantidade, o devedor será citado para entregá-las no prazo de 03 (três) dias.

(E) É definitiva a execução fundada em título extrajudicial; é provisória enquanto pendente a apelação da sentença de improcedência dos embargos do executado, quando recebidos com efeito devolutivo.

A: correta (CPC, art. 621); **B:** incorreta. Essa é a hipótese da execução de quantia certa (CPC, art. 652); **C:** incorreta. A Fazenda será citada para embargar em 30 dias (L. 9.494/97, art. 1º-B) – apesar do que consta do art. 730 do CPC; **D:** incorreta. Na execução de entrega de coisa incerta (a hipótese indicada no enunciado), o prazo para entrega é de 10 dias, como na execução de entrega de coisa certa (CPC, arts. 629, 631 e 621); **E:** incorreta. CPC, art. 587 – no caso, será provisória se os embargos forem recebidos com efeito suspensivo.

Gabarito "A".

(Procurador do Estado/PR – UEL-COPS – 2011) Sobre as técnicas processuais de tutela dos direitos, analise as seguintes assertivas:

I. a multa diária não pode ser utilizada como meio coercitivo para compelir a Fazenda Pública ao cumprimento de obrigação de fazer, não fazer ou entrega de coisa.

II. a tutela específica das obrigações de fazer, não fazer e entrega de coisa, pode ser obtida pela via judicial, inclusive mediante a aplicação de meios coercitivos e indutivos, ainda que a obrigação não seja de natureza personalíssima.

III. a concessão de medida liminar antecipatória que satisfaça integralmente a pretensão do requerente, implica falta de interesse processual para o prosseguimento do feito.

IV. a tutela inibitória, tanto quanto a tutela cautelar, constituindo-se técnica processual que objetiva evitar a ocorrência de danos, pressupõe a demonstração de perigo de dano irreparável ou de difícil reparação.

Alternativas:

(A) está correta apenas a afirmação IV;

(B) estão corretas apenas as afirmações II e IV;

(C) está correta apenas a afirmação I;

(D) está correta apenas a afirmação I;

(E) estão corretas todas as afirmações.

I: correta. Apesar de a jurisprudência do STJ admitir a aplicação de multa diária contra o Estado, esta foi a alternativa apontada como correta – lembrando que a prova é para Procurador do Estado, sendo essa, muitas vezes, a tese sustentada pelas procuradorias em juízo. Em outros concursos, a própria banca reconhece que é aplicável a multa (assim, a questão poderia ter sido anulada); **II:** incorreta. Cabe a tutela específica das obrigações de fazer (inclusive sob pena de multa diária) levando em conta que a obrigação deva ser cumprida pelo próprio réu; **III:** incorreta. A tutela antecipada, ainda que concedida, depende de confirmação ao final, por sentença (CPC, art. 273, § 5º); IV: incorreta. A tutela inibitória, como o próprio nome aponta, busca inibir a realização de um ilícito. Ou seja, envolve uma obrigação de fazer ou não fazer (CPC, art. 461 e CDC, art. 84). Assim, os critérios são os mesmos da antecipação de tutela. Já o processo cautelar tem por requisitos o *fumus boni iuris* e o *periculum in mora*.

Gabarito "D".

(Procurador do Município/Cubatão-SP – 2012 – VUNESP) Quando o objeto da execução for obrigação de fazer, o devedor será citado para satisfazê-la no prazo:

(A) de 30 (trinta) dias, a contar da citação válida, independentemente da juntada do mandado nos autos.

(B) de 15 (quinze) dias, a contar da juntada do mandado da citação válida nos autos, podendo ser opostos embargos nesse prazo.

(C) de 20 (vinte) dias, se o cumprimento for realizado pela administração pública.

(D) que o juiz lhe assinar, se outro não estiver determinado no título executivo.

(E) de 15 (quinze) dias, se a obrigação decorrer de título judicial, pois se tratará de cumprimento de sentença.

D: correta (CPC, art. 632).

Gabarito "D".

(Procurador do Município/São Paulo-SP – 2008 – FCC) Em execução de título extrajudicial é lícito aos descendentes do executado

(A) adjudicar os bens penhorados, oferecendo preço não inferior ao da avaliação.

(B) remir todos ou quaisquer bens penhorados, exercendo este direito no prazo de cinco dias, que mediar entre a arrematação dos bens em praça e a assinatura do auto.

(C) remir todos ou quaisquer bens penhorados, exercendo este direito no prazo de vinte e quatro (24) horas, que mediar entre a arrematação dos bens em praça e a assinatura do auto.

(D) remir todos ou quaisquer bens penhorados, depositando o preço por que foram alienados, em qualquer prazo.

(E) adjudicar os bens penhorados, exercendo este direito depois de expedido o auto de arrematação.

"**A:** correta (CPC, art. 685-A, § 2º); **B:** incorreta. Com a reforma da L. 11.382/06, deixou de existir a chamada remição de bens; **C:** incorreta. Idem anterior; **D:** incorreta. Idem item "B"; **E:** incorreta. A adjudicação é a 1ª forma de expropriação de bens, à que se seguem a alienação por iniciativa particular (CPC, art. 685-C) e hasta pública (CPC, art. 686).

Gabarito "A".

(Procurador do Município/São Paulo-SP – 2008 – FCC) Em ação ordinária com sentença condenatória ilíquida, na pendência de apelação recebida nos efeitos devolutivo e suspensivo:

(A) pode ser instaurada apenas a execução provisória.

(B) pode ser realizada a hipoteca judiciária.

(C) podem ser realizadas a hipoteca judiciária e a execução provisória.

(D) não podem ser realizadas a liquidação de sentença e a execução provisória.

(E) podem ser realizadas a liquidação de sentença e a execução definitiva.

"**A:** incorreta. Se é recebida no efeito suspensivo, não cabe execução provisória (CPC, art. 521); **B:** correta (CPC, art. 466); **C:** incorreta. Vide alternativa "A"; **D:** incorreta. Pendente recurso com efeito suspensivo, é possível a liquidação (CPC, art. 475-A. § 2º). **E:** incorreta. A execução definitiva só ocorre com o trânsito em julgado (CPC, art. 587).

Gabarito "B"

(Procurador do Município/São Paulo-SP – 2008 – FCC) Em execução de título extrajudicial, recebidos os embargos do executado com efeito suspensivo, e julgados improcedentes por sentença proferida em conformidade com súmula do Tribunal de Justiça, a execução prosseguirá como:

(A) definitiva, na pendência da apelação, que será recebida apenas no efeito devolutivo.

(B) definitiva, e o juiz não receberá a apelação porque a sentença está em conformidade com súmula.

(C) provisória, na pendência de apelação que será recebida apenas no efeito devolutivo.

(D) provisória, na pendência de apelação que será recebida nos efeitos devolutivo e suspensivo.

(E) definitiva, e o juiz receberá a apelação se estiver em conformidade com súmula do Superior Tribunal de Justiça ou do Supremo Tribunal Federal.

C: correta. CPC, arts. 587 e 520, V.

Gabarito "C".

(Procurador do Estado/RS – FUNDATEC – 2010) Assinale a alternativa correta:

(A) O montante decorrente da incidência da multa diária não pode ser reduzido em fase de execução.

(B) É cabível a aplicação de multa diária para a tutela do dever de exibir documentos, mesmo que o réu seja pessoa jurídica de direito público.

(C) O montante decorrente da incidência da multa diária deve ficar limitado ao valor da obrigação principal, sob pena de enriquecimento ilícito do autor.

(D) Não cabe a fixação de multa diária contra a Fazenda Pública.

(E) Nenhuma das alternativas anteriores está correta.

A: incorreta. É possível rever o valor da multa a qualquer tempo, mesmo na execução (CPC, art. 461, § 6º e entendimento jurisprudencial); **B:** incorreta. Súmula 372/STJ: "Na ação de exibição de documentos, não cabe a aplicação de multa cominatória"; **C:** incorreta. A jurisprudência, até o momento, não estipulou qual seria o teto para a fixação da multa diária; **D:** incorreta, para esta banca examinadora – e conforme jurisprudência dominante (em questão anterior, outra banca examinadora já considerou como inviável a aplicação de multa, conforme usualmente sustentado pelos entes estatais); **E:** correta, considerando o exposto nas questões anteriores.

Gabarito "E".

(Procurador do Município/Recife-PE – 2008 – FCC) No que concerne ao procedimento da execução por quantia certa contra devedor solvente, é INCORRETO afirmar:

(A) O executado somente poderá oferecer bem imóvel em substituição ao bem anteriormente penhorado, caso o requeira com a expressa anuência do cônjuge.

(B) Tratando-se de penhora em bem indivisível, a meação do cônjuge alheio à execução recairá sobre o produto da alienação do bem.

(C) São absolutamente impenhoráveis até o limite de 50 salários mínimos, a quantia depositada em caderneta de poupança.

(D) Após a regular citação se o executado pagar integralmente o débito no prazo de três dias, a verba honorária será reduzida pela metade.

(E) Podem ser penhorados, à falta de outros bens, os frutos e rendimentos dos bens inalienáveis, salvo se destinados à satisfação de prestação alimentícia.

A: correta (CPC, art. 656, § 3º); **B:** correta (CPC, art. 655-B); **C:** incorreta, devendo esta ser assinalada. O limite da impenhorabilidade é de 40 salários mínimos (CPC, art. 649, X); **D:** correta(CPC, art. 652-A, parágrafo único); **E:** correta (CPC, art. 650).

Gabarito "C".

(Advogado da União/AGU – CESPE – 2009) Relativamente ao processo de execução, ao cumprimento da sentença e aos embargos de terceiro, julgue os próximos itens.

(1) Após o trânsito em julgado da sentença de procedência proferida em ação de despejo cumulada com cobrança de aluguéis na qual foram parte o locador e o locatário, o fiador do contrato de locação regularmente constituído é parte passiva no procedimento de cumprimento dessa sentença quanto aos valores nela apurados.

(2) Considere que o adquirente de determinado bem, visando à proteção de sua posse, tenha ajuizado embargos de terceiro para afastar ato de constrição judicial decorrente de sentença de procedência proferida em ação reivindicatória. Nessa situação hipotética, o embargado poderá, nos próprios embargos e independentemente do ajuizamento de outra ação, demonstrar que a venda ocorreu enquanto pendente a demanda reivindicatória, fato que importa fraude à execução, sendo ineficaz diante do cumprimento do julgado.

1: Errada. Súmula 268/STJ: O fiador que não integrou a relação processual na ação de despejo não responde pela execução do julgado; **2:** Correta, porque a fraude à execução acarreta a ineficácia do negócio, o que pode ser reconhecido de forma incidental, inclusive por meio dos embargos de terceiro (CPC, art. 593).

Gabarito 1E, 2C

(Procurador do Município/Recife-PE – 2008 – FCC) De acordo com o Código de Processo Civil, no que se refere à impugnação ao cumprimento voluntário de sentença judicial,

(A) o recurso cabível contra a decisão que decidir o incidente e extinguir a execução é a apelação.

(B) com ou sem atribuição de efeito suspensivo, a impugnação deverá ser decidida em autos apartados.

(C) sendo atribuído efeito suspensivo, o exequente não poderá requerer o prosseguimento da execução.

(D) o executado será sempre intimado pessoalmente para, querendo, apresentar impugnação.

(E) ela será oferecida no prazo de dez dias a partir da intimação do auto de penhora e de avaliação.

A: correta. CPC, art. 475-M, § 3º; **B:** incorreta. Sem efeito suspensivo, em apartado; com efeito suspensivo, nos próprios autos (CPC, art. 475-M, § 2º); **C:** incorreta. Mesmo com efeito suspensivo, é possível requerer o prosseguimento do cumprimento de sentença, mediante caução (CPC, art. 475-M, § 1º); **D:** incorreta. A intimação poderá ser feita no advogado (CPC, art. 475-J, § 1º); **E:** incorreta. O prazo é de 15 dias contados da intimação da penhora (CPC, art. 475-J, § 1º). Contudo, o STJ definiu que, se o depósito for em dinheiro, os 15 dias são contados do depósito e não da intimação da penhora (REsp 965.475).

Gabarito "A".

(Advogado – BNDES – 2010 – CESGRANRIO) Faturamento S/A promove ação de execução, com base em título extrajudicial, no valor de R$ 100.000,00 (cem mil reais), de débito vencido aos 5/1/2010. Após os atos processuais próprios, o réu não foi localizado, sendo o processo arquivado. Em 3/2/2010, o autor requer o desarquivamento dos autos e postula o prosseguimento do processo, tendo o réu sido citado em 5/3/2010. O réu não apresenta bens à penhora e requer, em petição avulsa, a extinção do processo vez que ficou nulo o título apresentado, por ausência de subscrição do devedor. Nesse contexto, analise as afirmações a seguir.

I. A nulidade do título pode ser fundamento da exceção de pré-executividade.

II. A ausência de bens a penhorar não exclui a possibilidade de apresentação de embargos à execução.

III. Existindo previsão de defesa na execução, após a reforma processual, não se admite mais a exceção de pré-executividade.

IV. A decisão que julga a exceção, quando a acolhe, é interlocutória.

Está correto APENAS o que se afirma em

(A) I.

(B) I e II.

(C) III e IV.

(D) I, II e III.

(E) II, III e IV.

I: correto. Conforme apontado nos comentários referentes à questão anterior, a nulidade do título executivo pode ser articulada por meio de *objeção de executividade*, enquanto mecanismo de reação ínsito ao processo de execução e à fase de cumprimento de sentença. Por meio de tal defesa *stricto sensu*, o executado, sem a necessidade de garantir o juízo, pode deduzir matéria de ordem pública, a exemplo das condições da ação executiva, dos pressupostos processuais, da prescrição e da decadência; **II:** correto. Com a reforma operada pela Lei 11.382/06, o devedor não precisa mais segurar o juízo para embargar a execução. Entrementes, paralelamente à relevância da fundamentação deduzida, a garantia da execução é pressuposto para a atribuição de efeito suspensivo aos embargos (arts. 736, *caput*, e 739-A, §1º, do CPC); **III:** incorreto. O ajuizamento de embargos à execução não elide a possibilidade de oposição de objeção/exceção de executividade pelo devedor; IV: incorreto. Ostenta natureza de sentença a decisão que, acolhendo pedido formulado em objeção ou exceção de executividade, extingue a execução, daí por que deve ser combatida por meio de apelação (art. 513 do CPC). Nessa direção: PROCESSUAL CIVIL. EXCEÇÃO DE PRÉ-EXECUTIVIDADE ACOLHIDA, SEM RESSALVAS, FUNDADA NA ALEGAÇÃO DE NULIDADE DO PROCESSO DE CONHECIMENTO, EM VIRTUDE DE NÃO TER HAVIDO INTIMAÇÃO PESSOAL DA PARTE, PARA DAR CUMPRIMENTO À OBRIGAÇÃO, QUE ENSEJOU A MULTA COMINATÓRIA. DECISÃO TERMINATIVA. RECURSO CABÍVEL: APELAÇÃO. EXECUÇÃO FISCAL. 1. É consenso nesta Corte que o recurso cabível contra decisão que acolhe exceção de pré-executividade e extingue a execução é a apelação, e não o agravo de instrumento. A decisão que acolhe a exceção de pré-executividade para terminar o processo executivo tem natureza de sentença e não de decisão interlocutória. Precedentes. 2. No caso concreto, a exceção de pré-executividade acolhida sem ressalvas fez com que a execução fosse fulminada e o feito anulado parcialmente, ainda na fase de conhecimento, por consequência, extinto o cumprimento da sentença, as partes voltaram ao *status* anterior à sentença. 3. Agravo regimental não provido. (AgRg no REsp 1190606/PB, Rel. Ministro CASTRO MEIRA, SEGUNDA TURMA, julgado em 28/09/2010, DJe 19/10/2010).

Gabarito "B"

(Advogado – CASA DA MOEDA – 2009 – CESGRANRIO) A Casa da Moeda do Brasil é portadora de título judicial consistente em sentença condenatória da Empresa Tamanho Mínimo S/A, no valor correspondente a R$ 150.000,00 (cento e cinquenta mil reais). Iniciada a execução, ocorrendo a regular intimação do devedor, na pessoa do seu advogado, a ré apresenta à penhora bens móveis, que foram acolhidos pela exequente. Não houve apresentação de defesa. Analisando esse quadro, verifica-se que a exequente poderá requerer a(o):

(A) adjudicação.

(B) praça.

(C) alienação por iniciativa pública.

(D) lanço.

(E) leilão particular.

A: correto. O sistema processual elenca a seguinte ordem de expropriação do patrimônio do devedor: 1) adjudicação; 2) alienação por iniciativa particular; 3) alienação em hasta pública; e 4) usufruto de bem móvel ou imóvel (arts. 647 e 686, *caput*, do CPC); **B:** incorreto. A praça tem por escopo a alienação em hasta pública de *bem imóvel* (art. 686, IV, do CPC); **C:** incorreto (art. 647, II, do CPC); **D:** incorreto, em razão de o art. 647 do CPC não cominar tal meio expropriatório; **E:** incorreto. O leilão visa à expropriação em *hasta pública* de *bem móvel* do devedor (art. 686, IV, do CPC).

Gabarito "A".

(Procurador – BANCO CENTRAL – 2009 – CESPE) Quanto aos títulos executivos judiciais, assinale a opção correta.

(A) A sentença criminal condenatória será título executivo judicial no cível ainda que sujeita a recurso, desde que este não tenha efeito suspensivo.

(B) Homologada transação entre as partes no curso de um processo, poderá ser discutida durante o cumprimento da sentença a validade do acordo de vontades, se apontada a ocorrência de coação.

(C) Não é possível discutir a validade da citação durante o cumprimento de sentença homologatória de acordo judicial.

(D) No cumprimento de sentença arbitral, não será possível discutir a capacidade da pessoa eleita como árbitro em razão dos limites temáticos impostos à impugnação.

(E) Da mesma forma que ocorre no caso do formal e da certidão de partilha, a escritura pública de partilha lavrada em cartório competente também é título executivo judicial por equiparação.

A: incorreto. É título executivo a sentença penal condenatória *transitada em julgado* (art. 475-N, II, do CPC); **B:** incorreto. Para tanto, o coacto deverá se valer da ação anulatória a que alude o art. 486 do CPC. Precedentes do STJ: REsp 316.285/RS e REsp 187.537/RS; **C:** correto. Se o réu, a despeito da invalidade da citação, comparece ao processo e celebra transação com o autor, dá-se por sanado o defeito outrora existente, consoante dispõe o art. 214, § 1º, do CPC; **D:** incorreto. Faculta-se ao executado, por meio de impugnação ao cumprimento de sentença, postular a declaração de nulidade da sentença arbitral quando esta for proferida por quem não podia ser árbitro (arts. 32, II, e 33, § 3º, da Lei 9.307/96); **E:** incorreto, já que a escritura pública é título executivo extrajudicial (art. 585, II, primeira parte, do CPC).

Gabarito "C".

(Advogado – PETROBRÁS DISTRIB. – 2008 – CESGRANRIO) Após as sucessivas reformas do Código de Processo Civil o instituto da remição sofreu modificações, importando dizer que:

(A) foi extinto esse instituto.

(B) foi mantida apenas a remição de bens.

(C) permanece apenas a remição da execução.

(D) continuam os dois aspectos da remição (execução e de bens).

(E) passou a remição a ser regulada pelo Código Civil.

C: correto. Os arts. 787 a 790 do CPC que cuidavam da *remição de bens* foram revogados pela Lei 11.382/06. Em seu lugar, o legislador instituiu a possibilidade de adjudicação do bem penhorado pelo credor com garantia real, pelos credores concorrentes que hajam penhorado o mesmo bem, pelo cônjuge, pelos descendentes ou ascendentes do executado, bem como pelo sócio, na penhora de quotas por terceiro estranho ao quadro societário (art. 685-A, §§ 2º e 4º, do CPC). Remissão não se confunde com remição. Remissão é substantivo que deriva do verbo *remitir* e que tem por significado perdoar, *in casu*, a dívida, sendo uma das modalidades de extinção da obrigação, na forma do art. 385 do CC. Deveras, o que consta da redação do art. 1.048 do CPC é justamente o vocábulo *remição*, originário do verbo *remir*, ou seja, resgatar uma dívida, pagar o que se deve, ao menos no contexto em que está inserto. Nesse sentido, *remição da execução* significa o pagamento da obrigação pelo devedor, acrescida de correção, juros, custas e honorários de advogado, conforme enuncia o art. 651 do CPC, desde que antes de adjudicados ou alienados os bens.

Gabarito "C".

(Advogado – CORREIOS – 2008 – ESPP) Analise os itens a seguir:

I. O arresto pode recair sobre bens penhoráveis e impenhoráveis, sendo que estes últimos serão substituídos no momento da penhora.

II. O arresto pode fundar-se em sentença líquida ou ilíquida pendente de recurso, ou em laudo arbitral pendente de homologação.

III. Sendo o credor a União, o Estado ou o Município, o juiz determinará o arresto independentemente de justificação prévia, desde que demonstrados os pressupostos legais para sua concessão.

IV. O arresto será efetivado mesmo que o devedor pague, ou deposite em juízo, a importância devida, somada aos honorários e custas processuais.

Assinale a alternativa correta:

(A) Os itens III e IV estão corretos.

(B) Os itens I e III estão incorretos.

(C) Os itens II, III e IV estão corretos.

(D) Os itens I e IV estão incorretos.

I: incorreto. Diverso do *arresto cautelar* cominado nos arts. 813 e 814 do CPC, o *arresto de bens de devedor* previsto no art. 653, *caput*, do CPC – comumente denominado de pré-penhora – goza da mesma natureza executiva da penhora, de modo tal que, se o bem for impenhorável, será de rigor a desconstituição da constrição lançada. Precedente do STJ: REsp 759.700/SP; **II:** correto (art. 814, parágrafo único, do CPC); **III:** correto (art. 816, I, do CPC); IV: incorreto, eis que se o devedor remir a execução, a própria satisfação do crédito põe fim ao processo executivo (arts. 651 e 794, I, do CPC).

Gabarito "D".

(Advogado – BNDES – 2006 – CESGRANRIO) Ao promover uma execução, o Banco "Y" consegue realizar a penhora de um imóvel comercial de propriedade do devedor, que é uma pessoa física. Sobre a situação descrita, assinale a afirmação **INCORRETA**.

(A) O devedor pode, a qualquer tempo, mas antes da arrematação ou da adjudicação, requerer a substituição do bem penhorado por dinheiro.

(B) A eventual alienação posterior do bem, por ato entre vivos, não impossibilita o prosseguimento da execução.

(C) Existindo mais de uma penhora sobre um mesmo bem, conservar-se-á a preferência processual, que cessará no caso de ser decretada a insolvência do devedor.

(D) Em sendo um bem penhorado insuficiente para a satisfação integral do débito, inclusive custas e honorários advocatícios, poderá o credor solicitar reforço de penhora.

(E) Para providenciar o registro da penhora no ofício imobiliário o exequente necessita de mandado judicial.

A: correto (art. 651 do CPC); **B:** correto. A fraude de execução implica a *ineficácia* do ato de disposição operada pelo devedor-alienante em detrimento do credor (arts. 593, II, e 615-A, § 3º, do CPC); **C:** correto (arts. 711, 751, III, e 762 do CPC); **D:** correto (art. 667, II, do CPC); **E:** incorreto, já que desnecessária a expedição de mandado judicial (art. 659, § 4º, do CPC).

Gabarito "E".

(Advogado – BNB – 2006 – ACEP) Marque a alternativa **INCORRETA**.

(A) São títulos executivos extrajudiciais: a letra de câmbio, a nota promissória, a duplicata, a debênture e o cheque.

(B) A execução para cobrança de crédito fundar-se-á sempre em título líquido, certo e exigível.

(C) Quando na sentença há uma parte líquida e outra ilíquida, ao credor não é lícito promover simultaneamente a execução daquela e a liquidação desta.

(D) Considera-se fraude de execução a alienação ou oneração de bens quando sobre eles pender ação fundada em direito real.

(E) O fiador que pagar a dívida poderá executar o afiançado nos autos do mesmo processo.

A: correto (585, I, do CPC); **B:** correto (art. 586 do CPC); **C:** incorreto (art. 475-I, § 2º, do CPC); **D:** correto (art. 593, I, do CPC); **E:** correto (art. 595, parágrafo único, do CPC).

Gabarito "C".

(Advogado – BNDES – 2001 – VUNESP) No processo de execução, a penhora:

(A) torna nulos os atos de disposição dos bens penhorados em relação ao credor penhorante.

(B) torna ineficazes os atos de disposição dos bens penhorados em relação ao credor penhorante.

(C) torna anuláveis os atos de disposição dos bens penhorados em relação ao credor penhorante.

(D) destitui o devedor da posse indireta do bem.

(E) gera para o credor o direito real sobre os bens constritos do devedor.

B: correto. *A fraude de execução implica a ineficácia* do ato de disposição operada pelo devedor-alienante em detrimento do credor (arts. 593, II, e 615-A, § 3º, do CPC). *In initio*, cumpre destacar que a *fraude de execução* é instituto tratado pelos arts. 592 e 593 do CPC, o qual tem por escopo a tutela da função jurisdicional contra os atos de alienação fraudulenta de bens ou direitos em prejuízo de credores. Diferencia-se da *fraude contra credores* disposta nos arts. 158 a 165 do Diploma Civil pelos seguintes aspectos: a) nesta há lesão a interesses privados dos credores, enquanto que na fraude de execução a própria atividade jurisdicional resta prejudicada com o ato de disposição patrimonial praticado pelo devedor; b) a insolvência do devedor não é imprescindível ao seu reconhecimento, não se podendo afirmar o mesmo com relação ao instituto da fraude contra credores; c) a declaração de fraude de execução é promovida *incidenter tantum*, em relação à demanda pessoal ou real, cautelar, condenatória ou de execução, tendo em vista que a alienação ocorre necessariamente após o ajuizamento da ação, ao passo que, na fraude contra credores, o ato de disposição patrimonial advém antes do ajuizamento da ação revocatória ou pauliana; d) a fraude de execução implica a *ineficácia* do ato de disposição operada pelo devedor-alienante; na fraude contra credores, a sentença que decide a revocatória aforada tem por objetivo a *anulação* do negócio jurídico avençado entre alienante e adquirente.

Gabarito "B".

3.2. EMBARGOS À EXECUÇÃO

(Procurador do Estado/PE – CESPE – 2009) A respeito dos embargos de devedor, assinale a opção correta.

(A) É possível a efetivação de atos de penhora e avaliação dos bens, ainda que tenha sido atribuído efeito suspensivo aos embargos.

(B) Em regra, os embargos não têm efeito suspensivo. Contudo, o juiz pode, a requerimento do embargante, atribuir efeito suspensivo aos embargos quando, sendo relevantes seus fundamentos, o prosseguimento da execução manifestamente possa causar ao executado grave dano de difícil ou incerta reparação, sem que, para isso, seja necessário que a execução já esteja garantida por penhora, depósito ou caução suficiente.

(C) A decisão relativa aos efeitos dos embargos pode, de ofício, ser modificada ou revogada a qualquer tempo, em decisão fundamentada, cessando as circunstâncias que a motivaram.

(D) Os embargos à execução são distribuídos por dependência, autuados em apartado e instruídos com cópias de todas as peças processuais.

(E) A execução deve ficar suspensa por completo, ainda que o efeito suspensivo atribuído diga respeito a apenas uma parte do objeto daquela execução.

A: correta (CPC, art. 739-A, § 6º); **B:** incorreta, uma vez que a garantia do juízo é requisito para que seja atribuído efeito suspensivo aos embargos (CPC, art. 739-A, § 1º); **C:** incorreta, porque há necessidade de requerimento da parte para que o juiz modifique ou revogue a decisão quanto aos efeitos dos embargos (CPC, art. 739-A, § 2º); **D:** incorreta, porque os embargos só serão instruídos com as peças processuais relevantes (CPC, art. 736, parágrafo único); **E:** incorreta, porque, "quando o efeito suspensivo atribuído aos embargos disser respeito apenas a parte do objeto da execução, esse prosseguirá quanto à parte restante" (CPC, art. 739-A, § 3º, CPC).

Gabarito "A".

(Procurador do Estado/ES – 2008 – CESPE) Quanto ao processo de execução, julgue os próximos itens.

(1) A contagem do prazo para os embargos do devedor, em qualquer modalidade de execução de título extrajudicial, inicia-se com a citação do executado. O termo inicial é determinado pela juntada aos autos do mandado com que se cumpriu a citação.

(2) No processo de execução, quando a citação ocorrer por meio de carta precatória, conta-se o prazo para o oferecimento dos embargos a partir da juntada da carta precatória aos autos.

(3) Quando, no processo de execução, a penhora, a avaliação ou a alienação de bens forem feitas por meio de carta precatória, os embargos poderão ser oferecidos tanto no juízo deprecante quanto no juízo deprecado; e a competência para processar e julgar os embargos é distribuída segundo a origem do ato impugnado. Assim, o juízo deprecado é competente para julgar os embargos que tratem de impugnação da penhora, avaliação ou alienação de bens.

1: certo. CPC, art. 738; **2:** errado. CPC, art. 738, § 2º; **3:** certo. CPC, art. 747.

Gabarito 1C, 2E, 3C

(Procurador do Município/Recife-PE – 2008 – FCC) Considere as seguintes assertivas sobre Embargos do Devedor:

I. Nas execuções por carta precatória, a citação do executado será imediatamente comunicada pelo juiz deprecado ao juiz deprecante, inclusive por meios eletrônicos, contando-se o prazo para embargos a partir da juntada aos autos de tal comunicação.

II. Na execução por quantia certa contra devedor solvente, os embargos serão oferecidos no prazo de 10 dias, contados da data da juntada aos autos do mandado de citação.

III. Os embargos, em regra, não terão efeito suspensivo, sendo que a decisão relativa aos efeitos dos embargos poderá, a requerimento da parte, ser modificada ou revogada a qualquer tempo, em decisão fundamentada, cessando as circunstâncias que a motivaram.

IV. Quando o excesso de execução for fundamento dos embargos, o embargante deverá declarar na petição inicial o valor que entende correto, apresentando memória do cálculo, sob pena de rejeição liminar dos embargos ou de não conhecimento desse fundamento.

Estão corretas, de acordo com o Código de Processo Civil,

(A) I, II e III, somente.

(B) I e II e IV, somente.

(C) I, III e IV, somente.

(D) II, III e IV, somente.

(E) I, II, III e IV.

I: correta (CPC, art. 738, § 2º); **II:** Incorreta. O prazo é de 15 dias (CPC, art. 738); **III:** correta (CPC, art. 739-A); IV: correta (CPC, art. 739-A, § 5º).

Gabarito "C".

(Advogado – PETROBRÁS DISTRIB. – 2008 – CESGRANRIO) Romário propõe ação de execução lastreada em título extrajudicial em face da BR S/A, sendo o valor do título correspondente a R$ 10.000.000,00. Regularmente citada, a ré oferta defesa no prazo legal, aduzindo prescrição do título. Nesse contexto, a defesa ofertada deve ser:

(A) impugnação e prescrição, matéria preliminar.

(B) impugnação e prescrição, matéria prejudicial.

(C) embargos e prescrição, matéria preliminar.

(D) embargos e prescrição, matéria prejudicial.

(E) embargos ou impugnação e prescrição, matéria preliminar.

O executado poderá arguir a prescrição da pretensão executiva do credor por meio de objeção de executividade ou de embargos à execução, ressaltando-se que a prescrição encerra defesa indireta de mérito, exsurgindo como questão prejudicial ao cerne da discussão. É de se notar, outrossim, que a prescrição desponta como matéria de ordem pública desde a entrada em vigor da Lei 11.280/06, sendo cognoscível de ofício, pois, pelo órgão judicante. Além disso, é articulada no bojo dos próprios autos e não se sujeita à preclusão, podendo ser alegada em qualquer tempo e grau de jurisdição pela parte a quem aproveita, salvo nas instâncias excepcionais (STF e STJ), de vez que, por força dos arts. 102, III, e 105, III, ambos da Carta Magna, a matéria precisa ter sido decidida nas instâncias ordinárias, sob pena de não preenchimento do pressuposto de recorribilidade atinente ao prequestionamento (arts. 219, § 5º, e 303, III, do CPC, e art. 193 do CC)

Gabarito "D".

(Advogado – BNDES – 2001 – VUNESP) Os embargos à execução

(A) possuem a natureza de uma ação incidente, visando a desconstituição ou a declaração de nulidade ou inexistência de um título executivo judicial ou extrajudicial e são o meio de defesa do executado.

(B) podem ser interpostos por terceiros quando pleitearem a exclusão de sua responsabilidade ou a não sujeição de seus bens na execução.

(C) serão julgados única e exclusivamente pelo juízo deprecante, não obstante versarem unicamente sobre vícios ou defeitos da penhora, avaliação ou alienação dos bens.

(D) devem ser interpostos no prazo de dez dias, qualquer que seja a modalidade da execução.

(E) devem ser interpostos a partir da citação do executado, qualquer que seja a modalidade de execução.

A: correto. Os embargos à execução, verdadeiro misto de ação e defesa, ostentam natureza de ação de conhecimento constitutiva negativa, daí por que se revela necessário o preenchimento dos requisitos previstos nos arts. 282 e 283 do CPC. Cuida-se de meio de reação do devedor à execução lastreada em título extrajudicial; é demanda incidental, tanto que é distribuída por dependência à execução aforada, processando-se, porém, mediante autos apartados (art. 736, parágrafo único, do CPC); **B:** incorreto (art. 1.046, *caput*, do CPC). Os embargos de terceiro ostentam a natureza de ação de conhecimento constitutiva negativa, com rito especial ou sumarizado (o que é diferente de rito sumário!), e têm por objetivo possibilitar a terceiro – alguém que não é parte do processo original e que detenha, sobre um determinado bem, dentre outros, a propriedade ou somente a posse – o desfazimento de constrição judicial indevidamente imposta (penhora, depósito, arresto, sequestro, alienação judicial, arrecadação, arrolamento, inventário, partilha etc.). Podem ser opostos até o trânsito em julgado da sentença, no processo de conhecimento, e até 5 dias após a remição, adjudicação ou arrematação, desde que antes de assinada a respectiva carta; **C:** incorreto (art. 747 do CPC); **D:** incorreto (art. 738, *caput*, do CPC); **E:** incorreto, de acordo com o já revogado art. 738 do CPC. Atente-se para o fato de que a questão foi elaborada antes da vigência da Lei 11.382/06. No sistema anterior, os embargos à execução deveriam ser ajuizados no prazo de dez dias contados: a) da juntada aos autos da prova da intimação da penhora; b) do termo de depósito (art. 622); c) da juntada aos autos do mandado de imissão na posse, ou de busca e apreensão, na execução para a entrega de coisa (art. 625); d) da juntada aos autos do mandado de citação, na execução de fazer ou de não fazer. Atualmente, o devedor não precisa mais segurar o juízo para embargar a execução. Todavia, paralelamente à relevância da fundamentação deduzida, a garantia da execução é pressuposto para a atribuição de efeito suspensivo aos embargos (arts. 736, *caput*, e 739-A, §1º, do CPC).

Gabarito "A".

3.3. LIQUIDAÇÃO DE SENTENÇA, CUMPRIMENTO DE SENTENÇA E IMPUGNAÇÃO

(Procurador do Estado/BA – 2014 – CESPE) Julgue o seguinte item.

(1) De acordo com entendimento firmado no STJ, para se evitar o abuso de direito, é defesa a penhora *on-line* de numerário, caso os valores sejam irrisórios.

1. Errada. A penhora *on-line*, atualmente, é o meio preferencial de constrição – com diversas decisões djo STJ nesse sentido. Assim, a afirmação que afirma haver "abuso de direito" na penhora de valores irrisórios é errado. O que por vezes ocorre é o juiz, em 1º grau, não efetivar a penhora *on-line* quando o valor existente na conta é muito baixo, considerando o valor objeto da execução.

Gabarito 1E

(Procuradoria Distrital – 2007) O art. 162, § 1º, com a redação dada pela Lei n. 11.232/05, redefiniu a sentença, que, agora, não é mais o ato que põe termo ao processo, decidindo ou não o mérito da causa. Agora, o processo – o mesmo processo – prossegue depois da sentença e entra no que se convencionou chamar "fase de cumprimento". Sobre o cumprimento da sentença, assinale a afirmativa correta.

(A) Tratando-se de obrigação por quantia certa, o cumprimento da sentença faz-se por meio de execução.

(B) Citado para o cumprimento, o devedor tem o prazo de quinze dias para efetuar o pagamento do valor devido, sob pena de multa de dez por cento do montante da condenação.

(C) Caso não seja concedido efeito suspensivo à impugnação, essa será decidida nos próprios autos.

(D) A sentença arbitral, dada a sua natureza, não é título executivo judicial.

(E) Se o impugnante, que alegar excesso de execução, não declarar de imediato o valor que entende correto, ficará sujeito a multa de vinte por cento sobre o montante devido.

A: correta. Apesar da afirmação um tanto confusa (pois execução, a rigor, é a de título extrajudicial), trata-se da redação legal, que usa, para a obtenção de quantia, ora o termo cumprimento de sentença, ora execução (CPC, art. 475-I); **B:** incorreta. A hipótese, em regra, é de intimação (CPC, art. 475-J); **C:** incorreta. A lei prevê o contrário (CPC, art. 475-M, § 2º); **D:** incorreta. É um erro comum achar que se trata de título extrajudicial, mas é judicial (CPC, art. 475-N, IV); **E:** incorreta. Se não indicar o valor, a impugnação será liminarmente rejeitada (CPC, art. 475-L, § 2º).

Gabarito "A".

(Procurador do Estado/PB – 2008 – CESPE) Quanto à liquidação e ao cumprimento da sentença, assinale a opção correta.

(A) A liquidação de sentença por cálculo do credor é feita incidentalmente nos autos da ação principal; quando os elementos contábeis estão em poder do devedor, o juiz determinará a sua apresentação, fixando data e impondo multa diária pelo descumprimento da ordem judicial.

(B) A liquidação de sentença deve guardar estrita consonância com o decidido na fase cognitiva, portanto, se a sentença for omissa em relação à condenação em juros moratórios e correção monetária, esses índices não podem ser incluídos na liquidação, por ofensa ao princípio da imutabilidade da coisa julgada.

(C) Caso a apuração do montante da dívida ou a individuação do objeto da prestação dependam de alegação e comprovação de fato novo, podem as partes convencionar que a liquidação seja feita por arbitramento, bem como decidir quanto à indicação do perito.

(D) A execução provisória da sentença compreende os atos executivos de transferência e adjudicação do bem ou dinheiro penhorado, ficando a satisfação do credor subordinada ao trânsito em julgado da sentença exequenda objeto de recurso.

(E) A competência para a execução de decisão judicial de primeiro grau de jurisdição é do juízo que processou a causa, mas admite-se que o credor faça opção pelo foro do domicílio do devedor ou do local onde se encontram bens sujeitos à expropriação.

A: incorreta. A lei não menciona multa-diária para a hipótese (CPC, art. 475-B, § 2º); **B:** incorreta. O art. 293 do CPC prevê a inclusão de juros mesmo sem pedido – a jurisprudência alargou isso para a correção; **C:** incorreta. Para fato novo, tem-se a liquidação por artigos, não arbitramento (CPC, art. 475-E); **D:** incorreta. A execução provisória permite a total satisfação do crédito – para a adjudicação ou levantamento de dinheiro, a lei em regra prevê a necessidade de caução (CPC, art. 475-O); **E:** correta. CPC, art. 475-P, II e parágrafo único.

Gabarito "E".

(Procurador do Município/Teresina-PI – 2010 – FCC) No cumprimento de sentença

(A) não é possível pagamento parcial do valor da condenação.

(B) o devedor será intimado pessoalmente para o cumprimento do julgado.

(C) cabe a oposição de embargos do devedor, em quinze dias após a intimação do devedor.

(D) cabe o acréscimo de multa no percentual de 10% ao montante da condenação transitada em julgado em quantia certa, se o devedor não efetuar espontaneamente seu pagamento, em quinze dias.

(E) não se requerendo a execução no prazo de seis meses, pelo credor, será julgado extinto o processo, por abandono.

A: incorreta, porque se houver pagamento parcial, a multa e o cumprimento seguirão em relação ao restante (CPC, art. 475-J, § 4º); **B:** incorreta. O entendimento que prevaleceu no STJ é quanto à intimação na pessoa do advogado (REsp 940274/MS, DJe 31/05/2010); **C:** incorreta. Cabe impugnação, no prazo de 15 dias da intimação

(CPC, art. 475-J); **D:** correta, por ser a previsão do art. 475-J do CPC. Lembrando que o STJ decidiu ser necessária a intimação do advogado, não bastando o trânsito em julgado (REsp 940274/MS, DJe 31/05/2010); **E:** incorreta. Nesse caso, haverá o arquivamento dos autos, mas não a extinção (CPC, art. 475-J, § 5º).

Gabarito "D".

(Procurador do Município/Teresina-PI – 2010 – FCC) A liquidação da sentença

(A) não abre ensejo à realização de perícia.

(B) é determinada de ofício pelo juiz, após a condenação no processo de conhecimento.

(C) pode ser feita pelo próprio credor, independentemente de cálculo do contador judicial, nas hipóteses em que o valor da condenação for facilmente determinável.

(D) dá-se por artigos quando houver necessidade de perícia e prova em audiência.

(E) é julgada também por sentença, sendo recorrível por apelação.

A: incorreta. Na liquidação por arbitramento há perícia (CPC, art. 475-D); **B:** incorreta, porque depende de provocação da parte (CPC, art. 475-A, § 1º); **C:** correta, sendo esta a hipótese de liquidação por cálculo (CPC, art. 475-B); **D:** incorreta, a liquidação por artigos se refere à necessidade de alegar e provar fatos novos (CPC, art. 475-E); **E:** incorreta. O recurso cabível é o agravo de instrumento (CPC, art. 475-H).

Gabarito "C".

(Advogado da União/AGU – CESPE – 2009) Acerca da impugnação ao cumprimento da sentença, julgue o item a seguir.

(1) Ultrapassado o prazo para impugnação do cumprimento da sentença, não será mais possível manejá-la para alegar prescrição; contudo, essa defesa poderá ser alegada via objeção de executividade, independentemente de segurança do juízo.

1: correta. O prazo da impugnação é preclusivo (CPC, art. 475-J, § 1º). Apesar de não haver previsão legal, a doutrina e jurisprudência admitem a exceção ou objeção de pré-executividade, de modo a se alegar uma defesa que o juiz pode conhecer de ofício e não há necessidade de dilação probatória – como é o caso da prescrição (CPC, art. 219, § 5º).

Gabarito 1C

(Procurador Federal – 2010 – CESPE) Acerca da liquidação da sentença, do cumprimento da sentença e da execução, julgue os itens subsequentes.

(1) Apesar de haver limitação expressa à possibilidade de expedição de precatório antes do trânsito em julgado, pode ser admitida a liquidação imediata da sentença condenatória contra a fazenda pública, apesar de pendente recurso contra essa decisão.

(2) Ao impugnar o valor da execução por excesso, o executado deve indicar o valor que entende devido, o que revela a aplicação do princípio da menor onerosidade da execução, mas não do princípio da cooperação.

1: correta. CPC, art. 475-A, § 2º. Não há restrição ao uso desse direito processual contra a Fazenda Pública; **2:** errada. O princípio da menor onerosidade se presta ao auxílio do executado (CPC, art. 620). No caso, a regra em questão (CPC, art. 739-A, § 5º) é em benefício do exequente e da rápida tramitação do processo. Assim, em homenagem aos princípios da lealdade processual e cooperação.

Gabarito 1C, 2E

(Procurador da Fazenda Nacional – 2007.2 – ESAF) "A" ajuíza ação reparatória em face de "B", alegando que o réu deveria ser condenado no pagamento da indenização derivada de erro médico. "A" não traz valor certo para a condenação, por não saber em definitivo as consequências do ato que entende ilícito. Ao sentenciar, o magistrado reconhece que houve erro médico no sentido de que o profissional não atuou com a diligência que sua profissão lhe impunha e que o valor relativo a este erro médico será apurado assim que todas as consequências do ilícito sejam passíveis de constatação derradeira. A qualificação das consequências do ato reconhecido será discutido pelas partes "em fase de liquidação". Assinale a opção incorreta.

(A) do requerimento de liquidação de sentença será a parte intimada, na pessoa do seu advogado, sendo desnecessário novo instrumento de mandato para passar a receber as intimações relativas à "fase de liquidação" e, oportunamente, à fase de cumprimento de sentença.

(B) a liquidação poderá ser requerida na pendência de recurso, processando-se em autos apartados, no juízo de origem, cumprindo ao liquidante instruir o pedido com cópias das peças processuais pertinentes.

(C) nos casos em que a apelação for recebida no efeito suspensivo, é possível ao credor da obrigação proceder a "liquidação" independentemente de poder ou não dar início à fase de "cumprimento da sentença", posto que a "liquidação provisória" não tem o condão de trazer nenhum prejuízo para a parte contrária.

(D) nos processos sob procedimento comum sumário é defesa a sentença ilíquida, cumprindo ao juiz, se for o caso, fixar de plano, a seu prudente critério, o valor devido.

(E) a ausência de alguma peça indispensável para instruir o pedido de "liquidação" gerará vício ou nulidade processual, não comportando, em razão da preclusão, providenciar cópia dos autos que estão na instância superior para suprir a lacuna.

A: correta (CPC, art. 475-A, § 1º); **B:** correta (CPC, art. 475-A, § 2º); **C:** correta, conforme exposto no item "B"; **D:** correta, pelo gabarito. Vale destacar que o art. 475-A, § 3º do CPC aponta a impossibilidade de liquidação, no sumário, nos casos de acidente de veículo e seguro (e o enunciado trata de erro médico). Assim, a questão era passível de anulação; **E:** incorreta, pois não há essa previsão no Código (CPC, art. 475-A e ss.), sendo possível eventual emenda (aplicação subsidiária do art. 284 do CPC).

Gabarito "E".

(Procurador do Estado/GO – 2010) No que diz respeito à liquidação de sentença, está CORRETA a seguinte afirmação:

(A) Cabe à parte credora instruir o pedido de cumprimento de sentença com a memória discriminada e atualizada do cálculo, podendo o juiz valer-se de contador do juízo somente se o credor for beneficiário de assistência judiciária.

(B) Será admitida a rediscussão da sentença na fase de liquidação de sentença.

(C) Requerida a liquidação por artigos, o juiz nomeará o perito e fixará o prazo para entrega do laudo.

(D) Da decisão de liquidação caberá apelação.

(E) Do requerimento de liquidação de sentença será a parte intimada na pessoa de seu advogado.

A: incorreta. Pode o juiz se valer do contador no caso de assistência judiciária e se o cálculo "aparentemente exceder os limites da decisão exequenda" (CPC, art. 475-B, § 3º); **B:** incorreta. Se houver a rediscussão da sentença, haverá violação à coisa julgada (CPC, art. 475-G). Na liquidação, discute-se apenas o *quantum debeatur* (quanto se deve); **C:** incorreta. Na liquidação por arbitramento é que isso se verifica (CPC, art. 475-D); **D:** incorreta. Caberá agravo de instrumento (CPC, art. 475-H); **E:** correta. CPC, art. 475-A, § 1º.

Gabarito "E".

(Procurador do Estado/MT – FCC – 2011) A respeito do cumprimento da sentença, é correto afirmar:

(A) A impugnação ao cumprimento de sentença é uma demanda incidental, sujeita a distribuição e preparo.

(B) A impugnação por excesso de execução exige a imediata declaração do valor que o executado entende correto.

(C) O ajuizamento de ação rescisória impede, em regra, o cumprimento da sentença ou acórdão rescindendo.

(D) O juiz tem o poder de majorar ou reduzir a multa de 10% sobre o valor da condenação para compelir o executado a cumprir a sentença no prazo de 15 dias.

(E) Quando na sentença houver parte líquida e parte ilíquida, o cumprimento da sentença fica suspenso até a liquidação da parte ilíquida para preservar a unidade do processo.

A: incorreta, a impugnação, apresentada nos próprios autos onde tramita o cumprimento de sentença, sendo desnecessária distribuição ou custas; **B:** correta. CPC, art. 475-L, § 2º; **C:** incorreta. Somente se concedida antecipação de tutela na AR haverá a suspensão do cumprimento de sentença (CPC, art. 489); **D:** incorreta. Essa multa de 10% decorre de previsão legal (CPC, art. 475-J); **E:** incorreta. É possível o cumprimento da parte líquida enquanto ocorre a liquidação da outra parte (CPC, art. 475-I, § 2º).

Gabarito "B".

(Procurador do Estado/PR – UEL-COPS – 2011) Quanto ao cumprimento de sentença e ao processo de execução, assinale a alternativa correta:

I. somente se admitem embargos à execução para entrega de coisa depois do devido depósito desta.

II. sendo vários os executados, ainda que cada qual representado por diferentes advogados, o prazo para embargar a execução fundada em título extrajudicial é contado de forma simples.

III. o devedor poderá oferecer impugnação mesmo sem a existência de penhora. Esta somente é necessária para que se atribua efeito suspensivo à impugnação.

IV. para a incidência da multa pelo não cumprimento de obrigação de fazer ou não fazer, prevista no art. 461, § 4º, do CPC, exige-se a prévia intimação do devedor, na pessoa de seu advogado.

Alternativas:

(A) estão corretas apenas as afirmações I e II;

(B) estão corretas apenas as afirmações III e IV;

(C) está correta apenas a afirmação I;

(D) está correta apenas a afirmação II;

(E) está correta apenas a afirmação III.

I: correta. CPC, arts. 621 e 622; **II:** incorreta, apesar de o enunciado não estar muito claro. No caso, aplicam-se as regras dos §§ do art. 738. "§ 1º Quando houver mais de um executado, o prazo para cada um deles embargar conta-se a partir da juntada do respectivo mandado citatório, salvo tratando-se de cônjuges" e "§ 3º Aos embargos do executado não se aplica o disposto no art. 191 desta Lei". Ou seja, não há o prazo em dobro por se tratar de advogados distintos – mas caso se trate de cônjuges, a contagem do prazo é a partir da juntada do último mandado. Questão que bem poderia ser considerada como correta, apenas pelo § 3º - mas que o gabarito considerou incorreta, considerando o § 1º (questão, portanto, poderia ser anulada); **III:** incorreta. Para a impugnação, há necessidade de penhora (CPC, art. 475-J, § 1º). A afirmação do enunciado é correta para os embargos à execução (CPC, art. 736); IV: incorreta. A intimação deve ser pessoal. Súmula 410/STJ: "A prévia intimação pessoal do devedor constitui condição necessária para a cobrança de multa pelo descumprimento de obrigação de fazer ou não fazer".

Gabarito "D".

(Procurador do Estado/RS – FUNDATEC – 2010) Assinale a alternativa correta:

(A) A impugnação ao cumprimento da sentença possui, como regra, efeito suspensivo.

(B) O deferimento do efeito suspensivo na impugnação ao cumprimento não necessariamente impede o prosseguimento da execução, podendo o credor requerer o prosseguimento oferecendo e prestando caução suficiente e idônea.

(C) A decisão na impugnação ao cumprimento da sentença será sempre recorrível por agravo de instrumento.

(D) O deferimento de efeito suspensivo na impugnação ao cumprimento da sentença somente é cabível na execução provisória.

(E) Nenhuma das alternativas anteriores está correta.

A: incorreta. Em regra, não há o efeito suspensivo (CPC, art. 475-M; **B:** correta (CPC, art. 475-M, § 1º); **C:** incorreta. Pode ser agravo ou apelação – conforme prossiga ou não o cumprimento de sentença (CPC, art. 475-M, § 3º); **D:** incorreta. Não há qualquer limitação na lei quanto a isso (CPC, art. 475-M); E) Incorreta, considerando a alternativo "B".

Gabarito "B"

(Advogado – CEF – 2012 – CESGRANRIO) A instituição financeira K obtém sentença condenatória em processo determinando que a pessoa física YY deva pagar a quantia de R$ 10.000,00. Após esgotados todos os procedimentos de localização de bens, constata-se que não existem bens a penhorar. Nesse caso, à luz das regras que informam a execução civil vinculada ao cumprimento de sentença, a(o):

(A) execução será suspensa até que surjam bens a penhorar.

(B) execução será extinta diante da ausência de patrimônio do executado.

(C) dívida pessoal do executado será respondida pelos bens da sua família

(D) executado poderá ser condenado a prestar serviços voluntários para pagar sua dívida

(E) devedor executado deverá ser perdoado para poder retomar sua atividade creditícia.

A: correto (arts. 475-R e 791, III, do CPC).

Gabarito "A".

(Advogado – PETROBRÁS – 2012 – CESGRANRIO) O Sr. X propôs execução de sentença cível em face do Sr. Y, que apresentou defesa aduzindo a impossibilidade de realizar-se o ato diante da necessidade imperiosa de liquidação prévia de sentença, visto que parte seria líquida e outra ilíquida. Analisando-se esse caso à luz de regras processuais, conclui-se que a

(A) parte pode executar a parte líquida da decisão e liquidar a outra parte concomitantemente.

(B) iliquidez de parte da sentença impõe a suspensão da execução da outra líquida.

(C) liquidação será definitiva, e a execução da parte líquida, provisória.

(D) liquidação e a execução serão provisórias e dependerão de caução.

(E) execução poderá ser realizada, e a liquidação será suspensa até a satisfação do credor.

A: correto (art. 475-I, §2º, do CPC).

Gabarito "A".

(Procurador – BANCO CENTRAL – 2009 – CESPE) Para elaborar os cálculos necessários à liquidação da sentença, o credor identificou que precisava de dados que se encontravam em poder do devedor, razão pela qual requereu ao juiz prolator da sentença que intimasse o devedor para apresentá-los. Considerando essa situação hipotética, assinale a opção correta.

(A) Estivessem os documentos necessários aos cálculos em poder de terceiro, a recusa em apresentá-los ou a rejeição das justificativas carrearia aos cálculos apresentados pelo próprio credor apenas presunção relativa de correção.

(B) Caso o devedor deixe de apresentar os documentos ou tenha suas justificativas julgadas insuficientes, serão considerados corretos os cálculos que o credor apresentar, sendo isso um caso de presunção absoluta erigida pela lei processual.

(C) Se o juiz entender que os cálculos apresentados pelo devedor diante da não apresentação dos documentos pelo credor aparentemente excedem o valor devido, poderá solicitar cálculos do contador judicial e decidir qual valor será cobrado no cumprimento da sentença.

(D) Apesar de haver similaridade entre o procedimento descrito e o procedimento da exibição de documentos, não é dado ao devedor escusar-se de apresentar os documentos por alegar que estes dizem respeito a negócios da vida familiar.

(E) Dirigindo-se contra o devedor, o pedido de apresentação dos documentos necessários será simples incidente do processo no qual foi proferida sentença condenatória, passando a ser necessário o ajuizamento de ação cautelar de exibição se a pretensão se dirigir contra terceiro.

A: Incorreto (arts. 475-B, §2º, e 362 do CPC); **B:** Incorreto. Embora o gabarito tenha tachado de incorreta tal assertiva, a doutrina de Nelson Nery Jr. e de Rosa Maria de Andrade Nery afirma que se cuida de *presunção absoluta de correção*. Corroborando o que ora se aduz, observe-se a seguinte passagem: *Presunção absoluta de correção*. Como a norma reputa como corretos os cálculos apresentados pelo credor na hipótese de recusa injustificada do devedor em fornecer os dados necessários à elaboração da memória do cálculo, isso quer significar que o devedor fica impedido de opor impugnação por excesso de execução (CPC 475-L V). Trata-se de presunção *iuris et de iure*, que não admite prova em contrário. Não sendo dessa forma, ao admitir-se nova discussão dos valores pelo devedor faltoso, o processo civil desmoralizar-se-ia. Quanto ao terceiro desidioso, pode responder, em tese, nos âmbitos, civil, penal e administrativo (v. CPC 339) (NERY JR. Nelson; NERY, Rosa Maria de Andrade. *Código de processo civil comentado e legislação extravagante*. 10. edição. São Paulo: Revista dos Tribunais, 2007, p. 632). De qualquer forma, o próprio STJ, bem como a doutrina de Fredie Didier Jr., esclarecem se tratar de presunção *juris tantum*, já que o juízo poderá requisitar a intervenção do contador judicial quando os cálculos formulados pelo credor aparentemente excederem os limites da decisão exequenda (art. 475-B, §3º, do CPC). Nesse norte: REsp 767.269/RJ, Rel. Ministro LUIZ FUX, PRIMEIRA TURMA, julgado em 23/10/2007, DJ 22/11/2007, p. 191. Fredie Didier Jr. remata: "Se a ordem judicial não for respeitada, sem justo motivo, pelo devedor, militará em favor do credor uma presunção de que são corretos os cálculos por ele apresentados (§2º), ressalte-se, todavia, tratar-se de presunção relativa (juris tantum), que não precisa ser acolhida pelo magistrado, se entender como manifestamente incorretos os valores alcançados pelo credor, poderá, por exemplo, determinar a ouvida da contadoria judicial para esclarecer o assunto (DIDIER JR. Fredie. *Curso de Direito Processual Civil. Vol. 5*. Salvador: Juspodivm, 2009, p. 129); **C:** incorreto. O juízo poderá se valer do contador judicial quando a memória apresentada pelo *credor* aparentemente exceder os limites da decisão exequenda e, ainda, nos casos de assistência judiciária (art. 475-B, §3º, do CPC); **D:** correto, já que os arts. 362 e 363 do CPC só incidem na hipótese de *o terceiro* se recusar a fornecer os dados requisitados pelo juízo. Se o devedor, injustificadamente, impuser óbices à apresentação dos documentos ordenados, a sanção para o respectivo descumprimento será a presunção relativa de correção da conta elaborada pelo credor (art. 475-B, §2º, do CPC); **E:** incorreto, visto que o pedido de exibição de documentos deverá ser formulado de modo incidental, estejam os dados em poder do devedor ou de terceiro, revelando-se prescindível o aforamento de cautelar com tal propósito. Cumpre destacar que o autor seria, nesse particular, carecedor de ação por ausência de interesse processual, modalidade interesse-necessidade (art. 475-B, §§1° e 2°, do CPC).

Gabarito "D".

(Advogado – DATAPREV – 2009 – UFF) A respeito da liquidação e do cumprimento da sentença, é correto afirmar que:

(A) da decisão de liquidação de sentença caberá recurso de apelação, no prazo de 15 (quinze) dias;

(B) caso o devedor condenado a pagar quantia certa ou já fixada em liquidação não o efetuar no prazo de 15 (quinze) dias, expedir-se-á, a requerimento do credor, mandado de penhora e avaliação ao executado que, querendo, poderá oferecer impugnação no prazo de 30 (trinta) dias;

(C) a impugnação à execução por quantia certa ou já fixada em liquidação não terá efeito suspensivo, salvo nos casos em que a continuidade da execução possa causar ao executado grave dano de difícil ou incerta reparação;

(D) a impugnação à execução por quantia certa ou já fixada em liquidação poderá versar sobre qualquer causa impeditiva, modificativa ou extintiva da obrigação, como pagamento, novação, transação, decadência ou prescrição anterior à sentença;

(E) considera-se inexigível o título judicial fundado em lei ou ato normativo declarados inconstitucionais pelo Supremo Tribunal Federal, ou fundado em aplicação ou interpretação da lei ou ato normativo tidas pelo Supremo Tribunal Federal como incompatíveis com a Constituição Federal ou com a legislação infraconstitucional.

A: incorreto (art. 475-H do CPC); **B:** incorreto. O prazo para oferecimento de impugnação ao cumprimento de sentença é de quinze dias (art. 475-J, §1°, do CPC); **C:** correto (art. 475-M, *caput*, do CPC); **D:** incorreto. A impugnação ao cumprimento de sentença poderá versar sobre qualquer causa impeditiva, modificativa ou extintiva da obrigação, como pagamento, novação, compensação, transação ou prescrição, *desde que superveniente à sentença* (art. 475-L, VI, do CPC); **E:** incorreto. Considera-se também inexigível o título judicial fundado em lei ou ato normativo declarados inconstitucionais pelo Supremo Tribunal Federal, ou fundado em aplicação ou interpretação da lei ou ato normativo tidas pelo Supremo Tribunal Federal como *incompatíveis unicamente com a Constituição Federal* (art. 475-L, §1°, parte final, do CPC).

Gabarito "C".

(Advogado – BNDES – 2008 – CESGRANRIO) José foi condenado, em sentença transitada em julgado, a pagar a João, a título de danos morais, a importância de R$ 10.000,00 (dez mil reais). Na hipótese, pode-se afirmar que:

I. José deve efetuar seu pagamento no prazo de quinze dias, sob pena do montante da condenação ser acrescido de multa de 10% (dez por cento);

II. José deve requerer sua execução no prazo de seis meses, sob pena de o processo ser extinto por falta de iniciativa da parte interessada;

III. João pode apresentar impugnação alegando que José, em excesso de execução, pleiteia quantia superior à resultante da sentença, mas para tanto deve efetuar o depósito do valor que entende correto em 48 horas;

IV. João não pode mais arguir sua ilegitimidade passiva, pois tal matéria só pode ser apreciada durante o processo de conhecimento;

V. João pode apresentar impugnação alegando que o título é inexigível e, nesse caso, ela possui necessariamente efeito suspensivo.

Está(ão) correta(s) **APENAS** a(s) afirmação(ões)

(A) I.

(B) I e II.

(C) I, II e III.

(D) I, III, IV e V.

(E) II, III, IV e V.

I: correto (art. 475-J, *caput*, do CPC); **II:** incorreto. Nesse caso, o processo deverá ser arquivado; porém, poderá ser retomado se houver pedido da parte (art. 475-J, § 5°, do CPC); **III:** incorreto. Primeiramente, para que o devedor apresente impugnação ao cumprimento de sentença, deverá garantir o juízo (art. 475-J, § 1°, do CPC). Em segundo lugar, ao alegar excesso de execução, o devedor já deverá apontar qual o montante que entende acertado ao caso, sob pena de rejeição liminar da impugnação (art. 475-L, § 2°, do CPC); IV: incorreto (art. 475-L, IV, do CPC); V: incorreto (art. 475-M, *caput*, do CPC).

Gabarito "A".

(Advogado – PETROBRÁS DISTRIB. – 2008 – CESGRANRIO) A Belomar S/A obtém sentença julgando procedente pedido formulado de condenação da Empresa Coisas e Caçambas S/A, no valor correspondente a R$ 100.000,00 (cem mil reais). Após o trânsito em julgado da decisão, requer a autora a expedição de ordem de penhora *on line*, aduzindo ser o primeiro bem na ordem de preferência dinheiro, indicando as contas bancárias do réu que deveriam ser atingidas. O magistrado defere o postulado, mas a diligência não atinge seus objetivos por não identificados valores nas contas indicadas pelo exequente pelo sistema do Banco Central. Após esgotadas as diligências realizadas pela autora, no sentido de obtenção de bens a penhorar, o processo é suspenso. No curso do processo, sem oferecer bens em garantia, o réu apresenta impugnação ao cumprimento de sentença, julgada improcedente. Nesse contexto, a(o):

(A) impugnação ao cumprimento de sentença é necessariamente precedida de penhora.

(B) impugnação ao cumprimento de sentença pode ser apresentada sem necessidade de garantia do Juízo.

(C) defesa na execução com base em título judicial suspende automaticamente o processo.

(D) autor não pode indicar, na sua petição inicial, bens a penhorar, sendo faculdade do executado, após ser citado.

(E) processo somente poderia ser suspenso após a decisão final na impugnação.

A: correto. Na fase de cumprimento de sentença, o executado poderá reagir à execução por meio de impugnação ao cumprimento de sentença (defesa *lato sensu*), ou através de objeção ou exceção de executividade (defesas *stricto sensu*). Nestas, o devedor não precisará garantir o juízo, em razão da própria natureza da matéria deduzida: nas objeções, o devedor deve invocar questão de ordem pública; nas exceções, matéria de direito dispositivo, desde que comprovada *prima facie*. Já na impugnação ao cumprimento de sentença, o *solvens* necessitará segurar o juízo para dela fazer uso. Explicamos. O texto do art. 475-J, § 1º, do CPC, assevera que o devedor poderá oferecer impugnação ao cumprimento de sentença *após* a penhora e avaliação do bem constrito. Corroborando tal entendimento, note-se a doutrina de Nelson Nery Jr.: "No procedimento de cumprimento de sentença o devedor pode defender-se por meio de três instrumentos: a) exceção de executividade; b) objeção de executividade; c) impugnação ao cumprimento da sentença. Nos dois primeiros casos, a defesa pode ser feita sem que haja necessidade de o devedor segurar o juízo, vale dizer, *antes* da segurança do juízo pela penhora ou depósito. A exceção e a objeção de executividade são meio de defesa *stricto sensu*. Para opor a impugnação, que são um misto de ação e defesa (defesa *lato sensu*), o devedor precisa segurar o juízo pela penhora ou depósito da coisa (CPC 475-J *caput* e §1º)" (NERY JR. Nelson; NERY, Rosa Maria de Andrade. *Código de processo civil comentado e legislação extravagante*. 10. edição. São Paulo: Revista dos Tribunais, 2007, p. 736) [grifos nos original]. Logo, há necessidade de se segurar o juízo para que a impugnação seja admitida; **B:** incorreto, conforme elucidado na assertiva anterior; **C** e **E:** incorretos (art. 475-M, *caput*, do CPC); **D:** incorreto (art. 475-J, § 3º, do CPC).

Gabarito "A".

(ADVOGADO – PETROBRÁS – 2006 – CESGRANRIO) Analise as afirmativas abaixo sobre o sistema de homologação de sentença estrangeira, indicando se são verdadeiras (V) ou falsas (F).

( ) O procedimento de homologação de sentença estrangeira é de competência originária do Superior Tribunal de Justiça.

( ) A sentença que homologa "sentença estrangeira" é declaratória.

( ) O direito brasileiro adota o sistema do juízo de delibação.

A sequência correta é:

(A) V V F.

(B) V F V.

(C) F V F.

(D) F F V.

(E) F F F.

I: correto (arts. 105, I, "i", da CF, e 475-N, VI, do CPC); **II:** incorreto. Sua natureza é *constitutiva*, porquanto a eficácia da sentença alienígena depende da existência de decisão homologatória. Em outras linhas, só com a exaração da sentença homologatória é que a decisão proferida no estrangeiro passa a ter eficácia em território nacional, equiparando-se àquelas prolatadas por magistrados nacionais. Sendo assim, por criar uma dada situação jurídica em território nacional, revela-se inequívoca sua eficácia constitutiva. Corroborando tal afirmação, eis a doutrina de Humberto Theodoro Jr.: "Sem essa medida judicial, que é de caráter constitutivo, a sentença estrangeira não possui autoridade em nosso território, em decorrência da soberania nacional, da qual é parte integrante a função jurisdicional. Mas, após a homologação, equipara-se a decisão alienígena, em toda extensão, aos julgados de nossos juízes. Dá-se, em linguagem figurada, a *nacionalização* da sentença" (THEODORO JÚNIOR, Humberto. *Curso de Direito Processual Civil. Vol. II.* 41. edição. Rio de Janeiro: Forense, 2007, p. 81); **III:** correto. A cognição operada no procedimento de homologação de sentença estrangeira é parcial, de modo que é vedado ao STJ analisar as questões de fundo debatidas na sentença estrangeira transitada em julgado. Isso posto, é da alçada do STJ apreciar as questões formais ínsitas à decisão homologanda, tais como a ofensa à ordem pública, aos bons costumes e à soberania nacional. Nessa direção: PROCESSUAL CIVIL. EMBARGOS DE DECLARAÇÃO. ART. 535 DO CPC. AUSÊNCIA DOS PRESSUPOSTOS. HOMOLOGAÇÃO DE SENTENÇA ARBITRAL ESTRANGEIRA. LEI 9.307/96. APLICAÇÃO IMEDIATA. CONSTITUCIONALIDADE. UTILIZAÇÃO DA ARBITRAGEM COMO SOLUÇÃO DE CONFLITOS. AUSÊNCIA DE VIOLAÇÃO À ORDEM PÚBLICA. IMPOSSIBILIDADE DE ANÁLISE DO MÉRITO DA RELAÇÃO DE DIREITO MATERIAL. OFENSA AO CONTRADITÓRIO E À AMPLA DEFESA. INEXISTÊNCIA. FIXAÇÃO DA VERBA HONORÁRIA. ART. 20, § 4º DO CPC. EMBARGOS DE DECLARAÇÃO REJEITADOS. [...] IV - O controle judicial da homologação da sentença arbitral estrangeira está limitado aos aspectos previstos nos artigos 38 e 39 da Lei nº 9.307/96, não podendo ser apreciado o mérito da relação de direito material afeto ao objeto da sentença homologanda. Precedentes. [...] VI - O ato homologatório da sentença estrangeira limita-se à análise dos seus requisitos formais. Isto significa dizer que o objeto da delibação na ação de homologação de sentença estrangeira não se confunde com aquele do processo que deu origem à decisão alienígena, não possuindo conteúdo econômico. É no processo de execução, a ser instaurado após a extração da carta de sentença, que poderá haver pretensão de cunho econômico. [...] (EDcl na SEC 507/GB, Rel. Ministro GILSON DIPP, CORTE ESPECIAL, julgado em 06/12/2006, DJ 05/02/2007, p. 173).

Gabarito "B".

3.4. EXECUÇÃO CONTRA A FAZENDA

(Procurador do Estado/BA – 2014 – CESPE) Julgue o seguinte item.

(1) Se os embargos à execução opostos pela fazenda pública forem parciais, a execução prosseguirá no que diz respeito à parte não embargada.

1. Correta. Nos embargos é possível alegar excesso de execuçao (CPC, art. 743) e deverá ser apontado o valor que se entende devido sob pena de rejeição liminar dos embargos (CPC, art. 739-A, § 5º), exatamente para que prossiga a execução em relação à parte incontroversa. Nesse sentido, por analogia, certo é que possível o prosseguimento da execução em relação à parte não embargada.

Gabarito 1C

(Procurador Distrital – 2014 – CESPE) Julgue o seguinte item.

(1) É possível a execução fundada em título extrajudicial de um ente público contra outro. Nesse caso, deverão ser observadas as regras procedimentais previstas no CPC para a execução contra a fazenda pública.

1. Correta. A jurisprudência do STJ permite a execução de título extrajudicial contra a Fazenda (Súmula 279/STJ: "É cabível execução por título extrajudicial contra a Fazenda Pública"). Nesse sentido, o procedimento terá de ser, considerando a impenhorabilidade dos bens públicos, aquele que considera a fazenda como ré – ou seja, execução contra a Fazenda Pública (CPC, art. 730).

Gabarito 1C

(Procurador da Fazenda Nacional – 2006 – ESAF) A execução contra a Fazenda Nacional

(A) processa-se mediante precatório.

(B) quando empreendida sob a forma de quantia certa exige, à vista do Código de Processo Civil e também da vigente legislação orçamentária, decisão transitada em julgado, tanto na ação principal quanto na própria ação de execução.

(C) admite a expedição de "precatório complementar", especialmente se necessário para a cobrança dos "juros moratórios" incidentes entre a data de apresentação do precatório originário (1º de julho) e a data de seu efetivo pagamento no exercício seguinte.

(D) poderá ser processada sob a forma de "requisição de pequeno valor" para os valores iguais ou inferiores a 40 (quarenta) salários mínimos, seja este o montante originário da obrigação ou resulte de renúncia do excedente pelo credor-exequente.

(E) far-se-á nos próprios autos, mediante simples petição, nos casos de mandado de segurança, relativamente a parcelas pecuniárias vencidas e a honorários de advogado.

A: incorreta. Na verdade, parcialmente correta – pois, além de precatório, é possível que o pagamento se dê mediante RPV ou OPV (requisição de pequeno valor ou obrigação de pequeno valor, nos termos da CF, art. 100, §§ 3º e 4º); **B:** correta. Depende de trânsito no conhecimento e em eventuais embargos (CPC, art. 730, I). Contudo, vale destacar que a jurisprudência admite a expedição de precatório em relação ao valor incontroverso (como, por exemplo, em relação a embargos onde se alegue excesso de execução, em relação à parte não impugnada); **C:** incorreta. Jurisprudência do STF: "A orientação jurisprudencial desta Corte Superior é no sentido de ser indevida a inclusão dos juros de mora em precatório complementar - período compreendido entre a data da expedição do precatório principal e a do seu efetivo pagamento -, desde que respeitado o prazo constante no art. 100, § 1º, da CF, uma vez que, nesta hipótese, não há falar em inadimplência do Poder Público (cf. Súmula Vinculante nº 17 do STF)"; **D:** incorreta. O valor de 40 salários é para a Fazenda Estadual, na ausência de lei (ADCT, art. 87, I). Para a União, o valor é de 60 salários, nos termos da regulamentação do JEF (L. 10.259/01, art.)17, § 1º); **E:** incorreta. Não há previsão legal nesse sentido e Súmula 269/STF: O mandado de segurança não é substitutivo de ação de cobrança.

Gabarito "B"

(Procurador do Estado/SP – FCC – 2009) Na execução contra a Fazenda Pública Paulista perante a Justiça Estadual de São Paulo, quando expedida requisição para pagamento de obrigação de pequeno valor,

(A) havendo litisconsórcio multitudinário no polo ativo devem ser somados os créditos de todos os exequentes para fins de classificação do requisitório como de pequeno valor.

(B) os honorários advocatícios devem ser incluídos, como parcela integrante do valor devido para fins de classificação do requisitório como de pequeno valor.

(C) no seu descumprimento, eventual decretação de sequestro deve ser realizada pelo juízo a quo da execução.

(D) o crédito do exequente devidamente atualizado está sujeito ao limite de 60 (sessenta) salários mínimos.

(E) é possível seu pagamento, quando se tratar de execução provisória, durante a pendência de recurso especial, que discuta a íntegra do mérito da demanda.

A: incorreta, porque, nesse caso, os créditos devem ser considerados em separado para fins de classificação de RPV; **B:** correta, pois é levado em conta o valor total a ser pago (principal e acessórios); **C:** incorreta, pois essa é a previsão do JEF (L. 10.259/01, art. 17, § 2º); **D:** incorreta, leva-se em conta o valor histórico; **E:** incorreta, considerando o art. 17 da L. 10.259/01.

Gabarito "B"

(Procurador do Estado/ES – 2008 – CESPE) Quanto à execução em face da fazenda pública, julgue os itens a seguir.

(1) Em execuções movidas contra a fazenda pública, ainda que não embargadas, são devidos honorários advocatícios ao exequente, salvo quando se tratar de obrigação de dar coisa certa, por não se submeter ao regime do precatório.

(2) Uma sentença que rejeita embargos à execução, seja ela fundada em título judicial ou extrajudicial oposto pela fazenda pública, não está sujeita ao reexame necessário.

1: errado. Art. 1º-D da Lei n. 9.494/97; **2:** certo. Não há previsão legal nesse sentido (CPC, art. 475).

Gabarito 1E, 2C

(Procurador do Estado/PI – 2008 – CESPE) Quanto ao processo de execução, assinale a opção correta.

(A) As execuções contra a fazenda pública, nelas incluídas as execuções contra as empresas públicas, autarquias e empresas de economia mista, processa-se mediante precatório. Nessa ação, a defesa se faz por meio de embargos, que, apesar de constituírem ação incidental desconstitutiva, com motivação restrita, suspende a execução até a solução definitiva da causa.

(B) Nas ações de execução movidas contra a fazenda pública, não são devidos honorários advocatícios, por se tratar de ação necessária, e a executada não pode solver a obrigação de modo espontâneo, exceto em se tratando de obrigação de fazer.

(C) Não tendo o devedor bens no foro da execução, a penhora será feita por carta precatória e os embargos poderão ser oferecidos no juízo deprecado, mas a competência para julgá-los é exclusiva do juízo deprecante.

(D) Nas execuções propostas contra a fazenda pública, o prazo para o oferecimento dos embargos é de vinte dias. Opostos os embargos, suspende-se a execução até a definitiva solução da questão posta em juízo.

(E) Na execução por título extrajudicial, o oferecimento dos embargos à execução não exige a prévia segurança do juízo. Porém, o executado só poderá pleitear a atribuição de efeito suspensivo aos embargos, quando o juízo estiver garantido por penhora, depósito ou caução suficiente.

A: incorreta. As execuções contra a fazenda pública processam-se mediante precatório, porém os embargos não suspendem a execução; **B:** incorreta, pois não há exceção de honorários em execuções contra a fazenda pública; **C:** incorreta. CPC, art. 747; **D:** incorreta. O prazo é de 30 dias ((art. 1º-A da Lei 9.494/97), não se aplicando o previsto no art. 730 do CPC; **E:** correta. CPC, arts. 736 e 739-A, § 1º.

Gabarito "E".

(Procurador do Município/Natal-RN – 2008 – CESPE) Ricardo ajuizou ação ordinária contra o município de que era servidor para pleitear o pagamento de gratificação que lhe havia sido negada administrativamente. Após a contestação e a posterior instrução do processo, o juiz, entendendo que era devida a gratificação, proferiu sentença condenando o município a pagar, retroativamente, os valores da gratificação a Ricardo. Transitada em julgado a sentença, Ricardo promoveu a sua execução, no decurso da qual, o município verificou que o cálculo do crédito contra a fazenda pública estava incorreto, pois havia resultado em quantia superior à devida.

Com referência à situação hipotética acima descrita, assinale a opção correta à luz das normas do CPC.

(A) O município estará sujeito a multa se não efetuar o pagamento a Ricardo no prazo de 15 dias.

(B) Já que os cálculos de liquidação apresentam incorreção, o município deverá interpor embargos à execução.

(C) O município deverá aguardar manifestação do presidente do tribunal quanto ao pagamento por precatório ou requisição de pequeno valor, para, então, manejar o recurso cabível, haja vista que matéria de defesa já foi deduzida no processo originário.

(D) Caso pretenda deduzir matéria relacionada à nulidade do processo ou excesso de execução, o município deverá apresentar impugnação no prazo de 10 dias da intimação da penhora.

A: incorreta. Não se aplica a multa do art. 475-J à Fazenda Pública; **B:** correta (CPC, art. 741, V); **C:** incorreta. Os embargos são apresentados e julgados antes da expedição do precatório (CPC, art. 730); **D:** incorreta. Impugnação é defesa no cumprimento de sentença, dependente de penhora – isso não se aplica ao Estado. A defesa se dá via embargos (CPC,art. 741).

Gabarito "B"

(Procurador do Município/São Paulo-SP – 2008 – FCC) Em execução de sentença contra a Fazenda Pública Municipal, que se processa no primeiro grau de jurisdição,

(A) as exceções de incompetência do juízo, de impedimento ou suspeição do juiz, serão oferecidas juntamente com os embargos, no prazo dos embargos.

(B) a exceção de suspeição do juiz será oferecida posteriormente aos embargos, no prazo de quinze dias, contados da juntada dos embargos, sob pena de preclusão da exceção.

(C) a exceção de impedimento do juiz será oferecida no prazo de cinco dias contados da data da juntada do mandado de citação, sob pena de preclusão da exceção.

(D) a exceção de incompetência relativa do juízo será oferecida antes dos embargos, no prazo de cinco dias, contados da data da citação, sob pena de preclusão da exceção.

(E) os embargos não poderão versar sobre a incompetência do juízo da execução, bem como suspeição ou impedimento do juiz.

A: correta (CPC, art. 742).

Gabarito "A"

(Procurador do Município/Sorocaba-SP – 2012 – VUNESP) Em execução contra a Fazenda Pública, movida por particular, houve regular citação, sendo o mandado juntado aos autos no dia 31, uma segunda-feira. O prazo final para embargar a execução, nesse caso, ocorre no dia:

(A) 10 do mês subsequente à juntada do mandado.

(B) 21 do mês subsequente à juntada do mandado.

(C) 30 do segundo mês subsequente à juntada do mandado.

(D) 30 do mês subsequente à juntada do mandado.

(E) 30 do quarto mês subsequente à juntada do mandado.

D: correta. O prazo para embargar é de 30 dias (L. 9.494/97, art. 1º-B), apesar do que consta do art. 730 do CPC. Assim, como se conta o prazo a partir do dia seguinte à juntada do mandado (CPC, art. 241, II), o prazo final será dia 30.

Gabarito "D"

(Advogado da União/AGU – CESPE – 2012) No que se refere à execução contra a fazenda pública, julgue os itens seguintes.

(1) A sentença que julgar improcedentes os embargos à execução opostos pela fazenda pública somente produzirá efeitos após o reexame necessário pelo tribunal competente.

(2) Considere que, em fase de execução de sentença, apresentados os cálculos pelo exequente, a fazenda pública tenha se insurgido por meio de embargos apenas contra parte do valor. Nesse caso, entende o STF que é constitucional a expedição de precatório relativo à parte pela qual houve concordância.

1: errada. A previsão de reexame necessário é no caso de procedência dos embargos opostos contra débitos da dívida ativa executados pela Fazenda (CPC, art. 475, II); **2:** correta. A jurisprudência admite a expedição de precatório do incontroverso.

Gabarito 1E, 2C

(Advogado – PETROBRÁS – 2008 – CESGRANRIO) Nos tempos do Código de Processo Civil, acerca do procedimento de execução contra a Fazenda Pública,

(A) os precatórios terão seus valores atualizados monetariamente até a sua expedição, que produz efeito de pagamento.

(B) os créditos de natureza alimentícia não se sujeitam ao regime dos precatórios.

(C) não se sujeitam à ordem cronológica de apresentação os precatórios federais de pagamentos de obrigações de até 60 (sessenta) salários mínimos.

(D) em se tratando de execução de obrigação de entrega da coisa certa, nenhum privilégio possui a Fazenda Pública, obedecendo-se ao procedimento previsto contra particulares.

(E) sendo título executivo judicial, será a Fazenda intimada em seu procurador, através da Imprensa Oficial, para opor embargos em 10 dias.

A: incorreto. O Presidente do Tribunal é incumbido de coordenar e executar o pagamento dos precatórios, de acordo com o que determina o art. 100 da CF, podendo, antes do pagamento ao credor, corrigir os valores constantes dos cálculos de atualização do precatório (arts. 463, I, do CPC, e 1°-E da Lei 9.494/97). Precedentes do STJ: RMS 27.478 e RMS 28.366B; **B:** incorreto (art. 100, § 1°, da CF); **C:** incorreto. As obrigações de pequeno valor serão pagas independentemente de precatório (arts. 100, § 3°, da CF e 17 da Lei 10.259/01); **D:** correto. A execução das obrigações de entrega de coisa certa contra a fazenda pública far-se-á normalmente, segundo as regras dispostas nos arts. 461-A e 621 a 628 do CPC; **E:** incorreto. O prazo para que a Fazenda Pública oponha embargos à execução é de trinta dias, e não de dez, conforme disposto no art. 1°-B da Lei 9.494/97.

Gabarito "D".

(Advogado – PETROBRÁS BIO. – 2010 – CESGRANRIO) A empresa Casa e Casinhas S.A. promoveu ação condenatória em face da União Federal, visando a obter indenização diante dos prejuízos causados por violação de cláusula contratual, que lhe causou diversos prejuízos, gerando situação de insolvência, com diversos débitos em cobrança. Regularmente citada, a ré apresentou contestação, requerendo a produção de prova pericial que constatou a situação de insolvência da autora. Nenhuma outra prova foi produzida, além da documental carreada aos autos por ambas as partes. A sentença julgou procedente o pedido, fixando o valor da condenação em R$ 3.000.000,00. Após esgotados todos os recursos cabíveis, a sentença foi mantida. Iniciada a execução, ocorreu a citação da ré que, no prazo legal, apresentou embargos, que foram rejeitados por ausência de pressupostos. Tal decisão foi mantida, havendo o trânsito em julgado também da decisão proferida nos embargos. Realizados os cálculos pelo contador do Juízo, os mesmos não foram impugnados. Antes de determinada a expedição do precatório, foram os autos remetidos à representação judicial da União para que apresentasse, querendo, rol de débitos da autora com a Fazenda, o que foi realizado, constando débitos correspondentes a R$ 4.000.000,00. Analisando o caso, conclui-se que o(a):

(A) trânsito em julgado da ação indenizatória e dos embargos à execução impede qualquer modificação no valor objeto da condenação.

(B) valor do débito da vencedora da ação com a Fazenda deve ser compensado.

(C) constatação de débitos superiores ao valor devido pela Fazenda permite a cobrança do excesso nos mesmos autos da ação indenizatória.

(D) expedição de precatório deve ser pelo valor acordado pelas partes.

(E) dívida apresentada pela Fazenda é irrelevante para o processo indenizatório.

A: incorreto. O Presidente do Tribunal é incumbido de coordenar e executar o pagamento dos precatórios, de acordo com o que determina o art. 100 da CF, podendo, antes do pagamento ao credor, corrigir os valores constantes dos cálculos de atualização do precatório (arts. 463, I, do CPC, e 1°-E da Lei 9.494/97). Precedentes do STJ: RMS 27.478 e RMS 28.366B; **B:** correto (art. 100, § 9°, da CF); **C:** incorreto. A Fazenda Pública credora deverá ajuizar execução fiscal para reclamar o saldo, sendo vedada a utilização de reconvenção no processo executivo; **D:** incorreto. O precatório deve ser expedido conforme o valor que restou proclamado em sentença transitada em julgado, sob pena de vulneração à garantia constitucional da coisa julgada material (arts. 5°, XXXVI, e 100, § 1°, da CF). **E:** incorreto (art. 100, § 9°, da CF).

Gabarito "B".

3.5. EXECUÇÃO FISCAL

(1) Tratando-se de execuções fiscais, a fazenda pública está dispensada do recolhimento antecipado das custas com a realização do ato citatório.

1. Correta. A Fazenda está dispensada, como regra geral, do pagamento de custas. Especificamente em relação ao ato citatório, conferir o informativo 387/STJ: "FAZENDA. ISENÇÃO. POSTAGEM". Na origem, cuidava-se de agravo de instrumento interposto da decisão que, em execução fiscal ajuizada na Justiça estadual, determinou a intimação da exequente (União) para proceder ao pagamento de custas relativas à citação postal, de acordo com lei estadual, sob pena de cancelamento da distribuição. Diante disso, a Turma deu provimento ao REsp, reafirmando que a Fazenda Nacional não está obrigada ao pagamento das custas e despesas processuais. Portanto, não há que se exigir o adimplemento do *quantum* equivalente à postagem de carta citatória. Precedentes citados: REsp 1.028.103-SP, DJ 21/8/2008; EREsp 506.618-RS, DJ 13/2/2008, e REsp 1.036.656-SP. REsp 1.076.914-SE, Rel. Min. Luiz Fux, julgado em 19/3/2009.

Gabarito 1C

(Procurador da Fazenda Nacional – 2006 – ESAF) Na execução fiscal, considerando a legislação específica e a jurisprudência do Superior Tribunal de Justiça:

(A) é admissível, independentemente da prestação de qualquer garantia concernente à execução, a apresentação em juízo pelo devedor-executado de exceção de pré-executividade, desde que ela tenha por objeto direitos disponíveis.

(B) na execução fiscal proposta pela União (Fazenda Nacional), caso procedente, não será o devedor-executado condenado ao pagamento de honorários advocatícios, porque a dívida indicada na

Certidão de Dívida Ativa já incluirá o encargo legal em substituição àqueles honorários.

(C) é possível à União (Fazenda Nacional), até a decisão de primeira instância, emendar ou substituir a Certidão de Dívida Ativa sem caracterizar processualmente a sua sucumbência, inclusive, mas não exclusivamente, nos casos de erros materiais ou defeitos formais.

(D) das sentenças proferidas em desfavor da União (Fazenda Nacional) é admissível a interposição de embargos de declaração e apelação, bem assim estão elas, independentemente do valor da causa, sujeitas a "reexame necessário" pelo Tribunal *ad quem*.

(E) é admissível a discussão judicial da dívida ativa regularmente inscrita da União (Fazenda Nacional) mediante ação anulatória do ato declarativo da dívida, desde que precedida de depósito, administrativo ou judicial, do valor total e atualizado do débito.

A: incorreta. A denominada exceção de pré-executividade (defesa sem embargos, sem previsão legal) somente é cabível em matérias de ordem pública, que permitem ao juiz, de ofício, extinguir a execução; **B:** correta. Esse encargo (previsto no artigo 1º do DL 1.025/69), não pode ser cumulado com honorários, conforme entendimento jurisprudencial; **C:** incorreta. A emenda ou substituição da CDA acarreta a abertura do prazo para embargos (L. 6.830/80, art. 2º, § 8º); **D:** incorreta. O reexame necessário é apenas para embargos procedentes em valor superior a 60 salários (CPC, art. 475, § 2º); **E:** incorreta. Súmula vinculante 28/STF: É inconstitucional a exigência de depósito prévio como requisito de admissibilidade de ação judicial na qual se pretenda discutir a exigibilidade de crédito tributário.

Gabarito "B".

(Procurador do Estado/PB – 2008 – CESPE) Assinale a opção correta quanto à execução fiscal.

(A) Na execução fiscal, caso os bens oferecidos à penhora pelo executado sejam de difícil alienação, o credor pode recusar a nomeação, com a consequente indicação à penhora de dinheiro existente em conta-corrente do devedor.

(B) A taxa sistema especial de liquidação e custódia (SELIC) pode ser incluída na liquidação de sentença condenatória com trânsito em julgado que tenha fixado correção monetária e juros de mora, pois essa taxa fixa tão somente os índices dos juros convencionais cobrados pelo mercado. Por isso, ela pode ser cumulada com correção monetária e juros de mora.

(C) Na execução fiscal, a intervenção do Ministério Público, na qualidade de fiscal da lei, é obrigatória, em razão do interesse público, no caso, consubstanciado no crédito da Fazenda Pública.

(D) Os embargos do devedor, na execução fiscal, só serão admitidos com a garantia do juízo. Por isso, a insuficiência da penhora para garantir a satisfação integral do credor acarreta a extinção liminar dos embargos do devedor e o prosseguimento da execução.

(E) Na execução fiscal, o despacho que determinar a citação interrompe a prescrição e, caso o executado não seja citado no prazo fixado em lei, e a ação ficar paralisada por mais de cinco anos, o juiz, de ofício, decretará a extinção da execução.

A: correta (L. 6.830/80, art. 15, II); **B:** incorreta. A SELIC já embuto juros e correção, então não pode ser cumulada com correção; **C:** incorreta. Súmula 189/STJ: É desnecessária a intervenção do Ministério Público nas execuções fiscais; **D:** incorreta. A jurisprudência não exige a garantia total do débito (L. 6.830/80, art. 16, § 1º); **E:** incorreta (L. 6.830/80, art. 8º, § 2º e art. 40).

Gabarito "A".

(Procurador da Fazenda Nacional – 2007.2 – ESAF) Quanto à execução fiscal, é incorreto afirmar que:

(A) na execução fiscal, processada perante a Justiça Estadual, cumpre à Fazenda Pública antecipar o numerário destinado ao custeio das despesas com o transporte dos oficiais de justiça.

(B) na execução fiscal, não é permitida a arrematação de bem penhorado, em leilão único. A dupla licitação é indispensável no praceamento dos bens penhorados em execução fiscal, mas não sendo imprescindível constar do edital as duas licitações.

(C) proposta a execução fiscal, a posterior mudança de domicílio do executado não desloca a competência já fixada.

(D) o depósito somente suspende a exigibilidade do crédito tributário se for integral e em dinheiro.

(E) a desistência da execução fiscal, após o oferecimento dos embargos, não exime o exequente dos encargos da sucumbência.

A: correta (Súmula nº 190 do STJ); **B:** incorreta (art. 22 da Lei 6.830/1980); **C:** correta (art. 87 do CPC); **D:** correta (Súmula nº 112 do STJ); **E:** correta (Súmula nº 153 do STJ).

Gabarito "B".

(Procurador da Fazenda Nacional – 2007 – ESAF) Quanto à execução fiscal, é incorreto afirmar que:

(A) na execução fiscal, o devedor deverá ser intimado, pessoalmente, do dia e hora da realização do leilão, sob pena de nulidade deste;

(B) a interrupção da prescrição na execução fiscal ocorrerá, com a citação válida, sendo retroativa ao dia do ajuizamento da ação e não ao despacho do juiz que determina a citação;

(C) na execução fiscal, quando a ciência da penhora for pessoal, o prazo para a oposição dos embargos do devedor inicia no dia seguinte ao da intimação deste.

(D) a desistência da execução fiscal, após o oferecimento dos embargos, não exime o exequente dos encargos da sucumbência.

(E) é desnecessária a intervenção do Ministério Público nas execuções fiscais.

A: correta (art. 22, § 2°, da Lei nº 6.830/1980); **B:** incorreta, devendo esta ser assinalada (art. 8°, § 2°, da Lei nº 6.830/1980); **C:** correta (Súmula nº 12 do antigo TFR); **D:** correta (Súmula nº 153 do STJ); **E:** correta (Súmula nº 189 do STJ).

Gabarito "B"

(Procurador do Estado/SE – FCC – 2005) Na execução fiscal, o prazo para oposição de embargos é de:

(A) dez (10) dias, contado da juntada do mandado de penhora cumprido.

(B) trinta (30) dias, contado da intimação da penhora.

(C) quinze (15) dias, contado da citação.

(D) cinco (05) dias, contado da citação.

(E) sessenta (60) dias se houver mais de um executado com advogados diferentes, contando da juntada do mandado de penhora cumprido.

Na execução fiscal, o prazo dos embargos é de 30 trintas. O prazo é contado a partir do depósito, juntada da fiança ou, no que é pertinente para o exercício, da intimação da penhora (L. 6.830/80, art. 16, III).

Gabarito "B"

(Procurador do Estado/SP – VUNESP – 2005) A propósito da cobrança da dívida ativa da Fazenda Pública por meio de execução fiscal, é incorreto afirmar que:

(A) o prazo para oposição de embargos de terceiro na execução fiscal é do art. 1.048 do CPC.

(B) a competência na ação de execução fiscal rege-se subsidiariamente pelo CPC (art. 578) e comporta modificações e prorrogação.

(C) as Fundações Públicas estão legitimadas à cobrança de seus créditos através da execução fiscal regida pela Lei n.° 6.830/80.

(D) é possível a remição na execução fiscal, sendo exercitável mesmo após a arrematação e a adjudicação, mas antes de assinado o respectivo auto.

(E) a medida cautelar fiscal, requerida pela Fazenda Pública em procedimento preparatório, tem eficácia subordinada à propositura da execução judicial da dívida ativa no prazo de 30 dias, contados na forma da lei.

A: correta. Não havendo regra específica, segue-se a regra geral; **B:** correta. Mesmo argumento supra; **C:** correta. A interpretação prevalecente é a inclusão das fundações no art. 1° da L. 6.830/80; **D:** correta. L. 6.830/80, art. 19, I; **E:** incorreta. L. 8.397/92, art. 12. A medida cautelar fiscal conserva a sua eficácia no prazo do artigo antecedente e na pendência do processo de execução judicial da Dívida Ativa, mas pode, a qualquer tempo, ser revogada ou modificada.

Gabarito "E".

(Procurador do Município/Manaus-AM – 2006 – FCC) Processo de execução fiscal. Assinale, na folha de respostas, a alternativa que contém a afirmação correta em relação ao assunto indicado.

(A) O executado será citado para, no prazo de 10 (dez) dias, pagar a dívida com os juros e multa de mora e encargos indicados na Certidão de Dívida Ativa, ou garantir a execução.

(B) O depósito em dinheiro realizado para garantia da execução faz cessar a responsabilidade pela atualização monetária e juros de mora.

(C) O executado ausente do país, que não tiver procurador com poderes para receber citação, será obrigatoriamente citado por carta rogatória.

(D) Das sentenças de primeira instância proferidas em execuções cujo valor não supere o de alçada, só se admitirá embargos infringentes, no prazo de 10 (dez) dias, perante o mesmo juízo.

(E) O executado poderá oferecer embargos, no prazo de 15 (quinze) dias, contados do depósito, da juntada da prova da fiança bancária ou da data da nomeação de bens à penhora.

A: incorreta. O prazo para pagamento ou garantia do juízo é de 5 dias (L. 6.830/80, art. 8°); **B:** correta. (L. 6.830/80, art. 9°, § 4°); **C:** incorreta. A citação será por edital (L. 6.830/80, art. 8°, § 1°); **D:** incorreta. Há o recurso de embargos infringentes, perante o próprio juízo, na LEF. Contudo, para as causas de valor "igual ou inferior a 50 (cinquenta) Obrigações Reajustáveis do Tesouro Nacional – ORTN" (L. 6.830/80, art. 34); **E:** incorreta. O prazo de embargos é de 30 dias (L. 6.830/80, art. 16).

Gabarito "B"

(Procurador do Município/Natal-RN – 2008 – CESPE) Instaurado processo executivo fiscal, o executado opôs-lhe embargos, no prazo legal, apontando a existência de vício insanável no título da dívida ativa em que se baseava a execução. Ao avaliar o caso, o procurador municipal reconheceu a existência do vício, sendo cancelada a inscrição da dívida ativa e extinta a execução fiscal. Nessa situação, quanto aos encargos da sucumbência, assinale a opção correta.

(A) O município não deverá arcar com qualquer ônus da sucumbência, pois a Lei de Execução Fiscal determina que o cancelamento da inscrição importa isenção de ônus para as partes.

(B) Após o oferecimento de embargos pelo executado, a desistência da execução fiscal não exime o exequente dos encargos da sucumbência.

(C) O município arcará com os ônus da sucumbência apenas se a tese levantada nos embargos tiver sido o motivo para o cancelamento administrativo da inscrição na dívida ativa.

(D) Por contar com isenção das custas processuais, o município reembolsará apenas as despesas com os honorários advocatícios, mas não as custas adiantadas pelo embargante.

No caso, como os embargos são uma ação autônoma, uma vez apresentados, há sucumbência (CPC, art. 20 e 26). De seu turno, em relação à execução em si, aplica-se a regra do art. 26 da L. 6.830/80.

Gabarito "B"

(Procurador do Município/São José dos Campos-SP – 2012 – VUNESP) No período compreendido entre a confecção dos cálculos de liquidação e a expedição do precatório ou do ofício requisitório,

(A) é necessária nova citação da Fazenda Pública para pagamento.

(B) não incidem juros de mora.

(C) é possível a garantia por sequestro de rendas públicas.

(D) descabe a incidência de honorários advocatícios sobre o valor apurado.

(E) não pode haver compensação de crédito.

A: Incorreta, por ausência de previsão legal; **B:** correta. ADCT, art. 78, só prevê correção monetária e não juros.; **C:** incorreta. Somente em casos excepcionais (como inobservância da ordem de preferência) é que se admite o sequestro (CF, art. 100, § 6º); **D:** incorreta. Decorre da sucumbência (CPC, art. 20); **E:** incorreta. CF. art. 100, § 9º.

Gabarito "B"

(Procurador do Município/Sorocaba-SP – 2012 – VUNESP) Após distribuição de Execução Fiscal, e antes de proferida a sentença de 1.o grau, a Procuradoria Fiscal verificou que, por ocasião da inscrição do débito na dívida ativa, não foram abatidos valores pagos pelo contribuinte. Em razão disso, determinou-se, por intermédio de regular processo administrativo, a substituição da certidão de dívida ativa, sendo requerida ao Juízo da execução a sua substituição.

Nesse caso,

(A) o juiz deverá julgar extinta a execução fiscal, uma vez que o crédito executado é diverso da certidão de dívida ativa originária, sendo este o único título que embasa a execução, caracterizando-se assim a ausência de título executivo.

(B) o juiz deverá extinguir a execução fiscal sem resolução do mérito por falta de interesse de agir da Fazenda Pública.

(C) o juiz deverá indeferir o pedido de substituição da dívida ativa, prosseguindo-se a execução em relação ao título originário, que não poderá ser substituído nos mesmos autos.

(D) o juiz deverá acolher o pedido de substituição, prosseguindo- se a execução fiscal nos mesmos autos com a certidão de dívida ativa substituída, sendo, neste caso, concedido novo prazo para que o executado embargue a execução.

(E) a Fazenda Pública não poderá substituir a certidão de dívida ativa, devendo requerer a desistência da Execução Fiscal.

D) Correta. Até a decisão de 1º grau, cabe a substituição da CDA – com possibilidade de nova defesa por parte do executado (L. 6.830/80, art. 2º, § 8º).

Gabarito "D".

(Procurador do Estado/AC – FMP – 2012) Em matéria de execução fiscal, marque a correta, considerando as assertivas abaixo.

I. É obrigatória a intervenção do Ministério Público em execução fiscal.

II. Embargada a execução fiscal, a desistência da execução não exime o exequente do pagamento de honorários de advogado.

III. Não localizados bens penhoráveis, suspender-se-á o processo por um ano, após o qual terá início o prazo prescricional de cinco anos.

(A) Apenas I e II estão corretas.

(B) Apenas a III está correta.

(C) Apenas II e III estão corretas.

(D) Apenas I e III estão corretas.

CPC, art. 82 e Súmula 186/STJ: É desnecessária a intervenção do Ministério Público nas execuções fiscais. **II:** correta. Súmula 153/STJ: A desistência da execução fiscal, após o oferecimento dos embargos, não exime o exequente dos encargos da sucumbência; **III:** correta. CPC, art. 791, III c/c L. 6.830/80, art. 40, §§ 2º e 4º e Súmula 314/STJ: Em execução fiscal, não localizados bens penhoráveis, suspende-se o processo por um ano, findo o qual se inicia o prazo da prescrição quinquenal intercorrente.

Gabarito "C".

(Procurador do Estado/MT – FCC – 2011) Na execução fiscal

(A) é necessária a intervenção do Ministério Público.

(B) o devedor deverá ser intimado, pessoalmente, do dia e hora da realização do leilão.

(C) é incabível a citação por edital, mesmo se frustradas as demais modalidades.

(D) a substituição do bem penhorado por precatório independe da anuência do exequente.

(E) a prescrição ocorrida antes da propositura da ação não pode ser decretada de ofício.

A) Incorreta, pois não há previsão legal (CPC, art. 82) e Súmula 189/STJ. **B:** correta. Súmula 121/STJ: Na execução fiscal o devedor deverá ser intimado, pessoalmente, do dia e hora da realização do leilão.;**C:** incorreta. L. 6830/80, art. 8o, III e IV c/c CPC, art. 231 e Súmula 414/STJ: A citação por edital na execução fiscal é cabível quando frustradas as demais modalidades; **D:** incorreta. Entendimento jurisprudencial; **E:** incorreta. Súmula 409/STJ: Em execução fiscal, a prescrição ocorrida antes da propositura da ação pode ser decretada de ofício.

Gabarito "B"

(Advogado – CEF – 2010 – CESPE) Com relação às execuções fiscais, assinale a opção correta.

(A) Segundo jurisprudência do STJ, a citação por edital na execução fiscal é incabível, mesmo quando frustradas as demais modalidades citatórias.

(B) Em execução fiscal, a prescrição ocorrida antes da propositura da ação não pode ser decretada de ofício pela autoridade judicial, sendo certo que a ação de cobrança das contribuições para o FGTS prescreve em cinco anos.

(C) Na execução por carta, os embargos do devedor serão decididos no juízo deprecante, inclusive se versarem unicamente sobre vícios ou defeitos da penhora, avaliação ou alienação dos bens.

(D) Na ação de execução fiscal, a fazenda pública pode recusar a substituição do bem penhorado por precatório, sendo certo que a desistência da ação, após o oferecimento dos embargos, não exime o exequente dos encargos da sucumbência.

(E) Em execução fiscal, quando não forem localizados bens penhoráveis, suspende-se o processo por dois anos, findos os quais se inicia o prazo da prescrição quinquenal intercorrente.

A: incorreto (Súmula 414 do STJ); **B:** incorreto. O prazo prescricional para cobrança das contribuições para o FGTS é de trinta anos (Súmula 210 do STJ). Ademais, na execução fiscal, o juiz pode reconhecer de ofício a prescrição ocorrida antes do aforamento da demanda (Súmula 409 do STJ); **C:** incorreto (Súmula 46 do STJ); **D:** correto (Súmulas 153 e 406 do STJ); **E:** incorreto (Súmula 314 do STJ).

Gabarito "D".

(Advogado – PETROBRÁS DISTRIB. – 2010 – CESGRANRIO) Nero, brasileiro, empresário, residente na Comarca de Varre-Sai, é surpreendido com ato citatório em execução fiscal proposta pelo INSS e distribuído ao Juízo Estadual da Comarca de Varre-Sai. Aduz, em defesa, a incompetência absoluta daquele Juízo para conhecer e julgar o processo, requerendo a remessa dos autos ao Juízo Federal. A alegação defensiva é rejeitada, prosseguindo-se com a execução, tendo sido penhorado o único bem imóvel de Nero, onde o mesmo habita com sua esposa e cinco filhos.

Nesse caso, de acordo com a legislação, deve-se considerar que a(o):

(A) penhora em tela não é cabível, pois não se trata de tributo incidente sobre o imóvel.

(B) a competência do Juízo estadual é originária.

(C) execução fiscal, como procedimento especial, admite a penhora de bem de família.

(D) a incompetência do Juízo estadual é relativa.

(E) recurso contra a decisão que fixou a competência do Juízo deve ser julgado por Tribunal de Justiça.

A: correto (art. 3º, IV, da Lei 8.009/90); **B:** incorreto, eis que o juízo estadual encontra-se investido de jurisdição federal delegada (art. 109, § 3º, da CF); **C:** incorreto (arts. 10 da Lei 6.830/80 e 1º da Lei 8.009/90); **D:** incorreto. O juízo estadual é absolutamente competente, porquanto exerce jurisdição federal delegada; **E:** incorreto (art. 109, § 4º, da CF).

Gabarito "A".

(Advogado – PETROBRÁS BIO. – 2010 – CESGRANRIO) Asterix é surpreendido por execução fiscal proposta pela União Federal aduzindo ser o mesmo devedor da quantia correspondente a R$ 25.000,00, decorrente do não pagamento, no momento azado, dos valores devidos a título de imposto de renda – pessoa física – relacionados aos exercícios de 1999 e 2000. Tendo sido citado em 01/03/2010 contata advogado, que, no exercício de mandato, apresenta petição aduzindo a prescrição incidente e postulando a extinção do processo. Nesse contexto,

(A) a defesa no caso vertente deveria ser contida em embargos à execução.

(B) a dívida objeto da execução é regular, líquida, certa e exigível, não havendo vícios para sua realização.

(C) a dívida somente poderia ser cobrada caso o devedor não apresentasse justificativas administrativamente.

(D) admite-se que o tema seja apresentado em exceção de pré-executividade.

(E) o devedor deveria apresentar contestação ao débito apresentado.

A: incorreto. A prescrição, por consubstanciar matéria de ordem pública (art. 219, §5º, do CPC), pode ser alegada através de *objeção de executividade*, conforme minudenciado abaixo; **B:** incorreto, ante o ensejo da decadência do direito de o fisco constituir o crédito tributário. Como não houve o recolhimento do imposto pelo contribuinte, não incide o disposto no art. 150 do CTN (homologação tácita). Logo, o prazo decadencial referente aos exercícios de 1999 e 2000 começou a fluir, respectivamente, a partir de 01/01/2000 e 01/01/2001 (primeiro dia do exercício seguinte àquele em que o lançamento poderia ser realizado pelo sujeito ativo), findando em 01/01/2005 e 01/01/2006, tudo com base no art. 173, I, do CTN; **C:** incorreto, eis que é facultado à Fazenda Pública ajuizar execução fiscal para buscar a satisfação do crédito tributário, independentemente de o devedor se justificar ou não administrativamente (arts. 1º e 2º da Lei 6.830/80); **D:** correto. A prescrição pode ser aventada por meio de *objeção de executividade*, enquanto mecanismo de reação ínsito ao processo de execução e à fase de cumprimento de sentença. Por meio de tal defesa *stricto sensu*, o executado, sem a necessidade de garantir o juízo, pode deduzir matéria de ordem pública, a exemplo das condições da ação executiva, dos pressupostos processuais, da prescrição e da decadência. Nesse sentido: "*Defesas sem necessidade de seguradora do juízo. Objeção de executividade. Prescrição.* Em virtude da modificação no sistema da prescrição – CPC 219 §5º, com a redação dada pela L 11.280/06; com a revogação, pela mesma L 11280/06, do CC 194, que proibia o juiz de reconhecer de ofício a prescrição –, a matéria deve ser declarada *ex officio* pelo juiz, de sorte que se tornou hipótese arguível por meio de objeção de executividade, desde que superveniente à sentença. Já admitiam, no regime anterior ao da L 11280/06, a possibilidade de a prescrição ser alegada sem segurança do juízo e, por consequência, sem necessidade de oposição de embargos" (NERY JR. Nelson; NERY, Rosa Maria de Andrade. *Código de processo civil* comentado *e legislação extravagante*. 10. edição. São Paulo: Revista dos Tribunais, 2007, p. 736) [grifos do autor]; **E:** incorreto. A contestação é espécie de resposta do réu inerente ao processo de conhecimento (art. 297 do CPC).

Gabarito "D".

4. TUTELA DE URGÊNCIA (PROCESSO CAUTELAR E ANTECIPAÇÃO DE TUTELA)

4.1. TUTELA ANTECIPADA

(Procurador do Estado/BA – 2014 – CESPE) Julgue o seguinte item.

(1) Conforme entendimento pacificado do STJ, em se tratando de causas de natureza previdenciária, não cabe a antecipação dos efeitos da tutela contra a fazenda pública, dado o fato de causas dessa natureza inserirem-se no âmbito da liberação de recursos.

1. Errada. Apesar de existir limitação legal à concessão de antecipação de tutela contra a Fazenda (*vide* Lei 9494/97), a jurisprudência é firme ao permitir a concessão em casos extremos, em que esteja em jogo a vida, saúde ou sobrevivência – como em questões previdenciárias. Na verdade, o principal debate na jurisprudência hoje é se, uma vez deferida e revogada a antecipação de tutela, deverá existir a devolução da quantia indevidamente recebida (*vide* informativo 524/STJ, REsp 1.384.418-SC e informativo 507/STJ, AgRg no AREsp 194.038-MG).

Gabarito 1E

(Procurador da Fazenda Nacional – 2003 – ESAF) A tutela antecipada

(A) aplica-se a qualquer modalidade de tutela jurisdicional e implica apenas antecipação dos respectivos efeitos.

(B) limita-se a antecipar efeitos da tutela condenatória.

(C) implica antecipação da própria tutela jurisdicional e, na prática, confunde-se com o julgamento antecipado.

(D) só pode ser concedida antes do saneador.

(E) não pode ser concedida após a sentença.

A: correta. As regras do processo de conhecimento, procedimento comum ordinário, são aplicáveis de forma subsidiária aos demais processos e procedimentos (CPC, arts. 271 e 272); **B:** incorreta. Não há restrição, no art. 273 do CPC, aos demais pedidos ou tutelas; **C:** incorreta. O julgamento antecipado é a prolação de sentença sem produção de prova em audiência (CPC, art. 330). Portanto, não há relação com a antecipação de tutela; **D:** incorreta. Conforme entendimento jurisprudencial dominante, pode ser concedida a qualquer tempo, mesmo na sentença ou em grau recursal; **E:** incorreta. Vide comentário acima.

Gabarito "A".

(Procurador do Estado/PE – CESPE – 2009) Quanto ao instituto da tutela antecipada, assinale a opção correta.

(A) O provimento que a concede ou a nega possui feição de sentença, sujeitando-se ao recurso de apelação.

(B) A função precípua do referido instituto é assegurar o resultado prático do processo.

(C) Esse instituto destina-se a assegurar a viabilidade da realização do direito afirmado pelo autor.

(D) Caso o juiz conceda tutela antecipada, seja initio litis, seja ao prolatar sentença de mérito, eventual recurso interposto contra sentença definitiva não suspende os seus efeitos em relação à antecipação da tutela.

(E) Esse tipo de tutela pode ser concedido de ofício.

A: incorreta. A TA, em regra, é concedida em momento separado da sentença e, assim, por decisão interlocutória, razão pela qual cabível agravo de instrumento (CPC, art. 522); **B:** incorreta. O processo cautelar busca RESGUARDAR o direito (evitar o perecimento enquanto se debate), ao passo que a TA busca já SATISFAZER o direito (já a efetivação dos efeitos da futura decisão positiva); **C:** incorreta, conforme exposto acima; **D:** correta. CPC, art. 520, VII; **E:** incorreta, considerando o exposto no art. 273 do CPC, aplicando-se o princípio dispositivo (contudo, vale destacar que, apesar da clareza da lei, parte da jurisprudência admite a concessão de ofício, como por exemplo em questões previdenciárias).

Gabarito "D".

(Procurador do Estado/PR – 2007) Assinale a alternativa correta:

(A) concedida a antecipação de tutela, o processo extingue-se imediatamente a seguir, com julgamento de mérito favorável ao autor;

(B) não cabe a antecipação de tutela nas ações que versam sobre direitos indisponíveis;

(C) não cabe antecipação de tutela contra a Fazenda Pública.

(D) Tendo havido prévio pleito do autor, e presentes os específicos requisitos, o juiz pode antecipar a tutela ao proferir sentença de procedência do pedido.

(E) não cabe antecipação de tutela quando o processo já está em segundo grau de jurisdição.

A: incorreta. Concedida ou não a antecipação de tutela, o processo prossegue até a sentença (CPC, art. 273, § 5º); **B:** incorreta. Não há restrição legal quanto a isso (CPC, art. 273); **C:** incorreta. Existem restrições para a concessão, mas se admite (L. 9.494/97, art. 1º); **D:** correta. Entendimento doutrinário e jurisprudencial admitem a antecipação de tutela a qualquer momento, inclusive na sentença; **E:** incorreta. Vide comentário anterior.

Gabarito "D".

(Procurador do Município/Aracaju – 2008 – CESPE) Quanto à antecipação da tutela, julgue os itens subsequentes.

(1) Ao apreciar o pedido de antecipação da tutela, o julgador procede a um juízo de probabilidade pelo qual o autor terá direito ao provimento jurisdicional definitivo. A tutela antecipada tem como limite o pedido inicial, e tem como objetivo conceder, de forma antecipada, total ou parcialmente, a própria pretensão deduzida em juízo ou os seus efeitos.

(2) Não obstante indeferida na fase postulatória do processo, a tutela antecipada pode ser concedida na própria sentença. O recurso interposto contra essa decisão será recebido apenas no efeito devolutivo, o que enseja a eficácia imediata da decisão.

1: certo. CPC, art. 273 e o próprio conceito de TA; **2:** certo. CPC, art. 520, VII.

Gabarito 1C, 2C

(Procurador do Estado/SP – VUNESP – 2005) A antecipação de tutela está prevista no art. 273, incisos I e II e §§ 1.° a 7.° do CPC. A esse respeito, assinale a alternativa incorreta.

(A) O disposto no § 7.° do art. 273 do CPC tem por fundamento o princípio da fungibilidade, sendo aplicável quando presentes os requisitos da ação cautelar.

(B) Da irreversibilidade jurídica, e não fática, trata o § 2.° do art. 273 do CPC.

(C) A regra do § 6.° do art. 273 do CPC tem aplicabilidade independentemente dos requisitos dos incisos I e II do mesmo dispositivo legal.

(D) A necessidade de caução a que se refere o art. 273, § 3.° do CPC encontra limitação no § 2.° do art. 588.

(E) Verificados os pressupostos legais, deverá ser concedida a antecipação de tutela, não se tratando de ato discricionário do juiz.

A: correta; **B:** incorreta, devendo esta ser assinalada. A irreversibilidade mencionado no dispositivo é, exatamente, aquele que impede se voltar ao estado anterior (*status quo ante*), ou seja, fática; **C:** correta. A existência de pedido incontroverso é hipótese de concessão distinta das demais; **D:** correta. Cabe apenas destacar que, com a alteração da L. 11.232/05, a remissão correta seria ao art. 475-O, § 2º; **E:** correta. Para a doutrina, a concessão de antecipação de tutela é direito da parte, não faculdade do juiz.

Gabarito "B"

(Advogado da União/AGU – CESPE – 2012) Julgue os itens que se seguem, acerca da tutela antecipada.

(1) Ajuizada ação contra a fazenda pública com vistas a forçá-la ao cumprimento de obrigação de fazer consistente no fornecimento de medicamento, há possibilidade de concessão de antecipação dos efeitos da tutela ao autor bem como de imposição de multa diária para o caso de descumprimento da decisão.

(2) Considere que Pedro, após adquirir um imóvel que esteja na posse de André, ajuíze ação de imissão de posse. Nessa situação, não cabe pedido de tutela antecipada, haja vista o procedimento específico da ação.

1: correta: A jurisprudência do STJ admite a aplicação de multa diária contra a Fazenda, para o cumprimento de obrigação de fazer; **2:** errada: A imissão de posse não é um procedimento especial previsto no CPC. Assim, aplica-se o ordinário, sendo possível a concessão de tutela antecipada (CPC, art. 273).

Gabarito 1C, 2E

(Advogado – CEF – 2010 – CESPE) Com base na jurisprudência do STJ acerca da conexão, do procedimento de cumprimento de sentença, da prova, das espécies de execução, da antecipação de tutela e do procedimento cautelar, assinale a opção correta.

(A) Não são conexas a ação consignatória em que se discutam os critérios de reajuste de prestação subjacente a contrato de mútuo hipotecário para aquisição de residência própria e outra ação postulando a execução da hipoteca dada em garantia do mesmo contrato, por não lhes ser comum o objeto nem a causa de pedir.

(B) A multa no percentual de 10%, prevista no art. 475-J do CPC, é inteiramente aplicável ao procedimento da execução provisória.

(C) A análise da existência de anatocismo na tabela Price deve ser feita com uma detida incursão no contrato; portanto, é matéria de direito e, como tal, não pode ser objeto de prova pericial contábil, devendo ser indeferida pelo juiz.

(D) As hipotecas vinculadas a garantir empréstimos pelo Sistema Financeiro da Habitação (SFH), mesmo que sob discussão judicial em sede de ação revisional proposta pelo mutuário, estão sujeitas ao procedimento de execução extrajudicial previsto no Decreto-lei n.º 70/1966.

(E) Nas ações que tenham como objeto da controvérsia os contratos celebrados no âmbito do SFH, a proibição da inscrição ou manutenção em cadastro de inadimplentes, requerida em antecipação de tutela e(ou) medida cautelar, somente poderá ser deferida pelo juiz se, cumulativamente, houver ação fundada na existência integral ou parcial do débito; ficar demonstrado que a alegação da cobrança indevida se funda na aparência do bom direito e em jurisprudência consolidada do STF ou STJ; for depositada a parcela incontroversa ou prestada a caução fixada conforme o prudente arbítrio do juiz.

A: incorreto, já que a jurisprudência do STJ é assente quanto ao reconhecimento de conexão em tais casos, consoante deriva da análise do seguinte aresto: CONFLITO NEGATIVO DE COMPETÊNCIA ENTRE A JUSTIÇA ESTADUAL E A JUSTIÇA FEDERAL. SISTEMA FINANCEIRO DA HABITAÇÃO - SFH. EXECUÇÃO DE HIPOTECA E AÇÃO DE CONSIGNAÇÃO EM PAGAMENTO. CONEXÃO. PRESENÇA DA CEF NA LIDE. COMPETÊNCIA DA JUSTIÇA FEDERAL. 1. [...] 2. In casu, a conexão entre a ação consignatória e a execução de hipoteca resta evidenciada, eis que, em ambas, discute-se os critérios de reajuste de prestação subjacente a contrato de mútuo hipotecário para aquisição de residência própria, balizado pelas regras do Sistema Financeiro da Habitação - SFH. Portanto, a prolação de decisões parcialmente contraditórias é o suficiente para impor o julgamento simultâneo. 3. A competência da Justiça Federal ressoa inequívoca para processar e julgar ação consignatória ajuizada em desfavor da Caixa Econômica Federal - CEF, empresa pública federal, na qual se litiga a respeito de contrato de mútuo hipotecário pelas regras do SFH, *ex vi* do art. 109, I, da Carta Magna. 4. Consectariamente, a remessa dos autos da ação executiva ao Juízo Federal é mister, posto a conexão determinar a unidade do julgamento, prevalecendo, in casu, na Justiça Federal. 5. A jurisprudência emanada pela Primeira Seção deste sodalício é uníssona ao assentar a competência da Justiça Federal para processar e julgar, por conexão, execução hipotecária e consignação em pagamento tratando de contrato de financiamento para aquisição de casa própria, regido pelo SFH, com a presença da Caixa Econômica Federal - CEF na contenda. (Precedentes: CC 16.317 - SP, Relator Ministro JOSÉ DELGADO, Primeira Seção, DJ de 03 de junho de 1.996; CC 15.381 - SC, Relator Ministro DEMÓCRITO REINALDO, Primeira Seção, DJ de 06 de maio de 1.996; CC 13.888 - RS, Relator Ministro FRANCISCO PEÇANHA MARTINS, Primeira Seção, DJ de 06 de fevereiro de 1.996). 6. Conflito conhecido para julgar competente o JUÍZO FEDERAL DA 4ª VARA DA SEÇÃO JUDICIÁRIA DO ESTADO DE SANTA CATARINA. (CC 55.584/SC, Rel. Ministro LUIZ FUX, PRIMEIRA SEÇÃO, julgado em 12/08/2009, DJe 05/10/2009); **B:** incorreto. A multa do art. 475-J, *caput*, do CPC, não se aplica à execução provisória por incompatibilidade lógica com o direito de recorrer do executado, eis que inexiste trânsito em julgado da condenação proferida. A respeito, vide o seguinte precedente do STJ: PROCESSUAL CIVIL - MULTA DO ART. 475-J DO CPC - INCIDÊNCIA NA EXECUÇÃO PROVISÓRIA - IMPOSSIBILIDADE - INCOMPATIBILIDADE LÓGICA - NECESSIDADE DE AFASTAMENTO DA MULTA. 1. O art. 475-J, com redação dada pela Lei n. 11.232/2005, foi instituído com o objetivo de estimular o devedor a realizar o pagamento da dívida objeto de sua condenação, evitando assim a incidência da multa pelo inadimplemento da obrigação constante do título executivo. 2. A execução provisória não tem como escopo primordial o pagamento da dívida, mas sim de antecipar os atos executivos, garantindo o resultado útil da execução. 3. Compelir o litigante a efetuar o pagamento, sob pena de multa, ainda pendente de julgamento o seu recurso, implica obrigá-lo a praticar ato incompatível com o seu direito de recorrer (art. 503, parágrafo único do CPC), tornando inadmissível o recurso. 4. Por incompatibilidade lógica, a multa do art. 475-J do CPC não se aplica na execução provisória. Tal entendimento não afronta os princípios que inspiraram o legislador da reforma. Agravo regimental improvido. (AgRg no REsp 1126748/PR, Rel. Ministro HUMBERTO MARTINS, SEGUNDA TURMA, julgado em 17/03/2011, DJe 29/03/2011); **C:** incorreto. O anatocismo pode ser comprovado por meio de prova pericial. O indeferimento do exame técnico pelo órgão julgador em tal hipótese configura cerceamento de defesa. Nesse sentido: AGRAVO REGIMENTAL NO RECURSO ESPECIAL. ARGUMENTOS INSUFICIENTES PARA ALTERAR A DECISÃO AGRAVADA. ANATOCISMO. NECESSIDADE DE AFERIÇÃO EM CADA CASO CONCRETO. PROVA PERICIAL. INDEFERIMENTO. CERCEAMENTO DE DEFESA OCORRIDO 1. A agravante não trouxe argumento novo capaz de infirmar os fundamentos que alicerçaram a decisão agravada, razão que enseja a negativa do provimento ao agravo regimental. 2. Cerceamento de defesa configurado. In casu, as instâncias ordinárias impossibilitaram a comprovação de eventual prática de anatocismo, bem como a comprovação acerca do cumprimento do contrato por parte da recorrida, de forma que o processo deve retornar oportunizando a produção da prova requerida. 3. Agravo regimental desprovido. (AgRg no REsp 1159667/SP, Rel. Ministro VASCO DELLA GIUSTINA (DESEMBARGADOR CONVOCADO DO TJ/RS), TERCEIRA TURMA, julgado em 07/04/2011, DJe 18/04/2011); **D:** incorreto. A respeito, confira-se o julgado assim ementado: SISTEMA FINANCEIRO DA HABITAÇÃO - SFH. EXECUÇÃO EXTRAJUDICIAL. DECRETO-LEI N. 70/66. EXISTÊNCIA DE AÇÃO REVISIONAL DO CONTRATO DE MÚTUO. SUSPENSÃO DOS ATOS EXPROPRIATÓRIOS. I - "A execução extrajudicial, tal como prevista no Decreto-Lei nº 70, de 1966, pressupõe crédito hipotecário incontroverso, sendo imprestável para cobrar prestações cujo montante está sob discussão judicial" (EREsp nº 462.629/RS, Segunda Seção desta Corte, Relator o Ministro ARI PARGENDLER, DJ de 9/11/05). II - Admite-se a suspensão dos atos executivos da execução fundada no Decreto-Lei nº 70/66 durante o trâmite da ação revisional conexa. III - Agravo Regimental a que se nega provimento. (AgRg nos EDcl no REsp 1123528/RS, Rel. Ministro SIDNEI BENETI, TERCEIRA TURMA, julgado em 18/05/2010, DJe 31/05/2010); **E:** correto. Observe-se o teor do julgado a seguir: RECURSO ESPECIAL REPETITIVO. JULGAMENTO NOS MOLDES DO ART. 543-C DO CPC. SISTEMA FINANCEIRO DA HABITAÇÃO. EXECUÇÃO EXTRAJUDICIAL DE QUE TRATA O DECRETO LEI Nº 70/66. SUSPENSÃO. REQUISITOS. CADASTROS DE RESTRIÇÃO AO CRÉDITO. MANUTENÇÃO OU INSCRIÇÃO. REQUISITOS. 1. Para efeitos do art. 543-C, do CPC: 1.1. Em se tratando de contratos celebrados no âmbito do Sistema Financeiro da Habitação, a execução extrajudicial de que trata o Decreto-lei nº 70/66, enquanto perdurar a demanda, poderá ser suspensa, uma vez preenchidos os requisitos para a concessão da tutela cautelar, independentemente de caução ou do depósito de valores incontroversos, desde que: a) exista discussão judicial contestando a existência integral ou parcial do débito; b) essa discussão esteja fundamentada em jurisprudência do Superior Tribunal de Justiça ou do Supremo Tribunal Federal (fumus boni iuris). 1.2. Ainda que a controvérsia seja relativa a contratos celebrados no âmbito do Sistema Financeiro da Habitação, "a proibição da inscrição/manutenção em cadastro de inadimplentes, requerida em antecipação de tutela e/ou medida cautelar, somente será deferida se, cumulativamente: i) houver ação fundada na existência integral ou parcial do débito; ii) ficar demonstrado que a alegação da cobrança indevida se funda na aparência do bom direito e em jurisprudência consolidada do STF ou STJ; iii) for depositada a parcela incontroversa ou prestada a caução fixada conforme o prudente arbítrio do juiz". 2. Aplicação ao caso concreto: 2.1. Recurso especial prejudicado, diante da desistência do autor na ação principal. (REsp 1067237/SP, Rel. Ministro LUIS FELIPE SALOMÃO, SEGUNDA SEÇÃO, julgado em 24/06/2009, DJe 23/09/2009).

Gabarito "E".

(Advogado – BNDES – 2010 – CESGRANRIO) Ticio, devidamente qualificado, propôs ação de procedimento ordinário com a intenção de cobrar valores decorrentes de pagamentos efetuados a um Banco, considerados pelo autor indevidos, cumulando o pedido com danos morais. Regularmente citado, o Banco, na condição de réu, apresentou contestação. Considerando que o réu não ofereceu fundamentos adequados para combater a tese exposta na exordial, o Juiz entendeu ser a resposta abusiva, adequada à previsão do art. 273, inciso II, do Código de Processo Civil, e determinou o pagamento imediato da quantia cobrada. Diante disso, o réu apresentou recurso, alegando que o autor não possuía patrimônio, causando risco de irreversibilidade da medida. Nesse contexto, afirma-se que:

(A) um dos elementos da tutela antecipada é a possibilidade de que a medida possa ser reversível.

(B) a irreversibilidade aduzida não é aplicável ao caso apresentado.

(C) a decisão carece de fundamento diante da necessidade de caracterização da urgência.

(D) a decisão exposta no texto é uma sentença.

(E) a decisão que defere a tutela antecipada é imodificável.

A: correto (art. 273, § 2º, do CPC); **B:** incorreto. A irreversibilidade que se afigura como óbice intransponível à outorga da medida é aquela que se erige no plano *fático*, a exemplo da demolição de um prédio histórico (ainda que se construa outro, este não será igual ao original). Todavia, a irreversibilidade que se impõe *apenas no campo jurídico* não impede a concessão da antecipação, visto que eventuais prejuízos *se resolvem em perdas e danos*, devendo o sujeito beneficiado pela antecipação indenizar a parte contrária pelos danos que lhe foram causados com a efetivação da decisão (art. 273, § 2º, do CPC). Nesse sentido, note-se a seguinte lição: "Irreversibilidade impeditiva. Caso haja real perigo de irreversibilidade ao estado anterior, a medida não deve ser concedida. É o caso, por exemplo, de antecipação determinando a demolição de prédio histórico ou de interesse arquitetônico; derrubado o prédio, sua eventual reconstrução não substituirá o edifício original. Aqui existe a irreversibilidade *de fato*, que impede a concessão da tutela antecipada. Quando houver irreversibilidade *de direito*, ou seja, quando puder resolver-se em perdas e danos, a tutela antecipada pode, em tese, ser concedida" (NERY JR. Nelson; NERY, Rosa Maria de Andrade. *Código de processo civil comentado e legislação extravagante*. 10. edição. São Paulo: Revista dos Tribunais, 2007, p. 529) [grifos do autor]; **C:** incorreto. A antecipação dos efeitos da tutela se baseia na verossimilhança dos que restou alegado pelo requerente (art. 273, *caput*, do CPC), o qual, segundo a doutrina, já contém a fumaça do bom direito, já que prevê requisitos mais rígidos para seu preenchimento. A antecipação também pode ser concedida quando se vislumbrar o abuso de direito de defesa ou o manifesto propósito protelatório do réu. Cuida-se de hipótese denominada pela doutrina de *antecipação-sanção* (art. 273, II, do CPC), a qual difere da antecipação concedida com base no art. 273, I, do CPC, comumente conhecida como *antecipação-urgência;* **D:** incorreto, eis que a decisão que antecipa os efeitos da tutela, já no início do processo ou durante o seu curso, é classificada como interlocutória, desafiando, pois, o recurso de agravo de instrumento (arts. 162, § 2º, e 522, *caput*, do CPC). Frise-se que sentença é o ato do juiz que, a um só tempo, consubstancia uma das hipóteses assinaladas nos arts. 267 e 269 do CPC, e põe termo ao processo ou, ainda, encerra a fase cognitiva em primeiro grau, situações estas que não se coadunam com a decisão ilustrada na presente assertiva; **E:** incorreto. A decisão interlocutória lavrada pelo juízo é provisória e pode ser revogada ou modificada a qualquer tempo, mediante decisão fundamentada (art. 273, § 4º, do CPC).

Gabarito "A".

(Advogado – DATAPREV – 2009 – UFF) Leia atentamente as assertivas abaixo.

I. Enquanto a tutela cautelar tem como objetivo assegurar a eficácia e utilidade de processo de tutela satisfativa, dando ao autor a expectativa de vir a fruir do direito no futuro, a tutela antecipatória objetiva realizar de forma provisória o direito material pretendido pelo autor da ação, outorgando ao autor, desde logo, condições de fruir do direito.

II. Da decisão que concede a tutela antecipada, sem oitiva da parte contrária, cabe recurso de apelação, no prazo de 15 (quinze) dias.

III. Saneado o processo, é vedado ao juiz revogar ou modificar a tutela antecipada.

IV. A tutela antecipada também poderá ser concedida quando um ou mais dos pedidos cumulados, ou parcela deles, mostrar-se incontroverso.

V. É vedado ao juiz deferir incidentalmente a título de antecipação de tutela providência de natureza cautelar.

Sobre as assertivas acima, pode-se afirmar que estão corretas apenas:

(A) I, III e V.

(B) II, III e IV.

(C) IV e V.

(D) I, II e IV.

(E) I e IV.

I: correto. De fato, ambas se fundam em juízo de probabilidade acerca das alegações deduzidas pela parte. Por isso, são examinadas com base em cognição sumária (não exauriente). Porém, as cautelares tem em mira assegurar o resultado útil do provimento final, evitando-se, destarte, o perecimento do objeto do processo principal. Não há tutela de mérito, salvo o disposto no art. 810 do CPC. Diferem, por natureza, dos provimentos de índole antecipatória, porquanto nestes a parte pretende o adiantamento do próprio bem da vida pleiteado no bojo dos autos. Não há referibilidade a outro processo, como sói ocorrer no processo cautelar. A antecipação – frise-se – diz respeito aos efeitos da *tutela de mérito* requestada junto ao Estado-Juiz; há, pois, satisfação da pretensão do autor, a partir da entrega antecipada do bem da vida postulado (art. 273, *caput*, do CPC); **II:** incorreto, eis que a decisão que antecipa os efeitos da tutela, já no início do processo ou durante o seu curso, é classificada como interlocutória, desafiando, pois, o recurso de agravo de instrumento (art. 522, *caput*, do CPC); **III:** incorreto. A decisão interlocutória lavrada pelo juízo é provisória e pode ser revogada ou modificada a qualquer tempo, mediante decisão fundamentada (art. 273, § 4º, do CPC); IV: correto (art. 273, § 6º, do CPC). Cumpre anotar que a antecipação da parte incontroversa do pedido versada no § 6º do art. 273 do CPC cuida de hipótese de decisão fundada em *cognição exauriente*, e não em *cognição sumária*, tal qual se dá nos demais casos. Para Nelson Nery Jr. e Rosa Maria de Andrade Nery, tal circunstância encerra verdadeiro julgamento antecipado da lide, *proporcionando decisão definitiva e de mérito*. Confira-se a respeito: "Assim, pode o juiz, a requerimento do autor, antecipar os efeitos executivos da parte não contestada da pretensão do autor, com fundamento no CPC 273 II. Nessa parte, a decisão é de mérito e definitiva (julgamento antecipado da lide – CPC 330), motivo pelo qual subsiste, ainda que haja decisão diferente quanto ao restante do pedido (extinção com ou sem resolução do mérito) [...] Não há necessidade de a lei permitir expressamente o julgamento antecipado da lide nesse caso, pois isso decorre do sistema: a antecipação de parte não controvertida é de mérito e definitiva. Já era assim antes da L 10444/02". (NERY JR. Nelson; NERY, Rosa Maria de Andrade. *Código de processo civil comentado e legislação extravagante*. 10. edição. São Paulo: Revista dos Tribunais, 2007, p. 530); V: incorreto (art. 273, §7º, do CPC).

Gabarito "E".

4.2. PROCESSO CAUTELAR

(Procurador do Estado/BA – 2014 – CESPE) Julgue o seguinte item.

(1) Em se tratando de processo cautelar, a declaração na sentença, pelo juiz, da decadência do direito do autor impede o ajuizamento de ação principal em que se discuta o mesmo objeto do processo cautelar.

1. Correta. Essa é a única situação em que a sentença cautelar influencia o processo principal: reconhecimento de prescrição e decadência (CPC, art. 810).

Gabarito 1C

(Procurador do Estado/ES – 2008 – CESPE) Quanto ao processo cautelar, julgue os itens a seguir.

(1) Caso o juiz julgue uma ação cautelar e uma principal na mesma sentença, e caso seja interposta apelação única que impugne a sentença relativamente a ambas as ações, esta apelação deve ser recebida com efeitos distintos. Quanto à cautelar, o apelo deve ser recebido no efeito devolutivo. Quanto à parte que impugnar a ação principal, nos efeitos legais, o apelo pode ser suspensivo e devolutivo ou apenas devolutivo.

(2) A cessação de eficácia de medida liminar acarreta extinção do direito de propor uma ação principal, pois a decadência de medida cautelar implica perda da pretensão material a ser deduzida na ação principal.

(3) O processo cautelar preparatório visa assegurar a eficácia e a utilidade de futura prestação jurisdicional satisfativa perseguida no processo principal. São requisitos obrigatórios da petição inicial da medida cautelar preparatória: indicação da ação principal a ser proposta e o seu fundamento.

1: certo. O CPC, art. 520, IV, dispõe que a apelação da sentença que decide processo cautelar será recebida apenas no efeito devolutivo; quanto ao mais, regra geral de duplo efeito; **2:** errado.

Apenas se, na cautelar, for reconhecida prescrição e decadência é que haverá influência em relação ao principal (CPC, art. 810); **3:** certo. CPC, art. 801, III.

Gabarito 1C, 2E, 3C

(Procurador do Estado/PI – 2008 – CESPE) A respeito do processo cautelar, assinale a opção correta.

(A) O indeferimento de medida cautelar não impede que o autor ajuíze a ação principal — mesmo quando tenha sido acolhida naquela a alegação de prescrição ou decadência — nem influi em seu julgamento, pois, conquanto dependentes no plano da existência, guardam autonomia no que vier a ser decidido acerca do mérito de ambas as demandas.

(B) A tutela cautelar deve ser objeto de processo distinto, não sendo permitida a introdução de pedidos cautelares em processos que tenham outro objeto. Por isso, não se pode postular medidas cautelares nos próprios autos da execução ou de procedimentos ordinário ou sumário.

(C) O requerente da execução da medida cautelar, se a sentença lhe for desfavorável no processo principal, responde objetivamente pelos prejuízos que a medida causar ao réu. Nesse caso, a indenização será a mais ampla possível e será liquidada nos autos do procedimento cautelar.

(D) Concedida a liminar na ação cautelar preparatória, a parte deve propor a ação principal em até trinta dias, contados da juntada aos autos do mandado de citação devidamente cumprido, sob pena de extinção do processo por perda da eficácia da liminar concedida.

(E) O arresto é medida cautelar que garante a execução para entrega de coisa certa. O arresto assegura, também, a viabilidade da futura penhora e consiste no desapossamento judicial de determinado bem, com o objetivo de preservá-lo de danos, de depreciação ou de deterioração por parte do devedor.

A: incorreta (art. 810 do CPC); **B:** incorreta (art. 273, § 7º, do CPC); **C:** correta (art. 811, I, e parágrafo único, do CPC); **D:** incorreta (arts. 806 e 808, II, do CPC); **E:** incorreta (art. 813 do CPC).

Gabarito "C".

(Procurador da Fazenda Nacional – 2007 – ESAF) É **incorreto** afirmar que, no que se refere à responsabilidade objetiva do requerente de medida cautelar, ele responde pelo prejuízo que causar ao requerido na execução da referida medida, quando:

(A) a parte não ajuizar a ação no prazo de 30 (trinta) dias, contados da data da efetivação da medida cautelar, quando esta for concedida em procedimento preparatório.

(B) independentemente do deferimento ou não da liminar, o prazo de trinta dias, que é peremptório, começa a fluir da efetivação da medida cautelar e não da intimação da sentença.

(C) a sentença no processo principal for desfavorável.

(D) o juiz declarar extinto o processo principal, com ou sem resolução do mérito.

(E) o juiz acolher, no procedimento cautelar, a alegação de decadência ou prescrição do direito do autor.

As hipóteses narradas em **A**, **C**, **D** e **E** são de extinção da cautelar – e, com isso, surge o dever de indenizar (CPC, arts. 808 e 811). **B:** Incorreto, devendo ser assinalado. Nesse caso, em que de fato o prazo é contado a partir da efetivação, não houve extinção da cautelar e, assim, não há dever de indenizar.

Gabarito "B"

(Procurador do Município/Florianópolis-SC – 2010 – FEPESE) Assinale a alternativa **correta**.

(A) Os autos do processo cautelar permanecerão apartados dos autos do processo principal.

(B) Se o juiz se dá por incompetente na ação principal, torna-se também incompetente para a cautelar.

(C) O processo cautelar tem por finalidade obter segurança que torna útil e possível a prestação jurisdicional de conhecimento, mas não do processo de execução.

(D) Compete ao Supremo Tribunal Federal conceder medida cautelar para dar efeito suspensivo a recurso extraordinário que ainda não foi objeto de juízo de admissibilidade na origem.

(E) É terminantemente proibida a concessão de medidas cautelares *ex officio* pelo magistrado.

A: incorreta, apartados, porém apensos (CPC, art. 809); **B:** correta, considerando a regra de acessoriedade (CPC, art. 109); **C:** incorreta. Também é possível que o processo cautelar seja utilizado para garantir a eficácia de um provimento executivo, como no caso do arresto (CPC, art. 813); **D:** incorreta. Súmulas 634 e 635 do STF; **E:** incorreta. CPC, art. 797.

Gabarito "B"

(Procurador do Estado/SC – 2010 – FEPESE) Sobre as medidas cautelares, é **incorreto** afirmar:

(A) As medidas cautelares, quando preparatórias, serão requeridas ao juiz competente para conhecer da ação principal.

(B) O requerido será citado, qualquer que seja o procedimento cautelar, para, no prazo de 15 (quinze) dias, contestar o pedido.

(C) Somente em casos excepcionais, expressamente autorizados por lei, determinará o juiz medidas cautelares sem a audiência das partes.

(D) Cabe à parte propor a ação principal, no prazo de 30 (trinta) dias, contados da data da efetivação da medida cautelar preparatória.

(E) Cessa a eficácia da medida cautelar se o juiz declarar extinto o processo principal, com ou sem julgamento do mérito.

A: correta. CPC, art. 800; **B:** incorreta, devendo esta ser assinalada. O prazo de contestação é de 5 dias (CPC, art. 802); **C:** correta. CPC, art. 797; **D:** correta. CPC, art. 806; **E:** correta. CPC, art. 808, II.

Gabarito "B"

(Procurador do Estado/MT – FCC – 2011) É INCORRETO afirmar que a tutela cautelar pode ser

(A) substituída, de ofício, pela prestação de caução, quando adequada e suficiente para evitar a lesão ou repará-la integralmente.

(B) concedida pelo juiz em maior extensão do que aquela postulada pela parte.

(C) requerida ao Presidente do Tribunal competente para conhecer da apelação quando, após a interposição do recurso, o processo ainda esteja em primeiro grau de jurisdição.

(D) indeferida quando o juiz acolher a alegação de decadência ou de prescrição do direito do autor, mas essa decisão não obsta a propositura da ação principal.

(E) concedida de ofício, em casos excepcionais, depois de proposta a ação principal.

A: correta. CPC, art. 805; **B:** correta, em casos excepcionais (CPC, art. 797); **C:** correta. CPC, art. 800, parágrafo único – a partir da interposição da apelação, a competência é do Tribunal; **D:** incorreta, devendo estar ser assinalada. Esse é o caso que a negativa da cautelar impede a propositura da principal (CPC, art. 810); **E:** correta. CPC, art. 797.

Gabarito "D".

(Procurador do Estado/PR – UEL-COPS – 2011) Sobre as tutelas de urgência, analise as seguintes assertivas:

I. para a admissão da tutela de urgência, é irrelevante que o requerente tenha deduzido pedido de tutela cautelar incidental ou pedido de antecipação de tutela.

II. a substituição de medida cautelar pela prestação de caução ou por outra garantia menos gravosa ao requerido independe de seu expresso pedido.

III. cabe liminar antecipatória contra a Fazenda Pública em causa de natureza previdenciária.

IV. a responsabilidade do requerente por eventuais danos causados pela execução de medida cautelar ou antecipatória é objetiva.

Alternativas:

(A) estão corretas apenas as afirmações II e III;

(B) estão corretas apenas as afirmações I e IV;

(C) está correta apenas a afirmação III;

(D) está correta apenas a afirmação IV;

(E) estão corretas todas as afirmações.

I: correta. Há fungibilidade entre cautelar e antecipação de tutela (CPC, art. 273, § 7º.); **II:** correta. CPC, art. 805; **III:** correta. Apesar de existirem limitações à concessão de liminar contra a Fazenda (art. 1º da L. 9.494/97), (i) não existe vedação expressa à hipótese e (ii) a jurisprudência vem flexibilizando a vedação; IV. Correta. CPC, art. 811.

Gabarito "E".

(Advogado – CORREIOS – 2008 – ESPP) Avalie os itens abaixo:

I. Cessa a eficácia da medida cautelar incidental quando o processo principal for extinto sem julgamento do mérito.

II. Cessa a eficácia da medida cautelar preparatória caso a ação principal não seja proposta no prazo de trinta dias, contados do deferimento da medida.

III. A ação cautelar preparatória não poderá ser reproposta caso seja extinta uma única vez por contumácia do autor.

IV. O objeto da medida cautelar é fungível, para que se assegure o provimento principal.

Aponte a alternativa correta:

(A) Os itens I e II estão corretos.

(B) Os itens II e III estão incorretos.

(C) Os itens I, III e IV estão corretos.

(D) Apenas o item I está correto.

I: correto (art. 808, III, do CPC); **II:** incorreto, visto que o trintídio se conta da *efetivação da medida cautelar* (art. 806 do CPC); **III:** correto. Ressalve-se, no entanto, que a parte desidiosa poderá pleitear novamente a medida preventiva, desde que invoque *novos fatos* (art. 808, parágrafo único, do CPC). Corroborando tal proposição: "Também, a provisoriedade e o caráter restritivo de direitos que se entrevê nas medidas cautelares não coadunam com uso reiterado dessas providências, quando a parte sofra, por carência de direito material ou desídia processual, as consequências da extinção da eficácia da medida cautelar. [...] Se, todavia, o fundamento da renovação da medida cautelar se apoia em fatos novos, diversos daqueles que motivaram a providência extinta, já então inexistirá o óbice à nova ação cautelar, como expressamente ressalva o parágrafo único, *in fine*, do art. 808" (THEODORO JÚNIOR, Humberto. *Curso de Direito Processual Civil. Vol. II.* 41. edição. Rio de Janeiro: Forense, 2007, p. 610); IV: correto. Tal artigo consagra o princípio da *fungibilidade das medidas cautelares*. Por força de tal postulado, a parte goza de direito subjetivo genérico à tutela cautelar, cabendo ao Estado-Juiz decidir, segundo as especificidades do caso concreto, qual providência assegurará a utilidade e a eficácia do provimento final; não é por outro motivo que se permite ao órgão jurisdicional, portanto, modificar, a qualquer tempo, a medida cautelar ordenada. Cuida-se de manifestação inerente ao poder geral de cautela do juiz (art. 807, *caput*, do CPC).

Gabarito "C".

(Advogado – BNDES – 2006 – CESGRANRIO) A concessão de tutela jurisdicional cautelar que afinal se verificar imprópria pode gerar, para o demandante, responsabilidade pelos danos indevidamente causados ao demandado. Mesmo considerando-se a responsabilidade Processual Civil um instituto autônomo em relação à Responsabilidade Civil, é forçoso reconhecer alguns conceitos comuns, como, exemplificativamente, a Responsabilidade Subjetiva e Objetiva. Tendo em vista a sumariedade da cognição exercida no processo cautelar, a responsabilidade por danos indevidamente causados ao demandado é questão de elevada importância. Assinale a opção que, relativamente à efetivação de medida cautelar concedida *Inaudita Altera Parte*, apresenta um caso em que a responsabilidade processual do demandante é subjetiva.

(A) Quando não há o ajuizamento da ação principal no prazo de 30 dias.

(B) Quando a sentença no processo principal é desfavorável.

(C) Quando não é promovida a citação do requerido em 5 dias.

(D) No caso de litigância de má-fé do litigante ímprobo ou temerário.

(E) No caso de ser reconhecida, no processo cautelar, a prescrição ou a decadência do direito do autor.

D: correto (art. 811, *caput, primeira parte*, do CPC). Em que pese tal alternativa ter sido considerada verdadeira, é de rigor registrar o magistério de Cândido Rangel Dinamarco, para quem a responsabilidade versada no art. 16 do CPC é *objetiva*: "A responsabilidade civil extracontratual estabelecida no art. 16 do Código de Processo Civil é *objetiva* em relação ao dano, não sendo necessário que o litigante de má-fé tenha o *animus* de causá-lo ou mesmo a consciência de sua dimensão (basta a intenção de prejudicar o processo e seu andamento, mediante as condutas tipificadas no art. 17)" (DINAMARCO, Cândido Rangel. *Instituições de Direito Processual Civil. Vol. I.* São Paulo: Malheiros, 2005, p. 265) [grifos nos original]. De qualquer sorte, os demais incisos do art. 811 do CPC representam casos em que o autor será responsabilizado *objetivamente* pelos danos processuais causados ao réu durante a execução da medida cautelar.

Gabarito "D".

4.3. CAUTELARES EM ESPÉCIE

(Procurador de Contas TCE/ES – CESPE – 2009) O arresto é uma das ações cautelares típicas previstas no CPC e destina-se a assegurar pretensões creditícias ante o risco da impossibilidade de sua efetivação no plano material. Diante do que a lei determina e acerca dessa ação cautelar, assinale a opção correta.

(A) Pessoa que é titular de pretensão indenizatória pode ajuizar ação cautelar de arresto, se já estiver comprovada por inquérito policial a ocorrência do dano.

(B) Ao autor da ação cautelar de arresto incumbe provar o elemento subjetivo da intenção de furtar-se à possível execução nos casos em que aponte a tentativa de o insolvente alienar bens.

(C) A lei processual, ao exigir que o autor exiba prova literal da dívida líquida e certa, aponta que o arresto é via possível somente a quem tenha título executivo.

(D) O fiador, embora não seja credor ou devedor principal, também pode ocupar o polo ativo ou passivo de uma ação cautelar de arresto.

(E) Aquele que tem em seu favor título executivo judicial ou extrajudicial não tem interesse em propor ação cautelar de arresto, já que tem acesso à via executiva.

A: incorreta, porque o inquérito policial não é suficiente para demonstrar a existência da dívida, e a lei exige prova literal da dívida líquida e certa (CPC, art. 814); **B:** incorreta, porque a lei não faz tal exigência; **C:** incorreta, porque não se exige que tenha o requerente título executivo – mas sim prova literal da dívida (CPC, art. 814); **D:** correta, considerando ser, também, credor e devedor; **E:** incorreta. A jurisprudência permite o arresto, considerando a sua agilidade e efetividade – ainda que seja possível já na execução a penhora, esta acaba não sendo tão ágil.

Gabarito "D".

(Procuradoria Federal – 2007 – CESPE) Julgue os itens seguintes.

(1) Enquanto o sequestro se caracteriza por garantir futura execução por quantia certa, sequestrando-se o suficiente para a satisfação de dado crédito, o arresto tem por fito conservar determinada coisa litigiosa, recaindo, assim, sobre coisa certa.

(2) A ação de atentado presta-se a manter o *status quo* de situação fática litigiosa.

(3) De acordo com o procedimento da ação de posse em nome do nascituro, a mulher que, para garantia dos direitos do filho nascituro, quiser provar seu estado de gravidez, requererá ao juiz que, ouvido o órgão do Ministério Público, mande examiná-la por um médico nomeado pelo magistrado.

1: errado. O correto é o contrário (arresto busca qualquer bem; sequestro busca um bem específico); **2:** certo (CPC, art. 879); **3:** certo (CPC, art. 877).

Gabarito 1E, 2C, 3C

(Procurador do Estado/MG – 2007) Carlos teve seu automóvel abalroado por Pedro, causando-lhe danos patrimoniais e extrapatrimoniais. Quando soube que Pedro estava alienando os bens que possuía com o intuito de não satisfazer a pretensão de Carlos ao cobrar-lhe judicialmente os danos, Carlos ajuizou ação cautelar de arresto visando acautelar a situação diante descrita. Acerca da ação cautelar de arresto, assinale a alternativa correta.

(A) Para a concessão do arresto é essencial a juntada no processo de prova literal da dívida líquida e certa; prova documental ou justificação de algum dos casos mencionados no artigo 813 do Código de Processo Civil.

(B) O arresto somente cessa pelo pagamento.

(C) O juiz não poderá, em nenhum caso, conceder o arresto independente de justificação prévia.

(D) A execução do arresto prosseguirá, mesmo que o devedor der fiador idôneo, ou prestar caução para garantir a dívida, honorários do advogado do requerente e custas.

A: correta. Esses são os requisitos do arresto, previstos nos arts. 813 e 814 do CPC; **B:** incorreta. O arresto cessa pelo pagamento, novação ou transação (CPC, art. 820); **C:** incorreta. Cabe a concessão do arresto se requerido pela Fazenda ou mediante caução por parte do requerente (CPC, art. 816); **D:** incorreta. O arresto será suspenso pelo pagamento, depósito da quantia em juízo, indicação de fiador ou prestação de caução (CPC, art. 819).

Gabarito "A".

(Procurador do Estado/MG – 2007) Sobre as medidas cautelares específicas, assinale a alternativa incorreta:

(A) a produção antecipada de prova pode consistir em interrogatório da parte, inquirição de testemunhas e exame pericial.

(B) o sequestro tem lugar quando, a requerimento da parte, o devedor sem domicílio certo intenta ausentar-se ou alienar os bens que possui, ou deixa de pagar a obrigação no prazo estipulado.

(C) da posse em nome do nascituro serve para a mulher que, para garantir o direito do filho nascituro, quiser provar seu estado de gravidez, requerendo ao juiz que mande examiná-la por um médico de sua nomeação.

(D) a exibição judicial da escrituração comercial por inteiro, balanços e documentos de arquivo, nos casos previstos em lei, tem lugar como procedimento preparatório.

A: correta. A produção antecipada envolve prova oral e pericial (CPC, art. 846); **B:** incorreta, devendo esta ser assinalada. Essa hipótese é de arresto – em que o objetivo é a constrição de algum bem para o pagamento da dívida (CPC, art. 813); **C:** correta. CPC, art. 877; **D:** correta. CPC, art. 844, III.

Gabarito "B"

(Procurador do Município/Recife-PE – 2008 – FCC) Paulo é credor de José de um cheque regularmente emitido pelo devedor, no valor de R$ 5.000,00. José não tem domicílio certo e o cheque voltou desprovido de fundos após ser depositado pelo banco. O advogado de Paulo, para assegurar os interesses de seu cliente, objetivando o recebimento do crédito, poderá perante o juízo competente, propor medida cautelar de:

(A) produção antecipada de provas.

(B) arresto.

(C) sequestro.

(D) atentado.

(E) busca e apreensão de bens.

A: incorreta. O objetivo, como o nome aponta, é produzir uma prova oral ou pericial antes do momento oportuno no processo principal (CPC, art. 846); **B:** correta. Trata-se da cautelar que tem por objetivo evitar a dilapidação do patrimônio do devedor (CPC, art. 813); **C:** incorreta. O sequestro busca evitar o perecimento de um bem específico (CPC, art. 822); **D:** incorreta. O cabimento do atentado está no CPC, art. 879; **E:** incorreta. A busca e apreensão de um bem ou pessoa específica, normalmente medida relacionada a outro processo judicial, tem previsão no CPC, art. 839.

Gabarito "B"

(Procurador do Município/São Paulo-SP – 2008 – FCC) Mário, que não tem domicílio certo, aliena os bens que possui sem proceder à devida comunicação ao órgão da Fazenda Pública Municipal, quando exigível em virtude de lei. Antes da constituição do crédito tributário, a Fazenda Pública Municipal, para obter a indisponibilidade patrimonial dos bens do sujeito passivo do crédito tributário, poderá requerer

(A) arresto cautelar independentemente da justificação prévia e da prévia constituição do crédito tributário.

(B) arresto cautelar necessariamente com prova da alienação dos bens e independente da prévia constituição do crédito tributário.

(C) arresto cautelar com a justificação prévia e prestação de caução.

(D) medida cautelar fiscal sem prova literal da constituição do crédito tributário e sem justificação prévia.

(E) medida cautelar fiscal com a prova documental da transferência dos bens e prestação de caução.

A medida cautelar fiscal, prevista na L. 8.397/92, pode ser concedida mesmo sem a constituição do crédito, conforme a situação do devedor – como quando não tem domicílio (arts. 1º e 2º).

Gabarito "D".

(Advogado – BNDES – 2004 – CESGRANRIO) Segundo a legislação processual civil em vigor, a figura do atentado **NÃO** pressupõe:

(A) pendência de uma causa.

(B) ilegalidade da inovação.

(C) prova da idoneidade do fiador.

(D) inovação do estado de fato inicial.

(E) prejuízos para o interesse da outra parte.

A: incorreto (art. 879, *caput*, do CPC); **B:** incorreto (art. 879, III, do CPC); **C:** correto. Não há qualquer menção a tal requisito nos arts. 879, 880 e 881 do CPC; **D:** incorreto (art. 879, III, do CPC); **E:** incorreto (art. 881, parágrafo único, do CPC).

Gabarito "C".

5. PROCEDIMENTOS ESPECIAIS

5.1. POSSESSÓRIAS

(Procurador Distrital – 2014 – CESPE) Julgue o seguinte item.

(1) Nas ações possessórias, é lícito ao réu formular em seu favor, na própria contestação, proteção possessória e indenização pelos prejuízos resultantes da turbação ou do esbulho que alegar ter sofrido em razão da conduta do autor.

1: A possessória é uma ação dúplice, na qual ao réu é permitido formular pedido na própria contestação, sem a necessidade de reconvenção (CPC, art. 922).

Gabarito 1C

(Procurador do Estado/SC – 2010 – FEPESE) De acordo com a legislação processual civil, é **correto** afirmar:

(A) É vedado ao autor cumular ao pedido possessório o de condenação em perdas e danos.

(B) Na pendência do processo possessório, é admitido, tanto ao autor quanto ao réu, intentar a ação de reconhecimento do domínio.

(C) O possuidor tem direito a ser mantido na posse em caso de esbulho e reintegrado no de turbação.

(D) A propositura de uma ação possessória em vez de outra impedirá o juiz de conhecer do pedido e outorgar a proteção legal.

(E) A propositura de ação de nunciação de obra nova compete ao condômino, para impedir que o coproprietário execute alguma obra com prejuízo ou alteração da coisa comum.

A: incorreta. CPC, art. 921, I; **B:** incorreta. CPC, art. 923; **C:** incorreta. A alternativa inverte o cabimento de reintegração e manutenção (CPC, art. 926); **D:** incorreta. Trata-se da fungibilidade das possessórias (CPC, art. 920); **E:** correta. CPC, art. 934, II.

Gabarito "E".

(Procurador do Estado/MT – FCC – 2011) No que concerne às ações possessórias, é correto afirmar que:

(A) o réu só poderá demandar a proteção possessória e a indenização pelos prejuízos resultantes da turbação ou do esbulho cometido pelo autor através de reconvenção.

(B) o prazo para contestar, quando for ordenada a justificação prévia, contar-se-á a partir da audiência que para esse fim for designada.

(C) não será deferida a manutenção ou reintegração liminar contra as pessoas jurídicas de direito público.

(D) na pendência do processo possessório é defeso, assim ao autor como ao réu, intentar ação de reconhecimento do domínio.

(E) a propositura de uma ação em vez de outra impede que o juiz conheça do pedido e outorgue a proteção legal correspondente àquela, cujos requisitos estejam provados.

A: incorreta. A possessória é uma ação dúplice, ou seja, o réu pode formular pedido em seu favor na própria contestação, sem a necessidade de reconvenção (CPC, art. 922); **B:** incorreta. No caso, o prazo conta-se a partir da intimação da decisão que deferir ou indeferir a liminar (CPC, art. 930, parágrafo único); **C:** incorreta. Não será deferida sem prévia oitiva do Estado (CPC, art. 928, parágrafo único); **D:** correta. CPC, art. 923; **E:** incorreta. No âmbito das possessórias, existe a fungibilidade entre as ações (CPC, art. 920).

Gabarito "D".

(Procurador do Estado/SE – FCC – 2005) Nas ações possessórias,

(A) para concessão de liminar é preciso que ação tenha sido proposta após ano e dia do esbulho.

(B) é proibida a cumulação do pedido possessório com perdas e danos.

(C) é possível o réu formular pedido em face do autor, na contestação, por se tratar de ações dúplices.

(D) a sentença de procedência, transitada em julgado, sempre precisará ser executada para permitir a efetivação da posse.

(E) não se aplica o princípio da fungibilidade entre as ações.

A: incorreta. Cabe liminar nas ações de posse nova, ou seja, antes de ano e dia (CPC, arts. 924 e 928); **B:** incorreta. CPC, art. 921; **C:** correta. CPC, art. 922; **D:** incorreta. É possível a concessão da posse liminarmente, não só após o trânsito (CPC, arts. 928 e 929); **E:** incorreta. CPC, art. 920.

Gabarito "C".

(Procuradoria Distrital – 2007) João, casado com Maria, decide ajuizar ação de reintegração de posse para recuperar a posse da Fazenda Santa Mônica — onde morava com sua família há mais de dez anos —, situada na zona rural de Brazilândia, Distrito Federal, que foi invadida por grupo formado por integrantes do Movimento dos Trabalhadores Rurais sem Terra – MST. João não sabe os dados de qualificação de nenhum dos invasores. À vista desses fatos, assinale a afirmativa correta.

(A) Quem deve figurar no polo passivo da relação processual é o Movimento dos Trabalhadores Rurais sem Terra – MST.

(B) A ação deverá ser endereçada a uma das Varas da Fazenda Pública do Distrito Federal.

(C) A participação de Maria como coautora é indispensável.

(D) Não é necessária a intervenção do Ministério Público no feito.

(E) Como se trata de posse velha, não cabe a propositura de ação de força nova.

A: incorreta, para o banca. Apesar de o MST não ter personalidade jurídica, há quem ajuíze essa demanda em face do grupo, considerando o previsto no art. 12, VII. De qualquer forma, muitas vezes há o ajuizamento sem identificar o grupo, com nomes como "terceiros invasores" ou "ocupantes da área"; como se percebe, questão polêmica, que poderia ter sido anulada; **B:** incorreta, considerando as normas internas do TJDFT, a competência é da Vara Cível; **C:** correta. Isso porque o problema narrada que João morava com Maria na fazenda – assim, é caso de composse (CPC, art. 10, § 2º); **D:** incorreta. Necessária a intervenção do MP, tendo em vista o interesse público evidenciado na questão (CPC, art. 82); **E:** incorreta, para a banca. Mais uma alternativa polêmica, pois o enunciada fala em tempo de moradia, mas não tempo de invasão. Presumiu o examinado que o prazo foi inferior a um ano, entendendo se tratar de ação de força nova e, assim, cabível a liminar (CPC, art. 924)

Gabarito "C".

5.2. MONITÓRIA

(Procurador Distrital – 2014 – CESPE) Julgue o seguinte item.

(1) Segundo o STJ, a conversão de ação de execução em ação monitória pode ser realizada até a citação do executado, momento em que ocorre a estabilização da relação processual.

1: Correta. A questão foi decidida em recurso repetitivo, e constou do informativo 484/STJ – no sentido inverso da pergunta, ou seja, de não ser possível a conversão após a citação: "REPETITIVO. EXECUÇÃO. CONVERSÃO. MONITÓRIA. INADMISSIBILIDADE". Trata-se de REsp sob o regime do art. 543-C do CPC e Res. n. 8/2008-STJ, no qual entendeu-se inadmissível a conversão da ação de execução em ação monitória, de ofício ou a requerimento das partes, após ocorrida a citação, em razão da estabilização da relação processual a partir do referido ato. Precedentes citados: EREsp 575.855-ES, DJ 19/12/2006; AgRg no REsp 826.208-RS, DJ 15/10/2007, e AgRg no REsp 656.670-DF, DJe 15/12/2008. REsp 1.129.938-PE, Rel. Min. Massami Uyeda, julgado em 28/9/2011.

Gabarito 1C

(Procurador do Estado/GO – 2010) Reflete o entendimento sumulado do Superior Tribunal de Justiça acerca da ação monitória afirmar que

(A) é incabível ação monitória contra a Fazenda Pública.

(B) é cabível a reconvenção na ação monitória em qualquer de suas fases.

(C) cabe citação por edital em ação monitória.

(D) não se admite o cheque prescrito como documento a lastrear a petição inicial da ação monitória.

(E) é incabível o manejo de ação monitória, para haver saldo remanescente oriundo de venda extrajudicial de bem alienado fiduciariamente em garantia.

A: incorreta. Súmula 339/STJ: É cabível ação monitória contra a Fazenda Pública; **B:** incorreta. Súmula 292/STJ: A reconvenção é cabível na ação monitória, após a conversão do procedimento em ordinário; **C:** correta. Súmula 282/STJ: Cabe a citação por edital em ação monitória; **D:** incorreta. Súmula 299/STJ: É admissível a ação monitória fundada em cheque prescrito; **E:** incorreta. Súmula 384/STJ: Cabe ação monitória para haver saldo remanescente oriundo de venda extrajudicial de bem alienado fiduciariamente em garantia.

Gabarito "C".

(Procurador do Estado/SP – VUNESP – 2005) Quanto à ação monitória, é correto afirmar que:

(A) são cabíveis os embargos à execução forçada, sendo lícito ao embargante deduzir as matérias do art. 745 do CPC, mesmo após opostos embargos ao mandado monitório.

(B) comporta reconvenção e intervenção de terceiros.

(C) tem utilização facultativa, ainda que preenchidos os requisitos do art. 1.1 02.a do CPC.

(D) não cabe condenação em honorários advocatícios, se ausente a interposição de embargos ao mandado monitório, ainda que cumprido o mandado executivo.

(E) é cabível a conversão da ação executiva em ação monitória, mesmo após a penhora.

A: incorreta. A defesa se dá via embargos monitórios (que tem a mesma lógica da contestação). CPC, art. 1.102-C; **B:** incorreta. A reconvenção só cabe após o momento em que há a conversão para o ordinário – ou seja, com a apresentação da reconvenção. Súmula 292/STJ: "A reconvenção é cabível na ação monitória, após a conversão do procedimento em ordinário". O mesmo entendimento em relação à intervenção de terceiros (assim, a afirmação não está totalmente incorreta, mas sim incompleta); **C:** correta. A parte pode optar pela monitória ou pelo procedimento comum (rito ordinário ou sumário, conforme o valor), em uma "ação de cobrança"; **D:** incorreta. Se houver o pagamento ou entrega do bem no prazo de resposta (ou seja, cumprimento do mandado), haverá isenção de custas e honorários (CPC, art. 1.102-C, § 1º); **E:** incorreta. Após a citação, somente é possível mudar o pedido com concordância do réu (CPC, art. 264). Por sua vez, com a penhora já não mais é possível a modificação do procedimento, pois incompatível a constrição com o processo de conhecimento.

Gabarito "C".

(Procurador do Município/Cubatão-SP – 2012 – VUNESP) Conforme o entendimento da jurisprudência, no que diz respeito à ação monitória e à Fazenda Pública, assinale a alternativa correta.

(A) Em face da Fazenda Pública não é cabível o procedimento monitório.

(B) Será deferida a expedição do mandado de pagamento no prazo de quinze dias.

(C) A não apresentação de embargos pela Fazenda Pública opera a revelia.

(D) Para os embargos será necessária a garantia do juízo.

(E) Conta-se em quádruplo o prazo para a Fazenda Pública oferecer embargos.

A: incorreta. Súmula 339/STJ: "É cabível ação monitória contra a Fazenda Pública"; **B:** incorreta. O mandado monitório terá prazo de 15 dias para cumprimento – seja pagamento ou entrega de coisa (CPC, art. 1.102-B); **C:** incorreta. A ausência de embargos acarreta a constituição do documento em título executivo judicial (CPC, art. 1.102-C). Contudo, considerando que a revelia, nos termos da lei, é a ausência de contestação e que os embargos monitórios podem ser entendidos como a defesa na monitória, a afirmação poderia ser considerada correta (mas não foi o entendimento da banca); **D:** incorreta. CPC, art. 1.102-C, § 2º; **E:** correta. CPC, art. 188.

Gabarito "E".

(Procurador do Município/Manaus-AM – 2006 – FCC) Na ação monitória, de acordo com o Código de Processo Civil,

(A) poderá o réu oferecer embargos, sem a suspensão da eficácia do mandado inicial, no prazo de 5 dias contados do recebimento do mandado de pagamento ou de entrega da coisa.

(B) os embargos dependem de prévia segurança do juízo e serão processados em autos apartados, respeitando- se o procedimento ordinário.

(C) estando a petição inicial devidamente instruída, o Juiz deferirá, após a oitiva das testemunhas previamente arroladas, a expedição do mandado de pagamento ou de entrega da coisa no prazo de dez dias.

(D) cumprindo o réu o mandado de pagamento ou entrega da coisa no prazo legal, ficará isento de custas e honorários advocatícios.

(E) poderá o réu oferecer embargos, sem a suspensão da eficácia do mandado inicial, no prazo de 5 dias contados da juntada aos autos do mandado de pagamento ou de entrega da coisa.

A: incorreta. O prazo de embargos é de 15 dias (CPC, art. 1.102-C); **B:** incorreta. Os embargos (que são a defesa, como uma contestação), independem de penhora ou garantia do juízo (CPC, art. 1.102-C, § 2º); **C:** incorreta. A expedição do mandado independe da oitiva de testemunhas – até porque a monitória tem base em documento escrito (CPC, art. 1.102-B); **D:** correta. CPC, art. 1.102-C, § 1º; **E:** incorreta. Vide alternativa "A" – e a contagem do prazo é a partir da juntada do mandado (CPC, art. 241).

Gabarito "D".

(Procurador do Município/São Paulo-SP – 2008 – FCC) Em determinado Município, em que o serviço de coleta de esgotos sanitários depende de expressa solicitação da parte interessada, a concessionária dos serviços de coleta de esgotos sanitários promoveu ação monitória relativa a valores não pagos nos respectivos vencimentos por particular. Os serviços haviam sido solicitados pelo réu e se caracterizavam pela individualidade e possibilidade de mensuração, havendo fruição específica e a cobrança se realizava de forma individualizada. Com a petição inicial foram juntadas as segundas vias das faturas de consumo não quitadas. Neste caso,

(A) não cabe ação monitória por tratar-se de taxa de serviço, com prestação pecuniária compulsória, e cobrança do crédito vinculada ao lançamento e inscrição em dívida ativa e cobrança em execução fiscal.

(B) cabe ação monitória por tratar-se de taxa de serviço, com prestação pecuniária compulsória e cobrança do crédito vinculada aos valores constantes das faturas mensais.

(C) não cabe ação monitória porque as faturas mensais não têm eficácia executiva, não servindo como elemento probante apto a instruir o feito monitório.

(D) cabe ação monitória por tratar-se de preço público ou de tarifa, consubstanciando, assim, contraprestação de caráter não tributário, à qual devem ser aplicadas as regras de direito privado.

(E) não cabe ação monitória porque o Município ou seus concessionários são partes ilegítimas ativas para esta modalidade de ação.

Tratando-se de atividade objeto de concessão, explorada por particular, decorrente de prestação de serviço e sem caráter tributário, as regras aplicáveis são as de direito privado (basta verificar qualquer conta de água ou de luz). Logo, descabe execução fiscal. Nesse sentido, conforme parte da doutrina e jurisprudência, as contas podem ser consideradas documento escrito sem força de título executivo, hábeis a instruir ação monitória (CPC, art. 1.102-A).

Gabarito "D".

(Advogado da União/AGU – CESPE – 2012) Julgue os próximos itens, relativos à ação monitória.

(1) De acordo com o STJ, não é causa de indeferimento da inicial o ajuizamento de ação monitória aparelhada em título executivo extrajudicial.

(2) Na inicial da ação monitória, é obrigação do autor demonstrar a causa da emissão do título de crédito que tiver perdido a força executiva.

1: correta. A jurisprudência do STJ admite a monitória para o caso em que, em tese, admissível a execução. Se o exequente tiver dúvida quanto à possibilidade de execução, entende a Corte que cabível o uso da monitória, para evitar o risco da extinção da execução; **2:** errada. Os artigos que regulam a monitória assim não preveem (CPC, art. 1.102-A e ss.).

Gabarito 1C, 2E

(Advogado – BNDES – 2006 – CESGRANRIO) Considerando "Ação Monitória" e "Procedimento Monitório" como sinônimos, é correto afirmar que:

(A) a prova escrita pode ser composta por vários documentos que, em conjunto, sejam capazes de legitimar a ação monitória.

(B) o demandado, ao receber o mandado monitório, pode optar pelo oferecimento de embargos, que dependem de prévia segurança do Juízo.

(C) em sendo cabível a utilização do procedimento monitório, o demandante fica impedido de utilizar os procedimentos ordinário e sumário.

(D) caso o réu cumpra o mandado monitório, ficará isento do pagamento de honorários advocatícios, respondendo, porém, pelas custas processuais.

(E) o título de crédito executivo permite a utilização do procedimento monitório no direito brasileiro.

A: correto (art. 1.102-A do CPC). Precedentes do STJ que se aplicam à espécie: REsp 324.135/RJ e REsp 894.767/SE; **B:** incorreto (art. 1.102-C, § 2º, do CPC); **C:** incorreto, visto que cabe ao demandante eleger a espécie de tutela que melhor atenda aos seus interesses. Ainda quando possível a tutela diferenciada, é facultado ao autor valer-se do procedimento ordinário ou sumário, liberdade esta decorrente do direito de demandar. Assim pontifica a doutrina de Dinamarco: "Com a escolha de *procedimento* não se confunde a escolha de *processo*. Escolher a espécie de processo mais conveniente implica sempre escolher a espécie de tutela jurisdicional que o demandante prefere – e por isso a escolha do processo é legítima projeção da liberdade de demandar e de pedir segundo a conveniência de cada um (*supra, n. 89*). Assim, ainda quando seja admissível uma *tutela diferenciada*, que a lei institui em prol da urgência do demandante, tem este a faculdade de optar pelas *vias ordinárias* (o processo comum regido pelo Código de Processo Civil) e com isso renunciar aos benefícios do processo especial. O autor pode vir pelas vias ordinárias, ainda quando presentes os requisitos para o mandado de segurança ou para o processo perante o juizado especial etc., renunciando à tutela diferenciada, porque essa opção é, em substância, opção *pela espécie de tutela* que lhe pareça mais conveniente. (DINAMARCO, Cândido Rangel. *Instituições de Direito Processual Civil. Vol. II.* 5ª edição. São Paulo: Malheiros, 2005, p. 466) [grifos do autor]; **D:** incorreto. Cumprindo o réu o mandado, ficará isento de custas e honorários advocatícios. (art. 1.102-C, § 1º, do CPC); **E:** incorreto. Mercê de tal assertiva ter sido reputada incorreta, vale ressaltar que o STJ firmou posicionamento no sentido de que, mesmo que o credor ostente título executivo extrajudicial não prescrito, poderá, ainda assim, optar pelo ajuizamento de ação monitória, sem que se cogite de carência de ação por ausência de interesse processual, modalidade interesse-adequação. Observe-se o seguinte julgado emanado da Corte Superior: DIREITO PROCESSUAL CIVIL. RECURSO ESPECIAL. AÇÃO MONITÓRIA APARELHADA POR NOTAS PROMISSÓRIAS NÃO PRESCRITAS. ADEQUAÇÃO DA VIA ELEITA, EMBORA POSSÍVEL O AJUIZAMENTO DE PROCESSO DE EXECUÇÃO. 1. Assim como a jurisprudência da Casa é firme acerca da possibilidade de propositura de ação de conhecimento pelo detentor de título executivo - uma vez não existir prejuízo ao réu em procedimento que lhe franqueia ampliados meios de defesa -, pelos mesmos fundamentos o detentor de título executivo extrajudicial poderá ajuizar ação monitória para perseguir seus créditos, não obstante também o pudesse fazer pela via do processo de execução. Precedentes. 2. Recurso especial parcialmente provido. (REsp 981.440/SP, Rel. Ministro LUIS FELIPE SALOMÃO, QUARTA TURMA, julgado em 12/04/2012, DJe 02/05/2012).

Gabarito "A".

(Advogado – BNB – 2006 – ACEP) Sobre a ação monitória, indique a alternativa **CORRETA**.

(A) A ação monitória compete a quem pretender, com base em prova oral, pagamento de soma em dinheiro.

(B) Estando a petição inicial devidamente instruída o juiz deferirá de plano a expedição do mandado de pagamento ou entrega da coisa no prazo de 10 (dez) dias.

(C) No prazo de 15 dias, pode o réu oferecer embargos.

(D) Se os embargos forem opostos, constituir-se-á de pleno direito o título executivo extrajudicial.

(E) Cumprindo o réu o mandado, terá de pagar custas e honorários advocatícios.

A: incorreto (art. 1.102-A do CPC); **B:** incorreto (art. 1.102-B do CPC); **C:** correto (art. 1.102-C, *caput*, primeira parte, do CPC); **D:** incorreto (art. 1.102-C, *caput*, segunda parte, do CPC); **E:** incorreto (art. 1.102-C, § 1º, do CPC).

Gabarito "C".

(ADVOGADO – INFRAERO – 2004 – NCE/UFRJ) No concernente à ação monitória, podemos afirmar que:

(A) depende exclusivamente de prova documental, sendo inadmitida mera afirmação do autor do direito postulado.

(B) o trâmite adequado, dada a natureza das questões discutidas, é o ordinário.

(C) permite a contestação para impugnar o postulado na peça exordial.

(D) é aplicável para o cumprimento das obrigações de fazer.

(E) tramita através de procedimento especial de jurisdição voluntária.

A: correto (art. 1.102-A do CPC); **B:** incorreto. A monitória marcha segundo o *procedimento especial* descrito nos arts. 1.102-A a 1.102-C do CPC. Porém, oferecidos os embargos, a monitória prosseguirá pelo procedimento comum ordinário (art. 1.102-C, § 2º, do CPC); **C:** incorreto. Na monitória, o réu se defende através dos embargos à monitória (art. 1.102-C, *caput*, do CPC); **D:** incorreto. A monitória não se destina ao cumprimento das obrigações de fazer, de não fazer, de entrega de coisa infungível ou de coisa imóvel. Segundo a dicção do art. 1.102-A do CPC, a ação monitória compete a quem pretender, com base em prova escrita sem eficácia de título executivo, além do pagamento de soma em dinheiro, tão somente *a entrega de coisa fungível ou de determinado bem móvel* (art. 1.102-A do CPC); **E:** incorreto. A monitória tem natureza jurídica de *procedimento especial de jurisdição contenciosa*, visto que se insere no Livro IV, Título I, Capítulo XV, do CPC.

Gabarito "A".

5.3. EMBARGOS DE TERCEIRO

(Procurador do Município/São Paulo-SP – 2008 – FCC) Em ação de divisão, quando eram realizados atos decorrentes de negócio extrajudicial, atos estes materiais e preparatórios da partilha, o imóvel do confinante ficou sujeito à partilha. O confinante ingressou com embargos de terceiro por não ser parte da ação, por ter sido seu imóvel sujeito a atos materiais na partilha, e sustentou a proteção da posse advinda do compromisso de compra e venda do imóvel, ainda que desprovido de registro. Neste caso,

(A) não cabem os embargos de terceiro, realizando-se a defesa da posse por meio de ação de nunciação de obra nova, no exercício de direito de vizinhança.

(B) não cabem embargos de terceiro, realizando-se a defesa da posse por meio de ação de oposição, como terceiro opoente.

(C) não cabem embargos de terceiro, porque a constrição decorreu de negócio extrajudicial, realizando-se a defesa da posse por meio de ações possessórias.

(D) cabem os embargos de terceiro fundados em posse advinda do compromisso de compra e venda não registrado e porque os atos de partilha não são decorrentes de constrição judicial.

(E) não cabem embargos de terceiro à sujeição do imóvel a atos materiais preparatórios da partilha, porque a promessa de compra e venda não foi inscrita no registro de imóveis.

C: correta. Os embargos de terceiro são cabíveis quando a constrição decorrer de ato judicial, o que não se verifica no caso narrado (CPC, art. 1.046). Assim, a proteção da posse é feita pela reintegração de posse (CPC, art. 920).

Gabarito "C".

(Advogado da União/AGU – CESPE – 2012) Em relação aos embargos de terceiro, julgue os itens a seguir.

(1) O fato de determinada pessoa ter participado do processo na condição de assistente simples não implica a sua ilegitimidade para interpor embargos de terceiro se houver constrição do bem disputado.

1: correta. Assistente simples não é considerado parte. Sendo assim, poderá ingressar com embargos de terceiro, se o caso.

Gabarito 1 C.

(Procurador de Contas TCE/ES – CESPE – 2009) Ajuizados embargos de terceiro, o juiz deixou de apreciar de imediato o pedido de manutenção da posse e determinou a realização de audiência preliminar para que o embargante pudesse comprovar a alegada situação de possuidor e a citação do embargado. Considerando essa situação hipotética, assinale a opção correta quanto ao tempo adequado para a prática dos atos processuais.

(A) Se a ameaça à posse do embargante tiver ocorrido em data que anteceda feriado forense e se não houver interesse público envolvido, então será necessário aguardar a passagem do feriado para que os atos desse processo possam ser praticados.

(B) A eventual medida judicial de manutenção da posse do embargante somente será cumprida por ato do oficial de justiça se houver risco de perecimento do direito reconhecido na decisão que a determinar.

(C) Independentemente da natureza do pedido encaminhado pela referida ação, será válida a citação, mesmo que ela ocorra entre 6 h e 20 h de sábado.

(D) Considerada a exceção legal quanto à prática de atos processuais nos embargos de terceiro, o eventual cumprimento de ordens emanadas desse processo poderá ocorrer em horário superior às 20 h, que é o limite, já que se pressupõe autorização judicial para tanto.

(E) Havendo expressa autorização legal para a prática de atos processuais em embargos de terceiro durante os feriados forenses, o prazo para a resposta do réu correrá da data da juntada do mandado, mesmo que essa data ocorra em feriado.

A: incorreta, porque não há nada que justifique a espera pela passagem do feriado para a concessão de liminar (vide, também, art. 173, II, do CPC); **B:** incorreta, pois a liminar possessória não exige prova de perigo, mas sim o prazo da invasão (CPC, arts. 924 e 928); **C:** correta. CPC, arts. 172 e 175; **D:** incorreta, O prazo para a resposta do réu somente começará a correr depois do feriado (CPC, art. 184, § 1º).

Gabarito "C".

5.4. CONSIGNAÇÃO EM PAGAMENTO

(Procurador da Fazenda Nacional – 2007.2 – ESAF) Com relação à consignação em pagamento, é incorreto afirmar que:

(A) o credor que comparece em juízo e recebe o pagamento, aceitando-se o depósito efetuado, responde proporcionalmente pelas custas e honorários, sendo julgado o pedido da consignatória procedente liberando-se o devedor da obrigaçao.

(B) se a causa da consignação for dúvida sobre quem legitimamente deva receber o objeto do pagamento, o credor, ou os supostos credores, serão citados para fazer prova do seu direito.

(C) cabe a consignação se o credor for incapaz de receber o pagamento e dar quitação válida, não tendo quem o assista ou o represente, sendo neste caso necessária a participação do Ministério Público para pleitear a citação do réu.

(D) se o autor protesta pelo depósito de prestações vincendas, o valor da causa deve corresponder ao equivalente a doze vezes a primeira prestação.

(E) o lugar do pagamento, foro competente para a consignatória, em regra, é o domicílio do devedor – dívida *quérable*, podendo as partes pactuar de maneira diferente – dívida *portable*.

A: incorreta, devendo esta ser assinalada (art. 897, parágrafo único, do CPC); **B:** correta (art. 895 do CPC); **C:** correta (art. 82, I, do CPC); **D:** correta (Súmula 449/STF: O valor da causa, na consignatória de aluguel, corresponde a uma anuidade; e CPC, art. 260); **E:** correta, aplicando-se o CPC, art. 891, *caput* e parágrafo único, conforme se tratar de dívida quesível ou portável.

Gabarito "A".

5.5. PRESTAÇÃO DE CONTAS

(Procurador do Estado/MT – FCC – 2011) A ação de prestação de contas

(A) comporta reconvenção.

(B) possibilita a fixação de multa diária pelo magistrado para obrigar o réu a cumprir a obrigação, se este não apresentar as contas.

(C) é imprópria para exigir prestação de contas de ex-prefeito.

(D) prevê prazo de 15 dias para o réu, após ser citado, apresentar as contas exigidas ou contestar a ação.

(E) não pode ser proposta pelo titular de conta corrente bancária.

A: incorreta, pois se trata de ação dúplice (CPC, art. 918); **B:** incorreta. Se não houver a apresentação das contas, não será possível impugnar as que a parte contrária apresentar (CPC, art. 915, § 2º); **C:** correta. Essa discussão não se dá no âmbito da ação prevista no CPC – e, também, por exclusão, pois as demais alternativas são incorretas; **D:** incorreta. O prazo é de 5 dias (CPC, art. 915); **E:** incorreta. A ação pode ser proposta por qualquer um que tenha obrigação de prestar ou o direito de exigir (CPC, art. 914).

Gabarito "C".

(Procurador do Município/São José dos Campos-SP – 2012 – VUNESP) Aquele que pretender exigir a prestação de contas requererá a citação do réu para apresentá-las ou contestar a ação no prazo de

(A) cinco dias.

(B) dez dias.

(C) quinze dias.

(D) vinte dias.

(E) trinta dias.

A: correta. CPC, art. 915.

Gabarito "A".

5.6. DISCRIMINATÓRIA

(Advogado da União/AGU – CESPE – 2009) No que diz respeito à ação discriminatória, julgue os itens subsequentes.

(1) O processo discriminatório pode ser administrativo ou judicial, sendo certo que, frustrado o processo administrativo por presumida ineficácia, será intentada a ação discriminatória, que deverá seguir o rito sumário previsto no art. 275 do CPC e se encerrará por sentença cuja eventual apelação não será recebida com efeito suspensivo.

(2) As ações sob o rito especial da divisão e da demarcação revestem-se de natureza real e cabem, prioritariamente, aos proprietários, sendo via possível também aos possuidores, desde que tenham posse atual, justa e de boa-fé.

1: Correta, porque de acordo com os arts. 1°, 20 e 21 da Lei 6.383/76 que regula a ação discriminatória de terras devolutas; **2:** Errada, porque não se reconhece o direito do mero possuidor à propositura das ações de divisão e demarcação. Trata-se de ações que só poderão ser ajuizadas por quem é proprietário do bem.

Gabarito 1C, 2E

5.7. NUNCIAÇÃO DE OBRA NOVA

(Procurador do Município/São Paulo-SP – 2008 – FCC) Nunciação de obra nova e demolição.

I. A ação de nunciação de obra nova compete ao Município a fim de impedir que o particular construa em contravenção de postura.

II. É lícito ao juiz conceder o embargo liminarmente na nunciação de obra nova.

III. Deferido o embargo, o nunciado, a fim de prosseguir obra nova levantada contra determinação de regulamentos administrativos, prestará caução e demonstrará prejuízo resultante do embargo.

IV. A diversidade de requisitos entre a ação de nunciação de obra nova e a ação demolitória impede que possa ser feita a conversão de uma em outra, quando erroneamente ajuizada.

V. Uma vez concluída a obra, não é cabível nunciação de obra nova, nem ação demolitória.

(A) I, II, III, IV e V estão corretas.

(B) Somente I e II estão corretas.

(C) Somente I e III estão corretas.

(D) Somente III, IV e V estão corretas.

(E) Somente II, III, IV e V estão corretas.

"**I:** correta. CPC, art. 934, III; **II:** correta. CPC, art. 937; **III:** incorreta. Se for deferido o embargo (suspensão da obra), pode o nunciado caucionar e prosseguir na obra, desde que demonstre prejuízo na suspensão da obra – mas isso não se aplica diante de obra contra regulamento administrativo (CPC, art. 940, § 2°); IV. Incorreta. A nunciação busca obstar a construção, ao passo que a obra já concluída é objeto de demolitória. Como uma situação pode se converter na outra rapidamente, há quem admita a possibilidade de conversão; V. Incorreta. Vide comentário anterior.

Gabarito "B"

(Procurador do Município/Sorocaba-SP – 2012 – VUNESP) Um empresário iniciou a construção de vultuoso galpão para instalação de indústria de gêneros alimentícios na cidade de Sorocaba, cuja atividade empresarial trará emprego e aumentará sensivelmente a arrecadação de impostos para o Município. Em fiscalização realizada pelo Departamento de Uso e Ocupação do Solo, houve a constatação de que a construção está em desacordo com a legislação municipal, sendo imediatamente determinado o embargo da obra. Inconformado, o particular ingressou em juízo, requerendo o desembargo da obra, prestando, para tanto, caução equivalente à totalidade da obra.

Considerando o exposto, é correto dizer que:

(A) o procedimento da nunciação de obra nova não admite o embargo administrativo da obra.

(B) em razão da alegação de que o embargo da obra causa prejuízo ao particular e tendo este prestado caução suficiente, deverá ser autorizado o prosseguimento da obra.

(C) o procedimento da nunciação de obra nova somente permite o prosseguimento da obra por ocasião da sentença de mérito, quando o juiz analisará a legalidade do embargo.

(D) tendo em vista que o embargo foi administrativo e não tendo a Procuradoria requerido o embargo judicial no prazo de 3 (três) dias, poderá o particular prosseguir na obra, independentemente de autorização judicial.

(E) apesar de ser prestada caução, a obra não poderá prosseguir, ainda que o particular alegue que a paralisação da obra lhe trará danos irreparáveis.

A: incorreta. Com base no poder de polícia, cabe o embargo administrativo. Ademais, em situação de urgência, cabe o embargo extrajudicial (CPC, art. 935); **B:** incorreta. Apesar da previsão de prosseguimento da obra mediante caução e demonstrando que a suspensão da obra causa prejuízo, isso não cabe em hipótese de violação a regulamentos administrativos (CPC, art. 940, § 2°); **C:** incorreta, nos termos do exposto no item anterior; **D:** incorreta. O prazo de 3 dias se refere ao embargo extrajudicial (CPC, art. 935, parágrafo único); **E:** correta. CPC, art. 940, § 2°.

Gabarito "E".

(Procurador de Contas TCE/ES – CESPE – 2009) Sentindo-se prejudicado pela obra realizada na casa de seus vizinhos, Mário, casado com Suzana, resolveu propor ação de nunciação de obra nova contra os proprietários do imóvel em reforma. Considerando essa situação hipotética, assinale a opção correta.

(A) Se Mário e Suzana forem proprietários e casados sob o regime da comunhão parcial de bens, então o polo ativo da ação deverá ser composto, necessariamente, por Mário e Suzana.

(B) Caso o casamento de Mário e Suzana seja sob o regime da separação de bens, não se exigirá a participação de ambos, ao contrário do que ocorreria caso se tratasse de separação legal de bens.

(C) Provado o consentimento de Suzana por meio da assinatura de procuração específica ao advogado de Mário, restará suprida a exigência legal para o fim de viabilizar a demanda.

(D) Se forem apenas possuidores, tanto Mário quanto Suzana possuirão legitimidade para ajuizar a ação sem a participação do outro, constatação que decorre da natureza da posse.

(E) Caso não participe na ação intentada por Mário, Suzana poderá valer-se tanto da ação rescisória quanto da ação denominada pela doutrina *querela nullitatis*.

A: incorreta, não se exige litisconsórcio ativo para a propositura de ação de nunciação de obra nova, sendo suficiente a autorização do cônjuge (CPC; art. 10); **B:** incorreta. Conforme exposto acima, não há necessidade de litisconsórcio; **C:** correta, nos termos do já exposto – a assinatura na procuração pode ser entendida como autorização do cônjuge; **D:** incorreta. No caso de composse, ambos devem participar (CPC, art. 10, § 2º); **E:** incorreta. A doutrina, em geral, não reconhece a possibilidade do uso das duas medidas. A *querela* é para as hipóteses de inexistência do processo (como inexistência de citação), ao passo que a rescisória é para situações em que o processo existiu – com vício rescisório previsto nos incisos do art. 485 do CPC.

Gabarito "C".

5.8. PROCEDIMENTOS RELATIVOS AO DIREITO DE FAMÍLIA

(Procurador da Fazenda Nacional – 2007 – ESAF) "A", menor e representada por sua mãe, ajuíza ação de alimentos em face de "B". Após ser citado, "B" apresenta contestação, na qual suscita que não é pai do menor, sendo, por consequência, indevidos os alimentos postulados. Assinale a única opção que não seja adequada ao caso.

(A) No prazo de dez dias, "A" poderá apresentar ação declaratória incidental para que a questão prejudicial suscitada por "B" na contestação seja acobertada pelo manto da coisa julgada.

(B) Se nenhuma das partes apresentar ação declaratória incidental, poderá o magistrado decidir acerca da questão prejudicial, sem violar o princípio da congruência.

(C) Como o réu suscitou questão prejudicial na contestação, não poderá o autor, no prazo decenal, apresentar ação declaratória incidental sob pena de caracterizar litispendência.

(D) Por se considerar o julgamento questão de estado, a apresentação de ação declaratória incidental por qualquer das partes suspenderá o processo, com base no art. 265 do Código de Processo Civil.

(E) A questão prejudicial deverá ser analisada pelo magistrado independentemente da apresentação da ação declaratória incidental pelas partes.

A: correta (art. 5º e 470 do CPC); **B:** correta (art. 469, III, do CPC); **C:** incorreta, devendo estar ser assinalada. Não há litispendência, pois não houve a formulação do pedido por parte do réu (CPC, art. 301, §§ e 325); **D:** correta (art. 265, IV, c, do CPC); **E:** correta (art. 469, III, do CPC).

Gabarito "C".

(Procurador do Município/Recife-PE – 2008 – FCC) No que concerne aos inventários e partilhas, de acordo com o Código de Processo Civil, é correto afirmar:

(A) Em regra, o processo de inventário e partilha deve ser aberto dentro de 30 dias a contar da abertura da sucessão, ultimando-se nos 12 meses subsequentes.

(B) Se todos forem capazes e concordes, poderá fazer-se o inventário e a partilha por escritura pública, a qual constituirá título hábil para o registro imobiliário.

(C) O juiz não poderá determinar de ofício, que se inicie o inventário, se nenhuma das pessoas legitimadas o requerer no prazo legal.

(D) Dentro de 30 dias, contados da data em que prestou o compromisso, fará o inventariante as primeiras declarações, das quais se lavrará termo circunstanciado.

(E) Requerida a remoção do inventariante por ter sonegado bens do espólio ele será intimado para, no prazo de 10 dias, defender-se e produzir provas.

A: incorreta. deve ser aberto dentre de 60 dias e encerrado em 12 meses – sendo possível ao juiz dilatar esse prazo (CPC, art. 983); **B:** correta. CPC, art. 982; **C:** incorreta. Exceção ao princípio dispositivo (CPC, art. 989); **D:** incorreta. O prazo para as primeiras declarações é de 20 dias contados do compromisso (CPC, art. 993); **E:** incorreta. O prazo é de 5 dias (CPC, art. 996).

Gabarito "B"

(Procurador do Município/São José dos Campos-SP – 2012 – VUNESP) João propôs ação de investigação de paternidade em face de seu suposto pai, no entanto, a ação foi julgada improcedente, por não ter sido comprovado o vínculo genético. A ação transitou em julgado. Passados alguns anos, com o advento da tecnologia decorrente do exame de DNA, João propôs nova ação em face da mesma parte e com o mesmo pedido. Diante desse fato, assinale a alternativa correta.

(A) Em razão da coisa julgada, a petição inicial deverá ser indeferida por ser um óbice intransponível.

(B) A petição inicial é inepta, em razão da coisa julgada que deve ser respeitada pelas partes.

(C) A ação deve ser extinta, com resolução do mérito, em razão da imutabilidade da coisa julgada.

(D) A ação deve ser extinta, sem resolução do mérito, em razão da imutabilidade da coisa julgada.

(F) A coisa julgada deve ser relativizada, em respeito à prevalência de direito fundamental.

E: correta. Em regra, com o trânsito em julgado e ultrapassado o prazo de 2 anos da ação rescisória (CPC, art. 495), nada mais há ser feito. Contudo, em situações excepcionais, doutrina e jurisprudência admitem a relativização da coisa julgada – desconstituição da decisão anterior independentemente de prazo. A jurisprudência do STF/STJ vem admitindo a relativizaçao em (I) ações de investigação de paternidade sem DNA e (ii) condenações indevidas em valores elevados contra a Fazenda Pública (como, por exemplo, por fraude na perícia descoberta anos após o trânsito em julgado).

Gabarito "E".

(Advogado – INFRAERO – 2004 – NCE/UFRJ) No concernente ao inventário, é correto afirmar que:

(A) segue o rito sumário, previsto nos artigos 275 e seguintes do CPC.

(B) o trâmite adequado, dada a natureza das questões discutidas, é o ordinário.

(C) trata-se de procedimento especial de jurisdição voluntária.

(D) tramita através de procedimento especial de jurisdição contenciosa.

(E) é exclusiva da competência dos Juizados Especiais Cíveis.

O inventário está inserto no Livro IV, Título I, Capítulo IX, do CPC. Cuida-se, destarte, de procedimento especial de jurisdição contenciosa (arts. 982 a 1.045 do CPC).

Gabarito "D".

5.9. JURISDIÇÃO VOLUNTÁRIA

(Procurador do Município/São José dos Campos-SP – 2012 – VUNESP) Assinale a alternativa correta quanto à possibilidade de se propor ação cautelar de atentado no curso de procedimento de jurisdição voluntária.

(A) Não é possível propor a cautelar, uma vez que o procedimento de jurisdição voluntária não é considerado ação principal para efeitos legais.

(B) Não é possível propor a cautelar, porque jurisdição voluntária é atividade não jurisdicional por ausência de lide.

(C) Não é possível propor a cautelar, uma vez que a ação cautelar de atentado pressupõe o ajuizamento de ação principal de natureza contenciosa.

(D) Não há óbice para a propositura da cautelar, ainda que em curso procedimento de jurisdição voluntária.

(E) Não há óbice para a propositura da cautelar, porque a cautelar de atentado é cabível unicamente em razão de procedimento de jurisdição voluntária.

A jurisdição voluntária é um dos tipos de procedimentos especiais do processo de conhecimento e, assim, pode ser considerado processo principal (CPC, Livro IV, Título II). Logo, também cabível a cautelar incidental ou preparatória.

Gabarito "D".

(Procurador do Estado/SE – FCC – 2005) No procedimento de jurisdição voluntária,

(A) há verdadeiro processo, onde se verifica lide, uma vez que consubstanciado em ato emanado pelo Poder Judiciário.

(B) não há possibilidade de sua provocação pelo Ministério Público, devendo este órgão, bem como a Fazenda Pública participar nos casos previstos em lei.

(C) cabe aos interessados provar suas alegações, não sendo lícito ao juiz ordenar a produção de provas de ofício.

(D) não há lide e o juiz não está vinculado à estrita legalidade para decidir.

(E) são processados os pedidos de emancipação e de demarcação e divisão de terras particulares.

A: incorreta. Inexiste lide na jurisdição voluntária – trata-se do critério que a distingue da jurisdição contenciosa; **B:** incorreta. A jurisdição voluntária – administração pública de interesse privados – deve sempre contar com a manifestação do MP que, inclusive, pode provocá-la (CPC, art. 1.104); **C:** incorreta. Há ampla possibilidade de produção de provas por parte do juiz, inclusive de ofício (CPC, art. 1.107); **D:** correta. Vide alternativa "A" e CPC, art. 1.109; **E:** incorreta. Divisão de terras particulares é procedimento especial de jurisdição contenciosa (CPC, art. 946).

Gabarito "D".

5.10. PROCEDIMENTOS ESPECIAIS COMBINADOS

(Procurador do Estado/MG – FUMARC – 2012) Assinale a alternativa INCORRETA:

(A) em ação monitória, se o réu cumprir o mandado de pagamento no prazo de 15 dias, ficará isento de custas e honorários advocatícios.

(B) em embargos de terceiro, quem deu causa à constrição indevida deve arcar com os honorários advocatícios.

(C) os embargos de terceiro podem ser *senhor e possuidor* ou apenas *possuidor*.

(D) Tanto o proprietário quanto o possuidor ostentam legitimidade para propor ação de nunciação de obra nova.

(E) somente tem legitimidade ativa para propor ação de prestação de contas aquele que tem o direito de exigi-las.

A: correta. CPC, art. 1.102-C, § 1º; **B:** correta. Súmula 303/STJ: Em embargos de terceiro, quem deu causa à constrição indevida deve arcar com os honorários advocatícios; **C:** correta. CPC, art. 1.046, § 1º. Embargos de terceiro senhor são os fundados na propriedade; possuidor, na posse; **D:** correta. CPC, art. 934, I; **E:** incorreta, devendo ser esta assinalada. Cabe prestação de contas também por parte daquele que tem a obrigação de prestá-las (CPC, art. 914, II).

Gabarito "E".

(Procurador do Estado/PE – CESPE – 2009) No que tange aos procedimentos especiais, assinale a opção correta.

(A) A ação de prestação de contas pressupõe a possibilidade da ocorrência de duas sentenças de conhecimento: uma relativa à primeira fase, que decide sobre o dever de prestar, ou não, as contas; outra relativa ao julgamento das contas prestadas ou oferecidas, em que é apurada a existência, ou não, de saldo credor. Em algumas hipóteses, é possível que essas duas fases sejam decididas em uma única sentença.

(B) Na ação monitória, mesmo que o réu cumpra voluntariamente o mandado, deve arcar com o pagamento das custas e dos honorários advocatícios.

(C) Para a concessão de liminar nas ações possessórias de força nova, submetidas ao procedimento especial, é necessária a comprovação do periculum in mora.

(D) Opostos os embargos de terceiro, o juiz deve determinar o prosseguimento do processo principal até a eventual alienação dos bens apreendidos.

(E) No arrolamento de bens do espólio, a existência de credores impede a homologação da partilha.

A: correta, porque cada uma das fases do procedimento da ação de prestação de contas é encerrada por sentença (CPC, art. 914 e ss.); **B:** incorreta. Se pagar no prazo, ficará isento de custas e honorários advocatícios (CPC, art. 1.102-C, § 1º); **C:** incorreta, pois o critério para a liminar possessória é o tempo (CPC, arts. 924 e 928); **D:** incorreta, porque a oposição dos embargos de terceiro pode acarretar a suspensão do processo principal (CPC, art. 1.052); **E:** incorreta. CPC, art. 1.035.

Gabarito "A".

(Procurador do Estado/PB – 2008 – CESPE) A respeito dos procedimentos especiais, assinale a opção correta.

(A) As questões relativas à validade de casamento e ao reconhecimento de filiação comportam decisão judicial no processo de inventário, em razão da via atrativa desse juízo.

(B) Na ação de reintegração de posse ajuizada, antes de um ano e dia contados da turbação da posse, será concedida a proteção possessória; depois desse prazo, o possuidor perderá tal proteção, podendo, no entanto, valer-se de ação reivindicatória ou petitória.

(C) A ação de interdito proibitório é de preceito cominatório, tem por fundamento a ameaça de turbação ou esbulho da posse, capazes de causar no possuidor justo receio de que sua posse venha a ser molestada. Para essa ação, exige-se, ainda, que a ameaça seja de agressão iminente.

(D) Na desapropriação direta por utilidade pública, a indenização, em juízo, deve ser feita em dinheiro, devendo o valor ser corrigido monetariamente até o efetivo pagamento, sendo devidos, ainda, juros compensatórios e moratórios desde a perda da posse, quando se tratar de imóvel produtivo.

(E) Na inicial da ação possessória, o autor pode cumular o pedido possessório com perdas e danos e, caso seja proposta, equivocadamente, ação possessória em vez de ação reivindicatória, o juiz pode aceitar uma pela outra e outorgar a proteção legal correspondente àquela, desde que presentes os requisitos legais.

A: incorreta (art. 984 do CPC); **B:** incorreta. Ainda será ação possessória, eventualmente cabível a antecipação de tutela (CPC, arts. 273 e 926); **C:** correta (art. 932 do CPC); **D:** incorreta, pois somente os juros compensatórios são devidos desde a perda da posse; **E:** incorreta. A fungibilidade é entre as 3 possessórias (CPC, art. 920), e não entre possessória e petitória (ação reivindicatória).

Gabarito "C".

(Procurador do Estado/MG – FUMARC – 2012) Assinale a alternativa que contempla o prazo para contestar ação de demarcação de terras particulares:

(A) 20 dias

(B) 15 dias

(C) 10 dias

(D) 5 dias

(E) 3 dias

O prazo é de 20 dias (CPC, art. 954).

Gabarito "A".

(Procurador do Município/São Paulo-SP – 2008 – FCC) Retificação de registro imobiliário.

I. O registro feito em decorrência de sentença proferida em processo contencioso poderá ser retificado por sentença proferida em procedimento de jurisdição voluntária.

II. O registro não poderá ser retificado por efeito de julgado sobre fraude à execução.

III. O registro poderá ser retificado por efeito do julgado de ação de anulação.

IV. O registro poderá ser retificado por efeito de ação de declaração de nulidade de ato jurídico.

V. O registro poderá ser anulado por sentença em processo contencioso.

(A) I, II, III, IV e V estão corretas.

(B) Somente I e II estão corretas.

(C) Somente I e III estão corretas.

(D) Somente III, IV e V estão corretas.

(E) Somente II, III, IV e V estão corretas.

"**I:** incorreta. Não é possível a jurisdição voluntária (em que não há lide) alterar o que restou sedimentado em jurisdição contenciosa, na qual há coisa julgada. Além disso, o art. 216 da L. 6.015/73 permite a retificação com base em sentença proferida em processo contencioso; **II:** incorreta (L. 6.015/73, art. 216); **III:** correta (L. 6.015/73, art. 216); IV: correta (L. 6.015/73, art. 216); V: correta (L. 6.015/73, art. 216).

Gabarito "D".

(Procurador do Município/Sorocaba-SP – 2012 – VUNESP) A Prefeitura Municipal de Sorocaba locou, de particular, imóvel no qual instalou hospital municipal em bairro da periferia. Passado o prazo determinado da locação, o locador notificou a locatária de que não mais tem interesse em manter a locação, concedendo-lhe o prazo de 30 (trinta) dias para desocupação voluntária do imóvel. Tendo em vista que não ocorreu a pretendida desocupação voluntária, foi proposta ação ordinária de despejo. Em face da situação exposta, pode se dizer que:

(A) a ação deverá ser julgada improcedente, uma vez que a pretensão não se enquadra nas hipóteses de cabimento de despejo.

(B) a ação poderá ser julgada procedente, uma vez que é direito do proprietário/locador dispor do imóvel da forma que melhor lhe aprouver, concedendo-se o prazo de 30 dias para a desocupação do imóvel.

(C) a ação poderá ser julgada procedente, e se entre a citação e a sentença houver decorrido mais de 4 (quatro) meses, independentemente da natureza da locação, o prazo será reduzido para 15 (quinze) dias.

(D) a ação poderá ser julgada procedente, mas por se tratar de locação onde está instalado no imóvel hospital municipal e tendo decorrido menos de 1 ano entre a citação e a sentença que decretou o despejo, o prazo para desocupação será de um ano.

(E) o processo deverá ser extinto sem resolução de mérito, por falta de interesse de agir na modalidade adequação.

Tratando-se de imóvel locado para hospital, as hipóteses de retomada são restritas – e não se inclui o término do prazo (L. 8.245/91, art. 53).

Gabarito "A".

6. LEIS EXTRAVAGANTES

6.1. JUIZADOS ESPECIAIS

(Procurador Distrital – 2014 – CESPE) Paulo ajuizou ação de cobrança no valor de R$ 3.000,00 contra o DF. A ação foi distribuída a um Juizado Especial da Fazenda Pública. Em sua defesa, o DF alegou que já havia pago integralmente a dívida. Realizada a instrução processual, o juiz proferiu sentença acolhendo parcialmente o pedido, no tocante a R$ 2.000,00, sob o fundamento de que, em relação à outra parte, se verificara o pagamento.

Considerando essa situação hipotética, julgue os itens que se seguem.

(1) Se, no julgamento do recurso interposto contra a sentença, a decisão colegiada da turma recursal do juizado especial da fazenda pública contrariar entendimento adotado, na sistemática dos recursos repetitivos (art. 543-C, CPC), pelo STJ, a parte prejudicada poderá ajuizar reclamação nesta corte.

(2) Para interpor recurso contra a sentença, Paulo não precisará estar representado por advogado.

(3) Caso somente Paulo recorra, poderá o tribunal reformar a sentença para julgar o pedido totalmente improcedente, se entender, pelas provas constantes dos autos, estar demonstrado o pagamento integral do débito.

1: Errada. No âmbito dos JEFP (Juizado Especial da Fazenda Pública Estadual), existe a possibilidade de "pedido de uniformização de interpretação de lei" (Lei 12153/09, art. 18). Apenas no âmbito do JEC (Lei 9099/95 é que se admite a mencionada reclamação). **2.** Errada. Apenas em 1º grau é que a parte é dotada de capacidade postulatória. Em grau recursal, sempre se existe advogado (art. 41, § 2º, da Lei 9099/95 – aplicável por força do art. 1º, parágrafo único, e art. 27 da Lei 12.153/09). **3.** Errada. O princípio da vedação da *reformatio in pejus* também se aplica ao Sistema dos Juizados, pois inexiste normal legal ou entendimento jurisprudencial em sentido inverso.

Gabarito 1E, 2E, 3E

(Procurador da Fazenda Nacional – 2006 – ESAF) Nos juizados especiais cíveis do âmbito da Justiça Federal:

(A) a execução fiscal proposta pela União (Fazenda Nacional) será processada mediante penhora imediata em conta bancária do devedor-executado ou sobre bem de seu patrimônio desde logo indicado na petição inicial da execução, ressalvadas as impenhorabilidades protetivas do salário e do bem de família.

(B) o prazo de contestação é de 15 (quinze) dias, contado a partir do recebimento pelo réu da citação, sendo este prazo contato em quádruplo no caso da Fazenda Pública (federal, estadual ou municipal, inclusive autárquica), da Defensoria Pública ou do Ministério Público.

(C) contra a decisão de Turma Recursal da 1ª Região que houver divergido, sobre questões de direito material na interpretação de lei federal, de decisão proferida por Turma Recursal da 5ª Região, caberá "pedido de uniformização", o qual será julgado em reunião conjunta das Turmas em conflito.

(D) o recurso, somente admissível contra a sentença definitiva – ressalvada a hipótese das medidas cautelares incidentais –, será necessariamente voluntário, competindo às respectivas Turmas Recursais o seu julgamento.

(E) a execução provisória de acordo ou sentença far-se-á mediante a extração de carta de sentença, e tratando-se de obrigação de pagar quantia certa, o juiz, após apresentada a necessária garantia, requisitará à autoridade citada para a causa que efetue o depósito do respectivo valor no prazo de 60 (sessenta) dias.

A: incorreta. Não cabe a União como parte autora no JEF, apenas como ré (L. 10.259/01, art. 6º, I); **B:** incorreta. Não há prazos em dobro ou diferenciados (L. 10.259/01, art. 9º). A citação deverá ocorrer com prazo de 30 dias antes da audiência de conciliação (mesmo artigo); **C:** incorreta. A uniformização de jurisprudência entre turmas de regiões distintas será julgada pela TNU (Turma Nacional de Uniformização - L. 10.259/01, art. 14, § 2º); **D:** correta (L. 10.259/01, art. 4º); **E:** incorreta. A Lei menciona o pagamento só após o trânsito em julgado (L. 10.259/01, art. 17).

Gabarito "D".

(Procuradoria Federal – 2007 – CESPE) Com respeito aos juizados especiais federais, julgue os itens a seguir.

(1) No foro onde estiver instalada vara do juizado especial federal, a competência deste é absoluta.

(2) Pessoa jurídica que seja empresa de pequeno porte não poderá ser autora nos juizados especiais federais.

(3) Nas causas de competência dos juizados especiais federais, quando a fazenda pública for condenada, não haverá reexame necessário.

(4) Compete ao advogado-geral da União expedir instruções referentes à atuação da AGU dos órgãos jurídicos das autarquias e fundações nas causas de competência dos juizados especiais federais, bem como fixar as diretrizes básicas para conciliação, transação e desistência do pedido e de recurso interposto.

1: certo (art. 20 da Lei 10.259/01; **2:** errado (art. 6º, I, da Lei 10.259/01); **3:** certo (art. 13 da Lei 10.259/01); **4:** certo (art. 2º do Decreto 4.250/02).

Gabarito 1C, 2E, 3C, 4C.

(Procurador do Estado/PE – CESPE – 2009) Acerca de procedimentos dos juizados especiais, assinale a opção correta.

(A) Estando o incapaz devidamente representado por seus pais e observada a necessária intervenção do MP, é viável que proponha ação perante o juizado especial.

(B) Tratando-se de causa que envolva valor compatível, é possível ajuizar ação do juizado especial contra entidades componentes do sistema financeiro, sejam elas privadas ou públicas, como, por exemplo, a Caixa Econômica Federal.

(C) Considerando que é vedado às pessoas jurídicas propor ação nos juizados cíveis, uma microempresa que se veja nas condições de ré em ação processada nesta sede não pode fazer pedido contraposto, sob pena de burlar a citada proibição.

(D) Nada impede que uma pessoa física seja cessionária de um crédito de pessoa jurídica para o fim específico de viabilizar o ingresso de ação nos juizados especiais, desde que se respeite o limite de valor que determina o conceito de causa de menor complexidade.

(E) Ainda que se verifique no juizado especial ser de alta complexidade a matéria discutida entre autor pessoa física e réu entidade bancária, o juiz não pode determinar ao primeiro a assistência de um advogado.

A: incorreta, porque o incapaz não pode ser parte no JEC (art. 8º da Lei 9.099/95); **B:** incorreta, porque não podem figurar como parte no JEC as empresas públicas da União (art. 8º da Lei 9.099/95); **C:** incorreta, porque "é admitido o pedido contraposto no caso de ser a parte pessoa jurídica" (Enunciado 31 do FONAJE – fórum nacional dos juizados especiais); **D:** incorreta (art. 8º, § 1º, I, da Lei 9.099/95); **E:** correta. Pode o juiz alertar as partes da conveniência do patrocínio por advogado (art. 9º, § 2º, da Lei 9.099/95), mas não determinar que o autor seja assistido por advogado.

Gabarito "E".

(Advogado – ELETROBRÁS – 2006 – NCE/UFRJ) Sobre Juizados Especiais Federais, é correto afirmar que:

(A) sua competência, no foro onde está instalado, é relativa;

(B) não cabe a realização da prova pericial, por tornar complexa a causa;

(C) acima de vinte salários mínimos, exige-se o patrocínio de advogado para ajuizar a demanda;

(D) as exceções de impedimento e suspeição têm que ser apresentadas na forma do CPC;

(E) as partes podem transacionar, em qualquer valor, desde que sobre as matérias abrangidas pela sua competência.

A: incorreto (art. 3º, § 3º, da Lei 10.259/01); **B:** incorreto (art. 12 da Lei 10.259/01); **C:** incorreto (art. 10 da Lei 10.259/01); **D:** correto (arts. 1º da Lei 10.259/01 e 30 da Lei 9.099/95); **E:** incorreto (arts. 1º da Lei 10.259/01 e 58 da Lei 9.099/95).

Gabarito "D".

6.2. MANDADO DE SEGURANÇA E *HABEAS DATA*

(Procurador Distrital – 2014 – CESPE) Julgue o seguinte item.

(1) No mandado de segurança que tenha como objeto a compensação de créditos tributários, a apelação interposta contra sentença concessiva da segurança será recebida no efeito meramente devolutivo.

1: Errada. A questão passa pela interpretação dos dispositivos relacionados à tutela de urgência e recursos na Lei do Mandado de Segurança (Lei 12.016/09). O art. 7º, § 2º venda a concessão de liminar relacionada à compensação de créditos tributários ("Não será concedida medida liminar que tenha por objeto a compensação de créditos tributários, a entrega de mercadorias e bens provenientes do exterior, a reclassificação ou equiparação de servidores públicos e a concessão de aumento ou a extensão de vantagens ou pagamento de qualquer natureza"). De seu turno, o art. 14, que trata da apelação no MS, destaca ser possível a execução provisória (ou seja, somente o recebimento do recurso no efeito devolutivo, nos termos do previsto no art. 521 do CPC), exceto quando não cabe a liminar ("§ 3º A sentença que conceder o mandado de segurança pode ser executada provisoriamente, salvo nos casos em que for vedada a concessão da medida liminar").

Gabarito 1E

(Procurador da Fazenda Nacional – 2006 – ESAF) (Adaptada) Nas ações de mandado de segurança:

(A) está legitimado para figurar no polo passivo, como "autoridade coatora", o Secretário da Receita Federal, na condição de titular máximo e representante legal, quando o ato administrativo apontado como ilegal ou abusivo for oriundo de alguma das diversas unidades (centrais, regionais, estaduais ou locais) da Secretaria da Receita Federal.

(B) a União (Fazenda Nacional), independentemente dos recursos ordinariamente cabíveis, pode requerer ao Presidente do Tribunal, ao qual competir o conhecimento respectivo do recurso, para evitar grave lesão à ordem, à saúde, à segurança ou à economia pública, a suspensão da execução da liminar anterior deferida por juiz de primeira instância.

(C) é lícito requerer, nos casos que envolvam prestações pecuniárias vencidas e vincendas, tanto a cessação *pro futuro* do alegado constrangimento quanto à repetição ou a compensação do indébito correspondente desde os seus primórdios.

(D) a decisão definitiva concessiva da segurança faz coisa julgada, formal e material, relativamente à ocorrência futura dos mesmos fatos.

(E) sendo a sentença concessiva, total ou parcialmente, da segurança requerida, incumbe à "autoridade coatora", no prazo legal contado a partir de sua notificação pelo juízo, apresentar recurso de apelação, com prejuízo do obrigatório duplo grau de jurisdição.

A: incorreta. Não se trata da autoridade responsável pelo ato (L. 12.016/09, art. 6º, § 3º); **B:** correta. Trata-se da suspensão de segurança (L. 12.016/09, art. 15); **C:** incorreta. Não há previsão legal nesse sentido e Súmula 269/STF: O mandado de segurança não é substitutivo de ação de cobrança; **D:** incorreta. Fatos futuros se referem a uma nova causa de pedir, não havendo proteção da coisa julgada (CPC, art. 301, §§ 1º e 2º); **E:** incorreta. Cabe o recurso ao ente público - sendo possível, também, à autoridade coatora (L. 12.016/09, art. 14, § 2º).

Gabarito "B"

(Procurador da Fazenda Nacional – 2004 – ESAF) No que concerne à legitimidade extraordinária das entidades associativas e de classe para a defesa de interesses de seus filiados em juízo é correto afirmar:

(A) as entidades associativas podem defender em juízo direitos subjetivos de seus filiados independentemente de autorização, em qualquer espécie de demanda, por se tratar de hipótese de substituição processual.

(B) as entidades associativas podem defender quaisquer direitos subjetivos de seus filiados em juízo, desde que devidamente autorizadas, por se tratar de substituição processual.

(C) as entidades associativas só podem impetrar mandado de segurança coletivo em prol de seus filiados, e desde que esteja presente o interesse da categoria reunida pela impetrante, cuidando-se de representação processual a exigir a autorização expressa.

(D) as entidades associativas só podem impetrar mandado de segurança coletivo e em prol de direitos individuais de seus membros, estejam ou não vinculados com os fins da entidade impetrante e ainda que não sejam peculiares da classe, mas independentemente de autorização, por se tratar de representação processual.

(E) as entidades associativas podem impetrar mandado de segurança coletivo independentemente de autorização expressa, para a proteção de direitos dos associados, independentemente de guardar vínculo com os fins próprios da entidade impetrante, exigindo-se, tão somente, que o direito esteja compreendido nas atividades exercidas pelos associados, mas não se exigindo que o direito seja peculiar da classe, tratando-se de substituição processual.

E: correta. Art. 21 da L. 12.016/09.

Gabarito "E".

(Procurador do Estado/PE – CESPE – 2009) Acerca do mandado de segurança, assinale a opção correta.

(A) O impetrante pode valer-se de todos os meios de prova em direito admitidos para comprovar suas alegações.

(B) No mandado de segurança, é lícito ao impetrante postular — e, ao juiz, deferir — providência liminar de natureza assecuratória do objeto pretendido na impetração.

(C) O juiz pode deixar de determinar a remessa dos autos ao MP, quando verificar que o tema versado nos autos é objeto de súmula dos tribunais superiores.

(D) A decisão do mandado de segurança impede que o impetrante, por ação própria, pleiteie os seus direitos e respectivos efeitos patrimoniais.

(E) O pedido de mandado de segurança pode ser renovado, mesmo quando a decisão denegatória lhe apreciar o mérito.

A: incorreta, pois não há dilação probatória no MS (somente prova documental, quanto ao direito líquido e certo); **B:** correta (art. 7º, § 1º, da Lei 12.016/2009); **C:** incorreta. A participação do MP é cogente – ainda que, por vezes, na prática, o MP diga inexistir interesse público a justificar (como em casos de MS contra multas de trânsito); **D:** incorreta, porque o MS não é ação de cobrança, mas ação tendente a garantir direito líquido e certo; **E:** incorreta, porque só será possível a renovação do pedido, quando na decisão denegatória não houver sido apreciado o mérito da impetração.

Gabarito "B"

(Procurador do Estado/RR – 2006 – FCC) Na ação de Mandado de Segurança,

(A) contra acórdão não unânime que der provimento à apelação cabem embargos infringentes.

(B) o pedido não poderá ser renovado se a decisão denegatória tiver por fundamento a falta de liquidez do direito do impetrante.

(C) haverá ampla dilação probatória.

(D) somente a autoridade coatora tem legitimidade para recorrer da sentença que conceder a segurança.

(E) não é possível concessão de liminar que tenha por objeto aumento de vencimentos de funcionário público.

A: incorreta (Súmulas 169 do STJ e 597 do STF); **B:** incorreta, pois o art. 6º, § 6º, da Lei 12.016/09 admite a renovação do mandado de segurança se a decisão denegatória não lhe houver apreciado o mérito; **C:** incorreta. O procedimento do mandado de segurança não admite a dilação probatória, eis que tem como objeto a defesa de direito líquido e certo que não necessita de produção de prova; **D:** incorreta. Embora seja a autoridade coatora que presta informações, a legitimidade é da pessoa jurídica que sucumbiu. Contudo, a lei estende à autoridade coatora o direito de recorrer (art. 14, § 2º, da Lei 12.016/09); **E:** correta (art. 7º, § 2º, da Lei 12.016/09).

Gabarito "E".

(Procurador do Estado/SC – 2010 – FEPESE) De acordo com a Lei nº 12.016, de 07 de agosto de 2009, que disciplina o mandado de segurança individual e coletivo, assinale a alternativa **correta**:

(A) É cabível mandado de segurança contra os atos de gestão comercial praticados pelos administradores de empresas públicas.

(B) O direito de requerer mandado de segurança extinguir-se-á decorridos 180 (cento e oitenta) dias, contados da ciência, pelo interessado, do ato impugnado.

(C) Os processos de mandado de segurança e os respectivos recursos terão prioridade sobre todos os atos judiciais, salvo *habeas corpus* e *habeas data*.

(D) Não se concederá mandado de segurança quando se tratar de decisão judicial da qual caiba recurso com efeito suspensivo.

(E) Não é permitida a impetração de mandado de segurança por telegrama.

A: incorreta (art. 1º, § 2º, da Lei 12.016/2009); **B:** incorreta, porque o prazo é de 120 dias (art. 23 da Lei 12.016/2009); **C:** incorreta, pois o *habeas data* não se inclui na ressalva legal à prioridade (art. 20 da Lei 12.016/2009); **D:** correta (art. 5º, II, da Lei 12.016/2009); **E:** incorreta (art. 4º da Lei 12.016/2009).

Gabarito "D".

(Procurador do Estado/AC – FMP – 2012) Em se tratando de mandado de segurança, é INCORRETO afirmar:

(A) Denegada a ordem em mandado de segurança da competência original dos tribunais, caberá recurso ordinário.

(B) É cabível o recurso de embargos infringentes.

(C) É cabível contra decisão impugnada por recurso desprovido de efeito suspensivo.

(D) Em mandado de segurança coletivo, a concessão de liminar contra o poder público está condicionada à audiência de seu representante judicial.

A: correta. O específico cabimento do recurso ordinário é a denegação, por acórdão, de ação constitucional originária de Tribunal (CPC, art. 539); **B:** incorreta, devendo ser assinalada. Por entendimento jurisprudencial, não cabem infringentes de decisão que julga MS por maioria (Súmula 169/STJ: São inadmissíveis embargos infringentes no processo de mandado de segurança); **C:** correta. Uma das formas de se buscar atribuir efeito suspensivo a recurso que, ordinariamente, não tem tal efeito, é o MS (outra opção, conforme o caso, é o uso de cautelar inominada); **D:** correta. Tratando-se de tutela de urgência contra o Estado, há necessidade de prévia oitiva do ente estatal (L. 8.437/92, art. 1º, § 4º).

Gabarito "B".

(Procurador do Estado/PR – UEL-COPS – 2011) Sobre o mandado de segurança, analise as seguintes assertivas:

I. cabe mandado de segurança contra ato praticado em licitação promovida por sociedade de economia mista ou empresa pública.

II. o pagamento de vencimentos e vantagens pecuniárias a servidores públicos, assegurados em sentença concessiva de mandado de segurança transitada em julgado, será efetuado relativamente às prestações que se vencerem a contar da data de 120 (cento e vinte) dias anteriores ao ajuizamento da inicial.

III. quaisquer atos ou omissões praticados pelos administradores de concessionárias de serviços públicos, desde que qualificados como ilegais ou abusivos, são controláveis judicialmente por via do mandado de segurança.

IV. a sentença concessiva de mandado de segurança, apesar de se submeter ao reexame necessário, pode ser provisoriamente executada, uma vez que a apelação interponível deve ser recebida, como regra, apenas no efeito devolutivo.

Alternativas:

(A) estão corretas apenas as afirmações II e IV;

(B) estão corretas apenas as afirmações I e IV;

(C) está correta apenas a afirmação I;

(D) está correta apenas a afirmação III;

(E) estão corretas todas as afirmações.

I: correta. Considerando que a licitação é ato de autoridade (ainda que se tratando de empresa pública), correta a afirmação. L. 12.016/09, art. 1º; **II:** incorreta. O pagamento será devido a partir do ajuizamento da inicial. L. 12.016/09, art. 14, § 4º; **III:** incorreta. Se o ato for de gestão comercial, descabe MS. L. 12.016/09, art. 1º, § 2º; IV. Correta. L. 12.016/09, art. 14, § 3º.

Gabarito "B".

(Procurador do Estado/SE – FCC – 2005) Relativamente ao mandado de segurança, é INCORRETO afirmar:

(A) O sujeito passivo é a pessoa jurídica de direito público ao qual está vinculada a autoridade coatora.

(B) Contra acórdão que julga a impetração originariamente, denegando a ordem, somente cabe Recurso Extraordinário.

(C) O direito liquido e certo é aquele manifesto em sua existência e que pode ser demonstrado documentalmente.

(D) Trata-se de ação civil ainda quando impetrado contra ato de juiz criminal, aplicando-se, mesmo que subsidiariamente, as disposições do Código de Processo Civil.

(E) É ação de cognição sumária.

A: correta. Questão polêmica na doutrina, mas a L. 12016/99 colocou no polo passivo a autoridade coatora e a pessoa jurídica de direito público (art. 6º); **B:** incorreta, devendo esta ser assinalada. Cabe recurso ordinário constitucional (CPC, art. 539); **C:** correta. Não há instrução probatória no MS, mas apenas a juntada de documentos na inicial; **D:** correta. Da mesma forma que o HC é sempre ação penal, mesmo de prisão civil; **E:** correta. Na linha do comentário à alternativa "C".

Gabarito "B".

(Procurador do Município/Manaus-AM – 2006 – FCC) Com relação a concessão, de medidas cautelares contra o Poder Público, de acordo com a Lei 8.437/92, está correto afirmar:

(A) Na ação civil pública, a liminar será concedida, quando cabível, após a audiência do representante judicial da pessoa jurídica de direito público, que deverá se pronunciar no prazo de vinte e quatro horas.

(B) Será cabível, no juízo de primeiro grau, medida cautelar inominada ou a sua liminar, quando impugnado ato de autoridade sujeita, na via de mandado de segurança, à competência originária de tribunal.

(C) No mandado de segurança coletivo, a liminar será concedida, quando cabível, independentemente da audiência do representante judicial da pessoa jurídica de direito público.

(D) Não será cabível medida liminar contra atos do Poder Público, no procedimento cautelar, toda vez que providência semelhante não puder ser concedida em ações de mandado de segurança, em virtude de vedação legal.

(E) O recurso voluntário interposto contra sentença em processo cautelar, proferida contra pessoa jurídica de direito público ou seus agentes que importe em outorga ou adição de vencimentos, não terá efeito suspensivo.

A: incorreta. O prazo é de 72 horas (L. 8.437/92, art. 2º); **B:** incorreta. Não será cabível (L. 8.437/92, art. 1º, § 1º); **C:** incorreta. Mesma hipótese de "A" (L. 8.437/92, art. 2º); **D:** correta. L. 8.437/92, art. 1º; **E:** incorreta. Na hipótese, haverá efeito suspensivo (L. 8.437/92, art. 3º).

Gabarito "D".

(Procurador do Município/Sorocaba-SP – 2012 – VUNESP) Impetrado mandado de segurança, na petição inicial foi apontada como autoridade coatora o administrador de determinada empresa pública municipal, sob o argumento de abuso de autoridade em relação a ato de gestão por ele praticado.

Nesse caso:

(A) o juiz poderá conceder liminar em mandado de segurança, independentemente de requerimento da parte.

(B) independentemente da concessão ou não de liminar em mandado de segurança, a autoridade apontada como coatora será intimada para prestar informações e citada, pessoalmente, para responder ao mandado.

(C) a inicial do mandado de segurança deverá ser desde logo indeferida, por decisão motivada, por não se enquadrar a hipótese apresentada no caso de cabimento de mandado de segurança.

(D) o mandado de segurança deverá ter seu regular processamento para que o juiz possa decidir pela concessão ou não da segurança.

(E) não é cabível concessão de liminar em mandado de segurança contra o Poder Público.

Tratando-se de ato de gestão comercial de administrador de empresa pública, não cabe MS (L. 12.016/09, art. 1º, § 2º).

Gabarito "C".

(Procurador da Fazenda Nacional – 2004 – ESAF) Impetrado mandado de segurança, o juízo concede a liminar pleiteada. A sentença, todavia, denega a segurança, interpondo o impetrante recurso de apelação, que é recebido em seu duplo efeito. Postos assim os fatos, assinale a opção correta.

(A) A atribuição de efeito suspensivo ao recurso contraria a regra geral, segundo a qual o recurso contra todas as sentenças proferidas em mandado de segurança deve ser recebido apenas no efeito devolutivo. Irrecorrida a decisão que recebeu o recurso, persistem os efeitos da liminar.

(B) Correta a decisão que recebeu o recurso em seu duplo efeito. A liminar, todavia, fica absorvida pela sentença, perdendo seus efeitos *ex tunc*, isto é, desde a sua concessão.

(C) Correta a decisão que recebeu o recurso em seu duplo efeito. Por força do efeito suspensivo, a liminar subsiste até que seja decidida a apelação pelo órgão *ad quem*.

(D) A atribuição de efeito suspensivo ao recurso contraria a regra geral, segundo a qual o recurso contra todas as sentenças proferidas em mandado de segurança deve ser recebido apenas no efeito devolutivo. Tal circunstância, todavia, apenas impõe a cassação dos efeitos da liminar com eficácia *ex nunc*.

(E) Correta a decisão que recebeu o recurso em seu duplo efeito. A liminar, todavia, fica absorvida pela sentença, perdendo seus efeitos *ex nunc*, por força do efeito suspensivo.

A regra geral do CPC é o duplo efeito (CPC, art. 520). Na lei do MS, no caso de concessão da ordem, será possível a execução provisória e, assim, somente efeito devolutivo (L. 12.016/09, art. 13, § 3º). No caso de denegação da ordem, duplo efeito na apelação.

Contudo, segundo entendimento majoritário da jurisprudência, o recebimento no duplo efeito não significa que a liminar será repristinada – mas que se volta ao momento antes da impetração da medida (ou seja, sem liminar). Isso porque, dentre outros argumentos, a sentença substitui a decisão interlocutória que apreciou a liminar – por isso, não há como reativá-la.

Gabarito "B"

(Procurador do Estado/PA – 2011) Assinale a assertiva CORRETA:

I. A Ação Civil Pública será proposta no foro do local onde ocorrer o dano, cujo juízo terá competência funcional para processar e julgar a causa, e poderá ter por objeto apenas a condenação ao cumprimento de obrigação de fazer ou não fazer.

II. A ação cautelar, para os fins da Lei 7.347/85, poderá ser ajuizada para evitar o dano ao meio ambiente, ao consumidor, à ordem urbanística ou aos bens e direitos de valor artístico, estético, histórico, turístico e paisagístico, sendo o Ministério Público legitimado apenas para propor a ação principal.

III. Na Ação de Mandado de Segurança, terminado o prazo para prestação de informações pela autoridade coatora, o representante do Ministério Público, dentro do prazo improrrogável de 10 (dez) dias, opinará, e com ou sem o parecer do Ministério Público, os autos serão conclusos ao Juiz, para decisão.

IV. O Presidente do Tribunal não poderá estender a pedidos supervenientes, os efeitos da suspensão de liminar em uma única decisão em Mandado de Segurança, ainda que tenham objetos idênticos.

V. Quando não publicado, no prazo de 30 (trinta) dias, contado da data do julgamento, o acórdão que julgou o Mandado de Segurança será substituído pelas respectivas notas taquigráficas, independentemente de revisão.

(A) Todas as assertivas estão incorretas.

(B) Apenas as assertivas I, II e III estão incorretas.

(C) Apenas as assertivas I, II e IV estão incorretas.

(D) Apenas as assertivas IV e V estão incorretas.

(E) Apenas as assertivas III e V estão incorretas.

A ACP pode ser condenatória ou ter qualquer espécie de pedido (L. 7.347/85, art. 3º); **II:** incorreta. O MP tem legitimidade ampla para a ACP (L. 7.347/85, art. art. 5º, I); **III:** correta. L. 12.016/09, art. 12; IV: incorreta. L. 12.016/09, art. 15, § 4º, sendo possível que o Presidente do tribunal assim proceda; V: correta. L. 12.016/09, art. 17.

Gabarito "C".

(Advogado da União/AGU – CESPE – 2012) Com relação à suspensão de segurança, julgue os itens subsequentes.

(1) Caso determinado desembargador federal conceda tutela antecipada em agravo de instrumento, poderá a fazenda pública insurgir-se contra a decisão, mediante a interposição de suspensão de segurança dirigida ao presidente do STJ, sendo a matéria infraconstitucional.

(2) Se determinado juiz, em ação civil pública, conceder liminar desfavorável à fazenda pública, esta poderá interpor pedido de suspensão de segurança, ainda que esteja pendente de julgamento agravo de instrumento interposto contra a mesma decisão.

1: correta. L. 8.437/92, art. 4º; **2:** correta. L. 8.437/92, art. 4º, § 6º.

Gabarito 1C, 2C

(Advogado – CEF – 2012 – CESGRANRIO) O correntista Y pretende obter dados sobre a conta-corrente de sua genitora na instituição financeira W. Para isso, realiza o devido requerimento que vem a ser indeferido pelo gerente da agência onde a conta deveria ser cadastrada. Diante disso, Y impetra *Habeas Data* contra a instituição financeira. Sobre o *Habeas Data*, tem-se que:

(A) é instituto restrito à prestação de informações pessoais, não podendo ser utilizado por terceiros.

(B) é instituto substitutivo de ação com preceito condenatório para obtenção de perdas e danos.

(C) pode ser utilizado por pessoa física para acesso de informações de pessoa jurídica.

(D) deve ser acessado por ente de núcleo familiar desde que autorizado por procuração.

(E) guarda informações públicas, devendo o Banco de Dados, vinculado a qualquer instituição, fornecer as informações a quem as requeira.

A: correto. Conceder-se-á *habeas data* para assegurar o conhecimento de informações relativas à *pessoa do impetrante*, constantes de registros ou bancos de dados de entidades governamentais ou de caráter público (arts. 5º, LXXII, "a", da CF, e 7º, I, da Lei 9.507/97). Uma vez que o correntista Y pretende obter informações a respeito de outra pessoa – ainda que seja sua genitora – agiu bem o gerente bancário ao indeferir o acesso às informações solicitadas. O *habeas data* afigura-se cabível, ainda, para a retificação de dados constantes em registros ou bancos de dados de entidades governamentais ou de caráter público, nos termos do art. 5º, LXXII, "b", da Constituição Federal; **B:** incorreto. O objeto do *habeas data* é restrito e encontra-se delimitado no texto dos arts. 5º, LXXII, da CF, e 7º da Lei 9.507/97. De uma simples leitura de tais repositórios, depreende-se que a postulação de perdas e danos não se coaduna com o escopo de tal *writ*; daí por que não é sucedâneo de ação condenatória; C e **D:** incorretos. Como já alinhavado na primeira alternativa, o *habeas data* deve ser deferido para assegurar o conhecimento de informações relativas *à pessoa do impetrante*, constantes de registro ou banco de dados de entidades governamentais ou de caráter público. Cuida-se de *ação personalíssima* que, portanto, não pode ser exercitada com vistas a obter acesso a informações referentes a terceiros, ainda quando o impetrante esteja autorizado pelo mandante (arts. 5º, LXXII, "a", da CF, e 7º, I, da Lei 9.507/97); **E:** incorreto, eis que o banco de dados pode se destinar ao uso privativo do órgão ou entidade produtora ou depositária das informações. Nessa circunstância, não se revestirão de caráter público as informações armazenadas pela instituição (art. 1º, parágrafo único, da Lei 9.507/97).

Gabarito "A".

(Advogado – CEF – 2010 – CESPE) As empresas Luz para Todos Ltda. e Fiação Elétrica Ltda., em litisconsórcio ativo, ajuizaram mandado de segurança, com pedido liminar, em face de ato do gerente de filial de licitações e contratações da CAIXA, em Brasília – DF, que, motivado por atraso na entrega do serviço de rede elétrica, previamente contratado mediante licitação, teria imposto, a ambas, multas no valor de R$ 5.000,00. Com base no novo disciplinamento jurídico do mandado de segurança e na jurisprudência do STJ, assinale a opção correta tendo como referência a situação hipotética apresentada.

(A) A decisão de juiz do primeiro grau que conceder ou denegar a liminar será irrecorrível.

(B) Uma das empresas deve ser excluída do polo ativo da relação jurídica processual, uma vez que não é mais cabível o litisconsórcio ativo no pro cedimento do mandado de segurança.

(C) Não cabe mandado de segurança contra os atos de gestão comercial praticados pelos administradores de empresas públicas.

(D) No caso de improcedência do pedido, as empresas deverão ser condenadas ao pagamento de honorários advocatícios; no caso de litigância de má-fé, não lhes podem ser aplicadas as sanções previstas no Código de Processo Civil (CPC) a esse título.

(E) Se, em grau de apelação, o tribunal reformar a sentença denegatória da segurança, caberá a interposição de embargos infringentes.

A: incorreto. Em face de tal decisão, caberá *agravo de instrumento* (art. 7º, § 1º, da Lei 12.016/09); **B:** incorreto. É vedada a formação de litisconsórcio ativo ulterior (art. 10, § 2º, da Lei 12.016/09); **C:** correto (art. 1º, § 2º, da Lei 12.016/09); **D** e **E:** incorretos (art. 25 da lei 12.016/09).

Gabarito "C".

(Advogado – PETROBRÁS DISTRIB. – 2010 – CESGRANRIO) Caio, Gerente comercial da Empresa X – estatal de economia mista, após os trâmites de estilo, subscreve, como representante legal da empresa, contrato de prestação de serviços com a Empresa Y, especialista na manutenção de cabos elétricos. Durante o período de dez meses, o serviço transcorre normalmente. No décimo primeiro mês, a empresa Y falha, seguidamente, na prestação dos serviços avençados, sofrendo multa prevista no contrato. Inconformada, a empresa contratada impetra mandado de segurança contra o ato do Gerente comercial da Empresa X. No desenvolvimento da análise desse caso, constatou-se que:

(A) a ação popular é cabível diante do prejuízo para a Administração Pública.

(B) o *mandamus* é perfeitamente cabível por ser o ato atacado de autoridade.

(C) as características peculiares das empresas controladas pelo Estado permitem, regra geral, o manejo da ação mandamental.

(D) os atos de gestão comercial das empresas públicas ou sociedades de economia mista não são atacáveis por mandado de segurança diante da novel legislação.

(E) os atos de gestão comercial somente estão infensos ao controle mandamental, se praticados pelo presidente da empresa pública ou sociedade de economia mista.

A: incorreto, visto que a ação popular só pode ser ajuizada por quem é cidadão, *status* este não havido pela sociedade Y, na condição de pessoa jurídica (art. 5º, LXXIII, da CF e Súmula 365 do STF); **B:** incorreto. O ato praticado pela sociedade X se amolda ao conceito de *ato de gestão*, o qual não é impugnável por mandado de segurança (art. 1º, § 2º, da Lei 12.016/09); **C:** incorreto. Só caberá o mandado de segurança quando o ato praticado for de *autoridade*, isto é, se os dirigentes de pessoas jurídicas ou as pessoas naturais agirem no exercício de atribuições do poder público, *somente no que disser respeito a essas atribuições;* **D:** correto. Não cabe mandado de segurança contra os atos de gestão comercial praticados pelos administradores de empresas públicas, de sociedade de economia mista e de concessionárias de serviço público (art. 1º, § 2º, da Lei 12.016/09); **E:** incorreto (art. 1º, § 2º, da Lei 12.016/09).

Gabarito "D".

(Advogado – BNDES – 2010 – CESGRANRIO) O Banco Bah propõe ação de procedimento ordinário em face da Empresa TA S/A, alegando danos morais e materiais decorrentes de atos realizados pelos prepostos da ré que, a par de descumprirem normas contratuais, ofenderam os funcionários do Banco que supervisionavam o cumprimento da avença. Foi determinada a citação da Empresa que não apresentou contestação. Apesar de declarada a revelia, foi determinada a realização de audiência de instrução e julgamento. Após a oitiva das testemunhas, com o indeferimento de inúmeras perguntas, não foi acatado agravo retido interposto em audiência pelo advogado do Banco. Na ata de audiência, constou o indeferimento do agravo, tendo sido prolatada sentença no mesmo ato. O recurso de apelação foi apresentado tempestivamente, mas não foi recebido, por entender o magistrado que o recurso seria inadequado. De tal decisão foi ofertado agravo de instrumento, também obstado pelo mesmo motivo: inadequação. Não mais existem recursos a ofertar. Observado o descrito acima, conclui-se que:

(A) foram esgotados os meios defensivos, observado o devido processo.

(B) havendo atos teratológicos, sem recursos, o meio de impugnação cabível é o Mandado de Segurança.

(C) o magistrado está dispensado de prestar informações quanto a seus atos, atacados por *mandamus*.

(D) os atos judiciais, como os descritos no texto, são infensos ao Mandado de Segurança.

(E) a liminar, em mandado de segurança, não poderia destrancar o recurso não recebido, neste caso.

A: incorreto. Resta à parte sucumbente socorrer-se dos meios autônomos de impugnação das decisões jurisdicionais, a exemplo do mandado de segurança e da ação rescisória, desde que preenchidos os requisitos ínsitos a cada uma dessas ações; **B:** correto. Esgotadas as vias recursais dotadas de efeito suspensivo, bem assim a possibilidade de intervenção correicional, o mandado de segurança é apropriado para impugnar decisão judicial teratológica ou eivada de flagrante ilegalidade, conforme já sedimentado pela jurisprudência do STJ. Ratificando o que ora se assevera, observe-se o teor do aresto a seguir denotado: PROCESSUAL CIVIL. MEDIDA CAUTELAR. RECURSO ORDINÁRIO. MANDADO DE SEGURANÇA IMPETRADO CONTRA ATO JUDICIAL. TERATOLOGIA. NÃO OCORRÊNCIA. FUMAÇA DO BOM DIREITO E PERIGO NA DEMORA INEXISTENTES. [...] 2. *Segundo firme jurisprudência deste Superior Tribunal de Justiça, quando a suposta ilegalidade deriva de ato judicial, o cabimento do* writ *requer a demonstração da teratologia do* decisum *impugnado, bem como a ausência de recurso com efeito suspensivo, ou ainda que a situação não pode ser resolvida por meio de intervenção correcional.* [...] (AgRg nos EDcl na MC 19.106/SP, Rel. Ministro CASTRO MEIRA, SEGUNDA TURMA, julgado em 05/06/2012, DJe 14/06/2012). Na hipótese, uma vez proferida sentença pelo órgão jurisdicional, se a parte irresignada com o decisório ainda planear ver prevalecer sua pretensão, deverá interpor recurso de apelação, *ex vi* do art. 513 do CPC, não havendo cogitar-se de qualquer inadequação recursal na espécie. Sendo assim, revela-se teratológica a deliberação do juízo que deixou de receber o apelo com base em tal fundamento, daí por que se mostra possível a concessão liminar da segurança com vistas a destrancar o recurso inadmitido de modo ilegal pelo órgão *a quo*; **C:** incorreto. O magistrado, na condição de autoridade coatora, deverá prestar as informações no prazo de dez dias, consoante disposto na legislação de regência (art. 7º, I, da Lei 12.016/09); **D** e **E:** incorretos, conforme verificado nos comentários acima expostos.

Gabarito "B".

(Advogado – DATAPREV – 2009 – UFF) É correto afirmar que:

(A) cabem embargos infringentes de acórdão que em mandado de segurança decidiu, por maioria de votos, a apelação;

(B) cabe agravo regimental contra decisão do relator que concede ou indefere liminar em mandado de segurança;

(C) a existência de controvérsia sobre matéria de direito impede a concessão de mandado de segurança;

(D) não cabe condenação em honorários de advogado na ação de mandado de segurança;

(E) cabe recurso extraordinário contra acórdão que defere medida liminar.

A: incorreto (art. 25 da Lei 12.016/09 e Súmula 597 do STF); **B:** incorreto (Súmula 622 do STF); **C:** incorreto (Súmula 625 do STF); **D:** correto (art. 25 da Lei 12.016/09 e Súmula 512 do STF); **E:** incorreto (Súmula 735 do STF).

Gabarito "D".

(Advogado – CORREIOS – 2008 – ESPP) Avalie as afirmativas abaixo:

I. Podem ser sujeito passivo do mandado de segurança as autoridades judiciárias, quando praticarem atos administrativos ou proferirem decisões judiciais que lesem direito individual ou coletivo, líquido e certo, do impetrante.

II. O mandado de segurança normalmente é repressivo de uma ilegalidade cometida, mas pode ser preventivo de uma ameaça a direito líquido e certo.

III. Para fins de mandado de segurança consideram-se atos de autoridade aqueles praticados por pessoas naturais ou jurídicas representantes de concessionária de serviço de utilidade pública.

IV. A lei regularmente votada e os atos *interna corporis* do Poder Legislativo não são passíveis de serem atacado pela via do mandado de segurança.

Assinale a alternativa correta:

(A) Os itens I e III estão incorretos.

(B) Os itens II e IV estão incorretos.

(C) Apenas o item II está correto.

(D) Todos os itens estão corretos.

I: correto. Esgotadas as vias recursais dotadas de efeito suspensivo, bem assim a possibilidade de intervenção correicional, o mandado de segurança é apropriado para impugnar decisão judicial teratológica ou eivada de flagrante ilegalidade, conforme já sedimentado pela jurisprudência do STJ. Da mesma forma, se a autoridade judiciária, no exercício de função eminentemente administrativa, exarar deliberação impregnada de ilegalidade, tal ato sujeitar-se-á, outrossim, ao controle pela via mandamental (art. 1º, *caput*, da Lei 12.016/09); **II:** correto. A locução "ou houver justo receio de sofrê-la por parte de autoridade, seja de que categoria for e sejam quais forem as funções que exerça" autoriza a impetração do denominado *mandado de segurança preventivo* (art. 1º, *caput*, parte final, da Lei 12.016/09); **III:** correto (art. 1º, § 1º, da Lei 12.016/09). Cabe mandado de segurança, por exemplo, contra ato praticado por dirigente de sociedade empresária concessionária de serviço público no exercício de função federal delegada. PROCESSUAL CIVIL E ADMINISTRATIVO. COMPETÊNCIA DA JUSTIÇA FEDERAL. MANDADO DE SEGURANÇA. FORNECIMENTO DE ENERGIA ELÉTRICA. MULTA DO ART. 538 DO CPC. SÚMULA 98/STJ. INAPLICABILIDADE. 1. É assente nesta Corte o entendimento de que compete à Justiça Federal (art. 109, VIII, da CF/1988) o processamento e o julgamento de Mandado de Segurança impetrado contra ato de autoridade federal, qualidade de que se considera revestido o agente de empresa concessionária de serviços públicos de energia elétrica, quando no exercício de função federal delegada. Precedentes do STJ. [...] (AgRg no REsp 1034351/SP, Rel. Ministro HERMAN BENJAMIN, SEGUNDA TURMA, julgado em 23/04/2009, DJe 19/05/2009); IV: correto. Primeiramente, o mandado de segurança não é via adequada para combater lei em tese (Súmula 266 do STF). Em segundo lugar, as questões classificadas como *interna corporis* estão excluídas do controle jurisdicional, conforme já pacificado no âmbito da jurisprudência do STF. A esse respeito, confira-se o julgado assim ementado: "Agravo regimental. Mandado de segurança. Questão *interna corporis*. Atos do Poder Legislativo. Controle judicial. Precedente da Suprema Corte. 1. A sistemática interna dos procedimentos da Presidência da Câmara dos Deputados para processar os recursos dirigidos ao Plenário daquela Casa não é passível de questionamento perante o Poder Judiciário, inexistente qualquer violação da disciplina constitucional. 2. Agravo regimental desprovido. (MS 25588 AgR, Relator(a): Min. MENEZES DIREITO, Tribunal Pleno, julgado em 02/04/2009)".

Gabarito "D".

(Advogado – EPE – 2007 – CESGRANRIO) Quanto ao mandado de segurança, é **INCORRETO** afirmar que:

(A) em caso de urgência, é permitido impetrar o mandado de segurança por telegrama ou radiograma.

(B) o pedido de mandado de segurança não poderá ser renovado, ainda que a decisão denegatória não lhe aprecie o mérito.

(C) os processos de mandado de segurança terão prioridade sobre todos os atos judiciais, salvo *habeas corpus*.

(D) a sentença que conceder o mandado fica sujeita ao duplo grau de jurisdição, podendo, entretanto, ser executada provisoriamente.

(E) não se dará mandado de segurança quando se tratar de despacho ou decisão judicial, quando haja recurso previsto nas leis processuais ou possa ser modificado por via de correção.

A: correto (art. 4º, *caput*, da Lei 12.016/09); **B:** incorreto (art. 6º, § 6º, da Lei 12.016/09); **C:** correto (art. 20, *caput*, da Lei 12.016/09); **D:** correto (art. 14, § 3º, da Lei 12.016/09); **E:** correto (Art. 5º, II, da Lei 12.016/09 e Súmula 267 do STF).

Gabarito "B".

(Advogado – PETROBRÁS – 2006 – CESGRANRIO) A respeito do mandado de segurança, analise as afirmativas abaixo, qualificando-as como certas (C) ou erradas (E).

( ) Uma empresa multinacional possui legitimidade ativa para impetrar mandado de segurança.

( ) É admissível contra ato de juiz de direito que seja insuscetível de recurso.

( ) A fase destinada à instrução probatória é ampla e irrestrita.

( ) Após a notificação, a autoridade coatora tem prazo de 10 dias para prestar informações.

( ) Caso a autoridade coatora não preste as informações no prazo legal, o juiz aplicará os efeitos usuais da revelia.

A sequência correta é:

(A) C, C, C, E, C.

(B) C, C, E, C, E.

(C) C, C, E, E, E.

(D) C, E, C, E, C.

(E) E, E, E, C, C.

I: certo. Aos estrangeiros, ainda que não domiciliados no País, é assegurado o direito de impetrar mandado de segurança. Assim se posiciona a jurisprudência do STF há mais de meio século, nos termos do aresto a seguir: "ESTRANGEIRO NÃO RESIDENTE PODE IMPETRAR SEGURANÇA NA DEFESA DE DIREITO FUNDAMENTAL LIQUIDO E CERTO. (RE 44621, Relator(a): Min. CÂNDIDO MOTTA, Primeira Turma, julgado em 07/04/1960)"; **II:** certo. Esgotadas as vias recursais dotadas de efeito suspensivo, bem assim a possibilidade de intervenção correicional, o mandado de segurança é apropriado para impugnar decisão judicial teratológica ou eivada de flagrante ilegalidade, conforme já sedimentado pela jurisprudência do STJ; **III:** errado. O mandado de segurança, enquanto ação constitucional de rito especial, não admite dilação probatória – a exemplo da produção de prova testemunhal e pericial – dado que o direito líquido e certo do impetrante deve ser comprovado *prima facie*, ou seja, de forma pré-constituída. Nessa direção: PROCESSUAL CIVIL. REVALORIZAÇÃO JURÍDICA DOS FATOS. POSSIBILIDADE. ÔNUS DA PROVA. MANDADO DE SEGURANÇA. PROVA PRÉ-CONSTITUÍDA. NECESSIDADE. RECURSO PROVIDO. [...] 3. *O mandado de segurança é ação de rito especial em que se exige do impetrante a comprovação de plano do direito líquido e certo violado, não sendo admitida dilação probatória. 4. Ao entender que caberia ao ente público comprovar a legalidade da multa aplicada, o Tribunal* a quo *contrariou o princípio da presunção de legitimidade do ato administrativo, além da sistemática probatória da ação mandamental, que exige a comprovação do direito vindicado por meio de prova pré-constituída.* [grifos nossos] 5. Recurso especial provido. (REsp 1172088/SP, Rel. Ministro CASTRO MEIRA, SEGUNDA TURMA, julgado em 07/10/2010, DJe 21/10/2010); IV: certo (art. 7º, I, da Lei 12.016/09); V: errado. Ainda que a autoridade coatora não preste as devidas informações ou o faça de modo insuficiente, compete ao impetrante o ônus de comprovar o direito líquido e certo alegado na inicial, até por conta da presunção de legitimidade de que se revestem os atos administrativos. Nesse sentido: PROCESSUAL CIVIL E ADMINISTRATIVO. MANDADO DE SEGURANÇA. INFORMAÇÕES INTEMPESTIVAS. AUSÊNCIA DE REVELIA. FISCALIZAÇÃO E CONTROLE DE PRODUTOS FLORESTAIS. DIVERGÊNCIA ENTRE A QUANTIDADE DE MADEIRA DECLARADA E O ESTOQUE EM PÁTIO. SUSPENSÃO DA LICENÇA OPERACIONAL ANTES CONCEDIDA À EMPRESA. INEXISTÊNCIA DE DIREITO LÍQUIDO E CERTO. I - *Segundo assente na jurisprudência desta colenda Corte, "a intempestividade das informações prestadas pela autoridade apontada coatora no mandado de segurança não induz a revelia, uma vez que ao impetrante cumpre demonstrar, mediante prova pré-constituída dos fatos que embasam a impetração, a ocorrência do direito líquido e certo"* (RMS nº 11571/SP, Rel. Min. SÁLVIO DE FIGUEIREDO TEIXEIRA, Quarta Turma, DJ de 23/10/2000) [...] III - Recurso ordinário conhecido, porém improvido. (RMS 26.170/RO, Rel. Ministro FRANCISCO FALCÃO, PRIMEIRA TURMA, julgado em 04/12/2008, DJe 15/12/2008)"".

Gabarito "B"

(Advogado – BNDES – 2004 – CESGRANRIO) O mandado de segurança impetrado contra ato de dirigente de empresa pública estadual, que age por delegação do Poder Público Federal, será julgado originariamente pelo:

(A) Juiz de Direito competente.

(B) Juiz Federal competente.

(C) Tribunal de Justiça do respectivo Estado.

(D) Tribunal Regional Federal da respectiva Região.

(E) Superior Tribunal de Justiça.

B: correto. Por se cuidar de particular no exercício de função delegada pela União, o *mandamus* deve ser impetrado perante o juízo federal competente. Ao menos, essa é a tônica da jurisprudência do STJ: CONFLITO DE COMPETÊNCIA. MANDADO DE SEGURANÇA. MATRÍCULA EM INSTITUIÇÃO PARTICULAR DE ENSINO SUPERIOR. EXERCÍCIO DE FUNÇÃO DELEGADA DA UNIÃO. COMPETÊNCIA DO JUÍZO FEDERAL. 1. A competência cível da Justiça Federal é definida *ratione personae*, sendo irrelevante a natureza da controvérsia posta à apreciação. Não figurando, em qualquer dos polos da relação processual, a União, entidade autárquica ou empresa pública federal, a justificar a apreciação da lide pela Justiça Federal, impõe-se rejeitar a sua competência. 2. *Entretanto, tratando-se de mandado de segurança, a competência para apreciar a lide é determinada pela hierarquia funcional da autoridade coatora. Desta forma, a autoridade de instituição privada no exercício de função federal delegada sujeita-se ao crivo da Justiça Federal desde que o ato não seja de simples gestão, mas de delegação, competindo à Justiça federal decidir sobre admissibilidade da impetração.* 3. Versando a causa sobre o indeferimento de matrícula em estabelecimento particular de ensino superior, este estará no exercício de função delegada da União, devendo a ação ser ajuizada perante a Justiça Federal. 4. Hipótese em que a impetrante impugna o indeferimento de matrícula em instituição particular de ensino superior, tendo em vista a ausência de comprovação de conclusão do segundo grau. 5. Conflito conhecido para declarar competente o Juízo Federal da 2ª Vara de Itajaí - SJ/SC, o suscitante (CPC, art. 120, parágrafo único). (CC 40.512/SC, Rel. Ministro LUIZ FUX, PRIMEIRA SEÇÃO, julgado em 10/03/2004, DJ 05/04/2004, p. 190) [grifos nossos]

Gabarito "B"

(Advogado – BNB – 2006 – ACEP) Assinale a alternativa **INCORRETA**.

(A) O mandado de segurança pode ser individual ou coletivo.

(B) Organização sindical legalmente constituída e em funcionamento há pelo menos seis meses tem legitimidade para impetrar mandado de segurança coletivo.

(C) Partido político com representação no Congresso Nacional tem legitimidade para impetrar mandado de segurança.

(D) O prazo para interposição de mandado é decadencial.

(E) O rito do mandado de segurança coletivo é o mesmo do mandado de segurança individual.

A: correto (arts. 1º e 21 da Lei 12.016/09); **B:** incorreto, de vez que a associação deve estar legalmente constituída e em funcionamento há, pelo menos, um ano (art. 21, *caput*, da Lei 12.016/09); **C:** correto (art. 21, *caput*, da Lei 12.016/09); **D:** correto. Cuida-se de prazo decadencial, cuja constitucionalidade, inclusive, já foi declarada pelo Pretório Excelso (Súmula 632 do STF); **E:** correto. Grosso modo, tal assertiva está correta, ressalvado o disposto no art. 22, § 2º, da Lei 12.016/09, eis que, no mandado de segurança coletivo, a liminar só poderá ser concedida após a audiência do representante judicial da pessoa jurídica de direito público, que deverá se pronunciar no prazo de 72 (setenta e duas) horas. Atente-se para o fato de que a questão foi elaborada antes de promulgada a Lei 12.016/09.

Gabarito "B"

5.3. CONTROLE DE CONSTITUCIONALIDADE

(Procurador do Estado/PI – 2008 – CESPE) Com relação ao processo e julgamento da ADI, assinale a opção correta.

(A) A revogação da lei cuja validade se discute em controle abstrato de constitucionalidade não impede, para o fim de afastar a aplicação da lei impugnada no período de sua vigência, a declaração da sua inconstitucionalidade.

(B) A concessão da medida cautelar em ADI suspende provisoriamente a eficácia, mas não a vigência da lei impugnada. No entanto, se, no julgamento do mérito dessa ação, for reconhecida a inconstitucionalidade da norma impugnada, essa decisão produz efeito retroativo à data de origem da lei, suspendendo a sua vigência.

(C) A decisão que declara a inconstitucionalidade da lei ou do ato normativo em ação direta é irrecorrível, podendo, no entanto, ser objeto de ação rescisória, desde que preenchidos os seus requisitos legais.

(D) Somente a parte dispositiva da decisão do STF, proferida no controle abstrato de constitucionalidade, tem efeito vinculante quanto aos demais órgãos do Poder Judiciário e à administração pública direta e indireta, nas esferas federal, estadual e municipal.

(E) Na ADI, a causa de pedir é aberta, e a decisão de mérito proferida nessa ação tem natureza dúplice, ou seja, produz eficácia jurídica, seja quando é dado provimento à ação, seja quando lhe é negado provimento.

A: incorreta. A revogação do dispositivo após o ajuizamento da ADI prejudica a sua análise, independentemente da verificação dos efeitos concretos que o ato haja produzido (pois se tratar de controle abstrato); **B:** incorreta (art. 11, § 1º, da Lei 9.868/99); **C:** incorreta (art. 26 da Lei 9.868/99); **D:** incorreta (art. 28, parágrafo único, da Lei 9.868/99); **E:** correta (art. 24 da Lei 9.868/99).

Gabarito "E".

(Procurador do Estado/RO – 2011 – FCC) No procedimento estabelecido para a ação direta de inconstitucionalidade

(A) cabe agravo da decisão que indeferir a petição inicial.

(B) a desistência é admitida, ainda que após a propositura da ação direta.

(C) é admissível a intervenção de terceiros no processo de ação direta de inconstitucionalidade.

(D) decorrido o prazo das informações serão ouvidos, sucessivamente, o Procurador-Geral da República e o Advogado Geral da União, que deverão manifestar- se, cada qual, no prazo de quinze dias.

(E) a petição inicial, ainda que manifestamente improcedente, não poderá ser liminarmente indeferida pelo relator.

A: correta (art. 4º, parágrafo único, da Lei 9.868/99); **B:** incorreta (art. 5º da Lei 9.868/99); **C:** incorreta (art. 7º da Lei 9.868/99); **D:** incorreta, porque na alternativa houve inversão da ordem (art. 8º da Lei 9.868/99); **E:** incorreta (art. 4º, "*caput*", da Lei 9.868/99).

Gabarito "A".

(Procurador do Estado/MG – 2007) As ações constitucionais: ação direta de inconstitucionalidade, ação declaratória de constitucionalidade e arguição de descumprimento de preceito fundamental são meios de concretização do controle concentrado de constitucionalidade. Esse controle foi criado por Hans Kelsen na Constituição austríaca de 1920, após, aperfeiçoado em 1929. Sobre as ações constitucionais referidas, assinale a alternativa correta.

(A) A Ação Direta de Inconstitucionalidade é considerada pela doutrina de processo subjetivo, uma vez que tutela direitos subjetivos.

(B) Após ajuizada a Ação Direta de Inconstitucionalidade é permitida sua desistência, em face do princípio da indisponibilidade.

(C) A Ação Direta de Inconstitucionalidade e a Ação Declaratória de Constitucionalidade são ações dúplices. Isso significa que com o julgamento de improcedência da Ação Direta de Inconstitucionalidade está-se declarando constitucional a lei ou ato normativo objeto da referida ação. O mesmo ocorre com a Ação Declaratória de Constitucionalidade, uma vez que julgada improcedente está-se declarando a inconstitucionalidade da lei ou ato normativo. Mas isso ocorrerá quando observado o *quorum* necessário.

(D) A decisão nas Ações Direta de Inconstitucionalidade, Declaratória de Constitucionalidade e Arguição de Descumprimento de Preceito Fundamental produzirão efeitos *ex tunc*, nao havendo exceção a essa regra geral.

A: incorreta. Considerando que não se debate um caso concreto, mas a constitucionalidade em abstrato, a doutrina afirma se tratar de um processo objetivo; **B:** incorreta. L. 9.868/99, art. 5º; **C:** correta. L. 9.868/99, art. 24; **D:** incorreta. Excepcionalmente, por razões de segurança jurídica e interesse social, poderá o STF fixar a eficácia da decisão para o trânsito em julgado ou outro momento (L. 9.868/99, art. 27).

Gabarito "C".

(Procurador do Estado/SP – VUNESP – 2005) Em tema de controle de constitucionalidade, é incorreto afirmar que:

(A) a declaração de inconstitucionalidade de lei, em regra, tem eficácia retroativa, produzindo efeitos *ex tunc*.

(B) o colegitimado pode intervir no processo de controle abstrato de constitucionalidade, para assistir o proponente.

(C) é admitida a intervenção de terceiro no processo de controle abstrato de constitucionalidade, na condição de *amicus curiae*.

(D) a decisão que declara a inconstitucionalidade de lei pode ser objeto de embargos de declaração e ação rescisória.

(E) ocorre o controle difuso quando a parte alega como fundamento da ação ou defesa a inconstitucionalidade de lei ou ato normativo *incidenter tantum*.

A: correta. Só em casos excepcionais os efeitos da decisão podem ser fixados *ex nunc* ou em outro momento decidido pelo STF (L. 9.868/99, art. 27); **B:** correta. É possível a participação aos legitimados e, também, ao *amicus curiae* (amigo da corte – L. 9.868/99, art. 7º, § 2º); **C:** correta, conforme comentário acima; **D:** incorreta. Não cabe AR da decisão do controle (L. 9.868/99, art. 26); **E:** correta. O controle difuso é aquele em que a constitucionalidade é alegada como causa de pedir; no controle concentrado, a inconstitucionalidade é o pedido.

Gabarito "D".

(Procurador do Município/São Paulo-SP – 2008 – FCC) É parte legítima para propor ação de inconstitucionalidade de ato normativo do Município de São Paulo, contestado em face da Constituição do Estado de São Paulo, no âmbito de seu interesse:

(A) o Município de São Paulo.

(B) o Procurador-Geral do Município.

(C) a Mesa da Câmara Municipal.

(D) o Procurador-Geral do Estado.

(E) o Presidente da Seção Estadual da Ordem dos Advogados do Brasil.

C: correta: Constituição do Estado de SP, art. 90, II.

Gabarito "C".

5.4. RECLAMAÇÃO CONSTITUCIONAL

(Procurador do Estado/CE – 2008 – CESPE) Acerca da reclamação perante o STF e o STJ, assinale a opção correta.

(A) Cabe embargo infringente contra decisão não unânime proferida em ação de reclamação. Contra a referida decisão, cabem embargos de declaração quando houver, no acórdão, omissão, obscuridade ou contradição.

(B) O procedimento da reclamação prevê a concessão de medida preventiva pelo relator, que, para evitar dano irreparável, determinará a suspensão do processo ou do ato impugnado, podendo, ainda, no uso do poder geral de cautela, ordenar a providência liminar adequada ao caso concreto.

(C) A legitimidade ativa para propor reclamação contra ato judicial ou administrativo que atentar contra a competência do STF ou do STJ ou que descumprir o conteúdo dos julgados proferidos por esses tribunais é exclusiva do procurador geral da República.

(D) A reclamação para o STF é cabível contra decisão de segundo grau de jurisdição, para assegurar o efeito vinculante das decisões proferidas no recurso extraordinário, não se admitindo o referido incidente na defesa de decisões proferidas em ação declaratória de constitucionalidade nem na ação direta de inconstitucionalidade.

(E) Julgada procedente a reclamação, o STF ou o STJ cassará a decisão impugnada para preservar a competência daqueles tribunais ou para garantir a autoridade das suas decisões, mesmo que o ato impugnado já tenha transitado em julgado.

A: incorreta. Em reclamação não cabem infringentes (CPC, art. 530); **B:** incorreta. Há previsão de liminar (L. 8.038/90, art. 14, II); **C:** incorreta. L. 8.038/90, art. 13; **D:** incorreta. CF, art. 103-A, § 3º; **E:** correta (L. 8.038/90, art. 17).

Gabarito "E".

(Advogado da União/AGU – CESPE – 2012) A respeito da reclamação constitucional, julgue os itens a seguir.

(1) Por ter natureza jurídica de direito constitucional de petição, a reclamação não se sujeita à coisa julgada material.

(2) Interposta reclamação em face de ato judicial que tenha contrariado preceito consagrado em súmula vinculante do STF em matéria constitucional, esse tribunal poderá anular ou reformar a decisão exorbitante.

1: errada. O entendimento doutrinário majoritário é que a reclamação tem natureza de ação; **2:** errada. O STF poderá cassar a decisão determinando a prolação de nova – e não reformá-la (L. 11.417/06, art. 7º, § 2º).

Gabarito 1E, 2E

5.5. AÇÃO CIVIL PÚBLICA

(Procurador Distrital – 2014 – CESPE) Julgue o seguinte item.

(1) O DF possui legitimidade ativa para realizar compromisso de ajustamento de conduta com aquele que causar lesão a interesse coletivo. Uma vez celebrado, tal compromisso terá eficácia de título executivo extrajudicial.

1: Correta. Pela Lei 7.347/85, art. 5º, § 6º, "Os órgãos públicos legitimados poderão tomar dos interessados compromisso de ajustamento de sua conduta às exigências legais, mediante cominações, que terá eficácia de título executivo extrajudicial". Sendo assim, como também há legitimidade ativa para a ACP da "União, os Estados, o Distrito Federal e os Municípios", cabe ao DF a celebração de TAC (Termo de Ajustamento de Conduta).

Gabarito 1C

(Procurador do Estado/RS – FUNDATEC – 2010) Assinale a alternativa correta:

(A) Não possui o Ministério Público legitimidade para propor ação civil pública contendo pretensões ou pedidos que envolvam tributos.

(B) Possui o Ministério Público legitimidade para propor ação civil pública contendo pretensões ou pedidos que envolvam tributos.

(C) Possui o Ministério Público legitimidade para propor ação civil pública contendo pretensões ou pedidos que envolvam tributos, porém mostra-se descabido o pedido de repetição do indébito, que deverá ser postulado pelo contribuinte, individualmente.

(D) Possui o Ministério Público legitimidade para propor ação civil pública contendo pretensões ou pedidos que envolvam tributos, porém, nestes casos, a coisa julgada erga omnes se dá nos limites da competência territorial do órgão prolator da sentença.

(E) Nenhuma das alternativas anteriores está correta.

A: correta. L. 7.347/85 e jurisprudência. Lembrar que as procuradorias sempre defendem essa tese – diferentemente do MP.; **B:** incorreta, considerando o exposto em "A".;**C:** incorreta, considerando o exposto em "A"; **D:** incorreta, considerando o exposto em "A"; **E:** incorreta, considerando o exposto em "A".

Gabarito "A".

(Procurador do Município/São Paulo-SP – 2008 – FCC) Em ação civil pública, promovida pelo Município de São Paulo, o Estado de São Paulo foi citado, como réu, para promover obras imprescindíveis de recuperação do solo urbano com a finalidade de eliminar danos causados ao meio ambiente pela própria administração pública estadual em área geográfica do Município. Neste caso

(A) o Município é carecedor da ação, sendo parte ilegítima ativa para a causa, porque a tutela pretendida não tem pertinência temática com a competência municipal prevista na Constituição Federal.

(B) o Estado de São Paulo é parte ilegítima passiva para a causa e o processo deve ser extinto sem resolução do mérito porque nao pode a pessoa jurídica de menor grau infirmar o interesse público do Estado.

(C) o processo devera ser extinto, sem resolução do mérito, por impossibilidade jurídica do pedido, porque o Poder Judiciário não pode ordenar a realização de obras pelo Poder Executivo estadual, ainda que imprescindíveis para o meio ambiente.

(D) o pedido deverá ser julgado improcedente porque ao Poder Executivo estadual cabe a conveniência e a oportunidade de realizar atos físicos de administração.

(E) o pedido poderá ser julgado procedente se houver provas concretas dos prejuízos e estiver tecnicamente comprovado ser imprescindível a realização das obras para proteção ambiental.

A: incorreta. O tema envolve assunto de interesse do Município. **B:** incorreta. Não há vedação legal para isso. **C:** incorreta. Idem acima – lembrando que a impossibilidade jurídica do pedido deve ser analisada sob a ótica daquilo que é vedado pela lei (como, por exemplo, usucapião de área pública). **D:** incorreta. Tratando-se de questão de saúde pública (meio ambiente), não se trata de mera discricionariedade. **E:** correta – com base nos argumentos antes expostos.

Gabarito "E".

(Procurador do Estado/MG – FUMARC – 2012) Assinale a alternativa que NÃO completa corretamente a frase:

"Em ação civil pública, o pedido de suspensão de liminar formulado pela pessoa jurídica de direito público diretamente ao presidente do tribunal competente objetiva evitar grave lesão__________."

(A) à ordem pública

(B) à saúde pública

(C) à segurança pública

(D) à economia pública

(E) ao devido processo legal

A a D: Todas estas estão corretas, pois contam do art. 12, § 1° da L. 7.347/85, que trata da suspensão de liminar ou suspensão de segurança (medida que tem por objetivo suspender – perante o próprio presidente do Tribunal, seja intermediário ou Superior, medida liminar deferida que cause problemas para entidade pública).

Gabarito "E".

(Advogado – DATAPREV – 2009 – UFF) Leia atentamente as assertivas abaixo acerca da ação civil pública:

I. A ação civil pública será proposta no foro do local onde ocorrer o dano, cujo juízo terá competência funcional para processar e julgar a causa.

II. Da decisão do juiz que conceder mandado liminar em ação civil pública, com ou sem justificação prévia, caberá recurso de apelação.

III. A sentença civil proferida em sede de ação civil pública fará coisa julgada *erga omnes* nos limites da competência territorial do órgão prolator, exceto se o pedido for julgado improcedente por insuficiência de provas, hipótese em que qualquer legitimado poderá intentar outra ação com idêntico fundamento, valendo-se de nova prova.

IV. No que se refere à ação civil pública, têm legitimidade para propor a ação principal e a ação cautelar o Ministério Público, a Defensoria Pública, a União, os Estados, o Distrito Federal e os Municípios, as autarquias, empresas públicas, fundações ou sociedades de economia mista, bem como associações constituídas há pelo menos um ano e que possuam dentre as suas finalidades institucionais a proteção do meio ambiente, ao consumidor, à livre concorrência ou ao patrimônio artístico, estético, histórico, turístico e paisagístico.

V. Será cabível ação civil pública em relação aos danos morais e patrimoniais causados ao meio ambiente, ao consumidor, aos bens e direitos de valor artístico, estético, histórico, turístico e paisagístico, a qualquer interesse difuso ou coletivo, por infração da ordem econômica e da economia popular, à ordem urbanística, e por lesão ao Fundo de Garantia do Tempo de Serviço - FGTS ou outros fundos de natureza institucional cujos beneficiários podem ser individualmente determinados.

Sobre as assertivas acima, pode-se afirmar que estão corretas apenas:

(A) I, III e IV.

(B) II, III e V.

(C) I e V.

(D) II, III e IV.

(E) I, III e V.

I: correto (art. 2º, *caput*, da Lei 7.347/85); **II:** incorreto (art. 12, *caput*, da Lei 7.347/85); **III:** correto (art. 103, I, do CDC); IV: correto (art. 5º da Lei 7.347/85); V: incorreto (art. 1º, parágrafo único, da Lei 7.347/85).

Gabarito "A".

(Advogado – PETROBRÁS – 2012 – CESGRANRIO) A empresa WW & W Ltda. é surpreendida por notificação do Ministério Público informando a instauração de procedimento prévio a inquérito civil para apurar eventuais infrações a leis ambientais. Como a empresa não havia cometido qualquer infração, o seu assessor jurídico sugeriu que a mesma se mantivesse silente. Após dois anos de trâmite, o referido procedimento veio a ser arquivado. Posteriormente, atendendo à representação popular, o Ministério Público inclui a empresa WW & W Ltda. em ação civil pública para composição de danos ambientais, que fora objeto do procedimento arquivado, sendo a mesma citada.

Nesse caso, a Lei de Ação Civil Pública permite a(o):

(A) preexistência de inquérito civil, que é condição específica da ação civil pública.

(B) ausência de inquérito civil precedendo ação civil pública, que não acarreta vícios à mesma.

(C) presidência do inquérito civil por qualquer uma das pessoas legitimadas para a ação civil pública.

(D) inquérito civil, que é peça essencial e obrigatória para a propositura de ação civil pública.

(E) arquivamento de procedimento prévio ao inquérito civil, que acarreta coisa julgada administrativa.

A e **D:** incorretos. A ação civil pública pode ser ajuizada independentemente de ter havido ou não prévio inquérito civil. Nesse sentido: Processual Civil. Ação Civil Pública. Ministério Público. Desnecessidade de Prévio Inquérito Civil. Honorários Advocatícios Indevidos. Lei nº 7.347/85 (arts. 8º, 9º e 17). Súmula 7/STJ. 1. Compete ao Ministério Público facultativamente promover, ou não, o inquérito civil (§ 1º, art. 8º, Lei 7.347/85), procedimento administrativo e de caráter pré-processual, com atos e procedimentos extrajudiciais. Não é, pois, cogente ou impositivo, dependendo a sua necessidade, ou não, das provas ou quaisquer elementos informativos precedentemente coligidos. Existindo prévia demonstração hábil para o exercício responsável da Ação Civil Pública, o alvitre do seu ajuizamento, ou não, é do Ministério Público, uma vez que o inquérito não é imprescindível, nem condição de procedibilidade. A decisão sobre a dispensa, ou não, está reservada ao Ministério Público, por óbvio, interditada a possibilidade de lide temerária ou com o sinete da má-fé. [...] (REsp 152447/MG, Rel. Ministro MILTON LUIZ PEREIRA, PRIMEIRA TURMA, julgado em 28/08/2001, DJ 25/02/2002, p. 203); **B:** correto. O Ministério Público poderá ajuizar ação civil pública, ainda quando não tenha havido a prévia instauração de inquérito civil; **C:** incorreto. Cabe apenas ao *Parquet* a instauração de inquérito civil (art. 8º, §1º, da Lei 7.347/85); **E:** incorreto. Nada obstante o arquivamento do procedimento informativo, o MP poderá ajuizar ação civil pública, desde que escudado em novas provas, não havendo cogitar-se, nesse particular, de preclusão ou de coisa julgada. O arquivamento do inquérito civil, consoante o magistério de Hugo Nigro Mazzilli: ""[...] não é ato judicial nem muito menos jurisdicional e sim meramente administrativo; obviamente não gera preclusão e muito menos faz coisa julgada. Pode a administração rever espontaneamente seus atos, quando eivados de vícios e ilegalidades; pode ainda revê-los ou até revogá-los, por motivos de conveniência e oportunidade: é o que se assentou na Súmula 473 do Supremo Tribunal Federal. A lei não institui direito, em favor de pessoa alguma, no sentido de ser mantido o arquivamento de um inquérito civil; ao contrário do inquérito policial, a lei federal que disciplina o inquérito civil não exige que sua reabertura só se dê quando surjam novas provas, e, o que é principal, a própria reabertura do inquérito civil não é condição para apreciação judicial da pretensão que venha a ser exercitada em juízo por nenhum dos colegitimados ativos da ação civil pública" (MAZZILLI, Hugo Nigro. *O Inquérito Civil*. 2. Edição. São Paulo: Saraiva, 2000, p. 328-329).

Gabarito "B"

5.6. AÇÃO POPULAR

(Procurador do Estado/BA – 2014 – CESPE) Julgue o seguinte item.

(1) Segundo entendimento do STJ, o ingresso de terceiros após o ajuizamento de ação popular fere a garantia constitucional do juiz natural, devendo o pedido de habilitação ser indeferido liminarmente pelo magistrado, ainda que se trate de litisconsórcio ativo facultativo.

1. Errada. O art. 6º, § 5º da Lei 4.717/65 assim dispõe: "É facultado a qualquer cidadão habilitar-se como litisconsorte ou assistente do autor da ação popular". Portanto, a própria lei admite o ingresso de terceiros após o ajuizamento da ação popular.

Gabarito 1E

(Procurador do Estado/SE – FCC – 2005) Sobre a ação popular, é INCORRETO afirmar:

(A) a sentença de procedência do pedido está sujeita ao duplo grau de jurisdição e só produzirá efeitos se confirmada pelo tribunal.

(B) a propositura da ação popular previne a competência do juízo para todas as ações posteriores que tiverem os mesmos fundamentos.

(C) a sentença terá efeitos erga omnes, exceto a que julgar improcedente o pedido por insuficiência de provas.

(D) qualquer cidadão está legitimado a propor a ação popular.

(E) os integrantes do ato impugnado são litisconsortes necessários e o prazo para contestar será comum de 20 dias, podendo ser prorrogáveis por mais 20 dias.

A) Incorreta, devendo esta ser assinalada. Existe o duplo grau de jurisdição no caso de improcedência (L. 4.717/65, art. 19); contudo, a decisão de procedência não depende de confirmação do tribunal para que surta seus efeitos. **B:** correta. L. 4.717/65, art. 5º, § 3º. A propositura da ação prevenirá a jurisdição do juízo para todas as ações, que forem posteriormente intentadas contra as mesmas partes e sob os mesmos fundamentos. **C:** correta. L. 4.717/65, art. 18. A sentença terá eficácia de coisa julgada oponível "erga omnes", exceto no caso de haver sido a ação julgada improcedente por deficiência de prova; neste caso, qualquer cidadão poderá intentar outra ação com idêntico fundamento, valendo-se de nova prova. **D:** correta. L. 4717/65, art. 1º. Qualquer cidadão será parte legítima para pleitear a anulação ou a declaração de nulidade de atos lesivos ao patrimônio da União, do Distrito Federal, dos Estados, dos Municípios, (...). **E:** correta. L. 4717/65, art. 7º. O prazo de contestação é de 20 (vinte) dias, prorrogáveis por mais 20 (vinte), a requerimento do interessado, se particularmente difícil a produção de prova documental, e será comum a todos os interessados, correndo da entrega em cartório do mandado cumprido, ou, quando for o caso, do decurso do prazo assinado em edital.

Gabarito "A".

(Procurador do Município/Recife-PE – 2008 – FCC) No que se refere ao procedimento da Ação Popular, o prazo para apresentação de contestação, comum a todos os interessados, será de:

(A) 15 dias improrrogáveis.

(B) 20 dias prorrogáveis por mais 20, a requerimento do interessado, desde que preenchidos os requisitos legais.

(C) 20 dias improrrogáveis.

(D) 15 dias prorrogáveis por mais 15, a requerimento do interessado, desde que preenchidos os requisitos legais.

(E) 30 dias improrrogáveis.

B: correta. Lei 4.717/1965, art. 7º, § 2º, IV.

Gabarito "B".

\(**Procurador do Município/São José dos Campos-SP – 2012 – VUNESP**) Cidadão ingressou com ação popular no domicílio em que é residente e eleitor. Ocorre que os fatos a serem apurados na ação aconteceram em outro município. Diante desse fato, assinale a alternativa correta.

(A) O autor não é parte legítima para a causa, uma vez que somente poderia indagar sobre fatos onde possui o domicílio eleitoral.

(B) O autor não é parte legítima para a causa, pois somente poderá contestar os fatos ocorridos no local em que é domiciliado.

(C) O autor não é parte legítima para a causa, porque deveria ser domiciliado e eleitor na municipalidade onde ocorreram os fatos.

(D) O autor é parte legítima para propor a demanda, porque qualquer pessoa tem legitimidade para propor essa ação.

(E) O autor é parte legítima para propor a demanda, porque basta ser eleitor para ter legitimidade para propor essa ação.

E: correta. A legislação não restringe a legitimidade ao domicílio, por isso não pode o intérprete fazê-lo. L. 4.717/65, art. 1º.

Gabarito "E".

(Procurador do Município/São Paulo-SP – 2008 – FCC) A sentença que julgar procedente ação popular, onde são litisconsortes passivos a Câmara de Vereadores e o Município,

(A) estará sujeita ao duplo grau obrigatório de jurisdição.

(B) estará sujeita a agravo de instrumento.

(C) se fizer coisa julgada, não terá eficácia *erga omnes*.

(D) estará sujeita à apelação recebida apenas em seu efeito devolutivo.

(E) produzirá efeito imediato se não for recorrida por apelação.

A: incorreta. A sentença de improcedência ou de carência de ação na ação popular é que está sujeito ao duplo grau (Lei 4.717/1965, art. 19). **B:** incorreta. Da sentença cabe apelação (CPC, art. 513). **C:** incorreta. A coisa julgada na ação popular tem eficácia *erga omnes* (L. 4717/64, art. 18). **D:** incorreta. A apelação será recebida no duplo efeito (L. 4717/64, art. 19). **E:** correta. Se não houver recurso, haverá o trânsito em julgado e eficácia da decisão, que independe de confirmação do Tribunal, como exposto em "A".

Gabarito "E".

(Procurador do Estado/RO – 2011 – FCC) No que se refere à disciplina da Ação Popular é correto afirmar que é considerado nulo o ato lesivo ao patrimônio da União, dos Estados, dos Municípios, e das outras entidades previstas na Lei nº 4.717/65, por motivo de ilegalidade do objeto, quando:

(A) o agente pratica o ato visando a fim diverso daquele previsto, explícita ou implicitamente, na regra de competência.

(B) o ato não se incluir nas atribuições legais do agente que o praticou.

(C) há observância incompleta de formalidades indispensáveis à existência ou seriedade do ato.

(D) o resultado do ato importar em violação de lei, regulamento ou outro ato normativo.

(E) a matéria de fato ou de direito, em que se fundamenta o ato, é materialmente inexistente ou juridicamente inadequada ao resultado obtido.

D: correta. Lei 4.717/65, art. 2º, parágrafo único.

Gabarito "D".

(Advogado – PETROBRÁS BIO. – 2010 – CESGRANRIO) Obelix, cidadão regularmente inscrito no cadastro eleitoral, integra o rol de admiradores dos portais de Internet que contêm dados sobre gastos públicos. Ele recebe comunicações quanto a despesas que podem, aparentemente, causar prejuízos ao erário. Em uma das mensagens há informações de que o município de Gaugália irá adquirir dez mil doses da vacina antigripal contra o vírus da gripe aviária. Obelix resolveu averiguar o número de pessoas aptas a receber a vacina e é surpreendido ao identificar que o número total de habitantes do município não atinge seiscentas pessoas. Após obter todos os documentos necessários, inclusive o edital com os termos da licitação a ser realizada, propôs ação popular buscando suspender a compra, dado o prejuízo iminente aos cofres públicos. A liminar é deferida, tendo o Prefeito apresentado contestação, bem como o município, ambos litisconsortes passivos. Os autos são remetidos ao Ministério Público, que opina pela procedência do pedido apresentado. Não havendo outras provas, é proferida sentença, julgado procedente o pedido anulando-se o ato atacado e condenando os réus nas custas e em honorários advocatícios de dez por cento do valor da causa estipulado em R$ 100.000,00. Obelix requereu a execução do valor dos honorários advocatícios em seu prol. Nesse contexto, a(o):

(A) ação popular seria incabível diante da ausência de prejuízo ocorrido.

(B) produção de prova documental é cabível somente na ação popular.

(C) verba sucumbencial pertence ao representante judicial do autor, sendo a condenação em honorários, autônoma.

(D) Ministério Público pode atuar no polo ativo, em litisconsórcio com o cidadão, na ação popular.

(E) valor de qualquer condenação no âmbito da ação popular, incluindo honorários advocatícios, deve reverter para fundo especial.

A: incorreto, porquanto a existência de prejuízo econômico ao erário é prescindível para os fins de procedência da ação popular, eis que na expressão patrimônio público está contida também a noção de moralidade administrativa, consoante já pacificado no âmbito da jurisprudência do STJ. Nesse sentido: ADMINISTRATIVO - AÇÃO POPULAR - AUSÊNCIA DE VIOLAÇÃO DO ART. 535 DO CPC - PREJUÍZO ECONÔMICO AO ERÁRIO - PRESCINDIBILIDADE - CONDENAÇÃO EM PERDAS E DANOS - MATÉRIA DE FATO - SÚMULA 7/STJ. [...] 2. Sem adentrar no mérito da existência ou não de prejuízo ao erário, é possível, no plano abstrato, afirmar a prescindibilidade do dano para a propositura da ação popular. 3. Isso, porque quando a lei de ação popular, em seu art. 1º, § 1º, define patrimônio público como "os bens e direitos de valor econômico, artístico, estético, histórico ou turístico" deixa claro que o termo "patrimônio público" deve ser entendido de maneira ampla a abarcar, não apenas o patrimônio econômico, mas também entre outros valores, a moralidade administrativa. (AgRg no REsp 1130754/RS, Rel. Ministro HUMBERTO MARTINS, SEGUNDA TURMA, julgado em 13/04/2010, DJe 03/05/2010); **B:** incorreto. A produção de prova documental se afigura admissível no bojo de praticamente todas as espécies de demandas, a exemplo, inclusive, da ação civil pública e do mandado de segurança (arts. 6º, § 1º, da Lei 12.016/09 e 8º, § 2º, da Lei 7.347/85); **C:** correto. Os honorários de sucumbência pertencem ao advogado e não à parte por ele assistida (art. 23 da Lei 8.906/94); **D:** incorreto. O Ministério Público atua como *custos legis* (art. 6, § 4º, da Lei 4.717/65). Todavia, possui *legitimidade ativa superveniente* decorrente de lei para promover o prosseguimento da ação popular, podendo assumir a demanda se o autor desistir da ação ou der causa à extinção do processo sem resolução de mérito (absolvição de instância), na forma do art. 9º da Lei 4.717/65; **E:** incorreto (art. 12 da Lei 4.717/65).

Gabarito "C".

5.7. DESAPROPRIAÇÃO

(Procurador do Estado/SE – FCC – 2005) A respeito das ações de desapropriação por utilidade pública é correto dizer que

(A) o depósito prévio do preço fixado pelo juiz da causa, caracteriza-se como caução para garantia das ações executivas da desapropriação.

(B) a declaração de utilidade pública para fins de desapropriação deve ser realizada sempre por lei de iniciativa do chefe do Poder Executivo.

(C) afirmada a urgência, poderá ser concedida liminar de imissão na posse.

(D) os bens expropriados poderão ser reivindicados pelo expropriado em casos de nulidade do processo de desapropriação.

(E) a ocupação do prédio expropriado só é possível mediante o pagamento total da indenização, avaliada por perícia judicial.

A: incorreta. DL 3.365/41, art. 33. O depósito do preço fixado por sentença, à disposição do juiz da causa, é considerado pagamento prévio da indenização; **B:** incorreta. DL 3.365/41, art. 6º. A declaração de utilidade pública far-se-á por decreto do Presidente da República, Governador, Interventor ou Prefeito; **C:** correta. DL 3.365/41, art. 15, § 2º. A alegação de urgência, que não poderá ser renovada, obrigará o expropriante a requerer a imissão provisória dentro do prazo improrrogável de 120 (cento e vinte) dias; **D:** incorreta. DL 3.365/41, art. 35. Os bens expropriados, uma vez incorporados à Fazenda Pública, não podem ser objeto de reivindicação, ainda que fundada em nulidade do processo de desapropriação. Qualquer ação, julgada procedente, resolver-se-á em perdas e danos; E) Incorreta, pois oposta à alternativa "C".

Gabarito "C".

(Procurador do Município/São Paulo-SP – 2008 – FCC) O Município de São Paulo poderá desistir do processo de desapropriação unilateralmente, procedendo à revogação do decreto expropriatório, à devolução do imóvel não utilizado e ao pagamento das custas processuais, da verba honorária e de juros compensatórios, até:

(A) o início do julgamento da apelação no Tribunal de Justiça.

(B) o pagamento do preço e a transferência definitiva do domínio do bem ao Município.

(C) a interposição do recurso de apelação ou o processamento da remessa obrigatória.

(D) a ocorrência do trânsito em julgado, com o esgotamento dos recursos ou o julgamento da remessa obrigatória.

(E) a juntada da contestação.

Nesse momento é que efetivamente ocorre a transferência da propriedade – até então, é possível a desistência da desapropriação.

Gabarito "B"

(Procurador do Município/Sorocaba-SP – 2012 – VUNESP) Analise a seguinte situação hipotética:

O Prefeito do Município de Sorocaba encaminha para a Procuradoria do Município solicitação de parecer na seguinte questão: A Prefeitura Municipal de Sorocaba pretende desapropriar imóvel de 10.000 m2. Porém, somente área equivalente a 20% (vinte por cento) do imóvel está no perímetro do Município, sendo que os 80% (oitenta por cento) restantes situam-se na área do

Município vizinho. Indaga se a ação pode ser proposta pela Procuradoria do Município de Sorocaba ou se a legitimação é da Comarca vizinha.

Assinale a alternativa em que consta parecer correto sobre a questão proposta.

(A) A ação deverá ser proposta pela Procuradoria do Município de Sorocaba somente quanto à área do imóvel que está na Comarca. Assim, poderão ser desapropriados 20% (vinte por cento) do imóvel.

(B) A ação deverá ser proposta pela Procuradoria do Município vizinho, uma vez que mais de 50% (cinquenta por cento) da área do imóvel está naquela Comarca.

(C) A ação poderá ser proposta pela Procuradoria do Município de Sorocaba, desde que o Município vizinho ainda não tenha proposto qualquer ação em relação ao imóvel e que nesta tenha ocorrido o primeiro despacho, pois nesse caso, a competência será determinada pela prevenção e abrangerá a totalidade do imóvel.

(D) A desapropriação, para abranger todo o imóvel, deve ser proposta por ambas as Procuradorias, em litisconsórcio, mas a ação deverá tramitar perante o Juízo da Comarca vizinha, vez que 80% (oitenta por cento) do imóvel está sob sua jurisdição.

(E) A Procuradoria do Município de Sorocaba deverá oficiar a Procuradoria do Município vizinho para que este ingresse com a ação cabível, reservando 20% do imóvel para o Município de Sorocaba.

Considerando ser um único imóvel, a causa envolverá o todo que se pretende expropriar. Assim, aplica-se a regra de prevenção.

Gabarito "C".

(Procurador do Estado/GO – 2010) Estabelece o Decreto-lei nº 3.365, de 21 de junho de 1941, norma disciplinadora das desapropriações por utilidade pública, que:

(A) não se admite a citação do proprietário dos bens por edital, ainda que ocorra uma das hipóteses previstas no art. 231, do CPC.

(B) na audiência preliminar, não havendo acordo, deverá o juiz designar perito de sua livre escolha, sempre que possível, técnico, para proceder à avaliação dos bens.

(C) a contestação somente poderá versar sobre vicio do processo judicial; qualquer outra questão deverá ser discutida por ação direta.

(D) da sentença que fixar o preço da indenização caberá apelação, com efeito simplesmente devolutivo, quando interposta pelo expropriado, e com ambos os efeitos, quando o for pelo expropriante.

(E) havendo urgência, a imissão provisória na posse dos bens poderá ser deferida, após a citação do réu, independentemente de qualquer depósito.

A: incorreta. Cabe a citação por edital nas hipóteses previstas no art. 18 (se o citando não for conhecido, ou estiver em lugar ignorado, incerto ou inacessível, ou, ainda, no estrangeiro, o que dois oficiais do juízo certificarão); **B:** incorreta. O juiz designa um perito já ao despachar a inicial (art. 14); **C:** incorreta. O objeto da contestação é vício processual ou, especialmente, ou impugnação do preço (art. 20); **D:** correta (art. 28); **E:** incorreta. Para a imissão é necessário o depósito da quantia objeto da avaliação (art. 15).

Gabarito "D".

7. OUTROS TEMAS E TEMAS COMBINADOS

(Procurador/DF – 2013 – CESPE) Com relação às espécies e às fases de um processo, julgue os itens subsecutivos.

(1) Sentença proferida em processo cautelar também estará sujeita à coisa julgada material, haja vista a natureza dos seus efeitos.

(2) Para o réu evitar os efeitos da revelia, não lhe será bastante defender-se; deverá ele impugnar os fatos narrados na petição inicial, sob pena de estes serem presumidos verdadeiros.

(3) Admite-se prova testemunhal em caráter de exclusividade para fazer prova de contratos cujo valor não seja excedente ao décuplo do salário-mínimo.

(4) Qualquer que seja a natureza da prestação executada, o prazo para o devedor opor embargos contar-se-á da juntada do mandado de citação aos autos.

1: errada, em termos. De fato, a regra geral é a de que a sentença proferida em processo cautelar não faça coisa julgada, não propriamente pela natureza de seus efeitos, mas muito mais pela superficialidade da cognição exercida pelo juiz nesse tipo de processo (cognição sumária, não exauriente). Deve-se atentar para o fato de que, caso na medida cautelar o juiz reconheça prescrição ou decadência, haverá coisa julgada (art. 810 do CPC); **2:** correta, porque, em razão do princípio do ônus da impugnação especificada, em regra, o fato não impugnado expressamente pelo réu na contestação será presumido verdadeiro (art. 302 do CPC); **3:** correta, porque de acordo com o art. 401 do CPC; **4:** correta, porque nos termos do art. 738 do CPC. Uma nota merece destaque, no entanto. O art. 621 do CPC, ao disciplinar a execução para a entrega de coisa, fala em prazo de 10 dias, a contar da segurança do juízo. Tem-se entendido, no entanto, que em razão da revogação do art. 737, inc. II, do CPC, que declarava não serem admissíveis embargos do devedor antes de seguro o juízo pelo depósito em execução para a entrega de coisa, deixou de ter incidência o prazo diferenciado. Assim, qualquer que seja a natureza da prestação executada, o prazo para os embargos fica regulado pelo art. 738 do CPC.

Gabarito 1E, 2C, 3C, 4C

(Procurador do Estado/SC – 2010 – FEPESE) Conforme dispõe a Lei nº 5.869/1973, que institui o Código de Processo Civil, assinale a alternativa **correta**:

(A) A citação será feita por meio de oficial de justiça quando for ré pessoa incapaz.

(B) Quando a citação ou intimação for realizada pelo correio, o prazo começa a correr a partir da data consignada no aviso de recebimento.

(C) A petição inicial conterá pedido certo ou determinado do autor, sendo ilícito formular pedido genérico.

(D) Indeferida a petição inicial, caberá agravo de instrumento pelo autor, facultado ao juiz, no prazo de 48 (quarenta e oito) horas, reformar sua decisão.

(E) A contestação, a reconvenção e a exceção serão oferecidas simultaneamente, em peças autônomas.

A: correta (art. 222, "b", do CPC); **B:** incorreta, porque o prazo começa a correr da juntada aos autos do aviso de recebimento (art. 241, I, do CPC); **C:** incorreta (art. 286, incisos, do CPC); **D:** incorreta, porque o recurso cabível é apelação (art. 296 do CPC); **E:** incorreta, porque não se exige que a exceção seja apresentada simultaneamente com a contestação (arts. 297 e 304 do CPC).

Gabarito "A"

(Procurador do Estado/SC – 2010 – FEPESE) Conforme a legislação processual civil, é **correto** afirmar:

(A) É obrigatório o chamamento ao processo do devedor, na ação em que o fiador for réu.

(B) Nos casos de denunciação da lide, a citação do denunciado à lide será requerida, juntamente com a do réu, se o denunciante for o autor; e, no prazo para contestar, se o denunciante for o réu.

(C) O advogado tem direito de examinar, em cartório de justiça e secretaria de tribunal, autos de qualquer processo, inclusive quando dizem respeito a casamento, filiação ou separação dos cônjuges.

(D) A parte que revogar o mandato outorgado ao seu advogado constituirá outro para que assuma o patrocínio da causa no prazo de 15 (quinze) dias.

(E) Quem pretender, no todo ou em parte, a coisa ou o direito sobre que controvertem autor e réu, poderá, até ser proferida a sentença, oferecer embargos de terceiro.

A: incorreta. O chamamento é facultativo, e não obrigatório (CPC, art. 77); **B:** correta. CPC, art. 71; **C:** incorreta. Se há segredo de justiça, não (CPC, art. 155); **D:** incorreta, o novo patrono deve ser tomado; **E:** incorreta. Oposição (CPC, art. 56).

Gabarito "B"

(Procurador do Estado/PE – CESPE – 2009) O servidor público Renato, maior, casado, foi citado pessoalmente para responder a ação proposta contra si pelo comerciário André, maior, solteiro. Com base nessa situação hipotética, assinale a opção correta.

(A) Em sede de contestação, Renato deve alegar todas as defesas diretas e indiretas, desde que não sejam contraditórias entre si.

(B) Caso não possua provas para impugnar cada um dos fatos narrados por André, Renato poderá apresentar contestação por negação geral.

(C) Ainda que não haja prova inequívoca, pode o juiz deferir a antecipação dos efeitos da tutela quanto a um dos pedidos formulados por André, caso Renato não se insurja quanto a esse pedido.

(D) Se Renato não apresentar resposta, ficará configurada a revelia, cuja consequência será a procedência do pedido de André, salvo se se tratar de direitos indisponíveis.

(E) Se Renato pretender oferecer reconvenção ao pedido, deve fazê-lo no mesmo prazo fixado para a contestação, independentemente do momento de apresentação desta, sob pena de preclusão.

A: incorreta. Pelo princípio da eventualidade, todas as teses de defesa devem ser apresentadas na contestação, ainda contraditórias (CPC, art. 300); **B:** incorreta. A contestação por negativa geral só cabe para MP, advogado dativo e curador especial (CPC, art. 302, parágrafo único); **C:** correta. CPC, art. 273, § 6º; **D:** incorreta, revelia é ausência de contestação, e um de seus efeitos é a presunção de veracidade – e isso não necessariamente significa procedência (CPC, arts. 319 e 320); **E:** incorreta. A jurisprudência prevalecente entende que a apresentação da contestação (principal defesa) acarreta a preclusão lógica em relação às demais respostas, como a reconvenção. Mas a apresentação anterior da reconvenção não traz reflexos em relação à contestação.

Gabarito "C".

(Procurador do Estado/SC – 2009) Assinale a alternativa correta:

(A) A fazenda pública possui prerrogativas no âmbito do direito processual.

(B) As multas decorrentes da prática de atos atentatórios à dignidade da jurisdição são cobradas em favor da parte.

(C) A boa-fé processual é uma obrigação das partes.

(D) Não existem regras específicas para antecipação da tutela contra a fazenda pública.

(E) A antecipação da tutela e as medidas cautelares possuem os mesmos requisitos legais.

A: correta, existem várias, dentre as quais prazo diferenciado (CPC, art. 188); **B:** incorreta. No caso do art. 601 do CPC, reverte para a parte contrária; **C:** incorreta. Considerando a alternativa "A" ser a correta, no contexto tem-se esta como errada, por se tratar de uma conduta ética de todos esperada e não uma obrigação no sentido jurídico; **D:** incorreta. Há regras próprias (L. 9.494/97, art. 1º); **E:** incorreta. Ainda que sejam análogos e haja a fungibilidade, os requisitos não são os mesmos (*fumus* e *periculum* no caso de cautelares, verossimilhança das alegações e perigo de dano irreparável no caso da AT).

Gabarito "A".

(Procurador do Estado/SC – 2009) Assinale a alternativa incorreta:

(A) Aos entes despersonalizados o sistema processual reconhece a capacidade de ser parte.

(B) Tramitando uma causa entre duas ou mais pessoas, o terceiro que possua interesse jurídico em que a sentença seja favorável a uma delas poderá intervir no processo para assisti-la.

(C) Em processos de execução por título extrajudicial, são admissíveis os embargos do devedor antes mesmo de estar seguro o juízo pela penhora.

(D) Só se pode recorrer adesivamente em algumas espécies de recursos, quais sejam: apelação, recurso especial, recurso extraordinário e agravo de instrumento.

(E) A medida cautelar assegura o resultado útil do provimento jurisdicional final de mérito do processo principal.

A: correta. CPC, art. 12 (é o caso do espólio e da massa falida); **B:** correta. CPC, art. 50; **C:** correta. CPC, art. 736; **D:** incorreta. Não se admite agravo de instrumento adesivo (admite-se nos embargos infringentes – art. 500 do CPC); **E:** correta. Resguardar: essa é a finalidade da cautelar.

Gabarito "D".

(Procurador do Estado/SC – 2009) Assinale a alternativa correta:

(A) Em direito processual civil, as ações podem ser declaratórias, constitutivas ou indenizatórias.

(B) Pretensões meramente declaratórias podem ser atingidas pela prescrição.

(C) Os prazos previstos em normas de natureza cogente não podem sofrer alteração por convenção das partes.

(D) Dá-se a continência entre duas ou mais ações quando lhes for comum o objeto ou a causa de pedir.

(E) Extingue-se o processo sem resolução do mérito nos casos em que o magistrado reconhece ter havido prescrição ou decadência.

A: incorreta. Na classificação trinaria das sentenças (ou das tutelas), há as declaratórias, constitutivas e condenatórias. Na quinária, agrega-se a mandamental e executiva *lato sensu*; **B:** incorreta, pois a mera declaração é imprescritível; **C:** correta. CPC, art. 182; **D:** incorreta, porque para a continência é necessário que sejam comuns as partes, a causa de pedir e que o pedido de uma causa englobe o da outra (CPC, art. 104); **E:** incorreta. A hipótese é de sentença com mérito (CPC, art. 269, IV).

Gabarito "C".

(Procurador Federal – 2010 – CESPE) A respeito dos institutos da repercussão geral e da tutela antecipada, julgue os itens seguintes.

(1) Decisão que antecipe os efeitos da tutela jurisdicional pretendida pela parte confere lhe a imediata fruição do bem jurídico reclamado, o que importa dizer que essa espécie de tutela de urgência é interina, mas não limitada.

(2) A repercussão geral exigida para o exame do recurso extraordinário possui definição legal atrelada à noção de transcendência, ou seja, uma aptidão para transbordar os interesses individuais da causa. Por isso, a identificação desse pressuposto sempre importará avaliação subjetiva do julgador, não sendo admitida sua verificação por critério objetivo.

1: Errada. Tutela interina, ou interinal, é aquela que é concedida no curso do processo (nesse ponto, correta a afirmação). No entanto, a tutela antecipada não é ilimitada. Nesse sentido, a AT com efeitos irreversíveis, em regra, não deve ser concedida (CPC, art. 273, § 2º). Além disso, para a execução, aplicam-se as regras da execução provisória (CPC, art. 273, § 3º). Assim, a AT é tutela de urgência limitada; **2:** Errada. Ainda que haja alguma carga subjetiva, o legislador buscou trazer critérios objetivos (§ 1º do art. 543-A do CPC).

Gabarito 1E, 2E

(Procurador do Estado/SP – FCC – 2009) Nas demandas onde a Fazenda Pública do Estado for parte, é INCORRETO afirmar que:

(A) se sucumbente, não são devidos honorários advocatícios à Defensoria Pública Estadual, quando esta patrocina parte adversa hipossuficiente financeiramente.

(B) cabe agravo, no prazo de 10 (dez) dias, do despacho do Presidente do Tribunal que conceder a suspensão da execução de liminar, para evitar grave lesão à ordem, à saúde, à segurança e à economia públicas.

(C) nas condenações de obrigação de pagar que lhe forem impostas, independentemente de sua natureza e para fins de atualização monetária, remuneração do capital e compensação da mora, haverá a incidência uma única vez, até o efetivo pagamento, dos índices oficiais de remuneração básica e juros aplicados à caderneta de poupança.

(D) a ação de ressarcimento do erário por danos decorrentes de atos de improbidade administrativa é imprescritível.

(E) nas ações movidas por servidor público pleiteando a concessão de gratificação não é possível a concessão de antecipação de tutela.

A: correta. Súmula 421/ STJ: Os honorários advocatícios não são devidos à Defensoria Pública quando ela atua contra a pessoa jurídica de direito público à qual pertença; **B:** incorreta, devendo esta ser assinalada. O prazo de agravo da concessão da suspensão de segurança é de 5 dias (Lei 12.016/09, art. 15); **C:** correta. Lei 9.494/97, art. 1º F; **D:** correta. Entendimento consolidado na jurisprudência, com base na CF, art. 37, § 5º; **E:** correta. Lei 9.494/97, art. 1º.

Gabarito "B".

(Procurador do Estado/AC – FMP – 2012) Marque a afirmativa INCORRETA.

(A) Cabe ação monitória contra a Fazenda Pública.

(B) Poderá o réu recorrer se, formulado pedido certo, a sentença for ilíquida.

(C) Poderá a parte vencida ser condenada ao pagamento de honorários advocatícios ainda que não haja pedido da parte adversa.

(D) Cabe recurso especial contra decisão proferida em agravo de instrumento.

A: correta. Súmula 339/STJ: É cabível ação monitória contra a Fazenda Pública. **B:** incorreta, devendo ser assinalada. Pode o autor recorrer dessa decisão (CPC, art. 459, parágrafo único e Súmula 318/ STJ: Formulado pedido certo e determinado, somente o autor tem interesse recursal em arguir o vício da sentença ilíquida). **C:** correta. A condenação no pagamento de honorários ocorre independentemente de pedido (CPC, art. 20). **D:** correta. Tratando-se de acórdão que julgue agravo de instrumento, caberá especial – que, no caso, poderá ser retido (CPC, art. 542, § 3º).

Gabarito "B".

(Procurador do Estado/GO – 2010) A propósito da participação da Fazenda Pública em juízo, é CORRETO afirmar que ela:

(A) não pode recusar a substituição do bem penhorado por precatório.

(B) sua citação pelo correio é permitida, salvo nos processos de execução.

(C) quando for condenada em montante inferior ao postulado na inicial, na ação de indenização por dano moral, ocorrerá sempre sucumbência recíproca.

(D) tem o prazo em dobro para responder ou apresentar contrarrazões em qualquer recurso.

(E) fica sujeita à exigência do depósito prévio dos honorários do perito, quando for parte no processo.

A: incorreta. A jurisprudência ainda não é firme quanto ao assunto mas, em regra, não se admite a compensação entre um crédito e um precatório (especialmente se o concurso for para uma procuradoria, pois isso, em regra, não é interessante para o ente estatal). **B:** incorreta. A citação da Fazenda no polo passivo é feita sempre por oficial de justiça (CPC, art. 222, "c"). A execução fiscal (Fazenda como exequente) permite a citação do contribuinte por correio (L. 6.830/80, art. 8º). **C:** incorreta. Súmula 326/STJ: Na ação de indenização por dano moral, a condenação em montante inferior ao postulado na inicial não implica sucumbência recíproca. **D:** incorreta. O prazo é em quádruplo para contestar e em dobro para recorrer (CPC, art. 188). **E:** correta. A isenção da Fazenda é de custas judiciais, não de honorários ou salários periciais (CPC, art. 19, *caput* e § 2º).

Gabarito "E".

(Procurador do Estado/GO – 2010) Aplica-se o procedimento ordinário, que é o procedimento padrão e básico para a tutela dos direitos, quando não está previsto um procedimento especial e quando não é de observar-se o procedimento sumário, sendo CORRETO afirmar que:

(A) o chamamento ao processo é permitido àquele que detiver a coisa em nome alheio, sendo demandado em nome próprio.

(B) o autor poderá alterar o pedido ou a causa de pedir, independentemente de nova citação do réu, quando ocorrer a revelia.

(C) formulado pedido certo e determinado, autor e réu têm interesse recursal em arguir o vício da sentença ilíquida.

(D) a conexão determina a reunião dos processos, ainda no caso de um deles já ter sido julgado.

(E) a extinção do processo, por abandono da causa pelo autor, depende de requerimento do réu.

A: incorreta. A hipótese indicada é a de nomeação à autoria (CPC, art. 62). **B:** incorreta. CPC, art. 321. **C:** incorreta. Súmula 318/STJ: Formulado pedido certo e determinado, somente o autor tem interesse recursal em arguir o vício da sentença ilíquida. **D:** incorreta. Súmula 235/STJ: A conexão não determina a reunião dos processos, se um deles já foi julgado. **E:** correta. Súmula 240/STJ: A extinção do processo, por abandono da causa pelo autor, depende de requerimento do réu.

Gabarito "E".

(Procurador do Estado/PA – 2011) Dadas as proposições abaixo, assinale a alternativa CORRETA:

I. O prazo, estabelecido pela lei ou pelo juiz, é contínuo, se interrompendo nos feriados.

II. Extingue-se o processo, com resolução de mérito, quando o juiz pronunciar a decadência ou a prescrição.

III. Julgar-se-ão na mesma sentença a ação e a reconvenção.

IV. A parte tem o prazo de 10 (dez) dias, contado da intimação da sua juntada aos autos, para arguir o incidente de falsidade de documento; o prazo será, porém, de 05 (cinco) dias para manifestar-se sobre documento juntado aos autos.

V. Faz coisa julgada a apreciação da questão prejudicial, decidida incidentemente no processo.

(A) Apenas as proposições I e IV estão corretas.

(B) Apenas as proposições III, IV e V estão corretas.

(C) Apenas as proposições II, III e IV estão corretas.

(D) Apenas as proposições II, III e V estão corretas.

(E) Todas as proposições estão corretas.

I. Incorreta, não há interrupção de prazo nos feriados (CPC, art. 178); **II:** correta. CPC, art. 269, IV; **III:** correta. CPC, art. 318; IV. Correta. CPC, arts. 390 e 398; V. Incorreta. Somente o dispositivo é coberto pela coisa julgada (CPC, art. 469).

Gabarito "C".

(Procurador do Estado/PA – 2011) Analise as proposições abaixo e assinale a alternativa CORRETA:

I. Na ação rescisória proposta pelo Estado, deverá o ente público depositar a importância de 5% (cinco por cento) sobre o valor da causa, a título de multa, caso a ação seja, por unanimidade de votos, declarada inadmissível ou improcedente.

II. Na ação de Mandado de Segurança o ingresso de litisconsorte ativo não será admitido após o despacho da petição inicial.

III. Cessa o arresto pelo pagamento; pela novação; pela transação.

IV. Acerca da tutela antecipada, o juiz poderá antecipar, de ofício ou a requerimento da parte autora, os efeitos da tutela pretendida, desde que haja fundado receio de dano irreparável ou de difícil reparação, ou fique caracterizado o abuso de direito de defesa ou manifesto propósito protelatório do réu.

V. A sentença deve ser certa, exceto quando decida relação jurídica condicional.

(A) Apenas as assertivas I e IV estão corretas.

(B) Apenas as assertivas I, III e V estão corretas.

(C) Apenas as assertivas II e III estão corretas.

(D) Apenas as assertivas II e IV estão corretas.

(E) Apenas as assertivas II, III e V estão corretas.

I: incorreta(CPC, art. 488, parágrafo único); **II:** correta (Lei 12.016/09, art. 10, § 2º); **III:** correta (CPC, art. 820); IV: incorreta. Pela lei, não cabe concessão de antecipação de tutela de ofício (CPC, art. 273); V: incorreta (CPC, art. 460, p.u).

Gabarito "C".

(Procurador do Estado/PA – 2011) Dadas as proposições abaixo, assinale a alternativa CORRETA:

I. A ação fundada em direito pessoal e a ação fundada em direito real sobre bens móveis serão propostas, em regra, no foro do domicílio do réu e no foro da situação da coisa, respectivamente.

II. Ocorre a assistência quando, pendendo uma causa entre duas ou mais pessoas, o terceiro, que tiver interesse jurídico em que a sentença seja favorável a uma delas, puder intervir no processo para assisti-la; a assistência tem lugar em qualquer dos tipos de procedimento, apenas no primeiro grau de jurisdição.

III. No procedimento ordinário, quando a matéria controvertida for unicamente de direito e no juízo já houver sido proferida sentença de total improcedência em outros casos idênticos, poderá ser dispensada a citação e proferida sentença, reproduzindo-se o teor da anteriormente prolatada.

IV. O pedido deve ser certo e determinado, não sendo lícito formular pedido genérico.

V. O juiz apreciará livremente a prova, atendendo aos fatos e circunstâncias constantes dos autos, desde que alegados pelas partes, devendo indicar na sentença os motivos que lhe formaram o convencimento.

(A) Apenas as proposições I, II e III estão incorretas.

(B) Apenas as proposições II, IV e V estão incorretas.

(C) Apenas as proposições II, III e IV estão incorretas.

(D) Apenas as proposições I, II, IV e V estão incorretas.

(E) Todas as proposições estão incorretas.

Também a ação fundada em direito real sobre bem MÓVEL deve ser proposta no foro do domicílio do réu (CPC, art. 94). **II:** incorreta. Cabe a assistência em qualquer grau de jurisdição (CPC, art. 50, parágrafo único); **III:** correta (CPC, art. 285-A); IV. Incorreta. O sistema admite pedido genérico (CPC, art. 286). V. Incorreta. O juiz pode levar em conta fatos e circunstâncias constantes dos autos, ainda que não alegados pelas partes (CPC, art. 131).

Gabarito "D".

(Procurador do Estado/PA – 2011) Assinale a alternativa CORRETA:

I. Na Ação Popular, são nulos os atos lesivos ao patrimônio público, dentre outros, nos casos de desvio de finalidade, ou seja, quando o resultado do ato importa em violação de lei, regulamento ou outro ato normativo.

II. Os atos processuais realizar-se-ão nos prazos prescritos em lei, todavia, podendo as partes, de comum acordo, reduzir ou prorrogar o prazo dilatório, tendo eficácia, tal convenção, somente se requerida antes do vencimento do prazo e se fundada em motivo legítimo.

III. Pelo princípio dispositivo, o juiz não pode conhecer de matéria a cujo respeito a lei exige a iniciativa da parte, mas se permite que o Magistrado ordene, de ofício, provas necessárias à instrução do processo, além das provas apresentadas pelas partes.

IV. Importará em preclusão, no procedimento ordinário, a ausência de indicação do rol de testemunhas na petição inicial, não sendo possível a sua juntada posterior.

V. Quando a parte admite a verdade de um fato, contrário ao seu interesse e favorável ao adversário, há confissão, que só pode ser obtida judicialmente.

(A) Apenas as proposições IV e V estão incorretas.

(B) Apenas as proposições I e II estão incorretas.

(C) Apenas as proposições III e IV estão incorretas.

(D) Apenas as proposições I, IV e V estão incorretas.

(E) Apenas as proposições II, III e V estão incorretas.

I. Incorreta (L. 4717/64, art. 2º, parágrafo único, "e""); **II:** correta (CPC, art. 181); **III:** correta (CPC, arts. 128 e 130); IV. Incorreta. Isso se refere ao procedimento comum, rito sumário (CPC, art. 276); V. Incorreta. O conceito de confissão está correto – mas esta pode ser extrajudicial (CPC, art. 348).

Gabarito "D".

(Procurador do Estado/PA – 2011) Assinale a alternativa CORRETA:

I. A jurisdição civil, contenciosa e voluntária, é exercida pelos juízes em todo território nacional, e somente será prestada quando a parte ou o interessado a requerer, nos casos e formas legais.

II. A audiência de instrução e julgamento poderá ser adiada por convenção das partes, caso em que só será admissível por duas vezes.

III. Quando for arrolado como testemunha o Juiz do feito, e este nada souber, mandará excluir seu nome do rol de testemunhas.

IV. As modificações da situação de fato posteriores à propositura da ação são consideradas normalmente no deslinde do processo, salvo se suprimirem o órgão judiciário ou alterarem a competência em razão da matéria ou da hierarquia.

V. O juiz poderá, de ofício, ou a requerimento das partes, determinar as medidas necessárias para a efetivação da tutela específica, dentre outros, a busca e apreensão, remoção de pessoas e coisas, desde que não seja necessária a requisição de força policial.

(A) Apenas as proposições I, III e IV estão corretas.

(B) Apenas as proposições II, III e IV estão corretas.

(C) Apenas as proposições III, IV e V estão corretas.

(D) Apenas as proposições II, IV e V estão corretas.

(E) Apenas as proposições II e V estão corretas.

I: correta (CPC, arts. 1º e 2º); **II:** incorreta. Só poderá ser adiada, por convenção das partes, uma vez (CPC, art. 453, I); **III:** correta (CPC, art. 409, II); IV: correta (CPC, art. 87). Mas a redação do item não está muito clara (a redação legal está mais adequada); V: incorreta. Para a tutela específica das obrigações de fazer e não fazer, é possível ao juiz conceder medidas de apoio, inclusive se houver necessidade de reforço policial (CPC, art. 461, § 5º).

Gabarito "A".

(Procurador do Estado/PA – 2011) Assinale a alternativa CORRETA:

(A) Reputam-se de nenhum efeito todos os atos subsequentes que dependam do ato que foi anulado, contudo, a nulidade de uma parte do ato prejudicará as outras, que dela sejam independentes.

(B) Pelo princípio da sucumbência, por ocasião da desistência ou reconhecimento do pedido, impõe-se ao autor o pagamento das despesas e dos honorários.

(C) Citado o réu, apresentada a defesa dentro do prazo legal, conferido ao autor prazo para apresentação de réplica, este quedou-se inerte por mais de 30 (trinta) dias. Fica assim, caracterizado o caso que autoriza a extinção do processo sem resolução de mérito.

(D) O recorrente poderá a qualquer tempo, com anuência do recorrido ou dos litisconsortes, desistir do recurso; a renúncia ao direito de recorrer independe da aceitação da outra parte.

(E) Na execução por quantia certa contra a Fazenda Pública, não havendo oposição de embargos, o juiz requisitará o pagamento por intermédio do presidente do Tribunal de Justiça.

A: incorreta. Os atos posteriores independentes não são anulados (CPC, art. 248); **B:** incorreta. Se houver reconhecimento do pedido, o réu arcará com os honorários (CPC, art. 26). **C:** incorreta. Para o abandono do processo acarretar a extinção, há necessidade de prévia intimação pessoal do autor (CPC, art. 267, § 1º). **D:** incorreta. A desistência do recurso independe da concordância do recorrido (CPC, art. 501) – diferentemente do que ocorre com a desistência da ação (CPC, art. 267, § 4º). **E:** correta. CPC, art. 730, I (o pagamento é feito mediante precatório).

Gabarito "E".

(Procurador do Estado/PA – 2011) Assinale a alternativa CORRETA:

I. Os embargos de declaração suspendem o prazo para a interposição de outros recursos, por qualquer das partes.

II. O executado, independentemente de penhora, depósito ou caução, poderá opor-se à execução por meio de embargos, no prazo de 15 (quinze) dias, contados da data da juntada aos autos do mandado de citação.

III. Está sujeita ao duplo grau de jurisdição, não produzindo efeito senão depois de confirmada pelo Tribunal, a sentença em que a condenação, ou o direito controvertido for de valor certo não excedente a 60 (sessenta) salários mínimos.

IV. Sobre os fatos narrados na petição inicial, caberá ao réu manifestar-se precisamente, sob pena de presumirem-se verdadeiros os fatos não impugnados. Contudo, esta regra não se aplica ao advogado dativo, ao curador especial e ao órgão do Ministério Público.

V. É licito às partes arguir, por meio de exceção, a incompetência, o impedimento ou a suspeição, direito este que pode ser exercido em qualquer tempo, ou grau de jurisdição, no prazo de 10 (dez) dias, contado do fato que ocasionou o incidente.

(A) Apenas as proposições II e III estão corretas.

(B) Apenas as proposições III e IV estão corretas.

(C) Apenas as proposições II e IV estão corretas.

(D) Apenas as proposições I e IV estão corretas.

(E) Apenas as proposições I e V estão corretas.

No CPC, os embargos de declaração interrompem o prazo para a interposição de outros recursos (CPC, art. 538). No JEC, há suspensão (L. 9.099/95, art. 50); **II:** correta (CPC, art. 736); **III:** incorreta. O reexame necessário somente se aplica somente às sentenças contra a Fazenda Pública, e não a quaisquer sentenças (CPC, art. 475); IV. Correta. Trata-se do ônus da impugnação específica e a impossibilidade de contestação por negativa geral – permitida só em alguns casos (CPC, art. 302, *caput* e parágrafo único). V. Incorreta. O prazo é de 15 dias (CPC, art. 305).

Gabarito "C".

(Procurador do Estado/SP – VUNESP – 2005) Assinale a alternativa incorreta.

(A) A regra de independência dos litisconsortes, prevista no art. 48 do CPC, não se aplica ao litisconsórcio unitário.

(B) A legitimação *ad causam* conferida pela Lei de Ação Civil Pública (Lei n.° 7.347/85) é concorrente e disjuntiva.

(C) Às nulidades, ainda que absolutas, é possível a aplicação do princípio da finalidade, consubstanciado no art. 244 do CPC.

(D) A Lei de Ação Civil Pública (Lei n".º 7.347/85) e a Lei de Ação Popular (Lei n".º 4.717/65) consagram a fórmula da coisa julgada *secundum eventum.*

(E) As pessoas jurídicas de direito público podem intervir, na qualidade de terceiros, no processo que lhes traga reflexos de natureza econômica, desde que evidenciado o interesse jurídico.

A: correta. Isso porque, no litisconsórcio unitário, a decisão deverá ser a mesma para os litisconsortes; **B:** correta (L. 7.347/85, art. 5º). Isso significa dizer que cada um dos legitimados pode ingressar em juízo (concorrente), independentemente da participação do outro (disjuntiva). **C:** correta. Nos termos do mencionado artigo, o importante é o que o ato atinja sua finalidade (princípio da instrumentalidade das formas). **D:** correta. Isso significa dizer que a coisa julgada se formará conforme o resultado da decisão judicial. No caso, se a sentença for de improcedência por falta de provas, não haverá coisa julgada. Art. 16 e art. 18, respectivamente. E) Incorreta, devendo esta ser assinalada. As pessoas jurídicas de direito pública poderão intervir mesmo sem interesse jurídico (L. 9.469/97, art. 5º, parágrafo único).

Gabarito "E".

(Procurador do Estado/SP – VUNESP – 2005) Assinale a alternativa incorreta.

(A) O Estado tem foro privilegiado, podendo também ter foro privativo.

(B) Inexiste preclusão para as partes, ainda que a matéria relativa às nulidades processuais absolutas seja decidida, por interlocutória, no processo.

(C) Em sede de jurisdição voluntária, não se forma a coisa julgada material.

(D) A prescrição pode ser alegada a qualquer tempo, inclusive em sede de embargos infringentes.

(E) O ente público despersonalizado tem legitimidade para propor ação civil pública ambiental.

A) Incorreta, devendo esta ser assinalada. Algumas pessoas que exercem determinados cargos é que possuem o chamado foro por prerrogativa de função. O que pode existir em relação ao Estado, conforme o ente federativo, é a existência de varas especializadas; **B:** correta. O sistema processual é baseado nas preclusões, de modo a não se rediscutir o que já foi decidido (CPC, art. 471); **C:** correta (CPC, art. 1.111); **D:** correta. A prescrição pode ser reconhecida de ofício – e, consequentemente, pode ser alegada a qualquer tempo (CPC, art. 219, § 5º). **E:** correta. Considerando os princípios do direito ambiental, não cabe restrições à tutela.

Gabarito "A".

(Procurador do Estado/RO – 2011 – FCC) No que se refere à edição, revisão e cancelamento de enunciado de Súmula Vinculante pelo Supremo Tribunal Federal, é correto afirmar que:

(A) a proposta de edição, revisão ou cancelamento de enunciado de súmula vinculante autoriza a suspensão dos processos em que se discuta a mesma questão.

(B) para a aprovação de súmula vinculante, é necessária, em sessão plenária do Supremo Tribunal Federal, decisão da maioria absoluta de seus membros.

(C) a manifestação prévia do Procurador-Geral da República à edição, revisão ou cancelamento de enunciado de súmula vinculante não será exigida nas propostas que ele não houver formulado.

(D) a súmula com efeito vinculante tem eficácia imediata, mas o Supremo Tribunal Federal, por decisão de 2/3 (dois terços) dos seus membros, poderá restringir os efeitos vinculantes ou decidir que só tenha eficácia a partir de outro momento, tendo em vista razões de segurança jurídica ou de excepcional interesse público.

(E) no procedimento de edição, revisão ou cancelamento de enunciado da súmula vinculante, o relator poderá admitir, por decisão recorrível através de agravo ao Pleno do Supremo Tribunal Federal, a manifestação de terceiros na questão, nos termos do Regimento Interno do Supremo Tribunal Federal.

A: incorreta. A lei prevê o contrário (L. 11.417/06, art. 6º); **B:** incorreta. A decisão deve ser tomada por 2/3 (dois terços) dos membros do STF (L. 11.417/06, art. 2º, § 3º); **C:** incorreta (L. 11.417/06, art. 2º, § 2º); **D:** correta (L. 11.417/06, art. 4º); **E:** incorreta, porque não cabe recurso contra tal decisão (L. 11.417/06, art. 3º, § 2º).

Gabarito "D".

(Procurador do Estado/PR – UEL-COPS – 2011) Julgue os itens a seguir e assinale a alternativa correta:

(A) o incidente de inconstitucionalidade tem vez tanto perante os tribunais quanto perante os juízos de primeiro grau de jurisdição.

(B) os órgãos fracionários de tribunal não suscitarão o incidente de inconstitucionalidade se já houver decisão do plenário do Supremo Tribunal Federal ou do Superior Tribunal de Justiça sobre a questão.

(C) com as recentes reformas legislativas, atribuiu-se ao Superior Tribunal de Justiça a edição de súmulas impeditivas de recursos e ao Supremo Tribunal Federal apenas a edição de súmulas vinculantes.

(D) os legitimados a propor a edição, a revisão ou o cancelamento de enunciado de súmula vinculante são os mesmos legitimados a propor ação direta de inconstitucionalidade.

(E) o incidente de uniformização de jurisprudência deve ser suscitado antes da conclusão do julgamento do recurso.

A: incorreta. O incidente só cabe perante os órgãos colegiados (CPC, art. 480); **B:** incorreta. Não será suscitado o incidente somente se já houver decisão do STF (CPC, art. 481, parágrafo único); **C:** incorreta. Há projeto de emenda constitucional em tramitação, mas até o momento não houve aprovação das súmulas impeditivas de recurso, passíveis de edição pelo STJ (o art. 518 do CPC, apesar do que alguns autores afirmam, NÃO TRATA do tema); **D:** incorreta. A legitimação para a edição de súmulas vinculantes é mais ampla, incluindo também os tribunais (L. 11.417/06, art. 3º, XI); **E:** correta, conforme entendimento jurisprudencial.

Gabarito "E".

(Procurador do Estado/AC – FMP – 2012) Assinale a alternativa correta considerando as assertivas abaixo.

I. Tendo o autor pedido, na inicial, que o juiz ordene a entrega de coisa sob pena de multa é vedado ao magistrado determinar a expedição de mandado de busca e apreensão da coisa.

II. Pode o demandado, em impugnação, buscar a redução das *astreintes* (multa coercitiva) fixadas em decisão transitada em julgado.

III. O juiz pode alterar de ofício o valor ou periodicidade das *astreintes*.

(A) Apenas a I está correta.

(B) Apenas a II e a III estão corretas.

(C) Apenas a I e a III estão corretas.

(D) Apenas a I e a II estão corretas.

Na tutela específica de entrega de coisa, além da multa, pode o juiz impor outras medidas de apoio, como a busca e apreensão (CPC, arts. 461-A, § 3º e 461, § 5º); **II:** correta. Entende o STJ ser possível a redução das *astreintes* mesmo após o trânsito em julgado, de modo a não configurar o enriquecimento sem causa; **III:** correta (CPC, art. 461, § 6º).

Gabarito "B".

(Procurador do Município/Aracaju – 2008 – CESPE) Julgue os itens seguintes, acerca da tutela específica das obrigações de fazer e de não fazer.

(1) A tutela específica das obrigações de fazer e de não fazer pode ser concedida liminarmente ou mediante justificação prévia, hipótese em que o juiz poderá fixar prazo para o seu cumprimento, cominando multa diária e outras medidas coercitivas ao réu, independentemente de pedido do autor.

(2) Para a concessão da tutela específica nas ações que tenham por objeto o cumprimento de obrigação de fazer ou de não fazer, exige-se que seja relevante o fundamento da demanda e haja justificado receio da ineficácia do provimento final.

1: certo. CPC, art. 461, § 3º; **2:** errado. Nesse caso de tutela específica (CPC, art. 461), não se exigem tais requisitos – necessários para a concessão de tutela antecipada (CPC, art. 273).

Gabarito 1C, 2E

(Advogado – CORREIOS – 2011 – CESPE) Acerca da resposta do réu e das exceções; da citação e da nulidade dos atos processuais; da classificação e dos pressupostos de admissibilidade dos recursos; da prisão civil e da competência territorial e funcional, julgue os itens a seguir.

(1) O foro competente para julgar ação em que se discuta o direito real de hipoteca é, necessariamente, o do local onde o imóvel está situado. Logo, cláusula contratual que estipule eleição de foro nessa hipótese será nula, por violar o princípio constitucional do juiz natural e as regras de competência estabelecidas pelo Código de Processo Civil.

(2) Por se tratar de modalidade de resposta do réu prevista no Código de Processo Civil, a exceção de impedimento e a exceção de suspeição não podem ser manejadas pelo autor da ação.

(3) Declarada, pelo juiz, a nulidade da citação, reputam-se também de nenhum efeito todos os atos processuais a ela subsequentes e que dela dependam; todavia, os atos que dela sejam independentes não são prejudicados.

(4) Como ao recurso adesivo se aplicam as mesmas regras do recurso independente, quanto às condições de admissibilidade, preparo e julgamento no tribunal superior, a desnecessidade do recolhimento do preparo concedida ao beneficiário da gratuidade de justiça, quando este é o recorrente principal, estende-se automaticamente ao recorrente adesivo.

1: Errado (art. 95 do CPC). Se a causa fundar-se em direito real imobiliário não discriminado expressamente pela redação do art. 95 do CPC (a exemplo do direito real de hipoteca), a competência será territorial, e, por isso, relativa, razão pela qual é derrogável por vontade das partes e admite, por conseguinte, a cláusula contratual de eleição de foro (art. 111, *caput*, do CPC). Todavia, se o litígio versar sobre direito discriminado de modo inequívoco pelo referido repositório legal, tal qual a propriedade, vizinhança, servidão, posse, divisão e demarcação de terras e nunciação de obra nova, a competência será territorial funcional, e, portanto, absoluta. Nesse sentido: RECURSO ESPECIAL - PROCESSO CIVIL - NEGATIVA DE PRESTAÇÃO JURISDICIONAL - NÃO OCORRÊNCIA - EXCEÇÃO DE INCOMPETÊNCIA - AÇÃO DE EXTINÇÃO DE HIPOTECA (AÇÃO QUE NÃO SE ENCONTRA FUNDADA EM DIREITO REAL, ATINGINDO-O APENAS INDIRETAMENTE) - HIPÓTESE NÃO INSERIDA NO ROL CONSTANTE DA SEGUNDA PARTE DO ARTIGO 95 DO CÓDIGO DE PROCESSO CIVIL, QUE VEICULA CRITÉRIO DE COMPETÊNCIA TERRITORIAL FUNCIONAL - COMPETÊNCIA TERRITORIAL - CRITÉRIO DE COMPETÊNCIA RELATIVA - DERROGAÇÃO DAS PARTES - POSSIBILIDADE - CLÁUSULA DE ELEIÇÃO DE FORO INSERIDA EM CONTRATO DE ADESÃO - VALIDADE, DESDE QUE AUSENTES A HIPOSSUFICIÊNCIA DA PARTE ADERENTE E A INVIABILIZAÇÃO DO ACESSO AO PODER JUDICIÁRIO - PARTES COM CAPACIDADE TÉCNICA, JURÍDICA E FINANCEIRA - VERIFICAÇÃO - RECURSO ESPECIAL IMPROVIDO. I - Nos termos do artigo 95 do Código de Processo Civil, é possível identificar que o critério de competência adotado para as ações fundadas em direito real é territorial, porém, com características híbridas, porquanto, ora com viés relativo (em regra), ora com viés absoluto (nas hipóteses expressamente delineadas). II - O mencionado dispositivo legal deixa assente que as ações reais imobiliárias tem como foro competente a comarca em que se encontra situado o bem imóvel. Trata-se, é certo, de fixação de competência territorial, e, por isso, em regra, relativa, admitindo-se a derrogação do foro pelas partes, ou mesmo sua prorrogação, nos termos dos artigos 111 e 114 do Código de Processo Civil, respectivamente. Entretanto, nos termos legais, caso o litígio recaia sobre direito de propriedade, vizinhança, servidão, posse, divisão e demarcação de terras e nunciação de obra nova, a ação correspondente deverá necessariamente ser proposta na comarca em que situado o bem imóvel, já que, de acordo com norma cogente, a competência é, nesses casos, territorial funcional e, portanto, absoluta. III - Por consectário, a ação, ainda que se refira a um direito real sobre imóvel, excluídos aqueles que expressamente ensejam a competência absoluta do foro em que situada a coisa, poderá ser ajuizada pelo autor no foro do domicílio (alternativa, in casu, não adotada pela parte autora) ou, se houver, no foro eleito pelas partes, justamente por se estar diante do critério territorial, de nuance relativa; IV - Para que a ação seja necessariamente ajuizada na comarca em que situado o bem imóvel, esta deve ser fundada em direito real (naqueles expressamente delineados pelo artigo 95 do Código de Processo Civil), não sendo suficiente, para tanto, a mera repercussão indireta sobre tais direitos. V - A cláusula que estipula a eleição de foro em contrato de adesão é, em princípio, válida, desde que verificadas a necessária liberdade para contratar (ausência de hipossuficiência) e a não inviabilização do acesso ao Poder Judiciário. As pessoas jurídicas litigantes são suficientemente capazes, sob o enfoque financeiro, jurídico e técnico, para demandarem em qualquer comarca que, voluntariamente, assim contratem; VI - Recurso Especial improvido. (REsp 1048937/PB, Rel. Ministro MASSAMI UYEDA, TERCEIRA TURMA, julgado em 22/02/2011, DJe 03/03/2011); **2:** Errado. A parte autora também poderá opor as exceções de impedimento e de suspeição, porquanto a imparcialidade do juiz é pressuposto subjetivo (ou positivo) de validade da relação processual (arts. 304 e 312 do CPC); **3:** Correto (art. 248 do CPC); **4:** Errado. Ao recurso adesivo, por força do art. 500, parágrafo único, do CPC, se aplicam as mesmas regras do recurso independente, quanto às condições de admissibilidade, preparo e julgamento no tribunal superior. Sendo assim, o recorrente que opta pela forma adesiva deve preencher todos os requisitos de admissibilidade recursal, tal qual o estivesse interpondo de modo independente. Portanto, não se estende à parte que interpõe recurso adesivo o benefício da assistência judiciária gratuita concedido a quem manejou o recurso principal. Nesse sentido, note-se o teor do seguinte precedente da Corte Superior: PROCESSUAL CIVIL. RECURSO ESPECIAL ADESIVO. RECURSO ESPECIAL PRINCIPAL AMPARADO PELA ASSISTÊNCIA JUDICIÁRIA GRATUITA. BENEFÍCIO QUE NÃO SE ESTENDE AO APELO ADESIVO. PRECEDENTE. I. *A assistência judiciária de que goza a parte que interpõe o recurso principal não se estende à parte contrária, que dela não frui, pelo que imprescindível o reco-*

lhimento do preparo do adesivo, sob pena de deserção. II. Recurso especial não conhecido. (REsp 912336/SC, Rel. Ministro ALDIR PASSARINHO JUNIOR, QUARTA TURMA, julgado em 02/12/2010, DJe 15/12/2010) [grifos nossos].

Gabarito 1E, 2E, 3C, 4E

(Advogado – CORREIOS – 2011 – CESPE) Julgue os itens seguintes, a respeito de antecipação de tutela, sujeitos do processo, ação monitória, coisa julgada, processo de execução e de embargos do devedor e audiência.

(1) De acordo com o entendimento consolidado do Superior Tribunal de Justiça (STJ), na fase de execução de títulos judiciais prolatados sob a vigência do Código Civil de 1916, nos quais tenham sido fixados juros moratórios de 6% ao ano, é vedado ao juiz alterar a taxa de juros para adequá-la às determinações da nova legislação, por ofensa à garantia da coisa julgada.

(2) É imprescindível a presença do advogado da parte ré na audiência de conciliação do procedimento comum sumário, sob pena de revelia, uma vez que é nesse ato que ocorrem a defesa propriamente dita e a produção de provas.

(3) É possível a alegação de prescrição em sede de embargos a ação monitória.

1: Errado. Nessa direção: PROCESSO CIVIL. JUROS DE MORA. SENTENÇA ANTERIOR AO CÓDIGO CIVIL DE 2002. EXECUÇÃO. CLÁUSULA *REBUS SIC STANTIBUS*. APLICAÇÃO DO NOVEL DIPLOMA LEGAL APÓS SUA VIGÊNCIA. POSSIBILIDADE. 1. Não se discute no apelo a aplicação da Taxa Selic. A divergência suscitada cinge-se à aplicabilidade das normas do Código Civil de 1916 e daquelas instituídas pela codificação de 2002, considerando-se que a sentença foi prolatada em 04.02.1992 e determinou a aplicação de juros moratórios no percentual de 0,5% ao mês, nos termos do art. 1.062 do CC/16. 2. A Corte Especial, no julgamento do REsp 1.111.117/PR, Rel. p/ acórdão Min. Mauro Campbell Marques, DJ. 02.09.10, decidiu que o percentual de 6% ao ano deve incidir até 11 de janeiro de 2003. A partir daí, deve-se observar o disposto no art. 406 do CC/02, "seguindo a taxa que estiver em vigor para a mora do pagamento de impostos devidos à Fazenda Nacional" (atualmente, a taxa SELIC). 3. Os juros moratórios, assim como a correção monetária, são consectários legais da obrigação principal e estão submetidos à clausula *rebus sic stantibus*, o que implica reconhecer ter a sentença eficácia futura desde que mantida a situação de fato e de direito na época em que ela foi proferida. Assim, se o título judicial transitado em julgado aplicou o índice vigente à época, deve-se proporcionar a atualização do percentual em vigor no momento do cumprimento da obrigação. 4. Embargos de divergência providos. (EREsp 935.608/SP, Rel. Ministro CASTRO MEIRA, CORTE ESPECIAL, julgado em 24/11/2011, DJe 06/02/2012); **2:** Errado. Embora o gabarito tenha certificado a incorreção desta afirmação, a jurisprudência do STJ se inclina em sentido oposto, conforme deflui da análise do aresto a seguir reproduzido: DIREITO PROCESSUAL CIVIL. RITO SUMÁRIO. COMPARECIMENTO DO RÉU À AUDIÊNCIA DE CONCILIAÇÃO. AUSÊNCIA DE SEU PATRONO. APRESENTAÇÃO DE DEFESA ESCRITA, FIRMADA POR ADVOGADO. IMPOSSIBILIDADE. RÉU REVEL. INTERPRETAÇÃO DOS ARTS. 36, 37, 277, 278 e 319 DO CPC RECURSO IMPROVIDO. 1. Os atos processuais devem ser praticados por advogados devidamente habilitados, sob pena de serem considerados inexistentes, nos termos do parágrafo do art. 37 do Código de Processo Civil. A não apresentação de defesa por advogado acarreta os efeitos do art. 319 do Estatuto Processual Civil. *2. A presença do patrono da parte ré é imprescindível na audiência de conciliação do procedimento sumário, uma vez que neste momento processual será oportunizada a prática de atos defensivos e outros relativos à produção de prova, os quais jamais podem ser realizados pela própria parte, mas, sim, por intermédio de seu causídico.* 3. *Conquanto o réu tenha comparecido a audiência conciliatória, a defesa em juízo deve ser praticada por defensor regularmente habilitado, circunstância que não se verifica na espécie, motivo pelo qual evidencia-se o acerto do decisum atacado, pois a apresentação de contestação por pessoa sem capacidade postulatória, ocasiona a inexistência do ato e, por conseguinte, a revelia do réu.* 4. Recurso especial a que se nega provimento. (REsp 336.848/DF, Rel. Ministro VASCO DELLA GIUSTINA (DESEMBARGADOR CONVOCADO DO TJ/RS), TERCEIRA TURMA, julgado em 06/04/2010, DJe 16/04/2010) [grifos nossos]; **3:** correto. O réu poderá arguir no bojo dos embargos monitórios – os quais, como cediço, ostentam natureza de defesa – a prescrição da pretensão de cobrança deduzida pelo credor, ressaltando-se que a prescrição desponta como matéria de ordem pública desde a entrada em vigor da Lei 11.280/06, sendo cognoscível de ofício, pois, pelo órgão judicante. Além disso, é articulada no bojo dos próprios autos e não se sujeita à preclusão, podendo ser alegada em qualquer tempo e grau de jurisdição pela parte a quem aproveita, salvo nas instâncias excepcionais (STF e STJ), de vez que, por força dos arts. 102, III, e 105, III, ambos da Carta Magna, a matéria precisa ter sido decidida nas instâncias ordinárias, sob pena de não preenchimento do pressuposto de recorribilidade atinente ao prequestionamento (arts. 219, § 5º, e 303, III, do CPC, e 193 do CC).

Gabarito 1E, 2E, 3C

(Advogado – BNDES – 2010 – CESGRANRIO) A Empresa de Navegação Boanave S/A promove ação de reparação em face do Superbanco S/A, aduzindo prejuízos acarretados pela não liberação de verbas oriundas de Fundo administrado pela instituição financeira de fomento. Regularmente citado, o réu alegou que somente lhe cabe a administração do referido Fundo, mas que as regras aplicáveis ao financiamento são estipuladas pela União Federal, e que se limita a cumprir as diretrizes implementadas pela referida pessoa jurídica de direito público. Após os trâmites de estilo, com a produção de todas as provas requeridas, o pedido é julgado procedente, determinando o pagamento de perdas e danos, apurados em liquidação de sentença, bem como declarando a autora adimplente com todos os contratos relacionados ao Superbanco, pedido este não constante da exordial. O réu apresentou recurso de esclarecimento, que foi improvido, e ofertou após apelação, recebida no efeito devolutivo. A autora apresentou execução provisória, requerendo o pagamento imediato da quantia que apresenta em liquidação, postulando a intimação para cumprimento, o que foi deferido, havendo recurso de agravo de instrumento. Diante desse caso infere-se que:

(A) o recurso de apelação deve ser recebido nos efeitos suspensivo e devolutivo.

(B) o agravo de instrumento não é o meio de impugnação adequado para atacar a decisão que determinou o cumprimento de sentença.

(C) os vícios da sentença somente podem ser solucionados mediante apelação.

(D) a sentença *citra petita* não pode ser resolvida por embargos de declaração.

(E) não cabe execução provisória quando o recurso é recebido no efeito devolutivo.

A: correto. No caso apontado no comando da questão, não há o ensejo de qualquer das hipóteses traçadas no art. 520 do CPC. Logo, o apelo deveria ter sido recebido em seu duplo efeito pelo juízo *a quo* (art. 520, *caput*, do CPC); **B:** incorreto. A decisão que autoriza o início da execução provisória da sentença – notadamente no caso trazido à baila pelo enunciado, em que a apelação deveria ter sido recebida em seu duplo efeito – é suscetível de causar à parte lesão grave e de difícil reparação, desafiando, pois, a interposição de agravo de instrumento (art. 522, *caput*, do CPC); C e **D:** incorretos. Tais assertivas se resolvem pelo próprio princípio da *correlação, congruência*, ou da *adstrição*, de modo que o juízo, na sentença, deve se cingir ao pedido e à causa de pedir, sob pena de julgamento *citra, ultra* ou *extra petita*. O juiz não pode inovar ou ampliar os limites objetivos da lide, devendo decidi-la nos limites em que foi proposta, sob pena de afronta aos princípios da ampla defesa, do contraditório e ao princípio dispositivo. Prevalecem os seguintes posicionamentos quanto aos vícios intrínsecos da sentença: a) a decisão *infra* ou *citra petita* pode ser corrigida com a oposição de embargos de declaração, de forma que o próprio órgão prolator da decisão poderá remediar a omissão; b) interposto e admitido o recurso de apelação, a sentença *extra petita* deve ser anulada pelo tribunal, a fim de que os autos sejam remetidos ao órgão *a quo* para prolação de nova sentença, não havendo cogitar-se de substituição da referida decisão. A sentença *extra petita é nula* em razão de ofender os mencionados princípios constitucionais e processuais; c) interposto e admitido o recurso de apelação, a sentença *ultra petita* pode ser corrigida pelo tribunal, mediante simples redução da parte que sobejou ao pedido formulado, sem necessidade de regresso dos autos à origem; d) quanto à sentença *infra* ou *citra petita*, se, a despeito de opostos os declaratórios, o órgão prolator da decisão não suprir a omissão, a parte prejudicada poderá apelar ao tribunal, a fim de que este supra o respectivo vício, sem necessidade de retorno dos autos à origem, desde que a causa verse questão exclusivamente de direito e esteja em condições de imediato julgamento, tudo com base no art. 515, § 3º, do CPC. Nesse diapasão: "A omissão da sentença, se não suprida pelos embargos, poderá ensejar sua nulidade. À parte que não embargou caberá apelar para anulá-la. Mas, se todos os elementos já estiverem nos autos, poderá o tribunal apreciar aquilo que foi omitido pela instância inferior (CPC, art. 515, § 3º), sem precisar anular o julgado" (GONÇALVES, Marcus Vinícius Rios. *Novo Curso de Direito Processual Civil. Vol 2*. 7. edição. São Paulo: Saraiva, 2011, p. 143); **E:** incorreto (arts. 475-I, § 1º, e 521 do CPC).

Gabarito "A".

(Advogado – SERPRO – 2008 – CESPE) Julgue os itens seguintes, referentes ao direito processual civil.

(1) A decisão do juiz que exclui o litisconsorte do processo por ilegitimidade configura exemplo de decisão interlocutória.

(2) Na ação de embargos à execução lastreada em título executivo extrajudicial, é cabível à fazenda pública alegar toda matéria de defesa que lhe seria lícito alegar em sede de processo de conhecimento.

(3) A penhora no rosto dos autos é o direito patrimonial litigioso, cuja titularidade é atribuída ao executado, o qual, no processo em que será realizada a penhora, figura como autor, exequente ou herdeiro.

(4) Quando oficia na condição de fiscal da lei, o Ministério Público não pode recorrer adesivamente.

(5) Sendo sucumbente apenas um dos litisconsortes, havendo diferentes procuradores, a este aproveita o prazo em dobro para recorrer.

(6) A obrigação de fazer materialmente infungível pode ser adimplida por meio da propositura de ação consignatória.

(7) A ação de prestação de contas tem natureza jurídica de ação dúplice.

(8) Cabe mandado de segurança contra ato praticado em licitação promovida por sociedade de economia mista ou empresa pública.

(9) Na ação civil pública, a sentença de procedência é preponderantemente desconstitutiva e apenas subsidiariamente condenatória, enquanto, na ação popular, a sentença de procedência é preponderantemente condenatória.

(10) Entre os de princípios constitucionais do processo civil, encontram-se o da eventualidade ou preclusão, o da publicidade e o da oralidade.

1: correto. Há hipóteses em que o juiz pode decidir parcela do mérito da causa, sem que, contudo, tal decisão necessariamente ponha fim ao processo, ou seja, há decisões que possuem *conteúdo* de sentença, mas, por não finalizarem o processo ou a fase de conhecimento em primeiro grau, são decisões interlocutórias. Tal situação ocorre, por exemplo, quando o juízo verifica a ocorrência da prescrição da pretensão de cobrança de parcela da obrigação exigida pelo credor. Embora ostente o conteúdo do art. 269, IV, do CPC, cuida-se de decisão interlocutória, visto que o processo marchará quanto à fração da obrigação cuja pretensão não foi atingida pela prescrição. Outro exemplo interessante é aquele em que o órgão jurisdicional, liminarmente, decide por excluir um dos litisconsortes da lide por ilegitimidade de parte. Tal pronunciamento contém a hipótese vertida no art. 267, VI, do CPC, mas, por não extinguir o processo ou a fase de conhecimento em primeiro grau, não pode ser tido como sentença. A esse respeito, note-se o magistério de Nelson Nery Jr. e de Rosa Maria de Andrade Nery: "[...] o pronunciamento do juiz somente poderá ser classificado como sentença se contiver uma das matérias expressas no CPC 267 ou 269, mas não extinguindo o processo, o pronunciamento do juiz será *decisão interlocutória* recorrível por agravo. Embora com conteúdo de sentença, são decisões interlocutórias: a) exclusão de um litisconsorte do processo por ilegitimidade de parte (CPC 267 VI) – julga-se a *ação* quanto ao litisconsorte excluído, mas o processo continua quanto ao outro litisconsorte; b) indeferimento liminar de reconvenção (CPC 315) ou de ação declaratória incidental (CPC 5º e 325) – julga-se a *ação* (CPC 267 ou 269) secundária, mas o processo (conjunto formado pelas várias ações cumuladas: *in casu*, ação principal e reconvencional ou ADI) continua quanto à ação principal [...] Todos são exemplos de pronunciamentos com conteúdo do CPC 267 ou 269, que pela tão só literalidade do CPC 162 § 1º poderiam ser classificados como sentença, mas que, por não encerrarem *também* o processo no primeiro grau de jurisdição, têm de ser classificados como *decisão interlocutória*, e, consequentemente, são impugnáveis por meio do recurso de agravo (CPC 162 § 2º e 522). (NERY JR. Nelson; NERY, Rosa Maria de Andrade. *Código de processo civil comentado e legislação extravagante*. 10. edição. São Paulo: Revista dos Tribunais, 2007, p. 429) [grifos nos original]; **2:** correto. Nas execuções ajuizadas contra a Fazenda Pública fundadas em título executivo extrajudicial, esta poderá reagir por meio de embargos, os quais não se sujeitarão às balizas constantes do art. 741 do CPC, visto que tal regra se aplica somente às execuções lastreadas em *título executivo judicial* donde conste como devedora a Fazenda Pública. Em outras linhas, não há porque se limitar a cognição dos embargos aforados pela Fazenda Pública, a considerar que a obrigação subjacente ao título ostentado pelo credor – por ser extrajudicial – não está acobertada pelo manto da coisa julgada material. Logo, a Fazenda Pública poderá alegar qualquer matéria que lhe seria lícito deduzir como defesa em processo de conhecimento (art. 745, V, do CPC), ante a inexistência dos óbices decorrentes da *res judicata*. Endossando tal ensinamento, eis a doutrina de Fredie Didier Jr.: "Não se deve, entretanto, impor, na execução fundada em título extrajudicial contra a Fazenda Pública, a restrição de matérias prevista no art. 741 do CPC. O art. 741 do CPC restringe as matérias que podem ser veiculadas nos embargos à execução, mas tal disposição confina-se no âmbito da execução de título judicial. Em se tratando de título extrajudicial, não há razão para restringir o âmbito dos embargos, eis que não há preclusão nem coisa julgada material relativamente ao título que impeça a alegação de questões pertinentes à obrigação ou à relação jurídica que deu origem ao crédito. Em outras palavras, o art. 745 do CPC aplica-se aos embargos opostos pela Fazenda Pública na execução fundada em título extrajudicial contra ela movida, de sorte que lhe é franqueada a possibilidade de alegar, em seus embargos, quaisquer matérias, não devendo haver restrição nem limitação. Os limites impostos no art. 741 do CPC, não custa repetir, *incidem apenas aos embargos opostos à execução fundada em título judicial"* (DIDIER JR. Fredie. *Curso de Direito Processual Civil. Vol. 5*. Salvador: Juspodivm, 2009, p. 713); **3:** correto (art. 674 do CPC); **4:** correto (art. 500, *caput*, do CPC). De par com tal entendimento: RECURSO ESPECIAL - MINISTÉRIO PÚBLICO - LEGITIMIDADE - O MINISTÉRIO PÚBLICO TEM LEGITIMIDADE PARA RECORRER, SEJA COMO PARTE OU FISCAL DA LEI. OS RECURSOS SÃO OS MESMOS DE QUE DISPÕEM AS PARTES. A ÚNICA RESSALVA DECORRE DO ART. 500 DO CPC, QUANTO AO RECURSO ADESIVO. (REsp 6.795/SP, Rel. Ministro LUIZ VICENTE CERNICCHIARO, SEGUNDA TURMA, julgado em 17/12/1990, DJ 04/03/1991, p. 1981); **5:** errado. Se apenas um dos litisconsortes for sucumbente, o prazo é simples, não se aplicando a regra prevista no art. 191 do CPC. Nesse sentir, observe-se o aresto a seguir: PROCESSUAL CIVIL. EMBARGOS DE DECLARAÇÃO NO AGRAVO REGIMENTAL NO RECURSO ESPECIAL. AUSÊNCIA DE INTERESSE DOS LITISCONSORTES REPRESENTADOS POR PROCURADORES DIVERSOS. ART. 191 DO CPC. PRAZO EM DOBRO. NÃO APLICAÇÃO. INEXISTÊNCIA DOS VÍCIOS PREVISTOS NO ART. 535 DO CPC. INCONFORMISMO DO EMBARGANTE. EFEITOS INFRINGENTES. INVIABILIDADE. EMBARGOS REJEITADOS. 1. Os embargos de declaração, a teor do art. 535 do Código de Processo Civil, prestam-se a sanar obscuridade, contradição ou omissão eventualmente presentes no julgado. 2. Segundo entendimento do Superior Tribunal de Justiça, *"há prazo em dobro para litisconsortes com diferentes procuradores (artigo 191 do CPC) quando todos possuam interesse em recorrer da decisão impugnada", o que não ocorreu na espécie* (AgRg no Ag 963.283/MG, Min. RICARDO VILLAS BÔAS CUEVA, Terceira Turma, DJe de 23/4/12). 3. Embargos de declaração rejeitados. (EDcl no AgRg no REsp 935.542/RS, Rel. Ministro ARNALDO ESTEVES LIMA, PRIMEIRA TURMA, julgado em 28/08/2012, DJe 05/09/2012) [grifos nossos]; 6: errado. A consignação em pagamento tem por objeto somente o depósito de determinada quantia ou da coisa devida (art. 890, *caput*, do CPC); 7: correto. Trata-se daquelas demandas em que, por razões de ordem material ou processual, faculta-se ao réu, na própria contestação, apresentar pedido contraposto, isto é, formular uma *pretensão contra o autor* – e não tão somente resistir àquela deduzida por ele na petição inicial – *independentemente de reconvenção*. São exemplos de ações dúplices: prestação de contas, possessórias, desapropriação, declaratórias, aquelas submetidas aos juizados especiais cíveis, consignação em pagamento, renovatórias etc. No procedimento comum, rito sumário, o réu poderá formular pedido contraposto no bojo da contestação, daí por que lhe é vedado o ajuizamento de reconvenção (art. 278, § 1º, do CPC). Caso o réu de demanda submetida ao rito sumário fizesse uso de reconvenção, seria carecedor de ação nesse tocante, por lhe faltar interesse de agir, modalidade interesse-necessidade. Afinal de contas, qual a necessidade de o réu aforar reconvenção se nas ações dúplices o requerido pode apresentar pedido contraposto na própria contestação?; 8: Correto. Cabe mandado de segurança contra ato praticado em licitação promovida por sociedade de economia mista ou empresa pública (Súmula 333 do STJ); 9: errado. Por influxo da intercambiariedade existente entre os arts. 3º da Lei 7.347/85 e 83 da Lei 8.078/90, admite-se a dedução de qualquer pretensão nas ações coletivas, seja ela declaratória, constitutiva, condenatória, mandamental ou executiva *lato sensu*. Todavia, a questão estaria correta se fosse assim redigida: Na ação civil pública, a sentença de procedência é preponderantemente condenatória e apenas subsidiariamente desconstitutiva (art. 3º da Lei 7.347/85), enquanto, na ação popular, a sentença de procedência é preponderantemente desconstitutiva (art. 11 da Lei 4.717/65); 10: errado. São princípios constitucionais do processo civil: princípio do juiz natural, do devido processo legal, da isonomia, do contraditório, da ampla defesa, da motivação das decisões judiciais, da publicidade do processo e dos atos processuais, *ex vi* dos arts. 5º, *caput*, I, LIII, LIV, LV, LX, e 93, IX, todos da CF.

Gabarito 1C, 2C, 3C, 4C, 5E, 6E, 7C, 8C, 9E, 10E

(Advogado – IRB – 2006 – ESAF) Assinale a opção verdadeira.

(A) A decisão proferida na causa em que atua o substituto processual faz coisa julgada para o substituído.

(B) A legitimidade *ad processum* é uma das condições da ação: concerne à legitimidade para estar em juízo.

(C) O curador à lide tem obrigação de contestar ou embargar.

(D) O juiz não pode determinar de ofício a inclusão do cônjuge, sob pena de infringir o art. 2º do CPC, no polo passivo da demanda, nas demandas possessórias, quando o imóvel pertence a apenas ao demandado indicado na petição inicial.

(E) Gera preclusão a omissão da alegação de prescrição na contestação (inteligência dos princípios da eventualidade e da preclusão: arts. 245 e 303 do CPC).

A: correto. Antes de mais nada, é preciso alertar o candidato para a diferença havida entre substituição de partes e substituição processual. Tais noções não se confundem. A primeira trata da substituição de uma parte por outra no processo, ou seja, a parte originária se retira da lide, dando vez para que outrem assuma a sua condição, seja em decorrência da vontade dos litigantes ou de um outro evento, a exemplo da morte de um deles. Deve-se destacar que tal fenômeno é excepcional no processo civil e só se afigura possível nas hipóteses previstas em lei, a exemplo da substituição voluntária das partes prevista no art. 42, § 1º, do CPC. Via de regra, as partes não podem substituir-se, visto que, com a citação válida (art. 219 do CPC), ocorre a estabilização subjetiva da lide, isto é, o processo marchará até o seu final, passando por suas diversas fases, sem que haja alteração nos polos da demanda. Já na substituição processual, não há ingresso nem saída de qualquer das partes; o que existe é o fenômeno da legitimação extraordinária, em que a parte – o substituto processual – defende, em nome próprio, direito alheio: o do substituído processual (art. 6º do CPC). A hipótese de alienação da coisa litigiosa é uma das excepcionalidades em que se permite a substituição voluntária das partes, desde que haja um triplo consentimento (do adquirente, do alienante e da parte contrária). Faltando um deles, o adquirente do bem *sub judice* poderá, enquanto substituído processual, intervir como assistente litisconsorcial do alienante – o substituto processual – até porque a sentença proferida nos autos estenderá os efeitos da coisa julgada ao adquirente, ainda que não haja intervindo no feito (art. 42, § 3º, do CPC); **B:** incorreto. A capacidade processual das partes – *legitimatio ad processum* – tem natureza jurídica de pressuposto de validade da relação processual, e não de condição da ação. Segundo a doutrina de Humberto Theodoro Júnior, os pressupostos processuais classificam-se em de existência e de validade, sendo que estes se subdividem, ainda, em subjetivos/objetivos. Com efeito, são considerados *pressupostos processuais subjetivos*: competência do juízo e ausência de causas de impedimento ou de suspeição do juiz, capacidade civil das partes e sua representação por advogado. Por sua vez, são *pressupostos processuais objetivos:* observância da forma processual adequada à pretensão, existência nos autos do instrumento de mandato conferido ao advogado e a inexistência de litispendência, coisa julgada, compromisso, de inépcia da petição inicial, ou de qualquer das nulidades previstas na legislação processual (THEODORO JÚNIOR, Humberto. *Curso de Direito Processual Civil. Vol. 1*. 47. edição. Rio de Janeiro: Forense, 2007, p. 70); **C:** incorreto. Nada obstante ter sido apontada como incorreta, a doutrina de Nelson Nery Jr. e de Rosa Maria de Andrade Nery vocifera em sentido oposto, asseverando que o curador especial tem a *obrigação* de contestar ou de apresentar embargos do devedor (Súmula 196 do STJ), conforme a natureza do processo, sob pena, inclusive, de ser destituído, a fim de que outro seja nomeado em seu lugar para efetivamente apresentar defesa. Vale ressaltar que a reação oferecida pelo curador especial pode se dar inclusive de modo genérico, porquanto se acha desvencilhado do ônus da impugnação especificada dos fatos articulados pelo autor (art. 302, parágrafo único, do CPC). Nessa direção: "Atividade do curador especial. É destinada à defesa do réu, em face da possibilidade de não ter ciência de que contra ele corre ação judicial. A curadoria especial é múnus público, incumbindo ao curador o dever de, necessariamente, contestar o feito. Na falta de elementos, pode contestar genericamente (CPC 302, parágrafo único), não se lhe aplicando o ônus da impugnação especificada. Contestando genericamente, o curador especial controverte todos os fatos descritos na petição inicial, incumbindo ao autor o ônus de provar os fatos constitutivos de seu direito (CPC 333 I). Não há, neste caso, inversão do ônus da prova, mas aplicação ordinária da teoria do ônus da prova. Caso o curador não conteste, o juiz pode destituí-lo e nomear outro para que efetivamente apresente contestação na defesa do réu" (NERY JR. Nelson; NERY, Rosa Maria de Andrade. *Código de processo civil comentado e legislação extravagante*. 9. edição. São Paulo: Revista dos Tribunais, 2006, p. 164); **D:** incorreto. A questão é polêmica, de vez que, em demanda possessória – a qual não se confunde com ação real imobiliária (art. 10, § 1º, do CPC) – o juiz só deve determinar a citação dos cônjuges nos casos de composse, ou, ainda, se os respectivos atos houverem sido praticados por ambos (art. 10, § 2º, do CPC). Ao abono de tal entendimento, eis antigo precedente da Corte Superior: PROCESSUAL CIVIL. RESOLUÇÃO DE COMPROMISSO DE COMPRA E VENDA CUMULADA COM REINTEGRAÇÃO NA POSSE. PRESCINDIBILIDADE DE CONVOCAÇÃO DE AMBOS OS CÔNJUGES. CPC, ART. 10. LEI 8.952/94. DISCUSSÃO SUPERADA. RECURSO DESPROVIDO. I - EM AÇÃO DE RESOLUÇÃO DE COMPROMISSO DE COMPRA E VENDA CUMULADA COM REINTEGRAÇÃO NA POSSE, BASTA A CITAÇÃO DO CÔNJUGE QUE FIRMOU O COMPROMISSO; PRIMEIRO, PORQUE A POSSESSÓRIA É MERA DECORRÊNCIA DO PEDIDO DE RESOLUÇÃO, DE ORDEM PESSOAL; SEGUNDO, PORQUE JÁ FIXADO O ENTENDIMENTO SEGUNDO O QUAL SOMENTE SE FAZ IMPRESCINDÍVEL A CITAÇÃO DOS CÔNJUGES NAS AÇÕES POSSESSÓRIAS QUANDO SE TRATA DE COMPOSSE OU ATO POR AMBOS PRATICADOS. II - A DISCUSSÃO VIU-SE SUPERADA EM RAZÃO DA MODIFICAÇÃO DO ART. 10 DO CÓDIGO DE PROCESSO CIVIL PELA LEI 8.952/94 QUE NORMATIZOU A POSIÇÃO MAJORITARIAMENTE CONSTRUÍDA POR DOUTRINA E JURISPRUDÊNCIA. (REsp 34.197/SP, Rel. Ministro SÁLVIO DE FIGUEIREDO TEIXEIRA, QUARTA TURMA, julgado em 25/06/1996, DJ 26/08/1996, p. 29686). A doutrina também não diverge de tal posicionamento: "O CPC dirimiu a controvérsia, deixando expresso que não há necessidade de participação dos cônjuges, no polo ativo ou passivo, salvo no caso de composse ou de ato por ambos praticado. As possessórias não foram consideradas ações que versam sobre direito real, porquanto não há necessidade de autorização do cônjuge no polo ativo, nem litisconsórcio no passivo, com as ressalvas mencionadas" (GONÇALVES, Marcus Vinícius Rios. *Novo Curso de Direito Processual Civil. Vol 1*. 8. edição. São Paulo: Saraiva, 2011, p. 133); **E:** incorreto. O réu poderá arguir a prescrição da pretensão deduzida pelo autor, ressaltando-se que a prescrição desponta como matéria de ordem pública desde a entrada em vigor da Lei 11.280/06, sendo cognoscível de ofício, pois, pelo órgão judicante. Além disso, é articulada no bojo dos próprios autos e não se sujeita à preclusão, podendo ser alegada em qualquer tempo e grau de jurisdição pela parte a quem aproveita, salvo nas instâncias excepcionais (STF e STJ), de vez que, por força dos arts. 102, III, e 105, III, ambos da Carta Magna, a matéria precisa ter sido decidida nas instâncias ordinárias, sob pena de não preenchimento do pressuposto de recorribilidade atinente ao prequestionamento (arts. 219, § 5º, e 303, III, do CPC, e 193 do CC).

Gabarito "A".

(Advogado – PETROBRÁS – 2001 – CESPE) Julgue os itens abaixo.

(1) Nos mandados de segurança, não é necessária a intimação da pessoa jurídica de direito público para prestar informações, bastando a notificação da autoridade coatora para fazê-lo.

(2) Somente os tribunais podem reconhecer a inconstitucionalidade de lei *incidenter tantum*, sendo vedado ao juiz de primeiro grau fazê-lo sem a observância do procedimento próprio: suspensão do processo e suscitação do incidente de inconstitucionalidade previsto no Código de Processo Civil.

(3) Compete à justiça federal apreciar e julgar ação de desapropriação intentada pela PETROBRAS, sendo a competência, em tal hipótese, *ratione personae* e, portanto, absoluta.

(4) Nos processos de execução, vêm a jurisprudência e a doutrina admitindo que — em hipóteses em que se evidencie a ausência de pressupostos processuais ou das condições da ação, entre as quais aquelas específicas do processo de execução — o executado possa fazer suas alegações em exceção de pré-executividade, ficando dispensado de garantir o juízo e de oferecer embargos.

(5) As cautelares e as antecipações de tutela, ambas classificadas como medidas de cognição sumária e não exauriente, admitem concessão de ofício, podendo o juiz, ainda, quando requeridas pela parte, concedê-las de forma ou conteúdo diverso do requerido, tendo em vista os princípios do poder geral de cautela do juiz e da fungibilidade das medidas liminares.

1: correto. Embora o gabarito tenha asseverado a correção de tal assertiva, vale ressaltar que, desde a vigência da nova lei do mandado de segurança, faz-se necessário que o impetrante indique além da autoridade coatora, a pessoa jurídica que esta integra, à qual se acha vinculada ou da qual exerce atribuições, a fim de que o juiz dê ciência do feito ao órgão de representação judicial da pessoa jurídica interessada, enviando-lhe cópia da inicial sem documentos, para que, querendo, ingresse no feito (arts. 6º, *caput*, e 7º, II, da Lei 12.016/09); **2:** errado. Os juízes de piso também poderão declarar, *incidenter tantum*, a inconstitucionalidade de lei ou ato normativo. Cuida-se do controle difuso de constitucionalidade, comumente denominado de controle pela via de exceção. Ademais, o procedimento previsto nos arts. 480 a 483 do CPC não se aplica ao primeiro grau de jurisdição, mas sim à declaração de inconstitucionalidade suscitada perante órgão fracionário de tribunal; **3:** errado (art. 109, I, da CF e Súmula 42 do STJ); **4:** correto. No processo de execução, o devedor poderá reagir à execução por meio dos embargos do executado (defesa *lato sensu*), ou através de objeção ou exceção de executividade (defesa *stricto sensu*). Em todas elas, o devedor não precisará segurar o juízo. Convém esclarecer, ainda, que o devedor, nas objeções de executividade, deverá invocar apenas questões de ordem pública – a exemplo das condições da ação executiva, dos pressupostos processuais, da prescrição e da decadência – enquanto que, nas exceções de executividade, o *solvens* poderá deduzir matéria de direito dispositivo, desde que comprovada *prima facie*, eis que não se admite ulterior dilação probatória; **5:** errado. A doutrina majoritária preleciona que a antecipação dos efeitos da tutela exige requerimento da parte, não podendo ser concedida de ofício (art. 273, *caput*, do CPC). Todavia, no que diz respeito às cautelares, subsiste a possibilidade de o juiz, supedaneado no poder geral de cautela, conceder medidas cautelares típicas – aquelas verificadas a partir do art. 813 do CPC – e atípicas, isto é, de determinar providências específicas não previstas pelo legislador ao longo do Livro III, em caso de fundado receio de que uma parte, antes do julgamento da lide, cause ao direito da outra lesão grave e de difícil reparação. Sendo assim, em função da garantia constitucional da tutela jurisdicional efetiva (art. 5º, XXXV, da CF), a doutrina majoritária entende que o juiz pode conceder medidas cautelares *de ofício* (quando não requeridas pelas partes), em casos excepcionais e nas hipóteses expressamente autorizadas por lei, desde que: 1) tais providências sejam objeto de processo cautelar já instaurado por uma das partes; e 2) estejam presentes os requisitos do *fumus boni iuris* e do *periculum in mora*. Para Luiz Guilherme Marinoni, é necessário, ainda, que a pretensão, nos casos de concessão de ofício da medida cautelar, esteja comprovada *prima facie* (arts. 797 e 798 do CPC).

Gabarito 1C; 2E; 3E; 4C; 5E

(Advogado – CEF – 2001 – CESPE) Em face do processo civil brasileiro, julgue os itens abaixo.

(1) Se a CAIXA ajuizar ação de execução em uma seção judiciária na qual não haja especialização das varas por matéria e vier a ser criada vara especializada em execuções, o citado processo deverá ser remetido para a nova vara, pois, nesse caso, não se aplica a regra da perpetuação da competência (perpetuatio jurisdictionis).

(2) Considere a seguinte situação hipotética. A CAIXA contratou, no Brasil, os serviços de uma empresa estrangeira, a qual tinha sede na França e um escritório na cidade de São Luís – MA. Os serviços consistiam na implantaçao de programas de computadores em certas unidades da CAIXA. Posteriormente, a empresa entendeu que a CAIXA não lhe estaria pagando corretamente o valor contratado e, por isso, recusou-se a recebê-lo. A empresa ajuizou ação de cobrança na justiça francesa, e a CAIXA foi citada no Brasil. Pouco depois, a CAIXA ajuizou ação de consignação em pagamento na seção judiciária do Maranhão. Nessa situação, a CAIXA agiu corretamente ao ajuizar a ação na justiça federal, pois a ação na França não impedia a apreciação do Poder Judiciário brasileiro.

(3) Considere a seguinte situação hipotética. Um mutuário do SFH ajuizou ação contra a CAIXA, por entender que as prestações de seu financiamento estavam sendo cobradas em valores acima do correto. À petição inicial, anexou todos os documentos relevantes ao julgamento da causa e protestou pela produção de todas as provas juridicamente admitidas. A CAIXA contestou, também requerendo a juntada de todos os demais documentos necessários ao julgamento e protestando genericamente pela produção de outras provas. O juiz proferiu decisão em que afirmou ser a matéria essencialmente jurídica e que, por isso, não designaria audiência. Após a publicação desse ato, proferiu sentença. Nessa situação, o juiz não cometeu cerceamento de defesa, e sua decisão tem amparo no Código de Processo Civil (CPC).

(4) Se um indivíduo ajuizar ação contra outro, e este confessar todos os fatos alegados pelo autor, embora negando a consequência jurídica que a ação procurou extrair deles, o juiz deve indeferir a produção de prova testemunhal.

(5) Com a promulgação, no Brasil, da Lei dos Juizados Especiais, que prevê métodos simplificados de solução de conflitos cujo valor não exceda a quarenta vezes o salário mínimo, está revogada a norma do CPC que fixa o valor da causa, não superior a vinte vezes o maior salário mínimo do país, como critério para a aplicação do procedimento sumário.

1: correto. Em função do princípio da *perpetuatio jurisdictionis*, a competência é determinada no momento em que a ação é ajuizada, de forma que as modificações do estado de fato ou de direito ocorridas após o aforamento da demanda não têm o condão de modificar a competência, salvo quando suprimirem o órgão judiciário *ou alterarem a competência em razão da matéria* ou da hierarquia. Na hipótese, houve alteração da competência em razão da matéria, já que o enunciado da questão menciona a criação de uma Vara Especializada em Execuções na Seção Judiciária (art. 87 do CPC); **2:** correto (arts. 88 e 90 do CPC); **3:** correto (art. 330, I, do CPC); **4:** correto (art. 334, II, do CPC); **5:** errado. Cabe ao demandante eleger a espécie de tutela que melhor atenda aos seus interesses. Ainda quando possível a utilização do procedimento sumaríssimo – típico dos juizados especiais –, é facultado ao autor valer-se do procedimento comum ordinário ou sumário, liberdade esta decorrente do próprio direito de demandar, ressalvado o disposto no art. 3º, § 3º, da Lei 10.259/01. Assim pontifica a doutrina de Dinamarco: "Com a escolha de *procedimento* não se confunde a escolha de *processo*. Escolher a espécie de processo mais conveniente implica sempre escolher a espécie de tutela jurisdicional que o demandante prefere – e por isso a escolha do processo é legítima projeção da liberdade de demandar e de pedir segundo a conveniência de cada um (*supra, n. 89*). Assim, ainda quando seja admissível uma *tutela diferenciada*, que a lei institui em prol da urgência do demandante, tem este a faculdade de optar pelas *vias ordinárias* (o processo comum regido pelo Código de Processo Civil) e com isso renunciar aos benefícios do processo especial. O autor pode vir pelas vias ordinárias, ainda quando presentes os requisitos para o mandado de segurança ou para o processo perante o juizado especial etc., renunciando à tutela diferenciada, porque essa opção é, em substância, opção *pela espécie de tutela* que lhe pareça mais conveniente. (DINAMARCO, Cândido Rangel. *Instituições de Direito Processual Civil. Vol. II*. 5ª edição. São Paulo: Malheiros, 2005, p. 466) [grifos do autor]. Ademais, o procedimento comum sumário alberga causas cujo montante não sobeje a *sessenta salários mínimos* (art. 275, I, do CPC).

Gabarito 1C, 2C, 3C, 4C, 5E.

(Advogado – CEF – 2001 – CESPE) Considerando o ordenamento processual brasileiro, julgue os itens a seguir.

(1) A CAIXA, por ser empresa pública federal e, portanto, por integrar a administração pública, não pode ser ré em ação sujeita ao procedimento sumário.

(2) Considere a seguinte situação hipotética. Um indivíduo impetrou mandado de segurança e a sentença foi denegatória. O impetrante apelou. A apelação foi improvida, por maioria de votos. Nesse caso, de acordo com a jurisprudência predominante, a parte poderá interpor embargos infringentes contra o acórdão que julgou a apelação.

(3) De acordo com o entendimento majoritário da jurisprudência do STF e do STJ, é juridicamente inadmissível tratar de toda matéria concernente à prova no âmbito do RE e do REsp.

(4) Amiúde, surgem teses jurídicas em ações que geram grande controvérsia no Poder Judiciário em todo o país, as quais, às vezes, levam anos até serem objeto de julgamento nos tribunais superiores, seja o STF, seja o STJ, conforme a matéria; nesses casos, uma vez firmada a interpretação definitiva acerca do tema, torna-se cabível ação rescisória, sob o fundamento de afronta a disposição de lei, contra os acórdãos que não houverem seguido a tese adotada pelo tribunal superior.

1: errado. Os entes integrantes da Administração Pública Direta e Indireta poderão ser demandados em processo que tramite pelo procedimento comum sumário (art. 277, *caput*, parte final, do CPC); **2:** errado (Súmula 169 do STJ, Súmula 597 do STF e art. 25 da Lei 12.016/09); **3:** errado. Nem toda matéria concernente à prova tem sua análise obstaculizada nos recursos de índole extraordinária, mas tão somente aquela condizente com o seu simples *reexame* (Súmulas 7 do STJ e 279 do STF). Vale dizer que o tema atinente à *valoração da prova* – que não se confunde com a mera reapreciação dos elementos probatórios coligidos aos autos – se erige como *questão de direito,* motivo por que pode ser enfrentado por ocasião do julgamento do recurso especial ou extraordinário. Por imperiosidade didática, apontando a precisa diferença havida entre reexame e valoração da prova, note-se o julgado a seguir ementado: PROCESSO CIVIL - AGRAVO REGIMENTAL - RECURSO ESPECIAL - APLICAÇÃO DAS SÚMULAS 356/STF E 7/STJ - NULIDADE DA CITAÇÃO E DA PENHORA - INEXISTÊNCIA DE PODERES OUTORGADOS AO ADVOGADO. 1. Se o Tribunal a quo entendeu inexistir prova de que o advogado detinha poderes para receber a citação e assinar o auto de penhora, não houve prequestionamento dos dispositivos legais tidos por violados. 2. Se no especial, ao contrário do entendimento do julgado, a parte alega que os documentos comprovam suas alegações, correta a aplicação da Súmula 7/STJ. 3. Não é o Superior Tribunal de Justiça terceira instância, sendo sua função constitucional uniformizar a interpretação da legislação federal, preservando sua correta aplicação, motivo pelo qual o recurso especial reveste-se de tecnicidade, cujas hipóteses de admissibilidade estão previstas no art. 105, inciso III da CF/88, devendo ser observados os pressupostos recursais genéricos e específicos para sua admissão. *4. A valoração da prova refere-se ao valor jurídico desta, sua admissão ou não em face da lei que a disciplina, podendo ser ainda a contrariedade a princípio ou regra jurídica do campo probatório, questão unicamente de direito, passível de exame nesta Corte. 5. O reexame da prova implica a reapreciação dos elementos probatórios para concluir-se se eles foram ou não bem interpretados, constituindo matéria de fato, soberanamente decidida pelas instâncias ordinárias, insuscetível de revisão no recurso especial.* 6. Agravo regimental improvido. (AgRg no REsp 420217/SC, Rel. Ministra ELIANA CALMON, SEGUNDA TURMA, julgado em 04/06/2002, DJ 16/12/2002, p. 301) [grifos nossos]; **4:** errado (Súmula 343 do STF: "Não cabe ação rescisória por ofensa a literal disposição de lei, quando a decisão rescindenda se tiver baseado em texto legal de interpretação controvertida nos tribunais").

Gabarito 1E, 2E, 3E, 4E

(Advogado – CEF – 2001 – CESPE) A respeito do processo civil, julgue os seguintes itens.

(1) A despeito de a ação rescisória atacar decisão judicial transitada em julgado, a qual, portanto, goza de presunção de validade, há importantes precedentes que admitem como juridicamente possível, em certos casos, a concessão de medida cautelar nessa ação.

(2) A sentença na ação civil pública pode ter efeitos erga omnes, razão pela qual essa ação não pode ter como fundamento a inconstitucionalidade de lei ou ato normativo do poder público, pois, do contrário, findaria por usurpar a competência do STF para o controle concentrado de constitucionalidade.

(3) Mesmo que o objeto da ação civil pública envolva interesse federal, a competência para o julgamento da ação será da justiça estadual, sempre que o local do dano não for capital de estado membro da Federação, onde são sediadas as respectivas seções judiciárias.

(4) Considere a seguinte situação hipotética. O superintendente regional da Receita Federal em uma região fiscal delegou ao delegado da Receita Federal na capital de um estado-membro a competência para a prática de determinado ato. Um contribuinte considerou juridicamente inválido certo ato nascido com base nessa delegação e deliberou impetrar mandado de segurança. Nessa situação, a autoridade impetrada deverá ser o superintendente regional, pois é dele a responsabilidade pela delegação que acarretou a prática do ato.

(5) Se um comerciante revender compotas artesanais cujo fabricante não seja conhecido, pois quem lhas leva é um amigo pessoal, e se essas compotas causarem dano à saúde de um comprador, o comerciante não poderá ser responsabilizado, uma vez que não é dele o fabrico do produto.

1: correto (art. 489 do CPC). Observe-se que a questão foi elaborada antes da alteração promovida pela Lei 11.280/06 na redação do art. 489 do CPC; **2:** errado. É perfeitamente possível que a parte argua a inconstitucionalidade de lei ou ato normativo por meio de ação civil pública – como causa de pedir e prejudicialmente ao mérito da lide – enquanto manifestação do controle difuso de constitucionalidade (controle *incidenter tantum*). Nesses termos, confira-se trecho do informativo de nº 212 do STF: "Incensurável, sob tal perspectiva, a lição de HUGO NIGRO MAZZILLI ("O Inquérito Civil", p. 134, item n. 7, 2ª ed., 2000, Saraiva): "Entretanto, nada impede que, por meio de ação civil pública da Lei n. 7.347/85, se faça, não o controle concentrado e abstrato de constitucionalidade das leis, mas, sim, seu controle difuso ou incidental. (...) assim como ocorre nas ações populares e mandados de segurança, nada impede que a inconstitucionalidade de um ato normativo seja objetada em ações individuais ou coletivas (não em ações diretas de inconstitucionalidade, apenas), como causa de pedir (não o próprio pedido) dessas ações individuais ou dessas ações civis públicas ou coletivas." (grifei) É por essa razão que o magistério jurisprudencial dos Tribunais - inclusive o do Supremo Tribunal Federal (Rcl 554-MG, Rel. Min. MAURÍCIO CORRÊA - Rcl 611-PE, Rel. Min. SYDNEY SANCHES, v.g.) - tem reconhecido a legitimidade da utilização da ação civil pública como instrumento idôneo de fiscalização incidental de constitucionalidade, desde que, nesse processo coletivo, a controvérsia constitucional, longe de identificar-se como objeto único da demanda, qualifique-se como simples questão prejudicial indispensável à resolução do litígio principal, como corretamente assinalado pelo E. Tribunal de Justiça do Estado de São Paulo (RT 722/139)". (Rcl 1.733-SP, rel. Min. CELSO DE MELLO, decisão publicada no DJU DE 01/12/2000); **3:** errado (arts. 109, I, da CF, 93, *caput*, da Lei 8.078/90 e 21 da Lei 7.347/85); **4:** errado (Súmula 510 do STF: "Praticado o ato por autoridade, no exercício de competência delegada, contra ela cabe o mandado de segurança ou a medida judicial"); **5:** errado (art. 13, I, do CDC).

Gabarito 1C, 2E, 3E, 4E, 5E

(Advogado – BNDES – 2010 – CESGRANRIO) O juiz trabalhista deve declarar, na hora marcada, aberta a audiência por força do *caput* do art. 815 da CLT. Entretanto, se, até 15 minutos após a hora marcada, o juiz não houver comparecido, as partes podem retirar-se, nos termos do parágrafo único do citado artigo. Tal tolerância para o juiz foi alargada para 30 minutos pelo art. 7º, XX da Lei nº 8.906/94. Pelo exposto, quanto a atrasos em audiência, sabe-se que:

(A) a tolerância legal também se aplica para atrasos das partes, devido ao princípio da isonomia.

(B) a critério do juiz em audiência poderá ser aguardada uma das partes ou seu advogado atrasado, sem a concordância da outra parte litigante e seu patrono.

(C) a tolerância máxima de 30 minutos para o juiz também se aplica em caso de ele ainda estar realizando audiências anteriores na mesma pauta.

(D) as partes podem retirar-se da sala sem fazer constar o ocorrido no livro de registros das audiências, caso o juiz compareça à audiência após expirado o limite da tolerância.

(E) não há qualquer previsão legal de tolerância para atraso das partes e, se ocorrer por razões não legalmente previstas para autorizar o adiamento da audiência, estar-se-á afrontando a igualdade que deve ser dispensada pelo juiz às partes, nos termos do art. 125, I do CPC.

A: incorreto (OJ 245 DA SBDI-1 DO TST); **B:** incorreto. Tal conduta, via de regra, viola o princípio da isonomia (art. 125, I, do CPC); **C:** incorreto. Nessa hipótese, dada a complexidade inerente a esse ato processual, não se aplica a regra inserta no art. 7º, XX, da Lei 8.906/94. O tempo de realização de cada audiência não pode ficar condicionado à vontade do legislador, mas sim à prudente análise do juiz, enquanto presidente do feito (art. 125, II, do CPC), o qual dispensará o tempo necessário à natureza da discussão travada em cada processo; **D:** incorreto (arts. 7º, XX, da Lei 8.906/94, e 815, parágrafo único, da CLT); **E:** correto. Inteligência da Orientação Jurisprudencial nº 245 da C. SBDI-1 do TST, cujo teor ora se reproduz: "REVELIA. ATRASO. AUDIÊNCIA. Inexiste previsão legal tolerando atraso no horário de comparecimento da parte na audiência".

Gabarito "E".

(Advogado – BNDES – 2010 – CESGRANRIO) A Empresa Y interpôs recurso ordinário perante TRT diverso do seu endereço sede, através de fac-símile, com base na Lei nº 9.800/1999 e Súmula 387 do TST. Assim, chamou para si alguns efeitos processuais, dentre eles, o de:

(A) estar atenta à contagem do quinquídio para apresentação dos originais do recurso interposto por fac-símile, que flui do dia seguinte à interposição do recurso.

(B) ter ciência da aplicação da regra do art. 184 do CPC, quanto ao dies a quo.

(C) saber que, no caso, a regra contida no art. 184 do CPC, exclui a coincidência com sábado, domingo e feriado, por força da Súmula nº 01 do TST.

(D) considerar que a Lei nº 9.800/1999 é aplicável, somente, a recursos interpostos após o início de sua vigência.

(E) considerar que a Lei nº 9.800/1999 é aplicável, somente, a recursos ordinários e de revistas.

A: incorreto. O prazo de cinco dias se conta do dia seguinte ao término do prazo recursal e não do dia posterior à interposição do recurso, caso o meio de impugnação tenha sido manejado antes do termo final (art. 2º, *caput*, da Lei 9.800/99). Ao menos, essa é a tônica do item II da Súmula 387 do TST: "II - A contagem do quinquídio para apresentação dos originais de recurso interposto por intermédio de fac-símile começa a fluir do dia subsequente ao término do prazo recursal, nos termos do art. 2º da Lei nº 9.800, de 26.05.1999, e não do dia seguinte à interposição do recurso, se esta se deu antes do termo final do prazo"; B e **C:** incorretos. A regra do art. 184 do CPC nao incide na hipótese de recurso interposto por meio de fac-símile, conforme disposto no item III da Súmula 387 do TST, *in verbis*: "III - Não se tratando a juntada dos originais de ato que dependa de notificação, pois a parte, ao interpor o recurso, já tem ciência de seu ônus processual, não se aplica a regra do art. 184 do CPC quanto ao "dies a quo", podendo coincidir com sábado, domingo ou feriado"; **D:** correto, conforme o item I da Súmula 387 do TST, o qual segue reproduzido: "I - A Lei nº 9.800, de 26.05.1999, é aplicável somente a recursos interpostos após o início de sua vigência"; **E:** incorreto, pois alcança todas as petições escritas dirigidas ao Estado-Juiz, a teor do que dispõe o art. 1º da Lei 9.800/99, sem prejuízo do enunciado contido no item IV da Súmula 387 do TST: "IV – A autorização para utilização do fac-símile, constante do art. 1º da Lei n.º 9.800, de 26.05.1999, somente alcança as hipóteses em que o documento é dirigido diretamente ao órgão jurisdicional, não se aplicando à transmissão ocorrida entre particulares".

Gabarito "D".

(Advogado – BNDES – 2010 – CESGRANRIO) Um Banco de Investimentos formalizou contrato de financiamento imobiliário garantido por alienação fiduciária de imóvel, nos termos da legislação em vigor. Não havendo o pagamento do empréstimo garantido, o credor realizou atos de execução extrajudicial, notificando regularmente o devedor e consolidando a propriedade imobiliária. Inconformado, o devedor declarou haver ilegalidade e inconstitucionalidade no processo de execução extrajudicial e propôs ação para desconstituir os atos praticados. A partir dessa narrativa, conclui-se que a(o):

(A) alienação fiduciária imobiliária permite a aplicação das regras da execução extrajudicial.

(B) consolidação da propriedade fiduciária pelo credor independe do pagamento de quaisquer taxas ou tributos incidentes.

(C) execução extrajudicial vinculada à alienação fiduciária imobiliária não permite a purga da mora.

(D) credor fiduciário, após notificar o devedor e ocorrendo o seu silêncio, deverá comunicar tal fato ao Juiz.

(E) devedor deve ter acolhida sua pretensão diante da impossibilidade de legitimar execução extrajudicial de imóvel.

A: correto (arts. 26 e 27 da Lei 9.514/97); B e **D:** incorretos. Nesse caso, o registrador imobiliário promoverá a averbação da consolidação da propriedade em nome do credor fiduciário, à vista da prova do pagamento por este, do imposto de transmissão *inter vivos* e, se for o caso, do laudêmio (art. 26, § 7º, da Lei 9.514/97); **C:** incorreto (art. 26, § 5º, da Lei 9.514/97); **E:** incorreto (arts. 26 e 27 da Lei 9.514/97).

Gabarito "A".

(Advogado – REFAP – 2007 – CESGRANRIO) Acerca do processo de homologação de sentença arbitral proferida no exterior, regulado pela Lei nº 9.307, de 23 de setembro de 1996, pode-se afirmar que:

I. para ser reconhecida ou executada no Brasil, a sentença arbitral estrangeira deverá ter sua validade atestada por uma corte judiciária da localidade onde houver sido proferida e, posteriormente, ser homologada pelo Supremo Tribunal Federal;

II. poderá ser negado o pedido de homologação de sentença arbitral estrangeira, quando o réu demonstrar ter sido esta suspensa por decisão judicial proferida no país onde a sentença arbitral foi prolatada;

III. poderá ser negado o pedido de homologação de sentença arbitral estrangeira, quando o réu demonstrar haver sido violado o princípio do contraditório, impossibilitando seu direito à ampla defesa;

IV. o processo de reconhecimento da sentença estrangeira no Brasil deve observar prioritariamente os tratados internacionais com eficácia no ordenamento interno.

Estão corretas as afirmativas:

(A) I e II, apenas.

(B) II e III, apenas.

(C) I, II e III, apenas.

(D) II, III e IV, apenas.

(E) I, II, III e IV.

I: incorreto. Desde a promulgação da EC 45/04, a homologação de sentença estrangeira é realizada pelo STJ (art. 105, I, "i", da CF); **II:** correto (art. 38, VI, da Lei 9.307/96); **III:** correto (art. 38, III, da Lei 9.307/96); IV: correto (art. 34, *caput*, da Lei 9.307/96).

Gabarito "D".

(Advogado – BNDES – 2001 – VUNESP) Na ação de busca e apreensão de bem móvel alienado fiduciariamente é correto afirmar que:

(A) o devedor poderá requerer a purgação de mora se tiver pago 30% (trinta por cento) do preço financiado.

(B) o devedor poderá contestar a ação no prazo de 03 (três) dias após a execução da liminar de busca e apreensão, sendo que a matéria de sua defesa será irrestrita.

(C) a apelação será recebida apenas no efeito devolutivo.

(D) a sentença que julgar procedente a ação impedirá a venda extrajudicial do bem.

(E) a busca e apreensão não poderá ser concedida liminarmente ainda que comprovado o inadimplemento do devedor.

Primeiramente, cumpre observar que tal questão foi elaborada antes da vigência da Lei 10.931/2004, a qual, por força de seu art. 56, modificou o Decreto-Lei 911/69. **A:** incorreto (art. 3º, § 2º, do Decreto-Lei 911/69); **B:** incorreto (art. 3º, § 3º, do Decreto-Lei 911/69); **C:** correto (art. 3º, § 5º, do Decreto-Lei 911/69); **D:** incorreto. A procedência ou não da demanda é indiferente para efeitos de venda extrajudicial da coisa, a qual é facultada ao credor fiduciário nos termos do art. 2º, *caput*, do Decreto-Lei 911/69; **E:** incorreto (art. 3º, *caput*, do Decreto-Lei 911/69).

Gabarito "C".

(Advogado – PETROBRÁS DISTRIB. – 2008 – CESGRANRIO) A Céu Azul Distribuidora deseja participar de licitação a fim de fornecer gasolina para a frota de automóveis da INFRAERO, apresentando no prazo os documentos exigidos no edital. No curso do procedimento licitatório, surge pendência fiscal que impede a expedição de certidão negativa, comprobatória do pagamento de tributos, o que gera pendência a ser resolvida pelo Departamento Jurídico. Considerando que as provas que comprovam a regularidade dos atos praticados pela Céu Azul não são exclusivamente documentais, que via deve ser utilizada para obtenção da certidão negativa ou positiva, com efeitos de negativa?

(A) Mandado de Segurança.

(B) Ação monitória.

(C) Ação popular.

(D) Ação Civil Pública.

(E) Ação de procedimento ordinário, com tutela antecipada.

A: incorreto. O mandado de segurança, enquanto ação constitucional de rito especial, não admite dilação probatória – a exemplo da produção de prova testemunhal e pericial – dado que o direito líquido e certo do impetrante deve ser comprovado *prima facie*, ou seja, de forma pré-constituída. Nessa direção: PROCESSUAL CIVIL. REVALORIZAÇÃO JURÍDICA DOS FATOS. POSSIBILIDADE. ÔNUS DA PROVA. MANDADO DE SEGURANÇA. PROVA PRÉ-CONSTITUÍDA. NECESSIDADE. RECURSO PROVIDO. [...] 3. *O mandado de segurança é ação de rito especial em que se exige do impetrante a comprovação de plano do direito líquido e certo violado, não sendo admitida dilação probatória. 4. Ao entender que caberia ao ente público comprovar a legalidade da multa aplicada, o Tribunal a quo contrariou o princípio da presunção de legitimidade do ato administrativo, além da sistemática probatória da ação mandamental, que exige a comprovação do direito vindicado por meio de prova pré-constituída.* 5. Recurso especial provido. (REsp 1172088/SP, Rel. Ministro CASTRO MEIRA, SEGUNDA TURMA, julgado em 07/10/2010, DJe 21/10/2010) [grifos nossos]; **B:** incorreto. A ação monitória compete a quem pretender, com base em prova escrita sem eficácia de título executivo, pagamento de soma em dinheiro, entrega de coisa fungível ou de determinado bem móvel, pretensões estas que não se coadunam com aquela apontada no comando da questão (art. 1.102-A do CPC); **C:** incorreto, visto que a ação popular só pode ser ajuizada por quem é cidadão, *status* este não havido pela Céu Azul Distribuidora, na condição de pessoa jurídica (art. 5º, LXXIII, da CF e Súmula 365 do STF); **D:** incorreto. Além de a natureza da pretensão manifestada pela Céu Azul Distribuidora não se coadunar com os bens jurídicos constantes do art. 1º da Lei 7.347/85, tal sociedade não goza de legitimidade ativa para intentar ação civil pública (arts. 1º e 5º da Lei 7.347/85); **E:** correto. A sociedade empresária Céu Azul Distribuidora poderá manejar demanda submetida ao procedimento comum, rito ordinário, com pedido de antecipação dos efeitos da tutela, porquanto a cognição nele operada é exauriente, admitindo, consectariamente, amplo espectro probatório (art. 332 do CPC).

Gabarito "E".

5. Direito Civil

Ana Paula Garcia, André de Carvalho Barros, Gabriela Rodrigues, Gustavo Nicolau, Vanessa Trigueiros e Wander Garcia

1. LINDB

1.1. EFICÁCIA DA LEI NO TEMPO

1.1.1. VACATIO LEGIS

(Procurador do Estado/MG – 2007) *Vacatio Legis* é o período existente entre a publicação de uma lei e a data em que ela entra em vigor. Em 01 de novembro de 2006, foi publicada no Diário Oficial, lei dispondo sobre alteração do Estatuto dos Servidores Públicos do Estado. Na referida lei nada constou sobre a data inicial de vigor da norma. A partir de que data essa lei passará a vigorar?

(A) Não havendo disposição na lei, começa a vigorar, em 31 de dezembro de 2006.

(B) Não havendo disposição na lei, começa a vigorar, em 16 de dezembro de 2006.

(C) Não havendo disposição na lei, passa a vigorar, em 16 de novembro de 2006.

(D) Não havendo disposição na lei, passa a vigorar no momento da publicação no Diário Oficial do Estado.

A, C e **D:** incorretas, porque estão em desacordo com o art. 1º, *caput*, da LINDB; **B:** correta, pois, *salvo disposição contrária, a lei começa a vigorar em todo o país quarenta e cinco dias depois de oficialmente publicada*, sendo que a contagem do prazo dar-se-á com a inclusão da data da publicação e do último dia do prazo, entrando em vigor no dia subsequente à sua consumação integral (art. 1º, *caput*, da LINDB e art. 8º, § 1º, da LC 95/98).

Gabarito "B"

(ADVOGADO – IRB – 2006 – ESAF) Se uma lei for publicada no dia 2 de janeiro, estabelecendo prazo de quinze dias de vacância, ela entrará em vigor no dia

(A) 16 de janeiro.

(B) 15 de janeiro.

(C) 20 de janeiro.

(D) 18 de janeiro.

(E) 17 de janeiro.

A, B, C e **D:** incorretas, porque estão em desacordo com o art. 1º, *caput*, da LINDB; **E:** correta, pois, *salvo disposição contrária, a lei começa a vigorar em todo o país quarenta e cinco dias depois de oficialmente publicada*, sendo que a contagem do prazo dar-se-á com a inclusão da data da publicação e do último dia do prazo, entrando em vigor no dia subsequente à sua consumação integral (art. 1º, *caput*, da LINDB e art. 8º, § 1º, da LC 95/98).

Gabarito "E"

1.1.2. VIGÊNCIA DA LEI NO TEMPO

(Procurador/DF – 2013 – CESPE) A respeito da eficácia da lei no tempo e no espaço, julgue os itens a seguir.

(1) No curso de uma relação contratual civil, caso surja lei nova que trate da matéria objeto da relação jurídica entabulada, essa nova lei deverá ser aplicada à referida relação se apresentar regra mais favorável ao devedor.

(2) O princípio da irretroatividade da lei nova se aplica às leis de ordem pública.

1: Errada, pois não há regra nesse sentido. A regra geral que deverá ser aplicada é a de que a nova lei respeitará o ato jurídico perfeito (art. 6º, "*caput*" e § 1º, da LINDB); **2:** Certa, pois de pleno acordo com o princípio básico da irretroatividade, previsto no art. 5º, XXXVI, da CF e no art. 6º da LINDB.

Gabarito 1E, 2C

(Procurador do Estado/MT – FCC – 2011) É correto afirmar que,

(A) salvo disposição contrária, a lei começa a vigorar em todo o País, 45 (quarenta e cinco) dias depois de oficialmente promulgada.

(B) nos Estados estrangeiros, a obrigatoriedade da lei brasileira, quando admitida, se inicia 90 (noventa) dias depois de oficialmente promulgada.

(C) se antes de entrar a lei em vigor, ocorrer nova publicação de seu texto, destinada a correção, o prazo de início de sua vigência começará a correr da data da primeira publicação.

(D) não se destinando à vigência temporária, a lei terá vigor até que outra a modifique ou a revogue.

(E) a lei nova, que estabeleça disposições gerais ou especiais a par das já existentes, sempre revoga a anterior.

A: incorreta (art. 1º, *caput*, da LINDB); **B:** incorreta (art.1º, § 1º, da LINDB); **C:** incorreta (art. 1º, § 3º, da LINDB); **D:** correta, de acordo com o princípio da continuidade das leis (art. 2º, *caput*, da LINDB); **E:** incorreta (art. 2º, § 2º, da LINDB).

Gabarito "D"

(Procurador do Estado/SC – 2010 – FEPESE) Com relação à Lei Introdução ao Código Civil, assinale a alternativa **correta**.

(A) A lei revogada, automaticamente restaura seus efeitos, quando a lei revogadora perder a vigência.

(B) A Lei de Introdução ao Código Civil é de aplicação restrita aos ramos do direito privado, em especial, ao Direito Civil.

(C) A revogação de uma lei pode ser total (derrogação), pode ser parcial (ab-rogação), pode ser expressa (indicação do dispositivo legal revogado) ou tácita (incompatibilidade entre as leis antiga e nova).

(D) O texto de lei já em vigor pode ser corrigido a qualquer momento, sem que as correções sejam caracterizadas lei nova.

(E) A lei nova que estabeleça disposições gerais ou especiais a par das já existentes, não revoga nem modifica a lei anterior.

A: incorreta, pois a repristinação não é a regra em nosso direito (art. 2º, § 3º, da LINDB); **B:** incorreta, pois a Lei de Introdução ao Código Civil, agora com a denominação de Lei de Introdução às normas do Direito Brasileiro, aplica-se a todos os ramos do Direito; **C:** incorreta, pois a revogação total tem o nome de ab-rogação, e a revogação parcial, de derrogação; **D:** incorreta (art. 1º, § 4º, da LINDB); **E:** correta (art. 2º, § 2º, da LINDB).

Gabarito "E"

(Procurador do Estado/SE – FCC – 2005) O Código Civil dispõe que "as declarações constantes de documentos assinados presumem-se verdadeiras em relação aos signatários" (art. 219) e o Código de Processo Civil estabelece que é título executivo extrajudicial "o documento particular assinado pelo devedor e por duas testemunhas" (art. 585, II), entretanto o artigo 2043 do Código Civil ressalva: "Até que por outra forma se disciplinem, continuam em vigor as disposições de natureza processual, administrativa ou penal, constantes de leis cujos preceitos de natureza civil hajam sido incorporados a este Código."

Diante dos mencionados textos legais, pode-se dizer que uma confissão de dívida firmada após a vigência do Código Civil de 2002, sem a assinatura de duas testemunhas é

(A) ineficaz, porque inexigível judicialmente.

(B) inexistente, por não atender requisito imposto na legislação extravagante.

(C) anulável por erro de direito cometido pelo devedor.

(D) nula, porque contraria o Código de Processo Civil, cujas disposições se inserem no Direito Público.

(E) válida, mas não tem força executiva.

Art. 212, I, do CC e art. 585, II, do CPC.

Gabarito "E"

(Procurador do Estado/SP – FCC – 2009) No que diz respeito à vigência da norma jurídica,

(A) a ab-rogação é a supressão parcial da norma anterior, enquanto a derrogação vem a ser a supressão total da norma anterior.

(B) os efeitos da lei revogada poderão ser restaurados se houver previsão expressa na lei revogadora.

(C) a revogação de uma lei opera efeito repristinatório automático em caso de lacuna normativa.

(D) a lei não pode ter vigência temporária.

(E) a lei começa a vigorar em todo país, salvo disposição contrária, 40 (quarenta) dias depois de oficialmente publicada, denominando-se período de *vacatio legis*.

A: incorreta, pois a alternativa inverteu o significado dos institutos mencionados; **B:** correta (art. 2º, § 3º, da LINDB); **C:** incorreta, pois a repristinação só ocorrerá quando houver disposição expressa da lei; **D:** incorreta, pois a LINDB admite a lei temporária (art. 2º, *caput*); **E:** incorreta, pois o prazo é de 45 dias (art. 1º, *caput*, da LINDB).

Gabarito "B"

(Procurador de Contas TCE/ES – CESPE – 2009) A respeito da Lei X, publicada no dia 1º de junho de 2009, assinale a opção correta.

(A) Caso falte o texto para algum dispositivo da Lei X, o juiz poderá corrigi-la por processo interpretativo.

(B) Se houver omissão na Lei X, o juiz deverá decidir de acordo com os fins sociais a que ela se dirige.

(C) Eventual correção de texto da Lei X será considerada lei nova, se aquela já estiver em vigor.

(D) Se a Lei X estabelecer disposições a par das já estabelecidas pela Lei Y, haverá a revogação desta.

(E) Caso a Lei X derrogue a Lei Z, esta perderá a sua vigência.

A e **B:** incorretas, pois, em caso de lacuna, o juiz deve se valer das ferramentas do art. 4º da LINDB (analogia, costumes e princípios gerais do direito, sucessivamente); **C:** correta (art. 1º, § 4º, da LINDB); **D:** incorreta, pois a *lei geral nova* não revoga a *lei especial velha* (art. 2º, § 2º, da LINDB); **E:** incorreta, pois a derrogação é a revogação parcial, ou seja, de apenas parte da lei, permanecendo a outra em vigência.

Gabarito "C"

1.1.3. *REPRISTINAÇÃO*

(Procurador do Município/Teresina-PI – 2010 – FCC) Sobre a repristinação é a regra vigente no direito brasileiro:

(A) Salvo disposição em contrário, a lei revogada não se restaura por ter a lei revogadora perdido a vigência.

(B) A lei nova, que estabeleça disposições gerais ou especiais a par das já existentes, não revoga nem modifica a lei anterior.

(C) Não se destinando à vigência temporária, a lei terá vigor até que outra a modifique ou revogue.

(D) A lei posterior revoga a anterior quando expressamente o declare.

(E) A lei posterior revoga a anterior quando seja com ela incompatível.

A: correta, pois a norma citada, prevista no art. 2º, § 3º, da LINDB, cuida justamente do instituto da repristinação; **B:** incorreta, pois a afirmativa, prevista no art. 2º, § 2º, da LINDB, não diz respeito à repristinação, mas sim à regra de que a lei geral nova não revoga lei especial anterior; **C:** incorreta, pois a afirmativa, prevista no art. 2º, *caput*, da LINDB, não diz respeito à repristinação, mas ao princípio da continuidade das leis; **D:** incorretas, pois as afirmativas, previstas no art. 2º, § 1º, da LINDB, dizem respeito aos institutos da revogação expressa e da revogação tácita.

Gabarito "A"

(ADVOGADO – BNDES – 2001 – VUNESP) No direito brasileiro, a repristinação da lei revogada

(A) ocorrerá automaticamente com a revogação da lei revogadora.

(B) é vedada expressamente pela Lei de Introdução ao Código Civil.

(C) pode violar o direito adquirido sem que isto configure violação de texto constitucional.

(D) poderá ocorrer por disposição expressa de outra lei.

(E) não se sujeita às regras pertinentes à *vacatio legis*.

A: incorreta, pois no direito brasileiro a repristinação da lei revogada não ocorre automaticamente com a revogação da lei revogadora, sendo necessária expressa previsão legal em sentido contrário (art. 2º, § 3º, da LINDB); **B:** incorreta, pois a Lei de Introdução ao Código Civil, agora denominada de Lei de Introdução às normas do Direito Brasileiro, não veda expressamente a repristinação, mas a admite de forma excepcional (art. 2º, § 3º, da LINDB); **C:** incorreta, na medida em que a lei em vigor terá efeito imediato e geral, respeitados o ato jurídico perfeito, o direito adquirido e a coisa julgada (art. 6º, da LINDB e art. 5º, XXXVI, da CF); **D:** correta, já que se admite a repristinação, excepcionalmente, caso haja disposição expressa em outra lei (art. 2º, § 3º, da LINDB); **E:** incorreta. A repristinação consiste na restauração da lei revogada, em virtude da lei revogadora ter perdido a vigência por uma terceira lei que assim expressamente preveja. Portanto, a repristinação, expressamente prevista em lei, está sujeita às regras da *vacatio legis* (lapso temporal entre a data da publicação da lei e a sua entrada em vigor), segundo o art. 1º, da LINDB.

Gabarito "D"

1.2. EFICÁCIA DA LEI NO ESPAÇO

(Procurador da Fazenda Nacional – 2007 – ESAF) Assinale a opção correta.

(A) Os meios probatórios regular-se-ão pela *lex fori* por pertencerem à ordem processual e o modo de produção dessas provas reger-se-á pela norma vigente no Estado onde ocorreu o fato.

(B) A nossa Lei de Introdução ao Código Civil não contém qualquer proibição expressa e categórica do retorno; assim, o juiz poderá ater-se às normas de direito internacional privado do país em que ocorreu o fato interjurisdicional *sub judice*.

(C) A interpretação teleológica é também axiológica e conduz o intérprete-aplicador à configuração do sentido normativo em dado caso concreto, já que tem como critério o fim prático da norma de satisfazer as exigências sociais e a realização dos ideais de justiça vigentes na sociedade atual.

(D) Às coisas *in transitu* aplicar-se-á a *lex reisitae*.

(E) A *locus regit actum* é uma norma de direito internacional privado para indicar a lei aplicável à forma intrínseca do ato.

Art. 5º da LINDB.

Gabarito "C"

(Procurador da Fazenda Nacional – 2007.2 – ESAF) As obrigações convencionais e as decorrentes de atos unilaterais, se interjurisdicionais, desde que efetuadas entre presentes, reger-se-ão:

(A) quanto à forma intrínseca pela *ius loci actus* e quanto à capacidade das partes pela lei da nacionalidade.

(B) quanto à forma intrínseca e extrínseca pela *locus regit actum* e quanto à capacidade das partes pela *lex fori*.

(C) pela *lex fori*.

(D) quanto à forma *ad probationem tantum* e *ad solemnitatem* pela lei do local de sua constituição e quanto à capacidade pela lei domiciliar das partes.

(E) quanto à forma extrínseca pela *lex fori* e quanto à capacidade das partes pela *locus regit actum*.

Arts. 9º e 7º da LINDB, respectivamente.

Gabarito "D"

1.3. INTERPRETAÇÃO DA LEI

(Procurador do Município/Sorocaba-SP – 2012 – VUNESP) Método de interpretação que se baseia na investigação dos antecedentes da norma, do processo legislativo, a fim de descobrir o seu exato significado. É o método que apura a vontade do legislador e os objetivos que visava atingir.

Essa definição refere-se ao método de interpretação

(A) histórico.

(B) sistemático.

(C) teleológico.

(D) gramatical.

(E) sociológico.

A: correta. A hermenêutica é a ciência da interpretação, a qual traz diversas técnicas ou métodos interpretativos. As técnicas ou métodos clássicos são: a) gramatical; b) sistemático; c) histórico; d) teleológico; e) lógico; f) sociológico. A técnica histórica se preocupa em investigar os antecedentes da norma, desde as circunstâncias fáticas e valorativas que a precedem até o processo legislativo, com o escopo de verificar a razão de sua existência (Wander Garcia, SUPER-REVISÃO, editora FOCO); **B:** incorreta, pois a técnica sistemática *consiste em relacionar os vários dispositivos legais que guardam pertinência com o tema no sistema jurídico, de modo a buscar uma resposta única e trabalhada* (Wander Garcia, SUPER-REVISÃO, editora FOCO); **C:** incorreta, pois a técnica teleológica *consiste em averiguar o sentido e o alcance da lei partindo dos fins sociais a que ela se dirige, bem como adaptando-se às exigências do bem comum* (art. 5º, da LINDB) (Wander Garcia, SUPER-REVISÃO, editora FOCO); **D:** incorreta, pois a técnica gramatical ou literal *consiste em verificar o significado das palavras, isolada e sintaticamente, atendendo à pontuação e à colocação dos vocábulos* (Wander Garcia, SUPER-REVISÃO, editora FOCO); **E:** incorreta, pois a técnica sociológica busca alcançar a efetividade da norma jurídica, adaptando-a à realidade social.

Gabarito "A"

(Procurador da Fazenda Nacional – 2007.2 – ESAF) Assinale a opção falsa.

(A) Uma das regras norteadoras do emprego do processo interpretativo teleológico seria: deve-se conferir ao texto normativo um sentido que resulte haver a norma regulado a espécie a favor e não em prejuízo de quem ela visa proteger.

(B) O fundamento da analogia não está na igualdade jurídica, já que o processo analógico constitui um raciocínio baseado em razões relevantes de similitude, fundando-se na identidade de razão, que é o elemento justificador da aplicabilidade da norma a casos não previstos, mas substancialmente semelhantes.

(C) O art. 5º da Lei de Introdução ao Código Civil permite corrigir a inadequação da norma à realidade fático-social e aos valores positivados, harmonizando o abstrato e rígido da norma com a realidade concreta, mitigando o seu rigor, corrigindo-lhe os desacertos, ajustando-a do melhor modo possível ao caso emergente.

(D) Os meios de preenchimento de lacuna são indicados pela própria lei.

(E) O aplicador da norma deverá perscrutar as necessidades práticas da vida social e a realidade sócio cultural, sem olvidar a valoração objetiva.

A: verdadeira (art. 5º da LINDB); **B:** falsa, pois a igualdade jurídica é fundamento do emprego da analogia; **C:** verdadeira (art. 5º da LINDB); **D:** art. 4º da LINDB; **E:** art. 5º da LINDB.

Gabarito "B"

1.4. LACUNAS E INTEGRAÇÃO DA LEI

(Procurador Federal – 2013 – CESPE) Julgue o seguinte item.

(1) O fato de um juiz, à míngua de previsão legal, concluir que o companheiro participante de plano de previdência privada faz jus à pensão por morte, ainda que não esteja expressamente inscrito no instrumento de adesão, caracteriza a utilização da integração da norma lacunosa por meio da analogia.

1: Correta, pois a analogia configura a aplicação do mesmo direito a casos semelhantes quando um deles não possui regulamentação legal (art. 4º da LINDB). Assim, considerando que a Lei atribui o direito a pensão por morte ao cônjuge supérstite, igual direito possui o companheiro supérstite.

Gabarito 1C

(Procurador do Estado/PE – 2004 – FCC) Estabelecendo a Lei de Introdução ao Código Civil que "quando a lei for omissa, o juiz decidirá o caso de acordo com a analogia, os costumes e os princípios gerais de direito" (art. 4º), é correto afirmar que

(A) somente se admite o costume *secundum legem*.

(B) é admitido amplamente o costume *contra legem*.

(C) o costume *praeter legem* desempenha função supletiva da lei.

(D) o costume é meio de integração do direito, mas não pode ser considerado fonte ou forma de expressão do direito.

(E) o costume constitui apenas regra de hermenêutica.

O costume *contra legem* não pode ser aplicado. O costume *secundum legem* não tem utilidade, pois a lei já estabelece o comando expresso no costume. O costume *praeter legem*, ou seja, não previsto na lei, desempenha função supletiva da lei, ou seja, pode ser utilizando em caso de lacuna, inexistindo lei a ser aplicada por analogia.

Gabarito "C"

(Procurador do Estado/RO – 2011 – FCC) Quando a lei for omissa, o juiz decidirá o caso com o emprego da

(A) analogia, dos costumes e dos princípios gerais do direito.

(B) equidade em quaisquer casos, dos costumes e dos princípios gerais do direito.

(C) analogia, da equidade e dos costumes, apenas.

(D) interpretação, dos costumes, da equidade e dos princípios gerais do direito.

(E) interpretação, da analogia e dos princípios gerais do direito.

Art. 4º da LINDB.

Gabarito "A"

(Procurador do Município/Aracaju – 2008 – CESPE) Julgue os seguintes itens, acerca da Lei de Introdução ao Código Civil.

(1) A lei nova que estabelecer disposições gerais ou especiais a par das já existentes revogará as leis especiais anteriores sobre a mesma matéria às quais expressamente se referiu.

(2) A analogia é uma das técnicas empregadas para a interpretação das leis, segundo a qual o juiz, ao aplicar a lei no caso concreto, declarará o exato sentido da lei. Por isso, decidir por analogia significa dizer que a decisão da causa foi idêntica àquela aplicada a outros litígios iguais.

1: incorreta (art. 2º, § 2º, da LINDB); **2:** incorreta, pois a analogia é aplicada em caso de lacuna de lei, ou seja, quando não há lei regulando o caso concreto, hipótese em que se aplica lei que trata de questão semelhante.

Gabarito 1E, 2E

1.5. ANTINOMIAS E CORREÇÃO

Para resolver essa questão e outras que tratam das antinomias, segue resumo.

Correção de antinomias.

Muitas vezes o problema não é de ausência de lei ou de normas, mas de existência de mais de uma norma conflitando entre si. Nesse caso tem-se antinomia, a ensejar uma correção, que também só terá efeito para o caso concreto em que o Direito será aplicado. Pode-se conceituar o instituto da antinomia como a situação de conflito entre duas ou mais normas jurídicas.

Quanto ao critério de solução do conflito, a antinomia pode ser dividida em duas espécies: a) aparente, quando a própria lei tiver critério para a solução do conflito; b) real, quando não houver na lei critério para a solução do conflito.

A ordem jurídica prevê critérios para a solução de antinomias aparentes. São eles: a) o hierárquico (*lex superior derogat legi inferiori*), pelo qual a lei superior prevalece sobre a de hierarquia inferior, b) o cronológico ou temporal (*lex posterior derogat legi priori*), pelo qual a lei posterior prevalece sobre a anterior; c) e o da especialidade (*lex specialis derogat legi generali*), pela qual a lei especial prevalece sobre a geral.

Caso não seja possível solucionar o conflito pela utilização dos critérios acima, estaremos diante de um conflito de segundo grau, já que o conflito não será entre simples normas, mas entre os critérios (hierárquico, cronológico e de especialidade). Confira-se os metacritérios para a solução de antinomias de segundo grau. Entre o: a) hierárquico e o cronológico, prevalece o hierárquico (norma superior-anterior), pois a competência é mais forte que o tempo; b) da especialidade e o cronológico, prevalece o da especialidade (norma especial-anterior), em face do princípio da igualdade, admitindo-se exceções no caso concreto; c) hierárquico e o da especialidade, não é possivel estabelecer um metacritério de antemão, com alguma vantagem para o critério hierárquico, em virtude da competência.

Se mesmo assim não for possível resolver o conflito pelos metacritérios, deve-se recorrer ao critério dos metacritérios, o princípio da justiça: escolhe-se a norma mais justa.

(Procurador do Estado/AC – FMP – 2012) Assinale a alternativa CORRETA.

(A) Antinomia jurídica ocorre quando há lacuna legislativa.

(B) No Direito brasileiro, a equidade possui apenas função interpretativa.

(C) A analogia, assim como o costume e os princípios gerais de direito, tem função integrativa no sistema jurídico brasileiro.

(D) O critério ou princípio hierárquico – *lex superior derogat legi inferiori* – visa a solucionar o problema da necessidade de integração de lacunas axiológicas.

A: incorreta, pois a antinomia se caracteriza pela existência de mais de uma norma conflitando entre si; **B:** incorreta, pois a equidade também pode ter função integrativa, nos casos expressos em lei (art. 127, do CPC); **C:** correta (art. 4º, da LINDB). *"A integração pode ser definida como o processo de preenchimento de lacunas, mediante a aplicação da analogia, dos costumes e dos princípios gerais do direito, nessa ordem, criando-se a norma individual para o caso"* (Wander Garcia, SUPER-REVISÃO, editora FOCO); **D:** incorreta, pois o critério hierárquico visa a solucionar a antinomia jurídica, enquanto que a analogia, o costume e os princípios gerais de direito têm função integrativa no sistema jurídico brasileiro.

Gabarito "C"

2. GERAL

2.1. PRINCÍPIOS DO CÓDIGO CIVIL, CLÁUSULAS GERAIS E CONCEITOS JURÍDICOS INDETERMINADOS

(Procurador do Município/Natal-RN – 2008 – CESPE) Acerca dos princípios fundamentais norteadores do Código Civil, assinale a opção correta.

(A) A regra segundo a qual os negócios jurídicos devem ser interpretados conforme a boa-fé diz respeito à boa-fé subjetiva.

(B) O atual Código Civil, em coerência com o Código Civil anterior, manteve a prevalência da autonomia da vontade ante a preservação da função social na formação dos contratos.

(C) Um dos exemplos da operabilidade adotada como valor essencial na elaboração do Código Civil vigente é a distinção precisa dos institutos da prescrição e da decadência.

(D) No atual Código Civil, não há regra que tome em consideração a natureza social da posse ou da propriedade, tendo sido reservada à CF a referência a essa natureza de tais institutos.

A: incorreta, pois os contratantes devem agir com lealdade em todas as fases do contrato, de acordo com aquilo que se entende como boa-fé na sociedade, ou seja, de acordo com a boa-fé *objetiva* (art. 3º, I, da CF/88 e art. 422, do CC); **B:** incorreta, pois deve prevalecer a função social em detrimento da autonomia da vontade (art. 421, do CC); **C:** correta (art. 189 a 211, do CC); **D:** incorreta (art. 1.228, § 1º e art. 2.035, ambos do CC).

Gabarito "C"

2.2. PESSOAS NATURAIS

2.2.1. INÍCIO DA PERSONALIDADE E NASCITURO

(Advogado da União/AGU – CESPE – 2012) De acordo com o disposto no Código Civil brasileiro acerca da pessoa natural, julgue os itens a seguir.

(1) Embora a lei proteja o direito sucessório do nascituro, não é juridicamente possível registrar no seu nome, antes do nascimento com vida, um imóvel que lhe tenha sido doado.

(2) A recente decisão do STF em favor da possibilidade de interrupção da gravidez de fetos anencéfalos não invalida o dispositivo legal segundo o qual o feto nascido com vida adquire personalidade jurídica, razão por que adquirirá e transmitirá direitos, ainda que faleça segundos depois.

1: correta (arts. 2º e 542, do CC); **2:** correta (art. 2º, do CC). De acordo com a teoria natalista adotada por nosso ordenamento jurídico, a personalidade jurídica da pessoa natural é adquirida a partir do nascimento com vida, mas a lei põe a salvo, desde a concepção, os direitos do nascituro (art. 2º, do CC), ainda que não tenha forma humana e viabilidade de vida, bastando que haja respiração e separação do ventre materno.

Gabarito 1C, 2C

2.2.2. CAPACIDADE

(Procurador do Estado/MT – FCC – 2011) São incapazes, relativamente a certos atos, ou à maneira de os exercer

(A) os menores de dezesseis anos.

(B) os pródigos, ainda que casados.

(C) os que, mesmo por causa transitória, não puderem exprimir sua vontade.

(D) os maiores de dezesseis anos e menores de dezoito anos, ainda que casados.

(E) os maiores de dezesseis e menores de vinte e um anos.

A: incorreta (art. 3º, I, do CC); **B:** correta (art. 4º, IV, do CC); **C:** incorreta (art. 3º, III, do CC); **D:** incorreta (art. 4º, I, do CC); **E:** incorreta (art. 4º, I, do CC).

Gabarito "B"

(Procurador do Estado/SC – 2010 – FEPESE) De acordo com o Código Civil Brasileiro, são relativamente incapazes:

1. o deficiente mental que tenha o discernimento reduzido para atos civis.

2. o deficiente mental que não possui o necessário discernimento para atos civis.

3. quem não puder exprimir sua vontade, mesmo que por causa transitória.

4. o excepcional sem desenvolvimento mental completo.

5. o pródigo.

Assinale a alternativa que indica todas as afirmativas **corretas**.

(A) São corretas apenas as afirmativas 2 e 3.

(B) São corretas apenas as afirmativas 1, 3 e 5.

(C) São corretas apenas as afirmativas 1, 4 e 5.

(D) São corretas apenas as afirmativas 2, 3 e 5.

(E) São corretas apenas as afirmativas 2, 4 e 5.

Art. 4º do CC.

Gabarito "C"

(Procurador da Fazenda Nacional – 2006 – ESAF) Assinale a opção falsa.

(A) Uma pessoa pode ter o gozo de um direito sem ter o seu exercício.

(B) A capacidade de gozo pressupõe a capacidade de exercício.

(C) A capacidade de gozo pode subsistir sem a capacidade de fato.

(D) A lei confere personalidade jurídica material ao nascituro.

(E) A lei admite restrições ao exercício de certos direitos pelos estrangeiros.

A, B, C: verdadeiras. Sim, é possível que uma pessoa tenha o gozo de um direito sem possuir seu exercício. Isso porque o artigo 1º do CC afirma que todos possuem capacidade de direito (gozo de direitos), mas nem todos possuem a capacidade de exercício. Exemplo: recém-nascidos: possuem capacidade de gozo, mas não de exercício. Além disso, pela regra, a capacidade de gozo pressupõe a de exercício, salvo nos casos previstos em lei, as quais são exceções à regra (casos de incapacidade). **D:** falsa. A personalidade civil só começa com o nascimento com vida (art. 2º, CC). **E:** verdadeira. Existem vários dispositivos legais restringindo o exercício de certos direitos ao estrangeiro (art.1.134, CC: vincula o funcionamento de sociedade estrangeira à prévia autorização do poder executivo).

Gabarito "D"

(ADVOGADO – INFRAERO – 2004 – NCE/UFRJ) Candido, brasileiro, pai de Sofia, pretende impedir a viagem de sua filha aos Estados Unidos, em companhia do seu namorado Augusto, aduzindo ser o seu sustentáculo moral e material. Sofia completou em 2004, dezoito anos de idade. À luz do novo Código Civil, a maioridade é atingida aos:

(A) dezesseis anos;

(B) dezessete anos;

(C) dezoito anos;

(D) dezenove anos;

(E) vinte anos.

A, B, D e **E:** incorretas, pois estão em desacordo com o art. 5º, *caput*, do CC; **C:** correta (art. 5º, *caput*, do CC).

Gabarito "C"

(ADVOGADO – BNDES – 2006 – CESGRANRIO) A respeito dos institutos básicos de Direito Civil, assinale a afirmação correta.

(A) A capacidade de fato das pessoas jurídicas é caracterizada pela sua aptidão para serem titulares de direitos e obrigações.

(B) "Capacidade de fato" e "capacidade de direito" passaram a ser expressões de conteúdo idêntico, à luz da nova sistemática introduzida pelo Código Civil de 2002.

(C) Pela aplicação da teoria do órgão, as pessoas jurídicas são presentadas por seus órgãos, exteriorizadores de sua vontade.

(D) Tendo-se em vista o princípio da consensualidade contratual, a personalidade das pessoas jurídicas surge com o simples acordo de vontades de seus fundadores.

(E) Tendo a interdição caráter constitutivo, é impossível pleitear a invalidação de ato praticado antes de sua proclamação, ainda que provada a incapacidade do agente à época.

A: incorreta, pois a pessoa jurídica somente tem capacidade de direito e não de fato, já que seus atos são praticados por meio de seus representantes legais; **B:** incorreta, pois capacidade de fato é a aptidão genérica de, por si só, adquirir direitos e contrair deveres. Por sua vez, capacidade de direito é a aptidão genérica de adquirir direitos e contrair deveres, representado ou assistido por outrem; **C:** correta. "A teoria afirmativista reconhece personalidade à pessoa jurídica, ou seja, reconhece que esta é sujeito de direitos. Essa teoria pode ser dividida em três grandes linhas: a) teoria da ficção, que defende que a pessoa jurídica tem apenas existência ideal, sendo mero produto da técnica jurídica (Savigny); b) teoria da realidade objetiva (organicista), que defende que a pessoa jurídica tem existência própria, real, social, como os indivíduos (Clóvis Beviláqua); c) teoria da realidade técnica, que defende que a pessoa jurídica tem existência real, apensar de tal existência ter origem no direito, e não na realidade das coisas" (Wander Garcia, *SUPER-REVISÃO*, Ed. Foco). Importante frisar que o Código Civil adotou a teoria da realidade técnica (art. 45, do CC); **D:** incorreta (art. 45, do CC); **E:** incorreta, pois será possível pleitear a invalidação do ato se provada a incapacidade do agente à época.

Gabarito "C"

2.2.3. *EMANCIPAÇÃO*

(Procurador do Estado/PR – UEL-COPS – 2011) Não é hipótese de cessação da incapacidade para os menores:

(A) a concessão dos pais, se o menor tiver pelo menos 14 anos de idade;

(B) o casamento;

(C) o exercício de emprego público efetivo;

(D) a existência de relação de emprego em função da qual o menor, com 16 anos de idade, tenha economia própria;

(E) a colação de grau em curso de ensino superior.

A: correta (art. 5º, parágrafo único, I, do CC); **B:** incorreta (art. 5º, parágrafo único, II, do CC); **C:** incorreta (art. 5º, parágrafo único, III, do CC); **D:** incorreta (art. 5º, parágrafo único, V, do CC); **E:** incorreta (art. 5º, parágrafo único, IV, do CC)

Gabarito "A"

(Procurador do Município/Manaus-AM – 2006 – FCC) Cessará para o menor a incapacidade pela concessão dos pais, ou de um deles na falta do outro, mediante instrumento público,

(A) após regular homologação judicial.

(B) independentemente de homologação judicial.

(C) se tiver doze anos completos.

(D) se tiver treze anos completos.

(E) somente se tiver economia própria.

A, C, D e **E:** incorretas, pois estão em desacordo com o art. 5º, parágrafo único, I, do CC; **B:** correta (art. 5º, parágrafo único, I, do CC).

Gabarito "B"

(ADVOGADO – CASA DA MOEDA – 2009 – CESGRANRIO) Pedro, dezesseis anos completos, juntamente com dois amigos, maiores de dezoito anos, estabelece sociedade empresária responsável pela administração de lojas de informática, com aluguel de equipamentos, prestação de serviços e venda de peças de reposição. Em decorrência de tal atividade, Pedro adquire um automóvel ano 2009 bem como um apartamento sediado na Tijuca/RJ, passando a custear suas próprias despesas, sem o apoio dos seus pais. Observada tal situação, à luz das normas do Código Civil, afirma-se que

(A) a regularização da situação demanda prazo prescricional.

(B) a incapacidade do menor cessa.

(C) as dívidas foram assumidas sem aquiescência dos pais.

(D) os atos praticados são nulos.

(E) os negócios devem ser ratificados com a presença dos pais.

A, C, D e **E:** incorretas, pois estão em desacordo com o art. 5º, parágrafo único, V, do CC; **B:** correta (art. 5º, parágrafo único, V, do CC).

Gabarito "B"

(ADVOGADO – ANP – 2008 – CESGRANRIO) A incapacidade, para os menores, cessará, pelo(a)

(A) casamento.

(B) ingresso em curso de ensino superior.

(C) aprovação em concurso público.

(D) assinatura da CTPS.

(E) declaração dos pais, desde que reconhecida por autenticidade.

A: correta (art. 5º, parágrafo único, II, do CC); **B:** incorreta (art. 5º, parágrafo único, IV, do CC); **C:** incorreta (art. 5º, parágrafo único, III, do CC); **D** e **E:** incorretas, pois não refletem as hipóteses elencadas pelo art. 5º, parágrafo único, do CC.

Gabarito "A"

2.2.4. *FIM DA PERSONALIDADE. COMORIÊNCIA*

(ADVOGADO – CORREIOS – 2008 – ESPP) No que pertine à personalidade jurídica da pessoa natural podemos afirmar corretamente que:

(A) A prova da morte real se faz por meio do atestado de óbito ou pela declaração de ausência no caso de catástrofe e não encontro do corpo.

(B) Nos casos de morte de mais de uma pessoa no mesmo evento, sem possibilidade de identificação de quem faleceu primeiro, o código civil brasileiro adotou a regra da comoriência.

(C) A morte presumida será reconhecida pela declaração de ausência ou pelo procedimento de justificação, gerando seu efeitos após o trânsito em julgado das respectivas ações.

(D) A personalidade jurídica da pessoa natural é adquirida a partir da concepção, havendo ou não nascimento com vida.

A: incorreta, pois a prova da morte real se faz apenas por meio de atestado de óbito, após exame médico. Por sua vez, a morte presumida é a que decorre de declaração judicial da morte, sem decretação de ausência, em caso de perigo de vida ou guerra (art. 7º, do CC), ou de declaração de ausência quando se autoriza a abertura de sucessão definitiva (art. 6º, do CC); **B:** correta (art. 8º, do CC); **C:** incorreta, pois a morte presumida pode ser com declaração de ausência, por meio de ação própria (art. 6º, do CC), ou sem declaração de ausência, mas depende de um procedimento de justificação (art. 7º, do CC e art. 88, da LRP); **D:** incorreta, pois, de acordo com a teoria natalista adotada por nosso ordenamento jurídico, *a personalidade jurídica da pessoa natural é adquirida a partir do nascimento com vida, mas a lei põe a salvo, desde a concepção, os direitos do nascituro* (art. 2º, do CC), ainda que não tenha forma humana e viabilidade de vida, bastando que haja respiração e separação do ventre materno.

Gabarito "B"

2.3. PESSOAS JURÍDICAS.

2.3.1. DESCONSIDERAÇÃO DA PERSONALIDADE JURÍDICA

(Procurador Distrital – 2014 – CESPE) Julgue o seguinte item.

(1) No entendimento do STJ, não é cabível a desconsideração da personalidade jurídica denominada inversa para alcançar bens de sócio que se tenha valido da pessoa jurídica para ocultar ou desviar bens pessoais, com prejuízo a terceiros.

1: Errada, pois o STJ posiciona-se a favor da desconsideração da personalidade jurídica inversa. A desconsideração da personalidade jurídica está prevista no artigo 50 do Código Civil (CC) de 2002 e é aplicada nos casos de abuso de personalidade, em que ocorre desvio de finalidade ou confusão patrimonial. Nessa hipótese, o magistrado pode decidir que os efeitos de determinadas relações de obrigações sejam estendidos aos bens particulares dos administradores ou sócios da pessoa jurídica. A desconsideração inversa, por sua vez, ocorre quando, em vez de responsabilizar o controlador por dívidas da sociedade, o juiz desconsidera a autonomia patrimonial da pessoa jurídica para responsabilizá-la por obrigação do sócio. Neste sentido, segue ementa do referido Tribunal: "DIREITO CIVIL. RECURSO ESPECIAL. AÇÃO DE DISSOLUÇÃO DE UNIÃO ESTÁVEL. POSSIBILIDADE. REEXAME DE FATOS E PROVAS. INADMISSIBILIDADE. LEGITIMIDADE ATIVA. COMPANHEIRO LESADO PELA CONDUTA DO SÓCIO. ARTIGO ANALISADO: 50 DO CC/02. 1. Ação de dissolução de união estável ajuizada em 14.12.2009, da qual foi extraído o presente recurso especial, concluso ao Gabinete em 08.11.2011. 2. Discute-se se a regra contida no art. 50 do CC/02 autoriza a desconsideração inversa da personalidade jurídica e se o sócio da sociedade empresária pode requerer a desconsideração da personalidade jurídica desta. 3. *A desconsideração inversa da personalidade jurídica caracteriza-se pelo afastamento da autonomia patrimonial da sociedade para, contrariamente do que ocorre na desconsideração da personalidade propriamente dita, atingir o ente coletivo e seu patrimônio social, de modo a responsabilizar a pessoa jurídica por obrigações do sócio controlador. 4. É possível a desconsideração inversa da personalidade jurídica sempre que o cônjuge ou companheiro empresário valer-se de pessoa jurídica por ele controlada, ou de interposta pessoa física, a fim de subtrair do outro cônjuge ou companheiro direitos oriundos da sociedade afetiva.* 5. Alterar o decidido no acórdão recorrido, quanto à ocorrência de confusão patrimonial e abuso de direito por parte do sócio majoritário, exige o reexame de fatos e provas, o que é vedado em recurso especial pela Súmula 7/STJ. 6. Se as instâncias ordinárias concluem pela existência de manobras arquitetadas para fraudar a partilha, a legitimidade para requerer a desconsideração só pode ser daquele que foi lesado por essas manobras, ou seja, do outro cônjuge ou companheiro, sendo irrelevante o fato deste ser sócio da empresa. 7. Negado provimento ao recurso especial" (REsp 1236916/RS, Rel. Ministra NANCY ANDRIGHI, TERCEIRA TURMA, julgado em 22/10/2013, DJe 28/10/2013)

Gabarito 1E

(Procurador/DF – 2013 – CESPE) Com relação às pessoas jurídicas, julgue o item que se segue.

(1) Aquele que emprestar dinheiro a uma sociedade limitada com capital integralizado estará garantido pelo patrimônio da pessoa jurídica e dos sócios, que responderão de forma subsidiária. Como forma de resguardar o direito do emprestador, a lei pertinente prevê que essa garantia não comportará excepcionalidades.

1: Errada: há uma clara distinção entre o patrimônio da pessoa jurídica e o patrimônio dos sócios. Quem responde pelas dívidas e obrigações da pessoa jurídica é o patrimônio da empresa e não o patrimônio dos sócios (art. 47, CC), ressalvada a hipótese da desconsideração da personalidade jurídica, aplicável para casos excepcionais, nos quais ocorre abuso da personalidade jurídica, normalmente caracterizado pelo desvio de finalidade, ou pela confusão patrimonial (art. 50, CC).

Gabarito 1E

(Procurador do Estado/AC – FMP – 2012) Assinale a alternativa CORRETA.

(A) Com a aplicação da teoria da desconsideração da personalidade jurídica, na sistemática do Código Civil em vigor, os atos praticados pela empresa (nos casos de abuso da personalidade jurídica, caracterizada pelo desvio de finalidade ou pela confusão patrimonial) são considerados inválidos.

(B) A teoria da desconsideração da personalidade jurídica não pode, em nenhuma hipótese, ser alegada pela pessoa jurídica em seu favor, contra os atos de seus administradores.

(C) A teoria da desconsideração da personalidade jurídica, prevista no art. 50 do CC, é a chamada teoria menor da *disregard doctrine*, que reclama mera demonstração de insolvência da empresa no cumprimento de suas obrigações.

(D) No campo da *disregard doctrine*, diz-se que a previsão da teoria da desconsideração da personalidade jurídica, prevista no Código Civil, manteve os demais microssistemas relacionados à matéria.

A: incorreta, pois a aplicação da teoria da desconsideração tem por finalidade a declaração de ineficácia da personalidade jurídica, a fim de ser atingido o patrimônio dos sócios (art. 50, do CC); **B:** incorreta, pois a doutrina entende ser possível que a desconsideração seja invocada pela pessoa jurídica em seu favor, e não apenas pelo Ministério Público ou pelo credor da obrigação (Wander Garcia, SUPER-REVISÃO, editora FOCO); **C:** incorreta, pois o Código Civil adotou a teoria maior (necessidade de configurar o abuso de personalidade, pelo desvio de finalidade ou confusão patrimonial) e não a menor (dispensa a demonstração da fraude ou abuso), adotada pelo CDC e pela Lei dos Crimes Ambientais; **D:** correta (art. 50, do CC).

Gabarito "D"

(Procurador do Estado/RR – 2006 – FCC) A desconsideração da pessoa jurídica se dá quando o Juiz

(A) estabelece que os efeitos de certas e determinadas relações de obrigações sejam estendidos aos bens particulares dos administradores ou sócios da pessoa jurídica.

(B) declara, de ofício, a nulidade do negócio jurídico, impondo apenas aos sócios a responsabilidade pelo cumprimento das obrigações assumidas pela pessoa jurídica com terceiros.

(C) reconhece que as alienações de bens feitas pela pessoa jurídica se deram em fraude de execução.

(D) reconhece que o negócio jurídico foi simulado e impõe a seus sócios ou administradores a obrigação de reparar os prejuízos causados a terceiros.

(E) reconhece, nos casos de responsabilidade civil subjetiva, a obrigação solidária dos sócios e administradores pela reparação de danos.

Art. 50 do CC.

Gabarito "A"

(ADVOGADO – PETROBRÁS DISTRIB. – 2010 – CESGRANRIO) Se o sócio se utilizar da sociedade como escudo protetivo e passar a ocultar seus bens pessoais no patrimônio da sociedade, configurar-se-á hipótese de

(A) desconsideração inversa.

(B) conflito de interesses entre partes relacionadas.

(C) desconsideração da personalidade jurídica da sociedade.

(D) responsabilidade subsidiária da sociedade.

(E) confusão patrimonial fraudulenta.

Enunciado n. 283, da IV Jornada de Direito Civil – CJF: "Art. 50. É cabível a desconsideração da personalidade jurídica denominada "inversa" para alcançar bens de sócio que se valeu da pessoa jurídica para ocultar ou desviar bens pessoais, com prejuízo a terceiros".

Gabarito "A"

(ADVOGADO – PETROBRÁS – 2006 – CESGRANRIO) O novo Código Civil prevê, expressamente, no seu artigo 50, a teoria da desconsideração da personalidade jurídica (disregard doctrine). Sobre esta teoria é correto afirmar:

(A) Pode ser aplicada às sociedades em comum.

(B) Trata-se de adoção, pelo legislador, da Teoria Maior da desconsideração da personalidade jurídica.

(C) Trata-se de adoção, pelo legislador, da Teoria Menor da desconsideração da personalidade jurídica, que já se encontrava positivada no Código de Defesa do Consumidor.

(D) É possível sua aplicação sempre que a personalidade jurídica for, de alguma forma, obstáculo ao ressarcimento de prejuízos causados aos consumidores.

(E) A positivação desta teoria no novo Código Civil acabou por revogar, de forma implícita, os parâmetros existentes na legislação esparsa.

A: incorreta, pois a sociedade em comum é não personificada (art. 986 e seguintes, do CC); **B:** correta. O Código Civil adotou a teoria maior (necessidade de configurar o abuso de personalidade, pelo desvio de finalidade ou confusão patrimonial) e não a menor (dispensa a demonstração da fraude ou abuso), adotada pelo CDC e lei dos crimes ambientais; **C:** incorreta, pela explicação anterior; **D:** incorreta, pois além do art. 50, do CC, há previsão da teoria no CDC e nas leis ambientais.

Gabarito "B"

2.3.2. CLASSIFICAÇÕES DAS PESSOAS JURÍDICAS

(Procurador do Estado/GO – 2010) São pessoas jurídicas de direito público interno

(A) a União e os partidos políticos.

(B) os Municípios e as sociedades.

(C) os Estados e as demais entidades de caráter público criadas por lei.

(D) os partidos políticos e as fundações.

(E) os Municípios e as fundações.

A: incorreta, pois partidos políticos são pessoas jurídicas de direito privado (art. 44, V, do CC); **B:** incorreta, pois sociedades são pessoas jurídicas de direito privado (art. 44, II, do CC); **C:** correta (art. 41, II e V, do CC); **D:** incorreta, pois fundações e partidos políticos são pessoas jurídicas de direito privado (art. 44, III e V, do CC); **E:** incorreta, pois fundações são pessoas jurídicas de direito privado (art. 44, III, do CC).

Gabarito "C"

(Procurador do Município/Sorocaba-SP – 2012 – VUNESP) São pessoas jurídicas de direito público interno:

(A) os Estados; os partidos políticos.

(B) a União; as organizações religiosas.

(C) as entidades de caráter público, criadas por lei.

(D) a União; os Estados regidos pelo direito internacional público.

(E) os Municípios; as Autarquias, inclusive as associações públicas.

A: incorreta, pois os partidos políticos são pessoas jurídicas de direito privado (art. 44, V, do CC); **B:** incorreta, já que as organizações religiosas são pessoas jurídicas de direito privado (art. 44, IV, do CC); **C:** incorreta, pois a expressão "entidades de caráter público" é muito ampla e pode abranger entidades criadas pelo Estado que não realizam atividades típicas de Estado; **D:** incorreta, pois os Estados estrangeiros e todas as pessoas que forem regidas pelo direito internacional público são pessoas jurídicas de direito público externo (art. 42, do CC); **E:** correta (art. 41, III e IV, do CC).

Gabarito "E"

2.3.3. ASSOCIAÇÕES

(Procurador do Estado/SE – FCC – 2005) Falecendo o associado de uma entidade de fins esportivos, cujo patrimônio tenha sido constituído também com recursos do finado, que, por isto, é titular de quota patrimonial, e nada dispondo a respeito o estatuto da associação, seus herdeiros

(A) não passarão à qualidade de associado e os bens que compunham a quota parte do falecido serão destinados ao Município onde se situarem.

(B) serão admitidos como associados e os bens que compunham a quota parte do falecido serão alienados em leilão, podendo os herdeiros exercer o direito de preferência.

(C) não passarão à qualidade de associado, mas poderão herdar sua quota parte do patrimônio.

(D) serão automaticamente admitidos como associados, perdendo a sua quota do patrimônio para a associação.

(E) serão automaticamente admitidos como associados e perderão sua quota do patrimônio para os demais associados.

A, **B**, **D** e **E:** incorretas, pois não refletem o disposto no art. 56, do CC; **C:** correta (art. 56, do CC).

Gabarito "C"

2.3.4. *FUNDAÇÕES*

(Procuradoria Federal – 2007 – CESPE) Julgue o seguinte item.

(1) Se uma fundação estender suas atividades por mais de um estado, independentemente de ser federal ou estadual, sua veladura caberá ao Ministério Público Federal.

1: Incorreta, nos termos do art. 66 do CC.

Gabarito 1E

(ADVOGADO – PETROBRÁS – 2008 – CESGRANRIO) Analise as afirmações abaixo, que se referem a sociedades, associações e fundações, e marque a que estiver **ERRADA**.

(A) Nas sociedades comuns não há personificação e ocorre a comunhão patrimonial e jurídica da sociedade e seus membros.

(B) As sociedades e associações somente se constituem por ato *inter vivos* e as fundações podem ser constituídas por ato *inter vivos* ou por cumprimento de disposição testamentária.

(C) As sociedades de economia mista somente podem ser constituídas na forma de sociedade anônima.

(D) As associações destinam-se à reunião de pessoas sem fins lucrativos.

(E) Quando a atuação de uma fundação se estender por dois Estados da Federação, caberá apenas ao Ministério Público Federal a fiscalização de suas atividades.

A: correta (arts. 986 a 990, do CC); **B:** correta (artigos 62 e 981, ambos do CC); **C:** correta. *"As sociedades anônimas são empresas estatais com as seguintes peculiaridades: a) constituídas pela forma de sociedade anônima (...)"* (Wander Garcia, SUPER-REVISÃO, editora FOCO); **D:** correta (art. 53, do CC); **E:** incorreta (art. 66, § 2º, do CC).

Gabarito "E"

2.3.5. *TEMAS COMBINADOS E OUTROS TEMAS DE PESSOA JURÍDICA*

(Procurador do Estado/MT – FCC – 2011) O registro da pessoa jurídica no órgão competente tem eficácia

(A) resolutiva.

(B) declaratória.

(C) rescisória.

(D) discriminatória.

(E) constitutiva.

O registro da pessoa jurídica no órgão competente tem eficácia constitutiva, conforme dispõe o art. 45, do CC.

Gabarito "E"

(Procurador do Estado/RO – 2011 – FCC) A eficácia do registro da pessoa jurídica é

(A) declaratória.

(B) constitutiva.

(C) resolutiva.

(D) suspensiva.

(E) devolutiva.

A eficácia do registro da pessoa jurídica, segundo dispõe o art. 45 do CC, é constitutiva. Ou seja, o início da personalidade jurídica da pessoa jurídica de direito privado se dá com o registro.

Gabarito "B"

2.4. DOMICÍLIO

(Procurador Distrital – 2014 – CESPE) Julgue o seguinte item.

(1) O domicílio do representante comercial que não possua residência fixa e habitual em nenhum local e costume se hospedar em diversos hotéis nas cidades por onde transita será a capital do estado em que ele tiver nascido.

1: Errada, pois é considerado domicílio daquele que não possui residência fixa e habitual o local onde ela pode ser encontrada (art. 73 do CC). E ainda, considerando o domicílio profissional, haja vista que o representante comercial exercita sua atividade em lugares diversos, é possível dizer que cada um deles constituirá domicílio para as relações que lhe corresponderem (art. 72, parágrafo único do CC).

Gabarito 1E

(Procurador do Estado/AC – FMP – 2012) Assinale a alternativa INCORRETA.

(A) O Código Civil em vigor admite a pluralidade de domicílios.

(B) A pessoa jurídica de direito privado tem como domicílio a sua sede indicada no estatuto, ou, na falta de previsão estatutária, o lugar onde funciona sua sede ou administração.

(C) Tendo a pessoa jurídica de direito privado vários estabelecimentos em lugares diferentes, cada um deles será considerado domicílio para os atos nele praticados.

(D) O foro de eleição, previsto em contrato escrito, é válido entre as partes, e pode, conforme o caso, afastar a aplicabilidade de normas de ordem pública.

A: correta (art. 71, do CC); **B:** correta (art. 75, IV, do CC); **C:** correta (art. 75, IV, § 1º, do CC); **D:** incorreta, pois o foro de eleição não pode afastar a aplicabilidade de normas de ordem pública (art. 78, do CC).

Gabarito "D"

(Procurador do Estado/RR – 2006 – FCC) Será considerado domicílio da pessoa jurídica de direito privado que tenha estabelecimentos em lugares diferentes

(A) a capital do Estado, onde os estabelecimentos se situam e, se em mais de um Estado houver estabelecimentos, no Distrito Federal.

(B) somente o local indicado em seus estatutos como sendo a sede.

(C) apenas onde funcionam as diretorias e administrações.

(D) cada um deles, para os atos nele praticados.

(E) somente o local onde se situar o principal estabelecimento.

Art. 75, § 1º, do CC.

Gabarito "D"

(Procurador do Estado/SE – FCC – 2005) Pessoa jurídica de direito privado com estabelecimento na cidade de Aracaju, onde se reúne a diretoria, e possuindo outros estabelecimentos em municípios de diversos Estados e em Brasília, tem por domicílio

(A) cada uma das capitais dos Estados, em cujos Municípios possuir estabelecimentos.

(B) qualquer cidade do País onde tiver realizado negócios.

(C) cada um dos estabelecimentos para os atos nele praticados.

(D) necessária e exclusivamente a cidade de Aracaju.

(E) a cidade de Brasília, por ser a Capital Federal.

A, B, D e E: incorretas, pois não refletem o art. 75, § 1º, do CC; **C:** correta (art. 75, § 1º, do CC).

Gabarito "C"

(ADVOGADO – PETROBRÁS TRANSP. – 2006 – CESGRANRIO) Sobre o domicílio, no Direito Civil brasileiro, está correto afirmar que o(A):

(A) Código Civil consagra a pluralidade domiciliar.

(B) marítimo tem domicílio necessário no lugar onde o navio aportar.

(C) especificação do domicílio onde se exercitem e cumpram direitos e obrigações resultantes de contratos escritos é vedada aos contratantes.

(D) pessoa jurídica, com estabelecimentos em lugares diferentes, terá domicílio apenas no lugar onde funcionar sua administração ou diretoria.

(E) pessoa natural sem residência habitual terá por domicílio o Distrito Federal.

A: correta (art. 71, do CC); **B:** incorreta, pois o marítimo tem domicílio necessário no lugar onde o navio estiver matriculado (art. 76, parágrafo único, do CC); **C:** incorreta, pois *nos contratos escritos, poderão os contratantes especificar domicílio onde se exercitem e cumpram os direitos e obrigações deles resultantes* (art. 78, do CC); **D:** incorreta (art. 75, § 1º, do CC); **E:** incorreta, pois *ter-se-á por domicílio da pessoa natural, que não tenha residência habitual, o lugar onde for encontrada* (art. 73, do CC).

Gabarito "A"

(ADVOGADO – EPE – 2007 – CESGRANRIO) Assinale a afirmação **INCORRETA** em relação ao domicílio necessário.

(A) Quanto ao marítimo, ele corresponde ao lugar onde o navio estiver atracado.

(B) Quanto ao incapaz, ele corresponde ao do seu representante ou assistente.

(C) Quanto ao preso, ele corresponde ao lugar onde ele estiver cumprindo sentença.

(D) Quanto ao servidor público, ele corresponde ao lugar em que ele exercer permanentemente suas funções.

(E) Quanto ao militar, ele corresponde ao lugar onde ele servir e, quando ele for da Aeronáutica, à sede do comando a que se encontrar imediatamente subordinado.

A: incorreta, pois o marítimo tem domicílio necessário no lugar onde o navio estiver matriculado (art. 76, parágrafo único, do CC); **B, C, D** e **E:** corretas, pois refletem o disposto no art. 76, parágrafo único, do CC.

Gabarito "A"

(ADVOGADO – BNDES – 2006 – CESGRANRIO) A respeito do domicílio, marque a afirmação correta.

(A) O conceito de domicílio confunde-se com o de residência, nos inovadores termos do Código Civil de 2002.

(B) As pessoas jurídicas estatais – União, Estados e Municípios – não possuem domicílio.

(C) Como vigora em nosso sistema o princípio da unicidade de domicílio, é vedado ao particular possuir domicílio profissional diverso daquele de caráter residencial.

(D) É instituto caracterizado por um elemento objetivo, qual seja o estabelecimento físico da pessoa, e outro subjetivo, configurado pelo *animus* de permanência definitiva.

(E) Havendo pluralidade de residências, cabe à autoridade pública indicar o domicílio da pessoa natural, a qual não terá direito à opção.

A: incorreta (art. 70, do CC). "Não se deve confundir morada (local onde a pessoa natural se estabelece provisoriamente), residência (que, pressupondo maior estabilidade, é o lugar onde a pessoa natural se estabelece habitualmente) e domicílio, que requer residência com ânimo definitivo (Wander Garcia, *Super-Revisão*, Ed. Foco); **B:** incorreta (art. 75, I, II e III, do CC); **C:** incorreta (art. 72, do CC); **D:** correta, pois *o domicílio da pessoa natural é o lugar onde ela estabelece a sua residência com ânimo definitivo* (art. 70, do CC e Enunciado 408 do CJF); **E:** incorreta (art. 71, do CC).

Gabarito "D"

2.5. DIREITOS DA PERSONALIDADE E NOME

(Procurador do Estado/RO – 2011 – FCC) Os direitos patrimoniais do autor caducam decorridos setenta anos contados de 1° de janeiro do ano

(A) subsequente ao da publicação da obra.

(B) de seu falecimento.

(C) subsequente ao de seu falecimento.

(D) da publicação da obra.

(E) antecedente ao de seu falecimento.

Art. 41, *caput*, da Lei 9.610/98.

Gabarito "C"

(Procurador do Estado/RR – 2006 – FCC) Considere as seguintes afirmações a respeito dos direitos da personalidade:

I. O pseudônimo, ainda que adotado para atividade lícita, não goza de proteção legal.

II. O servidor público não pode ser constrangido a submeter-se a tratamento ou a intervenção cirúrgica com risco de morte, para, se não tiver sucesso, obter aposentadoria por invalidez.

III. A vida privada da pessoa natural é inviolável, salvo se exercer cargo público ou mandato eletivo.

IV. É válida, com objetivo científico, ou altruístico, a disposição, gratuita ou onerosa, do próprio corpo para depois da morte.

V. Aplica-se às pessoas jurídicas, no que couber, a proteção dos direitos da personalidade.

Estão corretas as afirmações

(A) I e III.

(B) II e IV.

(C) II e V.

(D) III e V.

(E) IV e V.

I: incorreta (art. 19 do CC); **II:** correta (art. 15 do CC); **III:** incorreta (art. 20 do CC; apenas as informações de interesse públicos poderão ser expostas); **IV:** incorreta (art. 14 do CC); **V:** correta (art. 52 do CC).

Gabarito "C"

(PROCURADOR DO ESTADO/RS – FUNDATEC – 2010) Assinale a alternativa correta:

(A) Em nenhuma hipótese a lei pode determinar o domicílio de uma pessoa física, pois estabelecer domicílio é um ato jurídico *stricto sensu* que depende da vontade.

(B) Constatado o desaparecimento de uma pessoa física de seu domicílio, sem que se tenha notícia do seu paradeiro, o Código Civil determina que seja aberta de imediato a sucessão definitiva dos bens deixados pelo desaparecido.

(C) O direito ao nome, nele compreendidos o prenome e o sobrenome, corresponde, concomitantemente, a um direito da personalidade tutelado pelo Código Civil e a um dever jurídico, fundado no interesse social.

(D) Às pessoas jurídicas não podem ser atribuídos direitos da personalidade, pois estes são exclusivos das pessoas físicas.

(E) Em um negócio jurídico de compra e venda de um bem determinado, as pertenças relativas a esse bem principal obrigatoriamente estarão envolvidas na transação, pois a sua relação com o bem principal é de acessoriedade.

A: incorreta (art. 75 e 76, do CC); **B:** incorreta (art. 22 e seguintes, do CC); **C:** correta (art. 16, do CC); **D:** incorreta (art. 52, do CC e súmula 227, do STJ); **E:** incorreta (art. 94, do CC).

Gabarito "C"

(Procurador do Município/Boa Vista-RR – 2010 – CESPE) Com relação ao direito civil, julgue o item seguinte.

(1) Os direitos da personalidade caracterizam-se pela extrapatrimonialidade e a eles atribuem-se, entre outras características, a oponibilidade *erga omnes*, a vitaliciedade e a relativa disponibilidade. Diz-se, portanto, que a personalidade goza de relativa disponibilidade porque alguns dos direitos da personalidade não admitem qualquer limitação, apesar de, em alguns casos, não haver óbice legal à limitação voluntária.

1: Correta, pois corresponde às características dos direitos da personalidade, tais como sua universalidade (oponibilidade *erga omnes*), vitaliciedade e indisponibilidade, ressalvada a disponibilidade de seu exercício.

Gabarito 1C

(Procurador do Município/Cubatão-SP – 2012 – VUNESP) Leia as assertivas a seguir, a respeito dos direitos da personalidade.

I. Com exceção dos casos previstos em lei, os direitos da personalidade são intransmissíveis e irrenunciáveis, não podendo o seu exercício sofrer limitação voluntária.

II. Salvo por exigência médica, é defeso o ato de disposição do próprio corpo, quando importar diminuição permanente da integridade física, ou contrariar os bons costumes.

III. Toda pessoa tem direito ao nome, mas nele não se compreende o pseudônimo, que pode ser utilizado para fins comerciais, ainda que sem autorização de seu titular.

IV. É válida, com objetivo científico, a disposição gratuita do próprio corpo, no todo ou em parte, para depois da morte, não sendo revogável essa autorização se a disposição for onerosa.

Está correto o que se afirma em

(A) I e II.

(B) II e III.

(C) III e IV.

(D) I, II e IV.

(E) I, III e IV.

I: correta (art. 11, do CC); **II:** correta (art. 13, do CC). Importante ressaltar que "*não contraria os bons costumes a cessão gratuita de direitos de uso de material biológico para fins de pesquisa científica, desde que a manifestação de vontade tenha sido livre e esclarecida e puder ser revogada a qualquer tempo, conforme as normas éticas que regem a pesquisa científica e o respeito aos direitos fundamentais*" (enunciado n. 401, CJF); **III:** incorreta, pois o pseudônimo adotado para atividades lícitas goza da proteção que se dá ao nome (art. 19, do CC); **IV:** incorreta, já que o ato de disposição pode ser livremente revogado a qualquer tempo (art. 14, parágrafo único, do CC).

Gabarito "A"

(Procurador Federal – 2010 – CESPE) Considerando as características dos direitos da personalidade, julgue o item abaixo.

(1) O titular de um direito da personalidade pode dispor desse direito, desde que o faça em caráter relativo.

1: correta, pois é possível que o *exercício* do direito possa ser transferido; assim, a título de exemplo, não se pode transmitir a um terceiro o direito moral de que conste o nome do autor numa obra de sua autoria, mas é possível que se transfira a uma editora o direito de explorar economicamente a obra, reproduzindo-a e vendendo seus exemplares; no segundo caso não se transferiu o direito como um todo, mas *parcela dos poderes* que tem o seu titular.

Gabarito 1C

(ADVOGADO – CORREIOS – 2008 – FSPP) São atributos inerentes ao estado civil das pessoas:

(A) Indivisibilidade, indisponibilidade e imprescritibilidade.

(B) Imprescritibilidade, indivisibilidade e disponibilidade.

(C) Intranscendência, indisponibilidade e indivisibilidade.

(D) Imutabilidade, indisponibilidade e imprescritibilidade.

A: correta, pois são atributos inerentes aos direitos da personalidade: a) absolutos; b) intransmissíveis; c) irrenunciáveis; d) indisponíveis; e) ilimitados; f) imprescritíveis; g) impenhoráveis; h) inexpropriáveis; i) vitalícios; **B:** incorreta, pois não é atributo inerente ao estado civil das pessoas a disponibilidade (o direito da personalidade não pode ser objeto de disposição pelo seu titular); **C:** incorreta. Não é atributo inerente ao estado civil das pessoas a intranscendência, pois, em regra, os direitos da personalidade acompanham a pessoa até a sua morte; **D:** incorreta, pois o princípio da imutabilidade do nome sofre exceções, podendo ser alterado quando houver: a) alteração no estado de filiação ou de paternidade; b) alteração do nome de um dos pais; c) casamento; d) dissolução da sociedade conjugal e do casamento; e) pela união estável; f) vontade daquele tem entre 18 e 19 anos; g) erro gráfico evidente; h) exposição do portador do nome ao ridículo; i) apelido público notório; j) necessidade para a proteção de vítimas e testemunhas de crimes; k) homonímia; l) cirurgia de mudança de sexo (Wander Garcia, SUPER-REVISÃO, editora FOCO).

Gabarito "A"

2.6. AUSÊNCIA

(Procurador do Estado/RO – 2011 – FCC) Pode ser declarada a morte presumida, sem decretação de ausência

(A) quando o ausente deixar mandatário que não queira ou não possa exercer ou continuar o mandato, ou se os seus poderes forem insuficientes.

(B) da pessoa desaparecida há mais de um ano e que não tenha deixado mandatário para representá-la nos atos da vida civil.

(C) se alguém, desaparecido em campanha ou feito prisioneiro, não for encontrado até o término da guerra.

(D) se a pessoa não residir no Brasil e for apresentado atestado de óbito firmado por oficial de nação estrangeira, ainda que não traduzido.

(E) se for extremamente provável a morte de quem estava em perigo de vida.

Art. 7º, I, do CC.

Gabarito "E"

2.7. BENS

(Procurador do Estado/GO – 2010) Com relação às diferentes classes de bens, está INCORRETA a seguinte afirmação:

(A) O direito à sucessão aberta é considerado bem imóvel para os efeitos legais.

(B) Constitui universalidade de fato a pluralidade de bens singulares que, pertinentes à mesma pessoa, tenham destinação unitária.

(C) Consideram-se móveis para os efeitos legais as energias que tenham valor econômico e os direitos pessoais de caráter patrimonial e respectivas ações.

(D) Não dispondo a lei em contrário, consideram-se de uso especial os bens pertencentes às pessoas jurídicas de direito público a que se tenha dado estrutura de direito privado.

(E) São públicos os bens do domínio nacional pertencentes às pessoas jurídicas de direito público interno; todos os outros são particulares, seja qual for a pessoa a que pertençam.

A: correta (art. 80, II, do CC); **B:** correta (art. 90, do CC); **C:** correta (art. 83, I e III, do CC); **D:** incorreta (art. 99, parágrafo único, do CC); **E:** correta (art. 98, do CC).

Gabarito "D"

(PROCURADOR DO ESTADO/MG – FUMARC – 2012) Assinale, dentre as alternativas abaixo, qual se refere a bem imóvel:

(A) os direitos reais sobre objetos móveis e as ações correspondentes

(B) os direitos pessoais de caráter patrimonial e respectivas ações

(C) as energias que tenham valor econômico

(D) o direito à sucessão aberta

(E) os bens suscetíveis de movimento próprio ou de remoção por força alheia, sem alteração da substância ou destinação econômico-social

A: incorreta (art. 83, II, do CC); **B:** incorreta (art. 83, III, do CC); **C:** incorreta (art. 83, I, do CC); **D:** correta (art. 80, II, do CC); **E:** incorreta (art. 82, do CC).

Gabarito "D"

(Procurador do Estado/MG – 2007) José da Silva é proprietário de uma fazenda com 1.800 hectares de terra. Toda a propriedade é formada por pasto para seu rebanho de 10.000 cabeças de gado leiteiro. Os animais juntos produzem diariamente 100.000 litros de leite, os quais são enviados para a fábrica de pasteurização. Marque a alternativa correta quanto à classificação dos bens.

(A) A energia elétrica utilizada para ligar os aparelhos da ordenha é um bem móvel.

(B) Os animais da propriedade de José da Silva são bens imóveis e singulares.

(C) O leite tirado dos animais é bem inconsumível.

(D) A propriedade de José da Silva é um bem móvel e reciprocamente considerado.

A: correta (art. 83, I, do CC); **B:** incorreta (art. 82, do CC); **C:** incorreta (art. 86, do CC); **D:** incorreta (art. 79, do CC).

Gabarito "A"

(Procurador do Estado/PA – 2011) Acerca dos bens e seu regramento jurídico, assinale a alternativa INCORRETA**:**

(A) Os bens de uso comum do povo e os de uso especial podem ser alienados, desde que haja desafetação e exista autorização legislativa para a venda.

(B) A vaga de garagem que possui matrícula própria no registro de imóveis não constitui bem de família para efeito de penhora.

(C) Para a classificação como bem de família, é indispensável que o imóvel pertença à determinada unidade familiar, de maneira que o conceito de impenhorabilidade não abrange imóvel pertencente a pessoas solteiras, separadas e viúvas.

(D) Os materiais provisoriamente separados de um prédio, para nele se reempregarem, não perdem o caráter de imóveis.

(E) Os bens naturalmente divisíveis podem tornar-se indivisíveis por determinação da lei ou por vontade das partes.

A: correta (art. 100, do CC); **B:** correta (súmula 449, do STJ); **C:** incorreta (súmula 364, do STJ); **D:** correta (art. 81, II, do CC); **E:** correta (art. 88, do CC).

Gabarito "C"

(Procurador do Estado/PR – UEL-COPS – 2011) No que se refere aos bens públicos, assinale a alternativa correta:

(A) os bens dominicais constituem o patrimônio das pessoas jurídicas de direito público, constituindo-se objeto de direito real de cada uma delas;

(B) a alienação dos bens públicos somente acontece quando houver interesse social, independentemente de sua condição de uso pela administração;

(C) os bens públicos dominicais não podem ser alienados, tendo em vista que potencialmente úteis à função pública;

(D) se não houver disposição contrária de lei, consideram-se dominicais os bens pertencentes às pessoas jurídicas de direito público a que se tenha dado estrutura de direito privado;

(E) o uso comum dos bens públicos pode ser gratuito ou retribuído, conforme for estabelecido por ato administrativo da entidade a que pertencerem.

A: incorreta (art. 99, III, do CC); **B:** incorreta (artigos 100 e 101, ambos do CC); **C:** incorreta (art. 101, do CC); **D:** correta (art. 99, parágrafo único, do CC); **E:** incorreta (art. 103, do CC).

Gabarito "D"

(Procurador do Estado/RS – FUNDATEC – 2010) Assinale a alternativa correta:

(A) Os bens públicos de uso comum, de uso especial e os dominicais são sempre considerados inalienáveis.

(B) Pela utilização de bens públicos de uso comum, o poder público não pode exigir qualquer espécie de retribuição.

(C) Enquanto não ocorrer a condição resolutiva, o negócio jurídico não terá eficácia e não se terá adquirido o direito a que ele visa.

(D) Um negócio jurídico não pode ser considerado nulo somente porque não cumpriu a forma prescrita ou não defesa em lei.

(E) A *universitas facti* é uma categoria lógica e a universalidade de direito contempla um todo que emerge das unidades que a compõem.

A: incorreta (artigos 100 e 101, ambos do CC); **B:** incorreta (art. 103, do CC); **C:** incorreta (art. 125, do CC); **D:** incorreta (art. 104, III, do CC); **E:** correta (art. 90 e 91, do CC).

Gabarito "E"

(Procurador do Município/Florianópolis-SC – 2010 – FEPESE) Considerando-se a classificação jurídica dos bens, pode-se afirmar que uma garrafa de vinho raro, de cuja safra restam pouquíssimos exemplares, é um bem de natureza:

(A) Fungível, consumível e divisível.

(B) Fungível, consumível e indivisível.

(C) Fungível, inconsumível e divisível.

(D) Infungível, inconsumível e divisível.

(E) Infungível, consumível e indivisível.

O bem será considerado infungível, pois não pode ser substituído por outro da mesma qualidade (pois é uma garrafa de vinho bastante rara), é também consumível, pois o seu uso importa na sua destruição, e é indivisível, pois caso fracionado, sofrerá alteração da substância, diminuição de valor e prejuízo ao uso.

Gabarito "E"

(Procurador do Município/Natal-RN – 2008 – CESPE) Com relação aos bens na disciplina do Código Civil vigente, assinale a opção correta.

(A) Classificam-se como divisíveis os bens que se podem fracionar sem alteração na sua substância, ou prejuízo do uso a que se destinam, sem que se considere a eventual diminuição do valor.

(B) Ainda que não estejam separados do bem principal, os frutos e produtos podem ser objeto de negócio jurídico.

(C) A fungibilidade dos bens móveis depende da correspondência exata do valor entre os objetos considerados, sem que haja necessidade de serem da mesma espécie.

(D) Por ser da natureza do bem, uma coisa que é divisível não pode ser tornada indivisível pela vontade das partes.

A: incorreta (art. 87, do CC); **B:** correta (art. 95, do CC); **C:** incorreta (art. 85, do CC); **D:** incorreta (art. 88, do CC).

Gabarito "B"

(Procurador do Município/Teresina-PI – 2010 – FCC) Para o Código Civil, os bens públicos

(A) têm a gratuidade como inerente a seu uso comum.

(B) são sempre inalienáveis.

(C) dominicais e os de uso especial podem ser alienados, enquanto conservarem sua qualificação, observadas as exigências legais.

(D) são aqueles do domínio nacional pertencentes às pessoas jurídicas de direito público interno, inclusive suas autarquias.

(E) não são passíveis de usucapião, salvo os bens autárquicos.

Arts. 98 e 41, ambos do CC.

Gabarito "D"

(Advogado da União/AGU – CESPE – 2009) A respeito da disciplina dos bens, julgue os itens seguintes.

(1) A praça, exemplo típico de bem de uso comum do povo, perderá tal característica se o poder público tornar seu uso oneroso, instituindo uma taxa de uso, por exemplo.

(2) O imóvel público onde esteja localizada uma Procuradoria Regional da União é considerado bem de uso especial, qualificação que impede a sua alienação.

1: incorreta, pois é possível a cobrança de retribuição pelo uso de bem de uso comum do povo (art. 103 do CC); **2:** correta, pois os edifícios públicos são bens de uso especial e tais bens são inalienáveis (art. 100 do CC).

Gabarito 1E, 2C

(Procuradoria Federal – 2007 – CESPE) Julgue os seguintes itens.

(1) São pertenças os bens que, constituindo partes integrantes, destinam-se, de modo duradouro, ao uso, ao serviço ou ao aformoseamento de outro.

(2) Em regra, os negócios jurídicos que dizem respeito ao bem principal não abrangem as pertenças.

1: incorreta, art. 93 do CC; **2:** correta, art. 94 do CC.

Gabarito 1E, 2C

(Procurador da Fazenda Nacional – 2003 – ESAF) (Adaptada) Escadas de emergência justapostas nos edifícios são consideradas:

(A) imóveis por acessão física artificial.

(B) imóveis por determinação legal.

(C) pertenças.

(D) móveis por determinação de lei.

(E) móveis por antecipação.

A: incorreta. Imóveis por acessão física artificial são os oriundos do trabalho humano, como as plantações e construções, ou seja, é tudo que se incorporar ao solo artificialmente sem que possa ser retirado sem destruição (art.79, CC). **B:** incorreta. Os imóveis por determinação legal estão elencados no artigo 80 do CC. **C:** correta. O conceito de pertenças encontra-se no artigo 93 do CC. São bens que não constituem partes integrantes, mas se destinam ao uso de outro. As escadas de emergência não são partes integrantes dos edifícios, mas se destinam ao uso destes. **D:** incorreta. Os bens móveis por determinação legal estão previstos no artigo 83 do CC. **E:** incorreta. Bens móveis por antecipação são aqueles incorporados ao solo já com o intuito de retirá-los e convertê-los em móveis (ex.: árvores destinadas ao corte).

Gabarito "C"

(ADVOGADO – CEF – 2012 – CESGRANRIO) A respeito do princípio da gravitação jurídica, sabe-se que

(A) estabelece que a propriedade dos bens acessórios segue a sorte do bem principal, salvo disposição legal ou contratual em contrário.

(B) permite a aquisição derivada de bens imóveis por usucapião especial.

(C) é norma integrativa que permite ao possuidor do bem a reintegração imediata de sua posse.

(D) é norma geral no ordenamento, podendo ser afastada pela vontade das partes somente em negócios jurídicos gratuitos.

(E) é decorrência dos princípios da função social do contrato e da boa-fé objetiva e determina a necessidade de informar de maneira adequada as partes contratantes.

A: correta (artigos 92 e 94, ambos do CC). *"A doutrina aponta as seguintes relações entre o bem principal e o bem acessório: a) a natureza do acessório tende a ser a mesma do principal, tendo em*

vista o princípio da gravitação;assim, sendo o solo bem imóvel (por natureza), a árvore também o é (por acessão); b) o acessório acompanha o principal em seu destino, salvo disposição legal ou convencional em contrário; c) o proprietário do principal é proprietário do acessório." (Wander Garcia, *Super-Revisão*, Ed. Foco); **B, C, D** e **E:** incorretas, pois não refletem o princípio da gravitação.

Gabarito "A"

(ADVOGADO – EPE – 2007 – CESGRANRIO) Relativamente aos bens, pode-se afirmar que:

(A) as energias que tenham valor econômico são consideradas bens móveis para os efeitos legais.

(B) os materiais provisoriamente separados de um prédio, ainda que para nele se reempregarem, perdem seu caráter de bens imóveis.

(C) nem a lei, nem tampouco a vontade das partes pode tornar indivisível o que é naturalmente divisível.

(D) são considerados singulares os bens que, uma vez reunidos, deixam de ser considerados de per si.

(E) são considerados intangíveis os bens móveis que podem substituir-se por outros da mesma espécie, qualidade e quantidade.

A: correta (art. 83, I, do CC); **B:** incorreta (art. 81, II, do CC); **C:** incorreta (art. 88, do CC); **D:** incorreta (art. 89, do CC); **E:** incorreta (art. 85, do CC).

Gabarito "A"

(ADVOGADO – BNDES – 2001 – VUNESP) Os bens públicos de uso comum do povo

(A) podem ter sua utilização remunerada.

(B) podem ser adquiridos por usucapião pelos particulares.

(C) podem ser livremente alienados pela entidade pública a que pertencem.

(D) são os afetados a um serviço público da União, dos Estados ou dos Municípios.

(E) jamais compreendem as estradas onde se cobra pedágio.

A: correta. Os bens públicos de uso comum do povo são destinados ao uso público, de forma gratuita ou remunerada, conforme determinar o ente público a cujo bem pertencer; **B:** incorreta, pois nenhum bem público poderá ser adquirido por usucapião (art. 183, § 3°, da CF/88 e art. 102, do CC); **C:** incorreta, pois os bens públicos (de uso comum do povo e de uso especial) são inalienáveis. Por sua vez, os bens públicos dominicais podem ser alienados, desde que observadas as exigências legais; **D:** incorreta, pois os bens de uso comum do povo são destinados ao uso público. Já os bens de uso especial são aqueles destinados à execução dos serviços públicos; **E:** incorreta, nos termos do art. 103 do CC; a título de exemplo, o uso da estrada (bem de uso comum do povo), pode ser remunerado mediante o pagamento de pedágio.

Gabarito "A"

(ADVOGADO – BNDES – 2001 – VUNESP) Podem ser objeto de hipoteca:

(A) somente os bens imóveis por natureza.

(B) as estradas de ferro e os bens móveis para efeitos legais.

(C) os navios.

(D) os semoventes e os bens móveis por natureza.

(E) os direitos de obrigação e o usufruto.

A: incorreta, pois o art. 1.473, I, do CC não faz distinção, razão pela qual podem ser objeto de hipoteca todos os bens imóveis (por natureza, por acessão e por determinação legal); B e **D:** incorretas, pois os bens móveis não são objeto de hipoteca, mas de penhor (art. 1431, do CC); **C:** correta (art. 1473, VI, do CC); **E:** incorreta, pois os direitos de obrigação são direitos pessoais de caráter patrimonial, considerados bens móveis por determinação legal, sendo objeto de penhor e não de hipoteca (art. 83, III, do CC). Por sua vez, o usufruto pode recair em um ou mais bens, móveis ou imóveis (art. 1390, do CC).

Gabarito "C"

(ADVOGADO – CEF – 2001 – CESPE) Com referência à capacidade e aos bens no direito civil, julgue os itens a seguir.

(1) No direito civil, personalidade e capacidade são institutos relacionados mas não absolutamente interdependentes, de modo que a primeira é condição da segunda, mas não o inverso, isto é, pode haver personalidade sem capacidade.

(2) Considere a seguinte situação hipotética. Hélio tinha dezessete anos de idade e, certo dia, ingressou em uma agência da CAIXA onde, deliberadamente, danificou diversos bens do patrimônio da empresa. A CAIXA instaurou procedimento administrativo para apurar os fatos e, ao final, remeteu carta a Hélio e ao pai dele, para que pagassem o prejuízo causado pelo primeiro. A providência não teve sucesso. Nessas circunstâncias, deve a CAIXA ajuizar ação exclusivamente contra o pai de Hélio, pois este, sendo adolescente, não tem capacidade para responder pelo ato ilícito perpetrado.

(3) Considere a seguinte situação hipotética. Um cidadão adquiriu um prédio antigo, inabitável, para o demolir e construir nova edificação. Após a demolição, separou certa quantidade de tijolos que conseguiu retirar intactos das velhas paredes, os quais manteve no canteiro de obras. Ao mesmo tempo, comprou lajes pré-moldadas para empregá-las na construção, as quais igualmente armazenou no local da obra. Nessa situação, tanto os tijolos procedentes da demolição quanto as lajes recém-adquiridas são bens móveis, até serem utilizados no novo prédio.

(4) Considere a seguinte situação hipotética. Iraci e Júlia possuíam imóveis contíguos, em um terreno inclinado, estando o imóvel da primeira em posição mais baixa do que o da segunda, de maneira que, quando chovia, as águas do imóvel de Júlia escorriam para o de Iraci. Por isso, Iraci resolveu construir uma canaleta para o escoamento das águas pluviais, a fim de evitar os constantes alagamentos de seu imóvel. Júlia, porém, nunca pôde fazer essa obra em seu terreno, por falta de meios. Iraci, então, por seu interesse em livrar-se do problema, propôs fazer por sua conta a canaleta no terreno de Júlia, a qual aceitou a proposta de bom grado. Nessa situação, em face do Código Civil, a canaleta construída no terreno de Júlia deveria receber o tratamento jurídico dispensado às benfeitorias.

(5) Considere a seguinte situação hipotética. Jacó e sua família possuíam como patrimônio uma única casa, onde residiam, a qual valia R$ 30.000,00. A casa fora adquirida graças a financiamento da CAIXA, integralmente pago. No curso do financiamento, Jacó incorreu em outras dívidas para com a empresa, no valor de R$ 30.000,00, em virtude de suas atividades comerciais. Nessas circunstâncias, o imóvel onde Jacó reside não poderá ser penhorado pelas dívidas, penhora que, todavia, poderia ocorrer validamente, embora sob certas limitações, se decorresse de execução para cobrar o financiamento destinado à compra da casa.

1: correta, pois toda pessoa, após o nascimento com vida, tem personalidade jurídica (ou capacidade de direito), que é a aptidão genérica para adquirir direitos e contrair deveres na ordem civil. Por sua vez, nem todo aquele que tem personalidade jurídica possui capacidade de fato, que é a aptidão genérica para a prática dos atos da vida civil, sem estar representado ou assistido por seu representante legal; **2:** incorreta, pois Hélio será responsável subsidiariamente pelo ato ilícito perpetrado por ele (art. 928, do CC), devendo a ação ser ajuizada contra ambos, sendo que Hélio deve estar assistido por seu pai, já que não possui capacidade processual; **3:** correta (art. 84, do CC); **4:** incorreta (art. 93, do CC); **5:** correta (art. 3º, da Lei 8.009/90).

Gabarito 1C, 2E, 3C, 4E, 5C

2.8. FATOS JURÍDICOS

2.8.1. ESPÉCIES, FORMAÇÃO E DISPOSIÇÕES GERAIS

(Procurador do Estado/BA – 2014 – CESPE) Julgue o seguinte item.

(1) A compra e venda de merenda escolar por pessoa absolutamente incapaz constitui o que a doutrina denomina ato-fato jurídico real ou material.

1: Correta, na medida em que ato-fato jurídico é o fato jurídico qualificado por uma ação humana, por uma vontade juridicamente irrelevante. A fim de melhor elucidar a explicação, cita-se trecho de Silvio de Salvo Venosa: "Nesse caso é irrelevante para o direito se a pessoa teve ou não a intenção de praticá-lo. O que se leva em conta é o efeito resultante do ato que pode ter repercussão jurídica, inclusive ocasionando prejuízos a terceiros. Como dissemos, toda a seara da teoria dos atos e negócios jurídicos é doutrinária, com muitas opiniões a respeito. Nesse sentido, costuma-se chamar à exemplificação os atos praticados por uma criança, na compra e venda de pequenos efeitos. Não se nega, porém, que há um sentido de negócio jurídico do infante que compra confeitos em um botequim" (VENOSA, Silvo de Salvo. Direito Civil, Parte geral. 3. ed.São Paulo, Atlas, p. 367).

Gabarito 1C

(Procurador do Estado/BA – 2014 – CESPE) Julgue o seguinte item.

(1) No negócio jurídico unilateral, está presente apenas uma declaração de vontade, sendo desnecessária a aceitação de outrem para que produza efeitos.

1: Correta, pois o negócio jurídico unilateral é aquele que se aperfeiçoa com uma única declaração de vontade, não necessitando da aceitação da outra parte para a produção de seus efeitos. Ex: testamento. O testador simplesmente declarada sua vontade para depois da morte, sendo que a eficácia desse documento não está sujeita a aceitação dos contemplados.

Gabarito 1C

(Procurador do Estado/BA – 2014 – CESPE) Julgue o seguinte item.

(1) O silêncio de uma das partes pode, excepcionalmente, representar anuência, se as circunstâncias ou os usos o autorizarem e não for necessária a declaração expressa de vontade.

A assertiva está correta, nos termos do art. 111 do CC.

Gabarito 1C

(Procurador do Estado/CE – 2008 – CESPE) Acerca dos fatos jurídicos, assinale a opção correta.

(A) Configura-se o estado de perigo quando uma pessoa, por inexperiência, ou sob premente necessidade, obriga-se a prestação manifestamente desproporcional ao valor da prestação oposta, gerando lucro exagerado ao outro contratante. Nessa situação, a pessoa pode demandar a nulidade do negócio jurídico, dispensando-se a verificação de dolo ou má-fé da parte adversa.

(B) A fraude contra a execução é um defeito do negócio jurídico, caracterizando-se como vício de consentimento e viciando, como consequência, a declaração de vontade dos partícipes do negócio jurídico.

(C) A simulação relativa é um vício social que acarreta a nulidade do negócio jurídico, que não pode subsistir, mesmo que seja válido na substância e na forma.

(D) O negócio jurídico realizado com infração a norma de ordem pública, mesmo depois de declarado nulo por sentença judicial, por se tratar de direito patrimonial e, portanto, disponível, pode ser ratificado pelas partes, convalidando-se, assim, o ato negocial.

(E) A reserva mental caracteriza-se pela não coincidência entre a vontade real e a declarada, com o propósito de enganar a outra parte. Se for desconhecida pelo destinatário, a manifestação de vontade subsiste ainda que o seu autor haja feito a reserva mental de não querer o que manifestou.

A: incorreta, o negócio é anulável e a parte adversa tem ciência da situação de perigo (art. 156 do CC); **B:** incorreta, não se deve confundir a *fraude contra credores, defeito* do negócio jurídico (arts. 158 e ss. do CC), com a *fraude de execução, ilícito processual* previsto no Código de Processo Civil (arts. 592, V, e 593 do CPC); é bom lembrar que a fraude contra credores gera a *anulabilidade* do negócio, ao passo que a fraude de execução, a *ineficácia* do negócio em relação ao exequente; **C:** incorreta, art. 167 do CC e Enunciados CJF 153 e 293; **D:** incorreta, art. 169 do CC; **E:** correta, art. 110 do CC.

Gabarito "E"

(Procurador do Estado/RO – 2011 – FCC) O recente terremoto ocorrido no Japão em 11 de março de 2011, sob o ponto de vista da teoria geral do direito, pode ser classificado como

(A) ato jurídico em sentido estrito.

(B) ato jurídico em sentido amplo.

(C) negócio jurídico.

(D) fato jurídico em sentido estrito.

(E) fato ilícito em sentido estrito.

Fato jurídico em sentido estrito *é o acontecimento natural que produz efeitos jurídicos*. Exs.: nascimento, morte, decurso do tempo, raio, temporal etc. O fato jurídico em sentido estrito pode ser tanto um fato ordinário (como a morte natural e o decurso do tempo) como um fato extraordinário (como um tufão numa dada localidade ou o terremoto descrito na questão). Assim, o terremoto é um fato jurídico em sentido estrito.

Gabarito "D"

(Procurador do Município/São Paulo-SP – 2008 – FCC) Analise as seguintes afirmativas:

I. A manifestação de vontade subsiste ainda que o seu autor haja feito a reserva mental de não querer o que manifestou, salvo se dela o destinatário tinha conhecimento.

II. O silêncio sempre importará anuência, como manifestação da vontade, quando as circunstâncias ou os usos locais o autorizarem.

III. Nas declarações de vontade se atenderá mais à intenção nelas consubstanciada do que ao sentido literal da linguagem.

IV. A inobservância da forma prescrita em lei determina a nulidade relativa dos negócios jurídicos, porque a validade da declaração de vontade não dependerá de forma especial, senão quando a lei expressamente a exigir.

V. O falso motivo só vicia a declaração de vontade quando expresso como razão determinante.

Estão corretas as afirmativas

(A) I, II e III.

(B) I, II e IV.

(C) I, III e V.

(D) II, III e V.

(E) III, IV e V.

I: correta (art. 110, do CC); **II:** incorreta (art. 111, do CC); **III:** correta (art. 112, do CC); **IV:** incorreta (art. 166, IV, do CC); **V:** correta (art. 140, do CC).

Gabarito "C"

(Procurador do Município/Sorocaba-SP – 2012 – VUNESP) Leia as seguintes afirmativas.

I. Os negócios jurídicos onerosos podem ser aleatórios, quando as prestações são equivalentes, certas e determinadas, e comutativos, quando a prestação de uma das partes depende de acontecimentos incertos e inesperados.

II. São negócios jurídicos causais (concretos ou materiais) os que estão vinculados à causa que deve constar do próprio negócio, como é o caso dos contratos, em geral.

III. Atos jurídicos meramente lícitos são os praticados pelo homem sem intenção direta de ocasionar efeitos jurídicos, tais como invenção de um tesouro, plantação em terreno alheio, construção, pintura sobre uma tela.

IV. Os atos ilícitos, que promanam direta ou indiretamente da vontade, são os que ocasionam efeitos jurídicos, mas contrários, *lato sensu*, ao ordenamento. Há ato ilícito civil somente nos casos em que, com intenção, alguém cause dano a outrem.

Estão corretas somente as afirmativas

(A) I e II.

(B) I e IV.

(C) II e III.

(D) II e IV.

(E) III e IV.

I: incorreta. Os negócios jurídicos classificam-se quanto ao sacrifício patrimonial das partes: a) oneroso; b) gratuito. Já quanto aos riscos que envolvem a prestação, os negócios jurídicos podem ser: a) comutativo (*aquele em que as partes já sabem quais são as prestações*); b) aleatório (*a prestação de uma das partes não é conhecida com exatidão no momento da celebração do negócio jurídico pelo fato de depender da sorte, da álea, que é um fator desconhecido*), conforme ensinamento de *Flávio Tartuce* (Manual de Direito Civil); **II:** correta. Os negócios jurídicos podem ser classificados quanto à sua causa determinante: a) causal ou material (quando o motivo está expresso no seu conteúdo, como, por exemplo, em um termo de divórcio); b) abstrato ou formal (quando o motivo não consta no contrato, como, por exemplo, na emissão de um título de crédito); **III:** correta. Fato jurídico em sentido amplo é todo acontecimento natural ou humano que produz um efeito jurídico. Pode ser dividido em: a) fato jurídico em sentido estrito (é o acontecimento natural que produz efeitos jurídicos); b) ato jurídico (é o acontecimento humano que produz efeitos jurídicos), que pode ser subdividido em: b.1) atos ilícitos; b.2) atos lícitos, que são de três espécies: b.2.1) atos jurídicos em sentido estrito (são comportamentos humanos voluntários, cujos efeitos são predeterminados por lei); b.2.2) negócio jurídico (são declarações de vontade, cujos efeitos são regulados pelos próprios interessados); b.2.3) ato-fato jurídico (são comportamentos humanos sem a intenção de produzir o efeito jurídico previsto em lei). A questão trata, em verdade, do ato-fato jurídico que *são os praticados pelo homem sem intenção direta de ocasionar efeitos jurídicos, tais como invenção de um tesouro, plantação em terreno alheio, construção, pintura sobre uma tela*; **IV:** incorreta. O ato ilícito é a conduta humana que está em desacordo com o ordenamento jurídico, causando danos a alguém (art. 186, do CC). Todavia, com o atual CC, ampliou-se a noção de ato ilícito, a fim de abarcar o exercício irregular de direitos ou abuso de direitos (art. 187), cuja responsabilidade civil independe da análise de culpa (enunciado n. 37, CJF), pois se baseia nos princípios da solidariedade, devido processo legal e proteção da confiança (enunciado n. 414, CJF).

Gabarito "C"

(Advogado da União/AGU – CESPE – 2012) Com relação à validade, existência e interpretação de negócios jurídicos, julgue o próximo item.

(1) O ilícito contratual caracteriza-se apenas pelo descumprimento de regras expressamente convencionadas, devendo o descumprimento de deveres anexos ser discutido na seara da responsabilidade civil.

1: incorreta (art. 422, do CC).

Gabarito 1E

(ADVOGADO – CORREIOS – 2008 – ESPP) Analise os itens a seguir:

I. Negócio jurídico é a ação humana, fruto de uma vontade qualificada, que visa diretamente alcançar um fim permitido na lei.

II. Ato jurídico é aquele em que o efeito da manifestação de vontade humana está predeterminado na lei, não havendo qualquer dose de escolha da categoria jurídica e inexistindo vontade qualificada.

III. Negócios jurídicos unilaterais são aqueles que dependem da manifestação de vontade de uma única pessoa, mas que exigem para se aperfeiçoarem a aquiescência de terceiros.

IV. Negócios jurídicos bifrontes são aqueles em que ambos os contratantes, necessariamente, auferem vantagens e se obrigam a uma contraprestação.

Aponte a alternativa acertada:

(A) Apenas o item I está correto.

(B) Os itens I e II estão corretos.

(C) Apenas o item III está incorreto.

(D) Os itens II, III e IV estão incorretos.

I e **II:** corretas. Fato jurídico em sentido amplo é todo acontecimento natural ou humano que produz um efeito jurídico. Pode ser dividido em: a) fato jurídico em sentido estrito (é o acontecimento natural que produz efeitos jurídicos); b) ato jurídico (é o acontecimento humano que produz efeitos jurídicos), que pode ser subdividido em: b.1) atos ilícitos; b.2) atos lícitos, que são de três espécies: b.2.1) atos jurídicos em sentido estrito (são comportamentos humanos voluntários, cujos efeitos são predeterminados por lei); b.2.2) negócio jurídico (são declarações de vontade, cujos efeitos são regulados pelos próprios interessados); b.2.3) ato-fato jurídico (são comportamentos humanos sem a intenção de produzir o efeito jurídico previsto em lei); **III:** incorreta, pois negócios jurídicos unilaterais são aqueles que se aperfeiçoam com uma única manifestação de vontade; **IV:** incorreta, pois negócios jurídicos bifrontes *são aqueles que originariamente podem ser unilaterais ou bilaterais*. São exemplos o mandato e o depósito. Se for estipulada remuneração em favor do mandatário ou do depositário, estar-se-á diante de contrato bilateral, pois haverá obrigações para ambas as partes. Do contrário, unilateral, pois haverá obrigações apenas para o mandatário ou para o depositário.

Gabarito "B"

(ADVOGADO – ANP – 2008 – CESGRANRIO) Quanto aos negócios jurídicos, são feitas as afirmações a seguir.

I. A boa-fé e os usos do lugar de sua celebração devem nortear sua interpretação.

II. Não obstante suas circunstâncias, eles são interpretados de forma estrita.

III. A impossibilidade inicial do objeto contamina-os definitivamente quanto à validade.

IV. O silêncio não importa anuência, pois a declaração de vontade deve ser sempre expressa.

V. Nas declarações de vontade se atenderá mais à intenção nelas consubstanciada do que ao sentido literal da linguagem.

Estão corretas **APENAS** as afirmações

(A) I e II

(B) I e V

(C) III e IV

(D) I, II, III e IV

(E) II, III, IV e V

I: correta (art. 113, do CC e enunciados n. 409 e 421, do CJF); **II:** incorreta (art. 114, do CC); **III:** incorreta (art. 106, do CC); **IV:** incorreta (art. 111, do CC); **V:** correta (art. 112, do CC).

Gabarito "B"

2.8.2. *CONDIÇÃO, TERMO E ENCARGO*

(Procurador do Estado/SP – FCC – 2009) A condição resolutiva subordina a

(A) ineficácia do negócio jurídico a um evento futuro e incerto, enquanto a condição suspensiva subordina a eficácia a um acontecimento futuro e incerto.

(B) ineficácia do negócio jurídico a um acontecimento futuro e certo, enquanto a condição suspensiva subordina a eficácia a um acontecimento futuro e certo.

(C) eficácia do negócio jurídico a um evento futuro e incerto, enquanto o termo final subordina a eficácia a um acontecimento futuro e certo.

(D) eficácia do negócio jurídico a um evento futuro e incerto, enquanto a condição suspensiva subordina a eficácia a um evento futuro e certo.

(E) eficácia do negócio jurídico a um evento futuro e certo, enquanto a condição suspensiva subordina a ineficácia a um acontecimento futuro e incerto.

A alternativa "a" está correta, pois a condição resolutiva faz com que o negócio jurídico passe a ser *ineficaz* (art. 128, primeira parte, do CC).

Gabarito "A"

(Procurador do Município/Teresina-PI – 2010 – FCC) Em relação à eficácia dos negócios jurídicos, é INCORRETO afirmar:

(A) O termo inicial suspende a aquisição, mas não o exercício do direito.

(B) Se for resolutiva a condição, enquanto esta não se realizar, vigorará o negócio jurídico, desde sua conclusão podendo exercer-se o direito por ele estabelecido.

(C) Têm-se por inexistentes as condições impossíveis, quando resolutivas, e as de não fazer coisa impossível.

(D) Em geral, são lícitas todas as condições não contrárias à lei, à ordem pública ou aos bons costumes.

(E) Nos casos de condição suspensiva ou resolutiva, ao titular do direito eventual é permitido praticar os atos destinados a conservá-lo.

A: incorreta, pois o termo inicial suspende a aquisição e o exercício do direto (efeitos do negócio jurídico – art. 121 do CC); **B:** correta (art. 127 do CC); **C:** correta (art. 124 do CC); **D:** correta (art. 122 do CC); **E:** correta (art. 130 do CC).

Gabarito "A"

(ADVOGADO – CEF – 2012 – CESGRANRIO) Num contrato de compra e venda de um bem imóvel, a cláusula que sujeita o pagamento integral do preço ao registro da baixa da hipoteca no registro de imóveis constitui

(A) encargo, a ser cumprido pelo comprador.

(B) condição potestativa pura, permitida por lei.

(C) condição suspensiva, subordinando a eficácia do contrato a evento futuro e incerto.

(D) condição suspensiva, determinando a cessação dos efeitos da compra e venda.

(E) condição resolutiva tácita, necessária para a resolução do contrato.

A, B, D e **E:** incorretas, pois o enunciado trata de condição suspensiva; **C:** correta (art. 125, do CC).

Gabarito "C"

(ADVOGADO – EPE – 2007 – CESGRANRIO) De acordo com o disposto no Código Civil quanto à contagem de um prazo, pode-se afirmar que:

(A) invariavelmente, inclui-se, em seu cômputo, o dia do começo.

(B) seu vencimento é antecipado, quando ele se encerra em feriado.

(C) quando fixado por hora, ele exclui a aferição dos minutos.

(D) quando fixado por mês, ele é computado na base de 30 dias por mês.

(E) meado considera-se, em qualquer mês, o seu décimo quinto dia.

A: incorreta (art. 132, do CC); **B:** incorreta (art. 132, § 1º, do CC); **C:** incorreta (art. 132, § 4º, do CC); **D:** incorreta (art. 132, § 3º, do CC); **E:** correta (art. 132, § 2º, do CC).

Gabarito "E"

2.8.3. DEFEITOS DO NEGÓCIO JURÍDICO

(Procurador do Estado/BA – 2014 – CESPE) Julgue o seguinte item.

(1) Ocorre a lesão quando uma pessoa, em premente necessidade ou por inexperiência, se obriga a prestação manifestamente desproporcional ao valor da prestação oposta, exigindo-se, para a sua configuração, ainda, o dolo de aproveitamento, conforme a doutrina majoritária.

1: Errada, pois, consoante doutrina majoritária o dolo de aproveitamento não é exigível para a configuração da lesão. Neste espeque cita-se o Enunciado 150 JDC/CJF: "A lesão de que trata o art. 157 do Código Civil não exige dolo de aproveitamento".

Gabarito 1E

(Procurador do Estado/AC – FMP – 2012) Assinale a alternativa INCORRETA:

(A) A cláusula *rebus sic stantibus* – teoria da imprevisão – está fundada, assim como a lesão, na ocorrência de onerosidade excessiva. Sua ocorrência e aferição, no entanto, são posteriores à formação do vínculo, pois nesse momento o que se dá é a possibilidade de ocorrência e aferição da lesão.

(B) Ambas, teoria da imprevisão e lesão, são causas de anulabilidade do negócio jurídico.

(C) A lesão é causa de anulabilidade do negócio jurídico apenas se a parte favorecida pelo desequilíbrio do contrato não concordar em restabelecer o equilíbrio contratual.

(D) Estado de perigo e lesão são causas de anulabilidade que se diferenciam, dentre outros aspectos, porque a lesão se refere à iminência de dano patrimonial, enquanto o estado de perigo exige a ocorrência de risco pessoal.

A: correta (art. 157, do CC); **B:** incorreta, pois a teoria da imprevisão pode gerar a resolução do contrato (art. 478, do CC); **C:** correta (art. 157, § 2º, do CC); **D:** correta (artigos 156 e 157, ambos do CC).

Gabarito "B"

(Procuradoria Distrital – 2007) Assinale a opção correta.

(A) A fraude contra credores é tratada no direito brasileiro no plano dos efeitos, gerando, como consequência, a ineficácia relativa do negócio jurídico.

(B) É de 4 (quatro) anos o prazo de prescrição para pleitear-se a anulação do negócio jurídico fraudulento, contado do dia de sua realização.

(C) Somente para a desconstituição dos negócios jurídicos onerosos é que se exige a demonstração do *consilium fraudis* como requisito de procedência do pedido na ação pauliana.

(D) O credor com garantia real, por contar com a garantia do bem afetado ao pagamento do seu direito creditório, em nenhuma hipótese poderá pleitear a desconstituição do negócio jurídico fraudulento.

(E) A fraude contra credores é um defeito que se caracteriza como falha no consentimento, viciando, como consequência, a declaração de vontade dos partícipes do negócio jurídico.

A: incorreta, gera a *anulabilidade* do negócio (arts. 158 e 159 do CC); **B:** incorreta o prazo é de decadência (art. 178, II, do CC); **C:** correta, pois, quanto aos negócios gratuitos, basta a demonstração da insolvência, vez que o negócio pode ser anulado "ainda quando o ignore", não sendo necessário demonstrar o conluio fraudulento entre o devedor insolvente e aquele que recebe gratuitamente dele bens ou perdão de dívidas; **D:** incorreta art. 158, § 1º, do CC; **E:** incorreta, a fraude contra credores é um *vício social*; não há problema no consentimento, vez que o devedor insolvente e o terceiro que faz negócio com ele sabem muito bem o que estão fazendo e atuam mediante vontade livre.

Gabarito "C"

(Procurador do Estado/GO – 2010) Com relação aos defeitos do negócio jurídico, está INCORRETA a seguinte proposição:

(A) A coação, para viciar a declaração de vontade, há de ser tal que incuta ao paciente fundado temor de dano iminente e considerável à sua pessoa, à sua família, ou aos seus bens, não ocorrendo coação quanto a pessoa não pertencente à família do paciente.

(B) O falso motivo só vicia a declaração de vontade quando expresso como razão determinante.

(C) O dolo acidental só obriga à satisfação das perdas e danos, e é acidental quando, a seu despeito, o negócio seria realizado, embora por outro modo.

(D) O erro é considerado substancial quando concerne à identidade ou à qualidade essencial da pessoa a quem se refira a declaração de vontade, desde que tenha influído nesta de modo relevante.

(E) Ocorre a lesão quando uma pessoa, sob premente necessidade, ou por inexperiência, se obriga a prestação manifestamente desproporcional ao valor da prestação oposta.

A: incorreta (art. 151, parágrafo único, do CC); **B:** correta (art. 140, do CC); **C:** correta (art. 146, do CC); **D:** correta (art. 139, II, do CC); **E:** correta (art. 157, do CC).

Gabarito "A"

(PROCURADOR DO ESTADO/MG – FUMARC – 2012) Assinale a alternativa que NÃO contempla um vício que determina a anulabilidade do negócio jurídico:

(A) erro

(B) dolo

(C) coação

(D) simulação

(E) estado de perigo

A, B, C e **E:** incorretas, pois são hipóteses que contemplam vícios que determinam a anulabilidade do negócio jurídico (art. 171, II, do CC); **D:** correta (art. 167, do CC).

Gabarito "D"

(Procurador do Estado/MG – 2007) *O Negócio Jurídico tem origem na doutrina alemã e foi assimilado pela Itália e posteriormente por outros países. Fundamentalmente, consiste na manifestação de vontade que procura produzir determinado efeito jurídico[...] É por meio do negócio jurídico que se dá vida às relações jurídicas tuteladas pelo direito.* (VENOSA, Sílvio de Salvo. Direito Civil. 2003,p. 369). Em relação ao instituto dos defeitos do negócio jurídico, assinale a alternativa correta.

(A) Ocorre erro ou ignorância quando uma pessoa, sob premente necessidade, ou por inexperiência, se obriga à prestação manifestamente desproporcional ao valor da prestação oposta.

(B) Configura-se estado de perigo quando alguém, premido da necessidade de salvar-se, ou a pessoa de sua família, de grave dano conhecido pela outra parte, assume obrigação excessivamente onerosa.

(C) O dolo é acidental quando, a seu despeito, o negócio seria realizado, embora por outro modo e, não obriga a satisfação de perdas e danos.

(D) A garantia das dívidas dos credores reside no patrimônio do devedor. A fraude contra credores ocorre quando o devedor transmite gratuita ou onerosamente bem de sua propriedade, havendo dívidas a serem adimplidas por este, independente de ter ou não outros bens passíveis para adimplir tais dívidas.

A: incorreta (artigos 138 e 157, ambos do CC); **B:** correta (art. 156, do CC); **C:** incorreta (art. 146, do CC); **D:** incorreta (art. 158, do CC).

Gabarito "B"

(Procurador do Estado/PB – 2008 – CESPE) Assinale a opção correta acerca dos negócios jurídicos.

(A) Pode alegar lesão qualquer das partes contratantes quando verificada, na conduta do outro, a presença do dolo de aproveitamento, por ter este se prevalecido de seu estado de necessidade.

(B) No ato negocial, o fato de um dos contratantes agir dolosamente, silenciando alguma informação que devesse revelar ao outro contratante, constitui vício de consentimento, que acarreta a nulidade do negócio jurídico.

(C) Caso um imóvel valioso seja vendido por meio de contrato celebrado entre pessoas maiores e capazes, por instrumento particular, o negócio é considerado nulo; contudo, se as partes quiserem, é possível converter esse negócio nulo em contrato preliminar ou compromisso bilateral de contrato.

(D) Se, no ato negocial, ambos os contratantes procederem dolosamente, haverá compensação de dolos e o negócio será considerado nulo em virtude de ambos os partícipes terem agido de má-fé.

(E) Considere-se que um menor de 15 anos de idade oculte dolosamente sua idade e firme contrato de prestação de serviços, tendo como objeto um curso de inglês. Nessa situação, o negócio jurídico é anulável, visto que o menor não estava regularmente assistido por seus representantes legais.

A: incorreta, só pode alegar lesão uma das partes, qual seja, aquele que se obriga a prestação manifestamente desproporcional ao valor da prestação oposta (art. 157 do CC); ademais, não se exige demonstração de dolo de aproveitamento para a configuração da lesão (Enunciado CJF 150); **B:** incorreta, anulabilidade (art. 147 c/c 145, do CC); **C:** correta, art. 170 do CC; **D:** incorreta, art. 150 do CC; **E:** incorreta, trata-se de absolutamente incapaz (art. 3º, I, do CC), portanto o negócio é nulo (art. 166, I, do CC); não se aplica, no caso, a regra do art. 180, por não ter o menor idade entre 16 e 18 anos.

Gabarito "C"

(Procurador do Estado/PI – 2008 – CESPE) Acerca do negócio jurídico, assinale a opção correta.

(A) Condição é elemento acidental do ato ou negócio jurídico que faz o mesmo depender de evento futuro e incerto. A condição resolutiva é requisito e pressuposto de validade de negócio, suspendendo-o, no plano da sua eficácia, até a ocorrência da condição estabelecida.

(B) Se, no ato negocial, ambos os contratantes procederem dolosamente, o negócio celebrado será eivado de nulidade por representar declaração enganosa da vontade dos contratantes. Essa nulidade pode ser requerida por qualquer uma das partes.

(C) A lesão inclui-se entre os vícios de consentimento e acarreta a anulabilidade do negócio, permitindo-se, porém, para evitá-la, a oferta de suplemento suficiente, ou, se o favorecido concordar, a redução da vantagem, aproveitando-se, assim, o negócio.

(D) A fraude contra credores consiste na alienação de bens pelo devedor com o intuito de escusar-se do pagamento de sua dívida ao credor. Tal ato de alienação é válido, porém ineficaz em face do credor prejudicado.

(E) A falta de capacidade de uma das partes do negócio jurídico não pode ser a causa alegada pela outra parte para justificar a nulidade do negócio. Entretanto, a parte incapaz poderá alegar tal condição para invalidar o negócio, ainda que dela tivesse consciência, uma vez que o instituto da incapacidade protege os seus direitos.

A: incorreta, pois a condição resolutiva não suspende a eficácia do negócio, mas, se implementada, resolve o negócio, que deixa de produzir efeitos; **B:** incorreta, art. 150 do CC; **C:** correta, art. 157 do CC; **D:** incorreta, na fraude contra credores os atos são *anuláveis* (arts. 158 e 159 do CC); **E:** incorretas, arts. 168 e 180 do CC.

Gabarito "C"

(Procurador do Estado/PR – 2007) A coação que vicia o ato jurídico:

(A) decorre sempre da ação física de outrem sobre o sujeito que prática o ato;

(B) resulta em ineficácia em sentido estrito do ato;

(C) resulta em nulidade do ato;

(D) se inscreve dentre as irregularidades do ato;

(E) torna o ato passível de declaração de anulabilidade.

Art. 171, II, do CC.

Gabarito "E"

(Procurador do Estado/PR – 2007) Acerca dos vícios dos negócios jurídicos, examine as seguintes afirmações:

I. Jamais poderá arguir simulação aquele que praticou o negócio jurídico eivado do vício, ainda que não tenha havido intenção de prejudicar terceiros ou de violar disposição de lei, posto que a simulação é sinônimo de ineficácia.

II. A coação vicia o negócio jurídico, mesmo quando exercida por terceiro.

III. O dolo do representante de uma das partes obriga o representado a responder civilmente pela integralidade dos danos produzidos, ainda que do ato viciado não tenha o representado obtido qualquer proveito.

IV. A remissão de dívida praticada pelo insolvente nunca poderá ser reputada fraude contra credores.

ALTERNATIVAS:

(A) Estão corretas apenas as afirmações 1 e 3.

(B) Estão corretas apenas as afirmações 2 e 3.

(C) Está correta apenas a afirmação 1.

(D) Está correta apenas a afirmação 2.

(E) Está correta apenas a afirmação 3.

I: incorreta, pois a simulação gera a *nulidade* do ato (art. 167 do CC); ademais, a simulação pode ser arguida por qualquer das partes do negócio (Enunciado CJF 294); **II:** correta (art. 154 do CC); **III:** incorreta (art. 149 do CC); **IV:** incorreta (art. 158 do CC).

Gabarito "D"

(Procurador do Estado/SC – 2010 – FEPESE) Quando determinada pessoa, sob premente necessidade ou por inexperiência, se obriga a prestação manifestadamente desproporcional ao valor da prestação oposta, ocorre:

(A) dolo.

(B) lesão.

(C) coação.

(D) estado de necessidade.

(E) fraude contra credores.

Art. 157 do CC.

Gabarito "B"

(Procurador de Contas TCE/ES – CESPE – 2009) Marcelo, filho de Joana e Lauro, após realizar uma ressonância magnética, teve diagnóstico de câncer de pulmão. Com isso, Lauro, no dia seguinte, vendeu seu apartamento pela metade do preço de mercado, a fim de levar seu filho para fazer tratamento em renomado hospital nos Estados Unidos da América. Lá chegando, foram informados de que o diagnóstico fora equivocado. Ao retornar ao Brasil, Lauro procurou um advogado que lhe informou acerca da possibilidade de ser anulado o negócio jurídico relativo à venda do imóvel. Nessa situação hipotética, a anulação da venda do imóvel se justifica por motivo de

(A) erro.

(B) estado de perigo.

(C) lesão.

(D) onerosidade excessiva.

(E) estado de necessidade.

Lauro vendeu seu imóvel por quantia *manifestamente desproporcional* à que valia o bem, diante da *premente necessidade* que tinha em relação a custear o tratamento de seu filho, configurando-se, então, o instituto da *lesão* (art. 157 do CC). Não se configura o *estado de perigo* no caso, pois o comprador do imóvel não tinha conhecimento do estado de perigo em que se encontrava o filho de Lauro, requisito necessário para a configuração do instituto previsto no art. 156 do CC.

Gabarito "C"

(Procurador do Município/Florianópolis-SC – 2010 – FEPESE) No tocante aos defeitos dos negócios jurídicos, assinale a alternativa **correta**.

(A) O erro acidental, ao contrário do erro essencial, não é suficiente para anular o negócio jurídico.

(B) Quando há dolo bilateral na realização do negócio jurídico, a lei pune ambas as partes com a anulação do ato.

(C) Considera-se coação passível de nulidade o temor reverencial do militar em relação a seu superior hierárquico.

(D) Lesão e estado de perigo assemelham-se na dicção da lei civil, pois se tratam de hipóteses em que há perigo de vida à vítima ou alguém de sua família.

(E) Para tipificação da fraude contra credores é necessário que a prática fraudulenta seja anterior ao nascimento do direito de crédito.

A: correta, pois, segundo dispõe o art. 138 do CC, são anuláveis os negócios jurídicos, quando as declarações de vontade emanarem de erro substancial que poderia ser percebido por pessoa de diligência normal, em face das circunstâncias do negócio; **B:** incorreta, pois se ambas as partes procederem com dolo, nenhuma pode alegá-lo para anular o negócio, ou reclamar indenização (art. 150 do CC); **C:** incorreta, pois não se considera coação a ameaça do exercício normal de um direito, nem o simples temor reverencial (art. 153 do CC); **D:** incorreta, pois na lesão não há necessidade de se configurar perigo de vida, mas apenas premente necessidade ou inexperiência (art. 157 do CC); **E:** incorreta, pois a fraude contra credores dá-se com a transmissão ou remissão de dívida feitas pelo devedor já insolvente, ou por elas reduzido à insolvência.

Gabarito "A"

(Procurador do Município/Recife-PE – 2008 – FCC) Considere as seguintes assertivas sobre os defeitos do negócio jurídico:

I. O dolo do representante convencional de uma das partes só obriga o representado a responder civilmente até a importância do proveito que teve.

II. A transmissão errônea da vontade por meios interpostos é anulável nos mesmos casos em que o é a declaração direta.

III. Caracterizada a lesão o negócio jurídico não será anulado se a parte favorecida concordar com a redução do proveito.

IV. O erro de cálculo não gera a anulação do negócio jurídico, autorizando apenas a retificação da declaração de vontade.

De acordo com o Código Civil é correto o que se afirma SOMENTE em

(A) I, II e III.

(B) I, II e IV.

(C) I, III e IV.

(D) II e III.

(E) II, III e IV.

I: incorreta (art. 149, do CC); **II:** correta (art. 141, do CC); **III:** correta (art. 157, § 2º, do CC); **IV:** correta (art. 143, do CC).

Gabarito "E"

(Procurador Federal – 2010 – CESPE) Com relação aos vícios do negócio jurídico, julgue o item que se segue.

(1) Se cabalmente comprovada a inexperiência do contratante, configura-se a lesão, mesmo que a desproporcionalidade entre as prestações das partes seja superveniente.

1: incorreta, pois o instituto da lesão reclama que as obrigações das partes já nasçam manifestamente desproporcionais (art. 157 do CC).

Gabarito 1E

(Procurador da Fazenda Nacional – 2003 – ESAF) Se um contratante supõe estar adquirindo um lote de terreno de excelente localização, quando, na verdade, está comprando um situado em péssimo local, configurado está:

(A) o dolo acidental.

(B) o dolo negativo.

(C) o dolo principal

(D) o erro sobre o objeto principal da declaração.

(E) o dolo positivo.

A e **C:** incorretas. O dolo é o artifício empregado por alguém a fim de levar outrem a praticar um ato que lhe é prejudicial, mas que beneficia o autor do dolo ou terceiro. O dolo acidental se caracteriza quando o negócio jurídico teria se realizado mesmo sem sua ocorrência, mas somente por outro modo (art. 146, CC). Já o dolo principal é a causa determinante do negócio jurídico, tornando o negócio anulável (art. 145, CC). **B** e **E:** incorretas. O dolo pode ser praticado por ação (dolo positivo) ou por omissão (dolo negativo), estando este último previsto no artigo 147, CC. **D:** correta. No erro a pessoa se engana sozinha, sem que haja malícia da outra parte (caso em que haveria dolo). São anuláveis os negócios que emanarem de erro, desde que sejam substanciais (arts. 138 e 139, CC). O erro sobre a localização do terreno trata-se de erro sobre o objeto da declaração.

Gabarito "D"

(ADVOGADO – PETROBRÁS – 2012 – CESGRANRIO) O justo preço é elemento subjetivo que afasta a incidência da teoria da lesão.

PORQUE

A teoria da lesão visa a proteger a equidade contratual.

Analisando-se as afirmações acima conclui-se que

(A) as duas afirmações são verdadeiras, e a segunda justifica a primeira.

(B) as duas afirmações são verdadeiras, e a segunda não justifica a primeira.

(C) a primeira afirmação é verdadeira, e a segunda é falsa.

(D) a primeira afirmação é falsa e a segunda é verdadeira.

(E) as duas afirmações são falsas.

A alternativa "d" está correta, ficando excluídas as demais. A primeira afirmação é falsa, pois o justo preço é elemento objetivo. Por sua vez, a segunda afirmação é verdadeira, de acordo com o art. 157, do CC.

Gabarito "D"

(ADVOGADO – PETROBRÁS DISTRIB. – 2010 – CESGRANRIO) São requisitos do instituto da lesão, EXCETO

(A) onerosidade excessiva para um dos contratantes.

(B) desproporcionalidade das prestações.

(C) imprevisibilidade do fator de desestabilização do contrato.

(D) inexperiência de um dos contratantes.

(E) imperativo em contratar de uma das partes.

A, B, D e **E:** corretas. São requisitos do instituto da lesão: a) prestação manifestamente desproporcional (elemento objetivo); b) premente necessidade ou inexperiência (elemento subjetivo); **C:** incorreta, pois a alternativa não traz um dos requisitos do instituto da lesão.

Gabarito "C"

(ADVOGADO – PETROBRÁS DISTRIB. – 2010 – CESGRANRIO) José e Amanda Gonçalves ingressam com ação de rescisão de negócio jurídico em face de Leandro e Maria Vidal, alegando que as partes celebraram uma promessa de compra e venda do apartamento X, da Rua Y, ocasião em que os réus registraram que "declaram os proprietários que nada existe contra seus nomes e o imóvel em tela que possa impossibilitar a efetivação deste compromisso de compra e venda", sendo certo que o imóvel estava hipotecado. Sabe-se que os autores só retiraram as certidões relacionadas ao apartamento, quando já haviam pago 70% do valor do imóvel. Nesse caso, a venda

(A) é nula porque os autores foram vítimas de erro substancial, que lhes turbou a vontade.

(B) é anulável, ante a presença de erro escusável por parte dos autores.

(C) é válida e não há nenhuma falsidade na afirmativa dos réus, ante a natureza jurídica da hipoteca.

(D) não produz efeitos, visto que a falsa representação da realidade suprime a vontade dos autores.

(E) está sujeita a uma condição suspensiva, qual seja a baixa da hipoteca.

A, B e **D:** incorretas, pois não houve nenhum vício de consentimento na situação narrada no enunciado; **C:** correta, pois a hipoteca não impossibilita a efetivação do compromisso de compra e venda (artigos 303 e 1.475, do CC); **E:** incorreta, já que a promessa de compra e venda de um bem hipotecado não está sujeita a condição suspensiva de baixa da hipoteca.

Gabarito "C"

(ADVOGADO – PETROBRÁS – 2008 – CESGRANRIO) Em relação aos defeitos do negócio jurídico, analise as afirmações a seguir.

I. Na lesão é facultado ao lesado optar por requerer a anulação ou a revisão do negócio jurídico celebrado, sendo que o dano deve ser contemporâneo à celebração do contrato.

II. No erro existe uma declaração enganosa da vontade, cujo objetivo é produzir efeito diverso do pretendido.

III. O dolo de ambas as partes torna o negócio jurídico nulo.

IV. O simples temor reverencial configura coação.

V. O estado de perigo ocorre quando uma pessoa obtém lucro exagerado, desproporcional, aproveitando-se da situação de necessidade ou inexperiência do outro contratante.

Está(ão) correta(s) **APENAS** a(s) afirmação(ões)

(A) I

(B) I e III

(C) II e IV

(D) II e V

(E) III, IV e V

I: correta (art. 157, § 2º, do CC); **II:** incorreta, pois o erro é a situação em que o próprio agente comete um engano. Por sua vez, há simulação quando o agente declara um negócio (simulado), mas pretende outro (dissimulado); **III:** incorreta (art. 150, do CC); **IV:** incorreta (art. 153, do CC); **V:** incorreta, pois a alternativa trata do instituto da lesão (art. 157, do CC) e não do estado de perigo (art. 156, do CC).

Gabarito "A"

(ADVOGADO – PETROBRÁS – 2006 – CESGRANRIO) Após a publicação em jornal de grande circulação da notícia de que um famoso artista teria diversos credores e estaria insolvente, João, ciente das referidas notícias, decide adquirir uma loja de propriedade daquele artista. Assim, é lavrada escritura pública de promessa de compra e venda, onde consta que o preço, que é aproximadamente o corrente, será pago em três parcelas mensais e sucessivas, vencendo-se a primeira cinco dias após a celebração do ato. Já na posse do imóvel, João dá início imediato a uma grande reforma, que é de extrema importância para ampliação dos seus negócios. Na véspera de pagar a primeira parcela do preço, João decide consultar um advogado sobre os possíveis riscos que envolvem o contrato por ele anteriormente celebrado. Assinale a opção que apresenta a orientação correta que o advogado deverá dar a João.

(A) É nulo o contrato celebrado, mas João poderá reter o imóvel até que as benfeitorias que lhe foram incorporadas sejam restituídas.

(B) João não possui direito de retenção pelas benfeitorias, pois o contrato é manifestamente nulo.

(C) João poderá manter a validade da sua aquisição e, para tanto, deverá depositar o preço em juízo e requerer a citação de todos os interessados.

(D) João deverá cumprir o contrato como originariamente celebrado, pagando as parcelas do preço ao artista, pois o negócio é válido e, por se tratar de um contrato oneroso, não poderá ser anulado.

(E) Caso João decida pagar o preço diretamente ao artista, o prazo para eventuais credores prejudicados pleitearem a anulação do negócio jurídico será de cinco anos.

Art. 160, do CC.

Gabarito "C"

(ADVOGADO – REFAP – 2007 – CESGRANRIO) O Código Civil estabelece que os negócios jurídicos são anuláveis por dolo, quando esta for a sua causa. Quando da realização de um negócio jurídico, pode-se afirmar, sobre a ocorrência de dolo, que:

(A) não se pode configurar a partir de uma omissão.

(B) se ambas as partes procederem com dolo, caberão indenizações recíprocas, respeitando-se as proporções.

(C) se for acidental, só obriga à satisfação de perdas e danos.

(D) se for de terceiro, nunca torna o negócio anulável.

(E) se for do representante convencional, obriga o representado a responder por perdas e danos subsidiariamente.

A: incorreta (art. 147, do CC); **B:** incorreta (art. 150, do CC); **C:** correta (art. 146, do CC); **D:** incorreta (art. 148, do CC); **E:** incorreta (art. 149, do CC).

Gabarito "C"

(ADVOGADO – CORREIOS – 2008 – ESPP) Analise as assertivas a seguir:

I. A coação exercida por terceiro vicia o negócio jurídico, mesmo que dela não tenha conhecimento ou pudesse ter conhecimento aquele a quem aproveite.

II. O negócio jurídico eivado pelo erro não se convalida, mesmo que a parte a quem a manifestação de vontade se dirigiu prontifique-se a executá-la na conformidade com a vontade real do manifestante.

III. O dolo do representante legal de uma das partes a obriga a responder solidariamente com ele por perda e danos causados a terceiros.

IV. Anulados os negócios jurídicos praticados em fraude contra credores a vantagem resultante reverter-se-á em proveito do acervo de bens do devedor passível de concurso de credores.

Assinale a alternativa acertada:

(A) Os itens II e III estão corretos.

(B) Os itens I, III e IV estão corretos.

(C) Os itens I e IV estão incorretos.

(D) Os itens I, II e III estão incorretos.

I: incorreto (art. 154, do CC); **II:** incorreto (art. 144, do CC); **III:** incorreto (art. 149, do CC); **IV:** correto (art. 165, do CC).

Gabarito "D"

(PROCURADOR – BANCO CENTRAL – 2009 – CESPE) A respeito dos elementos, dos defeitos e da validade dos atos jurídicos, assinale a opção correta.

(A) A conversão substancial do negócio jurídico é meio jurídico capaz de sanar sua invalidade absoluta.

(B) Se o adquirente de determinado bem ignorava o estado de insolvência do alienante, tal negócio não será passível de anulação por fraude contra credores.

(C) Embora haja significativas diferenças entre nulidade e anulabilidade, ambas são reconhecidas por meio de ação desconstitutiva.

(D) Se comprovada a inexperiência do contratante, a lesão restará configurada ainda que a desproporcionalidade entre as prestações que incumbem às partes seja superveniente.

(E) A consequência da inserção de termo inicial ou suspensivo no contrato é o adiamento da aquisição do direito.

A: incorreta (art. 170, do CC); **B:** correta (art. 158, do CC); **C:** incorreta, pois a ação que visa combater o ato nulo é declaratória e não desconstitutiva; **D:** incorreta, pois a desproporcionalidade deve ser no momento da celebração do negócio jurídico (art. 157, § 1º, do CC); **E:** incorreta (art. 131, do CC).

Gabarito "B"

(ADVOGADO – EMBRAPA – 2005 – CESPE) Heitor é proprietário de um imóvel em Goiânia – GO, avaliado em R$ 1.500.000,00. Júlio,filho de Heitor,foi sequestrado e os sequestradores exigiram R$ 150.000,00 em troca da vida de Júlio e, para tanto, deram ao pai o prazo de quatro horas. Cipriano, vizinho de Heitor, tomou conhecimento do sequestro e foi até a casa de Heitor oferecer-lhe os R$ 150.000,00 referentes ao resgate, mas, para que ele entregasse imediatamente o dinheiro, Heitor teria de assinar um contrato de promessa de compra e venda, em relação ao referido imóvel, sem pacto de arrependimento, por instrumento particular em que os mesmos se comprometiam a registrar o contrato no Cartório de Registro de Imóvel no dia seguinte. Ante o perigo de grave dano em relação a seu filho, Heitor aceitou a proposta. Acerca da situação hipotética descrita acima, julgue os itens a seguir.

(1) Nesse caso, o negócio jurídico realizado entre Cipriano, o vizinho, e Heitor referente ao contrato de promessa de compra e venda do imóvel localizado em Goiânia, é anulável em decorrência da coação praticada pelo vizinho.

(2) O prazo prescricional é de quatro anos, contados de quando se realizou o negócio jurídico, caso o negócio jurídico seja anulável em decorrência de coação.

(3) Se Cipriano se propusesse a reequilibrar o negócio jurídico, configurado o vício de lesão, suplementando o devido, ou seja, equilibrando o negócio jurídico, a validade deste seria preservada, pelo menos quanto à lesão.

1: incorreta, pois no caso não há coação, mas lesão (art. 157, do CC); **2:** incorreta (art. 178, I, do CC); **3:** correta (art. 157, § 2º, do CC).

Gabarito 1E, 2E, 3C

2.8.4. INVALIDADE DO NEGÓCIO JURÍDICO

(Procurador do Estado/BA – 2014 – CESPE) Julgue o seguinte item.

(1) É anulável o negócio jurídico se a lei proibir a sua prática, sem cominar sanção.

1: Errada, pois trata-se de negócio jurídico nulo (art. 166, VII do CC).

Gabarito 1E

(Procurador/DF – 2013 – CESPE) A respeito do negócio jurídico, julgue os itens subsecutivos.

(1) A nulidade de negócio jurídico celebrado por absolutamente incapaz ocorrerá *ipso jure* (por força da lei), ou seja, sem que haja necessidade de manifestação do Poder Judiciário.

(2) É possível que seja válido negócio jurídico cujo instrumento de formalização possua vício de forma.

1: Errada; por mais grave que seja a hipótese de negócio jurídico celebrado pelo absolutamente incapaz, a manifestação do Judiciário é indispensável; **2:** Certa; o instituto da conversão do negócio jurídico (art. 170, CC) é concebido de forma bem adequada para esta hipótese. Assim, um negócio jurídico nulo pode ser convertido noutro válido e eficaz, desde que apresente dois requisitos: a) a forma utilizada no negócio nulo seja adequada para a criação do novo negócio, a ser criado pela conversão; b) seja possível concluir que a intenção das partes – ao celebrar o negócio nulo – fosse, na verdade, celebrar o novo negócio, a ser criado pela conversão.

Gabarito 1E, 2C

(Procurador Federal – 2013 – CESPE) Julgue o seguinte item.

(1) A nulidade do negócio jurídico realizado em fraude contra credores é subjetiva, de forma que, para a sua tipificação, deve ser provada a intenção de burlar o mandamento legal.

1: Errada, pois fraude contra credores configura causa de anulabilidade do negócio jurídico, e não de nulidade (art. 158 do CC).

Gabarito 1E

(Procurador do Estado/AC – FMP – 2012) Assinale a alternativa INCORRETA.

(A) A fraude contra credores exige a existência de um crédito, seja ele com garantia real ou quirografário.

(B) A arguição da nulidade de um negócio jurídico, ao contrário da arguição da anulabilidade, não está sujeita a prazo.

(C) Se a impossibilidade do objeto de um negócio jurídico for inicial, mas relativa, o negócio é válido.

(D) A simulação invalida o negócio aparente. O negócio que se pretendeu esconder, dissimular, no entanto, se for válido, na substância e na forma, subsistirá.

A: incorreta, pois *os negócios de transmissão gratuita de bens ou remissão de dívida, se os praticar o devedor já insolvente, ou por eles reduzido à insolvência, ainda quando o ignore, poderão ser anulados pelos* ***credores quirografários****, como lesivos dos seus direitos* (art. 158, do CC); **B:** correta. *O negócio jurídico nulo não é suscetível de confirmação, nem convalesce pelo decurso do tempo* (art. 169, do CC); **C:** correta (art. 106, do CC); **D:** correta (art. 167, do CC).

Gabarito "A"

(Procurador do Estado/GO – 2010) Com relação aos fatos jurídicos, está INCORRETA a seguinte proposição:

(A) Os negócios jurídicos benéficos e a renúncia interpretam-se estritamente.

(B) Não dispondo a lei em contrário, a escritura pública é essencial à validade dos negócios jurídicos que visem à constituição, transferência, modificação ou renúncia de direitos reais sobre imóveis de valor superior a 30 vezes o maior salário mínimo vigente no País.

(C) A manifestação de vontade subsiste, ainda que o seu autor haja feito a reserva mental de não querer o que manifestou, salvo se dela o destinatário tinha conhecimento.

(D) A incapacidade absoluta de uma das partes não pode ser invocada pela outra em benefício próprio, nem aproveita aos cointeressados capazes, salvo se, neste caso, for indivisível o objeto do direito ou da obrigação comum.

(E) O encargo não suspende a aquisição nem o exercício do direito, salvo quando expressamente imposto no negócio jurídico, pelo disponente, como condição suspensiva.

A: correta (art. 114, do CC); **B:** correta (art. 108, do CC); **C:** correta (art. 110, do CC); **D:** incorreta, pois a alternativa trata da incapacidade relativa (art. 105, do CC); **E:** correta (art. 136, do CC).

Gabarito "D"

(PROCURADOR DO ESTADO/MG – FUMARC – 2012) Assinale a alternativa que completa corretamente a frase

"É anulável o negócio jurídico quando________."

(A) o motivo determinante, comum a ambas as partes, for ilícito

(B) não se revestir da forma prescrita em lei

(C) praticado em fraude contra credores

(D) for preterida alguma solenidade que a lei considere essencial para sua validade

(E) tiver por objeto fraudar lei imperativa

A: incorreta (art. 137, do CC); **B:** incorreta (art. 166, IV, do CC); **C:** correta (art. 171, II, do CC); **D:** incorreta (art. 166, V, do CC); **E:** incorreta (art. 166, VI, do CC).

Gabarito "C"

(Procurador do Estado/MT – FCC – 2011) É nulo o negócio jurídico

(A) simulado, mas subsistirá o que se dissimulou, salvo se válido for na substância ou na forma.

(B) celebrado por pessoa relativamente incapaz.

(C) celebrado por vício resultante de erro, dolo, coação, estado de perigo, lesão ou fraude contra credores.

(D) não revestido da forma escrita, ainda que a lei não exija tal formalidade.

(E) celebrado por pessoa que, mesmo por causa transitória, não puder exprimir sua vontade.

A: incorreta (art. 167, *caput*, do CC); **B:** incorreta (art. 171, I, do CC); **C:** incorreta (art. 171, II, do CC); **D:** incorreta (art. 166, IV, do CC); **E:** correta (artigos 3º, III e 166, I, ambos do CC).

Gabarito "E"

(Procurador do Estado/PA – 2011) Assinale a alternativa INCORRET**A:**

(A) A existência de condição contraditória invalida o negócio jurídico que lhe é subordinado.

(B) A configuração do estado de perigo depende da existência de necessidade da parte salvar-se ou proteger seu familiar, não sendo admitida sua caracterização em face de riscos causados a pessoas não pertencentes à família do declarante.

(C) O encargo não suspende a aquisição nem o exercício do direito, salvo quando expressamente imposto no negócio jurídico, pelo disponente, como condição suspensiva.

(D) São anuláveis os negócios jurídicos, quando as declarações de vontade emanarem de erro substancial que poderia ser percebido por pessoa de diligência normal, em face das circunstâncias do negócio.

(E) Nos negócios jurídicos bilaterais, o silêncio intencional de uma das partes a respeito de fato ou qualidade que a outra parte haja ignorado, constitui omissão dolosa, provando-se que sem ela o negócio não se teria celebrado.

A: correta (art. 123, III, do CC); **B:** incorreta (art. 156, parágrafo único, do CC); **C:** correta (art. 136, do CC); **D:** correta (art. 138, do CC); **E:** correta (art. 147, do CC).

Gabarito "B"

(Procurador do Estado/PR – UEL-COPS – 2011) Assinale a alternativa incorreta:

(A) os atos jurídicos praticados com dolo puramente acidental não são anuláveis;

(B) a simulação é causa de anulabilidade do negócio jurídico;

(C) dentre outras razões, são anuláveis os atos jurídicos praticados por erro, em estado de perigo e por coação relativa;

(D) o falso motivo somente vicia a declaração de vontade quando for, expressamente, sua razão determinante;

(E) o negócio jurídico anulável pode ser confirmado pelas partes.

A: correta, pois o dolo acidental só obriga à satisfação das perdas e danos, não anulando o negócio jurídico (art. 146, do CC); **B:** incorreta, pois a simulação é causa de nulidade do negócio jurídico (art. 167, do CC); **C:** correta (art. 171, II, do CC); **D:** correta (art. 140, do CC); **E:** correta (art. 172, do CC).

Gabarito "B"

(Procurador do Estado/RR – 2006 – FCC) Haverá nulidade absoluta,

(A) se houver lesão contratual e relativa, se a parte celebrar negócio jurídico mediante coação.

(B) se o negócio jurídico for celebrado por pessoa absolutamente incapaz e relativa, se tiver por objetivo fraudar lei imperativa.

(C) se a parte incidir em erro substancial de direito e relativa, se praticado por pessoa relativamente incapaz.

(D) se o negócio jurídico for simulado e relativa, se for celebrado em estado de perigo.

(E) no caso de dolo, se o seu autor for a outra parte e relativa, se o seu autor for terceiro.

Arts. 166, 167 e 171 do CC

Gabarito "D"

(PROCURADOR DO ESTADO/RS – FUNDATEC – 2010) Assinale a alternativa incorreta:

(A) O modo ou encargo estabelecidos pelo autor de uma liberalidade constituem condições suspensivas para a aquisição ou o exercício do direito pelo recebedor da liberalidade.

(B) A decadência convencional não pode ser conhecida de ofício pelo juiz da causa; cabe à parte interessada alegá-la.

(C) São anuláveis os negócios jurídicos que emanarem de manifestação de vontade baseada em erro substancial que poderia ter sido percebido por pessoa de diligência normal.

(D) Lesão, fraude a credores e estado de perigo são causas de anulabilidade dos negócios jurídicos.

(E) O negócio jurídico simulado é nulo, subsistindo apenas o que se dissimulou, se for válido na substância e na forma.

A: incorreta (art. 136, do CC); **B:** correta (art. 211, do CC); **C:** correta (art. 138, do CC); **D:** correta (art. 171, II, do CC); **E:** correta (art. 167, do CC).

Gabarito "A"

(Procurador do Estado/SP – VUNESP – 2005) João, pai de dois filhos e casado pelo regime de separação de bens, faz com um de seus filhos um negócio jurídico em que entrega uma casa a este no valor de R$ 100.000,00 e recebe em troca um carro no valor de R$ 50.000,00 e R$ 10.000,00 em dinheiro.

Esse negócio é

(A) anulável, por não ter havido consentimento do outro filho não beneficiado.

(B) válido, por ser um contrato de permuta, sem necessidade de qualquer consentimento.

(C) válido, por ser uma compra e venda, sem necessidade de qualquer consentimento do cônjuge de João.

(D) nulo, por ser uma compra e venda e não ter havido consentimento do outro filho não beneficiado.

(E) nulo, por ser uma permuta em valores desproporcionais, o que não é possível entre ascendentes e descendentes.

A: correta (art. 496, do CC). *É anulável a venda de ascendente a descendente, salvo se os outros descendentes e o cônjuge do alienante expressamente houverem consentido*; **B, C, D** e **E:** incorretas, pois estão em desacordo com o art. 496, do CC.

Gabarito "A"

(Procurador do Município/Florianópolis-SC – 2010 – FEPESE) Com fundamento nas disposições legais sobre a invalidade do negócio jurídico, assinale a alternativa **correta**.

(A) É nulo o negócio jurídico quando celebrado por pessoa relativamente incapaz.

(B) É nulo o negócio jurídico por incapacidade relativa do agente.

(C) É de cinco anos o prazo de decadência para pleitear-se a anulação do negócio jurídico.

(D) As nulidades devem ser pronunciadas e supridas pelo juiz, independentemente de requerimento das partes.

(E) O negócio jurídico nulo não é suscetível de confirmação, nem convalesce pelo decurso do tempo.

A e **B:** incorretas, pois é nulo o negócio jurídico praticado por pessoa absolutamente incapaz (art. 166, I, do CC), e a incapacidade relativa torna o ato anulável, e não nulo (art. 171, I, do CC); **C:** incorreta, pois é de quatro anos o prazo de decadência para pleitear a anulação do negócio jurídico (art. 178 do CC); **D:** incorreta, pois as nulidades devem ser pronunciadas pelo juiz, quando conhecer do negócio jurídico ou dos seus efeitos e as encontrar provadas, não lhe sendo permitido supri-las, ainda que a requerimento das partes (art. 168, par. único, do CC); **E:** correta (art. 169 do CC).

Gabarito "E"

(Procurador do Município/Teresina-PI – 2010 – FCC) O negócio jurídico realizado por pessoa absolutamente incapaz

(A) gera a ineficácia perante terceiros, podendo ser sanado apenas entre seus partícipes.

(B) gera nulidade absoluta, portanto sem possibilidade de convalidação.

(C) gera anulabilidade, ou nulidade relativa, podendo ser convalidado.

(D) implica a inexistência desse ato, que não terá quaisquer consequências jurídicas.

(E) implica mera irregularidade, se posteriormente ratificado por seu representante legal.

Arts. 166, I, e 169, do CC.

Gabarito "B"

(Procurador da Fazenda Nacional – 2007.2 – ESAF) João, ante o incessante pedido de parentes para que venha a prestar fiança ou aval, passa, para pôr fim àquele "assédio", seus bens para Pedro, seu amigo, fazendo com que não haja em seu nome lastro patrimonial, tornando-lhe impossível a prestação de qualquer garantia real ou fidejussória. Nesse caso hipotético, configurou-se

(A) simulação relativa subjetiva.

(B) reserva mental.

(C) simulação relativa objetiva.

(D) dolo principal.

(E) simulação absoluta.

Trata-se de simulação absoluta, pois não há um negócio dissimulado desejado por João.

Gabarito "E"

(Procurador da Fazenda Nacional – 2004 – ESAF) A anulabilidade do negócio jurídico

(A) produz efeito *ex tunc*.

(B) pode ser decretada *ex officio* pelo juiz.

(C) prevista em lei, sem que se estabeleça prazo decadencial para pleiteá-la, este será de dois anos, contado da data da conclusão do ato negocial.

(D) resultante da falta de autorização de terceiro, não possibilita a convalidação posterior do negócio.

(E) só aproveitará à parte que a alegou, mesmo se a obrigação for solidária ou indivisível.

A anulabilidade tem por finalidade proteger a manifestação de vontade no momento da prática do negócio jurídico. O artigo 171 do CC enumera as hipóteses em que o negócio jurídico é anulável. A anulabilidade não pode ser decretada de ofício pelo juiz; ela deve ser requerida pela parte interessada e uma vez decretada, opera efeitos *ex nunc*. Além disso, ela aproveita exclusivamente aos que a alegarem, salvo caso de solidariedade ou indivisibilidade. (art.177, CC). Quando a anulabilidade do ato resultar da falta de autorização de terceiro, será validado se este a der posteriormente (art.176, CC). Por fim, quando a lei dispuser que determinado ato é anulável, sem estabelecer prazo para pleitear a anulação, este será de dois anos, contado da data da conclusão do ato negocial (art. 179, CC).

Gabarito "C"

(ADVOGADO – PETROBRÁS – 2003 – CESPE) No que se refere ao negócio jurídico, julgue os itens a seguir.

(1) É nulo de pleno direito o contrato firmado por instrumento particular de arrendamento e confissão de dívida, cujo objeto seja ponto comercial situado em área pública, decorrente de autorização precária e intransferível para o uso da área pública concedida a um dos contratantes.

(2) Sinval, casado em segunda núpcias com Rosa pelo regime obrigatório da separação total de bens, por contar com mais de sessenta anos de idade, transferiu gratuitamente a propriedade de um apartamento à segunda esposa, simulando em um contrato de venda o que seria uma doação. Na hipótese, o negócio jurídico é nulo por se tratar de ato simulado que importou contrariedade ao regime de separação de bens do casamento.

1: correto (art. 1.144, do CC); **2:** correto (art. 167, do CC).

Gabarito 1C, 2C

(ADVOGADO – ELETROBRÁS – 2006 – NCE/UFRJ) A simulação é causa de:

(A) nulidade do negócio jurídico;

(B) anulabilidade do negócio jurídico;

(C) inexistência do negócio jurídico;

(D) ineficácia do negócio jurídico;

(E) ratificação de validade do negócio jurídico.

A: correta (art. 167, do CC); **B, C, D** e **E:** incorretas, pois estão em desacordo com o art. 167, do CC.

Gabarito "A"

(ADVOGADO – EMBRAPA – 2005 – CESPE) Henrique, que tem 16 anos de idade e cursa a terceira série do ensino médio, assinou um contrato com Bóris e omitiu, dolosamente, a idade para convencer Bóris a assinar o contrato com ele. Ocorre que Henrique percebeu que o negócio não era tão bom quanto ele esperava e quer anular esse negócio jurídico. Sabe-se que Henrique não foi assistido na prática desse ato. A propósito da situação hipotética descrita, julgue os itens seguintes.

(1) Nessa situação, o negócio jurídico é anulável, uma vez que Henrique é relativamente incapaz.

(2) Se o negócio jurídico objeto da situação descrita for anulável, pode ser ratificado. Somente se esse negócio jurídico fosse nulo é que não deveria ser confirmado pelo juiz, nem a requerimento das partes.

(3) Como a situação considerada envolve um relativamente incapaz, o juiz deve conhecer de ofício, caso haja vício que contamine o negócio jurídico que o torne anulável, declarando a sua anulação independentemente do requerimento das partes.

1: incorreta (art. 180, do CC); **2:** correta (artigos 169 e 172, ambos do CC); **3:** incorreta (art. 177, do CC).

Gabarito 1E, 2C, 3E

(ADVOGADO – IRB – 2006 – ESAF) Assinale a opção verdadeira.

(A) A forma única é aquela que, por lei, não pode ser preterida por outra.

(B) O estado de perigo e a lesão são atos prejudiciais praticados em estado de necessidade, visto que na base do estado de perigo há risco patrimonial e na da lesão tem-se risco pessoal.

(C) O erro acidental induz anulação do negócio por incidir sobre a declaração de vontade, mesmo se for possível identificar a pessoa ou a coisa a que se refere.

(D) Exige-se, por lei, que o instrumento particular seja subscrito por duas testemunhas.

(E) O novel Código Civil não admite a conversão do ato nulo em outro de natureza diferente.

A: correta, pela própria definição trazida na alternativa; **B:** incorreta, pois no estado de perigo há risco pessoal, enquanto que na lesão há risco patrimonial (artigos 156 e 157, ambos do CC); **C:** incorreta, pois o erro acidental não induz anulação do negócio jurídico, como ocorre com o erro substancial (art. 138, do CC); **D:** incorreta (art. 221, do CC); **E:** incorreta (art. 170, do CC).

Gabarito "A"

(ADVOGADO – BNDES – 2004 – CESGRANRIO) Assinale a única afirmação **ERRADA** quanto aos negócios jurídicos.

(A) A validade da declaração de vontade dependerá sempre de forma especial.

(B) A validade do negócio jurídico requer, entre outros, objeto determinado ou determinável.

(C) Os negócios jurídicos devem ser interpretados conforme a boa-fé e os usos do lugar de sua celebração.

(D) Os negócios jurídicos benéficos e a renúncia interpretam-se estritamente.

(E) Silêncio importa anuência, quando as circunstâncias ou os usos o autorizarem e não for necessária a declaração de vontade expressa.

A: incorreta, pois a validade da declaração de vontade dependerá de forma especial quando a lei assim exigir (art. 107, do CC); **B:** correta (art. 166, II, do CC); **C:** correta (art. 113, do CC); **D:** correta (art. 114, do CC); **E:** correta (art. 111).

Gabarito "A"

2.9. ATOS ILÍCITOS

(Procurador do Estado/PI – 2008 – CESPE) Quanto aos atos ilícitos e ao abuso de direito, assinale a opção correta.

(A) Para se configurar a responsabilidade por ato ilícito, ainda que não tenha causado efetivo prejuízo, é necessária, no momento da conduta, a verificação de dolo ou culpa por parte do agente, bem como a verificação da gradação da culpa em grave, leve ou levíssima.

(B) Quando inúmeras causas sucessivas contribuem para a produção do efeito danoso, qualquer dessas causas pode ser considerada suficiente para demonstrar o nexo de causalidade e imputar ao seu autor o dever de indenizar.

(C) Os atos ilícitos praticados em legítima defesa ou no exercício regular de um direito, que provoquem deterioração ou destruição da coisa alheia ou lesão a pessoa, não geram o dever de indenizar.

(D) O abuso de direito, que é uma das fontes de obrigações, caracteriza-se não pela incidência da violação formal a direito, mas pela extrapolação dos limites impostos pelo ordenamento jurídico para o seu exercício.

(E) O abuso de direito configura-se como ato ilícito e a responsabilidade dele decorrente depende de dolo ou culpa, tendo, portanto, natureza subjetiva. Assim, para o reconhecimento desse ato ilícito, é imprescindível que o agente tenha a intenção de prejudicar um terceiro, que, por sua vez, ao exercer determinado direito, tenha excedido manifestamente os limites impostos pela finalidade econômica ou social, pela boa-fé ou pelos bons costumes.

A: incorreta, o abuso de direito é um ato ilícito que não reclama culpa ou dolo para se configurar (art. 187 do CC e Enunciado CJF 37); a verificação do grau de culpa não interfere na configuração do ato ilícito, mas pode interferir na fixação da indenização (arts. 944, parágrafo único, e 945, do CC); **B:** incorreta, o CC adota a teoria da causalidade adequada (Enunciado CJF 47); **C:** incorreta, art. 929 do CC; **D:** correta, art. 187 do CC; **E:** incorreta, conforme já dito, o abuso de direito é um ato ilícito que não reclama culpa ou dolo para se configurar (art. 187 do CC e Enunciado CJF 37).

Gabarito "D"

(Procurador do Estado/SE – FCC – 2005) Constitui ato ilícito aquele praticado

(A) no exercício regular de um direito reconhecido, salvo com autorização judicial.

(B) com reserva mental.

(C) em estado de necessidade.

(D) em legítima defesa de outrem.

(E) com abuso de direito.

A: incorreta, pois o exercício regular de um direito reconhecido não constitui ato ilícito (art. 188, I, do CC); **B:** incorreta, pois a reserva mental não é qualificada pela lei como ato ilícito (vide arts. 186 e 187 do CC); a consequência da reserva mental é outra, conforme previsão do art. 110 do CC; **C:** incorreta, pois o estado de necessidade não constitui ato ilícito (art. 188, II, do CC); **D:** incorreta, pois a legítima defesa não constitui ato ilícito (art. 188, I, do CC); **E:** correta (art. 187, do CC).

Gabarito "E"

(Procurador do Município/Cubatão-SP – 2012 – VUNESP) A consequência mais comum do exercício abusivo dos direitos é a obrigação de reparar danos. Assinale a alternativa que contém uma caracterização do denominado abuso de direito.

(A) Atos praticados em legítima defesa.

(B) Deterioração ou destruição de coisa alheia, para remover perigo iminente.

(C) Lesão à pessoa a fim de remover perigo iminente.

(D) Ato que exceda manifestamente os limites impostos pela boa-fé.

(E) Atos praticados no exercício regular de um direito reconhecido.

A: incorreta, pois o ato praticado em legítima defesa configura uma causa excludente da ilicitude, não havendo abuso de direito (art. 188, I, do CC); B e **C:** incorretas, pois o ato praticado em estado de necessidade configura uma causa excludente da ilicitude, não havendo abuso de direito (art. 188, II, do CC). Oportuno registrar que *o ato será legítimo somente quando as circunstâncias o tornarem absolutamente necessário, não excedendo os limites do indispensável para a remoção do perigo*; **D:** correta, pois, segundo o art. 187, do CC, *comete ato ilícito o titular de um direito que, ao exercê-lo, excede manifestamente os limites impostos pelo seu fim econômico ou social, pela boa-fé ou pelos bons costumes* (enunciados n. 412, 413 e 414, CJF); **E:** incorreta, pois o ato praticado no exercício regular de um direito configura uma causa excludente da ilicitude, não havendo abuso de direito (art. 188, I, do CC).

Gabarito "D"

(Procurador do Município/Teresina-PI – 2010 – FCC) Para o legislador civil, o abuso do direito é um ato

(A) lícito, embora possa gerar a nulidade de cláusulas contratuais em relações consumeristas.

(B) lícito, embora ilegal na aparência.

(C) ilícito objetivo, caracterizado pelo desvio de sua finalidade social ou econômica ou contrário à boa-fé e aos bons costumes.

(D) ilícito, necessitado da prova de má-fé do agente para sua caracterização.

(E) ilícito abstratamente, mas que não implica dever indenizatório moral.

A e **B:** incorretas, pois o abuso de direito é um ato ilícito (art. 187 do CC); **C:** correta, pois o abuso de direito é um tipo de ato ilícito (art. 187 do CC), que, diferente do ato ilícito tradicional (art. 186 do CC), configura-se independentemente de culpa (Enunciado CJF 37); **D:** incorreta, pois, como se viu, trata-se de um tipo de ato ilícito que não requer culpa ou dolo para se configurar (Enunciado CJF 37); **E:** incorreta, pois tanto os danos materiais, como os danos morais devem ser indenizados.

Gabarito "C"

2.10. PRESCRIÇÃO E DECADÊNCIA

(Procurador do Estado/AC – FMP – 2012) Assinale a alternativa CORRETA.

(A) A prescrição não ocorre em relação às ações declaratórias ou constitutivas, sejam essas últimas positivas, modificativas ou negativas.

(B) As normas relativas à prescrição são de caráter cogente em relação ao prazo, mas dispositivas em relação ao termo *a quo* e aos termos interruptivos.

(C) É possível a renúncia, tanto do prazo prescricional, quanto do prazo decadencial, a qualquer tempo.

(D) Os prazos decadenciais convencionais deverão, assim como os legais, ser conhecidos de ofício pelo juiz.

A: correta, pois a prescrição diz respeito às ações condenatórias; **B:** incorreta (art. 192, do CC); **C:** incorreta (art. 191, do CC); **D:** incorreta (art. 210 e 211, ambos do CC).

Gabarito "A"

(Procurador do Estado/CE – 2008 – CESPE) Assinale a opção correta relativamente a prescrição e decadência.

(A) Não corre o prazo de decadência contra os que, mesmo por causa transitória, não puderem exprimir sua vontade.

(B) A prescrição e a decadência podem ser interrompidas mais de uma vez, desde que por motivos diferentes, sendo que a prescrição intercorrente pode ser interrompida ilimitadamente.

(C) A suspensão da prescrição em favor de um dos credores solidários sempre aproveitará aos demais. No entanto, a interrupção operada contra o devedor principal não atinge o fiador, a favor do qual continua a correr a prescrição.

(D) Se a decadência for convencional, a parte a quem aproveita pode alegá-la em qualquer grau de jurisdição, inclusive em sede de recursos extraordinário ou especial, podendo, ainda, o juiz suprir, de ofício, a alegação.

(E) O prazo da prescrição da pretensão indenizatória da vítima, decorrente de fato a ser apurado no juízo criminal, flui independentemente da respectiva sentença criminal definitiva.

A: correta, art. 198, I, do CC; **B:** incorreta, art. 202, *caput*, do CC; **C:** incorreta, arts. 201 e 204, § 3º, do CC; **D:** incorreta, art. 211 do CC; **E:** incorreta, art. 200 do CC.

Gabarito "A"

(Procurador do Estado/GO – 2010) Leia as assertivas que se seguem e assinale, abaixo, a alternativa CORRETA:

I. A exceção prescreve no mesmo prazo em que a pretensão.

II. Os prazos prescricionais podem ser alterados por acordo das partes.

III. A interrupção operada contra um dos herdeiros do devedor solidário não prejudica os outros herdeiros ou devedores, senão quando se trate de obrigações e direitos indivisíveis.

IV. Prescreve em quatro anos a pretensão dos profissionais liberais em geral, procuradores judiciais, curadores e professores pelos seus honorários, contado o prazo da conclusão dos serviços, da cessação dos respectivos contratos ou mandato.

(A) Todas as alternativas estão erradas.

(B) Apenas as alternativas I e III estão corretas.

(C) Todas as alternativas estão corretas.

(D) Apenas as alternativas I e IV estão corretas.

(E) Apenas as alternativas III e IV estão corretas.

I: correta (art. 190, do CC); **II:** incorreta, pois os prazos prescricionais não podem ser alterados por acordo das partes (art. 192, do CC); **III:** correta (art. 204, § 2º, do CC); **IV:** incorreta, pois o prazo prescricional é de cinco anos (art. 206, § 5º, II, do CC).

Gabarito "B"

(Procurador do Estado/MG – 2007) *Administrativo – Funcionários públicos do Estado de São Paulo – ação declaratória objetivando contagem de tempo de serviço – Prescrição afastada pela sentença – Decisão incensurável, já que, no ponto questionado, a ação é meramente declaratória, não se lhe aplicando a norma tida por violada, que alude exclusivamente à prescrição e à decadência, institutos próprios das ações condenatórias e constitutivas. Recurso não conhecido.* (STJ Resp. 4323/SP-2ª T. Rel. Min. Ilmar Galvão, 26-9-90). Sobre a prescrição e decadência, considere as assertivas abaixo.

I. A prescrição extingue a ação, enquanto a decadência extingue o direito. Porém, a decadência opera contra todos, salvo disposição legal em contrario, enquanto a prescrição não acontece para certas pessoas previstas pela lei.

II. Não corre a prescrição entre os cônjuges na constância da sociedade conjugal, bem como contra os que se acharem servindo nas Forças Armadas, em tempo de guerra; e quando pendendo ação de evicção.

III. A interrupção da prescrição dar-se-á pela apresentação do título de crédito em juízo de inventário ou em concurso de credores.

IV. Embora o artigo 205 do Código Civil dê a ideia de haver prescrição para todas as ações, isso não é verdadeiro. Existem ações imprescritíveis como, por exemplo, as que referem-se a direitos da personalidade como a vida, o nome. Assim como as ações de estado de família, por exemplo, separação judicial e investigação de paternidade.

Assinale a alternativa correta, em relação às assertivas.

(A) Apenas estão corretas a I, a II e a III.

(B) Apenas estão corretas a I, a III e a IV.

(C) Estão corretas a I, a II, a III e a IV.

(D) Apenas estão incorretas a II e a III.

I. correta (art. 198 e 199, ambos do CC); **II:** correta (art. 197, I, do CC); **III:** correta (art. 202, IV, do CC); **IV:** correta (art. 1.601, do CC).

Gabarito "C"

(Procurador do Estado/MT – FCC – 2011) NÃO corre a prescrição

(A) pendendo condição resolutiva.

(B) pendendo condição suspensiva.

(C) contra os relativamente incapazes.

(D) contra todos os ausentes do País.

(E) enquanto não prolatada a respectiva sentença penal recorrível quando a ação se originar de fato que deva ser apurado no juízo criminal.

A: incorreta, pois a prescrição corre quando pender condição resolutiva (art. 199, I, do CC); **B:** correta (art. 199, I, do CC); **C:** incorreta, pois a prescrição não corre contra os absolutamente incapazes (art. 198, I, do CC); **D:** incorreta, pois a prescrição não corre *contra os ausentes do País em serviço público da União, dos Estados ou dos Municípios* (art. 198, II, do CC); **E:** incorreta (art. 200, do CC).

Gabarito "B"

(Procurador do Estado/PA – 2011) Quanto à prescrição, analise as proposições abaixo e assinale a alternativa CORRETA:

I. Quando a ação se originar de fato que deva ser apurado no juízo criminal, a prescrição não iniciará a correr antes da respectiva sentença definitiva.

II. Versando determinada relação jurídica sobre direitos disponíveis, podem as partes, no exercício de suas liberdades, reduzir os prazos de prescrição legalmente definidos.

III. Sendo a obrigação indivisível, a suspensão da prescrição em favor de um dos credores solidários gera efeito idêntico aos demais beneficiários do crédito.

IV. Prescreve em três anos a pretensão dos profissionais liberais em geral, procuradores judiciais, curadores e professores pelos seus honorários, contado o prazo da conclusão dos serviços, da cessação dos respectivos contratos ou mandato;

V. Para o reconhecimento judicial da prescrição, é indispensável que seja alegada no primeiro grau de jurisdição pela parte a quem aproveita.

(A) Apenas as proposições I e III estão corretas.

(B) Apenas a proposição III está correta.

(C) Apenas as proposições I, III e IV estão corretas.

(D) Todas as proposições estão corretas.

(E) Apenas as proposições I, II e V estão corretas.

I: correta (art. 200, do CC); **II:** incorreta (art. 192, do CC); **III:** correta (art. 204, § 1º, do CC); **IV:** incorreta (art. 206, § 5º, II, do CC); **V:** incorreta (art. 193, do CC).

Gabarito "A"

(Procurador do Estado/RO – 2011 – FCC) A decadência consiste na perda

(A) do direito de regresso em face de outro devedor solidário em razão de seu não exercício após um mês da condenação.

(B) do direito de se cobrar o cumprimento de uma obrigação vincenda em razão do não exercício dessa faculdade em determinado prazo.

(C) do direito de ver o devedor processado judicialmente por uma dívida ainda não vencida em razão do decurso do tempo.

(D) da pretensão de ver a dívida paga em hipóteses expressamente previstas em lei em razão do decurso do tempo, o que autoriza a repetição do indébito caso o pagamento tenha ocorrido após o seu advento.

(E) do direito em razão do decurso do tempo em hipóteses expressamente previstas em lei, o que autoriza a repetição do indébito caso o pagamento tenha ocorrido após o seu advento.

A alternativa "E" traz o conceito correto da decadência, que *é a causa extintiva do direito potestativo pelo seu não exercício no prazo estipulado pela lei.*

Gabarito "E"

(Procurador do Estado/SC – 2010 – FEPESE) Com relação à prescrição e à decadência, assinale a alternativa **incorreta**, de acordo com o Código Civil Brasileiro.

(A) A prescrição iniciada contra uma pessoa continua a correr contra o seu sucessor.

(B) Os prazos de prescrição não podem ser alterados por acordo das partes.

(C) Pendendo ação de evicção, não corre o prazo prescricional.

(D) Se a decadência for convencional, a parte a quem aproveita pode alegá-la em qualquer grau de jurisdição, mas o juiz não pode suprir a alegação.

(E) Quando a lei dispuser que determinado ato é anulável, sem, contudo, estabelecer prazo para pleitear-se a anulação, será este de 4 (quatro) anos, a contar da data da conclusão.

A: correta (art. 196 do CC); **B:** correta (art. 192 do CC); **C:** correta (art. 199, III, do CC); **D:** correta (art. 211 do CC); **E:** incorreta, pois o art. 179 do CC dispõe: "quando a lei dispuser que determinado ato é anulável, sem estabelecer prazo para pleitear-se a anulação, será este de dois anos, a contar da data da conclusão do ato".

Gabarito "E"

(Procurador do Estado/SP – FCC – 2009) Em tema de prescrição, é correto afirmar:

(A) Suspensa a prescrição em favor de um dos credores solidários, só aproveitam os outros se a obrigação for indivisível.

(B) Serão os da lei anterior os prazos, quando reduzidos pelo Código Civil, e se, na data de sua entrada em vigor, já houver transcorrido mais de 1/3 (um terço) do tempo decorrido estabelecido na lei revogada.

(C) Não corre prescrição pendendo condição resolutiva expressa.

(D) Quando a ação se originar de fato que deva ser apurado no juízo criminal, a prescrição terá seu curso normal, devendo ser comunicado àquele juízo eventual apuração de responsabilidade civil para fins probatórios.

(E) A prescrição ocorre em 20 (vinte) anos, quando a lei não lhe haja fixado prazo menor.

A: correta (art. 201 do CC); **B:** incorreta, pois serão da lei anterior os prazos reduzidos quando, na data da entrada em vigor do Código Civil, já houver transcorrido mais da *metade* do tempo estabelecido na lei revogada (art. 2.028 do CC); **C:** incorreta, pois não corre quando pende condição *suspensiva* (art. 199, I, do CC); **D:** incorreta, pois, nesse caso, não corre a prescrição antes da sentença criminal definitiva (art. 200 do CC); **E:** incorreta, pois a prescrição corre em 10 anos nesse caso (art. 205 do CC).

Gabarito "A"

(Procurador do Município/Florianópolis-SC – 2010 – FEPESE) A ação de perdas e danos pelo uso de marca comercial prescreve em:

(A) 2 anos.

(B) 3 anos.

(C) 5 anos.

(D) 10 anos.

(E) 20 anos.

Art. 225 da Lei 9.279/1996.

Gabarito "C"

(Procurador do Município/Manaus-AM – 2006 – FCC) A respeito da prescrição, é correto afirmar que

(A) o juiz sempre poderá conhecer da prescrição e decretá-la de ofício, mesmo se não tiver sido invocada pelos interessados.

(B) a prescrição deve ser alegada no prazo da contestação, sob pena de preclusão.

(C) a renúncia expressa da prescrição só valerá sendo feita, sem prejuízo a terceiro, depois que a prescrição se consumar.

(D) a prescrição é personalíssima e, assim, iniciada contra uma pessoa não continua contra o seu sucessor.

(E) os prazos de prescrição previstos em lei podem ser alterados por acordo das partes.

A e **B:** incorretas, pois a *prescrição pode ser alegada em qualquer grau de jurisdição, pela parte a quem aproveita* (art. 193, do CC), podendo o juiz reconhecê-la de ofício (art. 219, § 5º, do CPC). Todavia, *"a expressão qualquer grau de jurisdição deve ser entendida acrescida da locução 'ordinária', porque não se pode alegar a prescrição, pela primeira vez, em grau de recurso especial nem de recurso extraordinário"* (Nelson Nery Júnior e Rosa Maria de Andrade Nery, CÓDIGO CIVIL COMENTADO, editora RT); **C:** correta (art. 191, do CC); **D:** incorreta (art. 196, do CC); **E:** incorreta (art. 192, do CC).

Gabarito "C"

(Procurador do Município/Natal-RN – 2008 – CESPE) Com relação ao instituto da prescrição no atual Código Civil, assinale a opção correta.

(A) A prescrição suspensa em favor de um dos credores solidários aproveitará aos outros, uma vez que a solidariedade impõe a todos a totalidade da prestação.

(B) Quando a ação se originar de fato que deva ser apurado no juízo criminal, fica interrompida a prescrição até o recebimento da denúncia ou da queixa-crime.

(C) A interrupção da prescrição por um dos credores não aproveitará aos outros, ressalvando-se o caso de serem credores solidários.

(D) As partes poderão, desde que mediante mútuo acordo, diminuir os prazos prescricionais previstos no código citado, já que as normas que regulam a prescrição são consideradas dispositivas.

A: incorreta (art. 201, do CC); **B:** incorreta (art. 200, do CC); **C:** correta (art. 204, *caput* e § 1º, do CC); **D:** incorreta (art.192, do CC).

Gabarito "C"

(Procurador do Município/Recife-PE – 2008 – FCC) Paulo participava de um jogo de futebol quando teve uma perna fraturada em um lance casual. Levado para um hospital foi atendido pelo ortopedista Dr. José, que indicou a realização imediata de uma cirurgia, cobrando do paciente a quantia de R$7.000,00 (sete mil reais) a título de honorários. No dia seguinte, Paulo foi operado, teve alta médica, mas não pagou os honorários médicos contratados. A pretensão de o Dr. José cobrar os seus honorários de Paulo, a partir da data da conclusão de seus serviços, prescreverá em

(A) 10 anos.

(B) 05 anos.

(C) 04 anos.

(D) 03 anos.

(E) 02 anos.

Art. 206, § 5º, II, do CC.

Gabarito "B"

(Procurador do Município/São José dos Campos-SP – 2012 – VUNESP) Assinale a alternativa correta quanto à prescrição de um direito.

(A) As obrigações sujeitas à prescrição presuntiva estão subordinadas, nos termos gerais, às regras da prescrição ordinária.

(B) A presunção de cumprimento pelo decurso do prazo só pode ser ilidida por confissão do devedor originário.

(C) Os prazos de prescrição não podem ser alterados por acordo das partes, podendo ser alegada em qualquer grau de jurisdição, pela parte a quem aproveita.

(D) A prescrição geral ocorre em quinze anos, quando a lei não lhe haja fixado prazo menor ou maior para ocorrer.

(E) Prescreve em dois anos a pretensão dos tabeliães, auxiliares da justiça, serventuários judiciais, árbitros e peritos, pela percepção de seus honorários.

A e **B:** incorretas, pois a prescrição presuntiva não se sujeita às regras da prescrição ordinária. Conforme consta no acórdão do TJSP, *"o* tempo consolida situações e funciona como gerador de segurança jurídica, sendo que há a prescrição presuntiva, ou seja, aquela em que a inércia do titular em exercer direito confirma o cumprimento pela parte do devedor, como previsto no art. 312, do CC de Portugal e que é explicado pelo Professor PEDRO PAIS DE VASCONCELOS (Teoria geral do direito civil, Almedina, 2007,p. 382): 'A *ratio legis* é clara: passado certo tempo sem o credor exigir o cumprimento, presume-se que o devedor já cumpriu. O credor fica sujeito que lhe seja oposta a prescrição se tolerar a mora durante mais do que aquele tempo e convém-lhe, por isso, não manter a inércia para além desse limite do tempo'" (TJSP, apelação n. 990102996131); **C:** correta (art. 192 e 193, ambos do CC); **D:** incorreta, pois a prescrição ocorre em dez anos, quando a lei não lhe haja fixado prazo menor (art. 205, do CC); **E:** incorreta, pois a pretensão dos tabeliães, auxiliares da justiça, serventuários judiciais, árbitros e peritos, pela percepção de emolumentos, custas e honorários prescreve em um ano (art. 206, § 1º, III, do CC).

Gabarito "C"

(Procurador do Município/São José dos Campos-SP – 2012 – VUNESP) Quanto ao conceito de direito potestativo, assinale a alternativa correta.

(A) É o poder que a ordem jurídica confere a alguém de agir e de exigir de outrem determinado comportamento em nome próprio ou de terceiro interessado.

(B) É a proteção dos direitos subjetivos que se faz pelas vias previstas no direito para esse fim.

(C) É o ônus jurídico correspondente à faculdade de se comportar de determinado modo para a realização de interesse próprio.

(D) É a situação jurídica em que o direito não nascido está pendente de verificação de um requisito essencial a sua existência.

(E) Constitui um poder de agir de que certa pessoa é dotada para influir decisivamente na esfera jurídica de outrem, que deve se sujeitar a tal vontade.

A, B, C e **D:** incorretas, pois não trazem o conceito de direito potestativo; **E:** correta. Direito potestativo é o poder que o sujeito tem de agir, podendo alterar uma situação jurídica na qual se encontra outro sujeito, como, por exemplo, o direito de anular um negócio jurídico, em razão de um vício de consentimento. Oportuno ressaltar que o direito potestativo é insuscetível de violação, já que a ele não se opõe um dever de quem quer que seja, mas sim uma situação de sujeição. Portanto, não há que se falar em dever, obrigação, ônus ou débito, por se tratar de um estado de sujeição.

Gabarito "E"

(Procurador do Município/Teresina-PI – 2010 – FCC) No que se refere à prescrição:

(A) Os prazos prescricionais da pretensão e da exceção são autônomos.

(B) O início do prazo prescricional ocorre com o surgimento da pretensão, que decorre da exigibilidade do direito subjetivo.

(C) Seus prazos podem ser alterados pela vontade das partes, se maiores e capazes.

(D) Deve ser alegada na primeira oportunidade processual, sob pena de se tratar de matéria preclusa.

(E) Iniciada contra uma pessoa, não corre contra o seu sucessor.

A: incorreta (art. 190 do CC); **B:** correta, pois a alternativa conceitua corretamente o início do prazo da prescrição (art. 189 do CC); **C:** incorreta (art. 192 do CC); **D:** incorreta (art. 193 do CC); **E:** incorreta (art. 196 do CC).

Gabarito "B"

(Procurador da Fazenda Nacional – 2007.2 – ESAF) Assinale a opção incorreta.

(A) Prescreve em cinco anos a pretensão para haver juros, dividendos ou quaisquer prestações acessórias, pagáveis, em períodos não maiores de um ano, com capitalização ou sem ela.

(B) O prazo de decadência pode ser estabelecido pela lei ou pela vontade unilateral ou bilateral.

(C) É prazo decadencial o de dez dias para a minoria vencida impugnar alteração de estatuto de fundação.

(D) Somente depois de consumada a prescrição, desde que não haja prejuízo de terceiro, é que pode haver renúncia expressa ou tácita por parte do interessado.

(E) A prescrição iniciada contra uma pessoa continua correr contra seu sucessor, a título universal ou singular, salvo se for absolutamente incapaz.

A: incorreta (art. 206, § 3º, III, do CC); **B:** correta (v. arts. 210 e 211 do CC); **C:** correta (art. 68 do CC); **D:** correta (art. 191 do CC); **E:** correto (arts. 196 e 198, I, do CC).

Gabarito "A"

(Procurador da Fazenda Nacional – 2006 – ESAF) Assinale a opção correta a respeito de prescrição.

(A) A prescrição somente pode ser interrompida uma vez.

(B) A prescrição atinge as ações pessoais que protegem os direitos a uma prestação.

(C) A interrupção da prescrição promovida por um credor aproveita aos demais.

(D) O juiz não pode decretar de ofício a prescrição, mesmo para favorecer a absolutamente incapaz.

(E) Antes de consumar-se a prescrição pode haver renúncia expressa ou tácita por parte do interessado.

A: correta. A interrupção da prescrição só pode ocorrer uma vez (art. 202, CC). **B:** incorreta. A prescrição não atinge a ação pessoal, mas sim a pretensão, que nasce com a violação do direito (art. 189, CC). **C:** incorreta. A interrupção da prescrição promovida por um credor não aproveita os demais (art. 204, CC). **D:** incorreta. Hoje, com a Lei nº 11.280/2006, o juiz pode decretar de ofício qualquer tipo de prescrição; a citada lei revogou o artigo 194, CC e mudou a redação do art. 219, § 5º, do CPC, autorizando o juiz a declarar de ofício a prescrição. **E:** incorreta. O CC não admite a renúncia prévia; ela só é possível depois que a prescrição se consumar (art.191, CC).

Gabarito "A"

(Advogado da União/AGU – CESPE – 2012) A respeito da prescrição, julgue os itens seguintes.

(1) O devedor capaz que pagar dívida prescrita pode reaver o valor pago se alegar, na justiça, a ocorrência de pagamento indevido ao credor, estando o direito de reaver esse valor fundado no argumento de que o credor que receba o que lhe não seja devido enriquece às custas do devedor.

1: incorreta, pois *não se pode repetir o que se pagou para solver dívida prescrita, ou cumprir obrigação judicialmente inexigível* (art. 882, do CC).

Gabarito 1E

(ADVOGADO – CEF – 2012 – CESGRANRIO) Sobre os institutos da prescrição e da decadência, é um EQUÍVOCO considerar que

(A) a decadência não se interrompe nem se suspende, salvo por previsão expressa em lei.

(B) o prazo prescricional interrompido faz com que a contagem do tempo se inicie novamente.

(C) as causas de suspensão da prescrição são de natureza pessoal.

(D) as ações de reconhecimento de paternidade e referentes ao estado da pessoa humana prescrevem em 2 anos.

(E) os prazos decadenciais podem ser elegidos por contrato, via manifestação expressa de vontade e desde que não restrinjam direito estabelecido em lei.

A: incorreta (art. 207, do CC); **B:** incorreta (art. 202, parágrafo único, do CC); **C:** incorreta (artigos 197 e 198, ambos do CC); **D:** correta, pois as ações referentes ao estado da pessoa humana são imprescritíveis (ex.: art. 1.601, do CC); **E:** incorreta (art. 211, do CC).

Gabarito "D"

(ADVOGADO – PETROBRÁS DISTRIB. – 2008 – CESGRANRIO) É correto afirmar, a respeito da prescrição, que esta atinge a pretensão que nasce da violação do direito

(A) subjetivo, não é causa de extinção de direito e só pode ser conhecida pelo juiz se houver provocação do interessado.

(B) subjetivo, não é causa de extinção de direito e pode ser conhecida pelo juiz mesmo sem provocação do interessado.

(C) subjetivo, é causa de extinção de direito e só pode ser conhecida pelo juiz se houver provocação do interessado.

(D) potestativo, não é causa de extinção de direito e pode ser conhecida pelo juiz mesmo sem provocação do interessado.

(E) potestativo, não é causa de extinção de direito e só pode ser conhecida pelo juiz se houver provocação do interessado.

A, C, D e **E:** incorretas; **B:** correta, pois a prescrição é causa extintiva da pretensão (e não do direito), a qual nasce da violação do direito subjetivo (art. 189, do CC). A *prescrição pode ser alegada em qualquer grau de jurisdição, pela parte a quem aproveita* (art. 193, do CC), podendo o juiz reconhecê-la de ofício (art. 219, § 5º, do CPC) Por sua vez, direito potestativo é o poder que o sujeito tem de agir, podendo alterar uma situação jurídica na qual se encontra outro sujeito, como, por exemplo, o direito de anular um negócio jurídico, em razão de um vício de consentimento. Oportuno ressaltar que o direito potestativo é insuscetível de violação, já que a ele não se opõe um dever de quem quer que seja, mas sim uma situação de sujeição. Portanto, não há que se falar em dever, obrigação, ônus ou débito, por se tratar de um estado de sujeição.

Gabarito "B"

(ADVOGADO – REFAP – 2007 – CESGRANRIO) Sobre as regras da prescrição, é correto afirmar que:

(A) a prescrição é interrompida sempre que se verificar fato hábil a produzir esse efeito, sem limites de ocorrências.

(B) o Juiz pode suprir, de oficio, a alegação de prescrição.

(C) o beneficiário não pode renunciar à prescrição, principalmente após a sua consumação.

(D) o prazo prescricional, interrompida a prescrição, volta a fluir sempre por inteiro.

(E) os prazos de prescrição podem ser alterados por acordo das partes.

A: incorreta (art. 202, *caput,* do CC); **B:** correta (art. 219, § 5º, do CPC).; **C:** incorreta (art. 191, do CC); **D:** incorreta (art. 202, parágrafo único, do CC); **E:** incorreta (art. 192, do CC).

Gabarito "B"

(ADVOGADO – EMBRAPA – 2005 – CESPE) Quanto à prescrição e à decadência, julgue os itens que se seguem.

(1) Considere a seguinte situação hipotética. Maria e Joaquim eram casados. Durante o casamento, Maria constituiu uma dívida com Joaquim. Eles se separaram judicialmente em agosto de 2004. Nessa situação, é correto afirmar que somente após a separação judicial é que começou a correr a prescrição para a dívida que existia entre os cônjuges.

(2) Não corre a prescrição nem a decadência contra os absolutamente incapazes.

(3) A prescrição se interrompe quando corre contra os ausentes do país em serviço público da União.

(4) É nula a renúncia à decadência convencional e o juiz deve conhecê-la de ofício.

1: correta (art. 197, I, do CC); **2:** correta (art. 198, I, do CC); **3:** incorreta (art. 198, II, do CC); **4:** incorreta (artigos 209 e 210, ambos do CC).

Gabarito 1C, 2C, 3E, 4E

(ADVOGADO – BNDES – 2004 – CESGRANRIO) Prevê o artigo 189 do novo Código Civil que "violado o direito, nasce para o titular a pretensão, a qual se extingue, pela prescrição, nos prazos a que aludem os arts. 205 e 206". O Código prevê, de modo expresso, os prazos de prescrição, que fluem da violação do direito, e disciplina as regras para sua suspensão e sua interrupção. A esse respeito, assinale a única afirmação que está de acordo com o Código Civil em vigor.

(A) A prescrição só pode ser interrompida duas vezes.

(B) A prescrição só pode ser interrompida por quem esteja interessado na interrupção.

(C) A interrupção produzida contra o principal devedor não prejudica o fiador.

(D) Prescreve em 4 anos a pretensão relativa à tutela, a contar da data da aprovação das contas.

(E) Prescreve em 5 anos a pretensão de restituição de dividendos recebidos de má-fé, a contar da data em que foi deliberada a distribuição.

A: incorreta (art. 202, *caput,* do CC); **B:** incorreta (art. 203, do CC); **C:** incorreta (art. 204, § 3º, do CC); **D:** correta (art. 206, § 4º, do CC); **E:** incorreta (art. 206, § 3º, VI, do CC).

Gabarito "D"

2.11. REPRESENTAÇÃO

(Procurador do Município/Natal-RN – 2008 – CESPE) Paulo, proprietário de um imóvel, constituiu Henrique como seu procurador para a venda do bem. Henrique, por falta de tempo disponível para tratar com os interessados em comprar o imóvel em questão, substabeleceu seus poderes para Mônica, que passou a negociar esse imóvel. Passado um mês, Henrique foi beneficiado por uma herança e procurou Mônica para adquirir o imóvel de Paulo.

Considerando a situação hipotética apresentada acima e as disposições do Código Civil acerca do assunto, é correto afirmar que a venda do imóvel a Henrique

(A) seria nula de pleno direito, por tratar-se de negócio jurídico celebrado consigo mesmo.

(B) seria plenamente válida, porque, diante do silêncio de Paulo, presume-se que este tenha permitido o autocontrato por Henrique.

(C) poderia ser anulada por Paulo, por tratar-se de negócio jurídico celebrado por Henrique consigo mesmo, por intermédio de substabelecimento.

(D) seria perfeitamente válida, porque os poderes de representação constituídos a Henrique foram substabelecidos a Mônica.

A, B e **D:** incorretas, pois estão em desacordo com o art. 117, *caput*, do CC; **C:** correta (art. 117, *caput*, do CC).

Gabarito "C"

2.12. PROVA

(Procurador do Município/Manaus-AM – 2006 – FCC) A respeito da prova, pode-se afirmar que

(A) o negócio jurídico a que não se impõe forma especial pode ser provado mediante presunção.

(B) a confissão é revogável, sendo, por isso, sempre suscetível de retratação.

(C) as certidões textuais de qualquer peça judicial não farão a mesma prova que os originais.

(D) os traslados considerar-se-ão instrumentos particulares, se os originais se houverem produzido em juízo com prova de algum fato.

(E) as reproduções fotográficas de fatos fazem prova plena destes, ainda que a parte, contra quem forem exibidos, lhes impugnar a exatidão.

A: correta (art. 212, IV, do CC); **B:** incorreta (art. 214, do CC); **C:** incorreta (art. 216, do CC); **D:** incorreta (art. 218, do CC); **E:** incorreta (art. 225, do CC).

Gabarito "A"

(Procurador do Município/Teresina-PI – 2010 – FCC) Para a prova dos negócios jurídicos

(A) a prova testemunhal, subsidiária ou complementar da prova escrita, só é admissível até valor equivalente ao décuplo do maior salário mínimo vigente ao tempo em que celebrado o negócio jurídico.

(B) é preciso, como regra, forma especial.

(C) a escritura pública, lavrada em notas de tabelião, é documento dotado de fé pública e faz prova plena de seu conteúdo.

(D) o instrumento particular, celebrado por parte maior e capaz, prova as obrigações convencionais apenas até valor equivalente a sessenta salários mínimos.

(E) não podem ser admitidos como testemunhas os menores de dezoito anos.

A: incorreta, pois qualquer que seja o valor do negócio jurídico, a prova testemunhal é admissível como subsidiária ou complementar da prova por escrito (art. 227, par. único, do CC); **B:** incorreta, pois, em regra, a prova para o negócio jurídico não necessita de forma especial (art. 212 do CC); **C:** correta (art. 215, *caput*, do CC); **D:** incorreta, pois o instrumento particular, feito e assinado, ou somente assinado por quem esteja na livre disposição e administração de seus bens, prova as obrigações convencionais de qualquer valor; **E:** incorreta, pois não podem ser admitidos como testemunhas os menores de dezesseis anos (art. 228, I, do CC).

Gabarito "C"

(ADVOGADO – ANP – 2008 – CESGRANRIO) Quanto à prova testemunhal, são feitas as afirmações a seguir.

I. Os menores de dezoito anos não podem ser admitidos como testemunhas.

II. A oitiva de cegos e surdos na qualidade de testemunhas não sofre qualquer restrição.

III. Os colaterais, até o sexto grau, de alguma das partes, por consanguinidade ou afinidade, não podem ser admitidos como testemunhas.

IV. Qualquer que seja o valor do negócio jurídico, a prova testemunhal é admissível como subsidiária ou complementar da prova por escrito.

É(São) correta(s) **APENAS** a(s) afirmativa(s)

(A) I

(B) IV

(C) II e III

(D) I, II e III

(E) II, III e IV

I : incorreta (art. 228, I, do CC); **II:** incorreta (art. 228, III, do CC); **III:** incorreta (art. 228, V, do CC); **IV:** correta (art. 227, parágrafo único, do CC).

Gabarito "B"

3. OBRIGAÇÕES

3.1. INTRODUÇÃO, CLASSIFICAÇÃO E MODALIDADES DAS OBRIGAÇÕES

(Procurador do Estado/GO – 2010) Acerca do direito das obrigações, está INCORRETA a seguinte proposição:

(A) Havendo mais de um devedor ou mais de um credor em obrigação divisível, esta se presume dividida em tantas obrigações, iguais e distintas, quantos os credores ou devedores.

(B) A obrigação é indivisível quando a prestação tem por objeto uma coisa ou um fato não suscetíveis de divisão, por sua natureza, por motivo de ordem econômica, ou dada a razão determinante do negócio jurídico

(C) A solidariedade não se presume; resulta sempre da lei, jamais da vontade das partes.

(D) Se um dos devedores solidários falecer deixando herdeiros, nenhum destes será obrigado a quota que corresponder ao seu quinhão hereditário, salvo se a obrigação for indivisível; mas todos reunidos serão considerados como um devedor solidário em relação aos demais devedores.

(E) Há solidariedade, quando na mesma obrigação concorre mais de um credor, ou mais de um devedor, cada um com direito, ou obrigado, à dívida toda.

A: correta (art. 257, do CC); **B:** correta (art. 258, do CC); **C:** incorreta, pois a solidariedade pode resultar da lei ou da vontade das partes (art. 265, do CC); **D:** correta (art. 276, do CC); **E:** correta (art. 264, do CC).

Gabarito "C"

(Procurador do Estado/GO – 2010) Com relação à obrigação de dar coisa certa, é CORRETO afirmar que

(A) até a tradição, os frutos percebidos são do devedor, cabendo ao credor os pendentes.

(B) se antes da tradição, a coisa se perder por culpa do devedor, responderá este somente pelas perdas e danos.

(C) a obrigação de dar coisa certa não abrange os acessórios dela, salvo se o contrário resultar do titulo ou das circunstâncias do caso.

(D) deteriorada a coisa, sendo o devedor culpado, podera o credor resolver a obrigação, ou aceitar a coisa, abatido de seu preço o valor que perdeu.

(E) sendo culpado o devedor, poderá o credor exigir o equivalente, ou aceitar a coisa no estado em que se acha, sendo que apenas nesta última hipótese, com direito a reclamar indenização das perdas e danos.

A: correta (art. 237, *caput* e parágrafo único, do CC); **B:** incorreta (art. 239, do CC); **C:** incorreta (art. 233, do CC); **D:** incorreta (art. 236, do CC); **E:** incorreta (art. 236, do CC).

Gabarito "A"

(PROCURADOR DO ESTADO/MG – FUMARC – 2012) Assinale a alternativa INCORRETA:

(A) nas obrigações alternativas, a escolha cabe ao credor, se outra coisa não se estipulou

(B) se uma de duas obrigações alternativas não puder ser objeto da obrigação ou se tornada inexequível, subsistirá o débito quanto à outra

(C) no silêncio do contrato, a obrigação que A, B e C têm de pagar a D R$ 9.000,00 é considerada divisível

(D) perde a qualidade de indivisível a obrigação que se resolver em perdas e danos

(E) na obrigação indivisível, se a coisa se perder por culpa de um dos devedores, os demais ficarão exonerados das perdas e danos, respondendo por estas só o culpado

---

A: incorreta, pois a escolha cabe ao devedor (art. 252, *caput*, do CC); **B:** correta (art. 253, do CC); **C:** correta (artigos 258 e 275, do CC); **D:** correta (art. 263, do CC); **E:** correta (art. 263, § 2º, do CC).

Gabarito "A"

(PROCURADOR DO ESTADO/MG – FUMARC – 2012) Assinale a alternativa correta:

(A) na obrigação de dar coisa certa, se esta se perder, sem culpa do devedor, antes da tradição, sofrerá a perda o credor

(B) na obrigação de dar coisa incerta, se esta se perder, sem culpa do devedor, antes da tradição, sofrerá a perda o credor

(C) na obrigação de dar coisa certa, deteriorada a coisa sem culpa do devedor, poderá o credor exigir o equivalente ou aceitar a coisa no estado em que acha, podendo reclamar, em ambos os casos, perdas e danos

(D) na obrigação de dar coisa incerta, resolve-se a obrigação se, antes da escolha, sobrevier perda decorrente de caso fortuito ou força maior

(E) na obrigação de restituir, deteriorada a coisa sem culpa do devedor, o credor é obrigado a recebê-la tal como se encontra, sem direito a indenização

---

A: incorreta (art. 234, do CC); **B:** incorreta (art. 246, do CC); **C:** incorreta (art. 235, do CC); **D:** incorreta (art. 246, do CC); **E:** correta (art. 238, do CC).

Gabarito "E"

(PROCURADOR DO ESTADO/MG – FUMARC – 2012) Com relação à solidariedade, marque a alternativa correta:

(A) na solidariedade ativa, a remissão integral da dívida pode ser feita por apenas um dos credores solidários

(B) convertendo-se a obrigação em perdas e danos, desaparece, para todos os efeitos, a solidariedade

(C) impossibilitando-se a prestação por culpa de um dos devedores solidários, subsiste para todos o encargo de pagar o equivalente e as perdas e danos

(D) importa renúncia da solidariedade a propositura de ação pelo credor contra um ou alguns dos devedores

(E) sendo A, B e C credores solidários de D da importância de R$30.000,00, falecendo A, seus dois herdeiros poderão cobrar, cada um deles, individualmente, o valor total da obrigação

---

A: correta (artigos 272 e 388, ambos do CC); **B:** incorreta (art. 271, do CC); **C:** incorreta (art. 279, do CC); **D:** incorreta (art. 275, parágrafo único, do CC); **E:** incorreta (art. 270, do CC).

Gabarito "A"

(Procurador do Município/Cubatão-SP – 2012 – VUNESP) Extingue-se a obrigação de fazer

(A) mesmo com culpa do devedor, se lhe for impossível abster-se do ato, que se obrigou a não praticar.

(B) se a prestação do fato tornar-se impossível de ser praticada sem culpa do devedor.

(C) se o fato puder deixar de ser praticado por terceiro, à custa do devedor, sem prejuízo da indenização cabível.

(D) desde que, sem culpa do devedor, se lhe for impossível abster-se do ato, que se obrigou a praticar.

(E) desde que, mesmo com culpa do devedor, não for possível abster-se de praticar o ato.

A, C, D e **E:** incorretas, pois tratam de obrigação de não fazer; **B:** correta (art. 248, do CC).

Gabarito "B"

(Procurador do Município/Manaus-AM – 2006 – FCC) Se um dos devedores solidários falecer deixando herdeiros, cada qual

(A) será obrigado a pagar a parte da dívida que corresponder ao devedor solidário falecido, se a obrigação for divisível.

(B) será obrigado a pagar a totalidade da dívida, se a obrigação for divisível, com direito de ação regressiva contra os demais devedores.

(C) não será obrigado a efetuar nenhum pagamento, pois a responsabilidade pelo pagamento não se transmite aos herdeiros.

(D) será obrigado a pagar apenas a cota que corresponder ao seu quinhão hereditário, se a obrigação for divisível.

(E) só será obrigado a pagar a totalidade da dívida se os demais herdeiros não tiverem recursos e a obrigação for divisível.

A, B, C e **E:** incorretas, pois estão em desacordo com o art. 276, do CC; **D:** correta (art. 276, do CC).

Gabarito "D"

(Procurador do Município/São José dos Campos-SP – 2012 – VUNESP) Leia as assertivas a seguir.

I. Cada um dos credores solidários tem direito a exigir do devedor o cumprimento da prestação por inteiro.

II. Havendo credores solidários, o devedor comum apenas poderá pagar a todos em uma única vez.

III. O pagamento feito a um dos credores solidários extingue a dívida até o montante do que foi pago.

IV. A solidariedade ativa resulta da lei, da vontade das partes ou da presunção.

É correto o que se afirma apenas em

(A) I e II.

(B) I e III.

(C) II e IV.

(D) I, II e IV.

(E) II, III e IV.

I: correta (art. 267, do CC); **II:** incorreta, pois *enquanto alguns dos credores solidários não demandarem o devedor comum, a qualquer daqueles poderá este pagar* (art. 268, do CC); **III:** correta (art. 269, do CC); **IV:** incorreta, pois a solidariedade não se presume, mas resulta da lei ou da vontade das partes (art. 265, do CC).

Gabarito "B"

(Procurador do Município/São Paulo-SP – 2008 – FCC) Na solidariedade passiva

(A) a interrupção da prescrição efetuada contra um dos devedores envolve os demais e seus herdeiros.

(B) a propositura de ação pelo credor contra um ou alguns dos devedores importará renúncia da solidariedade.

(C) se um dos devedores falecer deixando herdeiros, cada um destes será obrigado pela dívida toda, mesmo que a obrigação seja divisível.

(D) impossibilitando-se a prestação por culpa de um dos devedores solidários, subsiste para todos o encargo de pagar o equivalente em dinheiro, inclusive as perdas e danos.

(E) o devedor demandado pode opor as exceções que forem pessoais de qualquer dos codevedores.

A: correta (art. 204, § 1º, do CC); **B:** incorreta (art. 275, parágrafo único, do CC); **C:** incorreta (art. 276, do CC); **D:** incorreta (art. 279, do CC); **E:** incorreta (art. 281, do CC).

Gabarito "A"

(Procurador da Fazenda Nacional – 2007 – ESAF) O fornecimento de 50.000 toneladas de petróleo em cinco carregamentos iguais, previamente ajustado, é uma obrigação, quanto ao tempo de adimplemento

(A) de execução continuada

(B) simples

(C) momentânea

(D) de dar coisa incerta

(E) divisível

Quanto ao momento do cumprimento, as obrigações podem ser classificadas como de execução instantânea, diferida ou periódica. Obrigação de execução instantânea ou momentânea *é aquela que se cumpre imediatamente após a sua constituição. Um exemplo é a obrigação de pagamento à vista.* Obrigação de execução diferida *é aquela que se cumpre em um só ato, mas em momento futuro. Por exemplo, quando se combina que a entrega será feita 60 dias após a constituição da obrigação.* Obrigação de execução continuada/periódica ou de trato de sucessivo *é aquela que se cumpre por meio de atos reiterados e protraídos no tempo.* Além do exemplo trazido no enunciado da questão, outro é a obrigação de pagar parcelas de um financiamento. Essa classificação é importante para efeito de aplicação da regra da imprevisão (arts. 317 e 478 do CC).

Gabarito "A"

(Procurador da Fazenda Nacional – 2007 – ESAF) Tanto na solidariedade como na indivisibilidade, ante a pluralidade subjetiva, cada credor pode exigir a dívida inteira e cada devedor está obrigado pelo débito todo. O credor que receber responderá pela parte dos demais e o devedor que pagar terá direito de regresso contra os outros. Apesar desses pontos de contato, há nítidas diferenças entre ambas as obrigações. Indique, entre as opções, o elemento diferencial falso:

(A) a fonte da solidariedade é o próprio título em razão do qual as partes estão obrigadas e a da indivisibilidade é, em regra, a natureza da prestação, que não comporta execução fracionada.

(B) a solidariedade se extingue com o óbito de um dos cocredores e de um dos codevedores, exceto se a obrigação for divisível; já na indivisibilidade, o falecimento de um cocredor ou codevedor tornará divisível a obrigação.

(C) a solidariedade perdura mesmo se a obrigação se converter em perdas e danos; tal, porém, não ocorrerá com a indivisibilidade, que cessará se houver essa transformação, pois, passando a ter natureza pecuniária, tornar-se-á divisível.

(D) Na obrigação solidária, havendo inadimplemento, todos os codevedores responderão pelos juros moratórios, mesmo que a ação tenha sido proposta apenas contra um deles, embora o culpado tenha de responder aos outros pela obrigação acrescida; na obrigação indivisível, sendo a culpa de um só dos devedores, os outros ficarão exonerados, respondendo só aquele pelas perdas e danos.

(E) Na solidariedade, a interrupção da prescrição aberta por um dos credores aproveitará aos demais, assim como a interrupção efetuada contra o devedor solidário envolverá os demais e seus herdeiros; na indivisibilidade, a interrupção da prescrição por um credor não aproveitará aos demais e a interrupção operada contra o codevedor ou seu herdeiro não prejudicará os demais coobrigados.

Todas as diferenças apontadas são verdadeiras, exceto as trazidas na alternativa "b", nos termos do art. 276 e 263 do CC.

Gabarito "B"

(Procurador da Fazenda Nacional – 2007.2 – ESAF) "A" deve entregar uma joia de valor correspondente a R$ 90.000,00 a "B", "C" e "D", tendo "B" remitido o débito, "C" e "D" exigirão a joia, mas deverão indenizar "A", em dinheiro (R$ 30.000,00) da parte que "B" o perdoou. Tal ocorre porque a obrigação em tela, produz esse efeito por ser

(A) solidária ativa.

(B) indivisível.

(C) divisível.

(D) solidária mista.

(E) solidária passiva.

Art. 262 do CC.

Gabarito "B"

(ADVOGADO – PETROBRÁS DISTRIB. – 2008 – CESGRANRIO) Analise as afirmações a seguir, sobre obrigações.

I. Em caso de obrigação com prestação facultativa, tornando-se impossível o cumprimento da prestação principal, em decorrência de fortuito, resta ao credor exigir a entrega da supletória.

II. A prova do inadimplemento cabe ao credor nas obrigações de meio; nas obrigações de resultado, a prova do adimplemento cabe ao devedor.

III. Nas obrigações genéricas, a destruição da coisa não exonera o devedor, ainda que decorrente de fortuito.

IV. Nas obrigações indivisíveis, havendo pluralidade de credores, o devedor só se desonera efetuando o pagamento a todos eles, conjuntamente.

São corretas, APENAS, as afirmativas

(A) I e II

(B) II e III

(C) III e IV

(D) I, II e III

(E) I, II e IV

I: incorreta (art. 253, do CC); **II:** correta, pois nas obrigações de resultado, o devedor se compromete a atingir determinado fim, sob pena de responder pelo insucesso. Logo, cabe a ele a prova do adimplemento; **III:** correta (art. 246, do CC); **IV:** incorreta (art. 259, do CC).

Gabarito "B"

(ADVOGADO – EPE – 2007 – CESGRANRIO) João e José, respectivamente, na qualidade de credor e devedor, pactuaram uma obrigação alternativa, com prestações periódicas. A esse respeito, assinale a afirmação correta.

(A) A escolha cabe a João, se outra coisa não se estipulou.

(B) A opção deverá ser exercida por José em cada período.

(C) A opção deverá ser exercida por José antes do encerramento do primeiro período.

(D) A opção deverá ser exercida por João antes do encerramento do primeiro período.

(E) É facultado a José obrigar João a receber parte em uma prestação e parte, em outra.

A, C, D e E: incorretas, pois estão em desacordo com o art. 252, do CC; **B:** correta (art. 252, do CC).

Gabarito "B"

(ADVOGADO – IRB – 2006 – ESAF) A (promitente--vendedor) assume perante B a obrigação de entregar o lote compromissado e a financiar a construção que nele será erguida. Tal obrigação é

(A) alternativa.

(B) facultativa.

(C) cumulativa.

(D) disjuntiva.

(E) simples.

A alternativa correta é a "C", pois o caso narrado trata de uma obrigação cumulativa, cujas prestações devem ser cumpridas para que haja a extinção da obrigação, não havendo faculdade para o devedor.

Gabarito "C"

(ADVOGADO – BNDES – 2002 – VUNESP) A fungibilidade não é propriedade natural da coisa, mas qualidade alterável pela vontade do homem, conforme o fim que tenha em mira ao formar a relação jurídica. A noção de fungibilidade estende-se ao objeto das obrigações de fazer. O serviço fungível

(A) pode ser prestado por outra pessoa que não o devedor.

(B) não pode ser prestado por outra pessoa que não o devedor.

(C) supõe que pode o credor contratar *intuitu personae*.

(D) supõe que não é interessante ao credor sua execução por terceiro.

(E) pode ter por objeto prestação de dar coisa certa.

A: correta. A obrigação de fazer pode ser: i) personalíssima ou infungível (só pode ser cumprida pelo devedor), seja pela convenção das partes, seja em razão da natureza da obrigação; ii) impessoal ou fungível (a obrigação não necessariamente será cumprida pelo devedor); **B:** incorreta, pois o serviço pode ser prestado por outra pessoa que não o devedor; **C:** incorreta, pois a contratação *intuitu personae* pressupõe um serviço infungível, que só poderá ser prestado pelo devedor; **D:** incorreta, pois a execução da obrigação pode ser por terceiro; **E:** incorreta, pois não se deve confundir obrigação de dar com obrigação de fazer, sendo que o *serviço* é uma obrigação de fazer.

Gabarito "A"

3.2. TRANSMISSÃO, ADIMPLEMENTO E EXTINÇÃO DAS OBRIGAÇÕES

(Procurador Distrital – 2014 – CESPE) Julgue o seguinte item.

(1) Quando as partes fixarem o momento para o cumprimento das obrigações, mas as condutas praticadas por uma delas revelarem que não será adimplente ao tempo convencionado, entender-se-á viável o exercício do direito resolutório de forma antecipada.

1: Correta, nos termos do art. 333 do CC. Neste passo, a Lei traz algumas hipóteses que autorizam o credor a cobrar antecipadamente a dívida, quando verificar indícios de que o devedor provavelmente não irá lhe pagar (vide incisos do art. 333 do CC). Assim, a obrigação restará extinta em decorrência do pagamento, ou ocorrerá o seu inadimplemento, caso em que o contrato ficará resolvido e o devedor poderá ser executado de acordo com o procedimento adequado.

Gabarito 1C

(Procurador do Estado/BA – 2014 – CESPE) Julgue o seguinte item.

(1) Em regra, as obrigações pecuniárias somente podem ser quitadas em moeda nacional e pelo seu valor nominal.

1: Correta, nos termos do art. 315 do CC.

Gabarito 1C

(Procurador/DF – 2013 – CESPE) Julgue os itens a seguir, relativos a adimplemento e extinção de obrigações.

(1) O devedor de dois débitos da mesma natureza, líquidos, vencidos e com o mesmo credor, não poderá, caso pague quantia insuficiente para a quitação dos dois, imputar pagamento parcial de um deles.

(2) Se o devedor verificar que o credor é pessoa incapaz de receber, o pagamento deverá ser realizado mediante consignação.

(3) No pagamento de débito alheio em nome próprio pelo terceiro desinteressado não é necessária a notificação do devedor.

1: Errada, pois não tendo como solver ambos os créditos, é direito do devedor indicar (imputar) a qual deles oferece pagamento, se todos forem líquidos e vencidos (art. 352, CC); **2:** Certa, pois a incapacidade do credor de receber é hipótese de consignação de pagamento, conforme dispõe o art. 335, III, do CC; **3:** Certa, pois o art. 305 do CC, que regula a hipótese, não exige a notificação do devedor para que o terceiro não interessado pague a dívida. E, se o fizer em seu próprio nome, terá ainda direito de regresso contra o devedor.

Gabarito 1E, 2C, 3C

(PROCURADOR DO ESTADO/MG – FUMARC – 2012) Com relação ao adimplemento das obrigações, assinale a alternativa correta:

(A) o pagamento feito de boa-fé a credor putativo é inválido

(B) o pagamento feito cientemente a incapaz é válido se o devedor provar que em benefício dele efetivamente reverteu

(C) o terceiro não interessado, que paga a dívida em seu próprio nome, tem direito de reembolsar-se do que pagar, sub-rogando- se nos direitos do credor.

(D) efetuar-se-á o pagamento no domicílio do credor, salvo se as partes convencionarem diversamente

(E) todas as alternativas acima estão corretas

A: incorreta, pois o pagamento feito de boa-fé a credor putativo é válido (art. 309, do CC); **B:** correta (art. 310, do CC); **C:** incorreta, pois o terceiro não interessado não se sub-roga nos direitos do credor (art. 305, do CC); **D:** incorreta, pois a regra é que o pagamento seja feito no domicílio do devedor (art. 327, do CC); **E:** incorreta, pois somente a alternativa "B" está correta.

Gabarito "B"

(Procurador do Estado/MG – 2007) *A importância das obrigações revela-se por ser projeção de autonomia privada do Direito. Ao contrário dos direitos reais, as relações obrigacionais são infinitas. Estão presentes desde a atividade mais simples até a atividade mais complexa da sociedade. São reguladas pelo direito obrigacional tanto a mais comezinha compra e venda, quanto a mais complexa negociação. (VENOSA, Sílvio de Salvo. Direito Civil, 2004, p. 29, v.II).* O trecho acima demonstra a importância dos Direitos das Obrigações nas relações dos indivíduos. Dentre as alternativas abaixo, considere a mais correta sobre as formas de adimplemento e extinção das obrigações.

(A) Quando não for conhecido o local onde se encontra o credor, o devedor pode efetuar o pagamento em consignação. A consignação em pagamento pode ser feita de dois modos: judicialmente ou extrajudicialmente. Judicialmente, sendo julgado procedente o depósito, o devedor poderá levantar, de logo, o depósito independente do consenso do credor e de outros devedores e fiadores.

(B) A imputação em pagamento ocorre quando há um devedor com várias obrigações da mesma natureza com um mesmo credor. Não havendo especificação de qual das obrigações está sendo quitada e, salvo disposição em contrário, cabe à pessoa obrigada o direito de indicar a qual deles oferece pagamento, quando sejam todos líquidos e vencidos.

(C) A novação é uma forma de adimplemento de uma obrigação e substituição por outra. É vista frequentemente em contratos bancários, onde extingue-se um contrato de empréstimo de numerário e cria-se outro substituindo. A existência da nova obrigação é condição de extinção da anterior. Aproveitará ao credor, a hipoteca e a anticrese, mesmo que os bens dados em garantia pertencerem a terceiro que não foi parte da novação.

(D) Ninguém pode ser credor e devedor de si mesmo, quando isso ocorre estamos diante do instituto da confusão. Quando ocorre a confusão extingue-se a obrigação. A confusão verifica-se a respeito de toda dívida e não de parte dela.

A: incorreta (art. 339, do CC); **B:** correta (art. 352, do CC); **C:** incorreta (art. 364, do CC); **D:** incorreta (art. 382, do CC).

Gabarito "B"

(Procurador do Estado/PR – UEL-COPS – 2011) Assinale a alternativa correta:

(A) salvo disposição, legal ou contratual, em contrário, as dívidas são quérables;

(B) cada credor solidário somente pode exigir o pagamento integral da dívida quando seu objeto for indivisível;

(C) no direito brasileiro, não vale o pagamento feito, mesmo que de boa-fé, ao credor putativo;

(D) em nenhuma hipótese é permitida a cobrança de dívida antes de ela estar vencida;

(E) o inadimplemento da obrigação em seu termo induz a mora do devedor, independente de qualquer notificação ou interpelação.

A: correta (art. 327, do CC). *"Lugar do pagamento é aquele onde o devedor deve cumprir a obrigação e o credor exigir seu cumprimento. A regra é o domicílio do devedor (dívida quesível ou quérable). Mas por motivo legal, convencional ou circunstancial é possível que a obrigação tenha de ser cumprida no domicílio do credor (dívida portável ou portable)"* (Wander Garcia, SUPER-REVISÃO, editora FOCO); **B:** incorreta (art. 267, do CC); **C:** incorreta (art. 309, do CC); **D:** incorreta (art. 333, do CC); **E:** incorreta (art. 397, *caput* e parágrafo único, do CC).

Gabarito "A"

(PROCURADOR DO ESTADO/RS – FUNDATEC – 2010) Assinale a alternativa correta:

(A) A distinção entre "dividas quesíveis" e "dívidas portáveis" tem relevância para o regime da mora e dos riscos porque, nas dívidas quesíveis, a *mora debitoris* surge se o devedor, que tinha o interesse em levar a dívida ao domicílio do credor, foi omisso e assim não procedeu.

(B) A expressão "dívida de dinheiro" significa o importe econômico numericamente consignado na moeda, ou a forma material adquirida pela vinculação monetária.

(C) Afirma-se que a relação obrigacional é uma "relação de cooperação" porque a atividade de cooperação é necessária para que se atinja o adimplemento, uma vez que o interesse de um dos contratantes é perseguido por meio da atividade da outra parte contratante.

(D) No caso de a prestação ter sido cumprida, mas uma das partes do contrato causar à outra dano não ligado diretamente a dever de prestação, teremos simples inadimplemento.

(E) O enriquecimento sem causa é fonte obrigacional caracterizada pela existência de um contrato lesionário para uma das partes.

A: incorreta (art. 327, do CC). *"Lugar do pagamento é aquele onde o devedor deve cumprir a obrigação e o credor exigir seu cumprimento. A regra é o domicílio do devedor (dívida quesível ou queráble). Mas por motivo legal, convencional ou circunstancial é possível que a obrigação tenha de ser cumprida no domicílio do credor (dívida portável ou portable)"* (Wander Garcia, SUPER-REVISÃO, editora FOCO). Portanto, na dívida quesível, a mora surge ao credor e não ao devedor; **B:** incorreta, pois a segunda parte da alternativa faz referência à dívida de valor; **C:** correta, pois, de fato, obrigação é o vínculo jurídico que confere ao credor (sujeito ativo) o direito de exigir do devedor (sujeito passivo) o cumprimento de determinada prestaçao; **D:** incorreta (art. 927, do CC); **E:** incorreta (art. 884, do CC).

Gabarito "C"

(Procurador do Estado/SC – 2010 – FEPESE) No que concerne à transmissão das obrigações, assinale a alternativa **incorreta**, de acordo com o Código Civil Brasileiro.

(A) Ocorrendo várias cessões do mesmo crédito, prevalece, via de regra, a que se completar por último.

(B) Na assunção de dívida, o novo devedor não pode opor ao credor as exceções pessoais que competiam ao devedor primitivo.

(C) Na cessão de crédito, o devedor pode opor ao cessionário as exceções que lhe competirem, bem como as que, no momento em que veio a ter conhecimento da cessão, tinha contra o cedente.

(D) O cessionário de crédito hipotecário tem o direito de fazer averbar a cessão no registro do imóvel.

(E) Independentemente do conhecimento da cessão pelo devedor, pode o cessionário exercer os atos conservatórios do direito cedido.

A: incorreta, pois prevalecerá a que se completar com a tradição do título do crédito cedido (art. 291 do CC); **B:** correta (art. 302 do CC); **C:** correta (art. 294 do CC); **D:** correta (art. 289 do CC); **E:** correta (art. 293 do CC).

Gabarito "A"

(Procurador do Estado/SC – 2009) Assinale a alternativa correta.

(A) Na consignação em pagamento, o depósito é feito no lugar de escolha do devedor.

(B) A compensação efetua-se entre dívidas líquidas, vencidas e de coisas infungíveis.

(C) Extingue-se a obrigação, desde que na mesma pessoa se confundam as qualidades de credor e devedor.

(D) Em hipótese de dação em pagamento, se o credor for evicto da coisa recebida em pagamento não se restabelecerá a obrigação primitiva.

(E) A pessoa obrigada por dois ou mais débitos da mesma natureza, a um só credor, tem o direito de indicar a qual deles oferece pagamento, bastando que todos os débitos sejam líquidos.

A: incorreta, pois o depósito é feito no lugar do pagamento (art. 337 do CC); **B:** incorreta, pois as coisas devem ser fungíveis (art. 369 do CC); **C:** correta, operando-se a confusão (art. 381 do CC); **D:** incorreta, pois fica restabelecida a obrigação primitiva (art. 359 do CC); **E:** incorreta, pois a imputação do pagamento por vontade do devedor depende de os débitos serem líquidos e *vencidos* (art. 352 do CC).

Gabarito "C"

(Procurador do Estado/SE – FCC – 2005) Considere as afirmações abaixo, a respeito do pagamento.

I. Salvo convenção das partes, ou se o contrário resultar de lei, da natureza da obrigação ou das circunstâncias, efetuar-se-á no domicílio do credor.

II. O terceiro não interessado que paga a dívida em seu próprio nome, tem direito a reembolsar-se do que pagar, mas não se sub-roga nos direitos do credor.

III. Os requisitos legais da quitação poderão ser supridos se dos termos do documento firmado ou das circunstâncias resultar haver sido a dívida paga.

IV. O fiador não pode compensar sua dívida com a de seu credor ao afiançado.

V. A sub-rogação opera-se de pleno direito quando terceiro interessado paga a dívida pela qual podia ser obrigado.

Estão corretas as afirmações

(A) I, II e III.

(B) I, III e IV.

(C) I, IV. e V.

(D) II, III e V.

(E) II, IV e V.

I: incorreta (art. 327, do CC); **II:** correta (art. 305, do CC); **III:** correta (art.320, parágrafo único, do CC); **IV:** incorreta (art. 371, do CC); **V:** correta (art. 346, III, do CC).

Gabarito "D"

(Procurador do Município/Florianópolis-SC – 2010 – FEPESE) É a forma de se quitar um ou mais débitos, quando existem vários, de um mesmo devedor, em relação ao mesmo credor:

(A) Novação.

(B) Sub-rogação.

(C) Imputação de pagamento.

(D) Consignação.

(E) Remissão.

Art. 352 do CC.

Gabarito "C"

(Procurador do Município/Recife-PE – 2008 – FCC) No que concerne ao adimplemento e extinção das obrigações, é correto afirmar:

(A) Em regra, a convenção de pagamento em ouro é permitida, sendo nula a convenção de pagamento em moeda estrangeira.

(B) O pagamento feito pelo devedor ao credor, intimado da penhora feita sobre o crédito, será válido também perante terceiros, não podendo ele ser constrangido a pagar novamente a dívida.

(C) Se a obrigação tiver por objeto prestação divisível, o credor pode ser obrigado a receber, e o devedor a pagar, por partes, mesmo se assim não se ajustou.

(D) O terceiro não interessado, que paga a dívida em seu próprio nome, tem direito a reembolsar-se do que pagar; mas não se sub-roga nos direitos do credor.

(E) Havendo solidariedade passiva no débito no caso de falência de um dos devedores o credor poderá cobrar antecipadamente a dívida de todos os devedores antes de vencido o prazo estipulado em contrato ou estabelecido no Código Civil.

A: incorreta, pois são nulas as convenções de pagamento em ouro (art. 318, do CC); **B:** incorreta (art. 298, do CC); **C:** incorreta (art. 314, do CC); **D:** correta (art. 305, do CC); **E:** incorreta (art. 333, I, do CC).

Gabarito "D"

(Procurador do Município/São José dos Campos-SP – 2012 – VUNESP) Assinale a alternativa correta quanto à assunção de dívida comum.

(A) É uma faculdade do devedor, independentemente da vontade do credor.

(B) Ocorre em caso de insolvência do devedor, que se exonera da obrigação.

(C) Pressupõe a conservação das garantias do negócio jurídico originário.

(D) Há alteração no conteúdo da relação obrigacional assumida.

(E) Pode ser assumida por qualquer terceiro, para o fim de sua extinção.

A: incorreta, pois a assunção de dívida exige o consentimento expresso do credor (art. 299, do CC); **B:** incorreta. *É facultado a terceiro assumir a obrigação do devedor, com o consentimento expresso do credor, ficando exonerado o devedor primitivo, salvo se aquele, ao* *tempo da assunção, era insolvente e o credor o ignorava* (art. 299, do CC); **C:** incorreta, já que, salvo assentimento expresso do devedor primitivo, consideram-se extintas, a partir da assunção da dívida, as garantias especiais por ele originariamente dadas ao credor (art. 300, do CC e enunciado 422, CJF); **D:** incorreta, pois na assunção da dívida ocorre tão somente a substituição no plano passivo, sem alteração no conteúdo da relação obrigacional assumida; **E:** correta (art. 299, do CC).

Gabarito "E"

(Procurador do Município/Sorocaba-SP – 2012 – VUNESP) O ordenamento jurídico pátrio prevê modalidades de extinção da obrigação sem que seja realizado pagamento, direta ou indiretamente. Assinale a alternativa que corretamente indica e define uma dessas modalidades.

(A) ***Novação***: extinção das obrigações quando duas pessoas forem, reciprocamente, credora e devedora.

(B) ***Compensação***: por força de fato jurídico estranho à relação obrigacional, as figuras do devedor e do credor se reúnem na mesma pessoa.

(C) ***Confusão***: é a modalidade que pode ser conceituada como a constituição de uma obrigação nova, em substituição de outra, que fica extinta.

(D) ***Remissão***: liberação graciosa do devedor, emanada do credor.

(E) ***Transação***: devedor e credor, por meio de concessões mútuas, extinguem litígios e consequentemente a obrigação.

A: incorreta, pois a novação se caracteriza pela constituição de uma obrigação nova, em substituição de outra, que fica extinta (art. 360, do CC); **B:** incorreta, pois a compensação se configura pela *extinção das obrigações entre duas pessoas que são, ao mesmo tempo, credora e devedora uma da outra* (Wander Garcia, SUPER-REVISÃO, editora FOCO); **C:** incorreta, pois a confusão se caracteriza pela extinção das obrigações quando duas pessoas forem, reciprocamente, credora e devedora (art. 381, do CC); **D:** correta (art. 385, do CC); **E:** incorreta, pois a transação não é modalidade de extinção da obrigação sem que seja realizado pagamento, direta ou indiretamente (art. 840, do CC).

Gabarito "D"

(ADVOGADO – EMBRAPA – 2005 – CESPE) Uma pessoa adquiriu um imóvel hipotecado e resolveu tomar para si o crédito garantido pelo imóvel que adquiriu. Para tanto, notificou o devedor da assunção da dívida. Passados 35 dias da notificação, o credor não apresentou impugnação, nem se manifestou acerca da transferência do débito. A respeito dessa situação hipotética, julgue os itens subsequentes.

(1) Na situação descrita, o silêncio do credor é interpretado como anuência, ou seja, significa que ele concordou com a assunção da dívida.

(2) Ao pagar o crédito, o adquirente do imóvel hipotecado irá sub-rogar, nos direitos do credor, e essa sub-rogação não depende do consentimento do devedor que vendeu o imóvel hipotecado.

1: correto (art. 303, do CC e enunciado n. 424, da CJF); **2:** correto (art. 346, II, do CC).

Gabarito 1C, 2C

(ADVOGADO – CASA DA MOEDA – 2009 – CESGRANRIO) C., brasileiro, solteiro, empresário que mantém relação de amizade com R., teve ciência de que o amigo estaria com dificuldades de quitar dívida com J., no valor de R$ 55.000,00 (cinquenta e cinco mil reais). Prestimoso, C. obteve de J. e de R. a devida aquiescência para assumir o pagamento da dívida. Concomitantemente, acordou verbalmente com R. que, no prazo de um ano, o mesmo realizaria o ressarcimento dos valores que C. tivesse reembolsado. Passado o ano, C. foi surpreendido com a negativa de pagamento dos valores expendidos. Procurou o credor originário que também não concordou em retomar o vínculo antigo com o devedor R.. Observada tal situação, à luz das normas do Código Civil, afirma-se que a(o)

(A) assunção de dívidas que ocorreu é ato jurídico perfeito.

(B) dívida pode ser reassumida pelo devedor originário, consentindo o credor unilateralmente.

(C) negativa de pagamento praticada pelo devedor originário permite o retorno ao estado anterior.

(D) vício da vontade está caracterizado pela amizade existente.

(E) negócio deve ser ratificado no prazo de um ano e conferido pelo devedor atual.

A: correta. *É facultado a terceiro assumir a obrigação do devedor, com o consentimento expresso do credor, ficando exonerado o devedor primitivo, salvo se aquele, ao tempo da assunção, era insolvente e o credor o ignorava* (art. 299, do CC); B, C, D e **E:** incorretas, pois estão em desacordo com o art. 299, do CC.

Gabarito "A"

(ADVOGADO – BNDES – 2006 – CESGRANRIO) Analisando-se o instituto da cessão de crédito, pode-se afirmar que:

(A) o Código Civil de 2002 simplificou o mecanismo de cessão, facultando às partes a notificação do devedor, já que as dívidas de natureza civil sao quesíveis.

(B) a cessão de crédito de natureza civil exige a forma pública para que produza efeitos entre as partes.

(C) quando a cessão de crédito é necessária, o formalismo exigido pela lei é ainda maior.

(D) para que a proibição convencional à transferência de crédito produza efeitos perante terceiros de boa-fé, deve constar do instrumento da obrigação.

(E) havendo proibição à transferência de determinado crédito, a eventual celebração da cessão é válida entre as partes, porém ineficaz.

A: incorreta (art. 290, do CC); **B:** incorreta (art. 288, do CC); **C:** incorreta, pois a cessão de crédito é negócio jurídico bilateral (art. 286, do CC); **D:** correta (art. 286, do CC); **E:** incorreta, pois se a transferência do crédito for proibida, o negócio será inválido.

Gabarito "D"

(ADVOGADO – BNDES – 2004 – CESGRANRIO) As normas em vigor que disciplinam o instituto da novação, de acordo com a concepção moderna e rejeitando a concepção romana, têm merecido encômios da doutrina, que não dispensa elogios à sua excelência no ponto de vista técnico. Sobre esse instituto da relação obrigacional, é certo afirmar-se que:

(A) a novação subjetiva se dá se as partes acordam na modificação da espécie obrigacional.

(B) a novação por substituição do devedor pode ser efetuada independente do consentimento deste.

(C) a novação, como o pagamento e a compensação, produz a imediata satisfação do crédito.

(D) se, nas obrigações indivisíveis, um dos credores novar a dívida, a obrigação se extingue para os outros.

(E) se o novo devedor for insolvente, terá sempre o credor, que o aceitou, ação regressiva contra o primeiro.

A: incorreta, pois a alternativa trata da novação objetiva (art. 360, I, do CC); **B:** correta (art. 362, do CC); **C:** incorreta, pois a novação é a criação de obrigação nova para extinguir a anterior; **D:** incorreta (art. 262, parágrafo único, do CC); **E:** incorreta (art. 363, do CC).

Gabarito "B"

(ADVOGADO – BNDES – 2004 – CESGRANRIO) Assinale a única afirmativa correta sobre a cessão de créditos, segundo o Código Civil.

(A) Na cessão de um crédito, abrangem-se todos os seus acessórios, não sendo possível dispor-se em contrário.

(B) Desde que haja a anuência do cedente, será possível ao cessionário de crédito hipotecário fazer averbar a cessão à margem da inscrição principal.

(C) Somente com o conhecimento da cessão pelo devedor pode o cessionário exercer os atos conservatórios do direito cedido.

(D) Com relação a terceiros, é eficaz a transmissão de um crédito, ainda que feita verbalmente.

(E) O devedor pode opor ao cessionário as exceções que lhe competirem, bem como as que, no momento em que veio a ter conhecimento da cessão, tinha contra o cedente.

A: incorreta (art. 287, do CC); **B:** incorreta (art. 289, do CC); **C:** incorreta (art. 293, do CC); **D:** incorreta (art. 288, do CC); **E:** correta (art. 294, do CC).

Gabarito "E"

3.3. INADIMPLEMENTO DAS OBRIGAÇÕES

(PROCURADOR DO ESTADO/MG – FUMARC – 2012) Assinale a alternativa correta:

(A) a remissão de dívida é forma extintiva da obrigação e não depende de aceitação do devedor

(B) nas obrigações provenientes de ato ilícito, considera-se o devedor em mora desde que o praticou, e não desde a citação inicial

(C) o valor da cláusula penal compensatória pode exceder o da obrigação principal

(D) a presunção de prejuízo que enseja a cobrança da cláusula pena é *juris tantum*

(E) nas arras penitenciais, é possível à parte inocente pedir indenização complementar se houver prova de prejuízo.

A: incorreta, pois a remissão de dívida depende de aceitação do devedor (art. 385, do CC); **B:** correta (art. 398, do CC); **C:** incorreta (art. 412, do CC); **D:** incorreta, pois *incorre de pleno direito o devedor na cláusula penal, desde que, culposamente, deixe de cumprir a obrigação ou se constitua em mora* (art. 408, do CC); **E:** incorreta (art. 420, do CC).

Gabarito "B"

(PROCURADOR DO ESTADO/RS – FUNDATEC – 2010) Na fixação da indenização, em caso de responsabilidade derivada de fator de imputação pela culpa, o juiz há de ater-se, em princípio,

(A) à integralidade do dano, considerado o limite dado pelo nexo causal e, se for o caso, pela cláusula penal e pela redução por equidade.

(B) à integralidade do dano, com base no princípio da reposição integral.

(C) à gravidade da culpa da vítima.

(D) à verificação da existência, ou não, de deveres de colaboração por parte do credor.

(E) nenhuma das alternativas anteriores está correta.

A alternativa "A" está correta (art. 944, *caput* e parágrafo único, do CC), ficando excluídas as demais.

Gabarito "A"

(Procurador do Estado/SC – 2010 – FEPESE) Sobre o inadimplemento das obrigações, pode-se afirmar que:

(A) Para se exigir o cumprimento da pena convencional, o credor deverá demonstrar o prejuízo sofrido.

(B) No inadimplemento da obrigação, positiva e líquida, no seu termo, a mora se constitui mediante protesto judicial ou extrajudicial.

(C) Os juros moratórios fluem a partir do evento danoso, em caso de responsabilidade extracontratual.

(D) Na sistemática adotada pelo Código Civil, apenas o devedor pode incidir em estado de mora.

(E) A cláusula penal, quando convencionada em separado e por meio de manifestação expressa, pode exceder ao valor da obrigação principal.

A: incorreta, pois a pena convencional se aplica de pleno direito, independentemente de demonstração de prejuízo (art. 408 do CC); **B:** incorreta, pois o inadimplemento da obrigação, positiva e líquida, no seu termo, constitui de pleno direito em mora o devedor; o protesto judicial ou extrajudicial só é necessário quando não há termo fixado (art. 397 do CC); **C:** correta (Súmula 54 do STJ); **D:** incorreta, pois o credor que não quiser receber no tempo, lugar e forma devidos também incide em mora (art. 394 do CC); **E:** incorreta, pois o valor da cláusula penal não pode exceder o da obrigação principal (art. 412 do CC).

Gabarito "C"

(Procurador da Fazenda Nacional – 2004 – ESAF) Assinale a opção falsa.

(A) O inadimplemento voluntário absoluto total ocorre quando a obrigação não foi cumprida em sua totalidade, nem poderá sê-lo, e o credor não mais terá a possibilidade de receber aquilo a que o devedor se obrigou.

(B) Se se comprovar que os juros moratórios não cobrem as perdas e danos, não havendo estipulação de cláusula penal, o órgão judicante não poderá conceder ao credor uma indenização suplementar.

(C) O inadimplemento relativo se dá quando a obrigação não for cumprida no tempo, lugar e forma devidos, porém poderá sê-lo, com proveito para o credor, hipótese em que se terá a mora.

(D) Serão insuscetíveis de indenização prejuízo eventual ou potencial.

(E) O dano emergente consiste em um *deficit* real e efetivo no patrimônio do credor, seja porque se depreciou o ativo, seja porque aumentou o passivo.

A e **C:** verdadeiras. O inadimplemento pode ser absoluto ou relativo. O inadimplemento absoluto se caracteriza quando a mora no cumprimento da obrigação torna esta inútil ao credor, ocasião em que ele não mais terá como receber aquilo que se obrigou (parágrafo único do artigo 395, CC). O inadimplemento relativo se dá quando a obrigação não é cumprida no tempo, lugar e forma devidos, porém com possibilidade de ainda sê-lo, ocasião em que se tem a mora (art. 395, CC). **B:** falsa. Provado que os juros de mora nao cobrem o prejuízo, e não havendo pena convencional, pode o juiz conceder ao credor indenização suplementar (parágrafo único do artigo 404 do CC). **D:** verdadeira. O devedor só responde pelas perdas e danos resultantes diretos e imediatos da inexecução; assim, ele não responde por danos resultantes de causas alheias (art. 403, CC). **E:** verdadeira. O dano emergente é a perda efetivamente sofrida, seja porque diminuíram seus direitos seja porque aumentaram suas dívidas.

Gabarito "B"

(Procurador da Fazenda Nacional – 2003 – ESAF) Assinale a opção falsa.

(A) Vencido o termo estipulado contratualmente para o adimplemento da obrigação, sem que o devedor a cumpra, este incorrerá de *pleno iure* na cláusula penal *dies interpellat pro homine*.

(B) A cláusula penal representa uma preestimativa das perdas e danos que deverão ser pagas pelo devedor no caso de descumprimento do contrato principal.

(C) A cláusula penal possui a característica da incondicionalidade, já que o dever de pagar a pena convencional não está subordinado a nenhum evento futuro e incerto.

(D) A cláusula penal possui função ambivalente por reunir a compulsória e a indenizatória sendo, ao mesmo tempo, reforço do vínculo obrigacional, por punir seu inadimplemento, e liquidação antecipada das perdas e danos.

(E) Será moratória a pena convencional se convencionada para o caso de simples mora.

A: verdadeira. Art. 408, CC. B e **D:** verdadeiras. A cláusula penal possui duas funções: forma de obrigar o devedor a cumprir a obrigação para não incorrer na cláusula penal – compulsória – e preestipulação de perdas e danos devidos em caso de não cumprimento – indenizatória (art. 416, CC). **C:** falsa. A cláusula penal é condicionada a um evento futuro e incerto que é o não pagamento da obrigação principal. **E:** verdadeira. Art. 411, CC.

Gabarito "C"

(ADVOGADO – PETROBRÁS BIO. – 2010 – CESGRANRIO) José Firmino celebrou contrato de consórcio para a compra de um carro. Premido por dificuldades, resolveu sair do grupo, e a Carro Fácil Ltda. cobrou-lhe a multa penal rescisória de 15%. José não concordou, pois, no início do contrato, pagara uma taxa de administração no valor de 10%. Nesse caso, quanto à multa,

(A) José tem razão, em função do princípio do enriquecimento sem causa.

(B) José tem razão em sua pretensão, por ser relação de consumo.

(C) José deve arcar com o ônus de sua inadimplência com o consórcio.

(D) a cláusula penal é válida, pois a saída de José prejudica o grupo.

(E) a cláusula penal deve ser reduzida equitativamente pelo Juiz.

A, B, C e **D:** incorretas, pois estão em desacordo com o art. 413, do CC; **E:** correta (art. 413, do CC).

Gabarito "E"

(ADVOGADO – EMBRAPA – 2005 – CESPE) Sílvio e Orlando são agricultores. Orlando possui em sua propriedade agrícola uma indústria que beneficia milho. Sílvio é credor de Orlando em um contrato de mútuo. Por esse contrato, Orlando recebe de Sílvio certa quantidade de milho, que deve ser beneficiado e restituído. Nesse contrato, nao foi convencionado o prazo do mútuo, porém existia uma cláusula penal determinando que, se o milho restituído estivesse com qualidade inferior à do emprestado, o mutuário pagaria multa de quinhentos dólares. Com referência à situação hipotética acima, julgue os próximos itens.

(1) Pelo mútuo, Sílvio transferiu a Orlando a propriedade do milho emprestado. Dessa forma, correm por conta de Orlando todos os riscos, desde a tradição.

(2) A cláusula penal estipulada no contrato será válida, desde que o valor da multa não ultrapasse o valor da obrigação principal.

(3) Como não se convencionou expressamente o prazo do mútuo, este será até a próxima colheita.

1: correta (art. 587, do CC); **2:** incorreta (art. 412 e 413, do CC); **3:** correta (art. 592, I, do CC).

Gabarito 1C, 2E, 3C.

(ADVOGADO – IRB – 2006 – ESAF) A mora *ex re*:

(A) é mora do devedor, decorrente de lei, resultando do próprio fato do descumprimento da obrigação, independendo, portanto, de provocação do credor.

(B) é mora do devedor e se não houver estipulação de termo certo para a execução da relação obrigacional será imprescindível que o credor tome certas providências para constituir o devedor em mora.

(C) é modalidade de mora do credor.

(D) é aquela a que não se aplica a regra *dies interpellat pro homoine*, ou seja, a de que o termo interpela em lugar do credor, pois a *lex* ou *dies* assumirão o papel de intimação.

(E) é a injusta recusa de aceitar o adimplemento da obrigação no tempo, lugar e forma devidos.

A: correta (art. 397, *caput*, do CC); **B:** incorreta, pois a alternativa trata da mora *ex personae* (art. 397, parágrafo único, do CC); **C:** incorreta, pois é modalidade de mora do devedor; **D:** incorreta, pois se aplica a regra de que o termo interpela em lugar do credor; **E:** incorreta, pois a mora *ex re* é modalidade de mora do devedor, diante do inadimplemento da obrigação, positiva e líquida, no seu termo (art. 397, *caput*, do CC).

Gabarito "A"

(ADVOGADO – BNDES – 2008 – CESGRANRIO) Tratando-se de cláusula penal regulada segundo as condições previstas no Código Civil (Lei nº 10.406, de 10 de janeiro de 2002), considere as afirmativas a seguir.

I. A cláusula penal apenas é aplicável na hipótese de inadimplemento doloso.

II. O valor da cominação imposta na cláusula penal não pode exceder o da obrigação principal.

III. A aplicação da cláusula penal depende da existência de prejuízo decorrente do descumprimento contratual.

IV. A cláusula penal pode ser estipulada para o caso de descumprimento total da obrigação ou para o simples descumprimento do prazo fixado para seu adimplemento.

Está(ão) correta(s) **APENAS** a(s) afirmativa(s)

(A) II

(B) I e II

(C) II e IV

(D) I, III e IV

(E) II, III, e IV

I: incorreta, pois é aplicável na hipótese de inadimplemento culposo (art. 408, do CC); **II:** correta (art. 412, do CC); **III:** incorreta, pois *incorre de pleno direito o devedor na cláusula penal* (artigos 408 e 416, ambos do CC); **IV:** correta (art. 409, do CC).

Gabarito "C"

(ADVOGADO – BNDES – 2006 – CESGRANRIO) Levando-se em consideração o instituto da cláusula penal e o tratamento recebido pelo legislador do Código Civil de 2002, analise as afirmativas abaixo.

I. A cláusula penal deve constar expressamente do mesmo instrumento da obrigação.

II. Para que o devedor incorra de pleno direito na cláusula penal, é necessário que deixe de cumprir a obrigação dolosamente.

III. O valor da obrigação prevista na cláusula penal não pode ultrapassar o valor da obrigação principal.

IV. Para exigir o cumprimento da cláusula penal, o credor deverá fazer prova de seu prejuízo.

V. Tratando-se de obrigação indivisível, caindo em falta um dos devedores, a cláusula somente a ele atingirá.

Está(ão) correta(s), somente, a(s) afirmação(ões):

(A) III

(B) I e III

(C) I e IV

(D) II e V

(E) II, III e IV

I: incorreta (art. 409, do CC); **II:** incorreta (art. 408, do CC); **III:** correta (art. 412, do CC); **IV:** incorreta (art. 416, do CC); **V:** incorreta (art. 415, do CC).

Gabarito "A"

(ADVOGADO – BNDES – 2004 – CESGRANRIO) Analisando-se os princípios inerentes à teoria geral das obrigações, na hipótese de inadimplemento parcial de uma obrigação com data certa, a constituição em mora do devedor:

(A) depende de notificação publicada na Imprensa Oficial.

(B) independe de qualquer espécie de notificação.

(C) deve ser ultimada por notificação cartorária.

(D) será possível somente pela via judicial, através de citação ou intimação válida.

(E) não será possível, pois a inércia das partes gera a prorrogação do prazo por tempo indeterminado.

A, C, D e **E:** incorretas, pois estão em desacordo com o art. 397, *caput*, do CC; **B:** correta (art. 397, *caput*, do CC).

Gabarito "B"

(ADVOGADO – BNB – 2006 – ACEP) Sobre mora, pode-se afirmar **CORRETAMENTE**.

(A) Em qualquer caso, a alegação de caso fortuito, extinguindo a obrigação, poderá ser anunciada quando o devedor está em mora.

(B) Purgação da mora tem o mesmo significado de cessação da mora.

(C) O devedor pode renunciar ao direito de alegar caso fortuito, caso este ocorra.

(D) Se, ante a mora do credor, a coisa vier a se deteriorar por negligência do devedor, este deverá arcar com as consequências.

(E) Não havendo termo, a mora se constitui mediante interpelação judicial, sendo vedada outra modalidade.

A: incorreta (art. 396, do CC); **B:** incorreta (art. 396 e 401, I e II, do CC); **C:** correta (art. 393, *caput*, do CC); **D:** incorreta (art. 395, do CC); **E:** incorreta (art. 397, parágrafo único, do CC).

Gabarito "C"

4. CONTRATOS

4.1. CONCEITO, PRESSUPOSTOS, FORMAÇÃO E PRINCÍPIOS DOS CONTRATOS

(Procurador Federal – 2013 – CESPE) Julgue o seguinte item.

(1) Os contratos são passíveis de revisão judicial, ainda que tenham sido objeto de novação, quitação ou extinção, haja vista não ser possível a validação de obrigações nulas.

1: Correta, pois as obrigações nulas não convalescem pelo decurso do tempo e não se confirmam pela vontade das partes (art. 169 do CC). Assim, é plenamente possível a revisão judicial do contrato, ainda que tenha havido novação, quitação ou extinção haja vista que, eventual vício não se sanará pela ocorrência de tais fatos.

Gabarito 1C

(Procurador do Estado/PA – 2011) Acerca da teoria contratual adotada pelo Código Civil, assinale a alternativa INCORRETA:

(A) A concepção de contrato consagrada pelo ordenamento brasileiro, a partir da vigência do Código Civil de 2002, atribuiu de maneira imperativa viés coletivo e social às relações jurídicas, afastando integralmente o princípio da liberdade contratual.

(B) Os contratantes devem obedecer, tanto na conclusão do contrato como em sua execução, os princípios da probidade e boa-fé.

(C) Em sede de contratos bilaterais, nenhum dos contratantes, antes de cumprida a sua obrigação, pode exigir o implemento da do outro.

(D) Havendo o reconhecimento de onerosidade excessiva, poderá ser evitada a resolução contratual mediante a modificação equitativa das condições contratuais.

(E) A parte lesada pelo inadimplemento pode pedir a resolução do contrato, se não preferir exigir-lhe o cumprimento, cabendo, em qualquer dos casos, indenização por perdas em danos.

A: incorreta, pois vigora o princípio da liberdade contratual, porém de forma limitada (art. 421, do CC); **B:** correta (art. 422, do CC); **C:** correta (art. 476, do CC); **D:** correta (art. 479, do CC); **E:** correta (art. 475, do CC).

Gabarito "A"

(PROCURADOR DO ESTADO/RS – FUNDATEC – 2010) Quando da formação do contrato:

I. Deixa de ser obrigatória a proposta se, feita sem prazo à pessoa presente, não foi imediatamente aceita.

II. Os contratos entre ausentes não se perfectibilizam se, antes da aceitação, ou com ela, chegar ao proponente a retratação do aceitante.

III. Os contratos entre ausentes tornam-se perfeitos desde que a aceitação é expedida, mesmo se o proponente não se houver comprometido a esperar a resposta.

IV. A proposta é obrigatória quando, feita com prazo à pessoa ausente, tiver decorrido tempo suficiente para chegar a resposta ao conhecimento do proponente.

Quais estão corretas?

(A) Apenas I e II.

(B) Apenas III e IV.

(C) Apenas I. II e III.

(D) Apenas II e III.

(E) Apenas I e III.

I: correta (art. 428, I, do CC); **II:** correta (art. 428, IV, do CC); **III:** incorreta (art. 434, II, do CC); **IV:** incorreta (art. 428, II, do CC).

Gabarito "A"

(Procurador do Estado/SC – 2010 – FEPESE) Assinale a alternativa **correta**, de acordo com o Código Civil Brasileiro.

(A) Nas coisas vendidas conjuntamente, o defeito oculto de uma autoriza a rejeição de todas.

(B) A proposta de contrato aceita fora do prazo, com adições, restrições, ou modificações, importará nova proposta.

(C) Não é lícito às partes celebrarem contratos atípicos; contudo, em decorrência do princípio da liberdade contratual, elas podem eleger qualquer uma das espécies contratuais reguladas pelo Código Civil e pelas leis especiais.

(D) O vendedor de coisa imóvel pode reservar-se o direito de recobrá-la no prazo máximo de decadência de 5 (cinco) anos.

(E) Não se permite em hipótese alguma a venda de ascendente a descendente.

A: incorreta, pois o defeito oculto de uma coisa vendida em conjunto com outras, não autoriza a rejeição de todas (art. 503 do CC); **B:** correta (art. 431 do CC); **C:** incorreta, pois é lícito às partes estipular contratos atípicos (art. 425 do CC); **D:** incorreta, pois o prazo é de três anos (art. 505 do CC); **E:** incorreta, pois não será anulável se os outros descendentes e o cônjuge do alienante (se não for casado no regime de separação obrigatória de bens) houverem consentido (art. 496 do CC).

Gabarito "B"

(Procuradoria Federal – 2007 – CESPE) Julgue os seguintes itens.

(1) A partir do princípio da função social, tem-se estudado aquilo que se convencionou chamar de efeitos externos do contrato, que constituem uma releitura da relatividade dos efeitos dos contratos.

(2) Segundo a doutrina contemporânea, o aforismo *turpitudinem suam allegans non auditor* não se confunde com a vedação do *venire contra factum proprium*; enquanto o primeiro objetiva reprimir a malícia e a má-fé, o segundo busca tutelar a confiança e as expectativas de quem confiou na estabilidade e na coerência alheias.

1: Correta, nos termos do Enunciado CJF 21; **2:** Enunciado CJF 362.

Gabarito 1C, 2C

(Procurador da Fazenda Nacional – 2007 – ESAF) O princípio pelo qual a liberdade contratual deverá estar voltada à solidariedade, à justiça social, à livre iniciativa, ao progresso social, à livre circulação de bens e serviços, à produção de riquezas, aos valores sociais, econômicos e morais, é o:

(A) do consensualismo

(B) do equilíbrio contratual

(C) da relatividade dos efeitos do negócio jurídico contratual

(D) da função social do contrato

(E) da boa fé objetiva

Enunciados CJF 21, 22, 23 e 360.

Gabarito "D"

(ADVOGADO – PETROBRÁS – 2008 – CESGRANRIO) João, pretendendo adquirir um valioso apartamento de propriedade de José, celebra com este um contrato particular de promessa bilateral irrevogável de mutuar o referido imóvel por uma fazenda, com todos os requisitos essenciais ao contrato definitivo, tendo estabelecido data para a realização do contrato definitivo e registrado o contrato particular nos Registros de Imóveis onde estão localizados os bens. O contrato preliminar acima referido

(A) é nulo, uma vez que deve obedecer à forma pública.

(B) tem efeitos contra terceiros, uma vez que registrados nos RGI competentes.

(C) só tem efeitos entre as partes.

(D) não pode ser cumprido coercitivamente em caso de inadimplência.

(E) não é dotado de transmissibilidade *causa mortis* dos direitos e obrigações dele originários.

A: incorreta (art. 462, do CC); **B:** correta (art. 463, parágrafo único, do CC). *"Registro. Eficácia perante terceiros. Jornada I STJ 30: A disposição do parágrafo único do CC 463 deve ser interpretada como fator de eficácia perante terceiros"* (Nelson Nery Júnior e Rosa Maria de Andrade Nery, Código Civil Comentado, Editora RT); **C:** incorreta, pois o contrato preliminar terá eficácia contra terceiros, caso seja levado ao registro competente; **D:** incorreta (art. 463, *caput*, do CC); **E:** incorreta, pois se aplica a regra regral a respeito da sucessão, qual seja, a transmissão dos direitos e obrigações aos herdeiros, exceto as situações jurídicas personalíssimas.

Gabarito "B"

(ADVOGADO – BNDES – 2006 – CESGRANRIO) Pela teoria clássica, é possível definir contrato como o acordo de vontades estabelecido com o propósito de produzir efeitos jurídicos. Levando-se em consideração o conceito de contrato, suas características e espécies, é **INCORRETO** afirmar que:

(A) ao estipular que os contratos devem obedecer à forma prescrita ou não defesa em lei como requisito de validade contratual, consagra o Código Civil os princípios do informalismo e da tipicidade dos contratos.

(B) em sua primeira acepção, enquanto fruto de acordo de vontades, todo contrato é bilateral ou até mesmo multilateral, sendo permitida, todavia, a classificação em bilaterais e unilaterais quando se verifica que o contrato acarreta obrigações a ambas ou apenas a uma das partes.

(C) o mútuo é contrato do gênero empréstimo, que pode ser remunerado ou não; caso celebrado da forma onerosa, será denominado mútuo feneratício.

(D) os vícios de validade dos contratos podem ser divididos em nulidade ou anulabilidade, conforme o requisito legal não atendido.

(E) os contratos são, junto com as declarações unilaterais de vontade, espécies do gênero ato jurídico.

A: incorreta, pois a afirmação diz respeito ao princípio da liberdade das formas, pela qual a forma é livre, salvo se houver lei expressa determinando forma específica; **B:** correta, pois todo contrato é bilateral, de acordo com sua definição, podendo ser classificado em bilateral e unilateral; **C:** correta (art. 586 e 591, ambos do CC); D:correta (art. 166 e 171, do CC); **E:** correta. Ato jurídico (é o acontecimento humano que produz efeitos jurídicos), que pode ser subdividido em: 1) atos ilícitos; 2) atos lícitos, que são de três espécies: 2.1) atos jurídicos em sentido estrito (são comportamentos humanos voluntários, cujos efeitos são predeterminados por lei); 2.2) negócio jurídico (são declarações de vontade, cujos efeitos são regulados pelos próprios interessados); 2.3) ato-fato jurídico (são comportamentos humanos sem a intenção de produzir o efeito jurídico previsto em lei).

Gabarito "A"

4.2. CLASSIFICAÇÃO DOS CONTRATOS

(Procurador do Município/Teresina-PI – 2010 – FCC) É INCORRETO afirmar que

(A) o contrato preliminar, exceto quanto à forma, deve conter todos os requisitos essenciais ao contrato a ser celebrado.

(B) na conclusão do contrato, bem como em sua execução, os contratantes devem guardar os princípios da probidade e da boa-fé.

(C) a oferta ao público equivale a proposta quando encerra os requisitos essenciais ao contrato, a não ser que o contrário resulte das circunstâncias ou dos usos.

(D) o adquirente de coisa viciada pode, em vez de rejeitá-la, redibindo o contrato, reclamar abatimento no preço.

(E) o alienante, nos contratos onerosos, responde pela evicção, salvo se a aquisição se tenha realizado em hasta pública.

A: correta (art. 462 do CC); **B:** correta (art. 422 do CC); **C:** correta (art. 429, *caput*, do CC); **D:** correta (art. 442 do CC); **E:** incorreta, pois subsiste essa garantia ainda que a aquisição se tenha realizado em hasta pública (art. 447 do CC).

Gabarito "E"

(Procurador do Estado/PR – 2007) É um contrato de natureza real:

(A) a compra e venda de imóveis;

(B) a locação de bens infungíveis;

(C) o mútuo;

(D) a doação;

(E) empreitada.

Quanto ao momento de formação, os contratos podem ser consensuais ou reais. Contrato consensual é aquele que se forma no momento do acordo de vontades. São exemplos a compra e venda e o mandato. Neste tipo de contrato, a entrega da coisa (tradição) é mera execução do contrato. Contrato real é aquele que somente se forma com a entrega da coisa. São exemplos o comodato, o depósito e mútuo. Neste contrato a entrega da coisa é requisito para a formação, a existência do contrato.

Gabarito "C"

(PROCURADOR DO ESTADO/RS – FUNDATEC – 2010) Assinale a alternativa correta:

(A) A revisão por excessiva onerosidade superveniente pode ser postulada em toda relação contratual, desde que tenha sido gerada por fatores imprevisíveis e excepcionais, ensejando ao devedor o direito de requerer a resolução.

(B) O princípio da liberdade de forma em direito dos contratos significa que as partes têm plena liberdade para contratar, isto é, para formar o conteúdo do contrato.

(C) Segundo o princípio da boa-fé objetiva, pode o adquirente demandar pela evicção, ainda que tenha sabido ser a coisa alheia ou litigiosa.

(D) A aleatoriedade é fenômeno respeitante somente às coisas futuras.

(E) O Código Civil contém dispositivos de controle da formação e de controle de conteúdo dos chamados "contratos de adesao".

A: incorreta, pois somente será aplicada nos contratos de execução continuada ou diferida (art. 478, do CC); **B:** incorreta (art. 421, do CC); **C:** incorreta (art. 449, do CC); **D:** incorreta, pois o contrato aleatório pode se referir a coisas existentes, mas expostas a risco (art. 460, do CC); **E:** incorreta. *"Os contratos por adesão têm o mesmo regime jurídico dos contratos paritários, mas há algumas diferenças. Se o contrato de adesão for regido pelo Direito Civil, há duas regras aplicáveis: a) as cláusulas ambíguas devem ser interpretadas favoravelmente ao aderente (art. 423, do CC); b) a cláusula que estipula a renúncia antecipada do aderente a direito resultante da natureza do contrato é nula (art. 424, do CC)"* (Wander Garcia, SUPER-REVISÃO, editora FOCO).

Gabarito "E"

1. Quanto aos efeitos (ou quanto às obrigações):

1.(1) Contratos unilaterais: *são aqueles em que há obrigações para apenas uma das partes.* São exemplos a doação pura e simples, o mandato, o depósito, o mútuo (empréstimo de bem fungível – dinheiro, p. ex.) e o comodato (empréstimo de bem infungível). Os três últimos são unilaterais, pois somente se formam no instante em que há entrega da coisa (são contratos reais). Entregue o dinheiro, por exemplo, no caso do mútuo, este contrato estará formado e a única parte que terá obrigação será o mutuário, no caso a de devolver a quantia emprestada (e pagar os juros, se for mútuo feneratício).

1.(2) Contratos bilaterais: *são aqueles em que há obrigações para ambos os contratantes.* Também são chamados de sinalagmáticos. A expressão "sinalagma" confere a ideia de reciprocidade às obrigações. São exemplos a prestação de serviços e a compra e venda.

1.(3) Contratos bilaterais imperfeitos: *são aqueles originariamente unilaterais, que se tornam bilaterais por uma circunstância acidental.* São exemplos o mandato e o depósito não remunerados. Assim, num primeiro momento, o mandato não remunerado é unilateral (só há obrigações para o mandatário), mas, caso o mandatário incorra em despesas para exercê-lo, o mandante passará também a ter obrigações, no caso a de ressarcir o mandatário.

1.(4) Contratos bifrontes: *são aqueles que originariamente podem ser unilaterais ou bilaterais.* São exemplos o mandato e o depósito. Se for estipulada remuneração em favor do mandatário ou do depositário, estar-se-á diante de contrato bilateral, pois haverá obrigações para ambas as partes. Do contrário, unilateral, pois haverá obrigações apenas para o mandatário ou para o depositário.

Importância da classificação: a classificação é utilizada, por exemplo, para distinguir contratos em que cabe a exceção de contrato não cumprido. Apenas nos contratos bilaterais é que uma parte pode alegar a exceção, dizendo que só cumpre a sua obrigação após a outra cumprir a sua. Nos contratos unilaterais, como só uma das partes tem obrigações, o instituto não se aplica. Isso vale tanto para a inexecução total (hipótese em que se alega a *exceptio non adimplecti contractus*), como para a inexecução parcial (hipótese em que se alega a *exceptio non rite adimplecti contractus*). Para aplicação do instituto, é importante verificar qual das duas partes tem de cumprir sua obrigação em primeiro lugar.

2. Quanto às vantagens:

2.(1) Contratos gratuitos: *são aqueles em que há vantagens apenas para uma das partes.* Também são chamados de benéficos. São exemplos a doação pura e simples, o depósito não remunerado, o mútuo não remunerado e o comodato.

2.(2) Contratos onerosos: *são aqueles em que há vantagens para ambas as partes.* São exemplos a compra e venda, a prestação de serviços, o mútuo remunerado (feneratício) e a doação com encargo.

Não se deve confundir a presente classificação com a trazida acima, para o fim de achar que todo contrato unilateral é gratuito e que todo contrato bilateral é oneroso. Como exemplo de contrato unilateral e oneroso pode-se trazer o mútuo feneratício.

3. Quanto ao momento de formação:

3.(1) Contrato consensual: *é aquele que se forma no momento do acordo de vontades*. São exemplos a compra e venda e o mandato. Neste tipo de contrato, a entrega da coisa (tradição) é mera execução do contrato.

3.(2) Contrato real: *é aquele que somente se forma com a entrega da coisa*. São exemplos o comodato, o depósito e o mútuo. Neste contrato a entrega da coisa é requisito para a formação, a existência do contrato.

4. Quanto à forma:

4.(1) Contratos não solenes: *são aqueles de forma livre*. São exemplos a compra e venda de bens móveis, a prestação de serviços e a locação. A regra é ter o contrato forma livre (art. 107 do CC), podendo ser verbal, gestual ou escrito, devendo obedecer a uma forma especial apenas quando a lei determinar.

4.(2) Contratos solenes: *são aqueles que devem obedecer a uma forma prescrita em lei*. São exemplos a compra e venda de imóveis (deve ser escrita, e, se de valor superior a 30 salários mínimos, deve ser por escritura pública), o seguro e a fiança.

A forma, quando trazida na lei, costuma ser essencial para a validade do negócio (forma *ad solemnitatem*). Porém, em algumas situações, a forma é mero meio de prova de um dado negócio jurídico (forma *ad probationem tantum*).

5. Quanto à existência de regramento legal:

5.(1) Contratos típicos (ou nominados): *são os que têm regramento legal específico*. O CC traz pelo menos vinte contratos típicos, como a compra e venda, a doação e o mandato. Leis especiais trazem diversos outros contratos dessa natureza, como o de locação de imóveis urbanos (Lei 8.245/91), de incorporação imobiliária (Lei 4.561/64) e de alienação fiduciária (Lei 4.728/65 com alterações da Lei 10.931/2004).

5.(2) Contratos atípicos (ou inominados): *são os que não têm regramento legal específico, nascendo da determinação das partes*. Surgem da vida cotidiana, da necessidade do comércio. São exemplos o contrato de cessão de clientela, de agenciamento matrimonial, de excursão turística e de feiras e exposições. Apesar de não haver regulamentação legal desses contratos, o princípio da autonomia da vontade possibilita sua celebração, observados alguns limites impostos pela lei.

5.(3) Contratos mistos: são os que resultam da fusão de contratos nominados com elementos particulares, não previstos pelo legislador, criando novos negócios contratuais. Exemplo é o contrato de exploração de lavoura de café, em que se misturam elementos atípicos com contratos típicos, como a locação de serviços, a empreitada, o arrendamento rural e a parceria agrícola.

6. Quanto às condições de formação:

6.(1) Contratos paritários: são aqueles em que as partes estão em situação de igualdade, podendo discutir efetivamente as condições contratuais.

6.(2) Contratos de adesão: são aqueles cujas cláusulas são aprovadas pela autoridade competente ou estabelecidas unilateralmente, sem que o aderente possa modificar ou discutir substancialmente o seu conteúdo. Exemplos: contratos de financiamento bancário, seguro e telefonia. A lei estabelece que a inserção de uma cláusula no formulário não desnatura o contrato, que continua de adesão.

Importância da classificação: os contratos por adesão têm o mesmo regime jurídico dos contratos paritários, mas há algumas diferenças. Se o contrato de adesão for regido pelo Direito Civil, há duas regras aplicáveis: a) as cláusulas ambíguas devem ser interpretadas favoravelmente ao aderente (art. 423, CC); b) a cláusula que estipula a renúncia antecipada do aderente a direito resultante da natureza do contrato é nula (art. 424, CC). Já se o contrato de adesão for regido pelo CDC, há duas regras peculiares a esse contrato (art. 54, CDC): a) os contratos de adesão admitem cláusula resolutória, mas estas são alternativas, cabendo a escolha ao consumidor, ou seja, o consumidor escolhe se deseja purgar a mora e permanecer com o contrato ou se quer a sua resolução; b) as cláusulas limitativas de direito devem ser redigidas com destaque, permitindo sua imediata e fácil identificação, sendo que o desrespeito a essa regra gera a nulidade da cláusula (art. 54, § 4º, c/c o art. 51, XV).

7. Quanto à definitividade:

7.(1) Contratos definitivos: são aqueles que criam obrigações finais aos contratantes. Os contratos são, em sua maioria, definitivos.

7.(2) Contratos preliminares: são aqueles que têm como objeto a realização futura de um contrato definitivo. Um exemplo é o compromisso de compra e venda. Os contratos preliminares devem conter os requisitos essenciais do contrato a ser celebrado, salvo quanto à forma. Assim, enquanto a compra e venda definitiva deve ser por escritura pública, o compromisso de compra e venda pode ser por escritura particular. Além disso, o contrato preliminar deve ser levado a registro para ter eficácia perante terceiros. Assim, um compromisso de compra e venda não precisa ser levado a registro para ser válido, mas aquele que não levá-lo a registro não tem como impedir que um terceiro o faça antes, pois, não registrando, carregará este ônus. De qualquer forma, o compromissário comprador, uma vez pagas todas as parcelas do compromisso, tem direito à adjudicação compulsória, independentemente do registro do compromisso no Registro de Imóveis. O compromissário deve apenas torcer para que alguém não tenha feito isso antes. As regras sobre o contrato preliminar estão nos artigos 462 e 463, CC.

(A) consequência imediata do contrato preliminar: desde que não conste cláusula de arrependimento, qualquer das partes pode exigir a celebração do contrato definitivo, assinalando prazo à outra. É importante ressaltar que, em matéria de imóveis, há diversas leis impedindo a cláusula de arrependimento.

(B) consequência mediata do contrato preliminar: esgotado o prazo acima sem a assinatura do contrato definitivo, a parte prejudicada pode requerer ao Judiciário que supra a vontade do inadimplente, conferindo do caráter definitivo ao contrato preliminar, salvo se a isto se opuser a natureza da obrigação.

8. Quanto ao conhecimento prévio das prestações:

8.(1) Contrato comutativo: *é aquele em que as partes, de antemão, conhecem as prestações que deverão cumprir*. Exs.: compra e venda, prestação de serviços, mútuo, locação, empreitada etc. A maior parte dos contratos tem essa natureza.

8.(2) Contrato aleatório: *é aquele em que pelo menos a prestação de uma das partes não é conhecida de antemão*. Ex.: contrato de seguro.

9. Quanto ao momento de execução:

9.(1) Contratos instantâneos: *são aqueles em que a execução se dá no momento da celebração*. Um exemplo é a compra e venda de pronta entrega e pagamento.

9.(2) Contratos de execução diferida: *são aqueles em que a execução se dá em ato único, em momento posterior à celebração*. Constitui exemplo a compra e venda para pagamento em 120 dias.

9.(3) Contratos de trato sucessivo ou de execução continuada: *são aqueles em que a execução é distribuída no tempo em atos reiterados*. São exemplos a compra e venda em prestações, a locação e o financiamento pago em parcelas.

4.3. ONEROSIDADE EXCESSIVA

(Procurador Distrital – 2014 – CESPE) Julgue o seguinte item.

(1) É possível a revisão ou a resolução dos contratos aleatórios por sua onerosidade excessiva, desde que o evento gerador da revisão ou resolução, superveniente, extraordinário e imprevisível, não se relacione com a própria álea assumida no contrato.

1. Correta. A assertiva está correta, pois o risco assumido em um contrato aleatório possui limites determinados. Dentro desse âmbito, a parte que assumiu o risco deverá arcar com ele durante a execução do contrato. Por outro lado, poderá alegar onerosidade excessiva quanto àquilo que extrapolar a álea pré-definida, pois neste caso o contexto inicialmente previsto para o cumprimento foi alterado por fatos supervenientes, extraordinários e imprevisíveis, sendo perfeitamente possível a revisão, conforme art. 478 do CC.

Gabarito 1C

(Procurador do Estado/PR – UEL-COPS – 2011) Relativamente às diferenças entre a onerosidade excessiva e a lesão, considere as afirmativas abaixo:

I. na primeira a prestação de uma das partes se torna excessivamente onerosa, com extrema vantagem para a outra, em virtude de acontecimentos extraordinários e imprevisíveis, o que faz nascer para o devedor o direito de pedir a resolução do contrato; na segunda, uma das partes submete a outra a prestação manifestamente desproporcional em virtude de má-fé prévia ao negócio.

II. na primeira a excessiva onerosidade nasce da má-fé prévia ao negócio, enquanto que na segunda igualmente, mas o elemento que as diferencia é o fato de na lesão fala-se em ato anulável e na onerosidade excessiva falar-se em causa de resolução do contrato.

III. a lesão é vício do negócio jurídico, ao passo que a onerosidade excessiva é fator que gera a resolução ou modificação do contrato.

Alternativas:

(A) as assertivas I e II estão incorretas;

(B) as assertivas I e III estão incorretas;

(C) somente a assertiva II está incorreta;

(D) somente a assertiva III está incorreta;

(E) somente a assertiva I está incorreta.

I e **III:** corretas (artigos 478 e 157, ambos do CC); **II:** incorreta, pois contraria a alternativa I, que diferencia os institutos.

Gabarito "C"

(Procurador do Estado/SC – 2009) Assinale a alternativa incorreta.

(A) O instituto da onerosidade excessiva está vinculado aos problemas relacionados com o sinalagma funcional do vínculo obrigacional.

(B) O instituto da onerosidade excessiva, positivado no novo Código Civil, pode ser verificado nos contratos de execução continuada ou diferida e sempre terá como consequência a revisão contratual.

(C) A cláusula geral contida no art. 422 do novo Código Civil impõe ao juiz interpretar e, quando necessário, suprir e corrigir o contrato segundo a boa-fé objetiva, entendida como a exigência de comportamento leal dos contratantes.

(D) A função social do contrato, prevista no art. 421 do novo Código Civil, constitui cláusula geral, a impor a revisão do princípio da relatividade dos efeitos do contrato em relação a terceiros, implicando a tutela externa do crédito.

(E) A boa-fé objetiva deve ser observada pelas partes na fase de negociações preliminares e após a execução do contrato, quando tal exigência decorrer da natureza do contrato.

A: correta, pois só se pode falar em aplicação desse instituto nos contratos bilaterais ou sinalagmáticos, em que há obrigações recíprocas entre as partes, já que sua configuração depende de uma obrigação tornar-se desproporcional em relação à outra, considerando o equilíbrio original do contrato; **B:** incorreta, pois, muitas vezes, a única solução para o caso será a resolução do contrato (art. 478 do CC); **C:** correta, tratando-se do exato texto do Enunciado 26 do CJF; **D:** correta, tratando-se do exato texto do Enunciado 21 do CJF; **E:** correta (Enunciado 25 do CJF).

Gabarito "B"

(Procurador do Município/Cubatão-SP – 2012 – VUNESP) Em relação ao entendimento sobre a resolução por onerosidade excessiva, assinale a alternativa correta.

(A) Somente se aplica aos contratos bilaterais.

(B) Pode ser invocada apenas quando a onerosidade atinja toda a prestação.

(C) Confere à parte prejudicada o direito de descumprir o pactuado.

(D) Aplicam-se aos contratos de execução instantânea.

(E) A onerosidade pode atingir apenas parte da prestação principal.

A, B, C e **D:** incorretas; **E:** correta. Nos termos do art. 478, do CC, para que haja a resolução do contrato por onerosidade excessiva ou sua revisão (enunciados 176, 367 e 440, CJF), exige-se o preenchimento dos seguintes requisitos: a) contrato de execução continuada ou diferida (e não de execução instantânea); b) a prestação de uma das partes deve se tornar excessivamente onerosa (parcial ou total); c) extrema vantagem para a outra parte; d) acontecimento extraordinário e imprevisível. Oportuno registrar que tanto a doutrina quanto a jurisprudência discutem se a teoria da imprevisão pode ser aplicada em contrato aleatório. Existem duas correntes a respeito: 1ª) não é possível, pois o desequilíbrio econômico é inerente aos contratos aleatórios (REsp n. 783.520/GO, STJ); 2ª) é possível, pois a *falta de equivalência entre as prestações de um contrato não impede a apreciação de um certo equilíbrio contratual* (Gustavo Tepedino e enunciado n. 440, CJF).

Gabarito "E"

(ADVOGADO – PETROBRÁS – 2006 – CESGRANRIO) O Código Civil de 2002, nos seus artigos de 478 a 480, disciplina a resolução por onerosidade excessiva nos contratos de execução continuada ou diferida. Sobre a matéria, está correto afirmar:

(A) É possível a aplicação da teoria da imprevisão nos contratos aleatórios.

(B) Caso o contrato objeto da ação resolutória venha a ser integralmente cumprido no curso da lide, a ação deverá ser extinta sem julgamento do mérito.

(C) Em sendo concedida a resolução do contrato, opera-se a liberação do devedor, revendo-se as prestações cumpridas antes de iniciada a ação resolutória.

(D) À parte prejudicada cabe a "ação resolutória", abrindo-se, porém, a oportunidade à parte beneficiada de evitar este desenlace, oferecendo modificação equitativa das condições de execução.

(E) Em caso de extrema onerosidade, a parte prejudicada pode cessar os pagamentos pactuados, devendo, no prazo de 30 dias, renovar o pedido de resolução do contrato em juízo, caso lhe tenha sido negado pela parte beneficiada.

A: incorreta. Tanto a doutrina quanto a jurisprudência discutem se a teoria da imprevisão pode ser aplicada em contrato aleatório. Existem duas correntes a respeito: 1ª) não é possível, pois o desequilíbrio econômico é inerente aos contratos aleatórios (REsp n. 783.520/GO, STJ); 2ª) é possível, pois a *falta de equivalência entre as prestações de um contrato não impede a apreciação de um certo equilíbrio contratual* (Gustavo Tepedino e enunciado n. 440, CJF); B e **C:** incorretas, pois os efeitos da sentença que decretar a resolução do contrato retroagirão à data da citação (art. 478, do CC); **D:** correta (art. 479, do CC); **E:** incorreta, pois o devedor deve pedir a resolução ou modificação do contrato, ao invés de cessar os pagamentos pactuados (art. 478, do CC).

Gabarito "D"

(ADVOGADO – BNB – 2006 – ACEP) Assinale a alternativa que **NÃO** constitui requisito para a revisão contratual, segundo o novo Código Civil.

(A) Obrigação pecuniária.

(B) Desproporção manifesta entre o valor da prestação devida e o momento da execução.

(C) Pedido da parte.

(D) Motivo imprevisível.

(E) Contratos a prazo ou de duração.

A: correta. Nos termos do art. 478, do CC, para que haja a resolução do contrato por onerosidade excessiva ou sua revisão (enunciados 176, 367 e 440, CJF), exige-se o preenchimento dos seguintes requisitos: a) contrato de execução continuada ou diferida (e não de execução instantânea); b) a prestação de uma das partes deve se tornar excessivamente onerosa (parcial ou total); c) extrema vantagem para a outra parte; d) acontecimento extraordinário e imprevisível. Oportuno registrar que tanto a doutrina quanto a jurisprudência discutem se a teoria da imprevisão pode ser aplicada em contrato aleatório. Existem duas correntes a respeito: 1ª) não é possível, pois o desequilíbrio econômico é inerente aos contratos aleatórios (REsp n. 783.520/GO, STJ); 2ª) é possível, pois a *falta de equivalência entre as prestações de um contrato não impede a apreciação de um certo equilíbrio contratual* (Gustavo Tepedino e enunciado n. 440, CJF); **B, C, D** e **E:** incorretas, pois constituem requisitos para a revisão contratual.

Gabarito "A"

4.4. EVICÇÃO

(Procurador do Estado/SC – 2010 – FEPESE) Assinale a alternativa **correta**, de acordo com o Código Civil Brasileiro.

(A) Não atendendo o alienante à denunciação da lide, e sendo manifesta a procedência da evicção, pode o adquirente deixar de oferecer contestação, ou usar de recursos.

(B) Verificada a evicção, o contrato será declarado nulo de pleno direito, devendo o alienante restituir o preço integral correspondente ao desfalque sofrido pelo adquirente, acrescido de juros e correção monetária.

(C) A fim de exercer o direito que da evicção lhe resulta, o adquirente pode, apenas, denunciar a lide ao alienante imediato.

(D) A garantia contra a evicção não abrange a aquisição que se tenha realizado em hasta pública.

(E) A doação, mesmo que típica, está sujeita às disposições pertinentes aos vícios redibitórios.

A: correta (art. 456, parágrafo único, do CC); **B:** incorreta, pois, verificada a evicção, o evicto tem os seguintes direitos: i) receber o preço da coisa, considerando a época em que se deu a perda (ou seja, não se trata da restituição do preço integral da coisa); ii) receber indenização pelos frutos que tiver sido obrigado a restituir; iii) receber indenização pelas despesas dos contratos e pelos prejuízos que diretamente resultarem da evicção; iv) receber as custas judiciais e os honorários advocatícios; **C:** incorreta, pois o adquirente pode denunciar da lide o alienante imediato, ou qualquer dos anteriores; **D:** incorreta, pois essa garantia abrange as aquisições feitas em hasta pública; **E:** incorreta, pois somente os contratos onerosos estão sujeitos à disciplina dos vícios redibitórios; a doação pura simples não está sujeita, mas a doação onerosa está (art. 441, parágrafo único, do CC).

Gabarito "A"

(Procurador do Estado/SP – VUNESP – 2005) Em matéria de evicção, não é possível demandar se o adquirente foi privado da coisa por furto. Este posicionamento está

(A) correto, porque não há corno responder por fato que é alheio ao alienante.

(B) correto, já que é entendimento majoritário da doutrina tratar-se de força maior.

(C) incorreto, já que o Código Civil em vigor não fez essa restrição contida no Código revogado.

(D) incorreto, pois haveria um enriquecimento sem causa do evicto.

(E) incorreto, não há como se invocar qualquer excludente.

A: correta. A *evicção se dá pela perda da coisa, adquirida em contrato oneroso, por força de decisão judicial, ou apreensão administrativa, mesmo se a aquisição for em hasta pública (Cristiano Vieira Sobral Pinto e Informativo n. 414, do STJ).* Assim, em matéria de evicção, não é possível demandar se o adquirente foi privado da coisa por furto, já que se trata de fato alheio ao alienante; **B:** incorreta, pois o furto não é hipótese de força maior; **C**, **D** e **E:** incorretas, pois o enunciado da questão está de acordo com o entendimento atual da doutrina e da jurisprudência.

Gabarito "A"

4.5. VÍCIOS REDIBITÓRIOS

(ADVOGADO – INFRAERO – 2004 – NCE/UFRJ) Amadeu adquire um automóvel em aparente bom estado de conservação de Fernando, tendo sido surpreendido, posteriormente, por defeito oculto no referido bem. Sobre o narrado é correto dizer:

(A) o vício redibitório na coisa permite ação *quanti minoris* ou redibitória;

(B) no exemplo referido é incabível ação redibitória ou *quanti minoris*;

(C) somente é cabível a ação redibitória;

(D) não seria caso de redibição mas sim de evicção;

(E) poderia ser proposta ação estimatória.

A: correta (art. 442, do CC); **B:** incorreta, pois no caso narrado se aplica o art. 442, do CC; **C:** incorreta, pois, além da ação redibitória, também é cabível a ação estimatória (*quanti minoris*); **D:** incorreta, pois não se trata de caso de evicção; **E:** incorreta, já que a alternativa está incompleta.

Gabarito "A"

4.6. EXTINÇÃO DOS CONTRATOS

Espécies de extinção dos contratos.

(1) Execução. Esta é forma normal de extinção dos contratos. Na compra e venda a execução se dá com a entrega da coisa (pelo vendedor) e com o pagamento do preço (pelo comprador).

(2) Invalidação. O contrato anulável produz seus efeitos enquanto não anulado pelo Poder Judiciário. Uma vez anulado (decisão constitutiva), o contrato fica extinto com efeitos *ex nunc*. Já o contrato nulo recebe do Direito uma sanção muito forte, sanção que o priva da produção de efeitos desde o seu início. A parte interessada ingressa com ação pedindo uma decisão declaratória, decisão que deixa claro que o contrato nunca pode produzir efeitos, daí porque essa decisão tem efeitos *ex tunc*. Se as partes acabaram cumprindo "obrigações", o juiz as retornará ao estado anterior.

(3) Resolução. Há três hipóteses de extinção do contrato pela resolução, a saber:

3.(1) Por inexecução culposa: *é aquela que decorre de culpa do contratante*. Há dois casos a considerar:

(A) se houver cláusula resolutiva expressa (pacto comissório), ou seja, previsão no próprio contrato de que a inexecução deste gerará sua extinção, a resolução opera de pleno direito, ficando o contrato extinto; o credor que ingressar com ação judicial entrará apenas com uma ação declaratória, fazendo com que a sentença tenha efeitos *ex tunc*. A lei protege o devedor em alguns contratos, estabelecendo que, mesmo existindo essa cláusula, ele tem o direito de ser notificado para purgar a mora (fazer o pagamento atrasado) no prazo estabelecido na lei.

(B) se não houver cláusula resolutiva expressa, a lei estabelece a chamada **"cláusula resolutiva tácita"**, disposição que está implícita em todo contrato, e que estabelece que o seu descumprimento permite que a outra parte possa pedir a resolução do contrato. Neste caso a resolução dependerá de interpelação judicial para produzir efeitos, ou seja, ela não ocorre de pleno direito. Repare que não basta mera interpelação extrajudicial. Os efeitos da sentença judicial serão *ex nunc*.

É importante ressaltar que a parte lesada pelo inadimplemento (item *a* ou *b*) tem duas opções (art. 474, CC). a) pedir a resolução do contrato; ou b) exigir o cumprimento do contrato. Em qualquer dos casos, por se tratar de inexecução culposa, caberá pedido de indenização por perdas e danos. Se houver cláusula penal, esta incidirá independentemente de prova de prejuízo (art. 416, CC). Todavia, uma indenização suplementar dependerá de convenção no sentido de que as perdas e os danos não compreendidos na cláusula penal também serão devidos.

3.(2) Por inexecução involuntária: *é aquela que decorre da impossibilidade da prestação*. Pode decorrer de caso fortuito ou força maior, que são aqueles fatos necessários, cujos efeitos não se consegue evitar ou impedir. Esta forma de inexecução exonera o devedor de responsabilidade (art. 393, CC), salvo se este expressamente assumiu o risco (art. 393, CC) ou se estiver em mora (art. 399, CC).

3.(3) Por onerosidade excessiva. Conforme vimos, no caso de onerosidade excessiva causada por fato extraordinário e imprevisível, cabe revisão contratual. Não sendo esta possível, a solução deve ser pela resolução do contrato, sem ônus para as partes. A resolução por onerosidade excessiva está prevista no art. 478 do CC.

4. Resilição.

4.(1) Conceito: *é a extinção dos contratos pela vontade de um ou de ambos contratantes*. A palavra-chave é *vontade*. Enquanto a resolução é a extinção por inexecução contratual ou onerosidade excessiva, a resilição é a extinção pela vontade de uma ou de ambas as partes.

4.(2) Espécies:

(A) bilateral, *que é o acordo de vontades para pôr fim ao contrato* (**distrato**). A forma para o distrato é a mesma que a lei exige para o contrato. Por exemplo, o distrato de uma compra e venda de imóvel deve ser por escritura, pois esta é a forma que a lei exige para o contrato. Já o distrato de um contrato de locação escrito pode ser verbal, pois a lei não exige documento escrito para a celebração de um contrato de locação. É claro que não é recomendável fazer um distrato verbal no caso, mas a lei permite esse procedimento.

(B) unilateral, *que é a extinção pela vontade de uma das partes* (**denúncia**). Essa espécie de resilição só existe por exceção, pois o contrato faz lei entre as partes. Só é possível a denúncia unilateral do contrato quando: i) houver previsão contratual ou ii) a lei expressa ou implicitamente autorizar. Exemplos: em contratos de execução continuada com prazo indeterminado, no mandato, no comodato e no depósito (os três últimos são contratos feitos na base da confiança), no arrependimento de compra feita fora do estabelecimento comercial (art. 49, CDC) e nas denúncias previstas na Lei de Locações (arts. 46 e 47 da Lei 8.245/91). A lei exige uma formalidade ao denunciante. Este deverá notificar a outra parte, o que poderá ser feito extrajudicialmente. O efeito da denúncia é *ex tunc*. Há uma novidade no atual CC, que é o "aviso-prévio legal". Esse instituto incide quando alguém denuncia um contrato prejudicando uma parte que fizera investimentos consideráveis. Neste caso, a lei dispõe que a denúncia unilateral só produzirá efeitos após um prazo compatível com a amortização dos investimentos (art. 473, parágrafo único).

(5) Morte. Nos contratos impessoais, a morte de uma das partes não extingue o contrato. Os herdeiros deverão cumpri-lo segundo as forças da herança. Já num contrato personalíssimo (contratação de um advogado, contratação de um cantor), a morte da pessoa contratada extingue o contrato.

(6) Rescisão. A maior parte da doutrina encara a rescisão como gênero, que tem como espécies a resolução, a resilição, a redibição etc.

(Procurador do Estado/BA – 2014 – CESPE) Julgue o seguinte item.

(1) A teoria do adimplemento substancial impõe limites ao exercício do direito potestativo de resolução de um contrato.

1: Correta. A afirmação está correta, pois a depender da quantidade de parcelas que o devedor tenha pagado, o credor não pode simplesmente resolver o contrato no caso de inadimplemento. A jurisprudência tem se posicionado pela manutenção da avença e cobrança do saldo remanescente. Logo, o direito potestativo do credor sofre restrições quanto a resolução. Neste sentido, encarta-se julgado do STJ: "DIREITO CIVIL. CONTRATO DE ARRENDAMENTO MERCANTIL PARA AQUISIÇÃO DE VEÍCULO (*LEASING*). PAGAMENTO DE TRINTA E UMA DAS TRINTA E SEIS PARCELAS DEVIDAS. RESOLUÇÃO DO CONTRATO. AÇÃO DE REINTEGRAÇÃO DE POSSE. DESCABIMENTO. MEDIDAS DESPROPORCIONAIS DIANTE DO DÉBITO REMANESCENTE. APLICAÇÃO DA *TEORIA DO ADIMPLEMENTO SUBSTANCIAL*.1. É pela lente das cláusulas gerais previstas no Código Civil de 2002, sobretudo a da boa-fé objetiva e da função social, que deve ser lido o art. 475, segundo o qual "[a] parte lesada pelo inadimplemento pode pedir a resolução do contrato, se não preferir exigir-lhe o cumprimento, cabendo, em qualquer dos casos, indenização por perdas e danos". 2. Nessa linha de entendimento, *a teoria do substancial adimplemento visa a impedir o uso desequilibrado do direito de resolução por parte do credor, preterindo desfazimentos desnecessários em prol da preservação da avença, com vistas à realização dos princípios da boa-fé e da função social do contrato*. 3. No caso em apreço, é de se aplicar a da teoria do adimplemento substancial dos contratos, porquanto o réu pagou: "31 das 36 prestações contratadas, 86% da obrigação total (contraprestação e VRG parcelado) e mais R$ 10.500,44 de valor residual garantido". O mencionado descumprimento contratual é inapto a ensejar a reintegração de posse pretendida e, consequentemente, a resolução do contrato de arrendamento mercantil, medidas desproporcionais diante do substancial adimplemento da avença.4. Não se está a afirmar que a dívida não paga desaparece, o que seria um convite a toda sorte de fraudes. Apenas se afirma que o meio de realização do crédito por que optou a instituição financeira não se mostra consentâneo com a extensão do inadimplemento e, de resto, com os ventos do Código Civil de 2002. Pode, certamente, o credor valer-se de *meios menos gravosos* e proporcionalmente mais adequados à persecução do crédito remanescente, como, por exemplo, a execução do título.5. Recurso especial não conhecido" (REsp 1051270/RS, Rel. Ministro LUIS FELIPE SALOMÃO, QUARTA TURMA, julgado em 04/08/2011, DJe 05/09/2011)

Gabarito 1C

(Procurador do Estado/PE – 2004) No tocante à extinção dos contratos, considere as seguintes afirmações:

I. A cláusula resolutiva expressa opera de pleno direito; a tácita depende de interpelação judicial.

II. O distrato pode dar-se por instrumento particular ainda que o contrato tenha sido celebrado por instrumento público.

III. A resolução por onerosidade excessiva requerida judicialmente não pode ser evitada pelo réu, por se tratar de direito potestativo do autor.

IV. A resilição unilateral, nos casos em que a lei expressa ou implicitamente o permita, opera mediante denúncia notificada à outra parte, mas se esta houver feito investimentos consideráveis para execução do contrato, a denúncia só produzirá efeito depois de transcorrido prazo compatível com a natureza e o vulto dos investimentos.

V. Os efeitos da sentença que decretar a resolução do contrato por onerosidade excessiva retroagirão à data de sua celebração.

São corretas

(A) I e II.

(B) I e IV.

(C) I e V.

(D) II e III.

(E) III e IV.

I: correta (art. 474 do CC): **II:** incorreta (art. 472 do CC); **III:** incorreta (art. 479 do CC); **IV:** correta (art. 473, parágrafo único, do CC): **V:** incorreta (art. 478 do CC).

Gabarito "B"

(Procurador do Município/Florianópolis-SC – 2010 – FEPESE) Sobre as formas de desfazimento da relação contratual, assinale a alternativa **incorreta**.

(A) A resilição é forma de desfazimento voluntário do contrato.

(B) A quitação é um direito de que paga do solvens.

(C) Salvo disposição em contrário, o distrato opera efeitos a partir de sua ultimação.

(D) Os efeitos da sentença que decretar a resolução do contrato correrão a partir de sua publicação.

(E) A exceção de contrato não cumprido implica, nos contratos bilaterais, a impossibilidade de exigir o implemento da obrigação alheia, antes de cumprida a obrigação própria.

A: correta, pois a resilição é a extinção do contrato pela vontade dos contratantes; quando a vontade é de apenas um dos contratantes, tem-se a resilição unilateral (denúncia), ao passo que se a extinção se dá pela vontade de ambos os contraentes, tem-se a resilição bilateral (distrato), estando o instituto da resilição regulamentado nos arts. 472 e 473 do CC; **B:** correta, pois o *solvens* é a pessoa que deve pagar, ou seja, o devedor; uma vez que o devedor paga, ele tem direito à quitação (art. 319 do CC); aliás, o devedor que está para pagar pode até reter o pagamento, enquanto não lhe seja dada a quitação regular; **C:** correta, já que é a partir do distrato que o contrato deixa de produzir efeitos (efeito *ex nunc*), podendo, as partes, se quiserem, estabelecer outra data para que o contrato deixe de produzir efeitos; **D:** incorreta, devendo ser assinalada; na verdade, caso haja cláusula resolutiva expressa, os efeitos da resolução se darão a partir da inexecução do contrato, ao passo que, não havendo cláusula resolutiva expressa, os efeitos da resolução se darão a partir de interpelação judicial (art. 474 do CC); **E:** correta (art. 476 do CC).

Gabarito "D"

(Procurador do Município/São Paulo-SP – 2008 – FCC) José vendeu um imóvel para Pedro, no valor de R$ 120.000,00, cujo pagamento se fará em doze prestações mensais, sendo a escritura pública registrada no Serviço de Registro de Imóveis. Neste caso, a

(A) resilição bilateral e a quitação necessariamente terão de dar-se por escritura pública.

(B) resilição bilateral terá de dar-se por escritura pública, mas a quitação pode ser dada por instrumento particular.

(C) resilição bilateral e a quitação poderão dar-se por instrumento particular.

(D) resilição bilateral é vedada se o contrato estiver sujeito à cláusula de irretratabilidade.

(E) quitação da última parcela firmará presunção absoluta do pagamento das anteriores.

A: incorreta, pois a quitação pode se dar por instrumento particular (art. 320, do CC); **B:** correta, pois a resilição bilateral ou distrato faz-se pela mesma forma exigida para o contrato (art. 472, do CC), sendo que a quitação poderá ser feita por instrumento particular (art. 320, do CC); **C:** incorreta, pois no caso narrado a resilição deve ser feita por instrumento público (art. 472, do CC); **D:** incorreta, já que a resilição bilateral não é vedada, mesmo havendo cláusula de irretratabilidade, por se tratar de uma nova manifestação de vontade de um ou de ambos os contratantes; **E:** incorreta, pois a presunção é relativa (art. 322, do CC).

Gabarito "B"

(Advogado da União/AGU – CESPE – 2012) Com base nas regras relativas à extinção e à resolução dos contratos, julgue os itens subsequentes.

(1) De acordo com o STJ, contratada a venda de safra para entrega futura com preço certo, a incidência de pragas na lavoura não dará causa à resolução por onerosidade excessiva, ficando o contratante obrigado ao cumprimento da avença.

(2) Se determinado empregado de um condomínio de edifícios causar dano a uma unidade habitacional, será lícito ao condômino proprietário da unidade danificada, conforme entendimento do STJ, deixar de pagar cotas condominiais na hipótese de o condomínio não cumprir a obrigação de reparar os danos, visto que, nesse caso, terá ocorrido exceção de contrato não cumprido.

1: correta, pois está de acordo como entendimento do STJ, a saber: *"ONEROSIDADE EXCESSIVA. CONTRATO DE SAFRA FUTURA DE SOJA. FERRUGEM ASIÁTICA. Reiterando seu entendimento, a Turma decidiu que, nos contratos de compra e venda futura de soja, as variações de preço, por si só, não motivam a resolução contratual com base na teoria da imprevisão. Ocorre que, para a aplicação dessa teoria, é imprescindível que as circunstâncias que envolveram a formação do contrato de execução diferida não sejam as mesmas no momento da execução da obrigação, tornando o contrato extremamente oneroso para uma parte em benefício da outra. E, ainda, que as alterações que ensejaram o referido prejuízo resultem de um fato extraordinário e impossível de ser previsto pelas partes. No caso, o agricultor argumenta ter havido uma exagerada elevação no preço da soja, justificada pela baixa produtividade da safra americana e da brasileira, motivada, entre outros fatores, pela ferrugem asiática e pela alta do dólar. Porém, as oscilações no preço da soja são previsíveis no momento da assinatura do contrato, visto que se trata de produto de produção comercializado na bolsa de valores e sujeito às demandas de compra e venda internacional. A ferrugem asiática também é previsível, pois é uma doença que atinge as lavouras do Brasil desde 2001 e, conforme estudos da Embrapa, não há previsão de sua erradicação, mas é possível seu controle pelo agricultor. Sendo assim, os imprevistos alegados são inerentes ao negócio firmado, bem como o risco assumido pelo agricultor que também é beneficiado nesses contratos, pois fica resguardado da queda de preço e fica garantido um lucro razoável. Precedentes citados: REsp 910.537-GO, DJe 7/6/2010; REsp 977.007-GO, DJe 2/12/2009; REsp 858.785-GO, DJe 3/8/2010; REsp 849.228-GO, DJe 12/8/2010; AgRg no REsp 775.124-GO, DJe 18/6/2010, e AgRg no REsp 884.066-GO, DJ 18/12/2007".* **REsp 945.166-GO, Rel. Min. Luis Felipe Salomão, julgado em 28/2/2012. 4ª Turma; 2:**

incorreta, pois de acordo com o entendimento do STJ, não é possível invocar a exceção do contrato não cumprido para se escusar do pagamento das taxas condominiais. "CONDOMÍNIO. DESPESAS CONDOMINIAIS. RECUSA DO CONDÔMINO DE PAGÁ-LAS, SOB A ALEGAÇÃO DE QUE O CONDOMÍNIO NÃO CUMPRIU A OBRIGAÇÃO DE REPARAR OS DANOS HAVIDOS EM SUA UNIDADE HABITACIONAL. *EXCEPTIO NON ADIMPLETI CONTRACTUS*. INADMISSIBILIDADE DA ARGUIÇÃO. ART. 1.092 DO CÓDIGO CIVIL DE 1916. – Não ostentando a Convenção de Condomínio natureza puramente contratual, inadmissível é ao condômino invocar a exceção de contrato não cumprido para escusar-se ao pagamento das cotas condominiais. Recurso especial não conhecido". (REsp 195450/SP, Rel. Min. Barros Monteiro, DJ 04/10/2004).

Gabarito 1C, 2E

4.7. COMPRA E VENDA E TROCA

(Procurador do Estado/BA – 2014 – CESPE) Julgue o seguinte item.

(1) De acordo com o entendimento do STJ, havendo cláusula de arrependimento em compromisso de compra e venda, a devolução do sinal, por quem o deu, ou a sua restituição em dobro, por quem o recebeu, exclui indenização maior a título de perdas e danos, salvo os juros moratórios e os encargos do processo.

1: Correta, nos termos do julgado exarado pelo STJ: "PROMESSA DE VENDA E ARGUIÇÃO DE COISA JULGADA. INEXISTE COISA JULGADA SE, NA DEMANDA PRECEDENTE, NÃO SE EXAMINOU O "MERITUM CAUSAE", RESTRITA QUE FICOU A DECISÃO ALI PROFERIDA A MATERIA DE NATUREZA PROCESSUAL. *TRATANDO-SE DE ARRAS PENITENCIAIS, A RESTITUIÇÃO EM DOBRO DO SINAL, DEVIDAMENTE CORRIGIDO, PELO PROMITENTE-VENDEDOR, EXCLUI INDENIZAÇÃO MAIOR A TITULO DE PERDAS E DANOS.* SUM. 412-STF E PRECEDENTES DO STJ.RECURSO ESPECIAL NÃO CONHECIDO" (REsp 34.793/SP, Rel. Ministro BARROS MONTEIRO, QUARTA TURMA, julgado em 09/12/1997, DJ 30/03/1998, p. 66). Ademais, referido posicionamento reflete literalmente o teor da súmula 412 do STF, conforme mencionado no acórdão.

Gabarito 1C

(Procurador do Estado/MG – 2007) Jorge transferiu o domínio de sua casa localizada na praia de Jurerê, no Estado de Santa Catarina, para José. Em troca, José pagou certo preço em dinheiro. No contrato realizado ficou acordado que após 02 anos José estava obrigado revendê-la a Jorge, desde que restituído pelo preço recebido e reembolsado das despesas de comprador, bem como, as que durante o período de resgate, se efetuaram com a sua autorização escrita, ou para realização de benfeitorias necessárias. O contrato realizado no caso citado, trata-se de

(A) contrato de compra e venda com cláusula especial de retrovenda.

(B) contrato de troca ou permuta.

(C) contrato estimatório.

(D) contrato de depósito.

A situação narrada trata do contrato de compra e venda com cláusula especial de retrovenda, segundo a qual o vendedor reserva-se o direito de reaver o imóvel que está sendo alienado, em certo prazo, restituindo o preço mais despesas feitas pelo comprador (art. 505, do CC).

Gabarito "A"

(Procurador do Estado/PR – 2007) Acerca do regime jurídico da compra e venda no Código Civil, analise as afirmações que seguem:

I. Nulo é o contrato de compra e venda, quando se deixa ao arbítrio exclusivo de uma das partes a taxação do preço.

II. Pode o ascendente vender bem imóvel ao descendente sem autorização dos demais descendentes, devendo, porém, nessa hipótese, ser a compra e venda levada à colação no futuro inventário do ascendente.

III. Nas coisas vendidas conjuntamente, o defeito oculto de uma não autoriza a rejeição de todas.

IV. Na retrovenda, o prazo para resgate não poderá ultrapassar três anos.

(A) Estão corretas apenas as afirmações 1 e 2.

(B) Estão corretas apenas as afirmações 1, 3 e 4.

(C) Estão corretas apenas as afirmações 2 e 4

(D) Estão corretas apenas as afirmações 1, 2 e 3.

(E) Está correta apenas a afirmação 4.

I: correta (art. 489 do CC); **II:** incorreta (art. 496 do CC – não confundir com a hipótese de doação – art. 544 do CC); **III:** correta (art. 503 do CC); **IV:** correta (art. 505 do CC).

Gabarito "B"

(Procurador do Estado/PR – 2007) O direito de preferência:

(A) é uma faculdade do credor;

(B) é uma faculdade do devedor;

(C) depende de estipulação contratual;

(D) não depende de estipulação contratual;

(E) está previsto na lei, podendo ser convencionado.

Arts. 513 e ss, do CC.

Gabarito "E"

(Procurador do Estado/RR – 2006 – FCC) No contrato de compra e venda

(A) a propriedade da coisa vendida, salvo disposição em contrário, se transfere no momento do contrato, por isto se considera contrato real.

(B) um dos contratantes se obriga a transferir o domínio de certa coisa, e outro, a pagar-lhe certo preço em dinheiro.

(C) é válido deixar-se ao arbítrio exclusivo de uma das partes a fixação do preço, se assim o contrato dispuser expressamente.

(D) desde a celebração do contrato, os riscos da coisa correm por conta do comprador, independentemente da tradição e os do preço por conta do vendedor.

(E) há necessidade de anuência dos outros descendentes se o vendedor for ascendente do comprador, sob pena de nulidade absoluta.

A: incorreta, a compra e venda é contrato consensual, ou seja, é contrato que se forma pelo mero acordo de vontades; a compra e venda, portanto, não importa em transferência da propriedade da coisa; esta só se dá com a tradição (com a entrega), que está no contexto da execução do contrato (art. 481 do CC); **B:** correta, art. 481 do CC; **C:** incorreta, art. 489 do CC; **D:** incorreta, art. 492 do CC; **E:** incorreta, sob pena de anulabilidade (art. 496 do CC).

Gabarito "B"

(Procurador do Estado/SE – FCC – 2005) O servidor público federal Pedro adquiriu em 05/01/2005, registrando imediatamente a escritura no Serviço de Registro de Imóveis, um imóvel rural denominado Fazenda Água do Bugre, com duzentos (200) hectares, sendo a aquisição ad corpus, pelo preço de R$ 1.000.000,00 (um milhão de reais). Precisando de recursos para explorar a fazenda, prometeu vender ao vizinho João vinte (20) hectares, recebendo, à vista, R$ 100.000.00 (cem mil reais), no dia 22/01/2005. Pedro foi mandado para a França a serviço da União, no dia 25/01/2005, deixando um administrador de seus negócios o qual, um mês depois, comunicou a Pedro que, em medição da área, verificou existirem apenas cento e cinquenta (150) hectares e que o cheque dado em pagamento por João não fora compensado por falta de fundos. Neste caso, quanto aos prazos para Pedro pedir o abatimento do preço do imóvel que adquiriu e para executar o cheque recebido de João, é correto afirmar:

(A) o prazo para a execução do cheque foi interrompido e o prazo para pedir o abatimento do preço do imóvel está suspenso.

(B) não ocorre nenhuma hipótese de suspensão ou interrupção de prazo.

(C) estão suspensos ambos os prazos.

(D) está suspenso o prazo para a execução do cheque, mas não está o prazo para pedir o abatimento do preço do imóvel.

(E) foram interrompidos ambos os prazos.

A alternativa "D" está correta, pois está suspenso o prazo prescricional para a execução do cheque (art. 198, II, do CC), mas não está o prazo decadencial para pedir o abatimento do preço (art. 207, 500 e 501, todos do CC).

Gabarito "D"

(Procurador do Estado/SP – VUNESP – 2005) Em relação ao contrato de compra e venda, é correta a declaração de que há transferência de propriedade da coisa vendida

(A) com a simples tradição, quando se tratar de bem móvel, por ser um contrato de natureza real.

(B) com a simples tradição, quando se tratar de bem móvel, por ser o contrato de natureza obrigacional.

(C) com a estipulação das condições do pagamento do preço e da entrega do objeto no contrato de compra e venda.

(D) com a realização de escritura pública em se tratando de bem imóvel.

(E) com a estipulação do objeto e do pagamento do preço no caso de compra e venda pura.

A: incorreta, pois a compra e venda é um contrato consensual e não real (entrega da coisa é ato necessário para o aperfeiçoamento do contrato); **B:** correta. O contrato de compra e venda, previsto no art. 481, do CC é consensual, ou seja, forma-se no momento do acordo de vontade entre as partes. Com o contrato nasce a obrigação de dar, permitindo a transferência do domínio, por meio da tradição (bem móvel) ou do registro (bem imóvel), que é mera execução do contrato; C e **D:** incorretas, pois a entrega da coisa ou o registro é execução do contrato já celebrado; **E:** incorreta, pois o contrato se perfaz com o acordo de vontade entre as partes, em que *um dos contratantes se obriga a transferir o domínio de certa coisa, e o outro, a pagar-lhe certo preço em dinheiro.* Ainda, segundo o art. 482, a *compra e venda, quando pura, considerar-se-á obrigatória e perfeita, desde que as partes acordarem no objeto e no preço.*

Gabarito "B"

(Procurador do Município/Recife-PE – 2008 – FCC) Considere os seguintes conceitos estabelecidos pelo Código Civil:

I. O comprador é obrigado a oferecer ao vendedor a coisa que aquele vai vender, ou dar em pagamento, para que este use de seu direito de prelação na compra, tanto por tanto.

II. O vendedor de coisa imóvel pode reservar-se o direito de recobrá-la no prazo máximo de decadência de três anos, restituindo o preço recebido e reembolsando as despesas do comprador, inclusive as que, durante o período de resgate, se efetuaram com a sua autorização escrita, ou para a realização de benfeitorias necessárias.

III. O consignante entrega bens móveis ao consignatário, que fica autorizado a vendê-los, pagando àquele o preço ajustado, salvo se preferir, no prazo estabelecido, restituir-lhe a coisa consignada.

Estes conceitos referem-se, respectivamente, aos institutos:

(A) preempção, retrovenda e contrato estimatório.

(B) retrovenda, contrato estimatório e preempção.

(C) contrato estimatório, preempção e retrovenda.

(D) preempção, contrato estimatório e retrovenda.

(E) retrovenda, preempção e contrato estimatório.

I: correta, pois se refere à preempção (art. 513, do CC), **II:** correta, pois se refere à retrovenda (art. 505, do CC); **III:** correta, pois se refere ao contrato estimatório (art. 534, do CC).

Gabarito "A"

(ADVOGADO – PETROBRÁS – 2003 – CESPE) Acerca dos contratos em espécie, julgue o item a seguir.

(1) Firmado contrato de compra e venda de área de grande extensão não edificada, com descrição de todas as confrontações, não se mencionando a medida exata da área, nem especificando o preço por medida de extensão, mas sobre o total da área vendida, caso o alienante, após a conclusão do contrato, tome conhecimento de que a extensão da área é superior à efetivamente vendida, é cabível a ação *ex empto* para pedir a complementação do preço ou a devolução da área excedente, fundamentando o pedido no princípio da boa-fé objetiva e na vedação ao enriquecimento sem causa por parte do comprador.

1: incorreta (art. 500, § 3º, do CC).

Gabarito 1E

(ADVOGADO – ANP – 2008 – CESGRANRIO) Quanto às cláusulas especiais à compra e venda, analise as afirmações a seguir.

I. O prazo para o exercício de cláusula de retrovenda tem caráter prescricional e deve ser exercido no tempo máximo de dois anos.

II. A venda feita a contento do comprador não se reputará perfeita, enquanto o adquirente não manifestar seu desagrado.

III. O prazo para exercer o direito de preferência não poderá exceder a cento e oitenta dias, se a coisa for móvel, ou a dois anos, se imóvel.

IV. A cláusula de reserva de domínio será estipulada por escrito e depende de registro no domicílio do comprador para valer contra terceiros.

V. Na venda sobre documentos, a entrega do seu título representativo e dos outros documentos exigidos pelo contrato não substitui a tradição da coisa.

Estão corretas **APENAS** as afirmações

(A) I e II

(B) I e V

(C) III e IV

(D) I, II, III e IV

(E) II, III, IV e V

I: incorreta (art. 505, do CC); **II:** incorreta (art. 509, do CC); **III:** correta (art. 513, parágrafo único, do CC); **IV:** correta (art. 522, do CC); **V:** incorreta (art. 529, do CC).

Gabarito "C"

4.8. COMPROMISSO DE COMPRA E VENDA

(ADVOGADO – PETROBRÁS BIO. – 2010 – CESGRANRIO) Analisando-se as duplas de asserções a seguir, com relação à promessa de compra e venda, verifica-se que a segunda decorre da primeira, EXCETO:

(A) A promessa de compra e venda confere ao promitente comprador um direito real. Do direito real extrai-se o de sequela sobre o bem prometido comprar.

(B) A promessa de compra e venda é direito real à aquisição do imóvel. A ação de adjudicação compulsória é, portanto, de natureza real.

(C) O compromisso de compra e venda é direito real limitado. O direito real limitado é exercido sobre coisa que é alheia.

(D) O compromisso de compra e venda irretratável e com quitação de preço gera direito real. Não há natureza preliminar em tal contrato.

(E) A promessa de compra e venda com quitação de preço e irretratável representa obrigação de dar. Esta obrigação se executa pela entrega coativa da coisa.

A: correta (art. 1.225, VII, e 1.228, ambos do CC); **B:** incorreta, pois a ação de adjudicação compulsória não possui natureza real (art. 1.417 e 1.418, do CC); **C:** correta, pelos seus próprios fundamentos; **D:** correta (art. 1.417 do CC do CC); **E:** correta (art. 1.418, do CC).

Gabarito "B"

4.9. DOAÇÃO

(Procurador do Estado/SP – FCC – 2009) A doação pode ser revogada

(A) se o doador sobreviver ao donatário, prevalecendo eventual cláusula de reversão em favor de terceiro, a exemplo do fideicomisso.

(B) por ingratidão se onerada com encargo já cumprido e em cumprimento de obrigação natural.

(C) por inexecução do encargo se o donatário incorrer em mora.

(D) por ingratidão se feita a título de remuneração, prejudicando os direitos adquiridos por terceiros.

(E) por ingratidão se feita para compensar serviços prestados.

A doação só pode ser revogada por ingratidão do donatário ou por inexecução do encargo (art. 555 do CC), ficando excluída a alternativa "a". Não se revogam por ingratidão nas hipóteses previstas no art. 564 do CC, ficando excluídas as alternativas "b", "d" e "e". A lei é expressa no sentido de que, se o donatário incorrer em mora, é possível a revogação da doação por inexecução do encargo (art. 562 do CC).

Gabarito "C"

4.10. MÚTUO, COMODATO E DEPÓSITO

(Procurador do Estado/RO – 2011 – FCC) A prisão civil do inadimplente em se tratando de alienação fiduciária em garantia

(A) nunca foi admitida pelo Supremo Tribunal Federal, porquanto sempre se reconheceu a inconstitucionalidade superveniente do Decreto-Lei nº 911/69.

(B) é possível, haja vista que a Constituição Federal de forma expressa equipara o alienante fiduciário à figura do depositário infiel, conforme sedimentado pela Súmula Vinculante no 25.

(C) não é mais admissível em razão de entendimento sumulado de forma vinculante pelo Supremo Tribunal Federal.

(D) é admitida pelo Supremo Tribunal Federal, haja vista que o Decreto-Lei no 911/69 não pode ser oposto ao texto expresso da Constituição Federal que admite a responsabilidade corporal do depositário infiel.

(E) é possível, haja vista a recepção do disposto no Decreto-Lei no 911/69, o qual equipara o devedor à figura do depositário infiel, conforme entendimento sumulado pelo Supremo Tribunal Federal.

A alternativa "c" está correta, pois, em 23 de dezembro de 2009, o Supremo Tribunal Federal editou a Súmula Vinculante 25: "é ilícita a prisão civil de depositário infiel, qualquer que seja a modalidade do depósito".

Gabarito "C"

(Procurador do Estado/SP – FCC – 2009) É correto afirmar:

(A) O comodatário que estiver em mora suportará os riscos e pagará o aluguel arbitrado pelo comodante, passando à condição de locatário.

(B) O comodatário pode recobrar do comodante as despesas feitas com o uso da coisa emprestada.

(C) O comodato, empréstimo de coisa fungível, não comporta cobrança por parte do comodatário das despesas ordinárias com o uso da coisa emprestada.

(D) Se duas ou mais pessoas forem simultaneamente comodatárias de uma coisa, ficarão subsidiariamente responsáveis para com o comodante.

(E) O comodatário que estiver em mora arcará com as consequências da deterioração ou perda da coisa emprestada e pagará o aluguel arbitrado pelo comodante até restituí-la.

A: incorreta, pois, apesar de devido o pagamento de valor equivalente ao aluguel da coisa, o comodatário não passa a ser locatário desta, ficando o valor mencionado devido a título de perdas e danos (art. 582, parte final, do CC); **B:** incorreta, pois o comodatário jamais poderá recobrar do comodante as despesas feitas com o uso e gozo da coisa emprestada (art. 584 do CC); **C:** incorreta, pois o comodato é o empréstimo de coisa infungíveis (art. 579, primeira parte, do CC); **D:** incorreta, pois tais pessoas ficarão solidariamente responsáveis para com o comodante (art. 585 do CC); **E:** correta (art. 582, parte final, do CC).

Gabarito "E"

(Procurador do Estado/SP – VUNESP – 2005) Analisando-se as características do contrato de comodato, pode-se afirmar a possibilidade de empréstimo de bem fungível nessa modalidade?

(A) Não, pois é da essência do contrato de comodato a fungibilidade do bem, do contrário será contrato de mútuo.

(B) Sim, pois não é da natureza do contrato de comodato a infungibilidade do bem móvel, em razão da indicação real que o contrato se perfaz com sua tradição.

(C) Não, pois o Código Civil determina expressamente que o bem seja infungível, por ser impossível converter a infungibilidade em fungibilidade.

(D) Não, pois não é da natureza do comodato a infungibilidade do bem, por não haver bens móveis infungíveis.

(E) Sim, pois as partes podem convencionar a infungibilidade de um bem naturalmente fungível.

A, B, C e **D:** incorretas; **E:** correta. O Comodato é o empréstimo gratuito de coisas não fungíveis (art. 579, do CC). Todavia, uma coisa fungível pode ser tornar infungível por convenção entre as partes.

Gabarito "E"

(Procurador da Fazenda Nacional – 2003 – ESAF) Se o depositário não conseguir provar suficientemente as despesas e os prejuízos, ou se o valor deles for ilíquido, deverá:

(A) exigir caução idônea do depositante.

(B) reembolsar *ex lege* o depositante.

(C) pagar *ex contractu* as benfeitorias.

(D) apurar, primeiramente, a liquidez do ressarcimento.

(E) requerer, em primeiro lugar, a remoção da coisa para o depósito público.

A: correta. Se as dívidas, despesas ou prejuízos não forem provados suficientemente, ou forem ilíquidos, o depositário poderá exigir caução idônea do depositante ou, na falta desta, a remoção da coisa ao Depósito Público até que se liquidem (parágrafo único, do artigo 644, do CC).

Gabarito "A"

(ADVOGADO – BNDES – 2008 – CESGRANRIO) Considerando as classificações adotadas por Caio Mário da Silva Pereira (Instituições de Direito Civil, 12a ed., v. III, Rio de Janeiro: Forense), o contrato de mútuo com finalidade econômica deve ser classificado como

(A) típico, real, unilateral e aleatório.

(B) típico, real, bilateral e comutativo.

(C) típico, consensual, unilateral e comutativo.

(D) atípico, real, bilateral e comutativo.

(E) atípico, consensual, bilateral e aleatório.

A alternativa "b"está correta, pois o mútuo é um contrato típico (regulamentado pelo art. 586 e seguintes do CC), real (somente passa a existir com a tradição da coisa), bilateral (muito embora a alternativa diga que e bilateral, o fato é que a doutrina entende que o mútuo é contrato unilateral, porque gera obrigações apenas para o mutuário) e comutativo (é aquele em que as partes conhecem as prestações que deverão cumprir), ficando excluídas as demais alternativas "a", "c", "d" e "e".

Gabarito "B"

(PROCURADOR – BANCO CENTRAL – 2009 – CESPE) Assinale a opção correta quanto aos contratos regulados no Código Civil.

(A) Não existe comodato, mas contrato atípico, na situação em que empresa distribuidora de derivados de petróleo ceda a outrem o uso de determinados equipamentos que serão utilizados na revenda de seus produtos.

(B) O contrato de mútuo é essencialmente gratuito, de modo que, mesmo se tratando de empréstimo de dinheiro, o silêncio das partes impedirá a cobrança de juros.

(C) Não desnatura o contrato de depósito o fato de o depositário ser contratado para transportar a coisa de um lugar a outro e tê-la consigo até que o depositante a reclame no prazo máximo estipulado.

(D) A fiança, como contrato acessório que é, admite ser feita em valor inferior, igual ou superior à obrigação principal garantida.

(E) Apesar de a doação ter na aceitação um ato indispensável a seu aperfeiçoamento, essa aceitação poderá ser até mesmo ficta, se o donatário for absolutamente incapaz e a doação for pura.

A: incorreta (art. 579, do CC); **B:** incorreta, pois trata do mútuo feneratício (art. 591, do CC); **C:** incorreta, pois pelo contrato de depósito recebe o depositário um objeto móvel, <u>para guardar</u>, até que o depositante o reclame (art. 627,do CC); **D:** incorreta, pois *a fiança pode ser de valor inferior ao da obrigação principal e contraída em condições menos onerosas, e, quando exceder o valor da dívida, ou for mais onerosa que ela, não valerá senão até ao limite da obrigação afiançada* (art. 823, do CC); **E:** correta (art. 543, do CC).

Gabarito "E"

(ADVOGADO – BNB – 2006 – ACEP) O novo Código Civil regula diversos contratos, ditos nominados. Relacionando estes, assinale a alternativa cuja informação deve ser considerada.

(A) O comodato é o empréstimo gratuito de coisa fungível.

(B) O mandato, por ser um contrato solene, só admite aceitação expressa.

(C) O contrato de depósito necessário se presume gratuito.

(D) O contrato de prestação de serviço não poderá ter prazo superior a três anos.

(E) A locação de coisas se dará sempre mediante pagamento de certa retribuição.

A: incorreta, pois o comodato é o empréstimo gratuito de coisa infungível (art. 579, do CC); **B:** incorreta, pois o mandato, como regra, é um contrato não solene (art. 656, do CC); **C:** incorreta, pois o depósito necessário não se presume gratuito (art. 651, do CC); **D:** incorreta, pois a prestação de serviço não se poderá convencionar por mais de quatro anos (art. 598, do CC); **E:** correta (art. 565, do CC).

Gabarito "E"

4.11. LOCAÇÃO

(Procurador Distrital – 2014 – CESPE) Acerca da locação de imóveis urbanos, julgue os próximos itens.

(1) Nos contratos de locação, não é válida a cláusula de renúncia à indenização das benfeitorias e ao direito de retenção, uma vez que tais garantias são fixadas no Código Civil e na Lei de Locações, respectivamente.

(2) Celebrado contrato de locação de imóvel, violará o princípio da boa-fé objetiva o locatário que, após exercer a posse direta do imóvel, alegar que o locador, por não ser o proprietário do imóvel, não tem legitimidade para o ajuizamento de eventual ação de despejo nas hipóteses em que a lei não exija essa condição do demandante.

(3) Em contrato de locação ajustado por prazo determinado antes da vigência da nova Lei de Locação, o fiador somente responderá pelos débitos locatícios contraídos no período da prorrogação por prazo indeterminado caso tenha previamente anuído no contrato, em fazê-lo.

1: Errada, pois a locação de imóveis urbanos é regida pela Lei 8.245/91, a qual permite a expressamente a renúncia à indenização pelas benfeitorias e ao direito de retenção (art. 35 da Lei 8.245/91); **2:** correta, pois a partir do momento que a boa-fé objetiva traduz o "agir como a sociedade espera", o locatário que, após obter a posse direta faz esse tipo de alegação estaria indo contra a conduta de lealdade e probidade para com o locador. Teria ele agido de modo ardiloso e oportunista, violando frontalmente referido princípio; **3:** correta, pois antes da Lei 12.112/09 era necessária prévia anuência expressa do fiador para que ele se responsabilizasse pela garantia locatícia em caso de prorrogação do contrato por prazo indeterminado. O silêncio representava recusa. Atualmente a regra é outra, nos termos do art. 39, *in verbis: Salvo disposição contratual em contrário, qualquer das garantias da locação se estende até a efetiva devolução do imóvel, ainda que prorrogada a locação por prazo indeterminado, por força desta Lei.* Portanto, hoje o silêncio representa aceitação.

Gabarito 1E, 2C, 3C

(Procurador do Estado/BA – 2014 – CESPE) No que se refere à locação de imóveis urbanos, julgue os itens que se seguem.

(1) O termo inicial do prazo de trinta dias para o cumprimento voluntário de sentença que determine a desocupação de imóvel alugado corresponde à data da intimação pessoal do locatário realizado por meio de mandado de despejo.

(2) Os juros de mora decorrentes do inadimplemento em contrato de locação fluem a partir do vencimento de cada parcela em atraso, inclusive para o fiador.

1: correta, nos termos do art. 63 da Lei 8.245/91. Referente a intimação pessoal do locatário para o início da contagem do prazo, segue julgado do STJ: "RECURSO ESPECIAL. AÇÃO RENOVATÓRIA. LOCAÇÃO. DIREITO INTERTEMPORAL.LEI PROCESSUAL POSTERIOR. APLICAÇÃO IMEDIATA. PRAZO PARA DESOCUPAÇÃO DO IMÓVEL. 30 (TRINTA) DIAS CONTADOS DA INTIMAÇÃO PESSOAL DA LOCATÁRIA. (LEI 8.245/91, ART. 74, COM A REDAÇÃO DA LEI 12.112/2009).1.A lei que altera o prazo de desocupação do imóvel, isto é, de cumprimento de sentença de processo judicial não rege relações de direito material entre as partes, mas de direito processual.2. Assim, o prazo nela fixado é processual, para a desocupação, devido a sentença, ato processual, pena de expedição de mandado de despejo, peça processual. Impossível entrever relação de direito material, marcada por atos processuais por todos os lados e neles comprimida - exatamente por se tratar, também, 3. No caso, a nova regência legal processual relativa ao prazo de desocupação fulminou o prazo que constou, sob a lei anterior, da parte final da sentença, isto é, a nova lei substituiu, "ope legis", como é lícito à lei realizar, sem necessidade, mesmo, de que o Juízo o declarasse, o momento do início do prazo (trânsito em julgado) e a quantidade do prazo (seis meses), por novo momento (prolação da sentença) e novo prazo (trinta dias).4. *Necessária a intimação pessoal da locatária, por meio de mandado de despejo, com o prazo de 30 (trinta)* *dias (Lei 8.245/91, art. 74, com a redação da Lei 12.112/2009) para a desocupação do imóvel na execução provisória.*5. Recurso (REsp 1307530/SP, Rel. Ministro PAULO DE TARSO SANSEVERINO, Rel. p/ Acórdão Ministro SIDNEI BENETI, TERCEIRA TURMA, julgado em 11/12/2012, DJe 11/03/2013); **2:** correta, pois a mora originada de contrato de locação configura-se na modalidade *ex re*, isto é, ela estará constituída desde a data do inadimplemento, independentemente de notificação, consoante art. 397 do CC (*O inadimplemento da obrigação, positiva e líquida, no seu termo, constitui de pleno direito em mora o devedor*). Em se tratando de contrato de locação, os juros serão devidos desde a data do vencimento de cada parcela, tanto para o locatário como para o fiador. Neste espeque é o entendimento do STJ: "FIANÇA. RECURSO ESPECIAL. CONTRATO DE LOCAÇÃO QUE ESPECIFICA O VALOR DO ALUGUEL E A DATA DE VENCIMENTO DAS PRESTAÇÕES. MORA EX RE. *TERMO INICIAL DOS JUROS DE MORA, NO QUE TANGE AO FIADOR. MESMO DO LOCATÁRIO.* OBRIGAÇÃO DO GARANTE DE ARCAR COM O VALOR DA DÍVIDA PRINCIPAL. 1. A mora *ex re* independe de qualquer ato do credor, como interpelação ou citação, porquanto decorre do próprio inadimplemento de obrigação positiva, líquida e com termo implementado, cuja matriz normativa é o art. 960, primeira parte, do Código Civil de 1916, reproduzido no Código Civil atual no caput do art. 397. Dessarte, como consignado no acórdão recorrido, se o contrato de locação especifica o valor do aluguel e a data de pagamento, os juros de mora fluem a partir do vencimento das prestações, a teor do artigo 397 do Código Civil. 2. Nos termos da Súmula 214/STJ, o fiador na locação não responde por obrigações resultantes de aditamento ao qual não anuiu e, por razões de equidade, também não pode responder por despesas judiciais antes de sua citação, visto que não lhe foi concedida possibilidade de satisfazer a obrigação que afiançou. Contudo, *a fiança, por ser tão somente garantia pessoal, pela qual o fiador se obriga a satisfazer ao credor uma obrigação assumida pelo devedor (locatário), não constitui obrigação distinta da contraída pelo afiançado, compreendendo, salvo pactuação em contrário, os acessórios da obrigação principal.* 3. Ademais, o artigo 823 do Código Civil prevê expressamente que a fiança pode ser em valor inferior ao da obrigação principal e contraída em condições menos onerosas, limitando-se, todavia, ao valor da obrigação principal, de modo que, por expressa previsão legal, poderia o fiador ter feito pactuação prevendo a incidência dos juros de mora apenas a partir de sua citação. 4. Recurso especial não provido. (REsp 1264820/RS, Rel. Ministro LUIS FELIPE SALOMÃO, QUARTA TURMA, julgado em 13/11/2012, DJe 30/11/2012)

Gabarito 1C, 2C

(Procurador do Município/Boa Vista-RR – 2010 – CESPE) Com relação ao direito civil, julgue o item seguinte.

(1) Segundo a jurisprudência sumulada do Supremo Tribunal Federal (STF), a empresa locadora de veículo não responde, nem civil nem solidariamente com o locatário, pelos danos por este causados a terceiro, no uso do carro locado.

1: incorreta, pois a empresa locadora de veículos responde, sim, civil e solidariamente, com o locatário, pelos danos por este causados a terceiro, nos uso do carro locado (Súmula 492 do STF).

Gabarito "E"

(Procurador da Fazenda Nacional – 2007.2 – ESAF) O locador tem direito de exigir do locatário, na locação de prédio urbano, uma das seguintes garantias:

(A) caução em dinheiro, caução em bens móveis ou imóveis, garantia fidejussória, seguro de fiança locatícia e cessão fiduciária de quotas de fundo de investimento.

(B) seguro de fiança locatícia, cessão fiduciária de quotas de fundo de investimento e caução em bens móveis ou imóveis.

(C) cessão fiduciária de quotas de fundo de investimento, fiança e caução em dinheiro.

(D) caução em dinheiro, fiança e caução em bens móveis ou imóveis.

(E) garantia fidejussória, penhor, hipoteca, caução em dinheiro e seguro de fiança locatícia.

Art. 37 da Lei 8.245/91.

Gabarito "A"

4.12. PRESTAÇÃO DE SERVIÇO

(Advogado da União/AGU – CESPE – 2012) No que se refere a contrato de prestação de serviço, julgue o item que se segue.

(1) O objeto do contrato de prestação de serviço pode ser tanto uma atividade material quanto intelectual, sendo necessário, para que o contrato seja válido, o estabelecimento de determinação específica da natureza da atividade.

1: incorreta, pois não é necessário no contrato de prestação de serviço o estabelecimento de determinação específica da natureza da atividade (art. 601, do CC).

Gabarito 1E

(ADVOGADO – IRB – 2006 – ESAF) Se **A** efetivar com **B** contrato escrito para a prestação do serviço "x" por 4 anos, pactuando retribuição de 100 mil reais pelo tempo de duração do acordo, havendo aliciamento de **B** por **C**, este deverá indenizar **A**, pagando

(A) 100 mil reais.

(B) 150 mil reais.

(C) 250 mil reais.

(D) 200 mil reais.

(E) 50 mil reais.

A alternativa "e" está correta, pois reflete o disposto no art. 608, do CC, ficando excluídas as demais.

Gabarito "E"

4.13. EMPREITADA

(ADVOGADO – IRB – 2006 – ESAF) Se no contrato de preparação de áreas, tendo cada uma a extensão "x", para a lavoura, estipular-se pagamento a tanto por área, recebendo o empreiteiro *quantum* relativo ao que foi feito, ter-se-á:

(A) empreitada a preço fixo absoluto.

(B) empreitada por medida.

(C) empreitada a preço fixo relativo.

(D) empreitada de valor reajustável.

(E) empreitada por preço de custo.

A alternativa "b" está correta (art. 614, do CC). O enunciado da questão trata da empreitada por medida (*ad mensuram*) ou *marché sur devis*, "em que a execução do serviço é pactuada pelo empreiteiro e pelo dono da obra em partes", em oposição à empreitada por preço global (Flávio Tartuce, Manual de Direito Civil, editora Método).

Gabarito "B"

4.14. MANDATO

(Procurador do Estado/PR – UEL-COPS – 2011) Assinale a alternativa incorreta:

(A) o chamado "contrato consigo mesmo" é anulável, salvo se ele for permitido pela lei ou pelo representado;

(B) se a procuração for dada por instrumento público, os poderes podem ser substabelecidos por instrumento particular;

(C) a revogação do mandato pode ser desmotivada;

(D) a revogação do mandato "em causa própria" é ineficaz;

(E) o mandatário pode compensar os prejuízos a que deu causa com os proveitos que tenha alcançado para o mandante.

A: correta (art. 117, do CC); **B:** correta (art. 655, do CC); **C:** correta (art. 686, do CC); **D:** correta (art. 685, do CC); **E:** incorreta (art. 669, do CC).

Gabarito "E"

(Advogado da União/AGU – CESPE – 2012) No que se refere a contrato de mandato, julgue o item que se segue.

(1) Conforme o STJ, o dever de prestar contas não se transmite aos herdeiros do mandatário, haja vista o caráter personalíssimo do contrato; no caso de morte do mandante, entretanto, ocorre a transmissão.

1: correta. Segundo o entendimento do STJ, o "*dever de prestar contas no contrato de mandato está previsto no artigo 668 do Código Civil. Porém, o contrato, por ser personalíssimo, extingue-se com a morte de alguma das partes. A Terceira Turma já se posicionou no sentido de que o espólio do mandatário não está obrigado a prestar contas ao mandante (REsp 1.055.819). Naquele caso, ficou estabelecido que é impossível 'obrigar terceiros a prestar contas relativas a atos de gestão dos quais não fizeram parte'. Porém, em situação inversa, afirmou Sanseverino, quando se questiona o direito de os herdeiros exigirem a prestação de contas do mandatário, não há óbice*" (REsp 1122589).

Gabarito 1C

(ADVOGADO – BNDES – 2002 – VUNESP) Cessa o mandato pela

(A) prescrição.

(B) preclusão.

(C) representação.

(D) revogação.

(E) reserva de iguais poderes no substabelecimento.

A, B, C e **E:** incorretas; **D:** correta (art. 687, do CC). O contrato de mandato se extingue: a) pela revogação (feita pelo mandante) ou pela renúncia (feita pelo mandatário); b) pela morte ou pela interdição de uma das partes; c) pelo término do prazo ou pela conclusão do negócio jurídico, nos termos dos artigos 687 a 690, do CC.

Gabarito "D"

4.15. SEGURO

(Procurador do Município/Sorocaba-SP – 2012 – VUNESP) A pretensão do segurado contra o segurador e deste contra aquele, e a pretensão de cobrança de dívidas líquidas constantes de instrumento público ou particular prescrevem, respectivamente, em

(A) 1 (um) ano; 2 (dois) anos.

(B) 1 (um) ano; 5 (cinco) anos.

(C) 2 (dois) anos; 3 (três) anos.

(D) 2 (dois) anos; 5 (cinco) anos.

(E) 3 (três) anos; 2 (dois) anos.

A, C, D e **E:** incorretas, pois estão em desacordo com o Código Civil; **B:** correta (art. 206, § 1º, II e § 5º, I, do CC).

Gabarito "B"

(Procurador da Fazenda Nacional – 2006 – ESAF) A propósito dos contratos, assinale a opção falsa.

(A) Nos contratos de seguro de pessoas o segurador não se sub-roga nos direitos do segurado.

(B) É válida a instituição da companheira de homem casado, separado de fato na data da contratação, como beneficiária do seguro.

(C) Pode-se estipular fiança sem o consentimento do devedor ou contra a sua vontade.

(D) É nula a cláusula contratual que exclui o pagamento do capital por suicídio do segurado.

(E) No seguro de pessoa admite-se transação para pagamento inferior ao capital segurado.

A: verdadeira. Art. 800, CC. **B:** verdadeira. Art. 793, CC. **C:** verdadeira. Art. 820, CC..**D:** verdadeira. Parágrafo único do art. 798, CC. **E:** falsa. É nula, no seguro de pessoa, qualquer transação para pagamento reduzido do capital segurado (art. 795, CC).

Gabarito "E"

(Procurador da Fazenda Nacional – 2003 – ESAF) Seguro de capital diferido configurar-se-á se:

(A) várias pessoas se unem por meio de estatuto para dividir danos que cada uma poderia ter em razão de certo sinistro.

(B) o segurado se obrigar a pagar um prêmio fixo, enquanto vivo, para que a seguradora pague indenização aos seus beneficiários após sua morte.

(C) compreender a vida do próprio segurado ou de terceiro.

(D) feito entre seguradora e marido e mulher, em que a indenização é paga ao cônjuge sobrevivente.

(E) o segurado tiver direito à soma do seguro se ainda estiver vivo ao fim de certo número de anos.

A alternativa E é a única que contempla corretamente o conceito de contrato de seguro de capital diferido. As demais alternativas conceituam outras espécies de contrato de seguro.

Gabarito "E"

(ADVOGADO – PETROBRÁS – 2008 – CESGRANRIO) Antônio, pretendendo contratar seguro de vida, consulta seu advogado para ter esclarecidas algumas dúvidas. Analise, a seguir, os pontos questionados pelo cliente.

I. É obrigação do segurado pagar o prêmio.

II. O contrato de seguro só pode ser provado com a exibição da apólice.

III. O segurado pode contratar quantos seguros de vida desejar, com o mesmo ou diversos seguradores.

IV. O segurador é obrigado a pagar a indenização em dinheiro.

V. Não haverá pagamento de indenização ao beneficiário se o segurado suicidar-se em qualquer tempo de vigência do contrato de seguro.

VI. A apólice pode conter restrição para eximir o segurador do pagamento do seguro no caso de a morte do segurado ocorrer em razão de acidente aéreo.

VII. O segurador não pode pagar valor menor do que o capital segurado para o caso de sinistro, mesmo com a concordância de todos os beneficiários.

As afirmativas que se encontram de acordo com a legislação vigente, são, **APENAS**:

(A) I, III, IV e VII

(B) I, IV, V e VI

(C) I, V, VI e VII

(D) II, III, IV e VII

(E) II, III, V e VI

I: correta (art. 764, do CC); **II:** incorreta (art. 758, do CC); **III:** correta, pois não há vedação em sentido contrário; **IV:** correta (art. 776, do CC); **V:** incorreta (art. 798, do CC); **VI:** incorreta (art. 794, do CC); **VII:** correta (art. 795, do CC).

Gabarito "A"

4.16. FIANÇA

(Procurador/DF – 2013 – CESPE) Mediante a formalização de um contrato escrito, Paulo, que é casado com Lúcia, se obrigou a pagar a Dimas o que este tem a receber de Lauro, caso Lauro não cumpra a obrigação. A propósito dessa situação hipotética, julgue os itens subsequentes.

(1) O fato de Lauro não ter conhecimento do contrato não representa empecilho à formação desse instrumento.

(2) Dada a natureza do contrato entabulado, haverá solidariedade entre Paulo e Lauro.

(3) Caso o contrato seja anulado em razão da ausência de outorga uxória de Lúcia, esposa de Paulo, a consequência será a ineficácia total da garantia dada.

1: Certa, pois a hipótese versa sobre contrato de fiança, que pode ser estipulada, ainda que sem consentimento do devedor ou contra a sua vontade (art. 820, CC); **2:** Errada, pois a fiança – por si só – não enseja solidariedade; **3:** Certa, pois de acordo com o art. 1.649 do CC.

Gabarito 1C, 2E, 3C

(ADVOGADO – PETROBRÁS TRANSP. – 2006 – CESGRANRIO) Se a fiança for estipulada entre o credor e o fiador contra a vontade do devedor originário (afiançado),

(A) será nula.

(B) será anulável.

(C) será válida desde a data da contratação.

(D) deverá ser ratificada pelo afiançado para ser válida desde a data da contratação.

(E) o fiador não poderá sub-rogar-se nos direitos do credor, se pagar integralmente a dívida.

A alternativa "c" está correta (art. 820, do CC), ficando excluídas as demais.

Gabarito "C"

(ADVOGADO – BNDES – 2004 – CESGRANRIO) Com relação ao contrato de fiança, pode-se afirmar corretamente que:

(A) é um contrato bilateral.

(B) tem como característica fundamental o caráter *intuitu personae*.

(C) se trata de contrato principal, sempre garantido por um contrato acessório.

(D) pode ser tratado como sinônimo de aval, quando celebrado em caráter oneroso.

(E) pode ser celebrado por qualquer meio lícito, não havendo mais a exigência da forma escrita, segundo o novo Código Civil.

A: incorreta, pois o contrato de fiança é unilateral (só o fiador tem obrigações); **B:** correta, pois se trata de contrato personalíssimo, baseado na confiança entre o credor e o fiador (art. 818, do CC). Inclusive, com o falecimento do fiador, a fiança fica extinta; **C:** incorreta, pois se trata de contrato acessório, seguindo a sorte do principal; **D:** incorreta, pois o aval (ato cambiário através do qual uma pessoa torna-se garantidora de outra na obrigação do pagamento do título de crédito) e a fiança (fiador garante satisfazer ao credor uma obrigação assumida pelo devedor, caso este não a cumpra) são institutos jurídicos distintos; **E:** incorreta (art. 819, do CC).

Gabarito "B"

(ADVOGADO – BNDES – 2002 – VUNESP) A fiança produz efeitos entre credor e fiador. Para excluir sua responsabilidade, o fiador pode alegar exceções sob a denominação de benefícios, que são:

(A) benefício de divisão e de contrato não cumprido.

(B) benefício de ordem e de incompetência em razão da matéria.

(C) benefício de retrofiança e de crédito secundário.

(D) benefício de ordem e de divisão.

(E) benefício de sub-rogação e de vinculação dos herdeiros.

A, B, C e **E:** incorretas, pois estão em desacordo com os artigos 827 e 829, do CC; **D:** correta (art. 827 e art. 829, ambos do CC).

Gabarito "D"

(ADVOGADO – PETROBRÁS DISTRIB. – 2010 – CESGRANRIO) Em contrato de fiança bancária, foi estipulada dupla garantia: nota promissória e caução com duplicatas. Esse fato, por si só, representa

(A) condição potestativa pura, sendo nula.

(B) enriquecimento sem causa do credor.

(C) *bis in idem* que o Direito repudia.

(D) a possibilidade de opção do credor por uma delas.

(E) abuso de direito por desequilibrar o contrato.

A alternativa "d" está correta, ficando excluídas as demais. Fiança bancária é o contrato por meio do qual o fiador (banco) garante o cumprimento da obrigação dos afiançados (clientes), por meio de diversas modalidades de operação. Assim, é possível estipular dupla garantia, representando a possibilidade de opção do credor por uma delas.

Gabarito "D"

4.17. OUTROS CONTRATOS E TEMAS COMBINADOS

(ADVOGADO – PETROBRÁS – 2003 – CESPE) Acerca dos contratos em espécie, julgue os itens a seguir.

(1) Ao contrato de arrendamento mercantil, na modalidade leasing financeiro, aplicam-se disposições do Código de Defesa do Consumidor. Assim, a ocorrência de fatos imprevisíveis pelas partes por ocasião da formação do contrato, impossibilitando uma das partes de cumprir a sua obrigação, confere ao consumidor o direito de resolução do contrato.

(2) O contrato de know-how pode ser corretamente definido como um contrato de assistência técnica, pois consiste no acordo em que uma pessoa física ou jurídica compromete-se a transmitir a outro conhecimentos técnicos e científicos acerca de processo de fabricação ou produção.

1: incorreta, pois contrato de arrendamento mercantil (ou *leasing*) é espécie de contrato empresarial, que se caracteriza por ambas as partes contratantes serem empresárias, sendo previsto na Lei n. 6.099/74 e regido pelo Código Civil, como regra regral. Todavia, é possível a incidência do CDC nos contratos empresariais. Neste sentido: *"A sistemática dos contratos empresariais (ainda chamados por grande parte da doutrina nacional de 'contratos mercantis', por motivos históricos) em nada diverge da teoria geral dos contratos válida para todo o Direito Civil". (...) Há de se ter cuidado com apenas um detalhe: a possibilidade de incidência do Código de Defesa do Consumidor, o que afasta o regime jurídico empresarial. É possível que credor e devedor da obrigação sejam empresários e o contrato seja regido pelo Direito do Consumidor. Isso ocorrerá quando o empresário adquirente do produto ou serviço for o seu destinatário final sem que este se integre à cadeia produtiva, bem como pela hipossuficiência nas informações disponíveis sobre o produto ou serviço (STJ, REsp 814060/RJ, DJ 06/04/2010)".* (Henrique Subi, SUPER-REVISÃO, editora FOCO); **2:** incorreta, pois *know-how* e transferência de tecnologia pode ser um dos instrumentos inseridos no contrato de franquia, além de outros, tais como licença de uso da marca e fornecimento de prestação de serviços (art. 2°, da Lei n. 8.955/94).

Gabarito 1E, 2E

4.18. ATOS UNILATERAIS

(Procurador da Fazenda Nacional – 2004 – ESAF) É obrigação do gestor perante o *dominus negotii*

(A) ratificar ou desaprovar a gestão.

(B) reembolsar-se das despesas feitas na administração da coisa alheia.

(C) pagar apenas as vantagens que obtiver com a gestão, se o seu negócio for conexo com o gestor, que então, será considerado seu sócio.

(D) obter a restituição do que despendeu com alimentos devidos a uma pessoa, na ausência do obrigado a prestá-los, mesmo que este não ratifique o ato.

(E) aplicar toda a sua diligência habitual na administração do negócio, ressarcindo o dono de todo prejuízo resultante de qualquer culpa na gestão.

A, B, C e **D:** incorretas. Todas as obrigações enumeradas nestas alternativas cabem ao dono do negócio e não ao gestor (arts. 868, 871, 873, 875, CC). **E:** correta. Art. 866, CC

Gabarito "E"

4.19. ENRIQUECIMENTO SEM CAUSA

(Procurador do Município/Sorocaba-SP – 2012 – VUNESP) Sobre enriquecimento sem causa, é correto afirmar que o Código Civil de 2.002 prevê, expressamente, que

(A) aquele que, sem justa causa, se enriquecer à custa de outrem, será obrigado a restituir o indevidamente auferido, feita a atualização dos valores monetários e calculados os juros legais.

(B) a restituição é devida só quando não tenha havido causa que justifique o enriquecimento.

(C) não caberá a restituição por enriquecimento, se a lei conferir ao lesado outros meios para se ressarcir do prejuízo sofrido.

(D) se o enriquecimento tiver por objeto coisa determinada, quem a recebeu é obrigado a restituí-la, e, se a coisa não mais subsistir, a restituição se fará pelo valor do bem na época em que foi cedido.

(E) não se pode repetir o que se pagou para solver dívida prescrita, ou cumprir obrigação judicialmente inexigível.

A: incorreta, pois não são calculados os juros legais, sendo o valor atualizado somente com a correção monetária (art. 884, do CC); **B:** incorreta, já que a restituição é devida, não só quando não tenha havido causa que justifique o enriquecimento, mas também se esta deixou de existir (art. 885, do CC); **C:** correta (art. 886, do CC); **D:**

incorreta, pois a restituição se fará pelo valor do bem na época em que foi exigido (art. 884, parágrafo único, do CC); **E:** incorreta, pois a alternativa trata do pagamento indevido e não do enriquecimento sem causa (art. 882, do CC).

Gabarito "C"

5. RESPONSABILIDADE CIVIL

5.1. OBRIGAÇÃO DE INDENIZAR

(Procurador/DF – 2013 – CESPE) Julgue os itens seguintes com base nas regras atinentes à responsabilidade civil.

(1) Haverá responsabilização do preponente ainda que a relação com o preposto tenha caráter gratuito.

(2) De acordo com o STJ, caso o incorporador não seja o executor direto da construção do empreendimento imobiliário, contratando construtor para tanto, será subsidiariamente responsável pela solidez e segurança da edificação, que teria como responsável principal o construtor.

1: Certa, pois o Código não exige atividade remunerada do preposto a fim de se permitir a responsabilização do preponente (art. 932, III, do CC); **2:** Errada, pois nesse caso o incorporador responde solidariamente pela reparação civil. Nesse sentido foi a decisão do STJ, no REsp n.º 884.367/DF (Rel. Ministro Raul Araújo, 4ª Turma, julgado em 06/03/2012, *DJe* 15/03/2012): "*Recurso Especial. Incorporação Imobiliária. Construção de edifício. Vícios e defeitos surgidos após a entrega das unidades autônomas aos adquirentes. Responsabilidade solidária do incorporador e do construtor. (...) O incorporador, como impulsionador do empreendimento imobiliário em condomínio, atrai para si a responsabilidade pelos danos que possam resultar da inexecução ou da má execução do contrato de incorporação, incluindo-se aí os danos advindos de construção defeituosa*".

Gabarito 1C, 2E

(Procurador Federal – 2013 – CESPE) Julgue o seguinte item.

(1) De acordo com o STJ, as empresas concessionárias de energia elétrica respondem objetivamente pelos danos causados a terceiros, em suas instalações, em virtude do risco excepcional que envolve o fornecimento de energia elétrica.

1: Correta, pois trata-se de caso de responsabilidade objetiva amparada pelo CDC (art. 22, *caput* c.c art. 14). O STJ reforça esse entendimento: "RECURSO ESPECIAL. RESPONSABILIDADE CIVIL. CONCESSIONÁRIA DE SERVIÇO PÚBLICO. *TRANSMISSÃO DE ENERGIA ELÉTRICA. ATIVIDADE DE ALTA PERICULOSIDADE. TEORIA DO RISCO. RESPONSABILIDADE OBJETIVA*. CONSERVAÇÃO INADEQUADA DA REDE DE TRANSMISSÃO. INVERSÃO DO ÔNUS DA PROVA. CULPA DA EMPRESA RECONHECIDA PELA INSTÂNCIA DE ORIGEM. RECURSO ESPECIAL NÃO CONHECIDO. 1. *A empresa que desempenha atividade de risco e, sobretudo, colhe lucros desta, deve responder pelos danos que eventualmente ocasione a terceiros, independentemente da comprovação de dolo ou culpa em sua conduta*. 2. Os riscos decorrentes da geração e transmissão de energia elétrica, atividades realizadas em proveito da sociedade, devem, igualmente, ser repartidos por todos, ensejando, por conseguinte, a responsabilização da coletividade, na figura do Estado e de suas concessionárias, pelos danos ocasionados. 3. Não obstante amparar-se na Teoria do Risco, invocando a responsabilidade objetiva da concessionária, a instâncias ordinárias também reconheceram existência de culpa em sua conduta: a queda de fios de alta tensão era constante na região, mesmo assim a empresa não empreendeu as necessárias medidas de conservação da rede, expondo a população a risco desnecessário. 4. Não se conhece do recurso no tocante à redução da pensão mensal, porquanto os danos materiais foram fixados na sentença, sem que a parte ora recorrente impugnasse tal ponto em seu recurso de apelação, conformando-se com o *decisum*. 5. O valor fixado nas instâncias locais para a indenização por danos morais não se apresenta exorbitante ou ínfimo, de modo a afrontar os princípios da razoabilidade e da proporcionalidade, incidindo na espécie o enunciado 7 da Súmula do STJ 6. Ressalva do entendimento do e. Ministro Aldir Passarinho Júnior, que não conheceu do recurso especial, adotando exclusivamente o fundamento relativo à culpa da concessionária demonstrada nas instâncias ordinárias, o que enseja sua responsabilidade subjetiva por omissão. 7. Recurso especial não conhecido" (REsp 896.568/CE, Rel. Ministro FERNANDO GONÇALVES, Rel. p/ Acórdão Ministro LUIS FELIPE SALOMÃO, QUARTA TURMA, julgado em 19/05/2009, DJe 30/06/2009)

Gabarito 1C

(Procurador do Estado/AC – FMP – 2012) Assinale a alternativa INCORRETA.

(A) Há previsão expressa de responsabilidade extracontratual solidária no Código Civil brasileiro.

(B) Na responsabilidade extracontratual, como na contratual, se exige constituição em mora.

(C) A responsabilidade solidária não se presume, resultando da lei ou da vontade das partes.

(D) Haverá responsabilidade civil objetiva, no sistema do Código Civil, quando houver expressa determinação legal ou quando a atividade habitual do agente, por sua natureza, implicar risco para o direito de outrem, o que não exclui outros subsistemas de responsabilidade civil objetiva.

A: correta, pois o Código Civil regulamenta a responsabilidade civil extracontratual ou aquiliana, baseada no ato ilícito (art. 186, do CC) ou no abuso de direito (art. 187, do CC), bem como a responsabilidade solidária (art. 942, do CC); **B:** incorreta, pois na responsabilidade contratual o devedor estará em mora, a partir do momento em que descumprir a obrigação (art. 389, 390 e 391, do CC); **C:** correta (art. 265, do CC); **D:** correta (art. 927, parágrafo único, do CC).

Gabarito "B"

(Procurador do Estado/MG – 2007) *Obrigação é sempre um dever jurídico originário. Responsabilidade é um dever jurídico sucessivo, consequente à violação do primeiro. Se alguém se compromete a prestar serviços profissionais a outrem, assume uma obrigação, um dever jurídico originário. Se não cumprir a obrigação (deixar de prestar os serviços), violará o dever jurídico originário, surgindo aí a responsabilidade, o dever de compor o prejuízo causado pelo não cumprimento da obrigação.* (CAVALIERI FILHO, Sérgio. Programa de Responsabilidade Civil. 2004). Na responsabilidade subjetiva, os pressupostos são: conduta culposa, dano e nexo causal. Deste modo, considere as assertivas abaixo que se referem à culpa.

I. Culpa presumida ocorre em face da circunstância ocorrida, cabendo ao demandado provar que não agiu com culpa.

II. Culpa contra a legalidade ocorre quando o dever violado resulta de texto de lei ou regulamento expresso.

III. Culpa concorrente ocorre quando junto com a conduta do causador do dano, existe também culpa da vítima, ocorrendo evento danoso em face da conduta culposa de ambos.

Assinale a alternativa correta.

(A) Apenas estão corretas a I e a III.

(B) Apenas estão corretas a I e a II.

(C) Estão corretas a I, a II e a III.

(D) Apenas a III está correta.

I: correta (art. 936 e 937, do CC); **II:** correta (art. 927, parágrafo único, do CC); **III:** correta (art. 945, do CC).

Gabarito "C"

(Procurador do Estado/PA – 2011) Sobre a responsabilidade civil, assinale a alternativa CORRETA:

(A) O Código Civil adotou como regra geral o regime da responsabilidade civil objetiva por dano decorrente de ato ilícito, sendo imposta a reparação correspondente, independentemente de culpa.

(B) O dono, ou detentor, do animal ressarcirá o dano por este causado, ainda que prove a existência de culpa da vítima ou força maior.

(C) Inexistindo prova de prejuízo material, não poderá o juiz fixar indenização decorrente de injúria, calúnia ou difamação.

(D) A existência de culpa concorrente da vítima afasta o dever de indenizar, materializando excludente de responsabilidade.

(E) A culpa de terceiro não constitui excludente de responsabilidade do transportador por acidente com o passageiro, sendo admitido, todavia, o exercício do direito de regresso.

A: incorreta, pois o Código Civil adotou como regra a responsabilidade subjetiva (art. 186, do CC); **B:** incorreta, pois a responsabilidade do dono ou detentor do animal ficará afastada se provar a culpa da vítima ou força maior (art. 936, do CC); **C:** incorreta, pois inexistindo prova do prejuízo material, o juiz fixará, equitativamente, o valor da indenização (art. 953, do CC); **D:** incorreta, pois a culpa concorrente da vítima somente alterará o valor indenizatório (art. 945, do CC); **E:** correta (art. 932, III, 933 e 934, do CC).

Gabarito "E"

(Procurador do Estado/RR – 2006 – FCC) Os empresários individuais e as empresas respondem independentemente de culpa

(A) pelos danos a pessoas ocorridos no interior de seus estabelecimentos.

(B) pelos atos de seus empregados, ainda que estes se achem isentos de culpa, nos casos de responsabilidade civil subjetiva.

(C) pelos danos causados pelos produtos postos em circulação.

(D) sempre que não puderem provar culpa da vítima ou fato de terceiro.

(E) pelos danos que, em qualquer circunstância, causarem a terceiro, no exercício de suas atividades empresariais.

Art. 931 do CC. Vide também os Enunciados CJF 42, 43, 190 e 378.

Gabarito "C"

(Procurador do Estado/SC – 2009) Assinale a alternativa correta.

(A) O ato que gera o enriquecimento injustificado é, necessariamente, ilícito.

(B) A pessoa jurídica não pode sofrer dano moral.

(C) O novo Código Civil não regulou casos específicos de enriquecimento injustificado, mas contém uma norma geral sobre enriquecimento sem causa.

(D) Segundo o novo Código Civil, não há possibilidade de se responsabilizar o incapaz pelos prejuízos que este der causa.

(E) A restituição é devida, não somente quando não tenha havido causa que justifique o enriquecimento sem causa, mas também se esta deixou de existir.

A: incorreta, pois há enriquecimento ilícito (ex.: um funcionário público exige propina de alguém) e enriquecimento sem causa (ex.: alguém acaba recebendo em sua conta um valor indevidamente depositado); de qualquer maneira, nos dois casos, os valores indevidamente recebidos deverão ser devolvidos ao seu legítimo dono; **B:** incorreta, pois, nos termos da Súmula 227 do STJ, "a pessoa jurídica pode sofrer dano moral"; **C:** incorreta, pois além da regra geral sobre o enriquecimento sem causa (arts. 884 a 886 do CC), o Código Civil traz casos específicos em que o princípio se aplica, como a regra de que se deve indenizar o possuidor de boa-fé pelas benfeitorias úteis e necessárias que tiver feito na coisa (art. 1.219 do CC); **D:** incorreta, pois o incapaz responde pelos prejuízos que causar, caso seu responsável não tenha a obrigação de fazê-lo ou não disponha de meios suficientes (art. 928, *caput*, do CC); de qualquer forma, a indenização, no caso, será equitativa e não terá lugar se privar do necessário o incapaz ou as pessoas que dele dependam (art. 928, parágrafo único, do CC); **E:** correta (art. 885 do CC).

Gabarito "E"

(Procurador do Estado/SP – VUNESP – 2005) É incorreto afirmar que

(A) a reparação por danos materiais poderá não ser equivalente ao prejuízo efetivamente sofrido.

(B) para o instituto da responsabilidade civil, incide a avaliação de grau de culpa do agente.

(C) a responsabilidade objetiva é somente aquela decorrente de risco.

(D) a responsabilidade dos pais pelos atos praticados pelos filhos menores é objetiva.

(E) havendo vários autores do ato ilícito, todos responderão solidariamente.

A: correta. Em regra, a reparação dos danos é integral, já que a indenização mede-se pela extensão do dano (art. 944, do CC). Todavia, existem três situações em que a reparação por danos materiais poderá não ser equivalente ao prejuízo efetivamente sofrido, a saber: a) o juiz poderá reduzir equitativamente a indenização se houver excessiva desproporção entre a gravidade da culpa e o dano (art. 944, parágrafo único, do CC); b) a indenização poderá ser proporcional, se houver culpa recíproca (art. 945, do CC); c) o incapaz responderá subsidiária e equitativamente (art. 928, parágrafo único, do CC); **B:** correta, tanto que o juiz poderá reduzir equitativamente a indenização se houver excessiva desproporção entre a gravidade da culpa e o dano (art. 944, parágrafo único, do CC); **C:** incorreta. A responsabilidade objetiva pode ser decorrente: a) de ato ilícito por abuso de direito (art. 187, do CC e enunciado n. 37, CJF); b) de atividade de risco (art. 927, parágrafo único); c) de produtos postos em circulação (art. 931, do CC); d) da responsabilidade pelo fato de terceiro (arts. 932 e 933, do CC); e) da responsabilidade por coisas caídas ou lançadas de prédio (art. 938, do CC); **D:** correta (art. 932, I, c.c. art. 933, ambos do CC); **E:** correta (art. 942, do CC e Súmula n. 221, do STJ).

Gabarito "C"

(Procurador do Município/Boa Vista-RR – 2010 – CESPE) Com relação ao direito civil, julgue o item seguinte.

(1) A destruição de coisa alheia a fim de remover perigo iminente não constitui ato ilícito civil, sobretudo se as circunstâncias a tornarem absolutamente necessária, e o agente não exceder os limites do indispensável para a remoção do perigo.

1: correta (art. 188, II e parágrafo único, do CC).

Gabarito 1C

(Procurador do Município/Cubatão-SP – 2012 – VUNESP) É correto afirmar que quando um incapaz provoca um dano, ele

(A) responde pelos prejuízos que causar, se as pessoas por ele responsáveis não tiverem obrigação de fazê-lo ou não dispuserem de meios suficientes.

(B) não responde pelos prejuízos, mas apenas seus responsáveis, desde que se trate de absolutamente incapaz.

(C) responde pelos prejuízos que causar, apenas quando as pessoas por ele responsáveis não tiverem meios econômicos para fazê-lo.

(D) não responde, por não ter meios necessários para fazê-lo.

(E) não responde, por ser considerado incapaz.

A: correta (art. 928, do CC); **B; C; D** e **E:** incorretas, pois estão em desacordo com o art. 928, do CC.

Gabarito "A"

(Procurador do Município/Manaus-AM – 2006 – FCC) Considere as seguintes assertivas a respeito da responsabilidade civil:

I. São responsáveis pela reparação civil, o tutor e o curador, ainda que não haja culpa de sua parte, pelos pupilos e curatelados, que estiverem sob sua autoridade e em sua companhia.

II. Aquele que ressarcir o dano causado por outrem pode reaver o que houver pago daquele por quem pagou, inclusive se o causador do dano for descendente seu, absoluta ou relativamente incapaz.

III. O direito de exigir reparação e a obrigação de prestá-la transmitem-se com a herança.

Está correto o que se afirma APENAS em

(A) II.

(B) III.

(C) I e II.

(D) I e III.

(E) II e III.

I: correta (art. 932, II, do CC); **II:** incorreta (art. 934, do CC); **III:** correta (art. 943, do CC).

Gabarito "D"

(Procurador do Município/Natal-RN – 2008 – CESPE) Rosa foi denunciada sob a acusação de ter causado lesões corporais graves em Carla. Após instrução processual, o juiz concluiu que Rosa não tinha sido a autora das lesões sofridas por Carla e proferiu sentença absolutória, a qual transitou em julgado após percorrer todas as esferas recursais. Carla, de posse da certidão de trânsito em julgado e considerando que os danos sofridos a impediam de exercer sua profissão, ajuizou ação civil ordinária, pedindo a condenação de Rosa pelos danos materiais decorrentes das lesões sofridas.

Considerando a situação hipotética apresentada, assinale a opção correta à luz das disposições legais no que se refere à responsabilidade civil.

(A) Não há possibilidade de Carla obter êxito na ação ordinária que visa à condenação de Rosa à indenização por danos materiais, por que não se pode questionar a negativa de autoria reconhecida no juízo criminal.

(B) Conforme disposição legal, são independentes as esferas cível e criminal, de forma que, a depender das provas trazidas aos autos, há possibilidade de Carla obter a condenação de Rosa ao pagamento dos danos materiais.

(C) Não há possibilidade de Carla voltar a discutir a questão no juízo cível porque a decisão no juízo criminal, onde se persegue a verdade real, sempre vincula a solução possível no juízo cível.

(D) Carla poderá obter êxito na ação cível, já que, de acordo com a lei, apenas a decisão acerca da inexistência do fato impede novo questionamento.

A alternativa "a" está correta, ficando excluídas as demais, já que no caso narrado no enunciado não caberá ação de indenização. *A responsabilidade civil é independente da criminal, não se podendo questionar mais sobre a existência do fato, ou sobre quem seja o seu autor, quando estas questões se acharem decididas no juízo criminal.* Assim, nos casos em que o juiz criminal prolatar sentença absolutória reconhecendo a negativa de autoria ou a inexistência de materialidade, haverá coisa julgada na esfera cível, não cabendo mais discussão (art. 66, do CPP). Também faz coisa julgada no cível a sentença penal que reconhecer ter sido o ato praticado em estado de necessidade, em legítima defesa, em estrito cumprimento do dever legal ou no exercício regular de direito (art. 65, do CPP). Por sua vez, se a absolvição criminal se fundamentar em insuficiência de provas, não haverá óbice ao prosseguimento da ação de reparação civil.

Gabarito "A"

(Procurador do Município/Natal-RN – 2008 – CESPE) Carla-ME — empresa de confecção de roupas — adquiriu da Loja Pluma certa quantidade de tecidos, no valor de R$ 300,00, para pagar, mediante carnê de pagamento, em 3 prestações de R$ 100,00, com vencimentos para 10 de maio, 10 de junho e 10 de julho, respectivamente. No dia 5 de julho, recebeu citação para responder ação de cobrança que lhe moveu a Loja Pluma, sob a alegação de que havia ocorrido atraso no pagamento da prestação vencida em 1.º de julho. A empresa não pagou essa prestação e apresentou defesa contra a Loja Pluma, que, após tomar conhecimento desta, verificou que havia se equivocado na cobrança e desistiu da ação impetrada.

A partir dessa situação hipotética e considerando o disposto no Código Civil acerca da obrigação de indenizar, assinale a opção correta.

(A) A Loja Pluma será obrigada a esperar o tempo que faltava para o vencimento da referida prestação e a descontar os juros correspondentes, além de pagar as custas em dobro.

(B) Ainda que a cobrança tivesse sido realizada por meio extrajudicial, a empresa Carla–ME teria direito a exigir que a Loja Pluma esperasse o tempo restante para o vencimento da prestação e descontasse os correspondentes juros cobrados.

(C) A Loja Pluma, por ter promovido a demanda devido a equívoco de sua parte, terá de pagar à empresa Carla–ME o dobro do que houver cobrado indevidamente.

(D) O pedido de desistência da ação, mesmo depois de apresentada a contestação, exime a Loja Pluma de pagar as custas em dobro. _

A: correta (art. 939, do CC); B, C e **D:** incorretas, pois estão em desacordo com o art. 939, do CC.

Gabarito "A"

(Procurador do Município/São José dos Campos-SP – 2012 – VUNESP) José, conduzindo sua motocicleta, atropelou Antonio, causando- lhe lesões corporais de natureza grave, tendo sido absolvido no Juízo Criminal por ausência de provas. Diante desse fato, assinale a alternativa correta.

(A) Essa decisão penal absolutória impede a revisão dos fatos no Juízo Cível.

(B) A decisão não impede o prosseguimento da ação de reparação civil.

(C) A não produção de provas vincula a decisão civil, pois são as mesmas.

(D) Nesse caso, não é mais possível discutir a materialidade do fato.

(E) Nem todo ilícito penal é um ilícito civil, assim, impossível a reparação civil.

A, C, D e **E:** incorretas; **B:** correta (art. 935, do CC). *A responsabilidade civil é independente da criminal, não se podendo questionar mais sobre a existência do fato, ou sobre quem seja o seu autor, quando estas questões se acharem decididas no juízo criminal.* Assim, nos casos em que o juiz criminal prolatar sentença absolutória reconhecendo a negativa de autoria ou a inexistência de materialidade, haverá coisa julgada na esfera cível, não cabendo mais discussão (art. 66, do CPP). Também faz coisa julgada no cível a sentença penal que reconhecer ter sido o ato praticado em estado de necessidade, em legítima defesa, em estrito cumprimento do dever legal ou no exercício regular de direito (art. 65, do CPP). Por sua vez, se a absolvição criminal se fundamentar em insuficiência de provas, não haverá óbice ao prosseguimento da ação de reparação civil.

Gabarito "B"

(Procurador do Município/São Paulo-SP – 2008 – FCC) Os bens do responsável pela ofensa ou violação do direito de outrem ficam sujeitos à reparação do dano

(A) mas se o ofensor for incapaz e não tendo seus responsáveis obrigação de indenizar ou não dispuserem de meios suficientes, a indenização será indevida.

(B) e, se tiver mais de um autor, o valor da indenização terá caráter de obrigação conjunta.

(C) e, se tiver mais de um autor, entre eles existirá solidariedade.

(D) mas a indenização será indevida sempre que ficar provado que o autor da ofensa agiu em estado de necessidade.

(E) mas a indenização ficará excluída sempre que o autor do dano vier a ser absolvido em ação penal pelo mesmo fato.

A: incorreta (art. 928, do CC); **B:** incorreta, pois na obrigação conjunta cada devedor responderá por sua parte e não de forma solidária, como determina o art. 942, do CC; **C:** correta (art. 942, do CC); **D:** incorreta, pois o estado de necessidade não é ato ilícito, desde que não exceda os limites do indispensável para a remoção do perigo (art. 188, II e parágrafo único, do CC); **E:** incorreta. *A responsabilidade civil é independente da criminal, não se podendo questionar mais sobre a existência do fato, ou sobre quem seja o seu autor, quando estas questões se acharem decididas no juízo criminal.* Assim, nos casos em que o juiz criminal prolatar sentença absolutória reconhecendo a negativa de autoria ou a inexistência de materialidade, haverá coisa julgada na esfera cível, não cabendo mais discussão (art. 66, do CPP). Também faz coisa julgada no cível a sentença penal que reconhecer ter sido o ato praticado em estado de necessidade, em legítima defesa, em estrito cumprimento do dever legal ou no exercício regular de direito (art. 65, do CPP). Por sua vez, se a absolvição criminal se fundamentar em insuficiência de provas, não haverá óbice ao prosseguimento da ação de reparação civil.

Gabarito "C"

(Procurador do Município/Sorocaba-SP – 2012 – VUNESP) Há várias hipóteses concretas de responsabilidade sem culpa na legislação brasileira. Assinale a alternativa que corretamente identifica uma delas.

(A) Aqueles que gratuitamente houverem participado nos produtos do crime, respondem até a quantia total subtraída.

(B) O dono ou detentor do animal ressarcirá o dano por este causado. Para se furtar à indenização, o dono ou detentor do animal terá que comprovar a culpa da vítima ou motivo de força maior.

(C) O dono do edifício ou construção responde pelos danos que resultarem de sua ruína, se esta provier da falta de reparos, de necessidade manifesta, mesmo que consiga comprovar que o ocorrido deriva de hipótese de caso fortuito ou força maior.

(D) O empregador ou comitente responde por seus empregados, serviçais e prepostos, no exercício do trabalho que lhes competir, ou em razão dele, não cabendo direito em regresso.

(E) Aquele que demandar por dívida já paga, no todo ou em parte, sem ressalvar as quantias recebidas ou pedir mais do que for devido, ficará obrigado a pagar ao devedor, no primeiro caso, o dobro do que houver cobrado e, no segundo, o equivalente do que dele exigir.

A: incorreta, pois aqueles que gratuitamente houverem participado nos produtos do crime, respondem pela quantia da qual tiraram proveito e não até a quantia total subtraída (art. 932, V, do CC); **B:** incorreta, pois se trata de hipótese em que a responsabilidade é presumida e não objetiva, cabendo prova em contrário (art. 936, do CC); **C:** incorreta, pois se trata de hipótese em que a responsabilidade é presumida e não objetiva, cabendo prova em contrário (art. 937, do CC); **D:** incorreta, pois cabível direito de regresso. *Aquele que ressarcir o dano causado por outrem pode reaver o que houver pago daquele por quem pagou, salvo se o causador do dano for descendente seu, absoluta ou relativamente incapaz* (art. 934, do CC e enunciados 44 e 453, CJF). Oportuno registrar que a responsabilidade do patrão é objetiva (art. 932, III e 933, ambos do CC e enunciado 451, CJF). Neste sentido: "*a responsabilidade dos empregadores variou bastante ao longo do tempo. No início de vigência do Código Civil de 1916, exigia-se que a vítima provasse a negligência do empregador. A responsabilidade era subjetiva por culpa 'in eligendo'. Em razao da construção jurisprudencial foi criada uma presunção relativa com fundamento na súmula n. 341, do STF, que adota a teoria da substituição. Porém o Código Civil adotou a teoria do risco-proveito, respondendo este objetivamente segundo o Código Civil*" (Cristiano Vieira Sobral Pinto, DIREITO CIVIL SISTEMATIZADO, editora Forense); **E:** correta (art. 940, do CC).

Gabarito "E"

(Advogado da União/AGU – CESPE – 2009) Ricardo, que dirigia seu carro em velocidade normal, atropelou Raimundo, causando-lhe sérios ferimentos. Em depoimento prestado na delegacia de polícia, Ricardo afirmou que o atropelamento ocorrera por motivos de força maior, haja vista que trafegava normalmente pela via quando um motoqueiro, dirigindo em alta velocidade, cruzou a frente do veículo que ele conduzia, não lhe tendo restado outra alternativa senão a de desviar o carro para o acostamento. Alegou, ainda, que não havia visto Raimundo, que aguardava pelo ônibus no acostamento, e que, se não tivesse desviado o veículo, ele poderia ter causado a morte do motoqueiro. Testemunhas confirmaram a versão de Ricardo.

Com base nessa situação hipotética, julgue o item que se segue.

(1) A despeito de o ato praticado por Ricardo não ser considerado ilícito civil, ele terá a obrigação de indenizar Raimundo, caso haja o ajuizamento de ação com esse fim.

1: correta (art. 188, II, c/c art. 929, do CC)

Gabarito 1C

(Advogado da União/AGU – CESPE – 2009) No que tange à responsabilidade civil, julgue o item seguinte.

(1) Embora o CC somente tenha feito referência à boa-fé na conclusão e na execução do contrato, a doutrina entende haver lugar para a responsabilidade pré-contratual, a qual não se aplica aos chamados contratos preliminares, mas aos contatos anteriores à formalização do pacto contratual.

1: correta, pois a doutrina e a jurisprudência evoluíram no sentido de dar mais responsabilidade aos envolvidos na fase de negociações preliminares; com base no *princípio da boa-fé*, vem se entendendo que, se na fase das negociações preliminares forem criadas *fortes expectativas* em um dos negociantes, gerando inclusive despesas de sua parte, o outro negociante deverá responder segundo a chamada *responsabilidade pré-contratual*, instituto jurídico que se aplica apenas à fase de negociações preliminares, daí o nome de responsabilidade "pré-contratual".

Gabarito 1C

(Procurador Federal – 2010 – CESPE) A respeito da responsabilidade contratual, julgue os itens a seguir.

(1) Em caso de acidente automotivo, a responsabilidade da transportadora ficará afastada se comprovado que os danos sofridos pelo passageiro decorreram de falha mecânica do veículo.

(2) Se o contrato celebrado for de obrigação de resultado, o inadimplemento se presumirá culposo.

1: incorreta, pois a responsabilidade da transportadora é objetiva; **2:** correta, pois, na obrigação de resultado, a culpa pelo não atingimento deste é presumida.

Gabarito 1E, 2C

(Procurador da Fazenda Nacional – 2007.2 – ESAF) Quanto ao conteúdo da conduta culposa, a culpa poderá ser

(A) grave, leve ou levíssima.

(B) *in committendo, in ommittendo, in eligendo, in vigilando* ou *in custodiendo*.

(C) *in abstracto* ou *in concreto*.

(D) *aquiliana* ou *juris et de jure*.

(E) contratual ou extracontratual.

Não se deve confundir a classificação da culpa. A alternativa "b" traz a classificação da culpa quanto ao seu conteúdo.

Gabarito "B"

(Procurador da Fazenda Nacional – 2006 – ESAF) Constituem caso de responsabilidade civil por ato de outrem, exceto

(A) os pais, pelos filhos menores que estiverem sob seu poder e companhia, mesmo se comprovado que agiu de maneira incensurável quanto à vigilância e educação do menor.

(B) o tutor ou curador, pelos atos praticados pelos pupilos e curatelados, tenha ou não apurado sem culpa.

(C) o empregador ou comitente, por seus empregados, serviçais e prepostos, no exercício do trabalho ou por ocasião dele.

(D) os donos de hotéis, hospedarias, casas ou estabelecimentos onde se albergue por dinheiro, menos para fins de educação, pelos seus hóspedes e moradores, havendo, ou não, culpa *in vigilando* e *in eligendo*.

(E) os que houverem participado nos produtos do crime, mesmo os que não participaram do delito mas receberam o seu produto.

A: correta. Art. 932, I, CC; **B:** correta. Art. 932, II, CC; **C:** correta. Art. 932, III, CC; **D:** incorreta. Art. 932, IV, CC (os donos de hotéis, hospedarias, casas ou estabelecimentos onde se albergue por dinheiro, mesmo para fins de educação, pelos seus hóspedes, moradores e educandos); **E:** correta. Art. 932, V, CC.

Gabarito "D"

(ADVOGADO – PETROBRÁS DISTRIB. – 2010 – CESGRANRIO) A imputação de responsabilidade civil, portanto, supõe a presença de dois elementos de fato, que são a conduta do agente e o resultado danoso; e de um elemento lógico-normativo, o nexo causal.

Considerando o contexto acima, o caráter lógico-normativo do nexo causal se vincula

(A) ao elo referencial que conecta conduta e dano.

(B) aos efeitos indiretos relacionados à conduta danosa.

(C) ao grau de culpa do agente do dano.

(D) à reprovabilidade da conduta danosa.

(E) a qualquer condição com potencial para produzir o dano.

Segundo entendimento doutrinário, "o nexo de causalidade ou nexo causal constitui o elemento imaterial ou virtual da responsabilidade civil, constituindo a relação de causa e efeito entre a conduta culposa ou o risco criado e o dano suportado por alguém" (Flávio Tartuce, Manual de Direito Civil, editora MÉTODO). Assim, alternativa "a" está correta, ficando excluídas as demais alternativas.

Gabarito "A"

(ADVOGADO – PETROBRÁS BIO. – 2010 – CESGRANRIO) A força maior é causa de exclusão da responsabilidade no descumprimento da obrigação. O principal fundamento para essa excludente é que

(A) não há culpa do devedor nesse caso.

(B) o fato ocorrido é alheio à vontade do devedor.

(C) há o rompimento do nexo de causalidade nessa hipótese.

(D) o evento é impeditivo do cumprimento da obrigação.

(E) a circunstância é eficaz para a impossibilidade de obrigação.

Segundo entendimento doutrinário, "o nexo de causalidade ou nexo causal constitui o elemento imaterial ou virtual da responsabilidade civil, constituindo a relação de causa e efeito entre a conduta culposa ou o risco criado e o dano suportado por alguém (...). Portanto, somente devem ser reparados os danos que decorrem como efeitos necessários da conduta do agente" (Flávio Tartuce, Manual de Direito Civil, editora MÉTODO). Caso haja culpa exclusiva da vítima, fato exclusivo de terceiro, caso fortuito ou força maior, haverá a interrupção do nexo causal, afastando a responsabilidade civil. Assim, a alternativa "c" está correta, ficando excluídas as demais.

Gabarito "C"

(ADVOGADO – PETROBRÁS BIO. – 2010 – CESGRANRIO) Mariana Paixão tentou entrar em um ônibus da linha 558, quando o coletivo já dava a partida para sair do ponto, ainda com a porta aberta, mas já em movimento. Ela não conseguiu subir a tempo, escorregou e foi atingida pelo coletivo, sofrendo lesões corporais leves. Nesse caso,

(A) não há responsabilidade da empresa, mas do motorista, uma vez que não houve contrato entre as partes, por não ter ocorrido o pagamento da passagem.

(B) não há responsabilidade da empresa e nem do motorista, mas culpa exclusiva da vítima, que tentou entrar no coletivo em movimento.

(C) não há responsabilidade da empresa, uma vez que sua obrigação de incolumidade só diz respeito a passageiros, sendo certo que Mariana não gozava dessa qualidade.

(D) há responsabilidade pré-contratual da empresa, desde a tentativa de Mariana subir no coletivo, havendo culpa do preposto que trafegava de porta aberta.

(E) há responsabilidade exclusiva do motorista, que trafegava de porta aberta, assumindo o risco de causar danos, o que de fato ocorreu.

A alternativa "d" está correta, pois reflete o disposto no art. 932, III, do CC, ficando excluídas as demais.

Gabarito "D"

(ADVOGADO – PETROBRÁS – 2008 – CESGRANRIO) Qual das situações a seguir **NÃO** configura caso de responsabilidade civil por ato de outrem?

(A) Aqueles que de forma gratuita houverem participado no produto do crime.

(B) Tutor ou curador, por atos praticados por seus pupilos ou curatelados.

(C) O comitente, pelos serviçais e prepostos, no exercício do trabalho ou por ocasião dele.

(D) O pai separado, pelos filhos menores, sob a guarda da mãe que exerce o poder de direção.

(E) Os donos de estabelecimentos onde se albergue por dinheiro, mesmo para fins educacionais, pelos seus hóspedes, moradores e educandos.

A: incorreta (art. 932, V, do CC); **B:** incorreta (art. 932, II, do CC); **C:** incorreta (art. 932, III, do CC); **D:** correta (art. 932, I, do CC), muito embora o enunciado 450 tenha entendimento em sentido contrário. Inclusive, neste sentido é o entendimento jurisprudencial (STJ, REsp 777327/RS, j. 17/11/2009); **E:** incorreta (art. 932, IV, do CC).

Gabarito "D"

(ADVOGADO – PETROBRÁS – 2003 – CESPE) Acerca da responsabilidade civil, julgue os itens que se seguem.

(1) A vítima de acidente de trabalho terá direito a indenização fundada em responsabilidade civil, se comprovado que o empregador concorreu para o acidente em razão de sua omissão no tocante à fiscalização das condições e da segurança do trabalho.

(2) Considerando que, no contrato de transporte, a empresa transportadora assume uma obrigação de resultado, ou seja, a de entregar no local do destino a mercadoria no mesmo estado que a recebeu, caso ocorra roubo à mão armada das mercadorias em trânsito, apesar de observadas as precauções normais no cumprimento do mencionado contrato, impõe-se ao transportador que não cumpriu a obrigação o dever de indenizar o outro contratante pelo dano decorrente do roubo da carga.

1: correta (art. 186, do CC); **2:** incorreta, pois, de acordo com o entendimento do STJ, o roubo é considerado força maior, excluindo a responsabilidade. Todavia, se o roubo ocorrer em agência bancária, por se tratar de evento previsível, não haverá a excludente.

Gabarito 1C, 2E

(ADVOGADO – PETROBRÁS DISTRIB. – 2008 – CESGRANRIO) A respeito de Responsabilidade Civil, todas as afirmativas abaixo estão corretas, EXCETO uma. Assinale-a.

(A) A imprudência é a atuação do sujeito sem as devidas cautelas, de forma açodada.

(B) A noção de culpa vincula-se a um juízo de imputabilidade.

(C) A culpa é elemento acidental da responsabilidade civil.

(D) O artigo 186 do CCB refere-se exclusivamente à culpa *stricto sensu*.

(E) O previsível, na culpa, mede-se pelo grau médio de cuidado, de acordo com a sensibilidade ético--social.

A, B, C e **E:** corretas, pelos seus próprios fundamentos; **D:** incorreta, pois o art. 186, do CC se refere tanto à culpa quanto ao dolo.

Gabarito "D"

(ADVOGADO – PETROBRÁS DISTRIB. – 2008 – CESGRANRIO) Com relação à regulação da responsabilidade pelo Código Civil, analise as afirmativas a seguir.

I. O Código distinguiu as duas espécies de responsabilidade, contratual e extracontratual, tratando da primeira nos artigos 389 e 395.

II. A responsabilidade contratual não abrange o descumprimento de negócio unilateral.

III. No caso da responsabilidade contratual, o credor deve demonstrar que a prestação foi descumprida.

IV. A responsabilidade do credor que demanda o devedor por dívida já paga é subjetiva.

V. A indenização está vinculada à violação de um dever jurídico.

Estão corretas APENAS as afirmativas

(A) I e III

(B) I e IV

(C) II e IV

(D) II e V

(E) IV e V

I: correta, pois o Código Civil regulamenta a responsabilidade civil extracontratual ou aquiliana, baseada no ato ilícito (art. 186, do CC) ou no abuso de direito (art. 187, do CC), bem como a responsabilidade contratual (art. 389, 390 e 391, do CC); **II:** incorreta, pois a responsabilidade contratual abrange toda forma de inadimplemento; **III:** correta (art. 389, 390 e 391, do CC); **IV:** incorreta, pois a responsabilidade é objetiva (art. 940, do CC); **V:** incorreta, pois o Código Civil também regulamenta a responsabilidade civil extracontratual ou aquiliana, baseada no ato ilícito (art. 186, do CC) ou no abuso de direito (art. 187, do CC).

Gabarito "A"

(ADVOGADO – REFAP – 2007 – CESGRANRIO) Considere a seguinte notícia hipotética: "Caminhão de refinaria de petróleo transportando matéria prima inflamável explode, destrói 2 imóveis e fere 4 moradores." A esse respeito, assinale a afirmativa correta.

(A) Mesmo que se verifique que a conduta do motorista da refinaria não tenha se originado de uma ação ou omissão voluntária, negligência ou imprudência, a refinaria responderá pelos danos causados.

(B) Caso se verifique que o motorista da refinaria não foi o responsável principal pelo acidente, poderá requerer-se, pela mitigação do princípio da reparação integral, a redução, equitativamente, da indenização a ser paga às vítimas.

(C) Em se verificando que o motorista da refinaria conduzia o automóvel de forma imprudente, eventuais indenizações deverão ser por ele suportadas, admitindo-se apenas a responsabilidade subsidiária do empregador.

(D) Caso se verifique que a causa do acidente foi a conduta do motorista da refinaria, mas que esta estava dentro dos limites indispensáveis para remoção de perigo iminente gerado por caminhão desgovernado, a conduta é considerada lícita, não havendo responsabilidade sobre os danos.

(E) Por ser a responsabilidade civil dependente da criminal, a refinaria não poderá mais discutir no juízo cível a autoria dos danos, se no juízo criminal seu motorista aceita transação penal.

A: correta (art. 932, III, do CC); **B:** incorreta, pois se o motorista não foi o responsável pelo acidente, não há que falar em responsabilidade da refinaria; **C:** incorreta, pois a responsabilidade será da refinaria (art. 932, III, do CC); **D:** incorreta (art. 929, do CC); **E:** incorreta, pois a responsabilidade civil é independente da criminal (art. 935, do CC).

Gabarito "A"

(ADVOGADO – ELETROBRÁS – 2006 – NCE/UFRJ) A natureza da responsabilidade civil pelos danos causados em decorrência de atividade de risco normalmente desenvolvida pelo autor do fato lesivo é:

(A) contratual;

(B) pré-contratual;

(C) extracontratual;

(D) objetiva;

(E) subjetiva.

A alternativa "d" está correta, pois reflete o disposto no art. 927, parágrafo único, do CC, ficando excluídas as demais alternativas.

Gabarito "D"

(ADVOGADO – BNB – 2006 – ACEP) No que diz respeito às obrigações por atos ilícitos é **INCORRETO** afirmar.

(A) Que o incapaz responde pelos prejuízos que causar, se as pessoas por ele responsáveis não tiverem obrigação de fazê-lo ou não dispuserem de meios suficientes.

(B) Que os empresários individuais, ressalvados outros casos previstos em lei especial, respondem, independentemente de culpa, pelos danos causados pelos produtos postos em circulação.

(C) Que não há solidariedade entre os autores da ofensa.

(D) Que o dever de prestar reparação transmite-se com a herança.

(E) Que o dono do animal agressor só ressarcirá a vítima se não provar culpa da vítima ou força maior.

A: correta (art. 928, do CC); **B:** correta (art. 931, do CC); **C:** incorreta, pois há solidariedade entre os autores da ofensa (art. 942, do CC); **D:** correta (art. 943, do CC); **E:** correta (art. 936, do CC).

Gabarito "C"

(PROCURADOR – BANCO CENTRAL – 2009 – CESPE) A respeito da responsabilidade civil e da obrigação por atos ilícitos, assinale a opção correta.

(A) O desvio de atribuições por parte do empregado, por si só, não exonera o patrão do dever de indenizar.

(B) O inadimplemento contratual, dada a sua natureza, é incompatível com o dano moral.

(C) De acordo com a jurisprudência do STJ, a absolvição criminal por insuficiência de provas gera dano moral.

(D) Os pais não possuem legitimidade concorrente com o filho para pleitear indenização por danos morais quando este sobrevive ao sinistro.

(E) O dono de prédio locado possui responsabilidade subsidiária por coisas que dele caiam e causem dano a terceiros.

A: correta, pois a alternativa trata de responsabilidade objetiva (art. 932, III, do CC); **B:** incorreta, pois *"o descumprimento de contrato pode gerar dano moral quando envolver valor fundamental protegido pela Constituição Federal de 1988"* (art. 186, do CC e enunciado 411, CJF); **C:** incorreta, pois a absolvição criminal por insuficiência de provas permite ao lesado ajuizar ação de indenização no juízo cível (art. 935, do CC); **D:** incorreta, pois os pais também possuem legitimidade para pleitear indenização; **E:** incorreta, pois a responsabilidade é daquele que habitar prédio ou parte dele (art. 938, do CC).

Gabarito "A"

5.2. INDENIZAÇÃO

(Procurador Distrital – 2014 – CESPE) Julgue o seguinte item.

(1) Não ensejará reparação por danos morais o uso não autorizado da imagem de atleta em cartaz de propaganda de evento esportivo, sem finalidade lucrativa ou comercial, salvo se houver comprovação, pelo atleta, da ocorrência de prejuízo a ele.

A assertiva está incorreta, pois o direito de imagem é constitucionalmente protegido, garantindo-se o direito a indenização em caso de violação (art. 5º, X da CF). Ainda que não haja finalidade lucrativa, o uso da imagem alheia apenas pode ser feito mediante autorização ou se necessárias à administração da justiça ou à manutenção da ordem pública (art. 20 do CC). Fora dessas hipóteses o prejuízo àquele que foi exposto é presumido, ensejando o direito de exigir reparação por dano moral.

Gabarito 1E

(Procurador do Estado/BA – 2014 – CESPE) Acerca da responsabilidade civil, julgue os itens subsequentes, à luz da jurisprudência dominante do STJ.

(1) Na hipótese de indenização por danos morais ou materiais do falecimento de ente querido, o termo inicial da contagem do prazo prescricional é a data do óbito, independentemente da data da ação ou da omissão.

(2) O espólio tem legitimidade para postular indenização pelos danos materiais e morais supostamente experimentados pelos herdeiros.

1: Correta, pois o prazo prescricional começa a correr da data da violação do direito, no caso o evento morte. Neste sentido: "DIREITO CIVIL. DANO MORAL. MORTE. PRESCRIÇÃO. CONTAGEM DO PRAZO. DATA DO FALECIMENTO, NÃO DO ACIDENTE QUE O MOTIVOU. 1. Diferentemente do que ocorre em direito penal, que considera o momento do crime a data em que é praticada a ação ou omissão que lhe deu causa, no direito civil *a prescrição é contada da data da "violação do direito"*. 2. Na hipótese em que se discute dano moral decorrente do falecimento de ente querido, *é a data do óbito o prazo inicial da contagem da prescrição*, ainda que o acidente tenha ocorrido dias antes. Não é possível considerar que a pretensão a indenização em decorrência da morte nasça antes do evento que lhe deu causa. 3. Não é possível revisar, em sede de recurso especial, a interpretação dada pelo acórdão recorrida quanto a matéria fática. Enunciado 7 da Súmula/STJ. 4. Recurso especial improvido" (REsp 1318825/SE, Rel. Ministra NANCY ANDRIGHI, TERCEIRA TURMA, julgado em 13/11/2012, DJe 21/11/2012); **2:** Errada, pois a jurisprudência majoritária do STJ é no sentido de não atribuir legitimidade ativa ao espólio para postular indenização por danos materiais e morais supostamente suportados pelos herdeiros. Isso porque a legitimidade *ad causam* exsurge, em regra, da identidade subjetiva entre a relação de direito material e a de direito processual, e, por isso, sua ausência acarreta a extinção do processo sem resolução do mérito, por carência de ação, de sorte que não se trata de formalidade que pode ceder em função dos escopos do processo, em homenagem à instrumentalidade, mas de regra cujo descumprimento fulmina o próprio processo. Neste sentido: "ADMINISTRATIVO E DIREITO CIVIL. RESPONSABILIDADE CIVIL DO ESTADO. BURACOS NA VIA PÚBLICA. FALECIMENTO DE INDENIZAÇÃO POR DANOS MORAIS SOFRIDOS PELOS HERDEIROS. *ILEGITIMIDADE ATIVA DO ESPÓLIO.* PRECEDENTE DA CORTE ESPECIAL. DIVERGÊNCIA NÃO DEMONSTRADA. DECISÃO MANTIDA. 1. *O espólio não tem legitimidade ativa* ad causam *para pleitear indenização por danos morais sofridos pelos herdeiros em decorrência do óbito de seu genitor.* Precedente: EREsp 1.292.983/AL, Rel. Ministra NANCY ANDRIGHI, CORTE ESPECIAL, julgado em 1º/8/2013, DJe 12/8/2013. 2. É incognoscível o recurso especial pela divergência se o entendimento *a quo* está em conformidade com a orientação desta Corte. Aplicação da Súmula 83/STJ. Agravo regimental improvido" (AgRg no REsp 1396627/ES, Rel. Ministro HUMBERTO MARTINS, SEGUNDA TURMA, julgado em 19/11/2013, DJe 27/11/2013).

Gabarito 1C, 2E

(Procurador Federal – 2013 – CESPE) Julgue o seguinte item.

(1) Embora os direitos da personalidade não possuam prazo para o seu exercício em razão de serem imprescritíveis, a pretensão de reparação por dano moral sofrido sujeita-se a prazo prescricional.

1: Correta, pois os direitos da personalidade não estão sujeitos à prescrição ou decadência em decorrência do seu não exercício. Assim, preserva-se o direito ao exercício do uso do nome, por exemplo, por tempo indefinido. Contudo, a *reparação pela violação* de um direito da personalidade, em regra, possui prazo prescricional de três anos para ser exercida (art. 206, § 3º, V do CC). Ressalta-se o STJ reconhece exceção à prescritibilidade nos casos de violação aos direitos da personalidade ocorrida durante o regime militar. Neste sentido: "PROCESSUAL CIVIL. AGRAVO REGIMENTAL NO RECURSO ESPECIAL. AÇÃO ORDINÁRIA. RESPONSABILIDADE CIVIL. DANOS MORAIS CAUSADOS DURANTE REGIME MILITAR. PERSEGUIÇÃO POLÍTICA. IMPRESCRITIBILIDADE. 1. Na hipótese dos autos, o recorrido propôs ação ordinária visando à condenação da União ao pagamento de indenização dos danos morais que suportou com as diversas sessões de tortura e com seu banimento para o Chile durante o regime da ditadura militar, porém o Tribunal de origem extinguiu com julgamento de mérito ao reconhecer a ocorrência de prescrição. 2. Ocorre que segundo a jurisprudência do STJ, *em face do caráter imprescritível das pretensões indenizatórias dos danos a direitos da personalidade ocorridos durante o regime militar, não há que se falar em aplicação de prazos prescricionais.* Precedentes: AgRg no Ag 1.337.260/PR, 1ª Turma, Rel. Min. Benedito Gonçalves, DJe 13.9.2011; AgRg no Ag 1392493/RJ, 2ª Turma, Rel. Min. Castro Meira, DJe 1.7.2011; AgRg no REsp 893.725/PR, 2ª Turma, Rel. Min. Humberto Martins, DJe 8.5.2009. 3. Logo, com razão a decisão agravada, que afastou a ocorrência da prescrição declarada pela Corte a quo. 4. Agravo regimental não provido" (AgRg no REsp 1280101/RJ, Rel. Ministro MAURO CAMPBELL MARQUES, SEGUNDA TURMA, julgado em 02/08/2012, DJe 09/08/2012)

Gabarito 1C

(Procurador Federal – 2013 – CESPE) Julgue o seguinte item.

(1) Se o Estado for condenado a indenizar por danos materiais esposa e filhos, com base na remuneração do marido falecido em razão de acidente provocado por servidor público, não se admitirá que seja descontado um terço do montante da indenização sob o fundamento de que a vítima utilizaria tal parcela consigo mesma.

1: Errada, haja vista que o posicionamento majoritário da jurisprudência é no sentido de que deve haver o desconto de 1/3, os quais equivaleriam a gastos que o *de cujus* teria com despesas pessoais. Neste sentido segue julgado do STJ e outros de tribunais locais: "PROCESSO CIVIL. RECURSO ESPECIAL. AÇÃO DE INDENIZAÇÃO. DANOS MORAIS E MATERIAIS. ACIDENTE RODOVIÁRIO. MORTE. INDENIZAÇÃO. ARBITRAMENTO PELO TRIBUNAL *A QUO*. VALOR RAZOÁVEL. JUROS MORATÓRIOS. CORREÇÃO MONETÁRIA. TERMO INICIAL. PENSÃO MENSAL. REDUÇÃO DE 1/3 RELATIVO AOS PRESUMÍVEIS GASTOS PESSOAIS DA VÍTIMA. NECESSIDADE. 1 - Não sendo constatado valor exacerbado na fixação, pelo Tribunal local, do montante indenizatório do dano moral (R$ 130.000,00) em razão da morte da vítima, por acidente rodoviário, inviável sua revisão por esta Corte. 2 - Tratando-se, *in casu*, de responsabilidade contratual, os juros moratórios incidem a partir da citação, conforme precedentes desta Corte. 3. Esta Corte consolidou o entendimento segundo o qual, nas indenizações por dano moral, o termo *a quo* para a incidência da correção monetária é a data em que foi arbitrado o valor.Precedentes *4 - A teor da jurisprudência desta Corte, do cálculo da pensão mensal deve ser deduzida a terça parte, correspondente as presumíveis despesas pessoais da vítima 5 - Recurso conhecido em parte e, nessa parte, provido, para reduzir de um terço o valor da pensão mensal fixada pelo Tribunal local, bem como para determinar a atualização monetária do valor indenizatório dos danos morais, a partir desta data"* (REsp 826.491/CE, Rel. Ministro JORGE SCARTEZZINI, QUARTA TURMA, julgado em 16/05/2006, DJ 05/06/2006, p. 295). "Ação de reparação de danos causados em acidente de trânsito. Atropelamento. Culpa do condutor do veículo comprovada. Ilegitimidade passiva da locadora. Locatária pessoa jurídica. Inaplicabilidade da súmula 492 do STF. Extinção do feito em relação à locadora. Dano material e moral corretamente fixados. Recurso **1:** provido recurso **2:** desprovido. Não responde solidariamente a locadora de veículos por danos morais e materiais causados pelo locatário, quando no uso da coisa, ressalvadas as hipóteses *in eligendo* e *in vigilando. Pensão mensal a título de danos materiais em valor compatível com a atividade exercida pela vítima, com o desconto equivalente a 1/3 (um terço), correspondente a presumíveis gastos pessoais.* A fixação do quantum a título de danos morais, considerada a perda sofrida com a morte do marido e pai, sem implicar em enriquecimento ilícito de umas e a ruína de outra, encontra-se em perfeita consonância com esta egrégia Corte" (TJ-PR - Apelação Cível AC 3228980 PR 0322898-0 (TJ-PR) Data de publicação: 17/08/2006). "Responsabilidade civil. Acidente de trânsito. Cruzamento não sinalizado. Transposição. Preferência desrespeitada. Excesso de velocidade do condutor que trafegava na preferencial. Culpa concorrente reconhecida. Participação do motorista que excede a velocidade de menor relevância. Culpa fixada proporcionalmente à influência no resultado lesivo. 70% para o que infringiu a preferência e 30% para o que superou a velocidade devida. Indenização. Pensão mensal. Dedução de 1/3, correspondente às despesas pessoais da vítima. Limite temporal para a viúva: data em que a vítima haveria de completar 69 anos. Condenação nas despesas com conserto do veículo mantida. Único orçamento que, entretanto, não foi infirmado. Dano moral devido e fixado com moderação. Recursos em parte providos" (TJ-MS - Apelação Cível AC 75792 MS 1000.075792-4 (TJ-MS)Data de publicação: 16/09/2003)

Gabarito 1E

(Procurador do Estado/GO – 2010) Sobre a responsabilidade civil, está INCORRETA a seguinte afirmação:

(A) São cumuláveis as indenizações por dano material e dano moral oriundas do mesmo fato.

(B) Em caso de responsabilidade extracontratual os juros moratórios fluem a partir do evento danoso.

(C) Incide correção monetária sobre a dívida por ato ilícito a partir do trânsito em julgado da sentença condenatória.

(D) Não só a pessoa física, mas a pessoa jurídica também pode sofrer dano moral.

(E) Na ação de indenização por dano moral, a condenação em montante inferior ao postulado na inicial não implica sucumbência recíproca.

A: correta (súmula 37, STJ); **B:** correta (súmula 54, STJ); **C:** incorreta, pois incide correção monetária sobre dívida por ato ilícito a partir da data do efetivo prejuízo (súmula 43, do STJ), bem como incide correção monetária desde a data da fixação da indenização por dano moral; **D:** correta (súmula 227, STJ); **E:** correta (súmula 326, STJ).

Gabarito "C"

(Procurador do Estado/SC – 2010 – FEPESE) No que concerne à responsabilidade civil, dispõe o Código Civil Brasileiro que:

1. Aquele que gratuitamente houver participado nos produtos do crime é responsável civilmente até a concorrente quantia.
2. O grau de culpa apurado é a base para a análise da extensão do dano.
3. Quando a ofensa extinguir ou reduzir a capacidade laboral, o prejudicado, se preferir, poderá exigir que a indenização seja arbitrada e paga de uma só vez.
4. Aquele que ressarcir o dano causado por outrem pode reaver o que houver pago daquele por quem pagou, salvo se o causador do dano for descendente seu, absoluta ou relativamente incapaz.

Assinale a alternativa que indica todas as afirmativas **corretas**.

(A) São corretas apenas as afirmativas 2 e 3.

(B) São corretas apenas as afirmativas 3 e 4.

(C) São corretas apenas as afirmativas 1, 2 e 4.

(D) São corretas apenas as afirmativas 1, 3 e 4.

(E) São corretas as afirmativas 1, 2, 3 e 4.

1: correta (art. 932, V, do CC); **2:** incorreta, pois a regra é outra; a regra é que a indenização será calculada conforme a extensão do dano; apenas excepcionalmente é que o grau de culpa poderá gerar efeitos sobre o valor da indenização (arts. 944 e 945 do CC); **3:** correta (art. 950, parágrafo único, do CC); **4:** correta (art. 934 do CC).

Gabarito "D"

(Procurador do Município/Cubatão-SP – 2012 – VUNESP) É correto afirmar que os juros de mora em indenização por dano moral, por responsabilidade extracontratual, no entendimento sumular do Superior Tribunal de Justiça,

(A) incidem desde a citação válida.

(B) incidem desde a juntada do mandado de citação nos autos.

(C) incidem desde a data do evento danoso.

(D) incidem desde a data do arbitramento.

(E) não incidem juros de mora.

A, B, D e **E:** incorretas, já que estão em desacordo com o entendimento do STJ; **C:** correta, pois os juros moratórios são devidos desde a data do evento danoso (Súmula n. 54, do STJ). Importante ressaltar que a correção monetária é devida desde a data da fixação da indenização por dano moral.

Gabarito "C"

(Procurador do Município/Teresina-PI – 2010 – FCC) No tocante à responsabilidade civil,

(A) o incapaz responde pelos prejuízos que causar, de modo subsidiário e desde que a indenização não o prive do necessário, ou às pessoas que dele dependam.

(B) a pessoa jurídica pode sofrer dano material, mas não moral.

(C) mediante apuração de culpa, as empresas e empresários individuais respondem pelos danos causados pelos produtos postos em circulação.

(D) a gravidade da culpa do agente é irrelevante na fixação da indenização, importando apenas a extensão do dano.

(E) importa aferir o nexo causal somente na responsabilidade subjetiva, mas não na responsabilidade objetiva, para cuja caracterização bastam o ilícito e o dano correspondente.

A: correta (art. 928 do CC); **B:** incorreta, pois a pessoa jurídica pode sofrer dano moral também (Súmula 227 do STJ); **C:** incorreta, pois a responsabilidade, no caso, é objetiva (art. 931 do CC); **D:** incorreta, pois a regra é outra; a regra é que a indenização será calculada conforme a extensão do dano; apenas excepcionalmente é que o grau de culpa poderá gerar efeitos sobre o valor da indenização (arts. 944 e 945 do CC); **E:** incorreta, pois na responsabilidade objetiva é necessário aferir conduta, dano e o nexo de causalidade também; a única diferença em relação à responsabilidade subjetiva, é que não será necessário discutir se a conduta é dolosa ou culposa.

Gabarito "A"

(ADVOGADO – ANP – 2008 – CESGRANRIO) Quanto à responsabilidade civil, são feitas as afirmações a seguir.

I. Ela é independente da criminal, não se podendo questionar mais sobre a existência do fato, quando esta questão se achar decidida no juízo criminal.

II. Em caso de homicídio, sua indenização consiste, tão somente, no pagamento das despesas com o tratamento da vítima, seu funeral e o luto da família.

III. Se houver excessiva desproporção entre a gravidade da culpa e o dano, poderá o juiz reduzir, equitativamente, a indenização.

IV. O valor da indenização por injúria, difamação ou calúnia, quando o ofendido não puder provar prejuízo material, corresponderá a 10% (dez por cento) de seus rendimentos.

V. A queixa ou denúncia falsa, ainda que não importe em prisão, constitui ofensa à liberdade pessoal.

Estão corretas **APENAS** as afirmações

(A) I e III

(B) II e IV

(C) III e IV

(D) I, II e V

(E) II, III e V

I: correta (art. 935, do CC); **II:** incorreta (art. 948, I e II, do CC); **III:** correta (art. 944, parágrafo único, do CC); **IV:** incorreta, pois *se o ofendido não puder provar prejuízo material, caberá ao juiz fixar, equitativamente, o valor da indenização, na conformidade das circunstâncias do caso* (art. 953, parágrafo único, do CC); **V:** incorreta (art. 954, parágrafo único, do CC).

Gabarito "A"

6. COISAS

6.1. POSSE

6.1.1. POSSE E SUA CLASSIFICAÇÃO

Tendo em vista a existência de elementos doutrinários no que concerne ao conceito de posse e à sua classificação, seguem algumas definições, que poderão colaborar na resolução de questões:

1. Conceito de posse: é o exercício, pleno ou não, de algum dos poderes inerentes à propriedade (art. 1.196, CC). É a exteriorização da propriedade, ou seja, a visibilidade da propriedade. Os poderes inerentes à propriedade são usar, gozar e dispor da coisa, bem como reavê-la (art. 1.228). Assim, se alguém estiver, por exemplo, usando uma coisa, como o locatário e o comodatário, pode-se dizer que está exercendo posse sobre o bem.

2. Teoria adotada: há duas teorias sobre a posse. A primeira é a **Teoria Objetiva** (de Ihering), para a qual a posse se configura com a mera conduta de dono, pouco importando a apreensão física da coisa e a vontade de ser dono dela. Já a segunda, a **Teoria Subjetiva** (de Savigny), entende que a posse só se configura se houver a apreensão física da coisa (*corpus*), mais a vontade de tê-la como própria *(animus domini)*. Nosso CC adotou a Teoria Objetiva de Ihering, pois não trouxe como requisito para a configuração da posse a apreensão física da coisa ou a vontade de ser dono dela. Exige tão somente a conduta de proprietário.

3. Detenção: é aquela situação em que alguém conserva a posse em nome de outro e em cumprimento às suas ordens e instruções. Ex: caseiro, em relação ao imóvel de que cuida, e funcionário público, em relação aos móveis da repartição. A detenção não é posse, portanto não confere ao detentor direitos decorrentes desta.

4. Classificação da posse.

4.1. Posse direta e indireta: quanto ao campo de seu exercício (art. 1.197, CC).

(A) posse indireta: é aquela exercida por quem cedeu, temporariamente, o uso ou o gozo da coisa a outra pessoa. São exemplos: a posse exercida pelo locador, nu-proprietário, comodante e depositante. O possuidor indireto ou mediato pode se valer da proteção possessória.

(B) posse direta: é aquela exercida por quem recebeu o bem, temporariamente, para usá-lo ou gozá-lo, em virtude de direito pessoal ou real.

4.2. Posse individual e composse: quanto à simultaneidade de seu exercício (art. 1.199, CC).

(A) posse individual: é aquela exercida por apenas uma pessoa.

(B) composse: é a posse exercida por duas ou mais pessoas sobre coisa indivisa. Exemplos: a posse dos cônjuges sobre o patrimônio comum e a posse dos herdeiros antes da partilha. Na composse pro diviso há uma divisão de fato da coisa.

4.3. Posse justa e injusta: quanto à existência de vícios objetivos (art. 1.200, CC).

(A) posse justa: é aquela que não obtida de forma violenta, clandestina ou precária. Assim, é justa a posse não adquirida pela força física ou moral (não violenta), não estabelecida às ocultas (não clandestina) e não originada com abuso de confiança por parte de quem recebe a coisa com o dever de restituí-la (não precária). Perceba que os vícios equivalem, no Direito Penal, aos crimes de roubo, furto e apropriação indébita.

(B) posse injusta: é aquela originada do esbulho. Em caso de violência ou clandestinidade, a posse só passa a existir após a cessação da violência ou da clandestinidade (art. 1.208, CC). Já em caso de precariedade (ex.: um comodatário passa a se comportar como dono da coisa), a posse deixa de ser justa e passa a ser injusta diretamente. É importante ressaltar que, cessada a violência ou a clandestinidade, a posse passa a existir, mas o vício que a inquina faz com que o Direito a considere injusta. E, mesmo depois de um ano e dia, a posse continua injusta, só deixando de ter essa característica se houver aquisição da coisa, o que pode acontecer pela usucapião, por exemplo. A qualificação de posse injusta é relativa, valendo apenas em relação ao anterior possuidor da coisa. Em relação a todas as outras pessoas, o possuidor injusto pode defender a sua posse.

4.4. Posse de boa-fé e de má-fé: quanto à existência de vício subjetivo (art. 1.201, CC):

(A) posse de boa-fé: é aquela em que o possuidor ignora o vício ou o obstáculo que impede a aquisição da coisa. É de boa-fé a posse daquele que crê que a adquiriu de quem legitimamente a possuía. Presume-se de boa-fé o possuidor com **justo título**, ou seja, aquele título que seria hábil para transferir o direito à posse, caso proviesse do verdadeiro possuidor ou proprietário da coisa.

(B) posse de má-fé: é aquela em que o possuidor tem ciência do vício ou do obstáculo que impede a aquisição da coisa. A posse de boa-fé pode se transmudar em posse de má-fé em caso de ciência posterior do vício. A citação para a demanda que visa à retomada da coisa tem o condão de alterar o caráter da posse.

Obs.: saber se a posse de alguém é de boa-fé ou de má-fé interfere no direito à indenização pelas benfeitorias feitas, no direito de retenção, no direito aos frutos, no prazo de prescrição aquisitiva (usucapião), na responsabilidade por deterioração da coisa etc.

4.5. Posse natural e jurídica: quanto à origem:

(A) posse natural: é a que decorre do exercício do poder de fato sobre a coisa.

(B) posse civil ou jurídica: é a que decorre de um título, não requerendo atos físicos ou materiais.

(Procurador do Estado/SE – FCC – 2005) É de boa-fé a posse

(A) depois de decorrido prazo para aquisição da propriedade por usucapião ordinária.

(B) se, entre presentes, for tolerada pelo proprietário ou pelo titular de domínio útil.

(C) somente se autorizada expressamente pelo proprietário ou pelo titular do domínio útil.

(D) se o possuidor ignorar o vício ou o obstáculo que impede a aquisição da coisa.

(E) apenas quando o possuidor ostentar titulo de domínio.

A alternativa "d" está correta, excluindo-se as demais, pois traz o conceito de posse de boa-fé (art. 1.201, do CC), qual seja: "é aquela em que o possuidor ignora o vício ou o obstáculo que impede a aquisição da coisa. É de boa-fé a posse daquele que crê que a adquiriu de quem legitimamente a possuía. Presume-se de boa-fé o possuidor com **justo título**, ou seja, aquele título que seria hábil para transferir o direito à posse, caso proviesse do verdadeiro possuidor ou proprietário da coisa" (Wander Garcia, SUPER-REVISÃO, editora FOCO).

Gabarito "D"

(Procurador do Município/Teresina-PI – 2010 – FCC) Para o direito pátrio, a posse

(A) confunde-se com a detenção, pois em ambas existe a apreensão física da coisa.

(B) é o exercício, de fato, dos poderes constitutivos da propriedade, de modo pleno ou não.

(C) só poderá gerar usucapião se não for viciada em sua origem.

(D) não se transfere aos herdeiros, pois é direito personalíssimo.

(E) desdobra-se em direta e indireta, somente a primeira dando direito à utilização dos interditos possessórios.

A: incorreta, pois a posse *é o exercício, pleno ou não, de algum dos poderes inerentes à propriedade* (art. 1.196, CC), ao passo que a detenção *é aquela situação em que alguém conserva a posse em nome de outro e em cumprimento às suas ordens e instruções*. É muito importante entender o instituto da detenção, pois ele traz exceções ao conceito de posse. Um exemplo típico é o do caseiro. Quem olhar de longe pode chegar à conclusão de que um caseiro exerce posse sobre um imóvel de que cuida. Em geral, caseiros usam e cuidam da coisa, exteriorizando um dos poderes da propriedade. Todavia, o próprio art. 1.198 do CC exclui do conceito de posse a situação em que se encontra um detentor. Assim, o caseiro, em relação ao imóvel de que cuida, e o funcionário público, em relação aos móveis da repartição, têm mera *detenção* sobre a coisa, não recebendo os direitos típicos daquele que exerce *posse*; **B:** correta (art. 1.196 do CC); **C:** incorreta, pois o tempo sana os vícios da posse; na usucapião extraordinária, pouco importa se a posse é injusta ou de má-fé; cumpridos os requisitos para a usucapião, o possuidor adquirirá a propriedade da coisa (art. 1.238 do CC); **D:** incorreta (art. 1.206 do CC); **E:** incorreta, pois as duas situações são de POSSE, dando ensejo à utilização dos interditos possessórios em relação a terceiros; em relação aos possuidores direito e indireto entre si, dependendo da ocorrência, também é possível que um use em face do outro um interdito possessório.

Gabarito "B"

(ADVOGADO – BNDES – 2002 – VUNESP) Segundo a teoria dominante, de IHERING, acolhida pelo Código Civil, a posse é

(A) ficção jurídica.

(B) direito obrigacional.

(C) direito real.

(D) direito pessoal.

(E) mero fato.

A: incorreta, pois segundo a teoria de *Ihering*, adotada no Brasil, todo aquele que tiver poder de fato sobre uma coisa terá posse, salvo quando a lei previr que se trata de detenção, como, por exemplo, nos artigos 1198 e 1208, do CC; **B:** incorreta, pois a posse não é um direito obrigacional, inserindo-se no direito das coisas; **C:** correta. Conquanto o gabarito tenha colocado a alternativa como correta, importante frisar que a posse, em verdade, insere-se no direito das coisas, a qual estuda a posse distintamente dos direitos reais (direito que recai sobre a coisa, com exclusividade e contra todos); **D:** incorreta, pois a posse não é um direito pessoal, cuja relação jurídica é obrigacional, estabelecendo direitos e deveres entre pessoas determinadas; **E:** incorreta, pois a posse não é mero fato, mas um poder de fato, em razão do *exercício, pleno ou não, de algum dos poderes inerentes à propriedade* (art. 1.196, do CC), que são: *usar, gozar e dispor da coisa, bem como reavê-la* (art. 1.228, do CC).

Gabarito "C"

(ADVOGADO – PETROBRÁS DISTRIB. – 2010 – CESGRANRIO) As proposições a seguir apresentam uma caracterização de posse seguida de uma explicação que encontra fundamento legal, EXCETO,

(A) até prova em contrário, a posse mantém suas características iniciais / fato este que envolve tanto suas qualidades como sua origem.

(B) a posse existe como um todo unitário e incindível / é a presença ou ausência de certos elementos que vai especificá-la.

(C) a posse justa não tem vícios desde a origem / se os detentores mantêm a coisa em seu poder.

(D) a violência estigmatiza a posse / sendo violenta, a posse não merece a proteção do direito.

(E) a posse precária representa a frustração da confiança / tal precariedade ocorre em momento posterior à apreensão da coisa.

A: correta (art. 1.203, do CC); **B:** correta (art. 1.196 e 1.197, ambos do CC); **C:** incorreta (art. 1.200, do CC); **D:** correta (art. 1.208, do CC); **E:** correta (art. 1.208, do CC).

Gabarito "C"

6.1.2. *AQUISIÇÃO E PERDA DA POSSE*

Aquisição e perda da posse.

(1) Aquisição da posse:

1.(1) Conceito: *adquire-se a posse desde o momento em que se torna possível o exercício, em nome próprio, de qualquer dos poderes inerentes à propriedade* (art. 1.204, CC).

1.(2) Aquisição originária: *é aquela que não guarda vínculo com a posse anterior*. Ocorre nos casos de: **a) apreensão,** *que consiste na apropriação unilateral da coisa sem dono* (abandonada – *res derelicta*, ou de ninguém – *res nullius*) *ou na retirada da coisa de outrem sem sua permissão* (cessada a violência ou a clandestinidade); **b) exercício do direito**, como no caso da servidão constituída pela passagem de um aqueduto em terreno alheio; **c) disposição**, que consiste em alguém dar uma coisa ou um direito, situação que revela o exercício de um poder de fato (posse) sobre a coisa.

1.(3) Aquisição derivada: *é aquela que guarda vínculo com a posse anterior*. Nesse caso, a posse vem gravada dos eventuais vícios da posse anterior. Essa regra vale para a sucessão a título universal (art. 1.206, CC), mas é abrandada na sucessão a título singular (art. 1.207, CC). Ocorre nos casos de **tradição**, *que consiste na transferência da posse de uma pessoa para outra, pressupondo acordo de vontades*. A tradição pode ser de três tipos:

(A) tradição real: *é aquela em que há a entrega efetiva, material da coisa*. Ex.: entrega de um eletrodoméstico para o comprador. No caso de aquisição de grandes imóveis, não há a necessidade de se colocar fisicamente a mão sobre toda a propriedade, bastando a referência a ela no título. Trata-se da chamada ***traditio longa manu***.

(B) tradição simbólica: *é aquela representada por ato que traduz a entrega da coisa*. Exemplo: entrega das chaves de uma casa.

(C) tradição consensual: *é aquela decorrente de contrato, de acordo de vontades*. Aqui temos duas possibilidades. A primeira é a ***traditio brevi manu***, que *é aquela situação em que um possuidor, em nome alheio, passa a possuir a coisa em nome próprio*. É o caso do locatário que adquire a coisa. Já a segunda é o **constituto possessório**, *que é aquela situação em que um possuidor em nome próprio passa a possuí-la em nome de outro, adquirindo a posse indireta da coisa*. É o caso do dono que vende a coisa e nela permanece como locatário ou comodatário.

(2) Perda da posse:

2.(1) Conceito: *perde-se a posse quando cessa, embora contra a vontade do possuidor, o poder sobre o bem*. É importante ressaltar, quanto ao ausente (no sentido de não ter presenciado o esbulho), que este só perde a posse quando, tendo notícia desta, abstém-se de retomar a coisa ou, tentando recuperá-la, é violentamente repelido (art. 1.224).

2.(2) Hipóteses de perda de posse: a) abandono: *é a situação em que o possuidor renuncia à posse, manifestando voluntariamente a intenção de largar o que lhe pertence;* ex.: quando alguém atira um objeto na rua; **b) tradição com intenção definitiva:** *é a entrega da coisa com o ânimo de transferi-la definitivamente a outrem;* se a entrega é transitória, não haverá perda total da posse, mas apenas perda temporária da posse direta, remanescendo a posse indireta; **c) destruição da coisa e sua colocação fora do comércio; d) pela posse de outrem:** nesse caso a perda da posse se dá por esbulho, podendo a posse perdida ser retomada.

(Procurador do Estado/AC – FMP – 2012) Assinale a alternativa INCORRETA.

(A) Posse e detenção caracterizam-se, no sistema jurídico brasileiro, como poder de fato, que se exerce sobre a coisa, diferenciando-se, dentre outros fatores, porque a posse recebe proteção interdital e pode conduzir à aquisição da propriedade, enquanto a detenção nem recebe proteção interdital, nem conduz à aquisição da propriedade.

(B) Na *traditio brevi manu* o adquirente da posse do bem já o tem em seu poder; apenas, por convenção, muda-se o título da ocupação.

(C) A posse não se transfere com seus caracteres. Assim, se for violenta, na origem, pode convalar-se em posse legítima, se o sucessor estiver de boa-fé.

(D) A posse se transfere por mera tradição, isto é, porque a pessoa passou a exercer poder fático sobre a coisa.

A: correta, pois são efeitos da posse, dentre outros: a) u**sucapião, em razão da** posse prolongada, desde que preenchidos outros requisitos legais, dá ensejo à aquisição originária da coisa; b) p**roteção possessória.** A posse também tem o efeito de gerar o direito de o possuidor defendê-la contra a perturbação e a privação de seu exercício, provocadas por terceiro. Existem dois tipos de proteção possessória previstos em lei, a autoproteção e a heteroproteção (Wander Garcia, SUPER-REVISÃO, editora FOCO); **B:** correta. "A **tradição consensual** *é aquela decorrente de contrato, de acordo de vontades*. Aqui temos duas possibilidades. A primeira é a ***traditio brevi manu***, que *é aquela situaçao em que um possuidor, em nome alheio, passa a possuir a coisa em nome próprio*. É o caso do locatário que adquire a coisa. Já a segunda é o **constituto possessório**, *que é aquela situação em que um possuidor em nome próprio passa a possuí-la em nome do outro, adquirindo a posse indireta da coisa*. É o caso do dono que vende a coisa e nela permanece como locatário ou comodatário" (Wander Garcia, SUPER-REVISÃO, editora FOCO); **C:** incorreta (art. 1.206, do CC); **D:** correta, pois se *adquire a posse desde o momento em que se torna possível o exercício, em nome próprio, de qualquer dos poderes inerentes à propriedade* (art. 1.204, CC).

Gabarito "C"

(Procurador do Estado/PA – 2011) Analise as assertivas abaixo e assinale a alternativa CORRET**A:**

(A) Nos termos do art. 1.196 do Código Civil, considera-se possuidor todo aquele que tem de fato o exercício, pleno ou não, de algum dos poderes inerentes à propriedade, de maneira que o ocupante de bem público dominical, poderá gozar dos direitos possessórios definidos em lei.

(B) Independentemente da existência de boa-fé, o possuidor tem direito a ser ressarcido acerca das despesas havidas em razão da manutenção da coisa possuída, incluindo as benfeitorias necessárias e úteis.

(C) Não induzem posse os atos de mera permissão ou tolerância assim como não autorizam a sua aquisição os atos violentos, ou clandestinos, senão depois de cessar a violência ou clandestinidade.

(D) Os direitos possessórios não são transmissíveis aos herdeiros ou legatários do possuidor.

(E) O possuidor de boa-fé não responde pela perda ou deterioração da coisa, a que der causa.

A: incorreta (art. 102, do CC); **B:** incorreta (art. 1.219, do CC); **C:** correta (art. 1.208, do CC); **D:** incorreta (art. 1.206, do CC); **E:** incorreta (art. 1.217, do CC).

Gabarito "C"

(Procurador do Estado/PR – UEL-COPS – 2011) Assinale a alternativa incorreta:

(A) quando alguém conserva a posse em nome e em cumprimento de ordens de outrem, de quem está em relação de dependência, ele é considerado simples detentor;

(B) o direito brasileiro admite a bipartição da posse em posse direta e posse indireta;

(C) a propriedade não pode ser discutida nas ações possessórias;

(D) o possuidor de boa-fé tem direito aos frutos percebidos, mas deve restituir os frutos colhidos com antecipação;

(E) a posse somente pode ser adquirida pessoalmente, não se admitindo a aquisição da posse por representante.

A: correta (art. 1.198, do CC); **B:** correta (art. 1.197, do CC); **C:** correta. Com o advento do atual Código Civil, pacificou-se o entendimento de que não existe mais exceção de domínio (possibilidade de o juiz levar ou não em consideração a alegação de propriedade de uma das partes, no curso da ação possessória), o que era admissível no CC/1916. Tal inovação surgiu porque os fundamentos das ações possessória e reivindicatória são distintos, embora ambas visem à retomada do bem. A possessória é julgada com base na posse. A reivindicatória é julgada com base no direito de propriedade, sendo que um direito não se sobrepõe ao outro. Além disso, o art. 923, 1ª parte, do CPC prevê que na pendência de processo possessório é defeso, ao autor e ao réu, intentar ação de reconhecimento de domínio; **D:** correta (art. 1.214, *caput* e parágrafo único, do CC); **E:** incorreta (art. 1.205, I, do CC).

Gabarito "E"

(Procurador da Fazenda Nacional – 2006 – ESAF) Adquire-se a posse:

(A) pelo próprio interessado, seu representante ou procurador, terceiro sem mandato e pelo constituto possessório.

(B) pelo próprio interessado, seu representante ou procurador, terceiro sem mandato (dependendo de ratificação) e pelo constituto possessório.

(C) pelo próprio interessado e pelo constituto possessório.

(D) pelo próprio interessado, seu representante ou procurador (dependendo de ratificação), terceiro sem mandato e pelo constituto possessório.

(E) pelo próprio interessado, seu representante ou procurador e por terceiro sem mandato (dependendo de ratificação).

B: correta. Art. 1.205 e incisos do CC. O constituto possessório é modo fictício de aquisição da posse. Ocorre quando o comprador já deixa o bem na posse do vendedor em comodato ou locação. O vendedor transfere a propriedade e conserva consigo a posse.

Gabarito "B"

(Procurador da Fazenda Nacional – 2003 – ESAF) Assinale a opção falsa.

(A) O constituto possessório acarreta a perda da posse, pois o possuidor altera, em virtude da cláusula *constituti*, a relação possessória, passando a possuir em nome próprio aquilo que possuía em nome alheio.

(B) Se o possuidor vier a defender sua posse, restabelecendo a situação ao estado anterior à turbação ou ao esbulho, o prazo de ano e dia não correrá.

(C) Perde-se a posse da coisa pelo abandono se o possuidor intencionalmente se afastar do bem com o intuito de se privar de sua disponibilidade física e de não mais exercer sobre ela qualquer ato possessório.

(D) As benfeitorias compensam-se com os danos que o possuidor esteja obrigado a ressarcir.

(E) O possuidor de má-fé não tem direito de ser indenizado pelas benfeitorias úteis.

A: falsa. O constituto possessório é modo fictício de aquisição da posse. Ocorre quando o comprador já deixa o bem na posse do vendedor em comodato ou locação. O vendedor transfere a propriedade e conserva consigo a posse. **B:** verdadeira. Com efeito, a partir do restabelecimento do estado anterior à turbação ou ao esbulho, o possuidor original retoma sua posse justa, não havendo que se falar em prazo de ano e dia para fins de ação possessória. **C:** verdadeira. Perde-se a posse quando cessa, ainda que contra a vontade, o poder do possuidor sobre o bem (art. 1.223, CC); o abandono é uma hipótese de perda da posse pela vontade do possuidor. **D:** verdadeira. Regra disposta no artigo 1.221, CC. **E:** verdadeira. Ao possuidor de má-fé serão ressarcidas somente as benfeitorias necessárias (art. 1.220, CC).

Gabarito "A"

6.1.3. *EFEITOS DA POSSE*

Efeitos da posse.

(1) Percepção dos frutos. Quando o legítimo possuidor retoma a coisa de outro possuidor, há de se resolver a questão dos frutos percebidos ou pendentes ao tempo da retomada. De acordo com o caráter da posse (de boa ou de má-fé), haverá ou não direitos para aquele que teve de entregar a posse da coisa. Antes de verificarmos essas regras, vale trazer algumas definições:

1.1. Conceito de frutos: *são utilidades da coisa que se reproduzem* (frutas, verduras, filhotes de animais, juros etc.). Diferem dos **produtos**, que *são as utilidades da coisa que não se reproduzem* (minerais, por exemplo).

1.2. Espécies de frutos quanto à sua natureza: a) civis (como os alugueres e os juros); **b)** naturais (como as maçãs de um pomar); e **c)** industriais (como as utilidades fabricadas por uma máquina).

1.3. Espécies de frutos quanto ao seu estado: a) pendentes (são os ainda unidos à coisa que os produziu); **b)** percebidos ou colhidos (são os já separados da coisa que os produziu); **c)** percebidos por antecipação (são os separados antes do momento certo); **d)** percepiendos (são os que deveriam ser colhidos e não foram); **e)** estantes (são os já separados e armazenados para venda); **f)** consumidos (são os que não existem mais porque foram utilizados).

1.4. Direitos do possuidor de boa-fé: tem direito aos frutos que tiver percebido enquanto estiver de boa-fé (art. 1.214, CC).

1.5. Inexistência de direitos ao possuidor de boa-fé: não tem direito às seguintes utilidades: **a)** aos frutos pendentes quando cessar a sua boa-fé; **b)** aos frutos percebidos antecipadamente, estando já de má-fé no momento em que deveriam ser colhidos; **c)** aos produtos, pois a lei não lhe confere esse direito, como faz com os frutos. De qualquer forma, é importante ressaltar que nos casos dos itens "a" e "b", apesar de ter de restituir os frutos colhidos ou o seu equivalente em dinheiro, terá direito de deduzir do que deve as despesas com a produção e o custeio.

1.6. Situação do possuidor de má-fé: este responde por todos os frutos colhidos e percebidos, bem como pelos que, por sua culpa, deixou de perceber, desde o momento em que se constituiu de má-fé. Todavia, tem direito às despesas de produção e custeio (art. 1.216, CC), em virtude do princípio do não enriquecimento sem causa.

(2) Responsabilidade por perda ou deterioração da coisa. Quando o legítimo possuidor retoma a coisa de outro possuidor, também há de se resolver a questão referente à eventual perda ou destruição da coisa.

2.1. Responsabilidade do possuidor de boa-fé: não responde pela perda ou deterioração à qual não der causa.

2.2. Responsabilidade do possuidor de má-fé: como regra, responde pela perda ou deterioração da coisa, só se eximindo de tal responsabilidade se provar que de igual modo esse acontecimento se daria, caso a coisa estivesse com o reivindicante dela. Um exemplo de exoneração da responsabilidade é a deterioração da coisa em virtude de um raio que cai sobre a casa.

(3) Indenização por benfeitorias e direito de retenção. Outra questão importante a ser verificada quando da retomada da coisa pelo legítimo possuidor é a atinente a eventual benfeitoria feita pelo possuidor que o antecedeu. De acordo com o caráter da posse (de boa ou de má-fé), haverá ou não direitos para aquele que teve de entregar a posse da coisa. Antes de verificarmos essas regras, é imperativo trazer algumas definições.

3.1. Conceito de benfeitorias: *são os melhoramentos feitos em coisa já existente*. São bens acessórios. Diferem da **acessão**, que *é a criação de coisa nova*. Uma casa construída no solo é acessão, pois é coisa nova; já uma garagem construída numa casa pronta é benfeitoria, pois é um melhoramento em coisa já existente.

3.2. Espécies de benfeitorias: a) benfeitorias necessárias *são as que se destinam à conservação da coisa* (ex.: troca do forro da casa, em virtude do risco de cair); **b)** benfeitorias úteis *são as que aumentam ou facilitam o uso de uma coisa* (ex.: construção de mais um quarto numa casa pronta); **c)** benfeitorias voluptuárias *são as de mero deleite ou recreio* (ex.: construção de uma fonte luminosa na entrada de uma casa).

3.3. Direitos do possuidor de boa-fé: tem direito à **indenização** pelas benfeitorias necessárias e úteis que tiver feito, podendo, ainda, levantar as voluptuárias, desde que não deteriore a coisa. A indenização se dará pelo valor atual da benfeitoria. Outro direito do possuidor de boa-fé é o de retenção da coisa, enquanto não for indenizado. Significa que o possuidor não é obrigado a entregar a coisa enquanto não for ressarcido. O direito deve ser exercido no momento da contestação da ação que visa à retomada da coisa, devendo o juiz se pronunciar sobre a sua existência. Trata-se de um excelente meio de coerção para recebimento da indenização devida. Constitui verdadeiro direito real, pois não se converte em perdas e danos.

3.4. Direitos do possuidor de má-fé: tem direito apenas ao ressarcimento das benfeitorias necessárias que tiver feito, não podendo retirar as voluptuárias. Trata-se de uma punição a ele imposta, que só é ressarcido pelas benfeitorias necessárias, pois são despesas que até o possuidor legítimo teria de fazer. O retomante escolherá se pretende indenizar pelo valor atual ou pelo custo da benfeitoria. O possuidor de má-fé não tem direito de retenção da coisa enquanto não indenizado pelas benfeitorias necessárias que eventualmente tiver realizado.

(4) Usucapião. A posse prolongada, desde que preenchidos outros requisitos legais, dá ensejo a outro efeito da posse, que é a aquisição da coisa pela usucapião.

(5) Proteção possessória. A posse também tem o efeito de gerar o direito de o possuidor defendê-la contra a perturbação e a privação de seu exercício, provocadas por terceiro. Existem dois tipos de proteção possessória previstos em lei, a autoproteção e a heteroproteção.

5.1. Autoproteção da posse. A lei confere ao possuidor o direito de, por si só, proteger a sua posse, daí porque falar-se em autoproteção. Essa proteção não pode ir além do indispensável à restituição (art. 1.210, CC). Há duas situações em que isso ocorre:

(A) legítima defesa da posse: consiste no direito de autoproteção da posse no caso do possuidor, apesar de presente na coisa, estar sendo perturbado. Repare que não chegou a haver perda da coisa.

(B) desforço imediato: consiste no direito de autoproteção da posse no caso de esbulho, de perda da coisa. Repare que a vítima chega a perder a coisa. A lei só permite o desforço imediato se a vítima do esbulho "agir logo", ou seja, agir imediatamente após a agressão ("no calor dos acontecimentos") ou logo que possa agir. Aquele que está ausente (não presenciou o esbulho) só perderá esse direito se não agir logo após tomar conhecimento da agressão à sua posse (art. 1.224, CC).

5.2. Heteroproteção da posse. Trata-se da proteção feita pelo Estado Juiz, provocado por quem sofre a agressão na sua posse. Essa proteção tem o nome de interdito possessório e pode ser de três espécies: interdito proibitório, manutenção de posse e reintegração de posse. Antes de analisarmos cada um deles, é importante verificar suas características comuns.

5.2.1. Características dos interditos possessórios:

(A) fungibilidade: o juiz, ao conhecer de pedido possessório, pode outorgar proteção legal ainda que o pedido originário não corresponda à situação de fato provada em juízo. Assim, caso se ingresse com ação de manutenção de posse e os fatos comprovam que a ação adequada é a de reintegração de posse, o juiz pode determinar a reintegração, conhecendo um pedido pelo outro (art. 920, CPC).

(B) cumulação de pedidos: nas ações de reintegração e de manutenção de posse, a vítima pode reunir, além do pedido de *correção* da agressão (pedido possessório propriamente dito), os pedidos de condenação em *perdas e danos*, de cominação de *pena para o caso de descumprimento* da ordem judicial e de *desfazimento* da construção ou plantação feita na coisa (art. 921, CPC).

(C) caráter dúplice: o réu também pode pedir a proteção possessória desde que, na contestação, alegue que foi ofendido na sua posse (art. 922, CPC).

(D) impossibilidade de discussão do domínio: não se admite discussão de domínio em demanda possessória (arts. 1.210, § 2º, do CC, e 923 do CPC), ou seja, ganha a ação quem provar que detinha previamente posse legítima da coisa.

5.2.2. Interdito proibitório:

(A) conceito: *é a ação de preceito cominatório utilizada para impedir agressões iminentes que ameaçam a posse de alguém* (arts. 932 e 933 do CPC). Trata-se de ação de caráter *preventivo*, manejada quando há justo receio de que a coisa esteja na iminência de ser turbada ou esbulhada, apesar de não ter ocorrido ainda ato material nesses dois sentidos, havendo apenas uma *ameaça* implícita ou expressa.

(B) ordem judicial: acolhendo o pedido, o juiz fixará uma pena pecuniária para incidir caso o réu descumpra a proibição de turbar ou esbulhar a área, daí o nome de interdito "proibitório". Segundo a Súmula 228 do STJ, não é admissível o interdito proibitório para a proteção de direito autoral.

5.2.3. Manutenção de posse:

(A) conceito: *é a ação utilizada para corrigir agressões que turbam a posse*. Trata-se de ação de caráter repressivo, manejada quando ocorre **turbação**, que é todo ato ou conduta que *embaraça* o livre exercício da posse. Vizinho que colhe frutos ou que implementa marcos na área de outro está cometendo turbação. Se a turbação é passada, ou seja, não está mais acontecendo, cabe apenas pedido indenizatório.

(B) ordem judicial: acolhendo pedido, o juiz expedirá mandado de manutenção de posse. As demais condenações (em perdas e danos, em pena para o caso de nova turbação e para desfazimento de construção ou plantação) dependem de pedido específico da parte interessada. A utilização do rito especial, que prevê liminar, depende se se trata de ação de força nova (promovida dentro de ano e dia da turbação).

5.2.4. Reintegração de posse:

(A) conceito: *é a ação utilizada para corrigir agressões que fazem cessar a posse de alguém*. Trata-se de ação de caráter repressivo, manejada quando ocorre **esbulho**, que é a privação de alguém da posse da coisa, contra a sua vontade. A ação também é chamada de *ação de força espoliativa*.

(B) requisitos: o autor deve provar a sua posse, o esbulho praticado pelo réu, a data do esbulho e a perda da posse.

(C) legitimidade ativa: é parte legítima para propor a ação o possuidor esbulhado, seja ele possuidor direto ou indireto. O mero detentor não tem legitimidade. Os sucessores a título universal continuam, de direito, a posse de seu antecessor, podendo ingressar com ação, ainda que o esbulho tenha ocorrido antes do falecimento do *de cujus*. Já ao sucessor singular é facultado unir sua posse à do seu antecessor, para efeitos legais (art. 1.207, CC). Como regra, a lei não exige vênia conjugal para a propositura de demanda possessória (art. 10, § 2º, CPC). Em caso de condomínio de pessoas não casadas, a lei permite que cada um ingresse com ação isoladamente (art. 1.314, CC).

(D) legitimidade passiva: é parte legítima para sofrer a ação o autor do esbulho. Cabe também reintegração de posse contra terceiro que recebe a coisa sabendo que fora objeto de esbulho. Já contra terceiro que não sabia que a coisa fora objeto de esbulho, a ação adequada é a reivindicatória, em que se discutirá o domínio.

(E) ordem judicial: acolhendo o pedido, o juiz expedirá mandado de reintegração de posse. As demais condenações (em perdas e danos, em pena para o caso de nova turbação e para desfazimento de construção ou plantação) dependem de pedido específico da parte interessada. A utilização do rito especial, que prevê liminar, depende se se trata de ação de força nova (promovida dentro de ano e dia do esbulho).

Após ano e dia do esbulho, deve-se promover a ação pelo rito ordinário, no qual poderá ser acolhido pedido de tutela antecipada, preenchidos seus requisitos, conforme entendimento do STJ e Enunciado CJF 238.

(Procurador do Estado/GO – 2010) Sobre a posse, é CORRETO afirmar que

(A) o possuidor tem direito a ser mantido na posse, em caso de esbulho; restituído, em caso de turbação; e segurado de violência iminente, se tiver justo receio de ser molestado.

(B) as benfeitorias compensam-se com os danos e só obrigam ao ressarcimento se ao tempo da evicção ainda existirem.

(C) o possuidor de má-fé responde pela perda ou deterioração da coisa, desde que não acidentais, salvo se provar que de igual modo se teriam dado, estando ela na posse do reivindicante.

(D) ao possuidor de má-fé serão ressarcidas as benfeitorias necessárias e úteis, não lhe assistindo o direito de levantar as voluptuárias.

(E) obsta à manutenção ou reintegração na posse a alegação de propriedade, ou de outro direito sobre a coisa.

A: incorreta, pois *o possuidor tem direito a ser mantido na posse em caso de turbação, restituído no de esbulho, e segurado de violência iminente, se tiver justo receio de ser molestado* (art. 1.210, *caput*, do CC); **B:** correta (art. 1.221, do CC); **C:** incorreta, pois responde ainda que acidentais (art. 1.218 do CC); **D:** incorreta, pois responde pela perda ou deterioração, ainda que acidentais (art. 1.218, do CC); **E:** incorreta. Com o advento do atual Código Civil, pacificou-se o entendimento de que não existe mais exceção de domínio (possibilidade de o juiz levar ou não em consideração a alegação de propriedade de uma das partes, no curso da ação possessória), o que era admissível no CC/1916. Tal inovação surgiu porque os fundamentos das ações possessória e reivindicatória são distintos, embora ambas visem à retomada do bem. A possessória é julgada com base na posse. A reivindicatória é julgada com base no direito de propriedade, sendo que um direito não se sobrepõe ao outro. Além disso, o art. 923, 1ª parte, do CPC prevê que na pendência de processo possessório é defeso, ao autor e ao réu, intentar ação de reconhecimento de domínio.

Gabarito "B"

(Procurador do Município/Aracaju – 2008 – CESPE) Julgue os itens seguintes, relativos ao direito das coisas.

(1) A proteção preventiva da posse diante da ameaça de atos turbativos ou esbulhadores opera-se mediante o interdito proibitório.

(2) São efeitos decorrentes da posse de boa-fé: o direito aos frutos percebidos e o direito de retenção pelo valor das benfeitorias necessárias e úteis realizadas no bem possuído.

(3) A indenização decorrente da passagem de cabos, tubulações e outros condutos de serviços de utilidade pública no subterrâneo de propriedade privada abrangerá as restrições imediatas na área efetivamente ocupada e a desvalorização da área remanescente do imóvel.

1: Correta, nos termos do art. 932 do CPC; **2:** Correta, nos termos dos arts. 1.214 e 1.219 do CC; **3:** correta, nos termos do art. 1.286 do CC.

Gabarito 1C, 2C, 3C

(Procurador do Município/Cubatão-SP – 2012 – VUNESP) "Não obsta à manutenção ou reintegração na posse a alegação de propriedade, ou de outro direito sobre a coisa". Sobre essa frase, assinale a alternativa correta.

(A) O direito de propriedade impede a manutenção ou reintegração de posse, uma vez que este se sobrepõe ao direito possessório.

(B) Não é possível a proteção possessória em face do direito de propriedade, uma vez que a posse é exteriorização desse direito.

(C) É possível que o possuidor que prove a sua posse garanta, frente ao proprietário, que deverá pleitear seus direitos perante o juízo petitório.

(D) O proprietário que perde a posse perderá seu domínio sobre a coisa, posto que o direito possessório se sobrepõe ao direito de propriedade.

(E) A posse da coisa faz presumir que o direito de propriedade está garantido de proteção judicial.

A, B, D e **E:** incorretas; **C:** correta. Os efeitos da posse são: a) percepção dos frutos; b) responsabilidade por perda ou deterioração da coisa; c) indenização por benfeitorias e direito de retenção; d) usucapião; e) proteção possessória. Oportuno registrar que a proteção possessória confere direito ao possuidor de defender a sua posse contra a perturbação provocada por terceiro, inclusive, pelo proprietário. Com o advento do atual Código Civil, pacificou-se o entendimento de que não existe mais exceção de domínio (possibilidade de o juiz levar ou não em consideração a alegação de propriedade de uma das partes, no curso da ação possessória), o que era admissível no CC/1916. Tal inovação surgiu porque os fundamentos das ações possessória e reivindicatória são distintos, embora ambas visem à retomada do bem. A possessória é julgada com base na posse. A reivindicatória é julgada com base no direito de propriedade, sendo que um direito não se sobrepõe ao outro. Além disso, o art. 923, 1ª parte, do CPC prevê que na pendência de processo possessório é defeso, ao autor e ao réu, intentar ação de reconhecimento de domínio.

Gabarito "C"

(Procurador do Município/São José dos Campos-SP – 2012 – VUNESP) A municipalidade, ao realizar obras de contenção de um muro, acrescenta tirantes de sustentação, que, por necessidade técnica de construção, adentra no terreno particular de José, a uma profundidade de cinco metros, que se opõe à obra. Diante desse fato, assinale a alternativa correta.

(A) A propriedade do solo abrange o subsolo, razão pela qual houve esbulho possessório, permitindo a José ingressar com ação para retomar sua posse.

(B) A propriedade do solo abrange o subsolo, em profundidade útil a seu exercício, não podendo José opor-se à obra se não tem interesse nessa profundidade.

(C) A propriedade do solo não abrange o subsolo, razão pela qual não houve qualquer esbulho possessório.

(D) José não pode se opor à execução da obra se esta for de interesse público e nos limites da função social da propriedade.

(E) Como a propriedade do solo abrange a do subsolo, a obra somente poderia ter sido executada se houvesse a desapropriação do imóvel.

A: incorreta (art. 1.229, do CC); **B:** correta. *A propriedade do solo abrange a do espaço aéreo e subsolo correspondentes, em altura e profundidade úteis ao seu exercício, não podendo o proprietário opor-se a atividades que sejam realizadas, por terceiros, a uma altura ou profundidade tais, que não tenha ele interesse legítimo em impedi-las*. Assim, no caso em questão, por haver necessidade técnica da construção em adentrar no terreno particular de José, a uma profundidade de cinco metros, e pelo fato de ele não ter interesse legítimo em impedir tal atividade, não poderá se opor à obra da Municipalidade. Oportuno registrar que *a propriedade do solo não abrange as jazidas, minas e demais recursos minerais, os potenciais de energia hidráulica, os monumentos arqueológicos e outros bens referidos por leis especiais*. Todavia, *o proprietário do solo tem o direito de explorar os recursos minerais de emprego imediato na construção civil, desde que não submetidos a transformação industrial, obedecido o disposto em lei especial* (art. 1.229 e 1.230, ambos do CC); **C:** incorreta, pois a propriedade do solo abrange a do subsolo; **D:** incorreta, pois José poderia se opor à obra, mesmo sendo de interesse público, desde que tivesse legítimo interesse para impedi-la; **E:** incorreta, pois não se exige a desapropriação do imóvel para que sejam realizadas *atividades, por terceiros, a uma altura ou profundidade tais, que não tenha o proprietário interesse legítimo em impedi-las*.

Gabarito "B"

(ADVOGADO – ELETROBRÁS – 2006 – NCE/UFRJ) Determinado prédio que constitui bem público de uso especial é invadido por um grupo de manifestantes, os quais se mantêm instalados no local há quarenta e sete dias. Pode-se afirmar que os invasores são:

(A) possuidores do prédio e somente podem ser retirados por meio de ação de reintegração de posse;

(B) possuidores do prédio e somente podem ser retirados por meio de ação de manutenção de posse;

(C) possuidores do prédio e não mais podem ser retirados do local;

(D) detentores do prédio e somente podem ser retirados por meio de ação de reintegração de posse;

(E) detentores do prédio e podem ser retirados por determinação administrativa, independentemente de ação judicial.

A alternativa "e" está correta, ficando excluídas as demais. Os invasores são detentores do prédio, e não possuidores, por se tratar de bem público. Ainda, no caso em questão, os invasores poderão ser retirados por determinação administrativa, dispensando ação judicial, em razão do ato administrativo ser dotado de autoexecutoriedade, que é "a qualidade pela qual o Poder Público pode compelir materialmente o administrado, sem busca da via judicial, ao cumprimento da obrigação que impôs e exigiu" (Wander Garcia, SUPER-REVISÃO, editora FOCO).

Gabarito "E"

6.2. DIREITOS REAIS E PESSOAIS.

1. Conceito de Direito Real: *é o poder, direto e imediato, do titular sobre a coisa, com exclusividade e contra todos*. O direito real difere do direito pessoal, pois este gera uma relação entre pessoas determinadas (princípio da relatividade) e, em caso de violação, converte-se em perdas e danos. No direito real, ao contrário, seu titular pode perseguir a coisa sobre a qual tem poder, não tendo que se contentar com a conversão da situação em perdas e danos. O ponto em comum entre os direitos pessoais e os direitos reais é o fato de que integram a categoria dos direitos patrimoniais, diferente dos direitos da personalidade.

2. Princípios do direito real:

2.1. Princípio da aderência: *aquele pelo qual se estabelece um vínculo entre o sujeito e a coisa, independentemente da colaboração do sujeito passivo.*

2.2. Princípio do absolutismo: *aquele pelo qual os direitos reais são exercidos contra todos* (***erga omnes***). Por exemplo: quando alguém é proprietário de um imóvel, todos têm de respeitar esse direito. Daí surge o *direito de sequela* ou o ***jus persequendi***, pelo qual, violado o direito real, a vítima pode perseguir a coisa, ao invés de ter de se contentar com uma indenização por perdas e danos.

2.3. Princípio da publicidade (ou visibilidade): *aquele pelo qual os direitos reais só se adquirem depois do registro do título na matrícula (no caso de imóvel) ou da tradição (no caso de móvel)*. Por ser o direito real oponível *erga omnes*, é necessária essa publicidade para que sejam constituídos.

2.4. Princípio da taxatividade: *aquele pelo qual o número de direitos reais é limitado pela lei*. Assim, por acordo de vontades não é possível criar uma nova modalidade de direito real, que são *numerus clausus*. Assim, está certa a afirmativa de que só são direitos reais aqueles que a lei, taxativamente, denominar como tal, enquanto que os direitos pessoais podem ser livremente criados pelas partes envolvidas (desde que não seja violada a lei, a moral ou os bons costumes), sendo, portanto, o seu número ilimitado.

2.5. Princípio da tipificação: *aquele pelo qual os direitos reais devem respeitar os tipos existentes em lei*. Assim, o acordo de vontades não tem o condão de modificar o regime jurídico básico dos direitos reais.

2.6. Princípio da perpetuidade: *aquele pelo qual os direitos reais não se perdem pelo decurso do tempo, salvo as exceções legais*. Esse princípio se aplica ao direito de propriedade. Os direitos pessoais, por sua vez, têm a marca da *transitoriedade*.

2.7. Princípio da exclusividade: *aquele pelo qual não pode haver direitos reais, de igual conteúdo, sobre a mesma coisa*. Exemplo: o nu-proprietário e o usufrutuário não têm direitos iguais quanto ao bem objeto do usufruto.

2.8. Princípio do desmembramento: *aquele que permite o desmembramento do direito matriz (propriedade), constituindo-se direitos reais sobre coisas alheias*. Ou seja, pelo princípio é possível desmembrar um direito real (propriedade, por exemplo) em outros direitos reais (uso, por exemplo).

(Procurador Distrital – 2014 – CESPE) Julgue o seguinte item.

(1) Se estiver pendente usufruto sobre bem imóvel, a nua propriedade desse bem poderá ser objeto de penhora e alienação em hasta pública, ficando ressalvado o direito real de usufruto, inclusive após a arrematação ou a adjudicação, até que haja a extinção desse direito.

1: Correta. O usufruto é considerado uma das modalidades de direitos reais sobre coisa alheia. Pendente o usufruto sobre determinado imóvel tem-se o desmembramento dos atributos da propriedade (usar, gozar, dispor e reivindicar). Assim, o proprietário deterá apenas a nua-propriedade, restando-lhe os direitos de dispor a reivindicar, ao passo que ao usufrutuário são transferidos os direitos de usar e gozar do bem. Trata-se, portanto, de direitos autônomos. Prova disso é a possibilidade de cessão do exercício do direito de usufruto (art. 1.393 CC), por exemplo, independentemente da disposição da nua-propriedade. Neste passo, a nua-propriedade também poderá ser objeto de alienação e penhora, independentemente da existência do direito de usufruto de terceiro. Desde que regularmente constituído, isto é, desde que registrado no Cartório de Registro de Imóveis, o direito do usufrutuário permanecerá intocável, até que subsista uma das causas de extinção previstas no art. 1.410 do CC.

Gabarito 1C

(Procurador Distrital – 2014 – CESPE) Julgue o seguinte item.

(1) A hipoteca judicial que tenha gravado o bem imóvel prevalecerá sobre decisão futura que reconheça a aquisição da propriedade do referido bem por usucapião.

1: Errada, pois a sentença da ação de usucapião tem cunho declaratório, conforme expressamente previsto no art. 1.238 do CC. Isso significa que ela reconhece a existência de uma situação pré-existente, isto é, concede cunho e reconhecimento jurídico a uma situação que já estava consolidada pelo preenchimento dos requisitos legais. Assim, eventual hipoteca judicial, ainda que anterior à sentença de usucapião, não tem o poder de prevalecer, haja vista que o imóvel já pertence à outra pessoa (o usucapiente). A hipoteca judicial apenas prevaleceria, se a sentença de usucapião tivesse natureza constitutiva, o que não é o caso.

Gabarito 1E

(Procurador Federal – 2013 – CESPE) Julgue o seguinte item.

(1) Intimado o credor hipotecário acerca da realização da praça, a arrematação produzirá o efeito de extinguir a hipoteca.

1: Correta. A arrematação, por si só, configura uma das causas de extinção da hipoteca referente aos credores hipotecários participantes dos autos (art. 1.499, VI do CC). No que tange àqueles que não fazem parte do processo, a arrematação ou adjudicação apenas extinguirão a hipoteca devidamente registrada mediante notificação judicial dos respectivos credores (art. 1.501 do CC).

Gabarito 1C

(Procurador Federal – 2013 – CESPE) Julgue o seguinte item.

(1) Quando o proprietário de um bem imóvel, efetivando uma relação jurídica negocial com terceiro, transfere-lhe o poder de fato sobre esse bem, ocorre a composse, de forma que qualquer dos dois poderá defender a posse contra terceiros.

1: Errada, pois a composse configura-se como a posse exercida por duas ou mais pessoas sobre coisa indivisa (art. 1.199 do CC). Logo, não há que se falar em desmembramento da posse. O direito de posse permanece íntegro, porém exercido por mais de um possuidor. Situação diferente é aquela em que há um negócio jurídico, por meio do qual a posse é desmembrada. Atribuir o poder de fato sobre determinado bem a alguém, nada mais significa do que lhe conceder a posse direta, preservando-se a posse indireta para si, sendo que uma não anula a outra (art. 1.197 do CC). Exemplo disso é o contrato de comodato, em que o comodante possui a posse indireta e o comodatário a posse direta do bem.

Gabarito 1E

(PROCURADOR DO ESTADO/MG – FUMARC – 2012) Assinale a alternativa que completa a frase:

"Segundo o Código Civil Brasileiro, são direitos reais, EXCETO_________."

(A) A anticrese,

(B) O direito do promitente comprador do imóvel.

(C) A posse.

(D) A concessão de direito real de uso.e

(E) A concessão de uso especial para fins de moradia.

A alternativa "c" está correta, pois a posse não se insere nos direitos reais. Importante frisar que a posse, em verdade, insere-se no direito das coisas, a qual estuda a posse distintamente dos direitos reais (direito que recai sobre a coisa, com exclusividade e contra todos).

Gabarito "C"

6.3. PROPRIEDADE IMÓVEL

Usucapião.

(1) Conceito: *é a forma de aquisição originária da propriedade pela posse prolongada no tempo e pelo cumprimento de outros requisitos legais*. A usucapião também é chamada de *prescrição aquisitiva*. Essa forma de aquisição da propriedade independe de inscrição no Registro de Imóveis. Ou seja, cumpridos os requisitos legais, o possuidor adquire a propriedade da coisa. Assim, a sentença na ação de usucapião é meramente declaratória da aquisição da propriedade, propiciando a expedição de mandado para registro do imóvel em nome do adquirente, possibilitando a todos o conhecimento da nova situação. A aquisição é originária, ou seja, não está vinculada ao título anterior. Isso faz com que eventuais restrições que existirem na propriedade anterior não persistam em relação ao novo proprietário.

(2) Requisitos. São vários os requisitos para a aquisição da propriedade pela usucapião. Vamos enumerar, neste item, apenas os requisitos que devem ser preenchidos em todas as modalidades de usucapião, deixando os específicos de cada modalidade para estudo nos itens abaixo respectivos. Os requisitos gerais são os seguintes:

(A) posse prolongada no tempo: não basta mera detenção da coisa, é necessária a existência de posse.

E mais: de posse que se prolongue no tempo, tempo esse que variará de acordo com o tipo de bem (móvel ou imóvel) e em função de outros elementos, como a existência de boa-fé, a finalidade da coisa etc.;

(B) posse com *animus domini*: não basta a mera posse; deve se tratar de posse com ânimo de dono, com intenção de proprietário; essa circunstância impede que se considere a posse de um locatário do bem como hábil à aquisição da coisa;

(C) posse mansa e pacífica: ou seja, posse sem oposição; assim, se o legítimo possuidor da coisa se opôs à posse, ingressando com ação de reintegração de posse, neste período não se pode considerar a posse como mansa e pacífica, sem oposição.

(D) posse contínua: ou seja, sem interrupção; não é possível computar, por exemplo, dois anos de posse, uma interrupção de um ano, depois mais dois anos e assim por diante; deve-se cumprir o período aquisitivo previsto em lei sem interrupção.

(3) Usucapião extraordinário – requisitos:

(A) tempo: 15 anos; o prazo será reduzido para 10 anos se o possuidor houver estabelecido no imóvel a sua moradia habitual, <u>ou</u> nele realizado obras ou serviços de caráter produtivo (art. 1.238, CC).

(B) requisitos básicos: posse "mansa e pacífica" (sem oposição), "contínua" (sem interrupção) e com "ânimo de dono".

(4) Usucapião ordinário – requisitos:

(A) tempo: 10 anos; o prazo será reduzido para 5 anos se preenchidos dois requisitos: se o imóvel tiver sido adquirido onerosamente com base no registro constante do respectivo cartório; se os possuidores nele tiverem estabelecido a sua moradia <u>ou</u> realizado investimentos de interesse social e econômico (art. 1.242, CC).

(B) requisitos básicos: posse "mansa e pacífica" (sem oposição), "contínua" (sem interrupção) e com "ânimo de dono".

(C) boa-fé e justo título: como o prazo aqui é menor, exige-se do possuidor, no plano subjetivo, a boa-fé, e, no plano objetivo, a titularidade de um título hábil, em tese, para transferir a propriedade.

(5) Usucapião especial urbano – requisitos:

(A) tempo: 5 anos (art. 1.240, CC).

(B) requisitos básicos: posse "mansa e pacífica" (sem oposição), "contínua" (sem interrupção) e com "ânimo de dono".

(C) tipo de imóvel: área urbana; tamanho de até 250 m^2;

(D) finalidade do imóvel: deve ser utilizado para a moradia do possuidor ou de sua família;

(E) requisitos negativos: que o possuidor não seja proprietário de outro imóvel urbano ou rural; que o possuidor não tenha sido beneficiado anteriormente pelo direito ao usucapião urbano.

(6) Usucapião especial urbano FAMILIAR – requisitos:

(A) tempo: 2 anos (art. 1.240-A, CC).

(B) requisitos básicos: posse "mansa e pacífica" (sem oposição), "contínua" (sem interrupção) e com "ânimo de dono".

(C) tipo de imóvel: área urbana; tamanho de até 250 m^2;

(D) finalidade do imóvel: deve ser utilizado para a moradia do possuidor ou de sua família;

(E) requisito específico: imóvel cuja PROPRIEDADE o possuidor divida com ex-cônjuge ou ex-companheiro que ABANDONOU o lar;

(F) requisitos negativos: que o possuidor não seja proprietário de outro imóvel urbano ou rural; que o possuidor não tenha sido beneficiado anteriormente pelo direito ao usucapião urbano. O possuidor abandonado deve estar na posse direta e exclusiva do imóvel, e, cumpridos os requisitos da usucapião, adquirirá o domínio integral do imóvel.

(7) Usucapião urbano coletivo – requisitos:

(A) tempo: 5 anos (art. 10 da Lei 10.257/01 – Estatuto da Cidade);

(B) requisitos básicos: posse "mansa e pacífica" (sem oposição), "contínua" (sem interrupção) e com "ânimo de dono".

(C) tipo de imóvel: área urbana; tamanho superior a 250 m^2;

(D) finalidade do imóvel: utilização para moradia; população de baixa renda;

(E) requisitos negativos: que o possuidor não seja proprietário de outro imóvel urbano ou rural; que seja impossível identificar o terreno ocupado por cada possuidor.

(8) Usucapião especial rural – requisitos:

(A) tempo: 5 anos (art. 1.239, CC);

(B) requisitos básicos: posse "mansa e pacífica" (sem oposição), "contínua" (sem interrupção) e com "ânimo de dono";

(C) tipo de imóvel: área de terra em zona rural; tamanho de até 50 hectares;

(D) finalidade do imóvel: deve ser utilizado para a moradia do possuidor ou de sua família; área produtiva pelo trabalho do possuidor ou de sua família;

(E) requisito negativo: a terra não pode ser pública.

(Procurador do Estado/GO – 2010) Sobre a usucapião, está CORRETA a seguinte proposição:

(A) Usucapião é forma derivada de aquisição da propriedade pelo exercício da posse, com *animus domini*, na forma e pelo tempo exigidos pela lei.

(B) Com exceção dos bens dominicais, os demais bens públicos não podem ser adquiridos por usucapião.

(C) Adquire também a propriedade do imóvel aquele que, contínua e incontestadamente, independentemente de justo titulo e boa-fé, o possuir por dez anos.

(D) Não se aplicam à usucapião as causas que obstam, suspendem ou interrompem a prescrição.

(E) Aquele que possuir, como sua, área urbana de até 250 metros quadrados, por cinco anos ininterruptamente e sem oposição, utilizando-a para sua moradia ou de sua família, adquirir-lhe-á o domínio, desde que não seja proprietário de outro imóvel urbano ou rural.

A: incorreta, pois a usucapião é forma originária de aquisição da propriedade; **B:** incorreta, pois nenhum bem público pode ser adquirido por usucapião (art. 102, do CC); **C:** incorreta, pois o prazo é de quinze anos (art. 1.238, do CC); **D:** incorreta (art. 1.244, do CC); **E:** correta (art. 1.240, do CC).

Gabarito "E"

(PROCURADOR DO ESTADO/MG – FUMARC – 2012) O exercício incontestado de uma servidão aparente com o preenchimento dos demais requisitos legais, autoriza o possuidor sem justo título a adquiri-la por usucapião. Assinale a alternativa que contempla o prazo completo para tal mister:

(A) 03 anos

(B) 05 anos

(C) 10 anos

(D) 15 anos

(E) 20 anos

A alternativa "E" está correta, pois reflete o disposto no art. 1.379, parágrafo único, do CC, ficando excluídas as demais.

Gabarito "E"

(Procurador do Estado/PR – UEL-COPS – 2011) No que se refere às descrições do Código Civil acerca da Desapropriação, assinale a alternativa incorreta:

(A) o proprietário pode ser privado da coisa na hipótese de necessidade ou utilidade pública;

(B) o proprietário pode ser privado da coisa em casos de interesse social;

(C) o proprietário pode ser privado da coisa se o imóvel de sua propriedade consistir em extensa área, na posse ininterrupta e de boa-fé, por mais de cinco anos, de considerável número de pessoas, e estas nela houverem realizado obras e serviços considerados pelo juiz de interesse social e econômico relevante;

(D) a sentença é o título para o registro de imóveis, em casos de desapropriação declarada pelo juiz como de interesse coletivo relevante, a partir de obras realizadas por esta mesma coletividade, em imóvel de terceiro;

(E) o proprietário pode ser privado da coisa, nos casos de desapropriação, na hipótese de perigo público iminente.

A e **B:** corretas (art. 1.228, § 3°, do CC); **C:** correta (art. 1.228, § 4°, do CC); **D:** correta (art. 1.228, § 5°, do CC); **E:** incorreta, pois o proprietário pode ser privado da coisa, nos casos de requisição, em caso de perigo público iminente (art. 1.228, § 3°, do CC).

Gabarito "E"

(PROCURADOR DO ESTADO/RS – FUNDATEC – 2010) Assinale a alternativa incorreta:

(A) O direito de propriedade não é uma soma de faculdades, mas a unidade dos poderes conferidos ao proprietário.

(B) Possuidor ou detentor injusto é o que dispõe do bem sem causa jurídica que respalde a sua atuação.

(C) As universalidades de fato não podem ser objeto de reivindicação, pois esta tem por finalidade a restituição das coisas corpóreas certas que estejam no comércio.

(D) As regras legais submetem o exercício do direito de propriedade às suas finalidades econômicas e sociais, valorando o elemento da utilidade do bem.

(E) Como regra, o amplo direito subjetivo do proprietário sobre a coisa objeto do seu domínio abrange o solo, o subsolo, os frutos e produtos.

A: correta (art. 1.228, do CC); **B:** correta (art. 1.200, do CC); **C:** incorreta (artigos 90 e 1.228, ambos do CC); **D:** correta (art. 5°, XXIII, da CF/88 e art. 1.228, § 1°, do CC); **E:** correta (art. 1.229, do CC).

Gabarito "C"

(Procurador do Estado/SP – VUNESP – 2005) João faleceu em 5 de agosto de 1985 e deixou três filhos: Antônio, então com 18 anos; José, com 15 anos e Maria, com 3 anos. Como bem passível de herança, deixou um imóvel residencial, localizado em zona urbana, com área superior a 250 m2. Não houve abertura de inventário. Desde o falecimento de João, seu filho Antônio permaneceu na posse do imóvel, utilizando-o nos finais de semana e dias de veraneio, arcando com todas as despesas de conservação, além de pagamento de tributos que recaíam sobre essa propriedade, ou seja, exerceu posse como se dono fosse. José e Maria, desde o falecimento do pai, foram residir em outro local. Somente em janeiro de 2005 José e Maria tentaram reaver sua posse sobre o imóvel. Diante desses fatos, é correto dizer que

(A) Antônio adquiriu o quinhão de José por usucapião, mas não o de Maria, uma vez que não houve causa eficiente em relaçao a esta.

(B) Antônio somente poderia adquirir por usucapião a propriedade do imóvel, em relação a Maria, quando esta completasse 31 anos de idade.

(C) Antônio adquiriu o quinhão de José e Maria por usucapião, tendo ocorrido a causa eficiente e o fato operante sem qualquer oposição.

(D) não é possível Antônio adquirir por usucapião a parte relativa aos irmãos, haja vista que não ocorre usucapião entre herdeiros.

(E) por se tratar de posse velha, não pode ser admitida a reintegração de posse do imóvel em questão.

A: incorreta, pois o bem imóvel indivisível não pode ser usucapido em partes, mas apenas como um todo. Se o bem for divisível, aí será possível usucapir por frações; **B:** correta. A usucapião é forma de aquisição originária da propriedade, em razão da posse prolongada no tempo, contínua (sem interrupção), mansa e pacífica (sem oposição), com *animus domini* (com intenção de proprietário). No caso em questão, Antônio estava na posse do imóvel há 20 anos, sem interrupção, com ânimo de dono, já que arcou com todas as despesas de conservação do bem, além do pagamento de tributos. Todavia, o prazo somente se iniciou após 01 ano, com relação ao irmão José (que tinha 15 anos de idade à época), e após 13 anos, com relação à irmã Maria (que tinha 03 anos de idade à época), pois não corre a prescrição contra os absolutamente incapazes (art. 198, I, do CC). Assim, com relação à irmã Maria, o prazo da usucapião extraordinária iniciou-se quando ela completou 16 anos e se tornou relativamente incapaz. Portanto, Antônio poderia adquirir a propriedade pela usucapião quando Maria completasse 31 anos de idade (03 anos de idade + 13 anos de suspensão + 15 anos do prazo da usucapião extraordinária = 31 anos). Por fim, cumpre salientar que não se trata de usucapião especial urbana, cujo imóvel deve ser de até 250 m² (art. 1.240, do CC), mas de usucapião extraordinária (art. 1.238, CC); **C:** incorreta, pois Antonio não adquiriu o quinhão de Maria. No caso, deveria permanecer na posse do bem, sem oposição, por mais 08 anos, já que dos 20 anos apenas 07 foram válidos (20 anos – 13 anos de suspensão = 07 anos). Também não adquiriu o quinhão de José, por se tratar de bem imóvel indivisível, o qual não pode ser usucapido em partes, estendendo-se a causa suspensiva ao herdeiro relativamente incapaz; **D:** incorreta, pois, segundo entendimento da 4ª Turma do STJ, consoante acentuado pelo Min. Relator, *a jurisprudência entende pela possibilidade de o condômino usucapir bem sobre o qual exerça a posse exclusiva, desde que haja efetivo* animus domini *e estejam preenchidos os requisitos impostos pela lei, sem oposição dos demais herdeiros.* Precedente citado: AgRg no Ag 731.971-MS, DJe 20/10/2008. REsp 668.131-PR, Rel. Min. Luis Felipe Salomão, julgado em 19/8/2010. 4ª Turma; **E:** incorreta, pois a posse velha (mais de ano e dia) impede que o autor se utilize do rito especial possessório, que prevê a concessão de liminar (art. 924, do CPC), devendo se valer do rito ordinário.

Gabarito "B"

(Procurador do Município/Sorocaba-SP – 2012 – VUNESP) Assinale a alternativa que descreve corretamente os requisitos para a ocorrência da usucapião extraordinária.

(A) Aquele que exercer, por dois anos ininterruptamente e sem oposição, posse direta, com exclusividade, sobre imóvel urbano de até duzentos e cinquenta metros quadrados, cuja propriedade divida com ex-cônjuge ou ex-companheiro que abandonou o lar, utilizando-o para sua moradia ou de sua família, adquirir-lhe-á o domínio integral, desde que não seja proprietário de outro imóvel urbano ou rural.

(B) Aquele que, não sendo proprietário de imóvel rural ou urbano, possua como sua, por cinco anos ininterruptos, sem oposição, área de terra em zona rural não superior a cinquenta hectares, tornando-a produtiva por seu trabalho ou de sua família, tendo nela sua moradia, adquirir-lhe-á a propriedade.

(C) Aquele que possuir, como sua, área urbana de até duzentos e cinquenta metros quadrados, por cinco anos ininterruptamente e sem oposição, utilizando-a para sua moradia ou de sua família, adquirir-lhe-á o domínio, desde que não seja proprietário de outro imóvel urbano ou rural.

(D) Aquele que, por quinze anos, sem interrupção, nem oposição, possuir como seu um imóvel, adquire-lhe a propriedade, independentemente de título e boa-fé, podendo requerer ao juiz que assim o declare por sentença, a qual servirá de título para o registro no Cartório de Registro de Imóveis.

(E) As áreas urbanas com mais de duzentos e cinquenta metros quadrados, ocupadas por população de baixa renda para sua moradia, por cinco anos, ininterruptamente e sem oposição, onde não for possível identificar os terrenos ocupados por cada possuidor, são susceptíveis de serem usucapidas coletivamente, desde que os possuidores não sejam proprietários de outro imóvel urbano ou rural.

A: incorreta (art. 1.240-A, do CC e enunciados n. 498/502, CJF); **B:** incorreta, pois trata da usucapião especial rural (art. 1.239, do CC); **C:** incorreta, pois trata da usucapião especial urbana (art. 1.240, do CC); **D:** correta (art. 1.238, do CC); **E:** incorreta, pois trata da usucapião urbana coletiva (art. 10, da Lei n. 10.257/01 – Estatuto da Cidade).

Gabarito "D"

(Procurador do Estado/RR – 2006 – FCC) NÃO podem ser adquiridos por usucapião

(A) os bens pertencentes a pessoas absoluta ou relativamente incapazes.

(B) os bens móveis.

(C) as servidões, mesmo que aparentes.

(D) os imóveis urbanos com área superior a 250 m².

(E) os bens pertencentes às associações públicas.

As associações públicas são pessoas jurídicas de direito público (art. 41, IV, do CC), de modo que seus bens são públicos (art. 98 do CC), e, como tais, não são passíveis de usucapião (art. 102 do CC).

Gabarito "E"

(Procurador da Fazenda Nacional – 2006 – ESAF) São requisitos da usucapião *pro labore* (§ 4º do art. 1.228 do CC/2002):

(A) posse, por mais de cinco anos, de área traduzida em trabalho criador de um considerável número de pessoas, considerado de interesse social e econômico relevantes reconhecidos pelo Poder Executivo.

(B) posse ininterrupta e de boa-fé por mais de dez anos de uma extensa área, traduzida em trabalho criador de um considerável número de pessoas, concretizado em construção de moradia.

(C) posse por mais de cinco anos de uma extensa área, traduzida em trabalho criador de um considerável número de pessoas, concretizado em construção de moradia ou investimentos de caráter produtivo ou cultural assim considerados pelo juiz.

(D) posse por mais de dez anos de área traduzida em trabalho criador de um considerável número de pessoas, de interesse público, econômico e social relevantes.

(E) posse, por mais de cinco anos, de área traduzida em trabalho criador de um considerável número de pessoas, concretizado em construção de moradia ou investimentos de caráter produtivo ou cultural.

C: correta. Os requisitos estão dispostos no § 4º, do art. 1.228, CC.

Gabarito "C"

(Procurador da Fazenda Nacional – 2003 – ESAF) Para que se tenha a usucapião extraordinária, um dos requisitos legais seria:

(A) decurso do prazo de dez anos entre presentes.

(B) presunção *juris et de jure* de boa-fé e justo título.

(C) apresentação de justo título idôneo para operar a transferência da propriedade.

(D) demonstração da boa-fé.

(E) decorrência do prazo de 15 anos entre ausentes.

B: correta. Requisitos da usucapião extraordinária (art. 1.238, CC): posse de 15 anos, ininterrupta, sem necessidade de provar boa-fé ou apresentar justo título. A presunção da boa-fé e do justo título é absoluta, não cabendo questioná-los.

Gabarito "B"

(PROCURADOR – BANCO CENTRAL – 2009 – CESPE) No direito brasileiro, quanto à alienação de bem imóvel de valor superior ao limite legal,

(A) o contrato de compra e venda firmado por instrumento público é condição bastante à transmissão da propriedade.

(B) o contrato de compra e venda do bem estabelece apenas obrigações, de modo que transmitirá a propriedade uma segunda convenção realizada pelas partes no cartório de registro de imóveis.

(C) o registro imobiliário é o ato que determina a transmissão da propriedade, sendo irrelevante a posterior nulidade do contrato que o antecedeu.

(D) firmado contrato válido de transmissão da propriedade, apenas o registro no cartório imobiliário será bastante à efetiva transmissão, pois o primeiro só estabelece obrigações.

(E) a transmissão da propriedade ocorre pela formação de contrato válido, sendo o registro uma condição de eficácia que opera efeitos retroativos à data em que foi firmada a avença.

A e **B:** incorretas, pois estão em desacordo com o art. 1.245, *caput,* do CC; **C:** incorreta, pois o registro pode ser anulado (art. 1.247, do CC); **D:** correta (art. 1.245, *caput* e § 1º, do CC); **E:** incorreta, pois está em desacordo com o art. 1.245, *caput,* do CC.

Gabarito "D"

(ADVOGADO – BNDES – 2008 – CESGRANRIO) Consiste o usucapião em uma das hipóteses de perda da propriedade, nos termos do artigo 1.275 do Código Civil (Lei nº 10.406, de 10 de janeiro de 2002). Acerca de tal instituto, pode-se afirmar:

I. não se admite usucapião sobre coisas móveis;

II. não se admite usucapião de imóvel público;

III. pode o locatário que detenha a coisa de forma contínua e pacífica por 15 anos requerer a declaração, por usucapião, de sua propriedade sobre o imóvel;

IV. apenas se admite usucapião nas situações em que o possuidor da coisa a detenha a justo título.

Está(ão) correta(s) a(s) afirmativa(s)

(A) I, apenas.

(B) II, apenas.

(C) I e IV, apenas.

(D) II e III, apenas.

(E) I, II, III e IV.

I: incorreta (art. 1.260, do CC); **II:** correta (art. 102, do CC); **III:** incorreta, pois o locatário não possui a posse com *animus domini*, ou seja, com ânimo de proprietário, o que impede a caracterização da usucapião; **IV:** incorreta, pois na usucapião extraordinária não se exige justo título (art. 1.238, do CC).

Gabarito "B"

(ADVOGADO – BNDES – 2006 – CESGRANRIO) De acordo com as disposições sobre o instituto da propriedade no Código Civil em vigor, assinale a afirmação correta.

(A) As faculdades de usar, gozar e dispor são inerentes à propriedade sobre o bem, porém, é vedado ao proprietário reaver a coisa em poder do possuidor, ainda que ilegítimo, tendo em vista a autonomia da posse em relação à propriedade.

(B) O Código Civil de 2002 caracterizou-se pelo alargamento dos prazos de efetivação do usucapião, consagrando a fundamentabilidade do direito de propriedade previsto no art. 5º da Constituição Federal.

(C) Adquire a propriedade sobre bem imóvel, independente de justo título e boa-fé, aquele que durante 20 anos ininterruptos possui o imóvel como se fosse seu.

(D) É nula de pleno direito a promessa de compra e venda de bem imóvel não levada a registro público junto à matrícula do imóvel.

(E) São defesos ao proprietário os atos sobre o bem que não lhe trazem qualquer comodidade ou utilidade, praticados com intuito de prejudicar outrem.

A: incorreta, pois *o proprietário tem a faculdade de usar, gozar e dispor da coisa, e o* <u>direito de reavê-la</u> *do poder de quem quer que injustamente a possua ou detenha* (art. 1.228, do CC); **B:** incorreta (art. 698, do CC/1916 e art. 1.238 e seguintes do atual CC); **C:** incorreta, pois o prazo é de quinze anos (art. 1.238, do CC); **D:** incorreta, pois será ineficaz perante terceiros, e não nula, a promessa de compra e venda de bem imóvel que não seja levada a registro público (art. 1.417, do CC). Isso porque, pelo **princípio da publicidade (ou visibilidade),** *os direitos reais só se adquirem depois do registro do título na matrícula (no caso de imóvel) ou da tradição (no caso de móvel).* Por ser o direito real oponível *erga omnes,* é necessária essa publicidade para que sejam constituídos (Wander Garcia, SUPER-REVISÃO, editora FOCO); **E:** correta (art. 1.228, § 2º, do CC).

Gabarito "E"

6.4. PROPRIEDADE MÓVEL

(ADVOGADO – CEF – 2006 – CESPE) Em relação ao direito das coisas, julgue o item que se segue.

(1) Ocupação é modo originário de aquisição de bem móvel ou imóvel que consiste na tomada de posse da coisa, sem oposição do dono, com a intenção de se assumir a propriedade pela tradição ou pelo usucapião.

1: incorreta, pois a ocupação é forma de aquisição originária de propriedade móvel (art. 1.263, do CC). Importante esclarecer que *aquisição originária é aquela que não guarda vínculo com a posse anterior*. Ocorre nos casos de: **a) apreensão,** *que consiste na apropriação unilateral da coisa sem dono* (abandonada – *res derelicta*, ou de ninguém – *res nullius*) *ou na retirada da coisa de outrem sem sua permissão* (cessada a violência ou a clandestinidade); **b) exercício do direito**, como no caso da servidão constituída pela passagem de um aqueduto em terreno alheio; **c) disposição,** que consiste em alguém dar uma coisa ou um direito, situação que revela o exercício de um poder de fato (posse) sobre a coisa (Wander Garcia, SUPER-REVISÃO, editora FOCO).

Gabarito 1E

(ADVOGADO – ELETROBRÁS – 2006 – NCE/UFRJ) Eduardo, na qualidade de comprador, celebrou contrato de compra e venda de um veículo automotor com Sérgio, pactuando a entrega do bem no prazo máximo de dez dias. Pode-se afirmar que Eduardo estará adquirindo a propriedade do bem a partir:

(A) da entrega do veículo;

(B) da formalização do contrato;

(C) do acordo informal de vontades;

(D) do registro do documento de transferência no órgão administrativo competente;

(E) do término do prazo de dez dias convencionado.

A alternativa "a"está correta, pois, de fato, a propriedade móvel se transfere pela tradição (art. 1.267, do CC), ficando excluídas as demais alternativas.

Gabarito "A"

6.5. DIREITO DE VIZINHANÇA

(Procurador do Município/São Paulo-SP – 2008 – FCC) Em matéria de conflitos de vizinhança aplica-se a seguinte regra:

(A) Somente o possuidor e o detentor de um prédio têm o direito de fazer cessar as interferências prejudiciais à segurança ou à saúde dos que o habitam, provocadas por utilização de propriedade vizinha, mas igual direito não assiste ao proprietário que não seja possuidor.

(B) Não tem o proprietário ou possuidor de um prédio o direito de fazer cessar interferências prejudiciais a seu sossego, provocadas pela utilização de propriedade vizinha, e tampouco indenização delas decorrentes, se as interferências forem justificadas por interesse público.

(C) O proprietário tem direito a exigir do dono do prédio vizinho a demolição ou a reparação deste, quando ameace ruína, mas igual direito não tem o possuidor que só poderá exigir a prestação de caução.

(D) Quando, por sentença judicial transitada em julgado, devam ser toleradas as interferências, poderá o vizinho prejudicado exigir cabal indenização, mas não mais lhe assistirá o direito de exigir a redução das interferências, ainda que isto se torne possível.

(E) Ainda que por decisão judicial devam ser toleradas as interferências, poderá o vizinho exigir a sua redução, ou eliminação, quando estas se tornarem possíveis.

A: incorreta (art. 1.277, do CC); **B:** incorreta (art. 1.278, do CC); **C:** incorreta (art. 1.280, do CC); **D:** incorreta (art. 1.279, do CC); **E:** correta (art. 1.279, do CC).

Gabarito "E"

6.6. CONDOMÍNIO

(Procurador do Estado/PE – CESPE – 2009) A respeito da disciplina jurídica do condomínio em geral e edilício, assinale a opção correta.

(A) Quando a coisa for indivisível, o condômino prefere ao estranho a adjudicação da coisa. Em caso de interesse de mais de um condômino, prefere aquele que tiver na coisa benfeitorias mais valiosas, e, não as havendo, o de quinhão maior.

(B) É válida a cláusula de indivisão de condomínio firmada em testamento, excluindo dos beneficiários o direito de exigir a divisão.

(C) Determinado condômino não pode, isoladamente, defender a posse da coisa ou reivindicá-la de terceiro.

(D) A convenção do condomínio edilício é oponível a terceiros independentemente de registro no cartório de registro de imóveis.

(E) Em um condomínio, as obras ou reparações necessárias somente podem ser realizadas após autorização da maioria dos condôminos.

A: correta (art. 1.322 do CC); **B:** incorreta (art. 1.320, § 2º, do CC); **C:** incorreta (art. 1.314 do CC); **D:** incorreta (art. 1.333, parágrafo único, do CC); **E:** incorreta (art. 1.341, § 1º, do CC).

Gabarito "A"

(Procurador do Município/Recife-PE – 2008 – FCC) No que diz respeito ao Condomínio Edilício, nos termos preconizados pelo Código Civil, é certo que

(A) se o síndico não convocar a assembleia anual de condomínio, um quarto dos condôminos poderá fazê-lo.

(B) a alteração da convenção de condomínio depende da aprovação pela unanimidade dos condôminos.

(C) o condomínio poderá ter um conselho fiscal, composto por até dois membros, eleitos pela assembleia, por prazo não superior a dois anos, ao qual compete dar parecer sobre as contas do síndico.

(D) a assembleia escolherá um síndico, que poderá não ser condômino, para administrar o condomínio, por prazo não superior a dois anos, sendo vedada a renovação.

(E) o seguro de toda a edificação contra o risco de incêndio ou destruição, total ou parcial, é facultativo e deverá ser objeto de deliberação em assembleia.

A: correta (art. 1.350, § 1º, do CC); **B:** incorreta, pois depende da aprovação de 2/3 (dois terços) dos votos dos condôminos (art. 1.351, do CC); **C:** incorreta, pois o conselho fiscal é composto por três membros (art. 1.356, do CC); **D:** incorreta, pois é permitida a renovação (art. 1.347, do CC); **E:** incorreta, pois o seguro de toda a edificação é obrigatório (art. 1.346, do CC).

Gabarito "A"

(ADVOGADO – BNDES – 2004 – CESGRANRIO) João Carlos, proprietário de um apartamento, não efetua o pagamento das prestações condominiais há pelo menos 3 (três) anos, o que já foi inclusive objeto de discussão em algumas Assembleias. No entanto, antes que o condomínio praticasse qualquer ato relativo à cobrança das prestações em atraso, João alienou o imóvel a Maria Santos, sendo a escritura devidamente registrada no Registro Geral de Imóveis, para os devidos efeitos legais. Sabendo-se que, após um mês no apartamento, Maria foi citada em ação de cobrança proposta pelo condomínio, pode-se afirmar que:

(A) a cobrança em face de Maria não é legítima, apesar de se configurar obrigação *propter rem*, pois todos os condôminos tinham ciência dos débitos antes da negociação do imóvel.

(B) a inércia do condomínio enquanto João estava no imóvel operou a remissão da dívida.

(C) a prestação condominial é uma obrigação *propter rem*, sendo legítima a cobrança.

(D) João pode efetuar o pagamento extrajudicial, e entrar com ação de regresso contra Maria.

(E) Maria não terá que pagar, pois o Código Civil de 2002 alterou a natureza da obrigação condominial, tornando-a obrigação *intuitu personae*

A alternativa "c" está correta, ficando excluídas as demais. A obrigação *propter rem* "recai sobre uma pessoa (direito pessoal), mas por força de um direito real. (...) Repare, no caso das despesas condominiais e tributárias, que o novo proprietário da coisa, tenha ou não dado causa à dívida contraída para o seu uso, fica sujeito ao seu pagamento, com possível penhora da coisa com vistas à satisfação do crédito. É por isso que a obrigação também é denominada ambulatorial" (Wander Garcia, SUPER-REVISÃO, editora FOCO).

Gabarito "C"

6.7. DIREITOS REAIS NA COISA ALHEIA – FRUIÇÃO

(Procurador do Estado/SP – VUNESP – 2005) Considere as assertivas a seguir:

I. uma servidão de luz pode ser adquirida por usucapião;

II. a servidão não se presume;

III. a servidão pode ser constituída por *ato inter vivos* ou *causa mortis*.

IV. é possível constituir-se servidão de não construir além de certa altura;

V. as servidões não aparentes não gravam o prédio serviente.

Está correto o que se afirma apenas em

(A) I e II.

(B) I e V.

(C) II e III.

(D) II,III e IV.

(E) II, IV e V.

I: incorreta, pois somente pode ser usucapida a servidão aparente (art. 1.379, do CC); II e **III:** corretas, pois a servidão é constituída: a) por negócio jurídico (contrato ou testamento registrado); b) sentença judicial; c) por usucapião. Portanto, a servidão não se presume, podendo ser constituída por ato *inter vivos* ou *causa mortis*; **IV:** correta, pois a alternativa trata da hipótese de servidão não aparente (são aquelas que não se revelam externamente); **V:** incorreta, pois toda servidão grava o prédio serviente (art. 1.378, do CC).

Gabarito "D"

(Procurador do Município/Manaus-AM – 2006 – FCC) A respeito das servidões, pode-se afirmar que

(A) a servidão não pode ser removida de um local para outro pelo dono do prédio serviente e à sua custa, mesmo que se em nada diminuir as vantagens do prédio dominante.

(B) o exercício incontestado e contínuo de uma servidão não aparente, por cinco anos, autoriza o interessado a registrá-la em seu nome do Registro de Imóveis.

(C) se as necessidades da cultura, ou da indústria, do prédio dominante impuserem à servidão maior largueza, o dono do serviente é obrigado a sofrê-la, mas tem direito de ser indenizado pelo excesso.

(D) o exercício da servidão decorre das necessidades do prédio serviente e, constituída para certo fim, pode se ampliar a outro.

(E) a servidão proporciona utilidade para o prédio dominante e grava o prédio serviente, que pertence a diverso dono, sendo que só pode ser constituída por testamento.

A: incorreta (art. 1.384, *caput*, do CC); **B:** incorreta (art. 1.379, do CC); **C:** correta (art. 1.385, § 3º, do CC); **D:** incorreta (art. 1.385, § 1º, do CC); **E:** incorreta (art. 1.378, do CC).

Gabarito "C"

(Procurador do Município/Manaus-AM – 2006 – FCC) De acordo com o Código Civil brasileiro, o usufruto

(A) não será extinto pela extinção da pessoa jurídica, em favor de quem o usufruto foi constituído, devendo permanecer em favor dos ex-sócios.

(B) de imóveis, quando não resulta de usucapião, constituir-se-á mediante registro no Cartório de Registro de Títulos e Documentos.

(C) pode recair em um ou mais bens, móveis ou imóveis, em um patrimônio inteiro, ou parte deste, não abrangendo-lhe os frutos e utilidades.

(D) constituído em favor de duas ou mais pessoas, se um dos usufrutuários falecer, como regra, extingue o usufruto com relação ao sobrevivente ou sobreviventes.

(E) não pode ser transferido por alienação; mas o seu exercício pode ceder-se por título gratuito ou oneroso.

A: incorreta (art. 1.410, III, do CC); **B:** incorreta (art. 1.391, do CC); **C:** incorreta (art. 1.390, do CC); **D:** incorreta (art. 1.411, do CC); **E:** correta (art. 1.393, do CC).

Gabarito "E"

(Procurador do Município/São José dos Campos-SP – 2012 – VUNESP) Extinguem-se as servidões pelo(a)

(A) não uso, durante dez anos contínuos.

(B) morte do dono do prédio serviente.

(C) morte do dono do prédio dominante.

(D) hipoteca do prédio dominante.

(E) uso durante quinze anos.

A: correta (art. 1.389, III, do CC). A servidão se extingue: a) pela renúncia; b) pela cessação da utilidade; c) pelo resgate, pelo dono do prédio serviente; d) pela confusão; e) pela usucapião (nas servidões aparentes); f) pelo perecimento da coisa; g) pelo decurso do prazo ou da condição; h) pela desapropriação; B e **C:** incorretas, por falta de amparo legal; **D:** incorreta, pois *se o prédio dominante estiver hipotecado, e a servidão se mencionar no título hipotecário, será também preciso, para cancelar, o consentimento do credor.* Caso contrário, a hipoteca do prédio dominante não extingue a servidão (art. 1.387, parágrafo único, do CC); **E:** incorreta (art. 1389, III, do CC).

Gabarito "A"

(Procuradoria da República – 22º) Em se tratando de servidões:

I. a servidão de não construir é negativa e aparente;

II. a servidão de não abrir janela é contínua e não aparente;

III. as servidões legais são restrições impostas pelo direito de vizinhança;

IV. as servidões urbanas dizem respeito à localização em zona urbana.

Das proposições acima:

(A) todas estão corretas;

(B) I e IV estão corretas;

(C) II e III estão corretas;

(D) II e IV estão corretas;

Estão corretas as alternativas II e III. Para colaborar na resolução de questões mais doutrinárias a respeito da servidão, segue um resumo acerca das principais classificações do instituto.

(1) Classificação quanto ao modo de exercício.

(A) servidões contínuas: *são as que subsistem e se exercem independentemente de ato humano direto.* São exemplos as servidões de passagem de água (aqueduto), de energia elétrica (passagem de fios, cabos ou tubulações), de iluminação (postes) e de ventilação.

(B) servidões descontínuas: *são as que dependem de ação humana atual para seu exercício e subsistência.* São exemplos a servidão de trânsito, de tirar água de prédio alheio e de pastagem em prédio alheio. Essas servidões podem ser positivas ou negativas. Serão **positivas** quando o proprietário dominante tem direito a uma utilidade do serviente (ex.: servidão de passagem ou de retirada de água). Serão **negativas** quando o proprietário dominante tiver simplesmente o direito de ver o proprietário serviente se abster de certos atos (ex.: servidão de não edificar em certo local ou acima de dada altura).

(2) Classificação quanto à exteriorização.

(A) servidões aparentes: *são as que se revelam por obras ou sinais exteriores, visíveis e permanentes.* São exemplos a servidão de trânsito e de aqueduto.

(B) servidões não aparentes: *são as que não se revelam externamente.* São exemplos as de não construir em certo local ou acima de dada altura.

Obs.: a classificação é importante, pois somente as servidões aparentes podem ser adquiridas por usucapião (art. 1.379, CC).

(3) Classificação quanto à origem.

(A) servidões legais: *são as que decorrem de lei.* Ex.: passagem forçada.

(B) servidões materiais: *são as que derivam da situação dos prédios.* Ex.: servidão para escoamento de águas.

(C) **servidões convencionais:** *são as que resultam da vontade das partes.* Ex: as constituídas por contrato ou testamento, com posterior registro no Registro de Imóveis.

Gabarito "C"

(Procuradoria Federal – 2007 – CESPE) Julgue o seguinte item.

(1) As enfiteuses constituídas antes do Código Civil de 2002 devem adequar-se ao regime do direito de superfície, espécie de direito real criado pela codificação.

1: Art. 2.038 do CC.

Gabarito 1E

(Procurador da Fazenda Nacional – 2007.2 – ESAF) É direito do usufrutuário de:

(A) fazer despesas ordinárias e comuns de conservação dos bens no estado em que os recebeu.

(B) inventariar, a suas expensas, os bens móveis que receber, determinando o estado em que se acham e estimando o seu valor.

(C) não ser obrigado a pagar deteriorações da coisa advindas do exercício regular do usufruto.

(D) autorizar a mudança da destinação econômica da coisa usufruída.

(E) aceitar a sub-rogação da indenização de danos causados por terceiro ou do valor da desapropriação no ônus do usufruto.

A: incorreta, não se trata de direito, e sim de dever (art. 1.403, I, do CC); **B:** incorreta, não se trata de direito, e sim de dever (art. 1.400 do CC); **C:** correta, art. 1.402 do CC; **D:** incorreta, art. 1.399 do CC; **E:** incorreta, art. 1.409 do CC.

Gabarito "C"

(Procurador da Fazenda Nacional – 2003 – ESAF) Assinale a opção correta.

(A) O enfiteuta não terá direito ao resgate do foro, após dez anos da constituição da enfiteuse, mediante pagamento de um laudêmio.

(B) *Canon* é uma pensão anual e invariável paga ao senhorio direto pelo enfiteuta, fixada com base no valor proporcional ao domínio pleno.

(C) A servidão *altius non tollendi*, ou seja, a de não construir além de certa altura, é aparente.

(D) O usufruto não pode ter como objeto um patrimônio.

(E) O titular do direito real de habitação pode alugar e emprestar o imóvel gravado.

ATENÇÃO! O artigo 2.038 do novo Código Civil proibiu a constituição de enfiteuses e subenfiteuses, subordinando as já existentes, até sua extinção, ao Código Civil anterior. Dito isso, passemos à análise da questão. **A:** incorreta. O artigo 693 do CC/1916 dispõe que todos os aforamentos são resgatáveis dez anos depois de constituídos, mediante pagamento de um laudêmio; **B:** correta. O ***canon*** é uma pensão anual paga ao senhorio pelo enfiteuta; **C:** incorreta. A servidão de não construir além de certa altura é não aparente, já que não há obras visíveis; a servidão aparente apresenta obras visíveis; **D:** incorreta. O usufruto pode recair em um ou mais bens e até em um patrimônio inteiro (art.1.390, CC); **E:** incorreta. O titular do direito real de habitação não pode alugar ou emprestar o imóvel gravado; portanto, deve ele residir no prédio (art. 1.414, CC).

Gabarito "B"

(ADVOGADO – CORREIOS – 2008 – ESPP) Avalie as assertivas a seguir:

I- O usufrutuário tem direito à posse, uso e percepção dos frutos inerentes ao bem usufruído, mas a administração ficará a cargo do titular do domínio.

II- O direito de habitar imóvel alheio, além de deferir ao titular a prerrogativa de ocupá-lo com sua família, também possibilita a sublocação e o empréstimo a terceiros.

III- A promessa de compra e venda sem cláusula de arrependimento, confere ao promitente comprador o direito real à aquisição do imóvel, desde que registrado o respectivo instrumento público ou particular no registro de imóveis.

IV- O direito a servidão pode ser adquirido pela usucapião, desde que haja o exercício incontestado e contínuo de servidão aparente por mais de dez anos.

Assinale a alternativa correta:

(A) Os itens II e III estão corretos.

(B) Os itens I e IV estão incorretos.

(C) Os itens III e IV estão corretos.

(D) Os itens I, II e III estão incorretos.

I: incorreta (art. 1.394, do CC); **II:** incorreta (art. 1.414, do CC); **III:** correta (art. 1.417, do CC); **IV:** correta (art. 1.379, do CC).

Gabarito "C"

(ADVOGADO – BNDES – 2002 – VUNESP) O arrendamento perpétuo de imóvel, por parte do senhorio direto a pessoa que possa usar, gozar e dispor da coisa, com certas restrições, mediante pagamento de pensão anual, é

(A) direito real de habitação.

(B) renda constituída sobre imóvel.

(C) penhor.

(D) enfiteuse.

(E) usufruto.

A: incorreta (art. 1.414, do CC); **B:** incorreta (art. 803, do CC); **C:** incorreta (art. 1.431, do CC); **D:** correta, de acordo com o CC/1916. Tal instituto foi revogado pelo atual Código Civil (art. 2.038, do CC); **E:** incorreta (art. 1.390, do CC).

Gabarito "D"

6.8. DIREITOS REAIS NA COISA ALHEIA – GARANTIA

(Procurador/DF – 2013 – CESPE) Considerando que determinada pessoa física tenha contraído dívida em dinheiro e garantido o pagamento do débito mediante hipoteca de imóvel seu, julgue os próximos itens.

(1) O devedor somente poderá alienar o imóvel hipotecado se não houver cláusula contratual expressa que vede a alienação.

(2) Em caso de execução, poderão os ascendentes do devedor remir o imóvel hipotecado, desde que paguem a integralidade da dívida.

1: Errada, pois é nula a cláusula que proíbe ao proprietário alienar imóvel hipotecado (art. 1.475, CC); **2:** Errada, pois a lei não limita a remição aos ascendentes.

Gabarito 1E, 2E

(Procurador do Estado/GO – 2010) Assinale a alternativa CORRETA:

(A) Nas dívidas garantidas por penhor, anticrese ou hipoteca, o bem dado em garantia fica sujeito, por vínculo pessoal, ao cumprimento da obrigação.

(B) Mesmo os bens inalienáveis podem ser dados em penhor, anticrese ou hipoteca.

(C) Não assiste ao credor anticrético o direito de reter em seu poder o bem, enquanto a dívida não for paga.

(D) É legítima a cláusula que proíbe ao proprietário alienar imóvel hipotecado.

(E) É nula a cláusula que autoriza o credor pignoratício, anticrético ou hipotecário a ficar com o objeto da garantia, se a dívida não for paga no vencimento.

A: incorreta (art. 1.419, do CC); **B:** incorreta (art. 1.420, *caput*, do CC); **C:** incorreta (art. 1.423, do CC); **D:** incorreta (art. 1.475, do CC); **E:** correta (art. 1.365, do CC).

Gabarito "E"

(Procurador do Estado/PI – 2008 – CESPE) A respeito dos direitos reais, assinale a opção correta.

(A) A servidão predial aparente pode ser constituída em prédio próprio, exigindo-se que os prédios serviente e dominante sejam contíguos, de forma a possibilitar a utilização mais cômoda do prédio dominante.

(B) O direito ao usufruto é inalienável e intransmissível, não podendo o usufrutuário, portanto, ceder a exploração da coisa a terceiro. Quando constituído em favor de duas pessoas, com cláusula expressa de direito de acrescer, em caso de falecimento de uma delas, ocorre a desoneração da propriedade a ela correspondente que, automaticamente, retorna ao nu-proprietário.

(C) Nas dívidas garantidas por penhor, é válido que os contratantes firmem convenção acessória autorizando o credor a ficar com a coisa dada em garantia, caso a prestação não seja cumprida no vencimento.

(D) A hipoteca não pode ser constituída como meio de garantir a dívida futura ou condicionada, ainda que determinado o valor máximo do crédito a ser garantido, pois essa visa assegurar ao credor o pagamento da dívida líquida e certa.

(E) A anticrese é o direito real sobre imóvel alheio, em virtude do qual o credor obtém a posse da coisa a fim de perceber-lhe os frutos, juros e capital, e imputá-los no pagamento da dívida, sendo, porém, permitido estipular que os frutos do imóvel sejam, na sua totalidade, percebidos pelo credor à conta de juros.

Art. 1.506 e ss do CC.

Gabarito "E"

(Procurador do Estado/SC – 2010 – FEPESE) Assinale a alternativa **correta**, de acordo com o Código Civil Brasileiro.

(A) A hipoteca impede a livre disposição do bem gravado.

(B) Em caso de mora ou inadimplemento, pode o proprietário fiduciário ficar com a coisa alienada em garantia.

(C) Aquele que, não sendo proprietário de imóvel rural ou urbano, possua como sua, por dez anos ininterruptos, sem oposição, área de terra em zona urbana não superior a cinquenta hectares, tornando-a produtiva por seu trabalho ou de sua família, tendo nela sua moradia, adquirir-lhe-á a propriedade.

(D) Os frutos civis reputam-se colhidos e percebidos, logo que são separados; os naturais e industriais reputam-se percebidos dia por dia.

(E) Não se fará o penhor de veículos sem que estejam previamente segurados contra furto, avaria, perecimento e danos causados a terceiros.

A: incorreta, pois é nula a cláusula que proíbe ao proprietário alienar imóvel hipotecado (art. 1.475 do CC); **B:** incorreta, pois é nula a cláusula que autoriza o proprietário fiduciário a ficar com a coisa alienada em garantia, se a dívida não for paga no vencimento (art. 1.365 do CC); **C:** incorreta, pois aquele que, não sendo proprietário de imóvel rural ou urbano, possua como sua, por cinco anos ininterruptos, sem oposição, área de terra em zona rural não superior a cinquenta hectares, tornando-a produtiva por seu trabalho ou de sua família, tendo nela sua moradia, adquirir-lhe-á a propriedade (art. 1.239 do CC); **D:** incorreta, pois a alternativa trocou os conceitos; os frutos naturais e industriais reputam-se colhidos e percebidos, logo que são separados; os civis reputam-se percebidos dia por dia (art. 1.215 do CC); **E:** correta (art. 1.463 do CC).

Gabarito "E"

(Procurador do Município/Manaus-AM – 2006 – FCC) Com relação a hipoteca, de acordo com o Código Civil, é certo que

(A) mediante simples averbação, requerida por ambas as partes, poderá prorrogar-se a hipoteca, até 30 (trinta) anos da data do contrato.

(B) não podem ser objeto de hipoteca o domínio direto, o domínio útil e as estradas de ferro, tratando-se de exceções previstas na legislação.

(C) a hipoteca abrange apenas algumas acessões, melhoramentos ou construções do imóvel.

(D) o dono do imóvel hipotecado não pode constituir outra hipoteca sobre ele, mediante novo título, em favor do mesmo credor.

(E) é anulável a cláusula que proíbe ao proprietário alienar imóvel hipotecado, sendo defeso, inclusive, convencionar-se que vencerá o crédito hipotecário, se o imóvel for alienado.

A: correta (art. 1.485, do CC); **B:** incorreta (art. 1.473, II, III e IV, do CC); **C:** incorreta (art. 1.474, do CC); **D:** incorreta (art. 1.476, do CC); **E:** incorreta (art. 1.475, do CC).

Gabarito "A"

(Procurador do Município/Recife-PE – 2008 – FCC) Com referência aos direitos reais de garantia, é INCORRETO afirmar:

(A) A coisa comum a dois ou mais proprietários não pode ser dada em garantia real, na sua totalidade, sem o consentimento de todos.

(B) Os sucessores do devedor não podem remir parcialmente a hipoteca na proporção dos seus quinhões; qualquer deles, porém, pode fazê-lo no todo.

(C) A dívida estará vencida antecipadamente se perecer o bem dado em garantia, e não for substituído, não sendo compreendidos os juros correspondentes ao tempo ainda não decorrido.

(D) É nula a cláusula que autoriza o credor hipotecário a ficar com o objeto da garantia, se a dívida não for paga no vencimento, bem como é vedado ao devedor dar a coisa em pagamento da dívida após o vencimento.

(E) A propriedade superveniente torna eficaz, desde o registro, as garantias reais estabelecidas por quem não era dono.

A: correta (art. 1.420, § 2º, do CC); **B:** correta (art. 1.429, do CC); **C:** correta (art. 1.425, IV, do CC); **D:** incorreta (art. 1.428, *caput* e parágrafo único, do CC); **E:** correta (art. 1.361, § 3º, do CC).

Gabarito "D"

(Procurador do Município/São José dos Campos-SP – 2012 – VUNESP) Podem ser objeto de hipoteca os imóveis e seus acessórios. Desse modo,

(A) é nula a cláusula que proíbe ao proprietário alienar imóvel hipotecado.

(B) o dono de imóvel hipotecado não pode constituir outra hipoteca sobre ele.

(C) não subsistem os ônus reais constituídos e registrados anteriormente à hipoteca.

(D) a hipoteca somente poderá ser constituída para dívida certa e atual.

(E) a hipoteca poderá ser prorrogada até perfazer trinta anos da data do contrato.

A: correta (art. 1.475, do CC); **B:** incorreta (art. 1.476, do CC); **C:** incorreta (art. 1.474, do CC); **D:** incorreta (art. 1.487, do CC); **E:** incorreta (art. 1.485, do CC).

Gabarito "A"

(Procurador do Município/Sorocaba-SP – 2012 – VUNESP) Quanto aos efeitos dos direitos reais em garantia, Caio Mário da Silva Pereira afirma que a faculdade de o credor com garantia real executar judicialmente o débito garantido, vendendo judicialmente o bem, quando o débito vencido não for pago, denomina-se

(A) garantia.

(B) excussão.

(C) sequela.

(D) indivisibilidade.

(E) privilégio.

A, C, D e E: incorretas. **B:** correta. Os direitos reais em garantia geram os seguintes efeitos: i) direito de preferência (os credores hipotecários e pignoratícios têm preferência no pagamento de seus créditos, em detrimento de outros credores); ii) direito de sequela (o credor com garantia real pode perseguir e reclamar a coisa contra qualquer pessoa); iii) direito de excussão (após o vencimento da dívida, a coisa dada em garantia pode ser vendida judicialmente pelo credor); iv) indivisibilidade (salvo convenção entre as partes, o pagamento parcial da dívida não exonera a garantia).

Gabarito "B"

(Procuradoria Federal – 2007 – CESPE) Julgue o seguinte item.

(1) Segundo a Súmula do STJ, a hipoteca firmada entre a construtora e o agente financeiro, anterior ou posteriormente à celebração da promessa de compra e venda, não tem eficácia perante os adquirentes do imóvel.

1: correta, Súmula 308 do STJ.

Gabarito 1C

(Procurador da Fazenda Nacional – 2007 – ESAF) São hipotecáveis:

(A) os imóveis e seus acessórios; o domínio direto e o útil; estrada de ferro; as jazidas, minas, pedreiras e demais recursos minerais, independentemente do solo em que se acham; os navios e as aeronaves.

(B) os imóveis; o domínio direto; o direito de uso especial para fins de moradia, as estradas de ferro, os navios, as aeronaves e o direito real de uso.

(C) os imóveis e os seus acessórios; as jazidas, minas, pedreiras e demais recursos minerais; a propriedade superficiária; as estradas de ferro, os navios e as aeronaves.

(D) os imóveis e os acessórios dos imóveis, conjuntamente com eles; o domínio direto e o domínio útil; as estradas de ferro; as jazidas, minas, pedreiras e demais recursos minerais, potenciais de energia hidráulica, independentemente do solo em que se acham; os navios; as aeronaves; o direito de uso especial para fins de moradia; o direito real de uso e a propriedade superficiária.

(E) os imóveis; o domínio direto e o útil; as estradas de ferro; as jazidas, minas, pedreiras e demais recursos minerais, potenciais de energia hidráulica, independentemente do solo em que se acham; aeronaves; navios, o direito real de uso e a propriedade superficiária.

Art. 1.473 do CC.

Gabarito "D"

(ADVOGADO – BNDES – 2006 – CESGRANRIO) A disciplina jurídica da hipoteca vem assentada em dois pilares fundamentais – a publicidade e a especialidade – de extrema importância na organização do sistema da propriedade imobiliária brasileiro. Levando-se em consideração as disposições legais inerentes à hipoteca, marque a afirmativa **INCORRETA.**

(A) A hipoteca é direito real de garantia de natureza essencialmente civil, ainda que as partes contratantes sejam empresárias e a dívida originária de natureza mercantil.

(B) A indivisibilidade é característica inerente à própria essência da hipoteca, pois, enquanto não liquidada a dívida, subsistirá a garantia sobre a totalidade dos bens hipotecados, desde que também indivisíveis.

(C) O bem oferecido em hipoteca pode ser do próprio devedor ou de terceiro estranho ao negócio jurídico originário.

(D) Qualquer dívida pode ser garantida por hipoteca, seja ela atual, futura, condicional, a termo ou pura e simples, impondo-se, apenas, nas dívidas futuras ou condicionais, a definição prévia do valor máximo da obrigação garantida.

(E) Em relação ao bem hipotecado, é vedada a estipulação do pacto comissório, através do qual seria permitido ao credor ficar com o objeto da garantia na hipótese de inadimplemento da obrigação, sob pena de nulidade.

A: correta (art. 1.419, do CC); **B:** incorreta (art. 1.421, do CC); **C:** correta (art. 299, do CC e art. 655, § 1º, do CPC); **D:** correta (art. 1.487, do CC); **E:** correta (art. 1.428, do CC).

Gabarito "B"

(ADVOGADO – BNB – 2006 – ACEP) Não pode(m) ser objeto de hipoteca.

(A) O domínio útil.

(B) O domínio direto.

(C) As estradas de ferro.

(D) Os navios.

(E) Os trens.

A: incorreta (art. 1.473, III, do CC); **B:** incorreta (art. 1.473, II, do CC); **C:** incorreta (art. 1.473, IV, do CC); **D:** incorreta (art. 1.473, VI, do CC); **E:** correta, pois não há previsão legal.

Gabarito "E"

7. FAMÍLIA

7.1. CASAMENTO

7.1.1. DISPOSIÇÕES GERAIS E INVALIDADE

(Procurador do Município/Recife-PE – 2008 – FCC) O prazo para ser intentada a ação de anulação do casamento, a contar da data da celebração, se incompetente a autoridade celebrante, é de

(A) 180 dias.

(B) 01 ano.

(C) 02 anos.

(D) 03 anos.

(E) 04 anos.

A, B, D e **E:** incorretas, pois estão em desacordo com o art. 1.560, do CC; **C:** correta (art. 1.560, II, do CC).

Gabarito "C"

7.1.2. REGIME DE BENS

(Procurador do Estado/MT – FCC – 2011) Qualquer que seja o regime de bens, tanto o marido quanto a mulher sempre podem livremente

(A) praticar todos os atos de disposição e de administração necessários ao desempenho de sua profissão.

(B) administrar os bens próprios do outro cônjuge.

(C) desobrigar ou reivindicar os imóveis que tenham sido gravados ou alienados com o seu consentimento.

(D) reivindicar os bens imóveis comuns, doados pelo outro cônjuge ao concubino, desde que provado que os bens não foram adquiridos pelo esforço comum destes, se o casal estiver separado de fato por mais de cinco anos.

(E) demandar a rescisão dos contratos de fiança e doação, ou a invalidação do aval, realizados pelo outro cônjuge, ainda que com o seu consentimento.

A: incorreta (art. 1.642, I, do CC); **B:** incorreta (art. 1.642, II, do CC); **C:** incorreta (art. 1.642, III, do CC); **D:** correta (art. 1.642, V, do CC); **E:** incorreta (art. 1.642, IV, do CC).

Gabarito "D"

(Procurador do Estado/SP – VUNESP – 2005) Diante do princípio anteriormente vigente da imutabilidade absoluta do regime matrimonial de bens, em face de um casamento contraído após a vigência do Código Civil de 2002, porém, cujo processo de habilitação transcorreu sob a égide do Código Civil de 1916, pode-se afirmar que seria possível a mudança de regime do casamento durante sua constância

(A) em razão de que o princípio da imutabilidade absoluta do regime matrimonial já se encontrava parcialmente superado pela jurisprudência.

(B) uma vez que a habilitação para o casamento não implica escolha do regime de bens.

(C) uma vez que a lei tem efeito imediato, não podendo retroagir para atingir um ato jurídico perfeito.

(D) uma vez que o regime de bens escolhido durante a habilitação para o casamento será atingido pela retroatividade da lei.

(E) urna vez que é legalmente permitida e atinge os casamentos assim celebrados.

A, B, C e **D:** incorretas, já que o princípio que vigora é o da mutabilidade justificada do regime adotado (art. 1.639, § 2º, do CC). Assim, admite-se a alteração do regime de bens, desde que haja autorização judicial, acolhendo o pedido motivado de ambos os cônjuges, e que não haja fraude ou dano a direito de terceiros; **E:** correta. *"O STJ entende que essa alteração é possível inclusive para os casamentos ocorridos antes da entrada em vigor do atual Código Civil, em função do princípio da igualdade"* (Wander Garcia, SUPER-REVISÃO, editora FOCO).

Gabarito "E"

(ADVOGADO – BNDES – 2004 – CESGRANRIO) O legislador de 1916 propôs no texto do Código Civil da época quatro regimes de bens no casamento: o da comunhão universal, o da comunhão parcial, o da separação e o dotal. O novo Código mantém em quatro as opções, deixando de renovar o dotal, mas propondo um novo regime, o de participação final nos aquestos, até então desconhecido na legislação. Com relação ao regime de bens entre os cônjuges, vigente no Código de 2002, assinale a afirmação **INCORRETA**.

(A) No pacto antenupcial que adotar o regime de participação final nos aquestos, poder-se-á convencionar a livre disposição dos bens imóveis, desde que particulares.

(B) É admissível alteração do regime de bens entre os cônjuges mediante autorização judicial em pedido motivado de ambos os cônjuges, apurada a procedência das razões invocadas e ressalvados os direitos de terceiros.

(C) Com a limitação de alienar ou gravar de ônus reais os bens imóveis, qualquer que seja o regime de bens, tanto o marido quanto a mulher podem livremente praticar todos os atos de administração no desempenho de sua profissão, sendo que as dívidas contraídas em razão de tais atos obrigam somente o cônjuge que se encarregou da administração.

(D) Se os nubentes, no processo de habilitação para o casamento, optarem pelo regime de comunhão parcial, esta será reduzida a termo, e se a escolha for pelo regime da comunhão universal, esta se fará por escritura pública, através de pacto antenupcial.

(E) Sobrevindo a dissolução da sociedade, ao determinar-se o montante dos aquestos, computar-se-á o valor das doações feitas por um dos cônjuges, sem a necessária autorização do outro.

A: correta (art. 1.656, do CC); **B:** correta (art. 1.639, § 2º, do CC); **C:** incorreta (art. 1.642, I, e art. 1.663, § 1º, ambos do CC); **D:** correta (art. 1.640, parágrafo único, do CC); **E:** correta (art. 1.674, *caput*, e art. 1.675, ambos do CC).

Gabarito "C"

(ADVOGADO – BNB – 2006 – ACEP) Considere as assertivas a seguir a respeito dos regimes de bens entre os cônjuges no Código Civil brasileiro.

I. É admissível alteração do regime de bens, mediante autorização judicial, em pedido motivado por um dos cônjuges.

II. Sendo nula a convenção sobre o regime de bens, adotar-se-á o regime da comunhão parcial, automaticamente, sem necessidade de homologação judicial.

III. É obrigatório o regime da separação de bens do homem maior que sessenta e cinco anos.

Assinale a alternativa **CORRETA**.

(A) Somente a afirmativa I é verdadeira.

(B) Somente a afirmativa II é verdadeira.

(C) Somente a afirmativa III é verdadeira.

(D) As afirmativas I e II são verdadeiras.

(E) As afirmativas II e III são verdadeiras.

I: incorreta, pois o pedido deve ser formulado por ambos os cônjuges (art. 1.639, § 2º, do CC); **II:** correta (art. 1.640, do CC); **III:** incorreta, pois o regime da separação de bens é obrigatório no casamento da pessoa maior de setenta anos (art. 1.641, II, do CC).

Gabarito "B"

(ADVOGADO – BNDES – 2006 – CESGRANRIO) João Carlos, casado sob o regime de comunhão parcial de bens, avalizou obrigação representada em nota promissória emitida por seu amigo Márcio, sem o consentimento de sua mulher, Maria. Em razão do não pagamento da nota promissória, João Carlos foi executado pelo credor, que penhorou bem imóvel do casal. Maria poderá:

(A) opor embargos de devedor, tendo em vista a unidade dos interesses dos cônjuges.

(B) postular a exclusão da meação, através de embargos de terceiro, desde que provado o prejuízo sofrido.

(C) pleitear a anulação do aval dado sem seu consentimento.

(D) pedir a declaração da nulidade absoluta do ato, pois pouco importa o regime de bens do casamento, será sempre necessária a outorga uxória.

(E) regredir contra João Carlos, pois, em relação ao credor, prevalece a autonomia das obrigações cartulares e nada poderá ser feito.

A, B e **E:** incorretas, pois Maria deverá pleitear a anulação do aval; **C:** correta (artigos 1.647, III e 1.649, ambos do CC); **D:** incorreta, pois o regime de separação absoluta não exige a outorga uxória (art. 1.647, do CC).

Gabarito "C"

7.2. UNIÃO ESTÁVEL

(Procurador do Estado/MG – 2007) José e Maria moram juntos há 07 anos, em uma convivência estável como se casados fossem. José é separado de fato de Carla, sendo que desta união nasceu Pedro Henrique. José e Maria, durante a união, adquiriram uma casa no valor de R$ 100.000 (cem mil reais), um automóvel no valor de R$ 50.000,00 (cinquenta mil reais). Ambos contribuíram financeiramente para a aquisição dos bens, porém decidiram romper o convívio afetivo. Assinale a alternativa que corresponde ao caso apresentado.

(A) Houve união estável entre o casal José e Maria, e com esta caracterização aplica-se às relações patrimoniais, em regra, o regime de comunhão parcial de bens.

(B) Na medida que José era separado de fato de Carla, a relação descrita acima com Maria trata-se de concubinato e não união estável.

(C) Na união estável, salvo contrato escrito entre os companheiros, aplica-se às relações patrimoniais, o regime da separação de bens.

(D) Por José ser separado de fato de Carla não impede a existência de união estável com Maria, porém os bens não serão divididos entre ambos porque na dissolução de união estável não cabe partilha de bens.

Na união estável, salvo contrato escrito entre os companheiros, aplica-se às relações patrimoniais, no que couber, o regime da comunhão parcial de bens (art. 1.725, do CC).

Gabarito "A"

(Procurador do Estado/RO – 2011 – FCC) Estão impedidos de estabelecer união estável:

(A) o companheiro sobrevivente com o condenado por homicídio culposo contra o seu consorte.

(B) os afins em linha reta.

(C) os colaterais até quarto grau, inclusive.

(D) os viúvos ou viúvas que tiverem filho de cônjuge falecido enquanto não fizer inventário dos bens do casal e der partilha aos herdeiros.

(E) pessoas divorciadas.

A: incorreta, pois não podem estabelecer união estável o cônjuge sobrevivente com o condenado por homicídio ou tentativa de homicídio contra o seu consorte (arts. 1.723, § 1º e 1.521, VII, do CC); **B:** correta (arts. 1.723, § 1º e 1.521, II, do CC); **C:** incorreta, pois não podem estabelecer união estável os colaterais até o terceiro grau inclusive (arts. 1.723, § 1º e 1.521, IV, do CC); **D:** incorreta, pois se trata de causa suspensiva e não de impedimento (art. 1.523, I, do CC); **E:** incorreta, pois as pessoas divorciadas não estão impedidas de estabelecer união estável.

Gabarito "B"

(Procurador do Município/Teresina-PI – 2010 – FCC) Em relação à união estável,

(A) só se configurará entre pessoas solteiras ou de qualquer modo desimpedidas de se casar.

(B) aplica-se às relações patrimoniais, no que couber, o regime da separação legal de bens.

(C) os direitos sucessórios da companheira ou companheiro são iguais aos do cônjuge supérstite.

(D) constitucionalmente, pode caracterizar-se ainda que em relações homoafetivas.

(E) exige-se convivência pública, contínua e duradoura e estabelecida com o objetivo de constituição de família, mesmo que o casal não conviva sob o mesmo teto.

A alternativa "E" traz o conceito correto de união estável (art. 1.723, *caput*, do CC). Além disso, a coabitação não é dever absoluto, não sendo sequer necessária à caracterização da união estável, conforme entendimento do STF (Súmula nº 382).

Gabarito "E"

7.3. PARENTESCO E FILIAÇÃO

(Procurador do Estado/MT – FCC – 2011) A respeito da paternidade, é correto afirmar que

(A) o adultério da mulher, se confessado, ilide a presunção de paternidade decorrente do casamento.

(B) o reconhecimento dos filhos havidos fora do casamento é irrevogável, exceto se feito em escrito particular.

(C) são consideradas inválidas e, portanto, inexistentes a condição e o termo opostos ao ato de reconhecimento do filho.

(D) a filiação materna ou paterna pode resultar de casamento, exceto se este for declarado nulo em virtude de má-fé de ambos os cônjuges.

(E) a prova da impotência do cônjuge para gerar, à época do nascimento, não ilide a presunção de paternidade.

A: incorreta (art. 1.600, do CC); **B:** incorreta (art. 1.610, do CC); **C:** incorreta, pois a condição e o termo opostos ao ato de reconhecimento do filho são consideradas ineficazes e não inválidas ou inexistentes (art. 1.613, do CC); **D:** incorreta (art. 1.617, do CC); **E:** correta, pois a prova da impotência do cônjuge para gerar ilidirá a presunção de paternidade quando da concepção e não à época do nascimento (art. 1.599, do CC).

Gabarito "E"

(Procurador do Município/Florianópolis-SC – 2010 – FEPESE) Assinale a alternativa **incorreta**.

(A) A maioridade dos filhos não acarreta a exoneração automática da obrigação de prestar alimentos.

(B) Julgada procedente a investigação de paternidade, os alimentos são devidos a partir do ajuizamento da ação.

(C) Em ação investigatória, a recusa do suposto pai a submeter-se ao exame de DNA induz presunção *"júris tantum"* de paternidade.

(D) O recurso de apelação interposto de sentença que condenar à prestação de alimentos será recebido apenas em seu efeito devolutivo.

(E) O direito à prestação de alimentos é recíproco entre pais e filhos, e extensivo a todos os ascendentes, recaindo a obrigação nos mais próximos em grau, uns em falta de outros.

A: correta, nos termos da Súmula 358 do STJ: "O cancelamento de pensão alimentícia de filho que atingiu a maioridade está sujeito à decisão judicial, mediante contraditório, ainda que nos próprios autos"; **B:** incorreta, pois os alimentos fixados retroagem à data da citação (art. 13, § 2º, da Lei 5.478/68); **C:** correta, nos termos da Súmula 301 do STJ: "**Ação Investigatória – Recusa do Suposto Pai – Exame de DNA – Presunção *Juris Tantum* de Paternidade.** Em ação investigatória, a recusa do suposto pai a submeter-se ao exame de DNA induz presunção *juris tantum* de paternidade."; **D:** correta (art. 520, II, do CPC); **E:** correta (art. 1.696 do CC).

Gabarito "B"

7.4. BEM DE FAMÍLIA

(Procurador Federal – 2013 – CESPE) Julgue o seguinte item.

(1) Se o casal, em vez de utilizar como residência o único imóvel que possua, locá-lo a terceiros, tal fato não afastará de forma automática a sua característica de bem de família, de modo a torná-lo penhorável por dívida dos cônjuges.

1: Correta, nos termos da Súmula 486 do STJ, que prevê: "É impenhorável o único imóvel residencial do devedor que esteja locado a terceiros, desde que a renda obtida com a locação seja revertida para a subsistência ou a moradia da sua família". Note-se que o entendimento traz uma condição, qual seja, a indispensabilidade da renda adquirida com o aluguel ser revertida para a mantença da família.

Gabarito 1C

(Advogado da União/AGU – CESPE – 2009) Regina e Jorge são casados pelo regime da comunhão parcial de bens e possuem dois imóveis, um apartamento de dois quartos, no centro do Rio de Janeiro, no valor de R$ 200 mil, e uma casa de um quarto, na Barra da Tijuca, no valor de R$ 220 mil, onde residem alternadamente. Com base na situação hipotética apresentada, julgue os próximos itens, a respeito do bem de família.

(1) Se Regina e Jorge não quiserem que qualquer dos imóveis seja considerado bem de família em possível processo de execução movido em face deles, eles deverão eleger um dos bens, mediante escritura pública registrada no cartório competente.

(2) Caso um dos imóveis residenciais do casal estivesse situado em área rural, tal fato não seria óbice para sua instituição como bem de família.

1: Errada, pois, de acordo com o disposto no art. 5º, parágrafo único, da Lei 8.009/90, a impenhorabilidade recairá sobre o de menor valor. Como o imóvel ultrapassa 1/3 do patrimônio liquido do casal, não será possível a determinação do casal por escritura pública; **2:** Certa, pois o bem de família é o imóvel residencial <u>urbano ou rural</u> (art. 1.712 do CC)..

Gabarito 1E, 2C

(Procurador da Fazenda Nacional – 2004 – ESAF) O bem de família voluntário

(A) poderá abranger valores mobiliários, cuja renda deverá ser aplicada na conservação do prédio e no sustento da família.

(B) só poderá ser constituído por cônjuges, logo companheiros e integrante-chefe de família monoparental não poderão destinar parte de seu patrimônio à moradia ou sustento da família, mesmo que não ultrapasse um terço dos bens líquidos existentes ao tempo da instituição.

(C) poderá abranger valores mobiliários excedentes ao valor do prédio, que constitui o domicílio familiar, à época da sua instituição.

(D) está isento de execuções por dívidas posteriores à sua constituição, oriundas de tributos relativos ao prédio ou de despesas condominiais.

(E) Extinguir-se-á, automaticamente, com a dissolução da sociedade conjugal.

A: correta. Regra disposta no artigo 1.712, segunda parte, do CC. **B:** incorreta. O bem de família pode ser instituído pelos cônjuges, ou pelos companheiros ou pelo chefe de família monoparental, pois estes integram o conceito de entidade familiar, citado no artigo 1.711 do CC e consagrado pela CF. **C:** incorreta. Os valores mobiliários não poderão exceder o valor do prédio instituído em bem de família na época da instituição (art.1.713, CC). **D:** incorreta. O bem de família é isento de execução por dívidas posteriores à sua instituição, salvo as oriundas de tributos relativos ao prédio ou de despesas de condomínio (art.1.715, CC). **E:** incorreta. A dissolução da sociedade conjugal não extingue automaticamente o bem de família (art.1.721, CC).

Gabarito "A"

(ADVOGADO – INFRAERO – 2004 – NCE/UFRJ) É correto dizer em relação ao bem de família previsto no Código Civil e regulado pela Lei 8.009/90:

(A) não pode ser o referido bem penhorado em qualquer hipótese;

(B) deve ser registrado necessariamente no ofício imobiliário para receber a proteção legal;

(C) pode ser objeto de execução por força de débito trabalhista relacionado ao copeiro ou mordomo do proprietário do imóvel;

(D) é atingível por execução fiscal por força de débito do imposto de renda do proprietário do imóvel;

(E) pode ser objeto de execução civil de qualquer natureza.

A: incorreta, pois a lei estabelece exceções em que o bem de família pode ser penhorado (art. 1.715, do CC e art. 3º, da Lei n. 8.009/90); **B:** incorreta. *"Existem duas regulamentações para o bem de família. A primeira delas está prevista na Lei n. 8.009/90 e trata do bem de família legal, que é aquele que decorre da própria lei, sem necessidade de qualquer medida por parte dos beneficiários. A segunda regulamentação se encontra nos artigos 1.711 e seguintes do Código Civil e diz respeito ao bem de família voluntário, que é aquele destinado por ato de vontade dos cônjuges, mediante escritura pública ou testamento"* (Wander Garcia, SUPER-REVISÃO, editora FOCO) **C:** correta (art. 3º, I, da Lei n. 8.009/90); **D:** incorreta, pois somente é atingível se a dívida decorrer do imóvel familiar (art. 3º, I, da Lei n. 8.009/90); **E:** incorreta, pois, excepcionalmente, pode ser objeto de execução civil, fiscal, previdenciária ou trabalhista (art. 3º, I, da Lei n. 8.009/90).

Gabarito "C"

(PROCURADOR – BANCO CENTRAL – 2009 – CESPE) Laura e Ricardo são casados sob regime de comunhão parcial de bens e possuem dois imóveis: um em São Paulo e um em Campinas. O casal passa a maior parte do tempo no imóvel de São Paulo, utilizando o de Campinas quando viaja a trabalho e no período de férias. Com base nessa situação hipotética e na disciplina do bem de família, assinale a opção incorreta.

(A) Se o casal tiver instituído um dos imóveis como bem de família, o efeito será não só a impenhorabilidade como também a restrição de sua comerciabilidade.

(B) Se o casal não tiver instituído um dos imóveis como bem de família, em um possível processo de execução movido contra eles, a penhora recairá sobre o do maior valor.

(C) Para que seja promovida a instituição de um dos imóveis como bem de família, é dispensável a outorga conjugal.

(D) Caso tenha sido instituído como bem de família um dos dois imóveis, a morte de um dos cônjuges acarretará a extinção desse bem, se o casal não tiver filhos menores.

(E) Para que o casal institua um dos bens como de família, não será necessária a comprovação de solvência de ambos os cônjuges

A: correta, pois a cláusula de impenhorabilidade (art. 1.715, do CC) implica também a inalienabilidade (art. 1.717, do CC); **B:** correta, pois o bem de família deve recair sobre o bem de menor valor (art. 5º, parágrafo único, da Lei n. 8.009/90). Logo, o bem remanescente, que poderá ser objeto de penhora, será o de maior valor; **C:** correta, pois não se trata de ato que acarrete um encargo ao bem do casal, estando excluído do rol previsto no art. 1.647, do CC; **D:** incorreta, pois se extingue o bem de família com a morte de ambos os cônjuges e a maioridade dos filhos, desde que não sujeitos a curatela (art. 1.722, do CC); **E:** correta, pois o art. 1.711, do CC não traz tal exigência e até mesmo porque o bem de família não é atingido, em regra, pelas dívidas posteriores à sua constituição (art. 1.715, do CC).

Gabarito "D"

7.5. CURATELA

(Procurador Federal – 2010 – CESPE) Considerando que Carlos tenha sido declarado interditado por sentença judicial que nomeou Renato como seu curador, julgue os itens seguintes.

(1) A interdição não tem o condão de estender a autoridade de Renato sobre os filhos de Carlos, ainda que absolutamente incapazes.

(2) Essa sentença produz efeitos desde logo, ainda que sujeita a recurso.

1: Errada, pois de acordo com o disposto no art. 1.778 do CC, a autoridade do curador estende-se à pessoa e aos bens dos filhos do curatelado; **2:** Certa, pois a assertiva reflete o disposto no art. 1.773 do CC.

Gabarito 1E, 2C

8. SUCESSÕES

8.1. SUCESSÃO EM GERAL

(Procuradoria Distrital – 2007) Joaquim e Maria viviam em regime de união estável. Celebraram contrato no qual ficou estabelecido que a relação patrimonial, durante o período de convivência, seria o da separação absoluta de bens e que em nenhuma hipótese os bens existentes ou adquiridos se comunicariam. Joaquim veio a falecer, pondo-se, assim, fim à união estável. Quanto aos bens adquiridos onerosamente na vigência da união estável, é correto afirmar que, na qualidade de companheira, Maria:

(A) não participará da sucessão de Joaquim em face da cláusula contratual que estabeleceu a incomunicabilidade dos bens adquiridos na constância da união estável.

(B) se concorrer com filhos comuns, terá direito a uma quota equivalente à metade do que por lei for atribuída ao filho.

(C) se concorrer com descendentes só do autor da herança, tocar-lhe-á a metade do que couber a cada um daqueles.

(D) se concorrer com outros parentes sucessíveis, terá direito à metade da herança.

(E) somente participará da sucessão se não houver parentes sucessíveis.

A alternativa "c" está correta, pois reflete o disposto no art. 1.790, II, do CC.

Gabarito "C"

(Procurador do Estado/PR – UEL-COPS – 2011) Analise a afirmação abaixo e, com base no conceito de espólio, assinale a alternativa correta:

Aberta a sucessão a propriedade de cada um dos bens do *de cujus* é imediatamente entregue a cada qual dos herdeiros e legatários, que podem dispor de seus bens móveis ou imóveis específicos, da maneira que entenderem adequado, desde que com prévia comunicação, sem forma especial, no inventário judicial ou extrajudicial.

(A) a afirmação está errada, tendo em vista que não é a propriedade dos bens que se transfere imediatamente para os herdeiros, mas a herança, entendida como massa indivisível (espólio) até o momento da partilha. Equivocada, também, porque a sucessão aberta é bem imóvel e necessita de escritura pública ou termo judicial para cessão de qualquer parte da herança;

(B) a afirmação está errada, porque se os herdeiros quiserem doar os bens será sempre necessário fazer o inventário judicialmente. Falha a assertiva, ainda, porque os bens são transmissíveis somente por termo nos autos;

(C) a afirmação está correta, tendo em vista que os herdeiros, aberta a sucessão, entram na posse e propriedade de cada um dos bens herdados, passando a ter a possibilidade de uso, gozo e disposição;

(D) a afirmação está correta, uma vez que, apesar de não ser a propriedade dos bens que se transfere de pronto, os herdeiros podem alienar os direitos sobre bens móveis, por meio de cessão, mesmo por escritura particular. Ademais, a sucessão aberta apesar de bem imóvel, pode, por exceção, ser transferida por escrito particular;

(E) a afirmação está correta, simplesmente porque a sucessão aberta pode ser objeto de cessão por termo nos autos ou escritura pública, uma vez que os bens já são individualizados no início do inventário.

A alternativa "a" está correta, pois reflete a devolução ou delação sucessória ou o direito de *saisine*, previsto no art. 1.784, do CC. Ainda, a alternativa também está correta, pois o direito à sucessão aberta, bem como o quinhão de que disponha o coerdeiro, pode ser objeto de cessão por escritura pública (artigos 80, II e 1.793, ambos do CC).

Gabarito "A"

8.2. SUCESSÃO LEGÍTIMA

(Procurador do Estado/MT – FCC – 2011) Na linha descendente

(A) os filhos sucedem por cabeça, e os outros descendentes, por cabeça ou por estirpe, conforme se achem ou não no mesmo grau.

(B) os ascendentes sucedem por cabeça e os descendentes por estirpe, conforme se achem ou não no mesmo grau.

(C) os ascendentes sucedem por estirpe, e os descendentes por cabeça, conforme se achem ou não no mesmo grau.

(D) os descendentes sempre sucedem por estirpe, ainda que se achem no mesmo grau.

(E) os netos sucedem por estirpe, e os outros descendentes por cabeça, conforme se achem ou não no mesmo grau.

A: correta (art. 1.835, do CC); **B:** incorreta (artigos 1.835 e 1.836, § 1º, ambos do CC); **C:** incorreta (artigos 1.835 e 1.836, § 1º, do CC); **D:** incorreta (art. 1.835, do CC); **E:** incorreta (art. 1.835, do CC).

Gabarito "A"

(Procurador do Estado/SP – FCC – 2009) "A" faleceu em 15 de janeiro de 2003. O inventário foi aberto em 10 de abril de 2003. Habilitaram-se à sucessão de seus bens a viúva "B", casada com o "A", sob o regime de separação convencional de bens, o filho "C", fruto do primeiro casamento do falecido com "X", e os dois filhos, "D" e "E", frutos do casamento do falecido com "B". Quem herdará os bens deixados por "A"?

(A) Os filhos "C", "D" e "E" em concorrência com a viúva "B".

(B) O filho "C", os filhos "D" e "E" em concorrência com a viúva "B" e a ex-mulher "X", não habilitada, garantindo- se à viúva "B" 1/3 dos bens deixados pelo *de cujus*.

(C) Os filhos "C", "D" e "E", garantindo-se à viúva "B" o direito ao usufruto da metade dos bens deixados pelo *de cujus*.

(D) Os filhos "D" e "E" em concorrência com a viúva "B", garantindo-se a esta última 1/3 dos bens deixados pelo *de cujus*.

(E) O filho "C" e os filhos "D" e "E" em concorrência com a viúva "B", garantindo-se a esta última o direito ao usufruto da metade dos bens deixados pelo *de cujus*.

A alternativa A reflete o disposto no art. 1.829, I, do CC.

Gabarito "A"

(ADVOGADO – CEF – 2006 – CESPE) Com relação a direito das sucessões, julgue os itens seguintes.

(1) Se determinada pessoa renunciar a herança em benefício do monte, a parte renunciada passa automaticamente aos herdeiros necessários do renunciante, que herdam por estirpe. Se o renunciante for o único da classe, devolve-se a parte renunciada aos herdeiros da classe subsequente, que herdam por cabeça.

(2) Os herdeiros são investidos na posse e adquirem a propriedade pelo simples fato da morte do autor da herança. Assim, quando o direito real se constitui por *causa mortis*, a posse e a propriedade dos bens que compõem a herança transmitem-se, desde logo, aos herdeiros, sem que haja necessidade ou intenção de o herdeiro ter a coisa como sua, ou de possuí-la ou de tê-la fisicamente apreendida.

1: incorreta, pois na sucessão legítima, a parte do renunciante acresce à dos outros herdeiros da mesma classe e, sendo ele o único desta, devolve-se aos da subsequente (art. 1.810, do CC), que herdam por cabeça. Assim, não existe direito de representação em favor do descendente que renunciou à herança (art. 1.811); **2:** correta, pois reflete a devolução ou delação sucessória ou o direito de *saisine*, previsto no art. 1.784, do CC.

Gabarito 1E, 2C

8.3. SUCESSÃO TESTAMENTÁRIA

(ADVOGADO – BNDES – 2006 – CESGRANRIO) A cláusula de inalienabilidade poderá ser instituída das seguintes formas:

I. mediante a manifestação de vontade mútua das partes contratantes;

II. por ato de vontade do testador sobre a parte disponível da herança;

III. por meio de negócio jurídico, com a presença de duas testemunhas;

IV. quando se tratar de legítima, mediante justa causa declarada no testamento;

V. por ato *inter vivos*, somente na hipótese de doação.

Estão corretas, apenas, as formas:

(A) I e IV

(B) III e IV

(C) I, II e V

(D) I, III e V

(E) II, IV e V

I e **III:** incorretas. Segundo o professor Adriano Ferriani, *a inalienabilidade decorrente da vontade somente pode ser imposta em atos de liberalidade (testamento ou doação), quando o testador ou doador assim determinam no testamento ou no instrumento de doação. Não se pode, portanto, estabelecer a inalienabilidade pura e simplesmente num contrato de compra e venda ou pelo próprio proprietário, exceção feita ao bem de família previsto no Código Civil (art. 1.711 do CC)*; **II:** correta (art. 1.857, *caput* e § 1º, e art. 1.846, ambos do CC); **IV:** correta (art. 1.848, *caput*, do CC); **V:** correta (art. 1.911, do CC).

Gabarito "E"

(ADVOGADO – BNB – 2006 – ACEP) Escolha a alternativa **INCORRETA**.

(A) A deserdação só pode se efetivar quando a causa for expressamente declarada em testamento.

(B) São testamentos especiais: o marítimo, o aeronáutico, o militar e o cerrado.

(C) Calcula-se a legítima sobre o valor dos bens existentes na abertura da sucessão, abatidas as dívidas e as despesas do funeral, adicionando-se, em seguida, o valor dos bens sujeito a colação.

(D) Concorrendo à herança do falecido irmãos bilaterais com irmãos unilaterais, cada um destes herdará metade do que cada um daqueles herdar.

(E) Podem ser herdeiros necessários os descendentes, os ascendentes e o cônjuge.

A: correta (art. 1.964, do CC); **B:** incorreta, pois o testamento cerrado não é especial (art. 1.886, do CC), mas ordinário (art. 1.862, II, do CC); **C:** correta (art. 1.847, do CC); **D:** correta (art. 1.841, do CC); **E:** correta (art. 1.845, do CC).

Gabarito "B"

9. PREFERÊNCIAS E PRIVILÉGIOS CREDITÓRIOS

(Procurador da Fazenda Nacional – 2004 – ESAF) Se o valor apurado com bens do devedor for de

R$ 1.000.000,00 e os créditos montarem a R$ 3.000.000,00, sendo R$ 500.000,00 devidos a **(A)** (credor privilegiado) e o restante distribuído entre três credores quirografários, dois (**B** e **C**) com R$ 1.000.000,00 cada um e o terceiro (**D**) com R$ 500.000,00, proceder-se-á ao rateio assim:

(A) A retirará seus R$ 500.000,00, D receberá seu crédito de R$ 500.000,00, B e C nada receberão, pois o *quantum* apurado não cobre seus créditos.

(B) A receberá R$ 500.000,00 e o restante do valor apurado será sorteado entre B, C e D.

(C) B, ou C, receberá o que tem direito, mediante sorteio.

(D) o credor privilegiado receberá por inteiro os R$ 500.000,00, sobrando, portanto, R$ 500.000,00 para serem divididos entre os quirografários, na base de 20%, ou seja, aqueles cujo crédito era R$ 1.000.000,00, receberão R$ 200.000,00 cada um e o terceiro, R$ 100.000,00.

(E) o credor privilegiado receberá R$ 500.000,00 e os R$ 500.000,00 restantes serão devidos igualmente entre os credores quirografários.

D: correta. De acordo com o artigo 961, CC, o crédito real prefere ao pessoal; o crédito pessoal privilegiado prefere ao simples e o privilégio especial, ao geral. Dessa forma, o credor privilegiado receberá primeiro seu crédito. No caso exposto, A por ser credor privilegiado recebeu todo o crédito. Já os quirografários receberão cada um o rateio proporcional ao valor dos respectivos créditos, se o produto não bastar para o pagamento integral de todos (art. 962, CC). Foi o que ocorreu no caso apresentado. Como não havia saldo suficiente para pagar integralmente todos, houve um rateio proporcional ao crédito de cada um.

Gabarito "D"

10. DIREITOS AUTORAIS

(ADVOGADO – PETROBRÁS – 2008 – CESGRANRIO) Considerando-se os dispositivos da Lei Federal nº 9.610, de 10 de fevereiro de 1998, também conhecida como Lei dos Direitos Autorais,

(A) ao realizar a cessão de sua obra, o autor também realiza a transferência de seus direitos morais.

(B) constituem objetos de proteção dessa lei os direitos advindos da elaboração de textos de decisões judiciais.

(C) não é titular de direitos do autor quem adapta, traduz, arranja ou orquestra obra caída no domínio público.

(D) pode ser realizada verbalmente a cessão parcial dos direitos de autor.

(E) é possível contratar a cessão dos direitos de autor sobre obras futuras.

A: incorreta (art. 49, I, da Lei n. 9.610/98); **B:** incorreta (art. 8º, IV, da Lei n. 9.610/98); **C:** incorreta (art. 7º, XI, da Lei n. 9.610/98); **D:** incorreta, pois a cessão, total ou parcial, será sempre por escrito (art. 50, da Lei n. 9.610/98); **E:** correta (art. 51, da Lei n. 9.610/98).

Gabarito "E"

(ADVOGADO – PETROBRÁS – 2006 – CESGRANRIO) Quanto é o tempo de proteção ao direito patrimonial de autor falecido e quando se inicia a contagem desse prazo?

(A) 30 anos contados do dia seguinte ao óbito.

(B) 50 anos contados do dia seguinte ao óbito.

(C) 50 anos contados do primeiro dia do ano subsequente ao óbito.

(D) 70 anos contados do dia seguinte ao óbito.

(E) 70 anos contados do primeiro dia do ano subsequente ao óbito.

A, B, C e **D:** incorretas, pois não refletem o disposto no art. 41, da Lei n. 9.610/98; **E:** correta (art. 41, da Lei n. 9.610/98).

Gabarito "E"

(ADVOGADO – PETROBRÁS – 2003 – CESPE) Com relação à propriedade e ao direito autoral, julgue os itens subsequentes.

(1) O programa de computador — software — possui natureza jurídica de direito de propriedade industrial e, desde que registrada a patente do programa de computador, ao seu titular é devido o pagamento de indenização a título de danos materiais e morais, se ocorrer a produção e comercialização indevida do software.

(2) No modo originário de aquisição da propriedade imóvel, não há qualquer relação jurídica de causalidade entre o domínio atual e o anterior. O novo proprietário adquire o bem livre de todos os vícios e limitações que revestia o imóvel.

1: incorreta, pois a proteção aos direitos autorais independe de registro (art. 18, da Lei n. 9.610/98); **2:** correta. "A aquisição *originária é aquela que não guarda vínculo com a posse anterior*. Ocorre nos casos de: **a) apreensão,** *que consiste na apropriação unilateral da coisa sem dono* (abandonada – *res derelicta*, ou de ninguém – *res nullius*) *ou na retirada da coisa de outrem sem sua permissão* (cessada a violência ou a clandestinidade); **b) exercício do direito**, como no caso da servidão constituída pela passagem de um aqueduto em terreno alheio; **c) disposição**, que consiste em alguém dar uma coisa ou um direito, situação que revela o exercício de um poder de fato (posse) sobre a coisa". (Wander Garcia, SUPER-REVISÃO, editora FOCO).

Gabarito 1E, 2C

(ADVOGADO – ANCINE – 2005 – CESPE) Quanto ao direito autoral, julgue os itens a seguir.

(1) Apenas pessoas físicas poderão ser consideradas autoras de obras literárias, artísticas ou científicas, para fins de proteção pelo direito autoral.

(2) Considere a seguinte situação hipotética. Alfredo, renomado advogado especialista em licitações e contratos administrativos, confeccionou obra literária em comentários à Lei de Licitações Públicas. Quando da 10.ª edição da obra, Alfredo foi acometido de grave doença e, por isso, Alexandre, seu sócio, se encarregou de atualizar, fiscalizar e dirigir as posteriores edições. Nessa situação, consideram-se autores, para fins de proteção dos direitos autorais, tanto Alfredo, quanto Alexandre.

(3) Considere a seguinte situação hipotética. Célia, dona de casa e pintora, decidiu promover exposição artística de seus quadros. Após alguns anos, obteve notícia de que um de seus quadros, pintado em janeiro de 2002, estava entre os mais caros do Brasil e, por isso, decidiu levar a efeito o registro de sua autoria, em junho de 2005. Nessa situação, a proteção ao seu direito de autora somente advirá após o registro no órgão público competente, quando poderá ser oponível a terceiros.

(4) Considere que um grupo de músicos amadores percorra várias capitais brasileiras promovendo espetáculos e executando obras musicais famosas, sendo, inclusive, remunerados por isso. Nessa situação, serão devidos os direitos autorais.

(5) Suponha que certo arquiteto brasileiro tenha se tornado famoso pelo desenho arrojado de monumento situado na capital da República. Assim, os cartões postais que reproduzirem o mencionado monumento, sem a devida referência ao nome do autor, violarão seus direito autorais.

(6) Suponha que o autor de determinada obra científica tenha falecido sem deixar herdeiros. Nessa situação, sua obra cairá, desde logo, no domínio público.

(7) O direito de conservar a obra inédita e o de reivindicar, a qualquer tempo, sua autoria constituem direitos morais do autor.

(8) Os atos normativos e as decisões judiciais não serão objeto de proteção pelo direito autoral.

1: incorreta (art. 11, parágrafo único, da Lei 9.610/98); **2:** incorreta, pois, muito embora Alexandre faça jus aos direitos autorais pela atualização à obra (art. 7º, VI e 14, da Lei 9.610/98), não será considerado autor (art. 11, da Lei n. 9.610/98); **3:** incorreta, pois a proteção aos direitos autorais independe de registro (art. 18, da Lei n. 9.610/98); **4:** incorreta (art. 06, da Lei 9.610/98); **5:** incorreta (art. 48, da Lei 9.610/98); **6:** correta (art. 45, I, da Lei 9.610/98); 7: correta (art. 24, I e III, da Lei 9.610/98); 8: correta (art. 8º, IV, da Lei 9.610/98).

Gabarito 1E, 2E, 3E, 4E, 5E, 6C, 7C, 8C

11. OUTROS TEMAS E TEMAS COMBINADOS

(Procurador Federal – 2013 – CESPE) Julgue o seguinte item.

(1) O empresário individual é a própria pessoa física ou natural, respondendo os seus bens pelas obrigações que ele assumir, seja civis, seja comerciais.

1. Correta, na medida em que o empresário individual possui responsabilidade ilimitada pelas dívidas sociais, isto é, inexiste diferenciação patrimonial entre os bens pertinentes ao exercício da empresa e os bens pessoais da pessoa física. Assim, gera-se a possibilidade dos bens responderem indistintamente e ilimitadamente pelas dívidas contraídas seja pelo exercício da empresa ou pela pessoa física em proveito pessoal. Ressalta-se que em 2011 foi introduzida uma nova figura no ordenamento jurídico brasileiro por meio da Lei 12.441, qual seja, a empresa individual de responsabilidade limitada (art. 980-A do CC). Essa figura, porém, não se confunde com o empresário individual, pois possui regras próprias.

Gabarito 1C

(Procurador Federal – 2013 – CESPE) Julgue o seguinte item.

(1) O envelhecimento, embora não tenha caráter de direito personalíssimo, é protegido na condição de direito social, garantindo à pessoa idosa a proteção à vida e à saúde, mediante efetivação de políticas sociais públicas que permitam um envelhecimento saudável e em condições de dignidade.

1: Errada, pois o envelhecimento possui caráter personalíssimo, conforme art. 8º da Lei 10.741/03.

Gabarito 1E

(Procurador Federal – 2013 – CESPE) Julgue o seguinte item.

(1) Ao contrário do que ocorre no registro de imóveis, a publicidade não é uma função específica do registro civil das pessoas naturais, que tem por objetivo a autenticidade, a segurança e a eficácia.

1: Errada, pois tanto o registro de imóveis como o registro civil das pessoas naturais estão igualmente sujeitos ao regime estabelecido na Lei 6.015/73, consoante seu art. 1º. Neste passo, a submissão à publicidade é um dos fatores. Prevê o art. 19, § 1º da Lei 6.015/73 que: "As certidões do Registro Civil das Pessoas Naturais mencionarão, sempre, a data em que foi lavrado o assento e serão manuscritas ou datilografadas e, no caso de adoção de papéis impressos, os claros serão preenchidos também em manuscrito ou datilografados". Já o § 3º traz uma limitação: "Nas certidões de registro civil, não se mencionará a circunstância de ser legítima, ou não, a filiação, salvo a requerimento do próprio interessado, ou em virtude de determinação judicial". O registro civil das pessoas naturais também está sujeito ao princípio da publicidade,

Gabarito 1E

(Procurador do Estado/MT – FCC – 2011) NÃO será permitido o parcelamento do solo

(A) em terrenos alagadiços e sujeitos a inundações, em qualquer hipótese.

(B) em terrenos que tenham sido aterrados com material nocivo à saúde pública, ainda que sejam previamente saneados.

(C) em áreas de preservação ecológica ou naquelas onde a poluição impeça condições sanitárias suportáveis, até a sua correção.

(D) em terrenos onde as condições geológicas aconselham a edificação.

(E) em terreno com declividade igual ou superior a 20% (vinte por cento).

A: incorreta (art. 3º, parágrafo único, I, da Lei n. 6.766/79); **B:** incorreta (art. 3º, parágrafo único, II, da Lei n. 6.766/79); **C:** correta (art. 3º, parágrafo único, V, da Lei n. 6.766/79); **D:** incorreta (art. 3º, parágrafo único, IV, da Lei n. 6.766/79); **E:** incorreta (art. 3º, parágrafo único, III, da Lei n. 6.766/79).

Gabarito "C"

(PROCURADOR DO ESTADO/RS – FUNDATEC – 2010) Assinale a alternativa correta:

(A) O trabalho humano pode qualificar a posse para o efeito da usucapião.

(B) Nos atos *inter vivos* de transmissão da propriedade imobiliária, é indispensável o registro do título que, uma vez procedido, goza de presunção absoluta ("principio da presunção absoluta do registro imobiliário").

(C) A tutela da vizinhança diz respeito aos atos ilegais praticados pelo vizinho, abrangendo a tutela da segurança e da saúde, porém não se estendendo ao sossego, pois esse é protegido pela ação de dano moral.

(D) A outorga de garantia real não se vincula, necessariamente, à capacidade para alienar.

(E) No penhor, o objeto da garantia é coisa móvel; na hipoteca, bem imóvel; na anticrese, qualquer espécie de bem.

A: correta, pois a usucapião especial rural exige que a área tenha se tornado produtiva pelo trabalho do possuidor ou de sua família (art. 1.239, do CC); **B:** incorreta, pois o registro pode ser retificado ou anulado (art. 1.245 a 1.247, ambos do CC); **C:** incorreta (art. 1.277, do CC); **D:** incorreta (art. 1.420, do CC); **E:** incorreta (art. 1.506, do CC).

Gabarito "A"

(Procurador do Estado/SE – FCC – 2005) Os irmãos José e Pedro receberam por doação de seus pais um terreno loteado com área de 210 m2. Pretendendo cada qual construir uma residência no terreno, firmaram escritura pública de divisão, onde ficou localizada a parte de cada um, com 105 m2, sendo levada ao Serviço de Registro de Imóveis, mas o registro foi negado, porque a Lei 6.766/79 (art. 4, II) exige área mínima de 125 m2. A negativa de registro foi

(A) incorreta, porque o terreno doado comporta divisão geodésica.

(B) correta, porque o terreno doado é indivisível.

(C) arbitrária, porque a escritura tem fé pública e só poderá ser recusada por ordem judicial.

(D) incorreta, porque o Serviço de Registro de Imóveis não pode interferir na autonomia privada.

(E) correta, pois a divisão, no caso, só poderia ocorrer com a anuência dos doadores.

A alternativa "b" está correta (art. 88, do CC; art. 4°, II, da Lei n. 6.766/79; art. 156, da Lei 6.015/73 (Lei de Registros Públicos), ficando excluídas as demais.

Gabarito "B"

(Procurador do Município/São Paulo-SP – 2008 – FCC) Considere as disposições legais abaixo.

Lei de Introdução ao Código Civil

"Art. 6º A Lei em vigor terá efeito imediato e geral, respeitados o ato jurídico perfeito, o direito adquirido e a coisa julgada.

§ 2º Consideram-se adquiridos assim os direitos que o seu titular, ou alguém por ele, possa exercer, como aqueles cujo começo do exercício tenha termo prefixo, ou condição preestabelecida inalterável, a arbítrio de outrem."

"Art. 9º Para qualificar e reger as obrigações, aplicar-se-á a lei do país em que se constituírem.

§ 2º A obrigação resultante do contrato reputa-se constituída no lugar em que residir o proponente."

Código Civil

"Art. 125 Subordinando-se a eficácia do negócio jurídico à condição suspensiva, enquanto esta se não verificar, não se terá adquirido o direito, a que ele visa."

"Art. 435 Reputar-se-á celebrado o contrato no lugar em que foi proposto."

É correto afirma r que

(A) as disposições transcritas da Lei de Introdução ao Código Civil acham-se em vigor, porque os artigos 125 e 435 do Código Civil consideram-se inconstitucionais.

(B) os artigos 125 e 435 do Código Civil, por serem posteriores, revogaram os parágrafos 2º dos artigos 6º e 9º da Lei de Introdução ao Código Civil.

(C) o Código Civil revogou, apenas, o § 2º do artigo 6º, mas não o § 2º do artigo 9º da Lei de Introdução ao Código Civil.

(D) o Código Civil revogou, apenas, o § 2º do artigo 9º, mas não o § 2º do artigo 6º da Lei de Introdução ao Código Civil.

(E) todas as disposições legais transcritas acham-se em vigor, porque inexiste incompatibilidade entre qualquer delas em relação a outra.

A alternativa "e" está correta (art. 2º, §§ 1º e 2º, da LINDB).

Gabarito "E"

(Procurador do Município/São Paulo-SP – 2008 – FCC) Analise as seguintes afirmativas:

I. As instituições filantrópicas prestadores de serviços ao idoso terão direito à assistência judiciária gratuita.

II. Poderão ser criadas varas especializadas e exclusivas do idoso.

III. A prioridade na tramitação dos processos concedida ao idoso cessa com a morte do beneficiado.

IV. A prioridade concedida ao idoso na tramitação dos processos judiciais não se estende aos procedimentos na Administração Pública.

V. As ações de responsabilidade por ofensa aos direitos assegurados ao idoso, referentes ao oferecimento insatisfatório de serviços de saúde serão propostas no foro do domicílio do idoso.

Estão corretas as afirmativas

(A) I, II e III.

(B) I, II e IV.

(C) I, II e V.

(D) II, III e V.

(E) III, IV e V.

I: correta, pois a assertiva reflete o disposto no art. 51 do Estatuto do Idoso (Lei 10.741/2003); **II:** correta, pois a assertiva reflete o disposto no art. 70 do Estatuto do Idoso; **III:** incorreta, pois a prioridade não cessará com a morte do beneficiário, estendendo-se em favor do cônjuge supérstite, companheiro ou companheira, com união estável, maior de 60 (sessenta) anos, nos termos do art. 71, § 2º, do Estatuto do Idoso; **IV:** incorreta, pois a prioridade se estende aos processos e procedimentos na Administração Pública, nos termos do art. 71, § 3º, do Estatuto do Idoso; **V:** correta, nos termos do art. 80 do Estatuto do Idoso.

Gabarito "C"

(ADVOGADO – PETROBRÁS – 2006 – CESGRANRIO) Assinale a afirmativa correta a propósito das disposições finais e transitórias do Código Civil atualmente em vigor, especificamente no que tange às questões atinentes a direito intertemporal e aplicabilidade do referido diploma.

(A) Aplicam-se os prazos decadenciais previstos no Código Civil de 2002 quando tiverem sido por ele reduzidos.

(B) Há regra expressa no sentido de que as alterações previstas para as associações e fundações somente serão aplicadas àquelas que se constituírem após 11 de janeiro de 2003.

(C) O prazo prescricional das ações de reparação de danos que não houver atingido a metade do tempo previsto no Código Civil de 1916 regular-se-á por inteiro nos termos da nova lei.

(D) O prazo para a aquisição da propriedade imóvel pela usucapião extraordinária será de 15 anos se, quando da edição do Código de 2002, já tiver transcorrido mais da metade do prazo previsto no Código Civil de 1916.

(E) As disposições do novo Código Civil aplicam-se imediatamente às dissoluções e liquidações de sociedades já em curso antes de sua vigência, por traduzirem maior proteção aos sócios.

A: incorreta (art. 2.028, do CC); **B:** incorreta (art. 2.031, do CC); **C:** correta (art. 2.028, do CC); **D:** incorreta (art. 2.028, do CC e art. 698, do CC/1916); **E:** incorreta (art. 2.034, do CC).

Gabarito "C"

6. DIREITO EMPRESARIAL

Fernando Castellani, Henrique Subi e Robinson Sakiyama Barreirinhas

1. TEORIA GERAL

1.1. EMPRESA, EMPRESÁRIO, CARACTERIZAÇÃO E CAPACIDADE

(Procurador Distrital – 2014 – CESPE) Julgue o item a seguir, a respeito de fatos históricos relacionados à evolução do direito empresarial.

(1) Os títulos de créditos originaram-se, na Idade Média, em virtude de os comerciantes italianos não desejarem levar grandes quantidades de moeda em suas viagens e ao fato de que cada cidade podia cunhar a sua própria. Esses comerciantes, então, depositavam o valor de que necessitavam em um banco e este emitia documentos que consubstanciavam promessa ou ordem de pagamento e que, apresentados ao seu correspondente, autorizavam o recebimento da quantia neles mencionada, na moeda corrente no lugar da apresentação.

1: correta. Como a alternativa narra, tais títulos foram os embriões das letras de câmbio e representam os primeiros registros de títulos de crédito.

Gabarito 1C

(Procurador Distrital – 2014 – CESPE) Julgue o seguinte item, referente à teoria da empresa.

(1) Para Ronald Coase, jurista norte-americano cujo pensamento doutrinário tem sido bastante estudado pelos juristas brasileiros, a empresa se revelaria, estruturalmente, como um "feixe de contratos" que, oferecendo segurança institucional ao empresário, permite a organização dos fatores de produção e a redução dos custos de transação. Nesse aspecto, a proposta de Coase coincide com o perfil institucional proposto por Asquini.

1: apesar de considerada incorreta pelo gabarito oficial, temos que a afirmação está certa. Alberto Asquini propõe que a empresa deve ser entendida como um "fenômeno econômico poliédrico, o qual tem sob o aspecto jurídico, não um, mas diversos perfis em relação aos diversos elementos que o integram". Para ele, tais perfis seriam: perfil subjetivo (a empresa como a pessoa, física ou jurídica, que exerce a atividade), perfil objetivo (a empresa como patrimônio especial distinto do restante do patrimônio do empresário), perfil funcional (a atividade empresarial propriamente dita) e perfil corporativo ou institucional (a empresa é um núcleo social organizado, em função de um fim econômico comum). Ronald Coase, por sua vez, propõe um conceito econômico de empresa ao inseri-la no contexto da economia de mercado: a firma é um "feixe de contratos" voltados organização dos fatores de produção e redução dos custos de transação. Esse "feixe de contratos" é exatamente o perfil corporativo proposto por Asquini, na medida em que a empresa, já dizia o jurista italiano, não é a mera soma de pessoas físicas buscando cada uma seu interesse. Tais pessoas estão vinculadas por contratos (de trabalho, de colaboração, de fornecimento etc.) em prol de um fim econômico comum, que é a otimização da produção.

Gabarito 1E

(Procurador/DF - 2013 - CESPE) Considerando que o atual Código Civil, instituído em 2002, inaugurou no ordenamento jurídico brasileiro o que a doutrina denomina de unificação do direito privado, passando a disciplinar tanto a matéria civil quanto a comercial, julgue os itens a seguir.

(1) Exatamente porque a atividade rural pode se enquadrar na teoria da empresa, o atual Código Civil facultou àqueles que a exercem a possibilidade de requerimento de sua inscrição no registro público de empresas mercantis, ocasião em que tais atividades adquirem nítidos contornos de atividade empresária.

(2) Com o advento do novo Código Civil (de 2002), houve a substituição da teoria dos atos de comércio pela teoria da empresa, que se define pelo conceito de atividade.

(3) Assumindo o seu perfil subjetivo, a empresa confunde-se com o empresário – assim compreendidos os sócios de uma pessoa jurídica que se reúnem para o exercício da atividade empresarial –, e com o estabelecimento – a universalidade de bens empenhada no desenvolvimento da atividade.

(4) Instituído em 1850, o Regulamento 737 que então definiu os atos de mercancia, embora já tenha sido revogado há muito tempo, ainda é albergado pela doutrina e tem aplicação subsidiária na nova ordem do direito empresarial calcada na teoria da empresa.

1: correta, nos termos do art. 971 do CC/2002; **2:** correta. Perceba que a definição do empresário é dada pela atividade por ele exercida – art. 966 do CC/2002; **3:** incorreta, pois empresa é a atividade do empresário, não se confundindo com ele – art. 966 do CC/2002; **4:** incorreta, pois a legislação atual não mais adota a teoria dos atos de comércio, mas sim a teoria da empresa, conforme a assertiva "2".

Gabarito 1C, 2C, 3E, 4E

(PROCURADOR DO ESTADO/MG – FUMARC – 2012) Assinale a alternativa que completa corretamente afirmação:

"No exercício de suas atividades, o empresário deverá se conduzir do seguinte modo, EXCETO_________."

(A) o empresário casado pode, sem necessidade de outorga conjugal, qualquer que seja o regime de bens, alienar os imóveis que integrem o patrimônio da empresa.

(B) o empresário tem como obrigatória a sua inscrição no Registro Público de Empresas Mercantis da respectiva sede, antes do início de sua atividade.

(C) o empresário rural e o pequeno empresário terão tratamento favorecido e diferenciado, quanto a inscrição e aos efeitos daí decorrentes.

(D) O empresário que instituir filial em lugar sujeito à jurisdição de outro Registro Público de Empresas Mercantis, deverá inscrever o estabelecimento secundário somente no local que está sendo aberta.

(E) O empresário deverá arquivar e averbar no Registro Público de Empresas Mercantis, os seus pactos e declarações antenupciais, o título de doação, herança, ou legado, de bens clausulados de incomunicabilidade ou inalienabilidade.

O candidato deve ter muito cuidado nesse tipo de questão! A presença da palavra "EXCETO" no enunciado pode ser traduzida como: "assinale a alternativa INCORRETA". **A:** correta, nos termos do art. 978 do CC; **B:** correta, nos termos do art. 967 do CC; **C:** correta, nos termos do art. 970 do CC; **D:** incorreta, devendo ser assinalada. A instituição de sucursal ou filial em outro Estado determina a inscrição desta tanto no território onde está sendo aberta quanto no órgão de registro responsável pela sede (art. 969 do CC); **E:** correta, nos termos do art. 979 do CC.

Gabarito "D"

(Procurador do Município/Natal-RN – 2008 – CESPE) Heitor, empresário, casado com Luciana sob o regime de comunhão parcial de bens, vendo-se em situação financeira delicada, haja vista que não possuía dinheiro suficiente para pagar seus fornecedores, decidiu vender um dos imóveis do patrimônio da empresa.

A partir da situação hipotética apresentada e de acordo com o disposto no Código Civil acerca do direito de empresa, assinale a opção correta.

(A) Heitor necessitará de outorga conjugal para promover a venda do bem, por que o negócio envolverá a alienação de imóvel.

(B) Heitor somente poderia alienar o imóvel sem necessidade de outorga conjugal se fosse casado no regime da separação de bens.

(C) Independentemente do regime de bens do casamento, Heitor pode promover a alienação do imóvel da empresa sem outorga judicial.

(D) Caso fique provado que a alienação do imóvel será realizada em benefício do casal, a eventual discordância da esposa de Heitor com relação à venda do referido imóvel preserva a este a possibilidade de requerer o suprimento judicial da outorga.

O empresário casado pode livremente alienar ou onerar bens imóveis que integram o patrimônio da empresa, sem necessidade de outorga conjugal ou judicial, qualquer que seja o regime de bens (art. 978 do CC).

Gabarito "C"

(Procurador do Município/São José dos Campos-SP – 2012 – VUNESP) Assinale a alternativa correta sobre a capacidade de ser empresário e a faculdade dos cônjuges em contratar sociedade.

(A) Somente podem ser sócios entre si cônjuges casados sob o regime de separação de bens.

(B) Têm capacidade para serem sócios entre si os casados no regime de separação obrigatória.

(C) O empresário casado, qualquer que seja o regime de bens, necessita de outorga conjugal para alienar imóveis da empresa.

(D) Faculta-se aos cônjuges contratar sociedade, entre si, desde que não tenham casado no regime da comunhão universal de bens.

(E) Os separados judicialmente não podem contratar sociedade entre si e com terceiros, salvo se já feita a partilha de bens.

Pessoas casadas podem ser sócias entre si, com ou sem a participação de terceiros, desde que não sejam casadas pelos regimes da comunhão universal ou da separação obrigatória de bens (art. 977 do CC), ou seja, poderão constituir a sociedade os casados sob a comunhão parcial, a separação consensual e a participação final nos aquestos. Qualquer que seja o regime de bens, o empresário casado não necessita de outorga conjugal para alienar ou gravar de ônus real bens integrantes do patrimônio da empresa (art. 978 do CC). Uma vez separados, não incide mais a proibição dos cônjuges contratarem sociedade entre si.

Gabarito "D"

(Procurador Federal – 2010 – CESPE) A seguir, é apresentada uma situação hipotética, seguida de uma assertiva a ser julgada no que se refere a direito comercial.

(1) Marcos exerce atividade rural como sua principal profissão. Nessa situação, Marcos poderá requerer, observadas as formalidades legais, sua inscrição perante o Registro Público de Empresas Mercantis da respectiva sede, equiparando-se, após a sua inscrição, ao empresário sujeito a registro.

Assertiva correta, pois a inscrição, no caso de atividade rural, é opcional, nos termos do art. 971 do CC.

Gabarito 1C

(Procurador da Fazenda Nacional – 2007.2 – ESAF) Qualificam-se como contratos de empresa aqueles que

(A) são celebrados pelo empresário.

(B) são celebrados entre duas ou mais empresas.

(C) são celebrados entre empresas para fins de fornecimento de energia elétrica.

(D) são celebrados para organizar o funcionamento de qualquer empresa.

(E) são celebrados entre empresas e consumidores esclarecidos.

Os contratos de empresa referem-se à organização da atividade empresarial (entendimento doutrinário adotado pela ESAF).

Gabarito "D"

(Procurador da Fazenda Nacional – 2006 – ESAF) Com base no que dispõe o Código Civil Brasileiro, julgue os itens a seguir, assinalando, ao final, a opção com a resposta correta.

( ) As obrigações contraídas pela pessoa impedida legalmente de exercer atividade própria de empresário são nulas.

( ) Poderá o representante ou assistente legal do incapaz continuar a empresa antes exercida por ele, enquanto capaz, mediante autorização judicial.

( ) Ocorrendo emancipação do menor, a inscrição no Registro Civil é suficiente para dar publicidade a esta condição para o exercício da atividade de empresário até então exercida pelo assistente legal.

( ) O empresário casado pode alienar os imóveis que integrem o patrimônio da empresa sem necessidade de outorga conjugal, qualquer que seja o regime de bens.

( ) Não podem contratar sociedade, entre si ou com terceiros, os cônjuges casados no regime de separação de bens convencional ou comunhão universal de bens.

(A) V, F, V, F, V

(B) F, V, V, V, F

(C) F, V, F, V, F

(D) F, F, F, V, V

(E) V, V, V, F, F

I – Falsa. O impedido de exercer empresa responde pelas obrigações contraídas (art. 973 do CC); II – Verdadeira (art. 974 do CC); III – Falsa. Deve haver a inscrição ou averbação no Registro Público de Empresas Mercantis (art. 976 do CC); IV – Verdadeira (art. 978 do CC); V – Falsa. O regime da separação convencional autoriza a sociedade entre cônjuges, que fica vedada em caso de separação obrigatória ou comunhão universal de bens (art. 977 do CC).

Gabarito "C"

(Procurador da Fazenda Nacional – 2004 – ESAF) A questão relativa aos atos de comércio e sua importância na qualificação das operações negociais mercantis, após a unificação do direito obrigacional,

(A) perde relevância uma vez que a figura do comerciante desaparece.

(B) equivale à noção de atos de empresa.

(C) tem caráter residual em relação às atividades econômicas.

(D) explica-se em face da noção de mercado.

(E) refere-se a certas operações realizadas em massa.

Com a adoção da teoria a empresa, a relação dos atos de comércio, antes fundamental para o Direito Comercial, perde grande parte de sua relevância, porém continua sendo instrumento residual de caracterização de atividades econômicas como empresárias, isto é, atividades que eram consideradas atos de comércio certamente serão acolhidas pela teoria da empresa.

Gabarito "C"

(PROCURADOR – BANCO CENTRAL – 2009 – CESPE) Com relação à teoria geral do direito empresarial, assinale a opção correta.

(A) Para o direito empresarial brasileiro, o conceito de empresa é objetivo, ou seja, empresa é o estabelecimento, enquanto empresário é a pessoa física que exerce sua atividade na empresa.

(B) Nome empresarial e título do estabelecimento são conceitos que não se confundem, uma vez que o nome empresarial se refere às relações do empresário perante os consumidores em geral, enquanto o título do estabelecimento significa a forma empresarial adotada no que concerne à limitação da responsabilidade.

(C) Mesmo que o empresário adote o sistema de fichas de lançamentos, o livro diário, por ser obrigatório, não pode ser substituído pelo livro balancetes diários e balanços, ainda que observadas as mesmas formalidades extrínsecas exigidas para aquele.

(D) A sociedade anônima opera sob firma ou razão social, sempre designativa do objeto social e integrada pelas expressões sociedade anônima ou companhia, por extenso ou abreviadamente.

(E) Considera-se gerente o preposto permanente no exercício da empresa, na sede desta ou em sucursal, filial ou agência. O preponente responde com o gerente pelos atos que este pratique em seu próprio nome, mas à conta daquele.

A: incorreta. O conceito de empresa e estabelecimento não se confundem. Empresa é a atividade exercida, enquanto estabelecimento é o complexo de bens organizado para o exercício dessa atividade; **B:** incorreta. Os conceitos estão invertidos; **C:** incorreta, porque afronta o quanto previsto no art. 1.185 do CC; **D:** incorreta. A sociedade anônima está autorizada a girar somente sob denominação (art. 3º da LSA); **E:** correta, nos termos dos arts. 1.172 e 1.175 do CC.

Gabarito "E"

(ADVOGADO – CEF – 2006 – CESPE) Cada um dos seguintes itens apresenta uma situação hipotética relativa a empresários e a estabelecimentos empresariais, seguida de uma assertiva a ser julgada.

(1) Os sócios de Tom Tecidos Ltda., pessoa jurídica atuante no ramo de fabricação de tecidos, descontentes com a concorrência local, optaram pela mudança de ramo de atividade e pelo exercício da nova empresa em outra unidade da Federação. Antes da mudança, alienaram o estabelecimento empresarial – todos os bens materiais e imateriais pertencentes à sociedade – para uma de suas concorrentes. Nessa situação, atendendo ao ordenamento jurídico pátrio, esse ato de alienação do estabelecimento empresarial, para ter validade perante terceiros, deve ter sido formal, averbado à margem da inscrição da Tom Tecidos Ltda. na junta comercial competente, no registro público de empresas mercantis e publicado na imprensa oficial.

(2) Isidório, aos 13 anos de idade, herdou ações de determinada sociedade em comandita por ações, em decorrência do falecimento de seu avô, acionista majoritário. Nessa situação, Isidório poderá participar como acionista da sociedade em comandita por ações, desde que as ações herdadas estejam totalmente integralizadas, devendo ser também representado, em sua condição de acionista, por genitor ou tutor.

1: correta, nos termos do art. 1.144 do CC; **2:** correta, nos termos do art. 974, § 3º, do CC.

Gabarito 1C, 2C

(ADVOGADO – CEF – 2006 – CESPE) Acerca da disciplina legal que rege as sociedades dependentes de autorização e a fusão das sociedades empresárias, julgue os itens que seguem.

(1) No Brasil, algumas sociedades empresárias se submetem à autorização de funcionamento do poder executivo federal, como as que atuam nos seguintes ramos de atividade: planos de saúde, fabricação de eletrodomésticos, seguros e aplicações financeiras.

2) Considere a seguinte situação hipotética. Os sócios de duas sociedades empresárias que atuam no ramo de prestação de serviços de segurança armada e desarmada deliberaram pela fusão de sociedades, visando à contenção de gastos e ao fortalecimento da nova sociedade no mercado. Nessa situação, em ato preparatório à fusão, deverão ser nomeados peritos para avaliar o patrimônio líquido de cada uma das sociedades e, em assembleia geral de todos os sócios, devem ser apreciados os laudos periciais, ocasião em que os sócios votarão os laudos de avaliação correspondentes à sociedade de que fizerem parte.

1: incorreta. A fabricação de eletrodomésticos não depende de autorização do Poder Executivo; **2:** incorreta. Os sócios são proibidos de votar sobre os laudos de avaliação da sociedade que fazem parte, ou seja, cada sócio vota sobre o laudo pericial relativo à outra empresa (art. 228, § 2º, da LSA).

Gabarito 1E, 2E

(ADVOGADO – BNB – 2006 – ACEP) Acerca de empresa, assinale a alternativa **CORRETA**.

(A) A empresa caracteriza-se pela atividade comercial organizada e com intuito lucrativo.

(B) A empresa caracteriza-se pelo exercício de atividade organizada e econômica, excluindo-se as atividades de índole intelectual.

(C) A empresa caracteriza-se pelo exercício de atividade organizada, econômica e habitual, independentemente de ser prestação de serviço ou circulação de mercadoria.

(D) A empresa caracteriza-se pelo exercício de atividade organizada e econômica, independentemente de ser prestação de serviço ou circulação de mercadoria.

(E) A empresa caracteriza-se pelo exercício de atividade organizada, econômica e habitual, excluindo-se as intelectuais e de natureza rural.

A: incorreta. A atividade empresarial, desde a adoção da Teoria da Empresa pelo Novo Código Civil, não está restrita à atividade comercial; **B:** a alternativa foi considerada incorreta, mas ressalte-se que isso se deve apenas ao fato de estar menos completa do que a letra "C"; **C:** correta, nos termos do art. 966 do CC; **D:** incorreta, pelas mesmas razões expostas na letra "B"; **E:** incorreta. As atividades rurais podem ser consideradas empresárias, bastando que o produtor rural inscreva-se no Registro Público de Empresas Mercantis (art. 971 do CC).

Gabarito "C"

1.2. DESCONSIDERAÇÃO DA PERSONALIDADE JURÍDICA

(Procurador do Estado/BA – 2014 – CESPE) Julgue o item a seguir.

(1) A desconsideração inversa da personalidade jurídica implica o afastamento do princípio de autonomia patrimonial da sociedade, o que a torna responsável por dívida do sócio.

1: correta. Chama-se desconsideração inversa da personalidade jurídica a possibilidade de se afastar a autonomia patrimonial da pessoa jurídica para fazer recair sobre seu patrimônio a responsabilidade sobre dívidas pessoais do sócio. Tal modalidade de desconsideração é amplamente reconhecida pelo STJ (veja-se, por exemplo, REsp 1236916/RS, DJ 28/10/2013).

Gabarito 1C

(Procuradoria Distrital – 2007) A criação de sociedades personificadas faz surgir um ente autônomo com direitos e obrigações próprias, não se confundindo com a pessoa de seus membros, os quais investem apenas uma parcela do seu patrimônio, assumindo riscos limitados de prejuízo. Esta limitação de prejuízo só pode ser reforçada com as sociedades de responsabilidade limitada. Nesses tipos societários, destaca-se claramente a autonomia patrimonial, pela qual, a princípio, é o patrimônio da pessoa jurídica a garantia única dos seus credores e, por conseguinte, os credores, a princípio não possuem pretensão sobre os bens dos sócios. Excepcionalmente, tal autonomia é suspensa, para responsabilizar os sócios ou administradores, mesmo nas sociedades de responsabilidade limitada, por meio da desconsideração da personalidade jurídica, a qual:

(A) depende de previsão legal para poder ser determinada.

(B) acarreta a dissolução da pessoa jurídica ou ao menos a exclusão de um sócio.

(C) não pode ser deferida em favor do Distrito Federal, ou dos entes públicos em geral.

(D) poderá ser decretada no caso de dissolução irregular da pessoa jurídica, que se caracteriza como uma espécie de abuso de direito.

(E) nas relações regidas pelo Código Civil, depende da falência da pessoa jurídica.

A e **E:** incorretas. O art. 50 do CC e o art. 28 do CDC preveem a desconsideração da personalidade jurídica, sem prejuízo de disposições específicas relativas a atos culposos ou dolosos praticados pelos administradores (art. 1.016 do CC e arts. 134, II e VII, e 135, III, ambos do CTN); **B:** incorreta. Não há essa previsão; **C:** a assertiva é falsa; **D:** correta. A dissolução irregular é causa típica para desconsideração.

Gabarito "D"

(Procurador do Estado/SE – FCC – 2005) A desconsideração da personalidade jurídica de uma sociedade empresária poderá dar-se

(A) por decisão judicial, a requerimento da parte ou do Ministério Público quando lhe couber intervir, em caso de confusão patrimonial.

(B) por decisão judicial, tomada de oficio ou a requerimento da parte, sempre que a sociedade não tiver bens para honrar suas obrigações.

(C) só a requerimento do Ministério Público, quando verificada a ocorrência de crime de sonegação fiscal.

(D) por decisão judicial ou ato administrativo, quando verificada infração da lei, com prejuízo à Fazenda Pública.

(E) por decisão judicial, tomada de ofício ou a requerimento da parte, quando se verificar desvio de finalidade.

Apesar de não constar expressamente, podemos deduzir que a questão versa sobre a desconsideração da personalidade jurídica prevista no CC. É sabido que nossa lei civil adotou a chamada "teoria maior" da desconsideração em seu art. 50, reconhecendo-a nos caso de abuso da personalidade jurídica, caracterizado pelo desvio de finalidade ou confusão patrimonial. Sua efetivação pode ser determinada de ofício pelo juiz ou a requerimento da parte ou do MP quando deva intervir.

Gabarito "A"

(Advogado da União/AGU – CESPE – 2009) Julgue o item seguinte, que se refere à sociedade empresária.

(1) A teoria da desconsideração da personalidade jurídica é sempre aplicável aos casos em que os sócios ou administradores extrapolam seus poderes, violando a lei ou o contrato social, e a norma jurídica lhes impõe a responsabilidade por tais atos.

A desconsideração cabe em caso de abuso da personalidade jurídica (art. 50 do CC), o que não se confunde com os atos do administrador (sua validade ou sua eficácia) que extrapolem os poderes concedidos pela sociedade (*ultra vires*). Se a operação realizada pelo administrador for evidentemente estranha ao objeto social, não vincula a sociedade (teoria *ultra vires*), a depender do tipo societário – art. 1.015, parágrafo único, III, do CC.

Gabarito 1E

(Procurador da Fazenda Nacional – 2006 – ESAF) Assinale a opção correta.

(A) A teoria da desconsideração da personalidade jurídica, positivada pela primeira vez no direito brasileiro pelo Código Civil de 2002, permite que, preenchidos os requisitos legais, os efeitos de certas e determinadas obrigações sociais sejam estendidos aos bens particulares dos administradores ou sócios da pessoa jurídica.

(B) A decisão pela desconsideração da personalidade jurídica é faculdade do juiz nos termos do Código Civil, e mediante requerimento da parte ou do Ministério Público quando lhe couber intervir, não sendo possível a concessão de ofício.

(C) De acordo com o entendimento dominante no Superior Tribunal de Justiça, é necessária ação judicial autônoma para a desconsideração da pessoa jurídica.

(D) Consoante entendimento dominante na jurisprudência pátria, havendo dívida líquida não paga pela pessoa jurídica, é possível ao credor ajuizar execução diretamente contra os sócios da pessoa jurídica, requerendo a desconsideração da pessoa jurídica, presumindo-se o abuso da personalidade jurídica.

(E) O entendimento predominante na jurisprudência pátria é no sentido de que, sendo deferida a desconsideração da personalidade jurídica, a execução pode atingir a todos os sócios indistintamente, tenham ou não participado da gestão da sociedade.

A: incorreta. A primeira positivação da teoria da desconsideração da personalidade jurídica ocorreu com o Código de Defesa do Consumidor (Lei nº 8.078/1990); **B:** correta. No regime do Código Civil, a desconsideração da personalidade jurídica somente pode ser decidida por provocação, não se autorizando a atuação de ofício do juiz (art. 50 do CC); **C:** incorreta. A jurisprudência é pacífica no sentido de que a desconsideração da personalidade jurídica deve ser alegada e decidida nos próprios autos que discutem a obrigação (STJ, RMS 16105/GO, DJ 19/08/2003); **D:** incorreta. Ao contrário, o STJ tem entendimento consolidado de que o credor, para lograr a desconsideração da personalidade jurídica, deve provar a ocorrência de abuso da personalidade jurídica, não bastando o mero inadimplemento; **E:** incorreta. A desconsideração da personalidade jurídica alcança somente os sócios com poderes de gestão (Enunciado nº 7 das JDC/CJF).

Gabarito "B"

1.3. NOME EMPRESARIAL

(Procurador do Estado/PI – 2008 – CESPE) Como regulado pelo Código Civil, o nome empresarial

(A) obedece ao princípio da novidade, que determina a impossibilidade legal de coexistirem dois nomes empresariais idênticos no território nacional.

(B) é elemento do estabelecimento comercial, podendo ser alienado com ou sem trespasse.

(C) refere-se à sociedade empresária, devendo o empresário limitar-se a usar o seu nome civil.

(D) será necessariamente firma, tratando-se de sociedade em conta de participação.

(E) formar-se-á necessariamente sob denominação, se o quadro societário da sociedade limitada a ser nomeada envolver apenas pessoas jurídicas.

A: incorreta. O princípio da novidade, previsto no art. 1.163 do CC, impede a adoção de nome já inscrito no mesmo registro (não, necessariamente, em outro ponto do território nacional); **B:** incorreta. O nome empresarial não pode ser alienado – art. 1.164 do CC; **C:** incorreta. O empresário individual opera sob firma, que é uma espécie de nome empresarial – art. 1.156 do CC; **D:** incorreta. Sociedade em conta de participação não pode ter nome empresarial – art. 1.162 do CC; **E:** correta. A adoção de firma pela sociedade de responsabilidade limitada depende da existência de sócio pessoa física, cujo nome civil possa compor o nome empresarial – art. 1.158, § 1º, do CC.

Gabarito "E"

(Advogado da União/AGU – CESPE – 2009) Com relação ao nome empresarial, julgue os itens que se seguem.

(1) Considere que Lena seja sócia comanditada de certa sociedade em comandita simples, e João, sócio comanditário. Nessa hipótese, a razão social deve ser composta apenas com o nome de Lena, que possui responsabilidade solidária e ilimitada pelas obrigações sociais.

(2) Segundo a doutrina majoritária nacional, o direito ao nome empresarial é um direito personalíssimo.

1: assertiva correta, conforme os arts. 1.045 e 1.157 do CC; **2:** assertiva correta, sendo vedada, inclusive, a alienação – art. 1.164 do CC. É preciso registrar, entretanto, a existência de entendimento em contrário, no sentido de que o nome é bem de propriedade do empresário e, nessa condição, integrante do estabelecimento.

Gabarito 1C, 2C

(ADVOGADO – ANP – 2008 – CESGRANRIO) Quanto ao nome empresarial, são feitas as afirmações abaixo.

I. O nome empresarial não pode ser objeto de alienação.

II. Pode constar da denominação da sociedade anônima o nome do fundador.

III. O nome de sócio que vier a falecer pode ser conservado na firma social, desde que ele seja seu fundador.

IV. A denominação das associações e fundações é com ele equiparado, para os efeitos da proteção da lei.

V. A sociedade cooperativa funciona sob denominação integrada pelo vocábulo "cooperativa".

Estão corretas **APENAS** as afirmações

(A) I e II

(B) III e IV

(C) I, II e V

(D) I, II, IV e V

(E) II, III, IV e V

I: correta, nos termos do art. 1.164 do CC; **II:** correta, nos termos do art. 3º, § 1º, da LSA; **III:** incorreta. Por força do princípio da veracidade, o nome do sócio falecido deve ser retirado (art. 1.165 do CC); **IV:** correta, nos termos do art. 1.155, parágrafo único, do CC; **V:** correta, nos termos do art. 1.159 do CC.

Gabarito "D"

1.4. INSCRIÇÃO, REGISTROS, ESCRITURAÇÃO E LIVROS

(Procurador Distrital – 2014 – CESPE) Por dez anos consecutivos a empresa SQCB Ltda. deixou de arquivar qualquer documento no Registro Público de Empresas Mercantis da Junta Comercial do DF (JC/DF), onde estava registrada. A JC/DF, então, cancelou o registro da referida empresa, intimou-a, em seguida, de sua decisão e comunicou o cancelamento às autoridades fiscais.

Com referência a essa situação hipotética, julgue os itens que se seguem.

(1) Será da competência da justiça do Distrito Federal, por meio de uma das varas de fazenda, a competência para apreciar eventual mandado de segurança que a SQCB Ltda. deseje impetrar contra o ato de cancelamento de seu registro, uma vez que o ato foi praticado pela JC/DF.

(2) O procedimento foi correto, uma vez que, no caso de inexistência de arquivamento pelo período de dez anos consecutivos, considera-se a empresa inativa, devendo seu registro ser imediatamente cancelado pela junta comercial, com subsequente intimação da sociedade empresária para que tome conhecimento da decisão.

1: incorreta. O STF, no julgamento do RE 199793/RS, DJ 18/08/2000, consolidou o entendimento de que, por serem as juntas comerciais tecnicamente subordinadas ao Departamento Nacional de Registro do Comércio (DNRC), que por sua vez é vinculado ao Ministério do Desenvolvimento, Indústria e Comércio, a competência para julgamento de mandado de segurança interposto contra ato de seu presidente é da justiça federal; **2:** incorreta. Em caso de inatividade presumida, deve a junta comercial, primeiramente, intimar a sociedade empresária para verificar se realmente deixou de exercer sua atividade (art. 60, § 2º, da Lei 8.934/1994).

Gabarito 1E, 2E

(Procurador do Estado/PB – 2008 – CESPE) A respeito do registro público de empresas, assinale a opção correta.

(A) As juntas comerciais estão subordinadas, relativamente a matérias administrativas, ao Departamento Nacional de Registro do Comércio (DNRC).

(B) O registro a cargo das juntas comerciais compreende a matrícula dos atos constitutivos das sociedades empresárias.

(C) De acordo com a legislação, deve haver uma junta comercial em cada unidade federativa, com sede na capital e jurisdição na área da circunscrição territorial respectiva.

(D) Compete às juntas comerciais a matrícula de declarações de microempresas.

(E) A secretaria-geral, órgão de representação, integra a estrutura básica das juntas comerciais.

A: incorreta. As juntas comerciais são administrativamente subordinadas ao governo do respectivo Estado e tecnicamente subordinadas ao DNRC (com exceção da junta do Distrito Federal, que é subordinada apenas ao DNRC) – art. 6º da Lei 8.934/1994; **B:** incorreta. Os atos constitutivos das sociedades empresariais são arquivados, não matriculados – art. 32, II, *a*, da Lei 8.934/1994; **C:** correta. Essa é a disposição do art. 5º da Lei 8.934/1994; **D:** incorreta. As declarações de microempresas são arquivadas, não matriculadas – art. 32, II, *d*, da Lei 8.934/1994; **E:** a secretaria-geral é órgão administrativo (não de representação) – art. 9º, IV, da Lei 8.934/1994.

Gabarito "C"

(Procurador do Estado/PB – 2008 – CESPE) Assinale a opção correta acerca da personalidade jurídica das sociedades.

(A) A eventual inscrição do contrato da sociedade em conta de participação na junta comercial atribui-lhe personalidade jurídica.

(B) As sociedades simples, para adquirirem personalidade jurídica, devem ser registradas na junta comercial.

(C) A sociedade em comum só adquire personalidade jurídica se atuar sob firma social.

(D) As companhias, para adquirirem personalidade jurídica, devem ser registradas na junta comercial.

(E) A personalidade jurídica das sociedades extingue-se a partir do ato de dissolução.

A: incorreta. Eventual registro da sociedade em conta de participação (não é obrigatório – art. 992 do CC) não lhe confere personalidade jurídica – art. 993 do CC; **B:** incorreta. As sociedades simples são inscritas no Registro Civil das Pessoas Jurídicas – art. 998 do CC; **C:** incorreta. A sociedade em comum não tem personalidade jurídica, por definição (é uma das espécies de sociedade não personificada previstas no CC, ao lado da sociedade por conta de participação) – art. 986 do CC; **D:** correta. A existência legal de qualquer sociedade e o início de sua personalidade jurídica iniciam-se com o registro (na junta comercial, no caso das empresárias) – arts. 45 e 985 do CC; **E:** incorreta. A pessoa jurídica subsiste até o final da liquidação, para este fim – art. 51 do CC.

Gabarito "D"

(Procurador do Estado/PR – UEL-COPS – 2011) Sobre o regime jurídico do empresário no Código Civil de 2002, assinale a alternativa correta:

I. considera-se empresário quem exerce profissionalmente atividade econômica organizada para a produção ou a circulação de bens ou de serviços, sendo obrigatória a inscrição no Registro Público de Empresas Mercantis da respectiva sede, antes do início de sua atividade.

II. caso venha a admitir sócios, o empresário individual não poderá solicitar ao Registro Público de Empresas Mercantis a transformação de seu registro de empresário para registro de sociedade empresária, devendo constituir e realizar o registro de nova sociedade.

III. o empresário, cuja atividade rural constitua sua principal profissão, deve requerer obrigatoriamente a inscrição no Registro Público de Empresas Mercantis da respectiva sede.

IV. o Registro Público de Empresas Mercantis deverá registrar contratos ou alterações contratuais de sociedade que envolva sócio absolutamente incapaz, desde que o capital social da sociedade esteja totalmente integralizado e que, o incapaz, devidamente representado, não exerça administração da sociedade.

V. o empresário e a sociedade empresária são obrigados a seguir um sistema de contabilidade, mecanizado ou não, com base na escrituração uniforme de seus livros, em correspondência com a documentação respectiva, e a levantar anualmente o balanço patrimonial e o de resultado econômico.

Alternativas:

(A) somente as alternativas II, III e V estão corretas;

(B) somente as alternativas II, III e IV estão corretas;

(C) somente as alternativas I, II e V estão corretas;

(D) somente as alternativas I, IV e V estão corretas;

(E) todas as alternativas estão corretas.

I: correta, nos termos dos arts. 966 e 967 do CC; **II:** incorreta. É totalmente possível o pedido de transformação (art. 968, § 3º, do CC); **III:** incorreta. A inscrição no Registro Público de Empresas Mercantis daquele que exerce atividade rural é facultativa (art. 971 do CC). Assim, se a fizer, será considerado empresário; se não a fizer, ficará sujeito ao regime jurídico civil; **IV:** correta, nos termos do art. 974, § 3º, do CC; **V:** correta, nos termos do art. 1.179 do CC.

Gabarito "D"

(Procurador Federal – 2010 – CESPE) A seguir, é apresentada uma situação hipotética, seguida de uma assertiva a ser julgada no que se refere a direito comercial.

(1) Os empregados da pessoa jurídica X Ltda., insatisfeitos com os valores que lhes eram pagos a título de participação nos lucros da sociedade, ajuizaram ação cautelar pleiteando a exibição integral dos livros e papéis da escrituração empresarial. Nessa situação, o magistrado que analisar a questão deverá julgar improcedente o pedido, tendo em vista a ausência de respaldo legal para tanto.

Assertiva incorreta, pois o juiz só poderá autorizar a exibição integral dos livros e papéis de escrituração quando necessária para resolver questões relativas a sucessão, comunhão ou sociedade, administração ou gestão à conta de outrem, ou em caso de falência – art. 1.191 do CC.

Gabarito 1E

(Advogado da União/AGU – CESPE – 2009) Julgue os próximos itens, que dizem respeito ao registro de empresas.

(1) A lei determina que o arquivamento dos instrumentos de escrituração das sociedades empresárias seja feito na junta comercial competente.

(2) Considere que o instrumento de dissolução de certa sociedade empresária tenha sido assinado no dia 19 de dezembro de 2008 e apresentado à junta comercial competente, para arquivamento, no dia 2 de janeiro de 2009. Nesse caso, os efeitos do arquivamento retroagirão à data da assinatura do instrumento.

1: incorreta, pois os instrumentos de escrituração são apenas autenticados pelas Juntas Comerciais, não arquivados – arts. 32, III, e 39, I, da Lei 8.934/1994; **2:** a assertiva é correta, pois os documentos, atos e declarações devem ser apresentados para arquivamento na Junta Comercial dentro de 30 dias de sua assinatura, data à qual retroagirão os efeitos do arquivamento, desde que respeitado aquele prazo – art. 36 da Lei 8.934/1994.

Gabarito 1E, 2C

(ADVOGADO – BNB – 2006 – ACEP) Sobre o registro, assinale a alternativa **CORRETA**.

(A) A inscrição no registro público de empresa é obrigatória para toda e qualquer atividade empresarial, sem exceção.

(B) A inscrição no registro público de empresa é obrigatória para a atividade empresarial, com exceção da rural.

(C) A inscrição no registro público de empresa é obrigatória ao empresário que exerce o comércio, mas é facultativa aos empresários que exploram outras atividades.

(D) A inscrição no registro público de empresa é facultativa ao empresário, não obstante ser vedada aos não empresários.

(E) A inscrição no registro público de empresa é obrigatória para toda e qualquer atividade empresarial, com exceção da atividade imobiliária e intelectual.

A: incorreta. Há sociedades empresárias que independem de registro, como as sociedades em conta de participação (art. 992 do CC); **B:** correta. A atividade rural é inscrita facultativamente no Registro Público de Empresas Mercantis, mas anote-se que, na falta deste, não será considerada empresária (art. 971 do CC); **C:** incorreta. Não existe tal diferenciação entre as atividades empresárias (art. 967 do CC); **D:** incorreta. A inscrição dos empresários é obrigatória (art. 967 do CC); **E:** incorreta, pelas mesmas razões expostas na letra "C", destacando que as atividades intelectuais estão, em regra, excluídas do regime jurídico empresarial.

Gabarito "B"

(ADVOGADO – CEF – 2010 – CESPE) Assinale a opção correta acerca do direito de empresa e seus institutos.

(A) A principal finalidade do nome empresarial é identificar o local no qual é exercida a atividade do empresário e onde tem contato com o público.

(B) É dispensável que constem, no requerimento de inscrição da sociedade empresária, no registro público competente, informações relativas ao capital social e à sede da empresa.

(C) Nas sociedades em comum, a responsabilidade de cada sócio é restrita ao valor de suas quotas, mas todos respondem solidariamente pela integralização do capital social.

(D) A inscrição do contrato social da sociedade em conta de participação na junta comercial respectiva não confere personalidade jurídica à sociedade.

(E) Nas sociedades anônimas, as ações averbadas em conformidade com acordo de acionistas deverão ser negociadas em bolsa de valores ou no mercado de balcão.

A: incorreta. Este é o conceito de título do estabelecimento. Nome empresarial é o designativo que identifica o empresário, a EIRELI ou a sociedade empresária em suas relações de fundo econômico; **B:** incorreta. Tais informações são obrigatórias, nos termos do art. 968 do CC; **C:** incorreta. Na sociedade em comum, a responsabilidade dos sócios é ilimitada, todos respondendo solidariamente entre si pelas dívidas sociais, excluído do benefício de ordem aquele que contratou pela sociedade (art. 990 do CC); **D:** correta, nos termos do art. 993 do CC; **E:** incorreta. Arquivado o acordo de acionistas sobre a compra e venda de ações na sede da companhia, elas não mais poderão ser negociadas em bolsa ou no mercado de balcão (art. 118, § 4º, da LSA).

Gabarito "D"

1.5. ESTABELECIMENTO

(Procurador Federal – 2013 – CESPE) CD Comércio de Alimentos Ltda. é composta por dois sócios, Armando Augusto, com 80% das cotas, e Leandra Lopes, sócia-gerente, com 20%. Essa sociedade limitada resolveu adquirir uma padaria de João Paulo, situada em uma pequena cidade no interior do país, estratégica para as operações comerciais da referida sociedade. João Paulo é servidor público municipal e, há cinco anos, herdara a padaria de seu pai, o qual colocara letreiro na entrada principal denominando-a de Padaria Santo Antônio. Essa padaria ocupava por inteiro imóvel de propriedade de João Paulo e, sob o comando deste, produzia e vendia produtos alimentícios ao público em geral, funcionando sete dias por semana, das seis às vinte horas, com oito empregados regularmente contratados e comandados por João Paulo. Apesar de João Paulo não se ter registrado como empresário individual, e de não existir pessoa jurídica vinculada à padaria, a sociedade limitada CD, ainda assim, resolveu adquirir a Padaria Santo Antônio, tendo celebrado contrato de trespasse que englobou todos os elementos componentes daquele estabelecimento.

Com base na situação hipotética acima apresentada e no que dispõe a legislação a ela aplicável, julgue os itens subsequentes.

(1) Se a sociedade limitada CD tornar-se insolvente e, por evidente fraude, não pagar o que for devido a João Paulo, este poderá lançar mão da teoria maior da desconsideração da personalidade e alcançar os bens particulares dos sócios, caso em que a responsabilidade de Leandra Lopes advirá de ser administradora e a de Armando Augusto, de ser sócio majoritário.

(2) Conforme a teoria da empresa, durante o período que comandou a padaria, João Paulo qualificou-se como empresário, a atividade de produção e venda de produtos alimentícios foi a empresa que ele exerceu em nome próprio e por conta própria, e os bens afetados à atividade empresarial compunham o estabelecimento empresarial.

(3) Se, anteriormente ao trespasse, a padaria funcionasse por meio de uma empresa individual de responsabilidade limitada registrada por João Paulo, o responsável pela empresa seria essa pessoa jurídica, cujo patrimônio não se confundiria com o do servidor municipal.

(4) Se for considerado válido, o trespasse compreenderá os elementos patrimoniais que compõem o estabelecimento, inclusive o referido imóvel, não envolvendo, portanto, a transferência do nome empresarial do alienante ao adquirente.

(5) Na hipótese de se aplicar a Lei das Sociedades Anônimas à sociedade limitada CD, Leandra Lopes, por ser a diretora, será qualificada como sócia-controladora da sociedade, uma vez que seja provado que ela utiliza o seu poder de gerência para dirigir as atividades sociais e orientar o funcionamento dos órgãos da sociedade empresária.

1: incorreta. A desconsideração da personalidade jurídica preza-se a possibilitar que o credor atinja o patrimônio particular dos sócios, independentemente de sua condição de administrador ou participação no capital social. Por isso, a responsabilidade de Leandra Lopes decorre da sua condição de sócia, não da de administradora; **2:** correta. Todos os conceitos esposados estao de acordo com a teoria da empresa: João Paulo exerceu, em nome próprio, atividade com fim de lucro, tendo organizado os quatro fatores de produção (capital, mão de obra, insumos e tecnologia) profissionalmente (com habitualidade, personalidade e com o monopólio das informações), atividade essa consistente na circulação de bens (pães e outros produtos alimentícios), nos termos do art. 966 do Código Civil; **3:** correta. A empresa individual de responsabilidade limitada é uma espécie de pessoa jurídica (art. 44, VI, do CC) e como tal goza de autonomia patrimonial, negocial e processual; **4:** correta, nos termos do art. 1.164 do Código Civil; **5:** incorreta. A aplicação supletiva da Lei das Sociedades Anônimas não permite aplicar suas disposições às questões envolvendo a administração da sociedade limitada, porque esse tema é exaustivamente regulamentado pelo Código Civil. Assim, não há espaço para aplicação supletiva de outra legislação e não se aplica à sociedade limitada às disposições sobre o poder de controle típico das companhias.

Gabarito 1E, 2C, 3C, 4C, 5E

(Procurador do Estado/PA – 2011) Quanto ao estabelecimento empresarial, analise as proposições abaixo e assinale a alternativa CORRETA:

I. O estabelecimento empresarial constitui o complexo de bens organizado para exercício da empresa, sendo composto apenas de elementos corpóreos ou materiais.

II. A validade do arrendamento de estabelecimento empresarial é condicionada a sua formalização mediante instrumento público.

III. Salvo expressa previsão em contrário, o alienante de estabelecimento não pode fazer concorrência ao adquirente, nos cinco anos subsequentes à transferência.

IV. O instrumento que tenha por objeto a alienação do estabelecimento produz efeitos perante terceiros no ato de sua assinatura.

V. A alienação de estabelecimento de propriedade de empresário insolvente será eficaz ainda que não haja o pagamento de todos os credores ou exista consentimento destes de modo expresso ou tácito.

(A) Apenas as proposições I e III estão corretas.

(B) Apenas a proposição III está correta.

(C) Apenas as proposições I, III e IV estão corretas.

(D) Todas as proposições estão corretas.

(E) Apenas as proposições I, II e V estão corretas.

I: incorreto. O estabelecimento abrange todos os bens organizados para o exercício da atividade empresarial, inclusive bens incorpóreos ou imateriais (como a clientela, patentes, marcas registradas etc.); **II:** incorreta. Nenhuma operação relativa ao estabelecimento empresarial demanda instrumento público para sua validade, mas apenas o registro na Junta Comercial e publicação na imprensa oficial para produzir efeitos em face de terceiros (art. 1.144 do CC); **III:** correta. Trata-se da cláusula de não restabelecimento, prevista no art. 1.147 do CC; **IV:** incorreta, conforme disposto no comentário ao item II; **V:** incorreta. O estabelecimento, por ser um complexo de bens, é garantia dos credores. Se sua alienação importar em insolvência do proprietário do estabelecimento, ela só será eficaz perante os credores se houver o pagamento ou o consentimento deles, expresso ou tácito, no prazo de 30 dias (art. 1.145 do CC).

Gabarito "B"

(Procurador do Estado/PR – 2007) Assinale a alternativa correta no que se refere ao estabelecimento comercial:

(A) é definido como o local em que o empresário exerce seu comércio;

(B) é sinônimo de fundo de comércio e se caracteriza como conjunto de bens de que se utiliza o empresário para exercer sua atividade;

(C) é integrado por bens corpóreos e incorpóreos do patrimônio da empresa e de seus sócios;

(D) goza de proteção nacional, uma vez registrado no Instituto Nacional de Propriedade Industrial;

(E) é pessoa jurídica de direito privado, distinta da pessoa do comerciante individual.

A: o estabelecimento, descrito no art. 1.142 do CC, não se confunde com localização; **B:** a assertiva é verdadeira; **C:** o patrimônio dos sócios não se confunde, em princípio, com o da empresa; **D:** o registro não protege o estabelecimento; **E:** o estabelecimento não tem personalidade jurídica.

Gabarito "B"

(Procurador Federal – 2010 – CESPE) A seguir, é apresentada uma situação hipotética, seguida de uma assertiva a ser julgada no que se refere a direito comercial.

(1) Após percuciente análise, Beta Ltda. adquiriu, em 10/12/2009, o estabelecimento empresarial de Alfa Ltda., cujo contrato foi averbado à margem da inscrição da sociedade empresária, no Registro Público de Empresas Mercantis, e publicado na imprensa oficial em 15/01/2010. O referido estabelecimento, quando de sua alienação, apresentava inúmeros débitos regularmente contabilizados, todos com vencimento no dia 02/01/2011. Nessa situação, Alfa Ltda. continuará solidariamente obrigada ao pagamento dos aludidos débitos até 02/01/2012.

A assertiva é correta, pois o alienante do estabelecimento (= devedor primitivo) fica solidariamente obrigado pelo prazo de um ano, a partir, quanto aos créditos vencidos, da publicação, e, quanto aos outros, da data do vencimento. No caso, os créditos eram vincendos à época do trespasse (= alienação do estabelecimento), de modo que a responsabilidade do alienante vai até um ano contado do vencimento, ou seja, até 02.01.2012.

Gabarito 1C

(Procurador da Fazenda Nacional – 2007.2 – ESAF) O estabelecimento, como universalidade de fato, constitui

(A) um conjunto de bens materiais que não pode ser desmembrado.

(B) um conjunto de bens materiais e imateriais que serve ao exercício de atividades econômicas.

(C) complexo de relações jurídicas ativas e passivas derivadas do exercício da empresa.

(D) uma criação do direito para promover a organização da empresa.

(E) um mecanismo instrumental necessário para o desenvolvimento da empresa.

A: incorreta. Os elementos da universalidade de fato (caso do estabelecimento empresarial) podem ser objetos de relações jurídicas próprias – art. 90, parágrafo único, do CC; **B:** correta. A assertiva descreve estabelecimento em conformidade com o art. 1.142 do CC; **C:** incorreta. O estabelecimento é complexo de bens (universalidade de fato – art. 90 do CC), e não de relações jurídicas (universalidade de direito – art. 91 do CC); **D** e **E:** incorretas. Estabelecimento é o complexo de bens organizado pelo empresário (ou pela sociedade empresária) para o exercício da empresa – art. 1.142 do CC.

Gabarito "B"

(Advogado da União/AGU – CESPE – 2009) Acerca da disciplina jurídica do estabelecimento empresarial, julgue o seguinte item.

(1) O estabelecimento empresarial, definido como todo complexo de bens materiais ou imateriais organizado por empresário ou por sociedade empresária, para o exercício da empresa, classifica-se como uma universalidade de direito.

A assertiva é incorreta, pois universalidade de direito refere-se a complexo de relações jurídicas (art. 91 do CC), enquanto o estabelecimento empresarial é complexo de bens corpóreos e incorpóreos (art. 1.142 do CC), ou seja, é universalidade de fato (art. 90 do CC).

Gabarito 1E

(ADVOGADO – BNDES – 2002 – VUNESP) O estabelecimento empresarial é formado

(A) por todos os bens corpóreos e incorpóreos que são utilizados na exploração da atividade empresarial.

(B) apenas pelos bens de natureza material, como o estoque, os móveis e o imóvel.

(C) apenas pelos bens de natureza imaterial.

(D) apenas pelos bens que estão dentro do estabelecimento físico do comerciante.

(E) apenas pelos bens cuja propriedade pertence à sociedade mercantil.

Nos termos do art. 1.142 do CC, estabelecimento é todo complexo de bens organizado para o exercício da empresa. Segundo entendimento pacífico da doutrina e da jurisprudência, compõem o estabelecimento os bens corpóreos e incorpóreos (como registros de marcas, patentes concedidas, clientela) relacionados com a atividade empresarial.

Gabarito "A"

2. DIREITO SOCIETÁRIO

2.1. SOCIEDADE SIMPLES

(PROCURADOR DO ESTADO/MG – FUMARC – 2012) No tocante a administração da sociedade simples, marque a alternativa correta:

(A) A administração da sociedade, nada dispondo o contrato social, compete ao sócio que detiver a maioria das quotas.

(B) Os administradores respondem subsidiariamente perante a sociedade e os terceiros prejudicados, por culpa no desempenho de suas funções.

(C) Ao administrador pode fazer-se substituir no exercício de suas funções, sendo-lhe facultado, nos limites de seus poderes, constituir mandatários da sociedade, especificados no instrumento os atos e operações que poderão praticar.

(D) Os administradores somente são obrigados a prestar aos sócios contas justificadas de sua administração, e apresentar- lhes o inventário quando solicitado judicialmente, momento que apresentará o balanço patrimonial e o de resultado econômico.

(E) O administrador que, sem consentimento escrito dos sócios, aplicar créditos ou bens sociais em proveito próprio ou de terceiros, terá de restituí-los à sociedade, ou pagar o equivalente, com todos os lucros resultantes, e, se houver prejuízo, por ele também responderá.

A: incorreta. No silêncio do contrato, a administração caberá separadamente a cada um dos sócios (art. 1.013 do CC); **B:** incorreta. A responsabilidade dos administradores entre si é solidária (art. 1.016 do CC); **C:** incorreta. A lei admite a constituição de mandatários, mas isso não se confunde com a substituição do administrador no exercício de suas funções (art. 1.018 do CC); **D:** incorreta. As contas devem ser prestadas aos sócios anualmente (art. 1.020 do CC); **E:** correta, nos termos do art. 1.017 do CC.

Gabarito "E"

(PROCURADOR DO ESTADO/MG – FUMARC – 2012) Assinale a alternativa que completa de maneira correta a seguinte frase:

"Pode se afirmar que em relação a terceiros, a sociedade simples, não pode se eximir que ________."

(A) Os bens particulares dos sócios não podem ser executados por dívidas da sociedade, senão depois de executados os bens sociais..

(B) Os herdeiros do cônjuge de sócio não podem exigir desde logo a parte que lhes couber na quota social, mas concorrer à divisão periódica dos lucros, até que se liquide a sociedade.

(C) Se os bens da sociedade não lhe cobrirem as dívidas, respondem os sócios pelo saldo, na proporção em que participem das perdas sociais, salvo cláusula de responsabilidade solidária.

(D) O sócio, admitido em sociedade já constituída, se exime das dívidas sociais anteriores à admissão.

(E) O credor particular de sócio pode, na insuficiência de outros bens do devedor, fazer recair a execução sobre o que a este couber nos lucros da sociedade, ou na parte que lhe tocar em liquidação.

A redação do enunciado está muito distante do que se espera de um concurso público que pretende selecionar candidatos a cargo tão importante. O verbo "eximir" é sinônimo de "esquivar-se", "furtar-se", "isentar"; logo, vê-se facilmente que não foi uma boa escolha utilizá-lo. Mais ainda, "eximir" rege a preposição "de", não o pronome relativo "que" (o correto é "eximir-se *de* algo"). Fora isso tudo, não deveria haver vírgula nem antes nem depois da palavra "simples". Seria tão mais fácil e correto dizer apenas: "Assinale a alternativa INCORRETA". **A:** correta, nos termos do art. 1.024 do CC; **B:** correta, nos termos do art. 1.027 do CC; **C:** correta, nos termos do art. 1.023 do CC; **D:** incorreta, devendo ser assinalada. O sócio ingressante recebe o patrimônio da sociedade no estado em que se encontra, respondendo inclusive pelas dívidas já constituídas (art. 1.025 do CC); **E:** correta, nos termos do art. 1.026 do CC.

Gabarito "D"

(Procurador do Município/Natal-RN – 2008 – CESPE) Supondo que três indivíduos pretendam constituir sociedade limitada para prestação de serviços médicos. Segundo norma do Código Civil, quanto à administração dessa sociedade, é correto afirmar que,

(A) se esses três indivíduos pretenderem que a sociedade seja administrada por não sócio, eles deverão designar o administrador no contrato social, pois a designação em ato separado é exclusiva para sócio.

(B) se os três estipularem que a sociedade terá mais de um administrador, um deles deverá ser necessariamente um sócio.

(C) no caso de o contrato permitir administradores não sócios, a designação destes dependerá sempre da aprovação unânime dos sócios.

(D) se a administração for atribuída, no contrato, a todos os sócios, não se estenderá de pleno direito aos que posteriormente adquirirem essa qualidade.

A: incorreta. Não há qualquer vedação à nomeação de administrador não sócio no contrato social; **B:** incorreta. Cumpridos os requisitos do art. 1.011, § 1º, quaisquer pessoas podem ser nomeadas como administradores, não havendo qualquer necessidade de um deles ser sócio; **C:** incorreta. Trata-se de matéria de deliberação comum, sendo aprovada por meio de votos que representem a maioria do capital social; **D:** correta, pois o contrato social deve indicar nominalmente as pessoas responsáveis pela administração da sociedade (art. 997, VI, do CC), não sendo lícito presumir tal função ao novo sócio sem alteração específica do contrato social.

Gabarito "D"

(Procurador do Estado/SE – FCC – 2005) Dois médicos constituíram uma sociedade, sob a forma limitada, para exercício conjunto da profissão em caráter não empresarial, e registraram-na na Junta Comercial. A sociedade

(A) rege-se somente pelas regras relativas à sociedade simples, mesmo tendo adotado a forma limitada.

(B) é na verdade empresária, pois toda sociedade prestadora de serviços tem essa natureza.

(C) não adquiriu personalidade jurídica, porque o registro é irregular, e os sócios são pessoalmente responsáveis pelas dívidas sociais.

(D) automaticamente torna-se empresária pelo registro na Junta Comercial, independentemente do caráter do exercício da atividade.

(E) não poderia ter adotado a forma limitada, que é privativa das sociedades empresárias.

A: incorreta. Quando a sociedade simples adotar um tipo societário específico, deverá submeter-se às respectivas regras (art. 983 do CC); **B:** incorreta. Há expressa exclusão das atividades intelectuais científicas da caracterização do empresário (art. 966, parágrafo único, do CC); **C:** correta. Sendo sociedade simples por imposição legal (art. 966, parágrafo único, do CC), o registro na Junta Comercial não lhe confere a roupagem de empresária e é considerado irregular, pois deveria ter sido realizado no Cartório de Registro Civil de Pessoas Jurídicas (art. 1.150 do CC). Assim, enquanto não promover o registro correto, a sociedade será considerada sociedade em comum e, portanto, respondem os sócios ilimitadamente pelas obrigações sociais (art. 990 do CC); **D:** incorreta, conforme comentário anterior; **E:** incorreta. Não há óbice para que a sociedade simples adote tipo societário específico (art. 1.150 do CC).

Gabarito "C"

(Procurador Federal – 2010 – CESPE) A seguir, é apresentada uma situação hipotética, seguida de uma assertiva a ser julgada no que se refere a direito comercial.

(1) Marcelo e Antônio decidiram constituir sociedade simples adotando a forma de sociedade limitada. Nessa situação, o registro de seus atos deverá ser feito no Registro Público de Empresas Mercantis a cargo das juntas comerciais.

Assertiva incorreta, pois o contrato social da sociedade simples é inscrito no Registro Civil das Pessoas Jurídicas, mesmo quando adotado o tipo societário das limitadas – art. 998, *caput*, do CC.

Gabarito 1E

(Procurador da Fazenda Nacional – 2004 – ESAF) A responsabilidade de administradores nos termos da disciplina geral do Código Civil no Livro II

(A) depende de terem sido designados no instrumento de contrato, ou em documento separado.

(B) corresponde à de um fiduciário.

(C) pode ser limitada a certas operações desde que haja previsão contratual.

(D) é solidária em relação aos atos de gestão, com outros administradores, se os houver.

(E) pode ser reduzida se não agirem com excesso de poder.

Alternativa **A:** incorreta, porque a responsabilidade dos administradores é sempre a mesma, em nada alterando o fato de serem nomeados no próprio contrato ou em instrumento separado. A distinção ocorre apenas no âmbito da formalização (averbação na Junta Comercial) e na destituição; Alternativa **B:** correta. Na alternativa, "fiduciário" significa "aquele que cuida dos negócios alheios". É justamente o que dispõe o art. 1.011 do CC; Alternativa **C:** incorreta. A responsabilidade dos administradores alcança sempre todos os atos que praticarem, não podendo ser limitada a apenas algumas operações; Alternativa **D:** incorreta. Atos normais de gestão não geram responsabilidade dos administradores, exceto se agirem com excesso de poderes (teoria *ultra vires*); Alternativa **E:** incorreta. Inexistindo excesso de poder, não há que se falar em responsabilidade dos administradores.

Gabarito "B"

(Procurador da Fazenda Nacional – 2004 – ESAF) A sociedade simples do Código Civil de 2002

(A) destina-se a permitir a separação de atividades econômicas em dois grupos: as comerciais e as civis.

(B) inova na estruturação de sociedades que exercem atividades econômicas.

(C) facilita extremar sociedades de associações no que concerne à disciplina jurídica.

(D) foi concebida como modelo de organização ao qual se deu função supletiva.

(E) serve para recepcionar as sociedades prestadoras de serviços.

A: incorreta. Sociedade simples é toda aquela que não é empresária, classificação dicotômica que veio exatamente para substituir a antiga entre sociedades comerciais e civis; **B:** incorreta. Não há nada de inovador na disciplina das sociedades simples. Suas disposições seguem, em muitos aspectos, as determinações do antigo Código Comercial; **C:** incorreta. Não há razões para confundir sociedades com associações. As primeiras estão dispostas nos arts. 981 e ss. do CC, enquanto as segundas localizam-se a partir do art. 53 do mesmo diploma legal; **D:** correta. Seu modelo de organização é bastante amplo e genérico, sendo utilizado por todas as demais sociedades, direta ou indiretamente, como regras de aplicação supletiva; **E:** incorreta. Prestadores de serviços, pela teoria da empresa, são sociedades empresárias, não se lhes aplicando, a não ser supletivamente, as normas da sociedade simples.

Gabarito "D"

(ADVOGADO – BNB – 2006 – ACEP) Quanto à forma societária, marque a alternativa **INCORRETA**.

(A) A sociedade não empresarial pode ser regulada pelas regras da sociedade simples ou pelas regras das demais sociedades, adotadas para as atividades empresariais, como a limitada.

(B) À sociedade não empresarial é vedado organizar-se sob a forma de uma S.A.

(C) A adoção da forma da sociedade limitada por uma sociedade simples é inapta para conferir-lhe natureza de sociedade empresarial.

(D) A sociedade empresarial pode adotar qualquer forma societária, inclusive a da sociedade simples.

(E) A sociedade limitada não inscrita em registro torna-se, para terceiros, sociedade em comum.

A: correta. Sociedade não empresarial é a sociedade simples, que pode, facultativamente, adotar um dos tipos societários próprios da sociedade empresária (art. 983 do CC); **B:** correta. A sociedade anônima, independentemente de seu objeto, será sempre considerada empresária (art. 982, parágrafo único, do CC); **C:** correta. A adoção de um dos tipos societários próprios da atividade empresária não desvirtua a natureza da sociedade simples (art. 983 do CC); **D:** incorreta, devendo ser assinalada. Sociedade simples não é um tipo societário, é a qualificação da sociedade que não exerce atividade empresária (art. 982 do CC); **E:** correta, nos termos do art. 986 do CC.

Gabarito "D"

(ADVOGADO – BNB – 2006 – ACEP) Referente à responsabilidade dos sócios na sociedade simples e limitada, assinale a alternativa **CORRETA**.

(A) Na sociedade limitada, o sócio responde pela integralização do capital social, não cabendo ao contrato dispor de forma diversa.

(B) Inexiste responsabilidade do sócio em qualquer sociedade personificada, em razão da separação entre o patrimônio dos sócios e o patrimônio da pessoa jurídica. Entretanto, remanesce a responsabilidade subjetiva do sócio, em sendo ele o administrador da empresa.

(C) Na sociedade simples, o sócio responde pelas obrigações societárias até o limite da porcentagem das suas cotas no capital social, não havendo a possibilidade de o contrato dispor de forma diversa.

(D) Na sociedade limitada, o sócio responde pelo valor do capital social, não cabendo ao contrato dispor de forma diversa.

(E) A responsabilidade do sócio na sociedade simples é subjetiva, obrigando-se ele, perante terceiros, quando age com culpa ou dolo.

A: correta. Trata-se de norma cogente em relação às sociedade limitadas, caracterizadora de sua natureza (art. 1.052 do CC); **B:** incorreta. A despeito da separação patrimonial instaurada pela criação da pessoa jurídica, é certo que todas as sociedades personificadas preveem, em situações específicas, a responsabilidade pessoal dos sócios, que independe da posição de administrador; **C:** incorreta. Na sociedade simples, o contrato social pode dispor livremente sobre a responsabilidade dos sócios pelas dívidas sociais (art. 997, VIII, do CC); **D:** incorreta. Nas limitadas, o sócio responde, em regra, pelo valor de suas cotas, limitado ainda pela parcela que faltar a integralização do capital social (art. 1.052 do CC); **E:** incorreta. A responsabilidade relaciona-se apenas aos administradores da sociedade simples (art. 1.016 do CC).

Gabarito "A"

2.2. SOCIEDADE EMPRESÁRIA

(Procurador do Estado/AC – FMP – 2012) Assinale a alternativa INCORRETA.

(A) A responsabilidade dos sócios pelas obrigações da sociedade empresária é sempre subsidiária. Quando a lei qualifica de solidária a responsabilidade dos sócios, ela se refere às relações entre eles.

(B) Os sócios respondem, à sociedade, subsidiariamente, mas essa responsabilidade pode ser limitada ou ilimitada.

(C) São, dentre outros, pressupostos de validade de uma sociedade empresária: a *affectio societatis* e a pluralidade de sócios.

(D) A princípio, às sociedades limitadas aplicam-se, supletivamente, as regras que regulamentam as sociedades simples, no que o Código Civil for omisso, mas o contrato social pode optar pela aplicação subsidiária das normas das sociedades anônimas.

A: correta. A personalidade jurídica da sociedade pressupõe a chamada "tríplice autonomia": autonomia patrimonial, autonomia negocial e autonomia processual. Com isso, a responsabilidade pelas obrigações assumidas é, primeiramente, sempre da sociedade, que tem existência distinta dos sócios. Essa disposição, regra-matriz de todo o Direito Societário, aplica-se até mesmo à sociedade em comum (irregular), respondendo conjuntamente com a sociedade somente o sócio que por ela contratou; **B:** correta. Quanto à responsabilidade subsidiária, valem os comentários anteriores. A questão da limitação da responsabilidade é outra espécie de classificação. Chamamos de "sociedades de responsabilidade limitada" aquelas nas quais os sócios podem vir a responder por obrigações sociais, porém respeitado um determinado limite (é o caso da sociedade limitada e da sociedade por ações); "sociedades de responsabilidade ilimitada" são aquelas nas quais os sócios, quando chamados a arcar com dívidas da pessoa jurídica, fazem-no sem qualquer teto, podendo até mesmo ter de pagar toda a obrigação (são exemplos a sociedade em nome coletivo e a sociedade irregular); por fim, há as "sociedades de responsabilidade mista", quando existem sócios de responsabilidade limitada e outros de responsabilidade ilimitada (como nas comanditas simples e comanditas por ações); **C:** incorreta, devendo ser assinalada. *Affectio societatis* e pluralidade de sócios são pressupostos de *existência* de uma sociedade empresária. Os requisitos para sua validade são os gerais (aplicáveis a todos os negócios jurídicos – agente capaz, objeto lícito e forma prescrita ou não defesa em lei) e os específicos de Direito Societário: dever de integralização do capital social e participação nos lucros e nas perdas por todos os sócios; **D:** correta, nos termos do art. 1.053 do CC.

Gabarito "C"

(PROCURADOR DO ESTADO/MG – FUMARC – 2012) Em relação as sociedades empresariais, assinale a alternativa INCORRETA:

(A) celebram contrato de sociedade as pessoas que reciprocamente se obrigam a contribuir, com bens ou serviços, para o exercício de atividade econômica e partilha, entre si, dos resultados.

(B) a sociedade adquire personalidade jurídica com a inscrição, no registro próprio e na forma da lei, dos seus atos constitutivos.

(C) A cooperativa inscreve-se no Registro Público de Empresas Mercantis da sua sede, sendo sempre considerada sociedade empresária.

(D) É nula a estipulação contratual que exclua qualquer sócio de participar dos lucros e das perdas.

(E) Os sócios, nas relações entre si, somente por escrito podem provar a existência da sociedade.

A: correta, nos termos do art. 981 do CC; **B:** correta, conforme art. 985 do CC; **C:** incorreta, devendo ser assinalada. A cooperativa, independentemente de seu objeto, é considerada sociedade simples (art. 982, parágrafo único, do CC), portanto, seus atos constitutivos são registrados no Cartório de Registro Civil de Pessoas Jurídicas da respectiva sede (art. 1.150 do CC); **D:** correta, nos termos do art. 1.008 do CC; **E:** essa alternativa foi considerada correta pelo Gabarito oficial, porém merece severas críticas. Notadamente, trata-se de transcrição parcial do art. 987 do CC, que se aplica somente às sociedades em comum! A omissão dessa situação irregular da sociedade na alternativa proposta, a nosso ver, altera o significado da assertiva.

Gabarito "C"

(Procurador do Estado/GO – 2010) Com relação aos tipos de sociedade, está INCORRETA a seguinte proposição:

(A) A sociedade em comandita por ações rege-se pelas normas relativas à sociedade em comandita simples, tendo o capital dividido em ações e operando sob firma ou denominação.

(B) Na sociedade em comandita simples, tomam parte sócios de duas categorias: os comanditados, pessoas físicas, responsáveis solidária e ilimitadamente pelas obrigações sociais, e os comanditários, obrigados somente pelo valor de sua quota.

(C) Na sociedade limitada, a responsabilidade de cada sócio é restrita ao valor de suas quotas, mas todos respondem solidariamente pela integralização do capital social.

(D) Na sociedade anônima ou companhia, o capital divide-se em ações, obrigando-se cada sócio ou acionista somente pelo preço de emissão das ações que subscrever ou adquirir.

(E) Somente pessoas físicas podem tomar parte na sociedade em nome coletivo, respondendo todos os sócios, solidária e ilimitadamente, pelas obrigações sociais.

A: incorreta, devendo ser assinalada. A comandita por ações é regida pelas normas aplicáveis às sociedades anônimas (art. 1.090 do CC); **B:** correta, conforme art. 1.045 do CC; **C:** correta, nos termos do art. 1.052 do CC. Isso significa que, caso um ou mais sócios não integralizem o valor de suas quotas, todos os demais respondem pelas obrigações da sociedade com seu patrimônio particular até o limite do que falta para integralizar todo o capital; **D:** correta, nos termos do art. 1.088 do CC. Essa é a principal diferença quanto à responsabilidade dos sócios na limitada e na companhia: na primeira, há a responsabilidade solidária pela integralização do capital social, enquanto na segunda cada acionista é responsável pelo valor de suas ações e nada mais; **E:** correta, nos termos do art. 1.039 do CC.

Gabarito "A"

(Procurador do Estado/PI – 2008 – CESPE) Considere que Cursos e Cursinhos Ltda., sociedade empresária com doze sócios, almeje ser incorporada pela Faculdades Unidas S.A. No que se refere a essa situação hipotética, assinale a opção correta.

(A) A compra das quotas dos sócios da sociedade incorporada pela sociedade incorporadora é indispensável para se perfazer a incorporação.

(B) É necessária prévia aprovação por, pelo menos, mais da metade do capital social votante da sociedade incorporada para que ocorra a incorporação.

(C) A manifestação dos sócios da sociedade incorporada deverá ocorrer, necessariamente, em assembleia previamente designada para essa finalidade.

(D) No caso de incorporação, os sócios que dissentirem dessa decisão não poderão exercer direito de recesso.

(E) Da incorporação resultará uma nova pessoa jurídica, extinguindo-se as que participaram do negócio.

A: incorreta. A incorporação pode se dar por outros meios (*v.g.* substituição dos direitos dos sócios da limitada por ações da incorporadora) – art. 224 da Lei 6.404/1976; **B:** incorreta. A aprovação deve ocorrer na forma estabelecida para cada tipo societário (art. 1.116 do CC). No caso da limitada (incorporada), são necessários votos correspondentes a no mínimo três quartos do capital social (arts. 1.076, I, c/c 1.071, VI, ambos do CC); **C:** correta. Arts. 1.071, VI, 1.072 e 1.117, todos do CC; **D:** incorreta. Os sócios que dissentirem poderão se retirar da sociedade – art. 1.077 do CC; **E:** incorreta. Na incorporação, a incorporadora subsiste e a(s) incorporada(s) extingue(m)-se – art. 1.118 do CC.

Gabarito "C"

(Procurador do Estado/PI – 2008 – CESPE) João e José são administradores da Fábrica de Laticínios Ltda. Sem prévia comunicação aos sócios, eles celebraram, em nome da sociedade empresária, promessa de compra e venda de imóvel dessa sociedade empresária pelo valor de R$ 50.000,00. Entretanto, consoante averbado no Registro Público de Empresas Mercantis, encontra-se vedado a tais administradores alienar, sem prévia autorização do corpo societário, imóveis da pessoa jurídica em comento. Considerando essa situação hipotética, assinale a opção correta segundo o que dispõe o Código Civil.

(A) Aplica-se ao caso a teoria da aparência, segundo a qual o contrato vinculará a sociedade limitada.

(B) O contrato será considerado nulo, por defeito na representação da sociedade limitada.

(C) O contrato será considerado anulável, por erro quanto aos poderes do representante.

(D) A pessoa jurídica poderá se recusar a cumprir o contrato, opondo ao comprador o excesso cometido pelos administradores.

(E) Em face da situação de preposição, o contrato obrigará regularmente a pessoa jurídica, que poderá exercer direito de regresso contra os administradores.

O excesso dos administradores pode ser oposto ao adquirente do imóvel, pois houve averbação da limitação de poderes no registro público – art. 1.015, parágrafo único, I, do CC.

Gabarito "D"

(Procurador do Estado/PR – UEL-COPS – 2011) Sobre o regime jurídico das sociedades no Código Civil de 2002, assinale a alternativa correta:

I. no caso de morte de sócio, liquidar-se-á sua quota, salvo se o contrato dispuser diferentemente, se os sócios remanescentes optarem pela dissolução da sociedade ou se, por acordo com os herdeiros, regular-se a substituição do sócio falecido.

II. além dos casos previstos na lei ou no contrato, qualquer sócio pode retirar-se da sociedade; se de prazo indeterminado, mediante notificação aos demais sócios, com antecedência mínima de sessenta dias; se de prazo determinado, provando judicialmente justa causa.

III. pode o sócio ser excluído judicialmente, mediante iniciativa da maioria dos demais sócios, por falta grave no cumprimento de suas obrigações, ou, ainda, por incapacidade superveniente.

IV. a retirada, exclusão ou morte do sócio, não o exime, ou a seus herdeiros, da responsabilidade pelas obrigações sociais anteriores, até dois anos após averbada a resolução da sociedade; nem nos dois primeiros casos, pelas posteriores e em igual prazo, enquanto não se requerer a averbação.

V. dissolve-se a sociedade quando ocorrer, dentre outras hipóteses, a falta de pluralidade de sócios, não reconstituída no prazo de cento e oitenta dias, permitindo-se que o sócio remanescente requeira no Registro Público de Empresas Mercantis a transformação do registro da sociedade para empresário individual, observado, no que couber, o regime jurídico de transformação das sociedades estabelecido pelo Código Civil.

Alternativas:

(A) somente as alternativas I, II e III estão corretas;

(B) somente as alternativas II, III e IV estão corretas;

(C) somente as alternativas I, II e V estão corretas;

(D) somente as alternativas II, IV e V estão corretas;

(E) todas as alternativas estão corretas.

I: correta, conforme art. 1.028 do CC; **II:** correta, nos termos do art. 1.029 do CC; **III:** correta, conforme art. 1.030 do CC; **IV:** correta, nos termos do art. 1.032 do CC; **V:** correta, nos termos do art. 1.033, parágrafo único do CC. Vale lembrar que essa questão foi elaborada antes da entrada em vigor da Lei nº 12.441/2011, que criou a Empresa Individual de Responsabilidade Limitada – EIRELI – no Direito Societário brasileiro. Com isso, alterou-se a redação do mencionado dispositivo para permitir também o pedido de transformação da sociedade unipessoal em EIRELI.

Gabarito "E"

(PROCURADOR DO ESTADO/RS – FUNDATEC – 2010) Assinale a alternativa correta:

(A) Toda sociedade é uma pessoa jurídica.

(B) Toda pessoa jurídica é uma sociedade.

(C) Toda sociedade, constituída na forma da lei, adquire personalidade jurídica.

(D) Nem toda sociedade, constituída na forma da lei, adquire personalidade jurídica.

(E) Nenhuma das alternativas anteriores está correta.

A: incorreta. É preciso ter cuidado com essa generalização, muito comum entre os leigos. Há sociedades não personificadas em nosso ordenamento jurídico (as sociedades em comum e as sociedades em conta de participação) que, não obstante sejam sociedades, não são pessoas jurídicas; **B:** incorreta. Da mesma forma, a relação inversa é falsa. Há, ao lado das sociedades, outras espécies de pessoas jurídicas: associações, fundações, empresas individuais de responsabilidade limitada, organizações religiosas e partidos políticos (art. 44 do CC); **C:** incorreta, porquanto a sociedade em conta de participação, mesmo reunindo todos os seus requisitos legais, não adquire a personalidade jurídica em nenhuma hipótese (art. 993 do CC); **D:** correta, conforme comentários anteriores; **E:** incorreta, porque está certo o que dispõe a letra "D".

Gabarito "D"

(ADVOGADO – PETROBRÁS – 2003 – CESPE) Considere que dois amigos desejam constituir uma sociedade para a realização de atividades em comum. Acerca das previsões legais aplicáveis a essa situação, julgue os itens seguintes.

(1) Em regra, a sociedade a ser constituída será considerada empresária se tiver como objeto qualquer atividade econômica organizada para a produção ou a circulação de bens ou de serviços.

(2) A sociedade, se empresária, poderá constituir-se de acordo com os tipos Limitada, em Comandita Simples ou de Capital e Indústria, previstos pelo Novo Código Civil.

(3) Somente após o seu registro no cartório devido ou na junta comercial, a sociedade obterá a sua personalidade jurídica.

(4) Se os sócios optarem por criar uma sociedade limitada, esta será obrigatoriamente empresária.

(5) Caso os sócios desejem exercer uma atividade passiva de enquadramento como sociedade simples, terão de definir, ainda, um dos tipos de sociedade empresária para que se lhe aplique o ordenamento jurídico correspondente.

1: correta, nos termos dos arts. 966 e 982 do CC; **2:** incorreta. O Código Civil não mais reconhece a sociedade de capital e indústria, na qual um ou alguns sócios contribuíam com dinheiro e outro(s) com prestação de serviços, prevista antigamente no revogado Código Comercial; **3:** correta, nos termos do art. 45 e 1.150 do CC; **4:** incorreta. É possível que a sociedade simples adote um dos tipos societários típicos das sociedades empresárias sem perder sua qualidade (art. 983 do CC); **5:** incorreta. Mais uma vez, a adoção de tipo societário específico é facultativa para as sociedades simples (art. 983 do CC).

Gabarito 1C, 2E, 3C, 4E, 5E

2.3. SOCIEDADES EM COMUM, EM CONTA DE PARTICIPAÇÃO, EM NOME COLETIVO, EM COMANDITA

(Procurador do Município/Manaus-AM – 2006 – FCC) Com relação a sociedade em comandita simples, de acordo com o Código Civil, é correto afirmar que

(A) os comanditados, pessoas físicas, são responsáveis subsidiariamente e limitadamente pelas obrigações sociais.

(B) pode o comanditário ser constituído procurador da sociedade, para negócio determinado e com poderes especiais.

(C) os comanditários, pessoas físicas, são responsáveis solidariamente e ilimitadamente pelas obrigações sociais.

(D) aos comanditários cabem os mesmos direitos e obrigações dos sócios da sociedade em nome coletivo.

(E) não pode o comanditado praticar qualquer ato de gestão, nem ter o nome na firma social, sem prejuízo da faculdade de participar das deliberações da sociedade.

A: incorreta. Os sócios comanditados têm responsabilidade solidária e ilimitada pelas obrigações sociais (art. 1.045 do CC); **B:** correta, nos termos do art. 1.047, parágrafo único, do CC; **C:** incorreta. Os sócios comanditários podem ser pessoas físicas ou jurídicas e têm responsabilidade apenas sobre o valor de sua quota (art. 1.045 do CC); **D:** incorreta. São equiparados aos sócios da sociedade em nome coletivo os sócios comanditados, diante de sua responsabilidade ilimitada (art. 1.046, parágrafo único, do CC); **E:** incorreta. Tais proibições aplicam-se ao sócio comanditário (art. 1.047 do CC).

Gabarito "B"

(Procurador do Município/São Paulo-SP – 2008 – FCC) Classificam-se como sociedades não personificadas a sociedade

(A) limitada e a em comandita por ações.

(B) cooperativa e a anônima.

(C) em nome coletivo e a em comandita simples.

(D) em comum e a em conta de participação.

(E) simples e a limitada.

Sociedades não personificadas são aquelas que não adquirem personalidade jurídica. No direito brasileiro, inserem-se nesse grupo as sociedades em comum e as sociedades em conta de participação.

Gabarito "D"

(ADVOGADO – ANP – 2008 – CESGRANRIO) João e José constituíram uma sociedade em conta de participação, na qual o primeiro assumiu a condição de sócio ostensivo. Considerando-se exclusivamente estas informações e este contexto,

(A) José não se obriga perante terceiros.

(B) João pode admitir novo sócio, desde que José não manifeste sua oposição.

(C) a falência de João não acarreta a dissolução da sociedade.

(D) a sociedade deve ser formalmente constituída e só pode ser provada por escrito.

(E) A sociedade adquire personalidade jurídica com a inscrição de seu contrato social.

A: correta. José, como sócio participante, tem responsabilidades apenas com João, nos termos do contrato social (art. 991, parágrafo único, do CC); **B:** incorreta. Como regra, o sócio ostensivo não pode admitir novos sócios sem a concordância expressa dos sócios participantes (art. 995 do CC); **C:** incorreta. A falência do sócio ostensivo acarreta a dissolução da sociedade (art. 994, § 3º, do CC); **D:** incorreta. A constituição da sociedade em conta de participação independe de formalidades e prova-se por qualquer meio (art. 992 do CC); **E:** incorreta. A sociedade em conta de participação não detém personalidade jurídica por expressa determinação legal, de forma que mesmo o registro de seus atos constitutivos não é hábil a gerar esse efeito (art. 993 do CC).

Gabarito "A"

2.4. DISSOLUÇÃO DAS SOCIEDADES EM GERAL

(PROCURADOR DO ESTADO/MG – FUMARC – 2012) Assinale a alternativa que NÃO cita caso de dissolução de sociedade:

(A) o vencimento do prazo de duração, salvo se, vencido este e sem oposição de sócio, não entrar a sociedade em liquidação, caso em que se prorrogará por tempo indeterminado;

(B) o consenso unânime dos sócios;

(C) a deliberação dos sócios, por maioria absoluta, na sociedade de prazo determinado;

(D) a falta de pluralidade de sócios, não reconstituída no prazo de cento e oitenta dias;

(E) a extinção, na forma da lei, de autorização para funcionar.

Todas as alternativas estão listadas no art. 1.033 do CC como hipóteses de dissolução da sociedade contratual, com exceção da letra "C". Com efeito, para dissolver sociedade por prazo determinado antes do escoamento deste é necessária a concordância de todos os sócios.

Gabarito "C"

2.5. SOCIEDADE LIMITADA

(Procurador do Estado/BA – 2014 – CESPE) Julgue o item a seguir.

(1) Os administradores da sociedade limitada respondem com seu patrimônio por créditos decorrentes de obrigações tributárias, por fatos que praticarem com excesso de poder, infração à lei, contrato ou estatutos.

1: correta, nos termos do art. 135, III, do Código Tributário Nacional.

Gabarito 1C

(Procurador do Estado/BA – 2014 – CESPE) Julgue o item a seguir.

(1) A administração de sociedade limitada atribuída no contrato a todos os sócios estende-se, de pleno direito, aos que posteriormente adquiram essa qualidade.

1: incorreta. O art. 1.060, parágrafo único, do CC estatui o inverso: não há extensão automática dos poderes de administração àqueles que posteriormente à assinatura do contrato adquiram o *status* de administradores da sociedade.

Gabarito 1E

(Procurador do Município/Manaus-AM – 2006 – FCC) As deliberações dos sócios em assembleia serão tomadas pelos votos correspondentes, no mínimo, a três quartos do capital social, dentre outras hipóteses, no caso de

(A) aprovação das contas da administração.

(B) designação dos administradores, quando feita em separado.

(C) destituição dos administradores.

(D) modo de remuneração dos administradores, quando não estabelecido no contrato.

(E) modificação do contrato social.

O quórum especial de 3/4 do capital social está previsto para aprovação de modificações no contrato social (art. 1.076, I, do CC).

Gabarito "E"

(Procurador de Contas TCE/ES – CESPE – 2009) Fernando, Daniel, Davi e Marcos, chefes de cozinha renomados, instituíram uma sociedade limitada para explorar o ramo de confeitaria. O capital social foi estipulado em R$ 240 mil, divididos em quatro cotas de R$ 60 mil. Cada um já contribuiu para o capital inicial com a quantia de R$ 30 mil. Restou estipulado no contrato social que aplicariam subsidiariamente à sociedade instituída, as normas da sociedade simples. Com relação a essa situação hipotética, assinale a opção correta.

(A) Sendo omisso o contrato social quanto à matéria, se Fernando e Daniel concordarem, Marcos poderá ceder a sua quota a terceiro.

(B) Não haveria óbice quanto à participação na sociedade, caso Davi fosse menor relativamente incapaz, se assistido pelos pais.

(C) Poderá Daniel contribuir para o capital social com imóvel particular seu, desde que haja prévia avaliação do bem.

(D) Caso Fernando não integralize a sua quota na forma estabelecida no contrato poderá ser excluído da sociedade pelos demais sócios pela via extrajudicial.

(E) Não será válida penhora recaída sobre os bens dos sócios por dívida contraída pela sociedade, caso os bens sociais sejam insuficientes para responder pela obrigação.

A: incorreta, para que Marcos possa ceder quotas a terceiro (não sócio), é preciso que não haja oposição de titulares de mais de um quarto do capital social – art. 1.057 do CC; **B:** incorreta, pois o incapaz apenas pode continuar a empresa antes exercida por ele enquanto for capaz – art. 974 do CC. Interessante notar que a incapacidade do menor, com pelo menos 16 anos, pode ser cessada pela concessão dos pais ou pelo estabelecimento comercial que proveja economia própria a Davi (art. 5º, parágrafo único, I e V, do CC); **C:** incorreta, pois a integralização em bem imóvel depende da concordância dos demais sócios. A avaliação prévia é prevista expressamente no caso das sociedades por ações – art. 8º da Lei 6.404/1976; **D:** correta, conforme o art. 1.058 do CC; **E:** incorreta, pois os sócios respondem subsidiariamente, com seus bens pessoais, até o valor do capital subscrito que ainda não foi integralizado – art. 1.052 do CC.

Gabarito "D"

(PROCURADOR DO ESTADO/MG – FUMARC – 2012) Assinale a alternativa que completa corretamente a afirmação:

"Na deliberação dos sócios na sociedade limitada deverá ser respeitado __________."

(A) os votos correspondentes, no mínimo, a três quartos do capital social, nos caso de incorporação e fusão da sociedade;

(B) os votos correspondentes, no mínimo, a três quartos do capital social para aprovação de contas da administração;

(C) os votos correspondentes, no mínimo, a três quartos do capital social aprovar o pedido de falência da sociedade;

(D) os votos correspondentes a mais de metade do capital social, no caso de cessação do estado de liquidação da sociedade;

(E) os votos correspondentes a mais de metade do capital social, nos casos de dissolução da sociedade.

Em regra, na sociedade limitada as decisões são tomadas pelos votos dos sócios que somem a maioria simples do capital social (ou seja, a maioria do capital presente na reunião ou assembleia). Não obstante, o CC prevê alguns quóruns qualificados para questões mais relevantes no art. 1.076. Dentre as alternativas apresentadas, a única que corresponde ao quórum previsto em lei é a letra "A". Para aprovação das contas, basta a maioria simples; Não faz sentido falar em "aprovação do pedido de falência", porque esta é decretada judicialmente; a cessação do estado de liquidação e a dissolução da sociedade dependem da aprovação de três quartos do capital.

Gabarito "A"

(Procurador do Estado/MG – 2007) Quanto às características das sociedades limitadas, de acordo com o Novo Código Civil, é possível afirmar que

(A) o contrato social será regulado, no que toca à limitação da responsabilidade dos sócios, pelos dispositivos legais aplicáveis às sociedades simples.

(B) o contrato social poderá prever a regência supletiva da sociedade limitada pelas normas da sociedade em comandita por ações.

(C) nas omissões das disposições que regem as sociedades limitadas, não existindo cláusula específica em outro sentido, inserida no contrato social e observada a reserva legal, serão estas regidas pelas normas das sociedades simples.

(D) o contrato social não poderá prever a regência supletiva da sociedade limitada pelas normas da sociedade anônima.

A: incorreta. Na sociedade simples, a responsabilidade dos sócios é ilimitada, não prestando suas regras, portanto, a aplicação supletiva nessa matéria; **B:** incorreta. É possível que o contrato social preveja a aplicação supletiva das normas relativas às sociedades por ações (art. 1.053, parágrafo único, do CC); **C:** correta (art. 1.053 do CC); **D:** incorreta, pois tal autorização consta no já mencionado art. 1.053, parágrafo único, do CC.

Gabarito "C"

(Procurador do Estado/MG – 2007) Quanto ao capital social das sociedades limitadas é verdadeiro afirmar que

(A) é dividido em ações que podem ser transferidas a terceiros, desde que haja expressa autorização no contrato social, ou, independentemente disto, se houver expressa anuência dos sócios remanescentes.

(B) o capital social deve zelar pelo princípio do tratamento paritário entre os sócios, não podendo um sócio ter uma participação acionária maior que a dos demais, o que vai relativizado apenas nas sociedades ditas de capital.

(C) para a sua formação é facultada a contribuição que consista em prestação de serviços.

(D) na omissão do contrato social, o sócio poderá transferir sua quota a terceiros apenas se não houver oposição de titulares de mais de um quarto do capital social.

A: incorreta. O capital social das limitadas é dividido em quotas e a cessão para terceiros é possível, na omissão do contrato, se não houver oposição de representantes de mais de um quarto do capital social (art. 1.057 do CC); **B:** incorreta. Não existe qualquer limitação nesse sentido (art. 1.055 do CC); **C:** incorreta. Nas sociedades limitadas, é vedada a participação de sócio que contribua apenas com serviços (art. 1.055, § 2º, do CC); **D:** correta, nos termos do art. 1.057 do CC).

Gabarito "D"

(Procurador do Estado/MG – 2007) Na sociedade limitada, a responsabilidade de cada sócio, em regra,

(A) é restrita ao valor de suas quotas, desde que o capital social esteja integralizado.

(B) é restrita ao valor de suas quotas, independentemente da integralização do capital social.

(C) é solidária, ainda que o capital social já esteja integralizado.

(D) não podem as partes prever no contrato social cláusula de responsabilidade solidária, eis que esta não pode ser presumida.

A responsabilidade dos sócios nas sociedades limitadas é restrita ao valor de suas quotas, mas todos respondem solidariamente pela integralização do capital (art. 1.052 do CC). Isso significa que, se o capital social estiver 100% integralizado, nada mais haverá a se cobrar dos sócios por dívidas da pessoa jurídica (exceto, é claro, se ocorrer a desconsideração dela). Por outro lado, restando ainda parcela não integralizada do capital social, todos os sócios respondem solidariamente por dívidas sociais até esse valor, ou seja, pelo montante que falta integralizar.

Gabarito "A"

(Procurador do Estado/MG – 2007) Com relação à reunião ou assembleia de sócios de uma sociedade limitada, de acordo com o Novo Código Civil, é verdadeiro que

(A) serão dispensáveis quando todos os sócios comparecerem ou se declararem, por escrito, cientes da pauta de deliberações.

(B) é obrigatória a deliberação em assembleia quando o número de sócios for superior a 20 (vinte).

(C) desde que as deliberações tenham sido tomadas de conformidade com a lei e o contrato social, ficarão a elas vinculados todos os sócios, ainda que ausentes ou dissidentes.

(D) a assembleia de sócios será considerada instalada com a presença de qualquer número de titulares do capital social, salvo em primeira convocação, quando o número mínimo deverá ser de 3/5 (três quintos).

A: incorreta. Nesse caso, o que se dispensa são as formalidades de convocação (art. 1.072, § 2º, do CC); **B:** incorreta. A assembleia é obrigatória se o número de sócios for superior a dez (art. 1.072, § 1º, do CC); **C:** correta, nos termos do art. 1.072, § 5º, do CC; **D:** incorreta. O quórum de instalação da assembleia em primeira convocação é de 3/4 do capital social (art. 1.074, *caput*, do CC).

Gabarito "C"

(Procurador do Estado/PB – 2008 – CESPE) No que se refere à responsabilidade dos sócios e dos administradores das sociedades limitadas, assinale a opção incorreta.

(A) Na sociedade limitada, a responsabilidade de cada sócio é restrita ao valor de suas quotas, mas todos respondem solidariamente pela integralização do capital social.

(B) A omissão da palavra limitada determina a responsabilidade solidária e ilimitada dos administradores que assim empregarem a firma ou a denominação da sociedade.

(C) Os sócios serão obrigados à reposição dos lucros e das quantias retiradas, a qualquer título, ainda que autorizados pelo contrato, quando tais lucros ou quantias se distribuírem com prejuízo do capital da sociedade limitada.

(D) Ocorrida a dissolução da limitada, cumpre aos administradores providenciar imediatamente a investidura do liquidante e restringir a gestão própria aos negócios inadiáveis, vedadas novas operações, pelas quais responderão solidária e ilimitadamente.

(E) A aprovação, sem reserva, do balanço patrimonial e do resultado econômico, independentemente de erro ou simulação, exonera de responsabilidade os membros da administração da limitada.

A: correta, art. 1.052 do CC; **B:** correta, art. 1.158, § 3º, do CC; **C:** correta, art. 1.059 do **CC: D:** correta, art. 1.036 c/c art. 1.053, ambos do CC; **E:** incorreta, o erro, o dolo e a simulação afastam a exoneração dos membros da administração – art. 1.078, § 3º, do CC.

Gabarito "E"

(Procurador do Estado/RR – 2006 – FCC) Nas sociedades limitadas, é admitida a expulsão de sócio no caso de

(A) não integralização de suas quotas, devendo ser deliberada pela maioria do capital social.

(B) não integralização de suas quotas, devendo ser deliberada pela unanimidade dos sócios remanescentes.

(C) falta grave, se previsto no contrato, deliberada pela maioria do capital social.

(D) falta grave, se previsto no contrato, deliberada pela maioria dos sócios remanescentes.

(E) falta grave, mesmo que não previsto no contrato, deliberada pela maioria dos sócios remanescentes.

Como regra geral, o sócio pode ser excluído por falta grave, por deliberação da maioria dos demais, por incapacidade superveniente, por sua falência ou se sua cota for liquidada – art. 1.030 do CC. No caso específico das limitadas, os demais sócios podem excluir aquele que não integralizar sua cota (art. 1.058 do CC), pelo voto de maioria representativa de três quartos do capital social (art. 1.076, I, c/c art. 1.071, V, ambos do CC). Também no caso das limitadas, a maioria dos sócios, representativa de mais da metade do capital social, poderá excluir aquele que pratique ato de inegável gravidade que ponha em risco a continuidade da empresa, por meio de alteração do contrato social, desde que preveja exclusão por justa causa (essa exclusão deverá ser decidida em reunião ou assembleia convocada para esse fim, garantido-se o direito de defesa) – art. 1.085 do CC.

Gabarito "C"

(Procurador do Estado/SE – FCC – 2005) Considere as seguintes afirmações, a respeito das sociedades limitadas:

I. A responsabilidade de cada sócio é restrita ao valor de suas cotas e todos respondem conjuntamente pela integralização do capital social.

II. O contrato social poderá prever a aplicação supletiva das normas pertinentes à sociedade anônima.

III. Não integralizada a quota de sócio remisso, constituído em mora, poderá a maioria dos demais sócios promover-lhe a exclusão.

IV. O sócio que, para integralizar o capital, fizer conferência de bens, responde pela evicção.

V. O sócio que, para integralizar o capital, transferir crédito, responde pela existência do crédito, mas não pela solvência do devedor.

Estão corretas as afirmações

(A) I, II e III.

(B) I, IV e V.

(C) II, III e IV.

(D) II, III e V.

(A) III, IV e V.

I: incorreta. A responsabilidade dos sócios pela integralização do capital social é solidária (art. 1.052 do CC); **II:** correta, nos termos do art. 1.053, parágrafo único, do CC; **III:** correta, nos termos do art. 1.058 do CC; **IV:** correta, conforme dispõe o art. 1.005 do CC; **V:** incorreta, pois responderá pela solvência do devedor (art. 1.005 do CC).

Gabarito "C"

(Procurador Federal – 2010 – CESPE) A seguir, é apresentada uma situação hipotética, seguida de uma assertiva a ser julgada no que se refere a direito comercial.

(1) Sérgio, administrador da pessoa jurídica Gama Ltda., celebrou contrato em nome dessa pessoa jurídica com a pessoa jurídica Delta Ltda. e, no respectivo instrumento, apôs a firma de Gama, omitindo tanto a palavra limitada como a sua abreviatura. Nessa situação, a omissão deve ser considerada mero erro material e não ensejará nenhuma repercussão jurídica.

Incorreta, pois a omissão da palavra limitada ou sua abreviação implica responsabilidade solidária e ilimitada do administrador signatário – art. 1.158, § 3º, do CC.

Gabarito 1E

(Procurador Federal – 2010 – CESPE) A seguir, é apresentada uma situação hipotética, seguida de uma assertiva a ser julgada no que se refere a direito comercial.

(1) A pessoa jurídica W Participações Ltda. possui 40% das quotas sociais da pessoa jurídica Y Ltda. Y, por sua vez, possui 10% das quotas da pessoa jurídica W Participações Ltda., montante este superior, segundo o balanço patrimonial aprovado, ao valor de suas próprias reservas, excluída a reserva legal. Nessa situação, Y não terá direito a voto no montante correspondente às quotas em excesso, devendo aliená-las nos cento e oitenta dias seguinte à aprovação do balanço.

A assertiva é correta, pois, nos termos do art. 1.101 do CC, salvo disposição especial de lei, a sociedade não pode participar de outra, que seja sua sócia, por montante superior, segundo o balanço, ao das próprias reservas, excluída a reserva legal. Aprovado o balanço em que se verifique ter sido excedido esse limite, a sociedade não poderá exercer o direito de voto correspondente às ações ou quotas em excesso, as quais devem ser alienadas nos cento e oitenta dias seguintes àquela aprovação.

Gabarito 1C

(Procurador da Fazenda Nacional – 2006 – ESAF) Julgue os itens de acordo com o Código Civil Brasileiro e assinale a opção que contém a resposta correta.

( ) Na sociedade limitada, exige-se a concordância de três quartos do capital social para a mudança do objeto social, enquanto que na sociedade simples esta alteração deve ser unânime e na sociedade anônima, pela metade, no mínimo, das ações com direito a voto.

( ) Admite-se a sociedade unipessoal sem limitações.

( ) Em caso de omissão na regulamentação à sociedade limitada, aplicam-se os dispositivos da sociedade simples, e apenas supletivamente os da sociedade anônima e desde que tal aplicação esteja prevista no contrato social, não sendo possível usar de dispositivos da lei que de sociedade anônima quando a matéria estiver regida por artigos do Código Civil no capítulo relativo à limitada.

( ) Em relação à sociedade limitada, permite-se a existência de cotas preferenciais, com vantagens aos sócios, como uma participação maior nos lucros, exclusão da participação em perdas e limitação do direito de voto.

( ) Não havendo disposição em contrário no contrato, desejando o sócio ceder suas cotas, total ou parcialmente, a outro sócio ou a terceiro, poderá fazê-lo desde que não haja oposição de mais de um quarto do capital social.

(A) V, F, V, F, F

(B) V, V, F, V, F

(C) F, F, V, F, V

(D) F, V, F, V, V

(E) V, F, V, F, V

I: Verdadeira (art. 1.076, I, do CC; art. 999 do CC; art. 136, VI, da Lei nº 6.404/1976); **II:** Falsa. A sociedade contratual que tornar-se unipessoal deve restabelecer a pluralidade de sócios ou solicitar sua conversão em empresa individual de responsabilidade limitada no prazo de 180 dias (art. 1.033, IV, do CC). Já a sociedade anônima deve fazê-lo até a assembleia geral ordinária do ano seguinte ao da unipessoalidade (art. 206, I, "d", da Lei nº 6.404/1976); **III:** Verdadeira (art. 1.053 do CC); **IV:** Falsa. As quotas podem ter valores diferentes (art. 1.055 do CC), mas nunca atribuir direitos ou vantagens diferentes aos sócios; **V:** Falsa. A cessão ou transferência de quotas para outro sócio independe da concordância dos demais, sendo a aprovação de mais de um quarto do capital social exigida somente em caso de alienação a terceiro estranho aos quadros sociais (art. 1.057, do CC).

Gabarito "A"

(Procurador da Fazenda Nacional – 2003 – ESAF) A responsabilidade de sócios-gerentes das sociedades limitadas é:

(A) limitada à sua participação no capital social.

(B) ilimitada, embora subsidiária, perante credores sociais.

(C) ilimitada na hipótese de delegação da função administrativa pelos atos do delegado.

(D) solidária com os demais gerentes pelos atos de gestão.

(E) solidária com a sociedade em certas hipóteses.

Os administradores (antes denominados "gerentes"), ainda que sócios, não estão sempre protegidos pela responsabilidade limitada à integralização do capital social (incorreta, portanto, a alternativa "A"). Terão, nos termos do CC, responsabilidade pessoal, por exemplo, pelo descumprimento do dever de diligência (arts. 1.011 e 1.016) e por prejuízos causados à sociedade se agirem em desacordo com a decisão da maioria (art. 1.013, § 2º). Mais ainda, respondem solidariamente com a sociedade nos casos de atos praticados antes da averbação de seu ato de nomeação (art. 1.012) e quando agirem com excesso de poder nas hipóteses do art. 1.015, parágrafo único (teoria *ultra vires*). Quanto a esta última hipótese, o CC pretende que a responsabilidade do administrador seja exclusiva, afastando-se da sociedade. Porém, a doutrina e jurisprudência majoritárias entendem que o terceiro de boa-fé deve ter a máxima proteção assegurada nesses casos, impondo a presença da pessoa jurídica no polo passivo. Com isso, vemos que as alternativas "B" a "D" estão incorretas, por não representarem hipóteses de responsabilidade pessoal do administrador. Resta como correta a letra

"E", que, genericamente, atribui a responsabilidade solidária entre administradores e a sociedade, a qual realmente existe nas hipóteses mencionadas.

Gabarito "E"

(ADVOGADO – PETROBRÁS – 2012 – CESGRANRIO) Com relação às sociedades limitadas, analise as afirmações a seguir.

I. A responsabilidade de cada sócio é restrita ao valor de suas quotas, mas todos respondem solidariamente pela integralização do capital social.

II. A administração da sociedade limitada poderá ser feita por administrador não sócio, desde que haja permissão no contrato social da sociedade.

III. Os sócios, para a constituição da sociedade, devem contribuir para a formação do capital social com dinheiro ou qualquer espécie de bens suscetíveis de avaliação pecuniária.

É correto o que se afirma em

(A) I, apenas.
(B) II, apenas.
(C) I e III, apenas.
(D) II e III, apenas.
(E) I, II e III.

I: correta, nos termos do art. 1.052 do CC; **II:** correta (arts. 1.060 e 1.061 do CC); **III:** correta. É vedada, na sociedade limitada, a contribuição do sócio que consista em prestação de serviços (art. 1.055, § 2º, do CC).

Gabarito "E"

(ADVOGADO – PETROBRÁS BIO. – 2010 – CESGRANRIO) No que diz respeito às sociedades limitadas, tem-se que

(A) a responsabilidade de cada sócio é restrita ao valor de suas quotas, mas todos respondem solidariamente pela integralização do capital social.

(B) a prestação de serviços não é vedada na contribuição do capital social.

(C) o contrato social somente poderá prever a regência supletiva da sociedade limitada pelas normas da sociedade simples.

(D) os sócios não serão obrigados à reposição dos lucros e das quantias retiradas, a qualquer título, ainda que autorizados pelo contrato social, quando tais lucros ou quantia se distribuírem com prejuízo do capital.

(E) todos os sócios respondem solidariamente até o prazo de 3 (três) anos da data de registro da sociedade pela exata estimação de bens conferidos ao capital social.

A: correta, nos termos do art. 1.052 do CC; **B:** incorreta. Nas sociedades limitadas, por conta da natureza da limitação da responsabilidade dos sócios, é necessário que cada um contribua com uma parcela mensurável economicamente, justamente para que se possa calcular o teto de sua responsabilidade. Assim, é vedada a contribuição que consista, total ou parcialmente, em prestação de serviços (art. 1.055, § 2º, do CC); **C:** incorreta. É possível que o contrato social preveja a aplicação supletiva, para as limitadas, das normas relativas às sociedades anônimas (art. 1.053, parágrafo único, do CC); **D:** incorreta. Os sócios são obrigados à reposição dos lucros e quantias retiradas nesse caso (art. 1.059 do CC); **E:** incorreta. A responsabilidade dos sócios pela estimação do valor dos bens entregues a título de integralização do capital social perdura 05 anos contados do registro da sociedade (art. 1.055, § 1º, do CC).

Gabarito "A"

(ADVOGADO – CASA DA MOEDA – 2009 – CESGRANRIO) Com relação às sociedades empresárias, pode-se afirmar que:

I. nas sociedades anônimas e na sociedade limitada, os sócios respondem de forma limitada pelas obrigações sociais;

II. as sociedades em nome coletivo, em comandita simples e limitada são constituídas por contrato social;

III. a sociedade limitada é disciplinada em capítulo próprio do Código Civil em vigor, podendo ser a ela aplicadas outras disposições e outros diplomas legais a este tipo societário;

Está(ão) correta(s) a(s) afirmação(ões)

(A) I, apenas.
(B) III, apenas.
(C) I e III, apenas.
(D) II e III, apenas.
(E) I, II e III.

I: correta. São ambas classificadas, quanto à responsabilidade dos sócios, como limitadas, com a diferença que na S.A. o acionista é responsável exclusivamente pela integralização de suas ações, ao passo que nas sociedades limitadas os sócios respondem solidariamente pela integralização de todo o capital social; **II:** correta. São todas sociedades contratuais, quando classificadas conforme o instrumento constitutivo; **III:** correta. A sociedade limitada é disciplinada pelas normas reunidas no Livro II, Título II, Subtítulo II, Capítulo IV do Código Civil, sem prejuízo da aplicação supletiva das normas relativas à sociedade simples e, se assim prever o contrato social, da LSA.

Gabarito "E"

(ADVOGADO – BNDES – 2008 – CESGRANRIO) São cláusulas essenciais do contrato de constituição de sociedade limitada aquelas que definem:

(A) prazo de duração, localização da sede e capital social expresso em moeda corrente.

(B) prazo de duração, localização da sede e responsabilidade solidária dos sócios pela integralização do capital social.

(C) prazo de duração, quota de cada sócio no capital social e responsabilidade solidária dos sócios pela integralização do capital social.

(D) capital social expresso em moeda corrente, consequências em caso de falecimento do sócio e localização da sede.

(E) quota de cada sócio no capital social, localização da sede e consequências em caso de falecimento do sócio.

Nos termos do art. 997 do CC, de aplicação supletiva para as limitadas, são cláusulas essenciais de seu contrato social nome, nacionalidade, estado civil, profissão e residência dos sócios, se pessoas naturais, e a firma ou a denominação, nacionalidade e sede dos sócios, se jurídicas; denominação, objeto, sede e prazo da sociedade; capital da sociedade, expresso em moeda corrente, podendo compreender qualquer espécie de bens, suscetíveis de avaliação pecuniária; a quota de cada sócio no capital social, e o modo de realizá-la; as pessoas naturais incumbidas da administração da sociedade, e seus poderes e atribuições; a participação de cada sócio nos lucros e nas perdas. As demais cláusulas não se aplicam às limitadas por não serem compatíveis com sua natureza ou não são essenciais, ou seja, sua ausência não implica na invalidade do contrato.

Gabarito "A"

(ADVOGADO – PETROBRÁS DISTRIB. – 2008 – CESGRANRIO) Na sociedade limitada, a responsabilidade de cada sócio é restrita ao valor de suas quotas, sendo que

(A) todos os sócios respondem subsidiariamente pelas obrigações sociais.

(B) todos os sócios respondem solidariamente pelas obrigações sociais.

(C) todos os sócios respondem solidariamente pela integralização do capital social.

(D) os sócios não respondem pela integralização das quotas dos demais sócios.

(E) nenhum dos sócios responde pela integralização do capital social.

Na sociedade limitada, a responsabilidade de cada sócio é limitada ao valor das cotas subscritas, mas todos respondem solidariamente pela integralização do capital social (art. 1.052 do CC).

Gabarito "C"

(ADVOGADO – BNDES – 2006 – CESGRANRIO) Em uma sociedade limitada, quando o sócio remisso, devidamente notificado, deixa de cumprir a obrigação no prazo de 30 (trinta) dias, de acordo com o Código Civil, os sócios **NÃO** podem optar pela:

(A) indenização.

(B) resolução da sociedade em relação ao sócio remisso.

(C) manutenção do capital social sem sua integralização.

(D) redução do capital social até montante correspondente às cotas do remisso.

(E) redução da cota ao montante efetivamente pago.

Nos termos do art. 1.004 do CC, o sócio remisso deverá indenizar a sociedade pelos danos decorrentes da mora. Sem prejuízo, os sócios podem optar por sua exclusão (que impõe a dissolução parcial da sociedade), pela redução do capital social ou da cota até o montante efetivamente pago. Não podem, portanto, permitir que o capital social permaneça sem integralização, até pelo seu próprio interesse, já que todos responderão solidariamente por essa parcela.

Gabarito "C"

(ADVOGADO – BNDES – 2004 – CESGRANRIO) Com base nos dispositivos legais aplicáveis às sociedades limitadas, é correto afirmar-se que o novo Código Civil:

(A) alterou, ao contrário do que dispunha o Decreto nº 3.708/1919, os limites de responsabilidade de cada sócio, para que cada um deles só tenha responsabilidade pessoal pelo valor de sua cota-parte.

(B) não revogou o Decreto nº 3.708/1919, pois cada um desses instrumentos legais regula tipos societários distintos.

(C) permite que a sociedade limitada exija, na falta de integralização das cotas de algum sócio, que os demais promovam esta integralização.

(D) prevê que a responsabilidade pela integralização do capital social é solidária entre os sócios, porém subsidiária com relação à sociedade, o que permite a terceiros credores da sociedade exigir de qualquer dos sócios a integralização total do capital social.

(E) dispõe que os sócios somente poderão ser demandados por terceiros credores da sociedade pela integralização do capital social em caso de falência.

A: incorreta. O CC manteve a histórica limitação da responsabilidade dos sócios da sociedade limitada quanto à integralização do capital social (art. 1.052 do CC); **B:** incorreta. Por ser lei nova que regulamenta integralmente o assunto tratado em lei anterior, o CC acabou por ab-rogar o Decreto nº 3.708/1919; **C:** incorreta. Podem os demais sócios apenas excluir o sócio remisso ou reduzir o capital social ou o valor das quotas proporcionalmente ao valor já pago (art. 1.004, parágrafo único, do CC); **D:** correta, nos termos do art. 1.052 do CC; **E:** incorreta. Enquanto ainda não estiver integralizado o capital social, os credores da sociedade podem demandar pessoalmente os sócios até o limite do capital faltante em quaisquer espécies de obrigações.

Gabarito "D"

(ADVOGADO – BNDES – 2002 – VUNESP) A responsabilidade dos sócios nas sociedades por cotas de responsabilidade limitada

(A) não pode ultrapassar a contribuição de cada sócio para a constituição do capital social.

(B) é ilimitada, podendo o sócio que exerce gerência responder pessoalmente com seu patrimônio particular.

(C) é limitada ao total do capital social desde que esteja totalmente integralizado.

(D) é proporcional à contribuição de cada um dos sócios, independentemente do capital social estar ou não integralizado.

(E) será distribuída em razão da solidariedade dos sócios.

Nos termos do art. 1.052 do CC, a responsabilidade dos sócios é restrita ao valor de suas cotas, mas todos respondem solidariamente pela integralização do capital social. Logo, uma vez que este esteja totalmente integralizado, nada mais poderá ser exigido dos sócios pessoalmente.

Gabarito "C"

(ADVOGADO – BNDES – 2006 – CESGRANRIO) Na sistemática do Código Civil de 2002, a aplicação da Lei das Sociedades por Ações às sociedades limitadas é:

(A) automática, tendo em vista a disposição expressa do Código Civil a esse respeito.

(B) subsidiária em relação às normas de sociedade simples.

(C) dependente de disposição contratual expressa nesse sentido e da contratualidade da matéria.

(D) condicionada ao caráter institucional da sociedade.

(E) supletiva ao capítulo de sociedades limitadas em qualquer matéria.

Nos termos do art. 1.053, parágrafo único, do CC, a aplicação supletiva da LSA depende de previsão expressa no capital social. Na sua falta, aplicar-se-ão as normas relativas à sociedade simples.

Gabarito "C"

2.6. SOCIEDADE ANÔNIMA

2.6.1. CONSTITUIÇÃO, CAPITAL SOCIAL, AÇÕES, DEBÊNTURES E OUTROS VALORES MOBILIÁRIOS. ACIONISTAS, ACORDOS E CONTROLE

(Procurador do Estado/BA – 2014 – CESPE) Julgue o item a seguir.

(1) A sociedade por ações é sempre mercantil; por isso, está sujeita a falência, fazendo jus à recuperação judicial, ainda que o seu objeto seja civil.

1: correta, nos termos dos arts. 982, parágrafo único, do CC, e 2º, § 1º, da Lei 6.404/1976.

Gabarito 1C

(PROCURADOR DO ESTADO/MG – FUMARC – 2012) Assinale a alternativa que NÃO diz respeito aos direitos essenciais dos acionistas da Sociedade Anônima:

(A) Participar nos lucros sociais;

(B) participar no acervo da sociedade, em caso de liquidação;

(C) ter direito de voto nas assembleias;

(D) fiscalizar a gestão nos negócios sociais, na forma da lei;

(E) ter a preferência na subscrição de novas ações.

Dentre as alternativas listadas, a única que não traz um direito essencial ao acionista é a letra "C" (art. 109 da Lei nº 6.404/1976 – LSA). Direito essencial é aquele que não pode ser suprimido, garantido a todos os acionistas. O direito de voto, portanto, não é um deles, na medida em que pode não estar presente para os titulares de ações preferenciais que o afastem expressamente (art. 111 da LSA).

Gabarito "C"

(Procurador do Estado/RR – 2006 – FCC) Alberto, Bartolomeu e César são acionistas da ABC S.A., detendo respectivamente 40%, 40% e 20% das ações, todas ordinárias. Alberto e Bartolomeu celebraram acordo de acionistas, pelo qual se comprometeram a eleger Alberto Diretor-Presidente da companhia, na próxima assembleia geral ordinária. O acordo foi arquivado na sede da companhia. Durante a assembleia, Bartolomeu mudou de ideia e resolveu apoiar César para o cargo, contra Alberto. A solução que atende aos imediatos interesses de Alberto, para ser eleito Diretor-Presidente na própria assembleia, é

(A) apresentar para deliberação dos acionistas proposta de suspensão dos direitos de Bartolomeu, pois a inobservância do acordo consiste em infração aos deveres de acionista.

(B) pedir à mesa da assembleia geral que desconsidere o voto de Bartolomeu, por estar em desconformidade com o acordo de acionistas.

(C) ingressar com medida judicial, visando à condenação de Bartolomeu a proferir declaração de vontade, consistente no voto em Alberto para o cargo de Diretor-Presidente.

(D) pedir à mesa da assembleia geral que compute o voto de Bartolomeu como se fosse favorável a Alberto, na linha do que dispõe o acordo de acionistas.

(E) pedir em juízo a anulação da assembleia geral, bem como indenização contra Bartolomeu, por infração ao acordo de acionistas.

Não será computado o voto em desconformidade com o acordo de acionistas (desde que regularmente arquivado na sede da empresa) – art. 118, § 8º, da LSA.

Gabarito "B"

(Procurador Federal – 2010 – CESPE) A seguir, é apresentada uma situação hipotética, seguida de uma assertiva a ser julgada no que se refere a direito comercial.

(1) Em assembleia realizada pelo órgão administrativo da pessoa jurídica Zeta S.A., foi deliberado a respeito da alienação de imóvel pertencente à empresa, ficando consignado que o imóvel seria transferido para Epta S.A., outra empresa do grupo a que pertence Zeta. Augusto, administrador participante da assembleia, não consentiu com a referida deliberação e solicitou que fosse oposta na ata a sua divergência. Nessa situação, sabendo-se que, de acordo com o estatuto social, a deliberação que tenha por objeto a alienação de imóvel dependerá da anuência de, pelo menos, 50% dos acionistas, serão pessoalmente responsáveis pelos eventuais prejuízos que advierem dessa deliberação, com exceção de Augusto, todos os administradores partícipes da assembleia.

Assertiva correta, pois a consignação da divergência em ata afasta a responsabilidade pessoal do administrador, conforme o art. 158, §1º, *in fine*, da LSA.

Gabarito 1C

(Advogado da União/AGU – CESPE – 2009) Julgue o item seguinte, que se referem à sociedade empresária.

(1) É lícito que um menor incapaz seja acionista de sociedade anônima, desde que suas ações estejam totalmente integralizadas e ele não exerça cargo de administração na referida sociedade.

Assertiva correta, pois, por se tratar de sociedade de capital, em que as características subjetivas dos sócios são pouco relevantes, não há óbice para que o incapaz seja acionista. A integralização total do capital significa que não há responsabilidade além do valor já pago pela ação – art. 1º da LSA. O administrador precisa ser pessoa capaz.

Gabarito 1C

(Procurador de Contas TCE/ES – CESPE – 2009) A respeito da sociedade anônima aberta e das regras que lhe são aplicáveis, assinale a opção correta.

(A) A venda de ações para aumento de capital exige que o capital social esteja integralizado.

(B) Em regra, não há responsabilidade solidária entre os administradores.

(C) O estatuto não pode eliminar o direito de preferência para subscrição de ações.

(D) Se o representante age nos limites da lei e do contrato social, terá responsabilidade limitada.

(E) A subscrição do capital social é, em regra, retratável.

A: incorreta, nos termos do art. 166 da LSA; **B:** assertiva correta, conforme o art. 158 da LSA; **C:** incorreta, pois há essa possibilidade – art. 172 da LSA; **D:** incorreta, pois não há, nesse caso, responsabilidade pessoal – arts. 138, § 1º, *in fine*, e 158 da LSA; **E:** incorreta, pois a subscrição gera dever de integralização do capital – art. 107 da LSA.

Gabarito "B"

(Procurador do Estado/MG – 2007) Sobre o capital social da sociedade anônima é correto afirmar que

(A) a expressão monetária de seu valor será corrigida semestralmente, ainda que o balanço de encerramento do exercício social seja apresentado apenas anualmente.

(B) os acionistas terão preferência para a subscrição do aumento de capital na proporção do número de ações que possuírem.

(C) no caso de sociedade anônima de capital autorizado, apenas a lei poderá prever autorização para aumento do capital social independentemente de reforma estatutária.

(D) o aumento de capital social mediante capitalização de lucros ou de reservas não importará na alteração do valor nominal das ações ou na distribuição das ações novas.

A: incorreta. A correção monetária ocorrerá anualmente, sem qualquer ressalva (art. 5º, parágrafo único, da LSA); **B:** correta, nos termos do art. 171 da LSA; **C:** incorreta. Nas sociedades de capital autorizado, o próprio estatuto prevê a possibilidade de aumento de capital independentemente de reforma estatutária (art. 168 da LSA); **D:** incorreta. Tal operação altera o valor nominal das ações, correspondendo o aumento, entre acionistas, na proporção do número de ações que possuírem (art. 169 da LSA).

Gabarito "B"

(Procurador do Estado/PR – UEL-COPS – 2011) Sobre o regime jurídico das sociedades anônimas, assinale a alternativa correta:

I. as preferências ou vantagens das ações preferenciais podem consistir em prioridade na distribuição de dividendo, fixo ou mínimo; ou em prioridade no reembolso do capital, com prêmio ou sem ele; ou ainda, na acumulação de ambas as preferências e vantagens.

II. nas companhias objeto de desestatização poderá ser criada ação preferencial de classe especial, de propriedade exclusiva do ente desestatizante, à qual o estatuto social poderá conferir os poderes que especificar, inclusive o poder de veto às deliberações da assembleia geral nas matérias que especificar.

III. o estatuto pode assegurar a uma ou mais classes de ações preferenciais o direito de eleger, em votação em separado, um ou mais membros dos órgãos de administração, sendo que o estatuto pode subordinar as alterações estatutárias que especificar à aprovação, em assembleia especial, dos titulares de uma ou mais classes de ações preferenciais.

IV. a debênture terá valor nominal expresso em moeda nacional, salvo nos casos de obrigação que, nos termos da legislação em vigor, possa ter o pagamento estipulado em moeda estrangeira.

V. a debênture poderá assegurar ao seu titular juros, fixos ou variáveis, participação no lucro da companhia e prêmio de reembolso.

Alternativas:

(A) somente as alternativas I, II e III estão corretas;

(B) somente as alternativas I, II e IV estão corretas;

(C) somente as alternativas II, III e V estão corretas;

(D) somente as alternativas II, IV e V estão corretas;

(E) todas as alternativas estão corretas.

I: correta, conforme art. 17 da LSA; **II:** correta, nos termos do art. 17, § 7º, da LSA; **III:** correta, nos termos do art. 18 da LSA; **IV:** correta, conforme art. 54 da LSA; **V:** correta, conforme art. 56 da LSA.

Gabarito "E"

(Procurador do Estado/PR – 2007) A sociedade de capital autorizado é:

(A) uma sociedade que necessita de autorização do governo para funcionar;

(B) uma companhia que contém em seu estatuto previsão de aumento de capital até um determinado valor sem alteração estatutária;

(C) uma sociedade anônima que tem seu capital parcialmente subscrito com autorização para subscrição ulterior de ações até o valor do capital estatutário;

(D) uma sociedade limitada que atua na bolsa de valores com permissão para possuir capital inferior ao fixado pela Comissão de Valores Mobiliários;

(E) uma sociedade simples, de capital estrangeiro, registrada no Banco Central do Brasil.

Art. 168 da LSA; a assertiva B reflete a definição legal de capital autorizado.

Gabarito "B"

(PROCURADOR DO ESTADO/RS – FUNDATEC – 2010) Quanto ao capital social de sociedades limitadas e anônimas, pode-se afirmar o quanto segue:

(A) O capital de qualquer sociedade anônima será sempre maior do que o de uma sociedade limitada, uma vez que a sociedade anônima se constitui em tipo societário destinado a congregar grande quantidade de sócios, mediante a captação de significativa soma de recursos.

(B) O capital de uma sociedade anônima encontra-se dividido em ações, sempre ordinárias e nominativas, ao passo que o de uma sociedade limitada fraciona-se em quotas.

(C) Não há, via de regra, capital social mínimo nem máximo exigido para a constituição de sociedades anônimas ou limitadas.

(D) O capital social de uma sociedade anônima terá de ser subscrito e totalmente integralizado no mesmo ato, assegurando a sua integridade.

(E) O capital social somente poderá ser integralizado mediante a transferência de bens imóveis se os mesmos estiverem livres e desonerados.

A: incorreta. Não há qualquer limitação ou comparação nesse sentido; **B:** incorreta, porque as ações que compõem o capital social de uma sociedade anônima podem ser preferenciais ou de fruição (art. 15 da LSA); **C:** correta. Realmente não há tais limitações; **D:** incorreta. No ato de constituição da sociedade anônima é obrigatória a integralização de apenas 10% do capital social (art. 80, II, da LSA); **E:** incorreta. Não há qualquer previsão legal que limite desse modo a transferência de bens imóveis para a integralização do capital social. Vale salientar, porém, que o sócio responderá por eventual evicção (art. 10 da LSA).

Gabarito "C"

(Procurador do Estado/SP – FCC – 2009) São características da sociedade anônima:

(A) arquivamento dos atos constitutivos no Registro Público de Empresas, exigência de capital mínimo, e existência obrigatória do conselho de administração com poderes para eleger e destituir os diretores.

(B) direito de voto na assembleia geral proporcional à participação no capital social, publicação das demonstrações financeiras na imprensa oficial, e garantia de participação dos acionistas minoritários na gestão da companhia.

(C) limitação da responsabilidade pessoal dos acionistas, igualdade de tratamento entre os acionistas, e gestão profissional.

(D) capital dividido em ações circuláveis, limitação da responsabilidade pessoal dos acionistas, e pagamento de dividendo mínimo por conta dos lucros apurados no exercício social.

(E) impossibilidade de integralização do capital em bens ou serviços, dissociação entre propriedade acionária e gestão, e possibilidade de emissão de debêntures.

A: incorreta, pois não há exigência de capital mínimo. Interessante lembrar que o conselho de administração somente é obrigatório nas companhias abertas e nas de capital autorizado – art. 138, § 2º, da Lei das Sociedades por Ações – LSA (Lei 6.404/1976); **B:** incorreta, pois os titulares de ações sem direito a voto, embora possam comparecer à assembleia geral e discutir as matérias, não votam, evidentemente – art. 125, parágrafo único, da LSA; **C:** incorreta, pois não há igualdade de tratamento entre os acionistas, considerando que há distinção entre as espécies de ações e os direitos por elas conferidos; **D:** assertiva correta, conforme os arts. 1º e 202 da LSA; **E:** incorreta, pois é possível a integralização do capital em dinheiro ou em qualquer espécie de bens suscetíveis de avaliação em dinheiro, mas não em serviços – art. 7º da LSA.

Gabarito "D"

(PROCURADOR – BANCO CENTRAL – 2009 – CESPE) Com relação à emissão de debêntures nas sociedades anônimas, assinale a opção correta.

(A) A emissão de debêntures é mecanismo de autofinanciamento feito pela sociedade, no qual, em vez de contrair empréstimos em instituição financeira, a sociedade emite títulos que conferem, a quem os adquirir, direito de crédito contra ela, com a vantagem de tais títulos serem negociáveis no mercado.

(B) Uma das desvantagens da emissão de debêntures é que sua prática em excesso interfere no controle acionário da companhia e representa certa diluição dos direitos de quem já é acionista.

(C) É vedado às companhias adquirir debêntures de sua própria emissão, ainda que por valor inferior ao nominal.

(D) As debêntures com garantia flutuante possuem privilégio geral sobre o ativo da companhia, impedindo, até, a negociação dos bens que o compõem, enquanto não saldadas.

(E) As debêntures são títulos emitidos pelas sociedades anônimas, com prazos curtos de resgate e cuja conversibilidade em ações não é admitida pelo direito brasileiro a fim de não prejudicar os que já são sócios.

A: correta. A alternativa reflete com precisão o conceito e o sentido das debêntures, previstas no art. 52 da LSA; **B:** incorreta. A debênture é um título representativo de um crédito perante a companhia, não interferindo no direito dos acionistas nem mesmo na diluição do capital social; **C:** incorreta. Tal diligência é autorizada pelo art. 55, § 3º, da LSA; **D:** incorreta. A despeito de garantirem aos seus titulares privilégio geral sobre o patrimônio da companhia, a existência de debêntures com garantia flutuante não impede a negociação dos bens do ativo não circulante (art. 58, § 1º, da LSA); **E:** incorreta. As debêntures normalmente são emitidas para pagamento a prazos longos e sua conversibilidade em ações é expressamente admitida pelo art. 57 da LSA.

Gabarito "A"

(ADVOGADO – BNDES – 2008 – CESGRANRIO) Acerca das regras aplicáveis às debêntures, nos termos da Lei n. 6.404 (Lei das Sociedades Anônimas), de 15 de dezembro de 1976, assinale a afirmativa **INCORRETA**.

(A) As debêntures poderão ter garantias real e flutuante, cumulativamente.

(B) As debêntures emitidas com garantia flutuante possuem privilégio geral sobre o Ativo da Companhia.

(C) As debêntures poderão assegurar ao seu titular juros, fixos ou variáveis, participação no lucro da Companhia e prêmio de reembolso.

(D) É vedado à Companhia adquirir debêntures de sua emissão, ainda que por valor igual ou inferior ao seu valor nominal.

(E) É admitida a emissão de debêntures no exterior por companhia brasileira, desde que previamente aprovada pelo Banco Central do Brasil.

A: correta, nos termos do art. 58, § 2º, da LSA; **B:** correta, nos termo do art. 58, § 1º, da LSA. O privilégio geral é aplicado no momento da definição da ordem de pagamento dos créditos na falência, sendo pago antes dos créditos quirografários; **C:** correta, nos termos do art. 56 da LSA; **D:** incorreta, devendo ser assinalada. Desde a edição da Lei 12.431/2011, que alterou o § 3º do art. 55 da LSA, é facultado à companhia adquirir suas próprias debêntures por valor igual, inferior ou superior ao nominal, desde que observe os requisitos legais; **E:** correta, nos termos do art. 73 da LSA.

Gabarito "D"

(ADVOGADO – PETROBRÁS – 2008 – CESGRANRIO) No que tange às regras previstas na Lei n. 6.404, de 15 de dezembro de 1976, para as hipóteses de aumento do capital social mediante subscrição de ações, é **INCORRETO** afirmar que

(A) a subscrição de ações mediante capitalização de créditos detidos contra a Companhia é admitida pela legislação.

(B) as ações emitidas nas operações de aumento de capital apenas podem ser subscritas em dinheiro ou créditos contra a Companhia.

(C) o aumento de capital, decorrente da conversão de debêntures em ações, independe de aprovação da assembleia geral.

(D) o aumento de capital mediante subscrição de ações apenas é admitido após realizados, no mínimo, 3/4 (três quartos) do capital social.

(E) ao atual acionista é facultado ceder seu direito de preferência na subscrição das ações emitidas nas operações de aumento de capital.

A: correta, nos termos do art. 171, § 2º, da LSA; **B:** incorreta, devendo ser assinalada. A subscrição pode ser realizada pela transferência de bens para a companhia (art. 170, § 3º, da LSA); **C:** correta. Tal deliberação compete ao conselho de administração (art. 59, § 2º, da LSA); **D:** correta, nos termos do art. 170 da LSA; **E:** correta, nos termos do art. 171, § 6º da LSA.

Gabarito "B"

(ADVOGADO – PETROBRÁS – 2008 – CESGRANRIO) Tratando-se de bônus de subscrição emitido em conformidade com as regras definidas na Lei n. 6.404, de 15 de dezembro de 1976, pode-se afirmar que:

I. trata-se de título nominativo e intransferível;

II. é admitida sua utilização para subscrição de ações preferenciais;

III. assegura ao seu titular o direito de subscrever ações do capital social, segundo as condições constantes do certificado;

IV. assegura ao seu titular um direito de crédito contra a Companhia, conversível ou não em ações, segundo as condições constantes do certificado.

Está(ão) correta(s) **APENAS** a(s) afirmativa(s)

(A) III

(B) I e III

(C) II e III

(D) I, II e III

(E) I, II e IV

I: incorreta. Os bônus de subscrição são nominativos e negociáveis (art. 78, parágrafo único, da LSA); **II:** correta. Cabe ao certificado de bônus de subscrição indicar qual a classe de ações a que ele dá preferência na aquisição (art. 79, IV, da LSA); **III:** correta, nos termos do art. 75, parágrafo único, da LSA; **IV:** incorreta. Este é o conceito de debênture (art. 52 da LSA).

Gabarito "C"

(ADVOGADO – EPE – 2007 – CESGRANRIO) Nos termos definidos nos artigos 166 a 172 da Lei n. 6.404, de 15 de dezembro de 1976, que disciplinam o aumento do capital social, é correto afirmar que:

(A) é vedada a realização de aumento de capital mediante subscrição de ações em bens.

(B) é vedado o aumento do capital social por meio de conversão de debêntures em ações.

(C) a competência para a aprovação de aumento de capital é sempre do Conselho de Administração da Companhia.

(D) o estatuto pode fixar prazo de decadência, não inferior a 30 (trinta) dias, para o exercício do direito de preferência para a subscrição de aumento de capital.

(E) considerando estar o Conselho Fiscal em funcionamento, a deliberação sobre aumento de capital decorrente da conversão de debêntures em ações depende de prévia manifestação daquele órgão.

A: incorreta. A subscrição em bens é admitida pelo art. 170, § 3º, da LSA; **B:** incorreta, pois tal modalidade está prevista no art. 166, III, da LSA; **C:** incorreta. A deliberação compete também à assembleia geral (art. 166, I e II, da LSA); **D:** correta, nos termos do art. 171, § 4º, da LSA; **E:** incorreta. Nesse único caso é dispensada a manifestação prévia do conselho fiscal (art. 166, § 2º, da LSA).

Gabarito "D"

(ADVOGADO – PETROBRÁS TRANSP. – 2006 – CESGRANRIO) Quanto às debêntures, pode-se afirmar que:

I. conferem aos seus titulares direito de crédito contra as companhias, nas condições constantes da escritura de emissão e, se houver, do certificado;

II. poderão ser conversíveis em ações, nas condições constantes da escritura de emissão;

III. a deliberação sobre emissão de debêntures conversíveis em ações é de competência privativa da assembleia geral;

IV. a companhia não pode efetuar nova emissão antes de colocadas todas as das séries de emissão anterior ou canceladas as séries não colocadas.

Estão corretas as afirmações:

(A) II e III, apenas.

(B) I, II e IV, apenas.

(C) I, III e IV, apenas.

(D) II, III e IV, apenas.

(E) I, II, III e IV.

I: correta, nos termos do art. 52 da LSA; **II:** correta, nos termos do art. 57 da LSA; **III:** correta, nos termos do art. 59 da LSA. Registre-se que, com a edição da Lei 12.431/2011, tornou-se possível que o estatuto social entregue ao conselho de administração a competência para deliberar sobre a emissão de debêntures conversíveis em ações dentro dos limites do capital autorizado; **IV:** a assertiva estava correta à época de sua elaboração. Devemos ressaltar que a Lei 12.431/2011 alterou a redação do art. 59, § 3º, da LSA, suprimindo essa condição.

Gabarito "E"

(PROCURADOR – BANCO CENTRAL – 2009 – CESPE) A empresa Companhia do Calçado foi constituída sob a forma de sociedade anônima aberta, com ações no mercado ao custo unitário de R$ 5,00. Ricardo, que detém mais da metade das ações com direito a voto, acumula a função de presidente da empresa. Com relação a essa situação hipotética, assinale a opção correta.

(A) Na sociedade em questão, o estatuto pode assegurar a uma ou mais classes de ações preferenciais o direito de eleger, em votação em separado, um ou mais membros dos órgãos de administração.

(B) A constituição da sociedade depende de aprovação da CVM. Após tal aprovação, a subscrição das ações poderá ser efetuada diretamente com a companhia.

(C) A sociedade terá como órgãos obrigatórios a assembleia geral e a diretoria e, como órgãos facultativos, o conselho fiscal e o conselho de administração.

(D) Ricardo poderá ser presidente e diretor único da empresa.

(E) Caso Ricardo renuncie ao cargo de diretor, poderá pertencer ao conselho fiscal da empresa, desde que eleito pela assembleia e ainda que não resida no país, pois a exigência de domicílio no Brasil só é aplicável aos diretores e aos membros do conselho de administração.

A: correta, nos termos do art. 18 da LSA; **B:** incorreta. Após a autorização da CVM, a subscrição de ações deve ser feita obrigatoriamente com intermediação de instituição financeira (art. 82 da LSA); **C:** incorreta. O conselho de administração e o conselho fiscal são órgãos obrigatórios nas companhias abertas (arts. 138, § 2º, e 161 da LSA); **D:** incorreta. A diretoria deve ser formada por, no mínimo, dois diretores (art. 143 da LSA); **E:** incorreta. Os membros do conselho fiscal também devem ser residentes no país (art. 162 da LSA).

Gabarito "A"

(ADVOGADO – BNDES – 2010 – CESGRANRIO) Em relação às ações das sociedades por ações, analise as afirmações a seguir.

I. Cabe ao estatuto social determinar a quantidade de ações que serão emitidas para divisão do capital social.

II. É vedada a emissão de ações por preço abaixo do seu valor nominal, sob pena de nulidade.

III. De acordo com a natureza dos direitos de seus titulares, as ações podem ser de 3 (três) espécies: ordinárias, preferenciais ou de fruição.

Está correto o que se afirma em

(A) I, apenas.

(B) II, apenas.

(C) I e II, apenas.

(D) I e III, apenas.

(E) I, II e III.

I: correta, nos termos do art. 11 da LSA; **II:** correta, nos termos do art. 13 da LSA. O valor nominal da ação é aquele fixado pelo próprio estatuto social; **III:** correta, nos termos do art. 15 da LSA.

Gabarito "E"

(ADVOGADO – BNDES – 2006 – CESGRANRIO) Em determinada Sociedade Anônima de capital autorizado, a Assembleia Geral Extraordinária deliberou pelo aumento do capital social, com emissão de novas ações, destinando percentual dessas novas ações à opção de compra de ações pelos empregados da companhia. Diante disso, assinale a afirmativa correta.

(A) Se nenhum empregado exercer a opção, restará frustrado o aumento de capital da referida sociedade.

(B) Tratando-se de sociedade anônima, cabe aos fundadores fixar o *quorum* de deliberação na hipótese de aumento de capital, tendo em vista a lacuna da lei.

(C) É vedada a emissão de ações de espécies distintas daquelas existentes antes do aumento.

(D) Os acionistas dissidentes têm assegurado direito de retirada, caso não respeitado o caráter *intuito personae* dessas sociedades previsto na lei.

(E) Aos acionistas da companhia é defeso invocar o direito de preferência na aquisição das novas ações face à opção de compra atribuída aos empregados da sociedade.

A: incorreta. Não havendo interesse dos empregados, o capital poderá ser aumentado por qualquer das formas previstas na LSA: subscrição e integralização pelos sócios, em bens ou dinheiro, a capitalização de lucros ou reservas ou a subscrição pública de ações, por meio de oferta ao mercado; **B:** incorreta. Quando a lei não determina quorum qualificado, as decisões da assembleia geral serão tomadas por maioria absoluta de votos (art. 129 da LSA); **C:** incorreta. O art. 171, § 1º, autoriza expressamente a emissão de diferentes espécies de ações para aumento do capital social; **D:** incorreta. As sociedades anônimas são sociedades "de capital" (*intuitu pecuniae*) por excelência, não havendo, como regra, caráter de pessoalidade na administração da companhia; **E:** correta, nos termos do art. 171, § 3º, da LSA.

Gabarito "E"

(ADVOGADO – BNDES – 2006 – CESGRANRIO) Em relação ao controle acionário e ao *tag along*, são feitas as afirmativas abaixo.

I. É vedada ao controlador a alienação das ações integrantes do bloco de controle, antes de oferecê-las aos minoritários.

II. O *tag along* poderá ser estendido às ações preferenciais com direito de voto.

III. Havendo previsão estatutária, a oferta pública imposta ao adquirente do bloco de controle poderá abranger as ações sem direito de voto.

IV. A alienação direta ou indireta do controle somente poderá ser contratada sob a condição suspensiva ou resolutiva do *tag along*.

V. A alienação do controle acionário independe de autorização da Comissão de Valores Mobiliários.

As afirmativas corretas são:

(A) I e III, apenas.

(B) II e IV, apenas.

(C) III e IV, apenas.

(D) I, II e V, apenas.

(E) I, III e IV, apenas.

I: incorreta. A obrigação no caso de alienação de ações do bloco de controle refere-se à realização de oferta pública de aquisição das ações de todos os demais acionistas, não exclusivamente aos minoritários (art. 254-A da LSA); **II:** correta, nos termos do art. 17, § 1º, III, da LSA. *Tag along* é justamente a obrigação do adquirente do bloco de controle oferecer, mediante oferta pública de aquisição de ações, a compra das demais ações ordinárias e preferenciais por, no mínimo, 80% de seu valor; **III:** incorreta, por afrontar o disposto no art. 17, § 1º, III, da LSA. O tag along é extensível apenas às ações preferenciais com direito a voto; **IV:** correta, nos termos do art. 254-A da LSA; **V:** incorreta. O art. 254-A, § 2º, determina a autorização da CVM para a alienação do controle, justamente a fim de fiscalizar a validade da oferta pública de aquisição de ações.

Gabarito "B"

(ADVOGADO – BNDES – 2004 – CESGRANRIO) Ações são títulos representativos de parcelas do capital social de uma sociedade anônima que atribuem a seus titulares a condição de acionistas. Levando-se em consideração o conceito de ação e suas características, é correto afirmar que:

(A) valor nominal da ação é o mesmo que preço de emissão da ação.

(B) todas as espécies de ações garantem a seus titulares direito de voto.

(C) as ações emitidas por uma companhia aberta só podem ser negociadas pelo acionista depois de integralizados pelo menos 30% do preço de emissão.

(D) as ações podem representar frações desiguais do capital social.

(E) o acionista de uma sociedade anônima pode requerer a qualquer tempo a substituição de suas ações por ações de fruição ou debêntures.

A: incorreta. Valor nominal da ação é o valor a ela atribuído no estatuto social para fins de composição do capital. Preço de emissão é o valor pago pela ação por quem a subscreve no momento de sua emissão e é aplicável a ações com ou sem valor nominal; **B:** incorreta. As ações preferenciais podem prever a supressão do direito a voto (art. 15, § 2º, da LSA); **C:** correta, nos termos do art. 29 da LSA; **D:** incorreta, por afrontar o art. 11, § 2º, da LSA; **E:** incorreta. A substituição das ações por ações de fruição somente pode ser feita em caso de amortização. Ações e debêntures, por sua vez, têm conceitos absolutamente distintos, não se prestando à substituição de uma pela outra (a não ser se previsto expressamente no certificado de emissão da debênture a sua *conversibilidade* em ações como pagamento do empréstimo contraído pela companhia).

Gabarito "C"

(ADVOGADO – PETROBRÁS – 2003 – CESPE) Determinada assembleia geral extraordinária de uma S/A autorizou a efetivação de resgate de ações. Considerando esse fato e o instituto do resgate, julgue os itens que se seguem.

(1) Tanto a assembleia geral extraordinária como o estatuto podem deliberar acerca dessa matéria.

(2) Conforme a Lei das S/A, pode-se utilizar para o resgate o lucro do exercício anterior, mas não as reservas de lucros já constituídas.

(3) O resgate deve abranger todas as ações de uma mesma classe.

(4) O resgate de ações pode ocorrer com ou sem a redução do capital social.

(5) A deliberação quanto ao resgate de ações de uma única classe exige a aprovação por acionistas que representem, no mínimo, a metade das ações da respectiva classe.

1: correta, nos termos do art. 44, § 6º, da LSA; **2:** incorreta. O art. 44, *caput*, da LSA autoriza o uso de reservas de lucros em resgates; **3:** incorreta. O resgate pode abranger apenas algumas ações dentro da mesma classe, hipótese em que as ações devem ser definidas por sorteio (art. 44, §§ 3º e 4º, da LSA); **4:** correta, nos termos do art. 44, § 1º, da LSA; **5:** correta, nos termos do art. 44, § 6º, da LSA.

Gabarito 1C, 2E, 3E, 4C, 5C.

(ADVOGADO – IRB – 2006 – ESAF) O acordo de acionistas, disciplinado no art. 118 da Lei n. 6.404/1976 e alterações posteriores, como qualquer pacto parassocial pode ser considerado

(A) segundo seja de voto ou de preferência para a compra de ações, de negócio político e patrimonial, respectivamente.

(B) mecanismo para preservação do controle da companhia.

(C) meio de partilha do poder nos casos de acordos de voto.

(D) mecanismo de partilha da mais valia do controle se considerada a preferência para a compra de ações.

(E) forma de submissão de alguns acionistas aos ditames de quem detenha o poder para determinar a direção do voto.

O acordo de acionistas pode ser definido como o pacto celebrado entre dois ou mais acionistas, que, uma vez registrado junto à sede da companhia, obriga esta e os demais acionistas a respeitá-lo. Um de seus objetos possíveis é a concessão do poder de controle por meio da concordância de acionistas que detenham a maioria das ações com direito a voto. Assim, aqueles submetidos ao acordo devem cumpri-lo, votando de acordo com o interesse determinado pelos demais.

Gabarito "E"

(ADVOGADO – PETROBRÁS – 2012 – CESGRANRIO) À luz da Lei n. 6404/1976 e alterações, o acionista controlador responde pelos danos causados por atos praticados com abuso de poder EXCETO na hipótese de

(A) usar o poder com o fim de fazer a companhia realizar o seu objeto e cumprir sua função social, inclusive para orientar o funcionamento dos órgãos da companhia.

(B) contratar com a companhia, diretamente ou através de outrem, ou com sociedade na qual tenha interesse, em condições de favorecimento ou não equitativas.

(C) aprovar ou fazer aprovar contas irregulares de administradores, por favorecimento pessoal, ou deixar de apurar denúncia que saiba ou devesse saber procedente, ou que justifique fundada suspeita de irregularidade.

(D) induzir, ou tentar induzir, administrador ou fiscal a praticar ato ilegal, ou, descumprindo seus deveres definidos na referida Lei das Sociedades por Ações e no estatuto, promover contra o interesse da companhia, sua ratificação pela assembleia geral.

(E) eleger administrador ou fiscal que sabe inapto moral ou tecnicamente.

Todas as hipóteses estão previstas no art. 117, § 1º, da LSA como situações ensejadoras da responsabilidade pessoal do acionista controlados, com exceção da alternativa "A", a qual reflete, na verdade, o dever de diligência do acionista controlador previsto no art. 116, parágrafo único, da LSA.

Gabarito "A"

(ADVOGADO – BNDES – 2008 – CESGRANRIO) Tratando-se das regras previstas na Lei das Sociedades Anônimas (Lei n. 6.404, de 15 de dezembro de 1976) para a formação do capital social mediante contribuições em bens, assinale a afirmativa **INCORRETA**.

(A) O capital social poderá ser formado por bens móveis ou imóveis, desde que suscetíveis de avaliação em dinheiro.

(B) Os bens não poderão ser incorporados ao patrimônio da Companhia por valor superior ao que lhes tiver dado o subscritor.

(C) A avaliação dos bens deverá ser feita por 3 (três) peritos ou por empresa especializada, nomeados em assembleia- geral dos subscritores.

(D) Caso aceita pelo subscritor a avaliação aprovada pela assembleia geral de subscritores, este deverá celebrar com a sociedade instrumento contratual formalizando a transferência da propriedade dos bens e autorizando seu registro nos órgãos competentes.

(E) Admite-se a transferência ao patrimônio da Companhia do usufruto de determinado bem, hipótese em que a avaliação deverá considerar não o valor do bem, mas o da sua utilização por determinado período.

A: correta, nos termos do art. 7º da LSA; **B:** correta, nos termos do art. 8º, § 4º, da LSA; **C:** correta, nos termos do art. 8º, *caput*, da LSA; **D:** incorreta, devendo ser assinalada. Nos termos do art. 98, § 2º, da LSA, o registro da transferência dos bens independe de qualquer outra formalidade além do registro dos atos constitutivos da companhia; **E:** correta. Não há impedimento legal para a transferência apenas do usufruto, considerando que ele é suscetível de avaliação econômica. Naturalmente, seu valor não é o mesmo da propriedade do bem, razão pela qual os peritos devem apurar, com base no período concedido de usufruto, o montante a ser integralizado no capital social.

Gabarito "D"

(ADVOGADO – EPE – 2007 – CESGRANRIO) Tratando-se de constituição da sociedade anônima por subscrição particular do capital, é **INCORRETO** afirmar que:

(A) pode ser realizada por deliberação dos subscritores, em assembleia geral ou por escritura pública.

(B) é vedado ao subscritor se fazer representar por procurador na assembleia geral ou na escritura pública de constituição da sociedade.

(C) sua constituição depende da subscrição de todas as ações em que se divide o capital social fixado no estatuto por, pelo menos, 2 (duas) pessoas.

(D) no caso de constituição através de escritura pública, esta deverá ser assinada por todos os subscritores e conterá obrigatoriamente o estatuto social da Companhia.

(E) a certidão dos atos constitutivos da Companhia devidamente registrada será o documento hábil para a transferência dos bens com que o subscritor tiver contribuído para a formação do capital social.

A: correta, nos termos do art. 88 da LSA; **B:** incorreta, devendo ser assinalada. A representação por meio de procuração é autorizada pelo art. 90 da LSA; **C:** correta, nos termos do art. 80, I, da LSA, que se aplica indistintamente para a constituição por subscrição pública ou particular; **D:** correta, nos termos do art. 88, § 2º, "b", da LSA; **E:** correta, nos termos do art. 98, § 2º, da LSA.

Gabarito "B"

(ADVOGADO – REFAP – 2007 – CESGRANRIO) Acerca do aumento do capital social de companhia, é correto afirmar que:

(A) apenas pode ser efetuado em dinheiro.

(B) pode ser autorizado, em qualquer hipótese, pela Diretoria da sociedade.

(C) não é admitida a cessão do direito de preferência para a subscrição do aumento de capital.

(D) inexiste direito de preferência dos acionistas para a subscrição do aumento de capital.

(E) quando realizado mediante subscrição de ações em bens, depende de prévia avaliação dos bens por 3 (três) peritos ou por empresa especializada.

A: incorreta. O aumento do capital pode ser realizado em bens, capitalização de lucros e reservas, subscrição de ações, conversão de debêntures, partes beneficiárias e bônus de subscrição; **B:** incorreta. A autorização para aumento de capital pode advir da assembleia geral ou do Conselho de Administração (art. 166, I e II, da LSA); **C:** incorreta. A cessão é permitida pelo art. 171, § 6º, da LSA; **D:** incorreta. Nos termos do art. 171 da LSA, os acionistas têm preferência, em igualdade de condições e na proporção das ações que possuírem, na subscrição de novas ações para aumento de capital; **E:** correta, nos termos do art. 8º da LSA, aplicado por analogia.

Gabarito "E"

(ADVOGADO – PETROBRÁS – 2006 – CESGRANRIO) O acionista controlador que, no exercício de seu poder de controle, determina à diretoria da empresa a celebração de contrato com empresa na qual possua interesses particulares, em condições desfavoráveis à companhia controlada, está atuando:

(A) de acordo com o permitido pela legislação, respondendo, apenas, pelos prejuízos causados aos acionistas minoritários.

(B) com desvio de finalidade, respondendo com seus bens pessoais até o limite de sua participação no capital social.

(C) com desvio de finalidade, respondendo até o limite do capital integralizado.

(D) com abuso de poder, respondendo pessoalmente pelos prejuízos causados.

(E) com abuso de poder, respondendo até o limite do capital integralizado.

Caracteriza abuso de poder o ato do acionista controlador que, não obstante incluído dentre aqueles que lhe compete praticar, é realizado com vistas a prejudicar a companhia. Dentre as possibilidades, o art. 117, § 1º, "f", elenca a contratação de outra sociedade por interesses particulares, em condições desfavoráveis à companhia. Nos termos do *caput* do art. 117, o ato abusivo enseja a responsabilidade pessoal do administrador.

Gabarito "D"

(ADVOGADO – BNDES – 2002 – VUNESP) Nas sociedades anônimas,

(A) de capital aberto, os valores mobiliários de sua emissão são negociados apenas em bolsa de valores.

(B) pode-se distribuir valores mobiliários sem prévio registro na Comissão de Valores Mobiliários desde que a companhia seja fechada.

(C) a responsabilidade dos sócios será limitada ao total do capital social subscrito.

(D) serão classificadas em abertas e fechadas conforme os valores mobiliários de sua emissão estejam ou não admitidos à negociação em Bolsa de Valores.

(E) quando abertas, poderão ser classificadas pela Comissão de Valores Mobiliários em categorias, segundo as espécies e classes dos valores mobiliários negociados no mercado.

A: incorreta. Os valores mobiliários das companhias de capital aberto são também admitidos à negociação no mercado de balcão; **B:** incorreta. A companhia fechada é justamente aquela que não possui autorização da CVM para negociar valores mobiliários (art. 4º da LSA); **C:** incorreta. Nas sociedades anônimas, cada sócio é responsável unicamente pela integralização das ações por ele subscritas (art. 1º da LSA); **D:** incorreta. A autorização relaciona-se ao mercado de valores mobiliários (MVM), que abrange, além da Bolsa de Valores, o mercado de balcão; **E:** correta, nos termos do art. 4º, § 3º, da LSA.

Gabarito "E"

2.6.2. *ASSEMBLEIA GERAL, CONSELHO DE ADMINISTRAÇÃO, DIRETORIA, ADMINISTRADORES E CONSELHO FISCAL*

(Procurador do Estado/MG – 2007) Quanto à responsabilidade dos administradores de uma sociedade anônima tem-se que

(A) pode resultar na condenação de reparação dos prejuízos causados à companhia quando procederem, dentro de suas atribuições e poderes, com culpa ou dolo.

(B) por ser pessoal, existe também nos casos de obrigaçoes contraídas em nome da sociedade, independentemente da natureza do ato praticado.

(C) como, de regra, é solidária, responderá o administrador pelos atos ilícitos praticados por outros administradores.

(D) sendo a companhia de capital aberto, os administradores não responderão por atos decorrentes de culpa, mas sim, por aqueles decorrentes de violação da lei ou do estatuto.

A: correta. A responsabilidade dos administradores da sociedade anônima é subjetiva quando atuarem nos limites de seus poderes (art. 158, I, da LSA) e objetiva quando atuarem com violação da lei ou do estatuto; **B:** incorreta. Atos regulares de gestão não ensejam responsabilidade pessoal do administrador por dívidas sociais (art. 158, *caput*, da LSA); **C:** incorreta. O administrador somente responderá por atos ilícitos de outro se com eles for conivente, se negligenciar em descobri-los ou se, deles tendo conhecimento, deixar de agir para impedi-los (art. 158, §1º, da LSA); **D:** incorreta. Não existe diferença, nesse caso, entre companhias abertas e fechadas e atos culposos que causem prejuízos sempre ensejam a responsabilidade do administrador (art. 158 da LSA).

Gabarito "A"

(Procurador do Estado/RR – 2006 – FCC) A sociedade Alfa Ltda. é devedora da sociedade Beta Ltda. Em garantia da dívida, ofertou à credora penhor sobre ações ordinárias da sociedade Ômega S.A., da qual é acionista. O instrumento de constituição da garantia, devidamente averbado no livro de registro de ações nominativas da companhia, é omisso quanto ao exercício do direito de voto. Posteriormente, Alfa Ltda. requer, e lhe é concedida, recuperação judicial, tendo a credora Beta Ltda. regularmente habilitado seu crédito. O direito de voto inerente às ações empenhadas

(A) compete a Alfa Ltda., por seus administradores designados no contrato social.

(B) compete a Beta Ltda., por seus administradores designados no contrato social.

(C) compete a Alfa Ltda., pelo seu administrador judicial.

(D) apenas poderá ser exercido por Beta Ltda. se esta renunciar à habilitação do crédito na recuperação judicial.

(E) está suspenso enquanto durar a recuperação judicial.

O direito ao voto não é prejudicado pelo penhor ou pela recuperação, embora possa haver restrição ao exercício desse direito pelo acionista – art. 113 da LSA.

Gabarito "A"

(PROCURADOR DO ESTADO/RS – FUNDATEC – 2010) Quanto à responsabilidade pessoal dos administradores, é correto afirmar que

(A) são responsáveis pelas dívidas tributárias e previdenciárias da empresa falida, independentemente de culpa.

(B) os administradores, contanto que desempenhem suas funções dentro dos poderes que lhes foram conferidos pelo Estatuto ou Contrato Social, sem atentar contra disposição de lei, não se obrigam pessoalmente com relação às dívidas da sociedade.

(C) a responsabilidade pessoal dos administradores de sociedades anônimas difere da dos administradores de sociedades limitadas, sendo nesta última mais fácil de ser comprovada, em função de uma maior *affectio societatis*.

(D) não são responsáveis, em hipótese alguma, pois, como doutrina Pontes de Miranda, apenas presentam a sociedade.

(E) respondem solidariamente no caso dos membros do Conselho de Administração, por tratar-se de órgão colegiado.

A: incorreta. A responsabilidade dos administradores pelas dívidas tributárias e previdenciárias depende da comprovação de sua atuação com infração à lei, ao contrato ou ao estatuto social (art. 135 do CTN); **B:** correta. Enquanto agir nos limites de seus poderes, em regra, os administradores não podem ser alcançados por dívidas sociais (art. 158 da LSA); **C:** incorreta. A responsabilidade civil dos administradores das limitadas e das sociedades anônimas é análoga e submete-se aos mesmos requisitos; **D:** incorreta. Os administradores responderão por sua conduta em caso de excesso de poderes (art. 1.015, parágrafo único, do CC) ou culpa no exercício das funções (art. 1.016 do CC). A teoria de presentação de Pontes de Miranda não serve para excluir a responsabilidade dos sócios; **E:** incorreta. Os membros do Conselho de Administração submetem-se às mesmas regras que os demais diretores.

Gabarito "B"

(Procurador do Estado/SE – FCC – 2005) Alberto, Bernardo e Carlos são sócios da ABC Ltda., sociedade empresária regularmente constituída na vigência do novo Código Civil (Lei n 10.406/2002). Cada sócio detém 1/3 (um terço) do capital social e a administração social compete exclusivamente a Carlos. Alberto e Bernardo descobriram que Carlos desviou vultosa quantia do patrimônio social, em proveito próprio, e desejam responsabilizá-lo civilmente pelo ocorrido. O contrato social prevê a aplicação subsidiária das normas relativas às sociedades anônimas e é omisso quanto à forma de deliberação dos sócios e quanto à responsabilização dos administradores. Nesse caso,

(A) a responsabilização de Carlos depende de prévia deliberação da assembleia de sócios, como condição para a propositura da ação.

(B) a responsabilização de Carlos depende de prévia deliberação da reunião de sócios, como condição para a propositura da ação.

(C) Carlos não poderá ser responsabilizado civilmente pelos danos causados à sociedade.

(D) a responsabilização de Carlos será discutida judicialmente, em ação de ressarcimento movida por Alberto e Bernardo, em nome próprio.

(E) a responsabilização de Carlos será discutida judicialmente em ação de ressarcimento movida pela sociedade, sendo irrelevante a prévia deliberação dos sócios.

A: correta. Como o contrato social é omisso sobre o tema e prevê a aplicação supletiva da LSA, incide o art. 159 da Lei 6.404/1976, que prevê necessidade de aprovação prévia pela assembleia geral para que se proceda à ação de responsabilidade civil do administrador; **B:** incorreta, porque na esfera da LSA não se fala em reunião de sócios, apenas em assembleia; **C:** incorreta, porque a responsabilidade de Carlos está prevista no art. 158 da LSA; **D:** incorreta. A ação de responsabilização deve ser movida pela sociedade, porque é ela que deve ser indenizada (titularidade patrimonial e processual da pessoa jurídica); **E:** incorreta, por contrariar frontalmente o disposto na alternativa "A".

Gabarito "A"

(Procurador do Estado/SP – FCC – 2009) Segundo o ordenamento jurídico brasileiro, a atuação do Estado como acionista controlador da sociedade de economia mista deve ser orientada pela

(A) necessidade de atendimento ao interesse público que justificou a criação da companhia, ainda que à custa do objetivo da maximização dos lucros.

(B) preocupação primordial de remunerar os recursos investidos pelo Estado na companhia, com base na mesma taxa de retorno demandada pelo capital privado.

(C) abstenção de perseguir objetivos de interesse público por intermédio da companhia.

(D) não interferência na definição do planejamento estratégico da companhia, cabendo aos administradores decidir sobre todos os assuntos de interesse social.

(E) ausência de responsabilidade patrimonial em face dos acionistas minoritários, relativamente às deliberações tomadas no âmbito da assembleia geral.

A: assertiva correta, à luz do art. 173 da CF; B e **C:** incorretas, pois a constituição e manutenção de empresas públicas e sociedades de economia mista tem por objetivo atender a necessidades da segurança nacional ou a relevante interesse coletivo – art. 173 da CF; **D:** incorreta, pois o Estado orienta prioritariamente a definição do planejamento estratégico da companhia para o atendimento ao interesse público que justificou a constituição e a manutenção da sociedade de economia mista – art. 238 da LSA; **E:** incorreta, pois os direitos dos minoritários são garantidos, também no caso das sociedades de economia mista, observadas as peculiaridades do caso – arts. 238 e 239 da LSA.

Gabarito "A"

(Procurador da Fazenda Nacional – 2007 – ESAF) A administração das companhias abertas, com dois colegiados, dá a um deles o poder para formular as políticas gerais da sociedade e ao outro a competência para sua execução. Dessa forma, se a diretoria não seguir as diretrizes formuladas pelo Conselho de Administração, visa-se a:

(A) facilitar a destituição dos diretores a qualquer tempo.

(B) permitir que os administradores sejam convocados para apresentarem explicação à Assembleia Geral.

(C) dividir a responsabilidade dos administradores, reduzindo a qualidade da informação aos acionistas com aumento da assimetria.

(D) dar transparência para apuração de responsabilidades por danos causados à sociedade por qualquer dos colegiados.

(E) reduzir o ônus para aqueles acionistas minoritários que tenham interesse em promover ações de responsabilidade quando entenderem haver prejuízos para a sociedade.

Dentre as assertivas, apenas a D reflete finalidade da divisão de poderes entre os dois órgãos societários, no que se refere a eventual dissídio entre a Diretoria e o Conselho de Administração – arts. 138 e ss. da LSA.

Gabarito "D"

(Advogado da União/AGU – CESPE – 2012) Com relação à responsabilidade dos sócios e administradores, julgue o item seguinte.

(1) O administrador de sociedade empresária não responde pessoalmente pelas obrigações que contrair em nome da sociedade por atos regulares de gestão, estando, contudo, obrigado pessoalmente e solidariamente a reparar o dano, por ato ilícito se, no âmbito de suas atribuições e poderes, agir de forma culposa.

1: correta, nos exatos termos do art. 158, II, da LSA.

Gabarito 1C

(ADVOGADO – PETROBRÁS DISTRIB. – 2010 – CESGRANRIO) Qual é o órgão da sociedade anônima de capital aberto que tem competência para a alienação de bens do Ativo Permanente de uma companhia?

(A) Diretoria.

(B) Assembleia Geral.

(C) Conselho Fiscal.

(D) Conselho de Administração.

(E) Conselho Consultivo.

Tal competência é atribuída ao Conselho de Administração pelo art. 142, VIII, da LSA.

Gabarito "D"

(ADVOGADO – BNDES – 2008 – CESGRANRIO) Em caso de omissão do estatuto social de Companhia que possua conselho de administração e conselho fiscal em funcionamento, o órgão social competente para autorizar a constituição de hipoteca sobre bens integrantes do Ativo Permanente da Companhia é o(a)

(A) conselho fiscal.

(B) conselho de administração.

(C) presidência.

(D) assembleia geral de acionistas.

(E) diretoria, como órgão colegiado.

Nos termos do art. 142, VIII, da LSA, a competência, nesse caso, é do conselho de administração.

Gabarito "B"

(ADVOGADO – BNDES – 2008 – CESGRANRIO) Para a eleição de membro do conselho fiscal de Sociedade Anônima, tendo em vista os impedimentos a ela relativos, considere as seguintes possibilidades:

I. membro do conselho de administração da Companhia;

II. membro da diretoria de sociedade controlada pela Companhia;

III. cônjuge ou parente, até terceiro grau, de administrador da Companhia;

IV. pessoa que tenha exercido cargo de administrador ou conselheiro fiscal de outra sociedade anônima nos últimos 2 (dois) anos.

São inelegíveis:

(A) I e II, apenas.

(B) I e III, apenas.

(C) I, II e III, apenas.

(D) II, III e IV, apenas.

(E) I, II, III e IV.

Nos termos do art. 162, § 2º, da LSA, estão proibidos de compor o conselho fiscal pessoas que sejam membros dos órgãos de administração (leia-se diretoria e conselho de administração) da companhia ou de sociedade por ela controlada, bem como o cônjuge e os parentes até o terceiro grau dessas pessoas.

Gabarito "C"

(ADVOGADO – PETROBRÁS DISTRIB. – 2008 – CESGRANRIO) Os órgãos obrigatórios de uma sociedade anônima fechada, sem capital autorizado, são:

I. Assembleia Geral;

II. Conselho de Administração;

III. Conselho Fiscal;

IV. Diretoria;

V. Conselho Consultivo.

Estão corretos APENAS os órgãos

(A) I, II e III

(B) I, III e IV

(C) I, III e V

(D) I, IV e V

(E) II, IV e V

O Conselho de Administração é obrigatório apenas nas sociedades anônimas abertas ou com capital autorizado (art. 138, § 2º, da LSA). Conselho Consultivo, por sua vez, não é órgão obrigatório em qualquer espécie de companhia.

Gabarito "B"

(ADVOGADO – EPE – 2007 – CESGRANRIO) Sobre o Conselho Fiscal, disciplinado nos artigos 161 a 165 da Lei n. 6.404, de 15 de dezembro de 1976, é correto afirmar que:

(A) não se admite pagamento de remuneração aos membros do Conselho Fiscal.

(B) não se admite reeleição dos membros do Conselho Fiscal.

(C) os membros do Conselho Fiscal devem ser, necessariamente, acionistas da sociedade.

(D) a função de membro do Conselho Fiscal é indelegável.

(E) a instalação do Conselho Fiscal depende da obrigatória aprovação de acionistas que representem maioria absoluta das ações com direito a voto da Companhia.

A: incorreta. A remuneração dos membros do Conselho Fiscal está prevista no art. 162, § 3º, da LSA; **B:** incorreta. Os membros do Conselho Fiscal poderão ser reeleitos, nos termos do art. 161, § 5º, da LSA; **C:** incorreta. Os membros podem ou não ser acionistas (art. 161, § 1º, da LSA); **D:** correta, nos termos do art. 161, § 7º, da LSA; **E:** incorreta. O quórum de instalação do Conselho Fiscal, quando este não for permanente, é de 10% das ações com direito a voto ou 5% das ações sem direito a voto (art. 161, § 2º, da LSA).

Gabarito "D"

(ADVOGADO – EPE – 2007 – CESGRANRIO) Acerca do Conselho de Administração da Companhia, regulado pelos artigos 138 a 142 da Lei n. 6.404, de 15 de dezembro de 1976, é **INCORRETO** afirmar que:

(A) é admitida a reeleição de seus membros.

(B) seus membros são eleitos pela Assembleia Geral da Companhia.

(C) a existência de Conselho de Administração é facultativa nas Companhias de capital aberto.

(D) as atribuições conferidas por lei ao Conselho de Administração não podem ser outorgadas a outro órgão social.

(E) pode estatuto social estabelecer quórum qualificado para deliberação de determinadas matérias pelo Conselho de Administração.

A: correta, nos termos do art. 140, III, da LSA; **B:** correta, nos termos do art. 140, *caput*, da LSA; **C:** incorreta, devendo ser assinalada. Nas companhias abertas e nas de capital autorizado, é obrigatória a constituição do Conselho de Administração (art. 138, § 2º, da LSA); **D:** correta, nos termos do art. 139 da LSA; **E:** correta, nos termos do art. 140, IV, da LSA.

Gabarito "C"

(ADVOGADO – REFAP – 2007 – CESGRANRIO) Nos termos da Lei n. 6.404, de 15 de dezembro de 1976, assinale a opção que **NÃO** apresenta matéria cuja deliberação é de competência privativa da assembleia geral de acionistas.

(A) Reforma do estatuto social.

(B) Suspensão do exercício dos direitos de acionista.

(C) Fixação da orientação geral dos negócios da companhia.

(D) Transformação, fusão, incorporação e cisão da companhia.

(E) Aprovação das demonstrações financeiras apresentadas pelos administradores da companhia.

A deliberação de todas as matérias listadas é de competência privativa da assembleia geral, nos termos do art. 122, I, V, VIII e III (respectivamente), com exceção da fixação da orientação geral dos negócios da companhia, que compete ao Conselho de Administração (art. 142, I, da LSA).

Gabarito "C"

(ADVOGADO – IRB – 2006 – ESAF) A existência de conselho de administração, obrigatória nas companhias abertas e de capital autorizado, equivale à (a)

(A) delegação de competência da assembleia geral a outro colegiado.

(B) partilha de poder entre grupos de acionistas dada a composição do Conselho de Administração.

(C) administração dual para garantir maior eficiência na tomada de decisões.

(D) possibilidade de inclusão de não acionistas na composição do Conselho de Administração.

(E) dar representatividade especial aos minoritários de forma a que as deliberações dos Conselhos de Administração sejam mais equitativas.

O Conselho de Administração, previsto nos arts. 138 e seguintes da LSA, divide as atribuições relacionadas com a administração da companhia com a diretoria, mormente por meio de sua fiscalização. Isso garante maior eficiência e legalidade nas decisões da sociedade. É composto por, no mínimo três membros, necessariamente acionistas, eleitos pela assembleia geral.

Gabarito "C"

(ADVOGADO – BNDES – 2006 – CESGRANRIO) É dever do administrador de sociedade anônima aberta:

(A) comunicar à Bolsa de Valores e divulgar na imprensa qualquer deliberação ou fato relevante ocorrido nos negócios da companhia que possam repercutir de forma considerável nos interesses dos investidores do mercado.

(B) manter em sigilo sua posição no quadro de sócios da companhia que representa, sob pena de influenciar as decisões de mercado sobre a compra e venda de valores mobiliários de sua emissão.

(C) arquivar na Junta Comercial, a cada transferência de ações operada em Bolsa de Valores, a alteração do estatuto da sociedade, indicando os novos acionistas e, assim, garantindo a informação do mercado.

(D) praticar todos os atos que guardem relação direta ou indireta com o objetivo da companhia, inclusive a oneração de imóveis, que tragam a sociedade vantagem econômica imediata, ainda que da prática do ato seja beneficiado diretamente.

(E) informar à Bolsa de Valores, na qualidade de entidade reguladora atuante na estrutura das companhias abertas, a emissão de novos valores mobiliários, como meio de garantir a publicidade dos atos da sociedade perante terceiros.

Basicamente, os administradores devem cumprir seus deveres de diligência, lealdade e informação em relação aos acionistas. Dever de diligência pode ser resumido como o cuidado que todo homem ativo e probo tem na condução de seus negócios; dever de lealdade é a administração no interesse da companhia e dos acionistas, buscando a melhor satisfação possível para o objeto social; e dever de informar é a obrigação de relatar aos acionistas, e fazer publicar na imprensa quando necessário, todos os fatos relevantes sobre a companhia. Dentre as hipóteses listadas, enquadra-se nesses deveres apenas a letra "A", nos termos do art. 157, § 4º, da LSA, um dos consectários do dever de informação.

Gabarito "A"

(ADVOGADO – BNDES – 2004 – CESGRANRIO) Quanto aos administradores e integrantes da Diretoria das sociedades anônimas abertas, é **INCORRETO** afirmar que:

(A) devem ser atentos e cuidadosos, pois pode ocorrer de terem interesses pessoais conflitantes com os da própria sociedade.

(B) têm que cuidar unicamente do intuito da sociedade, independente dos princípios do mercado, para que aquela distribua sempre os maiores dividendos possíveis aos seus acionistas.

(C) têm o dever de informar à Comissão de Valores Mobiliários fatos ou deliberações que possam influir na cotação dos valores mobiliários emitidos pela companhia.

(D) têm os deveres de atuar com diligência e lealdade, além de prestar informações ao mercado em geral.

(E) serão responsabilizados civilmente somente em caso de atos dolosos praticados em nome da sociedade, contrários aos interesses sociais e à lei.

A: correta, nos termos dos arts. 153 e 156 da LSA; **B:** incorreta, devendo ser assinalada. O art. 154 da LSA consagra o princípio da função social da empresa, segundo o qual as atividades econômicas, além do enriquecimento dos sócios, deve sempre pautar-se pela persecução do bem comum; **C:** correta, nos termos do art. 157, § 4º, da LSA; **D:** correta, nos termos dos arts. 153, 155 e 157 da LSA; **E:** correta, nos termos do art. 158 da LSA.

Gabarito "B"

2.6.3. *TRANSFORMAÇÃO, INCORPORAÇÃO, FUSÃO E CISÃO*

(Procuradoria Distrital – 2007) A Lei Distrital n. 3.863/2006 autoriza a incorporação da Sociedade de Abastecimento de Brasília S.A. – SAB, às Centrais de Abastecimento do Distrito Federal S.A. – CEASA-DF, ambas empresas públicas sob o controle do Distrito Federal. Com a finalização do processo de incorporação:

(A) a SAB irá desaparecer e a CEASA-DF terá um aumento do capital social equivalente ao patrimônio líquido da SAB.

(B) o Distrito Federal, na condição de acionista controlador, é responsável pessoalmente por todas as obrigações das empresas citadas.

(C) ocorrerá o vencimento antecipado das obrigações da SAB.

(D) a CEASA-DF irá ter seu controle alterado.

(E) tanto a Sociedade de Abastecimento de Brasília S.A. – SAB, quanto as Centrais de Abastecimento do Distrito Federal S.A. – CEASA-DF irão desaparecer dando origem a uma nova sociedade.

A: a assertiva reflete a operação de incorporação – art. 227 da LSA e art. 1.116 do CC; **B:** o controlador não se confunde com as companhias – sua responsabilidade, em princípio, limita-se ao preço de emissão das ações subscritas ou adquiridas – art. 1.088 do CC; **C:** a incorporação não tem esse efeito, até porque os direitos dos credores não são prejudicados – art. 227, *caput*, da LSA; **D:** considerando que o Distrito Federal controla ambas as companhias e que não há alteração na participação societária, não ocorre modificação do controle por conta da incorporação – art. 116 da LSA; **E:** na incorporação, a incorporada desaparece e a incorporadora subsiste – art. 227 da LSA.

Gabarito "A"

(Procurador do Estado/GO – 2010) Com relação à transformação, incorporação, fusão e cisão das sociedades, analise as assertivas que se seguem e assinale, abaixo, a alternativa CORRETA:

I. O ato de transformação importa na dissolução ou liquidação da sociedade transformada.

II. A transformação não modificará nem prejudicará, em qualquer caso, os direitos dos credores.

III. Na fusão, uma ou várias sociedades são absorvidas por outra, que lhes sucede em todos os direitos e obrigações, devendo todas aprová-la, na forma estabelecida para os respectivos tipos.

IV. A incorporação determina a extinção das sociedades que se unem, para formar sociedade nova, que a elas sucederão nos direitos e obrigações.

(A) Todas as alternativas estão erradas.

(B) Apenas a alternativa II está correta.

(C) Todas as alternativas estão corretas.

(D) Apenas as alternativas I e IV estão corretas.

(E) Apenas as alternativas III e IV estão corretas.

I: incorreta, nos termos do art. 1.113 do CC. A transformação é a operação societária mais simples, na qual apenas se altera o tipo societário (de limitada para anônima, de comandita simples para nome coletivo etc.); **II:** correta, conforme art. 1.115 do CC; **III:** incorreta. Esse é o conceito de incorporação, previsto no art. 1.116 do CC; **IV:** incorreta. Este é o conceito de fusão, previsto no art. 1.119 do CC.

Gabarito "B"

(Procurador da Fazenda Nacional – 2007.2 – ESAF) A incorporação de uma sociedade por outra, qualquer que seja a natureza da atividade exercida,

(A) só será eficaz se não implicar perdas patrimoniais a nenhum sócio da incorporada.

(B) dará aos dissidentes o direito de se retirarem mediante a venda de suas participações aos controladores da sociedade incorporadora.

(C) deverá seguir a disciplina da Lei n. 6.404/1976 com as alterações posteriores.

(D) garantirá o direito de ressarcimento de perdas impostas aos sócios da incorporadora pelos sócios da incorporada.

(E) dependerá de ratificação dos acionistas titulares de ações sem direito de voto.

Todas as assertivas, com exceção da C, são estranhas à normatização das incorporações (arts. 1.116 a 1.118 do CC e arts. 223 a 227 e 230 a 232 da LSA).

Gabarito "C"

(Procuradoria Federal – 2007 – CESPE) Julgue o item seguinte.

(1) O aumento de capital mediante capitalização de lucros ou de reservas não implica em alteração do valor nominal das ações nem distribuição de novas ações.

É o oposto: a capitalização de lucros ou de reservas implica alteração do valor nominal das ações ou distribuição de novas – art. 169 da LSA.

Gabarito 1E

2.6.4. SOCIEDADES DE ECONOMIA MISTA

(Procuradoria Distrital – 2007) A administração indireta do Distrito Federal é composta também por empresas públicas e sociedades de economia mista, sendo que estas últimas adotam sempre a forma de S/A. Sobre essas sociedades de economia mista é correto afirmar que:

(A) não há submissão às regras da Lei n. 6.404/1976, dada a sua natureza pública.

(B) o conselho de administração é facultativo, dependendo de previsão do estatuto.

(C) seus administradores fazem jus a uma remuneração a ser fixada pela assembleia geral.

(D) uma determinação feita pelo acionista controlador substitui a assembleia geral.

(E) suas ações serão nominativas, endossáveis ou ao portador.

A: incorreta. As sociedades de economia mista são reguladas pela LSA, conforme seu art. 235; **B:** incorreta. O conselho de administração é obrigatório – art. 239 da LSA; **C:** correta, conforme disposto no art. 152, c/c art. 239, parágrafo único, ambos da LSA; **D:** incorreta. O acionista controlador submete-se às mesmas regras que sujeitam os controladores das demais companhias, embora possa orientar a empresa no sentido do interesse público que justificou sua criação (ou seja, não se sobrepõe à assembleia geral) – art. 238 da LSA; **E:** incorreta. Atualmente, as ações devem ser nominativas – art. 20 da LSA.

Gabarito "C"

(Procurador do Estado/MG – 2007) Sobre as sociedades de economia mista não é possível sustentar que

(A) estão sujeitas à Lei das Sociedades Anônimas sem prejuízo das disposições especiais de lei federal.

(B) em sendo abertas, sujeitam-se às normas expedidas pela Comissão de Valores Mobiliários, além da legislação aplicável às de capital fechado.

(C) sua constituição dependerá de prévia autorização legislativa.

(D) seu objeto social poderá ser alterado, a qualquer momento, desde que isto decorra de deliberação dos acionistas que representem a titularidade de mais de 2/3 (dois terços) do capital social.

A: correta. As sociedades de economia mista, por serem entes integrantes da Administração Pública Indireta, submetem-se ao regime jurídico da LSA e também às regras atinentes à Administração Pública impostas por lei federal (art. 235 da LSA); **B:** correta, conforme art. 235, §1º, da LSA; **C:** correta, nos termos do art. 236 da LSA; **D:** incorreta, devendo ser assinalada. Por força do princípio da legalidade, aplicável à toda Administração Pública, somente por lei pode ser alterado o objeto social da sociedade de economia mista (art. 237 da LSA).

Gabarito "D"

(Procurador do Estado/PR – UEL-COPS – 2011) Sobre o regime jurídico das sociedades de economia mista, assinale a alternativa correta:

I. as sociedades anônimas de economia mista estão sujeitas a lei das sociedades anônimas, sem prejuízo das disposições especiais de lei federal, sendo que as companhias abertas de economia mista não estão sujeitas às normas expedidas pela Comissão de Valores Mobiliários, subordinando-se, contudo, à regulação do Banco Central.

II. a constituição de companhia de economia mista depende de prévia autorização legislativa e somente poderá explorar os empreendimentos ou exercer as atividades previstas na lei que autorizou a sua constituição.

III. sempre que pessoa jurídica de direito público adquirir, por desapropriação, o controle de companhia em funcionamento, os acionistas terão direito de pedir, dentro de 60 (sessenta) dias da publicação da primeira ata da assembleia geral realizada após a aquisição do controle, o reembolso das suas ações; salvo se a companhia já se achava sob o controle, direto ou indireto, de outra pessoa jurídica de direito público, ou no caso de concessionária de serviço público.

IV. a companhia de economia mista terá um conselho fiscal e o estatuto disporá sobre seu funcionamento, de modo permanente ou nos exercícios sociais em que for instalado a pedido de acionistas.

V. os estatutos das sociedades de economia mista controladas pela União deverão prever a participação nos seus conselhos de administração de representante dos trabalhadores, assegurado o direito da União de eleger a maioria dos seus membros.

Alternativas:

(A) somente as alternativas II, III e V estão corretas;

(B) somente as alternativas I, II e IV estão corretas;

(C) somente as alternativas I, III e V estão corretas;

(D) somente as alternativas II, IV e V estão corretas;

(E) todas as alternativas estão corretas.

I: incorrota. As sociedades de economia mista abertas estão sujeitas aos atos normativos expedidos pela CVM (art. 235, § 1º, da LSA); **II:** correta, conforme previsto nos arts. 236 e 237 da LSA; **III:** correta. O art. 236, parágrafo único, da LSA garante esse direito aos acionistas, que em muito se assemelha à operação de *tag along* nas companhias privadas; **IV:** incorreta. O funcionamento do Conselho Fiscal deve ser permanente (art. 240 da LSA); **V:** correta, nos termos do art. 2º da Lei 12.353/2010.

Gabarito "A"

(Procurador do Estado/PR – 2007) Para a alienação de ações de titularidade do Estado numa sociedade anônima, algumas condições deverão ser atendidas:

(A) o preço mínimo de alienação das ações deverá ser fixado por lei, depois de desenvolvido criterioso trabalho de avaliação patrimonial da empresa;

(B) o preço de alienação das ações será livremente fixado pela Bolsa de Valores, tendo-se como parâmetro o valor de mercado destas ações;

(C) não há necessidade de fixação de valor mínimo das ações porque a sociedade de economia mista se sujeita às normas de mercado e estas é que definirão o valor a ser apresentado como lance mínimo na alienação;

(D) cabe à União Federal a iniciativa de projeto de lei que autorize a alienação das referidas ações em razão da previsão constitucional de competência legislativa da União para a disciplina de Direito Comercial;

(E) é imprescindível a prévia autorização da Assembleia Geral da Sociedade de Economia Mista, mediante *quorum* qualificado.

A Lei 8.666/1993 (art. 17, II, c) exige avaliação prévia, mas não prevê lei autorizativa ou licitação para a alienação de ações em bolsa. As Constituições estaduais, no entanto, costumam submeter as alienações à autorização legislativa, caso do Paraná (art. 87, XX), de São Paulo (art. 47, XV), do Rio de Janeiro (art. 69) e do Distrito Federal (Lei Orgânica, art. 100, XX).

Gabarito "A"

(PROCURADOR DO ESTADO/RS – FUNDATEC – 2010) Assinale a alternativa correta:

(A) As sociedades de economia mista não se regem pela Lei de Sociedades por Ações, uma vez que, por serem controladas pelo Estado, submetem-se apenas às normas próprias do direito administrativo.

(B) As sociedades de economia mista podem funcionar sem Conselho de Administração.

(C) A constituição da sociedade de economia mista prescinde de autorização legislativa, sempre que constituída por meio de uma subscrição pública amparada por ampla publicidade, na forma da Lei n. 6.404/1976.

(D) As sociedades de economia mista sujeitam-se ao disposto na Lei de Sociedades por Ações e normativos da Comissão de Valores Mobiliários, sem prejuízo de outras disposições federais especiais aplicáveis.

(E) As sociedades de economia mista escapam da incidência dos normativos da Comissão de Valores Mobiliários, pois nao seria lógico que empresas sob controle estatal fossem objeto de fiscalização por outra entidade estatal.

A: incorreta. As sociedades de economia mista submetem-se a regime jurídico híbrido, parcialmente público e parcialmente privado (art. 173, § 1º, da Constituição Federal – CF), e por isso devem obediência ao quanto disposto na Lei 6.404/1976 (art. 235 da LSA); **B:** incorreta. É obrigatória a constituição do Conselho de Administração (art. 239 da LSA); **C:** incorreta. É inafastável a necessidade de autorização legislativa para constituição da sociedade de economia mista (art. 37, XIX, da CF e art. 236 da LSA); **D:** correta, nos termos do art. 235, §1º, da LSA; **E:** incorreta, por contraria frontalmente a alternativa anterior.

Gabarito "D"

(ADVOGADO – PETROBRÁS BIO. – 2010 – CESGRANRIO) Com relação às sociedades anônimas, considere as afirmativas a seguir.

I. A companhia ou sociedade anônima terá o capital dividido em ações, e a responsabilidade dos sócios ou acionistas será limitada ao preço de emissão das ações subscritas ou adquiridas.

II. As sociedades anônimas de economia mista estão sujeitas à Lei n. 6.404/1976, sem prejuízo das disposições especiais de lei federal.

III. As ações, de acordo com o disposto no estatuto social, podem ou não ter valor nominal, que significa o resultado da divisão do capital social pelo número de ações emitidas.

IV. O capital social poderá ser formado com contribuições em dinheiro ou em qualquer espécie de bens suscetíveis de avaliação em dinheiro.

V. O funcionamento dos Conselhos de Administração e Fiscal é permanente nas companhias de economia mista.

São corretas as afirmativas

(A) I e II, apenas.

(B) III e V, apenas.

(C) III, IV e V, apenas.

(D) I, II, III e IV, apenas.

(E) I, II, III, IV e V.

I: correta, nos termos do art. 1º da LSA; **II:** correta, nos termos do art. 235 da LSA; **III:** correta, nos termos do art. 11 da LSA; **IV:** correta, nos termos do art. 7º da LSA; **V:** correta, nos termos dos arts. 239 e 240 da LSA. Vale lembrar que essa é uma diferença entre as sociedades de economia mista e as companhias em geral, as quais podem não ter Conselho de Administração (se sociedades anônimas fechadas) e cujo Conselho Fiscal não será, necessariamente, um órgão permanente.

Gabarito "E"

(ADVOGADO – ELETROBRÁS – 2006 – NCE/UFRJ) A pessoa jurídica que controla uma sociedade anônima de economia mista:

(A) nunca poderá responder pelos danos causados por atos praticados com abuso de poder;

(B) tem os deveres e responsabilidades do acionista controlador, embora possa orientar as atividades da companhia de modo a atender ao interesse público que justificou a sua criação;

(C) pode orientar a companhia para todos os fins, ainda que estranhos ao objeto social ou lesivos ao interesse nacional, ou em prejuízo da participação dos acionistas minoritários nos lucros ou no acervo da companhia;

(D) não pratica abuso de poder quando elege administrador ou fiscal que sabe inapto, moral ou tecnicamente, para o cargo;

(E) está autorizada por lei a aprovar as contas de administradores, ainda que irregulares.

Nos termos do art. 238 da LSA, nas sociedades de economia mista, a pessoa jurídica de direito público tem as mesmas responsabilidades do acionista controlador, podendo, porém, orientar as atividades da companhia de modo a atender o interesse público. Desse modo, havendo dano, surge o dever de indenizar em caso de abuso de poder (art. 117 da LSA), caracterizado pela eleição de administrador ou membro do conselho fiscal inapto (art. 117, § 1º, "d", da LSA) ou aprovação de contas irregulares (art. 117, § 1º, "g", da LSA).

Gabarito "B"

2.6.5. LIGAÇÕES SOCIETÁRIAS. CONTROLE, COLIGAÇÃO, GRUPOS, CONSÓRCIOS, SUBSIDIÁRIAS

(Procurador do Estado/PR – 2007) A reunião de sociedades visando executar um determinado empreendimento, sem a criação de um novo sujeito de direito, na qual elas mantém sua autonomia, agem e respondem cada qual por suas obrigações, sem solidariedade, mas contribuem para as despesas comuns e deliberam sobre a administração do conjunto, caracteriza:

(A) Um consórcio, sem personalidade jurídica, que, porém, deve ser registrado na Junta Comercial;

(B) Um grupo de sociedades, sem personalidade jurídica, que deve ser identificado por uma denominação própria, sujeito a registro na Junta Comercial;

(C) Um grupo de sociedades, com personalidade jurídica a partir do seu registro na Junta Comercial;

(D) Uma coligação de participação recíproca de sociedades;

(E) Uma sociedade em conta de participação.

A assertiva descreve o consórcio, nos termos dos arts. 278 e 279 da LSA. O grupo de sociedades é definido pelo art. 265 da LSA. As coligadas são previstas pelo art. 1.099 do CC. A sociedade em conta de participação é regulada pelos arts. 991 a 996 do CC.

Gabarito "A"

(ADVOGADO – PETROBRÁS BIO. – 2010 – CESGRANRIO) Em relação aos consórcios previstos na Lei n. 6.404/1976, analise as afirmações a seguir.

I. As companhias e quaisquer outras sociedades, sob o mesmo controle ou não, podem constituir consórcio para executar determinado empreendimento.

II. A falência de uma consorciada não se estende às demais, subsistindo o consórcio com as outras contratantes; os créditos que, porventura, tiver a falida serão apurados e pagos na forma prevista no contrato de consórcio.

III. O contrato de consórcio e suas alterações serão arquivados no registro do comércio do lugar da sua sede, devendo a certidão do arquivamento ser publicada.

IV. O consórcio será constituído mediante contrato aprovado pelo órgão da sociedade competente para autorizar a alienação dos bens do ativo não circulante, desde que atendidos os requisitos constantes na Lei das Sociedades por Ações.

V. O consórcio tem personalidade jurídica, e as consorciadas se obrigam, nas condições previstas no respectivo contrato, a responder em conjunto pelas obrigações assumidas, com presunção de solidariedade.

São corretas APENAS as afirmativas

(A) I e II.

(B) III e V.

(C) III, IV e V.

(D) I, II, III e IV.

(E) II, III, IV e V.

I: correta, nos termos do art. 278 da LSA. O consórcio pode ser definido como a atuação conjunta de duas ou mais companhias, sem constituir operação societária, com vistas a determinado empreendimento que cada uma delas, sozinha, não teria condições de explorar; **II:** correta, nos termos do art. 278, § 2º, da LSA; **III:** correta, nos termos do art. 279, parágrafo único, da LSA; **IV:** correta, nos termos do art. 279, *caput*, da LSA; **V:** incorreta. O consórcio não tem personalidade jurídica e não há presunção de solidariedade entre as consorciadas, ou seja, somente existirá a solidariedade se assim estiver previsto no contrato de consórcio (art. 278, § 1º, da LSA).

Gabarito "D"

(ADVOGADO – PETROBRÁS – 2006 – CESGRANRIO) Acerca do consórcio de empresas, previsto nos artigos 278 e 279 da Lei das Sociedades Anônimas (Lei n. 6.404/1976), pode-se afirmar que:

I. as consorciadas serão sempre solidárias nas obrigações contratadas com terceiros, independentemente do estipulado no instrumento de constituição do consórcio;

II. o contrato de consórcio deve estipular o empreendimento objeto do consórcio, assim como as obrigações e as responsabilidades de cada consorciada;

III. o contrato de consórcio deve, obrigatoriamente, ser arquivado no registro do comércio do local da sede de cada uma das consorciadas;

IV. o consórcio não possui personalidade jurídica.

Estão corretas as afirmativas:

(A) II e IV, apenas.

(B) I, II e III, apenas.

(C) I, III e IV, apenas.

(D) II, III e IV, apenas.

(E) I, II, III e IV.

I: incorreta. O contrato de consórcio pode ou não prever a solidariedade, não sendo esta obrigatória ou presumida (art. 278, § 1º, da LSA); **II:** correta, nos termos do art. 279, II e IV, da LSA; **III:** incorreta. O contrato de consórcio deve ser arquivado somente no lugar de sua sede (art. 279, parágrafo único, da LSA); **IV:** correta, nos termos do art. 278, § 1º, da LSA.

Gabarito "A"

(ADVOGADO – PETROBRÁS TRANSP. – 2006 – CESGRANRIO) O artigo 279 da Lei das Sociedades Anônimas (Lei n. 6.404/1976) determina que o consórcio de empresas será constituído mediante contrato aprovado pelo órgão da sociedade competente para autorizar a alienação de bens do Ativo Permanente. Em caso de omissão do estatuto social sobre a matéria (alienação de bens do Ativo Permanente ou celebração de contrato de consórcio), o órgão social competente para aprovar a celebração do contrato de consórcio é o:

(A) Colegiado da Diretoria, após ouvido o Conselho Fiscal e o Conselho de Administração.

(B) Colegiado da Diretoria, após ouvido o Conselho de Administração.

(C) Colegiado da Diretoria, após ouvido o Conselho Fiscal.

(D) Conselho de Administração, caso existente na sociedade.

(E) Conselho Fiscal, caso existente na sociedade.

Nos termos do art. 142 da LSA, tal atribuição compete ao Conselho de Administração.

Gabarito "D"

(ADVOGADO – ELETROBRÁS – 2006 – NCE/UFRJ) As sociedades anônimas podem constituir consórcios para executar determinados empreendimentos. Esses consórcios:

(A) têm personalidade jurídica e as consorciadas se obrigam solidariamente;

(B) impõem a extensão da falência de uma consorciada a todas as demais;

(C) podem ser autorizados pelo Conselho de Administração, mesmo que não haja competência estabelecida para tal nos estatutos das sociedades consorciadas, por se tratar de estratégia de negócio;

(D) serão constituídos mediante contrato aprovado pelos órgãos competentes das companhias consorciadas, conforme estabelecido nos seus estatutos, e arquivado na Junta Comercial do lugar de suas sedes;

(E) não podem ser formados por sociedades que não tenham o mesmo controle, pois seria impossível a administração conjunta.

A: incorreta. O consórcio não tem personalidade jurídica nem há presunção de solidariedade (art. 278, § 1º, da LSA); **B:** incorreta. A falência de uma consorciada nao se estende às demais, subsistindo o consórcio (art. 278, § 2º, da LSA); **C:** a assertiva foi considerada incorreta, porém a redação dela não é das melhores. Dispõe o art. 279 da LSA que a competência para autorizar o consórcio é do órgão que pode autorizar a alienação de bens do ativo não circulante. Tal atribuição é, realmente, do Conselho de Administração, se não houver disposição em contrário do estatuto. Ou seja, se o estatuto for omisso, caberá ao Conselho de Administração autorizar o consórcio; **D:** correta, nos termos do art. 279 da LSA; **E:** incorreta. O art. 278 autoriza a constituição de consórcio entre companhias que não estejam sob o mesmo controle.

Gabarito "D"

2.7. QUESTÕES COMBINADAS SOBRE SOCIEDADES E OUTROS TEMAS

(Procurador/DF - 2013 - CESPE) Acerca dos diversos tipos societários previstos legalmente, julgue os itens que se seguem.

(1) Se, por hipótese, 15% do capital da empresa B pertencer à empresa A, mas esta última não exercer controle sobre aquela, então a empresa B será coligada ou filiada à empresa A.

(2) O registro da sociedade empresária no órgão de registro competente é meramente declaratório, razão pela qual a pessoa jurídica empresária adquire personalidade com a formalização do seu contrato social, verdadeiro acordo de vontades convergentes com o objeto societário.

(3) É inviável no ordenamento jurídico brasileiro a limitação de responsabilidade na empresa individual, respondendo o empresário de maneira solidária e ilimitada pelas dívidas sociais.

(4) Em uma sociedade em comandita por ações, um indivíduo que dela não seja acionista poderá assumir cargo de administração, desde que ele seja eleito por meio de deliberação de assembleia válida e regularmente convocada.

(5) A sociedade em nome coletivo configura espécie de sociedade personalizada e os seus sócios respondem sempre de maneira ilimitada e solidária pelas obrigações sociais.

1: correta. Conforme o art. 1.099 do CC/2002, sociedade coligada ou filiada é aquela de cujo capital outra sociedade participa com dez por cento ou mais, do capital da outra, sem controlá-la. Nos termos do art. 243, § 1º, da LSA, são coligadas as sociedades nas quais a investidora tenha influência significativa; **2:** incorreta, pois a sociedade adquire personalidade jurídica com a inscrição, no registro próprio e na forma da lei, dos seus atos constitutivos – art. 985 do CC/2002; **3:** incorreta, pois há atualmente a figura da empresa individual de responsabilidade limitada prevista no art. 980-A do CC/2002; **4:** incorreta, pois somente o acionista tem qualidade para administrar a sociedade – art. 1.091 do CC/2002; **5:** correta, conforme o art. 1.039 do CC/2002.

Gabarito 1C, 2E, 3E, 4E, 5C

(Procurador/DF - 2013 - CESPE) A respeito da disciplina jurídica das sociedades por ações, julgue os itens que se seguem.

(1) O estatuto social da companhia não pode excluir ou restringir o direito dos acionistas preferenciais de participar dos aumentos de capital decorrentes da capitalização de reservas ou lucros, salvo no caso de acionistas portadores de ações com dividendo fixo.

(2) O reembolso é a operação pela qual, nos casos previstos em lei, a companhia paga aos acionistas dissidentes de deliberação da assembleia geral o valor de suas ações, ao passo que o resgate consiste no pagamento do valor das ações para retirá-las definitivamente de circulação.

(3) O conselho fiscal é órgão da companhia responsável pela missão precípua de fiscalização, sendo, portanto, órgão de existência facultativa.

(4) As ações preferenciais são reconhecidas como valores mobiliários que outorgam ao seu titular vantagens e outras preferências, tais como a prioridade na distribuição de dividendo fixo ou mínimo, de reembolso de capital e de direito a voto.

1: correta, nos termos do art. 17, § 5º, da LSA; **2:** correta, conforme a definição de reembolso dada pelo art. 45 da LSA; **3:** incorreta, pois o conselho fiscal é obrigatório nas companhias – art. 161 da LSA; **4:** incorreta, pois o direito a voto não é uma das preferências ou vantagens possíveis para as ações preferenciais – art. 17 da LSA.

Gabarito 1C, 2C, 3E, 4E

(Procurador do Estado/MG – 2007) De acordo com a Lei Federal 6.404/1976, a qual dispõe sobre a sociedade por ações é correto afirmar que:

(A) A amortização consiste no pagamento do valor das ações para retirá-las definitivamente de circulação, com redução ou não do capital social, mantido o mesmo capital, será atribuído, quando for o caso, novo valor nominal às ações remanescentes.

(B) O reembolso é a operação pela qual, nos casos previstos em lei, a companhia paga aos acionistas dissidentes de deliberação da assembleia geral o valor de suas ações.

(C) O resgate consiste na distribuição aos acionistas, a título de antecipação e sem redução do capital social, de quantias que lhes poderiam tocar em caso de liquidação da companhia.

(D) O valor de reembolso não poderá ser pago à conta de lucros ou reservas, exceto a legal, e nesse caso as ações reembolsadas ficarão em tesouraria.

A: incorreta. Esse é o conceito de resgate (art. 44, § 1º, da LSA); **B:** correta, nos termos do art. 45 da LSA; **C:** incorreta. Esse é o conceito de amortização (art. 44, § 2º, da LSA); **D:** incorreta. O valor de reembolso pode ser pago à conta de lucros ou quaisquer reservas, exceto a legal (art. 45, § 5º, da LSA).

Gabarito "B"

(Procurador do Estado/PI – 2008 – CESPE) A respeito das sociedades reguladas pelo Código Civil, assinale a opção correta.

(A) O reconhecimento de pessoa jurídica como sociedade empresária impõe que ela tenha como objeto o exercício de atividade própria de empresário.

(B) Os sócios podem responder subsidiariamente pelas obrigações sociais, sendo sua responsabilidade, em casos tipificados, limitada.

(C) A sociedade simples pode ter como principal objeto o exercício de atividade não econômica.

(D) Por decorrer de contrato, a existência de qualquer sociedade exige a presença ininterrupta de, pelo menos, duas pessoas em seu quadro societário.

(E) O valor do capital social da sociedade quantifica o valor de seu patrimônio líquido, como expresso na escrituração contábil da empresa.

A: incorreta. A definição pela atividade desenvolvida é a regra (art. 982, *caput*, do CC), no entanto, a sociedade por ações é sempre empresária, independentemente de seu objeto (art. 982, parágrafo único, do CC); **B:** correta. Arts. 997, VIII, 1.023, 1.052 e 1.088 do CC, entre outros; incorreta. **C:** toda sociedade tem por objeto atividade econômica – art. 981 do CC; **D:** incorreta. É possível, transitoriamente (até 180 dias), a presença de apenas uma pessoa – art. 1.033, IV, do CC; **E:** incorreta. O capital social corresponde ao montante investido pelos sócios na empresa, o que não se confunde com o patrimônio líquido, que abarca também lucros e prejuízos acumulados, além de determinadas reservas e ajustes.

Gabarito "B"

(ADVOGADO – ANCINE – 2005 – CESPE) Julgue os itens que seguem, quanto às sociedades empresariais.

(1) Considere que Nísia é atriz e promove, esporadicamente, com o auxílio de colaboradores, em palco montado no porão de sua casa, espetáculos artísticos, dos quais aufere lucro, pela venda de ingressos. Nessa situação, Nísia e seus colaboradores são considerados empresários.

(2) Considere que os dirigentes de determinada sociedade limitada, domiciliada em Brasília – DF, cuja principal atividade seja a fabricação de divisórias, decidam instituir sucursal em Goiânia – GO. Nessa situação, os dirigentes da pessoa jurídica deverão promover sua inscrição no Registro Público de Empresas Mercantis de Goiânia – GO, fazendo prova da inscrição originária, em Brasília – DF.

(3) Em conformidade com a legislação civil, as microempresas, as empresas de pequeno porte, bem como os empresários rurais terão tratamento diferenciado, simplificado e favorecido, quanto aos atos relativos à inscrição de seus contratos sociais e aos efeitos daí decorrentes.

(4) Considere que João, Paulo, Pedro, Ana e Ivo sejam sócios de determinada pessoa jurídica e pretendam levar a efeito alteração no ato constitutivo da sociedade quanto à participação de cada sócio nos lucros. Nessa situação, a deliberação dependerá do consentimento de, no mínimo, três sócios.

(5) Suponha que Lícia e Cláudia sejam sócias de determinada pessoa jurídica que atue no ramo de prestação de serviços alimentícios. Se Lícia ceder 1% de suas quotas a terceira pessoa, sem a correspondente modificação no ato constitutivo da pessoa jurídica, esse ato não produzirá qualquer eficácia quanto à sociedade.

1: incorreta. Nísia exerce atividade intelectual, de natureza artística, de forma que está expressamente excluída do regime jurídico empresarial pelo art. 966, parágrafo único, do CC; **2:** correta, nos termos do art. 969 do CC; **3:** correta, nos termos do art. 970 do CC; **4:** incorreta, porque, a uma, as deliberações não são tomadas pelo número de sócios, mas proporcionais à participação de cada um no capital social. A duas, porque alterações no contrato social dependem do consentimento unânime dos sócios (art. 999 do CC); **5:** correta, diante da obrigatoriedade do registro de atos modificativos da sociedade no Registro Público de Empresas Mercantis (art. 968, § 2º, do CC).

Gabarito 1E, 2C, 3C, 4E, 5C

(ADVOGADO – ANCINE – 2005 – CESPE) Acerca da administração e da gerência das sociedades empresariais, julgue os itens subsequentes.

(1) Considere a seguinte situação hipotética. André e Túlio são sócios de determinada sociedade limitada e, para ajudar Bento, amigo em comum, desempregado, decidiram nomeá-lo administrador da citada sociedade, em instrumento em separado. Bento entrou em atividade e, decorrido mais de um ano, André o alertou que deveria ter averbado o instrumento de nomeação à margem da inscrição da sociedade, o que foi prontamente providenciado. Nessa situação, Bento responderá solidariamente com a sociedade pelos atos que praticou durante o período compreendido entre o início do exercício da atividade de administrador e a averbação do instrumento de nomeação, à margem da inscrição da referida pessoa jurídica.

(2) Considere que os sócios administradores de determinada pessoa jurídica tenham tomado conhecimento de execução fiscal em razão de débitos fiscais não adimplidos por ausência de recursos financeiros da mencionada pessoa jurídica. Nesse caso, o Estado apenas poderá excutir os bens da pessoa jurídica, não podendo ser atingidos os bens pessoais dos sócios.

1: correta, nos termos do art. 1.012 do CC; **2:** correta. O redirecionamento da execução fiscal para o patrimônio pessoal dos sócios depende de prova de atuação com infração à lei, ao contrato social ou ao estatuto social (art. 135 do CTN), não se entendendo como tal o mero inadimplemento por falta de recursos, conforme iterativa jurisprudência do STJ.

Gabarito 1C, 2C

(ADVOGADO – ANCINE – 2005 – CESPE) Em cada um dos próximos itens, é apresentada uma situação hipotética acerca das sociedades limitadas e por ações, seguida de uma assertiva a ser julgada.

(1) Anastácia, Berenice, Célia e Diana decidiram constituir sociedade denominada Nacional Produtos de Beleza Ltda. No ato constitutivo constou que o capital social da pessoa jurídica seria de R$ 800.000,00, tendo cada sócia subscrito uma quantia de R$ 200.000,00. Anastácia, Célia e Diana integralizaram suas quotas, mas Berenice alegou não possuir os recursos para integralizar a sua parte. Nessa situação, se a pessoa jurídica se tornar inadimplente perante terceiros, apenas os bens pessoais de Berenice poderão ser executados, pois a responsabilidade das demais sócias será restrita ao valor de suas quotas, as quais já foram integralizadas.

(2) Uma sociedade limitada foi constituída por quatro sócios: Manoel, Lenilson, Cleber e Renan. Nessa situação, se decidissem adotar firma, seria admissível denominar, como nome empresarial da referida pessoa jurídica, Manoel, Lenilson & Cia. Ltda.

(3) Américo e Josias, colegas de trabalho, descontentes com suas remunerações, decidiram requerer as rescisões de seus respectivos contratos de trabalho e constituir sociedade limitada, cujo ramo de atividade seria a prestação de serviços de higienização de automóveis. No prazo legal, Josias integralizou regularmente suas quotas, mas Américo não o fez por não dispor da quantia necessária. Nessa situação, Américo poderá contribuir para o capital social da sociedade limitada com prestação de serviços, desde que haja a anuência de Josias.

(4) O mandato de diretor de determinada sociedade em comandita por ações perdurou pelo período compreendido entre 10/02/2003 e 12/05/2005, quando o diretor foi exonerado. Nessa situação, o referido diretor continuará responsável pelas obrigações sociais contraídas durante sua administração até 12/05/2006.

(5) Determinado sócio contribuiu grandemente com a expansão dos negócios internacionais e com o aumento do capital social da sociedade anônima da qual faz parte. Nessa situação, o nome desse sócio poderá constar da denominação da mencionada sociedade.

1: incorreta. Nas sociedades limitadas, todos os sócios respondem solidariamente pela integralização do capital social (art. 1.052 do CC); **2:** correta. A partícula "& Cia.", por extenso ou abreviada, deve ser inserida na firma social caso não nela não esteja contemplado o nome de todos os sócios; **3:** incorreta. Não se permite, nas limitadas, a contribuição de sócio que consista, total ou parcialmente, em prestação de serviços (art. 1.055, § 2º, do CC); **4:** incorreta. O diretor será responsável pelas obrigações contraídas durante sua administração sem limite de tempo, ou seja, até que elas prescrevam (art. 282, § 2º, da LSA); **5:** correta, nos termos do art. 3º, § 1º, da LSA.

Gabarito 1E, 2C, 3E, 4E, 5C

3. DIREITO CAMBIÁRIO

3.1. TEORIA GERAL

(Procurador do Estado/BA – 2014 – CESPE) Em relação aos títulos de crédito, julgue o seguinte item.

(1) As normas do Código Civil sobre títulos de crédito aplicam-se supletivamente em relação às letras de câmbio, notas promissórias, cheques e duplicatas.

1: incorreta. Trata-se de um exagero do examinador considerar errada essa afirmativa, mas há fundamento. O art. 903 do CC estabelece sua aplicação supletiva em relação aos títulos de crédito que sejam regulados por lei própria. Ocorre que, em se tratando dos títulos típicos mencionados, todos eles são disciplinados exaustivamente pelas respectivas normas (Lei Uniforme de Genebra para Letras de Câmbio e Notas Promissórias, Lei 7.357/1985 – Cheque e Lei 5.474/1968 – Duplicatas), de sorte que não há qualquer espaço para o uso das disposições genéricas do Código Civil.

Gabarito 1E

(Procurador do Estado/BA – 2014 – CESPE) Em relação aos títulos de crédito, julgue o seguinte item.

(1) O endosso posterior ao protesto por falta de pagamento produz apenas os efeitos de cessão ordinária de créditos.

1: correta. Trata-se do endosso póstumo, realizado após o prazo para protesto por falta de pagamento (art. 20 da Lei Uniforme de Genebra).

Gabarito 1C

(Procurador do Estado/PA – 2011) Acerca dos títulos de crédito e respectivos regimes jurídicos, assinale a alternativa CORRETA:

(A) De um modo geral, os títulos de crédito podem ser garantidos mediante aval, outorgado por pessoa física ou jurídica, cuja validade é condicionada a sua formalização exclusivamente no anverso da cártula.

(B) O devedor de obrigação lastreada em título de crédito, ao ser judicialmente acionado pelo portador de boa-fé do título transmitido por endosso, poderá exercer sua defesa mediante exceção fundada em relações pessoais com o emitente ou com os portadores anteriores do título.

(C) A duplicata constitui espécie de título de crédito dotado de autonomia e abstração, de maneira que sua emissão não está adstrita à existência de negócio jurídico subjacente.

(D) A nota promissória consiste em título de crédito dotado de autonomia e abstração, todavia, é a possível a perda dessas características caso sua emissão seja vinculada a determinado negócio jurídico.

(E) A obrigação do sacado em uma letra de cambio é constituída no momento em que o título de crédito é emitido.

A: incorreta. O aval pode ser dado no verso do título, desde que o ato esteja identificado como tal; **B:** incorreta. Vige no Direito Cambiário o princípio da inoponibilidade das exceções pessoais a terceiros de boa-fé, isto é, eventuais causas de nulidade absoluta ou relativa do título que tenham como base uma circunstância pessoal (como a incapacidade civil, por exemplo) não podem ser usadas para tentar evitar o pagamento para outra pessoa que possua o título legitimamente; **C:** incorreta. A duplicata é título de crédito causal, ou seja, somente pode ser emitida nas hipóteses determinadas em lei. No caso, a compra e venda de mercadorias com pagamento a prazo superior a 30 dias (art. 1º da Lei 5.474/1968) ou na prestação de serviços (art. 20 da Lei 5.474/1968); **D:** correta. A nota promissória, em tese, é título de crédito não causal, ou seja, pode ser sacada como promessa de pagamento em qualquer situação. Porém, quando sua existência é vinculada a determinado contrato, funcionando como garantia de pagamento, entende a jurisprudência que perde ela sua natureza cambiária e, portanto, sua autonomia e abstração (STJ, REsp 298.499/SP, DJ 07/08/2001; e STJ, REsp 264.850/SP, DJ 15/12/2000); **E:** incorreta. A obrigação do sacado na letra de câmbio nasce apenas com o seu aceite.

Gabarito "D"

(Advogado da União/AGU – CESPE – 2012) No que se refere aos títulos de crédito, julgue os itens subsequentes.

(1) Considere que Ana emita letra de câmbio cuja ordem seja destinada a Bento e cujo beneficiário seja Caio. Nessa situação hipotética, se Bento aceitar parcialmente a letra de câmbio, ocorrerá o vencimento antecipado do título, sendo admissível, então, a Caio cobrar a totalidade do crédito da sacadora.

(2) O título que for emitido em favor de pessoa cujo nome conste no registro do emitente e que for transferido mediante termo assinado pelo proprietário e pelo adquirente constituirá título à ordem.

1: correta. O aceite parcial da letra opera o mesmo efeito de sua recusa, ou seja, o vencimento antecipado de toda a obrigação nela representada; **2:** incorreta. Este é o conceito de título nominativo. Título à ordem é aquele que identifica o beneficiário e autoriza-o a transmiti-lo por endosso.

Gabarito 1C, 2E

(Advogado da União/AGU – CESPE – 2009) Acerca dos títulos de crédito, julgue o item subsequente.

(1) Para a validade do endosso dado no anverso do título de crédito, é suficiente a assinatura do endossante, imediatamente após a qual ocorre a transferência do referido título.

Assertiva incorreta. O endosso pode ser dado no verso ou no anverso (= frente) do título – art. 910 do CC. Entretanto, somente quando lançado no verso é que a assinatura sozinha é suficiente – art. 910, § 1º, do CC. Ou seja, quando o endosso é lançado na frente do título, é preciso que, além da assinatura, seja identificado o ato cambiário, para que não se confunda com o aval.

Gabarito 1E

(Procurador Federal – 2010 – CESPE) A seguir, é apresentada uma situação hipotética, seguida de uma assertiva a ser julgada no que se refere a direito comercial.

(1) B emitiu letra de câmbio em benefício de A para ser paga por C, com vencimento para o dia 10 de outubro de 2010. Em 5 de janeiro de 2010, foi decretada a falência de C. Nessa situação, considerando-se que ainda não havia sido dado o aceite do referido título de crédito, essa decretação de falência não alterará a data de vencimento da cártula.

Incorreta, pois a falência do sacado permite a cobrança antecipada da letra de câmbio, mesmo no caso em que ainda não havia aceitado o título – art. 43, § 2º, da Lei Uniforme – LU.

Gabarito 1E

(Procurador da Fazenda Nacional – 2006 – ESAF) Com base no que dispõe o Código Civil Brasileiro sobre Títulos de Crédito, julgue os itens a seguir, assinalando, ao final, a opção com a resposta correta.

( ) A omissão de algum requisito legal que tire do documento sua validade como título de crédito, não implica a invalidade do negócio jurídico que lhe deu origem.

( ) Invalida o título de crédito a cláusula que exclua ou restrinja direitos e obrigações além dos limites fixados em lei.

( ) O pagamento de título de crédito, que contenha obrigação de pagar soma determinada, pode ser garantido por aval, total ou parcial.

( ) O aval posterior ao vencimento do título de crédito não produz efeitos.

( ) O pagamento parcial do título não pode ser recusado pelo credor, se no seu vencimento.

(A) V, F, F, F, F

(B) V, F, V, V, V

(C) F, V, F, V, V

(D) V, F, F, F, V

(E) V, V, V, F, F

I: Verdadeira (art. 888 do CC); **II:** Falsa. Tal cláusula será apenas considerada como não escrita, mantendo-se as demais disposições do título de crédito (art. 890 do CC); **III:** Falsa. É vedado o aval parcial nos títulos de crédito atípicos, regidos pelo CC (art. 897, parágrafo único, do CC); **IV:** Falsa. O aval póstumo produz os mesmos efeitos daquele dado antes do vencimento da obrigação (art. 900 do CC); **V:** Verdadeira (art. 902, § 1º, do CC).

Gabarito "D"

(Procurador da Fazenda Nacional – 2003 – ESAF) O exercício de direitos cartulares compete:

(A) apenas ao titular do crédito.

(B) a qualquer possuidor.

(C) a quem figure como nomeado no instrumento no caso de títulos nominativos.

(D) a qualquer portador da cártula em circulação no mercado.

(E) a legitimado cambiário na forma de circulação do título.

O exercício dos direitos cartulares deve observância aos três princípios básicos dos títulos de crédito: cartularidade, literalidade e autonomia das relações cambiais. De acordo com o primeiro, o exercício do direito representado pelo título de crédito exige que o beneficiário esteja na posse da cártula. Pelo segundo, são válidas apenas as disposições apostas diretamente no título de crédito, inclusive aquelas que identificam o beneficiário. Posto isto, temos que a alternativa "A" está incorreta, porque o título, em regra, pode circular e ser negociado livremente; as alternativas "B" e "D" são iguais e ambas incorretas, diante da possibilidade de o título ser nominativo; as alternativas "C" e "E" também dizem a mesma coisa. Foi considerada correta a alternativa "E", diante de sua maior generalidade e porque o termo "instrumento", constante da opção "C", pode representar o contrato que deu origem ao título de crédito, e não ele próprio, o que ofenderia o princípio da literalidade.

Gabarito "E"

(ADVOGADO – ANP – 2008 – CESGRANRIO) Quanto aos títulos de crédito, apresentam-se as afirmações abaixo.

I. O aval deve ser dado no verso ou no anverso do próprio título, sendo, nesse caso, necessário conter a data e a assinatura do avalista.

II. A omissão de qualquer requisito legal, que tire ao escrito a sua validade como título de crédito, não implica a invalidade do negócio jurídico que lhe deu origem.

III. O título de crédito deve conter a data da emissão, a indicação precisa dos direitos que confere, e a assinatura do emitente.

IV. Consideram-se não escritas no título a cláusula de juros, a proibitiva de endosso e a excludente de responsabilidade pelo pagamento ou por despesas.

V. Enquanto o título de crédito estiver em circulação, só ele poderá ser dado em garantia, ou ser objeto de medidas judiciais, e não, separadamente, os direitos ou mercadorias que representa.

Estão corretas **APENAS** as afirmações

(A) I e II

(B) III e IV

(C) I, II e V

(D) I, II, IV e V

(E) II, III, IV e V

I: incorreta. O aval é dado no anverso do título, podendo ser no verso desde que o ato esteja identificado. Obviamente, ele deve sempre ser acompanhado da assinatura do avalista, não importa onde seja aposto; **II:** correta, nos termos do art. 888 do CC. Trata-se da característica da abstração dos títulos de crédito; **III:** correta, nos termos do art. 889 do CC; **IV:** correta, nos termos do art. 890 do CC; **V:** correta, nos termos do art. 895 do CC.

Gabarito "E"

(ADVOGADO – IRB – 2006 – ESAF) O Código Civil – Lei n. 10.406/2002 – ao incluir disposições sobre matéria cambiária, trouxe importante modificação doutrinária que consiste em

(A) positivar a definição de Vivante.

(B) ampliar os tipos de documentos cambiários.

(C) gerar incerteza relativamente à circulação de direitos cambiários.

(D) aproximar direitos cambiários dos cambiariformes.

(E) facultar, no exercício da autonomia privada, a criação de documentos constitutivos.

Os arts. 887 e seguintes do CC aplicam-se apenas aos títulos de crédito atípicos, ou seja, não previstos em legislação específica (art. 903 do CC). Essa disposição, na verdade, traz ínsita a única modificação no regime jurídico dos títulos de crédito dentre as listadas na questão, porque permite ao interessado, desde que atente aos requisitos expostos, criar seus próprios títulos de crédito.

Gabarito "E"

(ADVOGADO – IRB – 2006 – ESAF) Considere-se um título de crédito emitido parcialmente em branco, devendo ser preenchido pelo portador segundo os termos de um pacto adjeto. Nesse caso,

(A) o devedor poderá impugnar perante terceiro, em qualquer situação, o seu preenchimento em desconformidade com os ajustes realizados.

(B) se o preenchimento se deu em desconformidade com os ajustes e depois foi assim endossado a terceiro, o devedor poderá impugnar o pagamento apenas em relação ao favorecido original.

(C) o portador do título, preenchido indevidamente e objeto de uma série regular de endossos, poderá sofrer oposição do devedor, pois as transmissões ficaram contaminadas pelo vício referido.

(D) se o pacto adjecto não acompanhar a circulação do título, jamais qualquer credor poderá sofrer impugnação por parte do devedor diante do descumprimento indevido.

(E) a emissão de um título incompleto é risco absoluto que o emitente assume ao fazê-lo.

A questão é regulamentada pelo art. 891 do CC, que determina que o título seja complementado nos termos do pacto realizado. Não o sendo, ou seja, agindo o beneficiário original de má-fé ao preenchê-lo, não é permitido ao devedor alegar essa situação contra o terceiro de boa-fé que recebeu o título por endosso. Deverá, portanto, pagar a dívida e, de posse da cártula, promover ação de regresso contra o beneficiário original.

Gabarito "B"

(ADVOGADO – BNDES – 2004 – CESGRANRIO) A respeito dos institutos típicos do Direito Cambiário, assinale a afirmativa correta.

(A) Todas as obrigações assumidas em um título de crédito são integrais, decorrendo da simples assinatura do obrigado, sendo a única exceção a esta regra a figura dos avais sucessivos.

(B) O aval é contrato acessório a um título de crédito, em que o avalista garante o pagamento do título caso o avalizado não o faça.

(C) O aceite é a assinatura do sacado em qualquer título de crédito, através da qual este reconhece a obrigação de pagar que lhe foi direcionada pelo emitente, tornando-se obrigado principal.

(D) O endosso é declaração cambiária integral, enquanto o aval é declaração cambiária literal, já que é lícita a figura do aval parcial nos títulos existentes antes do novo Código Civil.

(E) O endossante sempre assume a obrigação pelo pagamento do título, pelo seu endosso, não havendo como se eximir dessa responsabilidade.

A: incorreta. Avais sucessivos são aqueles dados por avalistas que garantem o pagamento de outro avalista. O aval é considerado uma obrigação literal, isto é, sua extensão é medida de acordo com as condições escritas no título. Por isso, admite-se o aval parcial nos títulos de crédito típicos. Já o endosso é chamado de obrigação integral, porque sempre transferirá a totalidade do crédito, não se admitindo o endosso parcial; **B:** incorreta. Aval não é contrato, mas relação cambial autônoma aposta no título; **C:** incorreta. Nem todos os títulos de crédito admitem aceite (por exemplo, cheque e nota promissória); **D:** correta. A alternativa descreve com precisão a diferença entre endosso e aval; **E:** incorreta. É possível que o endossante se exima da responsabilidade pelo pagamento da cártula pela aposição da cláusula "sem garantia".

Gabarito "D"

(ADVOGADO – BNDES – 2002 – VUNESP) No direito cambiário,

(A) as notas promissórias e os cheques independem de protesto para constituírem títulos executivos contra seus emitentes.

(B) o endosso funciona como instituto de garantia ao cumprimento de quaisquer das obrigações assumidas no título.

(C) o protesto é necessário para o exercício da ação de execução dos devedores principais da obrigação cambial.

(D) a transferência das obrigações opera-se, em regra, ao portador.

(E) os coobrigados são devedores solidários de todos os outros devedores da obrigação cambial.

A: correta. Como promessa de pagamento que é, na nota promissória o emitente é o devedor principal, sendo dispensável o protesto contra si para a propositura de ação cambial. No cheque, apesar de ter estrutura de ordem de pagamento, o banco sacado não assume qualquer obrigação cambial, de forma que o devedor principal é, na verdade, o próprio emitente; **B:** incorreta. Este é o conceito de aval. Endosso é a relação cambial que opera a transferência do crédito; **C:** incorreta. Para os devedores principais, o protesto é facultativo. Será obrigatório apenas para a cobrança dos coobrigados; **D:** incorreta. As obrigações cambiais, em regra, não podem ser transferidas. O que se opera normalmente é a transferência dos créditos cambiais; **E:** incorreta. Os coobrigados são devedores solidários entre si, mas não existe solidariedade entre estes e o devedor principal.

Gabarito "A"

3.2. TÍTULOS EM ESPÉCIE

(Procurador/DF - 2013 - CESPE) Cláudio sacou letra de câmbio contra Mauro e em favor de Ruy, com vencimento a certo termo de vista estipulado para cinco dias após o aceite. Ato sequente, Ruy endossou o referido título para Bruno, que o endossou para Sílvia. Com referência a essa situação hipotética, julgue os itens subsequentes.

(1) Se, por hipótese, Sílvia endossar a letra para instituição financeira exclusivamente para fins de cobrança da dívida ali contida, os endossatários, caso sejam instados ao pagamento, poderão invocar exceções pessoais que eventualmente a possuam em face da endossante.

(2) A recusa do aceite pelo sacado determinará o vencimento antecipado do título, ocasião em que o portador, para conservar o seu direito de ação contra os demais coobrigados, deverá, necessariamente, promover o seu protesto.

(3) Caso a letra seja aceita e não paga e Sílvia exija de Ruy, judicialmente, o pagamento integral da dívida inserida nesse título, Ruy não poderá recusá-lo sob o argumento de que a transferência do título para Bruno teria se dado para liquidação de dívida de jogo ilegalmente contraída.

(4) Se a letra for aceita e não paga e Sílvia exigir de Ruy, judicialmente, o pagamento integral da dívida inserida nesse título, este poderá recusá-lo, caso a portadora do título o tenha recebido por meio de endosso lançado após o decurso do prazo para protesto por falta de pagamento, sob o argumento de que a transferência do título para Bruno teria se dado para liquidação de dívida de jogo ilegalmente contraída.

(5) Caso realmente não se verifique o aceite da cártula e o sacador seja obrigado ao seu pagamento após o cumprimento de todas as formalidades legais bem como o ajuizamento de ação própria, Mauro estará obrigado, regressivamente, a repará-lo.

1: correta. A rigor, os endossantes é que podem ser instados ao pagamento (inclusive o Rui, que não é endossatário) – art. 15 da Lei Uniforme - LU (promulgada pelo Decreto 57.663/1966). Nesse caso, os coobrigados (dentre eles os demais endossantes, outros que não a própria Sílvia) só podem invocar contra o portador (a instituição financeira, no caso) as exceções que eram oponíveis ao endossante (a Sílvia, nesse caso) – art. 18 da LU; **2:** correta, nos termos dos arts. 43 e 44 da LU; **3:** correta, pois Rui não pode opor contra Sílvia a exceção pessoal que tem contra Bruno (princípio da autonomia, subprincípio da inoponibilidade) – art. 915 do CC/2002 e art. 17 da LU; **4:** correta, pois quando o endosso é tardio, posterior ao vencimento e ao prazo para o correspondente protesto, ele tem efeito de simples cessão ordinária de crédito, ou seja, não se aplica o princípio cambiário da autonomia – art. 20 da LU; **5:** incorreta, pois se Mauro não aceitou o título ele não é parte nas relações cambiárias relacionadas à cártula.

Gabarito 1C, 2C, 3C, 4C, 5E

(Procurador do Estado/RR – 2006 – FCC) Júlio é beneficiário de nota promissória emitida por Tito, no valor de R$ 10.000,00 (dez mil reais). A pedido deste, Otávio avalizou a nota promissória, garantindo o pagamento de R$ 6.000,00 (seis mil reais). Posteriormente, Júlio endossou o título a Caio, ressalvando que apenas transferia os direitos relativos à parte avalizada, permanecendo Júlio com o direito ao recebimento dos restantes R$ 4.000,00 (quatro mil reais) não garantidos. Neste caso,

(A) tanto o endosso quanto o aval são nulos.

(B) o endosso reputa-se não escrito, enquanto o aval reputa-se dado pelo valor total do título.

(C) o endosso é nulo, enquanto o aval reputa-se não escrito.

(D) o endosso é nulo e o aval é válido.

(E) o endosso e o aval são válidos.

O endosso parcial é nulo e o aval parcial é válido – arts. 12 e 30 c/c art. 77, todos da Lei Uniforme.

Gabarito "D"

(Procurador do Município/São Paulo SP – 2008 – FCC) A duplicata é um título de crédito

(A) que pode ser extraído para documentar o saque do vendedor pela importância faturada ao comprador, e ser levado a protesto por falta de aceite, de devolução ou de pagamento.

(B) formal, que só admite protesto por falta de pagamento.

(C) causal, que só pode ser emitido para documentar a prestação de serviços por empresários individuais ou sociedades empresárias.

(D) causal, que só pode ser emitido para documentar a venda e compra mercantil.

(E) que consubstancia promessa de pagamento à vista, admite endosso e pode ser levado a protesto por falta de aceite ou por falta de pagamento.

A: correta. Vale salientar que a duplicata é um título causal, que somente pode ser emitido em sede de contrato de compra e venda de mercadorias com prazo de pagamento superior a 30 dias ou prestação de serviços (arts. 1º e 20 da Lei 5.474/1968); **B:** incorreta. A duplicata pode ser objeto também protesto por falta de aceite e por falta de devolução (art. 13 da Lei 5.474/1968); **C:** incorreta. Como salientado, a duplicata pode ser emitida para documentar a compra e venda de mercadorias com pagamento a prazo superior a 30 dias (art. 1º da Lei 5.474/1968); **D:** incorreta, porque também se reconhece a duplicata de prestação de serviços (art. 20 da Lei 5.474/1968); **E:** incorreta. A duplicata tem estrutura de ordem de pagamento e não tem prazo de vencimento necessariamente à vista (art. 7º da Lei 5.474/1968).

Gabarito "A"

(Procurador do Estado/PR – 2007) Quanto aos títulos de crédito em espécie:

(A) a nota promissória e o cheque são títulos que foram criados pelo direito brasileiro, adaptando-se às necessidades do comércio da época de sua elaboração legislativa.

(B) As debêntures são títulos de emissão exclusiva das sociedades anônimas e sociedades por quotas de responsabilidade limitada em razão do disposto no art. 18 do Decreto n. 3.708/1919 que prevê a aplicação subsidiária da lei das sociedades anônimas.

(C) A duplicata recebeu esta denominação porque surgiu como uma cópia circulante da fatura. A fatura é documento de emissão obrigatória para compra e venda e prestação de serviço à prazo, não sendo obrigatória a emissão de duplicata.

(D) A letra de câmbio, muito embora prevista no Decreto n. 3.708/1919 não tem utilização prática no Brasil em razão do não acolhimento da Lei Uniforme de Genebra quanto a tal título.

(E) A disciplina do cheque foi recentemente modificada a fim de se admitir expressamente, na legislação brasileira, o cheque chamado de pré ou pós-datado.

A: incorreta. A nota promissória é título antiquíssimo, adotado há tempos no mundo todo, muito antes da normatização brasileira. O cheque, ainda que mais recente, é título também originado no sistema bancário estrangeiro; **B:** incorreta. As debêntures são emitidas por sociedades anônimas e em comandita por ações – arts. 52 e 283 da LSA; **C:** as assertivas são verdadeiras – arts. 1º e 2º da LD (Lei 5.474/1968); **D:** incorreta. A regulamentação da letra de câmbio pela Lei Uniforme foi adotada pelo Brasil (Decreto 57.663/1966) e o título é largamente utilizado no país; **E:** incorreta. A legislação dispõe que o cheque é título de crédito para pagamento à vista (art. 32 da Lei LC – Lei 7.357/1985), embora a jurisprudência reconheça os direitos relacionados à emissão de cheques pré-datados (a apresentação antecipada caracteriza dano moral – Súmula 370/STJ).

Gabarito "C"

(ADVOGADO – CEF – 2012 – CESGRANRIO) Em relação à natureza jurídica da cédula de crédito bancário, o referido título de crédito representa

(A) promessa de pagamento em dinheiro emitida por pessoa física ou jurídica em favor de instituição financeira ou a esta equiparada, decorrente de operação de crédito, de qualquer modalidade.

(B) promessa de pagamento em dinheiro emitida por pessoa física ou jurídica em favor de instituição financeira ou a esta equiparada, decorrente de operação de compra e venda mercantil.

(C) ordem de pagamento em dinheiro emitida por pessoa física ou jurídica em favor de instituição financeira ou a esta equiparada, decorrente de operação de compra e venda mercantil.

(D) ordem de pagamento em dinheiro emitida por pessoa física ou jurídica em favor de instituição financeira ou a esta equiparada, decorrente de prestação de serviços.

(E) ordem de pagamento em dinheiro emitida por pessoa física ou jurídica em favor de instituição financeira ou a esta equiparada, decorrente de operação de crédito, de qualquer modalidade.

Correta a alternativa "A", por ser a única que transcreve corretamente o disposto no art. 26 da Lei 10.931/2004.

Gabarito "A"

(ADVOGADO – CEF – 2012 – CESGRANRIO) Em relação às normas aplicáveis aos títulos de crédito industrial, considere as afirmativas que se seguem.

I. A cédula de crédito industrial representa promessa de pagamento em dinheiro, com garantia real, cedularmente constituída.

II. A nota de crédito industrial representa ordem de pagamento em dinheiro, sem garantia real.

III. A cédula de crédito industrial pode ser garantida por penhor cedular, alienação fiduciária e hipoteca cedular.

IV. A cédula e a nota de crédito industrial são documentos que representam mercadorias ou bens e permitem sua livre disponibilidade, a exemplo do *warrant* e conhecimento de depósito.

Está correto APENAS o que se afirma em

(A) I e III

(B) I e IV

(C) II e III

(D) II e IV

(E) III e IV

I: correta, nos termos do art. 9º do Decreto-lei 413/1969; **II:** incorreta, por contrariar frontalmente o artigo mencionado anteriormente; **III:** correta, nos termos do art. 19 do Decreto-lei 413/1969; **IV:** incorreta. A cédula e a nota de crédito industrial são títulos de crédito representativos de financiamentos concedidos por instituições financeiras para fomento da atividade industrial (art. 1º do Decreto-lei 413/1969).

Gabarito "A"

(ADVOGADO – PETROBRÁS – 2012 – CESGRANRIO) A empresa Y Ltda. é beneficiária e portadora legítima de uma nota promissória emitida no dia 29/01/2012 pela Empresa Z Ltda., com vencimento à vista no valor de R$ 100.000,00, nela constando o aval da Empresa B Ltda. no montante de R$ 50.000,00. À vista disso, a Empresa Y Ltda. pretende endossar o referido título de crédito à Empresa J Ltda. no montante equivalente a R$ 50.000,00. Nesse caso, de acordo com as normas previstas na legislação cambiária em vigor, aplicáveis à nota promissória, o(a)

(A) aval parcial é considerado nulo.

(B) endosso parcial é considerado nulo.

(C) emitente deverá ser notificado na hipótese de endosso do referido título.

(D) vencimento à vista equivale ao vencimento a um certo termo de vista.

(E) ausência de aceite torna nulo o referido título de crédito.

A: incorreta. O aval parcial nas notas promissórias é válido, nos termos dos arts. 30 e 77 da Lei Uniforme de Genebra – LUG; **B:** correta, nos termos dos arts. 12 e 77 da LUG; **C:** incorreta. Não há qualquer obrigação de se notificar o emitente em relação ao endosso; **D:** incorreta. Vencimento à vista é aquele que ocorre no momento da apresentação do título para pagamento ao devedor. Vencimento a certo termo da vista ocorre no prazo estipulado na nota promissória após a apresentação para pagamento; **E:** incorreta. A nota promissória não depende de aceite, por ser estruturada como promessa de pagamento, na qual o emitente do título é o próprio devedor principal.

Gabarito "B"

(ADVOGADO – BNDES – 2010 – CESGRANRIO) A respeito do cheque, é INCORRETO afirmar que

(A) os cheques devem ser emitidos contra bancos ou instituições financeiras equiparadas, caso contrário não terá validade de cheque.

(B) o endosso num cheque passado ao portador torna o endossante responsável, nos termos das disposições que regulam o direito de ação, mas, nem por isso, converte o título num cheque "à ordem".

(C) uma vez emitido, o texto do cheque não pode ser alterado, sob pena de nulidade.

(D) o cheque é pagável à vista, considerando-se não estrita qualquer menção em contrário.

(E) se uma pessoa teve um cheque roubado, o novo portador legitimado está desobrigado a restituí-lo, se não o adquiriu de má-fé.

A: correta, nos termos do art. 3º da Lei 7.357/1985; **B:** correta, nos termos do art. 23 da Lei 7.357/1985, **C:** incorreta, devendo ser assinalada. É possível a alteração do texto do cheque, porém os signatários anteriores continuarão respondendo nos termos do texto original (art. 58 da Lei 7.357/1985); **D:** correta, nos termos do 32 da Lei 7.357/1985; **E:** correta, nos termos do art. 24 da Lei nº 7.357/85.

Gabarito "C"

(ADVOGADO – CEF – 2010 – CESPE) Assinale a opção correta no que se refere a títulos de crédito, títulos de financiamento da atividade econômica e títulos societários.

(A) O ordenamento jurídico pátrio veda o uso comercial da duplicata virtual em substituição à duplicata em papel, mas os cartórios extrajudiciais devem aceitar as indicações contidas no meio magnético a fim de levar a efeito eventual protesto.

(B) Nas hipóteses de cédulas de crédito rural, industrial e comercial, não se admite a incidência de comissão de permanência, após a inadimplência, sendo permitidas, apenas, a elevação dos juros remuneratórios em 1% ao ano, a correção monetária e a multa contratual.

(C) A lei veda que a constituição da garantia, real ou fidejussória, seja feita em documento separado da cédula de crédito bancário.

(D) O conhecimento de depósito e o *warrant* são títulos de crédito representativos de mercadorias custodiadas em armazéns gerais, e a circulação desses títulos, por endosso, deve ocorrer conjuntamente.

(E) Cabe às sociedades anônimas criar, a qualquer tempo, títulos negociáveis, sem valor nominal e estranhos ao capital social, denominados debêntures, os quais garantem aos seus titulares direito de crédito eventual contra a companhia.

A: incorreta. Os títulos de crédito em meio magnético, ou virtuais, são reconhecidos pelo art. 889, § 3º, do CC; **B:** correta. Tal posição é defendida pelo STJ (AgRg no AI 1.118.790, DJ 28/04/2009) em interpretação aos artigos 5º, parágrafo único, e 58 do Decreto-lei 413/1969; **C:** incorreta. Tal possibilidade está prevista no art. 32 da Lei 10.931/2004; **D:** incorreta. É possível a circulação separada do conhecimento de depósito e do *warrant,* sendo considerados títulos de crédito autônomos (art. 18 do Decreto 1.102/1903); **E:** incorreta. A assertiva traz o conceito de partes beneficiárias. Debêntures são títulos representativos de direito de crédito contra a companhia, os quais terão, obrigatoriamente, valor nominal (arts. 52 e 54 da LSA).

Gabarito "B"

(ADVOGADO – PETROBRÁS DISTRIB. – 2010 – CESGRANRIO) Com relação aos títulos de crédito, analise as afirmações a seguir.

I. O título de crédito é o documento necessário para o exercício do direito literal e autônomo nele contido, somente produzindo efeitos quando se coaduna com os requisitos da lei.

II. A letra de câmbio é uma ordem de pagamento à vista ou a prazo.

III. A nota promissória é uma ordem de pagamento a prazo.

IV. A duplicata é uma ordem de pagamento à vista ou a prazo.

V. O cheque é uma ordem de pagamento à vista.

São corretas APENAS as afirmações

(A) I e II.

(B) III e IV.

(C) III, IV e V.

(D) I, II, III e V.

(E) I, II, IV e V.

I: correta, nos termos do art. 887 do CC; **II:** correta. A letra de câmbio pode ser emitida com vencimento à vista, a certo termo da vista, a certo termo da data ou em data certa (art. 33 da LUG); **III:** incorreta. A nota promissória é uma promessa de pagamento, à vista ou a prazo; **IV:** correta, nos termos do art. 2º, §1º, III, da Lei 5.474/1968; **V:** correta, nos termos do art. 32 da Lei 7.357/1985.

Gabarito "E"

(ADVOGADO – CASA DA MOEDA – 2009 – CESGRANRIO) Qual conceito/uso abaixo **NÃO** se aplica a cheque como título de crédito?

(A) O cheque é papel de curso forçado, ou seja, todos os empresários e todas as sociedades empresárias estão obrigados a aceitar o referido título de crédito, conforme determina a Lei n. 9.069/1995 (Lei do Plano Real).

(B) O cheque deve ser apresentado a pagamento, no prazo de 30 dias da emissão, se for cheque da mesma praça e, em 60 dias da emissão, se for cheque de praças distintas.

(C) O cheque é uma ordem de pagamento à vista sacada contra um banco e com base em suficiente provisão de fundos depositados pelo sacador em mãos do sacado ou decorrente de contrato de abertura de crédito entre ambos.

(D) O cheque é titulo de crédito de modelo vinculado cuja emissão somente pode ser feita em documento padronizado, fornecido em talões pelo banco sacado ao correntista.

(E) O cheque pode ser emitido contra o próprio banco sacador, desde que não ao portador.

A: incorreta, devendo ser assinalada. O cheque não tem curso forçado no Brasil; **B:** correta, nos termos do art. 33 da Lei 7.357/1985; **C:** correta. A alternativa aborda perfeitamente o conceito de cheque; **D:** correta, nos termos do art. 69, parágrafo único, "a", da Lei 7.357/1985; **E:** correta, nos termos do art. 9º, III, da Lei 7.357/1985.

Gabarito "A"

(PROCURADOR – BANCO CENTRAL – 2009 – CESPE) Os cheques pré-datados são amplamente utilizados no comércio para a realização de pagamentos, mormente operações de compra e venda mercantis. A respeito desse costume, assinale a opção correta.

(A) Apesar de os costumes serem considerados fontes indiretas do direito empresarial, a utilização dos cheques pré-datados não é admitida pelo ordenamento jurídico ou pelos tribunais brasileiros, pois, segundo a Lei n. 7.357/1985, o cheque é ordem de pagamento à vista.

(B) É entendimento sumulado do STJ que a apresentação antecipada do cheque pré-datado causa dano moral por quebra do acordo entre partes e ofensa à boa-fé objetiva.

(C) Durante o prazo de apresentação do cheque, o emitente pode fazer sustar o seu pagamento, manifestando ao sacado (instituição financeira), por escrito, oposição fundada em relevante razão de direito, devendo a instituição julgar como cabível, ou não, a relevância das razões invocadas como motivo da sustação ou oposição.

(D) O banco sacado que paga cheque à ordem é obrigado a verificar a regularidade da série de endossos, mas não a autenticidade das assinaturas dos endossantes. Por isso, não responde pelo pagamento do cheque falso, falsificado ou alterado.

(E) Prescrito o cheque, o que ocorre após seis meses da expiração do prazo de apresentação, não cabe mais ação cambial e resta como única alternativa a ação de enriquecimento contra o emitente ou outros obrigados, que se locupletaram injustamente com o não pagamento do cheque.

A: incorreta. O cheque pré-datado não é aceito pelo ordenamento jurídico, porém viu o costume de sua emissão ser acolhido pela jurisprudência dos Tribunais Superiores. Cite-se, por exemplo, a Súmula 370 do STJ, que reconhece a ocorrência de dano moral na apresentação antecipada da cártula pré-datada; **B:** correta, nos termos do comentário anterior; **C:** incorreta. No ato de sustação, não cabe à instituição financeira questionar as razões do ato (art. 36, § 2º, da Lei 7.357/1985); **D:** incorreta. Nos termos do art. 39, parágrafo único, da Lei 7.357/1985, o banco sacado responde pelo pagamento do cheque falso, falsificado ou alterado, exceto se comprovado o dolo ou a culpa do correntista, do endossante ou do beneficiário; **E:** incorreta. É cabível, também, a ação monitória, nos termos do Súmula 299 do STJ.

Gabarito "B"

(ADVOGADO – BNDES – 2008 – CESGRANRIO) No que se refere às cédulas de crédito industrial (Decreto-Lei n. 413, de 09 de janeiro de 1969), títulos de crédito utilizados nos procedimentos de financiamentos concedidos por instituições financeiras a pessoa física ou jurídica que se dedique à atividade industrial, é correto afirmar que a(os)

(A) cédula de crédito industrial não admite endosso.

(B) cédula de crédito industrial pode ser constituída com garantia real ou fidejussória.

(C) inadimplência de qualquer obrigação do eminente da cédula de crédito industrial importa vencimento antecipado de toda a dívida resultante da cédula.

(D) bens adquiridos ou pagos com o financiamento não podem ser oferecidos como garantia da cédula de crédito industrial.

(E) bens dados em garantia respondem apenas pelo pagamento do principal e dos juros da dívida, não englobando as despesas de fiscalização ou comissões.

A: incorreta. O endosso da cédula de crédito industrial está previsto no art. 10 do Decreto-lei 413/1969; **B:** incorreta. Estão previstas como garantia apenas o penhor cedular, a alienação fiduciária e a hipoteca cedular (art. 19 do Decreto-lei 413/1969); **C:** correta, nos termos do art. 11 do Decreto-lei 413/1969; **D:** incorreta. Tal possibilidade está expressamente prevista no art. 21 do Decreto-lei 413/1969; **E:** incorreta. Nos termos do art. 54 do Decreto-lei 413/1969, os bens dados em garantia destinam-se a assegurar o pagamento do principal, juros, comissões, pena convencional, despesas legais e convencionais.

Gabarito "C"

(ADVOGADO – REFAP – 2007 – CESGRANRIO) Constituem três componentes obrigatórios da duplicata mercantil, título de crédito representativo de uma operação de compra e venda mercantil:

(A) denominação "duplicata", número da fatura e assinatura do emitente.

(B) denominação "duplicata", número da fatura e data de emissão da fatura.

(C) denominação "duplicata", assinatura do emitente e data de emissão da fatura.

(D) número da fatura, assinatura do emitente e informação sobre encargos aplicáveis em caso de atraso no pagamento.

(E) nome e domicílio do vendedor, assinatura do emitente e informação sobre encargos aplicáveis em caso de atraso no pagamento.

Os requisitos formais obrigatórios da duplicata estão previstos no art. 2º, § 1º, da Lei 5.474/1968: a denominação "duplicata", a data de sua emissão e o número de ordem; o número da fatura; a data certa do vencimento ou a declaração de ser a duplicata à vista; o nome e domicílio do vendedor e do comprador; a importância a pagar, em algarismos e por extenso; a praça de pagamento; a cláusula à ordem; a declaração do reconhecimento de sua exatidão e da obrigação de pagá-la, a ser assinada pelo comprador, como aceite cambial; a assinatura do emitente.

Gabarito "A"

(ADVOGADO – CEF – 2006 – CESPE) O cheque é o título de crédito mais conhecido e utilizado no mercado. Com relação à sua disciplina, julgue a assertiva apresentada após a situação hipotética descrita no item a seguir.

(1) Ana celebrou com Jorge contrato de compra e venda de determinado automóvel. Acordaram que o pagamento seria efetivado em duas parcelas iguais e sucessivas de R$ 8.500,00 cada uma delas e, para tanto, Ana firmou duas cártulas de cheque, nominais a Jorge. O primeiro foi compensado, mas o segundo não foi, por insuficiência de fundos, tendo ocorrido a prescrição da ação executiva em 13/07/2005. Nessa situação, Jorge ainda poderá ajuizar contra Ana ação de enriquecimento sem causa, no prazo de 5 anos, ou seja, até o dia 12/07/2010.

1: incorreta. Nos termos do art. 206, § 3º, IV, do CC, a pretensão de ressarcimento fundada em enriquecimento sem causa prescreve em três anos.

Gabarito 1E

(ADVOGADO – BNB – 2006 – ACEP) Assinale a alternativa **INCORRETA** acerca do endosso e do aval.

(A) No endosso em preto, designa-se o nome do endossatário.

(B) O endosso não é utilizado para a transferência da letra de câmbio com cláusula não à ordem.

(C) Em um cheque não à ordem, a sua transferência opera-se na forma e com os efeitos de cessão.

(D) Em um cheque à ordem, considera-se o legítimo proprietário o portador que prove seu direito por uma série ininterrupta de endossos.

(E) Em uma Letra de Câmbio à ordem, considera-se proprietário desta a pessoa que se encontra na posse do título.

A: correta. No endosso em preto identifica-se o endossatário, no endosso em branco, por não ser identificado o novo titular do crédito, o título torna-se ao portador; **B:** correta. A cláusula "não à ordem" impede a transferência do título por meio de endosso. Se o ato for realizado, será tratado como cessão civil de crédito; **C:** correta, nos termos do comentário anterior; **D:** correta, nos termos do art. 22 da Lei 7.357/1985; **E:** incorreta, devendo ser assinalada. O título "à ordem" presume-se nominal, o que o diferencia do título ao portador, de forma que proprietário do crédito é aquele indicado na cártula como beneficiário.

Gabarito "E"

(ADVOGADO – BNB – 2006 – ACEP) Assinale a alternativa que contempla o título de crédito em que se faz dispensável a assinatura do principal responsável, para que ele seja compelido a pagar o título.

(A) Duplicata.

(B) Nota Promissória.

(C) Letra de câmbio.

(D) Cheque.

(E) Debênture.

A assinatura do principal responsável corresponde ao aceite. Nota promissória, cheque e debênture não dependem de aceite e, portanto, também se enquadrariam na solicitação do enunciado. Cabe ao candidato perceber, destarte, que não é exatamente isso que se pede, senão a questão teria, no mínimo, três respostas corretas. Estamos procurando, na verdade, o título que depende de aceite para sua complementação, mas este pode ser presumido em caso de ausência da assinatura do devedor principal. Trata-se da duplicata (art. 7º, § 1º, da Lei 5.474/1968).

Gabarito "A"

3.3. PROTESTO

(Procurador do Estado/MG – 2007) Conforme a Lei n. 9.492, de 10.09.1997, verifica-se que

(A) o protesto será registrado dentro de 3 (três) dias úteis contados da protocolização do título ou documento de dívida.

(B) protocolizado o título ou documento de dívida, o tabelião de protesto expedirá a certidão de protesto, salvo se o ato for judicialmente sustado.

(C) o título do documento de dívida cujo protesto tiver sido sustado judicialmente só poderá ser pago mediante a autorização do credor.

(D) são previstos dois tipos de protesto: por falta de pagamento e por falta de aceite.

A: correta, nos termos do art. 12 da Lei 9.492/1997; **B:** incorreta. Após a protocolização, cabe ao tabelião intimar o devedor para pagamento (art. 14 da Lei 9.492/1997); **C:** incorreta. O valor do título cujo protesto tiver sido sustado judicialmente também só poderá ser pago, protestado ou retirado mediante autorização judicial (art. 17, §1º, da Lei 9.492/1997); **D:** incorreta. Ao lado do protesto por falta de pagamento e por falta de aceite, há o protesto por falta de devolução do título, aplicável precipuamente às duplicatas (art. 21 da Lei 9.492/1997).

Gabarito "A"

(Procurador do Estado/PA – 2011) O protesto cambial constitui o ato formal e solene no qual é demonstrado o descumprimento de obrigação lançada em título de crédito e outros documentos de dívida. Sobre esse instituto jurídico, assinale a alternativa INCORRETA:

(A) Tendo sido formalizado o protesto, seu cancelamento pode ser realizado mediante ordem judicial ou a partir de solicitação ao Tabelião acompanhada do título ou de carta de anuência do credor.

(B) No exercício de sua atividade, o Tabelião não poderá investigar a existência de caducidade ou prescrição dos títulos apresentados a protesto.

(C) O protesto será registrado dentro de três dias úteis contados da protocolização do título ou documento de dívida.

(D) A intimação prévia à lavratura do protesto será feita por edital se a pessoa indicada para aceitar ou pagar for desconhecida, sua localização for incerta ou ignorada, for residente ou domiciliada fora da competência territorial do Tabelionato, ou, ainda, ninguém se dispuser a receber a intimação no endereço fornecido pelo apresentante.

(E) O protesto da duplicata, por ser espécie de título emitida pelo credor, somente poderá ser lavrado caso a cártula detenha o aceite do sacado.

A: correta, conforme previsto no art. 26, §§1º e 3º, da Lei 9.492/1997; **B:** correta, conforme art. 9º da Lei 9.492/1997; **C:** correta, nos termos do art. 12 da Lei 9.492/1997; **D:** correta, conforme art. 15 da Lei 9.492/1997; **E:** incorreta, devendo ser assinalada. A duplicata é um título de aceite obrigatório, somente podendo este ser recusado nos casos previstos no art. 8º da Lei 5.474/1968. Não comprovada qualquer das situações nele elencadas, é possível o protesto por falta de pagamento mesmo sem o aceite expresso do devedor.

Gabarito "E"

(ADVOGADO – PETROBRÁS – 2001 – CESPE) Em decorrência de negócio jurídico, a sociedade X emitiu, em favor da PETROBRAS, nota promissória que recebeu o aval da sociedade Y. Em face dessa situação hipotética, julgue os itens a seguir.

1. A PETROBRAS somente poderá executar a sociedade Y após esgotados os meios para recebimento do crédito da sociedade X.
2. A ação executiva a ser proposta pela PETROBRAS contra as sociedades X e Y independe de protesto cambial.
3. Caso a PETROBRAS queira requerer a falência da sociedade X com base na impontualidade no pagamento da referida nota promissória, o requerimento de falência deverá estar instruído com a certidão de protesto de título.
4. É de seis meses, contados a partir do vencimento do título, o prazo prescricional para a proposição de ação cambial contra as sociedades X e Y.
5. Caso a nota promissória apresente vício de forma, a sociedade Y poderá utilizar esse vício como fundamento para não efetuar o pagamento do título.

1: incorreta. A obrigação do avalista é solidária com a do avalizado (art. 32 da LUG); **2:** correta. X é a devedora principal da nota promissória e Y, como avalista, enquadra-se na mesma categoria, de forma que contra elas o protesto do título é facultativo (art. 53 da LUG); **3:** correta. A falência requerida com base em impontualidade injustificada depende da apresentação do título original devidamente protestado para fins falimentares (art. 94, § 3º, da LF – Lei 11.101/2005); **4:** incorreta. Nas notas promissórias, o prazo prescricional para cobrança do devedor principal e seus avalistas é de 3 anos, nos termos do art. 70 da LUG; **5:** correta. Os avalistas não podem opor ao possuir de boa-fé exceções pessoais que tenha contra o avalizado (princípio da autonomia das relações cambiais), porém poderá alegar defeitos formais do título para afastar a responsabilidade pelo pagamento.

Gabarito 1E, 2C, 3C, 4E, 5C.

4. DIREITO CONCURSAL – FALÊNCIA E RECUPERAÇÃO

4.1. ASPECTOS GERAIS

(Procurador do Estado/BA – 2014 – CESPE) No que se refere ao direito falimentar, julgue os itens a seguir.

(1) O contrato de concessão para a exploração de serviço público não se rescinde pela falência do concessionário, mas pela reversão que a sucede, pois só então se observa o princípio da continuidade do serviço público.

(2) A lei exclui total e absolutamente do direito falimentar as sociedades de economia mista, as empresas públicas e as câmaras de compensação.

(3) As execuções tributárias não são atraídas pelo juízo universal da falência, ao contrário dos créditos não tributários inscritos na dívida ativa.

1: incorreta. O art. 35, VI, da Lei 8.987/1995 determina a extinção da concessão pela falência do concessionário; **2:** correta, nos termos do art. 2º da Lei 11.101/2005. Vale lembrar que a câmara de compensação é equiparada a instituição financeira; **3:** incorreta. A cobrança de créditos não tributários inscritos em dívida ativa também não se sujeita a habilitação em falência (art. 29 da Lei 6.830/1980).

Gabarito 1E, 2C, 3E

(Procurador Federal – 2013 – CESPE) Carnes da Planície S.A. processa e vende carnes congeladas no Brasil, onde detém 60% do mercado relevante de suínos congelados, e também exporta esses produtos para diferentes países. Não obstante ela ser companhia sólida e com ações vendidas em bolsa de valores, Paulino dos Santos e Alice Nova, como seus administradores e acionistas, resolveram duplicar o faturamento da sociedade, negociando a compra e venda de dólares no mercado de câmbio futuro. Apesar de inexistir autorização nos estatutos da sociedade para tal, assim o fizeram sem consultar os demais órgãos da companhia e os agentes reguladores competentes. Ocorre que a cotação do dólar os surpreendeu, levando a que a situação financeira da Carnes da Planície S.A. beirasse a insolvência.

Considere, adicionalmente, que os problemas de solvência de Carnes da Planície S.A. permaneçam, forçando seus administradores a avaliarem as soluções oferecidas pela Lei 11.101/2005 (Lei de Recuperação Judicial e Falência). Em face dessas considerações e com base nas leis aplicáveis, julgue os itens a seguir.

(1) Se for decretada a falência de Carnes da Planície S.A., eventuais adiantamentos dos valores relativos aos contratos de câmbio para exportação não integrarão a massa falida. Desse modo, os respectivos titulares poderão requerer a restituição dessas quantias.

(2) Na hipótese de Carnes da Planície S.A. negociar recuperação extrajudicial, esse procedimento só poderá envolver os credores que aquiescerem com o plano de recuperação apresentado ao juízo competente para homologação.

(3) Caso obtenha recuperação judicial, Carnes da Planície S.A. poderá nela negociar patentes, marcas e segredos empresariais de sua titularidade no respectivo plano a ser apresentado aos credores, desde que tais direitos estejam registrados no Instituto Nacional de Propriedade Industrial.

1: correta, nos termos do art. 86, II, da Lei 11.101/2005; **2:** incorreta. Se a sociedade Carnes da Planície S.A. obtiver a aprovação de 3/5 dos credores sujeitos às disposições do plano de recuperação extrajudicial, poderá pedir em juízo sua homologação, após a qual o documento obrigará todos os credores, independentemente de sua anuência (art. 163 da Lei 11.105/2005); **3:** incorreta. Trata-se de uma "pegadinha" maliciosa do examinador. O plano de recuperação judicial pode abranger negócios jurídicos a serem celebrados com todo o patrimônio da pessoa jurídica em crise, seja ele tangível ou intangível. Além disso, o art. 53, III, da Lei 11.101/2005 elenca como documento obrigatório do pedido de recuperação o laudo de avaliação dos bens e ativos do devedor. Essa avaliação, obviamente, abrangerá não só o ativo tangível como todo o ativo intangível que possa ser objeto de apropriação contábil e alienação, como as patentes, registros de marca etc. O erro da assertiva está no fato de que segredos industriais não são objeto de registro no INPI.

Gabarito 1C, 2E, 3E

(Procurador do Estado/CE – 2008 – CESPE) A Lei n. 11.101/2005, que regula a recuperação judicial, a recuperação extrajudicial e a falência do empresário e da sociedade empresária, aplica se a

(A) empresa pública exploradora de atividade econômica.

(B) instituição financeira privada.

(C) sociedade de capitalização.

(D) sociedades simples.

(E) pessoas jurídicas irregulares.

A, B e **C:** a Lei de Recuperações e Falências não se aplica a empresas públicas, sociedades de economia mista, instituições financeiras, sociedades de capitalização e outras listadas no art. 2º, I e II, da LF; **D:** somente entidades que exercem atividade empresarial sujeitam-se à sistemática da LF, o que exclui as sociedades simples (não são empresárias – art. 982, *in fine*, do CC); **E:** a sociedade irregular pode ser despersonalizada (nunca houve registro – é sociedade em comum – art. 986 do CC) ou pode ter personalidade jurídica (houve registro, mas, posteriormente, descumpriu-se algum requisito para a regularidade registrária) – em qualquer dessas hipóteses, submete-se à Lei de Recuperações e Falências, desde que exerça atividade empresária.

Gabarito "E"

(Procurador do Município/São Paulo-SP – 2008 – FCC) Analise as seguintes afirmativas a respeito da recuperação judicial e da falência das sociedades empresárias:

I. A decretação da falência ou o deferimento do processamento da recuperação judicial interrompe o curso da prescrição e suspende todas as ações e execuções em face do devedor.

II. Não são exigíveis do devedor, na recuperação judicial ou na falência, as obrigações a título gratuito e as despesas que os credores fizerem para tomar parte na recuperação judicial ou na falência, salvo as custas judiciais decorrentes do litígio com o devedor.

III. Na classificação dos créditos na falência, os créditos decorrentes da legislação do trabalho, limitados a 150 salários mínimos por credor e os decorrentes de acidente de trabalho preferem aos créditos tributários, mas estes não preferem aos créditos com garantia real até o limite do valor do bem gravado.

IV. O juízo da falência é indivisível e competente para conhecer todas as ações sobre bens, interesses e negócios do falido, dele sendo excluídas, apenas, as causas fiscais.

V. Estão sujeitos à recuperação judicial todos os créditos existentes na data do pedido, ainda que não vencidos.

Estão corretas as afirmativas

(A) I, II e III.

(B) I, III e IV.

(C) I, IV e V.

(D) II, III e IV.

(E) II, III e V.

I: incorreta. Não são todas as ações e execuções em desfavor do devedor que ficam suspensas. Terão seu trâmite normal aquelas que demandem quantia ilíquida e as execuções fiscais (art. 6º, §§1º e 7º, da LF); **II:** correta, nos termos do art. 5º da LF; **III:** correta, nos termos do art. 83 da LF; **IV:** incorreta. A força atrativa do juízo falimentar não abrange ainda as causas trabalhistas e aquelas não previstas na Lei 11.101/2005 (art. 76 da LF); **V:** correta, nos termos do art. 49 da LF.

Gabarito "E"

(Procurador da Fazenda Nacional – 2007 – ESAF) A Lei n. 11.101/2005, que introduz no direito brasileiro a reorganização das empresas em crise, com a consequente revogação da concordata, seja a preventiva seja a suspensiva, visou:

(A) facilitar a continuação da atividade das empresas mercantis em crise.

(B) pretendeu facilitar a preservação de postos de trabalho nos casos de abalo no crédito que leva à crise da empresa.

(C) enfatizar a importância da tutela da circulação do crédito.

(D) apresentar nova forma de direito potestativo que atende ao interesse dos credores.

(E) permitir que os credores, aqueles sobre os quais recaem, de forma indireta, os efeitos da crise, sejam ouvidos.

As assertivas são subjetivas. O art. 47 da LF dispõe que "a recuperação judicial tem por objetivo viabilizar a superação da situação de crise econômico-financeira do devedor, a fim de permitir a manutenção da fonte produtora, do emprego dos trabalhadores e dos interesses dos credores, promovendo, assim, a preservação da empresa, sua função social e o estímulo à atividade econômica". O art. 75 define que a falência "visa a preservar e otimizar a utilização produtiva dos bens, ativos e recursos produtivos, inclusive os intangíveis, da empresa". Assim, a sistemática da LF visa a preservar e a otimizar a alocação econômica do capital produtivo, o que interessa a credores, a empresários, a trabalhadores e a toda sociedade.

Gabarito "E"

(Procurador da Fazenda Nacional – 2006 – ESAF) Considerando a legislação vigente, assinale a opção correta.

(A) Na falência, são exigíveis as despesas que os credores fizerem para tomar parte na recuperação judicial ou na falência, incluindo as custas judiciais decorrentes de litígio contra o devedor.

(B) A decretação da falência interrompe a prescrição.

(C) O administrador judicial será remunerado em valores fixados pelo juiz, considerando o grau de complexidade do trabalho, entre outros itens, e, se substituído durante o processo, terá sempre direito à remuneração proporcional ao trabalho realizado.

(D) Quem requerer a falência de outrem por dolo será condenado a indenizar o devedor, em ação própria após o trânsito em julgado da decisão que julgar improcedente o pedido de falência.

(E) As microempresas e empresas de pequeno porte poderão apresentar plano de recuperação judicial, que abrangerá apenas os créditos quirografários.

A: incorreta (art. 5º, II, da Lei 11.101/2005); **B:** incorreta (art. 6º da Lei 11.101/2005); **C:** incorreta (art. 24, § 3º, da Lei 11.101/2005); **D:** incorreta (art. 101 da Lei 11.101/2005); **E:** correta (art. 71 da Lei 11.101/2005).

Gabarito "E"

(Procurador da Fazenda Nacional – 2003 – ESAF) (Adaptada) Decretada a falência de uma sociedade comercial,

(A) os administradores podem continuar gerindo a empresa até a posse do administrador judicial.

(B) o juiz deverá, em qualquer hipótese, fixar o termo legal, que não pode ultrapassar de 60 dias a data do primeiro protesto por falta de pagamento.

(C) tornam-se ineficazes os efeitos de todos os contratos celebrados anteriormente pela sociedade.

(D) a falta de livros contábeis obrigatórios caracterizará crime falimentar.

(E) estabelece-se o juízo universal, significando que todas as ações em relação às quais a massa falida seja autora ou ré deverão ser instauradas ou deslocadas para o juízo da falência.

Alternativa **A:** incorreta, pois a decretação da falência impõe o afastamento imediato dos administradores, com a nomeação do administrador judicial na própria sentença (art. 99, IX, da Lei 11.101/2005 – LF); Alternativa **B:** incorreta, dado que o termo legal pode retroagir até 90 dias da data do primeiro protesto por falta de pagamento (art. 99, II, da LF); Alternativa **C:** incorreta, uma vez que a decisão sobre o cumprimento ou não dos contratos do falido fica a cargo do administrador judicial, que decidirá no interesse da massa (art. 117 da LF); Alternativa **D:** correta, nos termos do art. 178 da LF; Alternativa **E:** incorreta. A decretação da falência estabelece o juízo universal, porém esta não tem o condão de atrair todas as ações onde o falido figure como autor ou réu. Prosseguem em seus juízos de origem as reclamações trabalhistas, as ações que demandem quantia ilíquida e as de natureza fiscal (art. 76 da LF).

Gabarito "D"

(Advogado da União/AGU – CESPE – 2012) Julgue os próximos itens, relativos às normas de falência e de recuperação de empresas.

(1) No curso do processo falimentar, é cabível ação revocatória a ser proposta pelo administrador judicial, pelo sócio cotista, por terceiro interessado ou pelo MP, no prazo de cinco anos, contado da decretação da falência, conforme expressa disposição legal.

(2) De acordo com a legislação de regência, o deferimento do processamento da recuperação judicial de sociedade empresária suspende o curso de todas as ações e execuções que tramitem contra o devedor; contudo, em hipótese nenhuma, a suspensão pode exceder o prazo improrrogável de cento e oitenta dias contado do deferimento do processamento da recuperação, restabelecendo-se, após o decurso do prazo, o direito dos credores de iniciar ou continuar suas ações e execuções, independentemente de pronunciamento judicial.

1: incorreta. Nos termos do art. 132 da LF, o prazo para proposição da ação revocatória é de três anos contados da decretação da falência; **2:** correta, nos termos do art. 6º, § 4º, da LF.

Gabarito 1E, 2C

(ADVOGADO – PETROBRÁS – 2012 – CESGRANRIO) A respeito de falência, qual das normas jurídicas abaixo observa a Lei n. 11.101/2005?

(A) A Lei de Falência estabelece lista taxativa dos meios de recuperação da atividade econômica da empresa contendo instrumentos financeiros, administrativos e jurídicos para emprego nas empresas em crise.

(B) A falência, para fins de execução concursal, compreende todos os credores do falido, civis e comerciais, inclusive contemplando credores com crédito por despesas individualmente feitas para ingresso na massa falida.

(C) As empresas públicas e as sociedades de economia mista submetem-se às regras contidas na Lei n. 11.101/2005.

(D) As obrigações a título gratuito são exigíveis do devedor.

(E) Os credores do falido não são tratados igualmente, pois a natureza do crédito importa para a definição de uma ordem de pagamento que deve ser observada na liquidação.

A: incorreta. Os meios de recuperação previstos no art. 50 da LF são meramente exemplificativos; **B:** incorreta. Não são exigíveis do falido as despesas individuais dos credores para tomarem parte no processo concursal (art. 5º, II, da LF); **C:** incorreta, por expressa exclusão determinada pelo art. 2º, I, da LF; **D:** incorreta, por contrariar frontalmente o disposto no art. 5º, I, da LF; **E:** correta. O princípio da igualdade entre os credores (*par conditio creditorum*) vige apenas dentro de cada classe, devendo ser respeitada a ordem preferencial de pagamento estabelecida nos arts. 83 e 84 da LF.

Gabarito "E"

(ADVOGADO – CEF – 2012 – CESGRANRIO) A Lei n. 11.101/2005, Lei de Falências, aplica-se à

(A) sociedade seguradora

(B) entidade de previdência complementar

(C) instituição financeira pública ou privada

(D) sociedade empresária e ao empresário

(E) empresa pública e à sociedade de economia mista

Dentre as listadas, as únicas entidades sujeitas ao regime jurídico falimentar são as sociedades empresárias e os empresários. Todos os demais são excluídos pelo art. 2º da LF.

Gabarito "D"

(ADVOGADO – CEF – 2010 – CESPE) Assinale a opção correta no que concerne a recuperação judicial, extrajudicial e falência do empresário e da sociedade empresária.

(A) No rol das ações excluídas do juízo universal da falência, estão aquelas não reguladas na lei falimentar em que o falido figurar como autor ou litisconsorte ativo.

(B) As ações de execução fiscal serão suspensas em razão do deferimento da recuperação judicial da sociedade empresária devedora.

(C) No processamento de recuperação judicial, os titulares de créditos retardatários derivados da relação de trabalho não têm direito a voto nas deliberações da assembleia geral de credores.

(D) O administrador judicial deve ser, necessariamente, uma pessoa física que atue no ramo do direito, administração de empresas ou economia.

(E) A lei admite que a sociedade empresária devedora requeira sua recuperação judicial desde que, no momento do pedido, exerça regularmente suas atividades há mais de um ano.

A: correta, nos termos do art. 76 da LF; **B:** incorreta. A execução fiscal não se suspende pela decretação da quebra, seguindo seu curso no Juízo da Fazenda Pública (art. 76 ad LF); **C:** incorreta. Os titulares de créditos retardatários relacionados a relações de trabalho configuram exceção à regra imposta pelo art. 10, § 1º, da LF, mantendo seu direito a voto; **D:** incorreta. O administrador judicial pode ser pessoa jurídica ou pessoa física, preferencialmente advogado, economista, administrador de empresas ou contador (art. 21 da LF); **E:** incorreta. O tempo mínimo de atividade regular exigido para a concessão de recuperação judicial é de dois anos (art. 48, *caput*, da LF).

Gabarito "A"

(ADVOGADO – PETROBRÁS DISTRIB. – 2010 – CESGRANRIO) Analise as afirmações a seguir, com base na Lei n. 11.101/2005 (que regula a recuperação judicial, a extrajudicial e a falência do empresário e da sociedade empresária).

I. As obrigações a título gratuito não são exigíveis do devedor na recuperação judicial e na falência.

II. A decretação da falência das concessionárias de serviços públicos implica extinção da concessão, na forma da lei.

III. O prazo de contestação na falência é de 15 (quinze) dias.

Está(ão) correta(s) a(s) afirmação(ões)

(A) I, apenas.

(B) I e II, apenas.

(C) I e III, apenas.

(D) II e III, apenas.

(E) I, II e III.

I: correta, nos termos do art. 5º, I, da LF; **II:** correta, nos termos do art. 195 da LF; **III:** incorreta. Nos termos do art. 98 da LF, o prazo de contestação no processo falimentar é de 10 dias.

Gabarito "B"

(ADVOGADO – BNDES – 2010 – CESGRANRIO) Nos casos de falência e nas recuperações judiciais,

(A) por se tratar de interesse patrimonial, da decisão que conceder a recuperação judicial o Ministério Público não poderá agravar, cabendo tal recurso apenas aos credores.

(B) por se tratar de procedimento civil, não há legitimidade ministerial para a propositura de ação revocatória após a falência.

(C) faculta-se ao juiz intimar o Ministério Público para oficiar no feito.

(D) em qualquer modalidade, alienado o ativo da sociedade falida, o Ministério Público será intimado pessoalmente, sob pena de nulidade.

(E) caso seja feita a alienação do ativo da sociedade falida por leilão, dada sua publicidade, não é necessária a intimação pessoal do Ministério Público.

A: incorreta. O Ministério Público tem legitimidade para recorrer da decisão que concede a recuperação judicial (art. 59, § 2º, da LF); **B:** incorreta. O Ministério Público tem legitimidade para propor ação revocatória (art. 132 da LF); **C:** incorreta. Não se trata de faculdade do juiz, mas de atuação obrigatória do Ministério Público como *custos legis* (arts. 52, V, e 99, XIII, da LF); **D:** correta, nos termos do art. 142, § 7º, da LF; **E:** incorreta, por contrariar o disposto no art. 142, § 7º, da LF.

Gabarito "D"

(ADVOGADO – BNDES – 2010 – CESGRANRIO) No dia 9 de fevereiro de 2005, foi editada a Lei n. 11.101, que veio a regular a recuperação judicial, extrajudicial e a falência do empresário e da sociedade empresária. Dentre as inovações trazidas pela nova Lei, podemos afirmar que

I. desaparecem as concordatas preventiva e suspensiva, e a continuidade dos negócios do falido.

II. foi criada a recuperação extrajudicial.

III. as obrigações resultantes de atos jurídicos válidos, praticados durante a recuperação judicial, em conformidade com a legislação em vigor, terão prioridade de recebimento sobre os créditos tributários e trabalhistas quando é declarada a falência.

IV. uma vez apresentado o pedido, o devedor tem até 60 dias para apresentar um plano detalhado de recuperação dizendo de que forma vai se recuperar e pagar seus credores.

Está correto o que se afirma em

(A) III, apenas.

(B) I e III, apenas.

(C) II e IV, apenas.

(D) I, II e IV, apenas.

(E) I, II, III e IV.

I: a assertiva foi marcada como correta pelo gabarito oficial, mas é passível de críticas. Realmente, com a edição da Lei 11.101/2005, foram extintas todas as modalidade de concordata e, como regra, haverá a lacração do estabelecimento do falido (art. 109). Todavia, criou-se a possibilidade de continuação provisória das atividades caso não haja risco para a arrecadação dos bens e isso satisfaça mais facilmente o interesse dos credores (art. 99, XI, da LF); **II:** correta. A recuperação extrajudicial é uma novidade da Lei 11.101/2005; **III:** correta, nos termos do art. 84, V, da LF. Tais créditos, oriundos de atos posteriores ao pedido de recuperação judicial (e que, portanto, a ela não se submetem), são classificados como extraconcursais; **IV:** correta, nos termos do art. 53 da LF.

Gabarito "E"

(ADVOGADO – CASA DA MOEDA – 2009 – CESGRANRIO) Analise as afirmações a seguir sobre recuperação judicial, extrajudicial e falência do empresário e da sociedade empresária.

I. A decretação da falência determina o vencimento antecipado das dívidas do devedor e dos sócios ilimitada e solidariamente responsáveis, com o abatimento proporcional dos juros e converte todos os créditos em moeda estrangeira para a moeda do País, pelo câmbio do dia da decisão judicial, para todos os efeitos desta Lei.

II. A recuperação judicial tem por objetivo viabilizar a superação da situação de crise econômico-financeira do devedor, a fim de permitir a manutenção da fonte produtora, do emprego dos trabalhadores e dos interesses dos credores, promovendo, assim, a preservação da empresa, sua função social e o estímulo à atividade econômica.

III. Não são exigíveis do devedor, na recuperação judicial ou na falência, as obrigações a título gratuito e as despesas que os credores fizerem para tomar parte na recuperação judicial ou na falência, salvo as custas judiciais decorrentes de litígio com o devedor.

IV. Os processos de falência e concordata ajuizados anteriormente à vigência da Lei n. 11.101/2005 não deverão ser concluídos com base no Decreto-Lei n. 7.661/1945.

Estão de acordo com a Lei no 11.101/2005 as afirmações

(A) I e II, apenas.

(B) III e IV, apenas.

(C) I, II e III, apenas.

(D) I, II e IV, apenas.

(E) I, II, III e IV.

I: correta, nos termos do art. 77 da LF; **II:** correta, nos termos do art. 47 da LF, sendo uma de suas principais inovações; **III:** correta, nos termos do art. 5º da LF; **IV:** incorreta. Como solução de direito intertemporal, a Lei 11.101/2005 preferiu determinar que os processos de falência e concordata que já estivessem em andamento na data de sua publicação fossem concluídos com base na legislação anterior (art. 192 da LF).

Gabarito "C"

(ADVOGADO – PETROBRÁS DISTRIB. – 2008 – CESGRANRIO) A recuperação judicial, a extrajudicial e a falência são institutos aplicáveis ao(à)

(A) empresário e à sociedade empresária.

(B) empresa pública e à sociedade de economia mista.

(C) empresa pública e ao empresário.

(D) sociedade empresária e à sociedade de economia mista.

(E) instituição financeira pública ou privada.

O regime jurídico criado pela Lei 11.101/2005, que engloba a falência, a recuperação judicial e a recuperação extrajudicial, aplica-se aos empresários e às sociedades empresárias (e também às empresas individuais de responsabilidade limitada, por interpretação sistemática). Algumas pessoas ou atividades, porém, são expressamente excluídas do regime falimentar pela LF, em seu art. 2º, por terem meios próprios de liquidação. Trata-se das empresas públicas, sociedades de economia mista, instituição financeira pública ou privada, cooperativa de crédito, consórcio, entidade de previdência complementar, sociedade operadora de plano de assistência à saúde, sociedade seguradora, sociedade de capitalização e outras entidades legalmente equiparadas às anteriores.

Gabarito "A"

4.2. FALÊNCIA

(Procurador do Estado/CE – 2008 – CESPE) Acerca dos efeitos da decretação da falência sobre as obrigações do devedor, assinale a opção correta.

(A) Considere que Leo seja mandatário de certa sociedade empresária para a realização de negócios afetos à sua atividade-fim. Nesse caso, a decretação da falência da sociedade cessará os efeitos do mandato conferido a Leo.

(B) Considere que a VR Administração e Participações Ltda. tenha locado imóvel à P&B Livraria Ltda.-ME. Nessa situação, a decretação da falência da VR Administração e Participações Ltda. acarreta a resolução do contrato de locação firmado com a P&B Livraria Ltda.-ME.

(C) Todos os contratos de execução continuada do devedor, sejam eles bilaterais, unilaterais ou administrativos, serão extintos automaticamente com a decretação da falência.

(D) Devem ser compensadas, com preferência sobre todos os outros créditos, as dívidas do falido vencidas até a data da decretação da falência, desde que o vencimento seja proveniente da sentença que decretou a falência.

(E) A decretação da falência priva a sociedade empresária falida da administração de seus bens, mas mantém incólume o direito de qualquer sócio de exercer o direito de retirada ou de recebimento do valor de suas quotas.

A: correta. Cessam os efeitos do mandato, na hipótese – art. 120 da LF; **B:** incorreta. A falência do locador não implica resolução do contrato de locação – art. 119, VII, da LF; **C:** incorreta. As execuções fiscais tramitam no juízo próprio – art. 76 da LF; **D:** incorreta. A causa do vencimento (decretação da falência ou não) é irrelevante para a preferência relativa à compensação, nos termos do art. 122 da LF; **E:** incorreta. A decretação de falência suspende o direito de retirada ou de recebimento do valor das cotas e ações, por parte dos sócios da sociedade falida – art. 116, II, da LF.

Gabarito "A"

(Procuradoria Distrital – 2007) Em julho de 2005, foi requerida a falência da sociedade empresária K-Lote Ltda. que atua no ramo da construção civil. Tal falência foi decretada em maio de 2006, encerrando a fase pré-falimentar. Nesse processo:

(A) o falido continuará na administração dos seus negócios, sendo apenas fiscalizado pelo Administrador judicial.

(B) quem adquirir os bens vendidos para satisfação dos credores, não sucede o falido em nenhuma obrigação.

(C) os créditos fiscais não se sujeitam à habilitação, gozando de preferência sobre todos os créditos, exceto os trabalhistas e os decorrentes de acidente de trabalho.

(D) o administrador judicial fará jus a uma remuneração que será classificada como crédito trabalhista.

(E) antes de iniciar a liquidação da massa falida, o falido terá a chance de requerer uma recuperação judicial suspensiva.

A: incorreta. O falido perde o direito de administrar seus negócios – art. 103 da LF; **B:** correta, nos termos do art. 141, II, da LF; **C:** incorreta. O crédito tributário fica abaixo também do crédito com garantia real. As multas tributárias ficam ainda mais abaixo, após os créditos quirografários – art. 83, III e VII, da LF e art. 186, parágrafo único, do CTN; **D:** incorreta. A remuneração do administrador constitui crédito extraconcursal (não entra no concurso de credores) – art. 84, I, da LF; **E:** incorreta. Não há essa previsão na Lei de Recuperações e Falências.

Gabarito "B"

(PROCURADOR DO ESTADO/MG – FUMARC – 2012) Nos casos em que o vendedor tenha realizado negócios com o falido, vendendo e entregando coisa nos 15 dias antecedentes ao requerimento de falência, assinale a alternativa que retrata qual o instrumento hábil para se recuperar o referido bem:

(A) a habilitação de crédito;

(B) a ação de cobrança;

(C) o pedido de restituição;

(D) a reintegração de posse;

(E) ação de busca e apreensão.

A situação proposta enseja o chamado "pedido de restituição", que se processará nos termos dos arts. 85 a 93 da Lei 11.101/2005 – LF.

Gabarito "C"

(Procurador do Estado/PB – 2008 – CESPE) A respeito da falência e da recuperação judicial, assinale a opção correta.

(A) A empresa irregular não pode requerer autofalência nem falência de um devedor seu, embora possa figurar no polo passivo de pedido falimentar.

(B) Cabe pedido de restituição de bens baseado em direito real ou relação obrigacional preexistente à falência, ou desta oriunda, salvo quando se tratar de dinheiro, e, para que seja reconhecido o direito do reclamante, exige-se prova da propriedade do bem e da arrecadação indevida.

(C) No contrato de depósito bancário, o banco não tem plena disponibilidade sobre o dinheiro dos seus depositantes, estando obrigado a devolvê-lo tão logo lhe seja solicitado pelo depositante, o que torna possível a sua restituição no caso de falência da instituição financeira.

(D) As sociedades de economia mista e as fundações estão sujeitas tão somente ao processo de recuperação judicial; os seus administradores respondem solidária e ilimitadamente, entre si, pela má administração da sociedade empresária.

(E) O juízo da falência é indivisível e competente para todas as ações e reclamações sobre bens, interesses e negócios da massa falida, ressalvadas as causas trabalhistas, fiscais e aquelas não reguladas pela Lei de Falências em que o falido figurar como autor ou litisconsorte ativo.

A: incorreta. A empresa irregular pode requerer autofalência – art. 105, IV, da LF; **B:** incorreta. Em regra, somente o proprietário do bem pode pedir sua restituição (não o titular de direito real ou obrigacional) – art. 85 da LF; **C:** incorreta. As instituições financeiras não se sujeitam à falência – art. 2º, II, da LF; **D:** incorreta. As sociedades de economia mista e as empresas públicas não se sujeitam à Lei de Recuperações e Falências – art. 2º, I, da LF; **E:** correta, conforme o art. 76 da LF.

Gabarito "E"

(Procurador do Estado/PE – CESPE – 2009) Considerando os aspectos jurídicos atinentes à falência de sociedades empresárias e à recuperação judicial de empresas, assinale a opção correta.

(A) Os créditos tributários da fazenda pública estadual sujeitam-se aos efeitos da recuperação judicial de empresas.

(B) O recebimento do crédito tributário em falência de sociedade empresária é deferido, em caso de concurso entre as entidades fazendárias, sucessivamente, aos municípios, aos estados federados e, por último, à União.

(C) Os créditos trabalhistas de qualquer valor preferem os créditos das fazendas públicas.

(D) Na hipótese de o plano de recuperação judicial de determinada sociedade empresária prever a venda de bens imóveis, o adquirente, dado o caráter *propter rem* da obrigação tributária, responderá pelos débitos incidentes sobre o imóvel.

(E) Os débitos tributários cujos fatos geradores ocorreram após a declaração da falência são classificados como créditos extraconcursais.

A: incorreta, pois crédito tributário não pode ser incluído no plano de recuperação judicial. A rigor, o devedor deve apresentar certidões negativas de débitos tributários para que o juiz possa conceder a recuperação judicial – art. 57 da LF; **B:** incorreta, pois a União vem em primeiro lugar na ordem de preferência, seguida dos Estados e Distrito Federal e, ao final, Municípios – art. 187, parágrafo único, do CTN; **C:** incorreta, pois a preferência dos créditos trabalhistas limita-se a 150 salários mínimos por credor. Acima desse valor, os créditos trabalhistas são considerados quirografários e ficam abaixo dos tributários (exceto multas tributárias, que ficam ainda mais abaixo na ordem de classificação) – art. 83, I, e VI, *c*, da LF; **D:** incorreta, pois o adquirente recebe os bens livres de ônus – arts. 60, parágrafo único, e 141, II, e § 1º, da LF; **E:** assertiva correta, nos termos do art. 84, V, da LF.

Gabarito "E"

(Procurador do Estado/PI – 2008 – CESPE) Com relação à cobrança dos créditos tributários na falência, assinale a opção correta.

(A) O processo falimentar envolve o crédito tributário, mas exclui a multa tributária.

(B) As execuções fiscais em curso serão suspensas com a decretação de falência, consoante a lei processual que disciplina a cobrança do crédito tributário.

(C) A propositura de execução fiscal posterior à decretação de falência ocorrerá no juízo falimentar.

(D) A decretação da falência interrompe o prazo de prescrição do crédito tributário.

(E) Os créditos tributários serão adimplidos após realizado o pagamento dos créditos com garantia real, até o limite do apurado com os bens gravados.

A, B, C e **D:** as ações fiscais não se sujeitam ao juízo falimentar e a falência não afeta a prescrição tributária ou suspende a execução fiscal – art. 76 da LF e arts. 174 e 187 do CTN; **E:** os créditos com garantia real preferem aos tributários – art. 83, II e III, da LF.

Gabarito "E"

(Procurador do Estado/PR – UEL-COPS – 2011) Sobre o regime jurídico falimentar, assinale a alternativa correta:

I. a classificação dos créditos na falência obedece à seguinte ordem: i) os créditos derivados da legislação do trabalho, limitados a 150 (cento e cinquenta) salários mínimos por credor, e os decorrentes de acidentes de trabalho; ii) créditos com garantia real até o limite do valor do bem gravado; iii) créditos tributários, independentemente da sua natureza e tempo de constituição, incluindo-se as multas; iv) créditos com privilégio especial; v) créditos com privilégio geral; vi) créditos quirografários; vii) créditos subordinados.

II. os créditos trabalhistas cedidos a terceiros serão considerados quirografários.

III. serão considerados créditos extraconcursais e serão pagos com precedência sobre os concursais, os créditos relativos a obrigações resultantes de atos jurídicos válidos praticados após a decretação da falência, e tributos relativos a fatos geradores ocorridos após a decretação da falência, respeitada a mesma ordem estabelecida para os créditos concursais.

IV. a cobrança judicial do crédito tributário não é sujeita a concurso de credores ou habilitação em falência, recuperação judicial, concordata, inventário ou arrolamento.

V. quanto ao pagamento dos créditos devidos às pessoas jurídicas de direito público, o concurso de preferência se verifica na seguinte ordem: i) Municípios, conjuntamente e *pró rata*; ii) Estados, Distrito Federal e Territórios, conjuntamente e *pró rata*; e, por fim, iii) União.

Alternativas:

(A) somente as alternativas I, II e III estão corretas;

(B) somente as alternativas II, III e IV estão corretas;

(C) somente as alternativas I, IV e V estão corretas;

(D) somente as alternativas II, III e V estão corretas;

(E) todas as alternativas estão corretas.

I: incorreta. É importante ressaltar que a assertiva refere-se apenas à ordem de pagamento dos créditos concursais. As multas tributárias não detêm o mesmo privilégio dos créditos tributários principais. Elas são pagas, juntamente com todas as demais multas, após os créditos quirografários e antes dos créditos subordinados (art. 83 da LF); **II:** correta, conforme art. 83, § 4º, da LF; **III:** correta, conforme art. 84, V, da LF; **IV:** correta, conforme art. 187 do CTN; **V:** incorreta. Havendo créditos tributários de diferentes entes políticos, o concurso de preferência entre eles se dá na ordem inversa daquela proposta, ou seja, primeiro a União, depois os Estados (junto com DF e Territórios) e, por fim, os municípios (art. 187, parágrafo único, do CTN).

Gabarito "B"

(PROCURADOR DO ESTADO/RS – FUNDATEC – 2010) Na falência, pode-se afirmar que a *vis attractiva*

(A) é absoluta, atraindo todos os processos para o juízo falimentar.

(B) não é absoluta, mas atrai para o juízo falimentar as ações em que se demanda quantia ilíquida.

(C) é relativa, uma vez que as causas fiscais podem prosseguir no juízo de origem.

(D) é relativa somente em relação às causas fiscais, sendo absoluta em relação a todas as demais.

(E) é relativa, porquanto depende, na sistemática da nova lei (Lei n. 11.101/2005), da opção feita pelo administrador judicial no melhor interesse da massa.

A *vis attractiva* (ou força atrativa) do juízo falimentar, que determina a suspensão de todas as ações que estejam em trâmite em face do devedor falido e sua reunião junto ao juízo que decretou a quebra, é relativa, porque ações de determinadas naturezas a ela não se submetem. É o caso das ações fiscais, trabalhistas e aquelas não reguladas pela Lei 11.101/2005 (art. 76 da LF).

Gabarito "C"

(PROCURADOR – BANCO CENTRAL – 2009 – CESPE) Uma empresa em estado de falência possui dívidas tributárias registradas tanto no quadro de credores quanto na dívida ativa. Para satisfazer às despesas da falência, o administrador judicial pretende vender um imóvel de propriedade da empresa. Diante dessa situação, julgue os próximos itens.

I. O administrador judicial pode vender o imóvel, desde que mantenha garantidos os créditos da fazenda pública no patrimônio da empresa.

II. Independentemente do patrimônio restante, a venda somente pode ser efetuada com autorização judicial e dependerá, ainda, de prova de quitação da dívida ativa ou concordância da fazenda pública.

III. Se o administrador judicial realizar a venda sem deixar bens suficientes, responderá, subsidiariamente, pelos tributos devidos.

Assinale a opção correta.

(A) Nenhum item está certo.

(B) Apenas os itens I e II estão certos.

(C) Apenas os itens I e III estão certos.

(D) Apenas os itens II e III estão certos.

(E) Todos os itens estão certos.

I: correta, nos termos do art. 4º, §1 º, da Lei 6.830/1980 (Lei de Execuçao Fiscal); **II:** correta, nos termos do art. 31 da Lei de Execução Fiscal; **III:** incorreta. Nesse caso, a responsabilidade do administrador judicial será solidária (art. 4º, § 1º, in fine, da Lei de Execução Fiscal).

Gabarito "B"

(PROCURADOR – BANCO CENTRAL – 2009 – CESPE) A empresa Alfa Ltda. teve sua falência declarada pelo juiz competente em 15/04/2009. No mesmo ato processual, determinou-se o afastamento imediato dos administradores e a lacração da empresa. A partir dessa situação hipotética, assinale a opção correta.

(A) A sentença falimentar tem natureza meramente declaratória do estado de insolvência jurídica do falido. Para que possa produzir efeitos, é necessário levar cópia autenticada do provimento jurisdicional à Junta Comercial, a fim de efetuar o protesto para fins falimentares.

(B) O chamado termo legal da falência consiste no prazo fixado pelo juiz ou por lei, em que os atos praticados pelo falido ficam sujeitos à declaração de ineficácia em relação à massa falida e aos seus credores. A data da prolação da sentença falimentar é importante porque o termo legal não pode retrotrair a mais do que 90 dias contados desse momento.

(C) A decretação da falência pelo juízo competente ocasiona o vencimento antecipado de todas as dívidas do devedor e dos sócios limitada ou ilimitadamente responsáveis, com o abatimento proporcional dos juros, e converte, ainda, todos os créditos em moeda estrangeira para a moeda do país, pelo câmbio do dia da decisão judicial.

(D) A decretação da falência suspende o curso da prescrição e das ações e execuções em face do devedor, inclusive aquelas dos credores particulares do sócio solidário. No entanto, terão prosseguimento, nos juízos nos quais estiverem se processando, as ações que demandarem quantia ilíquida.

(E) A empresa cuja falência haja sido decretada tem 15 dias de prazo para apelar da sentença de falência, iniciando-se a contagem desse prazo a partir do primeiro dia útil seguinte ao de sua publicação.

A: incorreta. A doutrina majoritária entende que a sentença declaratória de falência, apesar de seu *nomen juris*, tem natureza constitutiva. Ademais, a comunicação da falência da empresa será feita pela expedição de ofício do juízo para a Junta Comercial competente, não se confundindo esse ato com o protesto de títulos vencidos e não pagos para fins falimentares; **B:** incorreta. O termo legal será sempre fixado pelo juiz e pode retroagir até 90 dias da decretação da falência, do deferimento da recuperação judicial, se houver, ou do primeiro protesto noticiado nos autos (art. 99, II, da LF); **C:** incorreta. A falência não alcança os sócios com responsabilidade limitada (art. 81 da LF); **D:** correta, nos termos do art. 6º, § 1º, da LF); **E:** incorreta. Da sentença declaratória de falência cabe agravo, no prazo de 10 dias (art. 100 da LF).

Gabarito "D"

(PROCURADOR – BANCO CENTRAL – 2009 – CESPE) No que se refere aos efeitos da decretação da falência nos contratos do falido, assinale a opção correta.

(A) Os contratos bilaterais resolvem-se automaticamente pela falência, operando-se imediatamente o vencimento antecipado de todas as dívidas. Nesse caso, não pode o administrador judicial resolver cumprir esses contratos, ainda que o cumprimento reduza o aumento do passivo da massa falida.

(B) No caso de contrato de compra e venda de coisas móveis a prestação, se ocorrer a falência do devedor antes mesmo da entrega das mercadorias e o administrador judicial resolver não executar o contrato, cabe ao comprador o direito à imediata restituição do valor recebido pelo falido, classificando-se o crédito como extraconcursal.

(C) No caso de contrato de compra e venda de mercadorias, se o falido for o comprador e este ainda não tiver pagado por elas, e as tiver revendido sem fraude antes de requerida a falência, o vendedor pode obstar a entrega das coisas expedidas ao devedor, mesmo que estejam em trânsito.

(D) Nos contratos de locação comercial, a falência do locador resolve imediatamente o contrato. No caso de falência do locatário, o administrador judicial pode, a qualquer tempo e se for conveniente para a massa falida, denunciar o contrato.

(E) No caso de contrato de compra e venda de mercadorias, se o falido for o comprador e este ainda não tiver pagado por elas, pode o vendedor efetuar pedido de restituição se as mercadorias tiverem sido entregues dentro dos 15 dias anteriores ao pedido de falência e ainda não tenham sido alienadas.

A: incorreta. A falência não resolve de pleno direito os contratos bilaterais do falido, cabendo ao administrador judicial avaliar a conveniência de seu cumprimento (art. 117 da LF); **B:** incorreta. Não assiste direito de restituição em dinheiro ao credor nesse caso, que terá seu crédito habilitado na classe própria (art. 119, III, da LF); **C:** incorreta. Nesse caso, o vendedor não pode obstar a entrega das mercadorias (art. 119, I, da LF); **D:** incorreta. A falência do locador não resolve imediatamente o contrato (art. 119, VII, da LF); **E:** correta, nos termos do art. 85, parágrafo único, da LF.

Gabarito "E"

(ADVOGADO – BNDES – 2008 – CESGRANRIO) Nos termos da Lei n. 11.101 (Lei de Recuperação de Empresas e Falência), de 9 de fevereiro de 2005, e da Lei n. 10.406 (Código Civil), de 10 de janeiro de 2002, integram a classe de credores titulares de créditos com garantia real aqueles cujos créditos estão garantidos por

(A) usufruto, aval e penhor.

(B) aval, penhor e anticrese.

(C) fiança, hipoteca e penhor.

(D) anticrese, penhor e hipoteca.

(E) hipoteca, anticrese e fiança.

A expressão "garantia real" usada na Lei de Falências deve ser interpretada à luz dos dispositivos do Código Civil que regem a matéria. Trata-se daqueles direitos nominados pela doutrina como direitos reais de garantia: penhor, hipoteca e anticrese.

Gabarito "D"

(ADVOGADO – BNDES – 2008 – CESGRANRIO) Considerando a ordem de classificação dos créditos na falência, qual dos créditos abaixo listados será pago com preferência sobre os demais aqui indicados?

(A) Tributário.

(B) Trabalhista cedido a terceiro.

(C) Comercial com privilégio geral.

(D) Comercial com privilégio especial.

(E) Decorrente da remuneração devida ao administrador judicial.

A interpretação conjunta dos arts. 83 e 84 da LF determina a seguinte ordem de pagamento dos créditos: antecipação de créditos salariais vencidos nos três últimos meses, limitados a cinco salários mínimos por trabalhador; restituições em dinheiro; créditos extraconcursais, na ordem estabelecida no art. 84; créditos trabalhistas limitados a 150 salários mínimos por trabalhador e créditos decorrentes de acidentes de trabalho; créditos com garantia real até o valor do bem gravado; créditos tributários, com exceção das multas; créditos com privilégio especial; créditos com privilégio geral; créditos quirografários; multas contratuais e tributárias; e créditos subordinados. Nos termos do art. 83, § 4º, da LF, os créditos trabalhistas cedidos a terceiros serão tratados como quirografários. A remuneração do administrador judicial, por ser uma dívida da massa falida e não do devedor falido, é considerada crédito extraconcursal.

Gabarito "E"

(ADVOGADO – BNDES – 2006 – CESGRANRIO) Com relação aos efeitos da sentença declaratória de falência, assinale a afirmação **INCORRETA**.

(A) A sentença de falência não resolve os contratos bilaterais do falido, os quais poderão continuar sendo cumpridos pelo administrador judicial.

(B) A sentença que declara a falência de uma sociedade em nome coletivo acarreta também a falência de todos os sócios.

(C) O administrador judicial poderá a qualquer tempo denunciar contrato de locação celebrado pelo falido.

(D) Ao contrário do que ocorria no sistema anterior, a nova Lei de Falência afastou o vencimento antecipado das obrigações do falido por força da sentença.

(E) É válida a cláusula contratual que prevê a resolução do contrato por força da sentença de falência.

A: correta, nos termos do art. 117 da LF; **B:** correta, nos termos do art. 81 da LF, considerando que os sócios da sociedade em nome coletivo são todos ilimitadamente responsáveis pelas obrigações sociais; **C:** correta, nos termos do art. 119, VII, da LF, mas desde que o falido seja o locatário; **D:** incorreta, devendo ser assinalada. A falência continua a determinar o vencimento antecipado de todas as obrigações do falido, instaurando o juízo concursal (art. 77 da LF); **E:** correta, em consagração ao princípio da autonomia da vontade. Não há na legislação aplicável qualquer óbice para essa previsão.

Gabarito "D"

(ADVOGADO – CEF – 2006 – CESPE) Julgue os próximos itens, acerca da disciplina que rege a recuperação judicial, a extrajudicial e a falência do empresário e da sociedade empresária.

(1) Considere a seguinte situação hipotética. Lia e Zilda são sócias de pequeno salão de beleza cujo contrato social não foi inscrito no registro público de empresas mercantis. Nessa situação, caracterizada a impontualidade da sociedade, com posterior requerimento e decretação de falência, essa decisão acarretará também a falência de Lia e de Zilda, que ficarão sujeitas aos mesmos efeitos jurídicos produzidos em relação à sociedade formada entre as sócias.

(2) O deferimento do pedido de recuperação judicial a determinada sociedade operadora de plano de assistência à saúde está condicionado à demonstração de que esta não vinha obtendo o referido benefício há menos de 5 anos.

1: correta. Dada a ausência de registro dos atos constitutivos, a sociedade existente entre Lia e Zilda é uma sociedade em comum, a qual determina a responsabilidade ilimitada dos sócios pelas obrigações sociais. Sendo assim, ambas serão atingidas pelos efeitos da falência, nos termos do art. 81 da LF; **2:** incorreta. Às operadoras de plano de saúde não se aplicam as normas da LF por expressa determinação do art. 2º, II, inclusive aquelas relativas à recuperação judicial.

Gabarito 1C, 2E

(ADVOGADO – PETROBRÁS – 2006 – CESGRANRIO) Nos termos da nova lei de falências (Lei n. 11.101, de 09/02/2005), acerca do procedimento de pagamento dos créditos na falência, afirma-se que:

I. os créditos com garantia real, até o valor do bem gravado, precedem os créditos tributários na ordem de pagamento de credores;

II. os créditos extraconcursais, referentes às remunerações devidas ao administrador judicial e seus auxiliares, deverão ser pagos com preferência em relação aos créditos tributários;

III. as multas contratuais e fiscais são pagas após a quitação dos créditos quirografários;

IV. os créditos trabalhistas cedidos a terceiros são considerados quirografários.

Estão corretas as afirmativas:

(A) II e III, apenas.

(B) I, II e IV, apenas.

(C) I, III e IV, apenas.

(D) II, III e IV, apenas.

(E) I, II, III e IV.

A interpretação conjunta dos arts. 83 e 84 da LF determina a seguinte ordem de pagamento dos créditos: antecipação de créditos salariais vencidos nos três últimos meses, limitados a cinco salários mínimos por trabalhador; restituições em dinheiro; créditos extraconcursais, na ordem estabelecida no art. 84; créditos trabalhistas limitados a 150 salários mínimos por trabalhador e créditos decorrentes de acidentes de trabalho; créditos com garantia real até o valor do bem gravado; créditos tributários, com exceção das multas; créditos com privilégio especial; créditos com privilégio geral; créditos quirografários; multas contratuais e tributárias; e créditos subordinados. Nos termos do art. 83, § 4º, da LF, os créditos trabalhistas cedidos a terceiros serão tratados como quirografários.

Gabarito "E"

4.3. RECUPERAÇÃO JUDICIAL E EXTRAJUDICIAL

(Procuradoria Distrital – 2007) Modernamente empresas têm sofrido várias crises, que podem significar uma deterioração das condições econômicas de sua atuação, bem como uma dificuldade de ordem financeira para o prosseguimento da atividade. Tais crises podem advir de fatores alheios ao empresário, mas também podem advir de características intrínsecas à sua atuação. Entre as possíveis soluções para essa crise, está a recuperação judicial, sobre a qual é correto afirmar:

(A) os credores fiscais ficam sujeitos às condições aprovadas no plano de recuperação judicial.

(B) não haverá a nomeação de administrador judicial.

(C) a lei enumera taxativamente as medidas que podem ser invocadas na recuperação.

(D) as sociedades limitadas, ainda que não tenham objeto empresarial, podem requerer a recuperação judicial.

(E) a não aprovação do plano de recuperação judicial, pela assembleia de credores, acarretará a convolação em falência.

A: incorreta. A recuperação judicial não abarca, em princípio, os créditos fiscais (art. 57 da LF e art. 191-A do CTN), embora possa haver parcelamento previsto em legislação específica (art. 68 da LF); **B:** incorreta. Há nomeação de administrador judicial, ainda que o devedor (ou seu administrador) continue na condução da empresa – art. 52, I, da LF; **C:** incorreta. A listagem do art. 50 da LF não é taxativa; **D:** incorreta. Somente os empresários e as sociedades empresárias podem requerer recuperação judicial – art. 1º da LF; **E:** correta, nos termos do art. 56, § 4º, da LF.

Gabarito "E"

(PROCURADOR DO ESTADO/MG – FUMARC – 2012) Assinale a alternativa INCORRETA a respeito da recuperação judicial:

(A) A recuperação judicial poderá ser requerida pelo devedor, cônjuge sobrevivente, herdeiros do devedor, inventariante ou sócio remanescente.

(B) Estão sujeitos à recuperação judicial todos os créditos existentes na data do pedido, ainda que não vencidos.

(C) Os credores do devedor em recuperação judicial conservam seus direitos e privilégios contra os coobrigados, fiadores e obrigados de regresso.

(D) As obrigações anteriores à recuperação judicial observarão as condições originalmente contratadas ou definidas em lei, inclusive no que diz respeito aos encargos, salvo se de modo diverso ficar estabelecido no plano de recuperação judicial

(E) Tratando-se de crédito garantido por penhor sobre títulos de crédito, direitos creditórios, aplicações financeiras ou valores mobiliários, as dívidas vencerão antecipadamente e não poderão ser substituídas ou renovadas as garantias liquidadas ou vencidas durante a recuperação judicial.

A: correta, nos termos do art. 48, parágrafo único, da LF; **B:** correta, nos termos do art. 49 da LF; **C:** correta, nos termos do 49, § 1º, da LF; **D:** correta, nos termos do art. 49, § 2º, da LF; **E:** incorreta, devendo ser assinalada. É possível a substituição das garantias nesses casos (art. 49, § 5º, da LF).

Gabarito "E"

(Procurador do Estado/PE – CESPE – 2009) Tendo em vista o instituto da recuperação judicial da empresa, assinale a opção correta.

(A) O despacho que determina o processamento da recuperação judicial suspende as ações e execuções dos credores a ela submetidos pelo prazo mínimo de cento e oitenta dias.

(B) O administrador judicial é nomeado pelo despacho que concede a recuperação judicial.

(C) Não é possível a desistência do pedido de recuperação judicial pelo devedor-requerente antes da publicação do despacho que defere o seu processamento sem a autorização da assembleia geral de credores.

(D) O peso do voto nas deliberações da classe de credores trabalhistas para aprovação do plano de recuperação será apurado pelo valor proporcional dos créditos.

(E) Contra a decisão que concede a recuperação judicial é possível a interposição de agravo de instrumento.

A: incorreta, pois esse é o prazo máximo – arts. 6º, § 4º, e 52, III, da LF; **B:** incorreta, pois o administrador judicial é nomeado antes, no momento em que o juiz defere o processamento da recuperação judicial – art. 52, I, da LF; **C:** incorreta, pois somente após o deferimento do processamento da recuperação judicial exige-se a aprovação, pela assembleia geral de credores, da desistência do devedor – art. 52, § 4º, da LF; **D:** incorreta, pois nas deliberações sobre o plano de recuperação judicial a proposta deve ser aprovada, na classe dos créditos trabalhistas e acidentários, por maioria simples dos credores presentes, independentemente do valor de seus créditos – art. 45, § 2º, da LF; **E:** assertiva correta, pois cabe agravo, que pode ser interposto por qualquer credor e pelo Ministério Público – art. 59, § 2º, da LF.

Gabarito "E"

(Procurador do Estado/PI – 2008 – CESPE) Acerca do pedido de recuperação judicial, assinale a opção correta.

(A) Ele poderá ser homologado no foro de qualquer cidade onde houver estabelecimento permanente do requerente.

(B) A petição inicial deverá estar acompanhada do plano de recuperação, sob pena de indeferimento.

(C) Os credores relacionados na petição devem ser intimados por edital, para contestar a ação, no prazo de 10 dias.

(D) O deferimento do processamento da recuperação judicial não suspenderá o trâmite das execuções fiscais em curso contra o requerente.

(E) A recuperação judicial só poderá ser concedida após a devida aprovação do plano de recuperação pela assembleia de credores.

A: incorreta. O juízo competente é o do local do principal estabelecimento do devedor ou da filial de empresa que tenha sede fora do Brasil – art. 3º da LF; **B:** incorreta. O plano de recuperação judicial deve ser apresentado em até sessenta dias após a publicação do despacho que defere o processamento da recuperação judicial – art. 53 da LF; **C:** incorreta. Os credores não contestam a ação, mas podem impugnar a relação de credores (art. 8º da LF – prazo de 10 dias) e o plano de recuperação (art. 55 da LF – prazo de 30 dias); **D:** correta, de acordo o art. 6º, § 7º, da LF; **E:** incorreta. O plano de recuperação é submetido à assembleia geral de credores apenas se houver objeção por qualquer credor (nem sempre isso ocorre), hipótese em que sua rejeição (pela assembleia) implica decretação da falência – arts. 56, *caput* e § 4º, e 58, ambos da LF.

Gabarito "D"

(Procurador do Estado/PI – 2008 – CESPE) A respeito dos efeitos jurídicos, nas relações entre credores e devedores, decorrentes da concessão da recuperação judicial, assinale a opção correta.

(A) Os credores trabalhistas não poderão ser envolvidos pela recuperação judicial.

(B) Haverá novação dos créditos abrangidos pela recuperação judicial.

(C) As garantias já oferecidas por avalistas e fiadores serão limitadas aos novos valores dos créditos como definidos no plano de recuperação judicial.

(D) A recuperação judicial envolverá os créditos contraídos em até dois anos após a sua concessão.

(E) Ocorrendo posterior falência, os valores devidos pelo falido obedecerão àqueles estabelecidos no plano de recuperação judicial.

A: incorreta. Os créditos trabalhistas são abrangidos pela recuperação judicial – art. 49, *caput*, da LF; **B:** correta, segundo disposição do art. 59 da LF; **C:** incorreta. Os direitos e privilégios dos credores contra fiadores, coobrigados e obrigados de regresso são mantidos na recuperação judicial – art. 49, § 1º, da LF; **D:** incorreta. A recuperação judicial abrange os créditos relativos ao período anterior ao pedido – art. 49, *caput,* da LF; **E:** incorreta. No caso de falência, serão reconstituídos os direitos e as garantias dos credores nas condições originalmente contratadas – art. 61, § 2º, da LF.

Gabarito "B"

(Procurador do Estado/PR – UEL-COPS – 2011) Sobre o regime jurídico de Falência e Recuperação, assinale a alternativa correta:

I. o devedor que preencher os requisitos para o pedido de recuperação judicial poderá propor e negociar com credores plano de recuperação extrajudicial, porém não se sujeitam à recuperação extrajudicial, além daqueles credores que não se sujeitam a recuperação judicial, os titulares de créditos derivados da legislação do trabalho ou decorrentes de acidente de trabalho.

II. o plano de recuperação extrajudicial poderá contemplar o pagamento antecipado de dívidas.

III. o devedor não poderá requerer a homologação de plano extrajudicial, se estiver pendente pedido de recuperação judicial ou se houver obtido recuperação judicial ou homologação de outro plano de recuperação extrajudicial há menos de dois anos.

IV. Após a distribuição do pedido de homologação, os credores não poderão desistir da adesão ao plano, salvo com a anuência expressa dos demais signatários.

V. o devedor poderá, também, requerer a homologação de plano de recuperação extrajudicial que obriga a todos os credores por ele abrangidos, desde que assinado por credores que representem mais de metade de todos os créditos de cada espécie por ele abrangidos.

Alternativas:

(A) somente as alternativas I, II e III estão corretas;

(B) somente as alternativas II, III e IV estão corretas;

(C) somente as alternativas I, IV e V estão corretas;

(D) somente as alternativas I, III e IV estão corretas;

(E) todas as alternativas estão corretas.

I: correta, nos termos do art. 161, § 1º, da LF; **II:** incorreta. Não se autoriza, no plano de recuperação extrajudicial, a previsão de pagamento antecipado de dívidas ou tratamento desigual a credores a ele não sujeitos (art. 161, § 2º, da LF); **III:** correta, nos termos do art. 161, § 3º, da LF; **IV:** correta, conforme art. 161, § 5º, da LF; **V:** incorreta. Para que o plano de recuperação extrajudicial seja homologado judicialmente e, com isso, obrigue também os credores que com ele não concordem, deve contar com a assinatura de credores que representem mais de 3/5 dos créditos de cada espécie (art. 163 da LF).

Gabarito "D"

(Procurador do Estado/SP – FCC – 2009) NÃO são atribuições compreendidas na competência legal do comitê de credores da sociedade empresária em recuperação judicial:

(A) Apurar reclamações dos credores e zelar pelo bom andamento do processo.

(B) Opinar sobre a constituição de garantias reais e a alienação de bens do ativo permanente do devedor.

(C) Escolher o administrador judicial e determinar o seu afastamento quando constado qualquer desvio de conduta.

(D) Fiscalizar as atividades do devedor e requerer ao juiz a convocação da assembleia geral de credores.

(E) Fiscalizar a execução do plano de recuperação judicial e denunciar a qualquer tempo ao juiz o seu descumprimento.

A, B, D e **E:** essas atribuições do comitê de credores estão previstas no art. 27, I, *a, d, e*, e II, *a, b* e *c*, da LF; **C:** essa não é atribuição do comitê de credores, mas sim do juiz – arts. 31 e 52, I, e 64, parágrafo único, da LF.

Gabarito "C"

(Procuradoria Federal – 2007 – CESPE) Acerca da recuperação judicial de empresas, julgue o item que se segue.

(1) Caso certa empresa de aviação comercial efetue pedido de recuperação judicial perante o juízo competente, o deferimento do pedido de recuperação judicial suspenderá eventuais ações de execução fiscal em curso contra a referida empresa.

As execuções fiscais não são suspensas por conta da recuperação judicial, exceto se houver parcelamento previsto em legislação específica – art. 6º, § 7º, da LF.

Gabarito 1E

(Procurador da Fazenda Nacional – 2007.2 – ESAF) A recuperação judicial das sociedades empresárias tem por finalidade

(A) facilitar a reorganização da atividade empresarial.

(B) facilitar a continuidade da empresa.

(C) dar maior segurança aos trabalhadores com a preservação de postos de trabalho.

(D) substituir a concordata preventiva.

(E) manter a atividade econômica quando detectada crise estrutural da empresa.

As assertivas são subjetivas. O art. 47 da LF dispõe que "a recuperação judicial tem por objetivo viabilizar a superação da situação de crise econômico-financeira do devedor, a fim de permitir a manutenção da fonte produtora, do emprego dos trabalhadores e dos interesses dos credores, promovendo, assim, a preservação da empresa, sua função social e o estímulo à atividade econômica".

Gabarito "A"

(Procurador Federal – 2010 – CESPE) A seguir, é apresentada uma situação hipotética, seguida de uma assertiva a ser julgada no que se refere a direito comercial.

(1) A pessoa jurídica Ômega Ltda., durante processo de recuperação judicial, para garantir o cumprimento de dívida contraída anteriormente, conforme previsto no plano de recuperação judicial aprovado pela assembleia geral de credores, reforçou a garantia inicialmente dada, ficando sem bens livres e desembaraçados suficientes para saldar integralmente seu passivo. Nessa situação, a conduta de Ômega Ltda. deve ser considerada legítima, não sendo passível de ser convolada a recuperação judicial em falência, em virtude desse fato.

1: a assertiva é correta, pois o reforço de garantia descrita, quando previsto no plano de recuperação judicial, não leva à decretação de falência – art. 94, III, e, da LF.

Gabarito 1C

(ADVOGADO – BNDES – 2008 – CESGRANRIO) Acerca do Comitê de Credores constituído em processo de recuperação judicial, regulado pela Lei n. 11.101 (Lei de Recuperação de Empresas e Falência), de 9 de fevereiro de 2005, pode-se afirmar que

I. tem competência para nomear o administrador judicial;

II. tem competência para fiscalizar as atividades e examinar as contas do administrador judicial;

III. sua constituição e funcionamento dependem da indicação de representantes de todas as classes de credores;

IV. será presidido pelo representante da classe de credores que detiver maior crédito global contra a sociedade em recuperação judicial.

Está(ão) correta(s) **APENAS** a(s) afirmativa(s)

(A) II

(B) III

(C) I e II

(D) I e III

(E) I, II e IV

I: incorreta. O administrador judicial será nomeado pelo juiz na sentença declaratória da falência (art. 99, IX, da LF); **II:** correta, nos termos do art. 27, I, "a", da LF; **III:** incorreta. O Comitê poderá ser constituído mesmo sem representantes de determinada classe (art. 26, § 1º, da LF); **IV:** incorreta. A presidência do Comitê competirá ao integrante indicado pelos próprios pares (art. 26, § 3º, da LF).

Gabarito "A"

(ADVOGADO – BNDES – 2008 – CESGRANRIO) Em relação ao Plano de Recuperação Judicial previsto na Lei n. 11.101 (Lei de Recuperação de Empresas e Falência), de 9 de fevereiro de 2005, é **INCORRETO** afirmar que este

(A) deverá ser apresentado pelo devedor no prazo improrrogável de 60 (sessenta) dias a contar da publicação da decisão que deferir o processamento da recuperação judicial.

(B) deverá conter laudo econômico-financeiro e de avaliação dos bens e ativos do devedor, subscrito por profissional legalmente habilitado ou empresa especializada.

(C) deverá conter demonstração de sua viabilidade econômica.

(D) poderá sofrer objeções por parte dos credores a ele sujeitos.

(E) não poderá sofrer alterações, após sua apresentação em juízo, ainda que aprovadas pelos credores.

A: correta, nos termos do art. 53 da LF, prazo cujo desrespeito importará na decretação da falência do devedor; **B:** correta, nos termos do art. 53, III, da LF; **C:** correta, nos termos do art. 53, II, da LF; **D:** correta, nos termos do art. 55 da LF. A objeção por qualquer credor importará a convocação de assembleia geral para discussão e votação do plano; **E:** incorreta, devendo ser assinalada. O plano será objeto de deliberação dos credores e poderá sofrer alterações, nos termos do art. 56, § 3º, da LF.

Gabarito "E"

(ADVOGADO – BNDES – 2008 – CESGRANRIO) Nos termos da Lei n. 11.101 (Lei de Recuperação de Empresas e Falência), de 9 de fevereiro de 2005, estão sujeitas aos efeitos da recuperação judicial as dívidas de natureza

I. civil, contraídas pelo devedor durante o processo de recuperação judicial;

II. tributária, contraídas pelo devedor até a data do pedido de recuperação judicial, ainda que não vencidas;

III. civil, sem garantia, contraídas pelo devedor até a data do pedido de recuperação judicial, ainda que não vencidas;

IV. previdenciária, contraídas pelo devedor até a data do despacho que deferir o processamento do pedido de recuperação judicial.

Está(ão) correta(s) **APENAS** a(s) dívida(s) de natureza

(A) I

(B) III

(C) I e III

(D) II e IV

(E) III e IV

Nos termos do art. 49 da LF, sujeitam-se à recuperação judicial todos os créditos existentes na data do pedido. São excetuados, somente, os créditos tributários (que incluem as contribuições previdenciárias) e aqueles previstos no art. 49, § 3º.

Gabarito "B"

(ADVOGADO – BNDES – 2006 – CESGRANRIO) A Lei n. 11.101/2005, ao regular a recuperação judicial de empresas, pressupôs a organização de um sistema jurídico capaz de preservar a empresa viável, que, porém, atravessa um estado de crise econômica, através da reestruturação da atividade e composição dos interesses dos credores. Sendo assim, é correto afirmar que:

(A) a recuperação produz efeitos somente em relação aos credores quirografários, assim como ocorria na concordata preventiva.

(B) o plano de recuperação aprovado implica novação dos créditos anteriores ao pedido existentes contra o devedor.

(C) em razão da índole contratual da recuperação, o plano deverá ser aprovado pela unanimidade dos credores a ele sujeitos.

(D) do despacho que mandar processar a recuperação, caberá agravo no prazo de 10 (dez) dias.

(E) após concessão da recuperação judicial pelo Juiz, o devedor só poderá desistir do pedido se aprovada a desistência na assembleia de credores.

A: incorreta. Nos termos do art. 49 da LF, sujeitam-se à recuperação judicial todos os créditos existentes na data do pedido. São excetuados, somente, os créditos tributários (que incluem as contribuições previdenciárias) e aqueles previstos no art. 49, § 3º; **B:** correta, nos termos do art. 59 da LF; **C:** incorreta. A natureza jurídica da recuperação judicial é controvertida na doutrina (é contrato para uns e ação constitutiva para outros). Não obstante, a aprovação do plano não depende da unanimidade dos credores, mas somente da maioria em cada classe (art. 45 da LF); **D:** incorreta. A questão sobre a recorribilidade do despacho que defere o processamento da recuperação judicial ainda é controversa na doutrina, diante da omissão da lei sobre o tema. A questão deve ter considerado a aplicação, por analogia, da Súmula 264 do STJ, editada sob a égide da legislação falimentar anterior, que afastava a possibilidade de interposição de recurso de agravo da decisão que deferia a concordata preventiva; **E:** incorreta. O marco da necessidade de concordância da assembleia geral de credores quanto à desistência do pedido é o deferimento do processamento dela, não sua concessão (art. 52, § 4º, da LF).

Gabarito "B"

5. INTERVENÇÃO E LIQUIDAÇÃO EXTRAJUDICIAL

(Procurador do Estado/MG – 2007) De acordo com a Lei n. 6.024, de 13.03.1974, não é possível afirmar que

(A) sofrerá intervenção a instituição financeira que sofrer prejuízo, decorrente de má-administração, que sujeite a riscos os seus credores.

(B) são efeitos da intervenção: a suspensão de exigibilidade das obrigações vencidas, a suspensão da fluência do prazo das obrigações vincendas anteriormente contraídas, e a inexigibilidade dos depósitos já existentes à data de sua decretação.

(C) a intervenção será decretada pelo Banco Central do Brasil após provocação dos credores titulares de, no mínimo, 2/3 dos créditos apurados até a data do pedido e que, ainda, ultrapassem 50% (cinquenta por cento) do patrimônio líquido da companhia demonstrado no balanço referente ao último exercício social.

(D) decretada a falência da entidade, cessará a liquidação extrajudicial.

A: correta. Essa é uma das hipóteses de intervenção previstas no art. 2º, I, da Lei 6.024/1974; **B:** correta, nos termos do art. 6º da Lei 6.024/1974; **C:** incorreta, devendo ser assinalada. A intervenção pode ser decretada *ex officio* pelo BACEN ou por solicitação dos administradores, desde que tenham essa competência prevista no estatuto social (art. 3º da Lei 6.024/1974); **D:** correta, nos termos do art. 19, "d", da Lei 6.024/1974.

Gabarito "C"

(Procurador da Fazenda Nacional – 2004 – ESAF) As instituições financeiras privadas

(A) quando estão sob liquidação extrajudicial proporcionam aos seus credores melhores possibilidades de recuperação dos prejuízos do que na falência porque os seus administradores são solidariamente responsáveis com o prejuízo apurado.

(B) jamais podem ter sua falência decretada, pois se sujeitam a um regime especial a cargo do Banco Central do Brasil.

(C) podem pedir concordata desde que não recebam depósitos do público.

(D) sob regime de intervenção continuam em funcionamento normal, limitado o interventor a permitir a movimentação de recursos até o limite de R$ 20.000,00 por cliente.

(E) sob liquidação extrajudicial ficam imunes a quaisquer ações individuais de credores, que devem recorrer ao juízo universal.

O tema da liquidação extrajudicial de instituições financeiras é tratado na Lei 6.024/1974. Segundo seus dispositivos, os administradores são solidariamente responsáveis pelas obrigações assumidas durante sua gestão, sendo seu patrimônio pessoal objeto de declaração de indisponibilidade. Com isso, aumenta-se a segurança dos credores, diante da existência de maior patrimônio que pode ser utilizado para pagamento das dívidas. Correta, portanto, a alternativa "A". A letra "B" está incorreta porque a falência das instituições financeiras é possível, mesmo com a possibilidade de intervenção e liquidação extrajudicial. Na esteira da revogada legislação sobre direito falimentar, o art. 53 da Lei 6.024/1974 proibia, em qualquer caso, o pedido de concordata, afastando a alternativa "C". Sobre a opção "D", vale dizer que a instituição financeira, realmente, continua com seu funcionamento normal, mas não há qualquer limitação à atuação do interventor. A alternativa "E", por fim, é contraditória: se falamos em liquidação extrajudicial, não há "juízo universal" a quem recorrer. As ações individuais são suspensas e nenhuma outra poderá ser proposta enquanto durar a intervenção (art. 18, "a", da Lei 6.024/1974).

Gabarito "A"

(Procurador da Fazenda Nacional – 2003 – ESAF) A liquidação extrajudicial disciplinada pela Lei 6.024/1974 visa a:

(A) superar as dificuldades típicas das execuções coletivas tal como prescrito no Decreto nº 7.661/45.

(B) dar aos aplicadores, credores das instituições financeiras, suporte normativo para exercerem suas pretensões.

(C) criar condições mais eficientes para atender ao rateio dos créditos contra as instituições financeiras insolventes.

(D) impedir pedidos de falência contra instituições financeiras por qualquer credor.

(E) garantir igualdade entre credores de mesma classe nos rateios da massa.

Alternativa **A:** correta. A existência do procedimento de liquidação extrajudicial se justifica na procura pela eficiência, evitando-se o excessivo formalismo da Lei de Falências; alternativa **B:** incorreta, pois a liquidação extrajudicial não garante qualquer benefício ou vantagens aos aplicadores de fundos nas instituições financeiras; alternativas **C** e **E:** incorretas porque estas vantagens também são alcançadas pelo procedimento de falência, não sendo objetivo próprio da liquidação extrajudicial; alternativa **D:** incorreta. A liquidação extrajudicial não se presta a evitar a falência da instituição financeira, vez que seus efeitos são idênticos e a falência pode decorrer do próprio pedido de liquidação extrajudicial formulado pela instituição (art. 21 da Lei 6.024/1974).

Gabarito "A"

6. SISTEMA FINANCEIRO NACIONAL

(Procurador do Estado/CE – 2008 – CESPE) A respeito do sistema financeiro nacional, assinale a opção correta.

(A) A lei determina que a presidência do Conselho Monetário Nacional seja exercida pelo presidente do Banco Central.

(B) A lei veda às instituições financeiras adquirir bens imóveis que não sejam destinados ao próprio uso, salvo os recebidos em liquidação de empréstimos de difícil solução.

(C) Compete ao Conselho Monetário Nacional efetuar operações de compra e venda de títulos públicos federais, como instrumento de política monetária.

(D) É lícito ao Banco Central operar com instituições financeiras públicas e privadas, cooperativas de crédito, consórcio e entidades de previdência complementar.

(E) Compete ao presidente do Banco Central nomear o presidente do Banco do Brasil, após aprovação do Congresso Nacional.

A: incorreta, pois a presidência do CMN é exercida pelo Ministro da Fazenda – art. 8º, I, da Lei 9.069/1995; **B:** correta, pois a vedação é prevista no art. 35, II, da Lei 4.595/1964; **C:** incorreta, pois essa competência privativa é do Banco Central do Brasil – art. 10, XII, da Lei 4.595/1964; **D:** incorreta, já que o Banco Central do Brasil opera exclusivamente com instituições financeiras públicas ou privadas, salvo autorização legal expressa – art. 12 da Lei 4.595/1964; **E:** assertiva incorreta, pois a nomeação do presidente do Banco do Brasil é feita pelo Presidente da República – art. 21, § 1º, da Lei 4.595/1964.

Gabarito "B"

(Procuradoria Federal – 2007 – CESPE) Julgue o item seguinte, relativo ao Sistema Financeiro Nacional.

(1) A lei veda às instituições financeiras a concessão de empréstimos a seus diretores, bem como a aquisição de imóveis que não sejam destinados ao próprio uso da entidade.

Arts. 34, I, e 35, II, ambos da Lei 4.595/1964.

Gabarito 1C

7. CONTRATOS EMPRESARIAIS

7.1. ARRENDAMENTO MERCANTIL / *LEASING*

(Advogado da União/AGU – CESPE – 2009) A respeito dos contratos de empresas, julgue o item seguinte.

(1) Caracteriza-se *leasing* operacional quando uma sociedade empresária aliena um bem de sua propriedade à companhia de *leasing*, que o arrenda à mesma pessoa jurídica que o vendeu.

Assertiva incorreta, pois refere-se ao *lease back*, e não ao *leasing* operacional.

O arrendamento mercantil ou *leasing* é um contrato em que o arrendatário paga prestações pelo uso de um bem por determinado período e, ao final, tem a opção de adquiri-lo, mediante pagamento do valor residual, ou devolvê-lo ao arrendatário.

Leasing operacional ou *leasing renting* ocorre na hipótese de o bem pertencer previamente à arrendadora, que o arrenda ao interessado (ao arrendatário). Nessa modalidade, muitas vezes as despesas de manutenção, assistência técnica e serviços correlatos à operacionalidade do bem ficam a cargo do arrendador – art. 6º da Resolução CMN 2.309/1996.

Leasing financeiro ou *leasing* puro existe nos casos em que o arrendatário indica o bem que a arrendadora adquirirá de terceiro e, em seguida, arrendará ao primeiro (ao arrendatário). Nessa modalidade, as despesas de manutenção, assistência técnica e serviços correlatos à operacionalidade do bem ficam a cargo do arrendatário – art. 5º da Resolução CMN 2.309/1996.

Lease back ou *leasing* de retorno ocorre se o proprietário do bem (arrendatário) vende-o à arrendadora, que, em seguida, arrenda o mesmo bem para o antigo proprietário (ao arrendatário).

Gabarito 1E

(Procurador da Fazenda Nacional – 2004 – ESAF) (Adaptada) Nos contratos de arrendamento mercantil,

(A) a transferência da propriedade do bem arrendado somente passará do vendedor original para o arrendatário se este vier a fazer a opção de compra.

(B) o arrendador pode ser qualquer empresário regularmente estabelecido.

(C) o custo financeiro do contrato para o arrendatário sempre será mais barato do que o de um financiamento bancário.

(D) o objeto somente pode ser bens móveis infungíveis.

(E) a opção de compra não pode estar predeterminada.

A: correta, vez que a propriedade do bem permanece com a arrendadora, a não ser que a arrendatária exerça sua opção de compra; **B:** incorreta. O arrendador deve, obrigatoriamente, ser instituição financeira cadastrada no BACEN e deve constar em seu nome empresarial a expressão "arrendamento mercantil"; **C:** incorreta, por conta do advérbio "sempre". Tanto o *leasing* quanto o financiamento bancário são contratos livremente pactuados pelas partes, não podendo se presumir qual deles será mais vantajoso; **D:** incorreta. O arrendamento mercantil está autorizado para bens móveis e imóveis; **E:** incorreta, considerando que a opção de compra pode ser efetivada a qualquer momento e, até mesmo, paga antecipadamente, nos termos da Súmula 293 do STJ.

Gabarito "A"

7.2. ALIENAÇÃO FIDUCIÁRIA

(ADVOGADO – BNDES – 2008 – CESGRANRIO) Quanto à busca e apreensão em sede de alienação fiduciária, pode-se afirmar que

I. ela será concedida liminarmente ao credor fiduciário, desde que comprovada a mora ou o inadimplemento do devedor;

II. a propriedade e a posse plena e exclusiva do bem no patrimônio do credor fiduciário consolidar-se-ão no prazo de dez dias da execução da liminar;

III. o devedor fiduciante, no prazo de cinco dias, poderá pagar a integralidade da dívida pendente, segundo os valores apresentados pelo credor fiduciário na inicial, hipótese na qual o bem lhe será restituído livre do ônus;

IV. o devedor fiduciante poderá apresentar resposta no prazo de dez dias da execução da liminar, ainda que tenha efetuado o depósito dos valores apresentados pelo credor fiduciário na inicial, caso entenda ter havido pagamento a maior e desejar restituição;

V. o juiz, na sentença que decretar a improcedência da ação de busca e apreensão, condenará o credor fiduciário ao pagamento de multa, em favor do devedor fiduciante, equivalente ao dobro do valor originalmente financiado, devidamente atualizado.

Estão corretas **APENAS** as afirmações

(A) I e II

(B) I e III

(C) I, II e III

(D) I, II, III e V

(E) II, III, IV e V

I: correta, nos termos do art. 3º do Decreto-lei 911/1969; **II:** incorreta. A consolidação da propriedade ocorrerá no prazo de cinco dias (art. 3º, § 1º, do Decreto-lei 911/1969); **III:** correta. Trata-se da purgação da mora, prevista no art. 3º, § 2º, do Decreto-lei 911/1969; **IV:** incorreta. O prazo para resposta é de quinze dias (art. 3º, § 3º, do Decreto-lei 911/1969); **V:** incorreta. O valor da multa será de 50% do valor originalmente fixado (art. 3º, § 6º, do Decreto-lei 911/1969).

Gabarito "B"

(ADVOGADO – BNDES – 2006 – CESGRANRIO) A alienação fiduciária em garantia é espécie de contrato em que o credor tem apenas o domínio resolúvel e a posse indireta do bem alienado, enquanto o devedor mantém-se na posse direta do bem, na qualidade de depositário. Levando-se em consideração as disposições de lei relativas à alienação fiduciária, assinale a afirmativa **INCORRETA**.

(A) Requerida pelo credor a busca e apreensão do bem móvel objeto da alienação fiduciária em garantia, é vedado ao devedor emendar a mora com o simples depósito das prestações vencidas em atraso.

(B) Adimplida a dívida originária, resolve-se o domínio em favor do devedor fiduciante, que volta a gozar da plena propriedade sobre o bem.

(C) Quando a alienação fiduciária tem por objeto bem imóvel, inadimplida a obrigação, cabe ao credor exercer seus direitos através do instituto da consolidação.

(D) Se o bem não for encontrado na posse do devedor, a ação de busca e apreensão será convolada em ação de depósito.

(E) A alienação fiduciária em garantia é contrato de caráter instrumental ao contrato de mútuo que se pretende garantir.

A: incorreta, devendo ser assinalada. A hipótese de purgação da mora está prevista no art. 3º, § 2º, do Decreto-lei 911/1969; **B:** correta, nos termos do art. 3º, § 2º, do Decreto-lei 911/1969; **C:** correta, nos termos do art. 26 da Lei 9.514/1997; **D:** correta, nos termos do art. 4º do Decreto-lei 911/1969; **E:** correta. Contrato principal é o mútuo, que vem a ser garantido pela alienação fiduciária. Trata-se esta, portanto, de instrumento do empréstimo, contrato acessório ou adjeto ao principal.

Gabarito "A"

(ADVOGADO – BNDES – 2010 – CESGRANRIO) José adquire um automóvel por meio de financiamento de um Banco, garantido mediante alienação fiduciária. Após o pagamento de dez prestações, transfere a titularidade do bem para João, que não mais realiza o pagamento das prestações restantes. Após cinco anos de uso, João alega ter adquirido o bem por usucapião, tendo em vista que o Banco não cobrou a dívida remanescente. O Banco aduziu que não houve autorização para a transferência do bem e, por força disso, permanece a alienação fiduciária na sua integralidade. Diante desse fato, conclui-se que

(A) o reconhecimento da usucapião poderia ser requerido somente por José.

(B) os requisitos para a usucapião de bem móvel estão preenchidos.

(C) a alienação fiduciária se extingue pela transmissão do bem não autorizada pelo credor.

(D) a posse do bem é considerada clandestina e desnatura a usucapião.

(E) a autorização de transferência do bem, dado em garantia, não é requisito para a extinção da propriedade resolúvel.

O caso questionado foi objeto de deliberação pelo STJ quando do julgamento do REsp 881.270/RS, em 02/03/2010, tendo o Tribunal se manifestado no sentido de que a transferência da posse direta do bem alienado fiduciariamente é um ato clandestino, que não induz posse (art. 1.208 do CC). Não havendo posse direta, não há que se falar em usucapião.

Gabarito "D"

7.3. CONTRATOS BANCÁRIOS E CARTÃO DE CRÉDITO

(Advogado da União/AGU – CESPE – 2009) A respeito dos contratos de empresas, julgue o item seguinte.

(1) O contrato de conta-corrente classifica-se como atípico, puro, aleatório, de execução futura e, por natureza, *intuitu personae*.

A classificação é adequada. O contrato bancário de conta-corrente é: *atípico*, pois não é especificamente regulado por lei; *puro*, porque não se trata de combinação de vários outros contratos; *aleatório*, já que o saldo final da conta-corrente não é previamente determinável; *de execução futura*, na medida em que é celebrado em um momento presente para ser executado no período futuro; *intuitu personae*, já que as características subjetivas das partes são essenciais para a celebração e a manutenção da relação contratual.

Gabarito 1C

(PROCURADOR – BANCO CENTRAL – 2009 – CESPE) Com relação ao direito bancário, assinale a opção correta.

(A) Para que se considere um contrato como bancário, é necessário que as duas partes envolvidas sejam instituições financeiras e que seu objeto seja a intermediação de crédito.

(B) Somente instituições bancárias podem ser sociedades emissoras de cartão de crédito.

(C) As operações bancárias ativas são as de captação dos recursos, nas quais os bancos se tornam devedores de seus clientes; já as operações bancárias passivas são aquelas em que o banco assume, quanto à obrigação principal, a posição de credor.

(D) Segundo entendimento sumulado do STJ, as empresas administradoras de cartão de crédito são instituições financeiras e, por isso, os juros remuneratórios por elas cobrados não sofrem as limitações da Lei de Usura.

(E) O STJ entende que não cabe indenização por danos morais quando uma instituição financeira envia cartão de crédito a um cliente e cobra faturas pelo serviço, sem que este tenha sido solicitado.

A: incorreta. Contrato bancário é aquele no qual uma das partes é instituição financeira, cujo objeto é a intermediação de crédito; **B:** incorreta. A regulamentação do contrato de emissão de cartão de crédito não o outorga exclusivamente a instituições bancárias, podendo ser realizado por outras administradoras; **C:** incorreta. Os conceitos estão invertidos; **D:** correta, nos termos da Súmula 283 do STJ; **E:** incorreta. O STJ entende que tal conduta é abusiva, nos termos do art. 39, III, do Código de Defesa do Consumidor, e atribui à administradora do cartão a responsabilidade pelos danos morais dela decorrentes (REsp 1.061.500/RS, DJ 04/11/2008).

Gabarito "D"

(ADVOGADO – BNDES – 2010 – CESGRANRIO) J. e J. Ltda., Sociedade regularmente constituída, estabelece contrato de financiamento com Superbanco S/A, pactuando o valor da prestação em R$ 10.000,00 (dez mil reais), pelo período de cinco anos, com um ano de carência. O pagamento foi ajustado mediante recebimento de boleta e pagamento no Banco Comercial Mínimo S/A. Quando em curso o contrato, após o pagamento da vigésima prestação, o devedor foi surpreendido com a liquidação, do Banco Mínimo S/A, por iniciativa do Banco Central, tendo comunicado o fato ao credor. Passados dois meses, foi remetida boleta com a cobrança de três prestações, acrescidas de multa, juros moratórios e correção monetária, já fixados pelo credor. Inconformado, apresentou requerimento ao Superbanco S/A, postulando a exclusão dos indevidos acessórios, o que restou indeferido. Ato contínuo, a Empresa J. e J. Ltda. foi incluída nos registros de proteção ao crédito. Diante desse contexto, analise as afirmações a seguir.

I. O contrato, consoante o Código Civil, exige observância da boa-fé objetiva e da funcionalização do contrato.

II. Os atos do credor são admissíveis vez que foi caracterizada a *mora debendi*.

III. A função social do contrato tem por escopo limitar a autonomia da vontade quando esta confronte o interesse social.

IV. O inadimplemento do devedor deve ficar em sigilo uma vez que implicaria o descumprimento de norma avençada contratualmente, sem eiva de vício.

Está correto APENAS o que se afirma em

(A) III.

(B) IV.

(C) I e II.

(D) I e III.

(E) II, III e IV.

I: correta. O princípio da boa-fé objetiva, que, segundo Miguel Reale, é uma "exigência de lealdade, modelo objetivo de conduta, arquétipo social pelo qual impõe o poder-dever que cada pessoa ajuste a própria conduta a esse arquétipo, obrando como obraria uma pessoa honesta, proba e leal", está previsto no art. 422 do CC. A função social do contrato, por sua vez, vem disposta no art. 421 do CC; **II:** incorreta. A conduta do credor ofendeu o princípio da boa-fé objetiva, na medida em que a mora do devedor não ocorreu por culpa deste e sim por força de fato imprevisível (a liquidação da instituição fiinanceira); **III:** correta. A assertiva define bem o princípio da função social do contrato; **IV:** incorreta. A assertiva não faz sentido, porque não há qualquer previsão legal que vincule o sigilo do inadimplemento à sua natureza contratual ou extracontratual.

Gabarito "D"

(ADVOGADO – BNDES – 2010 – CESGRANRIO) A diretoria do Banco Super S/A, com o objetivo de adequar o seu balanço às regras internacionais, resolve ceder diversos créditos de difícil recuperação a empresas especializadas em cobrança. Nessa trilha, cedeu o crédito da Empresa X Ltda. à Empresa Z Ltda. O devedor não foi comunicado do ato e somente teve ciência da situação quando recebeu, em sua sede, carta de cobrança, indicando a origem da dívida. Nessa perspectiva, à luz da legislação, entende-se que o(a)

(A) crédito pode ser cedido pelo credor, desde que não haja proibição legal ou a convencionada, não importando a natureza da obrigação.

(B) cessionário de boa-fé pode ser obstado por cláusula proibitiva de cessão.

(C) ciência do devedor, quanto à cessão, poderá ocorrer por publicação em meio de comunicação.

(D) cessão do crédito não abrange os acessórios, como regra geral.

(E) cessão de crédito não tem efeito em relação ao devedor caso o mesmo não tenha sido notificado.

A: incorreta. A natureza da obrigação pode ser incompatível com a cessão (art. 286 do CC); **B:** incorreta. A cláusula não pode ser oposta ao terceiro de boa-fé (art. 286, *in fine,*do CC); **C:** incorreta. A notificação ao devedor deve ser feita por escrito público ou particular (art. 290 do CC); **D:** incorreta. Como regra, a cessão do principal abrange os acessórios (art. 287 do CC); **E:** correta, nos termos do art. 290 do CC.

Gabarito "E"

(ADVOGADO – BNDES – 2002 – VUNESP) Nos contratos bancários,

(A) as operações passivas são aquelas em que o contratante fica devedor perante a instituição financeira.

(B) as operações ativas são aquelas em que o banco fica devedor perante o contratante, como nos contratos de conta-corrente.

(C) nas operações ativas, o banco fica como credor do contratante, como por exemplo, nos contratos de mútuo.

(D) as operações bancárias passivas são aquelas em que existe um devedor que não é a Instituição Financeira.

(E) as operações ativas são aquelas em que o banco detém um crédito perante o contratante, como no caso do contrato de depósito.

Os contratos bancários podem ser classificados, conforme a posição assumida pela instituição financeira, em operações bancárias ativas e passivas. Operações ativas são aquelas nas quais o banco figura como credor (exemplo: mútuo), ao passo que operações passivas são aquelas nas quais a instituição financeira figura como devedora do outro contratante (exemplo: contrato de conta-corrente ou depósito).

Gabarito "C"

(ADVOGADO – BNDES – 2002 – VUNESP) Nos contratos de mútuo,

(A) o objeto do contrato será sempre dinheiro.

(B) por se tratar de contrato de empréstimo, não se pode convencionar remuneração em favor do mutuante.

(C) pode-se exigir garantias do mutuário para o cumprimento da obrigação.

(D) em razão da infungibilidade dos bens emprestados, deve-se devolver os mesmos bens.

(E) os juros contratados não poderão ultrapassar 12% ao ano.

A: incorreta. O mútuo pode ser contratado sobre qualquer bem fungível (art. 586 do CC); **B:** incorreta. O mútuo pode ser celebrado com fins econômicos, o que faz presumir a incidência de juros (art. 591 do CC); **C:** correta, nos termos do art. 590 do CC; **D:** incorreta. Já se disse, o mútuo é o empréstimo de coisas fungíveis (art. 586 do CC); **E:** incorreta. O art. 591 do CC remete o limite dos juros aplicáveis ao mútuo ao art. 406, que prevê, na ausência de convenção expressa, a incidência da mesma taxa em vigor para a mora do pagamento de impostos devidos à Fazenda Nacional, ou seja, a taxa SELIC e não 12% ao ano; no mais, há de se ressaltar que, em se tratando de contrato bancário, a limitação de juros não se aplica.

Gabarito "C"

7.4. OUTROS CONTRATOS E QUESTÕES COMBINADAS

(Procurador do Estado/PR – UEL-COPS – 2011) Sobre o regime jurídico dos contratos empresariais, assinale a alternativa correta:

I. a alienação fiduciária em garantia transfere ao credor o domínio resolúvel e a posse indireta da coisa móvel alienada, independentemente da tradição efetiva do bem, tornando-se o alienante ou devedor em possuidor direto e depositário com todas as responsabilidades e encargos que lhe incumbem de acordo com a lei civil e penal.

II. considera-se arrendamento mercantil, o negócio jurídico realizado entre pessoa jurídica, na qualidade de arrendadora, e pessoa física ou jurídica, na qualidade de arrendatária, e que tenha por objeto o arrendamento de bens adquiridos pela arrendadora, segundo especificações da arrendatária e para uso próprio desta, existindo a opção de compra ou renovação de contrato, como faculdade do arrendatário.

III. no contrato de agência, salvo ajuste diverso por escrito, o proponente pode constituir, ao mesmo tempo, mais de um agente, na mesma zona, com idêntica incumbência.

IV. no contrato de agência, salvo estipulação diversa, todas as despesas com a agência ou distribuição correm a cargo do proponente.

V. no contrato de representação, prevendo o contrato a exclusividade de zona ou zonas, ou quando este for omisso, fará jus o representante à comissão pelos negócios aí realizados, ainda que diretamente pelo representado ou por intermédio de terceiros.

Alternativas:

(A) somente as alternativas I, II e III estão corretas;

(B) somente as alternativas II, III e IV estão corretas;

(C) somente as alternativas I, II e V estão corretas;

(D) somente as alternativas II, IV e V estão corretas;

(E) todas as alternativas estão corretas.

I: correta, nos termos do art. 1º do Decreto-lei 911/1969; **II:** correto, conforme arts. 1º, parágrafo único, e 5º, "c", da Lei 6.099/1974; **III:** incorreta. No contrato de agência, a cláusula de exclusividade do agente é implícita, ou seja, o proponente não pode constituir mais de um agente na mesma zona, salvo estipulação expressa em contrário (art. 711 do CC); **IV:** incorreta. Salvo estipulação em contrário, as despesas correm por conta do agente (art. 713 do CC); **V:** correta, nos termos do art. 31 da Lei 4.886/1965.

Gabarito "C"

(Procurador da Fazenda Nacional – 2007 – ESAF) Contratos empresariais caracterizam-se por:

(A) uma das partes ser empresária.

(B) terem por objeto o exercício da empresa.

(C) serem uma das formas de organização da atividade empresária.

(D) haver cooperação entre diferentes agentes econômicos na organização dos negócios.

(E) serem essenciais para a circulação de bens e serviços em mercados.

Os contratos de empresa referem-se à organização da atividade empresarial*. (*Entendimento doutrinário adotado pela ESAF).

Gabarito "C"

(ADVOGADO – PETROBRÁS – 2012 – CESGRANRIO) O contrato pelo qual uma das partes se obriga a obter pedidos de compra e venda de mercadorias fabricadas ou comercializadas por outra parte, sem que haja vínculo empregatício entre as partes envolvidas, denomina-se

(A) seguro

(B) fomento mercantil

(C) arrendamento mercantil

(D) representação comercial

(E) compra e venda mercantil

Trata-se do conceito do contrato de representação comercial (art. 1º da Lei 4.886/1965).

Gabarito "D"

(ADVOGADO – CEF – 2012 – CESGRANRIO) Caso um importador, na qualidade de pessoa jurídica, venha a adquirir produtos do fabricante sediado no exterior, de forma habitual e com intuito de lucro, para fins de revenda a estabelecimentos comerciais atacadistas, tem-se, nesse caso, contrato de

(A) mútuo

(B) franquia

(C) *leasing* financeiro

(D) *leasing* operacional

(E) compra e venda mercantil

O enunciado narra hipótese de contrato de compra e venda mercantil, na qual dois empresários transacionam sobre a quantidade, a qualidade e o preço de produtos destinados à atividade econômica.

Gabarito "E"

(ADVOGADO – PETROBRÁS DISTRIB. – 2010 – CESGRANRIO) Em qual dos contratos mercantis abaixo NÃO se aplicam as regras gerais previstas em lei?

(A) Na compra e venda mercantil, o vendedor, além de transferir o domínio da coisa vendida, também se compromete por vício redibitório e evicção.

(B) Na compra e venda mercantil, no que diz respeito à responsabilidade pelo transporte da mercadoria transacionada, via de regra, cabem ao comprador as despesas com a tradição.

(C) Na representação comercial, inexiste vínculo de emprego entre o representado e o representante comercial autônomo, sendo que a subordinação deste àquele tem caráter empresarial, para fins do exercício da atividade econômica.

(D) Na comissão mercantil, o comissário, em nome próprio, obriga-se a realizar negócios mercantis por conta do comitente, assumindo, portanto, responsabilidade pessoal perante terceiros pelos atos praticados.

(E) No contrato de franquia, o empresário (franqueador) licencia o uso de sua marca a outro (franqueado) e presta-lhe serviços de organização empresarial, com ou sem venda de produtos.

É interessante notar que nessa questão o enunciado não guarda qualquer relação com as alternativas. Seria muito mais honesto e lógico se a pergunta fosse apenas: "assinale a alternativa incorreta". **A:** correta. Na compra e venda empresarial (ou mercantil), aplica-se a regra geral de que o vendedor responde pelo vício redibitório e pela evicção, prevista no art. 447 do CC; **B:** incorreta, devendo ser assinalada. Na compra e venda empresarial, cabe às partes determinar a responsabilidade de cada uma delas pelo transporte, por meio dos *incoterms* (sendo os mais usuais o CIF e o FOB). No mais, na ausência de qualquer acordo expresso, as despesas com a tradição correrão por conta do vendedor, nos termos do art. 490 do CC; **C:** correta, nos termos do art. 1º da Lei 4.886/1965; **D:** correta, nos termos dos arts. 693 e 694 do CC. O comissário é parte nos contratos que assina, ou seja, transaciona em nome próprio; **E:** correta, nos termos do art. 2º da Lei 8.955/1994.

Gabarito "B"

(ADVOGADO – PETROBRÁS – 2006 – CESGRANRIO) Relacione os contratos dispostos na coluna da esquerda com as definições da coluna da direita e assinale a opção correta.

I. *Leasing* **II.** *Franchising* **III.** *Know how* **IV.** *Engineering*	X	Consiste na cessão do direito de uso de marca ou patente, associado ao direito de distribuição exclusiva ou semiexclusiva de produtos ou serviços.
	Y	Consiste na cessão, a outrem, do conhecimento aplicado à atividade industrial ou tecnológica.
	Z	Sujeita a empresa que pretende operar este tipo de contrato à concessão de carta-patente do Banco Central.

A relação correta é:

(A) I – X, II – Y e III – Z.

(B) I – X, II – Z e IV – Y.

(C) I – Y, III – X e IV – Z.

(D) I – Z, II – X e III – Y.

(E) II – Z, III – Y e IV – X.

O conceito "X" refere-se ao contrato de franquia ou franchising, conforme descrito no art. 2º da Lei 8.955/1994. O conceito "Y" reflete o contrato de *know-how* ou transferência de tecnologia. A afirmação "Z" relaciona-se com o contrato de leasing ou arrendamento mercantil, nos termos do art. 7º da Lei 6.099/1974.

Gabarito "D"

(ADVOGADO – CEF – 2006 – CESPE) Julgue o item seguinte, relativo a contrato de franquia.

(1) Um dos mais importantes contratos mercantis é o contrato de franquia, que se subdivide em duas modalidades: franquia de marca e de produto e *business format franchising*. Se determinado empresário desejar explorar atividade de revenda de combustíveis, sustentando bandeira já consolidada nesse ramo de atuação, deverá firmar contrato de franquia de marca e de produto em que o franqueador ceda ao franqueado o direito de uso da sua marca para a venda de produto de maneira exclusiva e a ela relacionado.

1: correta. Franquia de marca e de produto é aquele que se constitui pelo licenciamento de registros de marca para o franqueado, para que este explore-a economicamente mediante pagamento de retribuição ao franqueador. *Business format frachising*, por sua vez, implica a transferência do direito de uso de tecnologia de implantação ou administração do negócio, ou seja, o franqueador organiza toda a atividade empresarial para o franqueado, que apenas aplica os conceitos transmitidos. Ambos estão previstos no art. 2º da Lei 8.955/1994.

Gabarito 1C

(ADVOGADO – BNDES – 2002 – VUNESP) Com relação aos contratos mercantis, é correto dizer que

(A) o instrumento público é essencial para sua validade.

(B) inexiste vulnerabilidade de um dos contratantes, pois as relações interempresariais são realizadas entre iguais.

(C) inexiste a atipicidade dos contratos que sempre serão realizados na forma exigida em lei específica.

(D) sua atipicidade é frequente, já que os negócios jurídicos contratuais mercantis têm como fonte os costumes.

(E) dependem, para sua validade, de instrumento escrito.

A: incorreta. Como regra, não há previsão legal de necessidade de forma pública para os contratos empresariais; **B:** incorreta. A vulnerabilidade pode ser apresentar de diversas formas, não somente como vulnerabilidade jurídica. Mesmo nos contratos empresariais, pode haver vulnerabilidade econômica ou de informações; **C:** incorreta. Vigora também no âmbito dos contratos empresariais o princípio da liberdade de contratar, coexistindo, lado a lado, contratos típicos e atípicos; **D:** correta. A realidade econômica atual cobra dos empresários uma grande criatividade para a consecução de seus objetivos, sendo criados contratos de novas espécies a cada dia; **E:** incorreta. A lei, justamente por não se apegar em demasia às formas dos contratos empresariais, aceita, salvo disposição expressa em contrário, o contrato verbal.

Gabarito "D"

8. LEGISLAÇÃO DE SEGURO E RESSEGURO

(Procurador do Estado/CE – 2008 – CESPE) Assinale a opção correta quanto ao direito securitário.

(A) A lei admite a transferência do seguro de dano por ato inter vivos ou *causa mortis*, mas o seguro de pessoa somente pode ser transferido por ato *inter vivos*, por cessão de crédito.

(B) Considere que Luís seja beneficiário de seguro de vida no importe de R$ 50.000,00 e que o segurado tenha deixado dívidas no importe de R$ 35.000,00. Nessa situação, de acordo com disposições legais, Luís somente receberá a importância de R$ 15.000,00, após o pagamento dos credores do segurado.

(C) Caso certa empresa pública tenha estipulado seguro de saúde em grupo em favor de seus empregados, somente com a anuência expressa de três quartos dos empregados segurados poderão ser feitas modificações da apólice em vigor.

(D) No seguro de vida, a apólice ou o bilhete de seguro serão nominativos, à ordem ou ao portador, e mencionarão os riscos assumidos, o início e o fim de sua validade, o limite da garantia e o prêmio devido.

(E) A lei veda que, no caso do seguro de vida, se estipule prazo de carência, período em que o segurador não será obrigado a pagar o prêmio caso se verifique a ocorrência de sinistro.

A: incorreta. O seguro de pessoa pode ser transferido por ato entre vivos ou de última vontade – art. 791 do CC; **B:** incorreta. O valor recebido pelo beneficiário do seguro de vida não se sujeita às dívidas deixadas pelo segurado – art. 794 do CC; **C:** essa é a disposição do art. 801, § 2º, do CC; **D:** incorreta. No seguro de pessoa, a apólice não pode ser ao portador – art. 760, parágrafo único, do CC; **E:** incorreta. É possível estipular prazo de carência, na hipótese – art. 797 do CC.

Gabarito "C"

(Procurador do Estado/CE – 2008 – CESPE) Assinale a opção correta em relação ao seguro de pessoa.

(A) No caso de ocorrência da morte de segurado por seguro de vida, se não houver indicação de beneficiário nem de herdeiros ou cônjuge supérstite, será beneficiária a pessoa que provar que a morte do segurado a privou dos meios necessários à subsistência.

(B) É lícito ao segurado contratar mais de um seguro de vida, desde que o novo contrato seja celebrado com o mesmo segurador.

(C) Considere que José estipule seguro sobre a vida de sua filha, Ana. Nesse caso, no ato da celebração do contrato, José é obrigado a declarar, sob pena de falsidade, seu interesse na preservação da vida de Ana, pois tal interesse não pode ser presumido.

(D) Se um senhor estipulasse seguro de vida em janeiro de 2006 e se suicidasse em dezembro do mesmo ano, nesse caso, o beneficiário teria direito a apenas 50% do capital estipulado.

(E) É lícito ao segurador eximir-se do pagamento do seguro se a morte do segurado for proveniente da prática de esportes radicais, desde que conste da apólice a referida restrição.

A: correta, nos termos do art. 792, parágrafo único, do CC; **B:** incorreta. O segurado pode contratar quantos seguros de vida quiser, com o mesmo ou com diversos seguradores – art. 789 do CC; **C:** incorreta. Presume-se o interesse no caso de cônjuges, ascendentes e descendentes – art. 790, parágrafo único, do CC; **D:** incorreta. Salvo disposição em contrário, o seguro de vida não cobre suicídio do segurado nos dois primeiros anos do contrato (ou da recondução, depois de suspenso) – art. 798 do CC; **E:** incorreta. Não é possível eximir-se de pagamento do seguro, na hipótese – art. 799 do CC.

Gabarito "A"

(Procuradoria Federal – 2007 – CESPE) Toni firmou contrato de seguro de dano com certa seguradora, cujo objeto era um automóvel recentemente adquirido. Acerca dessa situação hipotética e do direito securitário, julgue o seguinte item.

(1) Na vigência do contrato, Toni não poderá contratar, pelo seu valor integral, novo contrato de seguro sobre o mesmo bem e sobre os mesmos riscos junto a outra seguradora de automóveis.

A somatória das garantias contratadas contra o mesmo risco não pode ultrapassar o valor do interesse segurado – art. 782 do CC.

Gabarito 1C

(ADVOGADO – IRB – 2006 – ESAF) São órgãos de administração do IRB – Instituto de Resseguros do Brasil:

(A) Conselho de Administração e Conselho Consultivo.

(B) Conselho Fiscal e Diretoria.

(C) Presidência e Diretoria.

(D) Conselho Consultivo e Diretoria.

(E) Conselho de Administração e Diretoria.

Nos termos do art. 46 do Decreto-lei 73/1966, são órgãos de administração do IRB o Conselho de Administração e a Diretoria.

Gabarito "E"

(ADVOGADO – IRB – 2006 – ESAF) Os seguros de pessoas devem ter suas apólices ou bilhetes emitidos nominativos

(A) ao portador ou a ordem.
(B) à ordem.
(C) ao portador.
(D) endossáveis ao portador.
(E) à ordem ou transferível.

Nos termos do art. 760, parágrafo único, do CC, os seguros de pessoas somente podem ser nominativos "à ordem", sendo vedadas as apólices ao portador.

Gabarito "B"

(ADVOGADO – IRB – 2006 – ESAF) O segurado ao efetuar a proposta de seguro, efetua declaração inexata sobre as condições do bem a ser segurado. Nessas condições, pode-se afirmar:

(A) desde que não tenha sido de má-fé, o segurador terá direito a resolver o contrato ou a cobrar a diferença do prêmio, mesmo após o sinistro.
(B) desde que não tenha sido de má-fé, o segurador terá direito a resolver o contrato sem cobrar a diferença do prêmio, por se tratar de ato não condicional.
(C) independente de que tenha sido de má-fé, ou não haverá cobertura do risco.
(D) somente se o segurado declarar ter efetuado a declaração inexata, tendo conhecimento dos fatos errados quando da declaração, ficando o segurador obrigado a indenizar.
(E) desde que tenha sido comprovada a má-fé, o segurador terá o dever de resolver o contrato ou a cobrar a diferença do prêmio, mesmo após o sinistro.

Nos termos do art. 766 do CC, se o segurado, por si ou por seu representante, fizer declarações inexatas ou omitir circunstâncias que possam influir na aceitação da proposta ou na taxa do prêmio, perderá o direito à garantia, além de ficar obrigado ao prêmio vencido. Da mesma forma, Se a inexatidão ou omissão nas declarações não resultar de má-fé do segurado, o segurador terá direito a resolver o contrato, ou a cobrar, mesmo após o sinistro, a diferença do prêmio.

Gabarito "A"

(ADVOGADO – IRB – 2006 – ESAF) Com relação à indenização do risco assumido, o segurador é obrigado a:

(A) sempre indenizar em moeda corrente.
(B) pagar em dinheiro ou em reposição da coisa, independente de previsão contratual.
(C) primeiramente repor a coisa e se não for possível pagar em dinheiro.
(D) pagar em dinheiro, desde que não haja previsão para indenização em reposição da coisa.
(E) pagar em dinheiro ou em papéis do governo federal.

Nos termos do art. 776 do CC, o segurador é obrigado a pagar a indenização em dinheiro, salvo se convencionada expressamente a reposição da coisa objeto do sinistro.

Gabarito "D"

(ADVOGADO – IRB – 2006 – ESAF) O segurado Prevenção S.A., tem contra sua empresa uma ação indenizatória de responsabilidade civil. O mesmo possui apólice vigente de seguro de responsabilidade civil, junto à seguradora que se encontra insolvente. Nessa situação, o segurado

(A) não terá obrigação perante o terceiro, visto a seguradora ter assumido o risco.
(B) poderá exigir da SUSEP a indenização.
(C) continuará com a responsabilidade perante o terceiro.
(D) será obrigado a indenizar a seguradora.
(E) se habilitará como credor da seguradora, eximindo-se do pagamento ao terceiro.

Nos termos do art. 787, § 4º, do CC, no seguro de responsabilidade civil, subsistirá a responsabilidade do segurado em caso de insolvência do segurador.

Gabarito "C"

(ADVOGADO – IRB – 2006 – ESAF) Na aceitação fora de prazo de proposta com modificações, restrições ou adições, esta deve

(A) ser substituída por nova proposta, cancelando a anterior.
(B) ser mantida, uma vez que o prazo já foi decorrido.
(C) ser retificada, mediante inclusão das alterações na mesma proposta.
(D) ser desconsiderada, por somente ter validade o contrato final.
(E) ser modificada por meio de aditivo à proposta.

Nos termos do art. 431, aplicável a todos os contratos, a aceitação fora do prazo com adições, restrições ou modificações será considerada nova proposta.

Gabarito "A"

(ADVOGADO – IRB – 2006 – ESAF) Ao contratar, o estipulante pode reservar-se o direito de substituir o

(A) terceiro no contrato, somente com a anuência deste.
(B) terceiro, mas obrigando-se a ter a anuência do contratante.
(C) contratante a qualquer momento sem a anuência do terceiro.
(D) contratante e o terceiro, desde que com anuência de ambos.
(E) terceiro designado no contrato, independente de sua anuência ou do outro contratante.

Na estipulação em favor de terceiro, o estipulante pode reservar a si o direito de substituir o terceiro designado, independentemente de concordância da outra parte (art. 438 do CC).

Gabarito "E"

(ADVOGADO – IRB – 2006 – ESAF) A vigência da garantia/cobertura, no seguro de coisas transportadas, inicia:

(A) na negociação e contratação da apólice do seguro.
(B) no momento em que são recebidas pelo distribuidor até a entrega.

(C) quando da averbação do conhecimento ou do manifesto pela transportadora.

(D) no momento em que são recebidas pelo transportador até a entrega ao destinatário.

(E) quando do faturamento pela empresa vendedora da coisa.

Nos termos do art. 780 do CC, a cobertura do seguro de coisas transportadas começa no momento em que são recebidas pelo transportador e cessa com sua entrega ao destinatário.

Gabarito "D"

(ADVOGADO – IRB – 2006 – ESAF) Assinale a opção que preenche corretamente as lacunas do texto seguinte.

Durante a liquidação de uma sociedade seguradora, fica ___________a prescrição extintiva contra ou a favor da massa liquidanda. Há suspensão da incidência de ______ ____, ainda que conste em contrato, se a massa liquidanda não bastar para o pagamento do ___________.

(A) mantida / multa / principal.

(B) suspensa / penalidades / complemento.

(C) interrompida / juros / principal.

(D) invalidada / exigibilidade / complemento.

(E) cancelada / atualização / total.

A liquidação da companhia de seguros determina a suspensão da prescrição extintiva contra ou a favor da massa liquidanda (art. 98, § 1°, do Decreto-lei 73/1966). Ficam suspensos também os juros, ainda que expressamente pactuados, caso o ativo da massa não seja suficiente para saldar o passivo principal (art. 98, "c", do Decreto-lei 73/1966).

Gabarito "C"

(ADVOGADO – IRB – 2006 – ESAF) Os recursos das provisões técnicas e dos fundos dos resseguradores locais e dos recursos exigidos no País, para garantia dos resseguradores estrangeiros cadastrados na SUSEP, serão efetuados de acordo com as diretrizes da (do)

(A) Superintendência de Seguros Privados – SUSEP.

(B) Conselho Monetário Nacional.

(C) Banco Mundial.

(D) Banco Central do Brasil.

(E) Tesouro Nacional.

Nos termos do art. 17 da Lei Complementar 126/2007, tal atribuição cabe ao Conselho Monetário Nacional – CMN.

Gabarito "B"

(ADVOGADO – IRB – 2006 – ESAF) O seguro de vida caracteriza-se por

(A) garantir ao segurado, desde que ultrapasse a idade convencionada, o recebimento da indenização pactuada.

(B) garantir ao segurado pagamento de parcelas mensais de montante predeterminado.

(C) garantir aos herdeiros do segurado nomeados na apólice, o recebimento do montante pago à seguradora.

(D) dar ao beneficiário a faculdade de oferecê-lo como garantia na contratação de empréstimos

(E) representar uma forma de poupança voluntária do segurado em benefício seu ou de terceiros.

Nos termos do art. 7°, II, do Decreto 61.589/1967, seguros de vida são aqueles que, com base na duração da vida humana, visem a garantir, a segurados ou terceiros, o pagamento, dentro de determinado prazo e condições, de quantia certa, renda ou outro benefício.

Gabarito "E"

(ADVOGADO – IRB – 2006 – ESAF) Resseguro e retrocessão são institutos próprios dos sistemas de seguros privados. Assinale a opção que <u>não</u> corresponde aos objetivos destes institutos:

(A) diluir riscos.

(B) cumprir exigências atuariais que garantam o bom funcionamento do sistema.

(C) o resseguro visa garantir solvência das seguradoras e a retrocessão à do sistema.

(D) transferir riscos entre sociedades que integram o sistema.

(E) manter íntegras as reservas para pagamento de sinistros.

Nos termos do art. 2°, § 1°, III, da Lei Complementar 126/2007, considera-se resseguro a operação de transferência de riscos de uma cedente para um ressegurador, e retrocessão a operação de transferência de riscos de resseguro de resseguradores para resseguradores ou de resseguradores para sociedades seguradoras locais. Nota-se, destarte, que os institutos não se relacionam com a manutenção do equilíbrio atuarial do sistema, mas sim com sua solvência e diluição de riscos.

Gabarito "B"

(ADVOGADO – IRB – 2006 – ESAF) Seguro e mutualidade diferem dada

(A) a incerteza quanto ao momento em que o sinistro ocorrerá.

(B) a forma de cálculo dos prêmios.

(C) a maneira pela qual são constituídas as reservas para cobrir necessidades geradas pelos eventos previstos.

(D) o cálculo atuarial requerido no primeiro que pode ser dispensado na mutualidade.

(E) a política legislativa de formação dos grupos de segurados.

Considera-se mutualidade a entidade que funciona como uma cooperativa de segurados, na qual, eles mesmos, tornam-se os seguradores por meio da constituição de um capital formado da contribuição de seus filiados. Sua diferença estrutural em relação ao contrato de seguro reside justamente na formação desta reserva, pois a companhia seguradora deve fornecer capital próprio para o pagamento das indenizações alheias.

Gabarito "C"

(ADVOGADO – IRB – 2006 – ESAF) O cosseguro, tal como previsto no Código Civil Brasileiro, leva à

(A) estruturação, sob forma consorcial, da prestação da garantia.

(B) assunção de riscos extraordinários pelo conjunto de cosseguradores.

(C) eficiente distribuição de riscos entre cosseguradores.

(D) ampla pulverização de riscos.

(E) preservação das reservas para liquidação de sinistros.

A relação de cosseguro ocorre nas hipóteses em que mais de um segurador assume o risco do sinistro. Nele, a apólice é emitida pela seguradora principal, na qual deve constar a parcela de responsabilidade de cada uma das outras, formando uma espécie de consórcio para o pagamento da indenização.

Gabarito "A"

(ADVOGADO – IRB – 2006 – ESAF) Em razão da idade do consumidor, ou da condição de pessoa portadora de deficiência,

(A) ninguém pode ser privado de participar de planos ou seguros privados de assistência à saúde.

(B) a operadora do plano pode recusar a participação de pessoas de idade superior à idade média de sobrevida no Brasil, baseada no desbalanceamento das condições contratuais de risco.

(C) qualquer pessoa acima de sessenta anos tem o direito de plano ou seguro privado de saúde, não permitida a variação da contraprestação em favor da operadora.

(D) os portadores de deficiência terão o direito de participar de planos da espécie, com direitos restritos ao fatores decorrentes de sua condição pessoal.

(E) para o efeito da classificação de deficiência em relação aos planos acima, o cadeirante (pessoa que usa cadeira de rodas) não é considerado deficiente, pois é dotado de mobilidade relativa.

Nos termos do art. 14 da Lei 9.656/1998, ninguém poderá ser impedido de participar de planos privados de assistência à saúde em razão da idade ou de deficiência.

Gabarito "A"

(ADVOGADO – IRB – 2006 – ESAF) O plano de seguro-referência de assistência à saúde com cobertura assistencial

(A) jamais cobre casos de cataclismos, guerras e comoções internas.

(B) não retira do paciente os direitos em casos de tratamentos antiéticos se apenas o médico conhecia esse fato.

(C) cobre tratamentos correspondentes a próteses estéticas, se o defeito causar depressão ao paciente.

(D) abrange tratamento de efeitos pós-operatórios a cesárias, em unidades de terapia intensiva, independentemente de erro médico.

(E) abrange os procedimentos odontológicos em geral.

A: incorreta. A exclusão da cobertura de cataclismos, guerras e comoções internas depende de declaração destas pela autoridade competente (art. 10, X, da Lei 9.656/1998); **B:** incorreta. A exclusão é expressa no art. 10, IX, da Lei 9.656/1998, sem exceções; **C:** incorreta. O plano-referência não cobre intervenções estéticas em nenhum caso (art. 10, II, da Lei 9.656/1998); **D:** correta, nos termos do art. 10, *caput*, da Lei 9.656/1998; **E:** incorreta. O art. 12, IV, da Lei 9.656/1998 prevê a proteção de procedimentos odontológicos apenas atendidos os requisitos expostos.

Gabarito "D"

9. PROPRIEDADE INDUSTRIAL

(Procurador Federal – 2010 – CESPE) A seguir, é apresentada uma situação hipotética, seguida de uma assertiva a ser julgada no que se refere a direito comercial.

(1) Determinada sociedade estrangeira, com objetivo de patentear invenção de sua titularidade, realizou o depósito de seu pedido de patente em país que mantém acordo relativo à propriedade intelectual com o Brasil, em abril de 2009. Nessa situação, dentro do prazo previsto no aludido acordo internacional, será assegurado o direito de prioridade à referida sociedade, não sendo o depósito invalidado ou prejudicado por fatos ocorridos durante esse prazo.

1: assertiva correta, pois reflete o disposto no art. 16 da Lei de Propriedade Industrial – LPI (Lei 9.279/1996).

Gabarito 1C

(Procurador do Estado/CE – 2008 – CESPE) Acerca da propriedade industrial e intelectual, assinale a opção correta.

(A) É lícito que um sinal empregado apenas como meio de propaganda seja registrado como marca.

(B) A marca goza de proteção nacional, com o registro na junta comercial, e de proteção internacional, após o registro no Instituto Nacional de Propriedade Industrial (INPI).

(C) São suscetíveis de registro as marcas visual e sonoramente perceptíveis.

(D) A proteção à marca de alto renome restringe-se ao seu ramo de atividade econômica.

(E) É lícito ao INPI indeferir de ofício o pedido de registro de marca que imite, em parte, marca notoriamente conhecida.

A: incorreta. A expressão ou o sinal empregado apenas como meio de propaganda não pode ser registrado como marca – art. 124, VII, da LPI; **B:** incorreta. A proteção nacional da marca depende do registro no INPI – art. 129 da LPI. A proteção internacional depende da legislação estrangeira e dos tratados internacionais de que o Brasil seja signatário – art. 127 da LPI; **C:** incorreta. São suscetíveis de registro como marca somente os sinais distintivos visualmente perceptíveis – art. 122 da LPI; **D:** incorreta. A proteção à marca de alto renome abrange todos os ramos de atividade – art. 125 da LPI; **E:** incorreta. Art. 126, § 2º, da LPI.

Gabarito "E"

(Procurador do Estado/CE – 2008 – CESPE) Ainda no que se refere a propriedade industrial e intelectual, assinale a opção correta.

(A) A proteção dos direitos relativos à propriedade industrial de autor de desenho industrial é efetuada pela concessão de patente, a ser requerida ao INPI.

(B) Se duas pessoas realizarem o mesmo modelo de utilidade, de forma independente, o direito de obter patente será daquela que provar a criação mais antiga, independentemente da data de requerimento de concessão da patente.

(C) Requerida a concessão de registro de desenho industrial, o pedido será mantido em sigilo pelo prazo de 18 meses, contados a partir da data do depósito, após o que será publicado e concedido o registro.

(D) O foro da justiça federal é o foro competente para conhecer de ação de nulidade de patente e o INPI, quando não for autor, intervirá no feito.

(E) A lei admite que seja instaurado de ofício processo administrativo de nulidade de patente, o qual será arquivado no caso de extinção da patente.

A: incorreta. Os direitos relativos a desenho industrial são protegidos por meio de registro (não de patente) – art. 94 da LPI; **B:** incorreta. O direito de obter patente será assegurado àquele que provar o depósito mais antigo, independentemente das datas de invenção ou criação – art. 7º da LPI; **C:** incorreta. O pedido de registro pode ser mantido em sigilo, a pedido do depositante (não é a regra), por 180 dias – art. 106, § 1º, da LPI; **D:** correta, conforme o art. 57 da LPI; **E:** incorreta. O processo administrativo de nulidade não é arquivado em caso de extinção da patente – art. 51, parágrafo único, da LPI.

Gabarito "D"

(Procurador do Estado/PI – 2008 – CESPE) Considerando a bandeira de uma unidade federada, a designação de uma autarquia e a imitação de uma cédula de dinheiro emitida pela União, assinale a opção correta.

(A) Nem a bandeira do estado, nem a designação da autarquia, nem a imitação da cédula poderão ser registradas como marca.

(B) A bandeira do estado e a designação da autarquia poderão ser registradas como marca, mas a imitação da cédula, não.

(C) A designação da autarquia poderá ser registrada como marca, mas a bandeira do estado e a imitação da cédula, não.

(D) A bandeira do estado poderá ser registrada como marca, mas a designação da autarquia e a imitação da cédula, não.

(E) Todos os elementos referidos poderão ser registrados como marca.

A bandeira e a imitação da cédula de dinheiro não podem ser registradas como marca – art. 124, I e XIV, da LPI. A designação da autarquia pode ser registrada apenas pela própria entidade – art. 124, IV, da LPI.

Gabarito "C"

(Procuradoria Federal – 2007 – CESPE) Julgue o item seguinte.

(1) A BMX Indústria de Móveis Ltda., fabricante de móveis para escritório, possui marca registrada no Instituto Nacional de Propriedade Industrial (INPI) para a cadeira giratória de sua fabricação denominada Sincronya. A MOB Móveis para escritório Ltda., que atua no mesmo ramo de mercado da BMX Indústria de Móveis Ltda., protocolizou requerimento perante o INPI, com o objetivo de registrar a marca Sincronia para sua cadeira, mediante expressa autorização de sua concorrente. Nessa situação, em conformidade com as normas atinentes à propriedade industrial, o INPI deve efetuar o registro de marca solicitado pela MOB Móveis para escritório Ltda.

1: É vedado o registro da marca, pois pode causar confusão quanto à identificação de produto idêntico ou semelhante – art. 124, XIX, da LPI.

Gabarito 1E

(ADVOGADO – CEF – 2012 – CESGRANRIO) Considere as afirmativas elencadas abaixo, com base no Código de Propriedade Industrial (Lei n. 9.279/1996).

I. A patente de invenção vigorará pelo prazo de 20 (vinte) anos, e a de modelo de utilidade pelo prazo de 15 (quinze) anos contados da data de depósito.

II. O registro do desenho industrial vigorará pelo prazo de 5 (cinco) anos contados da data do depósito, prorrogável por 3 (três) períodos sucessivos de 5 (cinco) anos cada.

III. São considerados como invenção e modelo de utilidade as obras literárias, arquitetônicas e científicas.

IV. Não se considera desenho industrial qualquer obra de caráter puramente artístico.

Está correto APENAS o que se afirma em

(A) I e II

(B) I e IV

(C) II e III

(D) II e IV

(E) III e IV

I: correta, nos termos do art. 40 da Lei 9.279/1996; **II:** incorreta. O registro do desenho industrial vigora por 10 anos, prorrogável por três períodos de 05 anos cada (art. 108 da Lei 9.279/1996); **III:** incorreta. Tais obras estão expressamente excluídas do conceito de invenção e modelo de utilidade pelo art. 10, IV, da Lei 9.279/1996; **IV:** correta, nos termos do art. 98 da Lei 9.279/1996.

Gabarito "B"

(ADVOGADO – PETROBRÁS – 2006 – CESGRANRIO) Por que prazo e a partir de que momento vigorará a patente de modelo de utilidade?

(A) 10 anos contados da data de publicação do despacho que deferir a patente.

(B) 15 anos contados da data do depósito.

(C) 15 anos contados da data de publicação do despacho que deferir a patente.

(D) 20 anos contados da data do depósito.

(E) 20 anos contados da data de publicação do despacho que deferiu a patente.

Nos termos do art. 40 da LPI, a patente do modelo de utilidade vigorará por 15 anos contados do depósito do pedido, sendo garantidos no mínimo 07 anos de exploração exclusiva contados da efetiva concessão.

Gabarito "B"

(ADVOGADO – IRB – 2006 – ESAF) O reconhecimento de direitos sobre criações intelectuais, monopólio legal, visa a

(A) estimular inovações tecnológicas.

(B) evitar concorrência predatória e preservar mercados.

(C) favorecer o esforço de reconhecimento de qualidade de produtos ou serviços ligados à marca.

(D) inibir comportamentos indesejados como a reprodução de ideias inovadoras.

(E) premiar o talento do autor da criação.

A garantia da exploração econômica exclusiva da propriedade intelectual, de status constitucional (art. 5º, XXIX, da CF), visa a estimular a atividade inventiva humana, considerando-a como força-motriz do avanço tecnológico, diante dos efetivos ganhos sociais que dela advirão.

Gabarito "A"

10. INSTITUIÇÕES FINANCEIRAS

(ADVOGADO – CEF – 2012 – CESGRANRIO) Consoante à legislação que cria e organiza a Caixa Econômica Federal, NÃO se inclui dentre uma das finalidades da CEF

(A) receber, em depósito, sob a garantia da União, economias populares, incentivando os hábitos de poupança.

(B) conceder empréstimos e financiamentos de natureza assistencial, cooperando com as entidades de direito público e privado na solução dos problemas sociais e econômicos.

(C) operar, no setor habitacional, como sociedade de crédito imobiliário e principal agente do Banco Nacional de Habitação, com o objetivo de facilitar e promover a aquisição de sua casa própria, especialmente pelas classes de menor renda da população.

(D) explorar, com exclusividade, os serviços da Loteria Estadual e dos Bingos.

(E) exercer o monopólio das operações sobre penhores civis, com caráter permanente e da continuidade.

A, B, C e **E:** corretas. As finalidades da Caixa Econômica Federal estão dispostas no art. 2º, "a", "b", "c" e "e" (respectivamente) do Decreto-lei 759/1969. **D:** incorreta, devendo ser assinalada. Nos termos do art. 2º, "d", do Decreto-lei 759/1969, não se inclui dentre as finalidades da CEF a exploração de bingos.

Gabarito "D"

(ADVOGADO – CEF – 2012 – CESGRANRIO) Nos termos da lei complementar que regula o sigilo das informações guardadas pelas instituições financeiras, considera-se quebra de sigilo a(o)

(A) troca de informações entre instituições financeiras, para fins cadastrais, inclusive por intermédio de centrais de risco, observadas as normas baixadas pelo Conselho Monetário Nacional e pelo Banco Central do Brasil.

(B) comunicação, às autoridades competentes, da prática de ilícitos penais ou administrativos, abrangendo o fornecimento de informações sobre operações que envolvam recursos provenientes de qualquer prática criminosa.

(C) revelação de informações sigilosas sem o consentimento expresso dos interessados.

(D) fiscalização pelo Banco Central do Brasil dos atos ilícitos praticados pelos diretores de instituições financeiras.

(E) fornecimento de informações constantes de cadastro de emitentes de cheques sem provisão de fundos e de devedores inadimplentes a entidades de proteção ao crédito, observadas as normas baixadas pelo Conselho Monetário Nacional e pelo Banco Central do Brasil.

Dentre as alternativas listadas, apenas a letra "C" traz hipótese que se qualifica como quebra de sigilo das informações bancárias. Isso porque o art. 1º, § 3º, V, da Lei Complementar 105/2001 permite somente a divulgação de informação sigilosa *com* o consentimento dos interessados.

Gabarito "C"

(ADVOGADO – CEF – 2012 – CESGRANRIO) A empresa M e Y Ltda. é ré em execução fiscal, tendo sido intimada regularmente da penhora realizada. Nesse procedimento especial, o prazo para Embargos à Execução corresponde, em dias, a

(A) dez

(B) quinze

(C) vinte

(D) trinta

(E) sessenta

O prazo para apresentação de embargos do devedor na execução fiscal é de 30 dias (art. 16 da Lei 6.830/1980).

Gabarito "D"

(ADVOGADO – BNDES – 2010 – CESGRANRIO) Tício contrata com determinado Banco um empréstimo no valor de R$ 10.000,00 (dez mil reais), com pagamento em dez prestações. Com o atraso no pagamento da segunda prestação, passaram a incidir juros diários, de natureza moratória. Além disso, o Banco quer cobrar, por incluso no contrato, juros remuneratórios no mesmo percentual dos moratórios. O devedor nega-se a pagar juros cumulativamente. Diante de tais fatos e à luz da legislação civil em vigor, conclui-se que

(A) a pretensão de Tício deve ser acolhida uma vez que há cumulação indevida de juros.

(B) a cumulação de cobrança de juros somente é possível quando pactuada.

(C) os contratos bancários somente permitem a cobrança de juros moratórios.

(D) os juros devem incidir segundo a taxa para a mora do pagamento de impostos devidos à Fazenda Nacional.

(E) os juros estão limitados, constitucionalmente, a 12% (doze por cento) ao ano.

A jurisprudência atual sobre o tema está inclinada a reconhecer a possibilidade de acumulação de juros moratórios e remuneratórios em caso de inadimplemento (STJ, REsp 402.483/RS, DJ 26/03/2003), limitados os primeiros, quando não regulados por lei específica, à taxa de 1% ao mês (STJ, Súmula 379).

Gabarito "B"

(ADVOGADO – BNDES – 2010 – CESGRANRIO) Caio e Trício formalizaram contrato de conta-corrente com um Banco, tendo recebido talões de cheque para movimentação da conta. Trício emitiu um cheque no valor de R$ 50.000,00 (cinquenta mil reais) sem a devida provisão de fundos. Aduzindo existir solidariedade passiva entre os correntistas, o Banco comunicou o evento aos órgãos de proteção ao crédito, com inscrição de Caio e Trício como devedores. Inconformado, Caio postulou ao Banco a retirada do seu nome dos citados órgãos de proteção ao crédito, o que foi indeferido administrativamente. Observando o instituto da solidariedade civil, analise as afirmações a seguir.

I. Está caracterizada a solidariedade passiva presumida entre os devedores, pelo fato de figurarem, conjuntamente, no contrato de conta-corrente.

II. Não havendo solidariedade, cada devedor responde por parte da dívida, em proporção.

III. O caso descrito caracteriza solidariedade ativa.

IV. Havendo a remissão da dívida de um devedor, ela se comunica ao outro.

Está correto APENAS o que se afirma em

(A) I.

(B) I e II.

(C) II e III.

(D) II e IV.

(E) I, III e IV.

I: incorreta. A solidariedade não se presume. Resulta da lei ou da vontade das partes (art. 265 do CC); **II:** correta. Por se tratar de obrigação divisível, não havendo solidariedade nem pacto em sentido diverso, deve a prestação ser dividida proporcionalmente (art. 257 do CC); **III:** correta. A despeito da redação incompleta e fora de contexto, a assertiva reflete posicionamento do STJ no sentido de que os cotitulares da conta-corrente detêm apenas solidariedade ativa dos créditos depositados junto à instituição financeira (STJ, REsp 708.612/RO, DJ 25/04/2006); **IV:** incorreta. Nas obrigações divisíveis, a remissão da dívida em relação a um dos devedores não aproveita aos demais (art. 262 do CC).

Gabarito "C"

(ADVOGADO – BNDES – 2010 – CESGRANRIO) São características dos contratos bancários:

I. a previsão de juros, sendo que aqueles que não tiverem tal dispositivo podem ser revistos pela taxa média de mercado;

II. a comutatividade;

III. a possibilidade de terem por objeto tanto operações ativas quanto passivas;

IV. na modalidade de empréstimos se subdividem em contratos de mútuo ou de comodato.

São corretas as características

(A) I e II, apenas.

(B) I e III, apenas.

(C) II e IV, apenas.

(D) I, II e IV, apenas.

(E) I, II, III e IV.

A doutrina e jurisprudência relacionadas aos contratos bancários ensinam que são suas características principais: a comutatividade, porque as partes conhecem, desde logo, as vantagens e riscos do negócio; a possibilidade de apresentarem como objeto as operações ativas (onde o banco é credor), passivas (nas quais a instituição financeira figura como devedora) e acessórias (não há intermediação de crédito pelo banco, somente prestação de serviços); a estipulação dos juros, inerentes ao empréstimo, limitados à taxa média do mercado (STJ, REsp 407.097, DJ 12/03/2003); e o sigilo, nos termos da Lei Complementar 105/2001. Dentre as modalidades de empréstimo, a legislação os subdivide em mútuo (empréstimo de coisa fungível – art. 586 e seguintes do CC) e comodato (empréstimo de coisa infungível – art. 579 e seguintes do CC). Estão corretas, portanto, todas as assertivas.

Gabarito "E"

(PROCURADOR – BANCO CENTRAL – 2009 – CESPE) A justiça federal de São Paulo determinou que a União não pode ser responsabilizada pelos prejuízos sofridos por clientes com a falência do Banco Santos, que foi liquidado em novembro de 2004. A decisão acolheu o argumento da Procuradoria Regional da 3.ª Região, de que a fiscalização das instituições financeiras nacionais é função do BACEN. A justiça também julgou improcedente o pedido de indenização dos ex-correntistas contra o BACEN, por entender que o dever de fiscalização não o obriga a participar do risco capitalista das atividades desenvolvidas pelo setor financeiro. Por isso, o BACEN não poderia assumir a responsabilidade pela inadimplência do Banco Santos.

Internet: <www.g1.com.br> (com adaptações).

Em relação às normas de intervenção, liquidação extrajudicial e regime de administração especial temporária das instituições financeiras, assinale a opção correta.

(A) Ao interventor é dado pleno poder de gestão, podendo ele, por exemplo, admitir quadros técnicos de pessoal para a instituição financeira sob intervenção, independentemente de autorização do BACEN.

(B) Suponha que um indivíduo tenha depositado, em conta de sua titularidade, a quantia de R$ 100.000,00 em 03/11/2008, no Banco X, cuja intervenção foi decretada em 07/11/2008 pelo BACEN. Nessa situação, o depósito é exigível pelo titular.

(C) Na hipótese de violação grave a determinação do Conselho Monetário Nacional, cabe a liquidação extrajudicial da instituição financeira pelo BACEN, mas não se admite intervenção.

(D) Por ser instituição financeira pública da esfera federal, o Banco do Brasil não está submetido às regras do regime de administração especial temporária, mesmo na hipótese de gestão temerária ou fraudulenta de seus administradores.

(E) Considere que o Banco Y tenha sido submetido ao regime de administração especial temporária. Nessa situação, não são afetados o curso regular dos negócios da entidade nem seu funcionamento normal, e a perda de mandato dos administradores depende de prévia recomendação do conselho diretor, nomeado pelo BACEN.

A: incorreta. O interventor possui, efetivamente, plenos poderes de gestão, porém dependem de autorização do BACEN quaisquer atos que importem em disposição ou oneração do patrimônio da sociedade, bem como admissão ou demissão de pessoal (art. 5º da Lei 6.024/1974); **B:** incorreta. Nos termos do art. 6º, "c", da Lei 6.024/1974, são inexigíveis, durante a intervenção, os depósitos já existentes no momento de sua decretação; **C:** incorreta. Nos casos que admitem intervenção, como a violação grave a determinação do CMN (art. 15, I, "b", da Lei 6.024/1974), o BACEN poderá, ao invés de determiná-la, efetuar a intervenção quando entender que essa medida é suficiente para a normalização dos negócios (art. 15, § 1º, da Lei 6.024/1974); **D:** correta. O Decreto-lei 2.321/1987, que criou o regime de administração especial temporária, não se aplica às instituições financeiras públicas federais (art. 1º do mencionado Decreto-lei); **E:** incorreta. A decretação do regime de administração especial temporária determina o afastamento de imediato dos administradores e membros do conselho fiscal (art. 2º do Decreto-lei 2.321/1987.

Gabarito "D"

(PROCURADOR – BANCO CENTRAL – 2009 – CESPE) O estabelecimento formal de sistemas de garantia de depósito tem sido tendência dominante no mundo a partir da década de 90 do século XX. A *rationale* por trás desse movimento está baseada na crescente preocupação das autoridades com a estabilidade do sistema financeiro, que se traduz na implementação de instrumentos adicionais de acompanhamento e controle e na consequente formação de redes de proteção ao sistema. Empréstimos de última instância, regulação eficaz, fiscalização eficiente, estrutura legal adequada e proteção direta a depositantes, via sistema garantidor, são todos componentes dessa rede e visam à manutenção de um sistema bancário sólido e saudável.

Internet: <www.fgc.org.br> (com adaptações).

No que se refere às normas jurídicas que regulamentam o FGC, assinale a opção correta.

(A) O FGC não pode ser reembolsado pelos pagamentos efetuados de dívidas de instituições financeiras associadas a ele.

(B) Observados os requisitos regulamentares, o FGC pode aplicar no máximo 25% de seu patrimônio líquido na aquisição de direitos creditórios de instituições financeiras e de sociedades de arrendamento mercantil.

(C) Os bancos comerciais estão autorizados a captar recursos de depósitos a prazo, sem emissão de certificado, mas com garantia especial do FGC. A garantia, nesse caso, é de no máximo R$ 10.000.000,00, por pessoa, contra a mesma instituição ou contra todas as instituições associadas do mesmo conglomerado financeiro.

(D) Não cabe ao FGC garantir depósitos, em caso de liquidação extrajudicial de instituição financeira.

(E) Na hipótese de o patrimônio do FGC se afigurar insuficiente para garantir créditos, admite-se que o fundo possa contratar operações de crédito com instituições financeiras oficiais.

A: incorreta. Caso o Fundo Garantidor de Créditos (FGC) tenha de pagar dívidas das instituições financeiras a ele associadas, terá o direito de ser reembolsado (art. 3º, parágrafo único, do Estatuto do FGC – Anexo I da Resolução BACEN 4.087/2012); **B:** incorreta. O limite é de 50% (art. 5º, I, do Estatuto do FGC); **C:** incorreta. O limite por pessoa é de R$ 70.000,00 (art. 2º, § 2º, do Estatuto do FGC); **D:** incorreta. Tal atribuição está dentre seus objetivos institucionais, nos termos do art. 3º, I, do Estatuto do FGC; **E:** correta, nos termos do art. 10, § 2º, III, do Estatuto do FGC.

Gabarito "E"

(PROCURADOR – BANCO CENTRAL – 2009 – CESPE) Segundo estatísticas do BACEN, entre 2003 e 2007, o número de cartões com função de crédito passou de 44 milhões para 117,7 milhões. No mesmo período, o número de transações com cheques processados em sistema de liquidação interbancária caiu de 2,13 bilhões para 1,99 bilhões. Quanto ao SPB, assinale a opção incorreta.

(A) Além da compensação de cheques e outros papéis, o SPB admite sistema próprio para compensação e liquidação de operações realizadas em bolsas de mercadorias.

(B) Não se admite o compartilhamento de perdas entre os participantes dos sistemas de compensação e liquidação, razão pela qual tais sistemas devem adotar mecanismos de controle de riscos.

(C) Advertência e cassação da autorização de funcionamento das instituições financeiras privadas ou públicas, exceto as federais, são penas aplicáveis pelo BACEN nos casos de infração à lei que rege o SPB.

(D) A liquidação extrajudicial de instituição participante do SPB não afeta o adimplemento de suas obrigações, assumidas no âmbito das câmaras ou dos prestadores de serviços de compensação e de liquidação.

(E) Operações com derivativos estão submetidas ao sistema de compensação e liquidação.

A: correta, nos termos do art. 2º, parágrafo único, IV, da Lei 10.214/2001; **B:** incorreta, devendo ser assinalada. O compartilhamento de perdas entre os participantes está expressamente previsto no art. 4º, § 3º, da Lei 10.214/2001 como um dos mecanismos disponíveis para assegurar a certeza da liquidação das operações do SPB; **C:** correta, nos termos do art. 9º, I, da Lei 10.214/2001; **D:** correta, nos termos do art. 7º da Lei 10.214/2001; **E:** correta, nos termos do art. 2º, parágrafo único, V, da Lei 10.214/2001.

Gabarito "B"

(PROCURADOR – BANCO CENTRAL – 2009 – CESPE) O BACEN quer fiscalizar os consórcios com lupa. A partir de setembro, informações dos 3,5 milhões de clientes desse sistema serão repassadas mensalmente pelas instituições financeiras à autoridade monetária. A intenção do BACEN é ganhar instrumentos para, por exemplo, verificar a inadimplência grupo por grupo ou a ocorrência de lavagem de dinheiro. Já no âmbito das cooperativas, o Sistema de Cooperativas de Crédito do Brasil (SICOOB) deu início, em junho de 2009, ao curso à distância **Prevenção e combate à lavagem de dinheiro**, que tem por objetivo atender às exigências do BACEN para combater os crimes financeiros.

Revista Exame, 14/7/2008 e SICOOB (com adaptações).

Acerca das normas jurídicas relacionadas às matérias e instituições citadas no texto, assinale a opção correta.

(A) Uma cooperativa de crédito pode conceder, em seu nome, empréstimos a não associados, desde que haja prévia autorização do BACEN.

(B) As cooperativas de crédito estão impedidas de ter acesso a recursos oficiais, com vistas ao financiamento das atividades de seus associados.

(C) No sistema legal vigente, não se admite que pessoa jurídica detenha cota em consórcio visando à aquisição de bens e serviços.

(D) O COAF deve manter registro centralizado formando o cadastro geral de correntistas e clientes de instituições financeiras, bem como de seus procuradores.

(E) Além da competência legal expressa para a aplicação de penas administrativas, cabe ao COAF requerer aos órgãos da administração pública informações cadastrais bancárias e financeiras de pessoas envolvidas em atividades suspeitas de lavagem de dinheiro.

A: incorreta. As cooperativas de crédito, em termos de empréstimos e captação de recursos, devem limitar-se aos seus associados (art. 2º, § 2º, da Lei Complementar 130/2009); **B:** incorreta. O art. 2º, § 5º, da Lei Complementar 130/2009 garante às cooperativas de crédito acesso a recursos oficiais para fazer frente aos custos das atividades prestadas a seus associados; **C:** incorreta. A participação de pessoas jurídicas em consórcios é expressamente autorizada pelo art. 2º da Lei 11.795/2008; **D:** incorreta. Tal atribuição compete ao Banco Central do Brasil, não ao COAF (art. 10-A da Lei 9.613/1998); **E:** correta, nos termos do art. 14, § 3º, da Lei 9.613/1998.

Gabarito "E"

(PROCURADOR – BANCO CENTRAL – 2009 – CESPE) Em relação às regras jurídicas do sigilo das operações de instituições financeiras e às relativas ao cadastro informativo dos créditos não quitados de órgãos e entidades federais, assinale a opção correta.

(A) Um agente fiscal de município não está habilitado legalmente a examinar documentos, livros e registros de instituições financeiras, referentes a contas de depósitos e aplicações financeiras.

(B) A CVM, em processo administrativo, tem legitimidade para solicitar ao Poder Judiciário o levantamento do sigilo, nas instituições financeiras, de informações e documentos relativos a bens, direitos e obrigações de pessoa física ou jurídica submetida ao seu poder disciplinar.

(C) Não se tem acatado, na jurisprudência do STF, a quebra de sigilo financeiro para prestação de informações a comissão parlamentar de inquérito do Poder Legislativo estadual.

(D) Cabe ao BACEN, por meio de sistema próprio, centralizar as informações do CADIN, bem como expedir orientações de natureza normativa sobre inclusões e exclusões no referido cadastro.

(E) Se uma pessoa jurídica não tem registro no CADIN, está reconhecida a regularidade de sua situação, razão pela qual será, em qualquer hipótese, indevida a cobrança de documentos comprobatórios adicionais.

A: incorreta. O art. 6º da Lei Complementar 105/2001 garante aos agentes fiscais da União, Estados, DF e Municípios o acesso aos livros e documentos das instituições financeiras, desde que haja processo administrativo instaurado e a diligência seja imprescindível; **B:** correta, nos termos do art. 7º da Lei Complementar 105/2001; **C:** incorreta. Nos termos da jurisprudência atual do STF, vedar a medida às CPI's estaduais significaria violar o pacto federativo e a separação dos Poderes. Com isso, determina a possibilidade delas requererem a quebra de sigilo bancário dos investigados (ACO 730, DJ 22/09/2004); **D:** incorreta. Enquanto a centralização das informações cabe ao BACEN, a expedição de orientações normativas compete à Secretaria do Tesouro Nacional (art. 3º da Lei 10.522/2002); **E:** incorreta. A inexistência de registro no CADIN não implica reconhecimento de regularidade da situação do contribuinte, nem afasta a necessidade de apresentação de outros documentos exigidos pela legislação (art. 4º da Lei 10.522/2002).

Gabarito "B"

(PROCURADOR – BANCO CENTRAL – 2009 – CESPE) Segundo a exposição de motivos da Medida Provisória n. 443/2008, convertida na Lei n. 11.908/2009, a forte retração internacional do crédito observada nas últimas semanas levou o governo federal a adotar algumas medidas para ampliar a oferta de divisas, expandir a liquidez no mercado interbancário e incentivar a compra de carteiras de crédito de instituições bancárias de pequeno e médio porte. Acerca da aquisição de participação em instituições financeiras, nos termos da lei citada, assinale a opção incorreta.

(A) O Banco Nacional de Desenvolvimento Econômico e Social (BNDES) não está autorizado a adquirir participações em instituições financeiras sediadas no Brasil.

(B) As aquisições de participação acionária em instituições públicas pelo Banco do Brasil são dispensadas de licitação.

(C) Para aquisição de participações, devem ser contratadas empresas especializadas em avaliação financeira, admitindo-se, nessa contratação, em certos casos, a dispensa de processo licitatório.

(D) É vedada a aquisição de participações em empresas dos ramos de seguro, previdência e capitalização.

(E) A compra de carteira de crédito de instituição financeira por banco autorizado pode ser feita diretamente.

A: correta. Apenas o Banco do Brasil e a Caixa Econômica Federal estão autorizados a tanto (art. 2º da Lei 11.908/2009); **B:** correta, nos termos do art. 5º da Lei 11.908/2009; **C:** correta, nos termos do art. 2º, § 1º, da Lei 11.908/2009. O procedimento licitatório pode ser dispensado em caso de justificada urgência; **D:** incorreta, devendo ser assinalada. A autorização para aquisição nesses ramos está inserida no *caput* do art. 2º da Lei 11.908/2009; **E:** correta. A aquisição pode ser feita direta ou indiretamente, por meio de subsidiárias, nos termos do art. 2º da Lei 11.908/2009.

Gabarito "D"

(ADVOGADO – CEF – 2006 – CESPE) Cada um dos itens seguintes apresenta uma situação hipotética que, seguida de uma assertiva a ser julgada, refere-se às normas que regem o sigilo das operações de instituições financeiras, o juizado especial federal e as execuções fiscais.

(1) A Polícia Federal instaurou inquérito policial para apurar crime contra a administração pública, de malversação de recursos públicos, praticado por servidor público federal, no exercício de suas funções. Nessa situação, poderá ser decretada a quebra do sigilo bancário do servidor público, objetivando apurar-se a prática do crime contra o erário, mesmo que o inquérito policial esteja em sua fase inicial.

(2) José ajuizou ação de revisão de benefício previdenciário, perante o juizado especial federal, contra o Instituto Nacional do Seguro Social (INSS), autarquia federal. O juízo competente julgou totalmente procedente o pedido do autor. Nessa situação, o INSS terá prazo em dobro para apresentar recurso de apelação, ou seja, 20 dias.

(3) Fernando deve à fazenda pública o montante de R$ 78.000,00 e, antes do advento do termo final do prazo prescricional, o Estado moveu ação de execução fiscal, com o fito de receber o valor devido. Nessa situação, Fernando será citado, necessariamente por oficial de justiça, para, no prazo de 5 dias, pagar a dívida acrescidas de juros, multa de mora e encargos indicados na Certidão de Dívida Ativa, ou poderá garantir a execução, caso deseje opor embargos.

1: correta. O art. 1º, § 4º, VI, da Lei Complementar 105/2001 autoriza a quebra de sigilo bancário quando necessária para a investigação de qualquer ilícito, em qualquer fase do inquérito ou processo, especialmente em caso de crimes contra a Administração Pública; **2:** incorreta. O INSS, diante de sua natureza jurídica, realmente goza da prerrogativa processual do prazo em dobro para recorrer. Porém, o prazo comum da apelação é de 15 dias, tornando-se 30 dias para a autarquia; **3:** incorreta. A citação de Fernando será realizada, preferencialmente, por carta (art. 8º, I, da Lei 6.830/1980), sendo realizada por oficial de justiça apenas mediante requerimento da Fazenda Pública ou se o aviso de recebimento não retornar aos autos no prazo de 15 dias (art. 8º, III, da Lei 6.830/1980).

Gabarito 1C, 2E, 3E

11. SISTEMA FINANCEIRO DA HABITAÇÃO

(ADVOGADO – CEF – 2012 – CESGRANRIO) Paulo adquire imóvel financiado submetido ao regime de arrendamento residencial, com opção de compra. Em virtude da crise econômica, deixou de pagar as prestações devidas, ficando inadimplente.

Nos termos da legislação especial sobre o Programa de Arrendamento Residencial, a ação cabível a ser proposta pela Instituição Financeira credora será a de

(A) reivindicação

(B) reintegração

(C) consignação

(D) prestação

(E) compensação

Dispõe o art. 9º da Lei 10.188/2001 que o inadimplemento do arrendatário configura esbulho possessório, passível de correção por intermédio da ação de reintegração e posse.

Gabarito "B"

(ADVOGADO – CEF – 2012 – CESGRANRIO) Carla, divorciada, mãe de cinco filhos, pleiteia ingresso no programa habitacional Minha Casa, Minha Vida – PMCMV. Nos termos da legislação específica, nesse programa, preenchido o requisito de renda, devem ter prioridade

(A) idosos com mais de sessenta e cinco anos

(B) mulheres casadas com dois filhos

(C) famílias residentes em área de risco

(D) pessoas domiciliadas em áreas rurais

(E) indivíduos solteiros com dependentes

A Lei 12.424/2011, que alterou o art. 3º da Lei 11.977/2004, instituiu a prioridade ao atendimento do Programa Minha Casa Minha Vida a famílias residentes em áreas de risco ou insalubres ou que tenham sido desabrigadas, famílias com mulheres responsáveis pela unidade familiar e famílias com pessoas portadoras de deficiência.

Gabarito "C"

(ADVOGADO – CEF – 2012 – CESGRANRIO) No complexo sistema de crédito adotado no Brasil, existem vários títulos que podem circular no mercado. Um deles é a Letra de Crédito Imobiliário. Nos termos da legislação especial, NÃO é item obrigatório para constar no referido titulo o(a)

(A) nome da instituição emitente

(B) nome do titular

(C) valor nominal

(D) número de ordem

(E) cláusula não à ordem, se endossável

A, B, C e **D:** corretas. Correspondem aos requisitos expostos no art. 12, § 1º, I, VII, IV e II (respectivamente), da Lei 10.931/2004; **E:** incorreta, devendo ser assinalada. Dispõe o inciso IX do § 1º do art. 12 da Lei 10.931/2004 que da letra deve constar a cláusula "à ordem", se for endossável. É interessante notar que, mesmo que o candidato desconhecesse a legislação sobre o tema, era possível resolver a questão com base nos conhecimentos gerais sobre títulos de crédito. Perceba que não faz sentido a inclusão da cláusula "não à ordem" (que proíbe a transferência do crédito por relações cambiárias) se a letra é endossável.

Gabarito "E"

(ADVOGADO – CEF – 2010 – CESPE) A respeito da Lei n. 9.514/1997, que dispõe sobre o Sistema de Financiamento Imobiliário (SFI) e institui a alienação fiduciária de coisa imóvel, e da Lei n. 8.036/1990, que dispõe sobre o FGTS, assinale a opção correta.

(A) A alienação fiduciária de coisa imóvel poderá ser contratada por pessoa física ou jurídica, não sendo privativa das entidades que operam no SFI, podendo ter como objeto, além da propriedade plena, o direito real de uso, desde que suscetível de alienação.

(B) Ante a falta de amparo legal, o fiduciante, mesmo com anuência expressa do fiduciário, não poderá transmitir os direitos de que seja titular sobre o imóvel objeto da alienação fiduciária em garantia, razão pela qual os contratos firmados com tal fim (contratos de gaveta) são desprovidos de eficácia jurídica.

(C) A conta vinculada do trabalhador no FGTS poderá ser movimentada na hipótese de falecimento do titular, sendo o saldo pago a seus dependentes, para esse fim habilitados perante a previdência social, segundo o critério adotado para a concessão de pensões por morte, e, na falta de dependentes, farão jus ao recebimento do saldo da conta vinculada os seus sucessores previstos na lei civil, após a finalização do procedimento de inventário.

(D) Constitui fato típico penal omissivo, punível com detenção e multa, não depositar mensalmente o percentual referente ao FGTS do trabalhador, nos prazos definidos na Consolidação das Leis do Trabalho.

(E) É competente a justiça do trabalho para julgar os dissídios relativos à contribuição ao FGTS e a obrigação relativa ao seu recolhimento, bem como a relação jurídica existente entre o fundo em questão e o empregador, exceto quando a CAIXA e os Ministérios do Trabalho e Emprego e da Previdência Social figurarem como litisconsortes.

A: correta, nos termos do art. 22, § 1º, III, da Lei 9.514/1997; **B:** incorreta. A transmissão é autorizada pelo art. 29 da Lei 9.514/1997; **C:** incorreta. A movimentação da conta do FGTS pelos sucessores previstos na lei civil independe da conclusão do inventário ou arrolamento (art. 20, IV, da Lei 8.036/1990); **D:** incorreta. A omissão do empregador não constitui crime, somente infração administrativa punível com multa, nos termos no art. 23, § 1º, da Lei 8.036/1990; **E:** incorreta. A competência será da Justiça do Trabalho mesmo com o litisconsórcio envolvendo a Caixa Econômica Federal e o MTE (art. 26 da Lei 8.036/1990).

Gabarito "A"

(ADVOGADO – CEF – 2010 – CESPE) Em relação à Lei n. 10.931/2004, que dispõe sobre o patrimônio de afetação de incorporações imobiliárias, da letra de crédito imobiliário, da cédula de crédito imobiliário e da cédula de crédito bancário, e à Lei n. 10.188/2001, que dispõe sobre o programa de arrendamento residencial, assinale a opção correta.

(A) A letra de crédito imobiliário deve ser emitida sob a forma nominativa, não podendo ser transferível mediante endosso em preto.

(B) A cédula de crédito bancário é título de crédito emitido exclusivamente por pessoa jurídica em favor de instituição financeira, representando promessa de pagamento em dinheiro, decorrente de operação de crédito, de qualquer modalidade prevista em lei.

(C) A cédula de crédito imobiliário será emitida pelo credor do crédito imobiliário e deverá ser integral, vedando-se a emissão na forma fracionária.

(D) Havendo inadimplemento no arrendamento residencial, findo o prazo da notificação ou interpelação, sem pagamento dos encargos em atraso, fica configurado o esbulho possessório que autoriza o arrendador a propor a competente ação de reintegração de posse.

(E) A gestão do programa de arrendamento residencial cabe ao Ministério das Cidades e sua operacionalização, ao Banco do Brasil.

A: incorreta. A letra de crédito imobiliário, em regra, é endossável (art. 12, § 1º, IX, da Lei 10.931/2004); **B:** incorreta. A cédula de crédito bancário pode ser emitida por pessoa física (art. 26 da Lei 10.931/2004); **C:** incorreta. A letra de crédito fracionária, que representa parte do crédito imobiliário, é autorizada pelo art. 18, § 1º, da Lei 10.931/2004; **D:** correta, nos termos do art. 9º da Lei 10.188/2001; **E:** incorreta. A operacionalização do programa de arrendamento residencial cabe à Caixa Econômica Federal (art. 1º, § 1º, da Lei 10.188/2001).

Gabarito "D"

(PROCURADOR – BANCO CENTRAL – 2009 – CESPE) Quanto às regras jurídicas que norteiam o SFN, sua fiscalização, bem como o papel e a atividade de suas Instituições, assinale a opção correta.

(A) Pessoa física que exerça, eventualmente, captação e aplicação de recursos financeiros de terceiros, em moeda estrangeira, está equiparada legalmente a instituição financeira.

(B) O BACEN pode comprar e vender títulos de emissão do Tesouro Nacional com a finalidade de suprir *deficits* fiscais do governo.

(C) O Banco do Brasil não está obrigado a submeter à aprovação do Conselho Monetário Nacional seus programas de recursos e aplicações, de forma que se ajustem à política de crédito do governo federal.

(D) Nos processos administrativos punitivos, instaurados pela área de fiscalização do BACEN, compete ao diretor de Normas e Organização do Sistema Financeiro dessa instituição, ouvida a Procuradoria-Geral, decidir sobre a aplicação das penalidades.

(E) À Procuradoria-Geral do BACEN compete, a partir de denúncia, instaurar processo administrativo disciplinar para apurar responsabilidade de diretor da instituição.

A: correta, nos termos do art. 17, parágrafo único, da Lei 4.595/1964; **B:** incorreta. A compra e venda de títulos públicos pelo BACEN é limitada a regular a oferta de moeda ou a taxa de juros (art. 164, § 2º, da CF); **C:** incorreta. As instituições financeiras públicas federais, que incluem o Banco do Brasil S.A., devem submeter seus programas ao CMN, nos termos do art. 22, § 1º, da Lei nº 4.595/1964; **D:** incorreta. Tal atribuição compete ao Diretor de Organização do Sistema Financeiro e Controle de Operações do Crédito Rural, nos termos do art. 18, XXIX, do Regimento Interno do Banco Central do Brasil; **E:** incorreta. Tal atribuição compete ao Presidente do BACEN (art. 12, XXXV, do Regimento Interno do Banco Central do Brasil).

Gabarito "A"

(PROCURADOR – BANCO CENTRAL – 2009 – CESPE) O Conselho de Recursos do SFN (CRSFN) é órgão colegiado judicante de segundo grau, criado pelo Decreto n. 91.152/1985, que integra a estrutura do Ministério da Fazenda. Quanto às normas que regem as atividades do CRSFN, assinale a opção correta.

(A) O procurador-geral do BACEN está legitimado para requisitar autos ao CRSFN.

(B) Junto ao CRSFN, funcionam procuradores da Fazenda Nacional e procuradores do BACEN, designados pelas respectivas procuradorias-gerais.

(C) Os recursos de decisões do BACEN relativas à aplicação de penalidades por infração à legislação de consórcios são julgados, em última instância, pelo CRSFN.

(D) Cabe ao procurador-geral da Fazenda Nacional dirimir dúvidas quanto às atribuições do CRSFN.

(E) No caso de pena de inabilitação temporária para o exercício de cargos de direção na administração de instituições financeiras, aplicada pelo BACEN, cabe recurso, sem efeito suspensivo, ao CRSFN.

Dentre as listas, a única que contempla regra aplicável ao Conselho de Recursos do Sistema Financeiro Nacional é a letra "C", nos termos do art. 3º, II, "c", do Decreto 1.935/1996.

Gabarito "C"

(ADVOGADO – CEF – 2006 – CESPE) Julgue os itens seguintes, a respeito das normas que regem o sistema financeiro de habitação, a CAIXA e o programa de arrendamento residencial.

(1) O sistema financeiro de habitação, integrado exclusivamente pelo Banco Nacional da Habitação e pelas sociedades de crédito imobiliário, tem como objetivo promover a aquisição da casa própria pela população de baixa renda.

(2) A CAIXA, pessoa jurídica de direito privado, é competente para elaborar seus próprios estatutos, os quais dependerão de aprovação do Banco Central do Brasil para que adquiram força normativa.

(3) A CAIXA, com o objetivo de operacionalizar o programa de arrendamento residencial para atendimento exclusivo da necessidade de moradia da população de baixa renda, dispõe de fundo financeiro constituído pelos bens e direitos adquiridos no âmbito do referido programa, os quais não se comunicam com o patrimônio da CAIXA.

1: incorreta. As entidades que compõem o SFH estão listadas no art. 8º da Lei 4.380/1964 e não se limitam às apresentadas; **2:** incorreta. Os estatutos da CAIXA são elaborados pelo Ministro da Fazenda, sob aprovação do Presidente da República (art. 9º do Decreto-lei 759/1969); **3:** correta, nos termos do art. 2º da Lei 10.188/2001.

Gabarito 1E, 2E, 3C

(ADVOGADO – CEF – 2001 – CESPE) A respeito da legislação do SFH, julgue os itens seguintes.

(1) Há juristas que formulam críticas à possibilidade de execução extrajudicial prevista no Decreto-lei n. 70/1966, por considerarem-na inconstitucional. Em face disso, o caminho apropriado para que eventual declaração de inconstitucionalidade do decreto-lei, nesse ponto, tivesse efeito *erga omnes*, nos termos da Constituição da República de 1988 e segundo o entendimento do Supremo Tribunal Federal (STF), seria o ajuizamento, pelo procurador-geral da República ou por qualquer outro dos sujeitos constitucionalmente legitimados, de ação direta de inconstitucionalidade, cujo julgamento é de competência exclusiva do citado tribunal.

(2) A execução extrajudicial prevista no Decreto-lei n. 70/1966 somente pode atingir mutuários que sejam pessoalmente intimados por meio do cartório de títulos e documentos; se o devedor não for localizado, somente por meio do Poder Judiciário poderá o credor buscar a satisfação de seu crédito.

(3) Nos termos do Decreto-lei n. 70/1966, a morte do mutuário não impede o prosseguimento da execução extrajudicial, até com a alienação do imóvel hipotecado em leilão; o mesmo aplica-se no caso de falência, concordata ou dissolução da pessoa jurídica devedora.

(4) Considere a seguinte situação hipotética. Bruno era proprietário de uma unidade residencial em prédio de apartamentos, condomínio regido pela Lei n. 4.591/1964. Bruno não possuía nem pretendia possuir automóvel e, portanto, teve a ideia de alienar a Clodovil, vizinho do mesmo edifício, os direitos relativos à vaga de garagem que lhe cabia no condomínio. Clodovil, porém, não teve interesse na aquisição. Ocorreu então a Bruno transferir onerosamente esses direitos a Demócrito, amigo residente no prédio ao lado, pois ele possuía um automóvel além do que sua vaga no prédio comportava e, por isso, teria interesse em guardar o veículo na vaga de Bruno. Nessa situação, se Clodovil tivesse interesse na aquisição dos direitos sobre a garagem, o negócio poderia ser realizado de maneira juridicamente válida. A Demócrito, porém, Bruno não poderia legalmente vender esses direitos, mesmo que houvesse intenção do comprador.

(5) Considere a seguinte situação hipotética. A empresa Deltaépsilon Empreendimentos Imobiliários Ltda. resolveu adquirir um terreno urbano para nele construir um edifício de apartamentos que seriam depois vendidos ao público. A venda, porém, não seria de todas as unidades do edifício, pois uma parte delas serviria para incorporar-se ao patrimônio da empresa, a fim de aumentar-lhe o capital social. Nessa situação, a aquisição do terreno e a construção das unidades não poderiam ser consideradas incorporação imobiliária, para os fins da Lei n. 4.591/1964, uma vez que a alienação das unidades seria apenas parcial.

1: incorreta. O citado decreto-lei é anterior à Constituição Federal de 1988, portanto não foi por ela recepcionado. Nesse caso, a declaração de inconstitucionalidade com efeitos erga omnes somente pode ser obtida pelo ajuizamento de Arguição de Descumprimento de Preceito Fundamental, pois não cabe ADI sobre diplomas normativos anteriores à Constituição; **2:** incorreta. Está prevista no art. 31, § 2º, do Decreto-lei 70/1966 da citação por edital do devedor que se encontrar em local incerto e não sabido; **3:** correta, nos termos do art. 32, § 4º, do Decreto-lei 70/1966; **4:** correta, nos termos do art. 2º, § 2º, da Lei 4.591/1964; **5:** incorreta. É possível a incorporação imobiliária com vendas parciais das edificações (art. 28, parágrafo único, da Lei 4.591/1964).

Gabarito 1E, 2E, 3C, 4C, 5E

(ADVOGADO – CEF – 2001 – CESPE) No atinente à legislação do SFH, julgue os itens a seguir.

(1) Se um banco é autorizado a operar como agente financeiro do SFH, isso significa que poderá executar extrajudicialmente quaisquer créditos seus garantidos por hipoteca.

(2) Nas execuções regidas pela Lei n. 5.741/1971, se o imóvel hipotecado for a leilão e não se apresentarem interessados, o juiz adjudicará o bem ao credor, e isso eximirá o devedor de pagar o valor da dívida que eventualmente exceder a avaliação do imóvel.

(3) A possibilidade de execução extrajudicial de imóveis financiados pelo SFH abre-se para o agente financeiro após um mês de atraso no pagamento das prestações do mútuo.

(4) Considere a seguinte situação hipotética. Emílio e sua esposa Flávia obtiveram financiamento habitacional regido pelo Plano de Comprometimento de Renda (PCR), a que se refere a Lei n. 8.692/1993. A parcela comprometida com o pagamento dos encargos mensais do mútuo foi de 25% da renda conjunta do casal, pois receberam a informação do agente financeiro de que esse era o percentual máximo de comprometimento legalmente admitido. Meses após o início do pagamento das prestações, o casal divorciou-se. Na sentença do divórcio, fixou-se que caberia a Flávia o imóvel, o qual ela deveria pagar com seus próprios meios. O comprometimento da renda dela com as prestações, no entanto, após o divórcio, chegou a 40%. Nessa situação, a informação dada ao casal pelo agente financeiro quanto ao comprometimento mensal máximo da renda estava errada; por outro lado, em face do divórcio e da consequente exclusão do coadquirente do imóvel, Flávia teria direito a renegociar o contrato, para ajustar o valor das prestações mensais à sua renda individual, de modo a manter o comprometimento mensal no limite legal máximo.

1: incorreta. A execução extrajudicial somente é autorizada por meio de agente fiduciário do SFH, ou seja, a Caixa Econômica Federal, que incorporou o antigo Banco Nacional da Habitação (arts. 30 e 31 do Decreto-lei 70/1966); **2:** correta, nos termos do art. 7º da Lei 5.741/1971; **3:** incorreta. Vencida a dívida, o agente financeiro já pode solicitar ao agente fiduciário o início do processo de execução, com a notificação do devedor (art. 31 do Decreto-lei 70/1966); **4:** correta, nos termos do art. 2º e 4º, § 4º, da Lei 8.692/1993..

Gabarito 1E, 2C, 3E, 4C

(ADVOGADO – CEF – 2001 – CESPE) No que tange à legislação do SFH e do Sistema de Financiamento Imobiliário (SFI), julgue os itens abaixo.

(1) No SFI, tanto pessoa física quanto pessoa jurídica podem ser devedores fiduciantes, o bem imóvel objeto do contrato de alienação fiduciária pode estar concluído ou em construção e a garantia dada ao fiduciário sujeita-se a condição resolutiva.

(2) A Lei n. 10.150, de 2000, resultante da conversão da Medida Provisória n. 1.981-45, de 2000, regulamentou a novação de dívidas e responsabilidades do Fundo de Compensação de Variações Salariais (FCVS). Esse fundo garantia que o valor das prestações de financiamentos do SFH se mantivesse dentro de certos patamares, cabendo-lhe, ao cabo do prazo contratual, propiciar quitação ao mutuário, que nada mais deveria ao agente financeiro. Pela lei, seria possível a novação da potencial dívida do FCVS para com um agente financeiro, ainda que a responsabilidade do fundo não estivesse sequer definida.

(3) Desprezando-se acréscimos como correção monetária e juros, é juridicamente correto afirmar que, se uma empresa estiver em débito quanto às contribuições para o Fundo de Garantia do Tempo de Serviço (FGTS) no valor de R$ 20.000,00 e a cobrança for ajuizada, a dívida, acrescida do encargo legal, passará a R$ 22.000,00; se, no entanto, a devedora pagá-la antes do ajuizamento, deverá despender R$ 21.000,00 para liquidá-la.

(4) Considere a seguinte situação hipotética.

Um estado da Federação brasileira enfrentou fortíssimas chuvas, que alagaram muitas cidades e vastas extensões de terra. O governador decretou estado de calamidade pública em razão disso. A assembleia legislativa, por sua vez, aprovou lei complementar que criou empréstimo compulsório para fazer face às despesas decorrentes da situação. A lei vinculou a aplicação dos recursos oriundos do empréstimo compulsório às despesas que o fundamentaram. Nessa situação, a criação do empréstimo compulsório atendeu aos requisitos constitucionais e, portanto, ele podia ser cobrado de modo juridicamente válido.

(5) Em princípio, os impostos são apenas aqueles explicitamente enumerados pela Constituição, de maneira que novos impostos somente podem ser criados em caráter excepcional e unicamente pela União, no exercício da competência tributária residual; as taxas e as contribuições de melhoria, diferentemente, não são enumeradas taxativamente no texto constitucional, razão por que a própria União, os estados-membros, o Distrito Federal e os municípios podem criá-las com finalidades específicas, desde que obedecido o sistema constitucional.

1: correta, nos termos do art. 22, § 1º, da Lei 9.514/1997; **2:** correta, nos termos do art. 2º da Lei 10.150/2000; **3:** correta, nos termos do art. 2º, § 4º, da Lei 8.844/1994; **4:** incorreta. A competência para instituição de empréstimos compulsórios é exclusiva da União (art. 148 da CF); **5:** correta, nos termos dos arts. 145 e 154, I, da CF.

Gabarito 1C, 2C, 3C, 4E, 5C

12. QUESTÕES COMBINADAS E OUTROS TEMAS

(Procurador do Estado/GO – 2010) Com relação ao direito de empresa, está INCORRETA a seguinte afirmação:

(A) Não havendo autorização expressa, o alienante do estabelecimento não pode fazer concorrência ao adquirente, nos cinco anos subsequentes à transferência.

(B) Independentemente de seu objeto, considera-se empresária a sociedade por ações e simples a cooperativa.

(C) A sociedade adquire personalidade jurídica com a inscrição, no registro próprio e na forma da lei, dos seus atos constitutivos.

(D) Cabe ao prejudicado, a qualquer tempo, ação para anular a inscrição do nome empresarial feita com violação da lei ou do contrato.

(E) Considera-se empresário quem exerce profissionalmente atividade econômica organizada para a produção ou a circulação de bens ou de serviços, inclusive quem exerce profissão intelectual ou de natureza científica.

A: correta, conforme art. 1.147 do CC; **B:** correta, conforme art. 982, parágrafo único, do CC; **C:** correta, conforme art. 985 do CC; **D:** correta, conforme art. 1.167 do CC; **E:** incorreta, devendo ser assinalada. Prevê o art. 966, parágrafo único, do CC que a pessoa que exerce atividade intelectual, de natureza científica, literária ou artística, não será considerada empresária, ainda que contemple os requisitos elencados no artigo (e transcritos na alternativa), salvo se constituir elemento de empresa.

Gabarito "E"

(Advogado da União/AGU – CESPE – 2012) Julgue os itens a seguir, relativos ao empresário, ao estabelecimento, ao nome empresarial e ao registro de empresas.

(1) Segundo o ordenamento jurídico brasileiro, é inadmissível o exercício da atividade empresarial sem a devida inscrição da sociedade empresária na junta comercial.

(2) Suponha que a pessoa jurídica Alfa Alimentos Ltda. adquira o estabelecimento empresarial da Beta Indústria Alimentícia Ltda. Nessa situação, a adquirente responderá pelo pagamento de todos os débitos anteriores à transferência, incluindo-se os trabalhistas e tributários, desde que regularmente contabilizados.

1: incorreta. O exercício da atividade empresarial sem a devida inscrição no Registro Público de Empresas Mercantis não é inadmissível, apenas irregular. A falta de inscrição impõe a responsabilidade solidária e ilimitada dos sócios pelas dívidas sociais (sociedade em comum), mas os atos e negócios jurídicos celebrados são plenamente válidos; **2:** incorreta. Os débitos trabalhistas e tributários são de responsabilidade do adquirente ainda que não contabilizados (STJ, AgRg no Ag 1225408/PR, DJ 23/11/2010).

Gabarito 1E, 2E

(Advogado da União/AGU – CESPE – 2012) No que diz respeito aos livros empresariais e aos contratos empresariais, julgue os itens seguintes.

(1) Na modalidade operacional do arrendamento mercantil, as contraprestações e os demais pagamentos previstos no contrato e devidos pela arrendatária são normalmente suficientes para que a arrendadora recupere o custo do bem arrendado durante o prazo contratual da operação e, adicionalmente, obtenha retorno sobre os recursos investidos.

(2) No curso do processo judicial, a eficácia probatória dos livros empresariais contra a sociedade empresária opera-se independentemente de eles estarem corretamente escriturados.

1: incorreta. Esse é o conceito de *leasing* financeiro previsto no art. 5º, I, da Resolução CMN n. 2.309/1996. *Leasing* operacional é aquele no qual "as contraprestações a serem pagas pela arrendatária contemplem o custo de arrendamento do bem e os serviços inerentes a sua colocação à disposição da arrendatária, não podendo o valor presente dos pagamentos ultrapassar 90% (noventa por cento) do custo do bem" (art. 6º, I, da Resolução CMN 2.309/1996, alterada pela Resolução 2.465/1988); **2:** correta. Nos termos dos arts. 378 e 379 do Código de Processo Civil – CPC, os livros empresariais devem estar regularmente contabilizados para fazer prova a favor do empresário que os escriturou, mas sempre farão prova contra ele, independentemente da regularidade da escrituração.

Gabarito 1E, 2C

(Advogado da União/AGU – CESPE – 2012) Acerca das sociedades empresárias, julgue os itens que se seguem.

(1) O número de ações preferenciais sem direito a voto ou sujeitas a restrições no exercício desse direito não pode ultrapassar 50% do total das ações emitidas pela sociedade anônima.

(2) É lícita a aplicação subsidiária da disciplina normativa da sociedade anônima à sociedade em conta de participação, cuja liquidação é regida pelas normas relacionadas à prestação de contas, de acordo com o que dispõe o Código de Processo Civil.

1: correta, nos termos do art. 15, § 2º, da LSA – Lei 6.404/1976; **2:** incorreta. À sociedade em conta de participação aplicam-se subsidiariamente as normas relativas à sociedade simples (art. 996 do CC).

Gabarito 1C, 2E

(Procurador da Fazenda Nacional – 2006 – ESAF) Com base no que dispõe a legislação e considerando o entendimento da jurisprudência pátria, julgue os itens a seguir e assinale o item que contenha a opção correta.

I. O Código Civil de 2002 não prevê a possibilidade de aquisição de cotas do sócio pela própria sociedade limitada, mas a opção existirá para os contratos sociais que adotarem a legislação das sociedades anônimas supletivamente.

II. Há Súmula do Superior Tribunal de Justiça que considera que a cobrança antecipada do Valor Residual Garantido nos contratos de *leasing* os descaracteriza.

III. Pelo entendimento predominante nos tribunais pátrios, na falta de pagamento das prestações do contrato de *leasing*, a ação cabível para a retomada do bem é a reintegração de posse, não se admitindo a equiparação do arrendatário à depositário infiel.

IV. Em regra, o trespasse importa em sub-rogação do adquirente nos contratos estipulados para exploração do estabelecimento, respondendo o adquirente também pelo pagamento dos débitos contabilizados anteriores à transferência.

V. Com o trespasse, o alienante não pode fazer concorrência ao adquirente pelo prazo de três anos subsequentes à transferência.

(A) Apenas os itens II e III estão corretos.

(B) Apenas os itens III e IV estão corretos.

(C) Apenas o item II está errado.

(D) Apenas os itens II e V estão errados.

(E) Apenas os itens I e III estão corretos.

I: correta, conforme entendimento da jurisprudência e doutrina majoritárias (Enunciado 391 das JDC/CJF); **II:** incorreta. A Súmula 263 do STJ, que assim dispunha, foi cancelada em 2003, sendo posteriormente editado o verbete 293 que dispõe exatamente no sentido inverso, ou seja, pela não descaracterização do contrato de *leasing* pela cobrança antecipada do VRG; **III:** correta (STJ, REsp 259750/SP, DJ 10/10/2000); **IV:** correta (arts. 1.146 e 1.148 do CC); **V:** Incorreta. Salvo previsão em contrário, a cláusula de não restabelecimento perdura por cinco anos (art. 1.147 do CC).

Gabarito "D"

(Procurador da Fazenda Nacional – 2003 – ESAF) O capital estrangeiro, para efeito de sua utilização no Brasil por empresários nacionais

(A) depende, como solenidade essencial, de registro perante o Banco Central do Brasil.

(B) está sujeito a regras jurídicas diferenciadas daquelas aplicáveis ao capital nacional.

(C) deve ser registrado tão somente para fins de controle e de retorno pelo sistema oficial.

(D) somente pode ingressar a título de empréstimo em dinheiro ou subscrição de ações.

(E) está obrigado a um período mínimo de permanência no país, de forma a que o empresário receptor possa beneficiar-se de incentivos fiscais.

O regime jurídico do capital estrangeiro no Brasil está disciplinado na Lei 4.131/1962, que afasta a possibilidade de tratamento diferenciado em relação ao capital nacional em igualdade de condições e estabelece um sistema de registro de entrada desse capital no país por meio do Banco Central, antiga Superintendência da Moeda e do Crédito. Tal registro não se apresenta como formalidade essencial, sendo apenas uma forma de controle das entradas e saídas de capital estrangeiro do país. O ingresso do capital é válido mesmo sem o registro, porém sua ausência impõe o pagamento de multa. Não há qualquer menção a período mínimo de permanência do capital no país (que pode ser em forma de recursos financeiros, bens ou equipamentos) para o gozo de benefícios fiscais, considerando, uma vez mais, o tratamento isonômico dispensado ao capital estrangeiro em comparação ao capital nacional.

Gabarito "C"

(Procurador da Fazenda Nacional – 2003 – ESAF) Na celebração de operações de crédito, as instituições financeiras

(A) estão sujeitas a limites legais na fixação da taxa de juros.

(B) não podem emprestar a seus administradores e familiares até o segundo grau, em qualquer hipótese.

(C) podem efetuar empréstimos a administradores e familiares, independentemente do grau de parentesco, desde que autorizadas previamente pelo Banco Central do Brasil.

(D) são obrigadas a exigir garantias reais dos favorecidos para valores acima de R$100.000,00.

(E) notadamente, os bancos de investimento somente podem contratá-las acima de 180 dias.

Alternativa **A:** incorreta. A Súmula 596 do STF estabelece que as instituições financeiras não devem respeito aos limites das taxas de juros criadas pelo Decreto 22.626/1933; alternativa **B:** correta, nos termos do art. 34 da Lei 4.595/1964; alternativa **C:** incorreta, por ofensa ao artigo retrocitado; alternativas **D** e **E:** incorretas, ante a ausência de qualquer disposição legal que imponha os limites apontados.

Gabarito "B"

(Procurador da Fazenda Nacional – 2003 – ESAF) A competência da Comissão de Valores Mobiliários, estabelecida na Lei n. 6.385/1976, dá à autarquia poder para:

(A) determinar a anulação de operações realizadas em Bolsas de Valores sempre que houver suspeita de irregularidades.

(B) determinar a ineficácia de operações de *swaps* de taxas de juros celebradas entre instituições financeiras.

(C) fixar limites para negócios celebrados em Bolsas de Futuros.

(D) aprovar a criação de mercados para negócios de derivativos.

(E) suspender a negociação de quaisquer valores mobiliários em mercados.

Dentro das competências atribuídas à CVM pela Lei 6.385/1976, somente se deduz o poder de aprovar a criação de mercados de derivativos, conforme disposto no art. 1º, III, e 2º, VII. As demais alternativas não apresentam poderes legítimos da CVM.

Gabarito "D"

(PROCURADOR – BANCO CENTRAL – 2009 – CESPE) Julgue os itens a seguir no que se refere a direito societário, propriedade industrial e contratos no direito empresarial.

I. A sociedade empresária somente adquire personalidade jurídica após o registro de seus atos constitutivos no Registro Civil das Pessoas Jurídicas.

II. Segundo o Código Civil, em caso de abuso da personalidade jurídica, pode o juiz decidir, de ofício, que os efeitos de certas e determinadas relações de obrigações sejam estendidos aos bens particulares dos administradores ou sócios da pessoa jurídica.

III. Denomina-se modelo de utilidade o objeto de uso prático, suscetível de aplicação industrial, que apresente nova forma ou disposição, envolvendo ato inventivo que resulte em melhoria funcional no seu uso ou em sua fabricação.

IV. É dever dos administradores das sociedades empresárias manter, no exercício de suas funções, o cuidado e a diligência a que toda pessoa ativa e proba costuma empregar na administração de seus próprios negócios.

V. Na sociedade em comandita simples, tomam parte sócios de duas categorias: os comanditados, pessoas físicas, responsáveis solidária e ilimitadamente pelas obrigações sociais; e os comanditários, obrigados somente pelo valor de sua quota. O contrato social deve discriminar os comanditados e os comanditários.

Estão certos apenas os itens

(A) I, II e III.

(B) I, II e V.

(C) I, IV e V.

(D) II, III e IV.

(E) III, IV e V.

I: incorreta. A sociedade empresária adquire personalidade jurídica com o registro de seus atos constitutivos no Registro Público de Empresas Mercantis, a cargo das Juntas Comerciais dos Estados (arts. 45 e 1.150 do CC); **II:** incorreta. A desconsideração da personalidade jurídica, prevista no art. 50 do CC, não pode ser decretada de ofício pelo juiz; **III:** correta, nos termos do art. 9º da Lei 9.279/1996; **IV:** correta, nos termos do art. 1.011 do CC; **V:** correta, nos termos do art. 1.045 do CC.

Gabarito "E"

7. Direito do Trabalho

Hermes Cramacon

1. INTRODUÇÃO, FONTES E PRINCÍPIOS

(Procurador Distrital – 2014 – CESPE) Julgue o item a seguir.

(1) O princípio da norma mais favorável, componente do núcleo basilar de princípios especiais do direito do trabalho, em sua visão mais ampla, opera em tríplice dimensão: informadora, interpretativa/normativa e hierarquizante.

1: Opção correta, pois referido princípio atua no sentido de que havendo diversas normas válidas relativas sobre a mesma relação de emprego, independentemente de sua posição hierárquica, deve prevalecer a mais favorável.

Gabarito 1C

(Procurador do Estado/GO – 2010) Acerca dos princípios peculiares do direito do trabalho, é CORRETO afirmar:

(A) Afronta o princípio da inalterabilidade contratual lesiva à determinação de retomo do trabalhador ao cargo efetivo, deixando, assim, de ocupar função de confiança.

(B) Considerando o princípio da intangibilidade salarial, o desconto por motivo de dano imputado ao empregado só é lícito quando previsto expressamente no contrato de trabalho, inclusive na hipótese de dolo do obreiro.

(C) A transaçao e a renúncia são institutos absolutamente incompatíveis com o Direito do Trabalho, uma vez que neste vigora o princípio da irrenunciabilidade dos direitos trabalhistas.

(D) O princípio da continuidade da relação de emprego confere suporte teórico ao instituto da sucessão trabalhista (art. 10 e 448 da CLT).

(E) O princípio da irredutibilidade salarial orienta que o salário é irredutível, não podendo este ser minorado nem mesmo por meio de negociação coletiva.

A: opção incorreta, pois nos termos do art. 468, parágrafo único, da CLT não é considerado alteração ilícita; **B:** opção incorreta, pois nos termos do art. 462, § 1º, CLT o desconto no salário do obreiro é permitido em caso de dano culposo, desde que expressamente previsto em contrato ou em caso de dano doloso, hipótese em que não é necessário o consentimento do obreiro; **C:** opção incorreta, pois embora vigore no Direito do Trabalho o princípio da irrenunciabilidade, são permitidas a renúncia e a transação desde que não haja proibição legal; **D:** opção correta, pois o princípio da continuidade da relação de emprego tem como objetivo principal preservar o contrato de trabalho, mesmo havendo mudança na estrutura jurídica ou titularidade da empresa; **E:** opção incorreta, pois, nos termos do art. 7º, VI, CF, o salário poderá ser reduzido por acordo coletivo ou convenção coletiva.

Gabarito "D"

(Procurador do Estado/RO – 2011 – FCC) Em relação aos princípios do Direito do Trabalho, é INCORRETO afirmar:

(A) O princípio da aplicação da norma mais favorável aplica-se da seguinte forma: havendo normas válidas incidentes sobre a relação de emprego, deve-se aplicar aquela mais benéfica ao trabalhador.

(B) O princípio da continuidade da relação de emprego tem como finalidade a preservação do contrato de trabalho, de modo que haja presunção de que este seja por prazo indeterminado, permitindo-se a contratação por prazo certo apenas como exceção.

(C) O princípio da primazia da realidade indica que os fatos reais devem prevalecer sobre os documentos assinados pelo empregado.

(D) O princípio da irrenunciabilidade significa a não admissão, em tese, que o empregado abra mão de seus direitos trabalhistas, em grande parte imantados de indisponibilidade absoluta.

(E) O princípio protetor é representado pela tríplice vertente: *in dubio pro societate*, a aplicação da norma mais favorável e a condição mais benéfica.

A: opção correta, pois reflete o princípio da norma mais favorável, devendo ser aplicada a norma mais benéfica ao trabalhador, independentemente da sua posição na hierarquia das leis. Nosso ordenamento jurídico se utiliza da teoria do conglobamento mitigado, de acordo com o art. 3º, II, da Lei 7.064/1982; **B:** opção correta, pois trata do princípio da continuidade da relação de emprego. Veja os arts. 10 e 448 da CLT que tratam da sucessão trabalhista; **C:** opção correta, pois por meio desse princípio deve prevalecer a efetiva realidade dos fatos e não eventual forma construída em desacordo com a verdade; **D:** opção correta, pois em algumas situações o empregado poderá renunciar a seus direitos trabalhistas, como, por exemplo, quando pede demissão sendo detentor de garantia de emprego; **E:** opção incorreta, pois embora sejam vertentes do princípio protetor a aplicação da norma mais favorável e a condição mais benéfica, não existe o princípio *in dubio pro societate*, existindo sim o princípio *in dubio pro misero* ou *in dubio pro operario*.

Gabarito "E"

(Procurador do Estado/SP – FCC – 2009) No que atine às fontes do direito do trabalho,

(A) a sentença normativa é fonte formal autônoma.

(B) a convenção coletiva de trabalho é fonte formal heterônoma.

(C) o acordo coletivo de trabalho é fonte formal autônoma.

(D) o decreto executivo é fonte formal autônoma.

(E) a lei ordinária é fonte material.

A: incorreta, pois a sentença normativa, por estabelecer condições de trabalho a serem aplicadas aos envolvidos no conflito coletivo, é fonte formal, porém é heterônoma, pois é imposta pelo Poder Judiciário; **B:** incorreta, pois a convenção coletiva de trabalho é firmada pelos próprios sindicatos e é considerada, por isso, fonte formal autônoma; **C:** correta, pois o acordo coletivo é um instrumento normativo firmado entre o sindicato dos empregadores com a empresa ou empresas e é, por isso, fonte formal autônoma; **D:** incorreta, pois o decreto executivo é fonte formal heterônoma; **E:** incorreta, pois a lei ordinária é fonte formal heterônoma.

Gabarito "C"

(Procurador do Estado/SC – 2009) Em relação ao Princípio da Indisponibilidade dos Direitos Trabalhistas, seria equivocado dizer sobre ele que:

(A) Consiste na impossibilidade jurídica de o empregado privar-se voluntariamente das vantagens conferidas pelo Direito do Trabalho.

(B) Constitui uma limitação à autonomia da vontade contratual que previne vícios do consentimento e renúncia de vantagens por pressão do poder econômico do empregador.

(C) Admite poucas formas de transação de direitos, desde que em consonância com preceito constitucional e negociada coletivamente com a participação dos sindicatos.

(D) Admite a possibilidade de transação de direitos, mesmo com prejuízo para o empregado, desde que considere o ajuste como uma cláusula liberatória ampla.

(E) Revela o caráter imperativo das normas trabalhistas, bem como a sua essência social.

Para elucidar a questão o ministro do TST trata com pertinência a matéria: "A indisponibilidade inata aos direitos trabalhistas constitui-se talvez no veículo principal utilizado pelo Direito do Trabalho para tentar igualizar, no plano jurídico, a assincronia clássica existente entre os sujeitos da relação socioeconômica de emprego. O aparente contingenciamento da liberdade obreira que resultaria da observância desse princípio desponta, na verdade, como o instrumento hábil a assegurar efetiva liberdade no contexto da relação empregatícia: é que aquele contingenciamento atenua ao sujeito individual obreiro a inevitável restrição da vontade que naturalmente tem perante o sujeito coletivo empresarial. É comum a doutrina valer-se da expressão *irrenunciabilidade dos direitos trabalhistas* para enunciar o presente princípio. Seu conteúdo é o mesmo já exposto, apenas adotando-se diferente epíteto. Contudo, a expressão irrenunciabilidade não parece adequada a revelar a amplitude do princípio enfocado. Renúncia é ato unilateral, como se sabe. Entretanto, o princípio examinado vai além do simples ato unilateral, interferindo também nos atos *bilaterais* de disposição de direitos (transação, portanto). Para a ordem justrabalhista, não serão válidas quer a renúncia, quer a transação que importe objetivamente em prejuízo ao trabalhador" (Maurício Godinho Delgado, *Curso de Direito do Trabalho*, p. 201-202).

Gabarito "D"

(Procurador do Estado/SC – 2009) Em relação ao Princípio da Primazia da Realidade, seria equivocado dizer sobre ele que:

(A) Deve-se observar a realidade dos fatos em detrimento dos aspectos formais que eventualmente os atestem.

(B) É comum verificar alterações nas condições de trabalho pactuadas verbalmente, alterações essas que não sendo incorporadas formalmente ao contrato de trabalho deixam incertezas no futuro, trazendo ao empregado dificuldade de prová-las.

(C) Em conjunto com este princípio encontra-se outro, que é o "in dubio pro operário" ou "in dubio pro misero", ambos derivados do Princípio de Proteção, que considera o empregado como parte contratual hipossuficiente.

(D) Os contratos de trabalho podem ser escritos ou verbais.

(E) A contratação de trabalhadores por empresa interposta é ilegal e, nesse caso, o vínculo de emprego forma-se diretamente com o tomador dos serviços, então o vínculo trabalhista pode ser declarado com órgãos da Administração Pública Direta e Indireta.

A: correta, pois a alternativa traz o conceito do princípio da primazia da realidade; **B:** correta, pois, de fato, as alterações verbais no curso do contrato de trabalho são de difícil comprovação futura; **C:** correta, pois o princípio da proteção, que visa atenuar no plano jurídico o desequilíbrio existente no plano fático do contrato de trabalho e dele derivam outros, como "in dúbio pro operário" e "in dúbio pro misero"; **D:** correta, pois a assertiva reflete o disposto no art. 443, *caput*, da CLT; **E:** incorreta, pois a alternativa não está de acordo com a Súmula 331, II, do TST: "CONTRATO DE PRESTAÇÃO DE SERVIÇOS. LEGALIDADE (...) II – A contratação irregular de trabalhador, mediante empresa interposta, não gera vínculo de emprego com os órgãos da administração pública direta, indireta ou fundacional (art. 37, II, da CF/1988)".

Gabarito "E"

(Procuradoria Distrital – 2007) Examine os itens seguintes:

I. A fonte material do Direito do Trabalho é originária da pressão exercida sobre o Estado capitalista pela reivindicação dos trabalhadores;

II. A Constituição, a lei, a sentença normativa e a convenção coletiva são fontes formais e heterônomas do Direito do Trabalho, e o regulamento de empresa, a sua vez, já não é mais considerado fonte do Direito do Trabalho;

II. Norma constitucional de conteúdo material trabalhista pode ser desaplicada, no Direito do Trabalho, diante de conflito com norma profissional ou contratual mais favorável, desde que aquelas não tenham conteúdo de lei proibitiva;

IV. Nos contratos de trabalho é legal a transformação das condições de trabalho por mútuo consentimento do empregador e do empregado;

V. São nulos os atos praticados pelo empregador com o objetivo de desvirtuar a aplicação dos preceitos trabalhistas, salvo se ratificados posteriormente pelo empregado.

A quantidade de itens corretos é igual a:

(A) 1

(B) 2

(C) 3

(D) 4

(E) 5

Existem duas afirmativas verdadeiras. I: verdadeira, eis que fonte material é a pressão de fatos sociais, *são as que ditam a substância do próprio direito*; II: falsa, pois convenção coletiva é classificada como fonte formal autônoma; III: verdadeira, pois no Direito do Trabalho existe o princípio da aplicação da norma mais benéfica ao empregado; IV: falsa, pois a afirmativa está em desacordo com o disposto no art. 468 da CLT; V: falsa, pois a alternativa não está de acordo com o art. 9º da CLT.

Gabarito "B"

(Procurador do Município/Florianópolis-SC – 2010 – FEPESE) Qual o princípio de Direito do Trabalho que busca proporcionar uma forma de compensar a superioridade econômica do empregador em relação ao empregado, dando a este último uma superioridade jurídica?

(A) Princípio da proteção.

(B) Princípio da isonomia.

(C) Princípio da continuidade.

(D) Princípio da primazia da realidade.

(E) Princípio da irrenunciabilidade de direitos.

O princípio protetor tem por escopo atribuir uma proteção maior ao empregado, parte hipossuficiente da relação jurídica laboral. Em outras palavras, visa atenuar a desigualdade existente entre as partes do contrato de trabalho. Tem como vertentes os seguintes princípios: a) aplicação da norma mais favorável, b) *in dubio pro operario* e c) condição mais benéfica.

Gabarito "A"

(Procurador do Município/Teresina-PI – 2010 – FCC) São fontes heterônomas do Direito do Trabalho, dentre outras,

(A) as Convenções Internacionais e as Convenções Coletivas de Trabalho.

(B) o Contrato Coletivo de Trabalho e os Acordos Coletivos.

(C) as Convenções Coletivas de Trabalho e os Acordos Coletivos.

(D) os Tratados, as Convenções Internacionais e a Constituição Federal.

(E) a Constituição Federal e os Usos e Costumes.

As fontes do Direito do Trabalho se dividem em: fontes materiais e fontes formais. As fontes materiais correspondem ao momento pré--jurídico da norma, ou seja, a norma ainda não positivada. Representa a pressão exercida pelos trabalhadores contra o Estado buscando melhores condições de trabalho. Referem-se aos fatores sociais, econômicos, históricos e políticos e, ainda, filosóficos, que originam o direito, influenciando na criação da norma jurídica. Já as fontes formais correspondem à norma jurídica já constituída, já positivada. Em outras palavras, representam a exteriorização dessas normas, ou seja, é a norma materializada e se subdividem em *Fontes formais heterônomas,* que decorrem da atividade normativa do Estado. Caracterizam-se pela participação de um agente externo (Estado) na elaboração da norma jurídica. São exemplos: a Constituição Federal, a CLT, leis, sentença normativa, tratados internacionais ratificados pelo Brasil. As *fontes formais autônomas* se caracterizam por serem formadas com a participação imediata dos próprios destinatários da norma jurídica. Os próprios destinatários da norma participam diretamente no processo de sua elaboração sem a interferência do agente externo (Estado). São exemplos: a convenção coletiva e o acordo coletivo de trabalho.

Gabarito "D"

(ADVOGADO – CEF – 2012 – CESGRANRIO) Marilda foi contratada através de empresa interposta para trabalhar como bancária em determinado banco. Ela trabalhou nessas condições por cinco anos. Após ser dispensada, Marilda moveu uma Reclamação Trabalhista para reconhecimento de vínculo diretamente com o banco, com fundamento na Súmula 331 do TST. Em sua defesa, o banco nega o vínculo empregatício, pois a relação havida com a autora era regulada através de contrato de prestação de serviços especializados e, portanto, ela estaria submetida a tal contrato. Na sentença, o juiz reconheceu o vínculo empregatício da autora com o banco.

Considerando-se a situação descrita, qual dos princípios do Direito do Trabalho rechaça a tese sustentada pelo banco?

(A) Princípio da condição mais benéfica

(B) Princípio da norma mais favorável

(C) Princípio da continuidade da relação de emprego

(D) Princípio da primazia da realidade sobre a forma

(E) Princípio da indisponibilidade dos direitos trabalhistas

A: opção incorreta, pois o princípio da condição mais benéfica consagra a aplicação da teoria do direito adquirido. Tal princípio informa ao operador do direito que as vantagens adquiridas não podem ser retiradas, tampouco modificadas para pior. Veja, como exemplo, o art. 468 da CLT; **B:** opção incorreta, pois tal princípio informa que havendo diversas normas válidas incidentes sobre a mesma relação jurídica de emprego, deve ser aplicada aquela mais benéfica ao trabalhador, independentemente da sua posição na hierarquia das leis. Veja art. 3º, II, da Lei 7.064/1982; **C:** opção incorreta, pois o princípio tem por objetivo preservar o contrato de trabalho, presumindo a contratação por prazo indeterminado, sendo a exceção o contrato com prazo determinado. Veja arts. 10 e 448 da CLT; **D:** opção correta, pois por meio desse princípio, deve prevalecer a efetiva realidade dos fatos e não eventual forma construída em desacordo com a verdade. Havendo desacordo entre o que na verdade acontece com o que consta dos documentos, deverá prevalecer a realidade dos fatos; **E:** opção incorreta, pois tal princípio prega que as normas trabalhistas, em geral, possuem caráter imperioso ou cogente, na medida em que são normas de ordem pública e, por sua vez, não podem ser modificadas pelo empregador.

Gabarito "D"

(ADVOGADO – CORREIOS – 2008 – ESPP) Em relação à renúncia de direitos trabalhistas podemos afirmar corretamente que:

(A) A renúncia no momento da celebração do contrato de trabalho é nula de pleno direito, salvo se a própria lei a admitir.

(B) Durante a relação de emprego prevalece a regra de que o empregado pode renunciar aos direitos que lhe correspondem ou aos que advirão.

(C) A vedação à renúncia afasta até mesmo a possibilidade de transação entre empregado e empregador, pois transigir corresponde a renunciar parcialmente direitos trabalhistas.

(D) Excepcionalmente a renúncia a direitos trabalhistas pode gerar validade, mesmo que traga prejuízo ao trabalhador decorrente de sua hipossuficiência.

A: opção correta, pois o princípio da irrenunciabilidade não é absoluto, podendo haver renúncia aos direitos trabalhista sempre que a lei assim estabelecer. Veja art. 9º da CLT; **B:** opção incorreta, pois poderá renunciar somente se existir previsão legal. Não é permitida a renúncia de direitos futuros. Nesse sentido veja Súmula 199 do TST; **C:** opção incorreta, pois é permitido ao empregado transacionar ou renunciar. A transação e renúncia são atos diferentes. A primeira é ato bilateral e presume incerteza quanto ao direito transacionado, ao passo que a renúncia é ato unilateral e pressupõe certeza quanto ao direito renunciado; **D:** opção incorreta, pois havendo prejuízo ao trabalhador a renúncia será nula, art. 9º CLT.

Gabarito "A"

2. CONTRATO INDIVIDUAL DE TRABALHO E ESPÉCIES DE EMPREGADOS E TRABALHADORES

(Procurador Distrital – 2014 – CESPE) Julgue o seguinte item, com base na legislação e no entendimento jurisprudencial dominante do TST.

(1) Conforme a CLT, a mudança na propriedade da empresa não afetará os contratos de trabalho, no entanto, em caso de falência, não se aplicará tal regra, porque a compra de empresa falida não obriga o arrematante nas obrigações do devedor. Assim, se determinada empresa alienar seus ativos em virtude de processo de falência, sendo o arrematante primo do sócio da sociedade falida, não haverá sucessão do arrematante nas obrigações trabalhistas do devedor.

1: Opção incorreta. De fato, a mudança na estrutura jurídica da empresa não afetará os contratos de trabalho, nos termos do art. 448 da CLT. Em regra, nos termos do art. 141 da Lei 11.101/2005 a compra de empresa falida não gera sucessão trabalhista. No entanto, essa regra não se aplica ao parente, em linha reta ou colateral até o 4º grau, consanguíneo ou afim, do falido ou de sócio da sociedade falida.

Gabarito 1E

(Procurador do Estado/AC – FMP – 2012) Em relação aos contratos de trabalho com os entes de Direito Público, pode-se afirmar que:

(A) tem prevalecido o entendimento de que deve haver o reconhecimento do vínculo de emprego, desde que preenchidos os requisitos do artigo 3º da CLT, com direito ao pagamento de todos os direitos decorrentes desta situação, principalmente em face do Princípio da Primazia da Realidade.

(B) haverá o reconhecimento de vínculo de emprego, mas com restrição dos direitos daí decorrentes, porque a contratação de servidor público, após a CF/1988, sem prévia aprovação em concurso público, encontra óbice no respectivo art. 37, II, e § 2º, somente lhe conferindo direito ao pagamento da contraprestação pactuada, em relação ao número de horas trabalhadas, respeitado o valor da hora do salário mínimo, e dos valores referentes aos depósitos do FGTS, estes nos termos do artigo 19-A da Lei 8.036/1990.

(C) não há possibilidade de reconhecimento de vínculo de emprego, por se tratar de contrato nulo e, portanto, sem direito a qualquer parcela decorrente desta situação.

(D) não há possibilidade de reconhecimento do vínculo de emprego com o Ente de Direito Público, na medida em que, desde a Constituição de 1988, deve prevalecer o sistema de Regime Jurídico Único, necessariamente de natureza Estatutária.

A: opção incorreta, pois de acordo com a Súmula 363 do TST são conferidos ao trabalhador o pagamento das contraprestações pactuadas em relação ao número de horas trabalhadas e dos valores referentes ao FGTS; **B:** opção correta, pois reflete o disposto na Súmula 363 do TST; **C:** opção incorreta, pois embora seja considerado contrato nulo, com a consequente punição da autoridade responsável, nos termos do art. 37, § 2º, CF é devido ao trabalhador os pagamentos das contraprestações pactuadas em relação ao número de horas trabalhadas e dos valores referentes ao FGTS, na medida em que entende-se que por ter a administração beneficiada pela prestação de serviços, deve responder pelo referido pagamento; **D:** opção incorreta, pois em 02/08/2007, o STF suspendeu a redação dada ao art. 39, *caput*, CF pela EC 19/1998, voltando a adotar o regime jurídico único. No entanto, o STF atribuiu efeito *ex nunc*, ou seja, a partir de então, entendendo válidos os atos praticados pela administração com base em legislações editadas durante a vigência do art. 39, *caput*, CF com a redação dada pela EC 19/1998. A Lei 9.962/2000 autoriza a Administração Pública Federal a contratar pelo regime da Consolidação das Leis do Trabalho.

Gabarito "B"

(Procurador do Estado/MG – 2007) Em relação ao contrato de trabalho é correto afirmar que pode ser formalizado entre

I. pessoa jurídica e pessoa física.

II. pessoa física e pessoa física.

III. pessoa jurídica e pessoa jurídica.

Está(ão) correta(s)

(A) apenas a I.

(B) apenas a II.

(C) apenas III.

(D) apenas I e II.

Importante lembrar que o contrato de trabalho, nos termos do art. 442 da CLT, é o acordo tácito ou expresso, correspondente à relação de emprego. Os requisitos para caracterização da relação de emprego são: subordinação jurídica, onerosidade, pessoalidade, pessoa física, habitualidade e alteridade (este último de acordo com parte da doutrina).

I: opção correta, pois o empregador, art. 2º da CLT, poderá ser uma pessoa jurídica e o empregado necessariamente deverá ser pessoa física, art. 3º CLT; II: opção correta, pois poderá o empregador ser uma pessoa física. Por exemplo, empregador doméstico, art. 1º da Lei 5.859/1972; III: opção incorreta, pois o empregado, necessariamente, deve ser uma pessoa física, art. 3º da CLT.

Gabarito "D"

(Procurador do Estado/SE – FCC – 2005) Assinale a alternativa correta que abrange uma terceirização lícita, nos termos da Súmula 331 do Tribunal Superior do Trabalho.

(A) Atividades de conservação e limpeza; atividades de profissionais vigias; atividades de segurança patrimonial desarmada; serviços especializados ligados à atividade-meio do tomador; situações empresariais que autorizem a contratação de serviços temporários, consoante dispõe a Lei nº 6.019/1974.

(B) Atividades de profissionais vigias; atividades de segurança patrimonial desarmada; atividades de vigilância, regidas pela Lei nº 7.102/1983; situações empresariais que autorizem a contratação de serviços temporários, consoante dispõe a Lei nº 6.019/1974.

(C) Atividades de conservação e limpeza; atividades de vigilância, regidas pela Lei nº 7.102/1983; serviços especializados ligados à atividade-meio do tomador; situações empresariais que autorizem a contratação de serviços temporários, consoante dispõe a Lei nº 6.019/1974.

(D) Atividades de conservação e limpeza; atividades de profissionais vigias; atividades de segurança patrimonial desarmada; atividades de vigilância, regidas pela Lei nº 7.102/1983.

(E) Atividades de segurança patrimonial desarmada; atividades de vigilância, regidas pela Lei nº 7.102/1983; serviços especializados ligados à atividade-fim do tomador; situações empresariais que autorizem a contratação de serviços temporários, consoante dispõe a Lei nº 6.019/74.

A: opção incorreta, pois as atividades de profissionais vigias e atividades de segurança patrimonial desarmada não são tipos de terceirização lícita nos termos da Súmula 331, itens I e III, do TST; **B:** opção incorreta, pois as atividades de profissionais vigias; atividades de segurança patrimonial desarmada são tipos de terceirização lícita nos termos da Súmula 331, itens I e III, do TST; **C:** opção correta, pois reflete o entendimento disposto na Súmula 331, itens I e III, do TST; **D:** opção incorreta, pois as atividades de profissionais vigias e atividades de segurança patrimonial desarmada não são tipos de terceirização lícita nos termos da Súmula 331, itens I e III, do TST; **E:** opção incorreta, pois atividades de segurança patrimonial desarmada e serviços especializados ligados à atividade-fim do tomador não são modalidades de terceirização lícita nos termos da Súmula 331 do TST. Vale lembrar que atividade fim diz respeito aos fins do empreendimento, ou seja, da principal atividade empresarial.

Gabarito "C"

(Procurador do Município/Natal-RN – 2008 – CESPE) No caso de nulidade de contratação do empregado, por ausência de prévia aprovação em concurso público, esse empregado tem direito a receber, com relação ao período em que trabalhou, o salário acordado entre empregador e empregado,

(A) bem como os valores referentes aos depósitos do FGTS, somente.

(B) os valores referentes aos depósitos do FGTS e a multa indenizatória de 40% sobre o FGTS.

(C) os valores referentes aos depósitos do FGTS e a anotação da CTPS.

(D) os valores referentes aos depósitos do FGTS, o aviso-prévio, o décimo terceiro salário, as férias proporcionais, o depósito e multa de 40% do FGTS, mas não se reconhece o vínculo de emprego.

A: opção correta, pois nos termos da Súmula 363 do TST, no caso em estudo, o obreiro fará jus ao recebimento da contraprestação pactuada, em relação ao número de horas trabalhadas, respeitado o valor da hora do salário mínimo, e dos valores referentes aos depósitos do FGTS.

Gabarito "A"

(Procurador do Município/São José dos Campos-SP – 2012 – VUNESP) Tendo em consideração os elementos fático-jurídicos constitutivos da relação de emprego e do contrato de trabalho, bem como as figuras jurídicas que lhes são próximas, assinale a alternativa que traz a afirmação correta.

(A) Trabalho que se realiza por pessoa física mediante pessoalidade, habitualidade, onerosidade e subordinação constitui a relação de emprego que corresponde ao contrato de trabalho, enquanto, numa situação de prestação de serviços, mediante trabalho autônomo tal como definida na lei civil, necessariamente não há pessoalidade na execução dos serviços.

(B) O traço distintivo do contrato de emprego para a empreitada está na transitoriedade desta e na definitividade daquele, já que os demais requisitos de pessoalidade, não eventualidade, onerosidade e subordinação podem estar presentes em ambas as circunstâncias.

(C) Enquanto o trabalhador subordinado e vinculado ao empregador mediante contrato de trabalho compromete-se a acolher a direção empresarial no tocante ao modo de concretização cotidiana de seus serviços, a autonomia supõe a noção de que o próprio prestador de serviços estabelece e concretiza, cotidianamente, a forma de realização dos serviços que pactuou prestar.

(D) No contrato de empreitada, uma ou mais pessoas se compromete(m) a realizar ou mandar realizar uma obra certa e especificada para outrem, sob a direção do contratante da obra certa, mediante o ajuste de um preço global para a execução da obra, traço econômico que a diferencia da relação de emprego cujo pagamento é ajustado pelo tempo à disposição do tomador de serviços.

(E) Tanto o contrato de trabalho quanto o mandato são espécies do gênero contrato de atividade. Trazem as semelhanças da presença da subordinação do prestador de serviços ao tomador de serviços, a noção de representação e a característica da onerosidade do contrato. Mas as diferenças são claras, pois o mandato admite extinção por termo determinado e o emprego, não.

A: opção incorreta, pois o elemento pessoalidade pode existir como é o caso de contratações em que é contratado um *expert* para o serviço que será realizado. Nesse caso, o elemento "pessoalidade" será de extrema importância, podendo existir cláusula de pessoalidade. O que, de fato, caracteriza o contrato de autônomo é a ausência de subordinação; **B:** opção incorreta, pois o contrato de empreitada é um contrato de natureza civil, não podendo ser confundido com o contrato de trabalho por ausência do elemento subordinação jurídica; **C:** opção correta, pois a assertiva se refere à subordinação jurídica, elemento disposto no art. 3º da CLT, vinculado ao poder diretivo que o empregador possui, disposto no art. 2º da CLT; **D:** opção incorreta, pois na empreitada não existe o elemento subordinação; **E:** opção incorreta, pois embora ambos sejam do gênero contratos de atividade, o elemento subordinação é inerente do contrato de emprego ao passo que no mandato ele pode não existir, a representação é característica indissociável do mandato ao passo que é elemento circunstancial do contrato de emprego; pode ser oneroso ou não. Por fim, o mandato é sempre revogável, já o contrato de emprego tem como regra o prazo indeterminado, princípio da continuidade da relação de emprego.

Gabarito "C"

(Procurador do Município/São Paulo-SP – 2008 – FCC) A Prefeitura Municipal contrata regularmente serviço de vigilância de empresa prestadora de serviços. Na hipótese de um empregado desta empresa terceirizada ingressar com reclamação trabalhista contra a empregadora e contra a Municipalidade, é correto afirmar quanto às obrigações trabalhistas do reclamante:

(A) são ambas responsáveis solidárias.

(B) apenas a empregadora é responsável, por expresso dispositivo legal da Constituição Federal.

(C) a Prefeitura Municipal é responsável principal e a empregadora é responsável subsidiária.

(D) a empregadora é responsável principal e a Prefeitura Municipal é responsável subsidiária.

(E) apenas a Prefeitura Municipal é responsável, por expresso dispositivo legal da Constituição Federal.

A: opção incorreta, pois nos termos da Súmula 331, item V, TST a administração pública tem responsabilidade subsidiária quanto às obrigações trabalhistas e não responsabilidade solidária, salvo quanto aos encargos previdenciários que a responsabilidade é solidária, nos termos do art. 71, § 2º, da Lei 8.666/1993; **B:** Opção incorreta, pois embora o art. 71, § 1º, da Lei 8.666/1993 tenha sido declarado constitucional, o STF não excluiu a possibilidade de o TST verificar a existência de culpa da administração pública na fiscalização do contrato, o que ocasionou a publicação do item V da Súmula 331 do TST; **C:** opção incorreta, pois a empregadora é responsável principal e a Prefeitura Municipal é responsável subsidiária, veja Súmula 331, item V, TST; **D:** opção correta, pois em conformidade com a Súmula 331, item V, do TST; **E:** opção incorreta. Veja comentários anteriores.

Gabarito "D"

(Procurador do Município/Sorocaba-SP – 2012 – VUNESP) Das definições a seguir, a que se amolda ao conceito de relação de emprego que foi adotado pela legislação brasileira é:

(A) relação jurídica de natureza contratual, tendo como sujeitos o empregado e o empregador e como objeto o trabalho subordinado, continuado e assalariado.

(B) contrato pelo qual há uma relação fática objetiva, com serviços subordinados prestados por empregado a empregador, independentemente da vontade e de remuneração.

(C) contrato segundo o qual uma pessoa física presta serviços de modo impessoal, não eventual, mediante pagamento ou onerosidade e subordinação.

(D) um vínculo que resulta da conversão da escravidão em uma espécie de contrato, mantendo-se a subordinação e a submissão do trabalhador aos desígnios do empregador, mas agora mediante pagamento de salário e de suposta liberdade de ir e vir.

(E) uma espécie contratual cujas raízes históricas remontam ao Direito Romano (*locatio operarum* e *locatio operis*), com natureza jurídica de locação (o trabalhador aluga a sua força de trabalho ao empregador).

A: opção correta, pois representa o que é relação de emprego, nos termos dos arts. 2º e 3º, da CLT; **B:** opção incorreta, pois trata-se de um negócio jurídico. Ademais, pressupõe manifestação de vontade. É um contrato do tipo oneroso, pois pelos trabalhos prestados o empregado terá como contraprestação sua remuneração; **C:** opção incorreta, pois a relação de emprego pressupõe o trabalho prestado com pessoalidade, ou seja, prestado pelo próprio trabalhador, sem que possa ser substituído; **D:** opção incorreta, pois há vício e vontade no trabalho escravo. Sobre consequências do reconhecimento do trabalho escravo veja Instrução Normativa 91/2011 da Secretaria de Inspeção do Trabalho, em especial seu art. 14 e, ainda, art. 21 da Instrução Normativa 76/2009 do Ministério do Trabalho e Emprego; **E:** opção incorreta, pois para alguns doutrinadores, como por exemplo José Affonso Dallegrave Neto, o contrato de emprego é do tipo adesão.

Gabarito "A"

(Advogado da União/AGU – CESPE – 2012) Com base na CLT, julgue os itens seguintes, a respeito da relação de emprego e do contrato individual de trabalho.

(1) As cooperativas de trabalhadores, quando regulares, não estabelecem com os respectivos associados relação de emprego, nem assim entre estes e os tomadores dos serviços contratados da cooperativa.

(2) A lei considera empregado a pessoa física que, em caráter não eventual e mediante relação de subordinação e contraprestação salarial, presta serviços a outrem, denominado empregador.

(3) O contrato individual deve necessariamente ser escrito, não se admitindo forma tácita de contratação.

1: opção correta, pois reflete o disposto no art. 442, parágrafo único, da CLT. Veja, também, o art. 90 da Lei 5.764/1971; **2:** opção correta, pois representa o disposto no art. 3º da CLT; **3:** opção incorreta, pois nos termos do art. 442 da CLT, contrato individual de trabalho é o acordo tácito ou expresso.

Gabarito 1C, 2C, 3E

(Procurador da Fazenda Nacional – 2004 – ESAF) Assinale a opção correta acerca do contrato individual de trabalho.

(A) Verificada a prestação pessoal de serviços habituais, onerosos e subordinados ao tomador dos serviços, o contrato de trabalho será válido e regular, ainda que firmado tacitamente.

(B) Quando envolver a prestação de serviços insalubres, apenas será válido o contrato se contar com autorização prévia do Ministério do Trabalho.

(C) Quando o contrato for celebrado por trabalhador com 15 anos de idade, deverá contar com a prévia e expressa autorização de seus representantes legais, sob pena de nulidade.

(D) O contrato de trabalho é o instrumento jurídico adequado para reger a relação entre o pequeno empreiteiro e o sujeito que contrata os seus serviços.

(E) Ainda que envolva a execução de atividade ilícita, o contrato de trabalho produz os efeitos jurídicos que lhe são próprios.

A: opção correta, pois preenchidos os requisitos dos arts. 2º (empregador) e 3º (empregado) ficará caracterizada a relação de emprego, que se expressa no contrato de trabalho, art. 442 da CLT que não prevê, em regra, formalidades, podendo ser, inclusive, tácito; **B:** opção incorreta, pois não há formalidades para que o contrato de trabalho exista, veja art. 442 da CLT; **C:** opção incorreta, pois não haverá nulidade do contrato de trabalho, ficando resguardados todos os efeitos do contrato de trabalho; **D:** opção incorreta, pois as relações entre o empreiteiro e o "dono da obra" serão regidas pelo Código Civil, arts. 610 a 626 do CC; **E:** opção incorreta, pois não se reconhece a produção de efeitos ao contrato de trabalho cujo objeto seja ilícito. O TST firmou entendimento da OJ 199 da SDI 1 do TST.

Gabarito "A"

(Procurador do Estado/RO – 2011 – FCC) Nos termos da Constituição Federal, é direito dos trabalhadores urbanos e rurais, além de outros que visem à melhoria de sua condição social,

(A) o décimo terceiro salário com base na remuneração proporcional ou no valor da aposentadoria.

(B) o seguro-desemprego, em caso de pedido de demissão.

(C) o seguro contra acidentes de trabalho, a cargo do empregador, sem excluir a indenização a que este está obrigado, quando incorrer em dolo ou culpa.

(D) a licença à gestante, sem prejuízo do emprego e do salário, com a duração de cento e cinquenta dias.

(E) o adicional de penosidade, se a atividade exercida pelo empregado suscitar esforços físicos acima dos padrões médios tolerados, com adicional de 30% sobre o salário contratual.

A: opção incorreta, pois nos termos do art. 7º, VIII, da CF o 13º salário será calculado com base na remuneração integral e não proporcional como induz a assertiva; **B:** opção incorreta, pois o seguro-desemprego será concedido em caso de desemprego involuntário, nos termos do art. 7º, II, da CF; **C:** opção correta, pois reflete o disposto no art. 7º, XXVIII, CF; **D:** opção incorreta, a licença gestante prevista no art. 7º, XVIII, da CF prevê a duração de 120 dias; **E:** opção incorreta, pois não há lei regulamentando o adicional de penosidade, previsto no art. 7º, XXIII, da CF.

Gabarito "C"

(Procurador do Estado/SC – 2010 – FEPESE) Assinale a alternativa **correta**, de acordo com a consolidação das leis do trabalho.

(A) Considera-se empregado toda pessoa física ou jurídica que prestar serviços de natureza não eventual a empregador, sob a dependência deste e mediante salário.

(B) Não se computará, na contagem de tempo de serviço, para efeito de indenização e estabilidade, os períodos em que o empregado estiver afastado do trabalho prestando serviço militar.

(C) A alteração na estrutura jurídica da empresa afetará diretamente os direitos adquiridos por seus empregados.

(D) Não se distingue entre o trabalho realizado no estabelecimento do empregador e o executado no domicílio do empregado, desde que esteja caracterizada a relação de emprego.

(E) A prestação de trabalho intelectual, técnico e manual enseja distinções relativas à espécie de emprego e à condição de trabalhador.

A: opção incorreta, pois a pessoa jurídica não pode ser considerada empregada, nos termos do art. 3º da CLT; **B:** opção incorreta, pois o período será computado como tempo de serviço, nos termos do art. 4º, parágrafo único, da CLT; **C:** opção incorreta, pois de acordo com os arts. 10 e 448 da CLT que cuidam da sucessão trabalhista, qualquer alteração na estrutura jurídica da empresa não afetará os direitos adquiridos pelos empregados; **D:** opção correta, pois reflete o disposto no art. 6º da CLT; **E:** opção incorreta, pois nos termos do art. 3º, parágrafo único, da CLT não poderá haver distinções entre o trabalho intelectual, técnico e manual.

Gabarito "D"

(Procurador do Estado/SC – 2009) Decorrentes do Contrato de Trabalho, sobre os direitos dos empregados, assinale a alternativa correta:

(A) São afetados quando se altera a estrutura jurídica da empresa de sociedade limitada para sociedade anônima.

(B) Não são afetados pela mudança de propriedade da empresa e nem pela alteração da sua estrutura jurídica.

(C) Devem adaptar-se às contingências da mudança de propriedade da empresa, até mesmo com redução salarial, desde que com cláusula de garantia efetiva e expressa de continuidade do emprego.

(D) São afetados quando há mudança de empresa individual para sociedade limitada ou quando se altera o quadro dirigente de uma sociedade anônima.

(E) Não são afetados pela alteração de sua estrutura jurídica, salvo quando se tratar de empresa pública ou órgão da Administração Pública Direta e Indireta. Para eles há permissão de reduzir direitos adquiridos dos empregados.

A: incorreta, pois a alteração da estrutura jurídica da empresa não afeta os direitos dos empregados (art. 10 da CLT); **B:** correta, pois a assertiva está de acordo com o disposto no art. 448 da CLT; **C:** incorreta, pois a mudança de propriedade da empresa não afeta os contratos de trabalho (art. 448 da CLT); **D** e **E:** incorretas, pois a mudança na estrutura da empresa não afeta os contratos de trabalho (art. 10 da CLT).

Gabarito "B"

(Procurador do Estado/SC – 2009) Sobre o Contrato de Trabalho, assinale a alternativa incorreta:

(A) Os riscos econômicos do negócio são exclusivamente do empregador.

(B) Quando há participação nos lucros, o empregado assume os riscos da atividade econômica conjuntamente com o empregador.

(C) O trabalho desenvolvido pelo empregado deve ser prestado pessoalmente, ou seja, exclusiva e unicamente pelo contratado, não podendo tal prestação ser delegada ou repassada a terceiros.

(D) É uma das várias espécies de relação de trabalho.

(E) O peculiar da relação de emprego é a subordinação, razão pela qual é também denominada como relação de trabalho subordinado.

A: correta, pois a assertiva está de acordo com o disposto no art. 2º, *caput*, da CLT; **B:** incorreta, pois o empregado nunca assume os riscos da atividade econômica, mesmo quando haja participação nos lucros, eis que o empregador que assume os riscos do negócio (art. 2º, *caput*, da CLT); **C:** correta, pois a pessoalidade do empregado é uma das características da relação de emprego (art. 3º, *caput*, da CLT); **D:** correta, pois conforme Gustavo Filipe Barbosa Garcia, que trata da matéria nos seguintes termos: "é corrente a utilização dos termos *relação de emprego* e *contrato de trabalho* significando o vínculo empregatício existente entre empregado e empregador. Trata-se, assim, do contrato individual de trabalho. Pode-se dizer que a relação de trabalho é um gênero que tem como uma de suas espécies a relação de emprego" (*Curso de Direito do Trabalho*, 4ª edição, p. 139); **E:** correta, pois uma das principais características da relação de emprego é a subordinação do empregado perante o empregador.

Gabarito "B"

(Procurador do Estado/CE – 2008 – CESPE) Acerca do contrato individual de trabalho, seus conceitos, requisitos, classificação, sujeitos e responsáveis, assinale a opção correta.

(A) Contrato individual de trabalho é o acordo tácito ou expresso, correspondente à relação de emprego, que envolve não eventualidade, pessoalidade, onerosidade e subordinação entre o empregado, que presta os serviços contratados, e o empregador, que o aproveita, dirige e remunera.

(B) O contrato individual de trabalho deve observar forma escrita e fixação de prazo de vigência, quando determinado, sob pena de ser considerado firmado por prazo indeterminado.

(C) O contrato de trabalho por prazo determinado não pode ser estipulado por mais de 90 dias, sendo admitida uma prorrogação, sob pena de ele passar a vigorar por prazo indeterminado.

(D) As empresas integrantes de mesmo grupo econômico são, entre si, subsidiariamente responsáveis.

(E) A mudança jurídica na propriedade ou na estrutura jurídica da empresa não afetará os contratos de trabalho dos empregados posteriormente admitidos.

A: correta, pois o conceito de contrato individual de trabalho está correto e de acordo com o disposto nos arts. 2º, 3º e 442 da CLT; **B:** errada, pois a alternativa não está de acordo com o art. 443, *caput*, da CLT; **C:** errada, pois a assertiva está em confronto com o art. 445 da CLT; **D:** errada, pois as empresas de um mesmo grupo econômico são solidariamente responsáveis por expressa disposição legal (art. 2º, § 2º, da CLT); **E:** errada, pois a mudança jurídica da empresa não afeta os contratos de trabalho com os empregados (art. 448 da CLT).

Gabarito "A"

(Procurador do Estado/PB – 2008 – CESPE) Julgue os itens seguintes, que se referem ao contrato individual de trabalho.

I. Contrato individual de trabalho é o acordo, tácito ou expresso, que corresponde à relação de emprego, podendo estabelecer-se por prazo determinado ou indeterminado.

II. A mudança na propriedade ou na estrutura jurídica da empresa não afetará os contratos de trabalho dos respectivos empregados.

III. Nos contratos individuais de trabalho, apenas é lícita a alteração das respectivas condições de trabalho quando decorram de mútuo consentimento e, ainda assim, desde que não resultem, direta ou indiretamente, em prejuízos ao empregado, sob pena de nulidade da cláusula infringente dessa garantia.

IV. Aos contratos por prazo determinado que contiverem cláusula assecuratória do direito recíproco de rescisão antes de expirado o termo ajustado, aplicam-se, caso tal direito seja exercido por qualquer das partes, os princípios que regem a rescisão dos contratos por prazo indeterminado.

V. No caso de paralisação temporária ou definitiva do trabalho motivada por ato de autoridade municipal, estadual ou federal, ou pela promulgação de lei ou resolução que impossibilite a continuação da atividade, prevalecerá o pagamento da indenização, que ficará a cargo do governo responsável, se assim chamado à autoria pelo empregador quando de sua defesa perante a justiça do trabalho.

Assinale a opção correta.

(A) Apenas os itens I e III estão certos.

(B) Apenas os itens II e V estão certos.

(C) Apenas os itens III e IV estão certos.

(D) Apenas os itens I, II e V estão certos.

(E) Todos os itens estão certos.

I: certo, pois o conceito de contrato individual de trabalho está de acordo com os arts. 442 e 443 da CLT; **II:** certo (art. 448 da CLT); **III:** certo (art. 468 da CLT); IV: certo (art. 481 da CLT); **V:** certo (art. 486 da CLT).

Gabarito "E"

(Procurador do Estado/PB – 2008 – CESPE) Com base na CF, na CLT e na jurisprudência sumulada e consolidada do STF e do TST, assinale a opção correta quanto dos empregados públicos.

(A) A despedida de empregados de empresa pública e de sociedade de economia mista, ainda quando admitidos por concurso público, independe de ato motivado para a sua validade, excetuada a exigência de motivação como condição para a despedida quando gozar a empresa do mesmo tratamento destinado à Fazenda Pública em relação à imunidade tributária e à execução por precatório, além das prerrogativas de foro, prazos e custas processuais.

(B) O ingresso como empregado público prescinde de prévia aprovação em concurso público, exigência restrita ao ingresso como servidor público estatutário.

(C) Ao empregado público de empresa pública ou de sociedade de economia mista admitido após aprovação em concurso público é garantida a estabilidade no emprego.

(D) A contratação de empregado público, após a Constituição de 1988, sem prévia aprovação em concurso público, resulta na nulidade do contrato e no direito do trabalhador a receber as verbas rescisórias decorrentes e o FGTS.

(E) A contratação irregular do trabalhador, mediante empresa interposta, gera vínculo de emprego com os órgãos da administração pública direta, indireta ou fundacional que se hajam beneficiado dos respectivos serviços.

A: correta, Orientação Jurisprudencial 247 da SDI 1 do TST; **B:** incorreta, conforme o art. 37, II, da CF; **C:** incorreta, de acordo a Súmula 390, II, do TST; **D:** incorreta. Veja Súmula 363 do TST; **E:** incorreta, Súmula 331, II, do TST.

Gabarito "A"

(Procurador do Estado/PE – 2004 – FCC) O contrato individual de trabalho pode ser acordado

(A) tacitamente somente se houver contrato coletivo que assim autorize.

(B) tácita ou expressamente, mas sempre reduzido a termo.

(C) expressamente sempre, salvo no caso de categoria diferenciada.

(D) tácita ou expressamente, verbalmente ou por escrito.

(E) expressamente sempre no caso de contrato a prazo indeterminado.

A: falso, art. 442 da CLT; **B:** falso, art. 443 da CLT; **C:** falso, art. 442 da CLT; **D:** correto, arts. 442 e 443 da CLT; **E:** falso, art. 443 da CLT.

Gabarito "D"

(Procurador do Município/Florianópolis-SC – 2010 – FEPESE) Assinale a alternativa **correta**.

(A) Trabalhador doméstico é o que presta serviços eventuais no âmbito residencial.

(B) Trabalhador avulso é aquele que presta serviços em caráter eventual, a uma ou mais empresas, sem relação de emprego, mediante a intermediação de sindicato ou entidade gestora de mão de obra.

(C) Trabalhador autônomo é aquele que presta serviços de forma não contínua a um mesmo empregador.

(D) Trabalhador rural é a pessoa física ou jurídica, que em propriedade rural presta serviços de natureza eventual a empregador rural.

(E) Trabalhador eventual é aquele que labora por conta própria, em ocasiões eventuais, dirigindo os rumos da própria atividade.

A: opção incorreta, pois nos termos do art. 1º da Lei 5.859/1972, que disciplina a profissão, são considerados empregados domésticos aqueles que prestam *serviços de natureza contínua*, à pessoa ou à família, no âmbito residencial dessas que não desenvolve atividade econômica; **B:** opção correta, pois de acordo com a redação do art. 12, VI, da Lei 8.212/1991 trabalhador avulso é entendido como quem presta, a diversas empresas, sem vínculo empregatício, serviços de natureza urbana ou rural. O trabalho avulso encontra-se disciplinado na Lei 8.630/1993; **C:** opção incorreta, pois conforme dispõe o art. 12, IV, *b*, da Lei 8.212/1991, trabalhador autônomo é a pessoa física que exerce por conta própria atividade econômica de natureza urbana, com fins lucrativos ou não; **D:** opção incorreta, pois nos temos do art. 2º da Lei 5.889/1973 empregado rural é toda pessoa física que, em propriedade rural ou prédio rústico, presta serviços de natureza não eventual a empregador rural, sob a dependência deste e mediante salário; **E:** opção incorreta, pois eventual é o trabalhador admitido numa empresa para determinado evento. Em outras palavras, é o trabalho realizado de maneira eventual, de curta duração, cujos serviços não coincidentes com os fins normais da empresa. O trabalhador eventual é vulgarmente chamado de "bico" ou "freelancer".

Gabarito "B"

(Procurador do Município/Florianópolis-SC – 2010 – FEPESE) Assinale a **incorreta**, com relação às anotações na Carteira do Trabalho e Previdência Social.

(A) É vedado ao empregador efetuar anotações desabonadoras à conduta do empregado em sua Carteira de Trabalho e Previdência Social.

(B) Os acidentes do trabalho serão obrigatoriamente anotados pelo Instituto Nacional de Previdência Social na carteira do acidentado.

(C) As anotações relativas a alterações no estado civil dos portadores de Carteira de Trabalho e Previdência Social serão feitas mediante prova documental.

(D) A Carteira de Trabalho e Previdência Social será obrigatoriamente apresentada, contrarrecibo, pelo trabalhador ao empregador que o admitir, o qual terá o prazo de cinco dias para promover a sua anotação.

(E) Tratando-se de serviço de profissionais de qualquer atividade, exercido por empreitada individual ou coletiva, com ou sem fiscalização da outra parte contratante, a carteira será anotada pelo respectivo sindicato profissional ou pelo representante legal de sua cooperativa.

A: opção correta, pois reflete o disposto no art. 29, § 4º, da CLT; **B:** opção correta, pois reflete o disposto no art. 30 da CLT; **C:** opção correta, pois reflete o disposto no art. 32 da CLT; **D:** opção incorreta, pois as anotações deverão ser feitas em até 48 (quarenta e oito) horas, nos termos do art. 29, *caput*, da CLT; **E:** opção correta, pois reflete o disposto no art. 34 da CLT.

Gabarito "D"

(Procurador do Município/Aracaju – 2008 – CESPE) Acerca da relação de emprego e seus integrantes, assim como os requisitos, direitos e obrigações para as diversas modalidades de contrato de trabalho, julgue os itens que se seguem.

(1) O contrato de trabalho deverá sempre ser anotado na CTPS, sob pena de ser considerado o trabalho prestado como mera empreitada ou serviço autônomo, sem gerar ao trabalhador os direitos próprios de empregado.

(2) Quando não houver termo ou condição expressamente ajustado para o contrato, este será considerado por prazo indeterminado.

(3) Considera-se empregado, urbano ou rural, a pessoa física que prestar serviços remunerados de natureza não eventual a outrem, que pode ser pessoa física ou jurídica, considerada como seu empregador, ao qual será subordinado.

(4) O empregado doméstico distingue-se dos demais empregados em geral porque mantém vínculo de emprego com pessoa física e respectiva família para desempenhar serviços no âmbito da residência destes, possuindo, por conta de comando constitucional, direitos diferenciados ou reduzidos à conta dessa peculiaridade.

(5) As empresas de um mesmo grupo econômico podem ser responsabilizadas subsidiariamente pelo que qualquer outra dele integrante inadimplir, já que, embora não possam ser consideradas como empregadoras únicas, o fato de terem laços comerciais e benefícios, diretos ou indiretos, decorrentes da prestação de serviços pelo trabalhador resulta que todas possam ser chamadas a responder por eventuais créditos trabalhistas devidos.

1: Errado, pois a falta de anotação em carteira é infração cometida pelo empregador e não pode gerar qualquer prejuízo ao empregado; **2:** Certo, pois, de fato, caso não esteja expressamente previsto o termo do contrato, em respeito ao princípio da continuidade da relação de emprego, ele é considerado por tempo indeterminado; **3:** Certo, pois a assertiva está de acordo com o art. 3º da CLT; **4:** Certo, pois a assertiva está de acordo com o disposto no art. 1º da Lei 5.859/1972 e art. 7º, parágrafo único, da CF; **5:** Errado, pois a afirmativa está em desacordo com o art. 2º, § 2º, da CLT.

Gabarito 1E, 2C, 3C, 4C, 5E

(Procurador do Município/Aracaju – 2008 – CESPE) A jurisprudência trabalhista tem orientado as responsabilidades em caso de terceirização de mão de obra, sobretudo quando envolvido, na condição de tomador dos serviços, o poder público. Também passou o Tribunal Superior do Trabalho (TST) a orientar, por súmula, os casos de contratos nulos de emprego no âmbito do poder público, assim como seus efeitos. Acerca desse tema, julgue os itens seguintes.

(1) O inadimplemento das obrigações trabalhistas, por parte do empregador, implica na responsabilização subsidiária do tomador dos serviços quanto àquelas obrigações, exceto quando o tomador for órgão da administração pública direta, das autarquias, das fundações públicas, das empresas públicas e das sociedades de economia mista, quando, por conta da nulidade na contratação irregular à falta de prévio concurso público, nesse caso, apenas será responsabilizado com o pagamento dos salários inadimplidos e o FGTS do período trabalhado.

(2) No caso de haver sucessão de empregadores, quando mantido o negócio com estrutura jurídica diferenciada sem solução de continuidade na prestação dos serviços pelos trabalhadores, os anteriores empregadores podem ser responsabilizados subsidiariamente no caso de os novos não adimplirem as obrigações trabalhistas assumidas, ante os encargos que persistem pela terceirização de mão de obra ocorrida com a transação de transferência do negócio comercial.

(3) Por conta da exigência constitucional de prévio concurso público, no âmbito da administração pública não é possível considerar qualquer vínculo de emprego com o trabalhador que lhe haja prestado serviços por empresa interposta.

(4) No âmbito das relações privadas, é ilegal a terceirização de mão de obra, exceto se for o caso de trabalho temporário, serviços de vigilância e de conservação e limpeza ou serviços especializados ligados à atividade-meio do tomador dos serviços, desde que não configurada a pessoalidade e a subordinação direta entre este e o trabalhador.

1: Errado, pois de acordo com o entendimento consolidado pelo TST a Administração Pública responde subsidiariamente em caso de figurar como tomadora de serviços, a teor da Súmula 331, IV, do

TST: "IV – O inadimplemento das obrigações trabalhistas, por parte do empregador, implica a responsabilidade subsidiária do tomador de serviços quanto àquelas obrigações, desde que haja participado da relação processual e conste também do título executivo judicial"; **2:** Errado, pois, a princípio, os empregadores sucedidos não respondem pelas obrigações trabalhistas assumidas pelo novo empregador, exceto quando presente fraude ou mesmo situação de comprometimento das garantias empresariais deferidas ao contrato de trabalho, aptas a provocar a incidência da responsabilização subsidiária do empregador sucedido; **3:** Certo, pois a assertiva reflete o disposto na Súmula 331, II, do TST: "I – A contratação irregular de trabalhador, mediante empresa interposta, não gera vínculo de emprego com os órgãos da administração pública direta, indireta ou fundacional (art. 37, II, da CF/1988)"; **4:** Certo, pois a assertiva reflete o disposto na Súmula 331, III, do TST: "III – Não forma vínculo de emprego com o tomador a contratação de serviços de vigilância (Lei nº 7.102, de 20.06.1983) e de conservação e limpeza, bem como a de serviços especializados ligados à atividade-meio do tomador, desde que inexistente a pessoalidade e a subordinação direta".

Gabarito 1E, 2E, 3C, 4C

(Procurador da Fazenda Nacional – 2007.2 – ESAF) Julgue os itens abaixo marcando V a afirmativa verdadeira e F a afirmativa falsa e, em seguida, assinale a opção correta.

( ) Entre as características do contrato individual de trabalho pode-se afirmar que é um acordo de direito privado, sinalagmático, de trato sucessivo, oneroso, consensual e celebrado *intuito personae* tanto em relação ao empregado quanto ao empregador.

( ) Desnatura a característica de onerosidade do contrato de trabalho a circunstância de, eventualmente, a remuneração ser paga, ainda que parcialmente, por terceiros ou *in natura*.

( ) A regra prevista em contrato individual de trabalho, mesmo contrariando norma inserta em acordo coletivo de trabalho, terá prevalência pois a lei privilegia o ajuste direto entre empregado e empregador.

( ) O contrato de trabalho do artista profissional, ainda que celebrado em desacordo com as formalidades previstas na legislação produzirá efeitos no âmbito trabalhista, pois a lei não suprime por inteiro dita eficácia.

(A) V, V, F, V

(B) F, F, V, F

(C) F, F, F, V

(D) V, F, V, V

(E) F, F, F, F

Falso, pois o contrato de trabalho é *intuito personae* apenas com relação ao empregado; Falso, pois a remuneração pode ser paga por terceiro ou *in natura*, de forma parcial, sem desnaturar o contrato de trabalho (art. 458, *caput*, da CLT); Falso, pois a alternativa está em desacordo com o art. 620 da CLT; Verdadeiro, pois a afirmativa está de acordo com o princípio da primazia da realidade.

Gabarito "C"

(Procurador Federal – 2010 – CESPE) No que se refere ao contrato de aprendizagem, julgue os itens que se seguem.

(1) Não são aplicadas ao trabalhador portador de necessidades especiais as restrições típicas do contrato de aprendizagem inerentes à idade máxima de vinte e quatro anos, tampouco a limitação de prazo contratual de dois anos.

(2) Ao menor aprendiz que trabalha em jornada de seis horas é garantido o salário mínimo mensal.

1: Certo, pois o enunciado está de acordo com o disposto no art. 428, § 5º, da CLT; 2: Errado, pois o menor aprendiz tem assegurado o salário mínimo hora (art. 428, § 2º, da CLT).

Gabarito 1C, 2E

(ADVOGADO – CEF – 2010 – CESPE) Para ser configurada a relação de emprego, faz-se necessário o preenchimento simultâneo dos requisitos: pessoa física, subordinação, não eventualidade, onerosidade e pessoalidade.

A respeito desse tema, assinale a opção correta.

(A) O trabalhador em domicílio equipara-se ao autônomo, uma vez que deixa de preencher o requisito subordinação, pertencente à configuração do vínculo empregatício.

(B) O autônomo e o eventual não são considerados empregados para o direito do trabalho, uma vez que, apesar de prestarem serviços de natureza contínua, não possuem a pessoalidade como caracterizadora do vínculo de emprego.

(C) O trabalhador avulso, aquele contratado com intervenção obrigatória do sindicato ou do órgão gestor de mão de obra, equipara-se ao trabalhador com vínculo empregatício, configurando exceção, pois possui todos os direitos trabalhistas inerentes à relação de emprego.

(D) O terceirizado é o trabalhador que presta serviço a uma empresa denominada cliente, possuindo subordinação direta na prestação do serviço, estando ausente, no entanto, a pessoalidade.

(E) O trabalhador voluntário presta serviço de natureza contínua, mas deixa de preencher o requisito pessoalidade, pois poderá ser substituído a qualquer momento por outra pessoa, sem rescisão.

A: opção incorreta, pois nos termos do art. 6º da CLT não se distingue entre o trabalho realizado no estabelecimento do empregador, o executado no domicílio do empregado e o realizado a distância, desde que estejam caracterizados os pressupostos da relação de emprego; **B:** opção incorreta, pois o traço marcante para o autônomo é a ausência de subordinação e para o eventual é a ausência de habitualidade; **C:** opção correta, pois reflete o disposto no art. 7º, XXXIV, da CF. **D:** opção incorreta, pois o empregado é subordinado á empresa fornecedora de mão de obra. **E:** opção incorreta, pois não preenche o requisito da onerosidade.

Gabarito "C"

(ADVOGADO – CORREIOS – 2011 – CESPE) Julgue o item a seguir, referente ao contrato individual de trabalho.

(1) A duração máxima do contrato por prazo determinado, destinado a serviço cuja natureza ou transitoriedade justifique a predeterminação do prazo, é de noventa dias.

Opção incorreta, pois nos termos do art. 445 da CLT o prazo será de, no máximo, 2 anos.

Gabarito 1E

(ADVOGADO – PETROBRÁS DISTRIB. – 2010 – CESGRANRIO) Os altos empregados são assim entendidos como aqueles que, dentro do universo interno empresarial de hierarquia e distribuição de poderes, acabam por concentrar prerrogativas de direção e gestão próprias do empregador. Trata-se de ocupantes de cargos de chefia, direção ou demais funções de gestão que se caracterizam pela elevada fidúcia do empregador e recebem tratamento legislativo diferenciado, posto que, não raras vezes, a sua atuação confunde-se com a do próprio titular do empreendimento. São eles:

(A) os empregados ocupantes de cargos ou funções de gestão ou de confiança, regidos pelo artigo 62, inciso II, da CLT, com exceção do setor bancário.

(B) os empregados ocupantes de cargos ou funções de confiança bancários, regidos pelo artigo 222 da CLT.

(C) os acionistas minoritários com o *status* jurídico de empregados subordinados.

(D) os prepostos da pessoa jurídica com o *status* jurídico de empregados subordinados.

(E) a figura do diretor eleito, exclusivamente, que tenha sido empregado da empresa.

A: opção correta, pois o setor bancário possui regra própria esculpida no art. 224, § 2º, da CLT; **B:** opção incorreta, pois os bancários não são regidos pelo art. 222 da CLT (dispositivo revogado). Os bancários são regidos pelo art. 224 da CLT; **C:** opção incorreta, pois não são considerados empregados ocupantes de cargo de confiança, art. 62, II, da CLT. **E:** opção incorreta. Veja comentários anteriores.

Gabarito "A"

(ADVOGADO – PETROBRÁS DISTRIB. – 2010 – CESGRANRIO) Nos termos dos artigos 2º e 3º da CLT, é pressuposto configurador da relação de emprego a

(A) prestação de serviços por pessoa jurídica a um tomador.

(B) impessoalidade em relação ao empregado.

(C) eventualidade dos serviços prestados.

(D) subordinação jurídica.

(E) não onerosidade.

A: opção incorreta, pois a prestação de serviço deve ser por uma pessoa física, art. 3º da CLT; **B:** opção incorreta, pois a PESSOALIDADE é um requisito da relação de emprego disposto no art. 2º da CLT (...prestação pessoal de serviço.) e não a impessoalidade como induz a assertiva; **C:** opção incorreta, pois a NÃO EVENTUALIDADE ou habitualidade é um requisito da relação de emprego e não a eventualidade que descaracterizaria a relação de emprego/ **E:** opção incorreta, a relação de emprego é onerosa, nos termos do art. 3º da CLT (...mediante salário).

Gabarito "D"

(ADVOGADO – PETROBRÁS BIO. – 2010 – CESGRANRIO) De acordo com a legislação pertinente à relação de trabalho avulso e eventual, deve-se considerar que

(A) a relação de trabalho avulso possui duas espécies: a do avulso portuário (Leis nos 8.630/1993 e 9.719/ 1998) e do avulso em movimentação de mercadoria em geral (Lei nº 12.023/2009), sendo que a Constituição Federal assegurou igualdade de direitos entre os trabalhadores avulsos e eventuais.

(B) a relação de trabalho avulso está sujeita às Leis nos 8.630/1993, 9.719/1998 e 12.023/2009, sem quaisquer distinções de espécies de labor, enquanto que o trabalho eventual não encontra amparo em lei.

(C) o trabalho avulso sempre está sujeito ao Órgão Gestor de Mão de Obra (OGMO), ao passo que o eventual exerce atividade autônoma.

(D) o art. 7º, XXXIV, da Constituição Federal, assegurou igualdade de direitos entre o trabalhador avulso, eventual e o trabalhador com vínculo permanente.

(E) o art. 7º, XXXIV, da Constituição Federal, assegurou igualdade de direitos entre o trabalhador avulso e o trabalhador com vínculo permanente, mas não assegurou o mesmo direito ao trabalhador eventual, pois este último exerce a atividade apenas esporadicamente.

A: opção incorreta, pois nos termos do art. 7º, XXXIV, da CF é assegurada a igualdade de direitos entre o trabalhador com vínculo empregatício permanente e o trabalhador avulso e não a igualdade de direitos entre os avulsos e temporários que possuem seus direitos regulados no art. 12 da Lei 6.019/1974; **B:** opção incorreta, pois existem distinções entre os trabalhadores regulados pelas leis em debate. Ademais, os trabalhadores avulsos possuem igualdade de direitos com aqueles de empregados com vínculo de emprego permanente, nos termos do art. 7º, XXXIV, da CF; **C:** opção incorreta, pois o eventual não consta no rol do dispositivo em debate; **D:** opção incorreta, pois, a disposição contida no art. 7º, XXXIV, da CF não contempla o trabalhador eventual; **E:** opção correta, pois reflete a disposição contida no art. 7º, XXXIV, da CF.

Gabarito "E"

(ADVOGADO – BNDES – 2010 – CESGRANRIO) A CLT, ao identificar e definir o empregador como sendo a própria empresa, adota a denominada teoria da despersonalização do empregador, conforme a citação abaixo.

"Na realidade, a despersonalização do empregador, de acordo com a definição da CLT, não se confunde com a chamada teoria da desconsideração da personalidade jurídica".

(GARCIA, Gustavo Filipe B. Curso de Direito do Trabalho. Rio de Janeiro: Forense, 2010, p. 311)

Note-se que essa última teoria não se aplica restritivamente à figura do empregador, aplicando-se também a outros ramos do direito. No entanto, sobre a mencionada teoria, aplicada às relações de trabalho, afirma-se que o(a)

(A) art. 2º, § 2º da CLT, consagra a teoria da desconsideração da personalidade jurídica no Direito do Trabalho, quando a realidade demonstra a existência de empregador único.

(B) natureza jurídica da desconsideração da pessoa jurídica não é autônoma diante da teoria dos vícios do ato jurídico.

(C) teoria atinge a constituição, a estrutura e a existência da pessoa jurídica empregadora.

(D) teoria se confunde com a anulação ou declaração de nulidade da personalidade jurídica.

(E) teoria cuida da extinção ou dissolução da pessoa jurídica.

A assertiva "A" é a alternativa correta, pois, de acordo com essa teoria, permite-se desconsiderar a personalidade jurídica de empresas pertencentes ao mesmo grupo econômico (tese do empregador único) sem que se exija a fraude ou abuso de direito para a responsabilização de outras empresas, que não a empregadora "principal".

Gabarito "A"

(ADVOGADO – CORREIOS – 2008 – ESPP) No que se refere à relação de emprego podemos afirmar corretamente que:

(A) Qualquer um dos empregados pode realizar o serviço porém, uma vez contratado o trabalhador com vínculo empregatício, na sua ausência, não poderá se fazer substituir por terceiro.

(B) O trabalho será tido como eventual quando já se sabe que os serviços serão desenvolvidos em determinado dia, por determinada pessoa e que sua ausência acarretará prejuízos.

(C) O serviço prestado gratuitamente pode caracterizar o vínculo empregatício, desde que haja habitualidade em sua prestação.

(D) Mesmo não havendo subordinação, a prestação de serviço remunerada e habitual caracteriza a relação de trabalho.

A: opção correta, pois a pessoalidade é consiste na prestação pessoal do serviço, é um requisito da relação de emprego. **B:** opção incorreta, pois no trabalho eventual não há predeterminação dos dias trabalhados, o que poderia gerar na habitualidade ou subordinação. **C:** opção incorreta, pois o trabalho gratuito (voluntário) não gera vínculo de emprego. **D:** opção incorreta, pois a subordinação é requisito essencial para a relação de emprego.

Gabarito "A"

(ADVOGADO – PETROBRÁS – 2008 – CESGRANRIO) Considerando as competências e responsabilidades atribuídas pela Lei nº 8.630/1993 ao órgão gestor de mão de obra do trabalhador portuário avulso (OGMO), este órgão

(A) efetuará apenas a intermediação da seleção do trabalhador portuário avulso, cabendo ao operador portuário efetuar o pagamento direto ao trabalhador portuário, recolhendo os respectivos encargos previdenciários.

(B) deverá arrecadar e repassar aos respectivos beneficiários os encargos previdenciários decorrentes das contratações de trabalhadores portuários avulsos realizadas junto a ele.

(C) deverá distribuir os lucros apurados a cada exercício aos operadores portuários responsáveis pela sua administração, nos termos aprovados por sua Diretoria Executiva.

(D) responderá solidariamente pelos prejuízos causados pelos trabalhadores portuários avulsos aos tomadores dos seus serviços ou a terceiros.

(E) manterá vínculo empregatício com os trabalhadores portuários com vistas a utilizá-los na prestação de serviços aos operadores portuários.

A: opção incorreta, pois o recolhimento dos encargos previdenciários é atribuição do órgão gestor de mão de obra (OGMO), nos termos do art. 18, VII, da Lei 8.630/1993; **B:** opção correta, pois reflete o disposto no art. 18, VII, da Lei 8.630/93; **C:** opção incorreta, pois a diretoria não tem essa prerrogativa, veja art. 24, § 2º, da Lei 8.630/1993; **D:** opção incorreta, pois nos termos do art. 19, § 1º, da Lei 8.630/1993 o órgão não responde pelos prejuízos causados pelos trabalhadores portuários avulsos aos tomadores dos seus serviços ou a terceiros; **E:** opção incorreta, pois não há vínculo de emprego, nos termos do art. 20 da Lei 8.630/1993.

Gabarito "B"

(ADVOGADO – PETROBRÁS – 2006 – CESGRANRIO) NÃO pode ser considerado trabalhador avulso aquele que, sem vínculo empregatício, mas com a intermediação do sindicato ou do órgão gestor de mão de obra, trabalha para diversas empresas:

(A) como ensacador de cacau.

(B) como prático de barra em porto.

(C) na indústria do sal.

(D) na estiva de mercadorias, de qualquer natureza, inclusive carvão e minério.

(E) associado a cooperativa que, nessa qualidade, desenvolve serviços a terceiros.

A: opção incorreta, pois o ensacador de cacau pode ser considerado trabalhador avulso, nos termos do art. 263, II, da Instrução Normativa 971 da Receita Federal do Brasil; **B:** opção incorreta, pois o prático de barra de porto pode ser considerado trabalhador avulso, nos termos do art. 263, II, da Instrução Normativa 971 da Receita Federal do Brasil; **C:** opção incorreta, pois aquele que trabalha na indústria de extração de sal pode ser considerado trabalhador avulso, nos termos do art. 263, II, da Instrução Normativa 971 da Receita Federal do Brasil; **D:** opção incorreta, pois aquele que presta serviços de carga e descarga de mercadorias de qualquer natureza, inclusive carvão e minério pode ser considerado trabalhador avulso, nos termos do art. 263, II, da Instrução Normativa 971 da Receita Federal do Brasil; **E:** opção correta, pois aquele que presta serviços em cooperativas não será considerado trabalhador avulso. Veja art. 442, parágrafo único, da CLT.

Gabarito "E"

(ADVOGADO – REFAP – 2007 – CESGRANRIO) De acordo com a Lei nº 7.064/1982, que regula a situação de trabalhadores contratados no Brasil ou transferidos por empresas de serviços de engenharia e congêneres para prestar serviços no exterior, é correto afirmar que:

(A) enquanto o empregado estiver no exterior gozará anualmente suas férias no país onde estiver trabalhando, independente do tempo de permanência fora do Brasil.

(B) durante o período da prestação de serviço do empregado no exterior será observada a legislação do país estrangeiro no que diz respeito à Previdência Social.

(C) antes do término do prazo de transferência do empregado para o exterior, seu retorno ao Brasil se dará excepcionalmente e apenas se o empregado der motivo a justa causa para a rescisão do contrato de trabalho.

(D) os valores do salário-base, durante o trabalho fora do Brasil, ficarão sujeitos aos reajustes e aumentos compulsórios previstos na legislação brasileira, mas incidirão exclusivamente sobre os valores ajustados em moeda nacional.

(E) as prestações *in natura* recebidas pelo empregado por mais de doze meses em função de sua permanência no exterior aderem-se ao contrato de trabalho, sendo devidas, portanto, após seu retorno ao Brasil.

A: opção incorreta, pois nos termos do art. 6º da Lei 7.064/1982 após 2 (dois) anos de permanência no exterior, será facultado ao empregado gozar anualmente férias no Brasil, correndo por conta da empresa empregadora, ou para a qual tenha sido cedido, o custeio da viagem; **B:** opção incorreta, pois nos termos do art. 14 da Lei 7.064/1982 deverá ser aplicada a legislação brasileira; **C:** opção incorreta, pois antes do término do prazo nas hipóteses trazidas pelo art. 7º, parágrafo único, da Lei 7.064/1982; **D:** opção correta, pois reflete o disposto no art. 4º, §§ 1º e 3º da Lei 7.064/1982; **E:** opção incorreta, pois nos termos do art. 10 da Lei 7.064/1982 as prestações "in natura", o adicional de transferência, bem como quaisquer outras vantagens a que fizer jus o empregado em função de sua permanência no exterior, não serão devidas após seu retorno ao Brasil.

Gabarito "D"

(PROCURADOR – BANCO CENTRAL – 2009 – CESPE) O artigo 3.º da CLT dispõe que empregado é toda pessoa física que preste serviços de natureza não eventual a empregador, sob a dependência deste e mediante salário. Com referência a esse dispositivo, julgue os itens seguintes.

I. É obrigatório que o empregado preste os serviços no estabelecimento do empregador.

II. exclusividade na prestação do serviço é requisito essencial para a definição de empregado.

III. O elemento fundamental que distingue o empregado do trabalhador autônomo é a subordinação.

IV. O estagiário também é considerado empregado.

Assinale a opção correta.

(A) Apenas o item I está certo.

(B) Apenas o item III está certo.

(C) Apenas os itens I e IV estão certos.

(D) Apenas os itens II e III estão certos.

(E) Apenas os itens II e IV estão certos.

I: opção incorreta, pois o trabalho pode ser exercido na própria residência do empregado, pois não se distingue entre o trabalho prestado no estabelecimento do empregador e no domicílio do empregado, art. 6º da CLT; II: opção incorreta, pois a exclusividade não é requisito para a relação de emprego. Todos os requisitos estão elencados nos arts. 2º e 3º da CLT; III: opção correta, pois o no trabalho autônomo não há o elemento subordinação, na medida em que é o próprio trabalhador quem comanda a prestação dos serviços; IV: opção incorreta, pois o estagiário é regido pela Lei 11.788/2008 que em seu art. 3º ensina que o estágio não cria vínculo de emprego.

Gabarito "B"

(PROCURADOR – BANCO CENTRAL – 2009 – CESPE) Assinale a opção correta a respeito da terceirização e da responsabilidade subsidiária por débitos trabalhistas.

(A) A contratação irregular de trabalhador mediante a utilização de empresa interposta gera vínculo com os órgãos da administração pública direta, indireta ou fundacional.

(B) Não forma vínculo de emprego com o tomador a contratação de serviços de vigilância, de conservação e limpeza, assim como serviços especializados ligados à atividade-meio do tomador, desde que inexistentes a pessoalidade e a subordinação direta.

(C) A contratação de trabalhadores por empresa interposta é legal e não forma vínculo diretamente com o tomador dos serviços.

(D) A administração pública direta, as autarquias e as fundações públicas estão isentas de qualquer tipo de responsabilidade pelo inadimplemento das obrigações trabalhistas por parte de empresas prestadoras de serviços.

(E) Se for reconhecida, na sentença, a responsabilidade subsidiária entre a empresa tomadora e a prestadora dos serviços, o trabalhador poderá acionar qualquer delas para obter seu crédito.

A: opção incorreta, pois nos termos da Súmula 331, II, do TST em razão da necessidade de concurso público, art. 37, II, da CF a contratação irregular de trabalhador, mediante empresa interposta, não gera vínculo de emprego com os órgãos da Administração Pública direta, indireta ou fundacional; **B:** opção correta, pois reflete o entendimento consubstanciado na Súmula 331, III, do TST; **C:** opção incorreta, pois nos termos da Súmula 331, I, do TST a contratação de trabalhadores por empresa interposta é ilegal, formando-se o vínculo diretamente com o tomador dos serviços, salvo no caso de trabalho temporário da Lei 6.019/1974; **D:** opção incorreta, pois a administração pública direta e indireta poderá ser responsável pelas obrigações trabalhistas na forma do item V da Súmula 331 do TST; **E:** opção incorreta, pois na hipótese de responsabilidade subsidiária reconhecida deverá, em primeiro lugar, ser acionada a responsabilidade da devedora principal, ou seja, a empresa prestadora de serviços. Não tendo esta empresa condições de satisfazer o crédito, deverá ser acionada a tomadora de serviços. Importante lembrar que ambas as empresas devem participar da relação processual e constar do título executivo judicial, Súmula 331, item IV, do TST.

Gabarito "B"

3. CONTRATO DE TRABALHO COM PRAZO DETERMINADO

(Procurador Distrital – 2014 – CESPE) Julgue o item a seguir.

(1) O contrato de trabalho temporário e a terceirização são formas de contratação por interposta pessoa mediante a constituição de um relacionamento triangular: contratante, intermediário e contratado. Para a validade de ambas, o trabalho realizado pelo empregado não deve destinar-se à atividade fim da empresa.

1. Opção incorreta, pois embora a primeira parte da assertiva esteja correta, somente para a terceirização o trabalho realizado pelo empregado não deve destinar-se à atividade-fim da empresa. Veja Súmula 331, item III, do TST.

Gabarito 1E

(Procurador do Município/Natal-RN – 2008 – CESPE) Assinale a opção correta com relação ao contrato individual de trabalho por prazo determinado.

(A) No contrato de experiência, é incabível aviso-prévio quando sua rescisão for antecipada.

(B) O contrato de experiência pode ser prorrogado, desde que respeitado o limite máximo de 90 dias.

(C) O contrato por tempo determinado não poderá exceder um ano, sendo possível uma única prorrogação.

(D) O contrato por tempo determinado poderá ser prorrogado mais de uma vez, desde que não exceda dois anos.

A: opção incorreta, pois em conformidade com a Súmula 163 do TST cabe aviso-prévio nas rescisões antecipadas dos contratos de experiência, na forma do art. 481 da CLT; **B:** opção correta, pois reflete a disposição contida na Súmula 188 do TST; **C:** opção incorreta, pois nos termos do art. 445, parágrafo único, da CLT não poderá ultrapassar 90 (noventa) dias; **D:** opção incorreta, pois nos termos do art. 451 da CLT poderá ser prorrogado somente uma única vez, desde que não ultrapasse o prazo de 2 (dois) anos estipulado no art. 445 da CLT.

Gabarito "B"

(Procurador do Município/Recife-PE – 2008 – FCC) Nos contratos de trabalho a termo, em regra, a extinção contratual em face da dispensa antecipada e imotivada pelo empregador gerará ao empregado o direito de receber

(A) apenas indenização no valor dos salários que seriam devidos pelo período restante do contrato acrescidos da metade.

(B) apenas indenização no importe da metade dos salários que seriam devidos pelo período restante do contrato.

(C) apenas 13º salário proporcional, férias proporcionais acrescidas de 1/3 e indenização no importe da metade dos salários que seriam devidos pelo período restante do contrato.

(D) 13º salário proporcional, férias proporcionais acrescidas de 1/3, liberação do FGTS acrescido de 40%, indenização no valor dos salários que seriam devidos pelo período restante do contrato acrescidos da metade.

(E) 13 o salário proporcional, férias proporcionais acrescidas de 1/3, liberação do FGTS acrescido de 40%, indenização no importe da metade dos salários que seriam devidos pelo período restante do contrato.

E: opção correta, pois sendo a extinção antecipada pedida pelo empregador, como na hipótese em estudo, deverá este pagar ao obreiro todas as verbas rescisórias quais sejam: saldo de salários; 13º salário vencido e proporcional; férias vencidas e proporcionais, acrescidas do terço constitucional; saque do FGTS, referente ao período contratual e guias do seguro-desemprego. Deverá pagar, ainda, a título de indenização, o valor correspondente à metade da remuneração que o trabalhador teria direito até o final do contrato, nos termos do art. 479 da CLT. Essa indenização não exclui o direito à indenização compensatória de 40% do FGTS, conforme prevê o art. 14 do Regulamento do FGTS, aprovado pelo Decreto 99.684/1990.

Gabarito "E"

(Procurador do Município/São Paulo-SP – 2008 – FCC) O contrato de experiência se transforma automaticamente em contrato por prazo indeterminado quando

(A) é anotado na Carteira Profissional do empregado.

(B) tem por objeto a consecução da atividade fim da empresa.

(C) é prorrogado uma única vez.

(D) é celebrado por prazo superior a 30 dias.

(E) o seu término coincide com domingo ou feriado e a rescisão ocorre no primeiro dia útil posterior a ele.

A: opção incorreta, pois a anotação em CTPS deve ser feita ainda que em contrato de experiência, art. 29 da CLT; **B:** opção incorreta, pois o contrato de experiência pode ser feito para a atividade fim, ele não se confunde com a terceirização; **C:** opção incorreta, pois o contrato de experiência poderá ser prorrogado uma única vez, desde que não ultrapasse 90 (noventa) dias, nos termos da Súmula 188 do TST; **D:** opção incorreta, pois nos termos do art. 445, parágrafo único, da CLT; **E:** opção correta, pois uma vez ultrapassado o limite previsto no art. 445, parágrafo único, da CLT o contrato é revertido para contrato com prazo indeterminado, regra do sistema jurídico trabalhista em razão do princípio da continuidade da relação de emprego.

Gabarito "E"

(Procurador do Estado/SC – 2010 – FEPESE) Assinale a alternativa **correta**, de acordo com a consolidação das leis do trabalho.

(A) O contrato de trabalho por prazo determinado não poderá ser estipulado por mais de 3 (três) anos.

(B) O contrato individual de trabalho somente poderá ser acordado de forma expressa e por escrito.

(C) Para fins de contratação, o empregador não exigirá do candidato a emprego comprovação de experiência prévia por tempo superior a 6 (seis) meses no mesmo tipo de atividade.

(D) O contrato de experiência não poderá ser estipulado por mais de 45 (quarenta e cinco dias) dias, podendo ser prorrogado uma única vez, de forma a não exceder um total de 90 (noventa) dias.

(E) O vínculo empregatício que existe entre a sociedade cooperativa e seus associados, entre estes e os tomadores de serviços daquela, independe do ramo de atividade explorado.

A: opção incorreta, pois o texto consolidado dispõe no art. 445 que o contrato não poderá ser estipulado por mais de 2 (dois) anos; **B:** opção incorreta, pois nos termos dos arts. 442 e 443 da CLT o contrato de trabalho poderá ser escrito ou verbal; **C:** opção correta, pois reflete o disposto no art. 442-A CLT; **D:** opção incorreta, pois nos termos do art. 445, parágrafo único, da CLT não há impedimento para a celebração do contrato de experiência por 45 (quarenta e cinco) dias, desde que respeitado o prazo total de 90 (noventa) dias; **E:** opção incorreta, pois não há vínculo de emprego entre a sociedade cooperativa e seus associados ou entre estes e os tomadores de serviço, desde que não fique caracterizada a falsa cooperativa, ou seja, cooperativas que fazem intermediação de mão de obra, em que o empregado trabalha de forma subordinada, em atividade fim da empresa, sem qualquer traço de cooperativismo.

Gabarito "C"

(Procurador do Estado/RR – 2006 – FCC) O contrato de trabalho a prazo pode ser ajustado nos serviços

(A) transitórios; nas atividades empresariais transitórias; e a título de experiência.

(B) transitórios; nas atividades empresariais de longa duração; e a título de experiência.

(C) transitórios; nas atividades empresariais transitórias; e sem qualquer experiência.

(D) de longa duração; nas atividades empresariais transitórias; e a título de experiência.

(E) de longa duração; nas atividades empresariais de longa duração; e sem qualquer experiência.

Três são as hipóteses de pactuação de contrato de trabalho a termo, conforme disposto no art. 443, § 2º, *a*, *b* e *c*, da CLT: serviço cuja natureza ou transitoriedade justifique a predeterminação do prazo; atividades empresariais de caráter transitório e contrato de experiência, hipóteses abarcadas na alternativa A..

Gabarito "A"

(Procurador do Município/Florianópolis-SC – 2010 – FEPESE) Analise as afirmativas abaixo sobre o contrato individual do trabalho:

(1) Qualquer que seja o ramo de atividade da sociedade cooperativa, não existe vínculo empregatício entre ela e seus associados, nem entre estes e os tomadores de serviços daquela.

(2) Considera-se por prazo indeterminado todo contrato que suceder, dentro de 6 (seis) meses, a outro contrato por prazo determinado, salvo se a expiração deste dependeu da execução de serviços especializados ou da realização de certos acontecimentos.

(3) Em decorrência do princípio da continuidade da relação de emprego, é vedada a estipulação de contrato de trabalho por prazo determinado.

Assinale a alternativa que indica todas as afirmativas **corretas**.

(A) É correta apenas a afirmativa 3.

(B) São corretas apenas as afirmativas 1 e 2.

(C) São corretas apenas as afirmativas 1 e 3.

(D) São corretas apenas as afirmativas 2 e 3.

(E) São corretas as afirmativas 1, 2 e 3.

1: Opção correta, pois reflete o disposto no art. 90 da Lei 5.674/1971; **2:** Opção correta, pois reflete o disposto no art. 452 da CLT; **3:** Opção incorreta, pois a CLT prevê a possibilidade de contrato com prazo certo no art. 443 da CLT.

Gabarito "B"

(ADVOGADO – PETROBRÁS – 2012 – CESGRANRIO) João foi contratado pela empresa A, empresa de trabalho temporário, para trabalhar como auxiliar de cozinha na empresa B, uma fábrica de chocolates, nos moldes da Lei nº 6.019/1974, em virtude do aumento das atividades por causa da Páscoa. João iniciou suas atividades na empresa B em 21/03/2011 e trabalhou ininterruptamente, nas mesmas condições, até 05/10/2011, quando a empresa B dispensou os seus serviços. João não recebeu qualquer pagamento relacionado à extinção do contrato de trabalho. Considerando as questões acima apresentadas, em eventual Reclamação Trabalhista decorrente da falta de pagamento das verbas rescisórias, quem deve ser responsabilizada pelas verbas devidas a João e por quê?

(A) Empresa A, porque o vínculo jurídico do trabalhador temporário se estabelece com a empresa de trabalho temporário.

(B) Empresa B, porque é ilegal a contratação de trabalhadores por empresa interposta, formando-se o vínculo diretamente com o tomador dos serviços.

(C) Empresa B, porque o contrato de trabalho temporário teria sido descaracterizado, uma vez que não foi observado o prazo legal de vigência, formando-se o vínculo empregatício com essa empresa.

(D) Empresas A e B, subsidiariamente, pois o inadimplemento das obrigações trabalhistas, por parte do empregador, implica a responsabilidade subsidiária do tomador dos serviços quanto àquelas obrigações.

(E) Empresas A e B, solidariamente, pois o inadimplemento das obrigações trabalhistas, por parte do empregador, implica a responsabilidade solidária do tomador dos serviços quanto àquelas obrigações.

Alternativa "C" é a opção correta. O trabalho temporário é regulado pela Lei 6.019/1974 que em seu art. 10 ensina que o contrato de trabalho não poderá ser estipulado por prazo superior a 3 meses. Note que no caso em debate a duração do contrato extrapolou o limite estabelecido pela lei, o que implica na conversão do contrato de temporário para contrato com prazo indeterminado e a Empresa B consequentemente, a responsável pelo pagamento das verbas rescisórias.

Gabarito "C"

(ADVOGADO – PETROBRÁS DISTRIB. – 2010 – CESGRANRIO) Considerando que a relação de trabalho temporário enseja uma relação trilateral envolvendo o trabalhador temporário, a empresa de trabalho temporário e a empresa tomadora dos serviços ou empresa cliente, de acordo com a disciplina da Lei nº 6.019/1974 e do Decreto nº 73.841/1974, tem-se que

(A) é uma das exceções legais à vedação de terceirização de atividade-fim da empresa tomadora, em razão de seu caráter contínuo (artigo 10 da Lei nº 6.019/1974) e de suas finalidades específicas.

(B) é a única modalidade de terceirização em que o trabalhador presta serviços de natureza pessoal ao tomador, sem que haja a configuração do vínculo de emprego com este, sendo que a vinculação permanece com a empresa de trabalho temporário.

(C) a contratação de trabalhadores por empresa interposta é ilegal, nos termos da Súmula nº 331, item I, do C. TST, formando-se o vínculo sempre com o tomador dos serviços, salvo no caso de trabalho de temporada.

(D) se confunde o trabalhador temporário com o empregado contratado por prazo certo, pois este último também possui vínculo de emprego com o tomador dos respectivos serviços, regendo-se pelas disposições da CLT (artigo 433 e seguintes).

(E) se confunde o trabalhador temporário com o empregado contratado por prazo certo, pois a Lei 6.019/1974 não instituiu rol de direitos menos favoráveis do que a CLT (artigo 433 e seguintes).

A: opção incorreta, pois com base na Lei 6.019/1974 o empregador poderá contratar para atividade-fim, desde que dentro das hipóteses que a lei permite em seu art. 2º; **B:** opção correta, pois em conformidade com o item I da Súmula 331 do TST; **C:** opção incorreta, pois a ressalva contida na súmula em questão é com relação ao contrato de trabalho temporário regulado pela lei 6.019/1974 e não o contrato de temporada que pode ser entendido como o contrato de aluguel; **D:** opção incorreta, pois o trabalhador temporário não possui, a princípio, vínculo de emprego com o tomador de serviços; **F:** opção incorreta, pois contraria a disposição contida no art. 12 da Lei 6.019/1974 que traz o rol do direitos do trabalhador temporário.

Gabarito "B"

(ADVOGADO – PETROBRÁS BIO. – 2010 – CESGRANRIO) Sobre o trabalhador temporário, considere as afirmativas a seguir.

I. O contrato entre a empresa de trabalho temporário e a empresa tomadora de serviço ou cliente, com relação a um mesmo empregado, não poderá exceder de 3 meses, salvo autorização do Ministério do Trabalho e Emprego, sob pena da possibilidade de reconhecimento de vínculo direto do trabalhador com o tomador de serviços.

II. O contrato pode ser escrito ou verbal, sendo que, escrito, nele deverão constar os direitos conferidos aos trabalhadores.

III. A empresa de trabalho temporário pode ser pessoa física ou jurídica, sendo irrelevante, se registrada ou não no Ministério do Trabalho e Emprego.

IV. É considerado local de trabalho, para efeitos de acidente de trabalho, tanto aquele onde se efetiva a prestação de trabalho quanto a sede da empresa de trabalho temporário.

São corretas APENAS as afirmativas

(A) I e II.

(B) I e IV.

(C) III e IV.

(D) I, II e III.

(E) II, III e IV.

I: opção correta, pois reflete o disposto no art. 10 da lei 6.019/1974; **II:** opção incorreta, pois o contrato de trabalho não exige nenhuma formalidade, veja art. 443 da CLT; **III:** opção incorreta, pois nos termos do art. 5º da Lei 6.019/1974 o funcionamento da empresa de trabalho temporário dependerá de registro no Departamento Nacional de Mão de Obra do Ministério do Trabalho e Previdência Social; **IV:** opção correta, pois reflete o disposto na parte final do art. 12, § 2º, da Lei 6.019/1974.

Gabarito "B"

(ADVOGADO – PETROBRÁS – 2006 – CESGRANRIO) O contrato de trabalho cuja vigência dependa de certo acontecimento suscetível de previsão antecipada é definido pela Consolidação das Leis do Trabalho como:

(A) temporário.

(B) de duração antecipada.

(C) de prazo incerto.

(D) de prazo determinado.

(E) de temporada.

A: opção incorreta, pois o contrato de temporário é disciplinado pela Lei 6.019/1974 que em seu art. 2º estabelece que trabalho temporário é aquele prestado por pessoa física a uma empresa, para atender à necessidade transitória de substituição de seu pessoal regular e permanente ou à acréscimo extraordinário de serviços; **B:** opção incorreta, pois o contrato de duração antecipada é aquele seu termo poderá ser antecipado; **C:** opção incorreta, pois o contrato de prazo incerto, como o próprio nome diz possui termo incerto, o que contraria o enunciado da questão, que traz a hipótese de dependência de um determinado acontecimento; **D:** opção correta, pois reflete o disposto no art. 443, § 1º, da CLT. **E:** opção incorreta, pois o contrato de temporada não é regulado pela CLT.

Gabarito "D"

(ADVOGADO – PETROBRÁS DISTRIB. – 2008 – CESGRANRIO) Sobre os trabalhadores temporários, é correto afirmar que

(A) ser-lhe-ão devidos gratificação natalina, adicional noturno, horas extras, PIS e aviso-prévio.

(B) ser-lhe-ão devidos gratificação natalina, adicional noturno, horas extras, PIS e terço de férias.

(C) têm jornada de oito horas diárias e quarenta semanais.

(D) devem receber remuneração diferente da percebida pelos empregados da mesma categoria da empresa tomadora.

(E) não integram o regime do FGTS.

A: opção incorreta, pois embora todos os outros direitos elencados na alternativa sejam garantidos aos temporários, o aviso-prévio não será devido por ser um contrato com prazo determinado; **B:** opção correta, pois são direitos assegurados ao trabalhador temporário. Veja art. 12 da Lei 6.019/1974; art. 1º da Lei 4.090/1962; **C:** opção incorreta, pois a jornada de trabalho será de 8 horas diárias e 44 semanais, art. 7º, XIII, da CF; **D:** opção incorreta, pois a remuneração recebida pelo temporário deve ser igual entre os empregados da mesma categoria, nos termos do art. 12, *a*, da Lei 6.019/1974; **E:** opção incorreta, pois integram o FGTS, nos termos da Lei 8.036/1990.

Gabarito "B"

(ADVOGADO – BNDES – 2001 – VUNESP) Sobre o Contrato de Trabalho é correto afirmar que

(A) se extingue na mudança da propriedade da empresa ou na alteração da estrutura jurídica do empregador.

(B) o crédito oriundo de direito trabalhista não possui privilégio na falência.

(C) o contrato de experiência terá prazo máximo de 90 dias.

(D) a validade do Contrato de Trabalho depende da forma escrita.

(E) o Contrato de Trabalho por tempo determinado terá prazo máximo de 1 ano.

A: opção incorreta, pois nos termos dos arts. 10 e 448 da CLT qualquer mudança na estrutura ou propriedade da empresa não afetará os contratos de trabalho dos empregados; **B:** opção incorreta, pois o crédito trabalhista possui privilégios na lei falimentar, veja art. 151 da Lei 11.101/1995; **C:** opção correta, pois reflete o disposto no art. 445, parágrafo único, da CLT; **D:** opção incorreta, pois nos termos do art. 443 da CLT o contrato de trabalho poderá ser celebrado verbalmente; **E:** opção incorreta, pois nos termos do art. 445 da CLT não poderá ser superir a 2 (dois) anos.

Gabarito "C"

(PROCURADOR – BANCO CENTRAL – 2009 – CESPE) A respeito dos contratos individuais de trabalho, julgue os itens a seguir.

I. Os contratos de trabalho podem ser verbais.

II. É vedada a prorrogação de contratos de experiência.

III. A CLT fixa o prazo máximo de dois anos para os contratos a prazo determinado em geral.

IV. As garantias constitucionais de estabilidade especial no emprego alcançam os contratos a prazo determinado.

Estão certos apenas os itens

(A) I e II.

(B) I e III.

(C) III e IV.

(D) I, II e IV.

(E) II, III e IV.

I: opção correta, pois reflete a regra disposta no art. 443 da CLT; II: opção incorreta, pois admite-se prorrogação desde que não exceda o limite de 90 (noventa) dias, nos termos da Súmula 188 do TST; III: opção correta, pois reflete o disposto no art. 445 da CLT; IV: opção incorreta, pois, em regra, não são aplicáveis estabilidade ao contrato com prazo determinado. No entanto, atualmente o TST admite a garantia de emprego no contrato com prazo determinado nas hipóteses de empregada gestante, em conformidade com a Súmula 244, item III, do TST e para o acidente de trabalho, nos termos da Súmula 378, item III, do TST.

Gabarito "B"

4. TRABALHO DA MULHER E DO MENOR

(Procurador do Estado/BA – 2014 – CESPE) Julgue o seguinte item.

(1) Pode ser exigido da mulher, para a admissão ou para a permanência no emprego, atestado ou exame de qualquer natureza para a comprovação de esterilidade ou de gravidez, dado o direito do empregador de ser informado da situação da mulher para eventual concessão de benefícios relacionados à condição de gravidez.

1: Opção incorreta, pois objetivando corrigir as distorções que afetam o acesso da mulher ao mercado de trabalho e certas especificidades estabelecidas nos acordos trabalhistas, nos termos do art. 373-A, IV, da CLT é vedado ao empregador exigir atestado ou exame, de qualquer natureza, para comprovação de esterilidade ou gravidez, na admissão ou permanência no emprego.

Gabarito 1E

(Procurador do Município/Cubatão-SP – 2012 – VUNESP) No que tange à proteção do trabalho da mulher e do menor, é correto afirmar que

(A) a legislação trabalhista não prevê possibilidade de restrição ao gozo dos períodos de repouso do menor nos locais de trabalho.

(B) o responsável legal pelo menor é obrigado a notificar o Ministério do Trabalho e Emprego para que este pleiteie a extinção do contrato de trabalho, desde que o serviço possa acarretar para ele prejuízos de ordem moral.

(C) os estabelecimentos em que trabalharem pelo menos 30 (trinta) mulheres com mais de 18 (dezoito) anos de idade terão local apropriado, onde seja permitido às empregadas guardarem sob vigilância e assistência os seus filhos no período da amamentação, sendo vedada a adoção de convênios para atender à finalidade do dispositivo legal.

(D) ao empregador é vedado empregar a mulher em serviço que demande o emprego de força muscular superior a 20 (vinte) quilos para o trabalho contínuo, ou 25 (vinte e cinco) quilos para o trabalho ocasional.

(E) nos termos da negociação coletiva, a empresa pode ser obrigada a instalar bebedouros, lavatórios, aparelhos sanitários; dispor de cadeiras ou bancos, em número suficiente, que permitam às mulheres trabalharem sem grande esgotamento físico.

A: opção incorreta, pois nos termos do art. 409 da CLT para maior segurança do trabalho e garantia da saúde dos menores, a autoridade fiscalizadora poderá proibir-lhes o gozo dos períodos de repouso nos locais de trabalho; **B:** opção incorreta, pois nos termos do art. 408 da CLT ao responsável legal do menor é facultado pleitear a extinção do contrato de trabalho, desde que o serviço possa acarretar para ele prejuízos de ordem física ou moral, independente de notificação ao Ministério do Trabalho e Emprego; **C:** opção incorreta, pois a lei trata dos estabelecimentos que trabalharem pelo menos 30 mulheres com mais de *16* anos, art. 389, § 1°, da CLT e, ainda, são permitidos convênios com entidades públicas e privadas, nos termos do art. 389, § 2º, da CLT; **D:** opção correta, pois reflete a disposição contida no art. 390 da CLT; **E:** opção incorreta, pois nos termos do art. 389, II, da CLT constitui uma obrigação de toda empresa.

Gabarito "D"

(Procurador do Estado/RO – 2011 – FCC) Em relação às disposições legais trabalhistas sobre o trabalho da mulher é INCORRETO afirmar:

(A) Para amamentar o próprio filho, até que este complete 6 (seis) meses de idade, a mulher terá direito, durante a jornada de trabalho, a dois descansos especiais, de meia hora cada um.

(B) As empresas com mais de cem empregados, de ambos os sexos, deverão manter programas especiais de incentivos e aperfeiçoamento profissional de mão de obra.

(C) Em caso de aborto não criminoso, comprovado por atestado médico oficial, a mulher terá um repouso remunerado de 2 (duas) semanas, ficando-lhe assegurado o direito de retornar à função que ocupava antes de seu afastamento.

(D) Ao empregador é vedado empregar a mulher em serviço que demande o emprego de força muscular superior a 25 (vinte e cinco) quilos, para o trabalho contínuo, ou 20 (vinte) quilos, para o trabalho ocasional.

(E) A pessoa jurídica poderá associar-se a entidade de formação profissional, sociedades civis, sociedades cooperativas, órgãos e entidades públicas ou entidades sindicais, bem como firmar convênios para o desenvolvimento de ações conjuntas, visando à execução de projetos relativos de incentivo ao trabalho da mulher.

A: opção correta, pois reflete o disposto no art. 396 da CLT; **B:** opção correta, pois reflete o disposto no art. 390-C da CLT; **C:** opção correta, pois reflete o disposto no art. 395 da CLT; **D:** opção incorreta, pois nos termos do art. 390 da CLT para trabalhos contínuos, a força muscular é superior a 20 quilos e 25 quilos, para o trabalho ocasional; **E:** opção correta, pois reflete o disposto no art. 390-E da CLT.

Gabarito "D"

(Procurador do Estado/RO – 2011 – FCC) Em relação ao trabalho do menor é INCORRETO afirmar:

(A) Se a autoridade competente verificar que o trabalho executado pelo menor é prejudicial à sua saúde, ao seu desenvolvimento físico ou à sua moralidade, poderá ela obrigá-lo a abandonar o serviço, devendo a respectiva empresa, quando for o caso, proporcionar ao menor todas as facilidades para mudar de funções.

(B) Ao responsável legal do menor é facultado pleitear a extinção do contrato de trabalho, desde que o serviço possa acarretar para ele prejuízo de ordem física ou moral.

(C) O empregador, cuja empresa ou estabelecimento ocupar menores, será obrigado a conceder-lhes o tempo que for necessário para a frequência às aulas.

(D) Ao menor de 18 anos é vedado o trabalho noturno, considerado, na área urbana ou rural, o que for executado no período compreendido entre as 20 (vinte) e as 5 (cinco) horas.

(E) Os estabelecimentos situados em lugar onde a escola estiver a maior distância que dois quilômetros e que ocuparem, permanentemente, mais de trinta menores analfabetos, serão obrigados a manter local apropriado em que lhes seja ministrada a instrução primária.

A: opção correta, pois reflete o disposto no art. 407 da CLT; **B:** opção correta, pois reflete o disposto no art. 408 da CLT; **C:** opção correta, pois reflete o disposto no art. 427 da CLT; **D:** opção incorreta, pois nos termos do art. 7º da Lei 5.889/1973, considera-se trabalho noturno o executado entre as 21 horas de um dia e as 5 horas do dia seguinte, na lavoura, e entre as 20 horas de um dia e as 4 horas do dia seguinte, na atividade pecuária; **E:** opção correta, pois reflete o disposto no art. 427, parágrafo único, da CLT.

Gabarito "D"

(Procurador do Estado/PI – 2008 – CESPE) Antônio, que era funcionário contratado da Empresa Céu Azul Ltda. desde 1999, faleceu em julho de 2004. Em fevereiro de 2008, o espólio de Antônio, em nome de seu filho menor Pedro, representado por sua mãe, Maria, ingressou com uma reclamação trabalhista contra a referida empresa, pleiteando verbas trabalhistas devidas a Antônio. Com base nessa situação hipotética, assinale a opção correta.

(A) O tempo transcorrido após o rompimento do vínculo empregatício – mais de dois anos – acarreta a prescrição para o ajuizamento da referida ação, que, por isso, não merece prosperar.

(B) A ação não merece prosperar, pois o direito a verbas trabalhistas é pessoal e intransmissível aos herdeiros.

(C) A ação merece prosperar, pois o prazo prescricional para o seu ajuizamento não corre quando o processo envolve herdeiro menor.

(D) A ação somente pode prosperar após a conclusão do processo de inventário de Antônio.

(E) A ação deve ser extinta sem o julgamento do mérito, por ilegitimidade ativa do espólio de Antônio, em nome de seu filho menor Pedro.

A: falso, art. 440 da CLT; **B:** falso, pois referido direito é transferível aos herdeiros (art. 1º da Lei 6.858/1980); **C:** correto, art. 440 da CLT; **D:** falso, art. 1º da Lei 6.858/1980; **E:** falso, pois está correta a representação.

Gabarito "C"

(Procurador do Estado/PB – 2008 – CESPE) Com relação aos direitos constitucionais assegurados às mulheres trabalhadoras, assinale a opção correta.

(A) À gestante é assegurada licença com a duração de 120 dias, período que coincide com sua garantia de emprego e salário.

(B) É vedada a dispensa da empregada gestante, desde a confirmação da gravidez até cinco meses após o parto, período que coincide com a licença-maternidade.

(C) À empregada gestante é assegurada licença com a duração de 120 dias, ficando vedada sua dispensa desde a confirmação da gravidez até cinco meses após o parto.

(D) À empregada gestante é assegurada licença com a duração de cinco meses, ficando vedada sua dispensa desde a confirmação da gravidez até 120 dias após o parto.

(E) É vedada a dispensa da empregada gestante, desde a confirmação da gravidez até o término do período de 180 dias da licença-maternidade.

A licença maternidade é de 120 dias (art. 7º, XVIII, da CF), ressalvadas as empregadas de empresas optantes pelo Programa Empresa Cidadã, criado pela Lei 11.770/2008, que tem acrescido períodos de 60 dias à licença maternidade. A garantia de emprego compreende o período desde a confirmação da gravidez até cinco meses após o parto (art. 10, II, *b*, do ADCT).

Gabarito "C"

(ADVOGADO – CORREIOS – 2011 – CESPE) Julgue os itens seguintes, acerca do trabalho do menor.

(1) Menor com dezesseis anos de idade que trabalhe, por exemplo, como balconista em uma panificadora pode firmar recibo de pagamento mensal. Entretanto, em caso de extinção de seu contrato, se ele ainda for menor de idade, não poderá dar quitação das verbas rescisórias sem assistência de seu responsável legal.

(2) Atualmente, aquele que contratar menor aprendiz de quinze anos de idade não terá a obrigação de pagar-lhe o salário mínimo mensal.

1: opção correta, pois reflete o disposto no art. 439 da CLT. 2: opção correta, pois será assegurado o salário mínimo hora, nos termos do art. 428, § 2º, da CLT.

Gabarito 1C, 2C

(ADVOGADO – BNDES – 2008 – CESGRANRIO) Quanto à proteção ao trabalho da mulher e à maternidade, pode-se afirmar que o empregador

I. pode exigir, no momento da admissão, comprovação de laqueadura;

II. pode realizar, de forma randômica, revista íntima;

III. está obrigado a conceder, durante a jornada de trabalho, dois descansos especiais, de 30 minutos cada um, para que a empregada amamente o próprio filho, até que este complete seis meses de idade;

IV. está obrigado a dispensar a empregada do horário de trabalho, durante a gestação, pelo tempo necessário para a realização de, no mínimo, seis consultas médicas e demais exames complementares;

V. está proibido de empregar a mulher em serviço que demande o emprego de força muscular superior a 20 (vinte) quilos para o trabalho contínuo, ou 25 (vinte e cinco) quilos para o trabalho ocasional.

Estão corretas **APENAS** as afirmações

(A) III e IV

(B) IV e V

(C) I, II e III

(D) II, III e IV

(E) III, IV e V

I: opção incorreta, pois nos termos do art. 373-A, IV, da CLT é vedado ao empregador exigir atestado ou exame, de qualquer natureza, para comprovação de esterilidade ou gravidez, na admissão ou permanência no emprego; II: opção incorreta, pois nos termos do art. 373-A, VI, da CLT é vedado ao empregador ou seu preposto proceder revistas íntimas nas empregadas ou funcionárias; III: opção correta, pois reflete a disposição do art. 396 da CLT; IV: opção correta, pois reflete o disposto no art. 392, § 4º, II, da CLT; V: opção correta, pois reflete o disposto no art. 390 da CLT.

Gabarito "E"

(ADVOGADO – BNDES – 2001 – VUNESP) É proibido qualquer trabalho a menores de

(A) 14 anos de idade, salvo na condição de aprendiz, a partir de 12 anos.

(B) 18 anos de idade, salvo na condição de aprendiz.

(C) 15 anos de idade, salvo como contínuo, a partir de 13 anos.

(D) 16 anos de idade, salvo na condição de aprendiz, a partir de 14 anos.

(E) 16 anos de idade, salvo na condição de estagiário, a partir de 12 anos.

D: opção correta, pois está em consonância com o art. 7º, inciso XXXIII, da CF/1988.

Gabarito "D"

5. ALTERAÇÃO, INTERRUPÇÃO E SUSPENSÃO DO CONTRATO DE TRABALHO

(Procurador do Estado/BA – 2014 – CESPE) Julgue o seguinte item.

(1) O empregado afastado do emprego não tem direito às vantagens concedidas, durante a sua ausência, à categoria que integra na empresa.

1: Opção incorreta, pois a**o** empregado afastado do emprego, <u>são</u> asseguradas, por ocasião de sua volta, todas as vantagens que, em sua ausência, tenham sido atribuídas à categoria a que pertencia na empresa, nos termos do art. 471 da CLT.

Gabarito 1E

(Procurador do Estado/BA – 2014 – CESPE) Em relação aos direitos dos trabalhadores, julgue o item seguinte.

(1) O salário mínimo deve ser fixado em lei estadual, consideradas as peculiaridades locais, com vistas ao atendimento das necessidades básicas do trabalhador e de sua família com moradia, alimentação, educação, saúde, lazer, vestuário, higiene, transporte e previdência social, com reajustes semestrais que lhe preservem o poder aquisitivo, vedada a vinculação salarial para qualquer fim.

1: Opção incorreta, pois nos termos do art. 7º, IV, da CF o salário mínimo, será fixado em lei, nacionalmente unificado, capaz de atender a suas necessidades vitais básicas e às de sua família com moradia, alimentação, educação, saúde, lazer, vestuário, higiene, transporte e previdência social, com reajustes periódicos que lhe preservem o poder aquisitivo, sendo vedada sua vinculação para qualquer fim.

Gabarito 1E

(Procurador do Estado/BA – 2014 – CESPE) Em relação aos direitos dos trabalhadores, julgue o item seguinte.

(1) A cada doze meses de vigência do contrato individual de trabalho, o empregado adquire o direito a férias, a ser concedido, no período dos doze meses seguintes, com adicional de um terço, por trinta dias, exceto se reduzido o gozo em razão de faltas havidas durante o período aquisitivo.

1: Opção correta, pois nos termos dos arts. 129 e 130 da CLT após 12 meses de prestação de serviços (período aquisitivo) o empregado terá direito às férias nas proporções estabelecidas no art. 130 da CLT. As férias devem ser concedidas nos 12 meses subsequentes, art. 134 da CLT (período concessivo).

Gabarito 1C

(Procurador Distrital – 2014 – CESPE) Julgue o seguinte item, com base na legislação e no entendimento jurisprudencial dominante do TST.

(1) O afastamento da atividade laboral que enseja recebimento de auxílio-doença previdenciário caracteriza hipótese de suspensão do contrato de trabalho. Cessado o prazo de vigência desse benefício e não havendo prorrogação, o empregado deverá se apresentar nas quarenta e oito horas seguintes ao término desse prazo, ou justificar sua impossibilidade de retorno ao empregador, sob pena de se caracterizar justa causa para demissão.

1: Opção incorreta, pois embora com o recebimento do auxílio se considere suspensão do contrato de trabalho, o empregado deverá se apresentar imediatamente ao trabalho.

Gabarito 1E

(Procurador Federal – 2013 – CESPE) Julgue o item seguinte.

(1) Segundo entendimento consolidado pelo TST, mesmo que concedidas as férias nos doze meses subsequentes à data em que o empregado tiver adquirido o direito, será devido o pagamento em dobro da remuneração de férias, incluído o terço constitucional, quando o empregador não efetuar o pagamento da remuneração das férias até dois dias antes do início do respectivo período de gozo.

1: Opção correta, pois de acordo com a orientação jurisprudencial 386 da SDI 1 do TST **é** devido o pagamento em dobro da remuneração de férias, incluído o terço constitucional, com base no art. 137 da CLT, quando, ainda que gozadas na época própria, o empregador tenha descumprido o prazo previsto no art. 145 do mesmo diploma legal.

Gabarito 1C

(Procurador Federal – 2013 – CESPE) Julgue o item seguinte.

(1) O empregado poderá deixar de comparecer ao serviço sem prejuízo do salário por até dois dias consecutivos para se alistar como eleitor. Nesse caso, como o obreiro permanece recebendo sua remuneração, ocorre a interrupção do contrato de trabalho.

1: Opção correta, pois nos termos do art. 473, V, da CLT o empregado poderá deixar de comparecer ao serviço sem prejuízo do salário, até 2 (dois) dias consecutivos ou não, para o fim de se alistar eleitor. Por ter o referido dispositivo legal determinado o pagamento dos salários desses dias ao obreiro, podemos afirmar que constitui hipótese de interrupção do contrato de trabalho.

Gabarito 1C

(Procurador Federal – 2013 – CESPE) Julgue o item seguinte.

(1) Suspenso o contrato de trabalho em virtude de aposentadoria por invalidez, o empregado perde o direito à manutenção de plano de saúde ou de assistência médica a ele oferecido pela empresa.

1: Opção incorreta, pois de acordo com o entendimento contido na Súmula 440 do TST assegura-se o direito à manutenção de plano de saúde ou de assistência médica oferecido pela empresa ao empregado, não obstante suspenso o contrato de trabalho em virtude de auxílio-doença acidentário ou de aposentadoria por invalidez.

Gabarito 1E

(Procurador do Município/Manaus-AM – 2006 – FCC) Dentre outras, constitui hipótese de suspensão do contrato de trabalho

(A) a assunção, pelo empregado, de cargo de diretoria para o qual foi eleito, não permanecendo a subordinação jurídica inerente à relação de emprego.

(B) o período de afastamento decorrente de aborto não criminoso, comprovado por atestado médico oficial.

(C) o não comparecimento do empregado ao serviço, até três dias consecutivos, em virtude de casamento.

(D) a ausência do empregado ao serviço em razão de férias ou de repouso semanal remunerado.

(E) a ausência do empregado ao serviço, por um dia em cada doze meses de trabalho, para doação voluntária de sangue devidamente comprovada.

A: opção correta, pois reflete o entendimento disposto na Súmula 269 do TST; **B:** opção incorreta, pois nos termos do art. 395 da CLT constitui modalidade de interrupção do contrato de trabalho, pois não há prestação de serviço, mas permanece o pagamento do salário; **C:** opção incorreta, pois nos termos do art. 473, II, da CLT constitui modalidade de interrupção do contrato de trabalho, pois não há prestação de serviço, mas permanece o pagamento do salário; **D:** opção incorreta, pois não constituem modalidades de interrupção do contrato de trabalho, pois não há prestação de serviço, mas permanece o pagamento de salários; **E:** opção incorreta, pois nos termos do art. 473, IV, da CLT constitui modalidade de interrupção do contrato de trabalho, pois não há prestação de serviço, mas permanece o pagamento do salário.

Gabarito "A"

(Procurador do Município/Recife-PE – 2008 – FCC) Mário tomou posse como diretor da empresa em que trabalha, não permanecendo a subordinação jurídica inerente a relação de emprego. Maria foi afastada de seu emprego para qualificar-se profissionalmente, conforme previsto na Convenção Coletiva de Trabalho de sua categoria. Diana sofreu um aborto e está afastada de seu serviço por duas semanas. Douglas se afastou do seu emprego por três dias em virtude de seu casamento. Nessas hipóteses, os contratos de trabalho de Mário, Maria, Diana e Douglas sofreram, respectivamente,

(A) suspensão, suspensão, interrupção e interrupção.

(B) suspensão, interrupção, interrupção e suspensão.

(C) suspensão, suspensão, suspensão e interrupção.

(D) interrupção, suspensão, interrupção e suspensão.

(E) interrupção, interrupção, suspensão e suspensão.

A: opção correta, pois sendo Mário eleito para diretor da empresa, nos termos da Súmula 269 do TST o contrato de trabalho ficará suspenso; Maria teve seu contrato suspenso nos termos do art. 476-A da CLT; Diana, tendo em vista aborto não criminoso ocorrido, teve seu contrato de trabalho interrompido, recebendo licença remunerada, hipótese que a empregada terá direito a duas semanas de descanso, nos termos do art. 395 da CLT; Douglas teve seu contrato de trabalho interrompido, por ser espécie de falta justificada, nos termos do art. 473, II, da CLT.

Gabarito "A"

(Procurador do Município/São Paulo-SP – 2008 – FCC) Mário, Daniel e Douglas são empregados da empresa "X". Mário, após cinco meses de sua contratação, pediu demissão por ter recebido proposta de trabalho mais vantajosa; Daniel, após dois anos e quatro meses de sua contratação, foi dispensado sem justa causa e Douglas, após um ano e três meses de sua contratação foi dispensado com justa causa em razão de ter cometido falta grave tipificada pela Consolidação das Leis do Trabalho.

Quanto às férias proporcionais,

(A) apenas Mário e Daniel terão direito.

(B) Mário, Daniel e Douglas terão direito.

(C) apenas Daniel terá direito.

(D) apenas Mário terá direito.

(E) apenas Daniel e Douglas terão direito.

A: opção correta, pois Mário que trabalhou por apenas 5 (cinco) meses fará jus ao recebimento de férias proporcionais, nos termos do art. 147 da CLT e Súmula 261 do TST; Daniel que laborou por dois anos e quatro meses fará jus ao recebimento das férias proporcionais, nos termos do art. 146, parágrafo único, da CLT; Douglas não fará jus ao recebimento de férias proporcionais, pois nos termos do art. 147 da CLT somente o empregado demitido sem justa causa fará jus ao recebimento de férias proporcionais. Nesse sentido o TST se pronunciou por meio da Súmula 171.

Gabarito "A"

(Procurador do Município/São Paulo-SP – 2008 – FCC) Considere as seguintes assertivas a respeito da alteração do contrato de trabalho:

I. É alteração unilateral a determinação do empregador para que o respectivo empregado reverta ao cargo efetivo, anteriormente ocupado, deixando o exercício de função de confiança.

II. É lícita a transferência dos empregados cujos contratos tenham como condição, implícita ou explícita, a transferência, quando esta decorra de real necessidade de serviço.

III. O adicional de transferência de 20% sobre o salário contratual será devido quando ocorrer a transferência definitiva ou provisória de empregado.

IV. Empregado transferido, por ato unilateral do empregador, para local mais distante de sua residência, tem direito a suplemento salarial correspondente ao acréscimo da despesa de transporte.

Está correto o que se afirma SOMENTE em

(A) I e III.

(B) II e IV.

(C) III e IV.

(D) I, II e III.

(E) I, II e IV.

I: opção incorreta, pois não é considerada alteração ilícita, nos moldes do art. 468, parágrafo único, da CLT; II: opção correta, pois reflete o disposto no art. 469, § 1º, da CLT; III: opção incorreta, pois nos termos da OJ 113 da SDI 1 do TST o pressuposto legal apto a legitimar a percepção do mencionado adicional é a transferência provisória; IV: opção correta, pois reflete o entendimento cristalizado na Súmula 29 do TST.

Gabarito "B"

(Procurador do Município/Sorocaba-SP – 2012 – VUNESP) No curso do contrato de trabalho, há períodos de paralisação das atividades e aqueles que são destinados aos repousos e descanso. Quanto a esse tema, assinale a alternativa correta.

(A) Há várias espécies de repouso e descanso, divididos em dois gêneros: suspensão e interrupção do contrato de trabalho. A suspensão dá-se quando devidos os salários e a interrupção, quando não há pagamento.

(B) São exemplos de interrupção do contrato de trabalho: as férias, o repouso semanal remunerado e os primeiros 15 dias de afastamento por doença; e de suspensão do contrato de trabalho, o intervalo intrajornada para refeição e descanso, o intervalo interjornadas e o período de greve.

(C) Durante o período do serviço militar do empregado, apesar de indevidos os salários, porque o empregador é obrigado a pagar o Fundo de Garantia do Tempo de Serviço, está-se diante de hipótese de descanso compulsório.

(D) As faltas podem ser justificadas ou não. No entanto, sempre que houver ausência, o empregador está autorizado a proceder aos descontos dos salários relativos aos dias em que não houve a prestação de serviços.

(E) As férias serão proporcionais ao número de faltas que o empregado teve durante o ano. No entanto, em hipótese nenhuma poderá haver a perda do direito às férias ou a supressão do direito às férias do empregado.

A: opção incorreta, pois as causas de interrupção e suspensão não são espécies de repouso e descanso; **B:** opção correta, pois são hipóteses de interrupção do contrato de trabalho, pois na interrupção ocorre a não produção dos efeitos de forma unilateral, ou seja, o empregado suspende a prestação de serviços, mas continua recebendo a remuneração pelo empregador; **C:** opção incorreta, pois não se trata de uma hipótese de descanso, mas sim uma forma de suspensão do contrato de trabalho; **D:** opção incorreta, pois o art. 473 elenca hipóteses que o empregado se ausenta sem perder o direito ao recebimento do salário relativo aos dias; **E:** opção incorreta, pois o art. 133 da CLT elenca hipóteses em que há a perda do direito às férias.

Gabarito "B"

(Advogado da União/AGU – CESPE – 2012) No que se refere a alteração, suspensão, interrupção e extinção do contrato de trabalho, julgue os próximos itens.

(1) A jurisprudência do TST tem orientação firme no sentido de que, excetuados os empregados da Empresa Brasileira de Correios e Telégrafos, por ser esta equiparada à fazenda pública, os demais empregados públicos de empresas públicas e de sociedades de economia mista, ainda que concursados, podem ter seus contratos de trabalho rescindidos por demissão sem justa causa, por não haver necessidade de motivação do ato de demissão.

(2) Nos contratos individuais de trabalho, apenas é lícita a alteração empreendida por mutuo consentimento, ainda que possa resultar prejuízo ao trabalhador, considerada a caracterização de renúncia recíproca, em que o prejuízo se compensa com promessa futura de melhoria na condição salarial ou de trabalho.

(3) A suspensão do contrato de trabalho importará na rescisão indireta do contrato de trabalho apenas se for decretada por período superior a sessenta dias.

1: opção correta, pois reflete o entendimento consolidado na OJ 247 da SDI 1 do TST. 2: opção incorreta, pois nos termos do art. 468 da CLT a alteração não poderá ocasionar prejuízos, direitos ou indiretos, para o trabalhador. 3: opção incorreta, pois nos termos do art. 474 da CLT A suspensão do empregado por mais de 30 (trinta) dias consecutivos importa na rescisão indireta do contrato de trabalho.

Gabarito 1C, 2E, 3E

(Procurador do Estado/SC – 2010 – FEPESE) Sobre os institutos da interrupção e da suspensão do contrato de trabalho

(1) Há pagamento de salários durante a interrupção do contrato de trabalho.

(2) Não há contagem de tempo de serviço durante a interrupção do contrato de trabalho.

(3) Há pagamento de salários durante o período de suspensão do contrato de trabalho.

(4) Não há contagem de tempo de serviço durante a suspensão do contrato de trabalho.

Assinale a alternativa que indica todas as afirmativas **corretas**.

(A) São corretas apenas as afirmativas 1 e 4.

(B) São corretas apenas as afirmativas 2 e 4.

(C) São corretas apenas as afirmativas 3 e 4.

(D) São corretas apenas as afirmativas 1, 2 e 3.

(E) São corretas apenas as afirmativas 2, 3 e 4.

Na interrupção do contrato de trabalho o empregado suspende a prestação de serviços, mas continua recebendo a remuneração pelo empregador. Há uma simples interrupção na prestação de serviços pelo empregado, prevalecendo, para o empregador, a obrigatoriedade de pagar os salários, no todo ou em parte. Assim, embora não trabalhe, ou seja, não preste serviços, o empregado continuará recebendo sua remuneração, contando-se esse período como tempo de serviço. São exemplos: a) acidente de trabalho ou doença até o 15º dia, tendo em vista que o pagamento dos primeiros 15 (quinze) dias de ausência é de responsabilidade do empregador, em conformidade com o art. 60, § 3º, da Lei 8.213/1991; b) licença-maternidade, que se encontra prevista no art. 7º, XVIII, da CF, c/c o art. 71 da Lei 8.213/1991, pelo período de 120 dias.

Já a suspensão é representada por fatos que determinam que, temporariamente, o contrato de trabalho pare de produzir seus efeitos tanto para o empregado como para o empregador. Assim, o empregado não prestará serviços e o empregador não pagará seus salários. São exemplos: a) acidente de trabalho ou doença, a partir do 16º dia, tendo em vista que o trabalhador percebe o benefício do auxílio-doença, que é pago pela Previdência Social, art. 59 da Lei 8.213/1991; c) aposentadoria por invalidez, nos termos do art. 475 da CLT.

Gabarito "A"

(Procurador do Estado/CE – 2008 – CESPE) Acerca das férias em direito do trabalho, segundo a Constituição Federal, a CLT e jurisprudência sumulada e consolidada do TST, julgue os itens a seguir.

I. A aquisição do direito às férias ocorre a cada ano de vigência do contrato de trabalho, sem ocasionar perda do direito à remuneração correspondente.

II. A concessão das férias deve ocorrer nos doze meses subsequentes à data em que o empregado tiver adquirido o direito, sendo a época definida pelo empregador, conforme seu interesse, ressalvado o direito de membros da mesma família gozarem férias no mesmo período, se assim desejarem e disso não resultar prejuízo para o serviço, e o direito do empregado estudante de ter coincididas suas férias do trabalho com o período de férias escolares.

III. O empregador deverá pagar em dobro a remuneração do período de férias sempre que elas forem concedidas após o período concessivo regular.

IV. As férias devem ser remuneradas com adicional de, pelo menos, um terço do valor do salário normal, inclusive sobre a parcela que eventualmente for convertida em pecúnia.

V. A prescrição do direito de reclamar a concessão das férias ou o pagamento da respectiva remuneração ou adicional é contada do término do período aquisitivo ou, se for o caso, da cessação do contrato de trabalho.

A quantidade de itens certos é igual a

(A) 1.

(B) 2.

(C) 3.

(D) 4.

(E) 5.

São quatro itens certos. **I:** certo, pois a assertiva reflete o disposto no art. 129 da CLT; II: certo, pois a assertiva reflete o disposto no art. 136, §§ 1º e 2º, da CLT; **III:** certo, a assertiva reflete o disposto no art. 137, *caput*, da CLT; **IV:** certo, pois a assertiva reflete o disposto no art. 7º, XVII, da CF e da Súmula 328 do TST: "FÉRIAS. TERÇO CONSTITUCIONAL O pagamento das férias, integrais ou proporcionais, gozadas ou não, na vigência da CF/1988, sujeita-se ao acréscimo do terço previsto no respectivo art. 7º, XVII"; **V:** errado, pois a prescrição das férias, durante a fluência do contrato de trabalho, conta-se do término do período concessivo, conforme dispõe o art. 149 da CLT.

Gabarito "D"

(Procurador do Estado/PB – 2008 – CESPE) No que se refere ao direito a férias, assinale a opção correta.

(A) Após cada período de 12 meses de vigência do contrato de trabalho, a empregada terá direito a férias em proporção conforme a quantidade de faltas que haja tido no período, não se considerando falta ao serviço a ausência da empregada durante o período de licença-maternidade.

(B) O período das férias será computado como tempo de serviço acrescido de um terço.

(C) A época da concessão das férias será a que melhor atenda aos interesses do empregado, inclusive, para fazê-las coincidir com férias da família ou com as férias escolares, quando for estudante.

(D) O empregado deve perceber, durante as férias, a remuneração média que lhe houver sido paga durante o período aquisitivo pertinente.

(E) A prescrição do direito de o empregado reclamar a concessão das férias ou o pagamento da respectiva remuneração é contado do término do período aquisitivo ou, se for o caso, da cessação do contrato de trabalho.

A: correta, pois a assertiva reflete o disposto nos arts. 130 e 131, II, da CLT; **B:** incorreta, pois embora o período de férias seja computado como tempo de serviço, não é acrescido de um terço para esse fim (art. 130, § 2º, da CLT); **C:** incorreta, pois a época das férias será a que melhor atenda aos interesses do *empregador*, conforme dispõe o art. 136, *caput*, da CLT; **D:** incorreta, pois a assertiva não reflete o disposto no art. 142, *caput*, da CLT; **E:** incorreta, pois a prescrição das férias, durante a fluência do contrato de trabalho, conta-se do término do período concessivo, conforme dispõe o art. 149 da CLT.

Gabarito "A"

(Procurador do Estado/PE – 2004 – FCC) Relativamente à alteração do contrato de trabalho, é correto afirmar que pode ocorrer

(A) desde que ajustada expressamente no contrato de trabalho, independentemente de prejuízo ao empregado.

(B) desde que ajustada tacitamente no contrato de trabalho, independentemente de prejuízo ao empregado.

(C) desde que ajustada por mútuo consentimento e ainda assim desde que não resulte prejuízo direto ou indireto ao empregado.

(D) desde que ajustada por mútuo consentimento e ainda assim desde que não resulte prejuízo direto apenas ao empregado.

(E) somente relativa a horário de trabalho e função, mas sempre com fundamento expresso no contrato individual ou coletivo de trabalho.

A: falso; não pode haver prejuízo (art. 468 da CLT); **B:** falso, art. 468 da CLT; **C:** correto, art. 468 da CLT; **D:** falso, pois a lei diz prejuízo direto ou indireto (art. 468 da CLT); **E:** falso, pois pode ocorrer qualquer alteração desde que não cause prejuízo ao empregado.

Gabarito "C"

(Procurador Federal – 2010 – CESPE) Julgue os próximos itens, a respeito dos institutos da interrupção e da suspensão do contrato de trabalho.

(1) No caso de recuperação da capacidade de trabalho e cancelamento de aposentadoria de empregado afastado por invalidez, pode o empregador rescindir o contrato com empregado admitido para substituir o empregado aposentado, sem incorrer em indenização rescisória, se, no momento da celebração do contrato, tiver restado inequívoca a ciência da interinidade.

(2) O empregado afastado em virtude das exigências do serviço militar deve notificar seu empregador acerca do retorno às atividades no prazo máximo de dez dias contados da data em que se verificar a respectiva baixa.

1: Certo, pois o enunciado corresponde ao disposto no art. 475, §§ 1º e 2º, da CLT; **2:** Errado, pois o prazo para o empregado notificar o empregador dando conta de sua intenção de voltar às atividades é de 30 (trinta) dias (art. 472, § 1º, da CLT).

Gabarito 1C, 2E

(Procurador Federal – 2010 – CESPE) No que concerne a alteração do contrato de trabalho, julgue o item abaixo.

(1) Presume-se abusiva a transferência de empregado que exerça cargo de confiança, sem a devida comprovação da necessidade do serviço.

Certo, pois o enunciado corresponde ao disposto na Súmula 43 do TST: "TRANSFERÊNCIA Presume-se abusiva a transferência de que trata o § 1º do art. 469 da CLT, sem comprovação da necessidade do serviço".

Gabarito 1C

(Procurador Federal – 2010 – CESPE) A respeito de férias, julgue os seguintes itens.

(1) É assegurada ao empregado, para efeito da aquisição do direito a férias, a contagem do tempo de trabalho anterior à sua apresentação para serviço militar obrigatório no período aquisitivo, desde que ele compareça ao estabelecimento, no máximo, trinta dias após a data em que se verificar a respectiva baixa.

(2) É facultado ao empregado sob o regime parcial converter um terço do período de férias a que tiver direito em abono pecuniário, no valor da remuneração que lhe seria devida nos dias correspondentes.

1: Errado, pois o prazo máximo para que o empregado compareça ao estabelecimento, após a data da baixa, é de *90 (noventa) dias* (art. 132 da CLT); **2:** Errado, pois a faculdade de conversão de um terço das férias em abono pecuniário não se aplica ao empregado sob regime parcial (art. 143, § 3º, da CLT).

Gabarito 1E, 2E

(Procurador do Município/Florianópolis-SC – 2010 – FEPESE) Com relação à Consolidação das Leis do Trabalho, assinale a alternativa **incorreta**.

(A) A época da concessão das férias será a que melhor consulte os interesses do empregador.

(B) Poderão ser concedidas férias coletivas a todos os empregados de uma empresa ou de determinados estabelecimentos ou setores da empresa.

(C) No caso de férias coletivas, o empregador comunicará ao órgão local do Ministério do Trabalho, com a antecedência mínima de quinze dias, as datas de início e fim das férias, precisando quais os estabelecimentos ou setores abrangidos pela medida.

(D) Ao empregador, é facultado converter um terço do período de férias a que tiver direito o empregado em abono pecuniário, este no valor da remuneração que lhe seria devida nos dias correspondentes.

(E) Não terá direito a férias o empregado que, no curso do período aquisitivo, tiver percebido da Previdência Social prestações de acidente de trabalho ou de auxílio-doença por mais de seis meses, embora descontínuos.

A: opção correta, pois reflete o disposto no art. 136 da CLT; **B:** opção correta, pois reflete o disposto no art. 139 da CLT; **C:** opção correta, pois reflete o disposto no art. 139, § 2º, da CLT; **D:** opção incorreta, pois trata-se de faculdade do empregado e não do empregador, como induz a assertiva; **E:** opção correta, pois reflete o disposto no art. 133, II, da CLT.

Gabarito "D"

(Procurador do Município/Florianópolis-SC – 2010 – FEPESE) **Não** é exemplo de interrupção do contrato de trabalho:

(A) férias;

(B) alistamento eleitoral;

(C) aposentadoria por invalidez;

(D) repouso semanal remunerado;

(E) afastamento por doença, durante os primeiros quinze dias.

Na interrupção do contrato de trabalho o empregado suspende a prestação de serviços, mas continua recebendo a remuneração pelo empregador. Há uma simples interrupção na prestação de serviços pelo empregado, prevalecendo, para o empregador, a obrigatoriedade de pagar os salários, no todo ou em parte. Assim, embora não trabalhe, ou seja, não preste serviços, o empregado continuará recebendo sua remuneração, contando-se esse período como tempo de serviço. São exemplos: a) acidente de trabalho ou doença até o 15º dia, tendo em vista que o pagamento dos primeiros 15 (quinze) dias de ausência é de responsabilidade do empregador, em conformidade com o art. 60, § 3º, da Lei 8.213/1991; b) licença-maternidade, que se encontra prevista no art. 7º, XVIII, da CF, c/c o art. 71 da Lei 8.213/1991, pelo período de 120 dias.

Já a suspensão é representada por fatos que determinam que, temporariamente, o contrato de trabalho pare de produzir seus efeitos tanto para o empregado como para o empregador. Assim, o empregado não prestará serviços e o empregador não pagará seus salários. São exemplos: a) acidente de trabalho ou doença, a partir do 16º dia, tendo em vista que o trabalhador percebe o benefício do auxílio-doença, que é pago pela Previdência Social, art. 59 da Lei 8.213/1991; c) aposentadoria por invalidez, nos termos do art. 475 da CLT.

Gabarito "C"

(Procurador do Município/Teresina-PI – 2010 – FCC) As férias

(A) serão remuneradas sem incidência do adicional extraordinário e noturno, não servi[n]do estes como base de cálculo de sua remuneração.

(B) coletivas devem ser comunicadas ao órgão local do Ministério do Trabalho e Emprego, com a antecedência mínima de 60 dias, com a menção das datas de início e fim.

(C) dos maiores de 50 anos poderão ser concedidas em dois períodos, sendo que um deles não poderá ser inferior a 15 dias corridos.

(D) vencidas, na ruptura contratual, incidirão em benefício do obreiro, qualquer que seja a causa de extinção do contrato de trabalho, inclusive havendo justa causa obreira.

(E) coletivas não poderão ser gozadas em dois períodos, sendo obrigatoriamente gozadas em 30 dias corridos.

A: opção incorreta, pois nos termos do art. 142, § 5º, da CLT os adicionais por trabalho extraordinário, noturno, insalubre ou perigoso serão computados no salário que servirá de base ao cálculo da remuneração das férias; **B:** opção incorreta, pois o prazo de comunicação é de 15 (quinze) dias, nos termos do art. 139, § 2º, da CLT; **C:** opção incorreta, pois de acordo com o art. 134, § 2º, da CLT não poderá haver o fracionamento das férias; **D:** opção correta, pois reflete o disposto no art. 146 da CLT; **E:** opção incorreta, pois as férias coletivas poderão ser fracionadas, nos termos do art. 139, § 1º, da CLT.

Gabarito "D"

(Procurador do Município/Teresina-PI – 2010 – FCC) Maria, antes de completar o período aquisitivo de doze meses de suas férias, teve seu contrato individual de trabalho rescindido sem justa causa pela empresa empregadora. Neste caso, Maria

(A) terá direito ao pagamento de 2/3 da remuneração das férias proporcionais ao período trabalhado.

(B) terá direito ao pagamento de 1/3 da remuneração das férias proporcionais ao período trabalhado.

(C) não terá direito ao pagamento da remuneração das férias proporcionais.

(D) terá direito ao pagamento de 50% da remuneração das férias proporcionais ao período trabalhado.

(E) terá direito ao pagamento da remuneração das férias proporcionais.

Nos termos do art. 147 da CLT o empregado que for despedido sem justa causa, ou cujo contrato de trabalho se extinguir em prazo predeterminado, antes de completar 12 (doze) meses de serviço, terá direito à remuneração relativa ao período incompleto de férias.

Gabarito "E"

(Procurador da Fazenda Nacional – 2007.2 – ESAF) Em relação às férias assinale a opção correta.

(A) Dado ao seu caráter imperativo, a aquisição das férias, pelo trabalhador, durante o pacto laboral bem assim a fixação de sua duração não se assenta na assiduidade do empregado apurada durante o período aquisitivo.

(B) As parcelas que têm feição salarial, como por exemplo, as gratificações anuais, semestrais ou trimestrais integram a remuneração para efeito de cálculo das férias.

(C) A alimentação fornecida habitualmente ao trabalhador pelo empregador não integra o cálculo da remuneração das férias mesmo quando o trabalhador deixe de percebê-la durante o período de gozo das mesmas.

(D) O empregado que, no curso do período aquisitivo, pede demissão ou se aposenta espontaneamente e, não sendo readmitido em 60 (sessenta) dias de sua saída, não fará jus às férias.

(E) O vale-transporte apesar de não ter natureza salarial mas considerando o caráter social da parcela se incorpora à remuneração para efeito de cálculo das férias.

A: incorreta, pois conforme dispõe o art. 130 da CLT, o direito à férias está diretamente ligado à assiduidade do empregado ao trabalho; **B:** incorreta, pois as gratificações anuais, semestrais ou trimestrais, embora tenham caráter salarial, não integram o cálculo para remuneração das férias e o Ministro Maurício Godinho Delgado explica: "Tais verbas são devidas em épocas próprias, independentemente da circunstância de o empregado estar (ou não) em gozo de férias" (*Curso de Direito do Trabalho*, LTR, 9ª edição, p. 914); **C:** incorreta, pois o valor da alimentação fornecida habitualmente deverá integrar conforme valor constante na anotação em CTPS ou, se não houver anotação, segundo valor estimado. O valor só não será computado se o empregado continuar recebendo, *in natura*, durante o período de férias por já estarem sendo efetivamente fruídas; **D:** correta, pois a assertiva reflete o art. 133, I, da CLT; **E:** incorreta, pois o vale-transporte, por não ter natureza salarial, conforme determinação contida no art. 2º da Lei 7.418/1985, não terá seu valor incorporado para o cálculo das férias. Recentemente o STF decidiu, por maioria, vencidos os ministros Marco Aurélio e Joaquim Barbosa, que o vale-transporte, tanto em tíquete como em dinheiro, tem natureza indenizatória e sobre o mesmo não há qualquer reflexo trabalhista ou fiscal (Recurso Extraordinário 478.410, j. 10/03/2010).

Gabarito "D"

(ADVOGADO – CORREIOS – 2011 – CESPE) Acerca da suspensão e interrupção do contrato de trabalho, julgue o item subsequente.

(1) Considere a seguinte situação hipotética. Márcia concordou formalmente com a suspensão de seu contrato de trabalho, por período de quatro meses, para participar de um curso de qualificação profissional oferecido pelo seu empregador. O instrumento coletivo de trabalho que rege a categoria profissional de Márcia autoriza o afastamento de empregados para tal fim. Nessa situação hipotética, o empregador não terá a obrigação de pagar, durante todo o tempo de duração do curso, os salários de Márcia.

Opção correta, pois está em conformidade com as regras estabelecidas pelo art. 476-A da CLT.

Gabarito 1C

(ADVOGADO – PETROBRÁS DISTRIB. – 2010 – CESGRANRIO) Sucessão trabalhista, também conhecida por alteração contratual subjetiva, traduz-se, em síntese, na substituição de empregadores, com imposição de créditos e débitos.

A esse respeito, considere as afirmações a seguir.

I. A caracterização está contida no art. 10 da CLT, ao versar que qualquer alteração na estrutura jurídica da empresa poderá afetar os direitos adquiridos por seus empregados.

II. A caracterização está contida no art. 448 da CLT, ao versar que a mudança na propriedade ou na estrutura jurídica da empresa poderá afetar os contratos de trabalho dos respectivos empregados.

III. A utilização do termo empresa na lei ressalta a despersonalização do empregador, enfatizando a vinculação do contrato de trabalho à própria atividade empresarial, independente de quem venha a ser titular.

IV. A precisão dos preceitos legais relativos à sucessão não permite que a jurisprudência proceda ao processo de adequação do sentido das normas às constantes transformações ocorridas na realidade concreta.

São corretas APENAS as afirmações

(A) I

(B) III

(C) II e IV

(D) I, II e III.

(E) II, III e IV.

I: opção incorreta, pois a regra do art. 10 da CLT ensina que a alteração NÃO poderá afetar os direitos adquiridos dos empregados;

II: opção incorreta, pois a regra do art. 448 da CLT ensina que NÃO poderá afetar os contratos de trabalho dos respectivos empregados; **III:** opção correta, pois o empregador não é a pessoa física, mas sim a empresa, ou seja, a pessoa jurídica como dispõe o art. 2º da CLT; **IV:** opção incorreta, pois as regras contidas nos arts. 10 e 448 da CLT permitem a perfeita adequação, veja, por exemplo, a publicação da OJ 411 da SDI 1 do TST em outubro de 2010.

Gabarito "B"

(ADVOGADO – PETROBRÁS BIO – 2010 – CESGRANRIO) A empresa VERONIK S.A., em processo falimentar, teve seus bens alienados à empresa BALONIG S.A. No entanto, a VERONIK S.A., antes da alienação de seus ativos, figurava no polo passivo de inúmeras ações trabalhistas em todo o território nacional. Para analisar o caso exposto em função do instituto da sucessão trabalhista, deve-se considerar que

(A) a sucessão trabalhista é aplicada em todo e qualquer vínculo empregatício urbano, não comportando qualquer exceção.

(B) a sucessão trabalhista não se caracteriza quando há venda dos bens da empresa falida, visto que, por disposição legal, o objeto da alienação estará livre de quaisquer ônus, inclusive os derivados da legislação trabalhista.

(C) a sucessão trabalhista se caracteriza quando há cessão dos bens da empresa falida, visto que, por disposição legal, o objeto cedido não estará livre de quaisquer ônus trabalhistas, mas tão somente daqueles de natureza tributária.

(D) a única exceção à sucessão trabalhista refere-se aos empregados domésticos, visto que os artigos 10 e 448 consolidados não são aplicáveis a esses empregados.

(E) operada a sucessão trabalhista, sucessora e sucedida respondem subsidiariamente pelo adimplemento e execução dos contratos de emprego anteriormente mantidos com a sucedida.

Alternativa "B" é a alternativa correta. Nos termos do art. 141, II, da Lei 11.101/2005 o objeto da alienação estará livre de qualquer ônus e não haverá sucessão do arrematante nas obrigações do devedor, inclusive as de natureza tributária, as derivadas da legislação do trabalho e as decorrentes de acidentes de trabalho. Veja, também, o art. 60, parágrafo único, da mesma lei.

Gabarito "B"

(ADVOGADO – ELETROBRÁS – 2006 – NCE/UFRJ) Em se tratando de alteração contratual, marque a alternativa correta:

(A) nos contratos individuais de trabalho, só é lícita a alteração das respectivas condições, por mútuo consentimento, e ainda assim, desde que não resultem, direta ou indiretamente, prejuízos ao empregado;

(B) considera-se alteração unilateral a determinação do empregador para que o empregado retorne ao cargo efetivo ao deixar o cargo de confiança;

(C) ao empregador é permitido transferir o empregado, sem a sua anuência, para localidade diversa da que resultar do contrato, por força do poder de direção da atividade econômica;

(D) é ilícita a transferência quando ocorrer a extinção do estabelecimento em que trabalhar o empregado;

(E) as despesas resultantes da transferência serão rateadas entre empregado e empregador.

A: opção correta, pois reflete o disposto no art. 468 da CLT; **B:** opção incorreta, pois contraria a disposição do art. 468, parágrafo único, da CLT, que não considera alteração unilateral; **C:** opção incorreta, pois essa transferência é vedada por parte do empregador, nos termos do art. 469 da CLT; **D:** opção incorreta, pois ocorrendo a extinção do estabelecimento é permitida a transferência, nos termos do art. 469, § 2º, da CLT; **E:** opção incorreta, pois as despesas serão suportadas pelo empregador, em conformidade com o art. 470 da CLT.

Gabarito "A"

(ADVOGADO – IRB – 2006 – ESAF) Assinale a afirmação <u>incorreta</u>.

(A) Não terá direito a férias o empregado que, no curso do período aquisitivo, permanecer em gozo de licença, com percepção de salário, por mais de 30 (trinta) dias.

(B) Aos menores de 18 (dezoito) anos e aos maiores de 50 (cinquenta) anos de idade, as férias serão sempre concedidas de uma só vez.

(C) O empregado estudante, menor de 18 (dezoito) anos, terá o direito a fazer coincidir suas férias com as férias escolares.

(D) As férias coletivas anuais poderão ser gozadas em três períodos, desde que nenhum deles seja inferior a 10 (dez) dias corridos.

(E) O abono de férias deverá ser requerido até 15 (quinze) dias antes do término do período aquisitivo.

A: opção correta, pois reflete o disposto no art. 133, II, da CLT; **B:** opção correta, pois reflete o disposto no art. 134, § 2º, da CLT; **C:** opção correta, pois reflete o disposto no art. 136, § 2º, da CLT; **D:** opção incorreta, pois nos termos do art. 139, § 1º, da CLT as férias coletivas poderão ser gozadas em 2 (dois) períodos, desde que nenhum deles seja inferior a 10 (dez) dias corridos; **E:** opção correta, pois reflete o disposto no art. 143, § 1º, da CLT.

Gabarito "D"

(ADVOGADO – BNDES – 2008 – CESGRANRIO) João começou a trabalhar na empresa X em 01.03.2006. Nos cinco primeiros meses de trabalho, ele faltou, de forma injustificada, em sete ocasiões. No dia 31.07.2006, João sofreu um acidente de trabalho, que ocasionou seu afastamento até 30.06.2007, quando recebeu alta do órgão previdenciário. Em novembro de 2007, João voltou a faltar injustificadamente em quatro ocasiões, além de ter tido, em janeiro de 2008, outro acidente de trabalho que o deixou afastado do serviço por quinze dias, sem percepção de benefício previdenciário, apesar de devidamente atestado pelo INSS. Quando completou dois anos na empresa, em 29.02.2008, João se dirigiu ao Setor de Recursos Humanos alegando que o período concessivo de suas férias estava vencido e exigindo sua imediata concessão. Na hipótese, João tem direito a férias de

(A) 30 dias e, como o período concessivo está vencido, sua remuneração deve ser paga em dobro.

(B) 30 dias, desde que não falte injustificadamente em mais duas ocasiões até 30.06.2008.

(C) 24 dias, pois, ao longo do período aquisitivo, faltou sete vezes e, como o período concessivo está vencido, sua remuneração deve ser paga em dobro.

(D) 24 dias, pois, ao longo do período aquisitivo, faltou sete vezes, mas o período concessivo só se encerrará em 30.06.2008.

(E) 18 dias, pois, ao longo do período aquisitivo, faltou onze vezes, mas o período concessivo só se encerrará em 30.06.2008.

B é a opção correta, pois no curso do 1º período aquisitivo João sofreu acidente de trabalho em 31/07/2006, ficando afastado até o dia 30/06/2007, ou seja, 11 (onze) meses. Nessa hipótese João perde o direito às férias, na medida em que ficou afastado do trabalho por mais de 6 (seis) meses, art. 133, IV, da CLT. Por essa razão em 30/06/2007 se iniciou novo período aquisitivo e por ter faltado injustificadamente 4 (quatro) vezes, para que tenha direito aos 30 (trinta) dias de férias João não poderá faltar mais de 2 vezes sob pena de perder os 30 (trinta) dias de férias. Assim, para ter direito a 30 (trinta) dias de férias João poderá faltar apenas mais uma vez para que fique dentro do limite estabelecido no art. 130, I, da CLT.

Gabarito "B"

(ADVOGADO – BNDES – 2001 – VUNESP) Após 12 meses de trabalho, o empregado tem direito ao gozo de férias anuais de 30 dias, desde que não ocorridas faltas injustificadas no período aquisitivo. Não são consideradas faltas injustificadas

(A) aquelas ocorridas durante a suspensão preventiva para responder a inquérito administrativo ou de prisão preventiva.

(B) até 4 dias pelo falecimento do cônjuge, ascendente, colateral ou pessoa legalmente declarada como dependente.

(C) aquelas não justificadas pela empresa, entendendo-se como tal as que tiverem o desconto do correspondente salário.

(D) 2 dias, a cada 12 meses de trabalho, em caso de doação voluntária de sangue.

(E) 6 dias, em caso de nascimento de filho, no decorrer da primeira semana.

A: opção correta, pois reflete o disposto no art. 131, V, da CLT; **B:** opção incorreta, pois somente por 2 (dois) dias se considerada falta justificada, art. 473, I, da CLT; **C:** opção incorreta, pois apenas as justificadas pela empresa, nos termos do art. 131, IV, da CLT; **D:** opção incorreta, pois somente por um dia, nos termos do art. 473, IV, da CLT; **E:** opção incorreta, pois somente por um dias, nos termos do art. 473, III, da CLT.

Gabarito "A"

(ADVOGADO – BNB – 2006 – ACEP) Assinale a alternativa **CORRETA**.

(A) A disposição da CLT de que alteração na estrutura jurídica da empresa não afetará os direitos adquiridos por seus empregados se coaduna com o princípio protetor.

(B) A alteração subjetiva do contrato de trabalho significa alteração das condições de trabalho.

(C) É possível a desconsideração da personalidade jurídica da empresa sempre que houver mácula a direitos trabalhistas.

(D) A sucessão de empregadores implica na extinção do contrato de trabalho.

(E) A disposição da CLT de que serão nulos de pleno direito os atos praticados com o objetivo de desvirtuar, impedir ou fraudar a aplicação de seus preceitos se coaduna com o princípio do Direito do Trabalho da razoabilidade.

A: opção correta, pois reflete o disposto nos arts. 10 e 448 da CLT; **B:** opção incorreta, pois a alteração subjetiva se refere a sucessão de empresas ou a alteração na estrutura jurídica da empresa; **C:** opção incorreta, pois na justiça do trabalho basta a insolvência do devedor para que ocorra a desconsideração da personalidade jurídica; **D:** opção incorreta, pois ocorrendo a sucessão de empregadores os contratos de trabalho não serão afetados, arts. 10 e 448 da CLT; **E:** opção incorreta, pois não há espaço para a razoabilidade quando se trata de atos nulos. Veja art. 9º da CLT.

Gabarito "A"

6. REMUNERAÇÃO E SALÁRIO

(Procurador do Estado/BA – 2014 – CESPE) Em relação aos direitos dos trabalhadores, julgue o item seguinte.

(1) O salário do trabalhador pode ser reduzido por convenção ou acordo coletivo de trabalho.

1: Opção correta, pois reflete o disposto no art. 7º, VI, da CF.

Gabarito 1C

(Procurador Distrital – 2014 – CESPE) Conforme a jurisprudência dominante do TST, a CF e a legislação pertinente, julgue o seguinte item.

(1) Não há incidência do fundo de garantia do tempo de serviço sobre o valor pago a título de ajuda de custo, participação em lucros ou resultados e férias indenizadas. Por outro lado, há manutenção da incidência dessa contribuição em algumas hipóteses de suspensão do contrato de trabalho, como, por exemplo, em caso de afastamento para a prestação do serviço militar obrigatório.

1: Por não possuírem natureza salarial, sobre a ajuda de custo não incidirá FGTS. Veja art. 13, XIII e XIV da Instrução Normativa 25/2001 do MTE. A participação nos lucros ou resultados, nos termos do art. 3º da Lei 10.101/2000 não constitui base de incidência de qualquer encargo trabalhista, não se lhe aplicando o princípio da habitualidade, veja art. 13, I, da Instrução Normativa 25/2001 do MTE; férias indenizadas, por possuírem natureza indenizatória e não salarial, não incidirá FGTS, nos termos da OJ 195 da SDI 1 do TST. Veja art. 13, V, da Instrução Normativa 25/2001 do MTE. Já no período por afastamento por serviço militar devem ser feitos os depósitos de FGTS. Veja art. 12 da Instrução Normativa 25/2001 do MTE.

Gabarito 1C

(Procurador Distrital – 2014 – CESPE) Julgue o seguinte item, com base na legislação e no entendimento jurisprudencial dominante do TST.

(1) A gratificação paga em virtude do exercício de determinada função para a qual o empregado tiver sido designado será devida enquanto este permanecer no exercício da função, possuindo natureza salarial. Assim, caso um empregado tivesse assumido função gratificada em abril de 2001 e sido imotivadamente revertido a seu cargo anterior em novembro de 2012, ele deveria deixar de receber o respectivo importe pecuniário da gratificação.

1: Opção incorreta, pois nos termos da Súmula 372, I, do TST percebida a gratificação de função por dez ou mais anos pelo empregado, se o empregador, sem justo motivo, revertê-lo a seu cargo efetivo, não poderá retirar-lhe a gratificação tendo em vista o princípio da estabilidade financeira.

Gabarito 1E

(Procurador do Estado/AC – FMP – 2012) No que diz respeito à remuneração do trabalhador, é correto afirmar que:

(A) não há qualquer distinção, em regra, entre remuneração e salário.

(B) as verbas denominadas de ajuda de custo, destinadas a fazer frente às despesas com eventuais transferências do empregado, têm natureza eminentemente salarial.

(C) eventual compensação a ser implementada pelo empregador no momento da dissolução contratual não poderá exceder ao equivalente a uma remuneração do empregado.

(D) toda e qualquer gratificação paga no curso do contrato de trabalho tem natureza salarial.

A: opção incorreta, pois nos termos do art. 457 da CLT remuneração é composta de: *a)* salário, que é pago diretamente pelo empregador ao empregado como contraprestação pelos serviços e *b)* a gorjeta, importância paga por terceiros ao empregado, art. 457, § 3º, CLT.;**B:** opção incorreta, pois nos termos do art. 457, § 2º, CLT não se incluem no salário do obreiro as ajudas de custo, assim como as diárias para viagem que não excedam de 50% (cinquenta por cento) do salário percebido. Veja Súmula 101 do TST; **C:** opção correta, pois reflete o disposto no art. 477, § 5º, CLT; **D:** opção incorreta, pois somente as gratificações ajustadas, expressa ou tacitamente, possuem natureza salarial.

Gabarito "C"

(Procurador do Estado/GO – 2010) Sobre a equiparação salarial, de acordo com a CLT e com o entendimento sumulado do Tribunal Superior do Trabalho, é CORRETO afirmar que

(A) é necessário, para a sua configuração, o preenchimento dos seguintes requisitos: identidade de funções, trabalho de igual valor, mesmo empregador, mesma localidade, simultaneidade na prestação de serviços, desde que existente quadro de carreira organizado.

(B) é necessário, para sua configuração, que o empregado e o paradigma exerçam a mesma função, desempenhando as mesmas tarefas, desde que em cargos com idêntica denominação.

(C) é sempre irrelevante a circunstância de que o desnível salarial tenha origem em decisão judicial que beneficiou o paradigma, desde que presentes os pressupostos do artigo 461 da CLT.

(D) o art. 37, inciso XIII, da CF/1988, veda a equiparação de qualquer natureza para o efeito de remuneração do pessoal do serviço público, sendo juridicamente impossível a aplicação da norma infraconstitucional prevista no art. 461 da CLT quando se pleiteia equiparação salarial entre servidores públicos, independentemente de terem sido contratados pela CLT.

(E) a cessão de empregados não exclui a equiparação salarial, embora exercida a função em órgão governamental estranho à cedente, se esta responde pelos salários do paradigma ou pelos salários do reclamante.

A: opção incorreta, pois nos termos do art. 461, § 2º, da CLT e Súmula 6, item I, do TST caso exista quadro de carreira, devidamente homologado pelo Ministério do Trabalho e Emprego, não é possível a equiparação salarial; **B:** opção incorreta, pois nos termos do item III da Súmula 6 do TST empregado e paradigma devem exercer a mesma função, desempenhando as mesmas tarefas, não importando se os cargos têm, ou não, a mesma denominação; **C:** opção incorreta, pois nos termos da Súmula 6, item VI, do TST a circunstância de que o desnível salarial tenha origem em decisão judicial que beneficiou o paradigma é irrelevante salvo se decorrente de vantagem pessoal, de tese jurídica superada pela jurisprudência de Corte Superior ou, na hipótese de equiparação salarial em cadeia; **D:** opção correta, pois reflete o disposto no art. 37, XIII, CF; **E:** opção incorreta, pois nos termos da Súmula 6, item V, do TST não se excluirá o pedido de equiparação se a cedente for responsável pelos salários do paradigma e do reclamante e não do paradigma *"OU"* salários do reclamante como induz a assertiva.

Gabarito "D"

(Procurador do Estado/GO – 2010) Acerca das parcelas remuneratórias, à luz do que dispõe a legislação trabalhista e a jurisprudência sumulada do Tribunal Superior do Trabalho, está CORRETA a seguinte proposição:

(A) O pagamento do adicional de transferência ao empregado é devido quando este é removido para localidade diversa da contratação, ainda que a título definitivo.

(B) A configuração de abandono de emprego, no curso de aviso-prévio dado pelo empregador, retira do empregado qualquer direito às verbas rescisórias de natureza indenizatória.

(C) Percebido adicional de insalubridade por mais de dez anos consecutivos e ininterruptos, tal parcela incorpora-se à remuneração do obreiro, tendo em vista o princípio da estabilidade financeira.

(D) A conversão do terço de férias em abono prevista no art. 143 da CLT, consubstancia direito potestativo do empregado ao qual o empregador não poderá se opor.

(E) Excetuando a hipótese de dispensa do empregado por justa causa, a extinção do contrato de trabalho sujeita o empregador ao pagamento da remuneração das férias proporcionais, salvo se incompleto o período aquisitivo de 12 meses.

A: opção incorreta, pois nos termos da OJ 113 da SDI 1 do TST o pressuposto legal apto a legitimar a percepção do mencionado adicional é a transferência provisória; **B:** opção incorreta, pois nos termos da Súmula 73 do TST a ocorrência de justa causa afasta qualquer direito às verbas rescisórias de natureza indenizatória, salvo no caso de abandono de emprego; **C:** opção incorreta, pois nos termos do art. 194 da CLT o direito ao adicional cessará com a eliminação do risco à sua saúde. Nesse mesmo sentido veja a Súmula 248 do TST; **D:** opção correta, pois o abono pecuniário é um direito potestativo do empregado, ou seja, não admite resistência por parte do empregador, a quem restará aceitar o pedido, desde que tenha sido feito dentro do prazo estipulado no § 1º do art. 143 da CLT; **E:** opção incorreta, pois a extinção do contrato de trabalho impõe ao empregador o dever de pagar férias proporcionais ainda que incompleto o período aquisitivo, salvo em hipóteses de justa causa, nos termos da Súmula 171 do TST.

Gabarito "D"

(Procurador do Estado/GO – 2010) À luz do entendimento contido nas súmulas e orientações jurisprudenciais do Tribunal Superior do Trabalho, no que se refere aos empregados públicos, é CORRETO afirmar:

(A) A cessão de empregado público para ente público diverso, realizada com ônus para o cessionário, não exclui a equiparação salarial, se o ente cedente responder pelos salários do empregado-paradigma.

(B) O simples desvio funcional do empregado não gera direito a novo enquadramento, mas apenas às diferenças salariais respectivas, mesmo que o desvio de função haja iniciado antes da vigência da CF/1988.

(C) Entre servidores públicos da administração direta, autárquica e fundacional contratados pela CLT, é permitida a equiparação salarial.

(D) A despedida de empregados de empresa pública e de sociedade de economia mista admitidos por concurso público, em regra, depende de ato motivado para sua validade.

(E) Empregado público eleito para ocupar cargo de diretor em sociedade de economia mista tem o respectivo contrato de trabalho interrompido, não se computando o tempo de serviço para qualquer efeito legal, ainda que presente a subordinação jurídica inerente à relação de emprego.

A: opção incorreta, pois para haver possibilidade de equiparação é necessário que o ente público seja responsável pelos salários do paradigma e reclamante, nos termos da Súmula 6, item V, TST; **B:** opção correta, pois reflete o disposto na OJ 125 da SDI 1 do TST; **C:** opção incorreta, pois nos termos do art. 37, XIII, CF e OJ 297 da SDI 1 do TST é impossível pedido de equiparação salarial entre servidores públicos; **D:** opção incorreta, pois nos termos da OJ 247, item I, da SDI 1 do TST a despedida independe de ato motivado para sua validade; **E:** opção incorreta, pois o empregado eleito diretor de sociedade tem o contrato de trabalho suspenso. Veja a Súmula 269 do TST.

Gabarito "B"

(PROCURADOR DO ESTADO/MG – FUMARC – 2012) Assinale a alternativa **INCORRETA**.

(A) Salário é a contraprestação em pecúnia ou em utilidades devida e paga diretamente pelo empregador ao empregado em virtude do contrato de trabalho.

(B) Segundo a Consolidação das Leis do Trabalho, na falta de estipulação do salário entre empregado e empregador, ou não havendo prova sobre a importância ajustada, o empregado terá direito a perceber salário igual ao daquele que, na mesma empresa, fizer serviço equivalente ou do que for habitualmente pago para serviço semelhante.

(C) O empregado urbano que recebe mensalmente um salário mínimo, poderá receber de seu empregador até setenta por cento de seu salário em utilidades, devendo os outros trinta por cento restantes serem pagos em dinheiro.

(D) O aviso-prévio, de que trata o Capítulo VI, do Título IV, da Consolidação das Leis do Trabalho, será concedido na proporção de 30 (trinta) dias aos empregados que contem até 1 (um) ano de serviço na mesma empresa, sendo acrescidos 2 (dois) dias por ano de serviço prestado na mesma empresa, até o máximo de 60 (sessenta) dias, perfazendo um total de até 90 (noventa) dias.

(E) No caso de paralisação temporária ou definitiva do trabalho, motivada por ato de autoridade municipal, estadual ou federal, ou pela promulgação de lei ou resolução que impossibilite a continuação da atividade, prevalecerá para o empregado o direito de perceber a indenização devida, cujo pagamento ficará a cargo do governo responsável.

A: opção correta, pois reflete a disposição contidas nos arts. 457 e 458 da CLT; **B:** opção correta, pois reflete o disposto no art. 460 da CLT; **C:** opção correta, pois reflete o disposto no art. 82, parágrafo único, da CLT; **D:** Opção incorreta, pois de acordo com a Lei 12.506/2011 sofrerá um acréscimo de 3(três) dias por ano completo de trabalho. Veja Nota Técnica 184/2012 do Ministério do Trabalho e Emprego; **E:** opção correta, pois trata da hipótese do *factum principis*, disposto no art. 486 da CLT.

Gabarito "D"

(Procurador do Estado/MG – 2007) Marizete trabalha para a empresa Casa Rosada desde 2001. Devido à grave crise financeira da empresa, o patrão notificou a todos os funcionários de que a partir de julho de 2006, o pagamento dos salários ocorreria a cada 35 dias. Sobre a decisão da empresa é possível afirmar que

(A) é correta, pois as partes podem estipular livremente o pagamento dos salários.

(B) é correta, pois o pagamento dos salários pode ser estipulado de forma bimestral.

(C) é incorreta, pois o pagamento dos salários não pode ser estipulado por período superior a um mês.

(D) é incorreta porque não estipulou o período do adiantamento salarial.

A: opção incorreta, pois em que pese as partes poderem alterar a data do pagamento do salário, não pode deixar de ser observado o prazo estipulado no art. 459 da CLT. Veja OJ 159 da SDI 1 do TST; **B:** opção incorreta, pois de acordo com o art. 459 da CLT o pagamento do salário, qualquer que seja a modalidade do trabalho, não deve ser estipulado por período superior a 1 (um) mês, salvo no que concerne a comissões, percentagens e gratificações. **C:** opção correta, pois reflete o disposto no art. 459 da CLT; **D:** opção incorreta. Veja comentários das alternativas anteriores.

Gabarito "C"

(Procurador do Estado/MT – FCC – 2011) Assinale a alternativa correta.

(A) Ao empregador é vedado efetuar qualquer desconto nos salários do empregado, salvo quando este resultar de adiantamentos, de dispositivos de lei, de acordo coletivo ou convenção coletiva de trabalho.

(B) Em caso de dano culposo causado pelo empregado, o desconto será lícito, mesmo que esta possibilidade não tenha sido acordada expressamente.

(C) O salário pode ser pago em moeda estrangeira, desde que seja mais benéfico ao trabalhador.

(D) Compreendem-se na remuneração do empregado, para todos os efeitos legais, além do salário devido e pago diretamente pelo empregador, como contraprestação do serviço, as gorjetas e indenizações pela adesão ao Plano de Demissão Voluntária (PDV) que receber.

(E) Integram o salário não só a importância fixa estipulada, como também as comissões, percentagens, gratificações ajustadas, ajudas de custo, assim como as diárias para viagem, desde que não excedam de 50% do salário percebido pelo empregado.

A: opção correta, pois reflete o disposto no art. 462 da CLT; **B:** opção incorreta, pois para ser considerado lícito o desconto no salário do obreiro, em caso de dano culposo, deverá existir seu consentimento, nos termos do art. 462, § 1º, da CLT; **C:** opção incorreta, pois nos termos do art. 463 da CLT o salário deverá ser pago com moeda corrente do País; **D:** opção incorreta, pois as indenizações pela adesão ao PDV não integram a remuneração do empregado, nos termos do art. 457 da CLT, na medida em que possui natureza indenizatória; **E:** opção incorreta, pois nos termos do art. 457, § 2º, da CLT NÃO se incluem nos salários as ajudas de custo, assim como as diárias para viagem que não excedam de 50% (cinquenta por cento) do salário percebido pelo empregado. Veja, também, a Súmula 101 do TST.

Gabarito "A"

(Procurador do Estado/MT – FCC – 2011) É INCORRETO afirmar que o empregado poderá deixar de comparecer ao serviço sem prejuízo do salário por

(A) dois dias consecutivos, em caso de falecimento do cônjuge, ascendente, descendente, irmão ou pessoa que, declarada em sua carteira de trabalho e previdência social, viva sob sua dependência econômica.

(B) três dias consecutivos, em virtude de casamento.

(C) três dias, em caso de nascimento de filho no decorrer da primeira semana.

(D) um dia, em cada doze meses de trabalho, em caso de doação voluntária de sangue devidamente comprovada.

(E) pelo tempo que se fizer necessário, quando tiver que comparecer a juízo.

A: opção correta, pois reflete o disposto no art. 473, I, da CLT; **B:** opção correta, pois reflete o disposto no art. 473, II, da CLT; **C:** opção incorreta, pois nos termos do art. 473, III, da CLT poderá se ausentar por 1 (um) dia; **D:** opção correta, pois reflete o disposto no art. 473, IV, da CLT; **E:** opção correta, pois reflete o disposto no art. 473, VIII, da CLT.

Gabarito "C"

(PROCURADOR DO ESTADO/RS – FUNDATEC – 2010) Considere as afirmações a seguir:

I. Entre outras utilidades, não é considerado salário *in natura*, nos termos da legislação trabalhista, o transporte destinado ao deslocamento para o trabalho e retorno, em percurso servido ou não por transporte público, bem como a assistência médica, hospitalar e odontológica, prestada diretamente ou mediante seguro-saúde.

II. Segundo entendimento consagrado pelo Tribunal Superior do Trabalho, as gorjetas, cobradas pelo empregador na nota de serviço ou oferecidas espontaneamente pelos clientes, integram a remuneração do empregado, entretanto não servem de base de cálculo para as parcelas de aviso-prévio, adicional noturno, horas extras e repouso semanal remunerado.

III. Conforme entendimento consagrado pelo Tribunal Superior do Trabalho, existindo, ao mesmo tempo, gratificação por tempo de serviço outorgada pelo empregador e outra da mesma natureza prevista em acordo coletivo, convenção coletiva ou sentença normativa, o empregado tem direito a receber, exclusivamente, a que lhe seja mais benéfica.

Quais estão corretas?

(A) Apenas I.

(B) I, II e III.

(C) Apenas II e III.

(D) Apenas I e III.

(E) Apenas III.

I: opção correta, pois reflete o disposto no art. 458, § 2º, incisos III e IV, da CLT; II: opção correta, pois reflete o entendimento disposto na Súmula 354 do TST; III: opção correta, pois reflete o entendimento disposto na Súmula 202 do TST.

Gabarito "B"

(Procurador do Estado/SP – VUNESP – 2005) Para o reconhecimento do direito à equiparação salarial,

(A) é indispensável a comprovação de que o reclamante e o paradigma exercem a mesma função, ocupando cargos com a mesma denominação e desempenhando as mesmas tarefas com igual produtividade e com a mesma perfeição técnica.

(B) o conceito de "mesma localidade" de que trata o art. 461 da CLT deve ser interpretado estritamente, referindo-se ao mesmo município, não se aplicando a municípios distintos, ainda que pertencentes à mesma região metropolitana.

(C) a prescrição é parcial e só alcança as diferenças salariais vencidas no período de 5 (cinco) anos que precedeu a extinção do contrato de trabalho.

(D) é aplicável o princípio constitucional da isonomia, para fins de equiparação salarial, aos servidores da Administração Pública direta, das autarquias e fundações públicas, contratados sob regime da Consolidação das Leis do Trabalho.

(E) é desnecessário que, ao tempo da reclamação, reclamante e paradigma estejam a serviço do estabelecimento, desde que o pedido se relacione com situação pretérita.

A: opção incorreta, pois de acordo com o entendimento consolidado no item III da Súmula 6 do TST não importa se os cargos têm, ou não, a mesma denominação; **B:** opção incorreta, pois de acordo com o entendimento disposto no item X da Súmula 6 do TST o conceito de "mesma localidade" de que trata o art. 461 da CLT refere-se, em princípio, ao mesmo município, ou a municípios distintos que, comprovadamente, pertençam à mesma região metropolitana; **C:** opção incorreta, pois embora a prescrição seja parcial, alcançará as diferenças salariais vencidas 5 anos que precedeu o ajuizamento da ação, em conformidade com o item IX da Súmula 6 do TST; **D:** opção incorreta, pois em conformidade com a OJ 297 da SDI 1 do TST o art. 37, inciso XIII, da CF/1988, veda a equiparação de qualquer natureza para o efeito de remuneração do pessoal do serviço público; **E:** opção correta, pois reflete o entendimento disposto na Súmula 6, item IV, do TST.

Gabarito "E"

(Procurador do Município/Manaus-AM – 2006 – FCC) No que se refere a equiparação salarial entre empregados prevista na Consolidação das Leis Trabalhista, é correto afirmar:

(A) O trabalhador readaptado em nova função por motivo de deficiência física ou mental atestada pelo órgão competente da Previdência Social servirá de paradigma para fins de equiparação salarial.

(B) O trabalho de igual valor será o que for exercido com igual produtividade e com a mesma perfeição técnica, entre pessoas cuja diferença de tempo de serviço na função não seja superior a 1 ano.

(C) A equiparação salarial prevalecerá independentemente do empregador possuir pessoal organizado em quadro de carreira homologado pelo Ministério do Trabalho.

(D) A equiparação salarial só é possível se o empregado e o paradigma exercerem a mesma função, desempenhando as mesmas tarefas, não importando se os cargos têm, ou não, a mesma denominação.

(E) Em nenhuma hipótese é possível a equiparação de trabalho intelectual, em razão da subjetividade existente e da pessoalidade inerente ao intelecto de cada empregado.

A: opção incorreta, pois nos termos do art. 461, § 4º, da CLT não poderá servir de paradigma; **B:** opção incorreta, pois nos termos do art. 461, § 1º, da CLT a diferença de tempo de serviço na função não poderá ser superior a 2 anos; **C:** opção incorreta, pois existindo quadro de carreira organizado e devidamente homologado pelo Ministério do Trabalho e Emprego, não prevalecerá a equiparação, nos termos do art. 461, § 2º, da CLT e Súmula 6, item I, do TST; **D:** opção correta, pois reflete o disposto na Súmula 6, item III, do TST; **E:** opção incorreta, pois de acordo com o entendimento disposto na Súmula 6, item VII, do TST desde que atendidos os requisitos do art. 461 da CLT, é possível a equiparação salarial de trabalho intelectual, que pode ser avaliado por sua perfeição técnica, cuja aferição terá critérios objetivos.

Gabarito "D"

(Procurador do Município/Natal-RN – 2008 – CESPE) O salário-família

(A) é devido ao segurado que tiver filho menor de 16 anos.

(B) é pago ao empregado doméstico.

(C) é pago em razão do dependente de trabalhador de baixa renda.

(D) é devido ao segurado que tiver filho inválido até este completar 20 anos de idade.

A: opção incorreta, pois será devido para auxiliar no sustento dos filhos de até 14 anos de idade ou inválidos de qualquer idade, nos termos do art. 66 da Lei 8.213/1991. (Observação: São equiparados aos filhos os enteados e os tutelados, estes desde que não possuam bens suficientes para o próprio sustento, devendo a dependência econômica de ambos ser comprovada; **B:** opção incorreta, pois o salário-família não é pago ao empregado doméstico, nos termos do art. 65 da Lei 8.213/1991; **C:** opção correta, pois reflete o disposto no art. 7º, XII, da CF; **D:** opção incorreta, pois nos termos do art. 66 da Lei 8.213/1991 em se tratando de filho inválido não há limite de idade.

Gabarito "C"

(Procurador do Município/Recife-PE – 2008 – FCC) Considere as seguintes assertivas a respeito da equiparação salarial:

I. O quadro de carreira das entidades de direito público da administração direta, autárquica e fundacional aprovado por ato administrativo da autoridade competente só é válido quando homologado pelo Ministério do Trabalho.

II. Na ação de equiparação salarial, a prescrição é parcial e só alcança as diferenças salariais vencidas no período de cinco anos que precedeu o ajuizamento.

III. Não há equiparação salarial de trabalho intelectual uma vez que sua aferição terá critérios subjetivos refutados pela Consolidação das Leis do Trabalho.

IV. A cessão de empregados não exclui a equiparação salarial, embora exercida a função em órgão governamental estranho à cedente, se esta responde pelos salários do paradigma e do reclamante.

Está correto o que se afirma SOMENTE em

(A) I e II.

(B) I, II e III.

(C) II, III e IV.

(D) II e IV.

(E) III e IV.

I: opção incorreta, pois nos termos da Súmula 6, item I, do TST para as entidades de direito público da administração direta, autárquica e fundacional quando o quadro de carreira for aprovado por ato administrativo da autoridade competente, não é necessária a homologação pelo Ministério do Trabalho; II: opção correta, pois reflete o entendimento disposto na Súmula 6, item IX, do TST; III: opção incorreta, pois nos termos da Súmula 6, item VII, do TST é possível a equiparação salarial para o trabalho intelectual; IV: opção correta, pois reflete o entendimento disposto na Súmula 6, item V, do TST.

Gabarito "D"

(Procurador do Município/São José dos Campos-SP – 2012 – VUNESP) Em se tratando de remuneração e salário, é correto afirmar que

(A) os termos são sinônimos e podem ser usados indistintamente, sem nenhuma consequência prática, já que a própria legislação consolidada não os dissocia, tomando-os como palavras de conteúdo jurídico equivalente.

(B) tanto remuneração quanto salário são correspondentes a um conjunto de parcelas contraprestativas pagas apenas pelo empregador em função do contrato de trabalho, mas o salário é de menor abrangência.

(C) várias teorias tratam distintamente da matéria. Há as que identificam os termos, há as que afirmam que remuneração é gênero do qual salário é espécie, e há aquelas que negam qualquer relação entre os termos.

(D) prevaleceu na jurisprudência a distinção entre remuneração, que abrange parcelas contraprestativas do trabalho pagas inclusive por terceiros, como gorjetas, e salário, conjunto de parcelas contraprestativas pagas pelo empregador.

(E) salário é a base da remuneração, título a partir do qual são calculados e pagos os demais títulos que, se tiverem caráter habitual, são considerados integrantes da remuneração para todos os efeitos legais.

A: opção incorreta, pois remuneração e salários são termos diferentes; **B:** opção incorreta, pois as gorjetas também são pagas por terceiros ao empregado, art. 457, § 3º, CLT. **C:** opção incorreta, pois embora remuneração é um gênero de que são espécies salário e gorjeta, não há teorias que neguem a relação entre os termos. **D:** opção correta, pois remuneração abrange prestações pagas por terceiros, nos termos do art. 457 *caput* e § 3º, CLT e o salário contraprestação paga diretamente pelo empregador ao empregado, art. 457, caput, CLT. **E:** opção incorreta, pois remuneração é salário mais as gorjetas, art. 457 da CLT.

Gabarito "D"

(Procurador do Município/São Paulo-SP – 2008 – FCC) Uma empresa, de forma reiterada, paga os salários dos empregados com atraso. Esta conduta caracteriza

(A) falta grave do empregador e autoriza os empregados a pleitearem em Juízo a homologação do pedido de demissão.

(B) falta grave do empregador e autoriza os empregados a pleitearem em Juízo a declaração da despedida indireta, com o pagamento das respectivas indenizações.

(C) infração administrativa e sujeita a empresa ao pagamento da multa imposta pela Delegacia Regional do Trabalho.

(D) infração administrativa e sujeita a empresa à interdição pelo Ministério do Trabalho.

(E) infração administrativa e autoriza os empregados a pleitearem em Juízo a suspensão do contrato de trabalho até a regularização do pagamento.

B: Opção correta, pois o atraso no pagamento do salário constitui falta grave do empregador, tipificada no art. 483 da CLT, capaz de ensejar a rescisão indireta do contrato de trabalho com o consequente recebimento das verbas como de uma despedida imotivada, a saber: saldo de salário; aviso-prévio; férias vencidas + 1/3 constitucional; férias simples e proporcionais + 1/3 constitucional; 13º salário integral e/ou proporcional; depósitos de FGTS de 8% sobre o salário, multa de 40% sobre os depósitos do FGTS; entrega das guias para levantamento do FGTS; entrega da guia de seguro desemprego ou indenização substitutiva, nos termos da Súmula 389 TST. Importante ressaltar que o atraso no pagamento de salários poderá dar ensejo ao pedido de danos morais ao empregado. Em decisão de maio de 2012, a 4ª Turma do Colendo TST entendeu que o atraso reiterado no pagamento dos salários configura, por si só, o dano moral, pois gera um estado permanente de apreensão do trabalhador, chamado de dano moral *in re ipsa*, ou seja, dano moral presumido. Nesse sentido veja: Processo nº TST-RR-74200-06.2009.5.04.0202.

Gabarito "B"

(Advogado da União/AGU – CESPE – 2012) Julgue os itens a seguir, acerca de remuneração e salário.

(1) Integram o salário não apenas o valor fixo estipulado pela prestação laboral, mas também as comissões, os percentuais, as gratificações, os abonos, as diárias de viagem e as ajudas de custo.

(2) A remuneração do trabalhador compreende, além do salário, também as gorjetas que perceber entre os valores cobrados pela empresa de seus clientes, como adicional nas contas e a destinada à distribuição entre os empregados, não integrando a remuneração, entretanto, as gorjetas dadas espontaneamente pelos clientes ao empregado.

(3) O pagamento do salário, qualquer que seja a modalidade do contrato de emprego, não deve ser estipulado por período superior a um mês, salvo no que concerne à apuração de comissões, percentagens e gratificações, observada a garantia mínima correspondente ao valor do salário mínimo mensal para os que percebam valores variáveis.

(4) O salário mínimo é fixado por lei federal, em caráter nacional, de modo a garantir as necessidades vitais do trabalhador e de sua família com moradia, alimentação, educação, saúde, vestuário, higiene, transporte e previdência social, devendo os valores ser reajustados periodicamente para preservar o seu poder aquisitivo, vedada sua vinculação como indexador financeiro ou outro qualquer fim, podendo o valor ser declarado por decreto do presidente da República, se assim autorizado pela lei que fixar o modo de reajuste ou aumento.

1: Opção incorreta, pois nos termos do art. 457, § 2º, da CLT as ajudas de custo não integram o salário do obreiro; **2:** opção incorreta, pois tanto as gorjetas cobradas pelo empregador, como as gorjetas dadas espontaneamente pelo cliente integram a remuneração do empregado, nos termos do art. 457, § 3º, da CLT; **3:** opção correta, pois reflete o disposto no art. 459 da CLT e art. 78, parágrafo único, da CLT. **4:** opção correta, pois reflete o disposto no art. 7º, IV, da CF e art. 3º da Lei 12.382/2011. Veja ADI 4568 em que o STF decidiu pela constitucionalidade da lei.

Gabarito 1E, 2E, 3C, 4C

(Procurador da Fazenda Nacional – 2006 – ESAF) Assinale a opção em que todas as verbas arroladas têm natureza remuneratória.

(A) Comissões; adicional noturno; participação nos lucros e resultados; férias.

(B) Diárias para viagem; adicional de periculosidade; 13º salário; complementação de aposentadoria.

(C) Gratificações; adicional de insalubridade; aviso-prévio; transporte destinado ao deslocamento para o trabalho e retorno.

(D) Abonos; adicional de transferência; ajuda de custo; prêmios.

(E) Gorjetas; adicional de horas extras; descansos semanais remunerados; vale-refeição.

A: opção incorreta, pois a participação nos lucros e resultados não possui natureza remuneratória, nos termos do art. 3º da Lei 10.101/2000; **B:** opção incorreta, pois complementação de aposentadoria não integra a remuneração do empregado; **C:** opção incorreta, pois o transporte destinado ao deslocamento para o trabalho e retorno não tem natureza salarial, veja art. 458, § 2º, III, da CLT; **D:** opção incorreta, pois nos termos do art. 457, § 2º, da CLT as ajudas de custo não se incluem; **E:** opção correta, pois nos termos do art. 457 da CLT as gorjetas integram a remuneração do empregado, assim como os adicionais, art. 457, § 1º, da CLT e o repouso semanal remunerado. Veja art. 67 da CLT e Lei 605/1949. O vale-refeição, nos termos da Súmula 241 do TST possui natureza remuneratória.

Gabarito "E"

(Procurador do Estado/SC – 2010 – FEPESE) Sobre a remuneração do empregado, a Consolidação das Leis Trabalhistas estabelece que:

(1) Compreende-se no salário, para todos os efeitos legais, a alimentação, a habitação, o vestuário ou outras prestações "in natura" que a empresa, por força do contrato ou do costume, fornecer habitualmente ao empregado.

(2) Não se incluem nos salários as ajudas de custo, assim como as diárias para viagem que não excedam de 50% (cinquenta por cento) do salário percebido pelo empregado.

(3) Considera-se gorjeta não só a importância espontaneamente dada pelo cliente ao empregado, como também aquela que for cobrada pela empresa ao cliente, como adicional nas contas, a qualquer título, e destinada à distribuição aos empregados.

(4) O transporte destinado ao deslocamento para o trabalho e retorno, em percurso servido ou não por transporte público, quando concedido pelo empregador será considerado salário.

Assinale a alternativa que indica todas as afirmativas **corretas**.

(A) São corretas apenas as afirmativas 1 e 2.

(B) São corretas apenas as afirmativas 2 e 3.

(C) São corretas apenas as afirmativas 3 e 4.

(D) São corretas apenas as afirmativas 1, 2 e 3.

(E) São corretas as afirmativas 1, 2, 3 e 4.

1: opção correta, pois reflete o disposto no art. 458, *caput*, da CLT; **2:** opção correta, pois reflete o disposto no art. 457, § 2º, da CLT; **3:** opção correta, pois reflete o disposto no art. 457, § 3º, da CLT; **4:** opção incorreta, pois em desconformidade com os termos do art. 458, § 2º, III, da CLT.

Gabarito "D"

(Procurador do Estado/PE – CESPE – 2009) Acerca do repouso semanal remunerado, assinale a opção correta.

(A) O adicional de insalubridade não remunera os dias de repouso semanal.

(B) O professor que recebe salário mensal à base de hora-aula tem direito ao acréscimo de um sexto a título de repouso semanal remunerado, considerando-se para esse fim o mês de quatro semanas e meia.

(C) As gratificações por tempo de serviço e produtividade pagas mensalmente repercutem no cálculo do repouso semanal remunerado.

(D) O trabalho prestado em domingos e feriados, não compensado, deve ser pago em dobro, restando prejudicada a remuneração relativa ao repouso semanal propriamente dita.

(E) No regime de revezamento, as horas trabalhadas em seguida ao repouso semanal de 24 horas, com prejuízo do intervalo mínimo de 11 horas consecutivas para descanso entre jornadas, não devem ser remuneradas como extraordinárias.

A: incorreta, pois a alternativa não está de acordo com a Orientação Jurisprudencial 103 da SDI-I do TST: "ADICIONAL DE INSALUBRIDADE. REPOUSO SEMANAL E FERIADOS. O adicional de insalubridade já remunera os dias de repouso semanal e feriados"; **B:** correta, pois a assertiva está de acordo com o teor da Súmula 351 do TST: "PROFESSOR. REPOUSO SEMANAL REMUNERADO. ART. 7º, § 2º, DA LEI Nº 605, DE 05.01.1949 E ART. 320 DA CLT. O professor que recebe salário mensal à base de hora-aula tem direito ao acréscimo de 1/6 a título de repouso semanal remunerado, considerando-se para esse fim o mês de quatro semanas e meia"; **C:** incorreta, pois a alternativa não está de acordo com a Súmula 225 do TST: "REPOUSO SEMANAL. CÁLCULO. GRATIFICAÇÕES POR TEMPO DE SERVIÇO E PRODUTIVIDADE. As gratificações por tempo de serviço e produtividade, pagas mensalmente, não repercutem no cálculo do repouso semanal remunerado"; **D:** incorreta, pois a alternativa não está de acordo com a Súmula 146 do TST: "TRABALHO EM DOMINGOS E FERIADOS, NÃO COMPENSADO. O trabalho prestado em domingos e feriados, não compensado, deve ser pago em dobro, sem prejuízo da remuneração relativa ao repouso semanal"; **E:** incorreta, pois a alternativa não está de acordo com a Súmula 110 do TST: "JORNADA DE TRABALHO. INTERVALO. No regime de revezamento, as horas trabalhadas em seguida ao repouso semanal de 24 horas, com prejuízo do intervalo mínimo de 11 horas consecutivas para descanso entre jornadas, devem ser remuneradas como extraordinárias, inclusive com o respectivo adicional".

Gabarito "B"

(Procurador do Estado/CE – 2008 – CESPE) Acerca da remuneração e do salário, assinale a opção correta.

(A) Compreendem-se na remuneração do empregado, para todos os efeitos legais, além do salário devido e pago diretamente pelo empregador, como contraprestação do serviço, as gorjetas que receber, assim consideradas tanto as recebidas em decorrência de rateio dos valores a tal título cobradas nas notas de serviço pelo empregador em relação a seus clientes, como ainda aquelas importâncias espontaneamente dadas pelo cliente ao empregado.

(B) A remuneração engloba todas as importâncias pagas pelo empregador ao empregado.

(C) Integram o salário, não apenas a importância fixa estipulada, como também os valores a título de comissões, percentagens, gratificações ajustadas, diárias para viagens, ressarcimento de despesas em viagem e os abonos pagos espontaneamente pelo empregador ao empregado.

(D) Além do pagamento em dinheiro, compreendem-se no salário, para todos os efeitos legais, a alimentação, a habitação, o vestuário e quaisquer outras prestações pecuniárias pagas *in natura* por força do contrato ou costume.

(E) Sendo idêntica a função, a todo trabalho de igual valor, prestado ao mesmo empregador, na mesma localidade, corresponderá igual salário, sem distinção de sexo, nacionalidade ou idade, considerado como de igual valor o trabalho que for feito com igual produtividade e perfeição técnica, entre pessoas cuja diferença de tempo de serviço não seja superior a dois anos, ainda quando o empregador tiver pessoal organizado em quadro de carreira.

A: correta, pois a assertiva reflete o disposto no art. 457, *caput* e § 3º, da CLT; **B:** incorreta, pois a remuneração não engloba todas as importâncias pagas, a teor do disposto no art. 457, *caput*, da CLT; **C:** incorreta, pois a assertiva não reflete o disposto no art. 457, § 1º, da CLT; **D:** incorreta, pois a assertiva está em confronto com o disposto no art. 458, *caput*, da CLT; **E:** incorreta, pois a equiparação salarial não é aplicável quando o empregador tiver pessoal organizado em quadro de carreira (art. 461, § 2º, da CLT).

Gabarito "A"

(Procurador do Estado/PB – 2008 – CESPE) Acerca da remuneração pelo trabalho sob vínculo de emprego, assinale a opção incorreta.

(A) Compreendem-se, na remuneração do empregado, além do salário devido e pago diretamente pelo empregador como contraprestação do serviço, também as gorjetas que receber.

(B) O pagamento do salário, qualquer que seja a modalidade do trabalho, não deve ser estipulado por período superior a um mês, salvo no que concerne a comissões, percentagens e gratificações, observada, para os que percebam valores variáveis, a garantia mínima correspondente ao salário mínimo.

(C) Na falta de estipulação do salário ou não havendo prova sobre a importância ajustada, o empregado terá direito a perceber salário igual ao daquele que, na mesma empresa, fizer serviço equivalente, ou do que for habitualmente pago para serviço semelhante.

(D) Considera-se gorjeta a importância paga pelo cliente como adicional na conta cobrada pelo empregador e destinada à distribuição entre os empregados, não se caracterizando como tal, para fins de integração à remuneração, a verba paga pelo cliente, em caráter voluntário, diretamente ao empregado que o haja servido.

(E) Em caso de rescisão contratual, havendo controvérsia sobre o montante das verbas rescisórias, o empregador é obrigado a pagar ao trabalhador, à data do comparecimento à justiça do trabalho, a parte incontroversa dessas verbas, sob pena de pagá-las acrescidas de 50%, entretanto, tal disposição não se aplica à União, aos Estados, ao DF, aos municípios e às suas autarquias e fundações públicas.

A: correta, pois a assertiva está de acordo com o art. 457, *caput*, da CLT; **B:** correta, pois a assertiva reflete o disposto no art. 7º, IV, da CF e art. 459, *caput*, da CLT; **C:** correta, pois a assertiva reflete o disposto no art. 460 da CLT; **D:** incorreta, pois a assertiva está contrária ao disposto no art. 457, § 3º, da CLT; **E:** correta, pois a assertiva está de acordo com o art. 467 da CLT.

Gabarito "D"

(Procurador do Estado/RR – 2006 – FCC) O salário família

(A) é pago na proporção de número de dependentes, anualmente.

(B) é pago na proporção de número de dependentes, sendo desprovido de natureza salarial.

(C) é pago a todos os trabalhadores.

(D) é pago pela Previdência Social, como benefício previdenciário.

(E) integra a remuneração do empregado para todos os efeitos.

O salário-família, previsto no art. 7º, XII, da CF, foi regulamentado pelos arts. 65 a 70 da Lei 8.213/1991. Trata-se, de fato, de direito de natureza previdenciária e não salarial, embora as cotas sejam pagas pela empresa, ela efetiva a compensação quando do recolhimento da contribuição previdenciária (art. 68 da Lei 8.213/1991). Assim, a alternativa B reflete o conceito acima e o disposto no art. 65, *caput*, da Lei 8.213/91 que dispõe que "o salário-família será devido, mensalmente, ao segurado empregado, exceto ao doméstico, e ao segurado trabalhador avulso, na proporção do respectivo número de filhos ou equiparados nos termos do § 2º do art. 16 desta Lei, observado o disposto no art. 66".

Gabarito "B"

(Procurador do Estado/ES – 2008 – CESPE) Considere que um indivíduo tenha sido contratado para trabalhar em uma empresa pelo salário de R$ 600,00 e com gratificação bimestral de R$ 200,00. Considere, ainda, que o empregador financiava, para esse empregado, curso de pós-graduação em instituição de ensino privada, fora do horário de expediente, no valor mensal de R$ 250,00. Com base nessa situação, julgue os itens que se seguem.

(1) Nessa situação, o pagamento da gratificação de dois em dois meses é legalmente válido e tem natureza salarial, produzindo reflexos no cálculo, por exemplo, do 13.º salário.

(2) No período de férias desse empregado, é necessário considerar o cômputo do terço constitucional sobre o valor de R$ 250,00 correspondente ao curso de pós-graduação, pois, segundo a legislação, trata-se de salário *in natura*.

1: correto, art. 457, § 1º, da CLT; 2: falso, art. 458, § 2º, II, da CLT.

Gabarito 1C, 2E

(Procurador do Estado/ES – 2008 – CESPE) Com relação à pessoa jurídica de direito público como parte em processo trabalhista, julgue os itens que se seguem.

(1) O não comparecimento do representante da pessoa jurídica de direito público na audiência em que deveria produzir defesa não importa revelia e confissão quanto à matéria de fato, prevalecendo, na hipótese, a busca da verdade real, por tratar-se de interesse público indisponível.

(2) O prazo para a interposição de embargos de declaração por pessoa jurídica de direito público é em dobro.

(3) A execução, contra a fazenda pública, de quantia enquadrada como de pequeno valor dispensa a expedição de precatório, não sendo ilegal a determinação de sequestro da importância devida pelo ente público na hipótese.

1: falso, art. 844 da CLT; **2:** correto, art. 188 do CPC; **3:** correto, art. 100, §§ 2º e 3º, da CF.

Gabarito 1E, 2C, 3C

(Procurador do Estado/PI – 2008 – CESPE) Ana e Clara foram contratadas pela Empresa Tudo Limpo Ltda. na mesma época. Ana, auxiliar de serviços de escritório, recebia remuneração de R$ 1.000,00 por mês, e Clara, supervisora de escritório, recebia salário de R$ 1.500,00. Ambas possuíam níveis de escolaridade e qualificação profissional semelhantes. Após um ano, Clara foi demitida sem justa causa e Ana foi designada para substituí-la na função de supervisora, mas continuou a receber salário de R$ 1.000,00, razão pela qual moveu reclamação trabalhista contra a empresa, pleiteando equiparação salarial com Clara.

A respeito da situação hipotética apresentada, assinale a opção correta.

(A) É devida a equiparação salarial, já que Ana possuía a mesma qualificação técnica de Clara.

(B) É devida a equiparação salarial, pois não havia diferença de tempo de serviço superior a dois anos entre Ana e Clara.

(C) Não é devida a equiparação salarial, já que um dos requisitos da equiparação, a simultaneidade na prestação de serviços entre o paradigma e o trabalhador que requer a equiparação, não foi preenchido.

(D) Não é devida a equiparação, pois a empresa pode estabelecer, dentro do seu poder de mando, condições diferenciadas entre empregados.

(E) Não é devida a equiparação, mas, sim, o pagamento de diferenças salariais.

A: falso, pois não possuíam a mesma função; **B:** falso, Súmula 6, II e III, do TST; **C:** correto, Súmula 6, III, do TST; **D:** falso, a equiparação não é devida ante a ausência de requisitos; **E:** falso, art. 450 da CLT e Súmula 159, II, do TST.

Gabarito "C"

(Procurador do Estado/PI – 2008 – CESPE) A CF, no art. 37, inciso XI, estabeleceu o teto para a remuneração e para o subsídio dos ocupantes de cargos, funções e empregos públicos da administração direta, autárquica e fundacional. No que diz respeito à aplicação do referido dispositivo constitucional às sociedades de economia mista e empresas públicas, assinale a opção correta.

(A) As sociedades de economia mista e empresas públicas estão sujeitas ao teto remuneratório em questão.

(B) Apenas as sociedades de economia mista estão sujeitas ao mencionado teto remuneratório.

(C) Apenas as empresas públicas estão sujeitas ao teto remuneratório em apreço.

(D) As sociedades de economia mista e empresas públicas, por serem pessoas jurídicas de direito privado, não se sujeitam ao referido teto remuneratório.

(E) Ainda não há um posicionamento da jurisprudência a respeito da aplicação do teto remuneratório às sociedades de economia mista e empresas públicas.

A: correto, Orientação Jurisprudencial 339 da SDI 1 do TST; **B:** falso, não apenas as sociedades de economia mista, Orientação Jurisprudencial 339 da SDI 1 do TST; **C:** falso, não apenas as empresas públicas, Orientação Jurisprudencial 339 da SDI 1 do TST; **D:** falso, orientação jurisprudencial 339 da SDI 1 do TST; **E:** falso, pois existe a Orientação Jurisprudencial 339 da SDI 1 do TST.

Gabarito "A"

(Procurador do Município/Florianópolis-SC – 2010 – FEPESE) Assinale a alternativa **correta**.

(A) Na equiparação de salário, em caso de trabalho igual, toma-se em conta o tempo de serviço na função, e não no emprego.

(B) O empregado readaptado em nova função, por motivo de deficiência física ou mental atestada pelo órgão competente da Previdência Social, poderá ser utilizado como paradigma para fins de equiparação salarial.

(C) Para fins de equiparação salarial, considera-se trabalho de igual valor aquele feito com igual produtividade e com a mesma perfeição técnica, entre pessoas cuja diferença de tempo de serviço não for superior a quatro anos.

(D) As regras de equiparação salarial previstas na Consolidação das Leis do Trabalho prevalecerão sobre quaisquer outros instrumentos normativos, mesmo quando o empregador tiver pessoal organizado em quadro de carreira.

(E) Não é possível em hipótese alguma a equiparação de salários entre empregados.

A: opção correta, pois reflete o entendimento consubstanciado na Súmula 6, II, do TST; **B:** opção incorreta, pois o empregado readaptado não servirá de paradigma, nos termos do art. 461, § 4º, da CLT; **C:** opção incorreta, pois nos termos do art. 461, § 1º, da CLT a diferença de tempo de serviço não poderá ser superior a 2 (dois) anos; **D:** opção incorreta, pois, existindo quadro de carreiras, devidamente homologado no Ministério do Trabalho (Súmula 6, item I, do TST) não será possível o pedido de equiparação; **E:** opção incorreta, pois preenchidos os requisitos do art. 461 da CLT (veja, também, a Súmula 6 do TST) a equiparação salarial será devida.

Gabarito "A"

(Procurador do Município/Teresina-PI – 2010 – FCC) A gratificação por tempo de serviço

(A) não integra o salário apenas para o cálculo de aviso-prévio, descanso semanal remunerado e adicional noturno.

(B) não integra o salário para nenhum efeito legal em razão da sua natureza indenizatória.

(C) integra o salário apenas para o cálculo de aviso-prévio.

(D) integra o salário apenas para o cálculo de horas extras e férias.

(E) integra o salário para todos os efeitos legais.

O TST firmou entendimento na Súmula 203 no sentido de que a gratificação por tempo de serviço integra o salário para todos os efeitos legais.

Gabarito "E"

(Procurador do Município/Teresina-PI – 2010 – FCC) O Município V fornece como utilidade seguro de vida e de acidentes pessoais; o Município X fornece vestuários para a utilização na prestação do serviço; o Município Y fornece transporte destinado ao deslocamento para o trabalho e retorno em percurso servido por transporte público e o Município Z fornece transporte destinado ao deslocamento para o trabalho e retorno em percurso não servido por transporte público. Nestes casos, NÃO são consideradas como salários as utilidades fornecidas pelos Municípios

(A) V, X, Y e Z.

(B) X e Y, apenas.

(C) Y e Z, apenas.

(D) V, X e Z, apenas.

(E) V, X e Y, apenas.

V: Nos termos do art. 458, § 2º, V, da CLT o seguro de vida e de acidentes pessoais não poderão ser considerados como salário *in natura*; X: Nos termos do art. 458, § 2º, I, da CLT o vestuário não poderá ser considerado como salário *in natura;* **Y:** Nos termos do art. 458, § 2º, III, da CLT o vestuário não poderá ser considerado como salário *in natura;* **Z:** Nos termos do art. 458, § 2º, III, da CLT o vestuário não poderá ser considerado como salário *in natura*.

Gabarito "A"

(Procurador Federal – 2010 – CESPE) Julgue os itens a seguir, que versam sobre gratificação natalina.

(1) Inexiste previsão legal expressa no ordenamento jurídico brasileiro acerca de penalidade administrativa por eventual infração patronal à legislação inerente à gratificação natalina.

(2) As faltas ou ausências decorrentes de acidente do trabalho são consideradas para os efeitos de cálculo da gratificação natalina.

1: Errado, pois há previsão de penalidade administrativa (multa) em caso de desrespeito ao direito à gratificação natalina do empregado, conforme disposto no art. 3º, I, da Lei 7.855/1989; 2: Errado, pois o enunciado não está de acordo com a Súmula 46 do TST: "ACIDENTE DE TRABALHO. As faltas ou ausências decorrentes de acidente do trabalho não são consideradas para os efeitos de duração de férias e cálculo da gratificação natalina".

Gabarito 1E, 2E

(Procurador Federal – 2010 – CESPE) Julgue os seguintes itens, relativos a equiparação salarial.

(1) Dois trabalhadores que exercem funções idênticas, trabalho de igual valor, e prestam serviços ao mesmo empregador, em municípios distintos, mas integrantes de uma mesma região metropolitana, não fazem jus à equiparação salarial, pois não laboram na mesma localidade.

(2) Para efeito de equiparação de salários em caso de trabalho igual, conta-se o tempo de serviço na função, e não no emprego.

1: Errado, pois de acordo com a Súmula 6, X, do TST, o conceito de "mesma localidade" contido no art. 461 da CLT refere-se ao mesmo município, ou a municípios distintos que, comprovadamente, pertençam à mesma *região metropolitana*; **2:** Certo, pois o enunciado está de acordo com a Súmula 6, II, do TST: "EQUIPARAÇÃO SALARIAL. ART. 461 DA CLT. I – Para os fins previstos no § 2º do art. 461 da CLT, só é válido o quadro de pessoal organizado em carreira quando homologado pelo Ministério do Trabalho, excluindo-se, apenas, dessa exigência o quadro de carreira das entidades de direito público da administração direta, autárquica e fundacional aprovado por ato administrativo da autoridade competente. II – Para efeito de equiparação de salários em caso de trabalho igual, conta-se o tempo de serviço na função e não no emprego. III – A equiparação salarial só é possível se o empregado e o paradigma exercerem a mesma função, desempenhando as mesmas tarefas, não importando se os cargos têm, ou não, a mesma denominação. IV – É desnecessário que, ao tempo da reclamação sobre equiparação salarial, reclamante e paradigma estejam a serviço do estabelecimento, desde que o pedido se relacione com situação pretérita. V – A cessão de empregados não exclui a equiparação salarial, embora exercida a função em órgão governamental estranho à cedente, se esta responde pelos salários do paradigma e do reclamante. VI – Presentes os pressupostos do art. 461 da CLT, é irrelevante a circunstância de que o desnível salarial tenha origem em decisão judicial que beneficiou o paradigma, exceto se decorrente de vantagem pessoal ou de tese jurídica superada pela jurisprudência de Corte Superior. VII – Desde que atendidos os requisitos do art. 461 da CLT, é possível a equiparação salarial de trabalho intelectual, que pode ser avaliado por sua perfeição técnica, cuja aferição terá critérios objetivos. VIII - É do empregador o ônus da prova do fato impeditivo, modificativo ou extintivo da equiparação salarial. IX – Na ação de equiparação salarial, a prescrição é parcial e só alcança as diferenças salariais vencidas no período de 5 (cinco) anos que precedeu o ajuizamento. X – O conceito de "mesma localidade" de que trata o art. 461 da CLT refere-se, em princípio, ao mesmo município, ou a municípios distintos que, comprovadamente, pertençam à mesma região metropolitana".

Gabarito 1E, 2C

(Procuradoria Federal – 2007 – CESPE) Julgue os seguintes itens.

(1) Empregado que exerce função de confiança e é revertido ao cargo efetivo perde o direito de receber a gratificação correspondente à função, independentemente do tempo de seu exercício.

(2) Empregado público na administração direta federal em desvio de função não possui direito ao pagamento das diferenças salariais pela função exercida.

1: falso, Súmula 372, I, do TST; **2:** falso, Súmula 378 do STJ.

Gabarito 1E, 2E

(ADVOGADO – CORREIOS – 2011 – CESPE) Com relação a salário e remuneração, julgue os itens que se seguem.

(1) Se o empregador fornecer ao empregado educação em ensino superior, pagando matrícula, mensalidades e material didático, os valores relativos a tais pagamentos serão considerados integrantes do salário do empregado beneficiado.

(2) A gorjeta integra a remuneração do empregado, mas não, o seu salário.

1: opção incorreta, pois não são considerados salários *in natura*, nos termos do art. 458, § 2º, II, da CLT; **2:** opção correta, pois reflete o disposto no art. 457 da CLT.

Gabarito 1E, 2C

(ADVOGADO – CORREIOS – 2011 – CESPE) A respeito de décimo terceiro salário, julgue os próximos itens.

(1) O empregador que tem vinte empregados deve, segundo a legislação, proceder ao pagamento do adiantamento do décimo terceiro salário de seus empregados sempre ao ensejo de suas férias.

(2) O empregado comissionado puro deve receber o décimo terceiro salário até o dia vinte de dezembro de cada ano, calculado na base de um onze avos da soma das importâncias variáveis devidas nos meses trabalhados até novembro de cada ano. Até o dia dez de janeiro do ano seguinte, o valor do décimo terceiro salário deve ser revisto, de forma a ser computada a parcela do mês de dezembro. No momento da revisão, o cálculo da gratificação deve considerar um doze avos do total devido no ano anterior, processando-se a correção do valor da respectiva gratificação com o pagamento ou compensação das possíveis diferenças.

1: opção incorreta, pois nos termos do art. 4º do Decreto 57.155/1965 o adiantamento será pago ao ensejo das férias do empregado, sempre que este o requerer no mês de janeiro do correspondente ano; 2: opção correta, pois está em acordo com os arts. 2º e 3º do Decreto 57.155/1965.

Gabarito 1E, 2C

(ADVOGADO – PETROBRÁS – 2012 – CESGRANRIO) Marília foi contratada por uma empresa, em 26/01/2004, para o cargo de secretária, e foi dispensa em 17/11/2011, quando o seu salário era de R$ 2.000,00. Em 15/12/2011, Marília ajuizou Reclamação Trabalhista em face da sua antiga empregadora com um único pedido: equiparação salarial. Como fundamento, a autora afirmou que sempre desempenhou as mesmas atividades de Sabrina, que tinha o cargo de assessora e recebia à época o salário de R$ 3.500,00. Durante a instrução processual, restou provado apenas que Marília exercia as atribuições do cargo de assessora. A empresa não possui quadro de carreira homologado pelo Ministério do Trabalho e Emprego.

Tendo em vista os dados acima e que Sabrina foi admitida pela empresa em 10/04/1997, mas se tornou assessora apenas em 30/09/2005, a Reclamação Trabalhista de Marília terá que ser julgada

(A) procedente, uma vez que autora desempenhava as mesmas atividades de Sabrina e ambas foram contratadas pelo mesmo empregador.

(B) procedente, pois restou provado, durante a instrução processual, que a autora exercia atribuições do cargo de assessora.

(C) improcedente, pois Sabrina foi admitida pelo mesmo empregador quase 7 anos antes da autora, portanto, não estaria atendido o requisito para caracterizar a equiparação salarial de diferença de tempo de serviço não superior a 2 anos.

(D) improcedente, porque restou provado apenas que a autora exercia as atribuições do cargo de assessora e, assim, se trata de desvio de função e não de equiparação salarial.

(E) improcedente, porque a empresa não possui quadro de carreira homologado pelo Ministério do Trabalho e Emprego.

Alternativa "D" é a opção correta, pois o pedido da reclamante consiste, exclusivamente, no pedido de equiparação. Como ficou demonstrado que Marília desempenhava a função de assessora, mas não a empregada paradigma. Dessa forma, a reclamante teria direito ao desvio de função, pedido que não foi feito em sua reclamação, que por consequência deverá ser julgada improcedente.

Gabarito "D"

(ADVOGADO – ELETROBRÁS – 2006 – NCE/UFRJ) De acordo com as regras para equiparação salarial, previstas no artigo 461 da CLT, analise as afirmativas a seguir:

I. É desnecessário que, ao tempo da reclamação sobre equiparação salarial, reclamante e paradigma estejam a serviço do estabelecimento, desde que se relacione com situações pretéritas.

II. Na equiparação salarial, a prescrição é total e alcança as diferenças não pleiteadas no biênio, se extinto o contrato de trabalho, ou no quinquênio, se na vigência do contrato de trabalho.

III. O trabalhador readaptado em nova função, por motivo de deficiência física ou mental atestada pelo órgão competente de Previdência Social, não servirá de paradigma para fins de equiparação salarial.

IV. A regra da equiparação salarial não prevalecerá quando o empregador tiver pessoal organizado em quadro de carreira, com previsão de promoções por merecimento e antiguidade, devidamente homologado no órgão competente.

V. A equiparação salarial só é possível se o empregado e paradigma exercerem a mesma função, desempenhando as mesmas tarefas, sempre ocupando cargos com a mesma denominação.

Estão corretas somente as afirmativas:

(A) I e II;

(B) II e V;

(C) III e V;

(D) I, III e IV;

(E) II, III e V.

I: opção correta, pois reflete o disposto na Súmula 6, IV, do TST; **II:** opção incorreta, pois de acordo com a Súmula 6 IX, do TST a prescrição é parcial; **III:** opção correta, pois reflete o disposto no art. 461, § 4º, da CLT; **IV:** opção correta, pois reflete o disposto no art. 461, § 2º, da CLT e Súmula 6, item I, do TST; **V:** opção incorreta, pois nos termos da Súmula 6, III, do TST a equiparação salarial só é possível se o empregado e o paradigma exercerem a mesma função, desempenhando as mesmas tarefas, não importando se os cargos têm, ou não, a mesma denominação.

Gabarito "D"

(ADVOGADO – IRB – 2006 – ESAF) Para evitar pleitos de equiparação salarial, a empresa que possuir quadro organizado em carreiras deverá realizar promoções

(A) sucessivas pelos critérios de produtividade e antiguidade.

(B) alternadas pelos critérios de merecimento e antiguidade.

(C) alternadas pelos critérios de assiduidade e mérito.

(D) alternadas pelos critérios de antiguidade e de provas e títulos.

(E) sucessivas pelos critérios de produtividade e merecimento.

B é a opção correta, pois nos termos do art. 461, § 2º, da CLT, o pedido de equiparação não será possível quando o empregador tiver pessoal organizado em quadro de carreira, hipótese em que as promoções deverão obedecer aos critérios de antiguidade e merecimento. Importante lembrar que somente é válido o quadro de pessoal organizado em carreira quando homologado pelo Ministério do Trabalho, excluindo-se, apenas, dessa exigência, o quadro de carreira das entidades de direito público da administração direta, autárquica e fundacional aprovado por ato administrativo da autoridade competente.

Gabarito "B"

(PROCURADOR – BANCO CENTRAL – 2009 – CESPE) Salário é o valor econômico pago diretamente pelo empregador ao empregado em função de prestação de serviços, enquanto remuneração é o conjunto de pagamentos provenientes do empregador ou de terceiros, recebidos em decorrência da prestação de serviços subordinados. Acerca do assunto, assinale a opção correta.

(A) A participação nos lucros é verba de natureza salarial.

(B) A CLT permite que a totalidade do salário seja paga em utilidades, desde que seja benéfico para o empregado.

(C) O vale-transporte possui natureza salarial.

(D) Mora contumaz é o atraso ou sonegação de salários devidos ao empregado por período igual ou superior a três meses, sem motivo grave ou relevante.

(E) Os adicionais, acréscimos salariais decorrentes de trabalho em condições mais gravosas, não podem ser percebidos cumulativamente.

A: opção incorreta, pois a participação nos lucros ou resultados, habitualmente paga, nos termos do art. 3º da Lei 10.101/2000, não possui natureza salarial, não integrando a remuneração do empregado; **B:** opção incorreta, pois nos termos do art. 82, parágrafo único, da CLT a parte em dinheiro não poderá ser inferior a 30%; **C:** opção incorreta, pois nos termos do art. 2º, alínea *a*, da Lei 7.418/1985 vale-transporte não tem natureza salarial, nem se incorpora à remuneração para quaisquer efeitos; **D:** opção correta, pois reflete o disposto no art. 2º, § 1º, do Decreto-lei 368/1968; **E:** opção incorreta, pois podem ser cumulados. Veja art. 457, § 1º, da CLT.

Gabarito "D"

(ADVOGADO – CORREIOS – 2008 – ESPP) Será deferida a equiparação salarial quando:

(A) o trabalho for desenvolvido em favor do mesmo empregador, mesmo que em localidades distintas.

(B) for desempenhada a mesma função, para o mesmo empregador, na mesma localidade e com a mesma produtividade e perfeição técnica, além de que a diferença de tempo de serviço na função não pode exceder a dois anos.

(C) simplesmente houver identidade de funções e de empregador.

(D) ocorrer a identidade de funções, perfeição técnica e produtiva, mesmo que prestado o serviço a empregadores diversos.

A: opção incorreta, pois é necessário que seja mesma localidade, art. 461 da CLT, entendida como tal aquela pertencente ao mesmo município, ou a municípios distintos que, comprovadamente, pertençam à mesma região metropolitana; **B:** opção correta, pois reflete o disposto no art. 461, *caput* e § 1°, da CLT; **C:** opção incorreta, pois não basta a identidade de funções. É necessário a reunião dos elementos dispostos no art. 461 da CLT, juntamente com as interpretações da Súmula 6 do TST; **D:** opção incorreta, pois é necessária a identidade de empregadores, art. 461 da CLT.

Gabarito "B"

7. JORNADA DE TRABALHO

(Procurador do Estado/BA – 2014 – CESPE) Julgue o seguinte item.

(1) As horas extraordinárias e as horas noturnas devem ser remuneradas com adicional mínimo de 50% sobre o valor da hora normal de trabalho.

1: Opção incorreta, pois embora as horas extras devam ser remuneradas com adicional mínimo de 50%, nos termos do art. 7°, XVI, da CF, as horas noturnas devem ser remuneradas com adicional mínimo de 20%, nos termos do art. 73 da CLT.

Gabarito 1E

(Procurador do Estado/BA – 2014 – CESPE) Em relação aos direitos dos trabalhadores, julgue o item seguinte.

(1) O repouso semanal deve ser remunerado e concedido, preferencialmente, aos domingos.

1: Opção correta, pois reflete o disposto no art. 7°, XV, da CF.

Gabarito 1C

(Procurador Distrital – 2014 – CESPE) Julgue o seguinte item, com base na legislação e no entendimento jurisprudencial dominante do TST.

(1) Considere a seguinte situação hipotética. Em determinado município, o sindicato das empresas de transportes coletivos e o sindicato dos empregados do sistema de transporte coletivo firmaram convenção coletiva da categoria em que, entre várias cláusulas, se autorizou a compensação de jornada de trabalho, sempre mediante acordo coletivo. Nessa situação hipotética, será lícito o acordo individual escrito entabulado entre uma empresa de transporte coletivo do referido município e alguns de seus empregados para a compensação de jornada laborada em dias de domingo.

1: Opção incorreta, pois uma vez estabelecido que a compensação será pactuada por acordo coletivo de trabalho, não poderá ser feita a compensação de horários por acordo individual. Nesse sentido, veja Súmula 85, II, do TST.

Gabarito 1E

(Procurador do Estado/AC – FMP – 2012) Quanto à jornada de trabalho, pode-se afirmar que:

(A) nos termos da Constituição Federal de 1988, a jornada de trabalho não poderá ser superior a seis horas, totalizando carga horária semanal de quarenta e quatro horas.

(B) a mera insuficiência de transporte público é fator suficiente ao reconhecimento de horas *in itinere*.

(C) tem direito ao pagamento de horas extras excedentes de seis, todos os trabalhadores que desenvolvem atividades em turnos ininterruptos, independentemente da existência de revezamento.

(D) entende-se como horas "in itinere" o tempo necessário ao deslocamento do trabalhador entre a portaria da empresa e o local de trabalho, desde que supere o limite de dez minutos diários.

A: opção incorreta, pois nos termos do art. 7°, XIII, CF a jornada de trabalho não poderá ser superior a 8 (oito) horas; **B:** opção incorreta, pois nos termos da Súmula 90, item III, do TST a mera insuficiência de transporte público NÃO é fator determinante para o reconhecimento de horas *in itinere*; **C:** opção incorreta, pois nos termos da OJ 360 da SDI 1 do TST somente faz jus à jornada especial prevista no art. 7°, XIV, da CF/1988 o trabalhador que exerce suas atividades em sistema de alternância de turnos, ainda que em dois turnos de trabalho; **D:** opção correta, pois reflete o disposto na Súmula 429 do TST.

Gabarito "D"

(Procurador do Estado/MT – FCC – 2011) Em relação às horas *in itinere* no regramento jurídico brasileiro, é INCORRETO afirmar:

(A) O tempo despendido pelo empregado, em condução fornecida pelo empregador, até o local de trabalho de difícil acesso, ou não servido por transporte público regular, e para o seu retorno é computável na jornada de trabalho.

(B) A mera insuficiência de transporte público enseja o pagamento de horas *in itinere*.

(C) Se houver transporte público regular em parte do trajeto percorrido em condução da empresa, as horas *in itinere* remuneradas limitam-se ao trecho não alcançado pelo transporte público.

(D) Considerando que as horas *in itinere* são computáveis na jornada de trabalho, o tempo que extrapola a jornada legal é considerado como extraordinário e sobre ele deve incidir o adicional respectivo.

(E) Poderão ser fixados, para as microempresas e empresas de pequeno porte, por meio de acordo ou convenção coletiva, em caso de transporte fornecido pelo empregador, em local de difícil acesso ou não servido por transporte público, o tempo médio despendido pelo empregado, bem como a forma e a natureza da remuneração

A: opção correta, pois reflete o disposto na Súmula 90, item I, do TST; **B:** opção incorreta, pois nos termos da Súmula 90, item III, do TST a mera insuficiência de transporte público NÃO enseja o pagamento de horas *in itinere*; **C:** opção correta, pois reflete o disposto na Súmula 90, item IV, do TST; **D:** opção correta, pois reflete o disposto na Súmula 90, item V, do TST; **E:** opção correta, pois reflete o disposto no art. 58, § 3º, da CLT.

Gabarito "B"

(Procurador do Estado/PR – UEL-COPS – 2011) A propósito da jornada de trabalho, é verdadeira a seguinte alternativa:

(A) configurado o turno ininterrupto de revezamento, é nula cláusula convencional afastando o direito ao pagamento da 7ª e 8ª horas como extras, por violação constitucional;

(B) as variações de horário no registro de ponto que excederem cinco minutos, observado o limite diário máximo de dez minutos, serão computados, pelo excedente, para fins de aferição da jornada de trabalho e de eventuais horas extras;

(C) o turno ininterrupto de revezamento gerador da jornada limitada a 06h00 é incompatível com o intervalo intrajornada;

(D) não se admite, na transferência do empregado do turno noturno para o turno diurno, a supressão do valor pago a título de adicional noturno, por gerar redução salarial;

(E) a concessão do repouso semanal remunerado após o sétimo dia consecutivo de trabalho é ilícita e impõe o seu pagamento em dobro.

A: opção incorreta, pois nos termos da Súmula 423 do TST estabelecida jornada superior a seis horas e limitada a oito horas por meio de regular negociação coletiva, os empregados submetidos a turnos ininterruptos de revezamento não têm direito ao pagamento da 7ª e 8ª horas como extras; **B:** opção incorreta, pois nos termos do art. 58, § 1º, CLT NÃO serão descontadas nem computadas como jornada extraordinária as variações de horário no registro de ponto não excedentes de cinco minutos, observado o limite máximo de dez minutos diários, **C:** opção incorreta, pois nos termos da Súmula 360 do TST interrupção do trabalho destinada a repouso e alimentação, dentro de cada turno, ou o intervalo para repouso semanal, não descaracteriza o turno de revezamento com jornada de 6 (seis) horas previsto no art. 7º, XIV, da CF/1988; **D:** opção incorreta, o recebimento de adicional noturno é uma espécie de salário condição, devido ao trabalhador que prestar no período tido como noturno. Sua transferência para o período diurno de trabalho implica a perda do direito ao adicional noturno, nos termos da Súmula 265 do TST. **E:** opção correta, pois reflete o entendimento sedimentado na OJ 410 da SDI 1 do TST.

Gabarito "E"

(Procurador do Estado/PR – UEL-COPS – 2011) A respeito do tempo de deslocamento e de sua integração na jornada de trabalho, considere as seguintes afirmações:

I. a cobrança do transporte fornecido pelo empregador afasta o direito às horas "in itinere".

II. o período necessário ao deslocamento do trabalhador dentro da empresa, entre portaria de ingresso e o efetivo local de labor, integra sempre o tempo de trabalho.

III. para ser computado o período "in itinere" o local deve ser de difícil acesso e não servido por transporte público regular.

Alternativas:

(A) todas as afirmações são verdadeiras;

(B) todas as afirmações são falsas;

(C) a afirmação I é falsa e as afirmações II e III são verdadeiras;

(D) a afirmação II é falsa e as afirmações I e III são verdadeiras;

(E) a afirmação III é falsa e as afirmações I e II são verdadeiras.

I: opção incorreta, pois nos termos da Súmula 320 do TST o fato de o empregador cobrar, parcialmente ou não, importância pelo transporte fornecido NÃO afasta o direito à percepção das horas *in itinere*; II: opção incorreta, pois nos termos da Súmula 429 do TST é considerado à disposição do empregador o tempo necessário ao deslocamento do trabalhador entre a portaria da empresa e o local de trabalho, desde que supere o limite de 10 (dez) minutos diários. Veja também, o art. 58, § 1º, CLT; III: opção incorreta, pois nos termos do art. 58, § 2º, da CLT os requisitos são: a) local de trabalho de difícil acesso ou não servido por transporte público; b) empregador fornecer o transporte.

Gabarito "B"

(PROCURADOR DO ESTADO/RS – FUNDATEC – 2010) Em relação à prestação de serviço extraordinário de forma habitual, o entendimento atualmente consagrado pelo Tribunal Superior do Trabalho é que

(A) o valor das horas suplementares prestadas habitualmente, por mais de 2 (dois) anos, ou durante todo o contrato, se suprimidas, integra-se ao salário para todos os efeitos legais.

(B) a supressão, pelo empregador, do serviço suplementar prestado com habitualidade, durante pelo menos um ano, assegura ao empregado o direito à indenização correspondente ao valor de um mês das horas suprimidas para cada ano ou fração igual ou superior a seis meses de prestação de serviço acima da jornada normal, observando-se neste cálculo a média das horas suplementares efetivamente trabalhadas nos últimos doze meses, multiplicada pelo valor da hora extra do dia da supressão.

(C) o valor das horas suplementares prestadas habitualmente nunca se integra ao salário, nem gera direito a qualquer tipo de indenização, mas tão somente ao pagamento do valor correspondente acrescido pelo adicional previsto em lei.

(D) a prestação habitual de serviço extraordinário constitui ato ilícito e, como tal, é nulo de pleno direito, gerando tão somente ao empregado o direito ao recebimento do valor correspondente, sem o acréscimo do adicional previsto em lei.

(E) o Tribunal Superior do Trabalho não tem, atualmente, entendimento consolidado sobre esta matéria.

A: opção incorreta, pois o valor não integra o salário. A Súmula 76 do TST tratava especificamente dessa situação, mas foi cancelada pela Resolução 121/2003; **B:** opção correta, pois reflete o entendimento consolidado na Súmula 291 do TST; **C:** opção incorreta, pois é devida indenização nos moldes da Súmula 291 do TST; **D:** opção incorreta, pois veja comentários das alternativas anteriores; **E:** opção incorreta, pois o TST solidificou entendimento por intermédio da Súmula 291.

Gabarito "B"

(Procurador do Estado/SP – VUNESP – 2005) No pertinente às horas extras e à compensação de jornada de trabalho, é correto afirmar que

(A) a compensação de jornada deve ser ajustada por acordo individual escrito, acordo coletivo ou convenção coletiva.

(B) o acordo individual para compensação de horas é válido, independentemente da existência de norma coletiva em sentido contrário.

(C) o valor das horas extras habitualmente prestadas integra o cálculo dos haveres trabalhistas, ressalvada a hipótese de alteração unilateral do contrato de trabalho, no exercício do *jus variandi* pelo empregador.

(D) a prestação de horas extras habituais não descaracteriza o acordo de compensação de jornada, hipótese em que, em relação às horas que ultrapassarem a jornada semanal normal, será devido apenas o adicional por trabalho extraordinário.

(E) o tempo despendido pelo empregado, em condução fornecida pelo empregador, até o local de trabalho de difícil acesso, ou não servido por transporte público regular, e para o seu retorno, não é computável na jornada de trabalho.

A: opção correta, pois reflete o entendimento consolidado na Súmula 85, item I, do TST; **B:** opção incorreta, pois em conformidade com o item II da Súmula 85 do TST o acordo individual para compensação de horas é válido, salvo se houver norma coletiva em sentido contrário; **C:** opção incorreta, pois nos termos da Súmula 376, item II, do TST O valor das horas extras habitualmente prestadas integra cálculo dos haveres trabalhistas, independentemente da limitação prevista no *caput* do art. 59 da CLT; **D:** opção incorreta, pois a prestação de horas extras habituais descaracteriza o acordo de compensação de jornada, em conformidade com o item IV da Súmula 85 do TST; **E:** opção incorreta, pois o tempo despendido pelo empregado será computado na jornada de trabalho do obreiro, nos termos do art. 58, § 2º, CLT.

Gabarito "A"

(Procurador do Município/Cubatão-SP – 2012 – VUNESP) Quanto à jornada de trabalho, é correto afirmar que

(A) os empregados sob o regime de tempo parcial não poderão prestar horas extras.

(B) se considera trabalho em regime de tempo parcial aquele cuja duração não exceda a 20 (vinte) horas semanais.

(C) para os atuais empregados, a adoção do regime de tempo parcial será feita mediante opção manifestada perante a empresa, na forma prevista em Regulamento Interno da Empresa.

(D) para os atuais empregados, a adoção do regime de tempo parcial será feita mediante acordo entre empregado e empregador, mas o regime é vedado para empregados com idade superior a 50 (cinquenta) anos.

(E) os empregados sob o regime de tempo parcial poderão prestar horas extras, desde que com o adicional diferenciado, sendo no percentual mínimo de 70% (setenta por cento), nos termos da negociação coletiva.

A: opção correta, pois reflete a disposição do art. 59, § 4º, da CLT; **B:** opção incorreta, pois nos termos do art. 58-A da CLT considera-se trabalho em regime de tempo parcial aquele cuja duração não exceda a vinte e cinco horas semanais; **C:** opção incorreta, pois nos termos do art. 58-A, § 2º, da CLT, pois a opção deve ser feita em instrumento decorrente de negociação coletiva; **D:** opção incorreta, pois veja os comentários da alternativa anterior. Ademais, não existe limite de idade para o trabalho em regime de tempo parcial; **E:** opção incorreta, pois nos termos do art. 59, § 4º, da CLT Os empregados sob o regime de tempo parcial não poderão prestar horas extras.

Gabarito "A"

(Procurador do Município/Manaus-AM – 2006 – FCC) Com relação ao trabalho noturno, observando-se as Súmulas dos Tribunais Superiores, é certo que

(A) a transferência para o período diurno de trabalho não implica a perda do direito ao adicional noturno.

(B) cumprida integralmente a jornada no período noturno e prorrogada esta, devido é também o adicional quanto às horas prorrogadas.

(C) considera-se horário noturno para os trabalhadores rurais de lavoura, o trabalho executado entre as 20 horas de um dia e 5 horas do dia seguinte.

(D) considera-se horário noturno para os trabalhadores rurais na pecuária, o trabalho executado entre as 19 horas de um dia e 5 horas do dia seguinte.

(E) ao empregado sujeito ao regime de revezamento não é devido o adicional de serviço noturno.

A: opção incorreta, pois nos termos da Súmula 265 do TST a transferência para o período diurno de trabalho *implica* a perda do direito ao adicional noturno; **B:** opção correta, pois reflete o entendimento disposto na Súmula 60, item II, do TST; **C:** opção incorreta, pois no âmbito rural, na lavoura, é considerado noturno aquele exercido entre as 21h de um dia e 5h do dia seguinte, nos termos do art. 7º da Lei 5.889/1973; **D:** opção incorreta, pois no âmbito rural, na pecuária, é considerado noturno o trabalho executado das 20h de um dia até as 4h do dia seguinte nos termos do art. 7º da Lei 5.889/1973; **E:** opção incorreta, pois de acordo com a Súmula 213 do STF é devido adicional de serviço noturno, ainda que sujeito o empregado a regime de revezamento.

Gabarito "B"

(Procurador do Município/Florianópolis-SC – 2010 – FEPESE) Assinale a alternativa **incorreta**, de acordo com a Consolidação das Leis do Trabalho.

(A) Não excedendo de seis horas o trabalho, será facultado um intervalo de quinze minutos quando a duração ultrapassar quatro horas.

(B) É assegurado a todo empregado um descanso semanal de vinte e quatro horas consecutivas.

(C) Os intervalos de descanso não serão computados na duração do trabalho.

(D) Entre duas jornadas de trabalho haverá um período mínimo de onze horas consecutivas para descanso.

(E) Nos serviços que exijam trabalho aos domingos, com exceção quanto aos elencos teatrais, será estabelecida escala de revezamento, mensalmente organizada e constando de quadro sujeito à fiscalização.

A: opção incorreta, pois será *obrigatório* (e não facultativo) o descanso de 15 minutos caso a jornada não exceda 6 (seis) horas e ultrapasse 4 (quatro) horas, nos termos do art. 71, § 1º, da CLT; **B:** opção correta, pois reflete o disposto no art. 7º, XV, da CF e art. 67 da CLT; **C:** opção correta, pois reflete o disposto no art. 71, § 2º, da CLT; **D:** opção correta, pois trata do intervalo interjornada previsto no art. 66 da CLT; **E:** opção correta, pois reflete o disposto no art. 67 da CLT. Veja, também, a Lei 605/1949.

Gabarito "A"

(Procurador do Município/Florianópolis-SC – 2010 – FEPESE) Analise as afirmativas a seguir acerca da compensação de jornada:

(1) A compensação de jornada de trabalho deve ser ajustada por acordo individual escrito, acordo coletivo ou convenção coletiva.

(2) O acordo individual para compensação de horas é válido, salvo se houver norma coletiva em sentido contrário.

(3) A prestação de horas extras habituais descaracteriza o acordo de compensação de jornada.

Assinale a alternativa que indica todas as afirmativas **corretas**.

(A) É correta apenas a afirmativa 1.

(B) É correta apenas a afirmativa 2.

(C) É correta apenas a afirmativa 3.

(D) São corretas apenas as afirmativas 2 e 3.

(E) São corretas as afirmativas 1, 2 e 3.

1: opção correta, pois reflete o entendimento contido na Súmula 85, item I, do TST. Tome nota do item V inserido na Súmula 85 em maio de 2011 o qual distingue o sistema chamado de compensação em "banco de horas", que somente será instituído por negociação coletiva; **2:** opção correta, pois reflete o entendimento contido na Súmula 85, item II, do TST; **3:** opção correta, pois reflete o entendimento contido na Súmula 85, item IV, do TST.

Gabarito "E"

(Procurador do Estado/RR – 2006 – FCC) No que tange à duração do trabalho é correto afirmar:

(A) O divisor para cálculo do salário hora do empregado que trabalha em jornada de 6 (seis) horas é 220.

(B) O repouso de 10 (dez) minutos para o digitador é dedutível da duração normal do trabalho, considerando uma jornada de 8 (oito) horas, o digitador deve ter cinco repousos de dez minutos.

(C) Nas atividades insalubres e perigosas, quaisquer prorrogações de jornada só poderão ser acordadas mediante licença prévia das autoridades competentes em matéria de medicina, higiene e segurança do trabalho.

(D) O limite legal de intervalo intrajornada pode ser elastecido, a critério do empregador, desde que respeitada a jornada diária de 8 (oito) horas de trabalho efetivo.

(E) O limite mínimo de intervalo de uma hora, para jornada que exceda seis horas, pode ser reduzido, por ato do Ministro do Trabalho, se o estabelecimento atender as exigências relativas a refeitórios e os empregados não estiverem sob regime de prorrogação de jornada.

A: incorreta, pois o divisor nesse caso será 180 (6x30), a teor do disposto no art. 64, *caput*, da CLT; **B:** incorreta, pois a assertiva não reflete o disposto na Súmula 346 do TST: "DIGITADOR. INTERVALOS INTRAJORNADA. APLICAÇÃO ANALÓGICA DO ART. 72 DA CLT. Os digitadores, por aplicação analógica do art. 72 da CLT, equiparam-se aos trabalhadores nos serviços de mecanografia (datilografia, escrituração ou cálculo), razão pela qual têm direito a intervalos de descanso de 10 (dez) minutos a cada 90 (noventa) de trabalho consecutivo" e art. 71, § 2º, da CLT; **C:** incorreta, pois a assertiva não reflete o disposto no art. 60 da CLT; **D:** incorreta, pois a assertiva contraria o disposto no art. 71, *caput*, da CLT; **E:** correta, pois a assertiva reflete o disposto no art. 71, § 3º, da CLT.

Gabarito "E"

(Procurador do Estado/ES – 2008 – CESPE) Empresa prestadora de serviços na área de vigilância observa a escala de horários de 12 × 36 prevista em acordo coletivo de trabalho, sem a concessão dos intervalos intrajornadas mínimos previstos em lei, conforme autorização expressa contida no referido acordo coletivo. Considerando essa situação, julgue os itens subsequentes de acordo com a jurisprudência atual do TST.

(1) O intervalo intrajornada constitui medida de segurança, saúde e higiene no trabalho, não podendo ser eliminado ou reduzido sequer por acordo coletivo de trabalho. O período destinado ao intervalo deve ser remunerado com o acréscimo de 50% sobre o valor da hora normal e possui natureza salarial.

(2) Quanto ao excesso de horas em cada dia de trabalho, não cabe a remuneração como extras das que ultrapassam a décima hora como hora extra, na medida em que elas foram compensadas.

1: correto, Súmula 437, II, do TST; 2: errado, art. 59, § 2º, da CLT.

Gabarito 1C, 2E

(Procurador Federal – 2010 – CESPE) Acerca de duração do trabalho, jornada de trabalho e intervalos, julgue os itens subsequentes.

(1) É vedada ao empregado contratado sob o regime de tempo parcial a prestação de horas extras.

(2) Instrumento coletivo silente quanto à compensação de jornada possibilita a entabulação de acordo individual escrito para compensação de horas.

(3) Um empregado cujos horários de início e término da jornada sejam incompatíveis com os horários do transporte público regular tem o direito às horas *in itinere*.

1: Certo, pois o enunciado está de acordo com o disposto no art. 59, § 4º, da CLT; **2:** Certo, pois o enunciado está de acordo com o disposto na Súmula 85, I e II, do TST: "COMPENSAÇÃO DE JORNADA I. A compensação de jornada de trabalho deve ser ajustada por acordo individual escrito, acordo coletivo ou convenção coletiva. II. O acordo individual para compensação de horas é válido, salvo se houver norma coletiva em sentido contrário"; **3:** Certo, pois o enunciado está de acordo com o disposto na Súmula 90, II, do TST: "HORAS 'IN ITINERE'. TEMPO DE SERVIÇO II – A incompatibilidade entre os horários de início e término da jornada do empregado e os do transporte público regular é circunstância que também gera o direito às horas *in itinere*".

Gabarito 1C, 2C, 3C

(Procurador da Fazenda Nacional – 2007.2 – ESAF) No que pertine à jornada de trabalho, indique a opção correta.

(A) A legislação trabalhista pontua que a jornada de trabalho que não suporta controle e fiscalização por parte do empregador não rende ensejo ao pagamento das horas extras eventualmente laboradas.

(B) Na jornada contínua e excedente a seis horas diárias, a concessão de intervalo para repouso ou alimentação é obrigatória, a qual será de no mínimo duas horas e, salvo acordo escrito ou contrato coletivo em contrário, não poderá exceder de três horas.

(C) Serão descontadas e computadas como jornada extraordinária as variações de horário consignadas em registro de ponto que não excedam a cinco minutos, observado o limite máximo de dez minutos diários.

(D) Na jornada de trabalho cuja duração ultrapasse a quatro e não exceda a seis horas diárias, o intervalo intrajornada não será obrigatório considerando-se a curta duração do labor.

(E) Nas atividades legalmente consideradas insalubres a prorrogação da jornada de trabalho, desde que ultimada via acordo escrito, poderá ser livremente ajustada, sendo despicienda licença prévia das autoridades competentes em matéria de higiene do trabalho.

A: correta, pois a assertiva reflete o disposto no art. 62 da CLT; **B:** incorreta, pois o intervalo será de no mínimo uma hora, conforme dispõe o art. 71, *caput*, da CLT; **C:** incorreta, pois a assertiva contraria o disposto no art. 58, § 1º, da CLT; **D:** incorreta, pois no caso o intervalo intrajornada de 15 minutos é obrigatório, conforme art. 71, § 1º, da CLT; **E:** incorreta, pois nesse tipo de atividade quaisquer prorrogações só poderão ser acordadas mediante licença prévia das autoridades competentes em matéria de higiene do trabalho, de acordo com o art. 60 da CLT.

Gabarito "A"

(Procurador da Fazenda Nacional – 2007 – ESAF) No que pertine à jornada de trabalho indique a opção correta.

(A) Entre duas jornadas de trabalho deverá existir um período mínimo de descanso de 12 (doze) horas consecutivas.

(B) Os empregados sujeitos ao regime de tempo parcial poderão prestar horas extraordinárias, desde que não excedam de 2 (duas) diárias, que serão remuneradas, pelo menos, com adicional de 50% (cinquenta por cento).

(C) Entende-se por tempo de sobreaviso o período que integra o tempo de serviço do trabalhador ferroviário no qual permanece em sua residência aguardando a qualquer instante ser convocado a prestar serviço.

(D) Os menores de 18 (dezoito) anos não estão proibidos de trabalhar em horário noturno, desde que tal circunstância resulte devidamente anotada em sua Carteira de Trabalho e Previdência Social.

(E) A simples insuficiência de transporte público constitui elemento permissivo do pagamento das horas *in itinere* (tempo de deslocamento).

A: incorreta, pois o descanso mínimo será de 11 horas, conforme art. 66 da CLT; **B:** incorreta, pois a assertiva contraria o art. 59, § 4º, da CLT; **C:** correta, pois reflete o disposto no art. 244, § 2º, da CLT; **D:** incorreta, pois a assertiva contraria o disposto no art. 404 da CLT, que não admite o trabalho noturno do menor de 18 anos; **E:** incorreta, pois a assertiva contraria a Súmula 90 do TST: "HORAS 'IN ITINERE'. TEMPO DE SERVIÇO (...) III - A mera insuficiência de transporte público não enseja o pagamento de horas 'in itinere'".

Gabarito "C"

(ADVOGADO – PETROBRÁS – 2012 – CESGRANRIO) Com base nos dispositivos da CLT que tratam da duração do trabalho e no entendimento consolidado do TST sobre o tema, verifica-se que o(a)

(A) regime compensatório na modalidade "banco de horas" somente pode ser instituído por negociação coletiva.

(B) empregado pode se recusar, sem causa justificada, em qualquer hipótese, a prestar serviço além da jornada de trabalho pactuada.

(C) empregado que exerce cargo de gestão não tem direito ao recebimento de horas extras, independente do seu patamar salarial.

(D) prestação de horas extras habituais não descaracteriza o acordo de compensação de jornada.

(E) realização de horas extras, ainda que no caso de necessidade imperiosa, deverá obedecer ao limite legal ou convencionado.

A: opção correta, pois reflete o entendimento cristalizado na Súmula 85, V, do TST; **B:** opção incorreta, pois nos termos do art. 240, parágrafo único, da CLT a recusa injustificada caracterizará falta grave; **C:** opção incorreta, pois nos termos do art. 62, parágrafo único, da CLT o empregado de confiança deverá receber o salário efetivo acrescido de 40% (quarenta por cento); **D:** opção incorreta, pois nos termos da Súmula 85, IV, do TST a prestação de horas extras habituais descaracteriza o acordo de compensação de jornada; **E:** opção incorreta, pois no caso de necessidade imperiosa ensina o art. 61 da CLT que ocorrendo necessidade imperiosa, poderá a duração do trabalho exceder do limite legal ou convencionado.

Gabarito "A"

(ADVOGADO – PETROBRÁS – 2008 – CESGRANRIO) A Lei nº 5.811, de 11 de outubro de 1972, regula o regime de trabalho que se aplica aos empregados que prestem serviços em atividades de exploração, perfuração, produção e refinação de petróleo, bem como na industrialização do xisto, na indústria petroquímica e no transporte de petróleo e seus derivados por meio de dutos. Está em **DESACORDO** com as normas previstas nessa legislação especial afirmar que:

(A) durante o trabalho em regime de revezamento em turno de 8 (oito) horas, para atender a imperativos de segurança industrial, poderá ser suprimida a hora do repouso e alimentação do empregado, mas lhe será assegurado o direito ao pagamento em dobro dessa hora.

(B) enquanto o empregado permanecer no regime de sobreaviso, ser-lhe-á assegurado um repouso de 24 (vinte e quatro) horas consecutivas para cada período de 24 (vinte e quatro) horas em que permanecer de sobreaviso.

(C) o empregado não poderá permanecer em serviço, no regime de revezamento previsto para a atividade de produção de petróleo em áreas terrestres de difícil acesso, por período superior a 15 (quinze) dias.

(D) sempre que for imprescindível à continuidade operacional, durante 24 (vinte e quatro) horas o empregado engajado em trabalhos de geologia de poço poderá ser mantido em regime de sobreaviso, mas em cada jornada de sobreaviso o trabalho efetivo não excederá de 10 (dez) horas.

(E) constitui alteração lícita a exclusão do empregado do regime de revezamento, cabendo-lhe, exclusivamente, o direito à percepção de uma indenização que corresponda a apenas um pagamento igual à média dos recebimentos das vantagens inerentes ao regime de revezamento percebidas nos últimos 12 (doze) meses anteriores à mudança, para cada ano ou fração igual ou superior a 6 (seis) meses de permanência nesse regime.

A: opção correta, pois está em consonância com as regras estabelecidas nos arts. 2º, § 2º e art. 3º, II, da Lei 5.811/1972; **B:** opção correta, pois reflete o disposto no art. 6º, I, da Lei 5.811/1972; **C:** opção correta, pois reflete o disposto no art. 8º da Lei 5.811/1972; **D:** opção incorreta, pois nos termos do art. 5º, § 2º, da Lei 5.811/1972 o trabalho não poderá exceder 12 (doze) horas; **E:** opção correta, pois reflete o disposto nos arts. 9º e 10 da Lei 5.811/1972.

Gabarito "D"

Paulo é empregado da empresa Companhia do Computador Ltda., com contrato de trabalho regido pela Consolidação das Leis do Trabalho (CLT), com jornada de trabalho de segunda a sexta-feira, de 18. h a 1h 30. min do dia seguinte, e aos sábados de 18. h às 22. h. Paulo foi contratado em 17. de janeiro de 2005. e não tem direito a revezamento semanal ou quinzenal no seu horário de trabalho.

(ADVOGADO – EMBRAPA – 2005 – CESPE) Com referência a essa situação hipotética, julgue os itens que se seguem.

(1) Paulo tem jornada de trabalho de 44 horas semanais.

(2) De acordo com a CLT, após as vinte horas, o trabalho de Paulo é considerado noturno, por isso ele tem direito a remuneração superior às horas trabalhadas no turno diurno.

1: opção correta, pois por não estar em regime de revezamento sua jornada de trabalho é de 44 quarenta e quatro horas semanais em conformidade com o art. 7º, XIII, da CF e art. 59 da CLT; **2:** opção incorreta, pois nos termos do art. 73, § 2º, da CLT trabalho noturno é aquele executado entre as 22 horas de um dia e as 5 horas do dia seguinte.

Gabarito 1: C; 2: E.

(ADVOGADO – IRB – 2006 – ESAF) Assinale a afirmação <u>incorreta</u>.

(A) Considera-se trabalho em regime de tempo parcial aquele cuja duração não exceda a 25 (vinte e cinco) horas semanais.

(B) Entre duas jornadas de trabalho haverá um período mínimo de 11 (onze) horas consecutivas para descanso.

(C) Os intervalos de descanso intrajornada não serão computados na jornada de trabalho.

(D) Os empregados sob o regime de tempo parcial não poderão prestar horas extras.

(E) Não serão descontadas nem computadas como jornada extraordinária as variações de horário no registro de ponto não excedentes de 10 (dez) minutos, observado o limite máximo de 20 (vinte) minutos diários.

A: opção correta, pois reflete o disposto no art. 58-A da CLT;. **B:** opção correta, pois reflete o disposto no art. 66 da CLT; **C:** opção correta, pois reflete o disposto no art. 71, § 2º, da CLT; **D:** opção correta, pois reflete o disposto no art. 59, § 4º, da CLT; **E:** opção incorreta, pois nos termos do art. 58, § 1º, da CLT não serão descontadas nem computadas como jornada extraordinária as variações de horário no registro de ponto não excedentes de cinco minutos, observado o limite máximo de dez minutos diários.

Gabarito "E"

8. EXTINÇÃO DO CONTRATO DE TRABALHO

(Procurador Distrital – 2014 – CESPE) Julgue o seguinte item, com base na legislação e no entendimento jurisprudencial dominante do TST.

(1) Caso a Secretaria de Estado da Fazenda do DF tenha sob suas ordens, mediante contrato, empresa de prestação de serviços de vigilância armada em suas agências, para proteção de seu patrimônio, o DF poderá ser subsidiariamente responsável pelo pagamento do adicional de periculosidade aos vigilantes da empresa contratada, se ficar evidenciada a ausência de fiscalização do referido órgão no cumprimento de tal obrigação.

1: Opção correta, pois traduz o entendimento disposto na Súmula 331, item V, do TST que determina: "Os entes integrantes da Administração Pública direta e indireta respondem subsidiariamente, nas mesmas condições do item IV, caso evidenciada a sua conduta culposa no cumprimento das obrigações da Lei n.º 8.666, de 21.06.1993, especialmente na fiscalização do cumprimento das obrigações contratuais e legais da prestadora de serviço como empregadora. A aludida responsabilidade não decorre de mero inadimplemento das obrigações trabalhistas assumidas pela empresa regularmente contratada.

Gabarito 1C

(Procurador Federal – 2013 – CESPE) Julgue o item seguinte.

(1) A não utilização injustificada pelo empregado dos equipamentos de proteção individual fornecidos pelo empregador caracteriza situação ensejadora da rescisão ou despedida indireta, que ocorre quando o empregado comete falta grave que justifica a ruptura do liame empregatício.

1: Opção incorreta, pois é um dever do empregado a utilização dos equipamentos de proteção individual, nos termos do art. 158, parágrafo único, *b*, da CLT. A inobservância poderá acarretar justa causa do empregado, com base no art. 482, *h*, da CLT por ato de indisciplina (descumprimento de regras gerais) e não rescisão indireta (justa causa do empregador – art. 483 da CLT) como induz a assertiva.

Gabarito 1E

(Procurador do Estado/AC – FMP – 2012) A responsabilidade do ente de direito público em relação às atividades terceirizadas, em sede trabalhista, se define da seguinte forma:

(A) A responsabilização do Ente de Direito Público é subsidiária, desde que reste evidenciada a sua conduta culposa no cumprimento das obrigações da Lei n. 8.666/1993, especialmente na fiscalização do cumprimento das obrigações contratuais e legais da prestadora de serviço como empregadora.

(B) Não há qualquer responsabilidade do ente de Direito Público, conforme entendimento consolidado no Supremo Tribunal Federal.

(C) A responsabilidade do Ente de Direito Público é solidária e, portanto, total, considerando que, na responsabilização do Estado, deve prevalecer a Teoria da Responsabilidade Objetiva.

(D) Não há responsabilidade do ente de Direito Público, na medida em que não houve qualquer vinculação deste com o trabalhador, devendo o empregador responder de forma exclusiva pelos créditos oriundos do contrato de trabalho.

A: opção correta, pois reflete o entendimento cristalizado na Súmula 331, item V, do TST; **B:** opção incorreta, pois embora o STF no julgamento da Ação Declaratória de Constitucionalidade 16-9/DF tenha declarado a constitucionalidade do art. 71 e § 1º da Lei 8.666/1993, reconhece que poderá haver a responsabilidade da administração pública. Assim, o TST não poderá generalizar os casos, aplicando à administração a responsabilidade subsidiária, pois como aduz o item V da Súmula 331 do TST, a responsabilidade não decorre de mero inadimplemento das obrigações trabalhistas assumidas pela empresa contratada. Deverá ficar demonstrada a sua conduta culposa no cumprimento das obrigações da Lei n.º 8.666/1993, especialmente na fiscalização do cumprimento das obrigações contratuais e legais da prestadora de serviço como empregadora; **C:** opção incorreta, pois a responsabilidade é subsidiária, em conformidade com o item V da Súmula 331 do TST; **D:** opção incorreta, pois desde que comprovada a culpa da administração nos termos da Súmula 331, item V, do TST há responsabilidade subsidiária do ente Público.

Gabarito "A"

(Procurador do Estado/GO – 2010) Acerca da responsabilização pelo adimplemento dos créditos trabalhistas, é CORRETO afirmar:

(A) Segundo preceito contido na CLT, verificado o fenômeno da sucessão trabalhista, o sucedido responde solidariamente com o sucessor, se aquele prosseguir na exploração ou iniciar dentro de seis meses, a contar da data da sucessão, nova atividade no mesmo ou em outro ramo de comércio, indústria ou profissão.

(B) O trabalhador temporário não tem direito à remuneração equivalente à percebida pelos empregados da mesma categoria da empresa tomadora de serviços.

(C) Nos contratos de subempreitada, responderá o subempreiteiro pelas obrigações derivadas do contrato de trabalho que celebrar, cabendo, todavia, aos empregados, o direito de reclamação contra o empreiteiro principal pelo inadimplemento daquelas obrigações por parte do primeiro.

(D) No caso de falência da empresa de trabalho temporário, a empresa tomadora ou cliente é subsidiariamente responsável pelo recolhimento das contribuições previdenciárias, no tocante ao tempo em que o trabalhador esteve sob suas ordens.

(E) Na terceirização de serviços, a responsabilidade subsidiária do tomador de serviços, decorrente do inadimplemento das obrigações trabalhistas por parte do empregador, é do tipo objetiva.

A: opção incorreta, pois diferentemente de como ocorre nas hipóteses do art. 133 do Código Tributário Nacional, na seara laboral para caracterização da sucessão trabalhista é necessária a transferência da unidade econômica jurídica, ou seja, parte da empresa ou estabelecimento e, ainda, a continuidade da atividade empresarial. Ocorrendo a sucessão trabalhista, o sucessor responde integralmente por todos os débitos trabalhistas. Caberá a ele o direito de regresso contra o sucedido. Há responsabilidade solidária entre sucessor e sucedido somente em sucessões fraudulentas; **B:** opção incorreta, pois de acordo com o art. 12, alínea *a*, da Lei 6.019/1974 é assegurado ao trabalhador temporário direito a remuneração equivalente à percebida pelos empregados de mesma categoria da empresa tomadora de serviços; **C:** opção correta, pois reflete o disposto no art. 455 da CLT; **D:** opção incorreta, pois nos termos do art. 16 da Lei 6.019/1974 a responsabilidade é solidária e não subsidiária como consta na assertiva; **E:** opção incorreta, pois em nosso ordenamento jurídico a regra é a responsabilidade subjetiva, sendo a responsabilidade objetiva a exceção. Desta forma, para podermos aplicar a responsabilidade objetiva deve haver norma jurídica com tal previsão.

Gabarito "C"

(PROCURADOR DO ESTADO/MG – FUMARC – 2012) Assinale a alternativa **INCORRETA**.

(A) Para os efeitos da relação de emprego, haverá responsabilidade solidária entre a empresa principal e cada uma das empresas subordinadas, sempre que uma ou mais empresas, tendo, embora, cada uma delas, personalidade jurídica própria, estiverem sob a direção, controle ou administração de outra, constituindo grupo industrial, comercial ou de qualquer outra atividade econômica.

(B) A paralisação da prestação de serviços pelo empregado, ao empregador, durante o período de gozo de suas férias é considerada hipótese de interrupção do contrato de trabalho.

(C) Nos contratos individuais de trabalho é lícita a alteração das respectivas condições por mútuo consentimento, desde que não resultem, direta ou indiretamente, prejuízos ao empregado, sob pena de nulidade da cláusula infringente desta garantia.

(D) Segundo a jurisprudência assentada pelo Tribunal Superior do Trabalho, a Administração Pública direta tomadora de serviços terceirizados responderá subsidiariamente pelas obrigações pecuniárias trabalhistas não cumpridas pela prestadora de serviços frente ao seu empregado, decorrendo a aludida responsabilidade subsidiária da Administração Pública direta do mero inadimplemento das obrigações trabalhistas assumidas pela empresa prestadora de serviços contratada.

(E) Segundo a jurisprudência assentada pelo Tribunal Superior do Trabalho, a contratação irregular de trabalhador, pelo Estado de Minas Gerais, mediante empresa interposta, não gera vínculo de emprego entre a Administração Pública estadual e o trabalhador.

A: opção correta, pois havendo grupo de empresas, nos termos do art. 2º, § 2º, da CLT haverá responsabilidade solidária. Utiliza-se a tese de empregador único; **B:** opção correta, pois o empregado deixa de prestar seu labor, porém, continua recebendo seu salário; **C:** opção correta, pois reflete o disposto no art. 468; **D:** opção incorreta, pois nos termos da Súmula 331, item V, do TST há responsabilidade subsidiária da administração caso evidenciada a sua conduta culposa no cumprimento das obrigações da Lei 8.666/1993, especialmente na fiscalização do cumprimento das obrigações contratuais e legais da prestadora de serviço como empregadora da CLT; **E:** opção correta, pois nos termos da Súmula 331, item II, do TST a contratação não gerará vínculo de emprego em razão da ausência de concurso público.

Gabarito "D"

(Procurador do Estado/MG – 2007) Em relação aos motivos que ensejam a demissão por justa causa,

(A) indisciplina é o descumprimento de ordem específica ao empregado, enquanto insubordinação é o descumprimento de ordem geral.

(B) indisciplina é o descumprimento de ordem geral, enquanto a insubordinação é o descumprimento de ordem específica dada ao empregado.

(C) não há diferença jurídica entre indisciplina e insubordinação.

(D) atos de indisciplina e insubordinação não são causas para demissão por justa causa.

A: opção incorreta, pois nos termos do art. 482, *h*, CLT ato de indisciplina é aquele que o empregado não cumpre ordens de caráter geral ao passo que insubordinação diz respeito ao não cumprimento de ordens de caráter pessoal; **B:** opção correta, veja os comentários da alternativa anterior; **C:** opção incorreta, pois como vimos nos comentários da alternativa A são institutos diferentes; **D:** opção incorreta, pois atos de indisciplina e insubordinação são causas para demissão por justa causa, tipificadas no art. 482, *h*, da CLT.

Gabarito "B"

(Procurador do Estado/MG – 2007) Joceleide Oliveira trabalhou para Maria da Penha no período de 13.03.2005 até 20.07.2005 (termo final do aviso-prévio). Ao ser demitida sem justa causa recebeu

(A) 5/12 de décimo terceiro salário e 4/12 de férias proporcionais.

(B) 6/12 de décimo terceiro salário e 4/12 de férias proporcionais.

(C) 5/12 de décimo terceiro salário e 5/12 de férias proporcionais.

(D) 5/12 de décimo terceiro salário e 6/12 de férias proporcionais.

A: opção correta, pois nos termos do art. 3º da Lei 4.090/1962 em caso de dispensa sem justa causa é devido 13º proporcional. Nos termos do art. 1º, § 1º da Lei 4.090/1962 a gratificação corresponderá a 1/12 avos da remuneração devida em dezembro, por mês de serviço, do ano correspondente. No caso em análise nota-se que Joceleide trabalhou 5 meses, ou seja, mês 03 de 2005 até mês 07 de 2005. Importante notar que o período de aviso-prévio é computado como tempo de serviço, art. 487, § 1º, CLT. Já com relação ao período de férias a obreira terá direito a 4/12 avos, pois obteve 4 meses de trabalho completos em 13/07/2005.

Gabarito "A"

(Procurador do Estado/PA – 2011) No tema da responsabilidade subsidiária imposta aos entes públicos tomadores de serviço, o Supremo Tribunal Federal adotou jurisprudência vinculante após o julgamento da Ação Declaratória de Constitucionalidade nº 16, tendo como objeto interpretação constitucional em torno do art. 71, § 1º, da Lei nº 8.666/1993. Sobre essa questão é INCORRETO afirmar que:

(A) A empresa contratada por processo licitatório fica, via de regra, responsável pelos encargos trabalhistas resultantes da execução do contrato.

(B) A inadimplência do contrato com referência aos encargos trabalhistas, via de regra, não transfere à Administração Pública estadual a responsabilidade pelo pagamento.

(C) A mera prova da inadimplência dos encargos trabalhistas não gera automaticamente a presunção de que a Administração Pública se omitiu quanto ao dever de fiscalização do contrato.

(D) Ensejaram a propositura de referida ação perante o STF reiteradas condenações, oriundas da Justiça do Trabalho, aos entes públicos por decorrência da antiga redação da Súmula nº 331, do

Tribunal Superior do Trabalho, cuja premissa era a imposição de responsabilidade subsidiária à Administração Pública em caso de inadimplência dos encargos trabalhistas por parte da empresa por si contratada.

(E) Na apreciação da demanda trabalhista, para efeito de imposição da responsabilidade subsidiária à Administração Pública, basta que a decisão consigne o inadimplemento dos encargos trabalhistas para que fique configurada a omissão do poder público quanto ao dever de fiscalização do contrato.

A: opção correta, pois com o julgamento da Ação Declaratória de Constitucionalidade 16-9/DF o Supremo Tribunal Federal se pronunciou pela constitucionalidade do art. 71, caput, da Lei 8.666/1993; **B:** opção correta, pois com o julgamento da Ação Declaratória de Constitucionalidade 16-9/DF o Supremo Tribunal Federal se pronunciou no sentido da constitucionalidade do art. 71, § 1º, da Lei 8.666/1993; **C:** opção correta, pois a responsabilidade não decorre de mero inadimplemento das obrigações trabalhistas assumidas pela empresa contratada. Deverá ficar demonstrada a sua conduta culposa no cumprimento das obrigações da Lei n.º 8.666/1993, especialmente na fiscalização do cumprimento das obrigações contratuais e legais da prestadora de serviço. Veja Súmula 331, item V, TST; **D:** opção correta, pois a posição adotada pelo TST antes do julgamento da Ação Declaratória de Constitucionalidade 16-9/DF era no sentido de que a disposição contida no art. 71, § 1º, da Lei 8.666/1993 não afastava a responsabilidade subsidiária da Administração Pública, aplicando a responsabilidade subsidiária direta, ou seja, basta comprovação de inadimplemento dos encargos trabalhistas; **E:** opção incorreta, pois ao decidir pela constitucionalidade do art. 71 e seu § 1º da Lei 8.666/1993 houve consenso no sentido de que o TST não poderá generalizar os casos e terá de investigar com mais rigor se a inadimplência tem como causa principal a falha ou falta de fiscalização pelo órgão público contratante. Veja os comentários da alternativa C.

Gabarito "E"

(Procurador do Estado/PR – UEL-COPS – 2011) A respeito do aviso-prévio, é verdadeira a seguinte alternativa:

(A) o aviso-prévio de dispensa do empregador ao empregado, concedido no dia 01 de agosto de 2011, uma segunda-feira, encerra-se validamente no dia 30 de agosto de 2011 (uma terça-feira);

(B) ainda que no curso do aviso-prévio, o registro de candidatura de empregado a cargo de dirigente sindical assegura a estabilidade;

(C) a gorjeta espontânea integra a remuneração do empregado, mas não é computada no cálculo do aviso-prévio indenizado;

(D) o aviso-prévio poderá ser concedido no período de fluência da garantia de emprego, desde que o seu termo final recaia em após a vigência dessa garantia;

(E) todas as alternativas anteriores são verdadeiras.

A: opção incorreta, pois o término seria dia 31 de agosto de 2011, na medida em que o marco inicial da contagem do aviso-prévio será o dia subsequente à comunicação por escrito, nesse sentido é Súmula 380 do TST; **B:** opção incorreta, pois nos termos da Súmula 369, item V, do TST o registro da candidatura do empregado a cargo de dirigente sindical durante o período de aviso-prévio, ainda que indenizado, não lhe assegura a estabilidade; **C:** opção correta, pois reflete o disposto no art. 457 da CLT e Súmula 354 do TST/ **D:** opção incorreta, pois por meio da Súmula 348 o TST entende ser inválida a concessão do aviso-prévio na fluência da garantia de emprego, ante a incompatibilidade dos dois institutos; **E:** opção incorreta, pois a apenas a alternativa C está correta.

Gabarito "C"

(Procurador do Estado/SE – FCC – 2005) Em caso de extinção de empresa ou de estabelecimento, os contratos de trabalho por prazo indeterminado devem ser

(A) cessados por justa causa, com o pagamento das verbas rescisórias devidas.

(B) cessados sem pagamento de quaisquer verbas rescisórias.

(C) mantidos por período determinado.

(D) cessados sem justa causa, com o pagamento das verbas rescisórias devidas.

(E) mantidos por período indeterminado.

A: opção incorreta, pois as hipóteses de justa causa estão tipificadas no art. 482 da CLT; **B:** opção incorreta, pois embora o contrato tenha que cessar, deverão ser pagas as verbas rescisórias, como uma dispensa sem justa causa; **C:** opção incorreta, pois dada a extinção da empresa é impossível a continuação do contrato por prazo determinado. Atenção: importante lembrar que nos termos do art. 469, § 2º, CLT é considerada lícita a transferência quando ocorrer extinção do estabelecimento em que trabalhar o empregado. **D:** opção correta, pois havendo extinção da empresa ocorrerá a dispensa sem justa causa do empregado que não suporta os riscos do negócio (princípio da alteridade - art. 2º CLT). Assim, deverão ser pagas todas as verbas rescisórias devidas, inclusive com aviso-prévio, nos termos da Súmula 44 do TST. **E:** opção incorreta, pois havendo a extinção da empresa será impossível a continuidade da relação de emprego. No entanto, importante lembrar que nos termos do art. 469, § 2º, da CLT é considerada lícita a transferência quando ocorrer extinção do estabelecimento em que trabalhar o empregado.

Gabarito "D"

(Procurador do Município/Manaus-AM – 2006 – FCC) Maria descumpriu ordens gerais de serviço contidas no regulamento da empresa. Neste caso Maria praticou ato específico de

(A) improbidade.

(B) incontinência de conduta.

(C) insubordinação.

(D) indisciplina.

(E) desídia.

A: opção incorreta, pois ato de improbidade, art. 482, *a*, da CLT, revela mau-caráter, desonestidade, que cause prejuízo ou até risco à integridade do patrimônio do empregador, como por exemplo: furto ou roubo de bens da empresa; **B:** opção incorreta, pois incontinência de conduta, art. 482, *b*, da CLT, aponta comportamento desregrado ligado à vida sexual do obreiro, como por exemplo, visitas a sites pornográficos na *internet*; **C:** opção incorreta, pois a insubordinação art. 482, *h*, da CLT, consiste no descumprimento de ordens pessoais de serviço; **D:** opção correta, pois a indisciplina art. 482, *h*, da CLT, consiste no descumprimento de ordens gerais de serviço; **E:** opção incorreta, pois desídia, art. 482, e, da CLT, é o desleixo do obreiro no desempenho de suas tarefas.

Gabarito "D"

(Procurador do Município/Recife-PE – 2008 – FCC) Descumprir ordens gerais do empregador,

(A) configura ato de insubordinação do empregado e constitui justa causa para rescisão do contrato de trabalho pelo empregador, tipificado na Consolidação das Leis do Trabalho.

(B) configura ato de indisciplina do empregado e constitui justa causa para rescisão do contrato de trabalho pelo empregador, tipificado na Consolidação das Leis do Trabalho.

(C) não constitui justa causa para rescisão do contrato de trabalho pelo empregador, não havendo tipificação específica na Consolidação das Leis do Trabalho.

(D) configura ato de desídia do empregado e constitui justa causa para rescisão do contrato de trabalho pelo empregador, tipificado na Consolidação das Leis do Trabalho.

(E) configura ato de incontinência de conduta do empregado e constitui justa causa para rescisão do contrato de trabalho pelo empregador, tipificado na Consolidação das Leis do Trabalho.

A: opção incorreta, pois nos termos do art. 482, *h*, CLT insubordinação diz respeito ao não cumprimento de ordens de caráter pessoal; **B:** opção correta, pois nos termos do art. 482, *h*, CLT ato de indisciplina é aquele que o empregado não cumpre ordens de caráter geral; **C:** opção incorreta. Veja comentário da alternativa anterior.;**D:** opção incorreta, pois desídia, art. 482, e, da CLT, é o desleixo do obreiro no desempenho de suas tarefas; **E:** opção incorreta, pois incontinência de conduta diz respeito ao comportamento desregrado ligado à vida sexual do obreiro, comportamento este que traz perturbações ao ambiente de trabalho, como por exemplo, visitas a sites pornográficos na *internet*.

Gabarito "B"

(Procurador do Município/Recife-PE – 2008 – FCC) Maria foi dispensada imotivadamente pela empresa em que laborava. Durante o período de seu aviso-prévio a empresa, ao invés de reduzir o seu horário de trabalho em duas horas diárias, conforme previsto na Consolidação das Leis do Trabalho, optou em pagar essas horas como horas extras. Neste caso, a substituição

(A) é válida, desde que a empresa remunere as duas horas extras diárias com acréscimo de no mínimo 70%.

(B) não é válida e a empresa deverá pagar novo aviso-prévio acrescido de 50% de seu valor.

(C) é válida, desde que a empresa remunere as duas horas extras diárias com acréscimo de 100%.

(D) é válida, desde que a empresa remunere as duas horas extras diárias com acréscimo de no mínimo 50%.

(E) não é válida e a empresa deverá pagar novo aviso-prévio.

E: opção correta, pois nos termos da Súmula 230 do TST é ilegal substituir o período que se reduz da jornada de trabalho, no aviso-prévio, pelo pagamento das horas correspondentes. Havendo a substituição, deverá a empresa conceder novo aviso-prévio, na medida em que não possibilitou ao trabalhador a busca de outro emprego.

Gabarito "E"

(Procurador do Município/São José dos Campos-SP – 2012 – VUNESP) Com relação ao aviso-prévio, assinale a alternativa correta.

(A) O aviso-prévio é um direito histórico dos trabalhadores e oriundo dos primórdios do Direito do Trabalho. Cabe apenas na dispensa do trabalhador por iniciativa do empregador e pode ser trabalhado ou indenizado.

(B) O aviso-prévio é direito dos trabalhadores e recentemente foi alterado para ampliar o prazo, que varia de 8 dias, se o pagamento for por semana ou tempo inferior, conforme o contido no artigo 487, I, da CLT, a até um total de 90 dias, como diz a Lei nº 12.506, de 11 de outubro de 2011.

(C) O aviso-prévio é um direito recíproco, tanto dos empregados quanto dos empregadores, e seu período se projeta no tempo do contrato de trabalho para todos os efeitos legais, devendo ser necessariamente indenizado.

(D) Há várias modalidades de aviso-prévio, sempre cindidas em duas: aviso-prévio do empregado e aviso-prévio do empregador; aviso-prévio indenizado e aviso-prévio trabalhado; aviso-prévio mínimo e aviso-prévio proporcional ao tempo de serviço; e aviso-prévio com projeção do tempo no contrato e sem projeção do tempo.

(E) O aviso-prévio dado pelo empregador não extingue o contrato, mas designa um termo para a extinção contratual, termo esse que é variável proporcionalmente ao tempo de serviço do trabalhador naquele contrato e pode ser revertido, se a parte concedente reconsiderar a sua decisão anterior.

A: opção incorreta, pois pode ser dado tanto pelo empregador como pelo empregado, nos termos do art. 487 da CLT; **B:** opção incorreta, pois embora o aviso-prévio proporcional tenha sido disciplinado pela Lei 12.506/2011, podendo chegar ser de até 90 (noventa) dias, nos termos do art. 7º, XXI, da CF o aviso-prévio é de, no mínimo, 30 (trinta) dias; **C:** opção incorreta, pois o aviso-prévio poderá ser trabalhado, quando a parte comunicante informar que haverá prestação de serviços durante o período; **D:** opção incorreta, pois sempre será garantida a integração do período de aviso-prévio no tempo de serviço, art. 487, § 1º, CLT; **E:** opção correta, pois o aviso-prévio não extingue o pacto laboral, na medida em que consiste em uma comunicação que uma parte faz à outra, de que pretende extinguir o pacto laboral. Será proporcional ao tempo de serviço, nos termos do art. 7º, XXI, CF, disciplinado pela Lei 12.506/2011 e poderá ser revertido na hipótese do art. 489 da CLT.

Gabarito "E"

(Procurador do Município/São José dos Campos-SP – 2012 – VUNESP) Assinale a alternativa correta quanto à responsabilidade da Fazenda Pública nas reclamações trabalhistas ajuizadas em face de empresas por ela contratadas.

(A) A administração pública não poderá ser responsabilizada, ainda que se considere ilícita a terceirização, porque há obstáculo constitucional (no artigo 37, II, da Constituição Federal) ao reconhecimento de vínculos e direitos trabalhistas em decorrência de trabalhos realizados sem prévia aprovação em concurso público, bem como é impossível considerar a administração pública devedora solidária de inadimplemento de responsabilidade de terceiro.

(B) Depois do julgamento em que o Supremo Tribunal Federal decidiu pela constitucionalidade do artigo 71, § 1.º, da Lei n.º 8.666/1993 (Lei de licitações), o Tribunal Superior do Trabalho alterou a sua Súmula 331 para afirmar que a administração pública responde subsidiariamente pelos créditos trabalhistas dos empregados de seus contratados, desde que haja conduta culposa (omissiva ou comissiva) na fiscalização do cumprimento das obrigações contratuais da prestadora de serviço como empregadora.

(C) A responsabilidade do tomador de serviços é solidária, havendo culpa ou dolo em relação ao inadimplemento dos créditos trabalhistas dos empregados de sua prestadora de serviços; e é subsidiária se inexistentes culpa ou dolo, dada a responsabilidade objetiva do tomador de serviços em relação às obrigações trabalhistas da prestadora de serviços para com seus empregados.

(D) A responsabilidade da Fazenda Pública em relação aos créditos trabalhistas dos empregados de suas prestadoras de serviço não é decorrente do mero inadimplemento das obrigações trabalhistas assumidas pela empresa regularmente contratada, mas supõe modalidade de culpa, participação do ente público no processo de conhecimento, inclusão do ente administrativo no título executivo e limitação das verbas decorrentes da condenação àquelas adquiridas pelo trabalhador apenas ao período em que o contrato entre prestadora de serviços e administração pública esteve vigente.

(E) A responsabilidade da Fazenda Pública nos casos de terceirização, lícita ou ilícita, regular ou irregular, não abrange toda e qualquer verba decorrente da condenação, mas deve ser regularmente aferida, segundo a existência ou não de culpa, pois só responderá por créditos cujo inadimplemento ocorreu com o concurso de culpa da administração pública, assim declarada em sentença, bem como com a limitação de tempo à vigência do contrato realizado entre administração pública e prestador de serviços.

A: opção incorreta, pois nos termos da Súmula 331, item V, do TST poderá haver responsabilidade subsidiária da administração pública; **B:** opção correta, pois reflete o entendimento disposto na Súmula 331, item V, do TST. O STF no julgamento da Ação Declaratória de Constitucionalidade 16-9/DF tenha declarado a constitucionalidade do art. 71 e § 1º da Lei 8.666/1993, reconhece que poderá haver a responsabilidade da administração pública. Assim, o TST não poderá generalizar os casos, aplicando à administração a responsabilidade subsidiária, pois como aduz o item V da Súmula 331 do TST, a responsabilidade não decorre de mero inadimplemento das obrigações trabalhistas assumidas pela empresa contratada. Deverá ficar demonstrada a sua conduta culposa no cumprimento das obrigações da Lei n.º 8.666/1993, especialmente na fiscalização do cumprimento das obrigações contratuais e legais da prestadora de serviço como empregadora; **C:** opção incorreta, pois a administração não responderá de forma solidária; Veja comentários da alternativa B; **D:** opção incorreta, pois não há limitação às verbas; **E:** opção incorreta. Veja comentários das alternativas B e D.

Gabarito “B”

(Procurador do Município/São Paulo-SP – 2008 – FCC) Uma empresa encerrou suas atividades em razão de ato de desapropriação do Poder Público e por consequência os contratos de trabalho foram rescindidos, por

(A) força maior, sendo indevida qualquer indenização aos empregados.

(B) culpa recíproca, ficando o empregador responsável pelo pagamento da metade da indenização devida aos empregados.

(C) rescisão sem justa causa, incumbindo ao órgão expropriante e ao empregador, em partes iguais, o pagamento de indenização devida aos empregados.

(D) *factum principis*, incumbindo ao órgão expropriante o pagamento da indenização devida aos empregados.

(E) rescisão indireta, ficando o empregador responsável pelo pagamento da indenização devida aos empregados.

A: opção incorreta, pois nos termos do art. 501 da CLT entende-se como força maior todo acontecimento inevitável, em relação à vontade do empregador, e para a realização do qual este não concorreu, direta ou indiretamente; **B:** opção incorreta, pois na culpa recíproca empregador empregado dão causa a extinção do contrato de trabalho; **C:** opção incorreta, pois a rescisão do contrato não foi sem justa causa ou imotivada; **D:** opção correta, pois nos termos do art. 486 da CLT *factum principis* consiste em uma modalidade de extinção do contrato de trabalho por ato da autoridade pública, federal, estadual ou municipal, inclusive as autarquias, que, por via administrativa ou legislativa impossibilita a continuação da atividade da empresa temporária ou definitivamente. Em outras palavras, ato do governo que torna impossível a execução do contrato de trabalho. Nesse caso, o pagamento da indenização será devido e ficará a cargo do governo responsável. **E:** opção incorreta, pois a rescisão indireta ou justa causa do empregador ocorre nas hipóteses do art. 483 da CLT.

Gabarito “D”

(Procurador do Município/Sorocaba-SP – 2012 – VUNESP) O contrato de trabalho extingue-se

(A) somente por iniciativa de qualquer uma das partes, que precisa necessariamente preavisar a outra parte com tempo proporcional ao de serviço.

(B) por iniciativa de qualquer das partes e também pelo Estado (*factum principis*), que pode impor o fechamento de alguma atividade econômica.

(C) por iniciativa do empregado, por iniciativa do empregador ou por iniciativa de ambos, como no caso de culpa recíproca.

(D) por morte do empregado ou empregador, falência da empresa, dispensa do empregado, rescisão direta ou indireta.

(E) por iniciativa do empregado e/ou do empregador, por efeito de ato de terceiro ou fato extintivo da relação de emprego.

A: opção incorreta, pois poderá haver a extinção por ato de terceiro, como ocorre no art. 486 da CLT; **B:** opção incorreta, pois poderá haver a extinção do contrato, também, por fato extintivo da relação de emprego, como é o caso da morte do empregado ou empregador; **C:** opção incorreta. Faltam hipóteses, pois a assertiva traz somente hipóteses de extinção por iniciativa das partes. Veja comentário das demais alternativas; **D:** opção incorreta. Faltam hipóteses. Veja comentários das demais alternativas; **E:** opção correta, pois por iniciativa do empregado, referindo ao pedido de demissão; iniciativa do empregador, referindo à dispensa sem justa causa; por efeito de ato de terceiro, como ocorre no *factum principis, art. 486 da CLT* ou fato extintivo da relação de emprego, como ocorre em caso de morte do empregador, art. 485 da CLT.

Gabarito "E"

(Procurador da Fazenda Nacional – 2006 – ESAF) Os direitos trabalhistas devidos ao empregado por força da extinção do contrato de trabalho variam conforme a modalidade da extinção. A esse respeito, assinale a opção incorreta.

(A) No pedido de demissão, são devidos ao empregado saldo de salários, aviso-prévio, 13° salário e férias.

(B) Na dispensa com justa causa, são devidos ao empregado saldo de salários e férias.

(C) Na dispensa indireta, são devidos ao empregado os mesmos direitos decorrentes da dispensa sem justa causa, inclusive a indenização correspondente a 40% (quarenta por cento) dos depósitos na conta vinculada do FGTS.

(D) Na culpa recíproca, a indenização devida ao empregado corresponde a 20% (vinte por cento) dos depósitos na conta vinculada do FGTS.

(E) Na extinção da empresa por força maior, a indenização devida ao empregado corresponde a 20% (vinte por cento) dos depósitos na conta vinculada do FGTS.

A: opção incorreta, pois no pedido de demissão do empregado são devidos: saldo de salário; férias simples e vencidas + 1/3 constitucional, 13° salário integral e depósitos de FGTS de 8% sobre o salário. Não é devido aviso-prévio ao empregado, pelo contrário, é ele quem deve ao empregador; **B:** opção correta, pois na dispensa com justa causa (art. 482 da CLT) dentre outros há o direito ao saldo de salário e férias simples ou em dobro, nos termos do art. 146 parágrafo único, da CLT. Vale lembrar que nessa hipótese não é devido o pagamento de férias proporcionais, de acordo com o entendimento disposto na Súmula 171 do TST; **C:** opção correta, pois na rescisão indireta ou justa causa do empregador (art. 483 da CLT, são devidas as mesmas parcelas da rescisão sem justa causa, quais sejam: saldo de salário; aviso-prévio; férias vencidas + 1/3 constitucional; férias simples e proporcionais + 1/3 constitucional; 13° salário integral e/ou proporcional; depósitos de FGTS de 8% sobre o salário, multa de 40% sobre os depósitos do FGTS; entrega das guias para levantamento do FGTS; entrega da guia de seguro desemprego ou indenização substitutiva, nos termos da Súmula 389 TST; **D:** opção correta, pois a assertiva está de acordo com a disposição contida no art. 484 da CLT; **E:** opção correta, pois reflete o entendimento disposto no art. 502, II, da CLT.

Gabarito "A"

(Procurador da Fazenda Nacional – 2004 – ESAF) Considerando as regras que informam a solidariedade de empresas no âmbito do Direito do Trabalho, assinale a opção correta.

(A) O reconhecimento da responsabilidade solidária entre duas empresas, por dívidas de natureza trabalhista, apenas é possível se houver previsão contratual expressa nesse sentido.

(B) Em se tratando de empresas que integram o mesmo grupo econômico, o reconhecimento da responsabilidade solidária depende da demonstração do efetivo aproveitamento, por todas elas, da prestação de serviços desenvolvida pelo trabalhador.

(C) Quando verificada a terceirização de serviços, o empregado da empresa prestadora apenas poderá demandar a responsabilização solidária da empresa tomadora se os serviços por ele executados estiverem ligados à atividade-fim desta última.

(D) Ainda que não pertencentes ao mesmo grupo econômico, a responsabilidade solidária entre as empresas que mantêm relação estritamente comercial deve ser reconhecida, se restar evidenciado que a empresa empregadora tem como única cliente a empresa contratante.

(E) Nos contratos de subempreitada, o empreiteiro principal é responsável solidário em relação às dívidas trabalhistas do subempreiteiro, independentemente de qualquer ajuste contratual nesse sentido.

A: opção incorreta, pois a responsabilidade solidária deve estar expressa em lei e uma vez reconhecida, nao poderá ser alterada por vontade das partes; **B:** opção incorreta, pois as empresas do grupo econômico serão consideradas "empregador único" sendo responsáveis solidariamente, art. 2°, § 2°, da CLT e Súmula 129 do TST; **C:** opção incorreta, pois poderá demandar responsabilidade solidária em se tratando de atividade-meio, sempre que existir pessoalidade e subordinação. Veja Súmula 331, item III, do TST/ **D:** opção incorreta, pois não há nenhum tipo de responsabilidade entre empresas que possuem relação estritamente comercial; **E:** opção correta, pois reflete o entendimento disposto no art. 455 da CLT.

Gabarito "E"

(Procurador do Estado/SC – 2010 – FEPESE) Acerca do aviso-prévio, assinale a alternativa **incorreta**, de acordo com a Consolidação das Leis do Trabalho.

(A) A falta do aviso-prévio por parte do empregador dá ao empregado o direito aos salários correspondentes ao prazo do aviso, garantida sempre a integração desse período no seu tempo de serviço.

(B) O horário normal de trabalho do empregado, durante o prazo do aviso, e se a rescisão tiver sido promovida pelo empregador, será reduzido de 2 (duas) horas diárias, sem prejuízo do salário integral.

(C) O empregado que, durante o prazo do aviso-prévio, cometer qualquer das faltas consideradas pela lei como justas para a rescisão, não perde o direito ao restante do respectivo prazo.

(D) Dado o aviso-prévio, a rescisão torna-se efetiva depois de expirado o respectivo prazo, mas, se a parte notificante reconsiderar o ato, antes de seu termo, à outra parte é facultado aceitar ou não a reconsideração.

(E) Caso seja aceita a reconsideração ou continuando a prestação depois de expirado o prazo, o contrato continuará a vigorar, como se o aviso-prévio não tivesse sido dado.

A: opção correta, pois reflete o disposto no art. 487, § 1º, da CLT; **B:** opção correta, pois reflete o disposto no art. 488 da CLT; **C:** opção incorreta, pois de acordo com o art. 491 da CLT o empregado perderá o direito ao restante do prazo do aviso-prévio; **D:** opção correta, pois reflete o disposto no art. 489 da CLT; **E:** opção correta, pois reflete o disposto no art. 489, parágrafo único, da CLT.

Gabarito "C"

(Procurador do Estado/SP – FCC – 2009) Inobstante vedações inseridas nas legislações infraconstitucional e constitucional, aplicáveis à Administração Pública, em relação à recentíssima Orientação Jurisprudencial laboral, é correto afirmar que a aposentadoria espontânea

(A) não é causa de extinção do contrato de trabalho se o empregado permanece prestando serviços ao empregador após a jubilação, não se desobrigando o empregador do pagamento da multa de 40% do FGTS sobre a totalidade dos depósitos efetuados.

(B) não é causa de extinção do contrato de trabalho se o empregado permanece prestando serviços ao empregador após a jubilação, não se desobrigando o empregador do pagamento da multa de 40% do FGTS sobre os depósitos efetuados no período anterior a concessão do benefício previdenciário.

(C) é causa de extinção do contrato de trabalho, mesmo que o empregado permaneça prestando serviços ao empregador após a jubilação, não se desobrigando o empregador do pagamento da multa de 40% do FGTS sobre a totalidade dos depósitos efetuados.

(D) é causa de extinção do contrato de trabalho, mesmo que o empregado permaneça prestando serviços ao empregador após a jubilação, não se desobrigando o empregador do pagamento da multa do FGTS sobre os depósitos efetuados no período anterior a concessão do benefício previdenciário.

(E) é causa de extinção do contrato de trabalho se o empregado permanece prestando serviços ao empregador após a jubilação, não se desobrigando o empregador do pagamento da multa de 40% do FGTS sobre os depósitos efetuados no período posterior a concessão do benefício previdenciário.

A alternativa A está de acordo com o disposto na Orientação Jurisprudencial 361 da SDI-I do TST: "APOSENTADORIA ESPONTÂNEA. UNICIDADE DO CONTRATO DE TRABALHO. MULTA DE 40% DO FGTS SOBRE TODO O PERÍODO. A aposentadoria espontânea não é causa de extinção do contrato de trabalho se o empregado permanece prestando serviços ao empregador após a jubilação. Assim, por ocasião da sua dispensa imotivada, o empregado tem direito à multa de 40% do FGTS sobre a totalidade dos depósitos efetuados no curso do pacto laboral".

Gabarito "A"

(Procurador do Estado/ES – 2008 – CESPE) Um empregado contratado em 2 de janeiro de 2004 foi dispensado sem justa causa em 28 de junho de 2007, com aviso-prévio indenizado, havendo gozado apenas um período de férias de trinta dias em março de 2005, remuneradas de acordo com a legislação. Considerando essa situação, julgue os itens a seguir.

(1) Por ocasião da rescisão do contrato de trabalho, o empregado faz jus à remuneração correspondente a dois períodos integrais de férias, sendo um simples e outro em dobro, além das férias proporcionais, acrescendo-se a tudo o terço constitucional.

(2) O período de férias proporcionais corresponde a sete doze avos.

1: correto, art. 146 da CLT; **2:** correto, seis meses trabalhados e um referente ao aviso-prévio.

Gabarito 1C, 2C

(Procurador do Estado/ES – 2008 – CESPE) Considere que, por tempo indeterminado, foi realizado contrato de trabalho entre uma pessoa jurídica de direito público e um indivíduo, admitido sem aprovação em concurso público, para prestar serviços de segunda a sexta, em jornada de onze horas. Com base nessa situação, julgue os itens a seguir, quanto aos efeitos atribuídos pelo Tribunal Superior do Trabalho (TST) à nulidade desse contrato de trabalho.

(1) O empregado mencionado terá direito ao pagamento de todas as horas trabalhadas, inclusive das que excedem a jornada normal prevista na legislação, mas sem o adicional de 50%, a título de horas extras, respeitado o valor do salário mínimo.

(2) No caso de ser dispensado sem justa causa, o empregado em pauta faz jus à concessão ou indenização do aviso-prévio.

(3) São devidos ao empregado os depósitos do fundo de garantia por tempo de serviço (FGTS), uma vez que ele tem direito aos salários, mas sem a indenização de 40% sobre o valor depositado.

1: Certa, pois a assertiva reflete a posição consolidada na Súmula 363 do TST: "CONTRATO NULO. EFEITOS. A contratação de servidor público, após a CF/1988, sem prévia aprovação em concurso público, encontra óbice no respectivo art. 37, II e § 2º, somente lhe conferindo direito ao pagamento da contraprestação pactuada, em relação ao número de horas trabalhadas, respeitado o valor da hora do salário mínimo, e dos valores referentes aos depósitos do FGTS"; **2:** Errada, pois conforme consta da Súmula 363 o empregado não fará jus a outras verbas, somente ao pagamento da contraprestação pactuada, ou seja, da remuneração e depósitos do FGTS; **3:** Certa, pois de acordo com o teor da Súmula 363 o empregado fará jus aos valores referentes aos depósitos do FGTS, mas sem a indenização de 40%.

Gabarito 1C, 2E, 3C

(Procurador do Estado/ES – 2008 – CESPE) A respeito da contratação de empregados pela administração pública, julgue os próximos itens.

(1) A administração pública direta, autárquica e fundacional das esferas federal, estadual e municipal não pode livremente optar pelo regime de emprego público, uma vez que o STF restabeleceu a redação original de artigo da Constituição, que prevê o Regime Jurídico Único.

(2) Caso um empregado regularmente contratado por ente da administração pública seja desviado para função mais relevante e mais bem remunerada, ele não terá direito, nesse caso, ao pagamento das diferenças salariais em razão da nova função exercida.

(3) A despedida de empregado de sociedade de economia mista ou de empresa pública, em geral, só é válida se decorrente de ato motivado.

1: Certa, pois o art. 39, *caput*, da Constituição, em sua redação original, exigia que cada ente federativo instituísse um *regime jurídico único* aplicável a todos os agentes da sua administração direta, autárquica e fundacional, ou seja, um mesmo conjunto de regras e princípios jurídicos que regulasse a relação funcional desses agentes administrativos. A EC 19/1998, todavia, ao alterar o referido dispositivo constitucional, acabou com a obrigatoriedade de adoção do referido regime jurídico único, com o que a União, cada Estado, o Distrito Federal e cada Município passaram a ter liberdade na escolha do regime de pessoal dos agentes administrativos da sua administração direta, autárquica e fundacional. Assim, com o fim da obrigatoriedade do regime jurídico único, as entidades políticas, as autarquias e as funções públicas passaram a poder compor seu quadro de pessoal se valendo de ambos os regimes de pessoal da Administração, o celetista e o estatutário. Ocorre que o Supremo Tribunal Federal, em 02.08.2007 (ADI 2135 MC/DF) proferiu decisão liminar suspendendo a vigência do *caput* art. 39 da Constituição, com a redação dada pela EC 19/1998, de modo a restabelecer provisoriamente, sua redação original e, portanto, a obrigatoriedade de adoção do regime jurídico único para o pessoal da Administração direta, autárquica e fundacional. Atualmente e até que o STF decida definitivamente a questão, em cada esfera da Federação deve obrigatoriamente ser adotado o mesmo regime jurídico para o pessoal da administração direta, autárquica e fundacional; **2:** Errada, pois o empregado terá direito à diferença salarial, mas não ao reenquadramento, conforme dispõe a Orientação Jurisprudencial 125 da SDI-I do TST: "DESVIO DE FUNÇÃO. QUADRO DE CARREIRA. O simples desvio funcional do empregado não gera direito a novo enquadramento, mas apenas às diferenças salariais respectivas, mesmo que o desvio de função haja iniciado antes da vigência da CF/1988"; 3: Errada, pois a despedida de empregado público de Sociedade de Economia Mista e de Empresa Pública independe de ato normativo, com exceção apenas ao empregado da Empresa Brasileira de Correios e Telégrafos, que depende de motivação em razão das prerrogativas que goza essa empresa, consoante entendimento consolidado pela Orientação Jurisprudencial 247 da SDI-I do TST: "SERVIDOR PÚBLICO. CELETISTA CONCURSADO. DESPEDIDA IMOTIVADA. EMPRESA PÚBLICA OU SOCIEDADE DE ECONOMIA MISTA. POSSIBILIDADE I – A despedida de empregados de empresa pública e de sociedade de economia mista, mesmo admitidos por concurso público, independe de ato motivado para sua validade. II – A validade do ato de despedida do empregado da Empresa Brasileira de Correios e Telégrafos (ECT) está condicionada à motivação, por gozar a empresa do mesmo tratamento destinado à Fazenda Pública em relação à imunidade tributária e à execução por precatório, além das prerrogativas de foro, prazos e custas processuais".

Gabarito 1C, 2E, 3E

(Procurador do Estado/PI – 2008 – CESPE) A empresa Lua de Prata Ltda. demitiu Francisco por justa causa, em 28 de março de 2008. No dia 1º de abril do mesmo ano, foi marcada a homologação do termo de rescisão do contato de trabalho no sindicato da categoria profissional de Francisco, bem como o pagamento das verbas devidas. Nesse dia, contudo, Francisco recusou-se a receber o pagamento, razão pela qual a empresa optou por aguardar a ação judicial para efetuá-lo. Considerando essa situação hipotética, assinale a opção correta.

(A) Não deve ser aplicada a multa prevista no art. 477, § 8º, da CLT, decorrente do atraso no pagamento da rescisão contratual, já que foi o empregado quem se recusou a receber as verbas rescisórias.

(B) Não deve ser aplicada a multa prevista no art. 477, § 8º, da CLT, já que houve homologação do termo de rescisão do contrato de trabalho no sindicato da categoria profissional de Francisco.

(C) A CLT apenas disciplina a aplicação da multa por atraso no pagamento quando ocorrer inadimplência por parte do empregador, não fazendo qualquer tipo de previsão quanto à inadimplência decorrente de atitude do empregado.

(D) Deve ser aplicada a multa prevista no art. 477, § 8º, da CLT, uma vez que a empresa deveria ter efetuado ou o depósito da quantia referente às verbas rescisórias na conta-corrente do empregado, ou o depósito em consignação.

(E) A multa prevista no art. 477, § 8º, da CLT apenas pode ser aplicada nos casos de demissão sem justa causa.

A: falsa, pois não foi observada a regra do art. 477, § 6º, da CLT; **B:** falsa, pois não foi observada a regra do art. 477, § 6º, da CLT; **C:** falsa, pois cabe ao empregador efetuar o pagamento nos prazos do art. 477, § 6º, da CLT; **D:** correto; depósito em conta, em conformidade com a Instrução Normativa 3 da Secretaria de Relações do Trabalho do Ministério do Trabalho e Emprego, e consignação em pagamento (art. 890 e seguintes do CPC); **E:** falso, pois será aplicada, também, para hipóteses de justa causa.

Gabarito "D"

(Procurador do Estado/PR – 2007) Tendo o Estado do Paraná, no dia 01.04.2002, rescindido sem justa causa um contrato de trabalho celebrado há mais de um ano com uma servidora pública estadual, é correto afirmar que:

(A) Sendo ente público, não está sujeito à homologação da rescisão;

(B) Deverá depositar, a título de multa fundiária prevista no art. 10, inciso I, do ADCT da CR/1988, o equivalente a 50% do total dos depósitos devidos na conta vinculada do FGTS do empregado;

(C) Será condenado a pagar com um acréscimo de 50% o montante incontroverso das verbas rescisórias não pagas na data do comparecimento em juízo;

(D) Deverá pagar à servidora pública estadual o equivalente à contribuição mensal ao FGTS de 8% relativa ao mês da rescisão e ao último mês de trabalho que ainda não houver sido recolhida;

(E) Apenas as alternativas A e B estão corretas.

A: correta, pois de acordo com o art. 1º, I, do Decreto-Lei 779/1969, a União, os Estados, o Distrito Federal, os Municípios, as autarquias e fundações de direito público que não explorem atividade econômica possuem a prerrogativa de presunção relativa de validade dos recibos de quitação ou pedidos de demissão de seus empregados, *ainda que não homologados*, sem que sejam submetidos à assistência mencionada no art. 477 da CLT; **B:** correta, pois será devida a indenização compensatória de 40% (art. 18, § 1º, da Lei 8.036/1990) e contribuição social de 10% (art. 1º da Lei Complementar 110/2001), o que resulta em depósito de 50% sobre o montante de todos os depósitos devidos referentes ao FGTS durante a vigência do contrato; **C:** incorreta, pois referida multa não se aplica à União, Estados, Distrito Federal e Municípios, conforme disposto no art. 467, parágrafo único, da CLT; **D:** incorreta, pois os valores devidos a título de depósito de FGTS deverão ser sempre depositados em conta vinculada até o dia 7 de cada mês, na importância de 8% da remuneração paga no mês anterior e nunca pagos diretamente ao empregado; **E:** as alternativas A e B estão corretas.

Gabarito "E"

(Procurador do Estado/PR – 2007) Assinale a alternativa correta:

(A) Justifica-se a inclusão da condenação criminal como justa causa ante a quebra de necessária confiança que deve existir entre as partes.

(B) O ato de improbidade pode se configurar ainda que não haja prejuízo ao empregador, colegas de trabalho ou terceiro, bastando para tanto a mera tentativa pelo empregado.

(C) A negociação habitual somente se configura como justa causa se importar em atos de concorrência com o empregador.

(D) O elemento dolo pode estar presente na ocorrência de desídia, embora não seja indispensável à caracterização desta falta.

(E) A reiterada imperícia do empregado pode justificar a rescisão por justa causa.

A: errada, pois a interpretação teleológica da inclusão da condenação criminal como justa causa refere-se a inviabilidade de o empregado continuar prestando serviços, eis que deverá cumprir pena restritiva de liberdade e, segundo Gustavo Filipe Barbosa Garcia: "Tanto é assim que, de acordo com o referido dispositivo legal, a justa causa só se verifica se não tiver sido concedida a suspensão da execução da pena, ou seja, desde que não exista *sursis*" (Curso de Direito do Trabalho, Gen, 4ª edição, p. 627); **B:** correta, pois sobre o tema há duas vertentes. A primeira, e mais restritiva, entende que há necessidade de configuração de dano patrimonial. A segunda, mais ampla, e que vem ganhando força, entende que não há necessidade de lesão ao patrimônio da empresa, bastando que haja conduta desonesta grave; **C:** errada, pois há duas situações diferentes contempladas pelo art. 482, *c*, da CLT. A primeira exige que o ato constitua concorrência ao empregador, e a segunda, não citada na assertiva, exige que a negociação habitual seja prejudicial ao serviço; **D:** errada, pois a conduta desidiosa apta a ensejar a justa causa é aquela desatenção reiterada, desinteresse contínuo, desleixo com as obrigações. Assim, para caracterizar a desídia é necessária a evidenciação de um comportamento habitual e que, mesmo após o empregador ter tomado outras medidas com fundamento no poder disciplinar, o trabalhador continue com seu comportamento desidioso; **E:** errada, pois a imperícia não é hipótese de justa causa, eis que não consta do rol taxativo do art. 482 da CLT.

Gabarito "B"

(Procurador do Estado/PR – 2007) Um Secretário de Estado contrata vários funcionários, sem concurso público, pelo regime CLT. O Ministério Público do Trabalho, entende ilegal a contratação e determina que não se efetuem quaisquer pagamentos. Assim, de pronto, ocorre a rescisão dos contratos de trabalho, verbalmente, sem qualquer formalidade ou pagamento. Diante desse quadro, é correto afirmar:

(A) Os funcionários não terão direito a nada.

(B) Os funcionários terão direito tão somente ao saldo de salário e saque dos valores existentes no FGTS.

(C) Os funcionários terão direito a rescisão contratual, saldo de salário, verbas rescisórias e FGTS com a indenização legal, além das guias de seguro desemprego.

(D) Os funcionários terão direito a todas as parcelas decorrentes do vínculo de emprego, a título de indenização.

(E) Os funcionários somente terão direito a sacar os valores depositados no FGTS, mais indenização legal e receber as guias de seguro desemprego.

A alternativa B está correta, pois os funcionários terão direito a receber o saldo de salário e valor do FGTS, a teor da Súmula 363 do TST: "CONTRATO NULO. EFEITOS. A contratação de servidor público, após a CF/1988, sem prévia aprovação em concurso público, encontra óbice no respectivo art. 37, II e § 2º, somente lhe conferindo direito ao pagamento da contraprestação pactuada, em relação ao número de horas trabalhadas, respeitado o valor da hora do salário mínimo, e dos valores referentes aos depósitos do FGTS".

Gabarito "B"

(Procurador do Estado/RR – 2006 – FCC) A empresa encerrou suas atividades em razão de ato de desapropriação do Poder Público e por consequência os contratos de trabalho foram rescindidos, por

(A) força maior, sendo indevida qualquer indenização aos empregados.

(B) culpa recíproca, ficando o empregador responsável pelo pagamento da metade da indenização devida aos empregados.

(C) *factum principis*, incumbindo ao órgão expropriante o pagamento da indenização devida aos empregados.

(D) rescisão sem justa causa, incumbindo ao órgão expropriante e ao empregador, em partes iguais, o pagamento de indenização devida ao empregado.

(E) rescisão indireta, ficando o empregador responsável pelo pagamento da indenização devida aos empregados.

A alternativa C está correta, pois se trata de fato do príncipe, que, segundo Hely Lopes Meirelles, "é toda determinação estatal, positiva ou negativa, geral, imprevista e imprevisível, que onera substancialmente a execução do contrato administrativo" (*Direito Administrativo Brasileiro*, Malheiros, 26ª edição, p. 229). Assim, no caso de desapropriação pelo Poder Público, a empresa encerrou suas atividades, rescindindo o contrato de trabalho por causa alheia à sua vontade, razão pela qual incide a regra do art. 486, *caput*, da CLT: "No caso de paralisação temporária ou definitiva do trabalho, motivada por ato de autoridade municipal, estadual ou federal, ou pela promulgação de lei ou resolução que impossibilite a continuação da atividade, prevalecerá o pagamento da indenização, que ficará a cargo do governo responsável".

Gabarito "C"

(Procuradoria Federal – 2007 – CESPE) De acordo com a jurisprudência do STF, julgue os itens que se seguem.

(1) Empregado público na administração direta federal em desvio de função não possui direito ao pagamento das diferenças salariais pela função exercida.

(2) A aposentadoria espontânea não necessariamente constitui hipótese de extinção do contrato de trabalho.

1: Errada, pois o empregado público terá direito à diferença salarial, mas não ao reenquadramento, conforme dispõe a Orientação Jurisprudencial 125 da SDI-I do TST: "DESVIO DE FUNÇÃO. QUADRO DE CARREIRA. O simples desvio funcional do empregado não gera direito a novo enquadramento, mas apenas às diferenças salariais respectivas, mesmo que o desvio de função haja iniciado antes da vigência da CF/1988" **2:** Certa, pois a assertiva reflete posição consolidada pela Orientação Jurisprudencial 361 da SDI-I do TST: "APOSENTADORIA ESPONTÂNEA. UNICIDADE DO CONTRATO DE TRABALHO. MULTA DE 40% DO FGTS SOBRE TODO O PERÍODO. A aposentadoria espontânea não é causa de extinção do contrato de trabalho se o empregado permanece prestando serviços ao empregador após a jubilação. Assim, por ocasião da sua dispensa imotivada, o empregado tem direito à multa de 40% do FGTS sobre a totalidade dos depósitos efetuados no curso do pacto laboral".

Gabarito 1E, 2C

(Procuradoria Federal – 2007 – CESPE) Julgue os seguintes itens de acordo com a CLT

(1) Em caso de rescisão do contrato de trabalho com a União, esta é obrigada a pagar ao trabalhador, à data do comparecimento na justiça do trabalho, a parte incontroversa das verbas rescisórias, sob pena de pagá-las acrescidas de 50%

Errada, pois a assertiva contraria o disposto no art. 467, parágrafo único, da CLT: "Em caso de rescisão de contrato de trabalho, havendo controvérsia sobre o montante das verbas rescisórias, o empregador é obrigado a pagar ao trabalhador, à data do comparecimento à Justiça do Trabalho, a parte incontroversa dessas verbas, sob pena de pagá-las acrescidas de cinquenta por cento. Parágrafo único. O disposto no *caput* não se aplica à União, aos Estados, ao Distrito Federal, aos Municípios e às suas autarquias e fundações públicas".

Gabarito "E"

(Procurador do Município/Teresina-PI – 2010 – FCC) Joana estava cumprindo aviso-prévio quando cometeu falta grave passível de acarretar a rescisão do contrato de trabalho por justa causa. Neste caso, considerando que Joana não abandonou o emprego, ela

(A) terá direito a 50% das verbas rescisórias de natureza indenizatória em razão da falta ter ocorrido no período de cumprimento do aviso-prévio.

(B) não terá direito a qualquer verba rescisória de natureza indenizatória.

(C) terá direito normalmente às verbas rescisórias de natureza indenizatória, uma vez que já se encontrava em aviso-prévio.

(D) terá direito a 1/3 das verbas rescisórias de natureza indenizatória em razão da falta ter ocorrido no período de cumprimento do aviso-prévio.

(E) terá direito apenas às multas normativas previstas em Convenção Coletiva de Trabalho.

No curso do aviso pode ocorrer falta grave, seja pelo empregado, seja pelo empregador. Nesse caso, a rescisão passará a ser uma rescisão por justa causa do empregado ou por rescisão indireta, justa causa do empregador. Nessa linha, o TST editou a Súmula 73 entendendo que a ocorrência de justa causa, salvo a de abandono de emprego, no decurso do prazo do aviso-prévio dado pelo empregador, retira do empregado qualquer direito às verbas rescisórias de natureza indenizatória.

Gabarito "B"

(ADVOGADO – EPE – 2007 – CESGRANRIO) Jairo firmou um contrato de trabalho por prazo determinado, com duração de 6 meses, renováveis por mais 6 meses. Ao cabo de um ano, Jairo prosseguiu trabalhando até ser dispensado, sem justa causa, quando contava com 20 meses de trabalho. Jairo tem direito à percepção de uma multa rescisória cujo valor é o equivalente a:

(A) 2 meses de remuneração.

(B) 4 meses de remuneração.

(C) 6 meses de remuneração.

(D) 20% do saldo de sua conta de FGTS.

(E) 40% do saldo de sua conta de FGTS.

"E" é a opção correta, pois a multa por despedida arbitrária ou sem justa causa está disciplinada no art. 7º, I, da CF, devendo o empregador na hipótese de despedida sem justa causa, depositar, na conta vinculada do trabalhador no FGTS, importância igual a 40% (quarenta por cento) do montante de todos os depósitos realizados na conta vinculada durante a vigência do contrato de trabalho, atualizados monetariamente e acrescidos dos respectivos juros, nos termos do art. 18, § 1º, da Lei 8.036/1990.

Gabarito "E"

(PROCURADOR – BANCO CENTRAL – 2009 – CESPE) Considere que um empregado tenha faltado, sem apresentar justificativa, 12 dias consecutivos ao seu trabalho e que, após a ausência, tenha se reapresentado normalmente para dar continuidade ao trabalho. Nessa situação, justifica-se a rescisão por justa causa, em decorrência de

(A) abandono de emprego.

(B) incontinência de conduta.

(C) insubordinação.

(D) ato de improbidade.

(E) desídia no desempenho de suas funções.

A: opção incorreta, pois previsto no art. 482, alínea "i", da CLT, o abandono de emprego é presumido se o empregado deixa de coparecer em serviço por mais de 30 (trinta) dias; **B:** opção incorreta, pois prevista no art. 482, alínea "b", da CLT a incontinência de conduta refere-se ao comportamento desregrado ligado à vida sexual do obreiro, comportamento este que traz perturbações ao ambiente de trabalho, como por exemplo, visitas a sites pornográficos na *internet*; **C:** opção incorreta, pois prevista no art. 482, alínea "h", da CLT, a insubordinação consiste no descumprimento de ordens pessoais de serviço; **D:** opção incorreta, pois previsto no art. 482, alínea "a", da CLT, o ato de improbidade revela mau-caráter, desonestidade, má-fé, que cause prejuízo ou até risco à integridade do patrimônio do empregador, como, por exemplo, furto ou roubo de bens da empresa; **E:** opção correta, pois prevista no art. 482, alínea "e", da CLT, a desídia aponta a falta de empenho, o desinteresse do empregado na execução do serviço.

Gabarito "E"

9. ESTABILIDADE

(Procurador do Estado/BA – 2014 – CESPE) Em relação aos direitos dos trabalhadores, julgue o item seguinte.

(1) À empregada gestante é assegurada estabilidade desde a confirmação da gravidez até cento e vinte dias após o parto.

1: Opção incorreta, pois nos termos do art. 10, II, *b*, do ADCT é assegura a garantia de emprego à empregada gestante **desde a confirmação da gravidez até cinco meses após o parto**.

Gabarito 1E

(Procurador Federal – 2013 – CESPE) Julgue o item seguinte, relativo ao direito do trabalho.

(1) Conforme entendimento pacificado pelo TST, o servidor público celetista da administração direta, autárquica ou fundacional é beneficiário do regime de estabilidade previsto na CF aos servidores nomeados para cargo de provimento efetivo.

1: Opção correta, pois nos termos da Súmula 390, I, do TST o servidor público celetista da administração direta, autárquica ou fundacional é beneficiário da estabilidade prevista no art. 41 da CF/1988. No entanto, de acordo com o item II da citada súmula, o empregado de empresa pública ou de sociedade de economia mista, ainda que admitido mediante aprovação em concurso público, não é garantida a estabilidade prevista no art. 41 da CF/1988.

Gabarito 1C

(Procurador do Estado/PR – UEL-COPS – 2011) Assinale a alternativa falsa:

(A) o deferimento de salários do período de estabilidade provisória, quando o pedido formulado tenha sido exclusivamente de reintegração, não implica em nulidade da sentença por julgamento "extra petita";

(B) é necessário o ajuizamento do inquérito judicial para apuração de falta grave, no caso de dispensa motivada de dirigente sindical;

(C) não obstante a redação do art. 7º, inc. I, da CRFB, a estabilidade prevista no art. 118 da Lei 8.213/191, não é inconstitucional;

(D) ainda que no curso do aviso-prévio, o registro de candidatura de empregado a cargo de dirigente sindical assegura a estabilidade;

(E) ajuizamento da ação trabalhista após decorrido o lapso de garantia de emprego da gestante não afasta o direito à indenização correspondente.

A: opção correta, pois reflete o disposto na Súmula 396, item II, do TST; **B:** opção correta, pois reflete o entendimento disposto na Súmula 379 do TST; **C:** Opção correta, pois por meio da Súmula 378, item I o TST entende ser constitucional o art. 118 da Lei 8.213/91 que assegura o direito à estabilidade provisória por período de 12 meses após a cessação do auxílio-doença ao empregado acidentado; **D:** opção incorreta, pois de acordo com a Súmula 369, item V, do TST no curso do aviso-prévio não é assegurado o direito á estabilidade; **E:** opção correta, pois reflete o entendimento disposto na OJ 399 da SDI 1 do TST.

Gabarito "D"

(Procurador do Estado/RS – FUNDATEC – 2010) Considere as afirmações a seguir:

I. Segundo orientação jurisprudencial do Tribunal Superior do Trabalho, preenchidos todos os pressupostos para a aquisição de estabilidade decorrente de acidente ou doença profissional, ainda durante a vigência do instrumento normativo, goza o empregado de estabilidade mesmo após o término da vigência deste.

II. Os associados de sindicatos de empregados que se aposentarem, estiverem desempregados ou tiverem sido convocados para prestação de serviço militar não perderão os respectivos direitos sindicais e ficarão isentos de qualquer contribuição, mas não poderão exercer quaisquer cargos de administração ou representação sindical.

III. As centrais sindicais legalmente reconhecidas têm como prerrogativas: (a) coordenar a representação dos trabalhadores por meio das organizações sindicais a ela filiadas; (b) participar de negociações em fóruns, colegiados de órgãos públicos e demais espaços de diálogo social que possuam composição tripartite, nos quais estejam em discussão assuntos de interesse geral dos trabalhadores, e (c) firmar, mediante negociação estabelecida com as confederações sindicais patronais, os contratos coletivos estipulativos das condições mínimas de trabalho aplicáveis em todo o território nacional.

Quais estão corretas?

(A) Apenas I.

(B) I, II e III.

(C) Apenas II e III.

(D) Apenas I e II.

(E) Apenas III

I: opção correta, pois reflete o entendimento disposto na OJ 41 da SDI 1 do TST; II: opção incorreta, pois não poderão exercer cargo de administração sindical ou de representação econômica ou profissional e não *quaisquer* cargos de administração ou representação sindical como na assertiva; III: opção incorreta, pois nos termos do art. 1º e seus incisos da Lei 11.648/2008, o item c constante na assertiva não constitui uma atribuição das centrais sindicais.

Gabarito "A"

(Procurador do Estado/SE – FCC – 2005) Um empregado dirigente sindical, com contrato de trabalho celebrado por prazo indeterminado, tem referido acordo laboral suspenso por mau procedimento. Qual o prazo para o ajuizamento do inquérito para apuração de falta grave? Tal prazo é de prescrição ou é de decadência?

(A) O prazo decadencial necessário ao ajuizamento do inquérito para apuração de falta grave é de trinta dias.

(B) O prazo decadencial necessário ao ajuizamento do inquérito para apuração de falta grave é de noventa dias, período máximo aplicável ao contrato de experiência.

(C) O prazo prescricional necessário ao ajuizamento do inquérito para apuração de falta grave é de noventa dias, período máximo aplicável ao contrato de experiência.

(D) O prazo prescricional/decadencial necessário ao ajuizamento do inquérito para apuração da falta grave é de noventa dias, período máximo aplicável ao contrato de experiência.

(E) O prazo prescricional necessário ao ajuizamento do inquérito para apuração de falta grave é de trinta dias.

A: opção correta, pois o inquérito judicial para apuração de falta grave que possui natureza jurídica da ação contitutivo-negativa deverá ser proposto dentro de 30 DIAS contados da suspensão do empregado, nos termos do art. 853 da CLT. O prazo é DECADENCIAL. Nesse sentido veja a Súmula 62 do TST e 403 do STF.

Gabarito "A"

(Procurador do Município/Manaus-AM – 2006 – FCC) O registro da candidatura do empregado a cargo de dirigente sindical durante o período de aviso-prévio, ainda que indenizado,

(A) assegura-lhe a estabilidade até 6 meses após o final do mandato.

(B) garante-lhe a estabilidade até um ano após o final do mandato.

(C) assegura-lhe a estabilidade até um ano após a realização das eleições.

(D) garante-lhe a estabilidade até o final do mandato.

(E) não lhe assegura a estabilidade.

E: opção correta, pois de acordo com o entendimento cristalizado no item V da Súmula 369 do TST o registro da candidatura do empregado a cargo de dirigente sindical durante o período de aviso-prévio, ainda que indenizado, não lhe assegura a estabilidade de 1 ano, visto que inaplicável a regra do § 3º do art. 543 da CLT.

Gabarito "E"

(Procurador do Estado/PE – CESPE – 2009) Acerca da estabilidade decenal, assinale a opção correta.

(A) O empregado que completou dez anos de serviço, na mesma empresa, em setembro de 2009 não pode ser despedido senão por motivo de falta grave ou circunstância de força maior, devidamente comprovadas.

(B) A estabilidade contratual ou a derivada de regulamento de empresa são compatíveis com o regime do FGTS. Diversamente ocorre com a estabilidade decenal de que trata a CLT, que é renunciada com a opção pelo FGTS.

(C) A equivalência entre os regimes do FGTS e da estabilidade prevista na CLT, além de jurídica, apresenta condão econômico, sendo devidos valores a título de reposição de diferenças.

(D) Quando a reintegração do empregado estável é desaconselhável, considerando o grau de incompatibilidade resultante do dissídio, especialmente quando é o empregador pessoa física, o tribunal do trabalho deve converter aquela obrigação em indenização.

(E) O tempo de serviço anterior à CF pode ser transacionado entre empregador e empregado, respeitado o limite mínimo de 80% da indenização prevista.

A: incorreta, pois só possuem estabilidade decenal aqueles que já tinham 10 anos de serviço até 04.10.1988, não sendo optantes do regime do FGTS; **B:** correta, pois com a criação do FGTS (pela Lei 5.107/1966, atualmente regulamentado pela Lei 8.036/1990), a estabilidade decenal passou a atingir somente os não optantes do sistema do FGTS. A CF/1988, por sua vez, tornou o regime do FGTS obrigatório. Com isso, só possuem estabilidade decenal aqueles que adquiriram 10 anos de serviço até 04.10.1988, não sendo optantes do regime do FGTS. Desta forma, a Constituição Federal aboliu o regime da estabilidade decenal; **C:** incorreta, pois não existe qualquer equivalência econômica; **D:** incorreta, pois nesses casos o tribunal do trabalho *poderá* converter a reintegração em indenização (art. 496 da CLT); **E:** incorreta, pois o limite mínimo da indenização prevista é de 60% (art. 14, § 2º, da Lei 8.036/1990).

Gabarito "B"

(Procurador do Estado/SP – FCC – 2009) NÃO se trata de situação de estabilidade especial:

(A) empregado da Administração Pública direta, das autarquias e fundações de direito público, em exercício na data da promulgação da Constituição Federal de 1988, há pelo menos 5 anos continuados, sem o devido concurso público.

(B) empregada gestante, desde a confirmação da gravidez até cinco meses após o parto.

(C) empregado que sofreu acidente do trabalho, pelo prazo mínimo de doze meses, após a cessação do respectivo auxílio-doença.

(D) empregado eleito como dirigente de organização sindical, desde o registro de sua candidatura até um ano após o final do seu mandato.

(E) empregado eleito para cargo de direção de comissão interna de prevenção de acidentes, desde o registro de sua candidatura até um ano após o final do seu mandato.

A: correta, pois a estabilidade de que cuida o art. 19 do Ato das Disposições Constitucionais Transitórias – ADCT é excepcional ou constitucional. A estabilidade especial, nas lições de Amauri Mascaro Nascimento (*Curso de Direito do Trabalho*, 17 Ed., editora Saraiva, São Paulo, 2001, p. 589), *é aquela que protege o empregado contra dispensas arbitrárias ou sem justa causa, enquanto persistir uma situação em que se encontra, vedando a rescisão do contrato de trabalho por ato do empregador que somente poderá despedir o empregado havendo justa causa.* São causas de estabilidade especial: I) dirigente da CIPA - Comissão Interna de Prevenção de Acidentes e II) empregada gestante, art. 10, II, alíneas *a* e *b* respectivamente, do ADCT. **B:** incorreta, pois constitui modalidade de estabilidade especial a garantia no emprego da gestante, desde a confirmação da gravidez até cinco meses após o parto, tem estabilidade especial (art. 10, II, *b*, do ADCT); **C:** incorreta, pois o empregado acidentado tem estabilidade especial (art. 118 da Lei 8.213/1991); **D:** incorreta, pois o empregado eleito como dirigente de organização sindical tem estabilidade especial (art. 8º, VIII, da CF e art. 543, § 3º, da CLT); **E:** incorreta, pois o empregado eleito para cargo de direção de CIPA tem estabilidade especial (art. 10, II, *a*, do ADCT e Súmula 339 do TST).

Gabarito "A"

(Procuradoria Federal – 2007 – CESPE) Julgue os itens subsequentes de acordo com a jurisprudência do TST.

(1) Considere que um empregado, detentor de estabilidade provisória, após ter sido indevidamente despedido, tenha ingressado com reclamação trabalhista pleiteando reintegração, mas que o período de estabilidade já tenha se exaurido. Nessa situação, se o juiz deferir o pagamento dos salários referentes ao período compreendido entre a data da demissão e o final do período de estabilidade, não haverá nulidade por julgamento *extra petita*.

(2) É inválida a cláusula de convenção ou acordo coletivo trabalhista que condiciona o direito de estabilidade da gestante à comunicação da gravidez pela empregada ao empregador.

1: Certa, pois a assertiva reflete o teor da Súmula 396 do TST: "ESTABILIDADE PROVISÓRIA. PEDIDO DE REINTEGRAÇÃO. CONCESSÃO DO SALÁRIO RELATIVO AO PERÍODO DE ESTABILIDADE JÁ EXAURIDO. INEXISTÊNCIA DE JULGAMENTO "EXTRA PETITA" I – Exaurido o período de estabilidade, são devidos ao empregado apenas os salários do período compreendido entre a data da despedida e o final do período de estabilidade, não lhe sendo assegurada a reintegração no emprego. II – Não há nulidade por julgamento "extra petita" da decisão que deferir salário quando o pedido for de reintegração, dados os termos do art. 496 da CLT". **2:** Certa, pois o entendimento consolidado na Orientação Jurisprudencial 88 da SDI-I do TST foi alterado pelo STF que, ao decidir sobre a questão, entendeu ser inconstitucional a ressalva prevista em norma coletiva, o que deu ensejo a posterior alteração da citada Orientação Jurisprudencial pelo TST, que foi incorporada pela Súmula 244, I, do TST, que hoje tem a seguinte redação: "GESTANTE. ESTABILIDADE PROVISÓRIA I - O desconhecimento do estado gravídico pelo empregador não afasta o direito ao pagamento da indenização decorrente da estabilidade".

Gabarito 1C, 2C

(Advogado da União/AGU – CESPE – 2009) Considerando as estabilidades provisórias, julgue os itens a seguir.

(1) Suponha que Plínio seja eleito diretor esportivo do Sindicato dos Empregados em Estabelecimentos de Ensino de São Paulo. Nessa situação hipotética, caso Plínio seja o 15.º diretor da entidade, ele não será detentor de estabilidade sindical.

(2) Considere que uma empregada contratada em 20/11/2006 tenha engravidado no curso da relação de emprego, tendo seu filho nascido no dia 05/12/2008. Nessa situação, a estabilidade da empregada se extinguirá em 05/04/2009.

1: Certo, pois o TST já firmou entendimento no sentido de que no máximo 7 membros do Sindicato gozam da estabilidade sindical, conforme interpretação do art. 522 da CLT; 2: Errado, pois o artigo 10, II, "*b*" do Ato das Disposições Constitucionais Transitórias da Constituição Federal/1988 confere à empregada gestante a estabilidade provisória, desde a confirmação da gravidez até cinco meses após o parto, no caso até 05/05/2009.

Gabarito 1C, 2E

(ADVOGADO – EPE – 2007 – CESGRANRIO) Assinale a opção que **NÃO** corresponde a uma hipótese de garantia de emprego.

(A) A empregada gestante, desde a confirmação da gravidez até cinco meses após o parto.

(B) O empregado eleito dirigente sindical, desde o registro da candidatura até dois anos após o final do mandato.

(C) O empregado eleito suplente para cargo de direção da CIPA, desde o registro de sua candidatura até um ano após o final de seu mandato.

(D) O empregado que tenha sofrido acidente do trabalho, desde a cessação do auxílio-doença acidentário, pelo prazo mínimo de doze meses.

(E) O empregado titular da representação dos trabalhadores no Conselho Curador do FGTS, desde a nomeação até um ano após o término do mandato.

A: opção correta, pois reflete a garantia disciplinada no art. 10, inciso II, "b", do Ato das Disposições Constitucionais Transitórias; **B:** opção incorreta, pois nos termos do art. 8º, VIII, da CF e art. 543, § 3º, da CLT a garantia de emprego é de 1 (ano) após o término do mandato; **C:** opção correta, pois reflete a garantia de emprego disposta no art. 10, inciso II, "a", do Ato das Disposições Constitucionais Transitórias; **D:** opção correta, pois reflete a garantia de emprego prevista no art. 118 da Lei 8.213/1991; **E:** opção correta, pois reflete a garantia de emprego prevista no art. 3º, § 9º, da Lei 8.036/1990.

Gabarito "B"

10. SEGURANÇA E MEDICINA DO TRABALHO

(Procurador Federal – 2013 – CESPE) Julgue o item seguinte, relativo ao direito do trabalho.

(1) Na forma da regulamentação aprovada pelo Ministério do Trabalho e Emprego, são consideradas perigosas as atividades ou operações que, por sua natureza ou métodos de trabalho, impliquem risco acentuado em virtude de exposição permanente do trabalhador a roubos ou outras espécies de violência física nas atividades profissionais de segurança pessoal ou patrimonial.

1: Opção correta, pois reflete a disposição contida no art. 193, II, da CLT, de acordo com a redação dada pela Lei 12.740/2012.

Gabarito 1C

(Procurador do Estado/PR – UEL-COPS – 2011) A respeito da insalubridade e periculosidade, assinale a alternativa verdadeira:

(A) o adicional de periculosidade deve ser calculado sobre o salário mínimo, observado o percentual incidente;

(B) constatada a existência de periculosidade no local de trabalho, fica afastada a cláusula convencional que prevê o pagamento do adicional respectivo em percentual inferior ao legal;

(C) o trabalho periculoso, em caráter de intermitência, dá direito ao empregado a receber o adicional de periculosidade proporcional ao tempo de exposição;

(D) eliminado o agente causador da insalubridade ou da periculosidade, o adicional não poderá ser suprimido, por violação ao princípio da irredutibilidade salarial;

(E) a efetiva definição de atividades e os eventuais gradientes de insalubridade existentes não é atribuição do Ministério do Trabalho.

A: opção incorreta, pois nos termos do art. 193, § 1º, da CLT o adicional de periculosidade será calculado sobre o salário do obreiro, sem os acréscimos; **B:** opção correta, pois as normas coletivas de trabalho não podem ser utilizadas para estabelecer condições menos favoráveis aos empregados do que aquelas previstas em texto de lei. Atenção: o item II da Súmula 364 do TST que dispunha no sentido da assertiva foi cancelado em maio de 2011; **C:** opção incorreta, pois nos termos da Súmula 364 do TST o empregado terá direito ao adicional de periculosidade de maneira integral e não proporcional. Veja, também, a Súmula 361 do TST; **D:** opção incorreta, pois nos termos do art. 194 da CLT o direito do empregado ao adicional de insalubridade ou de periculosidade cessará com a eliminação do risco à sua saúde ou integridade física; **E:** opção incorreta, pois nos termos do art. 190 da CLT essa é uma atribuição do Ministério do Trabalho.

Gabarito "B"

(Procurador do Município/Cubatão-SP – 2012 – VUNESP) Serão consideradas atividades ou operações insalubres aquelas que, por sua natureza, condições ou métodos de trabalho, exponham os empregados a agentes nocivos à saúde, acima dos limites de tolerância fixados em razão da natureza e da intensidade do agente e do tempo de exposição aos seus efeitos. Com base nessa informação, é correto afirmar que

(A) o exercício de trabalho em condições insalubres assegura a percepção de adicional de 30% (trinta por cento) calculado sobre o salário contratual.

(B) o direito do empregado ao adicional de insalubridade ou de periculosidade cessará com a eliminação do risco à sua saúde ou por meio de acordo coletivo de trabalho.

(C) o pagamento do adicional de insalubridade pode ser reduzido até o percentual de 10% (dez por cento) por meio de convenção coletiva de trabalho.

(D) o exercício de trabalho em condições insalubres e perigosas assegura a percepção de adicional de 30% (trinta por cento) e de 40% (quarenta por cento), respectivamente.

(E) atualmente, por força de norma ministerial, a exposição do empregado à radiação ionizante enseja a percepção do adicional de periculosidade.

A: opção incorreta, pois nos termos do art. 192 da CLT o trabalho executado em condições insalubres assegura a percepção de adicional respectivamente de 40% (quarenta por cento), 20% (vinte por cento) e 10% (dez por cento) do salário mínimo, segundo se classifiquem nos graus máximo, médio e mínimo; **B:** opção incorreta, pois somente com a eliminação do risco à saúde ou integridade física do empregado é que cessará o direito ao adicional, nos termos do art. 194 da CLT; **C:** opção incorreta, pois as normas coletivas de trabalho não podem ser utilizadas para estabelecer condições menos favoráveis aos empregados do que aquelas previstas em texto de lei. Atenção: o item II da Súmula 364 do TST que dispunha no sentido da possibilidade de fixação inferior ao limite legal foi cancelado pela Resolução 174/2011; **D:** opção incorreta, pois o exercício de trabalho em condições insalubres assegura a percepção de adicional de 40% (quarenta por cento), 20% (vinte por cento) e 10% (dez por cento) do salário mínimo, segundo se classifiquem nos graus máximo, médio e mínimo, art. 192 da CLT. Já o exercício de trabalho em condições perigosas assegura a percepção de adicional de 30% sobre o salário do obreiro, sem os acréscimos legais, art. 193, § 1º, da CLT;**E:** opção correta, pois reflete o entendimento disposto na OJ 345 da SDI 1 do TST.

Gabarito "E"

(Procurador do Município/Manaus AM – 2006 – FCC) Com relação a insalubridade e periculosidade, é correto afirmar:

(A) O adicional de insalubridade poderá ser acumulado com o adicional de periculosidade, desde que haja concomitantemente atividade insalubre e perigosa.

(B) O adicional de insalubridade, em regra, é calculado sobre o salário base do empregado, na proporção de 40%, 30% e 10%.

(C) Para efeito do adicional de insalubridade, a perícia judicial, em reclamação trabalhista, não dispensa o enquadramento da atividade entre as insalubres.

(D) O simples fornecimento do aparelho de proteção pelo empregador, o exime do pagamento do adicional de insalubridade.

(E) Os adicionais de periculosidade e insalubridade são devidos, apenas ao trabalhador urbano.

A: opção incorreta, pois nos termos do art. 193, § 2º, da CLT o empregado deverá optar pelo adicional que lhe for mais favorável, na medida em que não pode receber os dois adicionais cumulativamente; **B:** opção incorreta, pois nos termos do art. 192 da CLT o trabalho em condições insalubres, acima dos limites de tolerância estabelecidos pelo Ministério do Trabalho, assegura a percepção de adicional respectivamente de 40% (quarenta por cento), 20% (vinte por cento) e 10% (dez por cento) do salário mínimo, segundo se classifiquem nos graus máximo, médio e mínimo; **C:** opção correta, pois em conformidade com a OJ 4 da SDI 1 do TST não basta a constatação da insalubridade por meio de laudo pericial para que o empregado tenha direito ao respectivo adicional, sendo necessária a classificação da atividade insalubre na relação oficial elaborada pelo Ministério do Trabalho; **D:** opção incorreta, pois o simples fornecimento do aparelho de proteção pelo empregador não o exime do pagamento do adicional de insalubridade, nos termos da Súmula 289 do TST. **E:** opção incorreta, pois nos termos do art. 7º, inciso XXIII, da CF são direitos dos trabalhadores urbanos e rurais adicional de remuneração para as atividades penosas, insalubres ou perigosas.

Gabarito "C"

(Procurador da Fazenda Nacional – 2003 – ESAF) Não se pode dizer, em relação aos adicionais legais, que:

(A) o adicional de periculosidade é devido mesmo se o contato com o agente de risco é intermitente.

(B) o adicional de periculosidade deve ser pago proporcionalmente ao tempo de exposição ao agente de risco.

(C) o adicional de periculosidade é devido pelo contato com inflamáveis, explosivos e em condições de risco no setor de energia elétrica.

(D) o adicional de insalubridade tem como base de cálculo o salário mínimo.

(E) o adicional de insalubridade integra a base de cálculo das horas extras.

A: opção correta, pois nos termos da Súmula 364 do TST tem direito ao adicional de periculosidade o empregado exposto permanentemente ou que, de forma intermitente, sujeita-se a condições de risco. Indevido, apenas, quando o contato dá-se de forma eventual, assim considerado o fortuito, ou o que, sendo habitual, dá-se por tempo extremamente reduzido; **B:** opção incorreta, pois não há pagamento proporcional ao tempo de serviço. Veja Súmulas 361 e 364 do TST; **C:** opção correta, pois reflete o disposto no art. 193 da CLT e na Lei 7.369/1985. Veja também Súmula 361 do TST; **D:** opção correta, pois reflete o disposto no art. 192 da CLT. Importante lembrar que o STF em decisão proferida na Reclamação 6266 entende que enquanto não exista nova lei determinando uma base de cálculo para o adicional de insalubridade, deve ser utilizado como base o salário mínimo. Veja Súmula Vinculante 4 do TST. **E:** opção correta, veja OJ 47 da SDI 1 do TST.

Gabarito "B"

(Advogado da União/AGU – CESPE – 2009) Julgue os itens a seguir, relativos a segurança e medicina do trabalho.

(1) Pode ser considerado praticante de ato ensejador de justa causa o empregado que não observa as instruções dadas pela empresa quanto ao uso do equipamento de proteção individual ou se recusa a utilizá-lo sem justificativa. No que se refere à CLT, embora tal previsão não tenha sido inserida de forma expressa no rol dos fatos que ensejam a justa causa no capítulo dedicado à rescisão do contrato de trabalho, ela está incluída no capítulo que trata da segurança e medicina do trabalho.

(2) O empregado que trabalhe em contato direto com inflamáveis tem direito à percepção do adicional de periculosidade, correspondente ao percentual de 30% calculado sobre o salário acrescido das parcelas de natureza salarial.

(3) Suponha que um empregado trabalhe, desde 20/10/2006, como auxiliar do zelador, em um condomínio com 72 apartamentos, coletando o lixo de 36 apartamentos localizados na entrada A, sem que lhe sejam fornecidas botas nem luvas especiais. Nessa situação, o empregado não tem direito à percepção do adicional de insalubridade.

1: Certa, pois a assertiva reflete o disposto no art. 158, parágrafo único, da CLT, que considera *ato faltoso* do empregado a recusa injustificada às instruções expedidas pelo empregador quanto as precauções a tomar no sentido de evitar acidentes do trabalho ou doenças ocupacionais e ao uso dos equipamentos de proteção individual fornecidos pela empresa; **2:** Errada, pois a assertiva está em desacordo com o disposto no art. 193, § 1º, da CLT, que determina que o adicional de periculosidade será de 30% sobre o salário *sem* os acréscimos resultantes de gratificações, prêmios ou participações nos lucros da empresa. Ou seja, a lei determina que o adicional será calculado sobre o salário base, independentemente de as demais gratificações e prêmios terem natureza salarial; 3: Certa, pois a assertiva reflete o entendimento consolidado na Orientação Jurisprudencial 4, II, da SDI-I do TST: "ADICIONAL DE INSALUBRIDADE. LIXO URBANO (...) II – A limpeza em residências e escritórios e a respectiva coleta de lixo não podem ser consideradas atividades insalubres, ainda que constatadas por laudo pericial, porque não se encontram dentre as classificadas como lixo urbano na Portaria do Ministério do Trabalho". Importante frisar que o TST tem concedido o adicional de insalubridade em casos especiais em que o laudo comprova que o funcionário ficava exposto a riscos biológicos, em razão do volume de lixo e da constância com que lidava com a coleta em casos que prédios com grande número de apartamentos.

Gabarito 1C, 2E, 3C

(ADVOGADO – CEF – 2012 – CESGRANRIO) Numa determinada empresa, na composição da Comissão Interna de Prevenção de Acidentes (CIPA), destacam-se:

João, presidente; Pedro, vice-presidente; Matheus, representante do empregador; André, representante dos empregados; Lucas, suplente de Matheus; e Eduardo, suplente de André. Considerando-se a composição dessa CIPA, têm garantia provisória de emprego

(A) Pedro e André

(B) Pedro, André e Eduardo

(C) Pedro, Matheus e André

(D) João, Pedro, Matheus e André

(E) João, Pedro, Matheus, André, Lucas e Eduardo

"B" é a opção correta. Isso porque nos termos do art. 10, inciso II, "a", do Ato das Disposições Constitucionais Transitórias é vedada a dispensa arbitrária ou sem justa causa do empregado eleito para cargo de direção das Comissões Internas de Prevenção de Acidentes, desde o registro da sua candidatura até um ano após o final de seu mandato. O TST por meio da Súmula 339, item I, entende que essa estabilidade é estendida ao suplente. Dispõe a Súmula: "O suplente da CIPA goza da garantia de emprego prevista no art. 10, II, "a", do ADCT a partir da promulgação da Constituição Federal de 1988.". Importante lembrar que o Presidente é designado pelos empregadores e por esse motivo não possui a garantia de emprego

Já o vice-presidente é eleito pelos próprios empregados, em conformidade dom o art. 164, § 5º, da CLT.

Gabarito "B"

(ADVOGADO – CORREIOS – 2011 – CESPE) Julgue os itens seguintes, acerca de segurança e higiene do trabalho.

(1) O presidente da Comissão Interna de Prevenção de Acidentes (CIPA) não é detentor de estabilidade.

(2) Trabalhador de posto de gasolina que mantém contato direto com as bombas de combustíveis tem direito ao adicional de insalubridade.

1: opção correta, pois por ser o Presidente indicado pelo próprio empregador não terá a estabilidade provisória; **2:** opção incorreta, pois o trabalhador em questão faz jus ao adicional de periculosidade e não de insalubridade. Veja Súmula 39 do TST.

Gabarito 1C, 2E

(ADVOGADO – PETROBRÁS DISTRIB. – 2008 – CESGRANRIO) Recentemente, junto ao STF, a Confederação Nacional da Indústria – CNI ajuizou, com pedido de liminar, reclamação em face da decisão proferida pelo Plenário do Tribunal Superior do Trabalho (TST) que editou a Resolução n. 148/2008 e deu nova redação ao verbete no 228 da Súmula daquele Tribunal, nos seguintes termos: "*ADICIONAL DE INSALUBRIDADE. BASE DE CÁLCULO. A partir de 9 de maio de 2008, data da publicação da Súmula Vinculante no 4 do Supremo Tribunal Federal, o adicional de insalubridade será calculado sobre o salário básico, salvo critério mais vantajoso fixado em instrumento coletivo.*" A esse respeito, qual a decisão do STF?

(A) Entendeu que, no julgamento que deu origem à mencionada Súmula Vinculante nº 4, o adicional de insalubridade não deve continuar sendo calculado com base no salário mínimo, nem no salário profissional, enquanto não superada a inconstitucionalidade por meio de lei ou convenção coletiva.

(B) Considerou que a nova redação estabelecida para a Súmula no 228/TST revela aplicação devida da Súmula Vinculante no 4, porquanto permite a substituição do salário mínimo pelo salário básico no cálculo do adicional de insalubridade sem base normativa.

(C) Considerou que a nova redação estabelecida para a Súmula no 228/TST revela aplicação devida da Súmula Vinculante nº 4, porquanto permite a substituição do salário mínimo pelo salário profissional ou de categoria diferenciada, no cálculo do adicional de insalubridade sem base normativa.

(D) Suspendeu a aplicação da Súmula no 228/TST na parte em que permite a utilização do salário básico para calcular o adicional de insalubridade.

(E) Suspendeu a aplicação da Súmula no 228/TST na parte em que permite a utilização do salário básico e de categoria para calcular o adicional de insalubridade.

D é a opção correta. O Ministro Gilmar Mendes, do STF, em decisão liminar proferida na Reclamação 6626 STF, determinou a suspensão da Súmula 228 do TST na parte em que permite a utilização do salário básico para cálculo do adicional de insalubridade, o que motivou, em setembro de 2012, a ressalva na Súmula 228 registrando a suspensão provisória de sua eficácia por decisão liminar do Supremo Tribunal Federal. Na referida decisão, o STF entendeu que, enquanto não exista nova lei determinando uma base de cálculo para o adicional de insalubridade, deve ser utilizado como base o salário mínimo ou salário normativo (desde que previsto em convenção), ainda que contrarie a Súmula Vinculante 4.

Gabarito "D"

(ADVOGADO – PETROBRÁS – 2008 – CESGRANRIO) No Capítulo V da Consolidação das Leis do Trabalho (CLT), intitulado "Segurança e Medicina do Trabalho", está realçado o intuito do legislador de evitar acidentes, preservar a saúde do trabalhador e propiciar a humanização do trabalho. Assim, o artigo 163 da CLT determina a obrigatoriedade de constituição de Comissão Interna de Prevenção de Acidente (CIPA) "*de conformidade com as instruções expedidas pelo Ministério do Trabalho*". Ademais, o artigo 200 da CLT, inserido no mesmo Capítulo V, contém delegação genérica no sentido de que "*cabe ao Ministério do Trabalho estabelecer disposições complementares às normas de que trata esse Capítulo*".

Nesse contexto, o Ministério do Trabalho e Emprego editou a Norma Regulamentadora no 5 (NR 5), que dispõe sobre a CIPA, estabelecendo que:

I. o empregado, Presidente da CIPA, não poderá sofrer despedida arbitrária, entendendo-se como tal a que não se fundar em motivo disciplinar, técnico, econômico ou financeiro;

II. o membro titular da CIPA perderá o mandato, sendo substituído por suplente, quando faltar a mais de 4 (quatro) reuniões sem justificativas;

III. se considera estabelecimento, para fins de aplicação da NR 5, a sede da empregadora, do empregado, de empreiteiro ou de empresa prestadora de serviços, em qualquer hipótese;

IV. a constituição da CIPA é obrigatória para todos os estabelecimentos, inclusive aqueles em que prestem serviços apenas servidores públicos estatutários;

V. devem ser designados, de comum acordo com os membros da CIPA, um secretário e seu substituto, entre os componentes ou não da Comissão, sendo neste caso necessário concordância do empregador.

Estão corretos, **APENAS**, os itens

(A) I e III

(B) I e V

(C) II e V

(D) III e IV

(E) II, IV e V

I: opção incorreta, pois nos termos do art. 165 da CLT os titulares da representação dos empregados nas CIPA (s) não poderão sofrer despedida arbitrária, entendendo-se como tal a que não se fundar em motivo disciplinar, técnico, econômico ou financeiro; **II:** opção correta, pois reflete o item 5.30 da Norma Regulamentadora 5 do Ministério do Trabalho e Emprego; **III:** opção incorreta, pois de acordo com o item 5.46 da NR 5 do MTE quando se tratar de empreiteiras ou empresas prestadoras de serviços, considera-se estabelecimento, para fins de aplicação desta NR, o local em que seus empregados estiverem exercendo suas atividades; **IV:** opção incorreta, pois de acordo com o item 5.2 da NR 5 do MTE devem constituir CIPA, e mantê-la em regular funcionamento,órgãos da administração direta e indireta, instituições beneficentes, associações recreativas, cooperativas, bem como outras instituições que admitam trabalhadores como empregados e, ainda, as empresas privadas, públicas, sociedades de economia mista, que contratam seus empregados pelo regime celetista. Portanto, não apenas aos estatutários como induz a assertiva; **V:** opção correta, pois reflete a disposição do item 5.13 da NR 5 do MTE.

Gabarito "C"

(ADVOGADO – PETROBRÁS – 2006 – CESGRANRIO) Assinale a afirmativa correta sobre as Comissões Internas de Prevenção de Acidentes (CIPA).

(A) O presidente da CIPA será sempre um representante do empregador.

(B) O mandato dos membros da CIPA tem duração de 2 (dois) anos, permitida a reeleição.

(C) Os titulares da representação dos empregadores e dos empregados nas CIPA não poderão sofrer despedida arbitrária.

(D) Os representantes dos empregados e dos empregadores são eleitos entre os empregados da empresa.

(E) As atribuições, composição e funcionamento das CIPA são regulamentadas pela CLT.

A: opção correta, pois reflete a disposição contida no art. 164, § 5º, da CLT; **B:** opção incorreta, pois nos termos do art. 164, § 3º, da CLT o mandato será de 1 (um) ano, permitida uma reeleição; **C:** opção incorreta, pois somente os titulares da representação dos empregados não poderão sofrer despedida arbitrária, art. 165 da CLT. **D:** opção incorreta, pois os representantes dos empregados serão designados eleitos na forma do art. 164, § 2º, da CLT. Já os representantes dos empregadores serão por eles indicados, art. 164, § 1º, da CLT. **E:** opção incorreta, pois nos termos do art. 163, parágrafo único, da CLT o Ministério do Trabalho regulamentará as atribuições, a composição e o funcionamento das CIPA.

Gabarito "A"

11. DIREITO COLETIVO DO TRABALHO

11.1. SINDICATOS

(Procurador Distrital – 2014 – CESPE) Conforme a jurisprudência dominante do TST, a CF e a legislação pertinente, julgue o seguinte item.

(1) De acordo com a CF, a associação sindical é livre e a lei não poderá exigir autorização do Estado para a fundação de sindicato, razão por que ocorreu a ratificação da Convenção 87 da Organização Internacional do Trabalho no Brasil, que trata da liberdade sindical e proteção do direito de sindicalização.

1: Opção incorreta, pois embora a associação sindical é livre e a lei não poderá exigir autorização do Estado para a fundação de sindicato, art. 8º, I, da CF, a Convenção Internacional 87 da OIT não foi ratificada pelo Brasil por incompatibilidade com o sistema sindical brasileiro. A Convenção 87 da OIT adota o sistema da pluralidade sindical, ao passo que o sistema brasileiro adota o sistema da unicidade sindical.

Gabarito 1E

(Procurador Federal – 2013 – CESPE) Julgue o item seguinte, relativo ao direito do trabalho.

(1) Categoria profissional diferenciada é a que se forma dos empregados que exerçam profissões ou funções diferenciadas em consequência de condições de vida singulares, podendo tais categorias ser reconhecidas mediante lei ou decisão judicial.

1: Opção incorreta, pois nos termos do art. 511, § 3º, da CLT categoria profissional diferenciada é a que se forma dos empregados que exerçam profissões ou funções diferenciadas por força de estatuto profissional especial ou em consequência de condições de vida singulares. Não podem ser reconhecidas por decisão judicial, mas apenas por lei. Nesse sentido veja a OJ 36 da SDC: "EMPREGADOS DE EMPRESA DE PROCESSAMENTO DE DADOS. RECONHECIMENTO COMO CATEGORIA DIFERENCIADA. IMPOSSIBILIDADE. É por lei e não por decisão judicial, que as categorias diferenciadas são reconhecidas como tais. De outra parte, no que tange aos profissionais da informática, o trabalho que desempenham sofre alterações, de acordo com a atividade econômica exercida pelo empregador.

Gabarito 1E

(Procurador do Estado/AC – FMP – 2012) No que se refere ao Direito Coletivo do Trabalho e aos sindicatos, é correto afirmar que:

(A) considerada a natureza jurídica do sindicato, não pode haver qualquer interferência do Estado para sua fundação, prevalecendo os princípios da liberdade sindical e da pluralidade sindical.

(B) as centrais sindicais são consideradas Entidades Sindicais de Grau Superior.

(C) os empregados públicos da Administração Direta e Indireta não podem ser sindicalizados, na medida em que não há possibilidade de estabelecimento de negociação coletiva por meio de acordos ou convenções coletivas.

(D) o dirigente sindical goza de garantia de emprego desde a inscrição de sua candidatura, exceto se esta ocorrer no período do aviso-prévio, até uma ano após o final de seu mandato.

A: opção incorreta, pois em que pese não haver qualquer interferência do Estado, pois vigora o princípio da liberdade sindical, não vigora em nosso sistema o pluralismo sindical, tendo em vista o princípio da unicidade sindical, art. 8º, II, CF; **B:** opção incorreta, pois embora reconhecidas formalmente pela Lei 11.648/2008, as centrais sindicais não integram o sistema sindical confederativo; **C:** opção incorreta, pois nos termos do art. 37, VI, da CF é garantido ao servidor público o direito à livre associação sindical; **D:** opção correta, pois reflete o entendimento disposto no art. 8º, VIII, CF, art. 543, § 3º, CLT e Súmula 369, V, do TST.

Gabarito "D"

(Procurador do Município/Cubatão-SP – 2012 – VUNESP) Os empregadores são obrigados a descontar, da folha de pagamento de seus empregados relativa ao mês de março de cada ano, a contribuição sindical por estes devida aos respectivos sindicatos. Da importância da arrecadação da contribuição sindical, serão feitos os seguintes créditos pela Caixa Econômica Federal:

(A) 10% (dez por cento) para a confederação correspondente; 15% (quinze por cento) para a federação; 60% (sessenta por cento) para o sindicato respectivo; 10% (dez por cento) para a central sindical; 5% (cinco por cento) para a "Conta Especial Emprego e Salário".

(B) 5% (cinco por cento) para a confederação correspondente; 15% (quinze por cento) para a federação; 60% (sessenta por cento) para o sindicato respectivo; 20% (vinte por cento) para a "Conta Especial Emprego e Salário".

(C) 5% (cinco por cento) para a confederação correspondente; 15% (quinze por cento) para a federação; 60% (sessenta por cento) para o sindicato respectivo; 10% (dez por cento) para a central sindical; 10% (dez por cento) para a "Conta Especial Emprego e Salário".

(D) 10% (dez por cento) para a confederação correspondente; 10% (dez por cento) para a federação; 60% (sessenta por cento) para o sindicato respectivo; 10% (dez por cento) para a central sindical; 10% (dez por cento) para a "Conta Especial Emprego e Salário".

(E) 15% (quinze por cento) para a confederação correspondente; 5% (cinco por cento) para a federação; 60% (sessenta por cento) para o sindicato respectivo; 10% (dez por cento) para a central sindical; 10% (dez por cento) para a "Conta Especial Emprego e Salário".

C: opção correta, pois reflete o disposto no art. 589, inciso II e alíneas, da CLT.

Gabarito "C"

(Procurador do Município/Natal-RN – 2008 – CESPE) De acordo com a CF, a natureza jurídica dos sindicatos é de pessoa jurídica de

(A) direito privado.

(B) direito público.

(C) direito social.

(D) natureza semipública.

A: opção correta, pois o sindicato é uma pessoa jurídica de direito privado, no formato de ASSOCIAÇÃO. Este entendimento foi, inclusive, confirmado na III Jornada de Direito Civil realizado pelo Conselho da Justiça Federal, que editou o Enunciado 142: "Os partidos políticos, os sindicatos e as associações religiosas possuem natureza associativa, aplicando-se lhes o Código Civil.", e ainda o Enunciado 144: "A relação das pessoas jurídicas de Direito Privado, constante do art. 44, incs. I a V, do Código Civil, não é exaustiva."

Gabarito "A"

(Advogado da União/AGU – CESPE – 2012) A respeito do direito sindical e do direito coletivo do trabalho, julgue os itens subsequentes.

(1) A participação dos sindicatos é obrigatória na negociação coletiva pertinente à obtenção de convenções coletivas de trabalho, mas facultativa quando envolve acordo coletivo de trabalho, já que, nesse caso, a repercussão é limitada à empresa contratante.

(2) O direito de greve é assegurado aos trabalhadores em geral, exceto àqueles envolvidos com atividade considerada essencial, em que o interesse da sociedade prevalece sobre o interesse dos trabalhadores, sendo a paralisação dos serviços, nesse caso, considerada sempre abusiva.

(3) A criação de entidade sindical incumbe aos integrantes da categoria profissional ou da categoria econômica, vedadas a interferência e a intervenção do Estado na organização sindical, sem prejuízo da exigência do registro perante o órgão competente e a observância à unicidade sindical na mesma base territorial, definida esta, no mínimo, pela correspondência à área de um município.

1: opção incorreta, pois a presença do sindicato é obrigatória tanto na celebração da convenção coletiva de trabalho como no acordo coletivo de trabalho, art. 611, *caput* e seu § 1º, da CLT. Veja, também, art. 8º, inciso VI, CF. **2:** opção incorreta, pois nos termos do art. 9º da CF a greve é um direito de todos os trabalhadores. Veja a Lei 7.783/1989. **3:** opção correta, pois poderá haver sindicatos profissionais (trabalhadores) e econômicos (empresas), art. 8º CF e 511 da CLT.

Gabarito 1E, 2E, 3C

(Procurador do Estado/RO – 2011 – FCC) Sobre as organizações sindicais, é correto afirmar que

(A) a lei poderá exigir autorização do Estado para fundação do sindicato.

(B) para os integrantes da categoria diferenciada, a filiação ao sindicato representativo da categoria é compulsória.

(C) cabe a defesa dos direitos e interesses coletivos ou individuais da categoria, inclusive em questões judiciais ou administrativas.

(D) é garantido ao servidor público civil e militar o direito à livre associação sindical.

(E) é faculdade a participação dos sindicatos nas negociações coletivas de trabalho.

A: opção incorreta, pois, nos termos do art. 8º, I, da CF foi eliminado o controle político-administrativo sobre a estrutura dos sindicatos, seja com relação a sua criação, seja quanto a sua gestão; **B:** opção incorreta, pois, nos termos do art. 8º, V, da CF ninguém será obrigado a filiar-se ou manter-se filiado a sindicato; **C:** opção correta, pois reflete o disposto no art. 8º, III, da CF; **D:** opção incorreta, pois somente ao servidor público civil é garantido o direito à livre associação sindical. Ao militar são proibidas a sindicalização e a greve, nos termos do art. 142, IV, CF; **E:** opção incorreta, pois a participação dos sindicatos é obrigatória, nos termos do art. 8º, VI, da CF.

Gabarito "C"

(Procurador do Estado/SC – 2010 – FEPESE) Com relação à organização sindical, a Consolidação das Leis Trabalhistas dispõe:

(A) Os sindicatos possuem natureza de pessoa jurídica de direito público.

(B) Os sindicatos, pelas atividades representativas que exercem, são classificados como entidades sindicais de grau superior.

(C) As federações organizar-se-ão com o mínimo de 3 (três) sindicatos e terão sede na Capital da República.

(D) Categoria profissional diferenciada é aquela cujos interesses econômicos dos que empreendem atividades idênticas, similares ou conexas, constituem o vínculo social básico.

(E) É facultado aos sindicatos, quando em número não inferior a 5 (cinco), desde que representem a maioria absoluta de um grupo de atividades ou profissões idênticas, similares ou conexas, organizarem-se em federação.

A: opção incorreta, pois o sindicato é uma pessoa jurídica de direito privado e possui formato de ASSOCIAÇÃO. Nesse sentido, segue o Enunciado 142 da III Jornada de Direito Civil: "Os partidos políticos, os sindicatos e as associações religiosas possuem natureza associativa, aplicando-se lhes o Código Civil.", e ainda o Enunciado 144 da III Jornada de Direito Civil, "A relação das pessoas jurídicas de Direito Privado, constante do art. 44, incisos I a V, do Código Civil, não é exaustiva"; **B:** opção incorreta, pois os sindicatos não são considerados entidades de grau superior. As entidades de grau superior são: federações e confederações; **C:** opção incorreta, pois as federações são formadas por número não inferior a 5 (cinco) sindicatos; **D:** opção incorreta, pois nos termos do art. 511, § 3º, da CLT categoria profissional diferenciada é aquela formada por empregados que exerçam profissões ou funções diferenciadas por força de estatuto profissional especial ou em consequência de condições de vida singulares; **E:** opção correta, pois reflete o disposto no art. 534 da CLT.

Gabarito "E"

(Procurador do Estado/SC – 2009) Sobre as entidades sindicais do Direito Coletivo do Trabalho, assinale a alternativa incorreta:

(A) A substituição processual é uma medida que confere aos sindicatos legitimação processual para a defesa de direitos individuais e coletivos trabalhistas em nome dos associados.

(B) A central sindical é a entidade de representação geral dos trabalhadores, constituída em âmbito nacional que tem uma atribuição legal de coordenar a representação dos trabalhadores por meio das organizações sindicais a ela filiadas.

(C) Constituem associações sindicais de grau superior as confederações, as quais são formadas por resolução de uma central sindical segundo uma base territorial estadual mínima.

(D) A aferição dos requisitos de representatividade das centrais sindicais será realizada pelo Ministério do Trabalho e Emprego.

(E) Os sindicatos desempenham funções que podem ser divididas em dois grupos: as funções derivadas da investidura sindical e as funções derivadas da natureza jurídica de associação privada.

A: correta, pois a substituição processual é uma das funções do sindicato, que possui legitimação extraordinária, possibilitando exercer a defesa de direitos individuais e coletivos trabalhistas dos associados, conforme art. 8º, III, da CF; **B:** correta, pois, segundo Gustavo Filipe Barbosa Garcia "As centrais sindicais são órgãos de cúpula, intercategoriais, de âmbito nacional, coordenando os demais órgãos, sem integrar o sistema sindical confederativo regulado na Constituição Federal. (...) Cabe esclarecer e destacar, no entanto, que a recente Lei 11.648, de 31 de março de 2008 (publicada no *DOU* de 31.03.2008, edição extra, com entrada em vigor na data de sua publicação, conforme o art. 8º), dispõe sobre o reconhecimento formal das centrais sindicais para os fins que especifica, alterando a Consolidação das Leis do Trabalho. Nesse sentido, o art. 1º do mencionado diploma legal assim prevê: 'Art. 1º A central sindical, entidade de representação geral dos trabalhadores, constituída em âmbito nacional, terá as seguintes atribuições e prerrogativas: I – coordenar a representação dos trabalhadores por meio das organizações sindicais a ela filiadas (...)'" (*Curso de Direito do Trabalho*, Gen, 4ª edição, p. 1229/30); **C:** incorreta, pois as confederações são associações sindicais de grau superior formadas por federações e tem sede na Capital da República (art. 535 da CLT); **D:** correta, pois a assertiva reflete o disposto no art. 4º, *caput*, da Lei 11.648/2008; **E:** correta, pois as principais funções do sindicato podem, de fato, ser assim divididas: derivadas da investidura sindical e derivadas da natureza jurídica de associação privada.

Gabarito "C"

(Procurador do Estado/SP – FCC – 2009) No que se refere ao sistema de organização sindical previsto na Constituição Federal, é correto afirmar que

(A) o sistema é o da pluralidade sindical.

(B) o sistema é misto, sendo facultada a unicidade ou a pluralidade.

(C) o sistema é o da unicidade sindical e impossibilita a criação de mais de uma organização sindical na mesma base territorial, não inferior à área de um Estado.

(D) o sistema é o da unicidade sindical e impossibilita a criação de mais de uma organização sindical na mesma base territorial, não inferior a área de um Município.

(E) a unicidade sindical não impossibilita a livre criação de associações sindicais representativas da mesma categoria econômica ou profissional em idêntica base territorial.

A alternativa D está correta, pois reflete o disposto no art. 8º, II, da CF.

Gabarito "D"

(Procurador do Estado/PB – 2008 – CESPE) Com base na CF, na Consolidação das Leis do Trabalho (CLT) e na jurisprudência sumulada do STF e do TST, julgue os itens seguintes, com relação aos sindicatos.

I. A lei não pode exigir autorização estatal para a fundação de sindicato, sem prejuízo do registro perante o Ministério do Trabalho e Emprego, que não pode, sob tal atribuição, interferir ou intervir na organização sindical.

II. A contribuição destinada ao custeio do sistema confederativo de representação sindical deve ser aprovada pela assembleia geral do sindicato e alcança todos os integrantes da categoria profissional, mediante desconto em folha.

III. O sindicato pode atuar como substituto processual na defesa judicial dos interesses da categoria.

IV. Depois de aposentado, o filiado ao sindicato pode, apenas, participar das deliberações que digam respeito aos direitos dos aposentados da categoria.

V. O empregado candidato a cargo de direção ou de representação sindical adquire estabilidade no emprego desde o registro da respectiva candidatura até, se eleito, um ano após o final do mandato, exceto se cometer falta grave que motive a sua demissão por justa causa.

Estão certos apenas os i tens

(A) I, II e IV.

(B) I, III e V.

(C) I, IV e V.

(D) II, III e IV.

(E) II, III e V.

I: certo, pois a assertiva reflete o princípio da liberdade de fundação e de organização sindical, previstos no art. 8º, I, da CF. Importante lembrar que conforme entendimento consagrado na Orientação Jurisprudencial 15 da SDC do TST: "SINDICATO. LEGITIMIDADE "AD PROCESSUM". IMPRESCINDIBILIDADE DO REGISTRO NO MINISTÉRIO DO TRABALHO. A comprovação da legitimidade 'ad processum' da entidade sindical se faz por seu registro no órgão competente do Ministério do Trabalho, mesmo após a promulgação da Constituição Federal de 1988"; II: errado, pois embora a contribuição confederativa, prevista no art. 8º, IV, da CF, tenha como finalidade custear o sistema confederativo, seja fixada na assembleia do sindicato e descontada em folha de pagamento, ela não pode ser exigida do não associado ao sindicato. Nesse sentido a Orientação Jurisprudencial 17 da SDC do TST: "CONTRIBUIÇÕES PARA ENTIDADES SINDICAIS. INCONSTITUCIONALIDADE DE SUA EXTENSÃO A NÃO ASSOCIADOS. As cláusulas coletivas que estabeleçam contribuição em favor de entidade sindical, a qualquer título, obrigando trabalhadores nao sindicalizados, são ofensivas ao direito de livre associação e sindicalização, constitucionalmente assegurado, e, portanto, nulas, sendo passíveis de devolução, por via própria, os respectivos valores eventualmente descontados"; III: certo, pois o sindicato tem como uma de suas funções a de substituição processual, possibilitando a defesa dos interesses e direitos dos integrantes da categoria, conforme art. 8º, III, da CF; IV: errado, pois o filiado aposentado tem direito de votar e ser votado, sem restrições, conforme art. 8º, VII, da CF; V: certo, pois a assertiva reflete o disposto no art. 8º, VIII, da CF e art. 543, § 3º, da CLT.

Gabarito "B"

11.2. CONVENÇÃO E ACORDO COLETIVO

(Procurador Federal – 2013 – CESPE) Julgue o item seguinte, relativo ao direito do trabalho.

(1) Segundo entendimento recente do TST, os benefícios definidos em convenção coletiva de trabalho podem ser estendidos ao companheiro de empregado com o qual aquele mantenha união homoafetiva.

1: Opção correta, pois o TST entende que os princípios constitucionais da dignidade humana (art. 1º, III) da igualdade (art. 5º, -*caput*, I) impõem tratamento igualitário a todos, visando a construir uma sociedade livre, justa e solidária (art. 3º, I) e promover bem de todos com a extinção do preconceito de origem, gênero ou quaisquer outras formas de discriminação (art. 3º, IV). Veja: RO - 20424-81.2010.5.04.0000.

Gabarito 1C

(Procurador Distrital – 2014 – CESPE) Julgue o item a seguir.

(1) A convenção coletiva de trabalho, acordo de caráter normativo reconhecido de forma expressa pela CLT, é enunciada pela CF como fonte capaz de estabelecer normas e condições de trabalho, mediante a flexibilização de direitos fundamentais dos trabalhadores, como salários e duração do trabalho.

1: Opção correta, pois prevista no art. 611 da CLT como sendo o acordo de caráter normativo, pelo qual dois ou mais Sindicatos representativos de categorias econômicas e profissionais estipulam condições de trabalho aplicáveis, no âmbito das respectivas representações, às relações individuais de trabalho. É considerada fonte formal autônoma do Direito do Trabalho utilizada para flexibilização de direitos trabalhistas, como por exemplo, a redução salarial que é possível somente por acordo ou convenção coletiva, art. 7º, VI, da CF.

Gabarito 1C

(Procurador do Município/Cubatão-SP – 2012 – VUNESP) A Convenção Coletiva de Trabalho é o acordo de caráter normativo, pelo qual dois ou mais Sindicatos representativos de categorias econômicas e profissionais estipulam condições de trabalho aplicáveis, no âmbito das respectivas representações, às relações individuais de trabalho. Considerando essa informação, é correto afirmar que os Sindicatos

(A) só poderão celebrar Convenções Coletivas de Trabalho, por deliberação de Assembleia Geral, especialmente convocada para esse fim, nos termos do Estatuto, dependendo a sua validade do comparecimento e votação, em primeira convocação, de 2/3 (dois terços) dos associados da entidade, e, em segunda, de 1/3 (um terço) deles.

(B) só poderão celebrar Convençoes Coletivas de Trabalho, por deliberação de Assembleia Geral, especialmente convocada para esse fim, nos termos do Estatuto, dependendo a sua validade do comparecimento e votação, em primeira convocação, de 2/3 (dois terços) dos interessados da entidade, e, em segunda, de qualquer número.

(C) só poderão celebrar Convenções Coletivas de Trabalho, por deliberação de Assembleia Geral, dependendo a sua validade do comparecimento e votação, em primeira convocação, de pelo menos a metade dos interessados.

(D) poderão celebrar Convenções Coletivas de Trabalho por deliberação dos empregados da empresa envolvida e em reunião marcada para essa finalidade.

(E) só poderão celebrar Convenções Coletivas de Trabalho por deliberação de Assembleia Geral convocada por Portaria Ministerial.

A: opção correta, pois representa o disposto no art. 612 da CLT.

Gabarito "A"

(Procurador do Município/Natal-RN – 2008 – CESPE) Quanto às convenções e aos acordos coletivos de trabalho, assinale a opção correta.

(A) Os acordos coletivos são pactos firmados entre uma ou mais empresas e o sindicato representativo da respectiva categoria profissional.

(B) A convenção coletiva é modalidade de acordo de caráter normativo, firmado pelos sindicatos de empregados entre si.

(C) Os sindicatos não precisam participar das negociações coletivas de trabalho.

(D) O dissídio coletivo de natureza econômica poderá ser ajuizado por qualquer das partes, sem a prévia concordância da outra, quando uma delas se recusar à negociação coletiva ou arbitragem.

A: opção correta, pois reflete o disposto no art. 611, § 1º, da CLT; **B:** opção incorreta, pois nos termos do art. 611, *caput*, da CLT convenção coletiva é o acordo de caráter normativo, pelo qual dois ou mais Sindicatos representativos de categorias econômicas e profissionais estipulam condições de trabalho aplicáveis, no âmbito das respectivas representações, às relações individuais de trabalho; **C:** opção incorreta, pois para a celebração da convenção coletiva é imprescindível a presença de sindicatos, art. 611, *caput*, da CLT; **D:** opção incorreta, pois conforme a redação do art. 114, § 2º, da CF, o dissídio coletivo de natureza econômica, somente poderá ser ajuizado com o consenso entre as partes envolvidas, uma vez não obtida a solução do conflito pela negociação coletiva ou se as partes se recusarem a realizar a arbitragem.

Gabarito "A"

(Procurador do Estado/SC – 2009) Na teoria do Direito Coletivo do Trabalho, encontra-se incorreta a seguinte alternativa:

(A) O Direito Coletivo do Trabalho pode, assim, ser definido como uma parte do Direito do Trabalho que estuda a organização sindical, a negociação coletiva, convenção coletiva e os conflitos coletivos do trabalho.

(B) Liberdade sindical é o direito assegurado aos trabalhadores e empregadores de associarem- se livremente, constituindo sindicatos, os quais não poderão sofrer intervenções estatais ou privadas, com a finalidade de realizar interesses próprios.

(C) A organização sindical brasileira está baseada na unicidade sindical e na sindicalização paralela de trabalhadores e empresários entendidos como polos opostos.

(D) O acordo coletivo de trabalho está situado em um nível de menor abrangência do que a convenção coletiva; portanto, o seu conteúdo e os seus efeitos não podem ser os mesmos e devem versar sobre outros assuntos que não foram tratados em convenção coletiva.

(E) Quando o empregador determinar o fechamento do seu estabelecimento de forma intencional, com a finalidade de pressionar os seus empregados a aceitarem condições menos favoráveis, prejudicando a negociação coletiva, temos o chamado movimento de *"lockout"*.

A: correta, pois a assertiva traz o conceito correto do conteúdo do Direito Coletivo do Trabalho; **B:** correta, pois o princípio da liberdade sindical está previsto no art. 8º, I, da CF; **C:** correta, pois segundo o art. 8º, II, da CF, adotamos o princípio da unicidade sindical e da sindicalização paralela, pois há previsão dos sindicatos profissionais (de empregados) e dos econômicos (de empregadores); **D:** incorreta, pois embora a convenção coletiva tenha em seus polos subjetivos entidades sindicais e o acordo coletivo em um de seus polos subjetivos empregadores, sendo que apenas os empregados estarão representados por seus sindicatos e a convenção incida, de fato, em um universo mais amplo, caracterizado pela base profissional e econômica por seus sindicatos, no acordo poderão ser tratados assuntos já abordados em convenção coletiva e os efeitos serão os mesmos; **E:** correta, pois "lockout", segundo Maurício Godinho Delgado "é a paralisação provisória das atividades da empresa, estabelecimento ou setor, realizada por determinação empresarial, com o objetivo de exercer pressões sobre os trabalhadores, frustrando negociação coletiva ou dificultando o atendimento a reivindicações coletivas obreiras" (*Curso de Direito do Trabalho*, p. 1.308).

Gabarito "D"

(Procurador do Município/Florianópolis-SC – 2010 – FEPESE) Em relação à sentença normativa na Justiça do Trabalho, assinale a alternativa **correta**.

(A) O prazo máximo de vigência da sentença normativa é quatro anos.

(B) A sentença normativa sempre entrará em vigor após a sua publicação

(C) Somente caberá revisão da sentença normativa após dois anos de sua vigência.

(D) A sentença normativa somente produz efeitos às partes envolvidas no dissídio coletivo, não podendo ser estendida a outros empregados da respectiva categoria profissional.

(E) Não cabe revisão de sentença normativa, devendo, pois, ser ajuizado um novo dissídio coletivo para se estipular novas condições para determinada categoria profissional.

A: opção correta, pois reflete o disposto no art. 868, parágrafo único, da CLT; **B:** opção incorreta, pois entrará em vigor a partir da data de sua publicação, quando ajuizado o dissídio após o prazo de 60 (sessenta) dias anteriores ao respectivo termo final, ou, quando não existir acordo, convenção ou sentença normativa em vigor, da data do ajuizamento. Todavia, entrará em vigor a partir do dia imediato ao termo final de vigência do acordo, convenção ou sentença normativa, quando ajuizado o dissídio no prazo acima informado; **C:** opção incorreta, pois nos termos do art. 873 da CLT a sentença normativa poderá ser revista após 1 (um) ano; **D:** opção incorreta, pois poderá ser estendida nas hipóteses previstas nos arts. 869, 870 e 871 todos da CLT.

Gabarito "A"

(ADVOGADO – IRB – 2006 – ESAF) Assinale a afirmação correta.

(A) A convenção coletiva de trabalho é fonte material heterônoma do Direito do Trabalho.

(B) A lei é fonte formal autônoma do Direito do Trabalho.

(C) A sentença normativa é fonte formal heterônoma do Direito do Trabalho.

(D) O acordo coletivo de trabalho é fonte material autônoma do Direito do Trabalho.

(E) Os fatos sociais são fontes formais autônomas do Direito do Trabalho.

A: opção incorreta, pois a convenção coletiva de trabalho é considerada fonte formal autônoma do Direito do Trabalho; **B:** opção incorreta, pois a lei é considerada fonte formal heterônoma; **C:** opção correta, pois é considerada fonte formal heterônoma na medida em que existe um agente estranho às relações (esse agente é o Estado) que atua na atividade legiferante; **D:** opção incorreta, pois o acordo coletivo é fonte formal autônoma e não material como consignado na assertiva; **E:** opção incorreta, pois os fatos sociais são considerados fontes materiais que constituem o momento pré-jurídico da norma, ou seja, a norma ainda não formalizada.

Gabarito "C"

11.3. GREVE

(Procurador do Estado/BA – 2014 – CESPE) Julgue o seguinte item.

(1) O exercício do direito de greve em serviços essenciais exige da entidade sindical ou dos trabalhadores, conforme o caso, a prévia comunicação da paralisação dos trabalhos ao empregador e, ainda, aos usuários dos serviços, no prazo mínimo de setenta e duas horas, sob pena de o movimento grevista ser considerado abusivo.

1: Opção correta, pois nos termos do art. 13 da Lei 7.783/1989 nas atividades essenciais o movimento grevista deve ser avisado com antecedência mínima de 72 horas.

Gabarito 1C

(Procurador Distrital – 2014 – CESPE) Julgue o item a seguir.

(1) Greve é causa de suspensão do contrato de trabalho e somente pode ser utilizada após ser frustrada a negociação ou a arbitragem direta e pacífica, sob pena de ser considerada abusiva. Ademais, a comunicação acerca de sua decisão, no caso de atividade essencial, deve ser previamente feita aos empregadores e usuários do serviço no prazo mínimo de setenta e duas horas.

1. Opção correta, pois de fato a greve é causa de suspensão do contrato de trabalho (art. 2º da Lei 7.783/1989) e pode ser utilizada após frustrada a negociação coletiva ou impossibilidade de recursos via arbitral, art. 3º da Lei 7.783/1989. Nas atividades essenciais deve ser avisada com antecedência mínima de 72 horas, art. 13 da Lei 7.783/1989.

Gabarito 1C

(PROCURADOR DO ESTADO/MG – FUMARC – 2012) O artigo 10 da Lei 7.783/1989, que regula o direito de greve, disciplina sobre quais serviços ou atividades são consideradas essenciais. Assinale a alternativa que NÃO se alinha aos preceitos da citada norma jurídica:

(A) Serviço funerário.

(B) Serviço de transporte de mercadorias, de transporte em geral e de transporte coletivo.

(C) Serviço de compensação bancária.

(D) Serviço de produção e distribuição de energia elétrica, gás e combustíveis.

(E) Serviço de controle de tráfego aéreo.

A: opção incorreta, pois o serviço funerário é considerado atividade essencial, nos termos do art. 10, IV, da Lei 7.783/1989; **B:** opção correta, pois o serviço não consta no rol do art. 10 da Lei 7.783/1989; **C:** opção incorreta, pois o serviço de compensação bancária é considerado atividade essencial, nos termos do art. 10, XI, da Lei 7.783/1989; **D:** opção incorreta, pois o serviço de produção e distribuição de energia elétrica, gás e combustíveis é considerado atividade essencial, nos termos do art. 10, I, da Lei 7.783/1989; **E:** opção incorreta, pois o serviço de controle de tráfego aéreo é considerado atividade essencial, nos termos do art. 10, X, da Lei 7.783/1989.

Gabarito "B"

(Procurador do Município/São José dos Campos-SP – 2012 – VUNESP) Considere as seguintes proposições.

I. A greve evoluiu de delito para direito. Corresponde a uma suspensão coletiva, temporária e pacífica, total ou parcial, da prestação pessoal de serviços a empregador, com objetivo de exercer-lhe pressão com vistas à defesa ou à conquista de interesses coletivos ou difusos.

II. A greve pode ser deflagrada por deliberação coletiva dos trabalhadores, segundo seus interesses, inclusive quanto à sua conveniência e oportunidade. Demanda apenas uma formalização de seus requisitos, como a negociação coletiva prévia, a autorização de assembleia de trabalhadores, o aviso prévio à parte adversa e o atendimento às necessidades inadiáveis da comunidade.

III. A Constituição Federal assegurou o direito de associação sindical e de greve aos servidores públicos civis. Enquanto não houver lei específica para a regulamentação desse direito, o Supremo Tribunal Federal tem entendido que as disposições da Lei n.º 7.783/1989 são aplicáveis, no que compatíveis, aos servidores públicos, considerados sempre os serviços públicos como atividades essenciais.

Está correto o que se afirma em

(A) II, apenas.

(B) I e II, apenas.

(C) I e III, apenas.

(D) II e III, apenas.

(E) I, II e III.

I: opção correta, pois reflete o disposto no art. 2º da Lei 7.783/1989, tendo como objetivo, melhores condições de trabalho para a classe; II: opção correta, pois reflete o disposto nos arts. 1º, 3º e seu parágrafo único, 4º e 11 da Lei 7.783/1989. III: opção correta, pois o STF se pronunciou decidindo que dispositivos da Lei de Greve (Lei

7.783/1989), que rege o exercício de greve dos trabalhadores da iniciativa privada, também valem para as greves do serviço público. Veja Mandados de Injunção 670 e 712 apreciados pelo Supremo Tribunal Federal.

Gabarito "E"

(Procurador do Estado/PI – 2008 – CESPE) O exercício do direito de greve é uma garantia prevista na CF, e, no âmbito da iniciativa privada, esse direito é regulamentado pela Lei n.º 7.783/1989, que estabelece algumas formalidades para o seu exercício. Essas formalidades não incluem o(a)

(A) comunicação prévia da data de início da paralisação.

(B) aferição de *quorum* previsto no estatuto do sindicato nas assembleias que deliberam pela paralisação.

(C) concessão de livre acesso aos trabalhadores que não aderirem ao movimento grevista às dependências da empresa.

(D) manutenção dos serviços essenciais.

(E) ajuizamento prévio de dissídio coletivo na justiça do trabalho.

A: assertiva correta, pois o art. 3º, parágrafo único, da Lei 7.783/1989 prevê a necessidade de comunicação da entidade patronal ou empregadores com antecedência mínima de 48 horas; **B:** assertiva correta, pois há necessidade de aferição do *quorum* previsto no estatuto, conforme consta do art. 4º, § 1º, da Lei 7.783/1989; **C:** assertiva correta, pois o art. 6º, § 3º, da Lei 7.783/1989 veda manifestações que possam impedir o acesso ao trabalho, ameaça ou dano à propriedade ou à pessoa; **D:** assertiva correta, pois o art. 11, *caput*, da Lei 7.783/1989 determina que nos serviços ou atividades essenciais deve ficar garantida a prestação dos serviços indispensáveis ao atendimento das necessidades inadiáveis da comunidade; **E:** assertiva incorreta, pois não há previsão legal nesse sentido. O art. 3º da Lei 7.783/1989 fala apenas em "frustrada a *negociação* ou verificada a impossibilidade de recursos via arbitral..." (g.n.), não mencionando qualquer exigência de prévio dissídio coletivo na justiça do trabalho.

Gabarito "E"

(Procurador do Estado/ES – 2008 – CESPE) O direito de greve no serviço público está previsto na Constituição brasileira, podendo ser exercido nos termos e limites de lei específica. Acerca da interpretação desse dispositivo constitucional pelo STF, julgue o item abaixo.

(1) A greve no serviço público só é reconhecida como um direito para o empregado público nos termos da Lei de Greve existente para a iniciativa privada; os servidores públicos estatutários não podem exercê-la até que lei específica seja aprovada.

Falso, pois o STF decidiu (Mandados de Injunção 670 e 712) que dispositivos da Lei de Greve (Lei 7.783/1989), que rege o exercício de greve dos trabalhadores da iniciativa privada, também valem para as greves do serviço público.

Gabarito 1E

ADVOGADO – PETROBRÁS – 2012 – CESGRANRIO) Recentemente, os chamados movimentos paredistas voltaram a chamar atenção nos meios de comunicação nacionais.

Analise as afirmações abaixo, sobre o direito de greve.

I. Durante o período de greve, os contratos de trabalho permanecem suspensos, isto é, seus efeitos ficam paralisados.

II. A Constituição de 1988 não contemplou o direito de greve para os servidores militares, aos quais não estendeu sequer o direito de sindicalização.

III. Os servidores civis foram contemplados pela Carta de 1988 com o direito de greve e o de livre associação sindical.

Está correto o que se afirma em

(A) I, apenas.

(B) II, apenas.

(C) I e II, apenas.

(D) II e III, apenas.

(E) I, II e III.

I: opção correta, pois está em conformidade com o art. 7º da Lei 7.783/1989; II: opção correta, pois reflete o disposto no art. 142, IV, da CF; III: opção correta, pois em conformidade com o art. 37,VI e VII, da CF. Veja Mandados de Injunção (MI 670 e 712).

Gabarito "E"

(ADVOGADO – PETROBRÁS – 2006 – CESGRANRIO) Durante a ocorrência de uma greve, é vedado, por lei:

(A) arrecadação de fundos.

(B) divulgação do movimento.

(C) rescisão do contrato de trabalho do grevista.

(D) suspensão total dos serviços pessoais ao empregador.

(E) aliciamento de trabalhadores a aderirem à greve, ainda que por meios pacíficos.

A: opção incorreta, pois é permitida a arrecadação de fundos nos termos do art. 6º, II, da Lei 7.783/1989; **B:** opção incorreta, pois nos termos do art. 6º, II, parte final, da Lei 7.783/1989 é permitida a divulgação; **C:** opção correta, pois reflete a disposição contida no art. 7º, parágrafo único, da Lei 7.783/1989; **D:** opção incorreta, pois em conformidade com o art. 2º da Lei 7.783/1989 considera-se legítimo exercício do direito de greve a suspensão coletiva, temporária e pacífica, total ou parcial, de prestação pessoal de serviços a empregador; **E:** opção incorreta, pois é permitido o aliciamento de trabalhadores por meios pacíficos, nos termos do art. 6º, I, da Lei 7.783/1989.

Gabarito "C"

(ADVOGADO – PETROBRÁS DISTRIB. – 2008 – CESGRANRIO) Considere os seguintes tipos de serviços:

I. tratamento de bacias hidrográficas;

II. tratamento e abastecimento de água;

III. produção e distribuição de minérios;

IV. produção e distribuição de energia elétrica, gás e combustível;

V. controle de tráfego aéreo;

VI. guarda e uso de substâncias radioativas;

VII. policiamento urbano;

VIII. telecomunicações.

Dentre os serviços considerados essenciais, eleitos pelo legislador como limites ao exercício do direito de greve pelo trabalhador, excetuam-se APENAS:

(A) I, III e VII

(B) I, VI e VII

(C) II, IV e VIII

(D) II, V e VII

(E) IV, VI e VIII

I: opção correta, pois nos termos do art. 10, I, da Lei 7.783/1989 não é considerada atividade essencial; II: opção incorreta, pois reflete o disposto no art. 10, I, da Lei 7.783/1989 que considera atividade essencial; III: opção correta, pois a produção e distribuição de minérios não constam no rol do art. 10 da Lei 7.783/1989 que elenca os serviços essenciais; IV: opção incorreta, pois são consideradas atividades essenciais, em conformidade com o art. 10, I, da Lei 7.783/1989; V: opção incorreta, pois o controle de tráfego aéreo é considerada atividade essencial, nos termos do art. 10, X, da Lei 7.783/1989. VI: opção incorreta, pois é considerada atividade essencial, nos termos do art. 10, VIII, da Lei 7.783/1989. VII: opção correta, pois não consta no rol do art. 10 da Lei 7.783/1989. É uma função do Estado essencial à manutenção da ordem pública; VIII: opção incorreta, pois é considerada atividade essencial, nos termos do art. 10, VII, da Lei 7.783/1989.

Gabarito "A"

12. TEMAS COMBINADOS E FGTS

(Procurador do Estado/MT – FCC – 2011) Em relação à prescrição trabalhista, é correto afirmar:

(A) O prazo prescricional é de dois anos para os trabalhadores urbanos e rurais, até o limite de cinco anos após a extinção do contrato de trabalho.

(B) A ação trabalhista, ainda que arquivada, não interrompe a prescrição trabalhista.

(C) É trintenária a prescrição do direito de reclamar contra o não recolhimento da contribuição para o FGTS, observado o prazo de cinco anos após o término do contrato de trabalho.

(D) Não se aplica a prescrição às ações que tenham por objeto anotações para fins de prova junto à Previdência Social.

(E) Tratando-se de ação que envolva pedido de prestações sucessivas decorrente de alteração do pactuado, a prescrição é parcial, exceto quando o direito à parcela esteja também assegurado por preceito de lei.

A: opção incorreta, pois nos termos do art. 7º, XXIX, da CF o prazo prescricional é de 5 (cinco) anos para os trabalhadores urbanos e rurais, até o limite de 2 (dois) anos após a extinção do contrato de trabalho; **B:** opção incorreta, pois nos termos da Súmula 268 do TST a ação trabalhista, ainda que arquivada, interrompe a prescrição somente em relação aos pedidos idênticos; **C:** opção incorreta, pois embora a prescrição para reclamar FGTS seja trintenária, nos termos da Súmula 362 do TST deve ser observado o prazo de 2 (dois) anos após o término do contrato de trabalho; **D:** opção correta, pois reflete o disposto no art. 11, § 1º, CLT; **E:** opção incorreta, pois no caso, a prescrição é total, em conformidade com a Súmula 294 do TST.

Gabarito "D"

(Procurador do Estado/MT – FCC – 2011) Assinale a alternativa INCORRETA.

(A) O trabalho prestado em domingos e feriados, não compensado, deve ser pago em dobro, sem prejuízo da remuneração relativa ao repouso semanal.

(B) Enquanto perdurar a substituição que não tenha caráter meramente eventual, inclusive nas férias, o empregado substituto fará jus ao salário contratual do substituído.

(C) Cancelada a aposentadoria por invalidez, mesmo após cinco anos, o trabalhador terá direito de retornar ao emprego, facultado, porém, ao empregador, indenizá-lo na forma da lei.

(D) Considera-se noturno, para os efeitos da legislação do trabalho, o trabalho executado pelo trabalhador urbano e rural realizado entre as 22 horas de um dia e as 5 horas do dia seguinte.

(E) Não serão descontadas nem computadas como jornada extraordinária as variações de horário no registro de ponto não excedentes de cinco minutos, observado o limite máximo de dez minutos diários.

A: opção correta, pois reflete o entendimento disposto na Súmula 146 do TST; **B:** opção correta, pois reflete o entendimento disposto na Súmula 159, item I, do TST; **C:** opção correta, pois reflete o entendimento disposto na Súmula 160 do TST; **D:** opção incorreta, pois embora no âmbito urbano o trabalho noturno seja aquele prestado entre as 22h de um dia até as 5h do dia seguinte, nos moldes do art. 73, § 2º, da CLT, no âmbito rural é considerado noturno o trabalho executado na pecuária das 20h de um dia até as 4h do dia seguinte e na lavoura aquele exercido entre as 21h de um dia e 5h do dia seguinte, nos termos do art. 7º da Lei 5.889/1973; **E:** opção correta, pois reflete o disposto no art. 58, § 1º, da CLT.

Gabarito "D"

(Procurador do Estado/PA – 2011) A jurisprudência do Tribunal Superior do Trabalho trata dos efeitos jurídicos da contratação pela Administração Pública, após a Constituição Federal de 1988, de servidor público sem a prévia realização de concurso público. Sobre essa jurisprudência assinale a alternativa CORRETA:

(A) Sendo por direito nula a contratação, não cabe ao servidor irregularmente contratado o recebimento do fundo de garantia por tempo de serviço.

(B) Sendo por direito nula a contratação, ainda assim cabe ao servidor irregularmente contratado o direito do recebimento ao salário pactuado mesmo que abaixo do salário mínimo.

(C) Mesmo nula a contratação, cabe ao servidor contratado irregularmente o direito ao recebimento da contraprestação pactuada, em relação ao número de horas trabalhadas.

(D) Sendo por direito nula a contratação, cabe ao servidor contratado irregularmente o recebimento do abono de natal proporcionalmente ao tempo de serviço.

(E) Mesmo nula a contratação, cabe ao servidor contratado irregularmente o direito ao recebimento das férias proporcionais ao tempo de serviço.

A: opção incorreta, pois nos termos da Súmula 363 do TST ao obreiro é conferido o direito ao pagamento da contraprestação pactuada, em relação ao número de horas trabalhadas, respeitado o valor da hora do salário mínimo, e dos valores referentes aos depósitos do FGTS; **B:** opção incorreta, pois de acordo com a primeira parte Súmula 363 do TST ao obreiro é assegurado o direito ao pagamento da contraprestação pactuada, em relação ao número de horas trabalhadas, respeitado o valor da hora do salário mínimo; **C:** opção correta, pois reflete o entendimento disposto na Súmula 363 do TST; **D:** opção incorreta, pois por ser um contrato nulo é devido pagamento nos termos da Súmula 363 do TST. Veja comentário da alternativa A; **E:** opção incorreta. Veja comentários das alternativas anteriores.

Gabarito "C"

(Procurador do Estado/PR – UEL-COPS – 2011) Assinale a alternativa falsa:

(A) a admissão mediante aprovação em concurso público para empregado de empresa pública ou sociedade de economia mista assegura a estabilidade prevista no art. 41, da CRFB;

(B) a declaração positiva de vínculo de emprego entre empresa de segurança privada e policial militar que lhe presta serviços é legítima, desde que presentes os requisitos do art. 3°, da CLT;

(C) a conversão do regime de celestista para estatutário equivale a extinção do contrato de trabalho para fins de contagem prescricional;

(D) a opção de funcionário público pelo regime trabalhista gera a perda dos direitos inerentes ao regime estatutário, exceto previsão contratual ou ressalva legal;

(E) ainda que a contratação irregular por empresa interposta não gere o vínculo de emprego com ente da Administração Pública, são devidos os mesmos direitos aos trabalhadores terceirizados asseguradas àqueles contratados pelo tomador dos serviços.

A: opção incorreta, pois nos termos da Súmula 390 do TST a estabilidade do art. 41 da CF não é assegurada ao empregado de empresa pública ou sociedade de economia mista; **B:** opção correta, pois reflete o disposto na Súmula 386 do TST; **C:** opção correta, pois nos termos da Súmula 382 do TST o prazo prescricional de 2 anos disposto no art. 7°, XXIX, da CF é contado da transferência do regime, podendo o trabalhador demandar os últimos 5 anos a contar do ajuizamento da ação; **D:** opção correta, pois reflete o disposto na Súmula 243 do TST; **E:** opção correta, pois reflete o entendimento disposto na OJ 383 da SDI 1 do TST.

Gabarito "A"

(PROCURADOR DO ESTADO/RS – FUNDATEC – 2010) Considere as afirmações a seguir:

I. Ramo jurídico informado, entre outros, pelo principio da proteção e, mais especificamente, pelo princípio da condição mais benéfica, ao Direito do Trabalho se consubstancia a regra da inalterabilidade lesiva dos contratos de trabalho, segundo o qual, sem exceções, nunca são admitidas, mesmo que por intermédio de negociação sindical, alterações nas condições de trabalho que possam ocasionar prejuízos, diretos ou indiretos, aos trabalhadores.

II. O empregado poderá deixar de comparecer ao serviço sem prejuízo do salário, exemplificativamente: (a) por até dois dias consecutivos, em caso de falecimento do cônjuge, ascendente, descendente, irmão ou pessoa que, declarada em sua Carteira de Trabalho e Previdência Social, viva sob sua dependência; (b) por um dia, em cada doze meses de trabalho, em caso de doação voluntária de sangue devidamente comprovada; (c) pelo tempo que se fizer necessário, quando tiver que comparecer em juízo, e (d) pelo tempo que se fizer necessário, quando, na qualidade de representante de entidade sindical, estiver participando de reunião oficial de organismo internacional do qual o Brasil seja membro.

III. O contrato temporário de trabalho, entendendo-se como tal aquele prestado por pessoa física a uma empresa, para atender á necessidade transitória de substituição de seu pessoal regular e permanente ou a acréscimo extraordinário de serviços, por intermédio de empresa de trabalho temporário, deve ser necessariamente firmado por escrito e não poderá exceder de três meses, salvo autorização conferida pelo órgão local do Ministério do Trabalho e Emprego.

Quais estão corretas?

(A) Apenas I.

(B) I, II e III

(C) Apenas II e III.

(D) Apenas I e III

(E) Apenas III

I: opção incorreta, pois nos termos do art. 468 da CLT são requisitos para a alteração válida do contrato de trabalho: mútuo consentimento e não acarretar prejuízo direto ou indireto ao empregado; II: opção correta, pois reflete o disposto nos incisos I, IV, VIII e IX do art. 473 da CLT; III: opção correta, pois reflete o disposto nos arts. 1°, 10 e 11 da Lei 6.019/1974.

Gabarito "C"

(PROCURADOR DO ESTADO/RS – FUNDATEC – 2010) Tendo em vista a orientação jurisprudencial do Tribunal Superior do Trabalho, assinale a alternativa correta:

(A) O adicional noturno integra a base de cálculo das horas extras prestadas no período noturno.

(B) A limpeza em residências e escritórios e a respectiva coleta de lixo podem ser consideradas atividades insalubres, desde que constatadas por laudo pericial.

(C) No valor da hora extra não deve ser computado o adicional de insalubridade percebido pelo empregado, tendo em vista as distintas bases de cálculo legalmente previstas, quais sejam, a remuneração do empregado, no primeiro caso, e o salário mínimo ou piso salarial convencionado, no segundo.

(D) Nas situações de transferência, a circunstância de o empregado exercer cargo de confiança com percepção de gratificação superior a 40% exclui o direito ao adicional de 25% previsto em lei.

(E) É devido o adicional de insalubridade ao trabalhador em atividade a céu aberto.

A: opção correta, pois reflete o entendimento disposto na OJ 97 da SDI 1 do TST; **B:** opção incorreta, pois ainda que constatadas por laudo pericial a limpeza em residências e escritórios e a respectiva coleta de lixo não podem ser consideradas atividades insalubres, na medida em que não se encontram dentre as classificadas como lixo urbano na Portaria do Ministério do Trabalho, nos termos da OJ 4 da SDI 1 do TST; **C:** opção incorreta, pois nos termos da OJ 47 da SDI 1 do TST a base de cálculo da hora extra é o resultado da soma do salário contratual mais o adicional e insalubridade, já o adicional de insalubridade é calculado com base no salário mínimo, de acordo com o posicionamento atual do Supremo Tribunal Federal. Veja Medida cautelar em Reclamação 6.266-0/DF; **D:** opção incorreta, pois nos termos da OJ 113 da SDI 1 do TST o fato de o empregado exercer cargo de confiança ou a existência de previsão de transferência no contrato de trabalho não exclui o direito ao adicional. O pressuposto legal apto a legitimar a percepção do mencionado adicional é a transferência provisória; **E:** opção incorreta, pois nos termos da OJ 173, I, da SDI 1 do TST é indevido o adicional de insalubridade.

Gabarito "A"

(Procurador do Município/Cubatão-SP – 2012 – VUNESP) A fiscalização do Ministério do Trabalho e Emprego deverá observar o critério de dupla visita no seguinte caso.

(A) quando se tratar de sociedade de economia mista ou empresa pública.

(B) quando ocorrer promulgação ou expedição de novas leis, regulamentos ou instruções ministeriais.

(C) nas três primeiras inspeções dos estabelecimentos ou dos locais de trabalho, recentemente inaugurados ou empreendidos.

(D) para microempresas.

(E) para empregadores rurais.

B: opção correta, pois reflete a disposição contida no art. 627, *a*, da CLT.

Gabarito "B"

(Procurador do Município/Natal-RN – 2008 – CESPE) O prazo prescricional para reclamar o não recolhimento do FGTS é de

(A) dois anos, a contar do fim do contrato de trabalho, podendo o interessado reclamar os últimos cinco anos.

(B) cinco anos, por ter o FGTS a natureza jurídica de tributo.

(C) dois anos a contar do fim do contrato de trabalho, podendo o interessado reclamar os últimos trinta anos.

(D) dez anos, por ter o FGTS a natureza jurídica de contribuição previdenciária.

C: opção correta, pois de acordo com a Súmula 362 do TST a prescrição para reclamar o não recolhimento do FGTS é trintenária. Nessa linha, o obreiro deverá ingressar com reclamação trabalhista no prazo de 2 (dois) anos contados do término do contrato de trabalho, respeitando a prescrição bienal. Porém, poderá pleitear os 30 (trinta) anos que antecedem a propositura da ação.

Gabarito "C"

(Procurador do Município/Sorocaba-SP – 2012 – VUNESP) Considere as três proposições apresentadas e assinale a alternativa correta em relação a elas.

(1) Muito embora vigore o princípio da inalterabilidade das condições do trabalho, existe o *jus variandi* do empregador, que pode ser enunciado como o direito de impor unilateralmente certas condições de trabalho ao empregado, cujo exercício não causa prejuízo direto ou indireto ao trabalhador.

(2) O contrato de trabalho admite alterações subjetivas e alterações objetivas. As alterações subjetivas ocorrem nas alterações entre os sujeitos da relação, notadamente nas hipóteses de sucessão de empresas e mudança na estrutura jurídica do empregador. As objetivas aludem às condições de trabalho e se dão pelo poder de comando patronal, nas transferências dos empregados e na suspensão do contrato de trabalho e seus efeitos, bem como quando resultam de negociação coletiva válida e expressa em acordo ou convenção coletivos de trabalho.

(3) As regras de transferência de empregados para outra localidade são protecionistas e destinam-se a evitar o ato patronal obstativo do prosseguimento da relação de emprego. O princípio geral é proibitivo, vedada a transferência para localidade diversa da de prestação de serviços.

(A) Estão corretas as proposições (1) e (2), mas incorreta a proposição (3).

(B) Estão corretas as proposições (1) e (3), mas incorreta a proposição (2).

(C) Estão corretas as proposições (2) e (3), mas incorreta a proposição (1).

(D) Estão corretas as três proposições.

(E) Está correta apenas a afirmação (2).

1: opção correta, pois o *jus variandi* do empregador consiste no direito do empregador de variar a prestação de serviços, ou seja, o poder de realizar modificações no contrato de trabalho. Esse poder encontra limite na própria lei, ou seja, poderá ser feito desde que não haja proibição legal. Veja art. 468 da CLT; 2: opção correta, pois as mudanças subjetivas dizem repeito as alterações dos sujeitos da relação, sucessão de empregadores, arts. 10 e 448 da CLT. As modificações objetivas do contrato de trabalho referem-se às condições de trabalho. Três situações podem provocar alteração objetiva no contrato de trabalho: o *jus variandi*, a transferência e a interrupção ou suspensão; 3;) opção correta, pois está de acordo com a regra esculpida no art. 469 da CLT.

Gabarito "D"

(Procurador da Fazenda Nacional – 2004 – ESAF) Considerando as regras que informam o Fundo de Garantia do Tempo de Serviço (FGTS), assinale a opção correta.

(A) Possuindo natureza tributária, os depósitos do FGTS serão devidos mesmo quando interrompido ou suspenso, por qualquer motivo, o contrato de trabalho.

(B) Os depósitos do FGTS hão de ser efetuados mensalmente, tendo como base de cálculo o valor do salário pago ou devido, incluída a gratificação natalina.

(C) A alíquota para cálculo dos depósitos do FGTS pode ser objeto de livre pactuação entre empregado e empregador, desde que verificada a assistência do sindicato profissional correspondente.

(D) Havendo rescisão do contrato de trabalho, qualquer que seja sua causa, os depósitos do FGTS serão liberados ao trabalhador, ressalvando-se, porém, a incidência do acréscimo indenizatório de 40% sobre esses depósitos aos casos em que a dispensa imotivada tiver sido deliberada pelo empregador.

(E) Mediante previsão em Convenção Coletiva de Trabalho, os depósitos do FGTS, relativos aos vínculos jurídicos por ela regulados, podem receber destinação diversa da prevista em lei, desde que em benefício dos próprios trabalhadores representados.

A: opção incorreta, pois nos termos do art. 15, § 5º, da Lei 8.036/1990 somente nos casos de afastamento para prestação do serviço militar obrigatório e licença por acidente do trabalho; **B:** opção correta, pois reflete o disposto no art. 15, *caput*, da Lei 8.036/1990; **C:** opção incorreta, pois a lei não permite a livre pactuação da alíquota do FGTS; **D:** opção incorreta, pois o valor será liberado em se tratando de dispensa sem justa causa, inclusive a despedida indireta, força maior e culpa recíproca. Veja art. 20, I, da Lei 8.036/1990; **E:** opção incorreta, pois a destinação será nos termos da lei.

Gabarito "B"

(Procurador do Estado/SC – 2010 – FEPESE) Assinale a alternativa **correta**, de acordo com a consolidação das leis do trabalho.

(A) Não é devido aviso-prévio na despedida indireta.

(B) A idade mínima para qualquer trabalho, sem exceção, é de dezesseis anos de idade.

(C) A ação contra o não recolhimento da contribuição para o FGTS segue o prazo prescricional de cinco anos para os trabalhadores urbanos e rurais, até o limite de dois anos após a extinção do contrato de trabalho.

(D) Em decorrência do poder de direção inerente à pessoa do empregador, é possível a transferência de empregado, sem a sua anuência, para localidade diversa da que resultar do contrato.

(E) O pedido de demissão ou recibo de quitação de rescisão do contrato de trabalho, firmado por empregado com mais de 1 (um) ano de serviço, só será válido quando feito com a assistência do respectivo Sindicato ou perante a autoridade do Ministério do Trabalho e Previdência Social.

A: opção incorreta, pois nos termos do art. 487, § 4º, da CLT o aviso-prévio será devido; **B:** opção incorreta, pois a idade mínima para o trabalho, na condição de aprendiz, é 14 (quatorze) anos, nos termos do art. 403 da CLT. Veja, também, o art. 428 da CLT; **C:** opção incorreta, pois de acordo com o entendimento cristalizado na Súmula 362 do TST a prescrição para a cobrança dos depósitos de FGTS, desde que respeitado o prazo da prescrição bienal, será de 30 (trinta) anos; **D:** opção incorreta, pois nos termos do art. 469 da CLT deve haver anuência do empregado; **E:** opção correta, pois reflete o disposto no art. 477, § 1º, da CLT.

Gabarito "E"

(Procurador do Estado/PR – 2007) Leia as afirmativas abaixo.

I. A relação de emprego apenas ficará caracterizada quando, no trabalho executado, tivermos a pessoalidade, a onerosidade, a continuidade e a subordinação, sendo que a falta de um deles descaracteriza o instituto.

II. Sempre que em um contrato de Estágio estiverem presentes as condições consideradas pela Lei como próprias de uma relação de emprego o estagiário será considerado empregado, exceção feita ao serviço público.

III. O contrato de subempreitada é aquele no qual quem se comprometeu a realizar determinada obra repassa a obrigação pela execução do contrato, total ou parcialmente, a outrem. Neste caso o subempreiteiro responde pelas obrigações derivadas do contrato de trabalho que celebrar. Se descumpri-las o empregado terá direito a reclamar seus direitos contra o empreiteiro, com quem passará a ter, inclusive, vínculo de emprego.

Considerando as afirmativas acima assinale a resposta correta:

(A) as alternativas I e III estão erradas;

(B) as alternativas II e III estão erradas;

(C) as alternativas I e II estão erradas;

(D) Apenas a alternativa I está errada;

(E) Apenas a alternativa II está errada;

I: errada, pois a assertiva não contemplou o requisito do trabalho por pessoa física (art. 3º, *caput*, da CLT), e o requisito "continuidade" é controvertido, sendo mais bem nominado pela doutrina como "não eventualidade"; II: certa, pois a assertiva reflete o disposto no art. 15, *caput*, da Lei 11.788/2008, sendo certo que quanto a Administração Pública há necessidade de prévio concurso público, razão pela qual não será o estagiário considerado empregado (art. 37 da CF); **III:** errada, pois a assertiva conflita com o disposto no art. 455 da CLT no que se refere a possibilidade de o empregado reclamar vínculo de emprego com o empreiteiro principal. Apenas para maior esclarecimento sobre a matéria, o TST reconhece o vínculo de emprego do empregado diretamente com o empreiteiro nos casos de subempreitada ilícita, o que deve ser comprovado no processo específico, pois, em regra, o empregado NÃO tem vínculo de emprego com o empreiteiro.

Gabarito "A"

(Procurador do Estado/CE – 2008 – CESPE) Acerca do FGTS, segundo a legislação aplicável e a jurisprudência sumulada e consolidada do TST, assinale a opção incorreta.

(A) A conta vinculada do trabalhador no FGTS poderá ser movimentada, entre outras hipóteses, quando ocorrer despedida sem justa causa, inclusive a indireta, rescisão contratual por culpa recíproca ou no caso de força maior.

(B) Incide contribuição previdenciária sobre os valores levantados do FGTS pelo empregado.

(C) Não é cabível medida liminar em mandado de segurança, em procedimento cautelar ou em qualquer outra ação de natureza cautelar ou preventiva, nem tutela antecipada que impliquem saque ou movimentação da conta vinculada do trabalhador no FGTS.

(D) É trintenária a prescrição do direito de reclamar contra o não recolhimento da contribuição para o FGTS, observado o prazo de dois anos após o término do contrato de trabalho.

(E) Ainda quando anulado o contrato de trabalho de servidor público por falta de prévia aprovação em concurso público, são devidos os valores referentes aos depósitos do FGTS.

A: assertiva correta, pois reflete o disposto no art. 20, I, da Lei 8.036/1990; **B:** assertiva incorreta, pois não incide contribuição previdenciária sobre os valores levantados do FGTS pelo empregado, eis que o valor da contribuição deve incidir sobre o salário respectivo; **C:** assertiva correta, pois reflete o disposto no art. 29-B da Lei 8.036/1990; **D:** assertiva correta, pois reflete o teor da Súmula 362 do TST: "FGTS. PRESCRIÇÃO. É trintenária a prescrição do direito de reclamar contra o não recolhimento da contribuição para o FGTS, observado o prazo de 2 (dois) anos após o término do contrato de trabalho"; **E:** assertiva correta, pois reflete o disposto na Súmula 363 do TST: "CONTRATO NULO. EFEITOS. A contratação de servidor público, após a CF/1988, sem prévia aprovação em concurso público, encontra óbice no respectivo art. 37, II e § 2º, somente lhe conferindo direito ao pagamento da contraprestação pactuada, em relação ao número de horas trabalhadas, respeitado o valor da hora do salário mínimo, e dos valores referentes aos depósitos do FGTS".

Gabarito "B"

(Procurador do Município/Aracaju – 2008 – CESPE) Acerca da remuneração, salário, alteração, interrupção, suspensão e rescisão do contrato de emprego, julgue os itens seguintes.

(1) O salário é irredutível, salvo o disposto em convenção coletiva de trabalho, sendo nulas as alterações nele empreendidas, para menor, por conta de acordo individual ou coletivo.

(2) Compreendem-se na remuneração do empregado, para todos os efeitos legais, além do salário devido e pago diretamente pelo empregador, como contraprestação pelos serviços, também as gorjetas que receber, tanto espontaneamente oferecidas pelos clientes do empregador ao empregado, como também aquela que for cobrada pela empresa, como adicional de conta do cliente, destinada à distribuição entre os empregados.

(3) No caso de paralisação, temporária ou definitiva, do trabalho, motivada por ato de autoridade municipal, estadual ou federal, ou pela promulgação de lei que impossibilite a continuação da atividade empresarial, a indenização ficará a cargo do governo responsável pelo ato ou lei impeditiva, quando chamado à autoria no processo judicial perante a justiça do trabalho, mediante requerimento contido na defesa do empregador.

(4) As despedidas imotivadas, feitas pelo empregador, garantem ao empregado, nos contratos por prazo indeterminado, indenização compensatória correspondente, como multa rescisória, a 40% do valor do FGTS devido.

1: Errada, pois a assertiva conflita com o disposto no art. 7º, VI, da CF, que estabelece que "o salário é irredutível, salvo o disposto em convenção ou acordo coletivo"; **2:** Certo, pois a assertiva reflete o disposto no art. 457, *caput* e § 3º, da CLT; **3:** Certo, pois a assertiva reflete o disposto no art. 486, *caput*, da CLT; **4:** Certo, pois a assertiva reflete o disposto no art. 18, § 1º, da Lei 8.036/1990.

Gabarito 1E, 2C, 3C, 4C

(ADVOGADO – CEF – 2012 – CESGRANRIO) Considerando-se as hipóteses abaixo, qual delas NÃO dá ensejo à movimentação da conta vinculada do FGTS, nos termos da Lei nº 8.036/1990?

(A) Concessão de auxílio-doença pela Previdência Social.

(B) Concessão de aposentadoria pela Previdência Social.

(C) Extinção normal do contrato a termo, inclusive o dos trabalhadores temporários regidos pela Lei nº 6.019/1974.

(D) Quando o trabalhador tiver idade igual ou superior a setenta anos.

(E) Quando o trabalhador permanecer três anos ininterruptos, a partir de 1º de junho de 1990, fora do regime do FGTS.

A: opção correta, pois a concessão de auxílio-doença não dá ensejo à movimentação do FGTS. As hipóteses de movimentações do FGTS estão elencadas no art. 20 da Lei 8.036/1990; **B:** opção incorreta, pois nos termos do art. 20, III, da Lei 8.036/1990 a conta poderá ser movimentada; **C:** opção incorreta, pois nos termos do art. 20, IX, da Lei 8.036/1990 a conta poderá ser movimentada; **D:** opção incorreta, pois nos termos do art. 20, XV, da Lei 8.036/1990 a conta poderá ser movimentada; **E:** opção incorreta, pois nos termos do art. 20, VIII, da Lei 8.036/1990 a conta poderá ser movimentada.

Gabarito "A"

(ADVOGADO – PETROBRÁS – 2001 – CESPE) Julgue os itens seguintes.

(1) No sistema legal brasileiro, convenções e acordos coletivos de trabalho são aplicáveis apenas aos contratos celebrados por empregados sindicalizados.

(2) Os empregados de empresas de exploração de petróleo cujas atividades imponham o contato habitual com produtos inflamáveis devem receber o pagamento do adicional de periculosidade, calculado com base em percentual variável e proporcional à duração do trabalho naquelas condições.

(3) A exposição do trabalhador a agentes agressivos à saúde além dos limites máximos de tolerância fixados pelo MTb determina o pagamento de adicional variável, calculado sobre o valor do salário mínimo. Quando debatida a matéria em juízo, será obrigatória a realização de perícia técnica, por médico ou engenheiro do trabalho, sob pena de nulidade.

(4) De acordo com o direito vigente, a locação de mão -de obra é admitida apenas em situações excepcionais, destinada a suprir necessidades transitórias do empregador. Nesses casos, o empregado da empresa de trabalho temporário deve receber salário equivalente ao salário pago aos empregados exercentes da mesma função perante a empresa cliente ou tomadora, a qual será, em caso de falência da prestadora, solidariamente responsável pelo pagamento da remuneração devida aos empregados terceirizados.

(5) Nas relações jurídicas de emprego, não há a possibilidade de configuração de dano de ordem moral, pois a subordinação jurídica do operário ao empregador, que detém os poderes diretivo e hierárquico, legitima a imposição de sanções compatíveis com as violações contratuais eventualmente praticadas.

1: opção incorreta, pois não é necessário que o empregado seja sindicalizado para que lhe seja aplicado o acordo ou a convenção coletiva de trabalho; **2:** opção incorreta, pois o adicional será de 30% sobre o salário sem os acréscimos resultantes de gratificações, prêmios ou participações nos lucros da empresa; **3:** opção correta, pois reflete o disposto nos arts. 192 e 195, § 2º, da CLT; **4:** opção correta, pois em acordo com a disposição dos arts. 12 e 16 da Lei 6.019/1974/ 5: opção incorreta, pois o poder de direção do empregador não é ilimitado. Uma vez ultrapassado ou utilizado de forma abusiva ou ilegal poderá gerar danos morais ao empregado. A ação será de competência da Justiça do Trabalho, nos termos do art. 114, VI, da CF.

Gabarito 1E; 2E; 3C; 4C; 5E

(ADVOGADO – PETROBRÁS – 2001 – CESPE) Com relação ao direito do trabalho, julgue os itens a seguir.

(1) Nas relações jurídicas de emprego, as alterações contratuais devem contar com o consentimento mútuo das partes envolvidas, não podendo ocasionar prejuízos ao empregado, sob pena de nulidade. No entanto, em respeito ao princípio da autonomia da vontade que informa a teoria geral dos contratos, faculta-se a ratificação respectiva em juízo, perante o sindicato profissional ou autoridade do Ministério do Trabalho e Emprego (MTb), caso em que será plenamente válida, ainda que ocasione prejuízos ao empregado.

(2) Na atividade empresarial que demande turnos de trabalho organizados em escalas ininterruptas de revezamento, o limite horário máximo é de seis horas. A adoção de outro limite dependerá de negociação coletiva, que deve ser conduzida com a participação obrigatória do sindicato profissional da categoria.

(3) O empreiteiro que se qualifica como operário ou artífice submete-se ao mesmo tratamento legal reservado ao trabalhador com vínculo de emprego, detendo os mesmos direitos e deveres estabelecidos na legislação trabalhista.

(4) Na forma do entendimento jurisprudencial prevalente, a contratação de trabalhador por empresa interposta acarreta o reconhecimento do vínculo de emprego diretamente com a empresa tomadora, quando, além de demonstrada a pessoalidade e a subordinação jurídica do empregado a prepostos dessa última, a execução de serviços estiver ligada a atividade-fim por ela explorada.

1: opção incorreta, pois nos termos do art. 468 da CLT será ilícita a alteração que trouxer prejuízos, ainda que indiretos, para o empregado; **2:** opção correta, pois reflete o disposto no art. 7º, XIV, da CF/1988; **3:** opção incorreta, pois entre o empreiteiro e o dono da obra existe um contrato de natureza civil; **4:** opção correta, veja os itens I e III da Súmula 331 do TST.

Gabarito 1E; 2C; 3E; 4C

(ADVOGADO – SERPRO – 2008 – CESPE) A respeito do direito do trabalho, julgue os itens seguintes.

(1) Caso um trabalhador seja eleito membro do conselho fiscal do sindicato representante de sua categoria, ele gozará da estabilidade provisória desde o momento do registro de sua candidatura, até um ano após o final de seu mandato.

(2) Caso um empregado seja surpreendido retirando indevidamente a quantia de R$ 200,00 do caixa da sua empresa empregadora, ele será passível de despedida por justa causa, pelo cometimento de ato de improbidade.

(3) O período de paralisação do trabalho por greve, havendo pagamento de salário, é motivo de interrupção do contrato de trabalho.

(4) A morte do empregador constituído em empresa individual gera necessariamente a rescisão do contrato de trabalho com seus empregados.

(5) Os serviços prestados por uma pessoa jurídica podem ser objeto de um contrato de trabalho.

(6) O trabalho efetuado pelo preso em instituição penitenciária é regido pela CLT.

(7) Aos professores é assegurado o pagamento de salários mesmo no período de férias escolares.

(8) Supondo que Carlos tenha sido contratado pela Empresa Flecha no dia 02/02/2008 e demitido sem justa causa no dia 02/09/2008, ele não deverá receber qualquer quantia a título de férias, uma vez que não se completou um ano de contrato.

(9) O direito ao aviso-prévio é renunciável pelo empregado.

1: opção incorreta, pois os membros do conselho fiscal não possuem garantia de emprego, nos termos da OJ 365 da SDI 1 do TST; **2:**

opção correta, pois previsto no art. 482, *a*, da CLT o ato de improbidade é aquele que revela mau caráter, maldade, desonestidade, má-fé, que cause prejuízo ou até risco à integridade do patrimônio do empregador; **3:** opção correta, pois, em regra, a participação em greve suspende o contrato de trabalho, devendo as relações obrigacionais, durante o período, ser regidas pelo acordo, convenção, laudo arbitral ou decisão da Justiça do Trabalho. Assim, ficando ajustado o pagamento de salários durante o período de paralisação, estaremos diante de interrupção do contrato de trabalho; **4:** opção incorreta, pois nos termos do art. 483, § 2º, da CLT no caso de morte do empregador constituído em empresa individual, é facultado ao empregado rescindir o contrato de trabalho; 5: opção incorreta, pois a pessoalidade é um requisito para se configurar a relação de emprego, veja art. 2º da CLT (prestação pessoal do serviço); 6: opção incorreta, pois o trabalho do preso é regido pela Lei de Execuções Penais – Lei 7.210/1984, arts. 28 e seguintes. O art. 28, § 2º da citada lei determina: "O trabalho do preso não está sujeito ao regime da Consolidação das Leis do Trabalho." **7:** opção correta, pois reflete o disposto no art. 322, *caput*, da CLT; 8: opção incorreta, pois nos termos do art. 147 da CLT, em se tratando de demissões imotivadas, serão devidas férias proporcionais, ainda que incompleto o período aquisitivo de 12 meses. Porém, ocorrendo justa causa do empregado, as férias proporcionais não serão devidas, Súmula 171 do TST; **9:** opção incorreta, pois o direito ao aviso-prévio é irrenunciável pelo empregado, nos termos da Súmula 276 do TST.

Gabarito 1E, 2C, 3C, 4E, 5E, 6E, 7C, 8E, 9E.

(ADVOGADO – IRB – 2006 – ESAF) Assinale a afirmação correta.

(A) O trabalhador readaptado em nova função, por motivo de deficiência física ou mental atestada pelo órgão competente da Previdência Social, não servirá de paradigma para fins de equiparação salarial.

(B) O empregado que for aposentado por invalidez terá interrompido o seu contrato de trabalho durante o prazo fixado pelas leis de Previdência Social para a efetivação do benefício.

(C) O contrato de experiência não poderá exceder de 120 (cento e vinte) dias.

(D) Ao trabalhador que comete falta grave, a Lei imputa a rescisão indireta do contrato individual de trabalho.

(E) Presume-se a continuidade do contrato individual de trabalho, quando, dado o aviso-prévio, o empregador o reconsidera, antes de seu termo, comunicando a decisão ao trabalhador.

A: opção correta, pois reflete o disposto no art. 461, § 4º, da CLT; **B:** opção incorreta, pois aposentadoria por invalidez é causa de suspensão do contrato de trabalho, art. 475 da CLT. Veja também a Súmula 160 do TST; **C:** opção incorreta, pois o contrato de experiência não poderá exceder 90 (noventa) dias, art. 445, parágrafo único, da CLT; **D:** opção incorreta, pois rescisão indireta (art. 483 da CLT) corresponde à justa causa do empregador; **E:** opção incorreta, pois nesse caso a reconsideração do aviso-prévio depende da concordância do empregado, art. 489 da CLT.

Gabarito "A"

(ADVOGADO – BNB – 2006 – ACEP) Assinale a alternativa **CORRETA**.

(A) Empregados maiores de 18 anos e menores de 50 anos podem fracionar períodos de gozo de férias.

(B) Todo trabalhador é empregado, mas nem todo empregado é trabalhador.

(C) O contrato de prazo determinado da Lei 9.601/1998 admite a prestação de horas extras.

(D) Contrato de experiência é mera relação de trabalho, e não relação de emprego.

(E) O trabalhador temporário é empregado de uma empresa tomadora de serviços.

A: opção correta, pois está em consonância com o disposto no art. 134, § 2º, da CLT somente os menores de 18 anos e os maiores de 50 anos não poderão fracionar as férias; **B:** opção incorreta, pois podemos afirmar que todo empregado é um trabalhador, mas nem todo trabalhador é um emprego. Isso porque a relação de trabalho (trabalhador) é gênero do qual relação de emprego (empregado) é uma espécie; **C:** opção incorreta, a alternativa está confusa. Contudo, a Lei 9.601/1998 modificou a redação do art. 59, § 2º, da CLT, criando o sistema de compensação, portanto, as horas trabalhadas em excesso em um dia devem ser compensadas no período máximo de 1 (um) ano; **D:** opção incorreta, pois corresponde á relação de emprego; **E:** opção incorreta, pois nos termos da Lei 6.019/1974 o trabalhador temporário é empregado da empresa de trabalho temporário. Veja art. 11 da citada lei.

Gabarito "A"

(ADVOGADO – PETROBRÁS – 2008 – CESGRANRIO) Sobre o Direito do Trabalho, analise as afirmações abaixo.

I. O direito ao aviso-prévio é irrenunciável pelo empregado, salvo se este pede a dispensa de cumprimento, quando então fica o empregador, automaticamente, eximido de pagar o respectivo valor.

II. Se o empregado trabalha em horário noturno e é transferido para o diurno, não perde o direito ao adicional noturno pela aplicação do princípio do direito adquirido e da irredutibilidade salarial.

III. Quadro de pessoal organizado em carreira, aprovado pelo órgão competente, excluída a hipótese de equiparação salarial, não obsta reclamação fundada em preterição, enquadramento ou reclassificação.

IV. Durante as horas de sobreaviso do empregado é cabível a integração do adicional de periculosidade sobre as mencionadas horas quando o empregado recebe o adicional respectivo em caráter permanente, durante seu trabalho normal.

V. Enquanto perdurar a substituição que não tenha caráter meramente eventual, o empregado substituto fará jus ao salário contratual do substituído, à exceção do período de férias.

Está(ão) de acordo com o entendimento sumulado pelo Superior Tribunal do Trabalho **APENAS** a(s) afirmação(ões)

(A) III

(B) V

(C) I e IV

(D) II e V

(E) I, III e IV

I: opção incorreta, pois o empregador estará dispensado do pagamento quando comprovar que o prestador de serviços possui novo emprego, nos termos da Súmula 276 do TST; **II:** opção incorreta, pois nos termos da Súmula 265 do TST a transferência para o período diurno de trabalho implica a perda do direito ao adicional noturno; **III:** opção correta, pois em conformidade com os itens I e IV da Súmula 6 do TST; **IV:** opção incorreta, pois nas horas em que o empregado está de sobreaviso não se submete à condições de risco, razão pela qual não é devido o adicional de periculosidade, em conformidade com a Súmula 132 do TST; **V:** opção incorreta, pois inclusive nas férias, o empregado substituto fará jus ao salário contratual do substituído, consoante à disposição da súmula 159, item I, do TST.

Gabarito "A"

(ADVOGADO – CASA DA MOEDA – 2009 – CESGRANRIO) De acordo com a legislação pertinente, compreende-se a empresa de trabalho temporário como pessoa

(A) jurídica urbana que coloca à disposição de outras pessoas físicas, temporariamente, trabalhadores qualificados.

(B) jurídica urbana que contrata, temporariamente, trabalhadores para outras empresas, numa intermediação de mão de obra qualificada.

(C) física ou jurídica urbana que coloca à disposição de outras empresas, temporariamente, trabalhadores, devidamente qualificados, por outrem remunerados e assistidos.

(D) física ou jurídica urbana que coloca à disposição de outras empresas, temporariamente, trabalhadores, devidamente qualificados, por outrem remunerados.

(E) física ou jurídica urbana que coloca à disposição de outras empresas, temporariamente, trabalhadores, devidamente qualificados, por elas remunerados e assistidos.

Alternativa "E" é a opção correta, pois reflete a disposição contida no art. 4º da Lei 6.019/1974: "Compreende-se como empresa de trabalho temporário a pessoa física ou jurídica urbana, cuja atividade consiste em colocar à disposição de outras empresas, temporariamente, trabalhadores, devidamente qualificados, por elas remunerados e assistidos."

Gabarito "E"

(PROCURADOR – BANCO CENTRAL – 2009 – CESPE) Julgue os itens a seguir acerca do direito do trabalho.

I. O empregado demitido por justa causa perde o direito a receber 13º salário proporcional.

II. As horas extras trabalhadas de forma habitual integram a base de cálculo do 13º salário.

III. Em caso de encerramento do contrato de trabalho por culpa recíproca deve-se pagar ao trabalhador metade do 13º salário devido.

IV. O 13º salário não sofre a incidência do FGTS.

Estão certos apenas os itens

(A) I e IV.

(B) II e III.

(C) II e IV.

(D) I, II e III.

(E) I, III e IV.

I: opção correta, pois não há o pagamento de 13º salário proporcional, nos termos do art. 3º da Lei 4.090/1962; **II:** opção correta, pois sendo habitual integrará a remuneração do empregado, que serve de base de cálculo para o 13º salário, art. 1º, § 1º, da Lei 4.090/1962; **III:** opção correta, pois nos termos da Súmula 14 do TST reconhecida a culpa recíproca prevista no art. 484 da CLT, na rescisão do contrato de trabalho, o empregado tem direito a 50% (cinquenta por cento) do valor do aviso-prévio, do décimo terceiro salário e das férias proporcionais; **IV:** opção incorreta, pois nos termos do art. 15 da Lei 8.036/1990 o 13º salário sofre incidência do FGTS.

Gabarito "D"

(ADVOGADO – BNDES – 2004 – CESGRANRIO) Sabe-se que a base de cálculo da indenização pela rescisão injusta do contrato de trabalho para os períodos anteriores ao regime de FGTS é o valor equivalente a um mês de remuneração por ano de serviço. Para apurá-la, deve-se obter a média aritmética do que o empregado recebeu durante os 12 (doze) últimos meses de trabalho. Qual dos itens abaixo, entre outros, deve ser incluído nesse cálculo?

(A) Adicional de periculosidade habitual.

(B) Abono pecuniário das férias pela conversão de 1/3 das mesmas.

(C) Ajuda-alimentação fornecida por empresa cadastrada no Programa de Alimentação do Trabalhador (PAT).

(D) Vestuário necessário ao exercício do trabalho.

(E) Diárias para viagem abaixo de 50% do valor do salário.

A: opção correta, pois nos termos do art. 8º, III, da Instrução Normativa 84/2010 da Secretaria de Inspeção do Trabalho o adicional de periculosidade possui natureza salarial; **B:** opção incorreta, pois nos termos do art. 9º, II, da Instrução Normativa 84/2010 da Secretaria de Inspeção do Trabalho o abono pecuniário não possui natureza remuneratória; **C:** opção incorreta, pois nos termos do art. 9º, XIX, da Instrução Normativa 84/2010 da Secretaria de Inspeção do Trabalho a parcela in natura recebida de acordo com o Programa de Alimentação do Trabalhador – PAT, instituído pela Lei nº 6.321/76 não possui natureza remuneratória. **D:** opção incorreta, pois nos termos do art. 9º, XXIX, da Instrução Normativa 84/2010 da Secretaria de Inspeção do Trabalho o valor correspondente a vestuários não possui natureza remuneratória; **E:** opção incorreta, pois nos termos do art. 9º, XV, da Instrução Normativa 84/2010 da Secretaria de Inspeção do Trabalho as diárias para viagem não excedam a 50% (cinquenta por cento) da remuneração mensal percebida pelo empregado não possui natureza remuneratória.

Gabarito "A"

(ADVOGADO – BNB – 2006 – ACEP) Quanto ao FGTS, assinale a alternativa **CORRETA**.

(A) É sempre devido ao empregado doméstico.

(B) As contas vinculadas em nome dos trabalhadores são absolutamente impenhoráveis.

(C) O FGTS será regido por normas e diretrizes estabelecidas por um Conselho Curador, composto por representação somente de empregados e empregadores.

(D) A gestão da aplicação do FGTS será efetuada pelo Ministério da Previdência Social.

(E) Os contratos de aprendizagem têm alíquota de FGTS de 4%.

A: opção incorreta, pois para o empregado doméstico o FGTS é uma faculdade do empregador, nos termos do art. 15, § 3º, da Lei 8.036/1990;. **B:** opção correta, pois reflete o disposto no art. 2º, § 2º, da Lei 8.036/1990; **C:** opção incorreta, pois o FGTS é regido pela Lei 8.036/1990; **D:** opção incorreta, pois nos termos do art. 4º da Lei 8.036/1990 a gestão da aplicação do FGTS será efetuada pelo Ministério da Ação Social, cabendo à Caixa Econômica Federal (CEF) o papel de agente operador; **E:** opção incorreta, pois nos termos do art. 15, § 7º, da Lei 8.036/1990 a alíquota será de 2% (dois por cento).

Gabarito "B"

(ADVOGADO – CEF – 2006 – CESPE) Acerca do FGTS, julgue o item abaixo.

(1) As universidades particulares filantrópicas devem efetuar depósitos relativos ao FGTS no valor correspondente a 8% da remuneração paga ou devida a cada trabalhador. Esses depósitos devem ser feitos até o dia 7 de cada mês, em conta bancária vinculada. São indevidos, contudo, os depósitos relativos ao FGTS nos casos em que o trabalhador estiver licenciado por acidente de trabalho.

Opção incorreta, pois o depósito em debate é obrigatório na licença por acidente do trabalho, assim como nos casos de afastamento para prestação do serviço militar obrigatório, em conformidade com o art. 15, § 5º, da Lei 8.036/1990.

Gabarito "1E"

(ADVOGADO – CEF – 2006 – CESPE) Cada um dos itens a seguir apresenta uma situação hipotética, seguida de uma assertiva a ser julgada com base no Direito do Trabalho e Processual do Trabalho.

(1) Antônio é empregado da CAIXA e exerce a função de técnico bancário. Nessa situação, em virtude de a CAIXA ser considerada instituição financeira, Antônio não está submetido às normas especiais de condições de trabalho dos bancários.

(2) Felipe trabalha para a pessoa jurídica Alfa, desde janeiro de 2004. Durante o período aquisitivo de férias, Felipe, injustificadamente, faltou ao serviço 4 vezes. Nessa situação, Felipe terá direito a 26 dias de férias apenas.

(3) Pedro, empregado da CAIXA, ocupava inicialmente o cargo de técnico bancário e recebia salário de R$ 1.200,00. Após dois anos nessa função, Pedro foi nomeado para a função de gerente de conta, passando a receber gratificação equivalente a 50% do salário de seu cargo efetivo. Nessa situação, Pedro não terá direito ao recebimento de adicional de horas extraordinárias, salvo se sua jornada for suplementada em mais de 2 horas.

(4) João teve seu contrato individual de trabalho, que mantinha com a pessoa jurídica Beta, rescindido em 15 de março de 2006. A remuneração de João era de R$ 2.000,00. No ato da homologação do termo de rescisão do contrato de trabalho, realizado perante o sindicato da categoria, foi feita compensação de débitos trabalhistas de João para com a Beta no valor de R$ 3.450,00. Nessa situação, a referida compensação deve ser considerada nula.

(5) Henrique, empregado da pessoa jurídica Gama, recebeu antecipadamente os salários correspondentes ao período do aviso-prévio. Nesse caso, o empregador de Henrique não está obrigado a recolher a contribuição para o FGTS incidente sobre o pagamento do aviso-prévio devido.

(6) Em 17 de fevereiro de 2006, Adalberto ajuizou reclamação trabalhista em desfavor de sua antiga empregadora, a CAIXA, e deu à causa o valor de R$ 5.000,00. Nessa situação, a reclamação trabalhista aforada não deve ser submetida ao procedimento sumaríssimo.

(7) Determinado Tribunal Regional do Trabalho, ao julgar dissídio coletivo instaurado entre o sindicato de certa categoria profissional e a pessoa jurídica Ômega, estabeleceu novas condições de trabalho e estendeu a eficácia dessa decisão, de ofício, a todos os empregados da mesma categoria profissional, compreendidos em sua jurisdição. Nessa situação, para que a extensão da decisão seja plenamente eficaz, é necessária a concordância de 3/4 dos empregados e de 3/4 dos empregadores abrangidos pela respectiva decisão, ou dos respectivos sindicatos que representem toda a referida categoria profissional.

1: Opção incorreta, pois as condições serão aplicadas aos empregados da Caixa Econômica Federal. Veja art. 224 da CLT; **2:** Opção incorreta, pois Felipe terá 30 (dias) dias de férias, pois faltou apenas 4 vezes no serviço. Nos termos do art. 130 da CLT o empregado começa a sofrer descontos nos dias de férias a partir da 6ª falta injustificada; **3:** Opção correta, pois Pedro se enquadra como bancário que exerce de cargo de confiança, nos termos do art. 224, § 2º, da CLT, possuindo, portanto, jornada de 8 horas por dia. Assim, se ultrapassada a citada jornada de trabalho fará jus ao pagamento de horas extraordinárias, em conformidade com o entendimento contido na Súmula 102, item IV, do TST; Danielle Opção correta. Deverá ser considerada nula na medida em que nos termos do art. 477, § 5º, da CLT a compensação poderá ser feita observado o limite de um mês da remuneração do empregado, que no caso em tela correspondia a R$ 2.000,00; **5:** Opção incorreta, pois nos termos da Súmula 305 do TST o pagamento relativo ao período de aviso-prévio, trabalhado ou não, está sujeito a contribuição para o FGTS; Danielle Opção incorreta, pois a demanda poderá tramitar pelo procedimento sumaríssimo em razão do valor inferior a 40 salários mínimos. Vale dizer que a Caixa Econômica Federal é uma empresa pública, portanto, faz parte da administração pública indireta, o que não afasta a possibilidade da ação tramitar pelo rito sumaríssimo. Veja art. 852-A e seu parágrafo único, da CLT; **7:** Opção correta, pois reflete o entendimento disposto no art. 870 da CLT.

Gabarito 1E, 2E, 3C, 4C, 5E, 6E, 7C

8. Direito Processual do Trabalho

Hermes Cramacon

1. PRINCÍPIOS, ORGANIZAÇÃO DA JUSTIÇA DO TRABALHO, COMPETÊNCIA E NULIDADES PROCESSUAIS

(Procurador do Estado/BA – 2014 – CESPE) Em relação ao direito processual do trabalho, julgue o seguinte item.

(1) No processo trabalhista, a contradita consiste na denúncia, pela parte interessada, dos motivos que impedem ou tornam suspeito o depoimento da testemunha, e o momento processual oportuno de a parte oferecer a contradita da testemunha ocorre logo após a qualificação desta, antes de o depoente ser compromissado.

1. Opção correta, pois a contradita deve ser levantada após a qualificação da testemunha, podendo ser arguida até o momento imediatamente anterior ao início do depoimento. Iniciado este, estará preclusa a faculdade de contraditar a testemunha.

Gabarito 1C

(Procurador Federal – 2013 – CESPE) Em relação ao direito processual do trabalho, julgue o seguinte item.

(1) Perante o TST cabe recurso sob a forma de embargos de nulidade, por violação de lei federal ou da CF.

1. Opção incorreta, pois com a edição da Lei 11.496/2007 que modificou a redação do art. 894 da CLT deixou de existir os embargos de nulidade, por violação de lei federal ou da Constituição Federal.

Gabarito 1E

(Procurador Federal – 2013 – CESPE) Julgue o seguinte item.

(1) Compete à justiça comum, e não à justiça do trabalho, a execução da contribuição referente ao seguro de acidente de trabalho, pois este não tem natureza de contribuição para a seguridade social.

1. Opção incorreta, pois nos termos do art. 114, VIII, da CF é competência material da Justiça do Trabalho a execução, de ofício, das contribuições sociais previstas no art. 195, I, *a*, e II, e seus acréscimos legais, decorrentes das sentenças que proferir.

Gabarito 1E

(Procurador Federal – 2013 – CESPE) Julgue o seguinte item.

(1) Segundo entendimento do TST, a justiça do trabalho não pode executar, de ofício, contribuições previdenciárias fixadas na comissão de conciliação prévia, já que o termo lavrado na conciliação é título executivo extrajudicial.

1: Opção incorreta, pois nos termos do art. 114, VIII e IX, da CF e art. 876 da CLT está inserida na competência material da Justiça do Trabalho a execução do termo lavrado na comissão de conciliação prévia. Veja no TST decisão no processo RR-40600-80.2009.5.09.0096.

Gabarito 1E

(Procurador do Estado/AC – FMP – 2012) A Emenda Constitucional 45 de 2004 ampliou a competência da Justiça do Trabalho, dando nova redação ao artigo 114 da Constituição Federal. Com isso, e também com base na CLT, pode-se afirmar que:

(A) a Justiça do Trabalho tem competência para julgar ações que envolvem as relações de emprego e também as relações de trabalho, inclusive quando este trabalho (prestação do serviço) é prestado por uma pessoa jurídica.

(B) a Justiça do Trabalho tem competência para julgar ações que envolvem acidente do trabalho, até mesmo quando se trata de ação acidentária, ou seja, para obtenção de auxílio-doença acidentário, quando este eventualmente for negado pelo INSS.

(C) a Justiça do Trabalho é competente para executar, inclusive de ofício, as contribuições sociais previstas no artigo 195, I, *a*, e II, da Constituição Federal, além de seus acréscimos legais, decorrentes das sentenças que proferir.

(D) a Justiça do Trabalho não tem competência para julgar ações que envolvem o trabalhador avulso.

A: opção incorreta, pois as relações de prestação de serviços são amparadas pelo Direito Civil e, portanto, não são de competência da Justiça do Trabalho. Tratando-se de relação em que o contratado é prestador de serviços ao público em geral, isto é, o tomador do serviço um número indeterminado de pessoas – mercado de consumo, tal relação não é de trabalho, mas sim relação de consumo, cuja competência é da Justiça comum; **B:** opção incorreta, pois as ações acidentárias são de competência da Justiça comum estadual, nos termos do art. 109, I, da CF; **C:** opção correta, pois reflete o disposto no art. 114, VIII, da CF; **D:** opção incorreta, pois de acordo com o inciso I do art. 114 da CF, de acordo com a redação dada pela EC 45/2004 a justiça do trabalho é competente para julgar todas as ações decorrentes da relação de trabalho.

Gabarito "C"

(PROCURADOR DO ESTADO/MG – FUMARC – 2012) Assinale a alternativa **INCORRETA:**

(A) Segundo entendimento do Supremo Tribunal Federal compete à Justiça do Trabalho processar e julgar as demandas que tenham por objeto dissídio envolvendo servidor público contratado, pela Administração Pública direta, por tempo determinado para atender a necessidade temporária de excepcional interesse público.

(B) Compete à Justiça do Trabalho processar e julgar as ações relativas às penalidades administrativas impostas aos empregadores pelos órgãos de fiscalização das relações de trabalho.

(C) Compete à Justiça do Trabalho processar e julgar as ações sobre representação sindical, entre sindicatos, entre sindicatos e trabalhadores, e entre sindicatos e empregadores.

(D) A Justiça do Trabalho é competente para processar e julgar ação possessória ajuizada em decorrência do exercício do direito de greve pelos trabalhadores da iniciativa privada.

(E) A Justiça do trabalho é competente para processar e julgar as ações de indenização por danos morais e patrimoniais decorrentes de acidente do trabalho propostas por empregado contra empregador, inclusive aquelas que ainda não possuíam sentença de mérito em primeiro grau quando da promulgação da Emenda Constitucional número 45/2004.

A: opção incorreta, pois com o julgamento da ADI 3395-6 o STF firmou entendimento suspendendo qualquer interpretação ao art. 114 da CF/1988 que incluísse na competência da Justiça do Trabalho a apreciação de causas instauradas entre o Poder Público e seus servidores, tendo por base o vínculo de ordem estatutária ou jurídico-administrativo. A competência é, portanto, da justiça comum; **B:** opção correta, pois reflete o disposto no art. 114, VII, da CF; **C:** opção correta, pois reflete o disposto no art. 114, III, da CF; **D:** opção correta, pois reflete o disposto na Súmula Vinculante 23 do STF; **E:** opção correta, pois reflete o disposto na Súmula Vinculante 22 do STF.

Gabarito "A"

(Procurador do Estado/MG – 2007) Na demanda trabalhista proposta por empregada doméstica, a competência é definida

(A) pelo local da sede do empregador.

(B) pelo local em que ocorrida a contratação.

(C) pela vontade do Reclamante.

(D) pela localidade onde o empregado prestar serviços ao empregador.

D: opção correta, pois ainda que empregada doméstica, a competência para distribuição de uma reclamação trabalhista é determinada pela localidade da última prestação de serviço pelo obreiro, ainda que tenha sido contratado em outro local, termos do art. 651 da CLT.

Gabarito "D"

(Procurador do Estado/MT – FCC – 2011) É INCORRETO afirmar que

(A) os atos processuais serão públicos, salvo quando o contrário determinar o interesse social, e realizar-se-ão nos dias úteis das 6 às 20 horas.

(B) as nulidades não serão declaradas senão mediante provocação das partes, as quais deverão ser arguidas somente em razões recursais.

(C) nos processos sujeitos à apreciação da Justiça do Trabalho só haverá nulidade quando resultar dos atos inquinados manifesto prejuízo às partes litigantes.

(D) a reclamação trabalhista do menor de 18 anos será feita por seus representantes legais e, na falta destes, pela Procuradoria da Justiça do Trabalho, pelo sindicato, pelo Ministério Público estadual ou curador nomeado em juízo.

(E) na Justiça do Trabalho, o não comparecimento do reclamante à audiência inicial importa o arquivamento da reclamação, e o não comparecimento do reclamado importa em revelia, além de confissão, quanto à matéria de fato.

A: opção correta, pois reflete o disposto no art. 770 da CLT; **B:** opção incorreta, pois nos termos do art. 795 da CLT as partes deverão arguir as nulidades à primeira vez em que tiverem de falar em audiência ou nos autos; **C:** opção correta, pois reflete o disposto no art. 794 da CLT; **D:** opção correta, pois reflete o disposto no art. 793 da CLT; **E:** opção correta, pois reflete o disposto no art. 844 da CLT.

Gabarito "B"

(Procurador do Estado/MT – FCC – 2011) Em relação à competência territorial da Justiça do Trabalho, é correto afirmar:

(A) A competência é determinada pela localidade onde o empregado prestar serviços ou pela cláusula do foro de eleição.

(B) Quando for parte de dissídio agente ou viajante comercial, a competência será da Vara do Trabalho da localidade em que a empresa tenha sede.

(C) Quando for parte de dissídio trabalhador avulso, a competência será da Vara do Trabalho da localidade em que a empresa tenha agência ou filial e a esta o empregado esteja subordinado e, na falta, será competente a Junta da localização em que o empregado tenha domicílio ou a localidade mais próxima.

(D) A competência das Varas do Trabalho estende-se aos dissídios ocorridos em agência ou filial no estrangeiro, desde que o empregado seja brasileiro e não haja convenção internacional dispondo em contrário.

(E) Em se tratando de empregador que promova realização de atividades fora do lugar do contrato de trabalho, é assegurado ao empregado apresentar reclamação no foro da extinção do contrato de trabalho.

A: opção incorreta, pois o art. 651 da CLT traz a regra de competência da Justiça do Trabalho, atribuindo como competente o local da última prestação de serviços pelo obreiro. A regra de foro de eleição disposta no art. 111 do CPC não é aplicável ao processo do trabalho, dada a incompatibilidade do instituto; **B:** opção incorreta, pois nos termos do art. 651, § 1º, da CLT a competência será da localidade em que a empresa tenha agência ou filial e a esta o empregado esteja subordinado e, na falta, será competente a localidade em que o empregado tenha domicílio ou a localidade mais próxima; **C:** opção incorreta, pois deverá seguir a regra do art. 651 da CLT; **D:** opção correta, pois reflete o disposto no art. 651, § 2º, da CLT; **E:** opção incorreta, pois nesse caso é assegurado ao empregado apresentar reclamação no foro da celebração do contrato ou no da prestação dos respectivos serviços, nos termos do art. 651, § 3º, da CLT.

Gabarito "D"

(Procurador do Estado/MT – FCC – 2011) Sobre a atuação da Fazenda Pública na Justiça do Trabalho, é correto afirmar:

(A) Em dissídio individual, está sujeita ao duplo grau de jurisdição, mesmo na vigência da CF/1988, decisão contrária e favorável à Fazenda Pública, salvo: quando a decisão estiver em consonância com decisão plenária do Supremo Tribunal Federal ou com súmula ou orientação jurisprudencial do Tribunal Superior do Trabalho.

(B) Quando envolver ato do Prefeito ou Governador de Estado relacionado à extinção do contrato de trabalho, a ação trabalhista é de competência originária do TRT.

(C) Os Estados, o Distrito Federal e os Municípios pagarão custas processuais ao final da execução.

(D) Os Estados e os Municípios têm legitimidade para recorrer em nome das autarquias ainda que detentoras de personalidade jurídica própria.

(E) A União, Estados, Municípios e Distrito Federal, suas autarquias e fundações públicas, quando representadas em juízo, ativa e passivamente, por seus procuradores, estão dispensadas da juntada de instrumento de mandato.

A: opção incorreta, pois somente as decisões contrárias à Fazenda Pública. Veja Súmula 303 do TST. **B:** opção incorreta, pois a reclamação trabalhista baseada no art. 486 da CLT – *factum principis* – será processada na vara do Trabalho; **C:** opção incorreta, pois nos termos do art. 790-A, I, da CLT são isentas do pagamento; **D:** opção incorreta, pois não possuem legitimidade, devendo ser representadas pelos procuradores que fazem parte de seus quadros ou por advogados constituídos, nos termos da OJ 318 da SDI 1 do TST.

Gabarito "E"

(Procurador do Estado/PA – 2011) Quanto aos verbetes de súmula vinculante da jurisprudência do Supremo Tribunal Federal, aplicável à matéria processual e substancial do trabalho voltado à Administração Pública direta e/ou indireta, analise as proposições abaixo e assinale a alternativa CORRETA:

I. Salvo nos casos previstos na constituição, o salário mínimo não pode ser usado como indexador de base de cálculo de vantagem de servidor público ou de empregado, nem ser substituído por decisão judicial.

II. Viola a cláusula constitucional de reserva de plenário a decisão de órgão fracionário de tribunal que, embora não declare expressamente a inconstitucionalidade de lei ou ato normativo do poder público, afasta sua incidência, no todo ou em parte.

III. Nomeação de cônjuge, companheiro ou parente em linha reta, colateral ou por afinidade, até o terceiro grau, inclusive, da autoridade nomeante ou de servidor da mesma pessoa jurídica investido em cargo de direção, chefia ou assessoramento, para o exercício de cargo em comissão ou de confiança ou, ainda, de função gratificada na administração pública direta e indireta em qualquer dos poderes da União, dos Estados, do Distrito Federal e dos Municípios, compreendido o ajuste mediante designações recíprocas, viola a Constituição Federal.

IV. A Justiça do Trabalho é competente para processar e julgar as ações de indenização por danos morais e patrimoniais decorrentes de acidente de trabalho propostas por empregado contra empregador, inclusive aquelas que ainda não possuíam sentença de mérito em primeiro grau quando da promulgação da Emenda Constitucional nº 45/2004.

V. A Justiça do Trabalho é competente para processar e julgar ação possessória ajuizada em decorrência do exercício do direito de greve pelos trabalhadores da iniciativa privada.

(A) Apenas as proposições I e III estão corretas.

(B) Apenas a proposição III está correta.

(C) Apenas as proposições I, III e IV estão corretas.

(D) Todas as proposições estão corretas.

(E) Apenas as proposições I, II e V estão corretas.

I: opção correta, pois reflete a disposição da Súmula Vinculante 4 do STF; **II:** opção correta, pois reflete a disposição da Súmula Vinculante 10 do STF; **III:** opção correta, pois reflete a disposição da Súmula Vinculante 13 do STF; **IV:** opção correta, pois reflete a disposição da Súmula Vinculante 22 do STF. **V:** opção correta, pois reflete a disposição da Súmula Vinculante 23 do STF.

Gabarito "D"

(Procurador do Município/Manaus-AM – 2006 – FCC) Considere as seguintes assertivas a respeito da nulidade nos processos trabalhistas, segundo a Consolidação das Leis do Trabalho:

I. Nos processos sujeitos à apreciação da Justiça do Trabalho só haverá nulidade quando resultar dos atos inquinados manifesto prejuízo às partes litigantes.

II. As nulidades serão declaradas independentemente de provocação das partes, exceto a nulidade fundada em incompetência de foro.

III. A nulidade não será pronunciada quando for possível suprir-se a falta ou repetir-se o ato, ou quando arguida por quem lhe tiver dado causa.

IV. A nulidade do ato não prejudicará senão os posteriores que dele dependam ou sejam consequência.

Está correto o que se afirma APENAS em

(A) I e II.

(B) II e III.

(C) III e IV.

(D) I, II e III.

(E) I, III e IV.

I: opção correta, pois reflete o disposto no art. 794 da CLT; II: opção incorreta, pois nos termos do art. 795 da CLT deve haver provocação da parte, salvo a fundada em "incompetência de foro" que deve ser interpretada como "incompetência material", portanto, absoluta, podendo ser conhecida *ex officio* pelo magistrado; III: opção correta, pois reflete o disposto no art. 796 da CLT; IV: opção correta, pois reflete o disposto no art. 798 da CLT.

Gabarito "E"

(Procurador do Município/Natal-RN – 2008 – CESPE) A respeito da comissão de conciliação prévia, assinale a opção correta.

(A) O prazo prescricional para propor ação trabalhista é suspenso a partir da provocação da comissão em pauta.

(B) O prazo para realizar a sessão de tentativa de conciliação é de cinco dias, a contar da provocação do interessado.

(C) A comissão de conciliação mencionada é composta unicamente por representantes dos empregados.

(D) O mandato dos membros da comissão em apreço é de dois anos, não sendo permitida recondução.

A: opção correta, pois reflete o disposto no art. 625-G da CLT; **B:** opção incorreta, pois nos termos do art. 625-F o prazo é de 10 (dez) dias; **C:** opção incorreta, pois nos termos do art. 625-B, inciso I, da CLT a metade de seus membros será indicada pelo empregador e outra metade eleita pelos empregados, em escrutínio secreto, fiscalizado pelo sindicato de categoria profissional; **D:** opção incorreta, pois nos termos do art. 625-B, inciso III, da CLT o mandato dos seus membros, titulares e suplentes, é de um ano, sendo permitida uma recondução.

Gabarito "A"

(Procurador do Município/Natal-RN – 2008 – CESPE) Quanto às condições de validade do mandato e do substabelecimento conferidos ao advogado, assinale a opção correta segundo entendimento do TST.

(A) A partir da lavratura de instrumento público e, portanto, antes de este ser juntado aos autos, entende-se como ocorrida a revogação dos poderes outorgados ao advogado em mandato anterior.

(B) A nova procuração, outorgada por uma das partes e juntada aos autos pela outra, implica revogação tácita do mandato anterior, pois demonstra a pretensão do outorgante em mudar a representação quanto ao advogado antes constituído.

(C) O substabelecimento de poderes, quando não houve, no mandato antes outorgado, autorização expressa para substabelecer, torna inválidos os atos praticados pelo advogado que sucede na causa.

(D) A juntada de nova procuração, outorgada pela parte e por ela juntada aos autos, sem ressalva quanto aos poderes conferidos ao antigo patrono, implica revogação tácita do mandato anterior.

A: opção incorreta, pois a revogação se dá com a juntada da procuração nos autos e não a contar da sua outorga. Veja OJ 349 da SDI 1 do TST; **B:** opção incorreta, pois a procuração deve ser juntada pela parte e não pela outra parte; **C:** opção incorreta, pois os atos serão considerados válidos, nos termos da Súmula 395, III, do TST; **D:** opção correta, pois reflete o disposto na OJ 349 da SDI 1 do TST.

Gabarito "D"

(Procurador do Município/Recife-PE – 2008 – FCC) Com relação as custas na Justiça do Trabalho, é correto afirmar:

(A) No processo de execução as custas são devidas pelo executado, mas serão adiantadas pelo exequente que posteriormente será reembolsado.

(B) Nos dissídios individuais as custas relativas ao processo de conhecimento incidirão à base de 1%, observado o mínimo legal previsto na legislação competente.

(C) Em regra, no caso de procedência do pedido formulado em ação constitutiva, o valor das custas será calculado sobre o valor da condenação.

(D) Sempre que houver acordo, se de outra forma não for convencionado, o pagamento das custas caberá a parte reclamada.

(E) Tratando-se de empregado que não tenha obtido o benefício da justiça gratuita, o sindicato que houver intervindo no processo responderá solidariamente pelo pagamento das custas devidas.

A: opção incorreta, pois nos termos do art. 789-A da CLT no processo de execução são devidas custas, sempre de responsabilidade do executado e pagas ao final; **B:** opção incorreta, pois nos termos do art. 789 da CLT as custas serão no importe de 2%; **C:** opção incorreta, pois nos termos do art. 789, III, da CLT será calculado sobre o valor da causa; **D:** opção incorreta, pois nos termos do art. 789, § 3º, da CLT o pagamento das custas caberá em partes iguais aos litigantes; **E:** opção correta, pois reflete o disposto no art. 790, § 1º, da CLT.

Gabarito "E"

(Procurador do Município/Recife-PE – 2008 – FCC) De acordo com a Consolidação das Leis do Trabalho, a reclamação trabalhista do menor de 18 anos será feita por seus representantes legais e, na falta destes, pelo sindicato, pelo

(A) Ministério Público Estadual, pela Procuradoria da Justiça do Trabalho, ou curador nomeado em juízo.

(B) Ministério Público Federal, pela Advocacia Geral da União, pela Procuradoria da Justiça do Trabalho ou curador nomeado em juízo.

(C) Ministério Público Federal e pelo Ministério Público Estadual ou curador nomeado em juízo.

(D) Ministério Público Federal, pela Procuradoria da Justiça do Trabalho, pela Procuradoria da Infância e da Juventude ou curador nomeado em juízo.

(E) Ministério Público Estadual, pela Advocacia Geral da União ou curador nomeado em juízo.

A: opção correta, pois nos termos do art. 793 da CLT a reclamação trabalhista do menor de 18 anos será feita por seus representantes legais e, na falta destes, pela Procuradoria da Justiça do Trabalho, pelo sindicato, pelo Ministério Público estadual ou curador nomeado em juízo.

Gabarito "A"

(Procurador do Município/Sorocaba-SP – 2012 – VUNESP) Em relação à Fazenda Pública e seus privilégios, assinale a alternativa correta.

(A) As entidades sindicais têm direito aos mesmos privilégios processuais assegurados à Fazenda Pública, quando da cobrança da dívida ativa, para promover a cobrança judicial de todas as contribuições em seu favor.

(B) Os trabalhadores têm direito aos mesmos privilégios processuais assegurados à Fazenda Pública em relação à execução, na medida em que a lei subsidiária do processo do trabalho na fase de execução é a dos executivos fiscais.

(C) A Fazenda Pública não tem privilégios, mas prerrogativas processuais que defendem o erário, como o prazo em quádruplo para contestar e em dobro para recorrer, citação pessoal, duplo grau obrigatório, precatório, entre outros dispositivos legais.

(D) A instituição de benefícios exclusivos e distintivos dos demais partícipes do processo em favor da Fazenda Pública representa um atentado ao princípio constitucional da igualdade de trato e do subprincípio da paridade de armas que compõe as garantias do contraditório e do devido processo legal

(E) A Fazenda Pública municipal, quando empregadora sob o regime da CLT, equipara-se ao empregador comum e não goza nenhum privilégio ou prerrogativa processuais, em atenção ao princípio constitucional da isonomia de tratamento.

A: opção incorreta, pois nos termos do art. 606, § 2º, da CLT para a cobrança judicial do imposto sindical, são extensivos às entidades sindicais, com exceção do foro especial, os privilégios da Fazenda Pública; **B:** opção incorreta, pois embora seja aplicada a lei de execução fiscal para todas as ações em execução, os trabalhadores não terão os benefícios da Fazenda Pública; **C:** opção correta. Veja Decreto 779/1969; art. 100 CF; art. 99 do CPC; **D:** opção incorreta, pois o Direito Administrativo estabelece como um dos princípios norteadores da Administração Pública o "princípio da supremacia do interesse público sobre o interesse privado", que visa o equilíbrio das relações; **E:** opção incorreta, pois são garantidas todas as prerrogativas.

Gabarito "C"

(Advogado da União/AGU – CESPE – 2012) Julgue os itens que se seguem, relativos à organização e competência da justiça do trabalho e ao processo do trabalho.

(1) Compete aos tribunais do trabalho processar e julgar os dissídios coletivos de greve, com exceção dos que envolvam servidores públicos estatutários; para processar e julgar esses dissídios, a competência será, conforme o caso, do STJ, de tribunal regional federal ou de tribunal de justiça.

(2) Compete ao TRT processar e julgar a ação rescisória de decisão proferida pelo próprio TRT, devendo-se seguir o rito procedimental previsto no processo civil, exceto quanto ao depósito prévio, que, no processo do trabalho, é de 15% sobre o valor dado à causa.

(3) As execuções fiscais decorrentes de multas aplicadas pela fiscalização do trabalho devem ser propostas pela União (fazenda nacional) perante vara do trabalho, sendo interponível contra as decisões proferidas pelo juiz do trabalho o recurso ordinário, por equiparável às apelações previstas na Lei de Execução Fiscal (Lei nº 6.830/1980).

(4) São órgãos da justiça do trabalho: o TST, os tribunais regionais do trabalho, os juízes do trabalho e os juizados especiais trabalhistas.

1: opção correta, pois nos termos do art. 114, II, CF e julgamento da ADI 3395-6 a competência da Justiça do Trabalho para julgar dissídios de greve está restrita aos trabalhadores celetistas. Os dissídios de greve dos servidores estatutários serão apreciados pela Justiça Comum. 2: opção incorreta, pois no processo do trabalho, nos termos do art. 836 da CLT o depósito prévio é de 20% do valor da causa; 3: opção incorreta, pois o recurso cabível é o agravo de petição, nos termos do art. 897, a, da CLT; 4: opção incorreta, pois de acordo com o art. 111 da CF são órgãos da Justiça do Trabalho: o Tribunal Superior do Trabalho, os Tribunais Regionais do Trabalho, os Juízes do Trabalho.

Gabarito 1C, 2E, 3E, 4E

(Procurador da Fazenda Nacional – 2006 – ESAF) Sobre a renúncia e a transação no direito do trabalho, assinale a opção incorreta.

(A) São irrenunciáveis os direitos trabalhistas atribuídos aos empregados por normas protetivas de ordem pública, sendo nulos de pleno direito os atos praticados com o objetivo de desvirtuar, impedir ou fraudar a aplicação dos preceitos contidos na CLT.

(B) São renunciáveis os direitos trabalhistas livremente pactuados pelas partes no contrato de trabalho, desde que demonstrado o livre consentimento.

(C) São transacionáveis os direitos trabalhistas previstos tanto em normas dispositivas quanto nas cogentes, desde que configurada a *res dubia* e, em relação aos direitos trabalhistas atribuídos aos empregados por normas protetivas de ordem pública, o caráter patrimonial.

(D) A transação extrajudicial celebrada perante as Comissões de Conciliação Prévia tem, nos termos da lei, eficácia liberatória geral dos direitos decorrentes do contrato de trabalho, exceto quanto às parcelas expressamente ressalvadas, valendo o termo de conciliação como título executivo.

(E) A transação judicial tem eficácia liberatória nos limites da homologação, valendo o termo de conciliação como decisão irrecorrível, salvo para a Previdência Social, quanto às contribuições que lhe forem devidas.

A: opção correta, pois vigora no Direito do Trabalho o princípio da irrenunciabilidade sendo permitidas a renúncia e a transação desde que não haja proibição legal. Havendo desrespeito às ordens, nos termos do art. 9º da CLT os atos serão declarados nulos; **B:** opção correta, pois os direitos pactuados em contrato podem ser renunciados; **C:** opção incorreta, podem ser transacionados desde que não haja proibição legal; prejuízo para o trabalhador, em conformidade com o art. 468 da CLT e vício de consentimento, arts. 138 a 165 do Código Civil; **D:** opção correta, pois reflete o disposto no art. 625-E, parágrafo único, da CLT; **E:** opção correta, pois reflete o disposto no art. 831, parágrafo único, da CLT.

Gabarito "B"

(Procurador da Fazenda Nacional – 2006 – ESAF) A Justiça do Trabalho é competente para processar e julgar:

(A) as ações oriundas da relação de emprego, abrangidos os entes de Direito Público externo e da Administração direta e indireta da União, dos Estados, do Distrito Federal e dos Municípios, e outras controvérsias decorrentes da relação de trabalho, na forma da lei.

(B) as ações relativas às penalidades administrativas impostas pelos órgãos de fiscalização das relações de trabalho, salvo quando inscritas em dívida ativa, sendo da Justiça Federal a competência para a execução fiscal das mesmas.

(C) a execução, de ofício, das contribuições sociais previstas no artigo 195, I, "a" e II, e seus acréscimos legais, decorrentes das sentenças que proferir, inclusive as devidas no curso da relação de emprego reconhecido em juízo.

(D) as ações de indenização por dano moral ou patrimonial decorrentes da relação de trabalho, salvo quando o dano tiver origem em acidente de trabalho, sendo da Justiça Estadual a competência nessa hipótese.

(E) os conflitos de competência entre quaisquer órgãos com jurisdição trabalhista.

A: opção incorreta, pois nos termos do inciso I do art. 114 da CF a Justiça do Trabalho é competente para processar e julgar as ações oriundas da relação de trabalho; **B:** opção incorreta, pois nos termos do art. 114, VII, da CF a competência será da Justiça do Trabalho; **C:** opção correta, pois reflete o disposto no art. 114, VIII, da CF; **D:** opção incorreta, pois sendo o dano decorrente da relação de trabalho, como é o caso de acidente do trabalho, a ação será de competência da Justiça do Trabalho. Essas ações não podem ser confundidas com as ações acidentárias cuja competência é da justiça comum; **E:** opção incorreta, pois nos termos do art. 114, V, da CF não são de competência da Justiça do Trabalho os conflitos de competência entre o STJ e quaisquer tribunais, entre Tribunais Superiores, ou entre estes e qualquer outro tribunal.

Gabarito "C"

(Procurador do Estado/RO – 2011 – FCC) Compete à Justiça do Trabalho processar e julgar, EXCETO:

(A) as ações possessórias que decorram do exercício do direito de greve.

(B) as ações indenizatórias decorrentes de acidente do trabalho que decorram da relação de trabalho contra o empregador e/ou Instituto Nacional do Seguro Social (INSS).

(C) os dissídios resultantes de contratos de empreitadas em que o empreiteiro seja operário ou artífice.

(D) as ações sobre representação sindical, entre sindicatos, entre sindicatos e trabalhadores, e entre sindicatos e empregadores.

(E) as ações relativas às penalidades administrativas impostas aos empregadores pelos órgãos de fiscalização das relações de trabalho.

A: opção correta, pois nos termos do art. 114, II, da CF, compete à Justiça do Trabalho julgar as ações que envolvam o exercício do direito de greve; **B:** opção incorreta, pois embora as ações contra o empregador sejam de competência da Justiça do Trabalho, art. 114, VI, CF, as ações do empregado contra o INSS serão processadas e julgadas pela justiça federal, nos termos do art. 109, I, da CF ou na justiça estadual se na comarca não existir vara federal (art. 109, § 3º; da CF); **C:** Opção correta, pois reflete o disposto no art. 652, III, CLT. Esta empreitada deve ser entendida como uma obra de pequeno vulto econômico, não podendo ser confundida com a empreitada disposta nos arts. 610 a 626 do CC, cuja competência seria da justiça comum; **D:** Opção correta, pois reflete o disposto no art. 114, III, da CF; **E:** Opção correta, pois reflete o disposto no art. 114, VII, da CF.

Gabarito "B"

(Procurador do Estado/SC – 2009) Em relação ao acesso à Justiça do Trabalho, é incorreto afirmar que:

(A) Em relação à reclamada, a lei não permite isenção de custas processuais às sociedades empresárias.

(B) O trabalhador que estiver desempregado, afirmando estado de miserabilidade, pode estar isento de custas processuais.

(C) Em nenhum caso as partes serão admitidas em juízo sem a representação de advogado, pois o artigo 133 da Constituição da República de 1988, revogou expressamente o "jus postulandi".

(D) A petição de recurso ordinário, bem como toda postulação em segunda instância e no Tribunal Superior do Trabalho, deverá estar subscrita por advogado.

(E) Na Justiça do Trabalho, a assistência judiciária, prestada pelo sindicato representante da categoria a que pertence o trabalhador necessitado, enseja o direito à percepção de honorários advocatícios como sucumbência.

A: correta, pois, de fato, não há previsão de isenção de custas processuais às sociedades empresárias e os Tribunais Superiores já firmaram entendimento no sentido de que apenas aos empresários individuais que se enquadrarem nas exigências da Lei é que a isenção de custas poderá ser deferida; **B:** correta, a assertiva está de acordo com os termos do art. 14, § 1º, da Lei 5.584/1970; **C:** incorreta, pois, segundo Renato Saraiva: "uma corrente minoritária defendia que, após a Constituição Federal de 1988, em função de o art. 133 estabelecer que o advogado é indispensável à administração da justiça, o art. 791 da CLT não mais estaria em vigor, em face da incompatibilidade com o texto constitucional mencionado. (...) Os tribunais trabalhistas, contudo, em sua maioria, firmaram jurisprudência no sentido de que o art. 791 da CLT está em vigor, permanecendo o *jus postulandi* da parte na Justiça do Trabalho, mesmo após a promulgação da Constituição Federal de 1988. Tal jurisprudência restou confirmada com o julgamento da ADI 1.127, proposta pela Associação dos Magistrados do Brasil – AMB, na qual o Supremo Tribunal Federal declarou inconstitucional a expressão "qualquer", constante do art. 1º, I, da Lei 8.906/1994 (Estatuto da OAB), prevalecendo o entendimento de que é possível a parte postular sem a presença do advogado em algumas hipóteses" (*Curso de Direito Processual do Trabalho*, 7ª edição, Método, p. 38/9); **D:** correta, embora a assertiva seja bastante polêmica. Como colocado acima, a maioria da doutrina e jurisprudência entende que o *jus postulandi* foi recepcionado pela nova ordem constitucional. Porém, parte da doutrina entende que, para garantia de tal princípio, necessário que a parte possa ir até o fim da demanda postulando sozinha, encontrando óbice somente nas instâncias extraordinárias (TST e STF), nesse sentido o TST firmou o seu entendimento (E-AIRR e RR 85.851/2003-900.02.00-5, Rel. João Oreste Dalazen, j. 13.10.2009). Ocorre que ainda outra parte da doutrina, e aqui tomo a liberdade de dizer que se trata de minoria, embora a alternativa tenha sido considerada correta pelo gabarito oficial, que o *jus postulandi* limita-se ao primeiro grau de jurisdição, sendo necessária a presença de advogado já na propositura de recurso ordinário; **E:** correta, pois a assertiva está nos termos da Súmula 219 do TST: "HONORÁRIOS ADVOCATÍCIOS. HIPÓTESE DE CABIMENTO I – Na Justiça do Trabalho, a condenação ao pagamento de honorários advocatícios, nunca superiores a 15% (quinze por cento), não decorre pura e simplesmente da sucumbência, devendo a parte estar assistida por sindicato da categoria profissional e comprovar a percepção de salário inferior ao dobro do salário mínimo ou encontrar-se em situação econômica que não lhe permita demandar sem prejuízo do próprio sustento ou da respectiva família".

Gabarito "C"

(Procurador do Estado/SC – 2009) No Processo do Trabalho, é incorreto afirmar que:

(A) Denomina-se reclamação trabalhista plúrima a situação verificada quando mais de um reclamante postula contra a mesma reclamada direitos individuais decorrentes do contrato de trabalho com a característica de ter a causa de pedir e pedidos semelhantes, sendo facultado ao juiz aceitar ou não este litisconsórcio ativo.

(B) O Tribunal Regional do Trabalho (TRT) da 12ª Região tem jurisdição sobre todo território do Estado de Santa Catarina, enquanto que em São Paulo existem dois TRTs para dividirem sobre seu território as suas respectivas jurisdições.

(C) A conciliação é um objetivo a ser perseguido por todo o Poder Judiciário brasileiro e, na Justiça do Trabalho, é cabível a qualquer momento.

(D) O Ministério Público do Trabalho, em caso de greve em atividade essencial e com possibilidade de lesão do interesse público, é competente para propor o dissídio coletivo perante a Justiça do Trabalho.

(E) O juiz do trabalho não é obrigado a aceitar acordo de conciliação, tampouco é uma obrigação dele fundamentar por que o acordo não foi homologado.

A: correta, pois a alternativa traz o conceito correto de reclamação trabalhista plúrima (como a CLT não trata expressamente sobre o litisconsórcio – art. 842 da CLT, aplica-se o art. 46, parágrafo único, do CPC); **B:** correta (art. 670 da CLT, art. 1º da Lei 6.928/1981, que criou a 12ª Região da Justiça do Trabalho, art. 1º da Lei 7.520/1986, que criou a 15ª Região da Justiça do Trabalho, com sede em Campinas, no Estado de São Paulo); **C:** correta, pois a conciliação é cabível a qualquer momento e o juiz deverá propô-la na abertura da audiência e após as razões finais (arts. 846 e 850 da CLT); **D:** correta, a afirmativa está de acordo o art. 114, § 3º, da CF; **E:** incorreta, embora o juiz possa, de fato, deixar de homologar acordo caso verifique que as bases acordadas são prejudiciais ao obreiro sendo, na verdade, renúncia aos seus direitos, em respeito ao princípio da motivação das decisões (art. 93, IX, da CF), o juiz deverá sempre motivar suas decisões, sob pena de nulidade.

Gabarito "E"

(Procurador do Estado/ES – 2008 – CESPE) Acerca da ampliação da competência da justiça do trabalho promovida pela chamada reforma do Poder Judiciário (Emenda Constitucional nº 45/2004), julgue os itens a seguir.

(1) As controvérsias entre os servidores públicos estatutários e as pessoas jurídicas de direito público sobre a aplicação do respectivo estatuto passaram para a competência da justiça do trabalho.

(2) Com a previsão expressa da competência para o julgamento de mandados de segurança quando o ato questionado envolver matéria sujeita à jurisdição trabalhista, haverá julgamento de recursos em mandados de segurança na subseção especializada do TST (SBDI-2) e também nas turmas desse tribunal.

(3) Os processos sobre indenização pelo empregador por dano moral ou patrimonial decorrentes de acidente do trabalho já sentenciados antes do advento da EC mencionada devem ser deslocados para a justiça do trabalho, em razão da nova competência.

1: Errada, pois segundo Amauri Mascaro Nascimento: "A competência da Justiça do Trabalho limita-se às demandas de servidores públicos civis regidos pela legislação trabalhista, caso em que há, na verdade, relação de emprego no serviço público. Exclui as lides de servidores públicos estatutários, que são os funcionários públicos. Essas regras, que continuam a prevalecer, foram em parte abaladas pelos debates, mas hoje readquiriram aceitação" (*Curso de Direito Processual do Trabalho*, 25ª edição, Saraiva, p. 291). A jurisprudência restou consolidada pela Súmula 137 do STJ que se mantém incólume mesmo diante da nova redação dada ao art. 114, I, da CF/1988 pela Emenda Constitucional 45/2004, consoante decisão liminar proferida pelo Ministro Presidente do STF, com efeito *ex tunc*, na ADI 3395 MC/DF, que suspendeu qualquer interpretação que inclua na competência da Justiça do Trabalho a apreciação de ação movida contra o Poder Público por servidor público subordinado ao regime estatutário; 2: Certa, a assertiva está de acordo com o art. 114, IV, da CF e art. 3º, III, *a*, da Lei 7.701/1988; 3: Errada, em razão da modificação da competência em relação às ações dessa natureza, o STJ editou a Súmula 367: "*Competência Vinculante – Processos já Sentenciados*. A competência estabelecida pela EC n. 45/2004 não alcança os processos já sentenciados".

Gabarito 1E, 2C, 3E

(Procurador do Estado/CE – 2008 – CESPE) Com base na Lei Complementar nº 75, em relação a organização, atribuições e carreira do Ministério Público da União, julgue os itens abaixo.

I. O Ministério Público do Trabalho integra o Ministério Público da União.

II. A carreira do Ministério Público do Trabalho compreende os cargos de procurador do trabalho, como nível inicial, procurador regional do trabalho, subprocurador-geral do trabalho e procurador-geral do Trabalho, como nível final.

III. Compete ao Ministério Público do Trabalho instaurar dissídio coletivo em caso de greve, quando a defesa da ordem jurídica ou o interesse público assim o exigir.

IV. O Ministério Público do Trabalho poderá atuar como árbitro em dissídios da competência da justiça do trabalho, quando assim solicitado pelas partes em litígio.

V. O procurador-geral do trabalho é o chefe do Ministério Público do Trabalho, que é nomeado pelo presidente da República após escolha feita pelo procurador-geral da República entre os indicados em lista tríplice pelo Colégio de Procuradores do Trabalho.

Estão certos apenas os itens

(A) I, II e III.

(B) I, II e V.

(C) I, III e IV.

(D) II, IV e V.

(E) III, IV e V.

I: correto, art. 128, I, "b", da CF e art. 24 da Lei Complementar 75/1993; **II:** falso, art. 86 da Lei Complementar 75/1993; **III:** correto, art. 114 da CF e art. 83, VIII, da Lei Complementar 75/1993; **IV:** correto, art. 83, XI, da Lei Complementar 75/1993; **V:** falso, art. 88 da Lei Complementar 75/1993.

Gabarito "C"

(Procurador do Estado/CE – 2008 – CESPE) Com base na Constituição Federal vigente, assinale a opção incorreta em relação à composição do Tribunal Superior do Trabalho (TST).

(A) O TST deve ser composto, segundo a Constituição Federal, por 27 ministros.

(B) Entre os ministros do TST, 21 devem ser oriundos da magistratura de carreira.

(C) Os ministros são nomeados pelo presidente da República após aprovada sua escolha pela maioria absoluta do Senado Federal.

(D) Os ministros devem ser escolhidos entre brasileiros natos.

(E) O TST é integrado por, além de magistrados de carreira, advogados com mais de dez anos de efetiva atividade profissional e membros do Ministério Público do Trabalho com mais de dez anos de efetivo exercício, indicados pelos respectivos órgãos de representação de classe em listas sêxtuplas, depois reduzidas a listas tríplices pelo próprio TST para escolha do nome pelo presidente da República.

A e **C:** corretas (art. 111-A, *caput*, da CF); **B:** correta (art. 111-A, II, da CF); **D:** incorreta, pois a Constituição Federal enumera os cargos privativos de brasileiro nato em seu art. 12, § 3º, dentre os quais não está o de ministro do TST; **E:** correta (art. 111-A, I, da CF).

Gabarito "D"

(Procurador do Estado/CE – 2008 – CESPE) A competência da justiça do trabalho, a partir da Emenda Constitucional nº 45/2004, passou a envolver, no plano constitucional,

(A) a execução, de ofício, de imposto de renda decorrente das sentenças que proferir.

(B) os *habeas corpus*, quando envolvido, como paciente, juiz do trabalho.

(C) conflitos de atribuições entre delegacias regionais do trabalho.

(D) os mandados de segurança, quando o ato questionado envolver matéria de representação sindical.

(E) as ações que abarquem servidores públicos estatutários da administração direta e indireta da União, dos estados, do DF e dos municípios.

A: incorreta, pois a previsão constitucional trata apenas das contribuições sociais (art. 114, VIII, da CF); **B:** incorreta (art. 114, IV, da CF); **C:** incorreta (art. 114, V, da CF); **D:** correta (art. 114, III, da CF); **E:** incorreta, pois segundo Amauri Mascaro Nascimento: "A competência da Justiça do Trabalho limita-se às demandas de servidores públicos civis regidos pela legislação trabalhista, caso em que há, na verdade, relação de emprego no serviço público. Exclui as lides de servidores públicos estatutários, que são os funcionários públicos. Essas regras, que continuam a prevalecer, foram em parte abaladas pelos debates, mas hoje readquiriram aceitação" (*Curso de Direito Processual do Trabalho*, 25ª edição, Saraiva, p. 291). A jurisprudência restou consolidada pela Súmula 137 do STJ que se mantém incólume mesmo diante da nova redação dada ao art. 114, I, da CF/1988 pela Emenda Constitucional 45/2004, consoante decisão liminar proferida pelo Ministro Presidente do STF, com efeito *ex tunc*, na ADI 3395 MC/DF, que suspendeu qualquer interpretação que inclua na competência da Justiça do Trabalho a apreciação de ação movida contra o Poder Público por servidor público subordinado ao regime estatutário.

Gabarito "D"

(Procurador do Estado/CE – 2008 – CESPE) Com relação ao processo do trabalho, assinale a opção correta.

(A) Os juízos e tribunais do trabalho terão ampla liberdade na direção do processo e velarão pelo andamento célere das causas, podendo determinar qualquer diligência necessária ao esclarecimento delas.

(B) O direito processual comum será aplicado sempre que houver omissão no direito processual trabalhista.

(C) A compensação ou retenção pode ser arguida como matéria de defesa até o recurso interponível para o tribunal regional do trabalho (TRT).

(D) Se as partes resolverem conciliar-se, o juiz do trabalho deve suspender o processo e aguardar a homologação ou não do acordo pela Comissão de Conciliação Prévia, uma vez que é obrigatória a submissão àquele órgão extrajudicial.

(E) O princípio da simplicidade das formas não vigora no processo do trabalho quando as partes estão representadas por advogados, prevalecendo, no caso, o princípio da formalidade absoluta.

A: correta, pois a alternativa reflete o disposto no art. 765 da CLT; **B:** incorreta, já que nos casos omissos o direito processual civil será fonte subsidiária, exceto naquilo em que for incompatível (art. 769 da CLT); **C:** incorreta, pois a compensação e a retenção só poderão ser arguidas como matéria de defesa (art. 767 da CLT); **D:** incorreta, pois a conciliação é fase obrigatória no próprio processo e proposta pelo próprio juiz da causa (art. 764 da CLT); **E:** incorreta, pois o princípio da simplicidade das formas é sempre aplicado (art. 154 do CPC).

Gabarito "A"

(Procurador do Estado/CE – 2008 – CESPE) Com relação às nulidades em processo do trabalho, é correto afirmar que a nulidade apenas será declarada se houver

(A) provocação da parte e dela resultar prejuízo manifesto àquela que a arguir, desde que não seja possível suprir a falta ou repetir o ato.

(B) provocação da parte que não lhe houver dado causa, resultar prejuízo manifesto à parte requerente e não se tratar de questão de ordem pública.

(C) provocação da parte que não lhe houver dado causa; resultar prejuízo manifesto à parte requerente; não for possível suprir a falta ou repetir o ato questionado; e houverem sido arguidas na primeira oportunidade que a parte interessada tinha em seguida ao ato ou falta, ressalvada, em qualquer situação, a hipótese de declaração de ofício em caso de nulidade fundada em incompetência do juiz ou tribunal.

(D) prejuízo à parte requerente, tratando-se de questão de ordem pública; não for possível suprir a falta ou repetir o ato questionado; houver sido arguida na primeira oportunidade em que a parte interessada tinha para manifestar-se nos autos.

(E) contaminação dos atos anteriores ou disso resultar prejuízo à parte que lhe houver dado causa, exceto quando a questão emergir de interesse público, hipótese em que o silêncio da parte não prejudicará que o próprio juiz ou tribunal anule todo o processo onde se verifique a nulidade insanável.

Arts. 794, 795, § 1º, e 796, *a* e *b*, da CLT.

Gabarito "C"

(Procurador do Estado/PB – 2008 – CESPE) Acerca da competência da justiça do trabalho, a partir do disposto na CF, na CLT e em decorrência da jurisprudência sumulada e consolidada do STF e do TST, assinale a opção correta.

(A) Compete à justiça do trabalho processar e julgar as ações oriundas da relação de trabalho, abrangidas as que envolvam a administração direta e indireta da União, dos estados, do DF e dos municípios e seus empregados.

(B) A justiça do trabalho apenas detém competência para processar e julgar os mandados de segurança que envolvam, como autoridade impetrada, juízo ou tribunal do trabalho.

(C) Os *habeas corpus* de competência da justiça do trabalho resultam na competência, também, para as ações penais que tenham como objeto crime cometido no âmbito das relações de trabalho ou contra a organização do trabalho.

(D) Compete à justiça do trabalho processar e julgar as ações de representação sindical, excetuados os mandados de segurança que envolvam autoridade do Ministério do Trabalho e Emprego e sejam pertinentes a registro sindical, por estar vinculado o ato à competência da justiça federal.

(E) As ações civis públicas que envolvam a discussão de nulidade de contratação de servidor público estatutário são de competência da justiça do trabalho quando puder ser estabelecido direito residual ao servidor contratado irregularmente.

A: correta (art. 114, I, da CF); **B:** incorreta, pois a afirmativa não reflete o disposto no art. 114, IV, da CF; **C:** incorreta, eis que a competência da justiça do trabalho não abrange as ações penais, ainda que tenham como objeto crime cometido no âmbito das relações de trabalho; **D:** incorreta, pois a competência da justiça do trabalho inclui os mandados de segurança que envolvam autoridade do Ministério do Trabalho, nos termos do art. 114, IV, da CF; **E:** incorreta, já que, de fato, após a promulgação da Emenda Constitucional 45/2004 alguns doutrinadores passaram a entender que a competência da justiça do trabalho abrangia as ações envolvendo servidores públicos estatutários. Porém, o STF já se manifestou sobre a matéria (Ação Direta de Inconstitucionalidade 3.395-6) e decidiu que a Justiça do Trabalho é incompetente para conciliar e julgar as ações envolvendo servidores estatutários. A jurisprudência restou consolidada pela Súmula 137 do STJ que se mantém incólume mesmo diante da nova redação dada ao art. 114, I, da CF/1988 pela Emenda Constitucional 45/2004, consoante decisão liminar proferida pelo Ministro Presidente do STF, com efeito *ex tunc*, na ADI 3395 MC/DF, que suspendeu qualquer interpretação que inclua na competência da Justiça do Trabalho a apreciação de ação movida contra o Poder Público por servidor público subordinado ao regime estatutário.

Gabarito "A"

(Procurador do Estado/PB – 2008 – CESPE) De acordo com a CF, compreendem a justiça do trabalho

(A) o STF, o TST, os tribunais regionais do trabalho e os juízes do trabalho.

(B) o STF, o Conselho Nacional de Justiça, o TST, os tribunais regionais do trabalho e os juízes do trabalho.

(C) o TST, os tribunais regionais do trabalho e os juízes do trabalho.

(D) o TST, o Conselho Superior da Justiça do Trabalho, os tribunais regionais do trabalho e os juízes do trabalho.

(E) o TST, os tribunais regionais do trabalho, os juízes do trabalho e os juízes de direito investidos de jurisdição trabalhista.

Art. 111 da CF.

Gabarito "C"

(Procurador do Estado/PB – 2008 – CESPE) Um grupo de empregados públicos ajuizou, perante a justiça do trabalho, reclamação trabalhista contra a empresa pública estadual em que atuavam como empregados, com pedido de liminar para antecipação de tutela, alegando que o presidente da empresa teria aplicado ilegalmente pena disciplinar de suspensão contra todos, sob o fundamento de descumprimento de normas regulamentares e desobediência a ordens superiores. O juiz do trabalho deferiu a liminar para suspender a punição aplicada, sob o fundamento de que a lei estadual que instituíra a empresa previa o regime jurídico celetista para seus empregados e também exigia a prévia instauração de inquérito administrativo para a aplicação de pena disciplinar. Segundo o juiz, a inexistência desse inquérito teria causado ofensa ao direito de ampla defesa e contraditório por parte dos empregados punidos, entendendo configurados os requisitos de plausibilidade jurídica e risco pela demora no provimento judicial. Considerando a situação hipotética acima e com base na CF, na CLT, na legislação específica e na jurisprudência sumulada e consolidada do STF e do TST, assinale a opção correta.

(A) A justiça do trabalho não detém competência para a causa porque a via própria para postular a suspensão do ato do administrador da empresa pública estadual seria o mandado de segurança e, não, a reclamação trabalhista, razão pela qual o juiz do trabalho deveria ter declinado da causa para a justiça estadual.

(B) A empresa pública pode impetrar mandado de segurança, perante o respectivo Tribunal Regional do Trabalho (TRT), contra o ato do juiz do trabalho que deferiu a liminar antecipando a tutela requerida pelos empregados, visto que não há recurso interponível de imediato contra tal decisão judicial, antes de proferida a sentença que confirme, ou não, a liminar.

(C) O juiz do trabalho não detém competência para a causa porque, em se tratando de grupo de empregados públicos, a repercussão coletiva desloca a questão para o TRT respectivo, motivo pelo qual o juiz deveria ter declinado da causa para o TRT.

(D) A empresa pública pode ajuizar ação cautelar perante o TRT ao qual esteja vinculado o juiz prolator da decisão atacada, postulando a concessão de efeito suspensivo à liminar antes deferida.

(E) A empresa pública deve interpor recurso ordinário ao TRT contra a decisão proferida pelo juiz do trabalho, visto que, em se tratando de antecipação de tutela, os efeitos imediatos devolvem a questão, desde logo, a esse tribunal.

A: incorreta, pois a justiça do trabalho também é competente para julgar mandado de segurança quando o ato questionado envolver matéria sujeita à sua jurisdição (art. 114, IV, da CF); **B:** correta, pois, de fato, na justiça do trabalho as decisões interlocutórias são irrecorríveis de imediato (art. 893, § 1º, da CLT). Nesse sentido a Súmula 414 do TST: "MANDADO DE SEGURANÇA. ANTECIPAÇÃO DE TUTELA (OU LIMINAR) CONCEDIDA ANTES OU NA SENTENÇA. I – A antecipação da tutela concedida na sentença não comporta impugnação pela via do mandado de segurança, por ser impugnável mediante recurso ordinário. A ação cautelar é o meio próprio para se obter efeito suspensivo a recurso. II – No caso da tutela antecipada (ou liminar) ser concedida antes da sentença, cabe a impetração do mandado de segurança, em face da inexistência de recurso próprio. III – A superveniência da sentença, nos autos originários, faz perder o objeto do mandado de segurança que impugnava a concessão da tutela antecipada (ou liminar)"; **C:** incorreta, eis que não existe essa previsão legal de deslocamento de competência para o TRT; **D:** incorreta, pois, como explicado acima, a medida cabível seria a impetração de mandado de segurança; **E:** incorreta, pois, como já explicado, as decisões interlocutórias, salvo algumas exceções, são irrecorríveis de imediato, sendo cabível, no caso, o mandado de segurança.

Gabarito "B"

(Procurador do Estado/PI – 2008 – CESPE) Considere que, em uma comarca do interior do estado do Piauí, não abrangida pela competência de nenhuma das varas do trabalho, um juiz de direito tenha julgado uma reclamação trabalhista. Nessa situação, se houver interesse em recorrer da decisão, as partes devem interpor recurso ao

(A) TJPI.

(B) TRT da 22ª Região.

(C) TRF da 1ª Região.

(D) TRF da 5ª Região.

(E) TST.

Art. 112 da CF. Lembre-se de que o TRT da 22ª Região corresponde ao Estado do Piauí, mas seria desnecessário que o candidato tivesse conhecimento da região correspondente já que somente uma das alternativas contempla Tribunal Regional do Trabalho.

Gabarito "B"

(Procurador do Estado/PI – 2008 – CESPE) As competências da justiça do trabalho não incluem o processamento e o julgamento de

(A) ações que envolvam o exercício do direito de greve.

(B) ações relativas às penalidades administrativas impostas aos empregadores pelos órgãos de fiscalização das relações de trabalho.

(C) crimes contra a organização do trabalho.

(D) ações de indenização por dano moral ou patrimonial, decorrentes da relação de trabalho.

(E) ações sobre representação sindical.

A: incorreta, pois se trata de competência da justiça do trabalho (art. 114, II, da CF); **B:** incorreta, pois se trata de competência da justiça do trabalho (art. 114, VII, da CF); **C:** correta, pois, de fato, os crimes contra a organização do trabalho não se incluem na competência da justiça do trabalho (nesse sentido: "compete à Justiça Federal julgar crimes contra a organização do trabalho, que envolvam a exposição da vida e saúde dos trabalhadores a perigo, redução à condição análoga de escravo, frustação de direito assegurado por lei trabalhista e omissão de dados da CTPS" – RE 541627/PA, rel. Min. Ellen Gracie, 14.10.2008); **D:** incorreta, pois se trata de competência da justiça do trabalho (art. 114, VI, da CF); **E:** incorreta, pois se trata de competência da justiça do trabalho (art. 114, III, da CF).

Gabarito "C"

(Procurador do Município/Aracaju – 2008 – CESPE) Acerca de jurisdição e competência, organização, composição e funcionamento da justiça do trabalho, julgue os itens subsequentes.

(1) Os conflitos de competência envolvendo juiz de direito investido de jurisdição trabalhista e juiz do trabalho, no âmbito da mesma região da justiça do trabalho, compete ao Superior Tribunal de Justiça.

(2) Havendo conflito de competência entre TRT e juízo do trabalho ao mesmo vinculado, caberá a decisão pertinente ao TST.

(3) São órgãos da justiça do trabalho, além do TST, dos tribunais regionais do trabalho (TRTs) e dos juízes do trabalho, também os juízes de direito nas comarcas onde não houver instalada vara do trabalho, caso em que os recursos interponíveis serão para os respectivos tribunais de justiça.

(4) Conforme entendimento do STF, a justiça do trabalho passou a ser competente para todas as causas envolvendo relação de trabalho, exceto quando envolvidos servidor público federal e a União.

1: Errada, pois a assertiva contraria o disposto na Súmula 180 do STJ: "*Lide Trabalhista – Competência – Conflito de Competência – Juiz Estadual e Junta de Conciliação e Julgamento.* Na lide trabalhista, compete ao Tribunal Regional do Trabalho dirimir conflito de competência verificado, na respectiva Região, entre Juiz Estadual e Junta de Conciliação e Julgamento"; 2: Errada, pois a afirmativa não reflete o disposto na Súmula 420 do TST: "COMPETÊNCIA FUNCIONAL. CONFLITO NEGATIVO. TRT E VARA DO TRABALHO DE IDÊNTICA REGIÃO. NÃO CONFIGURAÇÃO. Não se configura conflito de competência entre Tribunal Regional do Trabalho e Vara do Trabalho a ele vinculada"; 3: Errada, eis que os juízes de direito nas comarcas onde não houver instalada vara do trabalho exercem a jurisdição, mas não são órgãos da justiça do trabalho (art. 111 da CF); 4: Errada, pois, segundo Amauri Mascaro Nascimento. "A competência da Justiça do Trabalho limita-se às demandas de servidores públicos civis regidos pela legislação trabalhista, caso em que há, na verdade, relação de emprego no serviço público. Exclui as lides de servidores públicos estatutários, que são os funcionários públicos. Essas regras, que continuam a prevalecer, foram em parte abaladas pelos debates, mas hoje readquiriram aceitação" (*Curso de Direito Processual do Trabalho*, 25ª edição, Saraiva, p. 291). A jurisprudência restou consolidada pela Súmula 137 do STJ que se mantém incólume mesmo diante da nova redação dada ao art. 114, I, da CF/1988 pela Emenda Constitucional 45/2004, consoante decisão liminar proferida pelo Ministro Presidente do STF, com efeito *ex tunc*, na ADI 3395 MC/DF, que suspendeu qualquer interpretação que inclua na competência da Justiça do Trabalho a apreciação de ação movida contra o Poder Público por servidor público subordinado ao regime estatutário.

Gabarito 1E, 2E, 3E, 4E

(Procurador Federal – 2010 – CESPE) No que se refere à organização e competência da justiça do trabalho, julgue os itens que se seguem.

(1) A sentença normativa poderá ser objeto de ação de cumprimento a partir do oitavo dia subsequente ao do julgamento, fundada no acórdão ou na certidão de julgamento, salvo se concedido efeito suspensivo pelo presidente do Tribunal Superior do Trabalho.

(2) A seção especializada em dissídios coletivos tem competência para julgar as ações rescisórias propostas contra suas sentenças normativas.

1: Errada, pois conforme dispõe o art. 872, parágrafo único, da CLT, não há necessidade do trânsito em julgado da decisão normativa para propositura da ação de cumprimento. Basta que o recurso não tenha sido recebido com efeito suspensivo. Segundo Amauri Mascaro Nascimento "Quando não é dado efeito suspensivo ao recurso ordinário da decisão regional, a ação de cumprimento pode desde logo ser ajuizada" (*Curso de Direito Processual do Trabalho*, Saraiva, p. 948); 2: Certa, pois a afirmativa está de acordo com o art. 2º, I, c, da Lei 7.701/1988.

Gabarito 1E, 2C

(Procuradoria Federal – 2007 – CESPE) É da competência da justiça do trabalho o processamento e o julgamento das causas que envolvam pedido de condenação de ente público ao pagamento de indenização por danos morais e materiais decorrentes de acidente do trabalho sofrido por servidor público estatutário.

Errada, pois segundo Amauri Mascaro Nascimento: "A competência da Justiça do Trabalho limita-se às demandas de servidores públicos civis regidos pela legislação trabalhista, caso em que há, na verdade, relação de emprego no serviço público. Exclui as lides de servidores públicos estatutários, que são os funcionários públicos. Essas regras, que continuam a prevalecer, foram em parte abaladas pelos debates, mas hoje readquiriram aceitação" (*Curso de Direito Processual do Trabalho*, 25ª edição, Saraiva, p. 291). A jurisprudência restou consolidada pela Súmula 137 do STJ que se mantém incólume mesmo diante da nova redação dada ao art. 114, I, da CF/1988 pela Emenda Constitucional 45/2004, consoante decisão liminar proferida pelo Ministro Presidente do STF, com efeito *ex tunc*, na ADI 3395 MC/DF, que suspendeu qualquer interpretação que inclua na competência da Justiça do Trabalho a apreciação de ação movida contra o Poder Público por servidor público subordinado ao regime estatutário.

Gabarito "E"

(Procurador da Fazenda Nacional – 2007 – ESAF) No âmbito do processo do trabalho, a nulidade de todo o processado não pode ser declarada quando ocorrer a possibilidade de aproveitamento de determinado ato válido praticado no processo. Indique entre as opções abaixo aquela que encerra o princípio revelado pelo enunciado da questão.

(A) Princípio da transcendência ou do prejuízo.

(B) Princípio da convalidação.

(C) Princípio do interesse de agir.

(D) Princípio da instrumentalidade das formas.

(E) Princípio da utilidade.

A: a assertiva está errada, pois o princípio da transcendência ou prejuízo, previsto no art. 794 da CLT, ensina que somente haverá nulidade quando resultar dos atos inquinados manifesto prejuízo processual aos litigantes; **B:** a assertiva está errada, pois o princípio da convalidação, previsto no art. 795 da CLT, significa que as nulidades não serão declaradas senão mediante provocação das partes, que deverão arguir na primeira oportunidade que falarem nos autos; **C:** a assertiva está errada, pois o princípio do interesse, previsto no art. 796, *b*, da CLT, indica que a nulidade não será pronunciada quando arguida por quem lhe deu causa; **D:** a assertiva está errada, pois o princípio da instrumentalidade das formas (arts. 154 e 244 do CPC) ensina que a forma é apenas um instrumento para se alcançar a finalidade do processo, sendo que o juiz considerará válido o ato que, realizado de outra forma, alcançar a finalidade; **E:** a assertiva está correta, pois o princípio da utilidade, previsto no art. 798 da CLT, determina que a nulidade do ato não prejudicará senão os posteriores que dele dependam, que é o caso da questão.

Gabarito "E"

(Advogado da União/AGU – CESPE – 2009) Acerca do Direito Processual do Trabalho, julgue os próximos itens.

(1) Os princípios do Direito Processual do Trabalho funcionam como orientadores das partes, que devem apresentar fatos e postular a solução, e do juiz, o qual deve interpretar os fatos que lhe são apresentados e, aplicando a lei aos casos concretos, solucionar a lide. Tais princípios inspiram preceitos legais, orientam os intérpretes e sanam as omissões legais.

(2) O princípio do dispositivo confere ao juiz a prerrogativa de procurar e reunir o material do processo, devendo o magistrado observar sempre o respeito à igualdade das partes perante a lei. A inspeção judicial constitui uma das formas de observância de tal princípio.

(3) Em atenção ao princípio do duplo grau de jurisdição, que possibilita o reexame da sentença definitiva por órgão de jurisdição não prolator da decisão, via de regra, de hierarquia superior, cabe a remessa oficial caso a fazenda pública seja condenada a pagar, por exemplo, R$ 15.000,00 em uma ação trabalhista.

1: A alternativa está correta e traz o conceito de princípios e suas funções na Justiça do Trabalho; 2: Errada, pois o princípio dispositivo, segundo Renato Saraiva, "também chamado de princípio da inércia da jurisdição, previsto no art. 2º do CPC, informa que nenhum juiz prestará a tutela jurisdicional senão quando a parte ou o interessado a requerer. Logo, o processo começa com a iniciativa da parte, muito embora se desenvolva por impulso oficial (art. 262 do CPC). Em outras palavras, o princípio dispositivo impede que o magistrado instaure *ex officio* o processo trabalhista" (*Curso de Direito Processual do Trabalho*, 7ª edição, Método, p. 30). O princípio referido na alternativa é o inquisitório, consubstanciado no art. 765 da CLT; 3: Errada, pois segundo dispõe o art. 475, § 2º, do CPC e Súmula 303 do TST: "FAZENDA PÚBLICA. DUPLO GRAU DE JURISDIÇÃO I – Em dissídio individual, está sujeita ao duplo grau de jurisdição, mesmo na vigência da CF/1988, decisão contrária à Fazenda Pública, salvo: a) quando a condenação não ultrapassar o valor correspondente a 60 (sessenta) salários mínimos; b) quando a decisão estiver em consonância com decisão plenária do Supremo Tribunal Federal ou com súmula ou orientação jurisprudencial do Tribunal Superior do Trabalho". No caso, tratando-se de condenação do valor de R$ 15.000,00 em 2009, o salário mínimo vigente na data da prova era de R$ 465,00 que, multiplicado por 60 fica um valor mínimo de R$ 27.900,00, acima, portanto, do valor da condenação.

Gabarito 1C, 2E, 3E

(ADVOGADO – PETROBRÁS – 2012 – CESGRANRIO) Um trabalhador, residente do município X, foi admitido por um supermercado no município Y, para trabalhar como caixa, na filial localizada no município Z. Dois anos depois, foi dispensado sem justa causa, contudo, não recebeu a multa de 40% sobre os depósitos do FGTS e, por essa razão, pretende ajuizar uma Reclamação Trabalhista. Considerando que todos os municípios mencionados têm as suas respectivas Varas do Trabalho e que estão dentro da região de um mesmo TRT, a ação deverá ser ajuizada no

(A) município X, já que é o local de residência do trabalhador.

(B) município Y, pois foi o local da contratação do trabalhador.

(C) município Z, porque este foi o local onde o trabalhador prestou serviços.

(D) município Y ou Z, de acordo com o que for conveniente para o autor.

(E) TRT da região dos municípios X, Y e Z.

"C" é a alternativa correta. Isso porque nos termos do art. 651 da CLT a reclamação trabalhista deverá ser ajuizada no local da última prestação de serviços.

Gabarito "C"

(ADVOGADO – PETROBRÁS DISTRIB. – 2010 – CESGRANRIO) Nos termos da dicção do art. 496 da CLT, quando a reintegração do empregado estável for desaconselhável, dado o grau de incompatibilidade resultante do dissídio, o tribunal do trabalho poderá converter aquela obrigação em indenização.

Tal faculdade, dada ao tribunal, encontra-se lastreada, como uma exceção, ao princípio processual trabalhista da(o)

(A) fungibilidade.

(B) celeridade.

(C) duplo grau.

(D) dispositivo.

(E) contraditório.

A: opção incorreta, pois a fungibilidade é uma característica recursal, por meio da qual em um caso concreto deveria ser interposto um determinado recurso, mas se interpôs outro, esse último pode ser aceito, desde que haja dúvida, na doutrina ou na jurisprudência, quanto a qual o tipo correto do recurso a ser utilizado no caso; **B:** opção incorreta, pois o princípio da celeridade prima pelo andamento célere do processo trabalhista; **C:** opção incorreta, pois o duplo grau implica na possibilidade do reexame de uma demanda pela instância superior; **D:** opção correta, pois pelo princípio do dispositivo entende-se que o juiz prestará a tutela jurisdicional somente por provocação da parte; **E:** opção incorreta, pois o contraditório assegurado no art. 5º, LV, da CF ensina que o juiz deverá conduzir o processo assegurando a igualdade de tratamento. Assim, um documento juntado por uma das partes, deverá o juiz conceder prazo razoável para a ciência e manifestação da parte contrária.

Gabarito "D"

(ADVOGADO – IRB – 2006 – ESAF) As nulidades, no processo do trabalho:

(A) devem ser declaradas de ofício pelo juiz.

(B) prejudicam todos os atos processuais pregressos.

(C) podem ser apontadas a qualquer momento.

(D) pressupõem, para ver-se declaradas, manifestação imediata da parte prejudicada.

(E) não toleram suprimento da falha.

A: opção incorreta, pois as nulidades devem ser alegadas pelas partes, nos termos do art. 795 da CLT; **B:** opção incorreta, pois nos termos do art. 797 da CLT o juiz ou Tribunal que pronunciar a nulidade declarará os atos a que ela se estende. E, ainda, ensina o art. 798 da CLT que a nulidade do ato não prejudicará os posteriores que dele dependam ou sejam consequência; **C:** opção incorreta, pois nos termos da parte final do art. 795 da CLT deverá ser alegada na primeira vez em que tiverem de falar em audiência ou nos autos; **D:** opção correta, pois reflete o entendimento disposto no art. 795 da CLT; **E:** opção incorreta, pois nas hipóteses trazidas pelo art. 796 da CLT a nulidade não será declarada.

Gabarito "D"

(ADVOGADO – IRB – 2006 – ESAF) Assinale a afirmação incorreta.

(A) Os conflitos de jurisdição podem ocorrer entre Vara do Trabalho e respectivo Tribunal Regional do Trabalho.

(B) É vedado à parte interessada suscitar conflitos de jurisdição quando já houver oposto na causa exceção de incompetência.

(C) No ato de suscitar o conflito, deverá a parte interessada produzir a prova da existência dele.

(D) Os conflitos de jurisdição serão decididos pelo Tribunal Superior do Trabalho, quando suscitados entre Varas e Juízos de Direito sujeitos à Jurisdição de Tribunais Regionais diferentes.

(E) No Tribunal Regional, havendo conflito positivo de jurisdição entre Varas, poderá o relator ordenar que sobrestejam o andamento dos respectivos processos.

A: opção incorreta, pois não há conflito de competência entre vara do Trabalho e o TRT à ele vinculado, nos termos da Súmula 420 do TST, pois nesse caso não há conflito de competência, mas hierarquia entre a Vara e o TRT; **B:** opção correta, pois reflete o disposto no art. 806 da CLT; **C:** opção correta, pois reflete o disposto no art. 807 da CLT; **D:** opção correta, pois reflete o entendimento disposto na Súmula 236 do STJ. **E:** opção correta, pois reflete o disposto no art. 809, II, da CLT."

Gabarito "A"

(ADVOGADO – CASA DA MOEDA – 2009 – CESGRANRIO) Ao Tribunal Regional do Trabalho compete processar e julgar originariamente

(A) a extensão das decisões proferidas em dissídios normativos e coletivos.

(B) as revisões de sentenças em dissídios comunitários.

(C) as ações monitórias.

(D) as ações diretas de inconstitucionalidade.

(E) os mandados de segurança.

A: opção incorreta, pois nos termos do art. 678, I, *b*, 2 é de competência do TRT a extensão das decisões proferidas em dissídios coletivos e não de dissídios normativos; **B:** opção incorreta, pois nos termos do art. 678, I, *b*, 1 é de competência do TRT as revisões de sentenças normativas que são as decisões proferidas em dissídios coletivos; **C:** opção incorreta, pois a ação monitória deverá ser proposta na vara do Trabalho, seguindo as regras do art. 651 da CLT; **D:** opção incorreta, pois as ADI será de competência do Supremo Tribunal Federal, art. 102, I, *a*, da CF. **E:** opção correta, pois, de fato, mandados de segurança contra atos judiciais são processados e julgados pelo TRT..

Gabarito "E"

(ADVOGADO – CASA DA MOEDA – 2009 – CESGRANRIO) No âmbito da Justiça do Trabalho, analise as competências a seguir.

I. Competência material – *ex ratione materiae* – fixada em razão da natureza jurídico-material controvertida e está prevista no artigo 114 da CRFB-88.

II. Competência territorial – *ex ratione loci* – fixada em razão do local onde o Juiz exerce suas funções e também chamada competência de foro. Prevista no artigo 651 da CLT, em relação às Varas do Trabalho.

III. Competência em razão da pessoa – *ex ratione personae* – fixada em razão da qualidade da parte que está demandando e depende de quem ou em face de quem se está demandando.

IV. Competência funcional – originária (para conhecer da causa em 1º grau, sempre na Vara do Trabalho) ou derivada (para conhecer dos recursos interpostos por decisão proferida por outro Juízo).

Estão corretas as competências

(A) I e II, apenas.

(B) III e IV, apenas.

(C) I, II e III, apenas.

(D) I, II e IV, apenas.

(E) I, II, III e IV.

I: opção correta, pois representa competência material que está disciplinada no art. 114 da CF e diz respeito às matérias que serão apreciadas pela Justiça do Trabalho; II: opção correta, pois a reclamação deve ser proposta no juízo da última localidade de prestação de serviços pelo empregado, nos termos do art. 651 da CLT; III: opção correta, pois representa a competência em razão da pessoa, regra de competência que considera a pessoa envolvida na demanda para fixação de competência; IV: opção incorreta, pois a competência funcional/originária pode ser da Vara do Trabalho, do Tribunal Regional do Trabalho ou do Tribunal Superior do Trabalho.

Gabarito "C"

(ADVOGADO – CEF – 2001 – CESPE) Com base nas regras e nos princípios próprios do direito processual do trabalho, julgue os itens a seguir.

(1) As transações celebradas perante as comissões de conciliação prévia – de natureza extrajudicial – não podem ser objeto de execução perante a justiça do trabalho.

(2) Na fase de liquidação, é defeso modificar ou alterar a sentença liquidanda, sendo facultado ao juiz, após quantificada a obrigação exequenda, a concessão de prazo preclusivo de dez dias às partes para impugnação precisa e fundamentada.

(3) A remição de bem penhorado em execução trabalhista apenas será admissível se o executado depositar o valor total da execução, e não apenas o equivalente ao bem apreendido.

(4) Havendo omissão ou contradição no julgado, ou ainda manifesto equívoco no exame dos pressupostos recursais extrínsecos, os embargos de declaração opostos no prazo de cinco dias poderão gerar efeito modificativo ao julgado recorrido.

(5) O recurso de revista perante o Tribunal Superior do Trabalho, interposto contra acórdão proferido em recurso de agravo de petição, apenas será admitido quando verificada a ofensa direta e literal a texto de lei ordinária.

1: Opção incorreta, pois o termo de conciliação firmado perante a Comissão de Conciliação Prévia é título executivo extrajudicial, nos termos do art. 625-E, parágrafo único, da CLT. **2:** Opção correta, reflete o entendimento disposto no art. 879, §§ 1º e 2º, da CLT. **3:** Opção correta, pois reflete o entendimento contido no art. 13 da Lei 5.584/1970. **4:** Opção correta, pois de acordo com o art. 897-A da CLT. Veja, também, a orientação jurisprudencial 142 da SDI 1 do TST. **5:** Opção incorreta, pois na fase de execução o recurso de revista somente será admitido por contrariedade a súmula de jurisprudência uniforme do Tribunal Superior do Trabalho e violação direta da Constituição da República, nos termos do art. 896, § 6º, da CLT.

Gabarito 1E, 2C, 3C, 4C, 5E

(PROCURADOR – BANCO CENTRAL – 2009 – CESPE) O sindicato representante de uma categoria funcional realizou processo eleitoral para a escolha de nova diretoria. Duas chapas inscreveram-se para concorrer ao pleito. Após a eleição, a chapa vencida constatou diversas irregularidades, e a comissão eleitoral, ignorando esses fatos, proclamou o resultado das eleições: declarou a outra chapa vencedora. Nessa situação hipotética, caso a chapa derrotada, ou algum candidato, tenha interesse em mover ação judicial para questionar a validade dessa eleição, deve mover a competente ação na justiça

(A) federal.

(B) comum estadual.

(C) eleitoral.

(D) do trabalho.

(E) militar.

"D" é a opção correta, pois nos termos do art. 114, III, da CF as ações sobre representação sindical, entre sindicatos, entre sindicatos e trabalhadores, e entre sindicatos e empregadores, são de competência da Justiça do Trabalho.

Gabarito "D"

(ADVOGADO – CORREIOS – 2008 – ESPP) A Justiça do Trabalho em primeira instância será constituída:

(A) por juntas de conciliação e julgamento, compostas por um juiz do trabalho e dois vogais.

(B) por juntas de conciliação e julgamento, composta também por juízes classistas nomeados pelo presidente do Tribunal Regional do Trabalho.

(C) por varas trabalhistas, compostas por juízes togados e leigos, que exercerão a jurisdição.

(D) por varas trabalhistas compostas por juízes do trabalho, com competência para resolução dos dissídios individuais.

"D" é a alternativa correta, pois a 1ª instancia trabalhista é constituída pela vara do trabalho, em que a jurisdição será exercida pelo juiz singular.

Gabarito "D"

(ADVOGADO – IRB – 2006 – ESAF) Entre a data de protocolização da petição inicial e a realização da audiência haverá prazo mínimo de:

(A) 20 dias.

(B) 15 dias.

(C) 10 dias.

(D) 8 dias.

(E) 5 dias.

"E" é a alternativa correta, pois reflete o disposto no art. 841 da CLT.

Gabarito "E"

2. PRESCRIÇÃO

(Procurador Distrital – 2014 – CESPE) Julgue o item abaixo, referente à prescrição e à decadência no processo do trabalho.

(1) A prescrição não arguida na instância ordinária não poderá constituir fundamento de recurso para a instância superior.

1. Opção correta, pois reflete o entendimento consubstanciado na Súmula 153 do TST.

Gabarito 1C

(Procurador do Estado/BA – 2014 – CESPE) Julgue o seguinte item.

(1) O direito de o empregado discutir, em juízo, a falta de contribuição para o FGTS pelo empregador prescreve em trinta anos, observado o prazo máximo de dois anos após a extinção do contrato de trabalho para a propositura da reclamação trabalhista.

1. Opção correta, pois reflete o entendimento disposto na Súmula 362 do TST.

Gabarito 1C

(Procurador do Estado/BA – 2014 – CESPE) Em relação ao direito processual do trabalho, julgue o seguinte item.

(1) Segundo entendimento do TST, o marco inicial da contagem do prazo prescricional para o ajuizamento de ação condenatória, quando advém a dispensa do empregado no curso de ação declaratória com a mesma causa de pedir remota, é a data da extinção do contrato de trabalho.

1. Opção incorreta, pois em conformidade com o entendimento consubstanciado na OJ 401 da SDI 1 do TST o marco inicial da contagem do prazo prescricional é o trânsito em julgado da ação declaratória e não a data de extinção do contrato de trabalho.

Gabarito 1E

(PROCURADOR DO ESTADO/RS – FUNDATEC – 2010) No que tange à prescrição trabalhista, assinale a alternativa correta:

(A) Conforme entendimento sumulado do Tribunal Superior do Trabalho, é aplicável na Justiça do Trabalho à prescrição intercorrente.

(B) O prazo prescricional para o empregado ajuizar ações contra a administração pública direta e indireta, no que tange às verbas oriundas do contrato de trabalho, é de dois anos após o final da relação de emprego, podendo cobrar os últimos cinco anos de contrato, contados estes da data em que a administração foi citada no correspondente processo.

(C) Conforme entendimento sumulado do Supremo Tribunal Federal, é inaplicável na Justiça do Trabalho a prescrição intercorrente.

(D) Conforme entendimento sumulado do Tribunal Superior do Trabalho, a ação trabalhista, ainda que arquivada, interrompe a prescrição em relação a qualquer pedido a ser realizado em face do réu da ação.

(E) Todas as alternativas anteriores estão incorretas.

A: opção incorreta, pois embora o STF por meio da Súmula 327 entenda ser aplicável na Justiça do Trabalho a prescrição intercorrente, o TST por meio da Súmula 114 entende ser inaplicável na Justiça do Trabalho a prescrição intercorrente; **B:** opção incorreta, pois a prescrição quinquenal é contada do dia da propositura da reclamação trabalhista. Veja Súmula 308, item I, do TST; **C:** opção incorreta, pois o STF entende ser aplicável a prescrição intercorrente, nos termos da Súmula 327; **D:** opção incorreta, pois é interrompida somente em relação aos pedidos idênticos, nos termos da Súmula 268 do TST.

Gabarito "E"

(Procurador do Estado/PI – 2008 – CESPE) O art. 219, § 5º, do CPC determina que o juiz pronunciará, de ofício, a prescrição. A respeito dessa determinação, e considerando o posicionamento da jurisprudência do TST acerca desse assunto, assinale a opção correta.

(A) A declaração de prescrição de ofício, como prevê o artigo em apreço, é inaplicável à justiça do trabalho, devido à natureza alimentar dos créditos trabalhistas.

(B) A regra prevista no artigo sob análise aplica-se de forma subsidiária ao processo do trabalho, uma vez que a CLT é omissa nesse ponto.

(C) A regra em questão apenas poderia ser aplicada ao processo do trabalho se houvesse dispositivo semelhante escrito na CLT.

(D) Caberá ao juiz do trabalho, ao analisar o processo, decidir se reconhece a prescrição de ofício ou se abre prazo para a parte contrária alegar a prescrição.

(E) Uma vez que não existe um código de processo do trabalho, todas as regras previstas no CPC são aplicáveis também ao processo do trabalho.

De fato, o TST posicionou-se sobre a questão no sentido de ser inaplicável o disposto no art. 219, § 5º, do CPC, o Ministro Maurício Godinho Delgado, relator da Sexta Turma do TST, defendeu a tese de que o dispositivo legal que permite a prescrição de ofício estaria em "choque com vários princípios constitucionais, como da valorização do trabalho e do emprego, da norma mais favorável e da submissão da propriedade à sua função socioambiental, além do próprio princípio da proteção" (RR-141941-31.2005.5.03.0073).

Gabarito "A"

(Procurador do Estado/PB – 2008 – CESPE) Acerca da prescrição de direitos do trabalhador, assinale a opção correta.

(A) O direito de ação quanto a créditos resultantes das relações de trabalho prescreve em cinco anos para o trabalhador urbano, até o limite de dois anos após a extinção do contrato de trabalho, e, em dois anos, após a extinção do contrato de trabalho, para o trabalhador rural.

(B) O direito de ação quanto a créditos decorrentes das relações de trabalho prescreve em dois anos para os trabalhadores urbanos e rurais, a partir do respectivo fato que o enseja.

(C) O direito de ação quanto aos créditos resultantes das relações de trabalho prescreve em cinco anos para os trabalhadores urbanos e rurais, a partir da extinção do contrato de trabalho.

(D) O direito de ação quanto ao não recolhimento da contribuição para o FGTS prescreve em trinta anos para os trabalhadores urbanos e rurais, observado o prazo de dois anos após o término do contrato de trabalho.

(E) O direito de ação quanto a créditos resultantes das relações de trabalho e quanto ao não recolhimento da contribuição para o FGTS prescreve em cinco anos para os trabalhadores urbanos e rurais, observado o prazo de dois anos após a extinção do contrato de trabalho.

A: incorreta, pois com a Emenda Constitucional 28, que entrou em vigor em 25 de maio de 2000, o prazo prescricional para os trabalhadores rurais passou a ter a mesma aplicação que para os urbanos e, de acordo com a Súmula 362 do TST: "FGTS. PRESCRIÇÃO. É trintenária a prescrição do direito de reclamar contra o não recolhimento da contribuição para o FGTS, observado o prazo de 2 (dois) anos após o término do contrato de trabalho"; **B:** incorreta, pois com a Emenda Constitucional 28, que entrou em vigor em 25 de maio de 2000, o prazo prescricional para os trabalhadores rurais passou a ter a mesma aplicação que para os urbanos. (Art. 7º, XXIX, da CF: "ação, quanto aos créditos resultantes das relações de trabalho, com prazo prescricional de cinco anos para trabalhadores urbanos e rurais, até o limite de dois após a extinção do contrato de trabalho"). Assim, a ordem trazida pela Emenda Constitucional impõe que o regime prescricional dos trabalhadores urbanos seja o mesmo aplicável ao trabalhador rural; **C:** incorreta, eis que, de fato o prazo prescricional é de cinco anos, *até o limite de dois anos após a extinção do contrato de trabalho* (art. 7º, XXIX, da CF); **D:** correta, pois a assertiva está de acordo com a Súmula 362 do TST: "FGTS. PRESCRIÇÃO. É trintenária a prescrição do direito de reclamar contra o não recolhimento da contribuição para o FGTS, observado o prazo de 2 (dois) anos após o término do contrato de trabalho"; **E:** incorreta, pois prescreve em *trinta anos* a ação quanto ao não recolhimento da contribuição para o FGTS.

Gabarito "D"

(Procurador do Estado/PE – CESPE – 2009) Acerca da prescrição no processo trabalhista, assinale a opção correta.

(A) A prescrição da pretensão relativa às parcelas remuneratórias não alcança o respectivo recolhimento da contribuição para o FGTS, à medida que a prescrição fundiária é trintenária, observado o prazo de dois anos após o término do contrato de trabalho.

(B) A ação trabalhista, ainda que arquivada, interrompe a prescrição relativamente a pedidos relativos a todo o vínculo empregatício.

(C) Tratando-se de ação que envolva pedido de prestações sucessivas decorrentes de alteração do pactuado, a prescrição é total, mesmo quando o direito à parcela esteja também assegurado por preceito de lei.

(D) Tratando-se de pedido de complementação de aposentadoria oriunda de norma regulamentar e jamais paga ao ex-empregado, a prescrição aplicável é a parcial.

(E) A ação movida por sindicato, na qualidade de substituto processual, interrompe a prescrição, ainda que tenha sido considerado parte ilegítima *ad causam*.

A: incorreta, pois a alternativa está em desacordo com a Súmula 206 do TST: "FGTS. INCIDÊNCIA SOBRE PARCELAS PRESCRITAS. A prescrição da pretensão relativa às parcelas remuneratórias alcança o respectivo recolhimento da contribuição para o FGTS"; **B:** incorreta, pois a alternativa está em desacordo com a Súmula 268 do TST: "PRESCRIÇÃO. INTERRUPÇÃO. AÇÃO TRABALHISTA ARQUIVADA. A ação trabalhista, ainda que arquivada, interrompe a prescrição somente em relação aos pedidos idênticos"; **C:** incorreta, pois a alternativa está em desacordo com a Súmula 294 do TST: "PRESCRIÇÃO. ALTERAÇÃO CONTRATUAL. TRABALHADOR URBANO. Tratando-se de ação que envolva pedido de prestações sucessivas decorrente de alteração do pactuado, a prescrição é total, exceto quando o direito à parcela esteja também assegurado por preceito de lei"; **D:** incorreta, pois a alternativa está em desacordo com a Súmula 326 do TST: "COMPLEMENTAÇÃO DOS PROVENTOS DE APOSENTADORIA. PARCELA NUNCA RECEBIDA. PRESCRIÇÃO TOTAL. Tratando-se de pedido de complementação de aposentadoria oriunda de norma regulamentar e jamais paga ao ex-empregado, a prescrição aplicável é a total, começando a fluir o biênio a partir da aposentadoria"; **E:** correta, pois a assertiva está de acordo com a Orientação Jurisprudencial 359 da SDI-I do TST: "SUBSTITUIÇÃO PROCESSUAL. SINDICATO. LEGITIMIDADE. PRESCRIÇÃO. INTERRUPÇÃO. A ação movida por sindicato, na qualidade de substituto processual, interrompe a prescrição, ainda que tenha sido considerado parte ilegítima *ad causam*".

Gabarito "E"

(Procurador do Município/Florianópolis-SC – 2010 – FEPESE) Assinale a alternativa **correta**.

(A) São imprescritíveis as verbas de caráter salarial.

(B) O prazo decadencial para ajuizamento de ação rescisória é de um ano.

(C) A ação para cobrança das contribuições para o Fundo de Garantia por Tempo de Serviço – FGTS – prescreve em vinte anos.

(D) O prazo prescricional para ingressar com ação trabalhista é de cinco anos, contado do término do aviso-prévio.

(E) O trabalhador tem direito à ação, quanto aos créditos resultantes das relações de trabalho, com prazo prescricional de cinco anos para os trabalhadores urbanos e rurais, até o limite de dois anos após a extinção do contrato de trabalho.

A: opção incorreta, pois prescrevem de acordo com o prazo estabelecido no art. 7º, XXIX, da CF e art. 11 da CLT; **B:** opção incorreta, pois o prazo decadencial é de 2 (dois) anos, nos moldes do art. 495 do CPC. Veja, também, o art. 836 da CLT; **C:** opção incorreta, pois nos moldes da Súmula 362 do TST, desde que obedecido o prazo da prescrição bienal, é trintenária a prescrição do direito de reclamar contra o não recolhimento da contribuição para o FGTS; **D:** opção incorreta, pois o prazo é de 2 (dois) anos, nos termos do art. 7º, XXIX, da CF e art. 11 da CLT; **E:** opção correta, pois reflete o disposto no art. 7º, XXIX, da CF e art. 11 da CLT.

Gabarito "E"

(ADVOGADO – BNB – 2006 – ACEP) Sobre a prescrição de créditos trabalhistas, assinale a alternativa **CORRETA**.

(A) A ação que tenha por objeto anotações para fins de prova junto à Previdência Social prescreve em dois anos, contados da data da cessação da relação de emprego.

(B) Contra os menores de 18 anos não corre nenhum prazo de prescrição.

(C) Terminada a relação de emprego, o empregado tem 5 anos para propor reclamação trabalhista.

(D) No curso da relação de emprego, caso seja interposta reclamação trabalhista, o período atingido pela prescrição corresponde aos 2 anos anteriores à propositura da ação.

(E) O prazo prescricional das ações quanto aos créditos resultantes das relações de emprego é de 2 anos para trabalhadores urbanos, até o limite de 5 anos após a extinção do contrato de emprego.

A: opção incorreta, pois as ações são imprescritíveis, nos termos do art. 11, § 1º, da CLT; **B:** opção correta, pois reflete o disposto no art. 440 da CLT; **C:** opção incorreta, pois o empregado terá 2 anos para propor a reclamação, art. 7º, XXIX, da CF e art. 11, I, da CLT; **D:** opção incorreta, pois o período será de 5 anos. A prescrição bienal tem como marco inicial a extinção do pacto laboral. Veja arts. 7º, XXIX, da CF e art. 11, I, da CLT e Súmula 308, I, do TST; **E:** opção incorreta, pois o prazo é para os créditos decorrentes da relação de trabalho, nos termos do art. 7º, XXIX, da CF.

Gabarito "B"

3. RESPOSTAS E INSTRUÇÃO PROCESSUAL

(Procurador do Estado/BA – 2014 – CESPE) Em relação ao direito processual do trabalho, julgue o seguinte item.

(1) Dada a celeridade, que fundamento o procedimento sumaríssimo, a CLT não admite o deferimento e a realização de prova técnica pericial.

1. Opção errada, pois no procedimento sumaríssimo admite-se a realização de prova técnica pericial, nos termos do art. 852-H, § 4º, da CLT.

Gabarito 1E

(Procurador do Estado/BA – 2014 – CESPE) Em relação ao direito processual do trabalho, julgue o seguinte item.

(1) No processo do trabalho, o reclamante que der causa a dois arquivamentos seguidos de reclamação trabalhista em face de seu não comparecimento à audiência fica definitivamente impossibilitado de exercer novamente o direito de reclamar a justiça do trabalho, se a nova ação envolver o mesmo reclamante, reclamado e objeto.

1. Opção incorreta, pois nos termos dos arts. 731 e 732 da CLT a perda do direito de propor nova reclamação trabalhista se dá por 6 meses, que chamamos de perempção provisória.

Gabarito 1E

(Procurador Federal – 2013 – CESPE) Julgue o seguinte item.

(1) Segundo entendimento pacificado do TST, é devida a contribuição previdenciária sobre o valor do acordo celebrado e homologado após o trânsito em julgado de decisão judicial, respeitada a proporcionalidade de valores entre as parcelas de natureza salarial e indenizatória deferidas na decisão condenatória e as parcelas objeto do acordo.

1: Opção correta, pois reflete o entendimento disposto na OJ 376 da SDI 1 do TST.

Gabarito 1C

(Procurador do Estado/AC – FMP – 2012) Considerando as peculiaridades do Processo do Trabalho, em relação ao instituto da revelia, pode-se afirmar que:

(A) não há qualquer distinção em relação ao Processo Civil, inclusive quanto ao prazo para apresentação da defesa.

(B) a ausência da reclamada, na audiência em que deveria apresentar defesa, importa sua revelia, ainda que presente seu advogado munido de procuração, podendo ser ilidida a revelia mediante a apresentação de atestado médico, que deverá declarar, expressamente, a impossibilidade de locomoção do empregador ou do seu preposto no dia da audiência.

(C) decretada a revelia, a consequência imediata será a aplicação da confissão ao reclamado, acolhendo-se integralmente todas as postulações formuladas na inicial, inclusive em relação àquelas matérias ditas "de Direito".

(D) mesmo ausente a reclamada, poderá seu advogado, munido de procuração, apresentar a defesa, principalmente considerando o fato de que não se configura a revelia em face do flagrante ânimo de se defender manifestado.

A: opção incorreta, pois a revelia no processo do trabalho está ligada com o não comparecimento do reclamado à audiência em que deveria apresentar a defesa. Veja arts. 843 e 844 da CLT e Súmula 122 do TST; **B:** opção correta, pois reflete o entendimento disposto na Súmula 122 do TST; **C:** opção incorreta, pois somente com relação à matéria fática, art. 844, parte final, CLT; **D:** opção incorreta, pois a revelia está ligada com a presença da parte e não de seu advogado, veja Súmula 122 do TST.

Gabarito "B"

(Procurador do Estado/GO – 2010) Considerando as disposições contidas na Consolidação das Leis do Trabalho e no Código de Processo Civil, bem como o entendimento jurisprudencial sumulado, está CORRETA a seguinte proposição:

(A) De acordo com a CLT, o juiz é obrigado a dar-se por suspeito, em relação à pessoa dos litigantes, nos casos de inimizade pessoal, amizade intima, parentesco por consanguinidade ou afinidade até terceiro grau civil e interesse particular na causa.

(B) Caso o réu não alegue a compensação na defesa, poderá fazê-lo em grau de recurso ordinário, ou seja, não estará preclusa porque pode ser alegada ainda na instância ordinária.

(C) A apresentação de razões finais é ônus da parte, razão pela qual a sua ausência invalida o processo.

(D) A ação trabalhista, ainda que arquivada, interrompe a prescrição, mesmo que os pedidos não sejam idênticos.

(E) De acordo com a CLT, apresentada a exceção de incompetência, abrir-se-á vista dos autos ao excepto por 10 dias, devendo a decisão ser proferida apenas na audiência de julgamento.

A: opção correta, pois reflete o disposto no art. 801 da CLT. Ver arts. 134 e 135 do CPC; **B:** opção incorreta, pois nos termos do art. 767 da CLT e Súmula 48 do TST a compensação somente pode ser alegada em contestação. Após esse momento processual não mais será possível sua alegação por já ter sido estabelecida a *litiscontestatio*. Está, portanto, sujeita à preclusão; **C:** opção incorreta, pois nos termos do art. 850 da CLT o termo "poderá" indica ser faculdade da parte a apresentação de razões finais; **D:** opção incorreta, pois nos termos da Súmula 268 do TST a ação trabalhista, ainda que arquivada, interrompe a prescrição somente em relação aos pedidos idênticos; **E:** opção incorreta, pois nos termos do art. 800 da CLT o prazo será de 24 horas, devendo a decisão ser proferida na primeira audiência ou sessão que se seguir

Gabarito "A"

(Procurador do Estado/MG – 2007) Em relação ao número de testemunhas no processo do trabalho é possível afirmar que

(A) no rito ordinário a parte poderá trazer até três testemunhas enquanto no rito sumaríssimo a prova testemunhal terá o limite de duas testemunhas.

(B) no rito ordinário a parte poderá trazer até seis testemunhas enquanto no rito sumaríssimo a prova testemunhal terá o limite de três testemunhas.

(C) no rito ordinário a parte poderá trazer até duas testemunhas enquanto no rito sumaríssimo a prova testemunhal terá o limite de seis testemunhas.

(D) no rito sumaríssimo terá o limite de duas testemunhas para cada parte, mas não há limite para testemunhas no procedimento ordinário.

A: opção correta, pois no rito ordinário, nos termos do art. 821 da CLT cada parte poderá levar no máximo 3 (três) testemunhas. Nos termos do mesmo dispositivo legal, no inquérito judicial para apuração de falta grave cada parte poderá levar até 6 (seis) testemunhas. No procedimento sumaríssimo, nos termos do art. 852-H, § 2º, da CLT cada parte poderá levar até 2 (duas) testemunhas.

Gabarito "A"

(Procurador do Município/Natal-RN – 2008 – CESPE) Quanto à prova das horas extraordinárias de trabalho na reclamação trabalhista, assinale a opção correta.

(A) Os cartões de ponto, apresentados pelo empregador e que demonstrem horários uniformes de entrada e saída do empregado, são válidos como meio de prova de que este não trabalhou além do horário normal, cabendo ao reclamante demonstrar as horas extras que alega ter prestado.

(B) O ônus da prova, quanto às horas extras de trabalho, será sempre do empregado.

(C) Os cartões de ponto, apresentados pelo empregador, que demonstrem horários uniformes de entrada e saída do empregado, não servem como meio de prova para demonstrar as horas extras prestadas por este, de modo que se inverte o ônus da prova, que passa a ser do reclamado.

(D) Os cartões de ponto, apresentados pelo empregador, que demonstrem horários uniformes de entrada e saída do empregado, não são válidos como meio de prova de que este não trabalhou além do horário normal, mas não eximem o reclamante de demonstrar que prestou horas extras.

A: opção incorreta, pois nos termos da Súmula 338, item III, do TST os cartões de ponto chamado de "britânicos" são inválidos como meio de prova, invertendo-se o ônus que passará a ser do empregador; **B:** opção incorreta, pois a regra geral é que o ônus de prova das horas extras é do empregado, nos termos do art. 818 da CLT e art. 333, I, do CPC, porém, como vimos na hipótese da Súmula 338, item III, do TST o ônus será do empregador; **C:** opção correta, pois reflete o entendimento consubstanciado na Súmula 338, item III, do TST; **D:** opção incorreta, pois nos termos da Súmula 338, item III, do TST, embora não sejam consideradas válidas como meio de prova, o ônus da prova é convertido ao empregador.

Gabarito "C"

(Procurador do Município/Natal-RN – 2008 – CESPE) Assinale a opção correta, segundo a posição atual do TST, quanto à denunciação da lide no processo do trabalho.

(A) Por ser considerada incompatível com o interesse do trabalhador na celeridade processual, a referida denunciação continua não sendo admitida, mesmo após a ampliação da competência da justiça do trabalho pela EC n.º 45/2004.

(B) A denunciação em apreço era admitida desde antes do advento da EC n.º 45/2004 e continua sendo possível sua aplicação, desde que sejam considerados o interesse do trabalhador na celeridade processual e a competência da justiça do trabalho para apreciar a controvérsia surgida entre o denunciante e o denunciado.

(C) A admissão da denunciação em pauta está limitada às lides entre trabalhadores e empregadores, não tendo a EC n.º 45/2004 possibilitado sua aplicação nas ações entre pessoas jurídicas.

(D) É possível, em tese, a aplicação da denunciação mencionada, após o advento da EC n.º 45/2004, devido à ampliação da competência da justiça do trabalho, mas devem ser observados o interesse do trabalhador na celeridade processual e a competência da justiça do trabalho para apreciar a controvérsia surgida entre o denunciante e o denunciado.

D: opção correta. A denunciação da lide é admitida, com ressalvas, nos domínios do processo do trabalho, somente na hipótese do inciso III do art. 70 do CPC. As demais hipóteses não se aplicam ao processo do trabalho por serem matérias que não decorrem da relação de trabalho. Com o advento da EC 45/2004 a Justiça do Trabalho passou a julgar todas as controvérsias decorrentes da relação de trabalho, podendo envolver terceiros, como por exemplo, em ações de danos morais em que o empregador denuncie a lide a seguradora ou, também, em caso de responsabilidade do empregador por ato de seus prepostos ou empregado (art. 932, II, 933 do CC), hipótese em que o empregador denunciaria a lide ao empregado que causou o dano. Há, ainda, a hipótese de rescisão por fato príncipe – *factum principis*, art. 486 da CLT em que a doutrina trata como hipótese de denunciação da lide. Por fim, importante destacar o cancelamento da OJ 227 da SDI 1 do TST que proibia a denunciação da lide no processo do trabalho.

Gabarito "D"

(Procurador do Município/Natal-RN – 2008 – CESPE) Quanto à testemunha nos processos trabalhistas, assinale a opção correta.

(A) O simples fato de estar a testemunha litigando ou ter litigado contra o mesmo empregador não a torna suspeita.

(B) É suspeita a testemunha que litiga contra o mesmo empregador, na hipótese de o objeto e os fatos das demandas serem diversos, por conta do interesse no litígio.

(C) O depoimento da testemunha suspeita, por ser parente até terceiro grau civil da parte, não poderá ser aproveitado como simples informação.

(D) A testemunha que litigar ou tiver litigado contra o mesmo empregador, em processo cujo objeto seja idêntico, torna-se suspeita.

A: opção correta, pois reflete o disposto na Súmula 357 do TST; **B:** opção incorreta, pois não há suspeição da testemunha, conforme entendimento da Súmula 357 do TST; **C:** opção incorreta, pois nos termos do art. 405, § 4°, do CPC poderá ser aproveitado; **D:** opção incorreta, pois contraria o entendimento disposto na Súmula 357 do TST.

Gabarito "A"

(Procurador do Município/Natal-RN – 2008 – CESPE) Acerca da prática dos atos processuais, assinale a opção correta.

(A) As férias coletivas dos ministros do TST interrompem os prazos processuais.

(B) Presume-se recebida a notificação 48 horas após sua postagem, cabendo ao destinatário fazer prova quanto ao seu não recebimento ou sua entrega após o decurso desse prazo.

(C) A intimação endereçada à parte, quando feita em endereço diverso do indicado na contestação, mas por ela recebida, torna inválido o ato praticado.

(D) Quando a parte for notificada no sábado, a contagem do prazo se inicia na segunda-feira subsequente.

A: opção incorreta, pois nos termos da Súmula 262, item II, do TST o prazo é suspenso; **B:** opção correta, pois reflete o entendimento disposto na Súmula 16 do TST; **C:** opção incorreta, pois a intimação efetivamente recebida pela Reclamada, ainda que em endereço diverso do indicado na contestação, é perfeitamente válida e atende à sua finalidade. Veja art. 244 CPC; **D:** opção incorreta, pois nos exatos termos da Súmula 262, item II, TST o início do prazo será no primeiro dia útil imediato e a contagem, no dia subsequente. Isso porque o art. 775 da CLT ensina que os prazos são contados com a exclusão do dia do começo e inclusão do dia do término. Nessa linha, o art. 770 da CLT dispõe que os atos processuais serão praticados em dia úteis. No mesmo sentido, aplicado subsidiariamente ao processo do trabalho o art. 184, § 2°, do CPC ensina que os prazos começam a correr no primeiro dia útil após a intimação. Assim, sendo a parte intimada no sábado – não considerado dia útil – considera-se feita na segunda-feira e a contagem no próxima dia, ou seja, terça-feira.

Gabarito "B"

(Procurador do Município/Recife-PE – 2008 – FCC) Considere as seguintes assertivas a respeito das exceções no processo judiciário do trabalho:

I. Nas causas da jurisdição da Justiça do Trabalho, opostas as exceções de suspeição ou incompetência ocorrerá a suspensão do feito.

II. Em regra, das decisões sobre exceções de suspeição e incompetência que não forem terminativas caberá agravo.

III. Apresentada a exceção de incompetência, abrir-se-á vista dos autos ao exceto, por 24 horas improrrogáveis.

IV. O rol de hipóteses de suspeição do magistrado previsto na Consolidação das Leis do Trabalho é taxativo.

De acordo com a Consolidação das Leis do Trabalho, está correto o que se afirma SOMENTE em

(A) I, II e III.

(B) I, III e IV.

(C) I e III.

(D) I e IV.

(E) III e IV.

I: opção correta, pois reflete o disposto no art. 799 da CLT; **II:** opção incorreta, pois as decisões interlocutórias são irrecorríveis de imediato, art. 893, § 1°, da CLT. As exceções estão na Súmula 214 TST; **III:** opção correta, pois reflete o disposto no art. 800 da CLT; IV: opção incorreta, pois o rol não é taxativo, mas sim exemplificativo, devendo ser aplicado o art. 135 do CPC.

Gabarito "C"

(Procurador do Estado/RO – 2011 – FCC) Sobre as provas no processo do trabalho, como regra, é correto afirmar:

(A) O documento em cópia oferecido para prova poderá ser declarado autêntico pelo próprio advogado, sob sua responsabilidade.

(B) No procedimento sumaríssimo trabalhista, as testemunhas são arroladas na peça inicial e na contestação, sob pena de preclusão.

(C) A prova documental poderá ser ofertada juntamente com as alegações finais do processo.

(D) O ônus de provar o término do contrato de trabalho, quando negados a prestação de serviço e o despedimento, é do empregado.

(E) A não apresentação injustificada dos controles de frequência pelo empregador gera presunção relativa de veracidade da jornada de trabalho, a qual não pode ser elidida por prova em contrário.

A: opção correta, pois reflete o entendimento disposto no art. 365, IV, do CPC; **B:** opção incorreta, pois nos termos do art. 852-H, § 2°, da CLT as testemunhas até o máximo de 2 para cada parte, comparecerão à audiência independente de intimação; **C:** opção incorreta, pois nos termos do art. 850 da CLT as alegações finais poderão ser ofertadas somente após encerrada a instrução. Veja, também, o art. 396 do CPC; **D:** opção incorreta, pois nos termos da Súmula 212 do TST o ônus de provar o término do contrato de trabalho, quando negados a prestação de serviço e o despedimento, é do *empregador*, pois o princípio da continuidade da relação de emprego constitui presunção favorável ao empregado; **E.** opção incorreta, pois de acordo com a Súmula 338, item I, do TST embora a não apresentação injustificada dos controles de frequência gere presunção relativa de veracidade da jornada de trabalho, poderá ser elidida por prova em contrário.

Gabarito "A"

(Procurador do Estado/RO – 2011 – FCC) Assinale a alternativa INCORRETA.

(A) Exceto quanto à reclamação de empregado doméstico, ou contra micro ou pequeno empresário, o preposto deve ser necessariamente empregado do reclamado.

(B) Na audiência, é facultado ao empregador fazer-se substituir pelo gerente, ou qualquer outro preposto que tenha conhecimento do fato, e cujas declarações obrigarão o preponente.

(C) Na audiência inicial, não havendo acordo, o reclamado terá vinte minutos para aduzir sua defesa.

(D) O não comparecimento do reclamante ou do reclamado à audiência inicial importa o arquivamento da reclamação.

(E) No procedimento sumaríssimo, não se fará a citação por edital, incumbindo ao autor a correta indicação do nome e endereço do reclamado.

A: opção correta, pois reflete o entendimento disposto na Súmula 377 do TST; **B:** opção correta, pois reflete o disposto no § 1º do art. 843 da CLT; **C:** opção correta, pois reflete o disposto no art. 847 da CLT; **D:** opção incorreta, pois embora o não comparecimento do reclamante importa no arquivamento da reclamação, o não comparecimento da reclamada importará na revelia quanto à matéria fática, nos termos do art. 844 da CLT; **E:** opção correta, pois reflete o disposto no art. 852-B, II, da CLT.

Gabarito "D"

(Procurador do Estado/SC – 2009) Sobre o Processo do Trabalho, assinale a alternativa correta:

(A) A confissão pode ser real ou ficta.

(B) A confissão sempre implica revelia.

(C) A confissão no processo do trabalho é a situação daquele que não oferece resistência, ou seja, ausência de defesa.

(D) A confissão revela-se como uma pena pela ausência de depoimento de testemunhas que estavam obrigadas a depor.

(E) A revelia é uma pena que não impede a posterior produção de provas pela reclamada.

Segundo ensina Sergio Pinto Martins, abrangendo os temas da questão: "Distingue-se a confissão da revelia. Revelia é a ausência de defesa do réu, que foi regularmente citado para se defender. Confissão é um dos efeitos da revelia. Havendo revelia, há presunção de serem considerados verdadeiros os fatos alegados na inicial (art. 302 do CPC). Em relação à possibilidade de produção de prova em contrário, a confissão pode ser real ou ficta. Confissão real é aquela realizada expressamente pela parte. A confissão ficta é apenas uma presunção relativa (*iuris tantum*) de que os fatos alegados pela parte contrária são verdadeiros, podendo ser elidida por outras provas existentes nos autos" (*Direito Processual do Trabalho*, 18ª edição, Atlas, p. 298). Importante também lembrar que a confissão não se aplica às testemunhas e que a revelia impede a produção de provas pela reclamada, acarretando a pena de confissão.

Gabarito "A"

(Procurador do Estado/SP – FCC – 2009) Nos processos perante a Justiça do Trabalho, constituem privilégios e/ou prerrogativas processuais da Fazenda do Estado de São Paulo, das autarquias e fundações de direito público que não explorem atividades econômicas:

(A) o pagamento do valor correspondente ao depósito para interposição de recurso somente após o trânsito em julgado.

(B) o recurso ordinário *ex officio* das decisões que sejam total ou parcialmente contrárias, dependendo do valor da condenação.

(C) o prazo em dobro para comparecimento em audiência e apresentação de contestação.

(D) o prazo em quádruplo para interposição de recurso.

(E) o pagamento do valor correspondente às custas somente após o trânsito em julgado.

A: incorreta, pois a Fazenda do Estado é isenta do preparo (art. 790-A da CLT); **B:** correta, pois a assertiva está de acordo com o art. 475, § 2º, do CPC e Súmula 303 do TST: "FAZENDA PÚBLICA. DUPLO GRAU DE JURISDIÇÃO I – Em dissídio individual, está sujeita ao duplo grau de jurisdição, mesmo na vigência da CF/1988, decisão contrária à Fazenda Pública, salvo: a) quando a condenação não ultrapassar o valor correspondente a 60 (sessenta) salários mínimos; b) quando a decisão estiver em consonância com decisão plenária do Supremo Tribunal Federal ou com súmula ou orientação jurisprudencial do Tribunal Superior do Trabalho"; **C:** incorreta, pois o prazo deve ser computado em *quádruplo*, de acordo com o Decreto-Lei 779/1969, e será contado entre o recebimento da citação e a data designada para a audiência (em regra 5 dias) que, no caso, para a Fazenda Pública, seria de vinte dias; **D:** incorreta, pois o prazo para interposição de recurso é contado em dobro (art. 1º, III, do Decreto-Lei 779/1969); **E:** incorreta, eis que a Fazenda Pública do Estado goza de isenção de custas (art. 790-A da CLT).

Gabarito "B"

(Procurador do Estado/SP – FCC – 2009) No que atine ao valor da causa,

(A) quando impugnado tempestivamente e se mantido o valor incompatível pelo juízo da causa, poderá ser interposto recurso de pedido de revisão à Corregedoria Regional, facultando-se a retratação.

(B) se indeterminado na inicial, há dispositivo legal que permite que seja fixado pelo juiz.

(C) se atribuído na inicial valor incompatível com o objeto da demanda, a parte não poderá impugná-lo.

(D) se atribuído na inicial valor incompatível com o objeto da demanda, a parte poderá impugná-lo somente em razões finais.

(E) quando impugnado tempestivamente e se mantido o valor incompatível pelo juízo da causa, poderá ser interposto recurso de pedido de revisão à Presidência do Tribunal Regional, não se facultando a retratação.

A: incorreta, pois o pedido de revisão deve ser interposto diretamente no Tribunal Regional do Trabalho respectivo, no prazo de 48 horas, encaminhado ao Presidente do mesmo Tribunal (art. 2º da Lei 5.584/1970); **B:** correta, eis que segundo dispõe o art. 2º, *caput*, da Lei 5.584/1970, o juiz, antes da instrução, fixará o valor da causa; C e **D:** incorretas, pois a parte poderá impugnar o valor da causa assim que fixado pelo juiz e, caso o juiz mantenha o valor, caberá pedido de revisão (art. 2º, § 1º, da Lei 5.584/1970); **E:** incorreta, pois há possibilidade de retratação no prazo de 48 horas (art. 2º, § 1º, da Lei 5.584/1970).

Gabarito "B"

(Procurador do Estado/CE – 2008 – CESPE) Com relação ao processo do trabalho, assinale a opção correta.

(A) Os juízos e tribunais do trabalho terão ampla liberdade na direção do processo e velarão pelo andamento célere das causas, podendo determinar qualquer diligência necessária ao esclarecimento delas.

(B) O direito processual comum será aplicado sempre que houver omissão no direito processual trabalhista.

(C) A compensação ou retenção pode ser arguida como matéria de defesa até o recurso interponível para o tribunal regional do trabalho (TRT).

(D) Se as partes resolverem conciliar-se, o juiz do trabalho deve suspender o processo e aguardar a homologação ou não do acordo pela Comissão de Conciliação Prévia, uma vez que é obrigatória a submissão àquele órgão extrajudicial.

(E) O princípio da simplicidade das formas não vigora no processo do trabalho quando as partes estão representadas por advogados, prevalecendo, no caso, o princípio da formalidade absoluta.

A: correto, art. 765 da CLT; **B:** falso, art. 769 da CLT; **C:** falso, art. 767 da CLT; **D:** falso, art. 764 da CLT; **E:** falso, pois referido princípio deve ser aplicado ainda que as partes estejam representadas por advogado.

Gabarito "A"

(Procurador do Estado/ES – 2008 – CESPE) Ex-empregado, carente de recursos econômicos, pretende ingressar com reclamação trabalhista na justiça do trabalho para exigir de seu ex-empregador o pagamento do adicional de periculosidade. Considerando essa situação, julgue os próximos itens.

(1) O empregado em questão deverá, obrigatoriamente, contratar advogado para ingressar com a ação trabalhista, considerando que o *jus postulandi* na justiça do trabalho não mais subsiste, tendo sido validamente revogado pela legislação que regula a atividade da advocacia.

(2) Caso não seja constatada a periculosidade alegada pelo reclamante, e considerando que ele tenha obtido o benefício da justiça gratuita, a atividade do perito designado pelo juiz do trabalho será enquadrada como trabalho voluntário, uma vez que nem o reclamante nem o Estado suportarão o pagamento dos honorários periciais.

(3) O benefício da justiça gratuita pode ser concedido em qualquer instância, a requerimento ou de ofício, àqueles que perceberem salário igual ou inferior ao dobro do mínimo legal, ou declararem, sob as penas da lei, que não estão em condições de pagar as custas do processo sem prejuízo do sustento próprio ou de sua família.

1: falso, art. 791 da CLT; **2:** falso, pois o artigo 5º, LXXIV, da CF abrange todas as despesas processuais; assim, cabe ao Estado o custeio dos honorários periciais para os beneficiários da justiça gratuita; vide art. 1º, I, da Resolução 66, de 10 de junho de 2010, do Conselho Superior da Justiça do Trabalho (em 2008 regulamentava a matéria o disposto no art. 1º da Resolução 35 do Conselho Superior da Justiça do Trabalho); **3:** correta, de acordo com o art. 790, § 3º, da CLT.

Gabarito 1E, 2E, 3C

(Procurador do Estado/ES – 2008 – CESPE) Em audiência, o juiz do trabalho indeferiu o pleito de uma parte de produzir prova testemunhal e, no mérito, julgou desfavoravelmente a essa parte. Considerando essa situação e as previsões da Consolidação das Leis do Trabalho pertinentes, julgue o item abaixo.

(1) A nulidade do ato de indeferimento da produção de prova testemunhal deve ser arguida pela primeira vez no recurso ordinário para o tribunal regional do trabalho, porque, antes da sentença, não é possível constatar a existência de prejuízo que justifique a pronúncia da nulidade do referido ato.

Item incorreto, pois contrário ao disposto no art. 795, *caput*, da CLT.

Gabarito 1E

(Procurador do Estado/ES – 2008 – CESPE) De acordo com a jurisprudência do TST, julgue os itens a seguir, referentes ao ônus da prova no processo trabalhista.

(1) O empregador com mais de dez empregados está obrigado a registrar a jornada de trabalho de seus empregados, cabendo-lhe, portanto, em processo trabalhista, o ônus de apresentar esses registros; se não o fizer, o juiz deferirá de plano o pedido formulado na inicial, na medida em que não poderá aceitar a produção de prova em contrário.

(2) Os registros de ponto que apresentem horários de entrada e saída uniformes são inválidos como meio de prova, invertendo-se o ônus da prova, relativo às horas extras, que passa a ser do empregador, prevalecendo a jornada da inicial se dele não se desincumbir.

(3) O ônus de provar o término do contrato de trabalho, quando negados a prestação de serviço e o despedimento, é do empregador, pois o princípio da continuidade da relação de emprego constitui presunção favorável ao empregado.

1: A afirmativa não reflete o disposto na Súmula 338 do TST: "JORNADA DE TRABALHO. REGISTRO. ÔNUS DA PROVA. I – É ônus do empregador que conta com mais de 10 (dez) empregados o registro da jornada de trabalho na forma do art. 74, § 2º, da CLT. A não apresentação injustificada dos controles de frequência gera presunção relativa de veracidade da jornada de trabalho, a qual pode ser elidida por prova em contrário. II – A presunção de veracidade da jornada de trabalho, ainda que prevista em instrumento normativo, pode ser elidida por prova em contrário (...)"; 2: Correta, pois a assertiva está de acordo com a Súmula 338, III, do TST: "(...) Os cartões de ponto que demonstram horários de entrada e saída uniformes são inválidos como meio de prova, invertendo-se o ônus da prova, relativo às horas extras, que passa a ser do empregador, prevalecendo a jornada da inicial se dele não se desincumbir"; 3: Correta, pois a afirmativa está de acordo com a Súmula 212 do TST: "DESPEDIMENTO. ÔNUS DA PROVA. O ônus de provar o término do contrato de trabalho, quando negados a prestação de serviço e o despedimento, é do empregador, pois o princípio da continuidade da relação de emprego constitui presunção favorável ao empregado".

Gabarito 1E, 2C, 3C

(Procurador do Estado/ES – 2008 – CESPE) Com relação à pessoa jurídica de direito público como parte em processo trabalhista, julgue os itens que se seguem.

(1) O não comparecimento do representante da pessoa jurídica de direito público na audiência em que deveria produzir defesa não importa revelia e confissão quanto à matéria de fato, prevalecendo, na hipótese, a busca da verdade real, por tratar-se de interesse público indisponível.

(2) O prazo para a interposição de embargos de declaração por pessoa jurídica de direito público é em dobro.

(3) Os estados e os municípios, por intermédio de seus procuradores, detêm legitimidade para recorrer em nome de entidades autárquicas com personalidade jurídica.

(4) A execução, contra a fazenda pública, de quantia enquadrada como de pequeno valor dispensa a expedição de precatório, não sendo ilegal a determinação de sequestro da importância devida pelo ente público na hipótese.

1: Errada, pois a alternativa não reflete o disposto na Orientação Jurisprudencial 152 da SDI-I do TST: "REVELIA. PESSOA JURÍDICA DE DIREITO PÚBLICO. APLICÁVEL. Pessoa jurídica de direito público sujeita-se à revelia prevista no artigo 844 da CLT"; **2:** Certa, pois a assertiva está de acordo com o art. 188 do CPC; **3:** Errada, pois segundo consta da Orientação Jurisprudencial 318 da SDI-I: "REPRESENTAÇÃO IRREGULAR. AUTARQUIA. Os Estados e os Municípios não têm legitimidade para recorrer em nome das autarquias detentoras de personalidade jurídica própria, devendo ser representadas pelos procuradores que fazem parte de seus quadros ou por advogados constituídos". Porém, importante ressaltar que em alguns estados, como por exemplo no estado de São Paulo, há previsão constitucional da representatividade das autarquias pela Procuradoria do Estado (art. 99, I, da Constituição do Estado de São Paulo); **4:** Certa, pois a afirmativa está de acordo com o art. 100, §§ 2º e 3º, da CF.

Gabarito 1E, 2C, 3E, 4C

(Procurador do Estado/PI – 2008 – CESPE) José moveu reclamação trabalhista contra uma autarquia do estado do Piauí. O juiz do trabalho julgou procedente a reclamação e condenou a autarquia. Joaquim, procurador do estado do Piauí, interpôs, então, recurso ordinário contra a decisão do juiz do trabalho em nome do estado do Piauí. Acerca dessa situação hipotética, assinale a opção correta.

(A) O estado do Piauí possui legitimidade para recorrer, uma vez que a autarquia pertence à administração direta do estado.

(B) O estado do Piauí possui legitimidade para recorrer, uma vez que a condenação deverá ser suportada pelos cofres públicos do estado.

(C) O estado do Piauí não possui legitimidade para recorrer, uma vez que não existe previsão legal para isso na CLT.

(D) O estado do Piauí não possui legitimidade para recorrer em nome da autarquia, pois esta é detentora de personalidade jurídica própria.

(E) A demanda jamais poderia ser discutida na justiça do trabalho, já que autarquias não podem ter em seus quadros, em nenhuma hipótese, empregados públicos regidos pela CLT.

O estado do Piauí não possui legitimidade para recorrer em nome de autarquia, conforme dispõe a Orientação Jurisprudencial 318 da SDI-I: "REPRESENTAÇÃO IRREGULAR. AUTARQUIA. Os Estados e os Municípios não têm legitimidade para recorrer em nome das autarquias detentoras de personalidade jurídica própria, devendo ser representadas pelos (...)". Porém, importante ressaltar que em alguns estados, como por exemplo no estado de São Paulo, há previsão constitucional da representatividade das autarquias pela Procuradoria do Estado (art. 99, I, da Constituição do Estado de São Paulo).

Gabarito "D"

(Procurador do Estado/PI – 2008 – CESPE) João moveu reclamação trabalhista contra a empresa Nordeste Ltda., pleiteando o pagamento do adicional de insalubridade. O juiz determinou a realização de perícia técnica, facultando às partes a indicação de assistente técnico. João, então, indicou Marcelo como seu assistente técnico. Após a conclusão da perícia, o juiz julgou procedente a reclamação, condenando a empresa Nordeste Ltda. a pagar a João os valores referentes ao adicional de insalubridade. Diante dessa situação hipotética, assinale a opção correta.

(A) Os honorários do assistente técnico indicado por João devem ser pagos pela empresa Nordeste Ltda., já que esta foi vencida no objeto da perícia.

(B) Não há que se falar em qualquer tipo de pagamento de honorários de assistente técnico, pois não existe previsão legal para tal pagamento.

(C) O pagamento dos honorários do assistente técnico deve ser suportado pelo TRT correspondente.

(D) Não existe possibilidade de indicação de assistente técnico a perícias realizadas no processo do trabalho.

(E) A indicação de assistente técnico é uma faculdade da parte e, por isso, cabe a João efetuar o pagamento do assistente técnico por ele indicado, independentemente do resultado da perícia.

De acordo com o art. 826 da CLT, é possível às partes indicarem assistente técnico, e conforme dispõe a Súmula 341 do TST: "HONORÁRIOS DO ASSISTENTE TÉCNICO. A indicação do perito assistente é faculdade da parte, a qual deve responder pelos respectivos honorários, ainda que vencedora no objeto da perícia".

Gabarito "E"

(Procurador do Estado/PI – 2008 – CESPE) O art. 191 do CPC estabelece que, existindo litisconsortes com diferentes procuradores, os prazos devem ser contados em dobro para contestar, para recorrer e, de modo geral, para falar nos autos. Sendo assim, a regra contida no referido artigo

(A) se aplica ao processo do trabalho, uma vez que a CLT é omissa, sendo, por isso, o CPC aplicado de forma subsidiária.

(B) se aplica ao processo do trabalho, uma vez que a CLT também prevê a aplicação do prazo em dobro aos litisconsortes com procuradores distintos.

(C) não se aplica ao processo do trabalho, por ser incompatível com o princípio da celeridade, inerente ao processo trabalhista.

(D) não se aplica ao processo do trabalho, já que regras específicas de processo civil não podem ser aplicadas a esse tipo de processo.

(E) não se aplica ao processo do trabalho, por ser incompatível com norma expressa da CLT.

A regra de contagem do prazo em dobro para litisconsortes com procuradores diferentes não se aplica ao processo do trabalho por ser incompatível com o princípio da celeridade processual trabalhista, nos termos da Orientação Jurisprudencial 310 da SDI-I do TST: "LITISCONSORTES. PROCURADORES DISTINTOS. PRAZO EM DOBRO. ART. 191 DO CPC. INAPLICÁVEL AO PROCESSO DO TRABALHO. A regra contida no art. 191 do CPC é inaplicável ao processo do trabalho, em decorrência da sua incompatibilidade com o princípio da celeridade inerente ao processo trabalhista".

Gabarito "C"

(Procurador do Estado/RR – 2006 – FCC) No processo do trabalho, o quádruplo do prazo fixado para oferecimento da defesa é garantia da

(A) União, Estados, Municípios e das autarquias ou fundações de direito público federais, estaduais ou municipais que não explorem atividade econômica e sociedades de economia mista.

(B) União, Estados, Distrito Federal, Municípios e das autarquias ou fundações de direito público federais, estaduais ou municipais que não explorem atividade econômica, bem como sociedades de economia mista e empresas públicas.

(C) União, Estados, Municípios e das autarquias ou fundações de direito público federais, estaduais ou municipais que não explorem atividade econômica, bem como sociedades de economia mista e empresas públicas.

(D) União, Estados, Distrito Federal, Municípios e das autarquias ou fundações de direito público federais, estaduais ou municipais que não explorem atividade econômica.

(E) União, Estados, Municípios e das autarquias ou fundações de direito público federais, estaduais ou municipais que não explorem atividade econômica e empresas públicas.

A Fazenda Pública (União, Estados, Distrito Federal, Municípios, autarquias e as fundações de direito publico federais, estaduais e municipais que não explorem atividade econômica) e o Ministério Público possuem tratamento diverso quanto aos prazos, conforme prevê o art. 188 do CPC: "Computar-se-á em quádruplo o prazo para contestar e em dobro para recorrer quando a parte for a Fazenda Pública ou o Ministério Público". Importante lembrar que às empresas públicas e sociedades de economia mista não se aplicam a prerrogativa do prazo em quádruplo para apresentação de defesa, pois são pessoas jurídicas de direito privado.

Gabarito "D"

(Procurador do Estado/RR – 2006 – FCC) A reclamada ao receber a intimação para comparecimento em audiência e oferecimento da defesa, em reclamação trabalhista ajuizada por ex-empregado, verifica que na petição inicial está sendo repetido pedido de horas extras já decidido por sentença transitada em julgado. Em sua defesa deverá

(A) opor exceção de coisa julgada.

(B) opor exceção de nulidade.

(C) arguir litigância de má-fé.

(D) arguir preliminar de carência de ação.

(E) arguir preliminar de coisa julgada.

De fato, quando o reclamante pleiteia pedido já julgado por sentença com trânsito em julgado, estar-se-á diante da coisa julgada, cabendo ao reclamado alegar a sua ocorrência em preliminar de sua defesa (art. 301, VI, do CPC).

Gabarito "E"

(Procurador do Estado/PE – 2004 – FCC) Nos processos perante a Justiça do Trabalho, são beneficiários da isenção do pagamento de custas:

(A) a União, os Estados e os Municípios, exclusivamente.

(B) a União, os Estados e os Municípios, o Ministério Público do Trabalho e as entidades fiscalizadoras do exercício profissional.

(C) a União, os Estados e os Municípios e respectivas autarquias e fundações públicas federais, estaduais e municipais, que não explorem atividade econômica e o Ministério Público do Trabalho.

(D) a União, os Estados e os Municípios e respectivas autarquias e fundações públicas federais, estaduais e municipais, que não explorem atividade econômica; o Ministério Público do Trabalho e as entidades fiscalizadoras do exercício profissional.

(E) a União, os Estados e os Municípios e respectivas autarquias e fundações públicas federais, estaduais e municipais, que não explorem atividade econômica e o Ministério Público do Trabalho, alcançando a referida isenção eventuais despesas realizadas pela parte vencedora.

Art. 790 A, I, da CLT

Gabarito "C"

(Procurador do Estado/PE – 2004 – FCC) O reclamante ajuíza uma ação trabalhista contra sociedade de economia mista estadual, que explora atividade econômica, buscando reconhecimento de contrato de trabalho e os consectários legais. A reclamada alega que não há vínculo de emprego, pois a relação havida reveste-se de natureza especial, tratando-se de regime próprio da Administração Pública, que exclui o regime trabalhista privado. O juiz da vara do trabalho, ao julgar a reclamação trabalhista, deverá considerar que os estatutos das empresas públicas, sociedades de economia mista e suas subsidiárias que explorem atividade econômica, devem observar, no que respeita às relações de trabalho, o regime jurídico

(A) da Administração Pública direta.

(B) das empresas privadas.

(C) próprio, conforme deliberação de sua diretoria.

(D) alternativamente da Administração Pública direta, ou da empresa privada, conforme disposição de seus atos constitutivos.

(E) da empresa privada até a aquisição de estabilidade pelo servidor e, daí em diante da Administração Pública direta.

Sociedade de economia mista é pessoa jurídica de direito privado e deve observar o regime jurídico de direito privado, a teor do disposto no art. 173, § 1º, II, da CF.

Gabarito "B"

(Procurador do Município/Florianópolis-SC – 2010 – FEPESE) Em matéria processual trabalhista, assinale a alternativa **correta**.

(A) Cada uma das partes não poderá indicar mais de dez testemunhas.

(B) A revelia não produz confissão na ação rescisória.

(C) A presença de advogado devidamente credenciado ilidi a revelia. A ausência da reclamada à audiência em que deveria apresentar defesa, não produz a revelia quando presente seu advogado munido de procuração.

(D) O não comparecimento do reclamante à audiência acarretará o adiamento do ato, em decorrência do princípio da proteção ao empregado.

(E) Torna-se suspeita a testemunha pelo simples fato de estar litigando ou de ter litigado contra o mesmo empregador.

A: opção incorreta, pois nos termos do art. 821 da CLT em se tratando de procedimento ordinário cada parte poderá indicar até 3 (três) testemunhas, salvo quando se tratar de inquérito, caso em que esse número poderá ser elevado a 6 (seis). No procedimento sumaríssimo esse número é reduzido para 2 (duas) testemunhas por parte, nos termos do art. 852-H, § 2º, da CLT; **B:** opção correta, pois reflete o entendimento disposto na Súmula 398 do TST; **C:** opção incorreta, pois, não estando presente a parte, ainda que esteja presente o advogado, serão aplicados os efeitos da revelia, em conformidade com a Súmula 122 do TST; **D:** opção incorreta, pois não comparecendo o reclamante o processo será arquivado, em conformidade com o art. 844 da CLT; **E:** opção incorreta, pois nos termos da Súmula 357 do TST não torna suspeita a testemunha o simples fato de estar litigando ou de ter litigado contra o mesmo empregador.

Gabarito "B"

(Procurador do Município/Florianópolis-SC – 2010 – FEPESE) O *jus postulandi* das partes na Justiça do Trabalho **não** alcança:

(A) a ação cautelar, o mandado de segurança e os recursos ordinários.

(B) a ação rescisória, a ação cautelar, o mandado de segurança e os recursos de competência do Tribunal Superior do Trabalho.

(C) a ação rescisória e os recursos de competência do Tribunal Superior do Trabalho.

(D) a ação paulina, a ação anulatória de contrato de trabalho, o mandado de segurança e os recursos de competência do Tribunal Superior do Trabalho.

A: opção incorreta, pois nos termos da Súmula 425 do TST permite-se o *jus postulandi* em recurso de natureza ordinária; **B:** opção correta, pois reflete o entendimento cristalizado na Súmula 425 do TST; **C:** opção incorreta, pois a ação cautelar também não poderá ser feita por meio do *jus postulandi*; **D:** Opção incorreta, pois a ação paulina é instrumento processual que visa anular os contratos onerosos do devedor, celebrados com o intuito de fraudar os credores, quando a insolvência for notória ou houver motivo para ser conhecida do outro contratante, nos termos do art. 159 do atual do Código Civil. Assim, não se enquadra na competência da Justiça do Trabalho esculpida no art. 114 da CF/1988, por ser matéria eminentemente cível.

Gabarito "B"

(Procurador do Município/Teresina-PI – 2010 – FCC) Em uma reclamação trabalhista a autarquia municipal X pretende arguir compensação de valores. Neste caso, a compensação

(A) deverá ser arguida na execução através de embargos à execução.

(B) só poderá ser arguida em contestação.

(C) poderá ser arguida em qualquer momento processual desde que antes do trânsito em julgado.

(D) poderá ser arguida em qualquer momento processual, inclusive através de ação rescisória.

(E) só poderá ser arguida na liquidação de sentença através de manifestação expressa.

A: opção incorreta, pois as matérias que podem ser alegadas nos embargos à execução são aquelas elencadas nos arts. 884, § 1º, da CLT e arts. 475-L e 745 do CPC; **B:** opção correta, pois reflete o disposto no art. 767 da CLT. Veja, também, as Súmulas 18 e 48 do TST; **C:** opção incorreta, pois a compensação é matéria exclusiva e deve ser alegada na contestação, art. 767 da CLT e Súmula 48 do TST; **D:** opção incorreta, vide comentários anteriores; **E:** opção incorreta, vide comentários anteriores.

Gabarito "B"

(Procurador Federal – 2010 – CESPE) Acerca dos honorários advocatícios no processo do trabalho, julgue os itens seguintes.

(1) O percentual limite de honorários advocatícios no processo do trabalho é de 15% sobre o líquido apurado na execução da sentença.

(2) Na justiça do trabalho, o deferimento de honorários advocatícios sujeita-se à constatação da ocorrência de assistência por sindicato.

1: Certa, pois a assertiva está de acordo com a Orientação Jurisprudencial 348 da SDI-I do TST: "Os honorários advocatícios, arbitrados nos termos do art. 11, § 1º, da Lei nº 1.060, de 05.02.1950, devem incidir sobre o valor líquido da condenação, apurado na fase de liquidação de sentença, sem a dedução dos descontos fiscais e previdenciários"; 2: Errada, pois a afirmativa não reflete o disposto na Orientação Jurisprudencial 305 da SDI-I do TST: "Na Justiça do Trabalho, o deferimento de honorários advocatícios sujeita-se à constatação da ocorrência concomitante de *dois requisitos*: o benefício da justiça gratuita e a assistência por sindicato" (g.n.).

Gabarito 1C, 2E

(Procurador da Fazenda Nacional – 2007.2 – ESAF) No que tange às decisões homologatórias de acordos no âmbito da justiça do trabalho é correto afirmar:

(A) a União será intimada mesmo quando contenham parcela de natureza indenizatória. Contudo, delas não poderá recorrer já que sobre a referida parcela não incide tributação.

(B) a União será intimada quando contenham parcela indenizatória, facultada a interposição de recurso relativo aos tributos que lhe forem devidos.

(C) a União será intimada quando contenham parcela indenizatória e estará obrigada a recorrer quanto aos tributos que lhe forem devidos.

(D) o Ministro de Estado da Fazenda ou o Procurador da Fazenda Nacional poderão, mediante ato fundamentado, dispensar a manifestação da União nas decisões homologatórias de acordo, em que o montante da parcela indenizatória envolvida resultar perda de escala decorrente da atuação do órgão jurídico.

(E) uma vez intimada da sentença homologatória de acordo a União não poderá interpor recurso questionando a natureza jurídica das parcelas constantes do acordo pois tal discriminação tem feição de decisão interlocutória.

Art. 832, § 4º, da CLT.

Gabarito "B"

(ADVOGADO – CEF – 2012 – CESGRANRIO) Luísa ajuizou reclamação trabalhista em face da sua antiga empregadora, pleiteando horas extras e seus reflexos. No dia da audiência inaugural, a autora compareceu acompanhada de seu advogado. O advogado da reclamada também compareceu, munido de instrumento de procuração e defesa. O preposto, contudo, não compareceu. O advogado da reclamada apresentou atestado médico que informava que o preposto sofria de labirintite. O juiz aplicou a pena de revelia, não permitindo a juntada da contestação aos autos. Considerando-se os fatos apresentados, o disposto na CLT e o entendimento do TST, o posicionamento do juiz está

(A) correto, pois a presença do preposto da reclamada na audiência inaugural é obrigatória, não cabendo qualquer justificativa para sua ausência.

(B) correto, uma vez que o atestado médico apresentado não era suficiente para ilidir a revelia, na medida em que o atestado deve declarar, expressamente, a impossibilidade de locomoção do preposto no dia da audiência.

(C) errado, porque o advogado da reclamada apresentou atestado médico que justificava a ausência do preposto na audiência.

(D) errado, pois, caso o advogado da autora concordasse, o juiz deveria receber a contestação, mesmo o preposto estando ausente.

(E) errado, sendo que o juiz deveria ter suspendido a audiência, designando nova data para a instrução.

"B" é a alternativa correta, pois a CLT em seu art. 843 ensina que na audiência de julgamento deverão estar presentes reclamante e reclamado, ou seja, as partes, independente da presença de seus advogados. No entanto, de acordo com o entendimento cristalizado pelo TST na Súmula 122 do TST ensina que a reclamada será considerada revel na audiência em que deveria apresentar defesa, ainda que seu advogado esteja presente. Essa ausência poderá ser suprimida mediante a apresentação de um atestado médico que ateste, expressamente, a impossibilidade de locomoção. Como no caso em estudo o atestado médico não fez indicação expressa com relação à impossibilidade de locomoção, deverão ser aplicados os efeitos da revelia.

Gabarito "B"

(ADVOGADO – CORREIOS – 2011 – CESPE) Julgue o item subsecutivo, referente a dissídios individuais.

(1) Nos dissídios individuais, o juiz deve provocar a apresentação da primeira proposta conciliatória logo após a entrega da defesa escrita ou a apresentação de defesa oral.

1: opção incorreta, pois a primeira proposta de conciliação deverá ser feita na audiência inaugural, antes da apresentação da defesa, nos termos do art. 846 da CLT.

Gabarito 1E

(ADVOGADO – PETROBRÁS – 2003 – CESPE) A propósito das regras informativas do processo judiciário trabalhista, julgue os itens seguintes.

(1) Nas ações trabalhistas, a exceção de incompetência em razão do lugar deve ser oferecida em audiência, acarretando a suspensão do processo e a concessão do prazo mínimo de cinco dias ao excepto para manifestação. Da decisão interlocutória proferida, acolhendo ou rejeitando a exceção, admite-se a interposição de agravo, cujo merecimento, entretanto, apenas será analisado por ocasião da interposição do recurso cabível contra a decisão terminativa ou definitiva proferida.

(2) Como meio de proteção ao patrimônio público, nas ações propostas sob o rito sumaríssimo em face de órgão da administração pública direta, autárquica ou fundacional, as sentenças condenatórias em valores superiores a sessenta salários mínimos não produzirão efeitos enquanto não forem submetidas ao reexame obrigatório dos tribunais competentes.

(3) Os dissídios coletivos concernentes a conflitos que envolvam sindicatos com âmbito nacional de representação devem ser solucionados originariamente pelo TST.

1: opção incorreta, pois da decisão que acolhe a exceção e remete os autos será cabível a interposição de recurso ordinário, nos termos do art. 799, § 2º, da CLT e Súmula 214, c, do TST; 2: opção incorreta, pois estão excluídas do procedimento sumaríssimo as demandas em que é parte a Administração Pública direta, autárquica e fundacional, nos termos do art. 852-A, parágrafo único, da CLT; 3: opção correta, pois reflete o disposto no art. 702, I, b, da CLT.

Gabarito 1E; 2E; 3C

(ADVOGADO – EPE – 2007 – CESGRANRIO) Assinale a afirmação **INCORRETA** quanto às testemunhas, no processo do trabalho.

(A) No procedimento ordinário, cada parte poderá indicar até 3 (três) testemunhas.

(B) No procedimento sumaríssimo, cada parte poderá indicar até 2 (duas) testemunhas.

(C) Nos inquéritos, cada parte poderá indicar até 6 (seis) testemunhas.

(D) Em caso de litisconsórcio, as partes poderão indicar, conjuntamente, até 4 (quatro) testemunhas.

(E) As testemunhas deverão comparecer à audiência independente de notificação ou intimação.

A: opção correta, pois reflete o disposto no art. 821 da CLT; **B:** opção correta, pois reflete o disposto no art. 852-H, § 2º, da CLT; **C:** opção correta, pois reflete o disposto no art. 821, parte final, da CLT; **D:** opção incorreta, pois a regra do art. 191 do CPC não é aplicável no processo do trabalho, nos termos da orientação jurisprudencial 310 da SDI 1 do TST; **E:** opção correta, pois reflete o disposto no art. 825 da CLT.

Gabarito "D"

4. PROCEDIMENTOS E SENTENÇA

(Procurador Distrital – 2014 – CESPE) Julgue os itens subsequentes, relativos ao procedimento sumaríssimo na justiça do trabalho.

(1) Não é cabível a citação por edital no procedimento sumaríssimo.

(2) Não é admissível a interposição de recurso de revista em procedimento sumaríssimo quando o fundamento do recurso for a contrariedade a orientação jurisprudencial do TST.

1. Opção correta, pois reflete o disposto no art. 852-B, II, da CLT.
2. Opção correta, pois reflete o entendimento disposto no art. 896, § 6º, da CLT e Súmula 442 do TST.

Gabarito 1C, 2C

(Procurador do Estado/BA – 2014 – CESPE) Acerca de recursos, execução trabalhista e dissídio coletivo, julgue o item seguinte.

(1) Segundo entendimento do TST, a fazenda pública, quando condenada subsidiariamente pelas obrigações trabalhistas devidas pela empregadora principal, não se beneficia da limitação dos juros, prevista no art. 1.º-F da Lei nº 9.494/1997.

1: Opção correta, pois reflete o entendimento disposto na OJ 382 da SDI 1 do TST.

Gabarito 1C

(PROCURADOR DO ESTADO/MG – FUMARC – 2012) Assinale a alternativa **correta**:

(A) O rito sumaríssimo trabalhista é aplicável às demandas em que seja parte a Administração Pública estadual.

(B) Nos dissídios trabalhistas, o direito processual comum é aplicado como fonte subsidiária às normas jurídicas do direito processual do trabalho, sempre que houver omissão na legislação processual trabalhista.

(C) Nos dissídios individuais a reclamação trabalhista poderá ser feita pela forma verbal ou escrita. Nos dissídios coletivos do trabalho a instância será instaurada mediante representação escrita dirigida ao Presidente do Tribunal, não se admitindo a forma verbal.

(D) A jurisprudência assentada pelo Tribunal Superior do Trabalho considera cabível mandado de segurança contra ato judicial de recusa da homologação de acordo.

(E) Em ação rescisória, a decisão proferida pelo juízo de primeiro grau não está sujeita ao duplo grau de jurisdição obrigatório quando desfavorável ao ente público, ainda que a condenação ultrapasse o valor correspondente a 60 (sessenta) salários mínimos e a decisão não esteja em consonância com decisão plenária do Supremo Tribunal Federal ou com súmula ou orientação jurisprudencial do Tribunal Superior do Trabalho.

A: opção incorreta, pois nos termos do art. 852-A, parágrafo único, da CLT "estão excluídas do procedimento sumaríssimo as demandas em que é parte a Administração Pública direta, autárquica e fundacional"; **B:** opção incorreta, pois embora quando haja omissão no texto consolidado, o direito processual comum será fonte subsidiária no processo do trabalho, desde que haja compatibilidade com as normas processuais trabalhistas, nos termos do art. 769 da CLT; **C:** opção correta, pois nos dissídios individuais a reclamação poderá ser escrita ou verbal, nos termos do art. 840 da CLT, já nos dissídios coletivos deverá ser exclusivamente escrita, nos termos do art. 856 da CLT. **D:** opção incorreta, pois a homologação de acordo é uma faculdade do Juiz, nos termos do entendimento cristalizado na Súmula 418 do TST; **E:** opção incorreta, pois nos termos da Súmula 303, item II, do TST a ação rescisória está sujeita ao duplo grau de jurisdição, exceto quando a condenação não ultrapassar o valor correspondente a 60 (sessenta) salários mínimos e quando a decisão estiver em consonância com decisão plenária do Supremo Tribunal Federal ou com súmula ou orientação jurisprudencial do TST.

Gabarito "C"

(Procurador do Estado/MG – 2007) Na Justiça do Trabalho somente podem ser opostas, com suspensão do feito, as exceções

(A) de coisa julgada e litispendência.

(B) de coisa julgada e de suspeição.

(C) de suspeição e de incompetência.

(D) de incompetência e de coisa julgada

C: opção correta, pois na Justiça do Trabalho somente podem ser opostas, com suspensão do feito, as exceções de suspeição ou incompetência, nos termos do art. 799 da CLT. As demais exceções deverão ser alegadas como matéria de defesa, com fulcro no art. 799, § 1º, da CLT.

Gabarito "C"

(Procurador do Estado/MT – FCC – 2011) Sobre o procedimento sumaríssimo, é correto afirmar:

(A) Estão excluídas as demandas em que é parte a Administração Pública direta e indireta.

(B) A sentença mencionará os elementos de convicção do juízo, com resumo dos fatos relevantes ocorridos em audiência, dispensado o relatório e a fundamentação

(C) Os dissídios individuais cujo valor não exceda a sessenta vezes o salário mínimo vigente na data do ajuizamento da reclamação ficam submetidos ao procedimento sumaríssimo.

(D) As testemunhas, até o máximo de três para cada parte, comparecerão à audiência de instrução e julgamento independentemente de intimação.

(E) No julgamento do recurso ordinário, se a sentença for confirmada pelos próprios fundamentos, a certidão de julgamento, registrando tal circunstância, servirá de acórdão.

A: opção incorreta, pois nos termos do art. 852-A, parágrafo único, da CLT as demandas em que for parte a administração pública indireta não estão excluídas do procedimento sumaríssimo; **B:** opção incorreta, pois não há dispensa de fundamentação, somente o relatório é dispensado, conforme art. 852-I da CLT; **C:** opção incorreta, pois nos termos do art. 852-A as ações cujo valor não exceda a 40 vezes o salário mínimo, serão submetidas ao procedimento sumaríssimo; **D:** opção incorreta, pois nos termos do art. 852-H, § 2º, da CLT cada parte poderá levar no máximo 2 (duas) testemunhas; **E:** opção correta, pois reflete o disposto no art. 895, § 1º, IV, parte final, da CLT.

Gabarito "E"

(Procurador do Estado/SE – FCC – 2005) O procedimento sumaríssimo é aplicável

(A) aos dissídios individuais e coletivos, cujo valor não exceda a quarenta vezes o salário mínimo vigente da data do ajuizamento da reclamação, inclusive nas demandas em que é parte a Administração Pública direta, autárquica e fundacional.

(B) aos dissídios individuais, cujo valor não exceda a quarenta vezes o salário mínimo vigente na data do ajuizamento da reclamação.

(C) apenas aos dissídios coletivos, cujo valor não exceda a quarenta vezes o salário mínimo vigente na data do ajuizamento da reclamação, inclusive nas demandas em que é parte a Administração Pública direta, autárquica e fundacional.

(D) aos dissídios individuais, cujo valor não exceda a quarenta vezes o salário mínimo vigente na data do ajuizamento da reclamação, inclusive nas demandas em que é parte a Administração Pública direta, autárquica e fundacional.

(E) aos dissídios individuais e coletivos, cujo valor não exceda a quarenta vezes o salário mínimo vigente da data do ajuizamento da reclamação.

A: opção incorreta, pois nos termos do art. 852-A, *caput*, da CLT os dissídios coletivos não se submetem ao procedimento sumaríssimo. Ademais, o parágrafo único do mesmo dispositivo ensina que a Administração Pública direta, autárquica e fundacional estão excluídas do procedimento sumaríssimo; **B:** opção correta, pois reflete a disposição contida no art. 852-A, *caput*, da CLT; **C:** opção incorreta, pois os dissídios coletivos não se submetem ao procedimento sumaríssimo. Veja art. 852-A, *caput*, da CLT; **D:** opção incorreta, pois nos termos do art. 852-A, parágrafo único, da CLT a Administração Pública direta, autárquica e fundacional estão excluídas do procedimento sumaríssimo; **E:** opção incorreta. Veja comentários das alternativas anteriores.

Gabarito "B"

(Procurador do Município/Recife-PE – 2008 – FCC) De acordo com a Consolidação das Leis do Trabalho, nos dissídios individuais submetidos ao procedimento sumaríssimo

(A) o valor não deverá exceder a sessenta vezes o salário mínimo vigente na data do ajuizamento da reclamação.

(B) todas as provas serão produzidas na audiência de instrução e julgamento, ainda que não requeridas previamente.

(C) o pedido poderá ser genérico, mas deverá indicar valor estimado de suposta condenação.

(D) a citação por edital ocorrerá quando a parte reclamada não for encontrada tendo sido citada por hora certa.

(E) as testemunhas, até o máximo de três para cada parte, comparecerão à audiência de instrução e julgamento independentemente de intimação.

A: opção incorreta, pois nos termos do art. 852-A da CLT não poderá exceder 40 salários mínimos; **B:** opção correta, pois reflete o disposto no art. 852-H da CLT; **C:** opção incorreta, pois nos termos do art. 852-B, I, da CLT o pedido deverá ser certo ou determinado e indicará o valor correspondente; **D:** opção incorreta, pois não é admitida a citação por edital, art. 852-B, II, da CLT; **E:** opção incorreta, pois cada parte poderá levar no máximo 2 testemunhas, art. 852-H, § 2º, da CLT.

Gabarito "B"

(Procurador do Estado/SC – 2010 – FEPESE) Em relação ao procedimento sumaríssimo na Justiça do Trabalho, assinale a alternativa **correta**.

(A) A citação por edital deve ser realizada no prazo máximo de 30 (trinta) dias.

(B) As testemunhas, até o máximo de duas para cada parte, comparecerão à audiência de instrução e julgamento independentemente de intimação.

(C) A Administração Pública direta, autárquica e fundacional são partes legítimas para figurarem como rés, opoentes, intervenientes e litisconsortes.

(D) Todas as provas deverão ser requeridas na petição inicial e na contestação, sob pena de preclusão.

(E) Os incidentes e as exceções que possam interferir no prosseguimento da audiência e do processo serão decididos em 48 (quarenta e oito) horas.

A: opção incorreta, pois no procedimento sumaríssimo não é possível a citação por edital, nos termos do art. 852-B, II, da CLT; **B:** opção correta, pois reflete o disposto no art. 852-H, § 2º, da CLT; **C:** opção incorreta, pois a Administração Pública direta, autárquica e fundacional, nos termos do art. 852-A, parágrafo único, da CLT estão excluídas deste procedimento, não podendo figurar como parte; **D:** opção incorreta, pois nos termos do art. 852-H, *caput*, da CLT todas as provas, ainda que não requeridas previamente, serão produzidas na audiência de instrução e julgamento; **E:** opção incorreta, pois nos termos do art. 852-G, da CLT, devem ser resolvidos de plano.

Gabarito "B"

(Procurador do Estado/PE – CESPE – 2009) Com referência ao inquérito para apuração de falta grave, assinale a opção correta.

(A) Para efeito de impetração de mandado de segurança, constitui direito líquido e certo do empregador a suspensão do empregado, ainda que detentor de estabilidade sindical, até a decisão final do inquérito em que se apure a falta grave a ele imputada.

(B) Cada uma das partes não pode indicar mais de três testemunhas.

(C) Mesmo se tiver havido prévio reconhecimento da estabilidade do empregado, o julgamento do inquérito pelo juízo prejudica a execução para pagamento dos salários devidos ao empregado, até a data da instauração do inquérito.

(D) Qualquer representante sindical somente pode ser dispensado por falta grave mediante a apuração em inquérito judicial.

(E) O prazo de decadência do direito do empregador de ajuizar inquérito em face do empregado que incorre em abandono de emprego é contado a partir do momento em que o empregado se afastou de suas atividades.

A: correta, pois a assertiva está de acordo com a Orientação Jurisprudencial 137 da SDI-II do TST: "MANDADO DE SEGURANÇA. DIRIGENTE SINDICAL. ART. 494 DA CLT. APLICÁVEL. Constitui direito líquido e certo do empregador a suspensão do empregado, ainda que detentor de estabilidade sindical, até a decisão final do inquérito em que se apure a falta grave a ele imputada, na forma do art. 494, "caput" e parágrafo único, da CLT"; **B:** incorreta, pois no caso de inquérito para apuração de falta grave cada parte pode indicar até 6 testemunhas (art. 821 da CLT); **C:** incorreta (art. 855 da CLT); **D:** incorreta, pois a estabilidade dos dirigentes sindicais encontra algumas limitações, conforme Súmula 369 do TST: "DIRIGENTE SINDICAL. ESTABILIDADE PROVISÓRIA. I – É assegurada a estabilidade provisória ao empregado dirigente sindical, ainda que a comunicação do registro da candidatura ou da eleição e da posse seja realizada fora do prazo previsto no art. 543, § 5º, da CLT, desde que a ciência ao empregador, por qualquer meio, ocorra na vigência do contrato de trabalho I II – O art. 522 da CLT, que limita a sete o número de dirigentes sindicais, foi recepcionado pela Constituição Federal de 1988. III – O empregado de categoria diferenciada eleito dirigente sindical só goza de estabilidade se exercer na empresa atividade pertinente à categoria profissional do sindicato para o qual foi eleito dirigente. IV – Havendo extinção da atividade empresarial no âmbito da base territorial do sindicato, não há razão para subsistir a estabilidade. V – O registro da candidatura do empregado a cargo de dirigente sindical durante o período de aviso-prévio, ainda que indenizado, não lhe assegura a estabilidade, visto que inaplicável a regra do § 3º do art. 543 da Consolidação das Leis do Trabalho"; **E:** incorreta, pois o prazo para ajuizar inquérito é contado a partir do momento em que o empregado pretendeu seu retorno ao serviço (Súmula 62 do TST: "ABANDONO DE EMPREGO. O prazo de decadência do direito do empregador de ajuizar inquérito em face do empregado que incorre em abandono de emprego é contado a partir do momento em que o empregado pretendeu seu retorno ao serviço").

Gabarito "A"

(Procurador do Estado/PB – 2008 – CESPE) Considere-se que o empregado de certa empresa pública tenha ajuizado reclamação trabalhista, sob o rito sumaríssimo, postulando horas extras e reflexos não pagos, e atribuindo ao valor da causa o correspondente a quarenta salários mínimos.

A respeito dessa situação hipotética, assinale a opção correta, com base na CF, na CLT, na legislação específica e na jurisprudência sumulada e consolidada do STF e do TST.

(A) O juiz deve indeferir a petição inicial, visto que não cabe reclamação trabalhista sob rito sumaríssimo contra empresa pública, que é parte integrante da administração pública indireta.

(B) A demanda não pode ser processada sob o rito sumaríssimo, por ter excedido o valor de alçada, cabendo prosseguir sob o rito comum das reclamações trabalhistas.

(C) A prova testemunhal deve limitar-se a três testemunhas por parte, cabendo ao reclamante e à reclamada providenciar o convite às testemunhas para oitiva, visto que o juiz só poderá determinar sua imediata condução coercitiva caso as testemunhas deixem de comparecer, após devidamente convidadas pela parte.

(D) No TRT, o relator e o revisor terão prazo máximo de 10 dias para liberar os autos ao julgamento do eventual recurso interposto contra a sentença do juiz do trabalho, que poderá ser apreciado por turma especializada para examinar os recursos ordinários interpostos nas demandas sujeitas ao rito sumaríssimo.

(E) O recurso de revista contra o acórdão do TRT apenas poderá ser admitido quando houver violação direta à CF pela decisão recorrida ou esta contrariar súmula do TST.

A: incorreta, pois o art. 852-A, parágrafo único, da CLT não contempla a administração pública indireta; **B:** incorreta, de acordo o art. 852-A, *caput*, da CLT, o valor atribuído a causa não excedeu o valor de alçada; **C:** incorreta, tendo em vista que o máximo são duas testemunhas para cada parte (art. 852-H, § 2º, da CLT); **D:** incorreta, conforme o art. 895, § 1º, II, da CLT não há revisor; **E:** correta, pois em conformidade com o disposto no art. 896, § 6º, da CLT..

Gabarito "E"

(Procurador do Estado/RR – 2006 – FCC) No procedimento sumaríssimo deverão ser decididos de plano as questões relativas à

(A) prescrição e decadência.

(B) litispendência, conexão e coisa julgada.

(C) compensação e retenção.

(D) prescrição e litispendência.

(E) compensação e coisa julgada.

No procedimento sumaríssimo o juiz decidirá de plano todos os incidentes e exceções que possam interferir no prosseguimento da audiência e do processo (art. 852-G da CLT), como é o caso da litispendência, conexão e coisa julgada, já que são causas de extinção do processo sem apreciação do mérito. A compensação e retenção só poderão ser alegadas como matéria de defesa (art. 767 da CLT).

Gabarito "B"

(ADVOGADO – BNDES – 2004 – CESGRANRIO) Segundo as regras próprias do Processo do Trabalho, pode-se afirmar corretamente que:

(A) na exceção de incompetência, o excepto terá o prazo de 48 (quarenta e oito) horas para manifestar-se sobre as alegações do excipiente.

(B) a exceção de suspeição deve ser julgada dentro de 5 (cinco) dias de sua apresentação.

(C) a notificação do reclamado deverá ser recebida nos 8 (oito) dias anteriores à realização da audiência.

(D) as razões finais orais serão, por cada parte, oferecidas na audiência em 10 (dez) minutos, no máximo.

(E) o prazo limite para a contestação feita oralmente na audiência é de 10 (dez) minutos.

A: opção incorreta, pois o excepto terá prazo de 24 horas, nos termos do art. 800 da CLT; **B:** opção incorreta, pois deverá ser instruída e julgada em 48 horas, nos termos do art. 802 da CLT; **C:** opção incorreta, pois a notificação deverá ser recebida 5 dias antes da audiência, nos termos do art. 841 da CLT; **D:** opção correta, pois reflete o entendimento disposto no art. 850 da CLT; **E:** opção incorreta, pois nos termos do art. 847 da CLT o prazo é de 20 minutos.

Gabarito "D"

(ADVOGADO – CORREIOS – 2008 – ESPP) Nas demandas em que se aplica o procedimento sumaríssimo previsto na CLT:

(A) não se fará citação por edital, incumbindo ao autor a correta indicação do nome e endereço do reclamado.

(B) o pedido poderá ser indeterminado, desde que o valor aproximado seja indicado na petição inicial.

(C) a apreciação da reclamação deverá ocorrer no prazo máximo legal de trinta dias.

(D) haverá instrução e julgamento em audiências distintas, a fim de se garantir a observância do princípio da identidade física do juiz.

A: opção correta, pois reflete o disposto no art. 852-B, II, da CLT; **B:** opção incorreta, pois em conformidade com o art. 852-B, I, da CLT o pedido deverá ser certo ou determinado e indicará o valor correspondente; **C:** opção incorreta, pois a apreciação deverá ocorrer 15 dias após o ajuizamento (art. 852-A, III, da CLT); **D:** opção incorreta, pois a audiência será de instrução e julgamento, nos termos do art. 852-C da CLT.

Gabarito "A"

5. RECURSOS

(Procurador Distrital – 2014 – CESPE) No que se refere aos recursos no processo do trabalho, julgue os itens seguintes.

(1) O recurso adesivo é compatível com o processo do trabalho, mas a matéria nele veiculada terá de estar relacionada com a do recurso interposto pela parte contrária.

(2) Se um advogado, ao tomar conhecimento de decisão em seção de julgamento de determinado tribunal regional do trabalho, preparar recurso de revista e o protocolar, antes mesmo da publicação do acórdão, tal recurso de revista poderá ser recebido pelo TST.

1. Opção incorreta, pois nos termos da Súmula 283 do TST é desnecessário que a matéria veiculada no recurso adesivo esteja relacionada com a do recurso principal interposto pela parte contrária; **2.** Opção incorreta, pois será considerado extemporâneo, nos termos da Súmula 434, I, do TST.

Gabarito 1E, 2E

(Procurador do Estado/AC – FMP – 2012) Quanto aos Recursos, no Processo do Trabalho, assinale a assertiva **incorreta**.

(A) O Recurso de Revista tem igual cabimento, tanto no procedimento ordinário, quanto no procedimento sumaríssimo.

(B) O Recurso Ordinário tem cabimento contra decisões definitivas ou terminativas das Varas e Juízos e também das decisões definitivas ou terminativas dos Tribunais Regionais, em processos de sua competência originária, quer em dissídios individuais ou coletivos, no prazo de oito dias.

(C) O Agravo de Instrumento, no Processo do Trabalho, também demanda preparo, em especial a realização de depósito recursal.

(D) O Agravo de Petição tem cabimento em face de decisões proferidas na execução.

A: opção incorreta, pois o recurso de revista é cabível no procedimento ordinário, nas hipóteses do art. 896 e alíneas da CLT, já no procedimento sumaríssimo na hipótese tratada no § 6º do art. 896 da CLT; **B:** opção correta, pois reflete o disposto nos incisos I e II do art. 895 da CLT; **C:** opção correta, pois reflete o disposto no art. 899, § 7º, da CLT;. **D:** opção correta, pois reflete o disposto no art. 897, *a*, da CLT.

Gabarito "A"

(Procurador do Estado/AC – FMP – 2012) Quanto aos Embargos à Execução, no Processo do Trabalho, pode-se afirmar que:

(A) os Embargos à Execução propostos em face de execução realizada por Carta Precatória serão julgados sempre pelo Juízo Deprecante.

(B) o prazo para a interposição dos Embargos à Execução é de cinco dias, salvo para a Fazenda Pública, que tem prazo em dobro.

(C) o prazo para a interposição dos Embargos à Execução é de cinco dias, cabendo ao exequente igual prazo para sua impugnação.

(D) da decisão de liquidação, no Processo do Trabalho, caberá Agravo de Instrumento.

A: opção incorreta, pois nos termos do art. 20, parágrafo único, da Lei 6.830/1980 caso os embargos versem sobre vícios ou irregularidades de atos praticados pelo próprio juízo deprecado, como por exemplo: vício de penhora, o julgamento será do juízo deprecado. Veja art. 889 da CLT; **B:** opção incorreta, pois para a Fazenda Pública o prazo também é de 5 dias. A regra de prazo em dobro prevista no art. 188 do CPC é aplicável somente para interposição de recurso. Os embargos à execução possuem natureza jurídica de ação; **C:** opção correta, pois reflete o disposto no art. 884 da CLT; **D:** opção incorreta, pois a decisão de liquidação é uma decisão interlocutória que, nos domínios do processo do trabalho, nos termos do art. 893, § 1º, da CLT, é irrecorrível de imediato.

Gabarito "C"

(Procurador do Estado/GO – 2010) Considerando as súmulas da jurisprudência do Tribunal Superior do Trabalho, está CORRETA a seguinte proposição:

(A) Se o juízo primeiro (*juízo a quo*) de admissibilidade do recurso de revista entendê-lo cabível apenas quanto a algumas das matérias veiculadas, deve ser interposto agravo de instrumento em relação às demais matérias para possibilitar a apreciação integral da revista pela Turma do Tribunal Superior do Trabalho (*juízo ad quem*), sob pena de preclusão.

(B) Ingressar com recurso de revista antes de ser publicada a decisão referente a embargos de declaração configura ato extemporâneo, ou seja, fora do prazo legal para recorrer.

(C) Embora o recurso adesivo seja compatível com o processo do trabalho e caiba, no prazo de oito dias, nas hipóteses de interposição de recurso ordinário, de agravo de petição, de revista e de embargos, é necessário que a matéria nele veiculada esteja relacionada com a do recurso interposto pela parte contrária para que possa ser admitido.

(D) Tratando-se de decisões proferidas pelos Tribunais Regionais do Trabalho ou por suas Turmas em embargos de terceiro, aviados em execução de sentença, cabe recurso de revista na hipótese de violação à Súmula de Jurisprudência Uniforme do Tribunal Superior do Trabalho.

(E) Nas causas sujeitas ao procedimento sumaríssimo, somente é admitido recurso de revista por violação direta da Constituição da República.

A: opção incorreta, pois nos termos da Súmula 285 do TST a admissibilidade parcial por parte do 1º juízo de admissibilidade não impedirá o TST de apreciar todas as matérias, daí imprópria a interposição de agravo de instrumento para recebimento parcial do recurso; **B:** opção correta, pois retrata o entendimento consubstanciado na Súmula 434, item I, do TST; **C:** opção incorreta, pois nos termos da Súmula 283 do TST é *desnecessário* que a matéria nele veiculada esteja relacionada com a do recurso interposto pela parte contrária; **D:** opção incorreta, pois nos termos do art. 896, § 2º, da CLT e Súmula 266 do TST depende de demonstração inequívoca de violência direta à Constituição Federal; **E:** opção incorreta, pois no procedimento sumaríssimo somente é admitido recurso de revista por contrariedade a súmula de jurisprudência uniforme do Tribunal Superior do Trabalho e violação direta da Constituição da República.

Gabarito "B"

(PROCURADOR DO ESTADO/MG – FUMARC – 2012) Sobre os recursos no processo do trabalho, assinale a alternativa **INCORRETA:**

(A) Não serão prejudicados os recursos interpostos com apoio em dispositivos processuais trabalhistas alterados ou cujo prazo para interposição em curso seja modificado por lei processual nova.

(B) No Tribunal Superior do Trabalho, no prazo de 8 (oito) dias, cabem embargos das decisões das Turmas que divergirem entre si, ou das decisões proferidas pela Seção de Dissídios Individuais, salvo se a decisão recorrida estiver em consonância com súmula ou orientação jurisprudencial do Tribunal Superior do Trabalho ou do Supremo Tribunal Federal.

(C) Nos dissídios individuais trabalhistas o recurso ordinário, que terá efeito meramente devolutivo, poderá ser interposto por simples petição, não se exigindo da parte recorrente o dever de fundamentá-lo.

(D) Segundo a jurisprudência assentada pelo TST, é admissível, em instância recursal, o oferecimento tardio de procuração, nos termos do artigo 37 do Código de Processo Civil, mediante protesto por posterior juntada, já que a interposição de recurso pode ser reputada ato urgente.

(E) É incabível recurso de revista contra sentença normativa proferida por Tribunal Regional do Trabalho em dissídio coletivo.

A: opção correta, pois reflete o disposto no art. 915 da CLT; **B:** opção correta, pois trata do recurso de embargos de divergência, disposto no art. 894, II, da CLT; **C:** opção correta, pois embora o tema seja controvertido na doutrina, a banca do concurso considerou a tese defendida por Manoel Antonio Teixeira Filho e Wagner Giglio, na qual nos termos do art. 899 da CLT o recurso poderá ser interposto por simples petição não necessitando da fundamentação, em razão dos princípios da simplicidade e *jus postulandi* da Justiça do Trabalho. Em sentido contrário Carlos Henrique Bezerra Leite sustenta ser imprescindível a fundamentação; **D:** opção incorreta, pois nos termos da Súmula 383, item I, do TST é *inadmissível* o oferecimento de procuração em instância recursal, já que a interposição de recurso *não* pode ser reputada urgente; **E:** opção correta, pois nos termos do art. 895, II, da CLT o recurso ordinário é o recurso adequado.

Gabarito "D"

(Procurador do Estado/MG – 2007) Do despacho denegatório do seguimento de recurso ordinário, caberá

(A) a apelação.

(B) o recurso de revista.

(C) agravo de petição.

(D) o agravo de instrumento.

A: opção incorreta, pois o recurso de apelação é próprio do direito processual comum, não sendo aplicável ao processo do trabalho; **B:** opção incorreta, pois o recurso de revista previsto no art. 896 da CLT é um recurso de natureza extraordinária que visa atacar decisões proferidas pelos TRTs em dissídios individuais em grau de recurso ordinário; **C:** opção incorreta, pois o agravo de petição previsto no art. 897, *a*, da CLT, é o recurso cabível, no prazo de 8 (oito) dias, em face das decisões do Juiz do Trabalho proferidas na fase de execução de sentença; **D:** opção correta, pois previsto no art. 897, *b*, da CLT, o agravo de instrumento é cabível, no prazo de 8 (oito) dias, para impugnar os despachos proferidos pelo juízo *a quo* no 1º juízo de admissibilidade recursal, que negarem seguimento a recursos.

Gabarito "D"

(Procurador do Estado/PA – 2011) Suponha que foi mantida contra Estado Federado, perante o Tribunal Superior do Trabalho, já em grau de recurso de revista, por decisão de mérito, condenação ao pagamento de verbas rescisórias trabalhistas. Interposto recurso extraordinário, foi obstado seu prosseguimento em razão do não preenchimento do requisito da impugnação específica a todos os fundamentos do acórdão recorrido. No caso, é CORRETO afirmar que dessa última decisão o recurso cabível é:

(A) Agravo à Subseção de Dissídios Individuais do Tribunal Superior do Trabalho, dentro do prazo de 16 (dezesseis) dias devido à dobra legal do prazo.

(B) Agravo ao Supremo Tribunal Federal, dentro do prazo de 20 (vinte) dias devido à dobra legal do prazo.

(C) Agravo regimental ao próprio Tribunal Superior do Trabalho, dentro do prazo improrrogável de 8 (oito) dias.

(D) Agravo regimental ao Tribunal Superior do Trabalho, dentro do prazo de 20 (vinte) dias devido à dobra legal do prazo.

(E) Agravo de instrumento ao Supremo Tribunal Federal, dentro do prazo de 16 (dezesseis) dias devido à dobra legal do prazo.

B: opção correta, pois nos termos do art. 544 do CPC com a redação dada pela Lei 12.322/2010 será admitido agravo nos próprios autos no prazo de 10 (dez) dias. No entanto, de acordo com o art. 188 do CPC os Estados possuem prazo em dobro para recorrer. Assim, na situação narrada, o prazo para que o Estado interponha o agravo será de 20 (vinte) dias.

Gabarito "B"

(Procurador do Estado/PA – 2011) Suponha que Estado Federado foi condenado por Juízo da Vara do Trabalho e, em grau de recurso ordinário, foi mantida a condenação por Turma do Tribunal Regional do Trabalho, ao pagamento de verbas rescisórias pleiteadas por ex-servidor contratado em regime jurídico-administrativo temporário de trabalho. Levando em consideração a legislação trabalhista e a jurisprudência do Tribunal Superior do Trabalho sobre o assunto, é CORRETO afirmar que:

(A) Tal condenação deverá ser mantida perante o Tribunal Superior do Trabalho, mesmo que interposto e devidamente julgado o recurso de revista da decisão do Tribunal Regional do Trabalho, porque são devidas, perante a própria Justiça do Trabalho, verbas de natureza trabalhista a ex-servidores contratados pelo regime de contrato temporário.

(B) Tal condenação não deverá ser reformada pelo Tribunal Superior do Trabalho, sobretudo se o Estado sucumbente eleger o recurso de revista como processualmente adequado e cabível para impugnar a decisão do Tribunal Regional do Trabalho.

(C) Tal condenação deverá ser mantida pelo Tribunal Superior do Trabalho, mesmo que interposto e devidamente julgado o recurso de revista do Estado sucumbente, pois ali já se firmou jurisprudência no sentido de que é dever da Justiça do Trabalho, em casos tais, conhecer e julgar tais demandas.

(D) Tal condenação deverá ser reformada perante o Supremo Tribunal Federal, uma vez interposto e julgado diretamente recurso extraordinário da decisão do Tribunal Regional do Trabalho.

(E) Tal condenação deverá ser anulada perante o Tribunal Superior do Trabalho, uma vez interposto e devidamente julgado o recurso de revista do Estado sucumbente, quanto à decisão do Tribunal Regional do Trabalho, uma vez constatada a incompetência material da Justiça do Trabalho para conhecer e julgar tais demandas.

E: opção correta, pois O Estado deverá interpor recurso de revista, com fulcro no art. 896, c, da CLT visando a anulação da reforma em razão da incompetência material da Justiça do Trabalho, esculpida no art. 114 da CF, tendo em vista que o servidor público foi contratado em regime jurídico-administrativo. Importante destacar que com o julgamento da ADI 3395-6 o STF firmou entendimento suspendendo qualquer interpretação ao art. 114 da CF/1988 que incluísse na competência da Justiça do Trabalho a apreciação de causas instauradas entre o Poder Público e seus servidores, tendo por base o vínculo de ordem estatutária ou jurídico-administrativo.

Gabarito "E"

(PROCURADOR DO ESTADO/RS – FUNDATEC – 2010) Quanto ao Recurso de Revista, analise as assertivas abaixo:

I. Das decisões proferidas pelos Tribunais Regionais do Trabalho ou por suas Turmas, em execução de sentença, inclusive em processo incidente de embargos de terceiro, não caberá Recurso de Revista, salvo na hipótese de ofensa direta e literal de norma da Constituição Federal.

II. A divergência apta a ensejar o Recurso de Revista deve ser atual, não se considerando como tal a ultrapassada por súmula, ou superada por iterativa e notória jurisprudência do Tribunal Superior do Trabalho.

III. Nas causas sujeitas ao procedimento sumaríssimo, somente será admitido Recurso de Revista por contrariedade a súmula de jurisprudência uniforme do Tribunal Superior do Trabalho, orientação jurisprudencial do Tribunal Superior do Trabalho e violação direta da Constituição da República.

Quais estão corretas?

(A) Nenhuma.

(B) I, II e III.

(C) Apenas I.

(D) Apenas I e II.

(E) Apenas II.

I: opção correta, pois reflete o disposto no art. 896, § 2º, da CLT; II: opção correta, pois reflete o disposto no art. 896, § 4º, da CLT; III: opção incorreta, pois nos termos do art. 896, § 6º, da CLT somente será admitido recurso de revista por contrariedade a súmula de jurisprudência uniforme do Tribunal Superior do Trabalho e violação direta da Constituição da República.

Gabarito "D"

(PROCURADOR DO ESTADO/RS – FUNDATEC – 2010) Quanto ao depósito recursal em ações trabalhistas, de acordo com entendimento sumulado do Tribunal Superior do Trabalho, é incorreto afirmar que

(A) deve ser realizado por empresas públicas e sociedades de economia mista quando estas forem condenadas em obrigações de fazer que não contenham condenação pecuniária.

(B) não ocorre deserção de recurso da massa falida por falta de pagamento do depósito do valor da condenação; esse privilégio, todavia, não se aplica à empresa em liquidação extrajudicial.

(C) é ônus da parte recorrente efetuar o depósito legal, integralmente, em relação a cada novo recurso interposto, sob pena de deserção; atingido o valor da condenação, nenhum depósito mais é exigido para qualquer recurso.

(D) havendo condenação solidária de duas ou mais empresas, o depósito recursal efetuado por uma delas aproveita as demais, quando a empresa que efetuou o depósito não pleiteia sua exclusão da lide.

(E) o depósito recursal deve ser feito e comprovado no prazo alusivo ao recurso; a interposição antecipada deste não prejudica a dilação legal.

A: opção incorreta, pois se não há condenação a pagamento em pecúnia, não há necessidade de depósito recursal. Veja Súmula 161 do TST; **B:** opção correta, pois reflete o disposto na Súmula 86 do TST; **C:** opção correta, pois reflete o entendimento disposto na Súmula 128, item I, do TST; **D:** opção correta, pois reflete o entendimento disposto na Súmula 128, item III, do TST; **E:** opção correta, pois reflete o entendimento disposto na Súmula 245 do TST.

Gabarito "A"

(PROCURADOR DO ESTADO/RS – FUNDATEC – 2010) De acordo com entendimento sumulado do Tribunal Superior do Trabalho, na Justiça do Trabalho, as decisões interlocutórias não ensejam recurso imediato, salvo nas hipóteses de decisão

I. de Tribunal Regional do Trabalho contrária à súmula ou orientação jurisprudencial do Tribunal Superior do Trabalho.

II. suscetível de impugnação mediante recurso para o mesmo Tribunal.

III. que acolhe exceção de incompetência territorial, com a remessa dos autos para Tribunal Regional distinto daquele a que se vincula o juízo excepcionado.

Quais estão corretas?

(A) Nenhuma.

(B) I, II e III.

(C) Apenas I.

(D) Apenas I e II.

(E) Apenas II.

I: opção correta, pois reflete o entendimento consubstanciado na Súmula 214, *a*, do TST; II: opção correta, pois reflete o entendimento consubstanciado na Súmula 214, *b*, do TST; III: opção correta, pois reflete o entendimento consubstanciado na Súmula 214, *c*, do TST.

Gabarito "B"

(Procurador do Estado/SE – FCC – 2005) O Recurso de Revista para Turma do Tribunal Superior do Trabalho das decisões proferidas em grau de Recurso Ordinário, em dissídio individual, pelos Tribunais Regionais do Trabalho, é cabível quando a decisão proferida apontar violação literal à lei federal ou afronta direta e literal à Constituição Federal; ou

(A) não der interpretação diversa ao mesmo dispositivo de lei federal da que lhe houver dado somente o Pleno do Tribunal Superior do Trabalho.

(B) não der interpretação divergente ao regulamento da empresa da que lhe houver dado outro Tribunal Regional do Trabalho ou Seção de Dissídios Individuais do Tribunal Superior do Trabalho.

(C) der interpretação divergente ao mesmo dispositivo de Convenção Coletiva de Trabalho ou Acordo Coletivo de Trabalho de observância obrigatória em área territorial que exceda a jurisdição do Tribunal Regional do Trabalho prolator da decisão recorrida.

(D) der interpretação divergente ao mesmo dispositivo de lei municipal em área territorial que não exceda a jurisdição do Tribunal Regional do Trabalho prolator da decisão recorrida.

(E) não der interpretação divergente ao mesmo dispositivo de lei estadual em área territorial que não exceda a jurisdição do Tribunal Regional do Trabalho prolator da decisão recorrida.

C: opção correta, pois além da hipótese trazida no enunciado questão que está disposta no art. 896, *c*, da CLT, é possível a interposição de recurso de revista sempre que for dada por outro Tribunal interpretação divergente na interpretação ao mesmo dispositivo de lei estadual, Convenção Coletiva de Trabalho, Acordo Coletivo, sentença normativa ou regulamento empresarial de observância obrigatória em área territorial que exceda a jurisdição do Tribunal Regional prolator da decisão recorrida, nos termos do art. 896, *b*, da CLT.

Gabarito "C"

(Procurador do Estado/SP – VUNESP – 2005) Em dissídio individual, está sujeita ao duplo grau de jurisdição, mesmo na vigência da CF/1988, decisão contrária à Fazenda Pública,

(A) salvo quando a decisão estiver em consonância com a jurisprudência do Tribunal Regional do Trabalho ao qual caberia o julgamento do recurso.

(B) salvo quando a condenação não ultrapassar o valor correspondente a 60 (sessenta) salários mínimos e a decisão estiver em consonância com decisão plenária do Supremo Tribunal Federal ou com súmula ou orientação jurisprudencial do Tribunal Superior do Trabalho.

(C) salvo quando houver recurso voluntário, caso em que a falta da remessa necessária fica suprida, sendo vedada ao juiz a reapreciação da sentença condenatória caso não conheça do recurso voluntário.

(D) em qualquer hipótese, independentemente da espécie de procedimento e do valor da causa, devendo ser anulada a sentença que deixou de proceder à remessa do feito ao tribunal competente para o reexame necessário.

(E) exceto em ação rescisória e em mandado de segurança, em que não cabe a remessa *ex officio*.

A: opção incorreta, pois nos termos da Súmula 303, item I, *b*, do TST não estará sujeita ao duplo grau de jurisdição quando a decisão estiver em consonância com decisão plenária do Supremo Tribunal Federal ou com súmula ou orientação jurisprudencial do Tribunal Superior do Trabalho; **B:** opção correta, pois reflete o disposto na Súmula 303, item I, *a*, do TST; **C:** opção incorreta, pois nos termos do art. 475, § 1º, do CPC, ainda que não haja recurso deverá o Juiz remeter os autos ao Tribunal; **D:** opção incorreta, pois as hipóteses estão elencadas no art. 475 do CPC e Súmula 303 do TST; **E:** opção incorreta, pois de acordo com o item III da Súmula 303 em mandado de segurança é possível remessa *ex officio*.

Gabarito "B"

(Procurador do Estado/SP – VUNESP – 2005) Com relação ao depósito recursal, é correto afirmar que

(A) é ônus da parte recorrente efetuar o depósito legal integralmente, em relação a cada novo recurso interposto, sob pena de deserção, independentemente do valor da condenação.

(B) é ônus da parte recorrente efetuar o depósito legal integralmente, em relação a cada novo recurso interposto, sob pena de deserção, até o valor da condenação.

(C) garantido o juízo, na fase executória, a exigência de depósito para recorrer de qualquer decisão viola os incisos II e LV do art. 5.° da CF/1988, ainda que sobrevenha decisão elevando o valor do débito.

(D) havendo condenação solidária de duas ou mais empresas, o depósito recursal efetuado por uma delas aproveita às demais, ainda que a empresa que efetuou o depósito pleiteie sua exclusão da lide.

(E) não é exigido o depósito para interposição de recurso da União, dos Estados, do Distrito Federal e dos Municípios, bem como das autarquias, fundações e empresas públicas e das sociedades de economia mista que exploram atividade econômica.

A: opção incorreta, pois de acordo com a Súmula 128, item I, do TST em razão da natureza jurídica de garantia de juízo, atingido o valor da condenação não é devido depósito recursal; **B:** opção correta, pois reflete o entendimento disposto na Súmula 128, item I, do TST; **C:** opção incorreta, pois havendo elevação do valor exige-se a complementação da garantia de juízo, Súmula 128, item II, do TST; **D:** opção incorreta, pois contraria a disposição contida na Súmula 128, item III, do TST; **E:** opção incorreta, pois somente as fundações que não explorem atividade econômica, art. 790-A, I, da CLT. Ademais, sociedade de economia mista e empresa pública não estão isentas, pois devem observar as regras trabalhistas e tributárias, nos termos do art. 173, § 1º, II, da CF. Nesse sentido veja a Súmula 170 do TST.

Gabarito "B"

(Procurador do Município/Manaus-AM – 2006 – FCC) Com relação ao recurso de revista no Processo Trabalhista é correto afirmar:

(A) Caberá recurso de revista em face das decisões definitivas dos Tribunais Regionais, nos processos de sua competência originária, no prazo de dez dias.

(B) O recurso de revista, dotado de efeito apenas devolutivo, será apresentado ao Presidente do Tribunal recorrido, que poderá recebê-lo ou denegá-lo, fundamentando, em qualquer caso, a decisão.

(C) Caberá recurso de revista em face da decisão que indefere a petição inicial, seja por inépcia ou qualquer outro vício, no prazo de dez dias.

(D) Caberá recurso de revista das decisões superadas por iterativa, notória e atual jurisprudência do Tribunal Superior do Trabalho.

(E) Após a apresentação das contrarrazões é defeso ao juiz presidente do Tribunal Superior do Trabalho o reexame dos pressupostos de admissibilidade do recurso de revista.

A: opção incorreta, pois o recurso cabível nessa hipótese é o recurso ordinário, art. 895, II, da CLT no prazo de 8 (oito) dias; **B:** opção correta, pois reflete o disposto no art. 896, § 1º, da CLT; **C:** opção incorreta, pois as hipóteses de cabimento do recurso de revista estão dispostas no art. 896 da CLT; **D:** opção incorreta, pois contraria a disposição contida no § 4º do art. 896 da CLT; **E:** opção incorreta, pois o 1º exame de admissibilidade feito pelo juízo *a quo* não vincula o 2º juízo de admissibilidade feito pelo juízo *ad quem*.

Gabarito "B"

(Procurador do Município/Natal-RN – 2008 – CESPE) Assinale a opção correta quanto ao atual entendimento do TST acerca do recurso prematuro.

(A) A apresentação do referido recurso, mesmo sendo considerada intempestiva, interrompe o prazo de interposição de outros recursos.

(B) O prazo recursal começa a fluir a partir do momento em que, tendo sido juntado aos autos o acórdão, a parte interessada dele toma conhecimento.

(C) A parte não precisa aguardar a publicação de decisão para que possa tomar conhecimento do seu teor e apresente recurso refutando os argumentos nela constantes, sendo este considerado fundamentado e apto a ser conhecido.

(D) Antes da publicação, a decisão não é considerada perfeita, mesmo quando a parte toma dela conhecimento sem ter havido ainda a intimação, pois a decisão inexiste juridicamente devido à ausência de comunicação formal.

A: opção incorreta, pois o recurso intempestivo não interrompe o prazo para interposição de outros recursos; **B:** opção incorreta, pois o prazo se inicia com a publicação da decisão. Veja art. 236 do CPC; **C:** opção incorreta, pois apenas com a publicação, veja art. 236 CPC; **D:** opção correta. Veja arts. 234 a 236 CPC.

Gabarito "D"

(Procurador do Município/Natal-RN – 2008 – CESPE) As hipóteses de cabimento de embargos, para a seção de dissídios individuais, de decisão de turma proferida em agravo incluem

(A) a decisão que não conheça de agravo de instrumento ou de agravo pela ausência de pressupostos intrínsecos.

(B) a impugnação à imposição de multas processuais previstas no art. 538, parágrafo único, ou no art. 557, § 2.º, ambos do CPC.

(C) o pedido de revisão dos pressupostos intrínsecos e extrínsecos de admissibilidade do recurso de revista, cuja ausência tenha sido declarada originariamente pela turma no julgamento do agravo.

(D) a decisão que não conheça de agravo de instrumento ou de agravo pela ausência de pressupostos intrínsecos e extrínsecos.

A: opção incorreta, pois nos termos da Súmula 353, *a*, do TST caberá embargos da decisão que não conheça de agravo de instrumento ou de agravo pela ausência de pressupostos extrínsecos; **B:** opção correta, pois reflete o disposto na Súmula 353, *e*, do TST; **C:** opção incorreta, pois nos termos da Súmula 353, *c*, do TST somente pressupostos extrínsecos; **D:** opção incorreta. Veja comentário da alternativa A.

Gabarito "B"

(Procurador do Município/Natal-RN – 2008 – CESPE) Quanto aos recursos trabalhistas, assinale a opção correta.

(A) Somente é admissível recurso adesivo no processo do trabalho se a matéria nele veiculada estiver relacionada com a do recurso principal, antes interposto pela parte contrária.

(B) Na justiça do trabalho, as decisões interlocutórias não possibilitam, em regra, recurso imediato.

(C) Da decisão do TRT que denegar mandado de segurança cabe recurso ordinário, dirigido ao TST, no prazo de quinze dias.

(D) Do acórdão do TRT que julgar agravo de instrumento cabe recurso de revista para o TST.

A: opção incorreta, pois nos termos da Súmula 283 do TST não é necessário que a matéria esteja relacionada à matéria do recurso principal; **B:** opção correta, pois reflete o entendimento disposto no art. 893, § 1º, da CLT. Sobre exceções à regra de irrecorribilidade imediata das decisões interlocutórias veja Súmula 214 do TST; **C:** opção incorreta, pois caberá a interposição de recurso ordinário no prazo de 8 (oito) dias; **D:** opção incorreta, pois nos termos da Súmula 218 do TST é incabível recurso de revista, isso porque no agravo de instrumento não se analisa o mérito do recurso anterior que teve negado o seguimento, mas apenas sua admissibilidade.

Gabarito "B"

(Procurador do Município/São Paulo-SP – 2008 – FCC) Nas ações movidas perante a Justiça do Trabalho contra a Fazenda Pública, em regra, constitui garantia:

(A) o prazo em dobro para recurso, com dispensa do depósito prévio recursal, além de recurso ordinário *ex officio* das decisões que lhes sejam total ou parcialmente contrárias.

(B) o prazo em dobro só para recurso ordinário, com dispensa do depósito prévio e recurso ordinário *ex officio* das decisões que lhes sejam total ou parcialmente contrárias.

(C) o prazo em quádruplo para recurso, e recurso ordinário *ex officio* das decisões que lhes sejam total ou parcialmente contrárias.

(D) o prazo em dobro só para recurso ordinário e recurso de revista *ex officio* das decisões que lhes sejam total ou parcialmente contrárias.

(E) recurso ordinário, recurso de revista e agravos *ex officio* das decisões que lhes sejam total ou parcialmente contrárias.

A: opção correta, pois nos termos do art. 1º, III, do Decreto 779/1969 a Fazenda Pública possui prazo em dobro para recorrer. É dispensada do depósito nos termos do art. 1º, IV, do Decreto 779/1969. É garantido o duplo grau obrigatório, ou seja, o reexame necessário. Assim, nos termos do art. 1º, V, do Decreto 779/1969 admite-se o recurso ordinário *ex officio*; **B:** opção incorreta, pois o prazo em dobro para recorrer é para qualquer recurso, art. 1º, III, do Decreto 779/1969; **C:** opção incorreta, pois o prazo para recursos é em dobro e não em quádruplo, art. 1º, III, do Decreto 779/1969;. **D:** opção incorreta, pois o prazo em dobro para recorrer é para qualquer recurso, art. 1º, III, do Decreto 779/1969; **E:** opção incorreta, pois somente recurso ordinário *ex officio*, art. 1º, V, do Decreto 779/1969.

Gabarito "A"

(Procurador da Fazenda Nacional – 2006 – ESAF) Sobre o sistema recursal trabalhista, é correto afirmar que

(A) as decisões interlocutórias são irrecorríveis, salvo se terminativas do feito.

(B) os recursos são interpostos por mera petição no prazo comum de 8 (oito) dias e têm efeito meramente devolutivo.

(C) o Agravo de Instrumento é cabível contra a decisão que denega a interposição de recurso e deve ser apresentado diretamente no Tribunal competente para o julgamento do recurso denegado.

(D) das decisões proferidas em execução, inclusive a sentença que julga os embargos do devedor, o recurso cabível é o Agravo de Petição.

(E) em fase de execução de sentença, é cabível a interposição de Recurso de Revista, mas somente em caso de afronta direta e literal à Constituição ou lei federal.

A: opção incorreta, pois em regra, as decisões interlocutórias são irrecorríveis de imediato, salvo as exceções previstas na Súmula 214 do TST; **B:** opção incorreta, pois o prazo não é comum, na medida em que cada parte terá prazo de 8 (oito) dias para interpor o recurso; **C:** opção incorreta, pois o agravo de instrumento nos domínios do processo do trabalho será apresentado no juiz que indeferiu o processamento do recurso; **D:** opção correta, pois reflete o disposto no art. 897, *a*, da CLT; **E:** opção incorreta, pois em execução de sentença é cabível o recurso de revista somente por de ofensa direta e literal de norma da Constituição Federal.

Gabarito "D"

(Procurador do Estado/RO – 2011 – FCC) Sobre os embargos de declaração no processo do trabalho, é INCORRETO afirmar:

(A) São cabíveis nos casos de omissão e contradição no julgado e manifesto equívoco no exame dos pressupostos extrínsecos do recurso.

(B) É passível de nulidade decisão que acolhe embargos de declaração com efeito modificativo sem que seja concedida oportunidade de manifestação prévia à parte contrária.

(C) Quando os litisconsortes estiverem com procuradores diferentes, ser-lhes-ão contados em dobro o prazo dos embargos de declaração.

(D) Incumbe à parte interessada, desde que a matéria haja sido invocada no recurso principal, opor embargos declaratórios objetivando o pronunciamento sobre o tema, sob pena de preclusão.

(E) Considera-se pré-questionada a questão jurídica invocada no recurso principal sobre a qual se omite o Tribunal de pronunciar tese, não obstante opostos embargos de declaração.

A: opção correta, pois reflete o disposto no art. 897-A da CLT; **B:** opção correta, pois reflete o entendimento cristalizado pelo TST disposto na orientação jurisprudencial 142, I, da SDI 1 do TST; **C:** opção incorreta, pois de acordo com o entendimento consubstanciado na orientação jurisprudencial 310 da SDI 1 do TST a regra contida no art. 191 do CPC é inaplicável ao processo do trabalho, em decorrência da sua incompatibilidade com o princípio da celeridade inerente ao processo trabalhista; **D:** opção correta, pois reflete o entendimento disposto na Súmula 297, II, do TST; **E:** opção correta, pois reflete o entendimento disposto na Súmula 297, III, do TST.

Gabarito "C"

(Procurador do Estado/SC – 2010 – FEPESE) Sobre o recurso de revista, assinale a alternativa **correta**.

(A) Cabe Recurso de Revista para Turma do Tribunal Superior do Trabalho das decisões proferidas em grau de recurso ordinário, em dissídio individual e coletivo, pelos Tribunais Regionais do Trabalho.

(B) O Recurso de Revista, dotado de efeito devolutivo e suspensivo, será apresentado ao Presidente do Tribunal recorrido, que poderá recebê-lo ou denegá-lo, fundamentando, em qualquer caso, a decisão.

(C) As decisões superadas por iterativa, notória e atual jurisprudência do Tribunal Superior do Trabalho são impugnadas por meio de recurso de revista.

(D) Nunca caberá recurso de revista das decisões proferidas pelos Tribunais Regionais do Trabalho ou por suas Turmas, em execução de sentença, inclusive em processo incidente de embargos de terceiro.

(E) O fato de o juízo primeiro de admissibilidade do recurso de revista entendê-lo cabível, apenas quanto à parte das matérias veiculadas, não impede a apreciação integral pela turma do Tribunal Superior do Trabalho, sendo imprópria a interposição de agravo de instrumento.

A: opção incorreta, pois não caberá recurso de revista em dissídios coletivos, nos termos do art. 896, *caput*, da CLT. Por ser o dissídio coletivo de competência originária dos TRTs, nos termos do art. 895, II, da CLT caberá a interposição de recurso ordinário; **B:** opção incorreta, pois nos termos do art. 896, § 1º, da CLT o recurso de revista é dotado unicamente de efeito devolutivo; **C:** opção incorreta, pois, se a decisão recorrida estiver em consonância com súmula do TST, poderá o Ministro Relator negar seguimento ao Recurso de Revista, nos termos do art. 896, § 5º, da CLT; **D:** opção incorreta, pois nos termos do art. 896, § 2º, da CLT, na fase de execução caberá recurso de revista em caso de ofensa direta e literal à Constituição Federal; **E:** opção correta, pois reflete o entendimento consubstanciado na Súmula 285 do TST.

Gabarito "E"

(Procurador do Estado/SC – 2010 – FEPESE) Na Justiça do Trabalho, da decisão que denegar a interposição de recurso caberá:

(A) agravo de instrumento.

(B) agravo de petição.

(C) recurso de revista.

(D) recurso inominado.

(E) mandado de segurança.

A: opção correta, pois em conformidade com o art. 897, *b*, da CLT; **B:** opção incorreta, pois o agravo de petição será cabível das decisões proferidas na execução, nos termos do art. 897, *a*, da CLT; **C:** opção incorreta, pois o recurso de revista será interposto contra acórdãos proferidos pelos TRTs em recurso ordinário, nos termos do art. 896 da CLT; **D:** opção incorreta, pois o recurso inominado previsto nos arts. 41 e 42 da Lei 9.099/1995 não é cabível na Justiça do Trabalho; **E:** opção incorreta, pois o Mandado de Segurança será cabível contra atos taxados de abusivos ou ilegais que violarem direito líquido e certo, art. 5º, LXIX e LXX da CF e Lei 12.016/2009.

Gabarito "A"

(Procurador do Estado/PE – CESPE – 2009) Assinale a opção correta acerca dos embargos de declaração.

(A) Para o TST, a natureza da contradição suprida pelo julgamento de embargos declaratórios pode ocasionar efeito modificativo no julgado.

(B) O prequestionamento por embargos de declaração é inafastável, ainda que, na decisão impugnada, haja sido adotada, explicitamente, tese a respeito.

(C) Incumbe à parte interessada, mesmo quando a matéria não tenha sido invocada no recurso principal, opor embargos declaratórios, com vistas ao pronunciamento acerca do tema, sob pena de preclusão.

(D) Não obstante opostos embargos de declaração, não se considera prequestionada a questão jurídica invocada no recurso principal sobre a qual se omite o tribunal de pronunciar tese.

(E) Tendo a decisão monocrática de provimento ou denegação de recurso do relator conteúdo decisório definitivo e conclusivo da lide, comporta ser esclarecida pela via dos embargos de declaração, em decisão aclaratória, também monocrática, quando se pretende tão somente suprir omissão e não, modificação do julgado. Em face dos princípios da fungibilidade e celeridade processual, eventuais embargos declaratórios com pedido de efeito modificativo devem ser convertidos em agravo e devem, consequentemente, ser submetidos ao pronunciamento do colegiado.

A: incorreta, pois a alternativa está em desacordo com a Súmula 278 do TST: "EMBARGOS DE DECLARAÇÃO. OMISSÃO NO JULGADO. A natureza da omissão suprida pelo julgamento de embargos declaratórios pode ocasionar efeito modificativo no julgado"; B, C e **D:** incorretas, pois as alternativas estão em desacordo com a Súmula 297 do TST: "PREQUESTIONAMENTO. OPORTUNIDADE. CONFIGURAÇÃO I. Diz-se prequestionada a matéria ou questão quando na decisão impugnada haja sido adotada, explicitamente, tese a respeito. II. Incumbe à parte interessada, desde que a matéria haja sido invocada no recurso principal, opor embargos declaratórios objetivando o pronunciamento sobre o tema, sob pena de preclusão. III. Considera-se prequestionada a questão jurídica invocada no recurso principal sobre a qual se omite o Tribunal de pronunciar tese, não obstante opostos embargos de declaração"; **E:** correta, pois a afirmativa está de acordo com a Súmula 421 do TST: "EMBARGOS DECLARATÓRIOS CONTRA DECISÃO MONOCRÁTICA DO RELATOR CALCADA NO ART. 557 DO CPC. CABIMENTO I – Tendo a decisão monocrática de provimento ou denegação de recurso, prevista no art. 557 do CPC, conteúdo decisório definitivo e conclusivo da lide, comporta ser esclarecida pela via dos embargos de declaração, em decisão aclaratória, também monocrática, quando se pretende tão somente suprir omissão e não, modificação do julgado. II – Postulando o embargante efeito modificativo, os embargos declaratórios deverão ser submetidos ao pronunciamento do Colegiado, convertidos em agravo, em face dos princípios da fungibilidade e celeridade processual".

Gabarito "E"

(Procurador do Estado/PB – 2008 – CESPE) No que se refere a recursos em processo trabalhista, julgue os itens que se seguem.

I. Os incidentes processuais devem ser resolvidos pelo próprio juízo ou tribunal do trabalho, admitindo-se a apreciação do merecimento das decisões interlocutórias, apenas, em recurso contra a decisão definitiva, exceto quando a decisão do TRT for contrária a súmula ou orientação jurisprudencial do TST, quando for a decisão interlocutória suscetível de impugnação mediante recurso para o mesmo tribunal, ou quando for a decisão de acolhimento de exceção de incompetência territorial com declinação da causa para TRT distinto daquele a que se vincula o juízo excepcionado.

II. Contra as decisões definitivas dos juízos do trabalho ou dos tribunais regionais do trabalho, em processos de sua competência originária, pode ser interposto recurso ordinário, respectivamente, para o TRT ao qual esteja vinculado o juízo, em não havendo restrição de alçada, ou para o TST.

III. Cabe recurso de revista para o TST contra as decisões em grau de recurso ordinário proferidas por TRT, havendo afronta direta e literal da decisão recorrida com a CF ou violação literal de dispositivo de lei federal, ou se houver interpretação divergente entre a interpretação recorrida e a que haja sido dada por outro TRT, ou a Seção de Dissídios Individuais do TST em relação a dispositivo de lei federal ou a dispositivo de lei estadual, sentença normativa, acordo ou convenção coletiva de trabalho ou regulamento empresarial de observância em área territorial que exceda a jurisdição do TRT prolator da decisão recorrida. Quando a decisão recorrida, contudo, houver sido proferida em execução de sentença ou processo incidente, o recurso de revista contra o acórdão do TRT apenas caberá para o TST quando houver ofensa direta e literal de norma da CF.

IV. No âmbito do TST, cabem embargos contra as decisões não unânimes proferidas em homologação de acordo ou julgamento de dissídios coletivos de competência originária do TST ou das que estendam ou revejam sentença normativa proferida pelo próprio TST, assim como embargos contra as decisões das Turmas do TST que hajam divergido entre si ou com decisão da Seção de Dissídios Individuais do TST se a decisão recorrida já não estiver em consonância com a jurisprudência atual traduzida em súmula ou em orientação jurisprudencial do TST ou do STF.

V. Os relatores, nos tribunais do trabalho, podem, por decisão monocrática, denegar seguimento a recurso manifestamente inadmissível, improcedente, prejudicado ou em confronto com súmula ou jurisprudência dominante do respectivo tribunal, de tribunal superior ou do STF, ou dar provimento a recurso quando a decisão recorrida estiver em manifesto confronto com súmula ou jurisprudência dominante do STF ou de tribunal superior. Eventuais embargos de declaração opostos contra a decisão singular do relator serão decididos pelo próprio relator quando apenas pretender-se suprir omissão ou vício técnico que não importe modificação do julgado, ou recebidos como agravo e submetidos ao colegiado antes competente para o exame do recurso trancado ou provido monocraticamente quando houver neles contida pretensão de efeito modificativo.

Assinale a opção correta.

(A) Apenas os itens I, II e III estão certos.

(B) Apenas os itens I, II e IV estão certos.

(C) Apenas os itens I, IV e V estão certos.

(D) Apenas os itens II, III, e V estão certos.

(E) Todos os itens estão certos.

I: certa, pois a alternativa está de acordo com a Súmula 214 do TST: "DECISÃO INTERLOCUTÓRIA. IRRECORRIBILIDADE. Na Justiça do Trabalho, nos termos do art. 893, § 1º, da CLT, as decisões interlocutórias não ensejam recurso imediato, salvo nas hipóteses de decisão: a) de Tribunal Regional do Trabalho contrária à Súmula ou Orientação Jurisprudencial do Tribunal Superior do Trabalho; b) suscetível de impugnação mediante recurso para o mesmo Tribunal; c) que acolhe exceção de incompetência territorial, com a remessa dos autos para Tribunal Regional distinto daquele a que se vincula o juízo excepcionado, consoante o disposto no art. 799, § 2º, da CLT"; II: certa (art. 895, I e II, da CLT); III: certa (art. 896, *a, b, c*, e § 2º, da CLT); IV: certa (art. 894, I e II, da CLT); V: certa, pois o art. 557 do CPC é aplicável ao processo do trabalho, conforme já decidiu o TST, que regulamentou a matéria por meio da Instrução Normativa 17/2000: "... III - Aplica-se ao processo do trabalho o caput do art. 557 do Código de Processo Civil, com a redação dada pela Lei n. 9.756/1998, salvo no que tange aos recursos de revista, embargos e agravo de instrumento, os quais continuam regidos pelo § 5º do art.

896 da Consolidação das Leis do Trabalho – CLT, que regulamenta as hipóteses de negativa de seguimento a recurso...". Sobre a matéria o TST editou a Súmula 421: "EMBARGOS DECLARATÓRIOS CONTRA DECISÃO MONOCRÁTICA DO RELATOR CALCADA NO ART. 557 DO CPC. CABIMENTO I – Tendo a decisão monocrática de provimento ou denegação de recurso, prevista no art. 557 do CPC, conteúdo decisório definitivo e conclusivo da lide, comporta ser esclarecida pela via dos embargos de declaração, em decisão aclaratória, também monocrática, quando se pretende tão somente suprir omissão e não, modificação do julgado. II – Postulando o embargante efeito modificativo, os embargos declaratórios deverão ser submetidos ao pronunciamento do Colegiado, convertidos em agravo, em face dos princípios da fungibilidade e celeridade processual".

Gabarito "E"

(Procurador do Estado/PI – 2008 – CESPE) O prazo para interposição de agravo de instrumento contra despacho do ministro-presidente do TST que nega seguimento ao recurso extraordinário é de

(A) 5 dias.

(B) 8 dias.

(C) 10 dias.

(D) 15 dias.

(E) 30 dias.

Art. 269 do Regimento Interno do TST (Resolução Administrativa 1295/2008).

Gabarito "C"

(Procurador do Município/Teresina-PI – 2010 – FCC) Das decisões que negarem seguimento a recurso de embargos no Tribunal Superior do Trabalho caberá

(A) recurso de revista.

(B) novo embargo no prazo de 8 dias.

(C) agravo de instrumento.

(D) agravo de petição.

(E) agravo regimental.

A: opção incorreta, pois o recurso de revista é cabível das decisões proferidas pelos TRTs em sede de recurso ordinário; **B:** opção incorreta, pois nos termos do art. 894, II, CLT os embargos de divergência são cabíveis das decisões das Turmas que divergirem entre si, ou das decisões proferidas pela Seção de Dissídios individuais (veja a Súmula 353 do TST); **C:** opção incorreta, pois o agravo de instrumento será interposto das decisões de Juízes da Vara ou dos TRTs que denegarem seguimentos a recursos; **D:** opção incorreta, pois o agravo de petição é o recurso cabível contra as decisões na execução; **E:** opção correta, pois se por intermédio de decisão monocrática for negado seguimento ao recurso, o recurso cabível será o agravo regimental, nos termos do art. 235, VII, do Regimento interno do TST.

Gabarito "E"

(Procurador do Município/Teresina-PI – 2010 – FCC) As empresas públicas A e B estão no polo passivo da reclamação trabalhista ajuizada por Soraya. Ambas pretendem a exclusão da lide. A reclamação foi julgada totalmente procedente e as empresas condenadas solidariamente. Considerando que tanto a empresa A como a empresa B interpuseram Recurso Ordinário, mas apenas a empresa A efetuou o depósito recursal, este depósito

(A) deverá ser efetuado na proporção da condenação de cada empresa, respeitado o limite mínimo pré-estipulado.

(B) será aproveitado pela empresa B em razão do da reclamação trabalhista ter sido julgada totalmente procedente.

(C) será aproveitado pela empresa B em razão da solidariedade da condenação.

(D) não será aproveitado pela empresa B.

(E) é desnecessário, tendo em vista que as empresas públicas estão isentas de efetuá-lo.

A: opção incorreta, pois nos termos da Súmula 128, item I, do TST é ônus da parte recorrente efetuar o depósito legal, integralmente, em relação a cada novo recurso interposto, sob pena de deserção; **B:** opção incorreta, pois, como a empresa pretende a exclusão da lide, o depósito não aproveitará a outra; **C:** opção incorreta, pois o depósito não será aproveitado em razão do pedido de exclusão da lide; **D:** opção correta, pois, como a empresa B pediu a exclusão da lide, o depósito deverá ser feito por ambas as empresas, veja a Súmula 128 do TST; **E:** opção incorreta, pois não há previsão de isenção para o depósito recursal.

Gabarito "D"

(Procurador do Município/Teresina-PI – 2010 – FCC) Considere as seguintes assertivas a respeito das custas processuais:

I. As custas serão pagas pelo vencido, após o trânsito em julgado da decisão. No caso de recurso, serão pagas e comprovado o recolhimento dentro do prazo peremptório de cinco dias após a publicação do respectivo acórdão.

II. A parte vencedora na primeira instância, se vencida na segunda, está obrigada, independentemente de intimação, a pagar as custas fixadas na sentença originária, das quais ficara isenta a parte então vencida.

III. As autarquias municipais e as fundações públicas municipais que não explorem atividade econômica não são isentas do pagamento de custas.

IV. Nos dissídios individuais as custas relativas ao processo de conhecimento incidirão à base de 2% e serão calculadas, quando houver acordo ou condenação, sobre o respectivo valor.

Está correto o que se afirma SOMENTE em

(A) II, III e IV.

(B) I e III.

(C) II e IV.

(D) I, II e III.

(E) I, II e IV.

I: opção incorreta, pois nos termos do art. 789, § 1º, da CLT em caso de recurso as custas deverão ser pagas e comprovado seu recolhimento dentro do depósito recursal, que nos termos do art. 6º da Lei 5.584/1970 é de 8 (oito) dias; II: opção correta, pois reflete o entendimento disposto na Súmula 25 do TST; III: opção incorreta, pois as autarquias municipais e as fundações públicas municipais que não explorem atividade econômica são isentas do pagamento de custas, nos termos do art. 790-A, I, da CLT; IV: opção correta, pois reflete o disposto no art. 789, I, da CLT.

Gabarito "C"

(Procuradoria Federal – 2007 – CESPE) Julgue os seguintes itens de acordo com a CLT.

(1) Em grau recursal, matéria constitucional sobre direito do trabalho somente pode chegar ao STF depois de analisada pelo TST.

Certa, pois caberá recurso extraordinário ao STF em última instância, no caso, após análise da questão pelo TST, de acordo com o art. 102, III, da CF.

Gabarito "C"

(Procurador da Fazenda Nacional – 2007.2 – ESAF) Julgue os itens abaixo marcando V a afirmativa verdadeira e F a afirmativa falsa e, em seguida, assinale a opção correta.

I. O princípio da unirecorribilidade não se aplica ao processo trabalhista posto que a parte poderá manejar simultaneamente o recurso de revista e o agravo de instrumento.

II. O Recurso Ordinário interposto contra decisão de primeiro grau de jurisdição prolatada em processo de conhecimento pode ser manejado por simples petição, sendo desnecessária a fundamentação.

III. O objetivo tanto do recurso de revista (art. 896 da CLT) quanto dos embargos (art. 894 da CLT) é, fundamentalmente, a uniformização da interpretação em torno da jurisprudência das Turmas do Tribunal Superior do Trabalho.

IV. Não cabe recurso ordinário contra a decisão de primeiro grau que determina o arquivamento do feito em face do não comparecimento do reclamante à audiência inaugural.

(A) F, F, F, F

(B) V, F, V, V

(C) V, F, V, F

(D) F, F, F, V

(E) F, V, F, F

I: falso, pois o princípio da unirrecorribilidade aplica-se ao processo do trabalho e indica que não podem ser utilizados vários recursos simultaneamente, mas só sucessivamente; II: verdadeiro, eis que, nos termos do art. 899 da CLT, a maioria dos doutrinadores entende que, em razão do princípio do *jus postulandi* das partes, basta a petição de recurso, sem a necessidade de razões recursais, o que inviabilizaria um leigo do seu direito de recorrer; III: falso, pois o recurso de revista tem como objetivos a uniformização de interpretação dos tribunais regionais entre eles e deles em relação ao Tribunal Superior do Trabalho, bem como garantir aplicação de dispositivo de lei federal e da Constituição Federal; IV: falso, pois se trata de decisão terminativa e é cabível o recurso ordinário, nos termos do art. 895, I, da CLT. Sobre a matéria leciona Amauri Mascaro Nascimento: "o arquivamento do processo, decorrente da ausência do reclamante na audiência inicial, põe fim à atuação da Vara no dissídio individual. Assim, ele cabe, em tese, do termo do arquivamento, como consequência do mesmo princípio geral. Terminada a prestação jurisdicional, segue-se, correlatamente, o direito ao seu uso" (*Curso de Direito Processual do Trabalho*, Saraiva, 25ª edição, p. 719).

Gabarito "E"

(Procurador da Fazenda Nacional – 2007 – ESAF) Julgue os itens abaixo marcando V para a asserção verdadeira e F para a falsa e, em seguida, assinale a opção correta.

(1) O prazo recursal para interposição do Recurso Ordinário contra decisões definitivas das Varas do Trabalho é de 8 (oito) dias. Contudo, tal regra não se aplica à reclamação sujeita ao rito sumaríssimo quando tal prazo é reduzido para 4 (quatro) dias.

(2) O Recurso de Revista, mercê de ostentar feição de recurso de natureza extraordinária no âmbito do processo do trabalho, não admite o reexame de fatos e provas, com exceção das hipóteses em que se discute a existência ou não do vínculo empregatício entre as partes.

(3) Contra decisão em execução de sentença proferida pelo juízo de 1º grau em embargos de terceiro cabe Recurso Ordinário para o Tribunal Regional do Trabalho no prazo de 8 (oito) dias.

(4) Na órbita do processo do trabalho, o recurso de Agravo de Instrumento busca atacar despacho denegatório de recurso.

(A) F, V, V, F

(B) V, F, V,V

(C) V, V, V, F

(D) F, F, F, V

(E) V, F,V, F

I: falso, pois em qualquer procedimento o prazo do recurso ordinário é de 8 dias (art. 895, I, da CLT); II: falso, eis que não existe exceção para reexame de fatos e provas em sede de recurso de revista, a teor da Súmula 126 do TST: "RECURSO. CABIMENTO. Incabível o recurso de revista ou de embargos (arts. 896 e 894, "*b*", da CLT) para reexame de fatos e provas"; III: falso, pois no caso caberá agravo de petição (art. 897, *a*, da CLT); IV: verdadeiro, pois a assertiva está de acordo com o art. 897, *b*, da CLT.

Gabarito "D"

(Advogado da União/AGU – CESPE – 2009) Julgue os itens subsequentes, relativos aos recursos trabalhistas.

(1) O recurso de revista é o remédio cabível para se discutirem julgados proferidos em dissídio coletivo pelos tribunais regionais do trabalho bem como os julgados em dissídio individual pelas turmas desses tribunais.

(2) No processo do trabalho, não cabem embargos infringentes, por total omissão da CLT e incompatibilidade com o processo civil.

1: Errada, pois o recurso de revista só é cabível em *dissídio individual* (art. 896 da CLT); 2: Errada, eis que no processo do trabalho é cabível embargos infringentes e há previsão expressa no art. 894 da CLT.

Gabarito 1E, 2E

(ADVOGADO – CEF – 2010 – CESPE) Com relação aos recursos trabalhistas, julgue os itens a seguir.

I. O relator do segundo juízo de admissibilidade poderá negar seguimento a recurso manifestamente inadmissível, improcedente, prejudicado ou em confronto com súmula ou com jurisprudência dominante do respectivo tribunal regional do trabalho, do STF ou do Tribunal Superior do Trabalho.

II. As decisões proferidas nos dissídios de alçada não comportam qualquer recurso, salvo se versarem sobre matéria constitucional.

III. A interposição de embargos de declaração suspende o prazo para interposição de outros recursos.

IV. O agravo de instrumento seria o recurso adequado para impugnar os despachos que deneguem seguimento a recurso, além de ser o meio para impugnar decisões interlocutórias.

V. O agravo regimental deverá ser utilizado para o reexame pelo tribunal das decisões monocráticas proferidas pelos seus próprios juízes e deverá ser interposto no prazo de oito dias.

Estão certos apenas os itens

(A) I e II.

(B) I e III.

(C) II e V.

(D) III e IV.

(E) IV e V.

I: opção correta, pois reflete o disposto no art. 557 do CPC aplicado ao processo do trabalho por força do art. 769 da CLT; II: opção correta, pois reflete o disposto no art. 2º, § 4º, da Lei 5.584/1970; III: opção incorreta, pois nos termos do art. 538 do CPC a oposição dos embargos de declaração interrompe o prazo para interposição de outros recursos; IV: opção incorreta, pois as decisões interlocutórias, em regra, são irrecorríveis de imediato, art. 893, § 1º, da CLT; V: opção incorreta, pois o prazo do agravo regimental pode variar a depender do Tribunal Regional.

Gabarito "A"

(ADVOGADO – PETROBRÁS DISTRIB. – 2010 – CESGRANRIO) É cabível Recurso de Revista fundado em contrariedade à Orientação Jurisprudencial, em Procedimento Sumaríssimo?

(A) Sim, pois o TST também está afeito a esse rito.

(B) Sim, pois as orientações jurisprudenciais nada diferem dos enunciados de súmulas trabalhistas.

(C) Sim, por expressa autorização legal prevista na CLT.

(D) Não, pois a previsão legal não está contida na CLT, mas sim na exposição de motivos do CPC.

(E) Não, por ausência de previsão legal na CLT.

"E" é a alternativa correta. Nas causas sujeitas ao procedimento sumaríssimo, somente será admitido recurso de revista por contrariedade à Súmula de Jurisprudência Uniforme do Tribunal Superior do Trabalho e violação direta da Constituição da República. Desta forma, não é admitido por contrariedade à Orientação Jurisprudencial, em conformidade com o entendimento consubstanciado na Súmula 442 do TST.

Gabarito "E"

(ADVOGADO – IRB – 2006 – ESAF) Indeferida pelo Juiz da Vara do Trabalho a oitiva de testemunha, com os protestos da parte, caberá:

(A) insurreição por agravo de instrumento, retido nos autos.

(B) manifestação restrita a agravo de petição.

(C) oposição de recurso de revista.

(D) manifestação oportuna em recurso ordinário.

(E) impetração de mandado de segurança.

A: opção incorreta, pois nos domínios do processo do trabalho o agravo de instrumento serve unicamente para destrancar recurso que teve o seguimento negado, art. 897, *b*, da CLT. No processo do trabalho não existe agravo retido; **B:** opção incorreta, pois o agravo de petição é recurso destinado a impugnar as decisões na fase de execução, art. 897, *a*, da CLT; **C:** opção incorreta, pois o recurso de revista é cabível nas hipóteses trazidas pelas alíneas do art. 896 da CLT; **D:** opção correta, pois por ser uma decisão interlocutória, nos termos do art. 893, § 1º, da CLT, não enseja recurso de imediato. A parte deverá aguardar o momento oportuno para, depois de proferida a sentença, impugnar a decisão que indeferiu a oitiva de testemunha em recurso ordinário, art. 895 da CLT; **E:** opção incorreta, pois a impetração do mandado de segurança está atrelada à violação de direito líquido e certo.

Gabarito "D"

(ADVOGADO – EPE – 2007 – CESGRANRIO) Quanto ao agravo de petição, é correto afirmar que ele:

(A) é admitido apenas quando há controvérsia sobre as contribuições sociais.

(B) é apreciado junto com as impugnações apresentadas pelo credor.

(C) tem efeito suspensivo em relação à totalidade do débito.

(D) deve delimitar a matéria e os valores impugnados.

(E) deve ser interposto no prazo de 10 (dez) dias.

A: opção incorreta, pois o agravo de petição é cabível das decisões na fase de execução, art. 897, a, da CLT; **B:** opção incorreta, pois a impugnação poderá ser apreciada junto com os embargos à execução, caso não tenha o juiz aberto o prazo do art. 879, § 2º, da CLT, **C:** opção incorreta, pois somente o valor impugnado e delimitado será suspenso, nos termos do art. 897, §§ 1º e 2º, da CLT; **D:** opção correta, pois reflete o disposto no art. 897, § 1º, da CLT; **E:** opção incorreta, pois o prazo é de 8 dias, art. 897, caput, da CLT.

Gabarito "D"

(ADVOGADO – ELETROBRÁS – 2006 – NCE/UFRJ) De acordo com os entendimentos consubstanciados nas Súmulas do Tribunal Superior do Trabalho, é correto afirmar que:

(A) o depósito recursal deve ser feito e comprovado no prazo alusivo ao recurso, a interposição antecipada deste prejudica a dilação legal;

(B) os juros de mora incidem sobre a importância da condenação em seu valor histórico, pois não pode o réu ser penalizado pela demora da prestação jurisdicional;

(C) a Justiça do Trabalho é incompetente para declarar a abusividade, ou não, da greve;

(D) é dispensável o trânsito em julgado da sentença normativa para a propositura da ação de cumprimento;

(E) o prazo para recurso da parte que, intimada, não comparecer a audiência em prosseguimento para prolação da sentença conta-se da efetiva intimação.

A: opção incorreta, pois em conformidade com a Súmula 245 do TST a interposição antecipada deste não prejudicará a dilação legal; **B:** opção incorreta, pois nos termos da Súmula 200 do TST os juros de mora incidem sobre a importância da condenação já corrigida monetariamente e não do valor histórico;**C:** opção incorreta, pois nos termos do art. 114, II, da CF a Justiça do Trabalho é competente para processar e julgar as ações que envolvam o exercício do direito de greve; **D:** opção correta, pois reflete o entendimento consubstanciado na Súmula 246 do TST; **E:** opção incorreta, pois o prazo será contado da publicação da sentença, nos termos da Súmula 197 do TST.

Gabarito "D"

(ADVOGADO – EMBRAPA – 2005 – CESPE) Acerca dos recursos no processo do trabalho, julgue os itens subsequentes.

(1) Das decisões no processo do trabalho são admissíveis recursos de embargos, agravo, recurso ordinário, recurso de revista e recurso extraordinário.

(2) O prazo para interpor agravo é de dez dias.

(3) O recurso de revista é dotado de efeito apenas devolutivo.

(4) O recurso de revista, nas causas sujeitas ao procedimento sumaríssimo, somente será admitido por contrariedade à súmula de jurisprudência uniforme do Tribunal Superior do Trabalho e violação direta da Constituição Federal.

(5) A execução da sentença será suspensa quando da interposição de agravo de instrumento contra despacho que não receber agravo de petição.

1: opção correta, pois reflete o disposto no art. 893 da CLT e art. 2°, § 4°, da Lei 5.584/1970. Veja também a Súmula 505 do STF; 2: opção incorreta, pois o prazo para interposição de agravo é de 8 dias, art. 897 da CLT; 3: opção correta, pois reflete o disposto no art. 896, § 1°, da CLT; 4: opção correta, pois reflete o disposto no art. 896, § 6°, da CLT. 5: opção incorreta, pois nos termos do art. 897, § 2°, da CLT o agravo de instrumento interposto contra o despacho que não receber agravo de petição NÃO suspende a execução da sentença.

Gabarito 1C, 2E, 3C, 4C, 5E

(ADVOGADO – IRB – 2006 – ESAF) O prazo para as pessoas jurídicas de direito público oferecerem contrarrazões aos recursos contra elas interpostos é

(A) duplo.

(B) triplo.

(C) quádruplo.

(D) quíntuplo.

(E) simples.

"E" é a opção correta, pois a regra disposta no art. 1°, III, do Decreto 779/1969 que determina o prazo em dobro para recurso é aplicada somente para a interposição e não para apresentação de contrarrazões aos recursos.

Gabarito "E"

(ADVOGADO – BNDES – 2006 – CESGRANRIO) F.G.S., nos autos da reclamação trabalhista que move em face de Esportes Modernos Ltda. e Segurança e Asseio S.A., ingressou com agravo de instrumento perante o Tribunal Regional do Trabalho da 1ª Região, para ser apreciado pelo Tribunal Superior do Trabalho, objetivando destrancar seu recurso de revista cujo seguimento havia sido negado pelo Juiz Presidente do Tribunal Regional. No julgamento do agravo – que não foi contraminutado – o Ministro Relator constatou que faltava o traslado da procuração do advogado do segundo agravado (que, como os instrumentos de mandato de todas as partes, havia sido juntada aos autos principais). Se o Tribunal Superior do Trabalho julgar de acordo com a sua jurisprudência dominante e com a CLT, optará por:

(A) converter em diligência o julgamento, concedendo prazo para regularização, e após, decidir o agravo.

(B) conhecer do agravo e, no mérito, negar-lhe provimento sem conceder qualquer prazo para regularização.

(C) conhecer do agravo, decidir seu mérito e dar prazo para regularização *a posteriori.*

(D) conhecer do agravo e decidir o mérito, já que a procuração faltante era do segundo agravado e não do agravante.

(E) não conhecer do agravo sem examinar o mérito, não concedendo qualquer prazo para regularização.

"E" é a opção correta, pois nos termos do art. 897, § 5°, I, da CLT o agravo de instrumento deverá ser instruído com as procurações outorgadas aos advogados da agravante e agravado, sob pena de não ser recebido.

Gabarito "E"

(PROCURADOR – BANCO CENTRAL – 2009 – CESPE) Com relação aos recursos no processo do trabalho, assinale a opção correta.

(A) Em procedimento sumaríssimo, é possível a interposição de recurso de revista por contrariedade a orientação jurisprudencial.

(B) O efeito devolutivo em profundidade do recurso ordinário transfere ao tribunal a análise de pedido não apreciado na sentença.

(C) É extemporâneo o recurso interposto antes da publicação do acórdão.

(D) A contagem do prazo para a apresentação dos originais de recurso interposto por fac-símile começa a fluir do dia seguinte à interposição do recurso.

(E) O agravo de petição somente é cabível após estar seguro o juízo.

A: opção incorreta, pois nos termos da Súmula 442 do TST não é admitido recurso de revista por contrariedade a orientação jurisprudencial; **B:** opção incorreta, pois a interposição do recurso devolve para o Tribunal o exame de todas as matérias e questões suscitadas e discutidas no processo. Assim, quando o pedido ou a defesa possuir mais de um fundamento e o juiz acolher apenas um deles, o recurso devolverá ao Tribunal o conhecimento de todos esses fundamentos, essa é a profundidade do efeito devolutivo do recurso; **C:** opção correta, pois reflete o disposto na Súmula 434, I, do TST; **D:** opção incorreta, pois nos termos do art. 2º da Lei 9.800/1999 deverá ser juntado no prazo de 5 dias a contar do término do prazo recursal. Veja Súmula 387 do TST; **E:** opção incorreta, pois a garantia do juízo é uma condição para os embargos à execução.

Gabarito "C"

(ADVOGADO – BNDES – 2001 – VUNESP) Das decisões interlocutórias, na Justiça do Trabalho,

(A) cabe Recurso Ordinário, no prazo de 8 dias.

(B) cabe Recurso Especial, no prazo de 15 dias.

(C) cabem Embargos Declaratórios, no prazo de 5 dias.

(D) cabe Agravo de Instrumento, no prazo de 10 dias.

(E) não cabe recurso.

"E" é a opção correta, pois nos termos do art. 893, § 1º, da CLT as decisões interlocutórias são irrecorríveis de imediato. No entanto, a Súmula 214 do TST prevê algumas exceções.

Gabarito "E"

6. EXECUÇÃO TRABALHISTA

(Procurador Federal – 2013 – CESPE) Em relação ao direito processual do trabalho, julgue o seguinte item.

(1) Tendo em vista a natureza alimentar do crédito trabalhista, o TST tem entendimento firmado no sentido de que a execução contra autarquia não se sujeita ao regime de precatório.

1: Opção incorreta, pois a execução contra autarquia se sujeita ao regime de precatório, nos termos do art. 100 da CF. Veja decisão do processo: TST- RR-406.882/97.2.

Gabarito 1E

(Procurador do Estado/AC – FMP – 2012) Em relação à execução em face dos Entes de Direito Público, em sede trabalhista, não tem prevalecido o seguinte entendimento:

(A) Há dispensa da expedição de precatório, na forma do art. 100, § 3º, da CF/1988, quando a execução contra a Fazenda Pública não exceder os valores definidos, provisoriamente, pela Emenda Constitucional nº 37/2002, como obrigações de pequeno valor, inexistindo ilegalidade, por esse prisma, na determinação de sequestro da quantia devida pelo ente público.

(B) O sequestro de verbas públicas para satisfação de precatórios trabalhistas só é admitido na hipótese de preterição do direito de precedência do credor, a ela não se equiparando as situações de não inclusão da despesa no orçamento ou de não pagamento do precatório até o final do exercício, quando incluído no orçamento.

(C) Os juros de mora em relação à Fazenda Pública devem observar os seguintes critérios: I – Nas condenações impostas à Fazenda Pública, incidem juros de mora segundo os seguintes critérios: a) 1% (um por cento) ao mês, até agosto de 2001, nos termos do § 1º do art. 39 da Lei n.º 8.177, de 1/03/1991. b) 0,5% (meio por cento) ao mês, de setembro de 2001 a junho de 2009, conforme determina o art. 1º-F da Lei nº 9.494, de 10/09/1997, introduzido pela Medida Provisória nº 2.180-35, de 24/08/2001. II – A partir de 30 de junho de 2009, atualizam-se os débitos trabalhistas da Fazenda Pública, mediante a incidência dos índices oficiais de remuneração básica e juros aplicados à caderneta de poupança, por força do art. 5º da Lei n.º 11.960, de 29/06/2009. III – A adequação do montante da condenação deve observar essa limitação legal, ainda que em sede de precatório.

(D) Tratando-se de reclamações trabalhistas plúrimas, a aferição do que vem a ser obrigação de pequeno valor, para efeito de dispensa de formação de precatório e aplicação do disposto no § 3º do art. 100 da CF/1988, deve ser realizada considerando-se o valor total da ação.

A: opção correta, pois reflete o entendimento consubstanciado na OJ 1 do Tribunal Pleno do TST; **B:** opção correta, pois reflete o entendimento consubstanciado na OJ 3 do Tribunal Pleno do TST. Nesse sentido, entende o STF que apenas há preterição quando a ordem de precedência não é observada – ADI 1.662/SP; **C:** opção correta, pois reflete o entendimento consubstanciado na OJ 7 do Tribunal Pleno do TST; **D:** opção incorreta, pois de acordo com a OJ 9 do Tribunal Pleno do TST deverá ser levado em consideração o valor dos créditos de cada reclamante.

Gabarito "D"

(Procurador do Estado/GO – 2010) Considerando que aos trâmites e incidentes do processo de execução trabalhista são aplicáveis, naquilo em que não contrariar o disposto na Consolidação das Leis do Trabalho, os preceitos que regem o processo dos executivos fiscais para a cobrança judicial da dívida ativa da Fazenda Pública Federal, está CORRETA a seguinte proposição:

(A) O prazo para a oposição dos embargos do devedor no processo do trabalho inicia-se da juntada aos autos da prova de intimação da penhora.

(B) Nos termos do contido em orientação jurisprudencial do Tribunal Superior do Trabalho, é inválida a penhora de bens de pessoa jurídica de direito privado, realizada anteriormente à sucessão pela União ou por Estado-membro, devendo a execução prosseguir mediante precatório.

(C) Segundo orientação jurisprudencial do Tribunal Superior do Trabalho, admite-se o sequestro de verbas públicas para satisfação de precatórios trabalhistas na hipótese de não pagamento do precatório até o final do exercício, quando incluído no orçamento.

(D) A delimitação justificada dos valores impugnados, requisito extrínseco do agravo de petição, não é exigível quando o agravante for a Fazenda Pública federal, estadual ou municipal.

(E) A única modalidade de remição permitida no processo do trabalho é a remição à execução, não havendo previsão para a chamada remição de bens.

A: opção incorreta, pois nos termos do art. 774 da CLT o prazo para apresentação dos embargos à execução é contado a partir da data intimação da penhora; **B:** opção incorreta, pois de acordo com a OJ 343 da SDI 1 do TST a penhora é considerada válida; **C:** opção incorreta, pois nos termos da OJ 3 do Tribunal Pleno do TST "o sequestro de verbas públicas para satisfação de precatórios trabalhistas só é admitido na hipótese de preterição do direito de precedência do credor, a ela não se equiparando as situações de não inclusão da despesa no orçamento ou de não pagamento do precatório até o final do exercício, quando incluído no orçamento"; **D:** opção incorreta, pois a Fazenda Pública não está dispensada do requisito em debate; **E:** opção correta, pois a Lei 11.382/2006 revogou os arts. 787 a 790 do CPC, abolindo a remição de bens.

Gabarito "E"

(PROCURADOR DO ESTADO/MG – FUMARC – 2012) A execução trabalhista das sentenças judiciais condenatórias em obrigação de pagar transitadas em julgado em face da Fazenda Pública perante a Justiça do Trabalho segue a regra de seu pagamento mediante precatório. Sobre a execução trabalhista contra a Fazenda Pública mediante precatório judicial assinale a alternativa correta:

(A) A Jurisprudência assentada pelo Supremo Tribunal Federal e pelo Tribunal Superior do Trabalho indica que é judiciária a natureza jurídica dos atos praticados pelo Presidente do Tribunal do Trabalho após a requisição do pagamento do débito estatal, pois há uma continuidade dos atos de execução iniciada pelo juízo prolator da sentença exequenda.

(B) No regime especial de pagamento de precatórios instituído pelo artigo 97, do Ato das Disposições Constitucionais Transitórias, da Constituição da República de 1988, não se podendo definir a precedência cronológica entre dois precatórios, será pago primeiramente o precatório de maior valor.

(C) A preferência no pagamento dos créditos de precatório prevista no § 2º, do artigo 100, da Constituição da República de 1988 e estabelecida em favor dos credores idosos e portadores de doenças graves se aplica ao credor originário e ao credor cessionário do crédito de precatório.

(D) Segundo a jurisprudência assentada pelo Tribunal Superior do Trabalho, o pedido de revisão dos cálculos, em fase de precatório, junto à Presidência do Tribunal Regional do Trabalho, apenas poderá ser acolhido se o requerente apontar e especificar claramente quais são as incorreções existentes nos cálculos, discriminando o montante que seria correto. Da mesma forma, o defeito nos cálculos deve estar ligado à incorreção material ou à utilização de critério em descompasso com a lei ou com o título executivo judicial, não tendo sido, ainda, o critério legal aplicável ao débito objeto de debate na fase de conhecimento ou na fase de execução.

(E) É obrigatória a inclusão, no orçamento das entidades de direito público, de verba necessária ao pagamento de seus débitos, oriundos de sentenças transitadas em julgado, constantes de precatórios judiciários apresentados até 30 de junho, fazendo-se o pagamento até o final do exercício seguinte, quando terão seus valores atualizados monetariamente e acrescido de juros moratórios.

A: opção incorreta, pois a decisão é administrativa. Veja OJ 8 do Tribunal Pleno do TST; **B:** opção incorreta, pois nos termos do art. 97, § 7º, do ADCT será pago o crédito de menor valor;**C:** opção incorreta, pois nos termos do art. 100, § 13, da CF a preferência no pagamento não se aplica ao cessionário; **D:** opção correta, pois reflete o disposto na OJ 2 do Tribunal Pleno do TST; **E:** opção incorreta, pois nos termos do § 5º do art. 100 da CF os precatórios devem ser apresentados até o dia 1º de julho.

Gabarito "D"

(Procurador do Estado/PA – 2011) Os débitos trabalhistas da Fazenda Pública Estadual serão satisfeitos pela via de precatório requisitório, a cujo regime jurídico é INCORRETO afirmar que:

(A) O regime geral de precatórios previsto no *caput* do artigo 100, da Constituição Federal, também se aplica aos pagamentos de obrigações definidas em leis como de pequeno valor.

(B) É facultada ao credor, conforme estabelecido em lei da entidade federativa devedora, a entrega de créditos em precatórios para compra de imóveis públicos do respectivo ente federado.

(C) Lei complementar a Constituição Federal poderá estabelecer regime especial para pagamento de crédito de precatórios de Estados, Distrito Federal e Municípios, dispondo sobre vinculações à receita corrente líquida e forma e prazo de liquidação.

(D) Os débitos de natureza alimentícia cujos titulares tenham 60 (sessenta) anos de idade ou mais na data de expedição do precatório, ou sejam portadores de doença grave, definidos na forma da lei, serão pagos com preferência sobre todos os demais débitos, até o equivalente ao triplo fixado em lei como sendo de pequeno valor.

(E) É obrigatória a inclusão, no orçamento das entidades de direito público, de verba necessária ao pagamento de seus débitos, oriundos de sentenças transitadas em julgado, constantes de precatórios judiciários apresentados até 1º de julho, fazendo-se o pagamento até o final do exercício seguinte, quando terão seus valores atualizados monetariamente.

A: opção incorreta, pois nos termos do § 3º do art. 100 da CF o regime geral de precatórios não se aplica aos débitos de pequeno valor; **B:** opção correta, pois reflete o disposto no art. 100, § 11, da CF; **C:** opção correta, pois reflete o disposto no art. 100, § 15, da CF; **D:** opção correta, pois reflete o disposto no art. 100, § 2º, da CF; **E:** opção correta, pois reflete o disposto no art. 100, § 5º, da CF.

Gabarito "A"

(Procurador do Estado/PR – UEL-COPS – 2011) A respeito da execução contra a Fazenda Pública, considere as seguintes afirmações:

I. em matéria de execução contra a Fazenda Pública, a demonstração de que houve quebra da ordem de precedência cronológica é requisito para o sequestro de verbas públicas.

II. considerando a natureza da pretensão e da violação, pode o próprio presidente do TRT no qual se processa a execução contra a Fazenda Pública, no processamento do precatório, declarar a inexigibilidade do título exequendo, com fundamento no art. 884, § 5º, da CLT.

III. está sujeita à remessa "ex officio" decisão contrária à Fazenda Pública que exceder sessenta salários mínimos e colidir com decisão do pleno do STF, súmula ou orientação jurisprudencial do TST.

Alternativas:

(A) todas as afirmações são verdadeiras;

(B) todas as afirmações são falsas;

(C) a afirmação I é verdadeira e as afirmações II e III são falsas;

(D) a afirmação II é falsa e as afirmações I e III são verdadeiras;

(E) a afirmação III é falsa e as afirmações I e II são verdadeiras.

I: opção correta, pois reflete o entendimento consubstanciado na OJ 3 do Tribunal Pleno do TST; **II:** opção incorreta, pois a OJ 12 do Tribunal Pleno/Órgão Especial ensina que O Presidente do TRT, em sede de precatório, não tem competência funcional para declarar a inexigibilidade do título; **III:** opção incorreta, pois nos termos da Súmula 303 do TST quando a decisão estiver em consonância com decisão do Pleno do STF, súmula ou orientação jurisprudencial do TST não caberá recurso.

Gabarito "C"

(Procurador do Município/Manaus-AM – 2006 – FCC) Nas Execuções em Processos Trabalhistas, com relação aos Embargos à Execução é correto afirmar:

(A) Se a parte não se manifestou sobre as contas de liquidação quando o juiz lhe deu vista dos autos, não poderá falar sobre tal assunto nos embargos.

(B) Os embargos serão apresentados em até 10 dias, após garantida a execução ou penhorados os bens, cabendo igual prazo ao exequente para impugnação.

(C) Os embargos terão a matéria de defesa restrita às alegações de cumprimento da decisão ou do acordo.

(D) As partes não poderão arrolar testemunhas em razão do encerramento do processo de conhecimento.

(E) A massa falida deverá garantir o juízo para apresentar embargos, e havendo mais de uma penhora, o prazo será contado da última.

A: opção correta, pois o art. 879, § 2º, da CLT ensina que uma vez aberto o prazo para impugnação deverá a parte se pronunciar, sob pena de preclusão; **B:** opção incorreta, pois o prazo para apresentação dos embargos à execução é de 5 (cinco) dias; **C:** opção incorreta, pois podem ser alegadas nos embargos à execução as matérias previstas no art. 884, § 1º, da CLT e, ainda, aplicando-se subsidiariamente as matérias elencadas no art. 475-L do CPC e aquelas apontadas no art. 745 do CPC; **D:** opção incorreta, pois por possuir natureza jurídica de ação, podem ser arroladas testemunhas, art. 884, § 2º, da CLT; **E:** opção incorreta, pois a massa falida não deverá garantir a execução. Veja Súmula 86 do TST.

Gabarito "A"

(Procurador da Fazenda Nacional – 2006 – ESAF) Sobre a execução na Justiça do Trabalho, assinale a opção <u>incorreta</u>.

(A) Os trâmites e incidentes do processo executivo trabalhista são regidos, subsidiariamente, pela Lei de Execuções fiscais (Lei n. 6.830/1980).

(B) A liquidação por cálculo das sentenças exequendas ilíquidas é feita pelas partes, exceto quanto às contribuições previdenciárias incidentes, que são apuradas pelo órgão arrecadador.

(C) Estão sujeitos à execução na Justiça do Trabalho as decisões passadas em julgado ou das quais não tenha havido recurso com efeito suspensivo; os acordos, quando não cumpridos; os termos de ajuste de conduta firmados perante o Ministério Público do Trabalho e os termos de conciliação firmados perante as Comissões de Conciliação Prévia.

(D) O devedor será citado por oficial de justiça para, em 48 (quarenta e oito) horas, efetuar o pagamento, inclusive das contribuições sociais, ou nomear bens à penhora, com observância da ordem preferencial estabelecida no artigo 655 do Código de Processo Civil.

(E) Garantida a execução ou penhorados bens, é de cinco dias o prazo para interposição de embargos pelo devedor e de impugnação à conta de liquidação pelo credor trabalhista, os quais serão julgados na mesma sentença, assim como a impugnação apresentada pelo credor previdenciário.

A: opção correta, pois reflete o disposto no art. 889 da CLT; **B:** opção incorreta, pois nos termos do art. 879, § 1-A, da CLT a liquidação abrangerá, também, o cálculo das contribuições previdenciárias devidas; **C:** opção correta, pois reflete o disposto no art. 876 da CLT; **D:** opção correta, pois reflete a disposição contida nos arts. 880 e 882 da CLT; **E:** opção correta, pois reflete a disposição contida nos arts. 884, *caput* e §§ 3º e 4º, da CLT.

Gabarito "B"

(Procurador do Estado/SP – FCC – 2009) No processo de execução trabalhista, é correto afirmar que:

(A) o agravo de petição só será recebido quando o agravante delimitar, justificadamente, as matérias e os valores refutados.

(B) não caberá recurso de revista, salvo nas hipóteses de ofensa à dispositivo da legislação infraconstitucional ou constitucional.

(C) na fase de liquidação o cálculo não abrangerá as contribuições previdenciárias incidentes.

(D) a partir de setembro de 2000 é de 0,5% a taxa de juros a ser observada nas execuções de sentenças proferidas contra a Fazenda do Estado de São Paulo.

(E) a Fazenda do Estado de São Paulo deverá garantir previamente o Juízo para opor embargos à execução.

A: correta (art. 897, § 1º, da CLT); **B:** incorreta (art. 896, § 2º, da CLT); **C:** incorreta (art. 879, § 1º-A, da CLT); **D:** incorreta, pois a afirmativa está em desacordo com a Orientação Jurisprudencial 7 do Tribunal Pleno: "PRECATÓRIO. JUROS DE MORA. CONDENAÇÃO DA FAZENDA PÚBLICA. LEI Nº 9.494, DE 10.09.1997, ART. 1º-F. São aplicáveis, nas condenações impostas à Fazenda Pública, os juros de mora de 0,5% (meio por cento) ao mês, a partir de setembro de 2001, conforme determina o art. 1º-F da Lei nº 9.494, de 10.09.1997, introduzido pela Medida Provisória nº 2.180-35, de 24.08.2001, procedendo-se a adequação do montante da condenação a essa limitação legal, ainda que em sede de precatório"; **E:** incorreta, pois conforme explica Mauro Schiavi: "Fixado o valor devido, a Fazenda Pública será citada para, em querendo opor embargos à execução, *sem garantia do juízo* (...) (art. 730 do CPC)" (g.n.) (*Execução no Processo do Trabalho*, 2ª ed., LTR, p. 376).

Gabarito "A"

(Procurador do Estado/PB – 2008 – CESPE) No que diz respeito à execução trabalhista contra a Fazenda Pública, assinale a opção incorreta, com base na CF, no CPC, na CLT e na jurisprudência sumulada e consolidada do STF e do TST.

(A) Podem ser opostos embargos pela Fazenda Pública no prazo de trinta dias após citada da execução.

(B) Não cabe remessa oficial contra decisão do presidente do tribunal em sede de precatório, ainda quando haja agravamento da condenação imposta à Fazenda Pública.

(C) Contra decisão proferida por presidente de TRT em sede de precatório, dada a sua natureza administrativa, cabe a impetração de mandado de segurança.

(D) Nos casos de reclamações trabalhistas plúrimas, a apuração do valor para fins de eventual dispensa do precatório em prol de requisição de pequeno valor deve considerar a soma dos créditos de cada reclamante.

(E) Não cabe recurso extraordinário contra decisão proferida pelo TST no processamento de precatório.

A: correta, eis que embora conste do art. 730 do CPC, aplicável à espécie em respeito ao princípio da especialidade, o prazo de 10 dias para opor embargos à execução, a Lei 9.494/1997 alterou o prazo dos embargos para 30 dias, que é aplicável na execução trabalhista por ser lei especial. O STF albergou esse entendimento: "FAZENDA PÚBLICA – PRAZO PROCESSUAL – EMBARGOS À EXECUÇÃO. Prazos previstos no art. 730 do CPC e no art. 884 da CLT. Ampliação pela Medida Provisória n. 2.180-35/2001, que acrescentou o art. 1º-B à Lei Federal n. 9.494/1997. Limites constitucionais de urgência e relevância não ultrapassados. Dissídio jurisprudencial sobre a norma. Ação direta de constitucionalidade. Liminar deferida. Aplicação do art. 21, *caput*, da Lei 9.868/1999. Ficam suspensos todos os processos em que se discuta a constitucionalidade do art. 1º-B da Medida Provisória n. 2.180-35" (STF Pleno, ADC-MC 11/DF, Rel. Min. Cesar Peluso, j. 28/03/2007); **B:** correta, pois a alternativa está de acordo com a Orientação Jurisprudencial 8 do Tribunal Pleno: "PRECATÓRIO. MATÉRIA ADMINISTRATIVA. REMESSA NECESSÁRIA. NÃO CABIMENTO. Em sede de precatório, por se tratar de decisão de natureza administrativa, não se aplica o disposto no art. 1º, V, do Decreto-lei nº 779, de 21.08.1969, em que se determina a remessa necessária em caso de decisão judicial desfavorável a ente público"; **C:** correta, pois a alternativa está de acordo com a Orientação Jurisprudencial 10 do Tribunal Pleno: "PRECATÓRIO. PROCESSAMENTO E PAGAMENTO. NATUREZA ADMINISTRATIVA. MANDADO DE SEGURANÇA. CABIMENTO. É cabível mandado de segurança contra atos praticados pela Presidência dos Tribunais Regionais em precatório em razão de sua natureza administrativa, não se aplicando o disposto no inciso II do art. 5º da Lei nº 1.533, de 31.12.1951"; **D:** incorreta, pois a afirmativa está em confronto com o disposto no art. 7º da Instrução Normativa 32/2007 do TST: "Na hipótese de reclamação plúrima será considerado o valor devido a cada litisconsorte, expedindo-se, simultaneamente, se for o caso: a) requisições de pequeno valor em favor dos exequentes cujos créditos não ultrapassam os limites definidos no art. 3º desta INSTRUÇÃO; e b) requisições mediante precatório para os demais credores"; **E:** correta, pois a alternativa reflete o teor da Súmula 733 do STF: "Não cabe recurso extraordinário contra decisão proferida pelo TST no processamento de precatório".

Gabarito "D"

(Procurador do Estado/RR – 2006 – FCC) Quando a penhora for além dos bens do executado e alcançar aqueles que pertençam a um terceiro, oferece a lei ao interessado embargos

(A) de terceiros, opostos a qualquer tempo, no processo de execução até 5 (cinco) dias antes da arrematação e assinatura da respectiva carta.

(B) de terceiros, opostos a qualquer tempo, no processo de execução até 8 (oito) dias depois da arrematação e antes da assinatura da respectiva carta.

(C) de terceiros, opostos a qualquer tempo, no processo de conhecimento enquanto não transitada em julgado a sentença.

(D) à execução, somente, no processo de execução até 5 (cinco) dias depois da adjudicação e antes da assinatura da respectiva carta.

(E) à execução, somente, no processo de execução enquanto não transitada em julgado a sentença.

Os embargos de terceiro estão previstos no Código de Processo Civil e, por aplicação dos arts. 769 e 889 da CLT, são compatíveis com o processo do trabalho. Conforme dispõe o art. 1.048 do CPC os embargos de terceiro podem ser opostos a qualquer tempo no processo de conhecimento enquanto não transitada em julgado a sentença, e, no processo de execução, até 5 dias depois da arrematação, adjudicação ou remição, mas sempre antes da assinatura da respectiva carta. Importante consignar que terceiro à lide não tem legitimidade para opor embargos à execução e que a medida correta ao caso são os embargos de terceiro.

Gabarito "C"

(Procurador do Município/Florianópolis-SC – 2010 – FEPESE) No que se refere à execução trabalhista, assinale a alternativa **correta**, de acordo com a Consolidação das Leis do Trabalho.

(A) O executado poderá arguir como matéria de defesa todos os fatos supervenientes à sentença.

(B) A sentença de liquidação poderá ser impugnada via agravo de petição no prazo de oito dias após a sua publicação.

(C) Garantida a execução ou penhorados os bens, terá o executado 5 (cinco) dias para apresentar embargos, cabendo igual prazo ao exequente para impugnação.

(D) Haverá liquidação por arbitramento quando houver a necessidade de provar fatos novos que devam servir de base para fixar o *quantum* da condenação.

(E) Não é cabível exceção de pré-executividade em matéria trabalhista.

A: opção incorreta, pois, nos termos do art. 475-L do CPC, aplicado por força do art. 769 da CLT, fato superveniente à sentença somente poderá alegar qualquer causa impeditiva, modificativa ou extintiva da obrigação, como pagamento, novação, compensação, transação ou prescrição; **B:** opção incorreta, pois, por ser a sentença de liquidação uma decisão interlocutória, não poderá ser recorrida de imediato; **C:** opção correta, pois reflete o disposto no art. 884 da CLT; **D:** opção incorreta, pois, quando houver necessidade de se provar fatos novos, a liquidação será feita por artigos, nos termos do art. 475-E do CPC; **E:** opção incorreta, pois a doutrina e a jurisprudência vêm admitindo a exceção de pré-executividade. O TST inclusive admite a exceção de pré-executividade na Súmula 397.

Gabarito "C"

(ADVOGADO – PETROBRÁS DISTRIB. – 2010 – CESGRANRIO) A competência para julgamento de embargos de terceiros na execução por carta precatória é do juízo

(A) deprecante, salvo se versarem, unicamente, sobre vícios e irregularidades da penhora, avaliação ou alienação de bens, praticados pelo juízo deprecado, em que a competência será deste último.

(B) deprecante, salvo se versarem, sobre erros essenciais e omissões, praticados pelo juízo deprecado, em que a competência será deste último.

(C) deprecante, salvo se versarem, sobre atos de serventia, praticados pelo juízo deprecado, em que a competência será deste último.

(D) deprecado, em qualquer hipótese, durante toda a execução.

(E) deprecado, pois os embargos podem ser oferecidos tanto no juízo deprecante quanto no deprecado.

"B" é a alternativa correta, pois os embargos de terceiros realizados via carta precatória, poderão ser oferecidos tanto no juízo deprecante como no juízo deprecado, mas a competência para julgá-los é do juízo deprecante, salvo se versarem, unicamente, sobre vícios ou irregularidades da penhora, avaliação ou alienação dos bens, praticados pelo juízo deprecado, em que a competência será deste último, nos termos da Súmula 419 do TST.

Gabarito "A"

(ADVOGADO – PETROBRÁS DISTRIB. – 2008 – CESGRANRIO) No processo de execução, considerados os termos da CLT, o juiz trabalhista é obrigado a dar oportunidade ao executado para impugnar a liquidação, antes da oposição dos embargos pertinentes?

(A) Sim, é obrigado pelo princípio do contraditório.

(B) Sim, é obrigado para não gerar nulidade na homologação da liquidação.

(C) Não, o juiz trabalhista poderá abrir às partes prazo sucessivo de 10 dias para impugnação fundamentada.

(D) Não, o juiz trabalhista tem a faculdade de abrir prazo sucessivo às partes, de 15 dias, para oposição.

(E) Não, o juiz trabalhista só é obrigado a intimar a União para manifestação no prazo de 15 dias.

"C" é a opção correta, pois o juiz não está obrigado a abrir prazo para impugnação da conta de liquidação. Isso porque nos termos do art. 879, § 2º, da CLT elaborada a conta e tornada líquida, o Juiz PODERÁ abrir às partes prazo sucessivo de 10 (dez) dias para impugnação fundamentada com a indicação dos itens e valores objeto da discordância, sob pena de preclusão. O termo "poderá" indica a faculdade do magistrado em abrir o aludido prazo. Caso não abra o prazo, a parte poderá nos embargos à execução impugnar a sentença de liquidação, nos termos do art. 884, § 3º, da CLT.

Gabarito "C"

(ADVOGADO – PETROBRÁS DISTRIB. – 2008 – CESGRANRIO) No processo do trabalho, a Exceção de Pré-Executividade

(A) tem natureza de incidente processual, pela qual se poderá impedir o prosseguimento de execução nula ou anômala.

(B) visa a obstar a regular penhora de bens.

(C) só pode ser oposta pelo empregado-executante.

(D) só pode ser oposta se garantido o Juízo, após os Embargos à Execução.

(E) deve ser oposta após a efetivação da penhora dos bens.

A: opção correta, pois embora não esteja prevista em nosso ordenamento jurídico, admite-se a exceção de pré-executividade na Justiça do Trabalho para questões processuais e para matérias que visem a invalidar o título executivo; **B:** opção incorreta, pois para obstar a regular penhora poderá ser apresentado embargos à execução (entendido como sinônimo de embargos à penhora); **C:** opção incorreta, pois a exceção de pré-executividade poderá ser apresentada por ambas as partes; **D:** opção incorreta, pois por ser um instrumento criado pela doutrina e jurisprudência, não existe um prazo certo para sua apresentação, mas possui maior interesse em ser apresentado antes dos embargos à execução, para evitar a penhora que precede os referidos embargos; **E:** opção incorreta, veja comentários da alternativa "d".

Gabarito "A"

(ADVOGADO – IRB – 2006 – ESAF) Em execução trabalhista,

(A) não cabe recurso de revista.

(B) o recurso de revista caberá contra decisão que contrariar a legislação ordinária.

(C) o recurso de revista caberá quando houver violação de norma constitucional.

(D) o recurso de revista tipicamente repele a figura do prequestionamento.

(E) o recurso de revista caberá quando constatada divergência jurisprudencial.

"C" é a opção correta, pois nos termos do art. 896, § 2º, da CLT: "Das decisões proferidas pelos Tribunais Regionais do Trabalho ou por suas Turmas, em execução de sentença, inclusive em processo incidente de embargos de terceiro, não caberá Recurso de Revista, salvo na hipótese de ofensa direta e literal de norma da Constituição Federal".

Gabarito "C"

(ADVOGADO – IRB – 2006 – ESAF) No processo do trabalho, o prazo para as empresas públicas embargarem a execução é de

(A) 30 dias.

(B) 15 dias.

(C) 10 dias.

(D) 8 dias.

(E) 5 dias.

"E" é a alternativa correta, pois nos termos do art. 884 da CLT o prazo para embargos à execução será de 5 dias, contados da ciência da formalização da penhora.

Gabarito "E"

(PROCURADOR – BANCO CENTRAL – 2009 – CESPE) Quanto à execução no processo do trabalho, assinale a opção correta.

(A) Os termos de conciliação firmados perante as comissões de conciliação prévia são títulos passíveis de execução.

(B) Não é cabível a execução provisória na justiça do trabalho, sendo necessária a confirmação do trânsito em julgado do processo antes de iniciar-se a execução.

(C) A citação do devedor pode ser feita por meio de carta registrada.

(D) A liquidação por arbitramento ocorre quando há necessidade de provar fato novo que influencie na fixação do valor da causa, mediante provas e alegações.

(E) O executado poderá oferecer embargos à penhora, em oito dias, para discutir a possibilidade de anulação da penhora.

A: opção correta, pois reflete o disposto no art. 625-E, parágrafo único, da CLT e art. 876 da CLT; **B:** opção incorreta, pois o art. 899 da CLT prevê a possibilidade de execução provisória; **C:** opção incorreta, pois nos termos do art. 880 da CLT deve ser feita citação pessoal; **D:** opção incorreta, pois a liquidação será feita por arbitramento se determinado pela sentença, se convencionado pelas partes ou caso a natureza do objeto exigir, nos termos do art. 475-C do CPC; **E:** opção incorreta, pois o prazo para os embargos à execução é de 5 dias, art. 884 da CLT.

Gabarito "A"

7. AÇÕES ESPECIAIS

(Procurador Distrital – 2014 – CESPE) A respeito da ação rescisória em ações trabalhistas, julgue os itens seguintes.

(1) O Ministério Público do Trabalho tem legitimidade para mover ação rescisória na justiça do trabalho, desde que tenha participado como parte nos processos que originaram a sentença rescindenda.

(2) O *jus postulandi* na justiça do trabalho autoriza a parte a mover ação rescisória para questionar os termos de uma sentença transitada em julgado sem a necessidade de contratação de um advogado.

(3) Uma questão processual que seja pressuposto de validade de sentença de mérito não poderá ser objeto de ação rescisória.

1. Opção incorreta, pois de acordo com a Súmula 407 do TST a legitimidade "ad causam" do Ministério Público para propor ação rescisória, ainda que não tenha sido parte no processo que deu origem à decisão rescindenda, não está limitada às alíneas "a" e "b" do inciso III do art. 487 do CPC, uma vez que traduzem hipóteses meramente exemplificativas. **2.** Opção incorreta, pois de acordo com o entendimento da Súmula 425 TST o *jus postulandi* o *jus postulandi* da parte não alcança a ação rescisória. **3.** Opção incorreta, pois de acordo com a Súmula 412 do TST uma questão processual pode ser objeto de ação rescisória desde que consista em pressuposto de validade de uma sentença de mérito.

Gabarito 1E, 2E, 3E

(Procurador Distrital – 2014 – CESPE) No que diz respeito ao mandado de segurança no processo do trabalho, julgue os próximos itens.

(1) Se, após pactuarem acordo em processo trabalhista, as partes requererem, em conjunto, homologação judicial do acordo, e isso não for feito pelo juiz, caberá a impetração de mandado de segurança, já que, em tal situação, não há previsão de cabimento de recurso específico.

(2) Se o juiz do trabalho antecipar a tutela antes de proferir a sentença, será possível a impetração de mandado de segurança.

1. Opção incorreta, pois nos termos da Súmula 418 do TST a homologação de acordo é faculdade do juiz; **2.** Opção correta, pois reflete o entendimento disposto na Súmula 414, II, do TST.

Gabarito 1E, 2C

(Procurador Federal – 2013 – CESPE) Em relação ao direito processual do trabalho, julgue o seguinte item.

(1) Segundo a jurisprudência do TST, ação rescisória é ação que tem por objeto desconstituir decisão judicial de mérito transitada em julgado, podendo ser ajuizada no prazo de dois anos, contado do dia seguinte ao trânsito em julgado da última decisão proferida na causa, seja de mérito ou não.

1: Opção correta, pois de acordo com a Súmula 100, item I, do TST o prazo de decadência, na ação rescisória, conta-se do dia imediatamente subsequente ao trânsito em julgado da última decisão proferida na causa, seja de mérito ou não.

Gabarito 1C

(Procurador do Estado/PR – UEL-COPS – 2011) Em matéria de ação rescisória perante a Justiça do Trabalho, assinale a alternativa falsa:

(A) é desnecessária a citação de todos os empregados substituídos em caso de ação rescisória intentada contra sentença proferida em feito promovido por sindicato na condição de substituto processual, que poderá figurar isoladamente no polo passivo;

(B) a hipótese prevista no art. 485, inc. VIII, do CPC, não abrange a confissão ficta;

(C) a omissão da sentença a respeito dos descontos previdenciários e fiscais não fundamenta a rescisão por julgamento "citra petita";

(D) a decisão homologatória de cálculos não pode ser rescindida por ação rescisória, por não se tratar de sentença de mérito;

(E) em matéria de ação rescisória na Justiça do Trabalho, a revelia não produz a confissão.

A: opção correta, pois reflete o entendimento consubstanciado na Súmula 406, item II, do TST; **B:** opção correta, pois reflete o entendimento disposto na Súmula 404 do TST; **C:** opção correta, pois em conformidade com o entendimento disposto na Súmula 401 do TST; **D:** opção incorreta, pois nos termos da Súmula 399, item II, do TST a decisão homologatória de cálculos apenas comporta rescisão quando enfrentar as questões envolvidas na elaboração da conta de liquidação, quer solvendo a controvérsia das partes quer explicitando, de ofício, os motivos pelos quais acolheu os cálculos oferecidos por uma das partes ou pelo setor de cálculos, e não contestados pela outra; **E:** opção correta, pois reflete o entendimento disposto na Súmula 398 do TST.

Gabarito "D"

(Procurador do Estado/SP – VUNESP – 2005) Na ação rescisória trabalhista em que é réu sindicato que promoveu a ação originária, na condição de substituto processual,

(A) a citação dos substituídos para integrar a lide implica a ilegitimidade de parte do sindicato e sua exclusão do processo.

(B) é obrigatória, sob pena de nulidade do processo, a citação dos substituídos para integrar a lide, na hipótese de pedido de rescisão de julgado em ação de cumprimento.

(C) não se admite o litisconsórcio passivo facultativo, cabendo ao sindicato a representação dos interesses individuais da categoria, independentemente de procuração dos substituídos.

(D) inexiste litisconsórcio passivo necessário, sendo desnecessária a citação dos substituídos.

(E) o sindicato é parte ilegítima para figurar no polo passivo da ação, devendo ser decretada a extinção do processo sem julgamento do mérito.

A: opção incorreta, pois a citação dos substituídos não é necessária. Veja Súmula 406 TST; **B:** opção incorreta, pois nos termos da Súmula 406, item II, do TST a citação não é obrigatória; **C:** opção incorreta, pois se admite litisconsórcio passivo facultativo; **D:** opção correta, pois de acordo com o entendimento cristalizado na Súmula 406, item II, do TST o sindicato, substituto processual e autor da reclamação trabalhista, em cujos autos fora proferida a decisão rescindenda, possui legitimidade para figurar como réu na ação rescisória, sendo descabida a exigência de citação de todos os empregados substituídos, porquanto inexistente litisconsórcio passivo necessário; **E:** opção incorreta, pois de acordo com o entendimento do TST é permitido ao sindicato figurar no polo passivo da lide.

Gabarito "D"

(Procurador do Município/Manaus-AM – 2006 – FCC) O prazo decadencial, na ação rescisória, conta-se do

(A) dia imediatamente subsequente ao trânsito em julgado da última decisão proferida na causa, desde que esta decisão seja, apenas, de mérito.

(B) 5º dia útil subsequente ao trânsito em julgado da última decisão proferida na causa, seja de mérito ou não.

(C) dia imediatamente subsequente ao trânsito em julgado da última decisão proferida na causa, seja de mérito ou não.

(D) 5º dia útil subsequente ao trânsito em julgado da última decisão proferida na causa, desde que esta decisão seja, apenas, de mérito.

(E) 15º útil subsequente ao trânsito em julgado da última decisão proferida na causa, desde que esta decisão seja, apenas, de mérito.

C: opção correta, pois nos termos da Súmula 100, item I, do TST o prazo de decadência, na ação rescisória, conta-se do dia imediatamente subsequente ao trânsito em julgado da última decisão proferida na causa, seja de mérito ou não.

Gabarito "C"

(Procurador do Município/Natal-RN – 2008 – CESPE) O inquérito de apuração de falta grave é ação que busca rescindir o contrato de trabalho do empregado

(A) estável que praticou ato incompatível com sua atividade profissional, independentemente de enquadrar-se esse ato como justa causa.

(B) estável que praticou ato enquadrado como justa causa.

(C) não estável, quando o empregador deseja, antes da rescisão, apurar a prática de falta grave.

(D) não estável, quando o empregador deseja, antes da rescisão, suspendê-lo de suas funções, para apurar conduta de descumprimento de deveres e obrigações contratuais.

B: opção correta, pois previsto nos arts. 853 a 855 da CLT, o inquérito judicial para apuração de falta grave é uma ação ajuizada pelo empregador, objetivando a resolução do contrato de trabalho de seu empregado, que não pode ser despedido arbitrariamente por ser detentor de estabilidade, por cometimento de falta grave. Deverá ser proposto nos seguintes casos: *a)* dirigente sindical, nos termos d art. 8º, VIII, da CF e art. 543, § 3º, da CLT; *b)* empregados eleitos diretores de sociedades cooperativas, nos termos do art. 55 da Lei 5.764/1971; *c)* empregados membros do Conselho Nacional de Previdência Social – CNPS, nos termos do art. 3º, § 7º, da Lei 8.213/1991 e *d)* empregados eleitos membros de comissão de conciliação prévia, nos termos do art. 625-B, § 1º, da CLT. Importante lembrar que para parte da doutrina – Sergio Pinto Martins, *Direito Processual do Trabalho*, p. 443 – para os *empregados eleitos membros de comissão de conciliação prévia*, não é necessário inquérito judicial para apuração de falta grave.

Gabarito "B"

(Procurador da Fazenda Nacional – 2003 – ESAF) O termo inicial do prazo decadencial da ação rescisória na Justiça do Trabalho não é protraído no caso da interposição, no processo que deu origem à decisão rescindenda, de recurso:

(A) manifestamente intempestivo ou incabível.

(B) intempestivo ou com irregularidade de representação.

(C) manifestamente incabível ou com irregularidade de representação.

(D) intempestivo ou com valor inferior ao da alçada.

(E) manifestamente incabível ou com valor inferior ao da alçada.

A: opção correta, pois nos termos da Súmula 100, item III, do TST salvo se houver dúvida razoável, a interposição de recurso intempestivo ou a interposição de recurso incabível não protrai o termo inicial do prazo decadencial.

Gabarito "A"

(Procurador do Estado/SC – 2010 – FEPESE) Sobre a ação rescisória na Justiça do Trabalho, assinale a alternativa **correta**.

(A) Não cabe ação rescisória na Justiça do Trabalho.

(B) Em se tratando de rescisória, o vício apontado deve nascer na decisão rescindenda, não se admitindo a rediscussão do acerto do julgamento da rescisória anterior.

(C) O Sindicato, substituto processual e autor da reclamação trabalhista, em cujos autos fora proferida a decisão rescindenda, não possui legitimidade para figurar como réu na ação rescisória, sendo exigida a citação de todos os empregados substituídos, porquanto caracterizado o litisconsórcio passivo necessário.

(D) Na ação rescisória calcada unicamente em violação de lei, é admitido o reexame de fatos e provas do processo que originou a decisão rescindenda.

(E) Não se admite ação rescisória para se questionar questão processual, mesmo que a matéria consista em pressuposto de validade de uma sentença de mérito.

A: opção incorreta, pois o art. 836 da CLT traz a previsão legal da ação rescisória na Justiça do Trabalho; **B:** opção correta, pois reflete o entendimento solidificado disposto na Súmula 400 do TST; **C:** opção incorreta, pois em conformidade com a Súmula 406, II, do TST há legitimidade do sindicato para configurar como réu na ação; **D:** opção incorreta, pois nos termos da Súmula 410 do TST não haverá possibilidade de reexame de fatos e provas; **E:** opção incorreta, pois desde que consista em pressuposto de validade de uma sentença de mérito, uma questão processual poderá ser matéria de ação rescisória.

Gabarito "B"

(Procurador do Estado/SP – FCC – 2009) Da decisão definitiva do Tribunal Regional do Trabalho, em mandado de segurança julgado pelo mérito e originariamente impetrado perante esse órgão colegiado, caberá

(A) agravo regimental.

(B) reclamação correicional.

(C) recurso ordinário.

(D) recurso de revista.

(E) agravo de instrumento.

Segundo a Súmula 201 do TST caberá recurso ordinário: "RECURSO ORDINÁRIO EM MANDADO DE SEGURANÇA. Da decisão de Tribunal Regional do Trabalho em mandado de segurança cabe recurso ordinário, no prazo de 8 (oito) dias, para o Tribunal Superior do Trabalho, e igual dilação para o recorrido e interessados apresentarem razões de contrariedade".

Gabarito "C"

(Procurador do Estado/ES – 2008 – CESPE) Em relação à tutela dos interesses metaindividuais na justiça do trabalho e levando em conta a jurisprudência do STF a respeito do assunto, julgue os itens subsequentes.

(1) A substituição processual pelo sindicato é ampla, não se restringindo às hipóteses expressamente previstas na legislação, podendo ocorrer até mesmo na fase de execução de sentença.

1: correto, pois o STF entendeu que o art. 8º, III, da CF estabelece a legitimidade extraordinária dos sindicatos, sendo esta ampla, abrangendo a liquidação e a execução dos créditos reconhecidos aos trabalhadores integrantes da categoria que representam (STF – RE/193503).

Gabarito 1C

(Procurador do Estado/CE – 2008 – CESPE) Com base na legislação e na jurisprudência sumulada e consolidada do TST acerca de ação rescisória e mandado de segurança no âmbito da justiça do trabalho, julgue os itens seguintes.

I. A ação rescisória apenas será admitida quando efetivado prévio depósito correspondente a 20% do valor da causa, salvo prova de miserabilidade do autor.

II. O mandado de segurança é incabível para a obtenção de sentença genérica, aplicável a eventos futuros, cuja ocorrência é incerta.

III. O valor da causa, na ação rescisória de sentença de mérito advinda de processo de conhecimento, deve corresponder ao valor da causa fixado no processo originário, corrigido monetariamente; no caso de pleitear-se a rescisão de decisão proferida na fase de execução, o valor da causa deve corresponder ao montante da condenação.

IV. Pode uma questão processual ser objeto de ação rescisória desde que consista em pressuposto de validade de uma sentença de mérito.

V. Não cabe emenda à inicial em sede de mandado de segurança, quando verificada, na petição inicial, a ausência de documento essencial ou de sua autenticação, eis que exigida prova documental pré-constituída.

A quantidade de itens certos é igual a

(A) 1.

(B) 2.

(C) 3.

(D) 4.

(E) 5.

I: certo, pois a assertiva reflete o disposto no art. 836 da CLT, com a redação dada pela Lei 11.495/2007; II: certo, pois a afirmativa está de acordo com a Orientação 144 da SDI-II do TST: "MANDADO DE SEGURANÇA. PROIBIÇÃO DE PRÁTICA DE ATOS FUTUROS. SENTENÇA GENÉRICA. EVENTO FUTURO. INCABÍVEL. O mandado de segurança não se presta à obtenção de uma sentença genérica, aplicável a eventos futuros, cuja ocorrência é incerta"; III: certo, pois a assertiva reflete o disposto na Orientação Jurisprudencial 147 da SDI-II do TST: "AÇÃO RESCISÓRIA. VALOR DA CAUSA. O valor da causa, na ação rescisória de sentença de mérito advinda de processo de conhecimento, corresponde ao valor da causa fixado no processo originário, corrigido monetariamente. No caso de se pleitear a rescisão de decisão proferida na fase de execução, o valor da causa deve corresponder ao montante da condenação". O candidato deve ficar atento à questão, eis que a OJ citada foi cancelada e a questão deverá ser respondida com base na instrução normativa 31 do E. TST, que dispõe: "Art. 2° O valor da causa da ação rescisória que visa desconstituir decisão da fase de conhecimento corresponderá: I – no caso de improcedência, ao valor dado à causa do processo originário ou aquele que for fixado pelo Juiz; II – no caso de procedência, total ou parcial, ao respectivo valor arbitrado à condenação. Art. 3° O valor da causa da ação rescisória que visa desconstituir decisão da fase de execução corresponderá ao valor apurado em liquidação de sentença"; IV: certo, pois a assertiva está de acordo com a Súmula 412 do TST: "AÇÃO RESCISÓRIA. SENTENÇA DE MÉRITO. QUESTÃO PROCESSUAL. Pode uma questão processual ser objeto de rescisão desde que consista em pressuposto de validade de uma sentença de mérito"; V: certo, pois a assertiva está de acordo com a Súmula 415 do TST: "MANDADO DE SEGURANÇA. ART. 284 DO CPC. APLICABILIDADE. Exigindo o mandado de segurança prova documental pré-constituída, inaplicável se torna o art. 284 do CPC quando verificada, na petição inicial do "mandamus", a ausência de documento indispensável ou de sua autenticação".

Gabarito "E"

(Procurador do Município/Florianópolis-SC – 2010 – FEPESE) Determinado Juiz do Trabalho recebeu a ação trabalhista ajuizada por um trabalhador e concedeu a antecipação da tutela. Devidamente instruído o processo, com a realização das provas requeridas sobreveio a sentença, a qual julgou procedente o pedido formulado. A Procuradoria do Município apresentou o recurso competente, contudo, o juízo *a quo* negou seguimento.

Assinale a alternativa que indica os instrumentos processuais pertinentes ao caso proposto.

(A) mandado de segurança, recurso ordinário e agravo de instrumento.

(B) mandado de segurança, apelação e agravo de instrumento.

(C) embargos de declaração, recurso ordinário e agravo de petição.

(D) agravo de instrumento, apelação e mandado de segurança.

(E) agravo de instrumento, recurso ordinário e agravo de instrumento.

Para impugnar a concessão da tutela antecipada deverá a parte impetrar mandado de segurança, tendo em vista o entendimento cristalizado na Súmula 414, item II, do TST. Já em face da decisão proferida pelo juiz deverá a parte interpor recurso ordinário, com fulcro no art. 895, I, da CLT. Por último, contra o despacho que negou seguimento ao recurso, deverá a parte interpor agravo de instrumento, com fundamento no art. 897, *b*, da CLT.

Gabarito "A"

(Procurador do Município/Teresina-PI – 2010 – FCC) Considere as seguintes assertivas a respeito da ação rescisória:

I. É incabível ação rescisória para impugnar decisão homologatória de adjudicação ou arrematação.

II. Considera-se documento novo o documento cronologicamente recente apto a viabilizar a desconstituição de julgado.

III. A ação rescisória calcada em violação de lei admite reexame de fatos e provas do processo que originou a decisão rescindenda.

IV. Pode uma questão processual ser objeto de rescisão desde que consista em pressuposto de validade de uma sentença de mérito.

Está correto o que se afirma SOMENTE em

(A) I, III e IV.

(B) I e III.

(C) I e IV.

(D) II e IV.

(E) I, II e IV.

I: opção correta, pois reflete o entendimento consubstanciado na Súmula 399, item I, do TST; **II:** opção incorreta, pois documento novo nos termos da Súmula 402 do TST é o cronologicamente velho, já existente ao tempo da decisão rescindenda, mas ignorado pelo interessado ou de impossível utilização, à época, no processo; **III:** opção incorreta, pois contraria o entendimento consubstanciado na Súmula 400 do TST; **IV:** Opção correta, pois reflete o entendimento consubstanciado na Súmula 412 do TST.

Gabarito "C"

(Procurador do Município/Teresina-PI – 2010 – FCC) Com relação ao mandado de segurança é INCORRETO afirmar:

(A) A antecipação da tutela concedida na sentença comporta impugnação pela via do mandado de segurança.

(B) Não cabe mandado de segurança contra ato judicial passível de recurso ou correição.

(C) Devendo o agravo de petição delimitar justificadamente a matéria e os valores objeto de discordância, não fere direito líquido e certo o prosseguimento da execução quanto aos tópicos e valores não especificados no agravo.

(D) Não fere direito líquido e certo do impetrante o ato judicial que determina penhora em dinheiro do executado, em execução definitiva, para garantir crédito exequendo.

(E) A concessão de liminar ou a homologação de acordo constituem faculdade do juiz, inexistindo direito líquido e certo tutelável pela via do mandado de segurança.

A: opção incorreta, pois nos termos da Súmula 414, item I, do TST se concedida na sentença, deverá ser impugnada via recurso ordinário; **B:** opção correta, pois reflete o entendimento consubstanciado na orientação jurisprudencial 92 da SDI 2 do TST; **C:** opção correta, pois reflete o entendimento cristalizado na Súmula 416 do TST; **D:** opção correta, pois reflete o entendimento cristalizado na Súmula 417, item I, do TST; **E:** opção correta, pois reflete o entendimento disposto na Súmula 418 do TST.

Gabarito "A"

(Advogado da União/AGU – CESPE – 2009) No que concerne à ação rescisória no processo do trabalho, julgue os seguintes itens.

(1) Prorroga-se, até o primeiro dia útil imediatamente subsequente, o prazo decadencial para ajuizamento de ação rescisória quando expira em férias forenses, feriados, finais de semana ou em dia em que não haja expediente forense.

(2) Compete originariamente à Seção Especializada em Dissídios Coletivos do TST julgar as ações rescisórias propostas contra as sentenças normativas desse tribunal.

1: Certo, pois o enunciado está de acordo com a Súmula 100, IV, do TST: "Prorroga-se até o primeiro dia útil, imediatamente subsequente, o prazo decadencial para ajuizamento de ação rescisória quando expira em férias forenses, feriados, finais de semana ou em dia em que não houver expediente forense. Aplicação do art. 775 da CLT"; **2:** Certo, pois o enunciado está de acordo com o art. 2º, I, *c*, da Lei 7.701/1988.

Gabarito 1C, 2C

8. DISSÍDIOS COLETIVOS

(Procurador do Estado/PE – 2004 – FCC) No processo do trabalho, relativamente a dissídio coletivo decorrente de convenção coletiva que não se realizou, a instauração da instância pode se dar pelos sindicatos interessados,

(A) pelo Presidente do Tribunal ou a requerimento da Procuradoria do Trabalho, sendo possível a celebração de acordo, homologado pelo Tribunal competente.

(B) ou pelo Presidente do Tribunal exclusivamente, sendo possível a celebração de acordo, homologado pelo próprio Presidente do Tribunal.

(C) pelo Presidente do Tribunal ou a requerimento da Procuradoria do Trabalho, sendo possível a celebração de acordo, homologado pelo próprio Presidente do Tribunal.

(D) exclusivamente, sendo vedada a possibilidade de acordo, dado o caráter coletivo da decisão.

(E) exclusivamente, sendo possível a celebração de acordo, homologado pelo Tribunal competente.

Arts. 856 e 863 da CLT.

Gabarito "A"

9. TEMAS COMBINADOS

(Procurador do Estado/MG – 2007) Considere as proposições abaixo.

I. Cinco dias é o lapso temporal que a parte tem para interpor todo e qualquer recurso no processo do trabalho.

II. A ausência do reclamante na audiência inicial implica em arquivamento do processo.

III. Havendo pedido de equiparação salarial na petição inicial e tendo a reclamada contestado tal solicitação, o juiz deverá designar a perícia técnica sob pena de nulidade.

IV. O ônus quanto aos honorários periciais pertence à parte sucumbente no objeto da perícia.

V. Depoimento pessoal do reclamante poderá ser requerido pelo advogado da reclamada.

Estão corretas as proposições

(A) I, II e V apenas.

(B) II, IV e V apenas.

(C) II, III e IV apenas.

(D) I, II, III, IV e V.

I: opção incorreta, pois nos termos do art. 6º da Lei 5.584/1970 o prazo para interpor e contra-arrazoar recurso é de 8 (oito) dias. Vale lembrar que são exceções á regra: embargos de declaração 5 (cinco) dias, art. 897-A da CLT; recurso extraordinário para o STF cujo prazo é de 15 (quinze) dias, art. 508 do CPC e o pedido de revisão do valor da causa, art. 2º, § 1º, da Lei 5.584/1970 (48 horas); II: opção correta, pois reflete o disposto no art. 844 da CLT; III: opção incorreta, pois no pedido de equiparação salarial a perícia não é obrigatória sob pena de nulidade. Sobre perícia obrigatória veja o art. 195 da CLT; IV: opção correta, pois reflete o disposto no art. 790-B da CLT; V: opção correta, pois reflete o disposto no art. 343 do CPC.

Gabarito "B"

(Procurador do Estado/MT – FCC – 2011) Considerando-se as peculiaridades da Justiça do Trabalho, é correto afirmar:

(A) O *jus postulandi* não se limita às Varas do Trabalho e aos Tribunais Regionais do Trabalho, alcançando a ação rescisória, a ação cautelar, o mandado de segurança e os recursos de competência do Tribunal Superior do Trabalho.

(B) No processo de execução trabalhista, havendo lacuna na CLT, aplica-se subsidiariamente os dispositivos do Código de Processo Civil e depois a Lei dos Executivos Fiscais.

(C) São títulos executivos extrajudiciais previstos na CLT, o termo de ajuste de conduta firmado perante o Ministério Público do Trabalho, o termo de conciliação firmado perante a Comissão de Conciliação Prévia, cheques e termo de confissão de dívida do empregado que causar dano ao empregador.

(D) A ação civil pública pode ser ajuizada por qualquer cidadão brasileiro, desde que prove sua pertinência temática com o objeto da lide.

(E) A ação civil pública, entre outros legitimados, pode ser promovida pelo sindicato, federação e confederações de empregadores e trabalhadores

A: opção incorreta, pois nos termos da Súmula 425 do TST embora seja limitado às Varas do Trabalho e aos Tribunais Regionais do Trabalho, *não* alcança a ação rescisória, a ação cautelar, o mandado de segurança e os recursos de competência do Tribunal Superior do Trabalho; **B:** opção incorreta, pois no processo de execução havendo omissão da CLT deverá ser aplicada a Lei 6.830/1980 – Lei de execução fiscal – e somente na sua omissão poderá ser aplicado o processo comum, é o que reza o art. 889 da CLT; **C:** opção incorreta, pois os cheques não são considerados títulos executivos extrajudiciais na Justiça do Trabalho. Prevalece na doutrina e jurisprudência que mesmo os cheques dados como pagamento de salários não poderão ser executados na Justiça do Trabalho, tendo em vista a natureza causal do título que, portanto, é desvinculado de sua origem; **D:** opção incorreta, pois a ação civil pública não pode ser proposta por qualquer brasileiro. São exemplos de legitimados para propositora de ação civil pública: Ministério Público do Trabalho, art. 129, III, CF; União, Estados, Distrito Federal e Municípios, autarquias, fundações públicas, empresas públicas e sociedades de economia mista, entre outros; **E:** opção correta, pois nos termos do art. 129, § 1º, da CF a legitimação do Ministério Público para as ações civis não impede a de terceiros, nas mesmas hipóteses, segundo o disposto na CF e na Lei. Os sindicatos são legitimados nos termos do art. 8º, III, da CF. As federações e confederações em razão do disposto no art. 857, parágrafo único, da CLT.

Gabarito "E"

(Procurador do Estado/RO – 2011 – FCC) Nas reclamações trabalhistas envolvendo os empregados públicos e a Fazenda Pública na Justiça do Trabalho, é correto afirmar:

(A) tem prazos em quádruplo para contestar e em dobro para os demais atos processuais.

(B) a representação processual exige o instrumento de mandato para os procuradores estaduais e municipais, ficando dispensados os procuradores federais.

(C) os recursos não têm efeito devolutivo.

(D) quando condenada subsidiariamente, os juros de mora observarão o regramento específico para a Fazenda Pública, sendo de 0,5% ao mês.

(E) em dissídios individuais, as decisões que estiverem em consonância com as orientações jurisprudenciais do TST não estão sujeitas à remessa obrigatória.

A: opção incorreta, pois nos termos do art. 188 do CPC, embora o prazo seja contado em quádruplo para contestar, ele será em dobro para recorrer; **B:** opção incorreta, pois os procuradores da Fazenda Pública e das autarquias não necessitam juntar procuração em processos judiciais, por se presumir conhecido o mandato pelo seu título de nomeação. Veja o art. 12, I e II, do CPC; **C:** opção incorreta, pois os recursos possuem efeito devolutivo; **D:** opção incorreta, pois, na condenação da Fazenda Pública de forma subsidiária, a aplicação dos juros de mora é regulada pela regra geral prevista na Lei 8.177/1991, com juros de 1% ao mês e não dos juros previstos no art. 1º-F da Lei 9.494/1997, de 0,5% ao mês; **E:** opção correta, pois reflete o entendimento consubstanciado na Súmula 303, item I, *b*, do TST.

Gabarito "E"

(Procurador do Estado/SC – 2010 – FEPESE) Sobre Direito Processual do Trabalho, assinale a alternativa **incorreta**.

(A) Compete à Justiça do Trabalho processar e julgar causas que versam sobre direitos estatutários de servidores públicos civis.

(B) O depósito recursal deve ser feito e comprovado no prazo alusivo ao recurso. A interposição antecipada deste não prejudica a dilação legal.

(C) Na Justiça do Trabalho, a condenação ao pagamento de honorários advocatícios, nunca superiores a 15% (quinze por cento), não decorre pura e simplesmente da sucumbência.

(D) É dispensável o trânsito em julgado da sentença normativa para a propositura da ação de cumprimento.

(E) Da decisão de Tribunal Regional do Trabalho em mandado de segurança cabe recurso ordinário, no prazo de 8 (oito) dias, para o Tribunal Superior do Trabalho, e igual dilação para o recorrido e interessados apresentarem razões de contrariedade.

A: opção incorreta, pois em razão do julgamento da ADI 3395-6 o STF entendeu que não compete à Justiça do Trabalho o julgamento das causas entre servidores estatutários; **B:** opção correta, pois reflete o entendimento solidificado pelo TST na Súmula 245; **C:** opção correta, pois reflete o entendimento disposto na Súmula 219, item I, do TST; **D:** opção correta, pois reflete o disposto na Súmula 246 do TST; **E:** opção correta, pois está em conformidade com o art. 895, II, da CLT.

Gabarito "A"

(Procurador do Estado/SP – FCC – 2009) Firmado contrato de prestação de serviços entre a Administração Pública direta e empresa de vigilância, sendo ajuizada reclamatória pelo empregado contra o empregador e Fazenda do Estado de São Paulo, segundo entendimento sumulado no âmbito laboral, embora o tema seja ainda debatido nas Varas do Trabalho, Tribunais Regionais e Superior do Trabalho, como, igualmente, no Supremo Tribunal Federal, é correto afirmar que a Fazenda do Estado de São Paulo

(A) poderá integrar o polo passivo, pois embora não se forme vínculo de emprego, há responsabilidade solidária do Estado quanto às obrigações trabalhistas.

(B) poderá integrar o polo passivo, pois embora não se forme vínculo de emprego, há responsabilidade subsidiária do Estado quanto às obrigações trabalhistas.

(C) não poderá integrar o polo passivo, pois não se forma vínculo de emprego entre o Estado e o empregado.

(D) não poderá integrar o polo passivo, pois a relação contratual foi firmada com a empresa de vigilância.

(E) poderá integrar o polo passivo, pois há vínculo de emprego entre o Estado e o empregado.

A alternativa B é a correta, pois está de acordo com o disposto na Súmula 331 do TST: "CONTRATO DE PRESTAÇÃO DE SERVIÇOS. LEGALIDADE (...) IV – O inadimplemento das obrigações trabalhistas, por parte do empregador, implica a responsabilidade subsidiária do tomador dos serviços, quanto àquelas obrigações, inclusive quanto aos órgãos da administração direta, das autarquias, das fundações públicas, das empresas públicas e das sociedades de economia mista, desde que hajam participado da relação processual e constem também do título executivo judicial (art. 71 da Lei nº 8.666, de 21.06.1993)".

Gabarito "B"

(Procurador do Município/Florianópolis-SC – 2010 – FEPESE) No que se refere às comissões de conciliação prévia, assinale a alternativa **incorreta**, de acordo com a Consolidação das Leis do Trabalho.

(A) As empresas e os sindicatos podem instituir Comissões de Conciliação Prévia, de composição paritária, com representante dos empregados e dos empregadores, com a atribuição de tentar conciliar os conflitos individuais do trabalho.

(B) Qualquer demanda de natureza trabalhista será submetida à Comissão de Conciliação Prévia se, na localidade da prestação de serviços, houver sido instituída a Comissão no âmbito da empresa ou do sindicato da categoria.

(C) Não prosperando a conciliação, será fornecida ao empregado e ao empregador declaração da tentativa conciliatória frustrada com a descrição de seu objeto, firmada pelos membros da Comissão, que deverá ser juntada à eventual reclamação trabalhista.

(D) As Comissões de Conciliação Prévia têm prazo de dez dias para a realização da sessão de tentativa de conciliação a partir da provocação do interessado, não se suspendendo durante esse período o prazo prescricional para o ajuizamento da ação trabalhista.

(E) Caso exista, na mesma localidade e para a mesma categoria, Comissão de empresa e Comissão sindical, o interessado optará por uma delas para submeter a sua demanda, sendo competente aquela que primeiro conhecer do pedido.

A: opção correta, pois reflete o disposto no art. 625-A da CLT; **B:** opção correta, pois reflete o disposto no art. 625-D da CLT. É importante frisar que referido dispositivo é objeto das ADIs 2139 e 2160 onde foi deferida parcialmente a cautelar para dar interpretação conforme a Constituição Federal; **C:** opção correta, pois reflete o disposto no art. 625-D, § 2º, da CLT; **D:** opção incorreta, pois, embora exista o prazo de 10 (dez) dias para a realização da sessão de tentativa de conciliação, art. 625-F da CLT, determina o art. 625-G da CLT que o prazo será suspenso a partir da provocação da Comissão de Conciliação Prévia; **E:** opção correta, pois reflete o disposto no art. 625-D, § 4º, da CLT.

Gabarito "D"

(Procurador do Município/Florianópolis-SC – 2010 – FEPESE) Assinale a alternativa **correta**, de acordo com a Consolidação das Leis do Trabalho.

(A) Na Justiça do Trabalho, a prova das alegações incumbe ao empregador.

(B) A Justiça do Trabalho não é competente para determinar o recolhimento das contribuições fiscais.

(C) A oposição de exceções, nas causas da jurisdição da Justiça do Trabalho, acarreta a suspensão do feito.

(D) As contribuições sociais devidas em decorrência de decisão proferida pelos Juízes e Tribunais do Trabalho, resultantes de condenação ou homologação de acordo, inclusive sobre os salários pagos durante o período contratual reconhecido, serão executadas pela União após o trânsito em julgado da ação.

(E) A Justiça do Trabalho é competente para processar e julgar as ações de indenização por danos morais e patrimoniais decorrentes de acidente de trabalho propostas por empregado contra empregador, inclusive aquelas que ainda não possuíam sentença de mérito em primeiro grau quando da promulgação da Emenda Constitucional n. 45/2004.

A: opção incorreta, pois nos termos do art. 818 da CLT a prova das alegações incumbe à parte que as fizer; **B:** opção incorreta, pois a Justiça do Trabalho é competente, nos termos do art. 114, VIII, da CF. Veja, também, a Súmula 368, item I, do TST; **C:** opção incorreta, pois nos termos do art. 799 da CLT somente podem ser opostas com suspensão do feito as exceções de suspensão ou incompetência; **D:** opção incorreta, pois em conformidade com a Súmula 368, item I, parte final, a competência da Justiça do Trabalho para execução das contribuições previdenciárias alcança as parcelas integrantes do salário de contribuição, pagas em virtude de contrato de emprego reconhecido em juízo, ou decorrentes de anotação da Carteira de Trabalho e Previdência Social – CTPS, objeto de acordo homologado em juízo; **E:** opção correta, pois reflete o disposto no art. 114, VI, da CF.

Gabarito "E"

(ADVOGADO – CEF – 2010 – CESPE) Em relação aos dissídios individuais trabalhistas, assinale a opção correta.

(A) Entende-se por perempção provisória a impossibilidade de o reclamante propor nova reclamação trabalhista quando este tiver dado causa a dois arquivamentos seguidos, ainda que as ações versem sobre objetos diversos.

(B) No rito sumaríssimo, em que o valor da causa não ultrapassa 40 salários mínimos, o reclamante deverá formular pedidos líquidos e certos, sob pena de o juiz extinguir o processo sem resolução de mérito, com a consequente condenação do autor ao pagamento das custas processuais atinentes.

(C) A vara do trabalho, após recebimento e protocolização da reclamação, notificará o reclamado, por via postal e no prazo de 48 horas, da data da audiência, que poderá ser realizada dentro de cinco dias após o recebimento da notificação pelo reclamado.

(D) Pelo princípio da impugnação especificada, o reclamado deverá esclarecer, em sua defesa e de forma geral, se todas as alegações do autor são inverídicas ou se a pretensão deste é improcedente, requerendo a improcedência dos pedidos contidos na peça vestibular.

(E) Quanto aos créditos resultantes das relações de trabalho, a prescrição não poderá ser interrompida caso a ação seja arquivada, haja vista os princípios da celeridade e da economia processual.

A: opção incorreta, pois para que seja considerada perempta os objetos das ações devem ser iguais. Veja art. 732 da CLT; **B:** opção correta, pois reflete o entendimento disposto nos arts. 852-A, 852-B, I e seu § 1º, da CLT; **C:** opção incorreta, pois nos termos do art. 841 da CLT a audiência deverá ocorrer, no mínimo, 5 dias após o recebimento da notificação; **D:** opção incorreta, pois não é permitida a contestação por negativa geral; **E:** opção incorreta, pois nos termos do entendimento solidificado na Súmula 268 do TST a ação trabalhista, ainda que arquivada, interrompe a prescrição somente em relação aos pedidos idênticos.

Gabarito "B"

(ADVOGADO – PETROBRÁS BIO. – 2010 – CESGRANRIO) Duas Ações Diretas de Inconstitucionalidade (Adin. 2.139 e 2.160) foram ajuizadas por quatro partidos políticos (PC do B, PSB, PT e PDT) e pela Confederação Nacional dos Trabalhadores do Comércio (CNTC) onde, resumidamente, argumentava-se que a regra contida no art. 625-D da CLT (Comissões de Conciliação Prévia) representava um limite à liberdade de escolha da via mais conveniente para serem submetidas eventuais demandas trabalhistas. A esse respeito, está em consonância com a decisão liminar proferida pelo Supremo Tribunal Federal, em 13.05.2009, que

(A) as Comissões de Conciliação Prévia devem ser formadas no âmbito do sindicato, onde serão dirimidos os eventuais conflitos, sempre com composição paritária, com sua constituição e normas de funcionamento, definidas em Regimento Interno das empresas.

(B) somente não prosperando a conciliação, perante a Comissão como instância obrigatória, será fornecida declaração da tentativa conciliatória frustrada, que deverá ser juntada em eventual reclamação trabalhista.

(C) o art. 625 A estabelece que as empresas e os sindicatos devem instituir Comissões de Conciliação Prévia, o que foi confirmado pelo STF.

(D) as demandas trabalhistas podem ser submetidas ao Poder Judiciário antes que tenham sido analisadas por uma Comissão de Conciliação Prévia.

(E) as Comissões de Conciliação Prévia, necessariamente, devem ser formadas nas empresas, mediante composição negociada em Convenção Coletiva.

"D" é a alternativa correta. Nas referidas ADIs a Suprema Corte decidiu por maioria de votos que as ações trabalhistas podem ser submetidas ao judiciário trabalhista mesmo antes de se submeter a questão à Comissão de Conciliação Prévia – CCP. Para os ministros da Suprema Corte, a decisão preserva o direito universal dos cidadãos de acesso à Justiça. Desta forma, de acordo com a interpretação conferida ao dispositivo em questão pela Suprema Corte, a submissão de conflitos à Comissão de Conciliação Prévia não constitui condição da ação para o ajuizamento da reclamação trabalhista, não sendo possível a extinção do processo sem resolução do mérito em caso de ausência de tentativa de conciliação perante a CCP.

Gabarito "D"

(ADVOGADO – SERPRO – 2008 – CESPE) No que se refere ao direito processual do trabalho, julgue os itens:

(1) No processo do trabalho, não é cabível a interposição de recurso adesivo.

(2) O prazo para a interposição do recurso ordinário é de 8 dias.

(3) Os crimes contra a organização do trabalho devem ser julgados por juiz federal.

(4) O recurso cabível contra as decisões proferidas pelo juiz do trabalho nas execuções é o agravo de petição.

(5) Uma reclamação trabalhista contra uma autarquia e cujo valor seja inferior a 40 salários mínimos será submetida ao rito sumaríssimo.

(6) Caso um trabalhador mova uma reclamação trabalhista contra sua empresa empregadora e, na data designada para a audiência, compareça o advogado da empresa, portando a procuração, mas o preposto não esteja presente, a empresa será considerada revel.

(7) Para figurar como preposto em uma audiência, em regra, não existe a necessidade de se comprovar que a pessoa é empregada da reclamada, mas, sim, que possui conhecimento dos fatos discutidos no processo.

(8) As empresas públicas são isentas do pagamento de custas na justiça do trabalho.

(9) A nulidade fundada em incompetência de foro deve ser declarada de ofício.

(10) A homologação de acordo é uma faculdade do juiz.

1: opção incorreta, pois nos termos da Súmula 283 do TST o recurso adesivo é compatível com o processo do trabalho; 2: opção correta, pois reflete o prazo estipulado no art. 895, I e II, da CLT; 3: opção correta, pois reflete o disposto no art. 109, VI, da CF; 4: opção correta, pois reflete o disposto no art. 897, *a*, da CLT; 5: opção incorreta, pois nos termos do art. 852-A, parágrafo único, da CLT estão excluídas do procedimento sumaríssimo as demandas em que é parte a Administração Pública direta, autárquica e fundacional; 6: opção correta, pois reflete o entendimento consubstanciado na Súmula 122 do TST; 7: opção incorreta, pois nos termos do art. 843, § 1º, da CLT e Súmula 377 do TST exceto quanto à reclamação de empregado doméstico, ou contra micro ou pequeno empresário, o preposto deve ser necessariamente empregado do reclamado; 8: opção incorreta, pois as sociedades de economia mista e as empresas públicas não são isentas. Veja art. 173, § 2º, da CF e Súmula 170 do TST; 9: opção correta, pois reflete o disposto no art. 795, § 1º, da CLT; 10: opção correta, pois reflete o entendimento consubstanciado na Súmula 418 do TST.

Gabarito 1E, 2C, 3C, 4C, 5E, 6C, 7E, 8E, 9C, 10C.

(ADVOGADO – IRB – 2006 – ESAF) No processo do trabalho, é correto afirmar-se que

(A) no caso de conciliação, o termo que for lavrado valerá como decisão irrecorrível, inclusive para a Previdência Social, quanto às contribuições que lhe forem devidas.

(B) adotado o procedimento sumaríssimo, a sentença dispensa relatório.

(C) a execução da ação rescisória faz-se nos próprios autos, perante o Tribunal Regional.

(D) erros materiais na sentença poderão ser corrigidos, desde que interpostos embargos de declaração.

(E) a sentença prolatada em ação de cumprimento é irrecorrível.

A: opção incorreta, pois a Previdência Social poderá interpor recurso, nos termos do art. 831, parágrafo único, da CLT; **B:** opção correta, pois reflete o disposto no art. 852-I da CLT; **C:** opção incorreta, se fará na Vara do Trabalho; **D:** opção incorreta, pois nos termos do art. 897-A, parágrafo único, da CLT erros materiais poderão ser corrigidos de ofício ou a requerimento de qualquer das partes; **E:** opção incorreta, pois é a sentença é recorrível via recurso ordinário, nos termos do art. 895, II, da CLT.

Gabarito "B"

(ADVOGADO – BNDES – 2001 – VUNESP) Com relação aos dissídios individuais do trabalho, é correto afirmar que

(A) a testemunha que for parente até o 3º grau, amigo ou inimigo das partes, prestará compromisso.

(B) é facultado ao INSS interpor recurso relativo às contribuições que lhe forem devidas.

(C) das decisões homologatórias de acordo trabalhista, caberá Recurso Especial.

(D) o não comparecimento da reclamada em audiência, importa no arquivamento da reclamação.

(E) ficam submetidos ao procedimento sumaríssimo aqueles cujo valor não exceda 50 vezes o salário mínimo vigente na data do ajuizamento.

A: opção incorreta, pois nos termos do art. 829 da CLT não prestará compromisso; **B:** opção correta, pois reflete o disposto no art. 831, parágrafo único, da CLT; **C:** opção incorreta, pois o termo de acordo tem valor de decisão irrecorrível para as partes (art. 831 CLT), salvo para o INSS que poderá interpor recurso, art. 831, parágrafo único, da CLT; **D:** opção incorreta, pois importará na revelia, art. 844 da CLT; **E:** opção incorreta, pois são submetidas ao procedimento sumaríssimo as causas cujo valor não ultrapasse 40 salários mínimos, art. 852-A da CLT.

Gabarito "B"

9. DIREITO FINANCEIRO

Fernando Castellani, Henrique Subi, José Renato Camilotti e Robinson Sakiyama Barreirinhas

1. PRINCÍPIOS E NORMAS GERAIS

(Procurador Distrital – 2014 – CESPE) A respeito das normas que regem o direito financeiro e orçamentário, julgue o seguinte item.

(1) O DF tem competência exclusiva para dispor sobre normas gerais de direito financeiro apenas por lei complementar distrital.

1: Incorreta, pois a competência para dispor sobre direito financeiro é concorrente da União, Estados e DF – art. 24, I, da CF/1988. Ademais, as normas gerais devem ser veiculadas pela União (art. 24, § 1º, da CF/1988), embora o DF possa suplementá-las, ou mesmo suprir eventual omissão, nos termos do art. 24, §§ 2º a 4º, da CF/1988.

Gabarito 1E

(Procurador Distrital – 2014 – CESPE) A respeito das normas que regem o direito financeiro e orçamentário, julgue o seguinte item.

(1) Diferentemente da Lei 4.320/1964, que tem hoje status de lei complementar, a LRF procura estabelecer normas gerais sobre orçamento e balanços.

1: Incorreta, pois a Lei 4.320/1964 também estabelece normas gerais sobre orçamento e balanços da União, dos Estados, dos Municípios e do Distrito Federal.

Gabarito 1E

(Procurador do Estado/BA – 2014 – CESPE) Julgue o item a seguir.

(1) O instrumento legislativo exigido pela CF, na esfera federal, para dispor sobre normas de finanças públicas é sempre a lei complementar.

1: Correta, pois a Constituição Federal, em seu art. 163, estabelece que lei complementar disciplinará as seguintes matérias: (i) finanças públicas; (ii) dívida pública externa e interna (incluída a das autarquias, fundações e demais entidades controladas pelo Poder Público); (iii) concessão de garantias pelas entidades públicas; (iv) emissão e resgate de títulos da dívida pública; (v) fiscalização financeira da administração pública direta e indireta; e (vi) operações de câmbio da União, dos Estados, do DF e dos Municípios; (vii) compatibilização das funções das instituições oficiais de crédito da União.

Gabarito 1C

(Procurador do Estado/BA – 2014 – CESPE) Julgue o item a seguir.

(1) Suponha que o estado X tenha editado norma ordinária acerca de matéria de direito financeiro, e que, logo após, tenha sido editada lei complementar federal contrária ao disposto na lei estadual. Nessa situação, a eficácia da lei estadual será suspensa no momento em que passar a viger a norma federal.

1: Correta, considerando que a lei complementar federal tenha veiculado norma geral de direito financeiro, ela se sobrepõe à estadual, suspendendo a eficácia desta última – art. 24, § 4º, da CF/1988.

Gabarito 1C

(Procurador do Estado/BA – 2014 – CESPE) Julgue o item a seguir.

(1) De acordo com a CF, os municípios podem legislar sobre direito financeiro, de forma concorrente com os demais entes da Federação.

1: Assertiva discutível. O art. 24 da CF/1988 não prevê os Municípios como titulares da competência concorrente para legislar sobre direito financeiro, o que poderia sugerir ser errada a assertiva. Entretanto, não há dúvida que os entes locais exerçem essa competência, legislando sobre interesse local em matéria de direito financeiro, nos termos do art. 30, I e II, da CF/1988.

Gabarito 1C

(Procurador do Estado/BA – 2014 – CESPE) Julgue o item a seguir.

(1) Os estados podem legislar sobre direito financeiro e, sempre que o fizerem, estarão revogando qualquer norma preexistente, ainda que editada pela União.

1: Incorreta, pois a lei federal que veicula norma geral se sobrepõe à estadual, nos termos do art. 24, § 4º, da CF/1988.

Gabarito 1E

(Procurador Federal – 2013 – CESPE) A respeito de finanças públicas na CF, julgue os próximos itens.

(1) A lei orçamentária anual deve contemplar apenas dispositivos relacionados à previsão da receita e à fixação da despesa, ressalvada, nos termos da lei, a autorização para a abertura de créditos suplementares e a contratação de operações de crédito, ainda que por antecipação de receita.

(2) A competência da União para dispor sobre limites à emissão de moeda é exercida exclusivamente pelo Banco Central do Brasil.

(3) De acordo com o princípio orçamentário da universalidade, o orçamento deve conter a totalidade das receitas e das despesas estatais. Decorre desse princípio o dispositivo constitucional que determina que a lei orçamentária anual compreenderá o orçamento de investimentos das empresas em que a União detenha qualquer participação no capital social.

1: correta, referindo-se ao princípio da exclusividade – art. 165, § 8º, da CF/1988; **2** incorreta, pois a competência exclusiva do Banco Central é para emitir moeda, não para dispor sobre os limites a essa emissão – art. 164, *caput*, da CF/1988; **3:** incorreta. Embora a afirmação inicial sobre o princípio da universalidade seja válida, a lei orçamentária anual da União compreenderá o orçamento de investimento apenas das empresas da qual ela detenha, direta ou indiretamente, maioria do capital com direito a voto – art. 165, § 5º, II, da CF/1988.

Gabarito 1C, 2E, 3E

(Procurador Federal – 2013 – CESPE) No que tange a normas gerais de direito financeiro, julgue o seguinte item.

(1) O STF não admite ação direta de inconstitucionalidade que tenha por objeto lei orçamentária, ainda que fique comprovado que a lei questionada possua certo grau de abstração e generalidade.

1: Incorreta, pois havendo abstração e generalidade, o STF admite ADIn em relação a dispositivo da lei orçamentária – ver ADI 2.925/DF.

Gabarito 1E

(Procurador Federal – 2013 – CESPE) À luz das normas constitucionais relativas a matéria tributária, julgue o seguinte item.

(1) Se um município criar um programa de apoio à inclusão e promoção social, poderá financiá-lo com os recursos ordinários do orçamento, sendo vedada a vinculação da receita tributária para tanto, consoante o princípio da não vinculação.

1: Assertiva imprecisa. A rigor, embora o princípio da não vinculação indique exatamente isso, há vedação expressa apenas em relação à receita de impostos, nos termos do art. 167, IV, da CF/1988, não de outras espécies tributárias (taxas, por exemplo). Ademais, é interessante notar que o art. 82, § 2º, do ADCT prevê a possibilidade excepcional de vinculação de parcela da receita do ISS para Fundo Municipal de Combate à Pobreza.

Gabarito 1C

(Procurador do Estado/PA – 2011) Na Constituição de 1988, há uma clara definição sobre o (s) nível (eis) de competência (s) em matéria de direito financeiro, o que está igualmente bem assentado na jurisprudência do Supremo Tribunal Federal, de modo que é CORRETO afirmar que:

(A) Compete à União, aos Estados e ao Distrito Federal legislar concorrentemente sobre direito financeiro, sendo certo que na inexistência de lei federal sobre normas gerais, os Estados exercerão a competência legislativa plena para atender a suas peculiaridades.

(B) A competência para legislar sobre direito financeiro está entre aquelas privativas dos Estados, que podem delegar aos Municípios legislar sobre questões específicas de interesse regional.

(C) Compete em comum à União, aos Estados e ao Distrito Federal legislar sobre direito financeiro, de modo que leis complementares fixarão critérios de cooperação visando ao desenvolvimento e ao bem-estar em âmbito nacional.

(D) Compete exclusivamente à União legislar sobre direito financeiro, criando as normas gerais de caráter nacional.

(E) Compete à União, aos Estados, ao Distrito Federal e aos Municípios legislar em comum sobre direito financeiro, de maneira que leis complementares fixarão critérios de cooperação visando ao desenvolvimento e ao bem-estar em âmbito nacional.

A: correta, pois a competência concorrente da União, dos Estados e do Distrito Federal relativa ao direito financeiro e o exercício da competência legislativa plena em caso de omissão da União são previstos no art. 24, I, e § 2º, da CF; **B**, **C**, **D** e **E:** incorretas, pois a competência é concorrente, conforme comentário à alternativa anterior.

Gabarito "A"

(Procurador do Estado/PA – 2011) Um dos principais princípios orçamentários é o da não vinculação ou da não afetação, que tem por definição constitucional a vedação de vinculação de receita de impostos a órgão, fundo ou despesa. A própria Constituição Federal, contudo, ressalva situações que permitem tal atrelamento de receitas com certos tipos de despesas. Assim, é INCORRETO afirmar que comporta exceção ao princípio da não vinculação:

(A) A destinação aos Estados da totalidade do produto da arrecadação do imposto sobre veículos automotores.

(B) A destinação de recursos para ações e serviços públicos de saúde.

(C) A destinação de recursos para manutenção do ensino.

(D) A destinação aos Municípios do produto da arrecadação do imposto da União sobre renda e proventos de qualquer natureza, incidente sobre a fonte, sobre rendimentos pagos, a qualquer título, por eles, suas autarquias e pelas fundações que instituírem ou mantiverem.

(E) A destinação aos Estados e ao Distrito Federal do produto da arrecadação do imposto da União sobre renda e proventos de qualquer natureza, incidente sobre a fonte, sobre rendimentos pagos, a qualquer título, por eles, suas autarquias e pelas fundações que instituírem ou mantiverem.

A: essa é a incorreta, pois os Estados não ficam com a totalidade dos recursos relativos ao IPVA, já que 50% pertencem aos Municípios em cujo território os veículos são licenciados – art. 158, III, da CF; **B**, **C**, **D** e **E:** assertivas corretas, pois se referem à repartição das receitas de impostos determinada pela Constituição Federal (arts. 158 e 159), sendo inaplicável, nesses casos, a vedação à vinculação prevista no art. 167, IV, da CF.

Gabarito "A"

Veja a seguinte tabela com os mais importantes princípios orçamentários, para estudo e memorização:

Princípios orçamentários	
Anualidade	A lei orçamentária é anual (LOA), de modo que suas dotações orçamentárias referem-se a um único exercício financeiro – art. 165, § 5º, da CF
Universalidade	A LOA inclui todas as despesas e receitas do exercício – arts. 3º e 4º da Lei 4.320/1964
Unidade	A LOA refere-se a um único ato normativo, compreendendo os orçamentos fiscal, de investimento e da seguridade social – art. 165, § 5º, da CF e art. 1º da Lei 4.320/1964. Ademais, cada esfera de governo (União, Estados, DF e Municípios) terá uma única LOA para cada exercício, o que também é indicado como princípio da unidade
Exclusividade	A LOA não conterá dispositivo estranho à previsão da receita e à fixação da despesa, admitindo-se a autorização para abertura de créditos suplementares e para contratação de operações de crédito – art. 165, § 8º, da CF
Equilíbrio	Deve haver equilíbrio entre a previsão de receitas e a autorização de despesas, o que deve também ser observado na execução orçamentária. Isso não impede a realização de *superávits* – ver art. 48, *b*, da Lei 4.320/1964 e art. 31, § 1º, II, da LRF (LC 101/2000)
Especificação, especialização ou discriminação	Deve haver previsão pormenorizada de receitas e despesas, não cabendo dotações globais ou ilimitadas – art. 167, VII, da CF e art. 5º da Lei 4.320/1964
Unidade de tesouraria	**As receitas devem ser recolhidas em caixa único, sendo vedada qualquer fragmentação para criação de caixas especiais – art. 56 da Lei 4.320/1964**
Não afetação ou não vinculação da receita dos impostos	É vedada a vinculação de receita de impostos a órgão, fundo ou despesa, com as exceções previstas no art. 167, IV, da CF

(Procurador Federal – 2010 – CESPE) A respeito de finanças públicas e orçamento, de acordo com a CF, julgue os itens seguintes.

(1) Estado da Federação tem competência privativa e plena para dispor sobre normas gerais de direito financeiro.

(2) Os municípios não podem legislar sobre normas de direito financeiro concorrentemente com a União.

1: assertiva incorreta, pois a competência para legislar sobre normas gerais de direito financeiro é da União, ressalvada a competência suplementar dos Estados e do Distrito Federal – art. 24, I, §§ 1º e 2º, da CF; **2** incorreta. Embora o art. 24 da CF refira-se apenas à União e aos Estados, ao tratar da competência concorrente, os Municípios podem suplementar a legislação federal e estadual, considerando o interesse local, inclusive em matéria de direito financeiro – art. 30, I e II, da CF. Embora haja debate doutrinário, é interessante registrar o entendimento adotado pela CESPE, de que se trata de competência *concorrente* dos Municípios.

Gabarito 1E, 2E

(Procurador de Contas TCE/ES – CESPE – 2009) Assinale a opção correta acerca das normas constitucionais pertinentes a finanças públicas.

(A) Compete ao Poder Executivo publicar o relatório resumido da execução orçamentária no prazo de até trinta dias após o encerramento de cada bimestre.

(B) O PPA é instituído por lei que estabelece nacionalmente diretrizes, objetivos e metas da administração pública para as despesas correntes e outras delas derivadas.

(C) A LOA deve compreender o orçamento das empresas em que a União apenas diretamente detenha participação no capital social com direito a voto.

(D) Lei ordinária federal estabelecerá normas de gestão financeira e patrimonial da administração direta e indireta bem como condições para instituição e funcionamento de fundos.

(E) Cabe ao presidente da República enviar ao Senado Federal os projetos de lei do PPA, das diretrizes orçamentárias e do orçamento anual.

A: assertiva correta, pois reflete o disposto no art. 165, § 3º, da CF; **B:** incorreta, pois o PPA estabelece diretrizes, objetivos e metas de forma *regionalizada* para as despesas de **capital** (não para as despesas correntes), além de outras delas decorrentes e para as despesas relativas aos programas de duração continuada – art. 165, § 1º, da CF; **C:** incorreta, pois a LOA compreende o orçamento de *investimento* das empresas em que a União detenha, direta ou *indiretamente* (não apenas diretamente), a *maioria* do capital social com direito a voto – art. 165, § 5º, II, da CF; **D:** assertiva incorreta, pois essa competência é exercida por meio de lei *complementar* federal (não por simples lei ordinária), conforme o art. 165, § 9º, II, da CF; **E:** incorreta, pois os projetos relativos à LOA, à LDO e ao PPA são enviados ao Congresso Nacional (não apenas ao Senado), sendo apreciados pelas duas Casas (Câmara e Senado), na forma do regimento comum – art. 166, *caput* e § 6º, da CF.

Gabarito "A"

(Advogado da União/AGU – CESPE – 2009) Ainda acerca dos orçamentos, julgue os itens que se seguem.

(1) O princípio da universalidade estabelece que todas as receitas e despesas devem estar previstas na LOA.

(2) O princípio da não afetação refere-se à impossibilidade de vinculação da receita de impostos a órgãos, fundo ou despesa, com exceção de alguns casos previstos na norma constitucional.

1: assertiva correta, pois, de fato, o art. 165, § 5º, da CF dispõe que a Lei Orçamentária Anual – LOA compreenderá os orçamentos fiscal, de investimento e da seguridade social, **incluindo todas as receitas e despesas (= princípio da universalidade)** – arts. 3º e 4º da Lei 4.320/1964; **2** assertiva correta, pois o princípio da não afetação das receitas dos impostos, com as exceções, está previsto no art. 167, IV, da CF.

Gabarito 1C, 2C

(Advogado da União/AGU – CESPE – 2009) De acordo com o que estabelece a CF acerca das finanças públicas, julgue o item subsequente.

(1) É possível a transposição de recursos de uma categoria de programação para outra, com a prévia autorização legislativa.

1: assertiva correta, pois, havendo prévia autorização legislativa, a transposição, o remanejamento e a transferência são possíveis – art. 167, VI, da CF.

Gabarito 1C

(Procurador da Fazenda Nacional – 2007.2 – ESAF) A respeito das finanças públicas, assinale a opção correta.

(A) As disponibilidades de caixa da União, dos Estados, do Distrito Federal, dos Municípios e dos órgão ou entidades do Poder Público e das empresas por ele controladas, serão depositadas em instituições financeiras oficiais, ressalvados os casos previstos em lei.

(B) Compete privativamente à União legislar sobre normas gerais de direito financeiro, podendo a Lei complementar autorizar os Estados a legislar sobre questões específicas, para atender a suas peculiaridades.

(C) Pelo princípio da unidade orçamentária, todas as receitas e despesas devem ser previstas em documento único, ressalvados os orçamentos fiscal, de investimento e da seguridade social, que serão previstos em documentos autônomos.

(D) A competência da União para estabelecer limites à emissão de moeda será exercida exclusivamente pelo Banco Central.

(E) O princípio da exclusividade da matéria orçamentária não impede que a lei orçamentária anual contenha autorização para contratação de operações de crédito.

A: incorreta. As disponibilidades de caixa da União serão depositadas no Banco Central – art. 164, § 3º, da CF; **B:** incorreta. A competência para legislar a respeito de direito financeiro é concorrente, nos termos do art. 24, I, e §§ 1º a 4º, da CF; **C:** incorreta. A LOA é composta pelos orçamentos fiscal, de investimento e da seguridade social, reunidos em documento único – art. 165, § 5º, da CF; **D:** incorreta. A competência da União para emissão de moeda (e não para estabelecer limites à emissão) é exercida exclusivamente pelo Banco Central – art. 164 da CF; **E:** correta. A LOA pode conter autorização para operações de crédito – art. 165, § 8º, da CF.

Gabarito "E"

(Procurador da Fazenda Nacional – 2007 – ESAF) A disposição do artigo 165, § 5º, da Constituição do Brasil

(A) consubstancia o princípio da legalidade, uma vez que estabelece que o orçamento anual será aprovado por lei.

(B) permite que as empresas estatais (inciso II) recebam recursos da União a título de capital desde que previamente previsto no orçamento de investimento.

(C) combinada com a disposição do § 7º do mesmo artigo subordina a aprovação da Lei orçamentária à do orçamento plurianual de investimento.

(D) expressa o princípio da universalidade da Lei orçamentária.

(E) impõe, nos seus incisos I e II, o equilíbrio orçamentário da previdência social.

O art. 165, § 5º, da CF dispõe que a LOA compreenderá os orçamentos fiscal, de investimento e da seguridade social (princípio da universalidade), em um único documento (princípio da unidade).

Gabarito "D"

(Procurador da Fazenda Nacional – 2007 – ESAF) Sob o princípio constitucional de que "a lei não excluirá da apreciação do Poder Judiciário lesão ou ameaça a direito" (art. 5º, XXXV da CF), pode-se afirmar que:

(A) em face da independência entre os Poderes do Estado e da discricionariedade que fundamenta os atos da administração, a execução orçamentária constitui exceção a esse mandamento constitucional.

(B) a Lei Orçamentária é lei em sentido formal, do que decorre que suas disposições implicam vinculação para a ação do administrador público que não pode deixar de realizar a despesa nela contemplada.

(C) a ação popular não é cabível em matéria orçamentária.

(D) a competência do Tribunal de Contas para julgamento das contas é definitiva e impede qualquer questionamento perante o Poder Judiciário.

(E) o orçamento, no que se refere à despesa pública, por se constituir em autorização para realizá-la, não implica a vinculação do administrador em fazê-lo, mas há de motivar [dar causa] para não executar a despesa, cabendo, assim, ao administrador público responsável pela execução orçamentária justificar-se perante o Poder Judiciário, se a tanto provocado.

A: incorreta. A execução orçamentária não é exceção e pode ser levada à análise do Judiciário; **B** e **E:** A LOA é autorizativa (autoriza a realização de despesas), não impositiva – de qualquer forma, o agente público deve prestar contas quanto à sua execução (art. 165, § 3º, da CF e art. 48 da LRF, entre outros); **C:** incorreta. A ação popular é cabível quando há lesão ao patrimônio público e à moralidade administrativa (entre outras), de modo que se aplica em matéria orçamentária – art. 5º, LXXIII, da CF; **D:** incorreta. As decisões do Tribunal de Contas podem ser revistas pelo Judiciário, pois não fazem coisa julgada (o TC não exerce jurisdição, em sentido estrito).

Gabarito "E"

(Procurador do Estado/PE – 2004 – FCC) É correto afirmar que

(A) cabe ao Presidente da República fixar o montante da dívida consolidada dos Estados, Municípios e do Distrito Federal, além da correspondente à União.

(B) ao Senado Federal compete, privativamente, dispor sobre limites globais e condições para as operações de crédito interno e externo dos Estados.

(C) cabe ao Congresso Nacional autorizar operações externas de natureza financeira, de interesse dos Estados e dos Municípios.

(D) ao Congresso Nacional compete estabelecer limites globais e condições para o montante da dívida mobiliária dos Municípios.

(E) todas as despesas relativas à dívida pública mobiliária e contratual constarão, de forma exclusiva, do plano plurianual.

A: incorreta. Compete privativamente ao Senado fixar limites globais para a dívida consolidada dos entes federados, a partir de proposta do Presidente da República – art. 52, VI, da CF; **B:** correta, conforme o art. 52, VII, da CF; C e **D:** essas competências são privativas do Senado – art. 52, V e IX, da CF; **E:** incorreta. O PPA cuida de despesas de capital (e delas decorrentes) e de programas de caráter continuado (art. 165, § 1º, da CF) – todas as despesas públicas (inclusive relativas à dívida mobiliária e contratual) são abrangidas pela LOA (art. 167, II, da CF).

Gabarito "B"

2. LEI DE DIRETRIZES ORÇAMENTÁRIAS – LDO E PLANO PLURIANUAL – PPA

Houve um grande alvoroço quando os parlamentares da Comissão Mista de Orçamento do Congresso Nacional elevaram a previsão de receita da União para 2011 em R$ 22,8 bilhões. Muitos consideraram a estimativa irrealista e destinada unicamente a acomodar o aumento de gastos que deputados e senadores fizeram no orçamento. Esse "exagero" na reestimativa da receita foi um dos argumentos utilizados pelo governo para "contingenciar" R$ 50,1 bilhões nas despesas orçamentárias e, dessa forma, garantir a obtenção da meta de superávit primário deste ano.

Valor Econômico, 22.09.2011 (com adaptações).

(Procurador/DF - 2013 - CESPE) A respeito dos temas abordados na matéria jornalística acima, julgue o item a seguir.

(1) A meta de superávit, mencionada no texto, deve constar da LDO, conforme determinação explícita da Lei de Responsabilidade Fiscal.

1: correta, pois o Anexo de Metas Fiscais da LDO deve apresentar aquelas relativas aos resultados nominal e primário – art. 4º, § 1º, da LRF.

Gabarito 1C

(Procurador/DF - 2013 - CESPE) A respeito dos temas abordados na matéria jornalística acima, julgue os itens a seguir.

(1) Em face do caráter autorizativo da LOA, não há obrigatoriedade de recomposição das despesas contingenciadas, na hipótese de restabelecimento da receita prevista no orçamento.

(2) O contingenciamento a que se refere o texto não pode atingir despesas que estejam ressalvadas pela LOA, a exemplo das transferências constitucionais e das despesas destinadas ao pagamento do serviço da dívida.

1: incorreta, pois, em princípio, se houver restabelecimento da receita prevista, ainda que parcial, a recomposição das dotações cujos empenhos foram limitados dar-se-á de forma proporcional às reduções efetivadas – art. 9º, § 1º, da LRF; **2** incorreta, pois a intangibilidade do contingenciamento não se refere à despesas ressalvadas pela LOA, mas sim pela LDO, além das despesas que constituam obrigações constitucionais e legais do ente, inclusive aquelas destinadas ao pagamento do serviço da dívida – art. 9º, § 2º, da LRF.

Gabarito 1E, 2E

(Advogado da União/AGU – CESPE – 2012) No que se refere aos orçamentos e ao controle de sua execução, julgue os itens seguintes.

(1) O PPA, que define o planejamento das atividades governamentais e estabelece as diretrizes e as metas públicas, abrange as despesas de capital e as delas decorrentes, bem como as relativas aos programas de duração continuada.

(2) A lei de diretrizes orçamentárias destina-se, entre outros objetivos, a orientar a elaboração da lei orçamentária anual, nada dispondo, todavia, a respeito do equilíbrio entre receitas e despesas.

(3) Após o envio dos projetos de lei relativos ao PPA, às diretrizes orçamentárias e ao orçamento anual ao Congresso Nacional, o presidente da República não poderá apresentar proposta de modificação desses projetos.

1: correta, conforme o art. 165, § 1º, da CF; **2** incorreta, pois a LDO disporá também sobre o equilíbrio entre receitas e despesas, nos termos do art. 4º, I, a, da LRF; 3: incorreta, pois o Presidente poderá enviar mensagem ao Congresso Nacional para propor modificação nos projetos enquanto não iniciada a votação, na Comissão mista, da parte cuja alteração é proposta – art. 166, § 5º, da CF.

Gabarito 1C, 2E, 3E

(Advogado da União/AGU – CESPE – 2009) Acerca das normas constitucionais que regem os orçamentos, julgue o item a seguir.

(1) A LDO inclui as despesas de capital para os dois exercícios financeiros subsequentes.

1: incorreta, pois a Lei de Diretrizes Orçamentárias – LDO é anual, ou seja, refere-se sempre a um único exercício financeiro (o subsequente em relação à sua aprovação), a exemplo da Lei Orçamentária correspondente – art. 165, § 2º, da CF.

Gabarito 1E

(Advogado da União/AGU – CESPE – 2009) De acordo com o que estabelece a CF acerca das finanças públicas, julgue o item subsequente.

(1) Emendas ao projeto de lei de diretrizes orçamentárias poderão ser aprovadas, desde que sejam compatíveis com o plano plurianual.

1: assertiva correta, já que as emendas ao projeto de LDO somente poderão ser aprovadas quando forem compatíveis com o PPA – art. 166, § 4º, da CF.

Gabarito 1C

(Procurador do Estado/CE – 2008 – CESPE) A Lei de Diretrizes Orçamentárias (LDO)

(A) é de iniciativa do Poder Legislativo.

(B) tem o objetivo, entre outros, de orientar a elaboração do plano plurianual e da LOA.

(C) compreende as metas e prioridades da administração pública, excluindo as despesas de capital para o exercício financeiro subsequente.

(D) dispõe sobre alteração na legislação financeira.

(E) tem o objetivo, entre outros, de estabelecer a política de aplicação das agências financeiras oficiais de fomento.

A: incorreta. As leis orçamentárias (PPA, LDO e LOA) são de iniciativa do Executivo – art. 165, *caput*, da CF; **B:** incorreta. O Plano Plurianual refere-se a diretrizes, objetivos e metas de médio e longo prazo (despesas de capital e programas de duração continuada) – a LDO é anual e orienta a elaboração da Lei Orçamentária Anual, apenas (não do PPA) – art. 165, § 2º, da CF; **C:** incorreta. A LDO inclui as metas e prioridades inclusive no que se refere às despesas de capital para o exercício seguinte – art. 165, § 2º, da CF; **D:** incorreta. A LDO dispõe sobre as alterações na legislação tributária (não financeira) – art. 165, § 2º, da CF; **E:** correta. Art. 165, § 2º, *in fine*, da CF.

Gabarito "E"

(Procurador do Estado/PI – 2008 – CESPE) Cabe à Lei de Diretrizes Orçamentárias

(A) disciplinar as transferências financeiras entre entidades privadas.

(B) estabelecer limitações à expansão de receitas governamentais.

(C) dispor sobre o controle de custos e a avaliação dos resultados dos programas financiados pela iniciativa privada.

(D) quantificar o resultado primário a ser obtido com vistas à redução do montante da dívida e das despesas com juros.

(E) dispor sobre o equilíbrio entre custos e despesas.

A: incorreta. A LDO disciplinará as transferências entre entidades públicas e privadas – art. 4º, I, *f*, da LRF; **B:** incorreta. O Anexo de Metas Fiscais conterá demonstrativo da margem de expansão das despesas obrigatórias de caráter continuado (e não das receitas) – art. 4º, § 2º, V, da LRF; **C:** incorreta. O controle e a avaliação são dos programas financiados com recursos orçamentários (não privados) art. 4º, I, *e*, da LRF; **D:** correta, conforme o art. 4º, § 1º, da LRF – o Anexo de Metas Fiscais conterá essas disposições relativas ao resultado primário e ao montante da dívida pública; **E:** incorreta. A LDO dispõe sobre o equilíbrio entre receitas e despesas – art. 4º, I, *a*, da LRF.

Gabarito "D"

(Procurador da Fazenda Nacional – 2006 – ESAF) Em relação ao controle concentrado de constitucionalidade, a ser efetivado em relação à lei de diretrizes orçamentárias, o Supremo Tribunal Federal assentou que

(A) é possível, e até necessária, a fiscalização de constitucionalidade de lei orçamentária, de forma concentrada.

(B) a matéria é de âmbito político, e segundo orientação que segue o modelo da Suprema Corte norte-americana, não se justifica fiscalização por parte do poder judiciário.

(C) a questão é disciplinada integralmente pelo texto constitucional vigente, que outorga ao judiciário o controle direto, por via de ação, em relação a disposições de lei orçamentária que permitem ampliação de despesas, tão somente.

(D) a questão suscita lacuna no modelo constitucional vigente, e deste modo só admite controle abstrato de constitucionalidade ou eventual controle difuso, que o Supremo Tribunal evita implementar, nos termos de recorrentes decisões.

(E) a lei de diretrizes orçamentárias, que tem objeto determinado e destinatários certos, assim sem generalidade abstrata, é lei de efeitos concretos, que não está sujeita à fiscalização jurisdicional no controle concentrado.

O STF manifestou-se no sentido de que a LDO, "que tem objeto determinado e destinatários certos, assim sem generalidade abstrata, é lei de efeitos concretos, que não está sujeita à fiscalização jurisdicional no controle concentrado" (ADIn 2.484 MC/DF, rel. Ministro Carlos Veloso, j. 19.12.2011, Tribunal Pleno). Por essa razão, a alternativa "E" foi considerada correta. Posteriormente, entretanto, a Suprema Corte entendeu que "deve exercer sua função precípua de fiscalização da constitucionalidade das leis e dos atos normativos quando houver um tema ou uma controvérsia constitucional suscitada em abstrato, independente do caráter geral ou específico, concreto ou abstrato de seu objeto." Decidiu, assim, pela "Possibilidade de submissão das normas orçamentárias ao controle abstrato de constitucionalidade" (ADIn 4.048 MC/DF, rel. Min. Gilmar Mendes, j. 14.05.2008, Tribunal Pleno).

Gabarito "E"

(Procurador da Fazenda Nacional – 2004 – ESAF) Nos termos da Constituição de 1988, a lei de diretrizes orçamentárias compreenderá as metas e prioridades da administração pública federal, incluindo as despesas

(A) correntes para os três próximos exercícios financeiros, orientando a elaboração da lei orçamentária plurianual, vedando-se a disposição sobre alterações na legislação tributária.

(B) correntes para o exercício financeiro subsequente, orientando a elaboração da lei orçamentária plurianual, vedando-se a disposição sobre alterações na legislação tributária e estabelecendo a política de aplicação das agências financeiras de incentivo à reforma agrária.

(C) de capital para o exercício financeiro subsequente, orientando a elaboração da lei orçamentária anual, dispondo sobre as alterações na legislação tributária e estabelecendo a política de aplicação das agências financeiras oficiais de fomento.

(D) de capital para o exercício financeiro subsequente, orientando a elaboração da lei orçamentária anual, vedando-se a disposição sobre alterações na legislação tributária e estabelecendo a política de aplicação das agências oficiais de integração regional.

(E) correntes para os cinco próximos exercícios financeiros, orientando a elaboração da lei orçamentária plurianual, dispondo sobre as alterações nas legislações tributária e financeira e estabelecendo a política de aplicação das agências financeiras dos bancos que contam com capital público.

Nos termos do art. 165, § 2º, da CF, a lei de diretrizes orçamentárias compreenderá as metas e prioridades da administração pública federal, incluindo as despesas de capital para o exercício financeiro subsequente, orientará a elaboração da lei orçamentária anual, disporá sobre as alterações na legislação tributária e estabelecerá a política de aplicação das agências financeiras oficiais de fomento. Por essa razão, a alternativa "C" é a correta.

Gabarito "C"

(ADVOGADO – PETROBRÁS – 2012 – CESGRANRIO) O orçamento da União é aprovado por

(A) lei aprovada pelo Congresso Nacional com sanção do Presidente da República

(B) lei complementar aprovada pelo Congresso Nacional com sanção do Presidente da República

(C) decreto editado pelo Presidente da República

(D) decreto legislativo editado pelo Presidente da República

(E) decreto legislativo aprovado pelo Congresso Nacional

As leis orçamentárias (plano plurianual, lei de diretrizes orçamentárias e lei orçamentária anual) são leis em sentido formal, ou seja, são aprovadas pelo Poder Legislativo (Congresso Nacional) e passam pela sanção do Chefe do Poder Executivo (Presidente da República). A única questão relevante que a diferencia das demais é a iniciativa privativa do Presidente da República (art. 165 da CF).

Gabarito "A"

3. LEI ORÇAMENTÁRIA ANUAL – LOA

(Procurador do Estado/BA – 2014 – CESPE) Suponha que, em decorrência da apresentação de emendas ao projeto de lei orçamentária anual, alguns recursos tenham ficado sem as respectivas despesas. Em face dessa situação hipotética, julgue os itens subsequentes.

(1) Os recursos sem despesas correspondentes podem ser utilizados desde que haja prévia e específica autorização legislativa.

(2) Admite-se a aprovação de emendas ao projeto de lei orçamentária anual relacionadas à correção desse erro.

(3) Os recursos sem as correspondentes despesas podem ser utilizados mediante créditos extraordinários.

1: correta, pois, nos termos do art. 166, § 8º, da CF/1988, os recursos que, em decorrência de veto, emenda ou rejeição do projeto de lei orçamentária anual, ficarem sem despesas correspondentes poderão ser utilizados, conforme o caso, mediante créditos especiais ou suplementares, com prévia e específica autorização legislativa; **2** correta, nos termos do art. 166, § 3º, III, *a*, da CF/1988; **3:** imprecisa. De fato, essa possibilidade não é expressamente prevista no art. 166, § 8º, da CF/1988, razão pela qual o gabarito oficial indica a assertiva como incorreta. Entretanto, considerando que o crédito extraordinário não depende de demonstração da existência de recursos disponíveis (art. 167, § 3º, da CF/1988 e arts. 43 e 44 da Lei 4.320/1964), na prática nada impede que se utilizem esses recursos sem correspondentes despesas para sua abertura (dos créditos extraordinários).

Gabarito 1C, 2C, 3E

(Procurador do Estado/BA – 2014 – CESPE) No que concerne ao projeto de lei orçamentária anual, julgue os próximos itens.

(1) Para ser aprovada, a emenda ao projeto de lei orçamentária anual deve ser também compatível com o plano plurianual.

(2) Somente é possível a apresentação de emendas sobre projetos que nunca tenham tramitado pelo parlamento.

(3) Admite-se a apresentação de emenda ao projeto de lei orçamentária anual, com a indicação de recursos necessários, mediante a anulação de despesa referente a dotações para pessoal e seus encargos.

1: correta, nos termos do art. 166, § 3º, I, e § 4º da CF/1988; **2** incorreta, pois não há essa restrição; **3:** incorreta, pois determinadas despesas, caso daquelas com pessoal e respectivos encargos, não podem ter recursos anulados para suprir emenda ao projeto de lei orçamentária – art. 166, § 3º, II, da CF/1988.

Gabarito 1C, 2E, 3E

(Procurador do Estado/MG – FUMARC – 2012) Considerando a Lei Complementar Federal nº 101/2000 (responsabilidade fiscal), assinale a alternativa INCORRETA em relação ao projeto de lei orçamentária anual:

(A) Conterá reserva de contingência, cuja forma de utilização e montante, definido com base na receita corrente líquida, serão estabelecidos na lei de diretrizes orçamentárias, destinada ao atendimento de passivos contingente e outros riscos fiscais imprevistos;

(B) Será compatível com o plano plurianual, com a lei de diretrizes orçamentárias e com as normas da lei complementar 101/2000;

(C) Será acompanhado do documento que se refere o § 6º do art. 165 da Constituição, bem como das medidas de compensação a renúncias de receita e ao aumento de despesas obrigatórias de caráter continuado;

(D) Conterá, em anexo, demonstrativo da compatibilidade da programação dos orçamentos com os objetivos e metas constantes do documento de que trata o §1º do artigo 4º da Lei Complementar nº 101/2000;

(E) O refinanciamento da dívida pública constará em conjunto na lei orçamentária e nas de crédito adicional.

A: correta, conforme o art. 5º, III, da Lei de Responsabilidade Fiscal – LRF (LC 101/2000); **B:** correta, nos termos do art. 5º, *caput,* da LRF e do art. 165, § 7º, da CF; **C:** correta, pois descreve exatamente o disposto no art. 5º, II, da LRF, sendo que o projeto de LOA deverá ser acompanhado de demonstrativo regionalizado do efeito sobre as receitas e despesas decorrente de isenções, anistias, remissões, subsídios e benefícios de natureza financeira, tributária e creditícia; **D:** correta, nos exatos termos do art. 5º, I, da LRF; **E:** incorreta, pois o refinanciamento da dívida pública constará separadamente (não conjuntamente) na lei orçamentária e nas de crédito adicional – art. 5º, § 2º, da LRF.

Gabarito "E"

(Procurador Federal – 2010 – CESPE) A respeito de finanças públicas e orçamento, de acordo com a CF, julgue o item seguinte.

(1) Tratando-se de orçamento participativo, a iniciativa de apresentação do projeto de lei orçamentária cabe a parcela da sociedade, a qual o encaminha para o Poder Legislativo.

1: incorreta, pois os projetos de LOA, LDO e PPA são sempre encaminhados pelo chefe do Poder Executivo (Presidente, Governadores e Prefeitos) para a apreciação do Legislativo – art. 166, § 6º, da CF, aplicável também a Estados, Distrito Federal e Municípios pelo princípio da simetria.

Gabarito 1E

(Procurador do Município/Boa Vista-RR – 2010 – CESPE) Com relação ao direito financeiro e econômico pátrio, julgue o item seguinte.

(1) A lei orçamentária anual pode conter, além da fixação da despesa, a previsão de receita e alteração da legislação tributária e a autorização para contratação de operações de crédito ou abertura de créditos suplementares.

1: incorreta, pois as únicas exceções ao princípio da exclusividade são a autorização para abertura de créditos suplementares e a contratação de operações de crédito – art. 165, § 8º, da CF.

Gabarito 1E

(Procurador do Estado/PE – CESPE – 2009) Assinale a opção correta quanto às normas vigentes relativas aos orçamentos públicos.

(A) Para fins de estimativa e de registro na LOA, prevalece a noção de receita corrente líquida, conforme definida na LRF.

(B) O presidente do TJP tem legitimidade para enviar à Assembleia Legislativa projeto de lei autorizando a abertura de crédito especial, para atender a despesas do Poder Judiciário estadual, que ainda não tenham dotação orçamentária específica.

(C) Se o Estado de Pernambuco apresentou receitas correntes de R$ 11,6 bilhões e despesas correntes de R$ 10 bilhões, em 2008, então a diferença deve ser considerada receita de capital, mas não integra o rol das chamadas receitas orçamentárias.

(D) Não há, na CF, vedação aos chamados orçamentos rabilongos.

(E) O Estado de Pernambuco pode constituir, por decreto do governador, o fundo especial da pobreza, para destinar recursos a programas de atendimento a pessoas desempregadas ou de baixa renda.

A: incorreta, pois é feita estimativa de *todas* as receitas previstas para o exercício financeiro, para elaboração da LOA, sem qualquer dedução, ou seja, não são consideradas apenas aquelas que compõem o conceito de receita corrente líquida para fins de LRF – arts. 30 e 91 da Lei 4.320/1964 e art. 2º, IV, da LRF; **B:** incorreta, pois somente o chefe do Poder Executivo (Presidente, Governadores e Prefeitos) pode apresentar ao Legislativo projetos de lei relativos a créditos adicionais – art. 166, *caput* e § 6º, da CF, aplicável também a Estados, Distrito Federal e Municípios pelo princípio da simetria; **C:** essa é a assertiva correta, pois o *superávit* do orçamento corrente é considerado receita de capital, de natureza extraorçamentária (não constitui item de receita orçamentária) – art. 11, §§ 2º e 3º, da Lei 4.320/1964; **D:** incorreta, pois a CF veda as chamadas "caudas", ou seja, não se admite a inclusão de matéria estranha à previsão da receita e à fixação da despesa no corpo da Lei Orçamentária Anual. Como exceção ao princípio da exclusividade, admite-se apenas a autorização para abertura de créditos suplementares e para contratação de operações de crédito – art. 165, § 8º, da CF; **E:** incorreta, pois a instituição de fundos de qualquer natureza depende de prévia autorização legislativa (não podem ser abertos diretamente por simples decreto do Executivo) – art. 167, IX, da CF.

Gabarito "C"

(Procurador do Estado/SP – FCC – 2009) Cabe à lei orçamentária anual estimar a receita e fixar a despesa. Daí decorre que

(A) o gestor público é obrigado a realizar todas as despesas previstas no orçamento, tendo em vista o seu caráter impositivo.

(B) é possível suspender, por ato do Poder Executivo, a realização de despesas previstas no orçamento no caso de frustração da receita estimada.

(C) as despesas com educação, saúde e pesquisa científica, decorrentes de vinculações constitucionais, possuem caráter prioritário e independem do montante da receita arrecadada.

(D) a receita estimada no orçamento deve advir exclusivamente da arrecadação de tributos, não sendo admitido computar para esse efeito o produto decorrente da alienação de ativos públicos em razão de seu caráter eventual.

(E) o orçamento público deve ser sempre equilibrado para assegurar a gestão fiscal responsável, não podendo conter previsão de *superávit* primário.

A: incorreta, pois o orçamento é autorizativo, não impositivo. Significa dizer que as despesas são autorizadas, e não impostas ao executor do orçamento (ele pode ou não realizá-las) – art. 167, I, II e III, da CF; **B:** assertiva correta, pois, no caso de frustração de receita, o Poder Público não apenas pode, como deve limitar o empenho de despesas e a movimentação financeira, na forma do art. 9º da Lei de Responsabilidade Fiscal – LRF (Lei Complementar 101/2000); **C:** incorreta, pois não há vinculação específica em relação à pesquisa científica, de modo que a realização das despesas correspondentes podem ser limitadas, em caso de frustração de receita – art. 9º, §

2º, da LRF. Ademais, ainda que as despesas relativas a obrigações constitucionais e legais não devam ser limitadas (conforme esse dispositivo da LRF), não se pode dizer que independem do montante da receita arrecadada; **D:** incorreta, pois todas as receitas estimadas devem ser incluídas no orçamento (princípio da universalidade), inclusive aquelas decorrentes de alienação de bens (receita de capital) – arts. 7º, § 2º, e 11, § 4º, da Lei 4.320/1964; **E:** incorreta, pois o equilíbrio orçamentário não impede a realização de *superávit*, o que, inclusive, é exigido para fins de recondução da dívida aos limites – art. 11, § 2º, *in fine*, da Lei 4.320/1965 e art. 31, § 1º, II, da LRF.

Gabarito "B"

(Procurador de Contas TCE/ES – CESPE – 2009) Assinale a opção correta acerca da proposta orçamentária.

(A) A proposta orçamentária que o Poder Executivo encaminhará ao Poder Legislativo compor-se-á exclusivamente de mensagem com a exposição circunstanciada da situação econômico-financeira, documentada com demonstração da dívida fundada e flutuante.

(B) As receitas e despesas de capital serão objeto de um quadro de recursos e de aplicação de capital aprovado pelo Poder Legislativo, abrangendo, no mínimo, um quadriênio.

(C) Abrangem o quadro de recursos e de aplicação de capital as despesas e, como couber, também as receitas previstas em planos especiais aprovados em lei e destinados a atender a regiões ou setores da administração.

(D) O Poder Legislativo municipal deve elaborar lei orçamentária provisória, caso não receba a proposta orçamentária no prazo fixado na lei orgânica do respectivo município.

(E) São lícitas emendas ao projeto de lei de orçamento que visem alterar a dotação solicitada para despesa de custeio.

A: incorreta, pois a proposta orçamentária conterá, além da mensagem, o próprio projeto de lei do orçamento, tabelas explicativas e especificação dos programas de trabalho custeados por dotações globais. Ademais, a mensagem conterá também (além do que consta na assertiva) saldos de créditos especiais, restos a pagar e outros compromissos financeiros exigíveis, exposição e justificação da política econômico-financeira do governo, justificação da receita e despesa, particularmente no tocante ao orçamento de capital – art. 22 da Lei 4.320/1964; **B:** incorreta, pois o Quadro de Recursos e de Aplicação de Capital é aprovado por decreto do Executivo (não pelo Legislativo) e abrange no mínimo um triênio (não um quadriênio) – art. 23 da Lei 4.320/1964; **C:** assertiva correta, nos termos do art. 24, I, da Lei 4.320/1964; **D:** incorreta, pois a iniciativa da Lei Orçamentária é privativa do chefe do Executivo (Presidente, Governadores e Prefeitos) – art. 84, XXIII, da CF, aplicável aos Estados, DF e Municípios pelo princípio da simetria; **E:** incorreta, pois não se admite emenda que vise, alterar a dotação solicitada para despesa de custeio, salvo quando provada, nesse ponto, a inexatidão da proposta – art. 33, a, da Lei 4.320/1964.

Gabarito "C"

(Procurador de Contas TCE/ES – CESPE – 2009) Acerca da natureza jurídica do orçamento e dos princípios orçamentários, assinale a opção correta.

(A) Segundo o jurista e economista alemão Hoennel, o orçamento representa extrinsecamente a forma de uma lei, mas seu conteúdo é de um mero ato administrativo.

(B) Gaston Jèze defende que o orçamento, em nenhuma de suas partes, pode ser entendido como uma lei, considerada em sua substância, embora tenha o aspecto formal e a aparência de uma lei, tratando-se, então, de um ato-condição para a realização das despesas e para a exigência dos tributos.

(C) A corrente liderada por Mayer considera o orçamento, em algumas de suas partes, como um simples ato administrativo, no que se refere às despesas públicas, e, em outras, como uma lei, no aspecto que autoriza a cobrança e a arrecadação dos tributos.

(D) O princípio da unidade destaca que o orçamento deve conter todas as receitas e despesas da União, de qualquer natureza, procedência ou destino, inclusive a dos fundos, dos empréstimos e dos subsídios.

(E) A contratação de operações de crédito ofende o princípio da exclusividade da lei orçamentária, pois tem natureza de antecipação da receita e é medida extraordinária, não ingressando no orçamento fiscal.

A: incorreta, pois para a corrente de Hoennel, o orçamento não tem apenas a forma legal, mas também o conteúdo de lei; **B:** correta, pois descreve adequadamente o entendimento do Gaston Jèze, pelo qual o orçamento é ato-condição; **C:** incorreta, pois essa corrente considera que o orçamento é formalmente lei, mas não materialmente. A assertiva refere-se à corrente que segue a lição de Leon Duguit; **D:** incorreta, pois a assertiva refere-se ao princípio da *universalidade* – arts. 3º e 4º da Lei 4.320/1964; **E:** incorreta, pois a Constituição permite expressamente que a LOA contenha autorização para contratação de operações de crédito, como uma das exceções ao princípio da exclusividade (a outra exceção e a autorização para abertura de créditos suplementares) – art. 165, § 8º, da CF.

Gabarito "B"

(Advogado da União/AGU – CESPE – 2009) Acerca das normas constitucionais que regem os orçamentos, julgue os itens a seguir.

(1) A LOA disporá sobre as alterações na legislação tributária.

(2) A LOA não conterá dispositivo estranho à fixação da receita e à previsão de despesa.

(3) A LOA poderá conter contratação de operações de crédito, ainda que por antecipação de receita.

(4) O orçamento é um ato administrativo da administração pública.

1: incorreta, pois a LOA prevê apenas receitas e despesas, além de autorização para abertura de créditos suplementares e contratação de operações de crédito (princípio da exclusividade) – art. 165, § 8º, da CF. As alterações da legislação tributária devem ser previstas na Lei de Diretrizes Orçamentárias – LDO – art. 165, § 2º, da CF; **2** imprecisa, pois há duas exceções ao princípio da exclusividade (autorização para abertura de créditos suplementares e contratação de operações de crédito) – art. 165, § 8º, da CF; 3:

assertiva correta, conforme o art. 165, § 8º, da CF; 4: incorreta, pois o orçamento é veiculado por Lei – art. 165, § 5º, da CF.

Gabarito 1E, 2E, 3C, 4E

(Procurador do Estado/CE – 2008 – CESPE) Na elaboração da Lei Orçamentária Anual (LOA), foi incluída a contratação de operações de crédito por antecipação de receita. A partir dessa informação, assinale a opção correta.

(A) A Constituição Federal prevê que só podem constar da LOA dispositivos acerca da previsão da receita e da fixação da despesa, sem exceção.

(B) A proibição de que a LOA contenha dispositivos estranhos à previsão da receita e à fixação da despesa recai, inclusive, sobre os créditos suplementares.

(C) A contratação de operações de crédito, desde que não seja por antecipação de receita, pode constar da LOA.

(D) Os créditos suplementares e as operações de crédito, inclusive aquelas provenientes de antecipação de receita, não estão incluídos na proibição de que a LOA cuide apenas da previsão da receita e da fixação da despesa.

(E) A LOA é peça de ficção jurídica e, como tal, aceita qualquer dispositivo.

A LOA conterá, exclusivamente, dispositivos relativos à previsão de receita e à fixação de despesa, além de poder autorizar abertura de créditos suplementares e contratação de operações de crédito, ainda que por antecipação de receita, nos termos da lei – art. 165, § 8º, da CF.

Gabarito "D"

(Procuradoria Federal – 2007 – CESPE) Julgue o item seguinte.

(1) Entre as finalidades do orçamento fiscal e do orçamento de investimento, observa-se a de reduzir desigualdades inter-regionais, segundo critério populacional.

1: Art. 165, § 7º, da CF.

Gabarito 1C

(Procuradoria Federal – 2007 – CESPE) Julgue o item seguinte.

(1) Considere que na lei orçamentária anual de 2006, além da previsão da receita e fixação da despesa, tenha havido autorização para recebimento antecipado de valores provenientes de venda a termo de bens imóveis pertencentes à União. Essa autorização é inconstitucional por ferir o princípio orçamentário da exclusividade.

1: A LOA pode conter autorização para operações de crédito, o que inclui antecipação de receita (art. 165, § 8º, da CF).

Gabarito 1E

(Procurador da Fazenda Nacional – 2006 – ESAF) A propósito do orçamento, e de acordo com o modelo constitucional brasileiro vigente, a lei que instituir o plano plurianual estabelecerá

(A) o orçamento fiscal referente aos Poderes da União, de modo pormenorizado, com exceção de fundos para órgãos e entidades da administração indireta.

(B) de forma regionalizada, as diretrizes, objetivos e metas da administração pública federal para as despesas de capital e outras delas decorrentes e para as relativas aos programas de duração continuada.

(C) o orçamento de investimento das empresas em que a União, direta ou indiretamente, detenha a maioria do capital social, bem como das empresas que contêm com participação federal, embora a União não exerça direito de voto.

(D) o orçamento da administração direta e indireta, sob responsabilidade da União, excluindo-se o orçamento da Seguridade Social.

(E) sistema específico e pormenorizado para redução de desigualdades sociais, vedando-se, no entanto, a utilização de anistias e de remissões.

Nos termos do art. 165, § 1º, da CF, a lei que instituir o plano plurianual estabelecerá, de forma regionalizada, as diretrizes, objetivos e metas da administração pública federal para as despesas de capital e outras delas decorrentes e para as relativas aos programas de duração continuada. Por essa razão, a alternativa "B" é a correta.

Gabarito "B"

(Procurador do Estado/SP – VUNESP – 2005) Dentre as finalidades do orçamento no setor público, excetua-se:

(A) prever o balanço do exercício.

(B) estabelecer limites para a receita e a despesa do exercício seguinte.

(C) instrumentalizar financeiramente o planejamento.

(D) vedar a possibilidade de controle político sobre os Executivos, em respeito ao princípio da separação de poderes.

(E) expressar o programa de operações do governo e os meios necessários à sua implementação.

A: correta, pois função essencial do orçamento é prever as receitas e as despesas públicas, o que pode, de certa forma, ser indicado como balanço orçamentário do exercício; **B:** em termos pois, embora se trata de previsão dos valores de receita e despesa, a LOA não fixa limites em relação à receita, ou seja, nada impede que os valores realizados efetivamente sejam superiores aos constantes da lei orçamentária; **C** e **E:** assertivas corretas, pois a LOA é ferramenta por meio da qual a administração pública deve planejar e realizar seus programas, projetos e atividades de modo racional, transparente e eficiente (= orçamento-programa); **D:** incorreta, pois há controle externo do Executivo, realizado pelo Legislativo, na forma do art. 70 da CF.

Gabarito "D"

(Procurador da Fazenda Nacional – 2004 – ESAF) O estudo da evolução dos contornos normativos dados ao orçamento pelo direito brasileiro indica-nos as caudas orçamentárias, combatidas tanto por Artur Bernardes como por Rui Barbosa, e que possibilitavam a inclusão de variados assuntos em disposições orçamentárias, a exemplo da lei do orçamento vetada em janeiro de 1922 pelo então presidente Epitácio Pessoa. No modelo atual, as caudas orçamentárias

(A) são autorizadas, por conta de adequação dos gastos com o plano plurianual, guardados limites para contratação de operações de crédito, nos termos de lei complementar.

(B) são autorizadas, devido a dispositivo que permite inclusão de créditos e despesas até trinta dias após o encerramento de cada bimestre, mediante relatório resumido da execução orçamentária, nos termos da lei.

(C) são absolutamente proibidas, por meio de vedação implícita, decorrente de incompatibilização com o plano plurianual, cuja função não se vincula a mecanismos de redução de desigualdades inter-regionais, segundo critério populacional, nos termos de lei complementar.

(D) são absolutamente proibidas, dada a vedação de dispositivo estranho à previsão da receita e à fixação da despesa na lei orçamentária plurianual, em qualquer circunstância, nos termos de lei complementar.

(E) são proibidas, por causa da vedação da lei orçamentária anual de conter dispositivo estranho à previsão da receita e à fixação da despesa, embora não se incluam na proibição a autorização para abertura de créditos suplementares e contratações de operações de crédito, ainda que por antecipação de receita, nos termos da lei.

O conteúdo formal da LOA é bastante restrito, devendo ater-se à previsão de receita e à fixação da despesa (são vedadas as matérias estranhas, as chamadas "caudas orçamentárias"). Excepcionalmente, admite-se apenas a autorização para abertura de créditos suplementares e a contratação de operações de crédito, ainda que por antecipação de receita – art. 165, § 8º, da CF. Por essa razão, a alternativa "E" é a correta.

Gabarito "E"

(Procurador da Fazenda Nacional – 2004 – ESAF) De acordo com a Lei Complementar nº101, de 4 de maio de 2000, integrarão as despesas da União e serão incluídas na lei orçamentária

(A) as despesas com pessoal do governo do Distrito Federal, ressalvando-se o limite de 50% de comprometimento dos percentuais da receita corrente líquida.

(B) as despesas do Banco Central do Brasil relativas a pessoal e encargos sociais, custeio administrativo, inclusive os destinados a benefícios e assistência aos servidores, e a investimentos.

(C) as despesas referentes à reserva de contingência, cuja forma de utilização e montante, definida com base nas subvenções sociais e na constituição dos fundos rotativos das inversões financeiras, será calculada conforme estabelecido na lei de diretrizes orçamentárias.

(D) a atualização monetária do principal da dívida mobiliária refinanciada, excetuando-se despesas de custeio, juros da dívida pública fundada externa e interna e as transferências correntes para as entidades internacionais.

(E) os créditos com finalidade imprecisa ou com dotação ilimitada, referentes aos transportes ferroviário, rodoviário, aeroviário, por dutos, urbano, além de navegação marítima e de interior.

A: incorreta, pois as despesas da União como pessoal do Distrito Federal (art. 21, XIII e XIV, da CF) entram no cômputo do limite de gasto federal com pessoal, fixado em 3% (três pontos percentuais) do total de 40,9% previstos no art. 20, I, *c*, da LRF; **B:** correta, nos exatos termos do art. 5º, § 6º, da LRF; **C:** incorreta, pois o montante da reserva de contingência será definido com base na receita corrente líquida – art. 5º, III, da LRF; **D:** incorreta, pois todas as despesas relativas à dívida pública, mobiliária ou contratual, e as receitas que as atenderão, constarão da lei orçamentária anual – art. 5º, § 1º, da LRF; **E:** incorreta, pois o art. 5º, § 4º, da LRF veda expressamente consignar na lei orçamentária crédito com finalidade imprecisa ou com dotação ilimitada. Ver também o art. 167, VII, da CF.

Gabarito "B"

4. LEI DE RESPONSABILIDADE FISCAL – LRF

(Procurador do Estado/BA – 2014 – CESPE) Com base no disposto na Lei de Responsabilidade Fiscal, julgue o seguinte item.

(1) Suponha que determinado ente da Federação aja com negligência no dever de arrecadar os impostos de sua competência devidamente instituídos e previstos. Nesse caso, fica vedada a realização de transferências voluntárias ao referido ente, no que se refere aos referidos impostos.

Correta, nos termos do art. 11, parágrafo único, da LRF. Interessante notar que essa sanção não afasta as transferências relativas à educação, saúde e assistência social – art. 25, § 3º, da LRF.

Gabarito 1C

(Procurador do Estado/BA – 2014 – CESPE) Com base no disposto na Lei de Responsabilidade Fiscal, julgue o seguinte item.

(1) Os requisitos essenciais da responsabilidade na gestão fiscal incluem a instituição, a previsão e a efetiva arrecadação de todos os tributos da competência constitucional do ente da Federação.

Correta. A assertiva está em consonância com o preceituado no art. 11 da LRF. É bom ressaltar que, embora não haja menção expressa do STF, alguns doutrinadores entendem ser inconstitucional o disposto no dispositivo mencionado, uma vez que o mesmo violaria o princípio da federação, mais precisamente a autonomia dos entes federativos no que concerne ao exercício da competência tributária atribuída pela Constituição Federal para cada qual. Essa vertente doutrinária entende que o exercício de tal competência legislativa pelos entes federativos é facultativo, o que não encontra consonância com a imposição ao seu exercício pelo art. 11 da LRF, cuja violação acarreta a sanção prevista em seu parágrafo único.

Gabarito 1C

(Procurador do Estado/BA – 2014 – CESPE) Com base no disposto na Lei de Responsabilidade Fiscal, julgue o seguinte item.

(1) Admite-se a reestimativa da previsão da receita pública, desde que promovida pelo Poder Legislativo, mediante aprovação de lei ordinária, por quaisquer motivos.

1: Incorreta, pois a reestimativa de receita por parte do Poder Legislativo só será admitida se comprovado erro ou omissão de ordem técnica ou legal – art. 12, § 1º, da LRF.

Gabarito 1E

(Procurador do Estado/AC – FMP – 2012) Com base na Lei de Responsabilidade Fiscal, Lei Complementar 101, de 04 de maio de 2000, assinale a alternativa **INCORRETA**.

(A) A Administração sujeita-se à transparência da gestão fiscal, dando ampla divulgação, inclusive em meios eletrônicos de acesso público: os planos, os orçamentos e as leis de diretrizes orçamentárias; as prestações de contas e o respectivo parecer prévio, o Relatório Resumido da Execução Orçamentária e o Relatório de Gestão Fiscal; e as versões simplificadas desses documentos.

(B) É vedada a aplicação de receita de capital derivada da alienação de bens e direitos que integram o patrimônio público para o financiamento de despesa corrente, salvo se destinada por lei aos regimes de previdência social, geral ou aos servidores públicos para fins de reajuste determinado por lei de iniciativa legislativa.

(C) O incentivo à participação popular e à realização de audiências públicas, durante os processos de elaboração e discussão dos planos, da lei de diretrizes orçamentárias e dos orçamentos, é um mecanismo destinado à efetivação da transparência da gestão fiscal.

(D) É nulo de pleno direito ato de desapropriação de imóvel sem prévia e justa indenização em dinheiro ou prévio depósito judicial do valor da indenização, como mecanismo de preservação do patrimônio público.

A: correta, conforme o art. 48 da Lei de Responsabilidade Fiscal – LRF (LC 101/2000); **B:** essa é a incorreta, pois a exceção, ou seja, o caso de despesa corrente que pode ser suprida com a receita de capital derivada da alienação de bens e direitos que integram o patrimônio publico, é apenas aquele relativo aos regimes de previdência social, geral e próprio dos servidores públicos – art. 44 da LRF. Não é o caso do reajuste determinado por lei de iniciativa legislativa; **C:** correta, nos termos do art. 48, parágrafo único, I, da LRF; **D:** correta, nos termos do art. 46 da LRF e do art. 182, § 3º, da CF.

Gabarito "B"

(Procurador do Estado/PA – 2011) A Lei de Responsabilidade Fiscal (Lei Complementar nº 101/2000) determina que constitui requisito essencial da responsabilidade na gestão fiscal a instituição, a previsão e a efetiva arrecadação de todos os tributos de competência constitucional dos entes da Federação. No caso dos Estados Federados, é CORRETO afirmar que caso assim não ajam e:

(A) Deixem de instituir, prever e efetivamente arrecadar as taxas, lhes será vedado o recebimento de verbas de convênios com a União.

(B) Deixem de instituir, prever e efetivamente arrecadar contribuições de melhoria, lhes será vedado o recebimento de verbas de contrato de repasse com a União.

(C) Deixem de instituir, prever e efetivamente arrecadar o imposto sobre a propriedade de veículos automotores, lhes será vedado o recebimento de transferências voluntárias da União.

(D) Deixem de instituir, prever e efetivamente arrecadar o imposto sobre circulação de mercadoria e sobre a prestação de serviços de transporte interestadual e de comunicação, lhes será vedado o recebimento do fundo de participação dos Estados.

(E) Deixem de instituir, prever e efetivamente arrecadar o imposto sobre a transmissão *inter vivos*, lhes será vedado o recebimento de recursos correntes decorrentes de ajuste com a União.

A sanção existe apenas para o descumprimento da regra em relação aos impostos, sendo que, no caso de não ser instituído, previsto e efetivamente cobrado, será vedada a realização de transferências voluntárias para o ente político omisso – art. 11, parágrafo único, da LRF. Por essa razão, a alternativa correta é a "C".

Gabarito "C"

(Procurador do Estado/PA – 2011) O modelo de federalismo para o qual caminha a Federação Brasileira revela um forte processo de centralização, assim concentrando nas mãos da União crescente fatia do produto da arrecadação tributária. Disso decorre a permanente necessidade dos Estados Federados firmarem com o ente central convênios, acordos, ajustes ou outros instrumentos similares cuja finalidade é a realização de obras e/ou serviços de interesse comum. Para serem firmadas tais transferências voluntárias de recursos da União aos Estados Federados, é INCORRETO afirmar que, além das exigências contidas na Lei de Diretrizes Orçamentárias:

(A) Devem os beneficiários comprovar a previsão orçamentária de contrapartida.

(B) Devem os beneficiários comprovar o cumprimento dos limites constitucionais relativos à educação e à saúde.

(C) Devem os beneficiários comprovar a observância de que os valores recebidos não se destinarão ao pagamento de despesa de pessoal ativo.

(D) Devem os beneficiários comprovar que se acham em dia quanto ao pagamento de tributos, empréstimos e financiamentos devidos ao ente transferidor, bem como quanto à prestação de contas de recursos anteriormente recebidos.

(E) Devem os beneficiários comprovar o cumprimento da etapa de autorização junto ao Senado Federal para assinatura do contrato de contragarantia.

Nos termos do art. 25, § 1º, da LRF, são exigências para a realização de transferência voluntária, além das estabelecidas na lei de diretrizes orçamentárias: (i) existência de dotação específica, (ii) observância do disposto no inciso X do art. 167 da Constituição, (iii) comprovação, por parte do beneficiário, de (a) que se acha em dia quanto ao pagamento de tributos, empréstimos e financiamentos devidos ao ente transferidor, bem como quanto à prestação de contas de recursos anteriormente dele recebidos, (b) cumprimento dos limites constitucionais relativos à educação e à saúde, (c) observância dos limites das dívidas consolidada e mobiliária, de operações de crédito, inclusive por antecipação de receita, de inscrição em restos a pagar e de despesa total com pessoal e (d) previsão orçamentária de contrapartida. Por essa razão, a alternativa "E" é a correta.

Gabarito "E"

(Procurador do Estado/RO – 2011 – FCC) O artigo 42 da Lei Complementar nº 101/2000 (Lei de Responsabilidade Fiscal) veda a assunção de obrigação de despesa nos dois quadrimestres anteriores ao término do mandato eletivo, que não possa ser cumprida integralmente dentro dele, sem que haja disponibilidade financeira para esse efeito. Isso significa que

(A) as obras em andamento devem ser paralisadas.

(B) fica vedada a contração de quaisquer empréstimos.

(C) não se admite a inscrição de restos a pagar das despesas processadas e liquidadas.

(D) somente podem ser contratados serviços de natureza essencial.

(E) são permitidas contratações quando o saldo de caixa projetado para o final do exercício for suficiente para cobrir as parcelas empenhadas.

A: incorreta, pois o art. 42 da Lei de Responsabilidade Fiscal – LRF (LC 101/2000) veda a assunção de obrigação, não, necessariamente, o andamento de obras; **B:** incorreta, pois o dispositivo não se refere especificamente a empréstimos, até porque, nesse caso (de empréstimo) há aumento da disponibilidade de caixa; **C:** incorreta, pois o art. 42 da LRF não impede a inscrição de débitos em restos a pagar. Na verdade, sua observância tende a impedir os restos a pagar sem correspondente disponibilidade de caixa; **D:** incorreta, pois o art. 42 da LRF permite as contratações, inclusive não essenciais, desde que haja disponibilidade de caixa suficiente para pagamento das parcelas devidas no exercício seguinte; **E:** essa é a melhor opção, por exclusão das demais. Embora a matéria não seja pacífica, entende-se que, para contratação nos dois últimos quadrimestres do mandato, é preciso que haja disponibilidade de caixa não apenas para as parcelas empenhadas nesse ano (último do mandato), mas para todas as parcelas a serem pagas no exercício seguinte (mesmo aquelas a serem empenhadas após o fim do último ano do mandato).

Gabarito "E"

(Procurador Federal – 2010 – CESPE) Com relação a despesas e receitas públicas, julgue o item seguinte.

(1) De acordo com a LRF, a contratação de serviços, por meio de licitação, que acarrete aumento de despesa deve vir precedida de demonstrativo da estimativa do impacto orçamentário-financeiro apenas do exercício em que deva entrar em vigor a referida despesa, bem como da declaração de responsabilidade do ordenador de despesa.

1: assertiva incorreta, pois a estimativa do impacto orçamentário-financeiro não se restringe ao exercício em que deva entrar em vigor o aumento de despesa, devendo abranger também os dois subsequentes – art. 16, I, da LRF.

Gabarito 1E

(Procurador de Contas TCE/ES – CESPE – 2009) Acerca da LRF, assinale a opção correta.

(A) No prazo de sessenta dias após a publicação dos orçamentos, as receitas previstas deverão ser desdobradas pelo Poder Executivo em metas semestrais de arrecadação, com a especificação em separado, quando cabível, das medidas de combate à evasão e à sonegação.

(B) Segundo a LRF, o benefício concernente à ampliação de incentivo de natureza tributária da qual decorra renúncia de receita, dependente de medidas de compensação, por meio do aumento de receita, só entrará em vigor no primeiro dia do exercício seguinte.

(C) Na verificação do atendimento dos limites definidos na LRF, para despesas com pessoal, devem ser computadas despesas relativas a incentivos à demissão voluntária.

(D) É vedada a majoração de benefício relativo à seguridade social sem a indicação da fonte de custeio total, salvo benefício ou serviços de saúde, previdência e assistência social destinados aos servidores militares, ativos e inativos.

(E) É lícito aos entes da Federação disponibilizar a qualquer pessoa física ou jurídica o acesso a informações referentes ao lançamento e ao recebimento de toda a receita das unidades gestoras, inclusive referentes a recursos extraordinários.

A: incorreta, pois o prazo para o desdobramento é de *30 dias* (não 60) contados da publicação da LOA, e as metas de arrecadação são *bimestrais* (não semestrais) – art. 13 c/c art. 8º da LRF; **B:** incorreta, pois o benefício ou incentivo fiscal pode entrar em vigor imediatamente, desde que sejam atendidos os requisitos do art. 14 da LRF. Ou seja, não há exigência de que o benefício fiscal entre em vigor apenas no exercício seguinte; **C:** incorreta, pois os incentivos à demissão voluntária não entram no cômputo das despesas com pessoal para fins de limite – art. 19, § 1º, II, da LRF; **D:** incorreta, pois não há essa exceção à exigência de demonstração da fonte de custeio total, para que o benefício ou serviço da seguridade social seja criado, majorado ou estendido – art. 195, § 5º, da CF e art. 24, § 2º, da LRF; **E:** essa é a assertiva correta, conforme o art. 48-A da LRF..

Gabarito "E"

(Advogado da União/AGU – CESPE – 2009) Acerca do que disciplina a Lei de Responsabilidade Fiscal (LRF), julgue os itens seguintes.

(1) A criação de ação governamental que acarrete despesa pública será acompanhada de estimativa do impacto orçamentário-financeiro no exercício em que deva entrar em vigor e nos dois subsequentes.

(2) É condição prévia para empenho e licitação de serviços criados por ação governamental nova, a declaração do ordenador da despesa de que o aumento tem adequação orçamentária e financeira com todos os tipos de orçamentos.

(3) Considera-se despesa obrigatória de caráter continuado a despesa corrente derivada de ato administrativo normativo que fixe para o ente a obrigação legal de sua execução por um período superior a dois exercícios.

(4) A ação governamental que cria despesa por lei pode, a qualquer tempo, ser executada, antes mesmo de ser compensada com o acréscimo da receita naquele exercício, quando não devidamente prevista na lei orçamentária.

1: assertiva correta, nos termos do art. 16, I, da LRF; **2** correta, pois, nos termos do art. 16, II, da LRF, a criação de ação governamental que acarrete aumento da despesa será acompanhada de declaração do ordenador da despesa de que o aumento tem adequação orçamentária e financeira com a lei orçamentária anual e compatibilidade com o plano plurianual e com a lei de diretrizes orçamentárias. Trata-se de condição prévia para o empenho e a licitação correspondente – art. 16, § 4º, I, da LRF; 3: assertiva correta, pois a despesa corrente derivada de lei, medida provisória *ou ato administrativo normativo* é considerada obrigatória de caráter continuado, desde que fixem para o ente a obrigação legal de sua execução por um período superior a dois exercícios – art. 17 da LRF; 4: incorreta, nos termos do art. 16, II, e § 4º, e art. 17, 5º, da LRF.

Gabarito 1C, 2C, 3C, 4E

(Procurador do Município/Aracaju – 2008 – CESPE) Julgue os itens seguintes, relativos à Lei de Responsabilidade Fiscal (Lei Complementar n.o 101/2000).

(1) O anexo de metas fiscais deve conter o demonstrativo da estimativa e compensação da renúncia de receita.

(2) O projeto de lei orçamentária anual deve ser elaborado de forma a atender apenas o plano plurianual.

(3) A lei de diretrizes orçamentárias dispõe, entre outros assuntos, sobre o equilíbrio entre receitas e despesas.

(4) As metas que devem estar estabelecidas no anexo de metas fiscais que integra o projeto de lei de diretrizes orçamentárias são trimestrais.

1: correta. Art. 4º, § 2º, V, da LRF; **2** incorreta. O projeto de LOA deve atender às diretrizes e aos requisitos do art. 165, §§ 5º a 8º, da CF, do PPA, da LDO, da LRF (ver art. 5º) e da Lei 4.320/1964; 3: correta. Art. 4º, I, a, da LRF; 4: incorreta. As metas são anuais – art. 4º, § 1º, da LRF.

Gabarito 1C, 2E, 3C, 4E

(Procuradoria Federal – 2007 – CESPE) Julgue o item seguinte.

(1) Considere a seguinte situação hipotética. Determinado município da Federação criou contribuição de melhoria, em virtude da construção do Parque Central, cobrada dos moradores das proximidades do referido parque, em face da valorização imobiliária decorrente de sua construção. Entretanto, apesar de legalmente constituído, o aludido município não regulamentou a cobrança do tributo em comento, prejudicando a sua efetiva arrecadação. Nessa situação, ficará vedada a realização de transferências voluntárias ao município da Federação em epígrafe.

1: As transferências voluntárias são vedadas para os entes que não instituírem e arrecadarem todos os impostos de sua competência – o art. 11, parágrafo único, da LRF não faz referência aos demais tributos (taxas, contribuições) para fins dessa vedação. Ademais, essa vedação não atinge recursos destinados à educação, à saúde e à assistência social – art. 25, § 3º, da LRF.

Gabarito 1E

(Procurador da Fazenda Nacional – 2007.2 – ESAF) A Lei de Responsabilidade Fiscal – LRF estabelece normas de finanças públicas voltadas para a responsabilidade na gestão fiscal. Entre as normas da LRF, não se inclui:

(A) a inexistência de estimativa do impacto orçamentário-financeiro e de demonstração da origem dos recursos para as despesas destinadas ao serviço da dívida.

(B) a proibição de que o Banco Central do Brasil emita títulos de dívida pública a partir de dois anos após a publicação da LRF.

(C) a necessidade de estimativa do impacto orçamentário-financeiro para redução da alíquota do IPI.

(D) a nulidade do ato de que resulte aumento da despesa com pessoal nos cento e oitenta dias anteriores ao final do mandato do titular do respectivo Poder ou órgão.

(E) a vedação da realização de operação de crédito entre uma instituição financeira estatal e o ente da Federação que a controle, na qualidade de beneficiário do empréstimo.

A: arts. 4º, § 1º, e 5º, § 1º, ambos da LRF; **B:** art. 34 da LRF; **C:** a redução de alíquota do IPI, com intuito extrafiscal e realizada nos termos do art. 153, § 1º, da CF, não exige estimativa de impacto orçamentário-financeiro; **D:** art. 21, parágrafo único, da LRF; **E:** art. 36 da LRF.

Gabarito "C"

(Procurador da Fazenda Nacional – 2007.2 – ESAF) Ainda sobre a Lei de Responsabilidade Fiscal - LRF, assinale a opção incorreta.

(A) Compete ao Ministério da Fazenda verificar o cumprimento dos limites e condições relativos à realização de operações de crédito de cada ente da Federação, inclusive das empresas por eles controladas, direta ou indiretamente.

(B) Os entes poderão conceder garantia em operações de crédito internas ou externas, observados o disposto na LRF e, no caso da União, também os limites e as condições estabelecidos pelo Senado Federal.

(C) As sanções de suspensão de transferências voluntárias constantes da LRF não se aplicam a ações de educação, saúde e assistência social.

(D) A captação de recursos a título de antecipação de receita de tributo ou contribuição cujo fato gerador já tenha ocorrido é equiparada a operação de crédito.

(E) Compete privativamente ao Senado Federal autorizar operações externas de natureza financeira, de interesse da União, dos Estados, do Distrito Federal, dos Territórios e dos Municípios.

A: correta. Art. 32 da LRF; **B:** correta. Art. 40 da LRF; **C:** correta. Art. 25, § 3º, da LRF; **D:** incorreta. A antecipação de receita referente a tributo cujo fato gerador ainda não tenha ocorrido equipara-se a operação de crédito e é vedada, com exceção da substituição tributária "para frente" (art. 37, I, da LRF); **E:** correta. art. 52, V, da CF.

Gabarito "D"

(Procurador do Estado/RR – 2006 – FCC) Ao se referir à previsão e à arrecadação da receita pública, a Lei de Responsabilidade Fiscal dispõe que a reestimativa de receita por parte do Poder Legislativo só será admitida

(A) se comprovado erro ou omissão de ordem técnica ou legal.

(B) se houver anulação de alguma despesa previamente prevista.

(C) em caso de necessidade ou interesse público.

(D) em caso de urgência e relevante interesse nacional.

(E) em caso de estado de emergência ou calamidade pública.

A nova estimativa de receita pelo Legislativo não depende da simples vontade dos agentes públicos, ainda que decorrente de necessidades, urgências, calamidades etc. (a estimativa de receitas tributárias ou patrimoniais, por exemplo, não aumenta só porque houve anulação de despesa ou calamidade pública). A reestimativa pelo Legislativo existe quando há erro ou omissão na estimativa anterior – art. 12, § 1º, da LRF. Por outro lado, durante a execução orçamentária, o Executivo (com autorização legal) pode abrir créditos adicionais por conta de *superávit*, excesso de arrecadação ou operações de crédito – art. 43, § 1º, I, II e IV, da Lei 4.320/1964.

Gabarito "A"

(Procurador do Estado/RR – 2006 – FCC) Acerca dos restos a pagar, a Lei de Responsabilidade Fiscal dispõe:

(A) É vedado ao titular de Poder, nos últimos três trimestres do seu mandato, contrair obrigação de receita que tenha parcelas a serem pagas no exercício seguinte, ainda que haja suficiente disponibilidade de caixa para este efeito.

(B) É autorizado ao titular de Poder, nos últimos dois quadrimestres do seu mandato, contrair obrigação de despesa que tenha parcelas a serem pagas no exercício seguinte sem que haja suficiente disponibilidade de caixa para este efeito.

(C) É autorizado ao titular do Poder, até o penúltimo quadrimestre do seu mandato, contrair obrigação de despesa que venha a ser cumprida no exercício financeiro seguinte.

(D) É vedado ao titular de Poder, nos últimos dois quadrimestres do seu mandato, contrair obrigação de despesa que não possa ser cumprida integralmente dentro dele.

(E) É autorizado ao titular do Poder, nos últimos dois bimestres do seu mandato, contrair obrigação de despesa que não possa ser cumprida até o último dia do penúltimo mês do exercício, ainda que haja suficiente disponibilidade de caixa para este efeito.

Art. 42 da LRF – **A:** a vedação refere-se aos dois últimos quadrimestres do mandato e é possível contrair a obrigação se houver disponibilidade de caixa; **B**, **C** e **E:** trata-se de vedação, não autorização, e refere-se aos dois últimos quadrimestres do mandato; **D:** a assertiva é correta.

Gabarito "D"

(Procurador da Fazenda Nacional – 2006 – ESAF) Nos termos da Lei Complementar n. 101, de 4 de maio de 2000, os dispositivos que indicam vedação de renúncia, a exemplo de anistia, remissão, subsídio, crédito presumido, concessão de isenção de caráter não geral, alteração de alíquota ou modificação de base de cálculo que implique redução discriminada de tributos, **não** se aplicam, quanto à alteração de alíquotas:

(A) aos impostos de propriedade territorial rural, de renda e de proventos de qualquer natureza e de transmissão *causa mortis* e doação, de quaisquer bens ou direitos.

(B) aos impostos de propriedade de veículo automotores, aos impostos extraordinários de guerra e aos impostos de renda e de proventos de qualquer natureza.

(C) aos impostos de importação de produtos estrangeiros, de exportação, para o exterior, de produtos nacionais ou nacionalizados, de produtos industrializados e de operações de crédito, câmbio e seguro, ou relativas a títulos ou valores mobiliários.

(D) aos impostos sobre grandes fortunas, sobre propriedade predial e territorial urbana e sobre transmissão *inter vivos*, a qualquer título, por ato oneroso, de bens móveis, por natureza ou acessão física, e de direitos reais sobre imóveis.

(E) aos impostos sobre serviços de qualquer natureza, bem como ao imposto sobre renda e proventos de qualquer natureza.

As condições para concessão ou ampliação de benefícios fiscais fixadas pelo art. 14 da LRF não se aplicam às alterações das alíquotas do imposto de importação, imposto de exportação, IPI e IOF realizadas pelo Executivo nos termos do art. 153, § 1º, da CF – art. 14, § 3º, I, da LRF. Por essa razão, a alternativa "C" é a correta.

Gabarito "C"

(Procurador do Estado/SE – FCC – 2005 – adaptada) Considere as afirmações abaixo, relacionadas às disposições da Lei Complementar nº 101, de 04/05/2000.

I. A concessão ou ampliação de incentivo ou benefício de natureza tributária da qual decorra renúncia financeira deve atender a pelo menos uma de duas condições. Uma delas é a demonstração de que a renúncia foi considerada na estimativa de receita da lei orçamentária e de que não afetará as metas de resultados fiscais previstas na lei de diretrizes orçamentárias.

II. Considera-se renúncia fiscal condicionada aos requisitos da lei o cancelamento de débito, ainda que de valor inferior aos respectivos custos de cobrança.

III. A despesa total dos Estados com pessoal, em cada período de apuração, não poderá exceder a 50% da receita corrente líquida, não sendo computadas para a verificação do atendimento desse limite, entre outras, as despesas de indenização por demissão de servidores ou empregados.

IV. Sempre que necessário, a despesa corrente será financiada mediante a aplicação da receita de capital derivada da alienação de bens e direitos que integram o patrimônio público.

V. Dentre as restrições previstas na lei para a hipótese de a dívida consolidada de um ente da Federação ultrapassar o respectivo limite está o impedimento de receber transferências voluntárias da União ou do Estado, enquanto perdurar o excesso, depois de vencido o prazo para retorno da dívida ao limite.

Estão corretas as afirmações

(A) I, II e III.

(B) I, III e IV.

(C) I e V.

(D) II, IV e V.

(E) III, IV e V.

I: correta, nos termos do art. 14, I e II, da LRF; II: incorreta, pois as condições do art. 14 da LRF não se aplicam ao cancelamento de débito cujo montante seja inferior ao dos respectivos custos de cobrança (§ 3º, II); III: incorreta, pois o limite de despesa total com pessoal no âmbito dos Estados corresponde a 60% da receita corrente líquida – art. 19, II, da LRF; IV: incorreta, pois é vedada a aplicação da receita de capital derivada da alienação de bens e direitos que integram o patrimônio público para o financiamento de despesa corrente, salvo se destinada por lei aos regimes de previdência social, geral e próprio dos servidores públicos – art. 44 da LRF; V: correta, nos termos do art. 23, § 3º, I, da LRF. O gabarito original indicava a "IV" também como correta, na alternativa "C", o que foi excluído por nós.

Gabarito "C"

(Procurador do Estado/SP – VUNESP – 2005) Sobre a Lei de Responsabilidade Fiscal (LRF), não é correto afirmar:

(A) O art. 14 da LRF disciplina a renúncia de receita, procedimento que pode ensejar a chamada "guerra fiscal", pela concessão desenfreada de isenções e benefícios fiscais pelos Estados para incentivar a instalação de indústrias em seus territórios.

(B) As normas constitucionais que versam sobre repartição das receitas tributárias dizem respeito ao Direito Financeiro e podem ser objeto das previsões contidas na LRF.

(C) Em caso de calamidade pública, estado de defesa ou de sítio regularmente reconhecidos, fica suspensa a eficácia dos dispositivos constantes da LRF, e os prazos referidos em seu art. 65 começam a correr somente após a superação desses fatores excepcionais, desprezando-se o período anterior.

(D) A compensação e a limitação de empenho são os dois mecanismos básicos estabelecidos na LRF, e as medidas para implantação da compensação são semelhantes àquelas previstas para renúncia de receitas.

(E) Gastos tributários ou renúncias de receitas, dos quais são exemplos isenção, redução da base de cálculo ou de alíquotas, são equiparáveis a despesas públicas para os fins da LRF, demandando a utilização do mecanismo de compensação para sua efetivação.

A: correta, conforme o dispositivo citado; **B:** assertiva correta, pois cabe à lei complementar regular as matérias listadas no art. 161 da CF, atinentes à repartição constitucional de receitas tributárias. Ver também o art. 163, I, da CF; **C:** incorreta, pois o art. 65 da LRF refere-se apenas a calamidade pública reconhecida pelo Congresso Nacional, no caso da União, ou pelas Assembleias Legislativas, na hipótese dos Estados e Municípios; **D:** correta, conforme os arts. 9º e 14, II, da LRF; **E:** correta, conforme o art. 14 da LRF.

Gabarito "C"

(Procurador do Estado/SP – VUNESP – 2005) O art. 42 da LRF determina que é vedado ao titular do Poder ou órgão, nos últimos 8 meses do mandato, contrair obrigação de despesa que não possa ser cumprida integralmente no próprio exercício ou parcialmente no exercício seguinte, sem que haja suficiente disponibilidade de caixa, considerando-se os encargos e despesas compromissadas a pagar até o final do exercício, nos termos do parágrafo único.

Assinale a alternativa incorreta.

(A) O dispositivo se harmoniza com o art. 167, II da CF/88, que estabelece distinção entre realização de despesa e assunção de obrigação.

(B) A obrigação de pagamento surge apenas após a liquidação da despesa, pois só então a Administração reconhece a dívida como líquida e certa, desde que as cláusulas contratadas tenham sido cumpridas.

(C) Contrato firmado no último mês de gestão pode vigorar no exercício seguinte, havendo disponibilidade de caixa, pois a expressão "obrigação de despesa" não se confunde com "obrigação de pagamento".

(D) Os restos a pagar, advindos de exercícios anteriores, enquadram-se no conceito de despesas compromissadas, referidas no parágrafo único.

(E) As despesas compromissadas a pagar, previstas no parágrafo único, são aquelas já empenhadas e liquidadas.

A: correta, conforme os dispositivos citados. Assunção da obrigação é a contratação da despesa ou o próprio empenho (art. 58 da Lei 4.320/1964). Realização da despesa é o cumprimento do objeto contratual com sua liquidação – arts. 60 e 61 da Lei 4.320/1964; **B:**

correta, nos termos do art. 62 da Lei 4.320/1964; **C:** assertiva correta, pois é o que determina o art. 42 da LRF; **D:** assertiva correta, conforme comentários à próxima alternativa; **E:** incorreta, pois o art. 42, parágrafo único, da LRF exige o cômputo de todos os montantes a serem desembolsados pelo erário até o final do exercício (ainda que não liquidados ou, em determinados casos, nem mesmo empenhados), para cálculo da disponibilidade caixa.

Gabarito "E"

(ADVOGADO – BNDES – 2010 – CESGRANRIO) À luz das normas contidas na Lei de Responsabilidade Fiscal, afirma-se que

(A) a empresa pública e a sociedade de economia mista que não se configurem como empresas estatais dependentes devem obediência à Lei de Responsabilidade Fiscal.

(B) a operação de antecipação de receita orçamentária destina-se a atender à insuficiência de caixa durante o exercício financeiro e poderá ser realizada no último ano de mandato do Presidente, do Governador ou do Prefeito.

(C) a dívida pública fundada alcança o montante total, apurado, sem duplicidade, das obrigações financeiras do ente da federação, assumidas em virtude de leis, contratos, convênios ou tratados, para amortização em prazo superior a 12 (doze) meses.

(D) as despesas autorizadas em Lei e contraídas antes dos dois quadrimestres do término do mandato do titular do poder ou órgão a que se refere à Lei de Responsabilidade Fiscal não podem ser inscritas em restos a pagar, ainda que haja disponibilidade de caixa suficiente para cobri-la.

(E) os repasses de recursos do Poder Executivo Estadual para os Poderes Legislativo Estadual e Judiciário são considerados como transferências voluntárias.

A: incorreta. Apenas as empresas estatais dependentes, assim entendidas aquelas controladas que recebam do ente controlador recursos financeiros para pagamento de despesas com pessoal ou de custeio em geral ou de capital, excluídos, no último caso, aqueles provenientes de aumento de participação acionária, sujeitam-se à LRF (arts. 1º, § 3º, "b", e 2º, III, da LRF); **B:** incorreta. A operação de antecipação de receita orçamentária não pode ser realizada no último ano do mandato do Chefe do Poder Executivo (art. 38, IV, "b", da LRF); **C:** correta, nos termos do art. 29, I, da LRF; **D:** incorreta. A inscrição em restos a pagar é permitida se houver disponibilidade de caixa (art. 42 da LRF); **E:** incorreta. São transferências voluntárias as entregas de recursos correntes ou de capital a outro ente da Federação, a título de cooperação, auxílio ou assistência financeira, que não decorra de determinação legal ou constitucional (art. 25 da LRF).

Gabarito "C"

(ADVOGADO – CEF – 2010 – CESPE) Acerca das Leis Complementares n.os 101/2000 e 105/2001, que tratam, respectivamente, das normas de finanças públicas voltadas para a responsabilidade na gestão fiscal e do sigilo das operações de instituições financeiras, assinale a opção correta.

(A) Ao final de um bimestre, se verificado que a realização da receita poderá não comportar o cumprimento das metas de resultado primário, todos os poderes e o Ministério Público promoverão, nos montantes necessários, nos trinta dias subsequentes, limitação de empenho e movimentação financeira, segundo os critérios fixados pela lei de diretrizes orçamentárias (LDO), sendo certo, na hipótese de descumprimento de tal prazo por parte dos demais poderes, que o Poder Executivo fica autorizado a limitar os valores financeiros segundo os critérios fixados pela LDO.

(B) Só se considera obrigatória de caráter continuado a despesa corrente derivada exclusivamente de lei que fixe para o ente a obrigação legal de sua execução por um período superior a um exercício.

(C) O servidor público que utilizar ou viabilizar a utilização de qualquer informação obtida em decorrência da quebra de sigilo fiscal responde pessoal e diretamente pelos danos decorrentes, sem prejuízo da responsabilidade objetiva da entidade pública, que resta caracterizada independentemente de o servidor ter agido de acordo com orientação oficial.

(D) Independem de prévia autorização do Poder Judiciário a prestação de informações e o fornecimento de documentos sigilosos solicitados por comissão de inquérito administrativo destinada a apurar responsabilidade de servidor público por infração praticada no exercício de suas atribuições.

(E) Os membros do Ministério Público, no uso de suas prerrogativas institucionais, não estão autorizados a requisitar documentos fiscais e bancários sigilosos diretamente ao fisco e às instituições financeiras, sob pena de violação aos direitos e garantias constitucionais da intimidade da vida privada dos cidadãos

A: incorreta. A assertiva reflete exatamente o disposto no art. 9º, § 3º, da Lei Complementar nº 101/2000 (Lei de Responsabilidade Fiscal – LRF). Todavia, no julgamento da medida cautelar da ADI 2238, em 09/08/2007, o STF suspendeu a eficácia do mencionado artigo diante da aparente interferência indevida do Poder Executivo sobre os demais; **B:** incorreta. A despesa obrigatória de caráter continuado é aquela que decorre de lei, medida provisória ou ato administrativo que crie obrigação cuja execução ultrapassará dois exercícios (art. 17 da LRF); **C:** incorreta. A responsabilidade objetiva da entidade pública depende da prova do servidor ter agido conforme determinação oficial (art. 11 da Lei Complementar nº 105/2001); **D:** incorreta. A diligência demanda a autorização judicial, nos termos do art. 3º, § 1º, da Lei Complementar nº 105/2001; **E:** correta. A assertiva consagra posição pacífica do STJ (HC 160.646, *DJ* 19/09/2011).

Gabarito "E"

(ADVOGADO – ANS – 2005 – CESPE) Considerando as normas contidas na Lei Complementar n.º 101/2000 – Lei de Responsabilidade Fiscal (LRF) –, julgue os itens a seguir.

(1) A LRF, por vedar a realização de operação de crédito entre entes federados por meio de fundos públicos, viola o pacto federativo configurado constitucionalmente.

(2) A Constituição Federal, ao atribuir à LRF a competência para estabelecer normas de gestão financeira e patrimonial da administração direta e indireta, bem como condições para a instituição e o funcionamento de fundos, permitiu que essa lei regulasse a gestão financeira e patrimonial dos entes federados, o que inclui as operações de crédito.

(3) A LRF, ao estabelecer que estados, Distrito Federal (DF) e municípios devem encaminhar suas contas ao Poder Executivo da União, em prazos legalmente fixados, colocou a União em posição de supremacia ante os Estados, o DF e os Municípios, obrigando-os a lhe prestarem contas.

(4) A norma que determinou que Estados, DF e Municípios encaminhassem suas contas ao Poder Executivo da União apenas teve a finalidade de consolidar as contas públicas dos entes da federação, para posterior divulgação de dados, privilegiando o princípio da publicidade.

(5) A LRF tem a finalidade de impedir que a administração gaste mais do que arrecada e impõe à folha salarial dos diversos entes da federação um limite de 60% dos gastos totais.

(6) A LRF procura gerar o máximo de transparência das contas públicas, com vistas à redução dos atos de corrupção.

(7) O regime de competência é o que deve ser adotado para a apuração da despesa total realizada com pessoal. Para tanto, deve-se somar a despesa total com pessoal realizada no mês em referência com as dos onze meses imediatamente anteriores.

(8) É nulo de pleno direito o ato que acarrete aumento da despesa com pessoal, instituído nos cento e oitenta dias anteriores ao final do mandato do titular do Ministério Público, do Poder Legislativo ou do Poder Judiciário.

(9) A LRF proibiu que ente da federação controlador de instituição financeira estatal realize com ela operação de crédito em que figure na qualidade de beneficiário do empréstimo.

1: incorreta. Não há qualquer manifestação dos Tribunais Superiores nesse sentido, devendo ser considerado ainda que a própria CF autoriza a lei complementar a estabelecer normas de gestão financeira e condições para a instituição e funcionamento de fundos (art. 165, § 9º, II, da CF); **2** correta, pelas razões expostas no comentário ao item "1", parte final; 3: incorreta. Trata-se de mera consolidação das contas públicas operacionalizada pela União nos termos do art. 51 da LRF para posterior disponibilização ao público. A União não tem qualquer influência ou poder sobre os relatórios apresentados; 4: correta, conforme esclarecido no comentário ao item anterior; 5: incorreta. O limite de gastos com pessoal é de 50% para a União e 60% para os Estados, DF e Municípios, considerada a receita corrente líquida, não os gastos totais; 6: correta. A publicidade é um dos princípios norteadores da LRF, de forma que a transparência na gestão das contas públicas sirva de obstáculo aos atos de corrupção; 7: correta, nos termos do art. 18, § 2º, da LRF; 8: correta, nos termos do art. 21, parágrafo único, da LRF; 9: correta, nos termos do art. 36 da LRF.

Gabarito 1E, 2C, 3E, 4C, 5E, 6C, 7C, 8C, 9C

(ADVOGADO – INFRAERO – 2004 – NCE/UFRJ) Por força de norma contida em dispositivo constitucional a denominada Lei de Responsabilidade Fiscal tem natureza de lei:

(A) ordinária;

(B) complementar;

(C) delegada;

(D) reforçada;

(E) excepcional.

Nos termos do art. 163, I, da CF, as matérias gerais sobre finanças públicas, que abrangem a responsabilidade fiscal, deverão ser veiculadas através de lei complementar.

Gabarito "B"

(ADVOGADO – BNDES – 2004 – CESGRANRIO) A Lei Complementar nº 101/2000 (Lei de Responsabilidade Fiscal) estabeleceu normas de finanças públicas voltadas para a responsabilidade na gestão fiscal. Entre os órgãos e entidades abaixo elencados, o (a) único (a) que **NÃO** se encontra submetido (a) às disposições dessa Lei é o(a):

(A) Tribunal de Contas da União.

(B) Supremo Tribunal Federal.

(C) fundação pública que se mantém unicamente de suas próprias receitas.

(D) empresa pública que se mantém unicamente de suas próprias receitas.

(E) autarquia que se mantém unicamente de suas próprias receitas.

Em sentido amplo, podemos dizer que a LRF é aplicável à toda Administração Pública, direta e indireta (art. 1º, § 3º, da LRF). Há, porém, de se ter cuidado no que toca às empresas públicas e sociedades de economia mista. Para essas duas entidades, aplica-se o conceito de "empresa estatal dependente", definida como aquela que é controlada pelo ente público e dele recebe recursos financeiros para pagamento de despesas com pessoal ou de custeio em geral ou de capital (art. 2º, III, da LRF). Portanto, a empresa pública que se mantém unicamente com suas próprias receitas não está sujeita à LRF.

Gabarito "D"

5. RECEITAS

(Procurador do Estado/BA – 2014 – CESPE) Com base no disposto na Lei de Responsabilidade Fiscal, julgue o seguinte item.

(1) A previsão da receita pública deve ser acompanhada de demonstrativo de sua evolução nos últimos três anos e de projeção para os dois seguintes àquele a que se refira.

Correta. Previsto no art. 12 da LRF, o demonstrativo de evolução de receitas nos últimos três anos e de projeção para os dois anos seguintes a que se referem deve levar em consideração, por exemplo, alterações na legislação, variação de índices de preços, crescimento econômico, e outros fatores relevantes, de modo a evitar que as despesas sejam superestimadas.

Gabarito 1C

(Procurador Federal – 2013 – CESPE) No que tange a normas gerais de direito financeiro, julgue o seguinte item.

(1) De acordo com a Lei 4.320/1964, classificam-se como transferências correntes as dotações para despesas às quais corresponda contraprestação direta em bens e serviços, inclusive para atender à manifestação de outras entidades de direito público ou privado, o que inclui as despesas com pessoal civil.

Incorreta, pois transferências correntes são as dotações para despesas Às quais não corresponda contraprestação direta em bens ou serviços – art. 12, § 2º, da Lei 4.320/1964.

Gabarito 1E

(Procurador do Estado/RS – FUNDATEC – 2010) A União promove a venda de ações que possui em empresa estatal e, em decorrência, pode-se afirmar que

(A) o produto da venda constitui receita tributária.
(B) a receita obtida é classificada como corrente.
(C) se trata de receita de capital.
(D) o valor da venda das ações tem a mesma classificação das receitas auferidas pelo poder de polícia administrativa.
(E) a venda de ações das empresas estatais da União resulta em receitas equivalentes ao produto da arrecadação de receitas correntes patrimoniais.

A alienação de bens ou diretos implica receita originária, de capital – art. 11, § 2º, da Lei 4.320/1964. A receita tributária (inclusive aquela decorrente de taxas pelo exercício de poder de polícia) assim como as multas aplicadas pela administração são receitas derivadas, pois não decorrem de alienação de bens ou direitos, mas sim de imposição legal. Trata-se, por outra classificação, de receita corrente – arts. 9º e 11, § 1º, da LRF. Por essas razões, a alternativa "C" é a correta.

Gabarito "C"

Veja a seguinte tabela, com a classificação das receitas por diversos critérios:

Classificações da Receita Pública			
Critério	**Espécies**	**Definição**	**Exemplos**
Previsão orçamentária	Orçamentária	Prevista (ou deveria) no orçamento	Tributos, transferências
	Extraorçamentária	À margem do orçamento	Depósitos, cauções, consignações, fianças, superávit, restos a pagar, operações de ARO
Origem	**Originária**	Decorre da exploração do patrimônio estatal e da prestação de serviço em regime privado	Recebimento de aluguel, preço pela venda de imóvel ou veículo da administração, juros em aplicações financeiras
	Derivada	Decorre da imposição legal	Tributos, multas
	Transferida	Auferida por outra entidade política e transferida para quem vai utilizá-la	Advinda dos Fundos de Participação dos Estados e dos Municípios
Regularidade	Ordinária	Usual, comum	Tributos
	Extraordinária	Esporádica, eventual	Doações, preço pela venda de bem, imposto extraordinário
Categoria econômica	**Corrente**	Listagem no art. 11, § 1º, da Lei 4.320/1964 – muito próximo das receitas ordinárias	Tributos, transferências correntes
	De Capital	Listagem no art. 11, § 2º, da Lei 4.320/1964 – muito próximo das receitas extraordinárias	Decorrente de operação de crédito (empréstimo), preço pela alienação de bens, transferências de capital

Veja a seguinte tabela, para estudo e memorização da classificação das receitas por categorias econômicas – art. 11, § 4º, da Lei 4.320/1964:

RECEITAS	Correntes	Receita tributária (Impostos, Taxas, Contribuições de melhoria) Receita de contribuições Receita patrimonial Receita agropecuária Receita industrial Receita de serviços Transferências correntes Outras receitas correntes
	de Capital	Operações de crédito Alienação de bens Amortização de empréstimos Transferências de capital Outras receitas de capital

(Procurador Federal – 2010 – CESPE) Com relação a despesas e receitas públicas, julgue os itens seguintes.

(1) A cobrança de tarifas ou preço público corresponde a uma receita originária.

(2) A caução exigida e arrecadada de um licitante corresponde a ingresso de valores aos cofres públicos e, portanto, é receita pública.

1: correta. As receitas podem ser classificadas como *ordinárias* ou *extraordinárias*, segundo a regularidade. Pelo critério da origem, é possível distinguir receitas *originárias* e *derivadas*. Em razão da previsão orçamentária, fala-se em receitas *orçamentárias* ou *extraorçamentárias*. Receita *originária* é aquela auferida pela exploração do patrimônio estatal (aluguéis, vendas de ativos), o que inclui a prestação de serviços em regime privado e, portanto, a cobrança de tarifa ou preço público. Receita *derivada* é aquela decorrente do poder estatal, exigida compulsoriamente dos cidadãos por força de lei (tributos, penalidades pecuniárias); **2** incorreta, pois a *receita* é uma espécie de *ingresso* que se integra o patrimônio público, ampliando-o, sem qualquer ressalva, condição ou correspondência no passivo. Assim, o simples *ingresso* de valores que deverão, em princípio, ser restituídos ao particular, não se classifica como receita pública.

Gabarito 1C, 2E

(Procurador Federal – 2010 – CESPE) A respeito de finanças públicas e orçamento, de acordo com a CF, julgue o item seguinte.

(1) A vinculação de receita de impostos para a realização de atividades da administração tributária não fere o princípio orçamentário da não afetação.

1: assertiva correta, pois trata-se de uma das exceções ao princípio da não vinculação ou não afetação – art. 167, IV, c/c art. 37, XXII, da CF.

Gabarito 1C

(Procurador do Estado/PE – CESPE – 2009) Quanto às normas relativas à receita pública, assinale a opção correta.

(A) Admite-se, no âmbito das receitas tributárias e a bem do princípio da especificação, a instituição de caixas específicos, de forma a evidenciar, separadamente, o recolhimento das várias espécies de tributos.

(B) É vedado ao Poder Legislativo do Estado de Pernambuco alterar a estimativa das receitas públicas constantes do projeto de lei orçamentária anual, de iniciativa do governador do Estado.

(C) A implementação de alterações na legislação de tributos de um ente federado depende de prévia autorização da LDO, conforme mandamento constitucional.

(D) Considere que o Estado de Pernambuco tenha débitos a receber de R$ 10 milhões, cujos custos de cobrança ultrapassem a esse valor. Nessa situação, não se admite o cancelamento dos referidos débitos, a título de renúncia de receita.

(E) Receitas próprias dos órgãos da administração pública, como tarifas e preços públicos, têm registro na LOA.

A: incorreta, pois deve ser observada a unidade de caixa ou unidade de tesouraria, sendo vedada qualquer fragmentação para a criação de caixas especiais – art. 56 da Lei 4.320/1964; **B:** incorreta, pois se admite a reestimativa de receita por parte do Legislativo, no caso de comprovado erro ou omissão de ordem técnica ou legal – art. 12, § 1º, da LRF; **C:** incorreta, pois, embora a LDO deva dispor sobre as alterações da legislação tributária (art. 165, § 2º, da CF), não se trata de requisito essencial para implementação das alterações, desde que previstas em lei; **D:** incorreta, pois se admite o cancelamento de créditos da fazenda pública (a receber) cujo montante seja inferior ao dos respectivos custos de cobrança, sem observância dos requisitos do art. 14 da LRF, conforme o seu § 3º, II; **E:** assertiva correta, pois devem constar da LOA todas as receitas públicas, relativas a todos os fundos, órgãos e entidades da administração direta e indireta, inclusive fundações instituídas e mantidas pelo Poder Público – art. 165, § 5º, I, da CF e art. 6º da Lei 4.320/1964.

Gabarito "E"

(Procurador do Município/Recife-PE – 2008 – FCC) São consideradas receitas originárias:

(A) as taxas e os impostos.

(B) as taxas e os preços públicos.

(C) os preços públicos e as tarifas.

(D) as tarifas e as taxas.

(E) os impostos e as tarifas.

Receitas originárias decorrem da exploração do patrimônio estatal, incluindo alienação de bens ou direitos, e da prestação de serviço em regime privado, caso dos preços públicos e tarifas indicados na alternativa "C" (correta). Os tributos, indicados nas alternativas "A", "B", "D" e "E" (impostos e taxas, especificamente), correspondem a receitas derivadas, decorrentes de imposição legal.

Gabarito "C"

(Procurador do Município/Recife-PE – 2008 – FCC) Sobre receitas públicas, a Lei nº 4.320/1964 dispõe:

I. Nenhum tributo será exigido ou aumentado sem que a lei o estabeleça.

II. Os agentes da arrecadação devem fornecer recibos das importâncias que arrecadarem.

III. Será admitida a compensação da observação de recolher receitas com direito creditório contra a Fazenda Pública.

Está correto o que se afirma SOMENTE em

(A) I.

(B) II.

(C) III.

(D) I e II.

(E) II e III.

I: correta, pois o princípio da legalidade tributária (art. 150, I, da CF) é reiterado no art. 51 da Lei 4.320/1964 (interessante notar que a parte final do dispositivo, que se refere à necessidade de prévia autorização orçamentária como requisito para a cobrança de tributos – princípio da anualidade – não foi recepcionada pelo sistema constitucional atual); **II:** correta, conforme o art. 55 da Lei 4.320/1964; **III:** incorreta, pois é expressamente vedada a compensação de crédito privado com o crédito público – art. 54 da Lei 4.320/1964. Interessante lembrar que é possível a compensação no âmbito tributário, desde que haja lei autorizativa expressa do ente político competente, conforme o art. 170 do CTN.

Gabarito "D"

(Procurador do Município/Recife-PE – 2008 – FCC) A respeito do orçamento público, a Constituição Federal consagra o princípio da não vinculação de receitas de impostos a órgãos, fundos ou despesas com várias ressalvas onde admite-se vinculação de receita. Dentre tais ressalvas constitucionais cita-se a

(A) repartição do produto da arrecadação dos impostos sobre importação e sobre exportação de produtos.

(B) destinação de recursos para as ações e serviços públicos relacionados com a segurança pública.

(C) destinação de recursos para realização de atividades relacionadas com a segurança nacional.

(D) destinação de recursos para manutenção e desenvolvimento do ensino e para realização de atividades da administração tributária.

(E) prestação de garantias às operações de crédito em geral, exceto por antecipação de receita.

Em relação às receitas dos impostos especificamente, o art. 167, IV, da Constituição Federal veda expressamente a vinculação a órgão, fundo ou despesa, ressalvando apenas: (i) a repartição do produto da arrecadação dos impostos a que se referem os arts. 158 e 159 da CF e (ii) a destinação de recursos para as ações e serviços públicos de saúde, para manutenção e desenvolvimento do ensino e para realização de atividades da administração tributária, como determinado, respectivamente, pelos arts. 198, § 2º, 212 e 37, XXII, da CF e a prestação de garantias às operações de crédito por antecipação de receita, previstas no art. 165, § 8º, da CF, bem como o disposto no § 4º do art. 167 da CF (vinculação da receita própria de impostos estaduais e municipais e das transferências constitucionais para prestação de garantia ou contragarantia à União ou para pagamento de débitos para com ela). Os arts. 80 e 82 do ADCT preveem outras hipóteses específicas de vinculação de receitas de impostos. Por essas razões, a alternativa "D" é a correta.

Gabarito "D"

(Procuradoria Federal – 2007 – CESPE) Julgue o item seguinte.

(1) Caso determinado Estado da Federação apresente, como garantia ao pagamento de dívida que possui com a União, 5% da receita própria do IPVA, nessa situação, a afetação da receita não representa violação ao princípio da não vinculação de receitas tributárias.

1: certa. O Estado pode garantir o pagamento de dívida com a União por meio de vinculação de receita de imposto, pois se trata de exceção à vedação do art. 167, IV, da CF, conforme o § 4º do mesmo dispositivo.

Gabarito 1C

(Procurador do Estado/RR – 2006 – FCC) Receita derivada e receita originária são, respectivamente,

(A) taxa de lixo urbano e imposto sobre a renda.

(B) taxa de lixo domiciliar e pagamento pelo consumo de luz elétrica.

(C) contribuição de melhoria e contribuição social.

(D) imposto sobre a renda e contribuição social.

(E) empréstimo compulsório e contribuição de intervenção no domínio econômico.

Receita derivada é aquela decorrente do poder estatal, exigida compulsoriamente dos cidadãos, por meio de lei (tributos, penalidades pecuniárias). Receita originária é aquela auferida pela exploração do patrimônio estatal (aluguéis, vendas de ativos, prestação de serviços em regime privado etc.). As alternativas **A**, **C**, **D** e **E** indicam apenas tributos, ou seja, receitas derivadas.

Gabarito "B"

(Procurador da Fazenda Nacional – 2004 – ESAF) Uma abordagem dos tributos, em relação à receita pública e à teoria dos ingressos públicos, indica-nos que as receitas tributárias classificam-se como

(A) receitas derivadas.

(B) receitas originárias.

(C) receitas de economia privada.

(D) receitas de direito privado a título oneroso.

(E) receitas de direito público a título voluntário.

Os tributos correspondem a receitas derivadas, decorrentes de imposição legal. Por essa razão, a alternativa "A" é a correta.

Gabarito "A"

(Procurador da Fazenda Nacional – 2004 – ESAF) Consoante a redação da Lei nº 6.830, de 22 de setembro de 1980, constituem dívida ativa da fazenda pública, exceto

(A) a dívida definida como tributária na Lei nº 4.320, de 17 de março de 1964.

(B) a dívida definida como não tributária na Lei nº 4.320, de 17 de março de 1964.

(C) qualquer valor, cuja cobrança seja atribuída por lei aos Estados.

(D) qualquer valor, cuja cobrança seja atribuída por lei às estatais e às sociedades de economia mista.

(E) qualquer valor, cuja cobrança seja atribuída por lei às autarquias federais.

Constitui dívida ativa da fazenda pública aquela definida como tributária ou não tributária na Lei nº 4.320/1964. Qualquer valor, cuja cobrança seja atribuída por lei à União, aos Estados, ao Distrito Federal, aos Municípios e às respectivas autarquias, será considerado dívida ativa da fazenda pública. A dívida ativa, compreendendo a tributária e a não tributária, abrange atualização monetária, juros e multa de mora e demais encargos previstos em lei ou contrato – art. 2º, *caput* e §§ 1º e 2º, da Lei 6.830/1980. Por essas razões, a alternativa "D" deve ser indicada, pois somente os valores cobrados pelos entes políticos e suas autarquias integram a dívida ativa da fazenda pública.

Gabarito "D"

(ADVOGADO – BNDES – 2010 – CESGRANRIO) Com base na repartição das receitas tributárias, NÃO pertencem aos

(A) Municípios 100% do produto da arrecadação do imposto da União sobre a renda e proventos de qualquer natureza, incidente na fonte, sobre os rendimentos pagos, a qualquer título, por eles, suas autarquias e fundações que instituírem e mantiverem.

(B) Municípios 50% do produto da arrecadação do imposto do Estado sobre a propriedade de veículos automotores licenciados em seus territórios.

(C) Municípios 50% do produto da arrecadação do imposto da União sobre a propriedade territorial rural, relativamente aos imóveis neles situados, cabendo a totalidade para os municípios que optarem, na forma da Lei, por atividades de fiscalização e cobrança do respectivo imposto, desde que não implique redução do mesmo ou qualquer outra forma de renúncia fiscal.

(D) Estados e Distrito Federal 50% do produto da arrecadação de novo imposto que a União vier a instituir, com base na utilização de sua competência residual.

(E) Estados e Distrito Federal 100% do produto da arrecadação do imposto da União sobre a renda e proventos de qualquer natureza, incidente na fonte, sobre os rendimentos pagos, a qualquer título, por eles, suas autarquias e fundações que instituírem e mantiverem.

A: correta, nos termos do art. 158, I, da CF; **B:** correta, nos termos do art. 158, III, da CF; **C:** correta, nos termos do art. 158, II, da CF; **D:** incorreta. O percentual que cabe aos Estados nessa hipótese é de 20% (art. 157, II, da CF); **E:** correta, nos termos do art. 157, I, da CF.

Gabarito "D"

(PROCURADOR – BANCO CENTRAL – 2009 – CESPE) A secretaria da fazenda de determinado Estado da Federação, ao registrar a arrecadação de certo mês, procedeu às seguintes classificações:

I. as multas tributárias inscritas na dívida ativa foram classificadas como receitas tributárias;

II. as multas de receitas de impostos pagos após o vencimento, mas ainda não inscritos na dívida ativa, foram classificadas como receitas de dívida ativa.

Nessa situação, é correto afirmar que a secretaria

(A) errou nas duas contabilizações mencionadas.

(B) acertou nas duas contabilizações, pois só era possível contabilizar dessa forma.

(C) acertou nas duas contabilizações, mas, nos dois casos, era admissível contabilizar de outra forma.

(D) acertou na contabilização descrita no item I e errou na do item II.

(E) acertou na contabilização descrita no item II e errou na do item I.

A secretaria, no caso, errou as duas contabilizações. As multas tributárias já inscritas deveriam ser classificadas como receitas da dívida ativa (art. 39, §1º, da Lei nº 4.320/1964), enquanto aquelas ainda não inscritas são consideradas receitas tributárias na respectiva rubrica orçamentária (art. 39, *caput*, da Lei nº 4.320/1964).

Gabarito "A"

(PROCURADOR – BANCO CENTRAL – 2009 – CESPE) Determinado município contraiu empréstimo do tipo operação de crédito por antecipação de receita orçamentária (ARO), em 31/01/2009. A lei orçamentária desse município, para o exercício de 2009, foi aprovada pela Câmara de Vereadores somente em 10/02/2009.

Nessa situação, é correto afirmar que

(A) não haveria necessidade de autorização legislativa para a contratação da operação de ARO.

(B) a receita a ser obtida com a operação de ARO deve estar prevista na lei orçamentária.

(C) a operação de ARO somente se deve destinar a atender à insuficiência de caixa.

(D) a receita a ser obtida deve ser contabilizada como receita de capital.

(E) os adicionais incidentes devem ser contabilizados como despesa de capital, quando o Município pagar pela operação.

A: incorreta. O art. 32, § 1º, I, da LRF, aplicável às operações de antecipação de receita orçamentária por força do art. 38 da mesma lei determina a necessidade de autorização na lei orçamentária para sua contratação; **B:** incorreta. Tal exigência não faria nenhum sentido, considerando que a operação financeira visa a, justamente, receber antecipadamente o crédito de receitas relativas ao orçamento seguinte; **C:** correta, nos termos do art. 38 da LRF; **D:** incorreta. A antecipação de receita orçamentária é classificada como receita extraorçamentária (art. 3º, parágrafo único, da Lei 4.320/1964); **E:** incorreta. Os juros incidentes sobre a ARO são tratados como despesas correntes.

Gabarito "C"

(ADVOGADO – BNDES – 2008 – CESGRANRIO) As atuais regras de repartição das receitas tributárias previstas na Constituição Federal determinam que pertencem aos

(A) Estados e ao Distrito Federal 20% do produto da arrecadação do imposto da União incidente sobre a propriedade territorial rural.

(B) Estados e ao Distrito Federal 50% do produto da arrecadação dos impostos instituídos pela União no exercício de sua competência residual.

(C) Estados e ao Distrito Federal 100% do produto da arrecadação do imposto da União incidente sobre produtos industrializados nos seus respectivos territórios.

(D) Municípios 50% do produto da arrecadação do imposto do Estado sobre operações relativas à circulação de mercadorias e sobre prestações de serviços de transporte interestadual e intermunicipal e de comunicação.

(E) Municípios 100% do produto da arrecadação do imposto da União sobre renda e proventos de qualquer natureza, incidente na fonte, sobre rendimentos pagos por suas autarquias municipais.

A: incorreta. Os Estados não participam da repartição de receitas oriundas do ITR (art. 157 da CF); **B:** incorreta. Os Estados e o DF recebem 20% do arrecadado por impostos instituídos com base na competência residual da União (art. 157, II, da CF); **C:** incorreta. Os Estados não participam da repartição de receitas do IPI; **D:** incorreta. Pertence aos Municípios 25% da receita do ICMS (art. 158, IV, da CF); **E:** correta, nos termos do art. 158, I, da CF.

Gabarito "E"

(ADVOGADO – BNDES – 2006 – CESGRANRIO) A repartição das receitas tributárias cria para os entes políticos menores o direito a uma parcela da arrecadação do ente maior. A participação direta sobre a arrecadação de impostos alheios revela-se um instrumento:

(A) privado.

(B) financeiro.

(C) tributário.

(D) comutativo.

(E) sinalagmático.

A repartição de receitas tributárias é o mais tradicional dos instrumentos financeiros colocados à disposição do Estado.

Gabarito "B"

6. RENÚNCIA DE RECEITA

(Procurador Distrital – 2014 – CESPE) A respeito das normas que regem o direito financeiro e orçamentário, julgue o seguinte item.

(1) O cumprimento de condições e limites para a concessão de renúncia de receita é um postulado da LRF inserido no conceito de gestão fiscal responsável.

Correta. O art. 1º, § 1º, da LRF delineia as característica de uma gestão fiscal responsável e destaca, como uma de suas notas, a "obediência a limites e condições no que tange a renúncia de receitas". Nessa temática, o art. 14 da LRF estabelece os requisitos a serem observados no caso de renúncia de receitas.

Gabarito 1C

(Procurador Distrital – 2014 – CESPE) Considerando que lei editada no DF tenha concedido crédito presumido para os contribuintes do ICMS, de acordo com convênio aprovado no âmbito do Conselho Nacional de Política Fazendária, julgue os próximos itens.

(1) A necessidade de adequação orçamentária com a LDO e a LOA, ou, se isso não ocorrer, a adoção de medidas de compensação com aumento de tributos, por exemplo, somente se aplica para renúncias de receita referentes ao tributo de ICMS.

(2) O benefício concedido por lei entrará em vigor na data de sua publicação, em caso de alteração de alíquota do ICMS, mesmo que não esteja previsto na LOA e não promova a compensação.

(3) Aos cancelamentos de débitos cujo montante seja inferior ao dos respectivos custos de cobrança não se aplicam as regras exigidas para a renúncia de receita prevista na LRF.

(4) A concessão desse crédito presumido é uma das modalidades de renúncia de receita.

(5) Caso sejam necessárias medidas de compensação para a validade da renúncia de receita, o benefício somente entrará em vigor após a efetiva implementação dessas medidas.

1: incorreta, pois as normas que regulam a renúncia de receita se aplicam a todas as espécies de receitas, não apenas àquela referente a determinado imposto – art. 14 da LRF; **2** incorreta, pois, caso não esteja previsto na LOA, o benefício depende de medida de compensação (art. 14, II, da LRF) e somente entrará em vigor quando implementada tal medida – art. 14, § 2º, da LRF; **3:** correta, por se tratar de cobrança antieconômica – art. 14, § 3º, II, da LRF; **4:** correta, nos termos do art. 14, § 1º, da LRF; **5:** correta, nos termos do art. 14, § 2º, da LRF.

Gabarito 1E, 2E, 3C, 4C, 5C

(Procurador do Estado/BA – 2014 – CESPE) Com base no disposto na Lei de Responsabilidade Fiscal, julgue o seguinte item.

(1) Para a renúncia de receitas concedidas na modalidade de anistia a contribuintes que tenham suprimido tributo até o valor de R$ 10.000,00, não se exige que o valor esteja compatível com a lei de diretrizes orçamentárias ou que a renúncia de receitas seja objeto de compensação.

Incorreta, pois a anistia tributária é renúncia de receita que se sujeita às normas do art. 14 da LRF, conforme o § 1º do dispositivo.

Gabarito 1E

(Advogado da União/AGU – CESPE – 2009) Acerca do que disciplina a Lei de Responsabilidade Fiscal (LRF), julgue os itens seguintes.

(1) Considera-se aumento permanente de receita, para os fins de compensação do aumento da despesa, a concessão de crédito presumido para empresas.

1: incorreta, pois a concessão de crédito presumido para as empresas acarreta *renúncia* de receita, não o seu aumento – art. 14, § 1º, da LRF;

Gabarito 1E

(Procurador do Estado/CE – 2008 – CESPE) Assinale a opção correta acerca dos benefícios fiscais.

(A) A concessão de qualquer benefício de natureza tributária depende somente de uma decisão política e da aprovação de lei específica que preveja a medida.

(B) A concessão de remissão de determinado tributo não se enquadra no conceito de renúncia de receita.

(C) O benefício fiscal da diminuição de alíquota normal do ICMS não é considerado renúncia de receita, uma vez que essa medida atrai mais empresas para a legalidade e, com isso, aumenta a arrecadação.

(D) O Estado deverá observar diversas regras para a concessão de renúncia de receita, especialmente a que impõe que a concessão desse benefício esteja acompanhada de estimativa de impacto orçamentário-financeiro e atenda ao disposto na LDO.

(E) Por atender condições individuais de seus benefícios, a isenção concedida em caráter não geral não é considerada uma forma de renúncia de receita.

A e **D:** a renúncia de receita decorrente de benefício fiscal deve estar acompanhada de demonstrativo de impacto e atender à LDO – ademais, a redução de receita deve ter sido considerada na LOA e não pode prejudicar as metas da LDO ou deve vir acompanhada de medidas compensatórias (art. 14 da LRF); **B:** o perdão (remissão ou anistia) é benefício fiscal que implica renúncia de receita; **C:** a redução de alíquota é renúncia de receita, ainda que seja compensada por aumento de arrecadação; **E:** qualquer isenção implica renúncia de receita.

Gabarito "D"

(Procurador do Estado/PI – 2008 – CESPE) Com o objetivo de possibilitar que mais empresas tivessem interesse em abrir filiais no Estado em que governa, o governador encaminhou à respectiva casa legislativa projeto de lei sobre alteração da alíquota de ICMS. Com base nessa situação, assinale a opção correta a respeito de renúncia de receita.

(A) A renúncia de receita pode ser concedida, desde que prevista no orçamento geral do Estado.

(B) Estão isentos das restrições previstas na Lei de Responsabilidade Fiscal os cancelamentos de débitos cujo valor seja superior aos seus custos de cobrança.

(C) Para concessão de qualquer benefício, é preciso estimar o impacto orçamentário-financeiro até o exercício seguinte.

(D) Entre outros fatores, é preciso, inclusive, estimar o impacto orçamentário-financeiro no exercício inicial de vigência da lei que pode resultar do mencionado projeto e nos dois seguintes.

(E) Para que entre em vigor a renúncia fiscal, basta prever compensação.

A: as alterações na legislação tributária (inclusive benefícios) devem estar previstos na LDO (art. 165, § 2º, da CF) – ademais, a renúncia de receita deve atender aos requisitos do art. 14 da LRF; **B:** qualquer renúncia de receita deve atender aos requisitos do art. 14 da LRF (no caso, a inviabilidade econômica da cobrança permite o cancelamento, desde que devidamente demonstrada); C e **D:** a estimativa de impacto refere-se ao exercício em que deve se iniciar o benefício e aos dois subsequentes – art. 14 da LRF; **E:** a renúncia deve atender aos requisitos do art. 14 da LRF, o que inclui a apresentação de demonstrativo de impacto, por exemplo.

Gabarito "D"

(Procurador da Fazenda Nacional – 2007 – ESAF) Isenção, anistia e remissão constituem:

(A) medidas que asseguram o princípio da isonomia perante a legislação infraconstitucional.

(B) privilégios da receita pública que podem ser concedidos pela Fazenda Nacional e/ou pelo Tesouro Nacional em razão do exercício do poder discricionário de que são titulares para execução orçamentária.

(C) medidas que afetam a receita pública e, por isso, só podem ser concedidas mediante redução das correspondentes despesas.

(D) medidas voltadas para implementar o crescimento econômico porque impõem a redução da despesa pública, constituindo-se em instrumentos de atuação do Estado sobre o domínio econômico.

(E) institutos do direito tributário cuja interferência na execução do orçamento público apenas se verifica legitimamente após expressa manifestação do Poder Judiciário sobre a constitucionalidade da Lei que as institui em cada caso.

A: incorreta. Assegurar o princípio da isonomia não é função essencial desses benefícios, especialmente no caso dos perdões (anistia e remissão) que, em geral, têm sentido inverso (contrário à isonomia); **B:** incorreta. Os benefícios fiscais dependem de lei específica – art. 150, § 6º, da CF; **C:** correta. O impacto negativo do benefício fiscal na receita deve ter sido considerado na LOA e não pode prejudicar as metas da LDO, ou deve vir acompanhado de medida compensatória, nos termos do art. 14, I e II, da LRF (apesar de não ser precisa, a alternativa C é a melhor, por exclusão das demais); **D:** correta. Os benefícios fiscais não impõem, necessariamente, redução das despesas (podem ser compensados pelo aumento de arrecadação com outros tributos, por exemplo); **E:** incorreta. O controle pelo Judiciário é eventual, posterior, depende de impulso e não é requisito de validade do benefício fiscal.

Gabarito "C"

7. DESPESAS

(Procurador do Município/São José dos Campos-SP – 2012 – VUNESP) Acerca dos investimentos, determina a Lei Geral do Orçamento que os programas especiais de trabalho que, por sua natureza, não possam cumprir-se subordinadamente às normas gerais de execução da despesa poderão ser custeados por dotações globais, classificadas entre as

(A) despesas de custeio.

(B) transferências correntes.

(C) despesas de capital.

(D) subvenções sociais.

(E) subvenções econômicas.

Nos termos do art. 20, parágrafo único, da Lei 4.320/1964, os programas especiais de trabalho que, por sua natureza, não possam cumprir-se subordinadamente às normas gerais de execução da despesa poderão ser custeadas por dotações globais, classificadas entre as despesas de capital. Por essa razão, a alternativa "C" é a correta.

Gabarito "C"

(PROCURADOR DO ESTADO/RS – FUNDATEC – 2010) Assinale a alternativa correta:

(A) Empenho é o ato administrativo emanado da autoridade administrativa competente que efetiva a entrega de valores monetários ao credor do Estado.

(B) A liquidação da despesa pública é o ato administrativo emanado de autoridade administrativa competente que verifica o direito adquirido pelo credor para receber valores devidos, tendo por base os títulos e documentos comprobatórios do respectivo crédito.

(C) O empenho de uma despesa pública é o ato final de um processo administrativo, antecedido dos atos de liquidação e de pagamento, no qual o Estado julgará a legalidade do crédito.

(D) Não impede o pagamento da despesa pública a ocorrência de nulidade nas fases antecedentes do respectivo procedimento administrativo.

(E) As fases da despesa pública competem somente ao Poder Executivo, porque são atos administrativos.

A: incorreta, pois a assertiva descreve o pagamento – art. 64 da Lei 4.320/1964. Empenho, segundo o art. 58 da Lei 4.320/1964, é o ato emanado de autoridade competente que cria para o Estado a obrigação de pagamento pendente ou não de implemento de condição; **B:** correta, pois essa é a definição de liquidação dada pelo art. 63 da Lei 4.320/1964; **C:** incorreta, conforme a definição de empenho fixada pelo art. 58 da Lei 4.320/1964, indicada no comentário à alternativa "A"; **D:** incorreta, pois se houver nulidade do empenho ou da liquidação, o pagamento fica prejudicado; **E:** incorreta, pois todos os poderes, inclusive o Legislativo e o Judiciário, realizam despesas públicas e, nessa atividade, devem observar as normas financeiras aplicáveis.

Gabarito "B"

(Procurador do Estado/GO – 2010) Sobre a realização das despesas, é CORRETO afirmar:

(A) As despesas com pessoal, de caráter permanente, não dependem de autorização legislativa anual, porque já são previstas quando da criação dos respectivos cargos.

(B) O empenho consiste no instrumento pelo qual se faz a reserva de recursos orçamentários para a satisfação da obrigação.

(C) São fases da realização das despesas a lei orçamentária, o empenho, a liquidação e o pagamento.

(D) No último ano do mandato do chefe do Poder Executivo, é possível realizar operação de crédito por antecipação de receita orçamentária, desde que sua liquidação não ultrapasse o respectivo exercício financeiro.

(E) Pela liquidação, o administrador público verifica se o valor da nota de empenho é igual ao valor do contrato administrativo de que decorreu a obrigação.

A: incorreta. Toda despesa depende de previsão no orçamento anual, mesmo aquelas continuadas – art. 167, II, da CF e art. 60 da Lei 4.320/1964; **B:** assertiva correta, pois, tecnicamente, essa é a função do empenho, pelo qual se destaca parcela da disponibilidade orçamentária para satisfação da obrigação – ver, entretanto, a definição legal dada pelo art. 58 da Lei 4.320/1964; **C:** incorreta, pois a lei orçamentária não é, em si, uma fase da realização da despesa – ver arts. 58 a 65 da Lei 4.320/1964; **D:** incorreta, pois as operações de crédito por antecipação de receita orçamentária (ARO) são proibidas no último ano de mandato do chefe do Executivo – art. 38, IV, *b*, da LRF; **E:** incorreta, pois a liquidação da despesa consiste na verificação do direito adquirido pelo credor tendo por base os títulos e documentos comprobatórios do respectivo crédito – art. 63 da Lei 4.320/1964.

Gabarito "B"

Veja a seguinte tabela com as fases da realização da despesa

Fases da realização das despesas
1º – Empenho: art. 60 da Lei 4.320/1964
2º – Contratação na forma da Lei 8.666/1993
3º – O serviço é realizado ou o bem é entregue
4º – Liquidação da despesa: art. 63 da Lei 4.320/1964
5º – Ordem de pagamento: art. 64 da Lei 4.320/1964
6º – Entrega do dinheiro ao contratado: art. 65 da lei 4.320/1964

(Procurador Federal – 2010 – CESPE) Com relação a despesas e receitas públicas, julgue os itens seguintes.

(1) O princípio da legalidade em matéria de despesa pública significa que se exige a inclusão da despesa em lei orçamentária para que ela possa ser realizada, com exceção dos casos de restituição de valores ou pagamento de importância recebida a título de caução, depósitos, fiança, consignações, ou seja, advindos de receitas extraorçamentárias que, apesar de não estarem fixados na lei orçamentária, sejam objeto de cumprimento de outras normas jurídicas.

(2) Considera-se obrigatória de caráter continuado a despesa corrente derivada de lei, de medida provisória ou de ato administrativo normativo que fixe para o ente a obrigação legal de sua execução por um período superior a dois exercícios.

1: assertiva correta, considerando que esses simples ingressos são classificados contabilmente como receitas extraorçamentárias (apesar de, a rigor, não serem receita pública); **2** assertiva correta, pois corresponde à definição de despesa continuada, nos termos do art. 17 da LRF.

Gabarito 1C, 2C

(Procurador do Município/Natal-RN – 2008 – CESPE) Relativamente à LRF, assinale a opção correta.

(A) Caso determinado Município brasileiro, objetivando criar um polo industrial, constitua benefícios de natureza fiscal, que resultem na redução da arrecadação de tributo específico, nesse caso, com base na LRF, para a legalidade da concessão do benefício, o Município deverá elaborar estimativa de impacto orçamentário-financeiro referente ao exercício em que deva iniciar a vigência do benefício e ao exercício seguinte.

(B) Se determinado Estado da Federação implementar ação governamental que acarrete aumento de despesa, em desobediência às diretrizes da LRF, o referido Estado será impedido de realizar licitações para a aquisição de bens e serviços.

(C) Considera-se aumento de despesa a prorrogação daquela criada por prazo determinado.

(D) Os Municípios brasileiros não poderão ter despesa total com pessoal, em cada período de apuração, superior a 40% da receita líquida corrente.

A: incorreta, pois as medidas impostas para a renúncia de receita, no art. 14 da LRF, referem-se ao exercício em que o incentivo ou benefício deva iniciar sua vigência e nos dois seguintes; **B:** incorreta, pois não há essa sanção específica para o ilícito; **C:** correta, nos termos do art. 17, § 7º, da LRF; **D:** incorreta, pois o limite aplicável aos Municípios é de 60% da receita corrente líquida – art. 19, III, da LRF.

Gabarito "C"

(Procuradoria Distrital – 2007) Assinale a opção correta. As despesas públicas são aplicações em dinheiro de recursos arrecadados pelo Estado com o objetivo de prover os serviços de ordem pública ou atender ao próprio desenvolvimento econômico do Estado. Elas, segundo o ordenamento doutrinário jurídico, obedecem a determinados requisitos, a saber:

(A) generalidade, impessoalidade, aprovação pelo Poder Executivo, razoabilidade, proporcionalidade, discricionariedade e controle interno.

(B) utilidade, legitimidade, discussão pública, possibilidade contributiva, oportunidade, hierarquia de gastos e estipulação por lei.

(C) pessoalidade, eficiência, publicidade, controle externo, sociabilidade, praticidade e progressividade.

(D) transparência, autorização, praticidade, operosidade, ética, impulso oficial e sociabilidade.

(E) veracidade, ética, impulso oficial, verdade real, moralidade, controle externo e adequabilidade.

A: incorreta. A despesa é autorizada pelo Legislativo (por meio da LOA) e realizada pelo Executivo; **B:** correta. A alternativa indica requisitos e diretrizes para a despesa pública; **C:** incorreta. A despesa deve ser impessoal (não pessoal); **D** e **E:** incorretas. Impulso oficial não é requisito da despesa pública.

Gabarito "B"

Veja as seguintes tabelas, para estudo e memorização da discriminação da despesa por elementos, conforme as categorias econômicas – art. 13 da Lei 4.320/1964:

DESPESAS CORRENTES	Despesas de Custeio	Pessoa Civil Pessoal Militar Material de Consumo Serviços de Terceiros Encargos Diversos
	Transferências Correntes	Subvenções Sociais Subvenções Econômicas Inativos Pensionistas Salário-Família e Abono Familiar Juros da Dívida Pública Contribuições de Previdência Social Diversas Transferências Correntes
DESPESAS DE CAPITAL	Investimentos	- Obras Públicas - Serviços em Regime de Programação Especial - Equipamentos e Instalações - Material Permanente - Participação em Constituição ou Aumento de Capital de Empresas ou Entidades Industriais ou Agrícolas

DESPESAS DE CAPITAL	Inversões Financeiras	- Aquisição de Imóveis -Participação em Constituição ou Aumento de Capital de Empresas ou Entidades Comerciais ou Financeiras - Aquisição de Títulos Representativos de Capital de Empresa em Funcionamento - Constituição de Fundos Rotativos - Concessão de Empréstimos - Diversas Inversões Financeiras
	Transferências de Capital	- Amortização da Dívida Pública - Auxílios para Obras Públicas - Auxílios para Equipamentos e Instalações - Auxílios para Inversões Financeiras - Outras Contribuições

(Procurador do Município/Manaus-AM – 2006 – FCC) As dotações destinadas à execução de obras, inclusive à aquisição de imóveis necessários à realização destas últimas, classificam-se, na categoria econômica menor, como

(A) investimentos e na maior como despesas de capital.

(B) inversões financeiras e na maior como despesas de capital.

(C) transferência de capital e na maior como despesas de capital.

(D) investimentos e na maior como despesas correntes.

(E) inversões financeiras e na maior como despesas correntes.

As dotações destinadas à execução de obras, inclusive as destinadas à aquisição de imóveis considerados necessários à realização destas últimas, são classificadas como investimento, espécie de despesa de capital – art. 12, § 4º, da Lei 4.320/1964. Por essa razão, a alternativa "A" é a correta.

Gabarito "A"

(Procurador do Município/Manaus-AM – 2006 – FCC) As subvenções sociais destinadas a empresas públicas ou privadas, sem finalidade lucrativa, classificam-se, na categoria econômica menor, como

(A) transferência de capital e na maior como despesas de capital.

(B) transferências correntes e na maior como despesas correntes.

(C) transferências correntes e na maior como receitas correntes.

(D) auxílios e na maior como despesas de capital.

(E) despesas de custeio e na maior como despesas correntes.

A subvenção social, definida no art. 12, § 3º, I, da Lei 4.320/1964, é subespécie de transferência corrente, que, por sua vez, é espécie de despesa corrente. Por essa razão, a alternativa "B" é a correta.

Gabarito "B"

(Procurador do Estado/SE – FCC – 2005) Quanto à despesa obrigatória de caráter continuado, é INCORRETO afirmar:

(A) A prorrogação de uma despesa criada por prazo determinado é considerada aumento de despesa.

(B) O ato legislativo que determinar o aumento de despesa obrigatória de caráter continuado deverá demonstrar a origem dos recursos para seu custeio e deverá ser instruído com a estimativa do impacto orçamentário-financeiro no exercício em que deva entrar em vigor e nos dois subsequentes.

(C) A despesa obrigatória de caráter continuado somente poderá ser executada após a comprovação de que não afetará as metas de resultados fiscais previstas no Anexo de Metas Fiscais integrante do projeto de lei de diretrizes orçamentárias e de que seus efeitos financeiros serão compensados nos períodos seguintes pelo aumento permanente de receita ou pela redução permanente de despesa.

(D) Considera-se obrigatória de caráter continuado a despesa corrente derivada de lei, medida provisória ou ato administrativo normativo que fixem para o ente a obrigação legal de sua execução por um período superior a um exercício.

(E) Considera-se aumento permanente de receita o proveniente da elevação de alíquotas, aplicação da base de cálculo, majoração ou criação de tributo ou contribuição.

A: correta, conforme o art. 17, § 7º, da LRF; **B:** correta, nos termos do art. 16, I, c/c o art. 17, § 1º, da LRF; **C:** correta, nos termos do art. 16, § 1º, II, c/c o art. 17, § 2º, da LRF; **D:** incorreta, pois a despesa obrigatória de caráter continuado é despesa corrente derivada de lei, medida provisória ou ato administrativo normativo que fixem para o ente a obrigação legal de sua execução por um período superior a dois exercícios – art. 17, *caput*, da LRF; **E:** correta, nos termos do art. 17, § 3º, da LRF.

Gabarito "D"

(Procurador da Fazenda Nacional – 2004 – ESAF) Na redação da Lei nº 4.320, de 17 de março de 1964, as despesas são classificadas em categorias econômicas de despesas correntes e despesas de capital. Entre as despesas correntes classificam-se as transferências correntes, definidas como as dotações

(A) para manutenção de serviços anteriormente criados, inclusive as destinadas a atender a obras de conservação e adaptação de bens imóveis.

(B) para as despesas às quais não corresponda contraprestação direta em bens ou serviços, inclusive para contribuições e subvenções destinadas a atender à manifestação de outras entidades de direito público ou privado.

(C) destinadas à aquisição de títulos representativos do capital de empresas ou entidades de qualquer espécie, já constituídas, quando a operação não importe em aumento de capital.

(D) destinadas para constituição ou aumento de capital de entidades ou empresas que visem objetivos comerciais ou financeiros, inclusive operações bancárias e de seguros.

(E) para o planejamento e a execução de obras, inclusive as destinadas à aquisição de imóveis considerados necessários à realização destas últimas, bem como para os programas especiais de trabalho, aquisição de instalações, equipamentos e material.

Nos termos do art. 12, § 2º, da Lei 4.320/1964, classificam-se como transferências correntes as dotações para despesas as quais não corresponda contraprestação direta em bens ou serviços, inclusive para contribuições e subvenções destinadas a atender à manifestação de outras entidades de direito público ou privado. Por essa razão, a alternativa "B" é a correta.

Gabarito "B"

(Procurador do Estado/PE – 2004 – FCC) Assinale a alternativa incorreta sobre Despesa Pública.

(A) A liquidação da despesa é passo prévio ao seu empenhamento.

(B) O empenho da despesa é ato que antecede a sua liquidação.

(C) Quando não se possa determinar o montante da despesa, o empenho se fará por estimativa.

(D) O pagamento da despesa somente será efetuado após a sua liquidação.

(E) Para a realização da despesa deve-se observar a seguinte ordem: previsão orçamentária, empenho, liquidação e pagamento.

A e **B:** a despesa é empenhada (art. 58 da Lei 4.320/1964) e, após sua realização, liquidada (art. 62 da mesma lei); **C:** art. 60, § 2º, da Lei 4.320/1964; **D:** art. 62 da Lei 4.320/1964; **E:** a assertiva é correta.

Gabarito "A"

(PROCURADOR – BANCO CENTRAL – 2009 – CESPE) Se a administração pública contratar uma construtora para a construção de um edifício e empresa especializada para instalar os elevadores na obra, então, consoante as regras expressas na Lei n.º 4.320/1964, a administração pública pode

(A) fazer uma única nota de empenho para os dois fornecedores da obra, todavia não pode parcelar os pagamentos.

(B) fazer uma ou duas notas de empenho e avaliar a contratação por estimativa.

(C) avaliar a contratação por estimativa e parcelar os pagamentos.

(D) parcelar os pagamentos, mas deve emitir uma só nota de empenho para os dois fornecedores da obra.

(E) parcelar os pagamentos, mas deve emitir uma nota de empenho para cada fornecedor.

A: incorreta. Cada fornecedor deverá receber uma nota de empenho (art. 61 da Lei nº 4.320/1964) e o mesmo diploma legal autoriza o parcelamento de despesas no art. 60, § 3º; **B:** incorreta. O empenho por estimativa é reservado para os casos em que não se pode determinar o montante da despesa (art. 60, § 2º, da Lei nº 4.320/1964); **C:** incorreta, nos termos dispostos no comentário à alternativa anterior; **D:** incorreta, conforme exposto no comentário à alternativa "A"; **E:** correta, nos termos do quanto comentado na alternativa "A".

Gabarito "E"

8. DESPESAS COM PESSOAL

(Procurador do Município/São José dos Campos-SP – 2012 – VUNESP) Para os fins de atender às determinações da Constituição Federal, a despesa total com pessoal, em cada período de apuração e em cada ente da Federação, não poderá exceder aos percentuais estabelecidos pela lei que disciplina a responsabilidade na gestão fiscal. No que respeita aos Municípios, o referido percentual máximo é de

(A) 30%.

(B) 40%.

(C) 50%.

(D) 60%.

(E) 70%.

O limite aplicável aos Municípios é de 60% da receita corrente líquida – art. 19, III, da LRF. Por essa razão, a alternativa "D" é a correta.

Gabarito "D"

Para estudo e memorização, veja a seguinte tabela com os limites para despesas com pessoal em relação à receita corrente líquida de cada ente político, com a repartição entre Executivo, Legislativo e Judiciário (arts. 19 e 20 da LRF):

Limites para despesas com pessoal % sobre a receita corrente líquida		
União	50%	2,5% para o Legislativo, incluindo o Tribunal de Contas da União
		6% para o Judiciário
		40,9% para o Executivo
		0,6% para o Ministério Público da União
Estados e Distrito Federal	60%	3% para o Legislativo, incluindo o Tribunal de Contas Estadual
		6% para o Judiciário
		49% para o Executivo
		2% para o Ministério Público Estadual
Municípios	60%	6% para o Legislativo, incluindo o Tribunal de Contas Municipal, quando houver
		54% para o Executivo.

(Procurador do Estado/PA – 2011) No que se refere ao tema dos limites fiscais para despesa de pessoal, preocupação tanto do legislador constitucional quanto do legislador complementar, é CORRETO afirmar que:

(A) As medidas constitucionalmente previstas para sua redução, uma vez extrapolados, são sucessivamente a exoneração dos servidores não estáveis e a redução em pelo menos 20% (vinte por cento) das despesas com cargos em comissão e funções de confiança.

(B) Quanto à repartição dos limites globais de gastos, na esfera estadual a soma de todos os percentuais do Poder Legislativo, incluindo o Tribunal de Contas, do Poder Judiciário e do Ministério Público, não ultrapassa o percentual do Poder Executivo.

(C) Para efeito de se aferir o excesso ou não quanto aos limites de gastos com pessoal, será levada em consideração a receita corrente total no caso da União.

(D) A despesa total com pessoal, em cada período de apuração, no caso dos Estados, não poderá exceder o percentual de cinquenta por cento sobre a receita corrente líquida.

(E) Na verificação dos limites de despesas com pessoal serão computadas também despesas de indenização na via administrativa por demissão de servidores ou empregados.

A: incorreta, pois a primeira providência é a redução das despesas com cargos em comissão e funções de confiança em pelo menos 20%. Somente depois parte-se para a demissão de servidores não estáveis – art. 169, § 3º, da CF; **B:** correta, pois a divisão é de 49% para o Executivo estadual e, respectivamente, 3%, 6% e 2% para o Legislativo, Judiciário e Ministério Público, o que soma 11% - art. 20, II, da LRF; **C:** incorreta, pois, no caso da União, são deduzidos os valores transferidos aos Estados e Municípios por determinação constitucional ou legal, e as contribuições mencionadas na alínea *a* do inciso I e no inciso II do art. 195, e no art. 239 da CF – art. 2º, IV, da LRF; **D:** incorreta, pois o percentual aplicável aos Estados, ao Distrito Federal e aos Municípios é de 60% da receita corrente líquida – art. 19, II e III, da LRF; **E:** incorreta, pois essas despesas não serão computadas para fins de aferição dos limites para gastos com pessoal – art. 19, § 1º, I, da LRF.

Gabarito "B"

(Procurador do Estado/GO – 2010) Sobre as despesas com pessoal. é CORRETO afirmar:

(A) A revisão geral anual, prevista no art. 37, X, da Constituição Federal, não fica prejudicada pela não observância do limite de gastos com pessoal, previsto na Lei de Responsabilidade Fiscal.

(B) Os Municípios goianos, em virtude da existência do Tribunal de Contas dos Municípios, somente poderão realizar gastos com pessoal na proporção de 53,6% com o Poder Executivo e 6,6% com o Poder Legislativo.

(C) O Estado que ultrapassar o limite de 60% da receita líquida em gastos com pessoal fica impedido de receber transferências voluntárias.

(D) O limite de gasto com pessoal da União, dos Estados e dos Municípios é de 60% da receita líquida.

(E) É proibida a realização de despesas com pessoal com recursos decorrentes de antecipação de receita orçamentária (ARO), mas permitida com os recursos oriundos de transferências voluntárias.

A: correta, conforme o art. 22, parágrafo único, I, da LRF; **B:** incorreta, pois a despesa com pessoal do legislativo municipal, incluindo o Tribunal de Contas, não pode ultrapassar 6% da receita corrente líquida. O gasto com pessoal do executivo municipal é limitado a 54% – art. 20, III, da LRF; **C:** imprecisa, pois essa sanção somente é aplicada se o Estado não alcançar a redução da despesa no prazo estabelecido, nos termos do art. 23, § 3º, da LRF; **D:** incorreta, pois o limite no âmbito federal é de 50% da receita corrente líquida – art. 19, I, da LRF; **E:** incorreta, pois a Constituição veda expressamente a transferência voluntária de recursos e a concessão de empréstimos, inclusive por antecipação de receita, pelos governos federal e estaduais e suas instituições financeiras, para pagamento de despesas com pessoal ativo, inativo e pensionista, dos Estados, do Distrito Federal e dos Municípios – art. 167, X, da CF. Despesas obrigatórias de caráter continuado devem, em regra, ser suportadas por receitas correntes, que serão realizadas ao longo dos exercícios futuros.

Gabarito "A"

(Procurador Federal – 2010 – CESPE) Com relação a despesas e receitas públicas, julgue o item seguinte.

(1) Caso a despesa total com pessoal exceda a 95% do limite imposto na LRF, é vedado ao poder público o provimento de cargo público, com exceção da reposição decorrente de aposentadoria ou falecimento de servidor público.

1: incorreta, pois a exceção refere-se apenas à reposição de servidores das áreas de educação, saúde e segurança, decorrente de aposentadoria ou falecimento – art. 22, parágrafo único, IV, da LRF.

Gabarito 1E

(Procurador do Município/Boa Vista-RR – 2010 – CESPE) Com relação ao direito financeiro e econômico pátrio, julgue o item seguinte.

(1) Projeto de lei de iniciativa do Poder Executivo municipal que proponha reajustamento dos benefícios previdenciários de seus servidores, com o fim de preservar o valor real das transferências, não estará sujeito às exigências da Lei de Responsabilidade Fiscal relativas à compensação fixada em seu art. 17, ainda que aumente despesas obrigatórias de caráter continuado.

1: assertiva correta, pois essa dispensa em relação às exigência do art. 17 da LRF é prevista no art. 24, § 1º, III, da mesma Lei.

Gabarito 1C

(Advogado da União/AGU – CESPE – 2009) De acordo com o que estabelece a CF acerca das finanças públicas, julgue o item subsequente.

(1) Não é possível a transferência voluntária de recursos, pelo governo federal, aos Estados para o pagamento de despesas de pessoal ativo, inativo e pensionista.

1: assertiva correta, pois reflete a vedação prevista no art. 167, X, da CF.

Gabarito 1C

(Advogado da União/AGU – CESPE – 2009) Acerca do que disciplina a Lei de Responsabilidade Fiscal (LRF), julgue os itens seguintes.

(1) A revisão geral anual da remuneração de servidores públicos é uma exceção à necessidade de que, para o aumento da despesa, seja demonstrada a origem dos recursos para seu custeio.

(2) A contratação de hora extra é vedada, por qualquer motivo, quando a despesa total com pessoal exceder a 95% do limite do órgão ou poder.

1: assertiva correta, pois não se exige estimativa de impacto orçamentário-financeiro, nem demonstração da origem dos recursos para custeio despesas destinadas ao serviço da dívida ou para a revisão geral anual dos servidores, conforme o art. 17, § 6º, da LRF; **2** incorreta, pois se admite, excepcionalmente, a contratação de hora extra no caso do art. 57, § 6º, II, da CF e nas situações previstas na LDO – art. 22, parágrafo único, V, da LRF.

Gabarito 1C, 2E

(Procurador de Contas TCE/ES – CESPE – 2009) Com relação à despesa pública, assinale a opção correta.

(A) As despesas com reajuste de servidores estão compreendidas no conceito de despesas obrigatórias de caráter continuado.

(B) Para que seja estendido um serviço de saúde, previdência e assistência social, incluindo os destinados aos inativos e pensionistas, é necessária indicação da fonte de custeio total.

(C) A despesa total com pessoal será apurada pela soma no mês em referência com as previstas para os onze meses imediatamente subsequentes.

(D) Para reduzir as despesas excedentes com pessoal, o órgão público pode reduzir temporariamente a jornada de trabalho com a devida adequação dos vencimentos à nova carga horária.

(E) Segundo a LRF, a União não pode realizar despesa com pessoal em percentual superior a 50% da receita corrente líquida, nela incluídas as despesas de indenização por demissão de servidores ou empregados.

A: imprecisa, pois as despesas com reajustamento de remuneração são expressamente excluídas da disposição legal da LRF relativa a criação ou aumento de despesa obrigatória de caráter continuado – art. 17, § 6º, da LRF; **B:** assertiva correta, conforme o art. 195, § 5º, da CF e art. 24 da LRF; **C:** incorreta, pois a despesa total com pessoal será apurada somando-se a realizada no mês em referência com as dos onze imediatamente *anteriores* (não subsequentes, como consta da assertiva), adotando-se o regime de competência – art. 18, § 2º, da LRF; **D:** o art. 23, § 2º, da LRF prevê expressamente que é facultada a redução temporária da jornada de trabalho com adequação dos vencimentos à nova carga horária, para adequação da despesa com pessoal aos limites. Por essa razão, entendemos que essa assertiva também é correta; **E:** incorreta, pois as despesas de indenização por demissão de servidores ou empregados não são computadas para fins de limite com pessoal – art. 19, § 1º, I, da LRF.

Gabarito "B"

(Procurador do Estado/CE – 2008 – CESPE) O governo de um Estado da Federação estuda a concessão de aumento de remuneração a seus servidores públicos. Nessa situação hipotética, a concessão do aumento só poderá ser efetivada se houver

(A) lei específica prevendo o aumento e devidamente aprovada na Casa legislativa, independentemente de previsão orçamentária.

(B) prévia dotação orçamentária para atender à despesa com pessoal, mesmo que esta não tenha sido prevista na LDO.

(C) dotação orçamentária suficiente para atender às projeções de despesa de pessoal e autorização específica na LDO, ressalvadas as empresas públicas e as sociedades de economia mista que não necessitam dessa autorização.

(D) dotação orçamentária suficiente para atender à despesa de pessoal e autorização específica na LDO, mesmo quando se tratar de empresas públicas.

(E) apenas previsão específica na LDO, uma vez que a dotação orçamentária depende da previsão estipulada na LOA.

O aumento da remuneração e, em geral, da despesa com pessoal depende de (a) dotação orçamentária suficiente para a despesa e os acréscimos e (b) autorização específica na LDO, ressalvadas as empresas públicas e as sociedades de economia mista – art. 169, § 1º, I e II, da CF (ver também o art. 21 da LRF).

Gabarito "C"

(Procurador do Estado/PI – 2008 – CESPE) Assinale a opção correta no que concerne às vedações constitucionais em matéria orçamentária acerca da concessão de aumento na remuneração de servidores de determinado Estado.

(A) Mesmo sem prévia autorização legislativa, o governador pode conceder aumento aos servidores do Estado, desde que busque créditos suplementares para tanto.

(B) Se houver prévia dotação orçamentária, mesmo que insuficiente para atender às projeções de despesa com pessoal, o referido reajuste pode ser concedido.

(C) Para a concessão de aumento a servidores de sociedade de economia mista, é suficiente a prévia dotação orçamentária, não havendo a necessidade de autorização específica na Lei de Diretrizes Orçamentárias.

(D) O aumento da remuneração de pessoal, com a consequente elevação da despesa, pode ser concedido, se ultrapassar apenas 1% do limite estabelecido.

(E) O aumento pode ser concedido sem a respectiva previsão orçamentária, desde que sejam remanejados recursos de uma categoria de programação financeira para a despesa de pessoal.

A, B, C e **E:** o aumento da remuneração e, em geral, da despesa com pessoal depende de (a) dotação orçamentária suficiente para a despesa e os acréscimos e (b) autorização específica na LDO, ressalvadas as empresas públicas e as sociedades de economia mista – art. 169, § 1º, I e II, da CF (ver também o art. 21 da LRF); **D:** nos termos do art. 169 da CF, a despesa com pessoal não pode ultrapassar os limites estabelecidos em lei complementar (atualmente, os limites são fixados pelo art. 19 da LRF).

Gabarito "C"

(Procuradoria Federal – 2007 – CESPE) Julgue o item seguinte.

(1) Caso uma sociedade de economia mista, verificando existir prévia e suficiente dotação orçamentária, que atenda às projeções de despesas com pessoal, celebre acordo coletivo com sindicato da categoria, concedendo aumento salarial aos seus empregados, nessa situação, a celebração do acordo coletivo ferirá dispositivo constitucional, tendo em vista que a concessão de aumento salarial depende de autorização específica na lei de diretrizes orçamentárias.

1: Não há essa exigência relativa à LDO, no caso de sociedade de economia mista – art. 169, § 1º, II, da CF.

Gabarito 1E

(Procurador do Município/Manaus-AM – 2006 – FCC) Nos termos da Lei de Responsabilidade Fiscal, as despesas com pessoal no âmbito municipal não poderá exceder 60% da receita corrente líquida, com

(A) inclusão da contribuição dos servidores para o custeio do seu sistema de previdência.

(B) exclusão das parcelas entregues ao Município por determinação constitucional.

(C) inclusão das parcelas entregues ao Município por determinação constitucional.

(D) exclusão das receitas patrimoniais.

(E) exclusão das receitas industriais.

A: incorreta, pois a contribuição dos servidores para o regime previdenciário próprio não é computada como receita corrente líquida, para fins de limites na LRF – art. 2º, IV, *c*, da LRF; **B, D** e **E:** incorretas, pois essas receitas integram o conceito de receita corrente líquida, inclusive para fins de limite de despesa com pessoal – art. 2º, IV, da LRF; **C:** correta, pois as transferências constitucionais recebidas integram a receita corrente líquida – art. 2º, IV, da LRF.

Gabarito "C"

(Procurador do Município/Manaus-AM – 2006 – FCC) Nos termos da Lei de Responsabilidade Fiscal para o efeito de verificação do atendimento dos limites legais das despesas com pessoal, serão

(A) computadas as verbas indenizatórias por demissão de servidores ou empregados.

(B) computadas as verbas relativas a incentivos à demissão voluntária.

(C) computadas as despesas com inativos custeadas por recursos das próprias contribuições.

(D) computados todos os gastos com ativos, inativos e pensionistas, com exclusão dos valores relativos à terceirização de mão de obra.

(E) computadas as despesas decorrentes de decisão judicial realizada no período sob apuração.

A, B, C e **D:** incorretas, pois essas despesas não são computadas para fins de aferição do limite de gasto com pessoal – art. 19, § 1º, da LRF; **E:** correta, pois somente serão excluídas do cálculo as despesas decorrentes de decisão judicial e da competência de *período ante-*

rior ao da apuração a que se refere o art. 18, § 2º, da LRF (despesa realizada no mês de referência somada com aquela dos onze meses imediatamente anteriores, pelo regime de competência) – art. 19, § 1º, IV, da LRF.

Gabarito "E"

9. EXECUÇÃO ORÇAMENTÁRIA, CRÉDITOS ADICIONAIS

(Procurador Federal – 2013 – CESPE) No que tange a normas gerais de direito financeiro, julgue o seguinte item.

(1) De acordo com entendimento do STF, é inadmissível a edição de medida provisória pelo Poder Executivo federal que determine a abertura de crédito extraordinário em favor de órgãos componentes desse poder, caso não estejam configuradas situações de guerra, comoção interna ou calamidade pública.

Correta – ver ADI 4.048 MC/DF. O Supremo Tribunal Federal entendeu que a hipótese de despesa imprevisível e urgente deve ser analisada a partir das expressões "guerra", "comoção interna" e "calamidade pública" utilizadas na Constituição. O STF afastou, nesse caso, a possibilidade de abertura de crédito extraordinário por medida provisória para "prover despesas correntes, que não estão qualificadas pela imprevisibilidade ou pela urgência".

Gabarito 1C

(Procurador Federal – 2013 – CESPE) No que tange a normas gerais de direito financeiro, julgue o seguinte item.

(1) De acordo com dispositivo constante da Lei 4.320/1964, os créditos adicionais são autorizações de despesas não computadas ou insuficientemente dotadas na lei orçamentária, classificando-se em suplementares os direcionados a reforço orçamentário; em especiais, os destinados a despesas para as quais não haja dotação orçamentária específica; e em extraordinários, os que se destinem a despesas urgentes e imprevistas, em casos de guerra, comoção intestina ou calamidade pública.

Correta, descrevendo adequadamente as três espécies de créditos adicionais, segundo os arts. 40 a 46 da Lei 4.320/1964. Os créditos adicionais, em regra, são autorizações de despesas não computadas ou não suficientemente dotadas na Lei Orçamentária. Apenas após a vigência de um exercício orçamentário é que tais despesas são autorizadas. No entanto, é importante frisar que os créditos adicionais suplementares incorporam o orçamento vigente, o que pode não ocorrer com os créditos especiais e extraordinários, conforme art. 167, § 2º, da CF/1988.

Gabarito 1C

(Procurador do Estado/PA – 2011) A utilização de medida provisória em matéria orçamentária encontra espaço restrito [na] Constituição de 1988, o que acabou por se refletir na jurisprudência do Supremo Tribunal Federal. Nesse estrito campo de disciplina de direito financeiro, é INCORRETO afirmar que:

(A) Não pode ser utilizada medida provisória sobre matéria relativa a créditos suplementares.

(B) Pode ser utilizada medida provisória para abertura de crédito extraordinário para atender despesas imprevisíveis e urgentes decorrentes de guerra.

(C) Não pode ser utilizada medida provisória para matéria relativa a créditos adicionais.

(D) Pode ser utilizada medida provisória para abertura de crédito extraordinário para atender despesas previsíveis, mas decorrentes de calamidade pública.

(E) Pode ser utilizada medida provisória para abertura de crédito extraordinário para atender despesas urgentes e imprevisíveis decorrentes de comoção interna.

A: correta, pois o STF reconheceu a possibilidade de medida provisória para créditos adicionais extraordinários, não para suplementares especificamente – ver ADIn 4.048 MC/DF; **B:** correta, nos termos do art. 167, § 3º, c/c art. 62 da CF – ver ADIn 4.048 MC/DF; **C:** em termos. De fato, o STF reconheceu a possibilidade de medida provisória em relação aos créditos extraordinários, conforme comentários anteriores. Entretanto, embora o art. 167, § 3º, da CF utilize essa expressão (crédito extraordinário), é interessante notar que o art. 41, III, da Lei 4.320/1964 indica que o crédito extraordinário é uma espécie de crédito adicional (ao lado do especial e do suplementar), o que leva à conclusão de que algum crédito adicional pode ser aberto diretamente por medida provisória; **D:** essa é a incorreta, pois o crédito extraordinário somente será admitido para atender a despesas imprevisíveis e urgentes – art. 167, § 3º, da CF; **E:** correta, conforme o art. 167, § 3º, da CF.

Gabarito "D"

Veja a seguinte tabela, para estudo e memorização dos créditos adicionais – art. 41 da Lei 4.320/1964 e art. 167, § 3º, da CF:

<table>
<tr><th colspan="3">Créditos Adicionais</th></tr>
<tr><td>Suplementares</td><td>Destinados a reforço de dotação orçamentária já existente</td><td rowspan="2">- autorizados por lei e abertos por decreto executivo
- dependem da existência de recursos disponíveis para ocorrer a despesa</td></tr>
<tr><td>Especiais</td><td>Destinados a despesas para as quais não haja dotação orçamentária específica</td></tr>
<tr><td>Extraordinários</td><td>Para atender a despesas imprevisíveis e urgentes, como as decorrentes de guerra, comoção interna ou calamidade pública</td><td>- abertos por decreto do Executivo, que deles dará imediato conhecimento ao Legislativo (o art. 167, § 3º, da CF faz referência à medida provisória – art. 62 da CF)</td></tr>
</table>

(Procurador do Estado/PA – 2011) Encontram destaque no direito financeiro as rigorosas fases pelas quais passa a execução da despesa pública orçamentária, que vai desde sua própria previsão orçamentária por via de lei, perpassando pelo empenho, liquidação e indo até a sua finalização com o efetivo pagamento. Nesse quadro, é INCORRETO afirmar que:

(A) É vedada a realização de despesa sem prévio empenho, mas em casos especiais previstos em legislação específica será dispensada a emissão de nota de empenho.

(B) O procedimento relativo ao pagamento de despesas correntes, como aluguel, geralmente dispensa a emissão de nota de empenho.

(C) Liquidação é fase através da qual se verifica o direito adquirido pelo credor tendo por base os títulos e documentos comprobatórios do respectivo crédito, bem como se apura a origem e o objeto do que se deve pagar, a importância exata a pagar e a quem se deve pagar para extinguir a obrigação.

(D) A nota de empenho está sujeita à anulação total, por exemplo, se o material adquirido não for entregue conforme ajustado.

(E) O pagamento de despesa de custeio, como a aquisição de material de consumo, via de regra, não prescinde da emissão de nota de empenho.

A: correta, conforme o art. 167, II, da CF e o art. 60, *caput* e § 1º, da Lei 4.320/1964; **B:** incorreta, pois somente em casos especiais (não nos comuns, de despesas correntes) é que poderá ser dispensada a emissão de nota de empenho, desde que previstos na legislação específica – art. 60, § 1º, da Lei 4.320/1964; **C:** correta, nos termos do art. 63 da Lei 4.320/1964; **D:** correta, pois, se a despesa não é realizada, o empenho pode ser cancelado; **E:** correta, conforme comentário à alternativa "B".

Gabarito "B"

(Procurador de Contas TCE/ES – CESPE – 2009) Acerca dos créditos adicionais, assinale a opção correta.

(A) Os créditos adicionais se referem às autorizações de despesa expressamente dotadas na lei de orçamento.

(B) Os créditos extraordinários destinam-se a despesas para as quais não haja dotação orçamentária específica.

(C) Excesso de arrecadação é a diferença positiva entre o ativo financeiro e o passivo financeiro, conjugando-se os saldos dos créditos adicionais transferidos e as operações de crédito a eles vinculadas.

(D) Abrir créditos extraordinários por lei complementar compete ao Poder Legislativo, que deles dará imediato conhecimento ao Poder Executivo.

(E) A vigência dos créditos adicionais será limitada ao exercício financeiro em que eles forem abertos, excetuadas expressas disposições legais em contrário, relacionadas aos créditos especiais e extraordinários.

A: assertiva incorreta, pois os créditos adicionais referem-se a autorizações de despesa não computadas (em regra, créditos especiais) ou insuficientemente dotadas na LOA (em regra, créditos suplementares) – art. 40 da Lei 4.320/1964; **B:** incorreta, pois a assertiva refere-se aos créditos adicionais *especiais* – art. 41, II, da Lei 4.320/1964; **C:** incorreta, pois excesso de arrecadação, para fins de abertura de créditos especiais e suplementares, é o saldo positivo das diferenças acumuladas mês a mês entre a arrecadação prevista e a realizada, considerando-se, ainda, a tendência do exercício – art. 43, § 3º, da Lei 4.320/1964. A assertiva refere-se ao *superávit* financeiro – art. 43, § 2º, da Lei 4.320/1964; **D:** incorreta, pois os créditos extraordinários são abertos por decreto do Executivo, que deles dará imediato conhecimento ao Poder Legislativo – art. 44 da Lei 4.320/1964; **E:** assertiva correta, pois reflete exatamente o disposto no art. 45 da Lei 4.320/1964. Interessante lembrar que o art. 167, § 2º, da CF dispõe expressamente que os créditos especiais e extraordinários terão vigência no exercício financeiro em que forem autorizados, salvo se o ato de autorização for promulgado nos últimos quatro meses daquele exercício, caso em que, reabertos nos limites de seus saldos, serão incorporados ao orçamento do exercício financeiro subsequente.

Gabarito "E"

(Procurador de Contas TCE/ES – CESPE – 2009) Com relação aos restos a pagar e à técnica de realização de despesa pública, assinale a opção correta.

(A) O pagamento da despesa prescinde da sua regular liquidação.

(B) Para as despesas vinculadas ao sistema de parcelamento, será realizado o empenho estimativo, em que o valor exato de cada parcela e do montante geral possa ser conhecido *a priori*, como, por exemplo, a locação de um equipamento a valor fixo mensal, durante um semestre.

(C) Os empenhos que correm por conta de créditos com vigência plurianual que não tenham sido liquidados somente serão computados como restos a pagar no último ano de vigência do crédito.

(D) Para as despesas com o consumo de energia elétrica para determinado período, em regra, é realizado o empenho ordinário.

(E) Os restos a pagar de despesas processadas são os decorrentes de contratos em execução, cujas despesas ainda não foram liquidadas e para as quais não existe o direito líquido e certo do credor.

A: incorreta, pois não se pode realizar o pagamento sem a prévia liquidação da despesa, que é a verificação do direito adquirido pelo credor tendo por base os títulos e documentos comprobatórios do respectivo crédito – arts. 62 e 63 da Lei 4.320/1964; **B:** incorreta. O empenho é efetivado, em regra, por valor certo e para pagamento único (= **ordinário**, comum). Apenas excepcionalmente (extraordinariamente) admite-se o empenho por **estimativa,** no caso de valor não determinado previamente, e o empenho **global,** no caso de pagamento parcelado. Essas são as três modalidades de empenho: ordinário, estimativo e global – art. 60, §§ 2º e 3º, da Lei 4.320/1964. A assertiva refere-se ao empenho global, pois há parcelas determinadas e conhecidas, não ao empenho estimativo; **C:** assertiva correta, pois reflete exatamente o disposto no art. 36, parágrafo único, da Lei 4.320/1964; **D:** incorreta, pois o empenho das despesas continuadas é feito, em regra, por estimativa – art. 60, § 2º, da Lei 4.320/1964; **E:** assertiva incorreta. A despesa empenhada e realizada, mas não paga até o final do exercício corresponde a restos a pagar. Se houve liquidação, denomina-se processada, caso contrário, é despesa não processada (é o caso descrito na assertiva) – art. 36 da Lei 4.320/1964.

Gabarito "C"

(Procurador da Fazenda Nacional – 2006 – ESAF) O empenho de despesa, nos termos da Lei n. 4.320, de 17 de março de 1964,

(A) é ato emanado de autoridade competente que cria para o Estado obrigação de pagamento pendente ou não de implemento de condição.

(B) é ato emanado do Presidente do Tribunal de Contas que cria para o fiscalizado obrigação de pagamento imediato.

(C) é ato de iniciativa do Chefe do Poder Executivo, que detém competência exclusiva para tal, e que não depende de posterior avaliação do Tribunal de Contas.

(D) é ato extraordinário, que decorre de circunstâncias específicas, enumeradas pela lei, e que visam atender emergências.

(E) é ato ordinário, de competência de todo agente público, que não cria para o Estado obrigação de pagamento, dado que vinculado a controle prévio do Tribunal de Contas.

Nos termos do art. 58 da Lei 4.320/1964, empenho de despesa é o ato emanado de autoridade competente que cria para o Estado obrigação de pagamento pendente ou não de implemento de condição. Por essa razão, a alternativa "A" é a correta.

Gabarito "A"

(Procurador do Estado/PE – 2004 – FCC)

I. É permitida a realização de despesas com o serviço da dívida, ainda que excedam os créditos orçamentários ou adicionais.

II. É vedada a concessão de créditos ilimitados para a realização de determinada obra.

III. É permitida a abertura de crédito suplementar, desde que haja prévia autorização legislativa.

IV. A instituição de fundos prescinde de autorização legislativa.

(A) Somente as proposições I e III estão corretas.

(B) Somente as proposições I, II e IV estão corretas.

(C) Somente as proposições I, III e IV estão corretas.

(D) Somente as proposições II e III estão corretas.

(E) Somente as proposições III e IV estão corretas.

I: é vedada a realização de qualquer despesa que exceda os créditos orçamentários ou adicionais – art. 167, II, da CF; II: é sempre vedada a concessão de créditos ilimitados – art. 167, VII, da CF; III: é permitida a abertura de crédito suplementar, desde que haja prévia autorização legislativa e indicação dos recursos correspondentes – art. 167, V, da CF; IV: A instituição de fundo deve ser precedida de autorização legislativa – art. 167, IX, da CF.

Gabarito "D"

(Procurador do Estado/PE – 2004 – FCC)

I. Créditos especiais são aqueles destinados a despesas urgentes e imprevistas.

II. Os créditos suplementares são autorizados e abertos por decreto do Poder Executivo.

III. Poderá ser utilizada medida provisória para a abertura de créditos extraordinários, no âmbito da União.

IV. Como regra, os créditos adicionais vigorarão somente no exercício financeiro em que forem abertos.

(A) Somente as proposições I e III estão corretas.

(B) Somente as proposições I, II e IV estão corretas.

(C) Somente as proposições I, III e IV estão corretas.

(D) Somente as proposições II e III estão corretas.

(E) Somente as proposições III e IV estão corretas.

I: os créditos adicionais são: (a) suplementares, quando se prestam a reforçar dotação já existente, (b) especiais, quando não há dotação específica e (c) extraordinários, para despesas urgentes e imprevisíveis – art. 41 da Lei 4.320/1964 (quanto ao crédito extraordinário, o art. 167, § 3º, da CF refere-se às "despesas imprevisíveis", o que é mais preciso que "despesas imprevistas" indicadas no art. 41, III, da Lei 4.320/1964); **II:** os créditos suplementares e especiais são autorizados por lei e abertos por decreto do Executivo – art. 42 da Lei 4.320/1964; **III:** é possível a abertura de crédito extraordinário por MP – art. 167, § 3º, c/c art. 62, § 1º, I, *d, in fine*, ambos da CF; **IV:** os créditos adicionais referem-se à LOA e valem, portanto, para o exercício financeiro correspondente, com a exceção do art. 167, § 2º, *in fine*, da CF.

Gabarito "E"

(Procurador do Estado/RR – 2006 – FCC) "O ato emanado de autoridade competente que cria para o Estado obrigação de pagamento pendente ou não de implemento de condição" denomina-se

(A) despesa corrente.

(B) ordem de pagamento.

(C) empenho de despesa.

(D) despesa de capital.

(E) liquidação da despesa.

A descrição corresponde à definição de empenho da despesa prevista no art. 58 da Lei 4.320/1964. Tecnicamente, o empenho corresponde à vinculação de parcela ou totalidade da disponibilidade orçamentária para a realização de determinada despesa.

Gabarito "C"

10. OPERAÇÕES DE CRÉDITO, DÍVIDA PÚBLICA

(Procurador Distrital – 2014 – CESPE) Tendo em vista que as operações de crédito que excedam o montante das despesas de capital poderão ser autorizadas, desde que tenham finalidade precisa e sejam autorizadas por lei, julgue os itens que se seguem, relativos a crédito orçamentário e operações de crédito.

(1) As operações de crédito não podem ser confundidas com a abertura de créditos adicionais nem com operação de crédito por antecipação de receita, uma vez que esta tem a finalidade de cobrir déficit orçamentário.

(2) Segundo a Lei 4.320/1964, não há necessidade da indicação de recursos quando os créditos adicionais servirem para adicionar valor à dotação anterior.

(3) Os créditos extraordinários são espécie de créditos especiais e, por isso, sua criação independe de autorização legal.

(4) Os créditos suplementares são os destinados a reforçar dotações orçamentárias e que constam da LOA.

1: incorreta, pois as operações de crédito por antecipação de receita são, como diz o nome, espécie de operação de crédito – art. 38 da LRF; **2** incorreta, pois a abertura de crédito adicional suplementar depende da indicação de recursos, nos termos do art. 43 da Lei 4.320/1964; **3:** incorreta, pois créditos especiais, suplementares e extraordinários não se confundem, sendo espécies distintas de crédito adicional (este é o gênero) – art. 41 da Lei 4.320/1964; **4:** correta, conforme art. 41, I, da Lei 4.320/1964.

Gabarito 1E, 2E, 3E, 4C

(Procurador Distrital – 2014 – CESPE) Julgue o item a seguir.

(1) Um conceito fundamental no que se refere a endividamento é o de dívida consolidada líquida, que é o montante total das obrigações financeiras do estado deduzidas as disponibilidades de caixa, as aplicações financeiras e os demais haveres financeiros.

Correta, conforme art. 1º, § 1º, V, da Resolução do Senado Federal 40/2001.

Gabarito 1C

(Procurador Distrital – 2014 – CESPE) Julgue o item a seguir.

(1) É vedada a captação de recursos a título de antecipação de receita de contribuição cujo fato gerador ainda não tenha ocorrido.

1. Correta. A LRF equipara à operação de crédito e veda a captação de recursos a título de antecipação de receita de tributo ou de contribuição cujo fato gerador não tenha ocorrido, não impedindo, por outro lado, a aplicação pelo ente federativo da técnica da substituição "para frente", conforme previsto no § 7º do art. 150 da CF/1988.

Gabarito 1C

(Procurador Distrital – 2014 – CESPE) Julgue o item a seguir.

(1) É considerado operação de crédito o recebimento antecipado de lucros e dividendos de empresa cujo capital social com direito a voto esteja, direta ou indiretamente, sob o domínio do poder público.

Incorreta, pois o recebimento antecipado de lucros e dividendos não é equiparado à operação de crédito para fins da vedação do art. 37, II, da LRF.

Gabarito 1E

(Procurador Distrital – 2014 – CESPE) Julgue o item a seguir.

(1) O Senado Federal estabeleceu o limite global de endividamento para os estados, o DF e os municípios.

Correta. O Senado Federal, no exercício da atribuição do concedida pelo art. 52, VI, da CF/1988, fixou os limites globais para o montante da dívida pública consolidada e da dívida pública mobiliária dos Estados, o Distrito Federal e os Municípios (Resolução 40/2001), além de cuidar das operações de créditos efetuadas por tais entidades, seus limites e condições de autorização (Resolução 43/2001).

Gabarito 1C

(Procurador Distrital – 2014 – CESPE) Julgue o item a seguir.

(1) É vedada operação de crédito entre entes da Federação, bem como em relação a quaisquer instituições a eles vinculadas.

Incorreta, pois excetuam-se dessa vedação as operações de crédito entre instituição financeira estatal e outro ente da Federação, inclusive suas entidades da administração indireta, que não se destinem a (i) financiar, direta ou indiretamente, despesas correntes e (ii) refinanciar dívidas não contraídas junto à própria instituição concedente.

Gabarito 1E

(Procurador/DF - 2013 - CESPE) Acerca das normas jurídicas que regem a atividade financeira estatal, o próximo item apresenta uma situação hipotética, seguida de uma assertiva a ser julgada.

(1) As despesas de capital de um estado brasileiro somam R$ 2,5 bilhões. Nessa situação, conforme a CF, existe possibilidade jurídica de o referido ente federado contrair empréstimo de R$ 3 bilhões, ao longo daquele exercício financeiro.

1: correta, pois, embora em regra as operações de crédito não possam ser superiores às despesas de capital, o art. 167, III, da CF/1988 prevê exceções (operações autorizadas mediante créditos suplementares ou especiais com finalidade precisa, aprovados pelo Poder Legislativo por maioria absoluta).

Gabarito 1C

(Procurador/DF - 2013 - CESPE) Acerca das normas jurídicas que regem a atividade financeira estatal, o próximo item apresenta uma situação hipotética, seguida de uma assertiva a ser julgada.

(1) Um estado da federação incluiu no seu orçamento de 2011 precatórios judiciais de R$ 10 milhões, dos quais 25% foram pagos naquele exercício financeiro. Nessa situação, a parcela não paga integra a chamada dívida flutuante, para fins de aferição dos limites de endividamento.

1: incorreta, pois os valores de precatórios não pagos no período correto integram a dívida consolidada para fins de aplicação dos limites – art. 30, § 7º, da LRF.

Gabarito 1E

(Procurador/DF - 2013 - CESPE) Acerca das normas jurídicas que regem a atividade financeira estatal, o próximo item apresenta uma situação hipotética, seguida de uma assertiva a ser julgada.

(1) Um município empenhou e liquidou R$ 2,5 milhões, referentes à aquisição de vacinas e medicamentos, mas não efetuou o respectivo pagamento no exercício financeiro. Isso pode contribuir para aumentar a dívida flutuante do município.

1: correta, pois os restos a pagar (despesas empenhadas em um exercício, mas cujo pagamento ficou para outro) compõem a dívida flutuante – arts. 36 e 92, I, da Lei 4.320/1964.

Gabarito 1C

(Advogado da União/AGU – CESPE – 2012) Com relação a empréstimos públicos, julgue os itens seguintes.

(1) Tratando-se de empréstimo a Estado ou Município, a União poderá conceder garantia, mediante o oferecimento de contragarantia consistente na vinculação de receitas tributárias diretamente arrecadadas e provenientes de transferências constitucionais.

(2) Compete à União estabelecer a política a respeito dos empréstimos públicos e fiscalizar as operações de crédito realizadas.

(3) Em determinadas situações previstas em lei, o governo federal poderá conceder empréstimos para pagamento de despesas com pessoal dos Estados, do DF e dos municípios.

1: correta, conforme art. 40, § 1º, II, da LRF; **2** correta, conforme os arts. 22, VII, 48, II, e 52, V a IX, da CF; 3: incorreta, pois é vedada expressamente a transferência voluntária de recursos e a concessão de empréstimos, inclusive por antecipação de receita, pelos Governos Federal e Estaduais e suas instituições financeiras, para pagamento de despesas com pessoal ativo, inativo e pensionista, dos Estados, do Distrito Federal e dos Municípios – art. 167, X, da CF.

Gabarito 1C, 2C, 3E

(Procurador do Município/São José dos Campos-SP – 2012 – VUNESP) A dívida fundada compreende compromissos, contraídos para atender a desequilíbrio orçamentário ou financeiro de obras ou serviços públicos, de exigibilidade

(A) inferior a 3 meses.

(B) inferior a 6 meses.

(C) inferior a 12 meses.

(D) superior a 12 meses.

(E) superior a 24 meses.

A dívida consolidada ou fundada corresponde ao montante total, apurado sem duplicidade, das obrigações financeiras do ente da Federação, assumidas em virtude de leis, contratos, convênios ou tratados e da realização de operações de crédito, para amortização em prazo superior a doze meses – art. 29, I, da LRF. Por essa razão, a alternativa "D" é a correta.

Gabarito "D"

(Procurador do Município/São José dos Campos-SP – 2012 – VUNESP) A "Emissão de títulos para pagamento do principal acrescido da atualização monetária" corresponde, nos termos da Lei Complementar 101/00, à definição de

(A) dívida pública fundada.

(B) dívida pública consolidada.

(C) refinanciamento da dívida mobiliária.

(D) operação de crédito.

(E) concessão de garantia.

Trata-se de refinanciamento da dívida mobiliária, conforme descrito no art. 29, V, da LRF. Por essa razão, a alternativa "C" é a correta.

Gabarito "C"

(Procurador do Estado/PE – CESPE – 2009) Acerca da disciplina legal do endividamento e do crédito público, assinale a opção correta.

(A) Não se admite a realização de operações de crédito entre uma instituição financeira estatal e o ente da Federação que a controle, na qualidade de beneficiário do empréstimo, mesmo nos casos de aquisição de títulos da dívida pública para atender a investimento de seus clientes.

(B) Em casos excepcionais, a pedido do Poder Executivo e mediante justificativas apresentadas pelo Ministério da Fazenda, o limite para concessão de garantias, pela União, pode ser ampliado temporariamente, ultrapassando 60% da sua receita corrente líquida.

(C) A dívida decorrente da emissão de títulos de responsabilidade do BACEN não deve ser incluída no montante da dívida pública fundada da União.

(D) A amortização da dívida pública e o pagamento dos juros correspondentes são classificados como despesas de capital.

(E) Para fins de apuração da dívida flutuante, são excluídos os restos a pagar.

A: assertiva incorreta, pois a aquisição, no mercado, de títulos da dívida pública para atender investimento de seus clientes, ou de títulos da dívida de emissão da União para aplicação de recursos próprios são exceções à vedação às operações de crédito entre a instituição financeira e o ente da Federação controlador – art. 36, parágrafo único, da LRF; **B:** assertiva correta, conforme o art. 9º, § 4º, da Resolução do Senado 48/2007, nos termos da competência privativa prevista no art. 52, VIII, da CF; **C:** assertiva incorreta, pois a dívida relativa aos títulos de responsabilidade do Banco Central do Brasil é incluída na dívida consolidada (= fundada) da União, conforme o art. 29, § 2º, da LRF; **D:** incorreta, pois a amortização da dívida pública é classificada como transferência de capital – art. 12, § 6º, da Lei 4.320/1964. O pagamento de juros da dívida pública é classificado como transferência corrente – art. 12, § 2º, e 13 da Lei 4.320/1964; **E:** incorreta, pois os restos a pagar são compreendidos pela dívida flutuante – art. 92, I, da Lei 4.320/1964.

Gabarito "B"

(Procurador do Município/Recife-PE – 2008 – FCC) Em relação à dívida pública, NÃO é competência do Senado Federal:

(A) julgar anualmente as contas prestadas pelo Presidente da República.

(B) autorizar operações externas de natureza financeira, de interesse da União, dos Estados, do Distrito Federal, dos Territórios e dos Municípios.

(C) fixar, por proposta do Presidente da República, limites globais para o montante da dívida consolidada da União, dos Estados, do Distrito Federal e dos Municípios.

(D) dispor sobre limites e condições para a concessão de garantia da União em operações de crédito externo e interno.

(E) estabelecer limites globais e condições para o montante da dívida mobiliária dos Estados, do Distrito Federal e dos Municípios.

A: essa é a alternativa a ser indicada, pois o julgamento anual das contas prestadas pelo Presidente é da competência exclusiva do Congresso Nacional – art. 49, IX, da CF; **B**, **C**, **D** e **E:** indicam competências do Senado Federal, conforme o art. 52, V a IX, da CF.

Gabarito "A"

(Procuradoria Federal – 2007 – CESPE) Julgue o item seguinte.

(1) Caso determinado Estado da Federação celebre operação de crédito para obtenção de ativos para construção e reforma de rodovias estaduais, estabelecendo, no contrato, que o prazo para amortização da referida operação será de 36 meses, nessa situação, os valores relativos à operação de crédito enquadrar-se-ão no conceito de dívida pública consolidada.

1: A dívida pública consolidada ou fundada abarca as obrigações financeiras decorrentes de operações de crédito cujo prazo para pagamento (amortização) seja superior a doze meses – art. 29, I, da LRF.

Gabarito 1C

(Procuradoria Federal – 2007 – CESPE) Julgue o item seguinte.

(1) Considera-se dívida ativa não tributária a que é proveniente de obrigação legal relativa a empréstimo compulsório.

1: O art. 39, § 2º, da Lei 4.320/1964 (que veicula normas gerais em matéria financeira), define como não tributárias as dívidas relativas a empréstimos compulsórios e contribuições (muito embora sejam considerados tributos no atual sistema constitucional).

Gabarito 1C

(Procurador do Estado/RR – 2006 – FCC) "Montante total, apurado sem duplicidade, das obrigações financeiras do ente da Federação, assumidas em virtude de leis, contratos, convênios ou tratados e da realização de operações de crédito, para amortização em prazo superior a doze meses, bem assim as operações de crédito de prazo inferior a doze meses cujas receitas tenham constado do orçamento", é, segundo a Lei de Responsabilidade Fiscal, definição de

(A) dívida pública consolidada ou fundada.

(B) operação de crédito.

(C) dívida pública mobiliária.

(D) refinanciamento de dívida.

(E) dívida pública garantida.

Essa é a definição de dívida consolidada ou fundada, conforme art. 29, I e § 3º, da LRF.

Gabarito "A"

(Procurador do Estado/RR – 2006 – FCC) É de competência privativa do Senado Federal, EXCETO:

(A) fixar, por proposta do Presidente da República, limites globais para o montante da dívida consolidada da União, dos Estados, do Distrito Federal e dos Municípios.

(B) dispor sobre limites globais e condições para as operações de crédito externo e interno dos Estados.

(C) estabelecer limites globais e condições para o montante da dívida mobiliária dos Estados, do Distrito Federal e dos Municípios.

(D) dispor sobre limites globais e condições para operações de crédito externo e interno dos entes políticos, de suas autarquias e demais entidades controladas pelo Poder Público Federal.

(E) dispor sobre todas as matérias de competência da União, especialmente sobre plano plurianual, diretrizes orçamentárias e orçamento anual.

A: correta, conforme o art. 52, VI, da CF; B e **D:** corretas, de acordo com o art. 52, VII, da CF; **C:** correta. Art. 52, IX, da CF; **E:** incorreta. Essa competência geral é do Congresso Nacional, não privativa do Senado – art. 48 da CF – no caso das leis orçamentárias, a iniciativa é do Executivo – art. 165 da CF.

Gabarito "E"

(Procurador do Município/Manaus-AM – 2006 – FCC) As operações de crédito realizadas pelo Poder Público, para obtenção de recursos financeiros, bem como as amortizações de empréstimos, qualificam-se como

(A) despesas de capital.

(B) despesas de inversões financeiras.

(C) receitas derivadas.

(D) receitas de capital.

(E) receitas operacionais.

A receita correspondente às operações de crédito é classificada como receita de capital – art. 11, § 2º, da Lei 4.320/1964. Por essa razão, a alternativa "D" é a correta.

Gabarito "D"

(Procurador da Fazenda Nacional – 2003 – ESAF) A competência privativa para fixar limites globais para o montante da dívida consolidada da União, dos Estados, do Distrito Federal e dos Municípios pertence ao:

(A) Tribunal de Contas da União

(B) Banco Central

(C) Presidente da República

(D) Congresso Nacional

(E) Senado Federal

Compete privativamente ao Senado Federal, em relação às operações de crédito público e ao endividamento: (i) autorizar operações externas de natureza financeira, de interesse da União, dos Estados, do Distrito Federal, dos Territórios e dos Municípios, (ii) fixar, por proposta do Presidente da República, limites globais para o montante da dívida consolidada da União, dos Estados, do Distrito Federal e dos Municípios, (iii) dispor sobre limites globais e condições para as operações de crédito externo e interno da União, dos Estados, do Distrito Federal e dos Municípios, de suas autarquias e demais entidades controladas pelo Poder Público federal, (iv) dispor sobre limites e condições para a concessão de garantia da União em operações de crédito externo e interno e (v) estabelecer limites globais e condições para o montante da dívida mobiliária dos Estados, do Distrito Federal e dos Municípios – art. 52, V a IX, da CF. Por essa razão, a alternativa "E" é a correta.

Gabarito "E"

(Procurador da Fazenda Nacional – 2003 – ESAF) Sobre empréstimos públicos, marque com **V** a assertiva verdadeira e com **F** a falsa, assinalando em seguida a opção correspondente.

( ) Assim como a União, Estados, Municípios e Distrito Federal podem adquirir empréstimos, mediante a emissão de títulos.

( ) No caso de empréstimo a Estado, Distrito Federal ou Município, é vedada a concessão de aval pelo Governo Federal.

( ) É vedada a concessão de empréstimos, pelo Governo Federal, para pagamento de despesas com pessoal dos Estados, do Distrito Federal e dos Municípios.

( ) Compete à União estabelecer a política a respeito dos empréstimos públicos e, bem assim, fiscalizar as operações realizadas.

(A) V, V, V, V

(B) V, F, F, V

(C) F, V, V, F

(D) V, F, V, V

(E) F, F, F, F

1: correta, devendo ser observados os limites e as condições fixados pelo Senado Federal relativos à dívida mobiliária – art. 52, IX, da CF; **2:** incorreta, pois a União pode garantir a operação de crédito, devendo exigir contragarantia do ente que toma o empréstimo – art. 40, *caput* e § 1º, da LRF; 3: correta, pois o art. 167, X, da CF veda expressamente a transferência voluntária de recursos e a concessão de empréstimos, inclusive por antecipação de receita, pelos governos federal e estaduais e suas instituições financeiras, para pagamento de despesas com pessoal ativo, inativo e pensionista, dos Estados, do Distrito Federal e dos Municípios; 4: correta, conforme os arts. 22, VII, 48, II, e 52, V a IX, da CF.

Gabarito "D"

(PROCURADOR – BANCO CENTRAL – 2009 – CESPE) Suponha que, até 30/06/2009, o BACEN tenha obtido resultado positivo de 3 bilhões de reais e que, no segundo semestre deste mesmo ano, o resultado tenha sido negativo de 5 bilhões de reais, compondo resultado anual negativo de 2 bilhões de reais.

A partir dessa situação hipotética, assinale a opção correta.

(A) O resultado é apurado anualmente e considera-se obrigação de 2 bilhões de reais do BACEN para com a União.

(B) O resultado é apurado anualmente e considera-se que haja obrigação de 2 bilhões de reais da União para com o BACEN.

(C) O resultado é apurado semestralmente e considera-se que o do segundo semestre seja obrigação de 5 bilhões de reais do BACEN para com a União.

(D) O resultado é apurado semestralmente e considera-se que o do primeiro semestre seja obrigação de 3 bilhões de reais do BACEN para com a União.

(E) O resultado é apurado semestralmente e considera-se que o do primeiro semestre seja obrigação de 3 bilhões de reais da União para com o BACEN.

Nos termos do art. 2º da Medida Provisória nº 2.179-36/2001, o Banco Central levantará balanço semestral sobre as disponibilidades de caixa de União e o resultado, se positivo, consistirá em obrigação cujo pagamento deverá ser realizado até o décimo dia útil subsequente ao da aprovação do balanço; se negativo, a obrigação é da União para com o BACEN. Sendo assim, no caso em exame, a apuração do primeiro semestre traz um resultado positivo (BACEN à União) e do segundo semestre um resultado negativo (União à BACEN).

Gabarito "D"

(PROCURADOR – BANCO CENTRAL – 2009 – CESPE) Em razão de autorização genérica, a União emitiu títulos públicos para troca por

I. títulos do Tesouro Nacional em poder do BACEN;

II. títulos emitidos em decorrência de acordos de reestruturação da dívida externa brasileira, a exclusivo critério do ministro de Estado da Fazenda;

III. títulos da dívida agrária, em poder do Ministério da Agricultura, Pecuária e Abastecimento.

Diante dessa situação hipotética e da legislação de títulos da dívida pública, a União agiu em conformidade com a autorização concedida ao emitir títulos conforme mencionado

(A) apenas no item I.

(B) apenas no item II.

(C) apenas no item III.

(D) apenas nos itens I e II.

(E) em todos os itens.

I: correta, nos termos do art. 1º, VI, da Lei nº 10.179/2001; II: correta, nos termos do art. 1º, IV, da Lei nº 10.179/2001; III: incorreta, porque tal transação não encontra amparo na Lei nº 10.179/2001.

Gabarito "D"

11. PRECATÓRIOS

(Advogado da União/AGU – CESPE – 2012) Julgue os próximos itens, relativos aos precatórios.

(1) O credor preterido do seu direito de precedência referente à ordem cronológica de apresentação dos ofícios precatórios poderá requerer ao presidente do tribunal de origem da decisão exequenda a determinação do sequestro da quantia necessária à satisfação do seu crédito.

(2) Incorrerá em crime de responsabilidade e responderá perante o Conselho Nacional de Justiça o presidente do tribunal competente que retardar ou tentar frustrar a liquidação regular de precatórios.

(3) Créditos em precatórios não poderão ser cedidos, ainda que parcialmente, a terceiros.

(4) Para efeito dos pagamentos devidos por pessoas políticas em virtude de sentença judicial, a ordem cronológica de apresentação dos precatórios deve ser rigorosamente respeitada, independentemente da natureza dos débitos.

1: correta, conforme o art. 100, § 6º, da CF; **2** correta, nos termos do art. 100, § 7º, da CF; 3: incorreta, pois o credor poderá ceder, total ou parcialmente, seus créditos em precatórios a terceiros, independentemente da concordância do devedor – art. 100, § 13, da CF; 4: incorreta, pois os débitos de natureza alimentícia, definidos no art. 100, § 1º, da CF, serão pagos com preferência sobre os demais débitos, com a exceção prevista no § 2 º desse mesmo dispositivo constitucional.

Gabarito 1C, 2C, 3E, 4E

(Procurador de Contas TCE/ES – CESPE – 2009) Acerca da disciplina constitucional e legal dos precatórios, assinale a opção correta.

(A) A lei determina a inclusão, no orçamento das entidades de direito público, de verba necessária ao pagamento de seus débitos oriundos de sentenças transitadas em julgado, constantes de precatórios judiciários, apresentados até 1.º de julho, fazendo-se o pagamento até 1.º de julho do exercício seguinte, quando terão seus valores atualizados monetariamente.

(B) Os débitos de natureza alimentícia compreendem aqueles decorrentes de salários, vencimentos, proventos, pensões e suas complementações, salvo benefícios previdenciários e indenizações por morte ou invalidez.

(C) Se, no pagamento, houver preterição da ordem cronológica dos precatórios, caberá ao credor solicitar ao presidente do tribunal sentenciante, em face da infração do direito de precedência, que determine o sequestro da quantia necessária à satisfação do débito, que, segundo a jurisprudência, poderá recair sobre qualquer quantia pública.

(D) É lícita a expedição de precatório complementar ou suplementar de valor pago, bem como fracionamento, repartição ou quebra do valor da execução, a fim de que seu pagamento se faça mediante a expedição de precatório e por requisição de pequeno valor.

(E) É vedada a fixação de valores distintos para o fim de pagamento de obrigações de pequeno valor que a fazenda federal, estadual, distrital ou municipal deva fazer em virtude de sentença judicial transitada em julgado, segundo as diferentes capacidades das entidades de direito público.

A: incorreta, pois o pagamento dos precatórios apresentados até 1º de julho deve ser realizado até o final do exercício seguinte (não até 1º de julho do exercício seguinte, como consta da assertiva) – art. 100, § 5º, da CF; **B:** incorreta, pois os benefícios previdenciários e as indenizações por morte ou invalidez têm natureza alimentar – art. 100, § 1º, da CF; **C:** assertiva correta, conforme a jurisprudência e o disposto no art. 100, § 6º, da CF; **D:** incorreta, pois isso é vedado, conforme o art. 100, § 8º, da CF; **E:** incorreta, pois poderão ser fixados, por leis próprias, valores distintos às entidades de direito público, segundo as diferentes capacidades econômicas, sendo o mínimo igual ao valor do maior benefício do regime geral de previdência social – art. 100, § 4º, da CF.

Gabarito "C"

(Procurador do Município/São Paulo-SP – 2008 – FCC) Os precatórios judiciais não pagos durante a execução do orçamento em que tiverem sido incluídos

(A) justificam imediata intervenção estadual no Município.

(B) integram a dívida pública mobiliária, para fins de aplicação dos limites das despesas.

(C) integram a dívida pública fundada, para fins de aplicação dos limites da dívida pública.

(D) deverão ser pagos imediatamente, independente de ordem de preferência dos precatórios incluídos no orçamento seguinte.

(E) impedem a inclusão de pagamento de novos precatórios na lei orçamentária do exercício seguinte.

A: incorreta, pois, em princípio, somente a omissão de pagamento da dívida fundada, sem motivo de força maior, por dois anos consecutivos, dá ensejo à intervenção Estadual no Município – art. 35, I, da CF – lembrando que o precatório não pago no exercício correto integra a dívida consolidada ou fundada – art. 30, § 7º, da LRF. Por outro lado, é importante destacar que o descumprimento de ordem judicial (o precatório é espécie de ordem judicial) pode dar ensejo, por si, ao pedido de intervenção (art. 35, IV, da CF), embora o STJ e o STF venham indeferindo os pleitos quando avaliam que o interventor não conseguiria, tampouco, pagar os precatórios inadimplidos; **B:** incorreta, pois o precatório não pago durante a execução do orçamento em que houver sido incluído integra a dívida consolidada, para fins de aplicação dos limites previstos na LRF – art. 30, § 7º, da LRF; **C:** correta, conforme comentário à alternativa anterior; **D:** incorreta, pois qualquer precatório deverá ser pago na ordem cronológica de apresentação, ou seja, não imediatamente, mas somente após a quitação dos mais antigos, nos termos do art. 100, *caput*, da CF, observada as preferências previstas nos §§ 1º a 4º desse dispositivo.

Gabarito "C"

(Procurador do Município/São Paulo-SP – 2008 – FCC) Caberá sequestro de verba pública por ordem judicial na hipótese de

(A) não pagamento dos precatórios incluídos na lei orçamentária anual.

(B) preterimento do direito de precedência da ordem de pagamento dos precatórios.

(C) não serem encontrados bens dominiais da Fazenda Pública para serem penhorados.

(D) garantia da execução contra a Fazenda Pública.

(E) não ser feito pagamento imediato, por precatório, dos créditos de pequeno valor e de natureza alimentar.

O presidente do Tribunal autorizará o sequestro da quantia necessária para a satisfação do precatório a requerimento do credor e exclusivamente para os casos de preterimento de seu direito de precedência ou de não alocação orçamentária do valor necessário à satisfação do seu débito – art. 100, § 6º, da CF. Por essa razão, a alternativa "B" é a correta.

Gabarito "B"

(Procuradoria Federal – 2007 – CESPE) Julgue o item seguinte.

(1) Os atos de determinado presidente de tribunal de justiça que versem sobre o processamento e pagamento de precatórios judiciais não têm caráter jurisdicional.

1: Os atos do presidente têm caráter administrativo, não jurisdicional (ver RMS 25.374/SP). A decisão judicial é tomada pelo magistrado de primeira instância, que solicita ao presidente do Tribunal a requisição de verba a ser disponibilizada pelo ente devedor, para pagamento do crédito transitado em julgado – art. 100, § 1°, da CF e art. 730, I, do CPC.

Gabarito 1C

(Procurador do Estado/RR – 2006 – FCC) Acerca dos precatórios, está INCORRETO afirmar que

(A) a apresentação dos precatórios tem que ser feita até 1° de julho para ser pago até o final do exercício seguinte, após inclusão da verba necessária no orçamento.

(B) as indenizações originadas de responsabilidade objetiva do Estado, por qualquer causa, têm natureza alimentícia e dispensam o regime de precatórios, devendo ser pagas imediatamente.

(C) o termo limite para pagamento do precatório é o último dia do ano seguinte àquele em que o precatório foi comunicado ao Presidente do Tribunal, ou seja, o prazo de um ano e meio.

(D) o precatório é expedido após ter sido intentada pelo credor ação de execução contra a Fazenda Pública, nos termos do art. 730, do CPC.

(E) é vedado o fracionamento, repartição ou quebra do valor da execução, para que o pagamento se faça parte como obrigação definida em lei como de pequeno valor e parte mediante expedição de precatório.

A: correta. Art. 100, § 5°, da CF; **B:** incorreta. Os créditos de natureza alimentícia, que não deveriam se sujeitar ao regime dos precatórios, são aqueles relativos a salários, proventos, indenizações (fundadas em responsabilidade civil) por morte ou invalidez etc. – art. 100, § 1°, da CF, mas se sujeitam ao regime de precatórios; **C:** correta. O precatório é solicitado pelo juiz de primeiro grau ao Presidente do Tribunal, que o apresenta ao ente devedor até 1° de julho de cada ano, sendo que o pagamento deve ocorrer até o final do exercício seguinte – art. 100, § 5°, da CF (a assertiva em C é imprecisa, mas B é a melhor alternativa, pois claramente incorreta); **D:** correta. O precatório decorre de sentença condenatória transitada em julgado contra o ente público – art. 100 da CF e art. 730 do CPC; **E:** correta. Art. 100, § 8°, da CF.

Gabarito "B"

(Procurador da Fazenda Nacional – 2003 – ESAF) Em se tratando de precatórios, é correto afirmar que:

(A) devem ser apresentados até 1° de julho para que o pagamento seja realizado até o final do exercício seguinte.

(B) constituem requisição, feita por juiz de primeiro grau, de verba necessária para o pagamento do crédito de alguém perante pessoa política, em face de decisão judicial.

(C) incorre em crime comum o Presidente do Tribunal que aja com culpa ou dolo, retardando ou tentando frustrar a sua liquidação regular.

(D) o credor preterido do seu direito de precedência, relativamente à ordem cronológica de sua apresentação, poderá requerer ao juiz que proferiu a decisão exequenda que determine o sequestro da quantia necessária à satisfação do seu crédito.

(E) a ordem cronológica de sua apresentação deve ser rigorosamente respeitada, para efeito dos pagamentos devidos por pessoas políticas, independentemente do valor das obrigações.

A: correta. Os precatórios apresentados após 1° de julho serão incluídos no projeto de lei orçamentária a ser elaborado no ano seguinte, para vigorar, portanto, somente no segundo ano seguinte – art. 100, § 5°, da CF; **B:** incorreta, pois o precatório é requisição feita pelo presidente do Tribunal – art. 100, §§ 6° e 7°, da CF; **C:** incorreta, pois se trata de crime de responsabilidade – art. 100, § 7°, da CF; **D:** incorreta, pois o pedido de sequestro é feito ao presidente do Tribunal, a quem compete analisa-lo e, se for o caso, determinar o sequestro – art. 100, § 6°, *in fine*, da CF; **E:** incorreta, pois devem ser pagas imediatamente, fora da sistemática dos precatórios, as obrigações definidas em leis como de pequeno valor, nos termos do art. 100, § 3°, da CF.

Gabarito "A"

(Procurador da Fazenda Nacional – 2004 – ESAF) (Adaptada) Segundo a doutrina, precatório ou ofício precatório é a solicitação que o Juiz de primeiro grau faz ao Presidente do Tribunal respectivo para que este requisite a verba necessária para o pagamento de algum credor perante a União, o Estado, o Distrito Federal ou o Município, em face de decisão judicial. A matéria é disciplinada pelo artigo 100 da Constituição Federal de 1988 e foi objeto da Emenda Constitucional de número 62, de 09 de dezembro de 2009 e que, entre outros, de acordo com a redação do texto constitucional,

(A) definiu os débitos de natureza alimentícia como os que compreendem aqueles decorrentes de salários, de vencimentos, de proventos, de pensões e suas complementações e de benefícios previdenciários e indenizações por morte ou invalidez, fundadas na responsabilidade civil, independentemente do trânsito em julgado da sentença.

(B) vedou a expedição de precatório complementar ou suplementar de valor pago, bem como fracionamento ou repartição de valor, dando fim a critérios que identificavam dívidas de pequeno valor.

(C) extinguiu a previsão de crime de responsabilidade para o Presidente de Tribunal competente que, por ato comissivo ou omissivo, retardasse ou tentasse frustrar a liquidação regular de precatório.

(D) tornou obrigatória a inclusão, no orçamento das entidades de direito público, de verba necessária ao pagamento de seus débitos oriundos de sentenças transitadas em julgado, constantes de precatórios judiciários, apresentados até 1° de julho, fazendo-se o pagamento até o final do exercício seguinte, quando terão seus valores atualizados monetariamente.

(E) determinou que as dotações orçamentárias e os créditos abertos serão consignados diretamente ao Poder Judiciário, cabendo ao Presidente do Tribunal que proferir a decisão exequenda determinar o pagamento de acordo com a ordem decrescente de valores e autorizar, a requerimento do credor, o adiantamento de parcelas a título de salários, vencimentos e demais verbas alimentícias.

A: incorreta, pois somente após o trânsito em julgado da sentença é que será emitido precatório – art. 100, § 5º, da CF; **B:** incorreta, pois os pagamentos de pequenos valores, conforme definidos em lei, são pagos imediatamente, sem se subordinar à sistemática dos precatórios – art. 100, § 3º, da CF – são as requisições de pequenos valores – RPV. Entretanto, é realmente vedada a expedição de precatórios complementares ou suplementares de valor pago, bem como o fracionamento, a repartição ou a quebra do valor da execução para fins de enquadramento de parcela do total como RPV – art. 100, § 8º, da CF; **C:** incorreta, pois há crime de responsabilidade do presidente do Tribunal nesse caso – art. 100, § 7º, da CF; **D:** essa é a correta, pois reflete o disposto no art. 100, § 5º, da CF; **E:** incorreta, pois o presidente do Tribunal determinará o pagamento na ordem cronológica de apresentação dos precatórios, sem quebra ou preferências – art. 100, § 6º, da CF.

Gabarito "D"

12. CONTROLE, FISCALIZAÇÃO, TRIBUNAIS DE CONTAS

(PROCURADOR DO ESTADO/MG – FUMARC – 2012) Quanto aos Tribunais de Contas, assinale a alternativa INCORRETA:

(A) São órgãos autônomos, de estatura constitucional e com funções próprias;

(B) Os contratos celebrados por empresas públicas ou sociedades de economia mista estão fora do controle por parte dos Tribunais de Contas;

(C) É obrigatória a existência de auditores em todos os Tribunais de Contas, inclusive os dos Estados e Municípios;

(D) Podem representar às autoridades fixando prazos para corrigir irregularidades;

(E) Cabe aos Tribunais de Contas apreciarem a legalidade de todos os atos que concedam aposentadorias de servidores públicos civis, reforma de servidores militares ou pensões aos seus dependentes.

A: correta, pois, embora os Tribunais de Contas sejam vinculados ao Legislativo, possuem autonomia, em determinados aspectos, e funções expressamente definidas no art. 71 da CF; **B:** incorreta, pois compete ao Tribunal de Contas julgar as contas dos administradores e demais responsáveis por dinheiros, bens e valores públicos da administração direta e indireta – art. 71, II, da CF; **C:** correta, nos termos do art. 73, § 2º, I, c/c o art. 75 da CF; **D:** correta, nos termos do art. 71, IX e XI, da CF; **E:** correta, nos termos do art. 71, III, da CF.

Gabarito "B"

(PROCURADOR DO ESTADO/RS – FUNDATEC – 2010) Assinale a alternativa correta:

(A) O parecer prévio emitido pelo Tribunal de Contas do Estado sobre as contas anuais prestadas pelo Governador do Estado tem caráter terminativo.

(B) Compete ao Poder Legislativo Estadual julgar anualmente as contas prestadas pelo Governador do Estado e sobre as quais foi emitido parecer prévio pelo Tribunal de Contas do Estado.

(C) O parecer prévio sobre as contas do Governador e dos Prefeitos Municipais, emitido pelo Tribunal de Contas do Estado, é apreciado e julgado pela Assembleia Legislativa, considerando-se que o Tribunal de Contas do Estado é instituição estadual e auxiliar da Assembleia Legislativa.

(D) As Câmaras de Vereadores, ao apreciarem e julgarem as contas anuais dos respectivos Prefeitos, manterão ou rejeitarão o parecer prévio do Tribunal de Contas do Estado mediante deliberação por maioria simples.

(E) Do parecer prévio emitido pelo Tribunal de Contas do Estado sobre as contas prestadas pelo Governador do Estado cabe recurso ao Tribunal de Contas da União, em respeito ao princípio do duplo grau de jurisdição.

A: incorreta, pois o parecer do Tribunal de Contas é prévio, sendo que o julgamento será realizado pelo Legislativo – art. 71, I, c/c art. 75 da CF; **B:** correta, nos termos dos arts. 49, IX, e 71, I, da CF, aplicados aos Estados por simetria; **C:** incorreta, pois, embora o parecer prévio relativo às contas municipais seja feito pelo Tribunal de Contas Estadual (nos casos dos Municípios que não possuem Tribunal ou Conselho de Contas próprio), elas serão julgadas pelo Legislativo do respectivo Município – art. 31, § 2º, da CF; **D:** incorreta, pois o parecer prévio, emitido pelo órgão competente sobre as contas que o Prefeito deve anualmente prestar, só deixará de prevalecer por decisão de dois terços dos membros da Câmara Municipal – art. 31, § 2º, da CF; **E:** incorreta, pois não há hierarquia ou duplo grau entre os Tribunais de Contas da União, dos Estados e dos Municípios.

Gabarito "B"

(Procurador do Município/Boa Vista-RR – 2010 – CESPE) Com relação ao direito financeiro e econômico pátrio, julgue o item seguinte.

(1) O controle externo da administração pública é atribuição constitucional do Poder Legislativo, que o exercerá diretamente ou com o auxílio dos tribunais de contas municipais, estaduais e da União, podendo sustar a despesa irregular que possa causar dano irreparável ou grave lesão à economia pública.

1: assertiva correta, conforme o art. 71, *caput* e X, da CF, aplicável a Estados, ao DF e a Municípios pelo princípio da simetria.

Gabarito 1C

(Procurador de Contas TCE/ES – CESPE – 2009) Com referência à fiscalização e ao controle do orçamento, assinale a opção correta.

(A) Compete ao TCU a fiscalização contábil, financeira, orçamentária, operacional e patrimonial da União e das entidades da administração direta, quanto à legalidade e economicidade, bem como quanto à aplicação das subvenções, ou seja, recursos destinados ao aumento do capital de empresas públicas.

(B) O TCU exerce função de jurisdição ao apreciar e julgar as contas do presidente da República, bem como dos administradores e demais responsáveis por dinheiro, bens e valores públicos da administração direta e indireta, incluídas as fundações e sociedades instituídas e mantidas pelo poder público.

(C) A fiscalização operacional do orçamento diz respeito à própria execução do orçamento, pois o patrimônio compõe-se dos bens pertencentes ao Estado, sejam eles de cunho econômico ou não, e as alterações patrimoniais devem ser fiscalizadas pelas autoridades públicas em benefício da preservação dos bens que integram o patrimônio público.

(D) O controle interno incumbe aos Poderes Executivo, Legislativo e Judiciário, cabendo a cada um manter um sistema de controle individual, de acordo com suas características próprias e, ao mesmo tempo, integrar o sistema com o dos outros poderes, a fim de que haja coordenação e uniformização de comportamentos e providências.

(E) Ao TCU compete realizar inspeções e auditorias de natureza contábil, financeira, orçamentária, operacional e patrimonial, nas unidades administrativas dos Poderes Legislativo, Executivo e Judiciário, desde que haja prévia requisição do Senado Federal.

A: incorreta, pois a competência para o controle externo é do Poder Legislativo, com auxílio do TCU – arts. 70 e 71 da CF; **B:** incorreta, pois o TCU apenas aprecia as contas anuais do Presidente da República, mediante parecer prévio, competindo ao Congresso o julgamento – arts. 71, I e 49, IX, da CF; **C:** assertiva incorreta. A atuação dos Tribunais de Contas não se limita à análise da conformidade dos atos com as normas aplicáveis (= exame de conformidade), mas engloba também a apreciação da efetividade das políticas públicas no cumprimento das diretrizes constitucionais e legais (= exame de desempenho). A fiscalização operacional refere-se ao exame de desempenho, ou seja, à efetividade das políticas públicas, que não se reduz à fiscalização das alterações patrimoniais; **D:** essa é a assertiva correta, conforme o disposto no art. 74 da CF; **E:** incorreta, pois as inspeções e auditorias podem ser realizadas por iniciativa própria do TCU – art. 71, IV, da CF.

Gabarito "D"

(Procurador de Contas TCE/ES – CESPE – 2009) No que concerne à fiscalização e ao controle interno e externo dos orçamentos, assinale a opção correta.

(A) A atuação do TCU é caracterizada pela atividade jurisdicional, cabendo a esse órgão até mesmo apreciar a constitucionalidade de atos do poder público.

(B) A decisão do TCU faz coisa julgada administrativa, não cabendo ao Poder Judiciário examiná-la e julgá-la.

(C) As sociedades de economia mista, integrantes da administração indireta federal, não estão sujeitas à fiscalização do TCU, haja vista seus servidores estarem sujeitos ao regime celetista.

(D) Ainda que as cerimônias festivas estejam previstas em lei orçamentária, o dispêndio excessivo com elas pode ter sua legitimidade questionada pelo TCU.

(E) Cabe ao TCU fiscalizar a aplicação de subvenções, que são auxílios governamentais concedidos apenas às entidades públicas.

A: incorreta, pois, embora o art. 73 da CF use o termo *jurisdição* para se referir ao TCU, o Tribunal não tem competência específica para apreciar a constitucionalidade de atos do poder público; **B:** incorreta, pois a decisão do TCU não impede a revisão pelo Judiciário, conforme o princípio da inafastabilidade da tutela jurisdicional – art. 5º, XXXV, da CF; **C:** incorreta, pois as entidades da administração indireta (autarquias, fundações públicas, sociedades de economia mista e empresas públicas) também se sujeitam ao controle externo e à fiscalização do TCU – arts. 70 e 71 da CF; **D:** assertiva correta, pois qualquer dispêndio de recursos públicos sujeita-se ao controle externo e à fiscalização do TCU – arts. 70, parágrafo único, e 71 da CF; **E:** incorreta, pois as subvenções podem ser concedidas a entidades privadas, sujeitando-se também à fiscalização pelo TCU – art. 12, § 3º, da Lei 4.320/1964 e art. 70 da CF.

Gabarito "D"

(Advogado da União/AGU – CESPE – 2009) Ainda acerca dos orçamentos, julgue o item que se segue.

(1) O controle externo do cumprimento orçamentário é feito, ordinariamente, pelo Poder Judiciário.

1: incorreta, pois o controle externo é competência do Poder Legislativo, com auxílio do Tribunal de Contas – art. 71 da CF.

Gabarito 1E

(Procurador do Município/Recife-PE – 2008 – FCC) De acordo com a Constituição Federal, a fiscalização contábil, financeira, orçamentária, operacional e patrimonial da União e das entidades da administração direta e indireta será exercida

(A) pelo Senado Federal, com o auxílio do Supremo Tribunal Federal.

(B) pela Câmara dos Deputados, com o auxílio do Superior Tribunal de Justiça.

(C) pelo Congresso Nacional, com o auxílio do Tribunal de Contas da União.

(D) pelo Supremo Tribunal Federal, com o auxílio do Superior Tribunal de Justiça.

(E) pelo Tribunal de Contas da União, com o auxílio do Senado Federal.

O controle externo, a cargo do Congresso Nacional, será exercido com o auxílio do Tribunal de Contas da União – art. 71, *caput*, da CF. Por essa razão, a alternativa "C" é a correta.

Gabarito "C"

(Procuradoria Federal – 2007 – CESPE) Julgue o item seguinte.

(1) Será exercido pelo Poder Executivo o controle orçamentário da legalidade e da fidelidade funcional dos agentes da administração responsáveis por bens e valores públicos, cabendo exclusivamente ao Poder Legislativo e ao tribunal de contas o controle do cumprimento do programa de trabalho previsto na lei orçamentária.

1: A fiscalização e o controle serão exercidos pelo Legislativo, com auxílio do Tribunal de Contas (controle externo) e pelos órgãos de controle interno de cada Poder – art. 70 da CF.

Gabarito 1E

(Procurador da Fazenda Nacional – 2007 – ESAF) O Tribunal de Contas, como órgão auxiliar do controle externo da fiscalização contábil, financeira, orçamentária, operacional e patrimonial da União, a cargo do Congresso Nacional,

(A) com base no princípio da economicidade, toma em consideração a relação custo/benefício no fornecimento de serviços públicos, em vista da despesa para tanto realizada.

(B) não está autorizado ao controle das premissas constitucionais das decisões de política financeira, fiscal e econômica.

(C) tem legitimidade para as decisões políticas, *ex vi* do disposto no artigo 74, § 2º, apenas quando lhe for feita denúncia de irregularidades ou ilegalidades.

(D) pode apreciar a constitucionalidade das leis e dos atos do Poder Público, como reza a Súmula 347 do STF, do que resulta exercer função jurisdicional.

(E) em vista da disposição do artigo 73 da Constituição Federal e da natureza técnica dos julgamentos das contas, as suas decisões não podem juridicamente ser objeto de revisão pelo Poder Judiciário.

A: correta. A economicidade refere-se à boa relação entre custo (despesa pública) e benefício (resultado em favor do interesse público); **B:** incorreta. O controle externo abrange a análise de legitimidade, o que inclui a motivação do agente público e a finalidade de seus atos – art. 70 da CF; **C:** incorreta. O Tribunal de Contas pode investigar e punir irregularidades e ilegalidades por impulso próprio (de ofício) – art. 71, IV, VIII e IX, da CF; **D** e **E:** incorretas. Apesar de disposto na Súmula 347/STF, entende-se que o Tribunal de Contas não exerce jurisdição no sentido estrito da palavra (apenas "jurisdição administrativa"), pois seus atos podem ser revistos pelo Judiciário (não fazem coisa julgada – ver Súmula 6/STF e art. 5º, XXXV, da CF).

Gabarito "A"

(Procurador do Estado/PE – 2004 – FCC) Assinale a alternativa incorreta sobre fiscalização financeira e orçamentária.

(A) As decisões do Tribunal de Contas de que resulte imputação de multa têm eficácia de título executivo.

(B) Cabe ao Tribunal de Contas fiscalizar a aplicação de quaisquer recursos repassados pela União aos Estados, mediante convênio ou qualquer instrumento semelhante.

(C) Compete ao Tribunal de Contas aplicar, em caso de ilegalidade de despesa, aos responsáveis, as sanções previstas em lei.

(D) A fiscalização das contas públicas, quanto à legalidade e à legitimidade, será feita mediante controle externo e pelo sistema de controle interno de cada Poder.

(E) A sustação de contrato considerado irregular pelo Tribunal de Contas da União pode ser efetivada, diretamente, pela Câmara dos Deputados, que comunicará o ocorrido ao Poder Executivo.

A: correta. Art. 71, § 3º, da CF; **B:** correta. Essa atribuição é do Tribunal de Contas da União – art. 71, VI, da CF; **C:** correta. Art. 71, VIII, da CF; **D:** o controle externo é feito pelo Legislativo, com auxílio do Tribunal de Contas, e o controle interno é realizado por órgãos do próprio Poder – art. 70 da CF; **E:** a sustação de contratos irregulares é feita pelo Congresso Nacional (não apenas pela Câmara) – art. 71, § 1º, da CF.

Gabarito "E"

(Procurador da Fazenda Nacional – 2004 – ESAF) De acordo com a redação dada pela Emenda Constitucional nº 40, de 29 de maio de 2003, a fiscalização financeira da administração pública direta e indireta será disposta por

(A) lei complementar.

(B) lei ordinária.

(C) lei delegada.

(D) decreto legislativo.

(E) resolução do Senado.

Cabe à lei complementar federal dispor sobre a fiscalização financeira da administração pública direta e indireta, conforme o art. 163, V, da CF, com a redação dada pela EC 40/2003. Por essa razão, a alternativa "A" é a correta.

Gabarito "A"

(ADVOGADO – BNDES – 2006 – CESGRANRIO) Sobre a relação entre a política (fiscal, financeira e econômica) e o controle exercido pelo Tribunal de Contas, sobressai o seguinte entendimento manifestado por Ricardo Lobo Torres: "Há que se distinguir entre o controle dos objetivos das decisões políticas, vedado às Cortes de Contas, e o controle das contas dos órgãos políticos ou das premissas constitucionais (legalidade e economicidade) das decisões políticas, plenamente compatível com a nova estrutura democrática do País" (*in* Tratado de direito constitucional financeiro e tributário, volume V: o orçamento na Constituição – 2ª edição – Rio de Janeiro: Renovar, 2000, p. 380). Nesse contexto, considerando a ausência de representação popular na investidura de seus membros, a legitimidade política do Tribunal de Contas para ter como objeto de seu controle as decisões políticas advém da(o):

(A) manutenção de quadro próprio de pessoal.

(B) condição de órgão auxiliar do Poder Legislativo.

(C) legitimação popular para deflagrar o processo de controle externo.

(D) organização segundo as mesmas regras aplicáveis aos Tribunais do Poder Judiciário.

(E) equiparação à Magistratura quanto às garantias, prerrogativas e impedimentos de seus Conselheiros.

Considerando que o poder político emana do povo (art. 1º, parágrafo único, da CF), sua participação no processo de controle externo da Administração Pública é necessária para a legitimação dessa atuação, hoje entregue aos Tribunais de Contas. Portanto, a possibilidade de qualquer do povo dar início ao processo fiscalizatório (art. 74, § 2º, da CF) é vista como a base democrática do controle.

Gabarito "C"

13. OUTROS TEMAS E COMBINADOS

(Procurador Distrital – 2014 – CESPE) Com relação aos indicadores da saúde financeira dos entes públicos para a gestão financeira equilibrada, julgue os itens seguintes.

(1) O resultado primário é item que deve constar obrigatoriamente da LOA, conforme prevê a LRF.

(2) O anexo de metas fiscais que integra a LDO deve estabelecer metas anuais para o exercício a que se referirem e para os dois seguintes.

(3) O resultado primário é um bom indicador da solvência do setor público, pois indica a necessidade, ou não, de utilização de recursos de terceiros para a cobertura das suas despesas.

(4) O resultado nominal, que também é um bom indicador da saúde financeira do estado, refere-se ao valor da receita bruta diminuído dos juros líquidos.

1: incorreta, pois as metas de resultados nominal e primário devem constar do Anexo de Metas Fiscais da LDO – art. 4º, § 1º, da LRF, não da LOA; **2** correta, nos termos do art. 4º, § 1º, da LRF; **3:** correta, pois o resultado primário trata apena das receitas e despesas primárias, não considerando aquelas relativas a juros. Havendo superávit primário, demonstra-se, em princípio, que o poder público não precisa de novos empréstimos (recursos de terceiros) para cobrir as despesas normais do governo (excluídas, repetimos, as despesas com juros das operações de crédito anteriores); **4:** incorreta, pois o resultado nominal refere-se à diferença entre todas as receitas arrecadadas e todas as despesas empenhadas no exercício, incluindo aquelas relativas aos juros das operações de crédito.

Gabarito 1F, 2C, 3C, 4E

(Procurador Federal – 2013 – CESPE) A respeito do não pagamento de dívida para com o governo referente a aluguel, julgue os itens a seguir.

(1) No processo judicial para recebimento de aluguéis, antes de o juiz proferir a sentença, poderá a administração pública alterar a certidão de dívida ativa que tiver ensejado a ação.

(2) À ação para recebimento de dívida referente a contrato de locação de imóvel de propriedade da administração pública não se aplicam as normas que, em geral, regem a execução fiscal.

1: correta, referindo-se à possibilidade de emenda da CDA relativa à dívida não tributária antes da decisão de primeira instância – art. 2º, § 8º, da Lei 6.830/1980; **2** incorreta, pois é possível a inscrição como dívida ativa não tributária e subsequente execução fiscal – art. 2º da Lei 6.830/1980.

Gabarito 1C, 2E

Houve um grande alvoroço quando os parlamentares da Comissão Mista de Orçamento do Congresso Nacional elevaram a previsão de receita da União para 2011 em R$ 22,8 bilhões. Muitos consideraram a estimativa irrealista e destinada unicamente a acomodar o aumento de gastos que deputados e senadores fizeram no orçamento. Esse "exagero" na reestimativa da receita foi um dos argumentos utilizados pelo governo para "contingenciar" R$ 50,1 bilhões nas despesas orçamentárias e, dessa forma, garantir a obtenção da meta de superávit primário deste ano.

Valor Econômico, 22.09.2011 (com adaptações).

(Procurador/DF - 2013 - CESPE) A respeito dos temas abordados na matéria jornalística acima, julgue o item a seguir.

(1) Além de emitir parecer sobre planos setoriais previstos na CF, cabe à comissão mista de que trata o texto examinar as contas apresentadas anualmente pelo Presidente da República.

1: assertiva correta, pois a Comissão mista permanente de Senadores e Deputados prevista no art. 166, § 1º, da CF/1988 possui essa competência específica (inc. I).

Gabarito 1C

(Procurador/DF - 2013 - CESPE) Acerca das normas jurídicas que regem a atividade financeira estatal, o próximo item apresenta uma situação hipotética, seguida de uma assertiva a ser julgada.

(1) O Fundo de Combate à Pobreza, legalmente instituído por determinado estado brasileiro, apresenta déficit de R$ 150 milhões. Nessa situação, admite-se que o governo estadual utilize recursos do orçamento fiscal, com vistas à cobertura do referido déficit, bastando, para isso, que haja específica autorização legislativa.

1: correta, pois o remanejamento é possível, mediante lei autorizativa – art. 167, VI, da CF e art. 82 do ADCT.

Gabarito 1C

(Procurador/DF – 2013 – CESPE) Acerca das normas jurídicas que regem a atividade financeira estatal, o próximo item apresenta uma situação hipotética, seguida de uma assertiva a ser julgada.

(1) Um estado brasileiro pretende reorganizar seu sistema de finanças públicas, para melhorar a eficiência do planejamento e do gasto público; para isso, deverá, entre outras ações, modificar o aparato jurídico que ordena a matéria. Entretanto, o referido estado não poderá editar norma geral dispondo sobre orçamentos, diretrizes orçamentárias e plano plurianual.

1: correta, pois a competência para editar normas gerais relativas a esses temas é da União – arts. 24, I, e 163, I, da CF/1988. Seria possível, em tese, o exercício dessa competência legislativa pelo Estado apenas supletivamente, em caso de omissão da União – art. 24, § 3º, da CF/1988.

Gabarito 1C

(Advogado da União/AGU – CESPE – 2012) No que se refere aos orçamentos e ao controle de sua execução, julgue os itens seguintes.

(1) O controle interno da execução orçamentária é exercido pelos Poderes Legislativo, Executivo e Judiciário, com o auxílio do tribunal de contas.

(2) Os cidadãos são partes legítimas para denunciar irregularidades ou ilegalidades perante o Tribunal de Contas da União.

1: incorreta, pois o Tribunal de Contas auxilia o Legislativo no controle externo – art. 71 da CF; **2** correta, nos termos do art. 5º, XXXIV, *a*, da CF, lembrando que o Tribunal de Contas pode realizar inspeções e auditorias inclusive por iniciativa própria – art. 71, IV, da CF.

Gabarito 1E, 2C

(PROCURADOR DO ESTADO/MG – FUMARC – 2012) Dentre as alternativas abaixo, assinale a que NÃO se configura em hipótese de integração de lei de orçamento:

(A) Sumário geral da receita por fontes e da despesa por funções do Governo;

(B) Quadro demonstrativo da receita e despesa segundo as categorias econômicas, na forma do anexo I;

(C) Quadro discriminativo da receita por fontes e respectiva legislação;

(D) Quadro demonstrativo do programa anual de trabalho do Governo, em termos de realização de obras e de prestação de serviços;

(E) Quadro das dotações por órgãos do Governo e da Administração.

Nos termos do art. 2º, § 1º, da Lei 4.320/1964, integrarão a LOA: (i) sumário geral da receita por fontes e da despesa por funções do governo, (ii) quadro demonstrativo da receita e despesa segundo as categorias econômicas, na forma do Anexo nº 1 dessa Lei, (iii) quadro discriminativo da receita por fontes e respectiva legislação e (iv) quadro das dotações por órgãos do governo e da administração. Por essa razão, a alternativa "D" é a única que indica elemento que não integra a lei orçamentária, muito embora a acompanhe, nos termos do art. 2º, § 2º, III, da Lei 4.320/1964.

Gabarito "D"

(PROCURADOR DO ESTADO/MG – FUMARC – 2012) Assinale a alternativa que completa a frase de maneira INCORRETA.

"Não se admitirão emendas ao projeto de lei de Orçamento que visem a________, nos termos da Lei Federal nº 4320/64".

(A) Alterar a dotação solicitada para despesa de custeio, quando provada, nesse ponto a inexatidão da proposta;

(B) Conceder dotação para o início de obra cujo projeto esteja aprovado pelos órgãos competentes;

(C) Conceder dotação para instalação ou funcionamento de serviço que esteja anteriormente criado;

(D) Conceder dotação superior aos quantitativos previamente fixados em resolução do Poder Legislativo para concessão de auxílios e subvenções;

(E) Conceder dotação inferior aos quantitativos previamente fixados em resolução do Poder Legislativo para concessão de auxílios e subvenções.

Nos termos do art. 33 da Lei 4.320/1964, não se admitirão emendas ao projeto de LOA que visem a (i) alterar a dotação solicitada para despesa de custeio, salvo quando provada, nesse ponto a inexatidão da proposta, (ii) conceder dotação para o início de obra cujo projeto não esteja aprovado pelos órgãos competentes, (iii) conceder dotação para instalação ou funcionamento de serviço que não esteja anteriormente criado ou (iv) conceder dotação superior aos quantitativos previamente fixados em resolução do Poder Legislativo para concessão de auxílios e subvenções. Por essa razão, a alternativa "D" é a única que completa corretamente a frase inicial e, portanto, destoa das demais. Obs.: parece-nos que a formulação da questão está equivocada, pois somente uma alternativa completa corretamente a frase inicial.

Gabarito "D"

(Procurador do Estado/RO – 2011 – FCC) O Plano Plurianual tem por objetivo

(A) definir projetos de investimento e ações governamentais de duração continuada.

(B) antecipar alterações na legislação tributária para aumento de receitas.

(C) identificar passivos contingentes que possam afetar o equilíbrio das contas públicas.

(D) estimar a receita e fixar a despesa para o período de quatro anos.

(E) planejar as políticas fiscal e monetária, incluindo a fixação de metas de inflação e *superávit* primário.

A lei que instituir o plano plurianual estabelecerá, de forma regionalizada, diretrizes, objetivos e metas da administração pública federal para as despesas de capital e outras delas decorrentes e para as relativas aos programas de duração continuada – art. 165, § 1º, da CF. Nenhum investimento cuja execução ultrapasse um exercício financeiro poderá ser iniciado sem prévia inclusão no plano plurianual, ou sem lei que autorize a inclusão, sob pena de crime de responsabilidade – art. 167, § 1º, da CF. **A:** assertiva correta, conforme comentário inicial; **B:** incorreta, pois cabe à lei de diretrizes orçamentárias – LDO – dispor sobre as alterações na legislação tributária – art. 165, § 2º, da CF; **C:** incorreta, pois a avaliação dos passivos contingentes e outros riscos capazes de afetar as contas públicas é feita na LDO, em seu Anexo de Riscos Fiscais – art. 4º, § 3º, da LRF; **D:** incorreta, pois o plano anual não tem a finalidade de estimar receitas e despesas, mas sim as diretrizes, objetivos e metas relativas a despesas de capital e outras delas decorrentes e para as relativas aos programas de duração continuada, conforme comentário inicial; **E:** incorreta, pois o planejamento da política monetária (moeda, juros, inflação) não é objeto essencial da legislação orçamentária (PPA, LDO e LOA). O planejamento fiscal (receitas e despesas) é relacionado à LDO e à LOA e, em certa medida, ao PPA, que trata de investimentos (entre outras despesas de capital) e programas de duração continuada.

Gabarito "A"

(PROCURADOR DO ESTADO/RS – FUNDATEC – 2010) Assinale a alternativa correta:

(A) Compete ao Tribunal de Contas, no exercício de sua competência fiscalizatória da gestão fiscal, verificar os cálculos dos limites da despesa total com pessoal de cada Poder e órgão referidos no artigo 20 da Lei Complementar nº 101/2000.

(B) A fiscalização do cumprimento das normas relativas à gestão fiscal incumbe, exclusivamente, ao Tribunal de Contas, por ser a instituição de Estado fiscalizadora da atividade financeira, conforme determinação constitucional.

(C) É de responsabilidade do Poder ou órgão o pagamento da multa fixada pelo Poder Legislativo por infração administrativa contra as leis de finanças públicas, conforme determina a Lei nº 10.028/2000.

(D) Compete ao Ministério Público junto ao Tribunal de Contas a titularidade da cobrança judicial das multas impostas pelo Tribunal de Contas em decorrência de infração administrativa às leis de finanças públicas.

(E) A fiscalização da gestão fiscal compete exclusivamente ao Poder Legislativo, como Poder ao qual está atribuído constitucionalmente o controle externo da administração pública.

A: assertiva correta, conforme o art. 71, IV, da CF; **B:** incorreta, pois, além do controle externo, realizado pelo Legislativo com o auxílio do Tribunal de Contas, há também o controle interno de cada Poder – art. 70 da CF; **C:** incorreta, pois a multa por infração administrativa contra as leis de finanças públicas é de responsabilidade pessoal do agente infrator – art. 5º, § 1º, da Lei 10.028/2000; **D:** incorreta, pois o entendimento dominante é de que a legitimação ativa para a cobrança das multas é do ente político que mantém o Tribunal de Contas que aplicou a sanção (União, Estados, Distrito Federal ou Município respectivo) – ver REsp 1.267.881/RS-STJ; **E:** incorreta, conforme comentário à alternativa "A".

Gabarito "A"

(PROCURADOR DO ESTADO/RS – FUNDATEC – 2010) Determina a Constituição do Estado do Rio Grande do Sul:

(A) Quando o Município deixar de pagar, sem motivo de força maior, por dois anos consecutivos, a dívida fundada, compete ao Tribunal de Contas do Estado, por se tratar de matéria financeira submetida à sua fiscalização, indicar e nomear interventor, na amplitude, prazo e condições de execução da medida interventória.

(B) Compete à Câmara Municipal, exclusivamente, e por deliberação da sua maioria simples, representar, para fins de intervenção do Estado no Município, quando descumpridas as normas relativas à probidade administrativa.

(C) Quando não prestadas contas na forma da lei, a intervenção do Estado no Município dar-se-á por decreto do Governador, de ofício ou mediante representação de dois terços da Câmara Municipal, ou do Tribunal de Contas do Estado.

(D) A competência do Tribunal de Contas do Estado, em casos de intervenção do Estado no Município, está limitada à verificação do cumprimento das normas de administração financeira.

(E) Em casos de improbidade administrativa, o Tribunal de Contas do Estado poderá requerer, diretamente, ao Poder Executivo, ou na sua negativa, ao Tribunal de Justiça do Estado, a nomeação de interventor no Município.

Embora a intervenção dos Estados nos Municípios seja indicada nos arts. 35 e 36 da CF, é preciso consultar a Constituição Estadual para verificar os detalhes procedimentais. Nos termo do art. 82, VIII, da Constituição do Estado do Rio Grande do Sul, compete privativamente ao Governador decretar e executar intervenção em Município (o que deverá ser submetido à Assembleia Estadual no prazo de 24h – art. 36, § 1º, da CF e art. 15, § 2º, da Constituição do RS). A intervenção dar-se-á por decreto do Governador (i) de ofício, ou mediante representação de dois terços da Câmara Municipal, ou do Tribunal de Contas do Estado ou (ii) mediante requisição do Tribunal de Justiça – art. 15, § 1º, da Constituição do RS. Por essas razões, a alternativa "C" é a correta.

Gabarito "C"

(Procurador do Município/Natal-RN – 2008 – CESPE) Com base nas normas gerais de direito financeiro, assinale a opção correta.

(A) Classificam-se como receitas correntes as provenientes da realização de recursos financeiros oriundos de constituição de dívidas; da conversão, em espécie, de bens e direitos; os recursos recebidos de outras pessoas de direito público ou privado, destinados a atender despesas classificáveis em despesas de capital e, ainda, o *superávit* do orçamento corrente.

(B) São denominadas receitas de capital as receitas tributária, de contribuições, patrimonial, agropecuária, industrial, de serviços e outras e, ainda, as provenientes de recursos financeiros recebidos de outras pessoas de direito público ou privado, quando destinadas a atender despesas classificáveis em despesas correntes.

(C) Conceituam-se como despesas de custeio as dotações para manutenção de serviços anteriormente criados, inclusive as destinadas a atender a obras de conservação e adaptação de bens imóveis.

(D) Denominam-se subvenções sociais as que se destinem a empresas públicas ou privadas de caráter industrial, comercial, agrícola ou pastoril.

A: incorreta, pois a assertiva descreve receitas de capital – art. 11, § 2º, da Lei 4.320/1964; **B:** incorreta, pois a assertiva descreve receitas correntes – art. 11, § 1º, da Lei 4.320/1964; **C:** correta, nos termos do art. 12, § 1º, da Lei 4.320/1964; **D:** incorreta, pois essas são as subvenções econômicas – art. 12, § 3º, II, da Lei 4.320/1964.

Gabarito "C"

(Procurador do Município/Natal-RN – 2008 – CESPE) Assinale a opção correta acerca da organização municipal brasileira.

(A) O total da despesa com a remuneração dos vereadores não poderá ultrapassar o montante de 20% da receita do município.

(B) Compete à câmara municipal processar e julgar o prefeito nos crimes comuns e de responsabilidade.

(C) Anualmente, as contas dos municípios ficarão à disposição de qualquer contribuinte pelo prazo de sessenta dias, para apreciação e exame.

(D) A criação de tribunais, conselhos ou órgãos de contas municipais depende de prévia autorização legislativa municipal. _

A: incorreta. O limite das despesas do Legislativo Municipal, incluídos os subsídios dos vereadores, varia de 3,5% a 7% da receita tributária, conforme o art. 29-A da CF. Já a folha de pagamento, incluindo o subsídio dos vereadores, não poderá ultrapassar 70% de sua receita; **B:** incorreta, pois a competência da Câmara dos Vereadores refere-se ao julgamento do Prefeito por crimes de responsabilidade previstos no art. 4º do DL 201/1967, não por crimes comuns (caso dos crimes indicados no art. 1º desse DL, conforme entendimento do STF – ver RHC 107.675/DF); **C:** correta, nos termos do art. 31, § 3º, da CF; **D:** incorreta, pois a Constituição de 1988 veda expressamente a criação de Tribunais, Conselhos ou órgãos de Contas Municipais, embora sejam mantidos aqueles já existentes – arts. 31, § 4º, e 75, *caput, in fine*, da CF.

Gabarito "C"

(Procurador do Município/Natal-RN – 2008 – CESPE) Acerca das finanças municipais, assinale a opção correta.

(A) A Lei Orçamentária Anual orientará a elaboração da LDO e disporá sobre as alterações na legislação tributária.

(B) É lícita a transposição de recursos de um órgão para outro, desde que haja parecer jurídico da procuradoria municipal em sentido favorável e sancionado pelo prefeito.

(C) O prefeito terá de enviar ao Poder Legislativo municipal os projetos de lei dos orçamentos anuais até o dia dois de maio de cada ano.

(D) O Poder Legislativo municipal poderá adotar como projeto de lei orçamentária a lei de orçamento em vigor, no caso de o prefeito não enviar o projeto de orçamento anual no prazo legal.

A: incorreta, pois é a LDO que orientará a elaboração da LOA – art. 165, § 2º, da CF; **B:** incorreta, pois depende de prévia autorização legislativa a transposição, o remanejamento ou a transferência de recursos de uma categoria de programação para outra ou de um órgão para outro – art. 167, VI, da CF; **C:** assertiva incorreta. A rigor, embora seja comum a legislação de cada ente político regular a matéria, os prazos para apresentação dos projetos de leis orçamentárias deveriam ser fixados por lei complementar federal – art. 166, § 6º, da CF. Como isso não ocorreu, valem as normas do art. 35, § 2º, do ADCT, que fixam as datas em relação ao encerramento das sessões e períodos legislativos. No caso da LOA, a apresentação do projeto respectivo deve ocorrer até quatro meses antes do encerramento do exercício financeiro (até 31 de agosto, portanto); **D:** essa é a correta, conforme o art. 32 da Lei 4.320/1964.

Gabarito "D"

(Procurador do Estado/MG – 2007) Conforme a redação atual da Constituição Estadual, pode-se dizer que é vedada a

(A) realização de operação de crédito que exceda o montante das despesas de capital, ressalvada a autorizada mediante crédito suplementar ou especial com finalidade precisa, aprovados pelo Poder Legislativo, pela maioria de seus membros.

(B) vinculação de receita de imposto a órgão, fundo ou despesas, sem exceção.

(C) abertura de crédito suplementar ou especial, ainda que precedido de autorização legislativa.

(D) instituição de fundo de qualquer natureza, ainda que com prévia autorização legislativa.

Mesmo que não se conheça a Constituição Estadual de Minas Gerais, é possível resolver a questão, pois se refere a normas constitucionais inafastáveis. **A:** correta, nos termos do art. 167, III, da CF; **B:** incorreta, pois a vedação de vinculação da receita de impostos comporta exceções, conforme o art. 167, IV, da CF. Os arts. 80 e 82 do ADCT preveem outras hipóteses específicas de vinculação de receitas de impostos; **C:** incorreta, pois o art. 167, V, da CF prevê a possibilidade de abertura de crédito adicional suplementar ou especial, precedido de autorização legislativa e com indicação dos recursos correspondentes; **D:** incorreta, pois o art. 167, IX, da CF prevê a instituição de fundos, desde que haja prévia autorização legislativa.

Gabarito "A"

(Procurador do Estado/MG – 2007) Está previsto na Constituição Estadual de Minas Gerais que os pagamentos devidos pela Fazenda Estadual ou Municipal, em virtude de sentença judiciária, far-se-ão exclusivamente

(A) na ordem cronológica de apresentação dos precatórios, sendo que as situações especiais de designação de casos ou de pessoas nas dotações orçamentárias deverão decorrer de lei específica para este fim, aprovada no ano anterior ao pagamento.

(B) mediante a habilitação de precatórios judiciários, apresentados até primeiro de junho, data em que terão atualizados seus valores, fazendo-se o pagamento até o final do exercício seguinte.

(C) na ordem cronológica de apresentação dos precatórios e à conta dos créditos respectivos, proibida a designação de casos ou de pessoas nas dotações orçamentárias e nos créditos adicionais abertos para este fim, apenas ressalvando-se a prioridade dos créditos de natureza alimentícia.

(D) após aprovação das dotações orçamentárias, mediante decisão do juiz que tiver proferido a decisão exequenda, sendo vedado a este determinar o sequestro de quaisquer quantias ou bens pertencentes ao Estado.

A sistemática dos precatórios é fixada pelo art. 100 da Constituição Federal, de modo que, ainda que não se conheça a Constituição Estadual, é possível resolver a questão. **A:** incorreta, pois é proibida a designação de casos ou de pessoas nas dotações orçamentárias e nos créditos adicionais abertos para o pagamento de precatórios – art. 100, *caput*, da CF; **B:** incorreta, pois deverão ser incluídos no orçamento os precatórios apresentados até 1º de julho, para serem pagos até o final do ano seguinte – art. 100, § 5º, da CF; **C:** correta, conforme o art. 100, *caput*, e § 1º, da CF, sendo importante a análise também da hipótese prevista no § 2º desse dispositivo constitucional, com redação dada pela EC 62/2009; **D:** incorreta, pois o pagamento se dará exclusivamente mediante precatório (exceto no caso de pequenos valores – § 3º), cabendo ao Presidente do Tribunal (e não ao juiz) determinar o pagamento, na forma do art. 100, § 6º, da CF.

Gabarito "C"

(Procurador da Fazenda Nacional – 2007 – ESAF) Assinale a opção correta.

(A) A expressão "vinculação de receita orçamentária" tem o significado de forma especial de garantia criada para suportar a execução judicial contra a Fazenda Pública, mediante a prévia especialização do direito a ser penhorado, quando inadimplente o ente público devedor da operação de crédito.

(B) O artigo 816 do Código Civil, que atribuiu tutela jurisdicional aos contratos diferenciais cujo objeto sejam títulos de bolsa, mercadorias ou valores, eliminou a discussão sobre a legitimidade da participação das instituições financeiras controladas pelo Poder Público em operações com ouro ou moedas estrangeiras nos mercados futuros.

(C) A disposição do artigo 1.479 do antigo Código Civil não implicava qualquer restrição ou dúvida sobre a legitimidade da participação de instituições financeiras oficiais em operações com ouro ou moedas estrangeiras nos mercados futuros.

(D) As instituições financeiras privatizadas, a despeito do disposto no artigo 164, § 3º, da Constituição do Brasil, têm assegurado o direito de continuarem a ser depositárias das disponibilidades financeiras dos entes públicos que as controlavam, porque, no caso, há direito adquirido e, assim, tutelado pelo artigo 5º, inciso XXXVI, da Constituição do Brasil.

(E) As operações de crédito por antecipação da receita orçamentária constituem modalidade contratual cujas obrigações devem ser liquidadas apenas até o montante realizado das receitas da arrecadação tributária orçada que deu causa à obtenção da operação de crédito, e o saldo, para cujo pagamento inexistir receita corrente realizada, deve ser inscrito juntamente com tais receitas como "restos a pagar".

A: a vinculação de receita é vedada apenas com relação aos impostos, nos termos e com as exceções do art. 167, IV, da CF. Assim, a possibilidade de vinculação de receita não se restringe à garantia para operações de crédito (§ 4º do dispositivo); B e **C:** o art. 816 do CC afastou a dúvida oriunda da interpretação dada ao art. 1.479 do CC/1916; **D:** o STF entendeu que as instituições financeiras privatizadas não se equiparam às instituições oficiais, para fins dos depósitos públicos previstos no art. 164, § 3º, da CF; **E:** as operações de crédito por antecipação de receita orçamentária (ARO) devem ser liquidadas (pagas) integralmente até o dia 10 de dezembro do exercício em que foram contratadas – art. 38, II, da LRF.

Gabarito "D"

(Procurador do Estado/SE – FCC – 2005) Quanto as definições formuladas pela Lei nº 4.320, de 17 de março de 1964, é correto afirmar:

(A) As "subvenções" são as transferências destinadas a cobrir despesas de custeio das entidades beneficiadas, classificando-se como sociais quando destinadas a instituições públicas ou privadas de caráter assistencial ou cultural, sem finalidade lucrativa, e como econômicas quando se destinam a empresas públicas ou privadas de caráter industrial, comercial, agrícola ou pastoril.

(B) São classificadas como "Inversões Financeiras" as dotações destinadas para o planejamento e a execução de obras, inclusive as destinados à aquisição de imóveis considerados necessários à realização destas últimas, bem como para os programas especiais de trabalho, aquisição de instalações, equipamentos e material permanente e constituição ou aumento do capital de empresas que não sejam de caráter comercial ou financeiro.

(C) Esta lei define como "tributo" toda prestação pecuniária compulsória, em moeda ou cujo valor nela se possa exprimir, que não constitua sanção de ato ilícito, instituída em lei e cobrada mediante atividade administrativa plenamente vinculada.

(D) São entendidas como "receitas de capital" as receitas tributárias, de contribuições, patrimonial, agropecuária, industrial, de serviços e outras e, ainda, as provenientes de recursos financeiros recebidos de outras pessoas de direito público ou privado, quando destinadas a atender despesas classificáveis em Despesas Correntes.

(E) As "Despesas de Custeio" são as dotações para despesas às quais não corresponda contraprestação direta em bens ou serviços, inclusive para contribuições e subvenções destinadas a atender à manifestação de outras entidades de direito público ou privado.

A: correta, conforme o art. 12, § 3º, da Lei 4.320/1964; **B:** incorreta, pois a assertiva descreve os investimentos, não as inversões – art. 12, § 4º, da Lei 4.320/1964; **C:** incorreta, pois essa é a definição de tributo dada pelo art. 3º do Código Tributário Nacional – CTN. A Lei 4.320/1964 define tributo pelo aspecto financeiro, como sendo a receita derivada instituída pelas entidades de direito publico, compreendendo os impostos, as taxas e contribuições nos termos da constituição e das leis vigentes em matéria financeira, destinando-se o seu produto ao custeio de atividades gerais ou especificas exercidas por essas entidades (art. 9º); **D:** incorreta, pois essa é a descrição das despesas correntes – art. 11, § 1º, da Lei 4.320/1964; **E:** incorreta, pois essas são as transferências correntes – art. 12, § 2º, da Lei 4.320/1964.

Gabarito "A"

(Procurador do Estado/SE – FCC – 2005) Quanto às disposições constitucionais sobre os orçamentos, é INCORRETO afirmar:

(A) São vedadas a transferência voluntária de recursos e a concessão de empréstimos, inclusive por antecipação de receita, pelos Governos Federal e Estaduais e suas instituições financeiras, para pagamento de despesas com pessoal ativo, inativo, pensionista, dos Estados, do Distrito Federal e dos Municípios.

(B) Cabe à lei complementar dispor sobre o plano plurianual, as diretrizes orçamentárias e os orçamentos anuais.

(C) Somente o atendimento a despesas imprevisíveis e urgentes, como as decorrentes de guerra, comoção interna ou calamidade pública, justifica a abertura de crédito extraordinário, mediante a adoção de medida provisória.

(D) A lei orçamentária anual compreende, entre outros, o orçamento de investimento das empresas em que a União, direta ou indiretamente, detenha a maioria do capital com direito a voto.

(E) Implica crime de responsabilidade a ausência de prévia inclusão, no plano plurianual, de investimento cuja execução ultrapasse um exercício financeiro.

A: correta, pois a vedação consta do art. 167, X, da CF; **B:** correta, pois cabe à lei complementar dispor sobre a elaboração e a organização do plano plurianual, da lei de diretrizes orçamentárias e da lei orçamentária anual; **C:** correta, conforme o art. 167, § 3º, da CF, que faz remissão ao art. 62 da Constituição, atinente à medida provisória. Entretanto, é bom salientar que o art. 44 da Lei 4.320/1964 prevê a abertura de créditos extraordinários por meio de decreto executivo, lembrando que a maior parte dos Estados e dos Municípios não contam com medida provisória entre os instrumentos normativos (ou seja, só podem abrir crédito extraordinário por meio de decreto do Executivo): **D:** correta, nos termos do art. 165, § 5º, II, da CF; **E:** correta, nos termos do art. 167, § 1º, da CF. Obs.: o gabarito oficial indicou a alternativa "B" como incorreta, pois o dispositivo constitucional citado no comentário faz referência específica à elaboração e organização do PPA, da LDO e da LOA, mas não nos parece que isso seja suficiente para tornar errada a assertiva.

Gabarito "B"

(Procurador do Estado/SP – VUNESP – 2005) Assinale a alternativa incorreta.

(A) Reserva de contingência é dotação global especificamente destinada a determinado órgão, unidade orçamentária, programa ou categoria econômica que está contida no orçamento anual. Esses recursos poderão ser utilizados para abertura de créditos adicionais.

(B) A estrutura orçamentária está disposta numa hierarquia de procedimentos, sendo o plano plurianual o primeiro procedimento formal a ser elaborado, seguido das diretrizes orçamentárias e do orçamento anual.

(C) O princípio da universalidade determina a previsão de inclusão de todas as receitas e despesas, não comportando exceções, a não ser as chamadas receitas de compensação, referidas no art. 3.°, parágrafo único, da Lei n. 4.320/1964.

(D) O princípio da unidade orçamentária consiste em reunir num único documento todas as receitas e todas as despesas do Estado, de forma a demonstrar existência de equilíbrio, *superávit ou déficit*.

(E) As diretrizes orçamentárias servem de orientação para a elaboração da lei orçamentária anual, que necessariamente disporá sobre alterações na legislação tributária e a política de aplicação das agências financeiras de fomento.

A: incorreta, pois a reserva de contingência é dotação global não especificamente destinada a determinado programa ou unidade orçamentária, cujos recursos poderão ser utilizados para abertura de créditos suplementares – ver art. 5º, III, da LRF; **B:** correta, nos termos do art. 165, §§ 1º, 2º, 4º e 5º da CF e art. 5º, *caput*, da LRF; **C:** correta, pois o art. 3º, parágrafo único, da Lei 4.320/1964 admite que não sejam incluídas na LOA das receitas relativas a operações de credito por antecipação da receita, emissões de papel-moeda e outras entradas compensatórias, no ativo e passivo financeiros; **D:** assertiva correta, pois descreve adequadamente o princípio da unidade orçamentária. Ademais, cada esfera de governo (União, Estados, DF e Municípios) terá uma única LOA para cada exercício, o que também é indicado como princípio da unidade; **E:** correta, nos termos do art. 165, § 2º, da CF.

Gabarito "A"

(Procurador do Estado/PE – 2004 – FCC)

I. Não é considerado dispositivo estranho à previsão de receitas e à fixação de despesa a autorização contida na Lei Orçamentária Anual para a realização de operação de crédito por antecipação de receita.

II. É vedada a vinculação da receita de tributos a qualquer órgão, fundo ou despesa, ressalvadas, dentre outras hipóteses, a destinação de recursos para a manutenção e desenvolvimento do ensino.

III. O produto da arrecadação do imposto sobre a renda, incidente na fonte, sobre os vencimentos dos seus servidores pertence ao respectivo Estado membro da Federação que o retiver.

IV. Sem prévia autorização por decreto do governador do Estado são vedados a transposição, o remanejamento e a transferência de recursos de uma categoria de programação para outra, ou de um órgão para outro.

(A) Somente as proposições I e III estão corretas.

(B) Somente as proposições I, II e IV estão corretas.

(C) Somente as proposições I, III e IV estão corretas.

(D) Somente as proposições II e III estão corretas.

(E) Somente as proposições III e IV estão corretas.

I: correta. A LOA conterá, exclusivamente, dispositivos relativos à previsão de receita e à fixação de despesa, além de poder autorizar abertura de créditos suplementares e contratação de operações de crédito, ainda que por antecipação de receita, nos termos da lei – art. 165, § 8º, da CF; II: incorreta. A vedação de vinculação das receitas refere-se apenas aos impostos (e não aos demais tributos, como taxas e contribuições) – art. 167, IV, da CF; III: correta. Art. 157, I, da CF – pertence aos Estados o IR incidente na fonte relativo a qualquer rendimento pago por eles, por suas autarquias e por suas fundações públicas; IV: incorreta. É preciso autorização legislativa (lei, não simples decreto do Executivo) – art. 167, VI, da CF.

Gabarito "A"

(Procurador da Fazenda Nacional – 2003 – ESAF) Marque com **V** a assertiva verdadeira e com **F** a falsa, assinalando em seguida a opção correspondente.

( ) De acordo com o princípio da universalidade, que não comporta exceções, todas as despesas e receitas devem estar previstas na lei orçamentária anual.

( ) O plano plurianual, que define o planejamento das atividades governamentais, limita-se às despesas de capital e às delas decorrentes e, bem assim, às relativas aos programas de duração continuada.

( ) A lei de diretrizes orçamentárias deverá dispor sobre as alterações na legislação tributária.

( ) Depois de enviados ao Congresso Nacional, o Presidente da República não poderá propor modificações nos projetos de lei relativos ao plano plurianual, às diretrizes orçamentárias e ao orçamento anual.

(A) V, V, V, V

(B) V, F, F, V

(C) F, V, V, F

(D) V, F, V, V

(E) F, F, F, F

1: incorreta, pois o art. 3º, parágrafo único, da Lei 4.320/1964 admite que não sejam incluídas na LOA as receitas relativas a operações de crédito por antecipação da receita, emissões de papel-moeda e outras entradas compensatórias, no ativo e passivo financeiros; **2** correta, pois o PPA estabelecerá, de forma regionalizada, as diretrizes, objetivos e metas da administração pública federal para as despesas de capital e outras delas decorrentes e para as relativas aos programas de duração continuada – art. 165, § 1º, da CF; 3: correta, pois a LDO compreenderá as metas e prioridades da administração pública federal, incluindo as despesas de capital para o exercício financeiro subsequente, orientará a elaboração da lei orçamentária anual, disporá sobre as alterações na legislação tributária e estabelecerá a política de aplicação das agências financeiras oficiais de fomento – art. 165, § 2º, da CF; 4: incorreta, pois o Presidente poderá enviar mensagem ao Congresso Nacional para propor modificação nos projetos a que se refere este artigo enquanto não iniciada a votação, na Comissão mista, da parte cuja alteração é proposta – art. 166, § 5º, da CF.

Gabarito "C"

10. Direito Econômico

Robinson Sakiyama Barreirinhas e Henrique Subi

1. PRINCÍPIOS GERAIS DA ATIVIDADE ECONÔMICA

(Procurador Federal – 2013 – CESPE) À luz da CF, julgue o próximo item, referente à ordem econômica.

(1) A CF, como Constituição diretiva, anuncia programas e fins a serem concretizados pelo Estado e pela sociedade, o que legitima a intervenção estatal por direção, estando tal característica evidenciada na determinação de que a ordem econômica tem como fundamento a valorização do trabalho humano e a livre-iniciativa e objetiva assegurar a todos existência digna, conforme os ditames da justiça social.

1: correta. Considera-se intervenção por direção a atuação estatal, centralizada ou descentralizada, consistente na edição de normas de observância obrigatória por parte dos agentes econômicos privados. Pela excepcionalidade dessa conduta no regime da livre-iniciativa, ela somente se justifica na persecução dos fundamentos e objetivos da ordem econômica previstos no art. 170 da Constituição Federal.

Gabarito 1C

(Procurador/DF - 2013 - CESPE) Julgue os itens que se seguem, em consonância com as normas constitucionais sobre direito econômico.

(1) Se decidir criar uma Indústria bélica que, conforme definido em lei, se enquadre como necessária à segurança nacional, mas que não se caracterize como de relevante interesse coletivo, o Estado não encontrará permissão constitucional para tanto.

(2) Compete exclusivamente à União instituir contribuições de intervenção no domínio econômico, as quais podem incidir, por exemplo, sobre as receitas decorrentes da exportação ou sobre os valores pagos nas importações.

(3) Sob o aspecto doutrinário, o Estado pode ser considerado um dos sujeitos econômicos, pois também desenvolve atividade econômica.

(4) O proprietário de determinado terreno em cujo subsolo haja uma jazida de manganês que esteja sendo legalmente explorada por um terceiro, concessionário, não deterá a propriedade da jazida nem do produto da lavra, que pertencerão, ambos, à União.

(5) Uma lei que conceda proteção especial temporária para que uma empresa brasileira desenvolva atividades consideradas estratégicas para a defesa nacional somente estará de acordo com as atuais regras constitucionais caso essa empresa seja classificada como de capital nacional.

(6) Quando, por meio de instrumentos de planejamento público, a União, no exercício de sua função reguladora da atividade econômica, planeja e destina, por meio da LOA, recursos para a construção de determinada obra, tal intervenção assume, em conformidade com a ordem constitucional, caráter determinante.

1: incorreta, pois essa é hipótese que permite excepcionalmente a exploração direta de atividade econômica pelo Estado (quando necessária aos imperativos da segurança nacional ou a relevante interesse coletivo, conforme definidos em lei) – art. 173 da CF/1988; **2:** incorreta, pois, embora a competência tributária para instituição da CIDE seja realmente da União, ela não pode incidir sobre receitas de exportação, conforme o art. 149, § 2º, I, da CF/1988; **3:** correta, conforme o art. 173 da CF/1988, entre outros; **4:** incorreta, pois, embora a propriedade da jazida seja da União, o concessionário tem garantida a propriedade do produto da lavra – art. 176 da CF/1988; **5:** incorreta, pois essa possibilidade de proteção e benefícios especiais, originariamente prevista pelo art. 171, § 1º, I, da CF/1988, foi revogada pela EC 6/1995; **6:** correta, pois, nos termos do art. 174 da CF, o exercício das funções de fiscalização, incentivo e planejamento do Estado, como agente normativo e regulador da atividade econômica, é **determinante** para o setor público (e apenas indicativo para o setor privado). Interessante notar, pelo aspecto estritamente financeiro e orçamentário, que a previsão dos recursos na LOA para a realização da obra é apenas autorizativa, não impositiva para o Estado, ou seja, ele pode deixar de realizá-la, desde que fundamentadamente.

Gabarito 1E, 2E, 3C, 4E, 5E, 6C

(Procurador do Estado/RO – 2011 – FCC) Que setor de atividade gera mais externalidades positivas?

(A) Extração de petróleo em águas profundas.

(B) Saneamento básico.

(C) Mineração.

(D) Indústria automobilística.

(E) Mercado financeiro.

Externalidades são "os custos ou benefícios que as atividades de algum agente impõem a terceiros que não por via do sistema de preços" (Vasco Rodrigues). O saneamento básico ("B") é exemplo de atividade que, além de gerar o benefício direto aos usuários do serviço (que contam com água tratada e esgoto etc.), gera também externalidades positivas (benefícios indiretos), pois diminui as doenças causadas por poluição de rios, pela proliferação de pragas, melhora a qualidade de vida dos moradores da região etc. A extração de petróleo em águas profundas (A) pode gerar externalidades negativas (custos indiretos a terceiros), como prejuízos aos pescadores da região, por conta da poluição causada por navios e equipamentos. Embora todas as atividades indicadas possam gerar externalidades positivas (benefícios indiretos a terceiros, como aumento dos empregos indiretos, investimentos na região etc.), sem dúvida o saneamento básico (que gera grandes benefícios indiretos relacionados à saúde pública e ao bem-estar da população) é o que se destaca nesse sentido, razão pela qual a alternativa "B" é a correta.

Gabarito "B"

(Procurador do Estado/RO – 2011 – FCC) São considerados instrumentos de política industrial para fomentar o setor produtivo

(A) o aumento da concorrência de mercado pelo combate a cartéis e o tabelamento de juros.

(B) a redução geral da carga tributária e a liberalização do comércio internacional.

(C) os incentivos à inovação tecnológica e a oferta de financiamento de longo prazo por bancos oficiais.

(D) a quebra de patentes farmacêuticas para viabilizar a universalização dos serviços públicos de saúde.

(E) o controle dos gastos públicos e a facilitação da importação de bens de consumo.

A: incorreta, pois o aumento da concorrência de mercado e o tabelamento de juros não se referem, estritamente, à política industrial; **B:** discutível, pois a liberalização do comércio internacional, especificamente no caso de facilitação de importação de bens de consumo industrializados, pode prejudicar a indústria nacional. Entretanto, a liberação do comércio internacional em relação às exportações em geral e às importações de bens de capital (máquinas, equipamentos) pode ser considerada instrumento de fomento do setor produtivo, assim como a redução da carga tributária; **C:** essa é a melhor alternativa, pois o setor produtivo demanda financiamentos de longo prazo a juros favoráveis (oferecidos por bancos oficiais de fomento) e é largamente beneficiado pela inovação tecnológica; **D:** incorreta, pois a quebra de patentes de medicamentos, apesar dos inegáveis benefícios em determinadas circunstâncias, pode prejudicar a indústria, desincentivando a pesquisa e o desenvolvimento de novos produtos; **E:** incorreta, pois a facilitação da importação de bens de consumo industrializados tende a prejudicar a indústria nacional, que sofrerá a concorrência do similar importado.

Gabarito "C"

(Procurador do Estado/RO – 2011 – FCC) O Governo do Estado é controlador de uma sociedade de economia mista com ações negociadas em bolsa de valores, que atua no setor de distribuição de energia elétrica. Na assembleia geral de acionistas, o Governo do Estado deliberou a cobrança de tarifas inferiores às autorizadas pela ANEEL (Agência Nacional de Energia Elétrica). Em que circunstâncias essa decisão pode ser considerada legítima?

(A) Em nenhuma, pois isso caracteriza abuso de poder de controle do Estado em prejuízo dos acionistas privados.

(B) Somente se houver manifestação favorável do conselho de administração e o Estado compensar financeiramente a companhia controlada pela frustração das receitas.

(C) Na medida em que a companhia continue apurando lucro contábil, consiga pagar suas dívidas e a cotação de suas ações na bolsa de valores não sofra desvalorização superior a 10% (dez por cento).

(D) Desde que a contenção tarifária tenha por objetivo implementar políticas públicas compreendidas no objeto social e seja preservada a sustentabilidade financeira da companhia no longo prazo.

(E) Se contar com a aprovação da maioria absoluta dos acionistas minoritários reunidos em assembleia especial e beneficiar indistintamente consumidores industriais e residenciais.

A: incorreta, pois a atuação do Estado na economia não se subordina aos interesses privados, mas sim ao interesse coletivo, nos termos e limites do art. 173 da CF; **B** e **E:** incorretas, pois não há essas exigências na lei; **C:** incorreta, pois não há previsão legal relativa a limite mínimo de desvalorização das ações; **D:** essa é a assertiva correta, observando-se a lei, nos termos do art. 173, § 1º, da CF.

Gabarito "D"

(Procurador Federal – 2010 – CESPE) Julgue o item seguinte, relativo à ordem econômica.

(1) Segundo entendimento do STF, a distinção entre atividade e propriedade permite que o domínio do resultado da lavra das jazidas de petróleo, de gás natural e de outros hidrocarbonetos fluidos seja atribuído a terceiro pela União, sem que tal conduta configure afronta à reserva de monopólio.

1: assertiva correta. Segundo o STF, a distinção entre atividade e propriedade permite que o domínio do resultado da lavra das jazidas de petróleo, de gás natural e de outros hidrocarbonetos fluídos possa ser atribuída a terceiros pela União, sem qualquer ofensa à reserva de monopólio. Embora o art. 20, IX, da CF estabeleça que os recursos minerais, inclusive os do subsolo, são bens da União, o art. 176 garante ao concessionário da lavra a propriedade do produto de sua exploração – ADI 3.273/DF.

Gabarito 1C

(Procurador Federal – 2010 – CESPE) A respeito do direito econômico, julgue o item que se segue.

(1) É legal a contratação pela União de empresa estatal ou privada para realizar atividades de pesquisa e lavra das jazidas de petróleo e gás natural em território nacional.

1: assertiva correta, pois isso é permitido expressamente pelo art. 177, § 1º, da CF.

Gabarito 1C

(Procurador do Município/Boa Vista-RR – 2010 – CESPE) Com relação ao direito financeiro e econômico pátrio, julgue os itens seguintes.

(1) O exame da ordem econômica e financeira instituída pela CF permite afirmar que a exploração direta da atividade econômica pelo Estado, além dos casos constitucionalmente expressos, tais como a prestação de serviços públicos e a exploração de jazidas minerais ou de potenciais de energia hidráulica, constitui exceção justificada somente por imperativos de segurança nacional e relevante interesse coletivo, na forma da lei.

1: assertiva correta, pois reflete o disposto no art. 173 da CF.

Gabarito 1C

(Procurador do Estado/SP – FCC – 2009) O fato de a ordem econômica na Constituição Federal de 1988 ser informada pelos princípios da livre-iniciativa e da livre concorrência significa que

(A) os serviços públicos delegados a particulares não podem ter caráter exclusivo, mas pressupõem a prestação simultânea por vários concorrentes.

(B) a política industrial baseada em instrumentos de fomento não pode promover setores específicos da economia.

(C) existe ampla liberdade de empreendimento em todos os setores da economia, inclusive por parte do Estado, cuja atuação empresarial não sofre restrições.

(D) não se admite a regulação da atividade econômica privada com o fito de implementar políticas públicas redistributivas.

(E) o planejamento centralizado da atividade econômica não pode substituir os estímulos de mercado como principal indutor das decisões dos agentes econômicos.

A: incorreta, pois a prestação de serviços públicos em sentido estrito pode ser realizada por um único agente. É o caso dos serviços postais e de infraestrutura aeroportuária, por exemplo, prestados exclusivamente pela ECT e pela Infraero, respectivamente; **B:** incorreta, pois os princípios da livre-iniciativa e da livre concorrência não impedem que o Estado fomente determinadas atividades com o intuito de reduzir desigualdades regionais e sociais, buscar o pleno emprego etc. – art. 170, VII e VIII, e art. 151, I, *in fine*, da CF; **C:** incorreta, pois há áreas de atuação reservadas exclusivamente para o Poder Público (monopólio estatal) – art. 177 da CF. Por outro lado, ressalvados os casos previstos na Constituição, o Estado somente explorará diretamente atividade econômica quando necessário aos imperativos da segurança nacional ou a relevante interesse coletivo, conforme definidos em lei – art. 173 da CF; **D:** incorreta, pois o Estado é agente normativo e regulador da atividade econômica, e, nessa condição, exerce, na forma da lei, as funções de fiscalização, incentivo e planejamento, sendo este (o planejamento) determinante para o setor público e indicativo para o setor privado – art. 174 da CF; **E:** essa é a assertiva correta. O Estado normatiza e regula a atividade econômica, fiscalizando, incentivando e planejando, mas não pode interferir no mercado de forma a suprimir a livre-iniciativa e a concorrência entre os agentes privados – art. 170, IV e parágrafo único, da CF.

Gabarito "E"

(Advogado da União/AGU – CESPE – 2012) Com base na ordem constitucional econômica, julgue os itens subsequentes.

(1) As empresas públicas e as sociedades de economia mista, dadas as suas especificidades, beneficiam-se de determinados privilégios fiscais não atribuídos às empresas privadas.

(2) Com exceção dos casos especificados em lei, toda pessoa dispõe de liberdade para exercer qualquer atividade econômica, independentemente de autorização concedida por órgãos públicos.

(3) Como forma de estímulo à atração de investimentos de capital estrangeiro, a CF veda a regulação da remessa de lucros.

1: incorreta. É expressamente vedada a concessão de privilégios fiscais às empresas públicas e sociedades de economia mista não extensíveis ao setor privado (art. 173, § 2º, da CF); **2:** correta, nos termos do art. 170, parágrafo único, da CF; **3:** incorreta. O estímulo aos investimentos estrangeiros depende diretamente da regulação da remessa de lucros ao exterior, cuja elaboração é autorizada pelo art. 172 da CF.

Gabarito 1E, 2C, 3E

(Advogado da União/AGU – CESPE – 2012) Com relação à intervenção do Estado no domínio econômico, julgue os próximos itens.

(1) A CF prevê áreas em que a exploração direta de atividade econômica pela União é feita por meio de monopólio.

(2) A atuação do Estado como agente normativo e regulador da atividade econômica compreende, entre outras funções, a de planejamento, que é determinante tanto para o setor público quanto para o setor privado.

1: correta. Estas atividades estão previstas no art. 177 da CF; **2:** incorreta. O planejamento é determinante apenas para o setor público, sendo indicativo para o setor privado (art. 174 da CF).

Gabarito 1C, 2E

(Advogado da União/AGU – CESPE – 2009) Acerca dos princípios gerais da atividade econômica, julgue os itens que se seguem.

(1) O Estado exercerá, como agente normativo e regulador da atividade econômica, as funções de fiscalização, incentivo e planejamento, sendo este determinante para o setor privado.

1: incorreta, pois o planejamento estatal é determinante para o setor público, mas apenas indicativo para o setor privado – art. 174, *caput, in fine*, da CF.

Gabarito 1E

(Procurador da Fazenda Nacional – 2007.2 – ESAF) São princípios da ordem econômica na Constituição Federal de 1988:

(A) a defesa do meio ambiente e a busca do pleno emprego.

(B) a defesa do consumidor e o tratamento favorecido às empresas de capital nacional.

(C) a função social da propriedade e a aposentadoria integral para os servidores públicos.

(D) a livre concorrência e a proteção da propriedade comunitária.

(E) a redução das desigualdades regionais e a intervenção do Estado nas atividades de transporte.

A: assertiva correta, conforme o art. 170, VI e VIII, da CF; **B:** o tratamento favorecido às empresas de capital nacional não é mais princípio orientador da ordem econômica – art. 170, IX, da CF, com a redação dada pela EC 6/1995; **C:** a aposentadoria integral dos servidores não é princípio orientador da ordem econômica; **D:** a proteção da propriedade privada (não comunitária) é princípio orientador da ordem econômica – art. 170, II, da CF; **E:** a intervenção do Estado nas atividades de transporte não é princípio orientador da ordem econômica.

Gabarito "A"

(Procurador da Fazenda Nacional – 2007 – ESAF) Constituem monopólio da União, exceto:

(A) a pesquisa e a lavra das jazidas de petróleo e gás natural e outros hidrocarbonetos fluidos.

(B) a refinação do petróleo nacional ou estrangeiro, que poderá ser contratada com empresas estatais ou privadas.

(C) a navegação de cabotagem entre portos localizados no mar territorial brasileiro.

(D) o transporte marítimo do petróleo bruto de origem nacional ou de derivados básicos de petróleo produzidos no País.

(E) a pesquisa e o comércio de minérios e minerais nucleares e seus derivados.

A: art. 177, I, da CF; **B:** art. 177, II, e § 1º, da CF; **C:** não há monopólio no que se refere à navegação de cabotagem; **D:** art. 177, IV, da CF; **E:** art. 177, V, da CF.

Gabarito "C"

(Procurador da Fazenda Nacional – 2006 – ESAF) Nos termos da Constituição, a ordem econômica, fundada na valorização do trabalho humano e na livre-iniciativa, tem por fim assegurar a todos existência digna, conforme os ditames da justiça social, observados os seguintes princípios:

(A) obediência aos tratados internacionais de que o Brasil seja signatário, propriedade privada, função social da propriedade, livre concorrência, defesa do consumidor, defesa do meio ambiente, inclusive mediante tratamento diferenciado conforme o impacto ambiental dos produtos e serviços e de seus processos de elaboração e prestação, redução das desigualdades regionais e sociais, busca do pleno emprego, tratamento favorecido para as empresas de pequeno porte constituídas sob as leis brasileiras e que tenham sua sede e administração no País.

(B) soberania nacional, propriedade privada, função social da propriedade, livre concorrência, defesa do consumidor, defesa do meio ambiente, inclusive mediante tratamento diferenciado conforme o impacto ambiental dos produtos e serviços e de seus processos de elaboração e prestação, redução das desigualdades regionais e sociais, busca do pleno emprego, tratamento favorecido para as empresas de pequeno porte constituídas sob as leis brasileiras e que tenham sua sede e administração no País.

(C) defesa intransigente do patrimônio nacional, propriedade privada, função social da propriedade, livre concorrência, defesa do consumidor, defesa do meio ambiente, inclusive mediante tratamento diferenciado conforme o impacto ambiental dos produtos e serviços e de seus processos de elaboração e prestação, redução das desigualdades regionais e sociais, busca do pleno emprego, tratamento favorecido para as empresas de pequeno porte constituídas sob as leis brasileiras e que tenham sua sede e administração no País.

(D) soberania nacional, propriedade privada, função social da propriedade, livre concorrência, direitos humanos, defesa do consumidor, defesa do meio ambiente, inclusive mediante tratamento diferenciado conforme o impacto ambiental dos produtos e serviços e de seus processos de elaboração e prestação, redução das desigualdades regionais e sociais, busca do pleno emprego, tratamento favorecido para as empresas de pequeno porte constituídas sob as leis brasileiras e que tenham sua sede e administração no País.

(E) soberania nacional, propriedade privada, função social da propriedade, livre concorrência, defesa do consumidor, defesa do meio ambiente, inclusive mediante tratamento diferenciado conforme o impacto ambiental dos produtos e serviços e de seus processos de elaboração e prestação, redução das desigualdades regionais e sociais, busca do pleno emprego, tratamento favorecido para as empresas de pequeno e médio porte constituídas sob as leis brasileiras e que tenham sua sede e administração no País.

Correta a alternativa "B", única que traz todos os princípios da ordem econômica previstos no art. 170 da CF.

Gabarito "B"

(Procurador da Fazenda Nacional – 2006 – ESAF) A exploração direta da atividade econômica pelo Estado, ressalvados os casos previstos na Constituição, só é permitida quando necessária aos imperativos da segurança nacional ou a relevante interesse coletivo. Assinale a opção correta.

(A) As empresas públicas e sociedades de economia mista, bem como suas subsidiárias, possuem regime jurídico próprio, que prevalece sobre o regime jurídico aplicável às empresas privadas.

(B) Às empresas públicas, às sociedades de economia mista e às suas subsidiárias não se aplicam os princípios da administração pública.

(C) Nos conselhos de administração e fiscais das sociedades de economia mista, não se admite a participação de acionistas minoritários.

(D) Todas as atividades que constituem monopólio da União podem ser realizadas tanto por empresas estatais como por empresas privadas.

(E) Certas atividades que constituem monopólio da União somente podem ser realizadas por empresas estatais.

A: incorreta. As empresas públicas e sociedades de economia mista possuem regime jurídico híbrido, composto majoritariamente das normas de direito privado, porém, sem desconsiderar vinculações ao regime jurídico da Administração Pública por determinação constitucional (dever de licitar e prestação de contas ao Tribunal de Contas, por exemplo – art. 173, § 1º, da CF); **B:** incorreta. Os princípios da Administração Pública aplicam-se à Administração Direta e Indireta (art. 37, caput, da CF); **C:** incorreta. As sociedades de economia mista adotam, necessariamente, o tipo de sociedade anônima, sendo-lhes aplicável, portanto, a Lei nº 6.404/76. O art. 141 deste diploma legal garante o direito de eleição de um membro do conselho de administração pelos acionistas minoritários, o mesmo ocorrendo com o conselho fiscal (art. 161); **D:** incorreta. As atividades relacionadas com minerais nucleares, com exceção dos radioisótopos que a lei autorize a exploração por meio de permissão, devem ser realizadas diretamente pela União (art. 177, V, da CF); **E:** correta. Vide comentário anterior.

Gabarito "E"

(Procurador da Fazenda Nacional – 2004 – ESAF) Consoante a Constituição Federal, a lei deverá reprimir o abuso do poder econômico que vise à

(A) dominação dos mercados, à eliminação da concorrência e ao aumento arbitrário dos lucros.

(B) dominação dos mercados, à eliminação da concorrência e ao aumento das desigualdades regionais e sociais.

(C) dominação dos mercados, à eliminação da concorrência e a causar lesão ao meio ambiente.

(D) dominação dos mercados, à eliminação da concorrência e à redução do emprego.

(E) dominação dos mercados, à eliminação da concorrência e ao aumento arbitrário dos preços.

Vide art. 173, § 4º, da CF.

Gabarito "A"

(ADVOGADO – ANCINE – 2005 – CESPE) Julgue os itens a seguir, acerca do direito econômico.

(1) A soberania nacional, a livre concorrência, a dignidade da pessoa humana e a defesa do consumidor são princípios da ordem econômica.

(2) Suponha que determinada pessoa jurídica tenha praticado atos contrários à ordem econômica e que, em razão disso, tenha sido penalizada administrativa e criminalmente. Nessa situação, os dirigentes da referida pessoa jurídica não poderão ser responsabilizados individualmente, sob pena de dupla punição pelos mesmos atos ilícitos.

(3) Pessoa jurídica estrangeira constituída sob as leis de seu país não poderá explorar a lavra de recursos minerais em solo brasileiro, mesmo que possua sede e administração no Brasil.

(4) A União poderá atribuir a pessoa jurídica de direito privado a atividade de refinação de petróleo nacional, desde que haja prévia disciplina em contrato administrativo de concessão de serviço público.

(5) Visando incentivar as microempresas e as empresas de pequeno porte, o Estado lhes dispensará tratamento jurídico diferenciado e privilegiado, podendo reduzir ou eliminar suas obrigações tributárias.

(6) A ordem econômica atual obedece aos princípios do Estado liberal, como a liberdade de iniciativa e de concorrência.

(7) Objetivando manter a livre concorrência, o Estado intervém no domínio econômico por intermédio de atos administrativos perpetrados pelo Conselho Administrativo de Defesa Econômica (CADE).

1: incorreta. Os princípios constitucionais da ordem econômica estão previstos no art. 170 da CF, cuja enumeração não contempla a dignidade da pessoa humana. Não que ela não seja importante para as questões jurídico-econômicas. O que ocorre é que ela foi prevista como um **objetivo** a ser alcançado ("...tem **por fim** assegurar a todos existência digna..." – art. 170, *caput*, da CF) e não como um princípio explícito; 2: incorreta. A Lei nº 12.529/2011 – Lei Antitruste – prevê a responsabilidade solidária entre a pessoa jurídica e seus dirigentes por infração à ordem econômica em seu art. 32; 3: correta, nos termos do art. 176, § 1º, da CF; 4: incorreta. É possível a contratação de atividades relativas à refinação do petróleo nacional com empresas privadas, que deverá obedecer o quanto disposto **em lei** (art. 177, § 1º, da CF); 5: correta, nos termos do art. 179 da CF; 6: incorreta. O Estado brasileiro segue a doutrina do Estado Social, ou, mais propriamente, o Estado do Bem-Estar Social, que propala a necessidade do Estado intervir em determinados setores da Economia para regulá-la em prol de todos. Cumpre destacar que, sem prejuízo dessa classificação, nossa CF efetivamente consagra a livre concorrência e a livre-iniciativa, próprias do regime capitalista; 7: correta, nos termos do art. 12 do Anexo I do Decreto nº 7.738/12.

Gabarito 1E, 2E, 3C, 4E, 5C, 6E, 7C

(ADVOGADO – ANP – 2008 – CESGRANRIO) São instrumentos de intervenção estatal no domínio econômico:

(A) criação de incentivos fiscais, controle de preços e repressão ao abuso de poder econômico.

(B) criação de subsídios, livre estipulação de preços e repressão ao abuso de poder econômico.

(C) repressão ao abuso de poder econômico, monopólio e livre estipulação de preços.

(D) cobrança de impostos, criação de incentivos fiscais e controle de abastecimento.

(E) controle de preços, monopólio e cobrança de impostos.

A: correta. Todas as modalidades listadas configuram intervenção no domínio econômico; **B** e **C:** incorretas, porque a livre estipulação de preços não é uma intervenção. Ao contrário, é o próprio funcionamento rotineiro das instituições de mercado; **D** e **E:** incorretas. A cobrança de impostos não pode ser considerada intervenção no domínio econômico, dado que suas receitas são desvinculadas. Com isso, resta claro que sua função é de gerar arrecadação para que o Estado possa bem desempenhar o seu papel junto aos cidadãos, fornecendo-lhes serviços públicos de qualidade. Há instrumentos de tributação voltados à intervenção no domínio econômico, com receitas vinculadas a determinados setores da Economia: são as chamadas Contribuições de Intervenção no Domínio Econômico (CIDEs).

Gabarito "A"

(ADVOGADO – ANP – 2008 – CESGRANRIO) Analise as afirmativas abaixo, acerca da exploração direta de atividade econômica pelo Estado.

I. O estatuto de sociedade de economia mista que explore atividade econômica deverá dispor sobre o funcionamento dos conselhos de administração e fiscal, inclusive quanto à participação de acionistas minoritários.

II. A empresa pública que explora atividade econômica se sujeita, quanto aos direitos e obrigações civis, ao regime aplicável ao setor privado.

III. As empresas públicas e as sociedades de economia mista não gozam dos privilégios fiscais não extensivos às empresas do setor privado.

IV. A sociedade de economia mista que explora atividade econômica se sujeita, quanto às obrigações tributárias, ao regime das empresas privadas.

V. As sociedades de economia mista que exploram atividade econômica não estão obrigadas a realizar licitação para contratação de obras e serviços.

Estão corretas **APENAS** as afirmativas

(A) I e II

(B) I e V

(C) III e IV

(D) I, II, III e IV

(E) II, III, IV e V

I: correta, nos termos do art. 173, § 1º, IV, da CF; **II:** correta, nos termos do art. 173, § 1º, II, da CF; **III:** correta, nos termos do art. 173, § 2º, da CF; **IV:** correta, nos termos do art. 173, § 1º, II, da CF. A equiparação entre as empresas estatais que explorem atividade econômica e as empresas privadas no âmbito das obrigações civis, trabalhistas, comerciais e tributárias decorre da necessária proteção à livre concorrência; **V:** incorreta. As empresas estatais submetem-se a um regime jurídico híbrido, parcialmente público e parcialmente privado. Como não deixam de ser entidades da Administração Pública Indireta, continuam regidas por seus princípios e normas, dentre elas a necessidade de realização de licitação para contratação de obras e serviços (art. 173, § 1º, III, da CF).

Gabarito "D"

2. SISTEMA FINANCEIRO NACIONAL

(Procurador do Estado/SP – FCC – 2009) A regulação exercida pelo Banco Central do Brasil sobre as instituições financeiras

(A) tem como principal objetivo assegurar a livre concorrência em benefício do consumidor.

(B) considera a atividade como serviço público exercido em regime de autorização.

(C) protege o interesse do conjunto dos depositantes e serve para afastar o risco sistêmico capaz de comprometer o bom funcionamento da economia.

(D) atua no sentido de evitar ganhos excessivos e assegurar a universalização da oferta de crédito no país.

(E) encontra fundamento no fato de a atividade ser considerada monopólio natural.

A e **D:** incorretas, pois o principal objetivo da regulação exercida pelo Bacen é garantir a higidez do sistema financeiro nacional, ainda quando trata das condições de concorrência entre instituições financeiras – art. 18, § 2º, da Lei 4.595/1964; **B:** incorreta, pois, apesar da necessidade de autorização para funcionarem, as instituições financeiras exercem atividade privada – art. 10, X, e 25 da Lei 4.595/1964; **C:** essa é a assertiva correta, conforme o comentário à alternativa A; **E:** incorreta, pois a atividade financeira não constitui monopólio natural, não só porque há diversos agentes econômicos disputando o mercado brasileiro (o que, por si só, afasta a hipótese de monopólio natural), como também porque há outros agentes econômicos em condições de ingressar no mercado.

Gabarito "C"

(Procurador do Estado/SP – FCC – 2009) São condições jurídicas para o Estado federado contrair empréstimo junto a agência multilateral de crédito, a exemplo do Banco Mundial:

(A) necessidade de financiar despesas correntes inadiáveis, previsão na lei orçamentária anual, e autorização do Presidente da República.

(B) reconhecimento da relevância do projeto a ser financiado por ato do Governador do Estado, estrutura sindicalizada com participação conjunta do Banco Nacional de Desenvolvimento Econômico e Social – BNDES, e aprovação pelo Banco Central do Brasil.

(C) observância do limite máximo de endividamento fixado por resolução do Senado Federal, atendimento às condições previstas em acordo de refinanciamento celebrado com a União, e lei autorizativa estadual.

(D) inexistência de atraso no pagamento de precatórios, lei autorizativa estadual, e manifestação favorável do Tribunal de Contas.

(E) inclusão do projeto a ser financiado no plano plurianual, vinculação da receita do Imposto sobre Circulação de Mercadorias e Serviços (ICMS) em favor do credor como garantia do pagamento do empréstimo, e ratificação posterior pelo Senado Federal.

A, B e **D:** incorreta, pois a autorização para contratação de operação de crédito externa é dada pelo Senado Federal – art. 52, V, da CF. Ademais, o endividamento presta-se, em regra, para financiar despesas de capital, e não despesas correntes – art. 167, III, da CF. Finalmente, o atraso no pagamento de precatórios não impede a operação; **C:** essa é a assertiva correta, até por exclusão das demais (todas as outras se referem à autorização por outras autoridades, que não o Senado, ou à simples ratificação). Compete ao Senado Federal, além de autorizar a operação externa, fixar os limites máximos de endividamento, além dos limites globais e condições para as operações de crédito – art. 52, V, VI, e VII, da CF. Finalmente, os acordos de financiamento firmados pela União com boa parte dos Estados e Municípios brasileiros exigem atendimento às suas condições para que novas operações de crédito sejam firmadas.

Gabarito "C"

(Procurador da Fazenda Nacional – 2007.2 – ESAF) Sobre o Sistema Financeiro Nacional, é correto afirmar:

(A) o sistema financeiro nacional será regulado por leis complementares que disporão, inclusive, sobre a participação do capital estrangeiro nas instituições que o integram.

(B) compete ao Conselho Monetário Nacional julgar recursos contra decisões do Banco Central do Brasil, relativas à aplicação de penalidades por infrações à legislação cambial, de capitais estrangeiros e de crédito rural e industrial.

(C) as infrações aos dispositivos da Lei n. 4.595, de 1964, sujeitam as instituições financeiras, seus diretores, membros de conselhos administrativos, fiscais e semelhantes, mas não os gerentes, às penalidades nela estabelecidas.

(D) o Conselho Monetário Nacional é integrado pelo Ministro da Fazenda, pelo Presidente do Banco do Brasil S.A., pelo Presidente do Banco Nacional de Desenvolvimento Econômico e por 7 (sete) membros nomeados pelo Presidente da República, após aprovação do Senado Federal.

(E) a Comissão de Valores Mobiliários, no âmbito da sua competência específica, não integra o sistema financeiro nacional.

A: correta, conforme disposto no art. 192 da CF; **B:** incorreta, pois não há essa competência – arts. 4º e 10, IX, da Lei 4.595/1964; **C:** incorreta, os gerentes também estão sujeitos às penalidades – art. 44 da Lei 4.595/1964; **D:** incorreta. Atualmente, o CMN é formado apenas pelo Ministro da Fazenda, pelo Ministro do Planejamento e Orçamento e pelo Presidente do Banco Central – art. 8º da Lei 9.069/1995; **E:** incorreta, de acordo os arts. 5º e 8º da Lei 6.385/1976.

Gabarito "A"

3. DIREITO CONCORRENCIAL, LEI ANTITRUSTE

(Procurador Distrital – 2014 – CESPE) Julgue os itens que se seguem, relativos aos critérios para a submissão ao CADE dos atos de concentração empresarial.

(1) Não é considerada ato de concentração, para efeito de submissão ao CADE, a celebração de *joint venture* entre duas sociedades para a participação em licitação pública.

(2) A lei antitruste brasileira em vigor suprimiu o critério da participação em mercado relevante como requisito para submissão ao CADE dos atos de concentração empresarial, atendendo, assim, às recomendações feitas por estudos da Organização para a Cooperação e Desenvolvimento Econômico que concluíram que tais critérios envolviam elementos subjetivos relacionados à definição do mercado relevante e geravam insegurança jurídica ao sistema concorrencial.

(3) A soma dos faturamentos anuais dos grupos que busquem unir-se deve, para a submissão ao CADE do ato de concentração empresarial, atingir determinado valor, previsto expressamente na lei, independentemente de um dos grupos ter tido pequeno faturamento no período.

1: correta, nos termos do art. 90, parágrafo único, da Lei n. 12.529/2011; **2:** correta. A nova Lei Antitruste (Lei n. 12.529/2011) manteve como critério apenas o faturamento bruto dos envolvidos (art. 88); **3:** incorreta. Dois critérios de faturamento bruto devem coexistir para a submissão do ato de concentração ao CADE**:** o faturamento bruto anual de um dos participantes ter sido igual ou superior a R$ 400.000.000,00 e o faturamento bruto anual de pelo menos um outro participante ter sido igual ou superior a R$ 30.000.000,00 (art. 88, I e II, da Lei Antitruste). Como se vê, não se utiliza como critério a soma dos faturamentos brutos anuais.

Gabarito 1C, 2C, 3E

(Procurador Federal – 2013 – CESPE) Com relação à Lei de Defesa da Concorrência — Lei n. 12.529/2011 —, julgue os itens a seguir.

(1) As funções do CADE de consultoria, assessoramento jurídico e promoção da execução judicial das decisões e julgados são efetuadas pelo representante do Ministério Público Federal junto a esse conselho.

(2) A presunção de posição dominante é elemento bastante para a caracterização de infração à ordem econômica.

(3) As fusões e aquisições, nominadas na lei em apreço como atos de concentração, não podem ser consumadas antes de apreciadas pelo CADE, sob pena de nulidade, de imposição de multa pecuniária e de abertura de processo administrativo para a imposição de sanções administrativas por infração à ordem econômica.

(4) A lei em questão excepciona de seu alcance atividades exercidas sob o regime de monopólio legal, ainda que estas sejam exercidas por empresas privadas.

1: incorreta. Tais atribuições são da Procuradoria Federal especializada (art. 15 da Lei n. 12.529/2011); **2:** incorreta. A infração a ordem econômica se caracteriza pelo exercício abusivo de posição dominante (art. 36, IV, da Lei n. 12.529/2011). Ainda que se configure independentemente de culpa, a mera presunção não é suficiente para a tipificação da conduta; **3:** correta, nos termos do art. 88, § 3º, da Lei Antitruste. Faltou dizer, apenas, que não são todos os atos de concentração que dependem de prévia aprovação do CADE, somente aqueles nos quais um participante apresentar faturamento bruto anual igual ou superior a R$ 400.000.000,00 e o faturamento bruto anual de pelo menos um outro participante ter sido igual ou superior a R$ 30.000.000,00; **4:** incorreta. A lei alcança também as atividades exercidas em regime de monopólio legal (art. 31 da Lei n. 12.529/2011).

Gabarito 1E, 2E, 3C, 4E

(Procurador/DF - 2013 - CESPE) Relativamente à defesa da concorrência no ordenamento jurídico brasileiro, julgue os itens que se seguem.

(1) Praticará infração da ordem econômica a empresa de serviços de comunicação por televisão que exigir do promotor de determinado evento a exclusividade para a divulgação de publicidade desse evento.

(2) Se determinada empresa infringir a ordem econômica, caberá ao Conselho Administrativo de

Defesa Econômica (CADE) decidir pela existência ou não da infração, cabendo ao Poder Judiciário a aplicação das penalidades previstas em lei.

(3) A empresa que, mesmo sem culpa, praticar ato que tenha por objetivo produzir aumento arbitrário de seus lucros cometerá uma infração da ordem econômica.

1: correta, pois se trata de conduta que caracteriza infração da ordem econômica – art. 36, § 3º, VI, da Lei Antitruste – LAT (Lei 12.529/2011); **2:** incorreta, pois compete ao próprio Tribunal Administrativo de Defesa Econômica do CADE aplicar as penalidades atinentes às infrações à ordem econômica – art. 9º, II, da LAT; **3:** correta, pois se trata de ato que constitui infração da ordem econômica, independentemente de culpa, ainda que os efeitos não sejam alcançados – art. 36, III, da LAT.

Gabarito 1C, 2E, 3C

(Procurador Federal – 2010 – CESPE) A respeito do direito econômico, julgue os itens que se seguem.

(1) O CADE pode autorizar atos que, sob qualquer forma manifestados, possam limitar ou de qualquer forma prejudicar a livre concorrência, ou, ainda, resultar na dominação de mercados relevantes de bens ou serviços.

(2) A posição dominante no mercado é presumida pela Lei Antitruste quando a empresa ou grupo de empresas controla 20% de mercado relevante, podendo esse percentual ser alterado pelo CADE para setores específicos da economia.

(3) A livre concorrência, princípio geral da atividade econômica, defende que o próprio mercado deve estabelecer quais são os agentes aptos a se perpetuarem, deixando aos agentes econômicos o estabelecimento das regras de competição.

(4) O aumento dos lucros e o poder econômico, por si sós, são manifestações da dilapidação da livre concorrência.

1: a assertiva é correta, pois o CADE pode autorizar tais atos, desde que atendam às condições previstas no art. 88, § 5º, da Lei Antitruste – LAT (Lei 12.529/2011); 2: correta, pois reflete o disposto no art. 36, § 2º, da LAT; 3: incorreta, pois o Estado normatiza e fiscaliza o mercado de modo a reprimir a concorrência desleal, a dominação do mercado e o abuso de posição dominante – arts. 20 e 21 da LAT; 4: incorreta, pois as infrações à ordem econômica pressupõem atos ou condutas que, de algum modo, possam levar à concorrência desleal, à dominação do mercado ou ao abuso de posição dominante, ainda que esses efeitos não sejam alcançados – art. 36 da LAT.

Gabarito 1C, 2C, 3E, 4E

(Procurador do Estado/SP – FCC – 2009) A legislação antitruste brasileira

(A) pune atos de concorrência desleal que causem desvio de clientela em prejuízo do consumidor.

(B) não se aplica aos titulares de patentes, que ficam sujeitos apenas ao licenciamento compulsório.

(C) favorece a concentração empresarial para propiciar economias de escala e escopo em prol da melhoria da eficiência produtiva.

(D) utiliza o tabelamento de preços como instrumento para evitar o aumento arbitrário de lucros.

(E) admite o controle preventivo para afastar o risco de dominação dos mercados que possa levar ao abuso do poder econômico.

A: incorreta, pois o desvio de clientela não é indicado como efeito caracterizador de ato de concorrência desleal – art. 36 da LAT; **B:** incorreta, pois todas as pessoas sujeitam-se à legislação antitruste, sem prejuízo de que seja concedida licença compulsória de patente de titularidade do infrator – art. 38, IV, *a*, da LAT; **C:** incorreta, muito embora o CADE possa autorizar atos de concentração que tenham por objetivo aumentar a produtividade e a eficiência econômica – art. 88, § 6º, I, *a* e *c*, da LAT; **D:** incorreta, pois a legislação não adota esse instrumento. Pelo contrário, eventual acordo entre concorrentes nesse sentido pode caracterizar infração à ordem econômica – art. 36, § 3º, I, a, da LAT; **E:** essa é a assertiva correta, pois a legislação antitruste dispõe sobre a **prevenção** e a repressão às infrações contra a ordem econômica – art. 1º da LAT.

Gabarito "E"

(Procurador da Fazenda Nacional – 2007.2 – ESAF) De acordo com a Lei n. 8.884/94, constituem infração da ordem econômica, exceto:

(A) limitar, falsear ou de qualquer forma prejudicar a livre concorrência ou a livre-iniciativa.

(B) exercer de forma abusiva posição dominante.

(C) aumentar arbitrariamente os lucros.

(D) estipular preços em estrutura de monopólio natural.

(E) dominar mercado relevante de bens ou serviços.

Os arts. 20 e 21 da Lei 8.884/1994 não previam a conduta de estipular preços em estrutura de monopólio natural como caracterizadora de infração da ordem econômica. Os arts. 20 e 21 da Lei 8.884/1994 correspondem ao art. 36 da Lei 12.529/2011.

Gabarito "D"

(Procurador da Fazenda Nacional – 2007.2 – ESAF) Sobre o âmbito da aplicação da Lei n. 8.884/94, pode-se afirmar que:

(A) a Lei n. 8.884 se sobrepõe expressamente a tratados que regulamentem infrações contra a ordem econômica no âmbito do Mercosul.

(B) a Lei n. 8.884 é aplicável exclusivamente à formação de cartéis no território brasileiro, compreendendo este também o mar territorial.

(C) a punição de infrações contra a ordem econômica que transcendam o território nacional está regulamentada por tratados multilaterais.

(D) a repressão às infrações contra a ordem econômica deve ser iniciada exclusivamente pelo Ministério Público Estadual.

(E) a Lei n. 8.884 pode ser aplicável também às práticas cometidas no exterior que produzam efeitos no território brasileiro.

A: não há sobreposição expressa; **B, C e E:** a LAT aplica-se a qualquer prática que produza ou possa vir a produzir efeitos no país, sem prejuízo de tratados internacionais firmados pelo Brasil – art.

2º; **D:** a repressão às infrações pode ser iniciada por qualquer interessado (art. 29 da Lei 8.884/1994 – correspondente ao art. 47 da Lei 12.529/2011).

Gabarito "E"

(Procurador da Fazenda Nacional – 2007 – ESAF) De acordo com a Lei n. 8.884/94, o Conselho Administrativo de Defesa Econômica é:

(A) Agência autônoma e independente do Poder Executivo, com poder de fiscalização e sanção às infrações da ordem econômica.

(B) Autarquia federal, com jurisdição em todo o território nacional, a quem cabe decidir sobre a existência de infração à ordem econômica.

(C) Agência vinculada à Secretaria de Defesa do Consumidor do Ministério da Justiça, com poder conjunto de repressão às infrações da ordem econômica.

(D) Departamento do Ministério do Desenvolvimento, Indústria e Comércio Exterior, com jurisdição específica sobre conduta desleal de empresas de capital nacional.

(E) Conselho componente da Câmara de Comércio Exterior, com competência exclusiva sobre práticas desleais de comércio internacional.

Nos termos do art. 3º da Lei 8.884/1994 – correspondente ao art. 4º da Lei 12.529/2011, o CADE é autarquia federal, vinculada ao Ministério da Justiça, e órgão judicante com jurisdição em todo o território nacional.

Gabarito "B"

(Procurador da Fazenda Nacional – 2007 – ESAF) De acordo com a Lei n. 8.884/94, somente constituem infrações da ordem econômica os atos que:

(A) sejam especificamente tipificados e limitem a livre concorrência, independentemente de culpa.

(B) levem ao aumento arbitrário de lucros e ao abuso da posição dominante, desde que seja provado o dolo específico do agente.

(C) prejudiquem a livre concorrência e aumentem arbitrariamente os lucros, desde que sejam especificamente tipificados.

(D) levem ao abuso de poder dominante, uma vez comprovado que os atos dolosos que lhe deram causa tenham ocorrido no território nacional.

(E) tenham por objeto exercer de forma abusiva posição dominante, independentemente de culpa.

Constituem infrações contra a ordem econômica os atos que, independentemente de culpa, tenham por objeto ou possam produzir concorrência desleal, dominação do mercado ou abuso de posição dominante, ainda que os efeitos não sejam alcançados – art. 20 da Lei 8.884/1994 – correspondente ao art. 36 da Lei 12.529/2011.

Gabarito "E"

(Procurador da Fazenda Nacional – 2004 – ESAF) (Adaptada) Nos termos da Lei nº 12.529/2011, a prevenção às infrações contra a ordem econômica ocorre mediante o controle dos atos de concentração pelo Conselho Administrativo de Defesa Econômica (CADE), o qual poderá autorizá-los desde que atendam, além de outras, a pelo menos uma das seguintes condições:

(A) ausência de prejuízo à economia nacional.

(B) ausência de prejuízo ao bem comum.

(C) ausência de prejuízo ao meio ambiente.

(D) aumento da produtividade.

(E) aumento do nível de emprego no mercado relevante.

O direito brasileiro adota a doutrina da concorrência-meio, segundo a qual a livre concorrência não é um bem jurídico a ser tutelado em si mesmo, devendo ser visto em conjunto com os demais objetivos da ordem econômica estabelecidos pela CF. Assim, atos de concentração poderão ser autorizados pelo CADE, desde que atendam a pelo menos uma das hipóteses do art. 88, § 6º, da Lei nº 12.529/2011 e sejam repassados aos consumidores parte relevante dos benefícios decorrentes. Com isso, o CADE estará buscando o bem comum, mesmo que em detrimento de certa parcela da livre-iniciativa. Dentre as alternativas, a única que consta do mencionado artigo é o aumento da produtividade.

Gabarito "D"

(Procurador da Fazenda Nacional - 2004 - ESAF) Constituem infração da ordem econômica os atos que tenham por objeto ou possam produzir efeitos anticoncorrenciais. A caracterização dos ilícitos

(A) depende do estabelecimento do nexo causal entre a conduta e o efeito e da prova da culpa.

(B) não depende do estabelecimento do nexo causal entre a conduta e o efeito ou da prova da culpa.

(C) depende do estabelecimento do nexo causal entre a conduta e o efeito, mas não depende da prova da culpa.

(D) não depende do estabelecimento do nexo causal entre a conduta e o efeito, mas depende da prova da culpa.

(E) não depende do estabelecimento do nexo causal entre a conduta e o efeito, nem da prova da culpa, nem admite qualquer justificativa.

A responsabilidade por infrações à ordem econômica é objetiva, ou seja, independe da existência de dolo ou culpa (art. 36 da Lei nº 12.529/2011). Todavia, mesmo na responsabilidade objetiva, não se pode afastar o nexo de causalidade entre a conduta e o resultado.

Gabarito "C"

(Procurador da Fazenda Nacional - 2004 - ESAF) (Adaptada) O compromisso de cessação de prática lesiva à ordem econômica, previsto na Lei nº 12.529/2011, exige a estipulação de obrigação de recolher ao Fundo de Defesa dos Direitos Difusos um valor pecuniário, nos termos da lei, para uma das seguintes condutas:

(A) limitar ou impedir o acesso de novas empresas ao mercado.

(B) obter ou influenciar a adoção de conduta comercial uniforme ou concertada entre concorrentes.

(C) utilizar meios enganosos para provocar a oscilação de preços de terceiros.

(D) discriminar adquirentes ou fornecedores de bens ou serviços por meio da fixação diferenciada de preços, ou de condições operacionais de venda ou prestação de serviços.

(E) impedir o acesso de concorrente às fontes de insumo, matérias-primas, equipamentos ou tecnologia, bem como aos canais de distribuição.

Vide art. 85, § 2º, da Lei nº 12.529/2011.

Gabarito "B"

(Procurador da Fazenda Nacional - 2003 - ESAF) Marque com **V** a assertiva verdadeira e com **F** a falsa, assinalando em seguida a opção correspondente.

( ) A responsabilidade individual dos dirigentes ou administradores de pessoa jurídica, por infração da ordem econômica, será subsidiária, em relação à responsabilidade da empresa.

( ) A dominação de mercado relevante de bens ou serviços, ainda que decorra de processo natural fundado na maior eficiência de agente econômico em relação a seus competidores, constitui infração da ordem econômica.

( ) Constitui título executivo extrajudicial a decisão do Plenário do Conselho Administrativo de Defesa Econômica – CADE que comine multa ou imponha obrigação de fazer ou não fazer.

( ) A execução das decisões do Conselho Administrativo de Defesa Econômica – CADE será promovida na Justiça Federal do Distrito Federal ou, a critério da Autarquia, na da sede ou domicílio do executado.

(A) V, V, V, V

(B) V, F, F, V

(C) F, V, V, F

(D) F, F, V, V

(E) F, F, F, F

I – Falsa. A responsabilidade dos dirigentes ou administradores é solidária à da pessoa jurídica por infrações à ordem econômica (art. 32 da Lei nº 12.529/2011); **II** – Falsa. Quando a dominação for resultado da maior eficiência de um dos agentes econômicos (concentração natural), não restará configurada qualquer infração á ordem econômica (art. 36, § 1º, da Lei nº 12.529/2011); **III** – Verdadeira, nos termos do art. 93 da Lei nº 12.529/2011; **IV** – Verdadeira, conforme disposto no art. 97 da Lei nº 12.529/2011.

Gabarito "D"

(ADVOGADO – ANP – 2008 – CESGRANRIO – ADAPTADA) Nos termos da Lei nº 12.529/2011, são aspectos a serem considerados pelo Plenário do Tribunal Administrativo de Defesa Econômica – TADE, ao aplicar penalidades relacionadas à prática de infração contra a ordem econômica:

(A) boa-fé do infrator, consumação ou não da infração e vantagem auferida pelo infrator.

(B) consumação ou não da infração, ramo de atividade do infrator e efeitos econômicos negativos produzidos no mercado.

(C) nacionalidade do infrator, situação econômica do infrator e vantagem auferida pelo infrator.

(D) reincidência, consumação ou não da infração e ramo de atividade do infrator.

(E) situação econômica do infrator, gravidade da infração e nacionalidade do infrator.

As circunstâncias a serem consideradas no momento da aplicação da penalidade estão previstas no art. 45 da Lei nº 12.529/2011 e são: a gravidade da infração; a boa-fé do infrator; a vantagem auferida ou pretendida pelo infrator; a consumação ou não da infração; o grau de lesão, ou perigo de lesão, à livre concorrência, à economia nacional, aos consumidores ou a terceiros; os efeitos econômicos negativos produzidos no mercado; a situação econômica do infrator; e a reincidência.

Gabarito "A"

(ADVOGADO – ANP – 2008 – CESGRANRIO) Acerca dos procedimentos de julgamento de processo administrativo relativo à infração contra a ordem econômica pelo CADE, analise as afirmativas a seguir.

I. O Conselheiro-Relator, quando entender que os elementos existentes nos autos são insuficientes para a formação de sua convicção, poderá determinar a realização de diligências.

II. A decisão do CADE que reconhecer a prática de infração à ordem econômica indicará as providências a serem tomadas para a cessação de sua prática e estipulará multa diária para o caso de continuidade.

III. As decisões do CADE serão tomadas em sessões de julgamento, mediante voto convergente da maioria dos conselheiros presentes à sessão, observado o quórum mínimo de instalação de 3 membros do Conselho.

IV. As decisões do CADE não comportam revisão no âmbito do Poder Executivo, promovendo-se, de imediato, sua execução e comunicando-se, em seguida, ao Ministério Público, para a adoção das demais medidas legais cabíveis.

Estão corretas as afirmativas

(A) I e II, apenas.

(B) I e IV, apenas.

(C) II e IV, apenas.

(D) I, II e IV, apenas.

(E) I, II, III e IV.

I: correta, nos termos do art. 76 da Lei nº 12.529/2011; **II:** correta, nos termos do art. 79, I e IV, da Lei nº 12.529/2011; **III:** incorreta. O quórum de instalação é de 4 membros (art. 9º, § 1º, da Lei nº 12.529/2011); **IV:** correta, nos termos do art. 9º, § 2º, da Lei nº 12.529/2011.

Gabarito "D"

(ADVOGADO – ANP – 2008 – CESGRANRIO) Tratando-se de processo de execução judicial de decisão proferida pelo CADE, considere as afirmativas a seguir.

I. A execução das decisões do CADE será promovida obrigatoriamente na Justiça Federal do Distrito Federal.

II. A decisão do Plenário do CADE, cominando multa ou impondo obrigação de fazer ou não fazer, constitui título executivo extrajudicial.

III. A execução de decisão do Plenário do CADE será feita por todos os meios, inclusive mediante intervenção na empresa, quando necessária.

IV. O processo de execução das decisões do CADE terá preferência sobre as demais espécies de ação, exceto *habeas corpus* e mandado de segurança.

V. A execução de decisão do Plenário do CADE que tenha por objeto exclusivamente a cobrança de multa pecuniária será feita de acordo com as regras aplicáveis para execução judicial de débitos inscritos na Dívida Ativa da União

Estão corretas **APENAS** as afirmativas

(A) I e II

(B) I e V

(C) III e IV

(D) I, II, III e IV

(E) II, III, IV e V

I: incorreta. À escolha do CADE, a execução poderá ser promovida também na Justiça Federal da sede ou do domicílio do executado (art. 97 da Lei Antitruste); **II:** correta, nos termos do art. 93 da Lei Antitruste; **III:** correta, nos termos do art. 96 da Lei Antitruste; **IV:** correta, nos termos do art. 101 da Lei Antitruste; **V:** correta, nos termos do art. 94 da Lei Antitruste.

Gabarito "E"

(ADVOGADO – ANVISA – 2004 – CESPE – ADAPTADA) Julgue os itens que se seguem, tendo como referência inicial a Lei n.º 12.529/2011.

(1) O CADE possui competência para firmar contratos e convênios com órgãos ou entidades nacionais e submeter tais instrumentos, previamente, ao ministro de Estado da Justiça.

(2) À Secretaria de Acompanhamento Econômico (SAE) do Ministério da Fazenda compete acompanhar, permanentemente, as atividades e práticas comerciais de pessoas físicas e jurídicas que detiverem posição dominante no mercado relevante de bens e serviços, para prevenir infrações da ordem econômica. Para tanto, a SAE pode requisitar informações e documentos pertinentes, sem a necessidade de manutenção de sigilo, em qualquer caso, em face do interesse público na questão.

(3) Considere a seguinte situação hipotética. Certa empresa privada, atuante no mercado de agrotóxicos como fornecedora de serviços, falseou informações acerca de determinado produto, com o objetivo de impedir a livre concorrência e poder abastecer o mercado no Nordeste. Para tanto, utilizou formas enganosas para divulgação publicitária nos meios de comunicação de massa de casos de experimentos com grãos geneticamente modificados, omitindo informação acerca de um gene alienígena específico que ativa o grão. Nessa situação, tal fato implica a responsabilidade solidária da empresa e de seus dirigentes.

(4) Considere a seguinte situação hipotética. O plenário do CADE, zelando pela observância da Lei n.º 12.529/2011, requisitou diligências no sentido de obter dados pessoais acerca dos dirigentes de determinada empresa prestadora de serviço social, incluindo dados das comunicações telefônicas, além de verificar documentos necessários ao julgamento de procedimento administrativo, para decidir acerca da existência de infração à ordem econômica e aplicar as penalidades previstas em lei. O advogado dos representantes da empresa, alegando abuso de autoridade na condução das atividades, impetrou mandado de segurança, sob o argumento de que a situação se encontrava distante do conteúdo das normas constitucionais, pois, durante o procedimento de fiscalização, haviam sido prestadas todas as informações solicitadas. Nessa situação, o advogado terá agido corretamente se tiver alegado que seus clientes deveriam ter respeitado seu direito de abster-se de prestar quaisquer informações ilícitas ao CADE.

1: incorreta. Os convênios nacionais independem de prévia concordância do Ministro da Justiça. A análise pela autoridade ministerial é exigida apenas para tratados internacionais (art. 10, XI, da Lei Antitruste); 2: incorreta. Tal atribuição compete à Superintendência-Geral do CADE (art. 13, II, da Lei Antitruste). Além disso, a SAE realmente tem o poder de requisitar informações e documentos, desde que mantenha o sigilo sobre eles (art. 19, § 1º, I, da Lei Antitruste); 3: correta. A narrativa traz a configuração de uma infração à ordem econômica (art. 36, I, da Lei Antitruste), a qual determina a responsabilidade solidária entre a pessoa jurídica e seus dirigentes pelos danos causados (art. 32 da Lei Antitruste); 4: correta. É princípio intrínseco ao Estado Democrático de Direito a liberdade de não produzir prova contra si mesmo. Além disso, o CADE não tem poderes para obter, diretamente, informações cobertas pelo sigilo telefônico das pessoas.

Gabarito 1E, 2E, 3C, 4C

(ADVOGADO – ANVISA – 2004 – CESPE) Com a abertura do país à economia internacional, o cuidado no cumprimento da regra-matriz e constitucional deve ser redobrado, uma vez que muitos produtos importados têm menor incidência tributária que aqueles fabricados no Brasil e, portanto, têm custo menor, o que se reflete diretamente no preço final ao consumidor e pode provocar a quebra da indústria nacional e, em consequência, o desemprego. Tendo o assunto abordado no texto acima como referência inicial, julgue os seguintes itens.

(1) A personalidade jurídica do responsável por infração da ordem econômica não poderá ser desconsiderada quando houver, por parte deste, abuso de direito, excesso de poder, infração da lei, fato ou ato ilícito ou violação dos estatutos ou do contrato social. A desconsideração só será efetivada quando houver falência, estado de insolvência, encerramento ou inatividade da pessoa jurídica provocada por má administração.

(2) Considere que determinada empresa do Paraná tenha aumentado injustificadamente o preço da produção e do desenvolvimento tecnológico de certo bem agrícola, referente a 30% do mercado de bem relevante, o que resultou na majoração dos serviços naquele estado. Nessa situação, é correta a condenação dessa empresa ao pagamento de multa de 30% do valor do faturamento bruto no seu último exercício, excluídos os impostos.

1: incorreta. No âmbito do Direito Econômico, a desconsideração da personalidade jurídica é possível quando verificados abuso de direito, excesso de poder, infração da lei, fato ou ato ilícito, violação do estatuto ou contrato social, falência, estado de insolvência ou encerramento ou inatividade da pessoa jurídica provocados por má administração (art. 34 da Lei Antitruste); **2:** incorreta. Atos tendentes ao aumento arbitrário dos lucros constituem infração à ordem econômica (art. 36, III, da Lei Antitruste), porém, o patamar máximo de multa aplicável como sanção é de 20% do faturamento bruto (art. 37, I, da Lei nº 12.529/2011).

Gabarito 1E, 2E

4. DIREITO ECONÔMICO INTERNACIONAL

(Advogado da União/AGU – CESPE – 2012) Julgue os itens a seguir, relativos ao MERCOSUL.

(1) O MERCOSUL não é uma organização supranacional, razão pela qual as normas emanadas dos seus órgãos não têm caráter obrigatório nem aplicação direta; para ter eficácia, elas devem ser incorporadas formalmente no ordenamento jurídico dos Estados-membros.

(2) Visando à solução de controvérsias no âmbito do MERCOSUL, os particulares podem peticionar diretamente ao Tribunal Arbitral *Ad Hoc* e ao Tribunal Permanente de Revisão.

(3) Cabe ao Conselho do MERCOSUL, órgão superior composto pelos ministros das Relações Exteriores e os da Economia dos Estados-partes, conduzir a política do processo de integração e tomar decisões destinadas a assegurar o cumprimento dos objetivos e prazos estabelecidos para a constituição definitiva do MERCOSUL.

1: correta. Organizações supranacionais são aquelas nas quais os países membros abrem mão de parcela de sua soberania e entregam-na a órgãos criados e administrados em conjunto, garantindo soluções comuns às questões econômicas e judiciais de interesse do bloco. Não é o caso do MERCOSUL, porque ele ainda se encontra no âmbito das decisões intergovernamentais, ou seja, das reuniões dos membros do bloco econômico exsurgem apenas novos tratados internacionais que, dada sua natureza, dependem de incorporação ao ordenamento jurídico interno de cada país para terem eficácia; **2:** incorreta. O Tribunal Arbitral Ad Hoc e o Tribunal Permanente de Revisão são acessíveis somente aos Estados-partes (arts. 9º, 17 e 23 do Protocolo de Olivos). Os particulares devem formalizar suas reclamações ante a Seção Nacional do Grupo Mercado Comum de seu país (art. 40 do Protocolo de Olivos); **3:** correta, nos termos dos arts. 3º e 4º do Protocolo Adicional ao Tratado de Assunção.

Gabarito 1C, 2E, 3C

(Procurador da Fazenda Nacional – 2007.2 – ESAF) Sobre o Mercado Comum do Sul (MERCOSUL), pode-se afirmar que:

(A) apesar de constituir um mercado comum, seus tratados constitutivos determinam, como seu objetivo último, a conformação de uma união econômica e monetária.

(B) seu sucesso político pode ser comprovado pelas recentes adesões do Chile e da Venezuela.

(C) foi criado em 1991, pelo Tratado de Assunção. Apesar de reestruturado em 1994 pelo Tratado de Ouro Preto, constitui ainda uma união aduaneira.

(D) o Protocolo de Olivos estipula os critérios para a harmonização tributária entre seus Estados Membros, inclusive com a harmonização de tributos entre os entes federativos.

(E) em razão de dispositivo das constituições dos Estados Membros, os tratados do Mercosul têm força de emenda constitucional e aplicabilidade imediata após ratificação.

A e **C:** o Tratado de Assunção instituiu o Mercado Comum do Sul – Mercosul que é, atualmente, união aduaneira. O objetivo último é a formação de um verdadeiro mercado comum, sem previsão expressa de união monetária; **B:** o Chile é Estado Associado (não é membro) e a Venezuela encontra-se em fase de adesão; **D:** o Protocolo de Olivos trata de mecanismos e procedimentos para solução de controvérsias e instituiu o Tribunal Permanente de Revisão do Mercosul; **E:** os tratados internacionais relacionados ao Mercosul não têm força de emenda constitucional – art. 5º, § 3º, da CF.

Gabarito "C"

(Procurador da Fazenda Nacional – 2007.2 – ESAF) Sobre a ordem econômica internacional, pode-se afirmar que:

(A) a Organização para a Cooperação e Desenvolvimento Econômico (OCDE), à qual aderiu o Brasil, sucedeu ao Acordo Geral sobre Tarifas e Comércio (GATT).

(B) entre os acordos da OMC, destacam-se o Acordo sobre Comércio de Serviços (GATS) e o Acordo sobre Direitos da Propriedade Intelectual relacionados ao Comércio (TRIPS).

(C) o Brasil retirou-se da Associação Latino-Americana de Integração (ALADI), a fim de poder aderir à OCDE, uma vez que havia incompatibilidade entre os dois tratados constitutivos.

(D) a intervenção no domínio econômico, por parte da União, pressupõe autorização expressa do Comitê de Subsídios da OMC.

(E) caso ocorra algum litígio envolvendo desobediência a tratados comerciais entre Argentina e Brasil, qualquer desses países pode recorrer ao sistema de solução de controvérsias do Mercosul, podendo em seguida apelar desta decisão à Organização Mundial do Comércio (OMC).

A e **C:** incorretas. O Brasil não é membro da OCDE; **B:** a assertiva é correta; **D:** incorreta. O Brasil é soberano com relação à intervenção no domínio econômico, embora possa responder, posteriormente, por eventual violação de tratado firmado pelo país; **E:** incorreta. O Protocolo de Olivos não prevê recurso da decisão proferida pelo Tribunal Permanente de Revisão do Mercosul.

Gabarito "B"

(Procurador da Fazenda Nacional – 2007 – ESAF) Sobre as medidas de defesa comercial, conforme as normas de direito econômico internacional, é correto afirmar que:

(A) os Membros da Organização Mundial do Comércio (OMC) podem, uma vez verificadas as condições jurídicas e econômicas, aplicar medidas *antidumping*, medidas compensatórias ou medidas de salvaguardas.

(B) as medidas *antidumping* são aplicáveis, pelo país importador, quando o bem importado recebe subsídios concedidos pelo país exportador.

(C) as medidas de salvaguardas são aplicáveis somente em áreas de integração regional, a exemplo do MERCOSUL.

(D) as medidas compensatórias são aplicadas, no Brasil, pelo Banco Central, quando se verifica grande disparidade cambial entre o mercado de exportação e o câmbio praticado no Brasil.

(E) as medidas *antidumping* são determinadas, no Brasil, pelo Conselho Administrativo de Defesa Econômica, uma vez que se verifique que o ato constitui infração da ordem econômica.

A: assertiva correta, pois os acordos *antidumping*, de subsídios e medidas compensatórias, e de salvaguardas, firmados no âmbito do GATT e da OMC, permitem que os países apliquem essas medidas para proteção de seus mercados, desde que observados os requisitos, as normas e os procedimentos respectivos – Acordo *Antidumping* – Decreto 93.941/1987, Acordo de Subsídios e Direitos Compensatórios – Decreto 93.962/1987 e Acordo sobre Salvaguardas – Decreto 1.488/1995; **B:** incorreta, pois há *dumping* quando determinado produto é exportado por preço inferior ao que é normalmente praticado no mercado doméstico (pode, ou não, decorrer de subsídio concedido pelo país exportador) – art. 2°, 1, do Acordo *Antidumping*; **C:** assertiva incorreta, já que as salvaguardas referem-se à possibilidade de o país (independentemente de integrar mercado comum ou união aduaneira, caso do Mercosul) restringir temporariamente importações de determinado produto de modo a proteger a indústria local – art. 1° do Acordo sobre Salvaguardas; **D** e **E:** incorretas, pois compete à Câmara de Comércio Exterior – CAMEX fixar os direitos *antidumping* e compensatórios – art. 6° da Lei 9.019/1995.

Gabarito "A"

(Procurador da Fazenda Nacional – 2007 – ESAF) O Mercado Comum do Sul (MERCOSUL) foi criado em 1991, pelo Tratado de Assunção. Sobre o sistema de solução de controvérsias do MERCOSUL é correto afirmar que:

(A) o sistema de solução de controvérsias foi criado pelo Protocolo de Brasília, ainda em vigor e que já resolveu dezenas de litígios entre os Estados Partes do MERCOSUL.

(B) o sistema de solução de controvérsias ganhou maior efetividade após o Protocolo de Ushuaia, que passou a permitir a reclamação direta das empresas perante os tribunais arbitrais.

(C) apesar das críticas, o vigente Protocolo de Brasília mostra-se como uma norma suficiente, diante da inexistência de controvérsias resolvidas no âmbito do MERCOSUL.

(D) uma das características marcantes do Protocolo de Olivos, que atualmente regulamenta a solução de controvérsias no MERCOSUL, é permitir o recurso das decisões arbitrais ao Tribunal Permanente de Revisão.

(E) o Protocolo de Brasília foi revogado expressamente após a adesão, pelos Estados Partes do MERCOSUL, ao sistema de solução de controvérsias da Organização Mundial do Comércio.

A, **C** e **D:** o sistema de solução de controvérsias vigente é regulado primordialmente pelo Protocolo de Olivos, que instituiu o Tribunal Permanente de Revisão do Mercosul; **B:** o Protocolo de Ushuaia refere-se ao compromisso democrático – a reclamação de particulares é prevista no Protocolo de Brasília (Capítulo V) e no Protocolo de Olivos (Capítulo XI); **E:** os acordos firmados no âmbito da OMC não prejudicam o sistema de solução de controvérsias do Mercosul.

Gabarito "D"

(Procurador da Fazenda Nacional - 2004 - ESAF) O Protocolo de Fortaleza, além de harmonizar, no âmbito do Mercosul, os procedimentos de investigação, julgamento e aplicação de penalidades por infração à livre concorrência, impõe a observância da "regra da razão", a qual se aplica

(A) apenas à análise dos atos de concentração.

(B) apenas às condutas que caracterizam infração à livre concorrência.

(C) à análise dos atos de concentração e a algumas condutas que caracterizam infração à livre concorrência.

(D) à análise dos atos de concentração e a todas as condutas que caracterizam "per se" infração à ordem econômica.

(E) à análise dos atos de concentração e a todas as condutas que caracterizam infração à ordem econômica, afastadas as infrações "per se".

No âmbito do direito concorrencial, chama-se de "regra da razão" a análise individual de cada conduta potencialmente limitadora da concorrência, incluindo os atos de concentração e aquelas que caracterizam, em tese, infração à ordem econômica, a fim de verificar se há efeitos positivos para a sociedade nesta conduta. Se houver, o ato será autorizado, ainda que limite a concorrência. De outro lado, temos a regra "per se", que determina a proibição de atos de concentração e a punição por infrações à ordem econômica exclusivamente por sua tipicidade, não se questionando sobre eventuais benefícios. O MERCOSUL, por meio do Protocolo de Fortaleza, e o Brasil, nos termos da Lei n° 12.529/2011, adotam, no direito antitruste, a "regra da razão".

Gabarito "E"

(Procurador da Fazenda Nacional - 2003 - ESAF) Sobre o Mercado Comum do Sul – MERCOSUL, é correto afirmar que:

(A) o Grupo Mercado Comum constitui o seu órgão político superior.

(B) compete ao Parlamento aprovar o orçamento e a prestação de contas anual apresentada pela Secretaria Administrativa.

(C) o seu sistema de solução de controvérsias culmina com o processo arbitral, ao qual os particulares têm acesso, não sendo, pois, necessário que o Estado nacional patrocine as respectivas causas.

(D) as normas emanadas dos seus órgãos têm caráter obrigatório e efeito de aplicação direta, não havendo a necessidade de que sejam incorporadas no ordenamento jurídico dos Estados-membros.

(E) não foi originariamente dotado de personalidade jurídica própria, tornando-se organização internacional com o Protocolo de Ouro Preto, vigente desde 1995.

A: incorreta. O Grupo Mercado Comum é órgão executivo do MERCOSUL e encontra-se subordinado ao Conselho do Mercado Comum, este sim seu órgão político superior, nos termos do art. 3º do Protocolo de Ouro Preto; **B:** incorreta. Cabe ao Parlamento apenas receber o relatório da Secretaria sobre a execução orçamentária do ano anterior, não dispondo de poder decisório, nos termos do art. 4º, 19, do Protocolo Constitutivo do Parlamento do MERCOSUL; **C:** incorreta. A solução de controvérsias no âmbito do MERCOSUL, nos termos do Protocolo de Olivos, efetivamente culmina com o procedimento arbitral que pode ser iniciado por reclamação de particular. Não obstante, este procedimento depende da intervenção do Estado-parte onde o particular tem residência habitual ou sua sede de negócios, que patrocinará a causa junto ao Grupo Mercado Comum; **D:** incorreta. O MERCOSUL mantém o sistema dualista de internalização dos tratados, segundo o qual os acordos internacionais devem ser aprovados pelos países-membros para que sejam incorporados aos respectivos ordenamentos jurídicos; **E:** correta. O MERCOSUL foi criado como união aduaneira pelo Tratado de Assunção, em 1991. Apenas em 1995, com o Protocolo de Ouro Preto, é que alçou o status de organização internacional.

Gabarito "E"

5. QUESTÕES COMBINADAS E OUTROS TEMAS

(Procurador Federal – 2013 – CESPE) Acerca da intervenção do estado no domínio econômico e às parcerias público-privadas, julgue os seguintes itens.

(1) Antes da celebração de contrato de parceria público-privada, deve ser constituída sociedade de propósito específico para implantar e gerir o objeto da parceria.

(2) De acordo com dispositivo constitucional, pode o ente municipal, mediante lei específica para área incluída no plano diretor, passar a exigir, dos proprietários de solo não edificado, edificações ou parcelamentos compulsórios ou, sucessivamente, impor imposto sobre a propriedade predial e territorial urbana progressivo no tempo.

1: correta, nos termos do art. 9º da Lei nº 11.079/2004; 2: correta, nos termos do art. 182, § 4º, da Constituição Federal.

Gabarito 1C, 2C

(Procurador Federal – 2013 – CESPE) Carnes da Planície S.A. processa e vende carnes congeladas no Brasil, onde detém 60% do mercado relevante de suínos congelados, e também exporta esses produtos para diferentes países. Não obstante ela ser companhia sólida e com ações vendidas em bolsa de valores, Paulino dos Santos e Alice Nova, como seus administradores e acionistas, resolveram duplicar o faturamento da sociedade, negociando a compra e venda de dólares no mercado de câmbio futuro. Apesar de inexistir autorização nos estatutos da sociedade para tal, assim o fizeram sem consultar os demais órgãos da companhia e os agentes reguladores competentes. Ocorre que a cotação do dólar os surpreendeu, levando a que a situação financeira da Carnes da Planície S.A. beirasse a insolvência.

A respeito da situação hipotética descrita no texto e de aspectos a ela correlacionados, julgue os itens que se seguem à luz das leis a eles aplicáveis.

(1) Cabe ao Conselho Monetário Nacional fixar as diretrizes e normas da política cambial, inclusive quanto a operações em moeda estrangeira, embora ele possa conceder ao Banco Central do Brasil o monopólio das operações de câmbio.

(2) Se estiverem presentes indícios de infração da ordem econômica por parte de Carnes da Planície S.A., caberá à Secretaria de Acompanhamento Econômico, órgão do CADE, investigar os fatos e, se for o caso, representar ao tribunal daquela autarquia para que esta aplique as sanções cabíveis.

(3) A Companhia de Valores Mobiliários tem a atribuição de fiscalizar condutas empresariais de companhias abertas que atuem de modo semelhante ao praticado por Carnes da Planície S.A., caso em que deverá prevalecer a proteção ao público investidor e ao mercado de trocas econômicas.

(4) Na hipótese de a sociedade empresária ter entregado notas promissórias em garantia aos contratos de câmbio, elas permanecerão como títulos acessórios vinculados a esses contratos. Entretanto, a autonomia dessas notas será reconstituída se elas forem endossadas a terceiros de boa-fé.

1: correta, nos termos do art. 4º, V e XVIII, da Lei nº 4.595/1964; **2:** incorreta. A investigação de eventual infração à ordem econômica compete à Superintendência-Geral do CADE (art. 66 da Lei nº 12.529/2011); **3:** incorreta. A atuação dos administradores que extravase os poderes a eles conferidos pelo estatuto social acarreta a responsabilidade civil desses em relação aos acionistas, porém, não está sujeita à fiscalização da CVM; **4:** incorreta. Segundo iterativa jurisprudência do STJ, a nota promissória vinculada a contrato como garantia perde sua natureza cambial, não mais podendo circular por endosso.

Gabarito 1C, 2E, 3E, 4E

11. Direito Ambiental

Wander Garcia, Arthur Trigueiros e Eduardo Dompieri

1. CONCEITOS BÁSICOS

(Procurador do Estado/PA – 2011) Assinale a alternativa CORRETA:

(A) Podem os estados-membros, por meio de lei, autorizar a prática ou atividade esportiva com aves de raça, ainda que envolvam confronto físico entre os animais, desde que assegurada a proibição de apostas em dinheiro.

(B) A proteção constitucional ao patrimônio histórico, às manifestações culturais e ao livre exercício da liberdade de expressão, situada no mesmo nível normativo que a regra de proteção ambiental, garante a prática de atividades com mais de 100 anos de tradição, comprovadas com estudos antropológicos, ainda que possam resultar em submissão de animais a tratamentos cruéis.

(C) Os sítios arqueológicos, por constituírem patrimônio da União, não podem ser alvo de fiscalização ambiental por municípios e estados-membros.

(D) O conceito normativo de meio ambiente abrange o conjunto de condições, leis, influências e interações de ordem física, química e biológica, que permite, abriga e rege a vida em todas suas formas, não incluindo o patrimônio edificado.

(E) O meio ambiente pode ser classificado em natural, artificial, cultural, do trabalho e o patrimônio genético.

A: incorreta, pois, muito embora seja competência concorrente da União, Estados, DF e Municípios legislar sobre florestas, caça, pesca, fauna, conservação da natureza, proteção do meio ambiente (art. 24, VI, CF), bem como responsabilidade por danos ao meio ambiente (art. 24, VIII, CF), é certo que a Lei dos Crimes Ambientais (Lei 9.605/98), em seu art. 32, tipifica a conduta de maus-tratos contra os animais, motivo pelo qual os estados-membros não poderiam autorizar a prática ou atividade esportiva com aves raras, envolvendo confronto físico entre elas, o que, como dito, caracteriza crime ambiental. Ademais, a lei estadual que permitisse confronto físico entre animais seria materialmente inconstitucional, por afrontar o art. 225, §1º, VII, CF (crueldade contra os animais); **B:** incorreta, pois a defesa do meio ambiente constitui direito humano fundamental, além do que, de acordo com o art. 225, §1º, VII, da CF, é dever do Poder Público proteger a fauna e a flora, vedadas as práticas que submetam os animais à crueldade; **C:** incorreta, pois a fiscalização ambiental constitui materialização do poder de polícia ambiental, que, como sabido, é de competência comum de todos os entes federativos (art. 23, III, IV, VI e VII, CF); **D:** incorreta, pois o conceito normativo de meio ambiente, previsto no art. 3º, I, da Lei 6.938/81 (PNMA), a despeito de não tratar especificamente do patrimônio edificado, não o exclui. Ressalte-se ser clássica a classificação do meio ambiente em *natural* (ou físico), *artificial* e *cultural*. Quanto ao meio ambiente artificial, temos que se trata daquele construído pelo homem, recebendo, inclusive, tutela constitucional (art. 182, CF – política de desenvolvimento urbano); **E:** correta, visto que, de fato, a doutrina classifica o meio ambiente em natural (ou físico), artificial, cultural e do trabalho, sendo que, mais recentemente, vem-se inserindo na classificação o patrimônio genético, que, para alguns, integra o meio ambiente natural.

Gabarito "E"

(Procurador do Município/Natal-RN – 2008 – CESPE) A CF dispõe que o meio ambiente não se limita apenas ao conjunto formado por solo, água, ar atmosférico, flora e fauna, mas envolve também todos os elementos responsáveis pelo equilíbrio dinâmico entre os seres vivos e o meio em que estes vivem, formando o meio ambiente natural. A CF ainda define

I. o meio ambiente cultural, composto pelo patrimônio histórico, artístico, arqueológico, paisagístico, turístico e científico e pelas sínteses culturais que integram o universo das práticas sociais das relações de intercâmbio entre o homem e a natureza.

II. o meio ambiente artificial, constituído de edificações, equipamentos, rodovias e demais elementos que formam o espaço urbano.

III. o meio ambiente do trabalho, formado pelo conjunto dos bens, instrumentos, interações antropicossocietárias de natureza material e imaterial a partir das quais o proletariado exerce as suas atividades laborais.

Assinale a opção correta.

(A) Apenas o item I está certo.

(B) Apenas o item III está certo.

(C) Apenas os itens I e II estão certos.

(D) Apenas os itens II e III estão certos.

I: correta, pois, de fato, a CF define o meio ambiente cultural em seus arts. 215 e 216; **II:** incorreta, pois o art. 182 da CF, tratando da política urbana, não enuncia que o meio ambiente artificial seja constituído de edificações, equipamentos, rodovias e demais elementos que foram o espaço urbano. Incumbiu-se a doutrina de conceituar o meio ambiente artificial como sendo "o espaço construído pelo homem, na interação com a natureza" (WANDER GARCIA, Super-Revisão – 2012, p. 846, Ed. Foco); **III:** incorreta, pois a CF, em seu art. 200, VIII, menciona, simplesmente, que ao sistema único de saúde compete colaborar com a proteção do meio ambiente, nele incluído o do trabalho. Trata-se de simples referência ao meio ambiente do trabalho, sem, contudo, defini-lo.

Gabarito "A"

2. PATRIMÔNIO CULTURAL BRASILEIRO

(Procurador Distrital – 2014 – CESPE) Acerca do patrimônio cultural e da proteção ambiental das terras indígenas, julgue os itens que seguem.

(1) Em rol taxativo, a CF elenca os bens que constituem o patrimônio cultural brasileiro, como os conjuntos urbanos e sítios de valor histórico, paisagístico, artístico, arqueológico, paleontológico, ecológico e científico.

(2) A promoção e proteção do patrimônio cultural brasileiro é responsabilidade do poder público, com a colaboração da comunidade, por meio de inventários, registros, vigilância, tombamento e desapropriação, e de outras formas de acautelamento e preservação.

1: incorreta, pois o rol previsto no art. 216, *caput*, da CF/1988, não é taxativo (veja no *caput* a expressão "nos quais se incluem", que revela um rol exemplificativo); ademais também é patrimônio cultural brasileiro "natureza material e imaterial, tomados individualmente ou em conjunto, portadores de referência à identidade, à ação, à memória dos diferentes grupos formadores da sociedade brasileira", como outros citados nos incisos do art. 216 e que atendam ao *caput* do art. 216, tais como 'as formas de expressão', 'os modos de criar, fazer e viver' e outros; **2:** correta (art. 216, § 1º, da CF/1988).

Gabarito 1E, 2C

(Procurador do Estado/PA – 2011) Assinale a alternativa INCORRETA:

(A) A legislação brasileira protege o conhecimento tradicional das comunidades indígenas e das comunidades locais, associado ao patrimônio genético, contra a utilização e exploração ilícita e outras ações lesivas ou não autorizadas por órgão competente.

(B) Constituindo patrimônio intangível nacional, o Estado brasileiro poderá fazer uso de conhecimento tradicional das comunidades indígenas, associado ao patrimônio genético, dispensada a repartição de benefícios, sempre que o interesse coletivo assim o determinar.

(C) O conhecimento tradicional associado ao patrimônio genético integra o patrimônio cultural brasileiro e poderá ser objeto de cadastro, segundo as regras pertinentes.

(D) É reconhecido o direito das comunidades indígenas e das comunidades locais para decidir sobre o uso de seus conhecimentos tradicionais associados ao patrimônio genético.

(E) Qualquer conhecimento tradicional associado ao patrimônio genético poderá ser de titularidade da comunidade, ainda que apenas um indivíduo, membro dessa comunidade, detenha esse conhecimento

A: correta, pois, de fato, a CF, em seu art. 215, §1º, prevê que o Estado garantirá a proteção das manifestações culturais populares, indígenas e afro-brasileiras, bem como de outros grupos participantes do processo civilizatório nacional. Outrossim, o art. 8º da MP 2.186-16/2001 prevê a proteção do conhecimento tradicional das comunidades indígenas e comunidades locais, associado ao patrimônio genético, contra a utilização e exploração ilícita. Esclareça-se, por oportuno, que não se está a tratar do patrimônio genético humano, mas, sim, do patrimônio genético vegetal, fúngico, microbiano ou animal (art. 7º, I, MP 2.186-16/2001); **B:** correta, pois, havendo relevante interesse público, o Estado poderá ingressar em área pública ou privada para acesso a amostra de componente de patrimônio genético, dispensando-se, inclusive, a anuência prévia de seus titulares (art. 17, MP 2.186-16/2001); **C:** incorreta, pois, muito embora o conhecimento tradicional associado ao patrimônio genético seja, de fato, integrante do patrimônio cultural brasileiro, poderá ser objeto de cadastro de acordo com o que dispuser o Conselho de Gestão ou legislação específica (art. 8º, §2º, MP 2.186-16/2001); **D:** correta (art. 8º, §1º, MP 2.186-16/2001); **E:** correta (art. 9º, parágrafo único, MP 2.186-16/2001).

Gabarito "C"

(Procurador do Estado/PA – 2011) Analise as proposições abaixo e assinale a alternativa CORRETA:

I. A comunidade indígena e a comunidade local têm o direito de ter indicada a origem do acesso ao conhecimento tradicional em todas as publicações, utilizações, explorações e divulgações.

II. A comunidade indígena e a comunidade local têm o direito de impedir terceiros não autorizados de utilizar, realizar testes, pesquisas ou exploração, relacionados ao conhecimento tradicional associado.

III. A comunidade tradicional poderá impedir terceiro não autorizados de divulgar, transmitir ou retransmitir dados ou informações que integram ou constituem conhecimento tradicional associado.

IV. A comunidade indígena e a comunidade local não podem perceber benefícios pela exploração econômica por terceiros, direta ou indiretamente, de conhecimento tradicional associado, cujos direitos são de sua titularidade coletiva, integrando o patrimônio nacional.

V. À pessoa de boa fé que utilizar ou explorar economicamente qualquer conhecimento tradicional no País será assegurado o direito de continuar a utilização ou exploração, sem ônus, na forma e nas condições anteriores.

(A) Apenas as proposições I e III estão corretas.

(B) Apenas a proposição IV está correta.

(C) Apenas as proposições I, II e V estão corretas.

(D) Todas as proposições estão corretas.

(E) Apenas as proposições I, II e III estão corretas.

I: correta (art. 9º, I, MP 2.186-16/2001); **II:** correta (art. 9º, II, a, MP 2.186-16/2001); **III:** correta (art. 9º, II, b, MP 2.186-16/2001); **IV:** incorreta (art. 9º, III, MP 2.186-16/2001); **V:** incorreta (art. 9º, II, a, e III, MP 2.186-16/2001).

Gabarito "E"

(Procurador do Município/Cubatão-SP – 2012 – VUNESP) O Poder Público, com a colaboração da comunidade, promoverá e protegerá o patrimônio cultural brasileiro, entre outras formas, por meio de

(A) expropriação.

(B) vinculação.

(C) tombamento.

(D) embargo.

(E) notificação.

De fato, conforme dispõe o art. 216, §1º, CF, são instrumentos para a proteção do patrimônio cultural brasileiro: i) inventários; ii) registros; iii) vigilância; iv) tombamento (daí a alternativa **C** estar correta); v) desapropriação (daí a alternativa A estar incorreta). As demais alternativas (**B**, **D** e **E**) não constituem instrumentos constitucionalmente previstos para a tutela do meio ambiente cultural.

Gabarito "C"

(Procurador do Município/São Paulo-SP – 2008 – FCC) O Conpresp (Conselho Municipal de Preservação do Patrimônio Histórico, Cultural e Ambiental da Cidade de São Paulo) decidiu iniciar processo de tombamento de um imóvel situado na Avenida Angélica, na cidade de São Paulo.

NÃO se enquadra como possível "considerando" da Resolução relativa ao tombamento deste imóvel:

(A) "Considerando o valor que as peças construídas nas oficinas da residência pelo artesão e imigrante alemão que lá vivia têm para o folclore e a cultura alemãs."

(B) "Considerando o valor ambiental do conjunto residência-vegetação na paisagem local, sobretudo pela grande verticalização existente na porção final da Avenida Angélica."

(C) "Considerando o valor urbanístico definido pela implantação da construção em exíguo terreno, com características dimensionais que ainda guardam resquícios do parcelamento do solo da época colonial."

(D) "Considerando o seu valor histórico e documental com significativo testemunho de um modo de morar paulistano de classe média do início do século 20 e um dos últimos remanescentes deste tipo de moradia na região próxima do espigão da Avenida Paulista."

(E) "Considerando o valor arquitetônico e técnico-construtivo da antiga residência X, localizada na Avenida Angélica, assim conhecida devido ao seu antigo construtor e proprietário, o artesão e imigrante alemão X."

A: incorreta, pois, como é sabido, o tombamento é instrumento de proteção do patrimônio cultural brasileiro, por evidente, e não estrangeiro; **B**, **C**, **D** e **E:** corretas, pois expressam as finalidades do tombamento, com destaque para a proteção de prédios e conjuntos urbanos de valor histórico, paisagístico, arqueológico e ecológico.

Gabarito "A"

3. DIREITO AMBIENTAL CONSTITUCIONAL

(PROCURADOR DO ESTADO/MG – FUMARC – 2012) A respeito do Direito Ambiental Brasileiro, assinale a alternativa **INCORRETA:**

(A) Para assegurar a efetividade do direito ao meio ambiente, incumbe ao Poder Público definir, em todas as unidades da Federação, espaços territoriais e seus componentes a serem especialmente protegidos, sendo a alteração e a supressão permitidas através de ato do Poder Público, vedada qualquer utilização que comprometa a integridade dos atributos que justifiquem sua proteção.

(B) Todos têm direito ao meio ambiente ecologicamente equilibrado, bem de uso comum do povo e essencial à sadia qualidade de vida, impondo-se ao Poder Público e à coletividade o dever de defendê-lo e preservá- lo para as presentes e futuras gerações.

(C) A Floresta Amazônica brasileira, a Mata Atlântica, a Serra do Mar, o Pantanal Mato-Grossense e a Zona Costeira são patrimônio nacional, e sua utilização far-se-á, na forma da lei, dentro de condições que assegurem a preservação do meio ambiente, inclusive quanto ao uso dos recursos naturais.

(D) São indisponíveis as terras devolutas ou arrecadadas pelos Estados, por ações discriminatórias, necessárias à proteção dos ecossistemas naturais.

(E) As usinas que operem com reator nuclear deverão ter sua localização definida em lei federal, sem o que não poderão ser instaladas.

A: incorreta, pois a alteração e a supressão de espaços territoriais especialmente protegidos somente são permitidas por meio de lei (art. 225, §1º, III, CF); **B:** correta (art. 225, *caput*, CF); **C:** correta, visto que, de fato, a Floresta Amazônica, a Mata Atlântica, a Serra do Mar, o Pantanal Mato-Grossense e a Zona Costeira são considerados patrimônio nacional especialmente protegidos (art. 225, §4º, CF), não tendo havido, em nível constitucional, a inserção do Cerrado e da Caatinga; **D:** correta (art. 225, §5º, CF); **E:** correta (art. 225, § 6º, CF).

Gabarito "A"

(Procurador do Estado/MT – FCC – 2011) Considere os seguintes requisitos:

I. Aproveitamento racional e adequado.

II. Utilização adequada dos recursos naturais disponíveis.

III. Preservação do meio ambiente.

IV. Observância da legislação trabalhista.

V. Exploração que favoreça o bem-estar dos proprietários e dos trabalhadores.

Cumpre a função social a propriedade rural que atende simultaneamente aos requisitos

(A) I, II, III, IV e V.

(B) I, II, III e IV, apenas.

(C) I, II, III e V, apenas.

(D) I, II, IV e V, apenas.

(E) I, III, IV e V, apenas.

De acordo com o art. 186, CF, a função social é cumprida quando a propriedade rural atende, simultaneamente, segundo critérios e graus de exigência estabelecidos em lei, aos seguintes requisitos: I – aproveitamento racional e adequado; II – utilização adequada dos recursos naturais disponíveis e preservação do meio ambiente; III – observância das disposições que regulam as relações de trabalho; IV – exploração que favoreça o bem-estar dos proprietários e dos trabalhadores. Corretas, portanto, as assertivas I, II, III, IV e V.

Gabarito "A"

(Procurador do Estado/PA – 2011) Analise as proposições abaixo e assinale a alternativa CORRET**A:**

I. A Floresta Amazônica brasileira, a Mata Atlântica, a Serra do Mar, o Pantanal Mato-Grossense, o Cerrado e a Zona Costeira são patrimônio nacional, e sua utilização far-se-á, na forma da lei, dentro de condições que assegurem a preservação do meio ambiente, inclusive quanto ao uso dos recursos naturais

II. As condutas e atividades consideradas lesivas ao meio ambiente sujeitarão os infratores, pessoas físicas ou jurídicas, a sanções penais e administrativas, independentemente da obrigação de reparar os danos causados.

III. Aquele que explorar recursos minerais fica obrigado a recuperar o meio ambiente degradado, de acordo com solução técnica exigida pelo órgão público competente, na forma da lei.

IV. Cabe à União definir, em todas as unidades da Federação, espaços territoriais e seus componentes a serem especialmente protegidos, sendo a alteração e a supressão permitidas somente através de lei, vedada qualquer utilização que comprometa a integridade dos atributos que justifiquem sua proteção.

V. Compete ao Poder Público controlar a produção, a comercialização e o emprego de técnicas, métodos e substâncias que comportem risco para a vida, a qualidade de vida e o meio ambiente.

(A) Apenas as proposições I e III estão corretas.

(B) Apenas a proposição IV está correta.

(C) Apenas as proposições I, IV e V estão corretas.

(D) Todas as proposições estão corretas.

(E) Apenas as proposições II, III e V estão corretas.

I: incorreta, pois o art. 225, §4º, CF, não incluiu entre os patrimônios nacionais o Cerrado (bem como, oportuno registrar, a Caatinga); **II:** correta, pois o art. 225, §3º, CF, prevê que as condutas lesivas ao meio ambiente sujeitarão os infratores, pessoas físicas ou jurídicas, a uma tríplice dimensão sancionatória (penal, civil e administrativa); **III:** correta (art. 225, § 2º, CF); **IV:** incorreta, pois, de acordo com o art. 225, §1º, III, CF, compete ao Poder Público (e não somente à União), definir, em todas as unidades federativas, espaços territoriais especialmente protegidos; **V:** correta (art. 225, § 1º, V, CF).

Gabarito "E"

(Procurador do Estado/PR – UEL-COPS – 2011) A função social da propriedade contém alguns requisitos, dentre os quais o requisito ambiental, chamado por alguns autores de função socioambiental da propriedade. Sobre a matéria, pode-se afirmar:

(A) a propriedade que descumpre sua função socioambiental está sujeita a sanções, inclusive, dependendo do bem, à chamada desapropriação-sanção, que é a desapropriação com pagamento da indenização em títulos;

(B) a desapropriação sanção por descumprimento da função social da propriedade somente pode ser aplicada por desatenção ao seu elemento econômico, consubstanciado na produtividade do bem, o que exclui o desatendimento à função socioambiental;

(C) a função social da propriedade corresponde à obrigação genérica de proteger e preservar o meio ambiente, inscrita no *caput* do art. 225 da Constituição Federal de 1988;

(D) os requisitos previstos no art. 186 da Constituição Federal de 1988, referentes aos imóveis rurais, que incluem a função socioambiental da propriedade, aplicam-se a todos os demais bens, que deverão observá-los, simultaneamente e segundo critérios e graus de exigência estabelecidos em lei;

(E) a função socioambiental da propriedade somente deve ser observada pelos imóveis rurais, não se aplicando a nenhuma outra espécie de bem.

A: correta, pois, de fato, a propriedade que descumpre sua função socioambiental estará sujeita, dentre outras, à denominada desapropriação-sanção, que se verifica possível, por exemplo, nos termos do art. 182, §4º, III, CF, quando o Poder público municipal constatar que um imóvel urbano não foi edificado, ou está subutilizado ou não utilizado, hipótese em que será admitida a desapropriação com pagamento mediante títulos da dívida pública, com prazo de resgate de até dez anos (vide, também, art. 8º do Estatuto da Cidade – Lei 10.257/01); **B:** incorreta, pois, como visto na alternativa anterior, a desapropriação-sanção de imóveis urbanos é possível por sua não utilização ou subutilização, não guardando relação com a improdutividade, que poderia ser visualizada no caso das propriedades rurais, também passíveis de desapropriação-sanção por desatendimento de sua função socioambiental (art. 184, CF); **C:** incorreta, visto que a função socioambiental da propriedade não diz respeito, simplesmente, ao dever do Estado (*lato sensu*) e de toda população na preservação do meio ambiente, mas, sim, de dar um uso/destinação sustentável à propriedade privada, visando não apenas ao bem-estar do proprietário, mas, também, de toda a coletividade; **D:** incorreta, pois o art. 186, CF, diz respeito aos imóveis rurais, não abarcando, por evidente, os urbanos, tratados em capítulo próprio (arts. 182 e 183, CF); **E:** incorreta, pois a função socioambiental da propriedade deve estar presente nos imóveis rurais e urbanos (arts. 182, §2º e 184, *caput*, CF).

Gabarito "A"

(Procurador do Estado/PR – UEL-COPS – 2011) A Constituição Federal de 1988, em seu artigo 231, reconhece aos índios sua organização social, costumes, línguas, crenças e tradições, e os direitos originários sobre as terras que tradicionalmente ocupam, competindo à União demarcá-las, proteger e fazer respeitar todos os seus bens. Nesse contexto, pode-se afirmar:

(A) as terras tradicionalmente ocupadas pelos índios destinam-se a sua propriedade permanente, cabendo-lhes o usufruto exclusivo das riquezas do solo, dos rios e dos lagos nelas existentes;

(B) as florestas que integram o patrimônio indígena estão sujeitas ao regime de preservação permanente, razão pela qual não se admite a exploração dos seus recursos florestais, ainda que visando à subsistência de suas próprias comunidades;

(C) na relação jurídica que identifica o regime constitucional das terras indígenas, os povos são apenas depositários de bens que se transferem entre distintas gerações, sendo a posse indígena, portanto, uma relação intertemporal;

(D) as terras tradicionalmente ocupadas pelos índios são inalienáveis e indisponíveis, mas os direitos sobre elas são prescritíveis;

(E) o Refúgio da Vida Silvestre, por ser uma unidade de proteção integral, poderá sobrepor-se às terras tradicionalmente ocupadas pelos índios, restringindo, mas não impedindo, o usufruto das riquezas do solo, dos rios e dos lagos nelas existentes.

A: incorreta, pois o art. 231, § 2º, CF, prescreve que as terras tradicionalmente ocupadas pelos índios destinam-se a sua *posse* permanente, e não propriedade; **B:** incorreta, pois, por evidente, ainda que recebam proteção ambiental, as florestas que integrem o patrimônio indígena poderão ser por eles exploradas, desde que de forma sustentável, sem natureza predatória. Tal era previsto no antigo Código Florestal (art. 3º-A, inserido pela MP 2.166-67/2001), dispositivo que não foi reproduzido na Lei 12.651/2012 ("Novo Código Florestal"). Contudo, permanece a mesma *ratio* da antiga legislação, qual seja, a de que será admitida a exploração de recursos naturais pelos indígenas nas florestas de suas terras, desde que, repita-se, de forma sustentável, não predatória; **C:** correta, pois, de fato, os arts. 231 e 232 da CF reconhecem o direito às comunidades indígenas à posse permanente sobre as terras tradicionalmente por eles ocupadas, "*revelando-se o indigenato o fundamento da sua posse constitucional especial, sendo mais que um direito adquirido, pois já nasceu com os silvícolas como um direito natural reconhecido pelo ordenamento jurídico brasileiro*" (FREDERICO AMADO, Direito Constitucional Esquematizado, 3ª edição, Ed. Método – 2012); **D:** incorreta (art. 231, §4º, CF); **E:** incorreta, pois o art. 231, §2º, CF, prevê o usufruto exclusivo das riquezas das terras ocupadas tradicionalmente pelos índios, não podendo haver qualquer restrição em virtude da criação de uma Unidade de Conservação, ainda que de proteção integral.

Gabarito "C"

(Procurador do Estado/PR – UEL-COPS – 2011) Sobre o direito fundamental ao meio ambiente ecologicamente equilibrado, estabelecido no *caput* do artigo 225 da Constituição Federal de 1988, é correto afirmar:

(A) trata-se de um direito de natureza difusa que se consolida a partir da soma de direitos individuais;

(B) trata-se de um direito difuso, sendo este compreendido como transindividual, de natureza indivisível, de que sejam titulares pessoas indeterminadas ligadas entre si por uma relação jurídica de base;

(C) trata-se de um direito difuso, sendo este compreendido como transindividual, de natureza indivisível, de que sejam titulares pessoas indeterminadas e ligadas por circunstâncias de fato;

(D) trata-se de um direito de natureza coletiva que se consolida a partir da soma de direitos individuais;

(E) trata-se de um direito coletivo, sendo este compreendido como transindividual, de natureza indivisível, de que seja titular um grupo, categoria ou classe de pessoas ligadas entre si por circunstâncias de fato.

A assinalação da alternativa correta exige do candidato o conhecimento da definição legal de bens ou direitos difusos, coletivos e individuais homogêneos, previstos, respectivamente, nos incisos I, II e III, parágrafo único, do art. 81 do Código de Defesa do Consumidor (CDC): I – interesses ou direitos difusos, assim entendidos, para efeitos deste código, os transindividuais, de natureza indivisível, de que sejam titulares pessoas indeterminadas e ligadas por circunstâncias de fato; II – interesses ou direitos coletivos, assim entendidos, para efeitos deste código, os transindividuais, de natureza indivisível de que seja titular grupo, categoria ou classe de pessoas ligadas entre si ou com a parte contrária por uma relação jurídica base; III – interesses ou direitos individuais homogêneos, assim entendidos os decorrentes de origem comum. Não há dúvidas de que o meio ambiente é um direito de natureza difusa, razão pela qual já podemos excluir, de plano, as alternativas **D** e **E**. Logo, ficamos entre as alternativas **A**, **B** e **C**. A alternativa A pode ser, também, até por bom senso, excluída, visto que a natureza difusa de um direito não tem como origem a soma de direitos individuais (explicação esdrúxula!). Correta, pois, a alternativa **C**, visto que um direito será considerado difuso quando sua natureza for indivisível e a titularidade for de pessoas indeterminadas e ligadas por uma mesma situação fática. A alternativa **B** diz respeito ao conceito de direitos coletivos.

Gabarito "C"

(Procurador do Estado/SC – 2010 – FEPESE) A proteção ao meio ambiente está assim definida na Constituição Federal.

(1) Aquele que explorar recursos minerais fica obrigado a recuperar o meio ambiente degradado, de acordo com solução técnica exigida pelo órgão público competente, na forma da lei.

(2) As condutas e atividades consideradas lesivas ao meio ambiente sujeitarão apenas as pessoas físicas a sanções penais e administrativas, independentemente da obrigação de reparar os danos causados.

(3) A Floresta Amazônica brasileira, a Mata Atlântica, a Serra do Mar, o Pantanal Mato-Grossense e a Zona Costeira são patrimônio nacional, e sua utilização far-se-á, na forma da lei, dentro de condições que assegurem a preservação do meio ambiente, inclusive quanto ao uso dos recursos naturais.

(4) As usinas que operem com reator nuclear deverão ter sua localização definida em lei complementar municipal, sem o que não poderão ser instaladas.

(5) São indisponíveis as terras devolutas ou arrecadadas pelos Estados, por ações discriminatórias, necessárias à proteção dos ecossistemas naturais.

Assinale a alternativa que indica todas as afirmativas **corretas**.

(A) São corretas apenas as afirmativas 1 e 3.

(B) São corretas apenas as afirmativas 1 e 4.

(C) São corretas apenas as afirmativas 1, 3 e 5.

(D) São corretas apenas as afirmativas 2, 4 e 5.

(E) São corretas apenas as afirmativas 2, 3, 4 e 5.

1: correta (art. 225, § 2º, da CF); **2:** incorreta, pois a Constituição não traz essa limitação (art. 225, § 3º, da CF); **3:** correta (art. 225, § 4º, da CF); **4:** incorreta, pois essa localização deve ser em lei ordinária federal (art. 225, § 6º,CF); **5:** correta (art. 225, § 5º, CF).

Gabarito "C"

(Procurador do Estado/SP – VUNESP – 2005) Analise as seguintes assertivas:

I. Compete privativamente à União legislar sobre direito ambiental.

II. A proteção ao meio ambiente é comum à União, aos Estados, ao Distrito Federal e aos Municípios.

III. Compete concorrentemente à União, aos Estados e ao Distrito Federal legislar sobre responsabilidade por dano ambiental.

IV. Legislar sobre proteção da fauna é privativo da União.

V. Os Municípios têm a atribuição de exercer o poder de polícia administrativo no combate à poluição.

Considerando as assertivas, é correto dizer que

(A) são corretas as assertivas II e III e incorretas as assertivas I, IV e V.

(B) são corretas as assertivas I, II e III e incorretas as assertivas IV e V.

(C) são corretas as assertivas I e V e incorretas as assertivas II, III e IV.

(D) são corretas as assertivas II, III e V e incorretas as assertivas I e IV.

(E) é correta a assertiva III e incorretas as assertivas I, II, IV e V.

I: incorreta, pois a competência legiferante em matéria ambiental, sabidamente, é concorrente (art. 24, VI, VII e VIII, CF); **II:** correta (art. 23, III, IV, VI e VII, CF); **III:** correta (art. 24, VIII, CF); **IV:** incorreta, pois a competência legiferante, no caso, é concorrente entre a União, Estados e DF (art. 24, VI, CF); **V:** correta (art. 23, VI, CF).

Gabarito "D"

(Procurador do Município/São Paulo-SP – 2008 – FCC) O meio ambiente ecologicamente equilibrado

(A) não é considerado pela Constituição Federal como bem, porque se acha fora do comércio.

(B) é considerado pela Constituição Federal como bem público, cuja defesa compete exclusivamente à União.

(C) não se considera bem de uso comum do povo, porque sua defesa impõe restrições ao direito de propriedade.

(D) se insere entre os bens dominiais da União, mas cuja defesa compete, também, aos Estados, aos Municípios e ao Distrito Federal.

(E) constitui bem de uso comum do povo, impondo-se ao poder público e à coletividade o dever de defendê-lo e preservá-lo.

A: incorreta, pois, como é sabido e ressabido, o meio ambiente é considerado bem de uso comum do povo (art. 225, *caput*, CF), tendo uma titularidade difusa; **B:** incorreta, visto que o meio ambiente não pode ser classificado da forma "tradicional" (bem público e bem privado). Como dito no comentário à alternativa anterior, o bem ambiental é de natureza difusa (bem de uso comum do povo); **C:** incorreta (art. 225, *caput*, CF), visto que o meio ambiente ecologicamente equilibrado é, sim, considerado pela CF como um bem de uso comum do povo; **D:** incorreta (art. 225, *caput*, CF), pois o meio ambiente ecologicamente equilibrado não é bem dominical, mas, como visto, de uso comum do povo (natureza difusa); **E:** correta (art. 225, *caput*, CF).

Gabarito "E"

(Procurador do Município/Recife-PE – 2008 – FCC) De acordo com o art. 225, §4º, da Constituição da República Federativa do Brasil, "a Floresta Amazônica Brasileira, a Mata Atlântica, a Serra do Mar, o Pantanal Mato-Grossense e a Zona Costeira são patrimônio nacional, e sua utilização far-se-á, na forma da lei, dentro de condições que assegurem a preservação do meio ambiente, inclusive quanto ao uso dos recursos naturais". Deflui desse dispositivo que os biomas e regiões ali mencionados são

(A) considerados unidades de conservação tão só pela norma constitucional, seguindo o regime da Lei nº 9.985/00.

(B) automaticamente desapropriados, cabendo ao poder público competente promover a medida judicial cabível.

(C) transferidos *ipso iure* ao patrimônio público, independentemente de nova medida.

(D) espaços onde a supressão de vegetação natural é proibida por disposição constitucional, embora a lei possa permiti-la em casos que especificar.

(E) tidos como objeto de preocupação especial pelo constituinte, muito embora tenha este remetido à lei a disciplina de seu uso e exploração.

A: incorreta, pois a Floresta Amazônica Brasileira, a Mata Atlântica, a Serra do Mar, o Pantanal Matogrossense e a Zona Costeira não são unidades de conservação, assim consideradas aquelas constantes da Lei do Sistema Nacional de Unidades de Conservação da Natureza – SNUC (Lei 9.985/00), mas espaços territoriais especialmente protegidos pela CF (art. 225, §4º), tratando-se de Biomas com tutela constitucional; **B:** incorreta, pois a tutela constitucional dos biomas referidos no enunciado da questão não impõe a exigência de desapropriação, até porque se tratam de patrimônios nacionais; **C:** incorreta, pois, como visto na alternativa anterior, o Constituinte declarou referidos biomas como um patrimônio nacional (de titularidade difusa, e não de determinado ente federado); **D:** incorreta, pois a CF, em seu art. 225, §4º, não veda a supressão de vegetação natural, mas, sim, remete a sua utilização na forma estabelecida em lei, desde que assegurada a proteção do meio ambiente, inclusive quanto à utilização de recursos naturais; **E:** correta (art. 225, §4º, CF).

Gabarito "E"

(Advogado da União/AGU – CESPE – 2012) Com relação ao meio ambiente e aos interesses difusos e coletivos, julgue o item abaixo.

(1) Apesar de a floresta amazônica, a mata atlântica, a serra do Mar, o pantanal mato-grossense e a zona costeira serem, conforme dispõe a CF, patrimônio nacional, não há determinação constitucional que converta em bens públicos os imóveis particulares situados nessas áreas.

1: correta, pois, de fato, o art. 225, §4º, CF, não prescreve, em momento algum, que referidos biomas imporão aos proprietários de imóveis particulares neles situados a sua expropriação, convertendo-os em bens públicos.

Gabarito 1C

(ADVOGADO – PETROBRÁS – 2012 – CESGRANRIO) Sobre as normas de proteção ao meio ambiente em vigor, considere as afirmativas abaixo.

I. A desapropriação de imóvel rural que não esteja utilizando adequadamente os recursos naturais disponíveis deverá ser feita mediante prévia e justa indenização em dinheiro.

II. Os princípios da precaução e da prevenção objetivam evitar a ocorrência ou ameaça de danos ao meio ambiente.

III. O direito ao meio ambiente ecologicamente equilibrado é considerado como um direito fundamental de terceira geração.

É correto o que se afirma em

(A) I, apenas.

(B) III, apenas.

(C) I e II, apenas.

(D) II e III, apenas.

(E) I, II e III.

I: incorreta (art. 184, *caput*, CF), visto que a indenização será feita mediante títulos da dívida agrária; **II:** correta, pois, de fato, os princípios da prevenção e precaução constituem mecanismos de proteção da qualidade ambiental, impondo à coletividade e ao poder público a tomada de providências tendentes a evitar a causação de danos, quando estes forem de ocorrência certa (prevenção) ou nos casos em que determinadas atividades ou empreendimentos revelarem uma incerteza científica sobre a geração de danos ambientais (precaução); **III:** correta, pois o meio ambiente, considerado um bem difuso, insere-se na tradicional classificação dos direitos fundamentais em gerações (*in casu*, um direito de terceira geração, que trata, exatamente, dos direitos difusos e coletivos).

Gabarito "D"

(ADVOGADO – PETROBRÁS – DISTRIB. – 2010 – CESGRANRIO) Considere as afirmações a seguir acerca das normas ambientais brasileiras.

I. As pessoas jurídicas podem ser responsabilizadas administrativa, civil e penalmente por danos ambientais, sendo que, para a reparação destes, prescinde-se da existência de culpa.

II. O meio ambiente é um bem de uso comum do povo, que deve ser preservado para as presentes e futuras gerações, e o Ministério Público tem legitimidade para ajuizar Ação Civil Pública para apurar responsabilidade civil por danos causados ao meio ambiente.

III. A União, os estados e os municípios possuem competência comum para proteger o meio ambiente e combater a poluição em qualquer de suas formas, devendo ser editada lei complementar que estabeleça normas para cooperação entre os entes federativos.

IV. Em que pese destacar sua importância para a sadia qualidade de vida da coletividade, o Supremo Tribunal Federal (STF) entendeu que o direito ao meio ambiente ecologicamente equilibrado não é um direito de terceira geração.

V. A inversão do ônus da prova em ação civil pública de responsabilidade por danos causados ao meio ambiente foi refutada recentemente pelo STJ.

São corretas APENAS as afirmativas

(A) I e IV.

(B) II e III.

(C) III e IV.

(D) I, II e III.

(E) I, II e V.

I: correta, pois, de fato, os causadores de danos ambientais, sejam pessoas físicas ou jurídicas, estarão sujeitos a uma tríplice responsabilidade (penal, civil e administrativa), conforme dispõe o art. 225, §3º, CF, sendo certo que a responsabilidade civil por danos ambientais dispensa a demonstração ou existência de culpa (responsabilidade civil objetiva – art. 14, §1º, Lei 6.938/81 e art. 3º, Lei 9.605/98); **II:** correta, pois é verdade que o meio ambiente é bem de uso comum do povo, devendo ser preservado para as presentes e futuras gerações (direito intergeracional), conforme preconiza o art. 225, *caput*, CF, sendo que um dos instrumentos processuais para sua proteção é a ação civil pública, que tem como um de seus colegitimados o Ministério Público (art. 5º, I, Lei 7.347/85); **III:** correta (art. 23, parágrafo único, CF; LC 140/11); **IV:** incorreta, visto que já faz muito tempo que o STF considera o direito ao meio ambiente ecologicamente equilibrado como um direito de terceira geração (por todos, confira-se: MS 22.164, Rel. Min. Celso de Mello, julgamento em 30-10-1995, Plenário, DJ de17-11-1995); **V:** incorreta, pois o STJ, ao contrário, tem posição firme no sentido de que é admissível a inversão do ônus da prova em ação civil pública ambiental (vide RESP 883.656 – RS).

Gabarito "D"

(ADVOGADO – BNDES – 2010 – CESGRANRIO) No que se refere à tutela constitucional do meio ambiente e aos princípios orientadores do Direito Ambiental, sabe-se que a(o)

(A) ordem econômica brasileira deve observar o princípio da defesa do meio ambiente, embora não se admita tratamento diferenciado quanto ao impacto ambiental dos produtos e serviços e de seus processos de elaboração e prestação.

(B) competência legislativa em matéria ambiental é concorrente entre União, Estados e Distrito Federal, cabendo aos Estados editar normas gerais sobre florestas, caça, pesca, fauna, conservação da natureza, defesa do solo e dos recursos naturais, proteção do meio ambiente, controle da poluição e responsabilidade por dano ao meio ambiente.

(C) ausência de certeza científica absoluta não será utilizada como razão para o adiamento de medidas economicamente viáveis para prevenir a degradação ambiental, quando houver ameaça de danos graves ou irreversíveis, considerando-se o princípio da prevenção.

(D) efetividade do direito ao meio ambiente ecologicamente equilibrado é assegurada pelo Poder Público, ao exigir licenciamento ambiental e estudo prévio de impacto ambiental para instalação de todas as obras ou atividades potencialmente causadoras de degradação do meio ambiente.

(E) cumprimento da função social da propriedade rural depende, dentre outros requisitos, da utilização adequada dos recursos naturais disponíveis e da preservação do meio ambiente.

A: incorreta (art. 170, VI, CF); **B:** incorreta, pois o art. 24, §1°, CF, estabelece que havendo competência legislativa concorrente de todos os entes federados, caberá à União editar normas gerais, cabendo aos Estados a competência suplementar (art. 24, §2°, CF), salvo se inexistir lei federal sobre normas gerais, quando, então, os Estados terão competência legislativa plena para atendimento de suas peculiaridades (art. 24, §3°, CF); **C:** incorreta, pois a definição contida na alternativa diz respeito ao princípio da precaução (e não da prevenção), previsto como o 15° princípio da ECO 92; **D:** incorreta, pois embora o licenciamento ambiental seja exigido para as obras ou atividades potencialmente causadoras de degradação ambiental, o estudo prévio de impacto ambiental – EPIA ou EIA – somente será exigido quando houver ameaça de significativa degradação do meio ambiente (art. 225, §1°, IV, CF); **E:** correta (art. 186, II, CF).

Gabarito "E"

(ADVOGADO – PETROBRÁS DISTRIB. – 2008 – CESGRANRIO) A Constituição Federal de 1988 dedicou um capítulo específico para a tutela ambiental, inserido no título "Da Ordem Social". Além dessa, há outras referências ao meio ambiente ao longo de todo o texto constitucional. O que determina a Constituição Federal a respeito da tutela do meio ambiente?

(A) Nos termos do artigo 24, inciso VI, da Constituição Federal, compete à União, aos Estados, aos Municípios e ao Distrito Federal legislar concorrentemente sobre florestas, caça, pesca, fauna, conservação da natureza, defesa do solo e dos recursos naturais, proteção do meio ambiente e controle da poluição.

(B) Tendo em vista o disposto no artigo 170 da Constituição Federal, pode-se afirmar que o ordenamento jurídico brasileiro privilegia o desenvolvimento econômico em detrimento da defesa do meio ambiente equilibrado.

(C) O direito ao meio ambiente ecologicamente equilibrado é considerado direito humano fundamental e sua garantia está relacionada ao respeito à dignidade da pessoa humana.

(D) A competência executiva em matéria ambiental está prevista no artigo 23, inciso VI, da Constituição Federal, que atribui concorrentemente à União e aos Estados o papel de proteger o meio ambiente e de combater a poluição em qualquer de suas formas.

(E) A Constituição Federal dispõe que o poder público deve exigir a elaboração e apresentação de Estudo Prévio de Impacto Ambiental para a instalação de todas as obras ou atividades potencialmente poluidoras ou capazes de causar degradação da qualidade ambiental.

A: incorreta, pois o art. 24, *caput*, da CF, prevê ser competência concorrente da União, Estados e DF legislar concorrentemente sobre as matérias previstas nos incisos I a XVI, não havendo menção aos Municípios (muito embora seja perfeitamente possível legislação municipal dispondo sobre meio ambiente – art. 30, I e II, CF); **B:** incorreta, pois é princípio da ordem econômica a defesa do meio ambiente (art. 170, VI, CF); **C:** correta, pois, inegavelmente, sendo o meio ambiente ecologicamente equilibrado um bem de uso comum do povo, essencial à qualidade de vida (art. 225, *caput*, CF), não há dúvidas de que integra (e se inter-relaciona com) a dignidade da pessoa humana, tratando-se de um direito fundamental de terceira geração (ou dimensão); **D:** incorreta, pois, como é sabido, a competência executiva (também chamada de material, ou administrativa, ou comum) em matéria ambiental é da União, Estados, DF e Municípios, e não, somente, da União e Estados (art. 23, CF); **E:** incorreta, pois o estudo prévio de impacto ambiental – EPIA ou EIA – somente será exigido das obras ou atividades capazes de causar significativa degradação ambiental (art. 225, § 1°, IV, CF).

Gabarito "C"

(ADVOGADO – ELETROBRÁS – 2006 – NCE/UFRJ) A Constituição Federal exige, expressamente, estudo prévio de impacto ambiental para:

(A) criação de bens de uso comum do povo;

(B) alienação de terreno de propriedade privada em área de proteção ambiental;

(C) perícias em crimes ambientais praticados contra a fauna e flora que coloquem em risco sua função ecológica;

(D) propositura de ação civil pública quando por associação constituída há menos de um ano;

(E) instalação de obra ou atividade potencialmente causadora de significativa degradação do meio ambiente.

De fato, o estudo prévio de impacto ambiental (EPIA ou EIA), nos termos do art. 225, §1°, IV, da CF, somente será exigido para a instalação de obras ou atividades potencialmente causadoras de significativa degradação do meio ambiente.

Gabarito "E"

4. PRINCÍPIOS DO DIREITO AMBIENTAL

Segue um resumo sobre Princípios do Direito Ambiental:

1. **Princípio do desenvolvimento sustentado:** *determina a harmonização entre o desenvolvimento econômico e social e a garantia da perenidade dos recursos ambientais*. Tem raízes na Carta de Estocolmo (1972) e foi consagrado na ECO-92.

2. **Princípio do poluidor-pagador:** *impõe ao poluidor tanto o dever de prevenir a ocorrência de danos ambientais, como o de reparar integralmente eventuais danos que causar com sua conduta*. O princípio não permite a poluição, conduta absolutamente vedada e passível de diversas e severas sanções. Ele apenas reafirma o dever de prevenção e de reparação integral por parte de quem pratica atividade que possa poluir. Esse princípio **também** impõe ao empreendedor a internalização das externalidades ambientais negativas das atividades potencialmente poluidoras, buscando evitar a socialização dos ônus (ou seja, que a sociedade pague pelos danos causados pelo empreendedor) e a privatização dos bônus (ou seja, que somente o empreendedor ganhe os bônus de gastar o meio ambiente).

3. **Princípio da obrigatoriedade da intervenção estatal:** *impõe ao Estado o dever de garantir o meio ambiente ecologicamente equilibrado*. O princípio impõe ao poder público a utilização de diversos instrumentos para proteger o meio ambiente, que serão vistos em capítulo próprio.

4. **Princípio da participação coletiva ou da cooperação de todos:** *impõe à coletividade (além do Estado) o dever de garantir e participar da proteção do meio ambiente*. O princípio cria deveres (preservar o meio ambiente) e direitos (participar de órgãos colegiados e audiências públicas, p. ex.) às pessoas em geral.

5. **Princípio da responsabilidade objetiva e da reparação integral:** *impõe o dever de qualquer pessoa responder integralmente pelos danos que causar ao meio ambiente, independentemente de prova de culpa ou dolo*. Perceba que a proteção é dupla. Em primeiro lugar, fixa-se que a responsabilidade é objetiva, o que impede que o causador do dano deixe de ter a obrigação de repará-lo sob o argumento de que não agiu com culpa ou dolo. Em segundo lugar, a obrigação de reparar o dano não se limita a pagar uma indenização, mas impõe que a reparação seja específica, isto é, deve-se buscar a restauração ou recuperação do bem ambiental lesado, procurando, assim, retornar à situação anterior.

6. **Princípio da prevenção:** *impõe à coletividade e ao poder público a tomada de medidas prévias para garantir o meio ambiente ecologicamente equilibrado para as presentes e futuras gerações*. A doutrina faz uma distinção entre este princípio e o **princípio da precaução**. **O princípio da prevenção** incide naquelas hipóteses em que se tem **certeza** de que dada conduta causará um dano ambiental. O princípio da prevenção atuará de forma a evitar que o dano seja causado, impondo licenciamentos, estudos de impacto ambiental, reformulações de projeto, sanções administrativas etc. A ideia aqui é eliminar os perigos já comprovados. Já o **princípio da precaução** incide naquelas hipóteses de **incerteza científica** sobre se dada conduta pode ou não causar um dano ao meio ambiente. O princípio da precaução atuará no sentido de que, na dúvida, deve-se ficar com o meio ambiente, tomando as medidas adequadas para que o suposto dano de fato não ocorra. A ideia aqui é eliminar que o próprio perigo possa se concretizar.

7. **Princípio da educação ambiental:** *impõe ao poder público o dever de promover a educação ambiental em todos os níveis de ensino e a conscientização pública para a preservação do meio ambiente*. Perceba que a educação ambiental deve estar presente em todos os níveis de ensino e, que, além do ensino, a educação ambiental deve acontecer em programas de conscientização pública.

8. **Princípio do direito humano fundamental:** *garante que os seres humanos têm direito a uma vida saudável e produtiva, em harmonia com o meio ambiente*. De acordo com o princípio, as pessoas têm direito ao meio ambiente ecologicamente equilibrado.

9. **Princípio da ubiquidade:** *impõe que as questões ambientais devem ser consideradas em todas as atividades humanas*. Ubiquidade quer dizer existência concomitantemente em todos os lugares. De fato, o meio ambiente está em todos os lugares, de modo que qualquer atividade deve ser feita com respeito à sua proteção e promoção.

10. **Princípio do usuário-pagador:** *as pessoas que usam recursos naturais devem pagar por tal utilização*. Esse princípio difere do princípio do poluidor-pagador, pois o segundo diz respeito a condutas ilícitas ambientalmente, ao passo que o primeiro a condutas lícitas ambientalmente. Assim, aquele que polui (conduta ilícita), deve reparar o dano, pelo princípio do poluidor-pagador. Já aquele que usa água (conduta lícita) deve pagar pelo seu uso, pelo princípio do usuário-pagador. A ideia é que o usuário pague com o objetivo de incentivar o uso racional dos recursos naturais, além de fazer justiça, pois há pessoas que usam mais e pessoas que usam menos dados recursos naturais.

11. **Princípio da informação e da transparência das informações e atos:** *impõe que as pessoas têm direito de receber todas as informações relativas à proteção, preventiva e repressiva, do meio ambiente*. Assim, pelo princípio, as pessoas têm direito de consultar os documentos de um licenciamento ambiental, assim como têm direito de participar de consultas e de audiências públicas em matéria de meio ambiente.

12. **Princípio da função socioambiental da propriedade:** *a propriedade deve ser utilizada de modo*

sustentável, com vistas não só ao bem-estar do proprietário, mas também da coletividade como um todo.

13. **Princípio da equidade geracional:** *é as presentes e futuras gerações têm os mesmos direitos quanto ao meio ambiente ecologicamente equilibrado.* Assim, a utilização de recursos naturais para a satisfação das necessidades atuais não deverá comprometer a possibilidade das gerações futuras satisfazerem suas necessidades. O princípio impõe, também, equidade na distribuição de benefícios e custos entre gerações, quanto à preservação ambiental.

(Procurador do Estado/BA – 2014 – CESPE) No que se refere ao direito ambiental, julgue os itens a seguir.

(1) O acesso à informação ambiental é um princípio de direito ambiental previsto tanto na CF quanto em normas infraconstitucionais.

(2) A participação da sociedade é garantida durante os processos de decisão política dos órgãos ambientais, federais, estaduais e municipais, em norma infraconstitucional que determina a forma e o momento de participação dos cidadãos.

(3) A realização de audiência pública durante o procedimento de licenciamento ambiental é obrigatória caso haja solicitação de cinquenta ou mais cidadãos.

1: correta; o princípio da informação e da transparência das informações e atos é aquele pelo qual as pessoas têm direito de receber todas as informações relativas à proteção, preventiva e repressiva, do meio ambiente. Assim, pelo princípio, as pessoas têm direito de consultar os documentos de um licenciamento ambiental, bem como têm o direito de participar de consultas e de audiências públicas em matéria de meio ambiente. Esse princípio decorre do art. 225, § 1º, IV ("publicidade"), VI ("educação ambiental" e "conscientização pública"), da CF/1988, e está expresso no art. 6º da Lei 11.428/2006 (Lei de Proteção da Mata Atlântica); **2:** incorreta, pois o princípio da participação coletiva ou da cooperação de todos, que é aquele que impõe à coletividade (além do Estado) o dever de garantir o meio ambiente ecologicamente equilibrado para as presentes e futuras gerações, decorre do art. 225, *caput*, da CF/1988; **3:** correta (art. 2º, *caput*, da Resolução CONAMA 09/1987).

Gabarito 1C, 2E, 3C

(Procurador do Estado/BA – 2014 – CESPE) No que se refere ao princípio do usuário-pagador no âmbito do direito ambiental, entre outras normas ambientais, julgue os itens que se seguem.

(1) Não é permitida a gestão das florestas públicas por meio de concessão florestal a pessoas que não se enquadrem no conceito de populações tradicionais.

(2) Todas as unidades de conservação devem dispor de plano de manejo que preveja as modalidades de utilização em conformidade com os seus objetivos.

(3) O empreendedor é obrigado a apoiar a implantação e a manutenção de unidade de conservação do grupo de proteção integral.

(4) De acordo com o referido princípio, deve-se proceder à quantificação econômica dos recursos ambientais, de modo a garantir reparação por todo o dano ambiental causado.

1: incorreta, pois a gestão de florestas públicas abrange a criação de florestas públicas, a destinação de florestas públicas às comunidades locais e a concessão florestal (art. 4º da Lei 11.284/2006), sendo que a concessão florestal pode ser concedida a qualquer pessoa jurídica, em consórcio ou não, que atenda aos requisitos do respectivo edital de licitação (art. 3º, VII, da Lei 11.284/2006); **2:** correta (art. 27, *caput*, da Lei 9.985/2000); **3:** correta (art. 36, *caput*, da Lei 9.985/2000); **4:** incorreta, pois o critério aqui não é o do valor do bem ambiental, que, inclusive, é incalculável e não pode ser adquirido, mas sim o valor pela utilização do bem ambiental. Assim, o princípio do usuário-pagador é aquele pelo qual as pessoas que usam recursos naturais devem pagar por tal utilização. Esse princípio difere do princípio do poluidor-pagador, pois o segundo diz respeito a condutas ilícitas ambientais, ao passo que o primeiro refere-se a condutas lícitas. Assim, aquele que polui (conduta ilícita) deve reparar o dano, pelo princípio do poluidor-pagador; já aquele que usa água (conduta lícita) deve pagar pelo seu uso, pelo princípio do usuário-pagador. A ideia é que o usuário pague com o objetivo de incentivar o uso racional dos recursos naturais, além de fazer justiça, pois há pessoas que usam mais e pessoas que usam menos dados recursos.

Gabarito 1E, 2C, 3C, 4E

(Procurador do Estado/AC – FMP – 2012) Qual das alternativas abaixo contém princípio(s) não expressamente previsto(s) na Lei Federal n.º 12.305/2010 como norteador(es) da Política Nacional de Resíduos Sólidos?

(A) Prevenção e precaução.

(B) Desenvolvimento sustentável.

(C) Inversão do ônus da prova.

(D) Razoabilidade e proporcionalidade.

À exceção da alternativa "C" (princípio da inversão do ônus da prova), os demais princípios, previstos nas alternativas restantes, estão expressamente elencados no art. 6º da Lei 12.305/2010 (Lei da Política Nacional dos Resíduos Sólidos), com destaque para a prevenção e precaução (inc. I), desenvolvimento sustentável (inc. IV) e razoabilidade e proporcionalidade (inc. XI).

Gabarito "C"

(Procurador do Estado/CE – 2008 – CESPE) A respeito dos princípios da prevenção e da precaução, assinale a opção correta.

(A) O princípio da prevenção é aplicado nos casos em que os impactos ambientais já são conhecidos, e o princípio da precaução somente é aplicado nos casos em que os danos são conhecidos, porém dificilmente mensurados.

(B) O princípio da precaução destina-se ao controle das atividades privadas, enquanto o princípio da prevenção aplica-se às ações do poder público.

(C) Ambos os princípios incidem sobre a conduta lesiva ao meio ambiente perpetrada pelo poluidor-pagador nas atividades que produzam impacto sobre a biodiversidade, mas apenas o princípio da precaução atinge a produção de alimentos, de fármacos e de material produzido por animais clonados e plantas transgênicas, já que essas atividades estão reguladas pelo biodireito e não, pelo direito ambiental.

(D) O princípio da precaução apenas estende o conceito de prevenção aos ditames da dita sociedade de risco, o que significa que se deve precaver contra todos os possíveis desdobramentos de atividades que causem impactos ambientais já conhecidos e mensurados pela ciência.

(E) O princípio da prevenção é aplicado nos casos em que os impactos ambientais já são conhecidos, e o princípio da precaução aplica-se àqueles em que o conhecimento científico não pode oferecer respostas conclusivas sobre a inocuidade de determinados procedimentos.

Vide comentário à primeira questão deste subcapítulo (princípios do direito ambiental).

Gabarito "E"

(Procurador do Estado/CE – 2008 – CESPE) O princípio do meio ambiente ecologicamente equilibrado é tratado na Constituição Federal como

(A) uma norma programática cuja efetividade fica condicionada ao progresso econômico e à distribuição de renda.

(B) um direito fundamental da pessoa humana, direcionado ao desfrute de condições de vida adequadas em um ambiente saudável.

(C) um princípio geral de alcance limitado e restrito às áreas de proteção ambiental.

(D) um direito difuso, mas não exigível, em função de sua generalidade, inconsistência e definição imprecisa.

(E) um direito social, coletivo e transgeracional cuja efetividade é ampla, irrestrita e incondicionada e cujo alcance estende-se a todas as formas de vida.

De fato, pode-se considerá-lo como direito fundamental, já que há mecanismos para sua proteção no próprio art. 5º da CF (inciso LXXIII).

Gabarito "B"

(Procurador do Estado/CE – 2008 – CESPE) Há alguns anos, era comum a visão de que as preocupações com o meio ambiente prejudicariam o crescimento e a industrialização dos países em desenvolvimento. À época, a prioridade era a aceleração do crescimento econômico, e acreditava-se que as externalidades negativas, equivalentes ao custo ambiental resultante da degradação ocorrida nesse processo produtivo, seriam neutralizadas com o progresso dessas nações. No que concerne a esse assunto, a Constituição Federal.

(A) impõe uma série de medidas que restringem o direito à propriedade, à livre iniciativa e à livre expressão, condicionando o exercício desses direitos ao princípio do desenvolvimento sustentável.

(B) posiciona-se em favor do desenvolvimento econômico, já que não há progresso sem produção de algum impacto negativo ao meio ambiente e que o enquadramento nos padrões de desenvolvimento sustentável só é possível às nações desenvolvidas.

(C) assume que o princípio do desenvolvimento ambientalmente sustentável é passível de interpretações divergentes e, portanto, mostra-se inaplicável no controle das atividades produtivas das grandes e médias empresas.

(D) incluiu o princípio do poluidor-pagador como direito fundamental e garantia constitucional da iniciativa privada.

(E) incluiu o princípio da defesa do meio ambiente na ordem econômica, demonstrando, com isso, que o desenvolvimento não pode estar dissociado da proteção ambiental, já que ele sempre gera algum tipo de impacto ao meio ambiente.

Art. 170, VI, da CF.

Gabarito "E"

(Procurador do Estado/MT – FCC – 2011) São princípios do Direito Ambiental:

(A) poluidor pagador, usuário pagador e autonomia da vontade.

(B) prevenção, taxatividade e poluidor pagador.

(C) função socioambiental da propriedade, usuário pagador e precaução.

(D) vedação de retrocesso, prevenção e insignificância.

(E) capacidade contributiva, função socioambiental da propriedade e desenvolvimento sustentável.

De fato, são princípios do Direito Ambiental, entre outros, o do poluidor-pagador, usuário-pagador, prevenção, função socioambiental da propriedade, precaução, vedação de retrocesso (muito discutido com a entrada em vigor do "Novo Código Florestal") e desenvolvimento sustentável. Não são considerados princípios ambientais o da autonomia da vontade, taxatividade, insignificância e capacidade contributiva.

Gabarito "C"

(Procurador do Estado/PE – CESPE – 2009) O direito ambiental constrói-se sobre princípios que informam a aplicação da legislação ambiental. Muitos deles estão colocados no texto da legislação, outros são frutos de tratados e convenções internacionais. Considere que uma empresa de telefonia celular deseje implantar uma antena única em uma área de relevante interesse ecológico de um município, concentrando nela toda a transmissão da energia eletromagnética não ionizante e a certeza científica de que as ondas dos celulares e estações radiobase causam aquecimento no corpo dos seres que se encontram próximos a eles na razão do inverso do quadrado da distância. A respeito da situação hipotética acima e da incerteza de que há outros efeitos possíveis ainda não comprovados, assinale a opção correta.

(A) Pelo princípio da prevenção, não há necessidade de EIA/RIMA.

(B) Pelo princípio da precaução, não há necessidade de EIA/RIMA.

(C) Pelo princípio da proteção ambiental como um direito fundamental, não há necessidade de EIA se no local não há ocupação humana.

(D) Pelo princípio da função social da propriedade, só há necessidade de EIA se a área for pública.

(E) Pelo princípio da informação, cidadãos interessados podem obter informação a respeito da intensidade do campo eletromagnético gerado no local.

A e **B:** incorretas, pois, como há efeitos em que há *certeza* de significativo dano e efeitos em que há *incerteza* de significativo dano, aplicam-se, no caso, respectivamente, os princípios da prevenção e da precaução, para o fim de determinar que se faça EIA/RIMA; **C:** incorreta, pois a proteção se destina ao meio ambiente como um todo, pouco importando se, no local, não há ocupação humana; **D:** incorreta, pois, sendo pública ou privada, há necessidade do estudo, dada a potencialidade de significativo dano ambiental; **E:** correta, valendo salientar que o princípio da informação é reconhecido como um princípio ambiental, como se verifica do resumo constante no início deste item.

Gabarito "E"

(Procurador do Estado/PI – 2008 – CESPE) A 1.ª Conferência Europeia sobre Meio Ambiente e Saúde, realizada em Frankfurt (1989), sugeriu à Comunidade Econômica Europeia uma Carta Europeia do Meio Ambiente e da Saúde prevendo que cada pessoa tem o direito de beneficiar-se de um meio ambiente que lhe permita usufruir do nível mais elevado possível de saúde e de bem-estar, além do direito de ser informada e consultada sobre os planos, decisões e atividades suscetíveis de afetar, ao mesmo tempo o meio ambiente e a saúde e do direito de participar no processo de tomada de decisões sobre tais assuntos. Paulo Affonso Leme Machado. Direito ambiental brasileiro. São Paulo: Malheiros, 2003, p. 76-7 (com adaptações). Sendo o direito à informação fundamental para o exercício de uma política do meio ambiente independente e atuante, a divulgação preliminar dos projetos que possam trazer danos ao ambiente é uma técnica ambiental eficiente neste sentido. Esse aspecto do procedimento administrativo propicia maior integração da comunidade com a administração, possibilitando uma contínua troca de informações. A partir dessas informações e do texto acima, é correto afirmar que o direito à publicidade ambiental

(A) impõe ao administrador o ônus de instituir procedimentos de oitiva comunitária nas regiões afetadas por atividades antrópicas ecologicamente impactantes, segundo as regras estabelecidas pelo Comitê de Gestão da Informação, órgão deliberativo e consultivo do CONAMA, responsável pela coleta, sistematização e divulgação das informações ambientais.

(B) impõe ao cidadão que deseja acessar as informações ambientais socialmente relevantes a necessidade de provar seu legítimo interesse na qualidade do meio ambiente, que, embora seja patrimônio público a ser necessariamente assegurado e protegido, tendo em vista o uso coletivo, está sujeito ao regime da propriedade privada, não sendo, portanto, legítima a parte que não titulariza tal direito.

(C) dispõe que apenas as pessoas físicas podem, legitimamente, exercê-lo, sendo completamente vetado seu exercício às pessoas jurídicas.

(D) somente assegura às pessoas jurídicas a possibilidade de exercê-lo frente aos órgãos central, setoriais e seccionais, quando representadas pelo Ministério Público da União.

(E) dispõe que, para se solicitar informação de interesse particular ou de interesse geral ou coletivo (como é a matéria ambiental), não há necessidade de se comprovar a legitimidade do interesse; basta constarem os esclarecimentos relativos aos fins e razões do pedido.

O princípio da informação e da transparência das informações e atos é aquele pelo qual as pessoas têm direito de receber todas as informações relativas à proteção, preventiva e repressiva, do meio ambiente. Assim, pelo princípio, as pessoas têm direito de consultar os documentos de um licenciamento ambiental, assim como têm direito de participar de consultas e de audiências públicas em matéria de meio ambiente. Esse princípio está expresso, por exemplo, no art. 6º da Lei 11.428/06 (Lei de Proteção da Mata Atlântica).

Gabarito "E"

(Procurador do Estado/PI – 2008 – CESPE) Quanto ao princípio da informação, no âmbito do direito internacional, já se consolida o costume da troca de informações ambientais entre os países. A esse respeito, os juristas da Comissão Mundial sobre Meio Ambiente e Desenvolvimento salientaram que os dados ambientais devem ser publicados, haja vista que a informação serve para o processo de educação de cada pessoa e da comunidade, bem como oferece a possibilidade à pessoa de tomar posição ou pronunciar-se sobre a matéria informada. A esse respeito, no Brasil,

(A) a CF, ao tratar dos princípios que pautam as relações internacionais, afirma, taxativamente, que a não informação de eventos significativamente danosos ao meio ambiente por parte dos Estados merece ser considerada crime internacional a ser julgado pelo Tribunal Penal Internacional.

(B) a Declaração do Rio de Janeiro (1992) dispôs que, no nível nacional, é direito de todo indivíduo ter acesso adequado às informações relativas ao meio ambiente de que disponham as autoridades públicas, inclusive informações sobre materiais e atividades perigosas em sua comunidade.

(C) a informação ambiental deve ser transmitida de maneira que os informados tenham tempo suficiente para analisar a matéria e para agir diante da administração pública e do Poder Judiciário. Sobre esse aspecto, o decreto que regulamenta a

Política Nacional de Meio Ambiente estabelece o prazo de 72 horas, a contar da data de publicação do relatório anual do CONAMA, para que os interessados e(ou) afetados pelas atividades potencialmente perigosas possam embargar as medidas propostas.

(D) o monitoramento das informações ambientais é competência exclusiva do poder público, dada a sua importância estratégica. Por essa razão, a lei que instituiu a Política Nacional de Meio Ambiente criou o Sistema Nacional de Informações Socioambientais (SISNISA), órgão consultivo e deliberativo ligado ao CONAMA e que é responsável pelo monitoramento dos dados ambientais coletados em território nacional.

(E) não existe, no ordenamento jurídico, obrigatoriedade de a administração pública divulgar preliminarmente informações de caráter ambiental, salvo quando provocada pelo Ministério Público ou arguida judicialmente por organizações não governamentais que atuem na área ambiental.

Vide comentário à questão anterior. Vide também o Princípio 10 da Declaração do Rio (produzida na ECO/92).

Gabarito "B"

(Procurador do Estado/PI – 2008 – CESPE) Em 1992, reunida na cidade do Rio de Janeiro, a Conferência das Nações Unidas para o Meio Ambiente e Desenvolvimento, votou, unanimemente, a chamada Declaração do Rio de Janeiro. Entre os 27 princípios que compõem esse documento, está o princípio da precaução. Acerca desse princípio, assinale a opção correta.

(A) O princípio da precaução é amplamente observado pelos Estados, de modo a proteger o meio ambiente sempre que houver certeza científica da ameaça de danos sérios ou irreversíveis ao mesmo.

(B) A doutrina do referido princípio considera que o mundo da precaução é um mundo onde os saberes são colocados em questao. A precaução nasce da diferença temporal entre a necessidade imediata de ação e o momento em que os conhecimentos científicos vão modificar-se. Ela visa gerir a espera da informação.

(C) A precaução caracteriza-se pela ação compensatória diante do risco ou do perigo.

(D) O risco ou perigo devem caracterizar-se pela ameaça séria e irreversível à diversidade biológica. Essa definição não engloba os efeitos das ações humanas sobre o meio ambiente, mas tão somente as decisões políticas oriundas da esfera federal.

(E) A CF estabelece duas categorias de risco. Os riscos aceitáveis incluem os que colocam em perigo apenas valores menores, como o manejo ecológico das espécies e a diversidade e integridade do patrimônio genético. Os riscos que atingem valores constitucionais protegidos, como o meio ambiente ecologicamente equilibrado e a função ecológica das bacias hidrográficas, pertencem à categoria dos riscos inaceitáveis.

Vide comentário à primeira questão deste subcapítulo (princípios do direito ambiental), bem como o Princípio 15 da Declaração do Rio (produzida na ECO/92).

Gabarito "B"

(Procurador do Município/São José dos Campos-SP – 2012 – VUNESP) Quanto aos princípios ambientais informadores do direito ambiental, o relacionado ao acesso equitativo aos recursos naturais refere-se

(A) ao uso autorizado de um recurso ambiental, observadas as normas vigentes e padrões legalmente fixados.

(B) aos custos sociais externos que acompanham a atividade econômica que devem ser internalizados.

(C) à adoção de medidas, pelo Poder Público, por meio da sociedade civil organizada, tendentes a solucionar as questões relativas ao meio ambiente.

(D) à racionalidade da exploração e à eficiência ecológica.

(E) ao acesso da população às informações relativas às atividades administrativas.

A: incorreta, pois o estabelecimento de padrões máximos de poluição por normas editadas pelo Poder Público, a fim de ser mantido o equilíbrio ambiental diante do uso de recursos naturais, diz respeito ao princípio do controle ou limite; **B:** incorreta, pois a internalização das externalidades negativas, vale dizer, a inserção dos custos sociais da degradação da qualidade ambiental nos custos dos processos produtivos, diz respeito ao princípio do poluidor-pagador; **C:** incorreta, a atuação conjunta do Poder Público e da sociedade, com vistas à melhor proteção das questões ambientais, constitui o Princípio 10 da Declaração do Rio (ECO 92), consagrando o princípio da participação comunitária (ou princípio democrático); **D:** correta, pois o acesso equitativo aos recursos naturais, mediante a racionalização da exploração do meio ambiente, está relacionado, segundo cremos, ao princípio do desenvolvimento sustentável; **E:** incorreta, pois o acesso da população às informações relativas às atividades administrativas no tocante as questões ambientais diz respeito ao princípio da informação.

Gabarito "D"

(Procurador do Município/Teresina-PI – 2010 – FCC) *O desmatamento indiscriminado do cerrado piauiense sob o argumento de que as empresas criam empregos não é aceitável, pois pode haver atividade economicamente sustentável desde que as empresas estejam dispostas a diminuírem seus lucros, utilizando-se de matrizes energéticas que não signifiquem a política de terra arrasada.* (AG 2007.01.00.059260-7/PI) Ao analisar os princípios do direito e, em particular do direito ambiental, é INCORRETO afirmar que

(A) o princípio do desenvolvimento sustentável é fundado em três pilares: econômico, ambiental e social.

(B) os Estados têm a responsabilidade de assegurar que atividades sob sua jurisdição ou seu controle não causem danos ao meio ambiente de outros Estados ou de áreas além dos limites da jurisdição nacional.

(C) de acordo com o princípio da precaução quando houver ameaça de danos sérios ou irreversíveis, a ausência de absoluta certeza científica não deve ser utilizada como razão para postergar medidas eficazes e economicamente viáveis para prevenir a degradação ambiental.

(D) a noção de gestão sustentável dos recursos naturais no espaço e no tempo impõe um duplo imperativo ético de solidariedade – equidade intrageracional e intergeracional.

(E) de acordo com o princípio poluidor-pagador o poluidor deve pagar pela poluição causada que acarrete danos à saúde humana e os demais custos ambientais da produção devem ser arcados por toda a sociedade para a própria existência das atividades econômicas.

A: correta, pois deve haver uma compatibilidade do desenvolvimento econômico e social, de um lado, com a proteção do meio ambiente, de outro lado; **B:** correta, tendo em vista a responsabilidade constitucional de cada Estado (art. 23, VI e VII, da CF); **C:** correta, em virtude da aplicação do princípio da precaução; **D:** correta, até porque, de nada adiante querer garantir a solidariedade entre gerações (intergeracional), se não se conseguir garantir a solidariedade em relação à gestão sustentável dos recursos naturais na nossa própria geração; **E:** incorreta, devendo ser assinalada; isso porque os demais custos ambientais deverão ser internalizados pelo empreendedor, que deve levá-los em conta na elaboração dos custos de produção e, consequentemente, ele próprio deve assumi-los.

Gabarito "E"

(Procurador Federal – 2010 – CESPE) Acerca dos princípios e da proteção constitucional que se aplicam ao direito ambiental, julgue os itens subsequentes.

(1) Por meio da ação civil pública pode-se buscar tanto a cessação do ato lesivo ao meio ambiente, a reparação do que for possível e, até mesmo, a indenização por danos irreparáveis caso tenham ocorrido.

(2) A proteção ao meio ambiente é um princípio da ordem econômica, o que limita as atividades da iniciativa privada.

(3) O princípio da precaução refere-se à ação preventiva e deve embasar medidas judiciais e administrativas tendentes a evitar o surgimento de atos atentatórios ao meio ambiente.

(4) O meio ambiente é um direito difuso, direito humano fundamental de terceira geração, mas não é classificado como patrimônio público.

1: correta, pois a ação civil pública pode veicular todas as pretensões acima mencionadas, segundo a doutrina e a jurisprudência; **2:** correta (art. 170, VI, da CF); **3:** correta, pois esse princípio, assim como o princípio da prevenção, atuam de modo preventivo, para evitar danos ao meio ambiente; **4:** incorreta, pois, apesar de o meio ambiente ser direito difuso e fundamental de terceira geração, ele é classificado como bem de "uso comum do povo" (art. 225, *caput*, da CF); na verdade, o *meio ambiente ecologicamente equilibrado* é que é bem de uso comum do povo, bem de natureza pública, o não significa que cada bem ambiental, isoladamente considerado (ex: o jardim de uma casa) seja do Poder Público.

Gabarito 1C, 2C, 3C, 4E

5. COMPETÊNCIA EM MATÉRIA AMBIENTAL

(PROCURADOR DO ESTADO/MG – FUMARC – 2012) Acerca das ações administrativas relativas à proteção do meio ambiente, assinale a alternativa correta:

(A) Compete ao órgão responsável pelo licenciamento ou autorização, conforme o caso, de um empreendimento ou atividade, lavrar auto de infração ambiental e instaurar processo administrativo para a apuração de infrações à legislação ambiental cometidas pelo empreendimento ou atividade licenciada ou autorizada.

(B) O ente federativo poderá delegar, mediante convênio, a execução de ações administrativas relativas à proteção do meio ambiente, sendo dispensável que o ente destinatário da delegação disponha de órgão ambiental capacitado a executar as ações administrativas a serem delegadas e de conselho de meio ambiente.

(C) São ações administrativas dos Estados elaborar o Plano Diretor, observando os zoneamentos ambientais e promover o licenciamento ambiental das atividades ou empreendimentos que causem ou possam causar impacto ambiental de âmbito local, conforme tipologia definida pelos respectivos Conselhos Estaduais de Meio Ambiente, considerados os critérios de porte, potencial poluidor e natureza da atividade.

(D) São ações administrativas da União aprovar o funcionamento de criadouros da fauna silvestre e promover o licenciamento ambiental de atividades ou empreendimentos localizados ou desenvolvidos em unidades de conservação instituídas pelos Estados, exceto em Áreas de Proteção Ambiental (APAs).

(E) São ações administrativas dos Municípios controlar a introdução no País de espécies exóticas potencialmente invasoras que possam ameaçar os ecossistemas, habitats e espécies nativas e controlar a apanha de espécimes da fauna silvestre, ovos e larvas destinadas à implantação de criadouros e à pesquisa científica.

A: correta (art. 17, LC 140/11). De fato, a regra é que ao órgão competente para o licenciamento, caberá, também, a competência fiscalizatória, sem que isso retire dos demais entes o poder de polícia ambiental (art. 17, §3º, LC 140/11); **B:** incorreta (art. 5º, LC 140/11), pois a delegação da execução de ações administrativas por um ente federativo a outro, desde que este disponha de órgão ambiental capacitado e conselho de meio ambiente; **C:** incorreta, pois a elaboração de Plano Diretor e a promoção de licenciamento ambiental de empreendimentos que possam causar impacto local são competências administrativas dos Municípios (art. 9º, IX e XIV, a, LC 140/11); **D:** incorreta, pois são ações administrativas dos Estados (e não da União!) aprovar o funcionamento de criadouros de fauna silvestre (art. 8º, XIX, LC 140/11), bem como promover o licenciamento ambiental de atividades ou empreendimentos localizados ou desenvolvidos em unidades de conservação estadual, exceto em APAs (art. 8º, XV, LC 140/11); **E:** incorreta, pois são ações administrativas da União (e não dos Municípios!), entre outras, controlar a introdução no país de espécies exóticas potencialmente invasoras (art. 7º, XVII, LC 140/11), bem como controlar a apanha de espécimes da fauna silvestre, ovos e larvas destinadas à implantação de criadouros e à pesquisa científica (art. 7º, XX, LC 140/11).

Gabarito "A"

(Procurador do Estado/PE – CESPE – 2009) O Brasil, como República Federativa, possui forma de Estado que prevê a descentralização do poder. Essa configuração constitucional reflete nas competências legislativas e administrativas ambientais. Com relação a essas informações, assinale a opção correta.

(A) Com fulcro no princípio da predominância do interesse, compete privativamente à União legislar sobre florestas, caça e pesca.

(B) Mesmo que exista atuação normativa por parte da União, o estado-membro pode tratar das normas gerais.

(C) O município não está elencado no artigo constitucional que trata da competência concorrente, mas pode legislar acerca do tema meio ambiente.

(D) O DF não pode legislar concorrentemente com a União na matéria ambiental, por ser a sede da República brasileira

(E) Os estados podem legislar concorrentemente sobre jazidas e minas encontradas em seus territórios.

A: incorreta, pois a competência é concorrente da União, dos Estados e do Distrito Federal (art. 24, *caput* e inciso VI, da CF); **B:** incorreta, pois compete à União tratar de normas gerais (art. 24, § 1º, da CF), podendo os Estados estabelecer normas de cunho geral apenas quando e enquanto não houver lei federal, e, mesmo assim, apenas para atender suas peculiaridades (art. 24, § 3º, da CF); **C:** correta, pois o Município não está no art. 24 da CF, mas tem competência para legislar sobre o meio ambiente, quando se tratar de questão de interesse local (art. 30, I, da CF), bem como para "suplementar a legislação federal e estadual no que couber" (art. 30, II, da CF); **D:** incorreta (art. 24, *caput*, da CF); **E:** incorreta, pois a competência para legislar sobre essa matéria é privativa da União (art. 22, XII, da CF).

Gabarito "C"

(Procurador do Município/Aracaju – 2008 – CESPE) Quanto à proteção de bens e valores culturais por meio de tombamento, julgue o item abaixo.

(1) A Constituição de 1988 prevê competência concorrente para legislar sobre proteção ao patrimônio histórico, cultural, artístico e paisagístico, e competência comum para impor o tombamento. Em decorrência desse dispositivo, cabe aos municípios o poder-dever de constituir normas gerais sobre tombamento, delineando aquelas que dão as características desse instituto jurídico, indicando o modo como se instaura o procedimento, a maneira como é gerido o bem tombado, a abrangência da proteção e o sistema de sanções aplicáveis.

As normas gerais sobre tombamento são de competência da União (art. 24, VII e § 1º, da CF).

Gabarito 1E

(Procurador do Município/São José dos Campos-SP – 2012 – VUNESP) Quanto à competência legislativa concorrente, analise as assertivas a seguir.

I. A competência da União para legislar sobre normas gerais não exclui a competência suplementar dos Estados.

II. Não havendo norma geral sobre determinada matéria, cabe aos Estados exercer a competência legislativa plena, para atender as suas peculiaridades.

III. Sobrevindo lei federal sobre normas gerais, fica revogada a lei estadual e derrogada no seu aspecto contraditório.

IV. A Constituição Federal de 1988 não situou os Municípios na área de competência concorrente (artigo 24), mas a eles outorgou competência para suplementar a legislação federal e a estadual no que couber.

Está correto apenas o que se afirma em

(A) I e II.

(B) II e IV.

(C) III e IV.

(D) I, II e III.

(E) I, II e IV.

I: correta (art. 24, §2º, CF); **II:** correta (art. 24, §3º, CF); **III:** incorreta, pois a superveniência de lei federal dispondo sobre normas gerais, no âmbito da competência legiferante concorrente, simplesmente suspenderá a eficácia da lei estadual, naquilo que lhe for contrário (art. 24, §4º, CF); **IV:** correta (art. 30, II, CF).

Gabarito "E"

6. LEI DE POLÍTICA NACIONAL DO MEIO AMBIENTE

(Procurador do Estado/AC – FMP – 2012) Nos termos da Lei Federal n.º 6.938/81, **NÃO** constitui instrumento da Política Nacional do Meio Ambiente:

(A) o zoneamento ambiental.

(B) o estudo de impacto de vizinhança.

(C) o sistema nacional de informações sobre o meio ambiente.

(D) o Cadastro Técnico Federal de Atividades e Instrumentos de Defesa Ambiental.

A: incorreta, pois o zoneamento ambiental é, sim, instrumento da PNMA (art. 9º, II, Lei 6.938/81); **B:** correta, pois o estudo de impacto de vizinhança (EIV) vem previsto no Estatuto da Cidade (Lei 10.257/01, art. 4º, VI), não tendo sido inserido como um instrumento específico da PNMA, que prevê, no entanto, a avaliação de impactos ambientais (art. 9º, III, Lei 6.938/81); **C:** correta, pois, de fato, o sistema nacional de informações sobre o meio ambiente é instrumento da PNMA (art. 9º, VII, Lei 6.938/81); **D:** correta, pois, realmente, o Cadastro Técnico Federal de Atividades e Instrumentos de Defesa Ambiental vem previsto no art. 9º, VIII, da Lei 6.938/81.

Gabarito "B"

(PROCURADOR DO ESTADO/MG – FUMARC – 2012) Acerca do SISNAMA - Sistema Nacional de Meio Ambiente, assinale a alternativa INCORRETA:

(A) Compete ao CONAMA – Conselho Nacional do Meio Ambiente estabelecer normas e critérios para o licenciamento de atividades efetiva ou potencialmente poluidoras.

(B) Os órgãos e entidades da União, dos Estados, do Distrito Federal, dos Territórios e dos Municípios, bem como as fundações instituídas pelo Poder Público, responsáveis pela proteção e melhoria da qualidade ambiental, constituirão o Sistema Nacional do Meio Ambiente - SISNAMA

(C) O Instituto Chico Mendes de Conservação da Biodiversidade tem a finalidade de executar ações da política nacional de unidades de conservação da natureza, referentes às atribuições federais relativas à proposição, implantação, gestão, proteção, fiscalização e monitoramento das unidades de conservação instituídas pela União.

(D) O Instituto Brasileiro do Meio Ambiente e dos Recursos Naturais Renováveis – IBAMA tem a finalidade de executar ações das políticas nacionais de meio ambiente, referentes às atribuições federais, relativas ao licenciamento ambiental, ao controle da qualidade ambiental, à autorização de uso dos recursos naturais e à fiscalização, monitoramento e controle ambiental, observadas as diretrizes emanadas do Ministério do Meio Ambiente.

(E) O Sistema Nacional do Meio Ambiente – SISNAMA, com personalidade jurídica de direito público interno, tem o Conselho Nacional do Meio Ambiente (CONAMA) como órgão superior.

A: correta (art. 8º, I, Lei 6.938/81); **B:** correta (art. 6º, *caput*, Lei 6.938/81); **C:** correta (art. 1º, I, Lei 11.516/2007), tratando-se de autarquia federal vinculada ao Ministério do Meio Ambiente; **D:** correta (art. 6º, IV, Lei 6.938/81); **E:** incorreta, pois o SISNAMA não tem personalidade jurídica, correspondendo aos órgãos e entidades da União, dos Estados, do Distrito Federal, dos Territórios e dos Municípios, bem como as fundações instituídas pelo Poder Público, responsáveis pela proteção e melhoria da qualidade ambiental (art. 6º, *caput*, Lei 6.938/81). Outrossim, o CONAMA não é órgão superior do SISNAMA, mas, sim, órgão consultivo e deliberativo (art. 6º, II, Lei 6.938/81).

Gabarito "E"

(PROCURADOR DO ESTADO/MG – FUMARC – 2012) Acerca da Política Nacional do Meio Ambiente, assinale a alternativa INCORRETA:

(A) A Política Nacional do Meio Ambiente tem por objetivo a preservação, melhoria e recuperação da qualidade ambiental propícia à vida, visando assegurar, no País, condições ao desenvolvimento socioeconômico, aos interesses da segurança nacional e à proteção da dignidade da vida humana.

(B) Meio ambiente é o conjunto de condições, leis, influências e interações de ordem física, química e biológica, que permite, abriga e rege a vida em todas as suas formas.

(C) É competência concorrente da União, dos Estados, do Distrito Federal e dos Municípios proteger o meio ambiente e combater a poluição em qualquer de suas formas.

(D) Poluidor é a pessoa física ou jurídica, de direito público ou privado, responsável, direta ou indiretamente, por atividade causadora de degradação ambiental.

(E) A Política Nacional do Meio Ambiente visará à compatibilização do desenvolvimento econômico-social com a preservação da qualidade do meio ambiente e do equilíbrio ecológico.

A: correta (art. 2º, *caput*, Lei 6.938/81); **B:** correta (art. 3º, I, Lei 6.938/81); **C:** incorreta (art. 23, VI, CF), pois competência comum dos entes federados a proteção do meio ambiente. Outrossim, tal tema não vem tratado na PNMA, mas, sim, na CF; **D:** correta (art. 3º, IV, Lei 6.938/81); **E:** correta (art. 4º, I, Lei 6.938/81).

Gabarito "C"

(Procurador do Estado/PA – 2011) Considerando a competência do CONAMA, analise as proposições abaixo e assinale a alternativa CORRETA:

I. Estabelecer, mediante proposta do IBAMA, normas e critérios para o licenciamento de atividades efetiva ou potencialmente poluidoras, a ser concedido pelos Estados e supervisionado pelo IBAMA.

II. Determinar, quando julgar necessário, a realização de estudos das alternativas e das possíveis consequências ambientais de projetos públicos ou privados, requisitando aos órgãos federais, estaduais e municipais, bem assim a entidades privadas, as informações indispensáveis para apreciação dos estudos de impacto ambiental, e respectivos relatórios, no caso de obras ou atividades de significativa degradação ambiental, especialmente nas áreas consideradas patrimônio nacional.

III. Homologar acordos visando à transformação de penalidades pecuniárias na obrigação de executar medidas de interesse para a proteção ambiental.

IV. Determinar, mediante representação do IBAMA, a perda ou restrição de benefícios fiscais concedidos pelo Poder Público, em caráter geral ou condicional, e a perda ou suspensão de participação em linhas de financiamento em estabelecimentos oficiais de crédito.

V. Estabelecer, privativamente, normas e padrões nacionais de controle da poluição por veículos automotores, aeronaves e embarcações, mediante audiência dos Ministérios competentes.

(A) Apenas as proposições I e III estão corretas.

(B) Apenas a proposição IV está correta.

(C) Apenas as proposições I, II e V estão corretas.

(D) Todas as proposições estão corretas.

(E) Apenas as proposições I, II e III estão corretas.

I: correta (art. 8º, I, Lei 6.938/81); **II:** correta (art. 8º, II, Lei 6.938/81); **III:** correta (art. 8º, IV, Lei 6.938/81); **IV:** correta (art. 8º, V, Lei 6.938/81); **V:** correta (art. 8º, VI, Lei 6.938/81).

Gabarito "D"

(Procurador do Estado/PR – UEL-COPS – 2011) Não podem ser considerados instrumentos da Política Nacional do Meio Ambiente, instituída pela Lei nº 6.938, de 1981:

(A) o zoneamento ecológico-econômico e o sistema nacional de informações sobre o meio ambiente;

(B) a avaliação de impactos ambientais e o licenciamento ambiental;

(C) a instituição do Relatório de Qualidade do Meio Ambiente e a criação de espaços territoriais especialmente protegidos;

(D) a concessão florestal e a servidão ambiental;

(E) o zoneamento agroecológico da cana-de-açúcar e o relatório de impacto ambiental.

A: correta (art. 9º, II, Lei 6.938/81); **B:** correta (art. 9º, III e IV, Lei 6.938/81); **C:** correta (art. 9º, X e VI, Lei 6.938/81); **D:** correta (art. 9º, XIII, Lei 6.938/81); **E:** incorreta, pois não consta na Lei da PNMA o zoneamento agroecológico da cana-de-açúcar como um de seus instrumentos.

Gabarito "E"

(Procurador do Município/Manaus-AM – 2006 – FCC) As competências atribuídas legalmente ao Conselho Nacional do Meio Ambiente – CONAMA dão-lhe a prerrogativa de

(A) fixar as políticas de proteção ambiental e desenvolvimento sustentável em nível nacional, aproveitando-se da legitimidade democrática decorrente de sua composição ampliada.

(B) rever, em grau de recurso, as decisões relativas à outorga de licenciamento ambiental proferidas pelo Instituto Brasileiro do Meio Ambiente e dos Recursos Naturais Renováveis – IBAMA.

(C) autorizar a exploração comercial de organismos geneticamente modificados (OGM´s), após a expedição de parecer técnico conclusivo favorável pelos órgãos competentes.

(D) autorizar a supressão, diminuição ou alteração de área de preservação permanente e de reserva legal.

(E) estabelecer normas e padrões relativos à emissão de poluição por veículos automotores, aeronaves e embarcações.

A: incorreta, pois ao CONAMA toca a prerrogativa de assessorar, estudar e propor ao Conselho de Governo, diretrizes de políticas governamentais para o meio ambiente e os recursos naturais e deliberar, no âmbito de sua competência, sobre normas e padrões compatíveis com o meio ambiente ecologicamente equilibrado e essencial à sadia qualidade de vida (art. 6º, II, Lei 6.938/81), não lhe cabendo fixar as políticas de proteção ambiental e desenvolvimento sustentável; **B:** incorreta, pois não se encontra dentre as competências estabelecidas no art. 8º da Lei 6.938/81; **C:** incorreta, pois além de não se encontrar no rol das competências previstas no art. 8º da Lei 6.938/81, configura competência do CNBS (Conselho Nacional de Biossegurança), conforme dispõe a Lei de Biossegurança (Lei 11.105/05); **D:** incorreta, pois não se trata de competência estabelecida no art. 8º da Lei 6.938/81; **E:** correta (art. 8º, VI, Lei 6.938/81).

Gabarito "E"

(Procurador do Município/São José dos Campos-SP – 2012 – VUNESP) É(são) instrumento(s) da Política Nacional do Meio Ambiente, dentre outros:

(A) a garantia da prestação de informações relativas ao Meio Ambiente, facultando-se ao Poder Judiciário produzi-las, quando inexistentes.

(B) o Cadastro Técnico Municipal de atividades potencialmente poluidoras e/ou utilizadoras dos recursos ambientais.

(C) instrumentos econômicos, como concessão florestal e servidão ambiental.

(D) o Cadastro Técnico Estadual de Atividades e informações sobre a biota exótica.

(E) os instrumentos necessários ao fomento da ciência, voltados para a pessoa humana e a biota.

A: incorreta (art. 9º, XI, Lei 6.938/81), pois é instrumento da PNMA a garantia de prestação de informações relativas ao meio ambiente, que, quando inexistentes, caberão ao Poder Público (e não ao Poder Judiciário!), **D.** incorreta (art. 9º, XII, Lei 6.938/81), pois é instrumento da PNMA o Cadastro Técnico Federal (e não Municipal!) de atividades potencialmente poluidoras; **C:** correta (art. 9º, XIII, Lei 6.938/81); **D:** incorreta, pois o Cadastro Técnico será federal (art. 9º, VIII, Lei 6.938/81); **E:** incorreta, por falta de previsão no rol do art. 9º da Lei 6.938/81.

Gabarito "C"

(Procurador do Município/Teresina-PI – 2010 – FCC) A Política Nacional do Meio Ambiente (PNMA), estabelecida pela Lei Federal nº 6.938/81, NÃO

(A) adota instrumentos econômicos, como a concessão florestal, a servidão ambiental, o seguro ambiental, entre outros.

(B) tem por objetivo geral a preservação, melhoria e recuperação da qualidade ambiental propícia à vida, visando assegurar, no País, condições ao desenvolvimento socioeconômico, aos interesses da segurança nacional e à proteção da dignidade da vida humana.

(C) define que poluidor é a pessoa física ou jurídica, de direito público ou privado, apenas diretamente responsável por atividade causadora de degradação ambiental.

(D) define poluição como a degradação da qualidade ambiental resultante de atividades que, direta ou indiretamente, prejudiquem a saúde, a segurança e o bem-estar da população; criem condições adversas às atividades sociais e econômicas; afetem desfavoravelmente a biota; afetem as condições estéticas ou sanitárias do meio ambiente; lancem matérias ou energia em desacordo com os padrões ambientais estabelecidos.

(E) adota instrumentos de comando e controle como, por exemplo, a avaliação de impacto ambiental, o zoneamento e o licenciamento.

A: adota (art. 9º, XIII, da Lei 6.938/81); **B:** tem (art. 2º, *caput*, da Lei 6.938/81); **C:** não define, devendo ser assinalada; também é poluição a atividade que, INDIRETAMENTE, causa degradação ambiental (art. 3º, III, da Lei 6.938/81) **D:** define (art. 3º, III, da Lei 6.938/81); **E:** adota (art. 9º, II, III e IV, da Lei 6.938/81).

Gabarito "C"

(ADVOGADO – PETROBRÁS – 2006 – CESGRANRIO) Acerca da competência do Conselho Nacional do Meio Ambiente, é correto afirmar que se trata do órgão:

(A) responsável pela fiscalização das atividades potencialmente poluidoras.

(B) responsável pela aplicação das penalidades em caso de infrações à legislação ambiental.

(C) responsável pelos procedimentos de licenciamento ambiental das atividades potencialmente poluidoras.

(D) competente para, supletivamente, efetuar o licenciamento ambiental, na hipótese de omissão dos órgãos ambientais estaduais.

(E) competente para estabelecer normas, critérios e padrões relativos ao controle e à manutenção da qualidade do meio ambiente, com vistas ao uso racional dos recursos ambientais.

A: incorreta, pois o CONAMA é órgão consultivo e deliberativo do SISNAMA, cabendo precipuamente aos órgãos seccionais e locais a fiscalização de atividades degradadoras da qualidade ambiental (art. 6º, V e VI, Lei 6.938/81); **B:** incorreta, pois não se encontra como competência do CONAMA (art. 8º, Lei 6.938/81) a aplicação de penalidades por infrações ambientais; **C:** incorreta, pois ao CONAMA compete estabelecer normas e critérios para o licenciamento ambiental, e não conduzi-los ou realizá-los (art. 8º, I, Lei 6.938/81); **D:** incorreta, pois, como dito nas alternativas anteriores, o CONAMA é órgão consultivo e deliberativo do SISNAMA, não lhe competindo efetuar o licenciamento ambiental, tarefa afeta aos órgãos ambientais federal, estaduais e municipais, na forma estabelecida na LC 140/11; **E:** correta (art. 8º, VII, Lei 6.938/81).

Gabarito "E"

(ADVOGADO – PETROBRÁS – 2003 – CESPE) Julgue os itens que se seguem, a respeito dos preceitos norteadores do direito ambiental.

(1) Para os efeitos da Lei n.º 6.938/1981, o princípio do usuário-pagador e o princípio do poluidor-pagador são princípios distintos, pois estão enunciados separadamente na referida lei.

(2) Em relação ao meio ambiente, o Estado deve atuar como proprietário desse bem, e não como simples administrador de um patrimônio que pertence à coletividade, no presente, e que deve ser transferido às demais gerações, no futuro.

1: correta, pois, de fato, o princípio do poluidor-pagador pode ser extraído do art. 4º, VII, da Lei 6.938/81, não se confundindo com o princípio do usuário-pagador (muito embora alguns doutrinadores os coloquem lado a lado, visto que a poluição pressupõe o uso do recurso ambiental); **2:** incorreta, pois é sabido e ressabido que o meio ambiente não é um bem de propriedade do Estado (*lato sensu*), mas, sim, de toda a coletividade (bem de uso comum do povo), cabendo ao Poder Público (e a toda população) preservá-lo para as presentes e futuras gerações.

Gabarito 1C, 2E

(ADVOGADO – PETROBRÁS TRANSP. – 2006 – CESGRANRIO) Considerando o disposto na legislação ambiental, é correto afirmar que o Conselho Nacional do Meio Ambiente (CONAMA):

(A) possui a função de executar e fazer executar, como órgão federal, a política e diretrizes governamentais fixadas para o meio ambiente.

(B) possui a função de assessorar diretamente o Presidente da República na formulação da política nacional e nas diretrizes governamentais para o meio ambiente e os recursos ambientais.

(C) é o órgão superior do Sistema Nacional do Meio Ambiente.

(D) é o órgão executor do Sistema Nacional do Meio Ambiente.

(E) é competente para estabelecer, privativamente, normas e padrões nacionais de controle da poluição por veículos automotores, aeronaves e embarcações, mediante audiência dos Ministérios competentes.

A: incorreta, pois esta é missão do órgão executor do SISNAMA (art. 6º, IV, Lei 6.938/81); **B:** incorreta, pois a função de assessorar o Presidente da República em matéria ambiental é do órgão superior do SISNAMA, qual seja, o Conselho de Governo (art. 6º, I, Lei 6.948/81); **C:** incorreta, pois o órgão superior do SISNAMA é o Conselho de Governo (art. 6º, I, Lei 6.938/81); **D:** incorreta, pois o órgão executor do SISNAMA é o IBAMA (art. 6º, IV, Lei 6.938/81), e, também, o Instituto Chico Mendes (ICMBio), conforme dispõe a Lei 11.516/07.

Gabarito "E"

7. INSTRUMENTOS DA POLÍTICA NACIONAL DO MEIO AMBIENTE

7.1. LICENCIAMENTO AMBIENTAL E EIA/RIMA

Para resolver as questões sobre Licenciamento Ambiental e EIA/RIMA, segue um resumo da matéria:

O **licenciamento ambiental** pode ser **conceituado** como *o procedimento administrativo destinado a licenciar atividades ou empreendimentos utilizadores de recursos ambientais, efetiva ou potencialmente poluidores ou capazes, sob qualquer forma, de causar degradação ambiental* (art. 2º, I, da Lei Complementar 140/11). Assim, toda vez que uma determinada atividade puder causar degradação ambiental, além das licenças administrativas pertinentes, o responsável pela atividade deve buscar a necessária licença ambiental também.

A **regulamentação** do licenciamento ambiental compete ao CONAMA, que expede normas e critérios para o licenciamento. A Resolução nº 237 do órgão traz as normas gerais de licenciamento ambiental. Há também sobre o tema o Decreto 99.274/90. Há, também, agora, a Lei Complementar 140/11, que trata da cooperação dos entes políticos para o exercício da competência comum em matéria ambiental, e consagrou a maior parte das disposições da Resolução CONAMA 237, colocando pá de cal sobre qualquer dúvida que existisse sobre a competência do Município para o exercício do licenciamento ambiental em casos de impacto ambiental local.

Já a **competência** para executar o licenciamento ambiental é assim dividida:

a) **impacto nacional e regional:** é do IBAMA, com a colaboração de Estados e Municípios. O IBAMA poderá delegar sua competência aos Estados, se o dano for regional, por convênio ou lei. Assim, a competência para o licenciamento ambiental de uma obra do porte da transposição do Rio São Francisco é do IBAMA.

b) **impacto em dois ou mais municípios (impacto microrregional):** é dos estados-membros. Por exemplo, uma estrada que liga 6 municípios de um mesmo estado-membro.

c) **impacto local:** é do Município. Por exemplo, o licenciamento para a construção de um prédio de apartamentos. A Lei Complementar 140/11, em seu art. 9º, XIV, estabelece que o Município promoverá o licenciamento ambiental das atividades ou empreendimentos localizados em suas unidades de conservação e também das demais atividades e empreendimentos que causem ou possam causar impacto ambiental local, conforme tipologia definida pelos respectivos Conselhos Estaduais do Meio Ambiente, considerados os critérios de porte, potencial poluidor e natureza da atividade. A Resolução n. 237 permite que, por convênio ou lei, os Municípios recebam delegação dos estados para determinados licenciamentos, desde que tenha estrutura para tanto.

Há três **espécies** de licenciamento ambiental (art. 19, Decreto 99.274/90):

a) **Licença Prévia (LP):** *é o ato que aprova a localização, a concepção do empreendimento e estabelece os requisitos básicos a serem atendidos nas próximas fases*; trata-se de licença ligada à fase preliminar de planejamento da atividade, já que traça diretrizes relacionadas à localização e instalação do empreendimento. Por exemplo, em se tratando do projeto de construir um empreendimento imobiliário na beira de uma praia, esta licença disporá se é possível o empreendimento no local e, em sendo, quais os limites e quais as medidas que deverão ser tomadas, como construção de estradas, instalação de tratamento de esgoto próprio etc. Essa licença tem validade de até 5 anos.

b) **Licença de Instalação (LI):** é o *ato que autoriza a implantação do empreendimento, de acordo com o projeto executivo aprovado*. Depende da demonstração de possibilidade de efetivação do empreendimento, analisando o projeto executivo e eventual estudo de impacto ambiental. Essa licença autoriza as intervenções no local. Permite que as obras se desenvolvam. Sua validade é de até 6 anos.

c) **Licença de Operação (LO):** *é o ato que autoriza o início da atividade e o funcionamento de seus equipamentos de controle de poluição, nos termos das licenças anteriores*. Aqui, o empreendimento já está pronto e pode funcionar. A licença de operação só é concedida se for constado o respeito às licenças anteriores, bem como se não houver perigo de dano ambiental, independentemente das licenças anteriores. Sua validade é de 4 a 10 anos.

É importante ressaltar que a **licença ambiental**, diferentemente da licença administrativa (por ex., licença para construir uma casa), apesar de normalmente envolver competência vinculada, tem prazo de validade definida e não gera direito adquirido para seu beneficiário. Assim, de tempos em tempos, a licença ambiental deve ser renovada. Além disso, mesmo que o empreendedor tenha cumprido os requisitos da licença, caso, ainda assim, tenha sido causado dano ao meio ambiente, a existência de licença em seu favor não o exime de reparar o dano e de tomar as medidas adequadas à recuperação do meio ambiente.

O **licenciamento ambiental**, como se viu, é obrigatório para todas as atividades que utilizam recursos ambientais, em que há possibilidade de se causar dano ao meio ambiente. Em processos de licenciamento ambiental é comum se proceder a Avaliações de Impacto Ambiental (AIA). Há, contudo, atividades que, potencialmente, podem causar danos *significativos* ao meio ambiente, ocasião em que, além do licenciamento, deve-se proceder a uma AIA mais rigorosa e detalhada, denominada Estudo de Impacto Ambiental (EIA), que será consubstanciado no Relatório de Impacto Ambiental (RIMA).

O **EIA** pode ser **conceituado** como *o estudo prévio das prováveis consequências ambientais de obra ou atividade, que deve ser exigido pelo Poder Público, quando estas forem potencialmente causadoras de significativa degradação do meio ambiente* (art. 225, § 1º, IV, CF).

Destina-se a averiguar as alterações nas propriedades do local e de que forma tais alterações podem afetar as pessoas e o meio ambiente, o que permitirá ter uma ideia acerca da viabilidade da obra ou atividade que se deseja realizar.

O Decreto 99.274/90 conferiu ao CONAMA atribuição para traçar as regras de tal estudo. A Resolução 1/86, desse órgão, traça tais diretrizes, estabelecendo, por exemplo, um rol exemplificativo de atividades que devem passar por um EIA, apontando-se, dentre outras, a implantação de estradas com duas ou mais faixas de rolamento, de ferrovias, de portos, de aterros sanitários, de usina de geração de eletricidade, de distritos industriais etc.

O EIA trará conclusões quanto à fauna, à flora, às comunidades locais, dentre outros aspectos, devendo ser realizado por equipe multidisciplinar, que, ao final, deverá redigir um relatório de impacto ambiental (RIMA), o qual trará os levantamentos e conclusões feitos, devendo o órgão público licenciador receber o relatório para análise das condições do empreendimento.

O empreendedor é quem **escolhe** os componentes da equipe e é quem **arca** com os custos respectivos. Os profissionais que farão o trabalho terão todo interesse em agir com correção, pois fazem seus relatórios sob as penas da lei. Como regra, o estudo de impacto ambiental e seu relatório são **públicos**, podendo o interessado solicitar sigilo industrial, fundamentando o pedido.

O EIA normalmente é exigido **antes** da licença prévia, mas é cabível sua exigência mesmo para empreendimentos já licenciados.

(PROCURADOR DO ESTADO/MG – FUMARC – 2012) Acerca do Licenciamento Ambiental, assinale a alternativa correta:

(A) A Licença de Operação autoriza a instalação do empreendimento ou atividade de acordo com as especificações constantes dos planos, programas e projetos aprovados, incluindo as medidas de controle ambiental e demais condicionantes, da qual constituem motivo determinante.

(B) A Licença de Instalação aprova a localização e concepção do empreendimento, atestando a viabilidade ambiental e estabelecendo os requisitos básicos e condicionantes a serem atendidos nas próximas fases de sua implementação.

(C) A construção, instalação, ampliação e funcionamento de estabelecimentos e atividades utilizadores de recursos ambientais, efetiva ou potencialmente poluidores ou capazes, sob qualquer forma, de causar degradação ambiental dependerão de prévio licenciamento ambiental.

(D) O Estudo de Impacto Ambiental será realizado por equipe multidisciplinar dos órgãos ambientais responsáveis pelo licenciamento.

(E) A Licença Prévia autoriza a operação do empreendimento ou atividade.

A: incorreta, pois, por óbvio, a licença que autoriza a instalação do empreendimento é a Licença de Instalação (LI), conforme art. 8º, II, Resolução CONAMA 237/97; **B:** incorreta, pois a licença que aprova a localização e concepção do empreendimento, atestando sua viabilidade ambiental, é a Licença Prévia (LP), conforme art. 8º, I, da Resolução CONAMA 237/97; **C:** correta (art. 2º, Resolução CONAMA 237/97); **D:** incorreta, pois o estudo de impacto ambiental (EIA), conforme dispõe o art. 17, §2º, do Decreto 99.274/90, bem como art. 11, da Resolução CONAMA 239/97, será realizado por técnicos contratados pelo empreendedor, não cabendo, pois, aos órgãos ambientais realizá-lo; **E:** incorreta, pois, obviamente, a Licença Prévia (LP) não autoriza a operação do empreendimento ou atividade, que dependerá de Licença de Operação (LO), conforme art. 8º, III, Resolução CONAMA 237/97.

Gabarito "C"

(Procurador do Estado/MT – FCC – 2011) Uma rodovia que passe pelo território de quatro municípios no Estado de Mato Grosso deve ter seu licenciamento ambiental realizado

(A) exclusivamente pela União.

(B) exclusivamente pelo Estado de Mato Grosso.

(C) exclusivamente pelo Estado de Mato Grosso, ouvidos os Municípios diretamente afetados, que se manifestarão em relação às questões inseridas na competência municipal.

(D) em concorrência entre o Estado de Mato Grosso e os Municípios diretamente afetados.

(E) em concorrência entre União, Estado de Mato Grosso e Municípios diretamente afetados.

De fato, o licenciamento ambiental de uma obra (rodovia, no caso) que passe por quatro municípios, por evidente, não seria realizado exclusivamente pela União, ou concorrentemente com ela, razão pela qual já podemos excluir, de plano, as alternativas "A" e "E". O licenciamento ambiental será realizado pela União se presente uma das hipóteses do art. 7º, XIV, da LC 140/11. Também podemos excluir a alternativa "D", visto que, à luz da LC 140/11, o licenciamento ambiental será realizado por um único ente federativo (art. 13), a fim de evitar sobreposição de atuações dos entes federativos. Porém, os demais entes federativos interessados podem manifestar-se ao órgão ambiental licenciador, de forma não vinculante, conforme dispõe o art. 13, §1º, da aludida lei complementar. Portanto, correta a alternativa "C", que respeita a nova sistemática do licenciamento (realização por um único ente federativo, cabendo, porém, a oitiva dos demais entes interessados).

Gabarito "C"

(Procurador do Estado/PA – 2011) Assinale a alternativa CORRETA:

(A) Mesmo na instalação de obra ou atividade potencialmente causadora de significativa degradação do meio ambiente, o licenciador poderá não exigir estudo prévio de impacto ambiental, desde que adote medidas administrativas para acompanhar o empreendimento.

(B) Não se pode considerar como obra ou atividade potencialmente causadora de significativa degradação do meio ambiente o mero uso de sementes, mesmo que organicamente modificadas, já que o plantio de uma espécie vegetal não impacta o meio ambiente.

(C) O licenciamento ambiental de obra ou atividade potencialmente causadora de significativa degradação será feito pelo órgão ambiental estadual onde tiver sede o empreendimento, mesmo se o dano ambiental tiver dimensão regional, assim entendido aquele que atingir dois ou mais estados-membros, ouvidos os órgãos ambientais dos demais entes federativos.

(D) O licenciamento ambiental de obra ou atividade potencialmente causadora de significativa degradação será feito pelo órgão ambiental estadual se o dano direto (potencial ou efetivo) ultrapassar os limites do município em que sediado o empreendimento, atingindo município vizinho, ambos situados na mesma unidade federativa.

(E) Se o impacto do empreendimento estiver limitado a um único município, mesmo atingindo diretamente área indígena, o licenciamento será feito pelo órgão ambiental municipal.

A: incorreta, pois para a instalação de obra ou atividade potencialmente causadora de significativa degradação do meio ambiente serão exigidos licenciamento ambiental (art. 10, Lei 6.938/81) e EIA (art. 225, §1º, IV, CF e art. 3º, Resolução CONAMA 237/97); **B:** incorreta, pois é proibida a liberação, no meio ambiente, de organismos geneticamente modificados (OGM) sem decisão favorável do CTNBio (Comissão Técnica Nacional de Biossegurança) ou sem o licenciamento do órgão ambiental competente quando a CTNBio considerar a atividade como potencialmente causadora de degradação ambiental (Lei 11.105/05); **C:** incorreta, pois, no caso, a competência será da União (art. 7º, XIV, e, da LC 140/11); **D:** correta (art. 8º, XIV, LC 140/11), visto que o impacto da obra ou atividade ficaria circunscrito a municípios do mesmo Estado; **E:** incorreta, pois se a obra ou atividade potencialmente degradadora do meio ambiente puder envolver terras indígenas, a competência será da União (art. 7º, XIV, c, da LC 140/11).

Gabarito "D"

(Procurador do Estado/PE – CESPE – 2009) O licenciamento ambiental, instrumento da Política Nacional do Meio Ambiente, é procedimento administrativo pelo qual o órgão ambiental competente licencia a localização, instalação, ampliação e operação de empreendimentos e atividades utilizadoras de recursos ambientais. Acerca da configuração jurídica do licenciamento nos termos da Resolução n.º 237/1997 do CONAMA, é correto afirmar que

(A) o licenciamento é obrigatório somente para as atividades arroladas no anexo da Resolução n.º 237/1997.

(B) o licenciamento não consubstancia o exercício do poder de polícia.

(C) o licenciamento pode ser realizado por meio de uma única licença que agregue a concepção, instalação e operação do empreendimento.

(D) os prazos máximos de vigência para as licenças prévia, de instalação e de operação são distintos.

(E) o órgão ambiental não pode, por decisão motivada, modificar licenças já concedidas.

A: incorreta, pois o anexo traz rol exemplificativo dos casos em que a licenciamento ambiental deve ser realizado (art. 2º, § 2º, da Resolução CONAMA 237/97), valendo salientar que qualquer atividade que possa causar dano ambiental deve ser objeto do procedimento; **B:** incorreta, pois o licenciamento é, sim, expressão do poder de polícia, pois visa condicionar as atividades privadas ao interesse público; **C:** incorreta, pois três licenças são necessárias, quais sejam, a prévia, a de instalação e a de operação (art. 8º da Resolução CONAMA 237/97); **D:** correta, pois o prazo máximo da licença prévia é de 5 anos, o prazo máximo da licença de instalação é de 6 anos e o prazo máximo da licença de operação é de 10 anos (art. 18,da Resolução CONAMA 237/97); **E:** incorreta, pois o art. 19 da Resolução CONAMA 237/97 admite a modificação da licença expedida (além da suspensão e do cancelamento dela) quando houver violação da lei, omissão ou falsidade nas informações dadas para a concessão da licença e superveniência de graves riscos ambientais e de saúde.

Gabarito "D"

(Procurador do Estado/PE – CESPE – 2009) O EIA e o seu respectivo RIMA são uma radiografia do empreendimento que está em vias de ser submetido ao processo de licenciamento. O EIA/RIMA é feito antes da concessão da licença prévia, a partir de um termo de referência fornecido pelo órgão ambiental. Não é diretriz mínima do termo de referência consoante o disposto na Resolução n.º 1/1986 do CONAMA

(A) contemplar todas as alternativas tecnológicas e de localização do projeto.

(B) identificar e avaliar sistematicamente os impactos ambientais gerados nas fases de concepção e implantação da atividade.

(C) definir os limites da área geográfica a ser direta ou indiretamente afetada pelos impactos.

(D) considerar os planos e programas governamentais propostos e em implantação na área de influência do projeto.

(E) considerar a bacia hidrográfica na qual se localiza a área de influência do projeto.

Art. 5º da Resolução CONAMA 01/86. A alternativa "b" está incorreta, pois a identificação e a avaliação sistemática dos impactos ambientais devem recair nas fases de implantação e de *operação* da atividade (art. 5º, II).

Gabarito "B"

(Procurador do Estado/SE – FCC – 2005) De acordo com as normas constitucionais e legais vigentes sobre a matéria, o prévio licenciamento ambiental de obras e atividades apenas é obrigatório

(A) nos casos em que as obras e atividades sejam consideradas efetiva ou potencialmente poluidoras, devendo ser acompanhado de Estudo de Impacto Ambiental (EIA) apenas na hipótese de a degradação ser significativa.

(B) nos casos em que as obras e atividades sejam consideradas efetiva ou potencialmente poluidoras, cabendo ao órgão licenciador definir, discricionariamente, se o Estudo de Impacto Ambiental (EIA) é necessário ou não.

(C) se houver possibilidade de significativa degradação ao meio ambiente, caso em que deverá ser acompanhado de Estudo de Impacto Ambiental (EIA).

(D) se houver possibilidade de significativa degradação ao meio ambiente, sendo opcional a realização de Estudo de Impacto Ambiental (EIA).

(E) nos casos em que as obras e atividades sejam consideradas efetiva ou potencialmente poluidoras, ainda que a degradação não seja significativa, devendo ser acompanhado de Estudo de Impacto Ambiental (EIA).

A: correta (arts. 2º e 3º, da Resolução CONAMA 237/97 e art. 225, §1º, IV, CF); **B:** incorreta, pois não há discricionariedade, durante o licenciamento ambiental, para a exigência do Estudo de Impacto Ambiental (EIA), necessário sempre que o empreendimento ou a atividade for capaz de causar significativo impacto ambiental; **C:** incorreta, pois o licenciamento ambiental será exigido sempre que o empreendimento ou atividade for capaz de causar degradação ambiental (art. 2º, Resolução CONAMA 237/97 e art. 10, Lei 6.938/81), não se com fundindo com as atividades ou empreendimentos que possuírem potencialidade de significativa degradação do meio ambiente, caso em que, durante o licenciamento, será exigido Estudo de Impacto Ambiental (EIA); **D:** incorreta, pois, como visto, a realização de Estudo de Impacto Ambiental não é medida opcional, mas, sim, obrigatória, quando a atividade ou empreendimento for potencialmente capaz de causar significativa degradação ambiental (art. 225, §1º, IV, CF e art. 3º, Resolução CONAMA 237/97); **E:** incorreta, pois apenas para as obras e atividades com capacidade de causar significativa degradação ambiental é que será exigido o Estudo de Impacto Ambiental (art. 225, §1º, IV, CF e art. 3º, Resolução CONAMA 237/97).

Gabarito "A"

(Procurador do Estado/SP – FCC – 2009) O Governo Federal pretende inverter o curso do Rio São Francisco e para tanto precisa obter o licenciamento ambiental da obra. Nos termos da Resolução CONAMA nº 237/1997, o licenciamento será de competência

(A) federal, tendo em vista a extensão geográfica e o grau do impacto ambiental do empreendimento.

(B) dos Estados e dos Municípios por onde o Rio passa, tendo em vista que a União não pode fazer o licenciamento de obra em que ela seja o próprio empreendedor.

(C) federal, tendo em vista que o grau do impacto ambiental do empreendimento exige o licenciamento por meio de EIA/RIMA.

(D) dos Estados, com oitiva dos Municípios por onde o Rio passa, tendo em vista que a União não pode fazer o licenciamento de obra em que ela seja o próprio empreendedor.

(E) federal uma vez que o Rio São Francisco constitui bem da União.

Tendo em vista que o Rio São Francisco passa por mais de dois Estados do País, a competência é federal (art. 4º, II, da Resolução CONAMA 237/97).

Gabarito "A"

(Procurador do Estado/SP – FCC – 2009) Com o julgamento da ADI 3.378-6 DF, ajuizada pela Confederação Nacional da Indústria, pelo Supremo Tribunal Federal, a compensação ambiental de que trata o artigo 36 da Lei Federal nº 9.985/2000

(A) é exigida nos processos de licenciamento ambiental de empreendimentos causadores de potencial impacto significativo, não podendo o seu valor corresponder a um percentual inferior a 0,5% do custo estimado para a sua implantação.

(B) foi considerada inconstitucional, não mais podendo ser exigida pelo órgão ambiental competente nos processos de licenciamento ambiental.

(C) é exigida nos processos de licenciamento, independentemente do grau de impacto ambiental, sendo seu valor limitado a 0,5% do custo estimado para a implantação do empreendimento.

(D) é aplicável quando for constatada a ocorrência de dano ambiental, independentemente do grau de impacto decorrente da implantação do empreendimento, apurando-se o seu valor a partir do dano ambiental efetivamente ocorrido.

(E) é exigida nos processos de licenciamento ambiental de empreendimentos causadores de potencial impacto significativo, apurando-se o seu valor de acordo com o grau de impacto causado.

Vide o art. 36 da Lei 9.985/00 e a ementa do acórdão mencionado, cujo teor é o seguinte: "EMENT**A:** AÇÃO DIRETA DE INCONSTITUCIONALIDADE. ART. 36 E SEUS §§ 1º, 2º E 3º DA LEI Nº 9.985, DE 18 DE JULHO DE 2000. CONSTITUCIONALIDADE DA COMPENSAÇÃO DEVIDA PELA IMPLANTAÇÃO DE EMPREENDIMENTOS DE SIGNIFICATIVO IMPACTO AMBIENTAL. INCONSTITUCIONALIDADE PARCIAL DO § 1º DO ART. 36. 1. O compartilhamento-compensação ambiental de que trata o art. 36 da Lei nº 9.985/00 não ofende o princípio da legalidade, dado haver sido a própria lei que previu o modo de financiamento dos gastos com as unidades de conservação da natureza. De igual forma, não há violação ao princípio da separação dos Poderes, por não se tratar de delegação do Poder Legislativo para o Executivo impor deveres aos administrados. 2. Compete ao órgão licenciador fixar o *quantum* da compensação, de acordo com a compostura do impacto ambiental a ser dimensionado no relatório – EIA/RIMA. 3. O art. 36 da Lei nº 9.985/00 densifica o princípio usuário-pagador, este a significar um mecanismo de assunção partilhada da responsabilidade social pelos custos ambientais derivados da atividade econômica. 4. Inexistente desrespeito ao postulado da razoabilidade. Compensação ambiental que se revela como instrumento adequado à defesa e preservação do meio ambiente para as presentes e futuras gerações, não havendo outro meio eficaz para atingir essa finalidade constitucional. Medida amplamente compensada pelos benefícios que sempre resultam de um meio ambiente ecologicamente garantido em sua higidez. 5. Inconstitucionalidade da expressão "não pode ser inferior a meio por cento dos custos totais previstos para a implantação do empreendimento", no § 1º do art. 36 da Lei nº 9.985/00. O valor da compensação-compartilhamento é de ser fixado proporcionalmente ao impacto ambiental, após estudo em que se assegurem o contraditório e a ampla defesa. Prescindibilidade da fixação de percentual sobre os custos do empreendimento. 6. Ação parcialmente procedente." (DJ 20/06/08).

Gabarito "E"

(Procurador do Estado/SP – FCC – 2009) Com base na Resolução CONAMA nº 237/1997, e na Lei Estadual no 9.509/97, que instituiu o SEAQUA – Sistema Estadual de Administração da Qualidade Ambiental, Proteção, Controle e Desenvolvimento do Meio Ambiente e Uso Adequado dos Recursos Naturais, o Poder Público, no exercício de sua competência de licenciamento, expedirá

(A) Licença Preliminar (LP), na fase inicial do empreendimento, contendo requisitos básicos a serem atendidos na fase de localização, instalação e operação, para fins de autorizar o início de obras que não acarretem desmatamento ou poluição.

(B) Licença de Operação (LO), que autoriza o início da implantação do empreendimento, em se tratando de empreendimento licenciado por meio de Estudo Prévio de Impacto Ambiental, desde que atendidos os requisitos exigidos nas licenças anteriores.

(C) Licença de Ocupação (LO), que autoriza a ocupação da área, na fase de instalação da atividade, quando se tratar de empreendimento de utilidade pública, desde que atendidos os requisitos exigidos na LP.

(D) Licença Prévia (LP), que atesta a viabilidade ambiental do empreendimento e apresenta as condicionantes para as próximas fases de sua implantação.

(E) Licença de Instalação (LI) que autoriza o início dos estudos relativos à localização do empreendimento, de acordo com as especificações constantes do Projeto Executivo aprovado.

A: incorreta, pois o nome correto é licença prévia, e esta não autoriza o início das obras (art. 8º, I, da Resolução CONAMA 237/97); **B:** incorreta, pois a licença que autoriza o início da implantação é a licença de instalação, e não a de operação; esta autoriza o início da atividade ou empreendimento (art. 8º, II e III, da Resolução CONAMA 237/97); **C:** incorreta, pois a licença que vem depois da licença prévia é a licença de instalação; **D:** correta (art. 8º, I, da Resolução 237/97); **E:** incorreta, pois a licença de instalação autoriza a instalação do empreendimento, de modo que é concedida em momento posterior ao narrado na alternativa.

Gabarito "D"

(Procurador do Estado/SP – VUNESP – 2005) Empresa privada deseja instalar usina termelétrica no município de Campinas, Estado de São Paulo. Tal licenciamento deve ser efetuado por meio da apresentação de Estudo Prévio de Impacto Ambiental, tendo em vista o que estabelece o art. 225, IV da Constituição Federal. Nos termos da legislação que organiza o Sistema Nacional de Proteção Ambiental, deve ser considerado corno critério básico para definir em qual das unidades da federação (União, Estado ou Município) tal licenciamento ambiental deve ocorrer:

(A) a extensão do dano ambiental que será ocasionado.

(B) o local do empreendimento.

(C) o tipo de empreendimento.

(D) o fato de o empreendimento acarretar impacto ambiental significativo.

(E) a competência para legislar sobre o tema.

Atualmente, a questão da competência para realizar o licenciamento ambiental vem definida na LC 140/11, que em seus arts. 7º, 8º e 9º trazem as situações em que tocará à União, Estados/DF e Municípios realizá-lo. O art. 7º, XIV, da aludida lei complementar, enuncia em quais hipóteses caberá à União realizar o licenciamento ambiental, bem como no art. 9º, XIV, também do mesmo diploma legal, estão definidas as situações em que ao Município caberá promover o licenciamento ambiental, restando aos Estados as demais hipóteses (competência residual), conforme art. 8º, XIV. É certo que se a extensão do possível dano ambiental decorrente da instalação da termelétrica não ultrapasse os limites do Município de Campinas/SP, a este caberia promover o licenciamento (art. 9º, XIV, a, LC 140/11). Porém, se o impacto ambiental fosse capaz de ultrapassar o território do município, mas circunscrito a municípios do Estado de São Paulo, a este caberia promover o licenciamento.

Gabarito "A"

(Procurador do Município/Manaus-AM – 2006 – FCC) No curso de processos de licenciamento ambiental, o estudo de impacto ambiental e seu respectivo relatório (EIA/RIMA)

(A) são sempre exigíveis.

(B) são em princípio exigíveis, podendo ser dispensados por livre decisão do órgão licenciador.

(C) são em princípio exigíveis, podendo ser dispensados pelo órgão licenciador se o impacto ambiental não for significativo.

(D) não são em princípio exigíveis, mas podem sê-lo por livre decisão do órgão licenciador.

(E) não são em princípio exigíveis, mas podem sê-lo pelo órgão licenciador se o impacto ambiental for significativo.

A: incorreta, pois a exigência do Estudo de Impacto Ambiental (EIA) e respectivo relatório (RIMA) decorre da potencialidade de a obra ou atividade produzir significativa degradação ambiental (art. 225, §1º, IV, CF e art. 3º, Resolução CONAMA 237/97); **B:** incorreta, porque não cabe ao órgão licenciador, discricionariamente, dispensar a elaboração de EIA, necessário, repita-se, quando a obra ou atividade puder causar significativa degradação ambiental; **C:** correta, pois, de fato, o EIA/RIMA serão exigidos no curso do licenciamento ambiental, salvo se a potencialidade de impacto ambiental negativo não for significativa; **D:** incorreta, pelas mesmas razões descritas no comentário à alternativa B; **E:** incorreta, pois haverá exigência de EIA/RIMA sempre que o impacto ambiental da obra ou atividade for significativo, não havendo margem para escolha do órgão ambiental licenciador.

Gabarito "C"

(Procurador do Município/Natal-RN – 2008 – CESPE) De acordo com a Resolução n.º 237/1997 do CONAMA, licenciamento ambiental é o procedimento

(A) político e econômico pelo qual o órgão ambiental estadual licencia a localização, a instalação, a ampliação e a operação de empreendimentos industriais utilizadores de recursos ambientais não renováveis, considerados efetivamente poluidores ou daqueles que, sob qualquer forma, possam causar degradação ambiental do ciclo reprodutivo da fauna local.

(B) político pelo qual o órgão ambiental municipal licencia a localização, a instalação, a ampliação e a operação de empreendimentos comerciais utilizadores de recursos ambientais e considerados efetivamente poluidores ou daqueles que, sob qualquer forma, possam causar degradação ambiental dos ativos ambientais de terceira e quarta gerações.

(C) econômico pelo qual o CONAMA licencia a localização, a instalação, a ampliação e a operação de empreendimentos e atividades utilizadoras de ativos naturais considerados efetiva ou potencialmente degradadores da qualidade de vida das populações de baixa renda ou daquelas que, sob qualquer forma, possam causar a defenestração ambiental dos elementos bióticos e abióticos dos ecossistemas nativos.

(D) administrativo pelo qual o órgão ambiental competente licencia a localização, a instalação, a ampliação e a operação de empreendimentos e atividades utilizadoras de recursos ambientais considerados, efetiva ou potencialmente, poluidores ou daqueles que, sob qualquer forma, possam causar degradação ambiental, considerando-se as disposições legais e regulamentares e as normas técnicas aplicáveis ao caso.

De fato, a Resolução CONAMA 237/97, em seu art. 1º, I, define o licenciamento ambiental como o procedimento administrativo pelo qual o órgão ambiental competente licencia a localização, instalação, ampliação e a operação de empreendimentos e atividades utilizadoras de recursos ambientais, consideradas efetiva ou potencialmente poluidoras ou daquelas que, sob qualquer forma, possam causar degradação ambiental, considerando as disposições legais e regulamentares e as normas técnicas aplicáveis ao caso.

Gabarito "D"

(Procurador do Município/Recife-PE – 2008 – FCC) NÃO é hipótese de cancelamento de licença ambiental a

(A) superveniência de graves riscos ambientais.

(B) omissão de informações oferecidas pelo titular da licença.

(C) violação das condições impostas no ato de outorga da licença.

(D) superveniência de tecnologias que implicam menor impacto ambiental.

(E) oferta de falsas informações acerca da atividade licenciada.

A: incorreta (art. 19, III, Resolução CONAMA 237/97), pois a superveniência de graves riscos ambientais poderá ser causa de cancelamento de licença ambiental pelo órgão competente; **B:** incorreta (art. 19, II, Resolução CONAMA 237/97), visto que, de fato, a omissão de informações oferecidas pelo titular da licença ambiental poderá ser causa de modificação, suspensão ou até cancelamento do ato concedido, por decisão motivada do órgão ambiental licenciador; **C:** incorreta, visto que o art. 19, I, da Resolução CONAMA 237/97 prevê como causa de modificação, suspensão ou cancelamento da licença ambiental a violação das condicionantes impostas pelo órgão competente; **D:** correta, pois não se insere nas hipóteses do art. 19 da Resolução CONAMA 237/97 a superveniência de tecnologias que reduzam o impacto ambiental; **E:** incorreta (art. 19, II, Resolução CONAMA 237/97), pois, realmente, a oferta de falsas informações sobre a atividade licenciadas sujeitarão o empreendedor a ver sua licença modificada, suspensa ou até cancelada.

Gabarito "D"

(Procurador Federal – 2010 – CESPE) A respeito dos estudos de impacto ambiental, julgue os itens que se seguem.

(1) Os estudos de impacto ambiental são exigidos, na forma da lei, nos casos de significativa degradação ambiental.

1: Art. 225, § 1º, IV, da CF.

Gabarito 1C

(Advogado da União/AGU – CESPE – 2012) A respeito do EIA, importante instrumento da Política Nacional do Meio Ambiente, julgue os próximos itens.

(1) A concessão de licenciamento para desenvolvimento de atividade potencialmente danosa ao meio ambiente constitui ato do poder de polícia, sendo a análise dos EIAs atividade própria do Poder Executivo.

(2) Lei estadual pode dispensar a realização de EIA se restar comprovado, por perícia, que determinada obra não apresenta potencial poluidor.

(3) Não poderá ser deferida licença ambiental se o EIA e seu respectivo relatório — EIA/RIMA — revelarem possibilidade de danos graves ao meio ambiente.

1: correta, pois, de fato, o licenciamento ambiental constitui, sem dúvida, instrumento que materializa o poder de polícia ambiental do Estado (*lato sensu*), a quem caberá analisar, se o caso, o Estudo de Impacto Ambiental (EIA) no caso de atividades ou empreendimentos com potencialidade de causar significativa degradação ambiental, podendo concluir, inclusive, pela inviabilidade da obra/empreendimento; **2:** incorreta, pois a exigência de EIA decorre de regra constitucional (art. 225, §1º, IV, CF), não cabendo, casuisticamente aos Estados, dispensá-lo. Outrossim, é da essência do EIA preceder à concessão da licença prévia, sendo, portanto, incompatível que uma perícia, certamente posterior ao início das obras ou atividades potencialmente causadoras de significativa degradação ambiental (AC 2000390200001410, DJ 18.10.2007 – TRF 1ª Região); **3:** incorreta, pois, mesmo diante de possibilidade de danos ambientais revelada pelo EIA/RIMA, cujas conclusões, frise-se, não vinculam o órgão ambiental licenciador, poderão ser apresentadas medidas mitigadoras ou mesmo alternativas aos impactos ambientais (art. 6º, Resolução CONAMA 01/86).

Gabarito 1C, 2E, 3E

(ADVOGADO – PETROBRÁS – 2012 – CESGRANRIO) Sobre licenciamento e avaliação de impactos ambientais, considere as afirmativas abaixo.

I. A apresentação, no licenciamento ambiental, de laudo parcialmente falso, inclusive por omissão, é tipificada como crime pela Lei Federal nº 9.605/1998.

II. A competência para o licenciamento ambiental pode ser da União, do Estado ou do Município.

III. O Estudo Prévio de Impacto Ambiental concretiza o princípio da precaução, embora não tenha previsão na Constituição Federal de 1988.

Está correto o que se afirma em

(A) I, apenas.

(B) III, apenas.

(C) I e II, apenas.

(D) II e III, apenas.

(E) I, II e III.

I: correta (art. 69-A, Lei 9.605/98); **II:** correta (arts. 7º, XIV, 8º, XIV e 9º, XIV, LC 140/11); **III:** incorreta, pois o EIA ou EPIA (Estudo Prévio de Impacto Ambiental) vem expressamente previsto no art. 225, §1º, IV, CF.

Gabarito "C"

(ADVOGADO – PETROBRÁS DISTRIB. – 2010 – CESGRANRIO) Em projeto de construção de um gasoduto no território nacional deve-se considerar, entre outros quesitos, que

(A) a necessidade de submissão da atividade ao prévio procedimento de licenciamento ambiental dependerá da análise das características e peculiaridades do projeto pelo órgão ambiental competente, tais como extensão e localização do gasoduto.

(B) no curso do licenciamento ambiental deverá ser elaborado Estudo Prévio de Impacto Ambiental, com seu respectivo Relatório de Impacto Ambiental, tendo em vista ser a atividade potencialmente causadora de significativo impacto ambiental.

(C) como se trata de atividade que deve se submeter ao prévio licenciamento ambiental, deverão ser realizadas audiências públicas, que têm como finalidade expor aos interessados o projeto que se pretende construir.

(D) caso o projeto do gasoduto contenha previsão de se desenvolver em terras indígenas, o órgão ambiental estadual, competente para análise do pedido de licença ambiental, deverá considerar o exame técnico procedido pela FUNAI.

(E) a obtenção da Licença Prévia (LP), expedida pelo órgão ambiental competente, autoriza a instalação do gasoduto, de acordo com as especificações dos planos, programas e projetos aprovados, incluindo as medidas de controle ambiental e demais condicionantes.

A: incorreta, pois haverá necessidade de licenciamento ambiental de toda e qualquer atividade ou empreendimento capaz de causar degradação ambiental (art. 10, Lei 6.938/81; art. 2º, Resolução CONAMA 237/97), não cabendo ao órgão ambiental dispensá-lo discricionariamente, ainda mais diante da instalação de um gasoduto, que, inclusive, depende de EIA-RIMA (art. 2º, V, Resolução CONAMA 01/86); **B:** correta (art. 225, §1º, IV, CF, art. 3º, Resolução CONAMA 237/97, art. 2º, V, Resolução CONAMA 01/86); **C:** incorreta, pois nem toda atividade que exija licenciamento ambiental dependerá da realização de audiência pública, que se verificará quando houver necessidade de EIA-RIMA (art. 2º, Resolução CONAMA 09/87; art. 11, §2º, Resolução CONAMA 01/86); **D:** incorreta, pois se o projeto de gasoduto afetar terras indígenas, a competência para o licenciamento será da União (art. 7º, XIV, c, LC 140/11); **E:** incorreta, pois, à evidência, a Licença Prévia (LP) não autoriza a instalação do empreendimento/obra/atividade, mas, sim, aprova a sua concepção e localização, atestando sua viabilidade ambiental (art. 8º, I, Resolução CONAMA 237/97).

Gabarito "B"

(ADVOGADO – PETROBRÁS TRANSP. – 2006 – CESGRANRIO) Em relação ao licenciamento ambiental, pode-se afirmar que:

I. é o mecanismo pelo qual a Administração Pública, no uso de suas atribuições, estabelece condições e limites para o exercício de atividade efetiva ou potencialmente poluidora;

II. compete ao Conselho Nacional do Meio Ambiente (CONAMA) o licenciamento das atividades potencialmente poluidoras;

III. a construção, instalação, ampliação e funcionamento de estabelecimentos e atividades utilizadoras de recursos ambientais, considerados efetiva ou potencialmente poluidores, dependem de licença;

IV. compete ao Instituto Brasileiro do Meio Ambiente e Recursos Naturais Renováveis (IBAMA) o licenciamento ambiental de atividades com impacto ambiental significativo em âmbito nacional.

Estão corretas as afirmações:

(A) II e III, apenas.

(B) I, II e IV, apenas.

(C) I, III e IV, apenas.

(D) II, III e IV, apenas.

(E) I, II, III e IV.

I: correta, pois, de fato, com o licenciamento ambiental, a Administração Pública, responsável pela proteção e preservação do meio ambiente, no exercício de seu poder de polícia, estabelecerá condições e limites para o exercício de atividades/empreendimentos capazes de causar degradação ambiental (art. 1º, I, Resolução CONAMA 237/97); **II:** incorreta, pois não compete ao CONAMA, órgão consultivo e deliberativo do SISNAMA (art. 6º, II, Lei 6.938/81), realizar licenciamento ambiental (vide competências do CONAMA no art. 8º, Lei 6.938/81); **III:** correta (art. 10, Lei 6.938/81; arts. 1º, II e 2º, Resolução CONAMA 237/97); **IV:** correta, visto que, evidentemente, uma atividade capaz de causar impacto ambiental nacional, decerto, influenciará ou será realizada em dois ou mais Estados (art. 7º, XIV, e, LC 140/11). Frise-se, porém, que com a edição da referida lei complementar, não foi prevista a competência da União para o licenciamento ambiental de atividades ou empreendimentos que possam causar "impacto ambiental regional ou nacional", mas, sim, repita-se, aqueles localizados no território de dois ou mais Estados.

Gabarito "C"

(ADVOGADO – PETROBRÁS – 2008 – CESGRANRIO) "Licença ambiental é o ato administrativo pelo qual o órgão ambiental competente estabelece as condições, restrições e medidas de controle ambiental que deverão ser obedecidas pelo empreendedor, pessoa física ou jurídica, para localizar, instalar, ampliar e operar empreendimentos ou atividades utilizadoras dos recursos ambientais consideradas efetiva ou potencialmente poluidoras ou aquelas que, sob qualquer forma, possam causar degradação ambiental."

Resolução CONAMA no 237/97 – Art. 1º II

Acerca das regras relativas ao procedimento de licenciamento ambiental previstas na Resolução CONAMA nº 237, de 19 de dezembro de 1997, analise as afirmações a seguir.

I. A concessão de licença ambiental a empreendimentos considerados causadores de significativa degradação do meio dependerá de prévio estudo de impacto ambiental e respectivo relatório de impacto sobre o meio ambiente (EIA/RIMA).

II. Compete ao CONAMA o licenciamento ambiental de empreendimentos e atividades com significativo impacto ambiental de âmbito nacional.

III. Os prazos de validade constantes das licenças prévia e de instalação concedidas pelo órgão ambiental competente são improrrogáveis.

IV. As Licenças de Operação concedidas terão um prazo máximo de validade de 5 (cinco) anos.

Está(ão) correta(s) **APENAS** a(s) afirmativa(s)

(A) I

(B) IV

(C) I e III

(D) I e IV

(E) I, II e III

I: correta (art. 3º, Resolução CONAMA 237/97); **II:** incorreta, pois o CONAMA, como é sabido, é órgão consultivo e deliberativo do SISNAMA, cabendo, agora sim, ao IBAMA, autarquia federal, promover o licenciamento ambiental em âmbito federal (art. 4º, Resolução CONAMA 237/97); **III:** incorreta (art. 18, §1º, Resolução CONAMA 237/97), desde que a prorrogação não ultrapasse, para a LP, cinco anos, e para a LI, seis anos (art. 18, I e II, Resolução CONAMA 237/97); **IV:** incorreta (art. 18, III, Resolução CONAMA 237/97), variando de, no mínimo, quatro anos, chegando ao máximo de dez anos de validade.

Gabarito "A"

(ADVOGADO – PETROBRÁS DISTRIB. – 2008 – CESGRANRIO) A respeito do licenciamento ambiental e da responsabilidade ambiental administrativa e penal, considere as afirmativas abaixo.

I. O licenciamento ambiental, como importante instrumento da Política Nacional do Meio Ambiente, tem natureza essencialmente preventiva e constitui uma das formas de expressão do poder de polícia ambiental.

II. Os estudos ambientais necessários ao procedimento de licenciamento ambiental são realizados pelos técnicos do órgão ambiental competente, integrante do Sistema Nacional do Meio Ambiente (SISNAMA), às expensas do empreendedor.

III. Em regra, o licenciamento ambiental de atividades localizadas ou desenvolvidas em mais de um município, sem que sejam ultrapassados os limites territoriais do estado, deve ser conduzido pelo órgão ambiental estadual competente, integrante do Sistema Nacional do Meio Ambiente (SISNAMA).

IV. É crime ambiental construir, reformar, ampliar, instalar ou fazer funcionar estabelecimentos, obras ou serviços potencialmente poluidores sem a prévia obtenção de licença ambiental.

É(São) correta(s) APENAS a(s) afirmativa(s)

(A) I

(B) I e II

(C) II e III

(D) III e IV

(E) I, III e IV

I: correta, pois, de fato, o licenciamento ambiental é um dos instrumentos da PNMA (art. 9º, IV, Lei 6.938/81), tendo natureza essencialmente preventiva, visto que sua exigência objetiva prevenir a realização de obras/empreendimentos/atividades potencialmente degradadoras, estabelecendo-se, por ocasião da LP, medidas mitigatórias ou alternativas para minimizar ou suprimir danos ambientais; **II:** incorreta, pois os estudos ambientais são realizados por profissionais legalmente habilitados, às expensas do empreendedor (art. 11, Resolução CONAMA 237/97; art. 17, §2º, Decreto 99.274/90), sendo, posteriormente, analisado pelo órgão ambiental competente; **III:** correta (análise conjugada dos arts. 7º, XIV, 8º, XIV e 9º, XIV, LC 140/11); **IV:** correta (art. 60, Lei 9.605/98).

Gabarito "E"

(ADVOGADO – EPE – 2007 – CESGRANRIO) Tratando-se da construção de empreendimento de significativo impacto ambiental, que afetará quatro diferentes estados brasileiros, a quem compete proceder ao seu licenciamento ambiental?

(A) IBAMA.

(B) CONAMA.

(C) IBAMA e órgãos ambientais dos estados afetados pelo empreendimento, integrantes do Sistema Nacional do Meio Ambiente – SISNAMA, de maneira concorrente.

(D) Qualquer dos órgãos ambientais dos estados afetados pelo empreendimento, integrantes do Sistema Nacional do Meio Ambiente – SISNAMA.

(E) Órgãos ambientais dos estados afetados pelo empreendimento, integrantes do Sistema Nacional do Meio Ambiente – SISNAMA, de maneira concorrente.

De fato, de acordo com o art. 7º, XIV, e, LC 140/11, competirá à União (por intermédio do IBAMA), licenciar as atividades/empreendimentos/obras localizadas ou desenvolvidas no território de 2 (dois) ou mais Estados.

Gabarito "A"

7.2. UNIDADES DE CONSERVAÇÃO

(Procurador Distrital – 2014 – CESPE) Tendo em vista as categorias de unidades de conservação que compõem o Sistema Nacional de Unidades de Conservação da Natureza, julgue os itens a seguir.

(1) Nas unidades de proteção integral, não se admite o uso direto ou indireto dos recursos naturais, mas apenas a exploração capaz de garantir a perenidade dos processos ecológicos, mantendo-se a biodiversidade e os demais atributos ecológicos, de forma socialmente justa e economicamente viável.

(2) As unidades de conservação somente podem ser criadas por lei, que deverá definir seu regime especial de administração e as garantias adequadas de proteção.

1: incorreta, pois, nas unidades de proteção integral, o uso *direto* de fato é proibido, mas o uso *indireto*, não (art. 7º, § 1º, da Lei 9.985/2000); vale também ressaltar que a segunda parte da afirmativa contradiz-se totalmente com a primeira ao admitir o próprio uso direto dessas áreas, trazendo definição de "uso sustentável" (art. 2º, XI, da Lei 9.985/2000) e não de "proteção integral"; **2:** incorreta, pois as unidades de conservação podem ser criadas "por ato do Poder Público" (art. 22, *caput*, da Lei 9.985/2000), ou seja, não é necessário lei, podendo uma unidade ser criada por Decreto, por exemplo.

Gabarito 1E, 2E

(Procurador do Estado/AC – FMP – 2012) Com base no disposto na Lei n.º 9.985/2000, que institui o Sistema Nacional de Unidades de Conservação, assinale a alternativa **correta**.

(A) Unidade de conservação é o espaço territorial, aéreo ou marítimo e seus recursos ambientais, incluindo as águas jurisdicionais, o subsolo e a atmosfera, com características naturais relevantes, instituído judicialmente ou por ato do Poder Público, com objetivos de conservação e limites definidos, sob regime especial de administração, ao qual se aplicam garantias adequadas de proteção.

(B) Recurso ambiental compreende a atmosfera, as águas interiores, superficiais e subterrâneas, os estuários, o mar territorial, o alto mar, a plataforma continental, o solo, o subsolo, os elementos da biosfera, a fauna, a flora e os elementos integrantes do meio ambiente artificial, incluindo o patrimônio histórico.

(C) Zoneamento é a definição de setores ou zonas em uma unidade de conservação com objetivos de manejo, exploração e extrativismo específicos, com o propósito de proporcionar os meios e as condições para que todos os objetivos da unidade possam ser alcançados de forma harmônica e eficaz, sem prejuízo da possibilidade de regulamentação por ato normativo do Poder Público federal, estadual ou municipal em sentido diverso.

(D) Corredores ecológicos são porções de ecossistemas naturais ou seminaturais, ligando unidades de conservação, que possibilitam entre elas o fluxo de genes e o movimento da biota, facilitando a dispersão de espécies e a recolonização de áreas degradadas, bem como a manutenção de populações que demandam para sua sobrevivência áreas com extensão maior do que aquela das unidades individuais.

A: incorreta (art. 2º, I, Lei 9.985/00), pois unidade de conservação não abrange espaço aéreo ou marítimo, mas, apenas, o territorial; **B:** incorreta, pois o art. 2º, IV, da Lei 9.985/00 considera recurso ambiental a atmosfera, as águas interiores, superficiais e subterrâneas, os estuários, o mar territorial, o solo, o subsolo, os elementos da biosfera, a fauna e a flora, não se incluindo o alto mar, a plataforma continental e os elementos integrantes do meio ambiente artificial; **C:** incorreta, pois se considera zoneamento, nos termos do art. 2º, XVI, da Lei 9.985/00, a definição de setores ou zonas em uma unidade de conservação com objetivos de manejo e normas específicos, com o propósito de proporcionar os meios e as condições para que todos os objetivos da unidade possam ser alcançados de forma harmônica e eficaz, nada dispondo referido diploma legal sobre a possibilidade de regulamentação de zoneamento por ato normativo do Poder Público federal, estadual ou municipal em sentido diverso; **D:** correta, visto que de acordo com o que dispõe o art. 2º, XIX, da Lei 9.985/00.

Gabarito "D"

(Procurador do Estado/CE – 2008 – CESPE) Segundo a lei, unidades de conservação ambiental são

(A) espaços territoriais e seus recursos socioambientais, incluindo-se as águas jurisdicionadas, com características naturais relevantes, legalmente instituídos pelo poder público com objetivos de conservação e com limites definidos, sob regime especial de administração, aos quais se aplicam garantias adequadas de proteção.

(B) espaços territoriais e seus recursos ambientais, incluindo-se as águas jurisdicionais, com características hidrossolúveis relevantes, legalmente outorgados pelo poder público com objetivos de preservação e com limites definidos, sob regime especial de administração, aos quais se aplicam garantias adequadas de proteção.

(C) espaços ambientais e seus recursos naturais, incluindo-se as águas jurisdicionais, com características hídricas relevantes, legalmente instituídos pelo poder público com objetivos de preservação e com limites definidos, sob regime especial de administração, aos quais se aplicam garantias adequadas de proteção.

(D) espaços territoriais e seus recursos ambientais, incluindo-se as águas jurisdicionais, com características naturais relevantes, legalmente instituídos pelo poder público com objetivos de conservação e com limites definidos, sob regime especial de gestão participativa, aos quais se aplicam garantias adequadas de proteção, acessibilidade restrita e utilização condicionada.

(E) espaços territoriais e seus recursos ambientais, incluindo-se as águas jurisdicionais, com características naturais relevantes, legalmente instituídos pelo poder público com objetivos de conservação e com limites definidos, sob regime especial de administração, aos quais se aplicam garantias adequadas de proteção.

Art. 2º, I, da Lei 9.985/00.

Gabarito "E"

(Procurador do Estado/CE – 2008 – CESPE) A desafetação é o fato ou manifestação de vontade do poder público, mediante o qual o bem de domínio público é subtraído à dominialidade pública para ser incorporado ao domínio privado do Estado ou do administrado. Quanto às unidades de conservação, é correto afirmar que a desafetação

(A) ou redução de limites pode ser feita mediante lei municipal ou medida provisória.

(B) que não implique redução de limites pode ser instituída por portaria.

(C) que não implique redução de limites pode ser feita por decreto.

(D) ou redução de limites pode ser feita por decreto.

(E) ou redução dos limites de uma unidade de conservação só pode ser feita mediante lei.

Art. 22, § 7º, da Lei 9.985/00.

Gabarito "E"

(PROCURADOR DO ESTADO/MG – FUMARC – 2012) Sobre o Sistema Nacional de Unidades de Conservação, assinale a alternativa INCORRETA:

(A) A Estação Ecológica tem como objetivo a preservação da natureza e a realização de pesquisas científicas.

(B) O Monumento Natural tem como objetivo básico preservar sítios naturais raros, singulares ou de grande beleza cênica.

(C) A Reserva Extrativista é uma área utilizada por populações extrativistas tradicionais, cuja subsistência baseia-se no extrativismo e, complementarmente, na agricultura de subsistência e na criação de animais de pequeno porte, e tem como objetivos básicos proteger os meios de vida e a cultura dessas populações, e assegurar o uso sustentável dos recursos naturais da unidade.

(D) A Área de Relevante Interesse Ecológico é uma área em geral extensa, com um certo grau de ocupação humana, dotada de atributos abióticos, bióticos, estéticos ou culturais especialmente importantes para a qualidade de vida e o bem-estar das populações humanas, e tem como objetivos básicos proteger a diversidade biológica, disciplinar o processo de ocupação e assegurar a sustentabilidade do uso dos recursos naturais.

(E) O Refúgio de Vida Silvestre tem como objetivo proteger ambientes naturais onde se asseguram condições para a existência ou reprodução de espécies ou comunidades da flora local e da fauna residente ou migratória.

A: correta (art. 9º, *caput*, Lei 9.985/00); **B:** correta (art. 12, *caput*, Lei 9.985/00); **C:** correta (art. 18, *caput*, Lei 9.985/00); **D:** incorreta, visto que, nos termos do art. 16, *caput*, da Lei 9.985/00, a Área de Relevante Interesse Ecológico (ARIE) é uma área em geral de pequena extensão, com pouca ou nenhuma ocupação humana, com características naturais extraordinárias ou que abriga exemplares raros da biota regional, e tem como objetivo manter os ecossistemas naturais de importância regional ou local e regular o uso admissível dessas áreas, de modo a compatibilizá-lo com os objetivos de conservação da natureza. A ARIE não se confunde com a Área de Proteção Ambiental (APA), esta sim considerada uma área em geral extensa, com um certo grau de ocupação humana, dotada de atributos abióticos, bióticos, estéticos ou culturais especialmente importantes para a qualidade de vida e o bem-estar das populações humanas, e tem como objetivos básicos proteger a diversidade biológica, disciplinar o processo de ocupação e assegurar a sustentabilidade do uso dos recursos naturais (art. 15, *caput*, Lei 9.985/00); **E:** correta (art. 13, *caput*, Lei 9.985/00).

Gabarito "D"

(PROCURADOR DO ESTADO/MG – FUMARC – 2012) Sobre o Sistema Nacional de Unidades de Conservação, assinale a alternativa correta.

(A) As unidades de conservação são necessariamente criadas por lei.

(B) As unidades de conservação do grupo de Uso Sustentável podem ser transformadas total ou parcialmente em unidades do grupo de Proteção Integral, por instrumento normativo do mesmo nível hierárquico do que criou a unidade, desde que obedecidos os procedimentos de consulta estabelecidos em lei.

(C) O objetivo básico das Unidades de Uso Sustentável é preservar a natureza, sendo admitido apenas o uso indireto dos seus recursos naturais.

(D) A área de uma unidade de conservação do Grupo de Proteção Integral é considerada zona urbana, para os efeitos legais.

(E) Zona de amortecimento é a área interna de uma unidade de conservação, onde as atividades humanas estão sujeitas a normas e restrições específicas, com o propósito de minimizar os impactos negativos sobre a unidade.

A: incorreta, pois as unidades de conservação poderão ser criadas não apenas por lei, mas, também, por ato normativo diverso (ex.: decreto), mas é bom frisar que sua extinção ou redução dependerá, sempre, de lei, nos termos do art. 225, §1º, III, CF; **B:** correta, pois, de fato, admite-se que Unidades de Conservação de Uso Sustentável (art. 14, Lei 9.985/00) sejam transformadas em Unidades de Conservação de Proteção Integral (art. 8º, Lei 9.985/00), com maiores restrições ambientais, pelo mesmo instrumento normativo que as tenha criado, conforme preconiza o art. 22, §5º, da Lei 9.985/00, mas a recíproca não será verdadeira. Ou seja, a transformação de Unidades de Conservação de Proteção Integral em de Uso Sustentável, em virtude de haver uma "redução" da proteção ambiental, dependerão de lei específica; **C:** incorreta, pois se admite o uso direto dos recursos naturais nas Unidades de Conservação de Uso Sustentável (art. 7º, §2º, Lei 9.985/00), diversamente do que ocorre nas Unidades de Proteção Integral, nas quais se admite apenas o uso indireto (art. 7º, §1º, Lei 9.985/00); **D:** incorreta, sendo considerada zona rural (art. 49, Lei 9.985/00); **E:** incorreta (art. 2º, XVIII, Lei 9.985/00).

Gabarito "B"

(Procurador do Estado/MT – FCC – 2011) Em relação ao Sistema Nacional de Unidades de Conservação, é correto afirmar que

(A) as Unidades de Conservação somente podem ser criadas por Lei.

(B) as Unidades de Conservação subdividem-se em três grupos: proteção integral, uso sustentável e proteção sustentável.

(C) as propriedades do entorno da Unidade de Conservação não sofrem, em regra, qualquer influência deste espaço territorialmente protegido.

(D) a desafetação ou redução dos limites de uma Unidade de Conservação só pode ser feita mediante lei específica.

(E) o subsolo e o espaço aéreo não integram os limites de uma Unidade de Conservação.

A: incorreta, pois as Unidades de Conservação podem ser criadas por lei ou ato normativo diverso do Poder Executivo (geralmente, decretos), conforme dispõe o art. 22, Lei 9.985/00. Lembre-se, porém, que sua extinção ou redução dependerá de lei (art. 225, §1º, III, CF); **B:** incorreta, pois as Unidades de Conservação são dividas em dois grupos, quais sejam, as de Proteção Integral (arts. 7º, I e 8º, Lei 9.985/00) e as de Uso Sustentável (art. 7º, II e 14, Lei 9.985/00); **C:** incorreta, pois a área no entorno das Unidades de Conservação é denominada de zona de amortecimento, e, conforme art. 2º, XVIII, da Lei 9.985/00, as atividades humanas em referida área comporta observância de normas e restrições, de molde a minimizar os impactos negativos sobre a unidade; **D:** correta (art. 22, §7°, Lei 9.985/00; art. 225, §1°, III, CF); **E:** incorreta (art. 24, Lei 9.985/00).

Gabarito "D"

(Procurador do Estado/PA – 2011) Assinale a alternativa INCORRET**A:**

(A) A criação de unidades de conservação faz-se mediante ato administrativo, surgindo a lei como exigência formal para a alteração ou a supressão.

(B) A consulta pública, não obstante se constitua em instrumento essencialmente democrático, que retira o povo da plateia e o coloca no palco dos assuntos públicos, não tem a natureza de um plebiscito.

(C) A administração pública, cumpridas as exigências legais, pode autorizar, licenciar ou permitir obras e/ou atividades nos espaços territoriais protegidos, desde que respeitada, quanto a estes, a integridade dos atributos justificadores do regime de proteção especial.

(D) Não há ilegalidade na criação de mais de um tipo de unidade de conservação da natureza a partir de um único procedimento administrativo, desde que adotados os estudos e consultas respectivos.

(E) Apenas a União pode criar unidades de conservação de proteção integral, cabendo aos demais entes federativos criar unidades de conservação de uso sustentado.

A: correta, pois, de fato, a criação de uma unidade de conservação pode ser feita mediante ato administrativo (ex.: decreto), mas sua alteração ou redução/supressão dependerão de lei (art. 225, §1°, III, CF; art. 22, §7°, Lei 9.985/00); **B:** correta, pois a consulta pública de que trata o art. 22, §2°, da Lei 9.985/00, dispensada para a criação de Estações Ecológicas ou Reservas Biológicas (art. 22, §4°, Lei 9.985/00), segundo o STF, "... *não tem natureza de plebiscito, mas visa subsidiar a definição da localização, da dimensão e dos limites mais adequados*" (MS 25.347 – 17.02.2010), não tendo força vinculante; **C:** correta, pois é admitida a realização de atividades/empreendimentos/obras, ainda que afetem unidades de conservação, desde que respeitado o disposto no art. 36, §3°, da Lei 9.985/00; **D:** correta, pois não há vedação legal; **E:** incorreta, pois as Unidades de Conservação, qualquer que seja a espécie (proteção integral ou uso sustentável), poderão ser criadas por qualquer dos entes federativos (União, Estados, DF e Municípios), inexistindo limitação legal sob tal aspecto.

Gabarito "E"

(Procurador do Estado/PA – 2011) Assinale a alternativa INCORRET**A:**

(A) É constitucional o dispositivo legal que obriga o empreendedor a apoiar a implantação e manutenção de unidade de conservação de proteção integral, pois este densifica o princípio usuário-pagador, configurando um mecanismo de assunção partilhada da responsabilidade social pelos custos ambientais derivados da atividade econômica.

(B) A compensação ambiental a ser exigida do empreendedor deverá ser fixada com fundamento no estudo de impacto ambiental, não podendo ser inferior a meio por cento dos custos totais previstos para a implantação do empreendimento.

(C) O montante da compensação deve ater-se àqueles danos inevitáveis e imprescindíveis ao empreendimento previsto no EIA/RIMA, não se incluindo aqueles que possam ser objeto de medidas mitigadoras ou preventivas.

(D) A compensação ambiental e a indenização pelo dano ambiental têm natureza distinta, não havendo *bis in idem* na cobrança de indenização, desde que nela não se inclua a compensação anteriormente realizada ainda na fase de implantação do projeto.

(E) Identificadas, em estudo de impacto ambiental, medidas suficientes para evitar a ocorrência do dano, não pode o licenciador desprezar tais medidas, substituindo-as por medida compensatória.

A: correta (art. 36, Lei 9.985/00, cuja validade acerca do cabimento de compensação por significativo impacto ambiental foi declarada pelo STF no julgamento da ADI 3.378-6, de 20/06/2008, tendo havido, porém, reconhecimento de inconstitucionalidade, com redução de texto, da expressão "não pode ser inferior a meio por cento dos custos totais para a implantação do empreendimento", constante no §1°, do precitado dispositivo legal); **B:** incorreta, pois, como informado no comentário à alternativa anterior, o STF, no julgamento da ADI 3.378-6, apesar de reconhecer a constitucionalidade da compensação por significativo impacto ambiental prevista no art. 36, *caput*, da Lei do SNUC, declarou inconstitucional o percentual mínimo dos custos totais para a implantação do empreendimento como "piso" para referida compensação, afirmando que o valor da compensação deverá ser fixado proporcionalmente ao impacto ambiental, após estudo em que se assegurem contraditório e ampla defesa; **C:** correta. De acordo com o STJ (REsp 896.863, de 19.05.2011), o montante da compensação deve ater-se àqueles danos inevitáveis e imprescindíveis ao empreendimento previsto no EIA/RIMA, não se incluindo aqueles que possam ser objeto de medidas mitigadoras ou preventivas (item 4, da ementa do precitado Recurso Especial); **D:** correta (o texto da alternativa corresponde ao item 6 da ementa do REsp 896.863 – STJ); **E:** correta, pois as medidas preventivas identificadas no estudo de impacto ambiental não poderão, evidentemente, ser desprezadas e substituídas pelo órgão licenciador, ao seu bel prazer.

Gabarito "B"

(Procurador do Estado/PA – 2011) Considerando as categorias integrantes das unidades de conservação do grupo de proteção integral, assinale a alternativa INCORRET**A:**

(A) Estação ecológica.

(B) Reserva Biológica.

(C) Floresta Nacional.

(D) Parque Nacional.

(E) Refúgio de vida silvestre.

À exceção da alternativa C, que incluiu uma Unidade de Uso Sustentável, as demais alternativas indicam Unidades de Conservação de Proteção Integral. Apenas para melhor sistematização, são Unidades de Proteção Integral (art. 8º, Lei 9.985/00): i) Estação Ecológica; ii) Reserva biológica; iii) Parque Nacional; iv) Monumento Natural; v) Refúgio da Vida Silvestre. Já as Unidades de Uso Sustentável são as seguintes (art. 14, Lei 9.985/00): i) Área de proteção ambiental; ii) Área de relevante interesse ecológico; iii) Floresta nacional; iv) Reserva extrativista; v) Reserva da fauna; vi) Reserva de desenvolvimento sustentável; vii) Reserva particular do patrimônio natural.

Gabarito "C"

(Procurador do Estado/RO – 2011 – FCC) Considere as assertivas abaixo.

I. As Unidades de Conservação integrantes do Sistema Nacional de Unidades de Conservação dividem-se em três grupos: Unidades de Proteção Integral, Unidades de Uso Sustentável e Unidades de Preservação Permanente.

II. As áreas de reserva legal são consideradas áreas públicas para fins turísticos.

III. As Unidades de Conservação podem ser criadas por ato do Poder Executivo ou do Poder Legislativo.

IV. Novas categorias de Unidade de Conservação Estaduais não previstas na Lei Federal nº 9.985/00, que instituiu o Sistema Nacional de Unidades de Conservação, poderão passar a fazer parte deste sistema, desde que tal seja autorizado pelo CONAMA – Conselho Nacional de Meio Ambiente.

V. Todas as Unidades de Conservação, sem exceções, devem dispor de um plano de manejo.

Com base na legislação ambiental está correto SOMENTE o que se afirma em

(A) III e V.

(B) III.

(C) III, IV e V.

(D) I, IV e V.

(E) III e IV.

I: incorreta, pois são dois grupos (unidades de proteção integral e unidades de uso sustentável), nos termos do art. 7º da Lei 9.985/00; **II:** incorreta, pois as áreas de reserva legal são aquelas localizadas no interior de uma propriedade ou posse rural, delimitada nos termos do lei, com a função de assegurar o uso econômico de modo sustentável dos recursos naturais do imóvel rural, auxiliar a conservação e a reabilitação dos processos ecológicos e promover a conservação da biodiversidade, bem como o abrigo e a proteção de fauna silvestre e da flora nativa; tais áreas permanecem privadas, com a diferença que devem obedecer às restrições legais (art. 3º, III, da Lei 12.651/12); **III:** correta, pois são criadas por *ato do Poder Público*, podendo ser do Executivo ou do Legislativo (art. 22 da Lei 9.985/00); **IV:** correta (art. 6º, parágrafo único, da Lei 9.985/00); **V:** correta (art. 27, *caput*, da Lei 9.985/00).

Gabarito "C"

(Procurador do Estado/SE – FCC – 2005) A criação de Unidades de Conservação compete

(A) à União, aos Estados, ao Distrito Federal e aos Municípios, indistintamente, necessariamente por meio de lei do respectivo nível federativo, editada de acordo com as regras aplicáveis ao exercício das competências concorrentes.

(B) à União, aos Estados, ao Distrito Federal e aos Municípios, indistintamente, por meio de ato administrativo editado em razão da competência material comum para proteção do meio ambiente.

(C) apenas à União Federal, necessariamente por meio de lei, em razão de sua competência para expedir normas gerais sobre a proteção do meio ambiente.

(D) apenas aos Estados, ao Distrito Federal e aos Municípios, necessariamente por meio de lei, atendendo às exigências que constarem de lei federal editada no exercício da competência da União de expedir normas gerais sobre a proteção do meio ambiente.

(E) apenas aos Estados, ao Distrito Federal e aos Municípios, por meio de ato administrativo editado em razão da competência material comum para proteção do meio ambiente.

A: incorreta, pois a criação de uma Unidade de Conservação não exige lei em sentido estrito, podendo derivar de ato infralegal, tal como o decreto, de competência do Chefe do Poder Executivo (federal, estadual, distrital ou municipal). O art. 22 da Lei 9.985/00 menciona que a criação de Unidades de Conservação depende de ato do Poder Público, abrangendo, portanto, não somente a lei formal, mas outros atos normativos; **B:** correta (art. 22, Lei 9.985/00); **C:** incorreta, pois todo o Poder Público poderá instituir unidades de conservação, consoante dispõe o art. 22, Lei 9.985/00, seja por meio de lei, seja por ato normativo diverso; **D:** incorreta, pois a União também poderá criar Unidades de Conservação, seja por lei (em sentido estrito), ou por outro ato normativo de sua competência; **E:** incorreta, conforme comentário à alternativa anterior.

Gabarito "B"

(Procurador do Estado/SP – FCC – 2009) De acordo com a Lei Federal nº 9.985/2000, que institui o Sistema Nacional de Unidades de Conservação da Natureza – SNUC,

(A) as Unidades de Conservação devem dispor de um Plano de Manejo, que abrangerá a área da unidade e sua zona de amortecimento.

(B) as Áreas de Preservação Permanente são Unidades de Conservação de Proteção Integral.

(C) na criação de novas Unidades de Conservação é dispensável a consulta pública quando se tratar de Unidades de Uso Sustentável.

(D) referida norma fixa o conjunto de Unidades de Conservação de proteção integral e de uso sustentável, federais, estaduais e municipais, sendo vedada a inclusão no sistema de qualquer unidade de conservação com características diversas das referidas categorias.

(E) as Unidades de Proteção Integral não admitem qualquer tipo de uso dos seus recursos naturais.

A: correta (art. 27, *caput* e § 1º, da Lei 9.985/00); **B:** incorreta, pois as áreas de preservação permanente são instituídas pelo Código Florestal, e não pela Lei do Sistema Nacional de Unidades de Conservação (Lei 9.985/00); **C:** incorreta, pois a consulta pública é obrigatória, como regra (art. 22, § 2º, da Lei 9.985/00); **D:** incorreta (art. 6º, parágrafo único, da Lei 9.985/00); **E:** incorreta, pois se admite o uso indireto (exs.: pesquisas, visitação pública etc.), conforme o art. 7º, § 1º, da Lei 9.985/00.

Gabarito "A"

(Procurador do Estado/SP – VUNESP – 2005) Não são consideradas Unidades de Conservação

(A) as Estações Ecológicas.

(B) as Áreas de Preservação Permanente — APPs.

(C) os Parques Nacionais.

(D) as Reservas Particulares do Patrimônio Natural.

(E) as Reservas Extrativistas.

De fato, não são Unidades de Conservação, muito embora sejam espaços territoriais ambientalmente protegidos, as Áreas de Preservação Permanente, definidas nos arts. 4º e 6º, do "Novo Código Florestal" (Lei 12.651/12). As Estações Ecológicas, os Parques Nacionais, as Reservas Particulares do Patrimônio Natural e as Reservas Extrativistas são, dentre outras, Unidades de Conservação (vide arts. 8º e 14, da Lei 9.985/00).

Gabarito "B"

(Procurador do Município/Natal-RN – 2008 – CESPE) A finalidade da unidade de conservação do tipo reserva biológica é

(A) a preservação integral da biota e dos demais atributos naturais existentes em seus limites, sem interferência humana direta ou modificações ambientais, excetuando-se as medidas de recuperação de seus ecossistemas alterados e as ações de manejo necessárias para recuperar e preservar o equilíbrio natural, a diversidade biológica e os processos ecológicos naturais.

(B) o acolhimento de populações tradicionais, cuja existência baseia-se em sistemas sustentáveis de exploração dos recursos naturais, desenvolvidos ao longo de gerações e adaptados às condições ecológicas locais e que desempenham um papel fundamental na proteção da natureza e na manutenção da diversidade biológica.

(C) o uso múltiplo sustentável dos recursos florestais, além da pesquisa científica, com ênfase em métodos para exploração sustentável de florestas nativas.

(D) a proteção de ambientes naturais onde se assegurem condições para a existência ou a reprodução de espécies ou comunidades da flora local e da fauna residente ou migratória. _

A: correta (art. 10, *caput*, Lei 9.985/00); **B:** incorreta, pois diz respeito à Reserva de Desenvolvimento Sustentável (art. 20, *caput*, Lei 9.985/00); **C:** incorreta, pois diz respeito à Floresta Nacional (art. 17, *caput*, Lei 9.985/00); **D:** incorreta, pois diz respeito ao Refúgio da Vida Silvestre (art. 13, Lei 9.985/00).

Gabarito "A"

(Procurador do Município/Recife-PE – 2008 – FCC) Como regra geral relativa à criação e alteração das unidades de conservação, tem-se que

(A) podem ser extintas por instrumento normativo de mesmo nível hierárquico que as criou.

(B) aquelas da espécie proteção integral podem ser convertidas na espécie uso sustentável, e vice versa, por meio de decreto.

(C) a supressão de vegetação apenas pode ser autorizada por meio de lei.

(D) sua criação pode se dar por instrumento normativo de nível infralegal, mas a extinção apenas por meio de lei.

(E) sua extinção pode se dar por decreto, mesmo que tenham sido criadas por lei.

A: incorreta, pois a extinção de uma unidade de conservação depende de lei (art. 225, §1º, III, CF); **B:** incorreto, pois a alteração de uma unidade de proteção integral para de uso sustentável, por reduzir o grau de proteção ambiental, exigirá lei; **C:** incorreta, pois a supressão de vegetação, quando admitida, dar-se-á por autorização do órgão competente, não se exigindo, por evidente, lei; **D:** correta, pois, de fato, a criação de unidade de conservação depende de ato do Poder Público (art. 22, Lei 9.985/00), mas sua extinção exige lei (art. 225, §1º, III, CF); **E:** incorreta, pelas mesmas razões trazidas no comentário à alternativa anterior.

Gabarito "D"

(Procurador do Município/Teresina-PI – 2010 – FCC) A Assembleia Geral da Organização das Nações Unidas (ONU) declarou que 2010 é o ano da biodiversidade. O Brasil, como um dos países megabiodiversos, já possui instrumentos para a preservação e conservação, que consideram ainda sua sociodiversidade. Diante da legislação constitucional e infraconstitucional pertinente, é correto afirmar:

(A) Nas unidades da Federação, incumbe ao poder público a definição de espaços territoriais e seus componentes a serem especialmente protegidos, sendo a sua alteração e supressão permitidas através de lei ou de decreto, observando-se o paralelismo de forma em relação ao ato de sua criação, alteração e supressão.

(B) Com exceção da estação ecológica ou reserva biológica, para cuja criação não é obrigatória consulta pública, a criação de uma unidade de conservação deve ser precedida de estudos técnicos e de consulta pública que permitam identificar a localização, a dimensão e os limites mais adequados para cada unidade de conservação.

(C) As populações tradicionais são aquelas que vivem em estreita relação com o ambiente natural, dependendo de seus recursos naturais para a sua reprodução sociocultural, por meio de atividades de médio impacto ambiental.

(D) Nas unidades de conservação, de proteção integral e de uso sustentável, há a possibilidade de uso direto dos recursos naturais, ou seja, coleta e uso dos recursos naturais.

(E) A Constituição Federal de 1988 consagrou os seguintes biomas como patrimônio nacional: Floresta Amazônica, Serra do Mar, Mata Atlântica, Pantanal Matogrossense, Cerrado e Zona Costeira.

A: incorreta, pois o paralelismo das formas nem sempre é necessário; por exemplo, uma unidade de conservação criada por decreto, para ser extinta ou reduzida, depende de lei específica (art. 22, § 7º, da Lei 9.985/00); **B:** correta (art. 22, §§ 2º e 4º, da Lei 9.985/00); **C:** incorreta, pois tais populações dependem dessas áreas também para a sua subsistência (art. 4º, XIII, da Lei 9.985/00); **D:** incorreta, pois somente nas unidades de uso sustentável cabe o uso direto dos recursos naturais; nas unidades de proteção integral só cabe o uso indireto (art. 7º, §§ 1º e 2º, da Lei 9.985/00); **E:** incorreta, pois o Cerrado não se encontra erigido como patrimônio nacional pelo texto constitucional (art. 225, § 4º, da CF).

Gabarito "B"

(Procurador Federal – 2010 – CESPE) Julgue os itens a seguir, no que se refere ao meio ambiente.

(1) A pesquisa científica a ser desenvolvida nas reservas biológicas não depende de autorização administrativa do órgão responsável pela unidade, mas apenas da observância das condições estabelecidas em regulamento.

(2) As áreas de relevante interesse ecológico podem ser constituídas por terras públicas e particulares, em uma área em geral de pequena extensão, com pouca ou nenhuma ocupação humana, com características naturais extraordinárias ou que abrigue exemplares raros da biota regional, e têm como objetivo manter os ecossistemas naturais de importância regional ou local, regulando o uso admissível dessas áreas, de modo a compatibilizá-lo com os objetivos de conservação da natureza.

1: incorreta (art. 10, § 3º, da Lei 9.985/00); **2:** correta (art. 16 da Lei 9.985/00).

Gabarito 1E, 2C

(Advogado da União/AGU – CESPE – 2012) Julgue os itens que se seguem.

(1) Unidade de conservação corresponde a um espaço territorial protegido — coberto ou não por vegetação nativa — cuja função é permitir a preservação dos recursos hídricos, da paisagem, da estabilidade geológica e da biodiversidade; facilitar o fluxo gênico de fauna e flora; garantir a proteção do solo; e assegurar o bem-estar das populações humanas.

(2) São matérias sujeitas ao princípio da reserva legal a alteração e a supressão do regime jurídico pertinente aos espaços territoriais especialmente protegidos, ainda que sua delimitação tenha sido determinada por decreto.

1: incorreta, pois considera-se unidade de conservação o espaço territorial e seus recursos ambientais, incluindo as águas jurisdicionais, com características naturais relevantes, legalmente instituído pelo Poder Público, com objetivos de conservação e limites definidos, sob regime especial de administração, ao qual se aplicam garantias adequadas de proteção (art. 2º, I, Lei 9.985/00). O conceito de unidade de conservação não se confunde com o de área de preservação permanente, definida no art. 3º, II, da Lei 12.651/12 (Código Florestal) como a área protegida, coberta ou não por vegetação nativa, com a função ambiental de preservar os recursos hídricos, a paisagem, a estabilidade geológica e a biodiversidade, facilitar o fluxo gênico de fauna e flora, proteger o solo e assegurar o bem-estar das populações humanas; **2:** incorreta, pois a alteração, por exemplo, de uma unidade de conservação, de molde a ampliá-la, não exigirá, necessariamente, lei, mas, sim, instrumento normativo do mesmo nível hierárquico que a criou (art. 22, §6º, Lei 9.985/00).

Gabarito 1E, 2E

(ADVOGADO – PETROBRÁS – 2012 – CESGRANRIO) A Constituição Federal determina, como um dos deveres do Poder Público, a definição de espaços territoriais e dos seus componentes a serem especialmente protegidos. A esse respeito, analise as afirmações abaixo.

I. O parecer emitido pelo Conselho Consultivo de um parque, nacional, estadual ou municipal, não pode substituir a consulta pública exigida na lei.

II. As florestas consideradas de preservação permanente podem ser suprimidas nos excepcionais casos previstos na legislação.

III. A desafetação ou redução dos limites de uma reserva ecológica somente pode ser feita mediante lei específica.

É correto o que se afirma em

(A) I, apenas.

(B) II, apenas.

(C) I e III, apenas.

(D) II e III, apenas.

(E) I, II e III.

I: correto, pois, de fato, a consulta pública, ainda que não tenha caráter vinculante para a instituição de uma unidade de conservação, é requisito de validade para tanto (art. 22, §2º, Lei 9.985/00); **II:** correta (art. 225, §1º, III, CF); **III:** correta (art. 22, §7º, Lei 9.985/00).

Gabarito "E"

(ADVOGADO – PETROBRÁS DISTRIB. – 2010 – CESGRANRIO) Sobre a criação de uma Estação Ecológica, analise as assertivas abaixo.

I. O proprietário de terreno incluído dentro dos limites da Estação Ecológica pode impetrar mandado de segurança contra o ato de criação da Unidade de Conservação, com fundamento em seu direito líquido e certo a participar de consulta pública não realizada antes da criação desta unidade de conservação.

II. A Estação Ecológica é uma das categorias de unidade de conservação da natureza de proteção integral e as áreas particulares incluídas em seus limites devem ser desapropriadas.

III. Incluído dentro dos limites da Estação Ecológica pode ajuizar ação de indenização em face do Estado, tendo em vista que esta Unidade de Conservação tem como objetivo a preservação do meio ambiente e a realização de pesquisas científicas, configurando-se o esvaziamento de seu direito de propriedade.

IV. A Estação Ecológica é uma das categorias de unidade de conservação da natureza dentre as quais se incluem as áreas de preservação permanente.

É(São) correta(s) APENAS a(s) assertiva(s)

(A) I e II.

(B) II e III.

(C) III e IV.

(D) I, II e IV.

(E) I, III e IV.

I: incorreta, pois a criação de uma Estação Ecológica não exige prévia consulta pública (art. 22, §4º, Lei 9.985/00); **II:** correta (art. 9º, §1º, Lei 9.985/00); **III:** correta, pois a Estação Ecológica, considerada de domínio e posse públicos, exigirá, para sua criação, a desapropriação dos imóveis nela existentes, visto que, em virtude das restrições impostas à alteração dos ecossistemas pelo art. 9º, §4º, da Lei 9.985/00, a instituição da unidade de conservação em comento esvaziará o direito de propriedade do então proprietário; **IV:** incorreta, pois as áreas de preservação permanente, a despeito de serem espaços territoriais ambientalmente protegidos, não se confundem (e não são!) espécie de unidades de conservação.

Gabarito "B"

(ADVOGADO – PETROBRÁS – 2003 – CESPE) No que se refere ao Sistema Nacional de Unidades de Conservação da Natureza (SNUC) e com base na legislação vigente, julgue os itens seguintes.

(1) As unidades de conservação integrantes do SNUC dividem-se em dois grupos: unidades de proteção integral e unidades de uso sustentável.

(2) Entre as espécies de unidades de conservação e de proteção integral existentes, a estação ecológica tem como objetivo a preservação da natureza e a realização de pesquisas científicas.

(3) A floresta nacional (unidade de uso sustentável) é uma área com cobertura florestal de espécies predominantemente nativas e tem como objetivo básico o uso múltiplo sustentável dos recursos florestais e a pesquisa científica, com ênfase em métodos para exploração sustentável de florestas nativas.

(4) A reserva particular do patrimônio natural (unidade de uso sustentável) é uma área privada, gravada por dez anos, com o objetivo de conservar a diversidade biológica.

(5) Legalmente, a proteção integral visa à manutenção dos ecossistemas livres de alterações causadas por interferência humana, admitindo o uso direto dos seus atributos naturais.

1: correta (art. 7º, I e II, Lei 9.985/00); **2:** correta (art. 9º, *caput*, Lei 9.985/00); **3:** correta (art. 17, *caput*, Lei 9.985/00); **4:** incorreta, pois a reserva particular do patrimônio natural é gravada com perpetuidade (art. 21, *caput*, Lei 9.985/00); **5:** incorreta, pois as unidades de conservação inseridas no grupo de proteção integral, não admitem a exploração direta dos recursos naturais nelas existentes (art. 7º, §1º, Lei 9.985/00), mas, apenas, sua utilização indireta.

Gabarito 1C, 2C, 3C, 4E, 5E

7.3. ZONEAMENTO AMBIENTAL

(Procurador do Município/São José dos Campos-SP – 2012 – VUNESP) Zoneamento é uma medida não jurisdicional, oriunda do poder de polícia, com dois fundamentos: a repartição do solo urbano municipal e a designação do seu uso, segundo definição de Celso Antonio Pacheco Fiorillo, em Curso de Direito Ambiental Brasileiro, 3.ª edição ampliada. São Paulo: Saraiva, 2002, p. 82.

Tendo em vista os princípios relativos ao meio ambiente, o zoneamento ambiental encontra-se relacionado ao princípio do(a)

(A) participação.

(B) desenvolvimento sustentável.

(C) precaução.

(D) poluidor-pagador.

(E) ubiquidade.

De fato, o zoneamento ambiental, cuja definição vem prevista no art. 2º, do Decreto 4.297/2002, é inegável instrumento que materializa o princípio do desenvolvimento sustentável, conforme dispõe referido dispositivo normativo, na medida em que *estabelece medidas e padrões de proteção ambiental destinados a assegurar a qualidade ambiental, dos recursos hídricos e do solo e a conservação da biodiversidade, garantindo o* ***desenvolvimento sustentável*** *e a melhoria das condições de vida da população*. No entanto, é certo que o zoneamento ambiental, também chamado por alguns de Zoneamento Ecológico-Econômico (ZEE), deverá observar os princípios da função socioambiental da propriedade, da prevenção, da precaução, do poluidor-pagador, do usuário-pagador (nesse sentido: FREDERICO AMADO, Direito Ambiental Esquematizado, p. 111 – 3ª edição, Ed. Método). Cremos que a banca examinadora quis cobrar do candidato o conhecimento da definição normativa de zoneamento ambiental, que, como visto, está literalmente ligado com o desenvolvimento sustentável.

Gabarito "B"

8. PROTEÇÃO DA FLORA. CÓDIGO FLORESTAL

(Procurador Distrital – 2014 – CESPE) Acerca dos princípios constantes do Código Florestal e da área de reserva legal, julgue o item abaixo.

(1) Como regra, em todo imóvel rural deve ser mantida área com cobertura de vegetação nativa, cujas funções são assegurar o uso econômico de modo sustentável dos recursos naturais do imóvel, auxiliar a conservação e a reabilitação dos processos ecológicos e promover a conservação da biodiversidade, bem como o abrigo e a proteção de fauna silvestre e da flora nativa.

1: correta (art. 12, *caput*, c/c art. 3º, III, da Lei 12.651/2012).

Gabarito 1C

(Procurador Federal – 2013 – CESPE) Considerando as legislações que disciplinam a proteção florestal e as unidades de conservação no Brasil, julgue os itens a seguir.

(1) Sob o regime jurídico aplicável ao bioma mata atlântica, fica dispensada de autorização pelos órgãos ambientais a hipótese de exploração eventual e sem fins comerciais de espécies florestais nativas para consumo em propriedades ou posses das populações tradicionais ou dos pequenos produtores rurais, sem prejuízo do apoio governamental no sentido de orientar o manejo e a exploração sustentáveis dessas espécies.

(2) As florestas nacional, estadual e municipal são consideradas unidades de conservação da natureza de posse e domínio públicos, em que se admite a permanência de populações tradicionais que nelas habitem, desde que obedecidas normas regulamentares e o respectivo plano de manejo.

(3) Na hipótese de supressão de vegetação nativa para uso alternativo do solo, em áreas públicas ou privadas, fica dispensada a autorização do órgão ambiental competente, desde que o imóvel esteja registrado no Cadastro Ambiental Rural.

1: correta (art. 9º da Lei 11.428/2006); **2:** correta (art. 17, *caput*, §§ 1º e 6º, da Lei 9.985/2000); **3:** incorreta, pois ainda assim é necessária a autorização do órgão estadual componente do Sisnama (art. 26 da Lei 12.651/2012).

Gabarito 1C, 2C, 3E

(Procurador do Estado/AC – FMP – 2012) Com base nas disposições contidas no vigente Código Florestal (Lei n.º 4.771/65), assinale a alternativa correta.

(A) Para os efeitos do Código Florestal, reserva legal é a área localizada no interior de uma propriedade ou posse rural, incluída a de preservação permanente, necessária ao uso sustentável dos recursos naturais, à conservação e reabilitação dos processos ecológicos, à conservação da biodiversidade e ao abrigo e proteção de fauna e flora nativas.

(B) Entende-se por Amazônia Legal os Estados do Acre, Pará, Amazonas, Roraima, Rondônia, Amapá e Maranhão e as regiões situadas ao norte do paralelo 13º S, dos Estados de Tocantins, Goiás e Mato Grosso, e ao oeste do meridiano de 44º W, do Estado do Piauí.

(C) Dentre as atividades consideradas de interesse social para os fins do Código Florestal podem-se citar aquelas imprescindíveis à proteção da integridade da vegetação nativa, tais como a prevenção,o combate e o controle do fogo, o controle da erosão, a erradicação de invasoras e a proteção de plantios com espécies nativas, conforme resolução do CONAMA.

(D) A exploração dos recursos florestais em terras indígenas é vedada, mesmo quando realizada pelas próprias comunidades indígenas em regime de manejo florestal sustentável para atender a sua subsistência.

A: incorreta (art. 3º, III, Lei 12.651/12); **B:** incorreta (art. 3º, I, Lei 12.651/12); **C:** correta (art. 3º, IX, a, Lei 12.651/12); **D:** incorreta (art. 3º-A, Lei 4.771/65 – antigo Código Florestal, sem correspondente no "Novo Código Florestal" – Lei 12.651/12).

Gabarito "C"

(Procurador do Estado/AC – FMP – 2012) Qual das alternativas abaixo contém hipótese não prevista no Código Florestal (Lei n.º 4.771/65) como área de preservação permanente?

(A) Aquelas situadas em altitude superior a mil metros, qualquer que seja a vegetação.

(B) Aquelas situadas ao redor das lagoas, lagos ou reservatórios d'água artificiais.

(C) Aquelas situadas num raio mínimo de cinquenta metros de largura das nascentes intermitentes.

(D) Aquelas situadas nas restingas, como fixadoras de dunas ou estabilizadoras de mangues.

A: hipótese não prevista (art. 4º, X, Lei 12.651/12), visto que são consideradas áreas de preservação permanente apenas aquelas situadas em altitude superior a 1800 (mil e oitocentos) metros, qualquer que seja a vegetação; **B:** hipótese prevista (art. 4º, II e III, Lei 12.651/12); **C:** hipótese prevista (art. 4º, IV, Lei 12.651/12); **D:** hipótese prevista (art. 4º, VI, Lei 12.651/12).

Gabarito "A"

(Procurador do Estado/AC – FMP – 2012) Tendo em vista os princípios instituídos pela Lei Federal n.º 11.284/2006, assinale a alternativa **correta** no que diz respeito aos objetivos a serem alcançados com a gestão de florestas públicas.

(A) Promoção do processamento local e o incentivo ao incremento da agregação de valor aos produtos e serviços da floresta, bem como à diversificação industrial, ao desenvolvimento tecnológico, à utilização e à capacitação de empreendedores locais e da mão de obra regional.

(B) Restrição ao acesso às informações referentes à gestão de florestas públicas, nos termos da Lei n.º 10.650/2003, em nome da segurança nacional.

(C) Promoção e difusão da pesquisa florestal, faunística e edáfica, relacionada à conservação, à recuperação e ao uso sustentável das florestas, com restrição intransponível de tais atividades quando operadas por organismos de origem religiosa ou estrangeira.

(D) Fomento ao conhecimento e a promoção da conscientização da população em geral sobre a importância da conservação dos recursos florestais, ressalvados os usos e costumes tradicionais das populações indígenas no que diz respeito ao seu modo de exploração da flora e da fauna.

A: correta (art. 2º, IV, Lei 11.284/06); **B:** incorreta (art. 2º, V, Lei 11.284/06); **C:** incorreta (art. 2º, VI, Lei 11.284/06); **D:** incorreta (art. 2º, VII, Lei 11.284/06).

Gabarito "A"

(Procurador do Estado/CE – 2008 – CESPE) Área de preservação permanente é uma área

(A) coberta por vegetação nativa, com a função ambiental de preservar os recursos hídricos, o patrimônio histórico, a estabilidade geológica, a biodiversidade, o fluxo gênico da fauna e da flora, proteger o solo e assegurar o bem-estar das populações humanas.

(B) coberta ou não por vegetação nativa, com a função ambiental de preservar os recursos hídricos, a paisagem, a estabilidade geológica, a biodiversidade, o fluxo gênico da fauna e da flora, proteger o solo e assegurar o bem-estar das populações humanas.

(C) coberta ou não por vegetação nativa, com a função ambiental de preservar os recursos hídricos, a paisagem, a estabilidade geográfica, a biodiversidade, o fluxo transgênico da fauna e da flora, proteger o solo e assegurar o bem-estar das populações humanas.

(D) coberta ou não por vegetação nativa, com as funções ambientais de preservar os recursos hídricos, a paisagem, a estabilidade geológica, a biodiversidade e o fluxo atmosférico dos gases nobres; proteger o solo e assegurar o bem-estar das populações humanas.

(E) coberta ou não por vegetação nativa, com a função ambiental de preservar os recursos hídricos, a paisagem, a estabilidade hidrológica, a biodiversidade, o fluxo gênico do clima, proteger o solo e assegurar o bem-estar das populações humanas.

Art. 3º, II, da Lei 12.651/12.

Gabarito "B"

(PROCURADOR DO ESTADO/MG – FUMARC – 2012) Acerca da lei que dispõe sobre a utilização e proteção da vegetação nativa do Bioma Mata Atlântica, assinale a alternativa **INCORRETA:**

(A) O corte, a supressão e a exploração da vegetação do Bioma Mata Atlântica far-se-ão de maneira diferenciada, conforme se trate de vegetação primária ou secundária, nesta última levando-se em conta o estágio de regeneração.

(B) No Bioma Mata Atlântica, é proibida a coleta de subprodutos florestais tais como frutos, folhas ou sementes, bem como as atividades de uso indireto, ainda que não coloquem em risco as espécies da fauna e flora.

(C) Os novos empreendimentos que impliquem o corte ou a supressão de vegetação do Bioma Mata Atlântica deverão ser implantados preferencialmente em áreas já substancialmente alteradas ou degradadas.

(D) A proteção e a utilização do Bioma Mata Atlântica têm por objetivo geral o desenvolvimento sustentável e, por objetivos específicos, a salvaguarda da biodiversidade, da saúde humana, dos valores paisagísticos, estéticos e turísticos, do regime hídrico e da estabilidade social.

(E) A vegetação primária ou a vegetação secundária em qualquer estágio de regeneração do Bioma Mata Atlântica não perderão esta classificação nos casos de incêndio, desmatamento ou qualquer outro tipo de intervenção não autorizada ou não licenciada.

A: correta (art. 8º, Lei 11.428/06); **B:** incorreta (art. 18, Lei 11.428/06), sendo livre a coleta de subprodutos florestais, desde que não coloquem em risco as espécies da fauna e flora; **C:** correta (art. 12, Lei 11.428/06); **D:** correta (art. 6º, *caput*, Lei 11.428/06); **E:** correta (art. 5º, Lei 11.428/06).

Gabarito "B"

(PROCURADOR DO ESTADO/SP – FCC – 2009) A Lei Federal nº 11.428/2006, em relação à utilização e proteção da vegetação nativa do Bioma Mata Atlântica, estabelece ser de iniciativa do

(A) CONAMA a definição de vegetação primária, cabendo ao Instituto Chico Mendes de Conservação da Biodiversidade a definição de vegetação secundária nos estágios avançado, médio e inicial de regeneração.

(B) CONAMA a definição de vegetação primária e de vegetação secundária nos estágios avançado, médio e inicial de regeneração.

(C) CONAMA a definição de vegetação primária, cabendo ao Instituto Brasileiro do Meio Ambiente e dos Recursos Naturais Renováveis – IBAMA a definição de vegetação secundária nos estágios avançado, médio e inicial de regeneração.

(D) CONAMA a definição de vegetação primária, cabendo aos conselhos estaduais de meio ambiente a definição de vegetação secundária nos estágios avançado, médio e inicial de regeneração.

(E) Instituto Chico Mendes de Conservação da Biodiversidade a definição de vegetação primária e de vegetação secundária nos estágios avançado, médio e inicial de regeneração.

Art. 4º da Lei 11.428/06.

Gabarito "B"

(Procurador do Município/Manaus-AM – 2006 – FCC) Na Amazônia Legal, a reserva legal aplicável às propriedades rurais equivale a

(A) 80% (oitenta por cento) do imóvel, não sendo admitida a compensação com áreas de preservação permanente.

(B) 80% (oitenta por cento) do imóvel, sendo admitida a compensação com áreas de preservação permanente em algumas hipóteses.

(C) 80% (oitenta por cento) do imóvel, em área florestal, e 35% (trinta e cinco por cento) do imóvel, em área de cerrado, não sendo admitida a compensação com áreas de preservação permanente.

(D) 80% (oitenta por cento) do imóvel, em área florestal, e 35% (trinta e cinco por cento) do imóvel, em área de cerrado, sendo admitida a compensação com áreas de preservação permanente em algumas hipóteses.

(E) 35% (trinta e cinco por cento) do imóvel, não sendo admitida a compensação com áreas de preservação permanente.

De fato, na Amazônia Legal, a reserva legal corresponderá, conforme dispõe o art. 12, I, do Novo Código Florestal (Lei 12.651/12): a) 80% (oitenta por cento), no imóvel situado em área de florestas; b) 35% (trinta e cinco por cento), no imóvel situado em área de cerrado; c) 20% (vinte por cento), no imóvel situado em área de campos gerais. Ressalte-se que com a edição do Novo Código Florestal, houve redução da proteção ambiental, visto que na legislação revogada (Lei 4.771/65), não se admitia, salvo expressas exceções, o cômputo das áreas de preservação permanente no cálculo da área de reserva legal. De acordo com o art. 15, da Lei 12.651/12 (Novo Código Florestal), admitir-se-á referido cômputo desde que: I – o benefício previsto neste artigo não implique a conversão de novas áreas para o uso alternativo do solo; II – a área a ser computada esteja conservada ou em processo de recuperação, conforme comprovação do proprietário ao órgão estadual integrante do Sisnama; e III – o proprietário ou possuidor tenha requerido inclusão do imóvel no Cadastro Ambiental Rural – CAR.

Gabarito "D"

(Procurador do Município/Recife-PE – 2008 – FCC) O art. 2º, parágrafo único, do Código Florestal dispõe que as áreas de preservação permanente em zona urbana deverão observar "o disposto nos respectivos planos diretores e leis de uso do solo, respeitados os princípios e limites" estabelecidos no próprio artigo. Em termos de competências legislativas atribuídas à União e aos Municípios, o dispositivo em questão tem interpretação polêmica porque

(A) a União tem competência exclusiva para legislar sobre proteção florestal, não cabendo aos Municípios estabelecer qualquer espécie de interferência nesse campo.

(B) a Constituição garante aos Municípios as competências para legislar sobre assuntos de interesse local e sobre ordenação territorial urbana, razão pela qual não caberia à União estabelecer qualquer espécie de interferência nesse campo.

(C) as regras relativas à competência concorrente atribuem aos Estados, e não aos Municípios, o poder de suplementar as normas gerais estabelecidas pela lei federal.

(D) os Municípios apenas atuam, em matéria ambiental, no exercício de competência comum, em pé de igualdade com as outras esferas da Federação.

(E) o exercício da competência legislativa por parte da União exclui a possibilidade de os Municípios legislarem sobre a mesma matéria, motivo pelo qual a coexistência de normas federais e municipais seria necessariamente inconstitucional.

De fato, no Código Florestal revogado (Lei 4.771/65), existia polêmica acerca das áreas de preservação permanente em zona urbana, havendo, inclusive, ainda que minoritariamente, posição no sentido de que não se aplicariam as restrições previstas no antigo art. 2º (atual art. 4º, da Lei 12.651/12) às áreas urbanas, que estariam submetidas ao Plano Diretor ou outras legislações editadas pelos municípios. Todavia, pela atual redação do art. 4º, *caput*, do Novo Código Florestal, não há dúvidas de que as áreas de preservação permanente serão assim consideradas na zona rural ou urbana. Outrossim, não há dúvidas de que os Municípios detêm competência legiferante em matéria ambiental, a despeito de não figurarem expressamente no art. 24, *caput*, da CF. É que o art. 30, I e II, da CF, conferem aos Municípios competência para legislar sobre assuntos de interesse local, conferindo-lhes competência para suplementar a legislação federal e estadual, no que couber.

Gabarito "B"

(Procurador do Município/Recife-PE – 2008 – FCC) De acordo com o regime jurídico disciplinado pelo Código Florestal, as áreas de reserva legal

(A) não poderão ter sua vegetação suprimida nem ser objeto de exploração econômica pelo proprietário.

(B) apenas poderão ter sua vegetação suprimida nos casos de utilidade pública e interesse social.

(C) poderão ser objeto de manejo florestal sustentável, ainda que implique a sua exploração econômica.

(D) são insuscetíveis de compensação com as áreas de preservação permanente.

(E) apenas poderão ter sua vegetação suprimida por expressa autorização legal.

A: incorreta (art. 22, Lei 12.651/12), sendo certo que mesmo nas áreas de reserva legal admitir-se-á a exploração de recursos naturais mediante manejo sustentável, o que, decerto, por vezes, exigirá a supressão de vegetação, mas jamais de molde a descaracterizar a cobertura vegetal e prejudicar a conservação da vegetação nativa da área (inciso I do precitado dispositivo legal); **B:** incorreta, pois a supressão de vegetação em casos de utilidade pública e interesse social, bem como em caso de baixo impacto, diz respeito à intervenção em área de preservação permanente (art. 8º, *caput*, Lei 12.651/12); **C:** correta (art. 22, Lei 12.651/12); **D:** incorreta, visto que se admite o cômputo das áreas de preservação permanente no cálculo do percentual da reserva legal nas hipóteses previstas no art. 15, do Novo Código Florestal (Lei 12.651/12); **E:** incorreta, pois a supressão de vegetação em áreas de reserva legal dependerá de autorização do órgão ambiental competente (art. 12, §3º, Lei 12.651/12).

Gabarito "C"

(Procurador do Município/Recife-PE – 2008 – FCC) O instituto da concessão florestal aplica-se a florestas

(A) públicas ou privadas, desde que sejam incluídas, previamente, aquelas no Cadastro Nacional de Florestas Públicas e estas no Plano Anual de Outorga Florestal.

(B) privadas apenas, necessariamente localizadas na região da Amazônia Legal.

(C) privadas apenas, excetuadas aquelas que já integrem unidades de conservação.

(D) públicas apenas, assim compreendidas, em seu conjunto, as unidades de conservação denominadas florestas nacionais, florestas estaduais e florestas municipais.

(E) públicas apenas, desde que sejam incluídas, previamente, no Cadastro Nacional de Florestas Públicas e no Plano Anual de Outorga Florestal.

De fato, a concessão florestal, assim considerada a delegação onerosa, feita pelo poder concedente, do direito de praticar manejo florestal sustentável para exploração de produtos e serviços numa unidade de manejo, mediante licitação, à pessoa jurídica, em consórcio ou não, que atenda às exigências do respectivo edital de licitação e demonstre capacidade para seu desempenho, por sua conta e risco e por prazo determinado (art. 3º, VII, Lei 11.284/06), somente se aplica às florestas públicas, cuja gestão compreenderá, entre outras hipóteses, a precitada concessão florestal (art. 4º, III, Lei 11.284/06). Por oportuno, registre que são consideradas florestas públicas as florestas, naturais ou plantadas, localizadas nos diversos biomas brasileiros, em bens sob o domínio da União, dos Estados, dos Municípios, do Distrito Federal ou das entidades da administração indireta (art. 3º, I, Lei 11.284/06).

Gabarito "E"

(Advogado da União/AGU – CESPE – 2012) Julgue o item seguinte.

(1) Compete privativamente à União legislar sobre florestas, conservação da natureza, defesa do solo e dos recursos naturais.

1: incorreta, pois se trata de competência concorrente da União, Estados e DF legislar sobre florestas, caça, pesca, fauna, conservação da natureza, defesa do solo e dos recursos naturais, proteção do meio ambiente e controle da poluição (art. 24, VI, CF).

Gabarito 1E

9. RESPONSABILIDADE CIVIL AMBIENTAL

Segue um resumo sobre a **Responsabilidade Civil Ambiental**:

1. Responsabilidade objetiva.

A responsabilidade objetiva pode ser ***conceituada*** *como* o dever de responder por danos ocasionados ao meio ambiente, independentemente de culpa ou dolo do agente responsável pelo evento danoso. *Essa responsabilidade está prevista no § 3º do art. 225 da CF, bem como no § 1º do art. 14 da Lei 6.938/81 e ainda no art. 3º da Lei 9.605/98.*

Quanto a seus ***requisitos****, diferentemente do que ocorre com a responsabilidade objetiva no Direito Civil, onde são apontados três elementos para a configuração da responsabilidade (conduta, dano e nexo de causalidade), no Direito Ambiental são necessários apenas dois.*

A doutrina aponta a necessidade de existir um ***dano*** *(evento danoso), mais o* ***nexo de causalidade, que o liga ao poluidor****.*

*Aqui não se destaca muito a conduta como requisito para a responsabilidade ambiental, apesar de diversos autores entenderem haver três requisitos para sua configuração (*conduta, dano e nexo de causalidade*). Isso porque é comum o dano ambiental ocorrer sem que se consiga identificar uma conduta específica e determinada causadora do evento.*

Quanto ao **sujeito responsável pela reparação do dano**, é o poluidor, que pode ser tanto pessoa física como jurídica, pública ou privada.

Quando o Poder Público não é o responsável pelo empreendimento, ou seja, não é o poluidor, sua responsabilidade é **subjetiva**, ou seja, depende de comprovação de culpa ou dolo do serviço de fiscalização, para se configurar. Assim, o Poder Público pode responder pelo dano ambiental por omissão no dever de fiscalizar. Nesse caso, haverá responsabilidade solidária do poluidor e do Poder Público. Mas lembre-se: se o Poder Público é quem promove o empreendimento, sua responsabilidade é **objetiva**.

Em se tratando de pessoa jurídica, a Lei 9.605/98 estabelece que esta será responsável *nos casos em que a infração for cometida por decisão de seu representante legal ou contratual, ou de seu órgão colegiado, no interesse ou benefício da sua entidade.* Essa responsabilidade da pessoa jurídica não exclui a *das pessoas físicas, autoras, coautoras ou partícipes do mesmo fato.*

A Lei 9.605/98 também estabelece uma cláusula geral que permite a **desconsideração da personalidade jurídica** da pessoa jurídica, em qualquer caso, desde que destinada ao ressarcimento dos prejuízos causados à qualidade do meio ambiente. Segundo o seu art. 4º, *poderá ser desconsiderada a pessoa jurídica sempre que sua personalidade for obstáculo ao ressarcimento dos prejuízos causados à qualidade do meio ambiente.* Adotou-se, como isso, a chamada **teoria menor da desconsideração**, para a qual basta a insolvência da pessoa jurídica, para que se possa atingir o patrimônio de seus membros. No direito civil, ao contrário, adotou-se a teoria maior da desconsideração, teoria que exige maiores requisitos, no caso, a existência de um desvio de finalidade ou de uma confusão patrimonial para que haja desconsideração.

2. Reparação integral dos danos.

A obrigação de reparar o dano não se limita a pagar uma indenização; ela vai além: a reparação deve ser específica, *isto é, ela deve buscar a restauração ou recuperação do bem ambiental lesado, ou seja, o seu retorno à situação anterior. Assim, a responsabilidade pode envolver as seguintes obrigações:*

a) ***de reparação natural ou in specie:*** é a reconstituição ou recuperação do meio ambiente agredido, cessando a atividade lesiva e revertendo-se a degradação ambiental. *É a primeira providência que deve ser tentada, ainda que mais onerosa que outras formas de reparação;*

b) ***de indenização em dinheiro:*** consiste no ressarcimento pelos danos causados e não passíveis de retorno à situação anterior. *Essa solução só será adotada quando não for viável fática ou tecnicamente a reconstituição. Trata-se de forma indireta de sanar a lesão.*

c) ***compensação ambiental:*** *consiste em forma alternativa à reparação específica do dano ambiental, e importa na adoção de uma medida de equivalente importância ecológica, mediante a observância de critérios técnicos especificados por órgãos públicos e aprovação prévia do órgão ambiental competente, admissível desde que seja* *impossível a reparação específica. Por exemplo, caso alguém tenha derrubado uma árvore, pode-se determinar que essa pessoa, como forma de* compensação ambiental, *replante duas árvores da mesma espécie.*

3. **Dano ambiental.**

Não é qualquer alteração adversa no meio ambiente causada pelo homem que pode ser considerada dano ambiental. Por exemplo, o simples fato de alguém inspirar oxigênio e expirar gás carbônico não é dano ambiental. O art. 3º, III, da Lei 6.938/81 nos ajuda a desvendar quando se tem dano ambiental, ao dispor que a poluição é a degradação ambiental resultante de atividades que direta ou indiretamente:

a) prejudiquem a saúde, a segurança e o bem-estar da população; b) criem condições adversas às atividades sociais e econômicas; c) afetem desfavoravelmente a biota; d) afetem as condições estéticas ou sanitárias do meio ambiente; e) lancem matérias ou energia em desacordo com os padrões ambientais estabelecidos.

Quanto aos lesados pelo dano ambiental, este pode atingir pessoas indetermináveis e ligadas por circunstâncias de fato (ocasião em que será difuso), grupos de pessoas ligadas por relação jurídica base (ocasião em que será coletivo), vítimas de dano oriundo de conduta comum (ocasião em que será individual homogêneo) e vítima do dano (ocasião em que será individual puro).

De acordo com o pedido formulado na ação reparatória é que se saberá que tipo de interesse (difuso, coletivo, individual homogêneo ou individual) está sendo protegido naquela demanda.

Quanto à extensão do dano ambiental, a doutrina reconhece que este pode ser material (patrimonial) ou moral (extrapatrimonial). Será da segunda ordem quando afetar o bem-estar de pessoas, causando sofrimento e dor. Há de se considerar que existe decisão do STJ no sentido que não se pode falar em dano moral difuso, já que o dano deve estar relacionado a pessoas vítimas de sofrimento, e não a uma coletividade de pessoas. De acordo com essa decisão, pode haver dano moral ambiental a pessoa determinada, mas não pode haver dano moral ambiental a pessoas indetermináveis.

4. **A proteção do meio ambiente em juízo.**

A reparação do dano ambiental pode ser buscada extrajudicialmente, quando, por exemplo, é celebrado termo de **compromisso de ajustamento de conduta** com o Ministério Público, ou judicialmente, pela propositura da ação competente.

Há duas ações vocacionadas à defesa do meio ambiente. São elas: a **ação civil pública** (art. 129, III, da CF e Lei 7.347/85) e a **ação popular** (art. 5º, LXXIII, CF e Lei 4.717/65). A primeira pode ser promovida pelo Ministério Público, pela Defensoria Pública, por entes da Administração Pública ou por associações constituídas há pelo menos um ano, que tenham por objetivo a defesa do meio ambiente. Já a segunda é promovida pelo cidadão.

Também são cabíveis em matéria ambiental o **mandado de segurança** (art. 5º, LXIX e LXX, da CF e Lei 12.016/09), individual ou coletivo, preenchidos os requisitos para tanto, tais como prova pré-constituída, e ato de autoridade ou de agente delegado de serviço público; o **mandado de injunção** (art. 5º, LXXI, da CF), quando a falta de norma regulamentadora torne inviável o exercício dos direitos e liberdades constitucionais e das prerrogativas inerentes à nacionalidade, à soberania e à cidadania; as **ações de inconstitucionalidade** (arts. 102 e 103 da CF e Leis 9.868/99 e 9.882/99); e a **ação civil de responsabilidade por ato de improbidade administrativa** em matéria ambiental (art. 37, § 4º, da CF, Lei 8.429/92 e art. 52 da Lei 10.257/01).

(PROCURADOR DO ESTADO/MG – FUMARC – 2012) Acerca da responsabilidade ambiental, assinale a alternativa correta:

(A) Adota-se, no Brasil, em matéria ambiental, a responsabilidade civil subjetiva.

(B) A responsabilização do causador do dano ambiental, no Brasil, prescinde da demonstração do nexo de causalidade.

(C) O poluidor é obrigado a indenizar ou reparar os danos causados ao meio ambiente e a terceiros, afetados por sua atividade, desde que demonstrada a existência de culpa.

(D) Poderá ser desconsiderada a pessoa jurídica sempre que sua personalidade for obstáculo ao ressarcimento de prejuízos causados à qualidade do meio ambiente.

(E) As condutas e atividades consideradas lesivas ao meio ambiente sujeitarão os infratores, pessoas físicas ou jurídicas, a sanções penais e administrativas, independentemente do nexo de causalidade.

A: incorreta, pois como é sabido, a responsabilidade civil em matéria ambiental é objetiva, vale dizer, independente da comprovação de dolo ou culpa (art. 14, §1º, Lei 6.938/81); **B:** incorreta, pois a despeito de a responsabilidade civil ambiental ser objetiva, será imprescindível a demonstração do nexo de causalidade entre a ação ou omissão perpetrada pelo agente causador do dano e a configuração deste; **C:** incorreta, pois, como já mencionado no comentário à alternativa "B", prescinde-se da demonstração de culpa a responsabilização civil por danos ambientais causador pelo poluidor/degradador; **D:** correta (art. 4º, Lei 9.605/98); **E:** incorreta, pois, como visto anteriormente, o nexo de causalidade é requisito para o reconhecimento da responsabilidade civil, mesmo que objetiva.

Gabarito "D"

(Procurador do Estado/PE – CESPE – 2009) No âmbito da responsabilidade civil ambiental, o bem jurídico objeto de proteção é o meio ambiente, como bem de uso comum do povo, indisponível e indivisível, suscetível de ser reparado, independentemente de reparação de danos individuais imposto aos titulares do objeto material do dano. Acerca do regime da responsabilidade civil ambiental brasileira, segundo a legislação e jurisprudência dos tribunais superiores, assinale a opção correta.

(A) A responsabilidade civil ambiental independe de culpa.

(B) A existência de crime ambiental exclui a busca da responsabilidade civil.

(C) Empresa multada administrativamente não pode ser obrigada a reparar os danos cometidos.

(D) Não cabe responsabilização civil ambiental por obra licenciada regularmente.

(E) Areparação do dano deve ser feita tendo em vista a capacidade econômica do agente poluidor.

A: correta, pois a responsabilidade civil ambiental é objetiva (art. 225, § 3º, da CF e art. 14, § 1º, da Lei 6.938/81); **B:** incorreta, pois o art. 225, § 3º, da CF deixa claro que a obrigação de reparar os danos é independente da responsabilização penal; **C:** incorreta, pois o art. 225, § 3º, da CF deixa claro que a obrigação de reparar os danos é independente da responsabilização administrativa; **D:** incorreta, pois cabe responsabilização civil no caso, vez que esta é objetiva, pouco importando, então, se o ato que gerou o dano ambiental é lícito ou não; **E:** incorreta, pois a reparação do dano deve ter em vista o retorno do bem ambiental ao estado anterior.

Gabarito "A"

(Procurador do Estado/PR – UEL-COPS – 2011) A ação civil pública por danos causados ao meio ambiente é disciplinada pela Lei nº 7.347, de 1985, e suas posteriores alterações.

Em relação à matéria, é incorreto afirmar:

(A) a ação civil pública poderá ter por objeto a condenação em dinheiro ou o cumprimento de obrigação de fazer ou não fazer;

(B) em caso de desistência infundada ou abandono por associação legitimada, o Ministério Público assumirá obrigatoriamente a titularidade ativa da ação;

(C) nas ações civis públicas com fundamento em interesses difusos, a sentença faz coisa julgada;

(D) as autarquias, empresas públicas, fundações e sociedades de economia mista possuem legitimidade ativa para o ajuizamento de ação civil pública;

(E) os órgãos públicos legitimados poderão tomar dos interessados compromisso de ajustamento de sua conduta às exigências legais, mediante cominações, que terá eficácia de título executivo extrajudicial.

A: correto (art. 3º, Lei 7.347/85); **B:** incorreta (art. 5º, §3º, Lei 7.347/85), visto que em caso de desistência infundada ou abandono por associação legitimada, o Ministério Público *ou outro legitimado* assumirá a titularidade ativa da ação; **C:** correta, pois, por evidente, a sentença proferida em ação civil pública manejada para a tutela de interesses difusos faz coisa julgada (art. 103, Lei 8.078/90 – CDC); **D:** correta (art. 5º, IV, Lei 7.347/85); **E:** correta (art. 5º, §6º, Lei 7.347/85).

Gabarito "B"

(Procurador do Estado/RO – 2011 – FCC) A respeito da responsabilidade por danos ambientais materiais, é correto afirmar que

(A) a responsabilidade civil não será elidida com a reparação do dano ambiental.

(B) a responsabilidade penal, civil e administrativa decorre de culpa.

(C) mesmo após o pagamento de multa imposta pela administração pública resta o dever do infrator de reparar o dano.

(D) o administrador de uma pessoa jurídica nunca responde penalmente pelos danos causados pela empresa.

(E) o autor de um crime contra a administração ambiental só pode ser funcionário público.

A: incorreta, pois, havendo reparação ambiental, não há mais o que se responsabilizar na esfera civil; **B:** incorreta, pois a responsabilidade CIVIL é objetiva; **C:** correta, pois a instância civil é independente da instância administrativa (art. 225, § 3º, da CF); **D:** incorreta (art. 2º da Lei 9.605/98); **E:** incorreta, pois há crimes previstos a esse título que não requerem que o autor seja funcionário público, como o crime de "Obstar ou dificultar a ação fiscalizadora do Poder Público no trato de questões ambientais" (art. 69 da Lei 9.605/98).

Gabarito "C"

(Procurador do Estado/RO – 2011 – FCC) Partindo das definições de "compensação ambiental" e "mitigação ambiental" e da legislação que as regulamentam, é correto afirmar que

(A) os recursos obtidos com a compensação ambiental devem ser utilizados para recompor os bens ambientais lesados pela obra licenciada.

(B) o valor devido a título de compensação nunca será inferior a 0,5% dos custos totais da implantação do empreendimento.

(C) o valor devido a título de mitigação ambiental nunca será superior a 0,5% dos custos totais da implantação do empreendimento.

(D) cabe ao órgão ambiental definir as Unidades de Conservação que serão beneficiadas com recursos da compensação ambiental.

(E) quando se tratar de empreendimento com significativo impacto ambiental, a compensação poderá ser dispensada pelo órgão licenciador se o empreendedor tomou todas as medidas mitigadoras cabíveis.

A: incorreta, pois tais recursos serão destinados ao seguinte: i) regularização fundiária e demarcação das terras; ii) elaboração, revisão ou implantação de plano de manejo; iii) aquisição de bens e serviços necessários à implantação, gestão, monitoramento e proteção da unidade, compreendendo sua área de amortecimento; iv) desenvolvimento de estudos necessários à criação de nova unidade de conservação; v) desenvolvimento de pesquisas necessárias para o manejo da unidade de conservação e área de amortecimento (art. 33 do Decreto 4.340/02); B e **C:** incorretas, pois a previsão de percentual, prevista no art. 36, § 1º, da Lei 9.885/00, foi declarada inconstitucional pelo STF, que determinou que "o valor da compensação--compartilhamento é de ser fixado proporcionalmente ao impacto ambiental, após estudo em que se assegurem o contraditório e ampla defesa", dada a "prescindibilidade da fixação de percentual sobre os custos do empreendimento" (ADI 3.378-6, DJ 20/06/08); no mais o STF entendeu constitucional a compensação devida pela implantação de empreendimentos de significativo impacto ambiental, em decisão, na ADI mencionada, com a seguinte ementa: "AÇÃO DIRETA DE INCONSTITUCIONALIDADE. ART. 36 E SEUS §§ 1º, 2º E 3º DA LEI Nº 9.985, DE 18 DE JULHO DE 2000. CONSTITUCIONALIDADE DA COMPENSAÇÃO DEVIDA PELA IMPLANTAÇÃO DE EMPREENDIMENTOS DE SIGNIFICATIVO IMPACTO AMBIENTAL. INCONSTITUCIONALIDADE PARCIAL DO § 1º DO ART. 36. 1. O compartilhamento-compensação ambiental de que trata o art. 36 da Lei nº 9.985/2000 não ofende o princípio da legalidade, dado haver sido a própria lei que previu o modo de financiamento dos gastos com as unidades de conservação da natureza. De igual forma, não há violação ao princípio da separação dos Poderes, por não se tratar de delegação do Poder Legislativo para o Executivo impor deveres aos administrados. 2. Compete ao órgão licenciador fixar o quantum da compensação, de acordo com a compostura do impacto ambiental a ser dimensionado no relatório – EIA/RIMA. 3. O art. 36 da Lei nº 9.985/2000 densifica o princípio usuário-pagador, este a significar um mecanismo de assunção partilhada da responsabilidade social pelos custos ambientais derivados da atividade econômica. 4. Inexistente desrespeito ao postulado da razoabilidade. Compensação ambiental que se revela como instrumento adequado à defesa e preservação do meio ambiente para as presentes e futuras gerações, não havendo outro meio eficaz para atingir essa finalidade constitucional. Medida amplamente compensada pelos benefícios que sempre resultam de um meio ambiente ecologicamente garantido em sua higidez. 5. Inconstitucionalidade da expressão "não pode ser inferior a meio por cento dos custos totais previstos para a implantação do empreendimento", no § 1º do art. 36 da Lei nº 9.985/2000. O valor da compensação-compartilhamento é de ser fixado proporcionalmente ao impacto ambiental, após estudo em que se assegurem o contraditório e a ampla defesa. Prescindibilidade da fixação de percentual sobre os custos do empreendimento. 6. Ação parcialmente procedente".; **D:** correta (art. 36, § 2º, da Lei 9.985/00); **E:** incorreta, pois a compensação no caso é obrigação prevista em lei, que não abre essa exceção (art. 36, *caput*, da Lei 9.985/00).

Gabarito "D"

(Procurador do Estado/SE – FCC – 2005) Três indústrias estão instaladas ao longo de um mesmo rio. A primeira, localizada rio acima (a montante), e a segunda, localizada em ponto intermediário, expelem no rio substâncias poluentes em níveis de emissão tolerados pelas normas administrativas pertinentes. A terceira, localizada em ponto mais abaixo do rio (a jusante), também deságua no rio substância poluente da mesma espécie das anteriores, em níveis de emissão igualmente tolerados pelas normas administrativas pertinentes. Porém, com a emissão da terceira indústria, o rio passa a apresentar níveis de concentração da substância poluente superiores aos permitidos. Nessa situação,

(A) a terceira indústria passa automaticamente a estar proibida de jogar substâncias poluentes no rio, por força do princípio da precaução.

(B) as três indústrias respondem solidariamente pelos danos causados ao meio ambiente, independentemente de não terem concorrido, individualmente, com culpa para o resultado danoso.

(C) apenas a terceira indústria responde civilmente pelos danos causados ao meio ambiente, porque as outras duas não se enquadram no conceito jurídico de poluidor.

(D) inexistiu dano ambiental, porque cada uma das três indústrias observou rigorosamente as normas administrativas relativas à emissão de poluentes.

(E) a emissão de poluentes não se enquadra no conceito jurídico de poluição.

A: incorreta, pois todas as pessoas, físicas ou jurídicas, que concorrerem para o dano ambiental, serão responsabilizadas civilmente, independentemente de culpa; **B:** correta, pois está pacificado na doutrina e na jurisprudência o entendimento de que todos os poluidores, diretos ou indiretos, que contribuírem para o dano ambiental, mesmo diante de poluição lícita (tal como se vê no caso das indústrias indicadas no enunciado, que despejavam substâncias poluentes em níveis de emissão tolerados), são solidariamente responsáveis pela reparação decorrente da degradação à qualidade ambiental (esta é a posição da 1ª e 2ª Turmas do STJ); **C:** incorreta, pois o conceito legal de poluidor abarca toda pessoa física ou jurídica, de direito público ou privado, responsável, direta ou indiretamente, por atividade causadora de degradação ambiental (art. 3º, IV, Lei 6.938/81). Não há dúvidas que expelir substâncias poluentes, ainda que em níveis de emissão tolerados pelas normas administrativas, configura poluição, que, como dito, pode ser tida como lícita (quando praticada dentre dos padrões de emissão tolerados), ou ilícita (quando praticada em desacordo com as normas ambientais); **D:** incorreta, pois o próprio enunciado afirmou que com a emissão da terceira indústria, o rio passou a apresentar níveis de concentração da substância poluente superiores aos permitidos. Importante registrar que poluição, nos termos do art. 3º, III, da Lei 6.938/81, consiste na degradação ambiental resultante de atividades que, direta ou indireta, prejudiquem a saúde, a segurança e o bem-estar da população, ou, ainda, que criem condições adversas às atividades sociais e econômicas, afetem desfavoravelmente a biota, afetem as condições estéticas ou sanitárias do meio ambiente, ou, ainda, que lancem matérias ou energia em desacordo com os padrões ambientais estabelecidos; **E:** incorreta, pelas mesmas razões tratadas no comentário à alternativa anterior.

Gabarito "B"

(Procurador do Estado/SP – FCC – 2009) Pelo disposto na Constituição Federal, em especial no seu artigo 225, e na Lei Federal nº 9.605/98, as condutas e atividades consideradas lesivas ao meio ambiente sujeitarão os infratores, pessoas físicas ou jurídicas, a sanções penais e administrativas,

(A) independentemente da obrigação de reparação de danos ambientais, sendo que a responsabilidade penal não se aplica à pessoa jurídica.

(B) sendo subjetiva a responsabilidade pela reparação de danos ambientais, quando se tratar de pessoa física e objetiva a responsabilidade quando se tratar de pessoa jurídica.

(C) dependendo a obrigação de reparação dos danos causados da comprovação da existência de dolo, quando se tratar de pessoa física.

(D) independentemente da obrigação de reparar os danos causados.

(E) dependendo a obrigação de reparação dos danos causados de condenação criminal transitada em julgado.

Art. 225, § 3º, da CF.

Gabarito "D"

(Procurador do Município/Cubatão-SP – 2012 – VUNESP) Havendo a poluição de um rio, que acarrete prejuízo aos pescadores, pode-se, concomitantemente, lesar o meio ambiente, os pescadores e a cooperativa dos pescadores. Assinale a alternativa que apresenta, correta e respectivamente, esses interesses.

(A) Coletivo, individual homogêneo, difuso.

(B) Difuso, coletivo, individual simples.

(C) Difuso, individual homogêneo, coletivo.

(D) Coletivo, difuso, individual homogêneo.

(E) Individual homogêneo, coletivo, difuso.

A lesão ao meio ambiente, nitidamente, constitui a violação a um direito difuso, visto que tem natureza indivisível e é titularizado por pessoas indeterminadas ligadas por uma mesma circunstância fática (art. 81, parágrafo único, I, Lei 8.078/90 – CDC). Já a lesão aos pescadores, decorrente da poluição de um rio, constitui violação a um direito individual homogêneo, visto que decorrente de uma origem comum (art. 81, III, Lei 8.078/90 – CDC). Por fim, a poluição de um rio que acarrete prejuízos à cooperativa de pescadores constitui violação a um direito coletivo, de titularidade de um grupo cujos integrantes são ligados por uma relação jurídica base (art. 81, II, Lei 8.078/90 – CDC).

Gabarito "C"

(Procurador do Município/Cubatão-SP – 2012 – VUNESP) Na reparação do dano ao meio ambiente, teremos a defesa de interesses difusos ou coletivos e o valor da indenização será destinado para

(A) o particular lesado, a ser apurado caso a caso.

(B) o Fundo para Reconstituição dos Bens Lesados.

(C) o Ministério Público Estadual ou Federal, se for o caso.

(D) a União.

(E) o ente federativo onde se situa o local lesado.

De fato, o valor da indenização decorrente de condenação por dano ambiental reverterá a um fundo gerido por um Conselho Federal ou por Conselhos Estaduais de que participarão necessariamente o Ministério Público e representantes da comunidade, sendo seus recursos destinados à reconstituição dos bens lesados (art. 13, *caput*, Lei 7.347/85).

Gabarito "B"

(Procurador Federal – 2010 – CESPE) Acerca das regras afetas à responsabilidade civil por danos causados ao meio ambiente, julgue os próximos itens.

(1) De acordo com entendimento do STJ, a responsabilidade por danos ambientais é subsidiária entre o poluidor direto e o indireto.

(2) Em se tratando de reserva florestal, com limitação imposta por lei, quem adquire a área assume o ônus de manter a sua preservação, tornando-se responsável pela reposição dessa área, mesmo se não tiver contribuído para devastá-la.

1: incorreta, pois a responsabilidade, no caso, é solidária (REsp 604725, DJ 22/08/2005); um exemplo é o caso em que uma indústria causa danos ao meio ambiente (poluidor direto) e o Poder Público, ciente, nada faz para impedir (poluidor indireto); **2:** correta, pois, segundo o STJ, a obrigação, no caso, é *propter rem*.

Gabarito 1E, 2C

(Advogado da União/AGU – CESPE – 2012) Com base nos termos da legislação que trata da responsabilização por danos ambientais, julgue os itens seguintes.

(1) Tratando-se de matéria ambiental, admite-se a desconsideração da pessoa jurídica sempre que sua personalidade seja obstáculo ao ressarcimento de prejuízos causados à qualidade do meio ambiente.

(2) Se tiver ocorrido, antes da transferência de prioridade de imóvel rural, supressão parcial da vegetação situada em área de preservação permanente, o adquirente desse imóvel, comprovada sua boa-fé, não será parte legítima para responder a ação cível com pedido de restauração da área deteriorada.

1: correta (art. 4º, Lei 9.605/98); **2:** incorreta, pois é remansosa a jurisprudência dos tribunais judiciários, inclusive dos superiores, no sentido de que a obrigação de reparar o dano ambiental é *propter rem*, cabendo ao adquirente de um imóvel que já apresente degradação ambiental repará-lo, ainda que não o tenha causado (REsp 120684/SP, Rel. Min. Humberto Martins, 2ª Turma, j. 17.03.2011, DJE 29.03.2011). Saliente-se que, nesse caso, sequer será exigida a prova do nexo de causalidade, visto que, como dito, a responsabilidade do adquirente é *propter rem*.

Gabarito 1C, 2E

(ADVOGADO – PETROBRÁS – 2012 – CESGRANRIO) Sobre responsabilidade por danos ambientais e meios judiciais de proteção ambiental, sabe-se que a

(A) Administração Pública não pode ser considerada responsável por danos ambientais que decorram da omissão de seu dever de fiscalizar, ainda que contribua diretamente para a degradação ambiental.

(B) comprovação dos danos causados ao meio ambiente não é exigida, no caso de ação civil pública de responsabilidade pelo derramamento de óleo em águas marítimas.

(C) execução judicial de termo de ajustamento de conduta depende de laudo comprobatório dos danos ambientais causados que tenham dado origem àquele.

(D) pessoa física ou jurídica que contribua indiretamente para a ocorrência de um dano ambiental pode ser considerada poluidora.

(E) formação do litisconsórcio passivo é obrigatória nas ações judiciais que tenham como objetivo a reparação de danos ambientais.

A: incorreta, pois a responsabilidade civil da Administração decorrerá de conduta comissiva (ação) ou omissiva (omissão). Neste último caso, há entendimento jurisprudencial, ainda que não pacificado, no sentido de que se trata de responsabilidade subjetiva, seguindo a doutrina administrativista (por todos, Celso Antonio Bandeira de Mello), exigindo-se a demonstração de dolo ou culpa no comportamento omissivo do Estado (*lato sensu*). Tal foi o deslinde no REsp 647.493, de 22/05/2007; **B:** incorreta, pois a responsabilidade civil ambiental, ainda que objetiva, exige a demonstração dos danos causados pela conduta do poluidor/degradador; **C:** incorreta, pois sendo o termo de ajustamento de conduta um título executivo extrajudicial (art. 5º, §6º, Lei 7.347/85), será, em caso de descumprimento, passível de execução judicial, bastando a demonstração do inadimplemento da obrigação nele contida; **D:** correta, pois o art. 3º, IV, da Lei 6.938/81, considera poluidor a pessoa física ou jurídica, de direito público ou privado, responsável, direta ou indiretamente, por atividade causadora de degradação ambiental. Tal conceito dá azo à classificação do poluidor em *direto* ou *indireto*; **E:** incorreta, pois sendo remansoso o entendimento (doutrinário e jurisprudencial) de que a responsabilidade por danos ambientais é solidária, a formação do polo passivo poderá compreender todos ou alguns dos poluidores. Frise-se, por oportuno, que há forte entendimento de que é vedada a intervenção de terceiros provocada por um ou mais réus de ação civil pública ambiental, cabendo a discussão de direito de regresso (em razão da natureza solidária da obrigação à reparação dos danos ambientais) em ação própria (REsp 232.187, de 23.03.00; AgRg no Ag 1.213.458, j. 24.08.2010; REsp 880.160, de 04.05.2010).

Gabarito "D"

(ADVOGADO – BNDES – 2010 – CESGRANRIO) Sobre a Política Nacional do Meio Ambiente e a responsabilidade civil ambiental, analise as afirmações a seguir.

I. Até a promulgação da Constituição da República Federativa do Brasil de 1988, a responsabilidade civil ambiental era subjetiva, ou seja, dependia da existência de culpa para que houvesse a obrigação de reparação dos danos causados ao meio ambiente.

II. A responsabilidade civil por danos ambientais no Brasil é objetiva, sendo considerados poluidores somente as pessoas físicas ou jurídicas, de direito público ou privado, diretamente responsáveis por atividade causadora de degradação ambiental.

III. A aprovação de projetos habilitados a benefícios concedidos por entidades e órgãos de financiamento e incentivos governamentais deve ser condicionada ao licenciamento ambiental e ao cumprimento das normas, dos critérios e dos padrões expedidos pelo Conselho Nacional do Meio Ambiente.

IV. O Sistema Nacional do Meio Ambiente é composto por órgãos e entidades da União, dos Estados, do Distrito Federal e dos Municípios, dentre os quais se encontra o Conselho Nacional do Meio Ambiente, órgão consultivo e deliberativo a quem compete estabelecer normas, critérios e padrões relativos ao controle e à manutenção da qualidade do meio ambiente, com vistas ao uso racional dos recursos ambientais.

Está correto APENAS o que se afirma em

(A) II.

(B) I e III.

(C) II e IV.

(D) III e IV.

(E) I, II e IV.

I: incorreta, pois antes mesmo da promulgação da CF/88, a Lei 6.938/81, instituidora da Política Nacional do Meio Ambiente, já previa em seu art. 14, §1º, a responsabilidade civil objetiva, obrigando o poluidor a reparar o dano causado à qualidade ambiental independentemente da comprovação de culpa; **II:** incorreta, pois a Lei 6.938/81, em seu art. 3º, IV, considera poluidor a pessoa física ou jurídica, de direito público ou privado, que tenha contribuído *direta* ou *indiretamente* para o dano ambiental; **III:** correta (art. 12, *caput*, Lei 6.938/81); **IV:** correta (arts. 6º, II, e 8º, VII, Lei 6.938/81).

Gabarito "D"

(ADVOGADO – PETROBRÁS – 2008 – CESGRANRIO) Tratando-se de ação civil pública de responsabilidade por danos causados ao meio ambiente, regulada nos termos da Lei nº 7.347/95, é **INCORRETO** afirmar que

(A) pode ter por objeto a condenação em dinheiro ou o cumprimento de obrigação de fazer ou não fazer.

(B) pode ser proposta por associação constituída há pelo menos um ano, e que inclua, entre suas finalidades institucionais, a proteção ao meio ambiente.

(C) pode ser proposta pelo Ministério Público.

(D) deve ser proposta no foro do local onde ocorrer o dano.

(E) não admite antecipação de tutela.

A: correta (art. 3º, Lei 7.347/85); **B:** correta (art. 5º, V, Lei 7.347/85); **C:** correta (art. 5º, I, Lei 7.347/85); **D:** correta (art. 5º, I, Lei 7.347/85); **E:** incorreta (art. 12, Lei 7.347/85; art. 84, §3º, Lei 8.078/90).

Gabarito "E"

(ADVOGADO – REFAP – 2007 – CESGRANRIO) Acerca do termo de ajustamento de conduta em matéria ambiental, previsto no § 6º do art. 5º da Lei nº 7.347, de 24 de julho de 1985, é **INCORRETO** afirmar que:

(A) pode ser celebrado pelo Ministério Público.

(B) pode ser celebrado com pessoa física (responsável pelo dano ambiental).

(C) tem eficácia de título executivo extrajudicial.

(D) tem natureza preventiva, não podendo ser celebrado depois de ocorrido o dano ambiental.

(E) admite a aplicação de penalidade pecuniária em caso de descumprimento das obrigações assumidas.

A: correta (art. 5º, I e §6º, Lei 7.347/81); **B:** correta, pois o termo de ajustamento de conduta será tomado com o poluidor, seja ele uma pessoa física, seja pessoa jurídica; **C:** correta (art. 5º, §6º, parte final, Lei 7.347/85); **D:** incorreta, pois o termo de ajustamento de conduta poderá ter caráter preventivo, com o escopo de evitar a perpetração de dano ambiental, ou reparatório, com a finalidade de reparar ou remediar dano ambiental já ocorrido; **E:** correta (art. 5º, §6º, Lei 7.347/85), visto que o termo de ajustamento de conduta poderá ser tomado com o interessado, mediante *cominações*.

Gabarito "D"

(ADVOGADO – ELETROBRÁS – 2006 – NCE/UFRJ) Com relação à ação civil pública proposta por danos causados ao meio ambiente, é INCORRETO afirmar que:

(A) poderá ter por objeto a condenação em dinheiro ou o cumprimento de obrigação de fazer ou não fazer;

(B) os órgãos públicos legitimados poderão tomar dos interessados compromisso de ajustamento de sua conduta às exigências legais, mediante combinações;

(C) admite o Ministério Público como legitimado ativo;

(D) a sentença poderá fixar pena privativa de liberdade;

(E) o Ministério Público poderá instaurar, sob sua presidência, inquérito civil, ou requisitar, de qualquer organismo público ou particular, certidões.

A: correta (art. 3º, Lei 7.347/85); **B:** correta (art. 5º, §6º, Lei 7.347/85); **C:** correta (art. 5º, I, Lei 7.347/85); **D:** incorreta, pois a sentença proferida em ação civil pública, por evidente, não tem natureza criminal, não podendo, logicamente, impor pena privativa de liberdade ao agente poluidor, mas, sim, condená-lo em dinheiro, ou a uma obrigação de fazer ou não fazer; **E:** correta (art. 8º, §1º, Lei 7.347/85).

Gabarito "D"

10. RESPONSABILIDADE ADMINISTRATIVA AMBIENTAL

(Procurador Federal – 2013 – CESPE) Acerca do exercício, pela administração pública, do poder de polícia em matéria ambiental, julgue os itens seguintes.

(1) O Cadastro Técnico Federal de Atividades Potencialmente Poluidoras ou Utilizadoras de Recursos Ambientais, instrumento da Política Nacional do Meio Ambiente, destina-se ao registro obrigatório de pessoas físicas ou jurídicas que se dediquem a atividades potencialmente poluidoras, e(ou) à extração, à produção, ao transporte e à comercialização de produtos potencialmente perigosos ao meio ambiente, assim como de produtos e subprodutos da fauna e flora, de modo que o descumprimento dessa obrigação enseja a aplicação de multa administrativa.

(2) A concessão de licenciamento ambiental pelo órgão ambiental competente ficará condicionada à aprovação do estudo de impacto ambiental pelo Conselho Nacional do Meio Ambiente, quando se tratar de empreendimento causador de significativo impacto ambiental localizado em área considerada patrimônio nacional.

(3) Em razão de a autoridade administrativa ser obrigada a observar a gravidade dos fatos relacionados ao cometimento de infrações administrativas ambientais, é vedada a aplicação da penalidade de multa na hipótese de funcionamento de estabelecimento em desacordo com a licença ambiental, mas que não tenha provocado danos significativos.

1: correta (art. 17, II, da Lei 6.938/1981); **2:** incorreta, pois quem aprova tais estudos é o órgão executivo correspondente, no caso o IBAMA (e não o CONOMA); **3:** incorreta, pois cabe sim aplicação de multa no caso, nos termos do art. 66, *caput*, do Decreto 6.514/2008.

Gabarito 1C, 2E, 3E

(Advogado da União/AGU – CESPE – 2012) Com base nos termos da legislação que trata da responsabilização por danos ambientais, julgue o item seguinte.

(1) Será responsabilizado administrativamente aquele que utilizar em pesquisas científicas células-tronco embrionárias obtidas a partir de embriões humanos viáveis produzidos por fertilização *in vitro*.

1: correta (art. 5º, I, c.c. art. 21, ambos da Lei 11.105/2005).

Gabarito 1C

(ADVOGADO – PETROBRÁS – 2006 – CESGRANRIO) Segundo a legislação vigente, em relação à responsabilidade por danos causados ao meio ambiente, pode-se afirmar que:

(A) a responsabilidade pela reparação dos danos causados ao meio ambiente depende de culpa comprovada.

(B) a reparação do dano ambiental pelo infrator acarreta a impossibilidade de aplicação de sanções criminais.

(C) os danos causados ao meio ambiente sujeitam o infrator à responsabilidade civil, criminal e administrativa.

(D) o Ministério Público não tem legitimidade para propor ação de responsabilidade civil e criminal, por danos causados ao meio ambiente.

(E) o pagamento das multas aplicadas pelo órgão ambiental desonera o infrator da responsabilidade criminal.

A: incorreta, pois, como é sabido e ressabido, a responsabilidade pela reparação dos danos ambiental independe de culpa comprovada (art. 14, §1º, Lei 6.938/81); **B:** incorreta, pois os danos ambientais sujeitam o infrator a uma tríplice responsabilidade: civil, penal e administrativa (art. 225, § 3º, CF; art. 14, §1º, Lei 6.938/81); **C:** correta (art. 225, §3º, CF); **D:** incorreta (art. 14, §1º, segunda parte, Lei 6.938/81; art. 129, I, CF); **E:** incorreta, pois a responsabilidade administrativa do infrator é distinta da criminal, bem como da civil. São esferas autônomas. Lembre-se que há tríplice responsabilidade do infrator no tocante aos danos ambientais (art. 225, §3º, CF).

Gabarito "C"

(ADVOGADO – ANVISA – 2004 – CESPE) Em cada um dos itens a seguir, é apresentada uma situação hipotética referente a sanções administrativas previstas na Lei n.º 9.605/1998 (Lei de Crimes Ambientais), seguida de uma assertiva a ser julgada.

(1) No estado de São Paulo, um produtor de soja obteve licença ambiental para usar certo produto químico assemelhado a agrotóxico, desde que observasse determinadas cautelas, que foram expressas na licença. A fiscalização do órgão estadual do meio ambiente, ao comparecer à propriedade rural em que estava sendo desenvolvida a atividade, percebeu que, além de as condições da licença não serem cumpridas, o agricultor havia desmatado área considerada de preservação permanente. Nessa situação, o órgão ambiental deverá aplicar ao agricultor uma única sanção, referente à conduta irregular mais grave, e apenada com mais rigor.

(2) O transportador responsável por um carregamento de material perigoso que chegou ao porto de Paranaguá – PR, no afã de ver a mercadoria liberada para a comercialização, adotou, dolosamente, procedimentos para criar embaraço à fiscalização da Capitania dos Portos do Ministério da Marinha. Nessa situação, o infrator deverá ser sancionado administrativamente com multa simples se, após receber advertência do órgão ambiental, insistir com os mencionados procedimentos.

1: incorreta (art. 72, §1º, Lei 9.605/98). Cometidas duas ou mais infrações à legislação ambiental, serão aplicadas tantas penalidades quantas sejam necessárias (e cominadas); **2:** correta (art. 72, §3º, II, Lei 9.605/98).

Gabarito 1E, 2C

(ADVOGADO – ANVISA – 2004 – CESPE) Em cada um dos itens a seguir, é apresentada uma situação hipotética referente a sanções administrativas previstas na Lei n.º 9.605/1998 (Lei de Crimes Ambientais), seguida de uma assertiva a ser julgada.

(1) Um criador de suínos foi autuado pela fiscalização ambiental por lançar efluentes, sem prévio tratamento, contendo fezes dos animais, no córrego que passa em sua propriedade. A sanção imposta consistiu em multa simples. Nessa situação, ao final do processo administrativo de apuração da infração em exame, o órgão ambiental, se julgar pertinente, poderá converter a sanção pecuniária estipulada em serviços de preservação, melhoria e recuperação da qualidade do meio ambiente, consoante lhe autoriza a legislação.

(2) Uma indústria de suco de melão despejou efluentes contendo produtos tóxicos em uma represa responsável pelo abastecimento de determinado município e contaminou a água. Tal fato ensejou a interrupção, por dois meses, do abastecimento de água no município, o que gerou despesas com a contratação de caminhões-pipa para atender ao consumo da população. Nessa situação, o órgão ambiental não poderá aplicar à empresa infratora, como sanção administrativa restritiva de direitos, entre outras, a perda ou isenção de incentivos ou benefícios fiscais.

1: correta (art. 72, §4º, Lei 9.605/98); **2:** incorreta (art. 72, §8º, III, Lei 9.605/98).

Gabarito 1C, 2E

11. RESPONSABILIDADE PENAL AMBIENTAL

(Procurador Distrital – 2014 – CESPE) Com referência à responsabilidade penal por infrações ambientais, ao mandado de segurança em matéria ambiental e à função social da propriedade, julgue os itens subsequentes.

(1) Considera-se que a propriedade urbana cumpre plenamente sua função social quando atende às exigências fundamentais de ordenação do espaço territorial previstas no plano diretor da cidade; no que tange à propriedade rural, isso ocorre quando ela é regularmente registrada na Divisão de Cadastro Rural do INCRA e no IBAMA.

(2) A responsabilização das pessoas jurídicas por crimes ambientais, nos casos em que a infração seja cometida por decisão de seu representante legal ou contratual, ou de seu órgão colegiado, no interesse ou benefício da sua entidade, exclui a responsabilidade das pessoas físicas partícipes do mesmo fato.

(3) Na medida em que o conceito de poluidor, em matéria ambiental, abrange toda pessoa responsável por atividade causadora de degradação ambiental, o mandado de segurança na tutela do meio ambiente pode ser impetrado não apenas contra autoridade pública ou agente de pessoa jurídica no exercício de atribuições do poder público, mas também contra qualquer pessoa, física ou jurídica, de direito público ou privado, que cause dano ambiental.

1: incorreta, pois a segunda parte da afirmativa é falsa, já que o cumprimento da função social da propriedade rural se dá não por uma questão formal como a mencionada (registro no INCRA e no IBAMA), mas quando se atende simultaneamente aos requisitos previstos no art. 186 da CF/1988 ("aproveitamento racional e adequado", "utilização adequada dos recursos naturais disponíveis e preservação do meio ambiente", "observância das disposições que regulam as relações de trabalho" e "exploração que favoreça o bem-estar dos proprietários e dos trabalhadores: **2:** incorreta, pois a responsabilização penal da pessoa jurídica em matéria ambiental não exclui a responsabilidade das pessoas físicas partícipes do mesmo ato (art. 3º, parágrafo único, da Lei 9.605/1998); **3:** incorreta, pois a legitimação passiva para o mandado de segurança está prevista na Constituição Federal, que dispõe que a ação só pode atacar ato de "autoridade pública" ou "pessoa jurídica no exercício de atribuições do Poder Público" (art. 5º, LXIX), o que não inclui pessoas privadas que poluem o meio ambiente, pois o só fato de poluir o meio ambiente não torna essa pessoa, por óbvio, nem autoridade pública, nem agente de pessoa jurídica no exercício de atribuições do Poder Público.

Gabarito 1E, 2E, 3E

(Procurador do Estado/CE – 2008 – CESPE) Acerca da responsabilidade penal da pessoa jurídica, assinale a opção correta.

(A) A responsabilidade penal da pessoa jurídica exclui a das pessoas naturais, o que implica a impossibilidade de dirigir denúncia contra a pessoa jurídica sempre que descoberta coautoria ou participação indireta das pessoas naturais.

(B) Pessoas com personalidade judiciária, mas sem personalidade jurídica, estão sujeitas à responsabilidade penal da pessoa jurídica, norma que não atinge pessoas de direito público.

(C) A culpabilidade e a posterior penalização das pessoas jurídicas não são contempladas no sistema penal brasileiro, que considera que a pessoa jurídica pensa por meio das pessoas que a compõem, tendo vontade própria e ânimo de delinquir, mas não tendo meios próprios para fazê-lo.

(D) A responsabilidade penal da pessoa jurídica não exclui a das pessoas naturais, de modo que a denúncia pode ser dirigida apenas contra a pessoa jurídica caso não se descubra a autoria ou participação das pessoas naturais, podendo, também, ser direcionada contra todos.

(E) A massa falida, o espólio dos bens deixados pelo falecido e a sociedade de fato podem ser responsabilizados e penalizados.

Art. 3º, parágrafo único, da Lei 9.605/98.

Gabarito "D"

(Procurador do Município/Manaus-AM – 2006 – FCC) NÃO é circunstância agravante da pena pela prática de crime ambiental, tal como definido pela Lei nº 9.605/98, ter o agente cometido o crime

(A) em domingos e feriados, ou à noite.

(B) em razão de sua baixa instrução ou escolaridade.

(C) dentro de unidade de conservação.

(D) para obter vantagem pecuniária.

(E) abusando de licença que lhe tenha sido regularmente concedida.

A: correta (art. 15, II, h, Lei 9.605/98); **B:** incorreta (art. 14, I, Lei 9.605/98), tratando-se, ao reverso, de circunstância atenuante; **C:** correta (art. 15, II, l, Lei 9.605/98); **D:** correta (art. 15, II, a, Lei 9.605/98); **E:** correta (art. 15, II, o, Lei 9.605/98).

Gabarito "B"

(Procurador do Município/Natal-RN – 2008 – CESPE) Segundo a Lei de Crimes Ambientais, são circunstâncias que atenuam a pena, no caso de condenação por crime ambiental,

(A) o baixo grau de instrução ou escolaridade do agente e reincidência nos crimes de natureza ambiental manifestada pela espontânea reparação do dano ou pela limitação significativa da degradação ambiental causada.

(B) o arrependimento do infrator e a colaboração com os agentes encarregados da vigilância sanitária e do controle de zoonoses.

(C) o baixo grau de instrução ou escolaridade do agente, o arrependimento do infrator, manifestado pela espontânea reparação do dano, ou limitação significativa da degradação ambiental causada, bem como a comunicação prévia pelo agente, do perigo iminente de degradação ambiental e a colaboração com os agentes encarregados da vigilância e do controle ambiental.

(D) a colaboração com os agentes encarregados da vigilância e do controle ambiental e limitação significativa da poluição ambiental causada por dano recorrente de devastação ambiental.

A: incorreta, pois, por óbvio, a reincidência não poderia ser considerada circunstância atenuante, mas, sim, agravante (art. 15, I, Lei 9.605/98). Já o baixo grau de instrução ou escolaridade do agente constitui, de fato, circunstância atenuante (art. 14, I, Lei 9.605/98); **B:** incorreta, pois a colaboração do infrator com agentes encarregados da vigilância e controle ambiental, e não controle de zoonoses e vigilância sanitária, constitui circunstância atenuante (art. 14, IV, Lei 9.605/98). Já o arrependimento do infrator, manifestado pela espontânea reparação do dano, ou limitação significativa da degradação causada, constitui atenuante (art. 14, II, Lei 9.605/98); **C:** correta (art. 14, I, II e III, Lei 9.605/98); **D:** incorreta (art. 14, II, Lei 9.605/98).

Gabarito "C"

(Procurador do Município/Recife-PE – 2008 – FCC) A sentença penal que condenar pessoa física ou jurídica pela prática de crime previsto na Lei nº 9.605/98

(A) poderá fixar um valor mínimo para reparação, cabendo a apuração de eventual quantia complementar em sede de liquidação, no juízo cível.

(B) será acompanhada de uma condenação administrativa a título de multa, que poderá ser compensada com eventual condenação cível.

(C) fará coisa julgada no juízo cível, quanto à existência do dano e ao nexo de causalidade, cabendo neste juízo apenas a discussão sobre a culpa do agente.

(D) poderá conter a aplicação de pena de prestação pecuniária, que será somada à indenização apurada no juízo cível.

(E) ensejará a automática suspensão das atividades do agente, até a integral reparação do dano causado.

A: correta (art. 20, Lei 9.605/98); **B:** incorreta, pois, à evidência, a sentença penal pela prática de crime ambiental não aplicará multa de caráter administrativo; **C:** incorreta, pois é sabido que a sentença penal condenatória é título executivo no cível, não cabendo, por obvio, a discussão da culpa do agente, já enfrentada na seara criminal; **D:** incorreta, pois a prestação pecuniária fixada na sentença penal condenatória, decorrente da prática de crime ambiental, será deduzida de eventual montante fixado em reparação civil a que for condenado o infrator (art. 12, Lei 9.605/98); **E:** incorreta (arts. 11 e 22, §1º, Lei 9.605/98).

Gabarito "A"

(Procurador do Município/São José dos Campos-SP – 2012 – VUNESP) Entre as penas restritivas de direitos da pessoa jurídica está(ão), dentre outras:

(A) execução de obras de recuperação de áreas degradadas.

(B) contribuições a entidades ambientais ou culturais públicas.

(C) recolhimento domiciliar.

(D) interdição temporária de estabelecimento, obra ou atividade.

(E) prestação de serviços à comunidade.

Primeiramente, de acordo com o art. 21 da Lei 9.605/98 (Lei dos Crimes Ambientais), as penas aplicáveis às pessoas jurídicas são: I - multa; II - *restritivas de direitos*; e III - *prestação de serviços à comunidade*. Por sua vez, o art. 22, do mesmo diploma legal, informa que são *penas restritivas de direitos* da pessoa jurídica: I - suspensão parcial ou total de atividades; II - interdição temporária de estabelecimento, obra ou atividade; e III - proibição de contratar com o Poder Público, bem como dele obter subsídios, subvenções ou doações. Por fim, o art. 23, também do mesmo diploma normativo, prescreve que a *prestação de serviços à comunidade* pela pessoa jurídica consistirá em: I - custeio de programas e de projetos ambientais; II - execução de obras de recuperação de áreas degradadas; III - manutenção de espaços públicos; e IV - contribuições a entidades ambientais ou culturais públicas. Perceba o candidato que a questão quer a indicação de uma das penas restritivas de direitos, vale dizer, aquelas previstas no rol do precitado art. 22, estando, pois, correta, a alternativa "D". As alternativas "A" e "B" são subespécies de prestação de serviços à comunidade. A alternativa "C", por óbvio, jamais poderia ser imposta a uma pessoa jurídica, tratando-se o recolhimento domiciliar de modalidade de pena restritiva de direitos aplicável, evidentemente, a infratores pessoas físicas (art. 13, Lei 9.605/98). A alternativa "E" (prestação de serviços à comunidade), como visto no art. 21, III, da Lei dos Crimes Ambientais, não se confunde com as penas restritivas de direitos (art. 21, II).

Gabarito "D"

(Procurador do Município/Teresina-PI – 2010 – FCC) Indústria lança resíduos de tinta de lavagem de jeans diretamente em curso d'água no Município de Teresina e provoca dano ambiental, constando-se mortandade de animais e a destruição significativa da flora. Nesse caso,

(A) na hipótese de o lançamento de resíduos de tinta ter ocorrido em razão de um acidente, configura-se uma excludente em matéria de responsabilidade civil ambiental, já que a empresa não deve assumir todos os riscos da atividade.

(B) a responsabilidade civil dessa indústria, pessoa jurídica, é subjetiva e depende da constatação de negligência, imprudência ou imperícia.

(C) a responsabilidade penal da indústria será apurada observando-se se a conduta foi realizada por decisão de seu representante legal ou contratual, ou de seu órgão colegiado, no interesse ou benefício da empresa.

(D) na hipótese de a indústria realizar o lançamento de resíduos de tinta de lavagem de jeans em curso d'água respeitando os parâmetros estabelecidos na licença ambiental, constata-se a responsabilidade administrativa da empresa.

(E) a responsabilidade penal da indústria, pessoa jurídica, exclui a responsabilidade penal das pessoas físicas, autoras, coautoras ou partícipes do mesmo fato e é objetiva no caso em tela, já que o bem ambiental e, notadamente, as águas, merecem uma proteção especial.

A: incorreta, neste caso, estará configurada a modalidade culposa do crime, prevista no art. 54, § 1º, da Lei de Crimes Ambientais; **B:** incorreta, pois a responsabilidade civil ambiental é objetiva; **C:** correta (art. 3º da Lei de Crimes Ambientais); **D:** incorreta, pois a licença ambiental não estabelece parâmetros de tolerância a serem observados; **E:** incorreta, nos termos do art. 3º, parágrafo único, da Lei 9.605/98.

Gabarito "C"

(Advogado da União/AGU – CESPE – 2009) Com relação à tutela penal do meio ambiente, julgue os itens seguintes.

(1) As pessoas físicas e as jurídicas estão sujeitas às mesmas sanções penais decorrentes da prática de crime ambiental, quais sejam: penas privativas de liberdade, restritivas de direito e multas.

(2) A Lei de Crimes Ambientais prevê a suspensão condicional da pena nos casos de condenação a pena privativa de liberdade não superior a três anos.

(3) Elaborar, no licenciamento, estudo parcialmente falso é crime que admite as modalidades culposa e dolosa.

1: incorreta, pois as pessoas físicas estão sujeitas às penas privativas de liberdade, restritivas de direito e multas, ao passo que as pessoas jurídicas estão sujeitas às penas de multa, restritivas de direito e prestação de serviços à comunidade (art. 21 da Lei 9.605/98), não estando sujeitas, por óbvio, às penas privativas de liberdade; **2:** correta (art. 16 da Lei 9.605/98); **3:** correta (art. 69-A, *caput* e § 1º, da Lei 9.605/98).

Gabarito 1E, 2C, 3C

(Procurador Federal – 2010 – CESPE) Em relação a crimes ambientais, julgue o item subsequente.

(1) A configuração do fato típico consistente em introduzir espécime animal no país, sem parecer técnico oficial favorável e licença expedida por autoridade competente, deve ser apurada e julgada pela justiça comum estadual, já que não há ofensa de bem, serviço ou interesse da União, de suas entidades autárquicas ou empresas públicas.

1: correta, pois somente quando há interesse direto da União, de suas entidades autárquicas ou de suas empresas públicas a competência é da Justiça Federal (art. 109, I, da CF).

Gabarito 1C

(Advogado da União/AGU – CESPE – 2012) Julgue o item seguinte.

(1) É circunstância agravante da pena o fato de o agente ter cometido crime ambiental no interior de espaço territorial especialmente protegido, salvo quando a referida localização constituir ou qualificar o crime.

1: correta (art. 15, II, l, Lei 9.605/98). Ressalte-se que a agravante em tela somente incidirá se o crime não envolver, diretamente, um espaço territorial especialmente protegido, sob pena de caracterizar *bis in idem*.

Gabarito 1C

(ADVOGADO – PETROBRÁS – 2006 – CESGRANRIO) Nos termos da Lei nº 9.605/98, **NÃO** representa uma circunstância atenuante da pena, em caso de cometimento de crime contra o meio ambiente, a(o):

(A) comunicação prévia pelo agente do perigo iminente de degradação ambiental.

(B) colaboração com os agentes encarregados da vigilância e do controle ambiental.

(C) baixo grau de instrução ou escolaridade do agente.

(D) fato de o crime ambiental ser cometido em decorrência do exercício de atividade industrial ou comercial.

(E) arrependimento do infrator, manifestado pela espontânea reparação do dano ou limitação significativa da degradação ambiental causada.

À exceção da alternativa "D", todas as demais alternativas encontram-se no rol do art. 14 da Lei 9.605/98.

Gabarito "D"

(ADVOGADO – PETROBRÁS TRANSP. – 2006 – CESGRANRIO) Nos termos da Lei nº 9.605/98, a autoridade competente para a aplicação de penalidade por infração à legislação ambiental deverá observar, para fins de imposição e gradação da penalidade, os seguintes aspectos:

I. a situação econômica do infrator, no caso de multa;

II. a nacionalidade do infrator (nacional ou estrangeiro), na hipótese de infração cometida por pessoa jurídica;

III. os antecedentes do infrator quanto ao cumprimento da legislação de interesse ambiental;

IV. a gravidade do fato, tendo em vista os motivos da infração e suas consequências para a saúde pública e para o meio ambiente.

Estão corretos os aspectos:

(A) I, II e III, apenas.

(B) I, II e IV, apenas.

(C) I, III e IV, apenas.

(D) II, III e IV, apenas.

(E) I, II, III e IV.

I: correta (art. 6º, III, Lei 9.605/98); **II:** incorreta, por não constar como circunstância a ser considerada pelo art. 6º da Lei 9.605/98; **III:** correta (art. 6º, II, Lei 9.605/98); **IV:** correta (art. 6º, I, Lei 9.605/98).

Gabarito "C"

(ADVOGADO – EPE – 2007 – CESGRANRIO) Nos termos da Lei nº 9.605, de 12 de fevereiro de 1998, assinale a opção que apresenta uma situação que **NÃO** é atenuante da pena decorrente de crime ambiental.

(A) Baixo grau de instrução ou escolaridade do agente.

(B) Limitação do dano ambiental à propriedade particular do infrator.

(C) Arrependimento do infrator, manifestado pela espontânea reparação do dano.

(D) Comunicação prévia pelo infrator do perigo iminente de degradação ambiental.

(E) Colaboração com os agentes encarregados da vigilância e do controle ambiental.

À exceção da alternativa "B", todas as demais vêm inseridas no rol do art. 14 da Lei 9.605/98.

Gabarito "B"

(ADVOGADO – ELETROBRÁS – 2006 – NCE/UFRJ) No tocante aos crimes ambientais, é correto afirmar que:

(A) as pessoas jurídicas serão responsabilizadas administrativa, civil e penalmente, nos casos em que a infração seja cometida por decisão de seu representante legal ou contratual, ou de seu órgão colegiado, no interesse ou benefício da sua entidade;

(B) a responsabilidade das pessoas jurídicas exclui a das pessoas físicas, autoras, coautoras ou partícipes do mesmo fato;

(C) a prestação de serviços à comunidade e o baixo grau de instrução ou escolaridade do agente são circunstâncias que atenuam a pena;

(D) o arrependimento do infrator, manifestado pela espontânea reparação do dano, ou limitação significativa da degradação ambiental causada, impede que seja aplicada pena ao infrator;

(E) as penas aplicáveis às pessoas jurídicas são de multa, restritivas de direitos, de prestação de serviços à comunidade e de detenção, vedada a pena de reclusão.

A: correta (art. 3º, Lei 9.605/98); **B:** incorreta (art. 3º, parágrafo único, Lei 9.605/98); **C:** incorreta, pois a prestação de serviços à comunidade é espécie de pena restritiva de direitos (art. 8º, Lei 9.605/98), não constituindo circunstância atenuante (vide rol do art. 14, Lei 9.605/98); **D:** incorreta, pois o arrependimento do infrator constitui circunstância atenuante (art. 14, II, Lei 9.605/98), não excluindo a responsabilidade penal e, consequentemente, a imposição de reprimenda; **E:** incorreta (arts. 22 e 23, Lei 9.605/98), sendo inviável, por incompatíveis, a aplicação, às pessoas jurídicas, de penas privativas de liberdade.

Gabarito "A"

(ADVOGADO – EMBRAPA – 2005 – CESPE) Julgue os itens a seguir, relativos aos crimes contra o meio ambiente.

(1) A prestação de serviços à comunidade, em crimes previstos no Código Penal, deve ser cumprida em entidades públicas em sentido amplo. No entanto, tal sanção, nos crimes ambientais, será cumprida em locais públicos em sentido mais estrito, ou seja, em lugares onde há interesse ecológico.

(2) Se o agente praticar crime de caça em um parque nacional, a competência para o respectivo processo e julgamento será da justiça federal. Se o mesmo delito for cometido em um parque estadual ou municipal, ou ainda, em propriedade particular, a justiça estadual será competente para processar e julgar o infrator.

(3). Nas infrações penais contra o meio ambiente, a ação penal é, de regra, pública incondicionada, todavia, tratando-se de crime ambiental praticado em terras particulares, caberá ao proprietário a titularidade da ação penal.

1: correta (art. 9º, Lei 9.605/98); **2:** correta, pois, de fato, crime praticado em parque nacional, por se tratar de unidade de conservação instituída pela União, será de competência da justiça federal (art. 109, IV, CF). Inexistindo interesse da União, por evidente, a competência será da justiça estadual; **3:** incorreta, pois os crimes ambientais previstos na Lei 9.605/98 são de ação penal pública incondicionada (art. 26, Lei 9.605/98).

Gabarito 1C, 2C, 3E

(ADVOGADO – ANVISA – 2004 – CESPE) Em cada um dos itens a seguir, é apresentada uma situação hipotética referente a sanções administrativas previstas na Lei n.º 9.605/1998 (Lei de Crimes Ambientais), seguida de uma assertiva a ser julgada.

(1) Um proprietário de imóvel residencial, primário e com bons antecedentes, foi condenado a dois anos de pena privativa de liberdade por haver lançado, *in natura*, esgoto na rede de águas pluviais, por meio de uma ligação clandestina na tubulação. Nessa situação, tal pena, por ser superior a um ano, não pode ser substituída por restritiva de direito.

(2) Um bioquímico responsável pelo laboratório de uma indústria pediu que seu empregado despejasse, em terreno próximo, um galão de substância líquida inofensiva ao meio ambiente, pelo fato de sua validade estar vencida. Por negligência, deixou de especificar qual era o galão que deveria ser levado. Como havia dois galões idênticos, o empregado carregou justamente o que continha substância perigosa. Após o despejo e devido ao mau cheiro provocado, o bioquímico percebeu o erro e imediatamente comunicou às autoridades sanitárias e ambientais que o derramamento daquela substância poderia causar graves problemas à saúde humana e ao meio ambiente, razão pela qual a área deveria ser isolada. Nessa situação, ao ser julgado por crime de poluição, o bioquímico, apesar de ter comunicado às autoridades competentes o perigo iminente de degradação ambiental, não poderá ter a pena atenuada.

1: incorreta (art. 7º, I, Lei 9.605/98); **2:** incorreta (art. 14, III, Lei 9.605/98).

Gabarito 1E, 2E

(ADVOGADO – ANVISA – 2004 – CESPE) Em cada um dos itens a seguir, é apresentada uma situação hipotética relativa à tutela penal do meio ambiente, seguida de uma assertiva a ser julgada.

(1) Um funcionário, valendo-se da função de sua esposa no IBAMA/AM, introduziu no país animal sem parecer técnico oficial favorável, e indispensável, da autoridade competente, incidindo nas sanções do crime ambiental correspondente à conduta. Nessa situação, ao apená-lo, o juiz deve agravar a sanção pelo fato de o crime ter sido praticado por facilitação de funcionário público no exercício de suas funções.

(2) O dono de um sítio de recreio, com o propósito de prejudicar a propriedade de seu desafeto, ateou fogo no capim seco do terreno de seu vizinho e provocou incêndio de grandes proporções, expondo a perigo, de maneira grave, a saúde de moradores próximos, que foram socorridos no hospital geral, com quadro de insuficiência respiratória e intoxicação. Nessa situação, ao ser condenado por crime ambiental, o autor da conduta deverá ter sua pena agravada pelo fato de expor a perigo a saúde pública de forma grave.

(3) Um lote de uma substância nociva à saúde humana e ao meio ambiente, usada na indústria petroquímica, foi mantido, por um comerciante, em depósito, em desacordo com as exigências estabelecidas em regulamentos. Nessa situação, se o juiz condenar o autor da conduta a um ano de reclusão e substituir a pena privativa de liberdade por uma restritiva de direito, poderá, entre outras possibilidades, optar por recolhimento domiciliar, interdição temporária de direitos ou suspensão parcial ou total de atividades.

1: correta (art. 15, II, r, Lei 9.605/98); **2:** correta (art. 15, II, c, Lei 9.605/98); **3:** correta, pois o juiz poderá substituir a pena privativa de liberdade imposta ao agente, desde que satisfeitos os requisitos do art. 7º da Lei 9.605/98 por uma das penas restritivas de direitos indicadas no art. 8º, do mesmo diploma legal, dentre elas: a) recolhimento domiciliar (inc. V); b: interdição temporária de direitos (inc. II); c) suspensão parcial ou total de atividades (inc. III).

Gabarito 1C, 2C, 3C

12. BIOSSEGURANÇA E PROTEÇÃO DA SAÚDE HUMANA

(ADVOGADO – ANVISA – 2004 – CESPE) As relações comerciais internacionais encontram no princípio da precaução um novo e inquietante ingrediente. Após a definição de parâmetros fitossanitários no âmbito da OMC, o enquadramento de barreiras técnicas e a sensível diminuição das tarifas alfandegárias, começam a surgir claros indícios de novas formas de restrições dos fluxos comerciais por meio da adoção do princípio da precaução. A opinião pública, sobretudo na Europa ocidental, já fez que a União Europeia e seus Estados-membros lançassem mão do princípio da precaução, ao vislumbrar um risco potencial para a saúde pública ou ao meio ambiente. Em relação ao tema tratado no texto acima, julgue os seguintes itens.

(1) O tratamento multidisciplinar do princípio da precaução é obrigatório, pois envolve necessariamente o diálogo entre profissionais das áreas humanas, especialmente da política e do direito, e profissionais das áreas exatas. Portanto, oscila entre os campos políticos e jurídico.

(2) O princípio da precaução faz uma aparente oposição ontológica ao princípio do livre comércio e tem uma aparente função de instrumento do protecionismo de países desenvolvidos no domínio agrícola, o que leva a diplomacia econômica a percebê-lo com bons olhos, com tendência a incluí-lo em sua pauta de discussão.

(3) O princípio da precaução é empregado por países em via de desenvolvimento e é especialmente sensível no que se refere às negociações do Brasil e do MERCOSUL com a União Europeia, onde a precaução se mostra como obstáculo concreto e fundamentado juridicamente à exportação de produtos agrícolas.

(4) O princípio da precaução não tem, recentemente, desempenhado a função de eixo justificador dos movimentos internacionais de oposição ao processo de globalização.

(5) Casos como o da carne com hormônios produzida nos Estados Unidos da América (EUA) e cuja circulação foi proibida nos países da União Europeia, do salmão canadense, submetido pela Austrália a severas medidas preventivas, e das frutas produzidas nos EUA, cuja entrada no Japão foi condicionada à atestação, por parte dos exportadores, da ausência de insetos devoradores, confirmam que o princípio da precaução constitui um elemento restritivo do comércio internacional.

(6) Todo alimento que tenha sido intencionalmente submetido à ação de radiação ionizante com finalidade de preservá-lo deve ser retirado do mercado, ter sua circulação proibida ou, ainda, ser submetido a uma avaliação preliminar por órgão do Ministério da Saúde para que possa permanecer no mercado. Essas medidas não significam efeitos restritivos sobre o comércio.

(7) Os produtos geneticamente modificados têm provocado controvérsias no que atine à proteção tanto da saúde como do meio ambiente. A posição da Europa tem encontrado apoio no direito do comércio internacional, cuja preocupação primeira é evitar que a aplicação de medidas relacionadas à segurança alimentar suplante os interesses do comércio internacional.

1: correta, pois, como é sabido, o princípio da precaução (Princípio 15 da ECO 92) *"deve ser amplamente observado pelos Estados, de acordo com suas capacidades. Quando houver ameaça de danos sérios ou irreversíveis, a ausência de absoluta certeza científica não deve ser utilizada como razão para postergar medidas eficazes e economicamente viáveis para precaver a degradação ambiental"*. Não há dúvidas de que se trata de um princípio de índole multidisciplinar, englobando aspectos jurídicos, políticos, econômicos e até mesmo físicos, químicos e biológicos. Como dito, baseia-se o princípio da precaução no risco incerto, abstrato, potencial, razão pela qual se reafirma uma necessidade de diálogo entre profissionais das mais diversas áreas, tudo em prol da preservação da qualidade ambiental; **2:** incorreta, pois o princípio da precaução não inviabiliza as atividades empresarias/comerciais, mas, antes disso, impõe ao empreendedor, diante da possibilidade de ricos ambientais sérios e irreversíveis, inexistindo certeza científica sobre sua ocorrência, a adoção de providências e medidas tendentes a evitar ou minorar os riscos ambientais. É certo que a precaução não deve inviabilizar o desenvolvimento econômico, devendo ser analisada conjuntamente com o desenvolvimento sustentável; **3:** correta, de fato, na União Europeia, o princípio da precaução vem sendo adotado como fundamento para a retirada do mercado, por exemplo, de produtos capazes de colocar em risco a saúde pública. Confira-se excerto extraído do Portal da União Europeia (http://europa.eu/legislation_summaries/consumers/consumer_safety/l32042_pt.htm – acesso em 13/11/2012): *"O princípio da precaução permite reagir rapidamente face a um possível risco para a saúde humana, animal ou vegetal, ou quando necessário para a proteção do ambiente. Na realidade, caso os dados científicos não permitam uma avaliação completa do risco, o recurso a este princípio permite, por exemplo, impedir a distribuição ou mesmo retirar do mercado produtos susceptíveis de serem perigosos."* No mesmo sítio eletrônico, extraímos o seguinte: *"O princípio da precaução é referido no artigo 191.º do tratado sobre o Funcionamento da União Europeia (UE). Visa garantir um elevado nível de proteção do ambiente por via da tomada de decisões preventivas em caso de risco. Todavia, na prática, o âmbito de aplicação do princípio é muito mais amplo e estende-se igualmente à política dos consumidores, à legislação europeia relativa aos alimentos e à saúde humana, animal e vegetal."*; **4:** incorreta, pois é bem verdade que a adoção "extremada" do princípio da precaução conduz, invariavelmente, à conclusão de que o processo de globalização é o grande causador de danos ambientais, especialmente no que toca à pauta das mudanças climáticas; **5:** incorreta, pois o princípio da precaução, antes de constituir elemento restritivo ao comércio internacional, constitui importante mecanismo de controle de riscos ambientais. Porém, segundo entendemos, sua adoção deve ocorrer de molde a não impedir o desenvolvimento econômico, na linha do consagrado princípio do desenvolvimento sustentável. 6: correta (Resolução – RDC nº 21, de 26 de janeiro de 2001 – ANVISA); 7: incorreta. A União Europeia, na Diretiva 2001/18/CE do Parlamento Europeu, estabeleceu regras e critérios acerca da comercialização de produtos geneticamente modificados. Confira-se o excerto extraído do sítio eletrônico da União Europeia: "A protecção da saúde humana e do ambiente exige uma atenção particular em relação ao controlo dos riscos decorrentes da libertação deliberada de organismos genericamente modificados (OGM) para o ambiente. Por este motivo, a União Europeia (UE) adaptou um quadro legislativo relativo à libertação deliberada e à colocação no mercado de OGM em conformidade com o princípio de precaução. Este quadro visa melhorar a eficácia e a transparência do procedimento de autorização. Contribui também para a aplicação de um método comum de avaliação dos riscos e de um mecanismo de salvaguarda. O novo quadro legislativo torna obrigatória a consulta do público e a rotulagem dos OGM." (http://europa.eu/legislation_summaries/agriculture/food/l28130_pt.htm – consulta em 13/11/2012). Destarte, não é verdade que a posição da Europa seja a de exaltar os interesses do comércio internacional em detrimento de medidas de segurança alimentar. Muito ao contrário!

Gabarito 1C, 2E, 3C, 4E, 5E, 6C, 7E

(ADVOGADO – ANVISA – 2004 – CESPE) Em cada um dos itens a seguir, é apresentada uma situação hipotética a respeito da Lei n.º 7.802/1989 e do Decreto n.º 4.074/2002, seguida de uma assertiva a ser julgada.

(1) Na instrução de um inquérito civil público, foram requisitadas informações ao IBAMA, à Secretaria de Defesa Agropecuária e à ANVISA a respeito de dois pontos: se o milho *guardian* ou qualquer planta que funcione como bioinseticida poderia ser considerado um agrotóxico ou afim, na forma da Lei n.º 7.802/1989; e, em caso positivo, se era ou não obrigatório o registro especial temporário do bioinseticida como condição para liberação dessas plantas geneticamente modificadas. Em razão de os três órgãos terem respondido positivamente às duas questões apresentadas pelo Ministério Público, foi enviada recomendação à CTNBio, a fim de que somente expedisse, editasse e publicasse comunicado ou parecer conclusivo quanto à liberação planejada de organismos geneticamente modificados após o pesquisador ou a entidade proponente demonstrar possuir registro especial temporário. Como a recomendação do Ministério Público não foi atendida nem foi apresentada justificativa por parte da CTNBio para tanto, tornou-se indispensável a proposição da ação civil pública para sanar a irregularidades identificadas nos cultivos de sementes transgênicas que funcionam como agentes biológicos para controle de pragas. Nessa situação, ao examinar a ação civil pública, a justiça federal deverá deferir liminar e julgar procedente a ação, invocando o princípio da precaução como fundamento da decisão.

(2) Uma empresa produtora de agrotóxicos teve indeferido pedido de registro de um novo produto, pelo fato de este ser considerado mutagênico, conforme resultado de um único teste laboratorial a que fora submetido com o objetivo de detectar o seu potencial para mutações genéticas. Nessa situação, o órgão federal competente, responsável pelo registro, agiu de acordo com a legislação, pois esta proíbe o registro de tais produtos se, no mínimo, em um teste, ficar constatado que o agrotóxico é capaz de induzir mutações.

(3) Um partido político sem representação no Congresso Nacional protocolou, no órgão federal competente, pedido de cancelamento de registro de certo agrotóxico por força de representação recebida por seu diretório nacional que denunciava inúmeros males causados ao meio ambiente e à saúde humana pelo produto. Nessa situação, em preliminar de sua defesa, a empresa produtora poderá arguir a ilegitimidade do solicitante, tendo em vista que só aqueles partidos políticos com representação no Congresso Nacional, entre outros legitimados, poderão solicitar o mencionado cancelamento.

(4) O Comitê Técnico de Assessoramento para Agrotóxicos, ao exercer suas atribuições, entendeu que deveria racionalizar e harmonizar procedimentos administrativos nos processos de registro e adaptação de registro de agrotóxicos, seus componentes e afins. Nessa situação, ao tomar tal atitude, o Comitê invadiu a competência dos Ministérios da Agricultura, Pecuária e Abastecimento, da Saúde e do Meio Ambiente, que são os entes a que caberia, de acordo com a legislação, realizar a mencionada racionalização e harmonização.

(5) Uma empresa produtora de agrotóxicos concebeu um produto voltado exclusivamente para a exportação e solicitou o seu registro no órgão competente. Nessa situação, a legislação não autoriza a dispensa, para a interessada no registro, de apresentação de estudos relativos à eficiência agronômica e à determinação de resíduos em produtos vegetais.

(6) Considere que, tendo em vista acidente ocorrido na Índia pelo uso de um componente de determinado produto agrotóxico, a Organização Mundial de Saúde tenha desaconselhado o uso do produto mencionado, que era utilizado também na agricultura brasileira. Nessa situação, supondo que, hipoteticamente, o Brasil mantivesse acordos e convênios em matéria de agrotóxico, é correto afirmar que caberia aos órgãos federais de agricultura, saúde e meio ambiente avaliar imediatamente os problemas e as informações apresentadas.

(7) Após ser fiscalizado pelas autoridades administrativas competentes, determinado produto agrotóxico, devidamente registrado, cujos ingredientes ativos não estavam especificados, foi apreendido pelo fato de estar sendo utilizado em pesquisa e experimentação em laboratórios. Nessa situação, a fiscalização agiu corretamente.

(8) Determinado município editou uma lei disciplinando o armazenamento de agrotóxicos para atender à necessidade de regulação de tal atividade naquela unidade da Federação. Nessa situação, tal lei não há de ser reputada válida, pois os municípios não detêm competência legislativa supletiva para dispor sobre a matéria em referência.

(9) Certo agrotóxico colocado à venda foi submetido à fiscalização e recolhido por não trazer, nas instruções para sua utilização, o intervalo de segurança, ou seja, o tempo que deveria transcorrer entre a aplicação do produto, seu uso ou consumo e a semeadura ou plantação do cultivo seguinte. Nessa situação, a fiscalização agiu de forma inadequada, pois a referida informação não é exigência legal para que os agrotóxicos sejam vendidos ou expostos à venda.

(10) Um comerciante, por haver vendido certo agrotóxico em desacordo com o receituário, foi acionado judicialmente por uma ONG, tendo em vista os graves impactos ambientais causados pelo uso daquele produto. Nessa situação, não poderia a autora da ação demandar contra o comerciante, já que a legislação não o contempla no rol dos sujeitos a responsabilização civil.

1: correta (art. 3º, Lei 7.802/89); **2:** incorreta (art. 31, V, Decreto 4.074/02); **3:** correta (art. 5º, II, Lei 7.802/89); **4:** incorreta (art. 95, I, Decreto 4.074/02); **5:** incorreta (art. 16, Decreto 4.074/02); 6: correta (art. 3º, §4º, Lei 7.802/89); 7: incorreta (art. 25, Decreto 4.074/02); 8: incorreta (art. 11, Lei 7.802/89); 9: incorreta (art. 7º, II, b, Lei 7.802/89); 10: incorreta (art. 14, c, Lei 7.802/89).

Gabarito 1C, 2E, 3C, 4E, 5E, 6C, 7E, 8E, 9E, 10E

(ADVOGADO – ANVISA – 2004 – CESPE) Os agrotóxicos, sem dúvida, constituem um dos mais graves problemas de poluição causada por produtos químicos. As implicações do uso dos agrotóxicos são bastantes graves, pois vão desde a produção de alimentos e da sua qualidade até a saúde humana, afetada pelos próprios agrotóxicos ou pelo consumo de alimentos contaminados. Nesse contexto, julgue os itens subsequentes.

(1) Considere a seguinte situação hipotética. Em determinado município do estado do Maranhão, os fazendeiros deixaram a aplicação de agrotóxicos por conta de lavradores que foram descuidados com o manuseio do produto, o que gerou um explosivo coquetel de agrotóxicos e mortes por intoxicação na região. Nessa situação, a vigilância sanitária local, ao ser questionada pela imprensa quanto à omissão no controle do produto, deveria esclarecer que a fiscalização dos agrotóxicos é competência tanto dos estados-membros da Federação quanto da União.

(2) A Medida Provisória n.º 223, publicada em 14/10/2004, ao definir normas para o plantio e comercialização de soja geneticamente modificada da safra de 2005, estabeleceu que o Ministério da Agricultura, Pecuária e Abastecimento e o Ministério do Meio Ambiente promoverão o acompanhamento da multiplicação das sementes de soja geneticamente modificadas mantendo rigoroso controle da produção e dos estoques. Esse importante precedente marca uma posição precautória da justiça em relação ao exame dos pedidos de autorização para plantio de sementes transgênicas, em face do caos de liberação de organismos geneticamente modificados no ambiente.

(3) De acordo com a legislação, para que os agrotóxicos e afins possam ser vendidos e expostos à venda em todo território nacional, é suficiente a exibição, nos rótulos próprios, redigidos em português, do resumo dos principais usos dos produtos, bem como sua classificação toxicológica.

(4) Considere a seguinte situação hipotética. Determinada turma do Superior Tribunal de Justiça (STJ), ao julgar um recurso especial, entendeu legal a autuação imputada pela vigilância sanitária à comercialização de água mineral com a qualificação *diet*, como caracterizadora de *slogan* publicitário e como sendo publicidade enganosa capaz de induzir o consumidor a erro. Assim, o STJ considerou que a água mineral comercializada naturalmente, sem alteração em sua substância, não pode receber a qualificação de *diet*, que, além de produto destinado a dieta para emagrecimento, também significa uma dieta determinada por prescrição médica, motivo pelo qual entendeu que a água mineral não pode ser assim qualificada porquanto não podem ser retirados os elementos que a compõem. Nessa situação, a decisão nos termos mencionados atende coerentemente aos ditames da legislação.

1: incorreta (art. 71, Decreto 4.074/02); **2:** correta (art. 6º, parágrafo único, da Lei 11.092/05). Registre-se que a MP 223/04 foi convertida na referida Lei 11.092/05; **3:** incorreta (art. 7º, Lei 7.802/89); **4:** correta. De fato, a 1ª Turma do STJ, por unanimidade, acolheu recurso interposto pela União contra empresa que comercializava água mineral. Entendeu referida Corte que o *slogan* publicitário criado pela empresa ("água *diet* por natureza") afrontou o art. 21 do Decreto-lei 986/69, que estabelece que "não poderão constar da rotulagem denominações, designações, nomes geográficos, símbolos, figuras, desenhos ou indicações que possibilitem interpretação falsa, erro ou confusão quando à origem, procedência, natureza, composição ou qualidade do alimento, ou que lhe atribuam qualidades ou características nutritivas superiores àquelas que realmente possuem". Referida decisão ainda destacou que o mencionado decreto-lei considera dietético todo alimento elaborado para regimes alimentares especiais destinado a ser ingerido por pessoas sãs. Para o então ministro relator do processo, Luiz Fux, somente os produtos modificados em relação ao produto natural podem receber a qualificação de diet o que não significa, apenas, produto destinado à dieta para emagrecimento, mas, também dietas determinadas por prescrição médica, motivo pelo qual a água mineral, que é comercializada naturalmente, sem alterações em sua substância, não pode ser assim qualificada porquanto não podem ser retirados os elementos que a compõem (excerto extraído, em parte, do sítio eletrônico http://www.stj.gov.br/portal_stj/publicacao/engine.wsp?tmp.area=368&tmp.texto=73781 – consulta em 13/11/2012).

Gabarito 1E, 2C, 3E, 4C

13. TEMAS COMBINADOS E OUTROS TEMAS

(Procurador do Estado/BA – 2014 – CESPE) Uma empresa brasileira de exploração de gás e petróleo, pretendendo investir na exploração de gás de xisto, obteve autorização de pesquisa do órgão competente e identificou, no início das primeiras pesquisas exploratórias, um potencial razoável para a exploração do gás em determinada área federal. Apesar de ainda não dispor de tecnologia que garantisse totalmente a proteção ambiental da área de exploração, principalmente, no que tange à água subterrânea, a empresa obteve a licença prévia para proceder à exploração de gás de xisto.

Com base nessa situação hipotética, nas normas de proteção ao meio ambiente e na jurisprudência, julgue os itens seguintes.

(1) A empresa poderá ser responsabilizada penalmente caso pratique ato ilícito, podendo ser desconsiderada a pessoa jurídica se a personalidade for obstáculo ao ressarcimento de prejuízos causados ao meio ambiente.

(2) O município é impedido de fiscalizar as atividades da empresa, dada a competência federal para o licenciamento ambiental da área.

(3) O princípio da precaução poderá ser aplicado como um dos argumentos para a suspensão, pelo o órgão competente, da licença prévia da empresa, caso se identifique risco de dano ambiental.

(4) A responsabilização civil da empresa poderá ser objeto de ação civil pública ajuizada pelo MP caso ocorra dano superveniente da exploração do gás de xisto, a despeito da licença obtida pela empresa para operar.

1: correta (arts. 3º, *caput*, e 4º, da Lei 9.605/1998); **2:** incorreta, pois, mesmo quando a competência para licenciar seja de outra esfera, os demais entes federativos também podem fiscalizar, observado o disposto no art. 17, § 3º, da LC 140/2011, pelo qual prevalece, nesse caso, o auto de infração ambiental lavrado por órgão que detenha a atribuição de licenciamento ou autorização do empreendimento; **3:** correta, pois o enunciado da questão faz referência ao fato de que ainda não há à disposição tecnologia que garanta totalmente a proteção ambiental da área, situação que demonstra não haver certeza científica de que o meio ambiente estará protegido, ensejando a aplicação do princípio da precaução, pelo qual, na dúvida, opta-se pela proteção do meio ambiente; **4:** correta, pois em matéria ambiental, mesmo que o empreendedor tenha cumprido os requisitos da licença, caso, ainda assim, tenha sido causado dano ao meio ambiente, a existência de licença em seu favor não o exime de reparar o dano e de tomar as medidas adequadas à recuperação do meio ambiente.

Gabarito 1C, 2E, 3C, 4C

(ADVOGADO – PETROBRÁS BIO. – 2010 – CESGRANRIO) Considerando o que dispõe a legislação ambiental brasileira, analise as afirmações a seguir.

I. São instrumentos da Política Nacional do Meio Ambiente o licenciamento e a revisão de atividades efetiva ou potencialmente poluidoras, de competência de órgão estadual integrante do Sistema Nacional do Meio Ambiente e do Instituto Brasileiro do Meio Ambiente e dos Recursos Naturais renováveis, este em caráter supletivo e nos casos de atividades com significativo impacto ambiental de âmbito nacional ou regional.

II. Todos têm direito ao meio ambiente ecologicamente equilibrado, bem de uso comum do povo e essencial à sadia qualidade de vida, impondo-se ao poder público e à coletividade o dever de defendê-lo e preservá-lo para as presentes e futuras gerações.

III. As condutas e atividades consideradas lesivas ao meio ambiente sujeitarão os infratores, se pessoas físicas, a sanções penais e administrativas, independentemente da obrigação de reparar os danos causados.

IV. A competência executiva em matéria ambiental é concorrente entre União Federal, Estados e Distrito Federal, nos termos do artigo 24 da Constituição da República.

V. Com fundamento na atribuição do Poder Público de realizar zoneamentos agroecológicos que permitam estabelecer critérios para o disciplinamento e o ordenamento da ocupação espacial pelas diversas atividades produtivas, o zoneamento agroecológico da cana-de-açúcar, para a produção de etanol e açúcar, foi aprovado por Decreto Federal e tem como objetivo o fornecimento de subsídios técnicos para formulação de políticas públicas visando à expansão e produção sustentável de cana-de-açúcar no território brasileiro.

São corretas APENAS as afirmativas

(A) I e V.

(B) III e IV.

(C) I, II e V.

(D) II, III e IV.

(E) III, IV e V.

I: correta (art. 9º, IV, Lei 6.938/81). Acerca das competências para o licenciamento ambiental, remetemos o leitor aos arts. 7º, XIV, 8º, XIV e 9º, XIV, todos da LC 140/11; **II:** correta (art. 225, *caput*, CF); **III:** incorreta, pois, como é sabido, as condutas lesivas ao meio ambiente sujeitarão os infratores, pessoas físicas ou jurídicas, a sanções penais, civis e administrativas (art. 225, §3º, CF); **IV:** incorreta, pois o art. 24 da CF trata da competência legislativa concorrente da União, Estados e DF, sendo certo que as competências materiais (ou executivas, ou administrativas) de referidos entes, bem como dos Municípios, encontram-se no art. 23 da CF; **V:** correta (vide Anexo do Decreto federal 6.961, de 17 de setembro de 2009).

Gabarito "C"

(ADVOGADO – PETROBRÁS BIO. – 2010 – CESGRANRIO) Considerando o que dispõe o Código Florestal e o Sistema Nacional de Unidades de Conservação da Natureza, analise as afirmações a seguir.

I. As florestas existentes no território nacional e as demais formas de vegetação, reconhecidas de utilidade às terras que revestem, são bens de interesse comum a todos os habitantes do País, exercendo-se os direitos de propriedade com as limitações que a legislação em geral e especialmente o Código Florestal estabelecem.

II. A supressão de vegetação em área de preservação permanente somente poderá ser autorizada em caso de utilidade pública, devidamente caracterizado e motivado em procedimento administrativo próprio, quando inexistir alternativa técnica e locacional ao empreendimento proposto.

III. No grupo de Unidades de Conservação de Proteção Integral, cujo objetivo básico é preservar a natureza, encontram-se inseridas, entre outras, a Reserva Biológica, a Estação Ecológica e a Floresta Nacional.

IV. É requisito indispensável para a criação de qualquer unidade de conservação a elaboração de estudos técnicos e de consulta pública que permitam identificar a localização, a dimensão e os limites mais adequados para a unidade.

V. As empresas industriais que, por sua natureza, consumirem grandes quantidades de matéria-prima florestal serão obrigadas a manter, dentro de um raio em que a exploração e o transporte sejam julgados econômicos, um serviço organizado que assegure o plantio de novas áreas, em terras próprias ou pertencentes a terceiros, cuja produção, sob exploração racional, seja equivalente ao consumido para o seu abastecimento.

São corretas APENAS as afirmações

(A) I e V.

(B) III e IV.

(C) I, II e V.

(D) II, III e IV.

(E) II, IV e V.

I: correta. De fato, as florestas são objeto de preservação pela legislação ambiental brasileira, com destaque para a Lei do SNUC (Lei 9.985/00) e Código Florestal (Lei 12.651/12), sendo certo que, por se tratarem de bens ambientais, de titularidade difusa, sujeitarão os particulares, proprietários de áreas cobertas por elas, a eventuais limitações de uso/disposição; **II:** incorreta, pois a supressão de vegetação em área de preservação permanente é admitida em casos de utilidade pública, interesse social ou baixo impacto (art. 8º, Lei

12.651/12 – Novo Código Florestal); **III:** incorreta, pois não se insere no rol das unidades de conservação de proteção integral (vide art. 8º, Lei 9.985/00) a Floresta Nacional, integrante do grupo das unidades de conservação de uso sustentável (art. 14, III, Lei 9.985/00); **IV:** incorreta, pois a consulta pública não será obrigatória para a criação de Estações Ecológicas ou Reservas Biológicas (art. 22, §4º, Lei 9.985/00); **V:** correta (antigo art. 20 da Lei 4.771/65, substituído pelo Novo Código Florestal – Lei 12.651/12, art. 34).

Gabarito "A"

(ADVOGADO – PETROBRÁS DISTRIB. – 2008 – CESGRANRIO) A definição de espaços territoriais e seus componentes a serem especialmente protegidos e a imposição ao poluidor da obrigação de reparar os danos por ele causados são importantes instrumentos de proteção ambiental. O que determina a legislação ambiental a respeito destes instrumentos da Política Nacional do Meio Ambiente?

(A) Nos termos do previsto no Código Florestal (Lei 4.771/65), a supressão de vegetação de preservação permanente somente poderá ser autorizada em casos de utilidade pública ou interesse social, devidamente caracterizados e motivados em procedimento administrativo próprio, e quando inexistir alternativa técnica e locacional ao empreendimento proposto.

(B) A redução dos limites de Unidades de Conservação pode ser feita por instrumento normativo do mesmo nível hierárquico do que criou a unidade.

(C) As Áreas de Proteção Ambiental, como categoria de Unidade de Conservação inserida no grupo de proteção integral, devem ser constituídas exclusivamente em áreas públicas.

(D) Quando comprovada a culpa, é responsável pela reparação de danos ambientais a pessoa física ou jurídica, de direito público ou privado, responsável, direta ou indiretamente, por atividade causadora de degradação ambiental.

(E) Tendo em vista o princípio da função socioambiental da propriedade, as características da responsabilidade civil ambiental no Brasil e o conceito legal de poluidor, o proprietário não pode ser responsabilizado pela recomposição de vegetação em área de preservação permanente situada em seu imóvel, na hipótese de o terreno já ter sido adquirido desmatado.

A: correta (antigo art. 4º da Lei 4.771/65; atual art. 8º da Lei 12.651/12 – Novo Código Florestal); **B:** incorreta (art. 22, §7º, Lei 9.985/00), sendo necessário lei específica; **C:** incorreta, pois as Áreas de Proteção Ambiental integram o grupo das unidades de conservação de uso sustentável (art. 14, I, Lei 9.985/00), sendo constituídas por terras públicas ou privadas (art. 15, §1º, Lei 9.985/00); **D:** incorreta, pois a responsabilidade civil ambiental é objetiva, prescindindo a comprovação de culpa (art. 14, §1º, Lei 6.938/81); **E:** incorreta, pois é amplamente difundida que a obrigação de reparar danos ambientais perpetrados por anterior proprietário transfere-se ao adquirente, tendo em vista a sua natureza *propter rem*.

Gabarito "A"

(ADVOGADO – PETROBRÁS – 2003 – CESPE) Julgue os itens que se seguem, a respeito dos preceitos norteadores do direito ambiental.

(1) São instrumentos da política urbana previstos no Estatuto da Cidade (Lei n.º 10.257/2001) o estudo prévio de impacto ambiental (EIA) e o estudo prévio de impacto de vizinhança (EIV).

(2) O comitê de bacias, previsto na legislação federal de recursos hídricos, é uma concretização do princípio da participação da sociedade previsto no *caput* do art. 225 da Constituição da República.

(3) O Conselho Nacional do Meio Ambiente (CONAMA), órgão consultivo e deliberativo, integra o Sistema Nacional do Meio Ambiente (SISNAMA).

1: correta (art. 4º, VI, Lei 10.257/01); **2:** correta, pois a composição do Comitê de Bacias Hidrográficas é plural, abrangendo representantes da União, Estados, DF e Municípios, bem como dos usuários das águas de suas áreas de atuação e das entidades civis de recursos hídricos com atuação comprovada em determinada bacia (art. 39, Lei 9.433/97); **3:** correta (art. 6º, II, Lei 6.938/81).

Gabarito 1C, 2C, 3C

(ADVOGADO – PETROBRÁS – 2001 – CESPE) Julgue os itens abaixo, considerando as regras do direito ambiental brasileiro.

(1) É de competência do IBAMA o licenciamento ambiental de atividades e empreendimentos localizados e desenvolvidos no mar territorial e na plataforma continental, após considerar o exame técnico procedido pelos órgãos ambientais dos estados e municípios em que se localizar a atividade ou o empreendimento.

(2) A reparação dos danos ambientais está condicionada à apuração da culpa do agente por eles responsável.

(3) É circunstância que agrava a pena, quando não constitui ou qualifica o crime ambiental, ter o agente cometido a infração no interesse de pessoa jurídica mantida, total ou parcialmente, por verbas públicas ou beneficiada por incentivos fiscais.

(4) As atividades que possam afetar a biota ficarão subordinadas às normas editadas pelo Conselho Nacional do Meio Ambiente somente se forem desenvolvidas no interior das áreas das unidades de conservação.

(5) Constitui diretriz geral de ação para a implementação da Política Nacional de Recursos Hídricos assegurar à atual e às futuras gerações a necessária disponibilidade de água, em padrões de qualidade adequados aos respectivos usos.

1: correta (art. 7º, XIV, b, LC 140/11); **2:** incorreta (art. 14, §1º, Lei 6.938/81), visto que a responsabilidade civil ambiental é objetiva; **3:** correta (art. 15, II, p, Lei 9.605/98); **4:** incorreta, pois a competência do CONAMA é muito mais ampla (art. 8º, Lei 6.938/81); **5:** incorreta, por não integrar as diretrizes tratadas no art. 3º, da Lei 9.433/97.

Gabarito 1C, 2E, 3C, 4E, 5E

(ADVOGADO – PETROBRÁS TRANSP. – 2006 – CESGRANRIO) A Lei nº 9.966/00 estabelece os princípios básicos a serem obedecidos na movimentação de óleo e outras substâncias nocivas ou perigosas em portos organizados, instalações portuárias, plataformas e navios em águas sob jurisdição nacional, sendo **INCORRETO** afirmar que esta:

(A) é aplicável às embarcações nacionais, portos organizados, instalações portuárias, dutos, plataformas e suas instalações de apoio, em caráter complementar à Marpol 73/78.

(B) é aplicável às embarcações, plataformas e instalações de apoio estrangeiras, cuja bandeira arvorada seja ou não de país contratante da Marpol 73/78, quando em águas sob jurisdição nacional.

(C) é inaplicável às instalações portuárias especializadas em outras cargas que não óleo e substâncias nocivas ou perigosas, e aos estaleiros, marinas, clubes náuticos e outros locais e instalações similares.

(D) determina que todo porto organizado, instalação portuária e plataforma disporá obrigatoriamente de instalações ou meios adequados para o recebimento e tratamento dos diversos tipos de resíduos e para o combate da poluição.

(E) determina que os portos organizados, instalações portuárias e plataformas deverão dispor de planos de emergência individuais para o combate à poluição por óleo e substâncias nocivas ou perigosas, os quais serão submetidos à aprovação do órgão ambiental competente.

A: correta (art. 1º, II, Lei 9.966/00); **B:** correta (art. 1º, III, Lei 9.966/00); **C:** incorreta (art. 1º, IV, Lei 9.966/00); **D:** correta (art. 5º, Lei 9.966/00); **E:** correta (art. 7º, Lei 9.966/00).

Gabarito "C"

12. Direito Urbanístico

Wander Garcia, Ana Paula Garcia e Henrique Subi

1. ESTATUTO DA CIDADE

(Procurador Distrital – 2014 – CESPE) Julgue os itens subsequentes, acerca da Região Integrada de Desenvolvimento do DF e Entorno, do Estatuto da Cidade e da disciplina constitucional do direito urbanístico.

(1) O Estatuto da Cidade reitera a exigência constitucional de elaboração e aprovação de plano diretor para municípios acima de vinte mil habitantes, devendo esse instrumento ser revisto, obrigatoriamente, a cada cinco anos.

(2) São instrumentos do Estatuto da Cidade para a realização da política urbana, entre outros: o zoneamento ambiental, a contribuição de melhoria, a desapropriação, a servidão administrativa, o direito de preempção e a usucapião especial de imóvel urbano.

(3) Cabe à União instituir diretrizes para o desenvolvimento urbano, inclusive habitação, e aos estados instituir, mediante lei complementar, regiões metropolitanas, devendo o DF elaborar PDOT dispondo acerca das políticas de ordenamento territorial.

1: incorreta. Deve o plano diretor ser revisto a cada 10 anos (art. 40, § 3º, da Lei nº 10.257/2001 – Estatuto da Cidade); **2:** correta, nos termos do art. 4º, III, "a", IV, "b", V, "a", "b", "m" e "j", do Estatuto da Cidade; **3:** correta, nos termos dos arts. 21, XX, 25, § 3º, e 32, § 1º, c.c. art. 30, VIII, todos da Constituição Federal.

Gabarito 1E, 2C, 3C

(Procurador do Município/Teresina-PI – 2010 – FCC) O direito de preempção, nos termos do Estatuto da Cidade (Lei nº 10.257, de 10 de julho de 2001),

(A) assegura ao Município, na condição de locatário, a preferência na aquisição do imóvel alugado, autorizando-lhe, caso tenha sido preterido, a tomar o bem para si mediante o depósito, no prazo legal, do preço e das demais despesas decorrentes da transferência.

(B) garante ao particular expropriado a preferência na aquisição de bem imóvel desapropriado pelo Município por interesse social ou para fins de necessidade ou utilidade pública, desde que não lhe tenha sido conferida a destinação que fundamentou a desapropriação e não seja utilizado em obras ou serviços públicos municipais.

(C) aplica-se apenas às áreas delimitadas em decreto do Poder Executivo municipal, cabendo ser exercido sempre que o Município necessitar de áreas para, entre outros propósitos, executar programas e projetos habitacionais de interesse social, implantar equipamentos urbanos e comunitários, criar unidades de conservação e dar cumprimento às demais diretrizes e finalidades de interesse social ou de utilidade pública definidas no plano diretor.

(D) determina a nulidade de pleno direito de alienação, celebrada em condições diversas da proposta formalmente apresentada ao Município, mas não autoriza ao Município impor multa de 20% sobre o valor do imóvel ao transmitente e ao adquirente em regime de solidariedade.

(E) determina a nulidade de pleno direito de alienação, celebrada em condições diversas da proposta formalmente apresentada ao Município, mas não autoriza a aquisição pelo Município do imóvel pelo valor da base de cálculo do IPTU.

A: incorreta, pois o Município tem o direito de preferência independentemente de ser locatário da coisa (art. 25 da Lei 10.257/01); **B:** incorreta, pois o direito descrito na afirmativa tem o nome de retrocessão, e não de preempção; **C:** incorreta, pois se aplica apenas às áreas delimitadas em LEI MUNICIPAL, e não em decreto municipal (art. 25, § 1º, da Lei 10.257/01); **D:** correta (art. 27, § 5º, da Lei 10.257/01); **E:** incorreta, pois a alienação do imóvel, processada em condições diversas da proposta apresentada, autoriza a aquisição pelo Município do imóvel pelo valor base de cálculo do IPTU (art. 27, § 6º, da Lei 10.257/01).

Gabarito "D"

(Procurador do Município/Teresina-PI – 2010 – FCC) Em face do disposto no Estatuto da Cidade (Lei nº 10.257, de 10 de julho de 2001), considere as assertivas abaixo:

I. Além das cidades com mais de 20 mil habitantes, o plano diretor também é obrigatório no caso de Municípios que integrem áreas de especial interesse turístico.

II. Incorre em improbidade administrativa o Prefeito que aplicar os recursos obtidos mediante outorga onerosa do direito de construir na criação em programas de regularização fundiária.

III. Na ação judicial de usucapião especial de imóvel urbano, a intervenção do Ministério Público é obrigatória apenas quando envolver direitos de incapazes e o procedimento a ser observado é o rito ordinário do Código de Processo Civil.

Está correto o que se afirma em

(A) I, II e III.

(B) I, apenas.

(C) II, apenas.

(D) III, apenas.

(E) I e II, apenas.

I: correta (art. 41, I e IV, da Lei 10.257/01); **II:** incorreta, pois, segundo o 52, IV, da Lei 10.257/01, só há improbidade no caso se o Prefeito aplicar os recursos da outorga onerosa em finalidade distinta das determinadas nos arts. 31 e 26 da Lei 10.257/01, sendo que o art. 26, I, determina que o Poder Público atuará no sentido da regularização fundiária; **III:** incorreta, pois o Ministério Público sempre atuará nesse tipo de ação de usucapião (art. 12, § 1º, da Lei 10.257/01); ademais, o rito dessa ação judicial é o sumário (art. 14 da Lei 10.257/01).

Gabarito "B"

(Procurador do Município/Teresina-PI – 2010 – FCC) Para a instalação de *shopping center* no Município de Teresina, deve ser realizado estudo prévio de impacto de vizinhança (EIV). Assinale a alternativa INCORRETA, de acordo com o Estatuto da Cidade.

(A) O plano diretor deve conter no mínimo dispositivo sobre as operações urbanas consorciadas, que por sua vez devem conter entre seus elementos dispositivos sobre o EIV.

(B) A apresentação por parte do empreendedor do EIV à administração pública municipal é um pré-requisito para obtenção das licenças ou autorizações de construção, ampliação ou funcionamento de empreendimentos ou atividades econômicas geradoras de impacto em área urbana do Município.

(C) O EIV deverá contemplar tantos os efeitos positivos quanto os efeitos negativos do empreendimento ou atividade em relação à qualidade de vida da população residente na área e suas proximidades.

(D) Dentre as questões a serem analisadas estão o adensamento populacional; equipamentos urbanos e comunitários; uso e ocupação do solo; valorização imobiliária; geração de tráfego e demanda por transporte público; ventilação e iluminação; paisagem urbana e patrimônio natural e cultural.

(E) A elaboração do EIV e sua aprovação substituem a realização e aprovação do estudo prévio de impacto ambiental.

A: assertiva correta, pois o plano diretor deve conter no mínimo dispositivo sobre as operações consorciadas (art. 42, II, c/c art. 32, ambos da Lei 10.257/01) e essas operações devem conter entre seus elementos dispositivos sobre o Estudo de Impacto de Vizinhança – EIV (art. 33, V, da Lei 10.257/01); **B:** assertiva correta (art. 36 da Lei 10.257/01); **C:** assertiva correta (art. 37, caput, da Lei 10.257/01); **D:** assertiva correta (art. 37, I a VII, da Lei 10.257/01); **E:** assertiva incorreta, devendo ser assinalada; a elaboração do EIV não substitui a elaboração e a aprovação do EIA (art. 38 da Lei 10.257/01).

Gabarito "E"

(Procurador do Município/Teresina-PI – 2010 – FCC) As diretrizes de política urbana, cujo objetivo é ordenar o pleno desenvolvimento das funções sociais da cidade e da propriedade urbana, estabelecidas pelo Estatuto da Cidade, determinam a

(A) adoção de privilégios para os agentes privados na promoção de empreendimentos e atividades relativos ao processo de urbanização, atendido o interesse social.

(B) complexificação da legislação de parcelamento, uso e ocupação do solo e das normas edilícias, com vistas a permitir a observância da situação socioeconômica da população e a legislação ambiental.

(C) garantia do direito a cidades sustentáveis, limitando-se, portanto, o crescimento das médias e pequenas cidades, para garantir às gerações futuras cidades sustentáveis.

(D) realização da gestão democrática por meio da participação da população e de associações representativas dos vários segmentos da comunidade na formulação, execução e acompanhamento de planos, programas e projetos de desenvolvimento urbano.

(E) realização da regularização fundiária e urbanização de áreas ocupadas por população de baixa renda, independentemente de serem áreas de riscos.

A: incorreta, pois o Estatuto da cidade determina "a isonomia de condições para os agentes públicos e privados na promoção de empreendimentos e atividades relativos ao processo de urbanização, atendido o interesse social (art. 2º, XVI, da Lei 10.257/01); **B:** incorreta, pois a diretriz é de simplificação dessa legislação (art. 2º, XIV, da Lei 10.257/01); **C:** incorreta, pois o direito a cidades sustentáveis tem em mira o direito à terra urbana, à moradia, ao saneamento ambiental, à infraestrutura urbana, ao transporte, aos serviços públicos, ao trabalho e ao lazer (art. 2º, I, da Lei 10.257/01), e não à limitação do crescimento das médias e pequenas cidades; **D:** correta (art.. 2º, II, da Lei 10.257/01); **E:** incorreta, pois essa diretriz (art. 2º, XIV, da Lei 10.257/01) determina que se observe as normas ambientais, e, em áreas de risco, seja para preservar a vida, seja para preservar o meio ambiente, não cabe regularização fundiária.

Gabarito "D"

(Procurador do Município/Natal-RN – 2008 – CESPE) No que concerne ao Estatuto da Cidade, assinale a opção correta.

(A) O Estatuto da Cidade é uma lei nacional de desenvolvimento urbano, exigida internacionalmente, e que regulamenta os instrumentos de política urbana que devem ser aplicados pelos municípios exclusivamente.

(B) Segundo o texto constitucional, o plano diretor é o instrumento básico, de âmbito regional, referente ao desenvolvimento e à expansão das cidades, e sua elaboração é atribuição dos estados.

(C) O plano diretor deve estabelecer diretrizes referentes a circulação, habitação, patrimônio histórico e genético e meio ambiente, bem como a outros aspectos relacionados com o desenvolvimento das cidades, como política educacional, taxa de mortalidade infantil e controle da natalidade.

(D) O Estatuto da Cidade é uma lei federal exigida constitucionalmente que regulamenta os instrumentos de política urbana que devem ser aplicados pela União, pelos estados e, especialmente, pelos municípios.

A: incorreta. O Estatuto da Cidade não estabelece obrigações apenas aos Municípios. Um exemplo disso são as obrigações trazidas à União, no bojo do art. 3º da lei; **B:** incorreta, pois a sua elaboração é competência do Município (art. 182, § 1º, da CF); **C:** incorreta, pois não é foco do Plano Diretor tratar do patrimônio genético, nem de políticas educacional e de saúde pública (art. 42 da Lei 10.257/01); **D:** correta (art. 182, § 1º, da CF e disposições da Lei 10.257/01).

Gabarito "D"

(Procurador do Município/Natal-RN – 2008 – CESPE) O plano diretor deve definir os critérios para a utilização dos instrumentos estabelecidos no Estatuto da Cidade. Esses critérios incluem os relativos a

(A) processo administrativo, parcerias público-privadas, concessão de licenças ambientais e alteração dos padrões de qualidade ambiental.

(B) outorga onerosa do direito de construir, operações urbanas consorciadas, transferência do direito de construir e zonas especiais de interesse social.

(C) outorga do direito de ocupação, licenciamento para a exploração dos recursos minerais, consórcios interestaduais, transferência de titulação do direito de propriedade rural e concessão de benefícios fiscais a associações de moradores.

(D) parcelamento do espaço aéreo, classificação das águas, localização dos sítios Ramsar e separação, coleta e processamento de material reciclável.

Art. 4º, V, *n*, *p*, *o* e *f*, do Estatuto da Cidade.

Gabarito "B"

(Procurador do Município/Natal-RN – 2008 – CESPE) De acordo com as diretrizes expressas no Estatuto da Cidade, no que se refere ao plano diretor, é essencial

(A) a participação da população e de associações representativas dos vários segmentos econômicos e sociais, não apenas durante o processo de elaboração e votação, mas, sobretudo, na implementação e gestão das decisões.

(B) a participação das organizações não governamentais internacionais que atuam na defesa do meio ambiente no diagnóstico dos problemas socioambientais, no plano de manejo sustentável da reserva da biosfera, na criação das estações ecológicas, nos programas de reversão do superaquecimento global e na gestão das bacias hidrográficas.

(C) o engajamento da sociedade civil organizada e do movimento sindical na determinação da localização das zonas especiais de interesse social e na organização do acesso aos equipamentos públicos, bem como na escolha dos veículos utilizados no transporte dos portadores de necessidades especiais.

(D) o apoio dos partidos políticos, das agências de fomento, dos organismos internacionais e dos órgãos de segurança pública.

A: correta (arts. 40, § 4º, I, e 45, ambos do Estatuto da Cidade); B a **D:** incorretas, pois não estão contempladas na Lei 10.257/01).

Gabarito "A"

(Procurador do Município/Recife-PE – 2008 – FCC) De acordo com o Estatuto da Cidade (Lei nº 10.257/01), o Imposto sobre a Propriedade Predial e Territorial Urbana (IPTU) poderá ser progressivo no tempo pelo prazo de

(A) 10 (dez) anos, durante o qual suas alíquotas poderão subir até o máximo de 15% (quinze por cento), sem exceder o dobro da alíquota do ano anterior.

(B) 10 (dez) anos, durante o qual suas alíquotas poderão subir até o máximo de 10% (dez por cento), sem exceder o dobro da alíquota do ano anterior.

(C) 5 (cinco) anos, durante o qual suas alíquotas poderão subir até o máximo de 15% (quinze por cento), sem exceder o dobro da alíquota do ano anterior.

(D) 5 (cinco) anos, durante o qual suas alíquotas poderão subir indefinidamente, sem exceder o dobro da alíquota do ano anterior.

(E) 5 (cinco) anos, durante o qual suas alíquotas poderão subir até o máximo de 10% (dez por cento), sem que haja restrição quanto ao aumento da alíquota de um ano para outro.

Art. 7º, § 1º, do Estatuto da Cidade.

Gabarito "C"

(Procurador do Município/Recife-PE – 2008 – FCC)

I. A divisão da cidade em zonas de usos diferenciados tem por fundamento a destinação de áreas a suas vocações específicas, com base na função social da propriedade urbana.

II. O conteúdo da função social da propriedade urbana é constitucionalmente definido, cabendo ao Plano Diretor especificar em que graus e condições os requisitos constitucionais serão atendidos.

III. De acordo com o Estatuto da Cidade, é lícito ao Poder Público Municipal autorizar a alteração do uso do solo em áreas específicas, mediante contrapartida a ser prestada pelo proprietário.

(A) Somente a afirmativa I está correta.

(B) Somente a afirmativa II está correta.

(C) Somente as afirmativas I e II estão corretas.

(D) Somente as afirmativas I e III estão corretas.

(E) Somente as afirmativas II e III estão corretas.

I: correta (art. 4º, V, *f*, do Estatuto da Cidade); **II:** incorreta, pois a função social da propriedade não tem seu conteúdo definido pela Constituição (art. 182, § 2º, da CF e art. 39 do Estatuto da Cidade); **III:** correta (art. 29 do Estatuto da Cidade).

Gabarito "D"

(Procurador do Município/São José dos Campos-SP – 2012 – VUNESP) Com base nos instrumentos de política urbana, assinale a alternativa correta.

(A) A Política de Desenvolvimento Urbano é executada pelo Poder Público Municipal, conforme diretrizes fixadas em lei, e tem por objetivo ordenar o pleno desenvolvimento das funções sociais da cidade e garantir o bem-estar de seus habitantes.

(B) O Plano Diretor, aprovado pela Câmara Municipal, para as cidades com mais de quinze mil habitantes, é instrumento básico da política de desenvolvimento e de expansão urbana.

(C) A propriedade urbana cumpre sua função social quando atende às exigências fundamentais de ordenação da cidade estabelecida na Lei de Diretrizes e Bases.

(D) Os imóveis públicos são passíveis de usucapião.

(E) A desapropriação de imóveis urbanos é feita com indenização em título da dívida pública.

A: correta (art. 182, *caput*, da CF); **B:** incorreta, pois o plano diretor, aprovado pela Câmara Municipal, obrigatório para cidades com mais de vinte mil habitantes, é o instrumento básico da política de desenvolvimento e de expansão urbana (art. 182, § 1º, da CF); **C:** incorreta, pois a propriedade urbana cumpre sua função social quando atende às exigências fundamentais de ordenação da cidade expressas no plano diretor (art. 182, § 2º, da CF); **D:** incorreta, pois os imóveis públicos não serão adquiridos por usucapião (art. 183, § 3º, da CF); **E:** incorreta, pois as desapropriações de imóveis urbanos serão feitas com prévia e justa indenização em dinheiro (art. 182, § 3º, da CF).

Gabarito "A"

(Procurador do Município/São José dos Campos-SP – 2012 – VUNESP) Nos termos do Estatuto da Cidade, adquirirá o domínio da propriedade, por meio da usucapião especial urbana, aquele que não seja proprietário de outro imóvel e que utilizar, para sua moradia ou de sua família, área ou edificação de até

(A) 200 m^2, por cinco anos, ininterruptamente e sem oposição.

(B) 250 m^2, por cinco anos, ininterruptamente e sem oposição.

(C) 250 m^2, por dez anos, ininterruptamente e sem oposição.

(D) 350 m^2, por cinco anos, ininterruptamente e sem oposição.

(E) 350 m^2, por dez anos, ininterruptamente e sem oposição.

Art. 9º do Estatuto da Cidade (Lei 10.257/01).

Gabarito "B"

(Procurador do Município/São José dos Campos-SP – 2012 – VUNESP) A propriedade urbana cumpre sua função social quando atende às exigências fundamentais de ordenação da cidade expressas no Plano Diretor, assegurando o atendimento das necessidades dos cidadãos quanto à qualidade de vida, à justiça social e ao desenvolvimento das atividades econômicas, respeitadas as diretrizes previstas na Lei Federal n.º 10.257, de 10.07.2001. Nesse contexto, é correto afirmar que

(A) o Plano Diretor, aprovado por lei municipal, é o instrumento básico da política de desenvolvimento e expansão urbana.

(B) o Plano Diretor é desagregado do processo de planejamento municipal, devendo, entretanto, o plano plurianual, as diretrizes orçamentárias e o orçamento anual incorporar as diretrizes e as prioridades nele contidas.

(C) o Plano Diretor poderá englobar o território do Município como um todo.

(D) a lei que instituir o Plano Diretor deverá ser revista, pelo menos, a cada quinze anos.

(E) no processo de elaboração do Plano Diretor e na fiscalização de sua implementação, os Poderes Legislativo e Executivo municipais facultarão a promoção de audiências públicas, porém, se realizadas, serão garantidos a publicidade e o acesso de qualquer interessado aos documentos e informações produzidos.

A: correta (art. 40, *caput*, do Estatuto da Cidade – Lei 10.257/01); **B:** incorreta, pois o plano diretor é parte integrante do processo de planejamento municipal, devendo o plano plurianual, as diretrizes orçamentárias e o orçamento anual incorporar as diretrizes e as prioridades nele contidas (art. 40, § 1º, do Estatuto da Cidade); **C:** incorreta, pois o plano diretor deverá englobar o território do Município como um todo (art. 40, § 2º, do Estatuto da Cidade); **D:** incorreta, pois a lei que instituir o plano diretor deverá ser revista, pelo menos, a cada dez anos (art. 40, § 3º, do Estatuto da Cidade); **E:** incorreta, pois no processo de elaboração do plano diretor e na fiscalização de sua implementação, os Poderes Legislativo e Executivo municipais garantirão a promoção de audiências públicas e debates com a participação da população e de associações representativas dos vários segmentos da comunidade (art. 40, § 4º, I, do Estatuto da Cidade).

Gabarito "A"

(Procurador do Município/Sorocaba-SP – 2012 – VUNESP) O plano diretor, aprovado pela Câmara Municipal, é o instrumento básico da política de desenvolvimento e de expansão urbana, sendo obrigatório para cidades com mais de

(A) dez mil habitantes.

(B) vinte mil habitantes.

(C) vinte mil eleitores.

(D) trinta mil habitantes.

(E) trinta mil eleitores.

Art. 41, I, do Estatuto da Cidade (Lei 10.257/01).

Gabarito "B"

(Procurador do Município/Sorocaba-SP – 2012 – VUNESP) É possível a indenização da desapropriação por títulos da dívida pública

(A) pelo Município, de bens urbanos inadequadamente utilizados.

(B) pelo Município, de bens rurais, para fins de reforma agrária.

(C) pelo Estado, no caso de declaração de necessidade pública.

(D) pela União, quando houver interesse social.

(E) pela União, de bens dominicais.

Art. 182, § 4º, III, da CF e art. 8º do Estatuto da Cidade (Lei 10.257/01).

Gabarito "A"

2. QUESTÕES COMBINADAS

(Procurador Distrital – 2014 – CESPE) A respeito do Estatuto da Cidade, da desapropriação e das regras de uso do solo urbano no DF, julgue os itens que se seguem.

(1) Só será beneficiado pelo programa governamental Minha Casa Minha Vida aquele que comprovadamente integre família com renda mensal de até R$ 4.650,00.

(2) É obrigatório, para a construção de edificações de uso público no Distrito Federal, que pelo menos um dos elevadores, ou um por prumada, seja construído com cabine suficientemente ampla para permitir movimentação cômoda de cadeirante e o giro de cadeira de rodas.

(3) Diferentemente do EIA, o estudo de impacto de vizinhança não é um documento público, devendo o cidadão interessado em obter acesso ao seu conteúdo formular requerimento fundamentado ao órgão competente do poder público municipal, que analisará a procedência do pedido.

(4) Caso o imóvel urbano seja considerado subutilizado, o proprietário deverá ser notificado pelo Poder Executivo municipal, averbando-se a notificação no cartório de títulos e documentos.

(5) Por ser a desapropriação-sanção uma penalidade decorrente do descumprimento de obrigação ou ônus urbanístico, o proprietário que sofrer esse tipo de desapropriação não terá direito a indenização.

(6) Considera-se loteamento a subdivisão de gleba em lotes destinados a edificação, com aproveitamento do sistema viário existente, desde que essa subdivisão não implique abertura de novas vias e logradouros públicos, nem o prolongamento, modificação ou ampliação dos já existentes.

1: correta, nos termos do art. 3º, I, da Lei nº 11.977/2009; **2:** correta, nos termos do art. 123-B, § 1º, da Lei Distrital nº 2.105/1998 – Código de Edificações do Distrito Federal; **3:** incorreta. Nos termos do art. 37, parágrafo único, do Estatuto da Cidade, será dada publicidade ao Estudo de Impacto de Vizinhança e os documentos que o integram ficarão disponíveis para consulta por qualquer interessado; **4:** incorreta. A notificação será averbada no Cartório de Registro de Imóveis (art. 5º, § 2º, do Estatuto da Cidade); **5:** incorreta. A natureza sancionatória da desapropriação não afasta o direito à indenização do proprietário. Ocorre que essa se dará em títulos da dívida pública resgatáveis no prazo de 10 anos e não em dinheiro (art. 182, § 4º, III, da Constituição Federal); 6: incorreta. O conceito de loteamento pressupõe a abertura de novas vias e logradouros públicos ou o prolongamento, modificação ou ampliação dos já existentes (art. 2º, § 1º, da Lei nº 6.766/1979).

Gabarito 1C, 2C, 3E, 4E, 5E, 6E

(Procurador do Estado/BA – 2014 – CESPE) No que se refere ao parcelamento do solo urbano e aos registros públicos, julgue os itens seguintes.

(1) No âmbito dos registros públicos, o procedimento de dúvida é o expediente por meio do qual o apresentante de um título registral, se inconformado com as exigências formuladas pelo registrador ou com a decisão que desde logo negue o registro, pode requerer ao juiz competente que, após proceder à requalificação do documento, determine seu acesso ao fólio real. Nesse contexto, não há possibilidade de interposição de recurso em face de decisão desfavorável do juiz.

(2) Aprovado o projeto de loteamento pelo município, o loteador deverá submetê-lo ao registro imobiliário, acompanhado dos documentos indicados na lei, dentro de cento e oitenta dias, sob pena de caducidade da aprovação.

1: incorreta. Da sentença sobre o procedimento de dúvida cabe apelação recebida no duplo efeito (art. 202 da Lei nº 6.015/1973); **2:** correta, nos termos do art. 18 da Lei nº 6.766/1979.

Gabarito 1E, 2C

(Procurador do Município/São José dos Campos-SP – 2012 – VUNESP) De acordo com termos da Lei Federal nº 6.766, de 19.12.1979, é correto afirmar que

(A) lote é o terreno desprovido de infraestrutura básica cujas dimensões atendem, no mínimo, os índices urbanísticos definidos pelo Plano Diretor ou lei municipal para a zona em que se situe.

(B) desmembramento é a subdivisão de gleba em lotes destinados a edificação, com aproveitamento do sistema viário existente que implique na abertura de novas vias e logradouros públicos e prolongamento, modificação ou ampliação dos já existentes.

(C) loteamento é a subdivisão de gleba em lotes destinados à edificação, com abertura de novas vias de circulação, de logradouros públicos ou prolongamento, modificação ou ampliação das vias existentes.

(D) é requisito urbanístico para o loteamento que os lotes tenham área mínima de 105 m^2 (cento e cinco metros quadrados) e frente mínima de 5 (cinco) metros, salvo quando o loteamento se destinar a urbanização específica ou edificação de conjuntos habitacionais de interesse social, previamente aprovados pelos órgãos públicos competentes.

(E) não se permite o parcelamento do solo em terreno com declividade igual ou superior a 20% (vinte por cento), salvo se atendidas exigências específicas das autoridades competentes.

A: incorreta, pois considera-se lote o terreno servido de infraestrutura básica cujas dimensões atendam aos índices urbanísticos definidos pelo plano diretor ou lei municipal para a zona em que se situe (art. 2º, § 4º, da Lei 6.766/79); **B:** incorreta, pois considera-se desmembramento a subdivisão de gleba em lotes destinados a edificação, com aproveitamento do sistema viário existente, desde que não implique na abertura de novas vias e logradouros públicos, nem no prolongamento, modificação ou ampliação dos já existentes (art. 2º, § 2º, da Lei 6.766/79); **C:** correta, pois a afirmativa reflete o disposto no art. 2º, § 1º, da Lei 6.766/79; **D:** incorreta, pois a área mínima para o loteamento é de $125m^2$ (art. 4º, II, da Lei 6.766/79); **E:** incorreta, pois não se permite o parcelamento do solo em terreno com declividade igual ou superior a 30% (art. 3º, par. único, III, da Lei 6.766/79).

Gabarito "C"

(Procurador do Município/São Paulo-SP – 2008 – FCC) Um empreendedor submeteu à aprovação de determinado Município projeto de loteamento, destinando ao empreendimento 25% de áreas públicas, sendo 10% para área verde, 10% para área institucional e 5% para o sistema viário. Foi determinada, pelas autoridades municipais competentes, a alteração do projeto para que passasse a contemplar 10% de sistema viário. Partindo-se do pressuposto que esta manifestação foi regular, pode-se afirmar ter sido

(A) fundada em competência legalmente atribuída ao Município para estabelecer, em lei de zoneamento ou plano diretor, o percentual de áreas públicas proporcionalmente à densidade de ocupação.

(B) baseada em percentual de áreas públicas expressamente constante da Lei Federal no 6.766/79 (Lei de Parcelamento do Solo).

(C) baseada em legislação estadual regulamentadora da Constituição Estadual, que estabelece a necessidade de destinar 35% da gleba loteanda para áreas públicas.

(D) abrangida por competência discricionária da Municipalidade, que pode admitir compensação do percentual não destinado ao sistema viário independentemente do percentual estabelecido na lei de zoneamento ou no plano diretor.

(E) consubstanciada em excesso de poder, tendo em vista que cabe à municipalidade disciplinar o sistema viário existente, sendo que as áreas particulares projetadas como vias lhe serão doadas somente quando do registro do empreendimento junto ao Registro de Imóveis.

Art. 4º, IV, § 1º, da Lei 6.766/79.

Gabarito "A"

13. Direito do Consumidor

Wander Garcia e Ivo Shigueru Tomita

1. CONCEITO DE CONSUMIDOR E RELAÇÃO DE CONSUMO

(Procurador Legislativo – Câmara Municipal de São Paulo – 2014 – FCC) No que se refere à disciplina jurídica das relações de consumo, é **correto** afirmar:

(A) Nas relações de consumo, a responsabilidade dos profissionais liberais é apurada sempre pela responsabilidade objetiva, na modalidade do risco atividade, excluindo-se a nos casos de culpa de terceiro, caso fortuito ou força maior e culpa exclusiva da vítima.

(B) Os direitos previstos no Código de Defesa do Consumidor não excluem outros decorrentes de tratados ou convenções internacionais de que o Brasil seja signatário, da legislação interna ordinária, de regulamentos expedidos pelas autoridades administrativas competentes, bem como dos que derivem dos princípios gerais do direito, analogia, costumes e equidade.

(C) O comerciante é responsável, nas relações de consumo, nas mesmas situações em que se responsabiliza o fabricante do produto por ele comercializado.

(D) Os produtos e serviços colocados no mercado de consumo não acarretarão em nenhuma situação riscos à saúde ou segurança dos consumidores.

(E) O fornecedor de serviços responde, desde que se comprove sua culpa, pela reparação dos danos causados aos consumidores por defeitos relativos à prestação dos serviços, bem como por informações insuficientes ou inadequadas sobre sua fruição e riscos.

A: Incorreta. O fornecedor de serviços responde, independentemente de culpa, pela reparação por defeitos à prestação de serviços, bem como por informações insuficientes ou inadequadas sobre sua fruição e riscos (responsabilidade objetiva – art. 14, *caput,* do CDC). Entretanto, a responsabilidade *pessoal* dos profissionais liberais será apenas mediante a verificação da culpa, ou seja, a responsabilidade civil dos profissionais liberais subjetiva (art. 14, § 4º, do CDC). **B:** Correta, conforme dispõe o art. 7º do CDC: "Os direitos previstos neste código não excluem outros decorrentes de tratados ou convenções internacionais de que o Brasil seja signatário, da legislação interna ordinária, de regulamentos expedidos pelas autoridades administrativas competentes, bem como dos que derivem dos princípios gerais do direito, analogia, costumes e equidade". **C:** Incorreta. O comerciante será responsabilizado apenas se o fabricante do produto não puder ser identificado (art. 13, I, do CDC). **D:** Incorreta. Os produtos e serviços colocados no mercado de consumo não acarretarão riscos à saúde ou segurança dos consumidores, <u>exceto os considerados normais e previsíveis em decorrência de sua natureza e fruição, obrigando-se os fornecedores, em qualquer hipótese, a dar as informações necessárias e adequadas a seu respeito</u> (art. 8º, *caput,* do CDC, g.n.). **E:** Incorreta. Conforme comentários à alternativa "A", o fornecedor de serviços possui responsabilidade objetiva pela reparação dos danos causados aos consumidores por defeitos relativos à prestação dos serviços, bem como por informações insuficientes ou inadequadas sobre sua fruição e riscos, ressalvadas hipóteses de responsabilidade pessoal dos profissionais liberais (art. 14 do CDC).

Gabarito "B"

(Procurador Distrital – 2014 – CESPE) Julgue o seguinte item.

(1) O fornecedor que oferecer abatimento no preço do produto e reduzir o volume da mercadoria para quantidade diversa da que habitualmente fornecia no mercado não responderá por vício de quantidade, ainda que não informe na embalagem, de forma clara, precisa e ostensiva, a diminuição do conteúdo, dada a redução do preço do produto.

1: Errada, pois constitui direito básico do consumidor obter informação adequada e clara sobre os produtos e serviços, com especificação correta da quantidade, características, composição, qualidade, tributos incidentes e preço, bem como sobre os riscos que apresentem (art. 6º, III, CDC). Ainda que haja abatimento no preço, a informação ostensiva sobre a diminuição da quantidade é indispensável, pois nem sempre o consumidor se atentará a isso, podendo ser induzido a erro. Neste passo, é possível que o consumidor opte por não mais adquirir aquele produto, devido à diminuição da quantidade que poderá não mais satisfazer às suas necessidades, ainda que o preço seja menor. Destarte, ele possui o direito à informação, sob pena até de configuração de má-fé por parte do fornecedor.

Gabarito 1E

(Procurador Distrital – 2014 – CESPE) Julgue o seguinte item.

(1) Os moradores de casas atingidas pela queda de aeronave pertencente a pessoa jurídica nacional de direito privado prestadora de serviço de transporte aéreo devem lastrear seus pedidos de ressarcimento de danos sofridos somente nos dispositivos do Código Civil, e não no Código de Defesa do Consumidor.

1: Errada, pois o Código de Defesa do Consumidor também poderá ser invocado. Os moradores das casas serão considerados consumidores por equiparação, nos termos do art. 17 do CDC, que assim prevê: "equiparam-se aos consumidores todas as vítimas do evento". Ainda que não tenham sido consumidores diretos dos serviços da companhia aérea, sofreram os prejuízos da prestação defeituosa do serviço. Logo, por questão de isonomia, ambos deverão ser ressarcidos com base na mesma legislação.

Gabarito 1E

(ADVOGADO – PETROBRÁS – 2012 – CESGRANRIO) A empresa Beta Ltda. firmou, em 2002, confissão de dívida com o Banco Meta S/A. Seu sócio gestor igualmente subscritou a confissão, como devedor solidário. A dívida originou-se de empréstimos para capital de giro da empresa. Entretanto, vencida a dívida e não paga, o Banco Meta S/A ingressou com execução. Em sede de embargos, os executados pretendem discutir o valor dos juros mensais de 1,95% e a multa pela inadimplência de 10%.

A partir da análise desse caso, verifica-se que

(A) a confissão de dívida foi formulada entre a pessoa jurídica e o banco, só se permitindo a utilização do CDC em relação ao devedor solidário.

(B) a multa permanece, vez que o contrato é anterior ao Código Civil, alterando-se os juros para 1% ao mês, por ser o percentual da lei.

(C) o CDC só seria aplicável se houvesse outorga de dinheiro ou do crédito para o devedor como destinatário final.

(D) o CDC pode ser usado como fundamento legal dos embargos, haja vista o sócio gestor ser pessoa física que subscritou a confissão de dívida.

(E) os juros permanecem, ante a liberdade para fixá-los, alterando-se a multa para 2%, vez que aplicada após a vigência do Código Civil.

O CDC não se aplica no caso em tela, pois o contrato de empréstimo em questão não envolve um mutuário que seja destinatário final, vez que o dinheiro foi tomado para servir de capital de giro da empresa. Nesse sentido, confira a seguinte decisão do STJ: "Com efeito, no caso em julgamento, verifica-se que a ora recorrida não é destinatária final, tampouco se insere em situação de vulnerabilidade, porquanto não se apresenta como sujeito mais fraco, com necessidade de proteção estatal, mas como sociedade empresária que, por meio da pactuação livremente firmada com a recorrida, obtém capital de giro para operação de sua atividade empresarial, não havendo, no caso, relação de consumo" (REsp 938.979, DJ 29/06/12). Dessa forma, está correta a alternativa "c" e ficam afastadas as alternativas "a" e "d". Quanto à alternativa "b", é incorreta. Primeiro porque faz confusão entre multa e juros. Segundo porque, em contratos bancários, não há limitação de juros. Aliás, até mesmo as empresas de cartão de crédito, pelo fato de também serem consideradas instituições financeiras, também não sofrem essa limitação (Súmula STJ n. 283). A alternativa "e" é incorreta, pois a limitação da multa em 2% não está prevista no Código Civil, mas no CDC, diploma este que não é aplicável ao caso, como se viu.

Gabarito "C"

(CERT. JUR. – BANCO DO BRASIL – 2009 – CESPE) Assinale a opção correta a respeito da aplicação do CDC às instituições financeiras.

(A) Os tribunais superiores se posicionaram pela não aplicação do CDC às atividades bancárias, já que existe norma específica, o código de defesa do consumidor bancário, editada pelo CMN, tratando do tema.

(B) O extravio de nota promissória nas dependências da agência bancária incumbida da cobrança do título, por negligência do banco, justifica a exigência, por parte do credor, da indenização por vício causado por defeito relativo ao serviço prestado pela instituição financeira.

(C) Os bancos podem condicionar a abertura de conta corrente à contratação de outro produto ou serviço bancário, como cartão de crédito ou seguro de vida.

(D) Aos bancos é permitido enviar ou a entregar ao cliente bancário produto não solicitado por ele, como, por exemplo, cartão de crédito.

A: incorreta, pois o CDC se aplica sim às atividades bancárias; nesse sentido é a Súmula STJ n. 297 ("O Código de Defesa do Consumidor é aplicável às instituições financeiras"); **B:** correta, nos termos do entendimento do STJ (REsp 54.568); **C:** incorreta, pois tal situação revela venda casada, prática considerada abusiva pelo CDC (art. 39, I, do CDC); a título de exemplo da situação, temos o trazido pela Súmula STJ n. 473, pela qual "o mutuário do SFH não pode ser compelido a contratar o seguro habitacional obrigatório com a instituição financeira mutuante ou com a seguradora por ela indicada"; **D:** incorreta, pois essa também é considerada uma prática abusiva (art. 39, III, do CDC).

Gabarito "B"

(ADVOGADO – ANCINE – 2005 – CESPE) A respeito das disposições do Código de Defesa do Consumidor, julgue os seguintes itens.

(1) Considere que, no curso de determinada locação predial urbana, as prestações tenham se tornado excessivamente onerosas para o locatário. Nessa situação, este poderá requerer judicialmente a revisão das cláusulas contratuais, com fulcro nas disposições insertas no código de defesa do consumidor.

1: incorreta, pois não se aplica o CDC aos contratos de locação predial urbana, aplicando-se a lei específica sobre o assunto, no caso, a Lei 8.245/91. Nesse sentido é o posicionamento do STJ (AgRg no AREsp 111983, DJ 21/08/12).

Gabarito "E"

2. PRINCÍPIOS E DIREITOS BÁSICOS

(ADVOGADO – PETROBRÁS – 2012 – CESGRANRIO) O dever de informação, na fase pré-contratual da venda de um produto, EXCLUI o dever de

(A) advertir sobre os riscos do uso inadequado do produto.

(B) precisar o preço da mercadoria.

(C) registrar a origem do produto.

(D) especificar os tributos incidentes sobre a venda.

(E) consignar o prazo de validade do produto.

A: incorreta, pois há de se fazer essa advertência (arts. 6º, III, 8º, parágrafo único, 9º e 31, todos do CDC); **B:** incorreta, pois há de se precisar o preço da mercadoria (arts. 6º, III, e 31, caput, ambos do CDC); **C:** incorreta, pois a origem do produto deve ser informada (art. 31, *caput*, do CDC); **D:** opção considerada correta, pois à época da questão, ainda não tinha entrado em vigor a Lei 12.741, de 08 de dezembro de 2012; de acordo com essa lei "emitidos por ocasião da venda ao consumidor de mercadorias e serviços, em todo território nacional, deverá constar, dos documentos fiscais ou equivalentes, a informação do valor aproximado correspondente à totalidade dos tributos federais, estaduais e municipais, cuja incidência influi na formação dos respectivos preços de venda" (art. 1º); caso a questão fosse feita após a entrada em vigor dessa lei, a questão não teria resposta correta; **E:** incorreta, pois há de se informar sobre o prazo de validade do produto (art. 31, *caput*, do CDC).

Gabarito "D"

(ADVOGADO – ELETROBRÁS – 2006 – NCE/UFRJ) Nos contratos celebrados entre empresas fornecedoras de energia elétrica e moradores de uma determinada cidade:

(A) não poderá haver responsabilização da fornecedora por danos causados em razão de corte do fornecimento de energia efetivado por equívoco de seu preposto;

(B) não se aplica o Código de Proteção e Defesa do Consumidor (Lei nº 8.078/1990);

(C) o inadimplemento de quaisquer das partes somente pode ser levado ao Judiciário depois de esgotados os recursos administrativos;

(D) nunca poderá haver corte do fornecimento de energia;

(E) o inadimplemento do consumidor pode ensejar a interrupção do fornecimento de energia, desde que haja comunicação prévia, por força do princípio da igualdade das partes.

A: incorreta, pois o fornecedor é solidariamente responsável pelos atos de seus prepostos (art. 34 do CDC); **B:** incorreta, pois, em sendo os moradores destinatários finais de serviço público, aplica-se o CDC (art. 22, parágrafo único, do CDC); **C:** incorreta, pois não existe essa limitação de acesso ao Judiciário; aliás o princípio da inafastabilidade da apreciação jurisdicional impede esse tipo de condicionamento (art. 5º, XXXV, da CF); **D:** incorreta, pois o STJ admite a interrupção do fornecimento pelo não pagamento de débitos recentes, desde que haja aviso prévio ao consumidor; **E:** correta, nos termos do comentário dado à alternativa anterior; vale lembrar que o dever de comunicação prévia está previsto no art. 6º, § 3º, da Lei 8.987/95.

Gabarito "E"

(ADVOGADO – ANP – 2008 – CESGRANRIO) NÃO corresponde a um instrumento com que conta o poder público para a execução da Política Nacional das Relações de Consumo:

(A) manutenção de assistência jurídica, integral e gratuita para o consumidor carente.

(B) manutenção obrigatória pelos Estados, Distrito Federal e Municípios de órgãos de atendimento gratuito para orientação dos consumidores.

(C) instituição de Promotorias de Justiça de Defesa do Consumidor, no âmbito do Ministério Público.

(D) criação de delegacias de polícia especializadas no atendimento de consumidores vítimas de infrações penais de consumo.

(E) criação de Juizados Especiais de Pequenas Causas e Varas Especializadas para a solução de litígios de consumo.

A: incorreta, pois corresponde a um instrumento da PNRL (art. 5º, I, do CDC); **B:** correta, pois, de fato, NÃO corresponde a um instrumento da PNRL, já que tal previsão, que estava no que era o § 1º do art. 5º, do CDC, foi vetada pela Presidência da República; **C:** incorreta, pois corresponde a um instrumento da PNRL (art. 5º, II, do CDC); **D:** incorreta, pois corresponde a um instrumento da PNRL (art. 5º, III, do CDC); **E:** incorreta, pois corresponde a um instrumento da PNRL (art. 5º, IV, do CDC);

Gabarito "B"

(ADVOGADO – ANP – 2008 – CESGRANRIO) Para que haja a inversão do ônus da prova, a favor do consumidor, no processo civil, é preciso que seja

(A) ele considerado hipossuficiente, por ganhar menos de 10 salários mínimos.

(B) ele considerado hipossuficiente, por estar desempregado e sem receber seguro desemprego.

(C) o capital social da empresa-ré superior a 40 salários mínimos.

(D) o capital social da empresa-ré fechado à participação do capital estrangeiro.

(E) verossímil a sua alegação, a critério do juiz.

O art. 6º, VIII, do CDC dispõe que o juiz poderá inverter o ônus da prova quando for *verossímil a alegação* OU quando o consumidor for *hipossuficiente*. O conceito de hipossuficiência tem natureza processual e diz respeito à dificuldade na produção de prova. Assim, ficam afastadas as alternativas "a" a "d" que tentam atrelar a hipossuficiência a critérios de ordem econômica. Por outro lado, a alternativa "e" está correta, pois a verossimilhança da alegação é requisito suficiente para o juiz determinar a inversão do ônus da prova.

Gabarito "E"

(ADVOGADO – ANS – 2005 – CESPE) Em relação ao Código de Defesa do Consumidor (CDC) – Lei nº 8.078/1990 –, julgue os próximos itens.

(1) Com o propósito da execução da Política Nacional de Relações de Consumo, o poder público deve contar com vários instrumentos, tais como juizados especiais de pequenas causas, delegacias de polícia especializadas, assistência jurídica gratuita para consumidores carentes e promotorias de justiça no âmbito do Ministério Público.

(2) O CDC não cuida das relações de consumo das empresas estatais e públicas. Essa regulamentação, apesar de similar, está contida no Código de Ética do Servidor Público, também de 1990.

1: correta (art. 5º, IV, III, I e II, respectivamente, do CDC); **2:** incorreta, pois o CDC se aplica aos fornecedores em geral, inclusive as pessoas jurídicas estatais, sejam elas públicas ou privadas (art. 3º do CDC). Vale salientar que as empresas estatais citadas, são, inclusive, pessoas jurídicas de direito privado.

Gabarito 1C, 2E

3. RESPONSABILIDADE PELO FATO DO PRODUTO OU DO SERVIÇO E PRESCRIÇÃO

(ADVOGADO – ANP – 2008 – CESGRANRIO) Quanto à responsabilidade pelo fato do produto e do serviço, considere as afirmações a seguir.

I. O produto é considerado defeituoso pelo fato de outro de melhor qualidade ter sido colocado no mercado.

II. O comerciante é igualmente responsável pelo produto defeituoso, independentemente da identificação do fabricante.

III. O comerciante é igualmente responsável pelo produto defeituoso, quando não conservar adequadamente os produtos perecíveis.

IV. O serviço não é considerado defeituoso em virtude da adoção de novas técnicas.

V. A responsabilidade pessoal dos profissionais liberais independe da existência de culpa.

Estão corretas **APENAS** as afirmações

(A) I e II

(B) I e V

(C) III e IV

(D) I, II, III e IV

(E) II, III, IV e V

I: incorreta, pois, nesse caso, o produto não é considerado defeituoso (art. 12, § 2º, do CDC); II: incorreta, pois o comerciante é responsável solidário em caso de *vício* do produto (art. 18 do CDC), e não em caso de *defeito* do produto (art. 12 do CDC), sendo que, neste caso, o comerciante só responde quando o fabricante não puder ser identificado ou quando não conservar adequadamente o produto (art. 13 do CDC); III: correta (art. 13, III, do CDC); IV: correta (art. 14, § 2º, do CDC); V: correta (art. 14, § 4º, do CDC).

Gabarito "C"

4. RESPONSABILIDADE POR VÍCIO DO PRODUTO OU DO SERVIÇO E DECADÊNCIA

(Advogado da União/AGU – CESPE – 2012) Julgue os itens a seguir, acerca da responsabilidade civil.

(1) A configuração do vício do produto independe de sua gravidade ou do momento de sua ocorrência — se antes, durante, ou depois da entrega do bem ao consumidor lesado –, ou ainda de o vício ter ocorrido em razão de contrato, respondendo pelo dano todos os fornecedores, solidariamente, e o comerciante, de forma subsidiária.

(2) O banco que terceirizar a entrega de talonário de cheque aos correntistas será responsável por eventual defeito na prestação do serviço, visto que se configura, nesse caso, a culpa *in re ipsa*, pressuposto da responsabilidade civil do banco pela reparação do dano.

1: incorreta, pois o comerciante é responsável solidário em caso de vício (art. 18 do CDC); 2: correta, pois o serviço em questão é de responsabilidade do banco, que responde objetivamente tanto por vícios, como por defeitos na prestação de seu serviço (arts. 14, *caput*, e 20, *caput*, do CDC), pouco importando se houve ou não terceirização na entrega de talonário.

Gabarito 1E, 2C

(ADVOGADO – ANP – 2008 – CESGRANRIO) Os fornecedores respondem solidariamente pelos vícios de quantidade do produto sempre que, respeitadas as variações decorrentes de sua natureza, seu conteúdo líquido for inferior às indicações constantes do recipiente, da embalagem, rotulagem ou de mensagem publicitária, podendo o consumidor exigir, alternativamente e à sua escolha:

I. o abatimento proporcional do preço;

II. o abatimento proporcional do preço, com acréscimo de cláusula penal de 10% (dez por cento) de seu valor;

III. a restituição imediata da quantia paga, em seu valor histórico;

IV. a complementação do peso ou medida;

V. a complementação, em dobro, do peso ou medida.

Estão corretas **APENAS** as exigências

(A) I e IV

(B) I e V

(C) II e IV

(D) II e V

(E) II, III e V

I: correta (art. 19, I, do CDC); **II:** incorreta, pois não há previsão de acréscimo de multa no caso (art. 19, I, do CDC); **III:** incorreta, pois, em escolhendo essa providência, o consumidor tem direito a atualização monetária e a indenização por eventuais perdas e danos, não havendo que se falar em receber de volta apenas o valor histórico do produto, ou seja, o valor que foi pago (art. 19, IV, do CDC); **IV:** correta (art. 19, II, do CDC); **V:** incorreta, pois não há previsão da complementação em dobro (art. 19, II, do CDC).

Gabarito "A"

5. DESCONSIDERAÇÃO DA PERSONALIDADE JURÍDICA. RESPONSABILIDADE EM CASO DE GRUPO DE EMPRESAS

(ADVOGADO – ANP – 2008 – CESGRANRIO) No âmbito das obrigações decorrentes do Código de Defesa do Consumidor, quanto à desconsideração da personalidade jurídica, as sociedades

(A) coligadas responderão independentemente de culpa.

(B) coligadas não podem ser responsabilizadas.

(C) consorciadas são subsidiariamente responsáveis.

(D) integrantes dos grupos societários são subsidiariamente responsáveis.

(E) controladas são solidariamente responsáveis.

A: incorreta, pois é justamente o contrário, ou seja, as sociedades coligadas só respondem por culpa (art. 28, § 4°, do CDC); **B:** incorreta, pois, como se viu, as sociedades coligadas poderão ser responsabilizadas (art. 28, § 4°, do CDC); **C:** incorreta, pois as sociedades consorciadas respondem solidariamente, e não subsidiariamente (art. 28, § 3°, do CDC); **D:** correta (art. 28, § 2°, do CDC); **E:** incorreta, pois as sociedades controladas respondem subsidiariamente (art. 28, § 2°, do CDC).

Gabarito "D"

6. PRÁTICAS COMERCIAIS

(Procurador do Estado/PB – 2008 – CESPE) Acerca do direito do consumidor, assinale a opção correta.

(A) A oferta ou a veiculação de mensagem publicitária que ressalte as qualidades ou características de determinado produto ou serviço e defina condições e preços para a sua aquisição tem força vinculante em relação ao fornecedor que a promove ou dela se utiliza.

(B) Para caracterização da publicidade enganosa, exige-se que o anunciante tenha conhecimento de que as informações publicitárias são falsas, que são capazes de induzir ao erro e que provocam prejuízo ao consumidor.

(C) Quando forem fornecidos produtos potencialmente perigosos ao consumo, ainda que não tenha havido dano, incide cumulativamente a responsabilidade pelo fato do produto e pelo vício ou impropriedade do produto, também por perdas e danos, além das sanções administrativas e penais.

(D) Na contratação para fornecimento de produto ocorrida fora do estabelecimento empresarial, o consumidor pode desistir da avença no prazo de sete dias a contar do recebimento do produto. Nessa hipótese, os valores eventualmente pagos devem ser restituídos, deduzindo-se, apenas, o valor gasto com o transporte da mercadoria.

(E) O profissional liberal fornecedor de serviços será pessoalmente responsável pela reparação dos danos causados aos consumidores, por defeitos relativos à prestação de seus serviços, independentemente de apuração da culpa.

A: art. 30 do CDC; **B:** não há essa exigência na lei (art. 37, § 1°, do CDC); **C:** não tendo havido dano, não se configura o defeito do produto (art. 12 do CDC), podendo, no máximo, configurar-se o vício do produto (art. 18 do CDC); ademais, é bom lembrar que é possível a comercialização de produtos perigosos para a saúde, observado o art. 9° do CDC; não se pode, todavia, fornecer produtos com alto grau de perigo (art. 10 do CDC); **D:** art. 49 do CDC; **E:** art. 14, § 4°, do CDC.

Gabarito "A"

(CERT. JUR. – BANCO DO BRASIL – 2009 – CESPE) A respeito da publicidade dos produtos de uma instituição financeira, mediante a veiculação de anúncios e ofertas, assinale a opção correta.

(A) A instituição financeira não poderá se recusar ao cumprimento da oferta, mesmo que a sua divulgação ocorra em virtude de erro, podendo o consumidor, nessa hipótese, exigir o cumprimento forçado da obrigação nos termos da oferta.

(B) É possível debitar ao consumidor o custo da chamada telefônica utilizada para a divulgação de ofertas de produtos e serviços.

(C) A oferta e a apresentação de produtos ou de serviços podem ser veiculadas em língua inglesa.

(D) Considera-se propaganda enganosa somente os informes publicitários que veiculam informações integralmente falsas.

(E) O ônus da prova da veracidade e da correção da comunicação publicitária cabe ao consumidor.

A: correta (arts. 30 e 35, I, do CDC); **B:** incorreta, pois é proibida a publicidade de bens e serviços por telefone, quando a chamada for onerosa ao consumidor (art. 33, parágrafo único, do CDC); **C:** incorreta, pois deve se dar em língua portuguesa (art. 31, *caput*, do CDC); **D:** incorreta, pois é enganosa a propaganda integral ou *parcialmente* falsa (art. 37, § 1°, do CDC); **E:** incorreta, pois, nesse caso, há inversão automática do ônus da prova, nos termos do art. 38 do CDC.

Gabarito "A"

7. PROTEÇÃO CONTRATUAL

(Procurador Distrital – 2014 – CESPE) Julgue o item abaixo, relativo ao direito das obrigações.

(1) Ainda que prevista no Código Civil, é abusiva cláusula contratual que atribua exclusivamente ao consumidor em mora a obrigação de arcar com os honorários advocatícios referentes à cobrança extrajudicial da dívida, sem exigir do fornecedor a demonstração de que a contratação de advogado seja efetivamente necessária e de que os serviços prestados pelo profissional contratado sejam privativos da advocacia.

1: Correta. O Código de Defesa do Consumidor considera abusiva a cláusula que obrigue o consumidor a ressarcir os custos de cobrança de sua obrigação sem que igual direito lhe seja conferido contra o fornecedor (art. 51, XII, do CDC). Logo, a assertiva está correta, pois prevê que é *abusiva* a cláusula contratual que atribua *exclusivamente* ao consumidor em mora a obrigação de arcar com os honorários advocatícios. Neste passo, a cláusula apenas seria válida se tal direito fosse atribuído igualmente a ambas as partes.

Gabarito 1C

(Procurador Federal – 2013 – CESPE) Julgue o seguinte item.

(1) No que diz respeito à configuração do vício do produto, o CDC não faz distinção quanto à gravidade do vício, quanto a ele ser anterior, contemporâneo ou posterior à entrega do bem, e nem se esta se deu em razão de contrato.

1: Correta. De fato o CDC não faz distinção quanto à gravidade do vício ou o momento em que ele se originou. Logo, não importa o quão impróprio o produto/serviço se tornou para o uso, bem como também não importa quando esse vício nasceu. De outra parte, o CDC distingue quanto às *características* do vício, o qual pode ser aparente (ou de fácil constatação) ou oculto. Referida distinção tem relevância quanto aos prazos para que sejam alegados, nos termos do art. 26 do CDC.

Gabarito 1C

(ADVOGADO – ANP – 2008 – CESGRANRIO) Após adquirir um produto pelo serviço de televendas de uma empresa, João resolveu desistir da compra. Qual é o seu prazo, em dias, para manifestar a desistência do contrato?

(A) 30, a partir da contratação.

(B) 30, a partir do recebimento do produto.

(C) 14, a partir da contratação.

(D) 7, a partir do recebimento do produto.

(E) 7, a partir da contratação.

O prazo de desistência é de 7 dias corridos, contados da assinatura do contrato OU do ato do recebimento do produto ou serviço (art. 49 do CDC). No caso em tela, como o produto foi enviado para a casa de João, já que a aquisição foi feita pelo serviço de televendas, deve-se contar o prazo a partir do recebimento do produto.

Gabarito "D"

(CERT. JUR. – BANCO DO BRASIL – 2009 – CESPE) Acerca das normas relativas a proteção contratual dos consumidores previstas no CDC e da sua aplicação no âmbito das relações e das práticas bancárias, assinale a opção correta.

(A) É considerada prática válida e prudencial a exigência pelo banco de mandato para a assunção, em nome do cliente, de obrigação cambial constante de título de crédito vinculado a contrato de abertura de crédito (cheque especial) para posterior execução.

(B) De acordo com o princípio do *pacta sunt servanda*, é proibido ao consumidor, liquidar antecipadamente operação de financiamento para aquisição de produtos.

(C) Como espécie de garantia para a concessão de empréstimos aos seus clientes, as instituições financeiras podem exigir a entrega de procuração para emissão de títulos de crédito em nome do devedor.

(D) O CDC não estabelece limite para a pactuação de multa em razão de inadimplemento de contrato de financiamento para a aquisição de bens ou serviços nos contratos praticados pelas instituições bancárias.

(E) De acordo com a atual jurisprudência do STJ, considera-se válida cláusula contratual que expressamente preveja, em operações bancárias de abertura de crédito a serem realizadas por instituições bancárias com seus clientes, a capitalização de juros em periodicidade mensal.

A e **C:** incorretas, pois são nulas de pleno direito as cláusulas que imponham representante para realizar outro negócio pelo consumidor (art. 51, VIII, do CDC); **B:** incorreta, pois o consumidor não só tem esse direito, como também terá os juros e demais acréscimos abatidos proporcionalmente (art. 52, § 2º, do CDC); **D:** incorreta, pois, nesse caso, a multa tem limite de 2% (art. 52, § 1º, do CDC); **E:** correta, pois tal medida é admitida em favor das instituições financeiras, nos termos da Medida Provisória 2.170; de qualquer maneira, é bom lembrar que, não se tratando de contrato bancário, a capitalização de juros só é permitida anualmente (art. 591 do CC).

Gabarito "E"

(PROCURADOR – BANCO CENTRAL – 2009 – CESPE) Com base nas regras atinentes à proteção contratual do consumidor, assinale a opção correta.

(A) Em contratos de consumo, a revisão da cláusula-preço poderá ocorrer tanto em contrato de execução imediata quanto no de execução continuada.

(B) Embora não se exija fato superveniente imprevisível para a revisão do contrato, tal fato haverá de ser extraordinário.

(C) Em termos de nulidade, o CDC utilizou o sistema fechado das cláusulas abusivas.

(D) Mesmo que o consumidor seja pessoa jurídica, não poderá ser considerada válida cláusula que estabeleça limitação da indenização.

(E) Quando o fornecedor for instituição financeira, ao contrato não serão aplicadas as regras do CDC.

A: correta, pois, diferentemente do Código Civil, que exige, para aplicação da regra da onerosidade excessiva, contrato de execução continuada ou diferida (art. 478 do CC), o CDC não traz a mesma exigência (art. 6º, V, do CDC); **B:** incorreta, pois não há exigência de fato extraordinário, bastando que se trate de um fato novo (art. 6º, V, do CDC); **C:** incorreta, pois o art. 51 do CDC traz uma série de situações casuísticas (próprias de sistema fechado), mas, nos incisos IV e XV traz situações bem abertas, de modo que acaba utilizando o sistema aberto de cláusulas abusivas; **D:** incorreta, pois, em sendo o consumidor pessoa jurídica, o art. 51, I, do CDC admite que a indenização em favor do consumidor seja limitada, desde que em situações justificáveis; **D:** incorreta, pois, segundo a Súmula STJ n. 297, "O Código de Defesa do Consumidor é aplicável às instituições financeiras".

Gabarito "A"

(ADVOGADO – ANP – 2008 – CESGRANRIO) Quanto às cláusulas relativas ao fornecimento de produtos e serviços, **NÃO** é nula de pleno direito aquela que

(A) transfira responsabilidades a terceiros.

(B) determine a utilização compulsória de arbitragem.

(C) autorize o consumidor a cancelar o contrato unilateralmente.

(D) possibilite a violação de normas ambientais.

(E) possibilite a renúncia do direito de indenização por benfeitorias necessárias.

A: incorreta, pois é cláusula nula de pleno direito (art. 51, III, do CDC); **B:** incorreta, pois é cláusula nula de pleno direito (art. 51, VII, do CDC); **C:** correta, pois é cláusula nula de pleno direito a que autoriza o FORNECEDOR (e não o consumidor) a cancelar unilateralmente o contrato, sem que igual direito seja dado ao consumidor (art. 51, XI, do CDC); **D:** incorreta, pois é cláusula nula de pleno direito (art. 51, XIV, do CDC); **E:** incorreta, pois é cláusula nula de pleno direito (art. 51, XVI, do CDC).

Gabarito "C"

8. SNDC

(ADVOGADO – ANP – 2008 – CESGRANRIO) O Departamento Nacional de Defesa do Consumidor, da

Secretaria Nacional de Direito Econômico (MJ), ou órgão federal que venha substituí-lo, é organismo de coordenação da política do Sistema Nacional de Defesa do Consumidor, cabendo-lhe:

I. celebrar convênios com entidades nacionais e internacionais;

II. solicitar à polícia judiciária a instauração de inquérito policial para a apreciação de delito contra os consumidores, nos termos da legislação vigente;

III. requisitar bens em quantidade suficiente para fins de estudos e pesquisas, com posterior comprovação e divulgação de seus resultados;

IV. levar ao conhecimento dos órgãos competentes as infrações de ordem administrativa que violarem os interesses difusos, coletivos, ou individuais dos consumidores;

V. encaminhar anteprojetos de lei, por intermédio do Ministério da Justiça, ao Congresso Nacional, bem como ser ouvido com relação a projetos de lei que versem sobre preços, qualidade, quantidade e segurança de bens e serviços.

Estão corretas **APENAS** as atividades

(A) I e III

(B) II e IV

(C) I, II e IV

(D) I, III e IV

(E) II, III e V

I: incorreta, pois tal disposição não se encontra no art. 106 do CDC; **II:** correta (art. 106, V, do CDC); **III**: incorreta, pois tal disposição não se encontra no art. 106 do CDC; **IV**: correta (art. 106, VII, do CDC); V: incorreta, pois tal disposição não se encontra no art. 106 do CDC.

Gabarito "B"

14. Direito Previdenciário

Henrique Subi, Hermes Arrais Alencar e Robinson Sakiyama Barreirinhas

1. PRINCÍPIOS E NORMAS GERAIS

(Procurador Federal – 2013 – CESPE) Julgue os seguintes itens.

(1) A seguridade social compreende um conjunto integrado de ações de iniciativa dos poderes públicos e da sociedade, destinadas a assegurar os direitos relativos à saúde, à previdência e à assistência social, sendo que a universalidade da cobertura e do atendimento, bem como a uniformidade e equivalência dos benefícios e serviços às populações urbanas e rurais estão entre os objetivos em que se baseia a organização da seguridade social no Brasil.

1: correta, nos termos do art. 194, *caput* e parágrafo único, I e II, da CF. Outros objetivos constitucionais da seguridade social são seletividade e distributividade na prestação dos benefícios e serviços; irredutibilidade do valor dos benefícios; equidade na forma de participação no custeio; diversidade da base de financiamento; caráter democrático e descentralizado da administração, mediante gestão quadripartite, com participação dos trabalhadores, dos empregadores, dos aposentados e do Governo nos órgãos colegiados.

Gabarito 1C

(Procurador/DF – 2013 – CESPE) Acerca da seguridade social, julgue os itens a seguir.

(1) Caso a declaração de inconstitucionalidade de textos normativos que estabelecessem distinção entre as alíquotas recolhidas, a título de contribuição social, das instituições financeiras e aquelas oriundas das empresas jurídicas em geral tivesse como consequência normativa a equiparação dos percentuais ou a sua supressão, tal pretensão não poderia ser acolhida em juízo, por impossibilidade jurídica do pedido, uma vez que o Poder Judiciário não pode atuar como legislador positivo nem conceder isenções tributárias.

(2) Uma norma legal que apenas altere o prazo de recolhimento das contribuições sociais destinadas à previdência social não se sujeitará ao princípio da anterioridade.

(3) Conforme jurisprudência do STF fundamentada no princípio da seletividade, operações e bens relacionados à saúde são imunes a tributação.

1: correta, pois essa é a jurisprudência dominante – ver RE 631.641 AgR/RS do STF; **2:** correta, pois é pacífico o entendimento no sentido de que a simples alteração do prazo de recolhimento dos tributos não implica majoração, nem, portanto, sujeita-se ao princípio da anterioridade – Súmula 669 do STF; **3:** incorreta, pois o STF afastou essa tese – ver RE 429.306/PR.

Gabarito 1C, 2C, 3E

(Procurador do Estado/MG – 2007) O Poder Público tem competência para organizar a seguridade social com base nos objetivos abaixo mencionados, exceto

(A) universalidade da cobertura e do atendimento.

(B) equidade na forma de participação no custeio.

(C) diversidade da base de financiamento.

(D) irredutibilidade do valor dos benefícios.

Todas as alternativas contemplam objetivos (ou princípios) da seguridade social previstos no art. 194, parágrafo único, da CF, exceto a letra "D". Com efeito, o que a CF quer garantir é a irredutibilidade do valor dos benefícios, assegurando que estes mantenham seu poder de compra ao longo dos anos.

Gabarito "D"

(Procurador do Estado/MG – 2007) A previdência social será organizada sob a forma de regime geral de caráter contributivo e de filiação obrigatória e atenderá

(A) cobertura dos eventos de doença, invalidez, morte e idade avançada.

(B) proteção ao trabalhador em situação de desemprego involuntário ou voluntário.

(C) salário família para filhos capazes até 18 anos.

(D) salário-maternidade, salvo para mãe adotiva.

O art. 201 da CF estabelece as contingências mínimas que devem ser seguradas pelo RGPS, incluindo, em seu inciso I, a cobertura dos eventos de doença (auxílio-doença), invalidez (aposentadoria por invalidez), morte (pensão por morte) e idade avançada (aposentadoria por idade). O desemprego voluntário, desejado, não pode ser objeto de proteção estatal; o salário-família será pago ao segurado de baixa renda, não aos dependentes; e a mãe adotiva também faz jus ao salário-maternidade.

Gabarito "A"

(Procurador do Estado/MT – FCC – 2011) A Seguridade Social compreende um conjunto integrado de ações de iniciativa dos poderes públicos e da sociedade, destinado a assegurar o direito relativo à saúde, à previdência e à assistência social.

Considere os itens abaixo relacionados:

I. universalidade da cobertura e do atendimento;

II. uniformidade e equivalência dos benefícios e serviços às populações urbanas e rurais;

III. seletividade e distributividade na prestação dos benefícios e serviços;

IV. irredutibilidade do valor dos benefícios;

V. caráter democrático e centralizado da gestão administrativa, com a participação da comunidade, em especial de trabalhadores, empresários e aposentados.

Quanto aos princípios e diretrizes da Seguridade Social, estão corretos os itens

(A)I, II, III e IV, apenas.

(B)I, III, IV e V, apenas.

(C)I, II, IV e V, apenas.

(D)II, III, IV e V, apenas.

(E)I, II, III, IV e V.

I: correta (art. 194, parágrafo único, I, da CF); **II:** correta (art. 194, parágrafo único, II, da CF); **III:** correta (art. 194, parágrafo único, III, da CF); **IV:** correta (art. 194, parágrafo único, IV, da CF); **V:** incorreta. A gestão administrativa da seguridade social terá caráter democrático e descentralizado, mediante administração quadripartite – Governo, aposentados, trabalhadores e empregadores (art. 194, parágrafo único, VII, da CF).

Gabarito "A"

(PROCURADOR DO ESTADO/RS – FUNDATEC – 2010) Face aos dispositivos constitucionais que informam a Seguridade Social, é incorreto afirmar que:

(A) A irredutibilidade do valor dos benefícios veda a redução do valor nominal da prestação previdenciária.

(B) O princípio da universalidade visa ao atendimento do maior número possível de pessoas, cobrindo o maior número possível de contingências.

(C) A Saúde e a Assistência Social têm o dever de prestar atendimento à generalidade das pessoas, enquanto na Previdência Social nem todas as pessoas são beneficiárias.

(D) O caráter democrático e descentralizado da administração se faz mediante gestão quadripartite, com participação dos servidores públicos, dos empregadores, dos aposentados e do Governo nos órgãos colegiados.

(E) A Seguridade Social deve ser organizada com fundamento na diversidade da base de financiamento.

A: correta. Além desse aspecto, o princípio da irredutibilidade do valor dos benefícios também garante a irredutibilidade real, que se consubstancia no direito ao reajuste anual do valor de modo a preservar-lhe o poder aquisitivo; **B:** correta. Está perfeito o conceito do princípio da universalidade da cobertura e do atendimento; **C:** correta. Dentre as três esferas que compõem a Seguridade Social (Saúde, Previdência Social e Assistência Social), apenas a Previdência tem caráter contributivo, ou seja, é acessível somente àqueles que pagam os tributos denominados "contribuições sociais"; **D:** incorreta, devendo ser assinalada. A gestão quadripartite da Seguridade Social é composta por representantes do Governo, dos trabalhadores da iniciativa privada (não dos servidores públicos), dos empregadores e dos aposentados; **E:** correta, nos termos do art. 194, parágrafo único, VI, da CF.

Gabarito "D"

(Procurador do Município/Boa Vista-RR – 2010 – CESPE) Julgue o item a seguir, relativo às legislações previdenciária e da seguridade social.

(1) A equidade na forma de participação no custeio é princípio constitucional atinente à seguridade social, no entanto, as entidades beneficentes de assistência social que atenderem às exigências estabelecidas em lei serão isentas de contribuição para a seguridade social.

1: assertiva correta, pois a isenção em favor das entidades beneficentes de assistência social (a rigor, imunidade) é prevista expressamente pelo art. 195, § 7º, da CF.

Gabarito 1C

(Procurador do Município/São Paulo-SP – 2008 – FCC) É princípio explícito da seguridade social na Constituição de 1988:

(A) irredutibilidade do valor das contribuições.

(B) desnecessidade de fonte de custeio total para criação de benefícios.

(C) universalidade da cobertura e do atendimento.

(D) retributividade na prestação dos benefícios e serviços.

(E) caráter democrático e descentralizado da administração, mediante gestão bipartite, com a participação de trabalhadores e empregadores nos órgãos colegiados.

O art. 194, parágrafo único, da CF elenca os seguintes princípios: universalidade da cobertura e do atendimento, uniformidade e equivalência dos benefícios e serviços às populações urbanas e rurais, seletividade e distributividade na prestação dos benefícios e serviços, irredutibilidade do valor dos benefícios, equidade na forma de participação no custeio, diversidade da base de financiamento e caráter democrático e descentralizado da administração, mediante gestão quadripartite, com participação dos trabalhadores, dos empregadores, dos aposentos e do Governo nos órgãos colegiados. O art. 195, § 5º, da CF traz ainda a regra da obrigatoriedade da previsão da fonte de custeio para a criação, majoração ou extensão de qualquer benefício ou serviço.

Gabarito "C"

(Procurador de Contas TCE/ES – CESPE – 2009) Em relação às disposições constitucionais relativas à previdência social, assinale a opção correta.

(A) É assegurada aposentadoria por idade no RGPS aos 65 anos de idade, se homem, e 60 anos de idade, se mulher, reduzido em cinco anos o limite para os professores de ambos os sexos.

(B) É assegurada aposentadoria por tempo de contribuição no RGPS aos 35 anos de contribuição, se homem, e 30 anos de contribuição, se mulher, reduzido tal prazo em cinco anos para os trabalhadores rurais e para os que exerçam suas atividades em regime de economia familiar.

(C) O sistema de inclusão previdenciária dos trabalhadores de baixa renda deve ter alíquotas e carências inferiores às vigentes para os demais segurados do RGPS.

(D) Segundo previsão constitucional, exceto na hipótese de profissionais da saúde, é vedada a filiação ao RGPS, na qualidade de segurado facultativo, de pessoa participante de regime próprio de previdência.

(E) As contribuições do empregador, os benefícios e as condições contratuais previstas nos estatutos, regulamentos e planos de benefícios das entidades de previdência privada integram o contrato de trabalho e a remuneração dos participantes.

A: incorreta, pois a redução em cinco anos para os professores refere-se apenas ao tempo de contribuição, não à idade – art. 201, § 7º, I e § 8º, da CF; **B:** assertiva incorreta, pois a redução em cinco anos para os trabalhadores rurais e para os que exercem suas atividades em regime de economia familiar refere-se exclusivamente à idade, não ao tempo de contribuição – art. 201, § 7º, II, da CF; **C:** assertiva correta, pois reflete o disposto no art. 201, § 13, da CF; **D:** incorreta, pois não há essa exceção à vedação de filiação do participante de regime próprio de previdência ao RGPS – art. 201, § 5º, da CF; **E:** incorreta, pois as contribuições do empregador, os benefícios e as condições contratuais previstas nos estatutos, regulamentos e planos de benefícios das entidades de previdência privada **não integram** o contrato de trabalho dos participantes, assim como, à exceção dos benefícios concedidos, **não integram** a remuneração dos participantes, nos termos da lei – art. 202, § 2º, da CF.

Gabarito "C"

(Procurador do Estado/CE – 2008 – CESPE) A seguridade social deve ser compreendida como um sistema que procura solucionar riscos sociais que evidenciam necessidades específicas capazes de provocar graves desequilíbrios que comprometam a ordem social. Com relação à seguridade social brasileira, assinale a opção correta.

(A) A Lei Eloi Chaves é apontada como o marco inaugural da previdência social no Brasil, por ter sido a primeira iniciativa do poder público que visava amparar os trabalhadores contra os riscos sociais. Ela foi criada como seguro social e de acordo com o modelo bismarquiano.

(B) As instituições privadas têm livre acesso à prestação de serviços de assistência na área de saúde, e participam de forma complementar ao sistema único, sendo vedada, entretanto, a destinação de recursos públicos para auxílios ou subvenções para essas instituições.

(C) Em obediência ao princípio da igualdade, corolário da dignidade da pessoa humana, não é possível a adoção de requisitos diferenciados para concessão de aposentadoria aos beneficiários do regime geral de previdência social.

(D) A previdência social pública brasileira organiza-se basicamente em regimes próprios, destinados aos servidores públicos titulares de cargos efetivos, e regime geral, de caráter contributivo e de filiação obrigatória para os demais trabalhadores. Este, entre outros riscos sociais, dá cobertura aos eventos de doença, invalidez, morte, idade avançada e desemprego involuntário.

(E) O legislador constituinte originário, com objetivo de dar maior abrangência e cuidado possíveis à questão dos riscos sociais, estabeleceu que as ações presentes no Título da Ordem Social, da Constituição Federal, corresponderiam às iniciativas dos poderes públicos e da sociedade para proteção do direito ao bem-estar e da justiça social, representados pelas ações que integram a seguridade social.

A: incorreta. Embora seja marco da legislação securitária, não se trata da "primeira iniciativa do poder público", pois houve normas anteriores relativas a acidentes do trabalho, por exemplo; **B:** incorreta. É vedada a destinação de recursos públicos para auxílios ou subvenções apenas às instituições privadas com fins lucrativos – art. 199, § 2º, da CF; **C:** incorreta. Há igualdade quanto aos requisitos para aposentadoria, ressalvados os casos de atividades exercidas sob condições especiais que prejudiquem a saúde ou a integridade física e quando se tratar de segurados portadores de deficiência, nos termos definidos em lei complementar – art. 201, § 1º, da CF; **D:** correta (arts. 40 e 201 da CF); **E:** incorreta. Apenas o Capítulo II desse Título da CF (Da Ordem Social) cuida da seguridade social, os demais tratam da educação, da cultura, dos esportes (Capítulo III), da ciência e tecnologia (Capítulo IV), da comunicação social (Capítulo V), do meio ambiente (Capítulo VI), da família, da criança, do adolescente, do jovem e do idoso (Capítulo VII) e dos índios (Capítulo VIII).

Gabarito "D"

(Procurador do Estado/CE – 2008 – CESPE) Acerca das normas constitucionais relacionadas ao custeio da seguridade social, assinale a opção correta.

(A) Com o objetivo de incentivar a criação de empregos, a Constituição Federal eliminou qualquer restrição de acesso a benefícios fiscais ou creditícios, inclusive para empresas que estejam em débito com a seguridade social.

(B) Considerando os sucessivos déficit nas contas da previdência social, apesar da elevada carga tributária, a Constituição autoriza a instituição de novas fontes de custeio, desde que isso seja feito por lei complementar.

(C) As leis que criam as contribuições que financiam a seguridade social devem observar o chamado princípio da anterioridade nonagesimal, isto é, somente podem ser exigidas após decorridos noventa dias da data da publicação da lei que as houver instituído ou modificado. Além disso, tais normas não podem ser cobradas no mesmo exercício financeiro em que forem publicadas.

(D) A questão previdenciária tornou-se, nos últimos anos, fonte de preocupação constante em relação à necessidade de maior cobertura possível. Nesse sentido, o próprio texto constitucional estabelece norma programática com o objetivo de alcançar os trabalhadores de baixa renda, bem como as donas de casa, autorizando a aplicação de alíquotas menores sem alterar, entretanto, os prazos de carência.

(E) Uma das principais fontes de renúncia fiscal que, de certa forma, agrava o déficit nas contas previdenciárias é a imunidade concedida às instituições de educação e de assistência social, estas, sem fins lucrativos.

A: incorreta. Empresas em débito com a seguridade social não podem receber benefícios ou incentivos fiscais ou creditícios – art. 195, § 3º, da CF; **B:** correta (art. 195, § 4º, da CF); **C:** incorreta. As contribuições previdenciárias não se submetem à anterioridade comum, mas apenas à nonagesimal, ou seja, podem ser exigidas no mesmo exercício em que publicada a lei respectiva, observado o prazo mínimo de noventa dias – art. 195, § 6º, da CF; **D:** incorreta. O art. 201, § 13, da CF prevê também carências menores para esses beneficiários; **E:** incorreta. A imunidade (o texto constitucional usa o termo "isenção") abrange apenas as entidades beneficentes de assistência social que atendam às exigências estabelecidas em lei – art. 195, § 7º, da CF.

Gabarito "B"

(Procurador do Estado/ES – 2008 – CESPE) A seguridade social compreende um conjunto de ações destinadas a assegurar a saúde, a previdência e a assistência social. Sua organização pelo poder público, por meio de lei, deve observar alguns objetivos. Acerca da base para a organização da seguridade social, conforme previsto na Constituição brasileira, julgue os próximos itens.

(1) A seletividade e a distributividade dos benefícios e dos serviços da seguridade social referem-se à capacidade individual contributiva dos possíveis beneficiários, que determina a aptidão para usufruírem prestações da seguridade social.

(2) A administração da seguridade social possui caráter democrático mediante gestão quadripartite, com a participação dos trabalhadores, dos empregadores, dos aposentados e do governo nos órgãos colegiados.

1: Art. 194, parágrafo único, III, da CF. A seletividade refere-se à seleção (realizada pelo legislador) das necessidades básicas que serão atendidas pela seguridade social. Distributividade refere-se à justiça social advinda da distribuição solidária de recursos (dos que mais têm aos que mais necessitam). **2:** Art. 194, parágrafo único, VII, da CF.

Gabarito 1E, 2C

(Procurador do Município/Natal-RN – 2008 – CESPE) Acerca do entendimento sumulado do STF no que se refere ao direito previdenciário, assinale a opção **incorreta**.

(A) Prescrição e decadência de crédito tributário são matérias que deverão ser regulamentadas por LC.

(B) É legítima a incidência de contribuição previdenciária sobre o décimo terceiro salário.

(C) Compete à justiça federal processar e julgar os litígios decorrentes de acidente do trabalho.

(D) A imunidade tributária conferida pela CF a instituições de assistência social sem fins lucrativos somente alcança as entidades fechadas de previdência social privada se não houver contribuição dos beneficiários.

A: correta – Súmula Vinculante nº 8 do STF; **B:** correta – Súmula nº 688 do STF; **C:** incorreta, devendo ser assinalada. A competência é da Justiça Estadual. Esse entendimento está sumulado pelo STJ (Súmula nº 15), não pelo STF; **D:** correta – Súmula nº 730 do STF.

Gabarito "C"

(Procurador do Município/Natal-RN – 2008 – CESPE) Quanto às disposições constitucionais da seguridade social, assinale a opção correta.

(A) A seguridade social compreende um conjunto integrado de ações de iniciativa dos poderes públicos e da sociedade destinadas a assegurar os direitos relativos à saúde, à previdência e à assistência social, sendo certo que o acesso a tais direitos ocorre mediante contribuição do beneficiário.

(B) Constitui um dos objetivos da assistência social a garantia de um salário mínimo de benefício mensal ao portador de deficiência e ao idoso que comprovem não possuir meios de prover a própria manutenção ou de tê-la provida por sua família, conforme dispuser a lei.

(C) O regime de previdência privada, de caráter complementar e organizado de forma autônoma em relação ao RGPS, é de filiação obrigatória, embasado na constituição de reservas que garantam o benefício contratado e regulado por LC.

(D) A lei deve dispor sobre as condições e os requisitos que facilitem a remoção de órgãos, tecidos e substâncias humanas para fins de transplante, pesquisa e tratamento, bem como a coleta, o processamento e a transfusão de sangue e seus derivados, permitindo-se a comercialização para o exterior.

A: incorreta. Dentre as três esferas que compõem a seguridade social (saúde, previdência social e assistência social), apenas a Previdência tem caráter contributivo. A saúde é garantida a todas as pessoas, sem exceção, e a assistência social a todos aqueles que cumpram os requisitos estabelecidos em lei; **B:** correta, nos termos do art. 203, V, da CF; **C:** incorreta. A previdência complementar é facultativa (art. 202 da CF); **D:** incorreta. É vedada qualquer forma de comercialização de órgãos, tecidos ou substâncias humanas (art. 199, § 4º, in fine, da CF).

Gabarito "B"

(Procuradoria Federal – 2007 – CESPE) Julgue os itens seguintes.

(1) Assistência social é a política social que provê o atendimento das necessidades básicas, traduzidas em proteção à família, à maternidade, à infância, à adolescência, à velhice e à pessoa portadora de deficiência, independentemente de contribuição à seguridade social.

(2) A seguridade social obedece aos princípios da seletividade e da distributividade na prestação dos benefícios e serviços.

1: Art. 203 da CF. **2:** Art. 194, parágrafo único, III, da CF.

Gabarito 1C, 2C

(Procurador da Fazenda Nacional – 2007.2 – ESAF) Nos termos da Constituição Federal, a contribuição para a seguridade social

(A) não está vinculada ao princípio constitucional da anterioridade. Entretanto, só pode ser exigida 90 dias após sua criação.

(B) não está vinculada ao princípio constitucional da anterioridade. Entretanto, só pode ser exigida 30 dias após sua criação.

(C) está vinculada ao princípio constitucional da anterioridade. Entretanto, só pode ser exigida 60 dias após sua criação.

(D) está vinculada ao princípio constitucional da anterioridade. Entretanto, só pode ser exigida 30 dias após sua criação.

(E) não está vinculada ao princípio constitucional da anterioridade, nem a qualquer outra limitação temporal.

Art. 195, § 6º, da CF – a contribuição social submete-se apenas à anterioridade nonagesimal.

Gabarito "A"

(Procurador da Fazenda Nacional – 2007.2 – ESAF) Com relação aos Regimes de Financiamento da Previdência Social e da Previdência Complementar, a saber: regime de repartição simples e regime de capitalização, julgue os itens abaixo considerando o disposto no Título VIII – Da Ordem Social na Constituição de 1988 e na legislação federal pertinente.

I. No Regime de Repartição Simples, não há formação de poupança individual.

II. No Regime de Capitalização, a contribuição atual determina o valor do benefício futuro dos próprios agentes.

III. No Regime de Repartição Simples, previsto para o regime próprio dos servidores públicos, há alíquotas de contribuição mínima.

IV. No Regime de Capitalização, não há possibilidade de apropriação coletiva de sobras atuariais individuais.

(A) Somente I e IV estão incorretos.

(B) Somente I está incorreto.

(C) Todos estão corretos.

(D) Somente II e III estão corretos.

(E) Somente II e IV estão incorretos.

O regime geral (RGPS – art. 201 da CF) estrutura-se pelo regime de repartição simples, em que não há formação de poupanças individuais, pois as contribuições dos trabalhadores ativos custeiam as aposentadorias dos inativos. O regime próprio dos servidores adota, como regra, o regime de repartição, em que há valor mínimo para as contribuições – art. 149, § 1º, da CF. A previdência complementar (art. 202 da CF) adota o regime de capitalização, em que as contribuições de cada segurado formam poupança que custeará seus benefícios. Por essa razão, não há garantia do valor do benefício, que dependerá do montante individualmente capitalizado – art. 40, § 15, *in fine*, da CF.

Gabarito "C"

(Procurador da Fazenda Nacional – 2007 – ESAF) À luz da Previdência Social definida na Constituição Federal e na legislação infraconstitucional, julgue os itens abaixo.

I. No Brasil, existe mais de um sistema de previdência. O sistema público caracteriza-se por ter filiação compulsória. O sistema privado caracteriza-se por ter filiação facultativa.

II. O sistema de previdência privada não tem natureza constitucional, estando regulado totalmente em normas infraconstitucionais.

III. As entidades de previdência privada podem sofrer intervenção ou liquidação.

IV. Toda entidade de previdência privada goza de imunidade tributária concedida às instituições de assistência social.

(A) Todos estão corretos.

(B) Somente I está incorreto.

(C) I e IV estão incorretos.

(D) I e III estão corretos.

(E) III e IV estão incorretos.

I e II: a Constituição fixa regras específicas para o regime próprio dos servidores (art. 40 da CF) e para o regime geral (RGPS – art. 201 da CF), além da previdência privada complementar (art. 202 da CF); **III:** art. 42 da LC 109/2001; **IV:** a imunidade tributária conferida à instituições de assistência social sem fins lucrativos (art. 150, VI, *c*, da CF) somente alcança as entidades fechadas de previdência social privada se não houver contribuição dos beneficiários – Súmula 730/STF.

Gabarito "D"

(Procurador da Fazenda Nacional – 2006 – ESAF) De acordo com a Constituição Federal de 1988, a Seguridade Social compreende um conjunto de ações de iniciativa dos Poderes Públicos e da sociedade, destinadas a

(A) assegurar os direitos relativos à previdência, assistência social e à educação, tendo como princípio, entre outros, a diversidade da base de financiamento.

(B) assegurar os direitos relativos à saúde, à assistência social e à previdência, tendo como princípio, entre outros, a diversidade da base de financiamento.

(C) assegurar os direitos relativos à previdência, assistência social, saúde e educação, tendo como princípio, entre outros, a diversidade da base de financiamento.

(D) assegurar os benefícios previdenciários e o direito à assistência social, independentemente da equidade na forma de participação no custeio, tendo como princípio, entre outros, a diversidade da base de financiamento.

(E) assegurar os direitos relativos à saúde, à assistência social e à educação, tendo como princípio, entre outros, a diversidade da base de financiamento.

Correta a alternativa "B", nos termos do art. 194 da CF.

Gabarito "B"

(Procurador da Fazenda Nacional – 2006 – ESAF) Quanto aos princípios constitucionais da Seguridade Social, é correto afirmar:

(A) a universalidade da cobertura e do atendimento significa a cobertura de todos os riscos, chamados riscos sociais, que podem atingir as pessoas que vivem em sociedade e que todos os residentes e domiciliados no território nacional – brasileiros e estrangeiros – devem ser atendidos pelo Sistema de Seguridade Social.

(B) a seletividade refere-se à escolha dos beneficiários que serão atendidos pelo Sistema da Seguridade Social, enquanto que a distributividade define o papel de distribuição efetiva de renda reconhecido à Seguridade Social.

(C) o princípio da irredutibilidade do valor dos benefícios, segundo a orientação do Supremo Tribunal Federal, significa a irredutibilidade do valor real, protegendo-os do fenômeno inflacionário.

(D) o princípio da uniformidade e equivalência dos benefícios e serviços às populações urbanas e rurais não abrange o valor econômico dos benefícios do trabalhador rural, que podem ser menores em razão das características do trabalho desenvolvido, conforme legislação própria.

(E) a garantia do caráter democrático e descentralizado da administração é o princípio materializado na gestão tripartite – empregadores, aposentados e Governo – nos órgãos colegiados.

A: correta. Enquanto a universalidade de cobertura preocupa-se com os riscos inerentes à vida em sociedade, a universalidade de atendimento volta-se à proteção do maior número possível de pessoas; **B:** incorreta. A seletividade relaciona-se com os benefícios e serviços que serão criados, devendo ser estabelecidos primeiro aqueles mais urgentes e que atenderão ao maior número de pessoas. A distributividade, realmente, cuida da melhor distribuição de renda possível por meio de benefícios e serviços da Seguridade Social; **C:** incorreta. A irredutibilidade abrange, também, a impossibilidade de reduzir-se o valor nominal dos benefícios; **D:** incorreta. A equivalência dos benefícios impõe que, efetuadas as contribuições nos mesmos montantes, trabalhadores urbanos e rurais têm direito a benefícios de mesmo valor; **E:** incorreta. A gestão da Seguridade Social é quadripartite, com representantes do Governo, trabalhadores, empregadores e aposentados nos órgãos colegiados.

Gabarito "A"

(Procurador da Fazenda Nacional – 2004 – ESAF) (Adaptada) Considerando os princípios constitucionais que informam a Seguridade Social, assinale a opção <u>incorreta</u>.

(A) Como expressão do princípio da universalidade da cobertura, a Seguridade Social deve ser organizada para garantir seus benefícios a todos os residentes no país, sem distinções de quaisquer naturezas, desde que atendidos os requisitos previstos em lei.

(B) Por força do princípio da universalidade do atendimento, a prestação dos serviços de saúde a cargo da Seguridade Social é garantida a todos, independentemente do pagamento de contribuições.

(C) O princípio da uniformidade e equivalência dos benefícios às populações urbanas e rurais veda a concessão de benefícios diferenciados para cada qual das populações citadas, ainda que justificados por circunstâncias particulares e objetivas.

(D) O princípio da seletividade na prestação de serviços e benefícios corresponde à noção de que compete ao legislador considerar critérios equitativos de solidariedade e justiça social e as possibilidades econômico-financeiras do sistema para definir quais benefícios serão concedidos a determinados grupos de pessoas, em razão de suas especificidades.

(E) À luz dos princípios da isonomia e da equidade na forma de participação do custeio das atividades da Seguridade Social, ao legislador é possível fixar, para as empresas ou entidades a ela equiparadas, alíquotas ou bases de cálculo diferenciadas, em razão da atividade econômica desenvolvida.

Todas as alternativas trazem o conceito correto dos princípios que mencionam, exceto a alternativa "A". O princípio da universalidade da cobertura refere-se às contingências protegidas pela Seguridade Social, sendo seu objetivo proteger o cidadão de tudo aquilo que possa reduzir ou suprimir as condições de uma vida digna. A alternativa descreve o princípio da universalidade do atendimento.

Gabarito "A"

(Advogado da União/AGU – CESPE – 2012) Com base na jurisprudência do STF, julgue os itens a seguir, acerca da seguridade social.

(1) Apesar de a Emenda Constitucional n.º 20/1998 ter estabelecido um limite máximo para o valor dos benefícios do RGPS, esse teto não se aplica ao salário-maternidade da segurada empregada, devendo o valor do benefício, nesse caso, corresponder à integralidade da remuneração da empregada, e cabendo à previdência social o seu pagamento, salvo no tocante à prorrogação por sessenta dias da licença-maternidade, cujo pagamento ficará a cargo do empregador.

(2) Em face do princípio constitucional da irredutibilidade do valor dos benefícios previdenciários, a aplicação de novos critérios de cálculo mais benéficos estabelecidos em lei deve ser automaticamente estendida a todos os benefícios cuja concessão tenha corrido sob regime legal anterior.

(3) Como o direito à proteção da seguridade social, no Brasil, é garantido apenas aos segurados de um dos regimes previdenciários previstos em lei, o indivíduo que não contribui para nenhum desses regimes não faz jus à referida proteção.

1: incorreta. O salário-maternidade não se submete ao teto dos demais benefícios do RGPS, porém encontra também um limite máximo previsto no art. 248 da CF, segundo o qual nenhum benefício pago à conta do Tesouro Nacional será maior que o valor do subsídio dos Ministros do Supremo Tribunal Federal; **2:** incorreta. A situação narrada não se relaciona com o princípio da irredutibilidade dos benefícios. Segundo esse preceptivo, os benefícios não podem ter seus valores reduzidos (irredutibilidade nominal) e devem ser reajustados anualmente de forma a preservar-lhes o poder aquisitivo (irredutibilidade real). Além disso, não há a aludida extensão automática dos benefícios, porque nenhum deles poderá ser criado, majorado ou estendido sem a previsão da respectiva fonte de custeio total (art. 195, § 5º, da CF); **3:** incorreta. A seguridade social é o gênero que reúne três espécies de serviço público: saúde, previdência social e assistência social. Dentre eles, apenas a previdência social tem caráter contributivo, de forma que as outras duas esferas da seguridade (saúde e assistência social) serão prestadas independentemente de pagamento de contribuições.

Gabarito 1E, 2E, 3E

(ADVOGADO – CEF – 2012 – CESGRANRIO) O princípio da solidariedade é um princípio securitário de suma importância, pois

(A) permite que qualquer pessoa possa participar da proteção social patrocinada pelo Estado.

(B) permite a participação da sociedade na organização e no gerenciamento da seguridade social, mediante gestão quadripartite, com a participação de trabalhadores, empregadores, aposentados e governo.

(C) permite a proteção coletiva, na qual as pequenas contribuições individuais geram recursos suficientes para a criação de um manto protetor sobre todos, viabilizando a concessão de prestações previdenciárias em decorrência de eventos preestabelecidos.

(D) impede a insegurança do sistema previdenciário, pois a sua base de financiamento deve ser a mais variada possível, de modo que as oscilações setoriais não venham a comprometer a arrecadação de contribuições.

(E) impede a redução do valor do benefício pago, a fim de evitar o prejuízo aos beneficiários da Previdência Social.

A: incorreta, pois a assertiva refere-se ao princípio da universalidade de atendimento; **B:** incorreta, pois a assertiva refere-se ao caráter democrático da gestão da seguridade social; **C:** correta. Com efeito, o princípio da solidariedade baseia-se no fato daqueles que detêm maior capacidade econômica contribuírem para o custeio da seguridade social, que buscará auxiliar aqueles que, por razões permanentes ou transitórias, não puderem suprir a própria sobrevivência; **D:** incorreta. A assertiva está relacionada com o princípio da diversidade da base de financiamento; **E:** incorreta, pois refere-se ao princípio da irredutibilidade dos benefícios.

Gabarito "C"

(ADVOGADO – EMBRAPA – 2005 – CESPE) Quanto à seguridade social, julgue os itens a seguir.

(1) A seguridade social compreende um conjunto integrado de ações de iniciativa dos poderes públicos e da sociedade, destinadas a assegurar os direitos relativos à saúde, à previdência, à assistência social e à educação.

(2) A seguridade social será financiada por toda a sociedade, de forma direta e indireta, mediante recursos provenientes dos orçamentos da União, dos estados, do Distrito Federal e dos municípios e, entre outras contribuições sociais, a do importador de bens ou serviços do exterior.

(3) Considere que Maria, de 70 anos de idade, não tenha família nem possua meios para a sua própria manutenção. Ela pleiteou junto ao INSS a concessão de benefício de um salário mínimo mensal para a sua subsistência. Nessa situação, para que seu pedido seja deferido, Maria terá de comprovar que contribuiu, pelo menos por um ano, para a seguridade social.

1: incorreta. A educação não está compreendida no âmbito da seguridade social (art. 194 da CF); **2:** correta, nos termos do art. 195 da CF; **3:** incorreta. O benefício de prestação continuada, previsto para idosos e portadores de deficiência que não tenham condições de prover a própria subsistência, no valor de um salário-mínimo mensal tem como fundamento a assistência social, acessível a todos que dela precisem independentemente de contribuições (art. 203, V, da CF).

Gabarito 1E; 2C; 3E.

2. CUSTEIO E CONTRIBUIÇÕES SOCIAIS

(Procurador/DF – 2013 – CESPE) Acerca da seguridade social, julgue os itens a seguir.

(1) A inclusão do cônjuge, pelo servidor público, como seu dependente para fins previdenciários independe da indicação de fonte de custeio.

(2) O legislador comum, fora das hipóteses expressamente indicadas na CF, pode valer-se da progressividade na definição das alíquotas pertinentes à contribuição de seguridade social devida por servidores públicos em atividade, uma vez que a previsão constitucional das referidas hipóteses não é taxativa.

1: correta, pois esse é direito legalmente garantido. O que exige indicação prévia da fonte de custeio total é a criação de um novo benefício – art. 195, § 5º, da CF; **2:** incorreta, pois o STF tem interpretação restritiva do disposto no art. 145, § 1º, da CF, restringindo a progressividade aos impostos de caráter pessoal e às hipóteses expressas no texto constitucional – ver Súmula 668/STF.

Gabarito 1C, 2E

(Procurador/DF – 2013 – CESPE) Acerca de institutos diversos de direito previdenciário, julgue o item subsequente.

(1) Lei ordinária poderá determinar que sócios das empresas por cotas de responsabilidade limitada respondam, solidariamente, com seus bens pessoais, pelos débitos junto à seguridade social, uma vez que não se trata de matéria reservada a lei complementar.

1: incorreta, pois o STF fixou entendimento de que não é possível lei ordinária criar essa responsabilidade solidária, fora dos parâmetros fixados pela lei complementar (art. 135, III, do CTN, especificamente), julgando inconstitucional o disposto no art. 13 da Lei 8.620/1993 – ver RE 562.276/PR.

Gabarito 1E

(Procurador do Município/Aracaju – 2008 – CESPE) Julgue os itens subsequentes, relacionados à seguridade social e a seu custeio.

(1) A positivação do modelo de seguridade social na ordem jurídica nacional ocorreu a partir da Constituição de 1937, seguindo o modelo do bem-estar social, em voga na Europa naquele momento. No caso brasileiro, as áreas representativas dessa forma de atuação são saúde, assistência e previdência social.

(2) De acordo com o sistema de financiamento criado pela Constituição de 1988, as despesas previdenciárias urbanas não podem ser custeadas pelas contribuições devidas pelas empresas cujo fato gerador seja a aquisição de produção rural de pessoas físicas que exercem atividade individualmente ou em regime de economia familiar, pois a fonte de custeio desses segurados, ditos especiais, é específica.

1: A Constituição do Estado Novo (1937) pouco dispôs a respeito da matéria, referindo-se, sucintamente, ao "seguro social". **2:** A Constituição Federal não fixa essa vedação quanto à fonte de custeio – arts. 165, § 5º, III, e 195.

Gabarito 1E, 2E

(Procurador da Fazenda Nacional – 2007.2 – ESAF) Na organização do Regime Geral da Previdência Social, o custeio é parte intimamente relacionada à tributação. As contribuições sociais, espécie do gênero tributo, são detalhadas na legislação federal previdenciária. Nesse sentido, analise a situação-problema abaixo e assinale a assertiva correta. Carlos, advogado autônomo, que possui escritório no qual trabalham uma secretária e um *office boy*, nega-se a pagar a contribuição previdenciária da empresa incidente sobre a folha de salários mensal.

(A) A posição assumida por Carlos encontra-se amparada pela Lei n. 8.212/91, uma vez que Carlos é advogado pessoa física.

(B) Carlos deve contribuir como trabalhador e empresa.

(C) Carlos contribui somente sobre os valores auferidos com o seu trabalho de contribuinte individual autônomo.

(D) Perante a Previdência, Carlos contribui como trabalhador e não como empresa.

(E) Carlos é empregador, mas não é empresa perante o fisco previdenciário.

Carlos é contribuinte individual (art. 12, V, *h*, do PCSS) e equiparado a empresa, com relação aos segurados que lhe prestam serviços – art. 15, parágrafo único, do PCSS. Deve, portanto, recolher contribuição social como contribuinte individual e também como empresa.

Gabarito "B"

(Procurador do Estado/RR – 2006 – FCC) O financiamento da Seguridade Social, incluindo a assistência social,

(A) é tripartite, a cargo do Poder Público, das empresas e dos trabalhadores.

(B) compete às empresas e aos trabalhadores, mediante as contribuições obrigatórias ao Regime Geral de Previdência Social.

(C) consiste nas contribuições das empresas, dos segurados e na renda líquida das loterias federais.

(D) compete à União, com recursos do respectivo orçamento fiscal.

(E) cabe a toda a sociedade, direta e indiretamente.

O art. 195 da CF dispõe que a seguridade social será financiada por toda a sociedade, de forma direta e indireta, nos termos da lei, mediante recursos provenientes dos orçamentos da União, dos Estados, do Distrito Federal e dos Municípios, e das contribuições sociais indicadas em seus incisos.

Gabarito "E"

(PROCURADOR DO ESTADO/MG – FUMARC – 2012) Assinale a alternativa que completa corretamente a seguinte frase:

"Não integram o salário de contribuição nos termos da Lei nº 8.212, de 24 de julho de 1991, EXCETO ______."

(A) o salário maternidade;

(B) as importâncias recebidas a título de férias indenizadas e respectivo adicional constitucional;

(C) os proventos de aposentadoria por tempo de contribuição;

(D) as importâncias recebidas a título de licença-prêmio indenizada;

(E) o abono do Programa de Integração Social-PIS e do Programa de Assistência ao Servidor Público-PASEP.

A única alternativa que contempla verba recebida pelo trabalhador que integra o salário de contribuição, nos termos do art. 28, § 9º, "a", do PCSS, é o salário-maternidade.

Gabarito "A"

(Procurador do Estado/MG – 2007) Estão compreendidas nas formas de financiamento da seguridade social:

(A) as contribuições do empregador e da empresa, estas incidentes sobre o lucro e sobre o faturamento.

(B) contribuições do trabalhador.

(C) a receita de concursos de prognósticos.

(D) todas as alternativas acima estão corretas.

Todas as alternativas trazem fontes de custeio da seguridade social, nos termos do art. 195 da CF.

Gabarito "D"

(Procurador do Estado/MT – FCC – 2011) Em relação ao financiamento da Seguridade Social, é correto afirmar:

(A) A Seguridade Social será financiada por toda a sociedade, de forma direta e indireta, mediante recursos provenientes apenas da União e dos Estados e, em certos casos, também de contribuições sociais.

(B) No âmbito federal, o orçamento da Seguridade Social é composto de receitas, provenientes da União, dos Estados, das contribuições sociais e de receitas de outras fontes.

(C) Constituem contribuições sociais, as das empresas, incidentes sobre a remuneração paga ou creditada aos segurados a seu serviço, com exceção das microempresas.

(D) Entre as contribuições sociais encontramos as dos empregadores domésticos.

(E) Figuram também entre as contribuições sociais as incidentes sobre a receita de concursos de prognósticos e do imposto de importação.

A: incorreta. A seguridade social será financiada, de forma indireta, com recursos da União, dos Estados, do Distrito Federal e dos Municípios e, de forma direta, pela receita das contribuições sociais (art. 195 da CF); **B:** incorreta. As receitas provenientes dos Municípios também integram o orçamento da seguridade social (art. 195, § 1º, da CF); **C:** incorreta. As microempresas também são contribuintes da seguridade social. A única diferença reside que, naquelas optantes do SIMPLES, o recolhimento de sua contribuição está inserido na alíquota única que caracteriza esse sistema de arrecadação; **D:** correta, conforme previsto no art. 24 do PCSS; **E:** incorreta. O imposto de importação não é receita da seguridade social. O art. 195, IV, da CF prevê como fonte de custeio a contribuição do importador, mas essa se dá mediante o pagamento das contribuições sociais do PIS e da COFINS incidentes sobre a operação de importação.

Gabarito "D"

(PROCURADOR DO ESTADO/RS – FUNDATEC – 2010) Assinale a alternativa incorreta:

(A) Compete exclusivamente à União instituir contribuição social para o custeio do Regime Geral de Previdência Social.

(B) Os Estados, o Distrito Federal e os Municípios podem instituir contribuição a ser cobrada de seus servidores, para o custeio, em benefício destes, de regime próprio de previdência.

(C) A contribuição social de Seguridade Social só pode ser exigida 90 (noventa) dias após a data da publicação da lei que a instituiu ou modificou.

(D) É vedada à União, aos Estados, ao Distrito Federal e aos Municípios a cobrança de contribuição social de Seguridade Social no mesmo exercício financeiro em que haja sido publicada a lei que a instituiu ou aumentou.

(E) As entidades beneficentes de assistência social, desde que atendidas as exigências estabelecidas em lei, são isentas de contribuição para a Seguridade Social.

A: correta, nos termos do art. 149 da CF; **B:** correta, nos termos do art. 149, § 1º, da CF; **C:** correta, nos termos do art. 195, § 6º, da CF; **D:** incorreta, devendo ser assinalada. Nos termos do art. 195, § 6º, da CF, não se aplica às contribuições sociais a anterioridade de exercício prevista no art. 150, III, "b", da Carta Magna; **E:** correta, conforme previsto no art. 195, § 7º, da CF. Não custa ressaltar que o preceptivo constitucional apresenta um deslize técnico, pois não se trata de isenção, mas sim de imunidade.

Gabarito "D"

(Procurador Federal – 2010 – CESPE) Em relação ao custeio da seguridade social, julgue os itens a seguir.

(1) Se, no exame da escrituração contábil e de qualquer outro documento da empresa, a fiscalização constatar que a contabilidade não registra o movimento real de remuneração dos segurados a seu serviço, do faturamento e do lucro, serão apuradas, por aferição indireta, as contribuições efetivamente devidas, cabendo, no entanto, ao Instituto Nacional do Seguro Social a prova da irregularidade, sob pena de violação do postulado do devido processo legal.

(2) O STF decidiu que a cobrança da contribuição ao Seguro Acidente de Trabalho (SAT) incidente sobre o total das remunerações pagas tanto aos empregados quanto aos trabalhadores avulsos é ilegítima.

(3) É desnecessária a edição de lei complementar para a majoração de alíquota da contribuição para o financiamento da seguridade social. O conceito de receita bruta sujeita à incidência dessa contribuição envolve não só aquela decorrente da venda de mercadorias e da prestação de serviços, como também a soma das receitas oriundas do exercício de outras atividades empresariais.

1: incorreta, pois, no caso, cabe à empresa o ônus da prova em contrário – art. 33, § 6º, do Plano de Custeio da Seguridade Social – PCSS (Lei 8.212/1991); **2:** assertiva incorreta, pois o STF entendeu que essa cobrança é **legítima** – ver RE 450.061 AgR/MG; **3:** assertiva correta, pois reflete o entendimento do STF – ver RE 487.475 AgR/RJ e RE 371.258 AgR/SP.

Gabarito 1E, 2E, 3C

(Procurador Federal – 2010 – CESPE) No que concerne à legislação acidentária, ao benefício de prestação continuada previsto na Lei de Organização da Assistência Social e jurisprudência dos tribunais superiores, julgue o item seguinte.

(1) A alíquota da contribuição para o SAT deve corresponder ao grau de risco da atividade desenvolvida em cada estabelecimento da empresa, individualizado por seu CNPJ. Possuindo esta um único CNPJ, a alíquota da referida exação deve corresponder à atividade preponderante por ela desempenhada.

1: assertiva correta, pois reflete exatamente o entendimento jurisprudencial consolidado pela Súmula 351/STJ.

Gabarito 1C

(Procurador de Contas TCE/ES – CESPE – 2009) Em relação às contribuições destinadas à seguridade social e aos regimes de previdência, assinale a opção correta.

(A) As operações relativas a energia elétrica, a serviços de telecomunicações e a derivados de petróleo, combustíveis e minerais são imunes às contribuições representadas pela COFINS, pelo PIS e pelo FINSOCIAL.

(B) O STF fixou entendimento no sentido de que a contribuição destinada ao INCRA e ao FUNRURAL é devida apenas por empresa rural, porque se destina a cobrir os riscos aos quais está sujeita apenas a coletividade de trabalhadores do campo.

(C) O conceito de receita bruta sujeita à incidência da COFINS envolve apenas aquela decorrente da venda de mercadorias e da prestação de serviços, excluindo-se a soma das receitas oriundas do exercício de outras atividades empresariais.

(D) A norma constitucional segundo a qual nenhum benefício ou serviço da seguridade social poderá ser criado, majorado ou estendido sem a correspondente fonte de custeio total não se aplica aos planos privados de previdência social.

(E) A jurisprudência do STF é firme no sentido de afirmar a inexistência de direito adquirido a regime jurídico, motivo pelo qual não há direito à imunidade relativa a contribuições previdenciárias por prazo indeterminado, exceto quando o beneficiário comprovar as condições legalmente exigidas por três triênios consecutivos.

A: incorreta, pois não há imunidade, nesses casos; **B:** incorreta, pois o STF entende que a contribuição social não tem vinculação com o benefício, de modo que empresas urbanas devem recolher a contribuição ao Incra e ao Funrural – ver RE 211.442 AgR/SP; **C:** incorreta, pois o conceito de receita bruta sujeita à incidência da contribuição social a cargo da empresa envolve não só aquela decorrente da venda de mercadorias e da prestação de serviços, como também a soma das receitas oriundas do exercício de outras atividades empresariais – ver RE 371.258 AgR/SP; **D:** assertiva correta, nos termos dos arts. 195, § 5°, e 202 da CF; **E:** incorreta, pois o entendimento do STF não ressalva caso algum, nem mesmo a comprovação de condições a que se refere a assertiva – ver ADI 3.128/DF.

Gabarito "D"

(Procurador do Estado/CE – 2008 – CESPE) Com referência ao salário de contribuição, cada uma das opções a seguir apresenta uma situação hipotética, seguida de uma assertiva a ser julgada. Assinale a opção que apresenta a assertiva correta.

(A) Gilmar, em 2007, inscreveu-se facultativamente no RGPS. Nessa situação, o salário de contribuição de Gilmar deve seguir as faixas de salário-base, a exemplo do que ocorre com os contribuintes individuais.

(B) Telma é empregada doméstica e segurada da previdência social. Nessa situação, o salário de contribuição de Telma é o valor total recebido, incluindo os ganhos habituais na forma de utilidade, tais como alimentação e moradia.

(C) Genival foi demitido sem justa causa, tendo recebido da empresa todos os seus direitos. Nessa situação, em relação aos valores recebidos a título de aviso prévio, férias proporcionais e 13.° salário, também proporcional, não incide a contribuição previdenciária.

(D) Marcos trabalha em uma empresa que, entre outras vantagens, oferece programa de previdência complementar aberta, disponível a todos os empregados e dirigentes. Nessa situação, pelo fato de esses valores serem dedutíveis do imposto de renda da pessoa física beneficiária, a legislação previdenciária considera tais rubricas como salário de contribuição.

(E) Jéssica trabalha em uma empresa que paga vale-transporte em dinheiro. Nessa situação, os valores recebidos na condição de vale-transporte são considerados salário de contribuição.

A: incorreta. O salário de contribuição (base de cálculo) para o contribuinte facultativo é o valor por ele declarado, observados o mínimo e o máximo legal. Não se confunde com o salário de contribuição do contribuinte individual (que é a remuneração auferida no mês, observados os mesmos limites) – art. 28, IV, do PCSS; **B:** incorreta. O salário de contribuição (base de cálculo) para o empregado doméstico é o valor da remuneração registrada na CTPS (não inclui utilidades, como moradia e alimentação), observados o mínimo e o máximo legal – art. 28, II, do PCSS; **C:** incorreta. A contribuição previdenciária incide sobre as parcelas remuneratórias, como aviso prévio e 13° salário proporcional – art. 214, § 6°, do Decreto 3.048/1999; **D:** incorreta. Os valores pagos pela empresa, relativos à previdência complementar disponível a todos os empregados e dirigentes, não se submetem à contribuição previdenciária – art. 28, § 9°, *p*, do PCSS; **E:** correta. o vale-transporte pago em dinheiro submete-se à contribuição previdenciária – ver REsp 873.503/PR.

Gabarito "E"

(PROCURADOR DO ESTADO/RS – FUNDATEC – 2010) Considere as seguintes afirmações, segundo o que dispõe a Constituição Federal com relação ao financiamento da Seguridade Social, apontando aquela que está incorreta:

(A) Os recursos provenientes dos orçamentos da União, dos Estados, do Distrito Federal, dos Municípios e as contribuições sociais especificas financiam a Seguridade Social.

(B) Incide contribuição social sobre a receita de concursos de prognósticos.

(C) A pessoa jurídica em débito com o sistema de seguridade social não poderá contratar com o Poder Público, mas dele poderá receber incentivo fiscal.

(D) Não incide contribuição sobre os proventos de aposentadoria pagos pelo Regime Geral de Previdência Social.

(E) Incide contribuição social sobre a receita ou o faturamento e sobre o lucro das empresas.

A: correta, nos termos do art. 195 da CF; **B:** correta, nos termos do art. 195, III, da CF; **C:** incorreta, devendo ser assinalada. A pessoa jurídica em débito com a Seguridade Social não poderá contratar com o poder público nem receber incentivos fiscais ou creditícios (art. 195, § 3º, da CF); **D:** correta, nos termos do art. 195, II, in fine, da CF; **E:** correta, nos termos do art. 195, I, "b" e "c", da CF.

Gabarito "C"

(Procuradoria Federal – 2007 – CESPE) A respeito do custeio do RGPS e do salário de contribuição, julgue os itens subsequentes.

(1) Os valores do salário de contribuição serão reajustados na mesma época e com os mesmos índices que os do reajustamento dos benefícios de prestação continuada da previdência social.

(2) Considere que Maria receba salário-maternidade. Nessa situação, não haverá desconto da contribuição previdenciária do valor desse benefício.

1: correto (art. 20, § 1º, da PCSS). **2:** incorreto. O salário-maternidade é considerado salário de contribuição, ou seja, sujeita-se à incidência de contribuição previdenciária – art. 28, §§ 2º e 9º, *a, in fine*, do PCSS.

Gabarito 1C, 2E

(Procurador da Fazenda Nacional – 2007.2 – ESAF) O PIS (Programa de Integração Social) e o PASEP (Programa de Formação do Patrimônio do Servidor Público) foram instituídos, anteriormente à atual Constituição, para promover a integração do trabalhador na vida e no desenvolvimento da empresa. A respeito do PIS/PASEP, assinale a opção incorreta.

(A) É legítima a cobrança do PIS sobre as operações relativas a energia elétrica.

(B) É legítima a cobrança do PIS sobre as operações relativas a derivados de petróleo.

(C) A base de cálculo da contribuição do PIS/PASEP é o valor do faturamento.

(D) Os profissionais liberais são contribuintes do PIS/PASEP.

(E) O prazo para recolhimento do PIS é até o último dia útil da primeira quinzena do mês subsequente ao da ocorrência do fato gerador.

A: correto. As operações relativas à energia elétrica submetem-se à incidência do PIS/PASEP – art. 3º, IX, da Lei 10.637/2002; **B:** correto. As operações com derivados de petróleo sujeitam-se ao PIS/PASEP (somente as vendas de álcool para fins carburantes são excluídas – art. 1º, § 3º, IV, da Lei 10.637/2002); **C:** correto. art. 1º, § 2º, da Lei 10.637/2002; **D:** incorreto. o fato gerador do PIS/PASEP é o faturamento das pessoas jurídicas e equiparadas (há casos em que incide sobre folha de salário), não incluindo os profissionais liberais – art. 1º, *caput*, da Lei 10.637/2002 e art. 13 da MP 2.158-35/2001; **E:** correto. A assertiva indica norma revogada. Atualmente, o pagamento deve ser realizado até o vigésimo quinto dia do mês subsequente ao de ocorrência do fato gerador – art. 10 da Lei 10.637/2002 (redação dada pela Lei 11.933/2009).

Gabarito "D"

(Procurador da Fazenda Nacional – 2006 – ESAF) Quanto à diversidade da base de financiamento da Seguridade Social é incorreto afirmar que:

(A) toda a sociedade tem a incumbência de financiar a Seguridade Social, de forma direta ou indireta, nos termos da lei.

(B) os trabalhadores e demais segurados devem contribuir, não incidindo a contribuição sobre a aposentadoria e pensão concedidas pelo Regime Geral de Previdência Social de que trata o art. 201, da Constituição Federal de 1988.

(C) o importador de bens ou serviços está excluído do custeio da Seguridade Social em razão da inexistência de risco social a ser coberto na atividade que lhe é peculiar, além de não haver base de cálculo contemplada no art. 195, incisos I a IV, da Constituição Federal.

(D) a folha de salários e demais rendimentos do trabalho pagos ou creditados a pessoa física, a receita ou o faturamento e o lucro são bases de cálculo para as contribuições devidas pela empresa ou entidade a ela equiparada.

(E) a Seguridade Social receberá recursos dos orçamentos da União, Estados, Distrito Federal e Municípios.

A: correta (art. 195 da CF); **B:** correta (art. 195, II, da CF); **C:** incorreta, devendo ser assinalada (art. 195, IV, da CF); **D:** correta (art. 195, I, da CF); **E:** correta (art. 195, § 1º, da CF).

Gabarito "C"

(Procurador da Fazenda Nacional – 2006 – ESAF) Assinale a opção incorreta.

(A) Os direitos sociais a prestações da Seguridade Social estão sob a chamada "reserva do possível", sendo vedada a criação ou majoração de benefícios sem a correspondente fonte de custeio.

(B) Aplicam-se às contribuições da Seguridade Social as limitações constitucionais ao poder de tributar, excetuada a norma do art. 150, III, b, da Constituição Federal de 1988, por expressa previsão da anterioridade nonagesimal no art. 195, § 6º, da mesma Constituição.

(C) A instituição de outras fontes destinadas a garantir a manutenção ou expansão da Seguridade Social, que não aquelas previstas no art. 195, I a IV, da Constituição Federal de 1988, deverá obedecer ao disposto no art. 154, I, do texto constitucional, devendo ocorrer por meio de lei complementar.

(D) As contribuições sociais previstas no inciso I, do art. 195, da Constituição Federal de 1988, não poderão ter alíquotas ou bases de cálculo diferenciadas em razão da atividade econômica ou da utilização intensiva de mão de obra, porte da empresa ou da condição estrutural do mercado de trabalho.

(E) É vedada a concessão de remissão ou anistia das contribuições sociais de que tratam os incisos I, "a" e II, do art. 195, da Constituição Federal de 1988, para débitos em montante superior ao fixado em lei complementar.

A: correta. A jurisprudência acolhe, com ressalvas, a tese da "reserva do financeiramente possível", razão pela qual se instituiu a regra da previsão do custeio (art. 195, § 5º, da CF); **B:** correta, nos termos dos artigos indicados na alternativa; **C:** correta (art. 195, § 4º, da CF); **D:** incorreta, devendo ser assinalada (art. 195, § 9º, da CF); **E:** correta (art. 195, § 11, da CF).

Gabarito "D"

(Procurador da Fazenda Nacional – 2003 – ESAF) Considerando o conceito, organização e princípios constitucionais da seguridade social na Constituição Federal, julgue os itens abaixo.

I. Seguridade social vincula-se a um conjunto de ações independentes e estanques na área de saúde, previdência e assistência social.

II. Não há previsão constitucional de recursos financeiros para a seguridade social.

III. A contribuição social não constitui exação fiscal vinculada.

IV. Só as empresas contribuem para o financiamento da seguridade social.

(A) Todos estão incorretos.

(B) Somente I está incorreto.

(C) II e IV estão corretos.

(D) I e II estão corretos.

(E) III e IV estão corretos.

I: incorreta. Nos termos do art. 194 da CF, a seguridade social compreende um conjunto integrado de ações destinadas a assegurar os direitos relativos à saúde, previdência e assistência social; **II:** incorreta. A CF elenca diversas fontes de financiamento no art. 195; **III:** incorreta. A receita arrecadada com a cobrança de contribuições sociais deve ser destinada, necessariamente, a programas da área da seguridade social (art. 167, XI, da CF); **IV:** incorreta. Como visto, o art. 195 da CF elenca como fonte de custeio, além da empresa, o trabalhador, a receita do concurso de prognósticos e o importador, em consonância com o princípio da diversidade da base de financiamento previsto no art. 194, parágrafo único, VI.

Gabarito "A"

(Procurador da Fazenda Nacional – 2003 – ESAF) Assinale a assertiva incorreta sobre o PIS/PASEP, à luz da Constituição Federal e da legislação regulamentadora:

(A) Os recursos do PIS/PASEP servem, entre outros propósitos, para financiar o seguro-desemprego.

(B) As pessoas jurídicas de direito privado são contribuintes do PIS/PASEP.

(C) O PIS e o PASEP foram criados após a Constituição Federal de 1988.

(D) Os recursos do PIS/PASEP, financiam, também, programas de desenvolvimento econômico.

(E) O seguro-desemprego é um benefício vinculado à previdência social no âmbito da seguridade social estabelecida na Constituição Federal de 1988.

A: correta, conforme art. 239 da CF; **B:** correta, nos termos do art. 1º da Lei nº 10.637/2002; **C:** incorreta. O PIS e o PASEP foram criados em 1970, respectivamente pelas Leis Complementares 7 e 8; **D:** correta, nos termos do art. 239, § 1º, da CF; **E:** correta, nos termos do art. 201, III, da CF.

Gabarito "C"

(ADVOGADO – CEF – 2010 – CESPE) Considerando que o limite máximo do salário de contribuição, a partir de 1º/1/2010, é de R$ 3.416,54, assinale a opção correta de acordo com a legislação previdenciária de regência.

(A) Se um trabalhador segurado tiver recebido, no mês de dezembro de 2009, o valor de R$ 1.220,00 a título de décimo terceiro salário (gratificação natalina), então esse valor integrará o salário de contribuição desse segurado, em seu valor bruto, sem compensação de eventuais adiantamentos pagos.

(B) Considere que Roberto seja titular de firma individual que atua na área de desenvolvimento de *websites* corporativos e que, nessa condição, preste serviços a diversas pessoas jurídicas, recebendo, por cada trabalho, o valor de R$ 1.500,00. Considere, ainda, que, no mês de janeiro de 2010, Roberto tenha prestado serviços a 4 empresas e que tenha recebido à vista por tais serviços. Nessa situação hipotética, será considerado salário de contribuição a totalidade dos rendimentos auferidos por Roberto durante o mês de janeiro.

(C) Se uma empregada doméstica que recebe R$ 600,00 de remuneração mensal faltar ao seu trabalho, injustificadamente, por quatro dias durante determinado mês, apesar de o empregador poder descontar os valores referentes às faltas injustificadas de sua remuneração, o valor do salário de contribuição dessa empregada permanecerá inalterado.

(D) A indenização compensatória, correspondente a 40% do montante depositado em sua conta vinculada do FGTS, recebida por trabalhador demitido sem justa causa integra o salário de contribuição desse trabalhador, observado o limite máximo legalmente previsto.

(E) A parcela paga, anualmente, aos empregados de pessoa jurídica a título de participação nos lucros e resultados da empresa integra o salário de contribuição dos empregados, se for paga ou creditada em consonância com lei específica.

A: correta, nos termos do art. 214, §§ 6º e 7º, do RPS. Vale lembrar que tal contribuição não é considerada para o cálculo do salário de benefício; **B:** incorreta. O salário de contribuição é sempre limitado ao valor estabelecido em lei e atualizado pelo Ministério da Previdência e Assistência Social. No exemplo dado, a soma dos rendimentos de Roberto totaliza R$ 6.000,00. Portanto, o seu salário de contribuição será estabelecido no limite máximo, ou seja, R$ 3.416,54; **C:** incorreta. O valor do salário de contribuição deve refletir aquilo efetivamente recebido pela empregada doméstica no mês, ou seja, incidirá a contribuição social sobre o salário percebido após os devidos descontos (art. 214, § 1°, do RPS); **D:** incorreta. A indenização do FGTS não integra o salário de contribuição (art. 28, § 9°, "e", 1, do PCSS); **E:** incorreta. A participação nos lucros e resultados paga de acordo com a lei, em periodicidade não superior a duas vezes por ano, não integra o salário de contribuição (art. 28, § 9°, "j", do PCSS).

Gabarito "A"

(ADVOGADO – EMBRAPA – 2005 – CESPE) A empresa Cimento Frio Ltda. (CFL), classificada como de médio porte, tem atividade preponderante de grau de risco de acidentes de trabalho considerado médio. Os serviços de vigilância e de limpeza da CFL são terceirizados para a empresa Vigilância Forte Ltda. (VFL), mediante cessão de mão de obra. Com base nas Leis n° 8.212. e 8.213/1991. e na situação hipotética acima, julgue os itens subsequentes.

(1) A contribuição social a cargo da CFL para o financiamento da aposentadoria especial e dos benefícios concedidos em razão da incapacidade laborativa decorrente dos riscos do trabalho é de 2% sobre o total das remunerações pagas ou creditadas aos segurados empregados e trabalhadores avulsos.

(2) As contribuições dos segurados empregados da CFL são calculadas sobre os respectivos salários de contribuição, não integrando essa base de cálculo as importâncias recebidas a titulo de férias indenizadas.

(3) A CFL deve reter 12% sobre o valor da nota fiscal de prestação de serviços de vigilância e de limpeza da empresa VFL, e recolher ao Instituto Nacional do Seguro Social (INSS) até o dia 20 do mês subsequente ao da emissão da nota fiscal, em nome da VFL.

1: correta, nos termos do art. 22, II, "b", do PCSS. É importante não confundir essa contribuição, incidente sobre o total das remunerações pagas a todos os empregados e avulsos, com o adicional incidente apenas sobre a remuneração dos empregados e avulsos que exerçam atividades de risco (6%, 9% ou 12%) previsto no art. 57, § 6°, do PBPS; **2:** correta, nos termos do art. 28, § 9°, "d", do PCSS; **3:** incorreta. A retenção a ser realizada pela empresa tomadora dos serviços é de 11%, nos termos do art. 31 do PCSS.

Gabarito 1C; 2C; 3E.

3. SEGURADOS E DEPENDENTES

(Procurador Federal – 2013 – CESPE) Julgue os seguintes itens.

(1) O servidor público federal ocupante de cargo em comissão, sem vínculo efetivo com a União, autarquias ou fundações públicas federais, é segurado obrigatório do RGPS na condição de empregado.

1: correta, nos termos do art. 12, I "g", da PCSS.

Gabarito 1C

(Procurador do Estado/MG – 2007) Não é dependente do segurado

(A) cônjuge.

(B) companheira.

(C) filho inválido com 18 anos.

(D) filho não inválido maior de 25 anos.

A condição de dependente, para fins previdenciários, do filho não inválido cessa aos 21 anos de idade.

Gabarito "D"

(Procurador do Estado/MG – 2007) O segurado facultativo mantém sua qualidade de segurado independentemente de contribuição pelo período de

(A) 12 meses após a cessação da contribuição.

(B) 18 meses após a cessação da contribuição.

(C) 16 meses após a cessação da contribuição.

(D) 6 meses após a cessação da contribuição.

O período de graça previsto para o segurado facultativo é de 06 meses, nos termos do art. 15, VI, do PBPS.

Gabarito "D"

(Procurador do Município/Boa Vista-RR – 2010 – CESPE) Julgue o item a seguir, relativo às legislações previdenciária e da seguridade social.

(1) O exercente de mandato eletivo federal, estadual ou municipal é segurado obrigatório da previdência social como empregado, ainda que seja vinculado a regime próprio de previdência social.

1: assertiva incorreta, pois a vinculação a regime próprio de previdência afasta a qualidade de segurado obrigatório do RGPS – art. 12, I, *j*, *in fine*, do PCSS.

Gabarito 1E

(Procurador de Contas TCE/ES – CESPE – 2009) Acerca dos segurados da previdência social e de seus dependentes, assinale a opção correta.

(A) O brasileiro civil que trabalha no exterior para organismo oficial internacional do qual o Brasil é membro efetivo, ainda que lá domiciliado e contratado, salvo quando coberto por regime próprio de previdência, é segurado obrigatório da previdência social, na qualidade de empregado

(B) Mantém a qualidade de segurado, independentemente de contribuições, até doze meses após a cessação das contribuições, o segurado facultativo.

(C) A dependência econômica do cônjuge, da companheira, do companheiro, dos pais e do filho não emancipado, de qualquer condição, menor de 21 anos de idade ou inválido, em relação ao segurado, é presumida.

(D) O ministro de confissão religiosa e o membro de instituto de vida consagrada, de congregação ou de ordem religiosa, é segurado obrigatório da previdência social, na qualidade de contribuinte individual.

(E) Todos aqueles que prestam serviço de natureza urbana ou rural, em caráter eventual, a uma ou mais empresas, sem relação de emprego, são segurados obrigatórios da previdência social, na qualidade de trabalhadores avulsos.

A: assertiva incorreta. O brasileiro civil domiciliado e contratado no exterior somente seria segurado obrigatório da previdência social se trabalhasse para a União (não para o organismo internacional) e desde que não fosse segurado na forma da legislação vigente do país de domicílio – art. 12, I, *e*, do PCSS; **B:** incorreta, pois no caso do segurado facultativo, a condição de segurado perdura apenas por 6 meses após a cessação as contribuições – art. 15, VI, do Plano de Benefícios da Previdência Social – PBPS (Lei 8.213/1991); **C:** incorreta, pois a condição de dependente dos pais não é presumida, devendo ser comprovada – art. 16, I e II, e § 4º, do PBPS. Interessante notar que o art. 16, I e III, do PBPS refere-se, atualmente, ao filho não emancipado, de qualquer condição, menor de 21 (vinte e um) anos ou inválido ou que tenha deficiência intelectual ou mental que o torne absoluta ou relativamente incapaz, assim declarado judicialmente; **D:** assertiva correta, conforme o art. 12, V, *c*, do PCSS; **E:** incorreta, pois a assertiva refere-se ao segurado obrigatório na qualidade de contribuinte individual, não de trabalhador avulso – art. 12, V, *g*, do PCSS.

Gabarito "D"

(Procurador do Município/Natal-RN – 2008 – CESPE) Edmar, ex-estudante de direito da Universidade Federal do Rio Grande do Norte, nunca exerceu atividade profissional. No entanto, elegeu-se deputado federal, sendo que a atividade parlamentar foi sua primeira experiência político-profissional.

Com base nessa situação hipotética, é correto afirmar que, enquanto estiver no exercício do mandato, Edmar será segurado obrigatório

(A) da previdência social na qualidade de contribuinte individual.

(B) da previdência social na qualidade de autônomo.

(C) da previdência social na qualidade de empregado.

(D) do regime próprio de previdência da Câmara dos Deputados.

O exercente de mandato eletivo federal, estadual ou municipal é segurado obrigatório do RGPS na qualidade de empregado (art. 12, I, "j", do PCSS).

Gabarito "C"

(Procuradoria Federal – 2007 – CESPE) Pedro, segurado obrigatório do RGPS, era casado com Solange, brasileira e empregada na embaixada do Sudão, de quem jamais se divorciou ou se separou judicialmente. Atualmente, Pedro vive com Carla e é tutor de Sofia, com 12 anos de idade, filha de seu irmão falecido. Com referência a essa situação hipotética, julgue os itens seguintes quanto aos beneficiários do RGPS, na forma da Lei nº 8.213/1991.

(1) Sofia pode figurar como dependente de Pedro, desde que essa condição seja declarada e que seja demonstrada a dependência econômica.

(2) Solange é segurada obrigatória do RGPS.

(3) Solange continua a ser dependente de Pedro.

1: correto. A condição da tutelada (Sofia) deve ser declarada e a dependência econômica deve ser comprovada – art. 16, § 2º, do PBPS. **2:** incorreto (art. 11, I, *d*, do PBPS. **3:** correto (art. 16, I, e § 4º, do PBPS).

Gabarito 1C, 2E, 3C

(Procurador da Fazenda Nacional – 2004 – ESAF) Considerando os beneficiários do Regime Geral da Previdência, assinale a opção incorreta.

(A) É segurado obrigatório da Previdência Social, como empregado, o servidor público ocupante de cargo em comissão, sem vínculo efetivo com a União, Autarquias, inclusive em regime especial, e Fundações Públicas Federais.

(B) É segurado obrigatório da Previdência Social, como contribuinte individual, o exercente de mandato eletivo federal, estadual ou municipal, desde que não vinculado a regime próprio de previdência social.

(C) É segurado obrigatório da Previdência Social, como trabalhador avulso, quem presta serviços de natureza urbana ou rural a diversas empresas, sem vínculo empregatício, definidos no Regulamento.

(D) É segurado obrigatório da Previdência Social, como contribuinte individual, quem presta serviço de natureza urbana ou rural, em caráter eventual, a uma ou mais empresas, sem relação de emprego.

(E) É segurado obrigatório da Previdência Social, como empregado, o brasileiro civil que trabalha para a União, no exterior, em organismos oficiais brasileiros ou internacionais dos quais o Brasil seja membro efetivo, ainda que lá domiciliado e contratado, salvo se segurado na forma da legislação vigente do país do domicílio.

A: correta (art. 12, I, "g", da Lei nº 8.212/91 – PCSS); **B:** incorreta. O exercente de mandato eletivo é segurado obrigatório do RGPS como empregado (art. 12, I, "j", do PCSS); **C:** correta (art. 12, VI, do PCSS); **D:** correta (art. 12, V, "g", do PCSS); **E:** correta (art. 12, I, "e", do PCSS).

Gabarito "B"

(ADVOGADO – IRB – 2006 – ESAF) Assinale a opção correta.

(A)É segurado obrigatório da Previdência Social o estrangeiro domiciliado e contratado no exterior, para trabalhar em agência de empresa nacional no seu país de origem.

(B) É segurado obrigatório da Previdência Social, como autônomo, o ministro de confissão religiosa.

(C) Todo aquele que exercer, concomitantemente, mais de uma atividade remunerada sujeita ao regime geral de Previdência Social poderá optar por filiar-se em relação a uma delas.

(D) Para fins previdenciários, equipara-se à empresa a pessoa física, proprietária ou não, que explore atividade agropecuária, diretamente ou através de prepostos e com o auxílio de empregados, utilizados a qualquer título, ainda que de forma não contínua.

(E) Mantém a qualidade de segurado, independentemente de contribuições, até 120 (cento e vinte) dias após a cessação das contribuições, o segurado que deixar de exercer atividade remunerada abrangida pela Previdência Social ou estiver suspenso ou licenciado sem remuneração.

A: incorreta. A legislação previdenciária elenca como segurado obrigatório, na qualidade de empregado, o brasileiro ou estrangeiro domiciliado e contratado no Brasil para trabalhar em empresa nacional no exterior (art. 12, I, "c", do PCSS); **B:** alternativa dada como correta pelo gabarito oficial, porém passível de duras críticas. A categoria previdenciária dos autônomos foi extinta em 1999, sendo incorporada ao grupo dos contribuintes individuais. Com isso em vista, está correto afirmar que os ministros de confissão religiosa são segurados obrigatórios da previdência social na qualidade de contribuintes individuais (art. 12, V, "c", do PCSS); **C:** incorreta. Quem exerce concomitantemente mais de uma atividade remunerada sujeita ao RGPS será considerado segurado, e deverá recolher contribuição, em cada uma delas (art. 12, § 2º, do PCSS); **D:** incorreta. Tal previsão não se encontra dentre os equiparados a empresa (art. 15, parágrafo único, do PCSS); **E:** incorreta. O período de graça do segurado, nessa hipótese, será de 12 meses (art. 15, II, do PBPS).

Gabarito "B"

4. BENEFÍCIOS

(Procurador/DF – 2013 – CESPE) Julgue os itens seguintes, que versam sobre a previdência social.

(1) A renúncia à aposentadoria pelo RGPS, para fins de aproveitamento do tempo de contribuição e concessão de novo benefício, seja no mesmo regime, seja em regime diverso, não importa em devolução dos valores percebidos, pois, enquanto perdurar a aposentadoria pelo RGPS, os pagamentos de natureza alimentar serão indiscutivelmente devidos.

(2) Conforme a jurisprudência do STJ, no âmbito do RGPS, o termo inicial do auxílio-acidente será o dia seguinte ao da cessação do auxílio-doença.

(3) Ressalvada a revisão prevista em lei, os proventos da inatividade regulam-se pela lei vigente ao tempo em que o militar, ou o servidor civil, tiver reunido os requisitos necessários, inclusive a apresentação do requerimento, quando a inatividade for voluntária.

(4) O tratamento dado pelo STF à adesão do interessado a plano de previdência privada não se limita à liberdade de associação, pois, em razão do equilíbrio financeiro-atuarial do sistema, não é permitida a desfiliação mediante a simples vontade unilateral do interessado.

1: correta, pois essa é a jurisprudência fixada pelo STJ para a hipótese de "desaposentação" – REsp 1.334.488/SC (repetitivo); **2:** correta, conforme entendimento pacífico do STJ – ver AgRg REsp 1.336.437/SP; **3:** incorreta, pois a apresentação do requerimento, para a hipótese em que a inatividade for voluntária, não é relevante para a definição da lei aplicável, conforme alteração da Súmula 359 do STF; **4:** incorreta, pois, em razão da liberdade de associação, garante-se o direito de desfiliação, conforme jurisprudência do STF – ver RE 482.207 AgR/PR.

Gabarito 1C, 2C, 3E, 4E.

(Procurador/DF – 2013 – CESPE) A respeito do regime próprio de previdência dos servidores públicos, julgue os itens que se seguem.

(1) Ocorre a prescrição do próprio fundo de direito se o servidor público deixa transcorrer mais de cinco anos entre a data da aposentadoria e o pedido de sua complementação.

(2) É vedado o recebimento cumulado de dois benefícios de pensão por morte, mesmo no caso de benefícios por regimes de previdência distintos, devendo o beneficiário optar por um deles.

1: incorreta (discordamos do gabarito oficial original, posteriormente anulado). A jurisprudência do STJ é pacífica em relação à matéria tratada na Súmula 427 daquela Corte, entendendo que "em se tratando de relação de trato sucessivo, a prescrição somente atinge as parcelas não pagas antes dos cinco anos imediatamente anteriores ao ajuizamento da ação, não alcançando assim o chamado fundo de direito" – EDcl AREsp 87.197/RS; **2:** incorreta, pois o que é vedado é a cumulação de duas pensões pelo viúvo ou viúva deixadas por dois cônjuges ou companheiros distintos no RGPS, hipótese em que poderá optar pela mais vantajosa – art. 124, VI, do Plano de Benefícios da Previdência Social – PBPS (Lei 8.213/1991). Nada impede que o filho órfão cumule duas pensões do RGPS, deixadas pelo pai e pela mãe, por exemplo, ou de regimes previdenciários distintos.

Gabarito 1E, 2E.

(Procurador/DF – 2013 – CESPE) Acerca de institutos diversos de direito previdenciário, julgue os itens subsequentes.

(1) Caso um professor uruguaio que desempenhe regularmente a função de professor de universidade privada em Brasília – DF queira aposentar-se por tempo de contribuição pelo RGPS, havendo acordo bilateral de previdência social com o Brasil, a responsabilidade financeira pelas contribuições previdenciárias referentes ao tempo de serviço prestado no Uruguai deverá ser suportada por aquele país, mediante compensação financeira, e, uma vez preenchidos os requisitos segundo a legislação brasileira, o benefício deverá ser concedido, ainda que não haja na legislação uruguaia benefício previdenciário dessa natureza, podendo haver a contagem recíproca do tempo de contribuição no estrangeiro.

(2) É devida a conversão em pecúnia da licença-prêmio não gozada e não contada em dobro, quando da aposentadoria do servidor, sob pena de indevido locupletamento por parte da administração pública.

1: incorreta, pois, nos casos da Argentina e Uruguai, considerando que no Acordo Multilateral de Seguridade Social do MERCOSUL não há previsão expressa desse tipo de benefício, somente serão reconhecidos, por força do direito adquirido, aqueles que comprovarem a implementação dos requisitos necessários no período em que estiveram em vigência os acordos bilaterais dos dois países – art. 477 da IN 45/2010 do INSS; **2:** correta, conforme a jurisprudência pacífica – ver AgRg REsp 1.360.642/RS-STJ.

Gabarito 1E, 2C.

(Procurador Federal – 2013 – CESPE) Acerca do RGPS, julgue os itens a seguir.

(1) A aposentadoria especial será devida apenas ao segurado que tiver trabalhado por, pelo menos, vinte e cinco anos sujeito a condições especiais que lhe prejudiquem a saúde ou a integridade física.

(2) A concessão do benefício de auxílio-doença, em regra, exige período de carência de doze contribuições mensais. Todavia, a lei prevê casos em que a concessão do referido benefício independe de carência, entre os quais se inclui a situação na qual o segurado venha a ser vítima de moléstia profissional ou do trabalho.

(3) Segundo a atual jurisprudência do STF e STJ, a concessão do benefício previdenciário de pensão por morte aos dependentes do segurado deve ser disciplinada pela legislação em vigor ao tempo do fato gerador do benefício em questão, qual seja, a morte do segurado, por força da aplicação do princípio *lex tempus regit actum*.

(4) Se um segurado da previdência social falecer e deixar como dependentes seus pais e sua companheira, o benefício de pensão por sua morte deverá ser partilhado entre esses três dependentes, na proporção de um terço para cada um.

(5) Para fazer jus à aposentadoria por idade prevista no RGPS, como trabalhador urbano, deve o requerente comprovar, além da carência exigida em lei, ter completado sessenta e cinco anos de idade, se homem, e sessenta anos, se mulher.

1: incorreta. Dependendo do grau de exposição ao risco, a aposentadoria especial será paga após 15, 20 ou 25 anos de contribuição (art. 57 do PBPS); **2:** correta. Os períodos de carência estão previstos no art. 25 do PBPS, cujo inciso I estabelece o prazo de 12 contribuições mensais para o auxílio-doença. Há, porém, exceções previstas no art. 26 da mesma le**i:** caso a moléstia decorra de acidente de qualquer natureza, doença profissional ou do trabalho ou tratar-se de doença grave prevista em portaria conjunta do Ministério da Saúde e do Ministério do Trabalho e Emprego (art. 26, II, do PBPS); **3:** correta. A jurisprudência dos Tribunais Superiores está assentada nesse sentido. Veja-se, por exemplo, no STJ, AR 3816/MG, DJ 26/09/2013; **4:**incorreta. A companheira é dependente de primeira classe, portanto sua presença exclui o direito ao benefício dos dependentes de segunda classe (pais). Assim, apenas ela terá direito á pensão por morte (art. 16, § 1º, do PBPS); **5:**correta. A aposentadoria por idade será concedida ao trabalhador que contar sessenta e cinco anos de idade, se homem, ou sessenta anos, se mulher (art. 48 do PBPS), cumprida a carência de 180 contribuições mensais (art. 25, II, do PBPS).

Gabarito 1E, 2C, 3C, 4E, 5C

(PROCURADOR DO ESTADO/MG – FUMARC – 2012) Com relação ao regime geral de previdência social assinale a proposição **INCORRETA**:

(A) Período de carência é o número mínimo de contribuições mensais indispensáveis para que o beneficiário faça jus ao benefício, consideradas a partir do transcurso do primeiro dia dos meses de suas competências;

(B) o salário de benefício para a aposentadoria por idade e para a aposentadoria por tempo de contribuição consiste na média aritmética simples dos maiores salários de contribuição correspondentes a oitenta por cento de todo o período contributivo, multiplicada pelo fator previdenciário;

(C) a concessão da aposentadoria por invalidez decorrente de acidente de qualquer natureza, inclusive de acidente do trabalho, depende do período de carência de 12 (doze) contribuições mensais;

(D) o salário de benefício para a aposentadoria por invalidez consiste na média aritmética simples dos maiores salários de contribuição correspondentes a oitenta por cento de todo o período contributivo, sem a incidência do fator previdenciário;

(E) independe de carência a concessão da pensão por morte, do auxílio-reclusão, do salário-família, do auxílio-acidente e do salário maternidade para as seguradas empregadas, trabalhadora avulsa e empregada doméstica.

A: correta, nos termos do art. 24 do PBPS; **B:** correta, nos termos do art. 29, I, do PBPS; **C:** incorreta, devendo ser assinalada. A invalidez decorrente de acidentes de qualquer natureza, inclusive acidentes de trabalho, é exceção à necessidade de comprovação de carência para a concessão da aposentadoria por invalidez (art. 26, II, do PBPS); **D:** correta, conforme art. 29, II, do PBPS; **E:** correta, nos termos do art. 26, I e VI, do PBPS.

Gabarito "C"

(Procurador do Estado/MG – 2007) O auxílio-doença é devido ao segurado que ficar incapacitado para o trabalho

(A) por mais de trinta dias consecutivos.

(B) de modo permanente.

(C) por mais de quinze dias consecutivos.

(D) por mais de quarenta e cinco dias.

O auxílio-doença é pago ao segurado que ficar total e temporariamente incapacitado para o exercício de atividade laborativa. Seu termo inicial é o 16º dia de afastamento, pois antes disso deve o segurado ser remunerado normalmente por seu empregador (art. 59 do PBPS).

Gabarito "C"

(Procurador do Estado/MG – 2007) A segurada mulher terá direito ao salário-maternidade pelo período de __________dias com início no período entre ______ dias antes do parto, salvo situações especiais. Assinale a alternativa que completa correta e respectivamente as lacunas acima.

(A) 84 dias, 28 dias

(B) 120 dias, 28 dias

(C) 84 dias, 30 dias

(D) 120 dias, 30 dias

O prazo do salário-maternidade é de 120 dias, que pode ter início a qualquer momento a partir de 28 dias antes do parto (art. 71 do PBPS).

Gabarito "B"

(Procurador do Estado/MG – 2007) Independem de carência os seguintes benefícios:

(A) pensão por morte e salário-família.

(B) aposentadoria por invalidez e aposentadoria por tempo de serviço.

(C) auxílio-acidente e aposentadoria por tempo de serviço.

(D) salário-família e aposentadoria por tempo de serviço.

Nos termos do art. 26 do PBPS, independem de carência a pensão por morte, o salário-família, auxílio-reclusão, auxílio-acidente e o salário-maternidade para as seguradas empregada, empregada doméstica e trabalhadora avulsa.

Gabarito "A"

(Procurador do Estado/MG – 2007) Entre os documentos necessários à percepção do salário-família está

(A) apenas a certidão de nascimento do filho ou documentação relativa ao equiparado ou ao inválido,e apresentação mensal de atestado de vacinação obrigatória.

(B) apenas certidão de nascimento do filho ou documentação relativa ao equiparado ou ao inválido, atestado de vacinação anual obrigatória e de comprovação de frequência escolar.

(C) apenas certidão de nascimento do filho ou documentação relativa ao equiparado ou ao inválido e de comprovação de frequência escolar.

(D) apenas certidão de nascimento do filho.

O salário-família será pago mediante apresentação de certidão de nascimento do filho ou de documentação que comprove a condição de equiparado a filho (enteado e menor tutelado) ou de inválido. Além disso, a continuidade do pagamento depende da comprovação da promoção das vacinas obrigatórias até os seis anos de idade e de frequência escolar a partir dos sete anos de idade (art. 67 do PBPS e art. 84 do Decreto nº 3.048/99 – RPS).

Gabarito "B"

(Procurador do Estado/MT – FCC – 2011) Considere as seguintes afirmações relacionadas à pensão por morte:

I. A pensão por morte, havendo mais de um pensionista, será rateada entre todos em partes iguais.

II. Reverterá em favor dos demais a parte daquele cujo direito à pensão cessar.

III. A parte individual da pensão extingue-se pela morte do pensionista.

IV. A parte individual da pensão extingue-se também para o filho, pela emancipação ou ao completar 24 (vinte e quatro) anos de idade, salvo se for inválido.

V. Para o pensionista inválido, extingue-se o benefício da pensão por morte pela cessação da invalidez.

Está correto o que se afirma APENAS em

(A) I, II, III e IV.

(B) I, II, III e V.

(C) I, II e V.

(D) I, III e IV.

(E) II, III e V.

I: correta, nos termos do art. 77 do PBPS; **II:** correta, conforme art. 77, § 1º, do PBPS; **III:** correta, nos termos do art. 77, § 2º, I, do PBPS; **IV:** incorreta. O filho capaz para o trabalho perde a qualidade de dependente ao completar 21 anos (art. 77, § 2º, II, do PBPS); **V:** correta, nos termos do art. 77, § 2º, III, do PBPS.

Gabarito "B"

(Procurador do Estado/MT – FCC – 2011) Em relação ao auxílio-acidente, é correto afirmar:

(A) O auxílio-acidente será devido a partir do dia seguinte ao da cessação do auxílio-doença, independentemente de qualquer remuneração ou rendimento auferido pelo acidentado, permitida sua acumulação com qualquer aposentadoria.

(B) O auxílio-acidente mensal corresponderá a cinquenta por cento do salário de contribuição e será devido até a véspera do início de qualquer aposentadoria ou até a data do óbito do segurado.

(C) O auxílio-acidente será concedido, como indenização, ao segurado quando, após a consolidação das lesões decorrentes de acidente de qualquer natureza, resultarem sequelas que impliquem redução da capacidade para o trabalho que habitualmente exercia.

(D) O recebimento de salário ou concessão de qualquer outro benefício, não prejudicará a continuidade do recebimento do auxílio-acidente.

(E) A perda da audição somente proporcionará a concessão do auxílio-acidente, quando, além do reconhecimento de causalidade entre o trabalho e a doença, resultar, comprovadamente, na perda da capacidade para o trabalho que habitualmente exercia.

A: incorreta. O auxílio-acidente não se acumula com aposentadoria (art. 86, § 2º, do PBPS); **B:** incorreta. O auxílio-acidente, como qualquer outro benefício previdenciário, é calculado com base no salário de benefício, não no salário de contribuição (art. 86, § 1º, do PBPS); **C:** correta, nos termos do art. 86, caput, do PBPS; **D:** incorreta. Como já dissemos, o auxílio-acidente não se cumula com aposentadoria. Logo, a concessão desse benefício prejudica o recebimento daquela (art. 86, § 3º, do PBPS); **E:** incorreta. Além da perda da capacidade para o trabalho, sua redução em razão da perda da audição em qualquer grau também enseja o pagamento de auxílio-acidente (art. 86, § 4º, do PBPS).

Gabarito "C"

(Procurador do Estado/MT – FCC – 2011) Considerando a contagem recíproca de tempo de serviço, é correto afirmar:

(A) O tempo de contribuição ou de serviço será contado de acordo com a legislação pertinente, considerando entre outras normas, a admissão da contagem em dobro, em situações especiais.

(B) A aposentadoria por tempo de serviço, com contagem de tempo, será concedida ao segurado do sexo feminino a partir de 30 (trinta) anos completos de serviço, e, ao segurado do sexo masculino, a partir de 25 (vinte e cinco) anos completos de serviço, ressalvadas as hipóteses de redução previstas em lei.

(C) Quando a soma dos tempos de serviço ultrapassar 25 (vinte e cinco) anos, se do sexo feminino, e 30 (trinta) anos, se do sexo masculino, o excesso não será considerado para qualquer efeito.

(D) O benefício resultante de contagem de tempo de serviço será concedido e pago pelo sistema a que o interessado estiver vinculado ao requerê-lo, e calculado na forma da legislação anterior, considerando o direito adquirido do beneficiário.

(E) Para efeito dos benefícios previstos no Regime Geral de Previdência Social ou no serviço público é assegurada a contagem recíproca do tempo de contribuição na atividade privada, rural e urbana, e do tempo de contribuição ou de serviço na administração pública, hipótese em que os diferentes sistemas de previdência social se compensarão financeiramente.

A: incorreta. É vedada a contagem de tempo de serviço em dobro (art. 96, I, do PBPS); **B:** incorreta. O lapso temporal necessário para a concessão do benefício está invertido: são 30 anos para os homens e 25 para as mulheres (art. 97 do PBPS); **C:** incorreta. As margens para que o excesso de tempo de serviço sejam desconsideradas são de 35 anos para os homens e 30 para as mulheres (art. 98 do PBPS); **D:** incorreta. O benefício será calculado na forma da legislação relativa ao sistema ao qual o segurado se vincula (art. 99 do PBPS); **E:** correta, nos termos do art. 94 do PBPS e art. 201, § 9º, da CF.

Gabarito "E"

(Procurador do Município/Natal-RN – 2008 – CESPE) Célio, segurado obrigatório da previdência social, trabalha em uma fábrica de sapatos em Natal – RN desde janeiro de 2000. Em virtude de ter sido infectado pelo vírus da dengue durante seu descanso semanal, no primeiro domingo de fevereiro de 2008, necessitou afastar-se de suas atividades laborais pelo período de trinta dias.

Tendo como referência essa situação hipotética e com base na legislação que rege o benefício do auxílio-doença, assinale a opção correta.

(A) Célio tem direito à percepção do auxílio-doença, e o benefício é devido a partir do décimo sexto dia do afastamento da atividade, uma vez que, durante os primeiros 15 dias consecutivos ao do afastamento, incumbe à empresa pagar o seu salário integral.

(B) Célio não tem direito à percepção de auxílio-doença, uma vez que o período de carência desse benefício é de 180 contribuições mensais.

(C) O auxílio-doença, inclusive o decorrente de acidente do trabalho, consiste em uma renda mensal correspondente a 100% do salário de benefício.

(D) Se a empresa em que Célio trabalha dispuser de serviço médico, próprio ou em convênio, ele não deverá ser encaminhado à perícia médica da previdência social, uma vez que a incapacidade não superou 30 dias.

A: correta, conforme previsto no art. 59 do PBPS; **B:** incorreta. A carência prevista para o auxílio-doença é de 12 contribuições mensais (art. 25, I, do PBPS); **C:** incorreta. A renda mensal inicial do auxílio-doença corresponde a 91% do salário de benefício (art. 61 do PBPS); **D:** incorreta. A perícia médica oficial é necessária sempre que o afastamento superar 15 dias (art. 60, § 4º, do PBPS).

Gabarito "A"

(Procurador do Município/Natal-RN – 2008 – CESPE) Acerca dos benefícios previdenciários, assinale a opção correta.

(A) A aposentadoria por idade pode ser requerida pela empresa, desde que o segurado empregado tenha cumprido o período de carência e completado 70 anos de idade, se do sexo masculino, ou 65 anos de idade, se do sexo feminino, caso em que deve ser garantida ao empregado a indenização prevista na legislação trabalhista.

(B) O valor da aposentadoria por invalidez do segurado que necessitar da assistência permanente de outra pessoa deve ser acrescido de 25%, desde que não ultrapasse o limite máximo legal.

(C) A concessão de aposentadoria especial depende de comprovação pelo segurado, perante o Instituto Nacional do Seguro Social (INSS), do tempo de trabalho permanente, ocasional ou intermitente, em condições especiais que prejudiquem a saúde ou a integridade física, durante o período mínimo fixado.

(D) Em regra, o valor mensal da pensão por morte equivale a 91% do valor da aposentadoria que o segurado recebia ou daquela a que teria direito se estivesse aposentado por invalidez na data de seu falecimento.

A: correta, conforme disposto no art. 51 do PBPS; **B:** incorreta. O acréscimo de 25% na aposentadoria por invalidez para o segurado que necessitar de assistência permanente de outra pessoa pode fazer com que o valor do benefício ultrapasse o teto do RGPS (art. 45, parágrafo único, "a", do PBPS); **C:** incorreta. O trabalho ocasional em situação perigosa ou insalubre não autoriza a concessão de aposentadoria especial (art. 57, § 3º, do PBPS); **D:** incorreta. A renda mensal inicial da pensão por morte equivale a 100% do salário de benefício (art. 75 do PBPS).

Gabarito "A"

(Procurador do Município/Natal-RN – 2008 – CESPE) Joana é segurada da previdência social, na qualidade de empregada doméstica, há seis meses. Por compaixão, adotou Gabriel, criança carente de cinco anos de idade.

Com relação a essa situação hipotética e às normas que disciplinam o salário-maternidade, assinale a opção correta.

(A) Joana não tem direito à percepção de salário-maternidade, uma vez que não cumpriu o período de carência exigido pela lei, que é de dez contribuições mensais.

(B) O salário-maternidade é devido à segurada da previdência social, durante 120 dias, com início no período entre 28 dias antes do parto e a data de ocorrência deste, observadas as situações e condições previstas na legislação no que concerne à proteção à maternidade, não existindo, porém, previsão para o pagamento desse benefício à adotante.

(C) A Joana é devido o salário-maternidade pago diretamente pela previdência social pelo período de 30 dias, não se exigindo, no caso, período de carência para a concessão desse benefício.

(D) Na hipótese de Joana auferir remuneração superior ao limite máximo fixado para o valor dos benefícios no RGPS, cabe ao INSS o pagamento do benefício até o valor-limite e, ao empregador, complementar o valor total recebido pela segurada em atividade.

A: incorreta. A carência do salário-maternidade é dispensada para as empregadas domésticas (art. 26, VI, do PBPS); **B:** incorreta. O salário-maternidade foi estendido à adotante pela Lei nº 10.421/02, que inseriu o art. 71-A no PBPS; **C:** correta. No caso de adoção, a duração do salário-maternidade é proporcional à idade do adotado: 120 dias, para crianças até 01 ano de idade; 60 dias, para crianças até 04 anos de idade; e 30 dias, para crianças até 08 anos de idade (art. 71-A no PBPS); **D:** incorreta. Cabe ao INSS o pagamento do salário-maternidade no valor integral, ainda que este ultrapasse o teto dos benefícios do RGPS (art. 72 do PBPS). O salário-maternidade, porém, é limitado ao valor do subsídio dos Ministros do STF (art. 248 da CF).

Gabarito "C"

(Procurador do Município/Natal-RN – 2008 – CESPE) Acerca do entendimento sumulado do STJ no que se refere ao direito previdenciário, assinale a opção incorreta.

(A) A lei aplicável à concessão de pensão previdenciária por morte é aquela vigente na data de óbito do segurado.

(B) A mulher que renunciou aos alimentos na separação judicial tem direito a pensão previdenciária por morte do ex-marido, desde que comprovada a necessidade econômica superveniente.

(C) O auxílio-creche não integra o salário de contribuição.

(D) A prescrição de ação de cobrança de parcelas de complementação de aposentadoria pela previdência privada está fixada em dez anos.

A: correta – Súmula nº 340 do STJ; **B:** correta – Súmula nº 336 do STJ; **C:** correta – Súmula nº 310 do STJ; **D:** incorreta, devendo ser assinalada. A Súmula nº 291 do STJ fixou o entendimento de que o prazo de prescrição, nesse caso, é de cinco anos.

Gabarito "D"

(Procurador do Município/Boa Vista-RR – 2010 – CESPE) Julgue o item a seguir, relativo às legislações previdenciária e da seguridade social.

(1) É vedado o recebimento conjunto do seguro-desemprego com qualquer benefício de prestação continuada da previdência social, exceto pensão por morte ou auxílio-acidente.

1: assertiva correta, pois reflete o disposto no art. 124, parágrafo único, do PBPS.

Gabarito 1C

(Procurador Federal – 2010 – CESPE) A respeito dos benefícios previdenciários, julgue os itens seguintes.

(1) Por apresentarem pressupostos fáticos e fatos geradores distintos, não há vedação legal à cumulação da pensão por morte de trabalhador rural com o benefício da aposentadoria por invalidez.

(2) De acordo com entendimento da Turma Nacional de Uniformização da Jurisprudência dos Juizados Especiais Federais, para fins de aposentadoria especial, o uso de equipamento de proteção individual, no caso de exposição a ruído, apenas descaracterizará o tempo de serviço especial prestado se houver a eliminação da insalubridade.

(3) Somente poderão beneficiar-se do auxílio-acidente os seguintes segurados: o empregado, o trabalhador avulso e o especial.

(4) Independe de carência a concessão de pensão por morte, auxílio-reclusão, salário-família, auxílio-acidente, serviço social, reabilitação profissional e salário-maternidade para as seguradas empregada, trabalhadora avulsa e contribuinte individual.

1: assertiva correta, pois não é vedado o recebimento conjunto de aposentadoria e pensão por morte – art. 124 do PBPS; **2:** incorreta, pois, nos termos da Súmula 9 da TNU, o uso de Equipamento de Proteção Individual (EPI), ainda que elimine a insalubridade, no caso de exposição a ruído, **não descaracteriza** o tempo de serviço especial prestado; **3:** assertiva correta, conforme o art. 18, § 1º, c/c art. 11, I, VI e VII, do PBPS; 4: incorreta, no que se refere ao salário-maternidade, pois inexiste carência apenas em relação às seguradas empregada, trabalhadora avulsa e empregada doméstica (não às contribuintes individuais) – art. 26, I, IV, V e VI, do PBPS.

Gabarito 1C, 2E, 3C, 4E

(Procurador de Contas TCE/ES – CESPE – 2009). Em relação à pensão por morte, assinale a opção correta.

(A) No caso de morte presumida, a pensão por morte será devida ao conjunto dos dependentes do segurado que falecer, aposentado ou não, a contar da data do requerimento.

(B) Os dependentes têm direito ao recebimento desse benefício se o segurado, à época do seu falecimento, já possuir os requisitos necessários para obter qualquer das aposentadorias do RGPS, mesmo que tenha perdido a condição de segurado.

(C) A concessão da pensão por morte não será protelada pela falta de habilitação de outro possível dependente; no entanto, qualquer inscrição ou habilitação legítima posterior que importe em exclusão ou inclusão de dependente produzirá efeito retroativo, sendo de responsabilidade do primeiro beneficiário arcar com os valores pretéritos em favor da parte legitimamente habilitada.

(D) Mediante prova do desaparecimento do segurado em consequência de acidente, desastre ou catástrofe, seus dependentes farão jus a pensão provisória. Verificado o reaparecimento do segurado, o pagamento da pensão cessará imediatamente, ficando os dependentes obrigados à reposição dos valores recebidos, mesmo na hipótese de boa-fé.

(E) Ainda que comprovada a necessidade econômica superveniente, a mulher que renunciou aos alimentos na separação judicial não tem direito à pensão previdenciária por morte do ex-marido, conforme entendimento do STJ.

A: incorreta, pois no caso da morte presumida, a pensão é devida a partir da decisão judicial – art. 74, III, do PBPS; **B:** essa é a assertiva correta, pois reflete o disposto no art. 102, § 2º, do PBPS; **C:** incorreta, pois qualquer inscrição ou habilitação posterior que importe em exclusão ou inclusão de dependente só produzirá efeito a contar da data da inscrição ou habilitação – art. 76, *caput*, do PBPS; **D:** incorreta, pois os dependentes não são obrigados a restituir o recebido a título de pensão provisória, exceto em caso de má-fé – art. 78, § 2º, do PBPS; **E:** incorreta, pois a mulher que renunciou aos alimentos na separação judicial tem direito à pensão previdenciária por morte do ex-marido, comprovada a necessidade econômica superveniente – Súmula 336/STJ.

Gabarito "B"

(Procurador de Contas TCE/ES – CESPE – 2009) Em relação às datas de início dos pagamentos dos benefícios previdenciários, assinale a opção correta.

(A) Concluindo a perícia médica inicial pela existência de incapacidade total e definitiva para o trabalho, a aposentadoria por invalidez será devida ao segurado empregado doméstico a contar do décimo sexto dia do afastamento da atividade.

(B) A aposentadoria por idade será devida ao segurado contribuinte individual a partir da data do desligamento do emprego, quando requerida até essa data ou até noventa dias depois dela.

(C) A data de início da aposentadoria especial será fixada da mesma forma que a da aposentadoria por idade.

(D) O auxílio-doença será devido ao segurado contribuinte individual a contar do décimo sexto dia do afastamento da atividade.

(E) O salário-maternidade é devido impreterivelmente à segurada da previdência social, com início no período entre trinta dias antes do parto e a data de ocorrência deste.

A: incorreta, pois a aposentadoria por invalidez do empregado doméstico será devida a contar da data do início da incapacidade ou da data da entrada do requerimento, se entre essas datas decorrerem mais de trinta dias – art. 43, § 1º, *b*, do PBPS; **B:** incorreta, até porque o empregado não é segurado contribuinte individual. A aposentadoria por idade para o segurado individual, a exemplo de qualquer outro que não seja empregado, é devida a partir da data do requerimento – art. 49, II, do PBPS; **C:** essa é a assertiva correta, conforme o art. 57, § 2º, do PBPS; **D:** incorreta, pois somente no caso de segurado empregado o auxílio-doença é devido a partir do 16º dia do afastamento das atividades (incumbe à empresa o pagamento de salário integral nos 15 primeiros dias). Para os demais segurados, incluindo o contribuinte individual, o auxílio-doença será devido a contar da data do início da incapacidade – art. 60 do PBPS; **E:** incorreta, pois o salário-maternidade é devido à segurada durante 120 dias, com início no período entre 28 dias antes do parto e a data de sua ocorrência – art. 71 do PBPS.

Gabarito "C"

(Procurador do Estado/CE – 2008 – CESPE) De acordo com o Instituto Nacional do Seguro Social, no Brasil, em 2003, foram gastos mais de 8,2 bilhões de reais em benefícios acidentários e aposentadorias especiais. Esse número revela a necessidade de aprimoramento das políticas sociais relacionadas à prevenção do acidente de trabalho, condição que implica a correta aplicação da legislação acidentária. Acerca desse assunto, assinale a opção correta.

(A) Considere-se que José sofra acidente de trabalho e, por ser segurado da previdência social, passe a receber auxílio-doença, e enquanto receber esse benefício, seu contrato de trabalho seja interrompido, condição que impede a sua dispensa. Nessa situação, após a cessação do auxílio-doença, José terá estabilidade por, no mínimo, 12 meses.

(B) Considere-se que Flávio trabalhe em uma empresa como um dos responsáveis pela confecção da folha de pagamentos. Com o objetivo de agilizar o serviço, dirigiu-se espontaneamente ao local de trabalho, no último domingo do mês, para concluir os procedimentos. No retorno à sua residência, Flávio sofreu um acidente de carro, ficando hospitalizado por mais de 90 dias e recebendo auxílio-doença por mais 180 dias. Nessa situação, o episódio relatado não se enquadra no conceito de acidente de trabalho.

(C) A inclusão do acidente de trabalho entre os eventos protegidos pela previdência social revela que o legislador constituinte adotou a teoria do seguro social para esse risco, circunstância que determina a responsabilidade objetiva do Estado, que deverá indenizar o segurado, independentemente da demonstração de culpa.

(D) Considere-se que César, agente de segurança privado de uma empresa de vigilância que presta serviços a diversas empresas, em um assalto na agência bancária em que trabalhava, leve um tiro e venha a falecer. Nessa situação, a empresa de vigilância terá até 5 dias, após a emissão do atestado de óbito, para comunicar o acidente de trabalho à previdência social.

(E) Para os efeitos previstos na legislação acidentária e previdenciária, não há distinção entre doença do trabalho e doença profissional.

A: incorreta. Durante a percepção do auxílio-doença, o empregado é considerado licenciado (não há interrupção do contrato de trabalho) – art. 63 do PBPS; **B:** incorreta. Trata-se de acidente de trabalho, nos termos do art. 21, IV, *b* e *d*, do PBPS; **C:** correta. O auxílio-acidente é indenização a ser paga independentemente de culpa – art. 201, § 10, da CF; **D:** incorreta. A empresa deve comunicar o acidente de trabalho à Previdência Social até o primeiro dia útil seguinte ao da ocorrência e, no que se refere à morte, de imediato, à autoridade competente – art. 22 do PBPS; **E:** incorreta. A distinção é feita pelo art. 20, I e II, do PBPS.

Gabarito "C"

(Procurador do Estado/CE – 2008 – CESPE) Julgue os itens a seguir, relativos aos benefícios da previdência social.

I. Considere que José, segurado empregado, aposentado por invalidez há quatro anos, após reabilitação, obteve êxito e recuperou integralmente sua capacidade para o exercício de atividade laboral, recebendo alta da perícia médica do INSS. Nessa situação, considerando a existência do direito de retornar ao trabalho na empresa em que desempenhava sua função antes da aposentadoria, cessará, de imediato, o benefício de José por invalidez.

II. Considere que Cláudio, segurado do regime geral, solteiro e sem filhos registrados, faleça, e Maria, sua mãe, passe a receber a pensão por morte, por ter comprovada a dependência econômica. Considere, ainda que Jair, após ação de investigação de paternidade, obtenha o reconhecimento de que Cláudio era seu pai.
Nessa situação, a pensão por morte recebida por Maria deverá ser rateada com Jair.

III. Considere que Teresa, segurada da previdência social na qualidade de empregada doméstica, receba um salário mínimo mensal de seus empregadores. Nessa situação, apesar de ter dois filhos menores de 14 anos, Teresa não tem o direito de receber salário-família.

IV. Considere que Clarice, contadora e aposentada por tempo de contribuição pelo regime geral, volte a exercer atividade remunerada, prestando serviços a diversas empresas. Nessa situação, Clarice deve contribuir, novamente, para a previdência social, sem previsão para aumentar os proventos que já recebe ou requerer qualquer outro benefício.

V. Para os trabalhadores da iniciativa privada, a aposentadoria proporcional é concedida aqueles que cumpriram os requisitos anteriores à reforma constitucional implementada pela Emenda Constitucional n.º 20/1998. Nessa modalidade de benefício, há autorização para aplicação apenas dos redutores previstos no texto constitucional.

A quantidade de itens certos é igual a

(A) 1.

(B) 2.

(C) 3.

(D) 4.

(E) 5.

I: correto. A assertiva reflete o disposto no art. 47, I, *a*, do PBPS; **II:**incorreto. A percepção do benefício por dependentes de uma classe (o filho, desde que não emancipado, menor de 21 anos ou inválido ou que tenha deficiência intelectual ou mental que o torne absoluta ou relativamente incapaz, assim declarado judicialmente) exclui dependentes das classes seguintes (a mãe, no caso) – art. 16, I, II e § 1º, do PBPS; **III:** correto. O empregado doméstico não tem direito ao salário-família – art. 65 do PBPS; **IV:** incorreta. Clarice deve contribuir para ao RGPS (art. 12, § 4º, do PCSS) e pode requerer determinados benefícios da seguridade (salário-família, salário-maternidade etc.), desde que não haja cumulação vedada no art. 124 do PBPS; **V:** incorreto. A aposentadoria proporcional é direito daqueles que já eram segurados do RGPS quando da EC 20/1998 (não, necessariamente, quem já tivesse cumprido os requisitos à época), observados os limites, regras e restrições previstos no art. 9º, § 1º, da EC 20/1998.

Gabarito "B"

(Procurador do Estado/CE – 2008 – CESPE) Em relação aos beneficiários do regime geral da previdência social (RGPS), cada uma das opções abaixo apresenta uma situação hipotética, seguida de uma assertiva a ser julgada. Assinale a opção que apresenta a assertiva correta.

(A) Albano, quando tinha 16 anos de idade, perdeu seu pai, segurado do (RGPS), e passou a receber a pensão por morte, benefício que cessou quando completou 21 anos. Depois, perdeu sua mãe. Atualmente, Albano trabalha no mercado informal, tem 23 anos de idade, está na faculdade, mas não promoveu sua inscrição na previdência social. Nessa situação, caso Albano venha a ser acometido por doença que o torne inválido e, portanto, incapaz para a atividade laboral, poderá requerer ao INSS a restauração da pensão que recebia, tendo em vista sua atual condição de invalidez.

(B) Célio concluiu o curso de medicina e agora está fazendo residência médica em hospital particular. Nessa situação, caso tenha sido contratado de acordo com a legislação regente, para a previdência social, Célio é segurado empregado.

(C) Rodrigo é servidor público estadual, ocupando o cargo efetivo de professor de ensino médio nos períodos matutino e vespertino. Tendo em vista a permissão do órgão em que trabalha, Rodrigo também leciona, no período noturno, em uma escola particular. Nessa situação, Rodrigo é segurado obrigatório tanto do regime próprio quanto do RGPS.

(D) Getúlio é pastor evangélico e a igreja em que exerce sua atividade lhe dá, todos os meses, uma quantia em dinheiro, a título de ajuda de custo. Nessa situação, apesar de a igreja considerar tais valores apenas como ajuda de custo, na verdade eles constituem uma remuneração, condição que torna Getúlio segurado da previdência social na qualidade de empregado.

(E) Selma, segurada da previdência social na qualidade de empregada, é solteira, não tem filhos e seus pais já faleceram. Nessa situação, Selma poderá designar um menor impúbere, com quem tenha muita afinidade, para ser seu dependente, bastando, para isso, declarar, por escrito, sua intenção à agência da previdência social.

A: incorreta. A pensão de Albano extinguiu-se quando ele completou 21 anos – art. 77, § 2º, II, do PBPS. Para tornar-se segurado, precisaria inscrever-se como contribuinte individual – art. 11, V, *h*, do PBPS; **B:** incorreta. O médico-residente deve ser inscrito obrigatoriamente como contribuinte individual (não empregado) – art. 9º, § 15, X, do Decreto 3.048/1999; **C:**correta (art. 12, § 1º, do PBPS); **D:**incorreta. O pastor de igreja é segurado obrigatório na condição de contribuinte individual (não empregado) – art. 11, V, *c*, do PBPS;

E:incorreta. Enquadrar-se como dependente o menor tutelado, desde que se comprove a dependência econômica (não é o caso descrito na assertiva) – art. 16, § 2°, do PBPS.

Gabarito "C"

(Procurador do Estado/ES – 2008 – CESPE) Em relação aos benefícios do RGPS, julgue os seguintes itens.

(1) O empregado incapacitado temporariamente para o trabalho em razão de acidente do trabalho faz jus ao auxílio-acidente, a partir do 16.° dia do afastamento das atividades, no percentual correspondente a 91% do salário de benefício, nunca inferior ao valor do salário mínimo.

(2) A segurada que adota criança ou obtém guarda judicial para fins de adoção faz jus ao salário-maternidade por período variável de acordo com a idade da criança.

1: Trata-se do auxílio-doença (não auxílio-acidente) – art. 60 do PBPS. **2:** Art. 71-A do PBPS.

Gabarito 1E, 2C

(Procurador do Município/Aracaju – 2008 – CESPE) Julgue os itens a seguir, relativos à previdência social e a seus beneficiários.

(1) Considere a seguinte situação hipotética. Por ser professor concursado da rede estadual de ensino, José Dantas, deputado estadual de Sergipe, é vinculado ao regime próprio de previdência do estado. Tendo em vista a compatibilidade de horário entre o mandato eleitoral e o exercício do magistério, José Dantas continuou a lecionar. Nessa situação, José Dantas deve vincular-se também ao regime geral de previdência social (RGPS), em decorrência do exercício do mandato eletivo.

(2) Considere que Célia mantenha união estável com João, segurado da previdência social. Nessa situação, Célia é considerada, para fins previdenciários, dependente, sendo-lhe dispensada a comprovação da dependência econômica, mas exigida a comprovação da situação conjugal.

(3) Considere que Maria José presta serviços habituais e contínuos para Cláudia, no ambiente residencial desta, sendo certo que as atividades desenvolvidas não têm fins lucrativos. Nessa situação hipotética, Maria José é empregada doméstica e responsável pelo recolhimento de sua própria contribuição para a previdência social.

(4) A previdência social brasileira está organizada em dois sistemas independentes. O denominado regime geral, cuja filiação é obrigatória, abrange todas as atividades remuneradas exercidas por pessoas físicas, ressalvadas as que estejam vinculadas aos regimes instituídos pelos entes federativos em favor de seus servidores titulares de cargos efetivos, denominados regimes próprios ou especiais.

1: incorreto. O exercente de mandato eletivo é segurado obrigatório no regime geral (RGPS) apenas se não for vinculado a regime próprio – art. 11, I, *h*, do PBPS. **2:** correto (art. 16, §§ 3° e 4°, do PBPS). A dependência econômica da companheira é presumida. **3:** incorreto. Maria José é empregada doméstica (art. 11, II, do PBPS), mas o recolhimento da contribuição é responsabilidade da empregadora (não da segurada) – art. 30, V, do PCSS. 4: correto. O regime próprio dos servidores efetivos é previsto no art. 40 da CF. O regime geral (RGPS) consta do art. 201 da CF.

Gabarito 1E, 2C, 3E, 4C

(Procurador do Município/Aracaju – 2008 – CESPE) Acerca dos benefícios da previdência social, julgue os itens seguintes.

(1) Considere que Carlos, segurado do RGPS, após sofrer acidente de trabalho, tenha sido, naquele momento, considerado incapaz e insuscetível de reabilitação para o exercício de atividade profissional que lhe garanta a subsistência. Nessa situação, Carlos não terá seu benefício revertido ou suspenso, dada a natureza permanente de sua incapacidade.

(2) O segurado contribuinte individual do RGPS que sofrer acidente que o impeça de trabalhar por vários dias tem direito ao benefício de auxílio-doença com início a partir do dia da incapacidade, desde que o auxílio tenha sido requerido até trinta dias após a ocorrência do infortúnio.

(3) Considere que Pedro, com 62 anos de idade, perdeu o emprego há seis anos e não conseguiu retornar ao mercado de trabalho, perdendo, por isso, a qualidade de segurado do RGPS, apesar de ter contribuído por mais de vinte anos. Nessa situação hipotética, Pedro poderá requerer o benefício de aposentadoria por idade pelo fato de ter contribuído por tempo superior à carência.

(4) O trabalhador de empresa de conservação e limpeza que presta serviços a diversos hospitais e que recebe adicional de insalubridade, por, eventualmente, manter contato com lixo hospitalar de natureza tóxica, tem direito a aposentar-se com tempo reduzido de contribuição, já que trabalha em condições especiais prejudiciais a sua saúde.

(5) O auxílio-acidente, antes das mudanças promovidas pela Constituição de 1988, tinha natureza de seguro privado. Atualmente, consiste em um benefício concedido a título de indenização ao segurado, quando, após a consolidação das lesões decorrentes de acidente de qualquer natureza, resultem sequelas que impliquem a redução da capacidade para o trabalho que era exercido anteriormente.

1: incorreto. A aposentadoria por invalidez cessará caso o segurado recupere a capacidade para o trabalho – art. 47 do PBPS. **2:** correto (art. 60 do PBPS). Importante lembrar o segurado empregado recebe auxílio-doença apenas a partir do 16° dia após o início do afastamento (os 15 primeiros dias são remunerados pelo empregador – art. 60, § 3°, do PBPS). **3:** incorreto. No regime jurídico atual, exige-se o mínimo de 180 contribuições mensais para a aposentadoria por idade (= período de carência – art. 25, II, do PBPS). Ocorre que a aposentadoria por idade somente é possível a partir dos 65 anos de idade, para os homens (Pedro tem apenas 62 anos) – art. 201, § 7°, da CF e art. 48 do PBPS. 4: incorreto. A aposentadoria especial exige que o trabalhador exerça atividades prejudiciais à saúde em caráter permanente, e não eventual ou intermitente (caso descrito na assertiva) – art. 201, § 1º, da CF e art. 57, § 3º, do PBPS. 5: correto (art. 201, § 10, da CF e art. 86 do PBPS).

Gabarito 1E, 2C, 3E, 4E, 5C

(Procuradoria Federal – 2007 – CESPE) Em relação aos benefícios de previdência social, julgue os itens que se seguem.

(1) Considere que Joana seja empregada e não tenha conseguido comprovar o valor dos seus salários de contribuição, no período básico de cálculo. Nessa situação, mesmo que preenchidos os requisitos para a concessão do benefício, Joana não fará jus a um benefício previdenciário.

(2) O contribuinte individual que trabalha por conta própria, sem relação de emprego, não faz jus à aposentadoria por tempo de contribuição.

(3) O contribuinte individual e o empregado doméstico não fazem jus ao benefício de auxílio-acidente.

1: incorreto. É possível, na hipótese, a concessão do benefício pelo valor mínimo, que poderá ser posteriormente retificado quando da comprovação dos salários de contribuição – art. 35 do PBPS. **2:** incorreto. O contribuinte individual tem direito à aposentadoria por tempo de contribuição, exceto se tiver optado pela exclusão desse benefício – art. 18, § 3º, do PBPS c/c art. 21, § 2º, do PCSS (a opção pela exclusão do benefício é reversível, mediante recolhimento das diferenças devidas – art. 21, § 3º, do PCSS). **3:** correto. Somente têm direito ao auxílio-acidente o segurado empregado, o trabalhador avulso e o segurado especial – art. 18, § 1º, do PBPS.

Gabarito 1E, 2E, 3C

(Procuradoria Federal – 2007 – CESPE) Acerca do período de carência, julgue os itens seguintes.

(1) Considere a seguinte situação hipotética. Lucas foi empregado pelo período de 15 anos, após o qual ingressou no serviço público, no qual exerceu atividades durante 10 anos. Com o intuito de se aposentar, requereu o pagamento das contribuições devidas como contribuinte individual durante o período pretérito, para fins de carência. Nessa situação, mesmo não sendo contribuinte obrigatório no referido período, Lucas poderá contar com esse tempo de contribuição, desde que faça, agora, o referido pagamento das prestações em atraso, com juros e correção monetária.

(2) A perda da qualidade de segurado não prejudica o direito à aposentadoria se todos os requisitos para a sua concessão já tiverem sido preenchidos e estiverem de acordo com a legislação em vigor à época em que esses requisitos foram atendidos.

1: incorreto. A contribuição extemporânea a título de empregado doméstico, contribuinte individual, especial ou facultativo não altera o início do período de carência – art. 27, II, do PBPS. **2:** correto (art. 102, § 1º, do PBPS).

Gabarito 1E, 2C

(Procurador da Fazenda Nacional – 2007.2 – ESAF) À luz do previsto na Legislação Previdenciária Federal, julgue os itens abaixo referentes aos benefícios para os segurados de baixa renda.

I. Aposentadoria por invalidez permanente.

II. Aposentadoria por idade.

III. Salário-família.

IV. Pensão por morte.

(A) Todos estão corretos.

(B) Somente I está correto.

(C) Somente IV está incorreto.

(D) Somente I e III estão corretos.

(E) Somente I e II estão corretos.

I e **II:** o segurado de baixa renda faz jus à aposentadoria, na forma da lei; **III:** a Constituição prevê salário-família como benefício direcionado aos dependentes dos segurados de baixa renda (não aos próprios segurados) – art. 201, IV, da CF; **IV:** a pensão por morte é benefício em favor dos dependentes (não dos segurados), evidentemente – art. 18, II, *a*, do PBPS.

Gabarito "E"

(Procurador da Fazenda Nacional – 2007 – ESAF) À luz do texto constitucional, julgue os itens abaixo referentes aos benefícios e serviços que são de competência da Previdência Social:

I. Cobertura dos eventos de invalidez, morte e idade avançada.

II. Proteção à família.

III. Qualificação para o trabalho.

IV. Garantia de um salário-mínimo ao deficiente físico.

(A) Todos estao corretos.

(B) Somente I está correto.

(C) I e II estão corretos.

(D) I e III estão corretos.

(E) III e IV estão corretos.

Apenas I indica benefícios pagos pela Previdência Social, quais sejam aposentadorias por invalidez e por idade e pensão por morte – art. 18, I, *a* e *b*, e II, *a*, do PBPS.

Gabarito "B"

(Procurador do Estado/RR – 2006 – FCC) Em relação aos benefícios da Seguridade Social, é correto afirmar que

(A) é cabível a conversão do auxílio-doença em aposentadoria especial, independentemente da subsistência dos demais vínculos laborais mantidos pelo beneficiário, caso apurada a incapacidade definitiva do segurado para uma das atividades titularizadas.

(B) o auxílio-doença do segurado que exerce mais de uma atividade abrangida pela previdência não será devido, se a incapacidade ocorrer apenas para o exercício de uma delas, salvo se as atividades concomitantes forem da mesma natureza.

(C) o auxílio-reclusão é devido aos dependentes do segurado recolhido à prisão que não receba remuneração, auxílio-doença, aposentadoria ou abono de permanência, durante todo o período de detenção ou reclusão, devendo ser suspenso em caso de fuga e convertido em pensão, se sobrevier a morte do segurado detido ou recluso.

(D) o aposentado por invalidez que recuperar a capacidade laborativa e tiver cancelado o benefício previdenciário poderá pleitear o retorno ao emprego ocupado à data do evento e, caso tal não convier ao empregador, terá direito a ser indenizado pela Previdência Social na forma da lei.

(E) a incapacidade decorrente de doença ou lesão de que o segurado já era portador ao filiar-se ao Regime Geral de Previdência Social não lhe conferirá o direito à aposentadoria por invalidez, assim como a incapacidade que sobrevier por motivo de agravamento ou progressão de tal doença ou lesão.

A: incorreto. O auxílio-doença cessa com a aposentadoria por invalidez, caso o segurado seja considerado incapaz e insusceptível de reabilitação para o exercício de atividade que lhe garanta a subsistência – arts. 42 e 62, *in fine*, do PBPS; **B:** incorreto. O auxílio-doença é devido mesmo que a incapacidade refira-se a apenas uma das atividades exercidas pelo segurado – art. 73 do Decreto 3.048/1999; **C:** correto (art. 80 do PBPS e arts. 116 a 119 do Decreto 3.048/1999); **D:** incorreto. A recuperação da capacidade laborativa não implica, por si, direito de retorno ao emprego anteriormente ocupado. Tampouco há direito a indenização, muito embora o benefício previdenciário possa ser mantido temporariamente, nos termos do art. 47, I, *b*, e II, do PBPS; **E:** correto. A incapacidade superveniente por motivo de agravamento ou progressão da situação preexistente dá ensejo à aposentadoria por invalidez – art. 42, § 2º, do PBPS.

Gabarito "C"

(Procurador do Estado/RR – 2006 – FCC) De acordo com a legislação previdenciária e respectiva regulamentação,

(A) todo o segurado obrigatório da Previdência Social mantém sua qualidade, sem recolher contribuição nem receber benefício, por até 6 (seis) meses.

(B) são segurados obrigatórios do Regime Geral de Previdência Social: o empregado, inclusive o doméstico, o trabalhador avulso, o segurado especial e o contribuinte individual.

(C) o direito da seguridade social apurar e constituir seus créditos extingue-se após 10 (dez) anos, bem como o direito de ação contra ela para obter a restituição de contribuições indevidas.

(D) não integram o salário de contribuição, entre outras: a parcela *in natura* recebida de acordo com o programa de alimentação aprovado pelo Ministério do Trabalho e Emprego; a parcela recebida a título de vale-transporte e as importâncias recebidas a título de indenização de férias e respectivo adicional constitucional.

(E) são segurados facultativos do Regime Geral de Previdência Social, entre outros: o estudante, o bolsista, o estagiário e o aprendiz.

A: o prazo geral de manutenção da condição de segurado é de 12 meses após a cessação das contribuições – art. 15, II, do PBPS; **B:** segundo o art. 11 do PBPS e o art. 12 do PCSS, são segurados obrigatórios do RGPS: o empregado (inciso I), o empregado doméstico (inciso II), o contribuinte individual (inciso V), o trabalhador avulso (inciso VI) e o segurado especial (inciso VII); **C:** o STF entende que o prazo decadencial e prescricional é de cinco anos – Súmula Vinculante nº 8; **D:** art. 28, § 9º, *c*, *d* e *f*, do PCSS – o vale-transporte não pode ser pago em dinheiro, ou será incluído no salário de contribuição (ver REsp 873.503/PR); **E:** o segurado facultativo é definido por exclusão, desde que não seja segurado obrigatório e seja maior de 16 anos (não mais 14 anos) – art. 13 do PBPS. O Decreto 3.048/1999 (art. 11, § 1º, III, VII e VIII) prevê expressamente o caso do estudante, do bolsista e do estagiário. O menor empregado como aprendiz é segurado obrigatório – art. 28, § 4º, do PCSS.

Gabarito "D" e "B"

(Advogado da União/AGU – CESPE – 2012) À luz da jurisprudência do STF e do STJ, julgue o item seguinte, relativos ao RGPS.

(1) A concessão de pensão por morte, auxílio-reclusão e salário-família independe de carência.

1: correta. Tanto a jurisprudência quanto a própria legislação previdenciária já afasta a necessidade de cumprimento de carência para os benefícios mencionados. Aproveite o ensejo para relembrar os períodos de carência previstos para cada benefício previdenciário:

Benefício	Carência	Exceções
Aposentadoria por tempo de contribuição	180 contribuições	Não há
Aposentadoria por idade	180 contribuições	Não há
Aposentadoria por invalidez	12 contribuições	Doenças graves previstas em ato normativo do Ministério da Previdência e Assistência Social
Aposentadoria especial	180 contribuições	Não há
Auxílio-doença	12 contribuições	Doenças graves previstas em ato normativo do Ministério da Previdência e Assistência Social
Salário-família	**Não há**	Não há
Salário-maternidade	10 contribuições mensais	Segurada empregada, empregada doméstica e trabalhadora avulsa
Auxílio-acidente	**Não há**	Não há
Pensão por morte	**Não há**	Não há
Auxílio-reclusão	**Não há**	Não há

Gabarito 1C

(Procurador da Fazenda Nacional – 2004 – ESAF) Considerando os benefícios devidos no Regime Geral da Previdência Social, assinale a opção incorreta.

(A) O acidente sofrido pelo segurado, no local e no horário de trabalho, em decorrência de ato praticado por pessoa privada do uso da razão, não constitui acidente do trabalho típico, mas a ele é equiparado para todos os fins legais.

(B) O auxílio-doença é devido ao segurado que, preenchendo, quando o caso, o período de carência fixado em lei, ficar incapacitado para o trabalho por período superior a 15 dias.

(C) Verificada a adoção de criança com 11 meses de idade por segurada da Previdência Social, será devida a licença-maternidade com duração de 120 dias.

(D) O aposentado por invalidez que for declarado apto para o exercício de atividade diversa da que habitualmente exercia, terá preservado o direito à aposentadoria, enquanto permanecer nessa condição, sem prejuízo de seu retorno à atividade.

(E) O auxílio acidente é devido, como indenização, ao segurado que apresentar sequelas permanentes resultantes de acidente de qualquer natureza que implique redução da capacidade para o trabalho que habitualmente exercia.

A: correta, conforme o disposto no art. 21, II, "d", da Lei nº 8.213/91 (PBPS); **B:** correta, nos exatos termos do art. 59 do PBPS; **C:** correta, lembrando que a licença-maternidade, e o respectivo salário-maternidade, para a segurada que adotar criança é regressiva de acordo com a idade do adotado. Efetivamente, para crianças com até 01 ano de idade, o benefício será integral (120 dias), nos termos do art. 71-A do PBPS; **D:** incorreta. Cessa o pagamento da aposentadoria por invalidez com o retorno da capacidade laborativa, ainda que diversa da que o segurado anteriormente exercia. O que ocorre é que a extinção do pagamento será progressiva, nos termos do art. 47, II, do PBPS; **E:** correta, nos exatos termos do art. 86 do PBPS.

Gabarito "D"

(Procurador da Fazenda Nacional – 2003 – ESAF) Com relação ao regime geral da previdência social, beneficiários, benefícios e custeio à luz da legislação previdenciária vigente, assinale a opção correta.

(A) São beneficiários do regime geral: os segurados das diversas categorias, não incluídos os seus dependentes.

(B) O auxílio-funeral é uma espécie de benefício existente no regime geral federal.

(C) Não há diferenças de alíquotas entre os diversos benefícios previdenciários.

(D) Período de carência é o número mínimo de contribuições mensais indispensáveis para que o beneficiário faça jus ao benefício.

(E) São dependentes obrigatórios os pais do segurado independentemente da comprovação de dependência econômica.

A: incorreta. O termo "beneficiários" é gênero que comporta duas espécies: os segurados e os dependentes, nos termos do art. 10 da Lei nº 8.213/91; **B:** incorreta. O Regime Geral de Previdência Social não contempla o benefício do auxílio-funeral, por não estar inserido no rol do art. 18 da Lei nº 8.213/91. O auxílio-funeral está previsto para os servidores públicos da União, dentro de seu regime próprio de previdência; **C:** incorreta. Primeiro, destacamos que a questão foi infeliz ao utilizar o termo "alíquota" para tratar de benefícios previdenciários, uma vez que tal expressão é comumente vinculada à relação de custeio através das contribuições sociais. Melhor seria dizer "percentual da renda mensal inicial", que se aplica sobre o valor do salário de benefício. Enfim, não é por tal razão que a questão está incorreta (a despeito da falta de técnica), mas porque cada benefício previdenciário tem previsão específica do percentual a ser aplicado sobre o salário de benefício para se encontrar a renda mensal a que faz jus o beneficiário; **D:** correta. Trata-se do conceito de período de carência encontrado no art. 24 da Lei nº 8.213/91; **E:** incorreta. Os pais do segurado integram a segunda classe de dependentes, que não contam com a previsão legal absoluta de dependência econômica (art. 16, § 4º, da Lei nº 8.213/91). Devem, assim, provar a dependência econômica do segurado para fazerem jus ao benefício, desde que não haja qualquer pessoa na classe superior (cônjuge, companheiro, filhos não emancipados menores de 21 anos ou inválidos de qualquer idade, bem como pessoas equiparadas aos filhos – enteado e menor tutelado).

Gabarito "D"

(ADVOGADO – CEF – 2012 – CESGRANRIO) Eduardo foi admitido por uma empresa como estoquista, em 18/09/2007. Suas atividades eram: controlar a recepção dos materiais, confrontando tipo e quantidades com os dados contidos nas requisições, certificar a correspondência entre o material recebido e o solicitado e dispor os materiais relacionados nos pedidos, separando-os de acordo com as especificações e quantidades. Após anos de trabalho, Eduardo passou a sentir fortes dores na coluna e, em pouco tempo, não conseguia mais fazer movimentos de flexão e extensão da coluna. Após a realização de exame médico pericial, constatou-se que o empregado estava inapto para o trabalho e impossibilitado de reabilitação. Considerando-se os fatos apresentados acima, qual dos benefícios previdenciários será concedido a Eduardo?

(A) Aposentadoria especial

(B) Aposentadoria por invalidez

(C) Auxílio-doença

(D) Auxílio-acidente

(E) Salário-família

A: incorreta. A aposentadoria especial é destinada àqueles que dedicaram-se a trabalho perigoso ou insalubre, de forma não ocasional nem intermitente, durante o tempo fixado em lei; **B:** correta. A aposentadoria por invalidez é o benefício previdenciário destinado aos segurados acometidos de incapacidade total e permanente para qualquer trabalho ou função, sem expectativa de reabilitação segundo os peritos oficiais. Vale lembrar que, mesmo nesse quadro, o beneficiário deve submeter-se a novas perícias a cada dois anos para atestar a permanência da incapacidade; **C:** incorreta. O auxílio-doença é pago em caso de incapacidade total e temporária para o exercício das atividades habitualmente exercidas pelo segurado a partir do 16º dia de afastamento; **D:** incorreta. Auxílio-acidente é o benefício previdenciário pago em caso de consolidação de lesões que diminuam a capacidade laborativa do segurado; **E:** incorreta. O salário-família é garantido ao segurado de baixa renda que possua filhos menores de 14 anos ou inválidos de qualquer idade.

Gabarito "B"

(ADVOGADO – CEF – 2010 – CESPE) Em cada uma das opções abaixo, é apresentada uma situação hipotética, seguida de uma assertiva a ser julgada com base na disciplina relativa a prescrição e decadência na legislação previdenciária. Assinale a opção que apresenta a assertiva correta.

(A) Em decorrência de acidente de trabalho, Sérgio ficou permanentemente incapacitado para o trabalho. Nessa situação, Sérgio poderá mover ação referente às prestações do benefício previdenciário de aposentadoria por invalidez em até cinco anos, contados a partir da data da ocorrência do sinistro; após esse período, seu direito à ação estará prescrito.

(B) Após analisar procedimento administrativo apresentado por Maria, na condição de representante de Humberto, menor impúbere, a autoridade competente da previdência social deferiu o pedido de pagamento, em benefício de Humberto, de pensão por morte do seu genitor. Nessa situação, o prazo decadencial para a previdência social anular o referido ato administrativo será de cinco anos, a contar da data de sua publicação.

(C) A seguridade social, em procedimento administrativo específico, apurou a existência de créditos em desfavor de Beta Ltda. relativos aos exercícios de 2000, 2001 e 2002, mas que foram constituídos em 2003. Nessa situação, a seguridade social podia cobrar os aludidos créditos tributários, pois o prazo prescricional ainda não havia transcorrido.

(D) Em 10/4/2004, o requerimento administrativo apresentado por Marcos, no qual pleiteava a revisão do ato de concessão do benefício previdenciário de aposentadoria por invalidez, foi indeferido, em decisão definitiva. Nessa situação, o direito de ação de Marcos para pleitear a referida revisão decaiu em 10/4/2009.

(E) Túlio, menor impúbere com 15 anos de idade, foi reconhecido judicialmente como filho e único herdeiro de Adalberto, que havia falecido quando Túlio tinha três anos de idade. Nessa situação, uma vez reconhecida a paternidade, se Adalberto for segurado obrigatório da previdência social, Túlio terá direito à percepção do benefício previdenciário denominado pensão por morte, podendo pleitear as prestações vencidas devidas pela previdência social desde a data do falecimento de seu genitor.

A: incorreta. O termo inicial da prescrição, em caso de acidente de trabalho, é contado da data do acidente apenas se dele resultar morte ou incapacidade temporária. Em caso de invalidez, o lapso temporal é contado a partir da data do reconhecimento da incapacidade laborativa pela Previdência Social (art. 104. II, do PBPS); **B:** incorreta. O direito de a Previdência Social anular atos administrativos dos quais decorram efeitos favoráveis para o beneficiário decai em 10 anos, contados da data do ato (art. 103-A do PBPS); **C:** incorreta. A assertiva não deixa claro, mas podemos deduzir que a pergunta considera a data da realização do concurso (2010) para o cálculo da prescrição. Nesse caso, a pretensão da Previdência já estaria extinta pela prescrição, porque desde a Súmula Vinculante nº 08 do STF, que culminou com a revogação dos arts. 45 e 46 do PCSS, pacificou-se o entendimento de que a prescrição das contribuições sociais opera-se no prazo de 05 anos, contados da constituição definitiva do crédito tributário; **D:** incorreta. Nesse caso, o prazo decadencial é de 10 anos, nos termos do art. 103 do PBPS; **E:** correta. A despeito do largo lapso temporal transcorrido (12 anos), é certo que contra os absolutamente incapazes não corre a prescrição, de forma que ainda está íntegra a pretensão de Túlio (art. 103, parágrafo único, do PBPS).

Gabarito "E"

(ADVOGADO – CEF – 2010 – CESPE) Em cada uma das opções subsequentes, é apresentada uma situação hipotética, seguida de uma assertiva a se julgada, acerca dos planos de benefícios da previdência social. Assinale a opção correspondente à assertiva correta.

(A) André, segurado da previdência social na condição de trabalhador avulso portuário, sofreu acidente de trabalho do qual resultou lesão em sua coluna vertebral. A ocorrência desse sinistro foi comunicada no primeiro dia útil seguinte ao fato. A perícia médica inicial concluiu pela existência de incapacidade total e definitiva para o trabalho. Nessa situação, a aposentadoria por invalidez será devida a partir da data em que ocorreu o acidente.

(B) Marcone pagou 180 contribuições mensais, sendo 140 delas na condição de trabalhador rural e as demais na condição de trabalhador avulso. Nessa situação, Marcone poderá requerer sua aposentadoria por idade quando completar 60 anos de idade.

(C) A pessoa jurídica Epta Ltda., em virtude de convenção coletiva de trabalho, paga aos seus empregados licença remunerada, pelo prazo de três meses, para tratamento de saúde do empregado, em casos de comprovada necessidade e quando autorizada pela empresa. Nessa situação, se algum empregado de Epta sofrer acidente de trabalho e passar a perceber auxílio-doença, a Epta deverá arcar com a diferença entre o valor do benefício e o salário efetivo do empregado, como se esse empregado estivesse licenciado.

(D) Antônia obteve guarda judicial para fins de adoção de Ana, menor impúbere de dois anos de idade. Nessa situação, Antônia fará jus ao benefício previdenciário denominado licença-maternidade por um período de trinta dias.

(E) Renato desapareceu após sofrer trágico acidente automobilístico e, em virtude desse fato, seus dependentes requereram, observados os preceitos legais pertinentes, pensão provisória por morte presumida. Após dois anos, Renato reapareceu, depois de ter-se recuperado de perda de memória decorrente do referido acidente. Nessa situação, verificado o reaparecimento do segurado, o pagamento da pensão cessará imediatamente, sendo obrigados os dependentes a repor os valores recebidos a título provisório.

A: incorreta. Nos termos do art. 43, §1º, "b", do PBPS, a aposentadoria por invalidez será devida a partir da data do início da incapacidade; **B:** incorreta. A aposentadoria por idade pode ser pleiteada pelo homem quando este completar 65 anos de idade (art. 48 do PBPS); **C:** correta, nos termos do art. 80 do RPS; **D:** incorreta. Em caso de adoção, o período do salário-maternidade obedece à seguinte tabelA: adoção de crianças de até 01 ano de idade, o benefício será de 120 dias; adoção de crianças de até 04 anos de idade, o benefício será de 60 dias; adoção de crianças de até 08 anos de idade, o benefício será de 30 dias (art. 71-A do PBPS); **E:** incorreta. Os dependentes não são obrigados a devolver os valores recebidos, salvo comprovada má-fé (art. 78, § 2º, do PBPS).

Gabarito "C"

(ADVOGADO – CEF – 2010 – CESPE) Ainda a respeito dos planos de benefícios da previdência social, assinale a opção correta.

(A) Trabalhador portuário segurado da previdência social na condição de trabalhador avulso faz jus ao benefício denominado salário-família.

(B) Considere que Murilo estivesse em gozo de auxílio-doença quando foi condenado a três anos de reclusão pela prática de crime e que, por causa disso, tenha sido recolhido a instituição carcerária em dezembro de 2009, onde permanece até os dias atuais. Nessa situação hipotética, os dependentes de Murilo têm direito à percepção de auxílio-reclusão, o qual é concedido nas mesmas condições da pensão por morte.

(C) Considere que Jonas recebia auxílio-acidente quando requereu sua aposentadoria por idade, já que os requisitos legais haviam sido preenchidos. Nessa situação, ante a permanência do estado mórbido que culminou na concessão do auxílio-doença, Jonas faz jus ao recebimento dos dois benefícios previdenciários cumulativamente.

(D) Considere que, quando faleceu, Alberto estava impugnando ação de reconhecimento de paternidade que tramitava contra ele e que, à época de seu falecimento, sua mãe era sua única dependente declarada. Nessa situação, havendo a possibilidade de posterior habilitação de possível dependente, que importaria na exclusão da mãe de Alberto dessa condição, a concessão da pensão por morte poderá ser protelada, a critério da autoridade competente.

(E) Segurado especial, na condição de trabalhador rural, faz jus à percepção de aposentadoria especial, uma vez cumprido o período de carência.

A: correta, nos termos do art. 65 do PBPS; **B:** incorreta. A prisão do segurado não acarreta a suspensão do pagamento do auxílio-doença, razão pela qual os dependentes não fazem jus ao auxílio-reclusão (art. 80 do PBPS); **C:** incorreta. É vedada, salvo direito adquirido, a cumulação de qualquer aposentadoria com auxílio-acidente (art. 86, § 2º, do PBPS); **D:** incorreta. Nos termos do art. 76 do PBPS, o pagamento da pensão por morte não será protelado pela falta de habilitação de outro possível dependente; **E:** incorreta. A aposentadoria especial é destinada àqueles que tiverem trabalhado sujeito a condições especiais que prejudiquem a saúde ou a integridade física por força de agentes químicos, físicos ou biológicos, não se relacionando com o segurado especial (art. 57 do PBPS).

Gabarito "A"

(ADVOGADO – IRB – 2006 – ESAF) Assinale a opção incorreta.

(A) Para efeito de acidente do trabalho, não são consideradas doença do trabalho a doença degenerativa, a inerente a grupo etário e a que não produza incapacidade laborativa.

(B) A doença ou lesão de que o segurado já era portador ao filiar-se ao Regime Geral de Previdência Social não lhe conferirá direito à aposentadoria por invalidez, salvo quando a incapacidade sobrevier por motivo de progressão ou agravamento dessa doença ou lesão.

(C) As cotas do salário-família serão pagas pela empre-sa, mensalmente, junto com o salário, efetivando-se a compensação quando do recolhimento das contribuições, conforme dispõe o regulamento, mas, quando o pagamento do salário não for mensal, o salário-família será pago juntamente com o primeiro pagamento do mês subsequente ao vencido.

(D) O salário-maternidade é devido à segurada da Previdência Social que adotar ou obtiver guarda judicial para fins de adoção de criança com mais de um ano e até quatro anos completos, por 60 (sessenta) dias.

(E) O segurado que, tendo direito à aposentadoria por tempo de serviço, optar pelo prosseguimento na atividade, fará jus ao abono de permanência em serviço, mensal, correspondendo a 25% (vinte e cinco por cento) dessa aposentadoria para o segurado com 35 (trinta e cinco) anos ou mais de serviço e para a segurada com 30 (trinta) anos ou mais de serviço.

A: correta, nos termos do art. 20, § 1º, do PBPB; **B:** correta, nos termos do art. 42, § 2º, do PBPS; **C:** incorreta, devendo ser assinalada. Quando o pagamento não for mensal, o benefício será pago juntamente com o último pagamento relativo ao mês de competência (art. 68, § 2º, do PBPS); **D:** correta. Em caso de adoção, o salário-maternidade será devido por prazo proporcional à idade do adotado: para crianças de até 01 ano de idade, o benefício durará 120 dias; para crianças de 01 a 04 anos de idade, o benefício durará 60 dias; e para crianças de 04 a 08 anos de idade, o benefício durará 30 dias (art. 71-A do PBPS); **E:** no gabarito oficial, essa alternativa foi considerada correta, porém obviamente trata-se de um engano. O benefício previdenciário do abono de permanência em serviço foi revogado pela Lei nº 8.870/94, de sorte que a assertiva está incorreta.

Gabarito "C" e "E"

5. SERVIDORES PÚBLICOS

(Procurador Federal – 2013 – CESPE) Julgue os seguintes itens.

(1) Para fins de concessão dos benefícios previstos no RGPS ou no serviço público é assegurada a contagem recíproca do tempo de contribuição na atividade privada e do tempo de serviço na administração pública, hipótese em que os diferentes sistemas de previdência social se compensarão financeiramente.

1: correta, nos termos do art. 94 do PBPS.

Gabarito 1C

(Procurador do Município/Manaus-AM – 2006 – FCC) O servidor público titular de cargo efetivo de um município que adote Regime Próprio de Previdência

(A) poderá se filiar ao regime geral de previdência social, na qualidade de segurado facultativo, oportunidade em que receberá ambos os proventos de aposentadoria.

(B) será aposentado compulsoriamente, aos setenta anos de idade, se homem, e sessenta e cinco anos de idade, se mulher, com proventos proporcionais ao tempo de contribuição.

(C) e que, em virtude da compatibilidade de horários acumular dois cargos de professor, poderá, ao se aposentar, perceber mais de uma aposentadoria à conta do regime próprio.

(D) perceberá proventos proporcionais ao se aposentar por invalidez permanente decorrente de acidente de serviço, moléstia profissional ou doença grave, contagiosa ou incurável.

(E) poderá se aposentar com proventos integrais, se homem, ao completar cinquenta anos de idade, contar com mais de dez anos de efetivo exercício no serviço público e cinco anos no cargo em que se dará a aposentadoria.

A: incorreta. É vedada a inscrição de pessoa participante de regime próprio de previdência como segurado facultativo do RGPS (art. 201, § 5º, da CF); **B:** incorreta. A aposentadoria compulsória será sempre aos 70 anos, independentemente do sexo (art. 40, § 1º, II, da CF); **C:** correta, nos termos do art. 40, § 6º, da CF (lembrando que é autorizada pela Constituição a cumulação de dois cargos de professor – art. 37, XVI, "a"); **D:** incorreta. Nessas hipóteses, a aposentadoria por invalidez será conferida com proventos integrais (art. 40, § 1º, I, da CF); **E:** incorreta. A aposentadoria voluntária com proventos integrais foi extinta com a publicação da Emenda Constitucional nº 41/03.

Gabarito "C"

(Procurador do Município/Manaus-AM – 2006 – FCC) Em relação ao regime jurídico dos servidores públicos previsto na Constituição Federal, analise as assertivas:

I. O tempo de contribuição federal, estadual ou municipal e o de serviço correspondente serão contados para efeito de aposentadoria e disponibilidade.

II. A lei não poderá estabelecer qualquer forma de contagem de tempo de contribuição fictício.

III. Ao servidor ocupante, exclusivamente, de cargo em comissão declarado em lei de livre nomeação e exoneração bem como de outro cargo temporário ou de emprego público, aplica-se o regime geral de previdência social.

IV. Os proventos de aposentadoria e as pensões, por ocasião de sua concessão, não poderão exceder a remuneração do respectivo servidor, no cargo efetivo em que se deu a aposentadoria ou que serviu de referência para a concessão da pensão.

V. Os servidores titulares de cargos efetivos ou em comissão da União, dos Estados, do Distrito Federal e dos Municípios, dentre outros, serão aposentados compulsoriamente, aos setenta anos de idade, com proventos proporcionais ao tempo de serviço.

Consideram-se corretas, APENAS

(A) I, II e III.

(B) I, III e V.

(C) I, IV e V.

(D) II, III e IV.

(E) II, IV e V.

I: incorreta. O tempo de serviço será contado apenas para fins de disponibilidade (art. 40, § 9º, da CF); **II:** correta, nos termos do art. 40, §10, da CF; **III:** correta, nos termos do art. 40, § 13, da CF; **IV:** correta, conforme disposto no art. 40, § 2º, da CF; **V:** incorreta. Aos servidores ocupantes de cargo em comissão não se aplicam as regras relativas à aposentadoria compulsória previstas na CF, porque são vinculados ao RGPS.

Gabarito "D"

(PROCURADOR DO ESTADO/MG – FUMARC – 2012) Sobre o custeio do regime próprio de previdência social dos servidores públicos, assinale a alternativa correta:

(A) considerando que o § 12, do art. 40, da Constituição da República Federativa do Brasil dispõe que o regime de previdência dos servidores públicos titulares de cargo efetivo observará, no que couber, os requisitos e critérios fixados para o regime geral de previdência social e nesse é assegurado ao aposentado imunidade tributária, conforme art. 195, II, da Constituição da República Federativa do Brasil de 1988, conclui-se que os servidores públicos aposentados têm direito adquirido aos proventos e, portanto, a contribuição previdenciária não incide sobre os mesmos, segundo entendimento do Supremo Tribunal Federal;

(B) os Estados instituirão contribuição cobrada de seus servidores, para o custeio, em benefício destes, do regime previdenciário de que trata o art. 40, da Constituição da República Federativa do Brasil de 1988 cuja alíquota será no máximo 11% sobre a remuneração do servidor no cargo efetivo;

(C) as contribuições previdenciárias dos Estados somente poderão ser utilizadas para pagamento de benefícios previdenciários dos respectivos regimes, sem ressalvas;

(D) a contribuição da União, dos Estados, do Distrito Federal e dos Municípios, incluídas suas autarquias e fundações, aos regimes próprios de previdência social a que estejam vinculados seus servidores não poderá ser inferior ao valor da contribuição do servidor ativo, nem superior ao dobro desta contribuição;

(E) a base de cálculo da contribuição dos servidores públicos titulares de cargos efetivos pertencentes ao regime próprio de previdência social, da União, Estados, Municípios e Distrito Federal é definida pela Lei nº 10.887/2004, em seu art. 4º, § 1º.

A: incorreta. Desde a Emenda Constitucional nº 41/03 incide contribuição previdenciária sobre o valor de aposentadorias e pensões concedidas pelos regimes próprios de previdência social que ultrapassar o teto do RGPS (art. 40, § 18, da CF). A constitucionalidade da Emenda foi questionada no STF, que, no julgamento da ADI nº 3128, referendou a possibilidade de exação tributária sobre os proventos de aposentadorias e pensões dos servidores públicos; **B:** incorreta. A CF não estabelece patamar máximo para a alíquota da contribuição previdenciária dos Estados, DF e Municípios, apenas proíbe que ela seja menor do que aquela cobrada pela União (art. 149, § 1º, da CF); **C:** incorreta. É possível a utilização dos recursos para fazer frente a despesas administrativas dos fundos de previdência (art. 1º, III, da Lei nº 9.717/98); **D:** correta, nos termos do art. 2º da Lei nº 9.717/98; **E:** incorreta. O mencionado preceptivo legal define apenas a base de cálculo da contribuição dos servidores federais.

Gabarito "D"

(PROCURADOR DO ESTADO/MG – FUMARC – 2012) A respeito da aposentadoria do servidor público segurado do regime próprio de previdência social, assinale a alternativa correta:

(A) é compulsória aos 70 anos de idade tanto para o homem, quanto para mulher com proventos proporcionais ao tempo de contribuição, desde que cumprida a carência de 10 anos de efetivo exercício no serviço público e 5 anos no cargo em que se dará a aposentadoria;

(B) tem redução de 5 anos no requisito de tempo de contribuição e de 5 anos na idade para o professor universitário, que comprove exclusivamente tempo de efetivo exercício nas funções de magistério;

(C) deverá ser concedida em caso de invalidez permanente independentemente de carência;

(D) pode ter critérios e requisitos definidos por lei ordinária;

(E) será integral e com direito a paridade entre proventos e remuneração para aqueles que ingressarem no serviço público após a publicação da Emenda Constitucional nº 41, de 2003.

A: incorreta. A aposentadoria compulsória não exige a carência de 10 anos de serviço público, sendo 05 no cargo efetivo onde se dará a aposentadoria. Essa regra é aplicável somente à aposentadoria voluntária (art. 40, § 1º, III, da CF); **B:** incorreta. O tempo de contribuição e idade reduzidos estão previstos apenas para os professores de nível infantil, fundamental e médio, ficando excluídos os de nível superior (art. 40, § 5º, da CF); **C:** correta, nos termos do art. 40, § 1º, I, da CF; **D:** incorreta. É a própria CF que dispõe sobre os requisitos e critérios de aposentadoria (art. 40), autorizando a complementação pela legislação infraconstitucional apenas para os casos de servidores portadores de deficiência ou que exerçam atividade de risco ou insalubre, o que deverá ser feito por lei complementar (art. 40, 4º, da CF); **E:** incorreta. A Emenda Constitucional nº 41/03 extinguiu a chamada "aposentadoria integral" dos servidores públicos, determinando, a partir de sua vigência, a consideração de todas as contribuições efetuadas pelo servidor ao longo de sua carreira (art. 40, § 3º, da CF).

Gabarito "C"

(Procurador do Estado/GO – 2010) À luz do regramento constitucional e infraconstitucional referente ao regime próprio de previdência dos servidores públicos, é CORRETO afirmar que

(A) é possível a concessão de aposentadoria por tempo de serviço, desde que cumprido tempo mínimo de dez anos de efetivo exercício no serviço público e cinco anos no cargo efetivo em que se der a aposentadoria.

(B) os Estados, o Distrito Federal e os Municípios deverão observar, para fins de alíquota de contribuição ao regime próprio de previdência de seus servidores, os valores adotados pela União.

(C) ao servidor que tenha ingressado no serviço público até a data de publicação da EC 41/03, resta assegurado, pelas regras de transição, o direito ao regime da paridade dos proventos, desde que preenchidos os requisitos que lhe assegurem a vantagem.

(D) é possível a adoção, por meio de lei complementar, de critérios e requisitos diferenciados para a concessão de aposentadoria aos servidores cujas atividades sejam exercidas exclusivamente sob condições especiais, que prejudiquem a saúde ou integridade física.

(E) as pensões decorrentes de aposentadorias concedidas com o atributo da paridade, manterão a mesma forma de reajuste.

A: incorreta. Não basta o efetivo exercício de serviço público por 10 anos, sendo 05 no cargo onde se pretende a aposentadoria. É necessário, ainda, que o servidor conte com 35 anos de contribuição e 60 anos de idade, se homem, ou 30 anos de contribuição e 55 anos de idade, se mulher (art. 40, § 1º, III, da CF); **B:** incorreta. O art. 149, § 1º, da CF proíbe somente que as alíquotas estaduais, distritais ou municipais sejam menores que aquelas operadas pela União. Não há determinação de equiparação das alíquotas, sendo forçoso concluir que, teoricamente, as alíquotas dos outros entes federativos podem ser maiores que as da União; **C:** correta, nos termos do art. 6º da Emenda Constitucional nº 41/03, **D:** a despeito de o gabarito não respaldar essa alternativa, é fato que ela também está correta. Desde a Emenda Constitucional nº 47/05, leis complementares podem estabelecer critérios diferenciados para a concessão de aposentadoria para servidores públicos que sejam portadores de deficiência, que trabalhem em situação de risco ou sob condições especiais que prejudiquem a saúde ou a integridade física (art. 40, § 5º, da CF). Poderá alguém alegar que o erro da alternativa está na inserção da palavra "exclusivamente", que não consta do Texto Constitucional. Ora, se isso for verdade, nossas críticas devem ser ainda mais severas, porque é lógico que se é possível a aposentadoria com condições especiais para o servidor que trabalha, dentre outras, em situação prejudicial à saúde, com muito mais razão deverá ter acesso ao mesmo direito o servidor que labora exclusivamente nessas condições; **E:** incorreta. "Atributo da paridade" é a extensão aos inativos e pensionistas dos aumentos e reajustes concedidos aos servidores ativos. Não há em nosso ordenamento qualquer vinculação no sentido exposto na alternativa.

Gabarito "C"

(Procurador do Estado/GO – 2010) Nos termos do regramento referente aos regimes próprios previdenciários, é CORRETO afirmar:

(A) O regime próprio é obrigatoriamente aplicável aos servidores públicos regidos por vinculo estatutário.

(B) É possível que os militares estaduais tenham regime previdenciário próprio, distinto dos servidores civis, aplicando-lhes regras especiais, trazidas por legislação específica, desde que preservado o equilíbrio financeiro e atuarial do sistema.

(C) Para o cálculo dos proventos de aposentadorias também será considerada a expectativa de vida do participante.

(D) Ficam excluídos de alguns dos benefícios previdenciários os servidores titulares de cargo efetivo em estágio probatório, por não gozarem ainda de estabilidade.

(E) O regramento do regime próprio não alcança os membros da Magistratura e do Ministério Público Estadual, uma vez que são titulares de cargos públicos vitalícios.

A: incorreta. Essa é uma confusão comum: vínculo estatutário significa que o regime jurídico ao qual se submete o servidor é o Estatuto dos Servidores Públicos respectivo, não a CLT. Sendo assim, não podemos esquecer que os ocupantes de cargo em comissão também têm vínculo estatutário, mas não são acolhidos pelos regimes próprios de previdência, exclusivos os servidores de cargo efetivo; **B:** correta, nos termos do art. 1º da Lei nº 9.717/98; **C:** incorreta. Nos regimes próprios de previdência, a expectativa de sobrevida do segurado (variável que integra o fator previdenciário do RGPS) não interfere no cálculo do valor do benefício; **D:** incorreta. Não há qualquer distinção na seara previdenciária entre servidores estáveis ou em estágio probatório; **E:** incorreta. Os ocupantes de cargos vitalícios estão inseridos no mesmo regime próprio de previdência dos servidores de cargo efetivo (arts. 93, VI, e 129, § 4º, da CF).

Gabarito "B"

(Procurador do Estado/GO – 2010) A respeito do regime próprio de previdência social dos servidores públicos da União, dos Estados e Municípios, é CORRETO afirmar que

(A) os proventos de aposentadoria e pensões poderão ser limitados ao teto estabelecido para o regime geral de previdência social, desde que os entes federados instituam regime de previdência complementar, com plano de beneficio na modalidade de contribuição definida.

(B) é um sistema aberto, contributivo e complementar ao regime geral de previdência social.

(C) pode ter mais de uma unidade gestora, conforme opção legislativa do ente federado.

(D) os entes federados poderão fixar critérios próprios para criação e concessão de benefícios.

(E) tem seu custeio suportado por contribuições do ente federativo, de servidores ativos, dos inativos e pensionistas, observando-se quanto aos dois últimos, uma faixa de não incidência tributária relativa a duas vezes o limite máximo estabelecido para os benefícios do regime geral de previdência social.

A: correta, nos termos do art. 40, §§ 14 e 15, da CF. Nos termos do art. 3º da Resolução CGPC nº 16/2005, considera-se plano de contribuição definida "aquele cujos benefícios programados têm seu valor permanentemente ajustado ao saldo da conta mantido em favor do participante, inclusive na fase de percepção de benefícios, considerando o resultado líquido de sua aplicação, os valores aportados e os benefícios pagos"; **B:** incorreta. O regime próprio dos servidores públicos é um regime fechado (acessível apenas a certa categoria de pessoas – os servidores ocupantes de cargo efetivo), contributivo (somente têm direito aos benefícios os servidores que efetivamente contribuírem para o sistema) e totalmente independente do RGPS, não se confundindo com as entidades de previdência complementar; **D:** incorreta. Os benefícios pagos devem ser os mesmos do RGPS (art. 40, § 12, da CF); **E:** incorreta. A faixa de não incidência é igual ao teto do RGPS como regra. Ela é ampliada para o dobro apenas para inativos ou pensionistas forem portadores de doenças incapacitantes (art. 40, § 21, da CF).

Gabarito "A"

(Procurador do Estado/GO – 2010) Sobre o regime de previdência dos servidores públicos do Estado de Goiás, é CORRETO afirmar:

(A) A concessão de aposentadoria por invalidez depende do cumprimento de carência correspondente a 12 contribuições mensais.

(B) A lei previdenciária prevê a hipótese de reversão da aposentadoria por invalidez, nos casos em que se verifica a recuperação da capacidade de trabalho do beneficiário.

(C) A lei previdenciária considera como dependente o filho solteiro, maior de 21 anos, desde que cursando estabelecimento de nível superior, até a colação de grau ou até a idade limite de 24 anos e desde que comprovada a dependência econômica.

(D) Há proibição, em qualquer hipótese, de concessão de aposentadoria por invalidez quando a causa da incapacitação for doença pré-existente ao ingresso do participante no sistema.

(E) O sistema oferece, entre outros benefícios previdenciários, o auxílio-acidente.

A: incorreta. Não há carência para a concessão de aposentadoria por invalidez no regime próprio de previdência dos servidores públicos do Estado de Goiás; **B:** correta, nos termos do art. 124 da Lei Estadual nº 10.460/88; **C:** incorreta. A legislação previdenciária goiana não reconhece como dependente o filho maior de 21 anos, salvo se inválido e desde que essa incapacidade laborativa seja anterior à mencionada idade (art. 14, III e IV, da Lei Complementar Estadual nº 77/10); **D:** incorreta. Aplica-se supletivamente, no caso, o art. 42, § 2º, do PBPS, que autoriza a concessão de aposentadoria por invalidez em caso de doença ou lesão preexistente quando a incapacidade sobrevier por motivo de progressão ou agravamento dessa doença ou lesão; **E:** incorreta. O auxílio-acidente não se encontra dentre os benefícios previstos no art. 41 da Lei Complementar Estadual nº 77/10.

Gabarito "B"

(Procurador do Estado/PR – UEL-COPS – 2011) Servidor público estadual, aposentado em cargo de provimento efetivo, no mês de julho de 1999, vem sofrendo descontos de contribuições previdenciárias sobre seus proventos, sob a alíquota de 14%, mesma alíquota aplicada aos servidores ativos, desde a data de sua aposentadoria, até o presente, com respaldo em Lei Estadual publicada no mês janeiro de 1999. Sobre a situação descrita, é correto afirmar:

(A) o desconto da contribuição previdenciária durante todo o período narrado, desde a aposentadoria do servidor, é ilegítimo apenas naquilo em que excedeu a alíquota de 11%, por ser esta, por determinação da legislação federal, a alíquota máxima para as contribuições previdenciárias impostas pelos Estados aos seus servidores;

(B) no caso, houve inconstitucionalidade da citada Lei Estadual que previu os descontos da contribuição previdenciária sobre os proventos de aposentadoria dos servidores; vício este, porém, que perdurou apenas até a publicação da Emenda Constitucional nº 41/2003, vez que esta Emenda autorizou a cobrança de contribuição previdenciária de inativos. Por este motivo, os descontos efetuados sobre os proventos do servidor, com base na Lei Estadual publicada no ano de 1999, não padeceram de qualquer irregularidade posteriormente à edição da Emenda Constitucional nº 41/2003;

(C) no caso, os descontos realizados sobre os proventos do servidor são ilegítimos mesmo após a edição da Emenda Constitucional nº 41/2003, vez que, por ter reunido os requisitos para aposentadoria antes da edição da mencionada emenda constitucional, o servidor tem direito adquirido a não incidência da contribuição previdenciária sobre seus proventos;

(D) no caso, todos os descontos de contribuições previdenciárias efetuados foram indevidos, porquanto a legitimidade da incidência da contribuição previdenciária sobre proventos de inativos depende de que tal contribuição seja instituída por lei editada após a vigência da Emenda Constitucional nº 41/2003;

(E) no caso, os descontos efetuados desde a aposentadoria do servidor estão em conformidade com a Constituição Federal, pois somente os servidores aposentados antes da edição da Emenda Constitucional nº 20/98 têm direito adquirido a não incidência da contribuição previdenciária.

A contribuição previdenciária incidente sobre os proventos de aposentadoria dos servidores públicos inativos foi autorizada somente com a edição da Emenda Constitucional nº 41/03, que incluiu o § 18 no art. 40 da CF. Ocorre que o STF já decidiu que não existe no ordenamento brasileiro a "constitucionalidade superveniente", de forma que uma lei editada sem respaldo constitucional não se convalida pela alteração posterior da Lei Maior. Com isso, é indevida a cobrança de todas as contribuições no caso em exame, devendo ser devolvidos os valores ao segurado (ADI 2158/PR, DJ 15/09/2010).

Gabarito "D"

(Procurador do Estado/PR – UEL-COPS – 2011) Sobre os regimes de previdência social aplicáveis aos diversos agentes públicos, é correto afirmar:

(A) notários e registradores, por exercerem função pública delegada, devem estar vinculados ao regime próprio de previdência dos servidores públicos;

(B) o servidor público, titular de cargo efetivo, que venha a ocupar, transitoriamente, cargo em comissão na Administração Pública, deverá vincular-se ao regime geral de previdência social;

(C) aos servidores contratados por prazo determinado, para atender necessidade temporária de excepcional interesse público, aplica-se o regime geral de previdência social;

(D) é vedado aos servidores públicos aderir a regime de previdência complementar;

(E) os militares dos Estados submetem-se ao mesmo regime jurídico previdenciário aplicável aos servidores públicos civis, sem qualquer distinção.

A: incorreta. Nos termos do art. 40 da Lei nº 8.935/94, os titulares dos cartórios extrajudiciais (notários e registradores) são vinculados ao RGPS; **B:** incorreta. Ainda que venha a ocupar, temporariamente, cargo em comissão, o titular de cargo efetivo mantém-se vinculado ao seu regime próprio de previdência (art. 12, I, "g", do PCSS); **C:** correta, nos termos do art. 8º da Lei nº 8.745/93 e art. 1º da Lei nº 8.647/93; **D:** incorreta. Nada obsta que servidores públicos contratem planos de previdência complementar com fundos de previdência ou instituições financeiras. O que lhes é proibido é inscrever-se como segurado facultativo no RGPS (art. 201, § 5º, da CF); **E:** incorreta. Os militares dos Estados possuem regime próprio de previdência, previsto genericamente no art. 1º da Lei nº 9.717/98.

Gabarito "C"

(Procurador do Estado/PR – UEL-COPS – 2011) Companheira de ex-servidor público estadual, falecido em setembro de 2004, após ter sido negado, em janeiro de 2005, prévio requerimento administrativo voltado à concessão da pensão decorrente do óbito do servidor, propôs, em junho de 2011, ação judicial destinada a obter o estabelecimento da pensão por morte. Com base nos fatos acima descritos, assinale a alternativa correta:

(A) a prescrição, no caso, atinge apenas as parcelas anteriores a cinco anos contados da data do ajuizamento da ação, por se tratar de relação jurídica de trato sucessivo;

(B) não há que se falar em prescrição no caso, haja vista que decorreram menos de cinco anos entre a data do óbito e a data do requerimento administrativo de concessão do benefício;

(C) não há que se falar em prescrição no caso, vez que os direitos de natureza previdenciária e seus efeitos patrimoniais são imprescritíveis;

(D) não há que se falar em prescrição no caso, porquanto não decorrido o prazo prescricional entre a data do fato gerador do benefício previdenciário pleiteado e a data do ajuizamento da ação;

(E) a prescrição, no caso, atingiu o fundo de direito reclamado, de modo que se encontra fulminada tanto a pretensão à concessão do benefício quanto qualquer efeito patrimonial dele decorrente.

Dispõe o Decreto nº 20.910/32, em seu art. 1º, que as ações contra a Fazenda Pública prescrevem em cinco anos contados da data do ato ou fato do qual se originaram. Completa o art. 2º do Decreto-lei nº 4.597/42 que a expressão "Fazenda Pública" abrange autarquias e outros órgãos paraestatais. No caso em exame, a pretensão da companheira do servidor falecido surgiu com a negativa do pagamento na esfera administrativa em janeiro de 2005. Portanto, em janeiro de 2010 operou-se a prescrição da ação, nada mais lhe sendo devido a título de pensão por morte.

Gabarito "E"

(Procurador do Estado/PR – UEL-COPS – 2011) Acerca das regras da paridade e da integralidade entre ativos, inativos e pensionistas, assinale a alternativa correta:

(A) de acordo com as normas constitucionais vigentes, a paridade e a integralidade beneficiam apenas os servidores que ingressaram no serviço público antes da publicação da Emenda Constitucional nº 20/1998;

(B) pensionistas dos servidores públicos aposentados sob a vigência da Emenda Constitucional nº 20/98, e falecidos após a edição da Lei Federal nº 10.887/2004, não terão seus benefícios calculados em valor correspondente à integralidade dos proventos a que faria jus o ex-servidor se vivo estivesse, caso estes superem o limite máximo estabelecido para os benefícios do regime geral de previdência social;

(C) os servidores que reuniram os requisitos para passagem à inatividade antes da edição da Emenda Constitucional nº 41/2003, não gozam das garantias da integralidade e da paridade, exceto se tiverem requerido a aposentadoria antes da data da publicação da referida Emenda Constitucional;

(D) a paridade assegura a extensão aos inativos e pensionistas de todas as vantagens pecuniárias concedidas aos servidores ativos, inclusive aquelas transitórias de natureza "propter laborem";

(E) até a edição da Emenda Constitucional nº 41/2003, a Constituição Federal assegurava a todos os servidores aposentados por invalidez a integralidade dos proventos de aposentadoria.

A: incorreta. Vamos relembrar que "integralidade" refere-se ao valor dos proventos serem iguais ao valor dos vencimentos auferidos enquanto na atividade e "paridade" significa a extensão aos inativos de todos os aumentos e reajustes permanentes concedidos aos servidores da ativa, prevista no art. 7º da Emenda Constitucional nº 41/03. Isso posto, temos que a integralidade e paridade também se aplicam aos servidores que tenham ingressado no serviço público após a publicação da Emenda Constitucional nº 20/98, mas desde que antes da publicação da Emenda Constitucional nº 41/03; **B:** correta, conforme previsto no art. 2º da Lei nº 10.887/04; **C:** incorreta. Servidores aposentados ou que já tenham o direito adquirido à aposentadoria antes da publicação da Emenda Constitucional nº 41/03 passam à inatividade seguindo as regras estabelecidas nos arts. 3º e 7º dessa Emenda, que garantem a integralidade e a paridade dos benefícios; **D:** incorreta. A paridade não alcança verbas de natureza transitória "propter laborem", isto é, aquelas pagas "para o trabalho", como o auxílio-transporte, o auxílio-alimentação e as diárias de viagem; **E:** incorreta. Com a edição da Emenda Constitucional nº 20/98 já havia sido limitada a possibilidade de aposentadoria integral por invalidez aos servidores públicos por conta de acidente de trabalho, moléstia profissional ou doença grave. Vale ressaltar que a Emenda Constitucional nº 70/12, que inseriu o art. 6º-A na Emenda Constitucional nº 41/03, estendeu o benefício da paridade às aposentadorias por invalidez pagas a servidores que ingressaram no serviço público até 31/12/2003 e garantiu-lhes o cálculo com base no valor de seus últimos vencimentos, afastando a regra prevista no art. 1º da Lei nº 10.887/04 nesse caso (benefício calculado sobre a média aritmética simples dos 80% maiores remunerações).

Gabarito "B"

(Procurador do Estado/PE – CESPE – 2009) Em relação ao sistema de aposentadoria do servidor público, assinale a opção correta.

(A) O STJ firmou a compreensão de que não é exigível a indenização, ao regime geral de previdência social, do período exercido na atividade rural, anterior à filiação obrigatória, para cômputo em regime estatutário.

(B) Tratando-se de cargos de professor, é possível a acumulação de proventos oriundos de uma aposentadoria com duas remunerações quando o servidor foi aprovado em concurso público antes do advento da Emenda Constitucional n.º 20.

(C) A jurisprudência do STF pacificou-se no sentido de que o direito ao auxílio-alimentação não se estende aos servidores inativos, e de que é devida a incidência de contribuição previdenciária sobre o terço constitucional de férias.

(D) A CF assegura o reajustamento dos benefícios para preservar-lhes, em caráter permanente, o valor real, conforme critérios estabelecidos em lei. Com fundamento nessa norma, a jurisprudência do STF pacificou-se no sentido de ser viável estender aos servidores inativos as vantagens pecuniárias decorrentes de reposicionamento, na carreira, de servidores ativos.

(E) É vedada a existência de mais de um regime próprio de previdência social para os servidores titulares de cargos efetivos, permitindo-se, no entanto, a criação de mais de uma unidade gestora do respectivo regime em cada ente estatal.

A: incorreta, pois o STJ entende que é necessária a indenização ao RGPS em relação ao período de exercício de atividade rural anterior à filiação obrigatória, para cômputo em regime estatutário – ver AgRg no Ag 1.053.77/SP; **B:** assertiva correta, conforme a jurisprudência do STF – ver RE 489.776 AgR/MG; **C:** assertiva incorreta, pois, embora o STF tenha afastado o auxílio-alimentação em relação aos inativos (ver AI 668.391 AgR/SC), não reconhece a possibilidade de cobrança de contribuição social sobre o terço constitucional de férias – ver RE 587.941 AgR/SC; **D:** incorreta, pois o STF afasta a possibilidade de estender aos inativos as vantagens pecuniárias decorrentes de reposicionamento de servidores ativos na carreira – ver RE 522.570 AgR/RJ; **E:** incorreta, pois é vedada também a existência de mais de uma unidade gestora do respectivo regime em cada ente estatal, ressalvado o disposto no art. 142, § 3º, X, da CF, quanto aos militares – art. 40, § 20, da CF.

Gabarito "B"

(Procurador do Estado/PE – CESPE – 2009) Assinale a opção correta acerca da organização e do funcionamento dos regimes próprios de previdência social dos servidores públicos da União, dos estados, do DF e dos municípios, dos militares dos estados e do DF.

(A) As alíquotas de contribuição dos servidores ativos dos estados, do DF e dos municípios para os respectivos regimes próprios de previdência social serão proporcionalmente inferiores às dos servidores titulares de cargos efetivos da União, devendo, ainda, ser observadas, no caso das contribuições sobre os proventos dos inativos e sobre as pensões, as mesmas alíquotas aplicadas às remunerações dos servidores em atividade do respectivo ente estatal.

(B) A União, os estados e o DF são responsáveis pela cobertura de eventuais insuficiências financeiras do respectivo regime próprio, decorrentes do pagamento de benefícios previdenciários, sendo certo que, em relação aos municípios, a responsabilidade cabe ao estado-membro em que estejam localizados.

(C) O servidor público titular de cargo efetivo da União, dos estados, do DF e dos municípios, exceto o militar dos estados e do DF, filiado a regime próprio de previdência social, quando cedido a órgão ou entidade de outro ente da Federação, com ou sem ônus para o cessionário, permanecerá vinculado ao regime de origem.

(D) A União, os estados, o DF e os municípios publicarão, até sessenta dias após o encerramento de cada trimestre, demonstrativo financeiro e orçamentário da receita e despesa previdenciárias acumuladas no exercício financeiro em curso.

(E) A contribuição da União, dos estados, do DF e dos municípios, incluídas suas autarquias e fundações, aos regimes próprios de previdência social a que estejam vinculados seus servidores não poderá ser inferior ao valor da contribuição do servidor ativo, nem superior ao dobro dessa contribuição.

A: incorreta, pois a alíquota da contribuição para os regimes próprios dos servidores estaduais, distritais e municipais não poderá ser inferior à da contribuição dos servidores efetivos federais – art. 149, § 1º, da CF. A incidência sobre aposentadorias e pensões é prevista no art. 40, § 18, da CF. Ademais, as alíquotas para os inativos não precisa ser idêntica à dos ativos, embora não possa ser inferior, nem superior ao dobro – art. 2º da Lei 9.717/1998; **B:** incorreta, pois o Estado não tem responsabilidade em relação ao regime próprio dos servidores municipais – art. 2º, § 1º, da Lei 9.717/1998; **C:** incorreta, pois todos os servidores efetivos cedidos ficam vinculados ao regime de origem, sem exceção (nem mesmo para os militares estaduais e distritais) – art. 1º-A da Lei 9.717/1998; **D:** incorreta, pois o prazo para publicação do demonstrativo é de 30 dias (não sessenta) após o encerramento de cada bimestre (não trimestre) – art. 2º, § 2º, da Lei 9.717/1998; **E:** essa é a assertiva correta, pois reflete o disposto no art. 2º, *caput*, da Lei 9.717/1998.

Gabarito "E"

(Procurador do Estado/ES – 2008 – CESPE) No regime geral da previdência social (RGPS), diversas categorias de trabalhadores incluem-se na condição de segurados obrigatórios. A respeito desse assunto, julgue os itens que se seguem.

(1) O servidor público ocupante de cargo em comissão, sem vínculo efetivo com a União, com as autarquias, inclusive em regime especial, e com as fundações públicas federais, é segurado obrigatório do RGPS.

(2) O servidor público municipal detentor de cargo efetivo, ainda que não amparado por regime próprio de previdência social, está excluído do RGPS.

1: correto (art. 40, § 13, da CF e art. 11, I, *g*, do PBPS). Trata-se de segurado empregado. **2:** incorreto. Enquanto não for instituído o regime próprio nesse Município (art. 40, *caput*, da CF), o servidor é incluído no regime geral (RGPS) – art. 12, *caput*, *in fine*, do PBPS.

Gabarito 1C, 2E

(Procurador do Estado/PB – 2008 – CESPE) De acordo com a CF no que se refere a aposentadoria e pensão de servidor público, assinale a opção correta.

(A) A partir da publicação das leis que criarem os regimes de previdência complementar em cada ente público, todos os servidores serão incluídos no sistema de capitalização.

(B) Atualmente, a CF autoriza que as pensões limitem-se ao máximo estabelecido para os benefícios do regime geral, acrescidas de setenta por cento da parcela excedente a este limite.

(C) Professor universitário que comprove tempo exclusivo de efetivo exercício nas funções de magistério, tem direito à redução de cinco anos nos requisitos de idade e de tempo de contribuição.

(D) Nos âmbitos estadual e municipal, é possível a organização de mais de um regime próprio de previdência na proporção dos poderes que integram cada ente público.

(E) O servidor, ao completar setenta anos de idade, será aposentado compulsoriamente caso tenha direito de receber seus proventos integralmente. Na hipótese de serem proporcionais ao tempo de contribuição, terá direito de permanecer em atividade até alcançar a integralidade.

A: incorreta. Aqueles que já eram servidores à época da instituição do novo regime de previdência complementar têm a opção (não há imposição) de nele ingressar – art. 40, § 16, da CF; **B:** correta (art. 40, § 7º, da CF); **C:** incorreta. A redução de idade para aposentadoria aproveita apenas aos professores da educação infantil e do ensino fundamental e médio – art. 40, § 5º, da CF; **D:** incorreta. Isso não é possível, pois o regime próprio deve ser único em cada ente estatal – art. 40, § 20, da CF; **E:** incorreta. A aposentadoria compulsória aos setenta anos de idade é inadiável e implicará proventos proporcionais ao tempo de contribuição – art. 40, § 1º, II, da CF.

Gabarito "B"

(Procurador do Estado/ES – 2008 – CESPE) Supondo que um município tenha instituído regime de previdência complementar para seus servidores titulares de cargos efetivos, conforme dispõe a Constituição a esse respeito, julgue os itens a seguir, acerca da aposentadoria desses servidores públicos.

(1) O teto previsto para a aposentadoria no RGPS aplica-se a todos os servidores que não estavam aposentados na data da instituição do regime de previdência complementar.

(2) O direito de opção para integrar o novo sistema aplica-se apenas aos servidores já aposentados quando da instituição do regime de previdência complementar.

(3) Os aposentados antes do regime atual de previdência não estarão imunes à incidência de contribuição previdenciária sobre seus proventos de aposentadoria.

(4) Assim como no RGPS, eventual tempo de contribuição federal correspondente a período anterior à posse do servidor no cargo municipal é computado, no regime atual, para fins de aposentadoria.

1: incorreto. Aqueles que já eram servidores à época da instituição do novo regime de previdência complementar têm a opção (não há imposição) de nele ingressar, o que permitiria a aplicação do teto nos benefícios pagos pelo regime próprio – art. 40, §§ 14 a 16, da CF. Ademais, ainda que possa haver discussão doutrinária e jurisprudencial a respeito, é inquestionável que os servidores que já preenchiam os requisitos para aposentadoria quando do advento da EC 20/1998 (mas optaram por permanecer na ativa) têm direito aos benefícios na sistemática anterior – art. 3º da EC 20/1998. **2:** incorreto. Todos aqueles (não apenas os aposentados) que já eram servidores à época da instituição do novo regime de previdência complementar têm a opção (não há imposição) de nele ingressar – art. 40, § 16, da CF. **3:** correto. Entende-se que não há direito adquirido ao regime jurídico anterior, em face da alteração constitucional – art. 4º da EC 41/2003. 4: correto (art. 40, § 9º, da CF).

Gabarito 1E, 2E, 3C, 4C

(Procurador do Estado/PR – 2007) Os limites das despesas com o funcionalismo público, da União, dos Estados, do Distrito Federal e dos Municípios, a que alude o art. 169, da Constituição Federal, estão estabelecidos na Lei Complementar nº 101, de 04 de maio de 2000 (Lei de Responsabilidade Fiscal), que no art. 19 fixou os limites globais considerando a verticalização dos Poderes (União 50% e Estados e Municípios 60% da receita corrente líquida) e no art. 20 fixou a repartição dos limites globais, de forma horizontal, entre os três Poderes, o Tribunal de Contas e ainda, o Ministério Público. Já há na doutrina, vozes defendendo a exclusão das despesas com pessoal inativo do cômputo do limite global, com fundamento no art. 19, § 1º, VI, a, b, c, da lei sob comento. Uma boa hermenêutica levaria à seguinte conclusão acerca das normas acima referidas:

(A) as despesas com pessoal inativo não devem ser computadas no limite global da receita corrente líquida, se provenientes da arrecadação das contribuições dos segurados;

(B) as despesas com pessoal inativo não devem ser computadas no limite global da receita corrente líquida, se provenientes da arrecadação das contribuições dos segurados e da compensação financeira entre os regimes previdenciários (geral e próprio) e ainda, de outras receitas diretamente arrecadadas por fundos previdenciários.

(C) as despesas do ente público com pessoal inativo não devem ser computadas no limite global da receita corrente líquida, já que o art. 19, § 1º, VI, excepcionou expressamente tais despesas do limite global;

(D) as despesas do ente público com pessoal inativo não devem ser computadas no limite global da receita corrente líquida, já que o art. 19, § 1º, VI, excepcionou expressamente tais despesas do limite global, bem como, não devem compor os limites horizontais previstos no art. 20, da Lei de Responsabilidade Fiscal;

(E) as despesas do ente público com pessoal inativo não devem ser computadas no limite global da receita corrente líquida, já que o art. 19, § 1º, VI, excepcionou expressamente tais despesas do limite global, entretanto, devem compor os limites horizontais previstos no art. 20, da Lei de Responsabilidade Fiscal;

A assertiva B reflete a exclusão das despesas com inativos do limite global, desde que custeadas pelas contribuições dos segurados, pelas compensações entre regimes e pelas receitas arrecadadas por fundos previdenciários – art. 19, § 1º, VI, da LC 101/2000.

Gabarito "B"

(Procurador do Estado/PR – 2007) Com fundamento no disposto no art. 40, §§ 14 e 15 da Constituição Federal, o Estado do Paraná pod**e:**

(A) editar lei complementar instituindo regime de previdência complementar para seus servidores estatutários, desde que assegure o pagamento de proventos e pensões equivalentes ao limite máximo estabelecido para os benefícios do regime geral de previdência social;

(B) editar lei complementar instituindo regime de previdência complementar para seus servidores estatutários, desde que assegure o pagamento de proventos e pensões equivalentes ao limite máximo estabelecido para os benefícios do regime geral de previdência social e desde que faculte a adesão aos atuais funcionários ocupantes de cargos efetivos;

(C) editar lei complementar instituindo regime de previdência complementar para seus servidores estatutários, desde que assegure o pagamento de proventos e pensões equivalentes ao limite máximo estabelecido para os benefícios do regime geral de previdência social, obrigando a inclusão de todos os funcionários ocupantes de cargos efetivos;

(D) instituir regime de previdência complementar para os servidores ocupantes de cargos efetivos, assegurando-lhes, porém, o pagamento de proventos e pensões equivalentes ao limite máximo estabelecido para os benefícios do regime geral de previdência social, facultando a adesão, prévia e expressa, aos atuais funcionários estatutários.

(E) Desde que institua regime de previdência complementar para os servidores ocupantes de cargos efetivos, fixar o valor de proventos e pensões equivalentes ao limite máximo estabelecido para os benefícios do regime geral de previdência social, podendo incluir, somente mediante prévia e expressa opção, os atuais funcionários ocupantes de cargos efetivos, após a edição de lei complementar, pela União, que disponha sobre as regras gerais, observado o art. 202, da CF.

A, B e **C:** incorretas. Embora a regulação nacional dos regimes de previdência complementar seja veiculada por lei complementar federal (art. 202 da CF e LC 109/2001), a Constituição Federal não exige lei complementar do ente político para a efetiva instituição de seu respectivo regime de previdência complementar – art. 40, § 15, da CF; **D:** incorreta. O regime complementar somente poderá ser instituído na modalidade de contribuição definida, ou seja, não poderá garantir o valor do benefício – art. 40, § 15, *in fine*, da CF; **E:** correta. Essa assertiva reflete, de modo geral, o disposto no art. 40, §§ 14 a 16, da CF. É importante apenas esclarecer que a instituição do regime complementar permite a fixação de teto para os benefícios pagos pelo regime próprio. Esse teto será equivalente ao limite máximo dos benefícios do regime geral (RGPS). O valor do benefício pago pelo regime complementar não é garantido (trata-se de regime de contribuição definida).

Gabarito "E"

(PROCURADOR DO ESTADO/RS – FUNDATEC – 2010) Considere as seguintes afirmações, apontando aquela que está incorreta:

(A) O principio da reserva do possível é reconhecido por parte da doutrina e jurisprudência pátrias como argumento que pode mitigar o princípio do acesso universal e igualitário à Saúde.

(B) O servidor público titular de cargo efetivo que completar as exigências estabelecidas na legislação para a aposentadoria voluntária, e optar por permanecer em atividade, fará jus a abono de permanência que corresponderá ao valor da sua contribuição previdenciária, até atingir as exigências legais para a aposentadoria compulsória.

(C) Segundo entendimento pacificado no Supremo Tribunal Federal, o valor da pensão por morte de servidor público do Estado do RS será sempre integral e corresponderá à totalidade da remuneração ou dos proventos do instituidor falecido, limitado tão somente ao valor do subsídio do Governador, no âmbito do Poder Executivo.

(D) O servidor público não pode ser detentor de mais de um benefício de aposentadoria pago pelo mesmo regime de previdência social, exceto as aposentadorias decorrentes de cargos acumuláveis na forma da CF/88.

(E) O sistema de assistência à saúde dos servidores públicos do Estado do RS, seus dependentes e pensionistas foi reestruturado por meio de lei complementar.

A: correta. Cumpre salientar, todavia, que a alternativa merece severas críticas, considerando que se trata de parcela minoritária da doutrina e da jurisprudência que reconhece a possibilidade de invocação da teoria da "reserva do possível" no campo dos serviços de saúde; **B:** correta, nos termos do art. 40, § 19, da CF; **C:** incorreta, devendo ser assinalada. A questão era objeto da ADI 1137, cuja medida liminar fora parcialmente deferida no sentido exposto na alternativa, mas o STF não chegou a julgar o mérito da causa diante de alteração constitucional que tornou prejudicado o argumento invocado na ação; **D:** correta, nos termos do disposto no art. 40, § 6º, da CF; **E:** correta. Trata-se da Lei Complementar Estadual 12.134/04.

Gabarito "C"

(Procurador do Estado/RR – 2006 – FCC) A respeito do regime próprio de previdência dos servidores públicos da União, dos Estados, dos Municípios e do Distrito Federal, é correto afirmar:

(A) Possui caráter contributivo, devendo observar critérios que preservem seu equilíbrio financeiro e atuarial, e, no que couber, os requisitos e critérios fixados para o Regime Geral de Previdência Social.

(B) Aplica-se aos titulares de cargo efetivo, cargo em comissão e temporário, mas não aos ocupantes de empregos públicos, estes integrantes do Regime Geral de Previdência Social.

(C) Aplica-se exclusivamente aos titulares de cargo efetivo, sendo vedada a esses a participação em regime de natureza complementar.

(D) Permite que os entes federados, no exercício de sua autonomia, fixem critérios próprios para criação e concessão de benefícios.

(E) Não possui caráter contributivo, tendo os benefícios correspondentes natureza tipicamente administrativa e não previdenciária.

A: correto (art. 40, *caput* e § 12, da CF); **B:** incorreto. O regime próprio não se aplica aos servidores exclusivamente ocupantes de cargos em comissão ou temporários e aos empregados públicos (sujeitam-se ao RGPS) – art. 40, § 13, da CF; **C:** incorreto. É possível a sujeição ao regime de previdência complementar, nos termos do art. 40, §§ 14 a 16, da CF; **D:** incorreto. Os critérios do regime próprio estão previstos no art. 40 da CF; **E:** incorreto. O regime próprio tem caráter contributivo e solidário – art. 40, *caput*, da CF.

Gabarito "A"

(Procurador do Município/São Paulo-SP – 2008 – FCC) Relativamente a seus regimes próprios de previdência social de servidores públicos, os Municípios:

(A) poderão arcar integralmente com o custeio das aposentadorias, deixando de instituir contribuição para os servidores titulares de cargo efetivo.

(B) deverão instituir contribuição, cobrada de seus servidores, cuja alíquota não será inferior à da contribuição do servidor titular de cargo efetivo da União.

(C) deverão instituir contribuição para os servidores ativos titulares de cargo efetivo, podendo excluir do custeio do regime os inativos e pensionistas, independentemente do valor dos proventos de aposentadoria e das pensoes.

(D) poderão excluir do custeio do regime os entes públicos, deixando-o a cargo exclusivo dos servidores ativos e de inativos e pensionistas.

(E) deverão instituir contribuição para inativos e pensionistas, fixando alíquota inferior à estabelecida para os servidores titulares de cargos efetivos.

A: incorreta. Nos termos do art. 40, caput, da CF, o regime próprio de previdência dos servidores públicos será mantido mediante contribuição do respectivo ente público (Município, no caso), dos servidores ativos, inativos e dos pensionistas; **B:** correta, nos termos do art. 149, § 1º, da CF; **C:** incorreta. Haverá incidência de contribuição previdenciária sobre os valores recebidos pelos inativos e pensionistas que ultrapassarem o valor previsto como limite máximo no RGPS (art. 40, § 18, da CF); **D:** incorreta, conforme o já citado art. 40 da CF; **E:** incorreta. As alíquotas, no caso da tributação dos inativos e pensionistas, devem ser as mesmas aplicáveis aos servidores ativos (art. 40, § 18, da CF).

Gabarito "B"

(Procurador do Município/São Paulo-SP – 2008 – FCC) O limite máximo das aposentadorias e pensões a serem concedidas pelo regime próprio de previdência dos servidores titulares de cargo efetivo do Município

(A) deve ser igual ao valor máximo dos benefícios do INSS, independentemente do disposto em norma municipal.

(B) pode ser fixado no mesmo valor máximo dos benefícios do INSS, apenas se lei municipal extinguir o regime próprio de previdência do Município.

(C) pode ser fixado no mesmo valor máximo dos benefícios do INSS, desde que lei municipal institua regime de previdência complementar àqueles servidores.

(D) pode ser fixado no mesmo valor máximo dos benefícios do INSS, desde que decreto municipal institua regime de previdência complementar àqueles servidores.

(E) não pode ser fixado no mesmo valor máximo dos benefícios do INSS, ainda que norma municipal institua regime de previdência complementar àqueles servidores.

Os Municípios e demais entes públicos podem limitar o valor dos benefícios pagos pelos respectivos regimes próprios de previdência ao teto do RGPS, desde que criam programas de previdência complementar aos seus servidores através de lei ordinária (art. 40, § 15, da CF).

Gabarito "C"

(Procurador do Município/Sorocaba-SP – 2012 – VUNESP) Conforme estabelece a Constituição da República sobre os servidores públicos civis, a lei disporá sobre a concessão do benefício de pensão por morte, que será igual ao valor da totalidade

(A) dos proventos do servidor falecido, até o limite máximo estabelecido para os benefícios do regime geral de previdência social, acrescido de setenta por cento da parcela excedente a este limite, caso aposentado à data do óbito.

(B) dos proventos do servidor falecido, até o limite máximo estabelecido para os benefícios do regime geral de previdência social, acrescido de sessenta por cento da parcela excedente a este limite, caso aposentado à data do óbito.

(C) da remuneração do servidor no cargo efetivo em que se deu o falecimento, até o limite máximo estabelecido para os benefícios do regime geral de previdência social, acrescido de trinta por cento da parcela excedente a este limite, caso em atividade na data do óbito.

(D) da remuneração do servidor no cargo efetivo em que se deu o falecimento, até o limite máximo estabelecido para os benefícios do regime geral de previdência social, acrescido de cinquenta por cento da parcela excedente a este limite, caso em atividade na data do óbito.

(E) da remuneração do servidor no cargo efetivo em que se deu o falecimento, até o limite máximo estabelecido para os benefícios do regime geral de previdência social, acrescido de sessenta por cento da parcela excedente a este limite, caso em atividade na data do óbito.

O art. 40, § 7º, da CF fixa o valor da pensão por morte nos regimes próprios de previdência de acordo com a situação do servidor na data do óbito. Em resumo, a renda mensal será igual àquilo que o servidor recebia (seja em atividade ou aposentado) se não ultrapassar o teto do RGPS. Se ultrapassar, limita-se o valor ao teto do RGPS e acrescenta-se 70% do que exceder esse limite.

Gabarito "A"

(Advogado da União/AGU – CESPE – 2012) Com base na lei que instituiu o regime de previdência complementar para os servidores públicos federais, julgue os itens subsequentes.

(1) O limite máximo estabelecido para os benefícios do RGPS deve ser aplicado às aposentadorias e pensões de todos os servidores públicos federais que ingressem no serviço público a partir do início da vigência do regime de previdência complementar, inclusos os detentores de cargo comissionado.

(2) Os servidores públicos aposentados devem ser automaticamente inseridos no novo regime de previdência complementar.

1: incorreta. Os servidores ocupantes de cargo em comissão não se sujeitam ao regime de previdência complementar criado pela Lei nº 12.618/12, porque não são admitidos no regime próprio de previdência dos servidores públicos. Os ocupantes de cargos comissionados são vinculados ao RGPS na qualidade de empregados (art. 12, I, "g", da Lei nº 8.212/91); **2:** incorreta. O regime de previdência complementar é aplicado obrigatoriamente apenas àqueles que ingressarem em cargo público efetivo após a vigência da Lei nº 12.618/12. Para quem já é aposentado, o novo sistema é opcional (art. 1º, parágrafo único, da Lei nº 12.618/12).

Gabarito 1E, 2E

6. PREVIDÊNCIA PRIVADA COMPLEMENTAR

(Advogado da União/AGU – CESPE – 2012) Considerando a jurisprudência do STF e do STJ, julgue os próximos itens, referentes à previdência privada.

(1) A CF prevê, como garantia do equilíbrio atuarial e financeiro, a possibilidade de, em caso de insuficiência financeira, a administração pública aportar recursos a entidades de previdência privada.

(2) Não poderá recair penhora sobre o saldo de depósito em fundo de previdência privada em nome de diretor de empresa falida suspeito de gestão fraudulenta, dado o nítido caráter alimentar de tal verba, advinda da remuneração mensal do diretor, especialmente se os referidos valores tiverem sido depositados antes de seu ingresso na diretoria da empresa.

1: incorreta. O aporte de recursos públicos para as entidades de previdência privada é proibido pelo art. 202, § 3º, da CF, salvo na qualidade de patrocinador; **2:** incorreta. A questão foi analisada no bojo do REsp nº 1.121.719 pelo STJ, que entendeu que o depósito em fundo de previdência privada não tem caráter alimentar, porque se assemelha a uma poupança, isto é, são valores que ficam depositados por longo prazo apenas para utilização futura pelo beneficiário.

Gabarito 1E, 2E

(Advogado da União/AGU – CESPE – 2009) Julgue os itens subsequentes, acerca da previdência privada complementar.

(1) A previdência privada objetiva complementar a proteção oferecida pela previdência pública, por meio de organização autônoma e da adoção do regime de financiamento por capitalização, bem como contribuir para o fomento da poupança nacional.

(2) Os planos de benefícios das entidades fechadas podem, como regra geral, ser oferecidos a alguns ou a todos os empregados dos patrocinadores e, em qualquer hipótese, o valor da contribuição efetivamente pago pelo patrocinador, destinado ao programa de previdência complementar, não integrará o salário de contribuição do empregado, para efeito de incidência de contribuição para a seguridade social.

(3) A portabilidade abrange o direito de o participante mudar de um plano para outro no interior de uma mesma entidade fechada de previdência privada, sem necessariamente haver ruptura do vínculo empregatício com o patrocinador.

1: correta, pois reflete o disposto no art. 202 da CF e nos arts. 1º e 18, § 1º, da LC 109/2001; **2:** incorreta, pois os planos de benefícios das entidades fechadas devem ser, obrigatoriamente, oferecidos a todos os empregados dos patrocinadores ou associados dos instituidores, embora a adesão seja facultativa – art. 16, §§ 1º e 2º, da LC 109/2001. Ademais, as contribuições do empregador não integram o salário de contribuição e, portanto, não se submetem à contribuição previdenciária, quando o programa de previdência complementar é disponível à totalidade de seus empregados e dirigentes – art. 28, § 9º, *p*, do PCSS; **3:** incorreta, pois nos planos de benefícios de entidades fechadas não será admitida a portabilidade na inexistência de cessação do vínculo empregatício do participante com o patrocinador – art. 14, § 1º, da LC 109/2001.

Gabarito 1C, 2E, 3E

(Advogado da União/AGU – CESPE – 2009) No moderno Estado regulador, conforme lecionam Antonio La Spina e Giandomenico Majone, adotam-se diferentes técnicas de regulação, entre as quais se destacam: a) a fixação de *standards* de atuação, por meio de normas; b) a determinação, aos agentes privados que desenvolvem uma dada atividade, do dever de informar, objetivando-se dotar de transparência suas condutas e diminuir a assimetria informativa existente entre eles e os consumidores; c) o exame individualizado de produtos e processos, muitas vezes mediante técnicas de autorização. A regulação abrange, ainda, a fiscalização das condutas e a aplicação de penalidades. A partir de tais considerações, julgue os itens seguintes, acerca da competência para regular e fiscalizar as entidades fechadas de previdência privada.

(1) Dependem de autorização da Secretaria de Previdência Complementar, do Ministério da Previdência Social, as operações de fusão, cisão, incorporação e qualquer outra forma de reorganização societária das entidades fechadas de previdência privada, assim como as retiradas de patrocinadores.

(2) Aplicada penalidade pelo órgão fiscalizador, em virtude do descumprimento do dever de prestar informações solicitadas pelos participantes de um plano de benefícios de uma entidade fechada, cabe recurso, no prazo de 15 dias, ao Ministro de Estado da Previdência Social.

1: correto. De fato, o órgão regulador e fiscalizador deve autorizar expressa e previamente essas operações relativas às entidades fechadas de previdência complementar – arts. 33, II e III, e 74 da LC 109/2001. Importante ressaltar, entretanto, que a Lei 12.154, de 23.12.2009, criou a Superintendência Nacional de Previdência Complementar – PREVIC, que passou a ser o órgão fiscalizador e supervisor das atividades das entidades fechadas de previdência complementar. Atualmente, é a PREVIC que autoriza as operações de fusão, de cisão, de incorporação ou de qualquer outra forma de reorganização societária dessas entidades, além da retirada de patrocinadores – art. 2º, IV, *b* e *c*, da Lei 12.154/2009; **2:** incorreto. Atualmente, a PREVIC aplica as penalidades, competindo à sua Diretoria Colegiada decidir sobre elas, cabendo recurso à Câmara de Recursos da Previdência Complementar – arts. 2º, II, 7º, III, *in fine*, e 15, *caput*, da Lei 12.154/2009.

Gabarito 1C, 2E

(Procurador do Estado/CE – 2008 – CESPE) Julgue os itens subsequentes, relacionados aos sistemas de previdência privada no Brasil.

I. A estrutura organizacional das entidades fechadas de previdência complementar deve ser constituída por conselho deliberativo, conselho fiscal e diretoria-executiva. Além disso, essas entidades devem ser organizadas sob a forma de fundação ou associações sem fins lucrativos.

II. Na elaboração do plano de benefícios das entidades fechadas de previdência complementar, não há obrigatoriedade de previsão do benefício proporcional diferido.

III. O órgão regulador do sistema de previdência complementar brasileiro, que inclui as entidades abertas e fechadas, é o Conselho de Gestão da Previdência Complementar, formado por representantes do governo, indicados pelos Ministérios da Previdência Social e da Fazenda, e da sociedade, indicados pelos dirigentes das entidades abertas e fechadas.

IV. Nas entidades fechadas de previdência complementar, instituídas por pessoas jurídicas de direito público, sociedades de economia mista e empresas controladas direta ou indiretamente pelo poder público, a contribuição do patrocinador não poderá exceder à do participante.

V. Com a unificação das Secretarias da Receita Federal e da Receita Previdenciária, a função de órgão de fiscalização das entidades fechadas passou a ser do novo órgão, conhecido como

Super-Receita, enquanto a fiscalização das entidades abertas continua sendo da Superintendência de Seguros Privados (SUSEP).

Estão certos apenas os itens

(A) I e III.

(B) I e IV.

(C) II e IV.

(D) II e V.

(E) III e V.

I: correto (arts. 31, § 1º, e 35, ambos da LC 109/2001); **II:** incorreto. Isso é obrigatório – art. 14, I, da LC 109/2001; **III:** incorreto. O CGPC regula apenas as entidades fechadas de previdência complementar – art. 74 da LC 109/2001; **IV:** correto (art. 202, § 3º, da CF); **V:** incorreto. A fiscalização das entidades fechadas é feita pelo Ministério da Previdência Social, por meio da Secretaria de Previdência Complementar, e a fiscalização das entidades abertas é feita pelo Ministério da Fazenda, por meio da SUSEP – art. 74 da LC 109/2001.

Gabarito "B"

(Procurador da Fazenda Nacional – 2007 – ESAF) Assinale a opção correta quanto ao sistema das entidades de previdência privada, nos termos da legislação infraconstitucional.

(A) O sistema será denominado aberto, se for acessível a todos os empregados de empresas, grupo de empresas e agentes públicos da União, Estados, Distrito Federal e Municípios.

(B) As entidades fechadas são organizadas como sociedades anônimas e podem acordar dois tipos de planos individual ou coletivo.

(C) As entidades abertas possuem como característica a portabilidade das carteiras.

(D) A legislação não regulamenta as regras a respeito da relação entre a União, os Estados, o Distrito Federal e os Municípios e outras entidades públicas e suas respectivas entidades fechadas de previdência complementar, permitindo ampla discricionariedade administrativa.

(E) As entidades abertas de previdência são organizadas como fundação privada ou sociedade civil sem fim lucrativo e podem solicitar concordata.

A: incorreta. A assertiva descreve a previdência fechada – art. 31 da LC 109/2001; **B:** incorreta. As entidades fechadas organizam-se sob a forma de fundação ou sociedade civil, sem fins lucrativos – art. 31, § 1º, da LC 109/2001; **C:** correta (art. 27 da LC 109/2001); **D:** incorreta. Há rígida regulamentação legal, por expressa disposição constitucional – art. 202, § 4º, da CF; **E:** incorreta. As entidades abertas são constituídas unicamente sob a forma de sociedades anônimas – art. 36 da LC 109/2001.

Gabarito "C"

(Procurador da Fazenda Nacional – 2006 – ESAF) Em relação à Previdência Privada é correto afirmar que:

(A) entidades fechadas são aquelas acessíveis, na forma regulamentada pelo órgão fiscalizador, exclusivamente, aos empregados de uma empresa ou grupo de empresas e aos servidores da União, dos Estados, do Distrito Federal e dos Municípios e associados ou membros de pessoas jurídicas de caráter profissional, classista ou setorial.

(B) são denominados instituidores de entidades fechadas as empresas, os associados ou membros de pessoas jurídicas de caráter profissional, classista ou setorial.

(C) as entidades fechadas têm como objeto a administração e execução de planos de benefícios de natureza previdenciária, podendo ofertá-los nas modalidades de contribuição definida e benefício definido.

(D) nas entidades fechadas, será informado ao órgão regulador e fiscalizador o responsável pelas aplicações dos recursos da entidade, escolhido entre os membros do conselho deliberativo e que responderá subsidiariamente pelas obrigações contraídas.

(E) as entidades abertas são constituídas sob a forma de sociedades anônimas ou sociedades civis e têm por objetivo operar planos de benefícios de caráter previdenciário concedidos em forma de renda continuada ou pagamento único.

A: correta (art. 31 da Lei Complementar nº 109/01); **B:** incorreta. São instituidores apenas as pessoas jurídicas de caráter profissional, classista ou setorial (art. 31, II, da Lei Complementar nº 109/01); **C:** incorreta. Estão autorizados somente benefícios da modalidade contribuição definida (art. 31, § 2º, II, da Lei Complementar nº 109/01); **D:** incorreta. O responsável será escolhido dentre os membros da diretoria-executiva (art. 35, § 5º, da Lei Complementar nº 109/01); **E:** incorreta. As entidades abertas devem revestir-se, obrigatoriamente, da forma de sociedades anônimas (art. 36 da Lei Complementar nº 109/01).

Gabarito "A"

(Procurador da Fazenda Nacional – 2003 – ESAF) Assinale a assertiva correta sobre as entidades de previdência privad**A:** conceito e finalidades, constituição e organização, à luz da Constituição Federal de 1988.

(A) O regime de previdência privada e o regime geral de previdência pública atuam de forma mutuamente exclusiva.

(B) As informações relativas à gestão dos planos de previdência privada são inacessíveis aos participantes destes.

(C) Os benefícios da previdência privada fechada não integram o contrato de trabalho dos participantes.

(D) É impossível o aporte de recursos públicos a entidade de previdência privada na qualidade de patrocinador.

(E) A contribuição das entidades públicas para o fundo pode exceder a do segurado.

A: incorreta. Nos termos do art. 202 da CF, o regime de previdência privada atua de forma complementar ao regime geral de previdência; **B:** incorreta. O participante terá acesso pleno às informações nos termos da lei complementar (art. 202, §1º, da CF); **C:** correta, nos termos do art. 202, § 2º, da CF; **D:** incorreta, pois o aporte é possível na qualidade de patrocinador (art. 202, § 4º, da CF); **E:** incorreta, por ofensa direta ao disposto no art. 202, § 4º, in fine, da CF.

Gabarito "C"

(Procurador do Estado/RR – 2006 – FCC) Determinada entidade fechada de previdência complementar, patrocinada exclusivamente por empresas controladas pelo Estado, apresentou déficit atuarial no plano por ela administrado, instituído na modalidade de benefício definido. Verificou-se, assim, a necessidade de alteração do regulamento do plano, de benefício definido para contribuição definida, bem como a adoção de providências para equacionar o déficit presente. Em face dos dispositivos constitucionais que regem a matéria, especialmente aquelas introduzidas pela Emenda Constitucional no 20/98, e da legislação correspondente, é correto afirmar que

(A) as empresas patrocinadoras podem assumir integralmente o déficit existente, porém, na hipótese de instituição de novo plano, na modalidade contribuição definida, o respectivo regulamento deverá prever que participantes e empresas patrocinadoras arquem com déficits futuros de forma paritária.

(B) a alteração do plano de benefícios, implicando elevação da contribuição das empresas patrocinadoras, deverá contar com a aprovação do órgão responsável pela supervisão, coordenação e controle das referidas empresas e não poderá prever, em hipótese alguma, contribuição normal superior a dos participantes.

(C) é possível estabelecer contribuições extraordinárias, a cargo das empresas patrocinadoras e dos participantes, destinadas ao equacionamento do déficit, bem como aporte de recursos diretamente pelo Estado, na condição de acionista controlador das empresas patrocinadoras.

(D) é possível a assunção, pelas empresas patrocinadoras, de parcela do déficit em montante superior àquele atribuído aos participantes e também de contribuição normal acima daquela fixada para estes, na hipótese de incentivo à migração ao novo plano, instituído na modalidade de contribuição definida.

(E) os participantes, as empresas patrocinadoras e os atuais assistidos deverão responder, solidariamente, pelo déficit atuarial verificado, independentemente do que preveja o regulamento do plano.

É vedado o aporte de recursos públicos pelo Estado (diretamente ou por sua controlada), exceto na condição de patrocinador, e sua contribuição normal não poderá jamais ser superior à do segurado – art. 202, § 3º, da CF. A alteração do plano de benefícios depende de prévia e expressa autorização do órgão regulador e fiscalizador – art. 33, I, da LC 109/2001.

Gabarito "B"

7. ACIDENTES, DOENÇAS DO TRABALHO

(Procurador do Município/Boa Vista-RR – 2010 – CESPE) Julgue o item a seguir, relativo às legislações previdenciária e da seguridade social.

(1) Se, durante seu intervalo para refeição, um empregado lesionar um dos seus joelhos enquanto joga futebol nas dependências da empresa, ficando impossibilitado de andar, tal evento, nos termos da legislação previdenciária, não poderá ser considerado como acidente de trabalho.

1: incorreta, pois o empregado é considerado no exercício do trabalho nos períodos destinados a refeição ou descanso, ou por ocasião da satisfação de outras necessidades fisiológicas, no local do trabalho ou durante este – art. 21, § 1º, do PBPS.

Gabarito 1E

(ADVOGADO – CEF – 2010 – CESPE) No que se refere a acidente de trabalho, assinale a opção correta.

(A) Se um engenheiro designado por pessoa jurídica que o emprega para trabalhar na construção de usina hidrelétrica na região amazônica for contaminado por malária enquanto acompanha e supervisiona a realização das obras da usina, exposto ao Sol e a insetos, não haverá que se falar, nesse caso, em moléstia profissional, já que a malária é considerada doença endêmica.

(B) No caso de um empregado, em virtude de seu ambiente de trabalho estressante, adquirir doença degenerativa, configura-se doença laboral, haja vista a enfermidade ter sido desencadeada pelo exercício do trabalho.

(C) Considere que César, em virtude de fortes dores no corpo, não tenha comparecido ao trabalho em 15/1/2010, e que, no dia 18/1/2010, por continuar sentido dor, tenha procurado um médico que diagnosticou enfermidade decorrente de intoxicação pelo uso de determinados produtos químicos, manipulados em seu ambiente de trabalho. Nessa situação hipotética, considera-se como dia do acidente o dia 18/1/2010, data em que foi realizado o diagnóstico.

(D) Se trabalhador que exerce suas funções em laboratório de análises clínicas, em virtude de acidente ocorrido durante a manipulação de alguns produtos químicos, for acometido por urticária moderada, mas não for impedido de continuar suas atividades, inexistirá, nesse caso, doença laboral, na forma da legislação pertinente.

(E) Considere que Marta, com 59 anos de idade, tenha sido acometida, recentemente, por osteoporose e que as atividades por ela desempenhadas, em seu ambiente de trabalho, envolvam procedimentos de arquivo, o que torna necessário que Marta eleve enormes caixas, com documentos e processos, para guardá-las nas inúmeras estantes existentes em seu departamento, fato que aumenta consideravelmente as suas dores. Nessa situação hipotética, considerando-se o agravamento da doença adquirida por Marta, a osteoporose é considerada doença profissional.

A: incorreta. Como a aquisição da moléstia foi resultante da exposição aos insetos que a transmitem determinada pela natureza do trabalho, excepcionalmente a doença endêmica será considerada doença profissional, conforme dispõe o art. 20, §1º, "d", do PBPS; **B:** incorreta. A doença degenerativa não é considerada como moléstia profissional em nenhuma hipótese (art. 20, §1º, "a", do PBPS); **C:** incorreta. Nos termos do art. 23 do PBPS, considera-se como dia do acidente o início da incapacidade laborativa ou o dia do diagnóstico, o que ocorrer primeiro. Portanto, no caso em exame, temos como dia do acidente o dia 15/01/2010, quando César deixou de reunir condições para trabalhar, já que esta ocorreu antes do diagnóstico médico; **D:** correta, nos termos do art. 19 do PBPS, que qualifica como acidente de trabalho o sinistro que resulte em morte ou perda ou redução, permanente ou temporária, da capacidade para o trabalho; **E:** incorreta. A osteoporose é uma doença degenerativa e inerente a grupo etário, de forma que é excluída da classificação como doença profissional (art. 20, §1º, "a" e "b", do PBPS).

Gabarito "D"

8. AÇÕES PREVIDENCIÁRIAS

(Procurador Federal – 2013 – CESPE) Julgue os seguintes itens.

(1) O termo inicial para a contagem do prazo decadencial para a previdência social anular o ato administrativo do qual decorram efeitos favoráveis para o beneficiário é de dez anos a partir da data em que for praticado o ato, ainda que se comprove má-fé do beneficiário.

1: incorreta. Caso seja comprovada má-fé do beneficiário, considera-se que o prazo decadencial ficou suspenso até o momento da descoberta de sua conduta dolosa (art. 103-A, *in fine,* do PBPS).

Gabarito 1E

(Procurador Federal – 2010 – CESPE) No que concerne à legislação acidentária, ao benefício de prestação continuada previsto na Lei de Organização da Assistência Social e jurisprudência dos tribunais superiores, julgue o item seguinte.

(1) A competência para julgar ações de indenização por danos morais e materiais decorrentes de acidente de trabalho propostas pelo trabalhador, após a edição da Emenda Constitucional n.º 45/2004, é da justiça comum estadual.

1: incorreta, pois, nos termos da Súmula Vinculante 22/STF, a Justiça do Trabalho é competente para processar e julgar as ações de indenização por danos morais e patrimoniais decorrentes de acidente de trabalho propostas por empregado contra empregador, inclusive aquelas que ainda não possuíam sentença de mérito em primeiro grau quando da promulgação da Emenda Constitucional 45/2004.

Gabarito 1E

(Procurador de Contas TCE/ES – CESPE – 2009) Em relação a prescrição e decadência, a provas e a contagem recíproca de tempo de serviço previdenciários, assinale a opção correta.

(A) Segundo a jurisprudência do STF, no âmbito do direito previdenciário, os institutos da prescrição e da decadência de crédito tributário podem ser regulados por lei ordinária.

(B) Não sendo a prova material suficiente para comprovar o labor rural, excepcionalmente deve ser dada maior ênfase à prova testemunhal colhida na instância ordinária, quando esta é capaz de demonstrar, de forma idônea, harmônica e precisa, o labor rural exercido pelo autor.

(C) Segundo a jurisprudência do STJ, a sentença trabalhista será admitida como início de prova material, apta a comprovar tempo de serviço para fins previdenciários, ainda que não esteja fundada em elementos que evidenciem o labor exercido na função e o período alegado pelo trabalhador na ação previdenciária.

(D) A jurisprudência do STJ está alinhada no sentido de que a aposentadoria, direito patrimonial indisponível, não pode ser objeto de renúncia, revelando-se incabível a pretensão de contagem do respectivo tempo de serviço para a obtenção de nova aposentadoria, ainda que por outro regime de previdência.

(E) Para efeito de aposentadoria especial de professores, não se computa o tempo de serviço prestado fora da sala de aula, tendo essa regra, como única exceção, a hipótese de professor que comprove exercer a função de magistério na educação infantil.

A: incorreta, pois a matéria deve ser veiculada por lei complementar federal (arts. 173 e 174 do CTN, atualmente), nos termos do art. 146, III, *b*, da CF – Súmula Vinculante 8/STF; **B:** assertiva correta. Nos termos da Súmula 149/STJ, a prova exclusivamente testemunhal não basta à comprovação da atividade rurícola, para efeito de obtenção de benefício previdenciário – art. 55, § 3º, do PBPS. Isso, entretanto, não impede o acolhimento da prova testemunhal ratificada pelo início de prova material – ver AR 3.644/SP; **C:** incorreta, pois o STJ entende que a sentença trabalhista será admitida como início de prova material, apta a comprovar o tempo de serviço, apenas se fundada em elementos que evidenciem o labor exercido na função e o período alegado pelo trabalhador na ação previdenciária. Não basta, portanto, simples sentença trabalhista homologatória de acordo, sem prova de que tenha havido, efetivamente, trabalho no período alegado – ver AgRg no REsp 1.128.885/PB; **D:** incorreta, pois o STJ admite a renúncia à primeira aposentadoria, nesse caso, por se tratar de direito patrimonial disponível, cabendo a contagem do respectivo tempo de serviço para a obtenção de nova aposentadoria, ainda que por outro regime, sem obrigação de devolução dos valores anteriormente recebidos – ver AgRg no REsp 328.101/SC; **E:** incorreta, pois o STF decidiu que as funções de direção, coordenação e assessoramento pedagógico integram a carreira do magistério, desde que exercidos, em estabelecimentos de ensino básico, por professores de carreira, excluídos os especialistas em educação, fazendo jus aqueles que as desempenham ao regime especial de aposentadoria estabelecido nos arts. 40, § 5º, e 201, § 8º, da CF – ver o art. 67, § 2º, da Lei de Diretrizes e Bases da Educação – LDB (Lei 9.394/1996) e a ADI 3.772/DF, sendo inaplicável ao caso o disposto na Súmula 726/ STF.

Gabarito "B"

(Procurador do Estado/PR – 2007) O Instituto Nacional do Seguro Social – INSS promoveu, perante a Justiça Federal, Execução Fiscal contra o Estado do Paraná, com fundamento em Certidão de Dívida Ativa (título executivo extrajudicial) originada de autuação pelo não recolhimento de contribuições previdenciárias incidentes sobre a remuneração de funcionários públicos paranaenses. Preliminarmente, o Estado, em sua defesa, alegou a carência de ação, já que a execução forçada não é permitida contra a Fazenda Pública, sem prévia ação de conhecimento, seguindo-se o rito estabelecido nos artigos 730 e 731, do CPC. No mérito, o Estado alegou que os funcionários em questão ocupam cargos efetivos na administração estadual e ainda, ocupam cargos comissionados e cuja remuneração corresponde ao cargo efetivo, acrescido de percentual referente ao cargo em comissão, até o limite constitucional, estando sujeitos ao Regime Previdenciário Próprio e não ao Regime Geral de Previdência. É correto afirmar que:

(A) o INSS não poderia ter promovido a execução forçada sem prévia ação de conhecimento contra a Fazenda Estadual e ainda não poderia ter autuado o Estado do Paraná, em face da imunidade recíproca estabelecida no art. 150, VI, a, da Constituição Federal;

(B) o INSS não poderia ter promovido a execução forçada sem prévia ação de conhecimento contra a Fazenda Estadual e ainda, não poderia ter autuado o Estado do Paraná pelo não recolhimento das contribuições previdenciárias, por que somente as empresas privadas estão sujeitas a sua fiscalização e autuação;

(C) o INSS poderia ter promovido a execução forçada, independentemente de prévia ação de conhecimento, entretanto, as contribuições previdenciárias foram corretamente recolhidas ao tesouro estadual, já que incidentes sobre a remuneração de servidores ocupantes de cargo efetivo do Estado do Paraná;

(D) o INSS poderia ter promovido a execução forçada, independentemente de prévia ação de conhecimento, bem assim, a autuação foi correta, já que o Estado foi notificado para exercer ampla defesa, não sendo, por isso, passível de anulação o processo administrativo – base da autuação fiscal, e ainda, que as contribuições são devidas ao Instituto Federal, já que incidem sobre a remuneração de cargos comissionados;

(E) o INSS, independentemente de promover a execução forçada ou prévia ação de conhecimento contra a Fazenda Estadual, seguindo a partir daí, o disposto nos arts. 730 e 731, do CPC, não poderia ter autuado o Estado do Paraná pelo não recolhimento das contribuições previdenciárias, já que somente o servidor ocupante, exclusivamente, de cargo em comissão, sem vinculo efetivo com a administração pública, está sujeito ao Regime Geral de Previdência Social.

A fiscalização previdenciária, a autuação e a inscrição em dívida ativa aplicam-se aos entes políticos, o que torna desnecessária a ação condenatória. A imunidade recíproca refere-se apenas aos impostos (não às contribuições sociais) – art. 150, VI, *a*, da CF. O servidor efetivo submetido ao regime próprio não se sujeita ao regime geral (RGPS), ainda que ocupe cargo em comissão – art. 40, § 13, da CF e art. 12 do PBPS.

Gabarito "E"

(Procurador da Fazenda Nacional – 2007 – ESAF) O Instituto Nacional do Seguro Social – INSS é pessoa jurídica de direito público interno, autarquia federal, vinculada ao Ministério da Previdência Social, com sede no Distrito Federal. Com base nessa informação, na legislação e na jurisprudência do Supremo Tribunal Federal, é correto afirmar, em relação às regras de distribuição de competência, que:

(A) Para a matéria benefícios e serviços previdenciários a competência é da Justiça Federal, independente do domicílio do beneficiário.

(B) No caso de acidente do trabalho, após a promulgação da Emenda Constitucional n. 45/2004, o Supremo Tribunal afirmou que as ações acidentárias devem ser julgadas pela Justiça Federal.

(C) Na execução fiscal, se o executado estiver domiciliado em município sede da Vara da Justiça Federal, a competência recursal será do Tribunal de Justiça daquele estado-membro.

(D) O segurado pode ajuizar ação contra a instituição previdenciária só no juízo federal do seu domicílio.

(E) No caso de mandado de segurança contra ato de servidor do INSS, a competência é da Justiça Federal.

A e **D:** o segurado pode ajuizar ação contra a instituição previdenciária perante o juízo federal do seu domicílio ou nas varas federais da capital do Estado-membro – Súmula 689/STF; **B:** incorreta, pois, nos termos da Súmula Vinculante 22/STF, a Justiça do Trabalho é competente para processar e julgar as ações de indenização por danos morais e patrimoniais decorrentes de acidente de trabalho propostas por empregado contra empregador, inclusive aquelas que ainda não possuíam sentença de mérito em primeiro grau quando da promulgação da Emenda Constitucional 45/04; **C:** o particular deve ser demandado no local de seu domicílio. Se não houver Vara Federal na localidade, a execução será promovida perante a Justiça Estadual. O recurso, em qualquer hipótese, será julgado pelo Tribunal Regional Federal – art. 109, §§ 1º, 3º e 4º, da CF, Súmula 55/STJ (a contrario sensu), ver CC 56.914/RJ-STJ; **E:** art. 109, I e VIII, da CF.

Gabarito "E"

9. ASSISTÊNCIA SOCIAL E SAÚDE

(Procurador do Estado/MG – 2007) Segundo o que prevê o § 1º do artigo 198 da Constituição Federal de 1988, o Sistema Único de Saúde será financiado, em atendimento aos termos de seu artigo 195, com recursos

(A) do orçamento da seguridade social da União, dos Estados, do Distrito Federal e dos Municípios,excluindo-se as demais fontes.

(B) do orçamento da seguridade social da União e Estados, somente.

(C) do orçamento da seguridade social da União, dos Estados, do Distrito Federal e dos Municípios,além de outras fontes.

(D) do orçamento da seguridade social da União, somente.

O art. 198, § 1º, da CF determina que o SUS seja financiado com recursos provenientes do orçamento da seguridade social, da União, dos Estados, do Distrito Federal e dos Municípios, além de outras fontes. Trata-se do fundamento da solidariedade no financiamento da seguridade social.

Gabarito "C"

(PROCURADOR DO ESTADO/RS – FUNDATEC – 2010) De acordo com o regramento constitucional acerca da Seguridade Social, no que pertine à Saúde, é incorreto afirmar que:

(A) Dentre as atribuições do Sistema Único de Saúde (SUS), estão a fiscalização e a inspeção de alimentos, bem como de bebidas e de águas para consumo humano.

(B) Os recursos mínimos a serem aplicados pelos diferentes entes da federação, anualmente, em ações e serviços públicos de saúde, terão seus percentuais estabelecidos por lei ordinária.

(C) A descentralização é uma diretriz aplicável às ações e serviços públicos de saúde.

(D) As instituições de saúde privadas podem participar do SUS, de forma complementar.

(E) Existe vinculação constitucional de recursos da União, dos Estados, do Distrito Federal e dos Municípios para o atendimento na área da saúde.

A: correta, nos termos do art. 200, VI, da CF; **B:** incorreta, devendo ser assinalada. Os percentuais devem ser previstos em lei complementar (art. 198, §§2° e 3°, da CF); **C:** correta, conforme previsto no art. 198, I, da CF; **D:** correta, nos termos do art. 199, §1°, da CF; **E:** correta, nos termos do art. 198, §2°, da CF.

Gabarito "B"

(Procurador Federal – 2010 – CESPE) No que concerne à legislação acidentária, ao benefício de prestação continuada previsto na Lei de Organização da Assistência Social e jurisprudência dos tribunais superiores, julgue o item seguinte.

(1) Para fins de concessão do benefício de prestação continuada, considera-se incapaz de prover a manutenção da pessoa portadora de deficiência ou idosa a família cuja renda mensal per capita seja inferior a um quarto do salário-mínimo. Esse critério, de acordo com entendimento do STF, apesar de ser constitucional, pode ser conjugado com outros fatores indicativos do estado de miserabilidade do indivíduo e de sua família.

Assertiva correta, pois reflete o disposto no art. 20, § 3°, da Lei Orgânica da Assistência Social – LOAS (Lei 8.742/1993), à luz do art. 203, V, da CF – ver ADI 1.232/DF.

Gabarito 1C

(Procurador do Município/Boa Vista-RR – 2010 – CESPE) Julgue o item a seguir, relativos às legislações previdenciária e da seguridade social.

(1) No que tange à organização da assistência social, compete aos municípios atender às ações assistenciais de caráter emergencial e efetuar o pagamento do auxílio-natalidade e do auxílio-funeral.

1: assertiva correta, pois essas competências municipais são previstas no art. 15, II e IV, da LOAS.

Gabarito 1C

10. OUTROS TEMAS E MATÉRIAS COMBINADAS

(Procurador Federal – 2013 – CESPE) Considerando os termos das Leis nº 8.212/1991 e nº 8.213/1991, bem como o que dispõem a LOAS e o Estatuto do Idoso, julgue os próximos itens.

(1) Ao idoso que tenha, no mínimo, sessenta e cinco anos de idade e que não possua meios de prover sua subsistência ou de a ter provida por sua família, será assegurado o benefício de prestação continuada previsto na LOAS, no valor de um salário mínimo.

(2) Para fins de concessão do benefício de prestação continuada previsto na LOAS, a família é composta pelo requerente, o cônjuge ou companheiro, os pais, os irmãos solteiros e os filhos, ainda que eles não vivam sob o mesmo teto.

(3) Objetivando-se uma maior inclusão previdenciária, foi instituída a possibilidade de redução da alíquota de contribuição do segurado microempreendedor individual e do segurado facultativo sem renda própria que se dedique exclusivamente ao trabalho doméstico, restando claro do texto legal que tal redução é aplicável mesmo que este último não pertença a família de baixa renda.

(4) Caso um segurado do RGPS, no local e no horário do trabalho, seja vítima de acidente em consequência de ato de terrorismo praticado por terceiro, tal fato não se equiparará a acidente do trabalho.

(5) Sobrevindo acidente do trabalho, nos casos em que seja identificada negligência quanto às normas padrão de segurança e higiene do trabalho relacionadas à proteção individual e coletiva, a previdência social proporá ação regressiva contra os responsáveis.

1: correta, nos termos do art. 20 da Lei 8.742/1993 (Lei Orgânica da Assistência Social – LOAS); **2:** incorreta. Para que sejam considerados membros da família para fins de apuração do direito ao benefício de prestação continuada da LOAS, é essencial que tais pessoas vivam sob o mesmo teto (art. 20, § 1°, *in fine,* da LOAS); **3:** incorreta. A redução no valor da contribuição ao segurado facultativo sem renda própria é assegurada somente às pessoas de baixa renda (art. 21, § 2°, II, "b", do PCSS); **4:**incorreta. Equipara-se a acidente de trabalho o ato de agressão, sabotagem ou terrorismo praticado por terceiro ou companheiro de trabalho, desde que ocorrido no local e no horário de trabalho (art. 21, II, "a", do PBPS); **5:**correta, nos termos do art. 120 do PBPS.

Gabarito 1C, 2E, 3E, 4E, 5C

(Procurador/DF – 2013 – CESPE) Acerca de institutos diversos de direito previdenciário, julgue o item subsequente.

(1) Nas hipóteses em que o ilícito administrativo praticado por servidor, nessa condição, dê ensejo à cassação de aposentadoria e também seja capitulado como crime, a prescrição da pretensão punitiva da administração terá como baliza temporal a pena em concreto, aplicada no âmbito criminal, devendo ser observados os prazos prescricionais do CP.

1: correta, nos termos do art. 142, § 2º, da Lei 8.112/1990– ver também RMS 32.285/RS do STJ.

Gabarito 1C.

(Procurador de Contas TCE/ES – CESPE – 2009) Em relação ao custeio da seguridade social, assinale a opção correta.

(A) O contribuinte individual que pretenda contar como tempo de contribuição, para fins de obtenção de benefício no RGPS ou de contagem recíproca do tempo de contribuição, período de atividade remunerada alcançada pela decadência deverá indenizar o INSS.

(B) O direito da seguridade social de apurar e constituir seus créditos extingue-se após dez anos contados do primeiro dia do exercício seguinte àquele em que o crédito poderia ter sido constituído.

(C) Por se inserir na hipótese constitucional de competência residual da União, a instituição de contribuição para o seguro de acidente do trabalho dar-se-á por lei complementar.

(D) Segundo a jurisprudência do STF, norma legal que altera o prazo de recolhimento da obrigação tributária se sujeita ao princípio da anterioridade.

(E) Nas ações trabalhistas de que resultar o pagamento de direitos sujeitos à incidência de contribuição previdenciária, as sentenças judiciais ou os acordos homologados em que não figurarem, discriminadamente, as parcelas legais relativas às contribuições sociais só poderão ser exigidas em nova ação judicial autônoma a ser ajuizada pela fazenda nacional.

A: assertiva correta, pois o tempo de serviço só será contado mediante indenização da contribuição correspondente ao período respectivo, com acréscimo de juros moratórios e multa – art. 96, IV, do PBPS; **B:** incorreta, pois o prazo decadencial para lançar e o prazo prescricional para cobrar contribuições sociais são de 5 anos cada, conforme a Súmula Vinculante 8/STF; **C:** assertiva incorreta. Somente a União pode instituir contribuições sociais em geral (art. 149, *caput*, da CF), de modo que não é exato falar em competência residual. De qualquer forma, o risco de acidente do trabalho deve ser atendido pelo RGPS, concorrentemente com o setor privado, na forma da lei – art. 201, § 10, da CF, o que é custeado primordialmente pelas receitas ordinárias da previdência social – por exemplo, ver art. 25, II, do Plano de Custeio da Seguridade Social – PCSS (Lei 8.212/1991). Interessante ressaltar que o seguro contra acidente do trabalho fica a cargo do empregador, nos termos do art. 7º, XXVIII, da CF; **D:** incorreta, pois a alteração do prazo de pagamento de tributos não se sujeita ao princípio da anterioridade – Súmula 669/STF; **E:** incorreta, pois compete ao juiz do trabalho executar, de ofício, as contribuições patronais e dos segurados (art. 195, I, *a*, e II, da CF) decorrentes das sentenças que proferir – art. 114, VIII, da CF.

Gabarito "A".

(Procurador de Contas TCE/ES – CESPE – 2009) Considere que, em fiscalização acerca da regularidade fiscal de determinada empresa em liquidação judicial, o liquidante tenha deixado de exibir, sem justificativa plausível, às autoridades do fisco alguns livros relacionados às contribuições previdenciárias. Nessa situação,

(A) o ordenamento jurídico protege com o sigilo os livros comerciais, devendo a autoridade fiscal buscar outros meios probatórios para embasar o lançamento.

(B) deverá a autoridade fiscal buscar autorização judicial para efetuar a busca e apreensão da documentação que entenda pertinentes ao ato.

(C) cabe ao juiz que estiver conduzindo o processo de liquidação deferir ou não o acesso das autoridades fiscais aos livros comerciais.

(D) não poderá ocorrer o lançamento fiscal dos valores relacionados às contribuições previdenciárias enquanto não for finalizado o procedimento de liquidação judicial.

(E) a Secretaria da Receita Federal do Brasil poderá lançar de ofício a importância devida.

A: incorreta, pois não têm efeitos, contra a fiscalização tributária, quaisquer disposições legais que tratem do sigilo dos livros comerciais – art. 195 do CTN e art. 1.193 do CC; B e **C:** incorretas, pois o fisco tem o poder de apreender a documentação fiscal relativa à fiscalização em curso, independentemente de autorização judicial (art. 195 do CTN), podendo, conforme o caso, solicitar auxílio policial – art. 200 do CTN. É importante ressaltar, entretanto, que o STF tem entendimento no sentido de que a inviolabilidade da casa (art. 5º, XI, da CF) abrange as áreas não abertas ao público nos escritórios e estabelecimentos empresariais, de modo que, caso os livros e documentos lá se encontrem, será necessária autorização judicial – ver HC 93.050/RJ-STF; **D:** incorreta, pois a autoridade fiscal não se sujeita ao procedimento de liquidação judicial, no que se refere ao poder-dever de lançar o tributo; **E:** essa é a assertiva correta, conforme o comentário feito às alternativas anteriores.

Gabarito "E".

(Procurador do Estado/GO – 2010) De acordo com a legislação que dispõe sobre o Regime Geral de Previdência Social, é CORRETO afirmar:

(A) São segurados obrigatórios os titulares de mandato eletivo, desde que não filiados a regime de previdência complementar.

(B) A morte do último pensionista preferencial não traz direito à concessão de pensão aos dependentes excluídos na data do óbito.

(C) A previdência social será prestada a quem dela necessitar, independentemente de contribuições, em razão do princípio da universalidade de participação nos planos previdenciários.

(D) Os pais, desde que maiores de 65 anos e quando designados, terão direito à pensão por óbito do segurado, devendo o benefício ser rateado entre todos os beneficiários em partes iguais.

(E) O servidor civil, vinculado a Regime Próprio de Previdência Social, que venha a exercer, concomitantemente, atividade abrangida pelo Regime Geral de Previdência Social, é segurado facultativo deste último, em razão da complementaridade dos regimes citados.

A: incorreta. Os ocupantes de mandato eletivo são segurados obrigatórios na qualidade de empregados, desde que não sejam filiados a regime próprio de previdência, ou seja, não sejam servidores públicos efetivos (art. 12, I, "j", da Lei nº 8.212/91 – PCSS); **B:** correta, nos termos dos arts. 16, § 1º, e 77, § 3º, da Lei nº 8.213/91 – PBPS; **C:** incorreta. A previdência social é essencialmente contributiva, sendo acessível somente àqueles que para ela contribuírem (art. 201 da CF); **D:** incorreta. Os pais são dependentes de 2ª classe do segurado independentemente de sua idade, desde que comprovem a dependência econômica, e somente terão direito aos benefícios na ausência de dependentes preferenciais; **E:** incorreta. Quem exerce atividade remunerada abrangida pelo RGPS é segurado obrigatório deste último. No caso citado, o contribuinte será enquadrado como contribuinte individual. Além disso, é expressamente vedada a inscrição como segurado facultativo de pessoa participante de regime próprio de previdência (art. 201, § 5º, da CF).

Gabarito "B"

(Procurador do Município/Natal-RN – 2008 – CESPE) Em relação às disposições constitucionais da previdência social, assinale a opção correta.

(A) É vedada a adoção de requisitos e critérios diferenciados para a concessão de aposentadoria aos beneficiários do RGPS, ressalvados os casos de atividades exercidas sob condições especiais que prejudiquem a saúde ou a integridade física ou quando se tratar de segurados portadores de deficiência, nos termos definidos em lei ordinária.

(B) Lei ordinária deverá dispor sobre sistema especial de inclusão previdenciária para atender a trabalhadores de baixa renda e àqueles sem renda própria que se dediquem exclusivamente ao trabalho doméstico no âmbito de sua residência, desde que pertencentes a famílias de baixa renda, garantindo-lhes acesso a benefícios de valor igual a um salário mínimo, sendo vedada a adoção de alíquotas e carências inferiores às vigentes para os demais segurados do RGPS.

(C) É vedado o aporte de recursos a entidade de previdência privada pela União, pelos estados, pelo DF e pelos municípios, bem como a autarquias, fundações, empresas públicas, sociedades de economia mista e outras entidades públicas, salvo na qualidade de patrocinador, situação na qual, em hipótese alguma, sua contribuição normal poderá ser inferior à do segurado.

(D) É vedada a filiação ao RGPS, na qualidade de segurado facultativo, de pessoa participante de regime próprio de previdência.

A: incorreta. Os critérios diferenciadores devem vir dispostos em lei complementar (art. 201, § 1º, da CF); **B:** incorreta. A CF não veda a adoção de alíquotas e carências inferiores às demais – o que é óbvio, senão o sistema especial de inclusão nada teria de especial (art. 201, § 12, da CF); **C:** incorreta. A contribuição do ente público patrocinador não pode ser maior que a do segurado (art. 202, § 3º, da CF); **D:** correta, nos termos do art. 201, § 5º, da CF.

Gabarito "D"

(Procuradoria Federal – 2007 – CESPE) Julgue o item seguinte.

(1) Considere que um auditor fiscal constate que determinado segurado, contratado como trabalhador avulso, preenche as condições da relação de emprego. Nessa situação, o auditor deverá ingressar, na Procuradoria do INSS, com uma ação judicial visando desconsiderar o vínculo pactuado e, consequentemente, efetuar, por decisão judicial, o enquadramento como segurado empregado.

1: incorreto. O fiscal deve considerar a realidade no momento da autuação (ou seja, que há relação de emprego), independentemente de decisão judicial declaratória ou desconstitutiva, sem prejuízo da possibilidade de posterior controle jurisdicional.

Gabarito 1E

(Procuradoria Federal – 2007 – CESPE) Com base no regulamento do seguro de acidentes do trabalho e da moléstia profissional, julgue os itens a seguir.

(1) Considera-se estabelecido o nexo entre o trabalho e o agravo quando se verifica nexo técnico epidemiológico entre a atividade da empresa e a entidade mórbida motivadora da incapacidade, elencada na Classificação Internacional de Doenças (CID).

(2) Cabe ao empregado comunicar o acidente do trabalho à previdência social até o primeiro dia útil seguinte ao da ocorrência do acidente; em caso de morte, a empresa deverá comunicar o acidente de imediato, à autoridade competente, sob pena de multa variável, sucessivamente aumentada nas reincidências, aplicada e cobrada pela previdência social.

1: correto (art. 21-A do PBPS). **2:** incorreto. O dever de comunicação é sempre do empregador – art. 22 do PBPS.

Gabarito 1C, 2E

(Procurador da Fazenda Nacional – 2007 – ESAF) Antônio, contribuinte empregado aposentado pelo Regime Geral de Previdência Social em 1994, propõe na justiça ação contra o Instituto Nacional do Seguro Social – INSS, alegando que seu benefício não foi revisto nos termos do art. 58 do Ato das Disposições Constitucionais Transitórias (ADCT). Ademais, alega que indevidamente o INSS vem recolhendo a contribuição previdenciária sobre o 13º salário. Assim, é correto afirmar que:

(A) O pedido referente à incidência indevida da contribuição previdenciária sobre o 13º salário é improcedente.

(B) A referida ação deve ser proposta dois anos após a concessão do referido benefício, sob pena de decadência do direito pleiteado.

(C) O pedido da revisão, nos termos do art. 58 da ADCT, deve ser considerado improcedente, independente da época em que o benefício foi concedido.

(D) O segurado está impedido de ajuizar ação contra a instituição previdenciária na vara federal do município em que reside.

(E) Antônio não tem legitimidade para propor ação contra o INSS por estar recebendo benefício.

A: correto. A contribuição incide sobre o 13º salário – art. 28, § 7º, do PCSS; B e **E:** incorreto. Antônio pode mover a ação no prazo de cinco anos – art. 103, parágrafo único, do PBPS; **C:** incorreto. Até o advento dos planos de custeio e de benefícios (Leis 8.212/1991 e 8.213/1991), o art. 58 do ADCT previa reajuste com base no valor do salário-mínimo. Atualmente, adota-se o INPC como índice de correção – art. 41-A do PBPS (houve diversas regras anteriores); **D:** incorreto. O segurado pode ajuizar ação contra a instituição previdenciária perante o juízo federal do seu domicílio ou nas varas federais da capital do Estado-membro – Súmula 689/STF.

Gabarito "A"

15. Direito Penal

Eduardo Dompieri e Arthur Trigueiros

1. PRINCÍPIOS

(Procurador do Estado/PE – CESPE – 2009) A respeito dos princípios constitucionais penais, assinale a opção correta.

(A) Fere o princípio da legalidade, também conhecido por princípio da reserva legal, a criação de crimes e penas por meio de medida provisória.

(B) A lei penal mais favorável ao réu tem efeito extra-ativo relativo, pois, apesar de ser aplicada a crimes ocorridos antes de sua vigência, não se aplica a crimes ocorridos durante a sua vigência caso seja posteriormente revogada.

(C) A responsabilidade pela indenização do prejuízo que foi causado pelo condenado ao cometer o crime não pode ser estendida aos seus herdeiros, sem que, com isso, seja violado o principio da personalidade da pena.

(D) Em razão do princípio da presunção de inocência, não é possível haver prisão antes da sentença condenatória transitada em julgado.

(E) No Brasil vige, de forma absoluta, o princípio da vedação à pena de morte, inexistindo exceções.

A: correta. O *princípio da legalidade, estrita legalidade* ou *reserva legal* (arts. 1º do CP e 5º, XXXIX, da CF) estabelece que os tipos penais incriminadores só podem ser concebidos por lei em sentido estrito, ficando afastada, assim, a possibilidade de a lei penal ser criada por outras formas legislativas que não a lei em sentido formal, como, por exemplo, a *medida provisória* (art. 62, § 1º, I, *b*, da CF); **B:** Incorreta. A lei penal mais benéfica ao réu (*lex mitior*) tem incidência retroativa e ultrativa; não há que se falar, portanto, em extratividade relativa; **C:** Incorreta. Vige, no Direito Penal, o *princípio da pessoalidade* ou *personalidade* ou *da responsabilidade pessoal,* que prescreve que a pena não pode passar da pessoa do delinquente, podendo, entretanto, a obrigação de reparar o dano e a decretação de perdimento de bens ser, nos termos da lei, estendidas aos sucessores e contra eles executadas até o limite do valor do patrimônio transferido (art. 5º, XLV, CF); **D:** Incorreta. A Súmula nº 9 do STJ estabelece que a prisão provisória não ofende o princípio constitucional da presunção de inocência, consagrado no art. 5º, LVII, da CF; **E:** Incorreta. O Código Penal Militar (Decreto-Lei 1.001/69), em seus arts. 55 a 57, faz alusão à pena de morte, representando, portanto, exceção à regra contida no art. 5º, XLVII, *a*, da CF.

Gabarito "A"

2. APLICAÇÃO DA LEI PENAL

(Procurador do Município/Sorocaba-SP – 2012 – VUNESP) As regras gerais do Código Penal, de acordo com seu art. 12, aplicam-se aos fatos incriminados por lei especial?

(A) Não, há expressa vedação legal nesse sentido.

(B) Sim, sem qualquer exceção.

(C) Sim, se a lei especial não dispuser de modo diverso.

(D) Sim, desde que a lei especial preveja a aplicação supletiva do CP.

(E) Sim, mas apenas para as leis especiais publicadas até a data em que a Parte Geral do CP entrou em vigor.

O art. 12 do Código Penal, que manda aplicar a sua Parte Geral a toda legislação penal especial, desde que esta não disponha de forma contrária, enuncia o *princípio da especialidade*.

Gabarito "C"

(Procurador do Estado/PR – UEL-COPS – 2011) Considere as seguintes afirmações:

I. a vigência de medida provisória que define tipo penal é inconstitucional.

II. o princípio da tipicidade garante a proibição da analogia *in malam partem* no direito penal.

III. o latrocínio ocorrido em 1989 não é punível com fundamento na Lei n. 8.072/90 em razão do princípio da ultratividade da lei mais benéfica.

IV. em caso de *abolitio criminis* o sujeito condenado a pena privativa de liberdade deve ser prontamente libertado pelo juiz, volta à condição de primário e pode exigir da Administração Pública indenização pelo tempo em que permaneceu preso.

V. a revogação formal da lei o *princípio da legalidade, estrita legalidade* ou *reserva legal* (arts. 1º do CP e 5º, XXXIX, da CF) estabelece que os tipos penais incriminadores só podem ser concebidos por lei em sentido estrito, ficando afastada, assim, a possibilidade de a lei penal ser criada por outras formas legislativas que não a lei em sentido formal, como, por exemplo, a *medida provisória* (art. 62, § 1º, I, *b*, da CF) penal não é suficiente para a *abolitio criminis* quando, embora revogada a lei, houve a continuidade da hipótese normativo-típica.

Alternativas:

(A) são corretas as afirmativas I, III e IV;

(B) são corretas as afirmativas II, III, IV e V;

(C) somente a afirmativa IV é incorreta;

(D) somente as afirmativas II e V são incorretas;

(E) todas as afirmativas são corretas.

I: o *princípio da legalidade, estrita legalidade* ou *reserva legal* (arts. 1º do CP e 5º, XXXIX, da CF) estabelece que os tipos penais incriminadores só podem ser concebidos por lei em sentido estrito, ficando afastada, assim, a possibilidade de a lei penal ser criada por outras formas legislativas que não a lei em sentido formal, como, por exemplo, a *medida provisória* (art. 62, § 1º, I, *b*, da CF). Assertiva, portanto, correta; **II**: está correta a proposição, já que, em matéria penal, somente é permitido o emprego de analogia *in bonam partem* (em favor do réu), sendo vedada, pois, a sua aplicação em prejuízo do agente, em obediência ao princípio da legalidade ou tipicidade; **III**: assertiva correta. A lei penal mais severa (*novatio legis in pejus*), que é aquela que de alguma forma prejudica a situação do réu, é irretroativa – art. 5º, XL, da CF. É dizer, não pode ser aplicada a fato ocorrido anteriormente à sua vigência. A solução, neste caso, é projetar os efeitos da lei revogada (mais benéfica) para o futuro e aplicá-la aos fatos (ultratividade da lei penal mais benéfica); **IV**: é verdadeira a afirmação de que a *abolitio criminis* faz cessar a execução e os efeitos penais da sentença condenatória (os efeitos extrapenais subsistem - art. 2º, *caput*, do CP). No entanto, é incorreta a assertiva de que o agente, em relação ao qual se verificou a *abolitio criminis*, pode exigir da Administração Pública indenização pelo tempo em que permaneceu preso; **V**: assertiva correta. Típico exemplo disso é o que se deu com a conduta descrita no art. 214 do CP (atentado violento ao pudor) com o advento da Lei 12.015/09. A despeito de o dispositivo referido ter sido revogado, a conduta até então nele descrita foi incorporada ao art. 213 do CP (estupro).

Gabarito "C"

(PROCURADOR DO ESTADO/RS – FUNDATEC – 2010) Assinale a alternativa correta:

(A) Em razão do princípio da atividade, a lei excepcional ou temporária, embora decorrido o período de sua duração ou cessadas as circunstâncias que a determinaram, aplica-se ao fato praticado durante sua vigência.

(B) A lei "A" foi revogada pela lei "B", que por sua vez foi revogada pela lei "C"; diante da imposição de que uma lei só pode ser revogada por outra, o sistema jurídico brasileiro admite a repristinação automática de lei revogada.

(C) O momento e o lugar do crime são regulados pela teoria da atividade, importando o momento da ação ou omissão do agente, ainda que outros sejam o momento e o lugar do resultado.

(D) Para os efeitos penais, consideram-se como extensão do território nacional as embarcações e aeronaves brasileiras, de natureza pública ou privada, onde quer que se encontrem, bem como as aeronaves e as embarcações brasileiras, mercantes ou de propriedade privada, que se achem, respectivamente, no espaço aéreo correspondente ou em alto-mar.

(E) No crime permanente, a conduta se protrai no tempo em razão da própria vontade do agente e o tempo do crime é o de sua duração; enquanto que, no crime continuado, o tempo do crime é o da prática de cada conduta perpetrada.

A: Incorreta. As *leis excepcionais* e *temporárias* (art. 3º, CP) são dotadas de *ultratividade*, ou seja, devem incidir sobre o fato praticado sob o seu império, mesmo depois de revogadas pelo decurso do tempo ou cessação do estado emergencial. Essas leis, como se pode notar, não obedecem ao princípio da retroatividade benéfica; **B:** Incorreta. Art. 2º, § 3º, da Lei de Introdução às normas do Direito Brasileiro; **C:** Incorreta. No que toca ao *lugar do crime*, o Código Penal acolheu, em seu art. 6º, a *teoria mista ou da ubiquidade*, pela qual deve ser considerado lugar do crime tanto aquele em que foi, no todo ou em parte, praticada a conduta, quanto aquele em que o resultado se produziu ou deveria produzir-se. Com relação a esse tema, é importante que se diga que o *lugar do crime*, estabelecido no CP, somente tem aplicação no chamado *crime a distância* ou *de espaço máximo*, que é aquele em que a execução tem início em um país e o resultado é produzido em outro. Esse dispositivo, portanto, não estabelece o foro competente, fixado nos moldes dos arts. 69 de seguintes do CPP. Já no que se refere ao *tempo do crime*, o Código Penal, em seu art. 4º, adotou a *teoria da ação* ou *da atividade*, segundo a qual reputa-se praticado o crime no momento da ação ou omissão, ainda que outro seja o momento do resultado; **D:** Incorreta. Art. 5º, § 1º, do CP; **E:** Correta. Súmula nº 711, STF: "A lei penal mais grave aplica-se ao crime continuado ou ao crime permanente, se a sua vigência é anterior à cessação da continuidade ou da permanência".

Gabarito "E"

(Procurador do Município/São Paulo-SP – 2008 – FCC) A retroatividade de lei penal que não mais considera o fato como criminoso

(A) exclui a imputabilidade.

(B) afasta a tipicidade.

(C) extingue a punibilidade.

(D) atinge a culpabilidade.

(E) é causa de perdão judicial.

Sempre que uma lei nova deixar de considerar crime determinado fato até então criminoso, ocorre a chamada *abolitio criminis* (art. 2º, *caput*, do CP). É, por força do que dispõe o art. 107, III, do CP, causa de extinção da punibilidade, que pode ser arguida e reconhecida a qualquer tempo, mesmo no curso da execução da pena.

Gabarito "C"

(Procurador do Estado/CE – 2008 – CESPE) Fernando falsificou, na França, selos brasileiros com intenção de usá-los no Brasil e, assim, obter lucro.

A respeito dessa situação hipotética, assinale a opção correta.

(A) Nesse caso, aplica-se o princípio da extraterritorialidade condicionada, de forma que Fernando só poderá ser processado e julgado conforme as leis brasileiras, quando e se entrar no território nacional.

(B) Fernando somente poderá ser processado e julgado no Brasil se o fato for punível também na França.

(C) Fernando poderá ser punido no Brasil somente se a extradição estiver prevista na lei brasileira para o crime por ele cometido.

(D) Se Fernando tiver sido absolvido, na França, pela prática delitiva, não poderá ser processado e julgado no Brasil.

(E) Embora praticado no estrangeiro, o crime praticado por Fernando fica sujeito à lei penal brasileira, ainda que ele seja absolvido ou condenado na França.

Art. 7º, I, *b*, do CP. O inciso I do art. 7º enuncia as hipóteses em que a aplicação da lei penal brasileira fora do território nacional não se sujeita a nenhuma condição. É a chamada *extraterritorialidade incondicionada*. A prática do crime, portanto, nesses casos, é o bastante à incidência da lei penal brasileira fora do território nacional. O art. 7º, II, do CP, por seu turno, enumera as situações em que a aplicação da lei penal brasileira fora do território nacional submete-se a determinadas condições. Estamos a falar, agora, da *extraterritorialidade condicionada*.

Gabarito "E"

(Procurador da Fazenda Nacional – 2007 – ESAF) À luz da aplicação da lei penal no tempo, dos princípios da anterioridade, da irretroatividade, retroatividade e ultratividade da lei penal, julgue as afirmações abaixo relativas ao fato de Mévio ter sido processado pelo delito de adultério em dezembro de 2004, sendo que a Lei n. 11.106, de 28 de março de 2005, aboliu o crime de adultério:

I. Caso Mévio já tenha sido condenado antes de março de 2005, permanecerá sujeito a pena prevista na sentença condenatória.

II. A lei penal pode retroagir em algumas hipóteses.

III. Caso Mévio não tenha sido condenado no primeiro grau de jurisdição, poderá ocorrer a extinção de punibilidade desde que a mesma seja provocada pelo réu.

IV. Na hipótese, ocorre o fenômeno da *abolitio criminis*.

(A) Todas estão corretas.

(B) Somente I está incorreta.

(C) I e IV estão corretas.

(D) I e III estão corretas.

(E) II e IV estão corretas.

I: Incorreta. Art. 2º, *caput*, do CP; **II**: Correta. Art. 5º, XL, da CF; art. 2º, *caput* e parágrafo único, do CP (a lei penal retroagirá para beneficiar o réu); **III**: Incorreta. Art. 61 do CPP (cabe ao juiz, em qualquer fase do processo, se reconhecer extinta a punibilidade, declará-la de ofício); **IV**: Correta. Fala-se em *abolitio criminis* quando a lei posterior deixa de considerar crime fato que antes era tipificado como ilícito penal. É o que ocorreu com o adultério, que, hodiernamente, somente tem repercussão no campo do direito de família.

Gabarito "E"

(Procurador do Estado/SP – VUNESP – 2005) Relativamente ao disposto no inciso IV do § 3º do art. 10 da Lei nº 9.437/97 (possuir condenação anterior por crime contra a pessoa, contra o patrimônio e por tráfico ilícito de entorpecentes e drogas afins), o advento da nova lei de armas (Lei nº 10.826/2003) representou

(A) *novatio legis in pejus*.

(B) *abolitio criminis*.

(C) *novatio legis in mellius*.

(D) condição objetiva de punibilidade.

(E) excludente da ilicitude.

A lei posterior, que de qualquer modo favorecer o agente, aplica-se aos fatos anteriores, ainda que decididos por sentença condenatória transitada em julgado (art. 2º, parágrafo único, do CP).

Gabarito "C"

(Advogado da União/AGU – CESPE – 2009) A respeito da aplicação da lei penal, dos princípios da legalidade e da anterioridade e acerca da lei penal no tempo e no espaço, julgue os seguintes itens.

(1) Ocorrendo a hipotese de *novatio legis in mellius* em relação a determinado crime praticado por uma pessoa definitivamente condenada pelo fato, caberá ao juízo da execução, e não ao juízo da condenação, a aplicação da lei mais benigna.

(2) O princípio da legalidade, que é desdobrado nos princípios da reserva legal e da anterioridade, não se aplica às medidas de segurança, que não possuem natureza de pena, pois a parte geral do Código Penal apenas se refere aos crimes e contravenções penais.

(3) A lei processual penal não se submete ao princípio da *retroatividade in mellius*, devendo ter incidência imediata sobre todos os processos em andamento, independentemente de o crime haver sido cometido antes ou depois de sua vigência ou de a inovação ser mais benéfica ou prejudicial.

1: Correta. Súmula 611 do STF e art. 66, I, da LEP; **2**: Errada. As medidas de segurança - *internação* e *tratamento ambulatorial* -, previstas no art. 96, I e II, do CP, devem, sim, obediência ao *princípio da legalidade*. A esse respeito, vide: STF, 1ª T., HC 84.219/SP, Rel. Min. Marco Aurélio, j. 16.8.2005; **3**: Correta. O art. 2º do CPP estabelece que a lei processual penal tera aplicação imediata, sem prejuízo da validade dos atos realizados sob a égide da lei anterior. Não tem, pois, efeito retroativo. Vale, entretanto, fazer uma ressalva. Quando se tratar de uma norma processual dotada de caráter material, há quem entenda que a sua eficácia no tempo deverá seguir o regramento do art. 2º, parágrafo único, do CP.

Gabarito 1C, 2E, 3C

(ADVOGADO – CEF – 2006 – CESPE) Julgue o seguinte item.

(1) No que diz respeito à eficácia temporal da lei penal, o término da vigência das leis denominadas temporárias e excepcionais não depende de revogação por lei posterior. Consumado o lapso da lei temporária ou cessada as circunstâncias determinadoras das excepcionais, cessa, então, a vigência dessas leis.

1: Correta. diz-se que as *leis excepcionais* e *temporárias* (art. 3º, CP) são *autorrevogáveis* porquanto o seu próprio texto contempla o prazo durante o qual a lei permanecerá em vigor ou a situação emergencial cujo término determinará a revogação da lei. Além de *autorrevogaveis*, são dotadas de *ultratividade*, ou seja, devem incidir sobre o fato praticado sob o seu império, mesmo depois de revogadas pelo decurso do tempo ou cessação do estado emergencial. Como se pode notar, não obedecem ao princípio da retroatividade benéfica.

Gabarito 1C

3. CONCEITO E CLASSIFICAÇÃO DOS CRIMES

(PROCURADOR DO ESTADO/MG – FUMARC – 2012) Sobre o crime omissivo impróprio, assinale a alternativa incorreta:

(A) Trata-se de crime próprio, uma vez que o sujeito ativo da conduta deverá possuir qualidade especial.

(B) Admite tanto a forma dolosa, quanto a culposa, cabendo ao intérprete proceder a pesquisa do elemento subjetivo presente na conduta.

(C) Trata-se de crime de mera atividade, uma vez que sua consumação não requer resultado naturalístico.

(D) Admite tentativa, neste aspecto se diferenciando dos crimes de omissão própria.

(E) O objeto material da conduta variará de acordo com o tipo penal praticado.

A: Correta. Diz-se que o *crime comissivo por omissão* (omissivo impróprio ou impuro) é próprio ou especial porque somente pode ser praticado por quem tem o dever jurídico de evitar o resultado (art. 13, § 2º, do CP); **B:** Correta. De fato, o deixar de atuar, imposto por lei no crime omissivo impróprio, pode se dar a título de dolo ou culpa, conforme o caso; **C:** Assertiva incorreta, devendo ser assinalada. O crime comissivo por omissão pressupõe a produção de um resultado naturalístico. O agente, nesta modalidade de crime omissivo, deixa de agir quando deveria e, em razão disso, é produzido um resultado naturalístico, imprescindível à consumação do delito; **D:** Correta. Por se tratar de crime material, em que é exigido resultado naturalístico à sua consumação, a tentativa é perfeitamente possível. Não admite a tentativa o *crime omissivo próprio*, já que a consumação, neste caso, se dá com a mera abstenção do agente; **E:** Correta. Por se tratar de crime cuja conduta não se encontra tipificada em nenhum tipo penal específico, a pessoa ou coisa sobre a qual recai a conduta criminosa (objeto material) variará conforme o crime praticado. No furto, o *bem subtraído* da vítima; no homicídio, o *ser humano*.

Gabarito "C"

(Procurador do Município/Recife-PE – 2008 – FCC) Entre crime e contravenção, a distinção

se faz pela ausência de dano na contravenção, elemento presente no crime, mesmo que potencial.

(B) se faz pela presença ou não da culpa *lato sensu*.

(C) se dá porque na contravenção penal, em regra, não basta a voluntariedade.

(D) se faz pela intensidade do dolo ou culpa, que é maior no crime.

(E) baseia-se na natureza da sanção aplicável, não existe diferença ontológica.

A distinção entre as duas espécies de infração penal, que não reside no aspecto ontológico, está contida no art. 1º da Lei de Introdução ao Código Penal (Decreto-Lei 3.914/41). *Crime* é a infração penal que comporta as penas privativas de liberdade de reclusão ou de detenção, isoladamente, alternativamente ou cumulativamente com a pena de multa; *contravenção*, a infração que admite as penas de prisão simples ou multa, ou ambas, alternativa ou cumulativamente.

Gabarito "E"

(Procurador do Município/São Paulo-SP – 2008 – FCC) Crimes omissivos impróprios ou comissivos por omissão são aqueles

(A) que decorrem do não fazer o que a lei determina, sem dependência de qualquer resultado naturalístico.

(B) em que a lei descreve a conduta do agente e o seu resultado.

(C) em que a lei só descreve a conduta do agente, não aludindo a qualquer resultado.

(D) que se consumam antecipadamente, não dependendo da ocorrência do resultado desejado pelo agente.

(E) em que o agente, por deixar de fazer o que estava obrigado, produz o resultado.

A consumação do *crime omissivo impróprio* (impuro ou comissivo por omissão) está condicionada à produção de resultado naturalístico. A omissão, neste caso, constitui meio para se chegar ao resultado.

Gabarito "E"

(Procurador do Estado/SP – VUNESP – 2005) Leia as afirmações e assinale a alternativa correta.

I. Os crimes omissivos próprios previstos no Código Penal Brasileiro tanto podem ser dolosos, como culposos.

II. É perfeitamente possível a coautoria em crimes omissivos próprios.

III. No Código Penal Brasileiro, há condutas omissivas próprias junto a modalidades comissivas em um mesmo tipo penal.

(A) I é incorreta, II e III são corretas.

(B) I e II são incorretas, III é correta.

(C) I e II são corretas, III é incorreta.

(D) I e III são corretas, II é incorreta.

(E) Todas são incorretas.

I: Incorreta. Os crimes *omissivos próprios* não admitem a modalidade culposa; já os *comissivos por omissão* podem ser praticados tanto a título de culpa quanto a título de dolo; no entanto, só podem ser praticados a título de culpa se houver previsão expressa nesse sentido (excepcionalidade do crime culposo – art. 18, parágrafo único, CP); **II**: Incorreta. A participação em crime omissivo próprio é, segundo a doutrina, perfeitamente possível; de outro lado, a doutrina diverge quanto à possibilidade de ocorrer coautoria em crime omissivo próprio. Para aqueles que entendem ser incompatível a coautoria com o crime omissivo próprio, cada agente deve responder por sua omissão; **III**: assertiva correta. É o caso do crime do art. 169, II, do CP (apropriação de coisa achada)

Gabarito "B"

(Procurador do Estado/SE – FCC – 2005) Crimes materiais são aqueles

(A) em que a lei só descreve a conduta do agente, não aludindo a qualquer resultado.

(B) em que a lei descreve a conduta do agente e o seu resultado.

(C) em que o agente, por deixar de fazer o que estava obrigado, produz o resultado.

(D) em que a lei não descreve a conduta do agente.

(E) que se consumam antecipadamente, sem dependência de ocorrer ou não o resultado desejado pelo agente.

Crimes materiais são aqueles em que a lei descreve uma conduta e um resultado naturalístico, imprescindível à consumação do crime. Portanto, a não ocorrência do resultado, neste caso, representa mera tentativa; já os *crimes formais*, a exemplo dos materiais, também descrevem uma conduta e um resultado, mas, diferentemente, este não é exigido para a consumação do delito. São também chamados crimes de consumação antecipada ou de resultado cortado. Por exemplo, a extorsão (art. 158 do CP); *crimes de mera conduta*, por fim, são aqueles que se consumam no exato instante em que esta é praticada. A lei, neste caso, não faz qualquer menção a resultado naturalístico. A nosso ver, nenhuma das assertivas contempla o conceito de crime material. A proposição "**B**", considerada como correta, por não fazer qualquer menção à necessária produção do resultado, melhor corresponde ao conceito de crime formal, em que há previsão da conduta e do resultado, dispensável à consumação do crime.

Gabarito "B"

(Procurador do Estado/PE – 2004 – FCC) São denominados "crimes plurissubjetivos" aqueles em que

(A) mais de um bem jurídico é atingido.

(B) há necessária participação de mais de um sujeito ativo.

(C) mediante uma só ação são atingidos dois ou mais sujeitos passivos.

(D) há pluralidade de elementos subjetivos a animar a conduta do agente.

(E) há participação eventual de mais de um sujeito ativo.

Crime plurissubjetivo (ou de concurso necessário) é aquele que exige o concurso de, no mínimo, duas pessoas. Dito de outro modo são os crimes cuja tipificação está condicionada à pluralidade de agentes. Exemplos: quadrilha ou bando, associação para o tráfico e rixa.

Gabarito "B"

(Procuradoria Federal – 2007 – CESPE) Julgue o item seguinte.

(1) Crime próprio impuro é aquele que, se for cometido por outro sujeito ativo que não aquele indicado pelo tipo penal, transforma-se em figura típica diversa.

1: Correta, pois os *crimes próprios* (ou especiais) classificam-se em *puros* e *impuros*. Puros são aqueles que, não tendo sido cometidos pelo sujeito apontado no tipo penal, deixam de ser crime; impuros, aqueles que, não cometidos pelo sujeito indicado no tipo penal, transformam-se em outra figura típica. Exemplo: a mãe que mata o próprio filho após o parto, sob a influência do estado puerperal, comete o crime de infanticídio (delito próprio *impuro*); se um terceiro o fizer, sem que a mãe tenha do ato participado, responderá por homicídio.

Gabarito 1C

4. FATO TÍPICO E TIPO PENAL

(Procurador do Estado/PR – UEL-COPS – 2011) Sobre a teoria da imputação objetiva em Direito Penal, é correto afirmar:

(A) diz respeito ao conceito de inimputabilidade penal. Segundo a teoria, acolhida no Código Penal, aos inimputáveis pode ser aplicada a medida de segurança de internação;

(B) segundo esta teoria, somente os imputáveis podem ser considerados sujeito ativo de tipo penal;

(C) a teoria da imputação objetiva foi acolhida no Código Penal para a disciplina do tempo do crime, ou seja, considera-se praticado o crime no momento da ação ou omissão, ainda que outro tenha sido o resultado;

(D) a teoria da imputação objetiva informa o conceito material ou normativo de tipicidade penal;

Para a teoria da *imputação objetiva*, não basta a *tipicidade formal*, que corresponde à perfeita adequação do fato concreto à descrição típica contida na norma. É imprescindível ainda a chamada *tipicidade material*. É dizer, a responsabilização do agente não pode condicionar-se tão somente à causalidade natural. O crime, portanto, não pode ser analisado apenas do ponto de vista da causalidade material; é também necessário que a causalidade seja analisada sob o aspecto normativo. Assim, presente a tipicidade formal, só há que se falar em responsabilização quando a conduta criar, para o bem protegido, uma situação de perigo juridicamente proibida.

Gabarito "D"

(Procurador do Estado/CE – 2008 – CESPE) Denis desferiu cinco facadas em Henrique com intenção de matar. Socorrido imediatamente e encaminhado ao hospital mais próximo, Henrique foi submetido à cirurgia de emergência, em razão da qual contraiu infecção e, finalmente, faleceu. Acerca dessa situação hipotética, assinale a opção correta, com base no entendimento do STF.

(A) Trata-se de causa absolutamente independente superveniente, que rompeu o nexo causal, devendo Denis responder por tentativa de homicídio.

(B) Trata-se de causa relativamente independente e superveniente que rompeu o nexo causal, devendo Denis responder por tentativa de homicídio.

(C) Não houve rompimento do nexo de causalidade, devendo Denis responder por homicídio doloso consumado.

(D) Trata-se de causa relativamente independente e superveniente que rompeu o nexo causal, devendo Denis responder por lesão corporal seguida de morte.

(E) Não houve rompimento do nexo causal, mas Denis deve responder apenas por tentativa de homicídio.

A infecção contraída por Henrique é considerada *causa superveniente relativamente independente,* que se encontra na linha de desdobramento natural da conduta. Não há se falar, pois, em rompimento do nexo causal. A esse respeito: STF, HC 78.049-8, Rel. Min. Maurício Corrêa, DJU 9.04.99.

Gabarito "C"

(Procurador do Estado/RR – 2006 – FCC) Em matéria de tipicidade,

(A) o uso de expressões "indevidamente", "sem justa causa" representa a presença, no tipo, de um elemento normativo.

(B) o uso da expressão "para o fim de..." representa a presença, no tipo, de um elemento objetivo especial.

(C) no caso de tentativa, há tipicidade direta anormal.

(D) considera-se tipo permissivo a descrição abstrata de uma ação proibida.

(E) considera-se tipo anormal o que descreve as hipóteses de inimputabilidade total ou parcial.

A: Correta. *Elemento normativo* é o componente do tipo cujo significado é extraído por meio de um juízo de valoração, de um exercício de interpretação; **B:** Incorreta. O uso da expressão "para o fim de..." se faz presente nos tipos em que se exige alguma finalidade específica do agente. É o chamado *elemento subjetivo do tipo*; **C:** Incorreta. A tentativa (art. 14, II, do CP) tem como natureza jurídica norma de extensão cujo objetivo é viabilizar a punição do agente por meio de uma *adequação típica indireta* ou *mediata*; **D:** Incorreta. *Tipo permissivo* é o que estabelece a licitude de determinado comportamento (aborto legal, legítima defesa etc.); **E:** Incorreta. *Anormal* é o tipo constituído por elementos objetivos mais os normativos ou subjetivos.

Gabarito "A"

(Procuradoria Federal – 2007 – CESPE) Julgue o item seguinte.

(1) Segundo a teoria da causalidade adequada, adotada pelo Código Penal, o resultado, de que depende a existência do crime, somente é imputável a quem lhe deu causa. Considera-se causa a ação ou omissão sem a qual o resultado não teria ocorrido.

1: Errada. A *teoria da causalidade adequada* prescreve que um evento só será produto da ação humana quando esta for idônea a produzir o resultado. O Código Penal, em seu art. 13, *caput*, adotou a *teoria da equivalência dos antecedentes* (*conditio sine qua non*), segundo a qual reputa-se causa toda circunstância antecedente, sem a qual o resultado não teria ocorrido.

Gabarito 1E

5. CRIMES DOLOSOS, CULPOSOS E PRETERDOLOSOS

(PROCURADOR DO ESTADO/RS – FUNDATEC – 2010) Assinale a alternativa correta:

(A) A teoria finalista da ação adota o dolo como um dolo normativo, que é a vontade consciente de praticar a conduta típica, acompanhada da consciência de praticar um ato ilícito.

(B) No dolo eventual e na culpa consciente existe a assunção do risco de realização do resultado típico, não havendo diferença conceitual, apenas distinção na sanção penal em razão do juízo de censura.

(C) A culpa imprópria é a culpa com previsão, e se configura quando o agente deseja atingir determinado resultado, embora atue porque está envolvido pela hipótese de erro inescusável.

(D) Na culpa consciente há uma previsão positiva, pois a culpa representa um agir arriscado, onde o agente não quer diretamente a realização do tipo objetivo, mas aceita como provável, assumindo o risco da produção do resultado.

(E) Na desistência voluntária e no arrependimento eficaz não existe abandono do dolo, pois os elementos intelectual e volitivo surgem no início do *iter criminis*.

A: afirmativa incorreta. *Normativo* é o dolo da superada *doutrina clássica*, que contém a *consciência da ilicitude* (visão causalista). Para a *teoria finalista*, que sucedeu à *causalista* (clássica), a consciência da ilicitude deixa de integrar o dolo, que passa a ser *natural:* vontade livre e consciente dirigida à prática da conduta típica. Assim, a exteriorização da vontade, neste caso, independe, à caracterização do dolo, da *consciência da antijuridicidade*; **B:** embora a diferença entre o *dolo eventual* e a *culpa consciente* seja tênue, eles não devem ser confundidos. No *dolo eventual*, a vontade do agente não está dirigida à obtenção do resultado lesivo. Ele, em verdade, deseja outra coisa, mas, prevendo a possibilidade de o resultado ocorrer, revela-se indiferente e dá sequência à sua empreitada, assumindo o risco de causá-lo. Ele não o deseja, mas se acontecer, aconteceu. Na *culpa consciente* a situação é diferente. Aqui, embora o agente tenha a previsão do resultado ofensivo, espera sinceramente que ele não ocorra. Ele não o deseja (dolo direito) tampouco assume o risco de produzi-lo (dolo eventual). Assertiva, portanto, incorreta; **C:** proposição correta. Na denominada *culpa imprópria* (por equiparação ou assimilação, ou com previsão), o agente persegue determinado resultado (atua com dolo), mas atua em razão de erro vencível (culpa); **D:** na *culpa consciente*, o agente não aceita como provável o resultado nem assume o risco de produzi-lo, pois confia na sua destreza, acredita sinceramente que terá habilidade para evitar o resultado antevisto; **E:** na *desistência voluntária*, o agente, podendo chegar até a consumação do crime, acha por bem *interromper* sua execução, isto é, o sujeito ativo muda de ideia e desiste de consumar o delito. Há, pois, abandono do dolo. Responde, neste caso, pelos atos até então praticados, *ex vi* do art. 15, parte final, do CP. O mesmo se dá com o *arrependimento eficaz*, em que o agente, depois de já ter realizado tudo que julgava necessário para atingir a consumação do crime, arrepende-se (abandona o dolo) e passa a *agir* para evitar a produção do resultado. Se obtiver sucesso, responde somente pelos atos praticados.

Gabarito "C"

(Procurador de Contas TCE/ES – CESPE – 2009) Com relação aos crimes culposos, assinale a opção correta.

(A) A culpa consciente ocorre quando o agente assume ou aceita o risco de produzir o resultado. Nesse caso, o agente não quer o resultado, caso contrário, ter-se-ia um crime doloso.

(B) A culpa imprópria ou culpa por extensão é aquela em que a vontade do sujeito dirige-se a um ou outro resultado, indiferentemente dos danos que cause à vítima.

(C) A compensação de culpas no direito penal, aceita pela doutrina penal contemporânea e acolhida pela jurisprudência pátria, diz respeito à possibilidade de compensar a culpa da vítima com a culpa do agente da conduta delituosa, de modo a assegurar equilíbrio na relação penal estabelecida.

(D) São elementos do fato típico culposo: conduta humana voluntária (ação/omissão), inobservância do cuidado objetivo (imprudência/negligência/imperícia), previsibilidade objetiva, ausência de previsão, resultado involuntário, nexo de causalidade e tipicidade.

(E) A autoria dos crimes culposos é basicamente atribuída àquele que causou o resultado. Com isso admite-se a participação culposa em delito doloso, participação dolosa em crime culposo e participação culposa em fato típico culposo.

A: Incorreta. Na *culpa consciente*, embora o agente tenha a previsão do resultado ofensivo, espera sinceramente que ele não ocorra. Ele avalia a situação e conclui que a sua habilidade impedirá que o resultado antevisto seja produzido. Se, no entanto, o agente, com a sua conduta, assume o risco de produzir determinado resultado, ainda que a sua vontade não seja a ele dirigida, está-se então diante do chamado *dolo eventual*; **B:** Incorreta.Na *culpa imprópria* (por equiparação ou assimilação, ou com previsão), o agente, porque avaliou mal a situação, acredita que age acobertado por uma causa de exclusão de ilicitude. Ele, aqui, busca por um resultado determinado, certo. Se a conduta do agente é dirigida a um ou outro resultado, configurado estará o chamado dolo alternativo; **C:** Incorreta. A *compensação de culpas* não foi acolhida pela doutrina penal, tampouco pela jurisprudência; **D:** Correta. Para que se possa falar em crime culposo, devem, portanto, estar presentes os requisitos (elementos) acima; à falta de um deles, o fato será atípico; **E:** Incorreta. Inexiste participação culposa em delito doloso, bem assim participação dolosa em crime culposo. Da mesma forma, não há que se falar em participação culposa em fato típico culposo. O que pode haver é *coautoria* em delito culposo.

Gabarito "D"

(Procurador da Fazenda Nacional – 2006 – ESAF) Geraldo pratica a conduta **X**. Sem desejar, porém, assumindo o risco, tendo mentalmente antevisto o resultado, danifica o patrimônio de **Ciro**. A conduta de **Geraldo**, no aspecto subjetivo, identifica.

(A) dolo direto.

(B) dolo eventual.

(C) culpa inconsciente.

(D) culpa consciente.

(E) preterdolo.

Embora não desejasse o resultado produzido no patrimônio de Ciro, Geraldo, ao praticar a conduta "X", previu o prejuízo ao patrimônio de Ciro e consentiu na possibilidade de ele ocorrer, mostrando-se indiferente em relação ao bem jurídico. Note que Geraldo não visou ao resultado lesivo, isto é, sua conduta não foi a ele dirigida. Ele, em verdade, desejava outra coisa (conduta "X"), mas, depois de avaliar a situação e vislumbrar a possibilidade de o resultado ocorrer (dano), deu sequência à sua empreitada, assumindo o risco de causá-lo. Na *culpa consciente* a situação é diferente. Aqui, embora o agente tenha a previsão do resultado ofensivo, espera sinceramente que ele não ocorra. Ele avalia a situação e conclui que a sua habilidade impedirá que o resultado antevisto seja produzido. Já na chamada *culpa inconsciente* ou *sem previsão*, embora o resultado lesivo seja previsível, o agente não o prevê (ausência de previsão). Entenda bem: o sujeito, nesta modalidade de culpa, não prevê o que é previsível. A propósito, a *previsibilidade objetiva* constitui um dos requisitos do crime culposo. Por fim, o chamado crime *preterdoloso* ou *preterintencial* é aquele que pressupõe um antecedente doloso e um consequente culposo.

Gabarito "B"

(Procurador da Fazenda Nacional – 2006 – ESAF) A, capaz e imputável, deseja produzir o efeito **X**. Dadas as circunstâncias, entretanto, causa o efeito **Y**, contido no âmbito da previsibilidade. Caracteriza a conduta de **A**

(A) crime preterdoloso.

(B) crime culposo.

(C) crime doloso.

(D) responsabilidade objetiva.

(E) fato atípico.

"A" desejava o efeito "X". Atuou na busca por esse resultado, em relação ao qual, portanto, agiu com dolo (antecedente doloso). Sucede que, por culpa de "A", o resultado produzido (consequente culposo) foi diverso do perseguido. Deverá, dessa forma, responder por *crime preterdoloso*. Exemplo sempre lembrado pela doutrina é o do art. 129, § 3º, do CP – lesão corporal seguida de morte. A título de exemplo, aquele que desfere um soco no rosto de alguém não deseja, em princípio, causar-lhe a morte. O agente, neste caso, quer tão só lesionar a vítima, mas, por culpa, acaba por provocar a morte do ofendido. Mas atenção: o *consequente culposo*, indispensável à caracterização do crime preterdoloso, tem de estar no âmbito de previsibilidade do agente. É o que impõe o art. 19 do CP. Para finalizar, o delito preterdoloso é espécie do gênero *crime qualificado pelo resultado*.

Gabarito "A"

6. ERRO DE TIPO, DE PROIBIÇÃO E DEMAIS ERROS

(Procurador do Estado/MG – 2007) Um pai ouve barulho no jardim de casa e supõe ser um assaltante, desferindo um disparo de arma que provoca a morte do próprio filho, que estava voltando para casa de madrugada sem avisar. Assinale a alternativa correta.

(A) O pai responde por homicídio doloso por dolo eventual.

(B) O pai agiu em legítima defesa, pois houve uma injusta agressão ao seu patrimônio.

(C) Houve erro evitável, logo o pai responderá por homicídio doloso.

(D) O erro foi plenamente justificado pelas circunstâncias, ficando o agente isento de pena.

Se o erro em que incorreu o pai era, de fato, inevitável (escusável) em face das circunstâncias, ficará ele isento de pena. Ele supôs, envolvido por erro escusável (plenamente justificado), situação de fato (acreditava na existência de agressão iminente) que, se existisse, tornaria a ação legítima. Está-se diante da chamada *legítima defesa putativa*, prevista no art. 20, § 1º, do CP. De outro lado, se o atuar do agente se der em razão de erro vencível (evitável ou inescusável), deverá ser responsabilizado por crime culposo. Neste caso, ele deseja o resultado, mas sua vontade está viciada porque avaliou mal a situação. Agiu sem o necessário cuidado. Poderia ter evitado o resultado se agisse com a devida cautela. Esta é a *culpa imprópria* (por equiparação ou assimilação, ou com previsão).

Gabarito "D"

(Procurador da Fazenda Nacional – 2007 – ESAF) Adalberto, desejando matar Belina, dispara contra a mesma. Erra o alvo e atinge Cardozo, desconhecido que passava pelo local sem ter sido percebido por Adalberto. Fere Cardozo levemente no braço esquerdo. À luz da parte geral do Código Penal, julgue os itens abaixo e assinale o correto.

(A) Adalberto deverá responder por homicídio na forma tentada.

(B) Adalberto deverá responder por homicídio tentado e lesões corporais leves em concurso formal.

(C) Adalberto deverá responder por lesão corporal leve.

(D) Adalberto deverá responder por lesão corporal culposa e homicídio tentado.

(E) Adalberto deverá responder por lesão corporal culposa.

Art. 73 do CP (erro na execução ou *aberratio ictus*). Neste caso, o sujeito deseja atingir certa pessoa, mas, por acidente ou erro no uso dos meios de execução, acaba por atingir outra. O *erro na execução* não deve ser confundido com o *erro sobre a pessoa* (art. 20, § 3º, CP), em que há equívoco de representação, isto é, o agente investe contra determinada pessoa acreditando tratar-se de outra. Nos dois casos, o agente responderá como se tivesse atingido a vítima pretendida.

Gabarito "A"

(ADVOGADO – CEF – 2006 – CESPE) Julgue o seguinte item.

(1) O erro de tipo é aquele que recai sobre os elementos ou circunstâncias do tipo, excluindo-se o dolo e, por consequencia, a culpabilidade.

O erro de tipo sempre exclui o dolo, mas permite, quando o caso, a punição por crime culposo (art. 20, *caput*, do CP). Excluído o dolo, excluída estará, por conseguinte, a tipicidade. Não há crime na conduta do agente, portanto.

Gabarito "E"

7. TENTATIVA, CONSUMAÇÃO, DESISTÊNCIA, ARREPENDIMENTO E CRIME IMPOSSÍVEL

(Procurador Federal – 2013 – CESPE) Acerca de aspectos diversos do direito penal, entre eles a desistência voluntária, o arrependimento e a coação física ou moral, julgue os itens a seguir.

(1) O CP permite a aplicação de causa de diminuição de pena quando o arrependimento posterior for voluntário, não exigindo que haja espontaneidade no arrependimento.

(2) Para ser aceita como excludente de culpabilidade, a coação física ou moral tem de ser irresistível, inevitável e insuperável.

(3) Entende-se que o arrependimento eficaz se configura quando o agente, no curso do *iter criminis*, podendo continuar com os atos de execução, deixa de fazê-lo por desistir de praticar o crime.

1: Correta. De fato, para o reconhecimento do arrependimento posterior, que é causa genérica de diminuição de pena (art. 16 do CP), bastará a voluntariedade do agente, sendo dispensável a espontaneidade. Assim, por exemplo, se "A", após furtar objeto de "B", houver restituído íntegra a coisa no dia seguinte, em razão dos apelos de sua mãe, mulher religiosa e pregadora de boas condutas, irá beneficiar-se do arrependimento posterior. Este, a despeito de ter sido voluntário (ninguém obrigou "A" a restituir a *res furtiva*), não foi espontâneo, visto que a devolução do bem somente ocorreu por influência direta de sua genitora; **2:** Errada. A coação física não é causa excludente da culpabilidade, mas, sim, do fato típico. Afinal, o primeiro elemento deste é a conduta, que somente será penalmente relevante se for consciente e voluntária. A coação física irresistível (*vis absoluta*) retira a voluntariedade da conduta, razão pela qual sequer fato típico existirá. Já a coação moral (*vis compulsiva*), quando irresistível, afastará a exigibilidade de conduta diversa, que é elemento da culpabilidade, que restará afastada, gerando, pois, a isenção de pena do agente (art. 22, *caput*, do CP); **3:** Errada. O arrependimento eficaz pressupõe que o agente, após realizar todos os atos de execução no curso do *iter criminis*, arrepende-se e, voluntariamente, pratica conduta impeditiva da consumação. Não se confunde com a desistência voluntária, na qual o agente, podendo prosseguir na execução do crime, desiste de seu intento criminoso (quando, ainda, restavam atos executórios a serem praticados), inocorrendo a consumação. Ambos os institutos (desistência voluntária e arrependimento eficaz) estão previstos no art. 15 do CP, sendo doutrinariamente conhecidos como espécies de tentativa abandonada ou qualificada.

Gabarito 1C, 2E, 3E

(Procurador do Município/Sorocaba-SP – 2012 – VUNESP) Conceito legal (CP, art. 14, I) de crime consumado: quando

(A) deixa vestígios.

(B) o agente atinge sua vontade.

(C) causa dano ou perigo de dano.

(D) altera a situação naturalística de repouso.

(E) nele se reúnem todos os elementos de sua definição legal.

O *crime consumado* está condicionado à realização de todos os elementos que compõem o tipo penal. Já o *crime tentado*, nos termos do art. 14, II, do CP, pressupõe, além de início de execução, ausência de consumação por circunstâncias alheias à vontade do agente.

Gabarito "E"

(Procurador do Estado/SC – 2010 – FEPESE) Considere a seguinte conduta e indique que instituto que ela corresponde no Direito Penal.

O agente que, voluntariamente, impede que o resultado do crime se produza pratica...

(A) crime falho

(B) crime impossível

(C) desistência voluntária

(D) arrependimento eficaz

(E) arrependimento posterior

A conduta contida no enunciado corresponde ao instituto previsto no art. 15, segunda parte, do CP - arrependimento eficaz, em que o agente, depois de realizar todos os atos de execução para chegar à consumação do crime, arrependido, pratica a conduta positiva necessária para evitar a produção do resultado. Se obtiver sucesso na sua empreitada, responderá somente pelos atos praticados.

Gabarito "D"

(Procurador do Estado/SP – VUNESP – 2005) No crime de concussão (art. 316 do CP), a voluntária reparação do dano pelo agente antes do recebimento da denúncia e depois da condenação definitiva, configura, respectivamente:

(A) causa obrigatória de redução de pena e requisito para progressão de regime.

(B) causa de extinção da punibilidade e requisito para suspensão condicional da pena.

(C) circunstância atenuante e requisito para remição.

(D) causa de extinção da punibilidade e requisito para livramento condicional.

(E) circunstância atenuante e requisito para reconhecimento da desistência voluntária.

O art. 16 do CP estabelece que, nos crimes cometidos sem violência ou grave ameaça à pessoa, reparado o dano ou restituída a coisa até o recebimento da denúncia ou da queixa, desde que por ato voluntário do agente (por vontade própria), a pena será reduzida de um a dois terços. É o *arrependimento posterior*, que foi introduzido no Código Penal pela Reforma de 1984. Constitui *causa especial de diminuição de pena* (obrigatória) que não deve ser confundida com a atenuante a que alude o art. 65, III, *b*, do CP. Da mesma forma, não deve ser confundido com a *desistência voluntária* nem com o *arrependimento eficaz*, previstos no art. 15 do CP, que têm como pressuposto a ausência de consumação do crime. O arrependimento posterior, ao contrário, pressupõe a consumação do delito. Sendo a concussão crime contra a administração pública, o condenado, para fazer jus à progressão de regime, deverá promover a reparação do dano que causou ou a devolução do produto do crime praticado, requisito imposto pelo art. 33, § 4º, do CP, introduzido pela Lei 10.763/03.

Gabarito "A"

8. ANTIJURIDICIDADE E CAUSAS EXCLUDENTES

(PROCURADOR DO ESTADO/MG – FUMARC – 2012) Sobre as causas de exclusão da ilicitude e da culpabilidade, assinale a alternativa incorreta :

(A) O estado de necessidade exige a configuração de perigo atual ou iminente e impõe a ponderação de bens jurídicos.

(B) O estado de necessidade pode ser excludente de ilicitude ou excludente de culpabilidade, neste último caso recebendo o nome de estado de necessidade exculpante, excluindo a exigibilidade de conduta conforme o Direito.

(C) O policial que atira em um bandido na estrita observância das regras de exercício profissional atua em estrito cumprimento do dever legal.

(D) A legítima defesa putativa pode isentar o agente de pena, se é erro escusável.

(E) O excesso na legítima defesa pode ser punido a título de dolo ou de culpa, impondo-se a análise do caso concreto.

A: assertiva, a nosso ver, incorreta. Isso porque o art. 24, *caput*, do CP não contemplou o *perigo iminente*. É dizer: não faz jus ao reconhecimento desta excludente (estado de necessidade) o agente que pratica o fato para salvar direito próprio ou alheiro de *perigo iminente*. É necessário, portanto, que o perigo, neste caso, seja *atual*, *presente*. Note que na legítima defesa, diferentemente, a agressão injusta pode ser *atual* ou *iminente*, em conformidade com o que dispõe o art. 25 do CP. De todo modo, há quem sustente que o *risco iminente* também pode justificar o estado de necessidade. Está correta a proposição na parte em que afirma que o reconhecimento do estado de necessidade pressupõe a ponderação de bens jurídicos. O Código Penal acolheu, em oposição à *teoria diferenciadora*, a *teoria unitária*, segundo a qual esta excludente de ilicitude estará caracterizada na hipótese de o bem sacrificado ser de valor igual ou inferior ao do bem preservado. Se o bem sacrificado for de valor superior ao do bem preservado, aplica-se a diminuição do art. 24, § 2º, do CP. Para a teoria diferenciadora, o estado de necessidade pode ser *justificante* (o bem sacrificado é de valor inferior ou equivalente ao do bem preservado) ou *exculpante* (o bem sacrificado é de valor superior ao do bem preservado). Neste último caso, o estado de necessidade constitui uma causa supralegal de exclusão da culpabilidade, pela inexigibilidade de conduta diversa; **B:** para a *teoria diferenciadora*, o estado de necessidade de fato pode ser excludente de ilicitude ou excludente de culpabilidade; **C:** Incorreta, devendo ser assinalada. Não há que se falar, neste caso, de estrito cumprimento do dever legal, pois a lei não impõe ao policial o dever de atirar contra o bandido. O policial que assim agir estará amparado pela legítima defesa, desde que preenchidos os requisitos do art. 25 do CP); **D:** assertiva correta, nos termos do art. 20, § 1º, do CP. Se se tratar, no entanto, de erro inescusável, o agente responderá por crime culposo, se previsto em lei; **E:** proposição correta, pois em conformidade com o que estabelece o art. 23, parágrafo único, do CP.

Gabarito "C"

(Procurador do Município/Cubatão-SP – 2012 – VUNESP) Não há crime quando o agente pratica o fato em exercício regular do direito, pois de acordo com a teoria do delito adotada pelo Código Penal essa é uma causa de

(A) isenção de pena.

(B) não punibilidade.

(C) exclusão de tipicidade.

(D) exclusão da ilicitude.

(E) exclusão de culpabilidade.

O exercício regular de direito, nos termos do disposto no art. 23, III, 2ª parte, CP, constitui de fato causa de exclusão da ilicitude (não há crime).

Gabarito "D"

(Procurador do Estado/SC – 2010 – FEPESE) Não há crime quando o agente pratica o fato:

(A) em estado de necessidade; em legítima defesa; e sob o domínio de emoção ou paixão.

(B) em estado de embriaguez; em estado de necessidade; em legítima defesa; e sob coação.

(C) em estado de necessidade; em legítima defesa; e em estrito cumprimento de dever legal ou no exercício regular de direito.

(D) em legítima defesa; em estrito cumprimento de dever legal; em estado de necessidade; e sob coação moral.

(E) sob o domínio de emoção ou paixão; em legítima defesa; e em estado de embriaguez ou no exercício regular de direito.

A: Incorreta. dizemos que não comete crime o agente que atua sob o manto do *estado de necessidade* ou da *legítima defesa* porque a infração penal pressupõe o cometimento de um fato ilícito (contrário ao direito). Aquele que atua em legítima defesa o faz porque a lei assim autoriza. Condutas desse tipo não podem ser consideras criminosas. Até aqui a assertiva está correta. Incorreta está quando afirma que não há crime quando o agente pratica o fato sob o domínio de emoção ou paixão. É que esses estados psíquicos não têm o condão de afastar a imputabilidade penal, notadamente a ocorrência do crime – art. 28, I, do CP; **B:** Incorreta. somente a embriaguez nas condições estabelecidas no art. 28, § 1º, do CP exclui a imputabilidade do agente, que constitui um dos elementos da culpabilidade. De qualquer forma, se considerarmos o crime como um fato típico e antijurídico, excluída a imputabilidade pela embriaguez, a estrutura do crime permanece íntegra (fato típico e antijurídico). Agora, se o agente praticar o fato típico sob o pálio do estado de necessidade ou da legítima defesa, podemos afirmar que, neste caso, não há crime, pois este pressupõe a prática de um fato ilícito (antijurídico). A coação moral irresistível, prevista no art. 22, primeira parte, do CP, gera a exclusão da culpabilidade. Há crime porquanto o fato é típico e antijurídico (concepção bipartida); **C:** Correta. a proposição contempla as excludentes de ilicitude previstas na Parte Geral do CP (art. 23). Assertiva correta. Diz-se que não há crime porque, quando o sujeito atua sob o pálio de qualquer das excludentes de ilicitude, embora sua conduta seja típica, não há contrariedade entre ela – conduta – e o direito, já que o fato está acobertado por uma excludente de antijuridicidade. Se o fato é típico, mas não é antijurídico, não há que se falar em crime; **D:** Incorreta. A coação moral irresistível, prevista no art. 22, primeira parte, do CP, gera a exclusão da culpabilidade; **E:** Incorreta. Art. 28, I, do CP.

Gabarito "C"

(Procurador do Município/Florianópolis-SC – 2010 – FEPESE) Quem pratica o fato para salvar de perigo atual, que não provocou por sua vontade, nem podia de outro modo evitar, direito próprio ou alheio, cujo sacrifício, nas circunstâncias, não era razoável exigir-se, incide na prática de:

(A) Legítima defesa.

(B) Estado de necessidade.

(C) Exercício regular do direito.

(D) Obediência hierárquica.

(E) Erro de tipo.

O enunciado da assertiva corresponde ao *caput* do art. 24 do CP, que disciplina o *estado de necessidade*.

Gabarito "B"

9. CONCURSO DE PESSOAS

(PROCURADOR DO ESTADO/MG – FUMARC – 2012) João e José, cada um por si e sem unidade de desígnios, decidem desferir tiros contra Mário, José com dolo de lesar a integridade física de Mário e João com dolo de matar Mário. Cada qual se posiciona em lados opostos do caminho, um sem saber do outro, e quando a vítima se aproxima efetuam concomitantemente os disparos de arma de fogo, sendo que apenas um disparo acerta a vítima, que vem a morrer. A perícia não identificou a arma da qual partiu o projétil que acertou a vítima. Assinale a alternativa correta:

(A) ambos os agentes devem responder por homicídio consumado.

(B) ambos os agentes devem responder por lesão corporal seguida de morte.

(C) João responde por homicídio doloso consumado e José por lesão corporal dolosa consumada.

(D) João responde por tentativa de homicídio e José por tentativa de lesão corporal seguida de morte.

(E) João responde por tentativa de homicídio e José por tentativa de lesão corporal.

Na *autoria colateral*, os agentes, sem que um conheça a intenção do outro, dirigem sua conduta, de forma simultânea, para a prática do mesmo crime. Por inexistir liame subjetivo entre eles, não há que se falar em *coautoria* ou *participação*. Apurando-se qual dos agentes deu causa ao resultado, este será responsabilizado pelo crime consumado; o outro, pelo crime na forma tentada. Não sendo possível, na autoria colateral, identificar qual dos agentes deu causa ao resultado, estaremos diante, então, da chamada *autoria incerta* (hipótese do enunciado). Neste caso, a melhor solução recomenda que ambos respondam pelo crime na forma tentada, já que não foi possível apurar-se quem foi o responsável pelo resultado. Pode, portanto, haver autoria colateral sem que haja autoria incerta.

Gabarito "E"

(Procurador do Município/Cubatão-SP – 2012 – VUNESP) Quem, de qualquer modo, concorre para o crime incide nas penas a este cominadas, na medida de. Se a participação for de menor importância, a pena pode ser diminuída de. Se algum dos concorrentes quis participar de crime menos grave, ser-lhe-á aplicada a pena; essa pena será aumentada até metade, na hipótese.

Completam, correta e respectivamente, as lacunas do texto as expressões contidas em

(A) seu dolo... metade... pela metade... de reincidência

(B) sua culpa ou dolo... metade... equivalente... de ser o agente reincidente

(C) sua culpa... um sexto a dois terços... diminuída de um sexto... de dolo

(D) sua culpabilidade... um sexto a dois sextos... diminuída de um terço... de concurso de agentes

(E) sua culpabilidade... um sexto a um terço... deste... de ter sido previsível o resultado mais grave

O primeiro trecho do enunciado corresponde ao que preceitua o art. 29, *caput*, do CP. O segundo, ao contido no art. 29, § 1º, do CP. É a chamada *participação de menor importância*, que constitui causa obrigatória de diminuição de pena. O terceiro trecho corresponde ao que prescreve o art. 29, § 2º, do CP: se algum dos concorrentes quis participar de crime menos grave, a ele será aplicada a pena correspondente (cooperação dolosamente distinta - 1ª parte do dispositivo); a 2ª parte determina que essa pena será aumentada até a metade na hipótese de ter sido previsível o resultado mais grave

Gabarito "E"

(PROCURADOR DO ESTADO/RS – FUNDATEC – 2010) Sobre as teorias que tratam do concurso de agentes, indique aquela adotada como regra pelo Código Penal:

(A) Teoria unitária ou monista.

(B) Teoria pluralista.

(C) Teoria dualista.

(D) Teoria objetivo-formal.

(E) Teoria subjetiva.

Para a *teoria monista* (unitária ou monística), acolhida, como regra, pelo Código Penal, há, no concurso de pessoas, um só crime. Assim, todos os agentes por ele responderão na medida de sua culpabilidade (art. 29, CP). A *teoria dualista*, por sua vez, sustenta haver um crime em relação aos autores e outro em relação aos partícipes. Há também a *teoria pluralista*, adotada pelo Código Penal como exceção, para a qual, na hipótese de haver vários agentes envolvidos, cada um responde por um delito. Exemplo: a gestante que permite em si mesma a prática de aborto responde nos moldes do art. 124 do CP, ao passo que o agente que nela promover a interrupção da gravidez será responsabilizado pelo crime do art. 126 do CP, e não como coautor do crime capitulado no art. 124, CP

Gabarito "A"

(Procurador do Município/Recife-PE – 2008 – FCC) Sobre o concurso de agentes, considere:

I. quem executa, juntamente com outras pessoas, a ação ou omissão que configura o delito;

II. quem colabora para a conduta do autor com a prática de uma ação que, em si mesma, não é penalmente relevante.

Os conceitos acima se referem, respectivamente, a

(A) autor e autor mediato.

(B) crime de multidão e coautor.

(C) coautor e partícipe.

(D) cooperação dolosamente distinta e coautor eventual.

(E) participação culposa e autor mediato.

O Código Penal filiou-se à *teoria formal-objetiva* (restritiva), para a qual *autor* é tão somente aquele que executa o verbo-núcleo do tipo penal. Na *coautoria*, modalidade de concurso de pessoas, dois ou mais agentes realizam o comportamento descrito como crime. Na *participação*, também modalidade de concurso de pessoas, o agente, sem praticar a conduta típica, contribui, de alguma forma, para o cometimento do crime. Desenvolvida por *Hans Welzel* e aperfeiçoada por *Claus Roxin*, sustenta a *teoria do domínio do fato* que *coautor* é, além daquele que realiza o verbo contido no tipo penal, também aquele que, de alguma forma, tem pleno controle da situação, isto é, exerce domínio sobre a vontade de outras pessoas. Desse modo, o mandante de um crime, embora não tenha realizado a figura típica, deve ser considerado coautor, como também aquele que executou o crime. Para a *teoria restritiva*, o mandante seria mero partícipe. O partícipe, segundo esta teoria (domínio do fato), não dispõe do domínio da situação, mas contribui para ele. Note que esta teoria atribui ao coautor um conceito mais amplo do que a teoria restritiva. A teoria do domínio do fato vem ganhando força na doutrina e na jurisprudência.

Gabarito "C"

(Procurador do Estado/CE – 2008 – CESPE) Com relação ao concurso de pessoas, assinale a opção correta.

(A) As circunstâncias objetivas se comunicam, desde que o partícipe tenha conhecimento delas.

(B) As circunstâncias objetivas se comunicam, mesmo quando o partícipe não tiver conhecimento delas.

(C) As circunstâncias subjetivas nunca se comunicam.

(D) As elementares objetivas sempre se comunicam, ainda que o partícipe não tenha conhecimento delas.

(E) As elementares subjetivas nunca se comunicam.

A e **B:** as *circunstâncias objetivas* se comunicam, *desde que todos delas tenham conhecimento, inclusive o partícipe* (art. 30, CP); **C:** as *circunstâncias subjetivas*, por seu turno, não se comunicam aos partícipes, salvo quando forem elementares do crime, ou seja, integrarem o próprio tipo penal (art. 30, CP); **D** e **E:** a elementares comunicam-se, desde que todos delas tenham conhecimento (art. 30 do CP).

Gabarito "A"

(Procurador do Estado/MG – 2007) JOÃO, comerciante em viagem para Uberlândia, dá carona para EDUARDO. Este instiga o motorista a empregar velocidade excessiva e, em consequência da imprudência do motorista, ocorre um atropelamento culposo, que causa a morte de CARLOS. Assinale a alternativa correta.

(A) Ambos respondem pelo delito previsto no art. 302 da Lei 9503/97.

(B) Somente João responde pela morte de Carlos.

(C) Somente Eduardo responde pela morte de Carlos.

(D) Ambos respondem por lesões corporais seguidas de morte (art. 129 § 3° do CP).

Aquele que instiga alguém a praticar uma conduta imprudente será considerado autor do mesmo crime (coautor). De se ver que, embora a doutrina admita a *coautoria* no crime culposo, a *participação*, nessa modalidade de crime, não é aceita. É que, sendo o crime culposo de *tipo aberto* (exige juízo valorativo por parte do juiz, uma vez que a conduta não está descrita na lei, tão só o resultado), tanto a instigação quanto a conduta culposa daí resultante devem ser consideradas imprudentes. Dessa forma, ambos devem ser responsabilizados, na qualidade de coautor, pelo resultado não desejado.

Gabarito "A"

(Procurador do Estado/SE – FCC – 2005) A chamada participação de menor importância constitui

(A) causa geral de diminuição da pena.

(B) causa legal de exclusão da culpabilidade.

(C) circunstância atenuante.

(D) causa de exclusão da tipicidade.

(E) causa supralegal de exclusão da ilicitude.

Aquele cuja conduta pouco contribuiu para a prática criminosa terá sua pena reduzida, a teor do art. 29, § 1º, do CP, de um sexto a um terço.

Gabarito "A"

(ADVOGADO – EMBRAPA – 2005 – CESPE) Acerca do concurso de pessoas, julgue os próximos itens.

(1) Considere que dois indivíduos disparem simultaneamente na vítima provocando-lhe morte imediata, sem que um conheça a conduta do outro. Nessa situação, ambos responderão por homicídio doloso, vez que agiram buscando o mesmo resultado, o que, por si só, caracteriza o concurso de agentes.

(2) No peculato, crime próprio de funcionário público, não é possível a coautoria de um particular, dada a absoluta incomunicabilidade da circunstância elementar do crime.

Na *autoria colateral,* os agentes, sem que um tenha conhecimento do propósito do outro, dirigem sua conduta para a prática do mesmo crime e ao mesmo tempo. Por inexistir *liame subjetivo* entre eles, não há que se falar em concurso de pessoas. Uma vez esclarecido qual dos agentes praticou a conduta geradora do resultado, este será responsabilizado pelo crime consumado; o outro, pelo crime na forma tentada. Não sendo isso possível (identificar qual dos agentes foi o responsável pelo resultado), está-se diante, então, da chamada *autoria incerta.* Neste caso, ambos devem responder pelo crime na forma tentada, dada a impossibilidade de se descobrir qual conduta produziu o resultado.

Em regra, as circunstâncias e condições de caráter pessoal, por força do que dispõe o art. 30 do CP, não podem comunicar-se aos coautores e partícipes. Sucede que o mesmo dispositivo, na sua parte final, estabelece que essas circunstâncias e condições de caráter pessoal, quando elementares do crime, devem ser transmitidas aos coautores e partícipes, desde que estes tenham conhecimento disso. Assim, se o crime de peculato é praticado, em concurso (coautoria ou participação), por dois agentes, um dos quais funcionário público, o coautor ou partícipe que não integra os quadros da Administração deverá, juntamente com o intraneus, responder pelo crime do art. 312 do CP. É dizer, a condição de caráter pessoal, por ser elementar do crime, comunica-se ao partícipe e ao coautor.

Gabarito 1E, 2E

10. CULPABILIDADE E CAUSAS EXCLUDENTES

(PROCURADOR DO ESTADO/MG – FUMARC – 2012) Assinale a alternativa incorreta:

(A) O portador de doença mental que gera inimputabilidade age com dolo, embora sua conduta não desafie o juízo de reprovação social que conforma a culpabilidade.

(B) A não exclusão da responsabilidade criminal em alguns estados de embriaguez decorre da adoção da teoria da *actio libera in causa.*

(C) São hipóteses de ausência de conduta o ato reflexo e os estados de hipnose e sonambulismo.

(D) É possível punir o crime doloso com a pena do crime culposo quando o agente incorre em erro de tipo inescusável.

(E) O menor de 18 anos não age com dolo.

A: Correta. Com o finalismo, a *consciência da ilicitude* deixou de integrar o dolo, que passou a ser chamado, a partir de então, de *natural.* Antes disso, era *normativo* (abrangia a *consciência da ilicitude*). Atualmente, portanto, atua com dolo (vontade de praticar o fato descrito na norma) o inimputável que comete crime (atua sem a consciência da ilicitude); a despeito disso, a pena não poderá ser-lhe imposta, visto que a inimputabilidade constitui causa de exclusão da culpabilidade (juízo de reprovação da conduta), pressuposto de aplicação da pena; **B:** Correta. Segundo a teoria da *actio libera in causa* (ação livre na causa), a imputabilidade do agente deve ser analisada no momento em que este, antes da prática da infração penal, faz uso de álcool ou de substância de efeitos análogos. A teoria da *actio libera in causa* não se aplica às hipóteses de embriaguez acidental (art. 28, § 1º, do CP); **C:** Correta. Em tais hipóteses, inexiste conduta porque o ato que deu causa ao resultado não foi voluntário, isto é, o sujeito não exteriorizou a sua vontade. Se não há conduta, também não há crime, já que aquela constitui um dos elementos deste; **D:** Correta. O erro de tipo escusável exclui o dolo e a culpa; se se tratar, no entanto, de erro inescusável, o agente será responsabilizado por crime culposo, desde que previsto em lei – art. 20, *caput,* do CP; **E:** Incorreta, devendo ser assinalada, pois o menor de dezoito anos, ao cometer um fato descrito como crime ou contravenção penal (ato infracional), age, sim, com dolo (vontade de praticar o fato contido na norma). No entanto, ainda que pratique um fato típico e antijurídico, por se inimputável, não estará sujeito à responsabilidade penal (pena e medida de segurança). Será submetido, se adolescente, a medidas socioeducativas (ECA).

Gabarito "E"

(PROCURADOR DO ESTADO/RS – FUNDATEC – 2010) A culpabilidade é um juízo de reprovação social que incide sobre o fato e seu autor, sendo causas de sua exclusão

(A) a menoridade penal, a coação moral resistível e a embriaguez completa decorrente de caso fortuito ou força maior.

(B) a inexigibilidade de conduta diversa, o estado de necessidade exculpante e a estrita obediência a ordem, não manifestamente ilegal, de superior hierárquico.

(C) a emoção ou a paixão, a embriaguez voluntária ou culposa, pelo álcool ou substância de efeitos análogos e a inexigibilidade de conduta diversa.

(D) a perturbação de saúde mental, a inexigibilidade de conduta diversa e a embriaguez completa decorrente de caso fortuito ou força maior.

(E) a doença mental, o desenvolvimento mental incompleto ou retardado e o consentimento do ofendido.

A: Incorreta. A *inimputabilidade por menoridade* é uma das causas de exclusão da culpabilidade (art. 27 do CP). Da mesma forma, a *embriaguez completa* do art. 28, § 1º, do CP. A coação moral *resistível,* no entanto, não pode ser considerada como causa de exclusão da culpabilidade, mas somente a *atenuante genérica* prevista no art. 65, III, c, do CP. Neste caso, somente estará excluída a culpabilidade se a coação moral for *irresistível* (art. 22, 1ª parte, do CP); **B:** Correta. A *inexigibilidade de conduta diversa,* cujas hipóteses estão contempladas no art. 22 do CP – coação moral irresistível e estrita obediência a ordem, não manifestamente ilegal, de superior hierárquico, exclui a culpabilidade. De igual modo, o *estado de necessidade exculpante* (teoria diferenciadora). Esta, portanto, a assertiva correta; **C:** Incorreta. Não excluem a culpabilidade a emoção e a paixão (art. 28, I, do CP) e a *embriaguez voluntária ou culposa* (art. 28, II, CP). Somente é apta a excluir a culpabilidade, nos termos do que dispõe o art. 28, II, § 1º, do CP, a *embriaguez acidental* (não voluntária nem culposa) e *completa* decorrente de caso fortuito ou força maior; **D:** Incorreta. A perturbação da saúde mental não é causa de exclusão da culpabilidade. É, isto sim, causa de diminuição de pena, pois, neste caso, a capacidade de entendimento está apenas reduzida (art. 26, parágrafo único, do CP). Tanto a inexigibilidade de conduta diversa quanto a embriaguez completa do art. 28, II, § 1º, do CP constituem causa de exclusão da culpabilidade; **E:** Incorreta. O *consentimento do ofendido* exclui, conforme o caso, a tipicidade do fato ou a antijuridicidade.

Gabarito "B"

(Procurador do Estado/PE – CESPE – 2009) Tarso, embriagado, colidiu o veículo que dirigia, vindo a lesionar gravemente uma pessoa. Nessa situação hipotética, a respeito da imputabilidade penal de Tarso, assinale a opção correta.

(A) Pela teoria da *actio libera in causa*, Tarso não poderá responder pelo crime, pois não era capaz de se autodeterminar no momento da ação criminosa.

(B) A responsabilidade de Tarso depende de a embriaguez ser voluntária ou culposa.

(C) Caso a embriaguez de Tarso tenha sido preordenada, ele responderá pelo crime, mas de forma atenuada.

(D) Caso seja comprovado que Tarso sofre da doença do alcoolismo, sua pena será apenas o tratamento médico.

(E) Se Tarso estava completamente embriagado por ter sido obrigado a ingerir uma garrafa inteira de uísque por um desafeto seu, que lhe apontava uma arma e intencionava humilhá-lo, então, nesse caso, Tarso será isento de pena.

É isento de pena o agente que, por embriaguez completa, proveniente de caso fortuito ou força maior, era, ao tempo da ação ou da omissão, inteiramente incapaz de entender o caráter ilícito do fato ou de determinar-se de acordo com esse entendimento (art. 28, § 1º, do CP).

Gabarito "E"

(Procurador do Município/São Paulo-SP – 2008 – FCC) Exclui a culpabilidade, em decorrência da não imputabilidade,

(A) a coação moral irresistível.

(B) a menoridade.

(C) o erro sobre a ilicitude do fato.

(D) a emoção.

(E) a embriaguez não acidental.

A: Incorreta. A *coação moral irresistível* constitui causa excludente de culpabilidade quanto ao elemento *exigibilidade de conduta diversa* – art. 22, 1ª parte, CP; **B:** Correta. Por ser o menor de 18 anos inimputável, a culpabilidade (pressuposto da aplicação da pena) deve ser excluída, visto que a imputabilidade constitui um dos elementos da culpabilidade; **C:** Incorreta. O *erro sobre a ilicitude do fato* (erro de proibição) refere-se ao elemento da culpabilidade *consciência potencial da ilicitude*; se ausente, a culpabilidade deve ser afastada (art. 21 do CP); a emoção e a paixão, por força do disposto no art. 28, I, do CP, não afastam a imputabilidade; como consequência, a culpabilidade não é excluída; **E:** Incorreta. a embriaguez não acidental (voluntária ou culposa) não exclui a imputabilidade (art. 28, II, do CP).

Gabarito "B"

(Procurador do Estado/CE – 2008 – CESPE) Há crime quando o sujeito ativo pratica fato típico em função de

(A) estado de necessidade.

(B) coação moral irresistível.

(C) legítima defesa.

(D) estrito cumprimento do dever legal.

(E) exercício regular do direito.

A *coação moral irresistível* constitui, por força do que dispõe o art. 22, 1ª parte, do CP, causa de exclusão da culpabilidade. Há crime porquanto o coagido, embora ameaçado, conserva sua liberdade de ação do ponto de vista físico. Há, a rigor, um resquício de vontade. As outras alternativas cuidam de causas de exclusão da ilicitude. Ocorrendo uma delas, não há que se falar em crime (art. 23 do CP).

Gabarito "B"

(Procurador do Estado/RR – 2006 – FCC) NÃO exclui a culpabilidade

(A) a embriaguez fortuita completa.

(B) a doença mental.

(C) o erro inevitável sobre a ilicitude do fato.

(D) a obediência à ordem, manifestamente ilegal, de superior hierárquico.

(E) a coação moral irresistível.

A: Incorreta. Art. 28, § 1º, do CP; **B:** Incorreta. Art. 26, *caput*, do CP; **C:** Incorreta. Art. 21, *caput* e parágrafo único, do CP; **D:** Correta. A 2ª parte do art. 22 do CP faz alusão a ordem não manifestamente ilegal; se se tratar desse tipo de comando, ambos responderão pelo crime, o superior hierárquico de quem emanou a ordem ilegal e o subordinado que a recebeu; **E:** Incorreta. Art. 22, 1ª parte, do CP.

Gabarito "D"

(ADVOGADO – EMBRAPA – 2005 – CESPE) Tício, portador de grave enfermidade psíquica, foi preso e autuado em flagrante após a prática de estupro. Encaminhado para exame de insanidade mental por determinação do juiz, o laudo pericial concluiu que, no momento do crime, faltava ao agente plena capacidade de entender o caráter ilícito do fato. Com relação à situação hipotética acima, julgue os itens que se seguem.

(1) A conduta de Tício, apesar de típica e ilícita, não é culpável, pois que a doença mental é causa excludente da imputabilidade.

(2) Trata-se de causa de extinção da punibilidade, que não exclui o crime e a culpabilidade, mas afasta o direito de punir do Estado.

A conduta, embora *típica* e *ilícita*, já que Tício, ao cometer o delito sexual, não agiu sob o pálio de nenhuma causa excludente da antijuridicidade, não é *culpável*, na medida em que a enfermidade psíquica de que padece Tício retirou-lhe totalmente a capacidade de entender que o fato que praticou é ilícito - art. 26, *caput*, do CP. A doença mental de Tício exclui a imputabilidade e, por consequência, a culpabilidade, não sendo o caso, em razão disso, de impor-lhe pena.

As causas de extinção da punibilidade estão listadas no art. 107 do CP, entre as quais não figura a doença mental como fator determinante de incapacidade para entender o caráter ilícito do fato, que constitui, isto sim, causa excludente da *imputabilidade*, elemento integrante da *culpabilidade*. Agora, se a doença mental que acomete o agente não lhe retira totalmente a capacidade de compreender o caráter ilícito do fato ou mesmo de determinar-se conforme esse entendimento, dizemos que o agente tem imputabilidade *diminuída*. Neste caso, em que a culpabilidade não é excluída, a pena deve ser diminuída, consoante impõe o art. 26, parágrafo único, do CP

Gabarito 1C, 2E

11. PENAS E SEUS EFEITOS

(Procurador Distrital – 2014 – CESPE) Julgue o item subsequente, relativo a crime e medidas de segurança.

(1) Predomina no STF e no STJ o entendimento de que a duração máxima da medida de segurança, internação ou tratamento ambulatorial é limitada pelo tempo máximo da pena abstratamente cominada ao delito, não podendo jamais exceder a trinta anos, já que o ordenamento jurídico não prevê a existência de penas perpétuas.

1: Correta. De fato, o STF tem entendimento no sentido de que o tempo de cumprimento da medida de segurança não poderá ultrapassar o limite de 30 (trinta) anos, que é o limite temporal máximo das penas privativas de liberdade (art. 75 do CP). Assim decidiu a 1ª Turma daquela Corte, no julgamento do HC 107432 (1ª Turma, j. 24.05.2011, rel. Min. Ricardo Lewandowski, *DJe* 09.06.2011), em respeito à garantia constitucional abolidora das prisões perpétuas. Já o STJ tem entendido que o prazo máximo de duração da medida de segurança não poderá ser superior àquele da pena abstratamente cominada ao delito, em respeito aos princípios da isonomia e proporcionalidade (HC 125.342/RS, 6ª Turma, j. 19.11.2009, rel. Min. Maria Thereza de Assis Moura, *DJe* 14.12.2009).

Gabarito 1C

(Procurador Distrital – 2014 – CESPE) Com referência às penas e à sua aplicação, julgue os seguintes itens.

(1) Se um integrante de corporação policial militar for processado penalmente pela prática de tortura ao submeter agente preso por sua guarnição a sofrimento físico intenso com a intenção de obrigá-lo a delatar os comparsas, o julgamento do processo deverá ocorrer na justiça comum, e a eventual condenação implicará, automaticamente, a perda do cargo, função ou emprego público e a interdição para seu exercício pelo dobro do prazo da pena aplicada, como efeito automático da condenação, dispensando-se motivação circunstanciada.

(2) Desde que o STF declarou incidentalmente a inconstitucionalidade do artigo 2º, § 1º, da Lei nº 8.072/1990 ("A pena por crime previsto neste artigo [crime hediondo] será cumprida inicialmente em regime fechado"), não é mais obrigatória a fixação do regime inicial fechado para o condenado pelo crime de tráfico de entorpecentes, podendo a pena privativa de liberdade ser substituída por restritivas de direitos quando o réu for primário e sem antecedentes e não ficar provado que ele se dedique ao crime ou esteja envolvido com organização criminosa.

1: Correta. De fato, o crime de tortura, ainda que perpetrado por integrante da polícia militar, será julgado pela justiça comum. Ainda, será efeito da condenação, nos termos do art. 1º, § 5º, da Lei de Tortura (Lei 9.455/1997), a perda do cargo e a interdição para seu exercício pelo dobro do prazo da pena aplicada. Confira-se ementa de julgado do STF (EDcl nos EDcl no AgRg no AI 769.637/MG, 2ª Turma, j. 25.06.2013, rel. Min. Celso de Mello): "CRIME DE TORTURA – CONDENAÇÃO PENAL IMPOSTA A OFICIAL DA POLÍCIA MILITAR – PERDA DO POSTO E DA PATENTE COMO CONSEQUÊNCIA NATURAL DESSA CONDENAÇÃO (LEI Nº 9.455/1997, ART. 1º, § 5º) – INAPLICABILIDADE DA REGRA INSCRITA NO ART. 125, § 4º, DA CONSTITUIÇÃO, PELO FATO DE O CRIME DE TORTURA NÃO SE QUALIFICAR COMO DELITO MILITAR – PRECEDENTES – SEGUNDOS EMBARGOS DE DECLARAÇÃO – INOCORRÊNCIA DE CONTRADIÇÃO, OBSCURIDADE OU OMISSÃO – PRETENSÃO RECURSAL QUE VISA, NA REALIDADE, A UM NOVO JULGAMENTO DA CAUSA – CARÁTER INFRINGENTE – INADMISSIBILIDADE – PRONTO CUMPRIMENTO DO JULGADO DESTA SUPREMA CORTE, INDEPENDENTEMENTE DA PUBLICAÇÃO DO RESPECTIVO ACÓRDÃO, PARA EFEITO DE IMEDIATA EXECUÇÃO DAS DECISÕES EMANADAS DO TRIBUNAL LOCAL – POSSIBILIDADE – EMBARGOS DE DECLARAÇÃO NÃO CONHECIDOS. TORTURA – COMPETÊNCIA DA JUSTIÇA COMUM – PERDA DO CARGO COMO EFEITO AUTOMÁTICO E NECESSÁRIO DA CONDENAÇÃO PENAL. O crime de tortura, tipificado na Lei nº 9.455/1997, não se qualifica como delito de natureza castrense, achando-se incluído, por isso mesmo, na esfera de competência penal da Justiça comum (federal ou local, conforme o caso), ainda que praticado por membro das Forças Armadas ou por integrante da Polícia Militar. Doutrina. Precedentes. A perda do cargo, função ou emprego público que configura efeito extrapenal secundário constitui consequência necessária que resulta, automaticamente, de pleno direito, da condenação penal imposta ao agente público pela prática do crime de tortura, ainda que se cuide de integrante da Polícia Militar, não se lhe aplicando, a despeito de tratar-se de Oficial da Corporação, a cláusula inscrita no art. 125, § 4º, da Constituição da República. Doutrina. Precedentes. EMBARGOS DE DECLARAÇÃO – UTILIZAÇÃO PROCRASTINATÓRIA – EXECUÇÃO IMEDIATA – POSSIBILIDADE."; **2:** Correta. De fato, o STF, no julgamento do HC 97.256 (Plenário, j. 01.09.2010, rel. Min. Ayres Brito, *DJe* 16.12.2010), assentou o entendimento de que, em razão da declaração incidental de inconstitucionalidade do regime integralmente fechado previsto na Lei dos Crimes Hediondos (Lei 8.072/1990), não mais se poderia objetar a substituição da pena privativa de liberdade por restritiva de direitos para o condenado por tráfico de drogas, especialmente quando incidente a circunstância minorante prevista no art. 33, § 4º, da Lei 11.343/2006. Referido dispositivo, embora prevendo a redução da pena do agente de um sexto a dois terços caso não fosse primário, de bons antecedentes, não se dedicasse a atividades criminosas e nem integrasse organizações criminosas, vedava a conversão da pena privativa de liberdade em restritiva de direitos. Ocorre que o STF, no julgamento do precitado HC 97.256/RS, declarou, incidentalmente, a inconstitucionalidade da referida vedação legal, o que ensejou, inclusive, a edição da Resolução nº 05/2012 do Senado Federal, que suspendeu a execução da expressão legal "vedada a conversão em pena restritiva de direitos". Em evolução desse julgamento, a mesma Corte, ao analisar o HC 111.840/ES (Plenário, j. 27.06.2012, rel. Min. Dias Toffoli) reconheceu a inconstitucionalidade incidental da obrigatoriedade do regime inicialmente fechado previsto na Lei dos

Crimes Hediondos (art. 2º, § 1º, da Lei 8.072/1990), admitindo a fixação de regime mais brando aos condenados por crimes hediondos ou equiparados. Confira a ementa: "*Habeas corpus*. Penal. Tráfico de entorpecentes. Crime praticado durante a vigência da Lei nº 11.464/2007. Pena inferior a 8 anos de reclusão. Obrigatoriedade de imposição do regime inicial fechado. Declaração incidental de inconstitucionalidade do § 1º do art. 2º da Lei nº 8.072/1990. Ofensa à garantia constitucional da individualização da pena (inciso XLVI do art. 5º da CF/1988). Fundamentação necessária (CP, art. 33, § 3º, c/c o art. 59). Possibilidade de fixação, no caso em exame, do regime semiaberto para o início de cumprimento da pena privativa de liberdade. Ordem concedida."

Gabarito 1C, 2C

(Procurador do Município/Cubatão-SP – 2012 – VUNESP) Computam-se, na pena privativa de liberdade e na medida de segurança, o tempo de prisão provisória, no Brasil ou no estrangeiro, o de prisão administrativa e o de internação em hospital de custódia, tratamento ou estabelecimento similar. Tal regra é legalmente denominada

(A) remição.

(B) detração.

(C) remissão.

(D) progressão.

(E) comutação.

A *detração* está prevista no art. 42 do CP.

Gabarito "B"

(Procurador do Município/Florianópolis-SC – 2010 – FEPESE) Em relação aos regimes de cumprimento da pena privativa de liberdade:

1. No regime fechado, o condenado fica sujeito a trabalho no período diurno e a isolamento durante o repouso noturno.
2. O trabalho externo é admissível, no regime fechado, em serviços ou obras públicas.
3. No regime aberto, o condenado fica sujeito a trabalho em comum durante o período diurno, em colônia agrícola, industrial ou estabelecimento similar.

Assinale a alternativa que indica todas as afirmativas **corretas**.

(A) É correta apenas a afirmativa 1.

(B) É correta apenas a afirmativa 2.

(C) É correta apenas a afirmativa 3.

(D) São corretas apenas as afirmativas 1 e 2.

(E) São corretas as afirmativas 1, 2 e 3.

1: assertiva correta, visto que em consonância com o disposto no art. 34, § 1º, do CP; 2: proposição correta, pois em consonância com o que dispõe o art. 34, § 3º, do CP; 3: assertiva incorreta, visto que se refere a regra do regime semiaberto (art. 35, § 1º).

Gabarito "D"

(Procurador do Estado/CE – 2008 – CESPE) Assinale a opção correta com relação à pena de multa criminal, após o trânsito em julgado da sentença penal condenatória.

(A) A multa é considerada dívida ativa de valor, aplicando-se as normas da legislação relativa à dívida ativa da fazenda pública.

(B) No que concerne às causas interruptivas da prescrição, aplicam-se as normas do Código Penal (CP).

(C) No que se refere às causas suspensivas da prescrição, aplicam-se as normas do CP.

(D) A multa pode ser convertida em prisão, caso o condenado não a pague.

(E) Cabe *habeas corpus* contra decisão condenatória à pena exclusivamente de multa.

A *execução da pena de multa* foi alterada pela edição da Lei 9.268/96. Além de ter conferido nova redação ao *caput* do dispositivo, revogou os §§ 1º e 2º, deixando, assim, de existir a possibilidade de conversão da multa em prisão. Passada em julgado a sentença condenatória, a multa será considerada dívida de valor, aplicando-se lhe as normas da legislação relativa à dívida ativa da Fazenda Pública, inclusive no que concerne às causas interruptivas e suspensivas da prescrição (art. 51, CP).

Gabarito "A"

(ADVOGADO – BNDES – 2008 – CESGRANRIO) Os crimes contra a administração pública têm a capacidade de chocar o cidadão médio em um país carente de recursos como o Brasil. Desta forma, o Poder Legislativo Federal aprovou modificação recente do Código Penal (Decreto-Lei 2.848, de 07 de dezembro de 1940) para melhorar a efetividade da punição, que foi o estabelecimento

(A) de cumprimento da pena em regime fechado, sem direito a progressão, nos crimes de responsabilidade fiscal em que o réu der às verbas ou rendas públicas aplicação diversa da prevista em lei.

(B) de pena para quem altera, falsifica ou faz uso indevido de marcas, logotipos, siglas ou quaisquer outros símbolos utilizados ou identificadores de órgãos ou entidades da Administração Pública, somente visando ao seu próprio lucro ou vantagem.

(C) de pena para quem extraviar livro oficial ou qualquer documento de que tem a guarda em razão do cargo, bem como sonegá-lo ou inutilizá-lo, total ou parcialmente, somente para realização de interesse público.

(D) da perda de cargo, função pública ou mandato eletivo, quando a pena for privativa de liberdade em tempo igual ou superior a dois anos, nos crimes praticados com abuso de poder ou violação de dever para com a Administração Pública.

(E) da necessária devolução do produto do ilícito praticado, com os acréscimos legais, ou a reparação do dano, como requisito para progressão de regime do cumprimento da pena privativa de liberdade.

A: Incorreta. Hodiernamente, não há crime cuja prática impõe ao agente o cumprimento da pena em regime *integralmente* fechado.

Tal possibilidade, que antes existia em relação aos crimes hediondos e equiparados, foi eliminada com a modificação, promovida pela Lei 11.464/07, na redação do art. 2º, § 1º, da Lei 8.072/90 (Crimes Hediondos), que passou a exigir tão somente que o cumprimento da pena, nesses crimes, se desse no regime *inicial* fechado. Essa mudança, sempre é bom lembrar, representa antigo anseio da jurisprudência; **B:** Incorreta. Corresponde à conduta descrita no art. 296, § 1º, III, do CP (crime contra a fé pública); **C:** Incorreta. Conduta prevista no art. 314 do CP; **D:** Incorreta. Nesse caso, basta que a pena privativa de liberdade aplicada seja igual ou superior a um ano (art. 92, I, *a*, do CP); **E:** Correta. O art. 33, § 4º, do CP, introduzido pela Lei 10.763/03, condiciona a progressão de regime, nos crimes contra a Administração Pública, à reparação do dano ou à devolução do produto do ilícito praticado, com os acréscimos legais.

Gabarito "E"

12. APLICAÇÃO DA PENA

(Procurador do Estado/SC – 2010 – FEPESE) Com relação ao concurso de crimes, assinale a alternativa **correta**.

(A) No crime continuado simples, aplicar-se-á a pena de um só dos crimes, se idênticas, ou a mais grave, se diversas, aumentada, em qualquer caso, de um sexto a dois terços.

(B) O agente que, mediante mais de uma ação ou omissão, pratica dois ou mais crimes da mesma espécie, sem violência ou grave ameaça à pessoa, pratica crime continuado qualificado.

(C) O concurso material, que pode ser homogêneo ou heterogêneo, ocorre quando o agente, mediante uma só ação ou omissão, pratica dois ou mais crimes, idênticos ou não. Nesse caso, as penas correspondentes aos crimes devem ser somadas.

(D) Verifica-se o fenômeno do concurso material quando o agente, mediante mais de uma ação ou omissão, pratica dois ou mais crimes da mesma espécie e, pelas condições de tempo, lugar, maneira de execução e outras semelhantes, devem os subsequentes ser havidos como continuação do primeiro.

(E) No concurso formal imperfeito aplicar-se-á a mais grave das penas cabíveis ou, se iguais, somente uma delas, mas aumentada, em qualquer caso, de um sexto até metade.

A: assertiva correta. O *caput* do art. 71 do CP contempla a figura do *crime continuado simples*, em que é aplicada a pena do crime mais grave exasperada em 1/6 a 2/3; o parágrafo único do dispositivo, por sua vez, prevê a figura do *crime continuado qualificado*. Neste caso, o juiz poderá aumentar a pena de um só dos crimes, se idênticas, ou a mais grave, se diversas, até o triplo observadas as especificidades do caso concreto; **B:** incorreta, nos termos do art. 71, parágrafo único, do CP; **C:** o concurso material, previsto no art. 69 do CP, pressupõe a prática, por parte do agente, de mais de uma ação ou omissão; **D:** a assertiva se refere ao crime continuado – art. 71 do CP; **E:** no *concurso formal impróprio* ou *imperfeito* (segunda parte do *caput* do art. 70 do CP), em que a conduta única decorre de desígnios autônomos, as penas são somadas, aplicando-se o critério ou sistema do *cúmulo material*.

Gabarito "A"

(Procurador do Estado/SP – VUNESP – 2005) Réu processado por receptação dolosa, com uma condenação anterior definitiva por furto, teve sua pena assim calculada pelo juiz sentenciante: "Nos termos do art. 68 do CP, passo ao cálculo da pena. À vista da folha de antecedentes do réu, verifico que é portador de maus antecedentes, posto que possuidor de uma condenação anterior definitiva pelo crime de furto, não lhe sendo favoráveis, portanto, as circunstâncias do art. 59 do CP. Por tal motivo, aumento-lhe a pena-base em 1/6, resultando 1 ano e 2 meses de reclusão. Em seguida, verificando a presença da circunstância agravante da reincidência (art. 61, I do CP), aumento-lhe a pena em 1/6, resultando em 1 ano, 4 meses e 10 dias de reclusão, a qual torno definitiva, à míngua de outras causas de aumento ou diminuição. O regime prisional inicial é o fechado, único compatível com a reincidência." A individualização da pena, nesse caso, mostra-se equivocada porque

(A) os maus antecedentes só podem ser considerados agravantes obrigatórias se referem a processos ainda em andamento (não a condenações definitivas), sendo que em caso de pena inferior a 4 anos, o regime deveria ser o aberto.

(B) os maus antecedentes absorvem a circunstância da reincidência, ensejando aumento superior a 1/6, sendo que em caso de pena inferior a 4 anos, o regime inicial deveria ser o aberto.

(C) a reincidência pode ser considerada simultaneamente circunstância judicial e agravante obrigatória, porém somente em casos de crimes hediondos, sendo que em caso de pena inferior a 4 anos, o regime inicial deveria ser o integral fechado.

(D) a reincidência não pode ser considerada simultaneamente circunstância judicial e agravante obrigatória, sendo que em caso de pena inferior a 4 anos, o regime deveria ser o aberto.

(E) a reincidência não pode ser considerada simultaneamente circunstância judicial e agravante obrigatória, sendo que em sendo a pena inferior a 4 anos, o regime inicial poderia ser o semiaberto.

A primeira parte da proposição considerada como correta reproduz o teor Súmula 241 do STJ: "A reincidência penal não pode ser considerada como circunstância agravante e, simultaneamente, como circunstância judicial". A segunda parte refere-se à Súmula 269 do STJ: "É admissível a adoção do regime prisional semiaberto aos reincidentes condenados à pena igual ou inferior a quatro anos se favoráveis as circunstâncias judiciais".

Gabarito "E"

(ADVOGADO – CEF – 2006 – CESPE) Julgue o seguinte item.

1. Considere a seguinte situação hipotética. Cláudio, gerente de um banco, sob irresistível ameaça de morte, dirigiu-se à sua agência bancária, fora do horário de expediente e de lá subtraiu vultosa quantia em dinheiro, entregue, posteriormente, ao autor da ameaça. Nessa situação, Cláudio praticou crime de furto, mas terá a pena atenuada, pois o crime foi cometido sob coação moral irresistível.

A culpabilidade é constituída de três elementos, a saber: *imputabilidade, potencial consciência da ilicitude* e *exigibilidade de conduta diversa*. Esta última será afastada em duas situações: *coação moral irresistível* e *obediência hierárquica*, ambas disciplinadas no art. 22 do CP. Ameaçado de morte, o gerente não tem outra alternativa senão ceder à vontade do agente, curvando-se à sua ordem. Note que o gerente conserva sua liberdade de escolha, ao menos do ponto de vista físico. Mas, diante da gravidade da ameaça que a ele é impingida, não se mostra razoável exigir-lhe outro comportamento senão o de colaborar com o assaltante, subtraindo e depois lhe entregando o bem exigido. Dito de outro modo, não é possível exigir-lhe, nesta situação, conduta diversa. Por isso, Cláudio deve ser absolvido em vista da existência de causa excludente de culpabilidade consubstanciada na inexigibilidade de conduta diversa. Se considerarmos o crime como um fato típico e antijurídico (Damásio E. de Jesus, Julio Fabbrini Mirabete, Luiz Flávio Gomes, entre outros), excluída a culpabilidade pela inexigibilidade de conduta diversa, a estrutura do crime permanece íntegra (fato típico e antijurídico). A coação moral irresistível, prevista no art. 22, primeira parte, do CP, gera a exclusão da culpabilidade. Há crime porquanto o fato é típico e antijurídico (concepção bipartida). De outro lado, se levarmos em conta a concepção tripartida (Guilherme de Souza Nucci, entre outros), para a qual crime é um fato típico, antijurídico e culpável, afastada a culpabilidade, não há crime, pois a culpabilidade integra o conceito analítico de crime.

Gabarito "E"

13. *SURSIS* E EFEITOS DA CONDENAÇÃO

(Procurador do Município/São Paulo-SP – 2008 – FCC) A perda da função pública constitui efeito da condenação quando aplicada pena privativa de liberdade igual ou superior a

(A) um ano, nos crimes praticados com abuso de poder ou violação de dever para com a Administração Pública, desde que a sentença forneça a necessária motivação.

(B) quatro anos, nos crimes praticados com abuso de poder ou violação do dever para com a Administração Pública, desde que a sentença forneça a necessária motivação.

(C) um ano, para qualquer crime, desde que a sentença forneça a necessária motivação.

(D) quatro anos, nos crimes praticados com abuso de poder ou violação de dever para com a Administração Pública, independentemente de motivação na sentença.

(E) um ano, nos crimes praticados com abuso de poder ou violação de dever para com a Administração Pública, independentemente de motivação na sentença.

São efeitos não automáticos da condenação (específicos), entre outros: a perda da função pública quando aplicada, nos crimes praticados com abuso de poder ou violação de dever para com a Administração Pública, pena privativa de liberdade por tempo igual ou superior a um ano; e, nos demais casos, quando aplicada pena privativa de liberdade por tempo superior a quatro anos.

Gabarito "A"

(Procurador do Estado/CE – 2008 – CESPE) Assinale a opção correta acerca dos efeitos da condenação e da reabilitação.

(A) É efeito da condenação a perda, em favor da União, independentemente do direito de terceiro de boa-fé, de qualquer valor que constitua proveito auferido pelo agente com a prática do fato criminoso.

(B) É efeito automático da condenação a perda do cargo público, quando for aplicada a servidor público pena privativa de liberdade por tempo superior a quatro anos.

(C) De acordo com o CP, constitui efeito não automático da condenação, devendo ser motivadamente declarada na sentença, a inabilitação para dirigir veículo, quando utilizado como meio para a prática de crime doloso.

(D) A reabilitação alcança a pena privativa de liberdade e a restritiva de direitos aplicadas em sentença definitiva, e não cabe tal pedido em caso de condenação a pena exclusivamente de multa.

A: Incorreta. Art. 91, II, *b*, do CP; **B:** Incorreta. Art. 92, parágrafo único, do CP; **C:** Correta. Art. 92, III e parágrafo único, do CP; **D:** Incorreta. Art. 93, *caput*, do CP.

Gabarito "C"

(Procurador do Estado/MG – 2007) VIVALDINO DOS REIS, funcionário público do Município de Belo Horizonte, foi condenado por crime de peculato à pena privativa de liberdade de 2 anos de reclusão. Assinale a alternativa correta.

(A) O réu sofrerá como efeito automático da condenação a perda da função pública, prescindindo que o juiz declare expressamente na sentença este efeito.

(B) A condenação penal não torna certa a obrigação de indenizar o dano causado pelo crime.

(C) A condenação penal não impede a concessão de *sursis* em novo crime praticado pelo réu.

(D) A perda de cargo ou função pública é efeito extrapenal da condenação, que deve ser expressamente declarada na sentença condenatória.

A: assertiva incorreta. A perda de cargo, função pública ou mandato eletivo constitui efeito *específico* da condenação – art. 92, I, *a*, do CP. Isso quer dizer que, em vista do que dispõe o art. 92, parágrafo único, do CP, este efeito da condenação, por não ser automático, pressupõe que o juiz o pronuncie na sentença. Para facilitar a compreensão deste tema, cabe um esclarecimento. Os efeitos da condenação contemplados no art. 91 do CP são *automáticos* (genéricos). Significa isso que é desnecessário o pronunciamento do juiz, a esse respeito, na sentença. Já o art. 92 do CP trata dos efeitos da condenação *não automáticos* (específicos), que somente podem incidir se o juiz, na sentença condenatória, declará-los de forma motivada; **B:** incorreta, nos termos do art. 91, I, do CP. Como já dito, os efeitos contemplados no art. 91 do CP são automáticos (genéricos), sendo despiciendo, portanto, o seu pronunciamento pelo juiz na sentença condenatória; **C:** incorreta, não fará jus ao *sursis* o reincidente em crime doloso – art. 77, I, do CP; **D:** correta, pois a perda de cargo, função pública ou mandato eletivo constitui efeito *específico* da condenação (não automático) – art. 92, I, *a*, do CP. No mais, os efeitos presentes nos arts. 91 e 92 do CP são extrapenais.

Gabarito "D"

(Procurador da Fazenda Nacional – 2004 – ESAF) Julgue os itens abaixo, marcando com **F** a afirmativa falsa e com **V** a afirmativa verdadeira e em seguida assinale a opção correta.

( ) Fabrício, servidor público, foi condenado à pena de três anos de reclusão por crime de estelionato praticado contra sua noiva. Na sentença condenatória, o juiz determinou a perda do cargo público, com suporte no art. 92, I, do Código Penal.

( ) Tício, ao dirigir um veículo de sua propriedade, atropelou e matou um pedestre, capotando seu veículo. Morreram também os quatro passageiros que viajavam no veículo conduzido por Tício. Processado, julgado e condenado por negligência, imprudência e imperícia, o juiz julgou-o inabilitado para dirigir veículo, nos termos do art. 92, III do Código Penal.

( ) As hipóteses contidas nos itens anteriores são de aplicação automática, desmerecendo fundamentação.

(A) V, F, F

(B) V, F, V

(C) F, V, V

(D) V, V, F

(E) F, F, F

É falsa a primeira assertiva, pois, para que o juiz declare a perda do cargo, da função pública ou do mandato eletivo, é necessário, se não se tratar de crime praticado com abuso de poder ou violação de dever para com a Administração Pública, que a pena privativa de liberdade aplicada seja superior a quatro anos (art. 92, I, *b*, do CP). Não é o caso, já que a pena aplicada é de três anos; a segunda assertiva também é falsa, já que o efeito da condenação a que alude o art. 92, III, do CP somente terá incidência se o veículo for utilizado como meio para a prática de *crime doloso*; também incorreta a terceira proposição, visto que os efeitos da condenação referidos nos itens anteriores não são automáticos (específicos), devendo o juiz, por isso, declará-los motivadamente na sentença.

Gabarito "E"

(Advogado da União/AGU – CESPE – 2012) Julgue os itens subsecutivos, a respeito dos efeitos da condenação criminal e de crimes contra a administração pública.

(1) Em regra, não se concede o direito de recorrer em liberdade ao réu que tiver permanecido preso durante toda a instrução do processo, pois a manutenção do réu na prisão constitui um dos efeitos da respectiva condenação.

(2) O tipo penal denominado peculato desvio constitui delito plurissubsistente, podendo a conduta a ele associada ser fracionada em vários atos, coincidindo o momento consumativo desse delito com a efetiva destinação diversa do dinheiro ou valor sob a posse do agente, desde que haja obtenção material do proveito próprio ou alheio.

(3) Considera-se efeito genérico e automático da condenação a restrição ao exercício de cargo público.

1: incorreta a assertiva. A decretação ou manutenção da prisão cautelar (provisória ou processual), assim entendida aquela que antecede a condenação definitiva, deve sempre estar condicionada à demonstração de sua imperiosa necessidade. Bem por isso, deve o magistrado apontar as razões, no seu entender, que a tornam indispensável. Colocado de outra forma, a prisão provisória ou cautelar somente se justifica dentro do ordenamento jurídico quando necessária ao processo. Deve ser vista, portanto, como um *instrumento* do processo a ser utilizado em situações *excepcionais*. É por essa razão que a prisão decorrente de sentença penal condenatória recorrível deixou de constituir modalidade de prisão cautelar. Era uma prisão automática, já que, com a prolação da sentença condenatória, o réu era recolhido ao cárcere (independente de a prisão ser necessária). Nesse contexto, o acusado era considerado presumidamente culpado. Com as modificações introduzidas pela Lei 11.719/08 e também em razão da atuação dos tribunais, esta modalidade de prisão cautelar deixou de existir, consagrando, assim, o *postulado da presunção de inocência*. Em vista dessa nova realidade, se o acusado permanecer preso durante toda a instrução, a manutenção dessa prisão somente terá lugar se indispensável for ao processo, pouco importando se, uma vez condenado em definitivo, permanecerá ou não preso. A prisão desnecessária decretada ou mantida antes de a sentença passar em julgado constitui antecipação da pena que porventura seria aplicada em caso de condenação, o que representa patente violação ao princípio da presunção de inocência, postulado esse de índole constitucional – art. 5º, LVII. De se ver ainda que, tendo em conta as mudanças implementadas pela Lei 12.403/11, que instituiu as *medidas cautelares alternativas à prisão provisória*, esta somente terá lugar diante da impossibilidade de se recorrer às medidas cautelares. Dessa forma, a prisão, como medida excepcional que é, deve também ser vista como instrumento subsidiário, supletivo; 2: é verdadeira a afirmação segundo a qual o *peculato-desvio* (art. 312, "caput", segunda parte, do CP) constitui crime *plurissubsistente*, já que a conduta prevista no tipo penal comporta fracionamento. De outro lado, pode-se dizer que a assertiva é incorreta na medida em que este crime atinge a consumação com o efetivo desvio, independe de o agente alcançar o fim perseguido; 3: a teor do art. 92, I, do CP, a perda de cargo, função pública ou mandato eletivo constitui *efeito específico e não automático* (é necessário que o juiz quanto a isso se manifeste). Assertiva, portanto, incorreta.

Gabarito 1E, 2E, 3E

(Advogado da União/AGU – CESPE – 2009) No que se refere a efeitos da condenação e reabilitação, julgue os itens subsequentes.

(1) Nos termos do Código Penal, a perda de cargo, função pública ou mandato eletivo ocorrerá quando, nos crimes praticados com abuso de poder ou violação de dever para com a administração pública, for aplicada pena privativa de liberdade por tempo igual ou superior a um ano.

(2) A reabilitação atinge a pena principal aplicada ao condenado, não alcançando os efeitos da condenação.

1: art. 92, I, *a*, do CP; **2**: art. 93, parágrafo único, do CP.

Gabarito "1C,2E"

(ADVOGADO – CEF – 2006 – CESPE) Julgue o seguinte item.

(1) Somente a pena privativa de liberdade admite o *sursis*, não sendo cabível o instituto nas penas restritivas de direitos e na pena pecuniária.

A execução da pena privativa de liberdade, não superior a 2 (dois) anos, poderá ser suspensa, por 2 (dois) a 4 (quatro) anos [...] (Art. 77, *caput*, do CP).

Gabarito "C"

(ADVOGADO – CEF – 2006 – CESPE) Julgue o seguinte item.

(1) A reabilitação atinge todos os efeitos da condenação, alcançando, inclusive, os casos de perda de cargo ou função pública, o que significa que o condenado que perdeu o cargo ou a função pode, se reintegrado, ser reconduzido ao exercício do mesmo cargo, com reparação de vantagens e de vencimentos, entre outros.

Estabelece o art. 93, parágrafo único, do CP que a reabilitação não alcança os efeitos da condenação previstos no art. 92, I e II, do CP, sendo vedada, por isso, a recondução do agente ao cargo anterior cuja perda se deu em razão de sentença penal condenatória.

Gabarito "E"

14. AÇÃO PENAL

(PROCURADOR DO ESTADO/RS – FUNDATEC – 2010) Assinale a alternativa correta:

(A) No conceito clássico, a ação penal é uma relação de direito público que impõe sequência de atos, cada um dos quais é ligado aos anteriores e aos subsequentes, como elos de uma corrente, em determinada ordem e para alcançar um fim também determinado.

(B) Será admitida ação penal privada nos crimes de ação penal pública, se esta não for intentada no prazo legal, não cabendo ao Ministério Público aditar a queixa, apenas repudiá-la e oferecer denúncia substitutiva, intervir em todos os termos do processo, fornecer elementos de prova e, a todo tempo, no caso de negligência do querelante, retomar a ação como parte principal.

(C) O direito de representação poderá ser exercido, pessoalmente ou por procurador com poderes especiais, mediante declaração escrita, não sendo admitida a forma oral, feita ao juiz, ao órgão do Ministério Público ou à autoridade policial.

(D) O Ministério Público, ao oferecer a denúncia, poderá propor a suspensão condicional do processo nos crimes de ação penal pública incondicionada ou condicionada em que a pena mínima não é superior a 2 (dois) anos, cumulada ou não com multa, por um período de dois a quatro anos.

(E) Havendo representação ou tratando-se de crime de ação penal pública incondicionada, não sendo caso de arquivamento, o Ministério Público poderá propor a aplicação imediata de pena restritiva de direitos ou multas, a ser especificada na proposta de transação penal, sendo que, nas hipóteses de ser a pena de multa a única aplicável, o Juiz poderá reduzi-la até a metade.

A: a assertiva – incorreta – contempla o conceito de *processo*, que é o *instrumento* de que se vale o Poder Judiciário para aplicar a lei penal ao caso submetido à sua apreciação. Contém o *procedimento*, que é a forma como serão encadeados os atos que buscam determinado fim (sentença), e a *relação jurídica* estabelecida entre autor e réu. *Ação penal*, por seu turno, consiste no *direito público subjetivo* de pedir ao Estado-juiz a aplicação do direito material ao caso concreto, o que será viabilizado por intermédio do *processo*; **B:** a chamada *ação penal privada subsidiária da pública*, que encontra previsão nos arts. 5º, LIX, da CF, 100, § 3º, do CP e 29 do CPP, somente terá lugar na hipótese de o Ministério Público deixar de oferecer a denúncia no prazo estabelecido em lei (art. 46 do CPP). Está o membro do "parquet", neste caso, credenciado a "aditar a queixa, repudiá-la e oferecer denúncia substitutiva, intervir em todos os termos do processo, fornecer elementos de prova, interpor recurso e, a todo tempo, no caso de negligência do querelante, retomar a ação penal como parte principal" (art. 29, CPP). Mas cuidado: o ofendido somente poderá lançar mão da *ação subsidiária da pública* se ficar constatada a inércia (desídia, omissão) do membro do Ministério Público. Assim, pedido de arquivamento de inquérito policial ou mesmo de peças de informação não corresponde a inércia, pois o MP, aqui, não deixou de atuar; **D:** preleciona o art. 89, *caput*, da Lei 9.099/95 que a *suspensão condicional do processo* terá cabimento nos crimes cuja pena *mínima* cominada for igual ou inferior a um ano. Como se vê, o âmbito de incidência do *sursis* processual é mais amplo do que a competência do JECRIM (art. 61 da Lei 9.099/95). Assertiva, portanto, incorreta; **E:** correta, nos termos do art. 76, "caput" e § 1º, da Lei 9.099/95.

Gabarito "E"

(Procurador do Estado/SE – FCC – 2005) A perda do direito de representar ou de oferecer queixa, em razão do decurso do prazo fixado para o seu exercício, e o de continuar a movimentar a ação penal privada, causada pela inércia processual do querelante, configuram, respectivamente,

(A) decadência e perempção.

(B) decadência e prescrição.

(C) prescrição e perempção.

(D) perempção e decadência.

(E) prescrição e decadência.

O ofendido ou seu representante legal decairá do direito de *queixa* (ação penal privada) ou de representação (ação penal pública condicionada) se nao o exercer dentro do prazo de seis meses (prazo geral) – art. 38 do CPP. Assim, podemos afirmar que a *decadência* é a perda do direito de ajuizar a ação penal privada (queixa) ou de oferecer a representação em razão do decurso do prazo estabelecido em lei (art. 103 do CP). Desse modo, exaurido esse prazo sem manifestação do ofendido ou de quem o represente, quer na ação penal privada, quer na pública condicionada, opera-se a *extinção da punibilidade*. Já a *perempção*, instituto exclusivo da ação penal privada, constitui uma sanção aplicada ao querelante que deixa de promover o bom andamento processual, mostrando-se negligente e desidioso. Suas hipóteses estão contidas no art. 60 do CPP. Também constitui, a teor do art. 107, IV, do CP, causa de extinção da punibilidade.

Gabarito "A"

15. EXTINÇÃO DA PUNIBILIDADE EM GERAL

(Procurador do Município/Cubatão-SP – 2012 – VUNESP) O reconhecimento da decadência, nos termos do art. 107 do CP,

(A) extingue a punibilidade.

(B) leva à absolvição do acusado.

(C) é causa de absolvição sumária.

(D) é causa de rejeição da denúncia.

(E) determina o arquivamento da ação penal.

A decadência gera a extinção da punibilidade – art. 38 do CPP e arts. 103 e 107, IV, do CP. Atente para o fato de que, neste caso, o marco inicial para a contagem do prazo de seis meses é representado pelo dia em que a vítima vem a saber quem é o autor do crime. Outra coisa: os prazos prescricionais e decadenciais são de natureza penal; devem, portanto, ser contados nos moldes do que estabelece o art. 10 do CP.

Gabarito "A"

(Advogado da União/AGU – CESPE – 2009) Acerca da extinção da punibilidade, julgue os itens a seguir.

(1) Caso a pena de multa seja alternativa ou cumulativamente cominada ou cumulativamente aplicada, aplicam-se a ela os mesmos prazos previstos para as respectivas penas privativas de liberdade.

(2) No caso de concurso de crimes, a extinção da punibilidade incidirá sobre a pena de cada um deles, isoladamente.

1: Art. 114, II, do CP; **2:** Art. 119 do CP.

Gabarito 1C,2C

16. PRESCRIÇÃO

(PROCURADOR DO ESTADO/RS – FUNDATEC – 2010) Assinale a alternativa incorreta:

(A) Extingue-se a punibilidade pela morte do agente, pela anistia, graça ou indulto, pela retroatividade de lei que não mais considera o fato como criminoso, pela prescrição, decadência ou perempção, pela renúncia do direito de queixa ou pelo perdão, aceito ou não, nos crimes de ação privada, pela retratação do agente, nos casos em que a lei a admite e pelo perdão judicial, nos casos previstos em lei.

(B) A prescrição, antes de transitar em julgado a sentença final, começa a correr, no caso de tentativa, do dia em que cessou a atividade criminosa.

(C) A prescrição da pena de multa ocorrerá em 2 (dois) anos, quando a multa for a única cominada ou aplicada e no mesmo prazo estabelecido para prescrição da pena privativa de liberdade, quando a multa for alternativa ou cumulativamente cominada ou cumulativamente aplicada.

(D) O curso da prescrição interrompe-se pelo recebimento da denúncia ou da queixa; pela pronúncia; pela decisão confirmatória da pronúncia; pela publicação da sentença ou acórdão condenatórios recorríveis; pelo início ou continuação do cumprimento da pena e pela reincidência.

(E) Antes de passar em julgado a sentença final, a prescrição não corre enquanto não resolvida, em outro processo, questão de que dependa o reconhecimento da existência do crime e enquanto o agente cumpre pena no estrangeiro.

A: a assertiva está incorreta, devendo ser assinalada, porque o *perdão* somente levará à extinção da punibilidade se aceito for pelo querelado (art. 51 do CPP). Tanto é assim que o art. 107, V, do CP somente faz referência ao *perdão aceito*; **B:** a proposição – correta – corresponde à redação do art. 111, II, do CP; **C:** correta, pois reflete o disposto no art. 114 do CP; **D:** proposição correta, pois corresponde ao que estabelece o art. 117 do CP; **E:** correta, já que corresponde à redação do art. 116, *caput*, do CP.

Gabarito "A"

(Procurador do Estado/SE – FCC – 2005) A prescrição

(A) é calculada pelo máximo da pena cominada no caso de prescrição da pretensão executória.

(B) não é interrompida pela sentença absolutória recorrível.

(C) admite a interrupção, mas não a suspensão do respectivo prazo.

(D) exclui o dia de início na contagem do prazo.

(E) é calculada pelo total da pena no caso de concurso de crimes.

A: incorreta, pois a prescrição, depois do trânsito em julgado da sentença condenatória, será calculada com base na *pena aplicada*; **B:** correta, visto que a hipótese descrita no enunciado não está contemplada no art. 116 do CP (causas impeditivas ou suspensivas); **C:** as causas suspensivas (impeditivas) estão listadas no art. 116 do CP; **D:** a contagem do prazo se dá nos moldes do art. 10 do CP, incluindo-se, portanto, o dia do início. A alternativa, dessa forma, está incorreta; **E:** ao contrário, na hipótese de concurso de crimes, a prescrição incidirá sobre a pena de cada um, isoladamente. É o que estabelece o art. 119 do CP.

Gabarito "B"

17. CRIMES CONTRA A PESSOA

(Procurador do Município/Cubatão-SP – 2012 – VUNESP) O crime de violação de domicílio do art. 150 do CP

(A) admite modalidade dolosa ou culposa.

(B) é punido com pena de reclusão ou multa.

(C) pode ser cometido por ação ou por omissão.

(D) é qualificado por intuito de lucro ou por ter sido praticado por funcionário público.

(E) tem pena aumentada se produz prejuízo à vítima ou é praticado mediante rompimento de obstáculo.

A: Incorreta, não há, para este crime, previsão de modalidade culposa; **B:** Incorreta, para a forma simples, a pena cominada é de *detenção*, de um a três meses, ou *multa*; também para a figura qualificada (art. 150, § 1º, do CP) deverá ser aplicada pena de detenção, entre seis meses e dois anos, sem prejuízo da pena correspondente à violência. Não há, como se pode ver, previsão de pena de *reclusão* para o crime do art. 150 do CP; a pena de multa poderá ser aplicada, alternativamente à de prisão, na figura simples; **C:** correta, conforme o caso, a conduta pode exteriorizar-se por ação ou por omissão; **D:** Incorreta, não qualifica este crime o fato de o agente atuar com o propósito de lucro. De outro lado, sendo o crime cometido por funcionário público, fora dos casos legais, sem observar as formalidades impostas por lei ou ainda com abuso de poder, deverá incidir a causa de aumento prevista no art. 150, § 2º, do CP. Há quem sustente que, com o advento da Lei 4.898/65 (Abuso de Autoridade), este dispositivo passou a ser inaplicável; **E:** Incorreta, não há essa previsão legal.

Gabarito "C"

(Procurador do Município/São Paulo-SP – 2008 – FCC) No tocante à exceção da verdade, INCORRETO afirmar que

(A) inaplicável no crime de calúnia se o fato imputado constitui delito de ação privada e não houve a propositura de queixa.

(B) inaplicável no crime de difamação se a ofensa a funcionário público não é relativa ao exercício de suas funções.

(C) aplicável, em qualquer circunstância, no crime de injúria.

(D) inaplicável no crime de calúnia se o fato imputado constitui delito de ação pública e o ofendido foi absolvido por sentença irrecorrível.

(E) inaplicável no crime de calúnia se praticado contra chefe de governo estrangeiro.

A: a *exceção da verdade*, no crime de calúnia, não terá lugar na hipótese de o fato imputado ao ofendido constituir crime de ação privada e não houver condenação definitiva – art. 138, § 3º, I, do CP. Dito de outro modo, a exceção da verdade somente será admitida, no âmbito da ação penal de iniciativa privada, se passar em julgado a condenação quanto ao fato imputado; **B:** correta, visto que o delito de difamação, em vista do que dispõe o art. 139, parágrafo único, do CP, somente comporta a *exceção da verdade* se o ofendido é funcionário público e a ofensa é relativa ao exercício de suas funções; **C:** o delito de injúria não admite a *exceção da verdade*. Esta é a proposição incorreta; **D:** correta, nos termos do que dispõe o art. 138, § 3º, III, do CP. Parece lógico não se admitir a exceção da verdade na hipótese de o assunto já ter sido julgado em definitivo, com a absolvição do ofendido; **E:** correta, nos termos do que dispõe o art. 138, § 3º, II, do CP.

Gabarito "C"

(Procurador do Estado/SP – VUNESP – 2005) X encontra sua ex-amásia em um baile e lhe desfere um soco, que ocasiona a perda de um olho. X estará sujeito a pena privativa de liberdade mínima de

(A) 6 meses de detenção.

(B) 1 ano e 4 meses de reclusão.

(C) 2 anos e 8 meses de reclusão.

(D) 1 ano de reclusão.

(E) 3 meses de detenção.

Conforme entendimento jurisprudencial já sedimentado, a perda de somente um olho, desde que preservado o outro, constitui, em princípio, o crime do art. 129, § 1º, III, do CP (lesão corporal de natureza grave), cuja pena mínima cominada é de 1 ano. A esta deverá incidir o aumento previsto no art. 129, § 10, do CP (violência doméstica), pois a lesão foi praticada contra ex-companheira, elevando a pena a um ano e quatro meses de reclusão.

Gabarito "B"

(Procurador da Fazenda Nacional – 2006 – ESAF) A, capaz e imputável, com ânimo de ofender **B**, perante terceiros, qualifica-o de "burro e canalha". A conduta de **A** caracteriza

(A) crime de calúnia.

(B) crime de difamação.

(C) crime de injúria.

(D) fato atípico.

(E) crime culposo.

Injúria é a manifestação ofensiva ao decoro ou à dignidade de alguém; é o xingamento (art. 140, CP). Não há, neste crime, imputação de fato determinado; há, tão somente, atribuição de uma qualidade ofensiva, pejorativa. A honra atingida, no crime de injúria, é a subjetiva (ideia que fazemos de nós próprios). Já a *calúnia* consiste em atribuir falsamente a alguém fato capitulado como crime. A honra atingida, neste caso, é a objetiva (conceito que o sujeito tem diante do grupo no qual está inserido). Por fim, *difamar* alguém significa atribuir-lhe fatos infamantes à sua honra objetiva.

Gabarito "C"

18. CRIMES CONTRA O PATRIMÔNIO

(PROCURADOR – BANCO CENTRAL – 2009 – CESPE) Roberto, com 23 anos de idade, subtraiu para si um aparelho celular avaliado economicamente em R$ 900,00, pertencente ao seu pai, Alberto, de 63 anos de idade, e em seguida, vendeu-o por R$ 200,00 para Felipe, o qual sabia que o aparelho não custava tão barato. Considerando a situação hipotética acima descrita, assinale a opção correta no referente aos crimes contra o patrimônio.

(A) Roberto é isento de pena, por ter praticado o crime contra ascendente, ocorrendo, assim, uma escusa absolutória legalmente prevista.

(B) Felipe praticou crime de receptação culposa, mas será isento de pena em face da extensão da escusa absolutória aplicável a Roberto.

(C) Roberto praticou, em tese, crime de furto, e Felipe, receptação culposa, porque, pela desproporção entre o valor e o preço do aparelho celular, deveria presumir ter sido obtido por meio criminoso.

(D) Se Felipe revender o aparelho celular para Frederico, este não responderá por crime algum, pois não se pune a receptação de coisa já receptada.

(E) Roberto não responderá por crime algum, em face da aplicação do princípio da insignificância, já consolidado na jurisprudência dos tribunais superiores como aplicável aos bens avaliados em até R$ 1.000,00.

A despeito de o crime contra o patrimônio ter sido praticado contra ascendente e não ter sido empregada, no seu cometimento, violência ou grave ameaça à pessoa, não é o caso de incidir a imunidade a que alude o art. 181, II, do CP, pois o ofendido conta com mais de 60 anos de idade - nos termos do art. 183, III, do CP. Felipe, por sua fez, deverá ser responsabilizado pelo crime de *receptação culposa* – art. 180, § 3º, do CP, isso porque, dada a inegável desproporção entre o valor e o preço que pagou pelo bem, deveria presumir que foi obtido por meio criminoso.

Gabarito "C"

19. CRIMES CONTRA A DIGNIDADE SEXUAL

(Procurador do Estado/SP – VUNESP – 2005) Durante as comemorações do carnaval de 2005, no dia 08 de fevereiro, X, apaixonado por sua vizinha, resolve raptá-la para fins libidinosos. É preso em flagrante no dia seguinte, quando a mantinha presa e amarrada em sua residência. Considerando-se a sentença a ser prolatada após 29.03.2005, X poderá ser condenado pela prática de.

(A) posse sexual mediante fraude (art. 215 CP).

(B) sequestro com fins libidinosos (art. 148,§ I.", I CP).

(C) atentado violento ao pudor (art. 214 CP).

(D) sedução (art. 217 CP).

(E) rapto violento (art. 219 CP).

Com o advento da Lei 11.106/95, a conduta até então prevista no art. 219 do CP passou a ser tipificada no art. 148, § 1º, V, do CP (sequestro para fins libidinosos).

Gabarito "E"

(Procurador do Estado/SP – VUNESP – 2005) Nos crimes contra os costumes, definidos nos Capítulos I, II e III do Título VI do Código Penal, o casamento do autor do crime com a ofendida

(A) implica renúncia tácita ao direito de queixa.

(B) é causa de extinção da punibilidade com fulcro no art. 107, VII, do CP.

(C) acarreta desclassificação da conduta para a contravenção de importunação ofensiva ao pudor.

(D) constitui requisito da suspensão condicional da pena.

(E) configura arrependimento eficaz.

Com o advento da Lei 11.106/2005, que, entre outras modificações implementadas, revogou o art. 107, VII, do CP, não mais existe a possibilidade de extinguir-se a punibilidade do agente pelo casamento deste com a vítima, nos crimes contra os costumes, atualmente denominados *crimes contra a dignidade sexual*. Com isso, o casamento, nessas condições, que antes constituía causa extintiva da punibilidade, passou a ser entendido como hipótese de renúncia tácita ao direito de queixa. Mais recentemente, com a edição da Lei 12.015/09, que introduziu uma série de modificações no âmbito dos crimes sexuais, a ação penal deixou de ser privativa do ofendido para ser, em regra, pública condicionada a representação. Será, entretanto, pública incondicionada se se tratar de vítima menor de 18 anos ou pessoa vulnerável, tudo nos exatos termos da nova redação dada ao art. 225 do CP. Assim sendo, não mais cabe a renúncia, expressa ou tácita, pois a ação penal, com essas últimas modificações, deixou de ser privada. Atualmente, portanto, a extinção da punibilidade, nos crimes sexuais, pode ser alcançada pela decadência, mas não mais pela renúncia ou pelo casamento da vítima com o seu agressor.

Gabarito "A"

20. CRIMES CONTRA A FÉ PÚBLICA

(Procurador do Município/Sorocaba-SP – 2012 – VUNESP) As condutas criminosas conhecidas como *fraudes em certames de interesse público*, recentemente incluídas no CP, integram o rol dos crimes

(A) contra a fé pública.

(B) contra a incolumidade pública.

(C) contra a administração da justiça.

(D) praticados por particular contra a Administração.

(E) praticados por funcionário público contra a Administração.

O art. 311-A, que define o crime de *fraudes em certames de interesse público*, foi inserido, por meio da Lei 12.550/11, no Código Penal no Título X – Crimes contra a Fé Pública.

Gabarito "A"

(Procurador do Município/São José dos Campos-SP – 2012 – VUNESP) Avalie as seguintes assertivas a respeito dos crimes contra a fé pública.

I. Aquele que dolosamente introduz na circulação, sabendo ser falsa, moeda de curso legal no país, incorrerá na mesma pena daquele que a falsificou, independentemente de tê-la recebido de boa-fé, como verdadeira.

II. Para fins do crime de falsificação, o cheque nem sempre será considerado documento particular.

III. O crime de supressão de documento estabelece a pena de reclusão, de dois a seis anos, e multa, para o agente que destruir, suprimir ou ocultar, em benefício próprio ou de outrem, ou em prejuízo alheio, documento público ou particular verdadeiro, de que não podia dispor.

Está correto o que se afirma em

(A) I, apenas.

(B) II, apenas.

(C) III, apenas.

(D) II e III, apenas.

(E) I, II e III.

I: aquele que recebe, de boa-fé, moeda falsa de curso legal no país e, após, ciente da falsidade, a restitui à circulação incorre no crime previsto no art. 289, § 2º, do CP, cuja pena cominada é bem inferior à do *caput*, que corresponde à conduta do agente que falsifica a moeda; **II**: assertiva correta, visto que o cheque, para fins penais, somente será considerado documento publico (por equiparação) se puder ser transferido por endosso (art. 297, § 2º, do CP); **III:** assertiva incorreta, pois o art. 305 do CP (supressão de documento) estabelece a pena de reclusão de dois a seis anos e multa somente na hipótese de o documento ser público; se particular, a pena cominada será de um a cinco anos, sem prejuízo da multa.

Gabarito "B"

(PROCURADOR DO ESTADO/RS – FUNDATEC – 2010) Assinale a alternativa incorreta:

(A) No crime de falsificação de moeda, a ação penal é pública incondicionada e o agente que falsificar, fabricar ou alterar, moeda metálica ou papel-moeda de curso legal no país ou no estrangeiro, mesmo que preenchidos os requisitos subjetivos, não terá direito ao instituto da suspensão condicional do processo.

(B) No crime de falsidade ideológica, se o agente é funcionário público e comete o crime prevalecendo-se do cargo, ou se a falsificação ou alteração é de assentamento de registro civil, aumenta-se a pena de sexta parte.

(C) No crime de uso de documento falso, o agente que fizer uso de qualquer dos papéis falsificados ou alterados, pratica um crime instantâneo de efeitos permanentes, comissivo e que não admite, em regra, a hipótese de tentativa.

(D) No crime de peculato, se o funcionário público que dolosamente se apropriar de dinheiro, valor ou qualquer outro bem móvel, público ou particular, de que tem a posse em razão do cargo, ou desviá-lo, em proveito próprio ou alheio, voluntariamente reparar o dano antes da sentença irrecorrível, terá a extinção da punibilidade; se a reparação é posterior, terá reduzida de metade a pena imposta.

(E) No crime de advocacia administrativa, o agente que patrocinar, direta ou indiretamente, interesse privado, legítimo ou ilegítimo, perante a administração pública, valendo-se da qualidade de funcionário, pratica uma infração de menor potencial ofensivo e uma vez preenchidos os requisitos subjetivos pelo agente, terá direito ao instituto da transação penal.

A: correta, como afirmado na assertiva, a ação penal, no crime de *moeda falsa*, previsto no art. 289 do CP, é *pública incondicionada*. Em razão de a pena mínima cominada ao crime do art. 289, *caput*, do CP (referida na proposição) ser superior a um ano, requisito imposto pelo art. 89, *caput*, da Lei 9.099/95, não tem lugar a *suspensão condicional do processo*, ainda que favoráveis os requisitos de ordem subjetiva. De se ver, contudo, que o autor do crime previsto no art. 289, § 2º, do CP poderá ser agraciado, em princípio, com os benefícios do *sursis* processual e da transação penal, visto que a pena a este crime cominada é de seis meses a dois anos (infração penal de menor potencial ofensivo – art. 61, Lei 9.099/95). Assertiva, portanto, correta; **B:** correta, pois é causa de aumento de pena prevista no art. 299, paragrafo único, do CP; **C:** correta, pois há autores que consideram este crime simplesmente *instantâneo*. Sendo este delito *unissubsistente* (conduta constituída por ato único), não há que se falar em tentativa. Por fim, cuida-se de delito comissivo, na medida em que o verbo nuclear do tipo penal pressupõe uma ação, um fazer; **D:** Incorreta, devendo ser assinalada, pois a extinção da punibilidade e a causa de redução de pena contidas no art. 312, § 3º, do CP só têm incidência no *peculato culposo*, previsto no § 2º do mesmo art. 312; **E:** correta, pois a *transação penal* tem cabimento tanto na conduta descrita no *caput* quanto na prevista no parágrafo único do art. 321 do CP (advocacia administrativa).

Gabarito "D"

(Procurador do Município/Natal-RN – 2008 – CESPE) Acerca dos crimes contra a fé pública, cada uma das opções abaixo apresenta uma situação hipotética, seguida de uma assertiva a ser julgada. Assinale a opção que apresenta a assertiva correta.

(A) João, em uma festividade junina, solicitou ao vendedor de canjica duas unidades. Para efetuar o pagamento, apresentou uma nota que sabia ser falsa, no valor de R$ 50,00. Imediatamente, a falsidade foi percebida pelo comerciante, que, antes de entregar a mercadoria, acionou as autoridades policiais, que prenderam João em flagrante. Os peritos criminais produziram laudo com a conclusão de que a falsificação era grosseira. O delegado de polícia lavrou o auto de prisão, classificando a conduta como uso de moeda falsa. Nessa situação, a classificação atribuída à conduta de João pela autoridade policial está tecnicamente correta.

(B) José falsificou determinado documento público, usando-o em seguida. Nessa situação, José deve responder, em tese, pelos delitos de falsificação de documento público e uso de documento falso, em concurso material.

(C) Paulo, por ter sido reprovado nos testes do DETRAN, encomendou carteira nacional de habilitação (CNH) a um falsário. Parado em uma *blitz*, por exigência da autoridade policial, apresentou a CNH falsificada. Nessa situação, segundo a jurisprudência majoritária do STJ e do STF, Paulo cometeu, em tese, o delito de uso de documento falso.

(D) Célio, ao ser abordado por autoridades policiais, se identificou verbalmente com outro nome, a fim de evitar a busca de seus antecedentes. Nessa situação, Célio cometeu, em tese, o delito de falsa identidade.

A: Incorreta, a classificação atribuída à conduta pela autoridade policial está equivocada. É que, conforme entendimento jurisprudencial já consolidado (Súmula 73, STJ), a falsificação grosseira, incapaz, por essa razão, de enganar o homem médio, configura, em princípio, o crime de estelionato, previsto no art. 171 do CP, cuja competência para o processamento e julgamento é da Justiça Estadual; **B:** Incorreta, o tema é objeto de divergência doutrinária e jurisprudencial. De todo modo, parte considerável da jurisprudência entende que o agente que falsifica e depois faz uso do documento deve tão somente responder pelo crime-fim, o uso; **C:** Correta, é quase pacífico, na jurisprudência, o entendimento de que a apresentação, mediante solicitação policial, de documento falso não elide a prática do crime do art. 304 do CP. A questão que tem gerado mais polêmica na jurisprudência diz respeito à hipótese em que o documento não é propriamente solicitado, mas exigido pelo policial. Atualmente, tem prevalecido o entendimento segundo o qual a apresentação de documento falsificado decorrente de exigência policial não afasta o crime de uso. De toda sorte, o acima exposto não se aplica quando se tratar de documento cujo porte é obrigatório, como é o caso da carteira de habilitação. Neste caso, o mero porte do documento é o que basta para a configuração do delito de uso. Por essa razão, antes mesmo de o agente de trânsito solicitar ou exigir a apresentação do documento, o crime já se consumara. A assertiva, portanto, está correta, **D.** Incorreta, atualmente, prevalece o entendimento de que inexiste o crime de falsa identidade na hipótese em que o agente, com o propósito de esconder condenações anteriores, atribui a si identidade falsa.

Gabarito "C"

(Procurador do Município/Aracaju – 2008 – CESPE) Com relação aos crimes contra a fé pública, julgue os itens que se seguem.

(1) Pratica o crime de uso de documento falso o agente que tem o mencionado documento apreendido por autoridade incompetente.

(2) Não pratica crime de falsa identidade o agente que se atribui falsa identidade para escapar da ação policial, evitando assim sua prisão.

(3) Considere a seguinte situação hipotética. Kátia, proprietária de uma lanchonete, recebeu, de boa-fé, uma moeda falsa. Após constatar a falsidade da moeda, para não ficar no prejuízo, Kátia restituiu a moeda à circulação. Nessa situação, a conduta de Kátia é atípica, pois ela recebeu a moeda falsa de boa-fé.

(4) No crime de falsificação de documento público, se o agente é funcionário público e comete o delito prevalecendo-se do cargo, sua pena será aumentada em um sexto.

(5) Não comete o crime de falsidade ideológica o agente que declara falsamente ser pobre, assinando declaração de pobreza para obter os benefícios da justiça gratuita, pois a declaração não pode ser considerada documento para fins de consumar o crime mencionado.

(6) O crime de falsidade material de atestado ou certidão prevê pena de detenção ao agente que o pratica. No entanto, se o crime for praticado com o fim de lucro, aplica-se, além da pena privativa de liberdade, a pena de multa.

1: Errado. É necessário à caracterização do crime do art. 304 do CP que o documento falso seja efetivamente utilizado em sua destinação específica; 2: Correto. Não comete o crime do art. 307 do CP o agente que atribui a si falsa identidade com o propósito de escapar da ação policial e, dessa forma, evitar sua prisão. Está, a rigor, procurando preservar sua liberdade. De toda sorte, cuida-se de questão polêmica; 3: Errado. Embora Kátia tenha recebido a moeda de boa-fé, constatou, logo em seguida, tratar-se de moeda falsa, e, mesmo assim, restitui-a a circulação. Incorrerá por conta disso nas penas do art. 289, § 2º, do CP, que estabelece uma forma privilegiada; 4: Correto. Art. 297, § 1º, do CP; 5: Correto. De fato a declaração de pobreza para obtenção dos benefícios da justiça gratuita não pode ser considerada documento para o fim de consumar o crime do art. 299 do CP; 6: Correto. Art. 301, §§ 1º e 2º, do CP.

Gabarito 1E, 2C, 3E, 4C, 5C, 6C

(Procurador do Município/São Paulo-SP – 2008 – FCC) A aposição de assinatura falsificada em cheque de terceiro configura, em tese, crime de

(A) uso de documento falso.

(B) falsificação de documento público.

(C) falsidade ideológica.

(D) falsa identidade.

(E) falsificação de documento particular.

o preenchimento ilícito de cheque em branco configura, em princípio, o crime do art. 297, § 2º, do CP – falsificação de documento público.

Gabarito "B"

(ADVOGADO – PETROBRÁS BIO. – 2010 – CESGRANRIO) Tucídides, brasileiro, comerciário, é preso, em flagrante delito, portando a quantia de R$ 15.000,00, em notas de R$ 100,00, R$ 50,00 e R$ 10,00, consideradas falsas pelos agentes policiais. Após a devida instrução criminal, houve a constatação de que a falsificação restou grosseira, fato, inclusive, que levou à denúncia por parte de comerciantes que receberam algumas notas para pagamento de mercadorias. Analisando o caso, conclui-se que o crime

(A) não existe, por ausência de elemento essencial.

(B) é de moeda falsa.

(C) é assimilado ao de moeda falsa.

(D) se caracteriza pela circulação da moeda.

(E) se caracteriza como estelionato.

A falsificação grosseira, incapaz, por isso, de enganar o homem médio constitui fato atípico. Sendo grosseira a falsificação, se o agente, ainda assim, conseguir enganar a vítima, o crime praticado será o do art. 171 do CP. É o teor da Súmula nº 73 do STJ.

Gabarito "A"

21. CRIMES CONTRA A ADMINISTRAÇÃO PÚBLICA

(Procurador/DF – 2013 – CESPE) Ângelo, funcionário público exercente do cargo de fiscal da Agência de Fiscalização do DF (AGEFIS), no exercício de suas funções, exigiu vantagem indevida do comerciante Elias, de R$ 2.000,00 para que o estabelecimento não fosse autuado em razão de irregularidades constatadas. Para a prática do delito, Ângelo foi auxiliado por seu primo, Rubens, taxista, que o conduziu em seu veículo até o local da fiscalização, previamente acordado e consciente tanto da ação delituosa que seria empreendida quanto do fato de que Ângelo era funcionário público. Antes que os valores fossem entregues, o comerciante, atemorizado, conseguiu informar policiais militares acerca dos fatos, tendo sido realizada a prisão em flagrante de Ângelo.

Com referência a essa situação hipotética, julgue os itens a seguir.

(1) Se Ângelo for condenado pela prática do delito praticado contra a Administração Pública, não caberá a seguinte agravante, prevista em artigo do CP: Ter o agente cometido o crime com abuso de poder ou violação de dever inerente a cargo, ofício, ministério ou profissão.

(2) Ângelo responderá pelo delito de corrupção passiva, previsto em artigo do CP.

(3) Tendo em vista que Elias não efetivou a entrega dos valores exigidos por Ângelo, o crime não se consumou.

(4) A condição de funcionário público comunica-se ao partícipe Rubens, que tinha prévia ciência do cargo ocupado por seu primo e acordou sua vontade com a dele para auxiliá-lo na prática do delito, de forma que os dois deverão estar incursos no mesmo tipo penal.

1: correta. A conduta praticada por Ângelo constitui o crime de concussão (art. 316 do CP), que, por se tratar de crime funcional, exige a condição de funcionário público, tendo ínsita, portanto, a violação de dever inerente ao cargo. Logo, inaplicável a circunstância agravante prevista no art. 61, II, "g", do CP; **2:** incorreta. Como visto no item anterior, a conduta perpetrada por Ângelo subsume-se àquela descrita no art. 316, *caput*, do CP (concussão). Na corrupção passiva (art. 317 do CP), o agente não *exige* a vantagem indevida, tal qual ocorre na concussão, mas, sim, a solicita, a recebe, ou, então, aceita a promessa de sua futura entrega; **3:** incorreta. O crime de concussão (art. 316 do CP), por ser formal, consuma-se com a mera exigência da vantagem indevida, ainda que essa não seja entregue ao agente delitivo; **4:** correta. De fato, ainda que Rubens não seja funcionário público, tal condição pessoal irá a ele comunicar-se, nos termos do art. 30 do CP. Perceba que o enunciado deixou claro que o primo de Ângelo tinha ciência de toda a ação delituosa que seria empreendida no local da fiscalização. Logo, Rubens foi partícipe da conduta praticada pelo funcionário público.

Gabarito 1C, 2E, 3E, 4C

(PROCURADOR DO ESTADO/MG – FUMARC – 2012) Considere as seguintes assertivas:

I. O crime de concussão, por exigir resultado material, é compatível com a forma tentada, consumando-se com a percepção da vantagem exigida.

II. O empregado celetista de organização não governamental conveniada com o Estado de Minas Gerais para execução de atividade típica da administração pública pode ser considerado funcionário público para efeitos penais.

III. o delito de prevaricação é um crime omissivo próprio.

IV. o delito de emprego irregular de verbas públicas é uma norma penal em branco.

Assinale a alternativa correta:

(A) Todas estão corretas.

(B) Somente I e IV estão corretas.

(C) Somente I, II e IV estão corretas.

(D) Somente II e IV estão corretas.

(E) Somente I, II e III estão corretas.

I: é fato que o crime de concussão (art. 316, *caput*, do CP), a depender do caso concreto, comporta o *conatus*. No entanto, por não exigir, à sua consumação, resultado naturalístico consistente na percepçao de vantagem indevida, é classificado como crime *formal*, também chamado pela doutrina de delito de *resultado cortado* ou de *consumação antecipada*, assim entendido aquele em que, embora o resultado esteja previsto no tipo, desnecessária a sua ocorrência para a configuração da infração penal. A obtenção da vantagem perseguida pelo agente constitui mero exaurimento (desdobramento típico); II: assertiva correta, pois em consonância com o que dispõe o art. 327, § 1°, do CP. Cuidado: só há que se falar em equiparação, neste caso, se a prestação de serviço contratada ou conveniada destinar-se à execução de atividade *típica* da Administração Pública; III: o tipo penal, na prevaricação, contempla três condutas puníveis, a saber: *retardar*, que tem o sentido de atrasar, protelar a execução do ato, em desacordo com o prazo fixado; *deixar de praticar*, que consiste na total omissão do funcionário; e *praticar o ato contra disposição expressa lei*: o ato é praticado, mas em desconformidade com o que prescreve a lei. Temos, portanto, que, nesta última modalidade, a conduta é *comissiva*, pois pressupõe uma *ação, um fazer*; nas demais, é *omissiva* (crime omissivo próprio). Importante registrar que, neste crime, não basta que o agente deixe de cumprir obrigações inerentes ao dever de ofício, ou, ainda, que execute o ato a que está obrigado contra disposição expressa de lei. É imprescindível que aja, para que fique caracterizado o crime, com o intuito de satisfazer *interesse* ou *sentimento pessoal* (elemento subjetivo especial do tipo). Caso contrário, sua conduta pode configurar, quando muito, uma infração na esfera administrativa; IV: de fato, conforme afirmado na assertiva, o crime do art. 315 do CP constitui *norma penal em branco*, pois sua aplicação está condicionada à existência de uma lei que regulamente o emprego da verba ou renda pública.

Gabarito "D"

(Procurador do Município/Sorocaba-SP – 2012 – VUNESP) O crime de *usurpação de função pública* (CP, art. 328) será qualificado por expressa previsão legal se

(A) cometido mediante violência.

(B) o fato causa prejuízo a particular.

(C) praticado por funcionário público.

(D) do fato o agente aufere vantagem.

(E) o fato causa prejuízo à Administração.

Incorrerá na forma qualificada (art. 328, parágrafo único, do CP) o agente que, usurpando a função pública, aufere alguma vantagem (material ou moral).

Gabarito "D"

(Procurador do Município/São José dos Campos-SP – 2012 – VUNESP) Avalie as seguintes assertivas a respeito do funcionário público no Direito Penal.

I. Considera-se funcionário público, para os efeitos penais, quem, embora transitoriamente, mas necessariamente com remuneração, exerce cargo, emprego ou função pública.

II. O crime praticado por funcionário público contra a administração em geral será considerado qualificado quando seus autores forem ocupantes de cargos em comissão ou de função de direção ou assessoramento de órgão da administração direta, sociedade de economia mista, empresa pública ou fundação instituída pelo Poder Público.

III. Funcionário público condenado à pena privativa de liberdade igual ou superior a um ano, por crime praticado com violação de dever para com a administração pública, somente poderá perder seu cargo se essa decisão constar motivadamente declarada na sentença.

Está correto apenas o que se afirma em

(A) I.

(B) II.

(C) III.

(D) I e III.

(E) II e III.

I: para os efeitos penais, ainda que não perceba remuneração, o agente, ainda assim, será considerado funcionário público - art. 327, "caput", do CP; **II**: não se trata de qualificadora, pois o art. 327, § 2°, do CP não estabelece novos patamares para a pena cominada. Nas hipóteses ali previstas, a pena deverá ser elevada em um terço (causa de aumento de pena); **III**: assertiva correta. A perda de cargo, função pública ou mandato eletivo constitui efeito *específico* da condenação. Isso quer dizer que este efeito da condenação, não sendo automático, deve ser declarado na sentença, a teor que dispõe o art. 92, parágrafo único, do CP. Para facilitar a compreensão deste tema, cabe um esclarecimento. Os efeitos da condenação contemplados no art. 91 do CP são *automáticos* (genéricos). Significa isso que é desnecessário o pronunciamento do juiz, a esse respeito, na sentença. Já o art. 92 do CP, como já dissemos, trata dos efeitos da condenação *não automáticos* (específicos), que, por essa razão, somente podem incidir se o juiz, na sentença condenatória, declará-los de forma motivada.

Gabarito "C"

(Procurador do Estado/SC – 2010 – FEPESE) Considere a seguinte conduta típica:

"Se o funcionário pratica, deixa de praticar ou retarda ato de ofício, com infração de dever funcional, cedendo a pedido ou influência de outrem".

Assinale a alternativa que indica o crime a que ela corresponde.

(A) exploração de prestígio

(B) trafico de influência

(C) prevaricação

(D) corrupção passiva

(E) condescendência criminosa

Art. 317, § 2º, do CP. Trata-se de modalidade privilegiada de corrupção passiva.

Gabarito "D"

(Procurador do Município/Florianópolis-SC – 2010 – FEPESE) Quando deixar o funcionário público, por indulgência, de responsabilizar subordinado que cometeu infração no exercício do cargo ou, quando lhe falte competência, não levar o fato ao conhecimento da autoridade competente, ele incide na prática do crime de:

(A) Prevaricação.

(B) Corrupção passiva.

(C) Tráfico de Influência.

(D) Prevaricação privilegiada.

(E) Condescendência criminosa.

Art. 320 do CP.

Gabarito "E"

(Procurador do Município/Florianópolis-SC – 2010 – FEPESE) Quando o funcionário público exigir, para si ou para outrem, direta ou indiretamente, ainda que fora da função ou antes de assumi-la, mas em razão dela, vantagem indevida, incide na prática do crime de:

(A) Concussão.

(B) Corrupção ativa.

(C) Corrupção passiva.

(D) Extorsão qualificada.

(E) Extorsão.

Art. 316, *caput*, do CP.

Gabarito "A"

(Procurador do Município/Florianópolis-SC – 2010 – FEPESE) O funcionário público que apropriar-se de dinheiro, valor ou qualquer outro bem móvel, público ou particular, de que tem a posse em razão do cargo, ou desviá-lo, em proveito próprio ou alheio, incide na prática do crime de:

(A) Corrupção ativa.

(B) Apropriação indébita.

(C) Furto qualificado pelo exercício da função.

(D) Advocacia administrativa.

(E) Peculato.

Art. 312, *caput*, do CP.

Gabarito "E"

(Procurador do Município/Florianópolis-SC – 2010 – FEPESE) Aquele que se opuser à execução de ato legal, mediante violência ou ameaça a funcionário competente para executá-lo ou a quem lhe esteja prestando auxílio, incide na prática do crime de:

(A) Ameaça.

(B) Resistência.

(C) Lesão corporal.

(D) Desobediência.

(E) Desacato.

Art. 329 do CP.

Gabarito "B"

(Procurador do Município/Natal-RN – 2008 – CESPE) Acerca dos crimes contra a administração pública, cada uma das opções abaixo apresenta uma situação hipotética, seguida de uma assertiva a ser julgada. Assinale a opção que apresenta a assertiva correta.

(A) Adão, diretor de penitenciária federal, deixou de cumprir seu dever de vedar aos presos ali custodiados o acesso a aparelho telefônico celular, fato que permitiu aos detentos a comunicação com o ambiente externo. Nessa situação, Adão cometeu, em tese, o delito de condescendência criminosa.

(B) Cândido roubou dois relógios em loja do centro de Caicó – RN, tendo, logo em seguida, fugido para a casa de seu irmão, Cássio. Apesar de não concordar com a ação de Cândido, Cássio despistou os policiais que empreendiam a busca, informando-lhes que seu irmão encontrava-se viajando, fato que impediu a prisão em flagrante de Cândido. Nessa situação, Cássio cometeu, em tese, o delito de favorecimento pessoal, no entanto, ficará isento de pena em razão do seu grau de parentesco com o autor do roubo.

(C) O juiz de direito da Primeira Vara Criminal de Mossoró – RN expediu intimação a José, deputado federal, solicitando o agendamento de dia e hora para que fosse ouvido na qualidade de testemunha do juízo. Como não havia, na referida intimação, nenhum alerta quanto às consequências de eventual recusa, José não atendeu à solicitação. Nessa situação, o parlamentar cometeu, em tese, o delito de desobediência.

(D) João, advogado regularmente inscrito na OAB/RN, solicitou a seu cliente, Pedro, determinada quantia em dinheiro, a pretexto de influenciar o perito do juízo onde a ação de Pedro tramitava. Nessa situação, João cometeu, em tese, crime de tráfico de influência.

A: assertiva incorreta, pois o crime em que incorreu o diretor da penitenciária é o do art. 319-A do CP; **B:** na hipótese de o agente ser irmão do favorecido, ficará isento de pena (escusa absolutória), conforme estabelece o art. 348, § 2º, do CP; **C:** as autoridades listadas no art. 221 do CPP não estão obrigadas a atender ao chamado judicial e definir local, dia e hora para a oitiva. No entanto, já decidiu o STF que o deputado federal que, na qualidade de testemunha arrolada, deixar de atender, no prazo de trinta dias e sem justa causa, a convocação judicial, perderá a prerrogativa que lhe confere o art. 221 do CPP; **D:** se o agente solicita dinheiro ou qualquer outra utilidade a pretexto de influir perito, o crime será o do art. 357 do CP (exploração de prestígio)

Gabarito "B"

(Procurador do Município/Aracaju – 2008 – CESPE) Julgue os itens subsequentes, a respeito dos crimes contra a administração pública.

(1) No peculato culposo, se o sujeito ativo do delito repara o dano após a sentença penal definitiva, sua pena será reduzida de metade.

(2) Considere que um funcionário público competente para tanto empregue, na cobrança de contribuição social devida, meio vexatório, não autorizado pela lei. Nessa situação, o funcionário pratica crime de concussão.

(3) No peculato doloso, se o sujeito ativo do delito repara o dano antes da sentença penal definitiva, fica extinta a sua punibilidade.

(4) No crime de advocacia administrativa, se o interesse privado patrocinado pelo funcionário público, valendo-se de tal qualidade, perante a administração pública, for ilegítimo, a pena é mais grave.

1: Art. 312, § 3º, 2ª parte, do CP; **2**: Art. 316, § 1º, do CP – excesso de exação; **3**: O benefício contido no art. 312, § 3º, primeira parte, do CP só se aplica ao *peculato culposo* (art. 312, § 2º, CP); **4**: Art. 312, parágrafo único, do CP. Sendo o interesse ilegítimo, a pena é de detenção, de três meses a um ano, sem prejuízo da multa (forma qualificada).

Gabarito 1C, 2E, 3E, 4C

(Procurador do Município/São Paulo-SP – 2008 – FCC) A concussão e a corrupçao ativa são crimes

(A) permanentes.

(B) formal e material, respectivamente.

(C) materiais.

(D) formais.

(E) material e formal, respectivamente.

São assim considerados porque prescindem, para a sua consumação, de resultado naturalístico, embora este esteja previsto no tipo. Tanto na concussão quanto na corrupção ativa, temos que a percepção da vantagem não constitui condição à consumação desses crimes. Difere, pois, do *crime material*, em que o tipo penal exige a produção do resultado naturalístico nele previsto. Aqui, se o resultado não se verificar, o delito não atinge a sua consumação, permanecendo na esfera da tentativa. Note que, no crime formal, a eventual ocorrência de resultado naturalístico configura mero *exaurimento*.

Gabarito "D"

(Procurador da Fazenda Nacional – 2007.2 – ESAF) Petrônio, na qualidade de Prefeito Municipal, se apropria de determinadas rendas públicas, temporariamente em seu poder, para proveito próprio, antes de encaminhá-las ao Secretário da Fazenda da Municipalidade, responsável pela posse do numerário público. O fato é investigado e conclui-se pela autoria e materialidade do delito. A respeito dos fatos narrados, Petrônio terá cometido o crime de

(A) emprego irregular de verbas ou rendas públicas.

(B) peculato culposo.

(C) desvio de verbas municipais.

(D) apropriação indébita.

(E) peculato furto.

Art. 312, § 1º, DO CP

Gabarito "E"

(Procurador do Estado/MG – 2007) Na Delegacia de Polícia, o Escrivão de Polícia exige o pagamento de mil reais como condição de não lavrar o flagrante pelo delito de lesões culposas no trânsito e determinar o recolhimento do veículo ao depósito do Departamento de Trânsito. Sabendo-se que o motorista paga a quantia exigida pelo funcionário público e que o fato foi descoberto, assinale a assertiva correta.

(A) O funcionário público deve ser denunciado por corrupção passiva e o motorista, por corrupção ativa.

(B) O funcionário público deve ser denunciado por concussão e o motorista, por corrupção ativa.

(C) Somente o funcionário público deve ser denunciado por concussao.

(D) O funcionário público deve ser denunciado por prevaricação e o motorista, por corrupção ativa.

Pratica o delito de *concussão* – art. 316, *caput*, do CP - o policial que, em razão da função que exerce, *impõe* vantagem indevida (ilícita). A conduta típica, neste crime, é representada pelo verbo *exigir*, que tem o sentido de *demandar, ordenar*. Essa exigência traz ínsita uma ameaça à vítima, que, sentindo-se intimidada, acuada, acaba por ceder, entregando ao agente a vantagem indevida por ele perseguida. Por essa razão, o motorista deve ser considerado vítima do crime. Sua conduta de curva-se à exigência formulada pelo policial é atípica. É aqui que este crime se distingue daquele previsto no art. 317 do CP - *corrupção passiva*. Neste, no lugar de *exigir*, o agente *solicita* (pede) vantagem indevida. No mais, o crime do art. 333 do CP – corrupção ativa – pressupõe que o particular tenha tomado a iniciativa de corromper o funcionário, *oferecendo* ou *prometendo* a ele vantagem indevida.

Gabarito "C"

(Procurador do Estado/MG – 2007) ANTONIO, Investigador de Polícia da 2ª Delegacia de Polícia da capital, ao cumprir um mandado de prisão, é surpreendido pela reação de PEDRO. Com relação ao crime de resistência, previsto no art. 329 do CP é incorreto afirmar que

(A) se PEDRO, inconformado com a prisão, emprega violência contra a viatura policial, responde pelo delito de dano qualificado e não de resistência, vez que o tipo penal do art. 329 do CP se refere à violência contra a pessoa do funcionário público e não contra coisa.

(B) após a prisão ter sido efetuada, PEDRO emprega violência contra o investigador de polícia, causando-lhe lesões corporais. PEDRO responde pelo delito de resistência previsto no art. 329 do CP.

(C) após a prisão ter sido efetuada, PEDRO emprega violência contra o investigador de polícia para tentar fugir, cometendo o crime de evasão previsto no art. 352 do CP e não o crime de resistência.

(D) ANTONIO solicita ajuda de terceiro, transeunte que estava passando, para cumprir a ordem de prisão, tendo PEDRO, opondo-se à execução do ato legal, empregado violência apenas contra o terceiro. PEDRO comete o crime de resistência.

A: assertiva correta, pois o crime de resistência somente se configura quando a violência é empregada contra o funcionário competente para a execução do ato ou ainda contra o terceiro que lhe presta auxílio. Se for empregada contra coisa, incorrerá o agente no crime de dano qualificado; **B:** Incorreta, devendo ser assinalada, pois se a violência for empregada depois da execução do ato, o crime praticado não será o do art. 329 do CP. Se o agente, depois de executado o ato legal, empregar, contra o funcionário ou qualquer outra pessoa, violência ou grave ameaça, será responsabilizado pelo resultado que causar (lesão corporal ou ameaça). Assertiva, portanto, incorreta; **C:** correta, se o agente, depois de preso, empregar violência com o propósito de fugir, cometerá o crime do art. 352 do CP; **D:** correta, o crime de resistência também se configura na hipótese de o agente se insurgir, mediante violência ou grave ameaça, somente contra o particular que presta auxílio ao funcionário.

Gabarito "B"

(Procurador do Estado/MG – 2007) Diretor de uma entidade paraestatal deixa, por negligência, a porta do cofre destrancada no qual estavam depositadas quantias recebidas em razão do cargo, do que se aproveita outro funcionário, sem o seu conhecimento, que, valendo-se do livre acesso ao local, subtrai em proveito próprio os valores do cofre. Assinale a alternativa correta.

(A) O diretor será processado por condescendência criminosa e o funcionário por peculato-furto.

(B) O diretor será processado por prevaricação e o funcionário por furto.

(C) O diretor será processado por favorecimento real e o funcionário por peculato-furto.

(D) O diretor será processado por peculato culposo e o funcionário por peculato-furto.

O *peculato culposo*, delito em que incorreu o diretor da entidade paraestatal, pressupõe que o funcionário público ou aquele a ele equiparado para fins penais (art. 327, CP), a quem incumbia o dever de bem zelar pelos bens da administração sob sua responsabilidade, viole, com a sua conduta, o *dever de cuidado objetivo*, elemento inerente aos delitos culposos. É imprescindível, neste crime que o *terceiro* a que faz menção o tipo penal cometa um delito *doloso*, seja ele outro funcionário público ou até mesmo o particular. Além disso, é importante, aqui, que o autor do crime doloso se valha de facilidade proporcionada, de forma culposa, pelo agente que detinha a guarda do objeto material. Sempre é bom lembrar que o agente que incorrer no peculato culposo fará jus, se reparar o dano antes da sentença irrecorrível, à extinção de sua punibilidade; se a reparação for posterior ao trânsito em julgado da sentença, terá sua pena reduzida de metade, à luz do que estabelece o art. 312, § 3º, do CP. No *peculato-furto* (art. 312, § 1º, do CP), também chamado pela doutrina de *impróprio*, o agente, embora não tenha a posse do bem, ao contrário do que ocorre no peculato-apropriação (*próprio*), vale-se de facilidade que o cargo lhe proporciona para *efetuar* a sua subtração ou *concorrer* para que terceiro o faça. Tal facilidade, que constitui pressuposto desta modalidade de peculato doloso, consiste, por exemplo, no livre ingresso que o funcionário tem ao interior da repartição. É bem a hipótese narrada no enunciado.

Gabarito "D"

(Procurador do Estado/MG – 2007) MARIA DA GRAÇA, com o intuito de prejudicar seu marido, uma vez que tinha a intenção de afastá-lo de casa, valendo-se da nova legislação penal que protege a mulher, Lei Maria da Penha, registra ocorrência policial imputando ao marido crime de lesões corporais de que o sabe inocente, já que, verdadeiramente, este jamais lhe agrediu. Assinale a alternativa correta.

(A) Responde por comunicação falsa de crime prevista no art. 340 do CP.

(B) Responde por denunciação caluniosa prevista no art. 339 do CP.

(C) Responde por fraude processual prevista no art. 347 do CP.

(D) Responde pelo delito de falsidade ideológica previsto no art. 299 do CP.

O crime de *denunciação caluniosa*, capitulado no art. 339 do CP, não deve ser confundido com o delito do art. 340 do CP, *comunicação falsa de crime ou de contravenção*. Neste, a comunicação que deflagra a ação da autoridade não recai sobre pessoa certa, determinada. Já na *denunciação caluniosa*, o agente atribui a autoria da infração penal por ele levada ao conhecimento da autoridade a pessoa determinada, fornecendo dados à sua identificação. Difere, também, do tipo prefigurado no art. 138 do CP – *calúnia*, na medida em que, neste delito, atribui-se falsamente a alguém fato definido como crime. Sua consumação se opera no momento em que o fato chega ao conhecimento de terceiro (a honra atingida é a objetiva). Aqui, o agente não dá causa à instauração de investigação ou processo.

Gabarito "B"

(Procurador do Estado/PR – 2007) "A inserção de dados em sistema de informações por parte de funcionário autorizado visando obter vantagem indevida para si ou para outrem ou para causar dano (art. 313-A do Código Penal), prevê a figura de:"

(A) apropriação indébita de bem público;

(B) apropriação indébita de bem público infungível;

(C) peculato simples;

(D) peculato eletrônico;

(E) falso ideológico agravado pelo resultado.

A Lei 9.983/2000 introduziu, além de outros, este crime, que pune o funcionário público autorizado que, dentre outras condutas, insere informações falsas em sistemas informatizados da Administração

Pública, tendo como escopo obter vantagem indevida para si ou para outrem, ou para causar dano.

Gabarito "D"

(Procurador do Estado/RR – 2006 – FCC) Assinale a alternativa que contém dois crimes praticados por funcionário público contra a Administração em geral e um crime praticado por particular contra a Administração em geral.

(A) Prevaricação, corrupção passiva e tráfico de influência.

(B) Desobediência, corrupção ativa e inutilização de edital ou sinal.

(C) Inserção de dados falsos em sistema de informações, excesso de exação e condescendência criminosa.

(D) Desacato, resistência e advocacia administrativa.

(E) Concussão, advocacia administrativa e facilitação de contrabando ou descaminho.

A: a prevaricação (art. 319, CP) e a corrupção passiva (art. 317, CP) são crimes praticados por funcionário público contra a Administração em geral (crime próprio); o tráfico de influência (art. 332, CP) é crime praticado por particular contra a Administração em geral (crime comum); **B:** estão todos inseridos no capítulo "Dos Crimes Praticados por Particular contra a Administração em Geral"; **C:** estão todos inseridos no capítulo "Dos Crimes Praticados por Funcionário Público contra a Administração em Geral"; **D:** o desacato (art. 331, CP) e a resistência (art. 329, CP) são crimes praticados por particular contra a Administração em geral (crime comum); a advocacia administrativa (art. 321, CP) é crime próprio; **E:** trata-se de crimes praticados por funcionário público contra a Administração em geral (delito próprio).

Gabarito "A"

(Procurador do Estado/RR – 2006 – FCC) Em caso de peculato culposo,

(A) a reparação do dano, desde que anterior à denúncia, extingue a punibilidade.

(B) a reparação do dano, desde que anterior ao recebimento da denúncia, extingue a punibilidade.

(C) a reparação do dano, desde que anterior à decisão irrecorrível, extingue a punibilidade.

(D) a reparação do dano posterior à denúncia e anterior à sentença condenatória irrecorrível permite redução da pena pela metade.

(E) a reparação do dano posterior ao recebimento da denúncia permite redução da pena em dois terços.

O agente que incorrer no peculato culposo fará jus, se reparar o dano antes da sentença irrecorrível, à extinção de sua punibilidade; se a reparação for posterior ao trânsito em julgado da sentença, terá sua pena reduzida de metade, à luz do que estabelece o art. 312, § 3º, do CP.

Gabarito "C"

(Procurador do Estado/SE – FCC – 2005) O funcionário que patrocina interesse privado perante a administração pública, valendo-se de sua qualidade, comete o crime de

(A) condescendência criminosa.

(B) tráfico de influência.

(C) advocacia administrativa.

(D) exploração de prestígio.

(E) concussão.

O crime de *advocacia administrativa* – art. 321, CP – é praticado pelo funcionário público que, prevalecendo-se da condição de *intraneus*, defende interesse alheio perante a Administração Pública. Sendo este interesse ilegítimo, incidirá a qualificadora do parágrafo único do art. 321 do Código Penal.

Gabarito "C"

(Procurador do Estado/PE – 2004 – FCC) João, oficial de justiça, solicitou a um advogado determinada quantia em dinheiro para deixar de realizar diligência de que estava incumbido. Cometeu, em tese, o crime de

(A) peculato.

(B) prevaricação.

(C) concussão.

(D) corrupção ativa.

(E) corrupção passiva.

Art. 317 do CP. A consumação se deu com a solicitação da vantagem indevida pelo serventuário. É crime formal (a consumação não está vinculada ao atendimento da solicitação por parte do *extraneus*, tampouco é necessário que este manifeste concordância).

Gabarito "E"

(ADVOGADO – BNDES – 2006 – CESGRANRIO) Sobre o delito "peculato", assinale a afirmação correta.

(A) O peculato não admite a figura da tentativa.

(B) O funcionário público que desvia dinheiro, mas que possui créditos reais contra a Administração Pública,

não comete peculato.

(C) O funcionário público que se apropria de bens do Estado com a intenção de posterior devolução comete peculato.

(D) O peculato-apropriação se distingue do peculato-desvio pela presença do dolo como elemento subjetivo do tipo penal.

(E) Na figura do peculato-desvio, a consumação ocorre no momento em que o agente obtém o proveito próprio ou alheio.

A: a tentativa é possível, visto que a conduta, no crime de peculato, pode ser fracionada (crime plurissubsistente); **B:** é irrelevante, à configuração do crime de peculato, o fato de o agente possuir créditos contra a Administração Pública. Não há que se falar, por isso mesmo, em compensação; **C:** não concordamos com a solução dada à questão. O funcionário que faz uso de bem público infungível e em seguida o restitui não pode ser responsabilizado pelo crime de peculato, visto que a lei não contempla a conduta de *usar*. Se o uso, contudo, recair sobre bem fungível (dinheiro, por exemplo), o agente, neste caso, responderá pelo crime de peculato. Doutrina e jurisprudência reconhecem a existência do peculato de uso somente na hipótese de o bem ser infungível, como é o caso, por exemplo, do veículo oficial; **D:** o elemento subjetivo, nas duas formas de peculato, é representado pelo dolo; quanto a isso, não se distinguem; **E:** no crime de peculato-desvio, opera-se a consumação no momento em que o agente dá à coisa destinação diversa, ainda que não alcançado o fim colimado.

Gabarito "C"

(ADVOGADO – BNDES – 2001 – VUNESP) Aquele que dá causa à instauração de investigação administrativa contra alguém, imputando-lhe crime que o sabe inocente, responde pelo crime de

(A) denunciação caluniosa.

(B) autoacusação falsa.

(C) fraude processual.

(D) comunicação falsa de crime ou de contravenção.

(E) favorecimento real.

O sujeito que provoca a instauração de investigação contra alguém, sabendo-o inocente do crime que levou ao conhecimento da autoridade, comete o delito de *denunciação caluniosa*, capitulado no art. 339 do CP. Este crime não deve ser confundido com o do art. 340 do CP, *comunicação falsa de crime ou de contravenção*, em que a comunicação que deflagra a ação da autoridade não recai sobre pessoa certa, determinada. Na *denunciação caluniosa*, como já dito, o agente atribui a autoria da infração penal por ele levada ao conhecimento da autoridade a pessoa determinada, fornecendo dados à sua identificação. Difere, também, do tipo prefigurado no art. 138 do CP – *calúnia*, na medida em que, neste delito, atribui-se falsamente a alguém fato definido como crime. Sua consumação se opera no momento em que o fato chega ao conhecimento de terceiro (a honra atingida é a objetiva). Aqui, o agente não dá causa à instauração de investigação ou processo.

Gabarito "A"

(ADVOGADO – BNDES – 2001 – VUNESP) Se o funcionário público retarda ou deixa de praticar, indevidamente, ato de ofício, ou praticá-lo contra disposição expressa de lei, para satisfazer interesse ou sentimento pessoal, ele comete o crime de

(A) corrupção passiva.

(B) excesso de exação.

(C) prevaricação.

(D) concussão.

(E) peculato.

O tipo penal, na *prevaricação*, contempla três condutas puníveis, a saber: *retardar*, que tem o sentido de atrasar, protelar a execução do ato em desacordo com o prazo fixado; *deixar de praticar*, que consiste na total omissão do funcionário; e *praticar o ato contra disposição expressa lei*: o ato é praticado, mas em desconformidade com o que prescreve a lei. É importante que se diga que, neste crime, não é suficiente, à sua configuração, que o agente deixe de praticar ato a que estava obrigado ou o pratique contra disposição expressa de lei. É imprescindível que aja com o intuito de satisfazer interesse ou sentimento pessoal (elemento subjetivo especial do tipo). Caso contrário, sua conduta pode configurar, quando muito, uma infração na esfera administrativa.

Gabarito "C"

(PROCURADOR – BANCO CENTRAL – 2009 – CESPE) Quanto aos crimes contra a fé pública e contra a administração pública, assinale a opção correta.

(A) No crime de falsificação de documento público, o fato de ser o agente funcionário público é um indiferente penal, ainda que esse agente cometa o crime prevalecendo-se do cargo, tendo em vista que tal delito é contra a fé e não contra a administração pública.

(B) No crime de falsidade ideológica, o documento é materialmente verdadeiro, mas seu conteúdo não reflete a realidade, seja porque o agente omitiu declaração que dele deveria constar, seja porque nele inseriu ou fez inserir declaração falsa ou diversa da que devia ser escrita.

(C) No crime de prevaricação, a satisfação de interesse ou sentimento pessoal é mero exaurimento do crime, não sendo obrigatória a sua presença para a configuração do delito.

(D) Não haverá o crime de condescendência criminosa quando faltar ao funcionário público competência para responsabilizar o subordinado que cometeu a infração no exercício do cargo.

(E) A ocorrência de prejuízo público como resultado do fato não influencia a pena do crime de abandono de função.

A: incorreta, pois não reflete o disposto no art. 297, § 1º, do CP; **B:** correta, o crime do art. 299 do CP (falsidade ideológica) não deve ser confundido com aqueles previstos nos arts. 297 e 298 do CP, respectivamente *falsificação de documento público* e *falsificação de documento particular*, em que a falsidade é *material*, já que o vício incide sobre o aspecto físico do documento, a sua *forma*. Já a *falsidade ideológica*, diferentemente, incide sobre o *conteúdo* do documento, a ideia nele contida, que é perfeito do ponto de vista *material*. Assertiva, portanto, correta; **C:** incorreta, a configuração do crime de *prevaricação* (art. 319, CP) está condicionada à presença do chamado *elemento subjetivo especial do tipo*, consistente no propósito de satisfazer *interesse* ou *sentimento pessoal*; não basta, pois, que o agente realize as condutas contidas no tipo penal; **D:** incorreta, se o funcionário não dispuser de competência para responsabilizar subordinado que cometeu infração no exercício do cargo, deverá levar o fato ao conhecimento da autoridade que detenha tal atribuição. Se não o fizer, será responsabilizado pelo crime de *condescendência criminosa* – art. 320, CP; **E:** incorreta, não é necessária, à consumação deste crime do art. 323 do CP, a produção de resultado naturalístico consistente no prejuízo para a Administração (crime formal).

Gabarito "B"

(ADVOGADO – CEF – 2012 – CESGRANRIO) Jonas é funcionário público estatutário exercendo a função comissionada de Chefe da Seção de Documentação do órgão Y, vinculado ao estado W. Ciente do cometimento de ilícito por parte do seu subordinado Cícero, por indulgência, não o responsabiliza. Nesse caso, ocorreu o crime de

(A) peculato

(B) corrupção passiva

(C) condescendência criminosa

(D) advocacia administrativa

(E) excesso de exação

A conduta descrita no enunciado se amolda ao tipo penal do art. 320 do CP – condescendência criminosa.

Gabarito "C"

(ADVOGADO – CEF – 2010 – CESPE) Um oficial de justiça executava mandado judicial expedido em ação possessória ajuizada por um banco, com a finalidade de desocupar imóvel residencial e proceder à imissão da posse do mesmo, com a subsequente entrega ao representante do banco que acompanhava a diligência. Chegando ao local indicado na ordem judicial, foram recebidos pelo morador, que, ao tomar ciência do que se tratava, negou-se a abrir o portão de acesso ao imóvel, soltou dois bravos cães de guarda, praticou gestos obscenos e, em altos brados e de forma escandalosa, proferiu palavras de baixo calão contra o oficial e o representante do banco, com desígnio autônomo de denegrir, ofender e afrontar a dignidade do funcionário público em razão da função que este desempenhava. Além disso, exibiu uma arma da janela da casa, dizendo que, caso fosse executada a ordem de arrombamento, iria resistir. Diante da gravidade da situação vivenciada, o oficial de justiça deixou de cumprir o mandado, certificou todo o ocorrido, comunicando ao juízo as razões do não cumprimento da ordem judicial, e solicitou auxílio de força policial para ulterior diligência. Com base na situação hipotética apresentada acima e nos mandamentos do direito penal, assinale a opção correta.

(A) A caracterização do crime de resistência depende de a oposição apresentada pelo agente ser consubstanciada em atos de violência contra os executores do ato legal e de a ordem judicial não ser efetivamente cumprida.

(B) A responsabilização penal do agente agressor somente se efetivará mediante ação penal privada, com o oferecimento da competente queixa-crime.

(C) Não haverá crime de resistência se a oposição for praticada em face de particular que preste auxílio ao servidor público no cumprimento da ordem judicial, a exemplo de chaveiro convocado para abertura de portas e cadeados.

(D) Nos termos da situação apresentada, a conduta de desobedecer à ordem legal de desocupação e acesso ao imóvel, emanada de servidor público, no estrito cumprimento de dever legal, restou abrangida pelo crime de resistência.

A: incorreta, pois a configuração do crime de *resistência* (art. 329, CP) prescinde da produção de resultado naturalístico consubstanciado no não cumprimento do ato legal (crime formal), que constitui mero exaurimento deste crime; **B:** incorreta, pois a ação penal, no crime de resistência, é *pública incondicionada;* **C:** incorreta, pois o crime de resistência também se configura na hipótese de o agente se insurgir, mediante violência ou grave ameaça, contra o particular que presta auxílio ao funcionário; **D:** correta, se verificadas no mesmo contexto fático, a resistência absorve a desobediência. Há posicionamento divergente na jurisprudência.

Gabarito "D"

22. CRIMES DA LEI ANTIDROGAS

(Procurador do Estado/SP – VUNESP – 2005) X, viciado em drogas, encontra-se detido em estabelecimento prisional. Y, sua namorada, tencionando entregar-lhe maconha, esconde a droga em um maço de cigarros comuns, para tanto cortando o fundo da embalagem sem romper o lacre superior. Y, então, insidiosamente, solicita a Z, um desconhecido, que entregue o maço a X, no dia de visita. Contudo, por ocasião da revista nos visitantes, a droga é encontrada pelos agentes penitenciários, dentro do maço de cigarros, fechado, portado por Z. Diante disso, Y e Z são processados criminalmente, sendo lícito supor que Y poderá ser

(A) absolvida por ausência de participação no evento, e Z, condenado por infração ao art.12 da Lei n.° 6.368/76.

(B) absolvida por ausência de participação no evento, e Z, absolvido por erro de proibição.

(C) absolvida por inexigibilidade de conduta diversa, e Z, condenado pelo art. 12 da Lei n.° 6.368/76 porque seu erro não exclui a punição a título de culpa.

(D) condenada pelo delito do art.12 da Lei n.° 6.368/76, por ser autor mediato, e Z, absolvido por erro de tipo, que exclui o dolo em sua conduta.

(E) condenada pelo art. 12 da Lei n.° 6.368/76, mas com redução de pena por participação de menor importância, e Z, absolvido por ter atuado sob coação moral irresistível.

---

levou-se em conta, na elaboração desta questão, a Lei 6.368/76, revogada na íntegra pela Lei 11.343/06, atualmente em vigor, cujo *caput* do art. 33 contempla a conduta praticada por Y (tráfico de drogas). Registre-se que o § 3º do art. 33 da Lei 11.343/06, que inseriu, no contexto do tráfico, o chamado *tráfico eventual* (forma privilegiada do crime), não tem incidência na hipótese descrita no enunciado, porquanto estabelece, como requisito, a necessidade de a droga ser consumida em conjunto. Também digno de registro é o fato de a causa de diminuição de pena prevista no § 4º do art. 33 da atual Lei de Drogas ser aplicável, ao menos em princípio, à conduta de Y, desde que se trate de agente primário, de bons antecedentes, que não se dedique à atividades criminosas nem integre organização criminosa. No que toca à conduta de Z, a atual Lei de Drogas nenhuma modificação implementou. Porque desconhecia o conteúdo do maço de cigarros que lhe foi entregue, o dolo de sua conduta há de ser excluído. Z incorreu em erro de tipo – art. 20, *caput*, do CP.

Gabarito "D"

23. CRIMES CONTRA O MEIO AMBIENTE

(Procurador do Município/Cubatão-SP – 2012 – VUNESP) Nos crimes dolosos de poluição, previstos na seção III do capítulo V da Lei n.º 9.605/98 (crimes contra o meio ambiente), a pena é aumentada por expressa disposição do art. 58 se

I. praticados com intuito de lucro;

II. resultarem em lesão corporal de natureza grave em outrem;

III. resultarem em dano irreversível à flora ou ao meio ambiente em geral.

É correto o que se afirma em

(A) I, apenas.

(B) II, apenas.

(C) I e II, apenas.

(D) II e III, apenas.

(E) I, II e III.

I: hipótese não contemplada no art. 58 da Lei 9.605/98; **II**: causa de aumento prevista no art. 58, II, da Lei 9.605/98; **III**: causa de aumento prevista no art. 58, I, da Lei 9.605/98.

Gabarito "D"

(Procurador do Estado/PR – UEL-COPS – 2011) Sobre os crimes contra o meio ambiente é incorreto afirmar:

(A) a lei n. 9.605/98 contém tipos penais em branco de complementação heteróloga;

(B) a responsabilidade penal da pessoa jurídica, embora constitucionalmente e legalmente prevista, merece objeções como, por exemplo, o fato de a pessoa jurídica não poder expressar culpabilidade e esta constituir aspecto fundamental para a aplicação da sanção criminal no Direito Penal moderno;

(C) segundo a Lei, às pessoas jurídicas somente são aplicáveis sanções de natureza administrativa, como a multa;

(D) a reincidência, em relação aos crimes contra o meio ambiente, é específica;

A: correta, para possibilitar a aplicação de diversos dispositivos contidos na Lei de Crimes Ambientais, é necessário recorrer à legislação extrapenal. Exemplo: para que se possa estabelecer o alcance da norma prevista no art. 34 da Lei 9.605/98, deve-se lançar mão da Lei 11.959/09, que, entre outras coisas, regula a atividade pesqueira; **B:** correta, embora ainda haja alguma divergência na doutrina e na jurisprudência, o fato é que o texto constitucional (art. 225, § 3º, da CF) e a legislação ordinária (art. 3º da Lei 9.605/98) que disciplina a matéria atribuíram à pessoa jurídica a capacidade para ser sujeito ativo de crime ambiental; **C:** incorreta, devendo ser assinalada, visto que às pessoas jurídicas será atribuída, além das responsabilidades administrativa e civil, também a penal, conforme o disposto no art. 3º da Lei 9.605/98; **D:** correta, o art. 15, I, da Lei 9.605/98 (circunstâncias agravantes).

Gabarito "C"

(ADVOGADO – BNDES – 2010 – CESGRANRIO) Um Banco recebe pedido de financiamento da Empresa Mascas e Mascotes Ltda., representada por seu sócio-gerente, o Sr. Empédocles. Realizando diligências quanto à regularidade cadastral do proponente, o Banco verifica a existência de processos criminais por infração a normas penais que tratam da proteção ao meio ambiente. As anotações indicam a persecução penal à pessoa jurídica, bem como ao sócio-gerente. Indagado sobre as anotações, o Sr. Empédocles informa que, segundo seu advogado, a pessoa jurídica está infensa da responsabilidade penal e, quanto à pessoa física, ainda não existe condenação, estando os fatos em fase de apuração judicial. Alega que ingressou na empresa em data posterior aos fatos narrados como ilícitos. A partir do caso exposto, conclui-se que

(A) no sistema pátrio não há responsabilização criminal de pessoa jurídica.

(B) nos crimes ambientais sempre haverá concurso de agentes, incluindo pessoa física sócia e pessoa jurídica.

(C) os crimes ambientais permitem a responsabilidade criminal da pessoa jurídica.

(D) a responsabilidade da pessoa física por crimes ambientais é objetiva.

(E) a pessoa física é a quem cabe somente responder pelos crimes ambientais praticados.

Art. 225, § 3º, da CF; art. 3º da Lei 9.605/98 (define sanções penais e administrativas derivadas de condutas e atividades lesivas ao meio ambiente).

Gabarito "C"

24. CRIMES CONTRA A ORDEM TRIBUTÁRIA, ECONÔMICA E CONTRA AS RELAÇÕES DE CONSUMO

(Procurador do Município/Natal-RN – 2008 – CESPE) Márcio e Fabiano, empresários estabelecidos no município de Barcelona – RN, associaram-se eventualmente para fraudar o fisco estadual, mediante alteração de notas fiscais representativas de transações comerciais, conduta tipificada no art. 1.º, III, da Lei n.º 8.137/1990, causando, assim, prejuízos ao erário estadual.

Acerca dessa situação hipotética e com base nas disposições da lei que define os crimes contra a ordem tributária e na jurisprudência dominante, assinale a opção correta.

(A) Ainda que o crédito tributário não tenha sido definitivamente apurado na esfera administrativa fiscal, segundo a jurisprudência do STF, há de ser recebida a denúncia pelo crime em questão, uma vez que a conduta representa prática de infração penal de natureza formal.

(B) Apenas a supressão de tributo ou contribuição social caracteriza a prática de crime previsto na lei, não sendo tipificada a supressão de acessório.

(C) Ainda que o prejuízo provocado ao fisco estadual seja de valor ínfimo, por exemplo, em torno de R$ 20,00, segundo a jurisprudência do STJ, não se aplica, no caso, o princípio da insignificância.

(D) Caso Fabiano confesse espontaneamente à autoridade policial toda a trama delituosa, poderá se beneficiar de uma causa de diminuição de pena, ainda que seu gesto não seja eficaz para a investigação.

A: incorreta, pois "não se tipifica crime material contra a ordem tributária, previsto no art. 1º, I a IV, da Lei 8.137/90, antes do lançamento definitivo do tributo (Súmula Vinculante nº 24); **B:** incorreta, também configura o crime do art. 1º da Lei 8.137/90 a conduta de suprimir ou reduzir acessório; **C:** incorreta, é aplicado, sim, o princípio da insignificância neste caso, devendo-se levar em conta, para sua incidência, o valor mínimo fixado para a propositura da ação de execução fiscal; **D:** correta, art. 16, parágrafo único, da Lei 8.137/90.

Gabarito "D"

(Procurador do Município/Natal-RN – 2008 – CESPE) Determinado comerciante, no intuito de evitar prejuízos ao seu negócio, expôs à venda mercadorias em condições impróprias para o consumo, conduta relacionada tipicamente à infração penal definida no art. 7.º, inciso IX, da Lei n.º 8.137/1990. A autoridade policial efetuou a prisão em flagrante do comerciante e apreendeu as referidas mercadorias, mas não determinou a realização de perícia nas mesmas para atestar sua imprestabilidade ao consumo.

Com relação a essa situação hipotética, assinale a opção correta.

(A) Embora se trate de crime formal, é necessária a realização de perícia para a comprovação do elemento objetivo do tipo, qual seja, a existência de mercadoria em condições impróprias ao consumo.

(B) A realização de perícia revela-se desnecessária, uma vez que, tratando-se de delito formal, a consumação ocorre independentemente da verificação de dano ao consumidor.

(C) A realização de perícia somente seria exigida se a mercadoria efetivamente resultasse em dano ao consumidor.

(D) A tipificação do mencionado delito não se vincula às disposições do CDC que estabelecem os produtos impróprios para o consumo.

Trata-se, de fato, de *crime formal*, já que não depende, à sua consumação, de prejuízo efetivo ao consumidor; ademais, é de rigor a realização de exame para atestar se a mercadoria é ou não imprópria ao consumo.

Gabarito "A"

(Procurador do Estado/PR – 2007) "Nos crimes de sonegação fiscal referentes a tributos estaduais, a respectiva ação penal." ALTERNATIVAS:

(A) é pública condicionada à representação da autoridade fiscal;

(B) é pública condicionada à representação da autoridade fiscal e ao julgamento final do conselho de contribuintes;

(C) é pública condicionada à requisição do Secretário da Fazenda;

(D) é pública incondicionada não dependendo de representação ou requisição;

(E) é pública condicionada ao respectivo parcelamento perante a autoridade administrativa.

A ação penal, nos crimes de sonegação fiscal, é sempre pública incondicionada.

Gabarito "D"

(Procurador do Estado/PR – 2007) "O crime descrito no art. 7º, inciso II, da Lei 8.137/90: "Vender ou expor a venda mercadoria cuja embalagem, tipo, especificação, peso ou composição esteja em desacordo com as prescrições legais, ou que não corresponda à respectiva classificação oficial", é considerado."

(A) crime material;

(B) crime de perigo abstrato;

(C) crime da dano;

(D) crime preterdoloso;

(E) crime habitual.

Trata-se, de fato, de delito de perigo abstrato, em que a probabilidade de ocorrer dano independe de prova, já que está presumida no tipo penal. No crime de perigo concreto, ao contrário, a probabilidade de ocorrer dano há de ser provada, demonstrada.

Gabarito "B"

(ADVOGADO – BNDES – 2004 – CESGRANRIO) Clarice Menezes, renomada estilista, rompe noivado com um famoso sócio de banco de investimentos que, pouco tempo depois, marca casamento com uma antiga namorada de infância. Clarice, movida por ciúmes e com o intuito deliberado de prejudicá-lo em seus negócios, cria um boato de que o banco de seu ex-noivo encontra-se com graves dificuldades para adimplir contrato milionário de opções, do conhecimento de todo o mercado. Resolve redigir uma nota e divulgá-la anonimamente pela via postal, utilizando-se da mala direta de clientes e operadores daquele banco. Alguns dias depois, sem sofrer prejuízos, o Banco consegue desmentir o boato perante a imprensa, comprovando plenas condições de cumprimento daquele contrato. Considerando o tipo penal previsto no artigo 3º da Lei nº 7.492/86 ("Divulgar informação falsa ou prejudicialmente incompleta sobre instituição financeira: Pena – de 2 (dois) a 6 (seis) anos, e multa"), pode-se afirmar que Clarice:

(A) não cometeu o crime, pois não houve a produção do resultado pretendido, já que o Banco desmentiu o boato e não sofreu qualquer prejuízo.

(B) não cometeu o crime, pois o sujeito ativo da conduta criminosa em questão deve ser pessoa física de dentro da instituição financeira.

(C) não cometeu o crime, pois não houve dolo direto ou eventual de produzir consequências danosas para o mercado como um todo, que é o bem jurídico tutelado.

(D) cometeu o crime tentado, pois iniciou a ação de divulgar mas, por motivos alheios a sua vontade, não chegou a gerar o prejuízo pretendido.

(E) cometeu o crime, pois o tipo penal em questão descreve crime de mera conduta.

Este crime não exige nenhuma qualidade especial do sujeito ativo. Pode ser praticado, portanto, por qualquer pessoa (crime comum). É *formal*, na medida em que é prescindível a ocorrência de prejuízo efetivo. É, além disso, de *perigo abstrato*, visto que a probabilidade de dano é presumida.

Gabarito "E"

(PROCURADOR – BANCO CENTRAL – 2009 – CESPE) Assinale a opção correta acerca dos crimes relativos a licitações, contra a administração pública e a ordem tributária, contra o SFN e de lavagem ou ocultação de bens, direitos e valores.

(A) Os crimes relativos a licitações são de ação penal pública incondicionada e, dada a natureza dos delitos, não se admite ação penal privada subsidiária da pública, conforme expressa vedação legal.

(B) O funcionário público que patrocine diretamente interesse privado perante a administração fazendária, valendo-se da qualidade de funcionário público, pratica o crime de advocacia administrativa, previsto no CP.

(C) Nos crimes contra o SFN, cometidos em quadrilha ou coautoria, o coautor ou partícipe que, por meio de confissão espontânea, revelar à autoridade policial ou judicial toda a trama delituosa terá a pena reduzida.

(D) Nos crimes de lavagem ou ocultação de bens, direitos e valores, pune-se a tentativa com a mesma pena do crime consumado, havendo, assim, exceção, por expressa disposição legal, à regra geral prevista no CP.

(E) Nos delitos de lavagem ou ocultação de bens, direitos e valores, configura modalidade qualificada a prática do crime de forma habitual ou por intermédio de organização criminosa.

A: incorreta, a ação penal, nos crimes definidos na Lei de Licitações, é *pública incondicionada* – art. 100 da Lei 8.666/93; **B:** incorreta, terá lugar a ação penal privada subsidiária da pública, instrumento de índole constitucional (art. 5º, LIX, da CF), na hipótese de o membro do Ministério Público mostrar-se negligente, deixando de ajuizar a ação penal dentro no prazo de lei; **C:** correta, pois reflete o que estabelece o art. 25, § 2º, da Lei 7.492/86 (crimes contra o Sistema Financeiro); **D:** incorreta, a *tentativa*, a teor do que dispõe o art. 1º, § 3º, da Lei 9.613/98, é punida nos moldes do art. 14 do CP; **E:** constitui hipótese de aumento de pena o fato de o crime definido na Lei 9.613/98 ser praticado de forma *reiterada* ou por intermédio de *organização criminosa* (art. 1º, § 4º).

Gabarito "C"

(ADVOGADO – ANVISA – 2004 – CESPE) Com referência aos crimes contra a ordem tributária definidos na Lei n.º 8.137/1990, julgue os itens seguintes.

(1) Considerando que o art. 2.º, inciso II, da citada lei descreve como tipo objetivo a ação de deixar de recolher, no prazo legal, valor do tributo ou de contribuição social, descontado ou cobrado, na qualidade de sujeito passivo de obrigação e que deveria recolher aos cofres públicos, é correto afirmar que o processo penal depende do procedimento na área fiscal, pois ambos não podem coexistir independentemente, constituindo uma condição de procedibilidade do outro.

(2) Considere a seguinte situação hipotética. Paulo, proprietário de farmácia, negou-se a prestar informações aos agentes fiscais acerca de questões referentes à venda de medicamento proibido pela vigilância sanitária e temeroso de que tais informações pudessem incriminá-lo, recusou o acesso à sua escrituração contábil, para que o fisco não percebesse a falta de lisura em seus registros. Nessa situação, a recusa em atender à exigência da autoridade fiscal da secretaria de fazenda local configura ilícito penal previsto na Lei nº 8.137/1990 e necessária se faz a abertura de processo administrativo fiscal para a instauração da ação penal.

(3) Considere a seguinte situação hipotética. Pedro, proprietário de um bar, foi condenado por crime fiscal por ter reduzido tributo, inserindo elementos inexatos no livro diário. Assim agindo, incidiu em ilícito penal previsto na Lei n.º 8.137/1990. Posteriormente, a própria administração fazendária declarou inexistir qualquer responsabilidade de natureza tributária, reconhecendo, portanto, inexistência de débito fiscal contra Pedro. Na hipótese em apreço, não pode Pedro valer-se da decisão administrativa para tentar rescindir a condenação criminal por meio de revisão criminal.

A tipificação das condutas previstas no art. 2º da Lei 8.137/90 independe da constituição definitiva do tributo, o que somente é exigível à configuração do crime material presente no art. 1º da Lei 8.137/90 - Súmula Vinculante nº 24. A instauração da ação penal, no crime previsto no art. 1º, parágrafo único, da Lei 8.137/90, independe da abertura de processo administrativo fiscal. A existência do crime previsto no art. 1º, II, da Lei 8.137/90 depende da constituição definitiva do crédito tributário, sem o que inexiste justa causa sequer para o ajuizamento da ação penal.

Gabarito 1E, 2E, 3E

(ADVOGADO – CEF – 2012 – CESGRANRIO) Um comerciante, com exploração de mercearia no município Y, é surpreendido pela fiscalização dos órgãos de proteção ao consumidor, que lograram autuá-lo pela exposição de mercadorias com prazo de validade vencido. Consoante à normativa aplicável ao caso trata-se de tipo vinculado a crime

(A) próprio

(B) material

(C) omissivo

(D) de dano

(E) de perigo

Conduta prevista no art. 7º, IX, da Lei 8.137/90. É de perigo abstrato, já que a probabilidade de dano é presumida pelo tipo penal.

Gabarito "E"

(ADVOGADO – CEF – 2012 – CESGRANRIO) O diretor da instituição financeira Y colocou em circulação, sem autorização escrita da sociedade emissora, documento representativo de valor mobiliário. Tal ato é tipificado como crime contra a(o)

(A) licitação

(B) administração pública

(C) ordem econômica

(D) livre circulação de ideias

(E) sistema financeiro nacional

Art. 2º, *caput*, da Lei 7.492/86 (Crimes contra o Sistema Financeiro).

Gabarito "E"

25. CRIMES DE TRÂNSITO

(Procurador do Município/Cubatão-SP – 2012 – VUNESP) Com relação ao crime do art. 302 da Lei n.º 9.503/97 (homicídio culposo de trânsito), há expressa previsão de aumento de pena se o agente

I. não possuir Permissão para Dirigir ou Carteira de Habilitação;

II. deixar de prestar socorro, quando possível fazê-lo sem risco pessoal, à vítima do acidente;

III. estiver sob a influência de álcool ou substância tóxica ou entorpecente de efeitos análogos.

É correto o que se afirma em

(A) I, apenas.

(B) II, apenas.

(C) I e II, apenas.

(D) II e III, apenas.

(E) I, II e III.

I: causa de aumento prevista no art. 302, parágrafo único, I, do CTB; **II**: causa de aumento prevista no art. 302, parágrafo único, III, do CTB; **III**: o dispositivo que contemplava esta causa de aumento de pena foi revogado pela Lei 11.705/08. Quis o legislador, com isso, que o agente respondesse, em concurso formal, pelos crimes de homicídio culposo de trânsito e embriaguez ao volante (art. 306, CTB).

Gabarito "C"

26. ESTATUTO DO DESARMAMENTO

(Procurador do Município/Cubatão-SP – 2012 – VUNESP) Tendo por critério a quantidade de pena privativa de liberdade abstratamente cominada e considerando as figuras simples, assinale a alternativa que apresenta o crime menos grave.

(A) Suprimir ou alterar marca, numeração ou qualquer sinal de identificação de arma de fogo ou artefato.

(B) Deixar de observar as cautelas necessárias para impedir que menor de 18 (dezoito) anos ou pessoa portadora de deficiência mental se apodere de arma de fogo que esteja sob sua posse ou que seja de sua propriedade.

(C) Portar, deter, adquirir, fornecer, receber, ter em depósito, transportar, ceder, ainda que gratuitamente, emprestar, remeter, empregar, manter sob guarda ou ocultar arma de fogo, acessório ou munição, de uso permitido, sem autorização e em desacordo com determinação legal ou regulamentar.

(D) Possuir, deter, portar, adquirir, fornecer, receber, ter em depósito, transportar, ceder, ainda que gratuitamente, emprestar, remeter, empregar, manter sob sua guarda ou ocultar arma de fogo, acessório ou munição de uso proibido ou restrito, sem autorização e em desacordo com determinação legal ou regulamentar.

(E) Possuir ou manter sob sua guarda arma de fogo, acessório ou munição, de uso permitido, em desacordo com determinação legal ou regulamentar, no interior de sua residência ou dependência desta, ou, ainda, no seu local de trabalho, desde que seja o titular ou o responsável legal do estabelecimento ou empresa.

A: crime previsto no art. 16, parágrafo único, I, da Lei 10.826/03. Pena cominada: reclusão, de 3 a 6 anos, e multa; **B:** crime previsto no art. 13, "caput", da Lei 10.826/03. Pena cominada: detenção, de 1 a 2 anos, e multa (alternativa correta); **C:** crime previsto no art. 14, "caput", da Lei 10.826/03. Pena cominada: reclusão, de 2 a 4 anos, e multa; **D:** crime previsto no art. 16, "caput", da Lei 10.826/03. Pena cominada: reclusão, de 3 a 6 anos, e multa; **E:** crime previsto no art. 12 da Lei 10.826/03. Pena cominada: detenção, de 1 a 3 anos, e multa;

Gabarito "B"

27. CRIMES RELATIVOS A LICITAÇÃO

(Procurador do Município/Boa Vista-RR – 2010 – CESPE) Julgue os itens subsequentes.

(1) Nos casos de sentença condenatória por prática de algum dos crimes previstos na Lei nº 8.666/1993, a pena de multa deverá ser fixada em percentual, cuja base deverá corresponder ao valor da vantagem obtida ou potencialmente auferível pelo agente.

(2) A autoridade competente que, fora das hipóteses previstas em lei, determinar dispensa ou inexigibilidade de licitação incorrerá em crime previsto na Lei nº 8.666/1993.

1: art. 99 da Lei 8.666/93; 2: art. 89, *caput*, da Lei 8.666/93.

Gabarito 1C,2C

(Advogado da União/AGU – CESPE – 2009) Acerca dos crimes relativos à licitação, julgue os itens que se seguem.

(1) Os crimes definidos na lei de licitações sujeitam os seus autores, quando servidores públicos, à perda de cargo, emprego, função ou mandato eletivo, ainda que o crime não tenha sido consumado.

(2) Não interfere na pena aplicada ao agente o fato de ser ele ocupante de cargo em comissão ou de função de confiança em órgão da administração direta, autarquia, empresa pública, sociedade de economia mista, fundação pública ou em outra entidade controlada direta ou indiretamente pelo poder público.

1: art. 83 da Lei 8.666/93; 2: art. 84, § 2º, da Lei 8.666/93.

Gabarito 1C,2E

28. CRIME DE TORTURA

(Procurador do Município/Cubatão-SP – 2012 – VUNESP) No que concerne ao crime de tortura (Lei nº 9.455/97),

(A) a condenação acarretará a perda do cargo, função ou emprego público e a interdição para seu exercício pelo dobro do prazo da pena aplicada.

(B) a pena é dobrada se cometido por agente público no exercício da função.

(C) a pena é dobrada se cometido mediante sequestro.

(D) aquele que se omite em face do crime em questão, quando tinha o dever de evitá-lo ou apurá-lo, incorre na exata e mesma pena do que ativamente pratica a infração.

(E) se da tortura resulta óbito da vítima, o agente será punido por homicídio, já que o referido crime não prevê figura qualificada na ocorrência de morte.

A: assertiva correta - art. 1º, § 5º, da Lei 9.455/97; B e **C:** a pena será aumentada de um sexto a um terço – art. 1º, § 4º, I e III, da Lei 9.455/97; **D:** incorreta, pois não reflete o disposto no art. 1º, § 2º, da Lei 9.455/97; **E:** art. 1º, § 3º, da Lei 9.455/97.

Gabarito "A"

(Procurador do Estado/SC – 2010 – FEPESE) Sobre a Lei de Tortura, assinale a alternativa **incorreta**.

(A) O crime de tortura é inafiançável e insuscetível de graça ou anistia.

(B) O regime inicial de cumprimento da pena pela prática de crime previsto na Lei de Tortura será, obrigatoriamente, o regime fechado.

(C) A condenação acarretará a perda do cargo, função ou emprego público e a interdição para seu exercício pelo dobro do prazo da pena aplicada.

(D) Constitui crime de tortura submeter alguém, sob sua guarda, poder ou autoridade, com emprego de violência ou grave ameaça, a intenso sofrimento físico ou mental, como forma de aplicar castigo pessoal ou medida de caráter preventivo.

(E) A Lei de Tortura aplica-se ainda quando o crime não tenha sido cometido em território nacional, sendo a vítima brasileira ou encontrando-se o agente em local sob jurisdição brasileira.

A: assertiva correta, visto que reflete o que se afirma no art. 1º, § 6º, da Lei 9.455/97; **B:** assertiva incorreta, devendo ser assinalada, pois não corresponde ao que estabelece o art. 1º, § 7º, da Lei 9.455/97; **C:** assertiva correta, visto que corresponde ao que prescreve o art. 1º, § 5º, da Lei 9.455/97; **D:** assertiva correta, pois corresponde ao que prescreve o art. 1º, II, da Lei 9.455/97; **E:** é o teor do art. 2º da Lei 9.455/97 (extraterritorialidade incondicionada).

Gabarito "B"

29. CRIMES DE ABUSO DE AUTORIDADE

(Procurador da Fazenda Nacional – 2003 – ESAF) Constitui abuso de autoridade (Lei nº 4.898/65) qualquer atentado:

(A) aos direitos e garantias legais assegurados ao exercício profissional.

(B) ao direito de herança.

(C) à prestação de assistência religiosa nas entidades civis e militares de internação coletiva.

(D) ao direito de resposta proporcional ao agravo.

(E) à concessão de asilo político.

A assertiva "A" – correta – corresponde ao art. 3º, "j", da Lei 4.898/65. As demais não constituem abuso de autoridade.

Gabarito "A"

30. CONTRAVENÇÕES PENAIS

(Procurador do Município/Cubatão-SP – 2012 – VUNESP) É contravenção penal, prevista no DL nº 3.688/41,

(A) anunciar processo, substância ou objeto destinado a evitar a gravidez (art. 20).

(B) explorar a credulidade pública mediante sortilégios, predição do futuro, explicação de sonho, ou práticas congêneres (art. 27).

(C) usar, ainda que em ambiente privado, de uniforme, ou distintivo de função pública que não exerce (art. 46).

(D) mendigar, por ociosidade ou cupidez (art. 60).

(E) apresentar-se publicamente em estado de embriaguez, de modo que cause escândalo ou ponha em perigo a segurança própria ou alheia (art. 62).

A: a conduta prevista no art. 20 da LCP não contempla o anúncio de mecanismo destinado a evitar a gravidez (o tipo penal refere-se a *aborto*); **B:** dispositivo revogado pela Lei 9.521/97; **C:** é necessário, à configuração desta infração penal, que o uso ocorra *em público*; **D:** o art. 60 da Lei das Contravenções Penais (Decreto-Lei 3.688/41), que definia a contravenção de *mendicância*, foi revogado pela Lei 11.983/09; **E:** contravenção prevista no art. 62 da LCP.

Gabarito "E"

31. OUTROS CRIMES E CRIMES COMBINADOS DA LEGISLAÇÃO EXTRAVAGANTE

(Procurador do Município/Natal-RN – 2008 – CESPE) Acerca das disposições criminais do CDC – Lei n.º 8.078/1990 –, assinale a opção correta.

(A) O fato de qualquer crime previsto na referida norma ser cometido em época de grave crise econômica ou por ocasião de calamidade determina a incidência de aumento de pena de um a dois terços.

(B) A pena pecuniária prevista para os crimes contra as relações de consumo definidos no referido código deve ser calculada em dias-multa e ser, no mínimo, de 10 dias-multa e, no máximo, de 360 dias-multa, por aplicação subsidiária do CP.

(C) Caracteriza circunstância agravante o fato de o crime ser cometido em detrimento de operário ou rurícola.

(D) O fato de um comerciante deixar de entregar ao consumidor o termo de garantia de um produto, adequadamente preenchido e com especificação clara de seu conteúdo, não constitui crime, mas mera infração administrativa.

A: alternativa incorreta, visto que a prática de qualquer dos crimes previstos no CDC em época de grave crise econômica ou por ocasião de calamidade constitui *circunstância agravante*, conforme estabelece o art. 76, I, da Lei 8.078/90; **B:** o CDC estabelece, em relação à pena pecuniária, critério diverso do adotado pelo Código Penal. Reza o art. 77 da lei especial que a pena de multa deve variar, em dias-multa, de acordo com o mínimo e o máximo de dias de duração da pena privativa de liberdade. Assertiva, portanto, incorreta; **C:** proposição correta, pois em conformidade com o que preceitua o art. 76, IV, "b", do CDC; **D:** a prática da conduta descrita no enunciado configura o crime do art. 74 do CDC.

Gabarito "C"

(Procurador do Estado/RR – 2006 – FCC) Constitui crime de responsabilidade dos prefeitos, sujeito ao julgamento do Poder Judiciário, independentemente do pronunciamento da Câmara dos Vereadores,

(A) nomear, admitir ou designar servidor, contra disposição de lei, expressa ou tácita.

(B) deixar de cumprir ordem judicial, sem dar o motivo da recusa ou da impossibilidade à autoridade judiciária, por escrito ou verbalmente, no prazo de lei.

(C) captar recursos a título de antecipação de receita de tributo ou contribuição social, cujo fato gerador tenha ocorrido a menos de 30 (trinta) dias.

(D) deixar de prestar contas mensais da administração financeira do Município à Câmara dos Vereadores.

(E) antecipar ou inverter a ordem de pagamento a credores do Município, sem vantagem para o erário.

Art. 1º, XII, do Dec.-lei 201/67.

Gabarito "E"

(Procurador da Fazenda Nacional – 2003 – ESAF) No tocante aos crimes resultantes de preconceitos, de raça ou de cor, pode-se afirmar que (Lei nº 7.716/89):

(A) não constitui efeito da condenação a perda de cargo ou função pública para o servidor público que for sujeito ativo do crime.

(B) a suspensão do funcionamento do estabelecimento particular por prazo não superior a três meses constitui um efeito da condenação automático, pois não deve ser motivadamente declarado por sentença.

(C) não se considera crime fabricar distintivo que utilize a cruz suástica para fins de divulgação do nazismo.

(D) no caso de prática de discriminação ou preconceito de raça por intermédio de publicação de qualquer natureza, constitui efeito da condenação, após o trânsito em julgado a decisão, a destruição do material apreendido.

(E) no crime de negar ingresso de aluno em estabelecimento público ou privado de qualquer grau, não há agravamento de pena quando praticado contra menor de 18 anos.

A: incorreta, pois não reflete o disposto no art. 16 da Lei 7.716/89; **B:** os efeitos da condenação do art. 16 da Lei 7.716/89 não são automáticos, devendo, por isso, ser declarados motivadamente na sentença (art. 18); **C:** conduta prevista no art. 20, § 1º, da Lei 7.716/89; **D:** correta, pois em consonância com o que estabelece o art. 20, § 4º, da Lei 7.716/89; **E:** incorreta, pois não reflete o disposto no art. 6º, parágrafo único, da Lei 7.716/89.

Gabarito "D"

(Procurador da Fazenda Nacional – 2006 – ESAF) O elemento subjetivo, relativo à conduta típica do art. 1º, §1º, I, da Lei n. 9.613/98 - "Lavagem ou ocultação de bens, direitos e valores" é

(A) dolo.

(B) culpa.

(C) preterdolo.

(D) responsabilidade objetiva.

(E) dolo específico.

O elemento subjetivo específico (dolo específico) é representado pelo propósito de ocultar ou dissimular a utilização dos bens, direitos ou valores provenientes de infração penal antecedente. A propósito, o art. 1º, *caput*, da Lei 9.613/98, entre outros dispositivos, teve sua redação alterada por força da Lei 12.683/12. Agora, não mais se exige, à configuração do crime de lavagem de dinheiro, que a operação financeira esteja vinculada a determinados crimes, listados em rol taxativo.

Gabarito "E"

(ADVOGADO – CEF – 2012 – CESGRANRIO) Em determinado processo judicial criminal, há, em decorrência de requerimento do Ministério Público, autorização para interceptação telefônica com o fito de angariar provas contra acusados de delitos considerados graves. Nos termos da legislação pertinente, o prazo para a interceptação deve, regra geral, corresponder a, no máximo,

(A) sessenta dias, com renovação

(B) trinta dias, com renovação

(C) vinte dias, com renovação

(D) quinze dias, com renovação

(E) dez dias, com renovação

Art. 5º da Lei 9.296/96. Cuidado: é pacífico na jurisprudência o entendimento segundo o qual a intercepção deve perdurar pelo interregno necessário à elucidação do crime sob investigação; comporta, por isso, sucessivos pedidos de renovação.

Gabarito "D"

(ADVOGADO – CEF – 2010 – CESPE) Assinale a opção correta com base nos ensinamentos do direito penal.

(A) Nos crimes relativos a licitação, a pena de multa diverge do sistema geral de dias-multa estabelecido no CP e consiste em pagamento de quantia fixada em percentuais calculados na vantagem efetivamente obtida ou potencialmente auferível pelo agente, cujos percentuais não poderão ser inferiores a 2% nem superiores a 5% do valor do contrato licitado ou celebrado com dispensa ou inexigibilidade de licitação.

(B) A prática de crime de abuso de autoridade acarreta para o agente a responsabilidade administrativa, civil e penal. A perda da função pública e a inabilitação para o exercício de qualquer função pública são efeitos automáticos da sentença penal condenatória por esse delito.

(C) A lei que regula prevenção e repressão à organização criminosa define esta como quadrilha ou bando ou associação criminosa, estável, com ânimo associativo e duradouro, com a finalidade específica de praticar crimes no âmbito internacional. Em situações excepcionais, a legislação autoriza o juiz a realizar diligências, pessoalmente, mesmo nos casos de sigilo preservados pela CF.

(D) O sistema penal brasileiro, no tocante aos delitos contra a fé pública, unificou os crimes de atribuir-se falsa identidade para obter vantagem e o uso, como próprio, de documento de identidade alheio, em uma única figura típica, ressaltando, nesses casos, a possibilidade da incidência de sanção penal mais severa, se o fato constituir elemento de crime mais grave.

(E) A interceptação telefônica somente poderá ser autorizada pelo magistrado, nos termos da legislação de regência, quando houver indícios suficientes de autoria e prova da materialidade da prática de crimes hediondos e de delitos executados por organizações criminosas.

A: correta, pois reflete o disposto no art. 99 da Lei 8.666/93; **B:** art. 6º, § 3º, *c*, da Lei 4.898/65; **C:** pondo fim à celeuma até então existente na doutrina e jurisprudência, a recente Lei 12.694/12, em seu art. 2º, trouxe o conceito de *organização criminosa*: "(...) associação, de 3 (três) ou mais pessoas, estruturalmente ordenada e caracterizada pela divisão de tarefas, ainda que informalmente, com objetivo de obter, direta ou indiretamente, vantagem de qualquer natureza, mediante a prática de crimes cuja pena máxima seja igual ou superior a 4 (quatro) anos ou que sejam de caráter transnacional"; **D:** condutas previstas, respectivamente, nos arts. 307 e 308 do CP; **E:** será admitida se o fato sob investigação constituir infração penal punida com reclusão (art. 2º, III, da Lei 9.296/96).

Gabarito "A"

32. TEMAS COMBINADOS DE DIREITO PENAL

(Procurador/DF – 2013 – CESPE) Em 15 de janeiro de 2012, Fábio, com vinte anos de idade, sócio da empresa Diversões Ltda., pretendendo sagrar-se vencedor em licitação aberta para contratar a execução de show comemorativo do aniversário da cidade de Brasília, coagiu moralmente o funcionário público Mateus, ameaçando ofender a integridade física de seus filhos menores, se ele não introduzisse no edital licitatório cláusula que direcionasse o certame para favorecer sua empresa. Temeroso de que as ameaças se concretizassem, Mateus elaborou o edital e dele fez constar cláusulas destinadas a assegurar a vitória da empresa de Fábio, frustrando, dessa forma, o caráter competitivo da licitação.

Acerca dessa situação hipotética, julgue os itens que se seguem.

(1) O sujeito ativo do crime de frustrar ou fraudar o caráter competitivo do procedimento licitatório, previsto em artigo da Lei de Licitações e Contratos, poderá ser tanto o particular que concorre na licitação quanto o servidor público com atuação no procedimento licitatório, razão por que, na hipótese em questão, Fábio e Mateus poderiam figurar no polo passivo de ação penal pertinente.

(2) A coação moral irresistível é uma hipótese de autoria mediata, em que o autor da coação detém o domínio do fato e comete o fato punível por meio de outra pessoa.

(3) Para a consumação do delito de frustrar ou fraudar o caráter competitivo do procedimento licitatório, previsto em artigo da Lei de Licitações e Contratos, seria necessário que Mateus tivesse auferido vantagem decorrente da adjudicação do objeto da licitação.

1: correta. De acordo com o art. 90 da Lei 8.666/1993, pratica crime aquele que *frustrar* ou *fraudar*, mediante ajuste, combinação ou qualquer outro expediente, o caráter competitivo do procedimento licitatório, com o intuito de obter, para si ou para outrem, vantagem decorrente da adjudicação do objeto da licitação. Trata-se de crime comum, podendo ser praticado por qualquer pessoa (inclusive por funcionários públicos). No enunciado da questão, a despeito de Mateus ter sido coagido por Fábio a inserir cláusulas no certame licitatório capazes de favorecer sua empresa, ao que tudo indica, a coação moral seria resistível (e não irresistível, caso em que haveria a exclusão da culpabilidade, nos termos do art. 22 do CP). Afinal, a ameaça de ofensa à integridade física dos filhos menores de Mateus, ainda que injusta e grave, não era atual, ou seja, não havia efetivo risco de que, naquele exato momento, o prenúncio se efetivasse. Daí a coação moral ser resistível; **2:** correta. De fato, na coação moral irresistível, o coator se vale do coato (ou coagido) para a prática de determinada infração penal, mediante a prática de violência moral (grave ameaça). Nesse caso, o Código Penal exclui a culpabilidade da vítima (coato), punindo-se o coator. Trata-se de típica hipótese de autoria mediata ou indireta; **3:** incorreta. O crime do art. 90 da Lei 8.666/1993 é considerado formal, consumando-se com a prática de condutas destinadas a fraudar ou frustrar o caráter competitivo da licitação, bastando que o agente tenha o "intuito de obter, para si ou para outrem, vantagem decorrente da adjudicação do objeto da licitação". Esse é o especial fim de agir do agente, expressamente previsto no tipo penal.

Gabarito 1C, 2C, 3E

(Procurador/DF – 2013 – CESPE) Julgue os itens seguintes, relativos a aspectos diversos do direito penal.

(1) No sistema penal brasileiro, há causas pessoais que excluem e extinguem totalmente a punibilidade e, igualmente, causas pessoais de exclusão e extinção parcial da punibilidade.

(2) Nos termos do CP, a caracterização de uma conduta dolosa prescinde da consciência ou do conhecimento da antijuridicidade dessa conduta e requer apenas a presença dos elementos que compõem o tipo objetivo.

(3) Há reincidência quando o agente comete novo crime, depois de transitar em julgado a sentença que o tenha condenado por crime anterior, não se considerando como tal condenações por crimes militares próprios ou por crimes políticos e sentenças oriundas de país estrangeiro.

(4) De acordo com o CP, com relação à sucessão das leis penais no tempo, não se aplicam as regras gerais da irretroatividade da lei mais severa, tampouco a retroatividade da norma mais benigna, bem como não se aplica o preceito da ultra-atividade à situação caracterizada pela chamada lei penal em branco.

1: correta. Por exemplo, a morte do agente (art. 107, I, do CP) é causa pessoal – e total – extintiva da punibilidade. Já o indulto, previsto no art. 107, II, do CP, é causa pessoal que pode extinguir totalmente a punibilidade (indulto total), ou apenas parcialmente (indulto parcial), como no caso de mera diminuição ou comutação da pena; **2:** correta. De fato, o dolo não exige a potencial consciência da ilicitude do fato praticado pelo agente, bastando que o agente atue voltado à concretização dos elementos objetivos do tipo penal. O conhecimento potencial da antijuridicidade da conduta ficou reservado à culpabilidade. Prova disso é que sua falta, nos termos do art. 21 do CP (erro de proibição), poderá acarretar, quanto o erro for invencível (ou inevitável, ou escusável), a isenção de pena; **3:** incorreta. Haverá reincidência quando o agente comete novo crime, depois de transitar em julgado a sentença que, no país ou no *estrangeiro*, o tenha condenado por crime anterior (art. 63 do CP). Frise-se que a sentença estrangeira induz, sim, a reincidência, não sendo necessária, sequer, sua homologação pelo STJ, conforme se extrai do art. 9º do CP. Para fins de caracterização da reincidência, de fato, não se consideram os crimes militares próprios e os crimes políticos (art. 64, II, do CP); **4:** incorreta. Não há no Código Penal hipótese que não permita a retroatividade ou a irretroatividade em matéria de lei penal em branco. Como regra, a norma complementar da lei penal em branco será irretroativa. Todavia, a depender da natureza de referida norma complementar (se dotada de estabilidade ou de transitoriedade), sua alteraçao (sucessão no tempo) poderá, sim, retroagir, tal como no caso de supressão, de ato normativo da ANVISA, de substância considerada entorpecente (para fins de caracterização de crimes da Lei de Drogas – Lei 11.343/2006). Dado o caráter de estabilidade da norma, a supressão de determinada substância poderá configurar *abolitio criminis*, retroagindo para beneficiar o réu. Já se o conteúdo da norma complementar tiver o caráter da transitoriedade ou excepcionalidade (tal como ocorria com os crimes contra a economia popular – tabelamento de preços), sua alteração posterior, ainda que benéfica ao réu, nao irá retroagir, incidindo a ultra-atividade de que trata o art. 3º do CP.

Gabarito 1C, 2C, 3E, 4E

(Procurador/DF – 2013 – CESPE) No que se refere aos crimes contra a fé pública e contra a administração pública, aos delitos previstos na Lei de Licitações e à aplicação de pena, julgue os itens consecutivos.

(1) O disciplinamento previsto no CP acerca da conduta de suprimir ou reduzir contribuição social previdenciária e qualquer acessório, mediante omissão total ou parcial de receitas ou lucros auferidos, remunerações pagas ou creditadas e demais fatos geradores de contribuições sociais previdenciárias, prevê a extinção da punibilidade do agente, mesmo sem o pagamento do tributo devido, desde que esse agente faça, espontaneamente, declaração acompanhada de confissão das contribuições, importâncias ou valores devidos, e que ele preste, ainda, todas as informações devidas à previdência social, na forma definida em lei ou regulamento, antes do início da ação fiscal.

(2) Para a caracterização do delito de dispensar ou inexigir licitação fora das hipóteses previstas em lei, ou de deixar de observar as formalidades pertinentes a estas, é indispensável a presença de dolo, não se admitindo culpa.

(3) Nos crimes contra a administração pública, caso o servidor seja condenado a pena superior a um ano de prisão, por delito praticado com abuso de poder ou violação do dever para com a administração pública, poderá ser suspenso o efeito extrapenal específico da perda de cargo, função pública ou mandato eletivo, disposto no CP, nos caso em que tenha havido substituição da pena privativa de liberdade por pena restritiva de direito.

(4) O crime de uso de documento falso é formal, consumando-se com a simples utilização do documento reputado falso, não se exigindo a comprovação de efetiva lesão à fé pública, o que afasta a possibilidade de aplicação do princípio da insignificância, em razão do bem jurídico tutelado.

(5) No crime funcional contra a ordem tributária consistente em exigir, solicitar ou receber, para si ou para outrem, direta ou indiretamente, ainda que fora da função ou mesmo antes de iniciar seu exercício, mas em razão dela, vantagem indevida; ou aceitar promessa de tal vantagem, para deixar de lançar ou cobrar tributo ou contribuição social, ou cobrá-los parcialmente, extingue-se a punibilidade do agente, desde que haja pagamento integral do tributo antes da persecução penal em juízo, nos termos da lei regente dos crimes contra a ordem tributária.

1: correta, nos exatos termos do art. 168-A, § 2º, do CP; **2:** correta. De fato, o crime do art. 89 da Lei 8.666/1993 é doloso, não se admitindo a modalidade culposa. Nesse sentido, Guilherme Nucci (**Leis penais e processuais penais comentadas**. 4. ed. São Paulo: RT, 2009. p. 852); **3:** Incorreta, de acordo com a banca examinadora. Nos termos do art. 92, I, "a", do CP, aplicada pena privativa de liberdade *igual ou superior* a um ano (e não apenas superior, como refere o item!), por delito praticado com abuso de poder ou violação do dever para com a Administração, haverá a perda de cargo, função pública ou mandato eletivo. Perceba que o dispositivo legal, em momento algum, faz distinção em caso de substituição da pena privativa de liberdade por restritiva de direitos. Contudo, há entendimento doutrinário em sentido contrário. Confira-se, por exemplo, a docência de Rogério Greco: "A lei penal fala em pena privativa de liberdade, razão pela qual quando o agente for condenado à pena de multa, *ou mesmo tiver a sua pena privativa de liberdade substituída pela pena restritiva de direitos, já não será possível a imposição do mencionado efeito da condenação*" (**Curso de Direito Penal**. Parte Especial. 6. ed. Niterói: Editora Impetus, 2009. v. III. p. 714). No entanto, cremos que o posicionamento da banca examinadora veio estribado em precedentes do STJ, tal como o que ora segue, extraído da ementa do julgamento do AgRg no Ag em REsp 46266 (2011/0201442-7), 5ª Turma, j. 26.06.2012, rel. Min. Laurita Vaz, *DJe* 01.08.2012: "(...) 6. Tal consequência ocorre sempre que configurada a hipótese prevista no art. 92, inciso I, alínea *a*, do Código Penal, não fazendo a lei qualquer ressalva no sentido de que, se a pena privativa de liberdade for substituída por reprimendas restritivas de direito, não haverá a perda do cargo."; **4:** correta. De fato, o crime de uso de documento falso (art. 304 do CP) é considerado formal ou de consumação antecipada, contentando-se com a efetiva utilização do documento falsificado ou adulterado, independentemente da obtenção, pelo agente, de qualquer vantagem, ou causação de prejuízo a outrem. Dada a objetividade jurídica do crime (fé pública), inadmissível a aplicação do princípio da insignificância. Nesse sentido: "(...) A jurisprudência deste Superior Tribunal de Justiça e do Supremo Tribunal Federal firmou-se no sentido da inaplicabilidade do princípio da insignificância, haja vista que o bem jurídico tutelado é a fé pública, a credibilidade da moeda e a segurança de sua circulação, independentemente da quantidade e do valor das cédulas falsificadas. Precedentes" (STJ, AgRg no Ag em REsp 82637 (2011/0261633-2), 5ª Turma, j. 09.04.2013, rel. Min. Marilza Maynard, convocada do TJ/SE, *DJe* 12.04.2013); **5:** incorreta. O crime descrito no art. 3º, II, da Lei 8.137/1990 (espécie de concussão e corrupção passiva praticada por agente ligado ao Fisco), é crime funcional contra a ordem tributária, inexistindo, nesse caso, extinção da punibilidade pelo pagamento integral do tributo. A lei, nesse sentido, é silente, inexistindo, pois, permissivo para a conclusão exarada no item em análise.

Gabarito 1C, 2C, 3E, 4C, 5E

(Procurador Federal – 2013 – CESPE) Julgue os itens seguintes, acerca da prescrição, da reabilitação e da imputabilidade.

(1) Não se admite a prescrição da pretensão executória antes do trânsito em julgado da sentença para ambas as partes.

(2) Considere a seguinte situação hipotética. João cumpriu pena pela prática de roubo e, decorridos dois anos do dia em que foi extinta a pena, ele pleiteou, por meio de seu advogado, sua reabilitação. Nessa situação, para ter seu pedido deferido, João deverá, necessariamente, ressarcir o dano causado pelo crime, demonstrar a absoluta impossibilidade de fazê-lo ou exibir documento que comprove a renúncia da vítima ou a novação da dívida.

(3) O CP prevê uma redução de pena para aquele que, em virtude de perturbação de saúde mental ou por desenvolvimento mental incompleto ou retardado, não seja inteiramente capaz de entender o caráter ilícito do fato ou de determinar-se de acordo com esse entendimento, circunstância que enseja uma menor reprovabilidade da conduta do agente comprovadamente naquelas condições. Tem-se, nesse caso, a denominada semi-imputabilidade, também nominada pelos doutrinadores como responsabilidade penal diminuída.

(4) Mesmo que ocorra a prescrição da pretensão executória, a sentença condenatória poderá ser executada no juízo cível para efeito de reparação do dano.

1: incorreta. Muito embora a prescrição da pretensão executória tenha por pressuposto o trânsito em julgado para ambas as partes (acusação e defesa), começará a fluir a partir do trânsito em julgado para a acusação, nos termos do art. 112, I, do CP. Nada obstante, o STJ, no julgamento do HC 137924/SP (5ª Turma, j. 25.05.2010, rel. Min. Jorge Scartezzini, *DJe* 02.08.2010), entendeu que o termo *a quo* para a contagem do prazo da prescrição executória é o trânsito em julgado para ambas as partes, visto que somente neste momento é que o título condenatório seria passível de execução. Embora a decisão em comento seja coerente, o fato é que o Código Penal assim não prevê! Logo, incorreta a assertiva; **2:** correta. Nos termos do art. 94, III, do CP, é condição para o requerimento de reabilitação ter o condenado ressarcido o dano causado pelo crime ou demonstrado a absoluta impossibilidade de o fazer, até o dia do pedido, ou exibir documento que comprove a renúncia da vítima ou novação da dívida; **3:** correta. De fato, nos termos do art. 26, parágrafo único, do CP, se o agente, em virtude de perturbação de saúde mental ou por desenvolvimento mental incompleto ou retardado não era inteiramente capaz de entender o caráter ilícito do fato ou de determinar-se de acordo com esse entendimento, será considerado semi-imputável, motivo pelo qual terá sua pena reduzida de um a dois terços. Embora não haja exclusão da culpabilidade pela inimputabilidade penal (art. 26, *caput*, do CP), a responsabilidade diminuída do agente induz a minoração da reprimenda penal; **4:** correta. A prescrição da pretensão executória não tem o condão de rescindir a condenação, mas, apenas, de apagar o efeito penal principal (a própria pena), remanescendo, porém, os efeitos secundários de natureza penal (ex.: a reincidência) e extrapenal (ex.: a obrigação da reparação do dano). Logo, mesmo prescrita a pretensão executória estatal, a sentença penal condenatória poderá servir de arrimo a processo de execução civil.

Gabarito 1E, 2C, 3C, 4C

(Procurador do Estado/BA – 2014 – CESPE) Julgue os itens que se seguem, referentes aos diversos tipos penais.

(1) Considere a seguinte situação hipotética. Joaquim foi denunciado pela prática do crime de falsidade ideológica previsto no Código Penal. A inicial acusatória foi recebida em 03.10.2007. O juiz da causa, por meio de sentença publicada em 19.07.2012, condenou o réu à pena de um ano, dez meses e vinte dias de reclusão, em regime semiaberto, mais pagamento de quinze dias-multa. Não houve recurso do MP e a defesa interpôs apelação, alegando a prescrição da pretensão punitiva do Estado. Nessa situação, deverá o tribunal negar provimento ao apelo.

(2) A associação, de três ou mais pessoas, para o fim específico de cometer crimes, configura quadrilha ou bando, devendo a pena imposta ao condenado com base nesse tipo penal ser aumentada até a metade quando tomarem parte da associação criança, adolescente, idoso ou pessoas com deficiência.

(3) Aquele que utilizar laudo médico falso para, sob a alegação de possuir doença de natureza grave, furtar-se ao pagamento de tributo, deverá ser condenado apenas pela prática do delito de sonegação fiscal se a falsidade ideológica for cometida com o exclusivo objetivo de fraudar o fisco, em virtude da aplicação do princípio da subsidiariedade.

(4) Considere que Paulo, servidor público lotado no INSS, tenha inserido nos bancos de dados dessa autarquia informações falsas a respeito de Carlos, o que possibilitou a este receber quantia indevida a título de aposentadoria. Nessa situação hipotética, Paulo cometeu o crime de falsidade ideológica.

(5) Caso o denunciado por peculato culposo opte, antes do pronunciamento da sentença, por reparar o dano a que deu causa, sua punibilidade será extinta.

(6) Suponha que, antes do término do correspondente processo administrativo de lançamento tributário, o MP tenha oferecido denúncia contra Maurício, por ter ele deixado de fornecer, em algumas situações, notas fiscais relativas a mercadorias efetivamente vendidas em seu estabelecimento comercial. Nesse caso, de acordo com a jurisprudência pacífica do STF, a inicial acusatória não deve ser recebida pelo magistrado, dada a ausência de configuração de crime material.

1: incorreta. Nos termos do art. 109, V, do CP, prescreve em quatro anos a pretensão punitiva ou executória quando a pena é igual a um ano, ou, sendo superior, não excede a dois. Dado que Joaquim foi condenado à pena de um ano, dez meses e vinte dias de reclusão (portanto, inferior a dois anos) e que entre o recebimento da denúncia (03.10.2007) e a publicação da sentença condenatória (19.07.2012) transcorreu prazo superior a quatro anos, deverá ser reconhecida a prescrição da pretensão punitiva em sua forma retroativa (art. 110, § 1º, do CP); **2:** incorreta. A associação de três ou mais pessoas, para o fim específico de cometer crimes, configura, desde o advento da Lei 12.850/2013, conhecida como a "Nova Lei do Crime Organizado", o delito de associação criminosa (e não mais quadrilha ou bando). Demais disso, a pena será majorada até a metade se a associação é armada ou se houver a participação de criança ou adolescente (art. 288, parágrafo único, do CP), não havendo menção a idosos ou portadores de deficiência; **3:** incorreta. A situação relatada na assertiva, muito embora esteja inicialmente correta (uso de documento falso para fraudar o Fisco é absorvido pela sonegação fiscal), alude ao princípio da subsidiariedade, quando, em verdade, cabível a aplicação da consunção. Assim, é sabido e ressabido que o crime-meio (no caso, a inserção, em laudo médico, de doença grave, a fim de sonegar tributo) será absorvido pelo crime-fim (sonegação fiscal) quando for meio necessário ou normal fase de execução deste último. Nesse sentido, confira-se a seguinte ementa: "AGRAVO REGIMENTAL NO RECURSO ESPECIAL. PENAL. SONEGAÇÃO FISCAL. ABSORÇÃO DOS DELITOS DE ESTELIONATO, FALSIDADE IDEOLÓGICA E USO DE DOCUMENTO FALSO. PRINCÍPIO DA CONSUNÇÃO. POSSIBILIDADE. FALSIDADE PRATICADA COM FIM EXCLUSIVO DE LESAR O FISCO, VIABILIZANDO A SONEGAÇÃO DO TRIBUTO. FALSO EXAURIDO NA SONEGAÇÃO. PRECEDENTES. AGRAVO REGIMENTAL DESPROVIDO. 1. É aplicável o princípio da consunção quando os crimes de estelionato, uso de documento falso e falsidade ideológica – crimes meio – são praticados para facilitar ou encobrir a falsa declaração, com vistas à efetivação do pretendido crime de sonegação fiscal – crime fim –, localizando-se na mesma linha de desdobramento causal de lesão ao bem jurídico, integrando, assim, o *iter criminis* do delito-fim (...)" (STJ, AgRg no REsp nº 1366714/MG, 5ª Turma, j. 22.10.2013, rel. Min. Laurita Vaz, *DJe* 05.11.2013); **4:** incorreta. Se o servidor do INSS for autorizado a operar os sistemas de informações da autarquia (dado não constante no enunciado), terá cometido o crime de peculato eletrônico, definido no art. 313-A do CP (crime contra a Administração Pública), e não a falsidade ideológica do art. 299 do CP (crime contra a fé pública); **5:** correta. De fato, no peculato culposo, se o agente reparar antes da sentença irrecorrível, terá sua punibilidade extinta, nos moldes preconizados pelo art. 312, § 3º, do CP. Frise-se que a reparação do dano somente extingue a punibilidade no peculato culposo (art. 312, § 2º, do CP). Já se se tratar de peculato doloso (art. 312, *caput*, e § 1º, do CP), incidirá apenas o art. 16 do CP (arrependimento posterior), que é causa de diminuição de pena; **6:** incorreta. O término do processo administrativo fiscal é condição objetiva de punibilidade apenas dos crimes materiais contra a ordem tributária, definidos no art. 1º da Lei 8.137/1990, conforme enuncia, inclusive, a Súmula Vinculante nº 24. Já os crimes formais previstos no art. 2º de referida lei não exigem o exaurimento da esfera administrativa, motivo pelo qual, no caso relatado na assertiva, o Ministério Público não precisaria aguardar o término do processo administrativo fiscal para ofertar denúncia.

Gabarito 1E, 2E, 3E, 4E, 5C, 6E

(Procurador do Estado/BA – 2014 – CESPE) No que diz respeito aos diversos institutos previstos na parte geral do Código Penal, julgue os itens seguintes.

(1) Conforme o STF, o crime de estelionato previdenciário praticado por terceiro não beneficiário tem natureza de crime instantâneo de efeitos permanentes, razão por que seu prazo prescricional começa a fluir da percepção da primeira parcela do benefício.

(2) Considere que determinado indivíduo condenado definitivamente pela prática de determinado delito tenha obtido a extinção da punibilidade por meio de anistia e que, um ano depois do trânsito em julgado da sentença condenatória, tenha cometido novo delito. Nessa situação, esse indivíduo é considerado reincidente, estando, pois, sujeito aos efeitos da reincidência.

1: De fato, a jurisprudência do Supremo Tribunal Federal é no sentido de que o estelionato previdenciário (art. 171, § 3º, do CP) é crime instantâneo de efeitos permanentes, fluindo a prescrição não a partir da última parcela de benefício recebida, mas, sim, da primeira parcela paga. Confira-se: "*Habeas corpus*. Penal. Sentença condenatória. Estelionato praticado contra a previdência social (art. 171, § 3º, do CP). Crime instantâneo de efeitos permanentes quando supostamente praticado por terceiro não beneficiário. Prescrição. Ocorrência. 1. A Paciente não é segurada do INSS, mas funcionária do Sindicato dos Trabalhadores Rurais de João Lisboa/MA, a quem se imputa a prática do delito de estelionato previdenciário. 2. Este Supremo Tribunal Federal assentou que o crime de estelionato previdenciário praticado por terceiro não beneficiário tem natureza de crime instantâneo de efeitos permanentes, e, por isso, o prazo prescricional começa a fluir da percepção da primeira parcela. Precedentes. 3. Considerando que o recebimento da primeira parcela pela Paciente ocorreu em 24.11.1995 e que a pena máxima em abstrato do delito a ela imputado é de seis anos e oito meses, o prazo prescricional é de doze anos e, não havendo nenhuma causa interruptiva, se implementou em 24.11.2007, conforme preceituam os arts. 107, inc. IV, e 109, inc. III, do Código Penal. 4. Ordem concedida." (STF, **HC 112.095/MA,** 2ª Turma, j. 16.10.2012, **rel. Min. Cármen Lúcia,** *DJe* 08.11.2012); **2:** incorreta. A anistia, conforme preleciona Cleber Masson, é causa extintiva da punibilidade que consiste na exclusão, por lei ordinária, de um ou mais fatos criminosos do campo de incidência do Direito Penal (*Direito penal esquematizado – Parte geral*. 2. ed. São Paulo: Método, p. 816). Referida causa de extinção da punibilidade opera efeitos *ex tunc*, motivo pelo qual desaparecerão todos os efeitos penais, rescindindo-se a própria condenação. Porém, permanecerão os efeitos civis da sentença condenatória. Destarte, indivíduo condenado pela prática de crime em que se tenha declarado extinta a punibilidade pela anistia não será considerado reincidente caso venha a cometer outro delito. É que, como dito, os efeitos penais da condenação inicial serão "apagados" pela lei anistiadora, remanescendo, repita-se, apenas os efeitos extrapenais de natureza civil (ex.: obrigação de indenizar).

Gabarito 1C, 2E

(Procurador Distrital – 2014 – CESPE) Marcos, imbuído de *animus necandi*, disparou tiros de revólver em Ricardo por não ter recebido deste pagamento referente a fornecimento de maconha. Apesar de ferido gravemente, Ricardo sobreviveu. Marcos, para chegar ao local onde Ricardo se encontrava, foi conduzido em motocicleta por Rômulo, que sabia da intenção homicida do amigo, embora desconhecesse o motivo, e concordava em ajudá-lo. Ricardo foi atingido pelas costas enquanto caminhava em via pública, e Marcos e Rômulo, ao verem a vítima tombar, fugiram, supondo tê-la matado.

Com base nessa situação hipotética, julgue os próximos itens.

(1) Houve desistência voluntária, pois os agentes fugiram do local ao perceberem a vítima tombar no chão, sem disparar o tiro de misericórdia.

(2) Rômulo agiu em coautoria e deve responder pelo mesmo crime cometido por Marcos, não se aplicando a ele, entretanto, a qualificadora baseada no motivo do crime (torpeza), já que ignorava o motivo por que o seu comparsa queria a morte de Ricardo.

1: incorreta. A desistência voluntária, espécie do gênero *tentativa abandonada* ou *qualificada*, pressupõe que o agente, após iniciar a execução do crime, desista, *sponte propria*, de prosseguir em seu intento criminoso. Aqui, voluntariamente, o agente abandona a execução da empreitada criminosa, muito embora pudesse prosseguir. No caso relatado na assertiva, fica claro que Marcos e Rômulo, previamente ajustados e agindo com o mesmo desígnio delituoso, somente fugiram do local após Ricardo ter tombado com os tiros desferidos pelo primeiro. Fica caracterizada, claramente, a tentativa de homicídio, visto que o resultado morte somente não se produziu por circunstâncias alheias às vontades dos agentes (art. 14, II, do CP); **2:** correta. Muito embora Rômulo tenha concorrido para a tentativa de homicídio de Ricardo, visto ter aderido à vontade de Marcos e tê-lo conduzido de moto até o encontro com a vítima, é certo que o motivo do delito ("acerto de contas" pelo não pagamento de drogas pelo ofendido a Marcos), por ser circunstância de caráter pessoal, de cunho subjetivo, portanto, é incomunicável a terceiros, nos termos do art. 30 do CP. Assim, Rômulo responderá, em nosso entendimento, por tentativa de homicídio qualificado pela surpresa (art. 121, § 2º, IV, do CP), visto que a vítima foi alvejada pelas costas, ao passo que Marcos deverá responder por tentativa de homicídio qualificado pela surpresa e por motivo torpe (art. 121, § 2º, IV e I, do CP).

Gabarito 1E, 2C

(Procurador do Estado/CE – 2008 – CESPE) Em cada uma das opções abaixo é apresentada uma situação hipotética, seguida de uma assertiva a ser julgada com base na parte geral do direito penal e na jurisprudência do STJ e do STF. Assinale a opção que contém a assertiva correta.

(A) Thales deu início à execução de crime de estupro, empregando grave ameaça à vítima e com ela mantendo contato físico. Todavia, em virtude de momentânea falha fisiológica, a conjunção carnal não se consumou. Nessa situação, deve ser reconhecida a desistência voluntária em favor de Thales, que só responderá pelos atos já praticados.

(B) Wagner, instado a se identificar, por solicitação de agente policial, exibiu cédula de identidade que sabe falsificada, com o nome de Geraldo. Como o policial conhecia Wagner, imediatamente constatou a falsidade na identificação. Nessa situação, não se configura o crime de uso de documento falso, pois se trata de hipótese de crime impossível.

(C) Fátima, funcionária pública, praticou crime de peculato doloso contra a administração pública, apropriando-se de dinheiro do qual tinha a posse em razão do cargo. Antes, porém, do oferecimento da denúncia, ressarciu integralmente o dano. Nessa situação, o ressarcimento antes do oferecimento da denúncia não extingue a punibilidade de Fátima nem caracteriza o arrependimento eficaz.

(D) Érico, mediante grave ameaça exercida com emprego de arma de fogo, subtraiu o relógio e o computador portátil de Flávia. Nessa situação, se o dano for reparado até o recebimento da denúncia por ato voluntário de Érico, a pena poderá ser reduzida de um a dois terços.

(E) Caio praticou crime de homicídio em estrita obediência a ordem manifestamente ilegal de seu superior hierárquico Roberto. Nessa situação, somente Roberto é punível.

A: incorreta. Na desistência voluntária – art. 15, 1ª parte, CP –, o agente, que já deu início à execução do crime, resolve, por ato voluntário, interromper o *iter criminis*. Ele pode dar sequência à execução e chegar à consumação, mas acha por bem suspender, desistir. Se o agente é acometido por falha fisiológica, é evidente que o *iter* foi interrompido por circunstâncias alheias à sua vontade. A assertiva, dessa forma, está incorreta; **B:** incorreta. STF, HC 70.422-RJ, 1ª T., Rel. Min. Sydney Sanches, DJU de 24.6.94; **C:** Correta, pois a extinção da punibilidade a que alude o art. 312, § 3º, do CP só tem incidência no peculato culposo, previsto no § 2º do mesmo art. 312. No que concerne ao arrependimento eficaz, previsto no art. 15, 2ª parte, do CP, somente terá aplicação antes da consumação do crime, em que o agente, uma vez realizados todos os atos necessários, passa a agir para que o resultado não se produza; **D:** incorreta. O arrependimento posterior – art. 16 do CP – somente terá lugar se se tratar de crime praticado sem violência ou grave ameaça à pessoa; **E:** Incorreta. Em se tratando de ordem manifestamente ilegal, responderão pelo crime superior e subordinado.

Gabarito "C"

(Procurador do Estado/SC – 2009) Assinale a alternativa correta:

(A) O arrependimento eficaz nos crimes cometidos sem violência ou grave ameaça à pessoa, reparado o dano ou restituída a coisa por ato voluntário do agente, até o oferecimento de denúncia, determina a redução da pena aplicável de um a dois terços.

(B) O erro sobre a ilicitude do fato, se inevitável, exclui o dolo; se evitável, poderá determinar a diminuição da pena de um sexto a um terço.

(C) A teoria da ubiquidade significa que se considera lugar do crime tanto o lugar do comportamento como o do resultado.

(D) A pena restritiva de direito de limitação de fim de semana consiste na permanência por período integral, aos sábados e domingos, em casa de albergado ou outro estabelecimento adequado.

(E) O ajuste, a determinação ou instigação e o auxílio não são puníveis se o crime não chega a ser tentado.

A: Incorreta, o arrependimento eficaz, que só tem lugar antes de o crime se consumar, tem seus requisitos traçados no art. 15, 2ª parte, do CP; **B:** Incorreta, art. 21 do CP; **C:** Correta, a teoria da ubiquidade está consagrada no art. 6º do Código Penal; **D:** Incorreta, art. 48 do CP; **E:** Incorreta, art. 31 do CP.

Gabarito "C"

(PROCURADOR – BANCO CENTRAL – 2009 – CESPE) A respeito de crimes culposo e impossível, da obediência hierárquica, do erro de proibição e do arrependimento posterior, assinale a opção correta.

(A) Caso um renomado e habilidoso médico, especializado em cirurgias abdominais, ao realizar uma intervenção, esqueça uma pinça no abdome do paciente, nesse caso, tal conduta representará culpa por imperícia, pois é relativa ao exercício da profissão.

(B) Se, em um supermercado dotado de sistema eletrônico de vigilância, um cliente colocar diversos objetos do estabelecimento dentro de sua bolsa, com intenção de subtraí-los para si, a simples presença do sistema eletrônico de vigilância no supermercado tornará o crime impossível.

(C) Caso o fato seja cometido em estrita obediência a ordem, não manifestamente ilegal, de superior hierárquico, não serão puníveis o agente que obedeceu nem o autor da coação ou da ordem.

(D) O desconhecimento da lei é inescusável. Desse modo, o erro sobre a ilicitude do fato, evitável ou inevitável, não elidirá a pena, podendo apenas atenuá-la.

(E) Em crimes cometidos sem violência ou grave ameaça a pessoa, a pena será reduzida de um a dois terços se, por ato voluntário do agente, for reparado o dano ou restituída a coisa até o recebimento da denúncia ou da queixa.

A: incorreta, pois a *imperícia* pressupõe falta de aptidão para o exercício de arte, ofício ou profissão. O agente imperito não tem pleno domínio da técnica necessária para a prática de certa atividade. Evidente não ser este o caso do médico que dispõe de conhecimento adequado ao exercício de sua profissão. Dessa forma, o profissional que já fez diversas cirurgias e, por isso, tem pleno domínio da técnica a ser empregada no seu mister não pode ser considerado *imperito*, na hipótese de esquecer uma pinça no abdome do paciente; sua conduta deve, isto sim, ser considerada negligente, pois agiu com descuido; **B:** incorreta, pois o *furto sob vigilância* pode, em determinadas situações, a depender do caso concreto, caracterizar *crime impossível* pela *ineficácia absoluta do meio* (art. 17 do CP). É o caso, por exemplo, do agente que, desde o momento em que ingressa no supermercado, passa a ser permanentemente vigiado por sistema de câmeras e também por seguranças, que ficam o tempo todo no seu encalço. Não há, neste caso, a menor possibilidade de o crime consumar-se. Isso não quer dizer que a existência, por si só, de sistema de segurança por câmeras elimine a possibilidade de o crime chegar à sua consumação. É perfeitamente plausível que o agente se aproveite de determinado ângulo de monitoramento em que a subtração não é visualizada pelo sistema de câmeras. Dessa forma, a ineficácia do meio deve ser avaliada caso a caso. A assertiva está incorreta porque afirma que "a simples presença do sistema eletrônico de vigilância no supermercado tornará o crime impossível"; **C:** incorreta, pois se se tratar de ordem *não* manifestamente ilegal, o *superior hierárquico* somente responderá pelo resultado, nos moldes do art. 22 do CP; o *subordinado*, neste caso, ficará isento de pena (sua culpabilidade ficará excluída). Agora, se a ordem for *manifestamente ilegal*, a responsabilidade recairá sobre ambos, superior hierárquico e subordinado; **D:** é correta a assertiva segundo a qual o desconhecimento da lei é inescusável. É o que estabelece o art. 21, *caput*, do CP. Todavia, o erro sobre a ilicitude do fato (erro de proibição), se inevitável (escusável), gera a exclusão da culpabilidade; se inescusável (evitável), constitui causa de redução de pena (art. 21, *caput*, segunda parte, do CP); **E:** correta, pois contempla os requisitos do *arrependimento posterior*, que constitui causa pessoal de diminuição de pena – art. 16 do CP.

Gabarito "E"

(PROCURADOR – BANCO CENTRAL – 2009 – CESPE) Com relação a concurso de crimes, efeitos da condenação e a extinção da punibilidade, assinale a opção correta.

(A) No concurso formal imperfeito, as penas aplicam-se cumulativamente por resultarem os crimes de desígnios autônomos. Nesse caso, não poderá a pena exceder a que seria cabível pela regra do concurso material.

(B) Em todas as modalidades de concurso de crimes, a aplicação da pena de multa segue a regra da aplicação da pena privativa de liberdade.

(C) A perda de cargo, como efeito da condenação, ocorrerá apenas quando for aplicada pena privativa de liberdade por tempo superior a quatro anos, ainda que se trate de crimes praticados com abuso de poder ou violação de dever para com a administração pública.

(D) As penas restritivas de direito prescrevem em dois anos, independentemente do prazo previsto para a respectiva pena privativa de liberdade.

(E) Interrompe-se o curso da prescrição com o oferecimento da denúncia.

A: assertiva correta. No chamado *concurso formal impróprio* ou *imperfeito* (segunda parte do *caput* do art. 70 do CP), em que a conduta única decorre de desígnios autônomos, as penas são somadas, aplicando-se o critério ou *sistema* do *cúmulo material*. Se a pena resultante do *concurso material* mostrar-se mais vantajosa ao agente do que a do *concurso formal*, aplica-se aquela. É o *concurso material benéfico* - art. 70, parágrafo único, do CP; **B:** incorreta, pois a teor do que estabelece o art. 72 do CP, a pena de multa será aplicada *distinta* e *integralmente*. Proposição incorreta; **C:** incorreta, pois, no caso de crimes praticados com abuso de poder ou violação de dever para com a Administração Pública, impõe-se, como efeito da condenação, a perda de cargo, se aplicada pena privativa de liberdade igual ou superior a *um* ano – art. 92, I, *a*, do CP; **D:** proposição incorreta, visto que, à luz do que prescreve o art. 109, parágrafo único, do CP, aplicam-se às penas restritivas de direito os mesmos prazos estabelecidos para as privativas de liberdade; **E:** proposição incorreta, pois não corresponde ao que estabelece o art. 117, I, do CP.

Gabarito "A"

(ADVOGADO – CEF – 2010 – CESPE) Com relação ao direito penal, em cada uma das opções abaixo é apresentada uma situação hipotética, seguida de uma assertiva a ser julgada. Assinale a opção que apresenta a assertiva correta.

(A) Um empregado de um banco recusou-se a atender um cliente, alegando motivos de ordem religiosa; a religião praticada pelo cliente afrontava os preceitos morais e filosóficos do empregado. Nessa situação, a rejeição de atendimento pelo empregado tem fundamento na liberdade religiosa e de crença, assegurada na CF.

(B) Um sentenciado cumpriu integralmente a pena privativa de liberdade e não pagou a pena de multa fixada na sentença de cem dias-multa, com valor do dia-multa fixado pelo juiz em um trigésimo do maior salário mínimo mensal vigente ao tempo do fato. Nessa situação, em face da inadimplência, ficará o processo de execução penal suspenso até o efetivo pagamento e, caso seja constatado que o executado é solvente e voluntariamente deixou de pagar a pena de multa ou por qualquer outro meio frustra a execução desta, poderá ter convertidos os dias-multa em detenção simples.

(C) Juvenal, brasileiro, maior, casado, sócio-gerente da Mercearia Vende Tudo, primário, sem antecedentes, de bom comportamento social, foi denunciado pelo Ministério Público pela prática da conduta de expor à venda mercadorias em condições impróprias ao consumo, cujo tipo penal vem prescrito na lei dos crimes contra a relação de consumo, cuja pena é de detenção de dois a cinco anos ou multa. Nessa situação, se preencher todos os requisitos para a suspensão condicional do processo, aceitar a proposta juntamente com o defensor e se submeter às condições estabelecidas pelo juízo, na forma da lei de regência, Juvenal poderá gozar do benefício da suspensão condicional do processo.

(D) Um cliente de determinado banco falsificou documentos pessoais de terceiro, comprovante de residência, entre outros documentos, com a finalidade de abertura de conta corrente em estabelecimento bancário. Após a abertura da conta, recebeu cartões de crédito e débito e, decorridas algumas semanas, solicitou e conseguiu empréstimos bancários. Entretanto, antes de levantar os valores disponibilizados na conta corrente, o agente arrependeu-se das condutas delituosas praticadas e confessou todo o ocorrido ao gerente do banco que imediatamente fez o bloqueio da conta. Nessa situação, está presente a figura da desistência voluntária prevista no CP, o que enseja a exclusão de ilicitude do fato.

(E) Uma cliente de determinado banco, enquanto aguardava atendimento pessoal pelo gerente, sorrateiramente subtraiu duas pequenas peças de decoração da agência, consistentes em duas estatuetas banhadas a ouro, por relevante prêmio comercial, avaliadas em R$ 5.000,00. Em face do ostensivo aparato de segurança da agência, monitoramento eletrônico e câmeras de vigilância, entre outros, descobriu-se, de pronto, a infração penal e, antes da saída da cliente da agência, ela foi abordada por agentes de segurança e, em seguida, presa em flagrante. Nessa situação, configurou-se a hipótese do crime impossível previsto no CP pela absoluta impropriedade do meio utilizado pela agente.

A: a liberdade religiosa, assegurada no texto constitucional, não autoriza ninguém a praticar ato discriminatório; o funcionário que recusar atendimento ao argumento de que a religião professada pelo cliente é incompatível com a sua incorrerá nas penas do art. 5º da Lei 7.716/89 (Discriminação Racial); **B:** a pena de multa, que pode ser aplicada juntamente com a pena privativa de liberdade ou em substituição a ela, deve ser paga dentro de dez dias a contar do trânsito em julgado da sentença condenatória (art. 50, *caput*, do CP); depois de passada em julgado a sentença, a multa será considerada dívida de valor, aplicando-se-lhe as normas da legislação relativa à dívida ativa da Fazenda Pública. Desde o advento da Lei 9.268/96, que alterou a redação do art. 51 do CP, não há mais que se falar em conversão da pena de multa em privativa de liberdade; **C:** se o preceito secundário da norma contemplar pena alternativa de multa, terá lugar a *suspensão condicional do processo*, benefício previsto no art. 89 da Lei 9.099/95, ainda que a pena privativa de liberdade mínima seja superior a um ano, como é o caso narrado no enunciado (art. 7º, IX, da Lei 8.137/90). Nesse sentido, *Informativo* nº 478, STF; **D:** a desistência voluntária e o arrependimento eficaz, presentes no art. 15, do CP, tem natureza de excludente de *tipicidade*; **E:** fala-se em crime impossível se a coisa que o agente pretendia furtar estava protegida por sistema de alarme que tornava absolutamente ineficaz o meio utilizado pelo agente. Note que, neste caso, a impossibilidade de consumar-se o crime dá-se em razão da *ineficácia* do meio empregado, não em função de sua *impropriedade*. O meio não é impróprio, mas, sim, ineficaz.

Gabarito "C"

(ADVOGADO – CEF – 2006 – CESPE) Acerca dos crimes contra a administração pública, dos crimes contra o sistema financeiro nacional e dos crimes de lavagem de dinheiro, julgue os itens a seguir.

(1) O Código Penal adotou conceito mais amplo de funcionário público que o Direito Administrativo. Ainda que a pessoa não seja funcionário público, que não esteja investida de um cargo público ou não ocupe emprego público, será considerada, segundo o Código Penal, funcionário público, desde que exerça função pública.

(2) Os crimes de lavagem de dinheiro, previstos em lei penal extravagante, compreendem tanto a forma culposa quanto a forma dolosa, tendo o legislador feito expressa referência ao elemento subjetivo em cada tipo penal descrito na legislação em pertinência.

(3) Considere a seguinte situação hipotética. Gervásio, procurador federal, aproveitando-se da sua condição de funcionário público e das facilidades a ela inerentes, postulou, junto a um órgão federal de fiscalização de trânsito, a revisão de cálculo e acordo administrativo em nome de terceiro, referente a processo em que atuou como advogado, antes ter ingressado no serviço público, tendo o seu pleito resultado em um depósito de R$ 3.000.000,00, em conta corrente do interessado. Nessa situação, Gervásio praticou o crime de advocacia administrativa, visto que intermediou vantagens para outrem junto à repartição pública, valendo-se do próprio cargo.

(4) Todos os crimes contra o sistema financeiro nacional são próprios, uma vez que somente podem ser praticados pelo controlador e pelos administradores da instituição financeira, ou seja, diretores e gerentes.

(5) Considere a seguinte situação hipotética. Marluce, auditora-fiscal com acesso autorizado ao sistema de informática da Receita Federal, inseriu dados falsos no banco de dados daquele órgão, realizando compensação ilícita de débitos de várias empresas, de modo a obter vantagem indevida para si e também para diversos empresários. Nessa situação, a auditora, entre outros crimes, responderá por inserção de dados falsos em sistema de informação, crime contra a administração pública tipificado no Código Penal.

1: corrreta, conforme art. 327, CP. 2: errada.a A modalidade culposa de conduta não foi prevista na Lei 9.613/98 (Lavagem de Capitais). Atenção: com o advento da Lei 12.683/12, que alterou diversos dispositivos da Lei n. 9.613/1998, a conduta antecedente, que antes deveria estar contemplada no rol do art. 1º, agora pode ser representada por qualquer infração penal (crime e contravenção). 3: Correta. O crime de *advocacia administrativa* – art. 321, CP – é praticado pelo funcionário público que, prevalecendo-se da condição de *intraneus*, defende interesse alheio perante a Administração Pública. Sendo este interesse ilegítimo, incidirá o agente na qualificadora do parágrafo único do art. 321 do Código Penal. 4: errada. A Lei 7.492/86 contempla, como crime, diversas condutas que podem ser praticadas por qualquer pessoa, independentemente de qualquer característica especial, como é o caso, por exemplo, dos delitos previstos nos arts. 2º e 3º. 5: correta. A Lei 9.983/2000 introduziu no Código Penal, entre outros, este crime do art. 313-A, que pune o funcionário público autorizado que, dentre outras condutas, insere informações falsas em sistemas informatizados da Administração Pública, tendo como escopo obter vantagem indevida para si ou para outrem, ou para causar dano.

Gabarito 1C, 2E, 3C, 4E, 5C

(ADVOGADO – CEF – 2001 – CESPE) No respeitante ao direito penal, julgue os itens abaixo.

(1) Considere a seguinte situação hipotética. Um indivíduo era proprietário de casa lotérica credenciada pela CAIXA a receber o pagamento de contas de empresas concessionárias de serviço público, como água, telefone e energia. De acordo com o contrato firmado com a CAIXA, esse indivíduo tinha a obrigação de repassar àquela, periodicamente, os valores recebidos, para que ela os entregasse às concessionárias. Todavia, ao longo de três meses, o indivíduo apropriou-se desses valores. A CAIXA tentou reavê-los, sem sucesso, e decidiu comunicar o fato ao MPF. Quando soube disso, o dono da casa lotérica apressou-se e pagou integralmente os valores de que se apropriara. Nessa situação, segundo o entendimento majoritário, apesar da reparação do dano decorrente da apropriação indébita, o procurador da República que recebesse a notícia-crime da CAIXA deveria oferecer denúncia.

(2) Considere a seguinte situação hipotética. Rolando era gerente da CAIXA e, por ser desonesto, resolveu enriquecer-se ilicitamente à custa de sua empregadora. Com essa finalidade, Rolando engendrou manobras que transferiram valores de rubricas contábeis da CAIXA para uma sua conta corrente, da qual os sacou, em seu proveito. Diante disso e após a investigação que se fizesse necessária, caberia ao MPF denunciar Rolando para que respondesse penalmente por seus atos, em processo que deveria ser julgado pela justiça federal; a definição jurídica do crime seria a de peculato, pois esse delito não exige necessariamente que o agente tenha a posse direta do bem desviado e abrange os empregados de empresas públicas.

(3) Para não cometer omissão penalmente relevante, todo agente público encarregado da investigação de delitos deve agir imediatamente assim que constatar ação criminosa, a fim de coibi-la e de responsabilizar os que a houverem cometido.

(4) Considere a seguinte situação hipotética. Lucíola era gerente da CAIXA e veio a descobrir que uma subordinada sua vinha subtraindo valores do caixa da agência durante os três últimos meses, sendo que a última subtração ocorrera quinze dias antes da descoberta. Lucíola sabia que legalmente não podia prender a empregada, pois não havia mais estado de flagrância. Mesmo assim, por ser pessoa arbitrária, chamou a subordinada e deu-lhe voz de prisão, na presença de várias testemunhas, e deteve-a em uma sala da agência. Em seguida, chamou a polícia federal para conduzir a presa. Nessas condições, Lucíola praticou crime de abuso de autoridade, mesmo sendo ela própria empregada pública, pois essa espécie de agente público pode ser sujeito ativo desse delito. Por outro lado, mesmo que Lucíola fosse condenada criminalmente, isso não impediria a aplicação a ela das sanções cabíveis nos planos administrativo e civil.

(5) Considere a seguinte situação hipotética. Temístocles, no início de fevereiro de 2001, foi a uma loja para adquirir certos produtos, que pagou com cheque. Por displicência, mas sem a intenção de causar dano à loja, Temístocles datou o cheque como se fora emitido em janeiro de 2000. Por isso, ao ser apresentado ao banco, o cheque foi recusado. Nessa situação, Temístocles cometeu um dos delitos assemelhados ao estelionato, pois, com sua conduta, frustrou pagamento realizado por meio de cheque.

1: Correto. Por se tratar de uma causa de diminuição de pena, prevista no art.16 do CP, a aplicação do *arrependimento posterior* pressupõe o devido processo legal. 2: Correto. Rolando incorreu no crime de *peculato-furto* (art. 312, § 1º, do CP), também chamado pela doutrina de *impróprio*. Nele, o agente, embora não tenha a posse do bem, diferentemente do que ocorre no peculato-apropriação (*próprio*), vale-se de facilidade que o cargo lhe proporciona para *efetuar* a subtração ou *concorrer* para que terceiro o faça. Tal facilidade, que constitui pressuposto desta modalidade de peculato doloso, consiste, por exemplo, no livre ingresso que o funcionário tem ao interior da repartição. Rolando, que é gerente da Caixa Econômica Federal (empresa pública), é considerado funcionário público *por equiparação*, nos termos do que estabelece o art. 327, § 1º, do CP. 3: Errada. Nos moldes do que estabelece o art. 13, § 2º, do CP, a omissão somente terá relevância, no âmbito do direito penal, na hipótese de o agente, tendo o dever de agir, se omitir e dessa omissão ser produzido o resultado (naturalístico), imprescindível à configuração do crime comissivo por omissão (omissivo impróprio). 4: Correto. Arts. 5º e 6º da Lei 4.898/65 (abuso de autoridade). 5: Errada. A configuração do crime previsto no art. 171, § 2º, VI, do CP pressupõe que o agente aja imbuído do propósito de fraudar, de frustrar o pagamento do título, de impedir a sua compensação.

Gabarito 1C, 2C, 3E, 4C, 5E

(ADVOGADO – CEF – 2010 – CESPE) Com base nos preceitos do direito penal, assinale a opção correta.

(A) No que diz respeito à lei penal no tempo e no espaço, é correto afirmar que a vigência de norma penal posterior atenderá ao princípio da imediatidade, não incidindo, em nenhum caso, sobre fatos praticados na forma da lei penal anterior. No tocante à lei penal no espaço, o Código Penal (CP) adota o princípio da territorialidade como regra geral.

(B) Se um servidor público tiver sido condenado a cinco anos de reclusão por apropriar-se de dinheiro e outros bens móveis de que tinha posse em razão do cargo, e a sentença penal condenatória tiver transitado em julgado, então, se for julgado procedente pedido de reabilitação e o condenado vier a ressarcir integralmente o dano causado pelo crime, o servidor poderá retornar ao exercício do cargo público que havia perdido em razão da sentença condenatória.

(C) Não constitui crime a ocupação de estabelecimento bancário, em momento de greve, com a finalidade de impedir o desenvolvimento normal da atividade bancária, ainda que da ocupação haja danificação do patrimônio com o escopo de embaraçar a execução dos trabalhos e impedir o labor dos empregados que não aderiram à greve. Somente haverá crime caso haja lesões, físicas e(ou) morais, aos trabalhadores que permaneceram em atividade, e o crime terá como sujeito ativo apenas os empregados da empresa onde ocorreram os fatos.

(D) Considere a seguinte situação hipotética. Uma empresa de crédito, por intermédio de seus sócios, tendo obtido empréstimos consignados mediante fraude, utilizando-se de dados de terceiros obtidos de forma fraudulenta, levou e manteve em erro instituição financeira oficial. Nessa situação hipotética, o procedimento descrito configura operação financeira e subsume-se à figura típica descrita na lei dos crimes contra o sistema financeiro nacional.

(E) Em relação ao crime de lavagem de dinheiro, o entendimento doutrinário e jurisprudencial firmado é que o mero proveito econômico do produto do crime antecedente não configuraria lavagem de dinheiro, exigindo-se a prática de condutas de ocultar ou dissimular, entre outras, como práticas autônomas, de modo a caracterizar a infração penal em tela. Sem essas, ocorrerá um simples pós-fato impunível. Não se subordina persecução penal em juízo ao encerramento do processo administrativo fiscal.

A: o art. 5º, XL, da CF estabelece uma exceção à irretroatividade da lei penal, ao autorizar que esta projete seus efeitos para o passado para beneficiar o réu. No que concerne à lei penal no espaço, o CP adotou, em seu art. 5º, a *territorialidade temperada*. Isso significa que, aos crimes perpetrados em território brasileiro, será aplicada a lei local, ressalvadas as convenções, tratados e regras de direito internacional; **B:** a assertiva não reflete o disposto no art. 93, parágrafo único, do CP; **C:** conduta tipificada no art. 202 do CP; **D:** a conduta se amolda ao tipo penal do art. 171 do CP. Nesse sentido: STJ, 3ª S., CC 93.596-RJ, rel. Min. Og Fernandes, 25.03.2009; **E:** nesse sentido, vide: STJ, Ap. 458-SP, C.E., rel. Min. Fernando Gonçalves, 16.09.2009.

Gabarito "E"

16. Direito Processual Penal

Eduardo Dompieri

1. FONTES, PRINCÍPIOS GERAIS, EFICÁCIA DA LEI PROCESSUAL NO TEMPO E NO ESPAÇO

(Procurador Distrital – 2014 – CESPE) No que se refere à lei processual penal no espaço e no tempo, julgue os itens que se seguem.

(1) A aplicação do princípio da territorialidade, previsto na lei processual penal brasileira, poderá ser afastada se, mediante tratado internacional celebrado pelo Brasil e referendado internamente por decreto, houver disposição que determine, nos casos que ele indicar, a aplicação de norma diversa.

(2) A lei processual penal será aplicada desde logo, sem prejuízo da validade dos atos instrutórios realizados sob a vigência de lei processual anterior, salvo se esta for, de alguma maneira, mais benéfica ao réu que aquela.

1: correta. No que toca à lei processual penal no espaço, adotamos o *princípio da territorialidade*, já que a sua incidência se dá, em regra, no âmbito do território nacional; as exceções ficam por conta das *convenções*, *tratados* e *regras de direito Internacional* (art. 1º do CPP); **2:** incorreta. A questão não é tão simples. É fato que a lei processual penal, ante o que estabelece o art. 2º do CPP, produzirá efeitos desde logo, preservando-se os atos (instrutórios ou não) realizados sob a égide da lei anterior. Aqui, pouco importa se a lei nova é mais prejudicial ao réu do que a lei anterior. O problema surge quando a lei processual penal tiver carga de direito material. Neste caso, deverá prevalecer, em detrimento do regramento estabelecido no art. 2º do CPP, as normas contidas no art. 5º, XL, da CF/1988 e art. 2º, parágrafo único, do CP. Ou seja, em se tratando de norma mais favorável ao réu, deverá retroagir em seu benefício; se prejudicial a lei nova, aplica-se a lei já revogada

Gabarito 1C, 2E

(Procuradoria Federal – 2007 – CESPE) Julgue o item seguinte.

(1) Em relação à lei processual penal no tempo, vigora o princípio do efeito imediato, segundo o qual *tempus regit actum*. De acordo com tal princípio, as normas processuais penais têm aplicação imediata, mas consideram-se válidos os atos processuais realizados sob a égide da lei anterior.

Art. 2º do Código de Processo Penal. Adotou-se, quanto à eficácia da lei processual no tempo, o *princípio da aplicação imediata* ou *do efeito imediato* (*tempus regit actum*), preservando-se os atos até então praticados, que, por essa razão, não serão renovados. Vale, aqui, fazer uma ressalva. Quando se tratar de uma norma processual dotada de caráter material (norma mista), a sua eficácia no tempo deverá seguir o regramento do art. 2º, p. único, do Código Penal, ou seja, a lei processual dotada de carga penal poderá retroagir em benefício do réu.

Gabarito 1C

(Procurador da Fazenda Nacional – 2007.2 – ESAF) No sistema processual penal acusatório, adotado pelo legislador brasileiro, pode-se apontar os seguintes elementos:

(A) processo judicial sigiloso, inquisitivo e sistema de provas tarifado.

(B) processo judicial público e juizado de instrução.

(C) processo judicial público, contraditório e defesa restrita.

(D) separação entre as funções de acusar, julgar e defender.

(E) processo judicial público, preferência para o órgão acusador e sistema de provas do livre convencimento.

São características imanentes ao sistema acusatório: além de uma nítida separação nas funções de acusar, julgar e defender, o processo é público e contraditório; além disso, há imparcialidade e a ampla defesa é assegurada. O sistema inquisitivo constitui a antítese do acusatório, em que, *grosso modo*, as funções de acusar, defender e julgar reúnem-se na mesma pessoa. O processo é sigiloso e não vige o contraditório. No sistema misto, por fim, há uma fase inicial inquisitiva, ao final da qual tem início uma etapa em que são asseguradas todas as garantias inerentes ao acusatório.

Gabarito "D"

2. INQUÉRITO POLICIAL

(Procurador Distrital – 2014 – CESPE) Considerando as normas referentes ao inquérito policial, julgue os itens a seguir.

(1) Segundo as normas processuais penais vigentes, a autoridade policial não pode determinar o arquivamento do inquérito, salvo se o MP, previamente consultado, concordar com tal determinação.

(2) De acordo com o CPP, qualquer pessoa do povo, ao tomar conhecimento da prática de atos delituosos, deverá comunicá-los à autoridade policial, seja verbalmente, seja por via formal.

1: incorreta, pois a regra segundo a qual é vedado à autoridade policial promover o arquivamento dos autos de inquérito policial não comporta exceção, é dizer, mesmo diante da concordância do Ministério Público, ainda assim o delegado está impedido de determinar o arquivamento do inquérito policial. Tal procedimento somente poderá ser feito pelo juiz de direito a requerimento do representante do Ministério Público. É o que estabelecem os arts. 17, 18 e 28 do CPP; **2:** incorreta, visto que o art. 5º, § 3º, do CPP confere a *prerrogativa* (não a *obrigação*) à qualquer pessoa do povo de comunicar à autoridade notícia de crime de que teve conhecimento. É a chamada *delatio criminis*.

Gabarito 1E, 2E

(Procurador do Município/Cubatão-SP – 2012 – VUNESP) Nos termos do quanto determina o art. 10 do CPP, o inquérito policial deve ser finalizado no prazo de 30 dias, se o indiciado estiver solto e, em 10 dias, quando houver indiciado preso. Indaga-se: a autoridade policial, findos tais prazos, pode requerer ao juiz a devolução dos autos para ulteriores diligências?

Assinale a alternativa que responde corretamente à indagação.

(A) Não, pois não há expressa previsão legal nesse sentido.

(B) Não, já que não é necessária tal autorização, pois é a autoridade policial que preside o inquérito e, portanto, basta que o juiz seja comunicado da extensão do prazo.

(C) Sim, mas apenas quando se apuram crimes hediondos.

(D) Sim, quando o fato for de difícil elucidação e o indiciado estiver solto.

(E) Sim, mas o juiz apenas deferirá tal pedido mediante expressa concordância do promotor de justiça.

Estando solto o indiciado, o art. 10, *caput*, do CPP estabelece o prazo *geral* de 30 dias para que as investigações, no inquérito, sejam concluídas; se preso estiver o investigado, o inquérito deve terminar em dez dias. Também é verdade que o prazo de trinta dias, a teor do art. 10, § 3º, do CPP, admite prorrogação, desde que o fato seja de difícil elucidação. De se ver, entretanto, que o prazo de dez dias fixado para a hipótese de o indiciado encontrar-se preso não comporta dilação. Bem por isso, se o inquérito não for concluído e remetido à Justiça nesse interregno, é cabível a impetração de "habeas corpus". Cuidado: estamos a falar do prazo geral, previsto no CPP. Há prazos diferenciados contemplados em legislação especial. Na Justiça Federal, por exemplo, se o indicado estiver preso, o prazo para conclusão do inquérito é de quinze dias, podendo haver uma prorrogação por igual período, conforme dispõe o art. 66 da Lei 5.010/66; se solto, o inquérito deve ser concluído em 30 dias, em consonância com o disposto no art. 10, *caput*, do CPP (aplicação supletiva do prazo geral previsto no CPP). A Lei de Drogas, por sua vez, estabelece, em seu art. 51, o prazo de trinta dias para a hipótese de o investigado encontrar-se preso e noventa se estiver solto. Esses dois prazos comportam dilação (duplicação), nos moldes do que prevê o art. 51, parágrafo único, da Lei 11.343/06.

Gabarito "D"

(Procurador do Município/Recife-PE – 2008 – FCC) Sobre o inquérito policial, considere:

I. A instauração de inquérito policial nos crimes de ação penal privada, contando a vítima com dezoito anos, pode ser requerida pelo seu representante legal.

II. O inquérito policial pode ser instaurado, nos crimes de ação penal pública, por requisição do ofendido ou de quem tiver qualidade para representá-lo.

III. Nos crimes em que a ação penal depender de representação, o inquérito policial não pode ser iniciado sem ela.

IV. Logo que tiver conhecimento da prática de infração penal, a autoridade policial deve mandar um agente policial ao local dos fatos para que proceda a preservação do mesmo.

V. O indiciado pode requerer diligências no inquérito policial.

Está correto o que consta SOMENTE em

(A) I e V.

(B) II, III e IV.

(C) II e IV.

(D) III, IV e V.

(E) III e V.

I: Se o ofendido, na ação penal de iniciativa privada, contar com dezoito anos ou mais, caberá a ele mesmo requerer a instauração de inquérito para apuração dos fatos; se ainda não atingiu essa idade, a instauração deverá ser requerida pelo seu representante legal; **II:** nos crimes de ação penal pública, o inquérito poderá ser instaurado diante de requerimento formulado pelo ofendido ou por quem tenha qualidade para representá-lo (art. 5º, II, do CPP). Uma vez que não se trata de ordem, determinação, a autoridade policial poderá indeferir, por despacho, o requerimento do ofendido, decisão contra a qual caberá recurso para o chefe de polícia (art. 5º, § 2º, CPP). Somente poderão *requisitar* (determinar) a instauração de inquérito o juiz e o promotor (art. 5º, II, do CPP). Neste caso, o delegado de polícia está obrigado a proceder à instauração de inquérito, salvo se se tratar de determinação judicial ou ministerial manifestamente ilegal; **III:** assertiva correta. Dado o que dispõe o art. 5º, § 4º, do CPP, o inquérito policial, nos crimes em que a ação penal é pública condicionada a representação, não poderá sem esta ser instaurado; IV: proposição incorreta, pois não reflete o disposto no art. 6º, I, do CPP, que estabelece que a autoridade policial, assim que tiver conhecimento da prática de infração penal, deverá, ela própria, dirigir-se ao local em que esta ocorreu; V: não só o indiciado, mas também o ofendido ou o seu representante legal. É o que dispõe o art. 14 do CPP.

Gabarito "E"

(Procurador do Município/São Paulo-SP – 2008 – FCC) O inquérito policial

(A) é passível de trancamento por meio de *habeas corpus* quando o fato investigado for atípico.

(B) obedece ao contraditório.

(C) é indispensável para a propositura da ação penal.

(D) tem rito próprio.

(E) interrompe o prazo para o oferecimento da queixa nos crimes de ação privada.

A: Correta. Assim já se manifestou o Superior Tribunal de Justiça: "O trancamento de ação penal pela via estreita do *habeas corpus* é medida de exceção, só admissível quando emerge dos autos, de forma inequívoca e sem a necessidade de valoração probatória, a inexistência de autoria por parte do indiciado ou a atipicidade da conduta" (HC 39.231-CE, 5ª Turma, rel. Laurita Vaz, 01.03.2005, D.J. 28.03.2005). Proposição, portanto, correta; **B:** incorreta, conforme doutrina majoritária, no inquérito não vigoram a *ampla defesa* e o *contraditório*; **C:** incorreta. O inquérito policial não constitui etapa indispensável da persecução criminal. Se o titular da ação penal, desse modo, dispuser de elementos suficientes (existência do crime e indícios suficientes de autoria) a sustentar a acusação em juízo, poderá abrir mão do inquérito; **D:** incorreta. O inquérito policial não se submete a rito próprio; **E:** a instauração de inquérito não interrompe o curso do prazo decadencial para o ajuizamento da queixa, o que somente ocorrerá com o oferecimento desta ao juízo.

Gabarito "A"

(Procurador da Fazenda Nacional – 2004 – ESAF) Correlacione os dados referentes às fases e aos prazos do inquérito e da ação penal com o contido na coluna da direita, assinalando a opção correta.

( )	início de inquérito policial	(1) queixa
( )	conclusão, inquérito e réu solto	(2) denúncia
( )	oferecimento da denúncia (réu preso)	(3) portaria
		(4) prescrição
( )	peça inicial processo penal por crime de ação pública	(5) decadência
		(6) relatório
( )	término do inquérito policial	(7) 15 dias
		(8) 9 dias
		(9) 30 dias
		(10) 3 dias
		(11) 5 dias

(A) 3, 9, 11, 2 e 6

(B) 10, 3, 5, 7, e 11

(C) 6, 3, 4, 2, e 1

(D) 3, 9, 4, 7, e 5

(E) 9, 5, 2, 7, e 11

1ª assertiva: uma das formas de instauração de inquérito policial é de *ofício* (art. 5º, I, do CPP). Assim, sempre que a autoridade policial tiver conhecimento da prática de uma infração penal, deve baixar a chamada *portaria*, que constitui a peça inaugural do inquérito policial. Outra forma de instauração de inquérito é o *auto de prisão em flagrante*. Neste caso, após a lavratura do auto, o inquérito é instaurado; **2ª assertiva:** se solto estiver o investigado, o inquérito policial deverá ser concluído no prazo de trinta dias (art. 10, "caput", do CPP); **3ª assertiva:** na hipótese de o réu encontrar-se preso, o prazo de que dispõe o Ministério Público para oferecer a denúncia é de cinco dias – art. 46, "caput", do CPP; **4ª assertiva:** *denúncia* é a peça inicial da ação penal pública; *queixa*, por sua vez, é a peça inicial da ação penal privada;; **5ª assertiva:** se nada mais restar a ser apurado no inquérito policial, deverá o delegado de polícia confeccionar minucioso relatório e enviar os autos ao juiz competente (art. 10, § 1º, do CPP).

Gabarito "A"

(Procurador do Estado/PE – 2004 – FCC) De acordo com o disposto no Código de Processo Penal, nos crimes de ação pública condicionada à representação, o inquérito policial

(A) não pode ser instaurado sem ela.

(B) pode ser instaurado pela autoridade policial independentemente da representação, desde que haja requisição judicial.

(C) pode ser instaurado pela autoridade policial independentemente da representação, desde que haja requisição do Ministério Público.

(D) pode ser instaurado pela autoridade policial independentemente da representação que será, porém, necessária ao oferecimento da denúncia.

(E) independe de qualquer formalidade pois o contraditório e a ampla defesa somente serão exercidos em juízo.

Art. 5º, § 4º, do CPP. Em se tratando de crime de ação penal pública condicionada a representação, é imprescindível o oferecimento desta para a instauração do inquérito policial; na hipótese de ação penal pública incondicionada, a autoridade policial tem a obrigação de instaurar o inquérito, independente de provocação do ofendido.

Gabarito "A"

(PROCURADOR – BANCO CENTRAL – 2009 – CESPE) Com relação ao inquérito policial, julgue os itens a seguir.

I. É uma peça escrita, preparatória da ação penal, de natureza inquisitiva.

II. É presidido pela autoridade policial, da chamada polícia judiciária, pois atua em face do fato criminoso já ocorrido.

III. Sua finalidade investigatória objetiva dar elementos para a "opinio delicti" do órgão acusador de que há prova suficiente do crime e da autoria, para que a ação penal tenha justa causa. Para a ação penal, justa causa é o conjunto de elementos probatórios razoáveis sobre a existência do crime e da autoria.

IV. Embora não se apliquem à atividade nele desenvolvida os princípios da atividade jurisdicional, o inquérito encerra um juízo de formação de culpa que se conclui com um veredicto de possibilidade ou não da ação penal.

V. É regido pelo princípio da não exclusividade, ou seja, no sistema brasileiro, admite-se que mais de um órgão o presida, em função do princípio da primazia do interesse público.

Estão certos apenas os itens

(A) I, II e III.

(B) I, III e IV.

(C) I, IV e V.

(D) II, III e V.

(E) II, IV e V.

I: diz-se *preparatório* porquanto prepara a ação penal, à qual servirá de sustentáculo, alicerce. Diz-se *escrito* porque todas as suas peças devem ser reduzidas a escrito – art. 9º do CPP. Além disso, é *inquisitivo*, pois não incidem, no inquérito, *contraditório* e *ampla defesa*; **II**:

art. 4º do CPP; **III**: o inquérito policial se presta a reunir elementos de autoria e materialidade acerca de uma infração penal, sem o que a ação penal não poderá ser proposta. Cuidado: isso não quer dizer que o inquérito é indispensável, desde que o seu titular disponha de elementos suficientes ao exercício da ação penal; **IV**: diversos postulados que têm aplicação na atividade jurisdicional são também aplicáveis no inquérito; **V**: embora a atividade investigativa não constitua atribuição exclusiva da Polícia Judiciária - art. 4º, parágrafo único, do CPP, somente a esta cabe a confecção do inquérito policial.

Gabarito "A"

3. AÇÃO PENAL

(Procurador do Município/Sorocaba-SP – 2012 – VUNESP) A representação, nas ações penais que dela dependem, de acordo com o art. 25 do CPP,

(A) não admite retratação.

(B) será retratável, até o trânsito em julgado.

(C) será irretratável, depois de oferecida a denúncia.

(D) será irretratável, após o término do inquérito policial.

(E) será retratável apenas até a sentença de primeiro grau.

A representação é retratável até o oferecimento da denúncia; depois disso, ela se torna irretratável. É o teor dos arts. 25 do CPP e 102 do CP.

Gabarito "C"

(Procurador do Município/Cubatão-SP – 2012 – VUNESP) No que concerne à representação, ato imprescindível para que seja intentada a ação pública a ela condicionada, determina o art. 39 do CPP que

(A) poderá ser exercida pessoalmente ou por procurador com poderes especiais, mediante declaração, escrita ou oral, feita ao juiz, ao órgão do Ministério Público, ou à autoridade policial.

(B) poderá ser exercida pessoalmente ou por procurador com poderes especiais, apenas mediante declaração escrita feita ao juiz, ao órgão do Ministério Público, ou à autoridade policial.

(C) poderá ser exercida pessoalmente ou por procurador com poderes especiais, mediante declaração, escrita ou oral, feita apenas ao juiz ou ao órgão do Ministério Público.

(D) apenas poderá ser exercida pessoalmente, mediante declaração, escrita ou oral, feita ao juiz, ao órgão do Ministério Público, ou à autoridade policial.

(E) apenas poderá ser exercida pessoalmente, unicamente mediante declaração escrita, feita somente ao juiz ou ao órgão do Ministério Público.

Art. 39, *caput*, do CPP: "O direito de representação poderá ser exercido, pessoalmente ou por procurador com poderes especiais, mediante declaração, escrita ou oral, feita ao juiz, ao órgão do Ministério Público, ou à autoridade policial". A *representação* não exige qualquer rigor formal, sendo somente necessário que o ofendido manifeste de forma inequívoca sua vontade em ver processado seu ofensor.

Gabarito "A"

(Procurador do Município/Florianópolis-SC – 2010 – FEPESE) Assinale a alternativa **correta**, de acordo com o Código de Processo Penal.

(A) A qualquer momento pode a vítima exercer o juízo de retração e desistir da representação oferecida.

(B) O Ministério Público, na ação penal pública condicionada, poderá, após ouvida a vítima, desistir da ação penal.

(C) No caso de morte do ofendido ou quando declarado ausente por decisão judicial, decai o direito de oferecer representação ou queixa.

(D) O direito de representação poderá ser exercido, pessoalmente ou por procurador com poderes especiais, mediante declaração, escrita ou oral, feita ao juiz, ao órgão do Ministério Público, ou à autoridade policial.

(E) Após apresentada a representação pelo ofendido para a deflagração de ação penal pública condicionada, deverá o Ministério Público, antes de oferecer a denúncia, mandar instaurar inquérito policial.

A: incorreta, pois o ofendido está credenciado a exercer tal direito somente até o oferecimento da denúncia; depois disso, a representação se torna irretratável – arts. 25 do CPP e 102 do CP; **B:** é vedado ao Ministério Público, em vista do que preconiza o postulado da indisponibilidade, desistir da ação penal que haja proposto (art. 42 do CPP), seja esta pública incondicionada ou condicionada à representação do ofendido; **C:** nos crimes de ação penal privada, o art. 31 do CPP estabelece uma ordem que deve ser seguida na hipótese de o ofendido morrer ou mesmo ser considerado ausente por força de decisão judicial. Em primeiro lugar, o cônjuge; depois, o ascendente, descendente e irmão. Se houver discordância, deve prevalecer a vontade daquele que deseja ajuizar a ação; **D:** correta, nos termos do art. 39, *caput*, do CPP; **E:** incorreta, pois contraria o teor do art. 39, § 5º, do CPP.

Gabarito "D"

(Procurador do Estado/CE – 2008 – CESPE) Nos casos em que somente se procede mediante queixa, não será considerada perempta a ação penal quando o querelante

(A) deixar de promover, após iniciada a ação penal privada, o andamento do processo durante trinta dias seguidos.

(B) deixar de comparecer, sem motivo justificado, a qualquer ato do processo a que deva estar presente.

(C) deixar de formular o pedido de condenação nas alegações finais.

(D) deixar de apresentar o rol de testemunhas na queixa-crime.

(E) for pessoa jurídica e esta se extinguir sem deixar sucessor.

A: art. 60, I, do CPP; **B:** art. 60, III, 1ª parte, do CPP; **C:** art. 60, III, 2ª parte, do CPP; **D:** art. 41 do CPP; **E:** art. 60, IV, do CPP.

Gabarito "D"

(Procurador do Estado/RR – 2006 – FCC) Sobre ação penal, é INCORRETO afirmar:

(A) Tanto na ação penal pública condicionada à representação do ofendido quanto na condicionada à requisição do Ministro da Justiça, admite-se a retratação até o recebimento da denúncia.

(B) A renúncia ao exercício do direito de queixa, em relação a um dos autores do crime, a todos se estenderá, conforme disposição expressa do Código de Processo Penal.

(C) Nos casos em que somente se procede mediante queixa, considerar-se-á perempta a ação penal quando o querelante deixar de formular o pedido de condenação em alegações finais.

(D) Em caso de ação penal privada subsidiária da pública, o Ministério Público poderá oferecer denúncia substitutiva.

(E) Segundo o Código de Processo Penal, em regra, o ofendido decairá do direito de queixa, se não o exercer dentro do prazo de 6 (seis) meses, contado do dia em que vier a saber quem é o autor do crime.

A: incorreta, devendo ser assinalada, pois a *retratação* somente é admitida na ação penal condicionada à representação do ofendido, conforme preleciona o art. 25 do CPP; **B:** art. 49 do CPP; **C:** art. 60, III, 2ª parte, do CPP; **D:** art. 29 do CPP; **E:** art. 38, *caput*, do CPP.

Gabarito "A"

(Procurador do Município/São Paulo-SP – 2008 – FCC) Se o querelante, em processo por crime de açao penal privada, sem motivo justificado, deixar de comparecer a ato que deva estar presente, o juiz deve declarar

(A) a decadência.

(B) o perdão tácito.

(C) a renúncia do direito de queixa.

(D) a perempção.

(E) o perdão judicial.

A perempção (art. 107, IV, do CP), instituto exclusivo da ação penal privada, constitui um castigo aplicado ao querelante que deixa de promover o bom andamento processual, mostrando-se negligente e desidioso. Suas hipóteses estão contidas no art. 60 do CPP. O enunciado se refere à hipótese contemplada no art. 60, III, do CPP.

Gabarito "D"

(Procurador do Município/Recife-PE – 2008 – FCC) Sobre a ação penal privada subsidiária, é correto afirmar:

(A) Tem cabimento nos crimes de ação pública, se esta não for proposta no prazo legal, tendo o Ministério Público requerido diligências indispensáveis ao oferecimento da denúncia.

(B) No caso de prisão em flagrante, o prazo para sua propositura é de 30 dias, a contar do dia da lavratura do respectivo.

(C) O prazo para sua propositura é de seis meses, a contar do dia em que se esgotar o prazo para o Ministério Público oferecer denúncia.

(D) Se o querelante negligenciar na sua condução, o Ministério Público, mesmo que tenha aditado a queixa, não poderá assumir a titularidade, operando-se a perempção se decorrido o prazo legal para esta.

(E) Tem essa natureza a queixa-crime proposta por funcionário público nos crimes contra a honra quando ofendido em razão do exercício das suas funções, mesmo quando apresentada dentro do prazo para o Ministério Público oferecer denúncia.

A: incorreta, a *ação penal privada subsidiária da pública*, prevista nos arts. 5º, LIX, da CF, 100, § 3º, do CP e 29 do CPP, somente terá lugar na hipótese de o membro do Ministério Público permanecer inerte, deixando de oferecer a denúncia dentro do prazo estabelecido em lei. Não atua com desídia, portanto, o promotor que, no lugar de oferecer a denúncia, formula pedido para realização de diligências complementares indispensáveis ao exercício da ação penal; **B** e **C:** o prazo de seis meses para a propositura da queixa subsidiária tem como termo inicial o esgotamento do prazo de que dispõe o Ministério Público para o oferecimento da denúncia; **D:** incorreta, se o querelante agir com inércia/ negligência, a titularidade da ação será retomada pelo Ministério Público (art. 29 do CPP); **E:** incorreta, nos termos do disposto no art. 145, p. único, do CP, se se tratar de crime perpetrado contra a honra de funcionário público em razão de suas funções, a ação penal será *pública condicionada à representação do ofendido*. Ocorre, no entanto, que o STF, por meio da Súmula 714, firmou entendimento segundo o qual nesses casos a legitimidade é concorrente entre o ofendido (mediante queixa) e o Ministério Público (ação pública condicionada à representação do ofendido).

Gabarito "C"

(Procurador do Município/Recife-PE – 2008 – FCC) Proposta a queixa-crime por parente legitimado do ofendido, nos casos de morte deste, se o querelante desiste da ação ou a abandona, qualquer outro sucessor, igualmente legitimado, poderá prosseguir na ação, ocorrendo a perempçao se nenhum deles comparecer no prazo de

(A) 20 dias.

(B) 45 dias.

(C) 60 dias.

(D) 120 dias.

(E) 180 dias.

Se falecer o ofendido/querelante, o direito de ajuizar a queixa-crime ou de dar continuidade à ação penal já instaurada passará ao cônjuge, ascendente, descendente ou irmão, nesta ordem, conforme estabelece o art. 31 do CPP. Aqui, os familiares do ofendido, obedecida – repita-se - à ordem contemplada no art. 31 do CPP, dispõem do prazo de sessenta dias para assumir, no lugar do falecido, a titularidade da ação em curso. Se não o fizerem, a ação será considerada perempta, nos moldes do art. 60, II, do CPP. Agora, se o cônjuge sobrevivente, por exemplo, assumir a titularidade da ação penal e, no curso desta, desistir ou abandonar a causa, os demais legitimados, mantida a ordem estabelecida no art. 31 do CPP, poderão, também dentro do prazo de sessenta dias, dar prosseguimento à ação. Vale lembrar que a perempção constitui, a teor do art. 107, IV, do CP, causa de extinção da punibilidade.

Gabarito "C"

(Procuradoria Federal – 2007 – CESPE) Julgue os seguintes itens.

(1) Diversamente do que ocorre em relação ao processo civil, no processo penal não se admite que, em caso de morte da vítima, os familiares assumam o lugar dela, no polo ativo da ação penal privada, para efeito de apresentação de queixa.

(2) A renúncia ao exercício do direito de queixa e o perdão do ofendido, em relação a um dos autores do crime, a todos se estenderá, sem que produza, todavia, efeito em relação ao que o recusar.

1:errado, art. 31 do CPP; 2:errado, art. 49 do CPP (renúncia); arts. 106, I e III, do CP e 58 do CPP (perdão).

Gabarito 1E, 2E

(Procurador da Fazenda Nacional – 2003 – ESAF) Considerar-se-á perempta a ação penal quando,

(A) iniciada a ação penal privada subsidiária, o querelante deixar de promover o andamento do processo durante trinta dias seguidos.

(B) sendo o querelante pessoa jurídica, nos casos em que somente se procede mediante queixa, a empresa se extinguir sem deixar sucessor.

(C) falecendo a vítima, na ação penal pública condicionada à representação, não comparecer em juízo, para prosseguir no processo, dentro do prazo de trinta dias, qualquer das pessoas a quem couber fazê-lo.

(D) sobrevindo a incapacidade do querelante, na ação penal privada subsidiária, não comparecer em juízo, para prosseguir no processo, dentro do prazo de sessenta dias, qualquer das pessoas a quem couber fazê-lo.

(E) iniciada a ação penal privada, o querelante deixar de promover o andamento do processo durante vinte dias seguidos.

A: incorreta, não há que se falar em *perempção* no âmbito da ação penal privada *subsidiária da pública*. Isso porque, nos termos do art. 29 do CPP, se o querelante agir com inércia ou negligência, pode o Ministério Público retomar a titularidade da ação; **B:** alternativa correta. É a hipótese do art. 60, IV, do CPP; **C:** incorreta, a *perempção* somente tem cabimento na ação penal privada exclusiva; **D:** incorreta, a perempção, como dito acima, somente pode ser reconhecida no âmbito da ação penal exclusivamente privada, vedada a sua incidência, portanto, na ação penal privada subsidiária, pois, neste caso, pode o Ministério Público retomar a ação penal; **E:** incorreta, neste caso, é necessário, para que a ação penal seja considerada perempta, que o querelante deixe de promover o andamento do processo durante *trinta dias seguidos* (art. 60, I, do CPP).

Gabarito "B"

(Procurador da Fazenda Nacional – 2004 – ESAF) Julgue os itens abaixo, marcando com **F** a afirmativa falsa e com **V** a afirmativa verdadeira e em seguida assinale a opção correta.

( ) A queixa é necessária para instauração da ação penal pública.

( ) Nos crimes de ação penal pública condicionada se faz necessária a representação do ofendido.

( ) Pode haver perdão do ofendido mesmo após o trânsito em julgado da sentença condenatória.

( ) A representação é irretratável.

( ) Entre os princípios da ação penal pública, constam a oportunidade e conveniência.

( ) É possível a renúncia no caso de ação penal privada.

( ) A decadência é a perda do direito de punir do Estado.

( ) O casamento da vítima com o autor do feito no crime de estupro extingue a punibilidade.

( ) A sentença que decreta o perdão judicial gera reincidência.

( ) Com o recebimento da denúncia ou da queixa, tem início o processo penal e é causa interruptiva da prescrição.

(A) F, F, F, F, F, F, F, F, F, V

(B) F, F, V, V, F, V, V, F, F, V

(C) V, V, F, V, F, F, F, V, V, V

(D) F, V, F, F, F, V, F, F, F, V

(E) F, V, V, F, F, V, F, V, F, V

1ª assertiva: incorreta, pois a *queixa* ou *queixa-crime* constitui o instrumento por meio do qual é ajuizada a ação penal de iniciativa privada; **2ª assertiva:** correta. Na ação penal pública *condicionada*, constituem *condição de procedibilidade* a *representação* do ofendido e também a *requisição* do ministro da Justiça; **3ª assertiva:** incorreta. O ofendido, na ação penal privada, pode, a qualquer momento, até o trânsito em julgado da sentença penal condenatória, lançar mão do *perdão*, desistindo de dar sequência à ação penal (art. 51 do CPP e 105 do CP). Sempre é bom lembrar que o *perdão*, sendo *ato bilateral*, somente gera a extinção da punibilidade se for aceito pelo querelado – art. 51 do CPP e 105 do CP; a *renúncia*, diferentemente, constitui *ato unilateral*, que independe, portanto, da manifestação de vontade do ofensor – art. 49 do CPP e art. 104 do CP; **4ª assertiva:** incorreta, pois a representação somente se torna irretratável depois de oferecida a denúncia; antes disso, pode o ofendido voltar atrás; **5ª assertiva:** incorreta; o princípio da *oportunidade* ou *conveniência* é exclusivo da ação penal privada. Não constitui, por isso, princípio informador da ação penal pública, em que, preenchidos os requisitos legais, o Ministério Público, seu titular, está obrigado a propô-la (princípio da obrigatoriedade). Na ação penal privada, diferentemente, o ofendido tem a faculdade – não a obrigação – de ajuizar a ação penal (conveniência ou oportunidade); **6ª assertiva:** correta. A renúncia, causa extintiva da punibilidade prevista no art. 107, V, do CP, somente tem incidência no âmbito da ação penal de iniciativa privada. Consiste na desistência do direito de queixa e prescinde da manifestação de vontade do ofensor (ato unilateral); **7ª assertiva:** incorreta. No âmbito da ação penal de iniciativa privada, *decadência* é a perda do direito de ação em razão de ele não ter sido exercido no prazo estabelecido em lei; na ação penal pública condicionada, é a perda do direito de representação por não ter sido exercido no prazo de lei. Nos dois casos, a consequência é a mesma: extinção da punibilidade (art. 107, IV, do CP); **8ª assertiva:** incorreta. Com o advento da Lei 11.106/2005, que revogou o art. 107, VII, do CP, não mais existe a possibilidade de extinguir-se a punibilidade do agente pelo casamento deste com a vítima, nos *crimes contra os costumes*, atualmente denominados *crimes contra a dignidade sexual*; **9ª assertiva:** incorreta; segundo orientação esposada na Súmula nº 18, do STJ, a sentença concessiva do perdão judicial tem natureza *decla-*

ratória da extinção da punibilidade, não subsistindo qualquer efeito condenatório; **10ª assertiva:** correta. O recebimento da denúncia ou da queixa constitui, nos exatos termos do art. 117, I, do CP, causa interruptiva do prazo prescricional.

Gabarito "D"

(PROCURADOR – BANCO CENTRAL – 2009 – CESPE) No que concerne à denúncia, assinale a opção correta.

(A) A denúncia deve conter a identificação e qualificação do denunciado, de maneira que não haja dúvida sobre a autoria, e a descrição pericial do fato criminoso em todas as circunstâncias agravantes e atenuantes contidas no tipo.

(B) A denúncia deve conter o histórico da vida pregressa do denunciado, descrevendo todos os dados fáticos necessários à determinação da infração penal, a *opinio doctorum* sobre o delito, tipificando o delinquente e a vítima e estabelecendo as medidas de controle social cabíveis.

(C) Na denúncia, os dados fáticos que correspondem aos elementos do tipo penal são considerados circunstâncias identificadoras de tipo, enquanto os elementos que correspondem à identificação do denunciado são chamados de circunstâncias identificadoras do agente.

(D) A falta de descrição de uma elementar na denúncia provoca sua inépcia.

(E) Quando inepta, a denúncia não pode ser rejeitada, mas é possível trancar a ação penal por meio de *habeas corpus*.

A denúncia, a teor do art. 41 do CPP, deve contemplar, assim como a queixa, a descrição minuciosa do fato criminoso com todas as suas circunstâncias, a qualificação do acusado ou, ao menos, a indicação de elementos que possam levar à sua identificação, a classificação jurídica do crime imputado ao denunciado e, sempre que necessário, o rol de testemunhas. Se inepta a denúncia, o juiz deve rejeitá-la de plano – art. 395, I, do CPP. Se, ainda assim, for recebida, é possível impetrar-se *habeas corpus* com vistas ao trancamento da ação penal.

Gabarito "D"

(ADVOGADO – BNDES – 2001 – VUNESP) A representação do ofendido, nas ações penais públicas a ela condicionada, poderá ser retratada até

(A) o término do inquérito policial.

(B) a publicação da sentença.

(C) o recebimento da denúncia.

(D) o interrogatório.

(E) o oferecimento da denúncia.

A representação será retratável até o *oferecimento* da denúncia - arts. 25 do CPP e 102 do CP

Gabarito "E"

(PROCURADOR – BANCO CENTRAL – 2009 – CESPE) Acerca da ação penal, julgue os itens seguintes.

I. Somente lei expressa pode estabelecer a legitimação extraordinária do ofendido ou de terceiro, que, dessa forma, titularizam *o ius puniendi* em nome do Estado.

II. O vício de legitimidade leva à carência da ação e, no processo penal, é causa de nulidade absoluta.

III. Uma vez instaurado, o habeas corpus pode trancar ação penal cujo pedido seja juridicamente impossível.

IV. Na ação pública condicionada, a representação do ofendido poderá ser apresentada até ocorrer a decadência que extinguiria a punibilidade, desde que tal medida seja requisitada pelo ministro da Justiça.

V. A ação pública de ofício só pode ser iniciada por flagrante ou por portaria da autoridade policial ou judicial.

Estão certos apenas os itens

(A) I e III.

(B) I e IV.

(C) II e III.

(D) II e V.

(E) IV e V.

I: o Estado nunca deixa de ser o titular exclusivo do direito de punir. Na ação penal privada, somente é delegada ao ofendido a legitimidade para deflagrar o processo. Em momento algum o Estado abre mão do seu *jus puniendi*; **II**: arts. 395, II, e 564, II, do CPP; **III**: se o pedido formulado pelo titular da ação, na inicial, não encontrar ressonância no direito material, é de rigor, por ausência de uma das condições da ação, a rejeição da exordial; se, ainda assim, a denúncia ou a queixa for recebida, poderá ser impetrado *habeas corpus* com o propósito de determinar o trancamento da ação penal em curso; **IV**: a *representação* do ofendido, na ação penal pública condicionada, independe de *requisição* do ministro da Justiça, o que somente será exigido se se tratar de ação penal pública a esta condicionada; **V**: a instauração da ação penal pública depende da provocação de seu titular, o Ministério Público.

Gabarito "C"

4. JURISDIÇÃO E COMPETÊNCIA. CONEXÃO E CONTINÊNCIA

(Procurador do Município/Sorocaba-SP – 2012 – VUNESP) De acordo unicamente com as regras de competência pelo lugar da infração, figure a hipótese de que a execução de determinado crime iniciou-se na cidade de Campinas, SP; o último ato de execução foi praticado na cidade de Sorocaba, SP, vindo a consumação, entretanto, a ocorrer em Buenos Aires, Argentina. Tratando-se de caso em que se aplica a lei brasileira, é competente para processo e julgamento o juízo

(A) de Brasília, DF.

(B) de Sorocaba, SP.

(C) de Campinas, SP.

(D) de São Paulo, capital.

(E) nacional mais próximo de Buenos Aires, Argentina.

Cuidado: não estamos aqui a falar de crime tentado, e sim de delito cuja execução iniciou-se no Brasil e a consumação se verificou em outro país. Neste caso, a teor do que estabelece o art. 70, § 1º, do CPP, o foro competente deve ser fixado em razão do lugar em que foi praticado o último ato de execução, ou seja, Sorocaba/SP.

Gabarito "B"

(PROCURADOR DO ESTADO/MG – FUMARC – 2012) Considere as seguintes assertivas acerca da competência em matéria processual penal:

I. Compete à Justiça Federal processar e julgar contravenções penais praticadas em detrimento de bens da União.

II. A competência do Tribunal do Júri pode ser corretamente ampliada por lei posterior, desde que mantida a competência mínima para julgamento dos crimes dolosos contra a vida, tentados ou consumados.

III. No caso de conexão entre infrações de competência da Justiça Eleitoral e do Tribunal do Júri, impõe-se a competência do Tribunal do Júri

IV. Compete extraordinariamente à Justiça do Trabalho processar e julgar os crimes contra a organização do trabalho.

Assinale a alternativa correta:

(A) Todas as assertivas estão corretas.

(B) Somente as assertivas I e III estão corretas.

(C) Somente a assertiva IV é incorreta.

(D) Somente a assertiva II é correta.

(E) As assertivas I, II III e IV estão incorretas.

I: o art. 109, IV, primeira parte, da CF afasta a competência da Justiça Federal para o processamento e julgamento das contravenções penais, mesmo as praticadas em detrimento de bens, serviços ou interesse da União ou de suas entidades autárquicas ou empresas públicas. Súmula nº 38, STJ: "Compete à Justiça Estadual Comum, na vigência da Constituição de 1988, o processo por contravenção penal, ainda que praticada em detrimento de bens, serviços ou interesse da União ou de suas entidades". Assertiva, portanto, incorreta; **II**: diz-se que a competência traçada no art. 5º, XXXVIII, da CF é *mínima* porquanto pode, por meio de lei ordinária, ser ampliada. Cuidado: por se tratar de garantia fundamental, não pode ser afastada a competência do Tribunal Popular para o julgamento dos crimes contemplados no dispositivo constitucional. Nem por emenda à Constituição, pois se trata de cláusula pétrea. Assertiva correta; **III**: a jurisprudência majoritária entende que os feitos devem ser separados; **IV**: a Justiça do Trabalho, ainda que extraordinariamente, não detém competência para o processamento e julgamento de ações penais.

Gabarito "D"

(Procurador do Estado/SC – 2010 – FEPESE) Em se tratando de competência jurisdicional em matéria processual penal:

(A) A ação de improbidade deve ser processada e julgada de acordo com a prerrogativa de foro em razão do exercício da função pública.

(B) No crime a distância, quando o último ato de execução for praticado fora do território nacional, a competência firmar-se-á pela prevenção.

(C) É concorrente a legitimidade do ofendido, mediante queixa, e do Ministério Público, condicionada à representação do ofendido, para a ação penal por crime contra a honra de servidor público em razão do exercício de suas funções.

(D) Tratando-se de infração continuada ou permanente, praticada em território de duas ou mais jurisdições, a competência será fixada pelo domicílio ou residência do réu.

(E) No caso de ação privada exclusiva, de regra, a competência será determinada pela residência do réu.

A: incorreta, pois o foro por prerrogativa de função não é extensível às ações de natureza cível; **B:** assertiva incorreta, nos termos do art. 70, § 2º, do CPP; **C:** assertiva correta, pois corresponde ao teor da Súmula nº 714 do STF; **D:** em vista do que dispõe o art. 71 do CPP, tratando-se de *crime continuado ou permanente*, em que a ação tenha se desenvolvido em diversos locais, com repercussão no âmbito de competência de vários juízes, a competência para o processamento e julgamento firmar-se-á pela *prevenção*, já que, em princípio, todos são competentes; **E:** incorreta, nos termos do art. 73 do CPP.

Gabarito "C"

(Procurador do Município/Florianópolis-SC – 2010 – FEPESE) Assinale a alternativa **correta**, de acordo com o Código de Processo Penal.

(A) Não sendo conhecido o local da infração, a competência será fixada pela prevenção.

(B) Nos casos de ação privada exclusiva, a competência regular-se-á pela residência do réu.

(C) A competência será, de regra, determinada pelo lugar em que se consumar a infração, ou, no caso de tentativa, pelo lugar em que for praticado o último ato de execução.

(D) Tratando-se de infração continuada ou permanente, praticada em território de duas ou mais jurisdições, a competência firmar-se-á pelo lugar em que se consumar a infração,

A: neste caso, a competência será regulada pelo domicílio ou residência do réu, na forma estatuída no art. 72, *caput*, do CPP; **B:** ainda que conhecido o lugar da infração, o querelante, na ação penal privada exclusiva, poderá preferir o foro de domicílio ou da residência do réu – art. 73 do CPP; **C:** assertiva correta, visto que em conformidade com a regra contida no art. 70, caput, do CPP;**D:** incorreta, pois, neste caso, a competência será determinada em razão da prevenção, de acordo com a regra presente no art. 71 do CPP.

Gabarito "C"

(Procurador do Município/Florianópolis-SC – 2010 – FEPESE) Analise as afirmativas abaixo, de acordo com o Código de Processo Penal:

A fixação da competência pela conexão ocorre quando:

(1) a prova de uma infração ou de qualquer de suas circunstâncias elementares influir na prova de outra infração.

(2) duas ou mais pessoas forem acusadas pela mesma infração.

(3) a ação for privada.

Assinale a alternativa que indica todas as afirmativas **corretas**.

(A) É correta apenas a afirmativa 1.

(B) É correta apenas a afirmativa 2.

(C) São corretas apenas as afirmativas 1 e 2.

(D) São corretas apenas as afirmativas 1 e 3.

(E) São corretas as afirmativas 1, 2 e 3.

1: assertiva correta, pois se trata de hipótese contemplada no art. 76, III, do CPP; **2:** incorreta, pois a assertiva trata de hipótese de continência – art. 77, I, do CPP; **3:** incorreta, pois não se trata de critério a ser adotado para estabelecer a competência em razão da conexão.

Gabarito "A"

(Procurador do Estado/CE – 2008 – CESPE) Acerca de jurisdição e competência, assinale a opção correta.

(A) Tratando-se de infração continuada ou permanente, praticada em território de duas ou mais jurisdições, a competência será determinada pelo lugar em que tiver sido praticado o último ato de execução.

(B) Não sendo conhecido o lugar da infração, a competência será firmada pela prevenção.

(C) A competência será determinada pela conexão quando duas ou mais pessoas forem acusadas pela mesma infração.

(D) A distribuição realizada para o efeito da concessão de fiança ou da decretação de prisão preventiva ou de qualquer diligência anterior à denúncia ou queixa não torna o juízo prevento para a futura ação penal relativa a tais diligências.

(E) Verificada a reunião dos processos por conexão ou continência, ainda que, no processo da sua competência própria, o juiz profira sentença absolutória ou que desclassifique a infração para outra que não se inclua na sua competência, ele continuará competente em relação aos demais processos.

A: incorreta, art. 71 do CPP; **B:** art. 72, *caput*, do CPP; **C:** a conexão pressupõe a existência de duas ou mais infrações penais ligadas de alguma maneira entre si; na continência, diferentemente, uma causa está contida na outra; **D:** art. 83 do CPP. A prevenção constitui critério supletivo de fixação de competência. O juízo ficará prevento sempre que tomar alguma medida relativa ao processo antes do oferecimento da denúncia ou da queixa; **E:** correta, art. 81, *caput*, do CPP.

Gabarito "E"

(Procurador do Estado/SP – VUNESP – 2005) Em caso de conexão de dois crimes, sendo um de competência da Justiça Federal, e outro, da Justiça Estadual,

(A) o julgamento de ambos será de competência da Justiça Federal.

(B) o julgamento não poderá ser unificado.

(C) a competência será firmada pela prevenção.

(D) prevalece a competência relacionada ao crime de maior gravidade.

(E) prevalece a competência da Justiça Estadual.

Súmula nº 122 do STJ: "Compete à Justiça Federal o processo e julgamento unificado dos crimes conexos de competência federal e estadual, não se aplicando a regra do art. 78, II, a, do Código de Processo Penal".

Gabarito "A"

(Procurador da Fazenda Nacional – 2003 – ESAF) A, candidato derrotado a vereador, ofendeu a dignidade de B na propaganda eleitoral, praticando assim crime contra a honra previsto no Código Eleitoral. A queixa-crime deverá ser ajuizada perante a(o)

(A) justiça estadual do local do crime.

(B) Tribunal de Justiça.

(C) justiça eleitoral do local do crime.

(D) Tribunal Regional Eleitoral.

(E) Tribunal Regional Federal.

A Justiça Eleitoral é competente para o processamento e julgamento dos crimes eleitorais e conexos (art. 121, CF).

Gabarito "C"

(Procurador da Fazenda Nacional – 2007 – ESAF) Antônio, domiciliado em Goiânia, comete crime contra Pedro, domiciliado em São Paulo. No caso, houve impossibilidade de determinação do local da infração. Assim, é correto afirmar que:

(A) A referida ação deve ser proposta em Brasília pelo Ministério Público Federal, pois se desconhece o local da infração e Brasília é a sede dos Tribunais Superiores.

(B) A referida ação deve ser proposta em São Paulo.

(C) A referida ação deve ser proposta em Goiânia pelo Ministério Público do Estado de Goiás.

(D) A referida ação deve ser proposta no local da infração, devendo ser dada baixa ao inquérito para determinação do local do delito.

(E) No Direito Processual Penal, a regra é a competência pelo domicílio da vítima.

Art. 72 do CPP.

Gabarito "C"

(Procuradoria Federal – 2007 – CESPE) Julgue o item seguinte.

(1) Competem à justiça estadual o processo e o julgamento dos crimes contra a economia popular.

Súmula 498 do STF.

Gabarito 1C

5. QUESTÕES E PROCESSOS INCIDENTES

(Procurador do Município/Sorocaba-SP – 2012 – VUNESP) Considere as seguintes afirmações no que concerne ao incidente de falsidade, procedimento tratado pelo CPP nos arts. 145 a 148.

I. A arguição de falsidade pode ser feita pelo advogado que atua na defesa do réu, não havendo necessidade de poderes especiais para tanto.

II. Se reconhecida a falsidade por decisão irrecorrível, o juiz mandará desentranhar o documento e remetê-lo-á, com os autos do processo incidente, ao Ministério Público.

III. O juiz não poderá, de ofício, proceder à verificação da falsidade, devendo haver provocação escrita de alguma das partes.

É correto somente o que se afirma em

(A) I.

(B) II.

(C) III.

(D) I e II.

(E) II e III.

I: Na dicção do art. 146 do CPP, a arguição de falsidade, feita por procurador, exige que sejam a este conferidos poderes especiais; **II**: correta, nos termos do art. 145, IV, do CPP; **III**: incorreta, pois o juiz pode, mesmo de ofício, determinar seja apurada a falsidade documental – art. 147 do CPP.

Gabarito "B"

(Procuradoria Federal – 2007 – CESPE) Julgue o item seguinte.

(1) Considere a seguinte situação hipotética. Rubens foi denunciado pelo Ministério Público por ter praticado crime de tentativa de homicídio simples contra seu pai. Nessa situação, existindo ação civil negatória de paternidade em curso, trata-se de questão prejudicial obrigatória, devendo o juiz suspender o feito até a sentença cível definitiva, tendo em vista que a confirmação da paternidade é circunstância agravante.

A agravante genérica presente no art. 61, II, *e*, do CP não constitui prejudicial obrigatória, já que a solução a ela relativa não repercutirá na tipicidade ou atipicidade do fato criminoso. O magistrado, segundo seu prudente critério, poderá ou não suspender o feito (art. 93 do CPP).

Gabarito 1E

(Advogado da União/AGU – CESPE – 2009) Julgue os itens que se seguem acerca da restituição das coisas apreendidas e do perdimento de bens.

(1) A restituição, por constituir ato privativo da autoridade judicial, não poderá ser ordenada pela autoridade policial, ainda que não exista dúvida quanto ao direito do reclamante.

(2) Mesmo que haja dúvida sobre a titularidade do bem apreendido, compete ao juiz criminal decidir sobre o incidente.

1: art. 120, *caput*, do CPP; **2**: art. 120, § 4º, do CPP.

Gabarito 1E, 2E

6. PRERROGATIVAS DO ACUSADO

(PROCURADOR DO ESTADO/MG – FUMARC – 2012) Assinale a alternativa correta:

(A) A falta de interrogatório constitui nulidade relativa, sendo necessário para decretá-la o reconhecimento de prejuízo para o acusado.

(B) A falta de interrogatório constitui nulidade relativa porque pode ser suprida pela apresentação da defesa técnica.

(C) Embora meramente anulável o feito por falta de interrogatório, a nulidade deverá forçosamente ser reconhecida quando a sentença for de natureza condenatória.

(D) Para preservar o princípio constitucional da ampla defesa há de se dar ensejo à autodefesa do acusado no interrogatório, cuja inocorrência pode ser suprida com sua realização a qualquer tempo, sem que seja necessária a repetição de outros atos processuais.

(E) Pode o acusado silenciar-se durante o interrogatório, podendo inclusive mentir e se for o caso fazer a leitura de declarações que houver redigido antes do ato processual.

A falta de interrogatório do réu presente constitui nulidade absoluta – art. 564, III, *e*, do CPP. A teor do art. 186, *caput*, do CPP, deve o juiz, antes de dar início ao interrogatório e depois de proceder à qualificação do acusado e inteirá-lo da acusação que contra ele pesa, informá-lo do direito que tem de permanecer calado e de não responder às perguntas que lhe forem formuladas. É do parágrafo único deste dispositivo que o silêncio do réu não poderá redundar em prejuízo à sua defesa.

Gabarito "E"

7. PROVAS

(Procurador Federal – 2013 – CESPE) Segundo o entendimento dos tribunais superiores, julgue os próximos itens, a respeito da prisão e das provas no processo penal.

(1) A existência de prova concludente da autoria delitiva constitui requisito indispensável para a decretação da prisão preventiva.

(2) Alegações genéricas de nulidade processual, desprovidas de demonstração da existência de concreto prejuízo para a parte, não podem dar ensejo à invalidação da ação penal. Trata-se, no caso, do princípio *pas de nullité sans grief.*

(3) Se, durante a vigência de suspensão condicional de processo instaurado devido a denúncia da prática do crime de receptação, o denunciado for processado por outro crime ou furtar-se à reparação do dano, sem justificativa, a suspensão condicional do processo deverá ser revogada.

(4) Quando a demora na produção das provas puder prejudicar a busca pela verdade real, notadamente em razão da grande probabilidade de as testemunhas não se lembrarem precisamente dos fatos presenciados, será cabível a produção antecipada de provas. Deve o juiz, para tanto, observar a necessidade, a adequação e a proporcionalidade da medida.

1: incorreta, dado que, para a decretação da custódia preventiva, é suficiente a existência de indícios que apontem o indiciado/acusado como autor da infração penal. A prova plena somente será exigida na fase de sentença; **2:** correta. Em se tratando de *nulidade relativa*, em que o prejuízo não é presumido, é necessário, para se decretar a nulidade do ato, verificar se o mesmo gerou efeitos prejudiciais. É o *princípio do prejuízo*, consagrado no art. 563 do CPP; **3:** correta, pois em conformidade com o que estabelece o art. 89, § 3º, da Lei 9.099/1995; **4:** correta, pois reflete o disposto no art. 156, I, do CPP.

Gabarito 1E, 2C, 3C, 4C

(PROCURADOR DO ESTADO/MG – FUMARC – 2012) Assinale a alternativa incorreta :

(A) São proibidas de depor as pessoas que em razão de função, ministério, ofício ou profissão, devam guardar segredo, salvo se, desobrigadas pela parte interessada, quiserem dar seu testemunho.

(B) O Juiz não ficará adstrito ao laudo pericial que lhe for apresentado, podendo aceitá-lo ou rejeitá-lo, no todo ou em parte, já que no sistema brasileiro vigora o sistema da livre convicção para apreciação das provas.

(C) O princípio da identidade física do juiz é adotado no processo penal brasileiro.

(D) A confissão do acusado é divisível e retratável, sem prejuízo do livre convencimento do juiz, fundado no exame das provas colhidas.

(E) As cartas não poderão ser exibidas em juízo pelo respectivo destinatário, para defesa de seu direito, quando nao haja concordância do signatário.

A: correta, pois reflete o que estabelece o art. 207 do CPP; **B:** o juiz, fazendo uso da prerrogativa que lhe confere o art. 182 do CPP, poderá aceitar ou rejeitar o laudo, no todo ou em parte. É dizer, o magistrado não ficará vinculado ao laudo. Assertiva correta, portanto; **C:** assertiva correta. A Lei 11.719/08 introduziu no art. 399 do CPP o § 2º, conferindo-lhe a seguinte redação: "O juiz que presidiu a instrução deverá proferir a sentença". O *princípio da identidade física do juiz*, antes exclusivo do processo civil, agora será também aplicável ao processo penal. Como as restrições não foram disciplinadas no Código de Processo Penal,deve-se aplicar, quanto a estas, o que dispõe o art. 132 do Código de Processo Civil: "O juiz, titular ou substituto, que concluir a audiência, julgará a lide, salvo se estiver convocado, licenciado, afastado por qualquer motivo, promovido ou aposentado, caso em que passará os autos ao seu sucessor"; **D:** proposição correta, pois em consonância com o que reza o art. 200 do CPP; **E:** incorreta, pois não corresponde à redação do art. 233, parágrafo único, do CPP.

Gabarito "E"

(Procurador do Município/Sorocaba-SP – 2012 – VUNESP) É muito comum que o juiz, em obras cinematográficas, exija que a testemunha, antes de depor, "jure dizer a verdade", sendo que em alguns casos tal ato é instrumentalizado pela colocação da mão da testemunha sobre a Bíblia. Em nosso sistema processual penal, a testemunha faz um mero compromisso de dizer a verdade. Tal compromisso, a rigor do art. 208 do CPP, não é tomado, entre outras pessoas, dos

I. doentes e deficientes mentais;

II. menores de 14 (quatorze) anos;

III. que em razão do ministério, ofício ou profissão devam guardar segredo.

É correto o que se afirma em

(A) I, apenas.

(B) II, apenas.

(C) I e II, apenas.

(D) I e III, apenas.

(E) I, II e III.

I e **II**: estabelece o art. 208 do CPP que os doentes e deficientes mentais e também os menores de 14 anos não se submetem ao dever de prestar compromisso; **III**: estão proibidas de depor as pessoas que devam guardar segredo em razão de função, ministério, ofício ou profissão, salvo se desobrigadas pelo interessado, hipótese em que deverão prestar compromisso. É o que estabelece o art. 207 do CPP.

Gabarito "C"

(Procurador do Estado/SC – 2010 – FEPESE) Com relação à produção probatória em matéria processual penal, assinale a alternativa **incorreta**.

(A) Na falta de perito oficial, o exame será realizado por 2 (duas) pessoas idôneas, portadoras de diploma de curso superior preferencialmente na área específica, dentre as que tiverem habilitação técnica relacionada com a natureza do exame.

(B) Na audiência de instrução, as perguntas serão formuladas pelo Juiz diretamente à testemunha, podendo as partes intervir, unicamente, naquelas que puderem induzir a resposta, não tiverem relação com a causa ou importarem na repetição de outra já respondida.

(C) São inadmissíveis as provas derivadas das ilícitas, salvo quando não evidenciado o nexo de causalidade entre umas e outras, ou quando as derivadas puderem ser obtidas por uma fonte independente das primeiras.

(D) Se várias pessoas forem chamadas a efetuar o reconhecimento de pessoa ou de objeto, cada uma fará a prova em separado, evitando-se qualquer comunicação entre elas.

(E) A confissão será divisível e retratável, sem prejuízo do livre convencimento do juiz, fundado no exame das provas em conjunto.

A: assertiva correta. A redação anterior do art. 159 do CPP estabelecia que a perícia fosse realizada por *dois* profissionais. Atualmente, com a modificação a que foi submetido esse dispositivo (pela Lei 11.690/08), a perícia será levada a efeito por *um* perito oficial portador de diploma de curso superior. À falta deste, determina o § 1º do art. 159 que o exame seja feito por duas pessoas idôneas, detentoras de diploma de curso superior preferencialmente na área específica, dentre aquelas que tiverem habilitação técnica relacionada com a natureza do exame; **B:** assertiva incorreta, pois em desconformidade com o que estabelece o art. 212 do CPP; **C:** correta, pois de acordo com o teor do art. 157, § 1º, do CPP; **D:** assertiva correta, nos moldes do art. 228 do CPP; **E:** correta (art. 200, CPP).

Gabarito "B"

(Advogado da União/AGU – CESPE – 2012) No que diz respeito à prova no âmbito do direito processual penal, julgue os itens a seguir.

(1) A violação do sigilo telefônico é admitida pela norma constitucional, para fins de investigação criminal ou instrução processual penal, desde que a decisão judicial que a determine esteja devidamente fundamentada e que tenham sido esgotados todos os outros meios disponíveis de obtenção de prova.

(2) A gravação de conversa telefônica feita por um dos interlocutores, sem conhecimento do outro, ainda que ausente causa legal de sigilo ou de reserva da conversação, é considerada prova ilícita.

(3) De acordo com a jurisprudência firmada no STJ, o MP está autorizado, desde que para fins de instrução processual penal, a requerer, diretamente, sem prévia autorização judicial, a quebra de sigilo bancário ou fiscal dos agentes envolvidos em delitos sob investigação.

1: correta (art. 5º, XII, da CF e art. 2º da Lei 9.296/96); **2**: há inúmeras decisões dando conta de que a gravação de conversa telefônica feita por um dos interlocutores, ainda que sem o conhecimento do outro, é considerada prova lícita, não configurando interceptação telefônica; **3:** é defeso ao Ministério Público requisitar documentos fiscais e bancários sigilosos diretamente ao Fisco e às instituições financeiras. Vide, a esse respeito: STJ, 5ª T., HC 160.646-SP, rel. Min. Jorge Mussi, j. 01/09/2011.

Gabarito 1C, 2E, 3E

(PROCURADOR – BANCO CENTRAL – 2009 – CESPE) Com relação à prova, assinale a opção correta.

(A) O direito processual regula os meios de prova, que são os instrumentos que trazem os elementos de convicção aos autos. A finalidade da prova é o convencimento do juiz, que é seu destinatário.

(B) A materialidade da prova pode ser direta ou indireta, sendo a primeira colhida na flagrância da conduta delituosa, enquanto a última deriva do testemunho e da perícia.

(C) Na instrução processual, todos os fatos relevantes devem ser submetidos à atividade probatória.

(D) O direito também é objeto de prova, pois os juízes estaduais não são obrigados a conhecer o direito federal em caráter absoluto.

(E) A prova do direito estrangeiro só pode ser aceita quando submetida à apreciação do Tribunal Penal Internacional.

A: correta, pois todo instrumento que se presta a alcançar a verdade no processo constitui *meio* de prova. O Código de Processo Penal tratou de enumerar e disciplinar alguns desses meios. São exemplos a prova *testemunhal* e a *pericial*. Cumpre consignar que o rol contemplado no CPP não é taxativo. A finalidade da prova é fornecer ao magistrado subsídios para que possa, depois de formado seu convencimento, aplicar a lei ao caso concreto; **B:** incorreta, pois *direta* é a prova que, por si só, demonstra o fato; *indireta*, aquela em que o fato que se pretende provar é deduzido de outra prova, o que se faz por meio de um raciocínio lógico; **C:** há fatos que prescindem de prova. É o caso dos fatos *axiomáticos* ou *intuitivos*, que, por serem evidentes, não precisam ser provados; não constituem, por essa razão, objeto de prova, que diz respeito a tudo aquilo que deve ser provado; **D:** incorreta, pois o direito, salvo algumas exceções (legislação estrangeira e municipal, por exemplo), não precisa ser provado, pois o juiz é obrigado a conhecê-lo (*iure novit cúria*); **E:** incorreta, pois não há essa previsão.

Gabarito "A"

(ADVOGADO – BNDES – 2001 – VUNESP) O filho do acusado, ao ser arrolado como testemunha,

(A) será proibido de depor, salvo se desobrigado pela par-te interessada e quiser dar o seu testemunho.

(B) poderá recusar-se a depor, mas se o fizer, não prestará compromisso.

(C) está proibido de depor.

(D) não poderá recusar-se a depor, prestando compromisso.

(E) poderá recusar-se a depor, mas se o fizer, prestará compromisso.

Art. 206 do CPP.

Gabarito "B"

8. CITAÇÃO, INTIMAÇÃO E PRAZOS

(Procurador do Estado/SP – VUNESP – 2005) No tocante à citação, é correto afirmar que

(A) a requisição do réu preso que comparece a juízo não substitui a citação pessoal realizada por oficial de justiça.

(B) os requisitos arrolados no art. 357 do CPP são aplicáveis apenas à forma de citação prevista no art. 351 do mesmo estatuto.

(C) nos termos do art. 3.° do CPP, é possível a citação por hora certa, desde que o oficial de justiça certifique nos autos que o réu se oculta para não ser citado.

(D) excepcionalmente, é admitida a citação ficta no procedimento da Lei n." 9.099/95, caso em que o edital será publicado com o prazo de 5 dias.

(E) a decretação da revelia de réu preso na mesma unidade da federação em que tramita o processo não gera nulidade, se ignorada a circunstância pelo juízo.

A: Correta. O réu preso será citado pessoalmente. É o que estabelece o art. 360 do CPP; **B:** incorreta, pois os requisitos listados no art. 357 do CPP são também aplicáveis à citação por carta precatória; **C:** incorreta, pois ao tempo em que esta questão foi elaborada, inexistia, no processo penal, a citação *por hora certa*, razão por que a assertiva foi considerada incorreta. Sucede que a Lei 11.719/08 alterou a redação do art. 362 do CPP e introduziu no processo penal a *citação por hora certa*, a ser realizada por oficial de Justiça na hipótese de ocultação do réu. Assim sendo, a proposição, se considerarmos a legislação atualmente em vigor, está correta, exceção feita ao dispositivo invocado; **D:** incorreta, pois no âmbito do juizado, não se procederá à citação por edital. Na hipótese de o autor não ser encontrado para citação pessoal, o juiz encaminhará as peças ao juízo comum para adoção do procedimento previsto em lei – art. 66, parágrafo único, da Lei 9.099/95; **E:** incorreta, pois é nula, conforme entendimento firmado na Súmula nº 351 do STF, a citação por edital de réu preso na mesma unidade da Federação em que o juiz exerce a sua jurisdição.

Gabarito "A"

9. PRISÃO, MEDIDAS CAUTELARES E LIBERDADE PROVISÓRIA

(Procurador do Município/Sorocaba-SP – 2012 – VUNESP) A prisão preventiva, para que seja decretada, demanda prova da existência do crime e indício suficiente de autoria (CPP, art. 312). Além desses dois requisitos, a referida modalidade de prisão, por ser uma medida cautelar, deve ter como objetivo uma utilidade para o processo como, por exemplo,

I. a garantia da ordem pública;

II. a garantia da ordem econômica;

III. assegurar a aplicação da lei penal.

É correto o que se afirma em

(A) I, apenas.

(B) III, apenas.

(C) I e II, apenas.

(D) I e III, apenas.

(E) I, II e III.

O art. 312 do CPP lista os chamados fundamentos da prisão preventiva.

Gabarito "E"

(Procurador do Estado/PR – UEL-COPS – 2011) Quando o juiz competente é regularmente comunicado sobre a prisão em flagrante de um suposto autor de homicídio doloso, constata que todos os requisitos para o flagrante estiveram presentes e decide manter a prisão, porém omite fundamentação sobre as hipóteses autorizadoras da prisão preventiva:

(A) a prisão é legal, afinal, para a autoridade judicial competente foi resultado de um flagrante formalmente correto;

(B) a prisão é ilegal e o juiz realiza crime de abuso de autoridade;

(C) a prisão é ilegal e pode ser anulada;

(D) a prisão é legal e poderá perdurar enquanto a defesa ou mesmo o Ministério Público não requererem a liberdade provisória, ocasião em que o juiz poderá concluir não estarem presentes os requisitos para a prisão preventiva;

(E) a prisão é legal enquanto não for mantida por prazo excessivo.

O art. 310 do CPP, com a nova redação que lhe deu a Lei 12.403/11, impõe ao magistrado, quando do recebimento do auto de prisão em flagrante, o dever de manifestar-se *fundamentadamente* acerca da prisão que lhe é comunicada. Pela novel redação do dispositivo, abrem-se para o juiz as seguintes opções: se se tratar de prisão ilegal, deverá o magistrado relaxá-la e determinar a soltura imediata do preso; se a prisão estiver em ordem, deverá o juiz, desde que entenda necessário ao processo, converter a prisão em flagrante em preventiva, sempre levando-se em conta os requisitos do art. 312 do CPP. Ressalte-se que, tendo em vista o *postulado da proporcionalidade*, a custódia preventiva somente terá lugar se as medidas cautelares diversas da prisão revelarem-se inadequadas. Disso inferimos que a prisão em flagrante não mais poderá perdurar até o final do processo como modalidade de prisão cautelar; poderá, por fim, o juiz conceder a liberdade provisória, com ou sem fiança, substituindo, assim, a prisão em flagrante. Daí podemos afirmar que, neste novo panorama, a prisão em flagrante poderá ser substituída pela liberdade provisória, que constitui um sucedâneo seu, ou mesmo pela prisão preventiva, dado que o infrator não poderá permanecer preso provisoriamente, como antes ocorria, "em flagrante". Seja qual for a decisão tomada pelo juiz ao receber o auto de prisão em flagrante, é de rigor a devida fundamentação, notadamente se entender que é o caso de converter a prisão em flagrante em preventiva.

Gabarito "C"

(Procurador do Estado/SC – 2010 – FEPESE) Analise as afirmativas abaixo em matéria Processual Penal:

(1) Se a infração for inafiançável, a falta de exibição do mandado não obstará à prisão, e o preso, em tal caso, será imediatamente apresentado ao juiz que tiver expedido o mandado.

(2) Ocorre quase flagrante quando o agente é encontrado, logo depois, com instrumentos, armas, objetos ou papéis que façam presumir ser ele autor da infração.

(3) Não há crime, quando a preparação do flagrante pela polícia torna impossível a sua consumação.

(4) A prisão preventiva somente pode ser decretada no curso do inquérito policial, sendo em regra, pelo prazo de 5 (cinco) dias, prorrogáveis, uma única vez, pelo mesmo período.

Assinale a alternativa que indica todas as afirmativas **corretas**.

(A) São corretas apenas as afirmativas 1 e 3.

(B) São corretas apenas as afirmativas 2 e 3.

(C) São corretas apenas as afirmativas 2 e 4.

(D) São corretas apenas as afirmativas 1, 2 e 3.

(E) São corretas apenas as afirmativas 1, 3 e 4.

1: assertiva correta, pois corresponde à redação do art. 287 do CPP; **2:** o *quase flagrante* corresponde ao *flagrante impróprio* ou *imperfeito* (art. 302, III). A modalidade de flagrante retratada na assertiva é o chamado *presumido* ou *ficto* (art. 302, IV). Neste, não existe perseguição. O sujeito é encontrado, logo depois da infração, com instrumentos, armas etc.; naquele, o agente, logo após a prática do crime, é perseguido em situação que faça presumir ser ele o autor da infração; **3:** assertiva correta. Corresponde à Súmula nº 145 do STF; **4:** a proposição estaria correta se se referisse à prisão temporária, que só pode ser decretada no curso do inquérito policial e tem como prazo de duração, não se tratando de crime hediondo ou assemelhado, cinco dias, prorrogáveis, uma vez, por igual período, nos termos do art. 2º, *caput*, da Lei 7.960/89.

Gabarito "A"

(Procurador do Município/Recife-PE – 2008 – FCC) Considere os conceitos:

I. Medida acauteladora, de restrição da liberdade de locomoção, por tempo determinado, destinada a possibilitar as investigações a respeito de crimes graves, durante o inquérito policial.

II. Medida cautelar, constituída de privação de liberdade do indigitado autor do crime, e decretada pelo juiz durante o inquérito policial ou instrução criminal em face da existência de pressupostos legais, para resguardar os interesses sociais de segurança.

Esses conceitos referem-se, respectivamente, às prisões

(A) temporária e preventiva.

(B) preventiva e temporária.

(C) administrativa e disciplinar.

(D) disciplinar e decorrente de pronúncia.

(E) disciplinar e administrativa.

I: art. 1º da Lei 7.960/89 – prisão temporária; **II**: art. 312 e seguintes do CPP – prisão preventiva.

Gabarito "A"

(Procurador do Estado/SP – VUNESP – 2005) Assinale a alternativa correta.

(A) A existência de prova da materialidade do crime é indicativo do requisito *periculum libertatis*, necessário à decretação da prisão preventiva.

(B) Encerrado o prazo da prisão temporária, é vedada ao juiz a decretação da prisão preventiva que, de qualquer forma, só poderá ser aplicada uma única vez durante a instrução criminal.

(C) A partir da ratificação, pelo Brasil, do Pacto de San José da Costa Rica, que expressamente assegura o direito à presunção de inocência, a prisão sem condenação passou a ser considerada inconstitucional pela doutrina majoritária.

(D) A natureza jurídica da prisão cautelar não se confunde com a da pena privativa de liberdade, apesar de representarem, ambas, restrição a direito fundamental.

(E) A prisão preventiva somente pode ser decretada a partir do oferecimento da denúncia e até o trânsito em julgado da sentença penal condenatória.

A: a decretação da custódia preventiva está condicionada à demonstração do *fumus comissi delicti* e do *periculum libertatis, este representado pelas situações de necessidade contempladas no art. 312 do CPP. O fumus comissi delicti, também imprescindível à decretação da prisão preventiva, corresponde à prova da materialidade do crime;* **B:** incorreta, pois nada obsta que o juiz, findo o prazo da custódia temporária, decrete, desde que presentes os requisitos legais, a prisão preventiva, que poderá ser revogada se, no curso da instrução, revelar-se desnecessária ao processo; poderá também voltar a decretá-la, desde que presentes os requisitos legais. É o que estabelece o art. 316 do CPP; **C:** incorreta, pois inexiste incompatibilidade entre a Constituição Federal e o Pacto de San José da Costa Rica e a decretação da prisão antes do trânsito em julgado da sentença penal condenatória, desde que demonstrada a sua necessidade. Desse modo, a prisão cautelar, quando necessária ao processo, não ofende o princípio da presunção de inocência; **D:** incorreta, pois a prisão penal ou prisão-pena *é aquela que decorre de sentença condenatória com trânsito em julgado;* prisão processual, cautelar *ou* provisória, que constitui medida cautelar provisória, é aquela decretada antes do trânsito em julgado da sentença condenatória. Tem como finalidade conferir ao processo um resultado profícuo; **E:** assertiva incorreta, na medida em que a prisão preventiva pode ser decretada pelo juiz em qualquer fase do *inquérito* ou do *processo*, conforme preceitua o art. 311 do CPP. Ocorre que, com a modificação operada na redação do art. 311 do CPP pela Lei 12.403/11, a prisão preventiva, que continua a ser decretada em qualquer fase da investigação policial ou do processo penal, não mais poderá ser determinada de ofício pelo juiz durante a fase investigatória; a partir de agora, a prisão somente será decretada de ofício no curso da ação penal. É dizer, para que a custódia preventiva seja decretada no curso da investigação, somente mediante representação da autoridade policial ou a requerimento do Ministério Público. Atenção: a prisão temporária, destinada a viabilizar investigações de crimes graves, somente pode ser decretada na fase de inquérito. Aqui, nada mudou.

Gabarito "D"

(PROCURADOR – BANCO CENTRAL – 2009 – CESPE) Acerca da prisão preventiva, assinale a opção correta.

(A) É decretada para garantir a ordem pública, a ordem econômica, por necessidade da instrução criminal e para a segurança da aplicação da pena.

(B) Para que seja decretada, é necessário que haja indícios do fato e suspeita fundada acerca da autoria.

(C) Para o juiz fundamentar sua decisão, basta a remissão genérica às hipóteses legais.

(D) A falta de fundamentação da decisão que a decreta poderá ser suprida sem representação da autoridade ou requerimento do MP.

(E) É decretada imediatamente, sempre que for possível a condução coercitiva do acusado para submeter-se ao reconhecimento das vítimas e testemunhas.

A: para que seja decretada a prisão preventiva, é indispensável que haja prova da *existência do crime* e *indícios suficientes de autoria*. Mais: além desses dois requisitos, é necessário que se faça presente um dos *fundamentos* dessa modalidade de custódia provisória, contemplados no art. 312 do CPP; **B:** não bastam *indícios;* é necessária a prova da *existência do fato*, o que corresponde à *materialidade*. Quanto à autoria, bastam *indícios*. A certeza de autoria somente se impõe na sentença; **C:** a decisão que decreta a prisão preventiva deve basear-se em dados concretos acerca do fato, sendo, portanto, insuficiente a mera remissão às hipóteses legais – art. 315, CPP; **D:** neste caso, é indispensável que o juiz se baseie no parecer do MP; **E:** não constitui hipótese de decretação da custódia preventiva.

Gabarito "A"

10. PROCESSOS E PROCEDIMENTOS

(Procurador Distrital – 2014 – CESPE) À luz da legislação pertinente e da jurisprudência consolidada nos tribunais superiores, julgue os próximos itens, relacionados a normas procedimentais no âmbito penal.

(1) Segundo entendimento consagrado no STF, no processo penal, contam-se os prazos da data da intimação, e não da juntada aos autos da carta precatória.

(2) De acordo com a jurisprudência do STF, é absoluta a nulidade que decorre da não observância da competência penal por prevenção, sendo esta passível de arguição em qualquer grau de jurisdição.

(3) Conforme o CPP, a publicação da sentença se dará, à semelhança do que ocorre no processo cível, no Diário de Justiça, embora o prazo para eventual recurso se inicie a partir da intimação pessoal das partes.

(4) A jurisprudência sumulada do STF veda de modo irrestrito que o assistente do MP maneje recurso extraordinário contra decisão concessiva de *habeas corpus*.

(5) Em se tratando de ação penal originária, oferecida a denúncia ao tribunal, determinar-se-á a notificação do acusado para que, no prazo de quinze dias, apresente a sua resposta, independentemente de ser ele funcionário público ou não, ou, ainda, de ter ele praticado crime contra a administração pública.

1: correta, pois em consonância com o entendimento sufragado na Súmula nº 710 do STF, que estabelece que, no processo penal, os prazos serão contados da data em que ocorreu a intimação, e não do dia em que se deu a juntada do mandado ou da carta precatória aos autos; **2:** incorreta, pois não corresponde ao entendimento firmado na Súmula nº 706 do STF: "É relativa a nulidade decorrente da inobservância da competência penal por prevenção"; **3:** incorreta, pois não reflete o disposto no art. 389 do CPP; **4:** correta, nos termos da Súmula nº 208 do STF: "O assistente do Ministério Público não pode recorrer, extraordinariamente, de decisão concessiva de *habeas corpus*"; **5:** correta, pois em conformidade com a regra contemplada no art. 4º, *caput*, da Lei 8.038/1990.

Gabarito 1C, 2E, 3E, 4C, 5C

(PROCURADOR DO ESTADO/MG – FUMARC – 2012) O acusado José é pessoalmente citado em ação penal pública incondicionada, que obedecerá ao procedimento ordinário. Assinale a alternativa incorreta :

(A) A acusação contida na denúncia é de crime cuja pena privativa de liberdade máxima cominada é superior a 4 anos.

(B) Caso não constitua defensor, o processo deverá correr à revelia do acusado José, a quem será dado defensor dativo para elaboração da defesa preliminar.

(C) No procedimento ordinário, antes de ordenar a citação, o juiz deve receber a denúncia, ocasião em que verifica a presença das condições da ação e dos pressupostos processuais.

(D) Se fosse o caso de rejeição da denúncia, conforme entendimento jurisprudencial, antes de ser citado deveria José ser intimado para oferecer contrarrazões ao recurso da acusação interposto da decisão de rejeição da denúncia.

(E) Se citado por hora certa, e não constituindo defensor, o juiz deverá dar a José defensor dativo e, elaborada a defesa preliminar, o processo ficará suspenso, já que a citação por hora certa é uma modalidade de citação ficta.

A: assertiva correta. Nos termos do disposto no art. 394, § 1º, I, do CPP, os crimes cuja pena privativa de liberdade seja igual ou superior a quatro anos submetem-se ao *procedimento comum ordinário*; **B:** caso o réu, citado pessoalmente, não ofereça sua defesa escrita, deverá o juiz dar-lhe defensor para que o faça, concedendo-lhe vista dos autos pelo interregno de 10 dias – art. 396-A, § 2º, do CPP; **C:** diante da ausência de alguma das condições da ação ou mesmo dos pressupostos processuais, oferecida a denúncia ou queixa, deverá o juiz rejeitá-la (art. 395 do CPP); **D:** Súmula nº 707, STF: "Constitui nulidade a falta de intimação do denunciado para oferecer contrarrazões ao recurso interposto da rejeição da denúncia, não a suprimindo a nomeação de defensor dativo"; **E:** concluída a citação por hora certa, se o acusado não comparecer, ser-lhe-á nomeado defensor dativo – art. 362, parágrafo único, CPP. A suspensão do processo e do prazo prescricional do art. 366 do CPP somente terá lugar na hipótese de o acusado, citado por edital, não comparecer tampouco constituir defensor.

Gabarito "E"

(Procurador do Estado/RR – 2006 – FCC) No processo e julgamento dos crimes de responsabilidade dos funcionários públicos,

(A) nos crimes afiançáveis e inafiançáveis, após a denúncia, o juiz ordenará a notificação do acusado para responder por escrito, dentro do prazo de 15 (quinze) dias.

(B) nos crimes inafiançáveis, após a denúncia, o juiz ordenará a notificação do acusado para responder por escrito, dentro do prazo de 15 (quinze) dias.

(C) nos crimes afiançáveis e inafiançáveis, o eventual recebimento da denúncia é feito depois da notificação do acusado e, caso existente, de sua resposta.

(D) nos crimes afiançáveis, o eventual recebimento da denúncia é feito depois da notificação do acusado e, caso existente, de sua resposta.

(E) a falta de notificação do acusado para, se quiser, responder à acusação causa nulidade absoluta, conforme súmulas do Superior Tribunal de Justiça e do Supremo Tribunal Federal.

Com a edição da Súmula nº 330 do STJ, a *defesa preliminar* de que cuida o art. 514 do CPP deixou de ser necessária na ação penal alicerçada em inquérito policial. Dessa forma, a formalidade imposta pelo art. 514 do CPP somente se fará necessária quando a denúncia se basear em outras peças de informação que não o inquérito policial.

Gabarito "D"

(Procurador da Fazenda Nacional – 2007.2 – ESAF) Silva, servidor do Ministério da Fazenda, apropria-se indevidamente de mil litros de gasolina que seriam utilizados pelas viaturas da Secretaria da Receita Federal do Brasil para fiscalização. Tendo-se concluído o inquérito policial e formulada a denúncia,

(A) o Juiz fará o interrogatório do servidor.

(B) o Juiz citará o servidor instaurando a relação processual.

(C) o Juiz notificará o servidor para responder por escrito à acusação no prazo de 15 dias.

(D) o Ministério Público arrolará as testemunhas de acusação.

(E) o servidor pedirá a extinção do processo por não haver previsão legal do delito mencionado.

Art. 514 do CPP (defesa preliminar). Vide Súmula nº 330, STJ.

Gabarito "C"

11. PROCESSO DE COMPETÊNCIA DO JÚRI

(Procurador do Estado/SP – VUNESP – 2005) Consta de sentença de pronúncia a seguinte afirmação: "ao contrário do que afirma a defesa, não socorre o réu nenhuma das excludentes de ilicitude. Bem ao contrário, as testemunhas arroladas pela acusação foram unânimes ao afirmar ter sido ele quem provocou a vítima. E mais. Ficou igualmente provado que o crime foi cometido por motivo fútil." Pode-se afirmar que, tecnicamente, a decisão está

(A) correta, porque a sentença de pronuncia não vincula nem o libelo nem o entendimento do Tribunal do Júri.

(B) incorreta, por tratar-se de sentença de mérito em relação à qual não se exige fundamentação.

(C) correta, por tratar-se de sentença de mérito, que não faz coisa julgada material.

(D) incorreta, porque somente poderia ser afastada a tese da exclusão de ilicitude se também afastada a incidência da qualificadora.

(E) incorreta, por não se tratar de sentença de mérito, e sim de admissão do *jus accusationis*.

Antes denominada *sentença*, a pronúncia deve ser entendida como a decisão interlocutória mista que julga admissível a acusação, encaminhando o caso para julgamento perante o Tribunal Popular. É defeso ao juiz, quando da prolação da decisão de pronúncia, proceder à análise aprofundada e minuciosa do acervo probatório. Deverá restringir-se, de forma comedida, à indicação da materialidade do fato e da existência de indícios de autoria, devendo ainda declarar o dispositivo em que julgar incurso o réu e especificar as circunstâncias qualificadoras e as causas de aumento de pena – art. 413, § 1º, do CPP.

Gabarito "E"

(Procurador do Estado/SP – VUNESP – 2005) Durante a instrução para apuração de crime de homicídio, na primeira fase do procedimento, surge prova acerca de qualificadora não descrita na denúncia. Nesse caso,

(A) poderá o juiz reconhecer a incidência da qualificadora, sem necessidade de aditamento da denúncia pelo Ministério Público, em face do disposto no art. 408, §4.° do CPP.

(B) deverá o juiz aplicar o disposto no art. 384, parágrafo único do CPP, para que o Ministério Público ofereça aditamento e para que a defesa tenha oportunidade de produzir provas e manifestar-se.

(C) a sentença de pronúncia não deve manifestar-se acerca da incidência da qualificadora, que poderá ser reconhecida pelo Tribunal do Júri.

(D) deverá o juiz abrir vista dos autos à defesa para manifestação, sendo desnecessário o aditamento da denúncia pelo Ministério Público.

(E) manifestando-se ou não o juiz acerca da qualificadora, o Tribunal do Júri poderá reconhecê-la em face de sua soberania.

Com o advento da Lei 11.719/08, que modificou o art. 384 do CPP, se o magistrado entender cabível nova definição jurídica do fato, em consequência de prova existente nos autos de elemento ou circunstância da infração não contida na inicial, o aditamento pelo Ministério Público passa a ser obrigatório, ainda que a nova capitulação jurídica implique aplicação de pena igual ou menos grave. No panorama anterior, a participação do Ministério Público não era necessária, ou seja, bastava que o processo baixasse para manifestação da defesa e oitiva de testemunhas.

Gabarito "B"

12. JUIZADOS ESPECIAIS

(Procurador do Município/Cubatão-SP – 2012 – VUNESP) O procedimento sumaríssimo, previsto na Lei nº 9.099/95, prevê

I. que o juiz, na sentença, dispense o relatório (art. 81, §3.º);

II. a possibilidade de a denúncia ser oralmente oferecida (art. 77);

III. a possibilidade de o recurso de apelação ser oralmente interposto (art. 82, §1.º).

É correto o que se afirma em

(A) I, apenas.

(B) III, apenas.

(C) I e II, apenas.

(D) II e III, apenas.

(E) I, II e III.

I: de fato, a teor do art. 81, § 3º, da Lei 9.099/95, o relatório não é requisito da sentença e pode ser dispensado pelo juiz; **II:** correta, nos termos do disposto no art. 77, *caput*, da Lei 9.099/95; **III:** o art. 82, § 1º, da Lei 9.099/95 estabelece que a apelação será interposta por petição escrita, da qual deverão constar as razões e o pedido.

Gabarito "C"

(Procurador do Estado/SC – 2010 – FEPESE) Acerca dos Juizados Especiais Criminais, assinale a alternativa **incorreta**.

(A) Os embargos de declaração suspendem o prazo recursal.

(B) Consideram-se infrações penais de menor potencial ofensivo as contravenções penais e os crimes a que a lei comine pena máxima não superior a 2 (dois) anos, cumulada ou não com multa.

(C) Tratando-se de ação penal de iniciativa privada ou de ação penal pública condicionada à representação, o acordo homologado não implica, todavia, a renúncia ao direito de queixa ou representação.

(D) Preenchidos os requisitos legais, poderá ser proposta a suspensão do processo, por dois a quatro anos, nos crimes em que a pena mínima cominada for igual ou inferior a um ano.

(E) Havendo representação ou tratando-se de crime de ação penal pública incondicionada, não sendo caso de arquivamento, o Ministério Público poderá propor a aplicação imediata de pena restritiva de direitos ou multas, a ser especificada na proposta.

A: assertiva correta, pois de acordo com o que estabelece o art. 83, § 2º, da Lei 9.099/95; **B:** correta, visto que em consonância com o disposto no art. 61 da Lei 9.099/95; **C:** incorreta, pois contraria o disposto no art. 74, parágrafo único, da Lei 9.099/95; **D:** correta, nos termos do art. 89, *caput*, da Lei 9.099/95; **E:** correta, visto que corresponde à redação do art. 76, *caput*, da Lei 9.099/95 (transação penal).

Gabarito "C"

13. NULIDADES

(Procurador Federal – 2010 – CESPE) Com base no CPP, julgue os itens a seguir, acerca das nulidades.

(1) A incompetência do juízo anula somente os atos decisórios, devendo o processo, quando for declarada a nulidade, ser remetido ao juiz competente.

(2) Nenhum ato deve ser declarado nulo se, da nulidade, não resultar prejuízo para a acusação ou a defesa.

(3) A nulidade por ilegitimidade do representante da parte não pode ser sanada mediante ratificação dos atos processuais, sendo necessária a renovação dos atos processuais realizados pelo representante ilegítimo.

1: art. 567 do CPP; 2: art. 563 do CPP; 3: art. 568 do CPP.

Gabarito 1C, 2C, 3E

(Procurador do Estado/SE – FCC – 2005) Tendo em conta os princípios constitucionais do contraditório e da ampla defesa, é possível afirmar que NÃO constitui nulidade

(A) a não concessão de prazo para apresentação de defesa prévia.

(B) a não intimação da sentença.

(C) a realização de audiência sem a presença de defensor, se intimado para o ato o advogado constituído ou dativo.

(D) a incompetência territorial do juízo, se não arguida na defesa prévia.

A: art. 564, III, *e*, do CPP; **B:** art. 564, III, *o*, do CPP; **C:** art. 564, III, *c*, do CPP; **D:** a incompetência em razão do lugar é relativa; se não alegada por ocasião da primeira intervenção da parte, opera-se a convalidação do vício.

Gabarito "D"

14. RECURSOS

(Procurador do Município/Cubatão-SP – 2012 – VUNESP) No que concerne às decisões de pronúncia, de impronúncia e de absolvição sumária, proferidas pelo Tribunal do Júri, contra

(A) as três cabe apelação.

(B) as três cabe recurso em sentido estrito.

(C) as duas primeiras cabe recurso em sentido estrito; contra a última cabe apelação.

(D) a primeira cabe recurso em sentido estrito; contra as demais cabe apelação.

(E) as duas primeiras cabe apelação; contra a última cabe recurso em sentido estrito.

Com a Lei de Reforma nº 11.689/08, a sentença de impronúncia e a sentença de absolvição sumária passaram a ser combatidas por meio de apelação – art. 416, CPP. A pronúncia, por sua vez, deve ser impugnada por meio de recurso em sentido estrito, nos termos do art. 581, IV, do CPP.

Gabarito "D"

(Procurador do Município/Florianópolis-SC – 2010 – FEPESE) Contra a decisão, despacho ou sentença, que não receber a denúncia ou a queixa, cabe:

(A) Apelação.

(B) Agravo de instrumento.

(C) Recurso em sentido estrito.

(D) Recurso inominado.

(E) Revisão.

Art. 581, I, do CPP.

Gabarito "C"

(ADVOGADO – BNDES – 2001 – VUNESP) De acordo com o princípio da fungibilidade dos recursos,

(A) os efeitos do recurso interposto por um dos corréus aproveitam os demais corréus.

(B) tanto o réu, quanto o seu advogado, se constituído, podem desistir do recurso interposto.

(C) a parte não poderá ser prejudicada pela interposição de um recurso por outro, salvo no caso de ter agido com má-fé.

(D) o promotor de justiça pode, em determinadas circunstâncias, interpor recurso em favor do réu.

(E) admitem-se, em favor do réu, os julgamentos ultra e *extra petita*.

O princípio da fungibilidade recursal vem enunciado no art. 579 do CPP.

Gabarito "C"

15. *HABEAS CORPUS*, MANDADO DE SEGURANÇA E REVISÃO CRIMINAL

(PROCURADOR DO ESTADO/MG – FUMARC – 2012) Sobre o *habeas corpus*, assinale a alternativa INCORRETA:

(A) não é cabível contra decisão condenatória a pena de multa, ou relativo a processo em curso por infração penal a que pena diversa da privativa de liberdade seja a única cominada;

(B) é via adequada para questionar a autorização da quebra de sigilo bancário no bojo do inquérito policial;

(C) é via adequada para discutir o não reconhecimento pelo juiz de causa de extinção de punibilidade;

(D) não é via adequada para buscar o desentranhamento dos autos de prova ilícita consistente em escuta telefônica que tenha colhido elementos desfavoráveis ao acusado.

(E) é via adequada para buscar autorização para que o cidadão que ainda não foi formalmente acusado faça uso do direito ao silêncio sem incorrer em crime quando perguntado pela autoridade, no curso dos trabalhos de uma comissão parlamentar de inquérito.

A: Súmula n. 693, STF; **B:** não se tratando da liberdade de locomoção, e sim da preservação de dados relativos à vida privada do investigado (sigilo bancário), o meio mais adequado para sanar esta violação é o mandado de segurança. A questão não é pacífica na jurisprudência; **C:** art. 648, VII, do CPP; **D:** é admissível, em princípio, a impetração de *habeas corpus* para combater a inserção de provas ilícitas e postular o seu desentranhamento (STF, 1ª T., HC 80949/RJ, rel. Min. Sepúlveda Pertence, j. 30/10/2001); **E:** nesse sentido: HC 96.981, rel. Min. Joaquim Barbosa, decisão monocrática proferida pelo Min. Eros Grau, julgamento em 26-11-08, *DJE* de 1º-12-08; HC 98.756, rel. Min. Cármen Lúcia, decisão monocrática, julgamento em 20-4-09, *DJE* de 27-4-09.

Gabarito "D"

(Procurador do Município/Florianópolis-SC – 2010 – FEPESE) Assinale a alternativa **correta**.

(A) A ação de "habeas corpus" está contemplada e regulamentada apenas na Constituição Federal.

(B) A qualquer momento poderá o interessado impetrar "habeas corpus", inclusive quando já extinta a pena privativa de liberdade.

(C) Não cabe "habeas corpus" contra decisão condenatória a pena de multa, ou relativo a processo em curso por infração penal a que a pena pecuniária seja a única cominada.

(D) Caberá "habeas corpus" sempre que alguém sofrer ou se achar na iminência de sofrer violência, coação ilegal na sua liberdade de ir e vir ou nos casos de punição disciplinar.

(E) O prazo para impetração do "habeas corpus" é de quinze dias após o ato violador da liberdade de ir e vir.

A: é verdade que a ação de *habeas corpus* está contemplada na CF/88 – art. 5º, LXVIII, mas a sua disciplina está prevista no CPP, nos arts. 647 e seguintes; **B:** em vista do que dispõe a Súmula nº 695 do STF, não cabe, neste caso, ação de *habeas corpus*; **C:** assertiva correta, visto que, neste caso, não cabe ação de *habeas corpus*, em vista do que estabelece a Súmula nº 693 do STF; **D:** o art. 647 do CPP excepciona a hipótese de punição disciplinar; **E:** inexiste prazo para a impetração de *habeas corpus*.

Gabarito "C"

(Procurador do Estado/CE – 2008 – CESPE) Felipe foi denunciado pelo Ministério Público pela prática de crime de furto. Presentes as condições objetivas e subjetivas para tanto, o promotor de justiça ofereceu proposta de suspensão condicional do processo, nos termos do art. 89 da Lei nº 9.099/1995. Felipe aceitou as condições, tendo sido o acordo homologado pelo juiz e suspenso o processo pelo prazo de dois anos, estabelecido para o cumprimento das condições avençadas. Com base nessa situação hipotética, assinale a opção correta.

(A) Felipe poderá impetrar habeas corpus para trancamento da ação penal por ausência de justa causa, apesar de ter aceitado a proposta de suspensão condicional do processo.

(B) No momento em que o acusado aceita livremente a proposta ministerial consubstanciada na suspensão condicional do processo, consequentemente, ele renuncia ao interesse de agir, sendo impossível buscar o trancamento da ação penal via habeas corpus, com fundamento na falta de justa causa para sua existência.

(C) Felipe somente poderá impetrar habeas corpus para trancamento da ação penal com base na extinção da punibilidade prévia à aceitação da proposta ofertada pelo Ministério Público.

(D) O habeas corpus não se presta a trancar ação penal por ausência de justa causa.

(E) Felipe somente poderá impetrar habeas corpus para trancamento da ação penal com base na atipicidade da conduta que lhe foi imputada.

É possível impetrar-se *habeas corpus* no curso de processo suspenso nos termos do art. 89 da Lei 9.099/95 (*sursis* processual).

Gabarito "A"

(Procurador do Estado/RR – 2006 – FCC) Em caso de indeferimento de pedido do Estado de Roraima para ingressar em processo criminal como assistente, sob o argumento de que não se admite assistência por parte de pessoa jurídica de direito público,

(A) cabe recurso em sentido estrito e, por isso, não é possível o uso de mandado de segurança.

(B) cabe apelação, sem prejuízo do uso do mandado de segurança.

(C) cabe recurso em sentido estrito, sem prejuízo do uso do mandado de segurança.

(D) cabe apelação e, por isso, não é possível o uso do mandado de segurança.

(E) não cabe recurso, mas é possível o uso de mandado de segurança.

Art. 5º, LXIX, da CF. Tem sido corrente o emprego do mandado de segurança em matéria criminal, podendo inclusive ser utilizado para assegurar o ingresso do assistente de acusação no processo. As Leis 1.533/1951 e 4.348/1964 foram expressamente revogadas pela Lei 12.016/2009, que estabeleceu nova disciplina para o mandado de segurança (individual e coletivo).

Gabarito "E"

(Procurador do Estado/SE – FCC – 2005) Cabe *habeas corpus* para trancamento de inquérito policial se

(A) não obedecido o rito legal.

(B) verificada nulidade absoluta.

(C) não garantida a ampla defesa.

(D) não obedecido o contraditório.

(E) o fato investigado for atípico.

O Superior Tribunal de Justiça assim já se manifestou: "O trancamento de ação penal pela via estreita do *habeas corpus* é medida de exceção, só admissível quando emerge dos autos, de forma inequívoca e sem a necessidade de valoração probatória, a inexistência de autoria por parte do indiciado ou a atipicidade da conduta" (HC 39.231-CE, 5ª Turma, rel. Laurita Vaz, 01.03.2005, D.J. 28.03.2005).

Gabarito "E"

(Procuradoria Federal – 2007 – CESPE) Julgue o item seguinte.

(1) Julgando procedente a revisão criminal, o tribunal poderá alterar a classificação da infração, absolver o réu, modificar a pena ou anular o processo, mas não poderá, em nenhuma hipótese, agravar a pena imposta pela decisão revista.

Art. 626 do CPP.

Gabarito 1C

16. EXECUÇÃO PENAL

(Procuradoria Federal – 2007 – CESPE) Julgue o item seguinte.

(1) Ainda que a sentença condenatória tenha transitado em julgado, cabe ao juízo criminal prolator da sentença a aplicação de lei mais benigna posteriormente editada.

Art. 66, I, da LEP e Súmula 611 do STF.

Gabarito 1E

17. LEGISLAÇÃO EXTRAVAGANTE

(Procurador do Município/Cubatão-SP – 2012 – VUNESP) Nos termos do quanto prescreve o art. 2º da Lei nº 9.296/96, não será admitida a interceptação de comunicações telefônicas quando

I. não houver indícios razoáveis da autoria ou participação em infração penal;

II. a prova puder ser feita por outros meios disponíveis;

III. o fato investigado constituir infração penal punida, no máximo, com pena de detenção.

É correto o que se afirma em

(A) I, apenas.

(B) II, apenas.

(C) I e II, apenas.

(D) II e III, apenas.

(E) I, II e III.

I: correta, pois reflete o disposto no art. 2º, I, da Lei 9.296/96; II: correta, pois reflete o disposto no art. 2º, II, da Lei 9.296/96; III: correta, pois reflete o disposto no art. 2º, III, da Lei 9.296/96.

Gabarito "E"

18. TEMAS COMBINADOS E OUTROS TEMAS

(Procurador Distrital – 2014 – CESPE) Julgue os itens subsequentes, a respeito da participação do MP no curso das investigações criminais, na instrução processual e na fase recursal.

(1) Em conformidade com o que estabelece o CPP, do despacho que admitir ou não o assistente do MP jamais caberá recurso.

(2) Nos termos da legislação processual vigente, o MP não está limitado à prévia instauração de inquéritos policiais para promover ações penais públicas, ainda que a apuração dos crimes seja complexa.

(3) Conforme jurisprudência pacificada no STJ, a participação de membro do MP na fase investigatória criminal acarreta, por esse fato, a sua suspeição para o oferecimento da respectiva denúncia.

(4) De acordo com a Lei nº 9.296/1996, a interceptação das comunicações telefônicas poderá ser determinada a requerimento da autoridade policial, na fase de investigação criminal, ou a requerimento do MP, somente na fase de instrução criminal.

1: correta, pois em conformidade com o que estabelece o art. 273 do CPP; **2:** correta, na medida em que o inquérito policial não é *imprescindível, indispensável* ao oferecimento da queixa ou denúncia (art. 12 do CPP), podendo o titular da ação penal dele abrir mão, desde que disponha de elementos suficientes para o seu ajuizamento. Se não dispuser, deverão ser reunidos por meio de inquérito policial; **3:** incorreta, pois em desconformidade com o entendimento firmado na Súmula nº 234 do STJ: "A participação de membro do Ministério Público na fase investigatória criminal não acarreta seu impedimento ou suspeição para o oferecimento da denúncia"; **4:** incorreta, pois o Ministério Público está credenciado a requerer a interceptação das comunicações telefônicas tanto na fase investigativa quanto no curso da ação penal, conforme regra contemplada no art. 3º, II, da Lei 9.296/1996.

Gabarito 1C, 2C, 3E, 4E

(Procurador do Estado/BA – 2014 – CESPE) Julgue os itens subsequentes, no que se refere aos recursos, à ação penal e à competência no processo penal brasileiro.

(1) Em ação penal privada que envolva vários agentes do ato delituoso, é permitido ao querelante, em razão do princípio da disponibilidade, escolher contra quem proporá a queixa-crime, sem que esse fato acarrete a extinção da punibilidade dos demais agentes conhecidos e nela não incluídos.

(2) Considere que Cássio, jogador de futebol residente na cidade de Montes Claros – MG, tenha declarado, em entrevista a jornais de circulação local no município de Governador Valadares -

MG, que Emílio, árbitro de futebol, recebia dinheiro de agremiações para influenciar os resultados das partidas que arbitrava. Nessa situação hipotética, caso Emílio se considere caluniado e decida defender seus direitos na esfera criminal, ele poderá optar por propor a queixa-crime no foro de Montes Claros - MG.

(3) Contra a decisão que recebe a denúncia cabe recurso em sentido estrito.

1: incorreta. Estabelece o art. 48 do CPP que "a queixa contra qualquer dos autores do crime obrigará ao processo de todos (...)". Está-se, aqui, diante do princípio da indivisibilidade da ação penal privada, que impõe ao seu titular o dever de ajuizá-la contra todos os agressores, sendo-lhe vedado, por isso, escolher contra quem a demanda será promovida. O princípio da disponibilidade, informador da ação penal de iniciativa privada, confere ao querelante a prerrogativa de desistir de prosseguir na ação já instaurada; **2:** correta, na medida em que, no âmbito das ações penais exclusivamente privadas, como é o caso do crime de calúnia (art. 138 do CP), é assegurada ao ofendido a prerrogativa de ajuizar a ação no foro do local em que se deram os fatos (Governador Valadares-MG) ou no do local de residência ou domicílio do ofensor (Montes Claros-MG). É o que estabelece o art. 73 do CPP; **3:** incorreta. A decisão que recebe a denúncia não comporta qualquer tipo de recurso. É possível, neste caso, ao menos em tese, a impetração de *habeas corpus*. Cuidado: caberá recurso em sentido estrito, a teor do art. 581, I, do CPP, da decisão que rejeitar (não receber) a denúncia/queixa.

Gabarito 1E, 2C, 3E

(Procurador do Município/Florianópolis-SC – 2010 – FEPESE) Assinale a alternativa **incorreta** em matéria processual penal.

(A) Ao Ministério Público cabe promover, privativamente, a ação penal pública.

(B) O perito será indicado pela parte que protestar pela produção da prova pericial.

(C) O corréu no mesmo processo não poderá intervir como assistente do Ministério Público.

(D) A constituição de defensor independerá de instrumento de mandato, se o acusado o indicar por ocasião do interrogatório.

(E) No processo penal, a falta da defesa constitui nulidade absoluta, mas a sua deficiência só o anulará se houver prova de prejuízo para o réu.

A: assertiva correta, nos termos do art. 129, I, da CF; **B:** assertiva incorreta, nos termos do art. 159 do CPP; **C:** assertiva correta, nos termos do art. 270 do CPP; **D:** assertiva correta, nos termos do art. 266 do CPP; **E:** assertiva correta, visto que em consonância com o teor da Súmula nº 523 do STF.

Gabarito "B"

(Procurador do Município/Florianópolis-SC – 2010 – FEPESE) Assinale a alternativa **correta**, em matéria processual penal.

(A) Não cabe citação com hora certa no processo penal.

(B) A prisão é ato privativo da autoridade policial e de seus agentes.

(C) Na valoração da prova, o juízo criminal adota o princípio da prova legal.

(D) O prazo para interposição de embargos declaratórios no rito ordinário é de cinco dias após a publicação da decisão.

(E) No processo penal, contam-se os prazos da data da intimação, e não da juntada aos autos do mandado ou da carta precatória ou de ordem.

A: assertiva incorreta, já que a *citação com hora certa* tem, sim, cabimento no âmbito do processo penal – art. 362 do CPP. Essa possibilidade foi introduzida no CPP pela Lei 11.719/08; **B:** a autoridade policial e seus agentes, a teor do que dispõe o art. 301 do CPP, *devem* prender quem quer que se encontre em situação de flagrante. Este é o chamado *flagrante obrigatório*. Agora, qualquer pessoa do povo *poderá* fazer o mesmo, isto é, proceder à prisão em flagrante daquele que se encontre nessa situação. Este é o chamado *flagrante facultativo*. Assim, a prisão (em flagrante) não constitui ato privativo da autoridade policial e de seus agentes; **C:** incorreta, visto que adotamos, como regra, o ***sistema da persuasão racional*** ou ***livre convencimento motivado***, em que o magistrado decidirá com base no seu livre convencimento. Deverá, todavia, fundamentar sua decisão (art. 93, IX, da CF). No ***sistema da prova legal***, o juiz fica adstrito ao valor atribuído à prova pelo legislador (constitui exceção); **D:** proposição incorreta, visto que o prazo para oposição de embargos de declaração é de *dois* dias, e não de *cinco*, conforme estabelece o art. 382 do CPP; **E:** assertiva correta, eis que, de acordo com entendimento firmado na Súmula nº 710 do STF, os prazos, no processo penal, de fato contam-se da data da intimação, e não da juntada aos autos do mandado ou da carta precatória ou de ordem.

Gabarito "E"

(Procurador do Estado/SC – 2009) Assinale a alternativa correta.

(A) O juiz presidente pode representar o desaforamento do julgamento pelo Tribunal do Júri.

(B) A representação do ofendido ou seu representante legal nos crimes de ação penal pública condicionada será retratável até o recebimento da denúncia.

(C) Na hipótese de corréus, o perdão concedido a um dos querelados aproveitará a todos automaticamente.

(D) Compete ao Supremo Tribunal Federal a concessão de *exequatur* às cartas rogatórias, bem como a homologação de sentença estrangeira.

(E) O impedimento ou suspeição decorrente de parentesco por afinidade não cessa pela dissolução do casamento que lhe tiver dado causa, ainda que não tenham sobrevindo descendentes, não podendo funcionar como juiz o sogro, o padrasto, o cunhado, o genro ou enteado de quem for parte no processo.

A: o juiz presidente pode, de fato, representar pelo desaforamento, nos termos do que estabelece o art. 427, *caput*, do CPP; **B:** art. 25 do CPP; **C:** art. 51 do CPP; **D:** é de competência do Superior Tribunal de Justiça, nos termos do art. 105, I, *i*, da CF; **E:** art. 255 do CPP.

Gabarito "A"

(Advogado da União/AGU – CESPE – 2012) Julgue os itens subsequentes, a respeito da *notitia criminis* e dos procedimentos relativos aos crimes de lavagem de dinheiro.

(1) Se o acusado pelo delito de lavagem de dinheiro for citado por edital e não comparecer à audiência nem constituir advogado, ficarão suspensos o processo e o curso do prazo prescricional, podendo o juiz determinar a produção antecipada das provas consideradas urgentes e, se for o caso, decretar a prisão preventiva do réu.

(2) A jurisprudência do STJ admite a possibilidade de instauração de procedimento investigativo com base em denúncia anônima, desde que acompanhada de outros elementos.

(3) A apuração do crime de lavagem de dinheiro é autônoma e independe do processamento da ação penal e da condenação em crime antecedente.

1: o art. 366 do CPP não tem aplicação no âmbito da lavagem de capitais, a teor do que dispõe o art. 2º, § 2º, da Lei 9.613/98, cuja redação foi alterada por força da recente Lei 12.683/12; **2:** *"a autoridade policial, ao receber uma denúncia anônima, deve antes realizar diligências preliminares para averiguar se os fatos narrados nessa 'denúncia' são materialmente verdadeiros, para, só então, iniciar as investigações"* **(HC 95.244, 1ª T., rel. Min. Dias Toffoli, DJE 29.04.2010); 3:** correta, nos termos do art. 2º, II, da Lei 9.613/98. O art. 1º, § 2º, I, da Lei 9.613/98 teve sua redação alterada por força da Lei 12.683/12. Agora, não mais se exige, à configuração do crime de lavagem de dinheiro, que a operação financeira esteja vinculada a determinados crimes, listados em rol taxativo.

Gabarito 1E, 2C, 3C

(Procurador Federal – 2010 – CESPE) No que concerne a citação, sentença e aplicação provisória de interdições de direitos e medidas de segurança, julgue os seguintes itens.

(1) O juiz não pode aplicar, ainda que provisoriamente, medida de segurança no curso do inquérito policial.

(2) É cabível a citação por hora certa no processo penal, desde que o oficial de justiça verifique e certifique que o réu se oculta para não ser citado. Nessa situação, para que se complete a citação com hora certa, o escrivão deve enviar ao réu carta, telegrama ou radiograma, dando-lhe ciência de tudo.

(3) O juiz não pode, caso o réu tenha respondido ao processo solto, impor prisão preventiva quando da prolação da sentença penal condenatória.

1: a aplicação de medida de segurança pressupõe o devido processo legal; **2:** art. 362 do CPP; **3:** art. 387, parágrafo único, do CPP

Gabarito 1C, 2C, 3E

17. Direito Internacional Público e Privado

Renan Flumian

1. DIREITO INTERNACIONAL PÚBLICO

1.1. TEORIA GERAL – FONTES

(Procurador Federal – 2010 – CESPE) No que concerne às fontes de direito internacional, julgue os itens seguintes.

(1) Em 2008, a Comissão de Direito Internacional da ONU finalizou seu projeto de artigos sobre reservas a tratados.

(2) O princípio do objetor persistente refere-se à não vinculação de um Estado para com determinado costume internacional.

(3) Costumes podem revogar tratados e tratados podem revogar costumes.

1: incorreta, pois embora a Comissão tenha apresentado diversos relatórios acerca do "direito e prática sobre reservas a tratados" ou, simplesmente, "reservas a tratados", não há, ainda, projeto final; **2:** certa. Para ser considerado costume internacional é necessário que a prática seja geral e reiterada (elemento objetivo ou material) e aceita como o direito (elemento subjetivo ou psicológico). A Corte Internacional de Justiça definiu o que é o costume no conhecido julgamento do caso da Plataforma Continental do Mar do Norte, em 1969, descrevendo o conceito como "a prática reiterada, acompanhada da convicção quanto a ser obrigatória essa prática, por tratar-se de norma jurídica". Trata-se do costume qualificado pela *opinio juris*. O costume no âmbito internacional adquire grande destaque porque, diferentemente dos Estados, em que há mecanismos altamente centralizados e compulsórios de criação e de aplicação de normas, a sociedade internacional não comporta mecanismo parecido, o que a torna uma *sociedade consuetudinária* por excelência. Ademais, o costume[1] assume importante papel na evolução do Direito Internacional por possibilitar a produção de novas normas, tendo em vista a demora do processo de obtenção de consenso entre os Estados para a produção normativa. Tal papel é ainda mais relevante na atualidade, uma época marcada pelo constante progresso da ciência e da tecnologia, o que ocasiona mudanças rápidas e, por conseguinte, a ininterrupta necessidade de novas regras. É imperioso noticiar o atual desprestígio da teoria do *objetor persistente*. *Essa teoria predica que um Estado pode se livrar da incidência da regra costumeira desde que tenha abertamente a contrariado desde os primórdios de sua formação*. Percebe-se o caráter voluntarista de tal teoria, motivo que denuncia o seu atual demérito em função das bases sobre as quais o costume é hodiernamente formado;[2] **3:** certa, pois não há hierarquia entre tratados e costumes internacionais, como fontes de direito internacional. O tratado pode derrogar o costume, entre as partes celebrantes, assim como o costume pode derrogar normas de tratado, inclusive por desuso.

Gabarito 1E, 2C, 3C

(Advogado da União/AGU – CESPE – 2009) Ao longo da história, empregaram-se diversas denominações para designar o Direito Internacional. Os romanos utilizavam a expressão *ius gentium* (direito das gentes ou direito dos povos). Entretanto, pode-se afirmar que foi na Europa Ocidental do século XVI que o Direito Internacional surgiu nas suas bases modernas. A Paz de Vestfália (1648) é considerada o marco do início do Direito Internacional, ao viabilizar a independência de diversos estados europeus. O Direito Internacional Público surgiu com o Estado Moderno. Quando da formação da Corte Internacional de Justiça, após a II Guerra Mundial, indagou-se quais seriam as normas que poderiam instrumentalizar o exercício da jurisdição internacional (fontes do Direito Internacional Público). Assim, o Estatuto da Corte Internacional de Haia, no art. 38, arrolou as fontes das normas interna-

1. O costume está experimentando um processo de codificação de suas regras pela adoção expressa em tratados, sendo a Convenção de Viena sobre Relações Diplomáticas lógicoum grande exemplo desse processo.

2. "... Como se vê, essa doutrina, de cunho voluntarista, pretende fundamentar-se no princípio de que o Direito Internacional depende essencialmente do consenso dos Estados. Atualmente, é evidentemente que tal doutrina – que se baseia numa ideia equivocada e já superada sobre a formação do costume – não tem mais qualquer razão de ser, uma vez que o entendimento atual é no sentido de não necessitar o costume, para a sua formação, do consentimento *unânime* dos Estados-membros da sociedade internacional. O que se requer – como explica Cassese – é que um certo comportamento esteja difuso dentre a maioria dos sujeitos internacionais, entendendo estes últimos que tal comportamento os obriga juridicamente" (Mazzuoli, Valerio de Oliveira. *Curso de Direito Internacional Público*, 6ª edição, Ed. RT, 2012. p. 130/131).

cionais. Com relação ao Direito Internacional, julgue os itens a seguir.

(1) Os tratados internacionais constituem importante fonte escrita do Direito Internacional, a qual vale para toda a comunidade internacional, tenha havido ou não a participação de todos os países nesses tratados.

(2) O elemento objetivo que caracteriza o costume internacional é a prática reiterada, não havendo necessidade de que o respeito a ela seja uma prática necessária (*opinio juris necessitatis*).

1: errada. Um tratado só obriga as partes pactuantes (art. 35 da Convenção de Viena sobre Tratados). Tal princípio decorre da soberania dos estados e da autonomia da vontade. Aplica-se igualmente às organizações internacionais. E no caso de criação de direitos em favor de terceiros, é imperioso o respectivo consentimento, embora, nesse caso, possa ser tácito (art. 36 da Convenção de Viena sobre Tratados). Este princípio pode ser excepcionado, pois o artigo 38 da Convenção de Viena sobre Direito dos Tratados defende que regras de um tratado podem tornar-se obrigatórias para terceiros estados quando se transformarem em costume internacional; **2:** errada. O costume internacional tem um elemento material ou objetivo, que é a prática reiterada em face de determinada situação. Mas isso não é suficiente para configurar o costume como fonte do direito internacional, pois há também o elemento subjetivo ou psicológico, que é a convicção de que essa prática é necessária, justa e correta (*opinio juris*).

Gabarito 1E, 2E

(PROCURADOR – BANCO CENTRAL – 2009 – CESPE) Em relação a atos unilaterais, assinale a opção correta.

(A) São aplicados pela Corte Internacional de Justiça como fontes do direito internacional, conforme disposto em seu estatuto.

(B) Criam apenas obrigações morais para os Estados.

(C) Esses atos são conhecidos também como *estoppel*.

(D) Comissão de Direito Internacional da ONU se dedicou a estudar tais atos.

(E) O Estado brasileiro mantém-se em oposição persistente ao costume que prescreve a existência desses atos.

Os atos unilaterais dos Estados não têm por base tratado ou costume prévios, mas sim a vontade estatal discricionária. Ao longo da história, tal expediente serviu de mecanismo para a criação de normas internacionais, ou seja, a criação de direitos e deveres desse Estado perante a sociedade internacional. Exemplo disso é a declaração, em 1945, do presidente dos Estados Unidos, Harry Truman, que indicava a jurisdição de seu país sobre a Plataforma Continental, o que logo após converteu-se em prática generalizada e deu origem a uma nova regra na seara do direito do mar. Outro exemplo é a abertura do rio Amazonas à navegação em 1866. Existem duas condições para que o ato unilateral de um Estado possa gerar direitos e obrigações na comunidade internacional, são elas: o ato unilateral deve ser público e o Estado deve ter a intenção de se obrigar pelo ato unilateral produzido (princípio de *estoppel*). Por fim, deve-se afirmar que a Comissão de Direito Internacional da ONU empreendeu inúmeros estudos sobre os atos unilaterais.

Gabarito "D"

(ADVOGADO – ANCINE – 2005 – CESPE) Acerca das fontes e dos demais meios auxiliares para a determinação do direito internacional, enunciados no artigo 38 do Estatuto da Corte Internacional de Justiça, julgue os itens subsequentes.

(1) Ao decidir as controvérsias que lhe forem submetidas, a Corte, necessariamente, deve aplicar o costume internacional apenas na falta de convenções internacionais e somente pode aplicar os princípios gerais de direito na ausência do costume internacional, devido à posição hierárquica existente entre estas fontes do direito internacional.

(2) Nas suas decisões, a Corte somente pode aplicar as convenções internacionais gerais ou específicas, o costume internacional e os princípios gerais de direito, já que essas são as únicas fontes do direito internacional admitidas no estatuto.

(3) As decisões da Corte somente são obrigatórias para as partes litigantes e, sob essa ressalva, as decisões judiciais podem ser aplicadas pela Corte como meio auxiliar para a determinação das regras de direito.

(4) A Corte pode decidir uma questão a ela submetida com base na equidade, desde que as partes litigantes concordem com esse procedimento.

(5) Com o processo de integração da sociedade internacional, as decisões das organizações internacionais têm sido reconhecidas como fontes do direito internacional.

1: errada, pois não existe hierarquia entre as fontes do Direito Internacional. Assim, o tratado pode derrogar o costume, entre as partes celebrantes, assim como o costume pode derrogar normas de tratado, inclusive por desuso; **2:** errada. O artigo 38 do Estatuto da Corte Internacional de Justiça (CIJ) determina que a função da Corte é decidir as controvérsias que lhe forem submetidas com base no direito internacional. Ademais, indica as fontes que serão utilizadas pelos juízes na confecção de suas decisões, a saber: a) as convenções internacionais; b) o costume internacional; c) os princípios gerais do direito; d) as decisões judiciárias e a doutrina dos juristas mais qualificados das diferentes nações. Por fim, ainda aponta a possibilidade da Corte decidir por equidade[3] (*ex aequo et bono*), desde que convenha às partes; **3:** certa, pois as decisões são obrigatórias apenas para as partes litigantes. E consoante ao que dispõe o artigo 38, *d*, do Estatuto do CIJ, a Corte poderá utilizar como meio auxiliar as decisões judiciárias e a doutrina dos autores mais qualificados para determinar as regras de direito. Tal regra visa, como no caso dos princípios gerais do direito, evitar o *non liquet*. As ditas decisões judiciárias comportam tanto as decisões dos tribunais internacionais, dos tribunais arbitrais internacionais, dos tribunais de algumas organizações internacionais, como dos tribunais nacionais. Existindo entre tais decisões uma hierarquia material. Com relação à jurisprudência da Corte Internacional de Justiça, cabe apontar que o artigo 59 do Estatuto afastou a aplicação da doutrina do *stare decisis*, segundo a qual os precedentes judiciais anteriores vinculam os juízes na solução de controvérsias futuras. Mas, mesmo assim, a Corte pauta-se cada vez mais em seus precedentes, o que contribuiu para o desenvolvimento de uma jurisprudência robusta e caracterizada por sua estabilidade e previsibilidade. Cabe lembrar que, além da atividade jurisdicional propriamente dita da CIJ, esta também elabora pareceres consultivos que lhe são encomendados. Estes pareceres são utilizados para expressar a interpretação da Corte sobre normas

3. Até agora, não há registro de decisão por equidade.

internacionais determinadas. Os pareceres, ao contrário das sentenças, não têm força vinculante; **4:** certa. Como já comentado no item 2, a Corte pode decidir por equidade (*ex aequo et bono*), desde que convenha às partes; **5:** certa. Mesmo não constando do rol do artigo 38, pode-se indicar também como fonte do direito internacional tanto as resoluções emanadas das organizações internacionais como os atos unilaterais dos estados (denominadas pela doutrina como fontes auxiliares ou subsidiárias). As decisões das organizações internacionais só não aparecem no rol do art. 38 do Estatuto da Corte Internacional de Justiça porque sua elaboração ocorreu em uma época em que as OIs não desfrutavam da relevância atual. Ademais, a aceitação dessa fonte inscreve-se na mudança paradigmática instalada pelo dito direito internacional pós-moderno.

Gabarito 1E, 2E, 3C, 4C, 5C

1.2. TRATADO

(Procurador Distrital – 2014 – CESPE) Com relação ao estatuto jurídico dos tratados internacionais no direito brasileiro, julgue os próximos itens.

(1) Ao Congresso Nacional é vedado rejeitar tratado internacional que, firmado pelo presidente da República, verse sobre direitos humanos.

(2) Os tratados internacionais se incorporam ao ordenamento jurídico brasileiro com o status de emenda constitucional.

(3) Os tratados sobre direitos humanos incorporados ao direito pátrio e em conformidade com a CF revogam as leis ordinárias conflitantes.

1: errado. (art. 49, I, da CF/1988); **2:** errado. Depois de internalizado, o tratado é equiparado hierarquicamente à norma infraconstitucional. Com a edição da Emenda Constitucional nº 45, os tratados de direitos humanos (apenas) que forem aprovados por quórum qualificado, ou seja, em cada Casa do Congresso Nacional, em dois turnos, por três quintos dos votos dos respectivos membros, serão equivalentes às emendas constitucionais – consoante o que determina o art. 5º, § 3º, da CF/1988; **3:** certo, pois possuem um *status* hierárquico superior.

Gabarito 1E, 2E, 3C

(Procurador da Fazenda Nacional – 2007 – ESAF) A respeito de tratados internacionais e do procedimento para que sejam incorporados à ordem jurídica brasileira, assinale V para as asserções verdadeiras e F para as falsas.

( ) Se o tratado nada dispuser sobre o assunto, entende-se que as reservas a um tratado internacional é possível, a não ser que seja incompatível com seu objeto e sua finalidade.

( ) Caso o tratado seja assinado com reservas, o Congresso Nacional não tem poderes para adotar o tratado em sua íntegra.

( ) Caso o tratado admita reservas, essas podem ser feitas pelo Congresso Nacional, mesmo que não tenham sido feitas pelo Presidente da República (ou outro plenipotenciário) no momento da assinatura.

( ) O Presidente da República pode promulgar um tratado internacional sem que tenha havido apreciação do Congresso Nacional, caso se verifiquem os requisitos de relevância e urgência no referido tratado.

( ) A concordância do Congresso Nacional é essencial para que o Brasil denuncie um tratado internacional, desvinculando-se das obrigações nele estabelecidas.

Assinale a sequência correta.

(A) V, V, V, V, V

(B) V, V, F, F, V

(C) V, V, V, F, F

(D) V, F, F, V, F

(E) F, V, V, F, F

1ª: verdadeira. De acordo com a Convenção de Viena sobre Direito dos Tratados, um tratado pode proibir expressamente a formulação de reservas (art. 19, *a*, da Convenção de Viena sobre o Direito dos Tratados) e que, se ele nada dispuser sobre o assunto, entende-se que as reservas a um tratado internacional são possíveis, a não ser que sejam incompatíveis com seu objeto e sua finalidade (art. 19, *c*, da Convenção de Viena sobre o Direito dos Tratados). Por fim, a Convenção de Viena sobre Direito dos Tratados também traz um conceito de reserva no seu art. 2º, I, d: "reserva significa uma declaração unilateral, qualquer que seja a sua redação ou denominação, feita por um Estado ao assinar, ratificar, aceitar ou aprovar um tratado, ou a ele aderir, com o objetivo de excluir ou modificar o efeito jurídico de certas disposições do tratado em sua aplicação a esse Estado"; **2ª** e **3ª:** A reserva pode aparecer tanto no momento da assinatura do tratado, como no da ratificação ou da adesão, momento em que o Congresso Nacional pode fazer ressalvas sobre o texto do tratado e até mesmo desabonar as reservas feitas por ocasião da assinatura do tratado. No primeiro caso, as ressalvas serão traduzidas em reservas no momento da ratificação pelo Presidente da República e, *no segundo caso, o Presidente da República fica impedido de confirmar as reservas previamente feitas*. Por todo o dito, percebe-se que a segunda assertiva está errada, apesar de o gabarito apontá-la como correta, e a terceira está correta; **4ª:** falsa, pois é inafastável a competência exclusiva do Congresso Nacional para resolver definitivamente sobre tratados, acordos ou atos internacionais que acarretem encargos ou compromissos gravosos ao patrimônio nacional (art. 49, I, da CF). Ou seja, o tratado só passará a ter validade interna após ter sido aprovado pelo Congresso Nacional e ratificado e promulgado pelo Presidente da República; **5ª:** falsa. O fenômeno de extinção de tratado por vontade unilateral de uma das partes é denominado denúncia. Este tipo de extinção[4] assemelha-se à ratificação e à adesão, todavia, com efeito jurídico inverso, pois pela denúncia, o Estado exterioriza sua retirada do acordo internacional. Mas existem tratados que, por sua própria natureza, são imunes a este tipo de extinção. Tal é o caso dos tratados de vigência estática[5]. Por outro lado, alguns tratados facultam a denúncia a todo momento, exigindo apenas o decurso de certo prazo (pré-aviso), tudo para proteger os interesses dos copactuantes. Em relação ao pré-aviso, a Convenção de Viena sobre Direitos do Tratados estatui regra geral que condiciona a validade da denúncia à sua comunicação com pelo menos doze meses de antecedência (art. 56, ponto 2) e a violação de tal regra gera responsabilidade internacional do Estado. Sobre o instituto, cabe ilustrarmos algumas considerações talhadas por Alberto do Amaral Júnior: "Em geral, a denúncia é efetuada em relação à globalidade do tratado. Só será consentida denúncia parcial se as cláusulas, que se pretende denunciar, forem separáveis do restante do acordo, não afetando a aplicação do tratado. A retratação da de-

4. A denúncia só vai extinguir os tratados bilaterais, pois nos multilaterais significa apenas a saída da parte denunciante.
5. Como exemplo tem-se os tratados que definem fronteiras.

núncia é cabível tão somente quando ainda não tiver produzido os efeitos jurídicos que lhe são inerentes".[6] O procedimento para realizar a denúncia é simples, exige-se uma comunicação por escrito em forma de notificação, carta ou instrumento para o outro Estado-parte nos tratados bilaterais e para o depositário nos tratados multilaterais. Tal transmissão significa a saída do acordo internacional pela parte comunicante. Como dito anteriormente, a denúncia assemelha-se à ratificação e à adesão, ou seja, é necessário um procedimento complexo em que tanto o Congresso Nacional como o Presidente da República emitam sua chancela. Daí a discussão sobre a necessidade de ambos os poderes participarem ou apenas um. Na visão de Francisco Rezek,[7] parece lógico que onde a comunhão de vontades entre os Poderes Executivo e Legislativo seja necessária para tornar o Estado obrigado por um acordo internacional, seja suficiente apenas a vontade de um daqueles dois poderes para desobrigá-lo por meio da denúncia. O consentimento do Estado apoiava-se sobre duas bases, destarte, quando não mais existir uma destas, a consequência será a denúncia do tratado. Essa posição é a mais aceita. A outra posição defende a chamada previsão convencional da denúncia, ou seja, a denúncia só tomará corpo após a concordância do Congresso Nacional e do Presidente da República.

Gabarito Nosso Anulado. Gabarito Oficial "C"

(Procurador da Fazenda Nacional – 2006 – ESAF) A Emenda Constitucional n. 45, de 8 de dezembro de 2004, entre outros, inseriu parágrafo no art. 5o do texto constitucional de 1988, explicitando que os tratados e convenções internacionais sobre direitos humanos que forem aprovados, em cada Casa do Congresso Nacional, em dois turnos, por três quintos dos votos dos respectivos membros, serão equivalentes a

(A) emendas à Constituição.

(B) leis complementares.

(C) leis ordinárias.

(D) leis delegadas.

(E) decretos legislativos.

Com a edição da Emenda Constitucional n. 45, os tratados de direitos humanos que forem aprovados, em cada Casa do Congresso Nacional, em dois turnos, por três quintos dos votos dos respectivos membros, serão equivalentes às emendas constitucionais – conforme ao que determina o artigo 5º, § 3º, da CF. Ou seja, tais tratados terão hierarquia constitucional.

Gabarito "A"

(Procurador da Fazenda Nacional – 2006 – ESAF) Nos termos da Convenção de Viena sobre o Direito dos Tratados entre Estados, e no que se refere à observância, aplicação e interpretação dos acordos, consolidou-se regra

(A) que reflete a cláusula *rebus sic stantibus*, isto é, alteradas as condições originárias do pacto, deve-se alterar seu alcance e sua aplicabilidade.

(B) que elimina preâmbulo e anexos, limitando-se o contexto interpretativo ao horizonte de sentido inserido no corpo do tratado.

(C) que prestigia a boa-fé, mas que não a elege a categoria interpretativa, dado o regime competitivo que impera na ordem internacional.

(D) que consolida como regra a retroatividade benigna dos tratados, mesmo que intenção diferente tenha informado a concepção do pacto internacional.

(E) que reflete a cláusula *pacta sunt servanda*, isto é, todo tratado em vigor obriga as partes e deve ser cumprido por elas de boa-fé.

O art. 26 da Convenção de Viena sobre Direito dos Tratados assim dispõe: "Todo tratado em vigor obriga as partes e deve ser cumprido por elas de boa-fé". Aliás, a Convenção de Viena sobre Direito dos Tratados entrou em vigor internacional em 27 de janeiro de 1980 e só foi promulgada no Brasil pelo Decreto n. 7.030 de 14 de dezembro de 2009. A ratificação não só demorou, mas veio com reserva aos arts. 25 e 66. O art. 25 cuida da aplicação provisória de um tratado e determina que, se for assim disposto ou acordado pelas partes, o tratado pode obter uma vigência provisória mesmo sem ter sido objeto de ratificação – o Brasil não aceita esta prática, já que, em regra, a ratificação dos tratados depende de um procedimento complexo, no qual o Congresso Nacional tem que aprovar o texto do tratado, e o fará por meio de um decreto legislativo promulgado pelo Presidente do Senado e publicado no *Diário Oficial da União*. Assim, a regra é que os tratados celebrados pelo Presidente da República sejam apreciados pelo Congresso Nacional (art. 84, VIII, da CF). Já o art. 66 discorre sobre o processo de solução judicial, de arbitragem e de conciliação e determina a competência obrigatória da Corte Internacional de Justiça quando houver conflito ou superveniência de norma imperativa de direito internacional (*jus cogens*) – este artigo não foi aceito pelo Brasil, lembrando que o país não está vinculado ao art. 36 do Estatuto da Corte Internacional de Justiça que disciplina a "cláusula facultativa de jurisdição obrigatória". Vale lembrar que a máxima *pacta sunt servanda* é a base do direito dos tratados e diz respeito somente aos estados que pactuaram livremente, isto é, o terceiro estado que não é parte do tratado não poderá ser obrigado por este. Por seu turno, o *jus cogens* (normas cogentes de direito internacional) é calcado no reconhecimento da existência de direitos e de obrigações naturais, isto é, independentemente da existência de algum tratado internacional. O *jus cogens* seria como um qualificador de regras consideradas basilares para a ordenação e a viabilidade da comunidade internacional. O direito internacional público sempre foi concebido como a expressão da vontade dos estados no plano internacional. Não se tinha a ideia de uma comunidade internacional, mas somente a existência de estados que buscavam se relacionar com os demais para satisfazer interesses próprios determinados e limitados. Foi dentro deste contexto que o princípio pacta sunt servanda imperou. Apesar de os Estados ainda se relacionarem consoante seus próprios interesses, hodiernamente alcançou-se consenso sobre determinados temas considerados de interesse de todos os sujeitos de direito internacional. Assim, a compreensão da existência de uma comunidade internacional e de interesses que advêm dela[8] (sobretudo para sua existência – como, por exemplo, na proteção internacional do meio ambiente) e não somente de estados na sua individualidade, deu suporte para o aparecimento do *jus co-*

6. **Curso de Direito Internacional Público**, 2ª edição, Ed. Atlas, 2011, pág. 116.

7. **Direito Internacional Público**, 11ª edição, Ed. Saraiva, 2008. pág. 112. Posição endossada por Alberto do Amaral Júnior (**Curso de Direito Internacional Público**, 2.ª edição, Ed. Atlas, 2011. pág. 116).

8. A título histórico, pode-se indicar o Direito Humanitário, a Liga das Nações e a Organização Internacional do Trabalho como os primeiros exemplos de limitação, oriunda da comunidade internacional, que os estados sofrerem em sua inabalável soberania.

gens, sobretudo, no considerado direito internacional pós-moderno. Com base em tal mentalidade, a qualidade de sujeito de direito internacional foi estendida às organizações internacionais e ao ser humano. Portanto, pode-se dizer que a própria dinâmica da vida internacional derrubou o voluntarismo como suporte único e fundamental das relações internacionais, ou seja, o positivismo voluntarista não foi capaz de explicar o aparecimento das normas cogentes de direito internacional (*jus cogens*), que só pode ser explicado por razões objetivas de justiça, as quais darão, por sua vez, vazão a uma consciência jurídica universal. Nesse sentido é a colocação Antônio Augusto Cançado Trindade: "o modelo westfaliano do ordenamento internacional afigura-se esgotado e superado".

Gabarito "E"

(Procurador da Fazenda Nacional – 2004 – ESAF) Tradicionalmente o direito internacional concebeu duas teorias com referência à relação entre os ordenamentos jurídicos nacionais e internacionais: o dualismo e o monismo. Para esta última,

(A) não se aceita a existência de duas ordens jurídicas autônomas, independentes e não derivadas, defendendo-se por vezes a primazia do direito interno e por vezes a primazia do direito internacional.

(B) aceitam-se várias ordens jurídicas, com aplicabilidade simultânea, configurando-se um pluralismo de fontes, porém aplicadas por um único ordenamento.

(C) aceita-se a existência de duas ordens jurídicas, independentes e derivadas, uma nacional e outra internacional, sendo que esta última é que confere validade à primeira

(D) não se aceita a validade de uma ordem jurídica internacional, dado que desprovida de sanção e de conteúdos morais, fundamentada meramente em princípios de cortesia internacional.

(E) aceita-se a validade de uma ordem jurídica internacional, conquanto que não conflitante com a ordem interna, e cujos critérios de validade sejam expressamente definidos pela ordem jurídica nacional.

Segundo a tese monista, o direito internacional e o nacional fazem parte do mesmo sistema jurídico, ou seja, incidem sobre o mesmo espaço. Ao contrário, a tese dualista advoga que cada um pertence a um sistema distinto e, por assim dizer, incidem sobre espaços diversos. A tese monista ainda subdivide-se: *a) monismo radical:* prega a preferência pelo direito internacional em detrimento do direito nacional; e *b) monismo moderado:* prega a equivalência entre o direito internacional e o direito nacional. É importante apontar que a jurisprudência internacional aplica o monismo radical, tal escolha é respaldada pelo artigo 27 da Convenção de Viena sobre Direito dos Tratados: "Uma parte não pode invocar as disposições de seu direito interno para justificar o inadimplemento de um tratado". O dualismo também se subdivide: *a) dualismo radical:* impõe a edição de uma lei distinta para incorporação do tratado; e *b) dualismo moderado:* não exige lei para incorporação do tratado, apenas se exige um procedimento complexo, com aprovação do Congresso e promulgação do Executivo. A Constituição Federal silenciou neste aspecto, e em virtude da omissão constitucional a doutrina defende que o Brasil adotou a corrente dualista, ou, melhor dizendo, a corrente dualista moderada. Isto porque o tratado só passará a ter validade interna após ter sido aprovado pelo Congresso Nacional e ratificado e promulgado pelo Presidente da República. Lembremos ainda que a promulgação é efetuada mediante decreto presidencial. A assertiva dada como correta é a "A", mas importante sublinhar que o monismo moderado prega a equivalência entre o direito internacional e o nacional e não a primazia do direito interno sobre o internacional.

Gabarito "A"

(Procurador da Fazenda Nacional – 2004 – ESAF) No que toca às obrigações e compromissos internacionais, assumidas pelos Estados em forma de tratados, têm-se as *reservas*, corretamente identificadas como

(A) qualificativos de consentimento, pelos quais os Estados pactuantes emitem declarações unilaterais visando a excluir ou modificar o efeito jurídico de certas disposições de tratados.

(B) indicativos de entendimento, pelos quais os Estados pactuantes emitem declarações multilaterais visando a incluir ou potencializar efeito jurídico de certas disposições do tratado, mediante prévia concordância dos demais signatários.

(C) quantitativos de aferição, pelos quais os Estados pactuantes medem os efeitos possíveis dos tratados em relação a seus desdobramentos internos, especialmente no plano normativo.

(D) incentivos de adesão, pelos quais os Estados pactuantes acenam com vantagens econômicas, de modo a justificarem a ampliação do conjunto de signatários.

(E) referenciais de submissão, pelos quais os Estados pactuantes justificam internamente a transigência para com normas jurídicas internas.

A reserva é um condicionante do consentimento. Ou seja, é a declaração unilateral do estado aceitando o tratado, mas sob a condição de que certas disposições não valerão para ele. A reserva pode aparecer tanto no momento da assinatura do tratado, como no da ratificação ou da adesão, momento em que o Congresso Nacional pode fazer ressalvas sobre o texto do tratado e até mesmo desabonar as reservas feitas por ocasião da assinatura do tratado. No primeiro caso, as ressalvas serão traduzidas em reservas no momento da ratificação pelo Presidente da República e, no segundo caso, o Presidente da República fica impedido de confirmar as reservas previamente feitas. E por razões óbvias, a reserva é fenômeno incidente sobre os tratados multilaterais. Cabe ressaltar que, de acordo com a Convenção de Viena sobre Direito dos Tratados, um tratado pode proibir expressamente a formulação de reservas (art. 19, *a*, da Convenção de Viena sobre o Direito dos Tratados) e que, se ele nada dispuser sobre o assunto, entende-se que as reservas a um tratado internacional são possíveis, a não ser que sejam incompatíveis com seu objeto e sua finalidade (art. 19, *c*, da Convenção de Viena sobre o Direito dos Tratados). Por fim, a Convenção de Viena sobre Direito dos Tratados também traz um conceito de reserva no seu art. 2º, I, d: "*reserva* significa uma declaração unilateral, qualquer que seja a sua redação ou denominação, feita por um Estado ao assinar, ratificar, aceitar ou aprovar um tratado, ou a ele aderir, com o objetivo de excluir ou modificar o efeito jurídico de certas disposições do tratado em sua aplicação a esse Estado".

Gabarito "A"

(Procurador da Fazenda Nacional – 2003 – ESAF) Considerando a prática brasileira, bem assim o entendimento do Direito Internacional acerca dos tratados internacionais, marque a opção incorreta.

(A) Qualquer tratado existente que seja conflitante com norma imperativa de direito internacional geral (*jus cogens*) posterior torna-se nulo e extingue-se.

(B) Os tratados internacionais incorporados ao ordenamento jurídico brasileiro mediante decreto presidencial de promulgação têm força de lei ordinária.

(C) O Supremo Tribunal Federal consolidou entendimento no sentido de que os tratados internacionais incorporados ao ordenamento jurídico nacional têm estatura de lei ordinária.

(D) Pode-se dizer que tratado internacional é um acordo celebrado por escrito entre sujeitos de direito internacional, qualquer que seja sua denominação particular.

(E) O Congresso Nacional resolve definitivamente sobre tratados internacionais toda vez que os ratifica no plano externo.

A: correta. O art. 53 da Convenção de Viena sobre Direito dos Tratados assim dispõe: "É nulo um tratado que, no momento de sua conclusão, conflite com uma norma imperativa de Direito Internacional geral. Para os fins da presente Convenção, uma norma imperativa de Direito Internacional geral é uma norma aceita e reconhecida pela comunidade internacional dos Estados como um todo, como norma da qual nenhuma derrogação é permitida e que só pode ser modificada por norma ulterior de Direito Internacional geral da mesma natureza"; **B** e **C:** corretas. O tratado só passará a ter validade interna após ter sido aprovado pelo Congresso Nacional e ratificado e promulgado pelo Presidente da República. Lembremos ainda que a promulgação é efetuada mediante decreto presidencial. Depois de internalizado, o tratado é equiparado hierarquicamente à norma infraconstitucional. O tema já foi decidido pelo STF na ADI-MC 1.480/DF, momento em que o STF exarou entendimento de que os tratados internacionais, em geral, ingressam no sistema jurídico brasileiro com força de lei ordinária federal; **D:** correta. Tratado é todo acordo formal concluído, por escrito, entre pessoas jurídicas de direito internacional público que tenha por escopo a produção de efeitos jurídicos. Existem inúmeras variantes terminológicas de tratado[9] – que foram bem catalogadas por Francisco Rezek[10]. Como, por exemplo, acordo, ajuste, arranjo, ata, ato, carta, código, compromisso, constituição, contrato, convenção, convênio, declaração, estatuto, memorando, pacto, protocolo e regulamento. Esses termos indicam a mesma ideia, não obstante certas preferências observáveis pela análise estatística. Assim, pode-se apontar que carta e constituição são utilizadas para nomear tratados constitutivos de organizações internacionais, enquanto ajuste, arranjo e memorando são utilizados para denominar tratados bilaterais de pouca importância. E convenção costuma ser multilateral e dispor acerca dos grandes temas do Direito Internacional. Apenas o termo concordata possui significado singular, pois é utilizado especificamente para nomear o tratado bilateral em que uma das partes é a Santa Sé, e que tem por objeto a organização do culto, a disciplina eclesiástica, missões apostólicas, relações entre a Igreja católica local e o estado copactuante; E: incorreta, pois o Congresso Nacional não ratifica tratados. Cabe lembrar que ratificação é o ato administrativo unilateral mediante o qual a pessoa jurídica de direito internacional, signatária de um tratado, exprime definitivamente, no plano internacional, seu consentimento. No Brasil é necessário um procedimento complexo para proceder à ratificação de tratados. O Congresso Nacional tem que aprovar o texto do tratado, e o fará por meio de um decreto legislativo[11] promulgado pelo Presidente do Senado e publicado no *Diário Oficial da União. Após, cabe ao Presidente da República ratificar ou não – lembrando que a aprovação congressional não obriga a ulterior ratificação do tratado pelo Presidente da República.* Por fim, o tratado regularmente concluído depende da promulgação e da publicidade levada a efeito pelo Presidente da República para integrar o direito nacional. E no Brasil a promulgação ocorre por meio de decreto presidencial e a publicidade perfaz-se com a publicação no Diário Oficial (vide art. 84, VIII, da CF).

Gabarito "E"

(ADVOGADO – CEF – 2010 – CESPE) Com relação aos tratados internacionais, assinale a opção correta.

(A) Para que tenham validade no âmbito do direito internacional, os tratados internacionais devem ser sempre aprovados pela Organização das Nações Unidas (ONU).

(B) No direito internacional público, a coação de um Estado pela ameaça ou emprego da força pode dar causa à nulidade absoluta de um tratado internacional.

(C) A entrada em vigor de um tratado internacional com mais de duas partes apenas se dá a partir do momento em que todas as partes tenham concluído o processo de ratificação, não surtindo efeito para nenhuma delas antes que todas tenham concluído esse processo.

(D) Apesar de não ter ratificado a Convenção de Viena sobre Direito dos Tratados de 1969, o Brasil observa seu conteúdo como costume internacional e, portanto, como fonte de direito internacional público.

(E) Quando assinado pelo presidente da República, o tratado internacional cria obrigações jurídicas para o Brasil a partir do momento da assinatura, sendo dispensada, apenas neste caso, a ratificação.

A: incorreta, pois não é necessária a aprovação da ONU. Os tratados têm por base o voluntarismo dos Estados; **B:** correta. O art. 52 da Convenção de Viena sobre Direito dos Tratados assim dispõe: "É nulo um tratado cuja conclusão foi obtida pela ameaça ou o emprego da força em violação dos princípios de Direito Internacional incorporados na Carta das Nações Unidas"; **C:** incorreta, pois em regra o tratado entra em vigor na forma e na data previstas no tratado ou acordadas pelos Estados negociadores (art. 24, ponto 1, da Convenção de Viena sobre Direito dos Tratados). E apenas na ausência de tal disposição ou acordo, um tratado entra em vigor tão

---

9. Cabe aqui fazer um esclarecimento. O *gentlemen's agreement* é fundado sobre a honra e condicionado, no tempo, à permanência de seus atores no poder, mas não é uma forma de tratado internacional e sim um acordo informal, que não pode ser exigido formalmente se assim for desejado. Ademais, tratado é todo acordo formal concluído, por escrito, entre pessoas jurídicas de direito internacional público que tenha por escopo a produção de efeitos jurídicos e *gentlemen's agreement* é concluído geralmente por pessoas físicas, de forma oral e não pode ter efeitos jurídicos.
10. **Direito Internacional Público**, 11ª edição, Ed. Saraiva, 2008, pág. 16.
11. Lembrando que as matérias de competência exclusiva do Congresso Nacional (art. 49 da CF) devem ser normatizadas via decreto legislativo.

logo o consentimento em obrigar-se pelo tratado seja manifestado por todos os Estados negociadores (art. 24, ponto 2, da Convenção de Viena sobre Direito dos Tratados); **D:** incorreta. A Convenção de Viena sobre Direito dos Tratados entrou em vigor internacional em 27 de janeiro de 1980 e só foi promulgada no Brasil pelo Decreto n. 7.030 de 14 de dezembro de 2009. A ratificação não só demorou, mas veio com reserva aos arts. 25 e 66. O art. 25 cuida da aplicação provisória de um tratado e determina que, se for assim disposto ou acordado pelas partes, o tratado pode obter uma vigência provisória mesmo sem ter sido objeto de ratificação – o Brasil não aceita esta prática, já que, em regra, a ratificação dos tratados depende de um procedimento complexo, no qual o Congresso Nacional tem que aprovar o texto do tratado, e o fará por meio de um decreto legislativo promulgado pelo Presidente do Senado e publicado no Diário Oficial da União. Assim, a regra é que os tratados celebrados pelo Presidente da República sejam apreciados pelo Congresso Nacional (art. 84, VIII, da CF). Já o art. 66 discorre sobre o processo de solução judicial, de arbitragem e de conciliação e determina a competência obrigatória da Corte Internacional de Justiça quando houver conflito ou superveniência de norma imperativa de direito internacional (jus cogens) – este artigo não foi aceito pelo Brasil, lembrando que o país não está vinculado ao art. 36 do Estatuto da Corte Internacional de Justiça que disciplina a "cláusula facultativa de jurisdição obrigatória"; E: incorreta. O tratado só passará a ter validade interna após ter sido aprovado pelo Congresso Nacional[12] e ratificado e promulgado pelo Presidente da República. Lembremos ainda que a promulgação é efetuada mediante decreto presidencial.

Gabarito "B"

(ADVOGADO – IRB – 2006 – ESAF) Os tratados internacionais, nos termos da Convenção de Viena, contam com regra geral interpretativa, nomeadamente,

(A) a abstração do contexto e a fixação na literalidade, que inclusive enseja cláusula *rebus sic stantibus.*

(B) a abstração de qualquer prática posterior na aplicação do tratado pela qual fique estabelecido o acordo das partes relativo à interpretação.

(C) a utilização da boa-fé, de conformidade com o sentido comum que deve ser atribuído aos termos do tratado em seu contexto à luz de seu objeto e finalidade.

(D) a vedação de atribuição de sentido especial a termo, mesmo se determinado que esta era a intenção das partes.

(E) a proibição de utilização de meios suplementares de interpretação, especialmente no que toca à utilização da documentação que instrui os trabalhos preparatórios do tratado.

O art. 31, ponto 1, da Convenção de Viena sobre Direito dos Tratados dispõe que: "Um tratado deve ser interpretado de boa-fé segundo o sentido comum atribuível aos termos do tratado em seu contexto e à luz de seu objetivo e finalidade".

Gabarito "C"

(ADVOGADO – IRB – 2006 – ESAF) Nos termos da Convenção de Viena sobre o Direito dos Tratados, de 1969, *Estado negociador,* significa, efetivamente,

(A) um Estado que tenha consentido em se obrigar por um tratado, embora não tenha participado da elaboração do mesmo.

(B) um Estado que participou na elaboração e adoção do texto do tratado.

(C) um Estado que admite os efeitos jurídicos do tratado, por conta de articulação posterior, decorrente de adesão contratual derivada.

(D) um Estado que articulou a confecção de um tratado, geralmente como sede das negociações, embora, posteriormente, se recuse a assinar a tratativa.

(E) um Estado que consentiu em se obrigar por um tratado, de cuja elaboração não participou, mas cujos efeitos lhe são convenientes, obrigando-se, então, na qualidade de *terceiro Estado.*

O art. 2º, ponto 1, *e*, da Convenção de Viena sobre Direito dos Tratados assim dispõe: "Estado negociador" significa um Estado que participou na elaboração e na adoção do texto do tratado.

Gabarito "B"

(ADVOGADO – IRB – 2006 – ESAF) Em relação à aplicação provisória de tratados, é correto afirmar que

(A) o direito dos tratados desconhece modalidades de aplicação provisória.

(B) nos termos de convenção internacional sobre direito dos tratados só se admite aplicação provisória de tratado que verse sobre direitos humanos.

(C) o direito dos tratados recusa-se a reconhecer aplicação provisória, exceto quando há prejuízo material para as partes pactuantes, de modo que a aplicação provisória de tratado se dá apenas em âmbito de direito econômico.

(D) a aplicação provisória é possível enquanto o tratado não entrar em vigor e se assim o próprio tratado dispuser.

(E) a aplicação provisória de tratados depende de comunicação a Estados que não aderiram ao tratado, abrindo-se prazo para novas negociações, independentemente de disposição no tratado que se pretende aplicar.

O art. 25, ponto 1, *a* e *b*, da Convenção de Viena sobre Direito dos Tratados assim dispõe: "1. Um tratado ou uma parte do tratado aplica-se provisoriamente enquanto não entra em vigor, se: *a)* o próprio tratado assim dispuser; ou *b)* os Estados negociadores assim acordarem por outra forma". Importante apontar que a Convenção de Viena sobre Direito dos Tratados entrou em vigor internacional em 27 de janeiro de 1980 e só foi promulgada no Brasil pelo Decreto n. 7.030 de 14 de dezembro de 2009. A ratificação não só demorou, mas veio com reserva aos arts. 25 e 66. O art. 25 cuida da aplicação provisória de um tratado e determina que, se for assim disposto ou acordado pelas partes, o tratado pode obter uma vigência provisória mesmo sem ter sido objeto de ratificação – o Brasil não aceita esta prática, já que, em regra, a ratificação dos tratados depende de um procedimento complexo, onde o Congresso Nacional tem que aprovar o texto do tratado, e o fará por meio de um decreto legislativo promulgado pelo Presidente do Senado e publicado no *Diário Oficial da União.* Assim, a regra é que os tratados celebrados pelo Presidente da República sejam apreciados pelo Congresso Nacional (art. 84, VIII, da CF). Já o art. 66 discorre sobre o processo

12. O art. 84, VIII, da CF assim dispõe: "celebrar tratados, convenções e atos internacionais, sujeitos a referendo do Congresso Nacional".

de solução judicial, de arbitragem e de conciliação e determina a competência obrigatória da Corte Internacional de Justiça quando houver conflito ou superveniência de norma imperativa de direito internacional (*jus cogens*) – este artigo não foi aceito pelo Brasil, lembrando que o país não está vinculado ao art. 36 do Estatuto da Corte Internacional de Justiça que disciplina a "cláusula facultativa de jurisdição obrigatória".

Gabarito "D"

(ADVOGADO – BNDES – 2002 – VUNESP) Quanto ao DUALISMO e ao MONISMO, é correto afirmar que

(A) o dualismo aceita a existência de ordens jurídicas coexistentes, independentes e autônomas.

(B) o monismo defende a primazia do direito interno do país, haja vista a aplicação do direito ao caso em concreto.

(C) a "teoria da incorporação" advém da corrente monista, que defende a primazia do direito internacional.

(D) o dualismo incorpora a ideia de que, na ordem interna se obedece a um sistema de coordenação entre as normas e, no âmbito internacional, a uma relação de subordinação.

(E) o dualismo tem como preceito a ideia de que todos os Direitos emanam de uma única fonte.

Segundo a tese monista, o direito internacional e o nacional fazem parte do mesmo sistema jurídico, ou seja, incidem sobre o mesmo espaço. Pelo contrário, a tese dualista advoga que cada um pertence a um sistema distinto e, por assim dizer, incidem sobre espaços diversos. A tese monista ainda subdivide-se: *a) monismo radical:* prega a preferência pelo direito internacional em detrimento do direito nacional; e *b) monismo moderado*: prega a equivalência entre o direito internacional e o direito nacional. É importante apontar que a jurisprudência internacional aplica o monismo radical, tal escolha é respaldada pelo artigo 27 da Convenção de Viena sobre Direito dos Tratados: "Uma parte não pode invocar as disposições de seu direito interno para justificar o inadimplemento de um tratado". O dualismo também se subdivide: *a) dualismo radical:* impõe a edição de uma lei distinta para incorporação do tratado; e *b) dualismo moderado:* não exige lei para incorporação do tratado, apenas se exige um procedimento complexo, com aprovação do Congresso e promulgação do Executivo. A Constituição Federal silenciou neste aspecto, e em virtude da omissão constitucional a doutrina defende que o Brasil adotou a corrente dualista, ou, melhor dizendo, a corrente dualista moderada. Isto porque o tratado só passará a ter validade interna após ter sido aprovado pelo Congresso Nacional e ratificado e promulgado pelo Presidente da República. Lembremos ainda que a promulgação é efetuada mediante decreto presidencial.

Gabarito "A"

(PROCURADOR – BANCO CENTRAL – 2009 – CESPE) O chefe de missão diplomática do país A no país B, por cerca de dois anos, negociou um tratado bilateral entre os dois Estados. Pouco antes de um novo governo assumir o poder no país B, o texto desse tratado foi adotado. Agora, o país B alega que o chefe da missão diplomática de A não possuía competência para tal ato. Com relação a essa situação hipotética, assinale a opção correta.

(A) O argumento de B é correto, pois o chefe da missão diplomática de A necessitava de plenos poderes.

(B) O argumento de B é correto, pois a Convenção de Viena sobre Direito dos Tratados prescreve que qualquer novo governo pode contestar a competência para concluir tratados.

(C) O argumento de B é incorreto, pois a competência para concluir tratados somente pode ser contestada em tratados multilaterais.

(D) O argumento de B é incorreto, pois chefes de missões diplomáticas podem adotar textos, assinar e ratificar quaisquer tratados entre o Estado acreditante e o Estado acreditado sem a necessidade de apresentação de plenos poderes.

(E) O argumento de B é incorreto, pois chefes de missões diplomáticas podem adotar o texto de um tratado entre o Estado acreditante e o Estado acreditado sem a necessidade de apresentação de plenos poderes.

Os representantes dos estados estarão aptos para proceder à assinatura de tratados desde que apresentem *plenos poderes* para tanto. A carta de plenos poderes é firmada pelo chefe de estado ou pelo ministro das relações exteriores. Cabe lembrar que a apresentação de plenos poderes é dispensada quando tratar-se de chefes de estado ou de governo, ministros das relações exteriores e chefes de missão diplomática.

Gabarito "E"

(ADVOGADO – BNDES – 2002 – VUNESP) Com relação aos tratados, no procedimento legislativo brasileiro,

(A) com a edição do decreto legislativo, o Congresso Nacional edita uma ordem para execução do tratado em nosso país.

(B) a celebração e assinatura de um tratado, pelo Presidente da República, obriga internamente o nosso país.

(C) somente após o decreto presidencial e respectiva publicação, o tratado pode ser aplicado de forma obrigatória, tal qual uma norma infraconstitucional.

(D) é competência exclusiva do Presidente da República resolver definitivamente sobre tratados, acordos ou atos internacionais que acarretem encargos ao patrimônio nacional.

(E) o tratado, no ordenamento brasileiro, encontra-se em um mesmo nível hierárquico que as normas constitucionais.

O tratado só passará a ter validade interna após ter sido aprovado pelo Congresso Nacional e ratificado e promulgado pelo Presidente da República. Lembremos ainda que a promulgação é efetuada mediante decreto presidencial.

Gabarito "C"

(ADVOGADO – BNDES – 2001 – VUNESP) Os tratados, convenções e atos internacionais firmados pelo Presidente da República, de acordo com o art. 84 da Constituição Federal,

(A) necessitam de referendo do Congresso Nacional.

(B) necessitam de referendo do Senado Federal.

(C) necessitam de referendo da Câmara dos Deputados.

(D) não necessitam de referendo posterior.

(E) necessitam de referendo do STF.

O art. 84, VIII, da CF assim dispõe: "celebrar tratados, convenções e atos internacionais, sujeitos a referendo do Congresso Nacional".

Gabarito "A"

1.3. ESTADO, SOBERANIA E TERRITÓRIO

(Advogado da União/AGU – CESPE – 2009) No Brasil, a exploração de petróleo na chamada camada pré-sal vincula-se a importantes noções do direito do mar. O domínio marítimo de um país abrange as águas internas, o mar territorial, a zona contígua entre o mar territorial e o alto-mar, a zona econômica exclusiva, entre outros. A respeito do direito do mar, do direito internacional da navegação marítima e do direito internacional ambiental, julgue os próximos itens.

(1) Na zona econômica exclusiva (ZEE), os Estados estrangeiros não podem usufruir da liberdade de navegação nem nela instalar cabos e oleodutos submarinos.

(2) Segundo a Convenção de Montego Bay, Estados sem litoral podem usufruir do direito de acesso ao mar pelo território dos Estados vizinhos que tenham litoral.

1: errada, pois todos os outros Estados gozam, na zona econômica exclusiva, das liberdades de navegação e sobrevôo e de colocação de cabos e dutos submarinos, bem como de outros usos do mar internacionalmente lícitos, relacionados com as referidas liberdades, tais como os ligados à operação de navios, aeronaves, cabos e dutos submarinos e compatíveis com as demais disposições da Convenção das Nações Unidas sobre o Direito do Mar de 1982 (art. 58, § 1º); **2:** certa, pois em consonância com o texto do art. 125 da Convenção das Nações Unidas sobre o Direito do Mar, concluída em Montego Bay, Jamaica, em 10 de dezembro de 1982.

Gabarito 1E, 2C

(ADVOGADO – PETROBRÁS – 2012 – CESGRANRIO) A jurisdição brasileira sobre águas se estende às águas interiores e marítimas. Foi detectado um lançamento de óleo a mais de duzentas milhas da costa brasileira, numa área do sudeste do Brasil, onde a plataforma continental se prolonga. O Brasil tem jurisdição para impor sanções aos responsáveis por esse incidente?

(A) Não, porque o incidente ocorreu fora dos limites da Zona Econômica Exclusiva (ZEE).

(B) Não, porque o incidente ocorreu fora dos limites do mar territorial.

(C) Sim, se os responsáveis forem pessoas físicas ou jurídicas brasileiras.

(D) Sim, desde que o incidente tenha ocorrido nas águas sobrejacentes à plataforma continental.

(E) Sim, se a poluição vier a atingir a costa brasileira.

O domínio marítimo de um estado compreende as águas interiores, o mar territorial, a zona contígua, a zona econômica exclusiva e a plataforma continental. As águas interiores abrangem toda quantidade de água que se encontra na parte anterior da linha de base. Já o mar territorial é a parte do mar compreendida entre a linha de base e o limite de 12 milhas marítimas na direção do mar-aberto. E a zona contígua trata-se de uma segunda faixa, a qual é adjacente ao mar territorial, e, em princípio, também de 12 milhas de largura. Por sua vez, a zona econômica exclusiva é a zona situada além do mar territorial e a este adjacente – logo, se sobrepõe à zona contígua – e possui largura de duzentas milhas marítimas contadas da linha de base. Por fim, a plataforma continental é aquela parte do mar adjacente à costa, cuja profundidade normalmente atinge duzentos metros, e que, distante do litoral, cede lugar às inclinações abruptas que conduzem aos fundos marinhos. O estado costeiro tem o direito exclusivo de explorar os recursos naturais encontrados sobre a plataforma e seu subsolo (princípio da contiguidade) e qualquer dano sofrido possibilita o estado costeiro a exercer jurisdição e punir os responsáveis pelo dano.

Gabarito "D"

(PROCURADOR – BANCO CENTRAL – 2009 – CESPE) A respeito do princípio do *uti possidetis* é correto afirmar que

(A) foi aplicado apenas no processo de descolonização da Ásia.

(B) não impede que se regulamentem fronteiras por meio de tratado.

(C) está presente em tratados internacionais, mas a Corte Internacional de Justiça nunca se referiu a ele.

(D) não se aplica a casos de disputas de fronteiras quando estas forem definidas por rios.

(E) é típica norma *jus cogens*.

Em poucas palavras, o princípio *uti possidetis* significa a posse real e efetiva sobre determinada área, o que autoriza sua junção ao domínio terrestre controlado pela soberania do estado. Já o *uti possidetis juris* prescinde de ocupação efetiva, ficando a análise somente nos aspectos jurídicos. O princípio *uti possidetis* foi muito utilizado para a determinação dos limites territoriais do Brasil,[13] em contrapartida ao clamor dos governos hispano-americanos que utilizavam o princípio *uti possidetis juris* para resolver suas contendas demarcatórias. E é lógico que o princípio *uti possidetis* não impossibilita a regulamentação das fronteiras por tratado, até porque trata-se de um critério para determinação das fronteiras (como o é o *uti possidetis juris*) e uma vez regulamentada as fronteiras passa-se a etapa de formalização do acordado via tratado. Portanto, o tratado é apenas uma autenticação da regra escolhida (tanto o *uti possidetis* como o *uti possidetis juris*) para determinação das fronteiras.

Gabarito "B"

1.4. ORGANIZAÇÕES INTERNACIONAIS

(ADVOGADO – BNDES – 2002 – VUNESP) No que tange às Organizações Internacionais, é correto afirmar que

13. Desde o início do séc. XVIII, a extensão geográfica da Colônia nada mais tinha a ver com a incerta linha de Tordesilhas. Restava fazer conhecer de direito as novas fronteiras, uma questão a ser definida com a Espanha. Isso ocorreu através do Tratado de Madrid, entre as coroas portuguesas e espanhola, onde se reconheceu o princípio do uti possidetis, beneficiando os portugueses (FAUSTO, Boris. **História Concisa do Brasil**, Ed. USP, p. 74/75).

(A) a OMC é fruto da transformação do GATT em organismo internacional.

(B) o BIRD tem por finalidade evitar a depreciação das moedas dos países através da concessão de empréstimos.

(C) na União Europeia, o Conselho de Ministros é formado por representantes de cada Estado-membro, com o fim único de definir os objetivos comerciais da Comunidade.

(D) o Mercosul, formado originariamente por Brasil, Argentina e Paraguai, pelo Tratado de Assunção, teve sua vigência comercial postergada por 2 (dois) anos, visando à adaptação dos países.

(E) o Nafta está aberto para todos os países do continente americano, exceto os integrantes do Mercosul, que já possuem um regime jurídico próprio.

A: correta. A OMC é uma organização internacional, com sede em Genebra, na Suíça, que tem por objetivo zelar pelas normas que regem o comércio entre os países, em nível mundial ou quase mundial. Por isso, diz-se que é uma organização internacional especializada de vocação universal. Mas pode-se dizer de uma maneira mais ampla que a OMC é uma organização para liberalização do comércio, é também um fórum para que os governos negociem acordos comerciais, e ainda é um lugar para que os governos resolvam suas diferenças comerciais. Ademais, é encarregada de aplicar um sistema de normas comerciais – é o chamado *sistema de resolução de controvérsias da OMC*. A título histórico, o antigo Acordo Geral de Tarifas e Comércio (GATT, 1947) não era uma organização internacional, mas sim um acordo temporário que teve vigência de 1948 a 1994, ano em que foi absorvido pelo conjunto institucional mais amplo e mais estruturado que é a OMC. Tal acontecimento se deu na *Rodada Uruguai* de negociações do GATT e tomou corpo mediante a Reunião Ministerial de Marrakech, entrando em vigor em 1º de janeiro de 1995 com a sua ratificação. Sua estrutura comportava um acordo-base (instituidor da OMC), três anexos disciplinando acordos obrigatórios (entre eles a submissão do estado-membro ao sistema de solução de controvérsias) e um anexo cuidando de um facultativo; **B:** incorreta. Os acordos de Bretton Woods transformavam o dólar em "moeda do mundo", ao estabelecerem um sistema de paridade fixa e convertibilidade entre o dólar e o ouro. Cria-se uma nova arquitetura financeira global, cujos instrumentos eram o Banco Internacional para a Reconstrução e Desenvolvimento (BIRD, ou Banco Mundial) e o Fundo Monetário Internacional (FMI). O Banco Internacional para a Reconstrução e o Desenvolvimento (BIRD) foi criado para promover o desenvolvimento econômico em longo prazo, trabalhando também com o financiamento de projetos de infraestrutura. A outra instituição criada pelos Acordos de Bretton Woods foi o Fundo Monetário Internacional, que tem como objetivo prevenir crises econômicas mundiais e remediar problemas no balanço de pagamentos dos países membros. Ambas as instituições são agências especializadas das Nações Unidas e exercem funções complementares; **C:** incorreta. O Conselho Europeu é composto por um representante de cada estado-membro, cuja presidência é exercida rotativamente por seus integrantes no período de seis meses. Cabe ao Conselho definir as principais políticas para a manutenção e aperfeiçoamento da União Europeia; **D:** incorreta. *O Mercosul é uma união aduaneira composta por Argentina,* Uruguai, *Brasil* e *Paraguai. E funciona pela cooperação intergovernamental.* E os Estados Associados do Mercosul são Bolívia, Chile, Colômbia, Equador, Peru e Venezuela; E: incorreta. O NAFTA (Acordo de Livre Comércio da América do Norte) é uma zona de livre comércio formado por Estados Unidos, Canadá e México. Cabe apontar que nessa etapa de integração os países do bloco reduzem drasticamente ou eliminam as tarifas alfandegárias ou não alfandegárias entre eles. O NAFTA não está aberto para todos os países do continente americano, mas apenas para os países da América do Norte.

Gabarito "A"

1.5. NACIONALIDADE, VISTO E EXCLUSÃO DO ESTRANGEIRO

(Advogado da União/AGU – CESPE – 2012) Em relação à condição jurídica do estrangeiro e aos direitos de nacionalidade, julgue os itens que se seguem.

(1) É privativo de brasileiro nato o cargo de governador de estado.

(2) A reciprocidade é pré-condição para que aos portugueses com residência permanente no país sejam atribuídos direitos inerentes ao brasileiro.

(3) O visto consular, concedido a autoridades consulares a serviço de Estado estrangeiro no Brasil e a seus familiares, é expressamente previsto no Estatuto do Estrangeiro.

(4) O direito brasileiro veda a deportação de estrangeiro acusado da prática de crime político.

(5) É expressamente proibida pela CF a extradição ou entrega de brasileiro nato a autoridades estrangeiras.

1: errada. O art. 12, § 3º, da CF lista os cargos que só podem ser ocupados por brasileiros natos: Presidente e Vice-Presidente da República; Presidente da Câmara dos Deputados; Presidente do Senado Federal; Ministro do Supremo Tribunal Federal; carreira diplomática; oficial das Forças Armadas; e Ministro de Estado da Defesa; **2:** certa. O § 1º do art. 12 da CF traz regra que permite conceder aos portugueses com residência permanente no Brasil, *desde que haja reciprocidade em favor de brasileiros*, os direitos e garantias fundamentais inerentes ao brasileiro naturalizado; **3:** errada, pois expressamente só está previsto o visto diplomático no Estatuto do Estrangeiro. O visto diplomático (VIDIP) será concedido a autoridades e funcionários estrangeiros e de organismos internacionais que tenham *status* diplomático e viajem ao Brasil em caráter transitório ou permanente; **4:** certa. A deportação é a saída compulsória, do território nacional, do estrangeiro que ingressou irregularmente, ou cuja presença tenha-se tornado irregular – quase sempre por expiração do prazo de permanência, ou por exercício de atividade não permitida, como, por exemplo, trabalho remunerado no caso do turista. A medida não é exatamente punitiva, nem deixa sequelas. Seu procedimento é simples. O estrangeiro é notificado para sair do Brasil, e caso não obedeça poderá ser decretada, pelo juiz federal, sua prisão com a finalidade de ulterior deportação. De suma importância sobre o instituto é a impossibilidade de proceder a deportação se isso implicar em extradição inadmitida pela lei brasileira (art. 63 do Estatuto do Estrangeiro). *Portanto, a deportação não é permitida quando relacionada à prática de crimes políticos, de imprensa, religiosos e militares.* A deportação não deve ser confundida com o impedimento à entrada de estrangeiro, que ocorre quando não forem cumpridas as exigências necessárias para o ingresso; **5:** errada, pois apenas a extradição de brasileiro nato é expressamente proibido pela CF (art. 5º, LI, determina: "nenhum brasileiro será extraditado, salvo o naturalizado, em caso de crime comum, praticado antes da naturalização, ou de comprovado envolvimento em tráfico ilícito de entorpecentes e drogas afins, na forma da lei"). A grande inovação do Estatuto de Roma foi a criação do instituto da *entrega* ou *surrender*. A entrega é a entrega de um estado para o TPI, a pedido deste, de indivíduo que deva cumprir pena por prática de algum dos crimes tipificados no artigo 5º do Estatuto de Roma. A título comparativo, a extradição é a entrega de um estado para outro estado, a pedido deste, de indivíduo que em seu território deva responder a processo penal ou cumprir pena por prática de crime de certa gravidade. A grande finalidade do instituto da *entrega* é driblar o princípio da não extradição de nacionais e, logicamente, garantir o julgamento do acusado, pois o TPI não julga indivíduos à revelia. Ou seja, criou-se tal figura para permitir que o estado entregue indivíduo que seja nacional seu ao TPI. Em outras palavras, a *entrega* nada mais é do que o cumprimento de ordem emanada do Tribunal Penal Internacional. A legitimidade de tal autoridade reside no fato do tribunal realizar os anseios de justiça de toda a comunidade internacional julgando e condenando autores de crimes tão nefastos para a humanidade. Assim, o estado, como signatário do Estatuto de Roma, deve cooperar e entregar seu nacional para ser julgado pelo TPI. A título comparativo, a *entrega* é de interesse de toda a comunidade internacional, ao passo que a extradição é de interesse do país requerente. Porquanto, o Brasil, com fundamento no artigo 5º, LI e § 4º, da CF, permite a entrega de nacional seu ao TPI, mas proíbe a extradição de nacional seu ao estado requerente.

Gabarito 1E, 2C, 3E, 4C, 5E

(Procurador do Estado/MT – FCC – 2011) O filho de mãe brasileira naturalizada e pai estrangeiro, nascido no país de origem do pai por ocasião de viagem de turismo de seus genitores, será considerado, nos termos da Constituição da República,

(A) estrangeiro.

(B) brasileiro naturalizado, após residir na República Federativa do Brasil por mais de quinze anos ininterruptos e sem condenação penal, desde que requeira a nacionalidade brasileira.

(C) brasileiro naturalizado, desde que resida por um ano ininterrupto no Brasil e possua idoneidade moral.

(D) brasileiro nato, desde que seja registrado em repartição brasileira competente ou venha a residir na República Federativa do Brasil e opte, em qualquer tempo, depois de atingida a maioridade, pela nacionalidade brasileira.

(E) brasileiro nato, independentemente do preenchimento de qualquer condição.

A nacionalidade é o vínculo político existente entre o estado soberano e o indivíduo. O artigo 15 da Declaração Universal dos Direitos Humanos determina que nenhum estado pode arbitrariamente retirar do indivíduo sua nacionalidade ou seu direito de mudar de nacionalidade. E o artigo 20 da Convenção Americana sobre Direitos Humanos, celebrada em São José da Costa Rica, dispõe que toda pessoa tem direito à nacionalidade do estado em cujo território houver nascido, se não tiver direito a outra. Pela redação destes dois diplomas fica claro que o ordenamento internacional combate a apatridia. Lembrando que apátrida é a condição de indivíduo que não possui qualquer nacionalidade. Por outro lado, o polipátrida é o indíduo que possui mais de uma nacionalidade. A nacionalidade será originária ou primária se provier do nascimento – logo, involuntária –, e adquirida ou secundária se resultar de alteração de nacionalidade por meio da naturalização – logo, voluntária. E a nacionalidade originária poderá ser a do estado de nascimento (*jus soli*) ou a de seus pais (*jus sanguinis*). No Brasil, o critério adotado para determinar quem é brasileiro nato é o *jus soli*, todavia existem exceções que utilizam o critério *jus sanguinis* (art. 12, I, *b* e *c*, da CF). Outro direito do indivíduo, que é consequência da condição de nacional, é a proibição do banimento. Assim, nenhum estado pode expulsar nacional seu, com destino a território estrangeiro ou a espaço de uso comum. O artigo 12 da CF regula a condição de brasileiro nato e naturalizado, como também as situações de perda da nacionalidade brasileira. Segundo o inciso I do artigo 12, serão brasileiros natos: a) os nascidos em território brasileiro, embora de pais estrangeiros, desde que estes não estejam a serviço de seu país; b) os nascidos no estrangeiro, de pai ou mãe brasileira, desde que qualquer deles esteja a serviço do Brasil; e c) *os nascidos no estrangeiro, de pai ou mãe brasileira, desvinculados do serviço público, desde que sejam registrados em repartição brasileira competente ou venham a residir no território nacional e optem, a qualquer tempo, depois de atingida a maioridade, pela nacionalidade brasileira*. Deve-se comentar que a terceira hipótese exposta acima foi disciplinada pela EC n. 54/2007, que ainda criou o art. 95 do ADCT: "Os nascidos no estrangeiro entre 7 de junho de 1994 e a data da promulgação desta Emenda Constitucional, filhos de pai brasileiro ou mãe brasileira, poderão ser registrados em repartição diplomática ou consular brasileira competente ou em ofício de registro, se vierem a residir na República Federativa do Brasil". E consoante ao inciso II do artigo 12, serão brasileiros naturalizados: a) os que, na forma da lei, adquiram a nacionalidade brasileira, exigidas aos originários de países de língua portuguesa apenas residência por um ano ininterrupto e idoneidade moral; e b) os estrangeiros de qualquer nacionalidade, residentes no Brasil há mais de quinze anos ininterruptos e sem condenação penal, desde que requeiram a nacionalidade brasileira – conhecida como naturalização extraordinária. A lei ordinária regulamentadora n. 6.815/1980 disciplina a possibilidade de aquisição da nacionalidade brasileira e, para tanto, exige, no mínimo, quatro anos de residência no Brasil, idoneidade, boa saúde e domínio do idioma – conhecida como naturalização ordinária. Lembrando que a naturalização só produzirá efeitos depois da entrega do certificado pelo juiz federal competente (arts. 119, *caput*, e art. 122, ambos da Lei 6.815/1980). Por sua vez, o § 4º do artigo 12 traz duas situações em que o brasileiro perderá sua nacionalidade. Em uma delas (inciso II), a extinção do vínculo patrial pode atingir tanto o brasileiro nato quanto o naturalizado, bastando para isso que adquira outra nacionalidade, por naturalização voluntária. Tal possibilidade admite duas exceções: uma é no caso de a lei estrangeira reconhecer a nacionalidade originária, e a outra é quando a lei estrangeira impõe a naturalização ao brasileiro residente em país estrangeiro como condição para a permanência em seu território ou para o exercício de direitos civis. Na outra situação (inciso I), apenas o brasileiro naturalizado poderá perder sua nacionalidade, o que ocorrerá se a naturalização for cancelada, por sentença judicial, pelo exercício de atividade contrária ao interesse nacional. Nesse último caso, só é possível readquirir a nacionalidade brasileira por meio de ação rescisória, que é cabível somente na hipótese de a sentença judicial já estiver transitada em julgado.

Gabarito "D"

(PROCURADOR DO ESTADO/RS – FUNDATEC – 2010) Considere as seguintes afirmações sobre nacionais e estrangeiros, à luz da Constituição da República e da jurisprudência do Supremo Tribunal Federal:

I. Portugueses com residência permanente no Brasil, havendo reciprocidade em favor de brasileiros, são titulares dos direitos e garantias fundamentais inerentes ao brasileiro naturalizado.

II. Estrangeiros originários de países de língua portuguesa que residam no Brasil por um ano ininterrupto e tenham idoneidade moral têm direito a se naturalizarem brasileiros.

III. Estrangeiros não residentes no Brasil não são titulares de direitos e garantias fundamentais arrolados na Constituição da República.

Quais estão corretas?

(A) Apenas I.

(B) Apenas II.

(C) Apenas III.

(D) Apenas I e II.

(E) Apenas I e III.

I: correta, pois em consonância com o comando do § 1º do art. 12 da CF: "Aos portugueses com residência permanente no País, se houver reciprocidade em favor de brasileiros, serão atribuídos os direitos inerentes ao brasileiro, salvo os casos previstos nesta Constituição"; II: correta. Consoante ao inciso II do artigo 12 da CF, serão brasileiros naturalizados: *a)* os que, na forma da lei, adquiram a nacionalidade brasileira, *exigidas aos originários de países de língua portuguesa apenas residência por um ano ininterrupto e idoneidade moral*; e *b)* os estrangeiros de qualquer nacionalidade, residentes no Brasil há mais de quinze anos ininterruptos e sem condenação penal, desde que requeiram a nacionalidade brasileira – conhecida como naturalização extraordinária. A lei ordinária regulamentadora n. 6.815/1980 disciplina a possibilidade de aquisição da nacionalidade brasileira e, para tanto, exige, no mínimo, quatro anos de residência no Brasil, idoneidade, boa saúde e domínio do idioma – conhecida como naturalização ordinária. Lembrando que a naturalização só produzirá efeitos depois da entrega do certificado pelo juiz federal competente (arts. 119, *caput*, e art. 122, ambos da Lei 6.815/1980); III: incorreta. Em que pese o art. 5º, *caput*, da CF fazer menção somente aos estrangeiros residentes no país, é pacífico o entendimento que todos os estrangeiros, residentes ou não no Brasil, são titulares dos direitos fundamentais. A justificativa dessa leitura é o princípio da dignidade da pessoa humana, que é o fundamento de existência da república brasileira, além de ser vetor para o estabelecimento da política nacional e da externa. Nesse sentido: "Há direitos que se asseguram a todos, independentemente da nacionalidade do indivíduo, porquanto são considerados emanações necessárias do princípio da dignidade da pessoa humana. Alguns direitos, porém, são dirigidos ao indivíduo enquanto cidadão, tendo em conta a situação peculiar que o liga ao País. Assim, os direitos políticos pressupõem exatamente a nacionalidade brasileira. Direitos sociais, como o direito ao trabalho, tendem a ser também compreendidos como não inclusivos dos estrangeiros sem residência no País" (Branco, Paulo Gustavo Gonet. *Curso de Direito Constitucional*, 6ª edição, Editora Saraiva, 2011, pág. 197).

Gabarito "D"

(Procurador do Município/Recife-PE – 2008 – FCC) Relativamente à possibilidade de extradição de indivíduos sujeitos a investigação ou processo criminal perante autoridades estrangeiras, a Constituição da República prevê que o brasileiro naturalizado

(A) não será extraditado em hipótese alguma.

(B) somente não será extraditado na hipótese de cometimento de crime político ou de opinião.

(C) será extraditado na hipótese de comprovado envolvimento em tráfico ilícito de entorpecentes e drogas afins, na forma da lei.

(D) poderá ser extraditado, no caso de prática, a qualquer tempo, de crime comum, desde que a condenação seja posterior à naturalização.

(E) poderá ser extraditado pelo cometimento de crime político ou de opinião, na hipótese de perda da nacionalidade brasileira.

A extradição é a entrega de um estado para outro estado, a pedido deste, de indivíduo que em seu território deva responder a processo penal ou cumprir pena por prática de crime de certa gravidade. Um condicionante desta entrega é a confirmação de que os direitos humanos do extraditando serão respeitados (chamada limitação humanística). A grande finalidade da extradição é garantir, por meio da cooperação internacional, que a prática de crime não ficará sem punição. E o fundamento jurídico do pedido de extradição pode ser a existência de um tratado[14] que preveja tal hipótese, ou, na falta deste, a declaração de reciprocidade,[15] que funciona como suporte jurídico para o procedimento. A aceitação da promessa de reciprocidade é, no entanto, ato discricionário do Estado que a recebe. Deve-se ponderar que a extradição não é permitida quando relacionada à prática de crimes políticos, de imprensa, religiosos e militares. E se o indivíduo foi condenado à morte, a extradição só deve tomar curso se ficar assegurada a conversão da pena de morte em pena de prisão. Ademais, a maioria dos países não permite a extradição de nacional seu – neste sentido o artigo 5º, LI, da CF determina: "nenhum brasileiro será extraditado, *salvo o naturalizado*, em caso de crime comum, praticado antes da naturalização, ou de comprovado envolvimento em tráfico ilícito de entorpecentes e drogas afins, na forma da lei".

Gabarito "C"

(Procurador da Fazenda Nacional – 2007 – ESAF) Roberto nasceu na cidade francesa de Nice. Sua mãe é argelina descendente de franceses. Seu pai, no entanto, é brasileiro, e trabalhava na França para uma empresa brasileira quando Roberto nasceu. Aos 22 anos, Roberto passou a residir no Brasil e, após dois anos, veio a optar pela nacionalidade brasileira, em janeiro de 2007. Tendo em vista o requerimento da nacionalidade brasileira por parte de Roberto, assinale a opção correta à luz da Constituição Federal de 1988.

(A) Roberto deve ter seu pedido deferido e, nesse caso, adquirirá a nacionalidade brasileira, passando a ser brasileiro naturalizado.

(B) Roberto deve ter seu pedido deferido e, nesse caso, será considerado brasileiro nato.

(C) Roberto não poderá ter seu pedido deferido porque é estrangeiro e, por isso, precisaria residir no Brasil por período superior a quinze anos para obter a nacionalidade brasileira, além de ter de cumprir outros requisitos.

14. Além dos tradicionais tratados bilaterais à respeito, cada vez mais o pedido de extradição tem por suporte tratado multilateral, especialmente os onusianos. Exemplo do dito é a Ext 1212/Estados Unidos da América, rel. Min. Dias Toffoli, 9.8.2011 (Inform. STF 635), na qual o pedido de extradição teve por base a Convenção das Nações Unidas contra o Crime Organizado Transnacional.

15. Recentemente o STF negou a extradição do libanês Assad Khalil Kiwan (PPE 623), preso no Brasil há três anos e acusado por tráfico internacional de armas e de drogas, porque o Estado do Líbano não fez declaração de reciprocidade – Brasil e Líbia não possuem tratado que regule a extradição. O voto da ministra Cármen Lúcia (relatora) foi acompanhado pelos demais ministros presentes à sessão, que determinaram, ainda, a remessa do processo ao Ministério Público Federal para que o órgão decida se deve enviar o caso ao Ministério da Justiça, com a sugestão de que o libanês seja expulso do Brasil. Cabe lembrar que somente o Poder Executivo tem prerrogativa para determinar a expulsão de um estrangeiro.

(D) Roberto não poderá ter seu pedido deferido porque não estabeleceu residência no Brasil antes de completar a maioridade civil.

(E) Por ser filho de brasileiro, Roberto é brasileiro nato e o reconhecimento dessa condição independe da sua manifestação de vontade.

Segundo o inciso I do artigo 12, serão brasileiros natos: *a)* os nascidos em território brasileiro, embora de pais estrangeiros, desde que estes não estejam a serviço de seu país; *b)* os nascidos no estrangeiro, de pai ou mãe brasileira, desde que qualquer deles esteja a serviço do Brasil; e *c) os nascidos no estrangeiro, de pai ou mãe brasileira, desvinculados do serviço público, desde que sejam registrados em repartição brasileira competente ou venham a residir no território nacional e optem, a qualquer tempo, depois de atingida a maioridade, pela nacionalidade brasileira.* Deve-se comentar que a terceira hipótese exposta acima foi disciplinada pela EC n. 54/2007, que ainda criou o art. 95 do ADCT: "Os nascidos no estrangeiro entre 7 de junho de 1994 e a data da promulgação desta Emenda Constitucional, filhos de pai brasileiro ou mãe brasileira, poderão ser registrados em repartição diplomática ou consular brasileira competente ou em ofício de registro, se vierem a residir na República Federativa do Brasil".

Gabarito "B"

(Procurador da Fazenda Nacional – 2006 – ESAF) Na redação da Emenda Constitucional de Revisão n. 3, de 7 de junho de 1994, são brasileiros natos

(A) os nascidos no estrangeiro, de pai brasileiro ou de mãe brasileira, desde que venham a residir na República Federativa do Brasil e optem, em qualquer tempo, pela nacionalidade brasileira.

(B) os que, na forma da lei, adquiram a nacionalidade brasileira, exigidas aos originários de países de língua portuguesa apenas residência por um ano ininterrupto e idoneidade moral.

(C) os nascidos na República Federativa do Brasil, ainda que de pais estrangeiros, mesmo que estes estejam a serviço de seu país.

(D) os nascidos no estrangeiro, de pai brasileiro ou de mãe brasileira, desde que pelo menos um deles esteja a serviço da República Federativa do Brasil, e desde que os interessados optem, com a maioridade, pela nacionalidade brasileira.

(E) os estrangeiros de qualquer nacionalidade, originária ou derivada, residentes na República Federativa do Brasil há mais de quinze anos ininterruptos e sem condenação penal, desde que requeiram nacionalidade brasileira.

Segundo o inciso I do artigo 12, serão brasileiros natos: *a)* os nascidos em território brasileiro, embora de pais estrangeiros, desde que estes não estejam a serviço de seu país; *b)* os nascidos no estrangeiro, de pai ou mãe brasileira, desde que qualquer deles esteja a serviço do Brasil; e *c) os nascidos no estrangeiro, de pai ou mãe brasileira, desvinculados do serviço público, desde que sejam registrados em repartição brasileira competente ou venham a residir no território nacional e optem, a qualquer tempo, depois de atingida a maioridade, pela nacionalidade brasileira.* Deve-se comentar que a terceira hipótese exposta acima foi disciplinada pela EC n. 54/2007, que ainda criou o art. 95 do ADCT: "Os nascidos no estrangeiro entre 7 de junho de 1994 e a data da promulgação desta Emenda Constitucional, filhos de pai brasileiro ou mãe brasileira, poderão ser registrados em repartição diplomática ou consular brasileira competente ou em ofício de registro, se vierem a residir na República Federativa do Brasil". Percebe-se que a questão está desatualizada, posto que foi confeccionada em 2006 e a hipótese de "brasileiros natos" tratada foi alterada em 2007 pela EC n. 54.

Gabarito "A"

1.6. ORGANIZAÇÃO MUNDIAL DO COMÉRCIO

(ADVOGADO – BNDES – 2001 – VUNESP) Compete à Organização Mundial do Comércio (OMC), deliberar, sobre

(A) repressão a cartéis.

(B) abuso de poder econômico.

(C) *dumping.*

(D) regulamentação de mercados de capitais.

(E) empréstimos de estrangeiros.

A OMC é uma organização internacional, com sede em Genebra, na Suíça, que tem por objetivo zelar pelas normas que regem o comércio entre os países, em nível mundial ou quase mundial. Por isso, diz-se que é uma organização internacional especializada de vocação universal. Mas pode-se dizer de uma maneira mais ampla que a OMC é uma organização para liberalização do comércio, é também um fórum para que os governos negociem acordos comerciais, e ainda é um lugar para que os governos resolvam suas diferenças comerciais. Ademais, é encarregada de aplicar um sistema de normas comerciais – é o chamado *sistema de resolução de controvérsias da OMC*. Já o *antidumping* é uma medida de defesa comercial aplicada pelos estados para proteger sua produção nacional (outras medidas de defesa são as compensatórias e as salvaguardas). O *antidumping* funciona com a imposição de sobretaxa para a importação de certos produtos (medida seletiva[16]). Mas, ao contrário do subsídio, o *dumping*[17] é uma medida estritamente privada, isto é, praticada pelos atores privados. Dito isso, cabe diferençiar a concorrência comercial leal da desleal, pois muitas vezes um produto com preço baixo oriundo do exterior está ancorado em competências bem realizadas, isto é, não viola o princípio da concorrência leal. Mas outras vezes, o preço baixo é fruto de uma decisão que ambiciona prejudicar os fabricantes locais de produtos similares para, passado certo tempo e depois de eliminado tais concorrentes, dominar o mercado local de certo produto e, assim, impor tranquilamente o seu preço diante da inexistência de concorrência. Pelo descrito acima, fica claro que no primeiro caso o valor, apesar de ser baixo, é real, pois fruto do bom desempenho de competências. Entretanto, no segundo caso, o valor é baixo e irreal, pois fruto de um plano desleal de eliminar a concorrência em determinado setor. Dito isso fica claro que situações que se encaixem no segundo caso violam o princípio da concorrência leal e somente essas autorizam a utilização da medida *antidumping*. Ainda mais restritivo é o considerando do Acordo Relativo à Implementação do Artigo VI do Acordo Geral Sobre Tarifas Aduaneiras e Comércio ou Acordo *Antidumping*: "as práticas *antidumping* não

16. Art. 8º, ponto 2, do Acordo *Antidumping*.
17. Art. 2º, ponto 1, do Acordo Relativo à Implementação do Artigo VI do Acordo Geral Sobre Tarifas Aduaneiras e Comércio: "Para os fins deste Código, um produto é objeto de *dumping*, isto é, introduzido no mercado de outro país a preço inferior ao seu valor normal, se o preço de exportação do produto, quando exportado de um país para outro, for inferior ao preço comparável, praticado no curso de operações comerciais normais, de um produto similar destinado ao consumo no país exterior".

devem constituir um entrave injustificável ao comércio internacional e que os direitos *antidumping* somente podem ser utilizados contra o *dumping* se este causa ou ameaça causar um dano considerável a uma indústria instalada ou se retarda sensivelmente a implantação de uma indústria."[18] De suma importância é o art. 9º, ponto 1, do Acordo *Antidumping*: "Os direitos *antidumping* vigorarão somente durante o tempo e na medida necessária para neutralizar o *dumping* que estiver causando um dano". Todavia, o ponto 2 do artigo determina: "Quando se justificar, as autoridades encarregadas da investigação reexaminarão a necessidade de continuar a aplicar o direito *antidumping*, por iniciativa própria, ou por solicitação de qualquer parte interessada que justifique através de dados concretos a necessidade de tal reexame". E sempre os Estados devem relatar ao Comitê de Práticas *Antidumping* suas ações preliminares e finais (art. 14, ponto 4, do Acordo *Antidumping*). Por todo o dito, percebe-se que a única assertiva que trata de um tema sobre o qual a OMC tem competência para deliberar é a "C".

Gabarito "C"

1.7. IMUNIDADES – DIPLOMÁTICAS, CONSULARES, DE JURISDIÇÃO E DE EXECUÇÃO. PROTEÇÃO DIPLOMÁTICA

(Procurador Federal – 2013 – CESPE) X ingressou com ação judicial contra Y. O juiz julgou totalmente procedentes os pedidos. Instado a pagar, Y invocou a sua imunidade de jurisdição. Com base nessa situação hipotética, julgue os itens a seguir.

(1) Se X for uma autarquia federal e se a demanda judicial for uma execução fiscal em que Y seja um Estado estrangeiro, não haverá imunidade de jurisdição.

(2) De acordo com entendimento do STF, se Y for a Organização das Nações Unidas, não haverá imunidade de jurisdição.

1: errado, pois o Estado estrangeiro possui imunidade tributária; **2:** errado. Ao contrário, em sendo a ONU, terá sim imunidade de jurisdição.

Gabarito 1E, 2E

(Procurador Federal – 2010 – CESPE) Um diplomata brasileiro, servindo em um Estado estrangeiro, contraiu empréstimo em um banco oficial desse Estado, a fim de quitar dívidas escolares de seu filho, que com ele reside e dele depende financeiramente, mas não pagou a dívida. A partir dessa situação hipotética, julgue os itens seguintes.

(1) Em virtude do não pagamento da dívida, o diplomata brasileiro pode ser declarado *persona non grata* pelo Estado estrangeiro, desde que seja previamente submetido ao devido processo legal.

(2) O Estado brasileiro pode ser responsabilizado internacionalmente, em tribunal internacional, em virtude do não pagamento da dívida pelo diplomata.

(3) Se o filho em questão tiver nascido no referido Estado estrangeiro, ele será brasileiro nato, desde que venha a residir na República Federativa do Brasil e opte, em qualquer tempo, pela nacionalidade brasileira.

1: errada, pois o Estado acreditado (é o que recebe o agente diplomático ou consular) pode declarar que o agente diplomático é *persona non grata* a qualquer momento, sem justificar a decisão, nem, muito menos, observar o devido processo legal – art. 9º, ponto 1, da Convenção de Viena sobre Relações Diplomáticas de 1961; **2:** certa, pois, apesar da imunidade do agente diplomático em relação à jurisdição do Estado acreditado, isso não impede que o Estado acreditante seja responsabilizado internacionalmente; **3:** errada, pois o nascido no exterior, filho de brasileiro que esteja a serviço do Brasil, é brasileiro nato, independentemente de residência em nosso país ou de opção pela nacionalidade – art. 12, I, *b*, da CF.

Gabarito 1E, 2C, 3E

(Procurador da Fazenda Nacional – 2003 – ESAF) Sobre o tema da imunidade de jurisdição, indique a opção correta.

(A) A regra que dispõe não haver jurisdição entre os pares (*par in parem non habet judicium*) não mais se aplica ao relacionamento entre Estados tendo em vista o princípio da jurisdição universal.

(B) Os cônsules e os diplomatas gozam da mesma pauta de privilégios e imunidades.

(C) A finalidade dos privilégios e imunidades diplomáticos, além de beneficiar indivíduos, é garantir o eficaz desempenho das funções das missões diplomáticas, em seu caráter de representantes dos Estados.

(D) O agente diplomático goza, em regra, da imunidade de jurisdição civil, administrativa e penal do Estado acreditado.

(E) A renúncia à imunidade de jurisdição no tocante às ações cíveis ou administrativas implica renúncia à imunidade quanto às medidas de execução da sentença, para as quais nova renúncia é necessária.

A: incorreta. A regra de imunidade jurisdicional do estado, enquanto pessoa jurídica de direito externo, existe há muito tempo no plano internacional e se consubstancia na não possibilidade de o estado figurar como parte perante tribunal estrangeiro contra sua vontade (*par in parem non habet judicium*). Mais tarde, tal regra foi corroborada pelo princípio da igualdade soberana dos estados. No entanto, essa outrora absoluta imunidade vem sendo reconfigurada (mas ainda continua sendo aplicada). A título de exemplo, aponta-se a Convenção Europeia sobre a Imunidade dos Estados, concluída em Basileia e em vigor desde 1976, que exclui do âmbito da imunidade do estado as ações decorrentes de contratos celebrados e exequendos *in loco*. Dispositivo semelhante aparece no State Immunity Act, que se editou na Grã-Bretanha em 1978. Também pode-se apontar a Convenção sobre as Imunidades dos Estados e seus Bens, adotada pela ONU, que tem por linha base a exclusão do âmbito de imunidade estatal as atividades de notável caráter econômico. No Brasil, por exemplo, o STF decidiu no julgamento da ACI 9.696 em 1989 que Estado estrangeiro não tem imunidade em causa de natureza trabalhista, entendida como ato de gestão. Ou seja, todo ato de gestão, que envolva relação civil, comercial ou trabalhista, não se encontra abrangido pela imunidade de jurisdição estatal. Assim, a imunidade recai apenas sobre os atos de império, mas poderá ser afastada me-

18. Promulgado no Brasil pelo Decreto n. 93.941 de 1987.

diante concordância do Estado por ela beneficiado. Percebe-se que a imunidade jurisdicional do estado estrangeiro passou de um costume internacional absoluto à matéria a ser regulada internamente por cada estado (mas sem relação com a justiça universal). Como panorama geral, pode-se dizer que a imunidade jurisdicional estatal não mais incidirá nos processos provenientes de relação jurídica entre o estado estrangeiro e o meio local – mais exatamente os particulares locais (atos de gestão); **B:** incorreta. 1) Imunidades Diplomáticas: a) titularidade: membros do quadro diplomático de carreira e do quadro administrativo e técnico; b) amplitude: jurisdição penal, civil e administrativa; c) fisicamente invioláveis: sim; d) podem depor como testemunha: não; e e) imunidade tributária: sim. 2) Imunidades Consulares: a) titularidade: os cônsules e os funcionários consulares; b) amplitude: apenas em relação aos processos relacionados ao trabalho; c) fisicamente invioláveis: sim; d) podem depor como testemunha: sim; e e) imunidade tributária: sim; **C:** incorreta, pois os privilégios e as imunidades diplomáticas não têm por finalidade beneficiar indivíduos, mas só garantir o eficaz desempenho das funções das missões diplomáticas, em seu caráter de representantes dos Estados; **D:** correta. No âmbito da missão diplomática, tanto os membros do quadro diplomático de carreira quanto os membros do quadro administrativo e técnico gozam de ampla imunidade de jurisdição penal, civil e administrativa, esta última sendo mais mitigada. São, ademais, fisicamente invioláveis, e em caso algum podem ser obrigados a depor como testemunhas. Reveste-os, além disso, a imunidade tributária. São também fisicamente invioláveis os locais da missão diplomática com todos os bens ali situados, assim como os locais residenciais utilizados pelo quadro diplomático e pelo quadro administrativo e técnico. Esses imóveis, e os valores mobiliários neles encontráveis, não podem ser objeto de busca, requisição, penhora ou medida qualquer de execução (imunidade de execução). Os arquivos e documentos da missão diplomática são invioláveis onde quer que estejam. Nessa linha é o art. 22, ponto 2, da Convenção de Viena sobre Imunidades Diplomáticas, pois determina que o estado acreditado (é o que recebe o agente diplomático ou consular) tem a obrigação especial de adotar todas as medidas apropriadas para proteger os locais da Missão contra qualquer dano e evitar perturbações à tranquilidade da Missão ou ofensas à sua dignidade; E: incorreta. A assertiva está contraditória, o que prejudica o entendimento da própria afirmação. Mas pode-se apontar sua incorreção pelo simples fato de aparentemente misturar a imunidade de jurisdiçao com a de execução. No comentário sobre a assertiva "A" foi analisada a imunidade de jurisdição. Já a imunidade de execução significa que não poderá ser decretada execução forçada – como, por exemplo, o sequestro, o arresto e o embargo – contra os bens de um Estado estrangeiro. Essa imunidade é considerada por parcela da doutrina como absoluta[19], mas pode ser renunciada pelo próprio estado (vide RE-AgR 222.368/PE, STF) ou relativizada quando a execução for de bens não afetos aos serviços diplomáticos e consulares do Estado estrangeiro, como, por exemplo, recursos financeiros vinculados a atividades empresariais disponíveis em contas bancárias (vide SBDI-2 ROMS n 282/2003-000-10-00-1).

Gabarito "D"

(ADVOGADO – CEF – 2012 – CESGRANRIO) O Brasil acaba de firmar relações diplomáticas com um país que comprou uma casa no Lago Sul, em Brasília, para servir de residência oficial para seu Embaixador. A casa estava precisando de reparos. Como as obras eram urgentes, o embaixador tomou R$ 10 mil emprestados em um Banco comercial de Brasília para fazer face às despesas iniciais da obra. O empréstimo não é pago, e o Banco pretende cobrar judicialmente a dívida. Nesse caso, o Banco

(A) não poderá executar o contrato, porque o país estrangeiro goza de imunidade de jurisdição e de execução.

(B) não poderá cobrar a dívida, por falta de competência da justiça brasileira quando o réu é pessoa jurídica de direito público externo ou seu representante oficial.

(C) poderá cobrar em juízo a dívida, porque não há imunidade de jurisdição para atos *ius gestionis*.

(D) poderá penhorar a casa, porque não há imunidade de jurisdição para atos *ius gestionis*.

(E) precisará cobrar diretamente do Embaixador, porque os bens da Embaixada são invioláveis e impenhoráveis.

A regra de imunidade jurisdicional do estado, enquanto pessoa jurídica de direito externo, existe há muito tempo no plano internacional e se consubstancia na não possibilidade do estado figurar como parte perante tribunal estrangeiro contra sua vontade (*par in parem non habet judicium*). Mais tarde, tal regra foi corroborada pelo princípio da igualdade soberana dos Estados. No entanto, essa outrora absoluta imunidade vem sendo reconfigurada. A título de exemplo, aponta-se a Convenção Europeia sobre a Imunidade dos Estados, concluída em Basileia e em vigor desde 1976, que exclui do âmbito da imunidade do estado as ações decorrentes de contratos celebrados e exequendos *in loco*. Dispositivo semelhante aparece no *State Immunity Act*, que se editou na Grã-Bretanha em 1978. Também pode-se apontar a Convenção sobre as Imunidades dos Estados e seus Bens, adotada pela ONU, que tem por linha base a exclusão do âmbito de imunidade estatal as atividades de notável caráter econômico. No Brasil, por exemplo, o STF decidiu no julgamento da ACI 9.696 em 1989 que Estado estrangeiro não tem imunidade em causa de natureza trabalhista, entendida como ato de gestão. *Ou seja, todo ato de gestão, que envolva relação civil, comercial ou trabalhista, não se encontra abrangido pela imunidade de jurisdição estatal. Assim, a imunidade recai apenas sobre os atos de império, mas poderá ser afastada mediante concordância do Estado por ela beneficiado.* Percebe-se que a imunidade jurisdicional do estado estrangeiro passou de um costume internacional absoluto à matéria a ser regulada internamente por cada estado. Como panorama geral, pode-se dizer que a imunidade jurisdicional estatal não mais incidirá nos processos provenientes de relação jurídica entre o estado estrangeiro e o meio local – mais exatamente os particulares locais (atos de gestão ou ius gestionis).

Gabarito "C"

(PROCURADOR – BANCO CENTRAL – 2009 – CESPE) O aforismo *par in parem non habet judicium* dá fundamento à norma de direito internacional que dispõe acerca de

(A) imunidade de jurisdição estatal.

(B) desenvolvimento sustentável.

(C) liberdade dos mares.

(D) efetividade.

(E) cláusula da nação mais favorecida.

A regra de imunidade jurisdicional do estado, enquanto pessoa jurídica de direito externo, existe há muito tempo no plano internacional e se consubstancia na não possibilidade de o estado figurar

19. Para parte da doutrina a imunidade de execução foi relativizada na medida em que bens de uso comercial sem função pública podem ser objeto de penhora. Por exemplo, é a visão de Antenor Madruga.

como parte perante tribunal estrangeiro contra sua vontade (*par in parem non habet judicium*). Mais tarde, tal regra foi corroborada pelo princípio da igualdade soberana dos estados. No entanto, essa outrora absoluta imunidade vem sendo reconfigurada. A título de exemplo, aponta-se a Convenção Europeia sobre a Imunidade dos Estados, concluída em Basileia e em vigor desde 1976, que exclui do âmbito da imunidade do estado as ações decorrentes de contratos celebrados e exequendos *in loco*. Dispositivo semelhante aparece no *State Immunity Act*, que se editou na Grã-Bretanha em 1978. Também pode-se apontar a Convenção sobre as Imunidades dos Estados e seus Bens, adotada pela ONU, que tem por linha base a exclusão do âmbito de imunidade estatal as atividades de notável caráter econômico. No Brasil, por exemplo, o STF decidiu no julgamento da ACI 9.696 em 1989 que Estado estrangeiro não tem imunidade em causa de natureza trabalhista, entendida como ato de gestão. Ou seja, todo ato de gestão, que envolva relação civil, comercial ou trabalhista, não se encontra abrangido pela imunidade de jurisdição estatal. Assim, a imunidade recai apenas sobre os atos de império, mas poderá ser afastada mediante concordância do Estado por ela beneficiado. Percebe-se que a imunidade jurisdicional do estado estrangeiro passou de um costume internacional absoluto à matéria a ser regulada internamente por cada estado. Como panorama geral, pode-se dizer que a imunidade jurisdicional estatal não mais incidirá nos processos provenientes de relação jurídica entre o estado estrangeiro e o meio local – mais exatamente os particulares locais (atos de gestão).

Gabarito "A"

(Procurador da Fazenda Nacional – 2007 – ESAF) A empresa brasileira XYZ tem investimentos de grande vulto no país ABC. De forma arbitrária, o novo Governo de ABC, ao tomar posse, apropria-se do patrimônio que XYZ detinha em ABC. Inconformada, a empresa XYZ recorre ao Governo brasileiro para que lhe conceda proteção diplomática, encampando o problema da empresa e recorrendo à Corte Internacional de Justiça em sua defesa. Indique como se denomina o ato por meio do qual o Estado brasileiro assume a reclamação da empresa XYZ, fazendo-a sua, e dispondo-se a tratar da matéria junto ao Estado autor do ilícito.

(A) Reserva

(B) Imunidade

(C) Denúncia

(D) Endosso

(E) Ratificação

A proteção diplomática é a assunção de defesa de nacional pelo seu estado. A concessão de proteção diplomática é denominada endosso. E exige alguns requisitos para ocorrer, quais são: a) a condição de nacional do indivíduo prejudicado (pessoa física ou jurídica); b) o esgotamento dos recursos internos (não só a existência de tais vias, como também sua acessibilidade, sua eficácia e sua imparcialidade); e c) a conduta escorreita do indivíduo reclamante (leia-se não ter violado o ordenamento jurídico interno ou internacional). Em outras palavras, o nacional – pessoa física ou jurídica – que for vítima de um procedimento estatal arbitrário no exterior e restar impossibilitado de fazer valer seus direitos, pede ao seu país que lhe represente, isto é, pede a proteção diplomática. Deve-se dizer que tal direito do indivíduo nacional não significa obrigação de seu estado em conceder a proteção, o qual ficará livre para aquiescer ou não. Discussões surgem quando aparece a dupla nacionalidade ou a múltipla nacionalidade. Neste caso, qualquer dos estados patriais pode proteger o indivíduo contra terceiro estado. Contudo, o endosso não poderá tomar corpo se a reclamação for contra um dos estados patriais; tal impossibilidade tem por fundamento o princípio da igualdade soberana dos estados. Outro ponto importante sobre a matéria é a possibilidade das organizações internacionais protegerem seus agentes, quando estes a seu serviço forem vítimas de ato ilícito. Tal possibilidade foi aventada no parecer consultivo da Corte Internacional de Justiça no caso *Folke de Bernadotte*.[20] A tal modalidade de endosso dá-se o nome de proteção funcional. Nesse sentido são as palavras de Francisco Rezek: "no parecer consultivo referente ao caso Bernadotte, a Corte da Haia revelou que não apenas os Estados podem proteger seus nacionais no plano internacional, mas também as organizações internacionais encontram-se habilitadas a semelhante exercício, quando um agente a seu serviço é vítima de ato ilícito. Não há entre o agente e a organização um vínculo de nacionalidade, mas um substitutivo deste para efeito de legitimar o endosso, qual seja o vínculo resultante da função exercida pelo indivíduo no quadro da pessoa jurídica em causa. A essa moderna variante da proteção diplomática dá-se o nome de proteção funcional."[21] Por fim, a consequência jurídica do endosso é transformar o Estado em *dominus litis*, ou seja, daí para frente o estado vai agir em nome próprio. Assim, o estado é livre para escolher os meios para materializar a proteção, como também o é para transigir ou desistir no curso da proteção.

Gabarito "D"

(ADVOGADO – IRB – 2006 – ESAF) O agente diplomático gozará da imunidade de jurisdição penal do Estado acreditado. Gozará também da imunidade de jurisdição civil e administrativa, exceto:

(A) em ações possessórias e em ações de execução fiscal promovidas pela fazenda pública, por débitos vinculados a impostos de importação e de exportação.

(B) em reclamações trabalhistas, promovidas por trabalhadores brasileiros, e em ações cautelares fiscais, preparatórias de execução fiscal, para cobrança de quaisquer débitos tributários.

(C) em medidas de arresto, sequestro, caução, busca e apreensão, preparatórias de execução por quantia certa, independentemente do autor ou requerente.

(D) em ação sobre imóvel privado situado no território do Estado acreditado, salvo se o agente diplomático o possuir por conta do Estado acreditante para os fins da missão.

(E) em ação sucessória na qual o agente diplomático não figure, a título público ou privado, como auxiliar do executor testamentário, auxiliar do administrador, representante do herdeiro ou representante do legatário.

No âmbito da missão diplomática, tanto os membros do quadro diplomático de carreira quanto os membros do quadro administrativo e técnico gozam de ampla imunidade de jurisdição penal, civil e administrativa, esta última sendo mais mitigada. São, ademais, fisicamente invioláveis, e em caso algum podem ser obrigados a depor como testemunhas. Reveste-os, além disso, a imunidade tributária. São também fisicamente invioláveis os locais da missão diplomática

20. Conde sueco e mediador da ONU na Palestina que, no exercício de suas funções, foi assassinado por extremistas israelenses em Jerusalém, em 1948.

21. **Direito Internacional Público**, 11ª edição, Ed. Saraiva, 2008. pág. 281.

com todos os bens ali situados, assim como os locais residenciais utilizados pelo quadro diplomático e pelo quadro administrativo e técnico para fins da missão e por conta do Estado acreditante – salvo o imóvel privado. Esses imóveis, e os valores mobiliários neles encontráveis, não podem ser objeto de busca, requisição, penhora ou medida qualquer de execução (imunidade de execução). Os arquivos e documentos da missão diplomática são invioláveis onde quer que estejam. Nesse sentido é o art. 22, ponto 2, da Convenção de Viena sobre Imunidades Diplomáticas, pois determina que o estado acreditado (é o que recebe o agente diplomático ou consular) tem a obrigação especial de adotar todas as medidas apropriadas para proteger os locais da Missão contra qualquer dano e evitar perturbações à tranquilidade da Missão ou ofensas à sua dignidade. Em que pese as imunidades diplomáticas, o Estado acreditado poderá a qualquer momento, e sem ser obrigado a justificar a sua decisão, notificar ao Estado acreditante que o Chefe da Missão ou qualquer membro do pessoal diplomático da Missão é persona *non grata* ou que outro membro do pessoal da Missão não é aceitável. O Estado acreditante, conforme o caso, retirará a pessoa em questão ou dará por terminadas as suas funções na Missão. Uma Pessoa poderá ser declarada *non grata* ou não aceitável mesmo antes de chegar ao território do Estado acreditado (art. 9º, ponto 1, da Convenção de Viena sobre Relações Diplomáticas).

Gabarito "D"

1.8. MERCOSUL

(ADVOGADO – CEF – 2010 – CESPE) O Brasil, parte do Tratado de Assunção (1991), é membro do Mercado Comum do Sul (MERCOSUL). A respeito desse bloco regional, assinale a opção correta.

(A) Tal qual a União Europeia, o MERCOSUL conta com um parlamento capaz de adotar normas com eficácia direta e imediata sobre seus Estados-membros.

(B) Por fazer parte do MERCOSUL, o Brasil não pode instaurar um contencioso comercial contra outro parceiro do bloco na Organização Mundial do Comércio (OMC).

(C) Todas as decisões do Conselho do Mercado Comum, órgão decisório máximo do MERCOSUL, podem ser tomadas por maioria, e ainda assim vinculam todos os Estados-membros.

(D) As decisões do Conselho do Mercado Comum vinculam imediatamente todos os membros, sem que, para isso, precisem ser introduzidas nos ordenamentos jurídicos internos.

(E) O Protocolo de Olivos instituiu o duplo grau de jurisdição para solução de controvérsias no MERCOSUL, ao prever o direito de recurso a um tribunal permanente de revisão para os contenciosos do bloco.

A: incorreta. As normas confeccionadas pelas instituições da União Europeia têm aplicação imediata e direta, além de ter prevalência sobre o direito nacional dos estados-membros e pode ser aplicada pelos juízes nacionais ordinários. Já as normas confeccionadas pelas instituições do Mercosul não têm aplicação imediata e direta, além de não terem prevalência sobre o direito nacional dos estados-membros e não poderem ser aplicadas pelos juízes ordinários nacionais. Ou seja, as normas confeccionadas no seio do Mercosul só obrigam os estados-membros e dependem de incorporação para ter vigência na ordem jurídica interna dos estados-membros, ademais de só serem aplicadas pelos tribunais arbitrais *ad hoc* previstos no sistema do Mercosul. Portanto, na UE tem-se autonomia legal, já no Mercosul não se tem tal autonomia; **B:** incorreta, pois existe tal possibilidade. Nesse sentido dispõe o art. 1º, ponto 2, do Protocolo de Olivos: "As controvérsias compreendidas no âmbito de aplicação do presente Protocolo que possam também ser submetidas ao sistema de solução de controvérsias da Organização Mundial do Comércio ou de outros esquemas preferenciais de comércio de que sejam parte individualmente os Estados-partes do MERCOSUL poderão submeter-se a um ou outro foro, à escolha da parte demandante. Sem prejuízo disso, as partes na controvérsia poderão, de comum acordo, definir o foro. Uma vez iniciado um procedimento de solução de controvérsias de acordo com o parágrafo anterior, nenhuma das partes poderá recorrer a mecanismos de solução de controvérsias estabelecidos nos outros foros com relação a um mesmo objeto, definido nos termos do artigo 14 deste Protocolo"; **C:** incorreta. Segundo o art. 3º do Protocolo de Ouro Preto, o Conselho do Mercado Comum (CMC) é o órgão superior do Mercosul e tem por finalidade a condução política do processo de integração e a tomada de decisões para assegurar o cumprimento dos objetivos estabelecidos pelo Tratado de Assunção e para lograr a constituição final do mercado comum. O conselho funciona como uma conferência ministerial, mantendo o caráter intergovernamental das instituições do Mercosul, e exerce a titularidade da personalidade jurídica do Mercosul. Ademais, deverá reunir-se toda vez que reputar-se oportuno, e ao menos uma vez por semestre com a participação dos presidentes dos estados-membros. Cabe apontar algumas funções do Conselho do Mercado Comum: a) designar o diretor da Secretaria Administrativa do Mercosul; b) criar, modificar ou extinguir órgãos quando estimar necessário; c) negociar e firmar acordos em nome do Mercosul com terceiros países, grupos de países e organizações internacionais – podendo ainda delegar tais funções para o Grupo Mercado Comum; d) adotar decisões em matéria financeira e orçamentária. O CMC manifestar-se-á mediante Decisões, as quais serão obrigatórias para os Estados-partes. E sua composição reúne os ministros das relações exteriores e da economia dos países membros. E a presidência será exercida por rotação dos estados-partes, em ordem alfabética, pelo período de seis meses. Por fim, o art. 37 do Protocolo de Ouro Preto, que cuida do sistema de tomada de decisões, determina que as decisões dos órgãos do Mercosul serão tomadas por consenso e com a presença de todos os Estados-partes. E o art. 2º do Protocolo de Ouro Preto enumera os órgaos com capacidade decisória dentro do organograma do Mercosul: o Conselho do Mercado Comum, o Grupo Mercado Comum e a Comissão de Comércio do Mercosul; **D:** incorreta. Reler o comentário sobre a assertiva "A"; E: correta. O Protocolo de Olivos reorganizou o sistema de solução de controvérsias do Mercosul. Sua maior inovação foi a criação de um Tribunal Permanente de Revisão, o qual ficará encarregado de julgar, em grau de recurso, as decisões proferidas pelos tribunais arbitrais *ad hoc*, isto é, foi instituído o duplo grau de jurisdição para solução de controvérsias no Mercosul. Lembrando que o recurso estará limitado a questões de direito tratadas na controvérsia e às interpretações jurídicas desenvolvidas no laudo do Tribunal Arbitral *Ad Hoc* (art. 17, ponto 2, do Protocolo de Olivos).

Gabarito "E"

(PROCURADOR – BANCO CENTRAL – 2009 – CESPE) No protocolo constitutivo do parlamento do MERCOSUL, está expressamente estabelecido o princípio de

(A) promoção do acesso a medicamentos.

(B) trato especial e diferenciado a países de economias menores.

(C) promoção da diversidade linguística.

(D) repúdio ao terrorismo.

(E) cooperação dos povos para o progresso da humanidade.

Um dos princípios do Parlamento do Mercosul é "A promoção do desenvolvimento sustentável no MERCOSUL e o trato especial e diferenciado para os países de economias menores e para as regiões com menor grau de desenvolvimento" (art. 3º, ponto 7, do Protocolo Constitutivo do Parlamento do Mercosul).

Gabarito "B"

(ADVOGADO – PETROBRÁS TRANSP – 2006 – CESGRANRIO) Considerando os termos constantes do Tratado de Assunção, celebrado em 26 de março de 1991, com texto aprovado pelo Congresso Nacional através do Decreto Legislativo no 197/1991, assinale a afirmação **INCORRETA**.

(A) O Grupo Mercado Comum é o órgão executivo do Mercado Comum.

(B) O idioma oficial do Mercado Comum é o português, devendo a versão oficial de todos os documentos de trabalho ser sempre nele redigida.

(C) O Conselho é o órgão superior do Mercado Comum, responsável por sua condução política.

(D) O Mercado Comum implica a coordenação de posições dos Estados-partes em foros econômico-comerciais regionais e internacionais.

(E) O MERCOSUL é fundado na reciprocidade de direitos e obrigações entre os Estados-partes.

A: correta. O Grupo Mercado Comum (GMC) é o órgão executivo do Mercosul e encontra-se subordinado ao CMC. As resoluções, decididas por consenso, são obrigatórias para os membros do Mercosul. Dentre suas funções pode-se destacar: *a)* organização das reuniões do CMC; *b)* eleição do diretor da Secretaria Administrativa do Mercosul (SAM); *c)* aprovação dos orçamentos; *d)* aprovação do orçamento e da prestação de contas anual apresentada pela SAM. O GMC é composto por quatro membros titulares e quatro membros suplentes por país, designados pelos respectivos governos, entre os quais devem constar representantes dos ministérios das relações exteriores, dos ministérios da economia e dos bancos centrais. Por fim, o GMC reunir-se-á de forma ordinária ou extraordinária. A primeira se realiza de maneira rotativa, por ordem alfabética, nos estados-membros, pelo menos uma vez a cada três meses. Já a segunda pode ocorrer a qualquer momento, desde que solicitada por um estado-membro; **B:** incorreta, pois o art. 17 do Tratado de Assunção assim dispõe: "Os idiomas oficiais do Mercado Comum serão o português e o espanhol e a versão oficial dos documentos de trabalho será a do idioma do país sede de cada reunião"; **C:** correta. Segundo o artigo 3º do Protocolo de Ouro Preto, o Conselho do Mercado Comum (CMC) é o órgão superior do Mercosul e tem por finalidade a condução política do processo de integração e a tomada de decisões para assegurar o cumprimento dos objetivos estabelecidos pelo Tratado de Assunção e para lograr a constituição final do mercado comum. O conselho funciona como uma conferência ministerial, mantendo o caráter intergovernamental das instituições do Mercosul, e exerce a titularidade da personalidade jurídica do Mercosul. Ademais, deverá reunir-se toda vez que reputar-se oportuno, e ao menos uma vez por semestre com a participação dos presidentes dos estados-membros. Cabe apontar algumas funções do Conselho do Mercado Comum: *a)* designar o diretor da Secretaria Administrativa do Mercosul; *b)* criar, modificar ou extinguir órgãos quando estimar necessário; *c)* negociar e firmar acordos em nome do Mercosul com terceiros países, grupos de países e organizações internacionais – podendo ainda delegar tais funções para o Grupo Mercado Comum; *d)* adotar decisões em matéria financeira e orçamentária. Por fim, o CMC é composto pelos ministros das relações exteriores e da economia dos países membros. E a presidência será exercida por rotação dos estados-partes, em ordem alfabética, pelo período de seis meses; **D:** correta, pois conforme o art. 1º do Tratado de Assunção, o Mercado Comum implica: *a)* a livre circulação de bens serviços e fatores produtivos entre os países, por meio, entre outros, da eliminação dos direitos alfandegários restrições não tarifárias à circulação de mercado de qualquer outra medida de efeito equivalente; *b)* o estabelecimento de uma tarifa externa comum e a adoção de uma política comercial comum em relação a terceiros Estados ou agrupamentos de Estados *e a coordenação de posições em foros econômico-comerciais regionais e internacionais; c)* a coordenação de políticas macroeconômicas e setoriais entre os Estados-partes – de comércio exterior, agrícola, industrial, fiscal, monetária, cambial e de capitais, de serviços, alfandegária, de transportes e comunicações e outras que se acordem –, a fim de assegurar condições adequadas de concorrência entre os Estados-partes; e *d)* o compromisso dos Estados-partes de harmonizar suas legislações, nas áreas pertinentes, para lograr o fortalecimento do processo de integração; E: correta, pois em consonância com a redação do art. 2º do Tratado de Assunção.

Gabarito "B"

1.9. SISTEMA DE SOLUÇÃO DE CONTROVÉRSIAS

(Procurador Federal – 2013 – CESPE) Julgue os itens que seguem de acordo com a sistemática jurídica dos conflitos internacionais.

(1) Princípios e regras provenientes de ordens jurídicas nacionais poderão ser aplicados pelo Tribunal Permanente de Arbitragem nos seus procedimentos de arbitragem internacional.

(2) O Órgão de Solução de Controvérsias da Organização Mundial do Comércio não admite a participação de indivíduos como *amici curiae* nos procedimentos do contencioso internacional.

1: certo. Existe a citada possibilidade (art. 35, ponto 1, do Regulamento de Arbitragem da CPA (ou TPA); **2:** errado, pois existe essa possibilidade nos procedimentos do contencioso internacional que tomam corpo no seio da Órgão de Solução de Controvérsias da OMC (art. 13 do Entendimento Relativo às Normas e Procedimentos sobre Solução de Controvérsias - ESC).

Gabarito 1C, 2E

(Procurador Federal – 2010 – CESPE) O Estado B deslocou tropas e anunciou que invadiria, com o uso da força, o Estado C em um mês. Findo o período, o Estado B concretizou seu anúncio e anexou o território do Estado C ao seu. O Conselho de Segurança da ONU, em reunião extraordinária, impôs, então, embargo econômico ao Estado B. O Estado D, por considerar as medidas contra o Estado B ilícitas, declarou-se neutro no conflito e decidiu romper o embargo e praticar normalmente seu comércio exterior com B. Com base nessa situação hipotética, julgue os itens subsequentes.

(1) A licitude das resoluções do Conselho de Segurança somente pode ser julgada pela Corte Internacional de Justiça, órgão judicial da ONU.

(2) O embargo econômico imposto pelo Conselho de Segurança classifica-se como uma contramedida.

(3) A anexação, por meio da utilização da força, é uma forma de aquisição de território proibida pelo direito internacional.

(4) O deslocamento de tropas e o anúncio da futura invasão do Estado C já constituem, por si, violação à Carta da ONU.

1: errada, pois as resoluções do Conselho de Segurança podem ser questionadas em outros foros, como o Tribunal Penal Internacional (vide caso Tadic); **2:** errada, pois o embargo econômico é um meio coercitivo de solução de controvérsias. Por sua vez, a contramedida é uma excludente de responsabilidade internacional (artigos 20 a 26 do Projeto de Convenção da Comissão de Direito Internacional das Nações Unidas sobre a Responsabilidade dos Estados por Danos Transfronteiriços); 3 e **4:** certas, pois o art. 2º, ponto 4, da Carta das Nações Unidas assim dispõe: "Todos os Membros deverão evitar em suas relações internacionais a *ameaça ou o uso da força* contra a integridade territorial ou a dependência política de qualquer Estado, ou qualquer outra ação incompatível com os Propósitos das Nações Unidas".

Gabarito 1E, 2E, 3C, 4C

(Advogado da União/AGU – CESPE – 2009) No Direito Internacional, há necessidade de previsões normativas para os períodos pacíficos e para os períodos turbulentos de conflitos e litígios. A Carta das Nações Unidas e outras convenções internacionais procuram tratar dos mecanismos de resolução de conflitos, bem como disciplinam a ética dos conflitos bélicos e a efetiva proteção dos direitos humanos em ocasiões de conflitos externos ou internos. Acerca desse assunto, julgue os itens a seguir, relativos à jurisdição internacional, aos conflitos internacionais e ao direito penal internacional.

(1) Na Carta das Nações Unidas (Carta de São Francisco), admite-se que qualquer litígio seja resolvido por meio de conflitos armados, desde que autorizado pelo Conselho de Segurança da ONU.

(2) No Direito Internacional, há muito tempo, existem as cortes que atuam para a solução de conflitos entre os Estados, como é o caso da Corte Internacional de Justiça. Entretanto, há fato inédito, no Direito Internacional, quanto à criminalização supranacional de determinadas condutas, com a criação do TPI, tribunal *ad hoc* destinado à punição de pessoas que pratiquem, em período de paz ou de guerra, qualquer crime contra indivíduos.

(3) A ONU deve exercer papel relevante na resolução de conflitos, podendo, inclusive, praticar ação coercitiva para a busca da paz.

1: errada, pois a Carta da ONU proíbe o uso da força contra outros Estados – art. 2º, ponto 4, da Carta da ONU. Em seus estritos termos, todos os Membros deverão evitar em suas relações internacionais a ameaça ou o uso da força contra a integridade territorial ou a independência política de qualquer Estado, ou qualquer outra ação incompatível com os Propósitos das Nações Unidas. Ademais, pode-se apontar alguns dos principais princípios gerais do direito internacional que corroboram tal proibição: princípio da não agressão; princípio da solução pacífica dos litígios; princípio da não intervenção em assuntos domésticos dos estados; *princípio da proibição de ameaça ou emprego de força*; princípio do respeito universal e observância dos direitos humanos e das liberdades fundamentais para todos; **2:** errada, pois o TPI não é *ad hoc*, mas sim tribunal permanente – art. 1º do Estatuto de Roma. Ademais, sua competência não se refere a qualquer crime contra indivíduos, mas apenas aos mais graves, que afetam a comunidade internacional no seu conjunto, quais sejam, os crimes (i) de genocídio, (ii) contra a humanidade; (iii) de guerra e (iv) de agressão – art. 5º do Estatuto de Roma. No caso da agressão, a definição do crime e as condições para que o TPI exerça a competência foram fixadas apenas recentemente, na Conferência de Revisão do Estatuto de Roma – Kampala/Uganda, em 2010; **3:** certa. A ONU é uma organização internacional que tem por objetivo facilitar a cooperação em matéria de direito internacional, segurança internacional, desenvolvimento econômico, progresso social, direitos humanos e a realização da paz mundial. Por isso, diz-se que é uma organização internacional de vocação universal. Conforme se depreende do conceito, os propósitos da ONU são: a) manter a paz e a segurança internacionais; b) desenvolver relações amistosas entre as nações; c) realizar a cooperação internacional para resolver os problemas mundiais de caráter econômico, social, cultural e humanitário, promovendo o respeito aos direitos humanos e às liberdades fundamentais; e d) ser um centro destinado a harmonizar a ação dos povos para a consecução desses objetivos comuns. E os princípios são: a) da igualdade soberana de todos seus membros; b) da boa-fé no cumprimento dos compromissos da Carta; c) da solução de controvérsias por meios pacíficos; d) da proibição de recorrer à ameaça ou ao emprego da força contra outros estados; e) da assistência às Nações Unidas; f) da não intervenção em assuntos essencialmente nacionais. A ONU reúne quase a totalidade dos estados existentes. Entre estes, existem os membros originários e os eleitos. Estes últimos são admitidos pela Assembleia Geral mediante recomendação do Conselho de Segurança. E só poderão ser admitidos os estados "amantes da paz" que aceitarem as obrigações impostas pela Carta e que forem aceitos como capazes de cumprir tais obrigações. Importante sublinhar que apenas o Conselho de Segurança tem competência para agir preventiva ou corretivamente, utilizando-se até mesmo de força militar – mantida à sua disposição por membros das Nações Unidas – contra Estado ou movimento armado no interior de algum país (arts. 42 a 47 da Carta das Nações Unidas). O emprego de força militar suscita considerações à respeito da sua legitimidade[22], entretanto, o art. 24, ponto 1, da Carta das Nações Unidas parece resolver essa questão: "A fim de assegurar uma ação pronta e eficaz por parte das Nações Unidas, os seus membros conferem ao Conselho de Segurança a principal responsabilidade na manutenção da paz e da segurança internacionais e concordam em que, no cumprimento dos deveres impostos por essa responsabilidade, o Conselho de Segurança aja em nome deles". Ou seja, todos os estados-membros da ONU transferiram ao Conselho de Segurança a responsabilidade no que tange à manutenção da paz e da segurança internacionais. E também as decisões de uso de força militar tomadas nos últimos anos, com grande acolhida da maioria dos estados, parece ter tornado o uso da força militar, em casos extremos, para manutenção da paz e da segurança internacionais em costume internacional. Por fim, pode-se citar como exemplo recente a Resolução 1973 aprovada, em 2011, pelo Conselho de Segurança das Nações Unidas e que permitia o emprego de força militar na Líbia pela OTAN. O objetivo era impedir o massacre de civis por tropas do então ditador Muamar Kadafi e, assim, garantir a paz internacional.

Gabarito 1E, 2E, 3C

(ADVOGADO – CEF – 2012 – CESGRANRIO) Uma controvérsia entre Brasil e Argentina teve início por conta de restrições impostas pelo governo brasileiro à entrada de certos produtos argentinos no mercado

---

22. Pois o grande objetivo da ONU é a manutenção da paz e da segurança internacionais.

nacional. Concluída a etapa de negociação sem que se chegasse a um acordo, o governo argentino iniciou o procedimento arbitral *ad hoc* e teve ganho de causa. Se o Brasil pretender recorrer da decisão, deverá ajuizar o recurso perante a(o)

(A) Corte Internacional de Justiça

(B) Corte Permanente de Justiça Internacional

(C) Organização Mundial do Comércio (OMC)

(D) Centro de Solução de Disputas (ICSID) do Banco Mundial

(E) Tribunal Permanente de Revisão do Mercosul (TPR)

O Protocolo de Olivos reorganizou o sistema de solução de controvérsias do Mercosul. Sua maior inovação foi a criação de um Tribunal Permanente de Revisão, o qual ficará encarregado de julgar, em grau de recurso, as decisões proferidas pelos tribunais arbitrais *ad hoc*. Lembrando que o recurso estará limitado a questões de direito tratadas na controvérsia e às interpretações jurídicas desenvolvidas no laudo do Tribunal Arbitral *Ad Hoc* (art. 17, ponto 2, do Protocolo de Olivos). A título de sistematização, quando surgir alguma contenda envolvendo os países do bloco, o primeiro passo é aplicar as negociações diretas. Com o fracasso dessas, passa-se ao tribunal arbitral *ad hoc* – funciona como primeira instância. Lembrando que antes das partes submeterem o caso ao tribunal arbitral *ad hoc*, podem escolher (ou seja, é facultativa) a etapa intermediária, que toma corpo com o envio da contenda para o Grupo Mercado Comum, que promoverá estudos sobre a disputa e formulará recomendações não cogentes. Depois, com a provocação das partes, exerce-se o duplo grau de jurisdição mediante a análise da decisão do tribunal arbitral *ad hoc* pelo Tribunal Permanente de Revisão. Entretanto, pode-se passar diretamente das negociações diretas malsucedidas para o Tribunal Permanente de Revisão. Neste último caso, o tribunal vai julgar a demanda de forma definitiva. Assim, o procedimento compreende duas etapas: a fase diplomática e a jurisdicional. A fase diplomática poderá começar por iniciativa dos estados ou dos particulares, já a jurisdicional somente toma curso por iniciativa dos estados. O Tribunal Permanente é composto por cinco árbitros e tem sede permanente em Assunção no Paraguai. Cada estado-membro envia um titular e um suplente por um período de dois anos, renovável por no máximo dois períodos consecutivos. Já o quinto árbitro será designado por um período de três anos não renovável e será escolhido, por unanimidade ou por critério definido por unanimidade, numa lista de oito nomes. Esse árbitro tem que ter a nacionalidade de algum dos estados-membros. Diante de controvérsia entre dois estados-partes, o Tribunal funcionará com três árbitros, sendo dois destes nacionais dos estados em litígio e o terceiro, que será o presidente, designado por sorteio, organizado pelo Diretor da Secretaria Administrativa, entre os outros árbitros do tribunal. Agora quando a controvérsia envolver três ou mais estados, o Tribunal funcionará com todos os seus cinco membros. Dentre suas funções pode-se destacar: a) rever as decisões dos tribunais arbitrais *ad hoc* do Mercosul (os laudos emitidos *ex aequo et bono* não são suscetíveis de revisão); b) decidir como instância única quando as partes assim decidirem; c) pronunciar-se como instância única consultiva[23]. Por fim, Os laudos do Tribunal *Ad Hoc* ou os do Tribunal Permanente de Revisão, conforme o caso, deverão ser cumpridos no prazo que os respectivos Tribunais estabelecerem. Se não for estabelecido um prazo, os laudos deverão ser cumpridos no prazo de trinta dias seguintes à data de sua notificação. Mas se um estado-parte na controvérsia não cumprir total ou parcialmente o laudo do Tribunal Arbitral, a outra parte na controvérsia terá a faculdade, dentro do prazo de um ano, contado a partir do dia seguinte ao término do prazo de trinta dias ou de outro que o Tribunal estabelecer, de iniciar a aplicação de medidas compensatórias temporárias, tais como a suspensão de concessões ou outras obrigações equivalentes, com vistas a obter o cumprimento do laudo.

Gabarito "E"

(ADVOGADO – PETROBRÁS – 2012 – CESGRANRIO) Empresas brasileiras firmam contratos de fornecimento de gás natural, proveniente da Bolívia. Tais contratos estabelecem um determinado valor pelo metro cúbico fornecido e os parâmetros para reajuste de preço. Em um determinado momento, as empresas brasileiras foram notificadas oficialmente de que os valores devidos pelo gás natural sofreriam uma majoração acima dos limites previstos no contrato. As empresas que não concordassem com o novo valor a pagar poderiam solucionar a disputa por arbitragem junto ao Tribunal Permanente de Revisão do Mercosul?

(A) Sim, porque o Protocolo de Olivos permite o acesso direto a particulares.

(B) Sim, se a OMC não se declarar competente para julgar a lide.

(C) Sim, mas, primeiramente, precisariam esgotar os recursos judiciais internos.

(D) Não, porque a Bolívia é Estado-associado do Mercosul.

(E) Não, porque o sistema de solução de controvérsias do Mercosul é apenas para Estados.

Quando surgir alguma contenda envolvendo os países do Mercosul, o primeiro passo é aplicar as negociações diretas. Com o fracasso dessas, passa-se ao tribunal arbitral *ad hoc* – funciona como primeira instância. Lembrando que antes das partes submeterem o caso ao tribunal arbitral *ad hoc*, podem escolher (ou seja, é facultativa) a etapa intermediária, que toma corpo com o envio da contenda para o Grupo Mercado Comum, que promoverá estudos sobre a disputa e formulará recomendações não cogentes. Depois, com a provocação das partes, exerce-se o duplo grau de jurisdição mediante a análise da decisão do tribunal arbitral *ad hoc* pelo Tribunal Permanente de Revisão. Entretanto, pode-se passar diretamente das negociações diretas malsucedidas para o Tribunal Permanente de Revisão. Neste último caso, o tribunal vai julgar a demanda de forma definitiva. *Assim, o procedimento compreende duas etapas: a fase diplomática e a jurisdicional. A fase diplomática poderá começar por iniciativa dos estados ou dos particulares, já a jurisdicional somente toma curso por iniciativa dos estados.*

Gabarito "E"

(ADVOGADO – PETROBRÁS DISTRIB – 2008 – CESGRANRIO) O sistema de solução de controvérsias entre os países membros do MERCOSUL foi objeto de uma profunda reformulação em 2002. Atualmente, o sistema de solução de controvérsias do MERCOSUL

(A) é regido pelo Tratado de Assunção e prevê a solução por meio de arbitragem *ad hoc* em uma única instância.

23. A Emenda Regimental nº 48 do STF disciplinou o acesso dos magistrados brasileiros, e também das partes nos processos, às opiniões consultivas do Tribunal Permanente de Revisão, que funcionam como pareceres sobre casos concretos e situações específicas em causas que envolvam direito internacional do bloco.

(B) é regido pelo Protocolo de Brasília e tem entre suas etapas obrigatórias a submissão à deliberação do Grupo Mercado Comum.

(C) é regido pelo Protocolo de Olivos e permite que o laudo arbitral proferido seja objeto de revisão pelo Tribunal Permanente de Revisão – TPR.

(D) é regido pelo Protocolo de Las Leñas e passou a permitir que os particulares apresentem diretamente suas demandas.

(E) prevê o encaminhamento do laudo arbitral em que tenha sido proferido voto vencido, para revisão pelo Órgão de Solução de Controvérsias da OMC.

O Protocolo de Olivos reorganizou o sistema de solução de controvérsias do Mercosul. Sua maior inovação foi a criação de um Tribunal Permanente de Revisão, o qual ficará encarregado de julgar, em grau de recurso, as decisões proferidas pelos tribunais arbitrais *ad hoc*. Lembrando que o recurso estará limitado a questões de direito tratadas na controvérsia e às interpretações jurídicas desenvolvidas no laudo do Tribunal Arbitral *Ad Hoc* (art. 17, ponto 2, do Protocolo de Olivos). A título de sistematização, quando surgir alguma contenda envolvendo os países do bloco, o primeiro passo é aplicar as negociações diretas. Com o fracasso dessas, passa-se ao tribunal arbitral *ad hoc* – funciona como primeira instância. Lembrando que antes das partes submeterem o caso ao tribunal arbitral *ad hoc*, podem escolher (ou seja, é facultativa) a etapa intermediária, que toma corpo com o envio da contenda para o Grupo Mercado Comum, que promoverá estudos sobre a disputa e formulará recomendações não cogentes. Depois, com a provocação das partes, exerce-se o duplo grau de jurisdição mediante a análise da decisão do tribunal arbitral *ad hoc* pelo Tribunal Permanente de Revisão. Entretanto, pode-se passar diretamente das negociações diretas malsucedidas para o Tribunal Permanente de Revisão. Neste último caso, o tribunal vai julgar a demanda de forma definitiva. Assim, o procedimento compreende duas etapas: a fase diplomática e a jurisdicional. A fase diplomática poderá começar por iniciativa dos estados ou dos particulares, já a jurisdicional somente toma curso por iniciativa dos estados.

Gabarito "C"

1.10. RESPONSABILIDADE INTERNACIONAL

(Procurador da Fazenda Nacional – 2007 – ESAF) A respeito de responsabilidade internacional, considere as asserções abaixo e, em seguida, assinale a opção correta.

I. Uma decisão do Poder Judiciário brasileiro pode levar à responsabilidade internacional do Brasil, caso a decisão viole compromissos jurídico-internacionais assumidos pelo país.

II. Uma lei de um dos Estados da federação não pode dar ensejo à responsabilidade internacional do Brasil porque, no âmbito nacional, os compromissos são assumidos pela União Federal.

III. A responsabilidade internacional do Estado deve ter sempre por base uma ação. Uma omissão não pode dar ensejo à responsabilização do Estado no plano internacional.

IV. A responsabilidade internacional do Estado apenas existe se há a violação de um tratado internacional. O desrespeito a um costume internacional, por exemplo, não é suficiente para dar ensejo à responsabilidade do Estado.

V. A despeito de terem personalidade jurídica internacional, as organizações internacionais não podem ser responsabilizadas juridicamente na ordem internacional.

(A) Apenas a asserção I está correta.

(B) Apenas as asserções I e II estão corretas.

(C) Apenas as asserções I, II e III estão corretas.

(D) Apenas a asserção V está incorreta.

(E) Todas as asserções estão incorretas.

I: correta. O ato ilícito internacional normalmente é praticado por agentes do Poder executivo. Mas é possível que o ilícito internacional resulte de atos oriundos do Poder Legislativo e do Judiciário. Entretanto, o ilícito internacional proveniente de ato dos particulares não dá causa, por si só, a responsabilidade internacional do estado; necessário se faz comprovar a falta de diligência do Estado, notadamente nos seus deveres de prevenção e de repressão; II: incorreta. A responsabilidade, no caso dos estados, pode ser direta ou indireta. Será direta quando o ato ilícito for perpetrado por órgão de qualquer natureza ou nível hierárquico. E indireta quando o ato ilícito for praticado por dependência sua, como, por exemplo, um ilícito praticado por um dos estados componentes da República Federativa do Brasil; III: incorreta. A responsabilidade internacional decorre de ato ilícito (comissivo ou omissivo), em face do ordenamento internacional, imputável ao agente de estado ou de organização internacional que cause dano a algum sujeito de direito internacional; IV: incorreta. O ato ilícito é um comportamento, comissivo ou omissivo, que viola o direito internacional (convencional e costumeiro). De forma mais detalhada, "a responsabilidade pode ser delituosa ou contratual, segundo resulte de atos delituosos ou da inexecução de compromissos contraídos."[24] A jurisprudência tem apontado que a configuração do ato ilícito dá-se mais por violação de tratados e dos costumes internacionais; V: incorreta. A responsabilidade internacional decorre de ato ilícito (comissivo ou omissivo), em face do ordenamento internacional (tratado, princípios, costumes), imputável ao agente de estado ou de organização internacional que cause dano a algum sujeito de direito internacional (vide art. 57 do Projeto de Convenção sobre Responsabilidade dos Estados).

Gabarito "A"

1.11. ONU

(Procurador da Fazenda Nacional – 2006 – ESAF) De acordo com a Carta das Nações Unidas, de 1945, a Assembleia Geral

(A) será composta de quinze membros, observando-se que a República da China, a França, o Reino Unido, a Rússia, a Inglaterra e os Estados Unidos são membros permanentes.

(B) será constituída por todos os membros das Nações Unidas.

(C) é composta por cinquenta e quatro membros das Nações Unidas, eleitos pelo Conselho Econômico e Social, respeitando-se a presença dos membros permanentes.

24. Accioly, Hildebrando, Nascimento e Silva e Casella, Paulo Borba. **Manual de Direito Internacional Público**, 19ª edição, Ed. Saraiva, 2011, pág. 385.

(D) será constituída por todos os países signatários da Carta, com exceção da Suíça e de países que estejam sob fiscalização internacional, no que toca ao desrespeito a pauta de direitos humanos.

(E) será composta pelos signatários originários da Carta, como membros permanentes, e por signatários supervenientes, como membros aderentes, outorgando-se direito de voto àqueles primeiros.

A Assembleia Geral é composta por todos os membros da ONU, cabendo a cada estado-membro apenas um voto e ser representado por no máximo cinco representantes. E reúne-se em sessões ordinárias, uma vez por ano, e em sessões extraordinárias sempre que preciso for. As decisões da Assembleia Geral são tomadas pela maioria simples dos membros presentes e votantes. Mas pode-se definir que o quórum será de dois terços quando tratar de questões consideradas importantes. Dentre algumas de suas funções pode-se citar: a) aprovação do orçamento; b) eleição dos membros não permanentes do Conselho de Segurança e dos membros do Conselho Econômico e Social; c) a nomeação do Secretário-Geral da Nações Unidas; d) a eleição, em conjunto com o Conselho de Segurança, dos juízes da Corte Internacional de Justiça; dentre outras.

Gabarito "B"

1.12. DIREITO COMUNITÁRIO E DA INTEGRAÇÃO

(Advogado da União/AGU – CESPE – 2009) Pode-se fazer um paralelo entre a União Europeia e o MERCOSUL. Ambas as comunidades originam-se de processos de integração e buscam normatizar as suas relações por meio de um direito de integração. Entretanto, há enormes diferenças entre o direito regional do MERCOSUL e o direito comunitário europeu. Acerca desse tema, julgue os itens subsequentes, relativos ao direito de integração e ao MERCOSUL.

(1) O MERCOSUL garante, de forma semelhante à União Europeia, uma união econômica, monetária e política entre países.

(2) A adoção de uma política comercial comum em relação a terceiros Estados é um dos objetivos da criação do MERCOSUL.

1: errada. Os sistemas institucionais do Mercosul (união aduaneira) e da União Europeia (união econômica e monetária) são formal e materialmente muito distintos. Para clarificar este hiato vamos fazer algumas comparações: 1. *Finalidade Política*: a) União Europeia: projeto de integração política que utiliza mecanismos econômicos como instrumento para sua evolução; b) Mercosul: não visa uma integração politica; c) balanço: na UE o mercado comum é o meio, já no Mercosul é a finalidade; 2. *Integração X Cooperação*: a) União Europeia: existe concessão de poderes soberanos dos estados para os órgãos de integração. Assim, ocorre a substituição dos interesses nacionais pelos interesses comuns; b) Mercosul: não existe concessão de poderes soberanos dos estados para os órgãos de integração. Assim, ocorre a preponderância dos interesses nacionais; c) balanço: na UE tem-se integração e no Mercosul tem-se cooperação; 3. *Autonomia Institucional*: a) União Europeia: seus funcionários representam o interesse geral comunitário. Para se ter uma ideia, na UE, quatro de suas cinco instituições são compostas por funcionários "neutros" (Comissão, Parlamento, Corte de Justiça e Tribunal de Contas). No quinto órgão, o Conselho, apesar de seus integrantes serem funcionários dos estados-membros, eles estão obrigados a funcionar segundo as regras do sistema comunitário, ou seja, não podem deixar de lado o interesse do sistema comunitário; b) Mercosul: seus funcionários representam o interesse dos seus respectivos estados; c) balanço: na UE tem-se autonomia institucional, já no Mercosul não se tem autonomia institucional; 4. *Autonomia Legal*: a) União Europeia: as normas confeccionadas por suas instituições têm aplicação imediata e direta, além de ter prevalência sobre o direito nacional dos estados-membros e pode ser aplicada pelos juízes nacionais ordinários; b) Mercosul: as normas confeccionadas por suas instituições não têm aplicação imediata e direta, além de não terem prevalência sobre o direito nacional dos estados-membros e não poderem ser aplicadas pelos juízes ordinários nacionais. Ou seja, as normas confeccionadas no seio do Mercosul só obrigam os estados-membros e dependem de incorporação para ter vigência na ordem jurídica interna dos estados-membros, ademais de só serem aplicadas pelos tribunais arbitrais *ad hoc* previstos no sistema do Mercosul; c) balanço: na UE tem-se autonomia legal, já no Mercosul não se tem autonomia legal; **2:** certa. O Mercosul é uma união aduaneira, portanto, além dos países do bloco eliminarem as tarifas alfandegárias ou não alfandegárias entre eles, estabelecem as mesmas tarifas de importação (TEC – Tarifa Externa Comum) para o comércio internacional fora do bloco. Nesse sentido é a redação de um dos objetivos do Mercosul estabelecidos no art. 1º do Tratado de Assunção: "O estabelecimento de uma tarifa externa comum e a adoção de uma política comercial comum em relação a terceiros Estados ou agrupamentos de Estados e a coordenação de posições em foros econômico-comerciais regionais e internacionais".

Gabarito 1E, 2C

(Procurador da Fazenda Nacional – 2007.2 – ESAF) À luz do Direito da Integração, assinale em que estágio de um processo integrativo se encontra um arranjo comercial envolvendo dois ou mais países que, entre si, eliminam as barreiras tarifárias e não tarifárias à circulação de bens, serviços e fatores produtivos e adotam uma tarifa externa comum para os países que não fazem parte do bloco.

(A) Acordo de preferências tarifárias.

(B) Zona de livre comércio.

(C) Integração econômica total.

(D) Mercado comum.

(E) União aduaneira.

Existem inúmeras maneiras de se proceder à integração regional, normalmente apontadas como um processo evolucional rumo à integralização máxima. Conforme a tipologia das etapas do processo de integração elaborada pelo economista húngaro Béla Balassa, são elas: a) Zona de Preferência Tarifária – dois ou mais países gozam de tarifas mais baixas do que as aplicadas a outros que não possuem acordo preferencial. É o caso da ALADI (Associação Latino-Americana de Integração); b) Zona de Livre Comércio – os países do bloco reduzem drasticamente ou eliminam as tarifas alfandegárias ou não alfandegárias entre eles. É o caso do Nafta (Acordo de Livre Comércio da América do Norte), formado por Estados Unidos, Canadá e México; c) União Aduaneira – além dos países do bloco eliminarem as tarifas alfandegárias ou não alfandegárias entre eles, estabelecem as mesmas tarifas de importação (TEC – Tarifa Externa Comum) para o comércio internacional fora do bloco. O melhor exemplo é o Mercosul, apesar de este ser considerado uma união aduaneira imperfeita; d) Mercado Comum – conserva as características da união aduaneira com acréscimo das outras liberdades fundamentais do mercado (livre circulação de pessoas, serviços e capitais). Percebe-se que na união aduaneira existe tão somente a livre circulação de bens. O exemplo foi a Comunidade Europeia – leia-se União Europeia antes da entrada em vigor do Tratado de Maastricht de 1993; e) União Econômica e Monetária –

conserva todas as características anteriormente apresentadas com o acréscimo de possuir uma política macroeconômica unificada. Percebe-se que a principal diferença entre o mercado comum e a união econômica e monetária reside na política macroeconômica coordenada do primeiro e na unificada do segundo. A título de solapar possíveis dúvidas, a adoção de moeda única não é condição para constituição da união econômica e monetária, mas sim o ponto alto de tal modalidade de integração. É o caso da União Europeia pós-Tratado de Masstricht. Por todo o dito percebe-se que nenhuma das alternativas se enquadra perfeitamente na descrição feita no enunciado da questão, pois o processo integracional descrito está um pouco mais evoluído do que ao padrão da união aduaneira e um pouco menos que ao padrão de mercado comum. A resposta dada como correta pela banca examinadora foi união aduaneira. Mas vale frisar que o conceito padrão de união aduaneira só abarca a livre circulação de bens.

Gabarito "E"

(Procurador da Fazenda Nacional – 2004 – ESAF) Os modelos de integração regional que se registram, a exemplo da União Europeia, do Mercosul, do NAFTA, entre outros, passam por processos que podem se manifestar evolutivamente em zonas de livre comércio, uniões aduaneiras, mercados comuns, uniões econômicas e uniões totais, econômicas e políticas. Em relação às *uniões aduaneiras* é correto afirmar que

(A) se tratam das formas mais antigas e simples de integração econômica, prevendo apenas a completa eliminação de obstáculos tarifários entre os Estados participantes.

(B) se tratam de modelos que permitem a livre circulação de fatores e de serviços nos Estados-membros, isto é, a liberação de bens, capitais, serviços e pessoas, com a eliminação de toda forma de discriminação.

(C) se tratam de regimes de cooperação sofisticados e bem elaborados, no qual há a coordenação e unificação das economias nacionais dos Estados-membros.

(D) se tratam de regimes nos quais são introduzidas harmonizações de determinadas políticas comuns, em assuntos agrícolas, ambientais e industriais, com especial enfoque no campo macroeconômico.

(E) se tratam de regimes nos quais os Estados-membros adotam um sistema de tarifas aduaneiras comuns frente a terceiros países, podendo-se verificar uma tarifa exterior comum para as importações procedentes de terceiros países.

Existem inúmeras maneiras de se proceder à integração regional, normalmente apontadas como um processo evolucional rumo à integralização máxima. Conforme a tipologia das etapas do processo de integração elaborada pelo economista húngaro Béla Balassa, são elas: a) Zona de Preferência Tarifária – dois ou mais países gozam de tarifas mais baixas do que as aplicadas a outros que não possuem acordo preferencial. É o caso da ALADI (Associação Latino-Americana de Integração); b) Zona de Livre Comércio – os países do bloco reduzem drasticamente ou eliminam as tarifas alfandegárias ou não alfandegárias entre eles. É o caso do Nafta (Acordo de Livre Comércio da América do Norte), formado por Estados Unidos, Canadá e México; c) *União Aduaneira – além dos países do bloco eliminarem as tarifas alfandegárias ou não alfandegárias entre eles, estabelecem as mesmas tarifas de importação (TEC – Tarifa Externa Comum) para o comércio internacional fora do bloco. O melhor exemplo é o Mercosul, apesar de este ser considerado uma união aduaneira imperfeita*; d) Mercado Comum – conserva as características da união aduaneira com acréscimo das outras liberdades fundamentais do mercado (livre circulação de pessoas, serviços e capitais). Percebe-se que na união aduaneira existe tão somente a livre circulação de bens. O exemplo foi a Comunidade Europeia – leia-se União Europeia antes da entrada em vigor do Tratado de Maastricht de 1993; e) União Econômica e Monetária – conserva todas as características anteriormente apresentadas com o acréscimo de possuir uma política macroeconômica unificada. Percebe-se que a principal diferença entre o mercado comum e a união econômica e monetária reside na política macroeconômica coordenada do primeiro e na unificada do segundo. A título de solapar possíveis dúvidas, a adoção de moeda única não é condição para constituição da união econômica e monetária, mas sim o ponto alto de tal modalidade de integração. É o caso da União Europeia pós-Tratado de Masstricht.

Gabarito "E"

(Procurador da Fazenda Nacional – 2003 – ESAF) Indique a opção correta.

(A) São tipos (modalidades) de processos de integração econômica: zona de preferência tarifária, zona de livre comércio, união aduaneira, mercado comum e união econômica e monetária.

(B) A União Europeia é mais do que uma zona de livre comércio e menos do que um mercado comum.

(C) Ao Grupo Mercado Comum, um dos componentes da estrutura institucional do Mercosul, compete velar pela aplicação dos instrumentos de política comercial comum acordados pelos Estados-partes.

(D) Apesar de possuir personalidade jurídica de Direito Internacional, ao Mercosul é vedado contratar, adquirir ou alienar bens móveis e imóveis, ainda que no uso de suas atribuições.

(E) O Mercosul não pode celebrar acordos de sede já que não é uma organização internacional.

A: correta. Existem inúmeras maneiras de se proceder à integração regional, normalmente apontadas como um processo evolucional rumo à integralização máxima. Conforme a tipologia das etapas do processo de integração elaborada pelo economista húngaro Béla Balassa, são elas: a) Zona de Preferência Tarifária – dois ou mais países gozam de tarifas mais baixas do que as aplicadas a outros que não possuem acordo preferencial. É o caso da ALADI (Associação Latino-Americana de Integração); b) Zona de Livre Comércio – os países do bloco reduzem drasticamente ou eliminam as tarifas alfandegárias ou não alfandegárias entre eles. É o caso do Nafta (Acordo de Livre Comércio da América do Norte), formado por Estados Unidos, Canadá e México; c) União Aduaneira – além dos países do bloco eliminarem as tarifas alfandegárias ou não alfandegárias entre eles, estabelecem as mesmas tarifas de importação (TEC – Tarifa Externa Comum) para o comércio internacional fora do bloco. O melhor exemplo é o Mercosul, apesar de este ser considerado uma união aduaneira imperfeita; d) Mercado Comum – conserva as características da união aduaneira com acréscimo das outras liberdades fundamentais do mercado (livre circulação de pessoas, serviços e capitais). Percebe-se que na união aduaneira existe tão somente a livre circulação de bens. O exemplo foi a Comunidade Europeia – leia-se União Europeia antes da entrada em vigor do Tratado de Maastricht de 1993; e) União Econômica e Monetária – conserva todas as características anteriormente apresentadas com o acréscimo de possuir uma política macroeconômica unificada. Percebe-se que a principal diferença entre o mercado comum e a união econômica e monetária reside na política macroeconômica coordenada do primeiro e na unificada do segundo. A título de solapar possíveis dúvidas, a adoção de moeda única não é condição para constituição da união econômica e monetária, mas sim o ponto alto de tal modalidade de integração. É o caso da União Europeia pós-Tratado de Masstricht; **B:** incorreta, pois como visto no comentário anterior, a União Europeia é uma União Econômica e Monetária, que é mais do que uma zona de livre comércio e do que um mercado comum; **C:** incorreta, pois a competência descrita na assertiva é da alçada da Comissão de Comércio e não do Grupo Mercado Comum; **D:** incorreta, pois o Mercosul pode contratar, adquirir ou alienar bens móveis e imóveis; E: incorreta, pois o Mercosul é uma organização internacional (união aduaneira), logo, pode realizar acordos de sede. E acordo de sede é aquele celebrado pela organização internacional com o estado ou estados-hospedeiros. Neste estado(s) funcionará a sede da OI e seus centros de atividade. Um acordo de sede conhecido foi o firmado entre os EUA e a ONU em 1947.

Gabarito "A"

1.13. PROTEÇÃO INTERNACIONAL DO MEIO AMBIENTE

(Procurador da Fazenda Nacional – 2006 – ESAF) É objetivo do Protocolo de Quioto à Convenção-Quadro das Nações Unidas sobre Mudança de Clima, de 1997,

(A) a diminuição da eficiência energética em setores relevantes da economia internacional, como modo direto de internalização de externalidades negativas.

(B) a proibição imediata de formas sustentáveis e não sustentáveis de agricultura, à luz das considerações sobre mudança do clima.

(C) a redução gradual ou eliminação de imperfeições de mercado, de incentivos fiscais, de isenções tributárias e tarifárias e de subsídios para todos os setores emissores de gases de efeito estufa.

(D) a pesquisa, a promoção, o desenvolvimento e aumento do uso de formas não renováveis de energia, de tecnologia de sequestro de dióxido de carbono e de tecnologia ambientalmente seguras.

(E) a ampliação de emissões de metano por meio de sua recuperação e utilização no tratamento de resíduos, bem como no transporte, na produção e na distribuição de energia.

O art. 2º, ponto 1, a, V, do Protocolo de Quioto à Convenção-Quadro das Nações Unidas sobre Mudança de Clima determina, entre outros objetivos, o seguinte: a redução gradual ou eliminação de imperfeições de mercado, de incentivos fiscais, de isenções tributárias e tarifárias e de subsídios para todos os setores emissores de gases de efeito estufa".

Gabarito "C"

1.14. DIREITO TRIBUTÁRIO INTERNACIONAL

(Procurador da Fazenda Nacional – 2007.2 – ESAF) Assinale a opção correta a respeito de instrumentos jurídico-internacionais para promover investimentos e evitar bitributação.

(A) O Brasil atualmente se encontra juridicamente vinculado a vários tratados internacionais para evitar a bitributação. Entre os países com os quais o Brasil tem acordos dessa natureza estão, por exemplo, a Argentina e a Espanha.

(B) O Brasil atualmente se encontra juridicamente vinculado a vários tratados internacionais para promover a proteção de investimentos que, entre outros aspectos, preveem a arbitragem entre o investidor estrangeiro e o Estado receptor dos investimentos.

(C) No Brasil, os instrumentos jurídico-internacionais destinados a evitar a bitributação dispensam aprovação do Congresso Nacional por tratarem de tema de competência exclusiva do Poder Executivo.

(D) Em 2007 entrou em vigor o Protocolo de Bariloche, destinado a evitar a bitributação e prevenir a evasão fiscal em matéria de imposto sobre a renda entre os membros do Mercosul.

(E) As regras do Centro Internacional para Solução de Controvérsias sobre Investimentos permitem que um nacional do Estado "X" acione esse mesmo Estado por meio de uma arbitragem internacional, desde que o Estado "X" tenha ratificado a Convenção internacional que estabeleceu o Centro.

A: correta. Há diversos tratados firmados pelo Brasil que visam a evitar a bitributação, especificamente no que se refere ao imposto sobre renda e proventos (caso dos acordos com Argentina e Espanha); **B:** incorreta, pois dentre os acordos para promoção e proteção de investimentos, somente o celebrado com os EUA foi promulgado – o Protocolo de Colônia (Mercosul), que prevê solução de disputa entre investidor de um país em face de outro Estado, não está em vigor; **C:** incorreta, pois são tratados internacionais e, portanto, se submetem ao referendo do Congresso Nacional (art. 49, I, da CF); **D:** incorreta, pois a informação não procede; E: incorreta, pois o ICSID presta-se a solucionar controvérsias entre Estado e nacional (investidor) de outro Estado (o investidor não pode ser do país com que litiga) – art. 25 da Convenção que o instituiu.

Gabarito "A"

(Procurador da Fazenda Nacional – 2004 – ESAF) Para o direito brasileiro, como princípio geral, em âmbito de imposto de renda e de direito internacional tributário, as pessoas domiciliadas no exterior, sejam pessoas físicas, sejam pessoas jurídicas,

(A) são tributáveis no Brasil, na medida em que detenham nacionalidade brasileira ou que possuam sede no Brasil, independentemente de onde tenha ocorrido o fato gerador da obrigação tributária.

(B) são tributáveis no Brasil, na medida em que os valores a serem tributados tenham sido objeto de negociação com pessoas domiciliadas no Brasil, independentemente de onde tenha ocorrido o fato gerador da obrigação tributária.

(C) apenas são tributáveis no Brasil pelos rendimentos que aqui tenham sido produzidos, isto é, por rendimentos imputáveis a fontes nacionais.

(D) não são tributáveis no Brasil, mesmo que os rendimentos tenham sido produzidos no território brasileiro, dado que o domicílio dessas pessoas é fixado no exterior.

(E) não são tributáveis no Brasil, como decorrência de regra de direito internacional tributário, que repele o princípio da territorialidade, para efeitos de tributação sobre a renda.

Pelo princípio da territorialidade, as leis tributárias somente se aplicam aos fatos ocorridos dento do território da ordem jurídica a que pertencem, independentemente de outras circunstâncias, tais como a nacionalidade, o domicílio ou a residência do sujeito passivo. Até porque a obtenção da renda só se tornou factível em razão das condições políticas, econômicas, sociais e jurídicas existentes no Brasil; logo, é justo que se permita a tributação. Um exemplo cotidiano de aplicação do princípio da territorialidade é a situação de empresa estrangeira que tem filial no Brasil com atividade lucrativa.

Gabarito "C"

(Procurador da Fazenda Nacional – 2004 – ESAF) A concorrência fiscal internacional conhece países com tributação favorecida (*tax havens*), países com regimes bancários e financeiros favorecidos (paraísos bancários) e países com regimes penais favorecidos (paraísos penais). Em relação àqueles primeiros, também chamados de *paraísos fiscais*, pode-se afirmar que

(A) são países que tributam a renda com alíquotas mínimas, independentemente da origem dos rendimentos, mas que oferecem o benefício apenas para seus residentes, excluindo-se as pessoas físicas e jurídicas que também realizam negócios no exterior.

(B) são países que tratam os rendimentos de residentes ou equiparados a residentes com tributação reduzida ou nula e que ainda podem oferecer segredo bancário, falta de controle de câmbio e uma grande flexibilidade para a constituição e administração de sociedades locais.

(C) são países que mantêm tratados de bitributação com a maioria dos demais países, promovendo um impacto mais brando na tributação referente às operações internacionais, autorizando a constituição fictícia de empresas internacionais em seus territórios.

(D) são países que não tributam a atividade bancária, propiciando o fluxo de capitais, em relação aos quais a regulamentação é mínima.

(E) são países que não tributam as operações de compra e venda de bens e de mercadorias e que não tributam as operações internacionais, possibilitando um melhor tratamento na composição dos preços finais, de modo a incrementar a competitividade das empresas que mantêm sede ou sucursais nos territórios desses paraísos fiscais.

A assertiva "B" traz a correta definição de paraísos fiscais. Podemos listar os principais exemplos de paraísos fiscais: Luxemburgo, Suiça, Panamá, Ilhas Cayman, Hong Kong etc.

Gabarito "B"

1.15. DIREITO ECONÔMICO E DO COMÉRCIO INTERNACIONAL

(Procurador Federal – 2010 – CESPE – adaptada) A respeito do MERCOSUL e OMC, julgue os itens que se seguem.

(1) O Órgão de Apelação da OMC é composto de juízes eleitos por tempo determinado.

(2) O Protocolo de Olivos dispõe sobre a solução de controvérsias no âmbito do MERCOSUL.

1: certa, pois os integrantes do Órgão de Apelação são nomeados pelo Órgão de Solução de Controvérsias – OSC, para períodos de quatro anos, permitida uma renovação – art. 17, § 2º, do Acordo sobre Normas e Procedimentos para Solução de Disputas. Discordamos do gabarito oficial, que indicava a questão como incorreta. Aproveito para discorrer sobre o sistema de solução de controvérsias da OMC. O sistema de solução de controvérsias da OMC tem a função de dirimir as disputas comerciais entre os estados-membros e é basicamente dividido em cinco fases: consultas, painéis, apelação, implementação e retaliação. Cabe dizer que o sistema é fruto das normas, procedimentos e práticas elaborados desde o surgimento do GATT de 1947. Antes de analisar cada etapa, importante destacar a mudança da regra do consenso positivo, vigente no GATT, para a regra do consenso negativo ou invertido, norteadora do sistema de solução de controvérsias da OMC. Pela regra antiga era necessário um consenso de todos os membros do GATT, inclusive o reclamado, para que um painel fosse instalado, um parecer técnico aprovado e retaliações comerciais fossem levadas a cabo pelo reclamente. Não precisa nem dizer a dificuldade desse sistema em funcionar, pois quase sempre o reclamado votava contra essas medidas que o prejudicariam, assim a regra antiga do consenso positivo impossibilitava, por razões políticas, o manuseio do importante sistema de solução de controvérsias da OMC. Por outro lado, todas essas etapas se tornaram praticamente automáticas com a regra do consenso negativo ou invertido, pois o painel só não será instalado se todos os estados-membros da OMC, incluído o reclamante, forem contra. O mesmo se aplica para aprovação do parecer técnico e para permissão de adoção de retaliações comerciais. E essa automatização das etapas permite a prevalências das decisões jurídicas sobre as decisões políticas no seio da OMC. Outro ponto importante antes de adentrarmos a análise das etapas componentes do sistema de solução de controvérsias é a limitação *ratione personae*, ou seja, apenas os estados podem iniciar uma disputa na OMC, nunca os atores privados.

As etapas processuais são as seguintes: a) etapa de consultas: antes de solicitar a criação de um painel junto à OMC, as partes em desacordo devem utilizar as consultas bilaterais – bons ofícios, conciliação e mediação – por provocação do reclamante. A etapa de consultas é obrigatória e deve durar 60 dias; b) etapa de painéis: se as consultas bilaterais não funcionarem, o reclamante pode solicitar, por escrito, a criação de um painel junto à OMC, mas cabe lembrar que o reclamado tem o direito de impedir a instauração do painel na primeira reunião. O painel é formado a cada caso e é composto normalmente por três indivíduos independentes e altamente qualificados, que possuem a missão de apreciar objetivamente a questão colocada e elaborar um parecer com o objetivo de aclarar se o reclamado descumpriu ou não as regras do comércio internacional estabelecidas pela OMC. O parecer deverá ser entregue às partes no prazo de seis meses contado da formação do painel e ao Órgão de Solução de Controvérsias no prazo de nove meses contado também da formação do painel. Importante dizer que os especialistas em direito e comércio internacional serão indicados por cada estado-membro e deverão ser aprovados pelo Órgão de Solução de Controvérsias; c) etapa de painéis II: com o recebimento do parecer e sem a interposição do recurso de apelação, o Órgão de Solução de Controvérsias deve adotar o parecer no prazo de 60 dias – respeitando a regra do consenso negativo; d) etapa da apelação: qualquer parte pode notificar o Órgão de Solução de Controvérsias da sua decisão de recorrer. O exercício do direito de recorrer fica condicionado ao respeito do prazo temporal, qual seja, 60 dias contados do recebimento do parecer elaborado pelo Órgão de Solução de Controvérsias. Nesse caso, o Órgão de Apelação terá o prazo de 60 dias para confeccionar um parecer sobre questões de direito da contenda comercial, lembrando que o Órgão de Apelação é um colegiado permanente que emite pareceres em sede de revisão e possui composição fixa (mandato de quatro anos, permitida uma reeleição), a qual é escolhida por consenso entre todos os membros da OMC. Os relatórios do Órgão de Apelação são adotados pelo Órgão de Solução de Controvérsias e aceitos incondicionalmente pelas partes em litígio, salvo se o Órgão de Solução de Controvérsias decidir por consenso, incluindo o reclamante e o reclamado, não adotar o relatório confeccionado pelo Órgão de Apelação; e) etapa da implementação: sendo aceita a reclamação, o reclamado apontado como infrator deve tomar as medidas necessárias para modificar a conduta censurada pelas regras da OMC, consoante determinado no parecer do painel ou do Órgão de Apelação. As medidas devem ser tomadas dentro de um prazo razoável, que não pode exceder 15 meses contados da adoção pelo Órgão de Solução de Controvérsias do parecer confeccionado pelo painel ou pelo Órgão de Apelação. Entretanto, o supracitado prazo pode ser prorrogado por decisão das partes; f) etapa da retaliação: caso o estado-membro reclamado não cumprir a decisão do Órgão de Solução de Controvérsias após transcorrido 30 dias contados do final do prazo razoável, o estado reclamante pode solicitar a permissão para adotar retaliações comerciais em desfavor do reclamado para, assim, buscar a compensação dos prejuízos sofridos. O termo técnico é suspensão de concessões. E "essa suspensão de concessões é uma autorização para o membro reclamante deixar de cumprir, em relação ao reclamado, obrigações decorrentes dos compromissos assumidos na OMC, em grau equivalente aos prejuízos decorrentes da infração às regras cometida pelo reclamado. Na prática, é uma autorização para impor retaliações comerciais";[25]; **2:** certa. O Protocolo de Olivos reorganizou o sistema de solução de controvérsias do Mercosul. Sua maior inovação foi a criação de um Tribunal Permanente de Revisão, o qual ficará encarregado de julgar, em grau de recurso, as decisões proferidas pelos tribunais arbitrais *ad hoc*. A título de sistematização, quando surgir alguma contenda envolvendo os países do bloco, o primeiro passo é aplicar as negociações diretas. Com o fracasso dessas, passa-se ao tribunal arbitral *ad hoc* – funciona como primeira instância. Lembrando que antes de as partes submeterem o caso ao tribunal arbitral *ad hoc*, podem escolher (ou seja, é facultativa) a etapa intermediária, que toma corpo com o envio da contenda para o Grupo Mercado Comum, que promoverá estudos sobre a disputa e formulará recomendações não cogentes. Depois, com a provocação das partes, exerce-se o duplo grau de jurisdição mediante a análise da decisão do tribunal arbitral *ad hoc* pelo Tribunal Permanente de Revisão. Entretanto, pode-se passar diretamente das negociações diretas malsucedidas para o Tribunal Permanente de Revisão. Neste último caso, o tribunal vai julgar a demanda de forma definitiva. Assim, o procedimento compreende duas etapas: a fase diplomática e a jurisdicional. A fase diplomática poderá começar por iniciativa dos estados ou dos particulares, já a jurisdicional somente toma curso por iniciativa dos estados.

Gabarito 1C, 2C

25. TIMM, Luciano Benetti; RIBEIRO, Rafael Pellegrini; ESTRELLA, Angela T. Gobbi. **Direito do Comércio Internacional**, Ed. FGV, 2009. pág. 123.

(Procurador da Fazenda Nacional – 2007.2 – ESAF) Associe as colunas e indique a sequência correta.

(1) Apenas o sistema de solução de controvérsias do Mercosul

(2) Apenas o sistema de solução de controvérsias da Organização Mundial do Comércio

(3) Tanto o sistema de solução de controvérsias do Mercosul quanto o da Organização Mundial do Comércio

( ) prevê sanções econômico-comerciais em caso de descumprimento da decisão do sistema de solução de controvérsias.

( ) prevê o acesso indireto de particulares ao sistema de solução de controvérsias.

( ) prevê a possibilidade de recurso da decisão a um órgão de apelação.

( ) prevê a possibilidade de que dois ou mais países, em conjunto, apresentem contra outro um pleito no âmbito do sistema de solução de controvérsias.

( ) prevê a possibilidade de que o laudo arbitral seja adotado por maioria, em caso de não haver consenso entre seus componentes.

(A) 2, 1, 3, 2, 3

(B) 3, 3, 2, 1, 2

(C) 3, 1, 3, 3, 3

(D) 1, 2, 3, 3, 2

(E) 2, 1, 3, 2, 2

1ª: 3. As sanções econômico-comerciais são previstas no âmbito da OMC – art. 22 do Acordo sobre Normas e Procedimentos para Solução de Disputas – e também do Mercosul – art. 31 do Protocolo de Olivos; 2ª: 1. Somente Estados são abrangidos pelo sistema da OMC. O Protocolo de Olivos (Mercosul) admite a formulação de reclamações por particulares – Capítulo XI; 3ª: 3. No âmbito do Mercosul, cabe recurso das decisões arbitrais para o Tribunal Permanente de Revisão (Capítulo VII do Protocolo de Olivos). O sistema de solução de disputas da OMC prevê recurso das decisões proferidas pelos painéis para o Órgão de Apelação (*Appellate Body* – art. 17 do Acordo sobre Normas e Procedimentos para Solução de Disputas); 4ª: 3. Ambos os sistemas permitem múltiplos Estados no mesmo polo do litígio (art. 13 do Protocolo de Olivos e art. 9º do Acordo sobre Normas e Procedimentos para Solução de Disputas); 5ª: 3. O laudo arbitral no âmbito do Mercosul pode ser decidido por maioria (art. 25 do Protocolo de Olivos). No âmbito da OMC, os laudos dos painéis podem conter objeções de seus membros (art. 16, ponto 2, do Acordo sobre Normas e Procedimentos para Solução de Disputas), no entanto, podem ser recusados pelo Órgão de Solução de Controvérsias (*Dispute Settlement Body*) por consenso (art. 16, ponto 4); de forma semelhante, o Órgão de Solução de Controvérsias pode rejeitar o laudo do Órgão de Apelação, também por consenso (art. 17, ponto 14).

Gabarito "C"

(Procurador da Fazenda Nacional – 2007.2 – ESAF) Assinale a opção correta a respeito de medidas de defesa comercial.

(A) Para aplicar uma medida *antidumping*, o membro da Organização Mundial do Comércio (OMC) deve obter autorização prévia do Comitê de Práticas *Antidumping* da Organização.

(B) O membro da OMC prejudicado por uma medida de salvaguarda tem o direito de negociar compensações com o membro que a impôs.

(C) A aplicação de medida *antidumping* deve ocorrer de forma não seletiva, ou seja, o membro da OMC que aplica a medida deve fazê-la incidir sobre todas as importações do produto em questão, independentemente da origem ou da procedência.

(D) No Brasil, os recursos arrecadados a título de direitos *antidumping* são revertidos a favor da indústria doméstica prejudicada com a prática do *dumping* correspondente.

(E) A medida de salvaguarda é o instrumento de defesa comercial cabível no caso da ocorrência de importações que tenham sido beneficiadas por subsídios indevidos por parte do país exportador.

A: incorreta, pois os Estados devem apenas relatar ao Comitê de Práticas *Antidumping* suas ações preliminares e finais (art. 14, 4, do Acordo *Antidumping* – vide Decreto 93.941/1987). Importante aclarar que o *antidumping* funciona com a imposição de sobretaxa para a importação de certos produtos; **B** e **E**: diferentemente das medidas de defesa anteriormente vistas, as salvaguardas não são utilizadas para defender a produção nacional contra um subsídio concedido por governo estrangeiro (medidas compensatórias) ou contra a deslealdade de um exportador estrangeiro (*antidumping*), mas sim para proteger temporariamente parcela da indústria nacional[26] que será diretamente atingida com a abertura ao comércio internacional. Por exemplo, o setor têxtil é "fechado" no Brasil, ou seja, é proibida a importação de qualquer produto têxtil, eis que o governo brasileiro decide permitir a importaçao de produtos têxteis a partir de certo momento. Diante desse fato e para proteger o setor têxtil brasileiro, o governo impõe as salvaguardas, as quais podem ser na forma de sobretaxas (da mesma forma como o procedido nas medidas compensatórias e *antidumping*) ou na forma de limitações quantitativas com a determinação de quotas de importação. Como dito, "no caso das salvaguardas não existe a questão de uma prática comercial desleal a ser punida. Trata-se de um problema específico da indústria nacional de determinado país, que ainda não tem condições de enfrentar a concorrência de produtos importados. Por isso, a imposição de medidas de salvaguarda é vinculada a um compromisso de reestruturação do setor beneficiado pela proteção, e sujeita o país que as aplica a ter de outorgar compensações aos parceiros comerciais prejudicados com perda de exportações."[27] Portanto, o país prejudicado pode exigir compensações (art. 11 do Acordo sobre Salvaguardas – Decreto 1.488/1995); **C:** incorreta, pois é o oposto – a medida *antidumping* deve ser seletiva, com relação ao produto cujo preço é menor do que normalmente seria praticado no mercado interno do exportador (art. 8º, ponto 2, do Acordo Antidumping); **D:** incorreta, pois as receitas oriundas da cobrança dos direitos *antidumping* e dos direitos compensatórios serão destinadas ao Ministério do Desenvolvimento, Indústria e Comércio Exterior, para aplicação na área de comércio exterior, conforme diretrizes estabelecidas pela CAMEX (art. 10, parágrafo único, da Lei 9.019/1995).

Gabarito "B"

1.16. TRIBUNAL PENAL INTERNACIONAL

(Procuradoria Federal – 2007 – CESPE) Em outubro de 1998, o general Augusto Pinochet, ex-presidente do Chile, foi preso em Londres por autoridades britânicas após a decisão de um magistrado espanhol. Em outubro do mesmo ano, uma corte inglesa decidiu sobre a prisão de Pinochet analisando a questão da imunidade de chefe de Estado, os crimes de tortura e genocídio por ele perpetrados quando presidente do Chile e os tratados internacionais dos quais a Inglaterra é signatária. Ainda de acordo com a doutrina e a legislação pertinente, e com base no texto acima, julgue o item a seguir.

(1) Em tese, teria sido possível a prisão de Pinochet no Brasil, em decorrência de o país aceitar, atendidos determinados requisitos, o princípio da justiça universal, expressão do princípio da extraterritorialidade na persecução penal.

1: certa, mas o tema suscita muitas discussões. Jurisdição universal é a possibilidade de um Estado poder julgar os indivíduos suspeitos da prática de determinados comportamentos, independentemente do local da prática do fato ou da nacionalidade do(s) autor(es) ou da(s) vítima(s) do mesmo, ou ainda independentemente dos interesses ou bens jurídicos lesados. O Brasil faz parte de tratados internacionais que preveem expressamente a jurisdição universal. Tome de exemplo a Convenção da ONU contra a Tortura e outros Tratamentos ou Penas Cruéis, Desumanos ou Degradantes e a Convenção Interamericana para Prevenir e Punir a Tortura, logo, em determinadas situações o Brasil aceita a jurisdição universal. O Tribunal Penal Internacional é resultado da evolução crítica operada pelo conceito de jurisdição universal, pois caminha rumo a uma mitigação da soberania em nome de uma maior efetividade na proteção dos direitos humanos. Mas caso emblemático é o da Bélgica, pois esse país, por ato unilateral, conferiu competência universal ao seu judiciário, isto é, o poder judiciário belga pode julgar qualquer cidadão de qualquer país que tenha vilipendiado regras protetoras dos direitos humanos. Neste último caso, o conceito de soberania é ainda mais relativizado, pois, no caso do TPI os países signatários utilizaram de sua soberania para aceitar a jurisdição universal do tribunal internacional, já no caso da Bélgica nenhum país participou de sua estipulação legal. Por fim, deve-se apontar que o instituto recebe muitas críticas, como por exemplo o *paper* alcunhado *The Pitfalls of Universal Jurisdiction*[28] escrito por Henry Kissinger. O citado autor demonstra sua total contrariedade à ideia de jurisdição universal, utilizando até o termo "the tyranny of judges" (a tirania dos juízes), com forte apelo simbólico, para demonstrar suas preocupações sobre as consequências da efetiva utilização da jurisdição universal.

Gabarito 1C

---

26. Considera-se como indústria nacional o conjunto de produtores de bens similares ou diretamente concorrentes ao produto importado, estabelecido no território brasileiro, ou os produtores cuja produção total de bens similares ou diretamente concorrentes ao importado constitua uma proporção substancial da produção nacional de tais bens. O termo indústria inclui, ainda, as atividades ligadas à agricultura.

27. TIMM, Luciano Benetti; RIBEIRO, Rafael Pellegrini; ESTRELLA, Angela T. Gobbi. **Direito do Comércio Internacional**, Ed. FGV, 2009, pág. 142/143.

28. KISSINGER, Henry. *The Pitfalls of Universal Jurisdiction*. Foreign Affairs, july/august 2001.

(Procurador da Fazenda Nacional – 2007.2 – ESAF) Indique V para os itens verdadeiros e F para os falsos. Em seguida, assinale a sequência correta.

( ) O Brasil ratificou o tratado internacional que constitui o Tribunal Penal Internacional.

( ) O Tribunal Penal Internacional, ademais de poder julgar Estados, exerce jurisdição sobre indivíduos acusados dos crimes previstos em seu Estatuto.

( ) Entre as penas previstas pelo Estatuto de Roma, que cria o Tribunal Penal Internacional, estão a prisão perpétua e a pena de morte.

( ) Entre os crimes da competência do Tribunal Penal Internacional estão os crimes de genocídio, crimes contra a humanidade e crimes de guerra.

( ) O Estado condenado pelo Tribunal Penal Internacional está sujeito a sanções econômicas.

(A) V, V, F, V, V

(B) V, V, F, V, F

(C) V, V, V, V, V

(D) V, F, F, V, F

(E) F, F, F, F, V

1ª: verdadeira (art. 5º, § 4º, da CF); **2ª:** falsa. O Tribunal Penal Internacional (TPI) foi constituído na Conferência de Roma, em 17 de julho de 1998, onde se aprovou o Estatuto de Roma (tratado que não admite a apresentação de reservas), que só entrou em vigor internacionalmente em 1º de julho de 2002, e passou a vigorar, para o Brasil, em 1º de setembro de 2002. A partir de então tem-se um tribunal permanente para julgar indivíduos acusados da prática de crimes de genocídio, de crimes de guerra, de crimes de agressão e de crimes contra a humanidade. Deve-se apontar que *indivíduos* diz respeito a quaisquer indivíduos, independentemente de exercerem funções governamentais ou cargos públicos (art. 27 do Estatuto de Roma), desde que, à data da alegada prática do crime, tenham completado 18 anos de idade; **3ª:** falsa, pois a pena de morte não é prevista no Estatuto de Roma. Se a acusação for devidamente processada e aceita pela Câmara Preliminar, o TPI poderá julgar o caso. E, caso condene o indiciado culpado, a pena imposta terá que respeitar o limite máximo de 30 anos. Todavia, caso o crime seja de extrema gravidade, poderá ser aplicada a pena de prisão perpétua. Concomitantemente, poderá ser aplicada a pena de multa e de confisco, caso restar comprovado que o culpado adquiriu bens de forma ilícita (art. 77 do Estatuto de Roma). Além de sanções de natureza penal, o TPI pode determinar a reparação às vítimas de crimes e respectivos familiares, principalmente por meio da restituição, da indenização ou da reabilitação. Ainda, o Tribunal poderá, de ofício ou por requerimento, em circunstâncias excepcionais, determinar a extensão e o nível dos danos, da perda ou do prejuízo causados às vítimas ou aos titulares do direito à reparação, com a indicação dos princípios nos quais fundamentou a sua decisão (art. 75 do Estatuto de Roma); **4ª:** verdadeira (reler o comentário sobre a segunda assertiva); **5ª:** falsa (reler o comentário sobre a segunda assertiva).

Gabarito "D"

(Procurador da Fazenda Nacional – 2006 – ESAF) Nos termos do Estatuto do Tribunal Penal Internacional, assinado em Roma, em 1998, ao qual o Brasil aderiu em fevereiro de 2000, é competência deste tribunal julgar, exceto

(A) crimes de genocídio, a exemplo de ofensas graves à integridade física ou mental de membros de grupo.

(B) crimes contra a humanidade, a exemplo de agressão sexual, escravatura sexual, prostituição forçada, gravidez forçada, esterilização forçada ou outra forma de violência no campo sexual de gravidade comparável.

(C) crimes de guerra, a exemplo da destruição ou a apropriação de bens em larga escala, quando não justificadas por quaisquer necessidades militares e executadas de forma ilegal e arbitrária.

(D) crimes políticos, a exemplo de manipulação de eleições, do forjamento de dados e de agressões à liberdade de expressão.

(E) a transferência, direta ou indireta, por uma potência ocupante de parte da sua população civil para o território que ocupa ou a deportação ou transferência da totalidade ou de parte da população do território ocupado, dentro ou fora desse território.

O Tribunal Penal Internacional (TPI) foi constituído na Conferência de Roma, em 17 de julho de 1998, onde se aprovou o Estatuto de Roma (tratado que não admite a apresentação de reservas), que só entrou em vigor internacionalmente em 1º de julho de 2002, e passou a vigorar, para o Brasil, em 1º de setembro de 2002. A partir de então tem-se um tribunal permanente para julgar indivíduos[29] acusados da *prática de crimes de genocídio, de crimes de guerra, de crimes de agressão e de crimes contra a humanidade*. Deve-se apontar que indivíduos diz respeito a quaisquer indivíduos, independentemente de exercerem funções governamentais ou cargos públicos (art. 27 do Estatuto de Roma), desde que, à data da alegada prática do crime, tenham completado 18 anos de idade. Cabe destacar que nenhuma pessoa será considerada criminalmente responsável por uma conduta anterior à entrada em vigor do Estatuto de Roma – é a chamada irretroatividade *ratione personae*. O TPI é orientado pelos princípios da legalidade e da anterioridade penal, o que é bem delineado pela redação do art. 5º, ponto 2, do Estatuto de Roma. A criação do TPI corrobora a ideia de responsabilidade internacional do indivíduo, consoante ao que se iniciou com os Tribunais *ad hoc* de Nuremberg e de Tóquio,[30] e depois de Ruanda e da Iugoslávia. É importante fri-

29. Percebe-se que aqui, ao contrário da responsabilidade internacional do Estado, a responsabilidade pelo ato internacional ilícito é imputada exclusivamente ao indivíduo. Além dos crimes tipificados no Estatuto de Roma, podemos citar o tráfico de drogas e de escravos e a pirataria como outros exemplos de atos ilícitos internacionais imputados exclusivamente ao indivíduo.

30. Tanto o Tribunal de Nurembergue como o de Tóquio foram instituídos para julgar os crimes de guerra e contra a humanidade perpetrados durante a Segunda Guerra Mundial. O Tribunal de Nurembergue tinha por missão julgar os líderes nazistas (o julgamento começou em 20 de novembro de 1945) e foi idealizado pelos Aliados (principais: EUA, URSS, Reino Unido e França) da Segunda Guerra, que escalou o Chefe da Justiça estadunidense, Robert Jackson, para ser o seu coordenador. Cabe lembrar que a experiência de Nurembergue marcou a primeira vez em que crimes de guerra foram julgados por um tribunal internacional. Já o Tribunal de Tóquio ou Tribunal Militar Internacional para o Extremo Oriente tinha por missão julgar os líderes do Império japonês (o julgamento começou em 3 de maio de 1946) e também foi idealizado pelos Aliados da Segunda Guerra. Uma crítica que se faz aos dois Tribunais é que se trata de uma "justiça dos vencedores".

sar que o Tribunal é uma entidade independente da ONU e tem sede em Haia, nos Países Baixos. Ademais, tem personalidade jurídica de direito internacional e é formado pela Presidência, Seção de Instrução, Seção de Julgamento em Primeira Instância, Seção de Recursos, Procuradoria e Secretaria. A grande característica do tribunal é sua complementaridade, isto é, a jurisdição do TPI somente será exercida caso a Seção de Instrução verificar que existem provas suficientes para o acusado ser levado para julgamento e também concluir que algum sistema jurídico nacional tenha sido incapaz ou não tenha demonstrado interesse em julgar o caso. Este último requisito pode ser verificado se ocorrer demora injustificada no procedimento, falta de independência do poder judiciário e até falta de capacidade para realizar a justiça penal. Cabe também destacar, consoante ao que dispõe o art. 29 do Estatuto de Roma, que os crimes da competência do TPI não prescrevem. A acusação, referente à prática de algum dos crimes tipificados no artigo 5° do Estatuto de Roma, poderá ser levada até o conhecimento do TPI, que tem jurisdição para julgar os crimes cometidos nos territórios dos estados-partes ou dos estados que reconheçam sua competência, por meio de algum estado-parte, pelo Conselho de Segurança (nos termos do Capítulo VII da Carta da ONU) ou pelo procurador-geral do TPI. Se a acusação for devidamente processada e aceita pela Câmara Preliminar, o TPI poderá julgar o caso. E, caso condene o indiciado culpado, a pena imposta terá que respeitar o limite máximo de 30 anos. Todavia, caso o crime seja de extrema gravidade, poderá ser aplicada a pena de prisão perpétua. Concomitantemente, poderá ser aplicada a pena de multa e de confisco, caso restar comprovado que o culpado adquiriu bens de forma ilícita (art. 77 do Estatuto de Roma). Além de sanções de natureza penal, o TPI pode determinar a reparação às vítimas de crimes e respectivos familiares, principalmente por meio da restituição, da indenização ou da reabilitação. Ainda, o Tribunal poderá, de ofício ou por requerimento, em circunstâncias excepcionais, determinar a extensão e o nível dos danos, da perda ou do prejuízo causados às vítimas ou aos titulares do direito à reparação, com a indicação dos princípios nos quais fundamentou a sua decisão (art. 75 do Estatuto de Roma). Por fim, a grande inovação do Estatuto foi a criação do instituto da entrega ou surrender. A entrega é a entrega de um estado para o TPI, a pedido deste, de indivíduo que deva cumprir pena por prática de algum dos crimes tipificados no art. 5° do Estatuto de Roma. A título comparativo, a extradição é a entrega de um estado para outro estado, a pedido deste, de indivíduo que em seu território deva responder a processo penal ou cumprir pena por prática de crime de certa gravidade. A grande finalidade do instituto da entrega é driblar o princípio da nao extradição de nacionais e, logicamente, garantir o julgamento do acusado, pois o TPI não julga indivíduos à revelia. Ou seja, criou-se tal figura para permitir que o estado entregue indivíduo que seja nacional seu ao TPI. Em outras palavras, a entrega nada mais é do que o cumprimento de ordem emanada do Tribunal Penal Internacional. A legitimidade de tal autoridade reside no fato de o tribunal realizar os anseios de justiça de toda a comunidade internacional julgando e condenando autores de crimes tão nefastos para a humanidade. Assim, o estado, como signatário do estatuto de Roma, deve cooperar e entregar seu nacional para ser julgado pelo TPI. A título comparativo, a entrega é de interesse de toda a comunidade internacional, ao passo que a extradição é de interesse do país requerente. O Brasil, com fundamento no art. 5°, LI e § 4°, da CF, permite a entrega de nacional seu ao TPI, mas proíbe a extradição de nacional seu ao estado requerente. Lembrando, com base no inciso LI supracitado, que existe uma exceção ao princípio da não extradição de nacionais no Brasil, trata-se do caso de brasileiro naturalizado que tiver comprovado envolvimento em tráfico ilícito de entorpecentes e drogas afins. E a título de curiosidade, cabe lembrar que os EUA não reconhecem a jurisdição do TPI.

Gabarito "D"

(Procurador da Fazenda Nacional – 2004 – ESAF) A violação das leis de guerra por parte de um combatente nos conflitos internacionais implica sua punição. Em 17 de julho de 1998 foi adotado o Estatuto do Tribunal Penal Internacional, seus Anexos e a Ata Final da Conferência de Roma sobre o estabelecimento de um Tribunal Penal Internacional. O principal dispositivo do Estatuto, que figura no artigo 1°, consagra o princípio da *complementaridade*, nos termos do qual a jurisdição do Tribunal Penal Internacional

(A) será exercida em qualquer circunstância, mediante provocação da Organização das Nações Unidas, comprovada a violação das leis de guerra, com exceção dos crimes de genocídio.

(B) será exercida em qualquer circunstância, mediante provocação da Organização das Nações Unidas, a menos que o país prejudicado não tenha ratificado a Ata Final da Conferência de Roma.

(C) será exercida permanentemente, independente de provocação da Organização das Nações Unidas e de comprovação de violação das leis de guerra, dependendo, no entanto, de instalação de um tribunal *ad hoc* a ser designado pela Corte de Haia, mediante provocação de no mínimo cinco países signatários da Ata Final da Conferência de Roma.

(D) terá caráter excepcional, isto é, somente será exercida em caso de manifesta incapacidade ou falta de disposição de um sistema judiciário nacional para exercer sua jurisdição primária, ou seja, os Estados terão primazia para investigar os crimes previstos no Estatuto do Tribunal.

(E) terá caráter eventual, isto é, somente será exercida em caso de comprovada violação de crimes contra a humanidade, dependendo, no entanto, de instalação de um tribunal a ser organizado pelas forças de ocupação.

A grande característica do tribunal é sua *complementaridade*, isto é, a jurisdição do TPI somente será exercida caso a Seção de Instrução verificar que existem provas suficientes para o acusado ser levado para julgamento e também concluir que algum sistema jurídico nacional tenha sido incapaz ou não tenha demonstrado interesse em julgar o caso. Este último requisito pode ser verificado caso ocorra demora injustificada no procedimento, falta de independência do poder judiciário e até falta de capacidade para realizar a justiça penal.

Gabarito "D"

1.17. COMPETÊNCIA NA CONSTITUIÇÃO

(Procurador do Município/São José dos Campos-SP – 2012 – VUNESP) Segundo as regras constitucionais de competência do Poder Judiciário, uma causa em que forem partes Estado estrangeiro ou organismo internacional, de um lado, e, do outro, Município, a competência para julgamento será do

(A) Supremo Tribunal Federal, originariamente.

(B) Supremo Tribunal Federal, em recurso extraordinário.

(C) Superior Tribunal de Justiça, em recurso ordinário.

(D) Superior Tribunal de Justiça, em recurso especial.

(E) Tribunal Regional Federal, em recurso ordinário.

A competência será do STJ via recurso ordinário (art. 105, II, *c*, da CF).

Gabarito "C"

(Procurador do Município/Natal-RN – 2008 – CESPE) Considerando, por hipótese, que o município de Natal ajuíze ação contra Estado estrangeiro na justiça federal de primeiro grau; que, após o regular trâmite processual, o juiz profira sentença desfavorável ao município, e que este deseje recorrer da decisão, o procurador do município, tendo em vista a distribuição de competências previstas na CF, deverá interpor

(A) apelação para o TRF.

(B) recurso ordinário para o STF.

(C) recurso ordinário para o STJ.

(D) recurso especial para o STJ.

A, B, C e **D:** o STJ tem competência para julgar em recurso ordinário as causas em que forem partes Estado estrangeiro ou organismo internacional, de um lado, e, do outro, Município ou pessoa residente ou domiciliada no País (art. 105, II, *c*, da CF).

Gabarito "C"

1.18. COMBINADAS E OUTROS TEMAS

(Procurador Federal – 2013 – CESPE) Julgue os itens que se seguem de acordo com a jurisprudência do STF.

(1) Uma vez que o deferimento de naturalização é de competência do ministro de Estado da Justiça, posterior revisão de eventual ato de naturalização poderá ser igualmente realizada pela mesma autoridade. A razão para isso radica-se no princípio da simetria das formas.

(2) O reconhecimento superveniente de *status* de refugiado obsta o prosseguimento de processo extradicional que tenha implicações com os motivos do deferimento do refúgio.

1: errado. A concessão da naturalização é de faculdade exclusiva do Presidente da República (art. 7º da Lei 818/1949); **2:** certo (art. 33 da Lei 9.474/1997).

Gabarito 1E, 2C

(Advogado da União/AGU – CESPE – 2012) No que se refere à responsabilidade internacional dos Estados e às fontes do direito internacional e sua relação com o direito interno brasileiro, julgue os itens a seguir.

(1) Na Convenção de Viena sobre Direito dos Tratados, o dispositivo que versa sobre a aplicação provisória de tratados foi objeto de reserva por parte do Estado brasileiro.

(2) Por decisão do STF, os costumes e tratados de direitos humanos adotados pelo Brasil antes da edição da Emenda Constitucional n.º 45/2004 adquiriram, no direito brasileiro, estatuto de normas supralegais.

(3) O texto final do projeto sobre responsabilidade internacional dos Estados, aprovado pela Comissão de Direito Internacional da ONU, prevê um sistema agravado de responsabilidade, por violação de normas peremptórias de direito internacional geral.

(4) De acordo com o projeto da Comissão de Direito Internacional da ONU sobre responsabilidade internacional dos Estados, as garantias de não repetição são consequências possíveis de um ilícito internacional.

1: correta. A Convenção de Viena sobre Direito dos Tratados entrou em vigor internacional em 27 de janeiro de 1980 e só foi promulgada no Brasil pelo Decreto n. 7.030 de 14 de dezembro de 2009. A ratificação não só demorou, mas veio com reserva aos arts. 25 e 66. O art. 25 cuida da aplicação provisória de um tratado e determina que, se for assim disposto ou acordado pelas partes, o tratado pode obter uma vigência provisória mesmo sem ter sido objeto de ratificação – o Brasil não aceita esta prática, já que, em regra, a ratificação dos tratados depende de um procedimento complexo, no qual o Congresso Nacional tem que aprovar o texto do tratado, e o fará por meio de um decreto legislativo promulgado pelo Presidente do Senado e publicado no Diário Oficial da União. Assim, a regra é que os tratados celebrados pelo Presidente da República sejam apreciados pelo Congresso Nacional (art. 84, VIII, da CF). Já o art. 66 discorre sobre o processo de solução judicial, de arbitragem e de conciliação e determina a competência obrigatória da Corte Internacional de Justiça quando houver conflito ou superveniência de norma imperativa de direito internacional (*jus cogens*) – este artigo não foi aceito pelo Brasil, lembrando que o país não está vinculado ao art. 36 do Estatuto da Corte Internacional de Justiça que disciplina a "cláusula facultativa de jurisdição obrigatória"; **2:** errada, pois apenas os tratados de direitos humanos adotados antes da edição da Emenda Constitucional n.º 45/2004 adquiriram *status* de normas supralegais (RE 466.343-SP STF); **3:** certa, pois os arts. 40 e 41 do Projeto sobre Responsabilidade Internacional dos Estados cuidam das violações graves de obrigações decorrentes de normas imperativas de direito internacional geral; **4:** certa, pois em consonância com a redação do art. 30 do Projeto sobre Responsabilidade Internacional dos Estados.

Gabarito 1C, 2E, 3C, 4C

(Advogado da União/AGU – CESPE – 2012) Julgue os próximos itens, referentes a solução pacífica de controvérsias, direito internacional do mar, segurança internacional coletiva e manutenção da paz.

(1) De acordo com a Convenção das Nações Unidas sobre Direito do Mar, baixios a descoberto que se encontrem, parcialmente, a uma distância do continente que não exceda a largura do mar territorial podem ser utilizados como parâmetro para medir a largura do mar territorial.

(2) Em 2011, o órgão de solução de controvérsias da Organização Mundial do Comércio estabeleceu a ação de reenvio prejudicial, de modo que a Corte Internacional de Justiça pudesse decidir sobre a competência do órgão para julgamento de questões de direitos humanos relacionadas ao comércio internacional.

(3) O Tratado sobre a Não Proliferação de Armas Nucleares estabelece a prevalência de seus dispositivos sobre quaisquer tratados regionais, de forma a assegurar a ausência total de armas nucleares nos territórios dos Estados signatários.

1: certa, pois reproduz a redação do art. 13, ponto 1, da Convenção das Nações Unidas sobre Direito do Mar; **2:** errada, pois a informação dada na assertiva não procede; **3:** errada, pois o art. 7º do Tratado sobre a Não Proliferação de Armas Nucleares assim dispõe: "Nenhuma cláusula deste Tratado afeta o direito de qualquer grupo de Estados de concluir tratados regionais para assegurar a ausência total de armas nucleares em seus respectivos territórios".

Gabarito 1C, 2E, 3E

(Procurador da Fazenda Nacional – 2007 – ESAF) Assinale a opção correta, tendo em vista o Direito Econômico Internacional e, em particular, as disciplinas jurídico-internacionais relativas a investimentos.

(A) O Brasil ratificou a Convenção sobre Solução de Controvérsias relativas a Investimentos entre Estados e nacionais de outros Estados, que estabeleceu o Centro Internacional para Solução de Controvérsias sobre Investimentos (conhecido pela sigla ICSID, em inglês).

(B) A Convenção sobre Solução de Controvérsias relativas a Investimentos entre Estados e nacionais de outros Estados prevê a possibilidade de que, mediante consenso, dois Estados apresentem uma disputa para que seja submetida à arbitragem pelo Centro Internacional para Solução de Controvérsias sobre Investimentos (ICSID).

(C) O Protocolo de Colônia para Proteção e Promoção Recíproca de Investimentos no Mercosul, adotado em 1994, encontra-se atualmente em vigor, após ter sido incorporado à ordem jurídica interna dos países do Mercosul.

(D) Em 2006, o Brasil ratificou os Acordos de Proteção e Promoção de Investimentos que havia assinado com Reino Unido, EUA e Alemanha.

(E) O Protocolo de Colônia para Proteção e Promoção Recíproca de Investimentos no Mercosul prevê a possibilidade de uma controvérsia entre, de um lado, um investidor de um Estado-parte e, de outro, o Estado-parte receptor do investimento ser solucionada pela via arbitral.

A: incorreta, pois o Brasil não é signatário dessa Convenção; **B:** incorreta, pois o ICSID presta-se a solucionar controvérsias entre Estado e nacional (investidor) de outro Estado, e não entre Estados – art. 25 da Convenção que o instituiu (Convenção sobre Solução de Controvérsias relativas a Investimentos entre Estados e nacionais de outros Estados); **C:** incorreta, pois o Protocolo de Colônia não está em vigor; **D:** incorreta, pois dentre os acordos para promoção e proteção de investimentos, somente o celebrado com os EUA foi promulgado; E: correta (art. 9º do Protocolo de Colônia).

Gabarito "E"

(Procuradoria Federal – 2007 – CESPE) É o direito internacional público uma espécie de direito? Essa natureza do direito internacional público tem sido desafiada por dois argumentos. O primeiro afirma que não há um poder central mundial com atividades típicas dos Poderes Executivo, Legislativo e Judiciário. O segundo destaca a inexistência de uma sociedade internacional que compartilhe efetivamente valores de forma ampla e consensual. Apesar desses argumentos, verifica-se que os Estados nacionais não vivem de forma isolada, eles interagem com a comunidade internacional por meio de tratados, da globalização das atividades laborais e econômicas, bem como criam entes de direito supranacional, que buscam, como no MERCOSUL, a integração e a proteção de determinados valores compartilhados mundialmente. Considerando o texto acima como referência inicial, cada um dos itens subsequentes apresenta uma situação hipotética, seguida de uma assertiva a ser julgada de acordo com a doutrina e a legislação pertinente.

(1) As forças da Polícia Militar de Minas Gerais, com o objetivo de ampliar o território mineiro, invadiram parte do estado do Rio de Janeiro, entrando em choque com a polícia militar fluminense. Nessa situação, como o conflito se dá entre dois estados brasileiros, deve-se aplicar o direito internacional, mais especificamente as normas previstas na Convenção de Genebra de 1949, por ser o Brasil dela signatário.

(2) Manoel, marroquino, residente há um ano no Brasil, deseja fazer concurso público para diplomata. Nessa situação, de acordo com o regime jurídico do estrangeiro ora vigente, Manoel poderá fazer o concurso referido desde que se naturalize brasileiro.

(3) Flávio, muçulmano nacional do Iraque, bígamo, que trabalha em construtora brasileira na Arábia Saudita, trouxe toda a sua família para o Brasil e, aqui chegando, desejou cadastrar, no INSS, suas esposas como suas dependentes na qualidade de cônjuges. Nessa situação, segundo o direito brasileiro, a pretensão de Flávio poderia ser satisfeita com a homologação judicial dos dois casamentos realizados no Iraque, pelo STF.

(4) O estado do Rio Grande do Sul, almejando ser reconhecido internacionalmente como um Estado soberano, pleiteou uma cadeira na Organização das Nações Unidas (ONU), alegando que possui um território, uma população e um governo permanente. Nessa situação, os requisitos apresentados não são suficientes para que o Rio Grande do Sul seja aceito na Assembleia-Geral da ONU.

1: errada. Os Estados-membros da Federação não são soberanos e não têm, portanto, personalidade jurídica internacional – art. 1º, I, da CF. O caso narrado permite a intervenção federal (art. 34, II, da CF); **2:** errada, pois os cargos da carreira diplomática são privativos de brasileiros natos – art. 12, § 3º, V, da CF; **3:** errada. Em princípio, casamentos não são homologados judicialmente (art. 15 da Lei de Introdução às normas do Direito Brasileiro – LINDB). Ademais, as sentenças estrangeiras (se houver, no caso) são homologadas pelo STJ (não pelo STF) – art. 105, I, *i*, da CF. Finalmente, se considerada ofensiva aos bons costumes, a bigamia não será reconhecida no Brasil (art. 17, *in fine*, da LINDB, à luz do art. 226, § 3º, da CF e do art. 1.521, VI, do CC). Dá leitura do art. 17 da LINDB percebe-se que existe um filtro em relação aos atos, leis e sentenças estrangeiras, pois tais só irradiarão seus efeitos no Brasil se não ofenderem a soberania nacional, a ordem pública e os bons costumes. Poderíamos englobar estes filtros na ideia de ordem pública, esta mais abrangente. A doutrina por muito tempo tentou estabelecer um conceito indubitável para ordem pública, o que restou infrutífero em função de sua abstratividade. Todavia, pode-se considerar ordem pública como os valores compartilhados por uma dada sociedade num determinado corte temporal (sentido amplo). Pela ideia percebe-se que é uma noção abstrata e dinâmica, pois se modifica conforme a evolução/involução cultural da sociedade de determinado país. Em outras palavras, são as ideias políticas, econômicas, culturais etc. compartilhadas por grande parte de uma dada sociedade, ou é o conjunto de regras e princípios basilares de um certo ordenamento jurídico (sentido jurídico). E sua função dentro do DIPr é defender o sistema de valores de um determinado país. Isto porque, por exemplo, uma sentença proveniente de um sistema de valores diverso poderia vir a romper com os valores compartilhados pela nação. Destarte, mesmo se o DIPr brasileiro indicar o direito estrangeiro como aplicável ao caso misto, o juiz poderá afastá-lo para proteger a ordem pública. Assim, leis estrangeiras, atos ou negócios jurídicos celebrados no exterior (contrato, casamento, testamento etc.) e sentenças estrangeiras serão impedidas de irradiar efeitos no Brasil se atentarem contra a ordem pública. Também ficarão impedidos de aqui irradiar efeitos os laudos arbitrais que atentarem contra a ordem pública,[31] bem como existe limitação à escolha do direito aplicável à arbitragem (art. 2º, § 1º, da Lei n. 9307/1996). Um outro exemplo é a situação de sentenças estrangeiras que determinam o pagamento de dívidas de jogo contraídas no estrangeiro. Ora, tais não poderão ser cumpridas no Brasil por chocarem-se com a determinação do art. 814 do CC, sendo assim, desrespeitam a ordem pública brasileira;[32] **4:** certa. Estado é um agrupamento humano estabelecido sobre um território determinado e guiado por um governo independente. Da análise do conceito supracitado pode-se apontar os elementos constitutivos do Estado,[33] os quais são: a) população permanente; b) território determinado; c) governo independente; d) capacidade de manter relações com os demais estados. Percebe-se que o Rio Grande do Sul (estado federado) não tem governo independente (soberania), mas apenas certa autonomia, logo não poderá ter cadeira na ONU (apenas países têm). A federação de estados ou estado federal é a união permanente de dois ou mais estados, onde cada um deles conserva apenas a autonomia interna, pois a soberania externa é exercida por um órgão central, normalmente denominado governo federal. O Brasil é estado federal desde a Constituição Federal de 1891. Portanto, sempre é o governo central que atuará perante a comunidade internacional, pois é o representante do estado como um todo, que é o único detentor de personalidade jurídica internacional.

Gabarito 1E, 2E, 3E, 4C

Texto motivador para a questão.

"(...) a grande nota característica do Direito Internacional Público, na atualidade, é sua enorme expansão, tanto no referente à extensão de assuntos sob seu império (a mencionada globalização horizontal), quanto a seu vigor em direção a maior eficácia (uma das consequências da citada globalização vertical). Nesse particular, digno de nota, em comparação com os séculos anteriores, é a extraordinária multiplicação de suas fontes: o crescimento exponencial de tratados multilaterais, sobre os mais variados temas, a proliferação de organizações intergovernamentais, com seus poderes normativos próprios, e, no campo doutrinário, a emergência de obras coletivas, reunidas por um editor de talento ou sob a égide de organizações científicas nacionais ou internacionais, onde temas tópicos são versados com a mais alta competência e especialidade. Para completar o rol das fontes do Direito Internacional Público, neste início do século XXI, têm crescido em número e importância as decisões de tribunais internacionais, fato que confere à jurisprudência um papel da mais alta relevância, como forma de revelação das normas desse Direito, sem ter a possibilidade de descobrir qualquer paralelismo, com tal vigor, nos tempos passados da história das relações internacionais." (*in* SOARES, Guido Fernando Silva. *Curso de Direito Internacional Público*. São Paulo: Atlas, 2002. vol. 1, p. 34).

(Procurador da Fazenda Nacional – 2003 – ESAF) Considerando que o texto transcrito tem caráter unicamente motivador, avalie os seguintes itens e indique a opção correta.

I. No momento atual, o Direito Internacional Público ainda não dispõe de meios efetivos de sanção.

II. A ausência de um Poder Legislativo universal, bem assim de um Judiciário internacional com jurisdição compulsória, são alguns dos argumentos utilizados pelos negadores do direito internacional para falar da ausência de caráter jurídico do direito das gentes.

III. As organizações internacionais exprimem vontade própria – distinta da de seus Estados-membros – ao agir nos domínios em que desenvolve sua ação. Tal se dá tanto nas relações com seus membros, quanto no relacionamento com outros sujeitos do direito internacional.

IV. Pode-se mencionar como exemplos de tribunais internacionais: a Corte Internacional de Justiça (sede na Haia), a Corte Interamericana de Direitos Humanos (San José da Costa Rica), o Tribunal Internacional do Direito do Mar (Hamburgo), o Tribunal Penal Internacional (Haia) e a Corte Constitucional Italiana (Roma).

V. A doutrina, meio auxiliar para a determinação das regras de Direito Internacional Público, tem como funções fornecer a prova do conteúdo do direito e influir no seu desenvolvimento.

(A) Todos os itens estão corretos.

(B) Apenas os itens I, II e III estão corretos.

(C) Apenas os itens II, III e V estão corretos.

(D) Apenas o item IV está incorreto.

(E) Apenas os itens I e III estão incorretos.

I: incorreta, pois na solução pacífica de controvérsias, o Conselho de Segurança tem competência para agir preventiva ou corretivamente,

31. Nesse sentido foi a decisão na SEC 978-GB, Rel. Min. Hamilton Carvalhido, julgado em 17/12/2008: "Impossibilita a homologação da sentença arbitral estrangeira a ausência de assinatura na cláusula de eleição do juízo arbitral contida em contrato de compra e venda, no seu termo aditivo e na indicação de árbitro em nome da ora requerida, porquanto isso ofende o princípio da autonomia da vontade e a ordem pública (art. 4º, § 2º, da Lei n. 9.307/1996)". (Inform. STJ 381)
32. Cabe lembrar que no plano interno, diante da cobrança judicial de dívida de jogo, o juiz deve extinguir o processo sem a análise do mérito em função da impossibilidade jurídica do pedido (art. 267, VI, do CPC).
33. Assim definido pela Convenção de Montevidéu sobre Direitos e Deveres dos Estados, de 1933.

utilizando-se até mesmo de força militar – mantida à sua disposição por membros das Nações Unidas – contra Estado ou movimento armado no interior de algum país (arts. 42 a 47 da Carta das Nações Unidas). Pode-se citar como exemplo recente a Resolução 1973 aprovada, em 2011, pelo Conselho de Segurança das Nações Unidas e que permitia o emprego de força militar na Líbia pela OTAN. O objetivo era impedir o massacre de civis por tropas do então ditador Muamar Kadafi e, assim, garantir a paz internacional. Na atualidade, existem inúmeras outras formas para garantir a efetividade das sanções, mas o exemplo dado demonstra que é possível até fazer uso da força para garantir a efetividade das sanções, portanto, a assertiva está incorreta; **II:** correta, pois, de fato, esses argumentos são utilizados para desacreditar o caráter jurídico do Direito Internacional. Mas é patente o seu não fundamento, pois o Direito Internacional tem sua especificidade e deve ser analisado com base em suas características peculiares. Aliás, cada vez mais ganha proeminência os tribunais regionais de proteção dos direitos humanos (notadamente as Cortes Interamericana e Europeia de Direitos Humanos), sem contar as resoluções onusianas que têm validade para quase todos os países do mundo, visto que membros da ONU; **III:** correta. As organizações internacionais são constituídas, de forma permanente, pela vontade coletiva dos estados ou por outras organizações internacionais, entre elas ou com estados, e possuem personalidade jurídica de direito internacional. Esta personalidade é derivada e distinta da personalidade de seus membros, o que permite as OIs exprimirem vontade própria tanto nas relações com seus membros, quanto no relacionamento com outros sujeitos do direito internacional; **IV:** incorreta, pois a Corte Constitucional Italiana não é um tribunal internacional; **V:** correta. Consoante ao que dispõe o artigo 38, *d*, do Estatuto do CIJ, a Corte poderá utilizar como meio auxiliar as decisões judiciárias e a doutrina dos autores mais qualificados para determinar as regras de direito. Tal regra visa, como no caso dos princípios gerais do direito, evitar o *non liquet*. A doutrina tem grande importância no direito internacional, até maior que no direito nacional, pois as normas internacionais, em geral, são mais vagas e imprecisas, isto em função dos diversos interesses que coexistem na comunidade internacional. Ademais, a doutrina é importante para o processo de individualização das normas jurídicas, sobretudo no caso dos costumes e dos princípios gerais do direito. Ainda, ela funciona como criadora de normas em relação aos novos ramos do direito internacional, o que foi evidenciado no Direito do Mar, onde a doutrina auxiliou na determinação das noções de plataforma continental e de zona econômica exclusiva. Como expoente máximo da doutrina internacional cabe apontar o Instituto de Direito Internacional, pois este, mediante resoluções e votos edita verdadeiras súmulas de princípios do direito internacional, o que acaba influenciando a confecção de tratados.

Gabarito "C"

Exceção cultural à livre circulação de bens e serviços: o ponto de vista do Brasil no MERCOSUL

Certo grau de apreensão envolvendo a exceção cultural não deve ser negligenciado, na medida em que por trás das razões culturais podem encontrar abrigo a discriminação, o protecionismo, o nacionalismo, a xenofobia.

Sabiamente, a Corte Europeia de Justiça desenvolveu arcabouço jurisprudencial para enfrentar e impedir a proliferação de gama importante e muito variada de medidas discriminatórias, que se escondem atrás de cortina de boas intenções, mas que constituem medidas de efeito equivalente à discriminação que oficialmente se acordara eliminar. De modo semelhante, a regulamentação do GATT-OMC nos fala do conjunto de barreiras não tarifárias e de suas consequências.

As medidas não tarifárias que criam o risco de anular a colocação em prática das liberdades de circulação no seio da União Europeia, se utilizavam frequentemente de desculpas de natureza técnica, linguística, cultural, invocando padrões de qualidade, a proteção dos consumidores, entre tantos outros nomes possíveis (para não multiplicarmos os exemplos, vamos nos lembrar de Cassis de Dijon, a lei da pureza da cerveja etc.).

A preservação dos valores sempre trará riscos, na extensão das consequências e, emprestando termo do jargão médico, eventuais efeitos colaterais, que nos colocam perante o desafio de encontrar ponto de equilíbrio.

Esse antagonismo deve nos fazer ter presentes os desafios do momento atual: de um lado, riscos de homogeneização em escala mundial, ou ao menos supranacional, seguem a integração e a globalização, sobretudo econômica, mas estendem seus efeitos bem além do âmbito estritamente econômico – enquanto, de outro lado, nos encontramos perante levantes nacionalistas e xenófobos às vezes assustadores e que aparentam esvaziar de todo o seu sentido a civilização para nos levar à pré-história – a violência e a lei do mais forte, sem nenhuma máscara –, o que tampouco é desejável.

Em mundo que muda em velocidade crescente parecerá dificilmente conciliável a pretensão de deter o tempo e o fluxo da produção intelectual – seja esta de boa ou má qualidade – e a livre circulação da informação.

A exceção cultural parece carregar implicitamente em si a perigosa escolha de valor, cujas bases e sustentação devem ser questionadas: em que medida, haveria valores a proteger, de quem devemos protegê-los, e como assegurar esta proteção?

Paulo B. Casella. *In:* Revista de Direito da USP, n.º 97, 2002. (com adaptações).

(ADVOGADO – ANCINE – 2005 – CESPE) Tendo o texto acima por referência inicial, julgue os itens seguintes, acerca do acordo para a criação do mercado comum cinematográfico latino americano, assinado em Caracas, em 11/11/1989.

(1) O acordo prevê a criação de barreiras tarifárias e não tarifárias para que obras cinematográficas procedentes de países não signatários sejam impedidas de ingressar nos espaços nacionais de exibição dos estados-membros, objetivando, dessa forma, ampliar as possibilidades de mercado e de preservar os laços de unidade cultural entre os povos ibero-americanos e caribenhos.

(2) O acordo prevê a equiparação das obras cinematográficas participantes do mercado comum cinematográfico latino-americano às obras cinematográficas nacionais em cada estado-membro.

(3) O acordo prevê a concessão às obras cinematográficas participantes do mercado comum cinematográfico latino-americano dos benefícios de quotas de distribuição e de exibição, conforme a legislação de cada estado-membro.

(4) No acordo, há previsão de concessão às obras cinematográficas participantes do mercado comum cinematográfico latino-americano de incentivos financeiros governamentais para fomentar a indústria cinematográfica da região, segundo a legislação interna de cada estado-membro.

(5) O Brasil não ratificou o acordo por carência de amparo constitucional para a promoção da integração cultural latino-americana, uma vez que esta só é prevista na Constituição Federal de 1988 do ponto de vista político-econômico.

1: errada, pois não existe a citada previsão no Acordo para Criação do Mercado Comum Cinematográfico Latino-Americano; **2:** certa, pois em consonância com a redação do art. 8º Acordo para Criação do Mercado Comum Cinematográfico Latino-Americano: "As obras cinematográficas participantes do Mercado Comum Cinematográfico Latino-Americano serão consideradas como obra cinematográfica nacional em cada Estado Membro para fins de sua distribuição e exibição por qualquer meio, e, em consequência, usufruirão de todos benefícios e direitos conferidos a obras cinematográficas nacionais pela legislação de cada Estado Membro no que diz respeito a espaços para exibição, quotas de exibição, quotas de distribuição e demais prerrogativas, excetuados os incentivos financeiros governamentais"; **3:** certa, pois em consonância com a redação do art. 4º Acordo para Criação do Mercado Comum Cinematográfico Latino-Americano: "Cada Estado Membro do presente Acordo terá direito a que quatro obras cinematográficas nacionais suas de duração não inferior a setenta minutos concorram anualmente nos mercados nacionais dos demais Estados Membros do Mercado Comum Cinematográfico Latino-Americano. As referidas quatro obras cinematográficas poderão variar segundo o Estado Membro a que se destinem. Após revisão do funcionamento do presente Acordo pelos Estados Membros, a referida participação poderá ser ampliada de comum acordo. Não se exclui a possibilidade de que Estados Membros celebrem Acordos bilaterais prevendo participações mais elevadas que as previstas no presente Acordo"; **4:** errada, pois não existe a citada previsão no Acordo para Criação do Mercado Comum Cinematográfico Latino-Americano; **5:** errada, pois o Brasil ratificou o citado Acordo (vide Decreto 2.768/1998).

Gabarito 1E, 2C, 3C, 4E, 5E

(ADVOGADO – CEF – 2010 – CESPE) Assinale a opção correta a respeito da atuação das cortes internacionais e dos sistemas de solução de controvérsias entre Estados.

(A) A Corte Internacional de Justiça de Haia, como verdadeira corte mundial, é dotada de jurisdição obrigatória, de modo que todos os membros da ONU, se acionados em um caso concreto por outro membro, não se podem furtar ao julgamento daquela entidade.

(B) Devido ao princípio constitucional de não intervenção, o Brasil não reconhece a jurisdição do Tribunal Penal Internacional, que prevê a entrega de nacionais para julgamento perante essa corte.

(C) O Órgão de Apelação da OMC foi estabelecido na década passada pelo Acordo de Marraqueche, que criou aquela organização. O sistema de solução de controvérsias do antigo GATT possuía apenas uma etapa de painéis, de cujas decisões não cabia recurso.

(D) Como órgão de instância regional, o Tribunal Permanente de Revisão do MERCOSUL está subordinado ao Órgão de Apelação da OMC, como pôde ser verificado na disputa "Argentina – Medidas *antidumping* às importações de frangos do Brasil".

(E) Indivíduos e empresas podem acionar diretamente os tribunais arbitrais *ad hoc* do MERCOSUL, mas não o seu Tribunal Permanente de Revisão.

A: incorreta. Inclusive o Brasil não está vinculado ao art. 36 do Estatuto da Corte Internacional de Justiça, que disciplina a "cláusula facultativa de jurisdição obrigatória"; **B:** incorreta, pois o Brasil reconhece a jurisdição do TPI (art. 5º, § 4º, da CF); **C:** correta. O antigo Acordo Geral de Tarifas e Comércio (GATT, 1947) não era uma organização internacional, mas sim um acordo temporário que teve vigência de 1948 a 1994, ano em que foi absorvido pelo conjunto institucional mais amplo e mais estruturado que é a OMC. Tal acontecimento se deu na Rodada Uruguai de negociações do GATT e tomou corpo mediante a Reunião Ministerial de Marrakech, entrando em vigor em 1º de janeiro de 1995 com a sua ratificação. Sua estrutura comportava um acordo-base (instituidor da OMC), três anexos disciplinando acordos obrigatórios (entre eles a submissão do estado-membro ao sistema de solução de controvérsias) e um anexo cuidando de um facultativo. Importante saber que no âmbito da OMC vige a regra do *single undertaking*, ou seja, os países que aderirem à OMC automaticamente adotam os Anexos 1, 2 (Entendimento Relativo às Normas e Procedimentos sobre Solução de Controvérsias) e 3 (Mecanismo de Exame de Políticas Comerciais) do Acordo Constitutivo da OMC – o Anexo 4 (Acordos Plurilaterais[34]) é opcional. Lembrando que o Anexo 1A cuida dos Acordos Multilaterais sobre Comércio de Bens, o Anexo 1B regula o Acordo Geral sobre o Comércio de Serviços – Gats – e o Anexo 1C disciplina o Acordo sobre Aspectos dos Direitos de Propriedade Intelectual. O sistema de solução de controvérsias da OMC tem a função de dirimir as disputas comerciais entre os estados-membros e é basicamente dividido em cinco fases: consultas, painéis, apelação, implementação e retaliação. Cabe dizer que o sistema é fruto das normas, procedimentos e práticas elaborados desde o surgimento do GATT de 1947 (cabe recordar que o sistema de solução de controvérsias do antigo GATT possuía apenas uma etapa de painéis, de cujas decisões não cabia recurso.) Antes de analisar cada etapa, importante destacar a mudança da regra do consenso positivo, vigente no GATT, para a regra do consenso negativo ou invertido, norteadora do sistema de solução de controvérsias da OMC. Pela regra antiga era necessário um consenso de todos os membros do GATT, inclusive o reclamado, para que um painel fosse instalado, um parecer técnico aprovado e retaliações comerciais fossem levadas a cabo pelo reclamente. Não precisa nem dizer a dificuldade desse sistema em funcionar, pois quase sempre o reclamado votava contra essas medidas que o prejudicariam, assim a regra antiga do consenso positivo impossibilitava, por razões políticas, o manuseio do importante sistema de solução de controvérsias da OMC. Por outro lado, todas essas etapas se tornaram praticamente automáticas com a regra do consenso negativo ou invertido, pois o painel só não será instalado se todos os estados-membros da OMC, incluído o reclamante, forem contra. O mesmo se aplica para aprovação do parecer técnico e para permissão de adoção de retaliações comerciais. E essa automatização das etapas

34. Anexo 4A – Acordo sobre Comércio de Aeronaves Civis; Anexo 4B – Acordo sobre Compras Governamentais; Anexo 4C – Acordo Internacional de Produtos Lácteos; Anexo 4D – Acordo Internacional sobre Carne Bovina.

permite a prevalências das decisões jurídicas sobre as decisões políticas no seio da OMC. Outro ponto importante antes de adentrarmos a análise das etapas componentes do sistema de solução de controvérsias é a limitação *ratione personae*, ou seja, apenas os estados podem iniciar uma disputa na OMC, nunca os atores privados. As etapas processuais são as seguintes: a) etapa de consultas: antes de solicitar a criação de um painel junto à OMC, as partes em desacordo devem utilizar as consultas bilaterais – bons ofícios, conciliação e mediação – por provocação do reclamante. A etapa de consultas é obrigatória e deve durar 60 dias; b) etapa de painéis: se as consultas bilaterais não funcionarem, o reclamante pode solicitar, por escrito, a criação de um painel junto à OMC, mas cabe lembrar que o reclamado tem o direito de impedir a instauração do painel na primeira reunião. O painel é formado a cada caso e é composto normalmente por três indivíduos independentes e altamente qualificados, que possuem a missão de apreciar objetivamente a questão colocada e elaborar um parecer com o objetivo de aclarar se o reclamado descumpriu ou não as regras do comércio internacional estabelecidas pela OMC. O parecer deverá ser entregue às partes no prazo de seis meses contado da formação do painel e ao Órgão de Solução de Controvérsias no prazo de nove meses contado também da formação do painel. Importante dizer que os especialistas em direito e comércio internacional serão indicados por cada estado-membro e deverão ser aprovados pelo Órgão de Solução de Controvérsias; c) etapa de painéis II: com o recebimento do parecer e sem a interposição do recurso de apelação, o Órgão de Solução de Controvérsias deve adotar o parecer no prazo de 60 dias – respeitando a regra do consenso negativo; d) etapa da apelação: qualquer parte pode notificar o Órgão de Solução de Controvérsias da sua decisão de recorrer. O exercício do direito de recorrer fica condicionado ao respeito do prazo temporal, qual seja, 60 dias contados do recebimento do parecer elaborado pelo Órgão de Solução de Controvérsias. Nesse caso, o Órgão de Apelação terá o prazo de 60 dias para confeccionar um parecer sobre questões de direito da contenda comercial, lembrando que o Órgão de Apelação é um colegiado permanente que emite pareceres em sede de revisão e possui composição fixa (mandato de quatro anos, permitida uma reeleição[35]), a qual é escolhida por consenso entre todos os membros da OMC. Os relatórios do Órgao de Apelação são adotados pelo Órgão de Solução de Controvérsias e aceitos incondicionalmente pelas partes em litígio, salvo se o Órgão de Solução de Controvérsias decidir por consenso, incluindo o reclamante e o reclamado, não adotar o relatório confeccionado pelo Órgão de Apelação; e) etapa da implementação: sendo aceita a reclamação, o reclamado apontado como infrator deve tomar as medidas necessárias para modificar a conduta censurada pelas regras da OMC, consoante determinado no parecer do painel ou do Órgão do Apelação. As medidas devem ser tomadas dentro de um prazo razoável, que não pode exceder 15 meses contados da adoçao pelo Órgão de Solução de Controvérsias do parecer confeccionado pelo painel ou pelo Órgão de Apelação. Entretanto, o supracitado prazo pode ser prorrogado por decisão das partes; f) etapa da retaliação: caso o estado-membro reclamado não cumprir a decisão do Órgão de Solução de Controvérsias após transcorrido 30 dias contados do final do prazo razoável, o estado reclamante pode solicitar a permissão para adotar retaliações comerciais em desfavor do reclamado para, assim, buscar a compensação dos prejuízos sofridos. O termo técnico é suspensão de concessões. E "essa suspensão de concessões é uma autorização para o membro reclamante deixar de cumprir, em relação ao reclamado, obrigações decorrentes dos compromissos assumidos na OMC, em grau equivalente aos prejuízos decorrentes da infração às regras cometida pelo reclamado. Na prática, é uma autorização para impor retaliações comerciais[36]";**D:** incorreta, pois não existe a citada subordinação; E: incorreta. Quando surgir alguma contenda envolvendo os países do Mercosul, o primeiro passo é aplicar as negociações diretas. Com o fracasso dessas, passa-se ao tribunal arbitral *ad hoc* – funciona como primeira instância. Lembrando que antes das partes submeterem o caso ao tribunal arbitral *ad hoc*, podem escolher (ou seja, é facultativa) a etapa intermediária, que toma corpo com o envio da contenda para o Grupo Mercado Comum, que promoverá estudos sobre a disputa e formulará recomendações não cogentes. Depois, com a provocação das partes, exerce-se o duplo grau de jurisdição mediante a análise da decisão do tribunal arbitral *ad hoc* pelo Tribunal Permanente de Revisão. Entretanto, pode-se passar diretamente das negociações diretas malsucedidas para o Tribunal Permanente de Revisão. Neste último caso, o tribunal vai julgar a demanda de forma definitiva. Assim, o procedimento compreende duas etapas: a fase diplomática e a jurisdicional. A fase diplomática poderá começar por iniciativa dos estados ou dos particulares, já a jurisdicional somente toma curso por iniciativa dos estados.

Gabarito "C"

2. DIREITO INTERNACIONAL PRIVADO

2.1. TEORIA GERAL – FONTES

(ADVOGADO – CEF – 2010 – CESPE) As fontes de direito internacional privado no Brasil não incluem

(A) o Código de Bustamante, de 1928.

(B) os contratos internacionais privados.

(C) a Lei de Introdução ao Código Civil, de 1942.

(D) a doutrina.

(E) a jurisprudência.

O artigo 38 do Estatuto da Corte Internacional de Justiça (CIJ) determina que a função da Corte é decidir as controvérsias que lhe forem submetidas com base no direito internacional. Ademais, indica as fontes que serão utilizadas pelos juízes na confecção de suas decisões, a saber: a) as convenções internacionais; b) o costume internacional; c) os princípios gerais do direito; d) as decisões judiciárias e a doutrina dos juristas mais qualificados das diferentes nações. Por fim, ainda aponta a possibilidade de a Corte decidir por equidade (*ex aequo et bono*), desde que convenha às partes. Mesmo não constando do rol do art. 38, pode-se indicar também como fonte do direito internacional tanto as resoluções emanadas das organizações internacionais como os atos unilaterais dos estados. Até aqui conserva semelhança com as fontes do Direito Internacional Público, todavia, a fonte por excelência do Direito Internacional Privado é a lei interna, ou seja, cada estado tem competência para legislar sobre direito internacional privado ("direito internacional privado autônomo"). Mas a grande característica da matéria na atualidade é a busca de harmonização e de uniformização mediante a produção convencional internacional ("direito internacional privado convencional e institucional"), e até mesmo pela dita *soft law*. Cabe apontar também o direito uniforme espontâneo, que refere-se à natural coincidência de normas jurídicas primárias, seja por conta de influência comum ou por adoção unilateral do direito positivo de um estado por outro. Com ímpeto meramente classificatório, o direito internacional privado convencional é aquele que provém de tratados e convenções, e o direito internacional privado institucional é aquele que provém da produção normativa de blocos regionais de integração como a União Europeia e o Mercosul. E *soft law* indica as fontes que não são obrigatórias, mas que têm importante papel referencial para o juiz nacional como também influencia a confecção de regras tanto a nível convencional internacional como a nível autônomo nacional. Como exemplo pode-se citar os princípios, códigos de conduta, re-

35. Art. 17, ponto 2, do Acordo sobre Normas e Procedimentos para Solução de Disputas.

36. TIMM, Luciano Benetti; RIBEIRO, Rafael Pellegrini; ESTRELLA, Angela T. Gobbi. **Direito do Comércio Internacional**, Ed. FGV, 2009. p. 123.

comendações, diretrizes, convenções não ratificadas etc. Percebe-se que algumas das fontes elencadas no art. 38 da CIJ caberiam no conceito de *soft law*. No Brasil, a principal fonte do DIPr é a Lei de Introdução às normas do Direito Brasileiro (Decreto 4.657/1942), a qual trata do DIPr nos seus arts. 7º a 17. Além da LINDB, é possível identificar na legislação nacional outros diplomas que tratam de assuntos de interesse do DIPr, tais como: a) a CF trata da sucessão internacional no seu art. 5º, XXXI, e da competência do STJ em temas de cooperação judiciária internacional no seu art. 105, I, *i*; b) o CPC trata da competência internacional do juiz brasileiro nos seus arts. 88 a 90, das cartas rogatórias nos seus arts. 200 a 204, 210 a 212, como também da prova do direito estrangeiro no seu art. 337, e, por fim, das sentenças estrangeiras nos seus arts. 483 e 484. Já o Código de Bustamante é o tratado mais antigo no campo do DIPr ratificado pelo Brasil, e ainda encontra-se em vigor. O Código Bustamante é a denominação dada à Convenção de Havana de Direito Internacional Privado de 1928. Esta Convenção foi aprovada no seio da Conferência Panamericana realizada em Havana no ano de 1928. Na prática, funciona como um código internacional de DIPr, logo, obra do direito internacional privado convencional. Cuida de inúmeras matérias, mas encontra séria resistência, dos magistrados brasileiros, para sua aplicação. Um ponto que suscita muitas dúvidas é o fato de o Código ser de aplicação universal ou com incidência limitada aos casos que envolvam pessoas ligadas (por domicílio ou pela nacionalidade) aos estados-membros.

Gabarito "B"

2.2. REGRAS DE CONEXÃO

(ADVOGADO – CEF – 2012 – CESGRANRIO) Um contrato de financiamento, entre uma empresa brasileira e um Banco comercial holandês com filial em Londres, acaba de ser assinado pelos representantes legais das partes em Londres. Como garantia, a empresa brasileira deu em hipoteca dois imóveis situados no Brasil. O contrato nada dispõe sobre a lei aplicável ao mesmo, limitando-se a indicar Londres como foro competente para as disputas que vierem a surgir entre as partes. Segundo o disposto na legislação brasileira, a lei aplicável a esse contrato é a

(A) de Londres, em razão da cláusula de foro.

(B) de Londres, por ser o local em que o contrato foi concluído.

(C) da Holanda, por ser a sede do proponente.

(D) brasileira, porque as garantias contratuais estão no Brasil.

(E) brasileira, por ser o domicílio do devedor.

O art. 9º da LINDB trata da regra de conexão *locus regit actum* no que tange à qualificação e à regulação das obrigações (leia-se seus aspectos extrínsecos). Ou seja, é a lei do local em que as obrigações foram constituídas que vai regulá-las. É importante apontar que as obrigações surgem dos contratos, dos delitos e dos quase delitos (crimes praticados com culpa – negligência, imprudência e imperícia). Mas em função do comércio internacional, os contratos adquirem grande destaque nas discussões do DIPr.. Portanto, a lei aplicável ao contrato é a de Londres, por ser o local onde o contrato foi concluído.

Gabarito "B"

(ADVOGADO – BNDES – 2010 – CESGRANRIO) Um contrato de financiamento internacional, regido pela Lei das Ilhas Cayman, foi repactuado por aditivo, assinado pelas partes, ao final de longa negociação, em Nova York. A empresa devedora ofereceu como reforço de garantia uma hipoteca naval sobre embarcação atualmente em uso em navegação de cabotagem no Brasil. Essa garantia

(A) é regida pela Lei das Ilhas Cayman, escolhida pelas partes.

(B) é regida pela Lei brasileira, local de situação do bem.

(C) é regida pela Lei de Nova York, local da assinatura do aditivo contratual.

(D) é regida pela Lei de incorporação da devedora se for pessoa jurídica.

(E) não terá validade no Brasil porque o contrato é internacional.

Aeronaves, navios e embarcações são bens móveis considerados de natureza especial, pois têm por característica a intensa circulação transfronteiriça e a pouca fixação em determinado território. Assim, são regrados pela lei de matrícula ou de seu abandeiramento, ou seja, a lei do país onde forem registrados por seu proprietário os regulará no que tange à qualificação e às relações a eles concernentes. Essa regra de conexão não tem previsão na Lei de Introdução às normas do Direito Brasileiro, mas é oriunda dos arts. 274 a 284 do Código Bustamante.

Gabarito "B"

(ADVOGADO – PETROBRÁS BIO. – 2010 – CESGRANRIO) Uma empresa brasileira e uma empresa norte-americana assinam um contrato de prestação de serviços de engenharia, por meio do qual a empresa norte-americana, com sede em Houston, Texas (Estados Unidos), prestará serviços para atualizar tecnologicamente uma fábrica da empresa brasileira no interior de São Paulo. O contrato previu Houston como foro do contrato. No tocante à lei aplicável ao contrato, este será regido pela(os)

(A) lei norte-americana, foro do contrato.

(B) lei norte-americana, sede da empresa contratada.

(C) lei brasileira se o contrato tiver sido assinado no Brasil.

(D) lei brasileira, local do cumprimento da obrigação principal.

(E) tratados internacionais, que prevalecem sobre lei interna.

O art. 9º da LINDB traz a regra de conexão *locus regit actum* no que tange à qualificação e à regulação das obrigações (leia-se seus aspectos extrínsecos). Ou seja, é a lei do local em que as obrigações foram constituídas que vai regulá-las. É importante apontar que as obrigações surgem dos contratos, dos delitos e dos quase delitos (crimes praticados com culpa – negligência, imprudência e imperícia).

Gabarito "C"

(ADVOGADO – PETROBRÁS DISTRIB. – 2010 – CESGRANRIO) Um contrato de compra e venda entre uma empresa brasileira e uma empresa norte-americana contém cláusula indicando como foro competente o Rio de Janeiro, e outra cláusula indicando as leis das Ilhas Cayman como aplicáveis ao mesmo. O contrato foi assinado nos Estados Unidos, em um estado onde há plena autonomia da vontade para escolha da lei aplicável. Caso o contrato seja objeto de uma disputa judicial no foro escolhido, a cláusula de lei aplicável

(A) será considerada inválida, porque as Ilhas Cayman não guardam suficientes vínculos com o contrato para justificar a escolha da lei desse país.

(B) não será considerada válida no Brasil, pois o artigo 9º da Lei de Introdução ao Código Civil tem caráter imperativo.

(C) será considerada válida porque, nos termos do artigo 9º o da Lei de Introdução ao Código Civil, a lei aplicável ao contrato é a do local da sua constituição.

(D) não será válida no Brasil, pois a cláusula de lei aplicável deve sempre seguir a cláusula de foro.

(E) será considerada inválida no Brasil, tendo em vista que o contrato foi firmado entre duas empresas que não têm sede nas Ilhas Cayman.

o art. 9º da LINDB traz a regra de conexão *locus regit actum* no que tange à qualificação e à regulação das obrigações (leia-se seus aspectos extrínsecos). Ou seja, é a lei do local em que as obrigações foram constituídas que vai regulá-las. É importante apontar que as obrigações surgem dos contratos, dos delitos e dos quase delitos (crimes praticados com culpa – negligência, imprudência e imperícia). A autonomia da vontade como regra de conexão no tocante aos contratos é adotada na maioria dos países na atualidade. Tal regra privilegia a flexibilidade e promove um ambiente propício aos negócios. A título de exemplo, tal regra encontra-se insculpida na Convenção de Roma de 1980 e na Convenção Interamericana sobre Direito Aplicável aos Contratos Internacionais de 1994. A autonomia da vontade apenas teria limitações ditadas pela ordem pública do país no qual o contrato vai ser executado. Isto é, faz-se necessário que a lei escolhida para reger o contrato não desrespeite a ordem pública do país sede da execução do contrato. Leia-se aqui ordem pública como o conjunto de regras e princípios basilares de certo ordenamento jurídico. O art. 9º da LINDB funciona como um limitador da autonomia da vontade, na medida em que determina que as obrigações serão reguladas pela lei do país onde forem constituídas. Ora, em tal quadro as partes não podem escolher a lei aplicável ao contrato constituído. Todavia, se a lei do país onde a obrigação foi constituída permitir a autonomia da vontade sobre a escolha da lei incidente ao contrato, permitida estará a escolha da lei aplicável pelas partes, sendo limitada apenas pela ordem pública do país sede da execução do contrato. Assim, será aplicada a lei estadunidense (local onde o contrato foi assinado) e como no citado estado existe plena autonomia da vontade para escolha da lei aplicável, o contrato será regulado validamente pelas leis das Ilhas Cayman.

Gabarito "C"

(ADVOGADO – PETROBRÁS DISTRIB. – 2008 – CESGRANRIO) Uma sociedade brasileira e uma sociedade norte-americana assinaram, no Brasil, um contrato para exportação e distribuição de bens produzidos pela empresa brasileira na cidade de Nova York. O contrato é omisso quanto à lei de regência, mas possui uma cláusula elegendo Nova York como foro exclusivo do contrato. De acordo com as regras de conexão do direito positivo brasileiro, a lei aplicável a esse contrato é a

(A) norte-americana, em razão da escolha do foro importar também na escolha da lei aplicável.

(B) norte-americana, por ser o local do cumprimento das obrigações contratuais.

(C) brasileira, em razão do contrato ter sido assinado no Brasil.

(D) brasileira, no tocante à forma e formalidades do contrato, e a lei norte-americana quanto ao fundo do contrato.

(E) que guarde com o contrato os vínculos mais estreitos.

A regra de conexão *locus regit actum* é a aplicada no que tange à qualificação e à regulação das obrigações (leia-se seus aspectos extrínsecos). Ou seja, é a lei do local em que as obrigações foram constituídas que vai regulá-las. É importante apontar que as obrigações surgem dos contratos, dos delitos e dos quase delitos (crimes praticados com culpa – negligência, imprudência e imperícia). Mas em função do comércio internacional, os contratos adquirem grande destaque nas discussões do DIPr. E a regra do art. 9º, *caput*, tem por pressuposto que o local onde a obrigação foi constituída também será a sede da relação jurídica. Isso porque DIPr tem por prática aplicar a lei do país sede da relação jurídica – prática que permite aplicar a lei do local onde a relação jurídica está produzindo efeitos. Dito isso, pode-se afirmar que o juiz brasileiro poderá aplicar a lei nacional (*lex fori*), sem afrontar o art. 9º, quando um contrato constituído no estrangeiro for executado majoritariamente no Brasil. Por todo o dito, pode-se afirmar que a lei aplicável é a brasileira (*locus regit actum*).

Gabarito "C"

(ADVOGADO – ELETROBRÁS – 2006 – NCE/UFRJ) No Direito Internacional Privado, a busca pelo instrumento ou critério que vai orientar a aplicação do direito estrangeiro ou do direito nacional é feita através de diretrizes denominadas pela doutrina:

(A) *lex fori*;

(B) elementos formais;

(C) elementos de conexão;

(D) regime conflitual;

(E) conflito negativo.

As regras ou elementos de conexão do Direito Internacional Privado são normas indiretas, pois não resolvem os problemas materiais e nem as questões processuais, apenas resolvem o conflito de leis no espaço. Melhor dizendo, não solucionam o caso, apenas indicam a solução. As normas diretas preveem fatos e apontam soluções (resolvem diretamente o problema), já as indiretas não preveem fatos, mas indicam a lei a ser aplicada (resolvem indiretamente o problema). Por fim, é premente observar que as regras de conexão são utilizadas nos casos que envolvam relação jurídica ou fato dotados de elemento estrangeiro, isto é, relações jurídicas que gerem efeitos em dois ou mais ordenamentos jurídicos (leia-se estados).

Gabarito "C"

(ADVOGADO – BNDES – 2001 – VUNESP) O elemento de conexão aplicável para os bens imóveis, de acordo com a legislação brasileira, é

(A) o domicílio do proprietário.

(B) a nacionalidade do proprietário.

(C) o local da situação dos bens.

(D) o local de residência do proprietário.

(E) o local da execução da contrato.

Trata-se da regra de conexão *lex rei sitae* (art. 8º da LINDB) no que tange à qualificação dos bens, imóveis e móveis em situação permanente, e à regulação das relações a eles concernentes. Ou seja, é a lei do local da situação dos bens que vai regulá-los (aplicação do princípio da territorialidade). "Será preciso, ainda, não olvidar que a *lex rei sitae* regulará tão somente os bens móveis e imóveis considerados individualmente (*uti singuli*), pertencentes a nacionais ou estrangeiros, domiciliados ou não no país. Quando forem elementos de uma universalidade, afastado estará tal critério, pois a lei normalmente competente para regê-los sob esse aspecto é aquela a que se subordina o instituto correspondente. Assim, os bens considerados *uti universitas*, como o espólio, o patrimônio conjugal, escapam à aplicação da *lex rei sitae*, passando a se reger pela reguladora da sucessão (*lex domicilii* do autor da herança) (LINDB, art. 10); da sociedade conjugal (LINDB, art. 7º)".[37-38] Ainda e a título conclusivo, "É mister salientar que a capacidade para exercer direitos reais ou efetivar contratos a eles relativos rege-se pela *lex domicilii*, e a forma extrínseca dos atos negociais destinados à aquisição, transmissão e extinção de direitos reais obedece à *locus regit actum*, mas as condições da constituição da aquisição, da transferência do direito real, p. ex., a exigência de tradição ou do assento no registro imobiliário, submetem-se à *lex rei sitae*".[39] É importante esclarecer que os direitos reais dizem respeito às relações jurídicas proprietárias, possessórias ou de garantias sobre bens.

Gabarito "C"

(ADVOGADO – BNDES – 2001 – VUNESP) A classificação oriunda das escolas estatutárias para a formação do elemento de conexão, até hoje mantida pela doutrina francesa, divide-se nas seguintes categorias:

(A) estatuto pessoal regido pela lei nacional, estatuto real regido pela lei da situação de bens, fatos e atos jurídicos submetidos à lei do local de sua ocorrência ou à lei escolhida pelas partes.

(B) estatuto real regido pela lei nacional, estatuto pessoal regido pela lei da situação dos bens, fatos e atos jurídicos submetidos à lei local de sua ocorrência ou à lei escolhida pelas partes.

(C) estatuto do domicílio e da nacionalidade.

(D) estatuto da residência e da nacionalidade.

(E) estatuto do local da execução do contrato e nacionalidade.

a assertiva que traz a classificação em conformidade com as lições das escolas estatutárias, com grande acolhida na doutrina francesa, é a "A".

Gabarito "A"

(ADVOGADO – BNDES – 2001 – VUNESP) Os principais critérios do Direito Internacional Privado, na determinação da nacionalidade da Pessoa Jurídica são:

(A) critério do controle e critério da livre opção.

(B) critério da incorporação, critério da sede social e critério do controle.

(C) critério da residência e critério do domicílio.

(D) critério da autodefinição e critério do domicílio.

(E) critério da escolha e critério da residência.

O art. 11 da LINDB traz como regra de conexão a lei do país de constituição das organizações de interesse coletivo (sociedade, fundação particular, associação, cooperativa) no que tange à regulação da criação, funcionamento e extinção da pessoa jurídica (critério da incorporação[40]). Tal regra de conexão deu origem ao *princípio do reconhecimento da pessoa jurídica de direito estrangeiro*. Isto é, o reconhecimento dos entes coletivos de direito estrangeiro prescinde de ato de autoridade governamental de outras jurisdições; trata-se de um reconhecimento automático pela comunidade internacional. Todavia, tanto a criação de filiais em outras jurisdições como o regime de sua responsabilidade devem guardar respeito à lei do país em que forem se instalar. Cabe apontar a existência da regra de conexão *lei do país sede de atividades* no DIPr convencional (critério da sede social[41]). Esta regra aparece na Convenção Relativa ao Reconhecimento Jurídico das Companhias, Associações e Instituições Internacionais, no âmbito das Conferências da Haia. Mas na Convenção Interamericana sobre Conflitos de Leis em Matéria de Sociedades Mercantis, no âmbito da OEA, é a regra de conexão *lei do país de constituição das organizações* a adotada. Por fim, o critério do controle excepciona a regra de atribuição da nacionalidade às pessoas jurídicas. Assim, a nacionalidade da pessoa jurídica é determinada pelos interesses nacionais que levaram a sua constituição. Os interesses nacionais são geralmente determinados pela nacionalidade dos possuidores do capital da sociedade.

Gabarito "B"

2.3. COMPETÊNCIA INTERNACIONAL

(Procurador do Estado/SE – FCC – 2005) Rafael Moreno, espanhol, faleceu na França, deixando bens imóveis nas cidades de Madri (Espanha), Paris (França) e, no Brasil, nas cidades de Aracaju e São Paulo. Seu inventário, relativamente aos bens deixados no Brasil, é de competência

(A) absoluta da justiça francesa, pois, face a concorrência de competência internacional, prevalece aquela do país do falecimento do autor da herança.

(B) absoluta da justiça espanhola, tendo em vista ter sido em Madri o último domicílio declarado do autor da herança.

(C) relativa da justiça brasileira, sendo esta concorrente entre os foros a que pertencem os Municípios de Aracaju e São Paulo.

(D) absoluta da justiça brasileira, sendo esta concorrente entre os foros a que pertencem os Municípios de Aracaju e São Paulo.

(E) relativa da justiça brasileira, devendo o inventário processar-se no Distrito Federal.

o juiz deve aplicar uma regra de conexão para determinar o direito aplicável ao caso com elemento estrangeiro. Todavia, antes de aplicar o DIPr brasileiro, cabe ao juiz perscrutar sobre sua competência, pois, apenas se for competente poderá julgar o caso misto. Assim, antes do conflito de leis no espaço, existiria um conflito internacional de juris-

37. DINIZ, Maria Helena. **Lei de Introdução ao Código Civil Interpretada**, 16ª edição, Ed. Saraiva. p. 317.
38. No mesmo sentido ler: BASSO, Maristela. **Curso de Direito Internacional Privado**, 2ª edição, Ed. Atlas. p. 191.
39. DINIZ, Maria Helena. **Lei de Introdução ao Código Civil Interpretada**, 16ª edição, Ed. Saraiva. p. 319.
40. Ampla aplicação no direito inglês e estadunidense.
41. De grande aplicação nos países da Europa Continental.

dição. E este conflito de jurisdição deve ser resolvido com suporte na *lex fori*, mais precisamente o art. 12, § 1º, da LINDB e os arts. 88, 89 e 90 do CPC. O juiz brasileiro terá competência exclusiva para conhecer das ações relativas a imóveis situados no Brasil. Esta competência exclusiva significa que nenhuma outra jurisdição poderá conhecer de ação que envolva bem imóvel situado no Brasil. Assim, por exemplo, sentença estrangeira sobre bem imóvel situado no Brasil nunca será reconhecida no Brasil, isto é, nunca irradiará efeitos em território nacional. A regra *forum rei sitae* aparece no art. 12, § 1º, da Lei de Introdução e no art. 89, I, do CPC. E o art. 89, no seu inciso II, traz outra hipótese de competência exclusiva. Ao juiz brasileiro compete proceder a inventário e partilha de bens, situados no Brasil, ainda que o autor da herança seja estrangeiro e tenha residido fora do território nacional.

Gabarito "D"

(ADVOGADO – BNDES – 2010 – CESGRANRIO) Um contrato internacional, assinado em Nova York, é garantido por fiança pessoal de dois acionistas brasileiros da empresa, domiciliados em São Paulo. Iniciada a execução por falta de pagamento no Brasil, os fiadores alegam a incompetência da justiça brasileira. Nesse caso, a justiça brasileira

(A) é competente em razão da nacionalidade brasileira dos fiadores.

(B) é competente por serem os devedores domiciliados no Brasil.

(C) será competente apenas se a obrigação principal tiver que ser cumprida no Brasil.

(D) não tem competência sobre contratos internacionais regidos por regras de direito alienígena.

(E) não tem competência porque o contrato não foi assinado no Brasil.

Uma das hipóteses de competência concorrente da justiça brasileira é aquela da ação ajuizada contra réu domiciliado no Brasil. O princípio informador desta regra é o *actio sequitor forum rei*. Em outras palavras, a competência do juiz nacional é determinada pelo critério domiciliar, não importando a condição de estrangeiro do réu. Ademais, reputa-se domiciliada no Brasil a pessoa jurídica estrangeira que aqui tiver agência, filial ou sucursal (art. 88, parágrafo único, do CPC). Como o critério eleito para definir a competência é o domiciliar, cabe ao juiz bem definir domicílio. Em tal tarefa lançará mão dos arts. 70 e 71 do CC. A regra do art. 71 do CC é de grande utilidade nos casos com elemento estrangeiro, pois a alegação de que o réu possui outra(s) residência(s), além da estabelecida no Brasil, não elidirá a competência do juiz nacional, pois qualquer uma delas poderá ser considerada como seu domicílio. Cabe também esclarecer que "É também domicílio da pessoa natural, quanto às relações concernentes à profissão, o lugar onde esta é exercida" (art. 72 do CC). E o art. 75 é utilizado para determinar o domicílio das pessoas jurídicas. A regra geral é que tenham domicílio no local em que funcionarem as respectivas diretorias e administrações, salvo a eleição de domicílio especial na forma do estatuto ou atos constitutivos (art. 75, IV, do CC). E mesmo que a administração tiver sua sede no estrangeiro, será considerado domicílio, da pessoa jurídica, o local de seu estabelecimento no Brasil. Outra hipótese de competência concorrente é a que cuida de obrigações, contratuais ou extracontratuais, que devam ser cumpridas no Brasil. Percebe-se que esta regra prescinde do critério domiciliar. Neste sentido, o STJ decidiu que é vedado às partes dispor (ex.: cláusula de eleição de foro) sobre a competência concorrente de juiz brasileiro por força das normas fundadas na soberania nacional, não suscetíveis à vontade dos interessados.[42] Um exemplo ordinário é o caso de um contrato internacional que estipule sua execução no Brasil. Tal situação torna o juiz brasileiro competente, mas, ao mesmo tempo, não torna incompetente, por exemplo, o juiz do país onde a obrigação foi constituída. E a última hipótese é a regulada pelo art. 88, III, do CPC que dispõe acerca da competência concorrente sobre ação originada de fato ocorrido ou de ato praticado no Brasil.

Gabarito "B"

2.4. COOPERAÇÃO JUDICIÁRIA INTERNACIONAL – CARTAS ROGATÓRIAS

(Advogado da União/AGU – CESPE – 2012) Julgue os itens subsequentes, relativos a cooperação internacional, sequestro internacional de crianças e atribuições da AGU em matéria internacional.

(1) Compete ao Departamento Internacional da AGU, entre outras funções, auxiliar o consultor-geral da União no assessoramento ao AGU em processo de celebração de tratados.

(2) O Protocolo de Las Leñas sobre Cooperação e Assistência Jurisdicional em Matéria Civil, Comercial, Trabalhista e Administrativa estabelece, no que se refere ao cumprimento de cartas rogatórias, procedimento uniforme para todos os Estados-partes.

(3) De acordo com a Convenção sobre os Aspectos Civis do Sequestro Internacional de Crianças, o retorno da criança pode ser recusado pela autoridade judicial ou administrativa se a criança, tendo idade e grau de maturidade suficientes para decidir, se opuser ao retorno.

1: errada. Compete ao Departamento Internacional, em conformidade com o art. 8º do Ato Regimental nº 5/2002 (conforme redação alterada pelo Ato Regimental nº 1, de 1º de abril de 2005), *auxiliar o Procurador-Geral no assessoramento ao Advogado-Geral da União nas questões de Direito Internacional*, inclusive no processo de celebração de tratados, acordos e ajustes internacionais, bem assim na representação judicial e extrajudicial da União nas causas ou controvérsias em foro estrangeiro e em processos judiciais perante os órgãos judiciários brasileiros, decorrentes de tratados, acordos ou ajustes internacionais ou em execução dos pedidos de cooperação judiciária internacional; **2:** errada, pois o art. 12 do Protocolo de Las Leñas sobre Cooperação e Assistência Jurisdicional em Matéria Civil, Comercial, Trabalhista e Administrativa assim dispõe: *"A autoridade jurisdicional encarregada do cumprimento de uma carta rogatória aplicará sua lei interna no que se refere aos procedimentos"*. Ou seja, dentro do sistema regional de cooperação judicial criado pelo Protocolo, a carta rogatória deve respeitar a lei do país em que será cumprida (*lex fori* do juiz rogado).; **3:** correta, pois reflete parte do art. 13 da Convenção sobre os Aspectos Civis do Sequestro Internacional de Crianças.

Gabarito 1E, 2E, 3C

2.5. HOMOLOGAÇÃO DE SENTENÇA E LAUDO ARBITRAL ESTRANGEIROS

(ADVOGADO – PETROBRÁS – 2012 – CESGRANRIO) Uma empresa brasileira acaba de ser conde-

42. *Vide* REsp 804.306-SP/STJ, rel. Min. Nancy Andrighi.

nada a pagar uma indenização a outra empresa brasileira, em razão de um laudo arbitral proferido no exterior. A arbitragem foi realizada segundo as regras da Câmara de Comércio Internacional (CCI), em um país signatário da Convenção de Nova York. Esse laudo arbitral

(A) dispensa homologação, porque ambas as empresas são brasileiras.

(B) dispensa homologação, porque o Brasil ratificou a Convenção de Nova York.

(C) precisa ser homologado no país-sede da arbitragem e depois pelo STJ.

(D) precisa ser homologado pelo STJ, por ser laudo arbitral estrangeiro.

(E) não precisa ser homologado, nos termos do Protocolo de Las Leñas.

A sentença judicial é um ato soberano, a qual é confeccionada pela autoridade judicial de um determinado estado. Por ser um ato de soberania, a sentença, como todo ato soberano, incide apenas dentro do território nacional, e, destarte, é endereçada à população deste estado – o dito aqui pode ser aplicado integralmente à disciplina dos laudos arbitrais. Todavia, como vimos, alguns fatos ou relações jurídicas interessam a mais de um país. Assim, o juiz de um destes estados exercerá sua competência e aplicará o direito material indicado por seu Direito Internacional Privado, mas, como dito, esta decisão só valerá no território nacional do juiz prolator, apesar do interesse de outras jurisdições. É neste contexto que surge a figura da homologação de sentença estrangeira. Após a homologação pela autoridade competente, a sentença ou laudo arbitral, já apto a produzir efeitos no país prolator, passa a produzir efeitos em outra jurisdição também.[43] No Brasil, a competência para homologar sentenças ou laudos arbitrais estrangeiros era do STF, mas depois da EC n. 45 esta competência passou para o STJ (art. 105, I, *i*, da CF).

Gabarito "D"

(ADVOGADO – PETROBRÁS DISTRIB. – 2010 – CESGRANRIO) Duas empresas brasileiras estabelecem, em um contrato internacional, a via arbitral para solução dos conflitos, devendo a dita arbitragem ocorrer no Uruguai. Surgiu uma controvérsia entre as partes quanto à forma de cumprimento de uma obrigação contratual, e uma das partes propõe a instauração da arbitragem, conforme previsto no contrato. O laudo arbitral que deu ganho de causa a uma das partes

(A) somente pode ser executado no Uruguai, sede da arbitragem, porque o Brasil não ratificou a Convenção de Nova York.

(B) não precisa ser homologado, porque a Convenção de Nova York dispensa a homologação judicial dos laudos arbitrais.

(C) prescinde de homologação, porque o Protocolo de Las Leñas permite a execução direta dos laudos arbitrais do Mercosul.

(D) precisa ser homologado pelo Supremo Tribunal Federal, mesmo sendo um laudo arbitral proveniente de país membro do Mercosul.

(E) precisa ser submetido ao processo de homologação pelo Superior Tribunal de Justiça para poder ser executado no Brasil.

A: incorreta. O Brasil ratificou a Convenção de Nova York (vide Decreto 4.311/2002); **B:** incorreta, pois a Convenção de Nova York não dispensa a homologação; **C:** incorreta. *O Protocolo de Las Leñas criou um procedimento mais célere e simples para que as sentenças e os laudos arbitrais prolatados em um país-membro do Mercosul irradiem seus efeitos nos outros países-membros.* O procedimento regional encontra-se disciplinado nos arts. 18 a 24 do Protocolo. E a sua grande característica é o fato de as sentenças irradiarem seus efeitos nos outros estados-membros após seguirem o procedimento adotado para o *exequatur* das cartas rogatórias. Ou seja, não é necessária a homologação da sentença prolatada *por um estado-membro do Mercosul*. O art. 20 do Protocolo disciplina os requisitos para concessão de *exequatur*, os quais são: a) que venham revestidos das formalidades externas necessárias para que sejam considerados autênticos nos estados de origem; b) que estejam, assim como os documentos anexos necessários, devidamente traduzidos para o idioma oficial do estado em que se solicita seu reconhecimento e execução; c) que emanem de um órgão jurisdicional ou arbitral; d) que a parte contra a qual se pretende executar a decisão tenha sido devidamente citada e tenha garantido o exercício de seu direito de defesa; e) que a decisão tenha força de coisa julgada e/ou executória no estado em que foi ditada; f) que claramente não contrariem os princípios de ordem pública do estado em que se solicita seu reconhecimento e/ou execução. A parte interessada na execução da sentença em outro estado-membro também poderá utilizar-se da figura da autoridade central; **D** e **E**: a sentença judicial é um ato soberano, a qual é confeccionada pela autoridade judicial de um determinado estado. Por ser um ato de soberania, a sentença, como todo ato soberano, incide apenas dentro do território nacional, e, destarte, é endereçada à população deste estado – o dito aqui pode ser aplicado integralmente a disciplina dos laudos arbitrais. Todavia, como vimos, alguns fatos ou relações jurídicas interessam a mais de um país. Assim, o juiz de um destes estados exercerá sua competência e aplicará o direito material indicado por seu Direito Internacional Privado, mas, como dito, esta decisão só valerá no território nacional do juiz prolator, apesar do interesse de outras jurisdições. É neste contexto que surge a figura da homologação de sentença estrangeira. Após a homologação pela autoridade competente, a sentença ou laudo arbitral, já apto a produzir efeitos no país prolator, passa a produzir efeitos em outra jurisdição também.[44] No Brasil, a competência para homologar sentenças ou laudos arbitrais estrangeiros era do STF, mas depois da EC n. 45 esta competência passou para o STJ (art. 105, I, *i*, da CF).

Gabarito "E"

(ADVOGADO – PETROBRÁS DISTRIB. – 2008 – CESGRANRIO) Uma arbitragem internacional, regida pelas regras da Câmara de Comércio Internacional de Paris – CCI, é realizada no Japão, tendo como partes uma empresa brasileira e uma empresa japonesa. A parte brasileira, condenada na arbitragem, apesar de notificada pela Secretaria da CCI, não efetua tempestivamente o depósito da condenação. Para ser executá-

43. Art. 483 do CPC: "A sentença proferida por tribunal estrangeiro não terá eficácia no Brasil senão depois de homologada pelo *Superior Tribunal de Justiça*" (atualizada por nós). A sentença estrangeira homologada pelo STJ é título executivo judicial (art. 475-N, VI, do CPC).

44. Art. 483 do CPC: "A sentença proferida por tribunal estrangeiro não terá eficácia no Brasil senão depois de homologada pelo *Superior Tribunal de Justiça*" (atualizada por nós). A sentença estrangeira homologada pelo STJ é título executivo judicial (art. 475-N, VI, do CPC).

vel no Brasil, o laudo arbitral precisará cumprir, entre outras, as seguintes formalidades:

(A) autenticação pelo Consulado Brasileiro no Japão; tradução pública juramentada e homologação pelo Superior Tribunal de Justiça.

(B) autenticação pelo Consulado Brasileiro no Japão; tradução pública juramentada e homologação pela Justiça Federal.

(C) autenticação pelo Consulado Brasileiro no Japão; tradução pública juramentada e homologação pelo Supremo Tribunal Federal.

(D) autenticação consular e tradução pública juramentada, dispensando-se a homologação judicial em virtude da entrada em vigor da Convenção de Nova York sobre arbitragem.

(E) homologação pela justiça francesa, sede da CCI; tradução pública juramentada e homologação pelo Superior Tribunal de Justiça.

Todo tipo de sentença (declaratória, constitutiva ou condenatória) e a sentença arbitral podem ser objeto de homologação pelo STJ. O procedimento homologatório está regulamentado no art. 15 da LINDB o deve ser conjugado com o art. 5º da Resolução n. 9/2005 do STJ, conforme dispõe o art. 483, parágrafo único, do CPC. Assim, mais um requisito é adicionado: *estar autenticada pelo cônsul brasileiro*. Passemos a estudar cada requisito do procedimento homologatório, isto é, analisar o que é necessário para que uma sentença ou laudo arbitral estrangeiro venha a ser homologada pelo STJ: *a) formalidades externas:* para que uma sentença seja objeto de homologação pelo STJ é imprescindível que ela esteja em conformidade, no que se refere às formalidades externas, com a legislação do país onde ela foi prolatada. Em outras palavras, a sentença tem que ser válida no seu país de origem; *b) competência do juízo prolator:* a sentença tem que ser prolatada por juiz competente segundo as regras de competência do direito processual internacional. Não cabe ao STJ perscrutar sobre qual é o juízo competente para a confecção da sentença, mas apenas verificar se a sentença poderia ter sido proferida pelo juízo da qual emanou; *c) citação e revelia:* no momento da delibação, cabe ao STJ checar se a citação das partes envolvidas foi regularmente efetuada ou se a revelia foi corretamente configurada. Tal regra tem por supedâneo os princípios constitucionais do devido processo legal, da ampla defesa e do contraditório (art. 5º, LIV e LV, da CF). Por ser direito fundamental, sempre devem ser respeitados. Cabe apontar que se o réu tem domicílio no Brasil, o único meio de citá-lo é mediante carta rogatória, a qual depende de *exequatur* do STJ para ser cumprida.[45] E quando o requerido se encontrar em local ignorado, incerto ou inacessível (art. 231, II, do CPC), o STJ entende ser possível a citação por edital;[46] *d) trânsito em julgado:* a sentença só será aqui homologada se tiver transitado em julgado no país onde foi prolatada. Este requisito é reforçado pela redação da Súmula 420 do STF.[47] Tal exigência provém da situação esdrúxula que poderia ocasionar a homologação de uma sentença estrangeira não transitada em julgado, pois depois de irradiado seus efeitos no Brasil, ela poderia ser alvo de modificação por meio de recurso interposto no país onde foi prolatada; *e) tradução juramentada:* o art. 224 do CC dispõe sobre a necessidade dos documentos redigidos em língua estrangeira serem traduzidos para o português para ter efeitos legais no País. E a extensão desta exigência para as sentenças estrangeiras foi uma construção jurisprudencial. Todavia, esta necessidade é premente. O Brasil possui o português como único idioma oficial, o qual deve ser utilizado para todos os fins dentro do território nacional (art. 13 da CF); *f) autenticação consular:* como visto, este requisito provém do art. 5º da Resolução n. 9/2005 do STJ e determina que a sentença, no seu inteiro teor, seja autenticada (*legalização*) pelo consulado brasileiro no país onde foi prolatada. Esse requisito deve ser interpretado à luz das Normas de Serviço Consular e Jurídico (MSCJ) – Instrução de Serviço n. 2/2000 do Ministério das Relações Exteriores. O ato de fé pública representativo de autenticação consular oficial de documentos produzidos no exterior é denominado genericamente de *legalização* e se opera a) mediante reconhecimento da assinatura da autoridade expeditora (que desempenha funções no âmbito da jurisdição consular), quando o documento a ser legalizado estiver assinado, ou b) mediante autenticação em sentido estrito, relativamente a documentos que não tenham sido assinados ou em que conste assinatura impressa ou selos secos;[48] *g) não ofender a ordem pública:* da leitura do art. 17 da LINDB percebe-se que existe um filtro em relação aos atos, leis e sentenças estrangeiras, pois tais só irradiarão seus efeitos no Brasil se não ofenderem a soberania nacional, a ordem pública e os bons costumes; *h) homologação:* a homologação é o ato final do procedimento homologatório. Assim, a sentença estrangeira só ganhará a chancela da homologação quando o STJ verificar que todos os requisitos determinados pela *lex fori* foram observados.[49] Depois de conferir o respeito a todos os requisitos, o STJ homologará a sentença estrangeira e esta passará a irradiar seus efeitos dentro do território brasileiro. Cabe apontar que a execução da sentença estrangeira depois de homologada é de competência dos juízes federais (art. 109, X, da CF). Assim, os laudos arbitrais, para no Brasil irradiarem seus efeitos, também dependem da chancela homologatória conferida pelo STJ.

Gabarito "A"

(ADVOGADO – PETROBRÁS – 2008 – CESGRANRIO) Tratando-se de pedido de homologação de sentença arbitral estrangeira, poderá o Poder Judiciário Brasileiro rejeitar tal pedido caso fique comprovado que:

I. apesar de assegurado o direito a ampla defesa, a citação no procedimento arbitral foi efetuada por meio não admitido na legislação processual brasileira;

45. Tanto é assim que o STJ recentemente não homologou sentença proferida pela Corte Magistrada de Jerusalém (SEC 7193), que condenou Calina Projetos Culturais e Sociais Ltda. e o Museu de Arte de São Paulo Assis Chateaubriand (Masp) a indenizar o The Israel Museum (TIM) em virtude de inadimplemento contratual. Os ministros da Corte Especial do STJ, seguindo o voto do ministro Felix Fischer, relator do processo, entenderam que a citação de pessoa domiciliada no Brasil para responder a processo judicial no exterior deve ser feita, necessariamente, por carta rogatória, sendo inadmissível a sua realização por outras modalidades. Nas palavras do Ministro Félix Fischer: "De fato, em processo judicial oriundo do exterior, o entendimento consolidado neste STJ é no sentido de que o ato citatório praticado em face de pessoa domiciliada no estrangeiro deve ser realizado de acordo com as leis do país onde tramita a ação. Todavia, se a pessoa a ser citada for domiciliada no Brasil, é necessário que sua regular citação se dê por carta rogatória ou se verifique legalmente a ocorrência de revelia."

46. *Vide* SEC 1.325-PY/STJ, rel. Min. Nancy Andrihi.

47. "Não se homologa sentença proferida no estrangeiro sem prova do trânsito em julgado".

48. SEC 587-EX/STJ, rel. Min. Teori Albino Zavascki.

49. A simplicidade das sentenças estrangeiras, a exemplo das proferidas nos EUA, não inibe a homologação cabível, quando presente os seus requisitos (SEC 868-US/STJ, rel. Min. Nelson Naves).

II. a instituição do procedimento arbitral não foi realizada de acordo com o compromisso arbitral ou cláusula compromissória;

III. o mérito da decisão contida na sentença arbitral é contrário à jurisprudência predominante do Superior Tribunal de Justiça;

IV. a decisão contida na sentença arbitral ofende a ordem pública nacional.

Estão corretas as afirmativas

(A) I e II, apenas.

(B) I e IV, apenas.

(C) II e IV, apenas.

(D) I, II e IV, apenas.

(E) I, II, III e IV.

I: incorreta, pois no momento da delibação, cabe ao STJ checar se a citação das partes envolvidas foi regularmente efetuada ou se a revelia foi corretamente configurada. Tal análise é feita com base na legislação do país onde a sentença arbitral foi confeccionada e não tem por parâmetro a legislação brasileira. Tal regra tem por supedâneo os princípios constitucionais do devido processo legal, da ampla defesa e do contraditório (art. 5º, LIV e LV, da CF). Por ser direito fundamental, sempre devem ser respeitados. Por fim, se o réu tem domicílio no Brasil, o único meio de citá-lo é mediante carta rogatória, a qual depende de *exequatur* do STJ para ser cumprida.[50] E quando o requerido se encontrar em local ignorado, incerto ou inacessível (art. 231, II, do CPC), o STJ entende ser possível a citação por edital;[51] II: correta. Para que uma sentença seja objeto de homologação pelo STJ é imprescindível que ela esteja em conformidade, no que se refere às formalidades externas, com a legislação do país onde ela foi prolatada. Em outras palavras, a sentença tem que ser válida no seu país de origem. E o procedimento arbitral tem que estar de acordo com o compromisso arbitral ou cláusula compromissória para ser considerado válido; III: incorreta. O procedimento homologatório não examina o mérito da sentença ou laudo arbitral estrangeiro.[52] Ao STJ cabe apenas a análise dos requisitos formais e, sob um viés mais subjetivo, a análise sobre a violação ou não da ordem pública brasileira (art. 17 da LINDB); IV: correta. "As leis, atos e sentenças de outro país, bem como quaisquer declarações de vontade, não terão eficácia no Brasil, quando ofenderem a soberania nacional, a ordem pública e os bons costumes". Dá leitura do art. 17 da LINDB percebe-se que existe um filtro em relação aos atos, leis e sentenças estrangeiras, pois tais só irradiarão seus efeitos no Brasil se não ofenderem a soberania nacional, a ordem pública e os bons costumes. Poderíamos englobar estes filtros na ideia de ordem pública, esta mais abrangente. A doutrina por muito tempo tentou estabelecer um conceito indubitável para ordem pública, o que restou infrutífero em função de sua abstratividade. Todavia, pode-se considerar ordem pública como os valores compartilhados por uma dada sociedade num determinado corte temporal (sentido amplo). Pela ideia percebe-se que é uma noção abstrata e dinâmica, pois se modifica conforme a evolução/involução cultural da sociedade de determinado país. Em outras palavras, são as ideias políticas, econômicas, culturais etc. compartilhadas por grande parte de uma dada sociedade, ou é o conjunto de regras e princípios basilares de certo ordenamento jurídico (sentido jurídico). E sua função dentro do Direito Internacional Privado é defender o sistema de valores de um determinado país. Isto porque, por exemplo, uma sentença proveniente de um sistema de valores diverso poderia vir a romper com os valores compartilhados pela nação. Destarte, mesmo se o DIPr brasileiro indicar o direito estrangeiro como aplicável ao caso misto, o juiz poderá afastá-lo para proteger a ordem pública. Assim, leis estrangeiras, atos ou negócios jurídicos celebrados no exterior (contrato, casamento, testamento etc.) e sentenças estrangeiras serão impedidas de irradiar efeitos no Brasil se atentarem contra a ordem pública. Também ficarão impedidos de aqui irradiar efeitos os laudos arbitrais que atentarem contra a ordem pública,[53] bem como existe limitação à escolha do direito aplicável à arbitragem (art. 2º, § 1º, da Lei n. 9.307/1996). Um bom exemplo é a situação de sentenças estrangeiras que determinam o pagamento de dívidas de jogo contraídas no estrangeiro. Ora, tais não poderão ser cumpridas no Brasil por chocarem-se com a determinação do art. 814 do CC, sendo assim, desrespeitam a ordem pública brasileira.[54]

Gabarito "C"

(ADVOGADO – ELETROBRÁS – 2006 – NCE/UFRJ) De acordo com as normas constitucionais em vigor, o órgão competente para homologação da sentença estrangeira no Brasil é:

(A) Supremo Tribunal Federal;

(B) Superior Tribunal de Justiça;

(C) Tribunal Federal de Recursos;

(D) Tribunal Regional Federal;

(E) Justiça Federal.

No Brasil, a competência para homologar sentenças estrangeiras era do STF, mas depois da EC n. 45/2004 esta competência passou para o STJ (art. 105, I, *i*, da CF). É importante adiantar que o procedimento

50. Tanto é assim que o STJ recentemente não homologou sentença proferida pela Corte Magistrada de Jerusalém (SEC 7193), que condenou Calina Projetos Culturais e Sociais Ltda. e o Museu de Arte de São Paulo Assis Chateaubriand (Masp) a indenizar o The Israel Museum (TIM) em virtude de inadimplemento contratual. Os ministros da Corte Especial do STJ, seguindo o voto do ministro Felix Fischer, relator do processo, entenderam que a citação de pessoa domiciliada no Brasil para responder a processo judicial no exterior deve ser feita, necessariamente, por carta rogatória, sendo inadmissível a sua realização por outras modalidades. Nas palavras do Ministro Félix Fischer: "De fato, em processo judicial oriundo do exterior, o entendimento consolidado neste STJ é no sentido de que o ato citatório praticado em face de pessoa domiciliada no estrangeiro deve ser realizado de acordo com as leis do país onde tramita a ação. Todavia, se a pessoa a ser citada for domiciliada no Brasil, é necessário que sua regular citação se dê por carta rogatória ou se verifique legalmente a ocorrência de revelia."

51. *Vide* SEC 1.325-PY/STJ, rel. Min. Nancy Andrihi.

52. *Vide* SEC 651-FR/STJ, rel. Min. Fernando Gonçalves, julgada em 16/09/2009, e SEC 1.043-AR, rel. Min. Arnaldo Esteves Lima, julgada em 28/05/2009.

53. Nesse sentido foi a decisão na SEC 978-GB, Rel. Min. Hamilton Carvalhido, julgado em 17/12/2008: "Impossibilita a homologação da sentença arbitral estrangeira a ausência de assinatura na cláusula de eleição do juízo arbitral contida em contrato de compra e venda, no seu termo aditivo e na indicação de árbitro em nome da ora requerida, porquanto isso ofende o princípio da autonomia da vontade e a ordem pública (art. 4º, § 2º, da Lei n. 9.307/1996)". (Inform. STJ 381)

54. Cabe lembrar que no plano interno, diante da cobrança judicial de dívida de jogo, o juiz deve extinguir o processo sem a análise do mérito em função da impossibilidade jurídica do pedido (art. 267, VI, do CPC).

homologatório não examina o mérito da sentença estrangeira.[55] Ao STJ cabe apenas a análise dos requisitos formais e, sob um viés mais subjetivo, a análise sobre a violação ou não da ordem pública brasileira (art. 17 da LINDB).

Gabarito "B"

(ADVOGADO – IRB – 2006 – ESAF) A denegação da homologação para reconhecimento ou execução de sentença arbitral estrangeira por vícios formais

(A) não obsta que a parte interessada renove o pedido, uma vez sanados os vícios apresentados.

(B) obsta que a parte interessada renove o pedido, suscitando preclusão, dado que se presume que o objeto do litígio não é suscetível de ser resolvido por arbitragem.

(C) obsta que a parte interessada renove o pedido, porque se presume que a aplicação da decisão arbitral ofende a ordem pública internacional.

(D) não obsta que a parte interessada renove o pedido, independentemente de saneamento dos vícios apresentados, dado que não há limites para requerimentos de homologação, em relação ao mesmo laudo arbitral.

(E) obsta que a parte interessada renove o pedido, dado que se presume que o vício de formalidade indique instituição desconhecida pelo direito brasileiro.

A denegação da homologação para reconhecimento ou execução de sentença ou laudo arbitral estrangeiro por vício formal não obsta que a parte interessada renove o pedido, uma vez sanado o vício verificado. Ou seja, o rechaço da homologação não faz coisa julgada material.

Gabarito "A"

(ADVOGADO – BNDES – 2002 – VUNESP) Na homologação de sentenças estrangeiras,

(A) o Brasil adota o sistema da reciprocidade diplomática, isto é, a execução da sentença é condicionada à existência de tratado.

(B) o STF não entra no mérito da sentença, verificando apenas a forma e se foram observados os requisitos legais para sua homologação.

(C) o STF verifica o mérito da sentença proferida no país estrangeiro, a fim de evitar injustiças na má aplicação da lei.

(D) quando da aplicação indireta, não se impõe o exame da ordem pública.

(E) o sistema da delibação, consagrado na Itália, examina pormenorizadamente as questões de fato e de direito contidas na sentença a ser homologada.

No Brasil, a competência para homologar sentenças estrangeiras era do STF, mas depois da EC n. 45 esta competência passou para o STJ (art. 105, I, *i*, da CF). O procedimento homologatório não examina o mérito da sentença estrangeira.[56] Ao STJ cabe apenas a análise dos requisitos formais e, sob um viés mais subjetivo, a análise sobre a violação ou não da ordem pública brasileira (art. 17 da LINDB).

Gabarito "B"

2.6. CONTRATOS INTERNACIONAIS

(ADVOGADO – BNDES – 2010 – CESGRANRIO) Entre as cláusulas contratuais tipicamente encontradas nos contratos internacionais de financiamento, NÃO figura a cláusula de

(A) *cross-default* (inadimplemento cruzado).

(B) *force majeure* (força maior).

(C) eleição de foro.

(D) escolha da Lei aplicável.

(E) *buy-or-sell* (compra ou venda).

Das cláusulas citadas, a única que não figura nos contratos internacionais de financiamento é a cláusula *buy-or-sell* (compra ou venda).

Gabarito "E"

(ADVOGADO – BNDES – 2008 – CESGRANRIO) A Assembleia Geral da ONU aprovou, em 23 de novembro de 2005, uma Convenção regulando a utilização das comunicações eletrônicas nos contratos internacionais. O sistema organizado por essa Convenção

(A) abstrai a questão do local da expedição das comunicações eletrônicas.

(B) se aplica à Convenção de Viena, de 1980, sobre contratos internacionais.

(C) se encontra atualmente revogado por deliberação posterior da própria Assembleia Geral da ONU.

(D) estabelece que, onde a lei exige um contrato sob forma escrita, a comunicação eletrônica satisfaz esta exigência ainda que a informação nela contida permaneça inacessível.

(E) impede que a comunicação eletrônica supra a exigência de assinatura em um contrato no qual a lei exige esta formalidade.

A única assertiva que traz uma informação verdadeira sobre o sistema implantado pela Convenção onusiana para utilização das comunicações eletrônicas nos contratos internacionais é a "B", ou seja, essa Convenção se aplica a Convenção de Viena sobre Contratos Internacionais.

Gabarito "B"

(ADVOGADO – PETROBRÁS – 2006 – CESGRANRIO) Nos contratos internacionais de comércio, a cláusula de *hardship* se distingue da tradicional concepção de força maior pela:

55. *Vide* SEC 651-FR/STJ, rel. Min. Fernando Gonçalves, julgada em 16/09/2009, e SEC 1.043-AR, rel. Min. Arnaldo Esteves Lima, julgada em 28/05/2009.

56. *Vide* SEC 651-FR/STJ, rel. Min. Fernando Gonçalves, julgada em 16/09/2009, e SEC 1.043-AR, rel. Min. Arnaldo Esteves Lima, julgada em 28/05/2009.

(A) inevitabilidade do evento.

(B) imprevisibilidade do evento.

(C) aplicabilidade restrita a fenômenos naturais.

(D) natureza similar à da cláusula *rebus sic stantibus*.

(E) impossibilidade absoluta de execução do contrato.

"A força maior, como se vê, é, na tradição da família romanístico--germânica de direitos, o advento de um fato imprevisível, inevitável, exterior à vontade do devedor, que torne impossível a execução da obrigação" ..."O conceito de cláusula de *hardship*, que alguns traduzem por *cláusula de adaptação*, assemelha-se à cláusula de força maior no tocante à imprevisibilidade e à inevitabilidade do evento. *Dela se distancia porque o evento gerador do* hardship, *ou endurecimento de condições, apenas torna mais onerosa a execução econômica do contrato, rompendo, significativamente, em detrimento de uma das partes, o equilíbrio inicial"*... A noção de *hardship*, dominante nos contratos internacionais, tem como contraparte a de imprevisão, ou, mais precisamente, a formulação da *imprevision* dos direitos belga e francês"... "Como nem todas as legislações admitem a teoria da imprevisão – ou a cláusula *rebus sic stantibus* – e a jurisprudência é incerta, a autonomia da vontade consiste no ponto em que as cláusulas de *hardship* se apoiam. Por isso, é a extensão em que um determinado sistema jurídico contempla essa autonomia, que admitirá, ou não, a validade dessa avença".[57]

Gabarito "D"

(ADVOGADO – ELETROBRÁS – 2006 – NCE/UFRJ) No comércio internacional aponta-se a existência de um sistema normativo de caráter espontâneo, decorrente dos usos e costumes daqueles que o praticam. Trata-se do seguinte instituto:

(A) *lex Rhodia*;

(B) *lex mercatoria*;

(C) convenções comerciais;

(D) *lex fori*;

(E) convenção mercantil.

"Hoje em dia, *lex mercatória* é o nome que se costuma dar ao conjunto de princípios, instituições e regras com origem em diversos focos, e que se caracterizam por serem inspiradas e voltadas aos relacionamentos dos operadores do comércio internacional"... "A *lex mercatória* compreende princípios gerais do Direito em matéria obrigacional, similares aos da maior parte dos países, usos e costumes, cláusulas e contratos típicos do comércio internacional. Ela é contemplada pela interpretação dada, tanto aos contratos, quanto aos princípios de direito, por decisões arbitrais, que vão contribuindo a conformar os princípios e os contratos a uma maneira específica e adaptada à problemática empresarial e internacional".[58]

Gabarito "B"

(ADVOGADO – BNDES – 2002 – VUNESP) Quanto aos contratos internacionais, pode-se dizer que

(A) a autonomia da vontade está limitada à aceitação ou não das condições propostas, podendo ou não a parte contratar.

(B) circunstâncias políticas e econômicas, face à força obrigatória dos contratos, não extinguem a relação contratual anteriormente estabelecida.

(C) ao se falar em contrato de compra e venda internacional, o aplicador do direito analisará e interpretará todos os elementos do contrato de adesão, haja vista a inexistência de características paritárias.

(D) o princípio da boa-fé não é aplicado nos contratos internacionais.

(E) para um contrato ser considerado internacional deve, necessariamente, um de seus elementos formadores estar vinculado a mais de um sistema jurídico estrangeiro.

"Um contrato tem caráter internacional quando, pelos atos concernentes à sua celebração ou sua execução, ou a situação das partes quanto à sua nacionalidade ou seu domicílio, ou a localização de seu objeto, ele tem liame com mais de um sistema jurídico".[59]

Gabarito "E"

(ADVOGADO – BNDES – 2002 – VUNESP) Quanto aos seguros nos contratos internacionais, é correto dizer que

(A) o ordenamento jurídico brasileiro não admite a contratação de seguros, fora do Brasil, para transportes internacionais.

(B) é imprescindível que o dano ensejador do pagamento do risco coberto aconteça na vigência do contrato de seguro.

(C) através do resseguro, a obrigação assumida por um segurador é compartilhada com outras empresas do ramo securitário.

(D) o Instituto de Resseguros do Brasil detém o monopólio para instituição de resseguros em nosso país.

(E) atualmente, as companhias seguradoras não estão obrigadas a ressegurar, no Instituto de Resseguros do Brasil, as responsabilidades civis que ultrapassarem o seu limite técnico.

A: incorreta, pois não exista tal vedação; **B:** incorreta, pois não é imprescindível que o dano ocorra na vigência do contrato de seguro; **C:** correta. O resseguro é a operação de transferência de riscos de uma cedente para um ressegurador (art. 2°, § 1°, III, da Lei Complementar 126/2007); **D:** incorreta, pois o Instituto de Resseguros do Brasil (IRB) não mais possui o citado monopólio. A LC 126/2007 retira o poder regulatório do IRB e abre o mercado brasileiro de resseguros para competição; E: incorreta, pois existe a citada obrigação.

Gabarito "C"

2.7. *INCOTERMS*

(ADVOGADO – PETROBRÁS – 2012 – CESGRANRIO) Ao pedir uma proposta para importação de Gás Liquefeito de Petróleo (GLP), o fornecedor indica o preço do produto em dólares norte-americanos, *FOB* no porto de embarque a ser indicado pela compradora. Em uma compra e venda *FOB*, segundo os *Incoterms*, o(a)

57. BAPTISTA, Luiz Olavo. *Contratos Internacionais*, Ed. Lex Magister, 2011. págs. 239/240.

58. Idem, págs. 263/64.

59. Verbete Contratos e Convenções, in **Repertoire Dalloz de Droit International Privé**, n. 9º.

(A) frete está incluído no preço da mercadoria.

(B) frete será pago a bordo, após confirmado o embarque.

(C) preço inclui um frete exclusivo para o Brasil.

(D) preço da mercadoria não inclui o frete.

(E) cotação inclui o frete e os custos de embarque.

Segundo o art. 2º, I, da Resolução 21/2011 da Camex, em uma compra e venda *free on board* (FOB) ou livre a bordo, o vendedor encerra suas obrigações e responsabilidades quando a mercadoria, desembaraçada para a exportação, é entregue, arrumada, a bordo do navio no porto de embarque, ambos indicados pelo comprador, na data ou dentro do período acordado. Utilizável exclusivamente no transporte aquaviário (marítimo ou hidroviário interior). Lembrando que os *incoterms* são termos internacionais de comércio, propostos pela Câmara de Comercio Internacional – CCI, com o objetivo de facilitar o comércio entre vendedores e compradores de diferentes países.

Gabarito "D"

(ADVOGADO – PETROBRÁS DISTRIB. – 2010 – CESGRANRIO) Um contrato de compra e venda internacional de mercadorias estabelece o preço da mercadoria em dólares norte-americanos FOB Porto do Rio de Janeiro, conforme os *INCOTERMS*. Os Termos Internacionais de Comércio (*INCOTERMS*)

(A) não integram o contrato, pois o Brasil não ratificou a Convenção de Viena sobre Compra e Venda Internacional de Mercadorias.

(B) integram o contrato, como cláusulas contratuais padronizadas, desde que as partes especifiquem que o contrato se regerá pelos *INCOTERMS* 2000 da CCI.

(C) são parte integrante do contrato, pois estão previstos em normas imperativas do Tratado de Paris, do qual o Brasil é parte.

(D) são aplicáveis ao contrato, subsidiariamente, para determinar a lei aplicável e o foro do contrato no silêncio das partes.

(E) estabelecem a submissão obrigatória do contrato à arbitragem junto à Câmara de Comércio Internacional de Paris.

Os *incoterms* são termos internacionais de comércio, propostos pela Câmara de Comércio Internacional – CCI, com o objetivo de facilitar o comércio entre vendedores e compradores de diferentes países. Na prática, integram o contrato, como cláusulas contratuais padronizadas, desde que as partes abertamente especifiquem que o contrato se regerá pelos *incoterms* da CCI. A primeira edição dos *incoterms* foi em 1936 e, de tempos em tempos, a CCI publica novas versões, de modo a refletir as mudanças nas práticas de comércio. A mais recente publicação é de 2010, que começou a vigorar em 1º de janeiro de 2011. Atualmente existem 11 termos, divididos em dois grupos: termos para utilização em operações que serão transportadas pelos modais aquaviários (marítimo, fluvial ou lacustre) e termos para operações transportadas em qualquer modal de transporte, inclusive transporte multimodal.

Gabarito "B"

(ADVOGADO – PETROBRÁS – 2008 – CESGRANRIO) Os *Incoterms* foram criados pela Câmara de Comércio Internacional com o objetivo de padronizar os termos utilizados no comércio internacional, definindo-se assim condições básicas de contratação que asseguram maior segurança às transações internacionais. Segundo os critérios definidos na publicação *Incoterms* 2000 (CCI), a utilização do termo FOB em um contrato de venda internacional de mercadorias com transporte marítimo implica que a mercadoria deve ser disponibilizada pelo vendedor

(A) no endereço indicado pelo comprador, sendo que o vendedor se responsabiliza por todas as despesas de carregamento, transporte, descarregamento e desembaraço aduaneiro da mercadoria.

(B) no porto de desembarque, após o descarregamento, sendo que o comprador se responsabiliza por todas as despesas posteriores ao descarregamento do navio.

(C) no porto de embarque, antes do carregamento, sendo que o comprador se responsabiliza pelos custos de carregamento do navio e transporte da mercadoria.

(D) no local de sua produção, sendo que o comprador se responsabiliza por todas as despesas de retirada, carregamento do navio e transporte da mercadoria.

(E) a bordo do navio no porto de embarque, sendo que o comprador se responsabiliza pelos custos posteriores ao carregamento do navio.

Segundo o art. 2º, I, da Resolução 21/2011 da Camex, em uma compra e venda *free on board* (FOB) ou livre a bordo, o vendedor encerra suas obrigações e responsabilidades quando a mercadoria, desembaraçada para a exportação, é entregue, arrumada, a bordo do navio no porto de embarque, ambos indicados pelo comprador, na data ou dentro do período acordado. Utilizável exclusivamente no transporte aquaviário (marítimo ou hidroviário interior). Lembrando que os *incoterms* são termos internacionais de comércio, propostos pela Câmara de Comercio Internacional – CCI, com o objetivo de facilitar o comércio entre vendedores e compradores de diferentes países. Na prática, integram o contrato, como cláusulas contratuais padronizadas, desde que as partes abertamente especifiquem que o contrato se regerá pelos *incoterms* da CCI. A primeira edição dos *incoterms* foi em 1936 e, de tempos em tempos, a CCI publica novas versões, de modo a refletir as mudanças nas práticas de comércio. A mais recente publicação é de 2010, que começou a vigorar em 1º de janeiro de 2011. Atualmente existem 11 termos, divididos em dois grupos: termos para utilização em operações que serão transportadas pelos modais aquaviários (marítimo, fluvial ou lacustre) e termos para operações transportadas em qualquer modal de transporte, inclusive transporte multimodal.

Gabarito "E"

(ADVOGADO – BNDES – 2008 – CESGRANRIO) Os *Incoterms* aprovados pela Câmara de Comércio Internacional podem ser agrupados em quatro categorias básicas diferentes, identificadas pela primeira letra dos respectivos termos, quais sejam "E", "F", "C" ou "D". Os termos do grupo "C" caracterizam-se por obrigar o vendedor a contratar o transporte das mercadorias às suas próprias expensas, sendo eles:

I – CFR

II – CIF

III – CPT

IV – CIP

Desse grupo, impõe(m) ao vendedor o ônus de providenciar e arcar com os custos do seguro **APENAS** o(s) termo(s)

(A) I

(B) II

(C) I e III

(D) II e IV

(E) III e IV

I: incorreta. CFR (*Cost and Freight ou Custo e Frete*) determina que o vendedor deve arcar com obrigações e riscos previstos para o termo FOB (*Free on Board*), além de contratar e pagar frete e custos necessários para levar a mercadoria até o porto de destino combinado. Utilizável exclusivamente no transporte aquaviário (marítimo ou hidroviário interior). Vide Resolução 21/11 da Camex; **II:** correta. CIF (*Cost, Insurance and Freight* ou Custo, Seguro e Frete) determina que o vendedor deve arcar com obrigações e riscos previstos para o termo FOB (*Free on Board*), além de contratar e pagar frete, custos e seguro relativos ao transporte da mercadoria até o porto de destino combinado. Utilizável exclusivamente no transporte aquaviário (marítimo ou hidroviário interior); **III:** incorreta. CPT (*Carriage Paid To* ou Transporte Pago Até) determina que o vendedor deve arcar com obrigações e riscos previstos para o termo FCA (*Free Carrier*), além de contratar e pagar frete e custos necessários para levar a mercadoria até o local de destino combinado. Utilizável em qualquer modalidade de transporte; **IV:** correta. CIP (*Carriage and Insurance Paid To* ou Transporte e Seguro Pagos Até determina que o vendedor deve arcar com obrigações e riscos previstos para o termo FCA (*Free Carrier*), além de contratar e pagar frete, custos e seguro relativos ao transporte da mercadoria até o local de destino combinado. Utilizável em qualquer modalidade de transporte.

Gabarito "D"

(ADVOGADO – PETROBRÁS TRANSP. – 2006 – CESGRANRIO) A Câmara de Comércio Internacional publica, desde 1936, um conjunto de regras internacionais para a interpretação de termos mais usados no comércio exterior. Segundo essas regras, conhecidas como *Incoterms*, o único termo, dentre os abaixo, que se refere a transporte principal não pago é:

(A) CIP

(B) FOB

(C) CIF

(D) CPT

(E) CFR

O único dos termos listados nas assertivas que se refere a transporte principal não pago é o FOB (*free on board ou livre a bordo*).

Gabarito "B"

(ADVOGADO – BNDES – 2004 – CESGRANRIO) A Câmara de Comércio Internacional publica, desde 1936, um conjunto de regras internacionais para a interpretação dos termos mais usados no comércio exterior. Segundo essas regras, conhecidas como *Incoterms*, o único termo dentre os abaixo que contempla **exclusivamente o transporte marítimo** é o:

(A) CIP (*Carriage and Insurance Paid to*), que significa "Transporte e Seguro Pagos até ...".

(B) CIF (*Cost, Insurance and Freight*), que significa "Custo, Seguro e Frete".

(C) DAF (*Delivered At Frontier*), que significa "Entregue na Fronteira".

(D) FCA (*Free Carrier*), que significa "Livre no Transportador".

(E) CPT (*Carriage Paid to*), que significa "Transporte Pago até ...".

CIF (*Cost, Insurance and Freight* ou Custo, Seguro e Frete) determina que o vendedor deve arcar com obrigações e riscos previstos para o termo FOB (Free on Board), além de contratar e pagar frete, custos e seguro relativos ao transporte da mercadoria até o porto de destino combinado. Utilizável exclusivamente no transporte aquaviário (marítimo ou hidroviário interior).

Gabarito "B"

(ADVOGADO – BNDES – 2001 – VUNESP) No glossário de *Incoterms* FOB/Free on Board significa que

(A) o produto e a fatura devem estar à disposição do comprador no estabelecimento do vendedor.

(B) o produto e a fatura devem estar à disposição do comprador no estabelecimento do vendedor.

(C) as obrigações do vendedor encerram-se ao colocar a mercadoria, já desembaraçada para exportação, no cais, livre, junto ao costado do navio.

(D) o vendedor deve entregar a mercadoria, desembaraçada, a bordo do navio indicado pelo comprador, no porto de embarque.

(E) o vendedor deve entregar a mercadoria no porto de destino escolhido pelo comprador.

A assertiva "D" traz a correta definição de FOB/Free on Board (vide Resolução 21/2011 da Camex).

Gabarito "D"

2.8. ARBITRAGEM

(ADVOGADO – PETROBRÁS – 2012 – CESGRANRIO) Empresa brasileira está negociando com uma empresa estrangeira um contrato de compra de subprodutos de petróleo. A vendedora do produto insiste em incluir uma cláusula prevendo que o contrato será regido pelas leis uruguaias.

Se o contrato vier a ser assinado no Brasil, essa cláusula seria válida?

(A) Sim, por se tratar de um contrato internacional.

(B) Sim, por ser um contrato entre empresas do Mercosul.

(C) Sim, se a solução de controvérsias for feita por arbitragem.

(D) Sim, desde que obtido o referendo do Congresso Nacional.

(E) Não, pois o contrato feito no Brasil não será internacional.

a arbitragem está regulada no Brasil pela Lei n. 9.307/1996. E o seu art. 2º, § 1º, permite que as partes escolham livremente as regras de direito que serão aplicadas na arbitragem, desde que não haja violação aos bons costumes e à ordem pública. Tal possibilidade de escolha da lei aplicável ao contrato não entra em confronto com o art. 9º da LINDB. Isso porque a possibilidade de escolha da lei que vai reger o contrato, uma das características marcantes da arbitragem, diz respeito àquelas matérias que podem ser objeto de arbitragem (direitos patrimoniais disponíveis). A título de elucidação cabe apontar que *arbitragem é uma forma alternativa de dirimir conflitos, mediante a qual as partes estabelecem em contrato ou simples acordo que vão utilizar o juízo arbitral para solucionar controvérsia existente ou eventual em vez de procurar o poder judiciário.* Claro está que o art. 9º da LINDB e o art. 2º, § 1º, da Lei n. 9.307/1996 se aplicam a situações distintas. Na primeira, o juiz nacional terá que decidir sobre qual a lei aplicável à relação obrigacional que tem elemento estrangeiro. Ao passo que, na segunda, o árbitro ou tribunal arbitral irá dirimir os conflitos oriundos da relação obrigacional com suporte nas regras indicadas pelas partes (quando houver indicação da lei reguladora pelas partes) ou terá que decidir sobre o conflito de leis no espaço oriundo da relação jurídica obrigacional. Vale frisar que as partes podem decidir que a arbitragem terá por base não regras de direito, mas sim a equidade. Percebe-se que a convenção de arbitragem impede o conhecimento da causa pelo Judiciário,[60] constituindo o que a doutrina denominou de pressuposto processual negativo, que ocasionará a extinção do processo sem resolução do mérito[61] (art. 267, VII, do CPC). Portanto, a cláusula será válida se escolhida a arbitragem para dirimir eventuais conflitos.

Gabarito "C"

(ADVOGADO – PETROBRÁS – 2012 – CESGRANRIO) A cláusula arbitral de um contrato de fornecimento de óleo cru estabelece que todas as controvérsias entre as partes serão resolvidas por arbitragem, segundo as regras da Câmara de Comércio Internacional (CCI). Na negociação, a fornecedora, empresa norueguesa, concordou que a sede da arbitragem fosse o Brasil, muito embora o idioma escolhido fosse o inglês. Como contrapartida, incluiu, entre as controvérsias a serem decididas por arbitragem, a determinação da responsabilidade por danos ambientais resultantes do manuseio e da descarga no terminal. Na eventualidade de um acidente ambiental, o Tribunal Arbitral a ser constituído no Brasil

(A) tem competência para determinar a responsabilidade pelo dano, pois estão presentes todos os requisitos previstos na lei brasileira.

(B) deverá proferir o laudo em português para que o mesmo seja passível de execuçao no Brasil.

(C) poderá decidir apenas sobre os danos materiais comprovados, por serem direitos patrimoniais.

(D) não poderá decidir a questão, porque a cláusula arbitral é nula.

(E) não poderá dispor sobre a responsabilidade ambiental das partes, por não ser matéria arbitrável.

Uma das características marcantes da arbitragem é a possibilidade de somente cuidar de certas matérias, notadamente, os direitos patrimoniais disponíveis. Logo, o Tribunal Arbitral não poderá dispor sobre responsabilidade ambiental – direito indisponível.

Gabarito "E"

(ADVOGADO – PETROBRÁS BIO. – 2010 – CESGRANRIO) Empresa brasileira, ao final de uma dura negociação de um contrato com uma empresa francesa, concorda em incluir no referido contrato uma cláusula arbitral. A sede da arbitragem será no Brasil, e as regras escolhidas são as da Câmara de Comércio Internacional – CCI. Poucas semanas depois da assinatura do contrato, a empresa brasileira descobre que algumas informações prestadas pela empresa francesa quanto à sua capacidade financeira, incluídas como exigências no contrato, não estavam corretas. Imediatamente, tem início uma ação na justiça brasileira contra a filial brasileira da empresa francesa contratante. O juiz a quem for distribuído o processo

(A) deve julgá-lo normalmente, pois há competência da justiça brasileira, nesse caso, à luz do artigo 88 do Código de Processo Civil.

(B) deve extinguir a causa sem julgamento do mérito, em razão da existência e da autonomia da cláusula arbitral.

(C) deve encaminhar o pedido à Câmara de Comércio Internacional de Paris, por meio de carta rogatória ativa.

(D) deve extinguir a causa sem julgamento do mérito, pois a filial da empresa francesa não é parte integrante do contrato.

(E) pode solicitar informações sobre a idoneidade da empresa francesa, por meio do auxílio direto, antes de decidir sobre a sua competência.

A convenção de arbitragem impede o conhecimento da causa pelo Judiciário,[62] constituindo o que a doutrina denominou de pressuposto processual negativo, que ocasionará a extinção do processo sem resolução do mérito[63] em função da autonomia da cláusula arbitral (art. 267, VII, do CPC).

Gabarito "B"

(PROCURADOR – BANCO CENTRAL – 2009 – CESPE) No que se refere à arbitragem no direito internacional, assinale a opção correta.

(A) A primeira arbitragem moderna no direito internacional foi instalada na I Conferência de Paz da Haia para resolver controvérsias entre Reino Unido e França.

60. Uma vez que o tribunal arbitral esteja formado, o Poder Judiciário se torna incompetente até mesmo para julgar ação em caráter cautelar. Esse foi o entendimento adotado pela 3.ª Turma do Superior Tribunal de Justiça (STJ) no julgamento do REsp 1297974.

61. Nesse caso, o juiz irá prolatar uma sentença terminativa ou meramente processual, pois não decide a lide. Por outro lado, tem-se uma sentença definitiva quando a lide é decidida no mérito (hipóteses disciplinadas no art. 269 do CPC).

62. Uma vez que o tribunal arbitral esteja formado, o Poder Judiciário se torna incompetente até mesmo para julgar ação em caráter cautelar. Esse foi o entendimento adotado pela 3.ª Turma do Superior Tribunal de Justiça (STJ) no julgamento do REsp 1297974.

63. Nesse caso, o juiz irá prolatar uma sentença terminativa ou meramente processual, pois não decide a lide. Por outro lado, tem-se uma sentença definitiva quando a lide é decidida no mérito (hipóteses disciplinadas no art. 269 do CPC).

(B) Assim como os meios judiciários, a arbitragem possui o caráter de permanência.

(C) O tribunal de reclamações entre Irã e Estados Unidos da América é de natureza arbitral.

(D) Arbitragens mistas são aquelas em que mais de dois Estados figuram na causa.

(E) Decisões arbitrais são meramente recomendatórias.

A: incorreta, pois a informação dada na assertiva não procede; **B:** incorreta, pois a arbitragem é uma forma alternativa de dirimir conflitos, mediante a qual as partes estabelecem em contrato ou simples acordo que vão utilizar o juízo arbitral para solucionar controvérsia existente ou eventual em vez de procurar o poder judiciário. Ora, a arbitragem é constituída para solucionar uma situação determinada e não tem caráter de permanência. Na prática, a base jurídica da arbitragem pode ser tanto a cláusula arbitral ou compromissória que figura no corpo de um tratado qualquer, como o compromisso arbitral prévio ou posterior ao conflito. Deve-se apontar que a estipulação da cláusula arbitral não dispensa a celebração do compromisso arbitral quando for necessário dispor sobre todos os aspectos necessários para a instalação e o bom funcionamento do tribunal arbitral; **C:** correta, pois o citado tribunal tem natureza arbitral; **D:** incorreta, pois a arbitragem mista é verificada se árbitros basearem suas decisões em regras jurídicas e critério de equidade; E: incorreta. A sentença arbitral, que funciona como uma decisão jurídica, é obrigatória e definitiva. O fundamento dessa obrigatoriedade é o compromisso assumido pelas partes, onde se comprometeram em executar a sentença. Assim, em última análise, esse fundamento tem por base o princípio *pacta sunt servanda*. Mas o problema identificado é que a decisão arbitral tem que ser executada de boa-fé pelas partes, pois não existe a possibilidade de execução forçada, tal qual acontece no direito interno. Todavia, é importante esclarecer que o descumprimento da sentença arbitral configura ato ilícito internacional. Por fim, a sentença arbitral não é passível de recurso, ao menos que esteja previsto no compromisso arbitral e subordinado a descoberta de fatos novos, que não eram conhecidos a época em que a sentença arbitral foi proferida, que possam alterar a substância da decisão. Não obstante, é sempre possível que uma das partes entre com pedido de interpretação ou acuse de nulidade a sentença arbitral, desde que o árbitro incorra em falta grave, como, por exemplo, dolo, corrupção ou abuso ou desvio de poder.

Gabarito "C"

(ADVOGADO – BNDES – 2002 – VUNESP) Na arbitragem internacional,

(A) as partes estão obrigadas a serem representadas por advogados habilitados durante o procedimento arbitral.

(B) o tribunal arbitral está autorizado a aplicar medidas coercitivas contra as partes e terceiros.

(C) o princípio do livre convencimento não foi acolhido pela Lei n. 9.307.

(D) as normas brasileiras concernentes à arbitragem apenas serão aplicadas se a sede do tribunal arbitral estiver localizada em nosso país.

(E) o procedimento arbitral, face à sua celeridade, é composto por uma única fase para a enunciação do laudo.

A: incorreta, pois em desacordo com a redação do art. 21, § 3º, da Lei 9.307/1996; **B:** incorreta, pois a arbitragem cuida de um conflito específico e com partes determinadas, logo não cabe endereçar medidas coercitivas a terceiros (art. 3.º da Lei 9.307/1996); **C:** incorreta, pois o princípio do livre convencimento foi acolhido (art. 21, § 2º, da Lei 9.307/1996); **D:** correta, pois é necessária a citada condição para aplicabilidade das leis brasileiras que regulamentam o procedimento arbitral; E: incorreta. A arbitragem é uma via jurisdicional, porém não judiciária, de solução pacífica de controvérsias internacionais. Como dito, os árbitros serão escolhidos pelas partes, que também descreverão a matéria conflituosa e determinarão o direito aplicável para o deslinde da disputa. Neste último caso, poderão permitir que os árbitros decidam *ex aequo et bono* (senso de justiça). Na prática, a base jurídica da arbitragem pode ser tanto a cláusula arbitral ou compromissória que figura no corpo de um tratado qualquer, como o compromisso arbitral prévio ou posterior ao conflito. Deve-se apontar que a estipulação da cláusula arbitral não dispensa a celebração do compromisso arbitral quando for necessário dispor sobre todos os aspectos necessários para a instalação e o bom funcionamento do tribunal arbitral. O compromisso arbitral é um tratado específico que vai regular todos os aspectos da arbitragem. Por exemplo, no compromisso fica qualificado as partes, estipulado o nome dos árbitros e seus respectivos substitutos, determinado o objeto do litígio e o âmbito dos fatos controversos, como também as regras que regerão a instalação e o funcionamento do tribunal arbitral. Mais precisamente, os estados escolhem um ou dois árbitros, os quais escolherão o presidente. Esses árbitros confeccionaram a sentença arbitral, que funciona como uma decisão jurídica, sendo obrigatória e definitiva. O fundamento dessa obrigatoriedade é o compromisso assumido pelas partes, onde se comprometeram em executar a sentença. Assim, em última análise, esse fundamento tem por base o princípio *pacta sunt servanda*. Mas o problema identificado é que a decisão arbitral tem que ser executada de boa-fé pelas partes, pois não existe a possibilidade de execução forçada, tal qual acontece no direito interno. Todavia, é importante esclarecer que o descumprimento da sentença arbitral configura ato ilícito internacional. Por fim, a sentença arbitral não é passível de recurso, ao menos que esteja previsto no compromisso arbitral e subordinado a descoberta de fatos novos, que não eram conhecidos na época em que a sentença arbitral foi proferida, que possam alterar a substância da decisão. Não obstante, é sempre possível que uma das partes entre com pedido de interpretação ou acuse de nulidade a sentença arbitral, desde que o árbitro incorra em falta grave, como, por exemplo, dolo, corrupção ou abuso ou desvio de poder.

Gabarito "D"

2.9. COMBINADAS E OUTROS TEMAS

(ADVOGADO – PETROBRÁS – 2003 – CESPE) No que se refere ao direito internacional privado, julgue os itens subsequentes.

(1) A autoridade judiciária competente para fazer a partilha de bens imóveis situados no Brasil de propriedade de casal belga, domiciliado no Japão, que pretende se divorciar será a da lei do foro em que se formalizar o pedido de divórcio.

(2) Não obstante o dinamismo e a constante criação de novas técnicas comerciais no âmbito internacional, a Câmara de Comércio Internacional, no intuito de proporcionar maior segurança aos operadores dos negócios internacionais, optou por manter inalterados os Termos Internacionais de Comércio, também conhecidos pela sigla *INCONTERMS*.

(3) A Lei de Introdução ao Código Civil estabelece a *lex fori* como elemento de conexão para determinar as regras acerca do começo e fim da personalidade, do nome, da capacidade e dos direitos de família.

(4) Os elementos de conexão são, na maioria dos casos, móveis, haja vista que podem se alterar pelo curso natural dos acontecimentos ou pela vontade deliberada das partes.

(5) Um tratado internacional é um acordo de vontades mediante o qual os atos relacionados à conclusão, à capacidade das partes e ao objeto se relacionam a mais de um ordenamento jurídico.

(6) De acordo com o Protocolo de Brasília para Solução de Controvérsias no MERCOSUL, os laudos do Tribunal Arbitral são inapeláveis, obrigatórios para os Estados-partes na controvérsia a partir do recebimento da respectiva notificação e terão relativamente a eles força de coisa julgada.

(7) As partes podem convencionar que uma arbitragem se realize com base nos princípios gerais de direito, nos usos e costumes e nas regras internacionais de comércio.

(8) A cláusula compromissória é autônoma em relação ao contrato em que estiver inserta, de sorte que a nulidade deste não implica, de modo necessário, a nulidade da cláusula compromissória.

(9) Para ser executada no Brasil, a sentença arbitral estrangeira está sujeita à homologação do Supremo Tribunal Federal e ao registro na câmara de arbitragem da unidade da Federação em que se pretende executar o laudo.

(10) As controvérsias que surgirem entre os Estados-partes, quanto à aplicação das decisões do Conselho do Mercado Comum, não estarão submetidas aos procedimentos de solução previstos no Protocolo de Brasília, já que tal função pertence ao Grupo Mercado Comum.

1: errada. O juiz brasileiro terá competência exclusiva para conhecer das ações relativas a imóveis situados no Brasil. Esta competência exclusiva significa que nenhuma outra jurisdição poderá conhecer de ação que envolva bem imóvel situado no Brasil. Assim, por exemplo, sentença estrangeira sobre bem imóvel situado no Brasil nunca será reconhecida no Brasil, isto é, nunca irradiará efeitos em território nacional. A regra *forum rei sitae* aparece no art. 12, § 1º, da Lei de Introdução e no art. 89, I, do CPC. E o art. 89, no seu inciso II, traz outra hipótese de competência exclusiva. Ao juiz brasileiro compete proceder a inventário e partilha de bens, situados no Brasil, ainda que o autor da herança seja estrangeiro e tenha residido fora do território nacional; **2:** errada. Os *incoterms* são termos internacionais de comércio, propostos pela Câmara de Comercio Internacional – CCI, com o objetivo de facilitar o comércio entre vendedores e compradores de diferentes países. Na prática, integram o contrato, como cláusulas contratuais padronizadas, desde que as partes abertamente especifiquem que o contrato se regerá pelos *incoterms* da CCI. A primeira edição dos *incoterms* foi em 1936 e, de tempos em tempos, a CCI publica novas versões, de modo a refletir as mudanças nas práticas de comércio. A mais recente publicação é de 2010, que começou a vigorar em 1º de janeiro de 2011. Atualmente existem 11 termos, divididos em dois grupos: termos para utilização em operações que serão transportadas pelos modais aquaviários (marítimo, fluvial ou lacustre) e termos para operações transportadas em qualquer modal de transporte, inclusive transporte multimodal; **3:** errada. A regra de conexão antiga era a da nacionalidade. Assim, aplicava-se ao estatuto pessoal a lei da nacionalidade do interessado. Esse critério era muito criticado, pois não resolvia o problema dos apátridas e fazia com que um estrangeiro há muito tempo já residente aqui continuasse a ter seu estatuto pessoal determinado pelas leis de sua nacionalidade. O critério atual gira em torno do domicílio da pessoa, ou seja, a regra de conexão é a *lex domicilii* (art. 7º da LINDB). Assim, a lei do domicílio da pessoa vai determinar as regras sobre o começo e o fim da personalidade, o nome, a capacidade e os direitos de família. E a configuração do domicílio só é regulada pela Convenção Interamericana sobre Domicílio das Pessoas Físicas no Direito Internacional Privado. Em que pese a Convenção não estar ratificada no Brasil, nada impede que o juiz brasileiro a utilize como uma fonte de *soft law*. O art. 2º da Convenção dispõe que o domicílio será determinado em tais circunstâncias e ordem: a) pelo lugar da residência habitual; b) pelo lugar do centro principal de seus negócios; c) na ausência dessas circunstâncias, considerar-se-á como domicílio o lugar da simples residência; d) em sua falta, se não houver simples residência, o lugar onde se encontrar. E a Convenção continua no seu art. 6º: *"quando uma pessoa tiver domicílio em dois estados-partes, será considerada domiciliada naquele em que tiver a simples residência e, se tiver em ambos, preferir-se-á o lugar onde se encontrar"*; **4:** certa. Exemplos de regras de conexão: lei do domicílio (art. 7º da LINDB), lei do local da celebração (art. 7º, § 1º, da LINDB), lei do domicílio do proprietário (art. 8º, § 1º, da LINDB), lei do local onde as obrigações foram constituídas (art. 9º da LINDB), lei do domicílio do defunto (art. 10 da LINDB) etc.; **5:** errada. A Convenção de Viena sobre o Direito dos Tratados dispõe que todo estado tem capacidade para concluir tratados. Do mesmo modo, a Convenção de Viena sobre o Direito dos Tratados entre Estados e Organizações Internacionais ou entre Organizações Internacionais também confere capacidade para as organizações internacionais firmarem tratados. E no direito internacional, como no direito nacional, só se pode criar obrigações e direitos desde que sejam permitidos pelo direito e pela moral e sejam materialmente possíveis de realizar. Percebe-se que a baliza para verificar a capacidade das partes e o objeto do tratado é o direito internacional e não ordenamentos jurídicos internos; 6: certa (na data de feitura da assertiva), pois em consonância com a redação do art. 21, ponto 1, do Protocolo de Brasília para Solução de Controvérsias. Contudo, é importante asseverar que o Protocolo de Olivos reorganizou o sistema de solução de controvérsias do Mercosul. Sua maior inovação foi a criação de um Tribunal Permanente de Revisão, o qual ficará encarregado de julgar, em grau de recurso, as decisoes proferidas pelos tribunais arbitrais *ad hoc*. A título de sistematização, quando surgir alguma contenda envolvendo os países do bloco, o primeiro passo é aplicar as negociações diretas. Com o fracasso dessas, passa-se ao tribunal arbitral *ad hoc* – funciona como primeira instância. Lembrando que antes de as partes submeterem o caso ao tribunal arbitral *ad hoc*, podem escolher (ou seja, é facultativa) a etapa intermediária, que toma corpo com o envio da contenda para o Grupo Mercado Comum, que promoverá estudos sobre a disputa e formulará recomendações não cogentes. Depois, com a provocação das partes, exerce-se o duplo grau de jurisdição mediante a análise da decisão do tribunal arbitral *ad hoc* pelo Tribunal Permanente de Revisão. Entretanto, pode-se passar diretamente das negociações diretas malsucedidas para o Tribunal Permanente de Revisão. Neste último caso, o tribunal vai julgar a demanda de forma definitiva. Assim, o procedimento compreende duas etapas: a fase diplomática e a jurisdicional. A fase diplomática poderá começar por iniciativa dos estados ou dos particulares, já a jurisdicional somente toma curso por iniciativa dos estados; 7: certa, pois em consonância com o art. 2º, § 2º da Lei 9.307/1996; 8: certa, pois, de fato, a cláusula compromissória é autônoma; 9: errada. A sentença judicial é um ato soberano, a qual é confeccionada pela autoridade judicial de um determinado estado. Por ser um ato de soberania, a sentença, como todo ato soberano, incide apenas dentro do território nacional, e, destarte, é endereçada à população deste estado.Todavia, alguns fatos ou relações jurídicas interessam a mais de um país. Assim, o juiz de um destes estados exercerá sua competência e aplicará o direito material indicado por seu DIPr, mas, como dito, esta decisão só valerá no território nacional do juiz prolator, apesar do interesse de outras jurisdições. É neste contexto que surge a figura da homologação de sentença estrangeira. Após a homologação pela autoridade competente, a sentença, já apta a produzir efeitos no país prolator, passa a produzir efeitos em outra jurisdição também.[64] No Brasil, a competência para homologar sentenças estrangeiras era do STF, mas depois da EC n. 45/2004 esta competência passou para o STJ (art. 105, I, *i*, da CF). É importante adiantar que o procedimento homologatório não examina o mérito da sentença estrangeira.[65] Ao STJ cabe apenas a análise dos requisitos formais e, sob um viés mais subjetivo, a análise sobre a violação ou não da ordem pública brasileira (art. 17 da LINDB). Outra consideração é aquela referente ao tipo de sentença. Todo tipo de sentença (declaratória, constitutiva ou condenatória) e a *sentença arbitral*[66] podem ser objeto de homologação pelo STJ. Em relação à sentença declaratória, é interessante notar que o parágrafo único do art. 15 da LINDB foi revogado pela lei n. 12.036/2009. Antes as sentenças meramente declaratórias não necessitavam passar pelo procedimento homologatório para produzir efeitos em território brasileiro; isto porque não possui carga executória. Por outro lado, não dependem de homologação pelo Superior Tribunal de Justiça, para serem executados, os títulos executivos extrajudiciais, oriundos de país estrangeiro. O título, para ter eficácia executiva, há de satisfazer aos requisitos de formação exigidos pela lei do lugar de sua celebração e indicar o Brasil como o lugar de cumprimento da obrigação (art. 585, § 2º, do CPC); 10: errada, pois o art. 1º do Protocolo de Olivos cuida da âmbito de aplicação do Protocolo: "As controvérsias que surjam entre os Estados-partes sobre a interpretação, a aplicação ou o não cumprimento do Tratado de Assunção, do Protocolo de Ouro Preto, dos protocolos e acordos celebrados no marco do Tratado de Assunção, das Decisões do Conselho do Mercado Comum, das Resoluções do Grupo Mercado Comum e das Diretrizes da Comissão de Comércio do MERCOSUL serão submetidas aos procedimentos estabelecidos no presente Protocolo".

Gabarito 1E, 2E, 3E, 4C, 5E, 6C, 7C, 8C, 9E, 10E

(ADVOGADO – PETROBRÁS – 2001 – CESPE) Considerando as regras do direito internacional privado, julgue os itens subsequentes.

(1) Se um cidadão alienígena domiciliado em seu país vier ao Brasil para contrair matrimônio com uma brasileira, o juiz brasileiro poderá ter de eventualmente examinar se o nubente atende aos requisitos tanto da lei brasileira quanto da de seu país; essa possibilidade de normas estrangeiras aplicarem-se no direito brasileiro decorre da chamada teoria da incorporação.

(2) Se um importador firmar dois contratos para a compra de mercadoria de acordo com os *Incoterms 2000* e acordar com o exportador que as aquisições serão, respectivamente, dos tipos FAS e CIF, isso significará que, no primeiro contrato, o preço do exportador incluirá as despesas necessárias à colocação da mercadoria desembaraçada para exportação no cais, ao longo do costado do navio, cabendo ao importador todas as responsabilidades daí em diante, inclusive as despesas para embarque dos bens; no segundo contrato, o preço cobrado pelo vendedor incluirá, além do preço do produto, o seguro e o frete da mercadoria, que deverá estar livre para a exportação e cujo embarque será responsabilidade do exportador.

(3) O crédito documentário, como modalidade de pagamento de importações, é regido pelas Regras e Usos Uniformes sobre Créditos Documentários da Câmara de Comércio Internacional (CCI), conhecidas como Brochura 500; a carta de crédito é emitida por um banco para isso contratado pelo importador (banco emissor) e deve especificar as condições da importação e as características da mercadoria, cabendo ao banco avisador comunicar o exportador, conferir os documentos da exportação e efetuar o pagamento dela ou aceitar a respectiva letra de câmbio, remetendo esses documentos em seguida ao banco emissor; as cartas de crédito emitidas nesses moldes devem ser irrevogáveis, para segurança do exportador.

(4) Consoante a Lei de Introdução ao Código Civil, a lei do país em que for domiciliada a pessoa determina as regras acerca do começo e do fim da personalidade, do nome, da capacidade e dos direitos de família; nesse caso, o elemento de conexão eleito pelo legislador para a definição do direito aplicável, em caso de conflito, é o domicílio.

(5) Considere a seguinte situação hipotética.

Duas empresas tiveram determinado litígio resolvido pelas regras da arbitragem em um país europeu que não previa a necessidade de essa sentença ser homologada por seu Poder Judiciário. De acordo com a decisão dos árbitros, ela deveria ser executada no Brasil. Nessa situação, nos termos da legislação brasileira acerca da arbitragem, o julgamento dos árbitros não poderá ser homologado pelo STF por não se tratar, tecnicamente, de sentença; porém, essa decisão valerá no Brasil como título executivo extrajudicial.

1: certa. Existem três teorias que definem a característica legal das leis estrangeiras. A primeira define a lei estrangeira como fato, o que torna o juiz impossibilitado de aplica-la sem alegação das partes. Já a segunda define a lei estrangeira como lei, assim, o juiz teria que verificar e aplicar a lei estrangeira de ofício. Por fim, a terceira defende a chamada adaptação da lei estrangeira, ou seja, a lei estrangeira quando aplicada torna-se lei nacional. E a teoria da incorporação ainda é dividida em incorporação de ordem material (lei estrangeira torna-se lei nacional) e de formal (apenas aceita-se a indicação da lei estrangeira). De todas formas, a assertiva está correta, pois a doutrina explica a aplicação das leis estrangeiras no direito brasileiro pela teoria da incorporação; **2:** certa. FAS (*Free Alongside Ship* ou Livre ao Lado do Navio) determina que o vendedor encerra suas obrigações no momento em que a mercadoria é colocada, desembaraçada para exportação, ao longo do costado do navio transportador

64. Art. 483 do CPC: "A sentença proferida por tribunal estrangeiro não terá eficácia no Brasil senão depois de homologada pelo *Superior Tribunal de Justiça*" (atualizada por nós). A sentença estrangeira homologada pelo STJ é título executivo judicial (art. 475-N, VI, do CPC).
65. *Vide* SEC 651-FR/STJ, rel. Min. Fernando Gonçalves, julgada em 16/09/2009, e SEC 1.043-AR, rel. Min. Arnaldo Esteves Lima, julgada em 28/05/2009.
66. Em procedimento arbitral estrangeiro, a regra aplicável para disciplinar a representação das partes e a forma de ingresso no litígio é a da lei a que elas se submeteram. Na falta de norma acordada, vale a legislação do país onde a sentença arbitral foi proferida. Isso é o que estabelecem a Lei 9.307/1996 e a Convenção de Nova Iorque (SEC 3709 STJ).

indicado pelo comprador, no cais ou em embarcações utilizadas para carregamento da mercadoria, no porto de embarque nomeado pelo comprador. Utilizável exclusivamente no transporte aquaviário (marítimo ou hidroviário interior). E CIF (*Cost, Insurance and Freight* ou Custo, Seguro e Frete) determina que o vendedor deve arcar com obrigações e riscos previstos para o termo FOB (Free on Board), além de contratar e pagar frete, custos e seguro relativos ao transporte da mercadoria até o porto de destino combinado. Utilizável exclusivamente no transporte aquaviário (marítimo ou hidroviário interior); **3:** errada, pois a informação constante na assertiva não procede; **4:** certo. A regra de conexão antiga era a da nacionalidade. Assim, aplicava-se ao estatuto pessoal a lei da nacionalidade do interessado. Esse critério era muito criticado, pois não resolvia o problema dos apátridas e fazia com que um estrangeiro há muito tempo já residente aqui continuasse a ter seu estatuto pessoal determinado pelas leis de sua nacionalidade. O critério atual gira em torno do domicílio da pessoa, ou seja, a regra de conexão é a *lex domicilii*. Assim, a lei do domicílio da pessoa vai determinar as regras sobre o começo e o fim da personalidade, o nome, a capacidade e os direitos de família. E a configuração do domicílio só é regulada pela Convenção Interamericana sobre Domicílio das Pessoas Físicas no Direito Internacional Privado. Em que pese a Convenção não estar ratificada no Brasil, nada impede que o juiz brasileiro a utilize como uma fonte de *soft law*. O art. 2º da Convenção dispõe que o domicílio será determinado em tais circunstâncias e ordem: a) pelo lugar da residência habitual; b) pelo lugar do centro principal de seus negócios; c) na ausência dessas circunstâncias, considerar-se-á como domicílio o lugar da simples residência; d) em sua falta, se não houver simples residência, o lugar onde se encontrar. E a Convenção continua no seu art. 6º: "quando uma pessoa tiver domicílio em dois estados-partes, será considerada domiciliada naquele em que tiver a simples residência e, se tiver em ambos, preferir-se-á o lugar onde se encontrar"; **5:** errada, pois o laudo arbitral deve ser homologado pelo STJ para poder se executado no Brasil (art. 105, I, *i*, da CF).

Gabarito 1C; 2C; 3E; 4C; 5E

(ADVOGADO – CEF – 2001 – CESPE) Considerando as relações entre os Estados e suas ordens jurídicas e o direito internacional público e privado aplicável no Brasil, julgue os itens que se seguem.

(1) O art. 7.º, *caput*, da Lei de Introdução ao Código Civil, estipula que a lei do país em que for domiciliada a pessoa determina as regras sobre o começo e o fim da personalidade, o nome, a capacidade e os direitos de família, ao passo que o art. 8.º, *caput*, da mesma lei, estatui que os bens e suas relações regulam-se pela lei do país onde estejam situados; para o direito internacional privado, o elemento de conexão do primeiro dispositivo é o domicílio e o do segundo, a situação da coisa.

(2) *Agrément* é o ato por meio do qual o Estado acreditado manifesta sua concordância com a nomeação de um agente diplomático por parte do Estado acreditante; no caso de recusa, deverá o Estado acreditado informar as razões da negação ao Estado acreditante, para que este nomeie outro agente.

(3) Para instalar repartição consular, o Estado que a envia deve obter o consentimento do Estado receptor; no entanto, uma vez instalado um consulado, este poderá criar vice-consulados ou agências consulares em outras localidades, sem a necessidade de novo consentimento.

(4) Compete à autoridade judiciária brasileira, representada pela justiça federal de primeiro grau, com recurso para o respectivo TRF, avaliar a legalidade, segundo a lei brasileira, de diligências deprecadas por autoridades judiciárias estrangeiras e fazer cumpri-las, se lhes houver concedido o necessário *exequatur*.

(5) Considere a seguinte situação hipotética. Viktor era nascido e domiciliado em Moscou, na Rússia, e seu único patrimônio consistia em uma fazenda que adquiriu no Brasil. Em viagem ao país, quando dirigia no Paraná, Viktor morreu em acidente automobilístico, por não respeitar o limite máximo de velocidade. Diante disso, a sucessão do alienígena ocorrerá de acordo com as leis brasileiras.

1: certa. A regra de conexão do art. 7.º da LINDB é a *lex domicilii*. Assim, a lei do domicílio da pessoa vai determinar as regras sobre o começo e o fim da personalidade, o nome, a capacidade e os direitos de família. Já o art. 8.º traz a regra de conexão *lex rei sitae* no que tange à qualificação dos bens, imóveis e móveis em situação permanente, e à regulação das relações a eles concernentes. Ou seja, é a lei do local da situação dos bens que vai regulá-los (aplicação do princípio da territorialidade); **2:** errada, pois não é necessário informar os motivos da negação ao Estado acreditante (art. 4º, ponto 2, da Convenção de Viena sobre Relações Diplomáticas); **3:** errada, pois o art. 4º, ponto 4, da Convenção de Viena sobre Relações Consulares assim dispõe: "Também será necessário o consentimento do Estado receptor se um consulado geral ou consulado desejar abrir em vice-consulado ou uma agência consular numa localidade diferente daquela onde se situa a própria repartição consular.

Gabarito; **4:** errada. Para garantir a efetividade jurisdicional em tempos marcados pelo cosmopolitismo humano impulsionado pela globalização econômica, cultural e política, é imprescindível a cooperação entre as diferentes jurisdições. Muitas são as situações em que um juiz depende do judiciário de outro país para efetuar uma diligência judiciária ou qualquer ato desprovido de carga executória. O instrumento pelo qual um juiz doméstico pede auxílio a um juiz estrangeiro denomina-se *carta rogatória*. O juiz que pede é denominado *rogante* e o que recebe, *rogado*. *A carta rogatória é meio processual adequado para a realização de diligências fora da jurisdição de um determinado estado*. E compreende tanto os atos ordinatórios (exs.: citação, notificação, cientificação, intimação etc.) como os instrutórios (ex: coleta de provas). Seu fundamento é um tratado regulando o instituto processual ou o princípio da reciprocidade. Em relação à *exequatur* ("execute-se"), é importante apontar que a carta rogatória deve respeitar a lei do país em que será cumprida (*lex fori* do juiz rogado – arts. 200 a 204 e 210 a 212 do CPC) e nunca pode violar a ordem pública (art. 17 da LINDB). E os efeitos do cumprimento ou da denegação da carta rogatória fazem apenas coisa julgada formal, ou seja, permite a reapresentação da carta rogatória. *No Brasil, a competência para conceder exequatur às cartas rogatórias é do STJ*. Anteriormente era competência do STF, mas desde a edição da EC n. 45/2004 esta competência passou para o STJ (art. 105, I, *i*, da CF). O procedimento das cartas rogatórias é o seguinte: a) recebimento pelo Presidente do STJ; *b) após a concessão de exequatur, a carta rogatória é remetida para o juiz federal competente cumpri-la;*[67] c) após o cumprimento, o juiz tem o prazo de

---

67. Art. 109, X, da CF: "Aos juízes federais compete processar e julgar: X - os crimes de ingresso ou permanência irregular de estrangeiro, a execução de carta rogatória, após o 'exequatur', e de sentença estrangeira, após a homologação, as causas referentes à nacionalidade, inclusive a respectiva opção, e à naturalização".

dez dias para devolvê-la ao Presidente do STJ, o qual a encaminhará ao Ministério da Justiça ou Ministério das Relações Exteriores, que retornará a carta rogatória ao juiz rogante; **5:** errada. O art. 10 da LINDB traz como regra de conexão a lei do país de último domicílio do defunto ou do desaparecido (*lex domicilii* do defunto ou do desaparecido) no que tange à regulação da sucessão por morte ou por ausência, qualquer que seja a natureza e a situação dos bens. Resta clara a concepção unitarista da sucessão, tal qual adotada nos países de tradição jurídica romano-germânica. O contraponto seria a concepção pluralista da sucessão, a qual é adotada nos países de tradição jurídica *common law*. A título explicativo, a pluralidade sucessória prega que cada bem, individualmente considerado, deve ser regulado pela lei de sua localização (*lex rei sitae*). A regra de conexão *lex domicilii* do defunto ou do desaparecido diz respeito aos aspectos intrínsecos do testamento, como, por exemplo, o conteúdo das disposições de última vontade, sua admissibilidade e os efeitos dela decorrentes. Por outro lado, os aspectos extrínsecos do testamento teriam como regra de conexão a *locus regit actum* (lei do local onde o negócio jurídico tenha se constituído). Como exemplo de aspectos extrínsecos podem-se apontar o respeito à forma legal e se o ato foi lavrado pela autoridade competente. Por todo o dito percebe-se que a sucessão ocorrerá de acordo com as leis russas.

Gabarito 1C, 2E, 3E, 4E, 5E

(Advogado da União/AGU – CESPE – 2012) No que se refere à história dos conflitos de leis, a elementos de conexão e a reenvio, julgue os itens seguintes.

(1) O reenvio é proibido pela Lei de Introdução às Normas do Direito Brasileiro.

(2) A aquisição e a exploração comercial de navios e aeronaves regem-se pela lei do local onde tenha sido efetuado o registro dos direitos de propriedade sobre a coisa.

1: certa. O direito indicado pela regra de conexão e que incidirá no fato ou na relação jurídica com elemento estrangeiro é o direito material, tanto nacional como internacional. Todavia, juízes de alguns países aplicavam não o direito material do país estrangeiro, mas sim seu DIPr, o que possibilitava em algumas situações o reenvio, ou seja, a regra de conexão estrangeira indicava a *lex fori* como apta para resolver o caso misto. Funciona como se a solução fosse enviada para o direito de certo país e o direito deste país a reenviasse (de volta ou para outro país). Em outras palavras, o *reenvio é uma interpretação que despreza a norma material indicada pela regra de conexão e aplica DIPr estrangeiro para se chegar a outra norma material; geralmente de índole nacional.* E o reenvio pode ser de distintos graus, a saber: a) reenvio de 1º grau: refere-se a dois países, isto é, a legislação do país A remete à do país B, que reenvia para A; b) reenvio de 2º grau: refere-se a três países, situação em que a legislação de A remete à de B, que reenvia para C; c) e reenvio de 3º grau: refere-se a quatro países, situação esta similar a do reenvio de 2º grau, com a diferença de que nesta a legislação de C remete à do país D. Dentro deste quadro, ergue-se o art. 16 da Lei de Introdução às normas do Direito Brasileiro e proíbe o juiz nacional de utilizar-se do reenvio. O juiz aplica o DIPr brasileiro para determinar o direito material aplicável, e se este for estrangeiro, caberá ao magistrado aplicá-lo. Interessante é perceber que o instituto do reenvio é um desfigurador das regras de conexão, pois a estas cabem solucionar os conflitos de leis no espaço, e a partir do momento em que o DIPr brasileiro indica o DIPr estrangeiro, ele não estará cumprindo com sua função; **2:** certa. Os navios, aeronaves e embarcações são considerados bens móveis de natureza especial, pois têm por característica a intensa circulação transfronteiriça e a pouca fixação em determinado território. Assim, são regrados pela lei de matrícula ou de seu abandeiramento, ou seja, a lei do país onde forem registrados por seu proprietário os regulará no que tange à qualificação e às relações a eles concernentes. Essa regra de conexão não tem previsão na Lei de Introdução às normas do Direito Brasileiro, mas é oriunda dos arts. 274 a 284 do Código Bustamante.

Gabarito 1C, 2C

(Procurador do Estado/GO – 2010) Assinale a alternativa INCORRETA:

(A) Como regra geral, a lei entra em vigor, no estrangeiro. quando admitida, três meses depois da publicação, e no país, 45 dias depois de publicada, se não contiver disposição expressa referente ao início de sua vigência.

(B) A sucessão por morte ou por ausência obedece à lei do país em que era domiciliado o defunto ou o desaparecido, qualquer que seja a natureza e a situação dos bens.

(C) A prova dos fatos ocorridos em país estrangeiro rege-se pela lei que nele vigorar, quanto ao ônus e aos meios de produzir-se, não admitindo os tribunais brasileiros provas que a lei brasileira desconheça.

(D) Somente à autoridade judiciária brasileira compete conhecer das ações relativas a imóveis situados no Brasil.

(E) Quando a lei for omissa, o juiz decidirá o caso de acordo com a analogia, os costumes, os princípios gerais de direito e a equidade.

A: correta. O artigo 1º da Lei de Introdução às Normas do Direito Brasileiro (LINDB) assim dispõe: "Salvo disposição contrária, a lei começa a vigorar em todo o país quarenta e cinco dias depois de oficialmente publicada". E o § 1º do mesmo artigo determina que "nos Estados estrangeiros, a obrigatoriedade da lei brasileira, quando admitida, se inicia três meses depois de oficialmente publicada"; **B:** correta. O art. 10 da LINDB traz como regra de conexão a lei do país de último domicílio do defunto ou do desaparecido (*lex domicilii* do defunto ou do desaparecido) no que tange à regulação da sucessão por morte ou por ausência, qualquer que seja a natureza e a situação dos bens. Resta clara a concepção unitarista da sucessão, tal qual adotada nos países de tradição jurídica romano-germânica. O contraponto seria a concepção pluralista da sucessão, a qual é adotada nos países de tradição jurídica *common law*. A título explicativo, a pluralidade sucessória prega que cada bem, individualmente considerado, deve ser regulado pela lei de sua localização (*lex rei sitae*). Importante, a regra de conexão *lex domicilii* do defunto ou do desaparecido diz respeito aos aspectos intrínsecos do testamento, como, por exemplo, o conteúdo das disposições de última vontade, sua admissibilidade e os efeitos dela decorrentes. Por outro lado, os aspectos extrínsecos do testamento teriam como regra de conexão a *locus regit actum* (lei do local onde o negócio jurídico tenha se constituído). Como exemplo de aspectos extrínsecos podem-se apontar o respeito à forma legal e se o ato foi lavrado pela autoridade competente. A Lei de Introdução às Normas do Direito Brasileiro não cuidou da comoriência,[68], portanto, é imperioso lançar mão do art. 29 do Código Bustamante, o qual assim determina: "As presunções de sobrevivência ou de morte simultânea, na falta de prova, serão reguladas pela lei pessoal de cada um dos falecidos em relação a sua respectiva sucessão". Ou seja, sem a existência de provas será aplicada a lei de domicílio do *de cujus*

68. Presunção jurídica de que duas ou mais pessoas morreram ao mesmo tempo em função de contexto fático marcado pela simultaneidade.

para regular a comoriência.[69] Por fim, se a sucessão for regulada pela lei brasileira, cabe saber que a sucessão abre-se no lugar do último domicílio do falecido (art. 1.785 do CC); **C:** correta. A prova dos fatos ou atos ocorridos no estrangeiro deverá ser feita com base na *lex loci*. É a lei do país onde ocorreu o fato ou o ato que vai regular o procedimento probatório (*locus regit actum*). O mencionado acima transmite uma parte da regra disposta no art. 13 da Lei de Introdução às normas do Direito Brasileiro. A outra parte que funciona como ressalva, dispõe que o juiz não poderá se valer das provas *não admitidas* pelo direito brasileiro. Não admitidas aparece sublinhada no trecho anterior como forma de contrastar com o texto literal do art. 13, que se refere às provas que a lei brasileira *não conheça*. Se prevalecesse o texto literal, teríamos uma mitigação do direito da parte de defender-se por meio de todas as provas em direito admitidas. Portanto, deve ser aceito qualquer meio de prova, desde que lícito conforme os ditames do ordenamento jurídico brasileiro e não violar a ordem pública (art. 17 da LINDB). Ademais, o art. 332 do CPC dispõe nesse sentido: "Todos os meios legais, bem como os moralmente legítimos, ainda que não especificados neste Código, são hábeis para provar a verdade dos fatos, em que se funda a ação ou a defesa". Por todo o dito, percebe-se que apesar da assertiva ser considerada correta pela banca por tratar-se de texto literal da lei, a nossa análise demonstrou que essa não é a melhor interpretação do art. 13 da LINDB. Em provas objetivas cabe assinalar a assertiva como correta, mas nas subjetivas o ideal é fazer a releitura do art. 13 da LINDB tendo por base os valores que irradiam do nosso ordenamento jurídico, notadamente o princípio da ampla defesa; **D:** correta. Antes do conflito de leis no espaço, existiria um conflito internacional de jurisdição. E este conflito de jurisdição deve ser resolvido com suporte na *lex fori*, mais precisamente o art. 12 da LINDB e os arts. 88, 89 e 90 do CPC. E o juiz brasileiro terá competência exclusiva para conhecer das ações relativas a imóveis situados no Brasil. Esta competência exclusiva significa que nenhuma outra jurisdição poderá conhecer de ação que envolva bem imóvel situado no Brasil. Assim, por exemplo, sentença estrangeira sobre bem imóvel situado no Brasil nunca será reconhecida no Brasil, isto é, nunca irradiará efeitos em território nacional. A regra *forum rei sitae* aparece no art. 12, § 1º, da Lei de Introdução e no art. 89, I, do CPC. E o art. 89, no seu inciso II, traz outra hipótese de competência exclusiva. Ao juiz brasileiro compete proceder a inventário e partilha de bens, situados no Brasil, ainda que o autor da herança seja estrangeiro e tenha residido fora do território nacional. Por fim, cabe trazer as hipóteses de competência concorrente do juiz brasileiro. Uma das hipóteses de competência concorrente é aquela da ação ajuizada contra réu domiciliado no Brasil. O princípio informador desta regra é o *actio sequitor forum rei*. Em outras palavras, a competência do juiz nacional é determinada pelo critério domiciliar, não importando a condição de estrangeiro do réu. Ademais, reputa-se domiciliada no Brasil a pessoa jurídica estrangeira que aqui tiver agência, filial ou sucursal (art. 88, parágrafo único, do CPC). Como o critério eleito para definir a competência é o domiciliar, cabe ao juiz bem definir domicílio. Em tal tarefa lançará mão dos arts. 70 e 71 do CC. A regra do art. 71 do CC é de grande utilidade nos casos com elemento estrangeiro, pois a alegação de que o réu possui outra(s) residência(s), além da estabelecida no Brasil, não elidirá a competência do juiz nacional, pois qualquer uma delas poderá ser considerada como seu domicílio. Cabe também esclarecer que "É também domicílio da pessoa natural, quanto às relações concernentes à profissão, o lugar onde esta é exercida" (art. 72 do CC). E o art. 75 é utilizado para determinar o domicílio das pessoas jurídicas. A regra geral é que tenham domicílio no local em que funcionarem as respectivas diretorias e administrações, salvo a eleição de domicílio especial na forma do estatuto ou atos constitutivos (art. 75, IV, do CC). E mesmo que a administração tiver sua sede no estrangeiro, será considerado domicílio, da pessoa jurídica o local de seu estabelecimento no Brasil. Outra hipótese de competência concorrente é a que cuida de obrigações, contratuais ou extracontratuais, que devam ser cumpridas no Brasil. Percebe-se que esta regra prescinde do critério domiciliar. Neste sentido, o STJ decidiu que é vedado às partes dispor (ex.: cláusula de eleição de foro) sobre a competência concorrente de juiz brasileiro por força das normas fundadas na soberania nacional, não suscetíveis à vontade dos interessados.[70] Um exemplo ordinário é o caso de um contrato internacional que estipule sua execução no Brasil. Tal situação torna o juiz brasileiro competente, mas, ao mesmo tempo, não torna incompetente, por exemplo, o juiz do país onde a obrigação foi constituída. E a última hipótese é a regulada pelo art. 88, III, do CPC que dispõe acerca da competência concorrente sobre ação originada de fato ocorrido ou de ato praticado no Brasil; **E:** incorreta, pois em contraste com o art. 4º da LINDB, que nesse sentido dispõe: "Quando a lei for omissa, o juiz decidirá o caso de acordo com a analogia, os costumes e os princípios gerais de direito".

69. No Brasil, o art 8º do CC assim disciplina a comoriência: "Se dois ou mais indivíduos falecerem na mesma ocasião, não se podendo averiguar se algum dos comorientes precedeu aos outros, presumir-se-ão simultaneamente mortos".

70. *Vide* REsp 804.306-SP/STJ, rel. Min. Nancy Andrighi.

18. Direitos Humanos

Renan Flumian

1. TEORIA GERAL

(Procurador do Município/Cubatão-SP – 2012 – VUNESP) Leia as afirmativas a seguir.

I. O fato de que um Estado se encontra em uma situação de conflito armado, distúrbios e tensões internos ou em estado declarado de emergência, livra-o da obrigação de assegurar os direitos e liberdades fundamentais.

II. Além dos poderes de captura, de detenção e do emprego de força, os encarregados da aplicação da lei são investidos de vários outros poderes para o cumprimento eficaz de seus deveres e funções, como, por exemplo, para busca e apreensão, nos termos da lei.

III. A aplicação da lei nos Estados Democráticos implica que o poder ou a autoridade utilizados em uma determinada situação devam ter fundamento na legislação, sejam exercidos na medida estritamente necessária, proporcional à seriedade do delito e ao objetivo legítimo de aplicação da lei a ser alcançado.

IV. O fator humano na aplicação da lei se sobrepõe à necessidade de legalidade e à ausência de arbitrariedade.

São corretas somente as afirmativas

(A) I e II.

(B) I e IV.

(C) II e III.

(D) II e IV.

(E) III e IV.

I: incorreta, pois a obrigação do Estado de respeitar os direitos e liberdades fundamentais permanece mesmo em momentos atípicos, como, por exemplo, no decorrer de um estado de emergência. Sobre o tema é interessante a análise do art. 4º do Pacto Internacional de Direitos Civis e Políticos: 1. Quando situações excepcionais ameacem a existência da nação e sejam proclamadas oficialmente, os Estados partes do presente Pacto podem adotar, na estrita medida exigida pela situação, medidas que suspendam as obrigações decorrentes do presente Pacto, desde que tais medidas não sejam incompatíveis com as demais obrigações que lhes sejam impostas pelo Direito Internacional e não acarretem discriminação alguma apenas por motivo de raça, cor, sexo, língua, religião ou origem social; 2. A disposição precedente não autoriza qualquer suspensão dos artigos 6° (direito à vida), 7° (não tortura), 8°, §§ 1° e 2° (não escravidão e servidão), 11 (não prisão por descumprimento de obrigação contratual), 15 (anterioridade penal), 16 (reconhecimento da personalidade jurídica) e 18 (liberdade de pensamento, de consciência e de religião); 3. Os Estados Partes do presente pacto que fizerem uso do direito de suspensão devem comunicar imediatamente aos outros Estados Partes do Presente Pacto, por intermédio do Secretário-Geral das Nações Unidas, as disposições que tenham suspenso, bem como os motivos de tal suspensão. Os Estados Partes deverão fazer uma nova comunicação, igualmente por intermédio do Secretário-Geral da Organização das Nações Unidas, na data em que terminar tal suspensão. Percebe-se que a suspensão das obrigações é de difícil configuração e com muitas limitações, isto é, a maioria dos direitos fundamentais continuam sendo assegurados. A título de curiosidade, importante destacar que a Carta Africana dos Direitos Humanos e dos Povos de 1981 não prevê a cláusula geral de derrogação (comum nos tratados de direitos humanos), que permite ao estado se desobrigar dos compromissos, assumidos por meio de tratado, em tempos de "emergência"; **II:** correta, pois, de fato, os encarregados da aplicação da lei possuem os poderes indicados; **III:** correta, pois descreve como a lei deve ser aplicada nos Estados Democráticos; **IV:** incorreta, pois o princípio da legalidade deve sempre ser respeitado (art. 9º da Convenção Americana de Direitos Humanos).

Gabarito "C"

(Procurador do Estado/PA – 2011) Quanto à dignidade da pessoa humana, analise as proposições abaixo e assinale a alternativa CORRETA:

I. É a ideia que informa a segunda formulação do imperativo categórico kantiano, segundo a qual cada indivíduo deve ser sempre tratado como um fim em si mesmo, e não apenas como um meio, exceto para a produção de consequências que promovam o bem-estar e atendam ao interesse da maioria.

II. Ante o choque das atrocidades cometidas contra a humanidade durante a Segunda Guerra Mundial, passou a figurar em documentos internacionais como a Declaração Universal de Direitos Humanos (1948), o Pacto Internacional dos Direitos Civis e Políticos (1966) e o Pacto Internacional dos Direitos Econômicos, Sociais e Culturais (1966).

III. A Constituição brasileira de 1988 foi inovadora, ao ser a primeira, no âmbito mundial, a incorporá-la em seu texto normativo.

IV. No paradigmático caso *Morsang-sur-Orge*, o Conselho de Estado francês, com fundamento na dimensão objetiva da dignidade humana ("o respeito à dignidade humana é um dos componentes da ordem pública"), manteve ato administrativo que interditou a atividade conhecida como *lancer de nain* (lançamento de anão), apesar de recurso do próprio arremessado e da casa noturna que o empregava.

V. Expressa um conjunto de valores civilizatórios, incorporado ao ordenamento jurídico brasileiro com força vinculante para todos os órgãos do Poder Público, apesar das violações cotidianas ao seu conteúdo.

(A) Apenas as proposições I, III e IV estão corretas.

(B) Apenas as proposições III, IV e V estão corretas.

(C) Apenas as proposições II, IV e V estão corretas.

(D) Todas as proposições estão corretas.

(E) Apenas as proposições I, II e V estão corretas.

Os Direitos Humanos são compostos por princípios e regras, estas sendo positivadas ou costumeiras, que têm como função proteger a dignidade da pessoa humana. E a dignidade da pessoa humana se traduz na situação de mínimo gozo garantido dos direitos pessoais, civis, políticos, judiciais, de subsistência, econômicos, sociais e culturais.

I: incorreta. O imperativo categórico é sintético e a priori. E Kant confecciona três fórmulas para exteriorizá-lo, todas partindo da seguinte fórmula geral: agir segundo a máxima, para que ela se torne lei universal. A primeira fórmula é a da equiparação da máxima à universalidade da lei da natureza. A segunda fórmula predica a consideração da pessoa com um fim em si mesma (fórmula da humanidade). E a terceira fórmula traz a liberdade positiva no reino dos fins. Pelo dito percebe-se que o imperativo categórico aponta o que deve acontecer e não explica o que acontece e que a assertiva está incorreta, pois a segunda fórmula kantiana do imperativo categórico não prevê a ressalva pretendida pela assertiva; II: correta. Abalados pelas barbáries deflagradas nas duas Grandes Guerras e ensejosos de construir um mundo sob novos alicerces ideológicos, os dirigentes das nações que emergiram como potências no período pós-guerra, liderados por URSS e Estados Unidos, estabeleceram na Conferência de Yalta, na Ucrânia, em 1945, as bases de uma futura "paz". Para isso, definiram as áreas de influência das potências e acertaram a criação de uma organização multilateral que promovesse negociações sobre conflitos internacionais, com o objetivo de evitar guerras, construir a paz e a democracia, além de fortalecer os direitos humanos. Teve aí sua origem a Organização das Nações Unidas. A ONU é uma organização internacional que tem por objetivo facilitar a cooperação em matéria de direito internacional, segurança internacional, desenvolvimento econômico, progresso social, direitos humanos e a realização da paz mundial. Por isso, diz-se que é uma organização internacional de vocação universal. Sua lei básica é a Carta das Nações Unidas, elaborada em São Francisco de 25 de abril a 26 de junho de 1945. Esta Carta tem como anexo o Estatuto da Corte Internacional de Justiça. Percebe-se que uma das preocupações da ONU é a proteção dos direitos humanos mediante a cooperação internacional. A Carta das Nações Unidas é o exemplo mais emblemático do processo de internacionalização dos direitos humanos ocorridos no Pós-Guerra. Aliás, conforme dito no capítulo introdutório, é importante lembrar que este processo recente de internacionalização da tutela da dignidade da pessoa humana é fruto da ressaca moral da humanidade ocasionada pelo excesso de violações de direitos humanos perpetradas pelo nazi-fascismo. O problema identificado na Carta das Nações Unidas é que ela não definia o conteúdo dos direitos humanos. Assim, em 1948, foi proclamada a Declaração Universal dos Direitos Humanos com a função de bem definir o conteúdo dos direitos humanos. A Declaração Universal dos Direitos Humanos foi aprovada pela Resolução n. 217 A (III) da Assembleia Geral da ONU, em 10 de dezembro de 1948, por 48 votos a zero e oito abstenções[1]. E em conjunto com os dois Pactos Internacionais, sobre Direitos Civis e Políticos e sobre Direitos Econômicos, Sociais e Culturais, constituem a denominada "Carta Internacional de Direitos Humanos" ou "International Bill of Rights"; III: incorreta, pois antes de 1988 a dignidade da pessoa humana já figurava em muitas constituições políticas, sobretudo após a promulgação da Declaração Universal dos Direitos Humanos; IV: correta, pois o conhecido caso corrobora a característica de irrenunciabilidade que os direitos humanos possuem. Por serem direitos adstritos à condição humana, estes não podem ser renunciáveis, pois formam o indivíduo na sua plenitude. Assim, são indisponíveis tanto pelo estado como pelo particular. Tal característica se confirma pelo fato de os direitos humanos fazerem parte do jus cogens, isto é, inderrogáveis por ato volitivo; V: correta. Pois apesar do dado triste, mas verdadeiro, das violações cotidianas da dignidade da pessoa humana, é nítido que a nossa CF/88 lançou a dignidade da pessoa como fundamento de existência da república brasileira, além de também ser vetor para o estabelecimento da política nacional e da externa. Da análise do art. 5º da CF percebe-se que o legislador constituinte regrou direitos civis e políticos, como também os econômicos, sociais e culturais como fundamentais. A Constituição ainda traçou certos direitos coletivos e difusos como fundamentais. É importante frisar que a doutrina atual, principalmente a alemã, considera os direitos fundamentais como os valores éticos sobre os quais se constrói determinado sistema jurídico nacional, ao passo que os direitos humanos existem mesmo sem o reconhecimento da ordem jurídica interna de um país, pois estes possuem vigência universal. Mas, na maioria das vezes os direitos humanos são reconhecidos internamente pelos sistemas jurídicos nacionais, situação que os tornam também direitos fundamentais, ou seja, os direitos humanos previstos na constituição de um país são denominados direitos fundamentais. Ponto relevante do aqui discutido é a determinação de que as normas definidoras dos direitos e garantias fundamentais têm aplicação imediata (art. 5, § 1º, da CF). Isto é, o juiz pode aplicar diretamente os direitos fundamentais, sem a necessidade de qualquer lei que os regulamente. Tal regra tem por base o princípio da força normativa da constituição idealizado por Konrad Hesse e "a ideia de que os direitos individuais devem ter eficácia imediata ressalta a vinculação direta dos órgãos estatais a esses direitos e o seu dever de guardar-lhes estrita observância" (Mendes, Gilmar Ferreira. Curso de Direito Constitucional, pág. 671. Editora Saraiva, 6º ed., 2011).

Gabarito "C"

2. SISTEMA GLOBAL DE PROTEÇÃO DOS DIREITOS HUMANOS

(Procurador do Município/Cubatão-SP – 2012 – VUNESP) Assinale a alternativa correta.

(A) A internacionalização dos direitos humanos constitui um movimento extremamente recente na história, que surgiu a partir do pós-guerra, como resposta às atrocidades e aos horrores cometidos durante o nazismo.

(B) O movimento do Direito Internacional dos Direitos Humanos é baseado na concepção de que

1. Os países que se abstiveram foram: Arábia Saudita, África do Sul, União Soviética, Ucrânia, Bielorrússia, Polônia, Iugoslávia e Tchecoslováquia.

toda nação tem a obrigação de respeitar os direitos humanos de seus cidadãos, mas a comunidade internacional não tem o direito e a responsabilidade de protestar, se um Estado não cumprir suas obrigações.

(C) A Declaração Universal dos Direitos Humanos (1948) foi o documento fundante da Organização das Nações Unidas – ONU, e se constitui no primeiro instrumento normativo do Direito Internacional dos Direitos Humanos.

(D) A Carta das Nações Unidas (1945) compreende um conjunto de direitos e faculdades sem as quais o ser humano não pode desenvolver sua personalidade física, moral e intelectual. Além disso, tem caráter universal: é aplicável a todas as pessoas de todos os países, raças, religiões e sexos, seja qual for o regime político dos territórios nos quais incide.

(E) Desde os horrores da Primeira Guerra Mundial, a comunidade internacional traçou a meta de preservar as gerações vindouras do flagelo da guerra, que deveria ser alcançada por meio de um sistema de segurança coletiva, para o qual todos os Estados-membros deveriam cooperar estreitamente.

A: correta, pois o marco recente ou a concepção contemporânea dos direitos humanos foi inaugurado, sem dúvida, pela Declaração Universal dos Direitos Humanos de 1948 e reforçado pela Declaração de Direitos Humanos de Viena de 1993. Com importância neste processo pode-se também citar a Declaração de Direitos Francesa, impulsionada pela Revolução Francesa de 1789, e a Declaração de Direitos Americana, conhecida como Declaração de Direitos do Bom Povo da Virgínia, ambas do século XVIII. A ONU e a Declaração Universal dos Direitos Humanos criam um verdadeiro sistema de proteção global da dignidade humana. É importante ter em mente que este processo recente de internacionalização dos direitos humanos é fruto do Pós-Guerra e da ressaca moral da humanidade ocasionada pelo excesso de violações de direitos humanos perpetradas pelo nazifascismo. Cada estado estabelece suas próprias regras de direitos humanos ("direitos fundamentais") e executa sua própria política de proteção e efetivação dos direitos humanos. Todavia, o que se percebe é a mitigação da soberania dos estados em função da característica de universalidade dos direitos humanos. Isto é, a comunidade internacional fiscaliza e opina sobre a situação dos direitos humanos em cada país, podendo até sancionar em determinadas situações; **B:** incorreta (reler o comentário sobre a assertiva anterior); **C:** incorreta. Abalados pelas barbáries deflagradas nas duas Grandes Guerras e ensejosos de construir um mundo sob novos alicerces ideológicos, os dirigentes das nações que emergiram como potências no período Pós-Guerra, liderados por URSS e Estados Unidos, estabeleceram na Conferência de Yalta, na Ucrânia, em 1945, as bases de uma futura "paz". Para isso, definiram as áreas de influência das potências e acertaram a criação de uma organização multilateral que promovesse negociações sobre conflitos internacionais, com o objetivo de evitar guerras, construir a paz e a democracia, além de fortalecer os direitos humanos. Teve aí sua origem a Organização das Nações Unidas. *A ONU é uma organização internacional que tem por objetivo facilitar a cooperação em matéria de direito internacional, segurança internacional, desenvolvimento econômico, progresso social, direitos humanos e a realização da paz mundial. Por isso, diz-se que é uma organização internacional de vocação universal.* Sua lei básica é a Carta das Nações Unidas, elaborada em São Francisco de 25 de abril a 26 de junho de 1945. Esta Carta tem como anexo o Estatuto da Corte Internacional de Justiça. E a Declaração Universal dos Direitos Humanos também não foi o primeiro instrumento normativo de proteção internacional dos direitos humanos, pois a Declaração Americana dos Direitos e Deveres do Homem foi o primeiro acordo internacional sobre direitos humanos, antecipando a Declaracão Universal dos Direitos Humanos, escrita seis meses depois; **D:** incorreta, pois a questão faz menção erroneamente a Carta das Nações Unidas. A assertiva cuida das características da Declaração Universal dos Direitos Humanos de 1948; **E:** incorreta. Com o fim da Primeira Guerra Mundial, os aliados (vencedores) se reuniram em Paris e firmaram um tratado de paz, conhecido como Tratado de Versalhes. Um dos objetivos do Tratado de Versalhes era a criação de um organismo internacional (Liga das Nações) que tivesse como missão assegurar a paz num mundo traumatizado pela guerra que se encerrara. O problema foi que o Tratado impôs a necessidade dos países do Eixo (perdedores) pagarem pesadas indenizações financeiras aos ganhadores e ainda traçou outras limitações. Esse fato causou um sentimento de forte humilhação nos países perdedores, e foi, como aponta inúmeros historiadores, o motivador psicossocial para o florescimento do nazismo na Alemanha, país que foi o grande derrotado da Primeira Guerra Mundial. A corrida armamentista que se iniciou na década de 30 e a própria Segunda Guerra Mundial demonstram o fracasso da Liga das Nações. Por todo o dito, percebe-se que o Tratado de Versalhes estabeleceu obrigações distintas aos Estados, portanto, a afirmação de que os estados deveriam cooperar estreitamente não é correta.

Gabarito "A"

3. SISTEMA INTERAMERICANO DE PROTEÇÃO DOS DIREITOS HUMANOS

3.1. CONVENÇÃO AMERICANA SOBRE DIREITOS HUMANOS (PACTO DE SÃO JOSÉ DA COSTA RICA)

(Procurador do Estado/BA – 2014 – CESPE) No que se refere aos tratados e convenções internacionais sobre direitos humanos de que o Brasil seja signatário, julgue os itens seguintes.

(1) A Corte Interamericana de Direitos Humanos, composta de sete juízes, detém, além de competência contenciosa, de caráter jurisdicional, competência consultiva.

(2) Suponha que a Corte Interamericana de Direitos Humanos tenha determinado ao Estado brasileiro o pagamento de indenização a determinado cidadão brasileiro, em decorrência de sistemáticas torturas que este sofrera de agentes policiais estaduais. Nesse caso, a sentença da Corte deverá ser executada de acordo com o procedimento vigente no Brasil.

(3) O Pacto Internacional sobre Direitos Civis e Políticos de 1966, juntamente com a Convenção Americana sobre Direitos Humanos de 1969 e outros atos internacionais compõem o denominado Sistema Regional Interamericano de Proteção dos Direitos Humanos.

1: correta. A Corte é o órgão jurisdicional do sistema regional de proteção americano. Sua composição é de sete juízes, os quais são nacionais dos países-membros da OEA e escolhidos pelos Estados-

-partes da Convenção. Vale sublinhar que essa escolha é realizada a título pessoal entre juristas da mais alta autoridade moral, de reconhecida competência em matéria de Direitos Humanos e que reúnam as condições requeridas para o exercício das mais elevadas funções judiciais, de acordo com a lei do Estado do qual sejam nacionais ou do Estado que os propuser como candidatos. Não deve haver dois juízes da mesma nacionalidade. No que se refere à sua competência, identifica-se uma atuação *consultiva* e *contenciosa*. A competência consultiva da Corte é marcada por sua grande finalidade de uniformizar a interpretação da Convenção Americana de Direitos Humanos e dos tratados de direitos humanos confeccionados no âmbito da OEA. Dentro dessa competência, qualquer Estado-membro ou órgão[2] da OEA pode pedir que a Corte emita parecer que indique a correta interpretação da Convenção e dos tratados concernentes à proteção dos Direitos Humanos nos Estados Americanos (artigo 64, ponto 1, da Convenção Americana de Direitos Humanos). Os órgãos da OEA também desfrutam o direito de solicitar opiniões consultivas, mas somente em suas esferas de competência. Assim, enquanto os Estados-membros da OEA têm direito absoluto a pedir opiniões consultivas, os órgãos apenas podem fazê-lo dentro dos limites de sua competência. O direito dos órgãos de pedir opiniões consultivas está restrito a assuntos em que tenham um legítimo interesse institucional[3]. Ademais, a Corte pode fazer análise de compatibilidade entre a legislação doméstica de um País-membro da OEA e o sistema protetivo americano, com o intuito de harmonizá-los. Sintetizando, "na jurisdição consultiva não há partes, no seu sentido material, pois não há Estados requeridos e nem uma sanção judicial é prevista".[4] Já a competência contenciosa só será exercida em relação aos Estados-partes da Convenção que expressem e, inequivocamente, tenham aceitado essa competência da Corte (artigo 62 da Convenção Americana de Direitos Humanos). A declaração de aceite da competência da Corte pode ser feita incondicionalmente ou sob condição de reciprocidade, por prazo determinado ou ainda somente para casos específicos; **2:** correta. O cumprimento da sentença da Corte se dá geralmente de maneira voluntária pelos Estados. Caso isso não ocorra, por exemplo, no Brasil, o cumprimento se dará mediante execução da sentença, como título executivo judicial, perante a Justiça Federal, consoante disposto no art. 109, I, da CF/1988. Mas deve-se saber que os Estados-partes da Convenção se comprometem a cumprir a decisão da Corte em todos os casos em que forem partes (artigo 68 da Convenção Americana de Direitos Humanos). Ademais, caso o Estado levante óbices jurídicos para viabilizar a execução da sentença, em conformidade com o processo interno vigente, estará incorrendo em violação adicional da CADH (artigo 2º), por não adotar providências no sentido de adequar o seu direito interno às obrigações internacionalmente assumidas; **3:** incorreta. O Pacto Internacional sobre Direitos Civis e Políticos de 1966 faz parte do sistema global de proteção dos direitos humanos, alicerçado na ONU.

Gabarito 1C, 2C, 3E.

(Procurador do Estado/PA – 2011) Com relação à jurisprudência consolidada do Supremo Tribunal Federal quanto à prisão civil no ordenamento jurídico brasileiro, assinale a alternativa CORRETA:

(A) De conformidade ao disposto na Convenção Americana de Direitos Humanos, é lícita no caso do depositário infiel, mas somente para o depositário judicial.

(B) Em desacordo ao disposto na Convenção Americana de Direitos Humanos, é lícita no caso do devedor de alimentos e no caso do depositário infiel, mas apenas em alienação fiduciária.

(C) De conformidade ao disposto na Convenção Americana de Direitos Humanos, é lícita no caso do devedor de alimentos.

(D) De conformidade ao disposto na Convenção Americana de Direitos Humanos, é lícita no caso do depositário infiel, em qualquer modalidade de depósito. 7

(E) Em desacordo com o disposto na Convenção Americana de Direitos Humanos, é ilícita no caso do devedor de alimentos e ilícita no caso do depositário infiel, em qualquer modalidade.

O artigo 7º da Convenção Americana de Direitos Humanos ou Pacto de São José da Costa Rica cuida do direito à liberdade pessoal. As especificações desse importante direito são: **a)** ninguém pode ser privado de sua liberdade física, salvo pelas causas e nas condições previamente fixadas pelas Constituições políticas dos Estados-partes ou pelas leis de acordo com elas promulgadas; **b)** ninguém pode ser submetido a detenção ou encarceramento arbitrários; **c)** toda pessoa detida ou retida deve ser informada das razões da detenção e notificada, sem demora, da acusação ou das acusações formuladas contra ela; **d)** toda pessoa presa, detida ou retida deve ser conduzida, sem demora, à presença de um juiz ou outra autoridade autorizada por lei a exercer funções judiciais e tem o direito de ser julgada em prazo razoável ou de ser posta em liberdade, sem prejuízo de que prossiga o processo. Sua liberdade pode ser condicionada a garantias que assegurem o seu comparecimento em juízo; **e)** toda pessoa privada da liberdade tem direito a recorrer a um juiz ou tribunal competente, a fim de que este decida, sem demora, sobre a legalidade de sua prisão ou detenção e ordene sua soltura, se a prisão ou a detenção forem ilegais. Nos Estados-partes cujas leis preveem que toda pessoa que se vir ameaçada de ser privada de sua liberdade tem direito a recorrer a um juiz ou tribunal competente, a fim de que este decida sobre a legalidade de tal ameaça, tal recurso não pode ser restringido nem abolido. O recurso pode ser interposto pela própria pessoa ou por outra pessoa; **f) é no ponto 7 deste artigo que aparece o princípio da proibição da detenção por dívidas e a sua correlata exceção somente em virtude de inadimplemento de obrigação alimentar.** E seu reflexo no Brasil foi, depois de muitas decisões, a Súmula Vinculante nº 25 do STF: "É ilícita a prisão civil de depositário infiel, qualquer que seja a modalidade do depósito".

Gabarito "C"

Segue, para conhecimento, a lista dos direitos humanos protegidos na Convenção Americana de Direitos Humanos e a lista dos protegidos no Protocolo de São Salvador:

Os direitos humanos protegidos na Convenção Americana de Direitos Humanos são:

(A) direito ao reconhecimento da personalidade jurídica (art. 3º);

2. Os órgãos estão elencados no Capítulo X da Carta da Organização dos Estados Americanos.
3. Conforme ponto 14 da Opinião Consultiva 02/82 da Corte Interamericana de Direitos Humanos.
4. RAMOS, André de Carvalho. **Teoria geral dos direitos humanos na ordem internacional**. 2. ed. São Paulo: Saraiva, 2012. p. 242.

(B) direito à vida (art. 4º). É importante apontar que a Convenção determina que, em geral, este direito deve ser protegido desde o momento da concepção;

(C) direito à integridade pessoal (art. 5º). Leia-se integridade física, psíquica e moral;

(D) proibição da escravidão e da servidão (art. 6º). O tráfico de escravos e o tráfico de mulheres também são proibidos em todas as suas formas;

(E) direito à liberdade pessoal (artigo 7º). É no ponto 7 deste artigo que aparece o princípio da proibição da detenção por dívidas e sua correlata exceção somente em virtude de inadimplemento de obrigação alimentar. E seu reflexo no Brasil foi, depois de muitas decisões, a Súmula Vinculante 25 do STF;

(F) garantias judiciais (art. 8º). É neste artigo que aparece o princípio da celeridade dos atos processuais;

(G) princípio da legalidade e da retroatividade da lei penal mais benéfica (art. 9º);

(H) direito à indenização por erro judiciário (art. 10). O artigo dispõe ser necessário o trânsito em julgado da condenação;

(I) proteção da honra e da dignidade (art. 11);

(J) liberdade de consciência e de religião (art. 12);

(K) liberdade de pensamento e de expressão (art. 13);

(L) direito de retificação ou resposta (art. 14). Direito a ser utilizado quando as informações inexatas ou ofensivas forem emitidas, em seu prejuízo, por meios de difusão legalmente regulamentados e que se dirijam ao público em geral;

(M) direito de reunião (art. 15). Desde que pacífica e sem armas;

(N) liberdade de associação (art. 16);

(O) proteção da família (art. 17);

(P) direito ao nome (art. 18);

(Q) direitos da criança (art. 19);

(R) direito à nacionalidade (art. 20). Este artigo traz a importante regra de que toda pessoa tem direito à nacionalidade do Estado em cujo território houver nascido, se não tiver direito a outra;

(S) direito à propriedade privada (art. 21);

(T) direito de circulação e de residência (art 22). Tal artigo traz duas regras importantes, a primeira, constante do ponto 7 do artigo, é a de que toda pessoa tem o direito de buscar e receber asilo em território estrangeiro, em caso de perseguição por delitos políticos ou comuns conexos com delitos políticos e a segunda, constante do ponto 8 do artigo, é a de que em nenhum caso o estrangeiro pode ser expulso ou entregue a outro país, seja ou não de origem, onde seu direito à vida ou à liberdade pessoal esteja em risco de violação em virtude de sua raça, nacionalidade, religião, condição social ou de suas opiniões políticas;

(U) direitos políticos (art. 23);

(V) igualdade perante a lei (art. 24);

(W) proteção judicial (art. 25).

Os direitos humanos protegidos no Protocolo San Salvador são:

(A) direito ao trabalho (art. 6º);

(B) condições justas, equitativas e satisfatórias de trabalho (art. 7º);

(C) direitos sindicais (art. 8º);

(D) direito à seguridade social (art. 9º);

(E) direito à saúde (art. 10);

(F) direito a um meio ambiente sadio (art. 11);

(G) direito à alimentação (art. 12);

(H) direito à educação (art. 13);

(I) direito de receber os benefícios da cultura (art. 14);

(J) direito à constituição e à proteção da família (art. 15);

(K) direitos da criança (art. 16);

(L) proteção dos idosos (art. 17);

(M) proteção dos deficientes (art. 18).

3.2. CORTE INTERAMERICANA DE DIREITOS HUMANOS

(Advogado da União/AGU – CESPE – 2012) No que concerne aos direitos humanos no âmbito do direito internacional, julgue os itens que se seguem.

(1) De acordo com a Corte Internacional de Justiça, as disposições da Declaração Universal dos Direitos Humanos, de caráter costumeiro, estabelecem obrigações *erga omnes*.

(2) Na sentença do caso Gomes Lund *versus* Brasil, a Corte Interamericana de Direitos Humanos estabeleceu que o dever de investigar e punir os responsáveis pela prática de desaparecimentos forçados possui caráter de *jus cogens*.

(3) Em casos que envolvam a prática de tortura sistemática, a Convenção Americana de Direitos Humanos permite o acesso direto do indivíduo à Corte Interamericana de Direitos Humanos.

1: errado, pois a Corte Internacional de Justiça não assumiu tal posição, apesar da assertiva poder ser considerada como correta, pois as disposições da DUDH que possuem caráter costumeiro irradiam obrigações *erga omnes*. Nesse sentido: "Em resumo, é possível afirmar que um núcleo de direitos da Declaração Universal dos Direitos Humanos tem fundamento vinculante no direito internacional costumeiro. Já com relação a outros, é fato, porém, que o consenso sobre sua aceitação como norma jurídica direcionada à proteção obrigatória pelos estados ainda não se acha consolidado, por mais que em foros internacionais se afirme recorrentemente o caráter universalista da declaração[5]". Importante recordar que, para ser considerado costume internacional, é necessário que a prática seja geral e reiterada (elemento objetivo ou material) e aceita como o direito[6] (elemento subjetivo ou psicológico). A Corte Internacional de Justiça definiu o que é o costume no conhecido julgamento do caso da Plataforma Continental do Mar do Norte, em 1969, descrevendo o conceito como "a prática reiterada, acompanhada da convicção quanto a ser obrigatória essa prática, por tratar-se de norma jurídica". Trata-se do costume qualificado pela *opinio juris*[7]; 2: certo. No caso Gomes Lund e outros (Guerrilha do Araguaia) *versus* Brasil, a Corte prolatou uma sentença (de 24 de novembro de 2010) que resolve as exceções preliminares, o mérito e as reparações e custas. A Corte foi acionada pela Comissão Interamericana de Direitos Humanos, a qual havia recebido anteriormente uma petição apresentada pelo Centro pela Justiça e o Direito Internacional (CEJIL) e pela *Human Rights Watch/Americas*, em nome de pessoas desaparecidas no contexto da Guerrilha do Araguaia e seus familiares. Esta demanda se refere à alegada responsabilidade do Brasil pela detenção arbitrária, tortura e desaparecimento forçado de 62 pessoas, entre membros do Partido Comunista do Brasil e camponeses da região, resultado de operações do Exército brasileiro empreendidas entre 1972 e 1975 com o objetivo de erradicar a Guerrilha do Araguaia, no contexto da ditadura militar do Brasil (1964–1985). E, assim, foi apresentada para que a Corte decidisse se o Brasil é responsável pela violação dos direitos estabelecidos nos artigos 3º (direito ao reconhecimento da personalidade jurídica), 4º (direito à vida), 5º (direito à integridade pessoal), 7º (direito à liberdade pessoal), 8º (garantias judiciais), 13 (liberdade de pensamento e expressão) e 25 (proteção judicial), da Convenção Americana sobre Direitos Humanos, em conexão com as obrigações previstas nos artigos 1º, ponto 1, (obrigação geral de respeito e garantia dos direitos humanos) e 2º (dever de adotar disposições de direito interno) da mesma Convenção. O Brasil interpôs quatro exceções preliminares e a Corte admitiu parcialmente a exceção preliminar de falta de competência temporal da Corte para examinar supostas violações ocorridas antes do reconhecimento de sua competência pelo Brasil e não aceitou as outras. Antes de comentarmos a decisão sobre o mérito, cabe apontar que o caráter contínuo ou permanente do desaparecimento forçado de pessoas foi reconhecido de maneira reiterada pelo Direito Internacional dos Direitos Humanos, no qual o ato de desaparecimento e sua execução se iniciam com a privação da liberdade da pessoa e a subsequente falta de informação sobre seu destino, e permanecem até quando não se conheça o paradeiro da pessoa desaparecida e os fatos não tenham sido esclarecidos. A Corte, portanto, é competente para analisar os alegados desaparecimentos forçados das supostas vítimas a partir do reconhecimento de sua competência contenciosa efetuado pelo Brasil, só não será em relação a alegada execução extrajudicial da senhora Maria Lúcia Petit da Silva, cujos restos mortais foram identificados em 1996, ou seja, dois anos antes de o Brasil reconhecer a competência contenciosa da Corte. No mérito, a Corte decidiu, por unanimidade, que as disposições da Lei de Anistia brasileira (Lei 6.683/79) que impedem a investigação e sanção de graves violações de direitos humanos são incompatíveis com a Convenção Americana, como também que o Brasil é responsável pelo desaparecimento forçado e, portanto, pela violação dos direitos ao reconhecimento da personalidade jurídica, à vida, à integridade pessoal e à liberdade pessoal em relação com o artigo 1º, ponto 1, desse instrumento. Ademais, decidiu que o Brasil descumpriu a obrigação de adequar seu direito interno à Convenção Americana sobre Direitos Humanos, contida em seu artigo 2º, em relação aos artigos 8º, ponto 1, 25 e 1º, ponto 1, do mesmo instrumento. E ainda declarou o Brasil responsável pela violação do direito à liberdade de pensamento e de expressão consagrado no artigo 13 da Convenção, em relação com os artigos 1º, ponto 1, 8º, ponto 1 e 25 desse instrumento. Também foi declarada a responsabilidade do Brasil pela violação do direito à integridade pessoal, consagrado no artigo 5º, ponto 1, da Convenção, em relação com o artigo 1º, ponto 1, desse mesmo instrumento, em prejuízo dos familiares. Por fim, cabe sublinhar que nessa decisão a Corte definiu que o dever de investigar e punir os responsáveis pela prática de desaparecimentos forçados possui caráter de *jus cogens*; 3: errado, pois o indivíduo não tem acesso direto à Corte Interamericana de Direitos Humanos (art. 61 da Convenção Interamericana de Direitos Humanos).

Gabarito 1E, 2C, 3E

3.3. COMISSÃO INTERAMERICANA DE DIREITOS HUMANOS

(Procurador do Município/Cubatão-SP – 2012 – VUNESP) Sobre a Comissão Interamericana de Direitos Humanos, prevista no Sistema Interamericano de Direitos Humanos, é correto afirmar que

(A) a Comissão não possui a função consultiva, ou seja, de emissão de opiniões consultivas em relação à interpretação da Convenção ou de outros Tratados de Proteção aos Direitos Humanos.

(B) os membros que a compõem são eleitos pela Assembleia Geral da Organização dos Estados Americanos para um período de 2 (dois) anos, podendo ser reeleitos apenas uma vez.

(C) a Comissão tem o poder de coagir os Estados-Membros à adoção de medidas cabíveis e necessárias a sanar violações de direitos humanos que lhe foram relatadas e comprovadas.

(D) qualquer pessoa, em representação pessoal ou de terceiros, bem como as organizações não governamentais possuem legitimidade para peticionar perante a Comissão.

(E) a apresentação do caso à Comissão deve ser feita dentro de 12 (doze) meses, a partir da data em que o presumido prejudicado em seus direitos tenha sido notificado da decisão definitiva.

A: incorreta, pois a Comissão possui, sim, função consultiva; **B:** incorreta. A Comissão Interamericana de Direitos Humanos é o órgão administrativo do sistema regional de proteção americano. Sua composição é de sete membros, que deverão ser pessoas de alta autoridade moral e de reconhecido saber em matéria de direitos humanos (art. 34 da Convenção Americana de Direitos Humanos). Os membros da Comissão serão eleitos, a título pessoal, pela Assembleia Geral da Organização dos Estados Americanos, a partir de uma lista de candidatos propostos pelos governos dos estados-membros e terão mandato de quatro anos, com a possibilidade de uma reeleição. Vale lembrar que não pode fazer parte da Comissão mais de um nacional de um mesmo país (arts. 36 e 37 da referida Convenção); **C:** incorreta. A principal função da Comissão Interamericana

5. Aragão, Eugênio José Guilherme. **Revista Eletrônica do Ministério Público Federal**, ANO 1, Número 1, 2009, págs. 8/9.
6. Prática necessária, justa e correta.
7. "A *opinion juris* (convicção do direito não é apenas um acordo tácito ou abstrato de vontades (como pretendem os voluntaristas), mas sim a crença prematura dos atores da sociedade internacional (criadores daqueles "precedentes" já referidos) de que aquilo que se pratica reiteradamente se estima obrigatório pelo fato de ser justo e pertencente ao universo do Direito" (Mazzuoli, Valerio de Oliveira. **Curso de Direito Internacional Público**, p. 124. Ed. RT, 6º edição, 2012).

de Direitos Humanos é promover o respeito aos direitos humanos no continente americano. Destarte, tem competência para enviar recomendações aos estados partes da Convenção Americana de Direitos Humanos, ou até mesmo para os estados-membros da OEA. Em sua competência insere-se também a possibilidade de realizar estudos, solicitar informações aos estados no que tange à implementação dos direitos humanos insculpidos na Convenção, como também confeccionar um relatório anual para ser submetido à Assembleia Geral da Organização dos Estados Americanos. Cabe lembrar que as recomendações e os relatórios (tanto o anual e o alicerçado em alguma acusação[8]) da Comissão não têm poder vinculante, isto é, não vinculam os estados destinatários; **D:** correta. Um aspecto importante da competência da Comissão Interamericana de Direitos Humanos é a possibilidade de receber petições do indivíduo "lesionado", de terceiras pessoas ou de organizações não governamentais legalmente reconhecidas em um ou mais estados-membros da OEA que representem o indivíduo lesionado[9]. Entrementes, esta competência só poderá ser exercida se o estado violador aderiu à Convenção Americana de Direitos Humanos. Percebe-se que não é necessária a expressa aceitação da competência da Comissão para receber petições, bastando que o estado tenha aderido à Convenção; **E:** incorreta. Só serão aceitas as petições ou as comunicações interestatais que comprovarem a inexistência de litispendência internacional e o esgotamento de todos os recursos internos disponíveis. Ademais, **o art. 46 da Convenção Americana de Direitos Humanos também exige que a petição ou a comunicação seja apresentada dentro do prazo de seis meses, a partir da data em que o presumido prejudicado em seus direitos tenha sido notificado da decisão definitiva exarada no sistema protetivo nacional.** E o sistema americano impõe a mesma ideia de ressalva existente no sistema global de proteção dos direitos humanos. As regras de esgotamento de todos os recursos internos disponíveis e a do prazo de seis meses para a apresentação da petição ou comunicação não serão aplicadas quando o indivíduo for privado de seu direito de ação pela jurisdição doméstica, ou lhe forem ceifadas as garantias do devido processo legal ou, ainda, se os processos internos forem excessivamente demorados.

Gabarito "D"

4. DIREITOS HUMANOS NO BRASIL

4.1. DIREITOS FUNDAMENTAIS

(PROCURADOR DO ESTADO/MG – FUMARC – 2012) Sobre Direitos e Garantias Fundamentais, analise as frases abaixo descritas e assinale a alternativa correta:

I. Os direitos fundamentais não são absolutos, mesmo porque, na prática, há colidência entre os direitos de uma e outra pessoa. Conjugar a máxima aplicabilidade de cada um e a mínima restrição é uma regra de hermenêutica jurídica essencial para o desenvolvimento de uma cultura pela dignidade da pessoa humana no Brasil;

II. Pela Reforma do Judiciário, o Brasil federalizou a competência para o julgamento de causas relativas aos Direitos Humanos, tornando a Justiça Federal a competente originária para o julgamento de lides que versam sobre o descumprimento direito fundamental oriundo de tratado internacional recepcionado pelo ordenamento jurídico brasileiro;

III. O Direito Constitucional Brasileiro resguardou uma área específica da Carta Magna para tratar dos Direitos Fundamentais, mas disseminou normas, valores e princípios em diversos pontos de nossa Constituição, revelando a verdadeira vocação da nova ordem política nacional, compromissada com a construção de uma realidade mais digna para a pessoa humana.

ALTERNATIVAS

(A) As afirmativas I, II e III estão corretas.

(B) Apenas as afirmativas I e III estão corretas.

(C) Apenas as afirmativas I e II estão corretas.

(D) Apenas as afirmativas II e III estão corretas.

(E) As afirmativas I, II e III estão incorretas.

I: correta. A doutrina denomina colisão de direitos em sentido estrito quando o conflito é dado entre direitos fundamentais. Já a colisão de direitos em sentido amplo coloca os direitos fundamentais de um lado e do outro princípios e valores que tutelam os interesses da comunidade. A regra hermenêutica da ponderação ou sopesamento não pode levar ao esvaziamento do núcleo essencial de algum dos direitos fundamentais conflitantes. "Haveria, então, a necessidade de uma dupla garantia: em primeiro lugar, os direitos em jogo deveriam ser ponderados; mas o resultado dessa ponderação só pode ser aceitável se respeitar a condição de não esvaziamento do conteúdo essencial daqueles direitos[10]". Importante transcrever a lição de Gilmar Mendes: "Embora o texto constitucional brasileiro não tenha privilegiado especificamente determinado direito, na fixação das cláusulas pétreas (CF, art. 60, § 4º), não há dúvida de que, também entre nós, os valores vinculados ao princípio da dignidade da pessoa humana assumem peculiar relevo (CF, art. 1º, III). Assim, devem ser levados em conta, em eventual juízo de ponderação, os valores que constituem inequívoca expressão desse princípio (*inviolabilidade de pessoa humana, respeito à integridade física e moral, inviolabilidade do direito de imagem e da intimidade*)[11]";**II:** incorreta. O § 5º do art. 109 da CF, que foi acrescentado pela EC nº 45 de 2004, assim disciplina: "Nas hipóteses de grave violação de direitos humanos, o Procurador-Geral da República, com a finalidade de assegurar o cumprimento de obrigações decorrentes de tratados internacionais de direitos humanos dos quais o Brasil seja parte, poderá suscitar, perante o Superior Tribunal de Justiça, em qualquer fase do inquérito ou processo, incidente de deslocamento de competência para a Justiça Federal". É a denominada *federalização* dos crimes contra os direitos humanos e um caso conhecido é o IDC 2-DF/STJ de relatoria da Min. Laurita Vaz, pois o caso tinha como pano de fundo a atuação de um grupo de extermínio e o incidente de deslocamento de competência foi parcialmente acolhido[12]. Importante asseverar, com base na jurisprudência do STJ, que o incidente de deslocamento só será provido se ficar comprovado que a justiça estadual constitui verdadeira barreira ao cumprimento dos compromissos internacionais de proteção dos direitos humanos assumidos pelo Brasil; **III:** correta.

8. A acusação será feita mediante petição individual ou comunicação interestatal.
9. Como exemplo pode-se citar o conhecido caso Maria da Penha.

10. DA SILVA, Vírgílio Afonso. O Conteúdo Essencial dos Direitos Fundamentais e a Eficácia das Normas Constitucionais, pág. 44. **Revista de Direito do Estado** 4, 2006.
11. MENDES, Gilmar Ferreira. **Curso de Direito Constitucional**, págs. 271/272. Editora Saraiva, 6º ed., 2011
12. IDC 2-DF, Rel. Min. Laurita Vaz, julgado em 27/10/2010**.** (Inform. STJ 453)

Fruto da redemocratização, a Constituição de 1988 torna a dignidade da pessoa humana um dos fundamentos da República Federativa do Brasil (art. 1º, III, da CF). Outros fundamentos que reforçam o *status* dos direitos humanos no Brasil são a cidadania, os valores sociais do trabalho e o pluralismo político (respectivamente art. 1º, II, IV e V, da CF). O parágrafo único do art. 1º da CF aponta que o regime de governo, no Brasil, será uma democracia, pois todo o poder emana do povo (soberania popular) e este poderá exercê-lo indiretamente por meio de seus representantes ou diretamente. Os mecanismos de democracia direta encontram-se listados no art. 14, I, II e III da CF (plebiscito, referendo e iniciativa popular). "Ademais, a Constituição de 1988 conferiu significado ímpar ao direito de acesso à justiça e criou mecanismos especiais de controle da omissão legislativa (ação direta por omissão e mandado de injunção), destinados a colmatar eventuais lacunas na realização de direitos, especialmente na formulação de políticas públicas destinadas a atender às determinações constitucionais[13]". Ainda, um dos objetivos fundamentais do Brasil, segundo a CF, é a promoção do bem de todos, sem preconceitos de origem, raça, sexo, cor, idade e quaisquer outras formas de discriminação (art. 3º, IV). Outro objetivo que posiciona nuclearmente os direitos humanos no Brasil é o que determina a erradicação da pobreza e da marginalização e a redução das desigualdades sociais e regionais (art. 3º, III). E ainda o Brasil tem por objetivo a construção de uma sociedade livre, justa, solidária (art. 3º, I) e desenvolvida economicamente (art. 3º, II). E o outro fator que sacramenta a nuclearidade dos direitos humanos no Brasil é o que dispõe o art. 4º, II, da CF. Ou seja, as relações internacionais do Brasil serão regidas, dentre outros, pelo *princípio da prevalência dos direitos humanos*. Outros incisos do art. 4º da CF que corroboram a dita nuclearidade dos direitos humanos são: a) repúdio ao terrorismo e ao racismo (inc. VIII); b) cooperação entre os povos para o progresso da humanidade (inc. IX); e c) concessão de asilo político (inc. X). Ora, além dos direitos humanos fundamentarem a existência da república brasileira, estes são também vetores para o estabelecimento da política nacional e da externa. Ademais, pode-se considerar os direitos humanos até como limitadores do poder constituinte originário: "É fora de dúvida que o poder constituinte é um fato político, uma força material e social, que não está subordinado ao Direito positivo preexistente. Não se trata, porém, de um poder ilimitado ou incondicionado. Pelo contrário, seu exercício e sua obra são pautados tanto pela realidade fática como pelo Direito, âmbito no qual a dogmática pós-positivista situa os valores civilizatórios, os direitos humanos e a justiça[14]". Outro ponto de destaque é a inclusão dos direitos da pessoa humana na lista dos princípios sensíveis da Constituição (art. 34, VII, *b*, da CF), os quais autorizam, diante de suas violações, a medida extrema da intervenção[15]. Isso significa que se um estado federado incidir em grave violação dos direitos humanos e nada fazer para mudar essa situação lamentável, a União intervirá nessa unidade federada para reestabelecer o respeito integral dos direitos da pessoa humana. Cabe também mencionar a obrigação, preponderantemente atribuída ao Legislativo brasileiro, que o inciso XLI do art. 5º da CF criou: "a lei punirá qualquer discriminação atentatória dos direitos e liberdades fundamentais". Sem contar o art. 5º da CF, local onde o legislador constituinte regrou direitos civis e políticos, como também os econômicos, sociais e culturais como fundamentais. A Constituição ainda traçou certos direitos coletivos e difusos como fundamentais. Para corroborar a importância de tudo o que foi dito, é mister asseverar que é regra básica da hermenêutica jurídica aquela que determina que a aplicação da lei deverá levar em conta os valores constitucionais que irradiam sobre todo o ordenamento jurídico. Vimos que os direitos humanos ocupam lugar central na CF (logo, direitos fundamentais), destarte, toda interpretação e aplicação de alguma norma do ordenamento jurídico brasileiro deverá ser balizada pela dignidade da pessoa humana. Assim, a interpretação que violar a dignidade da pessoa humana não é válida, ou melhor, é inconstitucional.

Gabarito "B"

(Procurador do Município/Recife-PE – 2008 – FCC) Relativamente aos tratados internacionais em matéria de direitos fundamentais, estabelece a Constituição da República que

(A) poderá o Procurador-Geral da República suscitar incidente de deslocamento de competência para a Justiça Federal, perante o Supremo Tribunal Federal, nos casos de grave violação de direitos resguardados em tratados internacionais.

(B) a República Federativa do Brasil não se submete à jurisdição de Tribunal Penal Internacional, ainda que tenha manifestado adesão à sua criação.

(C) os direitos e garantias expressos no texto constitucional não excluem outros decorrentes de tratados internacionais, desde que celebrados posteriormente à promulgação da Constituição.

(D) serão equivalentes às emendas constitucionais os tratados internacionais aprovados, em cada casa do Congresso Nacional, em dois turnos, por três quintos dos votos dos respectivos membros.

(E) os tratados internacionais que versem sobre direitos fundamentais não se submetem aos limites materiais aplicáveis as emendas à Constituição.

A: incorreta, pois o incidente de deslocamento de competência para a Justiça Federal (*federalização* dos crimes contra os direitos humanos) é suscitado perante o Superior Tribunal de Justiça (art. 109, 5º, da CF); **B:** incorreta, pois o Brasil submete-se à jurisdição do TPI (art. 5º, § 4º, da CF); **C:** incorreta, pois não condiz com o texto do art. 5º, § 2º, da CF: "Os direitos e garantias expressos nesta Constituição não excluem outros decorrentes do regime e dos princípios por ela adotados, ou dos tratados internacionais em que a República Federativa do Brasil seja parte"; **D:** correta, pois reproduz o texto do art. 5º, § 3º, da CF: "Os tratados e convenções internacionais sobre direitos humanos que forem aprovados, em cada Casa do Congresso Nacional, em dois turnos, por três quintos dos votos dos respectivos membros, serão equivalentes às emendas constitucionais"; **E:** incorreta, pois os tratados internacionais também se submetem aos limites materiais (art. 60, § 4º, da CF) aplicáveis as emendas à Constituição.

Gabarito "D"

---

13. MENDES, Gilmar Ferreira. **Curso de Direito Constitucional**, pág. 681. Editora Saraiva, 6º ed., 2011. Também "A Constituição de 1988 é a primeira Carta brasileira a consagrar o direito fundamental de proteção à saúde. Textos constitucionais anteriores possuíam apenas disposições esparsas sobre a questão, como a Constituição de 1824, que fazia referência à proteção de socorros públicos (art. 179, XXXI)" (Mendes, Gilmar Ferreira. Curso de Direito Constitucional, pág. 685. Editora Saraiva, 6º ed., 2011).
14. BARROSO, Luís Roberto. **Curso de Direito Constitucional Contemporâneo**, pág. 110. Editora Saraiva, 1ª ed, 2009.
15. "A intervenção federal pelo inciso VII do art. 34 busca resguardar a observância dos chamados princípios constiticionais sensíveis. Esses princípios visam assegurar uma unidade de princípios organizativos tido como indispensável para a identidade juridical da federação, não obstante a autonomia dos Estados-membros para se auto-organizarem" (MENDES, Gilmar Ferreira. **Curso de Direito Constitucional**, pág. 835. Editora Saraiva, 6º ed., 2011).

4.2. INCORPORAÇÃO DE TRATADOS

(Procurador do Estado/PA – 2011) Marque a alternativa CORRETA. Os Tratados Internacionais de proteção dos direitos humanos:

(A) são incorporados automaticamente pelo ordenamento jurídico brasileiro, no momento de sua assinatura pelo Presidente da República, com *status* de norma infraconstitucional, mas supralegal.

(B) aplicam-se a todos os Estados, inclusive os que não consentiram expressamente em sua adoção, em virtude da força cogente do princípio da dignidade da pessoa humana.

(C) podem admitir a formulação de reservas.

(D) com fundamento no princípio da boa-fé, sempre admitem que os Estados-partes invoquem disposições de seu direito interno como justificativa para o não cumprimento do tratado.

(E) são incorporados automaticamente pelo ordenamento jurídico brasileiro, no momento de sua assinatura pelo Presidente da República, com *status* de norma material e formalmente constitucional.

A e **E:** incorretas. Segundo a tese monista, o direito internacional e o nacional fazem parte do mesmo sistema jurídico, ou seja, incidem sobre o mesmo espaço. Pelo contrário, a tese dualista advoga que cada um pertence a um sistema distinto e, por assim dizer, incidem sobre espaços diversos. A tese monista ainda subdivide-se: **a)** *monismo radical: prega a preferência pelo direito internacional em detrimento do direito nacional;* e **b)** *monismo moderado: prega a equivalência entre o direito internacional e o direito nacional.* É importante apontar que a jurisprudência internacional aplica o monismo radical, tal escolha é respaldada pelo artigo 27 da Convenção de Viena sobre Direito dos Tratados: "Uma parte não pode invocar as disposições de seu direito interno para justificar o inadimplemento de um tratado". O dualismo também se subdivide: **a)** *dualismo radical: impõe a edição de uma lei distinta para incorporação do tratado;* e **b)** *dualismo moderado: não exige lei para incorporação do tratado, apenas se exige um procedimento formal.* No Brasil, o procedimento é complexo, tomando corpo com a aprovação do Congresso e a promulgação do Executivo. A Constituição Federal silenciou neste aspecto, e em virtude da omissão constitucional a doutrina defende, como já salientado, que o Brasil adotou a corrente dualista, ou, melhor dizendo, a corrente dualista moderada. **Isto porque o tratado só passará a ter validade interna após ter sido aprovado pelo Congresso Nacional e ratificado e promulgado pelo Presidente da República. Devemos Lembrar que a promulgação é efetuada mediante decreto presidencial.** Depois de internalizado, o tratado é equiparado hierarquicamente à norma ordinária infraconstitucional[16]. Assim, as normas infraconstitucionais preexistentes ao tratado serão derrogadas quando com ele colidirem, mas resta a dúvida quando uma lei posterior ao tratado com ele colidir. Tal dúvida não existe em matéria tributária, isto porque o artigo 98 do CTN adotou a prevalência do tratado sobre o direito interno, determinando que a legislação tributária posterior ao tratado lhe deve obediência. Com a edição da Emenda Constitucional n. 45, os tratados de direitos humanos que forem aprovados, em cada Casa do Congresso Nacional, em dois turnos, por três quintos dos votos dos respectivos membros, serão equivalentes às emendas constitucionais – conforme ao que determina o artigo 5º, § 3º, da CF. Ou seja, tais tratados terão hierarquia constitucional. Muito se discutiu em relação à hierarquia dos tratados de direitos humanos que foram internalizados anteriormente à edição da EC n. 45. Mas, em 3 de dezembro de 2008, o Min. Gilmar Mendes, no *RE* 466.343-SP, defendeu a tese da supralegalidade de tais tratados, ou seja, superior às normas infraconstitucionais e inferior às normas constitucionais. O voto do Min. Gilmar Mendes foi acompanhado pela maioria (posição atual do STF). Todavia, tal assunto desperta calorosas discussões, tome de exemplo que, no mesmo recurso extraordinário em que foi exarada a tese da supralegalidade, o Min. Celso de Mello defendeu o caráter constitucional dos tratados de direitos humanos independentemente do quórum de aprovação. Apesar de a tese da supralegalidade ser um avanço da jurisprudência brasileira, deve-se apontar que uma leitura mais acurada da CF já permitiria apontar que os tratados de direitos humanos internalizados sem o procedimento especial teriam *status* constitucional, isto porque o § 2º do artigo 5º da CF inclui os direitos humanos provenientes de tratados dentre os seus direitos protegidos, ampliando o seu bloco de constitucionalidade, o qual é composto por todas as normas do ordenamento jurídico que possuem *status* constitucional; **B:** incorreta, pois, infelizmente, a corrente voluntarista, que tem por fundamento a própria vontade dos Estados, ainda tem primazia no direito internacional público. Num paralelo, seria como o direito positivo. Ou seja, os estados pactuam, por exemplo, firmando um tratado, e desta maneira criam direitos e obrigações entre eles baseado na reciprocidade. É nesta corrente que aparece o princípio do *pacta sunt servanda*. Vale lembrar que a máxima *pacta sunt servanda* é a base do direito dos tratados e diz respeito somente aos estados que pactuaram livremente, isto é, o terceiro estado que nao é parte do tratado não poderá ser obrigado por este (art. 26 da Convenção de Viena sobre Direito dos Tratados assim dispõe: "Todo tratado em vigor obriga as partes e deve ser cumprido por elas de boa fé"). Importante apontar que cada vez mais a corrente naturalista (*jus cogens*) ganha espaço; **C:** correta. A reserva é um condicionante do consentimento. Ou seja, é a declaração unilateral do estado aceitando o tratado, mas sob a condição de que certas disposições não valerão para ele. A reserva pode aparecer tanto no momento da assinatura do tratado, como no da ratificação ou da adesao, momento em que o Congresso Nacional pode fazer ressalvas sobre o texto do tratado e até mesmo desabonar as reservas feitas por ocasião da assinatura do tratado. No primeiro caso, as ressalvas serão traduzidas em reservas no momento da ratificação pelo Presidente da República e, no segundo caso, o Presidente da República fica impedido de confirmar as reservas previamente feitas. E por razões óbvias, a reserva é fenômeno incidente sobre os tratados multilaterais. **Cabe ressaltar que, de acordo com a Convenção de Viena sobre Direito dos Tratados, um tratado pode proibir expressamente a formulação de reservas**[17] **(art. 19, *a*, da Convenção de Viena sobre o Direito dos Tratados) e que, se ele nada dispuser sobre o assunto, entende-se que as reservas a um tratado internacional são possíveis, a não ser que sejam incompatíveis com seu objeto e sua finalidade (art. 19, *c*, da Convenção de Viena sobre o Direito dos Tratados).** Por fim, a Convenção de Viena sobre Direito dos Tratados também traz um conceito de reserva no seu art. 2º, I, *d*: "*reserva* significa uma declaração unilateral, qualquer que seja a sua redação ou denomi-

16. Os tratados e as convenções de direitos humanos não poderão ter *status* de lei complementar pela simples escolha do rito adotado para sua incorporação no direito brasileiro, isso porque a Constituição explicitamente elencou quais as matérias que devem ser exclusivamente tratadas por via de Lei Complementar.

17. O Tribunal Penal Internacional (TPI) foi constituído na Conferência de Roma, em 17 de julho de 1998, onde se aprovou o Estatuto de Roma - tratado que não admite a apresentação de reservas.

nação, feita por um Estado ao assinar, ratificar, aceitar ou aprovar um tratado, ou a ele aderir, com o objetivo de excluir ou modificar o efeito jurídico de certas disposições do tratado em sua aplicação a esse Estado"; **D:** incorreta, pois como já dito no comentário sobre as assertivas **A** e **E**, a jurisprudência internacional aplica o monismo radical, tal escolha é respaldada pelo artigo 27 da Convenção de Viena sobre Direito dos Tratados: "Uma parte não pode invocar as disposições de seu direito interno para justificar o inadimplemento de um tratado".

Gabarito "C"

(Procurador do Estado/SE – FCC – 2005) Tratado internacional versando sobre o exercício da liberdade de crença e culto religioso é celebrado pelo Presidente da República, sendo posteriormente aprovado pelo Congresso Nacional, em cada uma de suas Casas, em dois turnos, pelo voto de três quintos de seus respectivos membros. Nessa hipótese, referido tratado internacional será

(A) considerado norma infraconstitucional, equivalente à lei ordinária, não sujeito, contudo, a controle de constitucionalidade pelo Poder Judiciário.

(B) formalmente incompatível com a Constituição federal, que prevê procedimento diverso para a celebração e aprovação de tratados pelo Congresso Nacional.

(C) considerado norma supraconstitucional, não sujeito, portanto, a controle de constitucionalidade pelo Poder Judiciário.

(D) equivalente a uma emenda constitucional, submetendo-se a controle de constitucionalidade perante o Poder Judiciário.

(E) equiparado à lei complementar, hierarquicamente superior à lei ordinária, porém inferior às normas constitucionais.

O tratado só passará a ter validade interna após ter sido aprovado pelo Congresso Nacional e ratificado e promulgado pelo Presidente da República. Devemos Lembrar que a promulgação é efetuada mediante decreto presidencial. E com a edição da Emenda Constitucional n. 45, os tratados de direitos humanos que forem aprovados, em cada Casa do Congresso Nacional, em dois turnos, por três quintos dos votos dos respectivos membros, serão equivalentes às emendas constitucionais – conforme ao que determina o artigo 5º, § 3º, da CF. Ou seja, tais tratados terão hierarquia constitucional. E é pacífico o entendimento de que as emendas constitucionais possam ser submetidas ao controle de constitucionalidade. Apenas as normas oriundas do trabalho do poder constituinte originário escapam ao alcance do controle de constitucionalidade.

Gabarito "D"

4.3. COMPETÊNCIA NA CONSTITUIÇÃO FEDERAL

(Procurador do Estado/SP – VUNESP – 2005) De acordo com a nova sistemática constitucional, a competência para processar e julgar os crimes contra os direitos humanos

(A) continua sendo da Justiça Estadual, nas causas de sua competência, mas, atendidos certos requisitos, o Procurador-Geral da República poderá suscitar perante o STJ o incidente de deslocamento de competência para a Justiça Federal.

(B) passou a ser dos juízes federais, tendo sido cessada totalmente a competência dos juízes estaduais nesta matéria, mas pelo incidente de deslocamento de competência, o respectivo processo poderá ser remetido ao STJ, a pedido do Procurador-Geral da República.

(C) pertence agora à Justiça Federal e, em caso de grave violação dos direitos humanos, a competência poderá ser deslocada para a Justiça do Estado onde o crime aconteceu.

(D) continua sendo da Justiça Estadual, mas os juízes federais, por força da federalização dos crimes contra os direitos humanos, podem avocar o respectivo processo, com a finalidade de assegurar o cumprimento de obrigações decorrentes de tratados internacionais de direitos humanos dos quais o Brasil seja parte.

(E) passou a ser compartilhada entre as Justiças Estadual e Federal e, em casos de grave violação dos direitos humanos, o processo poderá ser avocado pelo STJ, com a finalidade de assegurar o cumprimento de tratados internacionais de direitos humanos dos quais o Brasil seja parte.

A Justiça Estadual possui competência para julgar os crimes contra os direitos humanos, pois tais não estão elencados no rol do art. 109 da CF, que dispõe sobre a competência do juízes federais. Mas o § 5º do art. 109 da CF, que foi acrescentado pela EC nº 45 de 2004, assim dispõe: "Nas hipóteses de grave violação de direitos humanos, o Procurador-Geral da República, com a finalidade de assegurar o cumprimento de obrigações decorrentes de tratados internacionais de direitos humanos dos quais o Brasil seja parte, poderá suscitar, perante o Superior Tribunal de Justiça, em qualquer fase do inquérito ou processo, incidente de deslocamento de competência para a Justiça Federal". É a denominada *federalização* dos crimes contra os direitos humanos e um caso conhecido é o IDC 2-DF/STJ de relatoria da Min. Laurita Vaz, pois o caso tinha como pano de fundo a atuação de um grupo de extermínio e o incidente de deslocamento de competência foi parcialmente acolhido[18]. Importante asseverar, com base na jurisprudência do STJ, que o incidente de deslocamento só será provido se ficar comprovado que a justiça estadual constitui verdadeira barreira ao cumprimento dos compromissos internacionais de proteção dos direitos humanos assumidos pelo Brasil.

Gabarito "A"

4.4. CONSELHO DE DEFESA DOS DIREITOS DA PESSOA HUMANA

(Procurador do Município/Cubatão-SP – 2012 – VUNESP) Compete ao Conselho de Defesa dos Direitos da Pessoa Humana, instituído pela Lei Federal n.º 4.319/1964,

(A) promover inquéritos, investigações e estudos acerca da eficácia das normas asseguradoras dos direitos da pessoa humana, inscritos na Constituição Federal, na Declaração Americana dos

18. IDC 2-DF, Rel. Min. Laurita Vaz, julgado em 27/10/2010. (**Inform. STJ** 453)

Direitos e Deveres Fundamentais do Homem (1948) e na Declaração Universal dos Direitos Humanos (1948).

(B) recomendar à União, aos Estados, aos Municípios e ao Distrito Federal, a eliminação, do quadro dos seus serviços civis e militares, de todos os seus agentes que se revelem reincidentes na prática de atos violadores dos direitos da pessoa humana.

(C) representar pela intervenção em Estados ou Municípios cujas autoridades administrativas ou policiais se revelem, no todo ou em parte, incapazes de assegurar a proteção dos direitos da pessoa humana.

(D) receber representações que contenham denúncias de violações dos direitos da pessoa humana, apurar sua procedência e determinar providências às autoridades competentes, capazes de fazer cessar os abusos, com caráter vinculante.

(E) estudar e propor ao Poder Judiciário a organização de uma divisão por órgãos regionais, para a eficiente proteção dos direitos da pessoa humana.

A: correta. O Conselho de Defesa dos Direitos Humanos – CDDPH - é um órgão colegiado, criado pela Lei nº 4.319 de 1964, com representantes de setores representativos, ligados aos direitos humanos e com importância fundamental na promoção e defesa dos direitos humanos no País. O Conselho tem por principal atribuição receber denúncias e investigar, em conjunto com as autoridades competentes locais, violações de direitos humanos de especial gravidade com abrangência nacional, como chacinas, extermínio, assassinatos de pessoas ligadas a defesa dos direitos humanos, massacres, abusos praticados por operações das polícias militares etc. Para tanto, o Conselho constitui comissões especiais de inquérito e atua por meio de resoluções. O CDDPH também promove estudos para aperfeiçoar a defesa e a promoção dos direitos humanos e presta informações a organismos internacionais de defesa dos direitos humanos. Pelo dito percebe-se que o Conselho vai se ocupar de verificar o respeito aos direitos humanos no país, portanto, todos os tratados internacionais de direitos humanos internalizados pelo Brasil (incluindo a Declaração Americana dos Direitos e Deveres do Homem e a Declaração Universal dos Direitos Humanos) e os direitos fundamentais insculpidos na Constituição Federal deverão ser implementados de forma efetiva pelas autoridades públicas, que também deverão tutelar a efetividade horizontal de tais; **B:** incorreta, pois em contraste com a redação do art. 4º, ponto 8, da Lei nº 4.319: "recomendar ao Governo Federal e aos dos Estados e Territórios a eliminação, do quadro dos seus serviços civis e militares, de todos os seus agentes que se revelem reincidentes na prática de atos violadores dos diretos da pessoa humana"; **C:** incorreta, pois o Conselho não possui a competência descrita na assertiva. Cabe lembrar que o Procurador Geral da República poderá representar ao STF em caso de grave vilipêndio aos direitos da pessoa humana, que é um dos princípios sensíveis da CF (arts. 34, VII, *b*, e 36, III, todos da CF). Isso significa que se um estado federado incidir em grave violação dos direitos humanos e nada fazer para mudar essa situação lamentável, a União intervirá[19] nessa unidade federada para reestabelecer o respeito integral dos direitos da pessoa humana; **D:** incorreta, pois em contraste com a redação do art. 4º, ponto 13, da Lei nº 4.319: "receber representações que contenham denúncias de violações dos direitos da pessoa humana, apurar sua procedência e tomar providências capazes de fazer cessar os abusos dos particulares ou das autoridades por eles responsáveis"; **E:** incorreta, pois o Conselho não possui a competência descrita na assertiva.

Gabarito "A"

5. DIREITO HUMANITÁRIO

(Procurador do Município/Cubatão-SP – 2012 – VUNESP) O Direito Internacional Humanitário

(A) prevê que os feridos e doentes devem ser recolhidos e tratados pela parte no conflito que causou tal resultado, sendo que a proteção cobre igualmente o pessoal sanitário, os estabelecimentos, os meios de transporte e o material sanitário.

(B) é um ramo do Direito Internacional Público constituído por todas as normas convencionais, ou de origem consuetudinária, especificamente destinadas a regulamentar os problemas que surgem em períodos de conflito armado.

(C) estabelece que as partes num conflito e os membros das suas forças armadas possuem um direito ilimitado na escolha dos métodos e meios de guerra, mesmo que suscetíveis de causar perdas ou sofrimentos excessivos.

(D) dispõe que os combatentes capturados e os civis que se encontrem sob a autoridade da parte adversa têm direito ao respeito da sua vida, da sua dignidade, dos seus direitos pessoais e das suas convicções, mas não têm direito a trocar notícias com as suas famílias e a receber socorros.

(E) tem como objeto a proteção do ser humano em situação de conflito armado, não possuindo qualquer disposição voltada à proteção de bens culturais, ou seja, bens móveis ou imóveis, que apresentem uma grande importância para o patrimônio cultural dos povos.

O Direito Humanitário é composto por princípios e regras, estas sendo positivadas ou costumeiras, que tem como função, por questões humanitárias, limitar os efeitos do conflito armado. Mais especificamente, o Direito Humanitário protege as pessoas que não participam ou não mais participam das hostilidades e restringe os meios e os métodos de guerra. Tal conceito permite-nos encará-lo como Direito Internacional dos Conflitos Armados ou Direito da Guerra. É considerado, por muitos, a primeira limitação internacional que os estados sofreram na sua soberania[20], pois, na hipótese de conflito armado, os estados teriam que respeitar certas regras que visam proteger as vítimas civis e os militares fora de combate. Assim, tem-se início o processo de internacionalização dos direitos humanos. O Direito Internacional Humanitário é principalmente fruto das quatro Convenções de Genebra de 1949 (em 1949 foram revistas as três Convenções anteriores – 1864, 1906 e 1929 – e criada uma quarta, relativa à proteção dos civis em período de Guerra) e seus Protocolos Adicionais, os quais formam o conjunto de leis para reger os conflitos armados e busca limitar seus efeitos (Direito de Genebra). A pro-

19. O STF entende que a intervenção é medida extrema e, para ser decretada, precisa observar a proporcionalidade (IF 2.915/SP, Rel. Min. Marco Aurélio).

20. A Liga das Nações e a Organização Internacional do Trabalho são indicados como os outros exemplos dessa primeira limitação, oriunda da comunidade internacional, que os estados sofrerem em sua inabalável soberania.

teção recai sobre as pessoas que não participam dos conflitos (civis, profissionais de saúde e de socorro) e os que não mais participam das hostilidades (soldados feridos, doentes, náufragos e prisioneiros de guerra). As Convenções e seus Protocolos apelam para que sejam tomadas medidas para evitar ou para acabar com todas as violações. Eles contêm regras rigorosas para lidar com as chamadas "violações graves". Os responsáveis pelas violações graves devem ser julgados ou extraditados, independentemente de suas nacionalidades. A primeira Convenção de Genebra protege feridos e enfermos das forças armadas em campanha. E contém 64 artigos que protegem não só os feridos e os enfermos, mas também o pessoal médico e religioso, as unidades e os transportes médicos. A Convenção também reconhece os emblemas distintivos. A segunda Convenção de Genebra protege feridos, enfermos e náufragos das forças armadas no mar. Esta Convenção substitui a Convenção de Haia de 1907 sobre a Adaptação dos Princípios da Convenção de Genebra de 1864 a Guerras Marítimas. Segue as disposições da Primeira Convenção de Genebra em termos de estrutura e conteúdo. Contém 63 artigos que se aplicam especificamente a guerras marítimas. Por exemplo, protege os navios-hospitais. A terceira Convenção de Genebra se aplica aos prisioneiros de Guerra. Esta Convenção substitui a Convenção sobre Prisioneiros de Guerra de 1929. Contém 143 artigos, enquanto a de 1929 continha apenas 97. As categorias de pessoas com direito ao *status* de prisioneiro de guerra foram ampliadas. As condições e os locais de cativeiro também foram definidos com mais precisão, em particular com relação ao trabalho de prisioneiros de guerra, seus recursos pecuniários, o socorro que recebem e os processos judiciais contra eles. A Convenção estabelece o princípio de que os prisioneiros de guerra devem ser liberados e repatriados sem demora após o término das hostilidades ativas. A quarta Convenção de Genebra protege os civis, inclusive em territórios ocupados. As Convenções de Genebra, adotadas antes de 1949, preocupavam-se apenas com os combatentes, mas não com os civis. Os eventos da II Guerra Mundial mostraram as consequências desastrosas da ausência de uma convenção para proteger os civis em tempos de guerra. A Convenção adotada em 1949 leva em consideração as experiências da II Guerra Mundial. É composta por 159 artigos e contém uma pequena seção referente à proteção geral das populações contra certas consequências da guerra, sem tratar da conduta das operações militares, que foi examinada depois nos Protocolos Adicionais de 1977. Ademais, a quarta Convenção esclarece as obrigações da Potência Ocupante com relação à população civil e contém disposições detalhadas sobre o socorro humanitário em território ocupado. Merece destaque o art. 3º, que é comum às quatro Convenções de Genebra e marcou um avanço ao disciplinar, pela primeira vez, os conflitos armados não internacionais. Esses tipos de conflito variam muito. Eles incluem guerras civis tradicionais, conflitos armados internos que se expandem para outros estados ou conflitos internos nos quais um terceiro estado ou uma força multinacional intervém junto com o governo. O art. 3º Comum estabelece regras fundamentais que não podem ser derrogadas e funciona como uma miniconvenção dentro das Convenções, pois contém as regras essenciais das Convenções de Genebra em um formato condensado e as torna aplicáveis aos conflitos de caráter não internacional. Por fim, nas duas décadas após a adoção das Convenções de Genebra, o mundo testemunhou um aumento no número de conflitos armados não internacionais e de guerras por independência. Em resposta a isso, foram adotados em 1977 dois Protocolos Adicionais às Convenções de Genebra de 1949. Eles fortalecem a proteção das vítimas de conflitos armados internacionais (Protocolo I) e não internacionais (Protocolo II) e determinam limites aos métodos de guerra. O Protocolo II foi o primeiro tratado internacional exclusivamente dedicado às situações de conflitos armados não internacionais. Em 2007, um terceiro Protocolo Adicional foi adotado criando um emblema adicional, o Cristal Vermelho, que tem o mesmo *status* internacional dos emblemas da Cruz Vermelha e do Crescente Vermelho. A outra parte das regras do Direito Internacional Humanitário provém do Direito de Haia (Convenções de Haia de 1899 e de 1907), as quais regulam especificamente o meio e os métodos utilizados na guerra, ou, em outras palavras, a condução das hostilidades pelos beligerantes e as Regras de Nova Iorque[21], que cuidam da proteção dos direitos humanos em período de conflito armado. Pode-se apontar ainda o Tribunal Penal Internacional como um dos destaques na tutela do Direito Internacional Humanitário. Existem três princípios norteadores do Direito de Haia quais são: a) princípio da humanidade: combatentes devem usar armamento que permita o menor sofrimento possível; b) princípio da necessidade: toda ataque armado deve destinar-se à execução de um objetivo militar; e c) princípio da proporcionalidade: ataque armado não pode causar danos desproporcionais à vantagem obtida. Por fim, o objetivo do Direito Humanitário é a tutela da pessoa humana, entretanto, numa situação mais específica, qual seja, pessoa humana como vítima de conflito armado nacional ou internacional. Cabe também destacar o papel do Direito Humanitário na proteção dos bens culturais. Os bens culturais, que nada mais são que bens civis, são protegidos de uma forma geral pela tutela do Direito Humanitário quando no contexto de Guerra. Mas também possuem uma proteção específica: Convenção da Haia para a Proteção de Bens Culturais durante os Conflitos Armados de 1954. Essa Convenção tem por base o reconhecimento da herança cultural de todos os povos. Posteriormente, a tutela dos bens culturais foi complementada pelos Protocolos Adicionais às Convenções de Genebra de 1977[22] e pelo Protocolo Adicional à Convenção da Haia para a Proteção de Bens Culturais durante os Conflitos Armados de 1999. Interessante também notar que o grande motivador dessa Convenção foi a destruição de inúmeros bens culturais durante a Segunda Guerra Mundial, situação que levou a comunidade internacional a se conscientizar e prever proteção jurídica específica. De acordo com a Convenção da Haia, de 1954, cada Estado deverá agir para salvaguardar seus próprios bens culturais contra ataques armados. Isso pode ser feito, por exemplo, ao remover os bens para longe da ação militar potencial ou real e, no caso de sítios históricos, ao evitar colocar objetivos militares nas suas proximidades. As partes de um conflito armado não têm permissão para dirigir hostilidades contra os bens culturais, devendo evitar causar-lhes danos acidentais. A Convenção da Haia, contudo, reconhece as situações em que um ataque contra bens culturais pode ser lícito, especialmente se o bem tiver sido convertido em objetivo militar e um ataque seria necessário devido a uma *imperiosa necessidade militar*. As potências ocupantes deverão proteger os bens culturais sob seu controle contra roubos, pilhagem ou apropriação indevida. Se um bem cultural for removido do território ocupado para sua própria proteção, deverá ser devolvido ao final das hostilidades. E outra consequência da Segunda Guerra Mundial foi o impedimento de se utilizar da destruição dos bens culturais como uma forma de intimidar as pessoas sob ocupação ou como represália. As Partes da Convenção da Haia são responsáveis por implementar as disposições e incorporar a proteção dos bens culturais na sua legislação interna. Também devem reforçar as disposições em caso de violação das normas. No âmbito internacional, a UNESCO possui a responsabilidade particular de monitorar o respeito e de ajudar a proteger e preservar os bens culturais.

Gabarito "B"

6. DIREITO DOS REFUGIADOS

(Procurador do Município/Cubatão-SP – 2012 – VUNESP) O Direito Internacional dos Direitos Humanos volta-se, entre vários enfoques, à aplicação da lei de forma a serem assegurados os direitos humanos de

21. Resolução 2.444 (XXIII) adotada em 1968 pela Assembleia Geral das Nações Unidas.
22. Mais especificamente o art. 53 do Protocolo I Adicional às Convenções de Genebra e o art. 16 do Protocolo II Adicional às Convenções de Genebra.

grupos vulneráveis, como mulheres e crianças. Nesse sentido, a pessoa que, devido a fundados temores de perseguição por motivo de raça, religião, nacionalidade, grupo social ou opinião política, encontre-se fora do país de sua nacionalidade e não possa ou não queira acolher-se à proteção desse país é identificada como pertencente ao grupo vulnerável de

(A) deslocados internos.

(B) migrantes.

(C) imigrantes.

(D) emigrantes.

(E) refugiados.

O Direito dos Refugiados é composto por princípios e regras, estas sendo positivadas ou costumeiras, que tem como função proteger e auxiliar o indivíduo considerado refugiado. E refugiado é o indivíduo perseguido devido a sua raça, religião, nacionalidade, opinião política ou por sua ligação com certo grupo social, que se encontre fora de seu país de nacionalidade e não possa ou não queira, por temor, regressar ao seu país, ou o que, não tendo nacionalidade e estando fora do país onde antes teve sua residência habitual, não possa ou não queira regressar a ele, em função das circunstâncias já descritas. Ainda, é possível considerar refugiado todo aquele que for vítima de grave e generalizada violação de direitos humanos. Lembrando que apátrida é a condição de indivíduo que não possui qualquer nacionalidade. Os efeitos da condição do *status* de refugiado serão extensivos ao cônjuge, aos ascendentes e descendentes, assim como aos demais membros do grupo familiar que do refugiado dependerem economicamente, desde que se encontrem em território nacional. Em 1951, foi convocada uma Conferência de Plenipotenciários das Nações Unidas para Genebra com o objetivo de redigir uma Convenção regulatória do *status* legal dos refugiados. Como resultado, a Convenção das Nações Unidas relativa ao Estatuto dos Refugiados foi adotada em 28 de julho de 1951, entrando em vigor em 22 de abril de 1954. No Brasil, foi promulgada por meio do Decreto nº 50.215, de 28 de janeiro de 1961. A Convenção deve ser aplicada sem discriminação por raça, religião, sexo e país de origem. Além disso, estabelece cláusulas consideradas essenciais às quais nenhuma reserva pode ser apresentada. Entre essas cláusulas, incluem-se a definição do termo "refugiado" e o **princípio de *non-refoulement*** ("não devolução"), disciplinado no art. 33 da Convenção de 1951, o qual define que nenhum país deve expulsar ou "devolver" (*refouler*) um refugiado, contra a vontade do mesmo, em quaisquer ocasiões, para um território onde ele ou ela sofra perseguição. Ainda, estabelece providências para a disponibilização de documentos, como os documentos de viagem específicos para refugiados na forma de um "passaporte". A definição do termo "refugiado" no art. 1º engloba um grande número de pessoas. No entanto, a Convenção só é aplicada a fatos ocorridos antes de 1º de janeiro de 1951. Com o tempo e a emergência de novas situações geradoras de conflitos e perseguições, tornou-se crescente a necessidade de providências que colocassem os novos fluxos de refugiados sob a proteção das provisões da Convenção. Assim, um Protocolo relativo ao Estatuto dos Refugiados foi preparado e submetido à Assembleia Geral das Nações Unidas em 1966. O Protocolo foi assinado pelo Presidente da Assembleia Geral e o Secretário-Geral no dia 31 de janeiro de 1967 e transmitido aos governos. Entrou em vigor internacional em 4 de outubro de 1967 e foi promulgado no Brasil em sete de agosto de 1972 pelo Decreto nº 70.946. Com a ratificação do Protocolo, os países foram levados a aplicar as provisões da Convenção de 1951 para todos os refugiados enquadrados na definição da carta, **mas sem limite de datas e de espaço geográfico**. Embora relacionado com a Convenção, o Protocolo é um instrumento independente cuja ratificação não é restrita aos Estados signatários da Convenção de 1951 (os EUA só assinaram o Protocolo de 1967). A Convenção e o Protocolo são os principais instrumentos internacionais estabelecidos para a proteção dos refugiados. Ao ratificar a Convenção e/ou o Protocolo, os Estados signatários aceitam cooperar com o Alto Comissariado das Nações Unidas para os Refugiados (ACNUR) no desenvolvimento de suas funções e, em particular, a facilitar a função específica de supervisionar a aplicação das provisões desses instrumentos. A Convenção de 1951 e o Protocolo de 1967, por fim, são os meios através dos quais é assegurado que qualquer pessoa, em caso de necessidade, possa exercer o direito de procurar e de gozar de refúgio em outro país. E lembrando que refúgio é o acolhimento, pelo estado, em seu território, de indivíduo perseguido por motivos de raça, religião, nacionalidade, grupo social ou opiniões políticas.

Gabarito "E"

19. Direito Educacional

Robinson Sakiyama Barreirinhas, Henrique Subi e Wander Garcia

1. NORMAS CONSTITUCIONAIS

(Procurador Federal – 2010 – CESPE) Com base na legislação que trata de ensino, julgue o seguinte item.

(1) A educação infantil, por qualificar-se como direito fundamental de toda criança, não se expõe, em seu processo de concretização, a avaliações meramente discricionárias da administração pública, nem se subordina a razões de puro pragmatismo governamental.

Assertiva correta, pois a garantia de educação básica obrigatória e gratuita dos 4 aos 17 anos de idade, inclusive a educação infantil, implica vinculação para a autoridade competente, não discricionariedade, sob pena de responsabilidade em caso de não oferecimento ou de oferta irregular – 208, I e IV, e § 2º, da CF e arts. 5º, § 4º e 21, I, da LDB. Perceba que o atendimento de crianças de até 5 anos em creches ou pré-escolas (educação infantil), garantida pelo art. 208, IV, da CF, corresponde a direito subjetivo público, possibilitando inclusive a intervenção do Poder Judiciário – ver RE 554.075 AgR/SC.

Gabarito 1C

(Procuradoria Federal – 2007 – CESPE) A CF estabelece que a educação é direito de todos e dever do Estado e da família, a ser promovida e incentivada com a colaboração da sociedade, tendo por finalidade o pleno desenvolvimento da pessoa, seu preparo para o exercício da cidadania e sua qualificação para o trabalho. Ela enfatiza a obrigatoriedade do ensino fundamental e sua gratuidade nos estabelecimentos da rede escolar pública, inclusive para os que a ele não tiveram acesso na idade própria. Quanto à educação superior, a CF define as universidades como instituições dotadas de autonomia didático-científica, administrativa e de gestão financeira e patrimonial, subordinadas ao princípio da indissociabilidade entre ensino, pesquisa e extensão. Depois de prolongada e complexa tramitação no Congresso Nacional, a Lei de Diretrizes e Bases da Educação Nacional (LDB) foi finalmente aprovada e sancionada em dezembro de 1996. Uma das características marcantes dessa lei é a margem de autonomia que confere aos sistemas de ensino e às próprias escolas, chegando a oferecer alternativas para a organização das atividades escolares. Tendo as informações acima como referência inicial e considerando aspectos legais concernentes à educação brasileira, julgue os itens que se seguem.

(1) Programas como o de transporte e o de alimentação escolar (merenda), bem como o do livro didático, são políticas públicas respaldadas pela CF, que identifica como dever do Estado com a educação o atendimento ao educando, no ensino fundamental, por meio de programas suplementares.

(2) Embora juridicamente obrigatório, o acesso à educação básica está ainda bem distante do ideal de universalização, fato que se explica pela insuficiente oferta de vagas nas escolas da rede pública e pela precariedade das instalações físicas dessas escolas.

(3) A progressão continuada dos estudos, mais conhecida como aprovação automática, adotada em vários sistemas de ensino e em várias escolas, consiste na não reprovação de aluno nas séries do ensino fundamental e está respaldada pela própria CF quando esta afirma que o acesso ao ensino obrigatório e gratuito é direito público subjetivo.

(4) A autonomia universitária a que se refere o texto constitucional, reiterada na LDB, aplica-se ao conjunto das instituições de educação superior mantidas pelo poder público (União, estados, municípios e DF), situação que não se aplica às universidades privadas.

(5) Tanto a CF quanto a LDB determinam a destinação de recursos públicos para as escolas públicas, permitindo, contudo, que esses recursos também sejam endereçados a escolas comunitárias, confessionais ou filantrópicas.

1: assertiva correta, em conformidade com a garantia prevista no art. 208, VII, da CF, de atendimento ao educando, em todas as etapas da educação básica, por meio de programas suplementares de material didático, escolar, transporte, alimentação e assistência à saúde; **2**: incorreta, pois a oferta de vagas para a educação básica no Brasil aproxima-se da universalização; **3**: incorreta, pois o regime de progressão continuada para o ensino fundamental não decorre do direito subjetivo ao acesso ao ensino obrigatório e gratuito. Importante salientar que a adoção do regime de progressão continuada não é obrigatória para as entidades de ensino – art. 32, § 2º, da LDB e art. 208, § 1º, da CF; **4**: incorreta, pois a autonomia universitária abrange as entidades privadas – art. 207 da CF e art. 53 da LDB; **5**: assertiva correta, conforme o art. 213 da CF e o art. 77 da LDB.

Gabarito 1C, 2E, 3E, 4E, 5C

(Procurador Federal – 2010 – CESPE) A respeito da autonomia universitária, julgue os itens seguintes.

(1) Considere a seguinte situação hipotética. Antônio, militar do Exército brasileiro, foi transferido de ofício do Rio de Janeiro para Salvador, razão pela qual sua esposa e dependente, Maria, obteve vaga na Universidade Federal da Bahia no curso superior que frequentava em universidade particular carioca. Antes do término desse curso, Antônio foi novamente transferido, no interesse da administração, para o Distrito Federal, motivo pelo qual Maria pleiteou vaga na Universidade de Brasília. Nessa situação, o novo pleito de Maria não deve ser negado, independentemente de haver vaga ou da época do ano em que ocorreu, com fundamento na natureza da universidade particular de origem, pois se trata de fato irrelevante.

(2) Considere que determinado estudante tenha impetrado mandado de segurança contra ato omissivo do ministro da Educação em razão de seu diploma não ter sido expedido porque o curso de pós-graduação que esse estudante frequentou não estava credenciado no MEC. Nessa situação, o ministro não é autoridade competente para determinar a expedição do diploma, não detendo legitimidade passiva para a mencionada ação; a universidade tem autonomia específica para a prática desse ato.

(3) As universidades públicas federais, entidades da administração indireta, são constituídas sob a forma de autarquias ou fundações públicas. Seus atos, além de sofrerem a fiscalização do TCU, submetem-se ao controle interno exercido pelo MEC, porque tais universidades são subordinadas a esse ministério.

(4) A jurisprudência pátria, na hipótese em que houver conclusão de curso superior antes do trânsito em julgado da decisão em que se discuta a idoneidade do ato de matrícula do aluno, manifesta-se pela inaplicabilidade da teoria do fato consumado, uma vez que os requisitos legais devem ser analisados de forma definitiva pelo Poder Judiciário.

1: assertiva correta. O servidor federal estudante, civil ou militar, que for transferido de ofício, no interesse da administração (não a pedido, por interesse próprio), tem direito à matrícula em instituição de ensino congênere no local da nova residência, em qualquer época, independentemente de vaga. A mesma regra vale para cônjuge, companheiro, filhos, enteados e menores sob a guarda do servidor, com autorização judicial, que vivam com ele – art. 99 da Lei 8.112/1990 e art. 1º da Lei 9.536/1997. A regra das instituições congêneres implica transferência de entidade de ensino pública para outra pública ou de privada para outra privada, exceto se não houver no local da nova residência – ver ADI 3.324/DF e AgRg no REsp 1.103.539/PB. No caso descrito, a esposa do militar a ser transferido de ofício está matriculada em uma universidade pública (Federal da Bahia), de modo que tem direito a ingressar em outra universidade pública (= congênere) no local da nova residência, independentemente da existência de vaga. O fato de ela ter cursado, originariamente, universidade privada é, nesse contexto, irrelevante – ver REsp 877.060/DF, em que se tratou exatamente dessa situação (transferência da UFBA para a UNB, sendo que, originariamente, a aluna estudava em entidade privada); **2**: assertiva correta, conforme a interpretação dada pelo STF ao caso – ver RMS 26.369/DF; **3**: assertiva incorreta, no que se refere à subordinação. Embora vinculadas ao MEC, as universidades públicas federais não se subordinam ao Ministério, pois têm autonomia didático científica, administrativa e de gestão financeira e patrimonial – art. 207, *caput*, da CF. No mais, a assertiva é correta – art. 3º da Lei 7.596/1987, ver RMS 22.047 AgR/DF que trata exatamente dessa situação; **4**: incorreta, pois o STF adota a teoria do fato consumado, no caso – ver RE 429.906 AgR/SC.

Gabarito 1C, 2C, 3E, 4E

(Procurador Federal – 2010 – CESPE) Com base na legislação que trata de ensino, julgue o seguinte item.

(1) A cobrança de matrícula como requisito para que o estudante possa cursar universidade federal viola disposto da CF, pois, embora configure ato burocrático, a matrícula constitui formalidade essencial para que o aluno tenha acesso à educação superior.

1: Assertiva correta. A Súmula Vinculante 12 do STF dispõe que a cobrança de taxa de matrícula nas universidades públicas viola o disposto no art. 206, IV, da Constituição Federal.

Gabarito 1C

(Procurador Federal – 2010 – CESPE) Com base na legislação que trata de ensino, julgue o seguinte item.

(1) A jurisprudência do STF firmou-se no sentido da existência de direito subjetivo público de crianças de até cinco anos de idade ao atendimento em creches e pré-escolas. A referida corte consolidou, ainda, o entendimento de que é possível a intervenção do Poder Judiciário visando à efetivação desse direito constitucional.

1: Correta, pois é essa a jurisprudência do STF – ver RE 554.075 AgR/SC.

Gabarito 1C

(Procurador do Município/Boa Vista-RR – 2010 – CESPE) Considerando as disposições da CF quanto à matéria da educação, julgue os itens subsequentes.

(1) A CF dispõe que é direito público subjetivo o acesso ao ensino obrigatório e gratuito, sendo que a sua oferta irregular ou o não oferecimento pelo poder público é responsabilidade da autoridade competente.

(2) Em relação à organização da educação brasileira, a CF estabelece que a União, os estados, o DF e os municípios organizarão seus sistemas de ensino em regime de colaboração, cabendo aos municípios atuar, prioritariamente, no ensino fundamental e na educação infantil.

1: assertiva correta, pois reflete o disposto no art. 208, §§ 1º e 2º, da CF. A rigor, o não oferecimento ou a oferta irregular do ensino obrigatório pelo poder público **importa** responsabilidade da autoridade competente; **2**: correta, conforme o art. 211, *caput*, e § 2º, da CF.

Gabarito 1C, 2C

2. LEI DE DIRETRIZES E BASES DA EDUCAÇÃO

(Procurador Federal – 2013 – CESPE) À luz da CF e do entendimento do STF a respeito, julgue os itens a seguir, relativos ao direito à educação.

(1) A cobrança do salário-educação como adicional de financiamento para educação básica é inconstitucional.

(2) Segundo o entendimento do STF, é direito subjetivo público de crianças com até cinco anos de idade o atendimento em creches e pré-escolas, sendo possível a intervenção do Poder Judiciário para efetivá-lo.

1: incorreta. A Súmula 732 do STF afirma a constitucionalidade do salário-educação (É constitucional a cobrança da contribuição do salário-educação, seja sob a Carta de 1969, seja sob a Constituição Federal de 1988, e no regime da Lei 9.424/96); **2:** correta, conforme o julgamento do RE 554075 AgR/SC, DJ 21/08/2009.

Gabarito 1E, 2C

(Procurador Federal – 2013 – CESPE) Julgue os próximos itens de acordo com a Lei de Diretrizes e Bases da Educação Nacional.

(1) A educação básica obrigatória e gratuita se inicia na pré-escola e termina no ensino fundamental.

(2) Se determinada instituição de ensino superior da rede privada pretender ofertar programas de educação a distância, seu credenciamento pela União será requisito indispensável.

1: incorreta. Nos termos do art. 4º, I, da Lei 9.394/1996 (Lei de Diretrizes e Bases da Educação Nacional – LDB), a educação básica obrigatória vai dos 4 aos 17 anos de idade e abrange da pré-escola ao ensino médio; **2:** correta, nos termos do art. 80, § 1º, da LDB.

Gabarito 1E, 2C

(Procurador Federal – 2013 – CESPE) No que diz respeito à revalidação de diploma obtido no estrangeiro e à cobrança de taxas em estabelecimentos públicos de ensino, julgue o item a seguir.

(1) Tendo em vista que, de acordo com súmula vinculante editada pelo STF, a cobrança de taxa de matrícula nas universidades públicas viola dispositivo da CF, é correto concluir que a cobrança, por instituição pública de ensino superior, de taxa para revalidar diploma de graduação obtido no exterior é inconstitucional.

1: incorreta. A jurisprudência dos Tribunais Regionais Federais é pacífica no sentido de que o princípio da gratuidade do ensino público não impede a cobrança de taxa de revalidação de diploma, desde que seu valor corresponda ao custo do serviço (veja, por exemplo, TRF 1ª Região, AMS 2008.32.00.002049-1/AM, DJ 27/07/2009).

Gabarito 1E

(Procurador Federal – 2010 – CESPE) Em relação à Lei de Diretrizes e Bases da Educação Nacional (LDB), julgue o item seguinte.

(1) Os diplomas de mestrado e de doutorado expedidos por universidades estrangeiras só poderão ser reconhecidos por universidades brasileiras que possuam cursos de mestrado e doutorado, reconhecidos e avaliados, ainda que não seja na mesma área de conhecimento.

1: Incorreta, pois a universidade que irá reconhecer o diploma estrangeiro deve possuir cursos de pós-graduação reconhecidos e avaliados, na **mesma** área de conhecimento e em nível equivalente ou superior – art. 48, § 3º, da LDB.

Gabarito 1E

(Procurador Federal – 2010 – CESPE) Em relação à Lei de Diretrizes e Bases da Educação Nacional (LDB), julgue o item seguinte.

(1) Para efeitos de aposentadoria com redução de idade e tempo de contribuição garantida pela CF aos profissionais de educação, são consideradas funções de magistério as exercidas por professores e especialistas em educação no desempenho de atividades educativas, quando exercidas em estabelecimento de educação básica em seus diversos níveis e modalidades, incluídas, além do exercício da docência, as de direção de unidade escolar e as de coordenação e assessoramento pedagógico.

1: A assertiva é incorreta no que se refere aos profissionais vinculados ao regime geral da previdência social. Nesse caso, a redução de idade refere-se apenas ao tempo de contribuição, e não à idade do segurado – art. 201, § 8º c/c § 7º, I, da CF. No mais, a assertiva é correta – art. 67, § 2º, da LDB, art. 40, § 5º, da CF, ver ADI 3.772/DF, sendo inaplicável ao caso o disposto na Súmula 726/ STF.

Gabarito 1E

(Procurador Federal – 2010 – CESPE) Em relação à Lei de Diretrizes e Bases da Educação Nacional (LDB), julgue o item seguinte.

(1) A LDB preceitua que os alunos dos níveis fundamental e médio têm direito a um ano com, no mínimo, 200 dias letivos e 800 horas aula. De acordo com a jurisprudência do STJ, essa matéria não pode ser objeto de regulamentação por ato infralegal, na medida em que representa uma garantia dos estudantes.

1: Incorreta, pois o STJ reconheceu a validade de regulamentação infralegal das atividades dos professores (capacitação profissional e eventos de cunho educacional ou sindical), exatamente para garantir eficácia ao direito dos estudantes a essa carga horária mínima anual – RMS 29.183/RS, ver art. 24, I, da LDB.

Gabarito 1E

(Procurador do Município/Boa Vista-RR – 2010 – CESPE) Tendo como referência a Lei de Diretrizes e Bases da Educação Nacional (LDB) em vigor — Lei nº 9.394/1996 —, julgue os itens que se seguem.

(1) A LDB dispõe que os sistemas municipais de ensino compreendem as instituições de ensino fundamental, médio e de educação infantil mantidas pelo poder público municipal; as instituições de educação infantil criadas e mantidas pela iniciativa privada; e os órgãos municipais de educação.

(2) O dever do Estado com a educação escolar pública, de acordo com a LDB, será efetivado mediante algumas garantias, entre as quais se explicita a garantia de vaga em escola pública de educação infantil ou de ensino fundamental mais próxima da residência de toda criança a partir do dia em que completar quatro anos de idade.

1: assertiva correta, nos termos do art. 18 da LDB; **2**: correta, conforme o art. 4º, X, da LDB.

Gabarito 1C, 2C

3. SISTEMA DE COTAS

(Procurador Federal – 2013 – CESPE) A respeito das políticas de cotas e ações afirmativas, julgue o item a seguir.

(1) Considere a seguinte situação hipotética. Lúcio, Pedro e Vera são estudantes de ensino médio que pretendem ingressar na mesma instituição federal de ensino superior. Lúcio, autodeclarado preto, com renda familiar de dez salários mínimos, cursou todo o ensino fundamental e o médio na rede privada de ensino, juntamente com seus três irmãos. Pedro, autodeclarado pardo, filho único, com renda familiar de sessenta salários mínimos, cursou o ensino fundamental na rede privada e o ensino médio na rede pública de ensino. Vera, branca, filha única, com renda familiar de cinquenta salários mínimos, cursou o ensino fundamental e o médio na rede pública de ensino. Nessa situação, com base na lei que dispõe sobre o ingresso nas universidades federais e nas instituições federais de ensino técnico, apenas Pedro e Vera terão o direito a concorrer a uma vaga pelo sistema de cotas.

1: correta. As vagas reservadas pelo sistema de cotas são asseguradas àqueles que tenham cursado integralmente o ensino médio na rede pública de ensino (caso de Pedro e Vera). O fato de Lúcio ser autodeclarado preto não garante o acesso por meio da ação afirmativa, porque cursou o ensino médio na iniciativa privada (art. 1º da Lei 12.711/2012).

Gabarito 1C

4. CRÉDITO ESTUDANTIL

(Procurador Federal – 2013 – CESPE) A respeito do crédito estudantil e dos contratos de empréstimo, julgue os itens a seguir.

(1) Para que um estudante universitário do curso de matemática consiga financiar sua graduação pelo FIES, basta que ele esteja regularmente matriculado nas disciplinas de seu curso, independentemente da instituição de ensino a que pertença.

(2) Considere a seguinte situação hipotética. Ana, que concluiu curso superior de pedagogia com financiamento do FIES, e Joana, que está inadimplente com o Programa de Crédito Educativo (PCE/CREDUC), pretendem inscrever-se junto ao FIES para custear seus estudos em novos cursos superiores. Nessa situação, ambas as inscrições deverão ser vedadas.

1: incorreta. O acesso ao FIES é garantido somente aos estudantes regularmente matriculados em estabelecimentos de ensino não gratuitos e com avaliação positiva nos processos conduzidos pelo Ministério da Educação (art. 1º da Lei 10.260/2001); **2:** correta. Nos termos do art. 1º, §1º, da Resolução Normativa MEC 10/2010 e do art. 1º, § 6º, da Lei 10.260/2001, respectivamente.

Gabarito 1E, 2C

20. Recursos Hídricos

Ana Paula Garcia e Ivo Shigueru Tomita

(Procurador do Estado/BA – CESPE – 2014) No que se refere ao direito ambiental, julgue o item a seguir.

(1) Os comitês de bacia hidrográfica são constituídos por usuários das águas e por entidades civis de recursos hídricos com atuação comprovada na bacia, entre outros membros, conforme dispõe a Lei n.º 9.433/1997.

1: Correta. O art. 39 da Lei 9.433/1997 prevê que os Comitês de Bacia Hidrográfica são compostos por representantes "da União; dos Estados e do Distrito Federal cujos territórios se situem, ainda que parcialmente, em suas respectivas áreas de atuação; dos Municípios situados, no todo ou em parte, em sua área de atuação; *dos usuários das águas de sua área de atuação*; e das *entidades civis de recursos hídricos com atuação comprovada na bacia*" (art. 39, I a V, da Lei 9.433/1997).

Gabarito "1C"

(Procurador do Estado/AC – FMP – 2012) Com base no disposto na Lei Federal n.º 9.433/97, analise as assertivas que seguem.

I. Para os fins da Política Nacional de Recursos Hídricos, em situações de escassez, o uso prioritário dos recursos hídricos é o consumo humano e a dessedentação de animais.

II. Bacia hidrográfica é a unidade territorial para implementação da Política Nacional de Recursos Hídricos e atuação do Sistema Nacional de Gerenciamento de Recursos Hídricos.

III. A gestão dos recursos hídricos deve ser descentralizada e contar com a participação do Poder Público, dos usuários e das comunidades.

Quais delas são **corretas**?

(A) Apenas a I e a II.

(B) Apenas a I e a III.

(C) Apenas a II e a III.

(D) Todas estão corretas.

I: correta, pois reflete o disposto no art. 1º, III, da Lei 9.433/97; **II**: correta, pois reflete o disposto no art. 1º, V, da Lei 9.433/97; **III**: correta, pois reflete o disposto no art. 1º, VI, da Lei 9.433/97.

Gabarito "D"

(Procurador do Estado/PA – 2011) Assinale a alternativa INCORRETA:

(A) O Município tem competência para fiscalizar a exploração de recursos hídricos, superficiais e subterrâneos, em seu território, o que lhe permite também coibir a perfuração e exploração de poços artesianos, no exercício legítimo de seu poder de polícia urbanístico, ambiental, sanitário e de consumo.

(B) As águas subterrâneas são passíveis de apropriação particular, cabendo ao Município fiscalizar apenas as condições de higiene e saúde na utilização de tais recursos hídricos.

(C) Na visão do Superior Tribunal de Justiça, a Constituição Federal aboliu expressamente a dominialidade privada dos cursos de água, terrenos reservados e terrenos marginais, ao tratar do assunto em seu art. 20, inciso III. Desse modo, a interpretação a ser conferida ao art. 11, *caput*, do Código de Águas ("ou por algum título legítimo não pertencerem ao domínio particular"), que, teoricamente, coaduna-se com o sistema constitucional vigente e com a Lei da Política Nacional de Recursos Hídricos (Lei 9.433/1997), é a de que, no que tange a rios federais e estaduais, o título legítimo em favor do particular que afastaria o domínio pleno da União seria somente o decorrente de enfiteuse ou concessão, este último de natureza pessoal, e não real, admitindo-se a indenização advinda de eventuais benefícios econômicos que o particular retiraria da sua contratação com o Poder Público.

(D) A Lei da Política Nacional de Recursos Hídricos apoia-se em uma série de princípios fundamentais, dentre eles o princípio da dominialidade pública (a água, dispõe a lei expressamente, é bem de domínio público), o princípio da finitude (a água é recurso natural limitado) e o princípio da gestão descentralizada e democrática.

(E) São objetivos dorsais da Lei da Política Nacional de Recursos Hídricos (Lei 9.433/97): a preservação da disponibilidade quantitativa e qualitativa de água, para as presentes e futuras gerações; a sustentabilidade dos usos da água, admitidos somente os de cunho racional; e a proteção das pessoas e do meio ambiente contra os eventos hidrológicos críticos.

A: correta, pois a afirmativa reflete o disposto no art. 23, XI, da CF. Além disso, a Segunda Turma do E. STJ discutiu (REsp 994.120) os limites da competência fiscalizatória municipal relacionada à perfuração de poço artesiano e sua exploração por particular. A questão teve início quando o município de Erechim (RS) autuou um condomínio e lacrou o poço artesiano. O condomínio recorreu ao Judiciário, e o tribunal estadual entendeu que a competência do município para fiscalizar referia-se, exclusivamente, à proteção da saúde pública. No recurso ao STJ, o Ministério Público estadual afirmou ser legal o ato da prefeitura. A Segunda Turma concordou que o município tem competência para fiscalizar a exploração de recursos hídricos, podendo, portanto, coibir a perfuração e exploração de poços artesianos, no exercício legítimo de seu poder de polícia urbanístico, ambiental, sanitário e de consumo. "A Lei da Política Nacional de Recursos Hídricos significou notável avanço na proteção das águas no Brasil e deve ser interpretada segundo seus objetivos e princípios", considerou o ministro Herman Benjamin ao votar; **B**: incorreta, pois as águas subterrâneas são bens dos Estados Federados e sua exploração está sujeita a outorga pelo Poder Público (art. 12, II, da Lei 9.433/97); **C**: correta, pois esse é o entendimento atual do E. STJ (*vide* REsp 508.377); **D**: correta, pois a afirmativa reflete o disposto no art. 1º, I, II e VI, da Lei 9.433/97); **E**: correta, pois a afirmativa reflete o disposto no art. 2º, I, II e III, da Lei 9.433/97).

Gabarito "B"

(Procurador do Estado/PA – 2011) Analise as proposições abaixo, que se referem ao regime de outorga estabelecido pela Lei Nacional de Recursos Hídricos e assinale a alternativa CORRETA:

I. A derivação ou captação de parcela da água existente em um corpo de água para consumo final, inclusive abastecimento público, ou insumo de processo produtivo, depende de outorga;

II. Depende de outorga o lançamento em corpo de água de esgotos e demais resíduos líquidos ou gasosos, tratados ou não, com o fim de sua diluição, transporte ou disposição final

III. O aproveitamento dos potenciais hidrelétricos independe de outorga da Agência Nacional de Águas, bastando a autorização concedida pela ANEEL, por se tratar de uso específico.

IV. A extração de água de aquífero subterrâneo para consumo final ou insumo de processo produtivo independe de outorga.

V. O uso de recursos hídricos para a satisfação das necessidades de pequenos núcleos populacionais, distribuídos no meio rural, independe de outorga.

(A) Apenas as proposições I e III estão corretas.

(B) Apenas a proposição IV está correta.

(C) Apenas as proposições I, II e V estão corretas.

(D) Todas as proposições estão corretas.

(E) Apenas as proposições II, III e V estão corretas.

I: correta, pois a afirmativa reflete o disposto no art. 12, I, da Lei 9.433/97; **II**: correta, pois a afirmativa reflete o disposto no art. 12, III, da Lei 9.433/97; **III**: incorreta, pois são bens da União os potenciais de energia hidráulica (art. 20, VIII, da CF) e de acordo com o disposto no art. 4º, IV, da Lei 9.984/2000 (ANA) coloca como sendo de competência da Agência Nacional de Águas a outorga do direito de uso de recursos hídricos em corpos de água de domínio da União; **IV**: incorreta, pois a extração de água de aquífero subterrâneo para consumo final ou insumo de processo produtivo depende de outorga (art. 12, I, da Lei 9.433/97); V: correta, pois reflete o disposto no art. 12, § 1º, I, da Lei 9.433/97.

Gabarito "C"

(Procurador do Estado/PR – UEL-COPS – 2011) Nos termos da Lei nº 9.433, de 1997, que instituiu a Política Nacional de Recursos Hídricos, a gestão de recursos hídricos deve sempre proporcionar o uso múltiplo das águas. Desse modo, pode-se afirmar que:

(A) o órgão gestor deve conceder outorga de direito de uso de recursos hídricos para qualquer finalidade, na medida em que deve sempre proporcionar todos os usos possíveis em determinado corpo d'água;

(B) apesar de o princípio do uso múltiplo ser um dos fundamentos da Política Nacional de Recursos Hídricos, somente os usos mais restritivos devem ser outorgados, não sendo passível de outorga, por exemplo, o lançamento de esgoto;

(C) a outorga de direito de uso de recursos hídricos, pautada pelo princípio do uso múltiplo, deve considerar as prioridades estabelecidas nos planos de recursos hídricos, o respectivo enquadramento do corpo d'água e a manutenção de condições adequadas ao transporte aquaviário, quando for o caso, o que acaba limitando, em certa medida, os usos passíveis de outorga;

(D) o órgão gestor, em razão do princípio do uso múltiplo, deverá sempre conceder a outorga de direito de uso de recursos hídricos requerida, exceto em situações de escassez, quando deverá ser privilegiado o consumo humano e a dessedentação de animais;

(E) o princípio do uso múltiplo dos recursos hídricos significa que todos os usos requeridos para determinado curso d'água deverão ser outorgados, desde que por prazo não superior a 35 anos, estando as outorgas sujeitas a suspensão parcial ou definitiva.

A: incorreta, pois a outorga de direito de uso de recursos hídricos está subordinada ao Plano Nacional de Recursos Hídricos, aprovado na forma do disposto no art. 35 da Lei, obedecida a disciplina da legislação setorial específica (art. 12, § 2º, da Lei 9.433/97); **B**: incorreta, pois o lançamento de esgoto é passível de outorga, conforme disposto no art. 12, III, da Lei 9.433/97; **C**: correta, pois a afirmativa reflete o disposto no art. 13 da Lei 9.433/97; **D** e **E**: incorretas, pois a outorga está sempre condicionada às prioridades de uso estabelecidas nos Planos de Recursos Hídricos e deverá respeitar a classe em que o corpo de água estiver enquadrado e a manutenção de condições adequadas ao transporte aquaviário, quando for o caso (art. 13 da Lei 9.433/97).

Gabarito "C"

(Procurador do Município/Natal-RN – 2008 – CESPE) A lei que institui a Política Nacional de Recursos Hídricos enuncia que a água é um bem de domínio público. Acerca desse assunto, assinale a opção correta.

(A) Como a água é um dos elementos do meio ambiente, aplica-se a ela o enunciado da CF que qualifica o meio ambiente ecologicamente equilibrado como bem de uso comum do povo.

(B) A água é um bem dominical do poder público e sua outorga implica a sua alienação parcial, para que seja exercido o direito de uso.

(C) Os recursos hídricos abrangem as águas superficiais – aquelas que são encontradas na superfície da terra (fluente, emergente e em depósito) –, mas não, as águas subterrâneas, que são as águas originadas do interior do solo (lençol freático).

(D) As águas pluviais, que procedem imediatamente das chuvas, pertencem ao dono do prédio onde caírem diretamente, sendo, no entanto, vetado o seu armazenamento, salvo se caírem em lugares ou terrenos públicos de uso comum.

A: correta (art. 1º, I, da Lei 9.433/97 e art. 225, *caput*, da CF); **B**: incorreta, pois a água é um bem de domínio público, mas a sua outorga não implica alienação parcial; **C**: incorreta, pois os recursos hídricos abrangem também as águas subterrâneas (Lei 9.433/97); **D**: incorreta, pois embora as águas pluviais procedam das chuvas, seu armazenamento não é vetado. Inclusive há um forte movimento no sentido de se incentivar projetos que contemplem a reutilização das águas pluviais (*vide* Projeto de Lei do Senado nº 411/2007).

Gabarito "A"

(Procurador do Município/Recife-PE – 2008 – FCC)

I. O enquadramento dos corpos d'água em classes, de acordo com a Lei nº 9.433/97, objetiva não só definir os usos preponderantes e assegurar qualidade de água com eles compatível, como também diminuir o custo do combate à poluição.

II. Os padrões de qualidade inerentes a cada uma das classes de águas são previamente definidos em resolução do CONAMA, cabendo aos conselhos de recursos hídricos competentes o efetivo enquadramento de cada corpo d'água em uma das classes.

III. O enquadramento dos corpos d'água em classes, de acordo com a Lei nº 9.433/97, tem como consequência o estabelecimento de base de cálculo para a cobrança da outorga pelo uso dos recursos hídricos correspondentes.

(A) Somente a afirmativa I está correta.

(B) Somente a afirmativa II está correta.

(C) Somente as afirmativas I e II estão corretas.

(D) Somente as afirmativas I e III estão corretas.

(E) Somente as afirmativas II e III estão corretas.

I: correta (art. 9º, I e II, da Lei 9.433/97); **II**: correta, pois a afirmativa reflete o disposto nos arts. 7º e 38 da Resolução 357/2005 do CONAMA; **III**: incorreta, pois o enquadramento dos corpos de água em classes, segundo os usos preponderantes da água, visa a assegurar às águas qualidade compatível com os usos mais exigentes a que forem destinadas e diminuir os custos de combate à poluição das águas, mediante ações preventivas permanentes (art. 9º, I e II, da Lei 9.433/97).

Gabarito "C"

(Procurador do Estado/SP – FCC – 2009) De acordo com a Lei Federal nº 9.433/97, que instituiu a Política Nacional de Recursos Hídricos, é correto afirmar que

(A) na fixação dos valores a serem cobrados pelo uso dos recursos hídricos nos lançamentos de esgotos não devem ser observadas as características de toxidade do afluente.

(B) os Municípios são a unidade territorial para implementação da Política Nacional de Recursos Hídricos.

(C) é vedada a delegação de outorga de direito de uso de recurso hídrico da União para os Estados e Distrito Federal.

(D) a gestão dos recursos hídricos deve ser implementada de forma centralizada.

(E) compete aos Comitês de Bacia Hidrográfica, no âmbito de sua área de atuação, estabelecer os mecanismos de cobrança pelo uso de recursos hídricos.

A: incorreta (art. 21, II, da Lei 9.433/97); **B**: incorreta, pois a *bacia hidrográfica* é a unidade territorial para a implantação da PNRH (art. 1º, V, da Lei 9.433/97); **C**: incorreta (art. 14, § 1º, da Lei 9.433/97); **D**: incorreta (art. 1º, VI, da Lei 9.433/97); **E**: correta (art. 38, VI, da Lei 9.433/97).

Gabarito "E"

21. Direito Agrário

Wander Garcia e Henrique Subi

1. CONCEITOS E PRINCÍPIOS DO DIREITO AGRÁRIO

(Procurador do Estado/BA – 2014 – CESPE) No que se refere aos princípios do direito agrário e da formação histórica do domínio público e privado no Brasil, julgue os itens a seguir.

(1) A Lei nº 601/1850, conhecida como Lei de Terras, foi editada para que se combatesse a situação fundiária caótica existente à época e se permitisse o ordenamento do espaço territorial brasileiro.

(2) Consoante o princípio de acesso e distribuição da terra ao cultivador direto e pessoal, deve-se oferecer a possibilidade de acesso à terra a quem não tenha condições de tê-la a título oneroso.

1: correta. Na verdade, a Lei nº 601/1850 tinha por objeto a regulamentação da exploração das terras devolutas. Ainda assim, é considerada como o marco inicial do Direito Agrário no Brasil; **2:** correta. A enunciação do princípio contempla sua exata extensão.

Gabarito 1C, 2C

(Procurador Federal – 2013 – CESPE) A respeito de conceitos e princípios aplicados ao direito agrário, julgue os itens subsequentes.

(1) O direito agrário caracteriza-se pela imperatividade de suas regras, com forte intervenção do Estado nas relações agrárias, e pelo caráter social dessas regras, com nítida proteção jurídica e social ao trabalhador, o que as diferencia das normas do direito civil, que buscam manter o equilíbrio entre as partes e o predomínio da autonomia de vontades.

(2) São princípios do direito agrário a utilização da terra sobreposta à titulação dominial, a garantia da propriedade da terra condicionada ao cumprimento da função social, a primazia do interesse coletivo sobre o interesse individual, o combate ao latifúndio, ao minifúndio, ao êxodo rural, à exploração predatória e aos mercenários da terra.

(3) O princípio da função social da propriedade, aplicado ao direito agrário, atribui ao proprietário o direito de usar, gozar e dispor da coisa como melhor lhe aprouver.

1: correta. Tal proteção pode ser encontrada, especialmente, nos princípios da primazia do uso sobre o título, do acesso à terra e da proteção ao pequeno produtor rural; **2:** correta. Trata-se de princípios reconhecidos pela doutrina mais autorizada; **3:** incorreta. Ao contrário, a função social é o moderador dos direitos de propriedade, determinando que seu uso seja dado da forma mais útil para a sociedade.

Gabarito 1C, 2C, 3E

(Procurador do Estado/PI – 2008 – CESPE) Acerca das classificações legais aplicáveis ao imóvel rural, é correto afirmar que o conceito de

(A) propriedade familiar é basilar ao direito agrário, sendo sua extensão fixada por pluralidade de módulos rurais para cada região econômica.

(B) média propriedade rural se refere a imóveis com extensão de seis a quinze módulos rurals.

(C) pequena propriedade rural está compreendido entre um e quatro módulos rurais

(D) minifúndio se refere a imóvel de extensão inferior à propriedade familiar.

(E) latifúndio se define pelos imóveis com extensão superior à média propriedade rural.

A: incorreta, pois sua extensão é fixada em função da região e do *tipo de exploração* (art. 4º, II, da Lei 4.504/64); **B:** incorreta, pois a média propriedade rural tem entre 4 e 15 módulos *fiscais* (art. 4º, III, da Lei 8.629/93); **C:** incorreta, pois a pequena propriedade rural tem entre 1 e 4 módulos *fiscais* (art. 4º, II, da Lei 8.629/93); **D:** correta (art. 4º, IV, da Lei 4.504/64); **E:** incorreta (art. 4º, V, *b*, da Lei 4.504/64).

Gabarito "D"

2. USUCAPIÃO ESPECIAL RURAL

(Procurador do Estado/BA – 2014 – CESPE) Julgue os itens a seguir, relativos à usucapião agrária.

(1) A usucapião especial rural poderá ocorrer nas áreas de interesse ecológico, desde que preenchidos os requisitos legais previstos.

(2) Segundo a jurisprudência do STJ, em ação de usucapião movida por particular em face de estado-membro, cabe a este a prova de que o imóvel usucapiendo é bem dominical insuscetível de ser usucapido.

1: incorreta. O art. 3º da Lei nº 6.969/1981 veda a usucapião em imóveis de interesse ecológico; **2:** correta, conforme julgado no REsp 73518/RS, DJ 21/02/2000.

Gabarito 1E, 2C

(Procurador do Estado/MT – FCC – 2011) Sobre a usucapião especial rural prevista no artigo 191 da Constituição Federal, é correto afirmar:

(A) É modo derivado de aquisição da propriedade rural.

(B) É modo originário de aquisição da propriedade rural não superior a 50 hectares, bastando transcurso de lapso temporal ininterrupto de 5 anos, justo título e boa-fé.

(C) É modo derivado de aquisição da propriedade rural não superior a 50 hectares, bastando transcurso de lapso temporal ininterrupto de 5 anos, justo título e boa-fé.

(D) É modo originário de aquisição da propriedade rural não superior a 50 hectares, bastando transcurso de lapso temporal ininterruptos de 5 anos sem oposição.

(E) É modo originário de aquisição da propriedade rural não superior a 50 hectares, bastando o exercício de posse ininterrupta e sem oposição por 5 anos, tornando a área produtiva por seu trabalho ou de sua família, tendo nela sua moradia e não sendo proprietário de imóvel rural ou urbano.

A: incorreta, pois a usucapião é modo originário de aquisição de propriedade; **B** a **D:** incorretas; **E:** correta (art. 191 da CF).

Gabarito "E"

(Procurador Federal – 2010 – CESPE) Julgue o item a seguir com base nas normas de direito agrário.

(1) Para que seja deferido o usucapião pro labore, exige-se apenas que o indivíduo, não sendo proprietário de outro imóvel rural, possua como sua, por cinco anos ininterruptos, sem oposição, área de terra rural não superior a cinquenta hectares e nela resida, tornando-a produtiva por seu trabalho ou de sua família.

1: incorreta, pois também é requisito dessa usucapião tratar-se de imóvel privado (art. 191, parágrafo único, da CF).

Gabarito 1E

3. AQUISIÇÃO E USO DA PROPRIEDADE E DA POSSE RURAL

(Procurador do Estado/BA – 2014 – CESPE) A respeito da matrícula e do registro de imóveis rurais, julgue os próximos itens.

(1) Em se tratando de ações judiciais que envolvam a transferência de terras públicas rurais, o prazo para o ajuizamento de ação rescisória é de oito anos, contado do trânsito em julgado da decisão.

(2) Segundo a jurisprudência do STF, o registro paroquial confere direito de propriedade ao possuidor.

(3) Suponha que uma matrícula relativa a imóvel rural tenha sido aberta por oficial de registro com base em título nulo de pleno direito. Nesse caso, somente é possível cancelar a referida matrícula mediante ação judicial.

(4) Os títulos de posse ou quaisquer documentos de ocupação legitimamente outorgados por órgãos de terras de estado-membro são válidos e continuarão a produzir os efeitos atribuídos pela legislação vigente à época de suas expedições, configurando-se situação jurídica consolidada.

1: correta, nos termos do art. 8º-C da Lei nº 6.739/1979; **2:** incorreta. A jurisprudência do STF nega a indução da propriedade pelo registro paroquial, reconhecendo-o apenas como indicativo da posse (RE 79.828/GO, DJ 08/06/1990); **3:** incorreta. Tal cancelamento pode decorrer de ato do Corregedor-Geral de Justiça mediante requerimento do interessado (art. 1º da Lei nº 6.739/1979); **4:** correta, nos termos do art. 7º da Lei nº 6.739/1979.

Gabarito 1C, 2E, 3E, 4C

(Procurador do Estado/BA – 2014 – CESPE) Com relação à aquisição de imóveis rurais por pessoas físicas ou jurídicas estrangeiras, julgue os itens seguintes.

(1) A aquisição de imóvel rural por pessoas físicas ou jurídicas estrangeiras sem a observância dos requisitos legais enseja nulidade relativa do ato praticado.

(2) Com o propósito de defender o território nacional, o legislador constituinte fez constar expressamente na CF vedação à aquisição de imóveis rurais por pessoas físicas ou jurídicas estrangeiras em áreas situadas em faixa de fronteira.

(3) A soma das áreas dos imóveis rurais pertencentes a pessoas físicas ou jurídicas estrangeiras não poderá ultrapassar um quarto da superfície dos municípios em que se situem.

1: incorreta. O art. 15 da Lei nº 5.709/1971 impõe a nulidade de pleno direito da aquisição; **2:** incorreta. O art. 20, § 2º, da Constituição Federal apenas determina que as faixas de fronteira tenham sua utilização regulada por lei. Nada diz, especificamente, sobre sua aquisição por estrangeiros; **3:** correta, nos termos do art. 12 da Lei nº 5.709/1971.

Gabarito 1E, 2E, 3C

(Procurador do Estado/MT – FCC – 2011) É correto afirmar sobre a aquisição de imóvel rural no território nacional por estrangeiros:

(A) Os portugueses não possuem igualdade de condições com os brasileiros no que tange à aquisição de terras no território nacional.

(B) Apenas as terras de fronteira possuem restrições para a aquisição por estrangeiros.

(C) Os estrangeiros residentes no Brasil e as pessoas jurídicas estrangeiras autorizadas a funcionar no Brasil podem adquirir terras no território nacional.

(D) As restrições impostas ao estrangeiro com relação aos bens imóveis referem-se apenas a sua aquisição.

(E) A aquisição de imóvel rural por estrangeiros far-se-á por instrumento diverso da escritura pública.

A: incorreta, pois aos portugueses com residência no país, se houver reciprocidade em favor de brasileiros, serão atribuídos os direitos inerentes ao brasileiro, salvo os casos previstos na Constituição Federal (art. 12, § 1º, da CF); **B:** incorreta, pois essa restrição não se limita às terras de fronteiras (art. 1º, *caput*, da Lei 5.709/71); **C:** correta, pois a afirmativa reflete o disposto na Lei 5.709/71; **D:** incorreta, pois as restrições referem-se à aquisição e arrendamento; **E:** incorreta, pois a aquisição far-se-á necessariamente por escritura pública (art. 8º da Lei 5.709/71).

Gabarito "C"

(Procurador do Estado/PA – 2011) Analise as assertivas abaixo e assinale a alternativa CORRETA:

(A) A aquisição da propriedade mediante usucapião de imóvel rural, não superior a cinquenta hectares, além da posse por cinco anos ininterruptos, sem oposição, depende da existência de justo título e da destinação do bem à moradia familiar.

(B) A pequena e média propriedade rural é insuscetível de desapropriação para os fins de reforma agrária, ainda que o seu proprietário seja possuidor de outra.

(C) Sendo o imóvel rural possuído superior a cinquenta hectares, poderá o possuidor adquirir a propriedade via usucapião especial somente sobre a parte do bem que atender aos parâmetros constitucionais.

(D) São isentas de impostos federais, estaduais e municipais as operações de transferência de imóveis desapropriados para os fins de reforma agrária.

(E) A implementação de atividade produtiva em imóvel rural, por si só, assegura o cumprimento da função social da propriedade.

A: incorreta, pois a usucapião de imóvel rural não superior a cinquenta hectares independe da existência de justo título (art. 191 da CF); **B:** incorreta, pois a pequena e média propriedade rural são insuscetíveis de desapropriação para fins de reforma agrária, desde que o seu proprietário não possua outra (art. 185, I, da CF); **C:** incorreta, pois para o usucapião especial rural o imóvel possuído não pode ser maior que 50 hectares (art. 191 da CF); **D:** correta (art. 184, § 5º, da CF); **E:** incorreta, pois a função social da propriedade é cumprida quando a propriedade rural atende, simultaneamente, segundo critérios e graus de exigência estabelecidos em lei, aos requisitos descritos no art. 186 da CF.

Gabarito "D"

4. DESAPROPRIAÇÃO PARA A REFORMA AGRÁRIA

(Procurador Federal – 2013 – CESPE) Acerca do processo de desapropriação para a reforma agrária, de títulos da dívida agrária e da usucapião especial rural, julgue os próximos itens.

(1) Considere a seguinte situação hipotética. Em agosto de 2013, Pedro e Maria, casados sob o regime de comunhão parcial de bens, propuseram ação de usucapião especial rural, demonstrando que possuem como seu, há pelo menos dez anos, de forma ininterrupta, o imóvel rural X, de cinquenta e cinco hectares, onde residem com os filhos e produzem com o seu trabalho. Em julho de 2013, João propôs demanda na justiça, em que contesta a posse do imóvel X por Pedro e Maria e atesta que tal imóvel integra herança deixada por seu avô paterno. Nessa situação, a justiça deve indeferir a demanda de João e conceder a Pedro e Maria a propriedade do referido imóvel, bem como o direito de se manterem na posse do terreno rural, haja vista o cumprimento dos requisitos constitucionais.

(2) Em caso de desapropriação de imóvel rural, por interesse social, para fins de reforma agrária, o expropriante, por ordem do juízo, estabelecida por sentença, deverá depositar o valor da indenização, em espécie, corrigido monetariamente, para as benfeitorias, sendo que, para a parcela correspondente à terra nua, esse valor deve ser depositado em títulos da dívida agrária.

1: incorreta. A usucapião especial rural somente será concedida para imóveis de até 50ha (art. 191 da Constituição Federal); **2:** incorreta. Apenas as benfeitorias úteis e necessárias são indenizadas em dinheiro (art. 184, § 1º, da Constituição Federal).

Gabarito 1E, 2E

(Procurador do Estado/PA – 2011) Analise as proposições abaixo e assinale a alternativa INCORRETA:

(A) Na desapropriação por necessidade ou utilidade pública e interesse social, inclusive para fins de reforma agrária, havendo divergência entre o preço ofertado em juízo e o valor do bem, fixado na sentença, expressos em termos reais, incidirão juros compensatórios sobre o valor da diferença eventualmente apurada, a contar da imissão na posse, vedado o cálculo de juros composto.

(B) Ao arbitrar a indenização devida, o juiz indicará na sentença os fatos que motivaram o seu convencimento e deverá atender, especialmente, à estimação dos bens para efeitos fiscais; ao preço de aquisição e interesse que deles aufere o proprietário; à sua situação, estado de conservação e segurança; ao valor venal dos da mesma espécie, nos últimos cinco anos, e à valorização ou depreciação de área remanescente, pertencente ao expropriado.

(C) Os juros moratórios, na desapropriação direta ou indireta, contam-se desde o trânsito em julgado da sentença.

(D) Existindo diferença entre a indenização arbitrada judicialmente e o valor ofertado pelo expropriante, haverá condenação em honorários advocatícios, de acordo com as regras estipuladas no Código de Processo Civil, que serão fixados entre meio e 15 por cento do valor da diferença.

(E) Os concessionários de serviços públicos e os estabelecimentos de caráter público ou que exerçam funções delegadas de poder público poderão promover desapropriações mediante autorização expressa, constante de lei ou contrato.

A: correta (art. 15-A, *caput*, do Decreto-lei 3.365/41); **B:** correta (art. 27 do Decreto-lei 3.365/41); **C:** correta (Súmula 70 do STJ); **D:** incorreta, pois os honorários serão fixados entre meio e cinco por cento do valor da diferença (art. 27, § 1º, do Decreto-lei 3.365/41); **E:** correta (art. 3º do Decreto-lei 3.365/41).

Gabarito "D"

(Procurador do Estado/MT – FCC – 2011) Em relação à reforma agrária é INCORRETO afirmar:

(A) Toda pequena e média propriedade rural são insuscetíveis de desapropriação para fins de reforma agrária.

(B) A propriedade rural improdutiva que não cumprir sua função social poderá ser desapropriada para fins de reforma agrária.

(C) A competência para desapropriar para fins de reforma agrária é exclusiva da União.

(D) Na desapropriação para fins de reforma agrária, a indenização será prévia e justa em títulos da dívida agrária, com cláusula de preservação do valor real, resgatáveis no prazo de até 20 anos, a partir do segundo ano de sua emissão.

(E) As benfeitorias úteis e necessárias serão indenizadas em dinheiro.

A: incorreta, pois são insuscetíveis de desapropriação para fins de reforma agrária toda pequena e média propriedade rural, *desde que o proprietário não possua outra* (art. 185, I, da CF); **B:** correta (art. 184, *caput*, e 185, II, ambos da CF); **C:** correta (art. 184, *caput*, da CF); **D:** correta (art. 184, *caput*, da CF); **E:** correta (art. 184, § 1º, da CF).

Gabarito "A"

(Procurador do Estado/PA – 2011) Analise as assertivas abaixo e assinale a alternativa INCORRETA:

(A) Na forma da lei, considera-se Reforma Agrária o conjunto de medidas que visem a promover melhor distribuição da terra, mediante modificações no regime de sua posse e uso, a fim de atender aos princípios de justiça social e ao aumento de produtividade.

(B) Tendo sido celebrado contrato de arrendamento de imóvel rural, terá o arrendatário preferência para adquirir o bem arrendado, em igualdade de condições, devendo o proprietário dar-lhe conhecimento da venda, a fim de que possa exercitar o direito de perempção dentro de trinta dias, a contar da notificação judicial ou comprovadamente efetuada, mediante recibo.

(C) A alienação ou constituição de ônus real sobre o imóvel rural arrendado afeta a vigência do arrendamento, ensejando a rescisão da relação contratual.

(D) Os Títulos da Dívida Agrária podem ser utilizados para os fins de pagamento de parte do Imposto Territorial Rural e adimplemento de preço de terras públicas, bem ainda como caução para a garantia de contratos administrativos.

(E) A Reforma Agrária deve ser realizada por meio de planos periódicos, nacionais e regionais, com prazos e objetivos determinados, de acordo com projetos específicos.

A: correta (art. 1º, § 1º, do Estatuto da Terra – Lei 4.504/64); **B:** correta (art. 92, § 3º, do Estatuto da Terra); **C:** incorreta, pois o art. 92, § 5º, do Estatuto da Terra dispõe que a alienação ou a imposição de ônus real ao imóvel não interrompe a vigência dos contratos de arrendamento ou de parceria ficando o adquirente sub-rogado nos direitos e obrigações do alienante; **D:** correta (art. 105, § 1º, a, b e c, do Estatuto da Terra); **E:** correta (art. 33 do Estatuto da Terra).

Gabarito "C"

(Procurador Federal – 2010 – CESPE) No que concerne ao direito agrário, julgue os próximos itens.

(1) Ao assegurar que são insuscetíveis de desapropriação para fins de reforma agrária a pequena e a média propriedade rural, assim definida em lei, desde que seu proprietário não possua outra propriedade, a CF estabeleceu a presunção *juris tantum* de que as referidas propriedades cumprem sua função social.

(2) Haverá retrocessão, autorizando o expropriado a exercer o direito de pedir a devolução do imóvel ou eventual indenização, quando configurada a tredestinação ilícita.

(3) É cabível ação reivindicatória que verse sobre imóvel rural desapropriado para fins de reforma agrária e registrado em nome do expropriante.

(4) A função social da propriedade caracteriza-se pelo fato de o proprietário condicionar o uso e a exploração do imóvel não só aos seus interesses particulares, mas, também, à satisfação de objetivos para com a sociedade, como a obtenção de determinado grau de produtividade, o respeito ao meio ambiente e o pagamento de impostos.

1: incorreta, pois não há presunção nesse sentido, mas sim um benefício a quem se encontra nessa situação (art. 185, I, da CF); aliás, se houvesse tal presunção, esta seria absoluta, pois não admitiria prova em contrário; **2:** correta, pois quando se desapropria para um fim, mas acaba-se destinando a coisa desapropriada para outro fim, que não é de interesse público, tem-se a chamada tredestinação ilícita, que faz nascer o direito de retrocessão, que autoriza que o prejudicado peça a devolução da coisa ou eventual indenização; **3:** incorreta, pois a desapropriação é forma de aquisição originária da propriedade, não podendo o bem desapropriado ser reivindicado por terceiros; **4:** correta (art. 186 da CF).

Gabarito 1E, 2C, 3E, 4C

(Procurador Federal – 2010 – CESPE) Julgue os itens a seguir com base nas normas de direito agrário.

(1) A sentença homologatória de acordo firmado entre as partes, em sede de processo de desapropriação, não pode ser anulada por meio de ação popular, mesmo que caracterizado o desvio de finalidade.

(2) Os juros compensatórios, na desapropriação para fins de reforma agrária, fluem desde a imissão na posse.

(3) O desmembramento do imóvel rural, para caracterizar as frações desmembradas como média propriedade rural, tudo devidamente averbado no registro imobiliário, a atrair a vedação contida no art. 185, inciso I, da CF, poderá ser efetivado mesmo após a realização da vistoria para fins expropriatórios, mas antes do decreto presidencial.

1: incorreta, pois, havendo violação ao princípio da moralidade, cabe ação popular, não podendo ser subtraída da apreciação do Judiciário uma conduta dessa natureza; **2:** correta, pois tais juros sempre são computados da imissão na posse, quando o expropriado perde o direito de explorar a coisa expropriada, sem ter recebido ainda o total devido a título de indenização, daí incidir juros compensatórios sobre a diferença entre o valor final da indenização e a quantia que tiver sido levantada quando da imissão na posse; **3:** correta, desde que respeitado o disposto no art. 2º, § 4º, da Lei 8.629/93.

Gabarito 1E, 2C, 3C

(Procurador da Fazenda Nacional - 2006 - ESAF) Consoante a Constituição, compete à União desapropriar imóveis rurais para fins de reforma agrária. Assinale a opção correta.

(A) As benfeitorias úteis e necessárias são indenizadas em títulos da dívida agrária, com cláusula de preservação do valor real, resgatáveis no prazo de até vinte anos

(B) Não podem ser desapropriadas a pequena e média propriedade rural, mesmo que seu proprietário possua outra, bem como a propriedade produtiva.

(C) Não podem ser desapropriadas as propriedades rurais que cumpram sua função social, a qual pressupõe o aproveitamento racional e adequado, a utilização adequada dos recursos naturais disponíveis e preservação do meio ambiente, observância das disposições que regulam as relações de trabalho e exploração que favoreça o bem-estar dos proprietários, dos trabalhadores e dos consumidores.

(D) A desapropriação ocorre mediante ação judicial, após a edição de decreto que declara o imóvel como de interesse social.

(E) Sobre as operações de transferência de imóveis desapropriados para fins de reforma agrária incidem apenas os impostos federais.

A: incorreta. Enquanto o valor do imóvel é pago em títulos da dívida agrária, as benfeitorias úteis e necessárias serão indenizadas em dinheiro (art. 184, §1º, da CF); **B:** incorreta. A pequena e média propriedade rural podem ser desapropriadas se seu proprietário tiver outra(s) (art. 185, I, da CF); **C:** incorreta. O único erro da alternativa está em seu final: a exploração a favorecer o bem-estar dos consumidores não é necessária para a caracterização da função social da propriedade (art. 186, IV, da CF); **D:** correta, conforme o procedimento mencionado no art. 184 da CF; **E:** incorreta. As operações de transferência de imóveis desapropriados para fins de reforma agrária são imunes a impostos de qualquer esfera (art. 184, § 5º, da CF).

Gabarito "D"

(Procurador da Fazenda Nacional - 2003 - ESAF) Assinale a opção correta.

(A) A competência para desapropriar imóvel rural para fins de reforma agrária pertence exclusivamente à União e aos Estados.

(B) São imunes a impostos federais, estaduais, municipais e distritais, as operações de transferência de imóveis desapropriados para fins de reforma agrária.

(C) Na desapropriação de imóvel rural por interesse social, para fins de reforma agrária, o pagamento da indenização, inclusive das benfeitorias úteis e necessárias, será feito em títulos da dívida agrária.

(D) Os títulos da dívida agrária não decorrem do sistema financeiro comum, motivo pelo qual não são passíveis de negociação no mercado.

(E) Apenas nos casos expressamente estabelecidos em lei, poderá a propriedade produtiva ser desapropriada para fins de reforma agrária.

A: incorreta. A competência, nesse caso, é exclusiva da União (art. 184 da CF); **B:** correta, nos termos do art. 184, §5º, da CF (que erroneamente tratou o favor fiscal como isenção, sendo pacífico na doutrina e jurisprudência que o dispositivo contempla uma imunidade tributária), **C:** incorreta, porque a indenização das benfeitorias úteis e necessárias será realizada em dinheiro (art. 184, §1º, da CF); **D:** incorreta. Como quaisquer outros títulos públicos, os títulos da dívida agrária são papéis negociáveis no mercado financeiro (art. 105 da Lei nº 4.504/64); **E:** incorreta. A propriedade produtiva é insuscetível de desapropriação para fins de reforma agrária (art. 185, II, da CF).

Gabarito "B"

5. CONTRATOS AGRÁRIOS

(Procurador Federal – 2013 – CESPE) No que concerne aos contratos agrários, julgue o item a seguir.

(1) Se, por hipótese, João tiver firmado acordo com José para que este, pelo período de dois anos, exerça atividade de exploração agrícola em parte de sua propriedade rural, considera-se que foi firmado entre eles um contrato agrário, cuja finalidade é a de regulamentar as relações de uso ou posse temporária do imóvel rural para a implementação de atividade agrícola ou pecuária.

1: incorreta. O contrato agrário pode ter por objeto, também, atividades agroindustriais, extrativas ou mistas.

Gabarito 1E

6. TERRAS DEVOLUTAS

(Procurador do Estado/MT – FCC – 2011) É correto afirmar sobre discriminação de terras devolutas:

(A) Apenas pode ser feita por meio judicial.

(B) Seu fundamento jurídico é o domínio eminente que o Estado detém sobre todas as terras que estão situadas no território nacional, originariamente públicas, fato este que lhe outorga o poder de identificar suas terras devolutas.

(C) A ação discriminatória não pode ser realizada de maneira generalizada em determinadas regiões previamente selecionadas ou em Municípios.

(D) Compete exclusivamente à União promover ação discriminatória.

(E) Depois de verificada a condição de terra devoluta na ação discriminatória, o autor deverá ajuizar ação demarcatória.

A: incorreta. O processo discriminatório poderá ser administrativo ou judicial, nos termos do art. 1º, parágrafo único, da Lei nº 6.383/76; **B:** correta. São terras devolutas, nos termos do art. 5º do Decreto-lei nº 9.760/46, os imóveis rústicos de natureza pública sem destinação específica, que nunca integraram o patrimônio particular ou foram devolvidas ao Estado; **C:** incorreta. É possível a medida generalizada em determinadas regiões previamente selecionadas; **D:** incorreta. No âmbito estadual, as ações discriminatórias serão propostas pelo órgão indicativo nas respectivas leis de organização judiciária; **E:** incorreta. A ação discriminatória abrange a demarcação das terras (art. 22 da Lei nº 6.383/76).

Gabarito "B"

7. TERRENAS INDÍGENAS E QUILOMBOLAS

(Procurador do Estado/BA – 2014 – CESPE) No que concerne às terras indígenas, julgue os itens a seguir.

(1) São nulos e extintos, não produzindo efeitos jurídicos, os atos que objetivem a ocupação, o domínio e a posse de terras indígenas, ou a exploração das riquezas naturais do solo, dos rios e dos lagos nelas existentes, ressalvado relevante interesse público da União, segundo o que dispuser lei complementar, não gerando a nulidade e a extinção direito a indenização ou a ações contra a União, salvo, na forma da lei, quanto às benfeitorias derivadas da ocupação de boa-fé.

(2) A CF assegura expressamente aos estados-membros a propriedade das terras indígenas não situadas em área de domínio da União.

(3) Pelo instituto jurídico do indigenato, título congênito conferido ao índio, o ordenamento jurídico brasileiro reconhece o direito dos índios de terem a sua organização social, costumes, línguas, crenças e tradições, bem como os direitos originários sobre as terras que tradicionalmente ocupam, competindo à União demarcá-las bem como proteger e fazer respeitar todos os seus bens.

1: correta, nos termos do art. 231, § 6º, da Constituição Federal; **2:** incorreta. As terras tradicionalmente ocupadas pelos índios pertencem à União indistintamente (art. 20, XI, da Constituição Federal); **3:** correta, nos termos do art. 1º, parágrafo único, da Lei nº 6.001/1973 e art. 231, *caput*, da Constituição Federal.

Gabarito 1C, 2E, 3C

(Procurador Federal – 2013 – CESPE) Julgue os itens seguintes, a respeito da demarcação e titulação de terras ocupadas por remanescentes das comunidades dos quilombos.

(1) São considerados remanescentes das comunidades dos quilombos os grupos étnico-raciais que, além de assim se autodefinirem no âmbito da própria comunidade, contem com trajetória histórica própria, relações territoriais específicas e presunção de ancestralidade negra relacionada com a resistência à opressão histórica sofrida.

(2) É da competência exclusiva da União, por meio do Instituto Nacional de Colonização e Reforma Agrária, identificar, reconhecer, delimitar, demarcar e titular as terras ocupadas por remanescentes das comunidades dos quilombos.

1: correta, nos termos do art. 2º do Decreto nº 4.887/2003; **2:** incorreta. A competência não é exclusiva da União, mas concorrente a ela, aos Estados, DF e Municípios (art. 3º do Decreto nº 4.887/2003).

Gabarito 1C, 2E

(Procurador do Estado/MT – FCC – 2011) Assinale a alternativa correta sobre as terras tradicionalmente ocupadas pelos índios.

(A) São de domínio da União.

(B) As riquezas do solo são de usufruto da FUNAI, que possui a obrigação legal de reparti-las.

(C) É vedado o aproveitamento do potencial energético em terra indígena.

(D) É permitida a remoção definitiva dos grupos indígenas de suas terras, desde que haja autorização do Congresso Nacional, em caso de relevante interesse público.

(E) É válida a alienação de terras indígenas, desde que o grupo esteja adaptado à cultura branca e assistido pela FUNAI.

A: correta (art. 20, XI, da CF); **B:** incorreta, pois as riquezas do solo das terras tradicionalmente ocupadas pelos índios são de usufruto exclusivo dos índios (art. 231, § 2º, da CF); **C:** incorreta, pois não é vedado o aproveitamento do potencial energético em terra indígena (art. 231, § 3º, da CF); **D:** incorreta, pois é vedada a remoção dos grupos indígenas de suas terras, salvo, "ad referendum" do Congresso Nacional, em caso de catástrofe ou epidemia que ponha em risco sua população, ou no interesse da soberania do País, após deliberação do Congresso Nacional, garantido, em qualquer hipótese, o retorno imediato logo que cesse o risco (art. 231, § 5º, da CF); **E:** incorreta, pois as terras ocupadas tradicionalmente pelos índios são inalienáveis (art. 231, § 4º, da CF).

Gabarito "A"

(Procurador do Estado/PA – 2011) Analise as proposições abaixo e assinale a alternativa INCORRETA:

(A) Aos remanescentes das comunidades dos quilombos que estejam ocupando suas terras é reconhecida a propriedade definitiva, devendo o Estado emitir-lhes os títulos respectivos.

(B) Consideram-se remanescentes das comunidades dos quilombos, para os fins deste Decreto, os grupos étnico-raciais, segundo critérios de autoatribuição, com trajetória histórica própria, dotados de relações territoriais específicas, com presunção de ancestralidade negra relacionada com a resistência à opressão histórica sofrida.

(C) A titulação relativa às terras remanescentes de quilombos será registrada mediante a outorga de título de propriedade individual, podendo ser desmembrado pelos membros da comunidade.

(D) Para os fins de política agrícola e agrária, os remanescentes das comunidades dos quilombos receberão dos órgãos competentes tratamento preferencial, assistência técnica e linhas especiais de financiamento, destinados à realização de suas atividades produtivas e de infraestrutura.

(E) São terras ocupadas por remanescentes das comunidades dos quilombos as utilizadas para a garantia de sua reprodução física, social, econômica e cultural.

A: correta (art. 68 do ADCT); **B:** correta (art. 2º, *caput*, do Decreto 4.887, de 20 de novembro de 2003); **C:** incorreta, pois a titulação será reconhecida e registrada mediante outorga de título coletivo e pró-indiviso às comunidades dos quilombos, com obrigatória inserção de cláusula de inalienabilidade, imprescritibilidade e de impenhorabilidade (art. 17 do Decreto 4.887, de 20 de novembro de 2003); **D:** correta (art. 20 do Decreto 4.887, de 20 de novembro de 2003); **E:** correta (art. 2º, § 2º, do Decreto 4.887, de 20 de novembro de 2003).

Gabarito "C"

8. OUTRAS QUESTÕES

(Procurador do Estado/BA – 2014 – CESPE) Acerca da regulação da política fundiária e agrícola segundo a Constituição do Estado da Bahia, julgue os itens que se seguem.

(1) As terras públicas destinadas à irrigação não podem ser objeto de concessão de direito real de uso.

(2) A dignidade da pessoa humana é um dos princípios fundamentais da política agrícola e fundiária.

(3) Lei ordinária estadual é o instrumento normativo utilizado para fixar, para as diversas regiões do estado da Bahia, até o limite de quinhentos hectares, a área máxima de terras devolutas que os particulares podem ocupar, visando a torná-las produtivas, sem permissão ou autorização do poder público.

1: incorreta. Tais terras, inclusive as devolutas, serão sempre objeto de concessão de direito real de uso (art. 179 da Constituição do Estado da Bahia); **2:** correta, nos termos do art. 171, I, da Constituição do Estado da Bahia; **3:** incorreta. Tal regulamentação será feita por decreto (art. 174 da Constituição do Estado da Bahia).

Gabarito 1E, 2C, 3E

(Procurador do Estado/PA – 2011) Analise as alternativas e assinale a alternativa CORRETA:

(A) Em face da regra contida no art. 2.038 do Código Civil, pode-se afirmar que a partir de sua vigência, foi proibida a constituição e enfiteuses e subenfiteuses no ordenamento brasileiro, abrangendo os terrenos de marinha e acrescidos.

(B) A demarcação dos terrenos de marinha, com base nas linhas do preamar médio do ano de 1831 e da média das enchentes ordinárias, de acordo com a jurisprudência do Tribunais Superiores, exige a intimação pessoal de todos os interessados certos, em consonância com os princípios constitucionais pertinentes.

(C) Os térreos de marinha contemplam as áreas que bordejam mar, rios ou lagoas, ainda que não sofram influência das marés.

(D) São terrenos acrescidos de marinha os que se tiverem formado naturalmente para o lado do mar ou dos rios e lagoas, em seguimento aos terrenos de marinha, não abrangendo nesse conceito os acréscimos formados artificialmente.

(E) Face ao regime jurídico da enfiteuse, o foreiro poderá efetuar o pagamento do resgate e consolidar o domínio de terreno de marinha objeto de aforamento.

A: incorreta. A instituição de enfiteuses sobre terrenos de marinha e acrescidos continua regulada por lei especial (art. 2.038, § 2º, do CC); **B:** correta. A assertiva reflete a posição do STF estampada no julgamento da ADI nº 4264, DJ 16/03/2011; **C:** incorreta. Nos termos do art. 2º, "a", do Decreto-lei nº 9.760/46, a conceituação dos terrenos de marinha abrange apenas aqueles onde se façam sentir os efeitos da maré; **D:** incorreta. O conceito trazido pelo art. 3º do Decreto-lei nº 9.760/46 abrange os acréscimos artificiais; **E:** incorreta. A possibilidade de remissão da enfiteuse não se aplica aos terrenos de marinha (art. 49 do ADCT).

Gabarito "B"

edelbra

Impressão e Acabamento

E-mail: edelbra@edelbra.com.br
Fońe/Fax: (54) 3520-5000

Impresso em Sistema CTP